第二册目録

法律學説總部

提要

法律學説總部主要收録史部、子部、集部文獻，旁搜經部的《爾雅》和其他經書有相關禮注、律注，以及歷代小學類著作，内容廣涉立法、變法、司法和守法各個層面的主張、觀點、言論，以及案例、事例分析等等。其資料之巨富雄冠三個總部之首，故列有九個部三十八個分部。各分部照説均應有學説兩字，因分部本統於部之下，部名既冠有學説，故分部名稱作了簡省處理。

變法部總匯自先秦至明清有關變法改制的各種論辯與主張。除綜論分部外，其餘資料按時代順序劃入先秦（含秦）、漢唐、宋元明清三個分部。

立法、司法、守法分部的資料堪稱繁冗，且論説雜陳於活動之間，制度性資料與理論性資料難以截然割分。不過，立法、司法、守法三個分部的資料歸類比較明確，其餘則編入綜論分部。

律學部的内容與立法、變法、司法和守法學説有一定交叉，或者説，律學家們所闡釋的多與這些問題相關。然律學自漢代肇興，延綿至於清末，獨有一套方法，蔚成一個系統，如律注律疏，並非立法、變法、司法之學可以籠而包之，故特設是部，下轄四個分部。除綜論分部外，辟有律説分部、律疏注分部。又將律學的一個分支刑幕學納入，設幕學分部，儘管其資料難覓，卻不可或缺。

任人與任法部輯録古代關於人與法，或曰官吏與法律關係的學説。其與司法、守法學説難免有所交叉，但古人在任人與任法、治法與治人，以及選賢與能等方面有着自成體系的學説，不當忽視。本學説部下設綜論、治人治法、選任三個分部。

犯罪原因與預防部係依據中國古代法律學説實際情況而設。貧而無怨難；上失其道，民散久矣；苟子之不欲，雖賞之不竊。《論語》的這些思想持久影響古代。古人探討犯罪原因及其預防，遠遠超出刑法學一般預防和特殊預防之説，而放大至社會、政治、文化層面論之。本學説部除綜論分部外，另有社會犯罪與預防、官吏犯罪與預防兩個分部。情、理、法部主要收録折獄原情、合理司法方面的内容，是體現中國古代司法的特色之部。資料分别歸入復仇、恤宥、容隱、存養四個分部，另有綜論分部統之。

禮制部之設，爲集中展示中國古代禮法體系全貌。該部下轄七個分部。凡論述禮的起源、本質、作用等資料編入禮義分部，餘者依古代關於吉、嘉、賓、凶、軍五禮之説細梳爲五個分部，又設鄉禮分部綜羅鄉社禮儀、禮俗及鄉約資料。

清末中西法文化部與清末憲政和法治部是兩個比較特殊的部類。中國自鴉片戰争國門洞開、西法東漸後，法律思想與學説形態爲之一變，在以西方爲師、救亡圖存的總趨勢下，新鋭思想紛紛衝決天道、聖人之樊籬，故特設這兩部編存一八四〇年前後至一九一一年的相關思想、學説，其資料編排亦脱離四部格局而以歷史時代爲序。清末中西法文化部除綜論分部外，設反思與借鑒分部、衝突分部，又將清末變法分部從變法部析出，與清末修律分部並設於此。清末憲政和法治部下轄綜論、憲政、法治三個學説分部。

變法部

綜論分部

論說

（魏）王弼注　（唐）孔穎達正義《周易正義・隨》　《彖》曰：隨，剛來而下柔，動而説，隨。大亨貞无咎，而天下隨時。隨時之義。大矣哉！震剛而兑柔也，以剛下柔，動而之説，乃得隨也。爲隨而不大通，逆於時也。相隨而不爲利，正災之道也。故大通利貞，乃得无咎也。爲隨而令大通利貞，得於時也。得時則天下隨之矣。隨之所施，唯在於時也。時異而不隨，否之道也，故隨時之義大矣哉！疏：彖曰至大矣哉。正義曰：隨剛來而下柔，動而説，隨者，此釋隨卦之義。所以致此隨者，由剛來而下柔。剛謂震也，柔謂兑也。震處兑下，是剛來下柔。震動而兑説，既能下人，動則喜説，所以物皆隨從也。大亨貞无咎而天下隨時者，以有大亨貞正，无有咎害，而天下隨之，以正道相隨，故隨之者廣。若不以大亨貞无咎，而以邪僻相隨，則天下不從也。隨時之義大矣哉，若以元亨利貞，則天下隨從，即隨之義意廣大矣哉，謂隨之初始，其道未弘，終久義意而美大者。特云隨時者，謂隨其時節之義，謂此時宜行元亨利貞，故云隨時也。注震剛而兑至大矣哉！正義曰：爲隨而不大通，逆於時也。物既相隨之時，若王者不以廣大開通，使物閉塞，是違逆於隨從之時也。相隨而不爲利，正災之道者，凡物之相隨，多曲相朋附，不能利益於物，守其正直，此則小人之道長，災禍及之，故云災之道也。隨之所施，唯在於時者，釋隨時之義。言隨時施設，唯在於得時。若能大通利貞，是得時也。若不能大通利貞，是失時也。時異而不隨，否之道者。凡所遇之時，體无恒定，或值不動之時，或值相隨之時，舊來恒往，今須隨從。時既殊異於前，而不使物相隨，則是否塞之道，當須可隨則隨，逐時而用，所利則大，故云隨時之義大矣哉！

（宋）李衡《周易義海撮要・隨》　《彖》曰：隨，剛來而下柔，動而説，隨。大亨貞无咎，而天下隨時。隨時之義大矣哉。【略】泰之極必變於否，是泰不可守也。否之極必變於泰，是否之不可行也。由是刑政之寬猛，禮樂之沿革，文質之損益，各隨時變，所以順民心也。

《周易正義・恒》　☳☴巽下震上。恒：亨，无咎，利貞。恒而亨，以濟三事也。恒之爲道，亨乃无咎也。恒通无咎，乃利正也。疏：恒亨至利貞。正義曰：恒，久也。恒久之道，所貴變通。必須變通隨時，方可長久。能久能通，乃无咎也。恒通无咎，然後利以行正，故曰恒亨无咎利貞也。注三事。正義曰：褚氏云：三事，謂无咎、利貞、利有攸往。莊氏云：三事者，无咎一也，利二也，貞三也。周氏云：三事者，一亨也，二无咎也，三利貞也。注不明數，故先儒各以意説。竊謂注云恒而亨以濟三事者，明用此恒亨，濟彼三事，无疑亨字在三事之中，而此注云恒之爲道，亨乃无咎。恒通无咎，乃利正也。又注《彖》曰：道得所久，則常通无咎而利正也。此解皆以利正相將爲一事，分以爲二，恐非注旨。驗此注云恒之爲道，亨乃无咎，此以恒亨濟无咎也。又云：恒通无咎，乃利正也。此以恒亨濟利貞也。下注利有攸往云：各得所恒，修其常道，終則有始，往而无違，故利有攸往。此以恒亨濟利有攸往也。觀文驗注，褚氏爲長。利有攸往。各得所恒，修其常道，終則有始，往而无違，故利有攸往也。疏：正義曰：得其常道，何往不利，故曰利有攸往也。

《彖》曰：恒，久也。剛上而柔下，剛尊柔卑，得其序也。疏：彖曰至柔下。正義曰：恒久也者，釋訓卦名也。恒之爲名，以長久爲義。剛上而柔下者，既訓恒爲久，因名此卦得其恒名，所以釋可久之意。此就二體以釋恒也。震剛而巽柔，震則剛尊在上，巽則柔卑在下，得其順序，所以爲恒也。注剛尊柔卑得其序也。正義曰：咸明感應，故柔上而剛下，取二氣相交也。恒明長久，故剛上而柔下，取尊卑得序也。雷風相與，【略】巽而動。【略】剛柔皆應，【略】恒。【略】恒亨，无咎，利貞，久于其道也。道德所久，則常通无咎而利正也。疏：正義曰：此就名釋卦之德，言所以得亨无咎利貞者，更无别義，正以得其恒久之道，故言久於其道也。天地之道，恒久而不已也。得其所久，故不已也。疏：正義曰：將釋利有攸往，先舉天地以爲證喻，言天地得其恒久之道，故久而不已也。利有攸往，終則有始也。得其常道，故終則復始，往无窮也。疏：正義曰：舉經以結成也。人用恒久之道，會於變通，故終則復始，往无窮極，同於天地之不已，所以爲利也。日月得天而能久照，四時變化而能久成，聖人久于其道而天下化成。言各得其所恒，故皆能長久。疏：日月得天而能久照至天下化成。正義曰：日月得天而能久照者，以下廣明恒義。上言天地之道，恒久而不已也，故日月得天，所以亦能久照。四時變化而能久成者，四時更代，寒暑相變，所以能久生成萬物。聖人久於其道而天下化成者，聖人應變隨時，得其長久之道，所以能光宅天下，使萬物從化而成也。觀其所恒，而天地萬物之情可見矣。天地萬物之情，見於所恒也。疏：正義曰：總結恒義也。

（明）來知德《易經集注·恒》 上六，振恒，凶。振者，奮也、舉也、整也。振恒者，振動其恒也。如宋時祖宗本有恒久法度，王安石以祖宗不足法，乃紛更舊制，正所謂振恒也。凶者不惟不能成事，而反僨事也。

（唐）李鼎祚《周易集解·姤》 姤【略】《象》曰：天下有風，姤。翟玄曰：天下有風，風无不周布，故君以施令，告化四方之民矣。

（宋）李衡《周易義海撮要·井》 井，改邑不改井，无喪无得，往來井井，汔至，亦未繘井，羸其瓶，凶。【略】邑之有井，猶國之有法。國可變而法不可易，欲汲而來，既汲而往，不拒不留，君子之道，亦猶是也。陸。【略】

六四，井甃，无咎。《象》曰：井甃无咎，脩井也。【略】井壞則水渾，故甃而修之。法亂則民擾，故治而正之。陸。

（明）來知德《易經集注·井》 《彖》曰：巽乎水而上水，井。井養而不窮也。改邑不改井，乃以剛中也。汔至亦未繘井，未有功也。羸其瓶，是以凶也。【略】養而不窮者，民非水火不生活也。改邑不改井者，以剛居中。在困卦，居二之中，在井卦，居五之中，往來皆井，不可改變也。未有功者，井以得水爲功。井中水涸，以至汲水之索未入于井，皆無功也。若羸其瓶，是不惟不得其水，並汲水之具亦喪亡矣，豈不凶？青苗之法，安石之意將以濟人利物，而不知不宜于民，反以致禍，正羸其瓶之凶也。

（清）孫星衍《周易集解·井》 井。【略】羸其瓶，凶。【略】

解：荀爽曰：井謂二，瓶謂初，初欲應五，今爲二所拘羸。故凶也。虞翻曰：羸，鈎羅也。艮爲手，巽爲繘，離爲瓶，手繘折其中，故羸其瓶體。兑毁缺，瓶缺漏，凶矣。干寶曰：水，殷德也。木，周德也。夫井德之地也，所以養民性命而清潔之主者也。自震化行至于五世，故殷紂比屋之亂俗，而不易成湯昭格之法度也。故曰改邑不改井。二代之制，各因時宜，損益雖異，囊括則同。故曰无喪无得，往來井井也。當殷之末，井道之窮，故曰汔至。周德雖興，未及革正，故曰亦未繘井。井泥爲穢，百姓无仰，比者之間，交受塗炭，故曰羸其瓶，凶矣。

《周易正義·革》 ䷰離下兑上。革：已日乃孚，元亨利貞，悔亡。夫民可與習常，難與適變，可與樂成，難與慮始。故革之爲道，即日不孚，已日乃孚也。孚，然後乃得元亨利貞，悔亡也。已日而不孚，革不當也。悔吝之所生，生乎變動者也。革而當，其悔乃亡也。疏：正義曰：革者，改變之名也。此卦明改制革命，故名革也。已日乃孚者，夫民情可與習常，難與適變，可與樂成，難與慮始。故革命之初，人未信服，所以即日不孚，已日乃孚也。元亨利貞悔亡者，爲革而民信之，然後乃得大通而利正也。悔吝之所生，生乎變動，革之爲義，變動者也。革若不當，則悔吝交及，如能大通利貞，則革道當矣。爲革而當，乃得亡其悔吝，故曰元亨，利貞，悔亡。

《彖》曰：革，水火相息，二女同居，其志不相得，曰革。凡不合，然後乃變生，變之所生，生於不合者也。故取不合之象以爲革也。息者，生變之謂也，火欲上而澤欲下，水火相戰，而後生變者也。二女同居，而有水火之性，近而不相得也。疏：彖曰至其志不相得曰革。正義曰：此就二體釋卦名也。水火相息，先就二象明革。息，生也。火本乾燥，澤本潤濕。燥濕殊性，不可共處。若其共處，必相侵剋。既相侵剋，其變乃生，變生則本性改矣。水熱而成湯，火滅而氣冷，是謂革也。二女同居者，此就人事明革也。中、少二女而成一卦，此雖形同而志革也。一男一女，乃相感應，二女雖復同居，其志終不相得。志不相得，則變必生矣，所以爲革。已日乃孚，革而信之。文明以説，大亨以正，革而當，其悔乃亡。夫所以得革而信者，文明以説也。文明以説，履正而行，以斯爲革，應天順民，大亨以正者也。革而大亨以正，非當如何？疏：已日乃孚至其悔乃亡。正義曰：已日乃孚，革而信者，釋革之爲義，革初未孚，已日乃信也。文明以説者，此舉二體上釋革而信，下釋四德也。能思文明之德以説於人，所以革命而爲民所信也。大亨以正者，民既説文明之德而從之，所以大通而利正也。革而當，其悔乃亡，名革若合於大通而利正，可謂當矣。革而當理，其悔乃亡消也。天地革而四時成，湯武革命，順乎天而應乎人，革之時大矣哉！疏：天地革而四時成至大矣哉。正義曰：天地革而四時成者，以下廣明革義，此先明天地革者，天地之道，陰陽升降，温暑涼寒，迭相變革，然後四時之序皆有成也。湯武革命，順乎天而應乎人者，以明人革也。夏桀、殷紂，凶狂无度，天既震怒，人亦叛主。殷湯、周武，聰明睿智，上順天命，下應人心，放桀鳴條，誅紂牧野，革其王命，改其惡俗，故曰湯武革命，順乎天而應乎人。計王者相承，改正易服，皆有變革，而獨舉湯、武者，蓋舜、禹禪讓，猶或因循，湯、武干戈，極其損益，故取相變甚者，以明人革也。革之時大矣哉者，備論革道之廣訖，摠結歎其大，故曰大矣哉也。

《象》曰：澤中有火，革。君子以治歷明時。歷數時會，存乎變也。疏：正義曰：澤中有火，革者，火在澤中，二性相違，必相改變，故爲革象也。君子以治歷明時者，天時變改，故須歷數，所以君子觀兹革象，脩治歷數，以明天時也。

又：九五：大人虎變，未占有孚。未占而孚，合時心也。疏：正義曰：九五居中處尊，以大人之德爲革之主，損益前王，創制立法，有文章之美，焕然可觀，有似虎變，其文彪炳。則是湯、武革命，廣大應人，不勞占決，信德自著，故曰大人虎變，未占有孚也。《象》曰：大人虎變，其文炳也。疏：正義曰：其文炳者，義取文章炳著也。

上六：君子豹變，小人革面。居變之終，變道已成，君子處之，能成其文。小人樂成，則變面以順上也。疏：正義曰：上六居革之終，變道已成，君子處之，雖不能同九五革命創制，如虎文之彪炳，然亦潤色鴻業，如豹文之蔚縟，故曰君子豹變也。小人革面者，小人處之，但能變其顏面，容色順上而已，故曰小人革面也。征凶，居貞吉。改命創制，變道已成，功成則事損，事損則无爲。故居則得正而吉，征則躁擾而凶也。疏：正義曰：革道已成，宜安静守正，更有所征則凶，居而守正則吉，故曰征凶，居貞吉也。《象》曰：君子豹變，其文蔚也。小人革面，順以從君也。疏：正義曰：其文蔚者，明其不能大變，故文炳而相暎蔚也。順以從君者，明其不能潤色立制，但順而從君也。

（唐）李鼎祚《周易集解・革》 九三，征凶，貞厲，【略】革言三就，有孚。【略】《象》曰：革言三就，又何之矣！崔憬曰：雖得位以正，而未可頓革，故以言就之。夫安者，有其危也。故受命之君，雖誅元惡，未改其命者，以即行改命，習俗不安，故曰征凶。猶以正自危，故曰貞厲。是以武王克紂，不即行周命，乃反商政，一就也。釋箕子囚，封比干墓，式商容閭，二就也。散鹿臺之財，發鉅橋之粟，大賚于四海，三就也。故曰：革言三就。

（宋）李衡《周易義海撮要・革》 九三，征凶，貞厲；革言三就，有孚。《象》曰：革言三就，有孚。【略】自初固中順之道，二則巳日乃孚，三則革道已成，宜守正嚴厲，以宣布命令也。若以征則凶矣。革道既成，法必更爲法制。更爲之始，不可不喻其則也。宣布制令，信不可爽，故言三就而有孚矣。三者，猶先甲三日，就謂誥之，使知也。牧。【略】

九四，悔亡，有孚，改命吉。《象》曰：改命之吉，信志也。【略】改命謂革之也，事敝而當革，行之以誠，上信而下順，則其吉可知矣。然四非中正，而至善，何也？曰：惟其處柔也。故剛而不過，近而不逼。順承中正之君，則上下信其志矣。是以吉也。伊。【略】

九五，大人虎變，未占有孚。《象》曰：大人虎變，其文炳也。居尊處中，爲革之主，損益前王，創制立法，有文章之美，煥然可觀。有似虎變，其文彪炳。則是湯武革命，順天應人，不勞占決，信德自著。正。

（宋）朱熹《周易本義・革》 革：巳日乃孚，元亨，利貞，悔亡。革，變革也。兑澤在上，離火在下，火然則水乾，水決則火滅。中少二女，合爲一卦，而少上中下，志不相得，故其卦爲革也。變革之初，人未之信，故必巳日而後信。又以其內有文明之德，而外有和説之氣，故其占爲有所更革，皆大亨而得其正，所革皆當，而所革之悔亡也。一有不正，則所革不信不通而反有悔矣。

又： 初九，鞏用黄牛之革。

鞏，九勇反。雖當革時，居初无應，未可有爲，故爲此象。鞏，固也。黄，中色。牛，順物。革所以固物，亦取卦名而義不同也。其占爲當堅確固守，而不可以有爲，聖人之於變革，其謹如此。

又： 九五，大人虎變，未占有孚。虎，大人之象。變，謂希革而毛毨也。在大人則自新新民之極，順天應人之時也。九五以陽剛中正爲革之主，故有此象。占而得此，則有此應。然亦必自其未占之時，人已信其如此，乃足以當之耳。

又： 上六，君子豹變，小人革面；征凶，居貞吉。

革道已成，君子如豹之變，小人亦革面以聽從矣。不可以往，而居正則吉。變革之事，非得已者，不可以過，而上六之才，亦不可以有行也，故占者如之。

（宋）李衡《周易義海撮要・革》 初九，鞏用黄牛，不可以有爲也。【略】革之道，不可驟有所爲，必須以仁義大中之道，鴻漸固結於下，使民心信而順從於己，然後可以大有爲而行變革之事也。今初九，但可固守中順而結之，未可大有爲也。胡。

（明）來知德《易經集注・革》 《彖》曰：革，水火相息；二女同居，其志不相得，曰革。巳日乃孚，革而信之；文明以説，大亨以正，革而當，其悔乃亡。天地革而四時成。湯武革命，順乎天而應乎人。革之時大矣哉！【略】

革而信之者，言革而人相信也。東征西怨，南征北怨，革而信之之事也。離之德明，兑之德悦。明則識事理而所革不苟，悦則順時勢而所革不驟。大亨者，除弊興利，一事之大亨也。伐暴救民，舉世之大亨也。以正者，揆之天理而順，即之人心而安也。又亨又正，則革之攸當，所以悔亡。正所謂革而信之也。陽極則陰生而革乎陽，陰極則陽生而革乎陰。故陰往陽來而爲春夏，陽往陰來而爲秋冬，四時成矣。命者，王者易姓受命也。王者之興，受命于天，故曰革命。天命當誅，順天也；人心共忿，應人也。天道改變，世道遷移，此革之大者。然要之同一時也。時不可革，天地聖人不能先時。時所當革，天地聖人不能後時。革之時不其大哉！故曰：禮，時爲大，順次之，體次之，宜次之，稱次之。堯授舜，舜授禹，湯放桀，武王伐紂，時也。

（清）孫星衍《周易集解・革》 巳日乃孚，元亨利貞，悔亡。【略】

注：夫民可與習常，難與適變。可與樂成，難與慮始。故革之爲道，即日不孚，

巳日乃孚也。孚，然後乃得元亨利貞悔亡也。巳日而不孚，革不當也，悔吝之所生，生乎變動者也。革而當，其悔乃亡也。

又： 上六，君子豹變，小人革面；征凶，居貞吉。【略】

注：居變之終，變道已成，君子處之，能成其文，小人樂成，則革面以順上也。改命創制，變道已成。功成則事損，事損則无爲，故居則得正而吉，征則躁擾而凶也。

《周易正義・鼎》 ䷱巽下離上。鼎：元吉，亨。革去故而鼎取新，取新而當其人，易故而法制齊明，吉然後乃亨，故先元吉而後亨也。鼎者，成變之卦也。革既變矣，則制器立法以成之焉。變而无制，亂可待也。法制應時，然後乃吉；賢愚有別，尊卑有序，然後乃亨，故先元吉而後乃亨。疏：正義曰：鼎者，器之名也。自火化之後鑄金，而爲此器以供烹飪之用，謂之爲鼎。亨飪成新，能成新法。然則鼎之爲器，且有二義：一有亨飪之用，二有物象之法，故《象》曰鼎，象也，明其有法象也。《雜卦》曰革去故而鼎取新，明其亨飪有成新之用。此卦明聖人革命，示物法象，惟新其制，有鼎之義，以木巽火，有鼎之象，故名爲鼎焉。變故成新，必須當理，故先元吉而後乃亨，故曰鼎，元吉，亨也。

《彖》曰：鼎，象也。法象也。疏：正義曰：明鼎有亨飪成新之法象也。以木巽火，亨飪也。亨飪，鼎之用也。疏：正義曰：此明上下二象有亨飪之用，此就用釋卦名也。聖人亨，以享上帝，而大亨以養聖賢。亨者，鼎之所爲也。革去故而鼎成新，故爲亨飪調和之器也。去故取新，聖賢不可失也。飪，孰也。天下莫不用之，而聖人用之，乃上以享上帝，而下以大亨養聖賢也。疏：正義曰：此明鼎用之美。亨飪所須，不出二種，一供祭祀，二當賓客。若祭祀則天神爲大，賓客則聖賢爲重，故質其牲大，則輕小可知。享帝直言亨，養人則言大亨者，享帝尚質，特牲而已，故直言亨。聖賢既多，養須飽飫，故亨上加大字也。巽而耳目聰明。聖賢獲養，則己不爲而成矣。故巽而耳目聰明也。疏：正義曰：此明鼎用之益。言聖人既能謙巽大養聖賢，聖賢獲養，則憂其事而助於己，明目達聰，不勞己之聰明，則不爲而成矣。柔進而上行，得中而應乎剛，是以元亨。謂五也。有斯二德，故能成新，而獲大亨也。疏：正義曰：此就六五釋元吉亨，以柔進上行，體已獲通，得中應剛，所通者大，故能制法成新，而獲大亨也。

《象》曰：木上有火，鼎。君子以正位凝命。凝者，嚴整之貌也。鼎者，取新成變者也。革去故而鼎成新。正位者，明尊卑之序也。凝命者，以成教命之嚴也。疏：正義曰：木上有火，即是以木巽火，有亨飪之象，所以爲鼎也。君子以正位凝命者，凝者，嚴整之貌也。鼎既成新，即須制法。制法之美，莫若上下有序，正尊卑之位，輕而難犯，布嚴凝之命，故君子象此以正位凝命也。

（宋）李衡《周易義海撮要・鼎》 鼎：无吉，亨。鼎之爲器，有二義，一有亨飪之用，二有物象之法。故《象》曰：鼎，象也，明其有法象也。《雜卦》曰：革去故，而鼎取新，明其亨飪有成新之用。此卦明聖人革命，示物法象，惟新其制，有鼎之義，以木巽火，有鼎之象，故名爲鼎焉。變故成新必須當理，故先元吉而後乃亨。正。

又： 《象》曰：木上有火，鼎。君子以正位凝命。【略】離明南方之卦，聖人南面而聽天下者此也。巽，順也。申命行權之謂也。正位凝命，蓋取諸此。佽。已革之後，立成器而爲法度，不可復變，以亂其制。故君子於此，正人倫之大法，正朝廷之綱紀，使君臣、父子、貴賤、尊卑之位一正而不可亂。禮樂刑政，朝廷命令之所出，一定而不可變。金。鼎者，神器至大、至重。正位凝命，法其重大不可遷移也。房。火出於木，然後變新以成飪；法出於人，所以救弊而繩下。君子始則易，正其服位，一民於新也。終則緩成其命令，息民於易也。坦。

（清）孫星衍《周易集解・鼎》 鼎，元吉亨。【略】

注：革去故而鼎取新，取新而當其人，易故而法制齊明，吉然後乃亨，故先元吉而後亨也。鼎者，成變之卦也。革既變矣，則制器立法以成之焉。變而无制，亂可待也。法制應時，然後乃吉。賢愚有別，尊卑有序，然後乃亨。故先元吉而後乃亨。

（明）來知德《易經集注・巽》 《象》曰：隨風，巽；君子以申命行事。

前風去而後風隨之，故曰隨風。申命者，隨風之象也。申命者所以曉諭于行事之先。行事者所以踐言于申命之後，其實一事也。商之《盤庚》，周之《洛誥》，諄諄于言語之間者，欲民曉知君上之心事，所以申命行事也。故建中之詔，雖不及商周而隨時救弊，亦未必無小補云。

（清）朱駿聲《六十四卦經解・巽》 九三，頻巽，吝。《象》曰：頻巽之吝，志窮也。【略】

坎爲水，爲憂，又乘陽无據，爲陰所乘，號令不行，故窮也。又爻變坎，入險也。卦之渙散也，令出屢改，衆志必散。

（宋）張載《橫渠易説・繫辭上》 變而通之以盡利。理勢既變，不能與時順通，非盡利之道。

（宋）司馬光《温公易説・繫辭下》 神農氏没，黃帝、堯、舜氏作，通共變，使民不倦。

法久必弊，爲民厭倦。

又： 《易》窮則變，變則通，通則久。是以自天祐之，吉无不利。

聖人守道不守法，故能通變。

（唐）李鼎祚《周易集解・序卦》革物者莫若鼎，故受之以鼎。

韓康伯曰：革去故，鼎取新，既以去故，則宜制器立法，以治新也。鼎所以和齊生物成新之器也。故取象焉。

（漢）孔安國傳　（唐）孔穎達正義《尚書正義・商書・盤庚上》

遲任有言曰：人惟求舊，器非求舊，惟新。遲任，古賢。言人貴舊，器貴新，汝不徙，是不貴舊。遲，直疑反，徐持夷反。任，而今反，馬云：古老成人。古我先王，暨乃祖乃父，胥及逸勤，予敢動用非罰？言古之君臣相與同勞逸，子孫所宜法之，我豈敢動用非常之罰脅汝乎？世選爾勞，予不掩爾善。選，數也。言我世世數汝功勤，不掩蔽汝善，是我忠於汝。選，息轉反，又蘇管反。掩，本又作弇。數，色主反。茲予大享于先王，爾祖其從與享之。古者天子録功臣配食於廟。大享，烝嘗也。所以不掩汝善。與音預。烝，之丞反。作福作災，予亦不敢動用非德。善自作福，惡自作災，我不敢動用非罰加汝，非德賞汝乎？從汝善惡而報之。疏：遲任至非德。正義曰：可遷則遷，是先王舊法。古之賢人遲任有言曰：人惟求舊，器非求舊，惟新。言人貴舊，器貴新，汝不欲徙，是不貴舊，反遲任也。古者我之先王及汝祖汝父相與同逸豫，同勤勞，汝爲人子孫，宜法汝父祖，當與我同其勞逸。我豈敢動用非常之罰脅汝乎？自我先王以至於我，世世數汝功勞，我不掩蔽汝善，是我忠於汝也。以此故我大享祭于先王，汝祖其從我先王與在宗廟而歆享之，是我不掩汝善也。汝有善自作福，汝有惡自作災，我亦不敢動用非德之賞妄賞汝，各從汝善惡而報之耳。其意而言從上必有賞，違命必有罰也。傳遲任至貴舊。正義曰：其人既没，其言立於後世，知是古賢人也。鄭玄云：古之賢史。王肅云：古老成人。皆謂賢也。傳選數至於汝。正義曰：《釋詁》云：算，數也。舍人曰：釋數之曰算。選即算也，故訓爲數。經言世世數汝功勞，是從先王至己常行此事，故云是我忠於汝也。言己之忠，責臣之不忠也。傳古者至汝善。正義曰：《周禮・大宗伯》祭祀之名，天神曰祀，地祇曰祭，人鬼曰享。此大享於先王，謂天子祭宗廟也。傳解天子祭廟，得有臣祖與享之意，言古者天子録功臣配食於廟，故臣之先祖得與享之也。古者孔氏據己而道前世也，此殷時已然矣。大享，烝嘗者，烝嘗是秋冬祭名，謂之大享者，以事各有對。若烝嘗對禘祫，則禘祫爲大，烝嘗爲小。若四時自相對，則烝嘗爲大，礿祠爲小。以秋冬物成，可薦者衆，故烝嘗爲大；春夏物未成，可薦者少，故礿祠爲小也。知烝嘗有功臣與祭者，案《周禮・司勳》云凡有功者，銘書於王之太常，祭於大烝，司勳詔之是也。嘗是烝之類，而傳以嘗配之，《魯頌》曰秋而載嘗是也。《祭統》云内祭則大嘗禘是也，外祭則郊社是也。然彼以祫爲大嘗，知此不以烝嘗時爲禘祫，而直據時祭者，以殷祫於三時，非獨烝嘗也。秋冬之祭，尚及功臣，則禘祫可知。惟春夏不可耳，以物未成故也。近代已來，惟禘祫乃祭功臣配食，時祭不及之也。近代已來，功臣配食各配所事之君，若所事之君其廟已毁，時祭不祭毁廟，其君尚不時祭，其臣固當止矣。禘祫則毁廟之主亦在焉，其時功臣亦當在也。《王制》云：犆礿，祫禘，祫嘗，祫烝，諸侯礿犆，禘，一犆一祫，嘗祫，烝祫。此《王制》之文，夏殷之制，天子春惟時祭，其夏秋冬既爲祫，又爲時祭。諸侯亦春爲時祭，夏惟作祫，不作祭，秋冬先作時祭，而後祫。周則春曰祠，夏曰礿，三年一祫在秋，五年一禘在夏，故《公羊傳》云：五年再殷祭。《禮緯》云：三年一祫，五年一禘。此是鄭氏之義，未知孔意如何。

（魏）何晏等注　（宋）邢昺疏《論語注疏・爲政》子張問：十世可知也？孔曰：文質禮變。子曰：殷因於夏禮，所損益，可知也。馬曰：所因，謂三綱五常。所損益，謂文質三統。周因於殷禮，所損益，可知也。其或繼周者，雖百世，可知也。物類相召，世數相生，其變有常，故可預知。疏：子張至知也。正義曰：此章明創制革命，因沿損益之禮。子張問：十世可知也者，弟子子張問於孔子：夫國家文質禮變，設若相承至於十世，世數既遠，可得知其禮乎？子曰：殷因於夏禮，所損益，可知也。周因於殷禮，所損益，可知也者，此夫子答以可知之事。言殷承夏后，因用夏禮，謂三綱五常不可變革，故因之也。所損益者，謂文質三統。夏尚文，殷則損文而益質；夏以十三月爲正，爲人統，色尚黑，殷則損益之，以十二月爲正，爲地統，色尚白也。其事易曉，故曰可知也。周因於殷禮，所損益可知也者，言周代殷立，而因用殷禮。及所損益，事事亦可知也。其或繼周者，雖百世，可知也者，言非但順知既往，兼亦預知將来。時周尚存，不敢斥言，故曰其或。言設或有繼周而王者，雖多至百世，以其物類相召，世數相生，其變有常，故皆可預知也。注馬曰至三統。正義曰：云三綱五常者，《白虎通》云三綱者何謂？謂君臣、父子、夫婦也。君爲臣綱，父爲子綱，夫爲妻綱。大者爲綱，小者爲紀，所以張理上下，整齊人道也。人皆懷五常之性，有親愛之心，是以綱紀爲化，若羅網有紀綱之而百目張也。所以稱三綱何？一陰一陽之謂道，陽得陰而成，陰得陽而序，剛柔相配，故人爲三綱，法天地人。君臣法天，取象日月屈信歸功也。父子法地，取法五行轉相生也。夫婦，取象人合陰陽有施。

（宋）朱熹《四書章句集注・論語集注・爲政》子曰：殷因於夏禮，所損益，可知也；周因於殷禮，所損益，可知也；其或繼周者，雖百世可知也。馬氏曰：所因，謂三綱五常。所損益，謂文質三統。愚按：三綱，謂：君爲臣綱，父爲子綱，夫爲妻綱。五常，謂：仁、義、禮、智、信。文質，謂：夏尚忠，商尚質，周尚文。三統，謂：夏正建寅爲人統，商正建丑爲地統，周正建子爲天統。三綱五常，禮之大體，三代相繼，皆因之而不能變。其所損益，不過文章制度小過不及之間，而其已然之迹，今皆可見。則自今以往，或有繼周而王者，雖百世之遠，所因所革，亦不過此，豈但十世而已乎！聖人所以知來者蓋如此，非若後世讖緯術數之學也。胡氏曰：子張之問，蓋欲知來，而聖人言其既往者以明之也。夫自修身以至於爲天下，不可一日而無禮。天敘天秩，人所共由，禮之本也。商不能改乎夏，周不能改乎商，所謂天地之常經也。若乃制度文爲，或太過則當損，或不足則當益。益之損之，與時宜之，而所因者不壞，是古今之通義也。因往推來，雖百世之遠，不過如此而已矣。

《論語注疏・雍也》 子曰：齊一變，至於魯，魯一變，至於道。包曰：言齊魯有太公周公之餘化，太公大賢周公聖人，今其政教雖衰，若有明君興之，齊可使如魯，魯可使如大道行之時。疏：子曰齊一變至於魯，魯一變至於道。正義曰：此章言齊魯有太公周公之餘化，太公大賢，周公聖人。今其政教雖衰，若有明君興之，齊可一變，使如於魯，魯可一變，使如於大道行之時也。

（明）胡廣《論語集註大全・雍也》 子曰：齊一變，至於魯；魯一變，至於道。孔子之時，齊俗急功利，喜夸詐，乃霸政之餘習。魯則重禮教，崇信義，猶有先王之遺風焉。雙峯饒氏曰俗由於政，桓公富國強兵，故其俗急功利，假借仁義，故其俗喜夸詐。魯周公之後，周禮盡在，其重禮法可知。至漢初，猶爲項羽城守不下，其崇信義可知。但人亡政息，不能無廢墜耳。道，則先王之道也。言二國之政俗有美惡，故其變而之道有難易。慶源輔氏曰：廢其法而衰替易復，更其法而富強者難變，俗以政革政以道恊，政有美惡，故俗有醇疵，至於變而之道，則盡善盡美無以復加矣。雲峯胡氏曰：先儒云王伯之辨莫如孟子，不知夫子此章所以辨王伯者嚴矣。道，王道也。當孔子之時，齊有伯政之餘習，變而之王道極難，變而僅可如孔子之時之魯耳。魯則猶有先王之遺風，一變可至於道。集註：政俗有美惡，美者，先王之遺風；惡者，伯政之餘習。即此可見尊王賤伯之意。程子曰：夫子之時齊強魯弱，孰不以爲齊勝魯也。然魯猶存周公之法制，齊由桓公之霸，爲從簡尚功之治，太公之遺法變易盡矣。魯齊王氏曰：閔元年，齊仲孫湫謂桓公曰魯猶秉周禮。哀十一年季孫欲用田賦，使冉有訪諸仲尼，仲尼曰：且子季孫欲行而法，則周公之典在。昭二年，晉韓宣子適魯，見易象與魯春秋，曰：周禮盡在魯矣。吾乃今知周公之德與周之所以王，此所謂猶存周公之法制也。《國語》管仲爲政制國爲二十一都。註云：此非周制不立卒伍、不脩甲兵。作内政而寄軍令，則可速得志於天下。注云：内政，國政也，此所謂從簡也，桓公令官長期而書伐蓋期年報功，此所謂尚功者也。

《宋史》卷一七七《食貨志上五》 司馬光復奏：

今免役之法，其害有五：上戶舊充役，固有陪備，而得番休，今出錢比舊費特多，年年無休息。下戶元不充役，今例使出錢。舊日所差皆土著良民，今皆浮浪之人應募，無顧藉，受賕，侵陷官物。又農民出錢難於出力，若遇凶年，則賣莊田、牛具、桑柘，以錢納官。提舉常平倉司惟務多斂役錢，廣積寬剩。此五害也。

今莫若直降敕命，盡罷天下免役錢，其諸色役人，並依熙寧元年以前舊法人數，委本縣令佐揭簿定差。其人不願身自供役，許擇可任者雇代，有逋逃失陷，雇者任之。惟衙前一役，最號重難，固有因而破產者，爲此始作助役法。自後色色優假，禁止陪備，別募命官將校部押遠綱，遂不聞更有破產之人；若今衙前仍行差法，陪備既少，當不至破家。若猶矜其力難獨任，即乞如舊法，於官戶、寺觀、單丁、女戶有屋產月收僦直可及十五千、莊田中熟所收及百石以上者，並隨貧富以差出助役錢，自餘物產，約此爲準。每州椿收，候有重難役使，即以支給。

尚慮役人利害，四方不能齊同。乞許監司、守令審其可否，可則亟行，如未究盡，縣許五日具措畫上之州，州一月上轉運司。轉運司季以聞。朝廷委執政審定，隨一路一州各爲之敕，務要曲盡。然免役行之近二十年，富戶習於優利，一旦變更，不能不懷異同。又差役復行，州縣不能不有小擾，提舉官專以多斂役錢爲功，必競言免役錢不可罷。當此之際，願勿以人言輕壞良法。

（宋）李燾《續資治通鑑長編》卷二二一《宋神宗熙寧四年》 戊子，上已假，上召二府對資政殿，出陝西轉運使奏慶州軍亂示之，上深以用兵爲憂。文產博曰：朝廷施爲，務合人心，以靜重爲先。凡事當兼采衆論，不宜有所偏聽。陛下即位以來，勵精求治，而人情未安，蓋更張之過也。祖宗以來法制，未必皆不可行，但有廢墜不舉之處耳。上曰：三代聖王之法，固亦有弊，國家承平百年，安得不小有更張？王安石曰：朝廷但求民害者去之，有何不可？萬事頹墮如西晉之風，茲益亂也。吳充曰：朝廷舉事，每欲便民，而州縣奉行之吏多不能體陛下意，或成勞擾，至於救敝，亦宜以漸。上頷之。

（宋）李燾《續資治通鑑長編》卷三七〇《宋哲宗元祐元年》 是月，

殿中侍御史呂陶言：【略】一曰先帝之法豈可遽改，他日嗣皇親決萬機，則吾屬皆有罪；二曰國家用度至廣，非取於民何以足，今一切蠲放餘利，則遂見闕乏；三曰司馬光老且疾，將不能終其事。萌此心者，蔡確、韓縝、章惇、張璪是也。安燾、李清臣則依阿其間，俯仰徘徊，以伺勢之所在而歸之爾。

謂先帝之法不可遽改乎？則三王之政，不免有敝，爲其有敝而改之，所以宜民利物，而全其治體。臣嘗觀去年正月甲辰詔書，乃曰：嘉與四海，洗心自新。則先帝彼時已知法之爲敝，有欲改之意矣。今太皇太后以母道臨制天下，順元元之所欲，而與時損益，蓋以成先帝之志也。且君子愛人以德，小人愛人以姑息。責難於君爲之忠，謂吾君不能謂之賊，今之大臣欲改法者，使天下無憾於先帝，是待其君甚厚，而愛之以德也，於先帝爲忠也。其不欲改，使天下有憾於先帝，是待其君甚薄，而愛之以姑息也。恭惟皇帝陛下，端重仁孝，出自天縱，他時親總萬機，而見天下有太平之實，追觀今日之事，是非得失，回覽其端，則必以厚於先帝而愛之以德者爲是，薄於先帝而愛之以姑息者爲非，忠於其君者爲得，賊於其君者爲失矣。然則欲改法者，他日將至於無罪，不欲改者，他日將至於有罪，不當私憂而過計也。謂國家用度非取於民不能足乎？則今日之議法，非不取也，惟患小人苛刻而取之多，故參酌中道，而除去煩苛，乃百姓足，君孰與不足之義也。伏惟太皇太后陛下慈愛恭儉，德與性成，内無土木遊玩華靡之費，外無干戈攻戰過濫之賞，節用裕民，既得其道，何俟過取而後給哉！謂司馬光老且病，將不能終其事乎，則修講法度，本爲宗社萬世之計，不問光之存亡。假使光雖物故，而朝廷圖治之意，豈肯中輟哉？亦何必望望然幸光之死，謀人之國，而立意如此，是昔日負先帝，今日負陛下也。

（宋）李燾《續資治通鑑長編》卷四二三《宋哲宗元祐四年》　臣謹按：天下之治，有不可不因者，有不可不革者。可因者，雖亂世猶因之，故周武王克商，反商政，政由舊是也。可革者，雖父道猶革之，故漢文除肉刑，至景帝改之；漢武造鹽鐵、榷酤等，至昭帝罷之是也。自二聖臨政，首進任司馬光，其餘輔臣繼有出入者，天下之人曉然知道之所在，延頸跂踵，以望新政。而陛下又能虚己公心，開廣言路，延納忠讜於天下，無有遠邇，上章論事，願改政令者，莫知其數，而聖慮深遠，猶再三謹重，有不獲已，方取十之一二最大者，詔講議施行之。如青苗、免役、保甲、保馬、市易之類，敢不改乎？改之所以順人心、救民命爾，豈喜變更哉？試考察今日百姓安與不安，便與不便，則改更是耶非耶，立可見矣。若謂凡繼體之君，於先朝之政皆不可改，則古聖帝明王繼政而有改者皆非耶？我祖宗之法，有久而不便者，先帝嘗改之矣，亦可以爲非邪？知所宜因，知所宜革，是先帝之志也。

（清）徐乾學《資治通鑑後編》卷六六《宋紀六六》　甲子，以提點江南東路刑獄王安石爲度支判官。安石獻書萬言，極陳當世之務。其畧曰：今天下之財力日以困窮，而風俗日以衰壞，患在不知法度故也。法先王之政者，當法其意而已。法其意，則吾所改易更革不至乎傾駭天下之耳目，囂天下之口而固已，合乎先王之政矣。又曰：方天下之人才，未嘗不自人主陶冶而成之。所謂陶冶而成之者，亦教之養之取之任之，有其道而已。今之教者非特不能成人之才又從而困苦毀壞之，使不得成才。又曰困天下之力以生天下之財，取天下之財以供以天下之費，自古治世未嘗以財不足爲公患也，患在治財無其道耳。又曰：在位之人才既不足矣，而閭巷草野之間亦少可用之才。非特行先王之政而不得也。社稷之託，封疆之守，陛下其能久以天幸爲常而無一旦之憂乎？臣願陛下鑒漢唐五代之所以亂亡，懲晉武苟且因循之禍，明詔大臣，思所以陶成天下人才，慮之以謀，計之以數，爲之以漸，期合於當世之變，而無負於先王之意，則天下之人才不勝用矣。《大事記》曰：安石上書於嘉祐，亦謂方今法度不合先王之政，朝廷欲有所施爲變革。一有流俗僥倖之人不悦而非之，遂止而不敢爲。蓋指慶曆而言，而安石變法之藴，亦畧見於此書。特安石更變之説與仲淹同，而更變之意則與仲淹異耳。嗚呼！使慶曆之法盡行，則熙豐之法不變，使仲淹之言得用，則安石之言可塞。今仲淹之志不盡行於慶曆，安石之學不用於嘉祐，而乃盡用於熙寧，世道升降之機，識者又於此而三致意焉。

（清）徐乾學《資治通鑑後編》卷七六《宋紀七六》　乙巳，詔翰林學士王安石越次入對。安石本楚士，未知名於中朝。以韓呂二族爲臣室，欲借以取重。故深韓絳、韓維及呂公著友三人更游揚之，名始盛。帝在藩邸，維爲記室，每講説見稱，輒曰此維友王安石之説也。及爲太子庶子又薦以自代，帝由是想見其人。甫即位，命知江寧府，數月召爲翰林學士，兼侍講。至是，始造朝入對。帝問爲治所先。對曰：擇術爲先。帝曰：唐太宗何如？曰：陛下當法堯舜，何以太宗爲哉？堯舜之道至簡而不煩，至要而不迂，至易而不難。但末世學者不能通知，以爲高不可及耳。帝曰：卿可謂責難於君矣。然朕自視眇然，恐無以副卿此意。卿悉意輔朕，庶幾同濟此道。又問安石：祖宗守天下能百年無大變，粗致太平，以何道也？安石退而奏書，其畧曰：太祖躬上智獨見之明，而周知人物之情僞，指揮付託，必盡其材，變置施設，必當其務，故能駕馭將帥，訓齊士卒，外以扞夷狄，內以平中國。於是，除苛賦，止虐刑，廢彊横之藩鎮，誅貪殘之官吏。躬以簡儉爲天下先，其於出政發令之間，一以安利元元爲事。太宗承之以聰武，真宗守之以謙仁，以至仁宗英無有逸德。此所以享國百年，而天下無事也。然本朝累世因循末俗之弊，而無親友羣臣之義。人君朝夕與處，不過宦官、女子。出而視事，又不過有司之細故。未嘗如古大有爲之君，與學士大夫討論先王之法，以措之天下也。一切因任自然之理勢，而精神之運有所不加，名實之間有所不察。君子非不見貴，然小人亦得厠其間。正論非不見容，然邪説亦有時而用。以詩賦記誦求天下之士，而無學校養成之法，以科名資格敘朝廷之位，而無官司課試之方。監司無檢察之人，守將非選擇之吏，轉徙之亟，既難於考績，而游談之衆，因得以亂真。交私養望者，多得顯官，獨立營職者，或見排沮。故上下偷惰，取容而已，雖有能者在職，亦無以異於庸人。農民壞於差役，而未嘗特見捄卹，又不爲之設官，以修其水土之利。兵士雜於疲老，而未嘗申勑訓練，又不爲之擇將，而久其疆場之權。宿衛則聚卒伍無賴之人，而未有以變五代姑息羈縻之俗。宗室則無教訓選舉之實，而未有以合先王親踈隆殺之宜。其於理財，大抵無法。故雖儉約而民不富，雖勤憂而國不彊。賴非夷狄昌熾之時，又無堯湯水旱之變，故天下無事過於百年。雖曰人事亦天助也，伏惟陛下躬上聖之資，承無窮之緒，知天助之不可常，知人事之不可怠。然則大有爲之時，正在今日。臣不敢輒廢將明之義，而苟逃忌諱之誅。陛下幸赦，而留神天下之福也。明日，帝謂安石曰：昨閲卿所奏書，可謂精畫，計治道無出於此。所條衆失，卿必已一一經畫，試爲朕詳言施設之方。安石曰：遽數之不可盡。願陛下以講學爲事，講學既明，則施設之方不言而自喻矣。

（清）徐乾學《資治通鑑後編》卷七七《宋紀七七》 庚辰，御邇英閣司馬光讀《通鑑》至漢曹參代蕭何事。曰：參不變何法得守成之道。故孝惠高后時，天下晏然，衣食滋殖。帝曰：漢常守蕭何之法，不變可乎？光曰：何獨漢也。使三代之君，常守禹湯文武之法，雖至今存可也。漢武帝取高帝約束紛更，盜賊半天下。元帝改宣帝之政，而漢業遂衰。由此言之，祖宗之法不可變也。

又： 壬午，呂惠卿進講。因言先王之法，有一歲一變者，《月令·季冬》飭國典以待來歲之宜。《周禮》始和布法於象魏是也。有數歲一變者，唐虞五載修五禮，十一歲修法則是也。有一世一變者，刑罰世輕世重是也。有數十世而變者，夏貢、商助、周徹、夏校、商序、周庠之類是也。有雖百世不變者，尊尊、親親、貴貴、長長，尊賢使能是也。臣前日見司馬光以爲漢惠文景三帝皆守蕭何之法而治，武帝改其法而亂，宣帝守其法而治，元帝改其法而亂。臣按：何雖約法三章，其後乃以爲九章，則何已不能自守其法矣。惠帝除挾書律三族令，文帝除誹謗妖言，除祕祝法，皆蕭何法之所有。而惠與文除之，景帝又從而因之，則非守蕭何之法而治也。帝召光前，謂光曰：其言如何？光曰：布法象魏，布舊法也。何名爲變？諸侯有變，禮易樂者，王巡狩則誅之，王不自變也。刑新國用輕典，亂國用重典，是爲世輕世重，非變也。且治天下譬如居室，敝則修之，非大壞不更造也。大壞而更造，非得良匠美材不成。今二者皆無有，臣恐風雨之不庇也。公卿侍從皆在此，願陛下問之三司，使掌天下財，不才而黜可也，不可使兩府侵其事。今爲制置三司條例司，何也？宰相以道佐人主，安用例？苟用例則胥吏足矣。今爲看詳中書條例司，何也？惠卿不能對，以他語詆光。帝曰：相與論是非耳，何至是？光又言青苗之弊，曰：平民舉錢出息尚能蠶食下戶，況縣官督責之威乎？惠卿曰：青苗法願則與之，不願不強也。光曰：愚民知取債之利，不知還債之害，非獨縣官不強，富民亦不強也。昔太宗平河東，立和糴法，以給戍卒。時米斗十錢，民樂與官爲市。其後物貴而和糴不解，遂爲河東世世患。臣恐異日之青苗亦猶是也。帝曰：陝西行之久矣，民不以爲病。光曰：臣陝西人也，見其病未見其利，朝廷初不許，有司尚以病民，矧法許之耶。

（宋）李幼武《宋名臣言行録外集》卷一四《劉清之　靜春先生》

常歎曰：介甫不憑註疏，欲修聖人之經，不憑今之法令，欲新天下之法，可謂知務茀出於己者，反不逮舊。故上誤裕陵以至於今，後之君子必不安於註疏之學，必不局於法令之文。此二者既正則人才自出，治道自舉。

（宋）吕中《宋大事記講義》卷一九《哲宗皇帝·家法》　元祐八年正月，范祖禹上《仁皇訓典》。先是，上帝學八篇曰：今人有寶器猶且愛惜之，况祖宗百三十年全盛之天下，可不務學以守之乎？

我朝以學爲家法，故欲守祖宗之法，當務祖宗之學。此帝學一書極言我朝百三十年海内承平，由祖宗無不好學故也。至於上《仁皇訓典》又曰：一祖五宗畏天愛民，後嗣子孫皆當取法。而仁宗在位最久，德澤最深，宜專法仁宗。蓋漢唐而天下言家法者莫如我朝，我朝家法之粹者，莫如仁宗。是意也元祐諸臣知之，熙寧不知也，紹聖不知也。獨契丹與其宰相議曰：南朝專法仁宗故事，可勑燕京留守戒吏毋生事。夷狄猶知，爲臣者獨不知之乎？

（清）王夫之《讀通鑑論》卷四《漢宣帝》　耿壽昌常平之法，利民之善術也，後世無能行之者，宋人倣之，而遂流爲青苗。故曰：非法之難，而人之難也。三代封建之天下，諸侯各有其國，其地狹，其民寡，其事簡，則欲行常平之法也易。然而未嘗行者，以生生之計，寬民於有餘，民自得節宣焉，不必上之計之也。上計之而民視以爲法，視以爲法，則憚而不樂於行，而黠者又因緣假借以售其姦。故三代之制，裕民而使自爲計耳。雖提封萬井之國，亦不能總計數十年之豐歉而早爲之制也。郡縣之天下，財賦廣，而五方之民情各異，其能以一切之治爲治乎？

然則常平之制不可行與？曰：常平者，利民之善術，何爲而不可行也？因其地，酌其民之情，良有司制之，鄉之賢士大夫身任而固守之，可以百年而無弊，而非天子所可以齊一天下者也。壽昌行之而利，亦以通河東、上黨、太原、弘農之粟於京師而已矣。

（清）王夫之《讀通鑑論》卷二一《唐高宗》　法無有不得者也，亦無有不失者也。先王不恃其法，而恃其知人安民之精意。若法，則因時而參之。禮樂刑政，均四海、齊萬民、通百爲者，以一成純而互相裁制。舉其百，廢其一，而百者皆病；廢其百，舉其一，而一可行乎？浮慕前人之一得，夾糅之於時政之中，而自矜復古，何其窒也？

又：　讀古人之書，以揣當世之務，得其精意，而無法不可用矣。於此而見此之長焉，於彼而見彼之得焉。一事之效，一時之宜，一言之傳，偏據之而曰三代之隆、兩漢之盛恃此也，以固守而行之者王安石，以假竊而行之者王莽而已。何易由言哉？知人安民，帝王之大法也，知之求其審也，安之求其適也，所以知、所以安，非一切之法竄亂於時政變遷之中，王不成王，霸不成霸，而可不僨亂者也。庸醫雜表裏、兼温凉以飲人，强者篤，弱者死，不亦傷乎！

（清）孫星衍《孔子集語》卷一六《寓言上》　孔子西遊於衛，顔淵問師金曰：以夫子之行爲奚如？師金曰：惜乎而夫子其窮哉！顔淵曰：何也？師金曰：夫芻狗之未陳也，盛以篋衍，巾以文繡，尸祝齊戒以將之；及其已陳也，行者踐其首春，蘇者取而爨之而已。將復取而盛以篋衍，巾以文繡，遊居寢臥其下，彼不得夢，必且數眯焉。今而夫子亦取先王已陳芻狗，取弟子遊居寢臥其下，故伐樹於宋，削迹於衛，窮於商周，是非其夢邪？圍於陳蔡，七日不火食，死生相與鄰，是非其眯邪？夫水行莫如用舟，而陸行莫如用車，以舟之可行於水也，而求推之於陸，則没世不行。尋常古今，非水陸與？周魯非舟車與？今蘄行周於魯，是猶推舟於陸也。勞而無功，身必有殃。彼未知夫無方之傳，應物而不窮者也。且子獨不見夫桔槔者乎？引之則俯，舍之則仰，彼人之所引，非引人也，故俯仰而不得罪於人。故夫三皇五帝之禮義法度，不矜於同，而矜於治。故譬三皇五帝之禮義法度，其猶相梨橘柚邪？其味相反而皆可於口。故禮義法度者，應時而變者也。今取猨狙而衣以周公之服，彼必齕齧挽裂，盡去而後慊。觀古今之異，猶猨狙之異乎周公也。故西施病心而矉其里，其里之醜人見而美之，歸亦捧心而矉其里，其里之富人見之，堅閉門而不出；貧人見之，挈妻子而去之走。彼知美矉而不知矉之所以美。惜乎！而夫子其窮哉！

《子思子全書·鳶魚》　哀公問政，仲尼曰：凡事豫則立，不豫則廢。言前定則不跲，事前定則不困，行前定則不疚，道前定則不窮。

（漢）桓寬《鹽鐵論·遵道》　丞相史進曰：晉文公譎而不正，齊桓公正而不譎，所由不同，俱歸於霸。而必隨古不革，襲故不改，是文質不變，而椎車尚在也。故或作之，或述之，然後法令調於民，而器械便於用也。孔對三君殊意，晏子相三君異道，非苟相反，所務之時異也。公卿既定大業之路，建不竭之本，願無顧細故之語，牽儒、墨論也。

文學曰：師曠之調五音，不失宫商。聖王之治世，不離仁義。故有改制之名，無變道之實。上自黄帝，下及三王，莫不明德教，謹庠序，崇仁義，立教化。此百世不易之道也。殷、周因循而昌，秦王變法而亡。《詩》云：雖無老成人，尚有典刑。言法教也。故没而存之，舉而貫之，貫而行之，何更爲哉？

丞相史曰：説西施之美無益於容，道堯、舜之德無益於治。今文學不言所爲治，而言以治之無功，猶不言耕田之方，美富人之囷倉也。夫欲粟者務時，欲治者因世。故商君昭然獨見存亡不可與世俗同者，爲其沮功而多近也。庸人安其故，而愚者果所聞。故舟車之治，使民三年而後安之。商君之法立，然後民信之。孔子曰：可與共學，未可與權。文學可令扶繩循刻，非所與論道術之外也。

文學曰：君子多聞闕疑，述而不作，聖達而謀大，叡智而事寡。是以功成而不隳，名立而不頓。小人智淺而謀大，羸弱而任重，故中道而廢，蘇秦、商鞅是也。無先王之法，非聖人之道，而因於己，故亡。《易》曰：小人處盛位，雖高必崩。不盈其道，不恆其德，而能以善終身，未之有也。是以初登于天，後入于地。禹之治水也，民知其利，莫不勸其功。商鞅之立法，民知其害，莫不畏其刑。故夏后功立而王，商鞅法行而亡。商鞅有獨智之慮，世乏獨見之證。文學不足與權當世，亦無負累蒙殃也。

（漢）劉向《説苑》卷七《政理》 齊桓公問於管仲曰：國何患？管仲對曰：患夫社鼠。桓公曰：何謂也？管仲對曰：夫社束木而塗之，鼠因往託焉。燻之，則恐燒其木；灌之，則恐敗其塗。此鼠所以不可得殺者，以社故也。夫國亦有社鼠，人主左右是也。内則蔽善惡於君上，外則賣權重於百姓。不誅之則爲亂，誅之則爲人主所察。據腹而有之，此亦國之社鼠也。人有酤酒者，爲器甚潔，清置表甚長而酒酸不售。問之里人其故。里人云公之狗猛，人挈器而入且酤公酒，狗迎而噬之。此酒所以酸不售之故也。夫國亦有猛狗，用事者也。有道術之士欲明萬乘之主，而用事者迎而齕之，此亦國之猛狗也。左右爲社鼠用事者爲猛狗，則道術之士不得用矣，此治國之所患也。

（宋）黎靖德《朱子語類》卷三三《論語十五·雍也篇》 齊經小白，法度盡壞。今須一變，方可至魯，又一變，方可至道。魯却不曾變壞，但典章廢墜而已。若得人以修舉之，則可以如王道盛時也。

又： 問：注謂施爲緩急之序，如何？曰：齊自伯政行，其病多。魯則其事廢墜不舉耳。齊則先須理會他許多病敗了，方可及魯。魯則修廢舉墜而已，便可復周公之道。問：孔子治齊，則當於何處下手？曰：莫須先從風俗上理會去。然今相去遠，亦不可細考。但先儒多不信《史記》所載太公伯禽報政事。然細考來，亦恐略有此意，但傳者過耳。廣。

問《集注》云云。曰：不獨齊有緩急之序，魯亦有緩急之序。如齊功利之習所當變，便是急處。魯紀綱所當振，便是急處。或問：功利之習，爲是經桓公管仲所以如此否？曰：太公合下便有這意思，如舉賢而尚功，可見。恪。

問：施爲緩急之序如何？曰：齊變只至於魯，魯變便可至道。問：如此則是齊變爲緩，而魯變爲急否？曰：亦不必恁分。如變齊，則至魯在所急，而至道在所緩。至魯，則成箇樸子，方就上出光采。淳。

讀齊魯之變一章，曰：各有緩急。如齊功利之習，若不速革，而便欲行王化，魯之不振，若不與之整頓，而却理會其功利之習，便是失其緩急之序。時舉。

（清）唐甄《潛書》下篇上《匪更》 唐子曰：吾何欲變哉！順情合義而仍之者也。於其所當正而正之，則職盡；於其所當省而省之，則官清；厚其禄，則臣勸；專其養，則民安；通其窮，則財用足。如是，則上下同欲，民心大悦，自然之理，豈變之爲乎！君子行法，爲從爲更，何常之有！行之而民悦，則行之，從其所欲也。行之而民不悦，則不行，更其所不欲也。且衰世習行之政，有必不可仍者。古人有言曰：聖人之興也，不相襲而王；夏殷周之衰也，不易禮而滅。葢禮之既壞，如美木積久而有蠹朽，不可以爲宫室。是以聖人之興也，隨時制法，因情制禮，豈有不宜者！

又： 有有爲之君臣，奮興在位，去因仍之舊法，殫制作之精思，慎慮時宜，講論典禮，審量法度，歸於百姓之便利，以發四海之塵蒙。於斯之時，官墮其職守，民之苦於敝法久矣。一朝棄其舊而新是圖，宜民宜俗，安之如固有之，是服新緇衣也。然則陳晦縿裂，已屬委棄，取而服之，是謂變常。燦燦在身，不易其制，委蛇合度，是謂從舊。新舊之故，從變之宜，唯精義者爲能通天下之故，類民物之情。人君不明，執政不敏，司牧不勤，謹守舊制。惡政令之不行，飛牒文示，徧於天下，制爲斬流之刑以懼之。卒之民玩坐廢，斬流亦不行，朝廷亦不復問，謂之無官無政可也。《詩》曰：不愆不忘，率由舊章。其予言之謂矣。

（清）黄宗羲《明夷待訪録・取士上》 取士之弊，至今日制科而極矣。故毅宗嘗患之也，爲拔貢、保舉、准貢、特授、積分、换授，思以得度外之士。乃拔貢之試，猶然經義也，考官不遺詞臣，屬之提學，既已輕於解試矣。保舉之法，雖曰以名取人，不知今之所謂名者何憑也，勢不得不雜以賄賂請託。及其捧檄而至，吏部以一義一論試之，視解試爲尤輕矣。准貢者用解試之副榜，特授者用會試之副榜。夫副榜，黜落之餘也。其黜落者如此之重，將何以待中式者乎？積分不去貲郎，其源不能潰也；换授以優宗室，其教可不豫乎！凡此六者，皆不離經義，欲得勝於科目之人，其法反不如科目之詳，所以徒爲紛亂而無益於時也。

又： 餘謂當復墨義古法，使爲經義者全寫注疏大全、漢宋諸儒之説，一一條具於前，而后申之以已意，亦不必墨守一先生之言。

《莊子・外篇・天運》 且子獨不見夫桔槔者乎？引之則俯，舍之則仰。彼，人之所引，非引人也，故俯仰而不得罪於人。故夫三皇五帝之禮義法度，不矜於同而矜於治。故譬三皇五帝之禮義法度，其猶柤梨橘柚邪！其味相反而皆可於口。

故禮義法度者，應時而變者也。今取猨狙而衣以周公之服，彼必齕齧挽裂，盡去而後慊。觀古今之異，猶猨狙之異乎周公也。故西施病心而矉其里，其里之醜人見之而美之，歸亦捧心而矉其里。其里之富人見之，堅閉門而不出，貧人見之，挈妻子而去走。彼知矉美而不知矉之所以美。惜乎，而夫子其窮哉！

（宋）杜道堅《文子纘義》卷一一《上義篇》 老子曰：天下幾有常法哉？當于世事，得于人理，順于天道，詳于鬼神，即可以正治矣。昔者三皇無制令而民從。五帝有制令而無刑罰。夏后氏不召言，殷人誓，周人盟，末世之衰也。忍垢而輕辱，貪得而寡羞。故法度制令者，論民俗而節緩急器械者因時變而制宐適，夫制于法者，不可與遠舉。拘禮之人不可使應變。必有獨見之明，獨聞之聰，然後能擅道而行。夫知法之所由生者即應時而變。不知治道之源者，雖循終亂。今爲學者循先襲業，握篇籍，守文法，欲以爲治，猶持方枘而内圓鑿也。欲得宐適亦難矣。夫存危治亂，雖智不能。道先稱古，雖愚有餘。故不用之法，聖人不行也。不驗之言，明主不聽也。【略】聖人立法本爲禁姦惡，平冤抑，保人民也。三皇無制令而從。五帝而下所布法令賞罰代各不同者，時變故也。明主其可不究乎？

（宋）杜道堅《文子纘義》卷一八《上禮篇》 老子曰：古者被髮而無卷領以王天下，其德生而不殺，與而不奪，天下非其服，同懷其德。當此之時，陰陽和平，萬物蕃息。飛鳥之巢可俯而探也，走獸可係而從也。及其衰也，鳥獸蟲蛇皆爲民害。故鑄鐵鍛刃以禦其難。故民迫其難則求其便，因其患則操其備，各以其智去其所害，就其所利。常故不可循，器械不可因。故先生之法度，有變易者也。故曰：名可名，非常名也。五帝異道而德覆天下，三王殊事而名後世。因時而變者也。譬猶師曠之調五音也。所推移上下，無常尺寸以度而靡不中者。故通于樂之情者能作音。有本主于中而知規矩、鉤繩之所用者，能治人。故先王之制不宜即廢之。末世之事，善即著之。故聖人之制禮樂者，不制于禮樂，制物者不制于物，制法者不制于法。故曰：道可道，非常道也。

（晉）葛洪《抱朴子》外篇卷三《博喻》 抱朴子曰：法無一定，而慕權宜之隨時。功不倍前，而好屢變以偶俗。猶剸高馬以適卑車，削附踝以就褊履，斷長劍以赴短鞞，割尺璧以納促匣也。

（清）戴望《管子校正・侈靡》 俱賢若何？問之，曰：忽然易卿而移，黜不肖，立仁賢。忽然易事而化。去故而取新，變而足以成名，革變舊弊，故成名。承弊而民勸之。承先代之弊而成能名，故民勸勉之也。慈種而民富，流慈以勉種故人富。應言待感，與物俱長。應物而後言，待感而後動所謂應天順人者也，故與物俱長也。故日月之明，所謂與日月齊其明。應風雨而種，風時雨若，則以君禮不失故也。天之所覆地之所載，斯民之良也。君子者，德苞天地，首出庶物，有生莫能踰。故曰人之良。不有而醜天地，非天子之事也。不有上事，而又醜惡天地之化，此非天子之事。民變而不能變，是棁之稅反，之傅革。棁，柱也，革，皮也。棁之傅革，則外革而內不革也。今人變而君不能變，亦外革而內不革之類，故取喻焉。有革而不能革，不可服。可革則不革，而人有輕君之心，故不服也。民死信，人無信不立，故死在信也。諸侯死化。變通之以盡利不化，則利竭故死。

忽然易卿而移，忽然易事而化，變而足以成名。丁云：卿當爲鄉。俞云：管子意謂鄰國之君俱賢，則不得王，故必待其有變，忽然而易鄉，忽然而易事，皆就鄰國言之。易鄉而移二句，皆謂變而不善，使我有可乘之機也。承弊而民勸之，宋本民作名。丁云：承當爲拯，言拯救其弊。慈種而民富。丁云：慈讀曰滋。《説文》：茲草木多益。滋，益也。種殖繇茂，故民富一日滋，亦種也。楚詞：余既滋蘭之九畹兮，注：滋，蒔也。《一切經音義》三：滋，古文孖稵二形同。《玉篇》稵，益也，與滋同。一曰蒔也。應言待感。張云，言疑呰字之誤。呰，古時字，下文云。變之美者應其時。故日月之明。俞云：故，放字之誤。《唐石經》桓九年《穀梁傳》，則是放命也。今本放誤作故。放日月之明。正尹注所謂與日月齊其明者。若作故字，則文義未足矣。應風雨而種。張云種疑動字，誤。不有而醜天地非天子之事也。丁云《形勢篇》曰：有聞道而好定萬物者，天地之配也。此醜字或配之誤。民變而不能變，是棁之傅革。有革而不能革，不可服。丁云：棁當爲毤，《輕重甲篇》：請文皮毤服而以爲幣乎。尹注云：它臥切，落毛也。《廣雅》毤，毻解也。毻，鳥易毛也。《方言》毻，惰也。郭璞注云：謂解毻也。《江賦》：産毻積羽。李善注曰：《字書》曰：毤，落毛也。毤與毻同。《説文》：蛻，蛇蟬所解皮也。《莊子・寓言篇》云：予蜩甲也，蛇蛻也，毻，毤蛻。竝同義，毻之言隋也，毤之言脱也。蛇蟬所解皮曰蛻，鳥獸所脱毛亦曰毤矣。傅與附同。革，猶皮也。民之變化，辟若鳥獸之脱毛。變而不能變，辟若鳥獸所脱之毛，仍附於其皮，其皮不能去舊更新。所謂有革而不能革也。上革字指皮革言，下革字指革更言。尹注誤。民死信，諸侯死化。張云：死疑服字之誤。承上不可服而言。

又： 法制度量，王者典器也。理國之常器也。執故義道，畏變也。君子執守故義以尊於道者，畏輕躁之人妄有所變也。天地若夫神之動化變者也，天地之極也。若能祀神而動化變流弊，地之極理，善莫大焉。能與化起而王用，則不可以道山也。若能隨神化而起，王有天下，其所運用則不可以常道格之。其富饒取類於山也。仁者善用智者善用。非其人，則與神往矣。非其人尚能用之，則明無不用。如此可謂通靈合契，與神往來也。天地若夫神之動化變者也。丁云：天地二字涉下文天地之極而衍。尹注亦無。能與化起而王用。安井衡云：王當爲善，上下壞殘，特存其中。下文善用，乃述此句也。則不可以道山也。丁云：山乃止字誤。尹注云：則不可以常道格之。格，即止字之訓。《小爾雅》曰：格，止也。下有其富饒取類於山也八字，乃淺人妄增，非注文所本有。

又： 問曰：古之時與今之時同乎？不同乎？曰不同，古淳而今澆，古質而今浮，故不同也。可與同。其人同乎？不同乎？曰同。天地四時，既無所易，故曰政其誅。言今雖不同，故可爲政，誅其不法以復古。俈堯之時，混吾之美在下，其道非獨出人也。俈帝俈也，言二帝之時，比屋可封，美俱在下。其能若此，亦言非有出人之道，修古而已。混，同也。山不童而用贍，澤不弊而養足。山無草木曰童。弊，竭也。耕以自養，以其餘應良，天子故平。以其自養之餘，應天子之食，故天下平。有時而賦曰良。牛馬之牧不相及，各自足，則不相及也。人民之俗不相知。人至老死不相往來，故不相知。不出百里而來足，行者不出百里，而來者所求足故也。故卿而不理，静也。雖立公卿不理其事，以人静故。其獄一踦腓、一踦屨而當死。諸侯犯罪者，令著一隻履以恥之，可以當死刑。今周公斷指滿稽，斷首滿稽。斷足滿稽，而死民不服，非人性也，敝也。今周公，謂時所用法也。稽，考也。罪滿而斷，則從而考之。首滿其罪者，亦從而考之。應斷足所罪滿者，又從而考之，凡此欲以爲慎審也。罪定者死之，然人尚不服其罪，豈人性之然乎，時爽故也。地重人載，毀敝而養不足，事末作而民興之，載，生也。今地利既重，人之生植穀物，君則從而毀奪弊盡之，所以養有不足。人既惰於本業，故競起而事末作。是以下名而上實也。謂下但有農作之名，不得自用，而實皆歸于上也。

可與政其誅。宋本、朱本無其字。望案：尹注云：可爲政，誅其不法。則尹所見本無其字。可，何字之省，與猶以也。政征同。山不童而用贍。宋本，童作同。贍作掞。陳先生云：同讀爲童。掞，古贍字。同字或誤作用。劉績本作山不用而童贍。童用互易，其所據爲流俗之本。耕以自養以其餘應良天子故平。丁云：良疑食字誤。尹注云：以其自養之餘應天子之食，故天下平，是其證。不出百里而來足。望案：來乃求字之誤。説見《小稱》篇。故卿而不理静也。中立本卿作鄉。據尹注則是卿字。丁云：卿乃鄉字誤。天子南鄉，即恭己正南面之意。下文忽然易鄉而移。今本亦誤爲卿。其獄一踦腓一踦屨而當死。王氏引之云：腓讀爲屝。乃草屨之名，非謂足腨也。《方言》屝，麤履也，《釋名》齊人謂草履曰屝。字亦作菲。《喪服傳》曰：菅履者，菅菲也。繩履者，繩菲也。疏履者，藨蒯之菲也，是屝爲履之粗者。《荀子・正論篇》：治古無肉刑，而有象刑、墨鯨慅嬰共艾畢菲封履殺赭衣而不純。楊倞注曰：菲，草履也。引《尚書大傳》曰：唐虞之象刑。上刑赭衣不純，中刑雜履，下刑黑幪。《白虎通義》曰：五帝畫象者，其衣服象五刑也。犯宫者履雜扉。《漢書・刑法志》亦曰：墨鯨之屬，非履赭衣而不純，是象刑有扉履也。一踦扉一踦屨，謂足著一隻履、一隻草履。明罪人之履異於常人也。履與扉對文，蓋以絲作之者。《方言》：絲作之者謂之履，履卽屨也。今周公斷指滿稽斷首滿稽斷足滿稽而死民不服。俞云：今周公當作今用法字之誤也，尹氏作注時未誤。故云今用法，謂時所用法也。因法字奪水旁但存去字，與公相似，而誤爲公。後人疑用公二字，無義。妄於用下加口作周耳。王氏引之云：稽者，計罪人名之簿書，言斷指斷首斷足之罪人名滿於計簿也。《周官・小宰》：聽師田以簡稽。先鄭司農云：簡稽士卒兵器簿書，簡猶閱也，稽猶計也。合也，計其士之卒伍。閱其兵器，爲之要簿也。引《吴語》黄池之會。吴陳其兵，皆官師擁鐸拱稽，是其證。尹訓稽爲考，失之。丁云：民不服當連上而死爲句。尹讀非。張云：當作而民死不服，字誤倒耳。非人性也，敝也。張云：此謂法玩則敝。尹注時爽，非。地重人載毁敝而養不足事末作而民興之是以下名而上實也聖人者省諸本而游諸樂大昏也博夜也。張云：此文錯簡。大昏也二句，當承養不足之下，事末作二句。當承游諸樂之下，樂乃末字之誤。民興之，當爲民興化。蓋言庶而不富，民生困敝，故如在大昏博夜中。聖人省諸本而游諸末，即下文所謂侈靡也。事末作而民興化，即下文所謂興時化也。上名下實，即下文所謂賤有實，敬無用也。

（漢）劉安《淮南子》卷一一《齊俗訓》　夫以一世之變，欲以耦化應時，譬猶冬被葛而夏被裘。夫一儀不可以百發，儀，弩招顔也。射百發，遠近不可皆以一儀也。一衣不可以出歲，儀必應乎高下，衣必適乎寒暑。是故世異則事變，時移則俗易。故聖人論世而立法，隨時而舉事。尚古之王，封於泰山，禪於梁父，七十餘聖，法度不同，非務相反也，時世異也。是故不法其已成之法，而法其所以爲法，所爲法者，與化推移者也。夫能與化推移爲人者，至貴在焉爾。

（漢）劉安《淮南子》卷一三《氾論訓》　譬猶師曠之施瑟柱也，所推移上下者，無寸尺之度，而靡不中音。故通於禮樂之情者能作音，有本主於中而以知榘彠之所周者也。榘，方也。彠，度法也。魯昭公有慈母而愛之，死，爲之練冠，故有慈母之服。慈母者，父所命養己者也。此大夫之妾，士之妻，爲之女母，禮爲緦麻三月。昭公獨練言，其記禮之所由興也。陽侯殺蓼侯而竊其夫人，故大饗廢夫人之禮。陽侯，陽陵國侯也。蓼侯，皐陶之後，偃姓之國侯也，今在廬江。古者，大饗飲酒，君執爵，夫人執豆。陽侯見蓼侯夫人美豔，因殺蓼侯而娶夫人，由是廢夫人之禮。記所由廢也。先王之制，不宜則廢之，末世之事，善則著之；是故禮樂未始有常也。故聖人制禮樂，而不制於禮樂。

聖人能作禮樂，不爲禮樂所制。治國有常，而利民爲本；本，要。政教有經，而令行爲上。經，常也。上，最也。苟利於民，不必法古；苟周於事，不必循舊。舊，常也。傳曰：舊不必良。舊或作咎也。夫夏、商之衰也，不變法而亡；亡謂桀、紂。三代之起也，不相襲而王。三代，禹、湯、武也。襲，因也。故聖人法與時變，禮與俗化。化，易。衣服器械，各便其用，法度制令，各因其宜。故變古未可非，而循俗未足多也。循，隨也。俗，常也。百川異源而皆歸於海，以海爲宗。百家殊業而皆務於治。業，事也，以治爲要也。

又：一人之身而三變者，所以應時矣。何况乎君數易世，國數易君，人以其位，達其好憎。人人以其寵位，行其所好，憎其所憎也。以其威勢，供嗜欲而欲，以一行之禮，一定之法，應時偶變，其不能中權亦明矣。一行之禮，非隨時禮也，一定之法，非隨時法也，故曰不能中權；權則因時制宜，不失中道也。故聖人所由曰道，所爲曰事。道猶金石，一調不更；事猶琴瑟，每絃改調。金石，鐘磬也，故曰調而不更琴瑟，絃有數急柱有前卻，故調。事亦如之也。故法制禮義者，治人之具也，而非所以爲治也。言法制禮義，可以爲治之基耳，非所以爲治。治在其人之德，猶弓矢射之具也，非耐必中也，中在其人之功。故仁以爲經，義以爲紀，此萬世不更者也。若乃人考其才，而時省其用，雖日變可也。言人能考度其才，時省其行，擇其善者而崇用之，不必循常，故曰雖曰變可也，唯仁義不可改耳，故萬世不更。天下豈有常法哉！隨其時，於其宜。當於世事，得於人理，順於天地，祥於鬼神，則可以正治矣。當，合也。祥，順也。

又：古者人醇工龐，商樸女重，醕，厚，不虚華也。工龐，器堅緻也。商樸，不爲詐也。女重，貞正無邪也。是以政教易化，風俗易移也。今世德益衰，民俗益薄，欲以樸重之法，治既弊之民，是猶無鏑銜橜策錣而御馯馬也。鏑銜，口中央鐵，大如雞子，中黄，所制馬口也。錣，揣頭箴也。馯馬，突馬也。逵吉按殷敬順，《列子》釋文引許慎注云：錣，馬策端有利鋒，所以刺不前也。與此義解同。昔者，神農無制令而民從，無制令，結繩以治也。唐虞有制令而無刑罰，有制令，焕乎其有文章也。其政常仁義，民無犯法干誅，故曰無刑也。夏后氏不負言，言而信也。殷人誓，以言語要誓，亦不違。周人盟。有事而會，不協而盟。盟者，殺牲歃血以爲信也。逮至當今之世，謂淮南王作此書時。忍訽而輕辱，貪得而寡羞，欲以神農之道治之，則其亂必矣。訽讀夏后之后也。逵吉按《説文解字》詬或作詢。此用或字，故讀如后。

又： 夫殷變夏，周變殷，春秋變周，變，改也。三代之禮不同，何古之從！大人作而弟子循。循，遵也。知法治所由生，則應時而變；不知法治之源，雖循古終亂。今世之法籍與時變，禮義與俗易，爲學者循先襲業，據籍守舊教，以爲非此不治，是猶持方枘而周員鑿也，欲得宜適致固焉，則難矣。今儒、墨者稱三代、文武而弗行，是言其所不行也；不耐行，但言之而已。非今時之世而弗改，是行其所非也。稱其所是，行其所非，是以盡日極慮而無益於治，勞形竭智而無補於主也。

（漢）劉安《淮南子》卷二〇《泰族訓》 聖人事窮而更爲，法弊而改制，非樂變古易常也，將以救敗扶衰，黜淫濟非，以調天地之氣，順萬物之宜也。聖人天覆地載，日月照，陰陽調，四時化，萬物不同，無故無新，無疏無親，故能法天。

（宋）潘自牧《記纂淵海》卷一《五行部・五行五德附》 天有五行，水火金木土，分時化育以成萬物，其神謂之五帝。古之王者，易代改號，取法五行。太昊配火，黄帝配土，少昊配金，顓帝配水，其次以所行之次轉相承也。

（宋）潘自牧《記纂淵海》卷四五《性行部・自作不靖》 子助之長者揠苗者也，非徒無益而又害之，《孟子》。所謂無病而自灸者也。《莊子》。三王既已定法度，制禮樂而傳之，有不用而改自作，何以異於變易牙之和，更師曠之律。《荀子》。

（宋）潘自牧《記纂淵海》卷四五《性行部・安静》 無作聰明亂舊章，罔以側言改厥度。《書》。君罔以辨言亂舊政，《書》。不愆不忘，率由舊章，《詩》。静而後能安，安而後能慮。《記・大學》。仍舊貫如之何？何必改作。《論語》。

子。治國而數變法，則民苦之。是以有道之君，貴虛静，重變法也。《韓子》。

史。聖人不易民而教，智者不變法而治。因民而教者，不勞而成功。緣法而治者，吏習而民安之。《史・商鞅傳》。不變不革，黎庶攸寧。《太史公自序》。利不百，不變法。法古無過，循禮無邪。《史記・商鞅》。【略】

傳記。利不百者，不變俗，功不什者，不易器。《戰國策》。

（宋）潘自牧《記纂淵海》卷六六《物理部・變中有常》 輕重諸罰有權，刑罰世輕世重，惟齊非齊有倫有要。《書》。

子。珠之走盤，横斜曲直不可盡知，所必可知者，珠不出於盤也。《孫子序》。與時遷徙，與世偃仰，千舉萬變，其道一也。《荀子》。

（宋）潘自牧《記纂淵海》卷六九《敘述部・自揆》 子魚曰：展四體以率舊，猶懼不給而煩刑書。若又共二徼大罪也。《左・定四年》。

（明）馮琦《經濟類編》卷三六《財賦類二・理財》 惠卿言先王之法，有一年一變者，正月始和，布法象魏是也；有五年一變者，巡守考制度是也；有三十年一變者，刑罰世輕世重是也。光言：非是，其意以風朝廷耳。帝問光，光對曰：布法象魏，布舊法也。諸侯變禮易樂者，王巡狩則誅之，不自變也。刑新國用輕典，亂國用重典，是爲世輕世重也，非變也。且治天下譬如居室，敝則修之，非大壞不更造也。

（明）張溥《漢魏六朝百三家集》卷一七荀悦《荀悦集・論・立制度論》 先王立政以制爲本。三正、五行、服色、歷數承天之制，經國序民，列官布職，疆理品類，辨方定物。人倫之度，自上已下，降殺有序。上有常制則政不頗，下有常制則民不二，官無淫度則事不悖，民無淫制則業不廢。貴不專寵，富不獨奢。民雖積財，無所用之。故世俗易足而情不濫，姦宄不興禍亂不作。此先王所以綱紀天下，統成大業，立德興功，爲政之德也。故曰：謹權量，審法度，修廢官，四方之政行矣。《本傳》曰：先王之制，自天子、公侯、卿大夫已下至於抱關擊拆者，其爵禄奉養死生之制各有差别。小不得僭大，賤不得逾貴。夫然故上下有序，而民志悉定。于是，裂土地之宜，教之種殖，畜養以時，而用之有節。艸木未落，斤斧不入於山林。豺獺未祭，羅網不布於野澤。鷹隼未擊，罾弋不施於蹊隧。既順時而取物，然而山不槎蘖，田不伐夭，豚魚麛卵，咸有常禁。所以順時宣氣，蕃阜庶物，畜足功用。如此之備，然後從四民。因其土宜，任其智力。安其居，樂其業，甘其食，而美其服。欲寡而事節，財足而不爭。及至周室道衰，禮法墮壞，諸侯刻桷丹楹，大夫山節藻棁，其流至於士庶，莫不離制度。稼穡之人少，商賈之人多，穀不足而貨有餘。陵遲至於桓文之後，禮義大壞，上下相冒，國異政，家殊俗，奢靡不制，僭差無極。於是商通難得之貨，工作無用之器，士設反道之行，以追時好而取世資。僞民倍實而要名，姦夫犯難而求利。簒殺取國者爲王公，劫奪成家者爲侯伯。禮義不足以制君子，刑戮不足以威小人。富者木土，被文繡，犬馬餧菽粟。貧者短褐，不完食疏飲水。俱爲編戶齊民，而以財力相窘。雖爲僕虜，猶無愠色。故夫飾變詐爲姦軌自足乎一世之間，守道隨理不免乎飢寒之患。其化自上興，繇法度之無限也。故《易》曰：君以財成輔相天地之宜，以左右民備物致用，立象成器，以爲天下利。立制度之謂也。

《二程集・周易程氏傳》卷二《周易上經下・豫》 彖【略】 君子之道，隨時而動，從宜適變，不可爲典要，非造道之深，知幾能權者，不能與於此也。

《二程集・周易程氏傳》卷四《周易下經下・巽》 九五【略】 五居尊位，爲巽之主，命令之所出也。處得中正，盡巽之善，然巽者柔順之道，所利在貞，非五之不足，在巽當戒也。既貞則吉而悔亡，無所不利。貞，中正也。處巽出令，皆以中正爲吉。柔巽而不貞，則有悔，安能無所不利也？命令之出，有所變更也。无初，始未善也。有終，更之使善也。若已善，則何用命也？何用更也？先庚三日，後庚三日，吉：出命更改之道當如是也。甲者，事之端也。庚者，變更之始也。十干戊己爲中，過中則變，故謂之庚。事之改更，當原始要終，如先甲後甲之義，如是則吉也。解在《蠱》卦。

《二程集・河南程氏粹言》卷一《論政篇》 子曰：古之人重改作。變政易法，人心始以爲疑者有之矣，久而必信，乃其改作之善也。始既疑之，終復不信，而能善治者，未之有也。

《二程集・河南程氏粹言》卷一《論書篇》 子曰：上古世淳而人朴，順事而爲治耳。至堯，始爲治道，因事制法，著見功迹，而可爲典常也，不惟隨時，亦其憂患後世而有作也。

《二程集・河南程氏文集》卷一《表疏・論十事劄子》 臣竊謂：聖人創法，皆本諸人情，極乎物理，雖二帝、三王不無隨時因革，踵一作稱。事增損之制；然至乎爲治之大原，牧民之要道，則前聖後聖，豈不同條而共貫哉？蓋無古今，無治亂，如生民之理有窮，則聖王之法可改。後世能盡其道則大治。或用其偏則小康，此歷代彰灼著明之效也。

《二程集・河南程氏遺書》卷二上《元豐己未呂與叔東見二先生語》 新政之改，亦是吾黨爭之有太過，成就今日之事，塗炭天下，亦須兩分其罪可也。當時天下，岌岌乎殆哉！介父欲去數矣。其時介父直以數事上前卜去就，若青苗之議不行，則决其去。伯淳於上前，與孫莘老同得上意，要了當此事。大抵上意不欲抑介父，要得人擔當了，而介父之意尚亦無必。伯淳嘗言：管仲猶能言出令當如流水，以順人心。今參政須要做不順人心事，何故？介父之意只恐始爲人所沮，其後行不得。伯淳却道：但做順人心事，人誰不願從也？介父道：此則感賢誠意。却爲天祺其日於中書大悖，緣是介父大怒，遂以死力爭於上前，上爲之一以聽用，從此黨分矣。莘老受約束而不肯行，遂坐貶。而伯淳遂待罪，既而除以京西提刑，伯淳復求對，遂見上。上言：有甚文字？伯淳云：今咫尺天顔，尚不能少回天意，文字更復何用？欲去，而上問者數四。伯淳每以陛下不宜輕用兵爲言，朝廷羣臣無能任陛下事者。以今日之患觀之，猶是自家不善從容。

（宋）王安石《臨川先生文集》卷四一《劄子・擬上殿劄子》 今陛下下有恭儉之德，有聰明睿智之才，有仁民愛物之意。顧內不能無以社稷爲憂，外則不能無患於夷狄，天下之才力日以窮困，而風俗日以衰壞，四方有智之士愢愢然常恐天下之不久安，此其故何也？患在無法度故也。今朝廷法嚴令具，無所不有，而臣以謂無法度者，方今之法度多不合於先王之法度故也。孟子曰：有仁心仁聞而人不被其澤者，爲政不法先王之道故也。非此之謂乎。以今之時，方先王之時遠矣，所遭之時所遇之變不同，而欲一一修先王之政，雖甚愚者，猶知其難也。而臣以謂當今之失，患在不法先王之政者，以謂當法其意而已。夫五帝三王相去蓋千有餘歲，一治一亂，盛衰之時具矣。其所遭之變所遇之勢不同，其施設之方亦皆殊，而其爲國家之意，本末先後未嘗不同也。臣故曰，當法其意而已。法其意則吾所改易更革，不至乎傾駭天下之耳目、囂天下之口，而固已合乎先王之政矣。

（宋）王安石《臨川先生文集》卷七二《書・答韓求仁書》 廛而不征者，賦其市地之廛，而不征其貨。法而不廛者，治之以市官之法，而不賦其廛。或廛而不征或法而不廛，蓋制商賈者惡其盛，盛則人去本者衆；

又惡其衰，衰則貨不通。故制法以權之，稍盛則廛而不征，已衰則法而不廛。文王之時，關譏而不征。及周公制禮，則凶荒札喪，然後無征，蓋所以權之也。貢者夏后氏之法，而孟子以爲不善者，不善非夏后氏之罪也，時而已矣。

（宋）王安石《臨川先生文集》卷八三《記・慈溪縣學記》　後世無井田之法而學亦或存或廢，大抵所以治天下國家者，不復皆出於學。而學之士，羣居族處，爲師弟子之位者，講章句課文字而已。至其陵夷之久，則四方之學者，廢而爲廟，以祀孔子於天下，斲木摶土如浮屠道士法，爲王者象。州縣吏春秋帥其屬釋奠於其堂，而學士者或不預焉。蓋廟之作，出於學廢，而近世之法然也。今天子即位若干年，頗修法度而革近世之不然者。

（宋）葉適《葉適集》卷一二《法度總論》　夫以封建爲天下者，唐、虞、三代也；以郡縣爲天下者，秦、漢、魏、晉、隋、唐也。法度立於其間，所以維持上下之勢也。唐、虞、三代，必能不害其爲封建而後王道行；秦、漢、魏、晉、隋、唐，必能不害其爲郡縣而後伯政舉。故制禮作樂，文書正朔，律度量衡，正名分，别嫌疑，尊賢舉能，厚民美俗，唐、虞、三代之所謂法度也。至於國各自行其政，家各自專其業，累世而不易，終身而不變，考察緩而必，黜陟簡而信，此所以不害其封建而行王道也。秉威明權，薄書期會，課計功效，核虚實，驗勤惰，令行禁止，役省刑清，秦、漢、魏、晉、隋、唐之所謂法度也。至於以一郡行其一郡，以一縣行其一縣，賞罰自用，予奪自專，刺史之問有條，司隸之察不煩，此所以不害其郡縣而行伯政也。

論者所謂古今異時，言古不通於今者，謂王伯之末易分，唐、虞、三代之末易復而已。若將行其法度以制四海之命，不去其所以害是者，而劫劫然、惴惴然，害之愈深，守之愈固，膠而不解，滯而不通，此豈有古今之異時哉？蓋古人之所以爲國者，雖各係其德之厚薄，化之淺深，世祚之長短，然陛下即而觀之，豈有欲其行之而乃從而害之者乎？然而今世之法度，其害之者衆大而難去，深遠而難言矣。觀古之無害而求去今之害，則陛下之國，其大方數千里，舉而自爲，以復祖宗之舊，雪百年之恥，無不可者矣。

（明）歸有光《震川先生集》卷六《書・上高閣老書》　今一使者輒能改祖宗之法，行之一省，天下傳相慕効，國家典憲蕩然，生民惶惶，末有所定

（清）龔自珍《龔定盦全集・定盦文集》卷上《乙柄之際著義》　夏之既夷，豫假夫商所以興，夏不假六百年矣乎？商之既夷，豫假夫周所以興，商不假八百年矣乎？無八百年不夷之天下，天下有萬億年不夷之道。然而十年而夷，五十年而夷，則以拘一祖之法，憚千夫之議，聽其自陊，以俟踵興者之改圖爾。一祖之法無不敝，千夫之議無不靡，與其贈來者以勍改革，孰若自改革？抑思我祖所以興，豈非革前代之敗耶？前代所以興，又非革前代之敗耶？何舞然其不一姓也？天何必不樂一姓耶？鬼何必不享一姓耶？奮之，奮之！將敗則豫師來姓，又將敗則豫師來姓。《易》曰：窮則變，變則通，通則久。非爲黄帝以來六七姓括言之也，爲一姓勸豫也。

（清）龔自珍《龔定盦全集・定盦續集》卷二《保甲正名》　嘉慶十九年冬，奉上諭行保甲法，大吏下其條目於所司，大略云：懸牌於門，書長若幼之姓名、年齒；有習邪教者，準五家首之，無則五家連環具甘結。地方官一歲兩次編稽核之，申報上司。龔自珍曰：此《周禮》相保法也。相保，猶相受、相賙、相賓也，非保甲法。保甲法孰爲之？宋臣王安石爲之。其條目如何？曰：新法每十家籍二丁，授以弓弩，教之戰陳。嗚呼！《周禮》固無是矣。三代以上，兵民不分，弓弩戰陳，有教之者，而非司徒之事。司徒之官，則無此文。保自保，戰自戰，不得合爲一。《傳》曰：家不藏甲。卿大夫之家，尚不藏甲，編戶齊民，何有甲之名？三代以降，兵民分。朝廷既養民以衛民矣，事勢畫一，民不宜更以武力自衛。民當尊君親上，問雞犬田器而已。宋臣呂祖謙之箋《周禮》曰：五家相保，則奇衺不混迹其中。王守仁之與父老約：曰孝弟謙和，曰謹門戶，曰門牌不實不盡者辠家長。如此而已。夫射雖六藝之一，安得盡天下男子而知射？亦猶書、數居六藝之二，安得盡天下男子而知書、數乎哉？十家環堵宴然，爲地幾何，何以爲演武之地？十家各有生計瑣屑，鄉飲讀法，近世尚以爲煩擾不足行，安得講武之暇？十家各授弓弩，盡東南竹箭，不能給弓弩之材。十家二丁，謂之兵乎？謂之民乎？謂之

民，則十家有在官之庶人二，不農不賈以習戰，必亂民也；謂之兵乎？則不如明增兵額。是故安石新法竟不行，使不幸真行，則明季以來閩、粵械鬥之風，宋世蚤有之；不但閩、粵，且徧寰中，寰中何能一日安？故曰：王安石之法，非古非今，古今亦無曾試之者。

聖世所用，實是《周禮》而用王安石之名，大不可也，宜改曰五家相保法。或問曰：王安石信如人口議者邪？答曰：何爲其然？安石心三代之心，學三代之學，欲教訓天下之人材，畢成三代之材者也。但其慮疏，其目疏，故集天下之口。

（清）馮桂芬《校邠廬抗議》卷下《籌國用議》 勢之所趨，有莫適爲主，而一成不可變者，即如鈔幣一法。雖以天下之命不行，斯不行耳，嚴刑峻法曾不足動其毫末。徵諸古而皆然，驗之今益信。且夫鈔亦幸而不可行耳。若其可行，則銀且盡爲諸夷所有。一旦有事，鈔幣無從支銀，百萬資財，俄頃片楮，而銀之重中于人心，權勢遂盡移于有銀之諸夷。幾何不爲閩省前年之事。

（清）康有爲《春秋董氏學・春秋改制・受命改制》 有非力之所能致而自致者，西狩獲麟，受命之符是也。然後託乎《春秋》正不正之閒，而明改制之義。一統乎天子，而加憂於天下之憂也，務除天下所患。而欲以上通五帝，下極三王，以通百王之道，而隨天之終始，博得失之效，而攷命象之爲，極理以盡情性之宜，則天容遂矣。《符瑞》。是故大改制於初，所以明天命也。《楚莊王》。

（清）康有爲《論語注》卷三《八佾》 子曰：夏禮，吾能言之，杞不足徵也；殷禮，吾能言之，宋不足徵也。文獻不足故也，足則吾能徵之矣。獻，或作儀。《尚書大傳》於民獻作民儀。漢《孔宙碑》、《費鳳碑》、《斥彰長田君碑》於萬邦黎獻皆作黎儀。

綜　述

《周易正義・繫辭下》 神而化之，使民宜之。易窮則變，變則通，通則久。通變則无窮，故可久也。疏：正義曰：神而化之，使民宜之者，言所以通其變者，欲使神理微妙而變化之，使民各得其宜。若黄帝已上，衣鳥獸之皮，其後人多獸少，事或窮乏。故以絲麻布帛而制衣裳，是神而變化，使民得宜也。易窮則變，變則通，通則久者，此覆説上文通其變之事，所以通其變者，言易道若窮，則須隨時改變。所以須變者，變則開通得久長，故云通則久也。是以自天祐之，吉无不利。疏：正義曰：此明若能通變，則无所不利，故引《易》文，證結變通之善，上《繫》引此文者，證明人事之信順，此乃明易道之變通，俱得天之祐，故各引其文也。

（清）孫星衍《周易集解・繫辭下》 《易》：窮則變，變則通，通則久。是以自天祐之，吉无不利。【略】

集解：衛元嵩曰：夫尚質則人淳，人淳則俗樸，樸之失，其弊也惷。尚文則人和，人和則俗順，順之失，其弊也諂。諂則變之以質，惷則變之以文。猶寬以濟猛，猛以濟寬。此聖人之用心也。豈徒苟相反背，而妄有述作焉！斯文質相化之理也。

（清）孫星衍《周易集解・雜卦》 夬，決也。剛決柔也，君子道長。小人道憂也。【略】干寶曰：凡《易》既分爲六十四卦，以爲上下經，天人之事，各有始終。夫子又爲《序卦》以明其相承受之義。然則文王、周公所遭遇之運，武王、成王所先後之政，蒼精受命，短長之期，備於此矣。而夫子又重爲《雜卦》，以易其次第。《雜卦》之末，又改其例。不以兩卦反覆相酬者，以示來聖、後王明道非常道，事非常事也。化而裁之者存乎變。是以終之以決，言能決斷其中唯陽德之主也。故曰：《易》窮則變，通則久。總而觀之，伏羲、黄帝皆繫世象賢，欲使天下世有常君也。而堯、舜禪代，非黄、農之化，朱均頑也。湯、武逆取，非唐虞之迹，桀、紂不君也。伊尹廢立，非從順之節，使太甲思愆也。周公攝政，非湯、武之典，成王幼年也。此皆聖賢所遭遇異時者也。夏政尚忠，忠之弊野。殷自野以教敬，敬之弊鬼。故周自鬼以教文，文弊薄，故春秋閱諸三代而損益之。顔淵問爲邦，子曰：行夏之時，乘殷之輅，服周之冕。弟子問政者數也，而夫子不與言三代損益，以非其任也。回則備王者之佐，伊尹之人也。故夫子及之焉。是故聖人之於天下也，同不是，異不非，百世以俟聖人而不惑，一以貫之矣。

（宋）吕中《宋大事記講義》卷一《序論・制度論》 先儒嘗謂：漢大綱正，唐萬目舉，本朝大綱正，萬目亦未盡舉。夫綱舉則目張，綱目不可分而爲二固也。而先儒之言云爾者，蓋大綱者，謂法之規模大意也。萬目者，謂法之條目纖然也。漢法疎而易密，則規模猶宏濶於唐。唐法密而易疎，則其條目特詳密於漢耳。漢繼秦之後，官秦官也，兵秦兵也。制度則曰襲秦，禮儀則曰襲秦。其法疎矣，然官職大小之相維，兵制内外之相制，取民不及於農，取士不以科目。則其意猶密也。唐人《六典》以建官府衛以寓兵，口分世業以授田，租庸調以取民，其法嚴矣。然政事出於二三，士卒疲於番上，鬻賣不常而啟兼并之柄，升降不實而啟兩税之法，則其意何疎也。我朝之法，大綱之正既過於漢，而萬目之舉反不及於唐，何耶？善革弊者，非必盡變前人之法，不過修舉其大綱，而節目隨之；不善革弊者，必盡變古人之法，往往纖悉於其小，而濶畧於其大。孔子論繼周百世之道，不過因其所可因，而損其太過，益其不及者耳。孟子論喪祭井田之法，亦不過言其大畧，而爲之節文耳。世儒有志於復古者，必欲採摭古制，補綴經典，一一與之牽合。不知居今之世而欲盡行古之法，不惟未見其利，而先有煩擾之弊。又事體重大決然難行，故自其小不備，卒以成大不備而已。英雄之君，出而建置一代之規模，豈如陋儒拘士細碎之所爲？國初，繼唐末五代之後，此正制作之一機，而我太祖剏法立制，不務名而務實，不變其法而變其意，一轉移之間，事體頓異矣。三省爲空官，而平章分爲三等，唐之制也，而我朝因之。然中書取旨，門下審覆，尚書奉行，而職守交通無命令壅遏之患。尚書侍郎有六部，侍從則自禮而戶，自戶而吏，常調則自工而刑，自刑而兵。則資格素嚴，而在位無速化之念。進士爲一等，世賞雜流各爲一等。秘書監官也，進士則遷太常，蔭補則自郎中，五遷而後至一。前行郎中官也，進士則遷太常少卿；非進士則遷司農、衛尉少卿。流品有別，而士大夫有激昂之心，則官非唐之官，我朝之官矣。侍衛起於後唐，而我朝因之。殿前司起於周，而我朝因之。皇城司起於梁，而我朝因之。然禁衛之軍統於武臣，則不出於宦者之手；諸道之兵籍於禁衛，則不專於節度之權。殿前爲一司，侍衛馬步各爲一司，則有南北相制之意。京師之兵足以制諸道，合諸侯之兵足以制京師，則有內外相統之意。兵權制於三衛，本之樞府。樞府有發兵之權，而無握兵之重，殿省有握兵之重，而無發兵之權。而又汰之使極少，治之使極嚴，教之使極精，則兵非五代之兵，我朝之兵矣。衙前以主官物，里正、鄉書手、戶長以督税，耆長、弓手、壯丁以捕盜，各以鄉戶等差充，此亦因前代差役之法也。然自建隆三年詔差役有不平者，許民自相糾察，則無不均之患。太平興國四年分民戶爲九等，上四等充役，下五等免，則無逃亡之患矣。以鹽鐵、戶部、度支爲三司使，位同三樞，目爲計相，此亦前代理財之法也。然轉運財賦悉籍三司，則在外無橫歛，內藏所儲總之三司，則在內無橫費。而乾德又詔三司行移有不便，漕臣得以上聞，則彼此相臨，內外相察，無隱漏侵欺之弊矣。國子監，唐制也，然屢親臨幸，自贊孔顔，以文臣知州，以儒臣典獄，命宰相以讀書，而有崇儒重道之實矣。貢舉亦唐制也，然及第人不得於知舉稱門生，選或不公，加之覆試。陶穀之子，李昉之子，吕蒙正之子，皆不得與，則有選賢舉能之實矣。定刑部詳覆法，而無五代濫殺之禍。禁羨餘、寬正税，而無五代橫歛之禍。禮止於竇儀之所定，樂止於和峴之所造，而文物略備矣。此其酌古今之宜，參人情之公，通世道之變。雖曰因前代之法，而點鐵爲金，化臭腐爲新奇，變枯骨爲生意，豈必盡復古制而後爲一代之法哉！然天下無百年不弊之法，謀國者當因法以革弊，不當因弊以立法。熙豐大臣所謂不務革其弊，而欲變其法者也。觀其熙甯初年入對一疏，而變法之規模盡見於此，其論本朝不任信大臣，不盡行古制，親細務而循弊法，用君子而參小人，皆當時士大夫之所知而不敢言者，而安石獨敢言之。學校也，貢舉也，科名資歷也，監司郡守也，又皆慶曆大臣所嘗更變而不敢舉行者，而安石獨敢行之。農之貧，兵之冗，宗室之費，上下俱以爲困，而未有策以處之者，安石獨敢任之。然其言法之弊則是，而自爲變法則非。變常平之法而爲青苗，變差役之法而爲僱役，改發運之職而爲均輸，改茶鹽之法而爲市易，壞正兵而爲保甲，廢牧監而爲保馬，以條例司奪三司之權，以新經字説變天下學校，以經義詩賦變天下之貢舉。設官則以冗增冗，立法則以奇益奇，夫以國初繼唐末五代之後，而且不盡變其法。熙寧繼嘉祐、治平之後，乃欲盡變其法，何其思慮之不詳辨耶！蓋我藝祖之法，則修舉其大綱而闊略其節目者也，安石之法，則纖悉於節目而闊略其大綱者也。至元祐時，又欲盡變熙豐之法矣。熙豐之法則在所當變，而必欲盡變之，則又過矣。蓋熙豐之小人不可以不去，而熙豐之法則不可以盡變；去熙豐之小人不可以不急，變熙豐之法則不可以太急。青苗均輸之法可罷，而僱役之所宜獨不可乎？保馬、戶馬可罷而保甲之法則因其已成，蠲其租、復其役，教閲於農隙以省養兵之費，獨不可乎？新經字説固可廢，而罷詩賦取經義獨不可因之以崇經學乎？至治之世不能無弊法，至弊之法亦必有美意。國初惟不盡變前代之法，而惟變其意，所以爲一代憑藉扶持之地。熙豐惟欲盡變祖宗之法，元祐惟欲盡變熙豐之法，所以激而爲紹聖以後之紛紜。安石不能原祖宗立國之初意，而輕於變更，章子厚、蔡京諸人又不能原安石立法之意，而托於紹述，法愈更而愈下。而中興以來學校貢舉大抵皆蔡京之法，而差役僱役之並行，經總制錢之立額，又王安石諸人所未爲也。故嘗謂我朝之法，自建隆至治平，其間雖有損益，而其大意皆本於藝祖之公。法變於熙寧而極於今日，雖其間有更有革，而其大意皆不能大異於安石之私。世變之升降，治道之盛衰，人才之得失，亦可以概見矣。

《二程集・河南程氏經説》卷六《論語解・雍也》 齊一變至於魯，魯一變至於道。夫子之時，齊强魯弱，孰不以爲齊勝魯也？然魯猶存周公之法制，齊由桓公之霸，爲從簡尚功之治，太公之遺法變易盡矣，故一變乃能至魯。魯則修廢舉墜而已，一變則至於先王之道也。

（宋）葉適《葉適集・水心別集》卷二《進卷・民事下》 且不得天下之田盡在官，則不可以爲井；而臣以爲雖得天下之田盡在官，文、武、周公復出而治天下，亦不必爲井。何者？其爲法瑣細煩密，非今天下所能爲。昔者自黄帝至於成周，天子所自治者皆是一國之地，是以尺寸步畝可歷見於鄉遂之中，而置官師，役民夫，正疆界，治溝洫，終歲辛苦，以井田爲事，而諸侯亦各自治其國，百世不移，故井田之法可頌於天下。然江、漢以南，濰、淄以東，其不能爲者不强使也。今天下爲一國，雖有郡縣吏，皆總於上，率二三歲一代，其間大吏有不能一歲半歲代去者，是將使誰爲之乎？就使爲之，非少假十數歲不能定也；此十數歲之内，天下將不暇畊乎？井田之制雖先廢於商鞅，而後諸侯亡，封建絶，然封建既絶，井田雖在，亦不得獨存矣。故井田、封建，相待而行者也。

雜　録

《論語注疏・爲政》 子張問：十世可知也？孔曰：文質禮變。子曰：殷因於夏禮，所損益，可知也。周因於殷禮，所損益，可知也。馬曰：所因，謂三綱五常。所損益，謂文質三統。其或繼周者，雖百世，可知也。馬曰：物類相召，世數相生，其變有常，故可預知。疏：子張至知也。正義曰：此章明創制革命，因沿損益之禮。子張問：十世可知也者，弟子子張問於孔子：夫國家文質禮變，設若相承至於十世，世數既遠，可得知其禮乎？子曰：殷因於夏禮，所損益，可知也者，此夫子荅以可知之事。言殷承夏后，因用夏禮，謂三綱五常不可變革，故因之也。所損益者，謂文質三統。夏尚文，殷則損文而益質；夏以十三月爲正，爲人統，色尚黑，殷則損益之，以十二月爲正，爲地統，色尚白也。其事易曉，故曰可知也。周因於殷禮，所損益可知也者，言周代殷立，而因用殷禮。及所損益，事事亦可知也。其或繼周者，雖百世，可知也者，言非但順知既往，兼亦預知將來。時周尚存，不敢斥言，故曰其或。言設或有繼周而王者，雖多至百世，以其物類相召，世數相生，其變有常，故皆可預知也。注馬曰至三統。正義曰：云三綱五常者，《白虎通》云：三綱者何謂？謂君臣、父子、夫婦也。君爲臣綱，父爲子綱，夫爲妻綱，大者爲綱，小者爲紀，所以張理上下，整齊人道也。人皆懷五常之性，有親愛之心，是以綱紀爲化，若羅網有紀綱之而百目張也。所以稱三綱何？一陰一陽之謂道，陽得陰而成，陰得陽而序，剛柔相配，故人爲三綱，法天地人。君臣法天，取象日月屈信歸功也。父子法地，取法五行轉相生也。夫婦取象人合陰陽有施。君，羣也，羣下之所歸心。臣，牽也，事君也，象屈服之形也。父者，矩也，以度教子。子者，孳也，孳孳無已也。夫者，扶也，以道扶接。婦者，服也，以禮屈服也。云五常者，仁、義、禮、智、信也。《白虎通》云：五常者，何謂？仁、義、禮、智、信也。仁者不忍，好生愛人。義者宜也，斷决得中也。禮者履也，履道成文。智者知也，或於事，見微知著。信者誠也，專一不移。故人生而應八卦之體，得五氣以爲常，仁、義、禮、智、信是也。云損益謂文質三統者，《白虎通》云：王者必一質一文者何？所以承天地，順陰陽。陽道極則陰道受，陰道極則陽道受，明一陽二陰不能繼也。質法天，文法地而已，故天爲質。地受而化之，養而成之，故爲文。《尚書大傳》曰：王者一質一文，據天地之道。《禮三正記》曰：質法天，文法地。帝王始起，先質後文者，順天地之道，本末之義，先後之序也。事莫不先其質性，乃後有其文章也。夏尚黑，殷尚白，周尚赤，此之謂三統，故《書傳略説》云：天有三統，物有三變，故正色有三。天有三生三死，故士有三王，王特一生死。又《春秋緯・元命包》及《樂緯・稽耀嘉》云：夏以十三月爲正，息卦受泰。注云：物之始，其色尚黑，以寅爲朔。殷以十二月爲正，息卦受臨。注云：物之牙，其色尚白，以雞鳴爲朔。周以十一月爲正，息卦受復，其色尚赤，以夜半爲朔。又《三正記》云：正朔三而改，文質再而復。以此推之，自夏以上，皆正朔三而改也。鄭注《尚書》三帛，高陽氏之後用赤繒，高辛氏之後用黑繒，其餘諸侯用白繒。如鄭此意，卻而推之，舜以十一月爲正，尚赤；堯以十二月爲正，尚白，故曰其餘諸侯用白繒。高辛氏以十三月爲正，尚黑，故云高辛氏之後用黑繒。高陽氏以十一月爲正，尚赤，故云高陽氏之後用赤繒。有少皞以十二月爲正，尚白；黄帝以十三月爲正，尚黑；神農以十一月爲正，尚赤；女媧以十二月爲正，尚白；伏羲以上未有聞焉。《易・説卦》云帝出乎震，則伏羲也，建寅之月，又木之始。其三正當從伏羲以下文質再而復者，文質法天地，文法天，質法天。周文法地而爲天正，殷質法天而爲地正者，正朔、文質不相須，正朔以三而改，文質以二而復，各自爲義，不相須也。建子之月爲正者，謂之天統，以天之陽氣始生，爲百物得陽氣微，稍動變，故爲天統。建丑之月爲地統者，以其物已吐牙，不爲天氣始動，物又未出，不得爲人所施功，唯在地中含養萌牙，故爲地統。建寅之月爲人統者，以其物出於地，人功當須脩理，故謂之人統。統者，本也，謂天地人之本。然王者必以此三月爲正者，以其此月物生細微，又是歲之始生，王者繼天理物，含養微細，又取其歲初爲正朔之始。既天地人之三者所繼不同，故各改正朔，不相襲也。所尚既異，符命亦隨所尚而來，故《禮緯・稽命徵》云：其天命以黑，故夏有玄圭；天命以赤，故周有赤雀銜書；天命以白，故殷有白狼銜鉤。是天之所命，亦各隨人所尚。符命雖逐所尚，不必皆然，故天命禹觀河，見白面長人。《洛予命》云：湯觀於洛，沈璧而黑龜與之書，黄魚雙躍。《泰誓》言：武王伐紂，而白魚入於王舟。是符命不皆逐正色也。鄭康成之義，自古以來皆改正朔。若孔安國，則改正朔殷、周二代，故注《尚書》：湯承堯、舜禪代之後，革命創制，改正易服。是從湯始改正朔也。注物類至預知。正義曰：物類相召者，謂三綱五常各以類相召，因而不變也。云世數相生者，謂文質、三統及五行相次，周而復始，而其世運有數，相生變革也。

（清）徐乾學《資治通鑑後編》卷六九《宋紀六九》　辛丑，以左司郎中、知制誥、史館修撰胡宿爲左諫議大夫、樞密副使宿既謹静，及當重任尤顧惜大體。羣臣方建利害，多更張庶事以革宿弊。宿獨厭之，曰：變法，古人所難，不務守祖宗成法，而徒紛紛無益於治也。

（清）徐乾學《資治通鑑後編》卷八三《宋紀八三》　時吴充數爲帝言，新法不便，欲稍去其甚者，確争曰：曹參與蕭何有隙，至代爲相，一遵何約束。今陛下所自建立，一人協相而成之，一人挾怨而壞之，民何所措手足乎？充屢屈法遂不變。

（清）徐乾學《資治通鑑後編》卷八八《宋紀八八》　劉摯言：乃者朝廷患免役之弊，下詔改復差法，而法至今不能成。朝廷患常平之弊並用舊制，施行曾未累月，復變爲青苗之法。其後又下詔，切責首議之臣，而斂散之事至今行之如初。此二者大事也，而反覆二三，尚何以使天下信從？且改之易之誠是耶，君子猶以爲反令，况改易未必是，徒以暴過舉於天下，則曷若謹之於始乎？

又：乙卯，權開封府推官張商英出提點河東刑獄。初朝廷稍更新法，商英上書言：三年無改於父之道。今先帝陵土未乾，奈何輕議變更？

（清）徐乾學《資治通鑑後編》卷九一《宋紀九一》　陛下親政之初，進退大臣當以禮，不可如訶斥。奴僕鄧温伯越次進曰：先帝法度爲司馬光、蘇轍壞盡。純仁曰：不然，法本無弊，弊則當改。

（清）俞樾《諸子平議》卷一《管子一》　五年大夫請受變。

樾謹按三年二年之下，又云十年五年，於義難曉。諸侯既五年而會至習命矣，安得又使大夫請受變？再及五年即爲十年，亦是五年而會之期，安得又使重適入？至幼官圖十年作七年，亦不可通。合十年計之，則爲七年。就五年計之，則即二年耳。今以上下文求之，此皆傳寫誤也。蓋三千里内之諸侯，二年而使大夫通吉凶，三年而使名卿請事，至五年則自來會矣。計五年之中，止空閒二年，適當未會之前一年，及既會之後一年。立法周密，不容更有五年十年之事。此二句當在下文三千里之外。諸侯世一至之下，蓋世一至則太疏闊，故五年必使大夫請受變，十年必使重適入正禮義也。傳寫之誤。所宜訂正。

（漢）劉安《淮南子》卷一一《道應訓》　昔善治國家者，不變其故，不易其常。

（清）方苞《方苞集》卷二《讀子史・書史記六國年表序後》　秦之德義，無足比數，而卒并天下，乃前古未有。故求其説而不得者，或本以地形，或歸諸天助，又或以物所成孰之方，宜收功實，而不知秦之得意，蓋因乎世變。是何也？以謀詐遇德義，則民之歸仁，沛然誰能禦之；以謀詐馭謀詐，則秦之權變，非六國所能敵，其成功非幸，此所謂世變之異也。世變異，則治法隨之，故漢之興多沿秦法。

昔三代受命，相繼相因，孔子推之，以爲百世可知。秦始變古，而《傳》乃曰法後王何也？孔子之所謂因者，禮也；天下變，道亦不變。遷之所謂法者，政也；政必逐乎情與勢而遷。近己而俗變相類，論卑而易行，乃情之謀而同，勢之往而不反者也。故遷之言，亦聖人所不易也。其誚學者以不道秦事爲耳食，蓋深感世變，而詭其辭以志痛與！

《皇朝經世文編》卷三一《戸政六・賦役》陳之蘭《授田論》　法有可變不可變，不於變之日知之。變有可復不可復，不於復之日知之。文質巽尚，子丑殊建。尸夏立而殷坐，禮麻冕而今純。此可變者也。汙尊抔飲，易以金罍兕觥；茅茨土階，易以刻桷丹楹。此變而不可復者也。天下有古今當行之法，不必古今常行。然當其制之，早自樹於不可變。後世而變矣。不可變而變，則可變而亦可復。昔者先王之取天下也，探其源而治之。制爲授田法，以闢萬化之門，建一事而三物備焉。田均而苦樂之塗不偏，故天下育也。法立而僥倖之路不開，故天下定也。民安而性情之節不亂，故天下治也。智愚賢不肖不可得而齊，而三物者備。遂人懷敦樸，俗臻醇美，害可委也。仁有所不忍，利可專也，義有所不爲。蓋不待四術崇、八刑糾，而早已陰養其恩愛、廉恥、忠信、禮讓於畎畝間矣。後世治民，不揣其本，顧欲勤督責，驅而之善，教令揭於日月，刑罰威於雷霆。網益密而俗益敗壞，譬則張弓挾矢以馴鳥獸，不足爲治，反滋其亂。論者願歸其獄於人心。以爲江河日下，雖堯舜重生，不能砥橫流則已。

《皇朝經世文編》卷四七《戶政二十二·漕運》蔡士英《請罷長運復轉運疏》 臣聞無百年不敝之法，亦無敝而不可變通之法。譬之終歲之衣，不補則破；十年之屋，不脩則壞。況乎法立而弊生，弊生而蠹積，因循至數百年，猶不知所變計，其流將何底乎？臣膺漕務重寄，受事以來，食息起居，不敢一刻即安，晝夜行催各省糧道，徵米登廒，無誤開兑。今據各屬呈報應兑之米，已盡儲水次。而受兑無船，在在皆然。夫米與船均爲政亟之務，使有米無船，憑何輸輓。臣輾轉無計，窮極思通，惟有罷長運以復轉運之一法。長運罷而刁軍之積弊可剔，疲丁之困苦可蘇，轉運復而遲滯之阻害不滋，掛欠之追呼不擾。誠欲輓遲爲速，杜欠爲完，計無有出於此者。若狃襲成法，臣即智盡力竭，止能曉夜檄催。今各衛窮丁，寥寥無幾，每一僉運，皮骨皆枯。邇年雖給官銀脩造，無如轉徙逃亡，無承受之人，是以迄今造報無成。此臣在江西所目擊者。至於抵通逋欠，臣查歷年積數，幾三百餘萬石。雖監追累累，並未聞補償如額。今日之功令，何等森嚴，豈諸臣不欲遵奉力行？實窮於法敝已久，無可如何耳。窮則變，變則通，正此時漕事之謂也。第變法之議，駭人聽聞，起人疑畏，況事當創始，布置不易，臣亦何樂而爲此？特念朝廷既以重大之務，責之於臣，斷不敢相沿苟且，貽誤公事。但舍轉運一法，別無神輸巧運之奇。雖添設糧道多員，亦僅能催徵糧米。究之疲殘之運丁，不能使之盡充衛所也。阻滯之漕船，不能使之速歸水次也；枯涸之河道，不能使之通行無礙也。狼狽至是，而猶然膠柱鼓瑟，將見流弊日甚一日，而遲欠亦日多一日。是以萬分緊急之京儲，竟以無可如何聽之矣。臣一片愚衷，上爲軍國計重大之務，下爲運丁紓積世之苦，萬不得已而思變法，非得已而好爲新論也。

《皇朝經世文編》卷四七《戶政二十二·漕運》蔡方炳《漕船支運議》 第循法易，而變法難。求循法之人易，求心計籌畫善於變法之人難。不知古今無一成不變之法，法久必敝，則起而更張之，是在因時制宜者矣。故推廣邵寶之意，以存其議于後日。

《皇朝經世文編》卷五〇《戶政二十五·鹽課》彭釪《粵東鹽政議》 語曰：法立弊生，無不弊者法也。患乎承法者矜革弊之名，而無益於法，尤患於救法者貽法外之弊，而徒有其名，鹽弊之甚也。莫粵若，請先言其弊，次言革弊，而後析言久而無弊之議可乎？頃者場埠諸利，皆強有力者擅而專之。近雖檄召里排承販，嗟乎，安得有真里排承之哉？即更改埠商，亦不過爲鹾鹽開利孔耳。重貲營埠，昂直求償，私販安得不多，鹽餉安得不缺。

先秦（含秦）變法分部

論説

《周易正義·井》 ䷯巽下坎上。井：改邑不改井，井，以不變爲德者也。疏：正義曰：井者，物象之名也。古者穿地取水，以瓶引汲，謂之爲井。此卦明君子脩德養民，有常不變，終始无改，養物不窮，莫過乎井，故以修德之卦取譬名之井焉。改邑不改井者，以下明井有常德，此明井體有常，邑雖遷移而井體无改，故云改邑不改井也。无喪无得，德有常也。疏：正義曰：此明井用有常德，終日引汲，未嘗言損；終日泉注，未嘗言益，故曰无喪无得也。往來井井。不渝變也。疏：正義曰：此明性常。井井，絜静之貌也。往者來者，皆使潔静，不以人有往來，改其洗濯之性，故曰往來井井也。汔至亦未繘井，已來至而未出井也。羸其瓶，凶。井道以已出爲功也。幾至而覆，與未汲同也。疏：正義曰：此下明井誡，言井功難成也。汔，幾也。幾，近也。繘，綆也。雖汲水以至井上，然綆出猶未離井口，而鉤羸其瓶而覆之也。棄其方成之功，雖有出井之勞，而與未汲不異，喻今人行常德，須善始令終。若有初无終，則必致凶咎，故曰汔至亦未繘井，羸其瓶，凶。言亦者，不必之辭，言不必有如此不克終者。計覆一瓶之水，何足言凶？以喻人之修德不成，又云但取喻人之德行不恒，不能慎終如始，故就人言凶也。

（唐）李鼎祚《周易集解·井》　井【略】改邑不改井，【略】无喪无得，往來井井；【略】汔至亦未繘井，【略】羸其瓶，凶。【略】干寶曰：水，殷德也。木，周德也。夫井，德之地也，所以養民性命而清絜之主者也。自震化行至於五世，改殷紂比屋之亂俗，而不易成湯昭假之法度也。故曰改邑不改井。二代之制，各因時宜，損益雖異，括囊則同。故曰无喪，无得。往來井井也。當殷之末，井道之窮。故曰汔。至周德雖興，未及革正。故曰亦未繘井。井泥爲穢。百姓無聊，比者之間，交受塗炭。故曰羸其瓶，凶矣。

（唐）李鼎祚《周易集解·雜卦》　夬，决也，剛決柔也；君子道長，小人道憂也。【略】干寶曰：凡《易》既分爲六十四卦，以爲上下經，天人之事，各有始終。夫子又爲《序卦》，以明其相承受之義。然則文王、周公所遭遇之運，武王、成王所先後之政，蒼精受命，短長之期，備於此矣。而夫子又重爲《雜卦》，以易其次第。《雜卦》之末，又改其例。不以兩卦反覆相酬者，以示來聖後王。明道非常道，事非常事也。化而裁之，存乎變。是以終之以夬，言能決斷其中唯陽德之主也。故曰：《易》窮則變，通則久。總而觀之，伏羲、黄帝皆繫世象賢，欲使天下世有常君也。而堯、舜禪代，非黄、農之化，朱均頑也。湯、武逆取，非唐、虞之迹，桀、紂之不君也。伊尹廢立，非從順之節，使太甲思愆也。周公攝政，非湯、武之典，成王幼年也。凡此皆聖賢所遭遇異時者也。夏政尚忠，忠之弊野。故殷自野以教敬，敬之弊鬼。故周自鬼以教文，文弊薄。故春秋閲諸三代而損益之。顔回問爲邦，子曰：行夏之時，乘殷之輅，服周之冕。弟子問政者數矣，而夫子不與言三代損益，以非其任也。回則備言：王者之佐，伊尹之人也。故夫子及之焉。是以聖人之於天下也，同不是，異不非。百世以俟聖人而不惑，一以貫之矣。

（清）王夫之《讀四書大全説》卷八《孟子·滕文公上篇》　以實求之，助之異於貢者名也，而實無異也。孟子曰：其實皆什一也，以言其無異也。尋常説助法用民之力，而不取其財。乃民之財何從而得之？亦不過諸其力而已矣。可耕之時，能耕之人，通計只有此數。以其九之一而治公田，則於以治私者必有所不及矣。向令不用其力，彼又豈不可以多得哉？未見農民之有餘力暇晷而以唯上之用也。

變貢爲助，只是做教好看。故曰：夏尚忠，殷尚質，周尚文。質雖簡於文，而較忠則已多曲折矣。上之宜取於民，義也。其所取於民者，爲其力之所獲，又均也。實同，而爲著其名曰，非有所取於爾也，特借爾之力而已矣，此殷道所以降於夏道之忠也。君子、野人之分，自天顯民祇之大常，更何用如此之回護耶？

唯於助法既壞之餘，反而用貢，以恕處人上、不課動惰、不恤勞苦、不辨凶豐之官吏而刻責於民，則其爲害如此。若貢法既壞之餘，而從而改助，其誣罔農民，而以恣農官之漁獵，更有不可言者矣。

總之，法之既壞，且務與收拾整頓，以求其安。若人心已敝，勢重難返，而不揣其本，區區辨法制之得失，以驅疲民而數改之，則其爲禍尤烈。井田者，軒轅氏之良法也，歷久已弊。而禹改爲貢，家天下之大用，莫有甚焉者矣。殷、周偶改之，而諸侯不能率從。故變助而貢，有如龍子之所譏。阡陌既破，古制已湮，人心已革，使復變而助，其不爲王莽者幾何矣？此論古者之不可不知也。

《史記》卷四三《趙世家》　趙文、趙造、周袑、趙俊皆諫止王毋胡服，如故法便。王曰：先生不同俗，何古之法？帝王不相襲，何禮之循？虙戲、神農教而不誅，黄帝、堯、舜誅而不怒。及至三王，隨時制法，因事制禮。法度制令各順其宜，衣服器械各便其用。故禮也不必一道，而便國不必古。聖人之興也不相襲而王，夏、殷之衰也不易禮而滅。然則反古未可非，而循禮未足多也。且服奇者志淫，則是鄒、魯無奇行也；俗辟者民易，則是吴、越無秀士也。且聖人利身謂之服，便事謂之禮。夫進退之節，衣服之制者，所以齊常民也，非所以論賢者也。故齊民與俗流，賢者與變俱。故諺曰以書御者不盡馬之情，以古制今者不達事之變。循法之功，不足以高世；法古之學，不足以制今。子不及也。遂胡服招騎射。

（明）楊士奇《歷代名臣奏議》卷一九一《節儉》　齊桓公謂管仲

曰：吾國甚小，而財用甚少，而羣臣衣服與馬甚汰，吾欲禁之，可乎？管仲曰：臣聞之，君嘗之，臣食之；君好之，臣服之。今君之食也必桂之漿，衣練紫之衣、狐白之裘，此羣臣之所奢大也。《詩》云：不躬不親，庶民不信。君欲禁之，胡不自親乎？桓公曰：善。於是更制練帛之衣大白之冠，朝一年而齊國儉也。

（明）楊士奇《歷代名臣奏議》卷二〇八《法令》 周武王問於太公曰：爲國而數更法令者，何也？太公曰：爲國而數更法令者，不法法，以其所善爲法者也。故令出而亂，亂則更爲法。是以其法令數更也。

（明）楊士奇《歷代名臣奏議》卷二四九《水利》 夫亡者，豈緊無寵，皆黄炎之後也。唯不帥天地之度，不順四時之序，不度民神之義，不儀生物之則，以殄滅無胤，至於今不祀。及其得之也，必有忠信之心間之。度於天地而順於時動，龢於民神而儀於物則，故高朗令終，顯融昭明，命姓授氏，而附之以令名。若啓先王之遺訓，省其典圖刑法，而觀其廢興者，皆可知也。其興者，皆必有夏吕之功焉；其廢者，必有共鯀之敗焉。今吾執政毋乃實有所避，而滑夫二川之神，使至於争明，以妨王宫，王而飾之，毋乃不可乎？

（清）陸曾禹《康濟録》卷二《先事之政·嚴保甲以革奸頑》 秦以衛鞅爲左庶長，㝎變法之令，鞅使民爲什伍而相收司連坐，其法以五家爲保，十家相連，收司相糾察也。一家有罪，九家舉發，若不糾舉，則十家連坐。司，猶管也，爲什伍之法，使之相兼管也。

謹案，此非衛鞅保甲之法乎，心雖殘忍，才頗雄長，欲民之守其法，遵其令，亦舍此不能。蘇東坡云：帝秦者，商君也。危秦者，亦商君也。美哉斯言也。使以是法，而範羣黎悉歸仁厚焉。知不能以王道而化成天下，何至立法自斃，而遭後世之僇哉。

《商君書·更法》 孝公平晝，公孫鞅、甘龍、杜摯三大夫御於君。慮世事之變，討正法之本，求使民之道。君曰：代立不忘社稷，君之道也；錯法務民主張，臣之行也。今吾欲變法以治，更禮以教百姓，恐天下之議我也。

公孫鞅曰：臣聞之：疑行無成，疑事無功。君亟定變法之慮，殆無顧天下之議之也。且夫有高人之行者，固見負於世；有獨知之慮者，必見驁於民。語曰：愚者闇於成事，智見於未萌。民不可與慮始，可與樂成。郭偃之法曰：論至德者不和於俗，成大功者不謀於衆。法者所以愛民也，禮者所以便事也。是以聖人苟可以强國，不法其故；苟可以利民，不循於禮。孝公曰：善。甘龍曰：不然。臣聞之：聖人不易民而教，智者不變法而治。因民而教者，不勞而功成；據法而治者，吏習而民安。今若變法，不循秦國之故，更禮以教民，臣恐天下之議君。願孰察之。公孫鞅曰：子之所言，世俗之言也。夫常人安於故習，學者溺於所聞。此兩者，所以居官而守法，非所與論於法之外。三代不同禮而王，五霸不同法而霸。故知者作法，而愚者制焉；賢者更禮，而不肖者拘焉。拘禮之人不足與言事，制法之人不足與論變。君無疑矣。杜摯曰：臣聞之：利不百，不變法；功不十，不易器。臣聞法古無過，循禮無邪。君其圖之！公孫鞅曰：前世不同教，何故之法？帝王不相復，何禮之循？伏羲、神農，教而不誅；黄帝、堯、舜，誅而不怒。及至文、武，各當時而立法，因事而制禮。禮、法以時而定，制、令各順其宜，兵甲器備各便其用。臣故曰：治世不一道，便國不必法古。湯、武之王也，不循古而興；殷夏之滅也，不易禮而亡。然則反古者未必可非，循禮者未足多是也。君無疑矣。孝公曰：善。吾聞窮巷多恡，曲學多辨。愚者笑之，智者哀焉；狂夫之樂，賢者喪焉。拘世以議，寡人不之疑矣。於是遂出《墾草令》。

《商君書·立本》 凡用兵，勝有三等，若兵未起則錯法，錯法而俗成，而用具。此三者必行於境内，而後兵可出也。行三者有二勢：一曰輔法而法行，二曰舉必得而法立。故恃其衆者謂之葺，恃其備飾者謂之巧，恃譽目者謂之詐。此三者恃一，因其兵可禽也。故曰：彊者必剛鬭其意。鬭則力盡，力盡則備，是故無敵於海内。治行則貨積，貨積則賞能重矣。賞壹則爵尊，爵尊則賞能利矣。故曰：兵生於治而異，俗生於法而萬轉，過勢本於心而飾於備勢。三者有論，故彊可立也。是以彊者必治，治者必彊；富者必治，治者必富。彊者必富，富者必彊。故曰：治彊之道，論其本也。

《吕氏春秋·慎大覽·察今》 八曰：上胡不法先王之法，非不賢也，爲其不可得而法。先王之法，經乎上世而來者也，人或益之，人或損之，胡可得而法？雖人弗損益，猶若不可得而法。東夏之命，古今之法，言異而典殊。故古之命多不通乎今之言者，今之法多不合乎古之法者。殊俗之民，有似於此。其所爲欲同，其所爲欲異。口惛之命不愉，若舟車衣冠滋味聲色之不同，人以自是，反以相誹。天下之學者多辯，言利辭倒，不求其實，務以相毁，以勝爲故。先王之法，胡可得而法？雖可得，猶若不可法。凡先王之法，有要於時也。

又：荆人欲襲宋，使人先表澭水。澭水暴益，荆人弗知，循表而夜涉，溺死者千有餘人，軍驚而壞都舍。嚮其先表之時可導也，今水已變而益多矣，荆人尚猶循表而導之，此其所以敗也。今世之主，法先王之法也，有似於此。其時已與先王之法虧矣，而曰此先王之法也，而法之以爲治，豈不悲哉！故治國無法則亂，守法而弗變則悖，悖亂不可以持國。世易時移，變法宜矣。譬之若良醫，病萬變，藥亦萬變。病變而藥不變，嚮之壽民，今爲殤子矣。故凡舉事必循法以動，變法者因時而化，若此論則無過務矣。

又：夫不敢議法者，衆庶也；以死守者，有司也；因時變法者，賢主也。是故有天下七十一聖，其法皆不同。非務相反也，時勢異也。故曰良劍期乎斷，不期乎鏌铘；良馬期乎千里，不期乎驥驁。夫成功名者，此先王之千里也。楚人有涉江者，其劍自舟中墜於水，遽契其舟曰：是吾劍之所從墜，舟止，從其所契者入水求之。舟已行矣，而劍不行，求劍若此，不亦惑乎？以此故法爲其國與此同，時已徙矣，而法不徙，以此爲治，豈不難哉？

（宋）李昉等《太平御覽》卷六三五《刑法部·叙刑》 又曰：鄭人鑄刑書。鑄刑書於鼎以爲國之常法。叔向使謂子産曰：昔先王議事以制，不爲刑辟，懼民之有争心也。夏有亂政，而作禹刑；商有亂政，而作湯刑；夏商之亂着禹湯之法，言不能議事以制。周有亂政，而作九刑。周之衰亦爲刑書，謂之九刑。三辟之興，皆叔世也。言制書不起於始全盛之世。今吾子相鄭國，作封洫、立謗政、制三辟、鑄刑書。制三辟謂用三代之末法。將以靖民，不亦難乎？

又曰：爲刑罰威獄，使民畏忌，以類其震曜殺戮。雲電震曜，天地威也。刑獄以象類之。

（宋）李昉等《太平御覽》卷六四五《刑法部·律令》 又曰：治大國而數變法則民苦之，是以有道之君，貴虚静重變法也。

（清）康有爲《新學僞經考·漢書憤攻僞經考》 秦自孝公已下用商君之法，其政酷烈，與《周官》相反，故始皇禁挾書，特疾惡，欲絶滅之，搜求焚燒之獨悉，是以隱藏百年。孝武帝始除挾書之律，開獻書之路，既出於山巖屋壁，復入於秘府，五家之儒莫得見焉。

（清）梁啓超《飲冰室合集·專集》卷二八《管子傳》 管子者，中國之最大政治家，而亦學術思想界一鉅子也。顧吾國人數千年來崇拜管子者不少概見，而訾謷之者反倍蓰焉，此誤於孟子之言也。

孟子之論管子也，與孔子異。孔子雖於器小之譏，偶有微詞。而一則稱之曰：如其仁，如其仁。再則歎之曰：微管仲，吾其被髮左衽。豈非以其事業之所影響，功德之所沾被，不徒在區區一齊，而實能爲中國歷史上别開一新生面耶？孟子之論管子，則輕薄之意溢於言外，常有彼哉彼哉，羞與爲伍之心。嘻其過矣。吾以爲孟子之學力容有非管仲所能及者，管仲之事業亦有斷非孟子所能學者。在孟子當時，或亦有爲而發爲此過激之言。而後之陋儒，並孟子之所以自信者而亦無之，乃反吠影吠聲，摭至迂極腐之末，論以詆謷管子。彼於管子何損？而以此誤治術誤學理，使先民之良法美意不獲宣於後。而吾國遂涣散積弱以極於今日，吾不得不爲後之陋儒罪也。

紀事

《史記》卷八七《李斯列傳》 始皇三十四年，置酒咸陽宫，博士僕射周青臣等頌稱始皇威德。齊人淳于越進諫曰：臣聞之，殷周之王千餘歲，封子弟功臣自爲支輔。今陛下有海内，而子弟爲匹夫，卒有田常、六卿之患，臣無輔弼，何以相救哉？事不師古而能長久者，非所聞也。今青臣等又面諛以重陛下過，非忠臣也。始皇下其議丞相。丞相謬其説，绌其辭，乃上書曰：古者天下散亂，莫能相一，是以諸侯並作，語皆道古以害今，飾虚言以亂實，人善其所私學，以非上所建立。今陛下并有天下，別白黑而定一尊；而私學乃相與非法教之制，聞令下，即各以其私學議之，入則心非，出則巷議，非主以爲名，異趣以爲高，率羣下以造謗。如此不禁，則主勢降乎上，黨與成乎下。禁之便。臣請諸有文學《詩》《書》百家語者，蠲除去之。令到滿三十日弗去，黥爲城旦。所不去者，醫藥卜筮種樹之書。若有欲學者，以吏爲師。始皇可其議，收去《詩》《書》百家之語以愚百姓，使天下無以古非今。明法度，定律令，皆以始皇起。同文書。治離宮別館，周偏天下。明年，又巡狩，外攘四夷，斯皆有力焉。

（宋）朱熹《資治通鑑綱目》卷一上　十年秦以衛鞅爲左庶長定變法之令。衛鞅欲變法，秦人不悦。鞅言於孝公曰：夫民不可與慮始，而可與樂成。論至德者不和於俗，成大功者不謀於衆。是以聖人苟可以彊國，不法其故。甘龍曰：不然。因民而教者，不勞而成功；緣法而治者，吏習而民安。衛鞅曰：常人安於俗，學者溺於所聞，以此兩者居官守法，可也。非所與論於法之外也。智者作法，愚者制焉，賢者更禮，不肖者拘焉。公曰：善。乃以鞅爲左庶長，卒定變法之令。令民爲什伍，而相收司連坐。不告姦者腰斬，告姦者與斬敵首同賞，匿姦者與降敵同罰。民有二男以上，不分異者，倍其賦；有軍功者，各以率受爵；爲私鬭者，各以輕重被刑大小。僇力本業，耕織致粟帛多者復其身事。末利及怠而貧者，舉以爲收孥。宗室非有軍功論，不得爲屬籍。明尊卑爵秩等級，各以差次名田宅、臣妾、衣服。有功者顯榮，無功者雖富無所芬華。令既具，未布，恐民之不信，乃立三丈之木於國都南門，募民能徙置北門者予十金。民怪之，莫敢徙。復曰：能徙者予五十金。有一人徙之，輒與五十金，乃下令。令行期年，民之國都，言新令之不便者以千數。於是太子犯法。衛鞅曰：法之不行，自上犯之。太子，君嗣，不可施刑，刑其傅公子虔，黥其師公孫賈。明日，秦人皆趨令。行之十年，道不拾遺，山無盗賊，民勇於公戰，怯於私鬭。鄉邑大治。秦民初言令不便者有來言令便，鞅曰：此亂法之民也，盡遷之於邊。其後民莫敢議令。司馬公曰：夫信者，人君之大寶也。國保於民，民保於信。故古之王者不欺四海，霸者不欺四鄰，善爲國者不欺其民，善爲家者不欺其親。不善者反之。是以上下離心，以至於敗。所利不能藥其所傷，所獲不能補其所亡，豈不哀哉！商君以刻薄之資，處攻戰之世，猶且不敢忘信，以畜其民況爲四海治平之政者哉？《集覽》。爲什伍而相收司連坐，索隱曰：什伍者，五家爲保，十家相連，收司糾發也。一家有罪，九家舉發。若不糾舉則十家連坐。正義曰：司，管也。爲什伍之法，使之相收相管，以率受爵，率與律同，復其身，復音福，除也。謂除免其身役。事末利事務也。末利，工商也。蓋農桑爲本，故上文云：本業耕織，舉以爲收孥。孥，妻子也。索隱曰：謂糾舉而收録其妻子，没爲官奴婢，論不得爲屬籍。論，平聲，議法也。謂宗室若無軍功，則不得入宗屬之籍。名田宅臣妾衣服。案：《商君本傳》此句之下有以家次三字，對上句以差次，或以名字作上句，讀誤矣。索隐注：謂各隨其家爵秩之班次，不使僭侈踰等也。漢武時董仲舒言：宜限民名田，以贍不足。杜佑《通典》注名田，占田也。各爲立限不使富者過制，則貧弱者可足也。漢哀帝初丞相孔光、大司空何武奏請諸侯王、列侯、公主皆得名田國中。列侯在長安，公主名田縣道，及關内侯、吏、民名田，皆毋過三十頃。諸侯王奴婢二百人，列侯、公主百人，關内侯、吏、民三十人。正誤以率受爵。今按：《韻書》云：率，約數也。猶差等也。名田宅、臣妾、衣服，今按《通鑑》節去三字，則此當蒙上文各以差次四字通爲一句。

書法綱目書律令多矣。書省、書正、書更定、書議定、書新律令，未有書變法者。書變法何罪？首變古也。故書衛鞅而削其族。綱目書律令之變二十五。秦壬戌年變法令，漢惠帝四年省法令，武帝元光五年定律令，成帝河平元年省律令，晉甲申年賈充正法律，宋辛夘年魏更定律令，丁巳年再書，己未年高允議定。辛未年魏更定《齊律》書成。癸未年梁頒新律，梁甲申年魏更定庚午年齊定律。癸未年周頒《大律》，丁酉年周頒《刑書》，己亥年周作《刑經》，辛丑年隋初行新律，癸夘年隋更定律，大業三年頒新律。戊寅年唐定律令，貞觀元年更定，十一年定律令。五代庚午年梁定律令，癸未年唐復舊律令，丁巳年周作《刑統書》。變法者一而已。

又：衛鞅築冀闕宮庭於咸陽，徙都之。令民父子兄弟同室内息者爲禁，并諸小鄉聚集爲一縣，縣置令丞。凡三十一縣。廢井田、開阡陌、平斗桶、權衡丈尺。集覽冀闕，正義曰：冀，記也。記列教令當於此門闕也。闕，在門兩旁，中央闕然爲道。崔豹《古今注》云：人臣至此則思其所闕。蓋爲二臺於門，外作樓觀於上，上圓下方，以其縣法謂之象。魏象，治象也。魏者其狀巍然高大，使民觀之因謂之觀。兩觀雙植中不爲門，是觀與象魏闕一物。而三名咸陽，漢高更名新城，漢武更名渭城，今長安。是闕中記秦孝公都咸陽，今渭城是；始皇都咸陽，今城南大城是。山南曰陽，水北亦曰陽。其城在渭水北，又在九嵏諸山之南，故名咸陽。同室内息者，爲禁息止也。秦俗：父子兄弟同室居止，鞅始更爲制而禁之。開阡陌，路南北曰阡，東西曰陌。正義曰：案：謂驛塍也。平斗桶，權衡。桶音勇，字通作甬，量器名，今之斛也。稱錘曰權，稱上曰衡權，與物鈞而生衡，所以知物輕重。《記・月令》仲春角斗甬。注：角，平之也。仲秋平權衡。正誤開阡陌，今按：朱子曰：阡陌便是井田，一横一直如遂上有塗便是陌，洫上有路便是阡。自阡陌之外有地則又閒在那裏。先王所以如此者，乃是要正經界，恐人相侵占。今商鞅却破開了。遇可作田處便作田，更不要整齊。這開字，非開創之開，乃開闢之開也。質實《一統志》云：咸陽，秦之縣名，孝公徙都於此，其地在山南水北，山水皆陽，故名咸陽。漢初曰新城縣；元鼎初改渭城縣；東漢省；

晉時石勒於此置石安縣；後苻秦置咸陽郡；隋郡廢；唐復爲咸陽縣，屬京兆郡；宋金仍舊；元省，入興平縣，尋復置縣；本朝因之，改屬西安府。

書法書始何罪？首變古也。凡立法有變古爲民害者必書始若初。

發明井田，上世之良法也。自黄帝畫埜分州，更唐、虞、夏、商而法始大備，前世論之詳矣。鞅獨何人，乃舉廢之，又從而更賦税之法，其變古之罪不可勝誅。然綱目皆以秦書而不以鞅書者，蓋變法者鞅，而用鞅者秦也。澄源正本，首惡必歸於秦，秦亦安得而辭哉？其旨嚴矣。

（宋）王欽若《册府元龜》卷二三九《列國君部・政令》 衛鞅聞是令下，西入秦，因景監求見孝公。二年，天子致胙。三年，衛鞅説孝公變法脩刑，内務耕稼，外勸戰死之賞罰，孝公善之。甘龍、杜摯等怫然，相與之争。卒用鞅法，百姓苦之。居三年，百姓便。乃拜鞅爲左庶長。二年，天子致胙。十二年，并諸小鄉聚，集爲大縣，縣一令。《漢書・百官表》目：縣令長皆秦官，萬戶以上爲令，秩千石至六百；減萬戶爲長，秩五百石至三百石，皆有丞尉。四十一縣。爲田開阡陌，東地渡雒。十三年，初爲有秩史。十九年，天子致伯。二十年，諸侯畢賀。初孝公令商鞅爲法，於秦戰斬一首，賜爵一級。欲爲官者，五千石。其爵名一爲公士，二上造，三簪裹，四不更，五大夫，六公大夫，七官大夫，八公乘，九五大夫，十左庶長，十一右庶長，十二左更，十三中更，十四右更，十五少上造，十六太上造，十七駟車庶長，十八大庶長，十九関内侯，二十徹侯。孝公既任商鞅，乃令民父子兄弟同室内息者爲禁。集小都鄉邑聚爲縣，置令、丞。凡三十一縣。爲田開阡陌封疆，而賦税平。平斗桶令之斛也，權衡丈尺。

（宋）王欽若《册府元龜》卷五六三《掌禮部・制禮》 周成王六年周公旦述文武周官及儀禮，以爲後王法。臣欽若等曰：《周官》即《周禮》也，周公觀夏商之禮而增損之事爲之制，曲爲之防，故稱《禮經》三百、威儀三千，皆周公所制也。

漢唐變法分部

論説

《漢書》卷九九中《王莽傳中》 莽曰：古者，設廬井八家，一夫一婦田百畝，什一而税，則國給民富而頌聲作。此唐虞之道，三代所遵行也。秦爲無道，厚賦税以自供奉，罷民力以極欲，壞聖制，廢井田，是以兼并起，貪鄙生，强者規田以千數，弱者曾無立錐之居。又置奴婢之市，與牛馬同蘭，制於民臣，顓斷其命。姦虐之人因緣爲利，至略賣人妻子，逆天心，誖人倫，繆於天地之性人爲貴之義。《書》曰：予則奴戮女，唯不用命者，然後被此辜矣。漢氏減輕田租，三十而税一，常有更賦，罷癃咸出，而豪民侵陵，分田劫假。厥名三十税一，實什税五也。父子夫婦終年耕芸，所得不足以自存。故富者犬馬餘菽粟，驕而爲邪；貧者不厭糟糠，窮而爲姦。俱陷于辜，刑用不錯。予前在大麓，始令天下公田口井，時則有嘉禾之祥，遭反虜逆賊且止。今更名天下田曰王田，奴婢曰私屬，皆不得賣買。其男口不盈八，而田過一井者，分餘田予九族鄰里鄉黨。故無田，今當受田者，如制度。敢有非井田聖制，無法惑衆者，投諸四裔，以禦魑魅，如皇始祖考虞帝故事。

《後漢書》卷二八《桓譚傳》 世祖即位，徵待詔，上書言事失旨，不用。後大司空宋弘薦譚，拜議郎給事中，因上疏陳時政所宜，曰：臣聞國之廢興，在於政事；政事得失，由乎輔佐。輔佐賢明，則俊士充朝，而理合世務；輔佐不明，則論失時宜，而舉多過事。夫有國之君，俱欲興化建善，然而政道未理者，其所謂賢者異也。昔楚莊王問孫叔敖曰：寡人未得所以爲國是也。叔敖曰：國之有是，衆所惡也，恐王不能定也。王曰：不定獨在君，亦在臣乎？對曰：君驕士，曰士非我無從富貴，士驕君，曰君非士無從安存。人君或至失國而不悟，士或至飢寒而不進。

君臣不合，則國是無從定矣。莊王曰：善。願相國與諸大夫共定國是也。

蓋善政者，視俗而施教，察失而立防，威德更興，文武迭用，然後政調於時，而躁人可定。昔董仲舒言理國譬若琴瑟，其不調者則解而更張。夫更張難行，而拂衆者亡，是故賈誼以才逐，而朝錯以智死。世雖有殊能而終莫敢談者，懼於前事也。

且設法禁者，非能盡塞天下之姦，皆合衆人之所欲也，大抵取便國利事多者，則可矣。夫張官置吏，以理萬人，縣賞設罰，以别善惡，惡人誅傷，則善人蒙福矣。今人相殺傷，雖已伏法，而私結怨讎，子孫相報，後忿深前，至於滅戶殄業，而俗稱豪健，故雖有怯弱，猶勉而行之，此爲聽人自理而無復法禁者也。今宜申明舊令，若已伏官誅而私相傷殺者，雖一身逃亡，皆徙家屬於邊，其相傷者，加常二等，不得雇山贖罪。如此，則仇怨自解，盜賊息矣。

夫理國之道，舉本業而抑末利，是以先帝禁人二業，錮商賈不得宦爲吏，此所以抑并兼長廉恥也。今富商大賈，多放錢貨，中家子弟，爲之保役，趨走與臣僕等勤，收税與封君比入，是以衆人慕効，不耕而食，至乃多通侈靡，以淫耳目。今可令諸商賈自相糾告，若非身力所得，皆以臧畀告者。如此，則專役一己，不敢以貨與人，事寡力弱，必歸功田畝。田畝修，則穀入多而地力盡矣。

又見法令決事，輕重不齊，或一事殊法，同罪異論，姦吏得因緣爲市，所欲活則出生議，所欲陷則與死比，是爲刑開二門也。今可令通義理明習法律者，校定科比，一其法度，班下郡國，蠲除故條。如此，天下知方，而獄無怨濫矣。書奏，不省。

是時帝方信讖，多以決定嫌疑。又醻賞少薄，天下不時安定。譚復上疏曰：臣前獻瞽言，未蒙詔報，不勝憤懣，冒死復陳。愚夫策謀，有益於政道者，以合人心而得事理也。凡人情忽於見事而貴於異聞，觀先王之所記述，咸以仁義正道爲本，非有奇怪虛誕之事。蓋天道性命，聖人所難言也。自子貢以下，不得而聞，況後世淺儒，能通之乎！今諸巧慧小才伎數之人，增益圖書，矯稱讖記，以欺惑貪邪，詿誤人主，焉可不抑遠之哉！臣譚伏聞陛下窮折方士黃白之術，甚爲明矣；而乃欲聽納讖記，又何誤也！其事雖有時合，譬猶卜數隻偶之類。陛下宜垂明聽，發聖意，屏羣小之曲説，術《五經》之正義，略雷同之俗語，詳通人之雅謀。

又臣聞安平則尊道術之士，有難則貴介胄之臣。今聖朝興復祖統，爲人臣主，而四方盜賊未盡歸伏者，此權謀未得也。臣譚伏觀陛下用兵，諸所降下，既無重賞以相恩誘，或至虜掠奪其財物，是以兵長渠率，各生狐疑，黨輩連結，歲月不解。古人有言曰：天下皆知取之爲取，而莫知與之爲取。陛下誠能輕爵重賞，與士共之，則何招而不至，何説而不釋，何向而不開，何征而不剋！如此，則能以狹爲廣，以遲爲速，亡者復存，失者復得矣。帝省奏，愈不悦。其後有詔會議靈臺所處，帝謂譚曰：吾欲以讖決之，何如？譚默然良久，曰：臣不讀讖。帝問其故，譚復極言讖之非經。帝大怒曰：桓譚非聖無法，將下斬之。譚叩頭流血，良久乃得解。出爲六安郡丞，意忽忽不樂，道病卒，時年七十餘。

《後漢書》卷四九《仲長統傳》 《易》曰：陽一君二臣，君子之道也；陰二君一臣，小人之道也。然則寡者，爲人上者也；衆者，爲人下者也。一伍之長，才足以長一伍者也；一國之君，才足以君一國者也；天下之王，才足以王天下者也。愚役於智，猶枝之附幹，此理天下之常法也。制國以分人，立政以分事，人遠則難綏，事總則難了。今遠州之縣，或相去數百千里，雖多山陵洿澤，猶有可居人種穀者焉。當更制其境界，使遠者不過二百里。明版籍以相數閲，審什伍以相連持，限夫田以斷并兼，定五刑以救死亡，益君長以興政理，急農桑以豐委積，去末作以一本業，敦教學以移情性，表德行以厲風俗，覈才蓺以敘官宜，簡精悍以習師田，修武器以存守戰，嚴禁令以防僭差，信賞罰以驗懲勸，糾游戲以杜姦邪，察苛刻以絶煩暴。審此十六者以爲政務，操之有常，課之有限，安寧勿懈墮，有事不迫遽，聖人復起，不能易也。

又：或曰：善爲政者，欲除煩去苛，并官省職，爲之以無爲，事之以無事，何子言之云云也？曰：若是，三代不足摹，聖人未可師也。君子用法制而至於化，小人用法制而至於亂。均是一法制也，或以之化，或以之亂，行之不同也。苟使豺狼牧羊豚，盜跖主征税，國家昏亂，吏人放肆，則惡復論損益之閒哉！夫人待君子然後化理，國待蓄積乃無憂患。君子非自農桑以求衣食者也，蓄積非横賦斂以取優饒者也。奉禄誠厚，則割剝貿易之罪乃可絶也；蓄積誠多，則兵寇水旱之灾不足苦也。故由其道而得之，民不以爲奢；由其道而取之，民不以爲勞。天灾流行，開倉庫以稟貸，不亦仁乎？衣食有餘，損靡麗以散施，不亦義乎？彼君子居位爲士民之長，固宜重肉累帛，朱輪四馬。今反謂薄屋者爲高，藿食者爲清，既失天地之性，又開虚僞之名，使小智居大位，庶績不咸熙，未必不由此也。得拘絜而失才能，非立功之實也。以廉舉而以貪去，非士君子之志也。夫選用必取善士。善士富者少而貧者多，禄不足以供養，安能不少營私門乎？從而罪之，是設機置穽以待天下之君子也。

《晉書》卷五一《摯虞傳》　將作大匠陳勰掘地得古尺，尚書奏：今尺長於古尺，宜以古爲正，潘岳以爲習用已久，不宜復改。虞駁曰：昔聖人有以見天下賾而擬其形容，象物制器，以存時用。故參天兩地，以正算數之紀；依律計分，以定長短之度。其作之也有則，故用之也有徵。考步兩儀，則天地無所隱其情；準正三辰，則懸象無所容其謬；施之金石，則音韵和諧；措之規矩，則器用合宜。一本不差而萬物皆正，及其差也，事皆反是。今尺長於古尺幾於半寸，樂府用之，律吕不合；史官用之，曆象失占；醫署用之，孔穴乖錯。此三者，度量之所由生，得失之所取徵，皆絓閡而不得通，故宜改今而從古也。唐虞之制，同律度量衡，仲尼之訓，謹權審度。今兩尺並用，不可謂之同；知失而行，不可謂之謹。不同不謹，是謂謬法，非所以軌物垂則，示人之極。凡物有多而易改，亦有少而難變，亦有改而致煩，有變而之簡。度量是人所常用，而長短非人所戀惜，是多而易改者也。正失於得，反邪於正，一時之變，永世無二，是變而之簡者也。憲章成式，不失舊物，季末苟合之制，異端雜亂之用，當以時釐改，貞夫一者也。臣以爲宜如所奏。

《晉書》卷五二《華譚傳》　又策曰：夫法令之設，所以隨時制也。時險則峻法以取平，時泰則寬網以將化。今天下太平，四方無事，百姓承德，將就無爲而乂。至於律令，應有所損益不？對曰：臣聞五帝殊禮，三王異教，故或禪讓以光政，或干戈以攻取。至於興禮樂以和人，流清風以寧俗，其歸一也。今誠風教大同，四海無虞，人皆感化，去邪從正。夫以堯舜之盛，而猶設象刑；殷周之隆，而甫侯制律。律令之存，何妨於政，若乃大道四達，禮樂交通，凡人修行，黎庶勵節，刑罰懸而不用，律令存而無施，適足以隆太平之雅化，飛仁風乎無外矣。

《晉書》卷八五《劉毅傳》　及裕討循，詔毅知内外留事。毅以喪師，乞解任，降爲後將軍。尋轉衛將軍、開府儀同三司、江州都督。毅上表曰：臣聞天以盈虚爲運，政以損益爲道。時否而政不革，人凋而事不損，則無以救急病於已危，拯塗炭於將絶。自頃戎車屢駭，干戈溢境，所統江州，以一隅之地當逆順之衝，自桓玄以來，驅蹙殘敗，至乃男不被養，女夫匹對，逃亡去就，不避幽深，自非財殫力竭，無以至此。若不曲心矜理，有所釐改，則靡遺之歎奄焉必及。

《晉書》卷一一〇《慕容儁載記》　廷尉監常煒上言：大燕雖革命創制，至於朝廷銓謨，亦多因循魏晉，唯祖父不殯葬者，獨不聽官身清朝，斯誠王教之首，不刊之式。然禮貴適時，世或損益，是以高祖制三章之法，而秦人安之。自頃中州喪亂，連兵積年，或遇傾城之敗，覆軍之禍，坑師沈卒，往往而然，孤孫煢子，十室而九。兼三方岳峙，父子異邦，存亡吉凶，杳成天外。或便假一時，或依嬴博之制，孝子糜身無補，順孫心喪靡及，雖招魂虚葬以敘罔極之情，又禮無招葬之文，令不此載。若斯之流，抱琳琅而無申，懷英才而不齒，誠可痛也。恐非明揚側陋，務盡時珍之道。吴起、二陳之疇，終將無所展其才幹。漢祖何由免於平城之圍？郅支之首何以懸於漢闕？謹案《戊辰詔書》，蕩清瑕穢，與天下更始，以明惟新之慶。五六年間，尋相違伐，於則天之體，臣竊未安。儁曰：煒宿德碩儒，練明刑法，覽其所陳，良足採也。今六合未寧，喪亂未已，又正當搜奇拔異之秋，未可才行兼舉，且除此條，聽大同更議。

《魏書》卷二四《崔玄伯傳》　太宗以郡國豪右，大爲民蠹，乃優詔徵之，民多戀本，而長吏逼遣。於是輕薄少年，因相扇動，所在聚結。西河、建興盜賊並起，守宰討之不能禁。太宗乃引玄伯及北新侯安同、壽光侯叔孫建、元城侯元屈等問曰：前以兇俠亂民，故徵之京師，而守宰失於綏撫，令有逃竄。今犯者已多，不可悉誅，朕欲大赦以紓之，卿等以爲何如？屈對曰：民逃不罪而反赦之，似若有求於下，不如先誅首惡，赦其黨類。玄伯曰：王者治天下，以安民爲本，何能顧小曲直也。譬琴瑟不調，必改而更張；法度不平，亦須蕩而更制。夫赦雖非正道，而可以權行，自秦漢以來，莫不相踵。屈言先誅後赦，會於不能兩去，孰與一行便定。若其赦而不改者，誅之不晚，太宗從之。

（清）王夫之《讀通鑑論》卷二《漢文帝》 肉刑之不可復，易知也。如必曰古先聖王之大法，以止天下之惡，未可泯也；則亦君果至仁，吏果至恕，井田復，封建定，學校興，禮三王而樂六代，然後復肉刑之辟未晏也。不然，徒取愚賤之小民，折割殘毀，以唯吾制是行，而曰古先聖王之大法也，則自欺以誣天下，憯孰甚焉。

抑使教養道盡，禮樂復興，一如帝王之世，而肉刑猶未可復也。何也？民之仁也，期以百年必世，而猶必三代遺風未斬之日也。風未移，俗未易，犯者繁有，而毀支折體之人積焉，天之所不祐也。且也，古未有笞杖，而肉刑不見重；今既行笞杖，而肉刑駭矣。故以曹操之忍，而不敢嘗試，況不爲操者乎！張蒼之《律》曰：大辟論減等，已論而復有笞罪，皆棄市。嚴矣。雖然，固書所謂怙終賊刑者也。故祥刑者，師文帝之詔，張蒼之令，可也。

（清）王夫之《讀通鑑論》卷二《漢文帝》 什一之賦，三代之制也。孟子曰：重之則小桀，輕之則小貉。言三代之制也。天子之畿千里；諸侯之大者，或曰百里，或曰五百里，其小者不能五十里。有疆場之守，有甲兵之役。有幣帛饗飧牢餼之禮，有宗廟社稷犧牲幣之典，有百官有司府史胥徒祿食之粟，其制不可勝舉。《聘義》所云：古之用財者不能均。如此是已。故二十取一而不足。然而有上地、中地、下地之差，有一易、再易、萊田之等。則名什一，而折衷其率，亦二十而取一也。

自秦而降，罷侯置守矣。漢初封建，其提封之廣，蓋有倍蓰於古王畿者，而其官屬典禮又極簡略，率天下以守邊，而中邦無會盟侵伐之事。若郡有守，縣有令，非其伯叔甥舅之交，而饋問各以其私。社稷粗立，而祀典不繁。一郡之地，廣於公侯之國，而據史郵徵，曾不足以當一鄉一遂之長。合天下以贍九卿羣司之內臣，而不逮《周禮》六官之半。是古取之一圻而用豐，今取之九州而用儉，其視三代之輕費，百不得一也。什一而征，將以厚藏而導人主之宣欲乎？不然，亦奚用此厚斂爲也！

文帝十三年，除田租稅；景帝元年，復收半租，三十而稅一；施及光武之世，兵革既解，復損十一之稅，如景帝之制；誠有餘而可以裕民也。封建不可復行於後世，民力之所不堪，而勢在必革也。

（清）王夫之《讀通鑑論》卷三《漢武帝》 董仲舒請使列侯郡守歲貢士二人，賢者賞，所貢不肖者有罰，以是爲三代鄉舉里選之遺法也，若無遺議焉。夫爲政之患，聞古人之效而悅之，不察其精意，不揆其時會，欲姑試之，而不合，則又爲之法以制之，於是法亂弊滋，而古道遂終絶於天下。

郡縣之與封建殊，猶裘與葛之不相沿矣。古之鄉三年而賓興，貢士唯鄉大夫之所擇，封建之時會然也。成周之制，六卿之長，非諸侯入相，則周、召、畢、榮、毛、劉、尹、單也。所貢之士，位止於天下大夫，則雖賓興，而側陋顯庸者亡有。且王畿千里，侯國抑愈狹矣。地邇勢親，鄉黨之得失是非，旦夕而與朝右相聞。以易知易見之人才，供庶事庶官之冗職，臧否顯而功罪微。賓興者，聊以示王者之無棄材耳，非舉社稷生民之安危生死而責之賓興之士也。

郡縣之天下，統中夏於一王。郡國之遠者，去京師數千里。郡守之治郡，三載而遷。地遠，則賄賂行而無所憚。數遷，則雖賢者亦僅採流俗之論，識晉謁之士，而孤幽卓越者不能遽進於其前。且國無世卿，廷無定位，士苟聞名於天下，日陟日遷，而股肱心膂之任屬焉。希一薦以徼非望之福，矯僞之士，何憚不百欺百售以迎郡守一日之知，其誠僞淆雜甚矣。於是而懸賞罰之法以督之使慎，何易言慎哉！

知人則哲，堯所難也。故鯀殛，而僉曰試可者勿罪。生不與同鄉，學不與同師，文行之華實，孝友之真僞，不與從事相覺察，偶然一日之知，舉刑賞以隨其後，賞之濫而罰者冤，以帝堯之難責之中材，庸詎可哉？其弊也，必樂得脂韋括囊之士，容身畏尾，持祿以幸無尤。又其甚者，舉主且爲交託營護，而擿發者且有投鼠忌器之嫌。則庸駑競乘，而大姦營竄，所必至矣。

聞一鄉之有月旦矣，未聞天下之有公論也。一鄉之稱，且有鄉原，四海之譽，先集僞士，故封建選舉之法，不可行於郡縣。《易》曰：變通者時也。三代之王者，其能逆知六國強秦以後之朝野，而豫建萬年之制哉？且其後漢固行之矣，而背公死黨之害成，至唐、宋而不容不變。故任大臣以薦賢，因以開諸科目可矣。限之以必薦，而以賞罰隨其後，一切之法，非所可執也。

封建也，學校也，鄉舉里選也，三者相扶以行，孤行則躓矣。用今日之才，任今日之事，所損益，可知已。而仲舒曰：三王之盛易爲，堯、舜之名可及。談何容易哉！

（清）王夫之《讀通鑑論》卷三《漢武帝》　分藩國，推恩封王之子弟爲列侯，決於主父偃，而始於賈誼。誼之説至是而始售，時爲之也。當誼之時，侯王強，天下初定，吴、楚皆深鷙驕悍而不聽天子之裁制，未能逮行也。武帝承七國敗亡之餘，諸侯之氣已熸，偃單車臨齊而齊王自殺，則諸王救過不遑，而以分封子弟爲安榮，偃之説乃以乘時而有功。因此而知封建之必革而不可復也，勢已積而俟之一朝也。

高帝之大封同姓，成周之餘波也。武帝之衆建王侯而小之，唐、宋之先聲也。一主父偃安能爲哉！天假之，人習之，浸衰浸微以盡泯。治天下者，以天下之禄位公天下之賢者，何遽非先王之遺意乎？司馬氏懲曹魏之孤，欲反古而召五胡之亂，豈其智不如偃哉？不明於時故也。

（清）王夫之《讀通鑑論》卷二〇《唐高祖》　租、庸、調之法，拓拔氏始之，至唐初而定。戶賦田百畝，所輸之租粟二石。其輕莫以過也；調隨上宜，庸役兩旬，不役則輸絹六丈。重之於調、庸，而輕之於粟，三代以下郡縣之天下，取民之制，酌情度理，適用宜民，斯爲較得矣。

地之有稼穡也，天地所以給斯人之養者也。人之戴君而胥匡以生也，禦其害，協其居，坊其強以淫，撫其弱以萎，君子既勞心以治人，則有力可勞者當爲之効也。地産之有餘者，桑麻金錫茶漆竹木樧葉之屬，人不必待以生，而或不勞而多獲，以資人君爲立國經理綢繆之用，固當即取於民以用者也。酌之情，度之理，租不可不輕，而庸、調無嫌於重，豈非君以養民，民以奉公之大義乎？故曰：明君貴五穀。穀者，民生死之大司也。箕斂以聚之上，紅朽盈而多豢不耕之人，下及於犬馬，則賤矣；開民之利，勸之以耕，使裕於養，而流通其餘，以供日用之需，所以貴之也；示民以不愛其力以事上，而重愛其粟，雖君上而不輕與，則貴之也至矣。故惟重之於庸，而輕之於租，民乃知耕之爲利，雖不耕而不偷窳以免役，於是天下無閒田，而田無鹵莽，耕亦征也，不耕亦征也，其不勸於耕者鮮矣。

且按唐開元戶數凡九百六十一萬九千有奇，戶租二石，爲租千九百二十三萬有奇，以萬曆清丈所定，夏秋税糧二千六百六十三萬有奇較之，其差無幾也。田百畝而租二石，幾百而取一矣，而可給二百二十萬人之食以饟兵，而不止三年之餘一。粟之取也薄，而庸、調之取絹綿土物也廣，則官吏胥役百工之給，皆以庸、調之所輸給之，使求粟以贍其俯仰，皆出貨賄以售糴於農民，而耕者鹽酪醫藥昏喪之用，粟不死而貨賄不騰。調、庸之職貢一定於戶口而不移，勿問田之有無，而責之不貸，則逐末者無所逃於溥天率土之下，以嫁苦於農人。徭不因田而始有，租以薄取而易輸，汙吏猾胥無可求多於阡陌，則人抑視田爲有利無害之資，自不折人於強豪，以役耕夫而恣取其半。以此計之，唐之民固中天以後樂利之民也，此法廢而後民不適有生，田盡入於強豪而不可止矣。

役其人，不私其土，天之制也；用其有餘之力，不奪其勤耕之獲，道之中也；效其土物之貢，不斂其待命之粟，情之順也；耕者無虐取之憂，不耕者無幸逃之利，義之正也。若夫三代之制，田税十一，而二十取一，孟子斥之爲小貉，何也？三代沿上古之封建，國小而君多，聘享征伐一取之田，蓋積數千年之困敝，而暴君横取，無異於今川、廣之土司，吸齕其部民，使鵠面鳩形，衣百結而食草木；三代聖王，無能疾出其民於水火，爲撙節焉以漸蘇其生命，十一者，先王不得已之爲也。且天子之畿，東西南北之相距，五百里而已，舟車之輓運，旬日而往還，侯國百里之封，居五十里之中，可旦輸而夕返。今合四海以供一王，而饋鍕周於遠塞，使輸十一於京邊，萬里之勞，民之死者十九，而誰以軀命殉一頃之荒瘠乎？弗獲已而折色輕齎之制以稍寛之，乃粟之貴賤無恒，而定之以一切之準，墨吏抑盡廢本色，於就近支銷而厚取其值，且使賤糴以應非時之誅求，自非姦詭豪強，未有敢名田爲己有者。若且不察而十一征之，誰爲此至不仁之言曰中正之制，以勦絶生民之命乎？

乃若唐之庸，重矣，以後世困農而恣游民之逋役則重也，以較三代則尤輕。古者七十二井而出長轂一乘、步卒七十二人，九百畝而一人爲兵。畝百步耳，九百畝，今之四百畝而不足也。以中則準之，凡糧二十石有奇而出一兵。無歲不征，無年不戰，死傷道殞，復補伍於一井之中。唐府兵之未盡革也，求兵於免租免庸之夫，且讀杜甫《無家》、《垂老》、《新婚》三別之詩，千古猶爲墮淚。則三代之民，其死亡流離於鋒矢之下，亦慘矣哉！抑且君行師從，卿行旅從，狩覲、會盟、聘問、逆女、會葬，乃至遊顴、畋獵，皆奔走千百之耕夫於道路，暑暍凍瘓、飢渴勞敝而死者，不知凡幾，而築城、穿池、營宮室、築苑囿之役不與焉，其視一歲之庸，一戶數口而折絹六丈者，利害奚若也？論者不體三代聖王因時補救不得已之心，而猶曰十一取民，寓兵於農之可行於今也，不智而不仁，學焉而不思，亦忍矣哉！後王參古以宜民，唐室租、庸、調畫一仁民之法，即有損益，無可廢矣。

（清）董誥《全唐文》卷一一唐高宗《頒行新令制》 門下：蓋上帝臨下，覆幬之德彰焉；聖人在上，財成之跡著焉。然則統天理運，微政令不能通其道；經國訓人，非渙汗無以宣其化。故羲爻演繇，后以施命誥四方；《虞典》記言，帝乃敷文被九域。豈惟遒人振鐸，理存乎闡教；象闕懸書，義在於垂法。雖時分步驟，必循先甲之規；代變驪騵，無革達名之軌。既而淳源已往，澆風漸扇，奸宄於是萌生，譎詐以之飈起。相彼羣俗，頗乖於信義；顧茲庶尹，罕嗣於忠勤。尺一交馳，徒有書亭之弊；五條閒出，猶招挂壁之譏。非所謂光闡帝圖，作爲人極者也。由此緑綈爰降，尤慎於繁亢；黃素所施，彌崇於喻曉。皇家創業，抑揚前古，粵在貞觀，大啟憲章，浹聲教於幽遐，燭文明於區宇。鴻池衍誥，統理詳密，螭鈕騰文，規模宏遠，固以貽厥將來，懸諸日月。朕祇肅鴻業，恭臨寶位，握千載禎符，承百王之末緒。凝神閑館，託軒夢以憂人；採誦康衢，用堯心而拯物。然以萬機事總，恐聽覽之或遺；四海務殷，慮緝訪之多闕。南宮故事，綜覈已殫；內史舊章，搜羅殆盡。自御宸扆，每懷冰谷，身雖處於巖廊，情實係於億兆。比者在外州府，數陳表疏；京下諸司，亦多奏請。朕以爲帝命多緒，範圍之旨載宏；王言如絲，彌綸之道斯洽。前後處分，因事立文，歲序既淹，條流遂積。覽之者滋惑，行之者愈怠。但政貴有恒，辭務體要。道廣則難備，事簡則易從，故自永徽以來，詔勅總令沙汰，詳稽得失，甄別異同，原始要終，捐華摭實，其有在俗非便，事縱省而悉除，於時適宜，文雖煩而必録，隨義删定，以類區分，上稟先規，下齊庶政，導生靈之耳目，闢風化之戶牖，俾夫施之萬祀，周知訓夏之方，布之八埏，共識司南之路，仍令所司編次，具爲卷帙施行，此外並停，自今以後，諸有表奏事非要切，並準勅令，各申所司，可頒示普天，使知朕意，主者施行。

綜　述

《漢書》卷二三《刑法志》 景帝元年，下詔曰：加笞與重罪無異，幸而不死，不可爲人。其定律：笞五百曰三百，笞三百曰二百。猶尚不全。至中六年，又下詔曰：加笞者，或至死而笞未畢，朕甚憐之。其減笞三百曰二百，笞二百曰一百。又曰：笞者，所以教之也，其定箠令。丞相劉舍、御史大夫衛綰請：笞者，箠長五尺，其本大一寸，其竹也，末薄半寸，皆平其節。當笞者笞臀。毋得更人，畢一罪乃更人。自是笞者得全，然酷吏猶以爲威。死刑既重，而生刑又輕，民易犯之。

（漢）荀悅《前漢紀》卷二四《孝成一》 是時刑書煩多。上詔曰：周之甫刑，大辟之屬有二百，今辟之刑千有餘條，律令煩多，欲以曉喻衆庶，不亦難乎？所以夭絶無辜，豈不哀哉！其議減死刑及可蠲除約省者，令較然易知。《書》不云乎，惟刑之恤，其審核之。務惟古法，朕將盡心覽焉。時有司不能廣宣主恩，建立法度，徒學細微小事，以塞詔書而已。本志曰：昔周五刑之典，墨罪五百，劓罪五百，宮罪五百，剕罪五百，殺罪五百。所謂刑平國用中典者，至穆王命甫侯作五刑，以詰四方。墨罰之屬千，劓罰之屬千，剕罰之屬五百，宮罰之屬三百，大辟之罰其屬二百，凡五刑之屬三千，稍稍煩多矣。及至戰國，韓任申不害，秦用商鞅，起連坐之法，造參夷之誅，增加肉刑、大辟，爲鑿顛、抽脅、鑊烹之刑，而法禁等酷矣。至高祖初入秦，約法三章，號爲寬略，網漏吞舟之魚。然時尚有夷三族之令，當三族者，先黥劓左右指，笞殺之，梟其首，菹其骨肉於市，其誹謗、詈詛者，有先斷其舌，故謂之具五刑。高后元年除三族罪。至於孝文，遂除肉刑。而斬右趾者棄市，斬左足者笞五百，劓罪笞三百，率不勝笞多死。孝景詔定捶令，笞者乃得全。及孝武之時，酷吏擊斷，姦軌不勝，於是使張湯、趙禹之屬修定法令。作見知故縱、監臨部主之法，緩深故之罪，急縱出之誅。其後有姦猾巧法，轉相比況，死罪決事比至萬三千四百七十二事，文書盈於机閣，典掌不能偏覩。是以郡國承用者班駮，或罪同而論異。姦吏因緣爲市，所欲活即傅生議，所欲陷則與死比。宣帝即位，深悼之，始置廷尉平。元帝初立，下詔曰：夫法令者，所以抑暴扶弱，欲其難犯而易避。今法律煩多，自典者不能分明，而欲以羅元元之不逮，斯豈刑之中哉？其議定出令，及至孝成，重下明詔，及公卿卒不能定。昔荀卿言曰：俗説曰古有象刑無肉刑，是不然矣。以爲古之人莫觸其罪邪，豈獨無肉刑哉？亦不用象刑矣。若有重罪而直輕其刑，是殺人者不死，傷人者不刑。罪至重而刑輕，民無所畏，亂莫大焉。夫德不稱位，能不稱官，賞不當功，刑不當罪，不祥莫大焉。所謂象刑，惟明言象天道而作刑。荀卿之言既然，今之除肉刑者，本欲以全人也。今去髡鉗一等，轉而入於大辟，以死罔民，失其本意矣。故死者甚衆，刑重之所致也。至乎穿窬之忿怒傷人，吏爲姦賊，若此之惡，髡鉗之罰，又不足懲也。故刑者甚衆，民既不畏，又曾不耻，刑輕之所生也。死刑既重，而生刑太輕，民易犯之，故俗之能吏，公以殺盗爲威，專殺者勝任，奉法者不治亂，名傷治不可勝條。是以網密而姦不塞，刑繁而民愈慢，由刑不正之故。宜原其本，删定律令，正其大辟，其餘罪次於古。當生觸死者，皆可募行肉刑。及傷人、盗、吏受財枉法者，皆從古刑，詆欺文致細微之法，悉蠲除之。如此，則刑可畏而禁易避，吏不專殺，法無二門，輕重當，民命全矣。

《晉書》卷六七《温嶠傳》 是時天下凋弊，國用不足，詔公卿以下詣都坐論時政之所先，嶠因奏軍國要務。其一曰：祖約退舍壽陽，有將來之難。今二方守禦，爲功尚易。淮泗都督，宜竭力以資之。選名重之士，配征兵五千人，又擇一偏將，將二千兵，以益壽陽，可以保固徐豫，援助司土。其二曰：一夫不耕，必有受其饑者。今不耕之夫，動有萬計。春廢勸課之制，冬峻出租之令，下未見施，惟賦是聞。賦不可以已，當思令百姓有以殷實。司徒置田曹掾，州一人，勸課農桑，察吏能否，今宜依舊置之。必得清恪奉公，足以宣示惠化者，則所益實弘矣。其三曰：諸外州郡將兵者及都督府非臨敵之軍，且田且守。又先朝使五校出田，今四軍五校有兵者，及護軍所統外軍，可分遣二軍出，并屯要處。緣江上下，皆有良田，開荒須一年之後即易。且軍人累重者在外，有樵採蔬食之人，於事爲便。其四曰：建官以理世，不以私人也。如此則官寡而材精。周制六卿莅事，春秋之時，入作卿輔，出將三軍。後代建官漸多，誠由事有煩簡耳。然今江南六州之土，尚又荒殘，方之平日，數十分之一耳。三省軍校無兵者，九府寺署可有并相領者，可有省半者，粗計閑劇，隨事減之。荒殘之縣，或同在一城，可并合之。如此選既可精，禄俸可優，令足代耕，然後可責以清公耳。其五曰：古者親耕藉田以供粢盛，舊置藉田、廩犧之官。今臨時市求，既上黷至敬，下費生靈，非所以虔奉宗廟蒸嘗之旨。宜如舊制，立此二官。其六曰：使命愈遠，益宜得才，宣揚王化，延譽四方。人情不樂，遂取卑品之人，虧辱國命，生長患害。故宜重其選，不可減二千石見居二品者。其七曰：罪不相及，古之制也。近者大逆，誠由凶戾。凶戾之甚，一時權用。今遂施行，非聖朝之令典，宜如先朝除三族之制。議奏，多納之。

《北史》卷一一《隋紀上·高祖文帝》 國家大事，不可限以常禮，既葬公除，行之自昔，今宜遵用，不勞改定。凶禮所須，纔令周事，務從節儉，不得勞人。諸州總管、刺史以下，宜率其職，不須奔赴，自古哲王，因人作法，前帝後帝，沿革隨時。律令格式有不便於事者，宜依前修改，務當政要。嗚呼！敬之哉，無墜朕命。

《新唐書》卷五二《食貨志二》 帝以問宰相陸贄，贄上疏請釐革其甚害者，大略有六：其一曰：國家賦役之法，曰租、曰調、曰庸。其取法遠，其斂財均，其域人固。有田則有租，有家則有調，有身則有庸，天下法制均壹，雖轉徙莫容其姦，故人無搖心。天寶之季，海内波蕩，版圖隳於避地，賦法壞於奉軍。賦役舊法，行之百年，人以爲便。兵興，供億不常，誅求隳制，此時弊，非法弊也。時有弊而未理，法無弊而已更。兩税新制，竭耗編甿，日日滋甚。陛下初即位，宜損上益下，嗇用節財，而摘郡邑，驗薄書，州取大曆中一年科率多者爲兩税定法，此總無名之暴賦而立常規也。夫財之所生，必因人力。兩税以資産爲宗，不以丁身爲本，資産少者税輕，多者税重。不知有藏於襟懷囊篋，物貴而人莫窺者；有流通蕃息之貨，數寡而日收其贏者；有場圃、囷倉，直輕而衆以爲富者；有廬舍器用，價高而終歲利寡者。計估算緡，失平長僞，挾輕費轉徙者脱傜税，敦本業者困斂求，此誘之爲姦，敺之避役也。今傜賦輕重相百，而以舊爲準，重處流亡益多，輕處歸附益衆。有流亡則攤出，已重者愈重；有歸附則散出，已輕者愈輕。人嬰其弊。願詔有司與宰相量年支，有不急者罷之，廣費者節之。軍興加税，諸道權宜所增，皆可停。税物估價，宜視月平，至京與色樣符者，不得虛稱折估。有濫惡，罪官吏，勿督百姓。每道以知兩税判官一人與度支參計戶數，量土地沃瘠、物產多少爲二等，州等下者配錢少，高者配錢多。不變法而逋逃漸息矣。

紀事

《漢書》卷三《高后紀》　元年春正月，詔曰：前日孝惠皇帝言欲除三族辠、妖言令。議未決而崩，今除之。二月，賜民爵，戶一級。初置孝弟力田二千石者一人。

《漢書》卷四《文帝紀》〔前元二年〕五月，詔曰：古之治天下，朝有進善之旌，誹謗之木，所以通治道而來諫者也。今法有誹謗訞言之罪，是使衆臣不敢盡情，而上無由聞過失也。將何以來遠方之賢良？其除之。民或祝詛上，以相約而後相謾，吏以爲大逆，其有他言，吏又以爲誹謗。此細民之愚，無知抵死，朕甚不取。自今以來，有犯此者勿聽治。

《漢書》卷六《武帝紀》〔元朔六年〕六月，詔曰：朕聞五帝不相復禮，三代不同法，所繇殊路而建德一也。蓋孔子對定公以徠遠，哀公以論臣，景公以節用，非期不同，所急異務也。今中國一統而北邊未安，朕甚悼之。日者大將軍巡朔方，征匈奴，斬首虜萬八千級，諸禁錮及有過者，咸蒙厚賞，得免減罪。今大將軍仍復克獲，斬首虜萬九千級，受爵賞而欲移賣者，無所流貤。其議爲令。有司奏請置武功賞官，以寵戰士。

《漢書》卷二三《刑志法》　及至孝武即位，外事四夷之功，內盛耳目之好，徵發煩數，百姓貧耗，窮民犯法，酷吏擊斷，姦軌不勝。於是招進張湯、趙禹之屬，條定法令，作見知故縱、監臨部主之法，緩深故之罪，急縱出之誅。其後姦猾巧法，轉相比況，禁罔寖密。律令凡三百五十九章，大辟四百九條，千八百八十二事，死罪決事比萬三千四百七十二事。文書盈於几閣，典者不能徧睹，是以郡國承用者駮，或罪同而論異。姦吏因緣爲市，所欲活則傅生議，所欲陷則予死比，議者咸冤傷之。

《漢書》卷二四下《食貨志下》　漢興，以爲秦錢重難用，更令民鑄莢錢，黃金一斤。而不軌逐利之民畜積餘贏以稽市物，痛騰躍，米至石萬錢，馬至匹百金。天下已平，高祖乃令賈人不得衣絲乘車，重税租以困辱之。孝惠、高后時，爲天下初定，復弛商賈之律，然市井子孫亦不得〔宦爲吏〕〔爲官吏〕。孝文五年，爲錢益多而輕，乃更鑄四銖錢，其文爲半兩。除盜鑄錢令，使民放鑄。

《南史》卷六《梁紀上·武帝上》〔天監〕十四年春正月乙巳朔，皇太子冠，大赦，賜爲父後者爵一級，王公以下班賚各有差。停遠近上慶禮。辛亥，祀南郊，詔班下遠近，博採英異。又前以墨刑用代重辟者，除其條。

《魏書》卷一九中《景穆十二王傳·任城王》　初，正始之末，詔百司普昇一級，而執事者不達旨意，刺史、守、令限而不及。澄奏曰：竊惟雲構鬱起，澤及百司，企春望榮，內外同慶。至於賞陟，不及守宰，爾來十年，冤訟不絕。封回自鎮遠、安州入爲太尉長史，元匡自征虜、恒州入作宗卿，二人遷授，並在先詔。應蒙之理，備在於斯。兼州佐停私之徒，陪臣郡丞之例，尚蒙天澤下降，榮及當時。然參佐之來，皆因府主，今府主不霑，佐官獨預，棄本賞末，愚謂未充。今計刺史、守、宰之官，請準回匡，悉同汎限，上允初旨百司之章，下覆訟者元元之心。詔曰：自今已後，內外之事，嘗經先朝者，不得重聞。澄奏曰：臣聞堯懸諫諍之鼓，舜置誹謗之木，皆所以廣耳目於芻蕘，達四聰於天下，伏惟太祖開基，化隆自遠，累聖相承，於今九帝。重光疊照，汚隆必同，與奪隨時，道無恒體。思過如渴，言重千金，故稱無諱之朝，邁蹤三、五。高祖沖年纂曆，文明協統，變官易律，未爲違典。及慈聖臨朝，母儀宇縣，爰發慈令，垂心滯獄，深枉者仰日月於九泉，微屈者希曲照於盆下。今乃格以先朝，限以一例，斯誠奉遵之本心，實乖元元之至望。在于謙挹，有乖舊典。謹尋抱枉求直，或經累朝。毫釐之差，正之宜速；謬若千里，駟馬弗追。故禮有損益，事有可否，父有諍子，君有諫臣，琴瑟不調，理宜改作。是以防川之論，小決則通；鄉校之言，擁則敗國。矧伊陳屈，而可抑以先朝。且先朝屈者，非故屈之，或有司愛憎，或執事濁僻，空文致法，以誤視聽。如此冤塞，彌在可哀。僭之與濫，寧失不經，乞收今旨，還依前詔。詔曰：省奏，深體毗贊之情，三皇異軌，五代殊風，一時之制，何必詮改。必謂虛文設旨，理在可申者，何容不同來執。可依往制。

《舊唐書》卷四八《食貨志上》　至天寶之初，兩京用錢稍好，米粟豐賤。數載之後，漸又濫惡，府縣不許好者加價迴博，好惡通用。富商姦人，漸收好錢，潛將往江淮之南，每錢貨得私鑄惡者五文，假託官錢，將入京私用。京城錢日加碎惡，鵝眼、鐵錫、古文、綖環之類，每貫重不過三四斤。

十一載二月，下敕曰：　錢貨之用，所以通有無；輕重之權，所以禁踰越。故周立九府之法，漢備三官之制。永言適便，必在從宜。如聞京師行用之錢，頗多濫惡，所資懲革，絶其訛謬。然安人在於存養，化俗期於變通，法若從寬，事堪持久。宜令所司即出錢三數十萬貫，分於兩市，百姓間應交易所用錢不堪久行用者，官爲換取，仍限一月日內使盡。庶單貧無患，商旅必通。其過限輒違犯者，一事已上，並作條件處分。是時京城百姓，久用惡錢，制下之後，頗相驚擾。時又令於龍興觀南街開場，出左藏庫內排斗錢，許市人博換，貧弱者又爭次不得。俄又宣敕，除鐵錫、銅沙、穿穴、古文，餘並許依舊行用，久之乃定。

乾元元年七月，詔曰：　錢貨之興，其來久矣，代有沿革，時爲重輕。周興九府，實啓流泉之利；漢造五銖，亦弘改鑄之法。必令小大兼適，母子相權，事有益於公私，理宜循於通變。但以干戈未息，帑藏猶虛，卜式獻助軍之誠，弘羊興富國之算，靜言立法，諒在便人。御史中丞第五琦奏請改錢，以一當十，別爲新鑄，不廢舊錢，冀實三官之資，用收十倍之利，所謂於人不擾，從古有經。宜聽於諸監別鑄一當十錢，文曰乾元重寶。其開元通寶者依舊行用。所請採鑄捉搦處置，即條件聞奏。

四年閏三月，京城時用錢每貫頭除二十文、陌內欠錢及有鉛錫錢等，準貞元九年三月二十六日敕：　陌內欠錢，法當禁斷，慮因捉搦，或亦生姦，使人易從，切於不擾。自今已後，有因交關用欠陌錢者，宜但令本行頭及居停主人牙人等檢察送官。如有容隱，兼許賣物領錢人糾告，其行頭主人牙人，重加科罪。府縣所由祗承人等，並不須干擾。若非因買賣，自將錢於街衢行者，一切勿問。

（宋）王溥《唐會要》卷八六《關市》　長安二年正月，有司表請稅關市。鳳閣舍人崔融上議曰：　臣伏見有司稅關市條，不限工商，但是行旅盡稅者。臣謹按：　周禮九賦，其七曰關市之賦。竊惟市縱繁雜，關通末游，欲令此徒止抑，所以咸增賦稅。夫關市之稅者，惟斂出入之商賈，不稅往來之行人。今若不論商民，通取諸色，事不師古，法乃任情，悠悠末世，於何瞻仰？又四海之廣，九州之雜，關必據險路，市必憑要津。若乃富商大賈，豪宗惡少，輕死重氣，結黨連羣，喑嗚則彎弓，睚眦則挺劍。小有失意，且猶如此，一旦變法，定是相驚。非惟流逆齊民，亦自擾亂殊俗，求利雖切，爲害方深。而有司上言，不識大體，徒欲益帑藏，助軍國，殊不知軍國益擾，帑藏愈空。且如天下諸津，舟航所聚，洪舸巨艦，千軸萬艘，交貨往還，昧旦永日。今若江津河口，置鋪納稅，稅則檢覆，覆則遲留。此津纔過，彼鋪復止，非惟國家稅錢，更遭主司僦賂。至如關市之稅，史籍有文。秦政以雄圖武力捨之而不用也；漢武以霸略英才去之而勿取也，何則？關爲詰暴之所，市爲聚民之地，稅市則民散，稅關則暴興。暴興則起異圖，民散則懷不軌。況澆風久扇，變法爲難，徒欲禁末遊，規小利，豈知失元默，亂大倫乎！古人有言，王者藏於天下，諸侯藏於百姓，農夫藏於庾，商賈藏於篋，惟陛下詳之。必若師興有費，國儲多窘，即請倍算商賈，加斂平民，如此則國保富強，人免憂懼，天下幸甚，臣知其不可也。

《舊五代史》卷一一二《周書・太祖紀三》〔廣順二年八月〕壬寅，鄆州節度使高行周薨。癸丑，詔改鹽麴法，鹽麴犯五斤已上處死，煎鹻鹽者犯一斤已上處死。先是，漢法不計斤兩多少，並處極刑，至是始革之。

（宋）朱熹《資治通鑑綱目》卷一四　魏議復肉刑不果行。太傅鍾繇上言：　宜如孝景之令，其當棄市，欲斬右趾者，許之。其黥、劓、左趾、宮刑者自如孝文，易以髡笞，可以歲生三千人。詔公卿以下議，司徒朗以爲恐所減之文，未彰於百姓之目，而肉刑之間已宣於寇讎之耳，非所以來遠人也。可按繇所欲輕之死罪，使減死，髡形，嫌其輕者，可倍其居作之歲數，內有以生易死之恩，外無以則易釱之駭。議者多與朗同。魏主叡亦以吳蜀未平，且寢。集覽肉刑，注見文帝十三年，以刖易釱。刖，五刮反，斷足也，《書・呂刑篇》：剕辟疑赦。注：刖足曰剕。剕，扶謂反。刖，音月。易，改也。注，見武帝元狩四年。釱左趾。書法。肉刑自漢文帝始書除，於是近四百年矣，而魏欲復之，亦忍矣哉？書不果行，幸之也。

（宋）朱熹《資治通鑑綱目》卷三五　冬十月，隋初行新律。初，周法比於齊律，煩而不要，隋主命高熲、鄭譯及楊素、裴政等，更加修定，政練習典故，達於從政，乃采魏晉舊律，下至齊梁，沿革重輕，取其折衷，去梟轘鞭法，非謀叛無族罪。始制死刑二：絞、斬。流刑三：自二千里至三千里。徒刑五：自一年至五年。杖刑五：自六十至百。笞刑五：自十至五十。又制議、請、減、贖、官當之科，以優士大夫。除訊囚酷法，考掠不得過二百，枷杖大小咸有程式。民有枉屈，縣不爲理者，聽以次經郡州省，若仍不爲理，聽詣闕伸訴。自是法制遂定，後世多遵用之。隋主嘗怒一郎，於殿前笞之，諫議大夫劉行本進曰：其人素清，其過又小，願少寬之。隋主不顧。行本前曰：陛下不以臣不肖，置臣左右，臣言若是，陛下安得不聽，若非，當致之於理。豈得輕臣而不顧也？因置笏於地而退，隋主斂容謝之，原所笞者。

（宋）朱熹《資治通鑑綱目》卷三九上　更定律令。命吏部尚書長孫無忌與法官更議定律令，寬絞刑五十條爲斷右趾。上曰：肉刑廢已久，宜有以易之。於是有司請改爲加役流，流三千里居作三年，從之。

（宋）朱熹《資治通鑑綱目》卷三九下　除鞭背刑上讀《明堂鍼灸書》云：人五藏之系咸附于背。故有是命。胡氏曰：太宗誠有意于養民者也，故耳目所接其心必在於民，禁笞囚背，亦可謂善推其所爲者矣。

又：定律令。房玄齡等先受詔定律令，以爲舊法兄弟異居，蔭不相及，而謀反連坐皆死，祖孫有蔭而止應配流。據禮論情，深爲未愜。今定律：祖孫與兄弟緣坐者，俱配役，從之。凡定律五百條，立刑名二十等，比隋律減大辟九十二條，減流入徒者七十一條。凡削煩去蠹，變重爲輕者，不可勝紀。又定令一千五百九十餘條。舊制釋奠于太學，以周公爲先聖，孔子配饗。元齡等以孔子爲先聖，顔回配饗。又刪武德以來敕格，定留七百條，至是行之。又定枷杻、鉗鎖、杖笞，皆有長短廣狹之制。自張蘊古之死，法官以出罪爲戒，時有失入者，又不加罪。上嘗問大理卿劉德威曰：近日刑網稍密，何也？對曰：此在主上，不在羣臣。律文失入減三等，失出減五等。今乃失入無辜，失出獲罪，是以吏各自免，競就深文，陛下儻一斷以律，則此風立變矣。上悅從之。由是斷獄平允。上又嘗曰：法令不可數變，數變則煩，官長不能盡記，吏得爲姦，自今變法，宜詳慎之。

藝文

（唐）白居易《白氏長慶集》卷二《諷諭二・贈友》　私家無錢鑪，平地無銅山。胡爲秋夏稅，歲歲輸銅錢。錢力日已重，農力日已殫。賤糴粟與麥，賤貿絲與綿。歲暮衣食盡，焉得無饑寒。吾聞國之初，有制垂不刋。傭必筭丁口，租必計桑田。不求土所無，不強人所難。量入以爲出，上足下亦安。兵興一變法，兵息遂不還。使我農桑人，顦顇畎畝間。誰能革此弊，待君秉利權。復彼租庸法，令如貞觀年。

雜録

《漢書》卷五《景帝紀》（中元六年）五月，詔曰：夫吏者，民之師也，車駕衣服宜稱。吏六百石以上，皆長吏也，亡度者或不吏服，出入閭里，與民亡異。令長吏二千石車朱兩轓，千石至六百石朱左轓。車騎從者不稱其官衣服，下吏出入閭巷亡吏體者，二千石上其官屬，三輔舉不如法令者，皆上丞相御史請之。先是吏多軍功，車服尚輕，故爲設禁。又惟酷吏奉憲失中，乃詔有司減笞法，定箠令。語在《刑法志》。

（宋）鄭樵《通志》卷五下《前漢紀・文帝》　詔曰：法者，治之正也，所以禁暴而率善人也。今犯法已論，而使無罪之父母、妻子、同產坐之，及爲收孥。朕甚不取，其除收孥諸相坐律令。

《魏書》卷一九中《景穆十二王傳・任城王》　高祖詔澄曰：昔鄭子產鑄刑書，而晉叔向非之。此二人皆是賢士，得失竟誰？對曰：鄭國寡弱，攝於強鄰，民情去就，非刑莫制，故鑄刑書以示威。雖乖古式，合今權道，隨時濟世，子產爲得。而叔向譏議，示不忘古，可與論道，未可語權。高祖曰：任城當欲爲魏之子產也。澄曰：子產道合當時，聲流竹素。臣既庸近，何敢庶幾。今陛下以四海爲家，宣文德以懷天下，但江外尚阻，車書未一，季世之民，易以威伏，難以禮治。愚謂子產之法，猶應暫用，大同之後，便以道化之。高祖心方革變，深善其對，笑曰：非任城無以識變化之體。朕方創改朝制，當與任城共萬世之功耳。

《魏書》卷五三《李沖傳》　舊無三長，惟立宗主督護，所以民多隱冒，五十、三十家方爲一戶。沖以三正治民，所由來遠，於是創三長之制而上之。文明太后覽而稱善，引見公卿議之。中書令鄭羲、秘書令高祐等曰：沖求立三長者，乃欲混天下一法。言似可用，事實難行。羲又曰：不信臣言，但試行之，事敗之後，當知愚言之不謬。太尉元丕曰：臣謂此法若行，於公私有益。咸稱方今有事之月，校比民戶，新舊未分，民必勞怨，請過今秋，至冬閑月，徐乃遣使，於事爲宜。沖曰：民者，冥也，可使由之，不可使知之。若不因調時，百姓徒知立長校戶之勤，未見均徭省賦之益，心必生怨。宜及課調之月，令知賦税之均。既識其事，又得其利，因民之欲，爲之易行。著作郎傅思益進曰：民欲既異，險易不同，九品差調，爲日已久，一旦改法，恐成擾亂。太后曰：立三長，則課有常準，賦有恒分，苞蔭之戶可出，僥倖之人可止，何爲而不可。羣議雖有乖異，然惟以變法爲難，更無異義。遂立三長，公私便之。

《舊唐書》卷四八《食貨志上》〔元和〕十二年正月，敕：泉貨之設，故有常規，將使重輕得宜，是資斂散有節，必通其變，以利於人。今繒帛轉賤，公私俱弊。宜出見錢五十萬貫，令京兆府揀擇要便處開場，依市價交易，選清强官吏，切加勾當。仍各委本司，先作處置條件聞奏。必使事堪經久，法可通行。又敕：近日布帛轉輕，見錢漸少，皆緣所在壅塞，不得通流。宜令京城内自文武官僚，不問品秩高下，并公郡縣主、中使等，下至士庶、商旅、寺觀、坊市，所有私貯見錢，並不得過五千貫。如有過此，許從敕出後，限一月内任將市別物收貯。如錢數較多，處置未了，任於限内於地界州縣陳狀，更請限。縱有此色，亦不得過兩箇月。若一家内別有宅舍店鋪等，所貯錢並須計用在此數。其兄弟本來異居曾經分析者，不在此限。如限滿後有違犯者，白身人等，宜付所司，决痛杖一頓處死。其文武官及公主等，並委有司聞奏，當重科貶，戚屬中使，亦具名銜聞奏。其贓貯錢，不限多少，並勒納官。數内五分取一分充賞錢，止於五千貫。此外察獲，及有人論告，亦重科處分，并量給告者。時京師里閭區肆所積，多方鎮錢，王鍔、韓弘、李惟簡，少者不下五十萬貫。於是競買第屋以變其錢，多者竟里巷傭僦以歸其直。而高貲大賈者，多依倚左右軍官錢爲名，府縣不得窮驗，法竟不行。

《舊唐書》卷一一八《楊炎傳》炎因奏對，懇言其弊，乃請作兩税法，以一其名，曰：凡百役之費，一錢之斂，先度其數而賦於人，量出以制入。戶無主客，以見居爲簿；人無丁中，以貧富爲差。不居處而行商者，在所郡縣税三十之一，度所與居者均，使無僥利。居人之税，秋夏兩徵之，俗有不便者正之。其租庸雜徭悉省，而丁額不廢，申報出入如舊式。其由畝之税，率以大曆十四年墾田之數爲準而均徵之。夏税無過六月，秋税無過十一月。逾歲之後，有戶增而税減輕，及人散而失均者，進退長吏，而以尚書度支總統焉。德宗善而行之，詔諭中外。而掌賦者沮其非利，言租庸之令四百餘年，舊制不可輕改。上行之不疑，天下便之。人不土斷而地著，賦不加斂而增入，版籍不造而得其虚實，貪吏不誡而姦無所取。自是輕重之權，始歸於朝廷。

（清）趙翼《陔餘叢考》卷一六《元魏族誅之法最慘》夷三族本秦之酷法，漢文帝始除收帑相坐律，然景帝於鼂錯，武帝於郭解、主父偃等，猶皆族誅，沿及三國六朝，此刑不廢，而元魏尤最慘。

（晉）陸機《陸士衡文集》卷一〇《大田議》臣聞隆名之主，不改法而下治；陵夷之世，不易術而民怠。夫商人逸而利厚，農人勞而報薄。導農以利，則耕夫勤；節商以法，則游子歸。

宋元明清變法分部

論説

《宋史》卷一九二《兵志六》帝嘗論租庸調法而善之，安石對曰：此法近井田，後世立事粗得先王遺意，則無不善。今亦無不可爲，顧難速成爾。及帝再問，則曰：人主誠能知天下利害，以其所謂害者制法，而加於兼併之人，則人自不敢保過限之田；以其所謂利者制法，而加於力耕之人，則人自勸於力耕，而授田不能過限。然此須漸乃能成法。使人主誠知利害之權，因以好惡加之，則所好何患人之不從，所惡何患人之不避？若人主無道以揆之，則多爲異議所奪，雖有善法，何由立哉？

《宋史》卷三三六《司馬光傳》安石得政，行新法，光逆疏其利害。邇英進讀，至曹參代蕭何事，帝曰：漢常守蕭何之法不變，可乎？對曰：寧獨漢也，使三代之君常守禹、湯、文、武之法，雖至今存可也。漢武取高帝約束紛更，盜賊半天下；元帝改孝宣之政，漢業遂衰。由此言之，祖宗之法不可變也。

呂惠卿言：先王之法，有一年一變者，正月始和，布法象魏是也；有五年一變者，巡守考制度是也；有三十年一變者，刑罰世輕世重是也。光言非是，其意以風朝廷耳。帝問光，光曰：布法象魏，布舊法也。諸侯變禮易樂者，王巡守則誅之，不自變也。刑新國用輕典，亂國用重典，是爲世輕世重，非變也。且治天下譬如居室，敝則修之，非大壞不更造也。公卿侍從皆在此，願陛下問之。三司使掌天下財，不才而黜可也，不可使執政侵其事。今爲制置三司條例司，何也？宰相以道佐人也，安用例？苟用例，則胥吏矣。今爲看詳中書條例司，何也？惠卿不能對，則以他語詆光。帝曰：相與論是非耳，何至是。光曰：平民舉錢出息，尚能蠶食下戶，況縣官督責之威乎！惠卿曰：青苗法，願取則與之，不願不強也。光曰：愚民知取債之利，不知還債之害，非獨縣官不強，富民亦不強也。昔太宗平河東，立糴法，時米斗十錢，民樂與官爲市。其後物貴而和糴不解，遂爲河東世世患。臣恐異日之青苗，亦猶是也。帝曰：坐倉糴米何如？坐者皆起，光曰：不便。惠卿曰：糴米百萬斛，則省東南之漕，以其錢供京師。光曰：東南錢荒而粒米狼戾，今不糴米而漕錢，棄其有餘，取其所無，農末皆病矣！侍講吴申起曰：光言，至論也。

《宋史》卷三三八《蘇軾傳》 時安石創行新法，軾上書論其不便，曰：

臣之所欲言者，三言而已。願陛下結人心，厚風俗，存紀綱。人主之所恃者人心而已，如木之有根，燈之有膏，魚之有水，農夫之有田，商賈之有財。失之則亡，此理之必然也。自古及今，未有和易同衆而不安，剛果自用而不危者。陛下亦知人心之不悦矣。

祖宗以來，治財用者不過三司。今陛下不以財用付三司，無故又創制置三司條例一司，使六七少年，日夜講求於內，使者四十餘輩，分行營幹於外。夫制置三司條例司，求利之名也；六七少年與使者四十餘輩，求利之器也。造端宏大，民實驚疑；創法新奇，吏皆惶惑。以萬乘之主而言利，以天子之宰而治財，論説百端，喧傳萬口，然而莫之顧者，徒曰：我無其事，何恤於人言。操罔罟而入江湖，語人曰我非漁也，不如捐罔罟而人自信。驅鷹犬而赴林藪，語人曰我非獵也，不如放鷹犬而獸自馴。故臣以爲欲消讒慝而召和氣，則莫若罷條例司。

今君臣宵旰，幾一年矣，而富國之功，茫如捕風，徒聞内帑出數百萬緡，祠部度五千餘人耳。以此爲術，其誰不能？而所行之事，道路皆知其難。汴水濁流，自生民以來，不以種稻。今欲陂而清之，萬頃之稻，必用千頃之陂，一歲一淤，三歲而滿矣。陛下遂信其説，即使相視地形，所在鑿空，訪尋水利，妄庸輕剽，率意争言。官司雖知其疎，不敢便行抑退，追集老少，相視可否。若非灼然難行，必須且爲興役。官吏苟且順從，真謂陛下有意興作，上靡帑廩，下奪農時。隄防一開，水失故道，雖食議者之肉，何補於民！臣不知朝廷何苦而爲此哉？

自古役人，必用鄉戶。今者徒聞江、浙之間，數郡顧役，而欲措之天下。單丁、女戶，蓋天民之窮者也，而陛下首欲役之，富有四海，忍不加恤！自楊炎爲兩税，租調與庸既兼之矣，奈何復欲取庸？萬一後世不幸有聚斂之臣，庸錢不除，差役仍舊，推所從來，則必有任其咎者矣。青苗放錢，自昔有禁。今陛下始立成法，每歲常行。雖云不許抑配，而數世之後，暴君汙吏，陛下能保之與？計願請之戶，必皆孤貧不濟之人，鞭撻已急，則繼之逃亡，不還，則均及鄰保，勢有必至，異日天下恨之，國史記之，曰青苗錢自陛下始，豈不惜哉！且常平之法，可謂至矣。今欲變爲青苗，壞彼成此，所喪逾多，虧官害民，雖悔何及！

昔漢武帝以財力匱竭，用賈人桑羊之説，買賤賣貴，謂之均輸。于時商賈不行，盜賊滋熾，幾至於亂。孝昭既立，霍光順民所欲而予之，天下歸心，遂以無事。不意今日此論復興。立法之初，其費已厚，縱使薄有所獲，而征商之額，所損必多。譬之有人爲其主畜牧，以一牛易五羊。一牛之失，則隱而不言；五羊之獲，則指爲勞績。今壞常平而言青苗之功，虧商税而取均輸之利，何以異此？臣竊以爲過矣。議者必謂：民可與樂成，難與慮始。故陛下堅執不顧，期於必行。此乃戰國貪功之人，行險僥倖之説，未及樂成，而怨已起矣。臣之所願陛下結人心者，此也。

國家之所以存亡者，在道德之淺深，不在乎強與弱；曆數之所以長短者，在風俗之薄厚，不在乎富與貧。人主知此，則知所輕重矣。故臣願陛下務崇道德而厚風俗，不願陛下急於有功而貪富强。愛惜風俗，如護元氣。聖人非不知深刻之法可以齊衆，勇悍之夫可以集事，忠厚近於迂闊，老成初若遲鈍。然終不肯以彼易此者，知其所得小，而所喪大也。仁祖持法至寬，用人有敍，專務掩覆過失，未嘗輕改舊章。考其成功，則曰未至。以言乎用兵，則十出而九敗；以言乎府庫，則僅足而無餘。徒以德澤在人，風俗知義，故升遐之日，天下歸仁焉。議者見其末年吏多因循，事不振舉，乃欲矯之以苛察，齊之以智能，招來新進勇鋭之人，以圖一切速成之效。未享其利，澆風已成。多開驟進之門，使有意外之得，公卿侍從跬步可圖，俾常調之人舉生非望，欲望風俗之厚，豈可得哉？近歲樸拙之人愈少，巧進之士益多。惟陛下哀之救之，以簡易爲法，以清淨爲心，而民德歸厚。臣之所願陛下厚風俗者，此也。

祖宗委任臺諫，未嘗罪一言者。縱有薄責，旋即超升，許以風聞，而無官長。言及乘輿，則天子改容；事關廊廟，則宰相待罪。臺諫固未必皆賢，所言亦未必皆是。然須養其鋭氣，而借之重權者，豈徒然哉？將以折姦臣之萌也。今法令嚴密，朝廷清明，所謂姦臣，萬無此理。然養猫以去鼠，不可以無鼠而養不捕之猫；畜狗以防盜，不可以無盜而畜不吠之狗。陛下得不上念祖宗設此官之意，下爲子孫萬世之防？臣聞長老之談，皆謂臺諫所言，常隨天下公議。公議所與，臺諫亦與之；公議所擊，臺諫亦擊之。今者物論沸騰，怨讟交至，公議所在，亦知之矣。臣恐自兹以往，習慣成風，盡爲執政私人，以致人主孤立，紀綱一廢，何事不生！臣之所願陛下存紀綱者，此也。

《宋史》卷三三九《蘇轍傳》　時王安石以執政與陳升之領三司條例，命轍爲之屬。吕惠卿附安石，轍與論多相牾。安石出《青苗書》使轍熟議，曰：有不便，以告勿疑。轍曰：以錢貸民，使出息二分，本以救民，非爲利也。然出納之際，吏緣爲姦，雖有法不能禁，錢入民手，雖良民不免妄用；及其納錢，雖富民不免踰限。如此，則恐鞭箠必用，州縣之事不勝煩矣。唐劉晏掌國計，未嘗有所假貸。有尤之者，晏曰：使民僥倖得錢，非國之福；使吏倚法督責，非民之便。吾雖未嘗假貸，而四方豐凶貴賤，知之未嘗逾時。有賤必糴，有貴必糶，以此四方無甚貴、甚賤之病，安用貸爲？晏之所言，則常平法耳。今此法見在而患不修，公誠能有意於民，舉而行之，則晏之功可立俟也。安石曰：君言誠有理，當徐思之。自此逾月不言青苗。

又：司馬光以王安石雇役之害，欲復差役，不知其害相半於雇役。轍言：自罷差役僅二十年，吏民皆未習慣。况役法關涉衆事，根芽盤錯，行之徐緩，乃得審詳。若不窮究首尾，忽遽便行，恐既行之後，別生諸弊。今州縣役錢，例有積年寬剩，大約足支數年，且依舊雇役，盡今年而止。催督有司審議差役，趁今冬成法，來年役使鄉户。但使既行之後，無復人言，則進退皆便。

光又以安石私設《詩書新義》考試天下士，欲改科舉，別爲新格。轍言：進士來年秋試，日月無幾，而議不時决。詩賦雖小技，比次聲律，用功不淺。至於治經，誦讀講解，尤不輕易。要之，來年皆未可施行。乞來年科場，一切如舊，惟經義兼取注疏及諸家論議，或出己見，不專用王氏學。仍罷律義，令舉人知有定論，一意爲學，以待選試，然後徐議元祐五年以後科舉格式，未爲晚也。光皆不能從。

《宋史》卷四三六《儒林傳六・陳亮》　王安石以正法度之説，首合聖意，而其實則欲籍天下之兵盡歸於朝廷，別行教閲以爲彊也；括郡縣之利盡入於朝廷，別行封樁以爲富也。青苗之政，惟恐富民之不困也；均輸之法，惟恐商賈之不折也。罪無大小，動輒興獄，而士大夫緘口畏罪矣。西北兩邊至使内臣經畫，而豪傑恥於爲役矣。徒使神宗皇帝見兵財之數既多，鋭然南北征伐，卒乖聖意，而天下之勢實未嘗振也。彼蓋不知朝廷立國之勢，正患文爲之太密，事權之太分，郡縣太輕於天下而委瑣不足恃，兵財太關於上而重遲不易舉。祖宗惟用前四者以助其勢，而安石竭之不遺餘力，不知立國之本末者，真不足以謀國也。

（宋）李燾《續資治通鑑長編》卷一九一《宋仁宗嘉祐五年》　古人有言：利不百，不變法。蓋言立事之難也。朝廷變更茶法，誠欲便百姓、阜國用而已。自變法以來，由東南來者，更言不便。徒以初詔不欲人立異，故一切緘默，莫敢正言。其大要以謂先時百姓之摘山者，受錢於官，而今也顧使之納錢於官，受納之間，利害百倍。先時百姓冒法販茶者被罰爾，今悉均賦於民，賦不時入，刑亦及之，是良民代冒法者受罪，子子孫孫未見其已。先時大商富賈爲國貿遷，而州郡收其稅，今大商富賈不行，則稅額不登，且之國用。此三者最其害也。或以謂法遂不變，則中家必困，小家必流，若因緣驅逼，起爲盜賊，甚非國家之利也。臣愚欲乞申敕有司，益采輿議，且收格前詔，極論可否。若朝廷能粲然復三代之舊風，捐山澤之末禁，則乞一弛茶法，恣民勿問。設爲國用尚繁，利源未可悉除，猶當擇其利害，變而通之，使公私兩濟，若求益反損，求利反害，臣恐東南數十州之民，由此而困，則所謂利不百，不變法者也，未知其可。

（宋）李燾《續資治通鑑長編》卷二二七《宋神宗熙寧四年》 官滿至京師，上以安石故召對，謂安國曰：卿學問通古今，漢文帝何如主也？對曰：三代以後，賢主未有如文帝者。上曰：但惜其才不能立法更制爾。對曰：文帝自代來，夜入未央宮，定變故於呼吸俄頃之際，諸將故武夫皆脅息待命，恐無才者不及是。然能用賈誼言，待羣臣有節，專務以德化民，海內興於禮義，幾致刑措，使一時風俗恥言人過，則文帝加有才一等矣。上曰：王猛佐苻堅，以蕞爾國而令必行。今朕以天下之大，而不能使人，何也？對曰：王猛睚眦之忿必報，專教苻堅以峻刑法殺人爲事，此必小臣刻薄有以誤陛下者，願專以堯、舜、三代爲法，理順而勢利，則下豈有不從者乎！

（宋）李燾《續資治通鑑長編》卷三六七《宋哲宗元祐元年》 初，范純仁自慶州召入，純仁與司馬光素親厚，聞光議復行差役法，純仁曰：法固有不便，然亦有不可暴革，蓋治道惟去太甚者耳。又況法度乃有司之事，所謂宰相，當爲天子搜求賢才，布列庶位，則法度雖有不便於民者，亦無所患。苟不得人，則雖付以良法，失先後施行之次，亦足以爲民病矣。乃言於光，欲且緩議，先行於一州，候見其利害可否，漸推之一路，庶民不騷擾而法可久行。光弗聽。純仁歎曰：是又一王介甫矣！復折簡遺之曰：蒙示奏藁，益見公之存心。然此法但緩行而熟議則不擾，急行而疎略則擾。今公寧欲擾民，而且將疎略之法使謬吏遽行，則其擾民，又在公意料之外更有擾矣。一夫不獲，公之所念，而忍以擾事毒重困之民，以愚思之，不類公之所舉。今純仁晝計，不改公之法，而止欲先自京西推行，使不擾一人，而公法可成。乃不蒙采聽，不審何謂。又公既知純仁不欲速，而示之以益堅之削，蓋欲使知其罪而默默耳。默默何難，人人皆能，不止能默，亦可贊公使公喜，而自容於門下，何用犯公怒而喋喋也。若果如此，則是純仁不若少年合介甫求早富貴也，何用白首強顏於此媚公求合哉！惟其如此，所以誤公一顧而提攜至此，惟公憐其誠而深察，爲幸。昨日言三事而公從其二，在公屈己從人之義固已足矣，在愚者獻言之分已得矣，奈此一事騷及天下，而回奏將多，以取疑於上，則異我者得以指瑕，害公致君之效矣。若得回奏，猶是賢吏；若便施行，其騷愈甚。言以仁而失國，徐偃有之，則公未可直以我心至誠於仁，便謂民受賜也。言以人輕，徒此煩聒，至憂至懼，惟公少加采察。光弗聽也。

（宋）李燾《續資治通鑑長編》卷四〇八《宋哲宗元祐三年》 翰林學士兼侍讀蘇軾言：臣伏見陛下發德音，下明詔，以大雪過常，煖氣不敷，農夫失業，商旅不行，引咎責躬，涣汗之澤，覃及方外，而詔下之夕，雪作不已。臣備位近侍，誠竊感憤，廢食而歎，退伏思念：陛下即位以來，發政施仁，無一不合人心，順天意者，當獲豐年、刑措之報，鳳凰、景星之瑞，而水旱作沴，恒寒爲罰，殆無虛日，此豈理之當然者哉？臣誠愚惷不識忌諱，試論其近似者，而陛下擇焉。臣聞差役之法，天下以爲未便，獨臺諫官數人者主其議，以爲不可改，磨厲四顧，以待言者，故人畏之而不敢發耳。近聞疏遠小臣張行者，力言其弊，而諫官韓川深詆之，至欲重行編竄。此等亦無他意，方司馬光在時，則欲希合光意，及其既没，則妄意陛下以爲主光之言。殊不知光至誠盡公，本不求人希合，而陛下虛心無我，亦豈有所主哉？使光無恙至今，見其法稍弊，則更之久矣。臣每見吕公著、安燾、吕大防、范純仁，皆言差役不便，但爲已行之令，不欲輕變，兼恐臺諫紛争，卒難調和。願陛下問公著等，令指陳差、雇二法各有若干利害？昔日雇役，中等人户歲出錢幾何？今者差役，歲費幾何？及幾年一次差役？皆可以折長補短，約見其數，以此計算，利害灼然。而況農民在官，貪吏狡胥百端蠶食，比之雇人，苦樂十倍。又五路百姓例皆樸拙，須轉雇慣習人，其費不貲，尤爲患苦。民窮無告，監司、守令觀望不言。若非此一事，則何以歲傷陰陽之和至於如此？雖責躬肆眚，徹膳禱祠，而此事不變，終恐無益。今侍從之中受恩至深，無如小臣，臣而不言，誰當言者？然臣前歲因詳定役法，與臺諫異論，遂爲其徒所疾，屢遭口語。今來所言，若不合聖意，即乞便行責降，以戒安言，若萬一少有可採，即乞留中，只作聖意行下，庶幾上答天戒，下全小臣，不勝恐懼待罪之至。

（宋）李燾《續資治通鑑長編》卷四三三《宋哲宗元祐四年》 是日，右諫議大夫范祖禹登對，奏疏曰：臣竊以朝廷治道，必歸於一。祖宗創業，傳之萬世，造立法度，皆因衆人之智，稽日累月，講磨而成，非獨出一人之意，取一時之便而已。累聖相承，百三十年，比之前代，治安最爲長久，其法有已成之效，此可信而不疑也。然行之既久，其間不能無弊。熙寧之初，先帝勵精求治，思致太平，稍欲更革弊事，以光大祖宗之業。而王安石用意過當，獨任私智，悉排衆論，吕惠卿、曾布之徒，欲以改法進身，一切變易祖宗舊政，至今天下以爲不便。前後臣僚論之已詳，不待臣言而知也。自魏、晉以後，官名不正，國家承平日久，未遑制作。元豐中，先帝置局講求，此誠一代大典，然有司亦失先帝本意，一切遵用唐之《六典》。大唐《六典》雖修成書，然未嘗行之一日，今一一依之，故自三省以下，無不煩冗、重複、迂滯，不如昔之簡便。臣恭聞先帝已厭官制之煩，但未及修完，不幸早棄天下。今二聖垂拱，循守成規，除去弊事，十已七八，海內安靖，已有成效。今臣之愚，竊謂朝廷既以王安石之法爲非，惟當修復祖宗舊政，則天下無事。伏望陛下明諭大臣，凡所措置變改，悉遵故常，無得出意於新舊之間，别立一法。自官制、將法，民事有未便者，更加修備。祖宗時所無，而今所有，其可行者存之，不可者去之；祖宗時所有，而今所無，可復者復之。如官制，正名則如先帝之規，事實則如祖宗之舊，其他可以類推。如此，則上可以存祖宗經久之法，成先帝制作之意，下亦便於當今之宜，庶使法度不至數變，紀綱不寖隳壞。《祖禹家傳》云：時執政有欲於新舊法别創立者，祖禹深以爲不可，故及之。

（宋）李燾《續資治通鑑長編》卷四八八《宋哲宗紹聖四年》 監察御史權殿中侍御史蔡蹈言：臣伏睹近降敕旨施行宣德郎竇訥奏乞河北路官賣鹽者。臣竊以河北諸州鹽法，自五代以及本朝，嘗禁榷矣，不旋踵仍舊通行。熙寧中，先帝嘗問王安石曰：著作佐郎張端言榷河北鹽事如何？安石對：恐亦可爲，但未詳見本末爾。先帝曰：理財節用，自足致富，如此等事，雖不爲可也。先帝隆眷安石，言聽計從，而於此獨斷以不疑，非灼見利害，不至於是。其後雖有計議之臣，請稍更法，隨即寢罷。由此觀之，河北鹽法，若官可自賣，何俟今日？然則先帝之深思長慮，至仁廣惠，固可見矣，伏願陛下留神省覽，推原先帝聖語所謂如此等事，雖不爲可也，其意安在？臣伏睹元降朝旨，令本路提刑、提舉、轉運、安撫司，同共相度，今來止有都轉運司保明，深恐衆議必有未協，況民情乎？欲望聖慈速賜睿旨，且令河北鹽法依舊施行，庶不生事。一方安堵，天下幸甚！

（清）徐乾學《資治通鑑後編》卷七九《宋紀七九》 戊子，慶州廣鋭卒叛，轉運司以聞。帝召二府出奏示之，深以用兵爲憂。樞密使文彦博曰：朝廷行事，務合人心，宜兼采衆論，不當有所偏聽。陛下厲精求治，而人心未安，蓋更張之過也。祖宗法制，未必皆不可行，但有廢墜不舉之處耳。馮京曰：府界溉淤田，又脩差役作保甲，人極勞敝。帝曰：詢訪隣近百姓，皆以免役爲喜，蓋雖令出錢，而復其身役，無追呼刑責之虞，人自情願故也。彦博又言：祖宗法制具在，不須更張，以失人心。王安石曰：法制具在，則財用宜足，中國宜强，今皆不然，未可謂之法制具在也。

（清）徐乾學《資治通鑑後編》卷八三《宋紀八三》 司馬光以書與吴充言：今日救天下之急，保國家之安，苟不罷青苗、免役、保甲、市易，息征伐之謀，而欲求其成效，是猶惡湯之沸而益薪鼓橐也。欲去此五者，必先别利害以悟人主之心，欲悟人主之心，必先開言路。今病雖已深，猶未至膏肓，失今不治，遂爲痼疾矣。充代王安石爲相，知天下不便新法，欲有所變，更嘗乞召還光及吕公著、韓維、蘇頌，又薦孫覺、李常、程顥等十數人，皆安石所斥退者，故光遺以此書，而充不能用，光亦竟不起。

（清）徐乾學《資治通鑑後編》卷八五《宋紀八五》 三月乙酉，提舉江南西路常平等事劉誼上書言：陛下所立新法，本以爲民。爲民有倍稱之息，故與之貸錢；爲民有破産之患，故與之免役；爲民無聯屬之任，故教伍保爲民；有積貨之不售，故設市易，皆良法也。行之數年，天下訟之，法弊而民病，其於役法尤甚。又言，蹇周輔元立鹽法以救淡食之民，今民間積鹽不售以致怨嗟，賣既不行，月錢逋負；追呼刑責將滿江西，其勢若此，則安居之民轉爲盜賊，其將奈何？帝以誼職在奉行法度，既有所見，自合公心陳露，輒敢張皇上書，特勒停。

（清）徐乾學《資治通鑑後編》卷八六《宋紀八六》 吕公著既上十事，太皇太后遣中使諭公著曰：覽卿所奏，深有開益。當此拯民疾苦，更張何者爲先？庚寅，公著復上奏曰：自王安石秉政，變易舊法，羣臣有論，其非便者，指以爲沮壞法度，必加廢斥，是以青苗、免役之法行，而取民之財盡；保甲、保馬之法行，而用民之力竭；市易、茶鹽之法行，而奪民之利悉。若此之類甚衆。更張須有術，不在倉卒，且如青苗之法，但罷逐年比校，則官司既不邀功，百姓自免抑勒之患。免役之法，當少取寬剩之數，度其差雇所宜，無令下戶虚有輸納。保甲之法，止令就冬月農隙教習，仍委本路監司提按，既不至妨農害民，則衆庶稍得安業。至於保馬之法，先朝已知有司奉行之繆；市易之法，先帝尤覺其有害而無利。及福建江南等路，配賣茶鹽過多，彼方之民，殆不聊生，恐當一切罷去。而南方鹽法，三路保甲，尤宜先革者也。陛下必欲更修庶政，使不驚物聽而實利及民，莫若任人爲急。

（清）徐乾學《資治通鑑後編》卷八七《宋紀八七》 司馬光奏免役之法有五害：舊日上戶，充役有所陪備，然年滿之後，却得休息，今則年年出錢，錢數多於往日陪備者，其害一也；舊日下戶，元不充役，今來一例出錢，其害二也；舊日所差，皆土著良民，今召募四方浮浪之人作公人，則曲法受贓，主官物則侵欺盜用，一旦事發，挈家亡去，其害三也；農民所有，不過穀帛與力。今曰我不用汝力，輸我錢，我自雇人，若遇凶年，則不免賣莊田牛具桑柘，以求錢納官，其害四也；提舉常平司，惟務多斂，役錢廣積，寬剩希求進用，其害五也。爲今之計，莫若降勅，應天下免役錢一切並罷，其諸色役人，並依熙寧以前舊法定差。惟衙前一役，最號重難，曏有破家産者，朝廷爲此，始議作助役法。今衙前陪備既少，當不至破家，若猶慮力難獨任，即乞依舊，於官戶、僧道、寺觀、單丁、女戶有屋業者，並令隨貧富等第出助役錢。遇衙前重難，差遣即行支給。然役人利害，四方不能齊同，乞指揮降諸路轉運司下諸州縣。限五日內縣具利害申州，州限一月申轉運司，司類聚限一季，奏聞委執政官，參詳施行。是日，三省樞密院同進呈，得旨依奏。

又： 蘇軾言於司馬光曰：差役免役，各有利害。免役之害，聚斂於上，而下有錢荒之患；差役之害，民常在官，不得專力於農，而吏胥緣以爲奸。此二害，輕重蓋畧等矣。光曰：於君何如？軾曰：法相因，則事易成；事有漸，則民不驚。三代之法，兵農爲一，至秦始分爲二，及唐中葉，盡變府兵爲長征卒。自是以來，民不知兵，兵不知農。農出穀帛以養兵，兵出性命以衛農，天下便之。雖聖人復起不能易也。今免役之法，實大類此。公欲驟罷免役而行差役，正如罷長征而復民兵，蓋未易也。光不以爲然。初差役行於祖宗之世，法久多弊。編戶充役，不習官府，吏虐，使之多致破産。而狹鄉之民或有不得休息者。免役，使民以戶高下出錢，而無執役之苦。但行法者，不循上意，於雇役實費之外取錢過多，民遂以病。光爲相，知免役之害，而不知其利，欲一切以差役代之。軾獨以實告，而光不悦。軾又陳於政事堂，光色忿然。軾曰：昔韓魏公刺陝西，義勇公爲諫官，争之甚力，韓公不樂，公亦不顧。軾嘗聞公道其詳，豈今日作相，不許軾盡言耶？光笑而謝之。范純仁與光素厚，謂光曰：治道去其太甚者，可也。差役一事，尤當熟講而緩行，不然滋爲民病。且宰相職在求人，變法非所先也。願公虚心以延衆論，不必謀自己出。謀自己出，則謟諛得乘間迎合矣。設議或難回，則可先行之一路，以觀其究竟。光不從，持之益堅。純仁嘆曰：是使人不得言爾。若欲媚公以爲容悦，何如少年合安石以速富貴哉？光居政府，凡王安石、吕惠卿所建新法，剗革畧盡。或謂光曰：熙豐舊臣，多憸巧小人，它日有以父子義間上，則禍作矣。光正色曰：天若祚宋，必無此事。衛尉丞畢仲游遺光書曰：昔王安石以興作之説動先帝，而患財不足也。故凡政之可得民財者無不舉，蓋散青苗、置市易、斂役錢、變鹽法者事也。而欲興作患不足者，情也。苟未能杜其興作之情，而徒欲禁其散斂變置之法，是以百説而百不行。今遂廢青苗、罷市易、蠲役錢、去鹽法，凡號爲利而傷民者，一掃而更之，則向來用事於新法者，必不喜矣。不喜之人，必不但曰不可廢罷蠲去，必操不足之情，言不足之事，以動上意，雖致石而使聽之，猶將動也。如是，則廢罷蠲去者，皆可復行矣。爲今之策，當大舉天下之計，深明出入之數，以諸路所積之錢粟，一歸地官。使經費可支二十年之用，數年之間，又將十倍於今日。使天子曉然知天下之餘於財也，則不足之論不得陳於前，然後新法可永罷，而無敢議復者矣。昔安石之居位也，中外莫非其人，故其法能行。今欲救前日之弊，而左右侍從職司使者，十有七八皆安石之徒，雖起二三舊臣，用六七君子，然累百之中存其十數，烏在其勢之可爲也，勢未可爲而欲爲之，則青苗雖廢，將復散，况未廢乎？市易雖罷，且復置，况未罷乎？役錢鹽法亦莫不然。以此救前日之敝，如人久病而少間，其父子兄弟喜見顔色而未敢賀者，以其病之猶在也。光得書聳然，後竟如其慮。

又：乙酉，監察御史上官均言：今之議者，必以爲往時之散青苗出於抑配，故有前日之弊。今則募民之願取者，然後與之，而有司又不以多散爲功，在民必以爲便。臣以爲不然。今天下民，十室之中貲用匱乏者六七，誘以青苗之利，無知之民不暇遠計，必利一時之得，紛然趨赴。雖曰不强抑配，然而，散斂追呼督促之煩，道塗往來之費，輕用妄費賤售穀帛之患，未免如前日也。故臣願行閏二月八日詔書，罷去青苗，復常平，昔年平糴之法，兹萬世之通利也。

又：司馬光言：復行差役之初，州縣不能不少有煩擾，伏望朝廷執之堅如金石，雖小小利害未周，不妨徐爲改更，勿以人言輕壞利民良法。章惇取光所奏，凡疎畧未盡者，枚數而駁奏之。又嘗與同列争曰：保甲保馬一日不罷，則有一日之害。如役法者，熙寧初，以雇代差，行之太速，故有今弊。今復以差代雇，當詳議熟講，庶幾可行，而限止五日，其弊將益甚矣！吕公著言：光所建明大意已善，其間不無疎畧，惇言出於不平之氣，專欲求勝，不顧朝廷大體，乞選差近臣三四人，專切詳定聞奏。

（清）徐乾學《資治通鑑後編》卷八八《宋紀八八》　翰林學士兼侍讀蘇軾言：差役之法，天下以爲未便，獨臺諫官數人者主其議，以爲不可改，人畏之而不敢發。近聞疎遠小臣張行者力言其獘，而諫官韓川深詆之，至欲重加貶竄。此等亦無他意，方司馬光在時，則欲希合光意，及其既没，則妄意陛下，以爲主光之言。殊不知光至誠盡公，本不求人希合，而陛下虚心無我，亦豈有所主哉？使光無恙，至今見其法稍獘，則更之，久矣。臣每見吕公著、安燾、吕大防、范純仁，皆言差役不便，但爲已行之令，不欲輕變。兼恐臺諫紛争，卒難調和，願陛下問吕公著等，令指陳差、雇二法各有若干利害？昔人雇役，中等人户歲出錢幾何？今者差役，歲費錢幾何？及幾年一次差役？皆可以折長補短，約見其數，以此計筭，利害灼然。而况農民在官，貪吏狡胥百端蠶食，比之雇人，苦樂十倍。民窮無告，致傷陰陽之和。今來所言，萬一少有可采，即乞留中，作聖意行下，庶幾上答天戒，下全小民。

（清）徐乾學《資治通鑑後編》卷九六《宋紀九六》　監察御史沈畸言：小錢之便於民久矣！古者軍興，錫賞不繼，或以一當百，或以一當十，此權時之宜，非可行於無事之日。今當十之議，固足以紓目前，然不知事有召禍，法有起姦。游手之民一朝鼓鑄，無故有倍稱之息，何憚而不爲？雖日斬之勢不可遏，所在鼓鑄，不獨閭巷細民，而多出於富人士大夫之家，曾未朞歲，而東南之小錢盡矣。錢輕故物重，物重則貧下之民愈困，此盗賊之所由起也。夫使民嗷嗷然日望朝廷改法，此豈經久計哉？伏乞睿聰詳酌，速賜寢罷。

（清）畢沅《續資治通鑑》卷六七《宋紀六七》　帝謂王安石曰：陳薦言：外人云，今朝廷以爲天變不足懼，人言不足卹，祖宗之法不足守。昨學士院進試館職策，其問意專指此三事。安石曰：陛下躬親庶政，唯恐傷民，懼天變也。陛下采納人言，事無大小，唯是之從，豈不卹乎！然人言固有不足卹者，苟當於義理，何卹乎人言！至於祖宗之法不足守，則固當如此。且仁宗在位四十年，凡數次修敕；若法一定，子孫當世世守之，祖宗何故屢變也？今議者以爲法皆可守，然祖宗用人皆不以次。陛下試如此，則彼異論者必更紛紛矣。

（清）畢沅《續資治通鑑》卷一一四《宋紀一一四》　八月，戊寅朔，宗正少卿兼直史館范沖入見。帝云：以史事召卿。兩朝大典，皆爲姦臣所壞，若此時更不修定，異時何以得本末？沖因論熙寧創制，元祐復古，紹聖以降，弛張不一，本末先後，各有所因，不可不深究而詳論。帝云：如何？對曰：臣聞萬世無弊者道也，隨時損益者事也。祖宗之法，誠有弊處，但當補緝，不可變更。仁宗時，大臣如吕夷簡之徒，持之甚堅，范仲淹等初不然之，議論不合，遂攻夷簡，仲淹坐此遷謫。及仲淹執政，猶欲伸前志，久而自知其不可行，遂已。王安石自任己見，盡變祖宗法度，上誤神宗，天下之亂，實兆於此。帝曰：極是。朕最愛元祐。帝又論史事，沖對：先臣修《神宗實録》，大意止是盡書王安石過失，以明非神宗之意。其後蔡卞怨書其妻父事，遂言哲宗紹述神宗，其實乃蔡卞紹述王安石也。至《哲宗實録》，亦聞盡出姦臣私意。帝曰：皆是私意。沖對：未論其他，當先明宣仁聖烈誣謗。帝曰：正當辨此事。本朝母后皆賢，前世莫及。道君皇帝聖性高明，乃爲蔡京等所悞。當時蔡京外引小人，内結閹官，作奇伎淫巧以惑上心，所謂逢君之惡。沖對：道君皇帝止緣京等以紹述二字劫持，不得已而從之。帝曰：人君之孝，不在如此，當以安社稷爲孝之大。帝又論王安石之姦曰：至今猶有説安石是者。近日有人要行安石法度，不知人情何故直至如此！沖對曰：昔程頤嘗問臣，安石爲害於天下者何事？臣對以新法，頤曰：不然。新法之爲害未爲甚，有一人能改之即已矣。安石心術不正爲最大。蓋已壞天下人心術，將不可變。臣初未以爲然，其後乃知安石順其利欲之心，使人迷其常性，久而不知自此，所謂壞天下人心術。帝曰：安石至今豈可尚存王爵！

（宋）李幼武《宋名臣言行録外集》卷六《朱光庭》 神宗召對言：陛下即位以來，更張法度，臣下行之或非聖意，故有便不便，誠能去其不便，則天下均被福矣。

（宋）吕中《宋大事記講義》卷三《太祖皇帝・定役法》 建隆二年五月，詔令佐檢察差役，有不平者，許民自相糾察，此嚴差役法也。陳平甫曰：差役古法，國初循舊制，衙前以主官物，里正、戶長、鄉書手以課督賦税，耆長、弓手、壯丁以逐捕盜賊，承符、人力、手力、散從官以奔走驅使，在縣曹司至押、録，在州曹司至孔目官，下至雜職、揀、掐、虞侯等人，各以鄉戶等第定差。熙寧四年，始議使民出錢，官爲僱役，謂之免役錢。六年，又行保甲法，置保正副大小保長察盜。七年，輪保丁充甲頭催税，罷募戶長壯丁。八年，罷耆長，令保長管幹，別立庸直，僱承帖人隸其下。元豐八年，有言耆壯之役，則歸於催税甲頭，是使民出錢免役而復使執役也。後有旨罷。紹聖元年，復僱役法。二年，以大保長催税，罷差保頭，以舊耆長錢支保正，戶長錢支保長，壯丁錢支承帖人。靖國元年，拘收大保長僱錢，紹興二年，拘收耆户長僱錢。十二年，拘收壯丁僱錢。蓋自保正長承帖人僱錢並起發而充役如故，民力於是困矣。此其大畧也，而其患皆起於以保甲代役户，寬狹不均，重爲民病。

（清）徐乾學《資治通鑑後編》卷一六四《元紀一二》 丁卯，罷行至大銀鈔銅錢。詔曰：我世祖皇帝參酌古今，立中統至元鈔法，天下流行，公私蒙利，五十年於兹矣。比者尚書省不究利病，輒意變更，既創至大銀鈔，又鑄大元至大銅錢，鈔以倍數太多，輕重失宜；錢以鼓鑄弗給，新舊資用；曾未再期，其弊滋甚。爰咨廷議，允協輿言，皆願變通，以復舊制。其罷資國院及各處泉貨監提舉司買賣銅器，聽民自便。應尚書省已發各處至大鈔本及至大銅錢，截日封貯，民間行使者，赴行用庫倒换。楊多爾濟曰：法有便否，不當視立法之人爲廢置。銅錢與楮幣相權而用，古之道也，國無棄寶，民無失利，錢何可遽廢耶？言雖不用，時論是之。

《明史》卷二四三《趙南星傳》 起歷文選員外郎。疏陳天下四大害，言：楊巍乞休，左都御史吴時來謀代之，忌戶部尚書宋纁聲望，連疏排擠。副都御史詹仰庇力謀吏、兵二部侍郎。大臣如此，何以責小臣，是謂干進之害。禮部尚書沈鯉、侍郎張位、諭德吴中行、南京太僕卿沈思孝相繼自免，獨南京禮部侍郎趙用賢在，詞臣黄洪憲輩每陰譏之，言官唐堯欽、孫愈賢、蔡系周復顯爲詆誣。衆正不容，宵人得志，是謂傾危之害。州縣長吏選授太輕，部寺之官計日而取郡守，不問才行。而撫按論人贓私有據，不曰未甚，則曰任淺，概止降調。其意以爲惜才，不知此乃惜不才也。吏治日汙，民生日瘁，是謂州縣之害。鄉官之權大於守令，橫行無忌，莫敢誰何。如渭南知縣張棟，治行無雙，裁抑鄉官，被譏不獲行取，是謂鄉官之害。四害不除，天下不可得治。

《明太祖實録》卷二七《吴元年十一月》 壬寅，上謂省臺官曰：近代法令極繁，其弊滋甚。今之法令正欲得中，毋襲其弊。如元時條格煩冗，吏得夤緣出入爲姦，所以其害不勝。且以七殺言之，謀殺、故殺、鬬毆殺，既皆死罪，何用如此分析。但誤殺有可議者，要之與戲殺、過失殺，亦不大相遠。今立法正欲矯其舊弊，大概不過簡嚴，簡則無出入之弊，嚴則民知畏而不敢輕犯。爾等其體此意。

《明太祖實録》卷二九《洪武元年正月》 上謂宰臣曰：朕每燕居思天下之事，未嘗一日自安。蓋治天下，猶治絲，一絲不理，則衆緒禁亂。故凡遇事必精思而後行，惟恐不當，致生奸弊以殃吾民，以此不敢頃刻安逸。至於刑法，尤所關心。然此非一人所能獨理，卿等皆須究心，庶幾民無冤抑，刑獄清省。漢宣帝言：獄者，所以禁暴止姦，養育群生。甚得用法之意，卿等宜體之，毋忽也。

《明太祖實録》卷一七六《洪武十八年十月》　冬十月己丑朔，《御製大誥》成，頒示天下。初元氏以戎狄入主中國，大抵多用夷法。典章疏闊，上下無等，政柄執於權臣，任官重於部族，斷獄迷於財賄，黜陟混於賢愚。奢而僭上者無罪，姦而犯倫者不問。辮髪左衽將率而爲夷。至元天曆之時，雖稱富庶，而先王之制蕩然矣。至順帝荒淫昏弱，紀綱益廢，内之姦臣亂政，外之强將跋扈。典兵者崇空名，牧民者無善政，仕進者尚阿附而輕廉耻，讀書者重浮華而乏節行。庶績不凝，四民失序，加以舞文之吏玩法于上，豪强之家兼并于下。事無統紀，民無定志。一遇凶荒而亂者四起，由法制不明而尋之，道壞也。上嘗歎曰：華風淪没，彝道傾頹。自即位以來，制禮樂、定法制、改衣冠、别章服、正綱常、明上下，盡復先王之舊，使民曉然知有禮義，莫敢犯分而撓法。萬機之暇，著爲《大誥》，以昭示天下。且曰：忠君、孝親、治人、修己，盡在此矣。能者養之以福，不能者敗以取禍。頒之臣民永以爲訓。

《明太祖實録》卷二四一《洪武二十八年九月》　庚戌，頒《祖訓條章》於内外文武諸司，勅諭禮部曰：自古國家建立法制，皆在始受命之君，以後子孫不過遵守成法，以安天下。蓋創業之君，起自側微，備歷世故艱難，周知人情善惡。恐後世守成之君，生長深宫，未諳世故，山林初出之士，自矜己長，至有姦賊之臣，徇權利作聰明。上不能察而信任之，變更祖法以敗乱國家，貽害天下。故日夜精思，立法垂後，永爲不刊之典。如漢高祖刑白馬盟曰：非劉氏者不王。以後諸吕用事，盡改其法，遂至國家大亂，劉氏幾亡，此可爲深戒者。朕少遭亂離，賴皇天眷命，剪除群雄，混一天下。即位以來，勞神焦思，定立法制，革胡元弊政，至於開導後世，復爲祖訓一編，立爲家法，俾子孫世世守之。爾禮部，其以朕訓頒行天下，諸司使知朕立法垂後之意，永爲遵守。後世敢有言改更祖法者，即以姦臣論，無赦。

《明英宗實録》卷二三九《景泰五年三月》　六科給事中林聰等奏：比者皇上以天降災異，下詔求言。臣等謹將衆議切於時務者八事，條具以聞。一崇聖德，以答天意。竊聞惟德動天，無遠弗届。古之王者，每遇災，必修德，以求消弭，而天亦應之。後世不事修省，而天亦厭之。昔楚一小國爾，莊王以天不見妖，地不出孽，乃禱於山川曰：天其忘余歟？是能求過於天而安不忘危者也。惟願陛下，耳目玩好戒其蕩心，掖庭嬪御戒其燕溺，用度戒其過奢，逸樂戒其忘返，爵必當德而戒其濫施，罰必當罪而戒其濫及。邪佞者，雖近必黜；忠直者，雖遠必收。自隱以達顯，由微以至著，動人以行不以言，應天以實不以文。庶幾災異可息，天意可回，而享萬世無窮之福。一、修人事以消咎徵。竊聞大臣專政則寒甚，而爲非時霜雪。又曰：偏聽不察，下情隔塞，政事乏謀，則異雪傷物，苦寒害人。又曰：臣下蒙蔽，則積陰不散。又曰：大臣專恣，厥罰當風。又曰：雷爲天之號令，非時之雷，乃號令出於下，君子爲小人所制之應。又曰：木冰，兵之象也。近者河南等處，積雪連旬，窮陰彌月，或震雷非時，或木冰。春分之後，京師風雪大作，揆諸咎徵，皆陰傷於陽，小人進而君子退之象也。陛下之臣，豈無君子尚在疎遠而小人幸蒙親任者哉？豈無桀驁專恣與竊禄苟全者哉？所當甄别而進退之也。生民貧窮無告而夷狄强横，叛服靡常，所當軫念而預防之也。夫當燮理之任者，大臣也。今大臣不務悔過修職，而徒以引年退位爲辭，以循默因仍爲事。如此而謂，咎徵可消，休徵克應者，實臣等所未知也。一、罷齋醮以舒國用。唐虞三代之時，初無釋道齋醮之事，而堯、舜、禹、湯、文、武諸君享壽益高，傳祚愈久，未嘗祈福而福自臻，未嘗禳災而災自消。當時，庶政惟和，萬邦咸寧，初非齋醮以致之也。自漢以來，頗崇尚之而享壽不高，傳祚不久，治道終不古。若甚則有捨身以施佛者，有自號爲道君者，信之甚切，奉之甚篤，而亂亡隨之。近者，在京各寺觀既有齋粮以飯僧，復有燈油以供佛。一月之間修齋幾度，旬日之内設醮數壇。至于内府，亦且修設，賞賜金帛，動論數十，耗費錢粮不可勝計。雖曰給自内帑，其寔出于民間。本以以爲民祈福爲國禳災，而天之災變屢見，何嘗有補國家之分寸乎？伏望監前代之得失，辨二教之無補。凡各處寺觀，齋粮燈油之用，内外修設齋醮之事，悉皆停罷。庶有用之財不爲無益之費，而國用可紓。一、禁勢要以限田地。夫分田制賦，所以供國用而養天下之民也。有官守者自有禄以養之，豈可踰制而請求乎？近年以來，内外官員多有恃寵挾恩奏求田地，因而以勢虐人，侵占倍數。如武清侯石亨食禄千鐘，乃稱養馬艱難而求田地。芻牧指揮鄭倫俸禄亦厚，及謂日食不敷而求田地耕植。

百戸唐興奏求田地多至一千二百六十餘頃，其田地既多，一家豈能盡種？詢訪其實，多是在京姦詐之徒，投充家人名色，倚勢占田害人肥己，可不爲之限乎？乞命正統以來，凡勢要所求田地，立爲限制。少不過五頃，多不過十頃，其餘侵占者，悉令還民耕種，違者治以重罪。庶豪強不得逞其欲，而下民均得沾其惠。一、汰僧道以求游食。先儒有曰：國無游民，則生者衆矣，甚矣。游食者，爲國之蠹也。今京城内外，僧行道童皆以請給度牒爲名，或居寺觀，或寓人家者，動以萬計。或有已給度牒而不回，假託游方而來此者，此皆不耕而食，不蠶而衣。雖朝廷未嘗給以粮餉，散以衣布，然其所服食者，皆軍民之衣粮也。蠶食京師，莫此爲甚。況此輩既無家室，又無差役，服夷狄之服，心禽獸之心。是以昔者倡妖言之趙才興，固僧人也，近者造妖書之淨慶，亦僧人也。復有佯狂而直入禁庭，有謀財而殺傷人命，其他姦盜詐僞，不可勝計。且景泰二年，已度僧三萬有奇，若今歲復度，恐天下之民將半爲僧道矣。乞令錦衣衛五城兵馬司，查究各寺觀及人家，但有游方掛搭寄住僧道，悉皆驅遣出京，各回鄉里。有敢隱藏者，治以重罪。庶民有正業之趨，國無冗食之費。一、禁私役以振軍旅。祖宗定制：一軍不許私役，一卒不許放閒。律有常憲。皇上中興以來，慮各官私役數多，故自總兵以下，給以從兵幾人，各有定數。然亦未嘗使之放閒，而不行操練也。今各營總兵等官將，給與從兵，放使辦納月錢，卻令在營操練者，朝多隨從。又有占用賣放至七八十人者，甚至二三百人者，比聞差官點閘，率皆顧倩頂替，不惟軍士被其剥削，抑且朝廷虚費粮餉。夫朝廷養育軍士，所以防外患；將帥訓練軍士，所以精武藝。今既私役不赴操練，則軍士怠惰，武藝不精。卒有警急，率之使戰，豈能得其用哉？乞敕總兵以下等官，如有私役軍士者，悉皆退出。原給隨使者亦以時操練，則軍士無剥削之害而有勇敢之氣矣。一、慎刑獄以導和氣。《書》曰：欽哉！欽哉！惟刑之恤哉！是刑不可以不慎也。欽惟皇上自御極以來，屢敕法司，詳慎刑獄，以洽好生之心。但爲法司者，罔體此心，惟務深刻。或任好惡，或避嫌疑，或執原詞，或拘成案，不審情犯虚實，但知希旨迎合。如聖旨批法司辯理者，則與之辯理，罪雖怙終而必宥；批法司知道者，多立案不行，情雖可矜而莫伸。又如當行勘者，不與之行勘，當提對者不與之提對，獄囚經年淹禁，文案屢歲不清。似此抱負不平，陳情懇訴，少者不下十有餘次，多者不下二十餘次，罪終莫逃，積憤含寃，甚傷和氣。乞敕法司，今後在監罪囚，務在推情鞫問，詳審重輕，不許任意徇情，鍛鍊成獄。如是，則刑罰得中，人無冤抑，庶可以弭災異而導和氣矣。一、省班匠以紓民力。天下各色輪班人匠，多是災傷之民，富足者百無一二，艱難者十常八九。及赴京輪班之時，典賣田地子女，揭借錢物絹布。及至到京，或買囑作頭人等而即時批工放回者，或私下占使而辦納月錢者，甚至無錢使用與人傭工乞食者，求其著實上工者百無二三，有當班之名無當班之實。況今營造比之永樂年間十不及一，工作雖少，人匠實多。乞敕工部，將輪班匠二年一班者，改作四年一班，三年一班者，改作六年一班。其是當夫班罰班者，爲悉與除免，止當正班。待其年豐稔熟之時，遇有興作，量爲起收上工，如此則工作庶幾不誤，而人力亦得以寬紓矣。疏入，嘉納之。

《明憲宗實録》卷四三《成化三年六月》 戊申，兵部左侍郎兼翰林院學士商輅上言時事。一、勤聖政。臣惟自古人君，總攬萬機，未嘗不以勤爲本。矧災異屢見，邊方弗靖，正聖君宵衣旰食不遑寧處之時，是可頃刻而忘於勤哉？所謂勤者，非必下侵庶職，惟在戒逸欲以率人法，乾健以御下，省覽章奏之外，尤當究心政務，何者爲足國裕民之道在所當行，何者爲安邊禦寇之術在所當舉，何者爲賢才當任之而不疑，何者爲姦貪當去之而不吝。詢於大臣，謀及庶官，或使口陳其説，或令疏陳其事。裁度施行如此，則臣下皆樂於趨事，雖欲因循玩愒不可得矣。一、納諫諍。臣惟自古帝王，未嘗不以求言爲務。誠慮夫處崇高之位，逸欲易生，非有忠言莫聞過失，此其德所以愈盛而不可及也。欽惟皇上嗣位以來，詔旨丁寧：凡政事得失，民情利病，許諸人直言無隱。此誠帝王之用心，太平之治，其機端在於此。於此伏望自今以後，凡遇建言之人，乞賜優容。所言可用，即爲施行；如不可用，亦不加罪。及成化年元以後，廷臣或因建言降調，如羅倫輩，乞敕吏部查取量復職任。如此，則善言必進，治道可成。一、儲將材。臣惟今之議者，率以將臣乏人爲慮。殊不知，自古及今，未嘗借材於異代。今宜略仿前代武舉之法，命内外重臣，會同總兵等官，於在京各營、各府、各衛見操、見任官内，年四十以下，二十以上，不分帶俸等頃，精加揀選，取其體貌雄偉，筋力壯健，諳曉文墨之人，或五六百員，另擇近地時常操練。空閒之日，令讀兵書，講求方略。就於三營總兵官內，委任一員帶管教習，每歲一次，會官考試。如弓馬習熟，兵書通曉，列爲上等；或弓馬雖熟，兵書未通，弓馬未熟，列爲中等；若二長俱無，列爲下等。三歲三考，其三次俱在上等者，都指揮以下遞陞一級，都督以上量加俸禄。二次上等者，止加俸禄；一次上等并三次中等者，平過；三次俱下，退令閒住；三年之後，依前考試照例賞罰。如此，則才識日有所進，而將臣不至缺乏。一、飭邊備。臣惟禦寇之要，邊城爲急，邊關次之。大同、宣府等處，密邇虜境，軍馬宜多，糧草宜廣。乞敕該部計議，凡此等要害，城堡酌量添撥軍馬糧草，增置墩臺器械，設法隄備。遇有聲息，就便相機行事，不必臨期調撥。其山海至雁門關，中間如喜峰、古北、居庸、白羊、紫荊、倒馬關口，雖有官軍守備，然各關所轄地方散闊，多有山坡小徑可通人馬之處。乞差能幹大臣一員前去，督同各關守備官員，帶領軍夫逐一相視。何處山坡所當到削，何處蹊徑所當壘塞。取具各該守備官員結狀後，有踈虞罪及身家。如此，則邊關謹嚴，內地人心不致驚疑。一、汰冗濫。臣見得吏員考滿冠帶聽選，有經十二三年未得除授者，貧苦無聊，志意衰退。將來授以政事，何以責其廉介哉？又況積累愈多，聽選愈久，數年之後，冗濫之弊有不可言。當道慮其冗濫，固已多方裁損屏黜，彼貪酷不才聲蹟顯著者，固無足怪矣。若乃中人以下之資，民情必久而始熟，政務必久而始諳。雖欲假以歲月，勉圖後功不可得矣。乞敕該部，今後吏員考滿，仍照宣德、正統年間事例而行，則賢否不混而冗濫可革。一、廣蓄積。臣切見各處預備倉所，儲米穀本以賑濟饑民，每歲官司取勘口數，里老止將中等人戶開報，其鰥寡廢疾無所依倚者，一概不報，蓋慮其無力還官負累陪納故也。今後各處預備倉，飢民關過米穀，不拘豊中年歲，通取息一分，有係鰥寡廢疾無所依倚之人，不必追徵，將所收之息抵補其數。抵補之外，或有餘剩，自作正數入倉。仍乞令巡按、分巡等官，嚴督府州縣正官，放收之際，務在親行提調，痛革出納之弊。庶幾，官無虚廢，民得實用。一、崇聖道。臣惟孔子道高德厚，功參造化。歷代封號，唐稱文宣王，宋加至聖，元加大成。雖云至矣，然至聖二字，本《中庸》，惟天下至聖，言其德之盛也。大成二字，本《孟子》，作樂者合衆音之小成，而爲大成，言其德之全也。但於道字，或有所遺，於《中庸》所稱有所未盡。洪惟我朝尊崇孔子，遠過前代，而封號仍舊，豈非缺典。臣愚，欲望皇上斷自宸衷，於大成之上加封道配天地四字，則於孔子之道無遺，於《中庸》之稱述兼盡矣。臣又思，宋胡安國、蔡沉、真德秀諸賢，雖我朝增入從祀，然皆未有封爵，於所被章服殊不相稱。乞敕禮部、翰林院，通行議擬，奏請定奪，則儒道增光，斯文幸甚。一、謹士習。臣惟古者，人生八歲入小學，十五入大學。教有次序，故學有成效。後世科舉之法，立士無少長，率留意於文詞，無復有如古人之學。宋文公朱熹，慮風俗人才日趨於下也，於是輯爲《小學》一書，以垂世立教。乞令各處增廣生員，不妨舉業，俱令兼讀《小學》，教官與之講解義理，以啓發其良心。提督等官，按臨之日，兼令背誦講說，以考察其實行，庶幾學無躐等。又古者射以觀德。今各處學校，俱有射圃，師生朔望習射，已有定例，但多視爲虚文。今後提督學校官，按臨考課畢日，仍赴射圃，閱諸生習射，較其勝負加以賞罰，庶幾射藝有成，將來得用。疏入，上嘉其言有理，命所司看詳覆奏。

《嘉靖新例·恭題嘉靖新例後》　夫道以善治，法以運政。古帝王之治天下也，莫之或改。然道本無敝，法有時而變，何也？淳風散而俗瀉，直道亡而民贋，是故水溢則潰防，民情溢則浮法，不變而通之，救其偏以濟其敝，則道窮而法窒，如治何哉？故曰：琴瑟不調，善者必更張之，而後鼓也。是故因時立政，其變易以從道歟。夫自五刑具而律興，三章約而例起。律也者，例之正也；例也者，律之變也。正變相錯，法繇以通，而政以平矣。惟我皇上奮治中興，其所以更化善治者，采群議於庶工，酌用中於獨斷。其爲例凡若干條，皆煥焉爲一代之典者。維時御史臣蕭世延代巡西粤，乃謀諸按察使臣楊本仁、左參政臣范欽，類而集之，授梧州府知府臣翁世經刻而布之。夫御史，法官也，其攬轡所至，肅寮貞度，鉏梗樹良，亦惟欲上下相守於法耳。凡兹有位按，是以平其刑，其亦守王章，謹臣度之大端也。夫道揆于上，法守於下，盛世之治可以觀矣。雖然，象刑設而弗犯，三典懸而戒豫，其今日所以刻例之意與。

（清）萬維翰《律例圖説正編·律例圖説自序》　法因時爲變通，歷代之治天下，不同其法而同其治。漢興，蕭何始定律令，往後日有所增益，歷唐宋元明，遞相沿革。雖國家致治之道不盡繫乎此，然其不能有因而無革者，勢也；其因革之不能不日趨於繁者，時也。我朝律例一書，法云大備，而百餘年間因革損益，不能無所變易者何欤？蓋每歲中內外臣工之所議擬無不本刑期無刑、辟以止辟之義，而斟酌參伍，折衷至當。其大經大法，所以布綱紀而示法守者，固可垂之久遠，而其中損益變通之道，在因乎時勢而立之準也。

（清）王夫之《噩夢》 黄册之法，始於開尚書濟一言而定一代之規。乃行之既久，十甲司册者習爲姦私，以成影射飛灑之弊。然法雖詭而人存，脱漏隱射，猶有所稽覈，迨册書廢而愈亂矣。一縣數萬戶，册籍輪掌，而總寄之一縣吏，又非大猾不任此，安能持之數十年乎！若通黄册管十年之籍，新舊交相對驗，各存舊册以相稽考。且縣之有丞簿，非漫設也，唐、宋有司戶之官，正爲此設。無如專委於簿，以統糾其鬻賣別戶收除之實，每一官交代，則舉任內有無推收，具册呈縣。其縣每歲實徵之册，必從簿發，而令當年里長與册書對驗，無有差謬而後開徵。此最爲民事利病之尤者，必不可以苟且取便者也。

（宋）歐陽修《歐陽修全集》卷一一一《奏議·翰苑進劄狀十三首·論保明舉人行實劄子》 臣伏睹近降敕命更定科場條制，內一節本縣令佐、知州、通判保明舉人行實委無玷缺，若因事彰露，只罪令佐、知州、通判。所斷刑名，並用舊制，雖去官經恩不得原減者。伏緣舊制刑名甚重。今來去官經恩不得原減，則官吏所責不輕。而玷缺之累，中人所不能免，小過微累皆爲玷缺，難以必用深刑責官吏保其所不能盡知者。若謂止坐大事，則又無明文。竊慮後有犯者，難用必行之法。臣今欲乞指定舉人玷缺事狀，如事親不孝，行止逾濫，冒哀匿服，曾犯刑責，及雖有蔭贖而情理重者。以上事節，苟犯其一，並不得收試。如違，必用舊制刑名。所貴事簡而易遵，法嚴而必用。如允臣所請，乞下禮部貢院施行。今取進止。

（宋）歐陽修《歐陽修全集》卷一一二《奏議·翰苑進劄狀十三首·論茶法奏狀》 臣於茶法，本不詳知，但外論既喧，聞聽漸熟。古之爲國者，庶人得謗於道，商旅得議於市，而士得傳言於朝，正爲此也。臣竊聞議者謂茶之新法既行，而民無私販之罪，歲省刑人甚多，此一利也。然而爲害者五焉。江南、荆湖、兩浙數路之民，舊納茶税，今變租錢，使民破産亡家，怨嗟愁苦，不可堪忍，或舉族而逃，或自經而死。此其爲害一也。自新法既用，小商所販至少，大商絶不通行。前世爲法以抑豪商，不使過侵國利與爲僭侈而已，至於通流貨財，雖三代至治，猶分四民，以相利養，今乃斷絶商旅。此其爲害二也。自新法之行，税茶路分猶有舊茶之税，而新茶之税絶少。年歲之間，舊茶税盡，新税不登，則頓虧國用。此其爲害三也。往時官茶容民入雜，故茶多而賤，遍行天下。今民自買賣，須要真茶，真茶不多，其價遂貴。

（宋）司馬光《司馬温公文集》卷七《章奏·請更張新法劄子》 臣聞《詩》云：毋念爾祖，聿修厥德。故夏遵禹訓，商奉湯典，周守文武之法，漢循高祖之律，唐行太宗之制，子孫享有天禄，咸數百年。國家受天明命，太祖太宗撥亂返正，混壹區夏，規模宏遠，子孫承之，百有餘年。四海治安，風塵無警，自生民以來，罕有其比，其法可謂善矣。先帝以睿智之性，切於求治。而王安石不達政體，專用私見，變亂舊章，誤先帝任使，遂致民多失職，閭里怨嗟。陛下深知其弊，即政之初，變其一二，歡呼之聲，已洋溢四表，則人情所苦所願，灼然可知，陛下何憚而不并其餘悉更張哉？譬如有人，誤飲毒藥，致成大疾。苟知其毒，斯勿飲而已矣，豈可云姑少少減之，俟積以歲月，然後盡捨之哉？臣曏曾上言，教閲保甲，公私費勞，而無所用之。斂免役錢，寬富而困貧，以養浮浪之人，使農民失業，窮愁無告。將官專制軍政，州縣無權，無以備倉猝，萬一饑饉，盜賊羣起，國家可憂。此皆所害者大，所及者衆，先宜變更。借令皇帝陛下，獨覽權綱，猶當早發號令，以解生民之急，救國家之危，收萬國之歡心，復祖宗之令典。况太皇太后陛下同斷國事，捨非而取是，去害而就利，於體甚順，何爲而不可哉？取進止。

（宋）司馬光《司馬温公文集》卷七《章奏·乞去新法之病民傷國者疏》 月日具官臣司馬光，謹昧死再拜上疏太皇太后陛下、皇帝陛下，臣竊見先帝聰明睿智，勵精求治，思用賢輔，以致太平。委而任之，言行計從，人莫能間，雖周成王之任周公，齊桓公之任管仲，燕昭王之任樂毅，蜀先主之任諸葛亮，殆不能及。斯不世出之英主，曠千載而難進者也。不幸所委之人，於人情物理，多不通曉，不足以仰副聖志，又足己自是，謂古今之人，皆莫己如。不知擇祖宗之令典，合天下之嘉謀，以啓迪清衷，佐佑鴻業。而多以己意輕改舊章，謂之新法，其人意所欲爲，人主不能奪，天下莫能移。與之同者援引登青雲，與之異者擯斥沈溝壑。專欲遂其很心，不顧國家大體。人之常情，誰不愛富貴而畏刑禍？於是搢紳大夫，望風承流，競獻策畫，務爲奇巧，捨是取非，興害除利。名爲愛民，其實病民；名爲益國，其實傷國。作青苗、免役、市易、賒貸等法，以聚斂相尚，以苛刻相驅。生此厲階，迄今爲梗。又有邊鄙之臣，行險僥倖，大言面欺，輕動干戈，妄擾蠻夷。夫兵者，國之大事，廢興存亡於是乎在。而其人苟榮一身之官賞，不顧百姓之死亡，國家之利病。輕慮淺謀，發於造次；御軍無法，僅同兒戲。深入敵境，坐守孤城，糧運既竭，狼狽奔潰。築塞極邊，功猶未畢。輕敵不備，闔城塗地，使兵夫數十萬，暴骸於曠野。資仗巨億，棄捐於異域。又有生事之臣，欲乘時干進，建議置保甲戶馬保馬，以資武備。變茶鹽鐵冶等法，增家業侵街商税等錢，以供軍須。遂使九土之民，失業窮困，如在湯火。此皆羣臣躁於進取，誤惑先帝，使利歸於身，怨歸於上，非先帝之本志也。臣荷先帝大恩，常思報效。曏在朝廷之時，屢言新法非便，觸忤權貴，冒犯衆怒，争辯非一。先帝憐其孤忠，不以爲罪，仍蒙寵擢，寘之樞廷。臣以所言未行，力辭不受。臣非惡富貴而好貧賤，正欲感寤先帝，知臣爲國不爲身，庶幾采納狂瞽，使百姓獲安，基圖永固而已。既又自乞冗官，退伏閭里，雖身處於外，區區之心，晨夕寤寐，何嘗不在先帝之左右，所以不敢自赴闕廷如此之久者，亦猶辭樞廷之志也。熙寧七年，歷時不雨，先帝遇災而懼，深自刻責，誕布詔書，廣開言路。臣當是時不勝踊躍，極有開陳。而建議之臣，知所立之法，不合衆心，天下之人，必盡指其非。恐先帝覺寤，而己受悞國之罪，伏欺罔之刑，乃勸先帝繼下詔書，言新法已行，必不可動。臣之所言，正爲新法。若新法不動，臣尚何言？自是閉口不敢復預朝廷論議十有一年矣。然每覩生民之愁怨，憂社稷之阽危，於中夜之間，一念及此，未嘗不失聲拊心也。葵藿之志，猶望先帝一賜召對，訪以外事，得吐心極言，退就斧鉞，死無所恨。不意上天降禍，先帝升遐。臣之寸誠，無由披露，鬱抑憤懣，自謂終天。自奔喪至京，乃蒙太皇太后陛下特降中使，訪以得失，是臣積年之志，一朝獲伸，感激悲涕，不知所從。顧天下事務至多，臣思慮未熟，不敢輕有條對。但乞下詔，使吏民皆得實封上言，庶幾民閒疾苦無不聞達。既而聞有旨罷修城役夫，撤調邏之卒，止御前造作。京城之人，已自歡躍。及臣歸西京之後，繼聞斥退近習之無狀者，戒飭有司奉法失當過爲煩擾者，罷物貨專場，及民所養戶馬，又寬保馬年限。四方之人，無不鼓舞。聖德傳布，一日千里。頌歎之聲，如出一口，溢於四表。乃知太皇太后陛下，深居禁闥，皇帝陛下雖富於春秋，天下之事，靡不周知。民閒衆情，久在聖度，四海羣生，可謂幸甚。凡臣所欲言者，陛下略已行之。臣稽慢之罪，實負萬死。夫爲政在順民心，苟民之所欲者與之，所惡者去之，如決水於高原之上，以注川谷，無不行者。苟或不然，如逆阪走丸，雖竭力以進之，其復走而下可必也。今新法之弊，天下之人無貴賤愚智皆知之，是以陛下微有所改，而遠近皆相賀也。然尚有病民傷國，有害無益者，如保甲免役錢將官三事，皆當今之急務釐革所宜先者。臣今别具狀奏聞，伏願決自聖志，早賜施行。議者必曰：孔子稱孟莊子之孝，其他可能也。其不改父之臣與父之政，是難能也。又曰：三年無改於父之道，可謂孝矣。彼謂無害於民，無損於國者，不必以己意遽改之耳。必若病民傷國，豈可坐視而不改哉？《易》曰：幹父之蠱有子考，无咎。《象》曰：幹父之蠱，意承考也。蠱者，事有蠱弊而治之也。幹父之蠱，迹似相違，意則在於承繼其業，成父之美也。又曰：裕父之蠱，往見吝。《象》曰：裕父之蠱，往未得也。裕者，饒益之名也。若不忍違異，益父之過，往而不返，未爲得宜也。昔漢文帝除肉刑，斬右趾者棄市，笞五百者多死。景帝元年即改之，笞者始得全。武帝作鹽鐵、榷酤、均輸等法，天下困弊，盜賊羣起。昭帝用賢良文學之議而罷之，後世稱明。唐代宗縱宦官公求賂遺，置客省拘滯四方之人。德宗立未三月，悉禁止罷遣之。時人望致太平。德宗晚年，有宫市五坊小兒，暴橫爲民患，鹽鐵月進羨餘。順宗即位皆罷之，中外大悦。是皆改父之政而當者，人誰非之哉？況先帝之志，本欲求治，而羣下干進者，競以私意紛更祖宗舊法，致天下籍籍如此，皆羣臣之罪，非先帝之過也。爲今之計，莫若擇新法之便民益國者存之，病民傷國者悉去之，使天下曉然知朝廷子愛黎庶之心。吏之苛刻者必變而爲忠厚，民之離怨者必變而爲親譽，德業光榮，福祚無窮，豈不盛哉！夫天子之孝，在於得萬國之歡心，以事其親。儻措置如此，歡心孰大焉？事親孰備焉。今福員之內，所在嗷嗷，有倒垂之急。延頸傾耳，以俟改法，庶得蘇息。若朝廷不以爲意，日復一日，萬一遇數千里之蝗旱，公私匱竭，無以相救。失業之民，蠭起爲盜，安知無姦雄乘之而動，則國家有絫卵之危。申屠剛曰：未至，豫言固常爲虛。及其已至，又無所及。朝廷當此之際，解兆民倒垂之急，救國家絫卵之危，豈暇必俟三年然後改之哉？況今軍國之事，太皇太后陛下權同行處分，是乃母改子之政，非子改父之道也，何憚而不爲哉？惟聖明裁察，臣光昧死再拜上疏。

（宋）司馬光《司馬温公文集》卷一〇《書啓・與王介甫書》 今天下之人，惡介甫之甚者，其詆毀無所不至，光獨知其不然。介甫固大賢，其失在於用心太過，自信太厚而已。何以言之？自古聖賢所以治國者，不過使百官各稱其職，委任而責成功也。其所以養民者，不過輕租稅，薄賦斂，已逋責也。介甫以爲此皆腐儒之常談，不足爲思，得古人所未嘗爲者而爲之。於是財利不以委三司而自治之，更立制置三司條例司，聚文章之士，及曉財利之人，使之講利。孔子曰：君子喻於義，小人喻於利。樊須請學稼，孔子猶鄙之，以爲不如禮義信，況講商賈之末利乎，使彼誠君子邪，則固不能言利。彼誠小人邪，則惟民是虐，以飫上之欲，又可從乎？是知條例一司，已不當置而置之，又於其中不次用人，往往暴得美官。於是言利之人，皆攘臂圜視，衒鬻争進，各鬭智巧，以變更祖宗舊法。大抵所利不能補其所傷，所得不能償其所亡。徒欲别出新意，以自爲功名耳。此其爲害已甚矣。又置提舉常平廣惠倉使者四十餘人，使行新法於四方。先散青苗錢，次欲使比戶出助役錢，次又欲更搜求農田水利而行之。所遣者雖皆選擇才俊，然其中亦有輕佻狂躁之人，陵轢州縣，騷擾百姓者。於是士大夫不服，農商喪業，謗議沸騰，怨嗟盈路。迹其本原，咸以此也。《書》曰：民不静，亦惟在王宫邦君室。伊尹爲阿衡，有一夫不獲其所，若己推而内之溝中。孔子曰：君子求諸己。介甫亦當自思所以致其然者，不可專罪天下之人也。夫侵官亂政也，介甫更以爲治術，而先施之。貸息錢鄙事也，介甫更以爲王政，而力行之。徭役自古皆從民出，介甫更欲斂民錢，顧市傭而使之。此三者，常人皆知其不可，而介甫獨以爲可。非介甫之智不及常人也，直欲求非常之功，而忽常人之所知耳。夫皇極之道，施之於天地人，皆不可須臾離。故孔子曰：道之不明也，我知之矣。智者過之，愚者不及也。道之不行也，我知之矣。賢者過之，不肖者不及也。介甫之智與賢皆過人，及其失也，乃與不及之患均，此光所謂用心太過者也。自古人臣之聖者，無過周公與孔子。周公孔子亦未嘗無過，未嘗無師。介甫雖大賢，於周公孔子則有間矣。今乃自以爲我之所見，天下莫能及。人之議論與我合，則喜之，與我不合，則惡之。如此，方正之士何由進，諂諛之士何由遠，方正日疏，諂諛日親，而望萬事之得其宜，令名之施四遠，難矣。夫從諫納善，不獨人君爲美也。於人臣亦然。昔鄭人游於鄉校，以議執政之善否，或謂子産毁鄉校。子産曰：其所善者，吾則行之。其所惡者，吾則改之，是吾師也，若之何毁之。薳子馮爲楚令尹，有寵於薳子者八人，皆無禄而多馬。申叔豫以子南觀起之事警之。薳子懼，辭八人皆去，而後王安之。趙簡子有臣曰周舍，好直諫，日有記，月有成，歲有效。周舍死，簡子臨朝而歎曰：千羊之皮，不如一狐之腋。諸大夫朝徒聞唯唯，不聞周舍之諤諤，吾是以憂也。子路人告之以有過則喜。鄭文終侯相漢，在書過之史。諸葛孔明相蜀，發教與羣下曰：違覆而得中，猶棄弊蹻而獲珠玉。然人心苦不能盡。惟董幼宰參書七年，事有不至，至於十反。孔明嘗自校簿書。主簿楊顒諫曰：爲治有體，上下不可相侵，請爲明公以作家譬之。今有人使奴執耕稼，婢典炊爨，雞主司晨，犬主吠盗，私業無曠，所求皆足。忽一旦盡欲以身親其役，不復付任，形疲神困，終無一成，豈其智之不如奴婢雞狗哉？失爲家主之法也。孔明謝之。及顒卒，孔明垂泣三日。吕定公有親近曰徐原，有才志，定公薦拔至侍御史。原性忠壯，好直言。定公時有得失，原輒諫争。又公論之人，或以告定公。定公歎曰：是我所以貴德淵者也。及原卒，定公哭之盡哀，曰：德淵，吕岱之益友，今不幸，岱復於何聞過哉？此數君子者，所以能功名成立，皆由樂聞直諫，不諱過失故也。若其餘驕亢自用，不受忠諫而亡者，不可勝數。介甫多識前世之載，固不俟光言而知之矣。孔子稱有一言而可以終身行之者，其恕乎？《詩》云：執柯伐柯，其則不遠。言以其所願乎上交乎下，以其所願乎下事乎上，不遠求也。介甫素剛直，每議事於人主前，如與朋友争辯於私室，不少降辭氣，視斧鉞鼎鑊無如也。及賓客僚屬謁見論事，則惟希意迎合，曲從如流者，親而禮之。或所見小異，微言新令不便者，介甫輒艴然如怒，或詬詈以辱之，或言於上而逐之，不待其辭之畢也。明主寬容如此，而介甫拒諫乃爾，無乃不足於恕乎？昔王子雍方於事上而好下佞己，介甫不幸亦近是乎？此光所謂自信太厚者也。光昔者從介甫游，介甫於諸書無不觀，而特好孟子與老子之言。今得君得位而行其道，是宜先其所美，必不先其所不美也。孟子曰：仁義而已矣，何必曰利。又曰：爲民父母，使民盻盻然，將終歲勤動，不得以養其父母。又稱貸而益之，惡在其爲民父母也。今介甫爲政，首建制置條例司，大講財利之事。又命薛向行均輸法於江淮，欲盡奪商賈之利。又分遣使者散青苗錢於天下，而收其息。使人愁痛，父子不相見，兄弟妻子離散，此豈孟子之志乎？老子曰：天下神器，不可爲也。爲者敗之，執者失之。又曰：我無爲而民自化，我好静而民自正，我無事而民自富，我無欲而民自樸。又曰：治大國若烹小鮮。今介甫爲政，盡變更祖宗舊法，先者後之，上者下之，右者左之，成者毁之，矻矻焉窮日力繼之以夜，而不得息。使上自朝廷，下及田野，内起京師，外周四海，士吏兵農，工商僧道，無一人得襲。故而守常者，紛紛擾擾，莫安其居，此豈老氏之志乎？何介甫總角讀書，白頭秉政，乃盡棄其所學，而從今世淺丈夫之謀乎？古者國有大事，謀及卿士，謀及庶人。成王戒君陳曰：有廢有興，出入自爾，師虞庶言同則繹。《詩》云：先民有言，詢于芻蕘。孔子曰：上酌民言，則下天上施。上不酌民言，則下不天上施。自古立功立事，未有專欲違衆，而能有濟者也。使《詩》、《書》孔子之言，皆不可信，則已。若猶可信，則豈得盡棄而不顧哉？今介甫獨信數人之言，而棄先聖之道，違天下人之心，將以致治，不亦難乎？近者藩鎮大臣有言：散青苗錢不便者，天子出其議以示執政，而介甫遽悻悻然不樂，引疾臥家。光被旨爲批答，見士民方不安如此，而介甫乃欲辭位而去，殆非明主所以拔擢委任之意。故直敍其事，以義責介甫，意欲介甫早出視事，更新令之不便於民者，以福天下。其辭雖樸拙，然無一字不得其實者。竊聞介甫不相識察，頗督過之，上書自辯，至使天子自爲手詔以遜謝，又使吕學士再三諭意，然後乃出視事。出視事誠是也，然當速改前令之非者，以慰安士民，報天子之盛德。今則不然，更加忿怒，行之愈急。李正言青苗錢不便，詰責使之分析。吕司封傳語祥符知縣，未散青苗錢，劾奏乞行取勘。觀介甫之意，必欲力戰天下之人，與之一決勝負，不復顧義理之是非，生民之憂樂，國家之安危。光竊爲介甫不取也。光近蒙聖恩過聽，欲使之副貳樞府。光竊惟居高位者，不可以無功；受大恩者，不可以不報。故輒敢申明去歲之論，進當今之急務，乞罷制三司條例司，及追還諸路提舉常平廣惠倉使者。主上以介甫爲心，未肯俯從。光竊念主上親重介甫，中外羣臣無能及者，動静取舍，惟介甫之爲信。介甫曰可罷，則下之人咸被其澤，曰不可罷，則天下之人咸被其害。方今生民之憂樂，國家之安危，惟繫介甫之一言，介甫何忍必遂己意而不恤乎？夫人誰無過，君子之過，如日月之食，過也人皆見之，更也人皆仰之，何損於明？介甫誠能進一言於主上，請罷條例司，追還常平使者，則國家太平之業，皆復其舊。而介甫改過從善之美，愈光大於日前矣。介甫何所虧喪，而固不移哉？光今所言正也，介甫之意明知其不合也。然光與介甫趣向雖殊，大歸則同。介甫方欲得位以行其道，澤天下之民。光方欲辭位以行其志，救天下之民。此所謂和而不同者也。故敢一陳其志以自達於介甫，以終益友之義。其舍之取之，則在介甫矣。《詩》云：周爰咨謀。介甫得光書，儻未賜棄擲。幸與忠信之士，謀其可否，不可以示諂諛之人，必不肯以光言爲然也。彼諂諛之人，欲依附介甫，因緣改法以爲進身之資，一旦罷局，譬如魚之失水，此所挽引介甫，使不得由直道行者也。介甫奈何徇此曹之所欲，而不思國家之大計哉？孔子曰：巧言令色，鮮矣仁。彼忠信之士，於介甫當路之時，或齟齬可憎，及失勢之後，必徐得其力。諂諛之士，於介甫當路之時，誠有順適之快，一旦失勢，必有賣介甫以自售者矣，介甫將何擇焉？國武子好盡言以招人之過，卒不得其死。光常自病似之，而不能改也。雖然施於善人，亦何憂之有，用是故敢妄發而不疑也。屬以辭避恩命，未得請，且病膝瘡，不可出，不獲親侍言於左右，而布陳以書，悚懼尤深。介甫其受而聽之，與罪而絶之，或詬詈而辱之，與言於上而逐之，無不可者。光俟命而已。

（宋）司馬光《司馬温公文集》卷一〇《書啓·三省咨目》　光比日牽強入朝，欲與諸公商議數事，貢其短拙，以求采擇。無何上下馬不得，須至在朝假，謹具咨目如左。當今法度所宜最先更張者，莫如免役錢。不惟刻剥貧民，使不聊生。又雇得四方無賴浮民，使供百役，官不得力。爲今之計，莫若盡罷免役錢，依舊差役。民間息肩者，什已七八。若慮逐處利害不同，即委諸路轉運司及州縣具未便事理申陳，朝廷更爲相度，別立一州一縣敕施行。第一不可委提舉司相度。彼雖本職，藉賴役錢，如魚之有水，安肯放免，必來沮難無疑也。光見欲作一文字奏聞，若降至三省，望諸公同心協力與贊成。如此行之，可以除久弊，蘇疲民。凡法久則難變，此法行之已十五年，下戶雖愁苦，上戶頗優便。常情論議，已是非不一。若不於此際決志改之，恐異日遂爲萬世膏肓之疾。公家不得用民力，貧民常苦，富民優矣。朝廷今欲整治天下，蘇息疲民，先須十八路各得好監司一兩人，忠厚曉事，憂民忘私，使之進賢退不肖，興利除害。朝廷於本路事有所不知，問之則以實對。委之措置，則不致乖方，然後可以倚仗爲耳目股肱也。苟非其人，則百事倒置矣。前日所草監司資格，及委官薦舉文字，不知諸公曾徧見未？若如此可行，則乞告進呈施行。然立格爲易，守格爲難。既出指揮以後，願諸公堅執此格，勿自墮壞，始爲有益也。旱勢可懼，若春更不雨，必成大饑，不可不豫爲之備。國家所賴爲根本者，莫若農民。農民者，衣食之原，國家不可不先存卹也。欲加存卹，莫若察其乏食之初，早加賑贍，使各安土，不至流移。官費既省，民不失業，此上策也。若已流移，官雖多作擘畫，散米煮粥，徒聚爲餓殍，無益也。爲今之計，莫若豫先將常平斛斗在州縣者，十分中支撥一分，充賑貸米，委州縣椿管，許一面支破，常切覺察鄉村人戶，有闕食者，許經本縣投狀，擄口數多少、老小，出給歷子。每五七日一次，赴縣請領口食，先從下戶爲始。縣亦置簿，拘管請卻之數。如此救接，直至成熟日。方即一切住支，卻令還納所貸元數，更不取利息，如此始是實惠。弋俊已獲，未聞賞獲之者。其將官討捕者，不無搔擾，宜早罷之。前日蔡尹來言：開封有巨盜，朝廷有募人能擒之者，賞以班行。今既擒之，止賞以錢。孔子稱：去食去兵，無信不立。聖朝政令，豈當如此。諸公更算其多者。范景仁當仁宗不豫，未有繼嗣。天下寒心，莫敢啓口之時，獨能首建大議，以安宗廟社稷。章十九上，除官不拜，可謂以身徇國之臣。其功不在文富之下，今文富重賞，景仁獨不霑及。太皇太后亦應知其功大。願諸公進呈秉國文字，寧詳爲敷奏，乞優與推恩。前日簾前宣諭：上封事異等者，宜略加旌賞，此乃聖朝美事。光有看詳封事歷三卷，官職姓名，及所言事，一一有之。願諸公同於其間，選擇才識出衆者，具姓名敷奏，量加褒異，以成聖志。

（宋）司馬光《司馬温公文集》卷一〇《書啓·與王介甫第三書》

光皇恐再拜，重辱示諭，益知不見棄外，收而教之，不勝感悚，不勝感悚！夫議法度以授有司，此誠執政事也。然當舉其大而略其細，存其善而革其弊。不當無大無小，盡變舊法，以爲新奇也。且人存則政舉，介甫誠能擇良有司而任之，弊法自去。苟有司非其人，雖日授以善法，終無益也。介甫所謂先王之政者，豈非泉府賒貸之事乎？竊觀其意，似與今日散青苗之意異也。且先王之善政多矣，顧以此獨爲先務乎？今之散青苗錢者，無問民之貧富，願與不願，強抑與之，歲收其什四之息，謂之不征利，光不信也。至於闢邪說，難壬人，果能如是，乃國家生民之福也。但恐介甫之座，日相與變法而講利者，邪說壬人爲不少矣。彼頌德贊功，希意迎合者，皆是也。介甫偶未之察耳。《盤庚》曰：今我民，用蕩析離居。又曰：子豈汝威，用奉畜汝衆。又曰：無或敢伏小人之攸箴。又曰：非廢厥謀弔由靈。蓋盤庚遇水災而遷都，臣民有從者，有違者，盤庚不忍脅威刑，故勤勞曉解，其卒也，皆化而從之。非謂盡棄天下人之言，而獨行己志也。光豈勸介甫以不恤國事，而同俗自媚哉？蓋謂天下異同之議，亦當少垂意采察而已。幸恕其狂愚，不宣。光皇恐再拜。

（宋）王安石《臨川先生文集》卷四一《劄子·上五事劄子》　陛下即位五年，更張改造者數千百事，而爲書具，爲法立，而爲利者何其多也。就其多而求其法最大其效最晚其議論最多者，五事也。一曰和戎，二曰青苗，三曰免役，四曰保甲，五曰市易。今青唐洮河幅員三千餘里，舉戎羌之衆二十萬獻其地，因爲熟戶，則和戎之策已效矣。昔之貧者舉息之於豪民，今之貧者舉息之於官，官薄其息而民救其乏，則青苗之令已行矣。惟免役也，保甲也，市易也，此三者，有大利害焉。得其人而行之，則爲大利。非其人而行之，則爲大害。緩而圖之，則爲大利。急而成之，則爲大害。《傳》曰：事不師古，以克永世，匪説攸聞。若三法者，可謂師古矣。然而知古之道，然後能行古之法，此臣所謂大利害者也。蓋免役之法，出於《周官》所謂府史胥徒，《王制》所謂庶人在官者也。然而九州之民，貧富不均，風俗不齊，版籍之高下不足據。今一旦變之，則使之家至戶到，均平如一，舉天下之役，人人用募，釋天下之農，歸於畎畝，苟不得其人而行，則五等必不平，而募役必不均矣。保甲之法，起於三代邱甲，管仲用之齊，子産用之鄭，商君用之秦，仲長統言之漢，而非今日之立異也。然而天下之人，梟居雁聚，散而之四方而無禁也者，數千百年矣。

（宋）王安石《臨川先生文集》卷四二《劄子·乞改科條制劄子》

伏以古之取士，皆本於學校，故道德一於上，而習俗成於下，其人材皆足以有爲於世。自先王之澤竭，教養之法無所本，士雖有美材而無學校師友以成就之，議者之所患也。今欲追復古制，以革其弊，則患於無漸。宜先除去聲病對偶之文，使學者得以專意經義，以俟朝廷興建學校，然後講求三代所以教育選舉之法，施於天下，庶幾可復古矣。

（宋）王安石《臨川先生文集》卷七〇《雜著·議茶法》 國家罷榷茶之法，而使民得自販，於方今實爲便，於古義實爲宜，而有非之者，蓋聚斂之臣，將盡財利於毫末之間，而不知與之爲取之過也。夫茶之爲民用，等於米鹽，不可一日以無。而今官場所出，皆麤惡不可食，故民之所食，大率皆私販者。夫奪民之所甘而使不得食，則嚴刑峻法有不能止者，故鞭扑流徙之罪未常少弛，而私販私市者亦未嘗絶於道路也。既罷榷之之法，則凡此之爲患，皆可以無矣。然則雖盡充歲入之利，亦爲國者之所當務也，況關市之入，自足侔昔日之利乎？昔桑弘羊興榷酤之議，當時以爲財用待此而給，萬世不可易者，然至霍光不學無術之人，遂能屈其論而罷其法。蓋義之勝利久矣，今朝廷之治，方欲刬百代之弊而復堯舜之功，而其爲法度，乃欲出於霍光之所羞爲者，則可乎。以今之勢，雖未能盡罷榷貨，而能緩其一，亦所以示上之人恤民之深而興治之漸也。彼區區聚斂之臣，務以求利爲功，而不知與之爲取，上之人亦當斷以義，豈可以人人合其私説然後行哉？揚雄曰：爲人父而榷其子，縱利，如子何？以雄之聰明，其講天下之利害宜可信。然則今雖國用甚不足，亦不可以復易已行之法矣。是以國家之勢，苟修其法度，以使本盛而末衰，則天下之財不勝用，庸詎而必區區於此哉。

（宋）蘇轍《欒城集》卷二〇《策問三十四首·南省進士策問一首》

問：三代漢唐之法行於前世，而施之於今，輒以不效，何也？昔者蓋嘗取經界之舊法以爲方田，采府衛之遺意以爲鄉兵，舉黜陟之墜典以爲考課矣。然而爲方田則民擾而不安，爲鄉兵則民勞而無益，爲考課則吏欺而難信。三者適所以爲患，不若其已也。孟子有言：爲高必因丘陵，爲下必因川澤，爲政必因先王之道。凡今世之法駸駸近古矣，政之近古，天下之所以治也，然而如彼三者獨何哉？豈古之法遂不可施之於今歟，抑亦救之不自其本，爲之不得其道，以至於此也？

（宋）蘇轍《欒城集》卷三六《右司諫論時事十首·乞更支役錢雇人一年候修完差役法狀》 貼黃：新法已來減定役人，皆是的確數目。行之十餘年，並無闕事。則舊法人數決爲冗長，天下共知。況近降指揮，明使州縣相度有無妨礙。至於揭簿定差，亦無日限。今來開封官吏更不相度申請，於數日之間一依舊法人數差撥了絶。如壇子之類，近年以剩員充者，一例差撥役人監勒。開祥兩縣迅若兵火，顯是故欲擾民，以害成法。尚賴百姓久苦役錢，乍獲復舊，更無詞説。不爾，必須争訟紛紜，爲害不小。乞下所司取問開封官吏，明知有上件妨礙，更不相度申請，及似此火急催督，是何情意？特賜行遣，以戒天下挾邪壞法之人。

（宋）蘇轍《欒城集》卷三八《右司諫論時事十四首·乞差官與黃廉同體量蜀茶狀》 右臣近曾奏言，益、利等路茶事司，以買賣茶虐害四路生靈。朝廷已差黃廉體量利害，乞先罷茶官陸師閔職任，使四路官吏不憂後患，敢以實害盡告黃廉。今聞朝廷卻差黃廉就領茶事。臣竊以爲黃廉若以專使按榷茶之弊，則身無利害，茶事巨細，勢必具陳。若身自領茶事，有課利增損，邊計盈虚之責，則茶之爲害，勢必不肯盡言。兼朝廷本爲遠民無告，特遣此使，使事未達而就除外官，小民無知，必謂朝廷安於虐民，重於改法。此事體大，宜速有以救之。朝廷必謂陸師閔蠹害四路爲日已久，不欲別差替人，淹延歲月。因黃廉在彼，卽行替罷，事雖稍便，理有未盡。臣欲乞選差清強官一人，與黃廉同共體量。候了日赴闕面奏利害，所貴不敢隱蔽茶弊，四路之人終被德澤。謹録奏聞，伏候敕旨。

（宋）蘇轍《欒城集》卷三八《右司諫論時事十四首·再乞差官同黃廉體量茶法狀》 右臣近奏乞選差清強官與黃廉同體量蜀中茶法，尋蒙朝廷差杜紘前去。既而詳定編敕所奏，留杜紘。紘既不行，而蜀中茶法，至今未見差人同黃廉體量。伏乞檢臣前奏，別選差一人。所貴黃廉不敢以課利增虧自作身計，盡具茶法利害聞奏。謹録奏聞，伏候敕旨。

（宋）蘇轍《欒城集》卷三八《右司諫論時事十四首・再言役法劄子》

臣聞世無不弊之法，雖三代聖人之政，不免有害。故神而明之，存乎其人。臣竊見朝廷近罷免役，復行差役。小民初免出錢，鼓舞相慶。士大夫因民之喜，以爲差役一行，可坐而無事矣。臣之愚意，以爲免役之害雖去，而差役之弊亦不可不知也。是以推言其故，而陛下察之。

國朝因隋、唐之舊，州縣百役並差鄉戶。人致其力以供上，使歲月番休，勞佚相代。吏若循理，不以非法加民，則被役之人，本無大苦。然役人既是税戶，家有田産，誅求必得。吏少廉慎，凡有所須，不免侵取。故祖宗之世，天下役人除正役勞費之外，上自衙前，有公使廚宅庫之苦；中至散從官手力，有打草供柴之勞；下至耆長壯丁，有歲時饋遺之費；習以成俗，恬不爲怪。民被差役，如遭寇虜。神宗皇帝照知此害，始議立免役之法。前弊雖解，而所取役錢多收寬剩，民間難得見錢，日益貧瘁。今朝廷既已復行差役，除見議衙前差募未有成法外，其餘耆戶長弓手散從等役，一切定差。貧官暴吏，私竊以此相賀。何者？市井之人，應募充役，家力既非富厚，生長習見官司。官吏雖欲侵漁，無所措手。今耕稼之民，性如麋鹿。一入州縣，已自懾怖。而况家有田業，求無不應。自非廉吏，誰不動心？妄意朝廷既行差役，凡百侵擾，當復如舊。訪聞見今諸路，此弊已行。臣恐稍經歲月，舊俗滋長，役人困苦，必有反思免役之便者。其於聖政，爲損不細。頃者朝廷初革衆弊，士懷異議，多被遷逐。睥睨新政，幸其不成者非一人也。若此弊不除，使民有怨言，彼立異之人，他日必指以爲事。

臣欲乞明降詔書，丁寧戒敕監司長吏，使知朝廷愛惜鄉差役人，與神宗朝愛惜雇募役人無異。應係自前約束官吏侵擾役人條貫，使刑部録出，具委無漏落，雕印頒下，令一切如舊。出牓州縣，使民知之。仍常加督察，有犯不赦。應監司所部有犯不能覺察，致因事發露者，重其坐。庶幾民被差役之利，而無差役之害，然後天下蒙賜深矣。取進止。

（宋）蘇轍《欒城集》卷三九《右司諫論時事十五首・論青苗狀》

右臣伏以青苗之害民，朝廷之所悉也。罷而不盡，廢而復講，使天下之人疑朝廷眷眷於求利，此臣之所深惜也。何者？朝廷申明青苗之法，使請者必以情願，而官無定額，議者以爲善矣。然以臣觀之，無知之民急於得錢而忘後患，則雖情願之法有不能止也。侵漁之吏利在給納而惡無事，則雖無定額有不能禁也。故自今年春，諸縣所散青苗，處處不同。凡縣令曉事，吏民畏伏者，例不復散。其闇於事情，爲吏民所制者，所散如舊。蓋立法不善，故使猾吏得依法爲姦。監司雖知其不便，欲禁而不可得。天下既已病之矣。今朝廷復修夏料納錢減半出息之法，此雖號減息，而使天下曉然知今日朝廷意仍在利。雖有良縣令，臣恐其不能復如前日自必於不散矣。且自熙寧以來，吏行青苗，皆請重禄，而行重法，受賕百錢，法至刺配。然每至給納之際，猶通行問遺，不能盡禁。今吏禄已除，重法亦罷，而青苗給納不止，臣恐民間所請錢物，得至其家者無幾矣。伏乞追寢近降青苗指揮，別下詔旨，天下青苗自今後不復支散，不勝幸甚。謹録奏聞，伏候敕旨。

（宋）蘇轍《欒城集》卷三九《右司諫論時事十五首・三論差役事狀》

右臣五月二十六日上殿劄子，乞明降詔書，戒敕監司長吏，使知朝廷愛惜鄉差役人與神宗朝愛惜雇募役人無異，應係自前約束官吏侵擾役人條貫，使刑部録出，具委無漏落，雕印頒下，令一切如舊。出牓州縣，使民知之。仍常加督察，有犯不赦。應監司所部，有犯不能覺察，致因事發露者，重其坐。至今多日，未蒙施行。

伏念臣前作此奏，爲聞近日諸縣曹吏有因差役致富，小民被差充役，初參上下費錢有至一二十千者。州縣官吏亦有以舊雇役人慣熟，多方陵虐所差之人，必令出錢，作情願雇募。又有以新差役人拙野，退换别差，必得慣熟如意而後止者。天下官吏不能皆良，如此等事所在不一。雖非目見，可以意料。民被其害，如遭湯火。竊意此奏朝上，聖心惻怛，不待終日而行。不意遷延至今，不以爲急。

臣愚竊恐朝廷始復差役，議者妄謂差法一行，更無患害。聞臣此奏，未免不信。臣謂改雇爲差，實得當今救弊之要。然使聞害不除，見善不徙，則差役害人未必減於免役。伏乞聖慈，檢臣前奏，早賜詔書，具言所聞差役官吏情弊，仍備録前後禁約，曉諭中外，使知朝廷深意，則天下幸甚。謹録奏聞，伏候敕旨。

貼黄：臣訪聞近日頗有上書言差役不便，蒙降付看詳役法所者。臣推原其意，皆由州縣施行差法，別有搔擾，以致人言。若不早爲禁約，深爲不便。伏乞指揮於役法所檢取民間前後言差役不便文字，略賜省覽，即見詒實。

（宋）蘇轍《欒城集》卷三九《右司諫論時事十五首·再論青苗狀》

右臣近奏乞罷支青苗錢，兼訪聞臺諫官，皆有文字論列，至今並不蒙降出施行。臣伏見熙寧之初，王安石、吕惠卿用事，首建青苗之法，其實放債取利，而妄引《周官泉府》之言，以文飾其事。天下公議，共以爲非。是時韓琦、富弼、司馬光、范鎮等皆昌言其失，恨不能救。今二聖在上，照知民間疾苦，解去弊法，既已略盡。兼近日責降吕惠卿，數其罪惡，亦以創行青苗爲首。然天下俵散青苗，其實至今未止。民間疑怪，以爲朝廷仍有好利之意。臣博采衆論，云近有臣僚獻議，以國用不足爲言，由此聖意遲遲未決。

臣雖至愚，竊爲陛下深惜此計。何者？自古爲國，率皆禄養官吏，廩給士伍，崇奉郊廟，鎮撫四夷。然而食租衣税，未嘗有闕，今陛下力行恭儉，前代帝王所有浮費，一切不爲。今日之計，但當戒飭天下守令，使之安集小民。若能稍免水旱之災，復無流亡之患，則安靖之功數年自見，穀帛豐羨將不可勝用。何至復行青苗，以與民争利也哉？

伏惟陛下聖性仁厚，凡利民之事，知無不爲。若非左右搆此危語，動搖聖聽，則何至爲之廢格羣言，以成邪説？然臣竊恐中外不知本末，但見臺諫之言皆留中不出，妄意陛下甘於求利，不卹細民。遠近傳聞，所損不細。臣欲乞陛下盡將臣僚前後所上章疏付三省詳議施行，以弭斯謗。謹録奏聞，伏候敕旨。

（宋）蘇轍《欒城集》卷四〇《右司諫論時事十七首·三乞罷青苗狀》

右臣等屢有封事，乞罷青苗，皆不蒙付外施行。伏以王安石、吕惠卿創行此法以來，天下之士，惟王、吕黨人欲以青苗進身者，則以其法爲是。其他士大夫，上自韓琦、富弼，中至司馬光、吕誨、范鎮，下至臣等輩人，未有一人以爲便者。方安石、惠卿用事，忠言壅塞，不得施用。小民無告，飲泣受害。今者二聖臨御，盡革衆弊，天下欣欣，日望青苗之去。而近日刪立舊法，益更滋彰，中外孤疑，不曉聖意。

竊聞近日左右臣僚，有以國用不足，欲將青苗補其闕乏者。聖心未察，是以爲之遲遲。臣等雖愚，以爲自古爲國，止於食租衣税，縱有不足，不過輔以茶鹽酒税之征；未聞復用青苗放債取利，與民争錐刀之末，以富國强兵者也。藝祖、太宗之世，四方未平，中國至狹，歲歲用兵，其費不貲。及真宗東封西祀，遊幸亳、宋，造立宫室。仁宗結好契丹，平定西戎，翦滅南寇。此皆非常大費，而常賦之外，無大增加，未聞必待青苗以濟國用。今二聖恭儉，安静無爲，四海之富，與祖宗無異。何憂何慮，而欲以青苗富國乎？

臣等以爲皇帝陛下富於春秋，未嘗接見多士；太皇太后陛下覽政帷幄，未能博聽羣議，聽納之道，於斯實難。竊謂臣下每有獻言，宜一切折以公議。彼既欲散青苗，而臣等以爲不可。陛下受其所言，而臣等封事遂留中不出。臣等不知陛下何以斷其是非，而信之如此之篤乎？陛下必欲決此深疑，即當盡出臺諫所言，付之三省，使之公議得失，不當隱忍不辨是非，而陰用其言也。如衆議必以罷之爲是，即乞早賜裁斷，以慰民心。必以罷之爲非，亦乞顯行黜譴，以懲臣等狂妄。謹録奏聞，伏候敕旨。

（宋）蘇轍《欒城集》卷四〇《右司諫論時事十七首·申三省請罷青苗狀》

右轍等伏見熙寧之初，始行青苗，士無賢愚，皆知其不便。是時建議之臣盡力主張者不過一二人，而賢士大夫極言其失者非一人也。蓋今之執政嘗論之矣，忠言讜論，播於天下，至今傳誦，以爲口實。小民呻吟，欲聞更張，亦已久矣。伏自二聖臨御，革去弊法，而青苗之議獨無所變。始者但令取民情願，不立定額。州縣或散或否，事體不一，天下固已疑之矣。中間修完本法，使夏料納者減半出息。中外喧言，朝廷欲依舊放債取利，此聲流傳，極損聖政。轍等備位諫官，不敢默已。遂與臺官前後上言僅數十章，皆不蒙施行。傳聞大臣奏對，有以國計不足疑誤聖聽者，遂致此議久而不決。轍等雖愚，竊所未喻也。

蓋聞古者聖人在上，食租衣税而已。凡所以奉事郊廟，禄養官吏，蓄兵備邊，未嘗有闕也。後世鄙陋，乃始益以茶鹽酒税之征，然亦未聞放債取利若此之衰也。今茲二聖在上，恭儉無爲，度越前世，選用執政，將致太平。轍等與天下士民，尚冀朝廷能寬酒税之榷，損茶鹽之入，以復三代之故。不意今者乃欲以青苗富國，失天下之望也。王安石、吕惠卿既以此負國，使朝廷被此聲於天下。今者又復以此誤二聖，此轍等區區所深痛也。近日朝廷責降吕惠卿告命之出，首以青苗爲罪，天下傳誦，人人稱慶。奈何詔墨未乾，復蹈其故轍乎？

且青苗之法其所以害人者，非特抑配之罪也。雖使州縣奉行詔令，斷除抑配，其爲害人，固亦不少。何者？小民無知，不計後患，聞官中支散青苗，競欲請領。錢一入手，費用橫生，酒食浮費，取快一時。及至納官，賤賣米粟，浸及田宅，以至破家，一害也。子弟縱恣，欺謾父兄。隣里無賴，妄託名目。歲終催督，患及本戶，二害也。逋欠未納，請新蓋舊。州縣欲以免責，縱而不問，三害也。常平吏人，舊行重法，給納之賂，初不能止。今重法既罷，賄賂公行。民間所請，得者無幾，四害也。四事爲害，雖復除抑配之弊，亦無如之何，而況抑配未必除乎？轍等職在言責，目覩弊事，默而不言，則上負朝廷，下負民物。若未得請，決無中止之義。伏乞盡取前後章疏，看詳施行，以允公議。謹狀。

（宋）蘇轍《欒城集》卷四〇《右司諫論時事十七首・乞復選人選限狀》　右臣竊聞監察御史上官均上言，極論官冗之弊，已蒙朝旨降付給舍、左右司看詳施行。臣伏見祖宗舊法，凡蔭補子弟，皆限二十五歲然後出官，及進士諸科釋褐合守選人，并州縣選人，除司理司法縣尉外，得替日皆合守選。逢恩放選，乃得注官。所從來久遠，仕者習以爲常，雖經涉歲月，不以爲怪。及先朝患天下官吏不習法令，欲誘之讀法，乃令蔭補子弟不復限二十五歲出官，應係選人皆不復守選。並許令試，法通者注官。自是天下官吏皆争誦律令，於事不爲無益。然人既習法則試無不中，故蔭補者例減五年。而選人無復選限，遂令吏部員多闕少，差注不行。訪聞見今已使元祐四年夏秋季闕，官冗之患亦云極矣。臣愚以爲方人未習法，誘以免選，於理亦宜；及其既習，雖無免選，不患不習。且爲吏而責之讀法，本事之當然，不爲過也。謂宜追復祖宗守選之舊，而選滿之日，兼行先朝試法之科，此亦今日之便也。欲乞以臣所言付給舍、左右司一處看詳立法。謹録奏聞，伏候敕旨。

（宋）蘇轍《欒城集》卷四〇《右司諫論時事十七首・論諸路役法候齊足施行狀》　右臣訪聞諸路所定役法限日已滿，近日夔州等路文字相繼申到，旋已逐一進呈施行。臣竊惟諸路役法，所繫民間利害，至深至廣。雖逐路事體各别，條目必有不同，而朝廷變法，從便措置，大意所謂海行條貫者，不得不同也。臣竊恐詳定役法所急於行法，每遇逐路申到文字，不候類聚參酌，見得諸路體面，即便逐旋施行。因此致諸路役法大體參差不齊，使天下之民不得均被聖澤。欲乞指揮本所，候諸路所申文字稍稍齊集，見得諸處役法不至大段相遠，然後行下。謹録奏聞，伏候敕旨。

《聖祖仁皇帝御製文集・第一集》卷五《勅諭・諭兵部督捕衙門》

逃人事情關係旗下重大，前因恐致百姓株連困苦，故將條例屢行更改減定，期於兵民兩益。近見各該地方官奉行疎玩，緝獲日少，旗下民生深爲未便。兹應遣部院大臣會同尔衙門將新舊條例逐一詳定，務俾永遠可行，其應差官員職名，著即開列具奏。特諭。康熙十五年正月十四日。

《皇朝經世文統編》卷二七《内政部一・治術》李之芳《請除無益條例疏》　竊惟各衙門政務紛更失當者固多，而吏部攷功事例尤爲害政，有不可不急除者，敢爲我皇上陳之。近年以來，外官參罰處分日密一日，降級革職，動出意外。是以各官救過不暇，徒務虚文，以爲彌縫旦夕之計，不能爲地方盡心愛民。即罰俸一項，處分較輕，常有莅任一二載，罰俸五六年甚至十餘年者。官俸有限，即使每年全支，尚不免有憂父母妻子之心，况節年扣罰，則仰給之費勢必取之地方，故貪吏常多而不可禁。夫十兩流徒功令昭然，豈有因其養廉無資而從寬之理？若法在必行又未足以服其心，其弊一也。且例之所在，不論賢、不肖，而但繩之以苛急之法，雖廉能之品，一遇小節細故，即不能久安其位。如大選、急選，每次出缺，其間以貪庸解任者十無一二，大率以公事詿誤而去之。天下之賢者不可以多得，安知後來之人必勝從前之官？迎來送往，其弊二也。况則例紛紜，權總歸於胥吏，欲輕則有輕條，欲重則有重擬。即如違限一事，有計月降調之例，有怠緩遲延之例，又有慢上誤公之例，又有置若罔聞之例，事同法異，難以枚舉。總是多立名色便於高下其手，其弊三也。有此三弊，則是該部增設事例，衹足以淆亂成法，消損人才，其不能有裨吏治明矣。該部雖亦疏請再議，但例外生例，舊習難挽，恐終有負皇上革除積弊之意。臣乞特諭部院大臣，將該部見行事例徹底推究，實實釐定，務使永遠可行。其因事之法涉於苛細者，熟議而酌除之；其事蹟相同輕重迥異，多設條目致胥吏可借法爲姦者，一切删去，誠革弊之一法也。再查世祖皇帝時舊例，因出缺太頻，參罰太密，該部覆准《大計處分循例》糾劾貪酷，提問以至失守城池、遲誤軍機，各官均應照例議處，不准留任外，其餘因公事議處等官，但令戴罪供職，合無酌復。舊章省事甯民，此又革弊之一法也。

綜　述

《宋史》卷二〇一《刑法志三》　更命吕公著等定議刑名，議不稱安石意，乃自具奏。初，曾公亮以中書論正刑名爲非，安石曰：有司用刑不當，則審刑、大理當論正；審刑、大理用刑不當，即差官定議；議既不當，即中書自宜論奏，取決人主。此所謂國體。豈有中書不可論正刑名之理。三年，中書上刑名未安者五：

其一，歲斷死刑幾二千人，比前代殊多。如強劫盗並有死法，其間情狀輕重，有絶相遠者，使皆抵死，良亦可哀。若爲從情輕之人别立刑，如前代斬右趾之比，足以止惡而除害。禁軍非在邊防屯戍而逃者，亦可更寬首限，以收其勇力之効。

其二，徒、流折杖之法，禁網加密，良民偶有抵冒，致傷肌體，爲終身之辱；愚頑之徒，雖一時創痛，而終無愧耻。若使情理輕者復古居作之法，遇赦第減月日，使良善者知改過自新，凶頑者有所拘繫。

其三，刺配之法二百餘條，其間情理輕者，亦可復古徒流移鄉之法，俟其再犯，然後決刺充軍。其配隸並減就本處，或與近地。凶頑之徒，自從舊法。編管之人，亦迭送他所，量立役作時限，無得髠鉗。

其四，令州縣考察士民，有能孝悌力田爲衆所知者，給帖付身。偶有犯令，情輕可恕者，特議贖罰；其不悛者，科決。

其五，奏裁條目繁多，致淹刑禁，亦宜删定。

（宋）李燾《續資治通鑑長編》卷四四二《宋哲宗元祐五年》　詔：差役法內有未備事，令中書舍人王巖叟、樞密都丞旨韓川與諫議大夫、點檢戶曹文字劉安世同看詳，具利害以聞。五月八日。先是，安世言：

臣伏見朝廷欲變役法，今已四年，選官置局，講求利害，天下之議，悉使折衷，而承詔立法之意，惟以仁民愛物爲務。謂嘉祐差役之制已便矣，然當時常見其害者，今則損而去之；元豐約束之制，民以爲利者，今則取而益之。至於風俗之殊尚，南北之異宜，本諸人情，裁以國論，隨方條例，罔不具備。而又申以明詔諭旨，若施行之際或窒礙而未通，節文之間或疎略而未盡，更俾建明，爲之增損，有以見陛下至仁至厚，重惜民事之深意也。新書之下，輿情慰悦，中外帖息，初無間言，而姦邪之人，內懷顧望，造播横議，已欲沮毁，遂致一二小臣敢執偏見，妄進邪説，欲罷差役，依舊雇募。當職官吏不能爲朝廷固守法度，而依違遷就，屢有變更。天下人情，莫不疑惑，此最當今之大患也。

臣聞自古取民之道，止於粟、帛與民力而已。三者皆生之無窮，而取之不竭，故堯、舜、三代以來，莫之能廢。議者乃謂不役其身，止令輸錢，則公私兩便，臣請有以折之。國家泉貨，經費所資，設官鼓鑄，歲有定額，民或盗爲，罪至論死。今棄其易出之力，而責其難致之錢，固已非理；又使上戶止納數千，則優游卒歲，日益兼並，下戶自來無役者，例使加賦，日朘月削，寖以窮困。損九分之貧民，益一分之上戶，輕重倒置，孰甚於此！臣竊謂以一家一歲觀之，則輸錢若省而易給；以終身累世計之，則所出不貲而難供。今聚斂之臣，惟欲追剥生靈，而不爲天下長久之慮，詎可信哉？

議者又謂人戶輸不及三番處，恐役太重，臣亦有以折之。且治平之前，天下戶口一千二百七十餘萬，而舊法役人五十三萬六千餘人。元豐之後，戶口一千八百三十五萬九千有奇，較之治平，已增有五百六十餘萬，而新定役人止放四十二萬九千餘人，比之舊法，卻減十萬七千之額，以爲輪差不足，亦已過矣。然而天下州縣，或有連值凶歲，人戶流移，番次不足之處，則在有司通融補助，必不可以小節而廢大法也。

臣伏覩國家受命以來，百有餘年，差役之法，已更六聖，隨時損益，既皆中理，考觀已試之效，固可行之不疑。而累年於兹，尚容移奪？臣竊謂知法之未良，改之不可不速，知法之已善，守之不可不固。今差法已善，陛下正當信而守之，執政大臣尤宜協心體國，堅拒邪説，而乃縱使姦慝倡爲異論，摇動人情，惑亂天下，故議者謂今日紛紜之患，不在於無知之庶民，而特在於邪説之士大夫也。臣聞執狐疑之心者，來讒賊之口，持不斷之意者，開羣枉之門。願陛下特奮乾剛，力主差役，深詔執政，固守初議，毋使輕徇浮言，妄有變易。庶使祖宗之成法，不爲姦人之所奪，天下幸甚！貼黄：臣勘會自行差役後來，臣僚執一偏之見，妄有申請，衝改過事目不少，其間甚多疏略牴牾，反爲民害者。欲望聖慈特降指揮，下戸部令畫一條析聞奏，再委執政聚議，除利害的確須合更張，及一州一路自有所宜，不可通用外，其應緣邪説遷改變動去處，并乞卻令依舊施行，所貴法度純一，天下不惑。

（清）徐乾學《資治通鑑後編》卷七七《宋紀七七》　願追還前命，即詔罷之。軾因上書極論時政，凡七千餘言，其畧曰：臣之所欲獻者三言而已，曰結人心、厚風俗、存紀綱。人主所恃者，人心也。自古及今，未有和易同衆而不安，剛果自用而不危者。祖宗以來，治財用者不過三司，今陛下又創制置三司條例司，使六七少年日夜講求，於内使者四十餘輩，分行營幹。於外以萬乘之主而言利，以天子之宰而治財。君臣宵旰幾一年矣，而富國之效茫如捕風。徒聞内帑出數百萬緡，祠部度五千人耳，以此爲術，人皆知其難也。汴水濁流，自生民以來，不以種稻。今欲陂而清之，萬頃之稻必用千頃之陂，一歲一淤，三歲而滿矣。陛下使相視地形，所在鑿空，訪尋水利，隄防一開水失故道。雖食議者之肉，何補於民？自古役人，必用鄉戸。徒聞江浙之間，數郡顧役，而欲措之天下。自楊炎爲兩税，租調與庸既兼之矣，奈何復欲取庸？青苗放錢，自昔有禁。今陛下始立成法，每歲常行，雖云不許抑配，而數世之後暴君、汙吏，陛下能保之乎。昔漢武以財力匱竭，用桑弘羊之説，買賤賣貴謂之均輸。于時商賈不行，盜賊滋熾，幾至於亂。臣願陛下結人心者，此也。國家之所以存亡者，在道德之淺深，不在乎強與弱。歷數之所以長短者，在風俗之厚薄，不在乎富與貧。陛下當崇道德而厚風俗，不當急功利而貪富強。仁祖持法至寬，用人有序，專務揜覆過失，未嘗輕改舊章，考其成功，則曰未至。言乎用兵，則十出而九敗。言乎府庫，則僅足而無餘。徒以德澤在人，風俗知義，故升遐之日，天下歸仁。議者見其末年吏多因循，事不振舉，乃欲矯之以苛察，濟之以智能。招來新進勇鋭之人以圖一切速成之效，未享其利，澆風已成。近歲樸拙之人愈少，巧進之士益多。惟陛下哀之救之，以簡易爲法，以清浄爲心，而民德歸厚，臣願陛下厚風俗者，此也。祖宗委任臺諫，未嘗罪一言者。縱有薄責，旋即超升，許以風聞。而無官長言及乘輿，則天子改容；事關廊廟，則宰相待罪。臺諫固未必皆賢，所言亦未必皆是，然須養其鋭氣，而借之重權者，將以折奸臣之萌也。臣聞長老之談，皆謂臺諫所言常隨天下公議。今者物論沸騰，怨讟交至，公議所在亦知之矣。臣恐自兹以往，習慣成風，盡爲執政私人以致人主孤立。紀綱一廢，何事不生。臣願陛下存紀綱者此也。王安石見而深惡之。

（宋）吕中《宋大事紀講義》卷一七《神宗皇帝·諸君子與安石争論新法》　熙寧二年，安石求去甚切。御史王子韶、程顥，諫官李常請對，言不當聽。安石去位，葢猶望安石出而改之也。人不知顥者，以爲安石之黨。初，吕公著爲安石厚，顥與子韶皆公著所厚者。雖司馬光亦以顥等爲黨安石也。李常素與安石善，安石薦之，及公著言罷條例司，安石遂不悦。安石既出而持新法益堅，人言不能入矣。於是争新法始急，李常上疏，安石請爲分折。李常不奉詔，公著又言孫覺、程顥、張戩、陳襄不當貶。韓琦乞罷青苗，而戩尤詆安石之非。上因諭安石臺諫言不可失人心，安石云所謂得人心者以有義理，義理乃人心所悦也，今獨流俗不悦耳。公著出知潁州，安石引韓維代之維辭，遂以馮京爲中丞，以李定爲監察御史，宋敏求封還詞頭，言未有自幕職官處糾繩之地。蘇頌、李大臨並繳還諫官，胡宗諭復論之陳薦，又劾定不服所生母喪。新法之行，言者多以臺官用小人，其洶洶如此。顥論新法，言順氣和亦不甚怒。次日，張戩厲色抗聲，安石笑戩曰：条政笑戩，柰天下笑条政何。此皆争論新法之臺諫也。臺諫之盛始於慶歷，臺諫之争始於治平，臺諫之衰起於熙寧。而熙寧之初，乃其極盛將衰之世也。其極盛也，皆慶歷涵濡灌溉之積，治平波濤洶湧之餘也。其將衰也，此熙寧銷鑠沮退之漸，紹聖壞爛息滅之源也。自治平以前爲大臣者，皆以臺諫之言而去，治平以後爲臺諫者，皆以大臣之怒而去。而熙寧四年之後爲臺諫者，皆大臣之私人也。然安石初引故人所厚者在言路，其素無士行，亦在不引也。吕惠卿最爲腹心，然不過爲條例司屬官，安石之意可見矣。所薦引者不附己，於是惟引諛佞者薦之，而李定、謝景温之徒出矣。

（宋）吕中《宋大事記講義》卷一八《哲宗皇帝·罷置等法》　元豐八年，司馬光言新法之獘，陛下微有所改而遠近皆相賀，不可從三年無改父之説。保甲、免役錢、將官三事，當今之急務，釐革之所當先也。元祐元年，立三司同取旨法，立戶部總財用法，罷提舉常平官，復差役，禁科舉用字説，置春秋博士。八月，復常平法，罷青苗錢。初，進説者以三年無改於父之道，欲稍捐其甚者，光乃毅然争之曰：先帝之法，其善者百世不可變。若王安石、惠卿所建，非先帝本意者改之，當如救焚救溺也。況太后以母改子，非子改父。衆議乃定。或曰：元豐舊臣有以父子議間於上，則朋黨之禍作矣。光起立拱手，厲聲曰：天若祚宋，必無是矣。司馬光謂：先帝之法善者，雖百世不可改者。若安石、惠卿之所建，非先帝意也改之，當如救焚拯溺也。此正孔子三年無改於道之意也。然謂太皇以母改子，則他日章惇之徒必以子不可改父之説進者。此紹述之論所由起也。當時吕公著之言曰：保馬之法，先朝已知有司奉行之謬。市易之法，先帝尤覺其有害而無利。福建、江寧等路配買茶鹽，俱非朝廷本意，一切罷去。則是當變之法皆出於神宗末年之意。推此意而行之，則無紹述之患矣。吕公著又謂青苗之法但罷逐年比較，則百姓自免抑勒之患。充役之法少取寬剩之數，則無下戶虚納之患。保甲之法只此農隙教習，則不至有妨農之患。更張之際，當須有術不在倉卒。此亦所謂在所當改，而可以無改者耳。推此意而行之，則無反覆之慮矣。故曰熙寧之小人不可以盡去，而熙豐之法則不可以盡變。去熙豐之小人不可以不急，而變熙豐之法則不容以太急。青苗均輸所可罷，而僱役之法未可以遽罷也。保馬戶所可罷，而保甲之法未可以遽罷也。新經字説可廢，而取經義先論策之意不可廢也。然司馬光之變法，如救焚拯溺，四患未除，死不瞑目。至於言朋黨之禍，則曰天若祚宋，必無是事。此又司馬光至誠至公之心，質之天地而無愧也，後世聞公之言，可以流涕痛哭矣。

《明太祖實録》卷八二《洪武六年五月》　《祖訓録》成，其目十有三。曰箴戒，曰持守，曰嚴祭祀，曰謹出入，曰慎國政，曰禮儀，曰法律，曰内令，曰内官，曰職制，曰兵衛，曰營繕，曰供用。上親爲之序，曰：朕觀自古國家建立法制，皆在始受命之君，當時法已定，人已守，是以恩威加于海内，民用平康。蓋其創業之初，備嘗艱苦，閲人既多，歷事亦熟，比之生長深宮之主，未諳世故，及僻處山林之士，自矜己長者，甚相遠矣。朕幼而孤貧，長值兵亂，年二十四委身行伍，爲人調用者三年，繼而收攬英俊，習練兵之方，謀與群雄並驅，勞心焦思，慮患防微近二十載，乃能勦除强敵，統一海宇，人之情僞亦頗知之，故以所見所行與群臣定爲國法，革元胡俗，去姑息之政，治舊習汙染之徒。且群雄之强盛詭詐，至難服也，而朕已服之。民經世亂，欲度兵荒，務習奸猾，至難齊也，而朕已齊之。蓋自平武昌以來，即議定著律令，損益更改，不計遍數，經今十年始得成就，頒而行之，民漸知禁。至於開導後人，復爲《祖訓録》一編，立爲定法，大書揭于西廡，朝夕觀覽，以求至當，首尾六年，凡七謄稿，至今方定，豈非難哉！蓋俗儒多是古非今，姦吏常舞文弄法，自非博採衆長，即與果斷，則被其眩惑，莫能有所成也。今令禮部刊印成書，以傳永久。凡我子孫，欽承朕命，無作聰明，亂我已成之法，一字不可改易，非但不負朕重法之意，而天地祖宗亦將孚佑於無窮矣。嗚呼！其敬戒之哉！於是頒賜諸王，且録于謹身殿東廡、乾清宮東壁，仍令諸王書于王宮正殿、内宮東壁以時觀省。上因謂侍臣曰：朕著《祖訓録》，所以垂訓子孫，朕更歷世故，創業艱難，常慮子孫不知所守，故爲此書。日夜以思，具悉周至，紬繹六年，始克成編。後世子孫守之，則永保天禄，苟作聰明，亂舊章，是違祖訓矣。侍臣對曰：自古創業之主，其慮事周詳，立法垂訓必有典則，若後世子孫不知而輕改，鮮有不敗。故《經》云：不愆不忘，率有舊章。上曰：日月之能久照，萬世不改其明，堯舜之道不息，萬世不改其行，三代因時損益者，其小過不及耳。若一代定法有不可輕改，故荒墜厥緒幾於亡夏，顛覆典刑幾於亡商，後世子孫當思敬守祖法。

《明憲宗實録》卷九八《成化七年十一月》　是日頒詔天下。詔曰：自古帝王君臨海宇，必重建元良以爲儲副，此久安長治之道也。惟我祖宗列聖，久迪大猷，承傳有序，邦本既正，鴻業斯隆。暨朕嗣守，丕圖于兹，八載彝章未舉，蓋有待焉。長子祐極，天資明粹，日表英奇，中和之性夙成，内外之心是屬。比者公侯、駙馬、伯、文武羣臣合誠奉表，請建東宮。恭承皇太后聖訓：兹事重大，宜從衆議。爰以今辰舉行彝典，授以册寶，立爲皇太子，正位東宮，用篤邦家之祐，衍宗社無疆之休。大禮既成，輿情交慶，宜敷霈澤，覃被萬方。所有合行事宜，條列于後。一、自成化七年十一月十六日昧爽以前，官吏軍民人等有犯，除謀反、大逆、謀叛，子孫謀殺祖父母父母，妻妾殺夫，奴俾殺主，蠱毒魘魅，毒藥殺人，强盗人命，妖言不赦外，其餘已發覺未發覺，已結正未結正，罪無大小，咸赦除之。敢有以赦前事宜相告言者，以其罪罪之。一、文武官吏，監生知印承差生員，軍民人等，有爲事見發，運磚運灰，運炭納米，追罰馬匹，做工擺拈，煎鹽炒鐵，充軍伴儀，從膳夫等項，悉宥其罪，各還職役寧家。隨住軍職例該带俸差操者，照原擬發落，文職官吏人等，有犯貪淫者，悉發原籍爲民。一、軍官、旗軍、將軍、力士、校尉、舍人、餘丁，有爲事發遣各處立功哨瞭者，盡行放免，復還職役。例該带俸差操者，不許管軍管事。一、各處拖欠未徵糧税、馬草子粒、農桑絹布、並户口食鹽、鈔錠、商税、河泊門攤、課程差發銀兩，自成化五年十二月以前，盡行蠲免。今歲奏報災傷去處曾經勘實者，糧草、子粒，悉與除豁。一、直隸通州左衛，採運秋青草束，軍士逃故，數多無人撥補，名下拖欠草束，自成化六年以前，盡行蠲免。今歲京衛軍士該採草束，被災無從採打，曾經奏告到部，減免三分。一、各處鹽塲有因雨水損壞倉廠，消化鹽課，曾經風憲官踏勘明白者，盡行蠲免。其成化六年有因災傷，無力煎辦，曾經奏報勘實者，該辦鹽課以十分爲率，減免三分。一、成化六年以前各處歲造織造紵絲紗羅綾紬，曾經起觧，該庫驗退，加倍追陪。已織完者，照數起觧，未完者止追正數，餘悉蠲免。其被災去處，遞年拖欠，歲辦皮張魚油翎鰾，折納麻鐵，暫且停止。一、各處逃軍、逃匠、逃囚人等，自詔書到日爲始，限三箇月以裏，許扵所在官司首告，與免本罪，軍還原伍，匠仍當匠，民發寧家，其各處觧軍之人，有因違限問發充軍者，放回寧家，後不爲例。自成化七年十一月十六日以前，内外文武官員總小旗有停罷俸糧者，詔書到日爲始，照舊開支。北直隸連年災傷，儒學黜退生員，見追廪米，悉皆宥免。一、荆襄等處流民，除已發遣回還原籍者，有司加意撫恤優免糧差五年。其間或有逃匿山林，拒捕不出者，詔書到日，許令出官自首，悉宥其罪，令還原籍，一體恤優免。一、陜西延綏地方連年被賊驚擾，人民艱難，今歲該徵糧草，暫行寬免，其本處並各處調来見在随征官軍，每人賞銀二兩以酬其勞。一、光禄寺厨役年老残疾者告官審驗是實，放回寧家，有司照缺僉補。上林苑監原僉養牲種菜等項人户，其有老疾不堪應役，户内無丁頂補者，許監官驗實具奏，放回原籍依住。一、各處官軍騎操馬匹，并軍民孳收寄養馬騾驢牛，自成化七年十一月十五日以前，一應倒死，已報在官者，悉皆蠲免，虧欠馬駒每四匹折買一匹。其先次查出漏報折買者，不在此例。一、各處王府官員九年考滿，照例給與該得誥敕。其方面知府在邊效勞，不得赴部給由，九年考滿一體授與該得誥命。一、各處倉官及收糧經歷，守候二年之上，放支不盡者，仍令全支本等俸給。一、今後三考滿吏典，從吏部陸續考試，不必會官，仍照三等例行聽選，監生不願出仕者，與從七品散官閒住。一、軍民中有鰥寡孤獨者，所司依例存恤，勿令失所。一、軍民中有男婦八十以上者，詔書到日，人給絹一匹、綿布一匹、綿一斤、米一石。一、天下軍民利病，許諸人直言無隱。一、前項寬恤事件，有司務在遵行，不許違慢。一、應管軍管民官員，俱要守法奉公，撫恤下民，非奉朝廷明文，不許纖毫科擾，違者罪之。扵戲！元良正位綿大統扵萬年，曠蕩推恩均至仁扵四海。詔諭遐邇，咸使聞知。

（明）孫旬《皇明疏鈔》卷二四張逵《弼違・陳弊端以圖美業疏》

方陛下即位，首下詔曰：先朝勵精雖切，化理未孚。茲欲興道致治，必當革故鼎新。故一時號令，政事煥然可述，不但如臣前所名狀而已，夫何力行，未及新化首乖。事有昨以爲非而今以爲是，人有昨以爲不肖而今以爲賢，變黑爲白，朝令夕改，臣實不知其端。臣請以今日之事與初即位異，與正德年同，甚或有正德年所未有，畧舉一二言之，惟陛下垂聽。先朝常建新寺崇佛教矣，而今日之齋醮繁興；先朝嘗嬖羣小濫傳乞矣，而今日之爵賞普施；先朝嘗頒内降遺政本矣，今日事之不關扵宰執者非一也；先朝嘗棄法司賂大獄矣，今日法之不行扵貴近者非一也。科道會本而責以奏擾，豈奨勸忠言降黜之初心；大臣執法而詰令回話，豈召用典刑耆舊之本意。至如崔元封侯、蔣輪市寵，陳萬言乞西安門新宅，先朝貴戚未有若此之恩幸也。廖鵬繫獄，劉暉得官，李隆復差官就彼勘問，先朝罪人未有若此之淹縱也。臧鳳守邊，未遑歸闕，今日之外寇多梗也；礦徒弄兵，毒流諸郡，今日之潢池有儆也。四方萬里，災傷日聞，畿甸股肱，來牟絶望，民生無聊過先朝也。恒暘肆虐，星土示沴，天變頻仍過先朝也。凡臣掇拾，僅惟疏節，其餘蒙蔽陛下，背理蠹政，禍民虞國，未能覶縷塵瀆者，猶不知幾。伏惟陛下赫然大奮剛明之威，遠覽古今之變，行一事必曰：吾嘗以此等爲先朝獘政，躬親革之矣，今何爲而復行？用一人必曰：吾嘗以此曹爲先朝奸人，躬親去之矣，今何爲而復用？退朝之時，清閒之燕，深惟社稷之圖，規恢億萬之計，絶嗜欲之妄，使身常强固，無以怠惰委政柄；勤學問之功，使德常清明，無以邪奸竊大權。則治何以不若商宗，壽何以不若虞舜。彼周穆王、唐玄宗，信不足録矣。不然天下之事變無窮，國家之治亂莫測。先朝承孝皇熙洽之餘，今日當正德紛更之後，事殊勢異，較然甚明。陛下苟因循姑息，不盡反目前之爲，臣切未見其可也。

紀事

《宋史》卷一八二《食貨志下四》 崇寧元年，蔡京議更鹽法，乃言東南鹽本或闕，滯於客販，請增給度牒及給封椿坊場錢通三十萬緡。并列七條：一、許客用私船運致，仍嚴立輒踰疆至夾帶私鹽之禁；二、鹽場官吏槩量不平或支鹽失倫次者，論以徒；三、鹽商所繇官司、場務、堰牐、津渡等輒加苛留者，如上法；四、禁命吏、廕家、貢士、胥史爲賈區請鹽；五、議貨亭戶；六、鹽價太低者議增之；七、令措置官博盡利害以聞。

《宋史》卷一八三《食貨志下五》 〔淳熙〕九年，詔遣浙西撫幹胡庭直訪求利害，與帥、漕、提舉詳議以聞。使還，尋以庭直提舉廣東同措置廣西鹽事。十年，詔曰：廣南在數千里外，疾痛艱於上聞，朕憫之尤切。蓋鹽者，民資以食，向也官利其贏，轉而自鬻，久爲民疾。朕爲之更令，俾通販而杜官鬻，民固以爲利矣；然利於民者官不便焉，必胥動以浮言，且朕知恤民而已，浮言奚恤？矧置監司、守令以爲民，朕有美意，弗廣其推，顧撓而壞之，可乎？自今如或有此，必寘之法。於是命詹儀之知静江府，併廣東、西鹽事爲一司，其兩路賣鹽，歲以十六萬五千籮爲額。儀之等言：兩路鹽且以十萬籮爲額，俟三數年，視其增虧，乃增其額。所有客鈔東西路通貨錢與免，以便商販。

《宋史》卷三三八《蘇軾傳》 熙寧二年，還朝。王安石執政，素惡其議論異己，以判官告院。四年，安石欲變科舉、興學校，詔兩制、三館議。軾上議曰：

得人之道，在於知人；知人之法，在於責實。使君相有知人之明，朝廷有責實之政，則胥史皂隸未嘗無人，而况於學校貢舉乎？雖因今之法，臣以爲有餘。使君相不知人，朝廷不責實，則公卿侍從常患無人，而况學校貢舉乎？雖復古之制，臣以爲不足。夫時有可否，物有廢興，方其所安，雖暴君不能廢，及其既厭，雖聖人不能復。故風俗之變，法制隨之，譬如江河之徙移，彊而復之，則難爲力。

慶曆固嘗立學矣，至于今日，惟有空名僅存。今將變今之禮，易今之俗，又當發民力以治宫室，斂民財以食游士。百里之内，置官立師，獄訟聽于是，軍旅謀于是，又簡不率教者屏之遠方，則無乃徒爲紛亂，以患苦天下邪？若乃無大更革，而望有益於時，則與慶曆之際何異？故臣謂今之學校，特可因仍舊制，使先王之舊物，不廢於吾世足矣。至於貢舉之法，行之百年，治亂盛衰，初不由此。陛下視祖宗之世，貢舉之法，與今爲孰精？言語文章，與今爲孰優？所得人才，與今爲孰多？天下之事？與今爲孰辦？較此四者之長短，其議决矣。

今所欲變改不過數端：或曰鄉舉德行而略文詞，或曰專取策論而罷詩賦，或欲兼采譽望而罷封彌，或欲經生不帖墨而考大義，此皆知其一，不知其二者也。願陛下留意於遠者、大者，區區之法何預焉。臣又切有私憂過計者。夫性命之説，自子貢不得聞，而今之學者，恥不言性命，讀其文，浩然無當而不可窮；觀其貌，超然無著而不可挹，此豈真能然哉！蓋中人之性，安於放而樂於誕耳。陛下亦安用之？

議上，神宗悟曰：吾固疑此，得軾議，意釋然矣。即日召見，問：方今政令得失安在？雖朕過失，指陳可也。對曰：陛下生知之性，天縱文武，不患不明，不患不勤，不患不斷，但患求治太急，聽言太廣，進人太鋭。願鎮以安静，待物之來，然後應之。神宗悚然曰：卿三言，朕當熟思之。凡在館閣，皆當爲朕深思治亂，無有所隱。

《宋史》卷三三九《蘇轍傳》 昔嘉祐以前，鄉差衙前，民間常有破産之患。熙寧以後，出賣坊場以雇衙前，民間不復知有衙前之苦。及元祐之初，務於復舊，一例復差。官收坊場之錢，民出衙前之費，四方驚顧，衆議沸騰。尋知不可，旋又復雇。去年之秋，又復差法。又熙寧雇役之法，三等人戶，並出役錢，上戶以家産高强，出錢無藝，下戶昔不充役，亦遣出錢。故此二等人戶，不免咨怨。至於中等，昔既已自差役，今又出錢不多，雇法之行，最爲其便。罷行雇法，上下二等，欣躍可知，唯是中等則反爲害。且如畿縣中等之家，例出役錢三貫，若經十年，爲錢三十貫而已。今差役既行，諸縣手力，最爲輕役；農民在官，日使百錢，最爲輕費。然一歲之用，已爲三十六貫，二年役滿，爲費七十餘貫。罷役而歸，寬鄉得閑三年，狹鄉不及一歲。以此較之，則差役五年之費，倍於雇役十年。賦役所出，多在中等。如此條目，不便非一，故天下皆思雇役而厭差役，今五年矣。如此二事，則臣所謂宜因弊修法，爲安民靖國之術者也。

（宋）李燾《續資治通鑑長編》卷八四《宋真宗大中祥符八年》 二月癸丑，三司言：陝西入中糧斛，交抄併多，富民抑其價值，既賤市之，又稽留之，有害商旅，至入中艱難，須有釐革，用懲其弊。元定百貫交抄，官給十九千。今請依市所買，每百貫有加擡者，官給十二千；無者官給十一千收市之。上慮其奪民利，止令權宜行之，不得著爲定式。

（宋）李燾《續資治通鑑長編》卷八七《宋真宗大中祥符九年》 戊辰，上謂輔臣曰：法官每定羣臣封奏，多引往年詔敕，云非有大益，無改舊章，所奏請不行。王旦曰：起請頻仍，則詔令有礙，是以法官重於更改。丁謂曰：近李溥請私鬻鹽茶，隨贓仗全給與人充賞者，多稱假借，卻給原主，頗容情弊，望並納官。法寺詳定，已從溥奏。上曰：特從溥奏者，正是憚其不伏爾，下位有所見，當詳究利害而行之。

（宋）李燾《續資治通鑑長編》卷一一一《宋仁宗明道元年》 開封府言編敕禁軍糧錢三百犯階級者斬，刑名太重。壬辰，詔增至五百。

（宋）李燾《續資治通鑑長編》卷二二二《宋神宗熙寧四年》 詔罷陝西見行交子法。先是，陝西軍興，轉運司患錢不足，沈起請限以半歲令民盡納銅鐵錢於官，而易以交子，候三五歲邊事既息，復還民錢。宣撫司奏行之。知邠州張靖數言其不便。會李評、張景憲出使延州，因令訪利害，評等奏如靖言。景憲謂交子之法可行於蜀，不可行於陝西，將使細民流離失業，無以爲生，故罷之。正月庚戌，三月戊子可考。

（宋）李燾《續資治通鑑長編》卷二四八《宋神宗熙寧六年》《宋類苑》十一月，吏有不附新法，介甫欲深罪之，上不可，介甫固争之，曰：不然，法不行。上曰：聞民間亦頗苦新法。介甫曰：祈寒暑雨，民猶有怨咨者，豈足顧也。上曰：豈若并祈寒暑雨之怨亦無邪？

（宋）李燾《續資治通鑑長編》卷二五九《宋神宗熙寧八年》 張方平言：臣竊聞昨有新制，開列條目，自府畿至諸路郡縣，令人戶各自供通財産手實狀，有所隱漏者許人陳告。近已施行，公私勞敝，鄉閭甚擾，但憂增益賦調，不復更事生業，必有姦猾漸相告訐，窺圖賞利，獄訟繁興，政令浸以滋張，民德何以歸厚？况中戶以下，鮮有蓋藏，田蠶所收，歲有厚薄，戶等耗登，何常之有？不惟煽惑人情，更有紛亂。新法以建議者内爲之主，故當職者人無敢言。向者朝廷所立法制，蓋以便民爲本，因以成國之利。今兹一事，專用撓人，徒騷擾於天下，實無濟于國家，伏望聖明，博行體問。忠於國者必言其無益，慮於民者當明其非便，憂深思遠，早垂止罷，庶令億兆欣戴天恩。是歲十月，卒罷手實法。方平奏今附見，不知其時也。

（元）陳桱《通鑑續編》卷六《復榷茶罷貼射法》 十一月，復榷茶罷貼射法。商賈以貼射利薄，而論者謂邊糴償見錢，恐京師府藏不足以繼，争言不便，會江淮計置司言茶有滯積壞敗者，請一切焚棄。朝廷疑變法之弊，下書責計置司。而遣官行視茶積，李諮具言新法之便，庫有增緡，邊饒儲積。二府亦言滯積之茶乃累年壞敗者，新法之利功緒已見。蓋積年侵蠹之源一朝閉塞，商賈利於復，故以動搖而論者不察其實，助爲游説。願力行之，毋爲流言所易。詔翰林侍講學士孫奭等同究利害，奭等言貼射之法，善者歸商粗惡入官，故人莫肯售。且園戶貧弱，力不能給，故歲輸不足。今使入息，煩擾益甚，不可不革，遂罷貼射法，官復給本錢市茶，商人入錢以售之，茶法復壞。

（元）陳桱《通鑑續編》卷六《罷榷鹽法復通商》 秋八月，罷榷鹽法復通商。自諸國降附，天下鹽利皆歸縣官，其解池引水而成者曰顆鹽。淮浙蜀廣鬻海、井，或鹻成者曰末鹽。初皆通商貿易，咸平中，梁鼎始請自粥解鹽。未幾，以公私煩擾復舊商販。帝初即位，置計置司議茶鹽利害，茶法變爲貼射，而鹽則官自粥，官得利微，而民不便。解池積鹽爲阜，其上生木合抱數莫可較。於是詔翰林學士盛度、御史中丞王隨等議更其制度，上通商五利，曰方禁商時伐木造船輦，運兵不勝疲勞，今去其弊，一利也。陸運既差帖額又役車戶，貧人懼役連歲逋逃，今悉罷之，二利也。船運有沈溺之患，綱吏侵盗雜以泥沙硝石，其味苦惡疾生重腿，今皆得食真鹽，三利也。錢幣，國之貨泉，欲使通流。富家多藏鏹不出，民用益蹙。今歲得商人出緡錢以助經費，四利也。歲減監官、兵卒、畦夫、傭作之給，五利也。於是詔罷三京二十八州軍榷法，聽商人入錢，若金銀，于京師榷貨務給鈔，受鹽于解池，而申私販粥之禁。

（元）陳桱《通鑑續編》卷六《罷榷茶復行貼射法》　三月，罷榷茶復行貼射法。自貼射茶法廢，而河北入中虚估之弊益甚。李諮既居政府，請復行見錢法，乃訪利害於商人，遂罷河北入中虚估，以實錢償芻粟、實錢售官茶，皆如天聖元年之制，又以北商持券至京，舊必得交引鋪爲之保任，并得三司符驗，然後給錢。以是京師坐賈率多邀求，三司吏稽留爲姦，令悉罷之。命商持券徑趍榷貨務驗實立償之，而三説之法廢。縣官自此省費矣。三説法者，募商人入中芻粟於邊，給券以茶償之，又益以東南緡錢及香藥犀齒也。

（元）陳桱《通鑑續編》卷六《復京師榷鹽法》　春正月，復京師榷鹽法。自元昊反，聚兵西鄙，並邊入中芻粟者寡。縣官急於兵食，調發不足，因聽入中芻粟予券，趨京師榷貨務受錢。若金銀入中，它貨予券，償以解池鹽。由是羽毛、筋角、膠漆、鐵炭、瓦木之類，一切以鹽易之。猾商、貪吏表裏爲姦，至入椽木二估錢千、給鹽一大席，爲鹽二百二十斤，虚費池鹽不可勝計。鹽直益賤，販者不行，公私無利。至是復京師榷法，凡商人虚估受券，及已受鹽未粥者，皆計直輸虧官錢，内地州軍民間鹽，悉收市入官，官爲置場增價出之。復禁永興軍路十一州商鹽，官自輂運，以衙前主之。又禁商鹽私入蜀，置折博務於永興、鳳翔，聽人入錢若蜀貨易鹽，趨蜀中以售。已而東南末鹽，悉復禁榷云。

（元）陳桱《通鑑續編》卷六《更定磨勘百官法》　更定磨勘百官法。初太祖以舊制，文武常參官各以曹務閒劇爲月限，考滿即遷，非循名責實之道，乃罷之。而置審官院，考課中外職事。受代京朝官引對磨勘，非有勞績不得進秩。

（元）陳桱《通鑑續編》卷六《更定蔭子法》　更定蔭子法。太祖初定任子之法，臺省六品、諸司五品登朝，嘗歷兩任然後得請。太宗即位，諸州進奏者，授以試銜及三班職，尋特定選人七等，凡誕聖節及三年南郊皆聽奏一人，而特恩不預焉。由是奏薦之恩廣，至是范淹、富弼始裁損其制，凡選人遇部赴銓試，不試者，永不預選。且罷聖節奏蔭恩，自是任子之恩殺矣。

（元）陳桱《通鑑續編》卷七《更定科舉法》　更定科舉法。科舉進士明經諸科之外，又有特奏名別頭試之目。特奏名者，始于晉天福中，以士之貢于鄉而屢絀于禮部，或廷試所不録者，積前後舉數參其年，而差等之。遇親策士則別籍其名以奏，徑許赴試。至咸平三年，是科至九百餘人焉。別頭試者，士有親戚仕本州或爲發解官，及侍親遠宦距本州二千里，令轉運司類試，以十率之取三人以貢焉。宋之取才惟進士諸科，名卿鉅公皆由此選。帝自即位以來，尤嚮用之，登上第者，不數年輒赫然顯貴。范仲淹參知政事，意欲復古勸學，數言興學校，本行實，詔近臣議。宋祁等言教不本於學校，士不察於鄉里，則不能覈名實。有司束以聲病，學者專于記誦，則不足盡人材。參考衆説，擇其便于今者，莫若使士皆土著，而教之於學校。然後州縣察其履行，則學者修飭矣。乃詔州縣立學，士須在學三百日，乃聽預秋賦，舊嘗充賦者百日而止。試于州者，令相保任，有匿服、犯刑、虧行、冒名等禁。三場，先策，次論，次詩賦，通考爲去取，而罷帖經、墨義，士通經術願對大義者，數十道。

（元）陳桱《通鑑續編》卷七《罷科舉新法》　罷科舉新法。范仲淹既去執政，以新定科舉入學預試爲不便，且言詩賦聲病易考而策論汗漫難知，祖宗以來莫之有改，且得人嘗多矣。天子下其議，有司請如舊法。乃詔曰：科貢舊條皆先朝所定也，宜一切如故，前所更令，其悉罷之。

（元）陳桱《通鑑續編》卷八《更定科舉法》　更定科舉法，罷詩賦及明經諸科，專以經義論策試士。詔議科舉，或謂宜變法，便判官告院，蘇軾獨上議曰：得人之道在于知人，知人之法在于責實，使君相有知人之明，朝廷有責實之政，則胥吏皁隸未嘗無人。雖因今之法臣以爲有餘，使君相不知人，朝廷不責實，則公卿侍從常患無人，况學校貢舉乎？雖復古之制，臣以爲不足。夫時有可否，物有興廢，使三代聖人復生于今，其選舉亦必有道，何必由學乎？且慶歷固嘗立學矣，天下以太平可待，至于今惟空名僅存。今陛下必欲求德行道藝之士，責九年大成之業，則將變今之禮，易今之俗，又當發民力以治宫室，斂民財以養遊士，置學立師，而又時簡不帥教者屏之遠方，徒爲紛紛，其與慶歷之際何異？至于貢舉，或曰：鄉舉德行而略文章。或曰：專取策論而罷時賦。或欲舉唐故事采譽望而罷彌封，或欲變經生帖墨而考大義，此數者皆非也。夫欲興德行在于君，人者修身以格物，審好惡以表俗。若欲設科立名以取之，則是教天下相率而爲偽也。上以孝取人，則勇者割股，怯者廬墓。上以廉取人，則敝車羸馬惡衣菲食，凡可以中上意者，無所不至。自文章言之，則策論爲有用，詩賦爲無益；自政事言之，則詩賦論策均爲無用。然自祖宗以來莫之廢者，以爲設法取士不過如此也。矧自唐至今，以詩賦爲名臣者，不可勝數，何負於天下而必欲廢之？帝喜曰：吾固疑此，得軾議釋然矣。他日王安石言于帝曰：今人材乏少，且其學術不一，異論紛然，不能一道德故也。欲一道德則當修學校，欲修學校則貢舉法不可不變。若謂此科嘗多得人，自緣仕進，別無他路，其間不容無賢，若謂科法已善，則未也。今以少壯之時正當講求天下正理，乃閉門學作詩賦，及其入官世事皆所不習。此科法敗壞人材致不如古。既而中書、門下又言古之取士皆本學校，道德一于上，習俗成於下，其人材皆足以有爲於世。今追復古則患于無漸，宜先除去聲病偶對之文，使學者得專意經術，以俟朝廷興建學校，然後講求三代所以教育選舉之法，施之天下，則庶幾可以復古矣。於是改法，罷詩賦帖經墨義，士各占治《易》、《詩》、《書》、《周禮》、《禮記》一經，兼《論語》、《孟子》。每試四場初大經，次兼經大義凡十道，次論一首，次策三道禮部試即增二道，中書撰大義式頒行。試義者，須通經有文采乃爲中格，不但如明經墨義粗解章句而已。其殿試則專以策，限千字以上，分五等，第一等二等賜進士及第，第三等賜進士出身，第四等賜同進士出身，第五等賜同學究出身。

（元）陳桱《通鑑續編》卷九《罷保甲團教法》 罷保甲團教法。保甲法行於京畿及河北、河東、陝西三路，凡置會校都保三千二百六十六，正長壯丁六十九萬一千九百四十五人，歲省舊募兵錢百六十六萬一千四百八十三緡，而民間應調不勝其苦。先是司馬光言于太后曰：兵出民間，雖云古法，然古者八百家纔出甲士三人，步卒七十二人，閒民甚多三時務農一時講武，不妨稼穡。自兩司馬以上皆選賢士大夫爲之，無侵漁之患，故卒乘輯睦，動則有功。今籍鄉村之民二丁取一以爲保甲，授以弓弩教之戰陳，是農民半爲兵也。三四年來，又令三路置都教場，無問四時，每五日一教，特置使者比監司，專切提舉，州縣不得關預。每一丁教閱一丁供送，雖云五日，而保正長之泥堋除草爲名聚之，教場得賂則縱，否則留之，是三路耕耘、收穫、稼穡之事幾盡廢也。至是復力言其公私勞擾有害無益，遂詔罷之。

（元）陳桱《通鑑續編》卷一〇《罷免役錢復差役法》 三月，罷免役錢復差役法。自是役人悉用見數爲額，惟衙前用坊場河渡錢，顧募不足方許揭簿定差。惟該募者得募，餘悉定差仍罷官戶、寺觀、單丁女戶。范純仁謂司馬光曰：差役當熟講而緩行，不然滋爲民病，願虛心以延衆論，不必謀自己出，謀自己出則諂諛得乘間迎合矣。役議或難迴則可先行之一路，以觀其究竟。光不從，持之益堅。純仁曰：是使人不得言爾，若欲媚公以爲容悅，何如少年合安石以速富貴哉！光深謝之。

（元）陳桱《通鑑續編》卷一〇《詔復常平舊法罷青苗錢》 八月，詔復常平舊法罷青苗錢。司馬光以疾在告，范純仁以國用不足，請再立常平錢穀給斂出息之法，限正月，以散及一半爲額。民間絲麥豐熟，隨夏稅先納所輸之半，願伴納者，止出息一分。臺諫劉摯、上官均、王覿、蘇轍交章極論其非。光謂：先朝散青苗本爲利民，並取情願。後提舉官速要見功，務求多散，今禁抑配則無害也。中書舍人蘇軾不書錄，黃奏曰：熙寧之法未嘗不禁抑配，而其爲害也至此，民家量入爲出，雖貧亦足。若令分外得錢則費用自廣。今若許人情願，則未免設法罔民，使快一時非理之用，而不慮後日催納之患，非良法也。會臺諫王巖叟、朱光庭、王覿等交章乞罷青苗，光大悟，力疾請對，太后從之。詔常平錢穀，止令州縣依舊法趂時糴糶，青苗錢更不支俵，除舊欠二分之息，元支本錢驗見欠多少分料次隨二稅輸納。

（元）陳桱《通鑑續編》卷一〇《復熙寧免役法》 復熙寧免役法。三省言役法尚未就緒，乞早裁定之。右司諫朱紱言：輸錢免役有過數多斂者，用錢雇役有立直太重者，役色之内又有優便而願自投募不必給雇者，請詳爲裁省。中書言：自行差役法十年，民間苦于差擾，前後議者紛紜，變更不一未有底止。章惇請復行免役法，詔置司講議，久而不決。戶部尚書蔡京請取熙寧成法施行之爾，何以講爲？惇然之，雇役遂定。差雇兩役，司馬光、章惇所見不同，蔡京再莅其事於反掌。兩人相倚以濟譏者，有以見其姦。

（元）陳桱《通鑑續編》卷一一《更鹽鈔法》 更鹽鈔法。初陝西芻糧不足募，商人入中，雖有數倍之息，而苦於回貨。於是官爲積鹽於解池，積錢於在京榷貨務，積鹽鈔于陝西沿邊州郡。商人以物解至邊入中，即請鹽鈔以歸，徑請鹽於解池。故商人無滯而邊備不乏。蔡京欲囊括四方之錢，實中都以誇富強，而固恩寵，乃更其法。俾商人先輸錢於榷貨務，請鈔赴産鹽州郡授鹽，而舊鈔悉不用，商人凡三輸錢始獲一直之貨，因無貲更鈔已輸錢悉乾没。於是有齎數十萬券一旦廢棄者，朝爲豪商，夕儕流丐，有赴水投繯而死者。商賈不通，邊儲失備矣。提點淮東刑獄章綍見而哀之，奏改法誤民，京怒奪綍官。

（元）陳桱《通鑑續編》卷一一《校罷科舉法》 校罷科舉法。時雖設辟雍太學以待士之升貢者，然州縣猶以科舉貢士，蔡京以爲言。遂詔天下取士，悉由學校升貢，其州郡發解，凡試禮部法並罷，而每歲試上舍生，則差知舉如禮部法云。

（元）陳桱《通鑑續編》卷一二《罷天下學校三舍法》 罷天下學校三舍法。及宗學辟雍諸路提舉學事官。

（清）徐乾學《資治通鑑後編》卷三三《宋紀三三》 癸丑，左諫議大夫孫奭言：茶法屢改，非示信之道，望遣官重定經久之制。即詔奭與三司詳定，務從寬簡。

（清）徐乾學《資治通鑑後編》卷七八《宋紀七八》 戊申，知通進銀臺司范鎮罷。故事，門下封駁制旨，省審章奏，糾擿違滯，皆著所授敕，後乃刋去。鎮始請復之，使知所守。韓琦極論新法之害，送條例司疏駁。李常乞罷青苗錢，詔令分析，鎮皆封還，詔五下，鎮執如初。司馬光辭樞密副使，帝許之。鎮封還詔書，曰：臣所陳大抵與光相類，而光追還新命，則臣亦合加罪責。帝令再送鎮行下。鎮又封還，曰：陛下自除光爲樞密副使，大夫交口相慶，稱爲得人，至於坊市細民莫不歡慶。今一旦追還誥敕，非惟詔命反汗，實恐沮光讜論忠計。帝不聽，以詔書直付光，不復由銀臺司。鎮言：臣不才，使陛下廢法，有司失職，遂乞解銀臺司，許之。

又：帝曰：朕亦疑之。青苗法行，議者謂《周官·泉府》民之貸者，至輸二十而五，國事之財用取具焉。覺條奏其妄曰：成周賒貸特以備民之緩急，不可徒與也，故以國服爲之息。説者不明鄭康成釋經，乃引王莽計贏受息無過歲什一爲據，不應周公取息重於莽時。況載師任地漆林之征特重，所以抑末作也。今以農民乏絶，將補耕助斂，顧比末作而征之可乎？國事取其盖謂泉府所領，若市之不售，貨之滯於民用，有買有予，并賒貸之法而舉之。儻專取具於泉府，則冢宰九賦將安用邪？聖世宜講求先王之法，不當取疑文虚説以圖治。

（清）徐乾學《資治通鑑後編》卷八八《宋紀八八》 八月辛卯，詔復常平舊法，罷青苗錢。初，范純仁以國用不足，請再立常平錢穀斂散出息之法，朝廷用其言。司馬光方以疾在，告不與也。已而，臺諫其言，其非皆不報。光尋具劄子言：先朝散青苗本爲利民，並取情願。後提舉官速要見功，務求多散，今禁抑配則無害也。蘇軾奏曰：熙寧之法，未嘗不禁抑配，而其爲害也至此。民家量入爲出，雖貧亦足，若令分外得錢則費用自廣，今許人情願，是爲設法罔民，使快一時非理之用，而不慮後日催納之患，非良法也。會王巖叟、朱光庭、王覿等交章乞罷青苗，光始大悟，力疾入朝於簾前奏曰：是何姦邪勸陛下復行此事？純仁失色却立不敢言。太皇太后從之，即詔常平依舊法，青苗錢更不支俵，除舊欠二分之息，元支本錢驗見欠多少分料次隨二税輸納。

（清）徐乾學《資治通鑑後編》卷八九《宋紀八九》 冬十月，御史翟思等言：清心莫如省事，省事莫如省官，今天下之事，其煩簡多寡，盖無以異於官制以前。然昔以一官治之者，今析之爲四五；昔以一吏主之者，今增而爲六七，願期朝廷參考古制以救今獘。

又：昔嘉祐以前，鄉差衙前，民間常有破産之患。熙寧以後，出賣坊場以雇衙前，民間不復知有衙前之苦。及元祐之初，務於由舊，一例復差。官收坊場之錢，民出衙前之費，四方驚顧，衆議沸騰。尋知不可，旋又復雇。去年之秋，又復差法。且熙寧雇役，三等人戶並出役錢，上戶以家產高強，出錢無藝，下戶昔不充役，亦遣出錢。故此二等人戶不免咨怨。至於中等昔既已自差役，今又出錢不多，雇法之行最爲其便。罷行雇法，上下二等欣躍可知，唯是中等則反爲害。如畿縣中等之家，例出役錢三貫，若經十年，爲錢三十貫而已。今差役既行，諸役手力，最爲輕役，農民在官，日使百錢，最爲輕費。然一歲之用已爲三十六貫，二年役滿爲費七十餘貫。罷役而歸，寬鄉得閒三年，狹鄉不及一歲。以此較之，則差役五年之費，倍於雇役十年。賦役所出多在中等。故天下皆思雇而厭差。如此二事，則臣所謂宜因獘修法，爲安民靖國之術者也。四事不去，如臣等輩猶知其非，而況於心懷異同，志在反覆，幸國之失有以藉口者乎？臣恐彼已默識於心多造謗議，待時而發以摇撼衆聽矣。伏乞宣諭宰執事有失當，改之勿疑，法或未完，修之無倦，苟民心既得，則異議自消。陛下端拱以享承平，大臣逡巡以安富貴，海内蒙福，上下攸同，豈不休哉？時大臣恥過，終莫肯改。

（清）徐乾學《資治通鑑後編》卷九二《宋紀九二》 癸亥，賜禮部奏名進士，諸科及第出身共六百九人。是日，未啓封，讀程文至第四人，纔讀數百字，曾布、蔡卞俱云：文字顯不如第三，恐不須讀。啓封，乃章惇之子持也。至第五人，上宣諭曰：對策言先朝法度當損益，恐無可降之理。使先帝在位至今，亦當隨宜損益。承旨蔡京進曰：先帝則當損益，陛下方紹述先志不當損益。布曰：恐無此理。帝顧卞曰：如何？卞曰：不知欲何如損益？京曰：但言事當損益者不可不損益。布曰：如此乃是。卞亦默然。帝曰：更不須降，然卒降爲第七，及啓封，則李元膺，乃察之子也。後五日布同林希言前侍集英放進士，因言及損益先朝法度事，未敢極陳，時變有所不同，人情有所不便，豈得不損益？如此則是膠柱而鼓瑟也。況即今行保甲，如先朝團教事皆未敢行，三省行八路差官法，累經修改終未如舊法，凡此之類，豈非損益？乃所以守先帝之法。帝曰：但不失大意可矣。布曰：德音如此，臣復何言？然今日在朝之人設此網罟以爲中傷，羅織之術凡有人，言及政事所未安，便以爲非，毀先朝因此斥逐者不一，願陛下更加審察。希亦言：法度無不損益之理，所陳略如布指。帝頗欣納。布又言第二人方天若程文中言：元祐大臣當一切誅殺，子弟當禁錮，資産當籍沒，此姦人附會之言，不足取。帝曰：只是敢言。布曰：此有所憑恃，非敢言也，天若乃蔡京門客，故爲此言。人臣欺罔莫大於此。帝頷之。天若，興化人也。

（清）徐乾學《資治通鑑後編》卷九六《宋紀九六》　辛卯，蔡京等言：自開阡陌，使民得以田私相貿易，富者恃其有餘厚，立價以規利，貧者迫於不足薄，移稅以速售。富者莫非膏腴而賦調反輕，貧者所存瘠薄而賦調反重，因循至今，其弊愈甚。熙寧初，神宗灼見此弊，遂詔有司講究方田利害，作法而推行之。葢以土色肥磽別田之美惡，定賦之多寡，方爲之帳，而步畝高下丈尺不可隱；戶給之帖，而賦調升合尺寸無所遺；以賣買，則民不能容其巧；以推收，則吏無所措其姦。邦財自此豐，民賦自此省。五路州縣有經方田者至今公私以爲利，遭元祐紛更，美意良法未遍於天下。今檢會熙寧方田敕，推廣神考法意，刪去重複，取其應行者爲崇寧方田敕令格式，乞付三省頒降施行。從之。

又：五月丁酉，左正言詹丕遠進對論當十錢，帝曰：當十竝行本以便民，今反爲民害如此，非卿有陳，朕不知也。便欲改作當三，恐遠方客人有積貨鉅萬以上者驟鐫之不無怨否。丕遠曰：聖慮哀矜，恥一夫不獲欲，且改從當五亦可。帝慨然曰：王安石佐神宗理財，未嘗行當十，在廷非之者猶謂以利不以義。丕遠曰：安石秉政多年，尚不及茶鹽榷取。蔡京引用匪人，貽害無窮，豈可比安石？帝曰：與其有聚斂之臣寧有盗臣。事君以利，只此可見也。

（宋）李心傳《建炎以來繫年要録》卷二八《建炎三年己酉九月丙午朔之十月癸卯》　〔十月〕辛丑，張浚承制以朝請郎同主管川陝茶馬鹽牧公事趙開兼宣撫司隨軍轉使，專一總領四川財賦，開言：蜀民已困，惟榷索尚有盈餘，而貪猾認以爲己私。惟不恤怨詈，斷而行之，庶救一時之急。浚以爲然，於是大變酒法。自成都始，先罷公帑賣供結酒，即舊撲買坊場所置隔槽。聽民以米赴官自釀，每一斛輸錢三千，頭子錢二十二，多寡不限數。明年，遂徧四路行其法，夔路舊無酒禁，開始榷之。舊四川酒課歲爲錢一百四十萬緡，自是遞增至六百九十餘萬緡。

（宋）李心傳《建炎以來繫年要録》卷八〇《紹興四年甲寅九月丁未朔之甲戌》　戊申，吏部侍郎兼直學士院孫近兼侍講，近言：祖宗之法，無私如天地，難犯如江河，皎如日月之明，著在令甲，垂裕萬世。雖元豐之後，建三省，分六曹，更新庶事。而銓選科舉、刑罰廩禄之制，亦多循襲祖宗之舊。比年以來，風俗習僥倖，有求者志於苟得，有罪者期於幸免，而爲人變法者多矣。伏望聖慈，執祖宗之制堅如金石，行祖宗之令信如四時。啓僥倖之門，而輕議變祖宗之法者，一切裁抑，以天下之公，詔劄與六部。

（宋）李心傳《建炎以來繫年要録》卷一二二《紹興八年戊午九月甲申朔之十月壬午》　戊申，宰執言：自時多艱，朝廷思屬羣策，以齊庶務，緣此法度多有改易。上因曰：經久之制，不可輕議，古者利不百不變法，卿等宜以蕭規曹隨爲心，何憂不治？

（宋）李心傳《建炎以來朝野雜記甲集》卷五《朝事一・修政局》

自王荊公秉政，始創制置三司條例司，以行新法。其後蔡儋州當國，踵其故置講議司。儋州罷，張文忠代之，乃置政典局，不隸三省。靖康初，徐擇之、吴元中共政，又置詳議司，俄以人言罷。紹興二年，呂元直、秦會之同相，元直督軍於外，會之欲奪其柄，乃置修政局自領之。詔職事官及守令以上，言省費、裕國、強兵、息民之策。以戶部侍郎黄叔敖爲參詳官，置局如講議司故事。曾諫議統時爲尚書郎，謂會之曰：宰相事無不統，何以局爲？會之不聽。數月，會之罷。是日，彗星出，議者以爲修政局所講多刻薄之事，失人心，致天變。後五日，遂罷修政局焉。

（宋）李心傳《建炎以來朝野雜記甲集》卷五《朝事一・孝宗冗官》

孝宗初受禪，以官冗恩濫，議革之。欲定制百官已任子者，遇郊恩，權免奏薦。開賢良科，令中外普薦，而權罷特奏名。隆興二年秋，詔右諫議大夫王之望、右正言尹穡、殿中侍御史晁公武參酌來上。之望言：陛下即位未久，恩澤未徧，此二事關於士大夫者甚衆，願少寬之。不已，則宜立奏薦限員，踰數者許回授。罷門客、親戚漕司之試，止移鄰州。如是則省額可減百十人，此救弊之策也。疏奏，亦不果行。至淳熙中，始定奏薦員限云。

（清）嵇璜等《續通典》卷七《食貨・鄉黨版籍》　至神宗熙寧時，王安石爲相，又設保甲之法，籍鄉村之民，十家爲保。保丁皆授其弓弩，教之戰陣，參知政事。

（宋）呂中《宋大事記講義》卷一八《哲宗皇帝・小人廢復法例》

元祐元年，置理訴使熙寧得罪者自言，此固所以通下情、伸冤枉也。然熙寧以來，所以得罪者不過言新法不便之人爾，朝廷以詔一伸雪可也，何必置理訴所哉？置其自理訴所而元符間又有詳理訴局，得罪凡八百人，國家前日之屈固所以爲今日之伸，孰知今日之伸反所以爲異日之屈者哉？

《遼史》卷六二《刑法志下》〔清寧〕六年，帝以契丹、漢人風俗不同，國法不可異施，於是命惕隱蘇、樞密使乙辛等更定《條制》。凡合于《律》《令》者，具載之；其不合者，別存之。時校定官卽重熙舊制，更竊盜贓二十五貫處死一條，增至五十貫處死；又刪其重複者二條，爲五百四十五條；取《律》一百七十三條，又創增七十一條，凡七百八十九條，增重編者至千餘條。皆分類列。以大康間所定，復以《律》及《條例》參校，續增三十六條。其後因事續校，至大安三年止，又增六十七條。條約既繁，典者不能徧習，愚民莫知所避，犯法者衆，吏得因緣爲姦。故五年詔曰：法者所以示民信，而致國治。簡易如天地，不忒如四時，使民可避而不可犯。比命有司纂修刑法，然不能明體朕意，多作條目，以罔民于罪，朕甚不服。自今復用舊法，餘悉除之。

《金史》卷七《世宗紀中》〔大定十九年三月〕乙丑，尚書省奏，虧課院務官顔葵等六十八人，各合削官一階。上曰：以承廕人主榷沽，此遼法也。法弊則當更張。唐、宋法有可行者則行之。己巳，上與宰臣論史事，且曰：朕觀前史多溢美。大抵史書載事貴實，不必浮辭諂諛也。

《金史》卷九九《李革傳》〔貞祐〕四年，拜參知政事。革奏：有司各以情見引用斷例，牽合附會，實啓倖門。乞凡斷例勑條特旨奏斷不爲永格者，不許引用，皆以律爲正。詔從之。

《金史》卷一〇七《張行信傳》時監察御史多被的決，行信乃上言曰：大定間，監察坐罪大抵收贖，或至奪俸，重則外降而已，間有的決者皆有爲而然。當時執政程輝已嘗面論其非是，又有勑旨，監察職主彈劾，而或看循者，非謂凡失察皆然也。近日無問事之大小、情之輕重，一概的決，以爲大定故實、先朝明訓，過矣。於是詔尚書省更定監察罪名制。

《金史》卷一〇八《胥鼎傳》〔興定三年〕二月，上言：近制，軍前立功犯罪之人，行省、行院、帥府不得輒行誅賞。夫賞由中出則恩有所歸，茲固至當。至于部分犯罪，主將不得施行，則下無所畏而令莫得行矣。宰臣難之，上以問樞密院官，對如鼎言，乃下詔，自今四品以下皆得裁決。

（明）陳邦瞻《元史紀事本末》卷一一《律令之定》世祖至元二十八年夏五月，頒行《至元新格》。元初未有法守，百司斷理獄訟，循用金律，頗傷嚴刻。右丞何榮祖，家世業吏，習於律令，乃以公規、治民、禦盜、理財等十事輯爲一書，名曰《至元新格》，上之。帝命刻板頒行，使百司遵守。

又：英宗至治三年二月，命完顔納丹、曹伯啓等纂集累朝格例而損益之，凡爲條二千五百三十有九，名曰《大元通制》，頒行天下。其書之大綱有三：一曰詔制，二曰條格，三曰斷例。凡詔制爲條九十有四，條格爲條一千一百五十有一，斷例爲條七百十有七。其五刑之目，凡七下至五十七，謂之笞刑；凡六十七至一百七，謂之杖刑；其徒法，年數杖數相附麗爲加減，鹽徒盜賊既決而又鐐之；流則南人遷於遼陽迤北之地，北人遷於南方湖廣之鄉；死刑則有斬而無絞，惡逆之極者又有凌遲處死之法焉。

《元典章》卷一《詔令・成宗欽明廣孝皇帝・大德改元詔》仰遵成憲，庶格和平。【略】宜推一視之仁，誕布更新之政，可改元貞三年爲大德元年。所有詔條開列於後。於戲，側躬修行咸攄奉若之誠，革故從新，聿底雍熙之治。

《元典章》卷一《詔令・成宗欽明廣孝皇帝・立皇太子詔》朕恪遵祖宗成憲，【略】冊禮其如常制，屬茲盛舉，宜布新恩。

《元典章》卷一《詔令・武宗統天繼聖欽文英武章孝皇帝・至大改元詔》遵承遺訓，恪慕洪規，【略】布惟新之令，式孚永固之休，畫一事宜開頒於後。

《明太祖實録》卷一一〇《洪武九年冬十月》辛酉，上覽《大明律》，謂中書左丞相胡惟庸、御史大夫汪廣洋等曰：古者風俗厚而禁網疎，後世人心漓而刑法密。是以聖王貴寬而不貴急，務簡而不務煩，國家立法貴得中道，然後可以服人心而傳後世。昔蕭何作《漢律》九章，甚爲簡便，後張湯猶得以私意亂之。况未盡善，其能久無弊乎？今觀律條猶有議擬未當者，卿等可詳議更定，務合中正，仍具存革者以聞。於是惟庸、廣洋等復詳加考訂釐正者，凡十有三條，餘如故，凡四百四十六條。

《明英宗實録》卷二四四《景泰五年八月》 〔乙酉〕太子少師兼吏部左侍郎翰林院學士江淵奏：臣前奉命出巡，見各處事務多有利當興弊當革者，但爲利所牽制，一時不能興革，必蒙聖斷方可施行，謹具以聞。一、淮安常盈倉、徐州廣運倉俱在城外。去歲流民就彼趂食者衆，設有盜刼，將何處置？別有警急，豈能固守？乞令放回二處輪班操軍，於淮安築一小城以護常盈倉，徐州於城東包砌一周以護廣運倉爲便。一、軍衛本爲守護地方而設，今直隸、天津、德州并鳳陽等衛官軍俱輪班京師操練，其來操之人多挾私妄報，管事官爲在閑亦取赴操，是以各處軍衛空虚。乞選其年五十以上者，放回原衛管事，精壯者留操。今後並不許報取管事官，庶内外武備俱不乏人。一、近例放班官軍在逃，罪其本管并原衛當該官吏，此誠肅兵政之良法。然其間有因赴操日久盤費艱難，故違例逃避，以致原管事官并逮問罪，經年不得還職。今後此等逃軍，宜止罪本犯，并其管官旗原衛官聽取招，如有三犯然後問罪，庶罰不濫及。河南、山東并直隸府州縣選擇民壯多寡不同，貧富不一，其間有飢寒逼迫靠損艱難者，乞於數多之處，令巡按御史選其精壯存操，餘放寧家，毋再補。一、在外各衛官軍因乏倉儲，多有今年不支月粮者，餘丁有一家四人操者不得生，得不相顧瞻。乞勑該部將各衛操備餘丁從公勘實，惟一家四五丁者留操一丁，餘並疎放。官軍俸粮宜令所司設法措置，務在支給以時，俾得贍養，命所部議行。禮科等科給事中陳嘉猷等奏，比聞戶部將南北二京塌房、店舍、菜園、菓株及街市各色大小鋪行定立則例，按月輪鈔，而軍民人等畏懼，納鈔艱難。有將鋪面關閉不敢買賣者，有將園圃瓜蔬扳棄而平爲空地者，有將菓樹砍伐而減少株數者。原其所以，盖由開鋪面者已納門攤鈔貫，種園圃者亦有夏税差徭，况其間或借人資本以貿易，或賃人房舍以開張，或因計利多寡而開閉之不常，或因天時雨旱而栽種之弗遂。今若通行編册，按月輪鈔，則嗟怨載途，民實不堪。臣等思得通鈔法者，固經國之當務，順民情者尤保邦之當先，使徒利於國而不順於民，則所得者小，所失大矣。雖曰利國，實無益於國；雖曰便民，實有擾於民矣。迩年以來，澇旱灾傷將遍天下，流移餓殍充塞道塗。去冬今春，冬處雨雪過期，江浙直隸，今大水爲患，矧南京連火被灾，民皆蕩産而重困未甦。北京連旬霪雨，物皆踴貴而民食不給。南北二京，實國家根本重地，其間軍民人等，多非祖業故居，北之地處，尤宜加恤，豈可當此民窮歲歉之時，遽然興此重科，擾科民之政？縱使鈔法疏通，而民已疲弊不能聊生矣，此臣等之所未喻也。臣等以爲欲足用不在乎此，惟在皇上戒飭羣臣，務修節儉，省無益之費，節無功之賞，汰冗官之虚糜廪禄，簡冗兵之虚費粮餉，罷不急之務，禁遊食之民，則財賦自充，國用可足。奚必如此煩擾，而後有益於國乎。伏望皇上上監天變，下憫民窮，將各色應納鈔貫暫且停止，俟豐稔之年然後舉行。若有慮鈔法不行，乞勑該部出榜，曉諭軍民人等，務令鈔與銅錢相兼行使，違者治以重罪不恕，如此則國用不虧，下民不擾，誠爲便便。詔曰：鈔法通本以便民，今既有納門攤房鈔，其菜菓園及小鋪，行暫免，俟豐稔時定奪。

《明憲宗實録》卷一《天順八年正月》 乙亥，上即皇帝位。是日早遣太保會昌侯孫繼宗告天地，廣寧侯劉安告太廟，懷寧侯孫鏜告社稷，上親告孝恭章皇后几筵，大行皇帝几筵，謁見母后畢。出御奉天殿即位，命文武百官免賀免宣表，止行五拜三叩頭禮，遂頒詔大赦天下。詔曰：洪惟我祖宗，誕膺天命，肇開帝業。爲生民主幾百年矣，聖聖相承，志勤于治，武功文德紹休前聞。暨我皇考皇帝恢宏政治二紀于兹，厚澤深仁存以衍皇明萬世無疆之祚。不幸奄兹遐棄，遺命神器付予眇躬，顧哀疚之方殷，奚遽忍于繼承，而親王文武羣臣及軍民耆老累表勸進，誠切意坠，朕不得已仰遵遺命，俯徇輿情，扵正月二十二日祇告天地、宗廟、社稷，即皇帝位。自惟凉薄，勉懷永圖嘉典中外親賢，率循立道，惟敬是持，惟誠是立，惟仁義是行，惟古訓成憲是式。庶臻于治，康我兆民。其以明年爲成化元年，大赦天下，與民更始，所有合行事宜條列於後。一、自天順八年正月二十二日昧爽以前，官吏軍民人等有犯除謀反、叛逆、子孫謀殺祖父母父母，妻妾殺夫，奴婢殺主，謀故殺人，蠱毒，魘魅，毒藥殺人，強盜不赦外，其餘已發覺未發覺，已結正未結正，罪無大小，咸赦除之，敢有以赦前事相告言者，以其罪罪之。一、自天順五年七月初二日以後，文武官吏、監生、軍民人等有爲事問發運磚、運灰、運炭、納米、做工、擺站、煎塩炒鐵、發充軍伴儀從膳夫等項。悉還職後寧家。文職官吏有贓者，發回原籍爲民，其犯贓罪見問未結、照提未到、并未發覺者，悉從宥免，俾圖自新，所司毋得追究，違者罪之。一、天順元年正月以後至天順八年正月二十二日以前，軍官總小旗將軍力士校尉舍餘人等有爲事發遣各處充軍爲民，立功哨瞭，除謀反、叛逆黨類、强窃盗人命外，其餘悉還職役。文職官吏監生承差犯罪發各處充軍者，放回原籍爲民。天順五年七月初二日以後在京文職非犯貪淫，斷發降調及充軍爲民者，悉送吏部選用。一、内外法司囚犯見追贓物未完者，悉免追陪。有因人命未明，彊盗追無贓，伏年久不得歸結者，具實奏聞區處。一、廣東、廣西、湖廣、四川、江西、浙江、福建、雲南、貴州等處賊寇生發，多因官司採買物件守令不得其人，以致饑寒迫身不得已，而嘯聚爲盗，情犯雖重，詔書到日，有能悔過自散者，悉宥其罪，聽從復業本分生理，所司加意優恤，勿究前非，戶下拖欠税粮等項，悉皆蠲免，仍免襍泛差役三年。一、天順六年十二月以前，各處軍民人等拖欠税粮子粒、草束、農桑、人丁、絲絹、門攤商税戶口食鹽米鈔、諸色課程，鹽課、魚課差發金銀、馬匹等項，除已徵在官者仍送原定衙門交納。中間有被水火盗賊，所在官司告有堪信文憑到部者，悉與除豁，未徵之數俱各蠲免。其成化元年税粮以十分爲率俱免三分。一、天順七年各處奏報水旱災傷，曾經巡撫巡按官員踏勘明白具奏者，悉與除豁。一、自天順七年十二月終以前各處歲造織造紵絲、鈔羅、綾紬，曾經起觧該庫驗退追陪者，並節次原派浙江等布政司、直隸、蘇、松等府織造改織紵絲、紗羅等項，及内織染局節次坐派織造上用、供用、賞賜用紵絲、紗羅、綾絹、絲線、經緯等件，已完者，照數起觧；見織未完者，織完觧京；已徵絲料者，准作歲造之數；未徵者，悉皆蠲免。差去内官人等，詔書到日，即便回京，違者罪之。一、自天順七年十二月終以前各處歲辦野味皮翎、觔角、課鐵、生漆、翠毛、銅絲、鉄線、梔子、槐花、烏梅、藍靛、蒲草、蓆草、蘆柴、松香、榜紙書籍等紙貓竹蘆木并魚油翎鰾、皮張、折納銅、鉄、油、漆、黄白蔴及派辦杉、松、榆、槐木、杉木板、枋車料、貓笙竹水長節、苦竹轎篾、箬葉、棕毛、白圓藤、芒苗箬篛、櫱蔴、連包、荆條、葛楷、馬躪根、雜草、白真黄、牛皮、水牛底皮、白硝、麂鹿、山羊皮、白徊驢皮、前截白綿羊毛、生添鐵線、土硝、缸砷、土紅、土碱、土磁，末參、穗稻、皮毛纓銀、硃青碌顔料、黄白蠟、金箔、油椿木等項，除成造車器，供應器皿，漕連船料，并預備賞賜皮張羊毛外，其餘已徵在官者，仍令起觧，未徵者，悉皆蠲免。其已觧梨木板片，棟退不堪者所司收貯别用，及拖欠、納欠、追陪、補償各項料物盡行宥免。不許内外衙門朦朧奏請，再行追徵，敢有將已徵捏作未徵者，治以重罪。一、内外各衙門遞年坐派柴炭數多，軍民採運艱難宜從樽節，以十分爲率量減五分。天順七年十二月以前拖欠未完者，盡行蠲免。其惜薪司擡柴人夫存留二千名，其餘放免。易州等厰採運人夫量減三千名，以蘇民困。一、住坐軍民人匠光因在逃，有墩鎖上工及充軍事例。今後提解至日，止照常例發落，並免墩鎖充軍，其見在應役有年六十以上，並未及六十而篤廢殘疾不堪工作者，所司驗實放回。輪班人匠，自天順七年十二月終以前，失班者悉皆寬免，及有一戶應當住坐又関勘合輪班，若有原領勘合二三名以上者，止令一名輪班，其餘悉與優免。正統年間以後，有挾讎妄報并一戶分作二三戶以上輪班當匠，有司曾經勘明者，止當一匠，餘皆除豁，勘合繳部。一、各處衛所季造軍器，自天順七年十二月終以前拖欠未完者，悉免。補造其關過有司并各衛所自備物料，見數明白准作，天順八年以後之數不許指此因而侵欺，敢有故違者，治以重罪。一、南京内府各監局司庫成造一應物件及工部成造馬槽馬椿等項，詔書至日悉皆停止，以後缺用在京該衙門成造。兩京成造光禄寺器皿及餧養牲口槽、鏇鍋桶磨盤等件，自天順五年以前拖欠未完者，悉與蠲免。一、江西饒州府、浙江處州府見差内官在彼燒造磁器，詔書到日除已燒完者照數起解，未完者悉皆停止。差委官員即便回京，違者罪之。一、在京外軍民騎操孳牧原養馬匹、種馬、馬駒，自天順八年正月二十二日以前，一應倒死、虧欠、走失被盗等項悉皆免追。一、南京馬快船隻赴京公幹，除例該聽候半年外，其餘有裝運物料前來到京者，許令總小甲將原領勘合批文赴部役收，俟有内外差使官員奏，開合用船隻數目，該部方許依數差撥，以遵舊制。一、浙江、江西、福建、陝西臨清鎮守内外官員，詔書到日即便回京。其各邊鎮守内官，正統年間原有者照舊鎮守，原無者即便回京，不許稽延。一、差去下番内外官員人等，詔書到日，即便回京，原賫錢粮交與鎮守等官收貯。隨後差人送來。一、各處内外官員人等，今後不許進貢馬匹，花木、鳥獸、水陸品味及本處所産物件，庶免擾人，違者罪之。一、差去各處採辦物件頭畜及輯訪事情等項内外官員、旗校人等，詔書到日，即便回京，敢有延遲者，治罪不饒。一、各邊官軍今後凡殺敗賊寇所獲馬匹、頭畜、財物、器用等項，聽自收用，不必入官，總兵等官不許侵取分用。備禦軍士有陣亡病故者，所司棺斂送還本土。一、今後軍民詞訟除謀逆外，其餘不問輕重情詞悉自下而上陳告，如有驀越赴京者，法司即治以罪，仍將所告情詞發回本處問理，不許輒便擬奏，差官出外提解，攪擾軍民，違者罪之。一、問刑衙門有抄提在官人口犯該反叛應連坐未給配安置者，開奏定奪，其有律不該載者，悉皆放免，原没官房屋田産給還住種，照舊納粮當差。一、吏典記名放回原籍，聽取中間，有老疾寫字艱拙，不堪役用，所在有司正官從公揀選就發爲民當差。堪用者，聽候取用。一、丁憂起復給由給假等項官吏人等除例限外有違限一月之上，雖無文憑亦免問罪。其官員有在原籍年老篤疾路遠不堪起送者，聽合干上司明白具奏，准令就彼冠帶，照見行事例致仕閒住。一、在京富戶及府軍前衛幼軍，今後如有事故不必僉補，各處原起民壯民快除有賊去處暫留外，其餘盡行放免歸農。一、内外文武官員旗士人等有住支禄米俸粮者，詔書到日照舊開支。一、各處軍民飢荒闕過賑濟倉粮，悉免還官，今後如有荒歉去處軍民缺食，有司不必申請即便賑濟。一、各處民間納粮田土，水衝沙壅不堪耕種，曾經奏告者，所在官司勘實，悉與分豁。一、四夷進貢馬匹悉照例就於各邊衛分撥軍騎操，不必解京。一、醫士、廚役、樂工人等果有年老不堪應役無丁替者，悉放爲民，有司另行僉補。其起取樂工原係良人者仍發原籍從良當差。一、各處清理起觧逃故等項軍觧，有違限一年之上，軍發邊衛，觧人發附近衛分充軍者，及有因違限在逃昔項事發未露者，悉與宥免。軍還原衛看役觧人寧家當差。一、逃軍、逃囚、逃匠人等詔書到日爲始，限三箇月以裏，許於所在官司首告，與免奪罪，軍還原伍，民放寧家，匠仍當匠。一、凡問囚犯今後一依《大明律》科斷，照例運磚做工納米等項發落，所有條例並宜革去，及不許深文妄引，參語濫及無辜，其有奉旨推問者，必須經由大理寺審録，毋得徑自叅奏，致有枉人。文職犯贓者，原籍爲民；枉法滿貫者，照舊充軍。軍職侵欺枉法滿貫者，不許管軍，管事，帶俸差操。一、山東、浙江、福建、廣東所屬沿海衛所並且隸金山等衛所備倭旗軍月粮減支六斗者，詔書到日爲始，每月加支米二斗，候有粮之日全與關夫。一、天順元年，有因姦黨充軍者放回原籍爲民，其正犯典刑家屬充軍者亦皆放免，房屋田地入官者給送住種，其因連累復職調衛者，仍還原衛。一、天下軍民近年以來貧困已甚，各處一應造作，除修理城垣、倉廒、運河所司指實具奏定奪外，餘内外衙門並殿宇、寺觀、塔廟、房屋墻垣等項造作一應不急之務，悉皆停罷，與民休息。各衙門不許擅自移文興工，在外軍衛有司非奉朝廷明文，一毫不許擅科，一夫不許擅役。違者重罪不饒。一、求才宜廣，天下官員中有才能出衆屈在下僚者，許六部都察院堂上官舉保。民間有經明行修隱於山林者，許府州縣正官薦舉，俱聽吏部量材擢用。一、學官有由舉人署職九年考滿該陞，年四十以下，有願會試者，聽。一、各處帝王陵寢及名臣賢士墳墓，有被人野發者，所在有司即時修理如舊。令附近人民一丁看護免其差役，其餘墳墓但有露棺暴骨者，悉與掩埋。一、凡民間年七十以上，免一丁差役，有司每歲給與酒十瓶，肉十斤；八十以上者加與綿二斤，布二匹；九十以上者給與冠帶，每歲設宴待一次；百歲以上者給與板木。鰥寡孤獨無所依倚者有司量加存恤。一、孝子、順孫、義夫、節婦，有司即便開具實跡奏聞旌表，以勵風俗，該部不許展轉參駁。一、給事中御史職當言路，今後凡朝廷政事得失，天下軍民利病，許直言無隱，文武官員有貪暴姦邪者，務要指陳实跡科劾，在外從巡按御史按察司科劾。一、以上諸條寬恤恩典，詔書到日，有司即便奉行，如有延緩者，以違制論。許巡按御史察究問罪於戲體元居正，宜宏經世之規，發政施仁，用錫普天之澤，尚賴宗室親王、文武賢臣協德一心，恭勤乃事，以弼予于至治。詔告中外，咸使聞知。

《明神宗實録》卷二四《萬曆二年四月》 甲寅，禮部覆禮科給事中林景暘疏言：《大明會典》一書，即唐、宋《六典》《會要》之遺意，以昭一代之章程，垂萬年之法守，至情且當。顧其爲書，成于弘治之末，至今代更四聖，歲踰六紀，典章法度不無損益異同，其條貫散見于簡册卷牘之間。凡百有司，艱于考據，讀所援附，鮮有定畫，以致議論繁滋，法令數易，吏不知所守，民不知所從，甚非。所以定國是而一人心也。但今兩朝《實録》已漸次告成，而披閲較正日不暇給，若復纂修《會典》未免顧此失彼，勢難並行，合候《實録》進呈日，將《會典》專一纂修，自嘉靖二十八年至隆慶六年詳加編摩，附于嘉靖年間續修《會典》之後，彙輯成書，永爲遵守。及照《文獻通考》乃先朝儒士馬端臨所著，以續《通典》之末，彼其紀載該博誠足，以裨考鑑之資。第其書出於臣下私述，原非制書。今欲付之史局編摩，似于事體未當，且《會典》既修則國朝二百餘年之文獻布在方策固已燦然可考，而《通考》一書可無俟于續修矣。從之。

《明神宗實録》卷五一《萬曆四年六月》 壬午，大學士張居正等請重修《大明會典》，從之。是日詔曰：朕仰承祖宗列聖之鴻庥，獲纘丕緒，夙夜祗懼圖維治理，則亦惟我祖宗之舊章成憲是守是遵。仰惟皇曾伯祖孝宗皇帝命儒臣所纂《大明會典》一書，其于我祖宗列聖創業垂統典章法度之詳，通變宜民因革損益之迹，固已綱目具存，足垂彝憲，第簡編浩穰精覈實難。我皇祖世宗皇帝嘗見其一二舛誤，申命儒臣重加較輯，比及進覽。迄來頒行，似于聖心猶有未當仰成先志有待後人。且自嘉靖己酉以來，及歷二十餘載，中間事體亦復繁多。好事者喜于紛更，建議者鮮諳國體，法令數易，條列紛紜，甲乙互乖，援附靡準，我祖宗良法美意幾于淪失矣！今特命卿等查炤弘治年間創修及我皇祖敕諭重修事理，擇日開館分局纂修，校訂差訛，補輯缺漏，其近年六部等衙門見行事例，各令遵炤體例審訂，折衷開具送館。卿等督率各官悉心考究，務令諸司一體前後相貫以成一代畫一經常之典，昭示無極，庶副朕法祖圖治至意，其總裁及纂修等官職名并合行事宜陸續開具以聞。

藝文

（宋）王安石《臨川先生文集》卷四《古詩・兼并》 三代子百姓，公私無異財。人主擅操柄，如天持斗魁。賦予皆自我，兼并乃姦回。姦回法有誅，勢亦無自來。後世始倒持，黔首遂難裁。秦王不知此，更築懷清臺。禮義日已偷，聖經久堙埃。法尚有存者，欲言時所咍。俗吏不知方，掊克乃爲材。俗儒不知變，兼并可無摧。利孔至百出，小人私闔開。有司與之争，民愈可憐哉。

雜録

《宋史》卷一九九《刑法志一》 嘉祐初，因樞密使韓琦言，内外吏兵奉禄無著令，乃命類次爲《禄令》。三司以驛料名數，著爲《驛令》。琦又言：自慶曆四年，距嘉祐二年，敕增至四千餘條，前後牴牾。請詔中外，使言敕得失，如天聖故事。七年，書成。總千八百三十四條，視《慶曆敕》大辟增六十，流增五十，徒增六十有一，杖增七十有三，笞增三十有八。又配隸增三十，大辟而下奏聽旨者增四十有六。又别爲《續附令敕》三卷。

神宗以律不足以周事情，凡律所不載者一斷以敕，乃更其目曰敕、令、格、式，而律恒存乎敕之外。熙寧初，置局修敕，詔中外言法不便者，集議更定，擇其可采者賞之。元豐中，始成書二十有六卷，復下二府參訂，然後頒行。帝留意法令，每有司進擬，多所是正。嘗謂：法出於道，人能體道，則立法足以盡事。又曰：禁於已然之謂敕，禁於未然之謂令，設於此以待彼之謂格，使彼效之之謂式。修書者要當識此。於是凡入笞、杖、徒、流、死，自名例以下至斷獄，十有二門，麗刑名輕重者，皆爲敕。自品官以下至斷獄三十五門，約束禁止者，皆爲令。命官之等十有七，吏、庶人之賞等七十有七，又有倍、全、分、釐之級凡五等，有等級高下者，皆爲格。表奏、帳籍、關牒、符檄之類凡五卷，有體制模楷者，皆爲式。

（宋）李燾《續資治通鑑長編》卷八五《宋真宗大中祥符八年》 庚寅，上謂輔臣曰：屢有人言，所改茶法不便，錢額增損，茲亦常事，如聞不利小商。王旦等曰：改法已來，亦未見不便事，所降元敕無釐革小商之文。如上言者實有所長，則望付中書施行。或欲杜絶羣言，則須别命朝臣較量利害。上復以問王欽若，欽若言：素不詳其本末。陳堯叟言：但得物物入庫，即是課利。丁謂曰：河北、陝西入得芻糧，即是官物入庫，緣江榷場無剩茶，即是法行也。其餘瑣細風傳之詞，不足憑信。或有章奏，望一一宣示，可以商榷。大抵未改法日，官中歲虧茶本錢九千餘貫，改法之後，歲所收利常不下二百餘萬貫，邊防儲蓄不闕，榷場無陳積，此其大較也。乃詔刑部尚書馮拯、翰林學士王曾與三司同詳定。本志以丁謂對舊法歲虧官本錢九千餘貫繫之明年正月，今從《實録》。

（宋）李燾《續資治通鑑長編》卷一〇九《宋仁宗天聖八年》 乙巳，詔：文武官當磨勘而隱落公罪者，以違制失論，贓私罪以違制論。公罪徒以上情重者，仍聽奏裁。先是，右班殿直張從恩當磨勘而隱落公罪，杖，坐徒二年，追兩官勒停。上以所坐太重，特免追官，而更著此條。

（宋）李燾《續資治通鑑長編》卷二二〇《宋神宗熙寧四年》 是日，上對輔臣言向來茶法之弊。文彥博曰：非茶法弊，蓋昔年用兵西北，調邊食急，用茶償之，其數既多，茶不售則所在委積，故虛錢多而壞法也。王安石曰：榷茶法所獲利無多。吴充曰：仁宗朝茶法極弊時，歲猶得九十餘萬緡，亦不爲少，茶法因用兵而壞，彥博所言是矣。然立法之初，許商人入芻粟邊郡，執交鈔至京師，或使錢、銀、紬、絹，或香藥、象牙惟所欲，商人便之，故法大行。至祥符初，限以三税之法，定立分數，不許從便，客旅拘制；又茶官多買茶之下者，苟足課額，商人得之，往往折閲；又法數變，而民不信，此其所以大壞。如邊鄙無事，法令不爲小利輕變易，自無不行之法。王安石曰：茶法本亦不善，須挾見錢、香藥等乃能售，蓋見錢、香藥等已足辦邊糴，而茶乃更爲賈人之累，以此小賈不能入中，惟大賈能之；惟大賈始能，則邊糴之權制於大賈，此所以糴價常高，而官重費也。

（宋）李燾《續資治通鑑長編》卷二三二《宋神宗熙寧五年》 先是，三司起請市易十三條，其一云：兼并之家，較固取利，有害新法，令市易務覺察申三司，按置以法。御批：減去此條，餘悉可之。御史劉孝孫言：於此見陛下寬仁愛民之至。因言宜約束市易務。王安石曰：孝孫稱頌此事，以爲聖政。臣愚竊謂此乃是聖政之闕。天付陛下九州四海，固將使陛下抑豪彊、伸貧弱，使貧富均受其利，非當有所畏忌不敢也。較固法。是有律已來行用，今但申明所以為均，均無貧，蓋孔子之言，於聖政有何害？陛下不欲行此，此兼并有以窺見陛下於權制豪彊有所不敢，故內連近習，外惑言事官，使之騰口也。上笑曰：已有律，自可施行，故不須立條。安石曰：雖有律未嘗行，又未嘗委官司振舉，須先申明，使兼并知所避。上曰：若但設法傾之，即兼并自不能爲害。安石曰：若不敢明立法令，但設法相傾，即是紙鋪孫家所爲。孫乃百姓，制百姓不得，止當如此，豈有天下主亦爲孫家所爲也？上又言：新法行，故油貴。安石曰：以理論之，必無此。當是市人未喻耳。安石退，取市估及油店戶私簿閲視。明日，亟白上曰：油未嘗增價也。又言：茶籠行人狀稱新法便民。牙人有誘人經三司陳訴嘗試官司如何者，不可不斥逐。茶籠行人乃曉此。朝廷豈可不喻此事？陳瓘論曰：呂嘉問請於律外別立市易較固一條，神考聖訓以爲已有律，不須立條。其時劉孝孫稱頌聖，曰：此仁厚愛民之意也。安石奏曰：孝孫之言非也。此事正是《聖政》之闕也。陛下不欲行此，此兼并所以窺見陛下於權制豪強有所不敢，故內連近習，外惑言事官，使之騰口也。臣竊謂神考不欲於律外立較固之條，可謂仁厚愛民之意，劉孝孫將順聖美，不爲過也。日録之內，但爲顯揚嘉問，故不以御批爲是，不以孝孫爲然。於是，造神考之言曰：若設法傾之，則兼并不能爲害。又撰對上之詞曰：若不能明立法令，但設法相傾，即是紙鋪孫家所爲。紙鋪孫家爲是百姓，制百姓不得，故止如此，豈有爲天下主乃止如紙鋪孫家所爲？何以謂之人主！嗚呼，設法相傾之語，謂之不誣可乎？紙鋪孫家之語，謂之不詆可乎？神考愛民守法而指爲闕政，力主嘉問，遂至於侮薄君父，不亦悖乎？

（宋）李燾《續資治通鑑長編》卷二三五《宋神宗熙寧五年》 樞密院傳上旨，令中書改保甲上番法，十日爲一番。王安石言：保甲十日一番，須一年餘八月乃當一番，若令一月一番，即番愈疏。又昨百姓投狀，或乞半月，或十日一番。既指揮十日一番，今才上番，便降指揮令一月一番，即恐百姓為人扇惑，以為初令十日一番，今才上番，便令一月一番，相次又當令長上番，相次又令刺手面為兵，即恐有羣聚訴免，且乞十日一番。當此時，不從則背約失信，從之則上令不行，謂宜令十日一番，候其習熟，然後徐與商量。緣將來弓手亦可罷，以保甲上番代之，一弓手之給，可給兩人上番。又四城外巡檢尚有四千人，候保甲漸成就，亦可以保甲代之。至時乃與議增上番日數，亦恐須分閑要月分，閑月即令上番二十日或一月，農要之月即令只上番十日。上曰：只恐上番日少，教閲難精熟。安石曰：今保甲法大閲事藝入等，有等第免夫、體量草及免役錢；指揮上番，又以事藝較取錢物；凶年又以事藝得斛㪷賙給，人自競勸，私習事藝，不必上番然後就學。今設科取學究，學究用功至多，然不煩驅就官學，人自競勸者，設利以誘之而已。臣愚以謂保甲數年，非特其藝勝義勇，必勝正兵，緣正兵雖拘之教閲，然挽彊不及等，即自絶於進取，其教閲但應官法而已，非有勸心也。今保甲人人有勸心，此所以終能勝正兵也。上悦。五月七日，初議令保甲代巡檢兵上番，其上番的時當考。

（宋）**李燾《續資治通鑑長編》卷二四五《宋神宗熙寧六年》**　詔自今漢户典買夷人田土者，聽之。先是，王安石論瀘州夷事，因言：漢户不得典買夷人田土，此條貫合廢。上曰：自來有此條貫，何故？安石曰：必緣典買相混争，致開邊隙，故立法禁止。苟能化其畛域，則此非所恤也。又淯井兩邊地，若捐數萬緡官錢市得，令漢户住佃，即淯井更無夷事矣。上以爲然，遂降此詔。此據《王安石日録》四月二十二日所載，《宋史》係之九月二十八日，非也。聽典買夷田，據法册乃五月二十九日指揮。五年九月三日，初許陝西緣邊蕃部土地許典買租賃，九月二十八日，熊本云云。《王安石日録》：六年四月二十二日，呈中丞言李曼事，上曰：鄧綰頗爲李曼分説，李曼至變，殺卻許多人，恐不可無罪。蔡挺曰：彼言張苟龍私書，苟龍在遠方，無所告訴，以書與臣，欲得上達，豈是私？今嘗救李曼，乃卻是私。安石曰：曼措置邊事，恐須有事。如苟龍言其受邊户財利，因别奏恩澤，即恐是誣罔。據鄧綰奏，即曼前未嘗到瀘州，曼既行義爲衆所稱，不容有此，陳升之亦曰：曼治民甚好，人極愛之。上曰：綰所言夷是事多是。乃令送熊本相度。安石曰：漢户不得買夷户田土，條貫便合廢。上亦以爲然，曰：自來有此條貫，何故？安石曰：必是爲因典買相混賴，致争鬥起邊事，故立此條貫，然若能化其畛域，此事非所恤。又淯井兩邊地，若捐數萬貫官錢買得，令漢户住佃，即久遠淯井更無夷事。上曰：本帶一羅才進隨行，云夷人可以利開説其黨，使爲我用，内相攻擊。果如此，最爲上策。

（清）**徐乾學《資治通鑑後編》卷五九《宋紀五九》**　始，范祥議政鹽法，論者争言其不便，朝廷獨以爲可用，委祥推行之。於是侍御史知雜事何郯言風聞改法以來，商旅爲官鹽長價，獲利既薄，少有筭請。陝西一路已虧損課利百餘萬貫，其餘諸路比舊來亦皆頓減賣鹽見錢，甚妨支用。兼陝西民間官鹽價高，多以賣私鹽，事敗，刑禁頗繁，官私俱不爲利，經久何以施行？臣謂事有百利，始可議變，變不如前，即宜仍舊。冬十月，壬戌，遣户部副使包拯與陝西轉運使議鹽法。

（清）**徐乾學《資治通鑑後編》卷八一《宋紀八一》**　求言詔下：判西京御史臺司馬光，讀之感泣，欲默不忍，乃復上疏曰：方今朝之闕政，其大者有六而已。一曰廣散青苗錢，使民負債日重而縣官無所得；二曰免上户之役，斂下户之錢，以養浮浪之人；三曰置市易司，與細民争利，而實耗散官物；四曰中國未治，而侵擾四方，得少失多；五曰團結保甲，教習凶器，以疲擾農民；六曰信狂狡之人，妄興水利，勞民費財。若其他瑣瑣米鹽之事，皆不足爲陛下道也。知青州滕元發言新法之害民者，陛下既知之矣，但一下手詔，自熙寧二年以來，所行新法有不便者，悉罷之，則民氣和而天意解矣。皆不聽。

（清）**徐乾學《資治通鑑後編》卷八二《宋紀八二》**　中丞鄧綰言，凡民養生之具，日用而家有之，今欲盡令疏實，則家有告訐之憂，人懷隱匿之慮，商賈通殖貨利，交易有無。或春有之而夏已蕩析，或秋貯之而冬即散亡，公家簿書何由拘録？其勢安得不犯？徒使嚚訟者趨賞報怨，畏怯者守死忍困而已。遂詔罷手實法。

（清）**徐乾學《資治通鑑後編》卷八六《宋紀八六》**　議者猶以爲三年無改於父之道，光慨然争之曰：先帝之法，其善者雖百世不可變也。若王安石、吕惠卿等所建，爲天下害，非先帝本意者，改之當如救焚拯溺，猶恐不及。昔漢文帝除肉刑，斬右趾者，棄市，笞五百者，多死。景帝元年即改之。武帝作鹽鐵、榷酤、均輸算法，昭帝罷之。唐代宗縱宦官求賂遺置客省拘滯四方之人，德宗立未三月罷之。德宗晚年爲宫市，五坊小兒暴横鹽鐵，月進羨餘，順帝即位，罷之。當時悦服，後世稱頌，未有或非之者也。况太皇太后以母改子，非子改父乎。於是衆議乃息。

（清）**徐乾學《資治通鑑後編》卷八九《宋紀八九》**　初，司馬光言：神宗專用經義論策取士，此乃復先王令典，百王不易之法，但王安石不當以一家私學欲盖先儒，令天下師生講解。至於律令，皆當官所須。使爲士者果能知道義自與法律冥合，何必置明法一科？習爲刻薄，非所以長育人材，敦厚風俗也！至是，遂罷明法科。

（清）**徐乾學《資治通鑑後編》卷九〇《宋紀九〇》**　帝語吕大防曰：純仁有時望，不宜去，可爲朕留之。且趣入見，問先朝行青苗法如何？對曰：先王愛民之意本深，但王安石立法過甚，激以賞罰，故官吏急切以致害民。退而疏陳其要，以爲青苗非所當行，行之終不免擾民。

（清）**徐乾學《資治通鑑後編》卷一二五《宋紀一二五》**　王介甫不憑注疏，欲修聖人之經，不憑今之法令，欲新天下之法，可謂知務第出於己者，反不逮舊，故上誤裕陵以至於今。後之君子必不安於註疏之學，必不局於法令之文，二者正則治道自舉矣。

（清）徐乾學《資治通鑑後編》卷一六七《元紀一五》 拜珠患法制不一，有司無所守。奏詳定舊典以爲通制，於是命樞密副使完顔納丹、集賢學士侍御史曹伯啟等纂集累朝格例而損益之。書成，辛巳奏上，凡二千五百三十九條，名曰《大元通制》，頒行天下。伯啟言五刑者，刑異五等，今黥、杖、徒役於千里之外，百無一生還者，是一人身備五刑，非五刑各底於人也，法當改易。丞相雖是之，而不果行。

（明）陳邦瞻《元史紀事本末》卷二《律令之定》 〔英宗至治三年〕伯啟又言：五刑者，刑異五等。今黥、杖、徒役於千里之外，百無一生還者，是一人身被五刑，非五刑各底於一人也。法當改。丞相雖是之，卒不果行。

《皇明條法事類纂》附編《整理鹽法六條例》 左僉都御史李題：臣惟鹽之弊也，必理其生弊之端；鹽法之興也，必治其可興之本。蓋端者，弊之所從出；本者，善之所由生。理其端，治其本，則弊可革、本可興矣。

（清）鄂爾泰等《世宗憲皇帝硃批諭旨》卷二二二下《硃批李紱奏摺》

奏爲請免歲貢驗看以恤貧生事。臣查驗看教職一事，先經河南撫臣田文鏡具題，以教職不可久懸，衰老實難勝任。請將候選訓導之挨貢，先令撫臣、學臣驗看，造册報部，經部議覆准行，欽遵在案。但臣自至直隸，所驗窮老挨貢咸稱饑寒跋涉，苦累不堪，懇求奏請免驗。

〔硃批〕據奏，窮老之輩不堪跋涉，果不願仕，孰從而强之耶？國家用人大典，全憑考驗。於此即謂不堪其苦，而心懷怨悵，則是立志不甘與朝廷出力報效之人矣。亦何足深惜？若必以免貧生苦累方爲愛士，則滇黔舉子衹應在於本省會試，曷可令其往返萬里？似此崇儒重道，朕實不能。朕所重者，籌國是、濟蒼生之儒；所崇者，文經武緯，循名責實之正道。至如欺世盗名，違道干譽之小作用，朕則恥而不爲也。

臣思條奏奉旨准行之事，如果驗看即有益於政教，不驗看即有害於政教。則雖貧生苦累，於法亦難請免。但查廩生必二三十年而後出貢，年已無不就衰。出貢之後又三十餘年而後選官，亦未必俱能得選。現在驗看人員，今日驗其未老，至得選而已老矣。以將衰之人懸揣於十年、二十年之後，豈能斷其可否供職？是多此驗看究未能有益於政教也。

〔硃批〕驗後即可挨次録用，何槩云懸揣於十年二十年之後？强詞奪理，悖謬極矣！

且教職止於課士，非如州縣守土之官一日不容懸缺。且一印兩官，即使一員偶缺，亦不至於廢事。

〔硃批〕何偏重有司而輕文教至於此極？

況教職領憑，必經巡撫考試驗看，原不必預驗於十年二十年之前。是不預爲驗看，亦無損於政教也。

〔硃批〕先預驗其年貌，臨期再考試其學業，何所不可？而必欲令朕負朝更暮改之名。況經議覆敕行之事，即將此奏發文該部，亦斷不因爾而復行改議。不過爾徒邀虚譽而已，與政教亦何益之有？據此而觀，則前此實心領朕訓諭之奏，皆屬戲談。

預行驗看既未能有益於政教，不預行驗看又未嘗有損於政教。而徒令窮老寒生徒步奔走於數百里或千里之遠。由州縣起文達府，轉文達司，由司轉文詳院，而撫臣、學臣又必互相驗看，即使書吏毫無需索，而各衙門輾轉守候，已廢寒生半年餬口之館職矣。寒生以館爲命，若廢業失館，甚爲可憫。伏惟皇上體堯舜之仁，四海之内無一物不得其所。倘蒙天恩，將挨貢預行驗看之例，永行停止。衹照舊例俟得選之日然後考驗。既於政教無損，而寒士蒙恩，實爲無既矣。臣謹繕摺。

〔硃批〕如云寒生以館爲命，在所當憫。夫既貧且老，以硯代耕，則止應坐守青壇，何必出疆載質？如是不自忖量之人，豈有致君澤民之具？此輩沙汰無遺，將見真才輩出。真才出而後仕路清，仕路清庶幾化行俗美，克奏四海無物不得其所之效。不揣其本而齊其末，足見識慮卑淺，輕重倒置，甚昧政教之大體，朕深鄙之。堯舜之仁爲古今人君極則。朕雖曰未能，願學焉。至於汝徒讀堯舜之書，不知堯舜用人行政之道，所以章句腐儒於吏治民生竟爲無用之物。朕每誦《大雅》，思皇多士之什，未嘗不撫編三嘆也。此事爾幸以摺密奏，因隨筆批諭以示朕意。若係具疏題達，則妄言之罪，不爲爾寬矣。

《皇朝通志》卷六九《職官畧六・漕運各官》 臣等謹按：明初行支運之法，軍民並任其事。其後變爲兑運，又爲長運，民雖免於輸，將失業。而軍民交兑，不免需索之弊。我朝改爲官收官兑，酌定贈貼，官爲支給，軍民兩便，實爲良法。

《皇朝通志》卷七五《刑法畧一·刑制肉刑附**》** 臣等謹按：國初有割脚筋、貫耳鼻之法，乃即古刖、劓之刑。世祖章皇帝詔除之，而天下自是無肉刑。誠不忍其斷肢體、剥肌膚，至仁極厚之隆典也。至于腐刑，自漢文革除以來，歷代未舉。而有時罰所難宥，恩有必加，則我皇上法外之仁，適符協中之治，又有爲亘古之所不逮者。

《皇朝文獻通考》卷三《田賦考三·田賦之制》 法有因時制宜者，如人有疾病因症投藥，病愈即止。今提解火耗，原一時權宜之計，將來虧空清楚、府庫充裕，有司皆知自好，則提解自不必行，火耗亦可漸減矣。

《皇朝文獻通考》卷一〇《田賦考十·屯田》 國初仍明之舊，衛所屯田給軍分佃，一切雜徭皆從革除。後因直省各設經制官兵，而屯衛之軍次第裁汰。至是定制，惟有漕運之地仍隸衛所，其餘多歸併於州縣。盖論其籍，雖有軍民之殊，而承佃輸賦則屯戶與民無異。隸之州縣於體制爲合。衛所官弁類皆武夫，其撫恤屯軍必不能如牧民之吏。而文武各相統轄，詞訟交涉兼多袒護、掣肘之獘，此衛所改隸州縣，爲因時從宜之良法也。

《皇朝文獻通考》卷二二《職役考二》 四十七年，申行保甲之法。先是，順治元年即議力行保甲。至是，以有司奉行不力，言者請加申飭。部臣議奏：弭盜良法，無如保甲，宜倣古法，而用以變通。

（清）趙翼《陔餘叢考》卷一八《宋元榷酤之重》 榷酤本起於漢武帝之世。按《漢書》桑宏羊建造酒之令，應劭註云：縣官自賣酒也。《昭帝紀》：始元六年，罷榷酤官，令民得以律占租。劉攽曰：令民賣酒，以所利占而輸其租也。邱濬曰：雖罷榷酤，猶聽民自釀而官收其税也。王莽又制：官作酒以二千五百石爲一均，粗米二斛、麴一斛，得酒六斛六斗，此又復武帝官酤也。《唐書》：王仲舒爲江西觀察使，初江西榷酒，民私釀者抵死不絶，穀數斛僅易斗酒，仲舒至，始罷酤錢，是唐時亦行漢武榷酤之令。《本紀》：貞元二年，畿内榷酒，每斗榷錢一百五十文。蠲酒戶差役，則又參用昭帝以律占租之制。而史策所載歷代榷酤，未有如宋之甚者。

（宋）歐陽修《歐陽修全集》卷一〇四《奏議·諫院進劄狀十一首·論更改貢舉事件劄子》 臣竊聞近有臣寮上言，請改更貢舉進士所試詩賦、策論先後，事已下兩制詳議。伏以貢舉之法，用之已久則弊，理當變更。然臣謂必先知致弊之因，方可言變法之利。今若不改通考之法，而但更其試日之先後，則於革弊，未盡其方。凡臣所請者，若漫然泛言之，恐不能盡其利害，請借二千人爲率，以明變法之便。謹條如左：

此臣所謂變法必須隨場去留，然後能革舊弊者也。其外州解送到，且當博採，祇可盡令試策。要在南省精選。若省榜奏人至精，則殿試易爲考矣。故臣但言南省之法，此其大概也。其高下之等，仍乞細加詳定，大率當以策論爲先。

（宋）歐陽修《歐陽修全集》卷一一二《奏議·翰苑進劄狀十三首·論茶法奏狀》 右臣伏見朝廷近改茶法，本欲救其弊失，而爲國誤計者，不能深思遠慮，究其本末，惟知圖利，而不圖其害。今一旦下令改事，先爲峻法，禁絶人言。中外聞之，莫不嗟駭。臣亦聞方改法之時，商議已定，猶選差官數人，分出諸路，訪求利害。

（宋）王安石《臨川先生文集》卷四四《劄子·答手詔封還乞罷政事表劄子》 臣今日具表乞罷政事，方屏營俟命，而吕惠卿至臣第傳聖旨趣臣視事。續又奉手詔還臣所奏，喻以天下之事盡力固可成就，以卿所學，不宜中輟，俛聽伏讀，不勝螻蟻區區感慨惻怛之至。臣蒙拔擢，備數大臣。陛下所以視遇，不爲不厚矣，豈敢輕爲去就。誠以陛下初訪臣以事，臣即以變風俗立法度爲先。今待罪期年，而法度未能一有所立，風俗未能一有所變，朝廷内外，詖行邪説，乃更多於鄉時。此臣不能啓迪聖心以信所言之明效也。雖無疾疢，尚當自劾，以避賢路。況又昏眩難以看讀文字，即於職事當有廢失。

（宋）蘇轍《欒城集·後集》卷二二《亡兄子瞻端明墓誌銘》 時君實方議改免役爲差役。差役行於祖宗之世，法久多弊，編戶充役不習，官府吏虐使之，多以破産，而狹鄉之民或有不得休息者。先帝知其然，故爲免役，使民以戶高下出錢而無執役之苦。行法者不循上意，於雇役實費之外，取錢過多，民遂以病。若量出爲入，毋多取於民，則足矣。君實爲人，忠信有餘而才智不足，知免役之害而不知其利，欲一切以差役代之。方差官置局，公亦與其選，獨以實告，而君實始不悦矣。

立法、司法、守法部

綜論分部

論説

《周易正義・訟》 《象》曰：天與水違行，訟。君子以作事謀始。聽訟，吾猶人也。必也使無訟乎？无訟在於謀始，謀始在於作制。契之不明，訟之所以生也。物有其分，職不相監，争何由興？訟之所以起，契之過也。故有德司契而不責於人。疏：天與水違行訟至作事謀始。正義曰：天道西轉，水流東注，是天與水相違而行。相違而行，象人彼此兩相乖戾，故致訟也。不云水與天違行者，凡訟之所起，必剛健在先，以爲訟始，故云天與水違行也。君子以作事謀始者，物既有訟，言君子當防此訟源。凡欲興作其事，先須謀慮其始。若初始分職分明，不相干涉，即終無所訟也。注聽訟至不責於人。正義曰：訟之所以起，契之過者，凡鬬訟之起，只由初時契要之過，謂作契要不分明。有德司契者，言上之有德司主契要，而能使分明以斷於下，亦不須責在下之人有争訟也。有德司契之文，出《老子經》也。

（宋）司馬光《温公易説・大有》 《象》曰：大有，柔得尊位大中，而上下應之，曰大有。其德剛健而文明，應乎天而時行，是以元亨。大有者，何富有之謂也。天子富有天下，諸侯富有其國，大夫富有其家，非得大有之道，烏能得其下乎？然則大有何故以柔爲主？夫爲人上者，言而人莫敢違也，動而人莫敢逆也，故戒之在剛也。夫上之所以能有下者，得其心也。得其心者，能以恩信結之也，故大有以柔中爲主也。柔而不明，則前有讒而弗見，後有賊而不知；明而不健，則知善而不能舉，知惡而不能去，二者皆亂亡之端也。明以燭之，健以决之，居不失中，行不失時，然後能保有其衆而元亨也。然則大有何以上明而下健？曰明勝于健，則賞不失功，罰不失罪。健勝于明，則反之。此大有所以當明也。

《象》曰：火在天上，大有；君子以遏惡揚善，順天休命。火在天上，明之至也。至明則善惡無所遺矣。善則舉之，惡則抑之，上之職也。明而能健，慶賞、刑威得其當，然後能保有四方，所以順天美命也。

（宋）司馬光《温公易説・蠱》 蠱【略】《象》曰：山下有風，蠱；君子以振民育德。艮爲丘、爲山，巽爲風、爲號令。君子洗濯其心，一以待人，以育德于上，山之象也。發號施令，革弊除蠹，以振民于下，風之象也。

（清）孫星衍《周易集解・蠱》 《象》曰：蠱，剛上而柔下，巽而止，蠱。【略】注：上剛可以斷制，下柔可以施令。既巽又止，不競争也。有事而无競争之患，故可以有爲也。

（清）朱駿聲《六十四卦經解・觀》 觀：盥而不薦，有孚顒若。《象》曰：大觀在上，順而巽，中正以觀天下。觀盥而不薦，有孚顒若，下觀而化也。觀天之神道，而四時不忒；聖人以神道設教，而天下服矣。

《象》曰：風行地上，觀；先王以省方觀民設教。【略】

聖王使民如承大祭，剛大在上，其德可觀，故曰大也。大觀在上，建其有極也；下觀而化，歸其有極也。又殷人尚鬼，神道設教。君子之德風，小人之德草。坤爲方，巽爲申命、設教之義，四方所以風動也。又先王謂五，應天順民，受命之王也。風行地上，草木必偃。枯槁朽腐，獨不從風，謂應外之爻，天地氣絶，陰陽所去。象不化之民，五刑之所加，故以省察四方，觀視民俗，而設其教也。言先王德化，光被四表，有不賓之民，不從法令，以五刑加之，以齊德教也。又觀民設教，如齊之末業，教以農桑；衛之淫風，教以禮别。曹奢則示以儉，魏儉則示以禮。又從俗所謂，順民之教。故君子治人，不求變俗如太公于齊，爲簡其君臣禮，從俗。五月而報政，不同伯禽，變其俗，易其禮，三年而報政也。又坤爲方爲民。

（清）孫星衍《周易集解・噬嗑》 六二，噬膚滅鼻，无咎。解：虞翻曰：噬，食也。艮爲膚、爲鼻。鼻吸滅坎水中，隱藏不見，故噬膚滅鼻。乘剛又得正，多譽，故无咎。注：噬，齧也。齧者，刑克之謂也。處中得位，所刑者當，故曰噬，膚也。乘剛而刑，未盡順道，噬過其分，故滅鼻也。刑得所疾，故雖滅鼻而无咎也。膚者，柔脆之物也。

又：《象》曰：噬膚滅鼻，乘剛也。解：侯果曰：居中履正，用刑者也。二互體艮，艮爲鼻，又爲黔喙，噬膚滅鼻之象也。乘剛噬必深，噬過其分，故滅鼻也。刑刻雖峻，得所疾也，雖則滅鼻，而无咎矣。

六三，噬腊肉，遇毒，小吝，无咎。解：荀爽曰：腊肉謂四也。三以不正，噬取異家，法當遇罪，故曰遇毒。爲艮所止，所欲不得，故小吝也。所欲不得，則免于罪，故无咎矣。虞翻曰：二在膚裹，故稱肉。離曰熯之爲腊，坎爲毒，故噬腊肉遇毒。毒，謂矢毒也。失位承四，故小吝。與上易位，利用獄成豐，故无咎也。注：處下體之極，而履非其位，以斯食物，其物必堅，豈唯堅乎？將遇其毒。噬以喻刑人，腊以喻不服，毒以喻怨生。然承於四而不乘剛，雖失其正，刑不侵順，故雖遇毒，小吝无咎。集解：馬融曰：晞於陽而煬於火曰腊肉。

〔《釋文》〕九四【略】《象》曰：利艱貞吉，未光也。【略】解：陸績曰：肉有骨謂之胏。離爲乾肉，又爲兵矢。失位用刑，物亦不服，若噬有骨之乾胏也。金矢者，取其剛直也。噬胏雖復艱難，終得申其剛直。雖獲正吉，未爲光大也。

六五，噬乾肉，得黄金；貞厲无咎。解：虞翻曰：陰稱肉，位當離中，日烈，故乾肉也。乾金黄，故得黄金。貞，正，厲危也。變而得正，故无咎。注：乾肉，堅也。黄，中也。金，剛也。以陰處陽，以柔乘剛，以噬於物，物亦不服，故曰噬乾肉也。然處得尊位，以柔乘剛而居於中，能行其戮者也。履不正而能行其戮，剛勝者也。噬雖不服，得中而勝，故曰噬乾肉，得黄金也。己雖不正，而刑戮得當，故雖貞厲而无咎也。

（宋）李衡《周易義海撮要·剥》 初六，剥牀以足，蔑貞凶。《象》曰：剥牀以足，以滅下也。剥牀之足，剛隕柔長，下道始滅，正削而凶來也。注。譬下吏剥國政令，民失所安，遂能害政。陸。

（清）朱駿聲《六十四卦經解·恒》 上六，振恒，凶。《象》曰：振恒在上，大无功也。

振動也，一作震，振振然也。上居震極。震，内體爲專，外體爲躁。决躁之主，好大喜功，如漢武隋煬，皆可鑒也。莽學《周官》，王介甫變亂宋法，亦如之。又如漢唐之誅宦寺，魯昭之去季氏，曹髦之伐司馬氏，亦振恒也。

（清）孫星衍《周易集解·家人》 初九，閑有家，悔亡。注：凡教在初，而法在始。家瀆而後嚴之，志變而後治之，則悔矣。處家人之初，爲家人之始，故宜必以閑有家，然後悔亡也。

（宋）李衡《周易義海撮要·益》 六三，益之用凶事，无咎；有孚中行，告公用圭。《象》曰：益用凶事，固有之也。【略】

君子不在其位，不謀其政。今六三位非其正，而過於中，故益於下。若民之凶荒、患難至，不顧一身奮然而往，則可以无咎。而又以由中之信，合中道而行，執符瑞以告於公，明所益之事。若汲黯發河内粟以救民，歸而請矯制之罪，是乃非其位越職以救凶荒也。然益民安國之心，固有之也。胡。

（宋）李衡《周易義海撮要·夬》 九二，惕號，莫夜有戎，勿恤。《象》曰：有戎勿恤，得中道也。【略】九二位之不當，故必惕懼。守正中之道，行號令至于暮夜，可謂勤矣，可謂能矣。恐有它患者，外人之辭，被决者之誣，讀之當曰惕號莫夜。旦。

（宋）李衡《周易義海撮要·井》 九五，井洌，寒泉食。《象》曰：寒泉之食，中正也。

五以陽明處坎中，是泉之潔而泠者，猶富其位，明其法，信其令，天下仰而生者也。輔嗣謂不食不義，豈反自食耶？自食，則博施之道虧矣。坦。

（清）朱駿聲《六十四卦經解·井》 《象》曰：巽乎水而上井，井養而不窮也。改邑不改井，乃以剛中也。汔至亦未繘井，未有功也。羸其瓶，是以凶也。一羸上無井字。《象》曰：木上有水井；君子以勞民勸相。

【略】又古人立邑，必相泉源。不得則改邑以就之，故改邑不改井。又井以汲人，水無空竭，猶君子以政教養天下，惠澤无窮也。井，法也，以清潔而不變更爲義。又改邑不改井，言凡井皆無異製也。井之體，无喪无得者，井道可久。往來井井者，井道可大。汔至羸瓶，以喻治國之用人，如汲井之需器也。【略】又汔一作仡，勇兒。又水殷德也，木周德也。夫井，德之地也，所以养民性命，而清潔之至者也。自震化行，至于五世，改殷紂比屋之亂俗，而不易成湯昭格之法度，故改邑不改井。二代之制，各因時宜，損益雖异，囊括則同，故曰无喪无得，往來井井也。當殷之末，井道之窮，故曰汔至。周德雖興，未及革正，故曰亦未繘井。井泥爲穢，百姓无聊，比屋之間，交受塗炭，故曰羸其瓶，凶。

（唐）李鼎祚《周易集解·震》 震驚百里不喪匕鬯。虞翻曰：謂陽從臨。二陰爲百二十，舉貝大數，故當震百里也。坎爲棘匕，上震爲鬯。坤爲喪二，上之坤成震體，坎得其匕鬯，故不喪匕鬯也。鄭玄曰：雷發聲聞于百里，古者諸侯之象。諸侯出教令，能警戒其國，内則守其宗廟社稷，爲之祭主，不亡匕與鬯也。

（宋）李衡《周易義海撮要·巽》 巽【略】《象》曰：隨風，巽；君子以申命行事。

兩風相隨，非是令初，故君子則之，以申命行事。正。法教百端，令行爲上，貴其必從，故曰行事也。荀。古之爲命也，必反復申明之，然後事必行。坡。

又： 九五，貞吉，悔亡，无不利。无初有終。先庚三日，後庚三日，吉。《象》曰：九五之吉，位正中也。

以陽居陽，損於謙巽，然秉乎中正，以宣其令，物莫之違。故曰貞吉，悔亡，无不利也。化不以漸，卒以剛直，用加於物，故初皆不説。終於中正，邪道以消，故有終也。申，命令，謂之庚。夫以正齊物，不可卒也。民迷固久，直不可肆也，故先申三日。令著之後，復申三日，然後誅而无咎怨矣。甲庚，皆申命之謂。注。甲庚者皆申命令之謂。甲者，德政也。蠱以四德創制，《彖》言其正，曰：先甲後甲，所以原始要終也。庚者，刑政也。巽以小亨申命，故爻言其變，曰：先庚後庚，所以信而審之也。甲，出也。庚，更也。以庚變甲，天之道也。先後三日，使知其意，審其令也。陸。

（明）來知德《易經集注・巽》 九五，貞吉，悔亡，无不利，无初有終。先庚三日，後庚三日，吉。【略】九五居尊，爲巽之主，命令之所由出者也。以其剛健中正，故正而又吉。然巽順之體，初時不免有悔。至此則悔亡而无不利矣。惟其悔亡而无不利，故无初有終也。然命令之出，所係匪輕，必原其所以始，慮其所以終。先庚三日，後庚三日，庶乎命令之出，如風之吹物，无處不入，无物不鼓動矣。占者必如是而吉也。

（清）孫星衍《周易集解・巽》 巽【略】《彖》曰：重巽以申命。解：陸績曰：巽爲命令，重命令者，欲丁寧也。注：命乃行也。未有不巽而命行也。

又：《象》曰：隨風，巽；君子以申命行事。解：虞翻曰：君子謂遁乾也。巽爲命，重象故申命。變至三，坤爲事，震爲行，故行事也。荀爽曰：巽爲號令，兩巽相隨，故申命也。法教百端，令行爲上，貴必從，故曰行事也。

（宋）司馬光《温公易説・巽》 九五【略】

象《象》曰曰：九五之吉，位正中也。巽之《象》曰重巽以申命。重巽，隨風也。隨風者，申命之象也。風爲號令，九五之君爲號令之主，得位以行其令，不失其中正，故曰貞吉，悔亡，无不利民。可與樂成，難與慮始，故曰无初有終。庚屬西方，金。金主斷制，號令不嚴則不行，故先庚三日，後庚三日，吉也。

（唐）李鼎祚《周易集解・涣》 九五涣汗其大號。

《九家易》曰：謂五建二，爲諸侯使下君國，故宣布號令，百姓被澤，若汗之出身，不還反也。

（宋）李衡《周易義海撮要・涣》 六四，涣其羣，元吉；涣有丘，匪夷所思。《象》曰：涣其羣，元吉，光大也。【略】居大臣之位，初出民於塗炭，猶有丘墟不平之事，不可夷平其思慮。如漢皇初出民於暴秦之間，事由草創，至文景之世，有六臣之佐，然後紀綱制度方稍復古而光大也。石。

（清）朱駿聲《六十四卦經解・涣》 九五，涣汗其大號，涣琚，无咎。《象》曰：王无咎，正位也

令出惟行，弗惟反，故曰涣汗。王者以天下爲一體，發號施令，罔有不臧，所謂大哉王言也，故曰大號。涣汗者，猶潰泚泮汗，風行水上之象，亦所以壯其大也。劉向傳曰：今出善政，未能踰時而反，是反汗也。涣王居，涣字當讀斷，觀《象傳》自見。王居云者，所謂一哉王心也。或曰：涣王居，亦猶詩泮涣爾游之意。坎水下流爲汗，陽稱大，倒兑爲號，艮止爲居。又臣庶从王助祭，至是扈從還宮，天子弛其禁衛之嚴，任从臣出入，所謂天門蕩蕩也，故涣王居。又巽爲號令，五乾稱大，否坤爲身，四之二，成坎爲水，水出于身，汗也。王者出令不可復返，如身中汗出，出不可反也。五爲王，正位居五，四陰順命，故正位也。又謂五建二爲諸侯，使下君國，故宣布號令，百姓被澤，若汗之流也。此本否卦，體乾爲首，來下處二成坎水，汗象。布其德教，王居其所，故无咎矣。又散疾而愈者，汗也；散患難而萃者，號令也。又王位曰大寶，王之稱曰大號，王者天下所歸往，故道大，天大，地大，王亦大。又居者，王之居積如府藏，此武王大賚，景公大戒之象。又此爻大號，盤庚遷殷，周公營洛，可以當之。又謂將祭祀，先發大號，以夙戒王居于齋宮，乃假廟也。又爻變艮爲門闕，王居也。卦之蒙，泉出山，汗出身。蒙童之主，周之成王也。又此爻如光武之立鄗南，肅宗之即位靈武。又《易》凡號字，皆平聲。又辰在申日，在申宮畢度爲立夏，涣汗之時也。觜爲虎口，能號。《堯典》：厥民因。涣居也。畢上有諸王六星。

（宋）司馬光《温公易説・繫辭下》 是故履，德之基也。謙，德之柄也；復，德之本也；恒，德之固也；損，德之修也；益，德之裕也；困，德之辨也；井，德之地也；巽，德之制也。

履，德之基。履，禮也。進德必由禮。謙，德之柄也，執而用之。復，德之本，反求諸身。損，德之修，克己。益，德之裕，日新。困，德之辨，韓曰：因而益明。井，德之地。韓曰：所處不移，象居得其所也。巽，德之制，發號施令，以爲制度也。

《尚書正義・虞書・舜典》 帝曰：皋陶，蠻夷猾夏，寇賊姦宄，猾，亂也。夏，華夏。羣行攻劫曰寇，殺人曰賊。在外曰姦，在内曰宄。言無教之致。猾，户八反。寇，苦豆反。宄音軌。汝作士。五刑有服，士，理官也。五刑，墨、劓、剕、宫、大辟。服，從也。言得輕重之中正。劓，魚器反，截鼻也。剕，扶味反，刖足也。大辟，婢亦反，死刑也。五服三就。既從五刑，謂服罪也。行刑當就三處，大罪於原野，大夫於朝，士於市。處，昌慮反。朝，直遥反。五流有宅，五宅三居。謂不忍加刑，則流放之，若四凶者。五刑之流，各有所居。五居之差，有三等之居，大罪四裔，次九州之外，次千里之外。惟明克允。言皋陶能明信五刑，施之遠近，蠻夷猾夏，使咸信服，無敢犯者。因禹讓三臣，故歷述之。疏帝曰皋陶至克允。正義曰：帝呼皋陶曰：往者蠻夷戎狄猾亂華夏，又有强寇劫賊外姦内宄者，爲害甚大。汝作士官治之，皆能審得其情，致之五刑之罪，受罪者皆有服從之心。言輕重得中，悉無怨恨也。五刑有服從者，於三處就而殺之。其有不忍刑其身者，則斷爲五刑而流放之。五刑之流，各有所居處。五刑所居，於三處居之。所以輕重罪得其宜，受罪無怨

者，惟汝識見之明，能使之信服，故姦邪之人無敢更犯。是汝之功，宜當勉之。因禹之讓，以次誡之。傳猾亂至之致。正義曰：猾者狡猾相亂，故猾爲亂也。夏訓大也，中國有文章光華，禮義之大。定十年《左傳》云裔不謀夏，夷不亂華，是中國爲華夏也。寇者衆聚爲之，賊者殺害之稱，故羣行攻劫曰寇，殺人曰賊。成十七年《左傳》云：亂在外爲姦，在内爲宄。是在外曰姦，在内曰宄也。寇賊姦宄皆是作亂害物之名也。蠻夷猾夏，興兵犯邊，害大，故先言之。寇賊姦宄，皆國内之，害小，故後言之。《管子》曰：倉廩實知禮節，衣食足知榮辱，讓生於有餘，争生於不足。往者洪水爲災，下民飢困，内有寇賊爲害，外則四夷犯邊，皆言無教之致也。唐堯之聖，協和萬邦，不應末年，頓至於此。蓋少有其事，辭頗增甚，歸功於人，作與奪之勢耳。傳士理至中正。正義曰：士即《周禮》司寇之屬，有士師、卿士等，皆以士爲官名。鄭玄云：士，察也，主察獄訟之事。《月令》云：命大理。昭十四年《左傳》云：叔魚攝理。是謂獄官爲理官也。準《吕刑》文，知五刑謂墨、劓、剕、宫、大辟也。人心服罪是順從之義，故爲從也。所以服者，言得輕重之中正也。《吕刑》云咸庶中正是也。傳既從至於市。正義曰：經言五服，謂臯陶所斷五刑皆服其罪，傳既訓服爲從，故云既從五刑謂服罪也。行刑當就三處，惟謂大辟罪耳。《魯語》云：刑五而已，無有隱者。大刑用甲兵，次刑斧鉞，中刑刀鋸，其次鑽笮，薄刑鞭扑，以威民。故大者陳之原野，小者至之市朝，五刑三次，是無隱也。孔用彼爲説，故以三就爲原野與朝、市也。《國語》賈逵注云：用兵甲者，諸侯逆命，征討之刑也。大夫已上於朝，士已下於市。傳雖不言已上、已下，爲義亦當然也。《國語》云五刑者，謂甲兵也，斧鉞也，刀鋸也，鑽笮也，鞭扑也，與《吕刑》之五刑異也。所言三次即此三就是也。惟死罪當分就處所，其墨、劓、剕、宫無常處可就也。馬、鄭、王三家皆以三就爲原野也、市朝也、甸師氏也。案刑於甸師氏者，王之同族，刑於隱者，不與國人，慮兄弟耳，非所刑之正處。此言正刑，不當數甸師也。又市、朝異所，不得合以爲一，且皆《國語》之文，其義不可通也。傳謂不至之外。正義曰：此五流有宅即流宥五刑也。當在五刑而流放之，故知謂不忍加刑，則流放之，若四凶也。鄭玄云：舜不刑此四人者，以爲堯臣，不忍刑之。王肅云：謂在八議之辟，君不忍殺，宥之以遠。八議者，《周禮・小司寇》所云議親、議故、議賢、議能、議功、議貴、議賓、議勤是也。以君恩不忍殺，罪重不可全赦，故流之也。五刑之流，各有所居，謂徙置有處也。五居之差，有三等之居，量其罪狀爲遠近之差也。四裔最遠，在四海之表，故大罪四裔，謂不犯死罪也。故《周禮・調人》職云父之讐，辟諸海外，即與四裔爲一也。次九州之外，即《王制》云入學不率教者，屏之遠方，西方曰棘，東方曰寄，注云偪寄於夷狄也，與此九州之外同也。次千里之外者，即《調人》職云兄弟之讐，辟諸千里之外也。《立政》云中國之外，不同者，言中國者，據罪人所居之國定千里也。據其遠近，其實一也。《周禮》與《王制》既有三處之另，故約以爲言。鄭玄云：三處者，自九州之外至於四海，三分其地，遠近若周之夷、鎮、蕃也。然罪有輕重不同，豈五百里之校乎？不可從也。傳言臯至述之。正義曰：惟明謂臯陶之明，克允謂受罪者信服。故王肅云：惟明其罪，能使之信服。是信施於彼此。但彼人信服，由臯陶有信，故傳言臯陶能明信五刑，施之遠近蠻夷，使咸信服。王言信者，見其臯陶有信，故彼信之也。

《尚書正義・夏書・禹貢》

庶土交正，厎慎財賦，交，俱也。衆土俱得其正，謂壤、墳、壚。致所慎者，財貨貢賦，舍取之有節，不過度。咸則三壤，成賦中邦。皆法壤田上中下大較三品，成九州之賦。明水害除。較音角。疏九州至中邦。正義曰：昔堯遭洪水，道路阻絶，今水土既治，天下大同，故揔敘之，今九州所共同矣。所同者，四方之宅已盡可居矣，九州之山刊槎其木旅祭之矣，九州之川滌除泉源無壅塞矣，九州之澤已皆陂障無决溢矣，四海之内皆得會同京師無乖異矣，六材之府甚修治矣。言海内之人皆豐足矣。水災已除，天下衆土墳壤之屬俱得其正，復本性故也。民既豐足，取之有藝，致所重慎者惟財貨賦税也。慎之者，皆法則其三品土壤，準其地之肥瘠，爲上中下三等，以成其貢賦之法於中國。美禹能治水土，安海内，於此總結之。傳所同事在下。正義曰：九州所同，與下爲目，故言所同事在下。四隩既宅已下皆是也，其言九山、九川、九澤，最是同之事矣。傳四方至可居。正義曰：室隅爲隩，隩是内也。人之造宅爲居，至其隩内，遂以隩表宅，故傳以隩爲宅，以宅内可居，言四方舊可居之處皆可居也。傳九州至溢矣。正義曰：上文諸州有言山川澤者，皆舉大言之。所言不盡，故於此復更揔之。九山、九川、九澤，言九州之内所有山川澤，無大無小，皆刊槎决除已訖，其皆旅祭。惟據名山大川言旅者，往前大水，旅祭禮廢，已旅見已治也。山非水體，故以旅見治。其實水亦旅矣，發首云奠高山大川，但是定位，皆已旅祭也。川言滌除泉源，從其所出，至其所入，皆蕩除之，無壅塞也。澤言既陂，往前濫溢，今時水定，或作陂以障之，使無决溢。《詩》云：彼澤之陂。毛傳云：陂，澤障也。傳四海至化和。正義曰：《禮》諸侯之見天子，時見曰會，殷見曰同。此言四海會同，乃謂官之與民皆得聚會京師，非據諸侯之身朝天子也。夷狄戎蠻謂之四海，但天子之於夷狄，不與華夏同風，故知四海謂四海之内，即是九州之中，乃有萬國。萬國同其風化，若物在繩索之貫，故云九州同風，萬國共貫。《大禹謨》云，水、火、金、木、土、穀謂之六府。皆修治者，言政化和也。由政化和平，民不失業，各得殖其資産，故六府修治也。傳交俱至過度。正義曰：交錯、更互，俱之義，故交爲俱也。洪水之時，高下皆水，土失本性。今水災既除，衆土俱得其正，謂壤、墳、壚，還復其壤、墳、壚之性也。諸州之土，青黎是色，塗泥是濕，土性之異，惟有壤、墳、壚耳，故舉三者以言也。致所慎者，財貨貢賦，謹慎其事，不使害人，言取民有節，什一而税，不過度也。傳皆法至害除。正義曰：土壤各有肥瘠，貢賦從地而出，故分其土壤爲上中下，計其肥瘠等級甚多，但舉其大較，定爲三品，法則地之善惡，以爲貢賦之差。雖細分三品，以爲九等，人功修少，當時小異，要民之常税必準其土，故皆法三壤成九州之賦。言得施賦法，以明水害除也。九州即是中邦，故傳以九州言之。

《尚書・商書・説命上》　王宅憂，亮陰三祀。既免喪，其惟弗言。羣臣咸諫于王曰：嗚呼！知之曰明哲，明哲實作則。天子惟君萬邦，百官承式。王言，惟作命。不言，臣下罔攸稟令。

王庸作書以誥曰：以台正于四方，惟恐德弗類，茲故弗言，恭默思道。夢帝賚予良弼，其代予言。乃審厥象，俾以形旁求于天下。説築傅巖之野，惟肖。爰立作相。王置諸其左右。

《尚書正義・商書・説命上》　王宅憂，亮陰三祀。陰，默也。居憂，信默三年不言。亮，本又作諒，如字，又力章反。疏王宅憂，亮陰三祀。正義曰：言王居父憂，信任冢宰，默而不言已三年矣。三年不言，自是常事，史録此句於首者，謂既免喪事，可以言而猶不言，故述此以發端也。傳陰默至不言。正義曰：陰者，幽闇之義，默亦闇義，故爲默也。《易》稱君子之道，或默或語，則默者，不言之謂也。《無逸》傳云乃有信默，三年不言，有此信默，則信謂信任冢宰也。既免喪，其惟弗言。除喪，猶不言政。羣臣咸諫于王曰：嗚呼！知之曰明哲，明哲實作則。知事則爲明智，明智則能制作法則。哲，本又作喆。天子惟君萬邦，百官承式，天下待令，百官仰法。王言惟作命，不言臣下罔攸稟令。稟，受。令亦命也。

（宋）蔡沈《書經集傳・周書・牧誓》　今商王受惟婦言是用，昏棄厥肆祀弗答，昏棄厥遺王父母弟不迪。乃惟四方之多罪逋逃是崇、是長，是信、是使，是以爲大夫、卿士。俾暴虐于百姓，以姦宄于商邑。

婦，房缶反。肆，陳，答報也。婦，妲己也，《列女傳》云：紂好酒淫樂，不離妲己。妲己所舉者，貴之；所憎者，誅之。惟妲己之言是用，故顛倒昏亂。祭，所以報本也。紂以昏亂，棄其所當陳之祭祀而不報。昆弟，先王之胤也。紂以昏亂，棄其王父母弟而不以道遇之，廢宗廟之禮，無宗族之義。乃惟四方多罪逃亡之人，尊崇而信使之，以爲大夫卿士，使暴虐于百姓，姦宄于商邑。蓋紂惑於妲己之嬖，背常亂理，遂至流毒如此也。

（清）孫星衍《尚書今古文注疏・康誥》　不率大戛，矧惟外庶子、訓人，注：鄭康成曰：訓人，師長。惟厥正人，越小臣諸節，乃别播敷造。注：歐陽説造為造獄。民大譽，弗念弗庸，瘝厥君，時乃引惡，惟朕憝。疏：率者，《釋詁》云：循也。戛者，《釋詁》云：常也。弜者，《説文》云：詞也。外庶子，《燕義》云：古者，周天子之官，有庶子官，職諸侯、卿、大夫、士之庶子之卒，掌其戒令，與其教治。鄭氏注《周禮・敘官》云：諸子，主公、卿、大夫、士之子者，或曰庶子是也。訓人者，若《天官・太宰》師，以賢得民；儒，以道得民注云師，諸侯師氏；儒，諸侯保氏是也。正人者，《釋詁》云：正，長也。卽上文政人。小臣諸節，謂小臣之受符節者。播者，《説文》云：布也。敷者，《説文》云：敀也。瘝，當為鰥，《釋詁》云：病也。言不循用常法，其惟在外之庶子及師長不能行其教令，致使長民之官與小臣之受節治民者，乃别布施造獄之條。于民有大譽之人，弗肯念而用之，於病其君之人，是引為同惡，惟我其怨之。鄭注見《書》疏。歐陽説見《漢書・王尊傳》。尊曰：律無妻母之法，聖人所不忍書。此經所謂造獄者也。注：晉灼曰：歐陽《尚書》有此造獄事也。造獄者，不循常法；遇非常之事，不得已而用之。今或别為傳播，以陷有名之人，同惡相引，是可誅也。歐陽造獄，别無可附，疑今文説此條之義也。

（清）孫星衍《尚書今古文注疏・梓材》　后式典集，庶邦丕享。疏：后者，《説文》云：繼體君也。式者，《釋言》云：用也。典者，《釋詁》云：常也。言繼體之君，當用先王之常法安集之，衆邦乃來享也。丕，語詞也。

《尚書正義・周書・無逸》　此厥不聽，人乃訓之，乃變亂先王之正刑，至于小大。此其不聽中正之君，人乃教之以非法，乃變亂先王之正法，至于小大，無不變亂。言己有以致之。民否則厥心違怨，否則厥口詛祝。以君變亂正法，故民否則其心違怨，否則其口詛祝。言皆患其上。詛，側助反。祝，之又反。疏周公至詛祝。正義曰：周公言而歎曰：我聞人之言曰，古之人雖君明臣良，猶尚相訓告以善道，相安順以美政，相教誨以義方。君臣相正如此，故於時之民順從上教，無有相誑欺爲幻惑者。此其不聽中正之君，人乃教訓之以非法之事，乃從其言，變亂先王之正法，至於小大之事，無不皆變亂之。君既變亂如此，其時之民疾苦，否則其心違上怨上，否則其口詛祝之。言人患之無已，舉此以戒成王，使之君臣相與養下民也。傳歎古至義方。正義曰：此章二事，善惡相反。下句不聽人者，是愚闇之君，知此言古之人者，是賢明之君。相是兩人相與，故知兼有臣良，更相教告。隱三年《左傳》石碏曰：臣聞愛子，教之以義方。故知相教誨者，使相教誨以義方也。則知相訓告者，告之以善道也；相保惠者，相安順以美政也。傳譸張至惑也。正義曰：譸張，誑也，《釋訓》文。孫炎曰：眩惑誑欺人也。民之從上，若影之隨形，君臣以道相正，故下民無有相欺誑幻惑者。幻即眩也，惑亂之名，《漢書》稱西域有幻人是也。傳此其至致之。正義曰：上言善事，此説惡事。如此其不聽者，是不聽中正之君也。既不聽中正，則好聽邪佞，知此乃訓之者，是邪佞之人訓之也。邪佞之人必反正道，故言人乃教之以非法。

闇君即受用之，變亂先王之正法。至於小大，無不變亂，言皆變亂正法盡也。闇君所任同己，由己之闇，致此佞人，言此闇君己身有以致之也。上君明臣良，由君明而有良臣，亦是己有致。上之言胥，此不言者，君任佞臣，國亡滅矣，不待相教爲惡，故不言胥也。傳以君至其上。正義曰：君既變亂正法，必將困苦下民。民不堪命，忿恨必起，故民忿君乃有二事，否則心違怨，否則口詛祝，言皆患上而爲此也。違怨，謂違其命而怨其身。詛祝，謂告神明令加殃咎也。以言告神謂之祝，請神加殃謂之詛。襄十七年《左傳》曰：宋國區區，而有詛有祝。《詩》曰：侯詛侯祝。是詛祝意不異耳。

《尚書正義·周書·君陳》 王曰：君陳，爾惟弘周公丕訓，無依勢作威，無倚法以削，汝爲政當闡大周公之大訓，無乘勢位作威人上，無倚法制以行刻削之政。寬而有制，從容以和。寬不失制，動不失和，德教之治。從，七容反。殷民大辟，予曰辟，爾惟勿辟。予曰宥，爾惟勿宥。惟厥中。殷人有罪在刑法者，我曰：刑之。汝勿刑。我曰：赦宥。汝勿宥。惟其當以中正平理斷之。辟，扶亦反，下同。中如字，或丁仲反。斷丁亂反。有弗若于汝政，弗化于汝訓，辟以止辟，乃辟。有不順於汝政，不變於汝教，刑之而懲止犯刑者，乃刑之。狃于姦宄，敗常亂俗，三細不宥。習於姦宄凶惡，毀敗五常之道，以亂風俗之教，罪雖小，三犯不赦，所以絶惡源。狃，女九反。疏王曰至不宥。正義曰：王呼之曰：君陳，汝今爲政，當弘大周公之大訓。周公既有大訓，汝當遵而行之，使其法更寬大。汝奉周公之訓，無得依恃形勢以作威於人，無得倚附法制以行刻削百姓，必當寬容而有法制，使疎而不漏。從容以和協於物，莫爲褊急。此成周殷民，有犯事在於刑法未斷決者，我告汝曰：刑罰之。汝惟勿得刑罰之。我告汝曰：赦宥之。汝惟勿得赦宥之。惟其以中正平法斷决之，不得從上意也。其有不順於汝之政令，不化於汝之訓教，其罪既大，當行刑中。刑罰一人可以止息後犯者，故云犯刑者乃刑之。如其罪或輕細，罰不當理，雖刑勿息，故不可輒刑。若有人習於姦宄凶惡，敗五常之道，亂風俗之教，三犯其事者，事雖細小，勿得宥之。以其知而故犯，當殺之以絶惡源也。傳汝爲至之政。正義曰：君陳之智，必不及周公，而令闡大周公訓者，遵行其法，使廣被於民，即是闡揚而大之。非遣君陳爲法，使大於周公法也。凡在人上，位貴於人，勢足可畏者，多乘是形勢以作威刑於人，倚附公法以行刻削之政，故禁之也。傳寬不至之治。正義曰：寬不失制，則經寬而有制。動不失和，則經從容以和。言動，謂從容也。傳習於至惡源。正義曰：《釋言》云：狃，復也。孫炎曰：狃忕，前復爲也。古言狃忕是貫習之義，故以習解狃。習於姦宄凶惡，言爲之不知止也。敗常亂俗，有大有小，罪雖小者，三犯不赦，恐其滋大，所以絶惡源也。此謂所犯小事，言三者，再猶可赦爾。

（漢）韓嬰《韓詩外傳》卷三 傳曰：以從俗爲善，以貨財爲寶，以養性爲已至道，是民德也，未及於士也。行法而志堅，【略】《荀子·儒效篇》作至。劉台拱云：《韓詩外傳》引此作行法而志堅，行法與志堅對舉，不當作至。王念孫云：法者正也，言其行正其志堅，故下句云不以私欲亂所聞也，古謂正爲法，見《漢書·賈鄒枚路傳》。維遹案：劉王校是，本書下文亦作志，不當前後歧異，今據正。不以私欲害其所聞，是勁士也，未及於君子也。行法而志堅，好脩其所聞以矯其情，言行多當，未安諭也，知慮多當，未周密也，上則能大其所隆也，下則開道不若己者，維遹案開上省能字。因上句已有能字，故此句省。《荀子·王制篇》不省，作下則能開道不若己者。是篤厚君子，未及聖人也。維遹案：及下疑脱於字。上文云未及於士也未及於君子也，皆以及於連文，是其證。若夫脩百王之法，脩字舊脱。周廷寀云：百上當從《荀子·儒效篇》補脩字。維遹案：周校是也，今據補。若別白黑，元本、沈本、毛本、張本同，鍾本、黃本、楊本、劉本、程本白黑作黑白。維遹案：本或作黑白，與《荀子·儒效篇》合。應當世之變，若數一二，一二舊作三綱。維遹案：三綱當作一二。蓋因一二誤合爲三，校者見下文若運四支，若推四時，遂妄增綱字，以三綱與四支四時相對。《荀子·儒效篇》作若數一二，今據正。行禮要節，若性四支，性舊作運。沈本、張本、毛本、劉本亦作運，元本、鍾本、黃本、楊本、程本作性。維遹案：木或作性，是，今據正。《荀子·儒效篇》作生，生與性通，性猶身也，身又與伸通。《晉語》四而況可以淫縱其身乎，又況其順身縱欲懷安將何及矣，《晉語》六其身果而辭順，身卽性也。《三國志·魏志·吴質傳》裴注引《質別傳》上將軍曹真性肥，中領軍朱鑠性瘦，性不可言肥瘦，性卽身也。《荀子·儒效篇》因化之功。若推四時，天下得序，羣物安居，是聖人也。《詩》曰：明昭有周，式序在位

（宋）陳祥道《禮書》卷二五《都鄙之制》 方士掌都家，聽其獄訟之辭。小行人達天下之六節，都鄙用管節，以竹為之。朝大夫掌都家之國治，平理其來文書於朝者，日朝以聽國事故，以告其君長。國事故，天子之事，當施於都家者也。告其君長，使知而行之。國有政令，則其朝大夫，使以告其都家之吏。凡都家之治於國者，必因其朝大夫，然後聽之，惟大事弗因。凡都家之治有不及者，則誅其朝大夫，在軍旅則誅其有司匠人。

（清）劉寶楠《論語正義·爲政》 子張問：十世可知也？注：孔曰：文質禮變。子曰：殷因於夏禮，所損益，可知也；周因於殷禮，所損益，可知也。注：馬曰：所因，謂三綱五常；所損益，謂文質三統。其或繼周者，雖百世，可知也。注：物類相召，世數相生，其變有常，故可預知。正義

曰：《太平御覽》五百廿三引鄭注云：世謂易姓之世也，問其制度變易如何。案：《説文》世作卋，云三十年爲一世。此云易姓稱世者，引申之義。制度者，制，猶作也；度，法也，即禮也。《御覽》引鄭注曰：所損益可知也者，據時篇目可校數。自周以後，以爲變易，損益之極，極於三王，亦不是過也。案：夫子言夏禮、殷禮皆能言之。又《中庸》言君子考諸三王而不繆，是夏、殷禮時尚存，當有篇目可校數也。以爲變易句有訛字。禮所以有損益者，如夏尚忠，而其敝則惷而愚，喬而野，朴而不文；殷承夏，而其敝則蕩而不静，勝而無耻；周承殷，而其敝則利而巧，文而不慚，賊而蔽。則承周者，又當救之以質。故凡有所損益，皆是變易之道。三王爲損益之極，極則思反。《白虎通·三教篇》：三者如順連環，周則復始，窮則反本，此則天地之理，陰陽往來之義也。《春秋繁露·楚莊王篇》：謂新王必改制，欲以順天志而明自顯。此據天道以言人事，明所變易亦天爲之矣。

《國語》卷六《齊語》 管子對曰：昔者，聖王之治天下也，參其國而伍其鄙，定民之居，成民之事，陵爲之終，而慎用其六柄焉。桓公曰：成民之事若何？管子對曰：四民者，勿使雜處，雜處則其言哤，其事易。公曰：處士、農、工、商若何？管子對曰：昔聖王之處士也，使就閒燕；處工，就官府；處商，就市井；處農，就田野。

令夫士，羣萃而州處，閒燕則父與父言義，子與子言孝，其事君者言敬，其幼者言弟。少而習焉，其心安焉，不見異物而遷焉。是故其父兄之教不肅而成，其子弟之學不勞而能。夫是，故士之子恒爲士。令夫工，羣萃而州處，審其四時，辨其功苦，權節其用，論比協材，旦暮從事，施於四方，以飭其子弟，相語以事，相示以巧，相陳以功。少而習焉，其心安焉，不見異物而遷焉。是故其父兄之教不肅而成，其子弟之學不勞而能。夫是，故工之子恒爲工。令夫商，羣萃而州處，察其四時，而監其鄉之資，以知其市之賈，負、任、擔、荷，服牛、軺馬，以周四方，以其所有，易其所無，市賤鬻貴，旦暮從事於此，以飭其子弟，相語以利，相示以賴，相陳以知賈。少而習焉，其心安焉，不見異物而遷焉。是故其父兄之教不肅而成，其子弟之學不勞而能。夫是，故商之子恒爲商。令夫農，羣萃而州處，察其四時，權節其用，耒、耜、耞、芟，及寒，擊菒除田，以待時耕，及耕，深耕而疾耰之，以待時雨，時雨既至，挾其槍、刈、耨、鎛，以旦暮從事於田野。脱衣就功，首戴茅蒲，身衣襏襫，霑體塗足，暴其髮膚，盡其四支之敏，以從事於田野。少而習焉，其心安焉，不見異物而遷焉。是故其父兄之教不肅而成，其子弟之學不勞而能。夫是，故農之子恒爲農，野處而不暱。其秀民之能爲士者，必足賴也。有司見而不以告，其罪五。有司已於事而竣。

《漢書》卷四九《鼂錯傳》 詔策曰直言極諫，愚臣竊以五伯之臣明之。臣聞五伯不及其臣，故屬之以國，任之以事。五伯之佐之爲人臣也，察身而不敢誣，奉法令不容私，盡心力不敢矜，遭患難不避死，見賢不居其上，受禄不過其量，不以亡能居尊顯之位。自行若此，可謂方正之士矣。其立法也，非以苦民傷衆而爲之機陷也，以之興利除害，尊主安民而救暴亂也。其行賞也，非虚取民財妄予人也，以勸天下之忠孝而明其功也。故功多者賞厚，功少者賞薄。如此，斂民財以顧其功，而民不恨者，知與而安己也。其行罰也，非以忿怒妄誅而從暴心也，以禁天下不忠不孝而害國者也。故辠大者罰重，辠小者罰輕。如此，民雖伏罪至死而不怨者，知罪罰之至，自取之也。立法若此，可謂平正之吏矣。法之逆者，請而更之，不以傷民；主行之暴者，逆而復之，不以傷國。救主之失，補主之過，揚主之美，明主之功，使主内亡邪辟之行，外亡騺汙之名。事君若此，可謂直言極諫之士矣。此五伯之所以德匡天下，威正諸侯，功業甚美，名聲章明。舉天下之賢主，五伯與焉，此身不及其臣而使得直方極諫補其不逮之功也。今陛下人民之衆，威武之重，德惠之厚，令行禁止之勢，萬萬於五伯，而賜愚臣策曰匡朕之不逮，愚臣何足以識陛下之高明而奉承之！

又： 詔策曰：吏之不平，政之不宣，民之不寧，愚臣竊以秦事明之。臣聞秦始并天下之時，其主不及三王，而臣不及其佐，然功力不遲者，何也？地形便，山川利，財用足，民利戰。其所與並者六國，六國者，臣主皆不肖，謀不輯，民不用，故當此之時，秦最富彊。夫國富彊而鄰國亂者，帝王之資也，故秦能兼六國，立為天子。當此之時，三王之功不能進焉。及其末塗之衰也，任不肖而信讒賊；宫室過度，耆欲亡極，民力罷盡，賦斂不節；矜奮自賢，羣臣恐諛，驕溢縱恣，不顧患禍；妄賞以隨（善）喜意，妄誅以快怒心，法令煩憯，刑罰暴酷，輕絶人命，身自射殺；天下寒心，莫安其處。姦邪之吏，乘其亂法，以成其威，獄官主斷，生殺自恣。上下瓦解，各自爲制。秦始亂之時，吏之所先侵者，貧人賤民也；至其中節，所侵者富人吏家也；及其末塗，所侵者宗室大臣也。是故親疏皆危，外内咸怨，離散逋逃，人有走心。陳勝先倡，天下大潰，絶祀亡世，爲異姓福。此吏不平，政不宣，民不寧之禍也。今陛下配天象地，覆露萬民，絶秦之迹，除其亂法；躬親本事，廢去淫末；除苛解嬈，寬大愛人；肉刑不用，辠人亡帑，非謗不治，鑄錢者除；通關去塞，不孽諸侯，賓禮長老，愛卹少孤；辠人有期，後宫出嫁；尊賜孝悌，農民不租；明詔軍師，愛士大夫；求進方正，廢退姦邪，除去陰刑，害民者誅；憂勞百姓，列侯就都；親耕節用，視民不奢。所爲天下興利除害，變法易故，以安海内者，大功數十，皆上世之所難及，陛下行之，道純德厚，元元之民幸矣。

《漢書》卷七四《魏相傳》 相明《易經》，有師法，好觀漢故事及便宜章奏，以爲古今異制，方今務在奉行故事而已。數條漢興已來國家便宜行事，及賢臣賈誼、鼂錯、董仲舒等所言，奏請施行之，曰臣聞明主在上，賢輔在下，則君安虞而民和睦。臣相幸得備位，不能奉明法，廣教化，理四方，以宣聖德。民多背本趨末，或有飢寒之色，爲陛下之憂，臣相罪當萬死。臣相知能淺薄，不明國家大體，時用之宜，惟民終始，未得所繇。竊伏觀先帝聖德仁恩之厚，勤勞天下，垂意黎庶，憂水旱之災，爲民貧窮發倉廩，賑乏餧，遣諫大夫博士巡行天下，察風俗，舉賢良，平寃獄，冠蓋交道；省諸用，寬租賦，弛山澤波池，禁秫馬酤酒貯積；所以周急繼困，慰安元元，便利百姓之道甚備。臣相不能悉陳，昧死奏故事詔書凡二十三事。臣謹案王法必本於農而務積聚，量入制用以備凶災，亡六年之畜，尚謂之急。元鼎二年，平原、勃海、太山、東郡溥被災害，民餓死於道路。二千石不豫慮其難，使至於此，賴明詔振捄，乃得蒙更生。今歲不登，穀暴騰踴，臨秋收斂猶有乏者，至春恐甚，亡以相恤。西羌未平，師旅在外，兵革相乘，臣竊寒心，宜蚤圖其備。唯陛下留神元元，帥繇先帝盛德以撫海内。上施行其策。

《北史》卷三九《房法壽傳》 竊聞賞者所以勸善，刑者所以懲惡。故疏賤之人，有善必賞，尊賢之戚，犯惡必刑。未有罰則避親，賞則遺賤者也。今國家祇承靈命，作人父母，刑賞曲直，升聞於天，夤畏照臨，亦宜謹肅。故文王云：我共夙夜畏天之威。以此而論，雖州、國有殊，高下懸邈，憂人慎法，其理一也。

《北史》卷五〇《高恭之傳》 道穆又上疏曰：高祖太和之初，置廷尉司直，論刑辟是非，雖事非古始，交濟時要。竊見御史出使，悉受風聞，雖時獲罪人，亦不無枉濫。何者？得堯之罰，不能不怨，守令爲政，容有愛憎，姦猾之徒，恒思報惡，多有妄造無名，共相誣謗。御史一經檢究，恥於不成，杖木之下，以虚爲實。無罪不能自雪者，豈可勝道哉！臣雖愚短，守不假器，繡衣所指，冀以清肅。若仍更踵前失，或傷善人，則尸禄之責，無所逃罪。如臣鄙見，請依太和故事，還置司直十人，名隸廷尉，秩以五品，選歷官有稱，心平性正者爲之。御史若出糾劾，即移廷尉，令知人數。廷尉遣司直與御史俱發，所到州郡，分居別館。御史檢了，移付司直。司直覆問事訖，與御史俱還。中尉彈聞，廷尉科案，一如舊式。庶使獄成罪定，無復稽寬，爲惡取敗，不得稱枉。若御史、司直糾劾失實，悉依所斷獄罪之。聽以所檢，迭相糾發。如二使阿曲，有不盡理，聽罪家詣門下通訴，別加案檢。如此則肺石之傍，怨訟可息，叢棘之下，受罪吞聲者矣。詔從之，復置司直。

《舊唐書》卷四八《食貨志上》 左監門録事參軍劉秩曰伏奉今月二十一日敕，欲不禁鑄錢，更令百寮詳議可否者。夫錢之興，其來尚矣。將以平輕重而權本末。齊桓得其術而國以覇，周景失其道而人用弊。考諸載籍，國之興衰，實繫於是。陛下思變古以濟今，欲反經以合道，而不即改作，詢之芻蕘，臣雖蠢愚，敢不薦其聞見。古者以珠玉爲上幣，黄金爲中幣，刀布爲下幣。管仲曰：夫三幣，握之則非有補於煖也，舍之則非有損於飽也。先王以守財物，以御人事，而平天下也。是以命之曰衡。衡者，使物一高一下，不得有常。故與之在君，奪之在君，富之在君，貧之在君。是以人戴君如日月，親君如父母，用此術也。是謂人主之權。今之錢，即古之下幣也。陛下若捨之任人，則上無以御下，下無以事上，其不可一也。夫物賤則傷農，錢輕則傷賈。故善爲國者，觀物之貴賤，錢之輕重。夫物重則錢輕，錢輕由乎物多，多則作法收之使少；少則重，重則作法布之使輕。輕重之本，必由乎是，柰何而假於人？其不可二也。夫鑄錢不雜以鉛鐵則無利，雜以鉛鐵則惡，惡不重禁之，不足以懲息。且方今塞其私鑄之路，人猶冒死以犯之，况啓其源而欲人之從令乎？是設陷穽而誘之入，其不可三也。夫許人鑄錢，無利則人不鑄，有利則人去南畝者衆。去南畝者衆，則草不墾，草不墾，又隣於寒餒，其不可四也。夫人富溢則不可以賞勸，貧餒則不可以威禁。故令法不可以行，人之不理。皆由貧富之不齊也。若許其鑄錢，則貧者必不能爲。臣恐貧者彌貧而服役於富室，富室乘之而益恣。昔漢文帝之時，吴濞，諸侯也，富埒天子；鄧通，大夫也，財侔王者。此皆鑄錢之所致也。必欲許其私鑄，是與人利權而捨其柄，其不可五也。陛下必以錢重而傷本，工費而利寡，則臣願言其失，以效愚計。夫錢重者，猶人日滋於前，而鑪不加於舊。又公錢重，與銅之價頗等，故盗鑄者破重錢以爲輕錢。錢輕，禁寬則行，禁嚴則止，止則棄矣，此錢之所以少也。夫鑄錢用不贍者，在乎銅貴，銅貴，在於採用者衆。夫銅，以爲兵則不如鐵，以爲器則不如漆，禁之無害，陛下何不禁於人？禁於人，則銅無所用，銅無所用則銅益賤，賤則錢之用給矣。夫銅不布下，則盗鑄者無因而鑄，則公錢不破，人不犯死刑，錢又日增，末復利矣，是一舉而四美兼也。惟陛下熟察之。

《新唐書》卷一八〇《李德裕傳》 時韋弘質建言，宰相不可兼治錢穀，德裕奏言：管仲明於治國，其語曰：國之重器，莫重於令。令重君尊，君尊國安。治人之本，莫要於令。故曰虧令者死，益令者死，不行令者死，留令者死，不從令者死。五者無赦。又曰：令在上而論可否在下，是主威下繫於人也。大和後，風俗寖敝，令出於上，非之在下。此敝不止，無以治國。

《宋史》卷一七六《食貨志上四》 琦復上疏曰：制置司多刪去臣元奏要語，唯舉大概，用偏辭曲難，及引《周禮》國服爲息之説，文其謬妄，上以欺罔聖聽，下以愚弄天下。臣竊以爲周公立太平之法，必無剝民取利之理，但漢儒解釋或有異同。《周禮》園廛二十而税一，唯漆林之征二十而五，鄭康成乃約此法，謂：從官貸錢若受園廛之地，貸萬錢者出息五百。賈公彦廣其説，謂：如此則近郊十一者，萬錢期出息一千，遠郊二十而三者，萬錢期出息一千五百，甸、稍、縣、都之民，萬錢期出息二千。如此，則須漆林之戶取貸，方出息二千五百，當時未必如此。今放青苗錢，凡春貸十千，半年之內便令納利二千，秋再放十千，至歲終又令納利二千，則是貸萬錢者，不問遠近，歲令出息四千。《周禮》至遠之地止出息二千，今青苗取息過《周禮》一倍，制置司言比《周禮》取息已不爲多，是欺罔聖聽，且謂天下之人不能辨也。

且古今異宜，《周禮》所載有不可施于今者，其事非一。若謂泉府一職今可施行，則制置司何獨舉注疏貸錢取息一事，以詆天下之公言哉？康成又注云：王莽時貸以治產業者，但計所贏受息，無過歲什一。公彦疏云：莽時雖計本多少爲定，及其催科，唯所贏多少。假令萬錢歲贏萬錢催一千，贏五千催五百，餘皆據利催什一。若贏錢更少，則納息更薄，比今青苗取利尤爲寬少。而王莽之外，上自兩漢，下及有唐，更不聞有貸錢取利之法。今制置司遇堯、舜之主，不以二帝、三王之道上裨聖政，而貸錢取利更過莽時，此天下不得不指以爲非，而老臣不可以不辨也。

況今天下田税已重，固非《周禮》什一之法，更有農具、牛皮、鹽麴、鞵錢之類，凡十餘目，謂之雜錢。每夏秋起納，官中更以紬絹斛斗低估，令民以此雜錢折納。又歲散官鹽與民，謂之蠶鹽，折納絹帛。更有預買、和買紬絹，如此之類，不可悉舉，皆《周禮》田税什一之外加斂之物，取利已厚，傷農已深，奈何又引《周禮》國服爲息之説，謂放青苗錢取利乃周公太平已試之法？此則誣汙聖典，蔽惑睿明，老臣得不太息而慟哭也！制置司又謂常平舊法亦糶與坊郭之人。坊郭有物力戶未嘗零糴常平倉斛斗，此蓋欲多借錢與坊郭有業之人，以望收利之多，妄稱《周禮》以爲無都邑鄙野之限，以文其曲説，唯陛下詳之。

《宋史》卷一七七《食貨志上五》 中書孫迪、張景温體量不願出錢之民，欲困以重役，楊繪復論之。而監察御史劉摯謂：昨者團結保甲，民方驚擾，又作法使人均出緡錢，非時升降戶等，期會急迫，人情惶駭。因陳新法十害，其要曰：上戶常少，中下戶常多，故舊法上戶之役類皆數而重，下戶之役率常簡而輕；今不問上下戶，概視物力以差出錢，故上戶以爲幸，而下戶苦之。歲有豐凶，而役人有定數，助錢歲不可闕，則是賦税有時減閣，而助錢更無蠲損也。役人必用鄉戶，爲其有常產則自重，今既招雇，恐止得浮浪姦僞之人，則帑庾、場務、綱運不惟不能典幹，竊恐不勝其盗用而冒法者衆；至於弓手、耆、壯、承符、散從、手力、胥史之類，恐遇寇則有縱逸，因事輒爲搔擾也。司農新法，衙前不差鄉戶，其舊嘗願爲長名者，聽仍其舊，却用官自召賣酒税坊場并州縣坊郭人戶助役錢數，酬其重難，惟此一法，有若可行；然坊郭十等戶，緩急科率，郡縣賴之，難更使之均出助錢。乞詔有司，若坊場錢可足衙前雇直，則詳究條目，徐行而觀之。帝因安石進呈役錢文字，謂之曰：民供稅斂已重，坊郭及官戶等不須減，稅戶升等事更與少裁之。安石曰：朝廷制法，當斷以義，豈須規規恤淺近之人議論耶？

（宋）李燾《續資治通鑑長編》卷三七四《宋哲宗元祐元年》 左司諫王巖叟奏：《編類章疏》元年四月二日。法有爲名則美而行之則艱，事有用意則良而施之則戾者，三舍是也。三舍之法立，雖有高材異能，未見能取而得之，而奔競之患起。奔競之患起，而賄賂之私行；賄賂之私行，而獄訟之禍興；獄訟之禍興，而防猜之禁繁。博士勞於簿書，諸生困於文法，非復渾然養士之體，而庠序之風或幾乎息，此識者之所共歎也。臣竊謂庠序者，所以萃羣材而樂育之，以定其志業，養其名譽，優游舒徐，以待科舉也。不必以科舉之外，別開進取之門，多岐以支離其心而激其爭端，使利害得失日交戰於胸中，損育德善道之淳意，非所以篤教化、成人材也。臣愚乞鑒已然之弊，罷三舍法，開先生弟子不相見之禁，示學士大夫以不疑；講解之餘，止以公私試第高下如昔時，自足以奬材氣而厲風聲，使多士欣於從學，則上庠宜復有雍容樂易之美，爲四方矜式矣。乞下禮部及司業、博士共議。今來《朱光庭集》亦有此奏，按《編類章疏》乃王巖叟第三件，係之光庭，必誤也。

（清）徐乾學《資治通鑑後編》卷七七《宋紀七七》 初，陝西轉運使李參以部內多戍兵，而糧儲不足，令民自隱度粟麥之贏，先貸以錢，俟穀熟還官，號青苗錢。行之數年，廩有餘糧，至是條例司言：諸路常平、廣惠倉，錢穀斂散，未得其宜，故爲利未博。今欲以見在斗斛，遇貴量減市價糶，遇賤量增市價糴，可通融轉運司苗稅及錢斛。就便轉易者，亦許兌換。仍以見錢，依陝西青苗錢例，願預借者給之。令隨稅輸納斗斛，半爲夏料，半爲秋料，內有願請本色或納時價貴願納錢者，皆從其便。如遇災傷，許展至次料豐熟日納。非惟足以待凶荒之患，民既受貸，則兼并之家不得乘新陳不接以邀倍息。又常平、廣惠之物，收藏積滯，必待年凶物貴然後出糶，所及不過城市游手之人。今通一路有無，貴發賤斂以廣蓄積，平物價，使農人得以趨時赴事，兼并者不得乘其急。凡此皆以爲民，而公家無所利焉。是亦先王散惠興利，以爲耕斂補助之意也。欲量諸路錢穀多寡，分遣官提舉，每州選通判幕職官一員，典幹轉移出納，仍先自河北、京東、淮南三路施行，俟有緒推之諸路。其廣惠倉除量留給老疾貧窮人外，餘並用常平轉移法。從之。初，王安石既與呂惠卿議定出示，蘇轍曰：以錢貸民，使出息二分，本以救民非爲利也。然出納之際，吏緣爲姦，法不能禁；錢入民手，雖良民不免妄用；及其納錢，雖富民不免踰限。恐鞭箠必用，州縣之事不勝煩矣。唐劉晏掌國計，未嘗有所假貸。有尤之者，晏曰：使民僥倖得錢，非國之福；使吏倚法督責，非民之便。吾雖未嘗假貸，而四方豐凶貴賤，知之未嘗逾時。有賤必糴，有貴必糶，以此四方無甚貴甚賤之病，安用貸爲？晏之所言，漢常平法耳。今此法具在，而患不修公誠有意於民舉而行之，晏之功可立俟也。安石曰：君言誠有理，當徐思之。由是逾月不言青苗。會京東轉運使王廣淵言：方春農事興，而民苦乏，兼并之家得以乘急要利，乞留本道錢帛五十萬貸之貧民，歲可獲息二十五萬。從之。其事與青苗法合。安石始以爲可用，召至京師與之議，廣淵請施之河北。安石遂決意行之，次第及於諸路。考異：《宋史・食貨志》云：安石因蘇轍之言，逾月不言青苗，會河北轉運司幹當公事，王廣廉召議事，廣廉嘗奏乞度僧牒數千爲本錢，於陝西轉運司私行青苗法，春散秋斂，與安石意合。至是，請施之河北，安石乃決意行之。《蘇轍傳》同《東都事畧》、《蘇轍傳》亦作河北轉運王廣廉。按：《宋史・王廣淵傳》慶歷中上曾祖《明家集》詔官其後，廣淵推與弟廣廉而自以進士得官。是廣廉乃廣淵之弟。熙寧二年四月，遣八人行諸路察農田利賦役，廣廉其一也。不聞爲河北轉運，且陝西河北各一漕司，河北轉運豈得散錢於陝西。蓋廣淵欲行青苗，援李參之事以請，後遂訛爲行之陝西耳。安石嘗言廣淵力主新法而遺劾，劉庠故壞新法而不問，是知附會青苗者，廣淵也，非廣廉也，今悉從《廣淵傳》。

《明史》卷二〇《神宗紀一》 〔隆慶六年秋七月〕己亥，戒諭廷臣，詔曰：近歲以來，士習澆漓，官方刓缺，詆老成爲無用，矜便佞爲有才。遂使朝廷威福之柄，徒爲人臣報復之資。用是薄示懲戒，餘皆曲貸。諸臣宜祓除前愆，共維新政。若溺於故習，背公徇私，獲罪祖宗，朕不敢赦。

《明史》卷九五《刑法志三》 莊烈帝即位，忠賢伏誅，而王體乾、王永祚、鄭之惠、李承芳、曹化淳、王德化、王之心、王化民、齊本正等相繼領廠事，告密之風未嘗息也。之心、化淳敍緝奸功，廕弟姪錦衣衛百戶，而德化及東廠理刑吳道正等偵閣臣薛國觀陰事，國觀由此死。時衛使慴廠威已久，大抵俛首爲所用。崇禎十五年，御史楊仁愿言：高皇帝設官，無所謂緝事衙門者。臣下不法，言官直糾之，無陰訐也。後以肅清輦轂，乃建東廠。臣待罪南城，所閲詞訟，多以假番故訴冤。夫假稱東廠，害猶如此，況其真乎？此由積重之勢然也。所謂積重之勢者，功令比較事件，番役每懸價以買事件，受買者至誘人爲奸盜而賣之，番役不問其從來，誘者分利去矣。挾忿首告，誣以重法，挾者志無不逞矣。伏願寬東廠事件，而後東廠之比較可緩，東廠之比較緩，而後番役之買事件與賣事件者俱可息，積重之勢庶幾可稍輕。後復切言緹騎不當遣。帝爲諭東廠，言所緝止謀逆亂倫，其作奸犯科，自有司存，不宜緝，并戒錦衣校尉之横索者。然帝倚廠衛益甚，至國亡乃已。

《明史》卷一一六《諸王傳・鎮國中尉勤熨》　又勤熨者，鎮國中尉也，嘉靖中，上書曰：陛下躬上聖之資，不法古帝王兢業萬幾，擇政任人，乃溺意長生，屢修齋醮，興作頻仍。數年來朝儀久曠，委任非人，遂至賄賂公行，刑罰倒置，奔競成風，公私殫竭，脱有意外變，臣不知所終。

《明史》卷二二〇《萬士和傳》　帝任宦官，旨多從中下。化言：法者天下之公，大小罪犯宜悉付法司。不當，則臣等論劾。若竟自敕行，則喜怒未必當，而法司與臣等俱虚設。詔是其言。冬至郊天，聞帝咳聲，推論陰陽姤復之漸，請法天養微陽，詞甚切直。有詔言災眚洊至，由部院政事不修，令廠衛密察。化偕同列言，廠衛徼巡輦下，惟詰奸宄、禁盜賊耳。駕馭百官，乃天子權，而糾察非法，則責在臺諫，豈廠衛所得干。今命之刺訪，將必開羅織之門，逞機阱之術，禍貽善類，使人人重足累息，何以爲治。且廠衛非能自廉察，必屬之番校。陛下不信大臣，反信若屬耶？

《明世宗實録》卷一《正德十六年四月》　〔戊申〕兵科給事中夏言上疏言：聖祖有訓，凡廣聰明不偏聽，以防壅蔽，通下情也。又曰：朝堂决政，衆論稱善，即與施行，大哉。王言：此子孫萬世所當遵守。頃緣先朝憸邪用事，蒙蔽主聽，一切章奏匿不以聞，或假以朝廷震怒，動加譴謫，威權下移，紀綱大壞，可爲寒心。伏遇皇上天縱聰明，光履帝位，四方延頸，瞻望太平。今茲御極之初，天下安危之辨，君子小人進退消長之機，於此焉決。伏願皇上奉天法祖，總攬權綱，每日視朝之餘，即御文華殿。凡中外所上章疏，凝神觀覽，時召内閣大臣相與論議裁決，或事關大體，衆論不同者，則敕下廷臣集議。不宜謀及褻近，徑從内批，即聖意有所予奪，亦必經由内閣議而後行，事有可否，許令執奏。其有所罷寢，亦明示外廷，則壅蔽、矯詐、没匿之姦舉無所容，而朝廷之政將無一不出於正矣。疏下所司知之。

《明神宗實録》卷五五八《萬曆四十五年六月》　〔丙子〕刑部奏：獄者，天下之大命也。民之悲愉忻戚，關天之災祥休咎。又況獄之悲戚，更萬倍乎彼。其以桎梏之繫幽圜土之中，神枯形槁，天下之至痛也。天日不得見，父母妻子不得見，天下之至悲也。更值炎暑薰灼，疫痢死亡，無曰不見告，又天下之至慘也。皇上於熱審重典需忍不下，豈以獄此已定銷錮之無傷也。不知死刑重繫之獄，有年老篤疾之一途，情法矜疑之獄，有改遣改配之一途，狂戇詿誤之獄，有赦過放生之一途。熱審不行，則獄囚雖有可生之路，盡至于死亡。臣知皇上之忍也。況時值亢暘，河流涸竭，微察天意，明以屯膏，不施感動。聖主乃天聽彌高，一切廢閣天人相與之際，誠可畏也。萬望俞允容臣等刻日舉行，下以慰人心，上以對天命。不報。南京署刑部大理寺卿李炳言：帝王之制，刑也，必先曰眚災肆赦，而後曰怙終賊刑，雨露霜雪兼施而並用也。今熱審逾期，綸音未涣，或者曰皇上免刑之命，無歲不下，所赦多矣。何必熱審而後赦乎！不知免刑者，免其所當刑者也。怙終者得緩須臾之死，而熱審不行則眚災無赦，反不如怙終之徒，一年蒙一赦耳，非法之不平也。不報。

〔丁巳〕刑科給事中姚若水言：時雨應禱，聖衷悦豫，精神振刷，當有一番新政。于以廣德意而承天眷。其簡卿貳，擢總憲，令大僚充實乎！其補科道，下考選，令言路疏通乎！其起昔年之廢逐，還近年之遷謫，俾朝有考成，野無遺賢乎！其釋累臣之繫，允熱審之請，俾忠直生還，詿誤立釋乎！迺旬時以來，天時雖調，朝政愈壅，因循惰窳，日甚一日，馨香無聞，感格何術，恐降祥者且轉而降殃矣。疏留中。

《皇明寶訓・明太祖寶訓》卷四《評古》　太祖觀《唐書》，至宦者魚朝恩，恃功玩忽無所憚。謂侍臣曰：當時坐不當，使此曹掌兵政，故肆恣暴横。然其時李輔國、程元振及朝恩數輩，勢皆極盛，代宗一旦去之，如孤雛腐鼠，大抵小人竊柄，人主苟能决意去之，亦有何難？但在斷不斷爾。又曰：漢末之時，宦官雖號驕縱，尚無兵權，故凡所爲不過假人主之名，以濁亂四海。至唐世以兵柄授之，馴至權勢之盛，刼脅天子，廢興在其掌握，大抵此曹只充使令，豈可使之當要路，執政操權，擅作威福？朕深鑒前轍，自左右服役之外，重者不過俾傳命四方而已。彼既無威福可以動人，豈能爲患？但遇有罪必罰無赦，彼自不敢驕縱也。

《皇明詔令》卷八《宣宗章皇帝上・諭法司敕宣德三年二月十六日**》** 皇帝敕諭三法司：朕惟聖人制刑罰，用昭天討，以弼治化。刑罰當，則天道協和，人心悦服，家國天下并受其福。否則感傷和氣，災沴百出。是以古者帝王，必慎簡刑官。我國家稽古爲治，三法司：刑部掌邦憲，都察院兼理刑名，大理寺審理輕重。自祖宗以來，慎重人命，務在欽恤。朕嗣承大統，祇奉舊章，不敢以喜怒爲法輕重，期與天下同躋仁壽。比聞刑罰失當，無辜者啣冤，有罪者倖免，朕爲惻然，不遑寧處，咨爾法司，夫憸邪者利口，柔良者寡訥，惟言是稽，情僞不辨，此其可乎？玩愒歲月，溺於安逸，囚繫瘐死，恬不爲意，此其可乎？不諳律意，不察人情，移情就獄，苟且文書，此其可乎？或畏權豪，徇其請托，或念恩怨，從而報復；或播弄刀筆，輕重人情；或恣肆捶楚，鍛鍊成獄，甚至貪圖賄賂，顛倒是非，誣陷良善，縱肆奸惡，略無畏憚，此何心哉？一夫不獲，時予之辜，一人稱冤，百姓驚駭。朕惟重刑簡，爾賢良惟體朕心，同諧厥職。天地神明昭鑒在上，善惡之報捷於影響。爾惟恭朕命，惕然驚省，追改前愆。公道惟心，以愛人爲本，廉以持身，勤以爲事，不惟國家有賴，爾亦永保禄位，貽福子孫。爾不恭命，明有國法，幽有神譴。爾其欽哉，勿貽後悔！故諭。

（明）孫旬《皇明疏鈔》卷七劉奮庸《君道七・竭愚衷補衮職以隆萬世治安疏》 二曰總攬政權。蓋人主之權，禮樂刑政之本，必一政一令出自上裁，而後臣下莫敢自行其私。在昔先皇英明果斷，恩威莫測，一時大小臣工斂手屏跡，竊弄威福者誰與？今政府之所擬議，百司之所承行，非不曰奉有欽依也，而斟酌依違之際，皇上曾出獨斷否乎？故人才之用舍，果盡協於公論而無敢自快其恩讐歟？臣未敢知也。國事之紛更，果盡出於忠謀，而無敢私意其上下歟？臣未敢知也。即如輔導東宫，原係閣臣之責，而敢爲身便之圖，朝廷名器，本爲勵世之典，而今皆爲市恩之具。先皇之世，誰敢如此乎？伏願皇上大勵明作之志，獨觀萬化之原，於凡用人行政，即庶府之所建白，閣臣之所擬票，而粲以聖裁，時出獨斷。則臣下莫能測其機，而權柄不至於偏重矣。

《皇朝通志》卷七五《刑法畧一・刑制肉刑附**》** 雍正三年，定各省監獄高築牆垣以資防範，其地勢低窪者改造高阜，狹隘者酌量寛限，其枷示暫羈之處，亦必繕治完固。該管官不時稽察，毋令獄官禁卒任意凌虐，弛懈疎防。

（明）何棟如《皇祖四大法》卷三《治法》 三月乙丑朔丁卯，上謂廷臣曰：剽悍驕暴，非人之性也，習也。苟有禮法以一之，則剽悍者可使善柔，驕暴者可使循帖。若踶囓之馬，調御有道，久則自然馴熟。屬兹草創，苟非禮法，人無所守，故必當以此洗滌漸染之習。然制禮立法非難，遵禮守法爲難。人知遵禮自無暴悍，能守法則不至暴悍。夫三尺童子至弱也，遇强暴而不敢欺者，以有禮法故耳。方今所當急者，此爲先務，不可後也。

《皇朝通志》卷七六《刑法畧二・刑制・律綱》 今上諭：古者，刑不上大夫，葢以維國體，而勵臣節。國體不維，則無尊卑上下之辨，臣節不勵，則大臣擁高爵，大官而有徒隸無恥之心。此賈誼所以諄切辨論也。朕欲風勵天下，使人各自愛，共敦節行，尤宜自大臣始。大臣有不自愛者，朕仍設廉恥以養之，庶幾動其天良，激勵鼓舞。嗣後三品以上大員，身罹罪譴，即奉旨革職、拏問者，法司亦不得遽加夾訊。如有不得不用者，亦必請旨。將此永著爲例。

《皇朝通志》卷七八《刑法畧四・刑制秋朝審**》** 諭：國家秋讞大典，上繫刑章，下關民命。慮囚時設情法未衷於至當，何以昭弼教之用心。每歲刑部進呈各省情實人犯招册，朕必將逐案事由，一一披覽，使獄情毫無遺漏。而各案適輕適重，又詳爲稱量比擬，有其跡雖涉疑似，而情尚一線可原者，既於册内折角存記。即情罪重大於法萬無可貸，不得已而予勾之案，亦反覆推勘。於犯事實欵，隨其節目次第折角及勾到。前一日與臨勾之時，必三經檢核，須俾毫髪無疑，然後予勾。所謂求其生而不得，則死者皆無憾也。夫緩重犯須臾之命，使被害者啣寃不得自申，婦寺之仁，刑官尚不應出此，何况天下共主？若以既嚴三尺，均屬應斷之刑，而不爲銖量權衡，將案内細微同異之由並歸無憾，則此輕掉之心，已乖與衆共棄之本義。此朕自揣兢兢明慎，固不肯稍存寛嚴之見，即督撫九卿已數爲擬議，猶未敢稍緣因任者也。第向來勾到事畢，原閲招册祇存貯内閣。其問刑衙門不過預聞臨時商榷之言，而先事全局折衷，所以一再不釋者未能盡喻，又何以定司憲之準？所有本年各省情實招册，可於勾到後即發交刑部。其近今二三年内閣所貯册一併檢發，俾詳悉披繹，因端領會，庶幾體朕意以求協中，則成牘不爲無助。著爲例。

（清）劉錦藻《皇朝續文獻通考》卷一《田賦考一》　臣謹案：國家既以土與民付之守，令而又多爲之制坊。蓋必民閒有一事之疾苦，而後朝廷增一事之禁令，不謂朝廷增一事之禁令，而官吏亦增一事之弊溷。法緣弊而立，弊即緣法而生，欲廓而清之。計非汰除胥吏，嚴立科條，不爲功矣。

（清）劉衡《讀律心得・吴嘉賓序》　今令長治民之官，必懸法於其治之門，曰：誣告加三等，越訴笞五十。夫五刑之法且千，未嘗懸示民，懸此二條何也？民之相争，必有曲直。曲者，治之以法。民知曲直之有常，而法之無可免，雖無訟可也。末世之民，不争曲直而争勝負，所争不遂則誣告。興誣告不行，則越訴。起釁於必勝，而患始不可勝窮矣。國家卹老幼孤疾，下即以老幼孤疾與民訟，國家優八議，士大夫下即以八議。士大夫與民訟恃其法之所不加，因以撓法甚，則知法之人以法爲市，於是法之中又立法。故法不難知，而法中之法不易知。有司者，苦法繁而不知所用，奚暇行法。夫法非繁也，法之意必使民畏官，必使官愛民。民不畏官，法有以治之，官不愛民，法有以治之。二者其具甚密，而恒若相妨。兩法相妨，必有一界。界之左主左伸，界之右主右伸。吾不求左之至乎右，而常使右之無以至乎左，則平，平則法常立。弱者必不及，強者必過之，則法不立。法不立則兩敝，國家以法屬有司，有司者不自過乎？法亦不使民得過乎？法得其所持之要，則何繁之與有？今之有司，莫不以法從事。然或法所得爲而不敢爲，或法所不得爲而過爲之，則不素講求法之過也。

（清）王夫之《讀通鑑論》卷二《漢文帝》　漢有殺人自告而得減免之律，其將導人以無欺也與！所惡於欺者，終不覺而售其憑也。夫既已殺人矣，則所殺者之父兄子弟能訟之，所司能捕獲之，其惡必露，勢不可得而終匿也，而惡用自告焉？小人爲惡而掩蔽於君子之前，與昌言於大廷而無怍赧也，孰爲猶有恥乎？自度律許減免而覬覦漏網者，從而減之，則明張其殺人之膽，而惡乃滔天。匿而不告者鼠也，告而無諱者虎也。教鼠爲虎，欲使天下無欺，而成其無忌憚之心，將何以懲？故許自告者，所以開過誤自新之路，而非可以待凶人。凶人而自匿，民彝其猶有未數，不較瘥乎？

（清）王先謙《荀子集解・榮辱》　政令法，舉措時，聽斷公，舉措時，謂興力役不奪農時也。盧文弨曰：元刻首句作政法令，注首云當作政令法，或曰政當爲正，多十一字。今從宋本。上則能順天子之命，下則能保百姓，是諸侯之所以取國家也。志行修，臨官治，上則能順上，下則能保其職，是士大夫之所以取田邑也。循法則、度量、刑辟、圖籍，度，尺丈。量，斗斛。刑法之書，左氏傳曰先王議事以制，不爲刑辟。圖，謂模寫土地之形；籍，謂書其戶口之數也。盧文弨曰：正文循，元刻作修，各本同，今從宋本。先謙案：注刑法之書上當有刑辟二字。不知其義，謹守其數，慎不敢損益也，若制所然。父子相傳，以持王公，世傳法則，所以保持王公，言王公賴之以爲治者也。王念孫曰：持，猶奉也。言官人百吏謹守其法則、度量、刑辟、圖籍，見上文。父子相傳，以奉王公也。《廣雅》：奉，持也。是持與奉同義。楊以持爲保持，未確。是故三代雖亡，治法猶存，是官人百吏之所以取禄秩也。先謙案：《君道篇》云官人守數，《正論篇》云官人以爲守，注：官人，守職事之官也。《王霸篇》注：官人，列官之人。荀書每以官人百吏竝言，猶《周官》所云府史胥徒之屬耳。孝弟原愨，軥録疾力，以敦比其事業而不敢怠傲，是庶人之所以取煖衣飽食，長生久視，以免於刑戮也。軥與拘同。拘録，謂自檢束也。疾力，謂速力而作也。敦，厚也。比，親也。言不敢怠惰也。盧文弨曰：《淮南子・主術訓》人之性莫貴於仁，莫急於智，兩者爲本而加之以勇力、辨慧、捷疾、劬録，正與此軥録、疾力語相似。軥録，蓋勞身苦體之意。孝弟原愨以行言，軥録疾力以事言。楊訓爲拘録，非也。郝懿行曰：原與愿同，原，愨皆訓謹也。軥與局同，録與逯同。逯者，行謹逯逯也。軥録，猶局促，竝疊韻字也。君道篇作拘録。王引之曰：敦、比，皆治也。《魯頌・閟宫》箋云：敦，治也。《孟子・公孫丑篇》使虞敦匠事，謂治匠事也。比，讀爲庀。襄二十五年《左傳》，子木使庀賦，《魯語》子將庀季氏之政焉，韋杜注竝云：庀，治也。《周官·遂師》庀其委積，故書庀爲比，鄭司農讀爲庀。大司馬比軍衆，比，或作庀。是庀與比通。敦比其事業，猶云其治事業耳。《彊國篇》敦比於小事，義與此同，楊注以爲精審躬親，亦失之。飾邪説，文姦言，爲倚事，倚，已解上。倚事，怪異之事。陶誕、突盗，陶當爲檮杌之檮，頑嚚之貌。突，凌突不順也。或曰：陶當爲逃，隱匿其情也。郝懿行曰：陶，古讀如謠，謠者，毁也。《離騷》云：謠諑謂予以善淫。陶誕即謠誕，謂好毁謗誇誕也。突盗，謂好侵突掇盗也，每二字爲一義。注似失之。王念孫曰：楊釋陶字之義未安。余謂陶，讀爲謟。（音滔）謟誕雙聲字，謟亦誕也。《性惡篇》曰：其言也謟，其行也悖，謂其言誕也，即上所謂飾邪説，文姦言也。作陶者，借字耳。（凡從舀從匋之字多相通。《小爾雅》：綯，索也。綯即宵爾索綯之綯。《小雅·菀柳篇上》：帝甚蹈，《一切經音義》五引韓詩蹈。作陶楚辭九章滔滔孟夏，《史記·屈原傳》作陶陶。説文搯捾也，《一切經音義》。引《通俗文》曰：捾出曰掏，皆其證也。）《彊國篇》曰：陶誕比周以争與，汙漫突盗以争地，陶誕突盗四字，義竝與此同。惕、悍、憍、暴，惕與蕩同。郝懿行曰：憍即驕字。《經典》俱借驕爲憍耳。此皆姦人邪説詖行之事。以偷生反側於亂世之間，是姦人之所以取危辱死刑也。其慮之不深，其擇之不謹，其定取舍楛僈，是其所以危也。

（清）王先謙《荀子集解·儒效》 行法至堅，不以私欲亂所聞，如是，則可謂勁士矣。行法至堅，好脩正其所聞以橋飾其情性，行法，謂行有法度。行，下孟反。橋與矯同。盧文弨曰：案宋本，橋從木。《臣道篇》亦同。《正韻》引《荀子》亦從木。元刻从手，亦可通。劉台拱曰：《韓詩外傳》引此作行法而志堅。（下同）據楊注行有法度，明行法與志堅對舉，不當作至。王念孫曰：法者，正也。言其行正，其志堅，（楊云行有法度，加有字以釋之，則於義稍迂。）故下句云不以私欲亂所聞也。古謂正爲法，説見《漢書·賈鄒枚路傳》。先謙案：荀書至志通借。《正論篇》其至意至闇也，楊注至，當爲志，是其證。《臣道篇》云相與彊君，撟君盧校云：撟，宋本橋。《羣書治要》作矯，明荀書以橋代矯也。其言多當矣而未諭也，其行多當矣而未安也，其知慮多當矣而未周密也，未諭，謂未盡曉其義。未安，謂未得如天性安行之也。周密，謂盡善也。上則能大其所隆，先謙案：所隆，謂其所尊奉者。言能推崇其道而大之。下則能開道不已若者，如是，則可謂篤厚君子矣。脩百王之法若辨白黑，應當時之變若數一二。如數一二之易。行禮要節而安之若生四枝，要，邀也。節，節文也。言安於禮節，若身之生四枝，不以造作爲也。要，一遙反，下要時同。要時立功之巧，若詔四時，邀時立功之巧，謂不失機權，若天告四時使成萬物也。平正和民之善，億萬之衆而博若一人，如是，則可謂聖人矣。

又： 故人無師無法而知則必爲盗，勇則必爲賊，云能則必爲亂，察則必爲怪，惠施、鄧析之比。辯則必爲誕。人有師有法而知則速通，勇則速威，云能則速成，察則速盡，辯則速論。察則速盡，謂有聽察之性，則能速盡物理。速論，謂能速論是非也。王念孫曰：論，決也。言辯事則速決也。《後漢書·陳寵傳》季秋論囚、注云：論，決也。楊説論字未了。先謙案：注聽，各本譌聽，據宋台州本改正。故有師法者，人之大寶也；無師法者，人之大殃也。人無師法則隆性矣，有師法則隆積矣。

（清）王先謙《荀子集解·王制》 聽政之大分，盧文弨曰：舊本不提行，今案當分段。先謙案，台州本提行。以善至者，待之以禮；以不善至者，待之以刑，兩者分別。則賢不肖不雜，是非不亂。賢不肖不雜，則英傑至。是非不亂，則國家治。若是名聲日聞，王念孫曰：名聲日聞本無聞字，日本作白。名聲白者，白，明也，顯也，名聲顯著於天下也。《致士篇》曰：貴名白，天下願，令行禁止，王者之事畢矣。文正與此同。貴名白即名聲白也。《樂論篇》曰：名聲於是白，光煇於是大。《堯問篇》曰：名聲不白，徒與不衆，光煇不大，皆其證也。名聲白，天下願二句相對爲文。若於上句内加一字，則句法參差矣。此因白字譌作日，後人不得其解，故於日下加聞字耳。天下願。令行禁止，王者之事畢矣。

（清）王先謙《荀子集解·富國》 今之世而不然：先謙案：而，猶則也，見《釋詞》。厚刀布之斂以奪之財，重田野之税以奪之食，苛關市之征以難其事。苛暴也，征亦税也，苛關市之征，出入賣買皆有税也，使貨不得通流，故曰：難其事。不然而已矣，不唯如此而已。有掎挈伺詐，權謀傾覆，以相顛倒以靡敝之，有，讀爲又。掎，摭其事。挈，舉其過。伺，候其罪。詐，僞其辭。顛倒，反覆也。靡，盡也。敝，敗也。或曰：靡，讀爲縻。縻，散也。敝，盡也。盧文弨曰：案《禮記》少儀國家靡敝，《釋文》：亡皮切。正義亦不靡，散一訓。百姓曉然，皆知其汙漫暴亂，而將大危亡也。汙、漫，皆穢行也。漫，莫半反。是以臣或弑其君，下或殺其上，粥其城，倍其節，而不死其事者，無它故焉，人主自取之。粥其城，謂以城降人，以爲已利。節，忠節也。此皆由上無恩德，故下亦傾覆之。先謙案：《羣書治要》句末有也字。詩曰：無言不讎，無德不報。此之謂也。

（清）王先謙《荀子集解·大略》 多積財而羞無有，羞貧。重民任而誅不能，使民不能勝任而復誅之。先謙案：重民任，謂使虐之。此邪行之所以起，刑罰之所以多也。上好羞，則民闇飾矣；好羞貧而事奢侈，則民闇自脩飾也。王念孫曰：楊説迂曲而不可通。羞，當爲義。羞字上半與義同，又涉上文兩羞字而誤也。上好義則民闇飾者，言上好義則民雖處隱闇之中，亦自脩飾，不敢放於利而行也。《呂氏春秋・貝備篇》載宓子賤治亶父，使民闇行，若有嚴刑於旁，即所謂民闇飾也。《賈子・大政篇》曰：聖明則士闇飾矣。）上好義與上好富對文，故下文又云欲富乎，與義分背矣。上好義則民闇飾，上好富則民死利，即上文所云，上重義則義克利，上重利則利克義也。《鹽鐵論・錯幣篇》上好禮則民闇飾，上好貨則下死利，即用《荀子》而小變其文。上好富，則民死利矣。二者，亂之衢也。衢，道。劉台拱曰：二者二字，承上兩句而言，則亂上當有治字。民語曰：欲富乎？忍恥矣，傾絶矣，絶故舊矣，與義分背矣。忍恥，不顧廉恥。傾絶，謂傾身絶命而求也。分背，如人分背而行。上好富，則人民之行如此，安得不亂？

又：國將興，必貴師而重傅，貴師而重傅則法度存。俞樾曰：下文云賤師而輕傅則人有快，人有快則法度壞。據此，則貴師而重傅下疑有闕文。國將衰，必賤師而輕傅，賤師而輕傅則人有快，人有肆意。人有快則法度壞。

（宋）黎靖德《朱子語類》卷一〇八《朱子五・論治道》　吴英茂實云：政治當明其號令，不必嚴刑以爲威。曰：號令既明，刑罰亦不可弛。苟不用刑罰，則號令徒掛牆壁爾。與其不遵以梗吾治，曷若懲其一以戒百？與其覈實檢察於其終，曷若嚴其始而使之無犯？做大事，豈可以小不忍爲心！言經界。道夫。

又：吴伯英與黄直卿議溝洫。先生徐曰：今則且理會當世事尚未盡，如刑罰，則殺人者不死，有罪者不刑；税賦，則有産者無税，有税者無産，何暇議古？蓋卿。

（清）唐甄《潛書》下篇上《權實》　天下奚治？令行則治。天下奚不治？令不行則不治。令不行者，文牘榜諭，充塞衢宇，民若罔聞，吏委如遺。民吏相匿，交免以文，格而不達，舉而易廢。始非不厲實也，既則怠，久則忘本政之地，亦且自廢而自掩之。是以百職不脩，庶事不舉，奸敝日盛，禁例日繁，細事糾紛，要政委棄。譬之樹木，傍蘖叢繆，而枝榦枯朽矣。當是之時，皆謂在位無賢也，行政不善也，良策無出也。是猶牽車者但求厚載，而不顧轂之利轉也。若如今之致行者，雖官皆聖哲，政皆盡善，使閎夭、散宜生之屬議爲憲令，周公裁之，召奭貳之，史佚文之，布於天下，亦不能少有補救也。會稽之東有石氏者，其季女病痞，迎良醫治之。久而不除，謝醫使去。其父思之，以爲是良醫也，柰何療之而病不除？他日，竊窺之，見其舉藥不飲而覆於牀下也。乃復迎醫，進以前藥，三飲之而疾已。夫國有善政，而德澤不加於民者，政雖善，未常入民也，猶石季之飲藥也。十口之家，主人雖賢，然令不行於子，則博奕敗趨；令不行於僕，則柝汲不勤；令不行於妾，則壺餐不治；令不行於童子，則庭糞不除。以此爲家，其家必索，況天下之大乎！駿馬病躄，不如駑馬之疾馳；勇士折肱，不如女子之力舉，是以聖人貴能行也。

又：羣臣奏入，下於有司；公卿集議，復奏行之。其所行者，著爲故事，因時增易，百職準以決事。自漢以來皆然，舍是無以爲政。然有治不治者，以實則治，以文則不治。若徒以文也，譬之優偶之戲，衣冠言貌，陳事辨理，無不合度，而豈其實哉！以娱人之觀聽也。君有詔旨，臣有陳奏，官有文書，市有牓諭，此文也。此藉以通言語，備遺忘耳，奚足恃乎！君臣相親，朝夕無間，飲食作坐同之。如匠之於器，日夜操作，則手與器相習而無不如意。主臣一心，夜思蚤謀。無謀不行，無行不達。三月必達，終歲必效，三年必成，五年必治，十年必富，此實也。苟無其實，則謹守成法者，敗治之公卿也；明習律令者，敗治之有司也；工於文辭，媚於言貌者，敗治之侍臣也。三者非不美也，而專尚焉，則表暴日厚，忠信日薄。察於内外，稱職常多；核其行事，無過可舉；問其治功，則無一事之善成，無一民之得所。上下相蒙而成苟免之風，雖有志之士，亦將靡然而不得自盡其情，此治化之所以不行也。

（清）戴望《管子校正・霸形》　管子對曰：齊國百姓，公之本也。人甚憂飢，而税斂重。人甚懼死，而刑政險。人甚傷勞，而上舉事不時。公輕其税斂，則人不憂飢，緩其刑政，則人不懼死。舉事以時，則人不傷勞。桓公曰：寡人聞仲父之言，此三者聞命矣，不敢擅也。將薦之先君，不敢專擅自發此命。將進之宗廟，告先君而後行，所謂以神道設教者也。於是令百官有司，削方墨筆。方，謂版牘也，凡此欲書其所定令也。明日，皆朝於太廟之門朝，定令於百吏，因朝廟而定百吏之令也。使税者百一鍾，假令百石而取一鍾。孤幼不刑，澤梁時縱，放人入不設禁。關譏而不征，市書而不賦。書，謂録其名籍。近者示之以忠信，遠者示之以禮義。行此數年，而民歸之如流水。皆朝於太廟之門朝，丁云：趙本朝字別爲句，案門朝即門廷，朝廷一也。《霸言篇》門廷遠於萬里，市書而不賦。劉云：書乃廛字誤，注非。

（明）張四維《名公書判清明集》附録四《門示茶陵周上舍爲訴劉權縣事判》　孟子曰：有人於此，其待我以橫逆，則君子必自反也，我必不仁也，必無禮也，此物奚宜至哉！此君子處己法度也。子曰：居是邦也，事其大夫之賢者。子貢曰：禮居是邦，不非其大夫。此君子居鄉法度也。今茶陵劉權縣申，周監税父子爲豪強把持，且謂不法不可枚舉，必非無故而爲之辭者。使周監税父子果善人也，則曰我無是事，何恤人言。閉門遠嫌，人誰得以瞷我。如此，則處己居鄉，皆得之矣。今因權縣所申，周上舍不勝其忿，訐其短以相攻擊，一則曰劉某，二則曰劉某，自反之君子肯然乎？不非其大夫當如是乎？抑大學曰：有諸己而後求諸人，無諸己而後非諸人。併備詞帖劉權縣，果如所訴，則宜盡與改更，布過失於境內，洗手以勤公，砥行以爲。如此而盜賊不畏威，豪強不屏迹，吾不信也！仍門示周上舍，宜知自愛。

《尹文子·大道上》　天下萬事，不可備能，責其備能於一人，則賢聖其猶病諸。設一人能備天下之事能，左右前後之宜，遠近遲疾之間，必有不兼者焉。苟有不兼，於治闕矣。全治而無闕者，大小多少，各當其分。農商工仕，不易其業。老農長商習工舊仕，莫不存焉。則處上者何事哉？故有理而無益於治者，君子弗言；有能而無益於事者，君子弗爲。君子非樂有言，有益於治，不得不言；君子非有爲，有益於事，不得不爲。故所言者，不出於名法權術；所爲者，不出於農稼軍陣，周務而已。故明主不爲治外之理，小人必言事外之能，小人亦知言損於治，而不能不言；小人亦知能損於事，而不能不爲。故所言者，極於儒墨是非之辯；所爲者，極於堅僞偏抗之行，求名而已，故明主誅之。

《尹文子·大道下》　令有必行者，有必不行者，去貴妻，賣愛妾，此令必行者也。因曰：汝無敢恨，汝無敢思，令必不行者也。故爲人上者，必慎所令。凡人，富則不羨爵禄，貧則不畏刑罰。不羨爵禄者，自足於己也；不畏刑罰者，不賴存身也。二者爲國之所甚，而不知防之之術。故令不行而禁不止。若使令不行而禁不止，則無以爲治。無以爲治，是人君虛臨其國。徒君其民，危亂可立而待矣。

《呂氏春秋·孟秋紀·禁塞》　凡救守者，太上以説，其次以兵。以説則承從多羣，日夜思之，事心任精，起則誦之，卧則夢之。自今單脣乾肺，費神傷魂，上稱三皇五帝之業以愉其意，下稱五伯名士之謀以信其事，早朝晏罷，以告制兵者，行説語衆，以明其道。道畢説單而不行，則必反之兵矣。反之於兵，則必鬬争之情，必且殺人，是殺無罪之民，以興無道與不義者也。無道與不義者存，是長天下之害，而止天下之利，雖欲幸而勝，禍且始長。先王之法曰：為善者賞，為不善者罰，古之道也，不可易。今不別其義，與不義而疾取救守，不義莫大焉，害天下之民者莫甚焉。故取攻伐者不可，非攻伐不可，取救守不可，非救守不可取，惟義兵為可。兵苟義，攻伐亦可，救守亦可；兵不義，攻伐不可，救守不可。使夏桀、殷紂無道至於此者，幸也；使吳夫差、智伯瑶侵奪至於此者，幸也；使晉厲、陳靈、宋康不善至於此者，幸也；若令桀紂知必國亡身死，殄無後類，吾未知其厲為無道之至於此也。吳王夫差、智伯瑶知必國為丘墟，身為刑戮，吾未知其為不善無道侵奪之至於此也。晉厲知必死於匠麗氏，陳靈知必死於夏徵舒，宋康知必死於温，吾未知其為不善之至於此也。此七君者，大為無道不義，所殘殺無罪之民者，不可為萬數；壯佼、老幼、胎殰之死者，大實平原，廣堙深谿、大谷，赴巨水，積灰，填溝洫險阻，犯流矢，蹈白刃，加之以凍餓饑寒之患，以至於今之世，為之愈甚。故暴骸骨無量數，為京丘若山陵。世有興主仁士，深意念此，亦可以痛心矣，亦可以悲哀矣。察此其所自生生於有道者之廢，而無道者之恣行。夫無道者之恣行，幸矣。故世之患，不在救守，而在於不肖者之幸也。救守之説出，則不肖者益幸也，賢者益疑矣。故大亂天下者，在於不論其義而疾取救守。

《呂氏春秋·先識覽·先識》　夏太史令終古出其圖法，執而泣之。夏桀迷惑，暴亂愈甚，太史令終古乃出奔如商。湯喜而告諸侯曰：夏王無道，暴虐百姓，窮其父兄，恥其功臣，輕其賢良，棄義聽讒，衆庶咸怨，守法之臣，自歸於商。殷內史向摯見紂之愈亂迷惑也，於是載其圖法，出亡之周。武王大説，以告諸侯曰：商王大亂，沈于酒德，辟遠箕子，爰近姑與息，妲己爲政，賞罰無方，不用法式，殺三不辜，民大不服，守法之臣，出奔周國。晉太史屠黍見晉之亂也，見晉公之驕而無德義也，以其圖法歸周。周威公見而問焉，曰：天下之國孰先亡？對曰：晉先亡。威公問其故，對曰：臣比在晉也，不敢直言，示晉公以天妖，日月星辰之行多以不當。

（唐）魏徵《群書治要》卷二《尚書》　王曰：嗚呼！伯父、伯兄、仲叔、季弟、幼子、童孫，皆聽朕言，皆王同姓，有父兄弟子孫列者也。爾尚敬逆天命，以奉我一人。汝當庶幾敬逆天命，以奉我一人之戒。行事雖見畏，勿自謂可敬畏。雖見美，勿自謂有德美。惟敬五刑，以成三德。一人有慶，兆民賴之，先戒以勞謙之德，次教以惟敬五刑，所以成剛柔正直之三德也。天子有善，則兆民賴之，王曰：吁！來，有邦有土，告爾祥刑。吁，歎也。有國有土諸侯也，告汝以善用刑之道也。在今爾安百姓，何擇非人？何敬非刑？在今汝安百官兆民之道，當何所擇？非惟吉人乎？當何所敬？非惟五刑乎？兩造具備，師聽五辭。兩謂囚、證也。造，至也。兩至具備則衆獄官共聽其入五刑之辭也。五辭簡孚，正于五刑。五辭簡核，信有罪驗，則正之於五刑也。五刑不簡，正于五罰。不簡核謂不應五刑。當出金贖罪也。五罰弗服，正于五過。不服，不應罰也。正於五過，從赦免也。五刑之疑有赦，五罰之疑有赦。刑疑赦從罰，罰疑赦從免。刑罰世輕世重，惟齊非齊，言刑罰隨世輕重也。刑新國用輕典，刑亂國、用重典，刑平國用中典。凡刑所以齊非齊，非佞折獄，惟良折獄，罔非在中。非口才可以斷獄，惟平良可以斷獄，無非在中正也。哀敬折獄，咸庶中正。當矜下民之犯法，敬斷獄之害人，皆庶幾必得中正之道也。其刑其罰，其審克之。其所刑，其所罰，其當審能之，無失中也。

（宋）潘自牧《記纂淵海》卷六四《政事部・總論政事》　哀公問政。子曰：政之急也，莫大乎使民富且壽也。省力役薄賦斂則民富矣，敦禮教遠罪戾則民壽矣。公曰：欲行夫子之言，恐吾國貧。子曰：愷悌君子，民之父母。未有子富而父母貧也者。子路治蒲三年，孔子入境三稱其善曰：入其境，田疇盡易，草萊甚辟，溝洫甚治，此其恭敬以信，故其民盡力也；入其邑，墻瓦完固，樹木甚茂，此其忠信以寛，故其民不偷也。至於庭甚清閒，諸下用命，此其言明察以斷，故其政不擾也。《孔子家語》。或曰：爲政先殺後教。曰：天先秋而後春乎？謂之惡政。揚子。史士會將中軍，晉國之盗逃奔於秦。子太叔爲政，不忍猛而寛，鄭國多盗。子産曰：政如農功，日夜思之，思其始而成其終。朝夕而行之，行無越思。如農之有畔，其過鮮矣。晉趙宣子爲國政，制事典，正法罪，辟刑獄，董逋逃，治舊洿，本秩禮，續常職，出滯淹。既成以授太傅，陽子與太師賈佗使行諸晉國，以爲常法。《左》。伯禽受封之魯，三年而報政。太公封于齊，五月而報政。《史・魯世家》。子産治鄭，民不能欺。子賤治單父，民不忍欺。西門豹治鄴，民不敢欺。三子之才能誰冣賢哉？索隐曰：子産治鄭，仁而且明，故人不能欺之。子賤爲政，清净彈琴，三年不下堂而化，故人不忍欺之。西門豹以威化御俗，故不敢欺之。《史記・滑稽西門豹傳》。周公曰：夫政不簡不易，民不有近，平易近民，民必歸之。《史・魯世家》。莫不引領而觀其政。《史・秦紀》。子産相國一年，竪子不戲狎，班白不提挈，僮子不犂畔。二年市不豫賈，三年道不拾遺，四年田器不歸，五年士無尺籍喪期，不令而治。《史・循吏傳》。

（宋）歐陽修《歐陽修全集》卷一〇二《奏議・諫院進劄狀九首・論韓綱棄城乞依法劄子》　臣伏見前知光化軍韓綱，近爲酷虐兵士，致兵士等作亂，攻劫州縣。驚動朝廷，上貽君父之憂，下致生民之患，而又不畏法，棄城遁走。其罪狀顯著，便合誅夷，朝廷慎於用刑，尚令勘鞫，至今多日，未見施行。竊以斷獄之議，不過兩端而已，有正法則依法，無正法則原情。今韓綱所犯，法有明文，情無可恕。又緣綱是大臣家子，作如此大過，生如此大患，犯如此大刑名。若曲法不行，即不知孤寒有罪者何以行法？其韓綱，伏望聖慈出於睿斷，早賜依法施行。取進止。

（宋）司馬光《司馬温公文集》卷六《章奏・上皇帝疏》　臣聞《書》曰：面稽天若。《詩》曰：文王陟降，在帝左右。蓋言王者爲天之子，不敢不朝夕小心。祗畏其命，如在其上，如在其左右也。是以《洪範》九疇以五行爲本，言王者當祗順五行之性，內謹五事以治身，外修八政以治國。正五紀以承天序，折衷於皇極之道。登用三德之人，又參合以龜筮之謀。察風雨寒燠之來，以省得失，知休咎。道迎五福，避遠六極。此萬世不易之道也。臣不勝狂愚，忘生觸死。伏見陛下即位以來，災異甚衆，日有黑子。江淮之水，或溢或涸。去夏霖雨，涉秋不止。京畿東南十有餘州，廬舍沈於深淵，浮苴棲於本末。老弱流離，捐瘠道路，妻兒之價，賤於犬豕。許潁之閒，親戚相食，積尸成丘。既而歷冬無雪，煖氣和春，草木早榮，繼以黑風。今夏癘疫大作，彌漫數千里，病者比屋，喪車交路。至秋幸而豐熟，百姓欣然。庶獲蘇息，未及收穫而暴雨大至，一晝之間，川澤皆溢，溝渠逆流，原隰丘陵，悉爲洪波。一苗半穗，蕩無孑遺。都城之內，道路乘桴，城闕摧圮。官府倉廪，軍壘民居，覆没殆盡，死於壓溺者不可勝紀。耆耋之人，皆言耳目所記，未嘗睹聞，此乃曠古之極異。非常之大災，陛下安得不側身恐懼，思其所以致此之咎乎？臣性愚學淺，不足以窺測天意。竊以《書》曰：天聰明自我民聰明，天明畏自我民明畏。又曰：天視自我民視，天聽自我民聽。然則災異之來，不在於他，苟人心和悦，則天道無不順矣。《詩》曰：亹亹文王，令聞不已。又曰：如珪如璋，令聞令望。古之聖王，未有不先其令名而能行其政於天下者也。臣伏見陛下踐祚之初，上自宰輔，次及朝臣，下逮閭閻細民，士伍廝養，無不翕然同辭。稱頌聖德，如出一口，皆云方今皇族奉朝謁者八百餘人，陛下仁孝聰明，爲之首冠。知人疾苦，識其情僞，節儉愛物，剛果能斷。既美先帝知人之明，又慶己身逢時之幸，涕泣共談，悲喜相半。臣愚以爲昔漢惠帝無子，而得文帝仁儉讓恭，百姓富饒，幾致刑措。昭帝無子，而得宣帝勤惠明斷，吏良民樂，號稱中興。然則國無嗣子，而旁親入繼，未必不爲天意福祐社稷，而光啟聖賢也。私心自幸，又甚於衆人，俄而聖躬有疾，上下之人，思殺身爲牲，粉骨爲藥，庶祈早瘳，以觀聖政。逮乎周歲之不意數月之後，道塗之議稍異於前，頗有謗言，不專稱美。臣竊伏於闕門之外，則頌者益寡，謗者益多。臣竊伏於闕門之外，日聞衆論，不勝悵悵，痛心疾首。晝而忘食，夕而忘寢，爲陛下深思其故，終不能明。意者陛下於舉動循守之間，萬一有所未思乎。敢以愚慮言之，蓋有三焉。惟陛下寬其罪，使得畢其辭。竊以皇太后仁明之德，爰自先朝，布聞四方，加之保育聖躬，在於襁褓。陛下入承大統，不可謂全非皇太后之力。當陛下初得疾之時，外間傳言皇太后於先帝梓宫之前，爲陛下叩頭祈請，額爲之傷。如此，豈可謂無慈愛之心於陛下哉？不幸爲讒賊之人交相離間，遂使兩宫之情，介然有隙。就使皇太后有不慈於陛下，陛下爲人之子，安可較量曲直，遂生忿恨，而於愛恭之心，有所不備乎？《傳》曰：大德滅小怨。先帝擢陛下於衆人之中，自防禦使升爲天子，惟以一后數公主屬於陛下，而梓宫在殯，已失皇太后之歡心。長公主數人，皆屏居閒宫，希曾省見。臣請以小喻大：設有閭里之民，家有一妻數女，及有數畝之田，一金之産，老而無子，養同宗之子以爲後。其人既没，其子得田産而有之，遂疏母棄妹，使之愁憤怨歎，則鄰里鄉黨之人，謂其子爲何如人也？以匹夫而爲此行，猶見貶於鄉里，況以天子之尊，爲四海所瞻仰哉？此陛下所以失人心之始也。先帝天性寬仁，重違物意，晚年嬰疾，厭倦萬幾，遂以天下之事悉委之兩府。兩府或見有所偏，或意有所私，取舍黜陟，未必皆當，又巧設倖門，進拔所愛，超資越級，欺罔衆人，抑壓孤寒，無所伸愬。及陛下即位，皆謂必能奮發乾剛，昭明君德，收取威福，復還王室。進賢退愚，賞善罰惡，使海内廓然，立見太平。而陛下益事謙遜，深自晦匿。凡百奏請，不肯予奪。動循舊例，不顧事情，謹於細務，忽於大體。知人之賢不能舉，知人不肖不能去；知事之非不能改，知事之是不能從。大臣專權，甚於先朝，率易差除，非所顧忌。或非材而驟進，或有罪而見寬。此天下所以重失望也。臣聞《書》曰：木從繩則正，后從諫則聖。是以堯稽於衆，舍己從人，舜好問而好察邇言，禹聞善言則拜，湯用人猶己，改過不吝。此四聖人者，豈其才智之不足哉？然猶孜孜汲汲，下詢愚賤之人者。蓋以四海之廣，萬幾之衆，非一人所能獨知，必資天下之耳目思慮，然後能曲盡其理也。陛下聖質雖美，亦當取法於堯舜禹湯。而即政以來，或意有所見，執之不移。如堅守嚴城，禦敵外寇，使羣臣之言，皆無自而入，殆非所以納百川而成巨海也。孔子曰：人之言曰：予無樂乎爲君，惟其言而莫予違也。如其善而莫之違也，不亦善乎？如不善而莫之違也，不幾乎一言而喪邦乎？是故明君之於聽納，無彼無我、無親無疏、無先無後，惟其是而已矣。若重我所有，而輕彼所陳，信其所親，而疑其所賤，主先人之言，而拒後來之議，則雖有是者，亦不可得而見矣。夫人心之所好者，視醜以爲美；所惡者，視善以爲惡，苟能以平心察之，則是非易見矣。《書》曰：有言逆於汝心，必求諸道。有言遜於汝志，必求諸非道。若必待合於聖意，則悦而從之，不合則怒而棄之。臣恐讒諂日進，方正日疏，殆非所以增社稷之福也。又國家置臺諫之官，爲天子耳目，防大臣壅蔽朝廷政事，皆大臣相與裁定，然後施行，而臺諫或以異議干之。陛下當自以聖意察其是非，可行則行，可止則止。今乃復付之大臣，彼安肯以己之所行爲非，而以他人所言爲是乎？此乃陛下所以獨取拒諫之名，而大臣坐得專權之利者也。夫以君相之重，何啻泰山；賤臣之輕，何啻雞卵。乃欲相與較其勝負，臣固知其不敵矣。是以四方懷忠之士，願效區區者，皆望風不進，結舌沮氣。此天下所以又失望也。凡此三者，在列之臣皆知其不可。而上畏嚴誅，下避怨怒，莫敢以此極言聞於陛下，使海内憤鬱之氣，積而不發，宜其無以感動天地之和矣。臣聞天意保佑王者，故爲之下災異以譴告之。若王者恐懼修省，則非徒免一時之害，又將有福禄隨之，商之太戊、武丁，周之成宣是也。若傲忽不顧，非徒爲害於一時，又將有危亡之禍，漢之成、哀、桓、靈是也。今災異之來，意者皇天亦將保佑陛下以成商周之美乎。臣願陛下上稽天意，下順人心，於此三者，皆留聖念。奉事皇太后，愈加孝謹，務得歡心。諸長公主，時加存撫，無令失所。總攬大柄，勿以假人。選用英俊，循名責實，賞功罰罪。捨小取大，剗塞弊倖。一新大政，延納讜言，虚心從善，皆行之以至誠，非特爲空言而已。夫至誠可以動金石，而况人乎？不誠不足以感匹夫，而况天乎？《詩》云：無曰高高在上，陟降厥士，日監在茲。天雖至高，視聽甚邇，人之所爲，發於中心，則天已知之。固不待見其容貌，形於聲音也。陛下果能盡誠於此，則聖德日新，令名四達，人心既悦，天道自和，百穀蕃昌，嘉瑞並至，萬邦率服，福流子孫矣。臣自知不才，無補朝廷，然不敢遂自塞默，復有所陳，惟陛下裁察。臣光昧死再拜上疏。

（宋）司馬光《司馬温公文集》卷七《章奏·應詔言朝政闕失狀》

臣準西京牒準三月三十日詔敕：朕涉道日淺，晻於致治，政失厥中，以干陰陽之和。乃自冬迄春，旱暵爲虐，四海之内，被災者廣。閒詔有司，損常膳，避正殿，冀以塞責消變，歷日滋久，未蒙休應。嗷嗷下民，大命近止，中夜以興，震悸靡寧，永惟其咎，未知攸出。意者朕之聽納，不得於理歟？獄訟非其情歟？賦斂失其節歟？忠謀讜言鬱於上聞，而阿諛壅蔽以成其私者衆歟？何嘉氣之久不效也？應中外文武臣僚，並許實封直言朝政闕失。朕將親覽，考求其當，以輔政理。三事大夫務悉心交儆，成朕志焉。臣伏讀詔書，喜極以泣。昔成湯以六事自責，今陛下以四事求諫。聖人所爲，異世同符。凡詔書所言，皆即日之深患，陛下既已知之，羣臣夫復何云？曾子曰：尊其所聞，則高明矣；行其所知，則光大矣。陛下誠知其如是，復能斷志無疑，不爲左右所移，則安知今日之災沴？不如太戊之桑穀，高宗之雊雉，成王之雷風，宣王之旱魃，更爲宗廟生民之福乎？然自詔下以來，臣不知中外之臣，亦有以當今之急務，生民之疾苦，力爲陛下別白言之者乎？蓋必有之矣，而臣未得聞也。臣竊不自揆，伏念父子受國厚恩，備位侍從，縻在朝廷，屢以狂瞽，塵浼聖聽，閒以衰疾，自求閒官，不敢復預國家之議。四年於茲矣，幸遇陛下，發不世之詔，問以朝政闕失，斯實千載一時。古人雖在畎畝，猶不忘君，况居位食禄者乎。是以不敢畏當塗，避衆怒，愛微軀，保妻子，心知時事之可憂，而塞默不言也。竊觀陛下英睿之性，希世少倫，即位以來，鋭精求治，恥爲繼體守文之常主，高欲慕堯、舜之隆，下不失漢、唐之盛，擢俊傑之才，使之執政，言無不聽，計無不從。所譽者超遷，所毁者斥退，垂衣拱手，聽其所爲，推心置腹，人莫能閒。雖齊桓公之任管仲，蜀先主之任諸葛亮，殆不及也。執政者，亦悉心竭力以副陛下之欲，恥爲碌碌守法。循故事之臣，每以周公自任，是宜百度交正。四民豐樂，頌聲旁洽，嘉瑞沓至，乃其效也。然六年之閒，百度紛擾，四民失業，怨憤之聲，所不忍聞，災異之大，古今罕比，其故何哉？豈非執政之臣，所以輔陛下者，未得其道歟！所謂未得其道者，在於好人同己，而惡人異己是也。陛下既全以威福之柄授之，使之制作新法以利天下，皆宜與衆共之，捨短取長，以求盡善。而獨任己意，惡人攻難。羣臣有與之同者，則擢用不次；與之異者，則禍辱隨之。人之情誰肯棄福而取禍，去榮而就辱？於是天下之士，躁於富貴者，翕然附之，争勸陛下益加委信，順從其言，嚴斷刑罰，以絶異議。如是者往往立取美官。比年以來，中外執事權者，皆此屬矣。其懷忠直守廉恥者，皆擯斥廢棄，或罹罪譴，無所容立。至於臺諫之官，天子耳目，所以規朝政之闕失，糾大臣之專恣。此陛下所當自擇，而亦使執政擇之。彼專用其所親愛之人，或小有違忤，即加貶逐，以懲後來，必得佞諛之尤者，然後使爲之。如是，則政事之愆謬，羣臣之姦詐，下民之疾苦，遠方之冤抑，陛下何從得聞見之乎？又奉使詢訪利害於四方者，亦其所親愛之人，皆先稟其意指，憑其氣勢，以驅迫州縣之吏，善惡繫其筆端，升黜由其脣吻。州縣之吏，承迎奉順之不贍，何暇與之講利害，立同異哉？其入奏則云，州縣守宰，咸以爲便，經久可行。

陛下但見其文書粲然可觀，以謂法之至善，詢謀僉同，豈知其在外之所爲哉？或者更增爲條目，務求新巧，互陳利病，各事改張，使畫一之法。日殊月異，久而不定，吏民莫知所從。蓋由襲故則無功，出奇則有賞，彼皆進身之私計，非有益國便民之志也。又令使者督責所在監司，監司督責州縣，上下相驅，競爲苛刻，奉行新法稍不盡力，則謂之非才不職。及沮壞新法，立行停替，或未熟新法，誤有違犯，皆不理赦降去官，與犯贓者罪同，而重於犯私罪者。州縣之吏，惟奉行文書，赦免罪戾之不暇，民事不復留心矣。又潛遣邏卒，聽市道之人謗議者，執而刑之。又出牓立賞，募人告捕誹謗朝政者，臣不知自古聖帝明王之政，固如是耶？昔堯稽於衆，舍己從人。舜戒羣臣：予違汝弼，汝無面從，退有後言。此其所以爲帝王稱首者也。秦惡聞其過，殺直諫之士，禁偶語之人，及其禍敗，行道之人皆知之，而己獨不知。此所以爲萬世戒者也。子產相鄭，鄭人游於鄉校，以論執政，然明請毀之。子產曰：何爲？夫人朝夕退而游焉，以議執政之善否。其所善者，吾則行之；其所惡者，吾則改之。是吾師也。若之何毀之？我聞忠善以損怨，不聞作威以防怨。豈不遽止，然猶防川，大決所犯，傷人必多，吾不克救也。不如小决使道，不如吾聞而藥之也。何今之執政，異於古之執政乎？齊景公謂梁丘據曰：惟據與我和夫？晏子對曰：據亦同也，焉得爲和？和如羹焉。水火醯醢鹽梅以烹魚肉，宰夫和之，齊之以味，濟其不及，以洩其過。君子食之，以平其心。君臣亦然，君所謂可而有否焉，臣獻其否，以成其可。君所謂否，而有可焉，臣獻其可以去其否。是以政平而不干，民無争心。今據不然，君所謂可，據亦曰可；君所謂否，據亦曰否，若以水濟水，誰能食之？今朝廷之臣，對揚啓沃，亦有異於梁丘據者乎？衛君言計非是，而羣臣和者如出一口。子思曰：以吾觀衛，所謂君不君，臣不臣者也。人主自臧，則衆謀不進，事是而臧之，猶卻衆謀。況和非以長惡乎？夫不察事之是非，而悦人贊己，闇莫甚焉。不度理之所在，而阿諛求容，諂莫甚焉。君闇臣諂，以在民上，民不與也，若此不已，國無類矣。子思言於衛侯曰：君之國事，將日非矣。君出言自以爲是，而卿大夫莫敢矯其非，卿大夫出言自以爲是，而士庶人莫敢矯其非。君臣既自賢矣，而羣下同聲賢之，賢之則順而有福，矯之則逆而有禍。如此則善安從生？今執政主新法，羣下同聲賢之，有以異於衛國之政乎？是以士大夫憤懣鬱結，視屋竊歎，而口不敢言。庶人饑寒憔悴，怨嗟號泣，而無所控告。此則陛下所謂忠謀讜言，鬱於上聞，而阿諛壅蔽，以成其私者也。苟忠讜退伏，阿諛滿側，而望百度之正，四民之樂，頌聲之洽，嘉瑞之臻，固亦難矣。方今朝之闕政，其大者有六而已：一曰廣散青苗錢，使民負債日重，而縣官實無所得；二曰免上戶之役，斂下戶之錢，以養浮浪之人；三曰置市易司，與細民争利，而實耗散官物；四曰中國未治而侵擾外域，得少失多；五曰結保甲，教習凶器以疲擾農民；六曰信狂狡之人，妄興水利，勞民費財。若其他瑣瑣米鹽之事，皆不足爲陛下道也。捨其大而言其細，捨其急而言其緩，外有獻替之迹，內懷附會之心，是姦邪之尤者。臣不敢爲也。凡此六者之爲害，人無貴賤愚智，莫不知之，乃至陛下左右前後之臣，日譽新法之善者，其心亦知其不可，但欲希合聖心，附會執政，盜富貴耳。一旦陛下之意移，則彼之所言亦異矣。臣今不敢復費簡札，敍利害以煩聖聽，但願陛下勿詢阿諛之黨，勿徇權臣之意，斷志罷之，必有能爲陛下言其詳者矣。此六者之中，青苗、免役錢爲害尤大。夫力者，民之所生而有也；穀帛者，民可耕桑而得也。至於錢者，縣官之所鑄，民不得私爲也。自未行新法之時，民間之錢固已少矣。富商大賈、藏鏹者或有之，彼農民之富者，不過占田稍廣，積穀稍多，室屋修完，耕牛不假而已，未嘗有積錢巨萬於家者也。其貧者藍縷不蔽形，糟糠不充腹，秋指夏熟，夏望秋成，或爲人耕種，資采拾以爲生，亦有未嘗識錢者矣。是以古之用民，各因其所有而取之，農民之役不過出力，税不過穀、帛。及唐末兵興，始有税錢者，故白居易譏之曰：私家無錢鑪，平地無銅山。言責民以所無也。今有司爲法則不然，無問市井田野之民，由中及外，自朝至暮，惟錢是求。農民值豐歲，賤糶其所收之穀以輸官，比常歲之價，或三分減二，於斗斛之數，或十分加二，以求售於人。若值凶年，無穀可糶，吏責其錢不已，欲賣田則家家賣田，欲賣屋則家家賣屋，欲賣牛則家家賣牛。無田可售，不免伐桑棗，撤屋材賣其薪，或殺牛賣其肉，得錢以輸官。一年如此，明年將何以爲生乎？故自行新法以來，農民尤被其患。農者，天下之本，農既失業，餘民安所取食哉？今貨益重，物益輕，年雖饑，穀不甚貴，而民倍困。爲國計者，豈可不少思其故哉？此皆斂錢之咎也。北盡塞表，東被海涯，南踰江淮，西及邛蜀，自去歲秋冬，絶少雨雪，井泉溪澗，往往涸竭，二麥無收，民已絶望，孟夏過半，秋種未入，中戶以下，大抵乏食，採木實草根以延朝夕。若又如是數月，將何如哉？當此之際，而州縣之吏，督迫青苗、助役錢，不敢少緩，鞭笞縲紲，惟恐不迨，婦子遑遑，如在湯火之中，號泣呼天，無復生望。臣恐鳥窮則啄，獸窮則攫，民困窮已極，而無人救恤，羸者不轉死溝壑，壯者不聚爲盜賊，將何之矣！若東南西北所在嘯聚，連羣結黨，日滋月蔓，彌漫山澤，蹈藉城邑，州縣不能禁，官軍不能討。當是時，方議除去新法，將奚益哉！緑林、赤眉、黄巾、黑山之徒，自何而有？皆疲於賦斂，復值饑饉，窮困無聊之民耳。此乃宗廟社稷之憂。而廟堂之上，方晏然自得，以爲太平之業，八九已成。此臣所爲痛心疾首，晝則忘食，夜則忘寢，不避死亡，欲默不能者也。《易》復之初六曰：不遠復，無祇悔，元吉。言過而能改，雖悔不大也。其上九曰：迷復凶，有災眚，用行師，終有大敗。以其國君凶，至于十年不克征。言迷而不復凶，且有災，於君道尤不利也。昔秦穆公敗於殽，作《秦誓》曰：惟古之謀人，則曰未就予忌。惟今之謀人，姑將以爲親。雖則云然，尚猷詢茲黄髮，則罔所愆。蓋悔棄老成之遠慮，用利口之深謀，以取覆敗，而思補其過也，故能終雪前恥，彊霸西戎。漢武帝征伐四方，中國虚耗，盜賊羣起，又喪貳師之軍，乃下哀痛之詔曰：迺者以縛馬書徧示丞相、御史、二千石、諸大夫郎，爲文學者，皆以虜自縛其馬，不祥甚哉。公車方士、大史、太卜皆以爲吉。今計謀卦兆皆反謬。蓋始寢公卿方士之諂諛，對不以誠，致誤國事，有悔於心也。故禁苛暴，止擅賦，力本農，天下復安。

自國家行新法以來，天下之人，心祈口禱，惟冀陛下之覺悟，而拯救其失，以蘇疲民。如望上天之膏澤，日復一日，以至於今。及今改之，猶可救也。過是，則民力屈竭，一旦渙然離散，乃始勞心安集，豈不難哉？竊觀陛下詔書，寅畏天災，深自咎責，丁寧懇惻，以求至言，皆陛下已知前日之失，而欲有所改爲也。若徒著之空文，而於新法無所變更，是猶臨鼎哀魚之爛而益薪不已，將何補哉？陛下誠能垂日月之明，奮乾剛之斷，放遠阿諛，勿使壅蔽，自擇忠讜爲臺諫官，收還威福之柄，悉從己出。詔天下青苗錢勿復散，其見在民間逋欠者，計從初官本，分作數年催納，更不收利息。其免役錢盡除放差役，並依舊法。罷市易務，其所積貨物，依元買價出賣，所欠官錢，亦除利催本。罷拓土開境之兵，先阜安中國，然後征伐四方。罷保甲教閲，使服田力穡。所興修水利，委州縣相度，凡利少害多者悉罷之。如此則中外歡呼，上下感悦，和氣薰蒸，雨必霑洽矣。彼阿諛之人，附會執政者，皆緣新法得以富貴，若陛下以爲非而捨之，彼如魚之失水，必力争固執而不肯移，願陛下勿問之也。臣竊聞陛下以旱暵之故，避殿撤膳，其焦勞至矣，而民終不預其澤，不若罷此六者，立有溥博之德，及於四海也。又聞京師近雖獲雨，而畿甸之外旱氣如故，王者以四海爲家，無有遠近，皆陛下之亦子。願陛下雖徇羣臣之請，御正殿，復常膳，猶應兢兢業業，憂勞四方，不遽自寛，以爲無復災也。又諸州縣奏雨，往往止欲解陛下之焦勞，一寸則云三寸，三寸則云一尺，多不以其實，不可不察也。又聞青苗之法，災傷及五分則倚閣，其閒官吏不仁者，至有抑遏百姓，止放四分以下税，此尤可罪者也。臣在冗散之地，若朝政小小得失，臣固不敢與聞，今坐視百姓困於新法如此，將爲朝廷深憂，而陛下曾不知之。又今年以來，臣衰疾寖增，恐萬一溘先朝露，齎懷忠不盡之情，長抱恨於黄泉，是以冒死一爲陛下言之。儻陛下猶棄忽而不之信，此則天也，臣不敢復言矣。干冒宸扆，臣無任懇切，惶懼之至。

《二程集·河南程氏遺書》卷一〇《洛陽議論》 正叔言：管轄人亦須有法，徒嚴不濟事。

《二程集·周易程氏傳》卷一《周易上經上·泰》 九二【略】

人情安肆，則政舒緩而法度廢弛，庶事無節。治之之道，必有包含荒穢之量，則其施爲寛裕詳密，弊革事理而人安之。若无含弘之度，有忿疾之心，則無深遠之慮，有暴擾之患，深弊未去，而近患已生矣，故在包荒也。用馮河：泰寧之世，人情習於久安，安於守常，惰於因循，憚於更變，非有馮河之勇，不能有爲於斯時也。馮河，謂其剛果足以濟深越險也。自古泰治之世，必漸至於衰替，蓋由狃習安逸，因循而然。自非剛斷之君，英烈之輔，不能挺特奮發以革其弊也，故曰用馮河。

《二程集·周易程氏傳》卷三《周易下經上·同人》 《象》曰：【略】

上火下澤，二物之性違異，所以為睽離之象。君子觀睽異之象，于大同之中而知所當異也。夫聖賢之處世，在人理之常，莫不大同，于世俗所同者則有時而独異，蓋于秉彝則同矣，于世俗之失則異也。不能大同者，亂常拂理之人也：不能獨異者，隨俗習非之人也，要在同而能異耳。

《二程集・周易程氏傳》卷四《周易上經下・巽》　《象》曰：兩風相重，隨風也。隨相繼之義。君子觀重巽相繼以順之象，而以申命令，行政事。隨與重，上下皆順也。上順下而出之，下順上而從之，上下皆順，重巽之義也。命令政事，順理則合民心，而民順從矣。

《二程集・河南程氏粹言》卷一《論政篇》　子曰：居今之世，則當安今之法令；治今之世，則當酌古以處時。制度必一切更張而可爲也，亦何義乎？

（宋）汪應辰《文定集》卷七《策論・廷試策》　武功之等，在秦則凡一十七級。然臣以爲紀綱先振，然後始可得而定其等也。昔唐之肅宗，當干戈多難之際，朝廷之勢，日以委靡，爵賞濫冒，莫此爲甚。將軍告身，纔易一醉而已。夫所以至此者，皆本于紀綱之不振而然也。惟上之紀綱日以不振，故其下皆有覬覦之心，以邀其上，而上之人不得而不與，此武功所以濫冒也。然則今日之事，盍亦取鑒於肅宗，而先振其紀綱乎？府衛之制，在隋則凡十二衛，在唐則凡十六衛，然臣以爲亦必紀綱先振，然後始可得而參其制也。昔唐之明皇，承晏安太平之後，苟且偷安，昧于遠圖，政令日弛，法度日隳。諸衛之兵，寖以貧弱，百姓苦之。而張説始獻彍騎之議，夫所以至此，亦以其紀綱之不振而然也，惟其上之人紀綱日以不振，廢而不舉，弊而不修，此府衛所以敗壞也。然則今日之事，又盍亦取鑒于明皇，而先振其紀綱乎？

（明）海瑞《海瑞集》上編《知縣參評》　爲政不同，而要不外乎敬天勤民之念。且災異上則減膳撤樂，譴告上則蠲租求言。凡膺斯民之責者，體上天之意而噢咻之。煢獨必哀，飢寒必恤，不骫一法，不私一錢，肺石下無梧丘鬼，覆盆中鮮鵠亭冤，爲民開必得之門，明必死之路，而雁聲不哀，鼠牙無訟，則政簡而刑清矣。此豈家有治縣之譜哉？良由萬物一體之懷而誠求之也。乃今則異是矣。

《皇明經世文編》卷三六五張鹵《張給諫奏議・諫釋罪帥・慎法紀以振戎機疏》　昨初八日未時，閲刑部尚書毛愷等接出聖諭，目今虜報緊急，見監將官劉寶、田世威都饒死，發邊衛充軍，着殺賊立功贖罪，如三年無功，還拏來殺了，法司知道，欽此。臣惟聖王制馭夷狄，要在紀綱，故賞罰功罪，非人主之所能私。臣固不暇復述古昔，以瀆天聽。即皇上嗣登大寶三年，視先帝時兵車固不加多，儲蓄固不加富，然而一時諸將傾心，三軍生色，駸駸浡浡然，若增干城萬旅之雄者。何哉？惟以二年秋，皇上大奮乾綱，市曹斬將，自申維嶽、畢高一朝就戮，頓將往時僨軍之將，恃奧援以誤國，賂權貴以全生，諸凡舊套，一剗無餘，於是沿邊將領始曉然，知不忠之臣，不法之謀，舉不能逃。皇上日月照臨，而共死市曹釁鼓之辱，與死封疆横草之勛，又皆有以激切鼓動其良心，而熟察其得失，所以駸駸浡浡。有此今日景象者，其機固盡在于此也。臣固以我皇上常保此無失，將克成一代洪烈，信易易無難。夫何握持未及，一朝盡解，忽諭虜報緊急，出二犯以立功贖罪。夫以今虜之遠寇雲中，勢猶未謂緊急，縱勢誠緊急，在馬芳、趙岢、謝朝恩、李勇諸軍，方四面徵集，雲擁星列，時亦未爲之將。乃朝廷于此即釋繫囚，廢法紀，張皇四顧，以爲禦虜之策。假設虜騎如曩時，直薄都城，整居畿甸，將更舉何策以應之？且一事而生死異獄，一律而先後殊決，臣大恐無以服當時死者之心，而解方今任事之體。殊更不知廟堂爲此，誠亦何心？或有謂秦穆公之于孟明，漢武帝之于李廣，皆以罪釋成功，何獨尼于二犯？臣曾有以折之，謂臣之所以惜朝廷處二犯者，正以不能與孟明、李廣同也。蓋二君之於二子，相信誠不但腹心相與，又誠不但如家人、父子、手足爾也。其罪其釋，皆有以昭白人心，故史牒歆艷，使皇上于二犯，果曾知見其人，又嘗面召本兵，問其所以失律之故，召法司問其所以招罪之由，乃據其可矜情節一言，斷而釋之，則轟然雷霆，誰敢不服？今數者無一于此，忽旨從內降，其致人駭異，誠所宜然。臣又惟天下之患，莫大于使君父有言，而人不見信。前日兵部覆誠意伯劉世延之奏，忽命自中別出，人方嘖嘖相異。乃今又有此，若不明乞諭詔以袪羣疑，竊恐此機括一成，將漸爲人臣假借市恩之利，而致于明作威福之權，且邊將巧於窺測者，將復姦欺百出，尤非細故。伏乞皇上將二犯仍明正前法，用以激諸將有死之心，以嚴軍法無赦之律，固爲至當。其不然，如以成命已頒，不容更易，須乞勅旨昭示一時，謂二犯之所以得釋者，以有某項情節可矜，何項功能可議，用何臣之薦，何言之人，遂乃有此，以暢羣疑。再勅兵、刑二部俾，定議功格，更嚴期限，亦爲至急。臣等仰體我皇上好生之心，固亦知雖昆蟲草木，皆欲得所，乃敢惓惓以縱釋罪帥。爲此瀆陳者，良以朝無定法，人有蓄疑，誠不可爲訓。故一念犬馬，丹誠不敢容默，伏惟聖明裁正施行，幸甚幸甚！

《皇朝經世文統編》卷二七《内政部一·治術》倭仁《敬陳治本疏》　皇帝以法祖者堯舜，則智益大矣。理財爲今日急務，節用尤理財要圖。比見禮部議覆，通政使羅惇衍崇儉禁奢，摺刊刻簡，明禮儀，頒示遵行，奉旨允准，誠正德厚生之本計也。抑臣更有進者，政貴實不貴文，民從好不從令，以文告之虚詞，挽奢華之積習，科條雖設，誰其聽之？伏願皇上以身作則，力行儉約爲天下先。申諭廷臣將一歲度支出入之數，通盤籌畫，自宫府内外大小衙門，凡可裁者，概行裁省，勿狃虚文，勿沿故套，勿避嫌怨，勿畏煩難，務量入以爲出，勿因出而經入。服色器用，既已明示限制，必須令行禁止，有犯必懲，使朝野臣民，共曉然於恐懼修省以實不以文之意。一人震動，恪恭於上，庶司百僚，實力奉行於下，自足挽回風氣，移易人心。昔漢文帝身衣弋綈，後宫衣不曳地，遂至海内從風，人民富庶。況我皇上秉堯舜之資，體堯舜之德，躬行節儉，天下有不率從者哉？至若人情嗜利，廉耻道虧，宜杜言利之門，獎潔清之士。以及學校不修，人材多廢，無人之患，甚於無財，尤宜講明正學，興賢育德，以儲楨幹。此皆政教大端，所當及時修舉者。惟聖志斷以不疑，斯庶績可次第而理。

（清）馮桂芬《校邠廬抗議·陳序》　昔賈生之策治安，痛哭流涕，長太息。噫，何其甚哉？古今能成敗天下者，法而已矣。漢興未久，文帝謙讓，特法不立耳。顧不立與不行爲病，孰鉅？我國家重熙累洽二百餘年，固無法不立，亦有法必行。久之習於寛大，陰搆陽煽，驕官猾吏鼓其機，神姦巨蠹叢其隙，外與法相市，内與法相遁，於是除害無法而營私則有法，守官無法而厲民則有法，民芒然不知其何謂之法，法遂不能制。運極變生，一切便宜從事。建大功、立大業未嘗不越於常法之外，然而於法初無害也。誠以此時取法之善者復之，其不善者更改之、整齊之，求無悖於立法之初意，其勢甚便，則天下可以少休。夫無法而立之法易耳，法立而格不能行，若有法而愈無法，是法者怨之府，而禍之媒也。假令賈生處此，恐痛哭不止於一二，而流涕長太息不止於六七矣。

（清）鄭觀應《增訂盛世危言新編》卷一一《強兵四·罰贖》　州縣之罰，案月造報册上之藩臬兩司。臬司專主勘核案情，藩司則每季按册徵提罰欵存庫，另欵存儲，以爲教養民生，興舉各善政經費。取之於民者，仍還於吾民。國家與官吏莫之或私，且教養諸善政具舉後，受罰者亦與蒙其美利焉！斯補偏救弊之方，即大公無我之治也。何病之有？至如敗軍失律之將領，貪墨被劾之大僚，與尋常罪犯有别，是又宜斟酌輕重，分别懲辦者，我國家自有權衡，非草茅所敢妄擬也。

（清）梁啓超《飲冰室合集·專集》卷二八《管子傳》　古代之政治家，所以抑制豪強兼并之術，往往有禁民之貸金取息者，亦有以法律限息率不許過高者。吾國漢、唐以來相沿行之，而息率之限，今《大清律例》尚存其文。泰西則希臘羅馬以來，皆有此制，中世各國，限制尤嚴，直至十九世紀，始漸廢之，然猶未能絶也。夫富民貸而取重息，誠爲賤削貧民之一顯弊。有國牧民者，固不容坐視。雖然，貧民之貣焉者，必有其大不得已者存。禁貸而絶貣，以是爲保護貧民，而不知益以困絶之也。若夫以法規定息率，視彼禁絶貸貣者，爲道固稍進，然貧民之忍重息而舉債也，必亦有其大不得已者。存貣者多，而貸者寡，求過於供，息率勢不得不昂。強以法律限制之，則貸者於普通息率之外，更須索犯法之保險費，然後肯出貸，是欲輕之而反以重之也。故善謀國者，不爲此下愚之策，惟設法以立完備之金融機關，使一國現有之資本，流通捷而效力增，而將來之資本，緣而增殖，則息率之日下，不期而自致焉。各國現行之政策是也。而管子則深明此義者也。故民之貸金取息者，非惟不禁，且獎厲之。而取息多寡，亦未嘗一為干涉。惟將金融之樞紐，握諸政府，使民之欲貸者，不必仰鼻息於豪強，而政府得隨時以濟其困，即此今世銀行所盡之職務也。夫銀行應由政府辦理與否，其利害固常别論，然以二千年前之人，而知銀行爲匡濟生民之要具，其識見之度越尋常，豈可思議耶？

又：　雖然管子者，非濫用國家之威權，而以壓制人民爲事者也。故其言曰：《法法篇》君有三欲於民，三欲不節，則上位危。三欲者何也？一曰求，二曰禁，三曰令。求必欲得，禁必欲止，令必欲行。求多者其得寡，禁多者其止寡，令多者其行寡。求而不得則威日損，禁而不止則刑罰悔，令而不行則下陵上。故未有能多求而多得者也，未有能多禁而多止者也，未有能多令而多行者也。何故？曰：上苛則下不聽，下不聽而強以刑罰，則爲人上者衆謀矣。爲人上而衆謀之，雖欲毋危不可得也。號令已出又易之，禮義已行又止之，度量已制又遷之，刑法已錯又移之，如是則慶賞雖重，民不勸也。殺戮雖繁，民不畏也，故曰：上無固植，下有疑心，國無常經，民力必竭。

由此觀之，則管子之不肯濫用法權可以見矣。古人有言，輕諾者必寡信，夫惟期於必信者，故不得不於諸之始焉。慎之也，管子之法期以必行，故法權愈不得而濫用也。故政策未定而孟浪設施，以致終不能舉綜核之實者，法家所大禁也。嗚呼！可以鑒矣。

綜述

《漢書》卷二三《刑法志》　漢興之初，雖有約法三章，網漏吞舟之魚，然其大辟，尚有夷三族之令。令曰：當三族者，皆先黥，劓，斬左右止，笞殺之，梟其首，菹其骨肉於市。其誹謗詈詛者，又先斷舌。故謂之具五刑。彭越、韓信之屬皆受此誅。至高后元年，乃除三族罪、祆言令。孝文二年，又詔丞相、太尉、御史：法者，治之正，所以禁暴而衛善人也。今犯法者已論，而使無罪之父母妻子同産坐之及收，朕甚弗取。其議。左右丞相周勃、陳平奏言：父母妻子同産相坐及收，所以累其心，使重犯法也。收之之道，所由來久矣。臣之愚計，以爲如其故便。文帝復曰：朕聞之，法正則民慤，罪當則民從。且夫牧民而道之以善者，吏也；既不能道，又以不正之法罪之，是法反害於民，爲暴者也。朕未見其便，宜孰計之。平、勃乃曰：陛下幸加大惠於天下，使有罪不收，無罪不相坐，甚盛德，臣等所不及也。臣等謹奉詔，盡除收律、相坐法。其後，新垣平謀爲逆，復行三族之誅。由是言之，風俗移易，人性相近而習相遠，信矣。夫以孝文之仁，平、勃之知，猶有過刑謬論如此甚也，而況庸材溺於末流者乎？

（清）嵇璜等《續通典》卷一一三《刑・詳讞》　唐代宗寶應三年詔：天下刑獄須大理正斷，刑部詳覆，不得中書、門下即便處分。憲宗元和時，鹽鐵轉運諸院擅繫囚、笞掠嚴，楚人多死，給事中穆質奏請與州縣吏參決。自是不冤。

（清）嵇璜等《續通典》卷一一五《刑・守正》　唐肅宗至德二年，將軍王去榮以私怨殺本縣令，當死。帝以其善用礮，勅免死，以白衣於陝郡効力。中書舍人賈至持詔不即行，上表言：去榮無狀，殺本縣令。而議者謂陝郡初復，非其人不可守。然則他無去榮者，何以亦能堅守乎？若以能用礮石即免誅死，今諸軍技藝絶倫者，其徒實繁。必恃其能，所在犯法，又將何以止之？太子太師韋見素等亦以爲於律，殺本縣令，列於十惡。而陛下寬之，王法不行，人倫道屈，臣等奉詔，不知所從，願陛下守貞觀之法。按：去榮犯法，律有應坐之條，乃肅宗以礮石微長，寘兇惡於不問，雖僅予褫奪，竟免刑誅。未始非召亂啟奸之漸。賈至、韋見素等執法論情，所言平允，雖未見從，而議不可没，故特載之。德宗時，郭子儀壻太僕卿趙縱爲奴告，下御史劾治，奴留内侍省。宰相張鎰言：貞觀時有奴告主反者，太宗曰：謀反理不獨成，當有他人覺發，何藉奴告？乃著令：奴告主者斬。由是賤不得干貴，下不得凌上。教本修而悖亂不作。頃者，長安令李濟以奴得罪，萬年令霍晏因婢坐譴。遂使輿臺下類，主反畏之，悖慢成風，漸不可長。建中元年詔書：奴婢告主非謀叛者，同自首法。今縱事非叛逆，而奴留禁中，縱獨下獄，情所不厭。帝納之，貶縱官，奴杖死。竇參爲大理司直，婺州刺史鄧珽坐贓八十貫，珽與執政有舊，以會赦，欲免徵贓。詔百僚雜議，多希執政旨，參獨堅執珽，竟伏法徵贓。杜亞爲東都留守，盜刧輸絹于洛城北。亞惡大將令狐運，適運與其部下畋北郊，亞意其爲盜，執訊之，連繫者四十餘人。亞將逞其宿怒，且以得賊爲功，上表指明運盜之狀。帝信而不疑，宰臣以獄大宜審，奏請覆治。命侍御史李元素就鞫。亞迎路以獄成告。元素驗之五日，盡釋其囚而還。亞大驚且怒，親追送馬上責之，元素不答。亞遂上疏誣搆元素。及復命言未畢，帝怒曰：出俟命。曰：臣未盡詞。帝又曰：且去。曰：臣一出，不得復見陛下，乞容盡詞。帝意稍緩，乃備述運冤狀。帝始悟。後數月果得真盜。京兆尹李充有美政，裴延齡惡之，誣劾充比陸贄，數遺金帛，當抵罪，又乾没京兆錢六十八萬緡，請付比部鉤校。時郎中崔元翰怨贄，揣延齡指，逮繫榜掠甚急，内以險文。刑部侍郎奚陟持平，無所上下，且言京兆錢給縣館傳，餘以度支符用度畧盡。充既免，元翰不得意，以恚死。憲宗朝江西觀察使裴堪奏虔州刺史李將順贓狀，朝廷不覆按，遽貶將順道州司戶。尚書左丞呂元膺封還詔書，奏曰：縱堪辭足信，亦不可爲天下法，請發御史按問，宰臣不能奪。宣徽五坊小使方秋閲鷹狗，所過撓官司，厚得餉謝乃去。下邽令裴寰不爲禮，因搆寰出醜言，送詔獄，當大不恭。宰相武元衡婉辭諍，帝怒未置。御史中丞裴度見延英。帝恚曰：寰誠無罪，杖小使；小使無罪，且杖寰。度曰：責若此固宜，第寰爲令，惜陛下百姓，安可罪？帝色霽，乃釋寰。神策軍自興元後，日驕恣，府縣不能制。軍吏李昱貸富人錢八百萬，三歲不肯歸。京兆尹許孟容遣吏捕詰，與之期使償。曰：不如期，且死！一軍盡驚，訴於朝。詔以昱付軍治之，再遣使，皆不聽，奏曰：不奉詔，臣當誅。然臣職司輦轂，當爲陛下抑豪強，錢未盡輸，昱不可得。帝嘉其守正，許之。京師豪右大震。浮屠鑒虚者，自貞元中關通賂遺，倚宦豎爲姦，會坐于頔杜黄裳家事，逮捕下獄。御史中丞薛存誠窮劾之，得贓數十萬，當以大辟。權近更保救於帝，有詔釋之，存誠不聽。明日，詔使詣臺諭曰：朕須此囚面詰，非赦也。存誠奏曰：獄已具，陛下必欲召赦之，請先殺臣乃可。不然，臣不敢奉詔。鑒虚卒抵死。穆宗長慶中，裴潾爲刑部郎中。有前率府倉曹曲元衡，杖殺百姓栢公成母。法官以公成母死在辜外，元衡以父蔭當贖罪，徵銅。公成私受元衡資貨，母死不聞公府，理官亦以經恩免罪。潾議曰：典刑者，公柄也。在官得施於部屬之内；元衡身非在官，公成母非部屬，而擅憑威力，横此殘虐，豈合拘於常典？公成取貨於讐，利母之死，悖逆天性，尤所必誅。奏上，勑元衡杖六十配流，公成論死。宿州刺史李直臣坐贓當死，賂中人爲之援解，御史中丞牛僧孺堅執不回。帝面諭之曰：直臣事雖愆失，然有經度才，可委之邊任，朕欲貸其死，何如？僧孺曰：凡人不才，止於持禄取容耳。帝王之法，束縛姦雄。正爲才多者，禄山、朱泚以才過人，濁亂天下，况直臣小才，何爲屈法哉？上嘉納之。文宗太和五年，鄭注搆宗申錫獄。捕逮倉卒，事由内出，無可證驗。右散騎常侍崔元亮、率諫官叩延英苦諍，反覆數百言，帝未諭。元亮置笏在陛曰：孟軻有言：衆人皆曰殺之，未可也；卿大夫皆曰殺之，未可也；天下皆曰殺之，然後察之，乃寘於法。今殺一凡庶，當稽典律，况欲誅宰相乎？臣爲陛下，惜天下法，不爲申錫言也。俯伏流涕。會大理卿王正雅與京兆尹崔琯亦上疏言：宜得告事者，考驗其辭，狀以聞。注等憚之，由是獄稍解。六年濮州掾崔元武受吏贓，又率屬邑奉錢，增私馬估售官，疊二罪計絹百二十疋。大理斷三犯以重者論，抵入私馬爲重，止削三官。刑部覆訊當流，未決。天平節度使殷侑奏：三犯不同，坐所重。準律，枉法十五匹已上絞。頻犯者，累科。元武犯皆枉法，當死。詔如部議，元武決杖，流賀州。帝嘉侑守法，進刑部尚書。武宗會昌中澤潞平。朝議以劉從諫妻裴氏爲裴問之妹，欲原之。初從諫死，稹叛，裴以酒食會潞州將校妻子，泣告以固逆謀，法司請從重典。刑部侍郎劉三復奏曰：從諫包藏禍心，蹟狀顯著。人臣叛逆，合有三族之誅，阿裴已不得免於極法，又况從諫死後主張狂謀，罪狀非一。稹年幼小，逆節未深，裴爲母氏，宜誘説忠孝之道，開陳禍福之原。而乃激厲兇黨，膠固叛心，廣招將校之妻，儼開酒食之晏；號哭以激衆意，贈解以結羣情。遂使叛黨稽不捨之誅，孽童延必死之命。以至周歲，方就刑誅。此阿裴之罪也。雖以裴問之功，或希減罪，而國家有法，難議從輕。夫管叔，周公親弟也，有罪則除。以周公之賢，尚不赦兄弟之罪，况裴問功效，安能破朝廷之法耶？據阿裴廢臣妾之道，懷逆亂之謀，裴問如周公之功，尚合行周公之戮；况於朝典，固在不疑，阿裴乞準法。從之。宣宗大中中，韋澳爲京兆尹，帝舅鄭光主墅吏豪，肆積年不輸官賦，澳逮繫之。他日帝問其故，澳具道姦狀，且言必寘之法。帝曰：可貸否？對曰：陛下自内署擢臣尹京邑，安可使晝一法獨行於貧下乎？帝入白太后曰：是不可犯。后爲輸租乃免。

《宋史》卷二〇一《刑法志三》

更命呂公著等定議刑名，議不稱安石意，乃自具奏。初，曾公亮以中書論正刑名爲非，安石曰：有司用刑不當，則審刑、大理當論正；審刑、大理用刑不當，即差官定議；議既不當，即中書自宜論奏，取決人主。此所謂國體。豈有中書不可論正刑名之理。三年，中書上刑名未安者五：

其一，歲斷死刑幾二千人，比前代殊多。如強劫盜並有死法，其間情狀輕重，有絶相遠者，使皆抵死，良亦可哀。若爲從情輕之人别立刑，如前代斬右趾之比，足以止惡而除害。禁軍非在邊防屯戍而逃者，亦可更寬首限，以收其勇力之効。

其二，徒、流折杖之法，禁網加密，良民偶有抵冒，致傷肌體，爲終身之辱；愚頑之徒，雖一時創痛，而終無愧恥。若使情理輕者復古居作之法，遇赦第減月日，使良善者知改過自新，凶頑者有所拘縶。

其三，刺配之法二百餘條，其間情理輕者，亦可復古徒流移鄉之法，俟其再犯，然後决刺充軍。其配隸並減就本處，或與近地。凶頑之徒，自從舊法。編管之人，亦迭送他所，量立役作時限，無得髡鉗。

其四，令州縣考察士民，有能孝悌力田爲衆所知者，給帖付身。偶有犯令，情輕可恕者，特議贖罰；其不悛者，科決。

其五，奏裁條目繁多，致淹刑禁，亦宜删定。

詔付編敕所詳議立法。

初，韓絳嘗請用肉刑，曾布復上議曰：先王之制刑罰，未嘗不本於仁，然而有斷肢體、刻肌膚以至於殺戮，非得已也。蓋人之有罪，贖刑不足以懲之，故不得已而加之以墨、劓、剕、宫、大辟，然審適輕重，則又有流宥之法，至漢文帝除肉刑而定笞箠之令，後世因之以爲律。大辟之次，處以流刑，代墨、劓、剕、宫，不惟非先王流宥之意，而又失輕重之差。古者鄉田同井，人皆安土重遷。流之遠方，無所資給，徒隸困辱，以至終身。近世之民，輕去鄉井，轉徙四方，固不爲患，而居作一年，即聽附籍，比於古亦輕矣。况折杖之法，於古爲鞭扑之刑，刑輕不能止惡，故犯法日益衆，其終必至於殺戮，是欲輕而反重也。今大辟之目至多，取其情可貸者，處之以肉刑，則人之獲生者必衆。若軍士亡去應斬，賊盜贓滿應絞，則刖其足；犯良人於法應死，而情輕者處以宫刑。至於劓、墨，則用刺配之法。降此而後爲流、徒、杖、笞之罪，則制刑有差等矣。議既上，帝問可否於執政，王安石、馮京互有論辨，迄不果行。

樞密使文彦博亦上言，唐末、五代，用重典以救時弊，故法律之外，徒、流或加至於死。國家承平百年，當用中典，然猶因循，有重於舊律者，若僞造官文書，律止流二千里，今斷從絞。近凡僞造印記，再犯不至死者，亦從絞坐。夫持杖強盜，本法重於造印，今造印再犯者死，而強盜再犯贓不滿五匹者不死，則用刑甚異於律文矣。請檢詳刑名重於舊律者，以敕律參考，裁定其當。詔送編敕所。

（宋）鄭樵《通志》卷六〇《刑法略·歷代刑制》 黄帝以兵定天下，此刑之大者，陶唐以前未聞其制。虞舜聖德聰明，建法曰：象以典刑，流宥五刑，鞭作官刑，扑作教刑，金作贖刑，眚災肆赦，怙終賊刑。欽哉，欽哉，惟刑之恤哉！於是流共工于幽州，放驩兜于崇山，竄三苗于三危，殛鯀于羽山，四罪而天下咸服。又五流有宅，五宅三居，惟明克允。夏啟即位，有扈不道，誓衆曰：不用命戮于社。後又作禹刑。商作湯刑，洎紂無道，廼重刑辟，有炮烙之刑。周秋官之職建三典，正月之吉始和，布刑于邦國都鄙，乃揭刑象之法于象魏，使萬民觀之，浹旬而斂，又執旌節以宣布于四方，而憲邦之刑禁：一曰刑新國，用輕典；二曰刑平國，用中典；三曰刑亂國，用重典。凡盜賊軍，鄉邑及家人殺之無罪。凡報仇讐者，書於士，殺無罪。凡殺其親者，焚之；殺王之親者，磔之。殺人者，踣諸市三日。傷人見血不以告者，攘獄、遏訟者，告而誅之。坐爲盜賊者，其孥，男子入于罪隸，女子入於舂槀。凡有爵者，與七十者，與未齔者，皆不爲奴。五刑之法，墨罪五百，劓罪五百，宫罪五百，刖罪五百，髡罪五百凡二千五百，所謂刑平國用中典者也。墨者使守門，劓者守關，宫者守内，刖者守囿，髡者守積。王之同族不處宫刑，是不剪其類也，但髡頭而已。凡王族皆於隱處罰之，故使守積。音恣。穆王享國百年，耄荒，命吕侯作刑。訓夏贖刑：訓夏禹贖刑之法，從輕也。墨罰之屬千，劓罰之屬千，剕罰之屬五百，宫罰之屬三百，大辟之罰其屬二百，五刑之屬三千。多於初制五百章。其後，又作九刑。正刑五及流、贖、鞭、扑。孔子曰：大罪有五，而殺人爲下。逆天地者，罪及五代；誣神鬼者，罪及四代；逆人倫者，罪及三代；亂教化者，罪及二代；手殺人者，罪止其身。又曰：析言破律，亂名改作執左道以亂政者，殺；作淫聲，造異服，設恠伎奇器以盪上心者，殺；行僞而固，言僞而辯，學非而博，順非而澤，以惑衆者，殺；假於鬼神、時日、卜筮以疑人者，殺。此四誅者，不待時，不以聽。秦文公二十年，法初有三族罪。張晏曰：父母、兄弟、妻子。如淳曰：父族、母族、妻族。武公三年，誅三父等而夷三族，以其殺出子。寧公子三，長武公，爲太子；次德公；次出子。寧公卒，大庶長弗忌、威壘、三父廢太子，而立出子爲君。後三父等復共殺出子，立武公。孝公初，衛鞅請變法令，令人爲什伍，而相収司連坐，不告姦者腰斬，告姦者與斬敵首同賞，匿姦者與降敵同罰。人有二男以上不分異者，倍其賦。有軍功者，各以律受上爵。爲私鬬者，各以輕重被刑大小。戮力本業，耕織致粟帛多者，復其身。事末利及怠而貧者，舉以爲收孥。宗室非有軍功論，不得爲屬籍。明尊卑爵秩等級，各以差次名田宅、臣妾，衣服以家次，有功者尊榮，無功者雖富無所芬華。令既具，未布。恐人之不信己，乃立三丈之木於國都市南門，募人有能徙者，與五十金，以明不欺。秦人初言令不便者以千數。於是太子犯法，衛鞅曰：法之不行，自上犯之，將法太子。太子，君嗣也，不可施刑，刑其傅公子虔，黥其師公孫賈。明日，秦人皆趨令行之。令初下，有言令不便者，有來言令便者，衛鞅曰：此皆亂化之人也。盡遷於邊城，其後人莫敢議令。甘龍、杜摯極非之。令之初作，一日臨渭，刑七百餘人，百姓皆苦之。居三年，道不拾遺，山無盜賊，家給人足，勇於公戰，怯於私鬬，秦人大治而大悅。魏文侯師李悝撰次諸國法，著法經，皆罪名之制也。商君受之以相秦，具《魏世語中》。始皇即位，遣將成蟜擊趙，反死屯留，軍吏皆斬，及戮其屍。士卒死，皆戮其屍。其後，嫪毐作亂敗，其徒二十人皆梟首，車裂徇滅其宗，輕者爲鬼薪。取薪給宗廟，爲鬼薪。律曰：鬼薪作二歲。後又體解荊軻。及平六國，制藏詩書及偶語，棄市；以古非今者，族；吏見知不舉與同罪。令下三十日不燒，黥爲城旦。髠髮，輸邊，築長城。城旦，四歲刑也。燕人盧生竊言：始皇樂以刑殺爲威，因亡去。始皇聞之怒，諸生在咸陽者四百六十餘人，皆坑之。其後東郡星隕爲石，或刻其石曰：始皇死。始皇盡誅石旁人。胡亥立，以趙高爲郎中令，更變律令，有罪者相坐收族。又羣盜起，胡亥責李斯，斯懼，上書請行督責，刑者相半。其後趙高譖斯，具五刑，腰斬，夷其三族。漢高祖初入咸陽，約法三章，曰：殺人者死，傷人及盜抵罪。蠲削秦法，兆民大悅。然大辟尚有三族之誅，先黥、劓、斬左右趾、笞殺、梟其首，葅其骨肉於市，其誹謗、詈詛又先斷舌，故謂之具五刑。彭越、韓信之屬，皆受此戮。其後又制曰：有耐罪以上，請之。髠其彡鬢曰耐。後以三章之法，不足禦姦，遂令蕭何攈摭秦法，取其宜於時者，作律九章。惠帝二年，制曰：今法有誹謗妖言之罪。過誤之言，以爲妖言。是使衆臣不敢盡情，而上無由聞過失也。其除之。又制：上造以上及內外公孫，耳孫有罪當刑及當城旦舂者，皆耐爲鬼薪、白粲。上造，爵滿十六者也。耳孫，元孫之子也。今以上造有功勞，內外孫有骨肉屬連，故事從其輕也。城旦舂，旦起行治城。舂者，婦人不參外徭，但舂作米。皆四歲刑也。今皆就鬼薪、白粲。鬼薪，已其上。白粲，坐擇米使正白爲粲，皆三歲刑也。人年七十以上，若不滿十歲，有罪當刑者，全之。除挾書律。挾，藏也。秦律：敢挾書者，棄市。呂太后初，除三族罪。文帝制：民有犯法已論，其父母妻子同產坐之及收孥，律令宜除之。孥，子也。秦法：一人有罪，收其家。罪疑者，從輕。於是刑罰大省，斷獄四百。又感齊女淳于緹縈之言，除肉刑，定律曰：諸當完者，完爲城旦舂，以完易髠，以笞代劓，以鈦左右趾代刖。今既曰完，矣不復云以完，代完此當言髠者完之矣。當黥者，髠鉗爲城旦舂；當劓者，笞三百；當斬左趾者，笞五百；當斬右趾，及殺人先自告，及吏受賕枉法，守縣官財物而即盜之，已論命復有笞罪者，皆棄市。命者，名也，成其罪也。罪人獄已決，完爲城旦舂，滿三歲爲鬼薪白粲。鬼薪白粲一歲，爲隸臣妾，隸臣一歲，免爲庶人。男子爲決隸臣，女子爲隸妾。隸臣妾滿二歲，爲司寇。司寇一歲，及作如司寇二歲，皆免爲庶人。罪降爲司寇，故一歲。正司寇，故二歲。其亡逃及有罪耐已上，不用此令。在本罪中又重犯者也。是後，外有輕刑之名，內實殺人，斬右趾者又當死。斬左趾者笞五百，當劓者笞三百，率多死。笞數既多，亦不活。景帝制：改定律：笞五百曰三百，笞三百曰二百。猶尚不全，自今吏及諸有秩，皆受其官屬所治、所行、所將，行，謂按察。夏孟反。其餘飲食計償費，勿論。計所費而償其直，勿論罪。他物，若買故賤，賣故貴，皆坐臧爲盜。他物，謂非飲食。吏遷徙免罷，受其故官屬所將監治送財物，奪爵爲士伍，免之。謂奪其爵，令爲士伍，又免其官職，即今律所謂除名也。士伍者，言從士卒之伍。無爵，罰金二斤，没入所受。有能捕告，畀其所受臧。其後，罷磔曰棄市。先此，諸死刑皆磔之於市，今罷之。若妖逆，則磔之。磔，謂張其尸也。復下詔曰：長老，人所尊也；鰥寡，人所憐也。其著令：年八十以上，八歲以下，孕者未乳，乳，產。師、侏儒、樂師，瞽者。侏儒，短人，不能走。當鞠繫者，頌繫之。頌，讀曰容。容，寬不桎梏。罪死欲腐者，許之。如腐木不生實矣。六年，定鑄錢僞黃金棄市律。又以笞者或至死未畢，復減笞三百曰二百，笞二百曰百。其定箠令，箠長五尺，其本厚一寸，其末薄半寸，皆平其節。笞臀，先時笞背。畢一罪乃得更人。更人，更易行笞人。自是笞者得全。然死刑即重，而生刑又輕，人易犯之。孝武調發煩數，民窮犯法，遂令張湯、趙禹條定法令，作見知故縱、監臨部主之法。見知人犯法不告爲故縱，而所監臨部主有罪並連坐。緩深故之罪，孝武欲急刑，吏深害及故入人罪者，皆寬緩之。急縱出之誅，律令凡三百五十九章，蕭何夲定律九篇，叔孫通又加十八篇，張湯又撰《越宮律》二十七篇，趙禹撰《朝律》六篇，合爲六十篇。大辟四百九條，千八百八十二事，死罪決事比萬三千四百七十二事。比，以例相比況。文書既繁，主者不能遍睹，或罪同而論異。孝昭制：子首匿父母，妻匿夫，孫匿大父母，皆勿坐。其父母匿子，夫匿妻，大父母匿孫，罪殊死。皆上請。宣帝患刑法不一，置廷平四人平之。成帝鴻嘉初，又定令：年未滿七歲，賊鬬殺人及犯殊死者，上請廷尉以聞，得減死。合於三赦幼弱老眊之人。此皆法令稍定，近古而便人者也。哀帝綏和二年，除誹謗抵欺法。平帝元始中，制曰：前詔有司，復貞婦，歸女徒，誠欲以防邪僻，全貞信。及眊悼之人，刑罰所不加，聖王之所制也。惟苛暴吏多拘繫犯法者親屬婦人、老弱。其明敕百僚：婦女非身犯法，及男子年八十以上、七歲以下，家非坐不道，詔所名捕，他皆無得繫。名捕，謂下詔特所捕也。其當驗者，即驗問。就所居而問之。定著令。王莽居攝，翟義、劉信起兵討莽，爲莽敗之，夷三族。其後陳良、終帶叛入匈奴，莽求得，行焚如之刑。具《峻酷篇》。後漢光武留心庶獄，然自王莽簒位之後，舊章不存，法網弛縱，無以懲肅。梁統上疏曰：臣竊見元帝初元五年，輕殊死刑三十四事，哀帝建平元年，輕殊死刑八十一事，其四十二事手殺人者減一等。自後人輕犯法，吏易殺人。臣愚以爲刑罰不苟務輕，務其中也。是以五帝有流、殛、放、殺之誅，三王有大辟、刻肌之刑，所以爲除殘去亂也。高帝定法，傳之後代。文帝遭世康平，因時施恩，省肉刑、相坐之法，天下幾平。武帝值中國全盛，征伐遠方，百姓罷弊，豪傑犯禁，姦吏弄法，故重遁匿之科，著知縱之律。宣帝履道要，以御海內，臣下奉憲，不失绳墨，天下稱安。孝元、孝哀即位日淺，丞相王嘉等便以數年之間，虧除先帝舊約，定令斷律，凡百餘事。臣取其尤妨政者條奏，伏請擇其善者而從之，定不易之典。時廷尉議，以爲崇刑峻法，非明王急務，遂罷之。章帝時，郭躬條奏，請重文可從輕者三十一事，著于令。陳寵又代躬爲廷尉，帝納寵言，制除鉆鑽諸慘酷之科，解妖惡之禁，又除文致請讞五十餘事，著于令。寵復校律令，刑法溢於甫刑者，奏除之，曰：今律令，犯死刑者六百一十，耐罪千六百九十八，贖罪以下二千六百八十一，溢於甫刑千九百八十九，其四百一十大辟，千五百七耐罪，七十九贖罪。請令三公、廷尉集平律令，可施行者，大辟二百，耐罪、贖罪二千八百，合爲三千。其餘千九百八十九事，悉可詳除。會寵得罪，遂罷。安帝永初中，法稍苛繁，人不堪之，陳寵子忠復爲尚書，略依寵意，奏上三十三條，爲決事比，比，例也，必寐反。以省讞之弊。又上除蠶室刑；西漢文、景已除宮刑，今復除蠶室刑者，是當時雖有文而未悉斷。武帝時，司馬遷犯法，下蠶室，則其事矣。今申明除之。獻帝初，應劭又刪定律令，撰具律夲章句、尚書舊事、廷尉版令、決事比例、司徒都目、五曹詔書及春秋折獄，凡二百五十篇。又集議駁三十篇，以類相從，凡八十二事。於是舊事存焉。曹公秉政，欲復肉刑，陳羣深陳其便，鍾繇亦贊成之，孔融、王修不同其議，遂止。於是乃定甲子科，犯鈦左右趾者易以木械，是時乏鐵，故易以木焉。又以漢律太重，故令依律論者聽得科半，使半減也。魏文帝受禪後，有大女劉朱，撾子婦酷暴，前後三婦自殺，論朱減死作尚方，因是下愁毒殺人減死之令。明帝改士庶罰金之令，男聽以罰代金，婦人加笞還從鞭督之例，以其形體裸露故也。時所用舊律，其文起自魏文侯師李悝。撰次諸國法，著經，以爲王者之政，莫急於盜賊，故其律始於盜、賊；須刻追捕，故著囚、捕二篇；其輕狡、越城、博戲、借假、不廉、淫侈、踰制以爲雜律一篇；又以具其加減。是故所著六篇而已，然皆罪名之制也。商君傳習，以爲秦相。漢承其制，蕭何定律，除參夷連坐之罪，增部主見知之條，益事律擅興、廄、戶三篇，合爲九篇；叔孫通益律所不及，《傍章》十八篇；張湯《越宮律》二十七篇；趙禹《朝律》六篇，合爲六十篇。又漢時決事，爲令甲以下三百餘篇，又司徒鮑昱撰嫁娶辭訟決爲法比都目，凡九百六卷。世有增損，輕重乖異，而通條連句，上下相蒙，雖大體異篇，實相採入。盜律有賊傷之例，賊律有盜章之文，興律有上獄之法，廄律有逮捕之事。若此之比，錯糅無常，後人生意，各爲章句，叔孫宣、郭令卿、馬融、鄭康成諸儒章句十有餘家，家數十萬言。凡斷罪所當由用者，合二萬六千二百七十二條，七百七十三萬二千二百餘言，言數益繁，覽者益難。天子於是詔，但得用鄭氏章句，不得雜用餘家。衛覬又奏曰：刑法者，國家之所貴重，而私議之所輕賤；獄吏者，百姓之所系命，而選用者之所卑下。請置博士，轉相教授。然而律文煩廣，事比衆多，離夲依末，決獄之吏如廷尉獄吏范弘受囚絹二丈，附輕法論；獄吏劉象受屬偏考囚張茂物故，附重法論之。弘、象雖皆棄市，而輕枉者相繼。其後，天子又下詔改刑制，命陳羣、劉邵等删約舊科，旁採漢律，定爲魏法，制《新律》十八篇，《州郡令》四十五篇，《尚書官令》、《軍中令》，合百八十餘篇。其序略曰：舊律所以難知者，由於六篇篇少故也。篇少則文荒，文荒則事寡，事寡則罪漏，故正律九篇爲增，於旁章科令爲省矣，更依古義，制爲五刑。其死刑有三，髡刑有四，完刑、作刑各三，贖刑十一，罰金六，雜抵罪七，凡三十有七各，以爲律首。司馬景王輔政時，犯大逆者，其法誅及已出之女。田邱儉之誅，其子甸妻荀氏應坐死，其族兄顗通表魏帝，以乞其命。詔聽離婚、荀氏所生女芝，爲潁川太守劉子元妻，亦坐死，以懷姙繫獄。荀氏辭詣司隸校尉何曾乞恩，求没爲官婢，以贖芝命。曾哀之，使主簿程咸上議曰：臣以爲女人有三從之義，無自專之道，出適他族，降父母之服，所以明外成之節也。而父母有罪則追刑，夫黨見誅又隨戮，一人之身，内外受辟。女既産育，則他族之母，無辜受戮，傷孝子之心。且男既不得罪於他族，而女獨嬰戮於二門。臣以爲在室宜從父之誅，既醮可隨夫之罰。於是詔有司改定律令。司馬文王繼秉魏政，患前代律令煩雜，陳羣、劉邵雖經改革，而科網太密，於是命賈充、鄭冲、荀顗、荀勗、羊祜、王業、杜友、杜預、裴楷、周雄、郭頎、成公綏、柳軌、榮邵等定法令，就漢九章增十一篇，仍其族類，正其體號。合三十篇，六百三十條，二萬七千六百五十七言。蠲其苛穢，歸於益時。其餘未宜除之者，若軍事、田農、酤酒，未得皆從人心，權設其法，太平當除，故不入律，悉以爲令，施行制度，以此設教違令有罪則入律也。其常事品式章程，各還其府，爲故事。減梟斬族誅從坐之條，除謀反適養母出女嫁皆不復還坐父母棄市，省禁錮相告之條，去捕亡、亡没爲官奴婢之制。輕過誤老小女人當罰金、杖者，皆令半之。重姦伯叔母之令，棄市。淫寡女，三歲刑。崇嫁娶之要，峻禮教之防，準五服以制罪也。凡律令合二千九百二十六條，十二萬六千三百言，六十卷，故事三十卷。晉武帝泰始三年，賈充等修律令成，帝親自臨講，使裴楷執讀。四年正月，大赦天下，乃班新律。其後，明法掾張裴又注律，表上之，其要曰：律始於刑名者，所以定罪制也；終於諸侯者，所以畢其政也。是以經略罪法之輕重，正加減之等差，明發衆篇之多義，補其章條之不足，較舉上下綱領。其犯盜賊、詐僞、請賕者，則求罪於此，作役、水火、畜養、守備之細事，皆求之作夲名。告訊爲之心舌，捕繫爲之手足，斷獄爲之定罪，名例齊其法制。自始及終，往而不窮，變動無常，周流四極，上下無方，不離于法律之中。其知而犯之謂之故，意不以爲然謂之失，違忠欺上謂之謾，背信藏巧謂之詐，虧禮廢節謂之不恭，兩訟相趣謂之鬬，兩和相害謂之戲，無變斬擊謂之賊，不意誤犯謂之過，逆節絶理謂之不道，陵上僭貴謂之惡逆，將害未發謂之戕，唱首先言謂之造意，二人對議謂之謀，制衆建計謂之率，不和謂之彊，攻惡謂之略，三人謂之羣，取非其物謂之盜，貨財之利謂之贓，凡二十者，律義之較名也。夫五刑不簡，正于五罰，五罰不服，正于五過，意善功惡，以金贖之。故律制，生罰不過十四等，死刑不過三，徒加不過六，囚加不過五，累作不過十一歲，累笞不過千二百，刑等不過一歲，金等不過四兩。夫操刀執繩，刀妄加則傷物，繩妄彈則侵直。梟首者惡之長，斬刑者罪之大，棄市者死之下，髡作者刑之威，贖罰者誤之誡。王者立此五刑，所以寶君子而逼小人也。五刑成章，輒相依準，法律之義也。東晉元帝爲丞相，在江東承制。時百度草剏，議斷不循法，律人立異議，高下無狀。主簿熊遠奏曰：自軍興以來，臨事改制，朝作夕改，至於主者不敢任法，每輒關諮，委之太官，非爲政之體。若夲曹處事不合法令，監司當以法彈違，不得動用關塞，以壞成事。按法蓋麤術，非妙道也，矯割物情，以成法耳。若每隨物情，輒改法制，此爲以情壞法。法之不一，是謂多門，開人事之路，廣私請之端，非先王立法之夲意也。凡爲駁議者，若違律令節度，當合經傳前比故事，不得任情以破成法。愚謂宜令録事更立條制，諸立議者皆當引律令經傳，不得直以情言，無所依準，以虧舊典也。是時帝以權宜從事，尚未能從。而河東衛展爲晉王大理，考擿故事有不合情者，又上書論之。元帝令曰：先自元康以來，事故荐臻，刑禁滋蔓，大理所上，宜朝堂會議，蠲除詔書不可用者，此孤所虚心者也。宋文帝時，蔡廓爲侍中，建議以爲：鞫獄不宜令子孫下辭，明言父祖之罪。自今但令家人與囚相見，無乞鞫之詳，便足以明伏罪，不須責家人下辭。朝議咸以爲允，從之。時王弘上疏曰：主守偷五疋，常偷四十疋，並死，太重，請加主守至十疋，常偷至五十疋。謝莊爲都官尚書，奏改定州獄曰：舊官長竟囚畢，郡遣督郵案驗，仍就施行。督郵賤吏，非能異於官長，雖有案驗之名，而無刑究之實。愚謂此制宜革。自今入重之囚，縣考正畢，以事言郡，并送囚身，委二千石親臨覆辯，必收聲吞釁，然後就戮。若二千石不能決，乃度廷尉。神州統外，移之刺史，刺史有疑，亦歸臺獄，必令死者不怨，而坐者無恨。齊武帝令删定郎王植之集注張、杜舊律，合爲一書，凡千五百三十條。事未施行，其文殆滅。梁武帝制，依周、漢舊事，有罪者贖。其科，凡在官身犯，罰金。鞭杖督之罪，悉入贖停罪。其臺省令史士卒欲贖者，聽之。時齊時舊郎蔡法度，能言齊王植之律，於是使損益舊本，以爲梁律。天監初，又令王亮等定爲二十篇：一曰刑名，二曰法例，三曰盜刼，四曰賊叛，五曰詐僞，六曰受賕，七曰告劾，八曰討捕，九曰繫訊，十曰斷獄，十一曰雜，十二曰戶，十三曰擅興，十四曰毁亡，十五曰衛宫，十六曰水火，十七曰倉庫，十八曰廐，十九曰關市，二十曰違制。其制刑爲十五等之差：棄市以上爲死罪，大罪梟其首，次棄市。刑二歲以上爲耐罪，言各随伎能而任使之也。有髡鉗五歲刑，笞二百，收贖絹男子六十疋；又有四歲刑，男子四十八疋；又有三歲刑，男子三十六疋；又有二歲刑，男子二十四疋。罰金一兩以上爲贖罪，贖死者，金二斤，男子十六疋；贖髡鉗五歲刑笞二百者，金一斤十二兩，男子十四疋；贖四歲刑者，金一斤八兩，男子十二疋；贖三歲刑者，金一斤四兩，男子十疋；贖二歲刑者，金一斤，男子八疋；罰金十二兩者，男子六疋；罰金八兩者，男子四疋；罰金四兩者，男子二疋；罰金二兩者，男子一疋；罰金一兩者，男子二丈；女子各半之。五刑不簡，正于五罰，五罰不服，正于五過。以贖論，故爲此十四等之制。又九等之差，一歲刑，半歲刑，百日刑，鞭杖二百，鞭杖一百，鞭杖五十，鞭杖三十，鞭杖二十，鞭杖十。又有八等之差：一曰免官，加杖督一百；二曰免官；三曰奪勞百日，杖督一百；四曰杖督一百；五曰杖督五十；六曰杖督四十；七曰杖督二十；八曰杖督十。其鞭有刑鞭，法鞭，常鞭，凡三等之差。刑鞭，生革廉成；法鞭，生革去廉；常鞭，熟靼不去廉，皆作鶴頭紐，長一尺一寸，稍長二尺七寸，廣三寸，靶長尺五寸。杖，皆用生荊，長六尺。有大杖，法杖、小杖三等之差，大杖頭圍寸三分，小頭八分，半法杖圍寸二分，小頭五分；小杖圍寸一分，小頭極杪。諸督罰，大罪無過五十、三十，小者二十，當笞二百以上者，笞半，餘半後決，中分鞭杖。老小於律令當行鞭杖罰者，皆半之。其制鞭、制杖、法鞭、法杖，自非特詔，皆不得用。士人有錮禁之科，亦以輕重爲差。其犯清議則終身不齒；凡定罪二千五百二十九條；又有令三十卷。其後，除贖罪之科。陳武帝令尚書删定郎范果参定律令，又令徐陵等知其事，制律三十卷，科三十卷。其制惟重清議禁錮之科。若搢紳之族，犯虧名教、不孝及内亂者，終身不齒；自餘一用梁法。當刑於市者，夜須明，雨須晴；朔日，八節、六齋日，月在張心日，並不得行刑。廷尉寺爲北獄，建康縣爲南獄，並置正監平。又制：常以二月，侍中、吏部尚書、三公郎部都令史、三公録冤屈；御史中丞、侍御史蘭臺令史親行京師諸獄及治署，治察囚徒冤枉。後魏起自北方，屬晉室之亂，部落漸盛，其主乃峻刑法，每以軍令從事。人乘寬政，多以違令得罪，死者以萬計。於是國落騷然。其後，當死者，聽其家獻金馬以贖。犯大逆者，親族男女無少長皆斬。男女不以禮交，皆死。人相殺者，聽與死家牛馬四十九頭及送葬器物以平之，無繫訊連逮人坐，盜官物一備十。及道武，既平定中原，患舊制太峻，命三公郎王德除其酷法，約定科令。至太武帝神麚中，詔崔浩定律令。除五歲、四歲刑，增一年刑。大逆不道腰斬，誅其同籍，年十四以下腐刑，女子没縣官。害其親者，轘之。爲蠱毒者，男女皆斬，而焚其家。其巫蠱者，負羖羊，抱犬，沈諸泉。當刑者贖，貧則加鞭二百。畿内人富者燒炭於山，貧者役於圊溷，女子入舂槀，其癎疾不逮於人，守苑囿。王官階九品，得以官爵除刑。婦人當刑而孕，産後百日乃決，年十四以降刑之半。八十及九十，非殺人，不坐。拷訊不踰四十九。論刑者，部主言狀，公車鞫辭，而三都決之。當死者，定按奏聞，帝親臨問，無異辭怨言乃刑之。諸州囚之大辟，皆先讞報乃施行。其後，因官吏黷貨，太延中，詔吏民得舉告牧守之不法。於是兇悖者求得牧宰之失，乃貪暴於閭閻。太平真君中，以有司斷法不平，詔諸疑獄，皆付中書，依經義論決。初，盜律贓四十疋致大辟，人多慢政，乃減至三疋，十一年，誅崔浩。正平初，又令胡方回、游雅改定律制，凡三百七十條，門房之誅四，大辟百四十五，刑二百二十一。文成帝太安中，以庶士多因酒致酗訟，制禁釀酒，沽、飲皆斬，吉凶賓親則開禁，有日程。增置候官，伺察諸違。犯贓二丈，皆斬。又增律七十九章，門房之誅十有三，大辟三十五，刑六十二。至獻文帝，除口誤，開酒禁。故事，斬皆裸形伏鑕。砧也。孝文太和初，制不令裸形。又令高閭修改舊文，随例增減，凡八百三十二章。門房之誅十有六，大辟之罪二百三十五，刑三百七十七，除羣行剽刼首謀門誅，律重者止梟首。時法官及州縣多爲重枷，復以石縋囚頸，傷肉至骨，勒以誣服，吏以爲能。帝聞而傷之，乃制：非大逆有明證而不疑辭者，不得大枷。宣武帝正始初，尚書令高肇等奏曰：杖之小大，鞭之長短，令有定式，但枷之輕重，先無成制。請造大枷，長丈三尺，喉下長丈，通頰木各方五寸，以擬大逆外叛。自是枷杖之制，頗有定準。法例律：五等爵及在官品令從第五以上，皆當刑二歲。免官者，三載之後聽仕，降先階一等。邢巒奏：官人若有罪夲除名，以職當刑，猶有餘資，得降階而叙。至於五等封爵，除刑若盡，永既甄削，便同之除名，於例實爽。愚謂自王公以下，有封邑，罪除名，三年之後，宜各降夲爵一等。王及郡公降爲縣公，公爲侯，侯爲伯，伯爲子，子爲男，至於縣則降爲鄉男。五等爵者，并依此而降，至於散男。其鄉男、散男，男無可降授者，三年之後，聽依其夲品之資出身。從之。及齊神武秉東魏政，遷都於鄴，羣盜頗起，遂立嚴制：諸彊盜殺人者，首從皆斬，妻子、同籍配爲樂戶。其不殺人，及贓不滿五疋，魁首斬，從者死，妻子亦爲樂戶。小盜贓滿十疋以上，魁首死，妻子配驛，從者流。北齊文宣帝受禪後，命羣官刊定魏朝《麟趾格》。又議造齊律，積年不成。其決獄猶依魏舊式。武成帝河清三年，尚書令、趙郡王叡等，奏上《齊律》十二篇：一曰名例，二曰禁，衛三曰戶婚，四曰擅興，五曰違制，六曰詐僞，七曰鬬訟，八曰盜賊，九曰捕斷，十曰毀損，十一曰廄牧，十二曰雜。其定罪九百四十九條，又上新令四十卷，大抵採魏晉故事。其制，刑名五：一曰死，重者轘之，轘，音患。其次梟首，並陳屍三日，無市者列於鄉亭；其次斬刑，殊身首；其次絞刑，死而不殊，凡四等。二曰流刑，謂論犯可死，原情可降，鞭笞百，髠之，投於邊裔，以爲兵卒，未有道里之差；其不合遠配者，男子長徒，女子配舂，並六年。三曰刑罪，即耐罪也。有五歲、四歲、三歲、二歲、一歲之差，凡五等。各加鞭，六歲者加笞百；其五歲者八十，四歲者六十，三歲者四十，二歲者二十，一歲者無笞。並鏁輸作左校而不髠，無保者鉗之。婦人配舂及掖庭織。四曰鞭，有百、八十、六十、五十、四十之差，凡五等。五曰杖，有三十、二十、一十之差，凡三等。當加者上就次，當減者下就次。贖罪者舊有金，皆代以中絹。死者百疋，流九十二疋，刑五歲七十八疋，四歲六十四疋，三歲五十疋，二歲三十六疋，各通鞭笞論，一歲無笞，則通鞭二十四疋。鞭杖每十，續絹一疋，至鞭百則絹十疋。無絹之鄉，皆準絹收錢。自贖笞十以上至死，又爲十五等之差。當加減次，如正決法。合贖者，謂流內官及爵秩比視、老小閹癡并過失之屬。犯罰絹一疋及杖十以下，皆名爲罪人。盜及殺人而亡者，即揭名注籍，甄其一房配驛戶。宗室則不注盜，不入奚官，不加宮刑。自犯流罪以下合贖者，及婦人犯刑以下，侏儒、篤疾、殘廢非犯死罪，皆頌繫之。又列重罪十條，一曰反逆，二曰大逆，三曰叛，四曰降，五曰惡逆，六曰不道，七曰不敬，八曰不孝，九曰不義，十曰內亂。其犯此十者，不在八議、論贖之限。是後法令明審，科條簡要。又勑仕門子弟，常講習之，故齊人多曉法律。其不可爲定法者，別制權令二卷，與之並行。後周文帝秉西魏政令，有司斟酌今古通變，修撰新律。革命後，武帝保定三年，司憲大夫拓跋迪奏新律，謂之大律，凡二十五篇：一曰刑名，二曰法例，三曰祀享，四曰朝會，五曰婚姻，六曰戶禁，七曰水火，八曰興繕，九曰衛宮，十曰市廛，十一曰鬬競，十二曰刼盜，十三曰賊叛，十四曰毀亡，十五曰違制，十六曰關津，十七曰諸侯，十八曰廄牧，十九曰雜犯，二十曰詐僞，二十一曰請求，二十二曰告言，二十三曰逃亡，二十四曰繫訊，二十五曰斷獄。大凡定罪千五百三十條。其制罪：一曰杖刑五，自十至五十；二曰鞭刑五，自六十至于百；三曰徒刑五，徒一年者鞭六十，笞十；徒二年者鞭七十，笞二十；徒三年者鞭八十，笞三十；徒四年者鞭九十，笞四十；徒五年者鞭百，笞五十。四曰流刑，流衛服，去皇畿二千五百里者，鞭百，笞六十；流要服，去皇畿三千里者，鞭百，笞七十；流荒服，去皇畿三千五百里者，鞭百，笞八十；流鎮服，去皇畿四千里者，鞭百，笞九十；流藩服，去皇畿四千五百里者，鞭百，笞百。五曰死刑五，一曰磬，二曰絞，三曰斬，四曰梟，五曰裂。五刑之屬，各有五，合二十五等。不立十惡之目，而重惡逆不道、大不敬、不孝、不義、内亂之罪也。凡惡逆，肆之三日。盗賊羣攻鄉邑及入人家者，殺之無罪。若報讐者，造於法。造，七報反。而自殺之，不坐。經爲盗者，注其籍，惟皇宗則否。凡死罪枷而拲，流罪枷而梏，徒罪枷，鞭罪桎，杖罪散以待斷。皇族及有爵者，死罪以下鏁之，徒以下散之。獄成將殺者，書其姓名及其罪於拲，而殺之市。惟皇族與有爵者隱獄。其贖杖刑五，金一兩至五兩。贖鞭刑五，金六兩至十兩。贖徒刑，一年金十二兩，二年十五兩，三年一斤二兩，四年一斤五兩，五年一斤八兩。贖流刑，一斤十二兩，俱役六年，不以遠近爲差等。贖死刑，金二斤。鞭者以百爲限，加笞者，合二百止。應加鞭、笞者，皆先笞後鞭。婦人當笞者，聽以贖論。徒輸作者，皆任其所能而役使之。若再犯，徒；三犯鞭者，一身永配下役。應贖金者，鞭杖十，收中絹一疋；流徒者，依限歲收絹十二疋；死罪者百疋，其贖刑，死罪五旬，流刑四旬，徒刑三旬，鞭刑二旬，杖刑一旬。限外不輸者，歸於法。貧者請而免之。大凡定法千五百三十七條。其大略滋章，條流苛密，比於齊法，煩而不要。又初除復讐之法，犯者以殺論。帝又以齊之舊俗，未改昏政，賊盗姦宄，頗乖憲章。其年，又爲刑書要制以督之。大抵持杖羣盗一疋以上，不持杖羣盗五疋以上，監臨主掌自盗二十疋以上，盗及詐請官物三十疋以上，正長隱五户及丁五以上，及地頃以上，皆死，自餘依大律。由是澆詐頗息焉。宣帝虐忍無度，令撰刑書，謂之刑經聖制。隋文帝初，令高熲等更定新律，其刑名有五：一曰死刑二，有絞，有斬。二曰流刑三，有千里，千五百里，二千里；應配者千里居作二年，千五百里居作二年半，二千里居作三年。三曰徒刑五，有一年，一年半，二年，二年半，三年。四曰杖刑五，自五十至于百。五曰笞刑五，自十至於五十。而蠲除前代鞭刑及梟首轘裂之法。其流徒之罪，皆減從輕，流役六年改爲五年，徒刑五年改爲三年，惟大逆謀反叛者，父子兄弟皆斬，家口没官。又置十惡之條，多採後齊之制，而頗有損益：一曰謀反，二曰謀大逆，三曰謀叛，四曰惡逆，五曰不道，六曰大不敬，七曰不孝，八曰不睦，九曰不義，十曰内亂。十惡及故殺人獄成者，雖會赦，猶除名。其在八議之科，及官品第七以上犯罪，皆例減一等。其品第九以上犯者，聽贖。應贖者，皆以銅代絹。銅一斤爲負，負十爲殿。笞十者銅一斤，加至杖百則十斤。徒一年，贖銅二十斤，每等則加銅十斤，三年則六十斤矣。流千里贖銅八十斤，每等則加銅十斤，二千里則百斤矣。二死皆贖銅百二十斤。犯法私罪以官當徒者，五品以上，一官當徒二年；九品以上，一官當徒一年；當流者，三流同比徒三年。若犯公罪者，加一年，當流者各加一等。其累徒過九年者，流二千里。自前代相承，有司訊考，皆法外或有用大棒束杖、車輻、鞵底壓踝、杖桄之屬，盡除之。訊囚不得過二百，枷杖大小，咸爲之程品，行杖者不得易人。又勑四方，辭訟有枉屈縣不治者，令以次經郡及州，至省仍不治，乃詣闕申訴。有所未愜，聽撾登聞鼓，有司録狀奏之。帝又每季親録囚徒，常以秋分之前，省閲諸州申奏罪狀。後因覽刑部奏，斷獄數猶至萬條，以爲律尚嚴密，故人多陷罪，又勑蘇威、牛弘等更定新律，除死罪八十一條，流罪百五十四條，徒杖等千餘條，定留惟五百條，凡十二卷。一曰名例，二曰禁衛，三曰職制，四曰户婚，五曰廄庫，六曰擅興，七曰盗賊，八曰鬬訟，九曰詐僞，十曰雜律，十一曰捕亡，十二曰斷獄。自是刑網簡要，疎而不失於是置律博士弟子員。斷決大獄，皆先牒明法，定其罪名，然後依斷。其後，帝以用律者多致踳駁，罪同論異，詔諸州死罪不得便決，悉移大理按覆，事盡，然後上奏取裁。十三年，改徒及流並爲配防。十五年制，死罪者三奏而後決。帝無學，以文法繩下，諸州有主典盗倉粟者，差人馳驛斬之。又於殿前决之人，或有盗一錢亦死。煬帝即位，以文帝禁網深刻，又勑修律令，除十惡之條。時斗秤皆小舊，二倍其贖，銅亦加三倍爲差，杖百則三十斤矣；徒一年者六十斤，每等加三十斤爲差，三年則百八十斤矣；流無異等，贖二百四十斤；二死同贖三百六十斤。舊制，釁門子弟不得居宿衛近侍之官。帝下制曰：諸州犯罪被戮之門期以下親，仍令合仕聽參宿衛近侍之官。三年，新律成，凡五百條，爲十八篇。詔施行之，謂之《大業律》。一曰名例，二曰衛宫，三曰違制，四曰請求，五曰户，六曰婚，七曰擅興，八曰告劾，九曰賊，十曰盗，十一曰鬬，十二曰捕亡，十三曰倉庫，十四曰廄牧，十五曰關市，十六曰雜，十七曰詐僞，十八曰斷獄。其五刑之内，降從輕典二百餘條。其枷杖、決罰、訊囚之制，並輕於舊。是時百姓久厭苛刻，喜於刑寬。其後，帝外征四夷，内窮嗜慾，兵革歲動，賦斂繁滋，盗賊蜂起，更爲嚴制。

（清）嵇璜等《續通典》卷一〇七《刑·刑制上》 宋太祖建隆三年，定大辟詳覆法。具《詳讞篇》。詔自今竊盜，贓滿五貫者死。先是漢乾祐以來，用法嚴急，民盜一錢者死；周太祖時改令，竊盜贓滿三疋，棄市。建隆二年，增爲錢三千，陌以八十爲限。至是，又有是詔，定折杖法。凡流刑四，加役流，脊杖二十，配役三年，流三千里，脊杖二十，二千五百里，脊杖十八，二千里，脊杖十七，並配役一年。徒刑五，徒三年，脊杖二十；二年半，脊杖十八；二年，脊杖十七；一年半，脊杖十五；一年，脊杖十三。杖刑五，杖一百，臀杖二十；九十，臀杖十八；八十，臀杖十七；七十，臀杖十五；六十，臀杖十三。笞刑五，笞五十，臀杖十下；四十、三十，臀杖八下；二十，臀杖七下。常行官杖如周顯德五年制，長三尺五寸，大頭濶不過二寸，厚及小頭徑不過九分。徒、流、笞通用常行杖，徒罪決而不役。乾德四年，判太理寺竇儀上《重定刑統》三十卷，削去令、式、宣敕一百九十，增制、敕十五。又録律內餘律准此者四十四條，附名例之次。又別取格、令、宣敕之削出，及續降應用者一百六條，共爲四卷。曰《新編》、敕、詔與《刑統》並行，參酌輕重，世稱平允。詔：蜀郡有不省父母疾者，罪之。又詔：士庶有閹童男者，不赦。開寶二年八月，詔：川峽諸州察民有父母在而別籍異財者，論死。太宗八年，除其律。四年十月詔：僞作黄金者死。又詔：十月後犯強竊、盗者，郊赦不原。太宗以國初沿五代之制，罪人率配隸。西北邊多亡投塞外，誘羌戎爲患，乃詔：當徒者，勿復隸。秦州靈武、通遠軍及緣邊諸郡，時江廣已平，乃皆流南方。太平興國元年，命諸州大索知天文術數人送闕下，匿者，論死。二年七月，詔：諸庫藏敢變權衡以取羨餘者，死。十月，詔：禁天文、卜相等書，私習者，斬。又禁江南諸州，新小錢私鑄者，死。十二月，試諸州所送天文、術士隸司天臺，無取者，黥配海島。三年，命有司取國初以來敕條，纂《太平興國編敕》十五卷。五月，詔中外臣庶，有子弟素懷凶險屢戒不悛者，尊長聞諸州縣，錮送闕下配隸。遠方如隱不以聞，坐及期功以上。六月，詔：諸職官以贓致罪者，雖會赦，不得敘。五年，詔：配役者，分隸鹽亭役使。先是犯死罪獲貸者，多配隸登州、沙門島、通州。海島皆屯兵，使者領護。而通州島中，凡兩處豪強，難制者，隸；崇明鎮，懦弱者，隸；東布州兩處，悉官煮鹽，是歲始令，分隸鹽亭，役之。而沙門如故。又詔：諸犯徒、流罪，並配所在牢城，勿復錮，送闕下。六年，詔長吏每五日一慮囚，情得者，即決之。具《詳讞篇》。詔：自今繼母殺傷夫前妻子，及前妻子婦者，同凡人論。十年五月令：竊盜滿十貫者，奏裁；七貫，決杖、黥面、隸本城；五貫，配，徒三年；三貫，二年；一貫，一年；他如舊制。雍熙元年令：諸州笞杖罪，不須證逮者，長吏即決之，勿復付所司。三年定制：凡斷獄失入死刑者，不得以官減贖，檢法官、判官皆削一任，撿法仍贖銅十斤，長吏停任。端拱二年詔：免嶺南流配，荷校執役。令：婦人有罪至流者，免配役。具《寬恕篇》。淳化元年閏二月，詔：京城犯蒱博者斬二年，詔：凡太歲三元，及上慶誕日，兩京諸州不決死罪，餘如故。三年，詔：江南、兩浙、荊湖吏民之配嶺南者，還本郡禁錮。至道二年，詔：川峽諸州，民家先藏兵器者，限百日悉送官，匿不以聞者，斬。真宗咸平中，以《編敕》萬八千五百五十五條，刪定二百八十六條，爲十一卷。又別爲《儀制令》一卷，當時便其簡易。三年，以浙江荊湖廣南遠地，凡強盗及持杖不死者，并捕其屬至京師，多殞於道，詔：自今止，決杖、黥面，配所在五百里外，牢城。六年，詔：有盗主財者，五貫以上杖脊、黥面，配牢城；十貫以上，奏裁，勿得私黥涅。景德元年，詔：民間天象器物、讖候禁書，並納所司焚之，匿不言者，死。四年，詔：諸路提點刑獄司，如有刑獄枉濫，不能摘發，官吏曠弛，不能彈奏者，罪之。又官吏因公事受財，許爲曲法，決遣之，際仍依法科。行巧避枉法之罪，證左明白者，以枉法論。至死者，加役流。又杖罪械繫者，枷以十五斤爲準。大中祥符四年，詔：自今決杖，令衆者舊十日，減爲三日，半月以上，勿過五日，暑月免之。七年，增《編敕》三十卷，一千七十四條。又景德《農田敕》五卷，與敕並行。詔：諸州長吏有罪自首，如實未顯露，即以狀報轉運使，雖格當原免，亦書於律。天禧二年，敕：命官犯贓，不以輕重，並劾舉之，私罪杖以下，勿論。定制：自今捕盗，掌獄官不禀長吏而捶囚，不甚傷而得情者，以違制失公論過；差而不得，情挾私拷，決有所規求者，以違制私論。又，捕盗官有捕捉稽時不即聞州者，以違制失論。又律：有被制書有所施行而違者，徒二年。失錯者，杖一百。令法官斷罪、除每行條貫、元敕指定違制外，自餘情輕失錯者，止從違制失論。其公私相半，而私情重者，奏裁。四年，詔：天下犯十惡、劫殺、謀殺、故殺、鬬殺、放火、強劫、正枉法、贓、僞造符印、厭魅、咒咀、造妖、書妖、言傳授妖術、合造毒藥、禁軍諸軍逃亡、爲盗罪至死者，每遇十一月，權止區斷，過天慶節即決之。餘犯至死者，十二月及春夏未得區遣、禁錮，奏裁。具《雜議篇》。仁宗天聖四年，命官刪定敕令，當時《編敕》自大中祥符七年重修後，復增至六千餘條。因令刪定，是歲書成共三十卷，合農田敕爲一書，大辟之屬十有七，流之屬三十有四，徒之屬百有六，杖之屬二百五十有八，笞之屬七十有六，又配隸之屬六十有三。大辟而下，奏聽旨者，七十有一。詔下諸路閲視，聽言其未便者，既又詔：須一年無改，然後鏤版。又以唐令有與本朝事異者，亦命官修定，取咸平儀制，及制度約束之。在敕者五百餘條，附令後號曰：附令敕。六年，集賢校理聶冠卿請罷覆杖、笞、徒。以上雖不繫獄，皆附奏，從之。又以折杖輕重無準，官吏得以任情。詔：毋得過十五兩，改強盗法，不持杖不得財徒二年；得財爲錢萬及傷人者，死；持杖而不得財，流三千里；得財，爲錢五千者，死；傷人者，殊死；不持杖得財，爲錢六千，若持杖罪不至死者，仍刺、隸千里外牢城。又詔：告羣盗、劫、殺人者，賞有差。及十人者，予錢十萬。既而有司言，竊盗不用威力，得財爲錢五千，即刺爲軍兵。反重於强盗，請竊盗罪亦苐減之。至十千，刺爲兵。詔：可。又詔：京城持杖竊盗，得財爲錢四千，亦刺爲兵。自是，盗法惟京城加重，餘視舊益寬。又詔：荊湖殺人祭鬼，其首謀及加功者，凌遲斬。募告者，以犯人家貲畀之。捕殺者，重賞。是歲，詔：京師正旦、四立、分、至、庚戌、己巳日，毋決大辟。故事，天慶等五節，有司不奏大辟具獄者，十日。天聖初，詔：业三日，餘罪，一日而已。開封府舊制，每歲正旦、冬至三日，端午一日，俱禁刑人。國忌日，舊亦禁刑。至是，詔聽決杖罪。七年，詔：須附令敕。九年四月，詔：論平民五人爲劫盗，抵死。主者雖更赦，並從重罰。明道元年，詔：須刪定敕令。二年，詔：凡命官犯重罪當配隸者，於外州編管，或隸牙校。其坐死特貸者，多校黥、配遠州牢城，經恩量移始免軍籍。景祐中，詔：當配沙門島者，苐配廣南遠惡地牢城。廣南罪人，乃配嶺北，其後亦有配沙門島者。皇祐中，命配隸重者，沙門島寨，其次嶺表，其次三千里至鄰州，其次羈管，其次遷鄉，斷訖，不以寒暑，即時上道。吴充建請：流人冬寒，被創上道，多凍死。自今非情理巨蠹，遇冬月，聽流役本處，至春月遣之。詔可。至和初，詔：前代帝王後，嘗仕本朝，官不及七品者，祖父母、父母、妻子罪流以下，聽贖。雖不仕，而嘗被賜予者，罪非巨蠹，亦如之。嘉祐五年，以判刑部李綖言，詔：刑部，類次天下，所斷大辟，歲上朝廷，以助觀省。神宗熙寧元年，以京朝官分治左右廂。凡鬬訟，杖六十以下情輕者，得專決。二年，知金州張仲宣坐受贓論罪，時金州金坑發仲宣，檄巡檢體究無甚利，土人憚興作，以金八兩求仲宣，不差官、比校。及事覺，法官坐仲宣枉法贓，應絞。援前比貸死，杖脊、黥、配海島，知審刑院蘇頌言：仲宣犯，可比恐喝條，且古者刑不上大夫，遂免杖、黥，流海外。嗣是，命官無杖、黥法。三年，詔：決配强盗，無以全黨，置之一路。是年，興詔獄，凡因事置推己事而罷者，詔獄謂之制勘院，非詔獄謂之推勘院。其體大者，則下御史臺，獄成即開封府、大理寺究治。按：是年，命尚書都官郎中沈衡，鞫前知杭州祖無擇於秀州，盖王安石私怨所爲也。嗣後，詔獄繁興，終熙豐之世，柄國權臣藉此以威搢紳，效尤反復，無所不至。具詳《舞系》《峻酷篇》。是年，編修中書條例，所請委諸路提點刑獄司，歲冬、夏檢舉牒州長吏，勿留獄。牒訖，奏聞。舊制，每歲冬夏，降詔卹刑，既委提點刑獄，自是不復降詔。八月，詔曰：在京班直諸軍，請糧㪷斛不足，出戍之家尤甚。倉吏自以在官無禄，恣爲侵漁，非朕所以愛養將士之意。於是，三司始立諸倉，丐取法已而。中書請主典役，人歲增禄至一萬八千九百餘緡。丐取不滿百錢，徒一年。每百錢加一等，千錢流二千里。每千錢加一等，罪止流三千里。其行貨及過制者，減首罪二等。徒者，皆配五百里；流者，皆配千里；滿十千爲首者，配沙門島；自首除罪。凡更定約束十條行之。其後，内則政府，外則監司，多倣此法。四年六月，令：河北饑民爲盗者，與減死刺配。又令：盗賊囊橐，停宿之家。立重法：凡劫盗罪當死者，籍其家貲，以賞告人，妻子編置千里。遇赦、若災、傷減等者，配遠惡地。罪當徒、流者，配嶺表。流罪會降者，配三千里，籍家貲之半爲賞，妻子遞降等。有差應編配者，雖會赦，不移不釋。囊橐之家，刼盗死罪，情重者，斬。餘皆配遠惡地，籍家貲之半爲賞。盗罪當徒、流者，配五百里，籍家貲三之一爲賞。竊盗三犯，杖、配五百里，或隣州。雖非重法之地，而囊橐重犯之人，並以重法論。其知縣、捕盗官，盗發十人以上者，限内捕不獲半，劾罪。取旨：若復殺吏，及累殺三人，焚舍屋百間，或羣行州縣，掠劫江海船栰者非重法之地，亦從重法論。按：宋重法之地，始于嘉祐中，自開封府諸縣，後稍及曹、濮、澶、滑等州。熙寧四年以開成府、東明考城、長垣縣、京西、滑州、淮南、宿州、河北、澶州、京東、應天府、濮齊、濟單兖鄆、沂州、淮陽軍均立重法，著爲令。至元豐時，河北、京東、淮南、福建等路用重法郡縣寖廣。夫刑，所以齊天下也。法以地殊，頗乖古制。三代明允之訓，當不謂然。六年，審刑院言：登州、沙門島寨，配隷以二百人爲額，餘則移置海外，非禁姦之意。詔：以三百人爲額。廣南轉運司言：春州瘴癘之地，配隷至者多死，願停配罪人。詔：應配沙門島者，許配春州，餘勿配。既而諸配隷，除凶盗外，少壯者並寘河州。七月，詔：邊吏殺熟戶，以邀賞者，死。七年，詔：品官有罪，按察之官並奏劾，聽旨毋得擅捕繫，罷其職俸。九年，詔：以交趾犯順應配廣南，東西路罪人，並權配三千里外。元豐元年，詔：復設大理獄，具《詳讞篇》。按：宋舊制，大理寺讞天下奏案，而不治獄。神宗以廢大理獄爲非，是乃復命，官職分左右，左斷刑，右治獄。元祐元年，以右治獄事少，併左右爲一司三年罷右治獄，紹聖二年復設。其建置沿革，詳見《職官典》，兹不備録。二年，新修敕、令、格、式，成分敕、令、格、式爲四，凡入笞、杖、徒、流死，自例以下，至斷獄十有二門。麗刑名輕重者，皆爲敕。自品官以下，至斷獄三十五門，約束禁止者，皆爲令。命官庶人之等倍，全分釐之，給有等級高下者，皆爲格。表奏賬籍、關牒、符檄之類，有體制模楷者，皆爲式。時有司言：往時，川陜絹疋，爲錢二千六百，以此編敕，估贓兩鐵錢得銅錢之一。近歲絹疋，不過千三百，估贓二疋乃得一疋之罪，至多重法，請以一錢半當銅錢一。從之。三年正月，詔：審刑院、刑部斷議官，自今歲終，具嘗失入徒罪五人以上，或失入死罪者，取旨連名者，二人當一人。京朝官展磨勘，年幕職州縣官展考，或不與任滿，指射、差遣或罷，本年斷絶支賜，去官、不免。七年七月，以御史黄降言：令議法之官，於敕令文意有疑者，務須參以看詳。舊卷考其意義，俾法定于一，無或重輕。八月，詔：大暑、大寒或雨雪稍愆，並依故事，停録囚決獄。八年，詔：犯盗，刺環於耳後，徒、流，以方杖以圓；三犯杖移於面，徑不得過五分。哲宗元祐元年，刊修元豐敕、令、格、式。先是元豐中，所修凡載於敕者，多移於令。及是，以御史中丞劉摯言：重命刊修，取慶歷、嘉祐以來，新舊敕參照，去取刪正成書。五年，令：凡佃客犯主，加凡人一等，主犯之杖以下，勿論，徒以上，減凡人一等。謀殺、盗、詐及有所規求避免而犯者，不減。因毆致死者，不刺面，配鄰州，情重者，奏裁。六年，令：凡諸配隷沙門島，強盗、殺人、縱火，贓滿五萬錢，強姦、毆傷兩犯至死，累贓至二十萬錢，謀殺至死者，及十惡死罪，造蠱已殺人者，不移配。強盗徒黨殺人，不同謀，贓滿二十五萬，遇赦移配廣南，溢額者，配隷遠惡，餘犯遇赦，移配荊湖南北、福建路諸州，溢額者，配隷廣南。在沙門島滿五年，遇赦不該移配，與不許縱還，而年及六十以上者，移配廣南。在島十年者，依餘犯格，移配。篤疾、或年及七十，在島三年以上，移配近鄉。州軍犯狀，應移而老病者，同。其永不放還者，各加二年移配。又凡命士死於官，或去位其送徒道亡，則部轄將校，節級與首率衆者，徒一年，情輕則杖百，雖自首不免。七年，令：凡失出死罪，五人比失入一人。失出徒、流罪，三人比失入一人。紹聖時，詔：復用熙寧、元豐敕令、式舊制。三年，詔：配沙門島人已溢額者，並配瓊州、萬安軍、昌化、珠崖軍。元符中，詔：參用元豐，元祐敕、令、格、式條目。三年，詔：強盗計贓應絞者，贓數並增一倍。贓滿不傷人而情輕者，奏裁。其用兵杖、湯火之類傷人，或入州縣、鎮寨行劫，不在奏裁之限。若驅虜，官吏巡防人等，罪不致死，仍奏裁。先是，曾布首建是議，及布爲相，遂行之。後布罷，翰林學士徐勣，言其不便，仍照強盗應絞者計贓如舊法，前詔勿行。罷理官失出之罪。徽宗崇寧元年，詔：復用元豐時勅、令、格、式，復類修前後所用例，去其與法妨者。三年，令：諸州築圜土，以居強盗貸死者。廢置具《囚繫篇》。四年，以左右司所編紹聖元符以來申明、斷例頒天下，刑名例頒刑部、大理寺。大觀元年，詔：計贓之律，以絹論罪，今絹價增貴，而計絹之數猶循舊制，定以一貫三百爲率，計價既低，抵罪太重，可以一貫五百定罪。二年，更定笞法，並以小杖行。決笞十爲五，二十爲七，三十爲八，四十爲十五，五十爲二十，不以大杖，比折永爲定制。三年，令：應推強盗，不究囊橐之家，及所止地名者，各徒二年，不盡者，減二等。四年，詔：河北、河東羣盜所經歷縣，及十次以上，知縣降一官衝替，縣尉降一官勒停；不及十次，知縣衝替，縣尉勒停。政和五年，詔：不法官已為按察官所劾而輒論告按察官者，候結勘斷罪畢，再推勘，如不實，特於法外別行重斷。七年，詔：停掌典解役，聽從去官法。初，政和中勅：凡掌典解役，並依在官犯法，去官勿論之例，有犯則解役歸農，幸免重罪，及是罷之。重和元年二月，禁州縣用非法酷刑，犯者，以違制論。四月，詔：肉刑廢而為杖、笞。折杖之數，多寡不倫，宜約其數。自今徒二年半、杖九十者，折十七。徒二年、杖八十者，折十五，徒一年半、杖七十者，十三，徒一年、杖六十者，十二。笞五十者，十；笞四十者，八；笞三十者，七；笞二十者，六；笞十者，五。宣和二年，令：自今奏案，並列其戸之高下，毋使刑及貧民而富者獲免。吏有作姦者，懲之。又詔：大理寺、開封府不得輒奏獄空，不許妄作斷絶，獄官吏冒賞者，詔令御史臺覺察彈奏。又詔：州縣官不親聽囚，而使吏鞫訊者，徒二年。高宗建炎元年，令：以絹計贓者，按直增估，以二千爲準。二年，詔：自今犯枉法自盗贓者，中書籍其姓氏，罪至徒者，永不録用。又詔：贓罪至死者，籍其貲。三年，詔：遵用嘉祐條法，凡擬斷刑名，嘉祐與見行條法輕重不等者，並從輕賞格從重。四年二月，詔：靖康元年以前所降御筆，多出法令之外。自今除有出於法外者，依累降指揮施行，其餘減，杖卹刑之類，並合遵守。十年，詔：贓吏罪抵死情犯甚者，奏取旨十一年，坐監司不按贓吏罪。五月，禁州縣以私意籍罪人貲産。八月，詔：自今官吏犯贓，雖未即誅戮，若杖脊、流配，決不可貸。凡贓罪至死者，籍其家。紹興二年，詔：知州兼統兵者，非釁出師臨陣，無得概用重刑。時，州軍有捕獲刼盗、殺人者，至族其家。故有是詔。初，建炎中令：以嘉祐、政和敕、令、格、式對修，及是書成，凡一百二十卷，詳看六百四卷，名《紹興重修敕令格式》，頒行之。三年，詔：自今犯私鹽者，並依紹興敕斷。私鹽，一斤徒一年，三百斤配本城。煎煉者，一兩比二兩。雖遇特恩，不以赦原。時因紹興二年，有私販不計多寡，杖脊配廣南，指揮殿中侍御史常同言其太重，故有是詔。又詔：捕獲強盗，雖無被主姓名，贓滿已經論决者，許推賞。二十五年八月，申嚴誣告加等法。二十六年，以吏部續降申明條册，有與都省批狀指揮參雜者，令敕令所看詳酌刪，毋與三尺混淆。三十年，令：海賊罪不致死者，刺爲龍猛龍騎軍。又令：諸路貸死強盗少壯者爲兵。孝宗隆興元年，以諸州斷配海賊，例送廣南、遠惡州軍。瀕海之郡，賊船嘯聚，慮長姦惡，令：自今分隷兩淮水軍收管。四年，詔：販牛過淮者，論如興販軍須之罪。乾道二年，刑部侍郎方滋上《乾道新編特旨斷例》七十卷。四年正月，令：凡守令與掌行刑獄之官，並依法製大小杖，當官封押，行用不得增添、換易、訊囚過數。五月，更定聚録之法，於聚録時，委長貳遣無干礙吏人，先附囚口責狀一通，覆視獄案，無差，然後依句宣讀，務在詳明，庶使伏辜者無憾。六年，乾道重修敕、令、格、式，成凡百二十二卷，存留照用指揮二卷。淳熙元年五月，詔頒浙西提刑鄭興裔《檢驗格目》於諸路提刑司。初興裔懲州縣檢驗之弊，遂置格目，每一檢驗用格目三本，一申所屬，一申本司，一給被害之家。州縣受詞差官，檢官受牒，起發皆注日時，於上州縣不得爲姦，及是，詔以其法行於諸路。十月，詔：以今之有司，多有執例廢法者，除刑部許用乾道所修刑名、斷例，及司勳許用編類獲盗推賞例、并乾道元年輕置修例、敝事指揮、內立定合引例外，其餘並依成法，不許用例。四年，復分門編類爲《淳熙條法事類》頒之。修淳熙敕令格式。九年，申嚴盗販解鹽法。十一年五月，命刑部、大理寺議減刺配法。十三年正月，詔：強盗兩次以上雖爲從，論死。九月，詔：僞造會子，凡經行用，並處死。十四年，詔：復元豐、政和編配格，分情重，稍重，情輕，稍輕四等。如入情重，則刺面，用不移不放之格。其次稍重，止刺額角，用配及十年之格，其次稍輕，則與免黥刺，用不刺面役滿放還之格，其次最輕，則降爲居役別立年限縱免之格。倘有從坐、編管，則置之本城，減其放限。光宗紹熙二年，令：凡凶惡貸死隷於流籍者，分沿江諸屯及他遠惡之地毋專投海外，以爲凶藪。又詔：監司、郡守互送以贓論。三年，刺沿邊盗萬人爲諸州禁軍。又令，凡刺配人，至本州務依年限，方許放停。如限內再有所犯，撥八屯駐軍中重役，永不復放。寧宗慶元四年，慶元敕、令、格、式成。初，淳熙末以淳熙敕令格式尚多遺缺，令刑部詳定，及是書成，頒之。嘉泰元年正月，命諸州兵士，毋受饋遺，及擅招軍，違者，寘之法。三月，臨安大火，詔察姦民縱火者，治以軍法。二年，詔：凡殺傷人者，如都保不申官，州縣不差官檢覆，及家屬受財私和，許諸色人告首，並從條究治。其行財受和會之人，計贓論罪。四年，詔頒檢驗正背人形圖於諸路提刑司，令於傷損之處，依樣朱紅書畫，遇檢驗時，唱喝傷痕，衆無異詞，然後著押俾吏姦難行，愚民易曉。更定配隸法，凡鄉民鬬毆、殺傷，及胥吏犯贓貸命、流配等人，止徒配本州牢城重役，限滿放還爲民。至累犯强盜，及聚衆販賣私商，曾經殺傷捕獲之人，並配屯駐軍，限滿改刺從正軍依糧。十三年，詔：凡在官財物不應用而用之，私入己者，爲贓罪，私饋遺者，爲私罪，充公用者，爲公罪。創始者爲首，坐以全罪，循例者爲從，與減一等。開禧元年九月，詔：官吏犯贓追還所受，如舊法。閏八月，詔：自配隸編管、羈管外，其餘悉從本條科罪，不得以土著之人，押出外界。十一月，申嚴告訐之禁。二年正月，詔：坑戶毀錢爲銅者，不赦，仍籍其家。八月，有司上《開禧刑名斷例》。嘉定四年閏二月，詔：諸路帥臣、監司守令格，朝廷賑恤之令，及盜發，不即捕者重罪之。六年六月，詔：刑部歲終，上諸州未決之獄於尚書省，其最久者，罪之。又令：自今，民間凡輕虧楮幣，違犯約束者，止繩以法，毋得更籍其家。十六年二月，令：凡檢驗不實或失當，不得用覺舉原免。理宗寶慶元年十二月，詔：删修敕令。紹定五年五月，詔：齊民有罪，毋得籍沒其家，必具聞俟命。淳祐二年三月，詔：州縣官有罪，諸帥司毋輒加杖責。淳祐敕令格式成。六年五月，詔：官吏贓狀顯露即下，所屬州郡拘贓，聽朝廷議罰，或移爲他用，併籍其家。十一年四月，成《淳祐條法事類》四百三十篇，寶祐五年正月，禁姦民作白衣，會監司郡縣等官失察者坐罪。

（清）嵇璜等《續通典》卷一一九《刑·舞案》　宋神宗熙寧時，復設大理獄，欲以懲革囚繫淹滯，俾獄事有所統。以諫議大夫崔台符爲卿，楊汲爲少卿。時中官石得一，以皇城偵邏爲獄，士大夫小有連逮，輒捕繫，雖命婦亦不免追攝。台符等迎伺其意，傅會鍛鍊，無不誣服，人皆惕息，數年間，斃文法者且萬人。及台符等得罪，獄亦尋廢。蘇軾，知湖州，表謝。御史李定舒、亶何正言：摭其表語，並謀孽所爲，詩以爲訕謗朝政。逮付臺獄，欲置之死，鍛鍊久之不決，帝憐之，以黄州團練副使安置。王安石創行新法，百姓愁苦。會大旱，河東、河州、陝西流民大入京師。鄭俠，監安上門，繪圖以獻，且奏曰：旱由安石，去安石，天必雨。帝稍爲裁抑，安石遂力求去，薦吕惠卿以代己。俠又數上書，力詆惠卿，惠卿大怒，言於帝，以爲謗訕，送汀州編管。既行，帝問惠卿：俠，小臣，何由知禁中事，及大臣奏對之言？惠卿奏曰：此皆馮京手録，使王安國持示導之使言耳。惠卿與京同列，議多不合，又以諂事安石爲安國所嫉，屢諷其兄不悟，惠卿銜之，故并中之。遣舒亶追還俠并京，安國逮赴詔獄。京與俠實未相識，亦無使安國傳道省中語，凡所論，乃隣居内殿崇班楊永芳所告也。獄成，俠改配英州，京罷政，安國放歸田里。八年，沂州民朱唐告前餘姚主簿李逢《東都事略》作李進。謀反。提點刑獄王庭筠言：其無跡，但謗讟朝政，語涉指斥及妄説休咎，請編配。帝疑之，遣御史臺推直官蹇周輔劾治。中書以庭筠所奏不當，并劾之。庭筠懼，自縊死。逢辭連宗室秀州團練使世居醫官劉育、河中府觀察推官徐革等，詔捕繫臺獄，命中丞鄧綰、同知諫院范百禄與御史徐禧雜治。獄具，賜世居死，逢、育、革並凌遲處死。將作監主簿張靖、武進士郝士宣皆腰斬，司天監學生秦彪、百姓李士寧杖脊，並湖南編管。士寧者，挾術出入貴人門，常見世居母康，以仁宗御製詩獻。百禄謂：世居不軌，皆士寧熒惑所致。推問不服。禧奏：士寧贈詩，實仁宗御製，今獄官以爲反因，臣不敢同。初，士寧嘗與王安石善，時吕惠卿參知政事，欲自得政，忌安石復相，故諷百禄等引士寧，意欲周内，有所誣衊。會安石再召，僅論士寧徒罪，而奏禧故出之以媚大臣。詔詳劾理曲者以聞，百禄坐報上不實，落職。開封鞫相州民殺人獄，事連判官陳安民。安民屬宰相吴充之壻，文及甫求援於充之子安持。知諫院蔡確言：事闗大臣，非開封可了。遂移御史臺，時獄起，皇城卒事，多不讐。中丞鄧潤甫、御史上官均按之，與府獄同。王珪奏：遣確詣臺叅治。確鍛鍊爲獄，潤甫、均不能制。密奏確慘掠諸囚確伺知之，即劾二人庇有罪，且詐使吏為使者慮問，因稱冤，輒苦辱之。帝頗疑其濫，連遣諫官及内侍審直，皆怖畏，言不寃。由是，潤甫、均皆罷。而確得中丞。哲宗紹聖間，章惇、蔡卞用事，既再追貶吕公著、司馬光，及謫吕大防等嶺外，意猶未快，仍用黄履疏高士京狀，追貶王珪，皆誣以圖危上躬，其言寖及宣仁。帝頗惑之，最後起同文館獄，將悉誅元祐舊臣。時太府寺主簿蔡渭奏：臣叔父碩，嘗於邢恕處見文及甫元祐中所寄恕書，具述姦臣大逆不道之謀，及甫，彦博子也，必知姦狀。

詔翰林承旨蔡京、吏部侍郎安惇同究問。初，及甫在喪與恕書，自謂：畢禫當求外，入朝之計未可必，聞已逆爲機穽，以榛塞其塗。又謂：司馬昭之心，路人共知。又云：濟之以粉昆，朋類錯立，欲以眇躬爲甘心快意之地。及甫嘗語蔡碩，謂司馬昭指劉摯，粉昆指韓忠彦。俗稱駙馬都尉爲粉侯，忠彦弟嘉彦尚主也。眇躬，則及甫自謂。及甫除都司，曾爲摯論列，又摯嘗論彦博不可除三省長官，故止爲平章軍國重事。及彦博致仕，及甫自權侍郎以修撰守郡，母喪除，恐不得京職，遂爲躁忿詆毁之辭。及置對，爲京、惇所脅，乃以昭比摯如舊，而眇躬謂指上躬，粉昆謂指王巖叟面如傅粉，故曰：粉。梁燾字況之，以況爲兄，故曰昆，斥摯將謀廢立，不利於上。京、惇言：事涉不順，及甫止聞其父言，無他證佐。乃别差中書舍人蹇序辰與内侍一員同往。將大有所羅織，以快誅戮。會星變，帝怒稍息，然京、惇極力鍛鍊不少置。既而摯燾同時死於嶺南貶所，人皆疑之。元祐初，嘗置訴理所，申理冤濫。元符元年，中丞安惇言：神宗勵精圖治，明審庶獄，而陛下未親政時，姦臣置訴理所。凡得罪熙、豐之間者，咸爲奏雪，歸怨先朝，收恩私室。乞取公案，看詳從初加罪之意，復依原斷施行。時章惇猶豫未應，蔡卞即以相公二心之言迫之。惇懼，即日置局，命蹇序辰同安惇看詳，由是以伸雪復改正重得罪者八百三十家。謹按：《御批通鑑輯覽》曰：此固羣小搆陷所致，亦由諸正人迫不及待。當宣仁聽政時，急反熙、豐之政，使奸徒得以籍口。若稍知審顧白之哲宗而後行，或俟親政後次第申理，則小人何所勝其簧鼓？恭繹聖訓，可以爲君子者法，戒矣。

徽宗崇寧四年，蔡京復第元祐諸臣罪狀，分兩等：以司馬光爲首，指爲元祐姦黨，請於徽宗而刊諸石，寘文德殿門。又自書爲豐碑，頒之天下，皆禁錮其子孫，永不敘録。五年，彗星見。乃仆石除禁焉。自京用事，患言者議已凡施行條件，京密擬進而丐帝親書以降，謂之御筆、手詔。事無巨細，皆託而行，至有不類上札者，羣下亦莫敢言。又詔：御筆斷罪，不許詣尚書省陳訴，違者以違御筆論。又定令：凡應承受御筆官府稽滯一時杖一百，一日徒二年，二日加一等，罪止流三千里。三日，以大不恭論。由是，吏因緣爲姦，舞文出没，不可究詰。時有司斷獄，往往引例破法，大理迎合觀望，屈法用情，犯多倖免。至號法寺爲休和所。故事，法寺斷絶，必宣付史館。獄空降詔，獎諭或加秩，賜章服，官吏希求恩賞，治獄者，務令獄空，輒不受詞，又寄囚他所，致多遁逸。斷理者，務作斷絶，鹵莽用刑，有以婦人配隸千里者，都曹翁彦深言：淮東十一州軍，政和六年、七年，殺人之獄一百三十二人，而坐死者纔十有二人。夫此百二十人，皆大辟也。州縣奏而免之，可謂仁矣。而被殺者，受無辜之虐，銜不報之冤，獨不足恤乎？朝廷見歲斷大辟之少，謂幾刑措。是乃慕虚名而忘實恵，官吏冒賞，市恩姦弊萬態，讞狀徑上不由憲司，一作奏案，無敢異議，其就戮者，大抵皆貪民耳。疏上，僅詔御史臺察奏而已。高宗播遷圖籍散失，凡所施行，多出百官省記。御史劉一正言：法令具在姦吏，猶得而舞之，今一切用其所省記，欺蔽何所不至？建炎三年，始命取嘉祐條法，與政和勑令對修而用之。紹興元年，書成，號《紹興勑令格式》。具《刑制篇》。初，神宗謂律令不足以周盡事情，凡邦國沿革之政與人之爲惡入於罪戾而律所不載者，一斷以勑，更其目曰勑令格式，而律存乎勑之外，故時輕時重，無一是之。歸自元祐變熙寧之法，紹聖復熙寧之制，以後衝前以新改舊，各自爲書，而刑制愈紊。及是乃有是詔。未幾，秦檜專政，率用都堂批狀指揮行事，雜入吏部續降條册之中。修書官諂附，畏忌不敢刪削，至與成法並立。十一年，樞密使張俊，使人誣告張憲，收岳飛文字，謀爲變。檜以飛夙梗和議，必欲殺之。以獄事付諫議大夫万俟卨，卨誣飛嘗自言已與太祖皆三十歲建節，爲指斥乘輿，又受詔不救淮西罪，賜死獄中，誅其子雲及憲於市。有訟飛冤者，皆决杖、流竄。廣西帥胡舜陟與轉運使吕源有隙，源奏舜陟贓汚僭擬，又以書抵檜，言舜陟訕笑朝政。檜素惡舜陟，遣大理官往治之。舜陟不服，斃於獄。自飛、舜陟死，檜權勢愈熾，動興大獄，脅制天下，賢士大夫死、徙相繼。又置察事卒數百，游市間聞，言其姦者，即送大理獄殺之。大開告訐之門，以除異己者。令殿中侍御史徐嘉、右正言張扶論趙汾、張初交結事，先捕汾下大理獄，拷掠無完膚，令自誣與張浚、李光，胡寅謀大逆，株連五十三人。凡檜所惡者，皆豫獄上，而檜已病，不能書，事乃寢。當是時，法官濫用奏裁之例，諸路州軍勘到大辟，雖刑法相當者，類以爲可憫，多獲貸配。耿延年提點江東刑獄，有南康婦人謀殺其夫，佐狀明白。延年曲貸其命，累勘官翻以失入被罪。贛州將兵，逃至外邑，殺村民於深林。民兄知之，畏申官之累，遂焚其屍不報。後事發，以殺時無證，屍不經驗奏裁，刑寺輒定爲斷配。給事中陳由義、右正言凌哲先後建議，帝慮情理可矜之人，一例不奏，第令刑部坐條行下馴。至乾道，法令雖具，吏一切以例從事，法當然而無例則，事皆泥而不行。甚至隱例以壞法。賄賂既行，方爲具例。乾道二年，詔曰：獄，重事也。用法一傾則民無所措手足，比年以來，治獄之吏，巧持多端，隨意輕重之，朕甚患焉。其自今革玩習之獘，明審克之公，使姦不容情，罰必當罪，用迪於刑之中，勉之哉。寧宗朝，太學博士許應龍上言法之弊易見，例之獘難知。例者，或出曠特之恩，或出於權宜之計，或迫於勢要而創，或徇於親故而開。今有司舍法用例，非不知三尺之皆違也。執而不用，必至於拂人情，甚且召衆怨，遂使胥吏，得以執其柄而容其私，請詔庶司，搜求已用之例，公同衆酌擇其輕重不戾於法者，勒爲成書。凡有陳乞，據此施行。

（清）嵇璜等《續通典》卷一〇七《刑・刑制上》 遼自蘇爾威汗命宗室雅里爲額爾奇木以掌刑辟。太祖初年，庶事草創犯罪者量輕重決之。其後，治諸弟逆黨，權宜立法：親王從逆，不罄諸甸人或投高崖殺之；淫亂不軌及逆父母者，五車轘殺之；訕詈犯上者，以熟錐椿其口殺之，從坐者，量罪輕重杖決。杖有二，大者重錢五百，小者三百。又爲梟、磔、生瘞、射鬼箭、砲擲、支解之刑，具《峻酷篇》。其後，制刑有四，曰死，曰流，曰徒，曰杖。死刑有斬、絞、凌遲之屬，又有籍没之法。流刑，量罪輕重，寘邊城部族之地，遠則投諸境外，又遠則罰死絶域。徒刑，一曰終身，二曰五年，三曰一年半。終身者，決五百，其次遞減百，又有黥、刺之法。杖刑自五十至三百。亦有八議、八縱之法。籍没始自太祖，至世宗詔免之。其後，内外戚屬及世官之家，犯反逆等罪復没入焉。又有沙袋、木劍、大棒、鐵骨朶之法。沙袋，用熟皮合縫之，長二寸，廣二寸，柄一尺許。凡杖五十以上者，以沙袋決之。木劍，面平背隆，大臣犯罪，重欲寬宥，則擊之。鐵骨朶者，有重罪將決以沙袋，先於脽骨之上，及四周擊之。其餘非常用而無定式者，不可殫紀。太祖神册六年，詔大臣定治契丹及諸夷之法，漢人則斷以律令，仍置鐘院以達民冤。太宗時，治渤海人一依漢法。穆宗應歷十二年，國舅帳郎君蕭延之奴哈里強陵蘇拉圖哩年未及之女，以法無文，加之宫刑，仍付圖哩爲奴，因著爲令。十六年諭有司：凡行幸頓次，必高立標識，以禁行者。比聞楚古輩，故低置其標深草中，利人誤入，因之取財，自今有復然者，以死論。聖宗統和元年二月，詔：所在官吏、軍民不得無故聚衆私語，及冒禁夜行，違者坐之。十二月，詔：民間有父母別籍異居者，聽隣里覺察，罪之。十二年七月，詔：契丹人犯十惡，斷以漢律。先是，契丹及漢人相毆致死，其法輕重不均，至是，俱一等科之。二十四年，詔：主非犯謀反、大逆及流、死罪者，其奴婢無得首告。若奴婢犯罪至死，聽送有司，其主無得擅殺。二十九年，以舊法宰相，節度使世選之家，子孫犯罪，徒、杖如齊民，惟免黥面。詔：自今，但犯罪當黥，即准法同科。開泰八年，定竊盜贓滿二十五貫，爲首者，處死，從者，決流。先是，贓滿十貫爲首者死，其法太重，故有此令。又詔：三犯竊盜，黥額、徒三年，四則黥面、徒五年，五則處死。太平六年，詔：貴戚以事被告，並令所在官司，案問具申，南北院覆問，得實以聞，南北二院，分治契丹、漢人。其不按輒申，及受請託爲奏言者，以本犯人罪罪之。七年七月，詔：中外大臣，制條中有遺闕，及輕重失中者，其條上之議，增改焉。興宗重熙元年，詔：職事官子弟及家人受賕不知情者，止坐犯人。先是，南京三司銷錢作器皿三斤，持錢出南京十貫，及盜、遺火家物五貫者，死。至是，銅逾三斤，持錢及盜物二十貫以上，處死。二年，詔：犯終身徒者，止刺頸。奴婢犯逃，若盜其主物，主毋得擅黥其面、刺臂及頸者，聽。犯竊盜者，初刺右臂，再刺左，三刺頸之右，四刺左，至於五，則處死。五年四月，頒行新定條制。先是，詔樞密直學士耶律庶成、樞密副使耶律德修纂修太祖以來法令，參以古制，凡五百四十七條，至是書成，上之。詔：有司凡朝日執之，仍頒行諸道。十年七月，詔：諸職官私取官物者，以正盜論。諸敢以先朝已斷事相告言者，罪之。諸帳郎君於禁地射鹿，決杖三百。不徵償小，將軍決二百以下，及百姓犯者，罪同郎君論。十一年七月，詔：盜易官馬者，減死論。道宗清寧元年十二月，詔：諸宫都部署，凡有機密事即可面奏，餘所訴事，以法施行。有投誹謗之書，其受及讀者棄市。咸雍六年，以契丹、漢人風俗不同，國法不可異施，乃命惕隱蘇、樞密使乙辛等更定條制，合於律令者，具載之，不合者，別存之。時，校定官即重熙舊制更竊盜贓二十五貫處死一條，增至五十貫。又刪其重複者二條，為五百四十五條，取律一百七十三條，又創增七十一條，凡七百八十九條。增重編者至午餘條，復以律及條例參校續增三十六條，其後，因事續校，至大安三年止又增六十七條，大安五年，詔復用舊法，餘有司新纂條目悉除之。

（清）嵇璜等《續通典》卷一一五《刑·守正》 遼天祚初，窮治耶律伊遜黨，有司不以爲意。御史中丞耶律舍哩上書曰：恩賞明則賢者勸，刑罰當則姦人消。二者既舉，天下不勞而治。伊遜竊權肆惡，不勝名狀，蔽先帝之明，誣陷順聖，搆害忠讜，敗國罔上，自古所無。賴廟社之休，陛下獲纂成業，積年之寃，一旦洗雪，正陛下英斷克成孝道之秋。如蕭德勒台，實伊遜之黨，耶律赫嚕亦不爲早辨，賴陛下之明，遂正其事。臣見陛下多疑，故有司顧望，不切推問。伊遜在先帝朝，權寵無比，先帝若以順考爲實，則伊遜爲功臣，陛下安得立耶！先帝黜逐嬖后，詔陛下在左右，是亦悔前非也。陛下詎可忘父讐不報，寬逆黨不誅？今靈骨未獲，而求之不切。傳曰：聖人之德，無加於孝。昔唐德宗因亂失毋，思慕悲傷，孝道益著。周公誅飛廉、惡來，天下大悅。願陛下下明詔，求順考之瘞所，盡收逆黨，以正邦憲，快四方忠義之心，昭國家賞罰之用，然後致治之道，可得而舉矣。伊遜誣搆昭懷太子事，具詳《舞紊篇》。按：舍哩本傳云：書奏不報，聞者莫不歎惋。總論又云：舍哩之書，幸出於伊遜，既敗之，後獲行，其説一人之事，一篇之中，而互異如此。今按：《天祚本紀》乾統元年十月，上昭懷太子謚曰：大孝順聖皇帝，廟號順宗。明年四月，詔誅伊遜黨，徒其子孫於邊。發伊遜德勒台之墓，剖棺戮屍，二事相去纔及半年，舍哩上書月日，雖不可考，書中既稱順，考其距誅戮逆黨之時，當亦不遠，不應初不報而旋即從之也。本傳自相齟齬，似從後論爲正。且終遼之世，臣下疏奏，伉直無如此書者，故備載云。

（清）嵇璜等《續通典》卷一一九《刑·舞紊》 遼道宗太康時，北院樞密使耶律伊遜等用事，既誣害宣懿皇后，太子濬有憂色，伊遜常不自安，乃與其徒陰謀搆陷，令護衛太保耶律扎拉告知樞密院事蕭蘇色等，八人謀廢立，詔案無跡，不治。伊遜復教牌印郎君蕭武都温自首：臣嘗豫蘇色等謀，恐事發連坐，因籍姓名以告。帝信之，幽太子於别室，以耶律雅克鞫案。太子具陳枉狀，曰：吾爲儲副，尚復何求？公當爲我辨之。雅克乃伊遜黨，易其辭爲欵伏。帝大怒，廢太子爲庶人，徙上京。伊遜尋遣人弒於囚所，并其妃殺之以滅口。大安三年，續增條制成。咸雍六年詔：修凡數經增校。具《刑制篇》。節目繁瑣，法官不能徧習，吏得因緣爲姦，民莫知避。五年，詔曰：法者，所以示民信而致國治，簡易如天地，不忒如四時，使民可避而不可犯，比命有司，纂修刑法，不能明體朕意，多作條目，以罔民於罪，朕甚不取，自今仍用舊法。

（清）嵇璜等《續通典》卷一〇七《刑·刑制上》 金國舊俗，輕罪笞以柳葼，殺人及盜刧者，擊其腦殺之，没其家貲，以十之四入官，其六償主，併以家人爲奴婢，其親屬欲以馬牛雜物贖者，從之。具《贖刑篇》。其獄，則掘地深廣數丈爲之。太祖天輔三年正月，東京人爲質者永吉等五人結衆叛，誅其首惡，餘皆杖百，没入在行家屬貲産之半。詔知東京事，沃稜繼有犯者，並如之。五月，詔：自收寧江州以後，同姓爲婚者，杖而離之。太宗天會二年二月，詔：有盜發遼諸陵者，罪死。三年七月，詔：權勢之家，毋買貧民爲奴，脅買者一人，償十五人，詐買者一人，償二人，並杖一百。七年，詔：凡竊盜但得物，徒三年，十貫以上，徒五年，刺字充下軍。三十貫以上，徒終身。仍以贓滿盡刺字於面，五十貫以上，處死，徵償如舊制。熙宗皇統間，詔諸臣以本朝舊制，參隋、唐、宋、遼之法，類以成書，名曰《皇統制》，頒行中外。海陵正隆二年六月，置登聞院。四年正月，更定私相越境法，並論死。五年二月，遣引進使高植、刑部郎中海狗分道監視，所獲盜賊並凌遲處死，或鋸灼去皮，截手足，仍戒千户穆昆等，後有獲者並處死，總管府官亦決罰。十二月，禁朝官飲酒，犯者死。世宗即位，制旨多從時宜，集爲軍前權宜條。理大定五年，命有司删定條，理與前書兼用。六年，詔：有司每月朔望及上七日，毋奏刑名。先是海陵時，始定上七日不奏刑名，至是詔，朔望亦如之。七年七月，禁服用金線，其織買者，皆抵罪。八年二月，制品官犯賭博法，贓不滿五十貫者，其法杖聽贖，再犯者，杖之。九年，以法官各執所見，或觀望宰執之意，詔：自今制無正條者，皆以律文爲準。先是，杖罪至百則臀、背分決，海陵時，以脊近心腹，禁之。至是，命復如舊法。嗣謂宰臣曰：罪人杖不分受，恐至深重，今聞民間有不欲者，其令罷之。制妄言邊關兵馬者，徒二年。又制職官犯公罪，在官已承伏者，雖去官，猶論。十二年二月，詔：官長不法，其僚佐不能糾正，又不上言者，並坐之。十三年，詔：立春後，立秋前，及大祭祀月，朔望、上下弦、二十四氣、雨未晴、夜未明，休暇，並禁屠宰日，皆不聽決死刑，惟强盗即決。十四年三月，詔：明安穆昆之民，自二月至八月，禁絶飲燕，恐妨農功，雖閒月亦不許痛飲，犯者抵罪。十五年，詔：有司収竊盗贓滿八十貫者，死。先是，竊盗贓五十貫以上死，至是，乃有是詔。十七年，以渤海舊俗男女婚娶多不以禮，必先攘竊以奔，詔禁絶之，犯者，以姦論。十八年正月定：殺異居周親奴婢，同居卑幼殺奴婢及妻，無罪，而輒毆殺者，罪。十九年三月制：糾彈之官，知有犯法而不舉者，減犯人一等科之。闕親者，許迴避。六月置局更定制條，命大理卿伊喇慥總中外明法者，共校正，以皇統正隆之制，及大定軍前權宜條理，後續行條理審其輕重，刪煩正失，制有缺者，以律文足之。制律俱缺，及疑不能決者，取旨畫定。軍前權宜條理，内有可以常行者，亦爲定法，餘未合者，别爲一部，存之。參以近所定徒、杖減半之法，凡杖，定千一百九十條，分十二卷，名《大定重修制條》，詔頒行焉。十月制：知情服内成親者，雖自首，仍依律坐之。二十年，詔定：踐蹂禾稼，罪。初，帝如春水，見民桑多爲牧畜所踐，詔：親王公主及勢要家牧畜犯民桑者，許所屬縣官立加懲斷。至是，見有踐蹂田禾者，復詔。自後踐民田，杖六十，盗人穀，杖八十，並償其值。二十二年，以附都明安户不自種，悉租與民，有一家百口，隴無一苗者，令治其罪。不種者，杖六十，穆昆四十，受租百姓無罪。二十五年，以婦人在囚，輸作不便，而杖不分決，與殺無異，遂命免死。輸作者，決杖二百，臀背分受，而免輸作。二十八年，以制條拘於舊律，間有難解之詞，命刪修明白，使民皆曉。二十九年九月，（時章宗已即位。）制盗賊聚集至十人，或騎五人以上，所屬移捕盗官捕之，仍遞言省部，三十人以上，聞奏。違者，杖百。章宗明昌元年，命置詳定律令，所審定律令。二年四月，制諸部内災傷，主司應言而不言及妄言者，杖七十，檢視不以實者，罪如之，因而有傷人命者，以違制論，致枉有徵免者，坐贓論，妄告者，户長坐詐不以實罪，計贓重從詐匿不輸法。六月，禁稱本朝人及本朝言語爲番，違者杖之。十月，敕司獄與府州司縣官筵宴往還者，罪之。十一月，禁伶人不得以歷代帝王爲戲，及稱萬歲，犯者，以不應爲事，重法科。十二月，制投匿名文書者，徒四年。五年，定徒二年以下者，杖六十；二年以上，杖七十；婦人犯者，並決五十，著於敕條。承安二年，制軍前受財法，一貫以下，徒二年，以上，徒三年，十貫處死。三年，定明安穆昆身犯私鹽、私酒、麴及殺牛者，徒一年，杖數不以贖論，不及徒者，杖五十。是歲，帝以法不適平，常行杖樣，多不能用，遂定分寸，鑄銅爲杖式，頒之天下，且曰：若以笞杖太輕，恐情理有難恕者，訊杖可再議之。五年，定居祖父母喪婚娶聽離法，並妻亡服内婚娶者，亦聽離。又定皇族収養異姓爲子者，徒三年。姓同者，減二等，立嫡違法者，徒一年。泰和元年正月，尚書省奏：見行銅杖式輕細，姦宄不畏。遂命有司量所犯用大杖，仍禁不得過五分。十二月，司空襄等，進新定律令敕條格式五十三卷。律凡十有二篇，曰名例，曰衛禁，曰職制，曰户婚，曰廄庫，曰擅興，曰賊盗，曰鬭訟，曰詐僞，曰雜律，曰捕亡，曰斷獄。實唐律也。惟贖銅倍之，增徒四年、五年爲七。削不宜於時者，四十七條，增時用之制，百四十九條，略有損益者，二百八十有二條，餘百二十六條，皆從其舊。又分一爲二，分一爲四者六條，凡五百六十三條，爲三十卷，附註以明其事，疏義以釋其疑，名曰：《泰和律義》，自官品令、職員令之下，曰祠令四十八條，户令六十八條，學令十一條，選舉令八十三條，封爵令九條，封贈令十條，軍防令二十五條，儀制令二十三條，衣服令十條，公式令五十八條，禄令十七條，倉庫令七條，廄牧令十二條，田令十七條，賦役令二十三條，關市令十三條，捕亡令二十條，賞令二十五條，醫疾令五條，假寧令十四條，獄官令百有六條，雜令四十九條，釋道令十條，營繕令十三條，河防令十一條，服制令十一條，附以年月之制，曰律令二十卷。又定制敕九十五條，榷貨八十五條，蕃部三十九條，曰新定敕條三卷，六部格式三十卷，詔以明年五月頒行之。二年，詔：凡條格入制文内者，分爲别卷。復詔制與律文，輕重不同，及律所無者，各校定以聞。三年，三月：詔隨處盗賊嘯聚三十人以上，奏聞，違者，杖百。八月，詔：諸按察司體訪不實，輒加糾劾者，從故出入人罪論，仍勒停，若事涉私曲，各從本法。五年正月，復命鈎校制律，付詳定所。時詳定官言：若依重修制文爲式，則條目增減，罪名輕重，當異於律。既定，復與舊同頒，則使人惑，而易爲姦矣。臣等謂，用今制條，參酌時宜，準律文修定，歷採前代刑書宜于今者，以補遺闕，取刑統疏文，以釋之，著爲常法，名曰《明昌律義》。别編榷貨、邊部、權宜等事集爲敕條。宰臣謂先所定令文，尚有未完，俟皆通定，然後頒行，若律科舉，人則止習舊律，遂以知大興府事尼龎古鑑、御史中丞董師中、翰林待制温屯忠孝、提點司天臺張嗣、翰林修撰完顏薩喇、刑部員外郎李廷義、大理丞麻安止爲校定官，大理卿閻公貞、户部侍郎李敬義、工部郎中賈鉉爲覆定官，重修新律焉。六年六月，定軍前差發受贓，罪除，飛蝗入境，雖不損苗稼亦坐罪法。七月，詔：禁賣馬入外境，但至界，欲賣而爲所捕即論死。七年三月，定蝗蝻生發地主及隣主首而不申之罪。九月，更定受制忘誤及誤寫制書，事重加等罪。八年，詔：更定蝗蟲生發坐罪法。宣宗貞祐三年三月，禁州縣置刃杖端以决罪人。七月，詔宰臣：自今監察官犯罪，其事關軍國利害者，並笞决之。八月，令：職官犯罪大者，即施行之，小者，籍之。事定，始論其罪。四年，詔：凡監察失糾劾者，從本法論，外使入國，私通本國事情，宿衛、近侍官、承應人出入親王、公主、宰執家，災傷乏食，有司檢覈不實，致傷人命，轉運軍儲而有私載，考試舉人而防閑不嚴，其罰並决，在京犯至兩次者，臺官減監察一等治罪，論贖，餘止坐。專差任滿日，議定升降，若任內曾以漏察被决，依格雖爲稱職，止從平常。平常者，從降罰。六月，詔：凡進奉帖，及申尚書、省樞密院關應密大事，私發視者，絞，誤者，減二等。制書應密者，如之。興定三年，定贓吏計罪，以銀爲則，其犯公錯過誤者，止徵通寶見錢，贓汚故犯者，輸銀。具《雜議篇》。又制沿河戍兵逃亡罪，並同征行軍人例。五年，尚書省言：司縣官貪暴不法，部民逃亡，既有决罰，他縣停匿，亦宜定罪。從之，元光元年，增定藏匿逃亡親軍罪，及告捕賞格。

（清）嵇璜等《續通典》卷一一〇《刑・雜議二》　元世祖至元八年，陝西省臣伊遜岱爾言：比因饑饉，盗賊滋横，宜加顯戮。勑：中書詳議。右丞相按圖以爲，強竊、盗賊一皆處死，恐非所宜，罪至死者，仍舊待命，從之。按：至元十一年，以多盗，始詔：凡盗皆殺無赦。在處繫囚滿獄。尋以符寳郎、董文忠言：殺人取貨、與盗一錢者均死，慘黷莫甚，恐乖陛下好生之德。於是勑革之。二十三年，詔：百官集議；至元鈔計贓論罪時，衆欲以至元鈔二百貫，贓滿者死。趙孟頫曰：始造鈔時，以銀爲本，虚實相權，今二十餘年間，輕重相去至數十倍，故改中統爲至元，又二十年後，至元必復如中統，使民計鈔抵法，疑於太重。古者，以米絹民生所需謂之二實，銀錢與二物相權，謂之二虚，雖四者爲直，升降有時，終不大相遠也。以絹計贓，最爲適中。况鈔乃宋時所創，施於邊郡，金人襲而用之，皆出於不得已，乃欲以此斷人死命，似不足深取也。按：趙孟頫論鈔法，《世祖本紀》及《續通考》皆載在二十四年，本傳所載乃在二十三年。時，布衣趙天麟上策曰：竊見方今，大罪囚徒鞫訊，既成，司縣具詞以申於路，路覆鞫之，以申達於上司，上司遣理官覆察，既審，而後刑之，慎之至也。或有及立春之後，所在行刑，此亦似失天道好生本意也。方春月，勾芒御辰，萬象有榮滋、舒暢之容，而無枯瘁蕭條之理，故王者順之，於是乎掩骼埋胔，禁止伐樹，無覆巢、無殺孩蟲，無胎夭飛鳥、走獸，無焚山林。凡網羅之類，餧獸之藥，無出九門。但當安萌芽，養幼少，存諸孤命。有司省囹圄，毋肆掠，止獄訟，可也。以卉草鳥獸之微，尚令被澤，而况於人乎？以獄訟肆掠，猶禁止之，而况於刑人乎？及乎商風振起，少皥司天，鷹乃祭鳥，霜飛蕭艾，於是乎審斷戮罪，乃所以順陰氣之嚴，凝助陽律之不建也。且春夏行刑，則是春夏二時，行秋冬之令，灾殃之效，具見古書，非臣所能盡言也。頃連年變異，蔬穀不登，或隕霜不殺草而桃李開化，或地震、日月食而動静不一，斯皆陰陽反覆而意或有以致之也。伏望陛下仰稽天意，載審刑章，凡有罪當死，以上命省部，秋冬遣理官出而執之，凡罪不至死，及非常之事宜速决者，不在此限外，依上施行，庶幾休徵薦至氣候相協矣。又曰：竊見方今，或因贓濫，或陷逆流，例皆籍没其財歸諸内府，散於宗室，班於外家。彼犯罪之家，非刻剥下民，則兼并於貧人以得之。今而釁彰孽露，干我常刑，是因利以賈害也。且國家不患無財貨之用，右族不患有飢寒之窘，豈賴夫籍没貪穢之財以周所用乎？然今未免此事者，亦因循而不以爲意故也。伏望陛下，留心細慮，凡當籍没之財，别於一所，明立簿記，待儲積之多，散於無告之人，可也。又曰：周有八議，議賢議能故賢能雖父祖子孫陷罪國家亦不連坐，禁錮而棄之也。竊見方今，陷大罪者，除本人已就極刑外，其妻孥親屬有投諸遠方而不齒者，有繫於場治而應役者，有役於右姓而爲贓獲者，有配於士伍而就苦地者，斯皆除惡務盡之當然，竊恐有委沙遺金之餘恨也。昔崇鯀之方命圮族，王敦之狼顧天邑，伯禹乃崇鯀之子，茂弘乃王敦之弟，虞舜殛鯀，用伯禹爲司空而不疑，晉元罪敦，知茂弘之忠節而不問。故能奠高山大川之地，成九敘之歌以弼虞舜，於無爲之休懷、凌霜貫日之誠，剪吞沙之寇，以致晉帝於中興之美。蓋由父子兄弟罪不相及，刑賞之施出於公也。由此觀之，籍没之人，不宜終身禁錮明矣。伏望陛下下令，昭陳凡當籍没之家，內子孫弟姪若有超然特異，足學知政之人，聽有司公舉，録德量能而用之，不在禁錮之限可也。又曰：赦者，欲以蕩滌瑕穢與民，更始以負罪者言之，則爲莫大之深恩，以致治者言之，則非太平之常事也。近世以來，郊天祝宗，建儲立后，未有不肆赦者。僥倖之子，逆知期會，能不啟非濫之心哉？且罹獄者，皆人之切心側耳者也，及乎啼烏夜啟，驛馬霄流，玉籥告靈，金雞樹仗，雷雨一解，例皆釋之。名爲嘉吉之符，實皆變異之徵也。遂使攘刼、服贓而詫異，善流屏息而銜冤，養稂莠於良田，縱豺狼於當道，獨不念害嘉穀而傷平民乎？風俗駭然，誠可憚也。又況大赦之後，奸邪未嘗衰止，朝脱囹圄，夕攖縲紲，其不能承化自新亦已明矣。《書》曰：文王作罰，刑兹無赦。志曰：太宗絶赦，四海安静。子顔願無赦於光皇，孔明亦惜赦於蜀土，故得彌天息寇，闔境安生。此皆前世明主賢臣已然之效也。今國家哀囚徒之孽苦，憫小民之庸騃，頻降原赦，此蓋朝廷不忍人之心，形於外而不能自已也。推此以及良民，順天道以正生殺，則周文之治不難同矣，又豈唐太漢光蜀國碌碌之足言哉？夫當罪而宥之，當殺而生之，亦猶來暄風於霜雪之辰，行春令於秋冬之際。如此而欲天道之成，臣不知其可也。事作於下者，象動於上，感興於人者，應發於天。能無懼乎？《易》曰：一陰一陽之謂道。伏望陛下，信賞決罰，無肆赦宥，使上下有紀，內外絶倖，則治天下可運之掌上矣。且使王符之類，靡得而議焉。成宗初，御史臺言：先朝決獄，隨罪輕重，笞杖異施，令止用杖，乞如舊制。不允。王惲上書曰：法者，輔治之具。一日闕則不可，君操於上，永作成憲，吏承於下，遵爲定式。民曉其法，易避而難犯，若周之三典，漢之九章是也。今國家有天下六十餘年，小大之法尚無定議，內而憲臺天子之執法，外而廉司州郡之法吏，是皆司理之官而無所守之法，猶有醫而無藥也。至平刑議斷，旋施爲理，未免有酌量准擬之差，彼此輕重之異。臣愚謂：宜將累朝聖訓，與中統迄今條格，通行議擬，參而用之與民，更始如是，則法無二門，輕重適當，吏安所守，民知所避，而天下法矣。元貞元年，詔：求弭盜之策。山東東道廉訪陳天祥上奏曰：盜賊之起，各有所因，除歲凶委之天時，姑且勿論，他如軍旅不息，工役洊興，厚斂繁刑，皆足致盜。中間保護滋長之者，赦令是也。赦者，小人之幸，君子之不幸，前人言之備矣。彼強梁之徒，各執兵仗，殺人取貨，不顧其生，有司盡力以擒之，朝廷加恩以釋之。旦脱縲囚暮即行刼，復勒有司結限追捕，賊皆視爲故常，既不感恩，又不畏罪，兇殘悖逆習與性成。誠非善化能移，惟有嚴刑可制。先是，至元二十年，史弼陳弭盜之策，爲首及同謀者死，餘屯田淮上。帝然其言。詔以其事付弼賊黨，耕種內地，其妻孥送京師以給鷹坊人等。至是，以內地盜賊衆多，姑用天祥之奏，立爲擒盜條格。大德五年正月，御史臺臣言：官吏犯贓及盜官錢，事覺避罪逃匿者，宜同獄成，雖經原免，亦加降黜，庶奸俗可革。從之。七月，中書省臣言：舊制，京師州縣捕盜，止從兵馬司，有司不與，遂致淹滯。自今輕罪，乞令有司決遣，重者從宗正府聽，斷庶不留獄，且民不冤。從之。時鄭介夫上太平策，曰：國家立政，必以刑書爲先。今天下所奉以行者，有例可援，無法可守，官吏因得並緣爲欺。如甲乙互訟，甲有力則援此之例，乙有力則援彼之例，甲乙之力俱到，則無所可否，遷調歲月，名曰撒放。使天下黔首無所持，循始之所犯，不知終之所斷，是陷之以刑也。內而省部，外而郡守，抄竊格例，至數十册，遇事而難決，則檢尋舊例，或中無所載，則旋行擬議，是百官莫知所守也。民間自以耳目所得之勑旨、條令，雜採類編刊行成帙，曰《斷例條章》，曰《仕民要覽》。各家收置一本，以爲準繩，試閱二十年間之例，校之三十年前，半不可用矣。更以十年間之例，校之二十年前，又半不可用。是百姓莫知所避也。孔子曰：刑罰不中，則民無所措手足。今者號令不常，有同兒戲，或一年二年前後不同，或綸音初降，隨即泯没，遂至民間，有一緊、二慢、三休之謡。京師爲四方取則之地，法且不行，況四方之外乎？如往年禁酒而私醖者比屋有之，禁牛而私宰者愈多。又如姦盜殺人，必不可赦，而每歲放多爾瑪，以此人心輕於犯法。又如婚姻聘財，明有官庶高下折鈔之例，而今之嫁女者，重要財錢，與估買軀口無異。又如買賣田宅，舊有先親後鄰之例，而今民業多歸勢要，雖親與鄰不得占執。推此數端，天下槩可知矣。今有司每視刑名爲重，而婚田錢債畧不省察。殊不知百姓負冤，上無所訴，是開官吏受贓之路也。審囚決獄官，每臨郡邑，惟具成案行，故事出斷一二，便爲盡職，不知大辟以下，刑名公事甚不少也。路縣官吏未飽其欲，每聞上司官至，則將囚徒保候審録，既畢，仍復收禁。此皆無法之獘也。又兼衙門紛雜，事不歸一，十羊九牧，莫之適從。普天率土，皆爲王民，豈可家自爲政，人自爲國？今正宫位下，自立中政院，匠人自隸，金玉府校尉自歸，拱衛司軍人自屬，樞密院諸王位下，自有宗正府，内史府，僧則宣政院，道則道教所，又有宣徽院、徽政院、都護府、白雲所管戶計，諸司頭目，布滿天下，各有管領，不相統攝。凡有公訟，並須約會，或事涉三四衙門，動是半年虚調文移，不得一會，或指口對問，則各司所管，互相隱庇，至一年、二年，事無杜絶，遂至於强凌弱，衆暴寡，貴抑賤。無法之獘莫此爲甚。昔先帝時，嘗命修律，未及成書，近議大德律，所任非人，訛舛尤多。今宜於臺閣省部内，選擇通經術、明治體、練達時宜者，酌以古今之律文，參以先帝建元以來制勅、命令，採以南北風土之宜，修爲一代令典。使有司有所遵守，生民知所畏避。國有常科，吏無敢侮，永爲定制，子孫萬世之利也。諸色衙門，投下頭目，除管領錢糧造作外，無問大小詞訟，倶涉約會者，並令有司歸問，庶使政歸一體，獄無久淹矣。武宗初，御史大夫塔思布哈言：凡受贓爲御史所劾者，不得託言事入覲，以避其罪。從之。至大元年正月，中書省臣言：近百姓艱食，盗賊充斥，苟不嚴治，將至滋蔓，宜遣使巡行，遇有罪即行决遣。與隨處官吏共議，弭盗方畧，明示賞罰，或匿盗不聞，或期會不至，或踰期不獲者，官吏連坐。仁宗延祐六年九月，御史臺臣言：諸犯贓罪，已欵伏及當鞫而倖免者，悉付原問官，以竟其罪。英宗至治二年，臣寮言：五刑者，刑異五等，今黥、杖、徒、役於千里之外，百無一生還者。是一人身被五刑，非五刑各底於一人也。法當改。時，朝議雖是之，卒不果行。泰定帝泰定元年六月，以災異詔百官集議，中書平章政事張珪等議畧曰：前宰相特們德爾，姦狡險深，誣殺蕭楊以快私怨，一令發口，上下股栗，稍不附己，其禍立至。由是羣邪並進，搆成弑逆，其子索諾木，親與逆謀，雖剖棺戮尸，夷滅其家，猶不足以塞責。今復回給所籍家産，諸子再入宿衛。臣等議，宜遵成憲，仍籍原産，遠竄其子孫，以懲大姦。君父之讐不共戴天，特克實之黨結謀弑逆，天下之人所不忍聞，比奉旨以逆黨脅從者衆，不可盡誅言者，其勿復舉。臣等議：古法，弑逆，凡在官者，殺無赦，宜盡誅額特布哈之徒，以謝天下。生殺，天子之大權，臣下何敢盗用？遼王托克托，位冠宗室，覬幸赦恩，報復讐忿，殺親王妃主百餘人，分其資産，聞者切齒，令不之罪，乃復原賜遺還，仍守爵士。臣等議累朝憲典，聞赦，殺人罪在不原，宜削其爵士，置之他所，以彰天威。刑以懲惡，國有常憲。武備卿濟里、前太尉布哈以累朝待遇之隆，不思補報，專務姦欺，詐稱奉旨，令鷹師强收。鄭國寶妻果哈貪其家人畜産，事聞之官，刑曹逮鞫服實，竟原其罪。輦轂之下，肆行無忌，遠在外郡，何事不爲？臣等議：宜以濟里布哈付刑曹治罪。太廟神主，祖宗之所妥靈，比者盗利其金而竊之，至今未獲，斯乃非常之事，而捕盗官兵不聞杖責。臣等議：庶民失盗，應捕官兵猶有三限之法，監守失官物，亦有不行知覺之罪。今失神主，宜罪太常，請揀其官屬免之。人有冤抑，必當昭雪。平章政事蕭拜珠、中丞楊多爾濟枉遭誣陷，籍没其家，比奉明詔，還給原業，子孫修葺苟全，復以其家財仍賜舊人，止酬以直，即與再罹，籍没無異。臣等議：宜如前詔，以原業還之，量其直以酬，後所賜者，則人無冤憤矣。刑罰不立，奸宄滋長，比者額森特穆爾之徒，遇朱太醫妻女於故省門外，强拽以入，姦宿館所，事聞有司，以扈從上都爲解，竟弗就鞫。輦轂之下，肆惡無忌，京民憤駭。臣等議：宜遵世祖成憲，以奸人命有司鞫之。又天下囚繫不無冤滯，方今盛夏，宜命臺省，選省審録結正重刑，疏决輕繫疑者。申聞詳讞，善良死於非罪，國法當爲昭雪。特克實弑逆之變，學士布哈等，皆以無罪死。特們德爾專權之際，御史徐元素等，以言事死，皆未申理。臣等議：宜追贈死者，叙其子孫。僧道出家，宜以清淨絶俗爲心，比年，僧道往往畜妻子，無異常人。如蔡道泰班講主之徒，傷人逞欲，壞教干刑，俾奉祠典，豈不褻天瀆神？臣等議：僧道之畜妻子者，宜罪以舊制，罷遣爲民。按：是時下詔，疏决繫囚。張珪等因上此議，而泰定與成逆謀，特克實之徒皆其逆黨，故不從其議。

文宗天歷元年，中書省臣言：近籍奇徹家，其子年十六，請令與其母同居，仍請繼令。臣僚有罪致籍没者，其妻其子他人不得陳乞，亦不復爲官口。從之。又陝西行臺御史孔思廸言：人倫之中，夫婦爲重，比見内外大臣得罪就刑者，其妻妾即斷付他人，似與朝廷旌表貞節之旨不侔，夫亡終制之令相反。况以失節之婦，配有功之人，又與前賢所謂取失節者以配，是身已失節之意不同。今後凡負國之人，籍没奴婢財産，不必罪其妻子。當刑典者，則拏戮之，不必斷付他人，庶使婦人，均得守節，請著爲令，從之。至順二年，河南北道廉訪副使僧嘉努言：自古求忠臣於孝子之門，今官於朝十年，不省覲者有之，非無思親之心，實由朝廷無給假省親之制，而有擅離官次之禁。古律：諸職官，父母在三百里外，於三年聽一，給定省假二十日。無父母者，五年聽一，給拜墓假十日。以此推之，父母在三百里以至萬里，宜計道里遠近，定立假期，其應省覲匿而不省覲者，坐以罪，若詐冒假期，規避以掩其罪，與詐奔喪者同科。御史臺臣以聞，命中書省議行之。順帝元統二年，蘇天爵上疏曰：自昔，國家務明刑政，苟或赦宥之數行，必致紀綱之多紊。是以先王既興禮樂以教民，又嚴法制以懲惡，蓋禮樂興則教化洽，法制嚴則姦貪懼，未嘗數赦以病民也。唐太宗貞觀二年，謂侍臣曰：凡赦，惟及不軌之輩。古語有云：君子不幸，小人幸之。一歲再赦，善人喑啞。夫養稂莠者，傷禾稼，惠姦宄者，賊良人。朕有天下以來，常須慎赦，蓋數赦，則愚人常冀僥倖，惟欲犯法，不復能改過矣。誠哉！太宗斯言也。昔我世祖皇帝即位之初，未嘗肆赦，臨御既久，聖德深仁，丕冒天下，是以刑政肅清，禮樂修舉，姦貪知懼，善良獲伸。故中統至元之治，比隆前古，欽惟聖天子，承順天心，子愛百姓，發號施令，必先至仁，踐阼伊始，已降寬恩。然自近歲以來，赦宥太數，誠恐姦人、貪吏各懷僥倖，大爲姦利，非國之福也。夫以世祖皇帝在位三十五年，肆赦者八。近自天歷改元，至元統初年，六年之中，赦宥者九。蓋敷恩宣澤，雖出於朝廷之美意，然長姦惠惡，誠爲政所當慎。伏願自今以始，近法世祖皇帝之所行，遠鑑唐太宗之所言，使中外臣民，洗心革慮，守法奉公，知非常之恩，不可復覬，不勝幸甚。至元二年，中書省員外郎陳思謙上言：强盗但傷事主者，皆得死罪。而故殺從而加功之人，與鬭而殺人者，例杖一百七下，得不死，與私宰牛馬之罪無異，是視人與牛馬等也。法應加重。因姦殺夫，所姦妻妾同罪。律有明文，今止坐所犯，似失推明。遂令法曹議，著爲定制。詳《刑制篇》。六年，蘇天爵上奏：國家自太祖戡定中夏，法尚寬簡，世祖混一海宇，肇立制度。列聖相承，日圖政治，雖法令之未行，皆因事以立法，歲月既久，條例滋多，英宗始命中書定爲通制，頒行多方，官吏遵守。然自延祐至今，又幾二十年矣。夫人情有萬狀，豈一例之能拘？加以一時官曹材識，有高下之異，以致諸人罪狀，議擬有輕重之殊。繁條碎目，與日俱增，每罰一辜，或斷一事，有司引用，不能通舉。若不類編，頒示中外，誠恐遠方之民或未識而誤犯，姦貪獨習知而舞文。事至於斯，深爲未便。宜從都省早爲奏聞，精選文臣，學通經術明於治，體練達民政者，圜坐聽讀，定擬去取，續爲通制，刻板頒行。中間或有與先行通制參差牴牾，本末不應，悉當會同講究畫一，要在詳書情犯，顯言法意，通融不滯於一偏，明白可行於久遠，庶幾列聖之制度，合爲一代之憲章，民知所避，吏知所守。報可。

（清）嵇璜等《續通典》卷一一三《刑・詳讞》 元世祖中統三年，詔：自今部曲，犯重罪鞫問得實，必先奏聞，然後寘諸法。十一月，遣官審理重刑，有旨諭右丞相史天澤曰：朕或乘怒，有所誅殺，卿等宜遲留，覆奏行之。至元七年，户部尚書李德輝，録山西河東囚，行至懷仁，民有魏氏者，發得木偶，持告其妻，挾左道厭勝謀殺。已經數獄，服詞皆具。德輝燭其誣，知其有愛妾，疑妾所爲，以搆陷其妻。召妾鞫之，不移時而服，遂杖其夫，而當妾罪死。人有訟財而失其兄子者，德輝曰：此叔殺之無疑，將竟獄。權貴爲請者甚衆，德輝不應，罪狀既明，請者乃慙服。八年，大都運司負課銀五百四十七錠，逮繫運使倪某等四人徵之。視本路歲入簿籍，實無所負。辭久不决，尚書户部令史劉正察其冤，遍閲吏牘，得至元五年，李介甫關領課銀，文契七紙，適合其數，驗其字畫，皆司庫辛德柔所書也。正廉得其實，白尚書捕鞫之，悉得課銀。辛既伏辜，而四人者得釋。十三年，太府監令史盧贇言：於監官諸路，所貢布長三丈，惟平陽加一丈，以故，諸集賽台争取平陽布，苟截其長者，與他郡等，則無所争，而以所截者，爲髹漆宫殿器皿之用，甚便。監官從之。適左右以其事聞，帝以詰監官，監官倉皇莫知所對，歸罪於贇，帝命斬之。符寳郎耶律希亮遇諸塗，贇以冤告，希亮命少緩刑，具以實入奏。詔工部侍郎董文用讞之，竟釋贇，而召御史大夫塔齊爾等讓之曰：此事言官當言而不言，向微托果斯不誤誅此人耶？二十九年，趙孟頫同知濟南路總管府事，有元掠兒役於鹽場，不勝艱苦，因逃去，其父求得他人屍，告同役者殺之，既誣服。孟頫疑其冤，留不決，逾月，掀兒自歸郡中，稱爲神明。成宗時王利用爲興元路總管，有婦毒殺其夫，問藥所從來，吏教婦指爲富商所貨，獄上。利用曰：家富而貨毒藥，豈人情哉？訊之，果服。武宗至大間，胡長孺爲寧海縣主簿，有民荷溺器糞田，偶觸軍卒衣，卒抶傷民，且碎器而去，竟不知主名。民來訴，長孺陽怒其誣，械於市，俾左右潛偵之，向抶者過焉，戟手稱快，執詣所隸，杖而償其器。羣嫗聚浮屠菴，誦經爲禳祈。一嫗失其衣，適長孺出鄉，嫗訟之。長孺以牟麥置羣嫗，合掌中命繞佛誦經如初。長孺閉目叩齒作集神狀，且曰：吾使神監之矣，盜衣者行數周，麥當芽。一嫗屢開掌視，長孺指縛之，還所竊衣。一日，白事帥府歸吏言：有姦事，屢問，弗服。長孺曰：此易易爾，夜伏吏案下，黎明出姦者，訊之，辭愈堅。長孺陽謂令長曰：頗聞朝廷有詔，盍迎之。叱隸卒縛姦者，東西楹空縣而出，庭無一人，姦者相謂曰：事至此，死亦無承，行將自解矣。語畢，案下吏譁而出，姦者驚，咸叩頭，服罪。永嘉民有弟質珠步摇於其兄，贖焉。兄妻愛之，紿以亡於盜，屢訟不獲，直往告長孺。長孺曰：爾非吾民也，叱之去。未幾治盜，長孺嗾盜誣兄受步摇爲贓，逮兄赴官，力辨，訴弗置。長孺曰：汝家信有，是何謂誣耶？兄倉皇曰：有固有之，乃弟所質者，趣持至，驗之。呼其弟曰：得非爾家物乎？弟曰：然。遂歸焉。仁宗時，干文傳爲烏程令，有富民張甲之妻王無子，張納一妾，在外生子，未晬，王誘妾將兒來，尋遂妾，殺兒焚之。文傳聞而發其事，得死兒餘骨，王厚賄妾之父母，買隣家兒爲妾所生，詐稱不死。文傳令妾抱兒乳之，兒啼不就。妾之父母吐實，乃呼隣婦至，兒見之，躍入其懷，乳之即飲。王遂伏辜。文宗至順末，江南行臺監察御史蘇天爵，慮囚於湖北，有常德民盧甲、莫乙、汪丙，同出傭，而甲誤墮水死。甲有弟爲僧，欲私甲妻不得，訴甲妻與乙通而殺其夫。乙不能明，誣服擊之死，斷其首棄草間，屍與杖棄譚氏家溝中。吏往求，果得髑髏。然屍與杖皆無有，而譚誣證曾見一屍爲水漂去。天爵曰：屍與杖縱存，今已八年，未有不腐者。召譚詰之，則甲未死時，目已瞽，所云皆妄也。天爵語吏曰：此乃疑獄，況不止三年矣，俱釋之。

（明）查繼佐《罪惟録》志卷三二《外志・列朝帝紀逸・洪武逸紀》

國初，凡軍民嫁娶喪葬所用舟輿等物，沿元舊，多稅于官。上諭戶部：朝廷之大，計及纖屑，吾甚恥之。其勿稅！

上觀《唐書》，至宦者魚朝恩恃功玩忽，謂：當時不令此曹典兵，安得有此？又云：代宗去此曹如孤雛腐鼠，斷在主心，亦何難事？此曹只充使令，豈可縱處要路？朕深鑒前轍，自左右服役之外，重者不過傳命。彼無威福，豈能爲患？有罪必罰無赦！嘗論治道有緩急，治亂民不可急，急則吾益亂之。撫治民不可擾，擾則吾不使之治。又曰：人主致聰明有法，以天下耳目爲視聽，則是非無所隱，而賢否自見。所營不越戶牖，吾蒙者多。唐玄宗出奔，雖田夫野老皆能卜其有是日，至此，雖悔何益？又曰：問君子於小人，教之仇君子；問小人于小人，教之朋小人，毀譽何足憑？吾中自辨之。又曰：天人無二理，人須刻刻以心爲天。嘗覽古，謂侍臣曰：楚莊王謀事而嘗有憂色，魏武侯謀事而嘗有喜色。喜矜其長，憂者恐其有不足。矜必其志滿，而驕而佚；恐則心虛，而勤而受。二主優劣以分。嘗罷朝，問尚書門克新民間事，對曰：民樂業矣。上曰：朕恐未然。堯舜在上，不能保天下無窮民。

三十年，上諭羣臣：人不能無過，而心有公私。心本公而識不到，與故爲之者不同。君子之過，雖微必彰；小人之過，雖大必飾，人主不可不察。十二月，上不豫，勅問安廷臣：朕壽七十矣，非皇天眷顧，安得履位如此久？古語云：天不與首亂。朕惟無心於天下，故特命之。堯舜禹湯文武之世，皐夔稷契伊傅周召爲之臣，其有志匡主一也。卿等竭誠修職，副朕至懷。

（清）嵇璜等《續通典》卷一一一《刑・雜議三》　明太祖洪武九年冬，以灾異求言，平遥訓導葉伯巨上書畧曰：歷代開國之君，未有不以任德結民心，以任刑失民心者，今用刑多裁自聖衷，獄吏趨承意旨，深刻者多功，平反者獲罪，雖有寬宥之名，未見寬宥之實。數年來誅殺不少，而犯者相踵。自今宜存大體，赦小過，修舉八議之法，嚴禁深刻之吏。且致治之道，固不可驟，陛下切切於民俗澆漓，人不知懼，乃至令下而尋改，已赦而復收，天下臣民，莫知適從，甚不稱陛下求治之心也。十五年，禮部議：自今犯十惡、奸盜、詐僞、干犯名義、有傷風俗，及犯賊至徒者，書於亭，以示懲戒，其餘雜犯、公私過誤、非干風化者，一切除之，以開良民自新之路。其有私毁亭舍，除所懸法令及塗抹姓名者，監察御史、按察司官以時按視，罪如律。自洪武五年始，建申明亭。至是年，帝諭部臣曰：天下郡邑，申明亭書記犯罪者姓名，昭示鄉里，今有司概以雜犯小罪書之，使善良一時過誤，爲終身之累，雖欲改過自新，其路無由爾。禮部詳議，來言，遂有此議。是年，刑部尚書開濟奏言：欽惟聖明，治在復古，凡事務從簡要，今內外諸司，議刑奏劄，動輒千萬言，泛濫無紀，失其本情，況至尊一日萬幾，似此煩瑣，何以悉究？此皆胥吏不諳大體，苟非禁革，習以成弊。帝納其言，命刑科會諸司定議。二十二年，翰林院待詔朱善上言：有國者，重世臣；有家者，重世婚。臣見民間婚姻之訟甚多，問之，非舅姑之子若女，即兩姨之子若女。蓋以於法不當爲婚，故爲仇家所訟，或已聘見絕，或既婚復離，使夫婦生離，子母永隔，悲號怨憤，無所控訴，議法不精，其禍乃至於如此。按律：尊屬卑幼相與爲婚者，有禁。若謂父母之姊妹與己之身，是爲姑舅、兩姨，皆爲己之尊屬，己不可以卑幼而匹之，若己爲姑舅、兩姨之子，彼爲姑舅兩姨之女，是無尊卑之嫌，以門第則相匹，以年之長幼則相若，爲子擇婦，爲女擇婿，宜莫先於此。古人未嘗以爲非也。成周之時，王朝所與爲婚者，不過齊、宋、陳、杞數國而已，故當時稱大國異姓曰伯舅，小國曰叔舅。其世爲婚姻，可知也。至於列國之君，亦各自爲甥舅之國。降及後世，如晉之王、謝，唐之崔、盧、潘、楊之睦，朱陳之好，無不以世爲重，其顯然可見者。如温嶠之玉鏡臺，以舅之子而取姑之女；呂滎公夫人張氏乃待制張昷之女，而待制夫人即滎公母申國夫人之姊。又非以小姨之子取大姨之女乎？朱子《小學》一書，正所以明人倫也，而滎公之事取焉，如果以爲不可，則必不在所取矣。今江西兩浙，此弊尤甚，以致獄訟繁興，賄賂公行，風俗凋弊，願以臣所言，下羣臣議，弛其禁，庶幾刑清訟簡，而風可厚也。按同姓不婚，古之制也。若姑舅、兩姨之子女，不得相爲婚姻，自古所無，明初定制，以表兄弟爲緦麻外姻，服屬不許通婚，特以其爲有服外姻耳。於律意究未允，當善爲此議。太祖嘗善，其言而修律時未及釐定，訖明之世，遂不改云。成祖永樂二年十二月，御史張翥言：山西行都司所屬地方，切近沙漠，軍衛充實，則敵不敢爲患。比軍人犯徒、流罪者，悉徙興州屯戍，恐邊衛軍士，圖易避難，必多故犯，以求遷徙，則隊伍日減，邊備不足。乞令臨邊衛所軍人，犯徒、流罪者，止從科斷，仍流原衛戍守。從之。三年六月，大理寺卿呂震言：近例，官犯杖罪者，記罪，還職停俸三月，蓋欲使之改過自新。然有玩法者，恃恩輕犯，恬無畏憚，不正其罪，無以自懲。請自今有再犯者，論如律。著令具《刑制篇》。八年十月，交阯布政司言：先頒降刑名事例，交阯土人有雜犯死罪、徒、流，遷徙者，發邱温抵交阯，充驛夫，遞運夫。雜犯死罪者，服役終身，徒、流、遷徙者，各以所犯重輕爲限，官吏犯笞、杖罪，吏斷決還役，官降用，應解現任，別叙及雜職於邊遠，叙用者，皆斷決還職。今新例徒、流、遷徙、杖罪，皆發北京爲民，種田。先後例不一。皇太子曰：交阯，遠在萬里外，宜從先例。令刑部移文知之。仁宗洪熙元年十月，行在吏部郎中陳叔剛上言：吏犯杖罪，律斷決爲民，近時吏胥謀欲求去，則私約相訐，多以杖罷去。乞命法司，自今吏犯杖罪以下，依舊例的決復役，徒罪以上，准工滿日安置別郡，死罪如律。公罪附過，則奸狡之塗，可以漸塞。帝命法司議行。具《刑制篇》。宣宗宣德三年八月，監察御史鄭道寧言：犯姦婦女，律當去衣受刑，以勵風俗，今法司亦聽納米贖罪。其間，無米輸納者，拘繫於獄，益縱淫穢，乞敕治之如律。從之。四年四月，四川按察司奏：四川軍民健訟，往往誣詞封奏，自宣德元年以來，鞫問二百餘事，大半涉虛，蓋誣人死罪，得罪甚輕，因此恣肆冒犯，請嚴禁約，果有機密重事，許實封進，呈若私事，須論訴者，必自下而上陳告，擅動實封者，令法司究治。從之。具《刑制篇》。是年五月，山西按察司張政奏：乞敕法司，凡詞訟有原告逃者，其被告皆即放遣，俟獲原告，取至對理，庶奸頑知畏，良善獲安。帝曰：此皇祖定制也，恐在外諸司未之行，其即申明著爲例。具《刑制篇》。五年，廣西按察司僉事王愷奏言：近例，在外諸司，吏典犯笞杖罪，俱贖鈔，改撥姦猾之徒，必有就易避難，乘混作弊者，請敕法司會議。法司議奏，請凡照刷諸司文奏，事干遲錯，若漏報卷籍，官吏應公私笞罪，及公杖罪，皆依律決罰，還職役。如錢糧埋沒，刑名違枉，有所規避者，仍依律照例發遣。從之。六年二月，都察院奏：棗強縣典史周忠，本挾私杖殺皂隸，合依故勘平人致死律。監察御史任祖壽，聽其許馬一匹，論以因公行罰徒罪，祖壽合依聽許財物而事枉者，律應徒。以風憲加二等，應流。帝命如律罪之。英宗正統三年十一月，民有收義女爲妾者，法司論姦，大理寺評事王亮奏請行勘，原賣與謀合人果係義女，罪之如律，若通房、使女收爲妾，而立約明白，兩相願者，不治罪，不離異，從之。著爲令。四年，巡按直隸監察御史羅綺奏：各處理刑官，多不諳刑名，止憑吏胥，照提多人，動經數年，未得結絶，甚至情輕作重，情重作輕，以致詞訟競起。且如壽州衛軍毛神保告百戶召鼎尅落月糧，反被鞭笞，續赴通政司伸理，遞回本衛，官嗔恨愈深，問擬白晝，搶奪傷人，斬罪，監候待決。臣將文案詳觀，及按行察訪，始知絶無搶奪之情，止是懷挾前仇，陷之以死。神保已從輕出之，鼎等正當究問以警其餘，幸蒙赦宥，恐各衙門理刑官亦有不公，其心不察，其情不明，其法未免有偏枉之弊。今後理刑官，務於在京法司歷事監生中，精選其諳曉刑名者，授之，庶使人無冤抑。帝命部議行之。八月，御史陳祚言：法司論獄，多違定律，專務刻深。如戶部侍郎吴璽舉淫行主事吴軏，宜坐貢舉非其人罪，乃加以奏事有規避律斬。及軏自經死，獄官卒之罪，明有遞減科，乃援不應為理事重者，概杖之。夫原情以定律，祖宗防範至周，而法司乃抑輕從重至此，非所以廣聖朝之仁厚也。今後有妄援重律者，請加以罪。從之。具《刑制篇》。是年御史唐慎奏：近奉詔令，內外繫囚，具狀以聞。今在京悉承聖斷，恐在外所司，奉行未至，或被挾仇妄指，或因權勢誣告，或争占田土，分異財産，妄作反叛、強盜，或將死屍作謀殺誣人，或官司挾仇，故入重罪，設有申訴，或因前官鞫成，罔究虛實，或原問官偏執，同僚互生嫌疑，弗爲之辨。其間豈無含冤而死者？乞敕各處，巡按御史，會都、布、按三司，及直隸府衛正官，將見繫重囚，俱如京例審録以聞。從之。五年二月，刑部尚書魏源等集議：凡罪囚無力贖罪者，沿海邊衛旗軍舍餘，照舊例的決還役，隨住陝西。民雜犯死罪，文職官吏，知印承差，贓罪滿貫，照例發莊浪等衛，安遠等遞運所，充軍擺站。其餘各處，軍職旗軍舍餘，笞杖的決，雜犯死罪，五年流罪，四年徒罪。照徒年限：福建、浙江、山東發本處沿邊，廣東發廣西沿邊，江西、南直隸發浙江、金山衛沿海，北直隸，河南發宣府，俱送總兵官處，定撥衛所。立功、備禦、哨瞭滿日，發回衛所還職，著役民人，陰陽人等俱發附近衛要去處擺站。十月，刑部言：舊例，軍丁力士犯盜者，皆戍邊，比者，詔從律斷。但令輸作復役，以是人輕於犯盜，請復舊例，庶使知懼。從之。十一月，三法司言：洪武定律時，鈔貴物賤，所以枉法贓至百二十貫，免絞充軍。今鈔賤物貴，若以物估鈔至百二十貫枉法贓，俱發充軍，輕重失倫。今後文職官吏人等，受枉法贓，比律該絞者，估鈔八百貫之上，俱發北方邊衛充軍，其受贓不及前數者，視見行例發落。從之。六年，陝西布政使郭堅言：律載，府州縣官有犯，所轄上司不得擅自勾問，止許開具所犯奏聞。其倉場、庫局、陰陽、醫學、閘壩、驛遞等衙門，官犯罪，俱不該載，所以各處此等有犯，間有徑行勾問，又有具奏提問，所行不一，請敕法司議。刑部尚書魏源會議：宜從布政司問。給事中廖莊言：律載在外五品以上官犯奏聞請旨，六品以下，聽分巡御史、按察司並分司取問。臣竊以爲，倉場、庫局，律雖不載，其曰六品以下，則此等官員，亦載其中，而布政司不得擅問，明矣。蓋倉庫等衙門，實爲布政所屬，或一時幹辦不及，逢迎失意，徑被取問，則此等官員，難以自立矣。他日又豈無奏？巡檢司與學官，律不該載者，亦乞照比例者乎？帝從之。是年，刑部侍郎何文淵上言：竊盜初犯、再犯，俱刺字，三犯者，絞。今又立牌額，是於律外加罪，實傷治體。具《刑制篇》。七年，行人司行人尚褫言：旗校緝事，不可盡信，間有用心邪枉者，或爲他人報仇，或以私怨誣陷，平人緝事，未能盡實，請自今旗校緝事，務見實証，然後坐罪，如或不實，所緝者量重，以其半坐之，庶不致乘隙報怨，濫及無辜。帝從之。八年，大理寺言：律載：竊盜初犯，刺右臂，再犯，刺左臂，三犯，絞。今竊盜遇赦，再犯者，咸坐以初犯，或仍刺右臂，或不刺。請定爲例，章下三法司，議刺右遇赦再犯者，刺左，刺左遇赦又犯者，不刺，立案赦後三犯者，絞。帝命遇赦再犯者，不論赦。具《刑制篇》。九年，湖廣長沙府攸縣知縣吴貴奏：長沙衛軍，肆暴鄉曲，誣告衛所，其管衛所者，往往不諳法律，徑委軍職，仍勢迫府縣，百計索賄，民不勝虐，乞敕禁約。事下刑部議，謂：軍職不得理人命，有成令，第久未申明，請如貴奏榜諭。帝從之。十年，巡撫史濡言：雲南諸獄，呈詳既於御史，復於叅贊軍務侍郎，復於鎮守太監，各持一説，殊無定論，乞廷臣會議。於是三法司議：咸謂審刑名於御史。此定律，餘官無著令。帝從之。十一年，大理寺評事孫鏞上言：重囚稱冤，未及詳讞，原鞫者慮其反覆，或箠死獄中，乞敕審刑官，徙置他獄，法司議從獄，非制不從。帝因命內外所繫重囚，必俟朝廷處分，敢有重箠死者，罪之。十三年，刑部尚書金濂奏：姦義男婦，洪永以來，有論依姦子孫之婦應斬者，有論姦妻前夫之女應徒者，乞聖斷遵守。三法司奉詔議：親男與義男，情有親疎，宜比姦前夫之女，徒罪科斷。敕：分別通姦、強姦之條，著爲令。具《刑制篇》。景帝景泰元年，刑部郎中王槩言：舊例告義子、義女、義婦、義孫、妾子、前妻、前夫之子不孝者，必審其四隣，恐冤抑也。其義子女又必驗其年歲，如過房在十五歲前，曾受鞠養，則坐以不孝，不然，但以僱工人毆罵家長律坐之。奉詔：革例此不宜去，從之。二年八月，刑部員外陳金言：律不可易，例宜更改，謹列未便者以聞。一婦人犯徒、流、笞、杖，槩的决此於，廉恥待人之道似有未及，宜依男子例，減半贖之。一軍民私債，不得追索，以此貧民，不得富室救濟，宜聽其理取。一官軍及子孫輩，有犯敗倫傷化者，俱革職，不許承襲。今奸究、誣告，圖其官職，請依繼母并義父母告子孫例，集隣佑勘之，如妄，則發所告者原籍爲民，不得仍於衛所騷擾。章下法司，以其言皆可行。從之。三年，南京兵部尚書王驥奏：已故都督吕毅子瑛，先定指揮葛覃妹爲妻，後瑛襲調山海衛，別娶千戶俞勝女爲妻，又取陳氏爲妾，已生男女。其葛覃母子，因女年長三十以上，稼與千戶劉昱爲妻，已生男女三人。今被瑛具奏争娶，結訟法司，依律斷令離昱歸瑛，不惟節義兩失，抑且難爲命婦，况母子分離，夫妻別異，其情可憐。乞敕禮部會議准令，年久不回，並聽改稼，仍將葛氏歸昱。從之。五年，大理寺少卿薛瑄言：發擬罪囚，多加參語，奏請變亂律意，刑法失中，請敕自今一依律令，不許妄加參語，從之。六年，大理寺向敬言：鞫囚有二弊：其一，論罪不當者，輒調問痛加箠楚，至三四次仍依原擬，不免有冤，請自今三次不允，送別衙門推鞫，原問不當者，罪之。其一，毆鬭、罵詈、違限等類輕罪，律有正條者，法司以正條罪輕，輒擬依不應從重，其買免。枉法、強、竊盜等項贓法，金銀律追本色，今乃准其費用追鈔，此皆輕重不當，乞禁令如律。從之。是年，湖廣按察副使吕淵奏：原告在逃將及一年者，將事內證佐、人犯，對問推理，依律發落，如告實，原告免提，如虛，別行擒執問罪。帝敕法司通行之。是年，刑部郎中夏時正言：自今凡非反逆重罪，涉勛戚大臣奉特旨者，俱不必會問，都察院議時正言可從。宜通行天下諸獄，原發在都布司者，但會都布司官；在府衛者，會府衛官；在按察司及巡按者，不必會官，即爲問結，如有淹滯者，治之。

詔從所議。憲宗成化元年，遼東巡撫滕昭言：《大明律》乃一代定法，而決斷武臣，獨舍律用例，武臣益縱蕩不檢，請一切用律。詔令具《刑制篇》。是年，大理寺卿王槩言：舊例，天下軍民詞訟，悉由州縣以達，於朝廷違者，罪之。近法司於凡代抱本狀之人，輒得寬貸，遂至奸弊尤甚。臣請：除路之極遠，與事之迫切，人之老幼者，依律問罪，遣回聽理外，此則遞送押解，勿使逃匿。從之。四年二月，獲賭博者四十餘人，命枷項示衆，仍榜禁之。已而犯者，復三十餘人，有不勝苦至死者。刑科給事中毛宏等奏言：其中情犯，亦有輕重，怙衆之徒，固不足惜，愚民不知榜例，一時誤犯致死，可憫，乞敕法司，分爲三等。帝命從之。五年，大理寺評事張鈺言：大理之設，所以審録刑部、都察院鞫問罪囚，其間或擬罪不當者，一再駁還，並令改擬，或仍不當，許參問。此係舊制，近見南京法司，多用嚴刑，迫囚誣服，其被糾者亦止改正，而無罪乞自今許本寺參問。寺卿王槩覆奏如議。六年，兵科給事中宫榮言：近年鼓下詞狀，不與覆奏辦理，致使冤抑控訴無所。自後當與研審，明白回奏，不許一槩立案，其直鼓官亦須詳看，曾經他處具告不行者，方與封進。從之。是年，御史馬文升奏言：律令犯公罪者，不至罷職。近來御史朱賢、婁芳等，俱以公罪罷職爲民，非祖宗法律本意，請戒法司自後不許妄參，以律令從事。疏入，下其章於所司。是年，有張元吉者，罪當凌遲處死，詔免死，杖一百，充軍。給事中毛宏因上言：天罰天討，雖天子不得任意於其間。今元吉僭朝廷之制，擅生殺之權，殺無罪四十一人，具列十惡之條，若以襲號天師，不欲加戮。《記》曰：執左道以亂政者，殺。不以聽，元吉正係左道之流，况又罪大惡極，豈容曲加寬宥？萬一罪惡再有如此者，又當何以處之？帝以事既施行，寢其奏。七年，御史李賓等奏：在外官司，聽斷軍民詞訟，動輒罰人財物，始則暫寄官庫以欺人，終則通同庫役以入己，其用計奸深，有爲預備稽考官許之謀。至假立文簿，虛作支銷者，昔唐臣陸贄有言：建官立國，所以養人；賦人取財，所以資國。今舍法而重罰，既非所以養人，罰物以爲私，又非所以資國，若不通行禁革，則貪風愈熾，末流之弊，不可勝言矣。今後，請治擅自科罰之罪。帝從之。具《刑制篇》。是年，刑科給事中白昂等奏言：大理寺審録罪囚，參擬罪名，具載諸司職掌，至爲詳密，比者大理寺審録有詞，稱寃人犯，駁回再問者，多行移調，問者少及；巡撫、巡按官并在外衙門，詳議所屬申詳囚犯，內有情弊者，亦皆駁回再問，致被偏執己見，不與辨明，多用非法重刑，鍛鍊成獄。囚人慮其駁回，必加酷刑，雖有冤枉，不敢再言。今後乞命在內法司，使遵諸司職掌事例行之；在外參審所屬申詳囚犯中，間如有問招不明，擬罪不當及有詞稱寃者，俱聽改調別衙門問理，不許仍行原問官問理。奏下法司議，如所言從之。十年，都御史李賓言：錦衣鎮撫司，累獲妖書圖本，皆誕妄不經之言，小民無知，輒被幻惑，乞備録其書名目，榜示天下，使知畏避，免陷刑辟。報可。是年，刑部尚書王槩上言處置條例：一，凡告官吏者，提問或彼此逃匿，宜令原告逃者，被告免提；被告逃者，惟擒被告治罪。一，軍職有敗倫傷化革職事例，欲謀官職，往往誣奏、毆罵等情。自今令照義父母、繼母、嫁母告子以不孝事例以衆証爲實，依律問，枉者坐之。一，子孫毆罵祖父母、父母，及妻妾毆罵夫之祖父母、父母，坐斬、絞罪，或告息詞奏蒙决杖，發回養親。自今宜令初犯許准息詞，不與奏請，其中若有執私故害，即與辨理。一，軍官乏用借貸，約以俸銀捐償關領之際，以負多避匿，及債主自領，反誣以盜關之罪，坐常人盜倉庫罪，殊乖律意，宜止問杖罪。一，文職官吏爲事爲民者，往往赴京奏辨，令家人抱訴。近例但有問過招由在卷，及不親賫奏疏者，俱置不問，宜依前例，行原問衙門，或調别衙門鞫理。一，軍職姦宿樂婦例革職外，衛其中有指姦者，依律勿論，擬坐贖杖。緣由通姦招伏，多革職爲民，有乖律意。自後，指姦及非姦所捕獲，止坐不應杖罪，仍擬還職爲是。帝從之。十一年，祭酒周洪謨言：天下有司，聽訟輒用夾棍等刑具，百姓不勝苦楚，請敕法司禁約，除人命、强盜、竊盜、奸犯，死罪須用嚴刑，其餘止用鞭扑。違者，風憲官録其酷暴，以備考劾，詔可之。十五年，南直隸巡撫王恕奏：律乃治天下大法，我太祖高皇帝，斟酌歷代律條，定爲《大明律》，凡四百六十條，頒示天下。而《名例律》有曰：凡律令該載不盡事理，若斷罪而無正律者，引律比附，應加應減，定擬罪名。今在京書坊，刊行《大明律》，後有會定見行律一百八條。不知何時會定者？法官老於刑名，必不依此比附，但恐流傳四方，未免有誤新進之士。畧舉其《兵律》多支廪給條及《刑律》罵制使及本管長官條，皆輕重失倫，不可行於天下，乞以其板毁之。於是法司會議，宜以恕言通行內外法官，自後斷罪，悉依《大明律》，并奏准見行事例，敢有再稽會定條律比擬出入人罪者，以故出入論。仍行書坊，即將所刻本燒燬，違者，並治以罪。從之。是年，御史李紀言：定立嗣一事，刑部議奏，軍民人等告争斷承者，必擇立同宗昭穆相當之姪，若衆子無嗣，必先盡同父長房之次子，長房無子，然後以次及於衆子，又次及於大功、小功、緦麻，至親之次子，如俱無次子，方立遠房。其長子無嗣，亦盡同父，以次長房之次子，然後以次及於其餘。若無子者，生前或擇其人，自幼撫養長大，已立爲嗣，但不係異姓，尊卑失序者，仍舊承繼，不許宗族告争。從之。十六年，給事中王坦言：竊盜犯罪，律有明條，在京法司，具有成案。今在外問刑衙門於竊盜初犯、再犯，不論贓數多寡，輒杖殺之。請嚴加禁約。從之。是年，兵部尚書余子俊言：京城多盜，宜敕查究，有舍匿遊民，與無籍軍匠、罪囚者，送戶、工、兵、三部收役，其無籍貫者，送兵馬司處畫，若赦宥死囚，遣而復來者，處死。仍令編審丁籍，追究舍匿之家。帝謂：漸不可長，宜急畫謀擒捕，仍遣官屬勘實、造册，有潛住如議，發遣隱蔽者，並罪之。孝宗弘治元年，大理寺評事魯永言：刑官問囚，擬議不當，或無弄條欵，或紐合文法，或律有正條而擬以不應，或畏避權勢而拘於成案，或信憑彔語定罪而不論招情，皆可恣爲出入刑獄，用是不平，請悉依律，例擬議科斷違者，從給事中、御史舉劾。御史有違，從都察院查究。從之。是年，刑部尚書何喬新言：舊制，提人所在官司，必驗精微，批文與符號相合，然後發遣，此祖宗防微杜漸深意也。近者，中外提人，止憑駕帖，既不用符，真僞莫辨，姦人矯命，何以拒之？請給批文如故，帝命復行之。二年，刑部尚書何喬新等言：國初制律之時，每銀一兩值鈔一貫，常人盜，銀八十兩方得絞罪，監守盜，銀四十兩方得斬罪。今則每銀一兩值鈔八十貫，常人盜銀一兩，監守盜銀五錢者，即坐斬、絞罪，雖曰民俗澆漓，恐人易犯。故重以懲之，然非制律之本意。查正統、成化時，御史陳智、李至剛等，各有論奏，或欲依國初估鈔，常人盜銀八十兩方坐絞罪，或欲照今時估鈔，常人盜銀一兩即坐絞罪，合而論之，贓輕罪重者，過於刻，贓重罪輕者，失之縱。今後估計鈔貫，銀每兩、銅錢一千文，各值鈔四十貫，庶幾得中。時議者以銀錢估鈔舊例行之已久，仍依原估，喬新議遂不行。六年，太常少卿李東陽奏言：五刑最輕者笞、杖，然杖有分寸，數有多寡。今在外諸司，笞、杖之罪，往往致死，縱令事覺，不過以因公還職。以極輕之刑置之不可復生之地，多者數十，甚者數百，積骸滿獄，流血塗地，可爲傷心。律故勘平人者抵命，刑具非法者除名。偶不出此，便謂之公，一以公名，雖多無害，此則情重而律輕者，不可以不議也。請凡考訊，輕罪即時致死，累二十或三十人以上，本律外仍議行降調，或病死不實者，并治其醫，命下所司議處。七年，禮科給事中吕獻等言：每歲初夏，例縱釋繫囚，笞、杖輕犯，多宥免；徒、流以下，減等發落。重罪情可矜疑者，具奏定奪，所以長民命而壽國脈也。但此例獨行兩京，而未及天下。乞敕三法司、南北直隸，則巡撫官督，同諸府縣官，各布政司，則鎮巡官，會同三司官，各準兩京例。每於四月慮囚，庶刑獄無冤。不從。十一年，陝西宜州縣民馮子名兄亡，妻其嫂，巡撫定擬坐杖。帝以事關風化，特命法司會議。于是尚書閔珪等覆奏謂：逆天道，壞人倫，定議絞罪，其他犯類此者，並依此例斷。具《刑制篇》。是年，南京燕山前衛千戶韓鋭，坐不分俸養贍繼祖母，及毀罵小功以下兄，刑部議杖，還職。爲大理寺所駁，刑部因奏，請申明條例，今後武職凡奉養有缺，須祖父母、父母親告乃坐，若子孫告祖父母、父母，例不行勘，若不奉養繼祖母、繼母、及毆本宗大功以上尊長，小功尊屬，并毆傷外祖父母，及妻之父母者，俱行勘明白，方許論罪。其有縱容、抑勒女及妻妾，並子孫之婦妾與人通姦，及姦內外有服親屬，及典雇妻女者，俱係敗倫傷化，請俱依律問罪，照例發原籍爲民，帝從之。十二年，御史王哲奏：遷發口外爲民者，風土不宜，往往疾病道死，是以家人聚哭，如臨刑之苦。請今後兩廣及雲、貴、四川犯，應遷發者，悉改撥本處附近衛所充軍。部議以充軍之罪，甚於遷發，今聽其自便。具《刑制篇》。是年，刑科給事中周旋言：五刑莫重於死罪，次莫重於充軍，故律載充軍之條，甚少。自條例之行，任情擬斷，乞勅令今後具招詳刑部、都察院審與律例相符，方行大理寺評允，轉行兵部定衛發邊。詔下所司知之。十三年，刑部奏：國初刑用重典，取上裁，榜文紛紛下，洪武末定《大明律》，刑官始得據依爲擬議，輕重畫一，後又申明《大誥》諸有罪減等，累朝遵用，而法外遺奸。列聖時推移損益之而有例，例非律所該，而實不大違逺於律，特用輔律，非以破律也。而中外巧法吏，或借以文飾私怒，多引例便己意，而律寢格不用。於是命刑部會九卿，議增歷年問刑條例經久可行者，二百七十九條上之。內禁濫報邊功，私騎官馬，黄船，販鬻私貨，漕船附帶勢要貨物，及鎮守等官頭目，非奏帶者，不得報功。皇城守衛，官旗故縱，直軍十名，降級六條。命再議以聞。九卿執奏，累朝所定，不可輕更，帝從之。具《刑制篇》。是年，戶科給事中邱俊言：內外問刑衙門，罪囚有監禁四五年，甚至數十年者，冤氣騰結，皆足致灾。乞通行天下，將見監三年以上，罪囚情真者，秋後處决。其情可矜疑及事情難明者，不拘成案，悉與辯明，刑部議謂：兩京罪囚，每歲夏月審録，秋後又會官重審。及五年又命太監等官會審，已有成法，宜如舊。行其各布政司審録，不必待至明年，請如俊所奏，一暫行之。此後仍五年一次差官，從之。十四年，五府六部衙門言：今後惟叛逆等事，方差錦衣衛官校賫駕帖，其餘俱下法司，轉行巡撫、巡按官勘問。有應解京者，就彼差官押解。帝命准行。十六年，御史劉洪奏：浙江人張悦以罪發充軍，托病回籍醫治，至家援例納粟，授衛指揮，請革職，仍發原伍。其浙江布政司官許令納粟者，亦宜逮問。兵部覆奏：當從仍行令各處，有似此者，通治以罪。是年，吏部主事楊子器言：今有司不以生靈爲重，有犯輕罪而禁死者，有因干連負累，妄攀誣陷而禁死者，請申明舊例禁之。又，近例非掌印官不許受詞訟，且詞訟多，則贓罰多。嗣後，凡清軍捕盗等官，其不經州縣越訴者，不許受理有司。歲終彙其詞訟及贓罰數目，呈巡撫、巡按官稽考，以絶姦貪。刑部覆奏，從之。是年，撫州人江縁一撃殺其弟縁四，遺一女，其母吴氏，以許嫁李氏，縁一又欲取所受聘財，母不從，縁一怒罵刼奪之，母忿而自縊。有司擬罵母律絞。巡撫王哲以律毆父母者，斬。縁一手殺親弟，逼死親母，使得全首領，情重律輕，具獄以聞。法司覆議，依毆母律斬，决不待時。仍請後有威逼祖父母、父母死者，悉依此斷。具《刑制篇》。是年，禮科給事中葛嵩言：近例，質當田地限滿，計所收已及本利者，交還業主，無力取贖者，聽再管。業承繼之子，有不得於所後之親者，聽別擇賢能，或所親愛者承繼，不許他人，以次序告爭。二者皆與律意不合，請令無力取贖者，仍聽典主管業，以息訟端。立後者，務以尊卑爲序，昭穆相當，不許別立疎逺，致紊倫理。法司覆議，請申明律例，照舊施行。從之。是年，戶科給事中孫禎言：新頒《問刑條例》，比律令過嚴，如律：縱放軍人歇役者，一名杖八十，每名加一等。例則額設軍伴之外，多占五名以下者，降一級。律：私借官馬，或轉借及借之者，各笞五十，驗日追雇賃錢入官，計錢重者，坐贓論加一等。例則私借及轉借與人五匹以下，降一級。是占役一軍，占乘一馬，皆當從降級例科斷矣。人將無所措其手足，請重加校定，俾協於中。法司覆議，謂條例皆奉有成命，難以更改，其借占人馬，數不及五者，請如所奏，仍依律論斷，從之。十七年，兵科給事中潘釋奏：故事每歲會審，重囚率以一日竣事，然人命至重，今後該審之囚衆多，如拘以一日，則不得從容詳審。昔太宗文皇帝，因刑部等衙門，大辟囚三百餘人，復訊皆實，請決。復諭之曰：更審之，一日不盡則二日、三日，雖十日何害？此祖宗好生之心，萬世所當遵也。乞令從容研審，使無冤枉。從之。是年，吏部尚書馬文升言：會審重囚，作妖書惑衆者甚多，與其謀於已犯，不若禁於未然，乞勑榜諭，有收藏者，許半月内首告官司。具《刑制篇》。是年，刑部條上：革弊彌灾事宜四條：一，京城勢家，或攬納逼債，或侵奪強買，或殺人焚燬，或窩盜分贓，事發則抗拒官司。今後令錦衣衛執送職司重治。一，舊例在京問囚，三審不服，及在外問結，赴京奏訴者，俱改調別問。近歲多拘成案，有明訴枉問，而置之不問者，請令果有冤枉，即與辦理。一，定例巡按會審，由都、布二司、並府、州、縣、衛送者，申刑部，由巡按及按察司送者，申都察院，各轉詳大理寺審擬。今重囚，止申巡按，更不會審轉詳，以致輕重任情，淹禁無度，請令照例申詳。一，奸民包攬錢糧，勒取財物，各倉內外管事，並勢要之人，交通受納，事發止坐攬頭。請令緝事衙門，并窮究得財之人，明正其罪，俱從之。是年，大理寺條上革弊彌灾事宜：一，矜疑重囚，從原問衙門録奏，情或有偏，請令刑部、都察院，會本寺公同具奏。一，外官有用刑因而致死者，請依酷刑例為民。一，外官因公挾私，淹禁平人致死者，請亦照酷刑問斷。一，充軍賄脱，止坐本犯，請查解批，追究賣放之人，從重參問。一，奏訴詞訟，每事具題，近於煩瑣，請照軍職徒、杖罪，先行發落，半月類奏。一，誣告平人其致死被誣之人，律所未載，近日俱問絞罪。殊非適中，請令誣告，因考禁而死者，依本律，餘照常例。一，舊例，王府文職，希圖改調，故意犯贓者，發邊縣敘用。蓋指令人誣告，或科歛不入己者。近來凡受贓者，皆擬調，似非律意，請依律罷職。一，婦人再嫁，以前夫之女與後夫之子成婿，有闕風化，請依娶同母異父姊妹律斷。一，操備人等，犯笞、杖罪，令贖鈔。有無力者，監繫。不得歸結。請依在逃律，許的決。奏。下刑部會議，皆以爲可從之。是年，法司覆奏，南京侍郎楊守隨所言：成化間，奏准凡犯人訐告原問官者，須覈究得實，然後逮問。今南京御史王良臣，按指揮周愷等怙勢黷賄，愷等遂訐良臣，詔下南京法司會鞫，似與舊章不合。請今後官吏、軍民奏訴，牽緣別事，摭拾原問官者，立案不行，所奏事仍令問結。具《刑制篇》。是年，巡撫張本奏：江西諸盜，例應處以極刑。皆由巨室藏匿，分贓，遂至猖獗。今獲匿主五人，亦問擬斬罪，比例梟首示衆。法司會議，以爲宜。從之。是年，刑部主事朱瑬言：部囚送大理，第當駁正，不當用刑，今左右二寺，分外用刑，展轉淹滯。乞令毋得擅加考掠。大理寺卿楊守隨覆奏：大理寺雖止於參駁，然每有隱匿重情，未免量加刑罰，况永樂年間，本寺亦設刑具，豈爲分外？請申明禁戒，令法司同寅協恭，毋彼此執拗。帝從之。是年，御史魏申奏：在外有司問，故殺鬬殺，其助殺之人，俱擬爲從，坐以流罪。又竊盜臨時拒捕，不得財者，止作犯罪拒捕科斷，其拒捕不以臨時者，或反坐斬罪，俱不合律意，乃令法司覆議施行。

（清）嵇璜等《續通典》卷一一二《刑·雜議四》　武宗正德元年，掌大理寺工部尚書楊守隨言：每歲熱審，事例行於北京，而不行於南京。五年一審録，事例詳於在京，而畧於在外。今宜通行，南京凡審囚，三法司皆會審，其在外請亦依此例。庶事無偏弊，刑合公論。詔可。二年，閣臣李東陽言：決囚三五覆奏，自唐太宗以後，歷代遵行。我太祖著爲定制，每法司決囚，必待刑科三覆奏後，批出行刑。昨刑科初覆奏本未發，仍望批一是字，少待三覆本內方批，處決不過遲數日之期，可以存百年之典。五年，東陽等又因風霾上言：頃以久旱，風霾兩降綸音，連坐者釋放，枷號者饒免，盜犯再審，徒流減等，中外傳播，歡聲動地，幸覩聖心開悟。輒有一二干瀆，如王府逃校，窩主鄰佑連累者，亦乞釋放。傾使假銀，僞造印信，舉放私債，乞照本律問罪，餘皆放免。充軍正犯已故無子，婦人一應家屬乞免遣。死罪重訴三次者，乞免加罪。婦人無夫者，乞免配邊軍。凡犯罪家産，除重罪外，乞免没官。法司、錦衣衛見監罪囚，乞照熱審事例奏奪。南京見監輕重罪犯，乞照在京恩例。文武官罰米，實係家貧者，乞再限三月，仍免加倍上納。各處獲盜，數多不無冤抑，乞令研審，務見贓仗、失主，勿使妄拿，希圖升職免罪。再正德年間，《問罪條例》近給事中屈銓奏准頒行。乞令法司議定上裁。帝曰：卿等所言，有裨治道，當悉行之。按：東陽等條奏，内惟已故軍犯無子，免遣婦人，及一應家屬等四條准行。具《刑制篇》。餘皆未從。十三年九月，刑部斷囚，有子糾他人刼其父及弟，刼其兄者，循舊例以同居卑幼，將引他人爲盜，及私擅用財擬罪、止杖、徒。大理寺劉玉因奏：律以弼教，此係人倫之變，即使律文未載，亦當權輕重以正法，援比附以上請。如前擬，是置倫理於不論，盜賊日肆，而莫禁矣。於是，改擬重刑。仍著爲令。具《刑制篇》。是年十月，帝如宣府大學士楊廷和等言：祖制，行刑之日，許各犯家屬訴冤於登聞鼓下，直鼓給事中封進，或暫停刑者，特遣校尉批予留之。今冬至將近，又當處決之時。該科三覆奏本，送下擬票，臨刑之時，有鳴鼓訴冤狀應與辦理者，何以遽得明旨？伏望振旅還京，凡此重務，悉遵舊制而行，疏入不報。十四年，御史李節義条奏：指揮時鐸逼拷平人爲盜，見監王天祐等審釋，閆隆等五人瘐死，坐以徒罪，復職。刑科給事中張漢卿因奏言：情重律輕，於法似爲寬縱，并乞榜示中外，凡撫按懲治，務將呈詳。候審之囚，不分已未結正，通行開報。已死者，亦須查勘有無冤抑，及病死根因。若情有偏枉，故入至死如時鐸者，照例重治。疏入不報。世宗嘉靖元年，給事中劉濟等，以姦黨廖鵬父子及王欽、陶杰等，頗有内援，懼帝意不決，乃言：往歲三覆奏畢，待駕帖則已日午，登聞鼓下，仍受訴詞得報，且及未申時，再請行刑，時已過酉，大非刑人於市與衆棄之之意。請自今決囚，在未前畢事。從之。按：《明實録》嘉靖二年，御史陳逅言：慎刑之道，在初審不在臨刑。正統年間，有批予留人事例，以至富囚多圖僥倖，賫緣請託，萬一姦黨乘藉昏黑，意外求生，雖罪監臨，亦損國威。請今後決囚，前期一日該科覆奏畢，即給駕帖，取囚赴市，限未刻前畢事。如有鳴鼓訴冤，許覆奏前封進，奏後毋得輒受，違者坐罪。此奏與劉濟畧同。所謂姦黨，蓋仍指廖鵬輩。而是年鵬等復以内援緩刑。給事中陳時明、御史謝汝儀與濟等先後疏争，俱不報。二年，刑科給事中劉濟言：國家置三法司，專理刑獄，或主鞫問，或主評審，權臣不得以恩怨爲出入，天子不得以喜怒爲重輕。其後又有錦衣衛鎮撫司，專理詔獄，法久漸弊，而三司幾於虚設。陛下升潛，盡革舊弊，而邇來漸爲私移，大乖初意。如劉最之私討應付、黄國用之私出紙牌，顔如環之私用違禁包袱，俱係小失而緝，執于宦寺之門，鍛鍊於武夫之手，裁決於内降之旨。若李洪、陳宣罪至殺人，降級而已，以最等視之。奚啻天淵而顧一律罪之，其何以示天下？得旨奪俸一月。三年七月，廷杖羣臣争大禮者。四年秋，林俊疏：論曰：古者，撻人於朝與衆辱之而已，非必欲爛其體膚而致之死也，亦非所以待士大夫也。成化時，臣及見廷撻三五臣，容厚綿底衣以重氊疊褁，猶床褥數月，淤血始消。正德時，逆瑾用事，始啟去衣之端，重非國體所宜，釀有末年諫止南巡撻死之慘，幸遇新詔收卹，士氣始回。不謂又偶有此臣，又見成化、弘治間詔獄諸旨。惟叛逆、妖言、强盜好生打著問，喇唬殺人打著問，其餘常犯送錦衣衛鎮撫司問，鎮撫奏送法司擬罪，中間情重，始有來説之旨，部寺覆奏，始有降調之旨。今一概打問，無復低昂，恐舊典失查，非祖宗仁厚之意。是年九月，御史吴廷舉言：應天諸府，税糧逋負過多，請申明律例，通行遵守。於是法司議徵收限期。律有明條，條例不過推廣律意，因事立法耳。如違限一年，律稱遷徙。今以故法不行，則有比流減半，准徒二年之例。又恐准徒無以懲惡，則有無故不納秋糧，發附近邊衛充軍之例。如官吏受財律，以枉法論，今以枉法准徒五年，不足以禁贓汚，則有滿貫充軍之例。律稱提調管糧官處絞，今概擬絞則太重，准徒則非制，故又分職守等第，定爲住俸、降級之例。大抵法在必行，刑不輕用，諸挾勢奸弊，宜如所請行之。然東南災傷民困，宜及時徵催，勿致臨期酷逼，違法科歛者，罪之如律例。從之。六年，給事中周瑯言，律令所載，凡逮繫囚犯老病必散收，輕重以類分枷杻，薦席必以時飭，涼漿、暖匣必以時備。無家者給之衣服，有疾者予之醫藥，淹禁有科，疏決有詔，此祖宗良法美意，宜勅臣下同爲奉行。凡逮繫日月并已竟、未竟死亡者，各載文册申報長吏，較其結竟之遲速，病故之多寡，以爲功罪而黜陟之。帝深然其言，且命中外，有用法深刻致戕民命者，即斥爲民。雖才守可觀，不得推薦。是年，侍郎張璁等議覆桂萼所奏，謂：祖宗設立刑部、都察院、大理寺，謂之法司，所以糾官邪，平獄訟也。設立東廠及錦衣衛，所以緝盜賊、詰奸宄也。夫職業之廢，謂之曠官，職掌之奪，謂之侵官。今後凡貪官、寃獄仍責法司，其有徇情曲法，乃聽廠衛覺察。盜賊奸宄，仍責廠衛，必送法司擬罪。詔如議行。七年，給事中蔡經言：國家內設法司，外設撫按、按察等官，皆爲陛下奉三尺法者。故內外有犯，責之推鞫；在諸臣者，亦足以辨之矣。今陛下時差官校，逮察，此屬假勢作威，淫刑黷貨，譬則虎狼蛇虺，咸被毒噬，願自今罷勿遣。刑部尚書胡世寧請從其議，帝納之。是年，詹事霍韜上疏曰：天下軍衛一體也。錦衣衛獨稱親軍，備禁近也。錦衣復掌刑獄，不亦甚乎？天下刑獄付三法司足矣。錦衣衛復横攬之，越介胄之職，侵刀筆之權，不亦甚乎？光武崇高節，名節之士滿東都以扶漢鼎。宋祖敦廉恥，刑罰不加衣冠，忠義之徒争死没世。今江西事變死者四人，足驗今之喪廉恥蔑節義者衆也。顧不係所養乎？夫士大夫有罪下之刑曹，辱矣。顧使官校當衆執之，脱衣冠以就鎖梏，屈體貌以聽武夫，朝列清班，暮幽犴狴，剛氣由此澌滅盡矣。使有重罪或廢、或誅，可也，乃解下拘攣，便披冕服，而武夫悍卒指之曰：某也，吾得辱之矣。小人無所忌憚，君子遂致易行。豪傑所以多山林之思，變故所以鮮節概之也士也。是年，吏部尚書桂萼言：捕盜之官，有司多羅織平民。軍職多妄報首級並宜究治。自後凡以妄殺報功者，依故殺抵罪。且內外贓官所以累經罷黜而不畏者，以所犯贓非枉法，雖盈千百貫而罪止罰作也。宜更爲令下所司議行。是年，巡撫王應鵬言：正德間新增《問刑條例》四十四欵，深中情法，宜會官編入。不從。惟詔僞造印信及竊盜三犯者，不得用可矜例。刑部尚書胡世寧又請編斷獄新例，命止依律文及弘治條例行，不必編集。八年，刑部覆詹事霍韜疏言：官以贓敗，及故禁、故勘平人致死者，律當斬絞。後人惡其厲已於贓罪得贖，刑而致人死者置之不問，以致贓暴之吏得肆。帝是其言，詔：今後官吏犯枉法贓、酷刑致死人命，及故禁、故勘者，論如律。是年，尚書許瓚言：《大明律》內一欵：凡竊盜已行，但得財者，以一主爲重，併贓論罪。又凡恐嚇取人財物，及詐欺、誆賺局騙人財物，但計贓準竊盜論。又監臨主守常人盜，倉庫錢糧俱併贓論罪。又知強盜後分贓，計所分贓準竊盜爲從論。夫併贓者，謂合衆賊，通算論罪計贓者，謂止計各人入己之贓論罪。準者謂與真犯有間，律文之權衡非不明也。乃司法者多不諳律意，顛乖輕重。或應計贓者，論以併贓，又不以一主爲重。是準竊盜論，反重於真犯數倍，安得謂之有間，是幾於濫矣。又如，知監守、常人盜倉庫後分贓者，緣無主律止坐不應罪名。夫竊盜，罪止杖徒，分其贓猶以盜論。盜倉庫、錢糧，重者抵死，分其贓顧反從輕科，此幾於縱矣。今宜申明律旨，計贓者止計入己之贓，論併贓者，須從一主爲論。知監守、常人盜倉庫，分贓者當以知盜後分贓律坐之。庶輕重適中，不失制律本意。帝令法司參詳律例議聞。是年，刑部議：如親屬費用收寄財物，不過因其所無而偶用之，其情本輕，至於相盜，則利其所有，而侵盜之，其情本重，今情之重者，雖無服得減。凡盜一等，而情之輕者，即有服反概擬於凡人之律。人情律意胥失其平，請以親屬費用受寄者，止擬不應杖罪。附入《會典》。帝命再議。是年，御史朱廷聲言：條例所稱喇唬名色，除平素兇惡之人，犯該前罪照例開發，其餘鬬争等項，常事悉依本律斷擬，不許妄引前例，濫及無辜，得旨允行。九年，三法司議律書所載盜賊二十八條，有得財、不得財之辨，殺人者二十條，有成傷輕重、保辜限期之分，犯姦者十條，犯盜法者十二條，有捕獲、見發之别。事例臚分至爲明晰，而刑曹不察，往往苟且成獄，當責其如例詳鞫，舉得其實，然後坐之。十一年，刑部議覆兵部尚書汪鋐應詔言：刑獄之當恤者有五：問官明知寃抑而習於因循，狃於成案，阻於嫌疑，溺於私意，竟不爲白，一也；罪犯稱寃不服法，當調問不已，至於再三，而竟執原詞，牢不可破，二也；獄具移付廷評，或招詞不得其情而駁，或以罪不合律而駁，駁之愈煩而執之愈固，以致禁囚彌年，三也；原問既當而廷評較論，隻字之間往復無已，囚無出期，四也；法司偷惰不自理獄，輒付兵馬勘報，顛倒出入，五也；宜申飭省改。從之。是年，刑科給事中王瑄等言：頃者審録重囚，原案未讀，因詞未終，輒已引去，而當筆者手不停披，且百五十餘人，造次而畢，殊非慎獄之意。乞自今廷審，稍展其期，令原問衙門，各以獄詞朗然宣示，使多官雜議，務服其心，如有疑似，亟與分辯。帝從之，特命會審諸臣盡心詳慎。是年，刑部尚書王時中疏言：近來官司泥執成案，偏護已私，應減死者，或陰斃於法；應更訊者，或禁繫以終歲。宜令各按臣禁戢有枉法殺人，必窮治其罪。又在外司理之臣，以刻核爲威，明多縱刑，煅煉深文故入。宜自今申飭，凡罪無正條而犯不應死者，不得比附致死，違者条治。帝從其議。十五年，有以手足毆人傷重，延至辜限外死者，刑部議鬭毆殺人論絞。大理寺執嘉靖四年例謂：當以毆傷論笞。部臣言：律定辜限，而《問刑條例》又謂鬭毆殺人情實，事實者，雖延致限外，仍擬死罪。奏請定奪。臣部擬上每奉宸斷，多發充軍。盖雖不執前科，亦僅末減之耳。毆傷情實至限外死，即以笞斷，是乃僥倖兇人也。且如以兇器傷人，雖平復，例亦充軍，豈有實毆人致死偶死限外，遂不當一兇器傷人之罪乎？矧四年例已報罷，請諭中外，仍如條例。便詔如部議。二十年，當五年差官審録之期，刑科給事中龍遂乞勅，所司移文，所遣官凡一應重囚，務虛心研審，必得情真，有可辨理，釋放發遣審豁者，皆速與施行。若果有寃枉，而初爲審辨官所辨出者，原勘原問官仍置不論，如所辨官明知寃抑，故不與辨，或忌原問而誣入，後爲他官所辨出，原問、經審官皆宜追論。若本無寃枉而徇私曲縱者，亦宜重譴。從之。二十二年，有僞造察院文書畫押，刑部依盗用印信律仗而流之，大理寺以律情不合駁之。詔法司會議，尚書聞淵等因事按律議列四疑：一，文書以印爲重，押字次之，今後盗用印信即無押字，俱坐以前律。若止犯押字，不必概用前律。一，律詐爲各衙門文書條下，在內不及通政司、大理寺，在外不及鹽運司，今後有詐爲三衙門文書，仍同其餘衙門科斷。一，六部各司軍衛、各所律所不載，今後有詐爲前項衙門文書，套畫押字、盗用印信，及空紙用印者，亦當以其餘衙門律罪之。一，凡衙門漸次添設，及因事特遣者，原無刻定印章，故臨時請給關防，今後如有詐爲關防，俱比各衙門印信擬罪。凡盗用、棄毁、僞造，悉與同科。詔從之。二十六年，給事中查秉彝言：律科罰二十兩以上者，送部降用，非專爲守令言也。今有罪贖至百兩以上者，有無故勸民出粟者，甚至有給散人家産者，又有從輕發落，重拆工價者，宜明律令慎罰贖以懲贓濫。詔從之。二十八年，帝以有司妄引條例故入人罪，命會官備查各年問刑事例，定議以請。於是，刑部尚書喻茂堅言：自弘治間定例，垂五十年。乞勅臣等會同三法司申明《問刑條例》及嘉靖元年後欽定事例，永爲遵守。弘治十三年以後，嘉靖元年以前事例，雖奉詔革除，顧有因事條陳，擬議精當可採者，亦宜詳檢。會茂堅去官，詔尚書顧應祥等定議進呈，刊布增至二百四十九條。詔有任情妄引者，重治。二十九年，給事中俞鸞言：比者邊事孔棘，軍伍空虛，與其投生人於必死之地，不若少寬其法，因而用之。夫今之充軍罪犯條，附近之外，不過曰邊衛、曰邊遠、曰極邊而已，南北地理不過曰本省、隔省、再隔省而已，以罪之輕重，權地之遠近。邊衛可以本省擬配，邊遠可以隔省擬配，極邊可以再隔省擬配。如內省無邊方者，可以隔省附近邊方擬配，邊衛其邊遠、極邊，亦可依類遞配。庶解者易至，逃者易勾，而有司亦便於遵守。部覆從之。按：嘉靖初，更定罪人充軍之制，南人發南，北人發北，遠不過三千里。其情重者，發極邊。既而，有司奉行不善，遠軍不習水土，逃、死過半，其押解人亦有坐累以死者。鸞爲此奏，固通知時務之言也。三十七年，刑部尚書鄭曉等言：故事在京官民詞訟俱赴通政司，告送法司問斷各衙門。有應問者，參送法司，不得自決。比來事權不一，諸司各自受詞，不復參送。甚有私抵贖以爲利者，且其間拘禁、箠楚，或妄以意見出入，顛倒法令。臣竊憫之，請申明會典條例，令各衙門通行遵守。庶政體歸一，所罰亦不至乾没。疏入得旨，自今詞訟一照舊例，各衙門不得干預。按：《嘉靖實録》時南京上元縣，有越獄之變，南京尚書馮岳亦言：近來五城、兩縣繫獄甚多，皆因各衙門濫受詞訟，不送法司讞決故。淹禁日久，至於生變。請盡録繫囚，隨輕重決遣之，而嚴有司侵官亂法之禁。曉因覆其奏以請，報可。又按：《明史·刑法志》時順天巡按鄭存仁檄州縣。凡法司有所追取，不得輒發。曉考故事，因言：刑部追取人，州縣不得却。存仁違制，宜罪。存仁亦執自下而上之律，論曉欺罔。乃命在外者屬有司，在京者屬刑部。然自曉去後，民間詞訟，五城御史輒受之，不復遵舊制云。是年，禮科給事中李得春議：罪因係奉旨貰減者，吏不得復坐以他事酷刑，久繫獄情真者，不許浮亂奏辯，開倖免之門。死獄重囚非正官不得問理，如有轉委佐貳，或以賄成，或以勢奪，以故出入人罪論。極刑自斃於獄，與矜疑瘐死者，均之失刑。今後有經奏請無枉，故延不決，及情可矜疑不爲伸理者，各宜罪之。詔如議行。三十九年，給事中侯廷柱奏言：一，南京刑部各司官，有擅受民詞不由通政司及各衙門參送者，有獄成徑自發遣，不關白本堂者，又有已經大理寺評允，而改變情節者，夫兩京一體，三尺法當與共之。請嚴禁。一，斷獄慎於初情，屍傷憑之檢驗。近者，專委之各城兵馬，以致吏書、仵作相比爲奸，宜令覆覈。一，聽斷宜速，今一人繫獄，動至破家，在歇家有保領之例，在守門有門禁之擾，在皂卒有杖頭之錢，在庫役有掌櫃之號。此其弊端，皆由於聽斷不速，宜懲。一，戒百詔皆允行。四十四年，刑科給事中沈寅奏言：一，詳慎審録之典，每歲霜降，會官朝審，造次而畢。今後宜令一一唱名讀招，參情覆案得其情真，有詞及可矜、可疑之實，宣示所批，方行引去。一，申議恤刑之差，部臣奉詔慮囚，有所平反而有司故爲阻撓，皆由事權太輕，或不得其人故耳。自今宜慎揀而專任之，非復命不得升遷。地方官有不用命者，聽其糸奏。詔從之。穆宗隆慶元年八月，南京刑、工二部以徒犯錢金等援恩詔乞赦，各持論不合，移刑部議。刑部侍郎樊深等議曰：臣謹按：令凡徒犯已至配所者，例不許放還。祇因市板訛謬，流傳不一，故工部執以爲可許，刑部執以爲不可許。以法言之，則刑部當是無可疑者。第徒、流、著役之人，雖律令俱稱不宥，然恩詔云：已發覺未發覺，已結正未結正者，罪無大小，咸赦除之。徒、流、著配之人，獨非已結正者乎？遵行明詔而又膠柱乎？律令奉揚殊典而又掣肘，於常法宜乎？其執滯不通也，况上稽洪武，近及嘉靖年間，赦書往往於此輩有開釋者，亦未聞謂其與律令背馳。且徒、流之罪，例許折贖，此輩獨以無力，故就胥靡，今僞印發塚諸死罪不應折贖者，既蒙寬宥而此輩獨以已至配所，反不得一沾殊恩，恐非所以昭平允。疏上，詔徒流人已至配所者，特許放還。三年三月，大理寺左少卿王諍言：今問刑官每違背律例，獨任意見，或曰難以照常發落，或曰合此某事擬罪自創一例，略無顧忌。臣請以近事一二證之。一，律文所謂凡奉制書有所施行而違者，杖一百，本指制誥而言，今則操軍違限，守衛官軍不入直，開場賭博概用此律，臣嘗駁之，則執稱律例皆制書也。然則律例皆不必用，獨用制書有違一句足矣。一，律文犯姦條下所謂買休、賣休和娶人妻者，本指用財買求其夫，使之休賣其妻，而因以娶之者言也。故律應離異、歸宗財禮入官，至若夫婦不合者，律應離異，婦人犯姦者，律應嫁賣，則後夫憑媒用財娶以爲妻者，原非姦情，律所不禁矣。今則概引買休賣休和娶之律，悉令離異，財禮入官。臣嘗駁之，則又執稱買休賣休和娶人妻，原不係姦情，然則律何爲載於犯姦條下也。一，律文所謂不應得爲而爲者，笞四十，重者杖八十。蓋爲律文該載不盡者，方用此律也。若所犯明有正條，自當依本條科斷。今人所犯有手足毆人成傷者，應笞三十，以他物成傷者，應笞四十。此其罪名之當得者也。今之議罪則曰：某除毆人成傷，輕罪不坐，外合依不應得爲而爲之事理，重者律杖八十。夫既除毆人輕罪不坐，則無罪可坐矣。而又坐以不應得爲，臣不知其所謂不應得爲者，何事也？人命至重，憲典昭然，恐不宜附會偏執如此。奏上令刑部、都察院公議以聞。按：《穆宗實録》先是諍與刑部尚書毛愷，屢以議獄不合，故疏中及之。愷不能平，執奏，部擬皆是。又謂：買休、賣休，乃本夫賣無之妻，爲義絶。本婦從嫁賣之命，爲失節。買休人娶有夫之婦，爲苟婚，故彼此俱罪，本婦歸宗也。若犯姦，自有正律，不當傅此。京操班軍違限，乃題准事例，非制書有違，而何事變無窮？律文有限，則有不應得爲而爲之律，蓋成法也，事有情重，律輕者則難以照常發落；罪有律無正條者，則比附律條，奏請亦成法也。而曰：自創一例，畧無顧忌，何耶？於是議久不決。寮院左都御史王廷、刑科左給事中陳行健等，皆以諍議爲是，帝乃令更議買休賣休律，而戒愷等今後問擬評駁，務協心詳審以副朝廷欽恤之意。十二月，刑科都給事中舒化等言：近者，以部院政事屬廠衛嚴訪，百官惴惴莫知所措。夫祖宗設敞衛以捕盜賊、防姦細，非以察百官也。駕馭百官乃天子之權，而奏核諸司責在臺諫，廠衛不得與，是以各司其事，政無牽制。今以暗訪之權歸諸廠衛，萬一人非正直，事出寃誣，由此以開羅織之門，神陷穽之術，網及忠良，殃貽善類，是非顛倒，陛下將安從乎？且陛下既委之廠衛，廠衛必託之番校，此輩貪殘，何所不至？人心憂危，衆目睚眦，非盛世所宜有也。幸追寢成命，以一政體安人心。御史劉思賢等亦以爲言，帝俱付所司知之。四年七月，刑部尚書葛守禮等言：我國家稽古制律，例爲五刑，笞、杖、徒、流各有等則，即罪大惡極，衆所共棄者，猶問以刑部，評以大理，朝審以多官，及至臨刑又三覆五奏，若不得已而後加刑焉，其重民命如此。陛下登極之初，大布恩赦，與民更生，以至停刑有旨，熱審有貸，其所以憫念黎元者甚厚。而在外有司，無以奉承休德，凡有訊鞫，不論輕重動用酷刑，有問一事未竟而已斃一、二命，到任甫期年而拷死數十人者，輕視人命有若草菅。如汾州知州齊宗堯三年致死五十人，榮河知縣吴朝一年致死十七人，甚可駭也。請行各處撫按官戒諭有司，如有仍前慘刻用刑者，照例降級爲民，有故勘、故禁、故入平人致死者，依律抵死，容隱者，事發并治。且律條具在，義例昭然，而各官素未講讀，既不知以律自治，又安能以律治人？宜依講讀律令條勅，下監司以實舉行，未仕如辦事進士，各衙門堂官督令熟讀、講解，仍不時考校，務使通曉。舉人、監生，待選於吏部者，每遇考選，摘取律文數條令其覆誦、解釋，以定銓選次第。帝是其言，令行撫按官嚴加體訪，有仍前酷刑者，劾治之。如或姑息容隱，聽法司該科一併糸奏。五年二月，工部以薊州遵化縣雜造局炒鐵囚徒在廠者百六十餘人，既耗囚糧而瘐死相望，議欲如正德間例，歲以百人爲率，滿則暫止配發。刑部言：在京贖例，以工役爲至輕，以炒鐵爲至重。今以百名爲率，則外此雖情重者，無所懲矣。按律有做工、擺站、瞭哨、發充、儀從、煎鹽、炒鐵各條例，自今請斟酌併行。情輕者，仍擬工役，情重者，自炒鹽百名之外，屬軍衛則發沿邊、墩臺、瞭哨，屬有司則發衝要擺站，庶令不至輕縱而姦惡如警。詔從其議。十月，總理河道右副都御史潘季馴言：徐邳每歲河決之，由河流衝射居十之四，而居民盜決居十之六，皆以法輕易犯故也。請著令自徐邳上下爲河流所經行處，凡有貪水利、避水患，盜決、故決河防者，一如山東、河南例，俱發充軍，仍增入條例中。刑部覆從其議。按：《穆宗實録》，先是《問刑條例》有盜決、故決河防之律，在河南、山東者，俱問發充軍，而南直隸徐邳一帶，罪止徒配，故季馴上此議。六年正月，刑科都給事中胡槓等言：律文矜疑二字，雖並言至於求情定罪，則二字難於並用。蓋所謂矜者，如或發於情之所不容已，或出於勢之不得不然，或迫於相激，或陷於無知，一旦至抵罪，此其情有可矜也。所謂疑者，或曖昧不明，或始終互異，貼律則不協，比例則未合，擬以罪名，終難歸結此其罪之有可疑也。二字文雖聯絡而其意義甚不相蒙。今各省恤刑章奏類，云情可矜疑，概用無別，殊失律義。請令刑部申飭諸臣，參酌律令，剖析情罪，如有可矜者則曰情實可矜，如有可疑者則曰罪實可疑。如將矜、疑並用，必曰情罪實可矜疑，庶於律義爲不失，而獄情亦允當。刑部覆奏，從之。刑科給事中朱南雍言：傷和致災，無如冤獄，無罪濫及，固冤也。有罪幸免而俾被殺者，銜冤亦冤也。是在有司與恤刑者，慎之耳。今有官類以嚴酷爲風，力遂使無辜遭戮，恤刑官每以多出爲稱職，反使大憝漏網，是皆足以上干天和，致生災沴。自今宜申飭有司官，慎重刑名，毋輒輕入；恤刑官詳審獄情，毋得輕出，庶生死無憾。刑部覆奏，報可。神宗萬歷二年九月，刑科給事中鄭岳言：律有決不待時，秋後處決二欵。如有拏獲嚮馬及大夥强盜百人以上，干係城池、衙門，贓證明白即時奏請審決，不必概候決單。從之。七年十月，總督兩廣侍郎劉堯誨上言：邇來盜賊繁興，皆繇官箴不飭，上下相傚，賄賂公行。查問刑條例，凡衛所職官賣放正軍，包攬月糧至二十石以上者，罷職、發邊衛守禦。凡沿邊地方總副、糸遊、守備、都司、衛守官員，但有科斂及扣減入己，贓私至二百兩以上者，發邊衛永遠充軍；四百兩以上者，斬首示衆。宜一體通行。沿海地方，以後總糸等官有犯此贓數者，俱照例究處。兵部覆奏，允其議。十五年十月，都察院左都御史吴時來等，申明律例六條：一，律稱庶人之家不許存養奴婢，盖謂功臣之家，方給賞奴婢，庶民當自服勤勞，故不得存養，有犯者，皆稱雇工人。初未言及搢紳之家也，且雇工人多有不同，擬罪自當有間。至若搢紳之家，固不得上比功臣，亦不可下同黎庶，存養家人勢所不免，合令法司酌議，無論官民之家，有立券用直工作有年限者，皆以雇工人論，有受直微少工作，止計月日者，仍以凡人論。若財買十五以下，恩養已久，十六以上配有室家者，照例同子孫論；或恩養未久，不曾配合者，在庶人之家仍以雇工人論，在搢紳之家比照奴婢律論。一，律稱僞造諸衙門印信者斬，惟銅鐵私鑄者，是已若削木、磨石、團泥、鎔蠟等項，描畫印文，用刀雕刻其篆文，雖印其形，質非印也，不可以謂之僞造。故例又起描模充軍之條，以後僞造印信人犯，必須獲有銅鐵印信，方坐以斬。其木石、泥蠟，止引描摸之例。若再犯擬斬，其行使止一次而贓不滿徒者，准竊盜論。如再犯引例，三犯引律，如此則姦僞懲而用刑適中矣。一，律稱竊盜三犯者，絞。以曾經刺字爲坐，但贓有多寡，即擬有輕重。《問刑條例》內載英宗皇帝旨：今後竊盜初犯、再犯，赦後又犯者，準三犯論。還將所犯赦前、赦後，開奏明白定奪。請以後凡遇竊盜三犯，俱在赦前、俱在赦後者，依律論絞；或赦前一次，赦後二次；或赦前二次，赦後一次者，皆得酌情擬斷。奏請定奪。審録官附入矜疑辨問疏內，并與改遣。一，強盜明火執仗肆行劫殺，創首者在前，接踵者在後，按贓擬辟，决不待時。但就擒論罪之時，有人贓并獲者，有獲後得贓者，有贓費無存者，其中豈無羅織仇攀、妄收抵罪者？以後務加意參詳，贓跡未確，續緝報攀名姓未真者，不得遽戮，仍行問刑衙門。或贓證未明，遽難懸斷者，俱問擬秋後斬罪。一，律稱：同謀共毆人，以致命傷重下手者，論絞。原謀餘人各得其罪，其有兩三人共毆一人，各成重傷，難定下手及係造謀主令之人，遇有在監斃者，即以論抵。今恤刑官遇有在家病故，且在數年之後，即云某人之死亦可抵某人之命，將見監下手之人，擬從矜宥。是以病亡之軀而抵毆死之命，殊屬縱濫。以後毋得準抵。將見監者倖免，庶生與死兩無憾也。一，在京惡逆與强盗真犯，雖遇停刑之年，亦不時處決。乃兇惡至於殺父，即時凌遲，猶有餘憾。而在外此類，反得遷延歲月，是謂失刑。臣看福建有揭羅生兄弟謀殺其父，發道送寺，擬可單奏，迨查之故，事當待類奏，無單奏例。夫單奏，急詞也。類奏，緩詞也。如此獄在外數年，方轉詳到院道寺，羈遲輒復年餘，使其在獄尚可正刑典。如或瘐死，將何以快神人之憤哉！請今後在外凡有此者，御史單詳到院寺單奏，決單一到即時處決。其已死者，下府州縣戮其屍，庶典刑以正，而可以懼天下之賊子矣。旨下部寺酌議，俱從之。惟僞造印文者，不問何物成造，皆斬。報可。十九年八月，刑部尚書孫丕揚等言：折獄欲速，而待拆之民常苦於遲，由文移牽制故耳。議：斷案既成，部寺各立長單，本部送審挂號，次日即送大理，大理審允挂號，次日即還本部。參差各自究處，庶事體一而風弊消，至於打斷相驗，例會御史。而罪人以速結爲願，獄魂以早出爲安。三六九日照例會同，餘日止會寺官，以速發落徒流。而上部寺審鞫，不厭其詳，笞杖小過，聽即處分，不爲縱也。命如議行。二十一年六月，刑部題，犯法愚民何處不有？而寃民亦何處不有？若非每歲清理，必待五年差官，寃抑難免，合無照兩京矜疑事例歲酌一行。請於巡按每歲審録外，再立澄清囹圄之法，師兩京會審之規，爲按撫會疏之例，方春時和，每歲聽兩直隸、十三省各撫按官，會行所屬問刑衙門，各審部内輕重囚犯，按察司居省會即審省會之囚，守巡道有分土，即審各道之囚，皆親身巡行，不得調審，州縣爲諸囚累，亦不得委審守令。除情真罪當照舊監候外，中有死罪矜疑、軍、徒、杖、笞情可原宥者，許各詳撫按，會疏以請，疏期勿過夏月，輕罪徑自發落，重罪仍聽部覆。務使歲歲力行，處處清審，庶天下郡縣無一不清之囹圄。從之。二十三年十月，浙江道試御史李宗延請改議歲清大畧：謂每歲罪犯内有熱審，外有歲清。熱審會集多官，衆議歛同。歲清只一道臣，似屬率易。且春爲歲清，冬爲處決，中爲審録，上解者三又屬勞擾。乞勑刑部咨行各省直撫按官，罷歲清而比照熱審事例，每五月、六月，流、徒、笞、杖各減二等。應枷號者，暫免二月。其充軍死罪情可矜疑，入官給主贓多監久者，按臣會審明確，未奉單者，徑自發落，已奉單者，差終題豁。則熱審之恩，偏於天下矣。刑部覆請，從之。二十七年閏四月，都察院左都御史温純等疏：請申飭憲綱一恤刑獄。國家設三法司，又使御史巡視五城，爲都城内外民雜訟繁，欲輕重得其平也。然有宜重而得其輕者，如以人命付兵馬司是也。此輩智闇識短，即利啗勢愓，皆可使之輕重其情，宜專遣刑部司屬覆檢，或分委順天府推知鞫訊，此重獄之當議者。又有宜輕而重者，如以笞、杖與重辟同評是也。夫郡縣笞、仗，得自裁決，民甚便之。大司寇秩至隆重，一笞杖而不能自裁，何其輕也？廷尉天下之平，平其重者耳，一笞杖而必經評允，又何其瑣也？臣等以爲笞、杖、徒罪，宜自司呈堂發落，免送寺可也。此輕刑之當議者，宜與刑部、大理寺再議，請旨施行。一，禁酷濫，今後御史出巡先須以身率，下毋得擅用慘刑。凡有司等官有用酷刑殘虐無辜者，查實重条；縱庇者，考察日以不職論。議上留中。

（清）嵇璜等《續通典》卷一一四《刑·決斷》　明太祖洪武元年，民父以誣逮，其子訴於刑部。法司坐以越訴。帝曰：子訴父枉，出於至情，不可罪。有子犯法，父賄求免者，詔諭相類。具《詳讞篇》。五年，楊卓爲廣東行省員外郎，田家婦獨行山中，遇伐木卒欲亂之。婦不從，被殺。官拷同役卒二十人，皆引服。卓曰：卒人衆必善惡異也，可盡抵罪乎？列二十人庭下，熟視久之，指兩人曰：殺人者，汝也。兩卒大驚伏罪。十七年，左都御史詹徽奏：民毆孕婦至死者，律當絞。其子乞代，大理卿鄒俊議曰：子代父死，情可矜。然死婦係二人之命，犯人當二死之條。與其存犯法之人，孰若全無辜之子？詔從俊議。時有告謀反者，勘問不實，刑部言當抵罪。帝以問秦裕伯，對曰：元時若此者，罪止杖一百。蓋以開來告之路也。帝曰：姦徒不抵，善人被誣者多矣。自今告謀反不實者，抵罪。成祖時，葉宗人爲錢塘令，嘗視事有蛇升階，若有所訴。宗人曰：爾有寃乎？吾爲爾理。蛇即出，遣吏尾之，入餅肆爐下，發之得僵屍。蓋肆主殺而瘞之也，遂伏法。宣宗朝，顧佐爲右都御史，臺綱肅然。或告其不理寃訴，帝曰：此必重囚教之。命法司會鞫，果千戶臧清殺無罪三人當死，使人誣佐。帝曰：不誅清則佐法不行，磔清於市。憲宗成化時，華亭縣有民母再醮，生一子。母死，二子争葬，質之官。知縣某判其狀曰：生前再醮，終無戀子之心，死後歸墳，難見先夫之面，令後子收葬。

穆宗隆慶中，張淳爲永康令，有巨盜盧十八剽庫金，十餘年不獲。御史以屬淳，淳刻期三月必得盜。而請御史月下數十檄，及檄累下，淳陽笑曰：盜遁久矣，安從捕？寢不行。吏某婦與十八通，吏頗爲耳目，聞淳言以告十八，十八意自安。淳乃令他役詐告吏負金，繫吏狼獄。密召吏責以通盜死罪。復教之請以婦代繫，而己出營貲以償。十八聞，亟往視婦，因醉而擒之。及報御史，僅兩月耳。久之以治行第一，赴召去永，甫就車，顧其下曰：某盜已來，去此數里，可爲我縛來。如言跡之，盜正濯足於河，繫至。盜服辜。永人駭其事，謂有神告。淳曰：此盜捕之急則遁，今聞吾去乃歸耳，以理卜，何神之有？神宗時，右副都御史王世貞撫治鄖陽，有姦僧僞稱樂平王次子，奉高皇帝御容金牒，行游天下。世貞曰：宗藩不得出城，而譸張如此必僞也。捕訊之，服辜。

（清）嵇璜等《續通典》卷一一四《刑·考訊》　唐代宗大歷四年詔曰：如聞州縣官，比來率恣行麤杖，不依格令，致囚殞斃，深可哀傷。頻有處分，仍聞乖越，今後非灼然蠹害，不得輒加，非理所司，嚴加糾察以聞。德宗貞元六年，南郊順宗即位，制及憲宗元和二年，穆宗長慶四年，制書並同。按《古文淵鑑》，是詔凡兩載：一爲寶應元年，一爲大歷四年，《册府元龜》載爲大歷四年，《大赦常衮集》並同。考肅宗在位止七年，今按詔文云：朕主三靈之重，托羣後之上，夕惕若厲，不敢荒寧。內訪卿士，外咨方岳。日不暇給，八年於茲。代宗於寶應元年即位，中歷廣德二，永秦一，並大歷四年，乃符八年之數。當從後爲正。德宗建中三年，敕諸色貶流人及左降官身死，並許親屬收瘞。其造蠱毒移鄉人不在此限。憲宗元和四年，詔：自後在京諸司應決死囚者，不承正敕，並不在行決之限。如事跡兇險，須速決遣，並特敕處分者，宜令一度覆奏。又敕刑部，大理寺決斷罪囚，過爲淹延，是長姦倖，今後大理寺檢斷，不得過二十日，部覆不得過十日。如刑部覆有異，同寺司重勘，不得過十五日，省司量覆不得過七日。如有牒，外州府節目及於京城內勘本推即日以報，牒到後計日數，被勘司却報不得過五日，仍令刑部具遣牒及報牒月日。牒報都省及分察使，各准敕文勾舉糺訪。穆宗長慶元年，因御史中丞牛僧孺言：立決獄，程限大事，大理寺限三十五日詳斷畢，申刑部限三十日聞奏。中事各減五日，小事各減十日。一狀所犯十人已上，所斷罪二十件已上，爲大；所犯六人已上，所斷罪十件已上，爲中；所犯五人已下，所斷罪十件已上，爲小。其或所抵罪狀，與所結刑名並同者，雖人數甚多，亦同一人之例。違者，罪有差。敬宗即位，制諸州府縣官吏，應行鞭捶本罪不致死者，假以賊情，致令殞斃，宜委御史臺及出身郎官、御史等，切加察訪，具事繇奏聞。文宗太和四年，詔自今有特決囚不令覆奏者，有司亦須准故事覆奏。八年，敕天下州府應犯輕罪人，除情狀巨蠹法所難原者，其他過誤罪愆，及尋常公事違法，並宜准貞觀四年四月十七日制處分，不得鞭背。太宗制具杜佑原書。開成四年，敕御史臺京兆府決囚，差御史監決，臨時引問囚徒，如不稱寃，方許行決。河南府亦准此。諸州應有死囚，仍委長官、差官監決。後唐莊宗同光二年，敕：見禁囚徒，據罪輕重，限十日內決遣申奏。三年，大理寺奏：決死刑請不俟秋分。詔曰：刑以秋分，雖闕惻隱，罪多連累，翻慮淹延，若或十人之中止於一人抵死，豈可以輕附？重禁錮逾時，言念哀矜又難全廢。其諸司囚徒，罪無輕重各宜委本司據罪詳斷，分別處決。具《刑制篇》。明宗天成二年，大理寺奏：凡決極刑合三覆奏，近年全不守此，或蒙赦宥，已被刑誅。乞敕，在京犯極刑者，令決前決日各一覆奏，有𡿨逆犯軍令者，亦許臨時一覆奏。從之。

晉少帝開運三年，左拾遺竇儼奏：近者，外地率肆淫刑，不遵成憲，或以長釘貫篸人手足，或以短刀臠割人肌膚，乃至累朝半生半死，寃聲上達，和氣有傷。乞嚴加禁斷，奉敕宜依。宋太祖建隆三年，詔：強盜持杖但不傷人者，止計贓論罪。獲盜非狀驗明白，未得掠治。其當訊者，先具白長吏，得判乃訊。有司擅掠囚者，論爲私罪。太宗太平興國六年，詔：自今繫囚，如證佐明白而捍拒不伏，合訊掠者，集官屬同問，勿令胥吏拷決。復建三限之制，大事四十日，中事二十日，小事十日。不他逮捕而易決者，毋過三日，須證逮致稽緩者，奏聞。違限，准官書稽程律論。又限大理寺勘決天下案牘，大事二十五日，中事、小事視諸州縣，審刑院詳覆。大事、小事視大理減十日，小事減五日。仁宗天聖中定制，凡上具獄，大理寺詳斷。大事期三十日，中事、小事如淳化制，其不待期滿而斷者，謂之急。按：凡集斷急按法官與議者，並疏姓名，有失則坐之。哲宗時，部寺定制，凡斷獄每二十緡以上爲大事，十緡已上爲中事，不及十緡爲小事。大事以十二日，中事九日，小事四日爲限。若在京八路，大事十日，中事五日，小事三日。臺察及刑部舉劾約法狀並十日，三省樞密院再送各減半，有故量展不得過五日。凡公案期限大事以三十五日，中事二十五日，小事十日。在京八路，大事以三十日，中事半之，小事三之。一臺察及刑部并三十日，每十日斷用七日，議用三日。徽宗政和四年，立聚問審録之限，死囚五日，流罪三日，杖笞一日。孝宗淳熙中詔：徒已上罪人，入禁三月者，提刑司類申刑部置籍立限，以督之。其後又詔：中書置禁，奏取會籍大臣按閱，以察刑寺稽違。理宗端平元年，詔：諸道申奏獄案，凡未斷及已斷未下者，於都司、刑部、大理寺各委官立限，催督稽考。其經由去處，嚴立程限，月申御史臺。按：宋代用刑寬厚，而自哲宗已前，嚴立限程，責覈淹滯，亦頗得明慎不留之意。南渡而降，三尺縱弛，至有十餘年不決之獄。雖屢詔申督，有司抗玩不行，亦寖失祖宗之遺意矣。至道三年，令諸州決死刑有號呼不伏及親屬稱寃者，具以白長吏，再移司推鞫。真宗景德四年，毀諸道官司非法訊囚之具。徽宗政和七年，詔：定制品官犯罪三問不承，乃奏請追攝。若情理重害而拒隱者，方許枷訊。今有司廢法不原輕重，與常人考訊無異，將使人有輕視爵禄之心，可申明條令如故。又詔：宗室犯罪，有司承例奏請不候，三問未承，即加訊問，去衣受杖，傷膚敗體，非所以篤親親也。自今有犯，除涉情理重害，別被處分外，餘止以衆證爲定，仍取伏辯，無得輒加捶拷。若罪至徒已上，方許依條置勘，其合廷訊者，並送大宗正司。重和元年，河北西路提點刑獄虞奕言：州縣虐吏，輒借杖爲溜筒，用鐵鉗項以竹實沙而貫之，非理慘酷。詔悉禁止，犯者以違制論。高宗建炎時，大理寺卿王衣奏請分別伏辯。先是，有司徑戾付寺劾之，至三問取伏狀，被劾者懼對莫敢辯，衣言伏與辯二事也。若一切取伏，是以威迫之不使自直，非法意也。乞三問未承者，聽辯。從之。著令諸獄具，當職官依式檢校，枷以乾木爲之，輕重長短刻識其上，笞杖不得留節目，亦不得釘飾及加筋膠之類，仍用官給火印，州縣獄犴不得輒爲非法之具，違者論如律。紹興十二年，御史臺點檢錢塘、仁和縣獄具，錢塘大杖一多五錢半，仁和枷一多一斤一輕半斤。枷杖輕重定式，具《刑制篇》。詔縣官各降一官。孝宗時，臣僚言：杖笞之制，輕重大小著令具存。凡訊囚合用荊子，一次不得過三十，共不得過二百。此法意也。今州縣不用荊子而用籐條，或用雙荊合而爲一鞭，股箠足至三五百，刑罰寃濫。願戒有司，申嚴行下，凡守令及掌行刑獄官，並依法製杖。具《刑制篇》。又言民命莫重於大辟，聚録之法，官吏聚於一堂，依句宣讀，無得隱瞞，令囚自通，重情以合其欵。按：法意蓋不止於只讀成案而已，當稽參自通，重情以合其欵之文。今獄吏憚於平反，摘紙疾讀，離絶其文，嘈囋其語，故爲不可曉解之音，造次而畢，呼囚書字，茫然引去，指日聽刑，殊輕人命。請敕內外於聚録時，委長吏詳加點驗。具《刑制篇》。又言：在律鞫獄者，皆須依所告狀鞫，若於本狀外別求他罪者，以故入論。比來中外之獄，每於狀外推求牽罣，乞申明禁止。詔皆從之。時二廣州軍畏憲司點儉送勘之苦，重囚多斃於獄。詔提刑司詳覆，公事若小節不完不須追逮，獄吏委本州究實保明，遇有死者，必根究其所以致死。理宗淳祐十一年，詔：戒兩淮都統司主兵者，不許輕用脊棍以傷人命。景定四年，詔：刑部下諸路憲司，所部州縣，不許慘酷箠楚，並毀除非法獄具，違者重置於罰。

遼制：拷訊之具，有粗細杖及鞭烙法。粗杖之數二十，細杖之數三自三十至於六十。鞭烙之數，凡烙三十者，鞭三百；烙五十者，鞭五百。被告諸事應伏而不伏者，以此訊之。聖宗統和十二年，改死囚尸市三日之限，一宿即聽收瘞。時耶律隆運爲北府宰相，奏諸鞫獄官吏多因請託，曲加寬宥，或妄行搒掠，乞加禁止。從之。

金國舊制：杖至百則臀背分受。海陵時以脊近心腹禁止，雖主決奴婢，亦以違制論。大定九年，復舊，尋又罷之。世宗大定十七年，謂宰相曰：比聞大理寺斷獄，雖無疑者，亦經旬月，何耶？參知政事伊喇道曰：在法決死囚，不過七日，徒刑五日，杖罪三日。帝曰：法有程限而輒違之，是官吏弛慢也。詔：自今勿得留滯。章宗承安四年，鑄銅杖式頒行天下。泰和元年，復因尚書省奏杖式輕細，詔：量用大杖。具《刑制篇》。帝復慮枷杖多不如法，平章政事守貞曰：枷杖尺寸有制，提刑兩月一巡察，必不敢違法也。初令諸死囚及除名罪，所委官相去二百里外，並犯徒已下逮及二十人已上者，並令就讞。刑部員外郎完顏綱言：自是制行，如上京最近之地，往還不下三二千里，若北京留守司，則動經數月，愈致稽留，未便。詔復從舊。令委官追取鞫之。

元世祖至元十一年，禁宋鞭背、黥而及非法濫刑。二十八年，頒行新格定制，諸蒙古人居官犯法論罪，既定必擇蒙古官斷之，刑杖亦如之。諸四集賽及諸王駙馬、蒙古、色目之人犯姦、盜、詐僞，從大宗正府治之。諸有司事關蒙古軍者，與管軍官約會，問諸管軍官鄂囉官及鹽運司，打捕鷹坊，軍匠，各投下管領諸色人等，但犯強竊盜賊、僞造寳鈔、畧賣人口、發塚、放火、犯姦及諸死罪，並從有司歸問。其鬭訟、婚田、良賤、錢債、財産、宗從繼絶及科差不公自相告言者，從本管理問。若事關民戶者，從有司約會歸問，並從有司追逮，三約不至者，有司就便歸斷。諸州縣鄰境軍民，相關詞訟，元告就被論官司歸斷，不在約會之例。斷不當理，許赴上司陳訴，罪及元斷官吏。諸僧、道、儒人有爭，有司勿問，止令三家所掌會問。諸哈達大師，止令掌教。念經回回人，應有刑名、戶婚，錢糧詞訟，並從有司問之。諸僧人但犯姦盜、詐僞、致傷人命及諸重罪，有司歸問。其自相爭告，從各寺院住持本管頭目歸問。若僧俗相爭田土，與有司約會，約會不至，有司就便歸問。諸有司非法用刑者，重禁之。已殺之人輒臠割其肉而去者，禁之，違者加以重罪。諸鞫獄不能正其心，和其氣，感之以誠，動之以情，推之以理，輒施以大披挂及王侍郎繩索，並法外慘酷之刑者，悉禁止之。諸鞫問罪囚，除朝省委問大獄外，不得寅夜問事，廉訪司察之。諸處斷重囚，雖叛逆必令臺憲審録，而後斬於市曹。諸內外囚禁，從各路正官及監察御史、廉訪司以時審録，輕者斷遣，重者結案。其有寃滯，就糾察之。諸正蒙古人除犯死罪，監禁依常法，有司毋得拷掠，仍日給飲食，犯真姦盜者，解束帶佩囊，散收餘犯，輕重者以理對證，有司勿執拘之。逃逸者，監收。諸審囚官強愎自用，輒將蒙古人刺字者，杖七十七，除名，將已刺字去之。諸爲盜並從有司歸問，各投下輒擅斷遣者，坐罪。諸奏決天下囚，值上怒勿輒奏，上欲有所誅，必遲回一、二日乃覆奏。諸有司因公依理決罰，邂逅身死者，不坐。諸職官輒以微故乘怒，不取招詞斷決人，邂逅致死又誘苦主焚瘞其屍者，笞五十七，解職別叙記過。諸鞫獄輒以私怨暴怒，去衣鞭背者，禁之。諸鞫問囚徒，重事須加拷訊者，長貳僚佐會議立案，然後行之。違者，重加其罪。諸有司承告被盜，輒將影跡人非理枉勘身死，却獲正賊者，正問官笞五十七，解職。期年後，降先職一等叙。首領官及承吏各笞五十七，罷役不叙，均徵燒埋銀給苦主。諸有司受財故縱正賊，誣執非罪，非法拷訊，連逮妻子銜寃赴獄，事未曉白身已就死，正官杖一百七，除名。佐官八十七，降二等，雜職叙，仍均徵燒埋銀。諸監臨挾讐違法枉斷所監臨職官者，抵罪不叙。諸有司故入人罪，未決及囚自死者，以所入罪減一等論，入人全罪以全罪論。若未決放仍以減等論。諸故出人之罪，應全科者，亦如之。諸失入人罪者，減三等；失出人罪者，減五等。未決放者，又減一等，並記過。諸失出人死罪者，笞五十七，解職。期年後降先品一等叙，記過。正犯人追禁結案，盜賊條載，諸杖罪已下，府州追勘明白，即聽斷決。徒罪，總管府決配，仍申合干上司照驗。流罪已上，須牒廉訪司官審覆，無寃方得結案，依例待報。其徒伴有未獲，追會有不完者，如覆審既定贓驗明白，理無可疑亦聽依上歸結。

明制：法官治囚皆有成法，提人勘事必齎精微，批文京外官五品以上，有犯必奏聞請旨，不得擅勾問罪。在八議者，實封以聞。軍官犯罪，都督府請旨諸司，事涉軍官及呈告軍官不法者，俱密以實封奏，毋得擅勾問。民間獄訟，非通政司轉達於部，刑部不得聽理。凡內外問刑官惟死罪及竊盜重犯，始用拷訊，餘止鞭扑常刑。酷吏輒用挺棍、夾棍、腦箍、烙鐵及一封書、鼠彈箏，攔馬棍、燕兒飛，或灌鼻、釘指、用徑寸嫩杆、不去棱節竹片，或鞭脊背，兩踝致傷已上者，俱奏請罪。至充軍，凡決囚每歲朝審畢，法司以死罪請旨，刑科三覆奏，得旨行刑。在外者奏決單，於冬至前會審決之。京師每歲決囚後，圖諸囚罪狀，於錦衣衛之外垣，令人觀省。停刑之月，自立春已後至春分已前。停刑之日，初一、初八、十四、十五、十八、二十三、二十四、二十八、二十九、三十，凡十日。太祖洪武三年，令臣民有罪，法當死者，三覆五奏，毋輒行刑打斷罪囚。自二十六年已前，刑部令主事廳會御史、五軍斷事司、大理寺、五城兵馬指揮使官。至二十九年，並差錦衣衛官，其後惟主事會御史將笞杖罪，於打斷廳決訖，附卷奉旨者，次日覆命。成祖永樂元年定制，各省死囚百人已上者，差御史審決。十七年令，在外諸司死罪，咸送京師審録，三覆奏然後行刑。英宗正統元年，令重囚三覆奏畢，仍請駕帖付錦衣衛，監刑官領校尉詣法司，取囚赴市。又制，臨決囚有訴寃者，直登聞鼓。給事中取狀封進，仍批校尉手馳赴市曹，暫停刑。禮部尚書胡濙等議，評事尹弼所言：刑部、都察院於調問罪囚，多不詳鞫，苐逼其引伏如原詞，請革其獘，則負枉者得盡其情。帝是其議，因諭法司：囚不伏辯敢抑徇原訊者，必罪無赦。六年，評事馬豫上言：臣奉敕審刑，竊見各處捉獲強盜，多因讐人指攀，拷掠成獄，不待詳報，死傷者甚多。今後宜勿聽妄指，果有贓証，御史、按察司會審，方許論決，若未審録，有傷死者，毋得准例升賞。憲宗成化十一年，定制：凡盜賊贓仗未真中，人命死傷未經勘驗，輒將重刑致死獄中者，審勘有無故失明白，不分軍民，職官俱視酷刑事例爲民。是年，山西巡撫何喬新劾奏遲延獄詞，僉事尚敬劉源因言：凡二司不決斷詞訟者，半年之上，悉宜奏請執問。詔以所奏，通行天下。時六品已下官有罪，巡按御史輒令府官提問。陝西巡撫項忠言：非祖制，甚乖律意。奏請今後當聞於朝命，御史、按察司提問爲是。乃下部議。從之。孝宗弘治三年，申明凡律該決不待時重犯，鞫問明白，曾經大理寺詳允奏奉欽依處決者，各該部院並該科即便覆奏，會官處決，不必監至秋後。十三年，定歲差審決重囚官，俱以霜降後至限期復命。十八年，南刑部奏決不待時者三人，大理寺已審，允下法司議，謂在京重囚，間有決不待時者，審允奏請，至刑科三覆奏，或蒙恩仍監候，會審南京無覆奏例，乞俟秋後審。竟類奏定奪，如有巨憝，難依常例者，更具奏處決，著爲令。詔可。舊例：獄囚已審録應決斷者，限三日；應起發者，限十日；逾限計日以笞。因淹滯至死者，罪徒。嘉靖六年，給事中周琅言：比者獄吏苛刻，罪無輕重，輒加幽縶；案無新故，動引歲時，姦吏悍卒往往倚獄爲市，乞申明舊律。帝嘉納之。具《雜議篇》。七年，定議：重囚有冤，家屬於臨決前一日撾鼓。翼日午前下，過午行刑不覆奏。神宗時，刑部尚書孫丕揚言：打斷相驗，令御史三六九日遵例會同，餘日止會寺官，以速決遣。徒流已上，部寺詳鞫；笞杖小罪，聽堂部處分。具《雜議篇》。命如議行。

（清）嵇璜等《續通典》卷一一九《刑·舞紊》 明初，詔内外風憲官以講讀律令一條，考校有司，其不能曉晰者，罰有差，庶幾人知律意。因循日久，視爲具文，由此姦吏骫法，多任意輕重，以濟其私。至厰衛用事，文致冤濫，殺人尤慘而不麗於法，刑章大壞矣。英宗北狩，兵部尚書于謙始終不主和議，帝雖以是得還，意常銜之。而徐有貞、石亨、張軏，及内侍曹吉祥等，皆素憾謙。景泰八年正月，壬午，英宗復辟，宣諭朝臣畢，即執謙與大學士王文下獄，誣以與黄玹搆邪，議更立東宮。又與太監王誠、舒良、張永、王勤等謀迎立襄王世子，亨等主其議，嗾言官上之，都御史蕭惟禎定讞，坐以謀逆處極刑。文不勝誣辨之疾。謙笑曰：此亨等意耳，辨何益？奏上。帝猶豫，曰：于謙實有功。亨進曰：不殺謙，此舉爲無名。帝意遂決，詔棄謙市，籍其家，家屬戍邊。未幾，帝寵任錦衣指揮僉事逯杲，勢張甚，遣校尉偵事四方，所至急賄，無賄者輒執送鎮撫理刑門達，鍛鍊成獄。逮一人，數大家立破。指揮使李斌嘗搆殺弘農衛千戶陳安，爲安家所訴，下巡按御史邢宥覆讞，石亨屬有薄斌罪，至是，校尉言：斌素藏妖書，謂其弟健當有大位，欲陰結外番爲石亨報讐。杲以聞，下錦衣獄，達坐斌謀反。帝兩命廷臣會訊，畏杲不敢平反。斌兄弟置極刑，坐死者二十八人。及杲死，達踵其所爲，益布旗校四方，告訐者日盛，中外重足立。帝益以爲能。達心害大學士李賢寵，又數規己，嘗譖於帝。及治都指揮袁彬之獄，誣彬受石亨、曹欽賄，用官木爲私第，索内官督工者甎瓦，奪人子女爲妾諸罪名。軍匠楊塤不平，擊登聞鼓爲彬訟冤，語侵達。詔並下達治。乃拷掠塤教以引賢，塤即謬曰：此李學士導我也。達大喜，立奏聞，請法司會鞫塤午門外。帝遣中官裴當監視，達欲執賢並訊，經當沮，乃止及訊塤。曰：吾小人，何由見李學士？此門錦衣教我。達色沮不能言。彬亦歷數達納賄狀，法司畏達不敢聞，坐彬絞輸贖，塤斬。帝命彬贖畢，調南京錦衣，而禁錮塤。孝宗弘治十七年，以張天祥事，逮巡邊御史王獻臣等。天祥者，遼東人，都指揮簽事斌孫也。斌以罪廢，天祥入粟得祖官，有泰寧衛部十餘騎，射傷海西貢使，天祥出摩囉闔掩殺他衛三十八人以歸，指爲射貢使者。巡撫張鼐等奏捷，獻臣疑之，方移牒校勘。會斌婦弟指揮張茂及子欽與天祥有隙，詐爲前屯衛文書呈獻臣，具言刼營事。獻臣即以聞未報。而獻臣被徵，帝命大理丞吴一貫、錦衣指揮楊玉會新按臣余濂勘之，盡得其實。斌等皆論死，天祥斃於獄。天祥叔父洪屢訟冤，帝密令東厰廉其事，還奏所勘皆誣。帝信之，欲盡反前獄，召閣臣劉健等出東厰揭帖示之，命盡逮一貫等。健等言：東厰揭帖不可行於外，既退復争之。帝再召見，責健等。健對曰：獄經法司讞，皆公卿士大夫言足信。帝曰：法司斷獄不當，身且不保，言足信乎？謝遷曰：事當從衆。若一二人言，安可信？健等又言：衆證遠不可悉逮。帝曰：此大獄，逮千人何恤？健等再四争執，見帝聲色厲，終不敢深言東厰非。一貫等既至，帝親御午門鞫之，欲抵一貫死，廷臣力救，乃與濂、獻臣等貶謫有差，茂父子論死，而斌免，洪反得論功。中武宗正德初，劉瑾勢愈熾，毛舉官僚細故，散布校尉遠近偵伺，遣使察覈邊倉。都御史周南、張鼐、馬中錫、湯全、劉憲，布政已下官孫禄、冒政、方矩、華福、金獻民、劉遜、郭緒、張翼，郎中劉繹、王藎等，並以赦前事下獄，追補邊粟，憲至瘐死。又察鹽課，杖巡鹽御史王潤，逮前運使甯舉楊奇等，察内甲字庫，謫尚書王佐以下百七十二人，復創罰米法，嘗忤瑾者，皆擿發輸邊。故尚書雍泰、都御史楊一清、侍郎張縉、給事中趙士賢等數十人悉破家，死者繫其妻子。二年三月，瑾召羣臣跪金水橋南，宣示奸黨。自大學士劉健以下數十人，皆海内號忠直者。是年，夏御道有匿名書，詆瑾所行事。瑾矯旨召百官跪奉天門下，瑾立門左詰責，日暮收五品以下官盡下獄。明日，大學士李東陽申救，乃釋之。而主事何釴、順天推官周臣、進士陸伸已暍死。瑾故急賂，繼以其黨張綵言，舉發御史歐陽雲等十餘人所致賄。乃遣科道十四人，分路盤察。所遣人率阿瑾意，專務摶擊，劾尚書顧佐已下數十人，而給事中安奎、潘希曾，御史趙時中、阮吉、張彧、劉子厲，以無重劾下獄。奎、彧枷且死，東陽疏救，始釋爲民。希曾等亦皆杖斥，又矯旨籍故都御史錢鉞、禮部侍郎黄景、尚書秦鋐家。五年，會審重囚減死者二人，時冤濫滿獄，東陽等因風霾以爲言，特許寬恤。而刑官懼觸瑾怒，所上止此。世宗初，兵部侍郎張璁以議禮積怒廷臣，日謀報復。嘉靖五年，山西巡撫馬録治反賊李福達獄，詞連武定侯郭勛，法司讞如録，如録議，璁讒於帝，謂廷臣以議禮故陷勛。帝果疑諸臣朋比，乃命璁及桂萼、方獻夫署三法司覆讞。盡反其獄，傾諸異己者，大臣顔頤壽已下，咸被搒掠，戍録而坐罪者四十餘人。璁等謂平反有功，請帝編《欽明大獄録》，頒示天下。二十四年，夏言再相，每以氣陵嚴嵩，嵩銜之次骨，會河套議起，言欲倚曾銑以成大功，主之甚力。帝初令擬旨褒銑，未幾入嵩，譖謂套必不可復，遂怒不可解。二十七年正月，削言官，復遣官逮銑，責科道官不言，悉杖於廷。然猶無意殺銑、言也。咸寧侯仇鸞鎮甘肅，時以阻撓爲銑所劾逮問，嵩故雅親鸞，知銑所善。同邑蘇綱者，言繼妻父也。綱與銑、言嘗交關傳語，乃代鸞獄中草疏，誣銑掩敗不奏，尅軍餉鉅萬，遣子淳屬所親蘇綱，賂當途，其言絶無左驗，而帝深入其説，立下淳、綱詔獄，遣官校逮言。言抵通州，聞銑所坐，大驚墮車，曰：吾死矣。再疏訟冤，不省。及銑至，當以交結近侍律斬，妻子流二千里，即日行刑。銑既死，言亦坐斬，而鸞出獄。其後兵部員外郎楊繼盛劾嵩十大罪五奸，中有召問裕景二王語。嵩喜謂：可指此爲罪。密搆於帝，帝怒下繼盛詔獄，杖之百，繫三載。而張經、李天寵獄起，嵩揣帝意，必殺二人，比秋審附繼盛名疏尾，並奏得報，遂棄西市。又錦衣衛經歷沈鍊疏劾嵩十大罪，帝怒，搒之數十，謫佃保安。宣大總督楊順、巡按御史路楷皆嵩黨也，嵩子世蕃屬圖之，許厚報。兩人日夜謀所以中鍊者，會捕得蔚州妖人閻浩等，以白蓮教惑衆，出入漠北，漏洩邊情，詞所連甚廣。遂竄鍊名其中，誣浩等師事鍊，具獄上，嵩父子大喜，覆如其奏，斬鍊宣府市，戍子襄極邊。廕順一子，錦衣千戶順以爲賞薄，恐嵩意未慊，復取鍊子袞褒杖殺之。熹宗天啓元年，再起熊廷弼爲經略，與撫臣王化貞、樞臣張鶴鳴齟齬，旋成大隙。廣寧之失罪，由化貞而以門戶曲殺廷弼。方廷弼之繫獄也，令汪文言賄内廷四萬金祈緩，既而背之。忠賢大恨，適邏者獲市人蔣應暘，謂與廷弼子出入禁獄，陰謀叵測。忠賢愈欲殺廷弼，其黨門克新、郭興治等，希指趣之，遂以五年八月棄市，傳首九邊。忠賢既盡逐吏部尚書趙南星等，左副都御史楊漣劾其二十四大罪，僉都御史左光斗預其謀，忠賢銜次骨，必欲殺二人，既削籍，乃再興汪文言獄。是年，其黨徐大化劾漣、光斗黨同伐異，招權納賄，命逮文言下獄，許顯純嚴鞫之，使引漣等納廷弼賄。文言至死不承，顯純乃自爲獄詞，坐漣、光斗贓各二萬，下詔獄。其年七月，遂於夜中斃之。給事中魏大中、太僕少卿周朝瑞、御史袁化中、陝西副使顧大章、刑部侍郎王之寀，皆以忤忠賢竄名文言獄中，枕籍死於獄。其後如蘇松巡撫周起元，以劾其黨織造中官李實，諭德繆昌期，以送去國，諸臣吏部員外郎周順昌以與魏大中婚，御史周宗建、黄尊素、李應昇，工部郎中萬燝俱以彈擊忠賢及其黨，郭鞏、魏廣微、崔呈秀輩，忠賢矯旨削籍逮問，緹騎四出，琅璫旁午，瘐死囹圄者接踵。自古縉紳之禍莫酷於此。

（清）王先謙《荀子集解・君道》 請問爲國，曰：聞修身，未嘗聞爲國也。君者，儀也，儀正而景正；君者，槃也，槃圓而水圓；君者，盂也，盂方而水方。盧文弨曰：案《帝範》注引君者儀也。下有民者景也句，又君者槃也下有民者水也句，無君者盂也二句。王念孫曰：案《廣韻》君字注所引，與《帝範》注同。既言儀正而景正，則當有民者景也句，既言槃圓而水圓，則當有民者水也句，（吕、錢本竝有民者水也句。）既以槃喻君，則不必更以盂喻。二書所引有民者景也，民者水也，而無君者盂也二句，於義爲長。《藝文類聚·雜器物部》、《太平御覽·器物部二》竝引作君者盤也，民者水也，盤圓則水圓，盤方則水方。君射則臣決。楚莊王好細腰，故朝有餓人。故曰：聞脩身，未嘗聞爲國也。

（宋）黎靖德《朱子語類》卷一〇六《朱子三·外任》　道夫言：察院黄公，鍰，字用和。剛正，人素畏憚。其族有縱惡馬踏人者，公治之急。其人避之惟謹，公則斬其馬足以謝所傷。先生曰：某南康臨罷，有躍馬於市者，踏了一小兒將死。某時在學中，令送軍院，次日以屬知録。晚過廨舍，知録云：早上所喻，已栲治如法。某既而不能無疑，回至軍院，則其人冠屨儼然，初未嘗經栲掠也！遂將吏人并犯者訊。次日，吏人杖脊勒罷，偶一相識云：此是人家子弟，何苦辱之？某曰：人命所係，豈可寬弛！若云子弟得躍馬踏人，則後日將有甚於此者矣。况州郡乃朝廷行法之地，保佑善良，抑挫豪横，乃其職也。縱而不問，其可得耶！後某罷，諸公相餞於白鹿，某爲極口説《西銘》民吾同胞，物吾與也一段。今人爲秀才者，便主張秀才；爲武官者，便主張武官；爲子弟者，便主張子弟；其所陷溺一至於此！賀孫聞之先生云：因出謁回，即使吏杖之譙樓下，方始交割。道夫。人傑録云：因説劉子澄好言家世，曰某在南康時，有一子弟騎馬損人家小兒，某訊而禁之，子澄以爲不然。某因講《西銘》凡天下疲癃殘疾，惸獨鰥寡，吾兄弟顛連而無告者也。君子之爲政，且要主張這一等人，遂痛責之。大概人不可有偏倚處。

（清）陳宏謀《在官法戒録摘鈔》卷一《總論》　王仲宣曰：大凡執法之吏，不闚先王之典，縉紳之儒，不通律令之要。彼刀筆之吏，豈生而察刻哉？起於几案之下，長於官曹之間，無温裕文雅以自潤，雖欲無察刻，弗能得矣。竹帛之儒，豈生而迂緩也？起於講堂之上，遊於鄉校之中，無嚴猛斷割以自裁，雖欲不迂緩，弗能得矣。本集。爲吏者，熟悉律例，可以斷獄決疑，此用其所長也。若用以舞文，或務爲深入，則流毒便不可當。非法之有弊，而心之無良也，可弗戒與。

范蔚宗曰：曾子云：上失其道，民散久矣。如得其情，則哀矜而勿喜。夫不喜於得情則恕心用，恕心用則可寄枉道矣。夫賢人君子斷獄，其必主於此乎？郭躬起自佐史，小大之獄必察焉。原其平刑審斷，庶於勿喜者乎？若乃推己以議物，捨杖以探情，法家之能慶延於世，葢由此也！《後漢書·郭躬傳·論》。獄吏雖微，而其操生殺之權與大吏等，且凡獄之成，皆以初上之獄辭爲據，輕重出入之間，尤不可以不慎也。范史論郭氏之興，而歸本於察獄平刑，哀矜勿喜其，所以示勸者深矣。

（宋）李覯《李覯集》卷二〇《潛書十五篇·十一》　有吏於人上者曰：爾無爲孽，且伏大刑。雖婦人幼子，咸信而懼矣。若曰：多賄予，罪大不問。則天子必降誅，時人將指而唾。

今浮屠之言曰：人死則爲鬼，善有美報，惡有無極苦。其於訓愚，蓋少附於理。若繼之曰：侈我宇，嚴我像，衣食我徒，雖弒君父，亡所恤。而王公大人反朋而和之，何也？

（宋）李覯《李覯集》卷二〇《廣潛書十五篇·六》　嘗學斷獄乎？吾爲子舉其要。坐獄而問之曰：功爾言之，罪爾言之，從而詰之曰：功信矣，而罪如此其大也，尺寸之功不足以贖也。是其人雖欲不服何辭哉？若功不及齒牙，而惟罪是詰，雖滔天，其人將曰：我有功而弗問而專咎。予欲其無辭難矣。

《二程集·河南程氏文集》卷五《上書·爲家君應詔上英宗皇帝書》　所謂安且治者：朝廷有綱紀權持，總攝百職庶務，天下之治，如網之有綱，裘之有領，舉之而有條，委之而不紊也；郡縣之官，得人而職修，惠養有道，朝廷政化宣達于下也；百姓安業，衣食足而有恒心，知孝悌忠信之教，率之易從，勞之不怨，心附於上，固而不可摇也；化行政肅，無姦宄盗賊之患，設有之，不足爲慮，蓋有殲滅之備，而無響應之虞也，民心和而陰陽順，無水旱蟲螟之災，雖有之，不能爲害，蓋倉廩實而府庫充，官用給於上，民食足於下也：武備修而威靈振，蠻夷戎狄無敢不服，雖有之，不足爲憂，蓋甲兵利而儲備豐，將善謀而士素練也。

《皇朝經世文編》卷五《吏政五·考察》顧炎武《懲貪》　漢時贓罪被劾，或死獄中，或道自殺。唐時贓罪，多於朝堂決殺，其特宥者，乃長流嶺南。睿宗太極元年四月制，官典主司枉法贓，一匹已上，並先決一百。而改元及南郊赦文，每曰：大辟罪已下，已發覺，未發覺，已結正，未結正，繫囚見徒，罪無輕重，咸赦除之。官典犯贓，不在此限。然猶有左降遐方，謫官蠻徼者。而盧懷慎重以爲言，謂屈法惠姦，非正本塞源之術，是知亂政同位。商后作其丕刑，貪以敗官。夏書訓之必殺，三代之王，罔不由此道者矣。

宋初郡縣吏，承五季之習，黷貨萬民，故尤嚴貪墨之罪。開寶三年，董元吉守英州，受職七十餘萬。帝以嶺表初平，欲懲掊克之吏，特詔棄市。而南郊大赦，十惡、故殺及官吏受贓者不原。吏言：宋法有可以得循吏者三，而不犯贓其一也。天聖以後，士大夫皆知飭簠簋而萬廉隅，蓋上有以勸之矣。《石林燕語》：熙甯中，蘇子容判審刑院知金州張仲宣坐枉法贓，論當死。故事命官以贓論死，皆貸命杖脊、黥、配海島。子容言：古者刑不上大夫，可殺則殺。仲宣五品官，今杖而黥之，得無辱多士乎？乃詔免黥杖，止流嶺外。自是遂為例，然懲貪之法亦漸以寬矣。于文定愼行謂：明代姑息之政，甚於宋世。敗軍之將，可以不死，贓吏巨萬，僅得罷官，而小小刑名，反有凝脂之密，是輕重胥失之矣。自永樂時，贓吏謫令戍邊。宣德中改爲運納米贖罪，浸至於寬，而不復究前朝之法也。宣德中，都御史劉觀坐受贓數千金，論斬。上曰：刑不上大夫。觀雖不善，朕終不忍加刑。命遣戍遼東。正統初，遂多特旨曲宥。嗚呼！法不立，誅不必，而欲爲吏者之毋貪，不可得也。人主既委其太阿之柄，而其所謂大臣者，皆刀筆筐篋之徒，毛舉細故，以當天下之務，吏治何由而善哉？《北夢瑣言》：後唐明宗尤惡墨吏，隥州留後陶苹，爲內鄉令成歸仁所論，税外科配，貶嵐州司馬。掌書記王惟吉，奪歷任告敕，長流綏州。亳州刺史李鄴，以贓穢賜自盡。汴州倉吏犯贓，內有史彥珣，舊將之子，又是駙馬石敬塘親戚。王建立奏之，希免死。上曰：王法無私，豈可循親！供奉官於延徽，巧事權貴，監倉犯贓，侍衛使張從賓方便救之。上曰：食我厚禄，盗我倉儲，蘇秦復生，説我不得。並戮之。以是在五代中，號爲小康之世。《册府元龜》載：天成四年，蔡州西平縣令李商，爲百姓告陳不公，大理寺斷止贖銅。敕曰：古之立法，意在惜人，況自列聖相承，溥天無事，人皆知禁，刑遂從輕。喪亂以來，廉恥者少，朕一臨寰海，四换星灰，常宣無外之風，每革從前之弊。惟期不濫，皆守無私。李商不務養民，專謀潤己，初開告不公之事件，決彼狀頭；又為奪有主之莊出，撻其本戶。國家給州縣篆印，祇爲行遣公文，而乃將印歷下鄉，從人戶取物。據茲行事，何以官爲？宜奪歷任官，杖殺。讀此敕文，明宗可謂得輕重之權者矣。

《金史》大定十二年，咸平尹石抹阿汲刺，以贓死於獄，上謂其不尸諸市，已爲厚幸。貧窮而爲盗贓，不得已；三品職官，以贓至死，愚亦甚矣。其諸子皆可除名。夫以贓吏而錮及其子，似非惡惡止其身之義，然貪人敗類，其子必無廉清，則世宗之詔亦未爲過。《漢書》言：李固、杜喬，朋心合力，致主文宣。而孝、桓即位之詔有曰：贓吏子孫不得詳舉。豈非漢人已行之事乎？

有庸吏之貪，有才吏之貪，《唐書·牛僧孺傳》：穆宗初，爲御史中丞，宿州刺史李直臣坐贓當死。中貴人爲之申理，帝曰：直臣有才，朕欲貸而用之。僧孺曰：彼不才者，持禄取容耳。天子制法，所以束縛有才者；安禄山、朱泚以才過人，故亂天下。帝是言，乃止。今之貪縱者，大抵皆才吏也，苟使之惕於法，而以正用其才，未必非治世之能臣也。《後漢書》稱：袁安爲河南尹，政號嚴明，然未當以贓罪鞫人，此近日爲寬厚之論者，所持以爲口實。乃余所見，數十年來，姑息之政，至于網解紐弛，皆此言貽之敝矣。嗟乎！范文正有言：一家哭何如一路哭邪？若夫唐《柳氏家法》：居官不奏祥瑞，不度僧道，不貸贓吏法。此今日士大夫居官者之法也。宋包拯戒子孫有犯贓者，不得歸本家，死不得葬大塋。此今日士大夫教子孫者之法也。

紀　事

（晉）杜預注　（唐）孔穎達等正義《春秋左傳正義》卷二四《宣公十三年》　冬，晉人討邲之敗，與清之師，歸罪於先縠而殺之，盡滅其族。君子曰：惡之來也，己則取之。其先縠之謂乎！盡滅其族，爲誅已甚，故曰惡之來也。疏：注盡滅至來也。正義曰：先縠之罪，不合滅族。盡滅其族，爲誅已甚，亦是晉刑大過，是爲大惡。君子既嫌晉刑大過，又尤先縠自招，故曰惡之來也，己自取之。惡之來也，言大惡之事來先縠之家。

《春秋左傳正義》卷二八《成公十六年》　晉侯使郤至獻楚捷于周，與單襄公語，驟稱其伐。伐，功也。疏：晉侯至其伐。正義曰：《周語》稱郤至見召桓公，與之語，召桓公與告單襄公，非郤至自與襄公語也。襄公論郤至將死，荅召桓公語耳，非語諸大夫也。其文與此小異，其意與此大同。《周語》詳而此傳略，先賢或以爲《國語》非丘明所作，爲其或有與傳不同故也。驟稱其伐，謂數數自伐其功，《周語》説郤至自伐之言多矣，其辭不可具載。單子語諸大夫曰：温季其亡乎！温季，郤至。語，魚據反。疏：温季其亡乎。正義曰：《周語》單襄公荅召桓公云：人有言曰兵在頸者，其郤至之謂乎！即具論郤至之失，乃曰：以吾觀之，兵在其頸，不可久也。位於七人之下，佐新軍，位在八。疏：位於七人之下。正義曰：此時欒書將中軍，士燮佐之；郤錡將上軍，荀偃佐之；韓厥將下軍，荀罃佐之；郤犨將新軍，郤至佐之；是位在七人之下。而求掩其上。稱己之伐，掩上功。疏：注稱己至上功。正義曰：《周語》曰：郤至自稱己有大功，欲求晉國之政，召桓公謂之曰：吾子則賢矣。晉國之舉，不失其次，吾懼政之未及子也。至謂召桓公曰：何次之有？先大夫荀伯，下軍之佐，以爲政，趙宣子未有軍行而以爲政，今欒伯自下軍往。是三子也，吾又過之無不及也。若佐新軍而以之爲政，不亦可乎？將必求之。是掩上功。怨之所聚，亂之本也。多怨而階亂，何以在位？怨爲亂階。《夏書》曰：怨豈在明？不見是圖。逸《書》也。不見細微也。見，賢遍反，又如字，注同。疏：夏書至可乎。正義曰：《夏書·五子之歌》第一章也。其爲人所怨者，豈必在明日之處乎？其於人所不見，當於是圖謀之。此書之言，將謂慎其細小之事者也。今乃明明言之，道己欲掩其上，此事甚明。其可乎，言必不可也。杜不見古文，故云逸《書》。將慎其細也。今而明之，其可乎？言郤至顯稱己功，所以明怨咎。

《春秋左傳正義》卷二八《成公十七年》 臣聞亂在外爲姦，在內爲軌。御姦以德，德，綏遠。軌，本又作宄，音同。御，魚呂反，下同。御軌以刑。刑治近也。不施而殺，不可謂德；臣偪而不討，不可謂刑。德、刑不立，姦、軌並至。

《春秋左傳正義》卷三一《襄公十年》 王叔陳生與伯輿爭政。二子，王卿士。輿，本又作與，音同。王右伯輿。右，助也。右，音又，注同。王叔陳生怒而出奔，及河，王復之，欲奔晉。殺史狡以説焉。説王叔也。狡，古卯反。説音悦，注同，又如字。不入，遂處之。處叔河上。晉侯使士匄平王室，王叔與伯輿訟焉。爭曲直。王叔之宰宰，家臣。與伯輿之大夫瑕禽瑕禽，伯輿屬大夫。坐獄於王庭，獄，訟也。《周禮》：命夫命婦不躬坐獄訟，故使宰與屬大夫對爭曲直。士匄聽之。王叔之宰曰：篳門閨竇之人，而皆陵其上，其難爲上矣。篳門，柴門。閨竇，小戶，穿壁爲戶，上鋭下方，狀如圭也。言伯輿微賤之家。篳音必。閨音圭，本亦作圭。竇音豆。瑕禽曰：昔平王東遷，吾七姓從王，牲用備具。王賴之，而賜之騂旄之盟。平王徙時，大臣從者有七姓。伯輿之祖，皆在其中，主爲王備犧牲，共祭祀。王恃其用，故與之盟，使世守其職。騂旄，赤牛也。舉騂旄者，言得重盟，不以犬雞。從，才用反，注同，又如字。騂，息營反，《字林》許營反。旄音毛。爲，于僞反。共音恭。疏：注平王至犬雞。正義曰：七姓從王，從王之大臣，有七姓也。瑕禽言伯輿之祖是七姓之一，言其世貴也。其祖爲王主備犧牲，以共祭祀。王家牲用備具，王恃賴之，言其世有功也。平王初遷，國家未定，故與大臣結盟，令使世掌其職也。《周禮·牧人》陽祀用騂牲。《檀弓》云：周人尚赤，牲用騂。《尚書·洛誥》云：文王騂牛一，武王騂牛一。諸言騂，皆是赤牛，則知此騂旄，是赤牛也。旄謂尾也，共旄旗之用。故其字從㫃，㫃者，旌旗行而從風偃也。曰：世世無失職。若篳門閨竇，其能來東底乎？且王何賴焉？言我若貧賤，何能來東，使王恃其用而與之盟邪？底，至也。底音旨。今自王叔之相也，政以賄成，隨財制政。而刑放於寵。寵臣專刑，不任法。疏：刑放於寵。正義曰：刑罰放赦之事，在於寵臣。官之師旅，不勝其富。師旅之長皆受賂。吾能無篳門閨竇乎？言王叔之屬富，故使吾貧。疏：不勝其富。正義曰：勝訓堪也。言財多，故不可用盡，不能堪此富。唯大國圖之。圖猶議也。下而無直，則何謂正矣？正者，不失下之直。何，或作可，誤也。疏：下而至正矣。正義曰：凡在上，正定在下，須明在下曲直。瑕禽自云，己有直理，不被上知，則是使下無直，在上何謂正矣？故云正者，不失下之直也。劉炫云：七年《傳》云正直爲正，正曲爲直。晉斷王朝之獄，乃以下正上。宣子若在下而無直心，何以謂之爲正也？勸宣子使心正矣。范宣子曰：天子所右，寡君亦右之；所左，亦左之。宣子知伯輿直，不欲自專，故推之於王。右音又，下同。左音佐，下同。左、右，亦並如字。疏：天子至左之。正義曰：人有左右，右便，而左不便，故以所助者爲右，不助者爲左。宣子知伯輿直，故從王之所助也。使王叔氏與伯輿合要，合要辭。王叔氏不能舉其契。要契之辭。契，苦計反，注同。疏：使王至其契。正義曰：《周禮·鄉士》職云：辯其獄訟，異其死刑之罪而要之。鄭玄云：要之爲其罪辭，如今劾矣。彼謂官人略取罪狀，爲其要約之辭，如今斷事也。漢世名斷獄爲劾，故云如今劾矣。此言要辭，亦是辭之要約，如今辯荅也。合要者，使其各爲要約言語，兩相辯荅。伯輿辭直，王叔無以應之，故不能舉其要約之辭也。王叔奔晉。不書，不告也。單靖公爲卿士以相王室。代王叔。

《春秋左傳正義》卷三六《襄公二十五年》 晉程鄭卒，子產始知然明，前年然明謂程鄭將死，今如其言，故知之。問爲政焉。對曰：視民如子。見不仁者誅之，如鷹鸇之逐鳥雀也。子產喜，以語子大叔，且曰：他日，吾見蔑之面而已，蔑，然明名。鷹，於陵反。鸇，之然反；徐又居延反。語，魚據反。今吾見其心矣。子大叔問政於子產。子產曰：政如農功，日夜思之，思其始而成其終。朝夕而行之，行無越思。思而後行。朝如字。如農之有畔。言有次。其過鮮矣。

《春秋左傳正義》卷三七《襄公二十六年》 聲子通使於晉。爲國通平事。爲，于僞反。還如楚，令尹子木與之語，問晉故焉。故，事。且曰：晉大夫與楚孰賢？對曰：晉卿不如楚，其大夫則賢，皆卿材也。如杞、梓、皮革，自楚往也。杞、梓皆木名。杞，梓，徐：上音起，下音子。雖楚有材，晉實用之。言楚亡臣多在晉。子木曰：夫獨無族姻乎？夫，謂晉。對曰：雖有，而用楚材實多。歸生聞之：歸生，聲子名。善爲國者，賞不僭而刑不濫。賞僭，則懼及淫人；刑濫，則懼及善人。若不幸而過，寧僭無濫。與其失善，寧其利淫。無善人，則國從之。從之亡也。僭，子念反，下皆同。濫，力暫反。疏：賞不僭而刑不濫。正義曰：僭謂僭差，濫謂濫佚。賞不僭，所賞必有功，不僭差也。刑不濫，所刑必得罪，不濫佚也。《詩》曰：人之云亡，邦國殄瘁。無善人之謂也。《詩·大雅》。殄，盡也。瘁，病也。殄，徒典反。瘁，在醉反。疏：《詩》曰：至謂也。正義曰：《詩·大雅》、《瞻卬》之篇也。言國內賢人之既云已喪亡矣，則邦國盡皆困病。此詩之意，言無善人之謂也。故《夏書》曰：與其殺不辜，寧失不經。懼失善也。逸《書》也。不經，不用常法。疏：故夏至善也。正義曰：此在《大禹謨》之篇，皋陶論用刑之法也。經，常也。言若用刑錯失等，與其殺不罪之人，寧失於不常之罪。謂實有罪而失於妄免也。此書之意，懼失善也。《商頌》有之曰：不僭不濫，不敢怠皇，命于下國，封建厥福。《詩·商頌》。言殷湯賞不僭差，刑不濫溢，不敢怠解自寬暇，故能爲下國所命爲天子。解，佳賣反。疏：注爲下至天子。正義曰：此《商頌·殷武》之篇。《詩》注謂天命湯於在下之國。此云爲下國所命，謂下國諸侯推命湯爲天子。則《商書》云東征西夷怨，南征北狄怨，又云室家相慶，曰，后來其蘇是也。此湯所以獲天福也。古之治民者，勸賞而畏刑，樂行賞而憚用刑。恤民不倦。賞以春夏，刑以秋冬。順天時。是以將賞爲之加膳，加膳則飫賜，飫，饜也。酒食賜下，无不饜足，所謂加膳也。爲之，于僞反，下爲之不舉同。飫，於據反。饜，本亦作厭，於豔反，不同。此以知其勸賞也。將刑爲之不舉，不舉則徹樂，不舉盛饌。饌，士眷反。疏：將刑至徹樂。正義曰：《周禮·膳夫》職云：王日一舉，鼎十有二，物皆有俎，以樂侑食。鄭玄云：殺牲盛饌曰舉。又曰：大喪則不舉，大荒則不舉，大札則不舉，天地有災則不舉，邦有大故則不舉。鄭衆云：大故，刑殺也。莊二十年《傳》曰：司寇行戮，君爲之不舉。是禮法將刑，爲之不舉也。舉則以樂勸食，不舉故徹去樂縣。《大司樂》云：大札、大凶、大災、大臣死，凡國之大憂，令弛縣。鄭玄云：弛，釋下之。釋下，即是徹縣也。《大司樂》弛縣之內，不言刑殺大故，文不具耳。此以知其畏刑也。夙興夜寐，朝夕臨政，此以知其恤民也。三者，禮之大節也。有禮無敗。今楚多淫刑，其大夫逃死於四方，而爲之謀主，以害楚國，不可救療，所謂不能也。療，治也。所謂楚人不能用其材也。

《春秋左傳正義》卷四〇《襄公三十年》 子駟氏欲攻子產，子皮怒之，曰：禮，國之幹也。殺有禮，禍莫大焉。乃止。斂葬伯有爲有禮。

《春秋左傳正義》卷四七《昭公十四年》 九月，大雩，旱也。鄭大旱，使屠擊、祝款、豎柎，有事於桑山。三子，鄭大夫。有事，祭也。屠音徒。柎音附，又方于反。斬其木，不雨。子產曰：有事於山，蓺山林也。蓺，養護令繁殖。蓺音藝。令，力呈反。而斬其木，其罪大矣。奪之官邑。

《春秋左傳正義》卷五〇《昭公二十三年》 晉人使與邾大夫坐，坐訟曲直。疏：注坐訟曲直。正義曰：《周禮·小司寇》云：命夫命婦，不躬坐獄訟。凡斷獄者，皆令競者坐而受其辭，故使並坐訟曲直。叔孫曰：列國之卿當小國之君，固周制也。在禮，卿得會伯、子、男，故曰當小國之君。疏：注在禮至之君。正義曰：僖二十九年《傳》曰：在禮，卿不會公侯，會伯子男可也。於禮得與相會，故當小國之君。邾又夷也。邾雜有東夷之風。寡君之命介子服回在，子服回，魯大夫，爲叔孫之介副。介音界，注同。請使當之，不敢廢周制故也。乃不果坐。

《春秋左傳正義》卷五一《昭公二十五年》 君若以社稷之故，私降昵宴，羣臣弗敢知。昵，近也。降昵宴，謂損親近聲樂飲食之事。昵，女乙反。若夫宋國之法，死生之度，先君有命矣，羣臣以死守之，弗敢失隊。臣之失職，常刑不赦。臣不忍其死，君命祇辱。

《春秋左傳正義》卷五二《昭公二十八年》 祁勝與鄔臧通室。二子祁盈家臣也。通室，易妻。祁，巨支反；《字林》云，太原縣，上尸反。鄔，舊音烏戶反，又音偃。案，地名在周者，烏戶反；隱十一年，王取鄔留是也。在鄭者音偃，成十六年戰于鄢陵是也。在楚者於建反，又音偃；昭十三年，王沿夏将入鄢是也。在晉者於庶反；《字林》乙祛反；郭璞《三倉解詁》音瘀，於庶反；闞駰音厭飫之飫，重言之。太原有鄔縣。唯周地者從烏，餘皆從焉。《字林》亦作鄢，音同。傳云，分祁氏之田以爲七縣，司馬彌牟爲鄔大夫，即太原縣也。鄔臧宜以邑爲氏。於爰反，舊音誤。

祁盈將執之。盈，祁午之子。訪於司馬叔游。叔游，司馬叔侯之子。叔游曰：《鄭書》有之：惡直醜正，實蕃有徒。《鄭書》，古書名也。言害正直者，實多徒衆。惡，如字，又烏路反。蕃音煩。疏：惡直至有徒。正義曰：以直爲惡，以正爲醜，惡直事，醜正道，如此人者，實蕃多有徒衆。言時世慕善者少，從惡者多。無道立矣，子懼不免。言世亂讒勝。《詩》曰：民之多辟，無自立辟。《詩·大雅》。多辟，本又作僻，匹亦反。立辟，婢亦反。疏：詩曰至立辟。正義曰：《詩·大雅·板》之篇，刺厲王之詩。辟，邪也。辟，法也。民之多有邪辟者，於此之時，無自謂所立者爲法。是言無道之世，法不可爲。古辟、辟，字同音異耳。姑已，若何？姑，且也。已，止也。盈曰：祁氏私有討，國何有焉？言討家臣，無與國事。無與音預。遂執之。祁勝賂荀躒，荀躒爲之言於晉侯。晉侯執祁盈。以其專戮。爲，于僞反。祁盈之臣曰：鈞將皆死，鈞，同也。疏：鈞將皆死。正義曰：鈞，同也。殺勝與臧，盈亦死；不殺，盈亦死。同將皆死，不如殺之，使盈聞而快意。憖使吾君聞勝與臧之死也以爲快。憖，發語之音。憖，魚覲反。乃殺之。夏，六月，晉殺祁盈及楊食我。楊，叔向邑。食我，叔向子伯石也。

《春秋左傳正義》卷五四《定公四年》 臣展四體，以率舊職，猶懼不給，而煩刑書。若又共二，共二職。共音恭，注同。徼大罪也。且夫祝，社稷之常隸也。隸，賤臣也。徼，古堯反。夫音扶。社稷不動，祝不出竟，官之制也。社稷動，謂國遷。

（宋）鄭樵《通志》卷八九《列傳·曹劌》 二十三年，公將如齊觀社，曹劌諫曰：不可。夫禮所以整民也，故會以訓上下之則，制財用之節，朝以正班爵之義，帥長幼之序，征伐以討其不然。諸侯有王，王有巡守，以大習之非，是君不舉矣。君舉必書，書而不法，後嗣何觀。公不聽，遂如齊。

（宋）鄭樵《通志》卷九〇《列傳·趙鞅》 趙簡子鞅，一名志父，景子成之子，而文子武之孫也。頃公九年，簡子會諸侯之大夫于黄父，令諸大夫曰：輸王粟，具戍人。明年將納王，十年遂入敬王于周。十三年，簡子及荀寅帥師城汝濱，遂賦晉國一鼓鐵以鑄刑鼎，著范宣子所爲刑書。仲尼曰：晉其亡乎？失其度矣。夫晉國將守唐叔之所受法度，以經緯其民，卿大夫以序守之，民是以能尊其貴，貴是以能守其業，貴賤不愆，所謂度也。文公是以作執秩之官，爲被廬之法，以爲盟主，今棄是度也，而爲刑鼎，民在鼎矣，何以尊貴，貴何業守，貴賤無序，何以爲國？且夫宣子之刑，夷之蒐也，晉國之亂制也，若之何以爲法？蔡史墨曰：范氏、中行氏其亡乎？中行寅爲下卿而干上令，擅作刑器，以爲國法，是法姦也。又加范氏焉，易之亡也。其及趙孟，趙孟與焉，然不得已，若德可以免。

（宋）鄭樵《通志》卷九一《列傳·孫林父》 孫子又殺之，公出奔齊，孫氏追之，敗公徒于阿澤。及竟公使祝宗告亡，且告無罪，定姜曰：無神何告，若有不可誣也。舍大臣而與小臣謀，一罪也；先君有冢卿以爲師，保而蔑之，二罪也；余以巾櫛事先君，而暴妾使余，三罪也。告亡而已，無告無罪。衛人立公孫剽是爲殤公。

《史記》卷九七《酈生陸賈列傳》 於是酈生乃夜見陳留令，説之曰：夫秦爲無道而天下畔之，今足下與天下從，則可以成大功。今獨爲亡秦嬰城而堅守，臣竊爲足下危之。陳留令曰：秦法至重也，不可以妄言，妄言者無類。吾不可以應，先生所以教臣者，非臣之意也，願勿復道。

《漢書》卷二三《刑法志》 至成帝河平中，復下詔曰：《甫刑》云五刑之屬三千，大辟之罰其屬二百，今大辟之刑千有餘條，律令煩多，百有餘萬言，奇請它比，日以益滋，自明習者不知所由，欲以曉喻衆庶，不亦難乎！於以羅元元之民，夭絶亡辜，豈不哀哉！其與中二千石、二千石、博士及明習律令者議減死刑及可蠲除約省者，令較然易知，條奏。《書》不云乎？惟刑之恤哉！其審核之，務準古法，朕將盡心覽焉。有司無仲山父將明之材，不能因時廣宣主恩，建立明制，爲一代之法，而徒鉤摭微細，毛舉數事，以塞詔而已。是以大議不立，遂以至今。議者或曰，法難數變，此庸人不達，疑塞治道，聖智之所常患者也。故略舉漢興以來，法令稍定而合古便今者。

《漢書》卷三九《曹參傳》 惠帝怪相國不治事，以爲豈少朕與，乃謂窋曰：女歸，試私從容問乃父，曰：高帝新棄羣臣，帝富於春秋，君爲相國，日飲，無所請事，何以憂天下？然無言吾告女也。窋既洗沐歸，閒侍自從其所諫參，參怒而笞之二百，曰：趣入侍，天下事非乃所當言也。至朝時，帝讓參，曰：與窋胡治乎？乃者我使諫君也。參免冠謝，曰：陛下自察聖武孰與高皇帝？上曰：朕乃安敢望先帝？參曰：陛下觀臣能孰與蕭何賢？上曰：君似不及也。參曰：陛下言之是也。且高皇帝與蕭何定天下，法令既明具，今陛下垂拱，參等守職，遵而勿失，不亦可乎？惠帝曰：善，君休矣！

《後漢書》卷二九《鮑永傳》〔永平〕十七年，代王敏爲司徒，賜錢帛什器帷帳，除子得爲郎。建初元年，大旱，穀貴。肅宗召昱問曰：旱既太甚，將何以消復災眚？對曰：臣聞聖人理國，三年有成。今陛下始踐天位，刑政未著，如有失得，何能致異？但臣前在汝南，典理楚事，繫者千餘人，恐未能盡當其罪。先帝詔言，大獄一起，冤者過半。又諸徒者骨肉離分，孤魂不祀。一人呼嗟，王政爲虧。宜一切還諸徒家屬，蠲除禁錮，興滅繼絶，死生獲所。如此，和氣可致。帝納其言。

（宋）鄭樵《通志》卷九九《列傳・吾邱壽王》太平舉俊才興學官，三公有司或由窮巷起，白屋裂地而封。宇内日化，方外鄉風，然盜賊猶有者，郡國二千石之罪，非挾弓弩之過也。《禮》曰：男子生桑弧蓬，矢以舉之，明示有事也。孔子曰：吾何執，執射乎？大射之禮，自天子降及庶人，三代之道也。《詩》云：大侯既抗，弓矢斯張，射夫既同，獻爾發功，言貴中也。愚聞聖王合射，以明教矣，未聞弓矢之爲禁也，且所爲禁者，爲盜賊之以攻奪也。攻奪之罪死，然而不止者，大姦之於重誅固不避也。臣恐邪人挾之而吏不能止，良民以自備而抵法禁，是擅賊威而奪民救也。竊以爲無益於禁姦，而廢先王之典，使學者不得習行其禮，大不便，書奏上以難丞相。

（宋）鄭樵《通志》卷一〇〇《列傳・陳湯》丞相、御史奏：湯惑衆，不道；妄稱詐，歸異於上，非所宜言，大不敬。廷尉增壽議，以爲不道。無正法，以所犯劇易爲罪，臣下承用失其中，故移獄廷尉，無比者先以聞，所以正刑罰，重人命也。明主哀憫百姓，下制書罷昌陵，勿徙吏民。已申布湯妄以意相謂，且復發徙。雖頗驚動，所流行者少，百姓不爲變，不可謂惑衆。

又：御史護軍諸校皆驚愕，不知所以。建亦已有成奏在其懷中，遂上奏曰：臣聞軍法立武以威衆，誅惡以禁邪。今御史公穿軍垣以求賈利，私買賣以與士市，不立剛毅之心，勇猛之節，亡以帥先士大夫，尤失理不公，用文吏議不至重法。《黄帝・李法》曰：兵書之法。李，法官之號。壁壘已定，穿窬不繇路，是謂姦人。姦人者，殺。臣謹按軍法曰：正亡屬將軍，將軍有罪以聞，二千石以下行法焉。丞於用法疑，執事不諉上，臣謹以斬，昧死以聞。制曰：《司馬法》曰：國容不入軍，軍容不入國，何文吏也？三王或誓於軍中，欲民先成其慮也；或誓於軍門之外，欲民先意以待事也；或將交刃而誓，致民志也，建又何疑焉？建由是顯名。

《三國志》卷一《魏志・武帝紀》〔建安十年〕九月，令曰：阿黨比周，先聖所疾也。聞冀州俗，父子異部，更相毁譽。昔直不疑無兄，世人謂之盜嫂；第五伯魚三娶孤女，謂之撾婦翁；王鳳擅權，谷永比之申伯，王商忠議，張匡謂之左道：此皆以白為黑，欺天罔君者也。吾欲整齊風俗，四者不除，吾以爲羞。

又：〔裴松之注〕《魏書》載十月乙亥令曰：夫治世御衆，建立輔弼，誡在面從，《詩》稱聽用我謀，庶無大悔，斯實君臣懇懇之求也。吾充重任，每懼失中，頻年已來，不聞嘉謀，豈吾開延不勤之咎邪？自今以後，諸掾屬治中，别駕，常以月旦各言其失，吾將覽焉。

又：〔建安十九年〕十二月，公至孟津。天子命公置旄頭，宫殿設鍾虡。乙未，令曰：夫有行之士未必能進取，進取之士未必能有行也。陳平豈篤行，蘇秦豈守信邪？而陳平定漢業，蘇秦濟弱燕。由此言之，士有偏短，庸可廢乎！有司明思此義，則士無遺滯，官無廢業矣。又曰：夫刑，百姓之命也，而軍中典獄者或非其人，而任以三軍死生之事，吾甚懼之。其選明達法理者，使持典刑，於是置理曹掾屬。

《三國志》卷二四《魏志・高柔傳》魏初，三公無事，又希與朝政。柔上疏曰：天地以四時成功，元首以輔弼興治；成湯仗阿衡之佐，文、武憑旦、望之力，逮至漢初，蕭、曹之儔並以元勳代作心膂，此皆明王聖主任臣於上，賢相良輔股肱於下也。今公輔之臣，皆國之棟梁，民所具瞻，而置之三事，不使知政，遂各偃息養高，鮮有進納，誠非朝廷崇用大臣之義，大臣獻可替否之謂也。古者刑政有疑，輒議於槐棘之下。自今之後，朝有疑議及刑獄大事，宜數以咨訪三公。三公朝朔望之日，又可特延入，講論得失，博盡事情，庶有裨起天聽，弘益大化。帝嘉納焉。

《宋書》卷五《文帝紀》〔元嘉三年〕夏五月乙未，以征北將軍、南兗州刺史檀道濟爲征南大將軍、江州刺史，中領軍到彥之爲南豫州刺史。戊戌，以後將軍長沙王義欣爲南兗州刺史。乙巳，驃騎大將軍、涼州牧大沮渠蒙遜改爲車騎大將軍。詔曰：夫哲王宰世，廣達四聰，猶巡嶽省方，採風觀政。所以情僞必審，幽遐罔滯，王澤無擁，九臯有聞者也。朕以寡薄，猥纂洪緒。雖永念治道，志存昧旦，願言傳巖，發想宵寐，而丘園之秀，藏器未臻，物情民隱，尚隔視聽。乃眷區域，輟寢忘飡。今氛祲祛蕩，宇內寧晏，旌賢弘化，於是乎始。可遣大使巡行四方。其宰守稱職之良，閭蓽一介之善，詳悉列奏，勿或有遺。若刑獄不卹，政治乖謬，傷民害教者，具以事聞。其高年、鰥寡、幼孤、六疾不能自存者，可與郡縣優量賑給。博採輿誦，廣納嘉謀，務盡銜命之旨，俾若朕親覽焉。丙午，車駕臨延賢堂聽訟。

《陳書》卷五《宣帝紀》〔太建十一年夏〕五月乙巳，詔曰：昔軒轅命于風后、力牧，放勛咨爾稷、契、朱武，冕旒垂拱，化致隆平。爰逮漢列五曹，周分六職，設官理務，各有攸司，亦幾期刑措，卜世彌永，並賴羣才，用康庶績。朕日昃劬勞，思弘治要，而機事尚擁，政道未凝，夕惕于懷，罔知攸濟。方欲仗茲舟檝，委成股肱，徵名責實，取寧多士。自今應尚書曹、府、寺、內省監、司文案，悉付局參議分判。其軍國興造、徵發、選序、三獄等事，前須詳斷，然後啓聞。凡諸辯決，務令清乂，約法守制，較若畫一，不得前後舛互，自相矛楯，致有枉滯。紆意舞文，糾聽所知，靡有攸赦。甲寅，詔曰：舊律以枉法受財爲坐雖重，直法容賄其制甚輕，豈不長彼貪殘，生其舞弄？事涉貨財，寧不尤切？今可改不枉法受財者，科同正盜。

（宋）鄭樵《通志》卷八四《宗室傳・任城王》神龜元年，詔加女侍中貂蟬。澄諫曰：高祖、世宗朝皆有女侍中官，未聞其有同外侍中之飾。江南僞晉穆后有女尚書而加貂璫，此衰亂之世妖妄之服，何足爲法？且婦人而服男子之服，化陰爲陽，故自穆哀以降，國統三絶，劉裕因以篡代。禮容舉措，風化之本，不可不慎，請依常儀，追還前詔。從之。

又：汾州山胡舊多劫掠，自徽爲郡，羣胡自相戒，勿得侵擾鄰州。汾肆之人多來詣徽，投訴願得口判。除秦州刺史還都，吏民涕泣，攀車不能自已。徽車馬羸弊，皆京來舊物，見者莫不歎其清儉。改授度支尚書兼吏部尚書，尋爲正。徽以選舉法，期在得人，限以停年，有乖舊體，但行之日久，難以頓革，以德同者書年、勞等者進德，于時稱爲中平，除侍中，餘官如故。

《北史》卷一《魏紀一・穆帝紀》八年，晉愍帝進帝爲代王，置官屬，食代、常山二郡。先是國俗寬簡，至是明刑峻法，諸部人多以違命得罪。凡後期者皆舉部戮之，或有室家相攜，悉赴死所，人問何之，曰當就誅。其威嚴若此。

《舊唐書》卷三《太宗紀下》〔貞觀四年〕是歲，斷死刑二十九人，幾致刑措。東至于海，南至于嶺，皆外戶不閉，行旅不齎糧焉。

《新唐書》卷五六《刑法志》唐興，高祖入京師，約法十二條，惟殺人、劫盜、背軍、叛逆者死。及受禪，命納言劉文靜等損益律令。武德二年，頒新格五十三條，唯吏受賕、犯盜、詐冒府庫物，赦不原。凡斷屠日及正月、五月、九月不行刑。四年，高祖躬録囚徒，以人因亂冒法者衆，盜非劫傷其主及征人逃亡、官吏枉法，皆原之。已而又詔僕射裴寂等十五人更撰律令，凡律五百，麗以五十三條。流罪三，皆加千里，居作三歲至二歲半者悉爲一歲。餘無改焉。

太宗即位，詔長孫无忌、房玄齡等復定舊令，議絞刑之屬五十，皆免死而斷右趾。既而又哀其斷毀支體，謂侍臣曰：肉刑，前代除之久矣，今復斷人趾，吾不忍也。王珪、蕭瑀、陳叔達對曰：受刑者當死而獲生，豈憚去一趾？去趾，所以使見者知懼。今以死刑爲斷趾，蓋寬之也。帝曰：公等更思之。其後蜀王法曹參軍裴弘獻駁律令四十餘事，乃詔房玄齡與弘獻等重加刪定。玄齡等以謂古者五刑，刖居其一。及肉刑既廢，今以笞、杖、徒、流、死爲五刑，而又刖足，是六刑也。於是除斷趾法，爲加役流三千里，居作二年。

太宗嘗覽《明堂針灸圖》，見人之五藏皆近背，針灸失所，則其害致死，歎曰：夫箠者，五刑之輕，死者，人之所重。安得犯至輕之刑而或致死？遂詔罪人無得鞭背。

五年，河內人李好德坐妖言下獄，大理丞張蘊古以爲好德病狂瞀，法不當坐。治書侍御史權萬紀劾蘊古相州人，好德兄厚德方爲相州刺史，故蘊古奏不以實。太宗怒，遽斬蘊古，既而大悔，因詔死刑雖令即決，皆三覆奏。久之，謂羣臣曰：死者不可復生。昔王世充殺鄭頲而猶能悔，近有府史取賕不多，朕殺之，是思之不審也。決囚雖三覆奏，而頃刻之間，何暇思慮？自今宜二日五覆奏。決日，尚食勿進酒肉，教坊太常輟教習，諸州死罪三覆奏，其日亦蔬食，務合禮撤樂、減膳之意。

（唐）吴兢《貞觀政要》卷二《論納諫》 貞觀十二年，太宗謂魏徵曰：比來所行得失政化，何如往前？對曰：若恩威所加，遠夷朝貢，比於貞觀之始，不可等級而言。若德義潛通，民心悦服，比於貞觀之初，相去又甚遠。太宗曰：遠夷來服，應由德義所加，往前功業，何因益大？徵曰：昔者四方未定，常以德義爲心，旋以海内無虞。漸加驕奢自溢，所以功業雖盛，終不如往初。太宗又曰：所行比往前何爲異？徵曰：貞觀之初，恐人不言，導之使諫。三年已後，見人諫，悦而從之。一二年來，不悦人諫，雖黽强聽受，而意終不平，諒有難也。太宗曰：於何事如此？對曰：即位之初，處元律師死罪，處，上聲，後同。元姓，律師名。孫伏伽。貝州人，武德中上言三事，帝稱之曰：誼臣。貞觀中拜御史遷大理卿。諫曰：法不至死，無容濫加酷罰，遂賜以蘭陵公主園，直錢百萬。人或曰：所言乃常事而所賞太厚。答曰：我即位來，未有諫者，所以賞之，此導之使言也。徐州司戶柳雄徐州。今仍舊隸河南。司戶，州屬戶曹，柳姓，雄名。於隋資妄加階級。人有告之者，陛下令其自首，令，平聲。首，去聲。後同。不首與罪。遂固言是實竟不肯首，大理推得其僞，將處雄死罪。少卿戴胄奏法止合徒，少，去聲。唐制，徒刑五。一年至于三年。陛下曰：我已與其斷，當訖。當，去聲。但當與死罪。胄曰：陛下既不然，即付臣法司，罪不合死不可酷濫。陛下作色遣殺，胄執之不已。至於四五，然後赦之，乃謂法司曰：但能爲我如此守法，爲，去聲。豈畏濫有誅夷，此則悦以從諫也。往年，陝縣丞皇甫德參上書大忤聖旨，陛下以爲訕謗。臣奏稱上書不激切，不能起人主意，激切即似訕謗。于時雖從臣言，賞物二十段，意甚不平，難於受諫也。太宗曰：誠如公言，非公無能道此者。人皆苦不自覺，公向未道時，都自謂所行不變，及見公論説，過失堪驚。公但存此心，朕終不違公語。

（唐）王方慶《魏鄭公諫録》卷一《諫復龐相壽任》 濮州刺史龐相壽貪濁有聞，追還解任，自陳幕府之舊。太宗深矜之，使人謂之曰：爾是我舊左右，今取他物衹應爲貧，賜爾絹百匹，即還向任，更莫作罪過。公進諫曰：相壽猥濫，遠近所知，今以故舊私情，赦其貪濁，更加以厚賞，還令復任。然相壽性識，未知愧恥，幕府左右，其數甚多。人皆恃恩私，足使爲善者懼。太宗欣然納之，引相壽於前，謂之曰：我昔爲王，與一府作主。今爲天子，爲四海作主，既爲四海作主，不可偏與一府恩澤，向欲令爾重任。侍臣云：爾若重任，必使爲善者皆不用心。侍臣所執既是，便不得申我私意，乃賜物而遣之，相壽默然流涕而去。

（宋）王溥《唐會要》卷三九《定格令》 元和二年正月，兩度制刪之，並施行。伏以諸司所奏，苟便一時，事非經久，或舊章既具，徒更煩文，獄理重輕，繫人性命。其元和二年准制刪定，至元和五年刪定畢。所奏三十卷，歲月最近，伏望且送臣本。

又： 至開成元年三月，刑部侍郎狄兼暮奏：伏准今年正月日制，刑法科條，頗聞繁冗。主吏縱捨，未有所徵，宜擇刑部大理官，即令商量條流要害，重修格式，務于簡當焚去冗長，以正刑名者。伏以律令格式，著目雖始于秦漢，歷代增修，皇朝貞觀，開元又重刪定，理例精詳，難議刊改。自開元二十六年，刪定格令後，至今九十餘年，中外百司，皆有奏請，各司其局，不能一秉大公，其或恩出一時，便爲永式。前後矛盾，是非不同，吏緣爲姦，人受其屈，伏見自貞元已來，累曾別勅，選重臣置院刪定，前後數四，徒涉歷三十歲，未堪行用。今若只令刑部大理官商量，重修格式，遽焚冗長，伏恐姦吏緣此舞文。伏請但集蕭嵩所刪定建中以來制勅，分朋比類，刪去前後矛盾，及理例重錯者，條流編次，具卷數聞奏行用。所刪去者，伏請不焚，官同封印，付庫收貯。仍慎擇法官，法署省等所斷刑獄，有不當者，官吏重加貶黜，所冀人知自効，吏不敢欺。上副陛下哀矜欽恤之意，言者宜依。至大中五年四月，刑部侍郎劉瑑等，奉勅修《大中刑法統類》六十卷。

又： 景龍三年八月九日勅，應酬功賞，須依格式，格式無文，然始比例，其制勅不言。自今以後永爲常式者，不得攀引爲例。文明元年四月十四日勅，律令格式，爲政之本，内外官人，退食之暇，各宜尋覽，仍以當司格令，書于廳事之壁，俯仰觀瞻，使免遺忘。

（宋）王溥《唐會要》卷三九《議刑輕重》 貞觀元年三月，蜀王府法曹參軍裴宏獻，駁律令不便于時者四十事。宏獻于是與房元齡建議，以爲古者五刑，刖居其一。及肉刑既廢，制爲死、流、徒、杖、笞五等，以備五刑，今復設刖足，是謂六刑。然減死意在於寬，加刑又加繁峻，乃與八座定議奏聞，于是又除斷趾法，改爲加役流三千里，居作二年。又舊條，兄弟分後，蔭不相及，連坐俱死，祖孫配流。會有同州人房強，弟任統軍于岷州，以謀反伏誅，強當從坐。太宗嘗録囚徒，憫其將死，爲之動容，令百寮詳議。元齡等復定議曰：按禮，孫爲王父尸，案令，祖有蔭孫之義，然則祖孫親重而兄弟屬輕，應重反流，合輕翻死。據理論情，深爲未愜，請定律，祖孫與兄弟緣坐俱配流，其以惡言犯法，不能爲害者，情狀稍輕，兄弟免死，配流爲允。從之。

又：十一年五月，上問大理寺卿劉德威曰：近來刑網稍密，何也？對曰：誠在君上，不由臣下，主好寬則寬，好急則急。律文失入，減三等；失出，減五等。今則反是，失入則無辜，失出則獲大罪，所以吏各自愛，競執深文，畏罪之所致耳。太宗然其言。由是失於出入者，各依律文。

又：十八年九月，茂州童子張仲文，忽自稱天子，口署其流輩數人爲官司。大理以爲指斥乘輿，雖會赦猶斬。太常卿攝刑部尚書韋挺奏：仲文所犯，止當妖言。今既會赦，准法免死。上怒挺曰：去十五年，懷州人吴法至浪入先置鉤陳，口稱天子，大理刑部皆言指斥乘輿，咸斷處斬。今仲文稱妖，乃同罪異罰，卿乃作福於下，而歸虐於上耶。挺拜謝趨退，自是憲司不敢以聞。數日，刑部尚書張亮復奏，仲文請依前以妖言論。上謂亮曰：韋挺不識刑典，以重爲輕。當時怪其所執，不爲處斷。卿今日復爲執奏，不過欲自取刪正之名耳。屈法要名，朕所不尚。亮默然就列。上謂之曰：爾無恨色，而我有猜心。夫人君含容，屈在于我，可申君所請。屈我所見，其仲文宜處以妖言。二十一年，刑部奏言，准律，謀反大逆，父子皆坐死，兄弟處流，此則輕而不懲。

又：永徽二年七月二十五日，華州刺史蕭齡之前任廣州都督，受左智遠及馮盎妻等金銀奴婢等。詔付羣臣議奏。上怒，令于朝廷處盡。御史大夫唐臨奏曰：臣聞國家大典，在于刑賞，古先聖王，惟刑是恤。今天下太平，合用堯舜之典，比來有司多行重法，敘勳必須刻削，論罪務從重科，非是憎惡前人，止欲自爲身計。今議齡之之事，有輕有重，重者至流，輕者請除名。以齡之受委大藩，贓罰狼籍，原情取事，死有餘辜。然既遣詳議，終須近法，臣竊以律有八議，並依《周禮》舊文，矜其異于衆臣，所以特制議法，禮王族刑於僻處，所以議親，刑不上大夫，所以議貴。明知重其親貴，議欲緩刑，非爲嫉其賢能，謀致深法。今議官必于常法之外，議令入重，正與堯舜相反，不可爲萬代法，臣既處法官，不敢以聞，詔遂配流嶺南。

又：開元十年十一月，前廣州都督裴伷先下獄，中書令張嘉貞奏請決杖。兵部尚書張説進曰：臣聞刑不上大夫，以近于君也。故曰士可殺不可辱。臣今秋巡邊，中途聞姜皎朝堂決杖流，皎是三品，亦有微功，不宜決杖廷辱，以卒伍待之。且律有八議，勳貴在焉，令伷先既不可輕，豈可決罰？上然其言。嘉貞不悦，退而謂説曰：何言事之深也。説曰：宰相者，時來即爲，豈能長據？若貴臣盡當可杖，但恐吾等行當及之，此言非爲伷先，乃爲天下士君子也。

又：乾元元年十二月十四日，刑部奏准名例律法云：獄成，謂贓狀露驗，及尚書省斷訖未奏。疏曰：贓，謂所犯之贓，見獲本物。狀，謂殺人之類，得狀爲驗。雖在州縣，並爲獄成。若尚書省斷訖未奏，即刑部覆訖未奏，亦爲獄成。今法官商量，若款自承伏，已經聞奏，及有勑付法，刑名更無可移者，謂同獄成。臣今與法官審加詳議，將爲穩便，如天恩允許，仍永篇常式，勑旨依。

（宋）王溥《唐會要》卷九一《内外官料錢上》　開元六年七月，秘書少監崔沔議州縣官月料錢，狀曰：養賢之祿，國用尤先。取之齊民，未爲剝下，何用立本息利，法商求資？皇運之初，務革其弊，託本取利，以繩富家，固乃一切權宜，諒非經通彝典。頃以州縣典吏，并捉官錢，收利數多，破産者衆。散諸編戶，本少利輕，民用不休。時以爲便，付本收利，患及於民。然則議國事者，亦當憂人爲謀，恤下立計。天下州縣，積數既多，大抵皆然，爲害不少，且五千之本，七分生利，一年所輸，四千二百，兼算勞費，不啻五千，在於平民，已爲重賦。富戶既免其徭，貧戶則受其弊，傷民刻下，俱在其中。未若大率羣官，通計衆戶，據官定料，均戶出資。常年發賦之時，每丁量加升尺，以近及遠，損有兼無。合而籌之，所增蓋少，時則不擾，簡而易從。庶乎流亡漸歸，倉庫稍實，則當咸出正賦，罷所新加。天下坦然，十一而稅，上下各足，其不遠乎！

（清）吴任臣《十國春秋》卷三三《南唐十九·小長老傳》 初，後主與周后酷信浮屠法，僧帽衲衣，課誦釋典，親削僧徒，則簡試之，以頰少有芒刺，則加以修治，兩手常作佛印而行。募道士爲僧者，予二金；僧人犯姦者，令禮佛百拜，便釋之。由是姦濫公行，無所禁止。諸郡斷死刑，必先期奏牘，幸遇齋日，則於宫内對燃佛燈，以達旦爲驗，謂之命燈，火滅則依法，不滅則貸死。富商大賈犯法者，往往厚賂左右，輒續其燈，獲免者甚多。羅泌《路史》云：釋有所謂《造天地經》云：儒童菩薩號曰孔丘，今溧水縣南七十五里有儒童寺者，本孔子祠。唐景福二年，遂以爲孔子寺，以孔子適楚經此，南唐改曰儒童寺。故予常謂江南之亡，非文之罪，用浮屠之過。

（清）吴任臣《十國春秋》卷五四《後蜀七·田淳傳》 田淳，成都人，廣政中，官龍游縣令，好談治亂大略，屢陳朝廷得失。是時後主與周世宗交惡，疊興師旅，淳上疏曰：伏見三年以來，民頗怨嗟，謂陛下求賢失道，爲政不平，重纂組，奪女工，貴雕鏤，損農事，法令不信，賞罰無誠，納諫之心，微自滿假，馭朽之年，漸乖始卒。載舟覆舟，不可不懼。

《宋史》卷一七四《食貨志上二》 〔紹興六年〕九月，右司諫王縉言：諸寺院之多産者，類請求貴臣改爲墳院，冀免科敷，則所科歸之下户。詔户部申嚴禁之。十有二月，詔淮西殘破州縣更免租稅二年。是月戊申，詔曰：朕惟養兵之費，皆取於民，吾民甚苦，而吏莫之恤，夤緣軍須，掊斂無藝，朕甚悼之。監司郡守，朕所委寄以惠養元元者也，今漫不加省，復何賴焉！其各勤乃職，察吏之侵漁納賄者，按劾以聞。苟庇覆弗治，朕不汝貸。

又： 七年三月，詔：駐蹕及所過州縣欠紹興五年以前稅賦，並蠲之。七月，詔：新復州軍請佃官田，輸租外免輸正稅。已田謂之稅，佃田謂之租，舊不併納，劉豫嘗並取之，至是，乃從舊法。九年，蠲新復州軍稅租及土貢、大禮銀絹三年，差徭五年。初，劉豫之僭，凡民間蔬圃皆令三季輸稅。宣諭官方庭實言其不便，起居舍人程克俊言：河南父老苦豫煩苛久矣，賦斂及於絮縷，割剝至於果蔬。於是詔新復州縣，取劉豫重斂之法焚之通衢。

《宋史》卷一八一《食貨志下三》 慶曆六年，三司使王拱辰復建議悉榷二州鹽入官，以專其利。都轉運使魚周詢以爲不可，且言：商人販鹽，與所過州縣吏交通爲弊，所算十無二三。請敕州縣以十分算之，聽商人至所鬻州軍併輸算錢，歲可得緡錢七十餘萬。三司奏用其策，仁宗曰：使人頓食貴鹽，豈朕意哉？於是三司更立榷法而未下，張方平見上問曰：河北再榷鹽何也？上曰：始議立法，非再榷。方平曰：周世宗榷河北鹽，犯輒處死。世宗北伐，父老遮道泣訴，願以鹽課均之兩稅，而弛其禁，許之，今兩稅鹽錢是也。豈非再榷乎？且今未榷，而契丹盜販不已，若榷則鹽貴，契丹之鹽益售，是爲我斂怨而使契丹獲福也。契丹鹽入益多，非用兵莫能禁，邊隙一開，所得鹽利能補用兵之費乎？上大悟曰：其語宰相立罷之。方平曰：法雖未下，民已户知之，當直以手詔罷，不可自下出也。

《宋史》卷一八二《食貨志下四》 哲宗即位，監察御史王巖叟言：河北二年以來新行鹽法，所在價增一倍，既奪商賈之利，又增居民之價以爲息，聞貧家至以鹽比藥。伏惟河朔天下根本，祖宗推此爲惠，願陛下不以損民爲利，而以益民爲利，復鹽法如故，以爲河北數百萬生靈無窮之賜。會河北轉運使范子奇奏，鹽稅欲收以十分，遣范鍔商度。巖叟復言：臣在河北，亦知商賈有自請於官，乞罷榷買，願輸倍稅。主計者但知於商賈倍得稅緡以爲利，不知商賈將於民間復增賣價以爲害也。慶曆六年，既不行三司榷買之法，又不從轉運司增稅之請，仁宗直謂朕慮河北軍民驟食貴鹽，可令依舊。是時計歲增幾六十萬緡，仁宗豈不知爲公家之利？意謂藏之官不若藏之民。今陛下即位之始，宜法仁宗之意，不宜以小利失人心也。

又： 紹聖中，河北官復賣鹽，繼詔如京東法。元符三年，崇儀使林豫言：河北榷鹽，未必敷前日稅額，且契丹鹽益售，慮啓邊隙。明年，給事中上官均亦以爲言，皆不果行。宣和元年，京畿、四輔及滑州、河陽所産鹻地，悉墾爲田，革盜刮煎鹽之弊，知河陽王序以勸誘推賞。三年，大改鹽法，舊稅鹽並易爲鈔鹽。凡未賣稅鹽鈔引及已請算或到倉已投暨未投者，並赴榷貨務改給新法鈔引，許通販；已請舊法稅鹽貨賣者，自陳，更買新鈔帶賣，已請鈔引，毋得帶支。

《宋史》卷一八四《食貨志下六》 先是，天聖中，有上書者言茶、鹽課虧，帝謂執政曰：茶鹽民所食，而强設法以禁之，致犯者衆。顧經費尚廣，未能弛禁爾！景祐中，葉清臣上疏曰：山澤有産，天資惠民。兵食不充，財臣兼利，草芽木葉，私不得專，封園置吏，隨處立筦。一切官禁，人犯則刑，既奪其資，又加之罪，黥流日報，踰冒不悛。誠有厚利重貲，能濟國用，聖仁恤隱，矜赦非辜，猶將弛禁緩刑，爲民除害。度支費用甚大，榷易所收甚薄，刳剝園戶，資奉商人，使朝廷有聚斂之名，官曹滋虐濫之罰，虚張名數，刻蠹黎元。

建國以來，法敝輒改，載詳改法之由，非有爲國之實，皆商吏協計，倒持利權，幸在更張，倍求奇羨。富人豪族，坐以賈贏，薄販下估，日皆朘削，官私之際，俱非遠策。臣竊嘗校計茶利所入，以景祐元年爲率，除本錢外，實收息錢五十九萬餘緡，又天下所售食茶，并本息歲課亦袛及三十四萬緡，而茶商見通行六十五州軍，所收税錢已及五十七萬緡。若令天下通商，袛收税錢，自及數倍，即榷務、山場及食茶之利，盡可籠取。又況不費度支之本，不置榷易之官，不興輦運之勞，不濫徒黥之辟。

臣意生民之弊，有時而窮，盛德之事，俟聖不惑。議者謂榷賣有定率，征税無彝準，通商之後，必虧歲計。臣按管氏鹽鐵法，計口受賦，茶爲人用，與鹽鐵均，必令天下通行，以口定賦，民獲善利，又去嚴刑，口數出錢，人不厭取。景祐元年，天下戶千二十九萬六千五百六十五，丁二千六百二十萬五千四百四十一，三分其一爲産茶州軍，内外郭鄉又居五分之一，丁賦錢三十，村鄉丁賦二十，不産茶州軍郭鄉村鄉如前計之，又第損十錢，歲計已及緡錢四十萬。榷茶之利，凡止九十餘萬緡，通商收税，且以三倍舊税爲率，可得一百七十餘萬緡，更加口賦之入，乃有二百一十餘萬緡，或更於收税則例，微加增益，即所增至寡，所聚逾厚，比於官自榷易，驅民就刑，利病相須，炳然可察。

《宋史》卷一九九《刑法志一》 至乾道時，臣僚言：紹興以來，續降指揮無慮數千，牴牾難以考據。詔大理寺官詳難，定其可否，類申刑部，以所隸事目分送六部長貳參詳。六年，刑部侍郎汪大猷等上其書，號《乾道敕令格式》，八年，頒之。當是時，法令雖具，然吏一切以例從事，法當然而無例，則事皆泥而不行，甚至隱例以壞法，賄賂既行，乃爲具例。

淳熙初，詔除刑部許用乾道刑名斷例，司勳許用獲盜推賞例，并乾道經置條例事指揮，其餘並不得引例。既而臣僚言：乾道新書，尚多牴牾。詔戶部尚書蔡洸詳定之，凡刪改九百餘條，號《淳熙敕令格式》。帝復以其書散漫，用法之際，官不暇徧閲，吏因得以容姦，令敕令所分門編類爲一書，名曰《淳熙條法事類》，前此法令之所未有也。四年七月，頒之。淳熙末，議者猶以新書尚多遺闕，有司引用，間有便於人情者。復令刑部詳定，迄光宗之世未成。慶元四年，右丞相京鏜始上其書，爲百二十卷，號《慶元敕令格式》。

理宗寶慶初，敕令所言：自慶元新書之行，今二十九年，前指揮殆非一事，或舊法該括未盡，文意未明，須用續降參酌者；或舊法元無，而後因事立爲成法者；或已有舊法，而續降不必引用者；或一時權宜，而不可爲常法者。條目滋繁，無所遵守，乞攷定之。淳祐二年四月，敕令所上其書，名《淳祐敕令格式》。十一年，又取慶元法與淳祐新書刪潤。其間修改者百四十條，創入者四百條，增入者五十條，刪去者十七條，爲四百三十卷。度宗以後，遵而行之，無所更定矣。其餘一司、一路、一州、一縣《敕》，前後時有增損，不可勝紀云。

又：〔雍熙〕三年，始用儒士爲司理判官，令諸州訊囚，不須衆官共視，申長吏得判乃訊囚。刑部張佖言：官吏枉斷死罪者，請稍峻條章，以責其明慎。始定制：應斷獄失入死刑者，不得以官減贖，檢法官、判官皆削一任，而檢法仍贖銅十斤，長吏則停任。尋置刑部詳覆官六員，專閲天下所上案牘，勿復遣鞫獄吏。置御史臺推勘官二十人，皆以京朝官爲之。凡諸州有大獄，則乘傳就鞫。陛辭日，帝必臨遣諭之曰：無滋蔓，無留滯。咸賜以裝錢。還，必召問所推事狀，著爲定令。自是，大理寺杖罪以下，須刑部詳覆。又所駁天下案牘未具者，亦令詳覆乃奏。

（宋）李燾《續資治通鑑長編》卷一四五《宋仁宗慶曆三年》 其明年，諫官余靖言：伏觀去冬十一月敕，頒定天下職田頃畝數目，令三司指揮。無職田處，及有職田而頃畝少處，并元標得山石積潦之地不可耕植者，限三年内，檢括官荒田并戶絶地土，及五年以上逃田支撥添换，以慶曆四年爲始。斯蓋陛下所以勸羣臣、養廉吏之大惠也。然朝廷舉事，當以民爲本，民患未去，官吏何安！而尚紛紛擾之？伏見淮南、江、浙經春少雨，麥田半損，蝗蝻復生；京西東、荊湖南北、廣南處處盜賊，未盡撲滅，陝西、河東輦運困苦。且庶民惶惶，失其農業，而長吏以下各營其私，憂民之心有所未至。加之檢括，寧不騷擾？況今來所定頃畝，比於舊數，三倍其多，貪吏因緣，其害甚大。伏乞朝廷特降指揮，舊有職田處，即依慶曆元年已前舊制外，其未有職田處，更候三二年，別取朝旨摽撥。

（宋）李燾《續資治通鑑長編》卷一五一《宋仁宗慶曆四年》 八月辛卯，命參知政事賈昌朝領天下農田，范仲淹領刑法，事有利害，其悉條上。初，仲淹建議：周制，三公分兼六官之職，漢以三公分部六卿，唐以宰相分判六曹。今中書，古天官冢宰也；樞密院，古夏官司馬也。四官散於羣有司，無三分兼領之重，而二府惟進擢差除循資級，議賞罰檢用條例而已。上不專三公論道之任，下不專六卿佐王之職，非法治也。臣請倣前代，以三司、司農、審官、流內銓、三班院、國子監、太常、刑部、審刑、大理、羣牧、殿前馬步軍司，各委輔臣兼判其事。凡創置新規，更改前弊，官吏黜陟、刑法輕重、事有利害者，並從輔臣予奪。其事體大者，二府僉議奏裁。臣願自領兵賦之職，如其無輔，請先黜降。

（宋）李燾《續資治通鑑長編》卷二五四《宋神宗熙寧七年》 乙未，命參知政事呂惠卿提舉編修司農條例。

審刑院詳議官賈士彥，乞差官以熙寧以來得旨改例爲斷，或自定奪，或因比附，辦定結斷公案，堪爲典刑者編爲例。又乞委官以諸州奏獄格式及敕律令文斷獄之事，裁損編載，立爲案式，頒之天下。詔刑部編定。

（宋）李燾《續資治通鑑長編》卷二九五《宋神宗元豐元年》 先是，上以國初廢大理獄非是，要見國初廢大理獄事因。以問孫洙，洙對合旨。於是中書言：奉詔開封府司、左右軍巡院刑獄，皆本府公事，而三司、諸寺監等凡有禁繫，並送三院，繫囚猥多，難以隔訊。又盛暑疾氣熏染，多致死亡，官司各執所見，吏屬苦於諮稟，因緣留滯，動涉歲時，深爲未便。參稽故事，宜屬理官，今請復置大理獄，應三司及寺、監等公事，除本司公人杖笞罪非追究者隨處裁決，餘並送大理獄結斷，其應奏者并天下奏案，並令刑部、審刑院詳斷。大理寺置卿一人，少卿二人，丞四人，專主推鞫，檢法官二人，餘悉罷。應合行事，委本寺詳具以聞。從之。台符等既受命作大理寺，凡十有七日而成。

（清）徐乾學《資治通鑑後編》卷二五《宋紀二五》 三月乙巳，客星出東南。太常丞任隨上言曰：今諫議大夫司諫正言，雖有數員，但充位尸禄而已。願陛下擇賢士，黜具臣，懸賞罰之文，立懲勸之道，其兩省諫官並准有唐故事，定其員數，優其俸給，限以遷官之年月，責以供職之否臧，其或獻替推誠，彌縫勵節，言事有裨，於時政抗章不避，於天誅則請行甄擢以勸衆焉。或尸利無慙，弼違有闕，務引腹非之咎，多致面從之諛，則請行降黜以勵衆焉。夫如是，則賢者勸惰者，激庸者，退懦者，立朝廷之士，咸願效忠而報國矣。帝覽而嘉之。己未，詔諫臣悉心獻替賞罰之典，斷在必行。

（清）徐乾學《資治通鑑後編》卷五九《宋紀五九》 八月丁丑，右諫議大夫權御史中丞楊察，兵部員外郎兼侍御史知雜事張昪並落職，察知信州，昪知濠州。察爲御史中丞，論事無所避。會詔舉御史，建言：臺屬供奉殿中，巡糾不法，必得通古今治亂良直之臣。今舉格太密，坐細故皆置不取，恐英偉之士或有所遺。何郯以論事不得實，中書問狀，察又言：御史故事許風聞，縱所言不當，自繫朝廷采擇。今以疑似之間，遽被詰問。臣恐臺諫官畏罪緘默，非所以廣言路也。察數以言事忤宰相陳執中，故坐與昪俱絀。其後鑒察御史建陽陳旭數言請其事，帝曰：頃論張堯佐事，云陛下動身克己，欲致太平，奈何以一婦人壞之？旭曰：此乃忠直之言，人臣所難也。帝曰：察又論楊懷敏，云懷敏苟得志，所爲不減，劉季述何至於此？旭曰：昪志在去惡，言之不激則聖意不回，亦不可深罪也。

（清）徐乾學《資治通鑑後編》卷八七《宋紀八七》 甲寅，詔曰：先帝講求法度，愛物仁民，而搢紳之間不能推原本意，或妄生邊事，或連起犴獄，久乃知弊。此羣言所以未息，朝廷所以懲革也。整飭風俗，修振紀綱，蓋不得已，況罪顯者已正，惡鉅者已斥，則宜蕩滌隱疵，濶畧細故。應今日以前有涉此事狀者，一切不問，言者勿復彈劾，有司毋得施行，各俾自新。同歸美俗始，鄧綰謫滁州，言者未已，太皇太后因欲下詔慰存反側，吕公著以爲宜然，遂從之。或謂公著曰：今除惡不盡，將遺患他日。公著曰：治道去太甚耳！文景之世，網漏吞舟，且人才實難，宜使自新，豈宜使自棄邪？

（清）徐乾學《資治通鑑後編》卷一二八《宋紀一二八》　丙寅，詔：福建提點刑獄陳公亮知漳州，朱熹同措置漳泉汀三州經界。熹初爲泉之同安簿，知閩中經界不行之害，至是訪問講求，纖悉備至。乃奏言：經界爲民間莫大之利，紹興已推行處，公私兩利，獨漳泉汀未行。臣不敢先一身之勞逸，而後一州之利病，竊獨任其必可行也，然必推擇官吏，委任責成，度量步畝，筭計精確，畫圖造帳，費從官給，隨産均税，特許過鄉通縣均紐，庶幾百里之内，輕重齊同。今欲每畝隨九等高下定計産錢，而合一州租税錢米之數，以産錢爲母，每文輸米幾何，錢幾何？其於一倉一庫，受納既輸之後，却視原額，分隸爲省計，爲職田，爲學糧，爲常平，各撥入諸倉庫。版圖一定，則民業有經矣。但此法之行，貧民下户固所深喜，然不能自達其情；豪家猾吏實所不樂，皆善爲説辭以惑羣聽；賢士大夫之喜安静，厭紛擾者，又或不深察而望風沮怯，此則不能無慮。帝得奏，詔：監司條具其事，且令公亮與熹協力奉行。會農事方興，熹益加講究，冀來歲行之。細民知其不擾而利於己，莫不鼓舞，而貴家豪右占田隱税，侵漁貧弱者，胥爲異論以摇之，前詔遂格。

（清）徐乾學《資治通鑑後編》卷一四六《宋紀一四六》　賈似道以國計困於造楮，富民困於和糴，思有以變法而未得其説。知臨安府劉良貴、浙西轉運使吴勢卿，獻買公田之策，似道乃命殿中侍御史陳堯道、右正言曹孝慶、監察御史虞宓、張希顔上疏言：三邊屯列，非食不飽；諸路和糴，非楮不行。既未免於廩兵，則和糴所宜廣圖；既不免於和糴，則楮幣未容縮造。爲今日計，欲便國便民而辦軍食、重楮價者，莫若行祖宗限田之制，以官品計頃，以品格計數。下兩浙江東西和糴去處，先行歸併詭析，後將官户田産逾限之數，抽三分之一回買，以充公田，但得一千萬畝之田，則每歲可收六七百萬石之米，其於軍餉沛然有餘，可免和糴，可以餉軍，可以住造楮幣，可平物價，可安富室，一事行而五利興矣。帝從之，二月丁巳，詔：置官田所，以劉良貴提領，通判陳訔爲檢閲副之。良貴請下都省，嚴立賞罰，究歸併之弊。獨給事中徐經孫條具其害，似道諷御史舒有開劾罷之。經孫嘗舉陳茂濂，至是爲公田官，分司嘉興，聞經孫去國，曰：我不可以負徐公，亦謝事，終身不起。浙西安撫魏克愚言：取四路民田立限回買，所以免和糴而益邦儲。議者非不自以爲公忠，然未見其利而適見其害。徐經孫所奏江西買田之弊甚詳，若浙西之弊則尤有甚於彼者。因歷述爲害者八事，疏奏不省。未幾，帝手詔曰：永免和糴，無如買逾限之田爲良法。然東作方興，權俟秋成，續議施行。似道憤然上疏，求去復諷何夢然、陳堯道、曹孝慶抗章留之，且勸帝下詔慰勉。帝乃趣似道出視事，且曰：當始於浙西，諸路視之爲則。似道具陳其制，帝悉從之，二省奉行惟謹。似道首以己田在浙西者萬畝爲公田倡，榮王與芮繼之，趙立奎自陳投賣。由是朝野無敢言者。

（宋）李心傳《建炎以來繫年要録》卷六七《紹興三年癸丑七月甲寅朔之八月辛亥》　癸酉，宰相吕頤浩、參知政事席益、簽書樞密院事徐俯以旱乞罷政。上親答曰：與其去位，曷若同寅協恭，交修不逮，思所以克厭天心者？頤浩等乃復視事。時上以旱故詔羣臣言闕政。禮部尚書洪擬奏曰：法行之公，則人樂而氣和；行之乖，則人怨而氣偏。試以小事論之：近時監司守臣獻羡餘則黜之，宣撫司獻則受之，是行法止及疏遠之臣也。有自庶僚爲侍從，臥家視事，未嘗入謝，遂得美職而去。若鼓院官移疾廢朝則斥罷之。是行法止及冗賤之官也。権貨立法甚嚴，犯者籍家財以充賞，而大官有勢者，連營列陣，公行酤賣，則不敢問。是行法止及孤弱之家也。小事如此，推廣而言之，則怨多而和氣傷可知矣。疏奏，上嘉納之。上因旱詔羣臣言事，此據熊克《小厤》附見，《日厤》蓋無有也，當考。

（宋）李心傳《建炎以來繫年要録》卷九六《紹興五年乙卯十二月己亥朔之戊辰》　權户部侍郎王俣言：致治之要無他，上有道揆，下有法守而已。然則守法者，有司之事也。自兵燹以來，雖案牘散亡，而嘉祐舊典、紹興新書，與夫通用專法，纖悉具存。奈何比年以來，官失其守，廢法用例，其獘滋甚。如立功之賞，不可以一揆也，彼重而此輕，則必引重以爲列；死事之澤，不可以一律也，甲多而乙少，則必引甲以爲例，以至遷轉補授之差，請給蠲減之異。如此之類，不可概舉。有司動輒援引以請，甚者巧爲附益，規紊朝聽，初則曰與例稍同，又其次則曰與例相類，一字之别，去法愈遠，不啻倍蓰什伯千萬然也。所以恩歸於下，怨集於上，人不退聽，事益增多，爲治之害，孰大於此？伏望明詔大臣，除刑寺斷例，合依舊存留照用外，其餘委官，悉取已行之例，精加詳定，有不戾於法，而可行於時者，參訂修潤，附入本例，嚴戒有司。自今伊始，悉遵成憲，毋得受理，敢有弗率，必罰無赦。詔左右司樞密院檢詳官取索措置，條具申尚書省。自南渡以來，百司日有申明，皆臨時裁決。初無定制，三省樞密院尤爲叢穴。至是趙鼎因請委都司取會前後所行之例，約爲中制，立爲定法，付之有司，遵守而行，吏無所肆其姦矣。熊克《小厤》略載此事於今年八月末，又不出俣奏請，實甚誤也。案，今年八月戊午，止是编集糧審院續降指揮，今移附此。

（宋）李心傳《建炎以來繫年要録》卷一一七《紹興七年丁巳十一月己丑朔之十二月丁亥》　十有二月庚申，禮部尚書劉大中言：浙東之民，有不舉子者，蓋自艱難以來，姦臣持不恤之説，虐用其民，爲國斂怨，民被其毒，無所赴愬。一身不恤，遑恤其他。臣嘗承乏外郡，每見百姓訴丁鹽紬絹最爲疾苦，蓋爲其子成丁，則出紬絹，終其身不可免。愚民甯殺子，不欲輸紬絹，又資財遺嫁，力所不及。故生女者例不舉，誠由賦役煩重，人不聊生所致也。望令州縣五家爲保，保内有姙娠及五月者，次第申縣，除其籍，守令滿替，以生齒增減爲殿最之首，增減甚者，取旨别行賞罰。其殺子罪賞，並依見行條法。趙鼎進呈，上曰：可嚴行禁之，朝廷法令備具，往往不能奉行，如銷金鋪翠，立法甚嚴，禁中有犯，罰俸三月，無一人敢犯者，而閩士民之家，尚有服用。如鋪翠一事，非特長奢靡之風，而殘害物命，不知其數。朕甚矜之。俟軍務少休，當更申嚴，且行下廣南、福建禁採捕者，鼎退而批旨，以大中所言送户部措置。《日曆》載大中奏疏節略生男女賜帛一段，遂失所奏本指，今具書之。八年五月庚子降旨如所奏。

《金史》卷一二《章宗紀四》　〔泰和五年〕二月己丑朔，諭按察司：近制以鎮静而知大體爲稱職，苛細而闇於大體爲不稱。由是各路按察以因循爲事，莫思舉刺，郡縣以貪黷相尚，莫能畏戢。自今若糾察得實，民無冤滯，能使一路鎮静者爲稱職。其或煩紊使民不得伸愬者，是爲曠廢。

《金史》卷一〇七《高汝礪傳》　〔泰和〕六年六月，拜户部尚書。時鈔法不能流轉，汝礪隨事上言，多所更定，民甚便之，語在《食貨志》。上嘉其議，勑尚書省曰：内外百官所司不同，比應詔言事者不啻千數，俱不達各司利害，汗漫陳説，莫能詳盡。近惟户部尚書高汝礪，論本部數事，並切事情，皆已行之。其論内外百司各究利害舉明，若可舉而不即申聞，以致上司舉行者，量制其罰。

（清）徐乾學《資治通鑑後編》卷一五五《元紀三》　三月甲午，行至元鈔。僧格以交鈔及中統元寶行之既久，物重鈔輕，遂建議更造至元鈔行之。自一貫至五十文，凡十有一等，每一貫文視中統鈔五貫文，子母相權，要在新者無冗，舊者無廢。凡歲賜、周乏、餉軍，皆以中統鈔爲准。時詔集百官於刑部議法，趙孟頫亦與焉，衆欲計至元鈔二百貫贓滿者死。孟頫曰：始造鈔時，以銀爲本，虚實相權。今二十餘年間，輕重相去，至數十倍，故改中統爲至元。又二十年後，至元鈔必復如中統，使民計鈔抵法，疑於太重。古者，以米絹民生所須，謂之二實，銀錢與二物相權謂之二虚，四者爲直，雖升降有時，終不大相遠也。以絹計贓，最爲適中，況鈔乃宋時所創，施於邊郡，金人襲而用之，皆出於不得已。乃欲以此斷人死命，似不足深取也。或以孟頫年少，初自南方來，譏國法不便，意頗不平，責之曰：今朝廷行至元鈔，故犯法者以是計贓論罪，汝以爲非，豈欲沮格至元鈔耶？孟頫曰：法者，人命所係，議有重輕，則人不得其死矣。孟頫奉詔與議，不敢不言，今中統鈔虚，故改至元鈔，謂至元鈔終無虚時，豈有是理？公不揆於理，欲以勢相陵，可乎？其人有愧色。

（明）陳邦瞻《元史紀事本末》卷七《阿合馬桑盧之奸》　二十六年〔己丑、一二八九〕十二月，紹興路總管府判官白絜矩言：宋宗室居江南非便，宜悉遷京師。桑哥以聞。擢絜矩爲尚書省舍人，遣詣江南，發兼併户偕宋宗室至京師。既而江淮行省言：江南之民方患增課、料民、括馬之苦，今此舉必致人心摇動，宜且止。從之。時桑哥專政，法令苛急，四方騷動。程鉅夫入朝，上疏曰：臣聞天子之職，莫大於擇相；宰相之職，莫大於進賢。苟不以進賢爲急，而惟以殖貨爲心，非爲上爲德、爲下爲民之意也。昔漢文帝以决獄及錢穀問丞相周勃，勃不能對。陳平進曰：陛下問决獄責廷尉，問錢穀責治粟内史。宰相上理陰陽，下遂萬物之宜，外鎮撫四夷，内親附百姓。觀其所言，可以知宰相之職矣。今權奸用事，立尚書鉤攷錢穀，以剥割生民爲務，所委任者率皆貪饕邀利之人。江南盜賊竊發，良以此也。臣竊以爲宜清尚書之政，損行省之權，罷言利之官，行恤民之事，於國爲便。桑哥大怒，羈留京師不遣，奏請殺之，凡六奏，帝〔皆〕據《元史》一七二《程鉅夫傳》、《續綱目》、《薛鑑》補。不許。

《明史》卷一五《孝宗紀》 〔弘治十八年〕二月戊辰，御奉天門，諭戶、兵、工三部曰：方今生齒漸繁，而戶口、軍伍日就耗損，此皆官司撫卹無方，因仍苟且所致。其悉議弊政以聞。

《明史》卷二一《神宗紀二》 〔萬曆四十年〕夏五月己巳，諭吏部都察院：年來議論混淆，朝廷優容不問，遂益妄言排陷，致大臣疑畏，皆欲求去，甚傷國體。自今仍有結黨亂政者，罪不宥。

《明神宗實録》卷六《隆慶六年十月》 兵科給事中李熙陳阜財五事：一曰賑窮民，一曰優富民，一曰驅游民，一曰禁末作之民，一曰抑刁訟之民。其優富民，言貪墨之吏以富民爲奇貨，誅求朘削，靡所不至，廉吏又矯枉過正，摧抑之，困辱之，或罹小罪必重坐以破其家，明知含冤，必故入以傾其產，自謂有搏擊之能，無賄囑之染。間有存心公恕，意在平反者，則果以疑似之嫌，爲上司所摘，謗議紛然。官民俱敗，矯枉之吏益得借口，肆毒貧者。既不能明之使富，富者又不能全之，使同歸于貧，閭閻愈空，國將何賴其抑刁民？言民之破產，繇多訟所致，奸民巧捏虛情，牽誣良善，不才有司，利其可資魚獵，一概收受，又委訊鞫於佐領，寄耳目于胥隸，衙門詐索，百端贓贖，比追無已，坐罪未明，身已斃，納贖未竟，業已傾。民命既傷，民力愈困，誠使爲民牧者以忠厚恭遜訓率其民，減省詞訟，不肯溢受，則齊民安業，淳風可還，其他三事，言亦剴切。疏下戶部多覆行之。

（明）俞汝楫《禮部志稿》卷三《聖訓·宣宗章皇帝·興學之訓》 宣德二年四月，行在禮部奏：天下歲貢生員考試不中，發回原學肄業，以待再試。教官提調官如例責罰。上曰：此輩在學，若府縣官勤於提督，教官勤於訓誨，未必無成。泰山之溜，可以達石，何況於人？今上下偷安，虛度日月，是以臨文不知所措，循例責罰，薄示儆耳。宜令內外風憲者程督之，考其勤惰，明示勸懲，庶幾教學有成，國家得用。

（明）俞汝楫《禮部志稿》卷四《聖訓·英宗睿皇帝·宗室之訓》 正統十年九月，書於秦王志潔曰：先因紀善、陳彬等奏承奉劉全等從事不法事情，已提全等至京，命法司審實。姑舉其尤者言之：山川壇奉神之所乃折其獸吻修蓋殿宇，宜川王至親不容入府拜廟，啟事儀賓爲國貴戚，發塚開棺，焚其尸體，承奉副係王府內臣，逼抑自縊，紀善輔導之官，拔其鬚髮，并侯介毆死軍餘四人，及哄誘軍民子弟自宮之類，不可悉數。劉全、侯介皆國法所必誅者，餘悉從寬以全其生。然全等恃恩玩法，挾勢作威，如此未審，王知否也？不知則爲不明，知之則爲縱惡，皆於祖宗有違。朕念王室宗至親，素稱恭謹，兹必小人蔽惑所致，復覽奏章，具見追悔至情，今特置不問。自今宜謹遵祖宗大法，恪履先王大道，親近正人，嘉納善言，無惑於羣小，無自蹈非義，庶有光藩屏保國於悠久，亦不致下人指議。此朕保全親親，言出致愛，其兵馬指揮劉鑑姑宥其罪，令回府中成禮，并內使郭縉等十一人俱免罪遣還，以備使令，均此奉報。

（明）俞汝楫《禮部志稿》卷一六《儀制司職掌·王國禮·禁例》 弘武十二年，議準撫按并三司以下衙門，如遇各長史司傳到一切令旨，須看詳計議，當施行者即爲施行。若事情重大，會奏請旨，其長史司官奉王令旨行事，務要停當，有窒礙難行者當竭忠諫止。如有懷姦倚勢，撥置親王以售私情害地方者，撫按三司等官會同參奏治罪。

《皇朝文獻通考》卷二〇七《刑考十三·詳讞平反》 七年，命閣臣詳閱刑案，酌加雙籤，奉諭讞獄必依乎律，而其中情節不一，又當絫酌核擬，期歸平允。朕於刑部所奏重犯，其中稍有一綫可原者，或降旨從寬末減，或交九卿定議，皆於法外原情以示矜恤。但日理萬幾，恐披閱一時未周，照籤批發，雖論法不枉而原情較疎矣。嗣後，刑部進呈本章及秋審各案，著大學士詳閱，其中有應加覆核者，即擬寫雙籤，並將情節聲明進呈，待朕酌量則周密慎重，益可副朕哀矜庶獄之意。定調姦未成致本婦羞忿自盡者，由情實改緩決之例。奉諭，節烈之婦祀于其鄉，所以旌善端化，樹之風聲也，其致死本婦之犯，法無可貸。是以乾隆五年，福建秋審蕭充一案，該撫擬以情實，九卿改爲緩決。朕曾降旨申飭，蓋以烈婦之死，由於該犯之調戲，若輕入緩決，非所以重名教而端民俗也。今正值九卿秋審之時，其在蕭充以前定爲緩決之案，此番毋庸改爲情實。其在乾隆五年以後，此等案件各省多入情實，九卿執法自不得輕擬，但強姦未成，本婦因調戲而羞忿自盡者，其中情形不一。朕辦理勾到之時，自有權衡，如果有一綫可原者，當免勾，既經一次勾到之後，下年即可改爲緩決。如係停止勾決之年入情實者，下年不得即改爲緩決。又勅督撫詳讞，毋得妄臆寬嚴。奉諭今年朝審秋審情實案件，因兩年停刑，是以勾決者較往時爲多，此皆九卿公同議定之成讞。朕於刑部進招册之後，逐加詳閲，及勾到時又與大學士、刑部堂官等再三推究，凡有一綫可生者，姑且從緩，必求其生而不得，然後置之於法。在朕心惟期至當至平，並非有意從嚴，而如此辦理也。但恐外省督撫揣摩觀望之習，不能盡除。見今年勾決之人稍多，遂妄臆朕意在嚴，承辦刑獄相率而趨于刻覈，則大違朕之本懷。若見此諭，或又以朕意有寬，相率而流於姑息，則更非明允之道。特頒此旨諭各省督撫知之。

（清）王先慎《韓非子集解·説難》 昔者彌子瑕有寵於衛君。衛國之法，竊駕君車者罪刖。先慎曰：《治要》刖作跀，下同。彌子瑕母病，人聞，有夜告彌子，【略】彌子矯駕君車以出。【略】君聞而賢之，曰：孝哉！爲母之故，忘其犯刖罪。先慎曰：各本無犯字，盧文弨云：《選》注引作犯跀罪。跀，古刖字。案：此書《外儲説左下》跀危生子皋，作跀字，此與上文罪刖亦當本作跀，後人改之。《史》作而犯刖罪。先慎按：《治要》、《藝文類聚》引作犯刖罪，是唐人所見皆有犯字，今據補。異日與君遊於果園，食桃而甘，不盡，以其半啗君。先慎曰：【略】君曰：愛我哉！忘其口味，以啗寡人。及彌子色衰愛弛，得罪於君，君曰：是固嘗矯駕吾車，又嘗啗我以餘桃。先慎曰：【略】故彌子之行未變於初也，先慎曰：【略】而以前之所以見賢而後獲罪者，盧文弨曰：【略】愛憎之變也。故有愛於主，則智當而加親；有憎於主，則智不當見罪而加疏。故諫説談論之士，不可不察愛憎之主而後説焉。

（宋）蘇轍《欒城集》卷三六《右司諫論時事十首·乞更支役錢雇人一年候修完差役法狀》 右臣伏見二月九日，三省樞密院劄子節文：應天下免役錢一切並罷，其諸色役人並依熙寧元年以前舊法人數定差，更乞指揮諸縣官吏看詳。若依今來指揮，別無妨礙，即便依此施行，若有妨礙，致施行未得，限敕到五日內，具利害擘劃申本州，本州限一季聞奏。奏到各隨宜修改，奉聖旨依奏。臣看詳上件指揮，大綱已得允當，其間節目頗有疎略差誤，未易一一具言，全在有司節次修完。近見開封府奏，開祥兩縣於數日之內，依舊役法人數差到役人。臣竊惟自罷差役至今，僅二十年，乍此施行，吏民皆未習慣。兼差役之法關涉衆事，根牙盤錯，行之徐緩，乃得詳審。若不窮究首尾，忽遽便行，但恐既行之後，別生諸弊。臣竊見州縣役錢，所在例有積年餘剩。今年夏料雖已放罷，舊餘剩錢猶足支數年。欲乞朝廷指揮，將見在役錢且依舊雇役，盡今年而止。却於今年之內，催督諸處審議差役，令的確可行，更無弊害，然後於今冬迤邐差撥起自來年役使鄉戶。一則差役條貫既得審詳，既行之後，無復人言；一則將已納役錢，一年雇役，民力紓緩，進退皆便。臣深恐諸道以爲朝廷已行之命，降到即行，雖有妨礙，更不陳述，致差役之條未盡其利。若朝廷以臣此言可用，欲乞下三省疾速施行。謹録奏聞，伏候敕旨。

（明）王守仁《王文成公全書》卷二八《文録續編·辯誅遺姦正大法以清朝列》 南京兵部尚書臣王某謹奏，爲誅遺奸，正大法，以清朝列事。嘉靖元年十月初十等日，准南京兵部咨，准都察院咨，該巡按廣西監察御史張鉞奏，爲前事，題奉聖旨是：這所劾張子麟事情，還着王守仁、伍希儒、伍文定看了，上緊開具明白，奏來定奪，欽此。又准該部咨，准都察院咨該丁憂刑部尚書張子麟奏，爲辯汚枉清名節，以雪大冤事，題奉聖旨是：張子麟所奏事情，着王守仁等一併看了來説，欽此。俱欽遵外，方在哀經之中，憂病哀苦，神思荒憒，一切世務，悉已昏迷惚，奉命震悚。旋復追惟，臣先正德十四年六月初六日，奉敕前往福建查處聚衆謀反等事。本月十五日，行至豐城地方，適遇寧藩之變，倉卒脱身，誓死討賊。十八日回至吉安，督同知府伍文定等起兵。七月二十日，引兵收復南昌。二十三日，宸濠還救。二十六日，宸濠就擒，其時餘黨尚有未盡，百務叢集，臣因先令各官分兵守視王府各門。至月初五六間，始克率同御史伍希儒，知府伍文定等入府，按視宮殿庫藏諸處。其間未經燒毀者，重加封識，以俟朝命；已被殘壞者，分令各官逐一整檢。有刑部尚書張子麟啟本一封，衆共開視，云是胡世寧招詞。臣當與各官商説，此等公文書啟之類，皆在宸濠未反數年前事，雖私與交往，不爲無罪，而反逆之舉，未必曾與通謀。況此交通之人，今或多居禁近，分布聯絡，若存此等形迹，恐彼心懷疑懼，將生意外不測之變。且慮憸人因而點綴掇拾，異時根究牽引，奸黨未必能懲，而忠良或反被害。昔人有焚吏民交關文書數千章，以安反側之心者，今亦宜從其虜，以息禍端。遂議與各官公同燒毀。後奉刑部題奉，欽依。原搜簿籍，既未送官封記收掌，又事發日久，別生事端，委的真僞難辯，無憑查考。着原搜獲之人盡行燒毀，欽此。欽遵。外臣等莫不仰嘆聖主包含覆幬之量，範圍曲成之仁，可謂思深而慮遠也已。以是臣等不復爲言，且謂朝廷扵此等事，既已一槩宥畧，與天下洗滌更始矣。今御史張鉞風聞其事，復有論列，是亦防閑爲臣之大義，效忠扵陛下之心也。尚書張子麟力辯其事，而都察院覆奏，以爲世寧之獄，悉由該院，與子麟無干，則誠亦曖昧難明之跡。今臣等亦不過據事直言其實耳，豈能別有所查訪。然以臣愚度之，嘗聞昔年宸濠奸黨，爲之經營布置扵外，往往亦有詐爲他人書啟，歸以欺濠而罔利者。則此子麟之啟，無乃亦是類歟？不然子麟身爲執法大臣，非一日矣，縱使與濠交通，豈畧不知有畏忌，而數年之前，輙以肆然稱臣扵濠耶？夫人臣而懷二心，此豈可以輕貸？然亦加人以不忠之罪，則亦非細故矣。此在朝廷必有明斷。臣偶有所見，亦不敢不一言之。緣奉欽依：這所劾張子麟事情，還着王守仁、伍希儒、伍文定看了，上緊開具明白奏來定奪；及張子麟所奏事情，着王守仁等一併看了來説事理。爲此具本差舍人李昇親賫奏聞，伏候勑旨。

雜録

（宋）金履祥《資治通鑑前編》卷一　竄三苗于三危。西裔也，《隋書》曰：黨項羌者，蓋三苗之後也。其種有宕昌白狼，皆自稱獮猴種，東接臨洮西平，西接葉護，南北數千里。三危，山名，舊云沙州，燉煌縣東四十里卑兩山是，然三危乃因山以名，其地不必拘曰居北山也。《吕刑》曰：若古有訓，蚩尤惟始作亂，延及于平民，罔不寇賊，鴟義姦宄，奪攘矯虔。苗民弗用靈，制以刑，惟作五虐之刑曰法。殺戮無辜，爰始淫爲劓刵椓黥，越茲麗刑并制，罔差有辭。民興胥漸，泯泯棼棼，罔中于信，以覆詛盟。虐威庶戮，方告無辜于上。上帝監民，罔有馨香德，刑發聞惟腥。皇帝哀矜庶戮之不辜，報虐以威，遏絶苗民，無世在下。乃命重黎，絶地天通，罔有降格。《楚語》曰：少皞之衰也，九黎亂德，民神雜揉，不可方物。夫人作享，家爲巫史，無有要質，民瀆齊盟，無有嚴威，禍災荐臻，顓頊受之，乃命南正重司天以屬神，火正黎火當作北司地以屬民，使復舊常，無相侵瀆，是謂絶地天通。其後三苗復九黎之德。

履祥按：諸儒言書者，稱苗民繼蚩尤之暴，而《楚語》稱三苗復九黎之德。孔安國遂謂：蚩尤爲九黎之君，夫蚩尤，炎帝之末諸侯也。九黎，少昊之末諸侯也，其時相去遠矣。孔氏合而言之，故説者疑辨特詳，然皆不得書之意。夫《吕刑》之書爲訓刑者也，則推所以立刑之由。《楚語》觀射父爲絶地天通而言也，則推巫鬼之由。推立刑之由，則本蚩尤之爲亂；推巫鬼之由，則述九黎之爲昏。上古之世，其民淳朴，在下無罪，在上無刑，至蚩尤始爲亂，延及平民，無不寇賊鴟義，奸宄奪攘，于是聖人矯正而虔劉之，此刑之所爲作也。刑以制亂，非有國者所尚也，不得已而後用之爾！而有苗遂並刑以爲虐民，始有不得其生者矣。於是罔中于信以覆詛盟，而誣祝之事興焉！巫祝之事，蓋九黎之遺習也。《吕刑》、《楚語》所指不同，學者多合而言之，其失久矣。

（宋）金履祥《資治通鑑前編》卷二　帝曰：皐陶，蠻夷猾夏，寇賊姦宄，汝作士，五刑有服，五服三就，五流有宅，五宅三居，惟明克允。朱子曰：夏明而大也，中國文明之地，故曰華夏。刼人曰寇，殺人曰賊，在外曰姦，在内曰宄。士，理官也。服，服其罪也。三就，孔氏以爲大罪於原野，大夫於朝，士於市，不知何據。竊恐惟大辟棄之於市，宮辟則下蠶室，餘刑亦就屏處。蓋非死刑，不欲使風中其瘡誤而至死，聖人之仁也。五流五等，象刑之當宥者也。五宅三居者，流雖有五而宅之，但爲三等之居也，孔氏以爲大罪居於四裔，次則九州之外，次則千里之外。雖亦未見其所據，大槩當畧近之，此亦因禹之讓而申命之。前后稷養之，司徒教之，其不化者則有士師之刑猾亂也。謂蠻夷之氣習汙染華夏，於是有寇賊姦宄也，皐陶爲士舊矣。至此聖人又制爲三就三居之等，惟明克允，蓋折獄不明，豈能當其罪而服人心？此最聖人之要旨。舊説二十二人不言兵政，蓋總皐陶掌刑之職，故蠻夷猾夏苗頑不率帝舜，皆以委皐陶。古者封建之世，亦無大夷狄；聖人在上亦無大征代，故外以蠻夷委州牧，内以委刑官。所謂大刑用甲兵也，兵藏于田賦，徒衆掌于司徒，戎器制于共工，馬政兼於朕虞，則兵政無專官，自不廢事。

（宋）金履祥《資治通鑑前編》卷四　爾尚輔予一人，致天之罰，予其大賚汝！爾無不信，朕不食言。爾不從誓言，予則孥戮汝，罔有攸赦。

蔡氏曰：禹之征苗曰：爾尚一乃心力，其克有勳。至啓則曰：用命賞于祖，不用命戮于社，予則孥戮汝。此又益以朕不食言，罔有攸赦，亦可以觀世變矣。

履祥按：讀《湯誓》者有三疑焉。疑王曰以爲追書也，疑亳衆之怨后不恤也，疑大賚孥戮之爲已薄也。夫湯武之稱王，説者多矣。有謂文王受命稱王，至武王稱王，凡十有一年者，疑湯亦然。有謂民無二王，桀紂未絶則未可，王者《湯誓》《秦誓》之稱王，盖追書也。至於蘇氏則曰：商周之王不王，不係於桀紂之存亡也。愚謂受命稱王之久，其説失之僭，而桀紂未絶，未王之説則又失之拘，至蘇氏之説不拘矣，然通而無制也。夫湯武興師之時，是即受命之日。張子所謂此事間不容髮，一日之間天命未絶則爲君臣，天命既絶則爲獨夫者，其在此時乎？夫天命已屬，師徒既興，則桀紂即獨夫矣。豈獨南巢之後，牧野之餘，而天命始絶哉？且湯武既已興師矣，而猶自稱曰諸侯，以令於衆，則是以諸侯而伐天子，名實俱不可也。然則稱王誓衆，理固然也，而必謂史臣追書，不幾于嫌聖人而文之哉！然則弔伐之師義也，而亳衆有不恤之怨，何也？曰：自亳衆而觀則如在春風，如在慈母，不知有天下之暴亂也。自夏衆而觀則如水已溺，如火將焚，不可無聖人之拯救也。故在此之怨雖曰：我后不恤，舍我穡事。而在彼之怨則又曰：徯我后奚爲，後我觀成湯辨曉之辭，首之曰：汝曰我后不恤我衆，舍我穡事而割正夏。予畏上帝不敢不正，盖亳衆知己事之小，而不知天意之大。在聖人則不可不順天也。繼之曰：今，汝其曰夏罪其如台，夏王率遏衆力率割夏，邑有衆率怠弗，協曰：予及汝皆亡，夏德若茲。今朕必往，盖亳衆知商邑之安，而不知夏民之危，在聖人則不可不救民也。常情敝於苟且，聖人迫於天命，此其所以不同而已。至若重賞而慮其不信，嚴刑而至於孥戮，則以亳衆久安，喜逸惡動。夫用久安惡動之民，非重賞以誘之，嚴刑以驅之，它事且不可，况以之戰而濟其弔伐之義哉！然此亦誓師之令，不得不云爾，凡執禁以齊衆，不赦過，此軍律也。而遽引罪人不孥以病之，皆未可與語聖人之意也。

（宋）金履祥《資治通鑑前編》卷四 敷求哲人，俾輔于爾後嗣。制官刑，儆于有位。曰：敢有恒舞于宮，酣歌于室，時謂巫風；敢有殉于貨色，恒于遊田，時謂淫風；敢有侮聖言，逆忠直，遠耆德，比頑童，時謂亂風。惟茲三風十愆，卿士有一于身，家必喪；邦君有一于身，國必亡。臣下不匡，其刑墨，具訓于蒙士。上文言創業之事，此又言垂統之道，以警太甲也。太甲上繼先王之德，必戒一己之病，其病安在，先王所戒詳矣。昔先王求哲人以輔後嗣，而又制官刑以警有位，然其爲戒則亦言言藥石，人主尤不可忽也。故因舉以戒太甲焉。官刑之儆，隔句韻語，末句箴體，此成湯所作以箴有國家者，常使人誦之也。殉，隨死之謂殉。謂其以身發財，忘生縱慾也。比頑童與遠耆德相反，謂媟，近頑冥少年之人，《國語》史伯常譏幽王近頑童窮困。注謂童昏窮陋之人也。卿士有家，邦君有國，有一于此，足以致喪亡而况于天子乎。其責尤重而迹尤危矣，具訓于蒙士。盖古人有國家者常使瞽誦詩工誦箴諫。蒙，即矇也。謂使蒙士誦之以爲戒也。或云：自其爲童蒙之初，固已訓之，以此盖養正於初也。此伊尹所即之以告幼君也，此已防其縱慾之漸矣。

（宋）金履祥《資治通鑑前編》卷五 十有三祀釋西伯，西伯獻洛西之地，請除炮烙之刑，遂賜西伯弓矢鈇鉞，使專征伐。《大紀》曰：周之臣子日夜憂懼，謀救其君父者無所不至。竭國中珍寶良馬，使閎夭太顛來獻，諸侯憂懼入見，請昌，葢是時西有昆夷之患，北有玁狁之難，紂乃召昌，釋之。因獻洛西之地，請除炮烙之刑。紂大喜，許之，賜之弓矢鈇鉞，使專征伐，爲西方諸侯伯。按：諸家之説不一，亦多淺陋，惟《大紀》所載於事勢爲當，今從之。《大紀》論曰：君子小人之不可相處，如水火也，况文王大聖受辛下愚乎？惟文王致紂敬信得專征伐，紂雖名爲天子，其實與天下諸侯及萬民均入化育之中矣。此文王受命之實也，先儒不識天道，乃以改元稱王爲受命，陋之甚也。文王得征代之柄，九年而薨，故《秦誓》曰：皇天震怒，命我文考，肅將天威。惟九年大統未集，既曰大統未集，則安有改元稱王之事。先儒不本經文推原義理，而妄生此論，是以文王爲曹操、司馬懿之流矣。吁，操與懿尚不改元稱帝而謂文王爲之，甚哉！《史記》曰：紂賜西伯弓矢鈇鉞，使得征伐，爲西伯，而用費中爲政，費中善諛好利，殷人弗親。紂又用惡來惡善毁讒，諸侯以此益疏。西伯歸，修德行善，諸侯多叛紂歸西伯，西伯滋大。《傳》曰：文王率殷之叛國以事紂。

（宋）金履祥《資治通鑑前編》卷七 欽哉！往敷乃訓，慎乃服命，率由典常，以蕃王室，弘乃烈祖，律乃有民，永綏厥位。毗予一人，世世享德，萬邦作式，俾我有周無斁。嗚呼！往哉惟休，無替朕命。此以下勉戒之。服，謂上公九旒；九章之服命，謂上公九命。凡車旗獻享之節也，宋王者之後，得用天子禮樂于先王之廟。然宋公之命服則不可不謹也，微子之賢不待戒，然周室傷武庚之亂，爲後世慮，亦所以全宋也。故勉之戒之加詳焉。世世享德，萬邦作式，傳所謂諸侯宋魯。于是乎觀禮，葢禮守先代爵爲上公，亦諸侯之倡也。無斁，不厭也。《書序》曰：成王既黜殷命，殺武庚，命微子啓代殷復。左氏曰：宋先代之後也，天子有事膰焉，有喪拜焉。《路史》曰：弔其民，誅其君而乃立其子，獨不以其將不利而廢之，此周之至德也。至于周公謾使管、蔡監商，監之云者，所以制止其沈湎淫奔之俗，而納之道爾。土地人民，猶我之有，固非利其國而欲之，如宇文之于蕭氏也。及武庚之作難，三監淮奄並起應之，當此之時，周之事亦洶矣，周公于是濯征龕伐至久而後克之。茲宜深監武庚之事，而乃更立商王之元子，夫以微子之賢吾君之子，而商人父師之，顧乃使之代商後。

（明）楊士奇《歷代名臣奏議》卷一五〇《求賢》 吴與楚戰於柏舉，

三戰入郢，君王身出，大夫悉屬，百姓離散。棼穀結闘於宮唐之上，舍闘奔郢曰：若有孤，楚國社稷其庶幾乎？遂入大宮，負雞一本作離次之典，以浮於江，逃於雲夢之中。昭王及郢，五官失法，百姓昏亂，棼穀獻典，五官得法，而百姓大治。

《史記》卷六八《商君列傳》 孝公既用衛鞅，鞅欲變法，恐天下議己。衛鞅曰：疑行無名，疑事無功。且夫有高人之行者，固見非於世；有獨知之慮者，必見敖於民。愚者闇於成事，知者見於未萌。民不可與慮始而可與樂成。論至德者不和於俗，成大功者不謀於衆。是以聖人苟可以彊國，不法其故；苟可以利民，不循其禮。孝公曰：善。甘龍曰：不然。聖人不易民而教，知者不變法而治。因民而教，不勞而成功；緣法而治者，吏習而民安之。衛鞅曰：龍之所言，世俗之言也。常人安於故俗，學者溺於所聞。以此兩者居官守法可也，非所與論於法之外也。三代不同禮而王，五伯不同法而霸。智者作法，愚者制焉；賢者更禮，不肖者拘焉。杜摯曰：利不百，不變法；功不十，不易器。法古無過，循禮無邪。衛鞅曰：治世不一道，便國不法古。故湯武不循古而王，夏殷不易禮而亡。反古者不可非，而循禮者不足多。孝公曰：善。以衛鞅爲左庶長，卒定變法之令。

《漢書》卷五《景帝紀》 〔中元五年〕九月，詔曰：法令度量，所以禁暴止邪也。獄，人之大命，死者不可復生。吏或不奉法令，以貨賂為市，朋黨比周，以苛為察，以刻為明，令亡罪者失職，朕甚憐之。有罪者不伏罪，姦法為暴，甚亡謂也。諸獄疑，若雖文致於法而於人心不厭者，輒讞之。

《漢書》卷七四《魏相傳》 今聞諸將軍欲興兵入其地，愚臣不知此兵，何名者也？今邊郡困乏，父子共犬羊之裘，食草萊之實，常恐不能自存，難以動兵。軍旅之後，必有凶年。言民以其愁苦之氣，傷陰陽之和也。出兵雖勝猶有後憂，恐災害之變因此以生。今郡國守相多不實選，風俗尤薄，水旱不時。案今年計，子弟殺父兄，妻殺夫者，凡二百二十二人。臣愚以為此非小變也。今左右不憂此，乃欲發兵報纖介之忿於遠夷，殆孔子所謂：吾恐季孫之憂不在顓臾，在蕭牆之內也。

《三國志》卷三五《蜀志・諸葛亮傳》 宮中府中，俱為一體，陟罰臧否，不宜異同。若有作姦犯科及為忠善者，宜付有司論其刑賞。以昭陛下平明之理，不宜偏私，使內外異法也。

〔晉〕常璩《華陽國志》卷三《蜀志》 成都縣郡治有十二鄉，五部尉。漢戶七萬，晉三萬七千，名難治。時廣漢馮顥為令，而太守京兆劉宣不奉法令，顥奏之，立文學學徒八百人，實戶口萬八千，開稻田百頃，治蹟尤異。後有廣漢劉寵為令，大姓恣縱，諸趙倚公，故多犯法。濮陽太守趙子真父子強橫，寵治其罪，莫不震肅。郫民陽伯侯奢侈，大起塚營，因寵為郫令，伯侯遂徙占成都，寵復為成都，豪右敬服。

《魏書》卷八九《酷吏傳》 淳風既喪，姦黠萌生；法令滋章，刑禁多設。為吏罕仁恕之誠，當官以威猛為濟。魏氏以戎馬定王業，武功平海內，治任刑罰，肅厲為本，猛酷之倫，所以列之今史。【略】

史臣曰：士之立名，其途不一，或以循良進，或以嚴酷顯。故寬猛相資，德刑互設，然不嚴而化，君子所先。于洛侯等為惡不同，同歸於酷。肆其毒螫，多行殘忍。賤人肌膚，同諸木石；輕人性命，甚於芻狗。長惡不悛，鮮有不及。故或身嬰罪戮，或憂恚顛隕。異途皆斃，各其宜焉。凡百君子，以為有天道矣。

《北史》卷三七《薛安都傳》 至如并州釁逆，須有甄明，若楊諒實以詔命不通，慮宗社危逼，徵兵聚衆，非為干紀，則當原其本情，議其刑罰，上副聖主友于之意，下曉愚人疑惑之心。若審知外內無虞，嗣后纂統，而好亂樂禍，妄有覬覦，則管、蔡之誅，當在於諒。同惡相濟，無所逃罪，梟縣孥戮，國有常刑。遂使籍沒流移，恐為冤濫。恢恢天網，豈其然乎！罪疑從輕，斯義安在！昔叔向置鬻獄之死，晉國所嘉；釋之斷犯蹕之刑，漢文稱善。羊舌寧不愛弟，廷尉非苟違君，懼以執法無私，不容輕重。

《北史》卷四一《楊播傳》 後除朔州刺史，在州為廷尉奏椿前為太僕卿，招引百姓，盜種牧田三百四十頃，依律處刑五歲。尚書邢巒據正始別格，奏罪應除名，注籍盜門，同籍合門不仕。宣武以新律既班，不宜雜用舊制，詔依斷，以贖論。

〔唐〕王方慶《魏鄭公諫録》卷一《諫簡點中男入軍》 簡點使出，右僕射封德彝等並欲令取中男，敕三四出。公執奏不可，德彝重奏稱：

今見簡點使云：中男内大有壯者。太宗怒，乃出敕：中男雖未十八，身形壯大，亦取。公又不肯署敕。太宗召公，作色讓之曰：男若實小，不點入軍，若實大，是其詐妄，依式點取，於理何妨耶！如此固執，不解卿意。公正色曰：臣聞竭澤而漁，非不得魚，明年無魚；焚林而畋，非不獲獸，明年無獸。若中男以上，盡點入軍，租賦雜徭，將何取給？然比年來，國家衛士，不堪攻戰，豈為其少耶？但為禮遇失所，遂使人無鬬志。若多點取人，還充雜役，其數雖多，終是無用。若精簡壯健，遇之以禮，人百其勇，何必在多？陛下每云我之為君，以誠信待物，欲使官人百姓並無矯偽之心。自登極以來，大事三數件，皆是不信，復何取信於人？太宗愕然，曰：所云不信，是何等也？公曰：陛下初即位，詔書云：逋租宿債，欠負官物，並悉原免。即令所司列為事條，秦府國司，亦非官物。陛下自秦王為天子，國司不為官物，其餘官物復將何有？又關中免二年租賦，關外給復一年，百姓蒙恩，無不欣悦。尋更有敕云：今年白丁多以役訖，若從此放免，便是虚荷國恩；若已折已輸，並令總納，所免者皆以來年為始。散還之後，方更徵收，百姓之心不能無怨。已徵得物，便點入軍，來年為始，何所取信？又共理所寄，惟在縣令刺史當年檢閲，《貞觀政要》常年貌税。並悉委之。至於簡點，即疑其詐偽，望下誠信，不亦難乎？太宗曰：朕向見卿固執，疑卿蔽於此事，今論國家不信，乃是人情不通。朕不審思，過亦深矣，行事往往如此，天下若為致化？乃停取中男，賜金甕一口。

（唐）王方慶《魏鄭公諫録》卷一《諫斬叱奴騭》 侍御史張仲素奏：慶州樂蟠縣令七奴騭盗用官倉，案驗竝實。太宗令斬之。中書舍人楊文瓘奏：據法，不合死。太宗曰：倉糧，朕之所重，若不加法，恐犯者滋多。公諫曰：陛下設法，與天下共之，今若改張，人將法外畏罪，更復有重者，又何以加焉？太宗從之。

（唐）王方慶《魏鄭公諫録》卷一《諫聽諫與貞觀初不同》 太宗御兩儀殿謂公曰：朕比來所行得失，所布政化，何如昔年？對曰：若威之所加，遠夷朝貢，比於貞觀之始，不可等級而論；若德義潛通，人心悦服，比於貞觀之初，相去又亦甚遠。太宗曰：遠夷來朝，應由德義所加。德義不如昔時，功業何以得益？公曰：昔者四方未定，常以德義為心；今以海内無虞，漸更驕奢自溢。所以功業雖盛，終是不如往時。太宗曰：今所行與往前何以為異？公曰：貞觀之初，恐人不言，導之使諫；三年以後，見人諫争，悦而從之；四年以來，不悦人諫，雖僶俛聽受而終有難色。太宗曰：於何事如此？公遂指陳之曰：即位之初，處元律師罪死，孫伏伽諫曰：法不至死，無容濫加。遂賜蘭陵公主園，准錢百萬。或曰：所言尋常而所賞太厚。答曰：我即位以來，未有諫者，所以賞之。此導之使言也。某州司戶參軍柳雄於隋資妄加等級，人有言之者，陛下令其自首，不首，當與死罪。遂固言是真，竟不肯首，大理推得其偽，將處雄死。少卿戴胄奏云：法止合徒。陛下曰：我已與其斷當，但與死罪。胄曰：陛下即不時殺，非臣所及，付臣法司，法不合死，不敢酷濫。陛下作色遣殺，胄争之不已，至於四五，然後欣然赦之。曰：曹司但能為我作如此守法，豈畏濫有誅夷？此則悦以從諫也。往者，某縣丞皇甫德參上書，有忤聖旨，陛下以為訕謗，臣奏稱：賈誼當漢文之代，上書云：可為痛哭者三，見前。長太息五，見前。自古上書，率多激切，若不激切，不能起人主之心，激切即似訕謗。於時雖從臣言，賞物二十段，然意甚不可。此是小難於受諫。太宗曰：誠如公言，非公無能道此者。人皆苦不自覺，公向未道之時，都自言所行不變，及見公論説，始覺志意漸移。公但常保此心，朕終不違公語也。

（唐）王方慶《魏鄭公諫録》卷三《對上封人請親納表奏》 上封人多請太宗親納表奏，以防壅塞。太宗問公，公對曰：觀此人意見，殊乖大體。若請陛下不任百司，親庶事，豈惟朝堂一所？則州縣之務，亦須陛下親斷。

（宋）王溥《唐會要》卷三九《議刑輕重》 二年六月十四日，刑部奏：謹按五刑，笞杖徒流死是也。今准敕，除削絞死，唯有四刑。每定罪，須降死刑，不免還計斬絞。敕律互用，法理難明。又應決重杖之人，令式先無分析，京城知是蠹害，決者多死。外州見嶺南，決不至死。決有兩種，法開二門。勅旨：斬絞刑宜依格律處分。至寶應元年九月八日，刑部大理奏：准式制勅處分與一頓杖者，決四十。至到與一頓及重杖一頓，並決六十。無文至死者，為准式處分。又制勅或有令決痛杖一頓者，式文既不載杖數，請准至到與一頓決六十，並不至死。勅旨：依。至建中三年八月二十七日，刑部侍郎班宏奏：其十惡中，惡逆已上四等罪，請准律用刑，其餘犯別罪應合處斬刑。自今已後，並請決重杖一頓處死，以代極法。重杖既是死刑，諸司便不在奏請決重杖限。勅旨：依。

《宋史》卷一七三《食貨志上一》 淳熙元年，臣僚言：出賣官田，二年之間，三省、戶部困於文移，監司、州郡疲於出賣。上下督責，不爲不至，始限一季，繼限一年，已賣者纔十三，已輸者纔十二。蓋買產之家，無非大姓。估價之初，以上色之產，輕立價貫，揭榜之後，率先投狀；若中下之產，無人屬意，所立之價，輕重不均。莫若且令元佃之家著業輸租，歲猶可得數十萬斛。

《宋史》卷一七四《食貨志上二》 重和元年，獻言者曰：物有豐匱，價有低昂，估豐賤之物，俾民輸送，折價既賤，輸官必多，則公私之利也。而州縣之吏，但計一方所乏，不計物之有無，責民所無，其費無量。至於支移，徙豐就歉，理則宜然。豪民猾吏，故徙歉以就豐，賫挾輕貨，以賤價輸官，其利自倍；而貧下戶各免支移，估直既高，更益脚費，視富戶反重。因之逋負，困於追胥。詔申戒焉。

《宋史》卷一七五《食貨志上三》 政和元年，童貫宣撫陝西議行之。鄜延經略使錢即言：勸糴非可以久行。均糴先入其斛斗乃給其直，於有斛斗之家未有害也。坊郭之人，素無斛斗，必須外糴，轉有煩費。疏奏，坐貶。時又詔河北、河東倣陝西均糴，知定州王漢之坐沮格奪職罷。未幾，遂立均糴法。三年，以歲稔，諸路推行均糴。五年，言者謂：均糴法嚴，然已糴而不償其糴，或不度州縣之力，敷數過多，有一戶而糴數百石者。乃詔諸路毋輒均糴。既而州縣以和糴爲名，低裁其價，轉運司程督愈峻，科率倍於均糴，詔約止之。

（宋）李燾《續資治通鑑長編》卷五九《宋真宗景德二年》 詔緣邊諸州軍，如擒獲北界姦人，可詰其事狀，部送闕下，當釋其罪，縻置內地。先是，上曰：朝廷雖與彼通好，減去邊備，彼之動靜，亦不可不知，間諜偵候，宜循舊制。又慮爲其所獲，歸曲於我，朕熟思之，彼固遣人南來伺察，自今擒獲。當赦勿誅，但羈留之，待彼有詞，則以報答可也。

（宋）李燾《續資治通鑑長編》卷二八七《宋神宗元豐元年》 上批：近降相州吏人於法寺，謂求失入死罪刑名事。緣開封府刑獄與法寺日有相干，深恐上下忌礙，不盡情推劾，致姦贓之吏得以幸免，宜移送御史臺。相州獄乃鞫法司潘開行賂，《實録》具有姓名，《蔡確傳》獨稱馮言獄，馮言即失入死罪者，見六月辛酉。

（宋）李燾《續資治通鑑長編》卷三五四《宋神宗元豐八年》 比聞有司奉行法令，往往失當，或過爲煩擾，違戾元降詔旨，或苟且文具，不能布宣實惠，或妄意窺測，怠於舉職，將恐朝廷成法，因以墮弛。其申諭中外，自今已來，協心循理，奉承詔令，以稱先帝更易法度、惠安元元之心，敢有弗欽，心底厥罪。仍仰御史臺察訪彈劾以聞。《舊録》云：時蔡確等等慮法寖改廢，故降是詔，然卒弗能禁。《新録》辯曰：蔡確知有司奉行新法，例皆失當，過爲煩擾，實惠不孚，則不能不更法也。法少更，則身必不安於位，是詔誡確等有以啟之矣。

（清）徐乾學《資治通鑑後編》卷二三《宋紀二三》 帝密采羣臣之有聞望者，得刑部郎中邊肅，殿中丞鞠仲謀，司勳員外郎朱協，比部員外郎郝太坤、李玄，太常博士馬景、何亮、周絳、謝濤、衛太素，國子博士陳昭度，太常丞崔端、高謹徽，秘書丞趙湘、張若谷、姜嶼，殿中丞皇甫選、滕涉、陸玄圭、李奉天，太子中允崔遵度，中舍曹度，將作監丞陳越，凡二十四人內出其姓名，令閤門秖候崇政殿再坐引對外任者，乘驛赴闕，每對必往復紬繹其詞氣，或試文藝多帖三館職，或命為省府判官，或升其差使焉。呂中曰：三載考績，岳牧皆預，歲終廢置，羣吏咸在，後世徒纖悉於小吏，而闊畧於公卿大夫。今罷郊祀之恩而行磨勘之法，於選人則舉孤寒無援之人，而擢之京官，其寬于小而嚴于大可知，至于採聞望而用人，則又不待行考課之法，此又真宗之微權也。

（清）徐乾學《資治通鑑後編》卷五二《宋紀五二》 先是諫官歐陽修既受命首建議天下官吏，員數極多，朝廷無由徧知其賢愚善惡，審官、三班、二部等處，又只具差除月日，人之能否都不可知。諸路轉運使等除有贓吏自敗者臨時舉行外，亦別無按察官吏之術。致使年老病患、懦弱不才、貪殘害物之人布在州縣，並無黜陟。因循積弊，州縣不治。今兵戎未息，賦役方煩，百姓嗷嗷，瘡痍未復，救其疾苦，擇吏爲先。臣今欲乞特立按察之法，於內外朝官，自三丞以上至郎官中選強幹廉明者二十許人，爲諸路按察使。請令進奏官，各録一州官吏姓名，爲空行簿以授之，使至州縣遍見官吏，其公廉勤幹，與老病不才之迹，皆以朱書于名之下。其中材之人，雖無奇效不至曠敗者，以墨書之。又有雖是常材能專長於事，亦以朱書別之。使還具奏，則朝廷可以坐見官吏賢愚善惡，不遺一人，然後別議黜陟之法。如是足以澄清天下，半歲之間可望致治。然朝廷重於特遣使，未即行也。參知政事賈昌朝前爲御史中丞，嘗言轉運使朝廷責以按察官吏能否，而使名未正。於是參取修議，詔諸路轉運使副並兼按察使副，令將轄下州府軍監縣鎮官吏姓名置簿，親掌録其功過。若績效明著及顯有不治者，逐旋以聞外，其稍著廉勤及僅免敗闕者，每至年終攢寫附遞以聞。提點刑獄雖不帶此使名，並當準此。

順陽縣令李正己延賊飲宴宿於縣廳，恣其刼掠，鼓樂送出城外，其人敢如此者，蓋爲不奉賊則死，不奉朝廷不死，所以畏賊過於畏國法。伏望陛下勿行小惠，以誤大事。其宜毅兵士必有家族，乞盡戮於光化市中，使遠近聞之悚畏，以止續起之賊。其正己聞已有臺憲上言，亦乞斬於鄧州，使京西一路官吏聞之，知國法尚存，不敢奉賊。天下事勢如此，不可更循舊轍，武怒威斷，惟陛下力行之。又言：臣聞江淮官吏等各爲王倫事奏案已到多時，尚未聞斷遣，仍聞議者猶欲寬貸。如此則紀綱隳壞，在處官吏皆迎賊棄城，獻兵納物，天下何由不大亂也？此由大臣之家，父子兄弟並在朝廷，權要之臣皆是相識，多方營救，故先於江淮官吏寬之，只要韓綱行遣不重，不思國體，但植私恩。惟陛下以天下安危爲計，出於聖斷，以勵羣下，庶幾國威粗振，賞罰有倫。其晁仲約等乞重行朝典。

（清）徐乾學《資治通鑑後編》卷六六《宋紀六六》　始命韓絳、陳旭、呂景初，即三司置局議弛茶禁。三司言：宜約至和後一歲之數，以所得息錢均賦茶民，恣其買賣，所在收算。請遣官詢察利害以聞。詔遣司封員外王靖等分行六路，及還，皆言如三司議便。己巳，詔曰：古者山澤之利，與民共之，故民足於下而君裕於上，國家無事，刑法以清。自唐建中始有茶禁，上下規利，垂二百年。如聞比來爲患益甚，民被誅求之困，日惟咨嗟。官受濫惡之入，歲以陳積，私藏盜販，犯者實繁，嚴刑重誅，情所不忍，是於江湖之間，幅員數千里爲陷穽以害吾民也。朕心惻然，念此久矣，間遣使者往就問之，而皆驩然。願弛其禁，歲入之課以時上官。一二近臣件析其狀。朕猶若慊然，又於歲輪裁減其課，使得饒阜以相爲生，剗去禁條，俾通商利。歷世之弊，一旦以除，著爲經常，弗復更制，損上益下，以休吾民。尚慮喜於立異之人，緣而爲姦之黨，妄陳奏議，以惑官司，必寘明刑，無或有貸。初所遣官，既議弛禁，因以三司歲課均賦茶戶，凡爲緡錢六十八萬有奇，使歲輸縣官。比輸茶時其出幾倍，朝廷難之，爲損其半，歲輸緡錢三十三萬八千有奇，謂之租錢，與諸路本錢悉儲以待邊糴。自是唯臘茶禁如舊，餘茶肆行天下矣。

（清）徐乾學《資治通鑑後編》卷七四《宋紀七四》　上於制誥多親閱，有不中理必使改之，嘗謂執政曰：此人君謨訓，豈可褒貶失實也？先是，知制誥韓維奏事便殿：嘗言人君好惡，當明見賞刑以示天下，使人知所避就，則風俗可移。又言：思慮不能全無過差，假如陛下誤有處分，改之則足以彰納善從諫之美。及鎮補外，維言鎮誠有罪，自可明正典刑。若其所失止在文字，當函容以全近臣體貌，陛下前黜錢公輔，中外以爲太重，今又黜鎮而衆莫知其所謂，臣恐自此各懷疑懼，莫敢爲陛下盡忠者矣。

（清）徐乾學《資治通鑑後編》卷一一三《宋紀一一三》　以監察御史沙縣陳淵爲右正言，淵入對論，比年以來，恩惠太濫，賞給太厚，頒賚賜予之費太過，所用既衆，而所入實寡，此臣所甚懼也。周官唯王及后世子不會說者，謂不得以有司之法治之，非周公作法開後世人主侈用之端也。臣謂冢宰，以九式均節財用，有司雖不會冢宰，得以越式而論之，若事事以式，雖不會猶會也。臣願陛下凡有賜賚，法之所無而於例有礙者，三省得以共議，户部得以執奏，則前日之弊息矣。

（清）徐乾學《資治通鑑後編》卷一一七《宋紀一一七》　近歲以來，士風澆薄，持告訐爲進取之計，致莫敢耳語族談，深害風教，可戒飭在位及内外之臣，咸悉此意。有不悛者，令御史臺彈奏，當重寘于法。

（清）徐乾學《資治通鑑後編》卷一二四《宋紀一二四》　戊戌，以禮部侍郎龔茂良參知政事，僉書樞密院事楊倓罷。茂良先爲廣東提刑，建學右文，掩骼埋胔，有善政，爲江西運判救荒功尤著，除禮部侍郎。帝亟欲用之，手詔問國朝典故有從官徑除執政例，遂拜參知政事。奏事，賜坐，帝顧葉衡及茂良曰：兩參政皆公議所與。衡等起謝，帝從容曰：自今諸事毋循私，若鄉曲親戚，未須援引。朕每存公道，設有誤，卿等宜力争，君臣之間，不可事形迹。茂良曰：大臣以道事君，遇有不可，自當啟沃，豈容迹見於外。因上言，官人之道，在朝廷則當量人才，在銓部則宜守成法。法本無弊，例實敗之，法者公天下而爲之者也，例者因人而立以壞天下之公者也。昔之患在於用例破法，今之患在於因例立法。諺稱吏部爲例部，今七司法雖不無疎略，然守之亦可以無弊，而徇情廢法，相師成風，盖用例破法其害小，因例立法其害大。法令繁多，官曹冗濫，職由此也。望令重行考定，非大有抵梧者弗去，稍涉寬縱者，悉刊止之。庶幾賕謝之姦絶，冒濫之門塞矣。乃詔有司刊定七司法。

《元史》卷二一《成宗紀》 中書左丞相答剌罕言：僧人修佛事畢，必釋重囚。有殺人及妻妾殺夫者，皆指名釋之。生者苟免，死者負冤，於福何有？帝嘉納之。

《元史》卷二八《英宗紀》 八思吉思下獄，謂左右曰：法者，祖宗所制，非朕所得私。八思吉思雖事朕日久，今其有罪，當論如法。

（元）張養浩《三事忠告》卷二《牧民忠告·慎獄·非縱囚》 古人縱囚省親，如期還獄者甚多，要不可以爲法也。夫法者，天子之所有，而民或犯之，是犯天子之法也。而彼乃與期而縱之，是不幾於弄天子之法，以掠美市恩於下者乎？然出於朝廷則可，出於一己之私則不可。

（清）蔣良騏《東華録》卷六《順治六年正月》 順治六年正月，命多羅敬謹郡王尼堪等帥兵往平太原。諭兵部曰：朕欲天下太平，日夕圖維，罔敢怠忽。想往年流賊作亂，官民人等受其屠戮，禍患已極。入關勦賊，出斯民於水火。孰意邇年以來，多有不軌之徒，捏作流民訛言，煽惑愚衆，以致無知之民，輕信惶惑，逃散作亂者往往有之。若愚民疑心未釋，天下何時太平？朕聞不嗜殺人者能一天下。《書》云：衆非元后何戴，后非衆罔與守邦。君父也，民子也，父殘其子，情理之所必無，况誅戮所以懲有罪，豈有無故殺人之理？自元年以來，流民謡言，無時不有，今將六年矣。無故而屠戮者爲誰？民肯從此回想，疑心必然冰釋。朕又思滿、漢言語雖異，心性自同，世間决無安家樂業之人，自好爲賊而樂就死地者，必有弗堪之情在。意者督撫鎮按不得其人與？有司朘削魚肉，民難自存與？蠲免賦税有名無實與？兹特舉數事，料不止於此。今嚴飭各官，確議除弊興利長策，朕將次第酌行，即通行告示，曉諭天下之民。

（清）蔣良騏《東華録》卷二五《雍正二年二月》 刑部議：五台山喇嘛鎖呐木元旦强姦民人杜青雲妻王氏，王氏持刀詈拒，至夜忿縊，應建坊入祠。喇嘛犯姦，應比光棍爲首例，斬立决，著爲令。從之。

（清）蔣良騏《東華録》卷三〇《雍正七年八月》 大學士陳元龍疏言：凡稽察游民，嚴設處分，内城專責巡捕營弁，外城專責巡城御史及司坊官，不時密訪，各省宜令各督撫嚴飭地方官稽察。又言：近日各衙門番役，往往與流棍串通，如拿賭博鬭毆等犯，不即送官懲治，匿犯索財，即行私釋。其窮苦無錢者，方送官。宜嚴定即日送官期限，羈留者即嚴訊番役詐贓賣放之罪。俱下部議行。

（清）鄂爾泰等《世宗憲皇帝硃批諭旨》卷五一《硃批法敏奏摺》〔硃批〕治内地當先寬而劑之以嚴，治邊夷宜先威而繼之以恩。方克有濟，朕非好大喜功，偏於殘忍之主，此數處番夷，咸沐聖祖數十年寬仁厚德，自應傾心向化。總緣地方官不實心任事，苟求見小，激出事端，復隱匿養姦，致令伊等恩不知感，威不知畏，所以大不法之案重見疊出。今若照爾迂見而行，爾能令所屬各員盡皆一塵不染乎？倘再有不法事出，將不肖員弁正法，以謝罪於番夷乎？抑别有料理之法乎？爾試言之，若漫然不料事之始終，亦並無深謀遠慮，止據目下一二人無稽之迂談，奉爲指歸，信而不疑，是豈封疆大臣之識見也。今爾所見亦不可謂全無用處，但尚非其時，俟將此歷來不法之積習，極力振作整頓一番，使伊等凛然知法，當遵知威可畏，然後再行。爾此奏嚴飭將弁屬員遵守弗違，彼時可保地方百姓永遠享昇平之福也。此固一勞永逸之策。

（清）鄂爾泰等《世宗憲皇帝硃批諭旨》卷一二五之一二《硃批鄂爾泰奏摺》 朕又思，邇來八旗叅領佐領外添設副叅領，副佐領辦理旗下事務，甚有裨益，至於各省州縣事務實爲繁多。或於知州知縣亦添設一官爲副，地方如有查勘工程檢驗命案等事，州縣一人不能分身兼顧者，添設一人協同辦理，亦不致耽延遲誤。而州縣官陞遷離任之時，有平日同事熟習之員接辦，亦似有益。但兩人同爲一官，或因事無專責，互相推諉，或因意見不合，彼此争執，轉致事務稽遲。即如從前，宜兆熊、劉師恕之在直隸，於公事甚屬無益。今添設州縣副員是否可行，有無裨益之處，亦著鄂爾泰、田文鏡、李衛、尹繼善、費金吾、謝旻各抒所見，一併議奏。欽此遵旨。

寄信前來等因併鈔掌山東道監察御史龔健颺奏請：州縣自牧令丞尉而下，於東西南北四鄉各設鄉官一員，取用本鄉之人以資治理。原奏稿遞送到臣，該臣查得設官分職，各有專司，專司而外，原有佐理。如州牧縣令以下設有州同、州判吏目，縣丞主簿典史等官。而縣分大者，則添設縣丞爲之徵，比錢糧審理詞訟。鄉鎮多者，則分設巡檢，爲之緝捕匪類查拏盜賊。定制立法固已屬盡善，况本朝定例，官員不許陞任本省，其選授隣省距原籍五百里以内者，亦應另補。親屬同官一處，又有迴避之例，蓋近隣本地或易於囑託營私，而遠離桑梓可杜徇私報復諸弊也。今若添設鄉官，即用本鄉進士舉貢生監耆民人等。若輩世居其土，非親即故，内有恩有德，亦有怨有嫌，一旦令其羣居民上，予以事權，無論假公濟私，施威市恩，料事所必有，即或皆屬善人，存心利物，而拘鄙乖張，各逞己見，將議令紛出，民情觀望。雖有賢牧令，恐亦難於措手矣。據稱人才不易，安所得盡皆有猷、有爲、有守之人爲之星布而碁立？斯言誠是，但統合天下州縣計共一千四百餘缺，尚慮其不盡賢能，若合計加三倍之鄉官，共需五千六百餘人，能保其盡得賢能而爲有猷、有爲、有守之人乎？既不能保其盡得賢能矣，不賢不能之鄉官，縱能確知一鄉之中某某刁惡，某某抗欠，某某酗酒賭博，某某行竊窩强，保其能秉公據實，密告牧令，明申法紀乎？夫今之州同、州判、丞簿、巡檢、吏典等官，即《論語》所云應先之有司，漢制所稱三老嗇夫游徼等職之屬類也。《唐書》所載縣下於鄉者，即今之鄉約鄉保，總甲總練之屬類也。名異實同，人存法立。如果牧令得人，則此等人原俱可以助其不及，而進其不知。即鄉進士，舉貢生監内品行才德之選，亦未始不可以資耳目而益心思，是不必增鄉官而堪以佐理者甚多。設使牧令不得其人，則雖賢能鄉官亦原不能主其事，或遇不肖鄉官且適足濟其惡。臣竊見出入衙門包攬公事，把持官府，欺壓善良之鄉紳衿監在在不少矣。十室之邑，必有忠信。言必有者，正爲不多有也，且鄉官既應設則佐貳可裁，佐貳不可裁則鄉官爲冗。臣愚以爲該御史請設鄉官之議，似不可行。至所陳衙役、差票之爲害錢糧、盜賊詞訟、賭博保甲之不清，與夫宣講聖諭解釋律條之難周，實屬切中。但差票可以酌裁，而衙役必難竟革，不但牧令在所必需，即鄉官一身亦難日遍鄉村，家至户曉，勢必轉用委差。謂鄉官之委差必善於牧令之衙役，又誰能信其必然。如徵收錢糧則原有自封投櫃竝滚單紙皂之例，如緝拏盜賊則原有著落隣佑保結之例，如查禁賭博則原有責成佐貳轉責鄉甲逐户具結之例，如調處詞訟則原有户婚田土細事先批鄉鄰公講息結之例，如偏行保甲則原有户口門牌細開名數竝記簿稽察之例。凡此諸條竝無遺法，皆仰煩睿慮詳切開示，通飭遵守者。據該御史請委任鄉官之事，皆牧令之所得爲，亦牧令之所能爲。下屬奉行之不力，實由上司督率之不勤人之過也。

《大清會典》卷一四《户部・錢法》 凡錢禁莫重於盜燬，民有犯者立正典刑。其次私鑄，其次剪邊取鎔，其次用古廢錢，其次私行小錢，犯者悉論如法，中外文武官失察者皆劾。若夫轉移出入上操其權，交易流通下收其利，有藏積私家，居奇病民者，竝治之。

《皇朝通志》卷七八《刑法畧四・刑制》 朕前降旨令刑部於秋朝審時將各省官犯彙爲一册，得以詳悉推勘，以昭慎重之意。此雖不僅指侵貪，而官犯内惟侵貪者常多，以理論之，潔己奉公，人臣之職分應爾。倉庫錢糧，莫非小民脂膏，上以供軍國經費，人君且不得私有，而乃漫無顧忌，如取如携，婪正供而入私槖，是閭里之輸將，轉爲若輩填谿壑也。夫取非其有謂之盜，况取國家之所有乎？貪人之財猶謂之盜，而况其貪國家之財乎？此其情可恕乎？乃向來錮習以爲寧盜毋貪，此在爲上者爲民之深權其輕重，謂與其厲民毋寧損上，以是重言人臣之不可貪耳，而豈忍以盜待臣子哉！爲臣子者又豈甘以盜自處哉！人徒知漁利於民者貪也，蠹食於官者侵也，援律傅罪輕重判。然不知貪者固有害於下，而侵者實無所畏於上。以無畏之心而濟之以無窮之慾，則派累以肥槖者有之，因事而勒索者有之，甚至枉法受贓者有之，朝廷之府庫且所不顧，更何民瘼之可矜，民膏之足惜？此侵則必貪，勢使然也。此等劣員，多留一日則民多受一日之殘，國多受一日之蠹，既以劣蹟敗露尚可因循姑息，繫之囹圄，獲全首領，下愚不肖之輩，其何所警惕而絶其行險僥倖之心？又安知其不轉以身被刑辟之虚名，而子孫享富厚之實惠，且自爲得計耶！是斧鑕一日未加，則侵貪一日不止，惟一犯侵貪即入情實，且即予勾決，人人共知，法在必行，無可倖免，身家既破，子孫莫保，則饕餮之私心必能自禁，何至甘心扞網冒法。此狂瀾之必不可不迴，而膏肓之必不可救，旋轉之機斷在於此。用是再頒諭旨，詳悉開導，俾共知潔己奉公之大義，凜服官典守之大防，杜絶侵漁終遠刑辟，爲良有司國家實嘉賴焉。如其不知畏懼不知悛改，則三尺具在，斷在必行，前鑒昭然，慎勿視爲具文也。此諭著刊刻頒發，令内外文職衙門入於交盤册内，永遠傳示，各宜凜遵。

（清）劉錦藻《皇朝續文獻通考》卷五《田賦考五》　又都察院代遞度支部小京官李秀卿奏陳徵收積弊，略稱其弊有四：一，原於制度者，中國任土作貢，已同重農學派之土地單税主義，而州縣按糧加派之事甚多，士紳有優免之例，工商無納税之條，所苦者農民而已。一，緣於正供者征收地丁錢糧火耗以外，向不許絲毫加重。奈串票所載向來祇註應完之數，而不註明現完銀錢若干之數，故錢糧一兩征銀者加至三四錢，至一兩有餘。征錢者由二三千至五千不等，而差役需索又不在此數。一，起於差徭者州縣私立名目，任意攤派，其取媚上官則移其供應重其餽送。而差務繁其聚斂自肥則無物、無供、無行、無差，而取辦甚急，且幕役、吏胥、劣紳、痞棍又從中分肥，而浮派更甚，若餉差兵差則其例焉者也。一，生於新政者，自新政繁與州縣之誅求愈急。然使取之百姓者仍爲百姓用之，亦何至怨讟四起。無如錙積銖累半歸中飽，間有正紳懇請清核，則謂款項由官府主持非紳等所得干預。輕則加以訟棍之刑，重則坐以抗官之罪。竊謂今日，當以清理各州縣財政爲先，衙門局所之弊，可以清查者清理之。民間差徭弊端百出，各省不一，當以豁除者清理之。清理衙門局所之弊，入手辦法在截清舊案。清理州縣地方之弊，入手辦法即在豁除積弊。有清理財政之機關又當有各州縣士紳爲之補助，凡一切差徭概予豁除，至地丁錢糧雖不能畫一，征收亦當由度支部制定票式，務使票内註明應完若干，現完銀錢若干。如有不符，許執串票具控，不得令各省自行擬訂，以期畫一。至新政經費擬飭督撫轉飭州縣，每年終將出納款項榜示通衢，州縣士紳亦得將本州縣財政情形，呈清理財政局查核，庶涓滴歸公，清理較易，百姓已受福於無窮矣。

（清）劉錦藻《皇朝續文獻通考》卷二五一《刑考十》　又議覆各省安置徒流軍犯章程。略稱：自肉刑廢而代以徒流，已屬寬典，乃在配者不思安静守法，動輒乘閒脱逃，彼此紛紛效尤。立法本以懲惡而伊轉得逃乎法之外，不特憲典幾成虚設，亦不足以懲兇頑而昭炯戒。今詳查各該省所議，或代爲籌給口糧，或責令學習手藝及小貿營生，或分别罪犯之老壯强弱，妥爲安插，或撥給正佐文武衙門充當雜役，及戍邊捕盗等事。無非束縛之使不能逃，維繫之使不欲逃之意，所奏均不爲無見。臣等統加詳核，直隸、熱河、奉天等省向不安插軍流，祇有徒犯。熱河徒犯均發内地，吉林、黑龍江，從前遣犯最多，後經停止，惟旗人及宗室有犯，俱照例發往。每年亦不多見，約束甚易，據該將軍等奏稱報逃者少，且向有口糧謀生亦易核。與江蘇、安徽、湖廣、山東、山西等省所奏徒犯惰形相同，俱可無庸另籌。直隸徒犯較他省多至數倍，逃者亦倍於他省，且多係搶竊游惰等犯。該督稱嗣後收入自新所，責令學習織帶、編筐等項手藝，自可照辦。河南、甘肅二省則以命案各犯給資營生當差，搶劫各犯收入自新所看管，河南省並稱一二年後察其情形，再一體安頓，甘肅似亦可仿照行之。四川省則擬設徒流所，令各犯學藝謀生，與直隸相合。河南、甘肅既開設有專所，與其徒加看管，似不如亦責令學習手藝，則各犯勤而習勞，遷善更易。山東、山西二省則按原案輕重，分别營生當差。貴州、陝西、雲南、安徽、福建、浙江、廣東七省則以老病者入養濟院，餘或給資營生，或隨同捕盗屯邊，均係按地方情形辦理。湖南、湖北則擬令應役充夫及捕盗立功，大致略同貴州等省。至江蘇省稱命案脱逃者少，盗案擬加待質監禁年限或改發新疆、黑龍江爲奴，殊不思待質之盗犯可加年限，不待質之盗犯又將如何。該省既慮盗犯不易約束，新疆、黑龍江豈無擁擠滋事之慮？未免窒礙難行，應由該撫另籌安插之法。至甘肅省所稱檢查犯册，未見配所有家而逃者，如尋常命案，擬令攜帶家口充役營生等語，係屬安插軍流第一良法。惟僉妻之例，乾隆年閒業經停止，若一旦遽行議復，不特地方沿途資送，需費浩繁，即各犯家室亦未必盡願到配，似不如就見行條例稍加變通，於定案之時，訊明各犯是否情願攜帶家室，如有願帶而無力者，地方官可量爲資送，其不願者聽庶情法兩得，其便應先由各省督撫斟酌辦理，俟各犯願帶家室者多，再行修復舊例。總之，軍流犯到配，定例載明：年逾六十及篤疾不能謀生者，撥入養濟院，給與口糧。其少壯各犯實係貧苦又無手藝者，按本身及妻室子女每名給一年口糧，交各州縣充當夫役。兼之營轄有官弁，主守有役保層層周詳，如果實力奉行，則懦弱者得免飢寒，强梗者加以拘束，何至逃亡纍纍？此次各省所議有與成例相符者，有於成例之外量加變通者，無非因地制宜求其有濟。臣部未便遙爲懸度，强歸一致，應由各該督撫按照所奏自行定立詳細章程，飭屬認真整頓，該督撫時加訪查，如有辦理甚善者酌予鼓勵，其陽奉陰違視爲具文者，輕則記過，重則撤參，自足以肅刑章而挽積弊。若必嚴立一定處分，反開諱匿之門，江西、廣西二省尚未據覆奏，應由該督撫妥速奏明再行辦理。

臣謹案此因舊例，徒流軍犯發往各省脱逃者日衆，因令各省就地另擬安插處置之法，由刑部總核，擇其善者訂爲通行之法，以資補救。惟各省地方風俗民情不同，亦未便强歸一致，仍當因地制宜，以期有濟而已。

（宋）黎靖德《朱子語類》卷一〇六《朱子三・外任》 楊通老又曰：某人世爲良宰，云要緊處有八字：開除民丁，剗割户税。世世傳之。又曰：法初立時，有多少好意思。後來節次臣僚胡亂申請，皆變壞了。如父母在堂，不許異財，法意最好。今爲人父母在不異財，却背地去典賣，後來却昏賴人。以一時之弊，變萬世之良法，只是因某人私意申請。法儘有好處。今非獨下之人不畏法，把法做文具事，上自朝廷，也只把做文具行了，皆不期於必行。前夜説上下視法令皆爲閑事。如不許州郡監司饋送，幾番行下，而州郡監司亦復如前；但變换名目，多是做忌日，去寺中焚香，於是皆有折送，其數不薄。間有甚無廉恥者，本無忌日，乃設爲忌日焚香以圖饋送者。朝廷詔令，事事都如此無紀綱，人人玩弛，可慮！可慮！又曰：只如省部有時行下文字，儘有好處。只是後來付之胥吏之手，都没收殺。某在漳州，忽行下文字，應諸州用鑄印處，或有闕損磨滅底，並許申上，重行改造。此亦有當申者。如合有鑄印處，乃是兵刑錢穀處，如尉有鑄印，亦有管部弓兵，司理主郡刑獄，乃無鑄印。後來申去，又如掉在水中一般！過得幾時，又行文字來；又申去，又休了。如今事事如此，省部文字，一付之吏手，一味邀索，百端阻節。如某在紹興，有納助米人從縣保明到州，州保明到監司，監司方與申部，忽然部中又行下一文字來，再令保明！某遂與逐一詳細申去云：已從下一一保明訖，未委今來因何再作行移？如此申去，休了。後來忽又行下來云：助米人稱進士，未委是何處幾時請到文解？還是鄉貢？如何，仰一一牒問上來。這是叵耐不叵耐！他事事敢如此邀求取索。當初朝廷只許進士助米，所謂進士，只是科舉終場人，如何敢恁地説！某當時若便得这省吏在前，即時便與剌兩行字配將去！然申省去，將謂省官須治此吏，那裏治他？又如奏罷一縣令，即申請一面差人待闕，候救荒事訖，交割下替。不知下替便來争，上去部裏論，部裏便判罷權官。後來與申去云，元初差這人，乃是奉聖旨令救荒，盡與備許多在前。及後部中行下，乃前列聖旨了，後乃仍舊自云：合還下替，交割職事。直是恁地胡亂行移，略不知有聖旨！那箇權官見代者來得恁地急，不能與争，自去了。賀孫。

（宋）真德秀《政經》 願與同僚各以四事自勉，而爲民去其十害。何謂四事？曰：律己以廉。凡名士大夫者，萬分廉潔，止是小善一點，貪污便爲大惡。不廉之吏，如蒙不潔，雖有他美，莫能自贖。故此以爲四事之首。

撫民以仁。爲政者，當體天地生萬物之心，與父母保赤子之心。有一毫之慘刻非仁也，有一毫之忿疾非仁也。

存心以公。《傳》曰：公生明。私意一萌，則是非易位，欲事之當理不可得也。

爲事以勤是也。當官者一日不勤，下必有受其弊者。古之聖賢，猶且日昃不食，坐以待旦，况其餘乎？今之世有勤於吏事者，反以鄙俗目之，而詩酒遊宴則謂之風流娴雅，此政之所以多疵，民之所以受害也，不可不戒。

何謂十害？曰：斷獄不公。獄者，民之大命，豈可小有私曲。

聽訟不審。訟有實有虚，聽之不審，則實者反虚，虚者反實矣，其可苟哉！

淹延囚繫。一夫在囚，舉室廢業，囹圄之苦，度日如歲，可淹久乎？

慘酷用刑。刑者不獲已而用，人之體膚即己之體膚也，何忍以慘酷加之乎？今爲吏者好以喜怒用刑，甚者或以關節用刑，殊不思刑者，國之典，所以代天糾罪，豈官吏逞忿行私者乎？不可以不戒。

汎濫追呼。一夫被追，舉室惶擾。有持引之需，有出官之費。貧者不免舉債，甚者至於破家。豈可汎濫乎？

招引告訐。告訐乃敗俗亂化之原。有犯者自當痛治，何可勾引？今民司有受人實封狀與出牓召人告首陰私罪犯皆係非法，不可爲也。

重疊催税。税出于田，一歲一收，可使一歲再税乎？有税而不輸，此民户之罪也。輸已而復責以輸，是誰之罪乎？今之州縣葢有已納而鈔不給，或鈔雖給而籍不銷，再追至官，呈鈔乃免，不勝其弊矣。甚者有鈔不理，必重納而後已。破家蕩産，鬻妻賣子，往往由之。有人心者豈忍爲此？

科罰取財。民間自二税合輸之外，一毫不當妄取。今縣道有科罰之政與夫非法科斂者，皆民之深害也，不可不革。

縱吏下鄉。鄉村小民畏吏如虎，縱吏下鄉猶虎出柙也。弓手士兵尤當禁戢，自非捕盜皆不可差出。

低價買物是也。物同則價同，豈有公私之異？今州縣有所謂市令司者，又有所謂行戶者，每官司敷買，視市令直率減十之二三，或不即還，甚至白著，民戶以堪此？

（明）唐樞《法綴·大明律直引》 高皇帝善俗之意，故每因感而發，復別升嚴禁，以定民志，作《大誥》以昭示之。

（唐）白居易《白氏六帖事類集》卷一三《栲訊》 二月無肆掠。肆暴曰掠，捶拷。《禮記》。掠笞、史楚相亡璧，門下意疑張儀貧無行，必盜相君璧，共執儀，掠笞數百，不服，乃釋之。榜笞、刺爇。貫高對獄吏榜笞數千，刺爇身無完皮。捶楚之下，何求不得？雖臯陶聽之，猶謂死者有餘辜。繫笞、繫訊。掠辜、瘦死。宣詔：繫者，或以掠辜瘦死獄中，今郡國歲上繫囚。栲一連十，栲十連百。韓朗云。請先栲范陽繫獄，以同繫囚多嬰病乃請先就栲掠。五毒慘至。戴就，會稽人，仕郡倉曹椽。楊州刺史奏太守成公俘贓，從事薛安收就笞掠，五毒慘至，鋘斧使挾肘腋，肉焦墯地，乃卧就覆船下，以馬糞熏之。一宿二日，謂已死，發船，就口罵曰：何不益火？又燒地，以大鍼刺指甲，中令把土，爪悉落。安曰：太守贓罪狼籍，君何骨肉抵杆？就曰：太守剖符大臣，奈何誣枉忠良？安奇其壯節，解械與譚，解釋郡事。識母羹。陸續，字智初，詣洛陽泣曰：母來不得見。問何以知，曰：母所調和羹截肉方斷，葱以寸為度。使者嘉之，免續。要囚夜栲。常林夜擿吏，崔林聞曰：君為廷尉耶？常曰：無。崔曰：何故夜栲囚？常慙之。罪得其實。選。誘問囚情。吴陳表文奥為將，士皆愛附之。時有施明盜官物，明壯悍，收栲極毒，雖死無辭。孫權以表得健兒心，以明付表，表破械與沐浴、飲食勸誘之，乃首服，兼引支黨。權奇之，遂捨明罪。

（唐）白居易《白氏六帖事類集》卷一三《獄囚》 囹圄以囚。桎梏以縶。寘于叢棘。《易》。圜土。《周禮·司救》三罰而士加明刑歸圜土。注：圜土，獄城。三月省囹圄，九月繕囹圄。拘繫《易》。係用徽纆。索也。用脱桎梏，屨校滅趾。械足也，荷校滅耳。罪重械及首也。上罪中罪同族有爵待獘。《周禮·掌囚》守盜賊凡囚上罪梏拲而桎中罪。梏王之同罪，拲有爵者，桎以待弊。鄭司農曰：兩手共一木曰拲，桎梏兩手各一木。玄曰：在手曰梏，在足曰桎，中罪不拲亦各一木。又云桎王族及命士已上唯上罪或拲成梏也。梃重囚出輕繫。《月令》四月注云：梃，寬也，至秋乃決也。具桎梏。九月。以幕蒙之。《左傳》晉人囚季孫意如。囚伯嬴於轑陽。越椒囚蔦賈。南冠而縶者誰也。晉侯覿於軍府見鍾儀問之云云。縲絏之中。公治長。縲囚幽縶，囚之七年。紂囚文王七年。楚囚。鍾儀。武王下車釋箕子囚，方知獄吏之尊。周勃云。上書。梁三囚鄒陽，陽乃從獄中上書，自説立出之。死灰不然。《史》韓安國字長孺，坐枉罪，獄吏田甲辱之，安國曰：死灰獨不然乎？甲曰：然則溺之。搶地。司馬遷《書》：見獄吏則頭搶地。畫地為獄義不入。刻木為吏義不對。司馬遷《書》。仰天而歎。《史》李斯既拘執縛仰天云云。關三木。《史》魏其侯衣赭衣關三木，注云：頸及手足。梼棘。《傳》吴子執邾子于樓臺，梼之以棘。梼，擁也，音賤。羑里。紂囚文王于羑里。夏臺。成王湯囚於夏臺。狴牢。獄名。黄沙。獄名，晉武帝所置。象斗之制。《元命苞》為獄圓者，象斗也。圜扉。獄門。黄霸受經。黄霸與夏侯勝俱下獄，從勝請受《洪範》，勝辭以死在旦夕，霸曰：朝聞道，夕死可矣。霸善其言，遂授之。入穽、摇尾、籠鳥、檻猿，幽而楚奏。鍾儀。出圜土者殺。謂逃出獄也。《周禮》。攘獄。棖謂拒當獄者。《周禮》。赭衣、魯竭居弟撃導官。諸獄皆滿權寄此者。絳侯囚請室。今鍾下人。灌夫受辱居室。保官。暴室。掖廷織作染練暑。獄市為寄。曹參相齊，以獄為市寄，屬后相曰：慎勿擾，獄市所以并容，擾之姦人安所寄。虎穴。漢尹賞為長安令，獄穿地，方深各數丈，以瓴甓為郭，大石覆之，名曰虎穴。圜牆之中。司馬遷《書》。鞫繫訟繫。漢景著令：年八十已上十歲已下，及孕未乳產者，師侏儒當鞠繫者訟擊之。注：師，樂師。樂師，盲瞽也。訟，寬容不桎梏也。但處吏舍，不入狴牢也。斜口之木不足為我械。斜口，谷名。朱安世云。逮繫。淳于公下獄，逮繫長安。注：在道將送，防禦不絕，若今傳送囚也。淳于公。當行會逮，罵其女云云。胥靡。《史》楚王胥靡申公。注云：連繫而相隨服役之也。琅當。王莽捕關東犯鑄錢，以鐵琅當其項，傳詣鍾官萬數。注：琅當長鎖也。瘐死。宣詔：繫者或以掠辜、饑寒瘐死獄中，朕甚痛之。其令郡國歲上繫囚以掠，若瘐死者所坐名縣爵里，丞相御史課殿最以聞。注：瘐病，囚徒病。律爲瘐死，音臾。**獄中爲誄**。後漢杜篤，字季雅，下獄會大司馬吳漢薨，世祖詔諸儒誄之，篤於獄中爲誄文，辭最高，帝美之，賜帛免刑。**械自解**。許楊字偉君，少好術數，爲汝南太守。鄧晨修郤鴻陂，豪右欲陂役，辜較在所，揚一無所聽，遂共譖揚受賂，下獄而械，輒自解，獄吏遽白。晨驚曰：果濫矣。太守曰：聞忠信可以感靈。即夜出楊遺歸，時天雨陰，時道中若有火光照之，時人異之。**救火**。晉棠邑丞劉榮坐事當死，縣有野火所及，榮脱械救火，畢還自著械。**劫囚**。《魏志》臧霸父戒爲獄掾，據法不聽太守，私殺太守牧，霸父付府，霸將數人要奪與父亡命。**導囚徒**。魏孫禮荒亂時與母相失，馬台爲求之，既得。後台坐法當死，禮私導令踰獄，乃自首，主簿温恢嘉之，白太祖罪減一等。**失囚律**。《捕亡律》主不覺失囚，減囚罪二等；若拒捍走者，又減二等，皆限百日内追捕。限外他人捕得，若囚已死及自首除其罪。又云：徒流囚徒限内亡者一日笞四十，三日加一等，主守不覺減囚罪三等，故縱者即與囚同罪也。**職納橐饘**。《傳》晉人囚衛侯，甯子，職納橐饘。橐饘，衣食也。甯愈忠於衛侯，以衛侯衣食爲己職。**纍臣**。纍之臣。《傳》。**身爲木石與法吏爲伍**。司馬遷《書》。**跡墜昭憲身陷幽圄**。《文選》。**知母來**。陸續事見上《栲訊門》。**深室**。《傳》寘諸深室別爲囚室也。

（唐）白居易《白氏六帖事類集》卷一三《濟活囚》

邴吉拒閉使者。《漢書》皇曾孫在邸獄，望氣者言，長安獄中有天子氣。上使分條中都官，詔獄無輕重皆殺之。邴吉為郡吏，拒閉使者，使者不得入也。**袁安條奏楚獄**。後漢袁安為楚郡太守，楚王英反，連有數千人。顯宗怒甚，治之迫急自誣。安到不入府，往案獄理無證明者，條上出之，掾吏叩頭争。安曰：如不合上意，太守自坐不相及。帝悟，奏出四百餘家也。**治出**。崔篆為建新大尹，獄犴填滿，出二千餘人。掾吏叩頭曰：將有悔。篆曰：邾文公不以一人易其身，君子謂之知命。如殺大尹，贖二千人，蓋所願也。**栲一連十**。後漢韓朗以侍御史與三府掾治楚獄，顔忠辭及劉連，連未嘗與忠相見，朗傷其寃，試以連等物色，問忠對錯，悮乃上言疑無辜，栲一連十，栲一連百。車駕自幸洛陽獄，録囚徒治出千人。論曰：仁人之言，其利博哉。**免於斧鑕**。《史》張蒼坐法當斬，解衣伏鑕，肥白如瓠，王陵偉之言於沛公，赦不斬。又暴勝之欲斬王訢，訢曰：殺訢不足增威，不如時有所捨，以明恩貸。勝之壯其言而赦之。

（唐）白居易《白氏六帖事類集》卷一三《無囚》

黄霸。為潁州百姓嚮化八年，獄無重囚。**董恢**。為不期令，獄連年無囚。《後漢》。**劉平**。為全耕令，有恩惠，百姓懷感，刺史行縣，獄無繫囚。**囹圄空虚**。

（唐）白居易《白氏六帖事類集》卷一三《議讞》

讞平天下獄。朱博遷廷尉，當職讞平天下獄，恐為官屬所誣，謂掾吏曰：夲起武吏，不通法律，然三尺律，人事出其中，諸君試取吏議難知者，來為諸君覆意之，乃為平處十中八九。吏大驚異。**議驚乘輿**。張釋之為廷尉，上行中渭橋，有人行從橋下走。誤驚乘輿。釋之奏：犯蹕罰金。上怒其輕。釋之曰：法者天下所公共。其時上誅則已，既付廷尉，廷尉天下之平，用法一傾，人安所措。**議盗環**。又有盗高廟坐前玉環，奏弃市。上怒，令族之。釋之曰：如盗長陵一抔土，何以加於法乎？**傳命誤**。《後漢》兄弟共殺人，帝以兄不訓弟，報兄重。常待孫章宣詔，誤言兩報重。尚書奏，矯詔當斬。郭躬仲孫曰：法令故誤，傳命誤，當罰金。帝曰：疑其故也。躬曰：君子不逆詐。帝曰：善。**争死上讞**。張儉元節亡，投孔融兄褒不在，融匿之。事發并收褒，褒融争死，問母，曰：家事當任長，妾合當辜。一門争死，郡不能决，乃上讞，詔坐褒。**褒讞不當不罪**。景詔曰：獄重事也。人有愚智，有令讞而後不當讞者，不為失信。欲令務先寬也。**心不厭**。景前詔曰：疑獄雖文致于法，而於人心不猒者，輒讞之。**再却**。廷尉張湯有疑奏已再却矣。倪寛爲言其意，因使寛爲奏成讀之，皆伏。上寛所奏，即得可。上曰：前奏非俗吏之所爲也。**移讞**。讞，疑也。**讞於公**。《禮》讞成有司讞于公。**奏讞掾**。張湯舉倪寛爲云云。

（唐）白居易《白氏六帖事類集》卷一三《法官獄吏》

過聽殺人。《史》李離晉文公理官也，過聽殺人，拘當死。文公曰：官有貴賤，罰有輕重，下吏有罪，非子之過也。對曰：臣居官爲長，不與吏讓，受禄爲多，不與吏分，過聽殺人，傳罪下吏，非所聞。伏劍而死。**練法令**。孔光爲廷尉，練法令，號詳平。**治獄之吏**。漢路温舒曰：秦有十失，其一尚存，治獄之吏是也。今治獄者，上下相繼，以刻爲明，深者獲功名，平者多後患。故治獄者皆欲人死，非憎之也，自安之道在人之死也。**增秩**。宣詔曰：今廷平官輕禄薄，爲其廷平秩六百石，員四人，務公平之選。**求明察寬恕**。于定國求明察寬恕，黄霸以爲廷平。**傳古義**。武帝方向文學。張湯决大獄，傳古義，乃請博士弟子治《春秋》，為廷尉吏。**嚮學**。倪寛射策補廷尉，文學卒吏爲人温厚，口不能言語發明，張湯盡用法律吏，謂寛不習事，不署從事。**世非法家**。楊賜爲尚書令，數日出爲廷尉，自以世非法家，遂辭以特進就第。**三世廷尉**。吳雄子訢，孫恭，三世廷尉爲法名家。**理曹掾**。魏置理曹掾，蓋法曹。**身無王爵，非廷尉所科**。晉王彪之字叔武，爲廷尉。時永嘉太守謝毅赦後殺郡人周矯，矯從兄球詣州訴寃。楊州刺史殷浩收毅付廷尉，彪之以球爲獄主，身無王爵，非廷尉所科，不肯受與相反覆詔令受之彪之疏引據。時人比之張釋之。請置律博士。晉衛覬奏：刑法，國家所重而私議所輕；獄者，人命所懸而選用所卑，請置律博士相教授。遂施行。斷獄飲酒。于定國飲酒數石不亂，冬月請治讞，飲酒益精明，為廷尉。去酒肉。見《慎刑門》。不讀律而得廷尉之稱。陳矯。方知獄吏之尊。周勃。死灰不然。見《獄囚門》。如老獄吏。見《推斷門》。不用三冬。見《推斷門》。

（唐）白居易《白氏六帖事類集》卷一三《誅罰》

失財者誅之。《周禮》太宰治郡，縣鄙之治，乘其財用之出入，凡失財物用辟名者誅之。注：辟名，詐爲文書，與實不相應。考群吏之理。太宰以八柄，歲終令百官府各正其治，受其會。注：會，大計也。其三歲大考羣吏之理而誅賞之。善罰者刑省而姦禁。《文子》。謫滿百。漢陳遵爲椽，不視事，曹吏白陳椽，今日以某事謫。遵曰：滿百乃相聞。舊事謫，滿百當免。自省晉宣帝問諸葛公起居何如，曰使者曰：罰千以上皆自省覽。帝曰：其能乂乎？議罰。漢韓延壽爲東都，當臨出上車騎，吏後至，勑功曹議罰，門下卒白曰：明府平駕久駐，未出騎，吏父來，不敢入，吏出趨謁父，以敬父兄，罰得無傷大化乎？延壽曰：微子之言太守不知過。族誅豪猾。濟南三百豪猾，二千石莫能制郅都爲太守族誅之。

（唐）白居易《白氏六帖事類集》卷一三《淫刑》　與暴政、酷政相類也。

哀刑政之苛。淫刑以逞。誰則無罪。《傳》僭濫頗邪，懼及善人。刑濫楚多淫刑。其大夫逃死於四方。繁刑。齊景公繁於刑，有鬻踊者。故晏子曰：踊貴屨賤。淪胥以鋪若此無罪。無所措手足。謂刑罰不中。淫縱枉橈。曲入人罪。殺不辜。《書》與其殺不辜，寧失不經。明刑不暴。《管子》。秦設重刑，赤衣半道。漢名臣奏云。雖鄭傳猛政則曰寬難。而楚用淫刑，誰能救療。弄法。濫施。殺餉獄者。義縱爲定襄至，則掩獄中輕重罪四百餘人，兼昆弟親戚私入相視，或餉者亦二百餘人，鞫爲解脫，死罰之罪盡殺之。焚林斷木不時命曰傷也。斷獄立刑不當命曰傷人。緩深固之罪。急縱出之誅。

（唐）白居易《白氏六帖事類集》卷一三《用法不平》

苑柳。《詩》刺刑罰不中。同罪異罰，非刑也。《傳》。上下其手。王子圍與穿封戌争囚，伯州犁門囚，上下其手曰：王子圍寡君之貴介弟，穿封戌方城外之縣尹也。注上下其手，所以導囚意也。隨上意漢張湯爲廷尉，上意所欲，釋子監吏輕平者，所治即豪，必舞文巧詆。是以湯雖文深意忘，得此聲譽，而深刻吏多爲爪牙用者也。以主意爲獄。杜周爲廷尉，客謂之曰：君爲天子決乎，不循三尺法，專以人主意旨爲獄，固當如是乎？周曰：三尺安出哉？前王所是者疏爲律，後王所是者定爲令。以善疾惡後漢朱暉爲臨淮太守，好節。槩所拔用，皆勵行士，諸報怨以義犯法者，皆爲求理，多得出濟。不義之囚，即時僵仆。兩劾。嚴延年爲涿郡遣吏趙繡，案大姓，東高氏，繡爲兩劾，先白輕者，欲觀延年意，怒，即出其重劾，延年察知，遂殺繡。抑彊扶弱。嚴延年爲河南守，其治務抑彊扶弱，弱者雖陷法，曲文出之，豪傑者以文內之，當生者詭殺之，人莫之測也。撓法。周陽由夷豪傑，愛者撓法活之，憎者曲法殺之。不當罪則侮。當罪則威刑也。古者刑不過罪爵不踰德。荀卿子云。刑不應罪。賞不酬功。張敞。爲京兆尹，賞罰明時，越法縱捨也。枉撓反坐，頗類偏黨，其罪惟均，所罰不一，罪無等差。刑有輕重。高下其心。

（唐）白居易《白氏六帖事類集》卷一三《鬻獄》

《周書》曰：典獄非訖于威，惟訖于富。典，主也。訖，絶也。絶富，謂賄賂不行。鞫獄罪贓，獄貨非寶，惟府辜功。府，聚也。辜，罪也。功，事也。言受獄貨非寶，惟以聚罪之事也。閑邪。買直。刑放於寵。獻子辭梗陽之賂也。叔魚鬻邢侯之獄。叔魚納雍子之女，蔽罪邢侯。叔向正其罪曰：鮒也鬻獄。厚賂。深繩。貪賄賂橈刑書。私貨。官政。政以賄成。由官邪也。獄由貨贖。則死及之。財惟苟得。法必私行。貪以敗官爲墨。相賂以貨。寬縱出之刑。《漢書》。受悖入之貨。《禮》。罪以貨聞。既貪獄貨。是速官刑。

（唐）白居易《白氏六帖事類集》卷一三《錯誤》　取有過門事用。

罪分故誤。罰有等差。法有誤論。過宜情恕。情匪誣欺。法當開釋。必先問罪。方可原情。事雖乖於審慎。情且異於矯誣。失傳。得罪。失辭。失口。闕疑。面欺。誠非巧詐之辜。請寬過誤之戾。事雖昧於三思。過宜寬於無簡。慎非石氏。雖慙數馬之能。設比鍾離。宜恕賜縑之謬。恕而已矣。仁遠乎哉。誤宣。後漢郭躬字仲孫，有兄弟殺人，詔命報兄重論弟輕減罪，官者孫章誤宣兩報重。帝令議罪，躬議應罰金云云。奏對。夏侯勝質朴見時，謂上爲君誤，相字於前，上以是親信之也。以十爲百。後漢詔賜降胡縑，以十爲百，帝怒，將笞郎僕射。鍾離意，字子何，曰：過誤之失，常人所容。若懈怠爲愆，則臣位大罪重當先坐。乃解衣就格，帝意解乃貸。

（唐）白居易《白氏六帖事類集》卷二一《司寇》

秋官秋卿。掌禁《周禮》乃立秋官而掌邦禁，以佐王，刑邦國。詰四方。《周禮》大司寇之職，掌邦之三典，以佐王，制邦國，詰四方，典法也。鷞鳩。《傳》曰：少昊氏以鳥名官。鷞鳩氏，司寇也。注鷞鳩，鷹也。以鷙，故爲司寇，主盜賊。棘木。《禮》曰：凡聽五刑之訟。大司寇聽之於棘木之下。詰姦慝，刑暴亂。《書》司寇掌邦禁，詰姦慝，刑暴亂。注云：秋官，卿也。主寇賊，治姦惡，刑暴作亂者。五刑。《虞典》帝曰：咎繇作士，五刑有服，五服三就，惟明克允。三刺。《禮・司寇》：正刑明辟以聽獄訟必三刺：一曰訊羣臣，二曰訊羣吏，三曰訊萬人。辟，罪也。吕侯。《書》穆王命吕侯爲司寇，作《吕刑》。《吕刑》，書名。蘇公。《尚書》周公若曰：司寇蘇公，式敬爾猶獄，以長我王國，以列用中典，罰不輕不重。忿生爲武王司寇，封蘇公也。我周公戒之言，敬爾獄刑以長施行我國也。蓋美蘇公也。當歸馬之朝。必導中典。奉鷞鳩之職。宜用常刑。刑典。《周禮》司寇掌刑典，以刑百官，以紀萬人。

（宋）潘自牧《記纂淵海》卷三《天文部・秋》 秋三月以庚辛之日發五政。一曰禁博塞，二曰無見五兵之刃，三曰慎旅農趍聚收，四曰補缺塞圻修垣牆謹門閭，五曰敬時五穀之皆入也。《管子》。

（明）唐順之《稗編》卷九四《仲尼論奸雄》 孔子爲魯司寇，攝行相事，有喜色。仲由問曰：由聞君子禍至不懼，福至不喜。今夫子得位而喜，何也？孔子曰：然，有是言也。不曰樂以貴下人乎？於是朝政七日而誅亂政大夫少正卯，戮之於兩觀之下，尸於朝三日。門人聞之趨而進至者，不言其意皆一也。子貢後至趨而進曰：夫少正卯，魯之聞人也，今夫子爲政而始誅之，或者爲失乎？孔子曰：居，吾語汝其故。天下有大惡者五，而盜竊不與焉，一曰心逆而險，二曰行辟而堅，三曰言僞而辨，四曰記醜而博，五曰順非而澤。此五者有一於人，則不得免於君子之誅，而少正卯皆兼有之，故其居處足以掫音聚。徒成黨，其談説足以飾褒榮衆，其彊禦足以反是獨立，此乃人之奸雄者也，不可以不除。夫殷湯誅尹諧，文王誅潘正，周公誅管叔，太公誅華士，管仲誅付乙，子産誅鄧析，凡此七子皆異世而同誅者，以七子異世而同惡，故不可赦也。《詩》曰：憂心悄悄，愠于羣小，小人成羣，斯足憂矣。

（明）馮琦《經濟類編》卷二一《臣類二・優禮大臣》 故知是非之分，較然有歸矣。又尚書決事多違故典，罪法無例，詆欺爲先，文慘言醜，有乖章憲，宜責求其意，割而勿聽，上慎國典，下防威福，置方員於規矩，審輕重於衡石，誠國家之典，萬世之法也。

（漢）曹操《曹操集・文集》卷二《敗軍令》 《司馬法》：將軍死綏，故趙括之母，乞不坐括。是古之將者，軍破於外，而家受罪於內也。自命將征行，但賞功而不罰罪，非國典也。其令諸將出征，敗軍者抵罪，失利者免官爵。

（漢）曹操《曹操集・文集》卷二《明罰令》 為寒食，豈不偏乎？且北方沍寒之地，老少羸弱，將有不堪之患。令到，人不得寒食。若犯者，家長半歲刑，主吏百日刑，令長奪一月俸。

（唐）白居易《白氏長慶集》卷四六《書頌議論狀・補逸書》 咨爾有衆：克濟厥功，其有儆師徒戒車乘，敬君事者，有明賞；其有罔率職，罔戮力，不恭命者，有常刑。明賞不僭，常刑無赦。嗚呼！朕告汝衆，君子監于兹。欽哉！懋哉！罰及乃躬，不可悔。

（唐）白居易《白氏長慶集》卷四八《中書制誥一・鄭覃可給事中制》 勅：給事中之職，凡制勅有不便於時者，得封奏之；刑獄有未合於理者，得駁正之；天下冤滯無告者，得與御史糾理之；有司選補不當者，得與侍中裁退之。率是而行，號為稱職。固不專於掌侍奉讚詔令而已。中大夫行諫議大夫雲騎尉滎陽縣開國男食邑三百戶鄭覃，清節直行，正色寡言，先臣之風，藹然猶在，自居首諫，益勵謇諤，擢領是職，必有可觀。亦欲天下聞之，知吾獎骨鯁之臣，來諫諍之道也。可給事中散官勳如故。

（宋）歐陽修《歐陽修全集》卷九七《奏議・諫院進劄子十二首・論葛宗谷等不當減法劄子》 臣非不知駕馭英雄難拘常法，如太祖委用李漢超等，蓋漢超能捍寇戎，不爲邊患，功大過小，理可優容。諸將守邊未有尺寸之效，而先已踰違不法，外恃敵在，而欲望朝廷屈法姑息。今朝廷未曾行寬假之惠，而此三人不法如此，若更寬之，則今後邊臣不復可以法制矣。臣思邊上公使必欲使將臣不拘常法者，若用之陰養死士，招延布衣，利啗敵人，賞勞將校，如此之數皆不必問其出人，可恣所爲。

（宋）歐陽修《歐陽修全集》卷九八《奏議・諫院進劄子十首・再論王倫事宜劄子》 蓋由法令不峻，無所畏凜。官吏見朝廷寬仁，必不深罪，而賊黨兇虐，時下可懼，寧是畏賊，不畏朝法。臣今欲乞凡王倫所過州縣奪却衣甲處官吏，並與追官勒停。其巡檢仍先除名，令白身從軍自效，俟賊破日，却議叙用。仍今後用此爲例。

（宋）歐陽修《歐陽修全集》卷一〇〇《奏議・諫院進劄子十首・論

盗賊事宜劄子》　天下之事，深可憂矣！今建昌、桂陽賊數不少，想其爲害，尤甚王倫，在於遠處，更合留意。今自京發兵，則道遠不及；外處就撥，則處處無兵。欲乞嚴敕大臣，鑒此已成難救之患，速講定禦盗之法，頒行天下，使四方漸爲備禦，及早擘畫，翦撲諸處見在賊數。自有賊以來，羣臣上言者，皆爲自來寬法，致得不肯用心捉賊，皆乞峻行法令。近見池州官吏各只罰銅五斤，乃知言者皆不蒙聽納。臣謂大臣爲國計者，寧厭忠言之多，不厭盗賊之多，乃如此行事爾！臣前後上言賊事文字不少，仍乞類聚，擇其長者，講定法制。陛下欲知大臣不肯峻國法以繩官吏，蓋由陛下不以威刑責大臣。此乃社稷安危所繫，陛下之事也，伏望留意而行之。取進止。

（宋）王安石《臨川先生文集》卷二七《律詩・老嫌》　老嫌智巧累形軀，欲就田翁學破除。百歲用癡能幾許，救吾黥劓可無餘。

（元）蘇天爵《滋溪文稿》卷一〇《碑誌・元故御史中丞曹文貞公祠堂碑銘》　爲集賢侍講學士拜侍御史，奉詔删訂條格。公曰：刑貴適中。今民犯罪，既黥而杖復加流竄，是一人身備五刑，故生還者百無一二，殊乖列聖子育元元之盛德，法當改易，丞相是其説。

（明）海瑞《海瑞集》上編《典史參評》　典史掌巡捕民間盗賊，争鬬微事盡屬之。所常小心翼翼，晝夜惟勤，棲僅一枝，飲惟滿腹而已。若位卑而言高，禄微而謀大，黑白出於唇吻，曲直任其心胸，指良爲盗，爲己歐利，欺肺石之無言，棘林之哭，置不恤焉，何以爲民長上哉！况屈一夫，寃一婦，天之霜旱隨之。爲民上者可不緣此爲兢兢歟！且又偏聽衙蠹，相助朘削。盗賊分其贓，争鬬罰之紙，不幾乎祥符之五鬼乎？非典史也。

（明）海瑞《海瑞集》上編《老人參評》　聖制老人之設，一鄉之事，皆老人之事也。於民最親，於耳目最近。誰善誰惡，洞悉之矣。尤擇一醇謹端亮者爲之。以年則老，識則老，而諳練時務則又老。有渠人，因搆一亭書之曰申明亭。朔望登之以從事焉。是不計仇，非不避親。毋任口雌黄，不憑臆曲直。善則旌之，惡則節之。此亦轉移風俗之大機括，而鄉落無夜舞之鰍鱔矣。

（明）海瑞《海瑞集》上編《乞正赦款疏》　然天下有罪之人，皆陛下之赤子也。雖其一時無知而犯罪，猶赤子無知而入井。陛下今日改元建極，上法堯舜之仁，以建唐虞之業，將决天下之民一洗而更新之，則凡各府州縣監禁有罪之人，皆倒懸望解久矣。何不以赦臣之赦赦天下而獨赦臣之厚乎？先帝在位四十五年，惟初年頒赦二次，續後數年又赦一次，至今已二十餘年不見赦於天下。有罪之人所仰望於陛下者，何啻如飢之望食，渴之望飲者乎。屢年天雨不調，寒暑不均，皆積獄積怨之所致也。臣罪犯在不赦，尚蒙曠世厚恩，視在監有罪之人中間，另有拖犯受寃者，獨不蒙陛下一視之仁乎？臣向在獄中，每見獄中稱寃者，臣即有冒死上陳之念，而時不可行，正有待于今日也。蓋臣所見者，在京一處監耳。在京如此，天下可知也。一處如此，處處可知也。邇者二三大臣雖奉聖諭，議陳赦款，殊未仰承聖意，善體聖心，致陛下洪恩厚澤，阻抑而不遠施，狹隘而不得遠布也。詔開十惡及强盗重罪不赦，可也。至于左道逆富，貪酷枉法，指稱誆騙者，犯罪甚輕者，盈于十惡强盗，均之不赦乎？且此等俱係在京之事，與在外府州縣有何預，亦混頒於天下乎？此責在刑部之官，宜勅之條正者也。詔開侵匿漕運京庫錢糧不赦，可也。盈于在外小民侵收錢糧入官給主者，皆可宥之贓，至列于漕運之不赦乎？且此箸皆撫按官所當量行曲處者，何不盡宥之以蘇民困乎？此責在户部之官，宜勅之條正者也。吏部有當官吏宜量免其數，宥其罪愆；禮部有完室之犯罪者，除謀反外，悉宜赦宥；工部有無益置造之者，除婚祭外盡宜罷免：皆當勅之條正者也。

（明）海瑞《海瑞集》上編《示府縣嚴制刁訟》　近見各府縣申到招詞，往往兩可調停，含糊姑息。本院不能備言。大抵狀詞准行，則便得利。俗有種肥田不如告瘦狀之説，誠哉言也。乃知刁訟盛行，皆府縣官號而召之。至論民情土俗，則又以健訟爲税，何故？爲此仰各府縣官曉諭各百姓，今後告狀須從實致詞，不得一語架空，自取重罪。其各官今後斷訟？除非已自訟事，迫不得已陷不知者，與之量情議罪。并吏書作害，告及官府，乃官府不能鈐束之過。鄉官安静，族人家人作害，其實皆是倚靠鄉官名色，不可執以誣告論之。外此絶無相干，生端波及，一一執律擬罪。

（明）海瑞《海瑞集》上編《示府狀不受理》　迄今反坐招詳，尚有姑念貧民愚民之説。各官徒知一念之差，情可矜恤。不知矜此一人，壞千萬人，不能治一人之誣，必召千萬人之訟。其間身有穢跡，畏彼刁訐，飾之曰姑念貧民愚民亦有之。刁訟日盛，非府縣官召之而使之來也耶？又告狀人往往稱府縣官告不受理。軍民赤子，府州縣官父母也。凡爭鬭戶婚，雖是小節，當爲剖分。衣食等項，當爲處理。若先億其誣揑，十狀九誣，棄九人之誣，而一人之實亦與其中矣。況十人中或不止一人之實，十人中一人爲寃，千萬人積之，寃以百以十計矣。不能執我嚴法，使誣者懼之不來，乃併實者棄之，使含寃之人不得伸雪，可以爲民父母哉！惰者不肯受理，懦者不能執法，其事均不可通。爲此再行曉諭，今後凡民間小訟，州縣官俱要一一與之問理。若果無情盡辭，雖小必治。甚則監之枷之，百端苦之。

《聖祖仁皇帝御製文集・第二集》卷三八《雜著・魏詔吏民告守令罪》

國家設守令以牧百姓，其貪墨不法者固爲可恨，若魏詔吏民告守令，則大非矣。小民得以犯上，則名分蕩然，紀綱不振，其害有不可勝言者。懲貪自有國法，何其計之拙也。

《皇朝經世文編》卷九三《刑政四・治獄》龔鼎孳《慎刑七條疏》

頃值皇上省躬求言，甘霖立應，一時天心君德，感召甚微。顧事天以實不以文，修德以恆不以暫，敬就職掌切要臚爲七事，一，定罪貴乎按律也。治刑者之有律，猶制樂者之有鐘呂，銖黍不容或差。若舍律而弗遵，將輕重任意，人無所適從矣。漢張釋之曰：法者，天子所與天下公共也。今法如是，更重之，是法不信于民也。請自今申飭諸司，問擬大小獄情，一依本等律文，確議上奏，不得舍棄律例，單坐罪名，至死從大獄，動關聖德，尤宜再三詳審，使天下曉然于用法之意。庶幾出入無失，觀聽不淆。一，折獄貴乎得情也。曾子曰：如得其情，則哀矜而勿喜。夫得情尚且哀矜，豈有疑似揣摩可爲定論者乎？近如楊大用等一案，一經睿照，咸頌好生，則知雖不承認，未可遽置重典明矣。請自今申飭，獄情虛實，諸司必再四推詳，其罪果虛，則急爲申雪，以燭覆盆，其罪果實，則確究根因，以垂鐵案。勿持兩可之説，務歸五聽之平，情罪既真，自無寃濫。一，司審之規宜定也。十四司官，滿漢並設，原期同心商酌，共砥公平，庶獄無遁情，官無曠職。近見大小獄情，同堂時多止有清字而無漢字，在滿州同堂諸臣，虛公共濟，事事與臣等參詳。然倉卒片言，是非立判，本末或未及潔晰，底案亦無從備查。至于重大事情，又多從清字翻出漢字，當其訊鞫之頃，漢司官未必畱心，迨稾案已成，罪名已定，雖欲旁贊一語，輒苦後時，是何滿司官之獨勞，而漢司官之獨逸也？請自今以後，一切獄訟，必先從滿漢司官公同質訊，各註明切口詞，呈堂覆審。發落既定，或擬罪，或釋放，臣等卽將審過情節，明註于口詞之內，付司存案，以備日後稽查。其有事關重大，間從清字翻出者，必仍引律敘招。臣等復加看語，然後具題。事以斟酌而無訛，牘亦精詳而可守。一，決囚之制宜慎也。按《會典》死罪臨決，須三次覆奏明白，然後加刑。又一欵：重囚三次覆奏畢，仍請駕帖下錦衣衛，監刑官領校尉詣法司，取死囚赴市。又一欵：赴市曹稱寃者，俱令覆奏。蓋罪雖應死，尚宛轉慮其或寃，于生路盡絶之時，曲加矜拯。故《周書》垂服念之文，唐制著五復之命，凡以恤人命而重死刑也，請參稽典制，取決重囚。必仍從該科僉發駕帖，將應決人犯名姓，逐一註明。其有情罪失當者，許科臣應時執奏，駕帖既出，照例會集御史等官，公同監決，仍酌行復奏之法。以全萬一之仁。

《皇朝經世文編》卷九一《刑政四・治獄》武攀龍《嚴批駁以清積案疏》

古者慎德緩刑，意惟主于明允，而重期之以刑不畱獄，蓋以上多塵牘，因而下有寃民。原本不清，卽役役焉，徒敝精神無益也。

《皇朝經世文編》卷九一《刑政四・治獄》秦蕙田《請停初供報部共毆餘人免解疏》

斷獄務在精詳，而立法期於盡善。

（清）譚嗣同《譚嗣同全集》卷一《試行印花税條説》

其法之始，曰限地，曰限時。限地者，先指定一地，爲試行之始，行不善則已。不善於一地，餘無不善也。限時者，豫定一期，限爲試行之時。行不善則已，餘時無不善也。

立法分部

論説

（漢）鄭玄注　（唐）孔穎達等正義《禮記正義·月令》　是月也，命有司脩法制，繕囹圄，具桎梏，禁止姦，慎罪邪，務搏執。順秋氣，政尚嚴。繕，市戰反。邪，似嗟反。搏音博。命理瞻傷，察創視折。理，治獄官也。有虞氏曰士，夏曰大理，周曰大司寇。創之淺者曰傷。創，初良反，注同。審斷、決獄，訟必端平。端猶正也。審斷決，丁亂反，下同；蔡徒管反，一讀絶句，决字下屬。戮有罪，嚴斷刑。天地始肅，不可以贏。肅，嚴急之言也。贏猶解也。贏音盈，注同。解，古賣反。

（宋）陳祥道《禮書》卷四六《市制》　古之治市也，每肆一長，二肆一胥，五肆一司稽，十肆一司虣，二十肆一賈師一胥師。其法有治教、政刑、量度、禁令。而君夫人、世子、命夫、命婦不得過屬遊，飲食者不得行鬬囂虣亂，出入相陵犯者不得作圭璧、金璋、犧牲、祭器、戎器與不中度量、不中殺伐之類不得粥。其犯禁者，司門舉之於門，質人舉之於市，搏之以司稽，察之以胥師，然後治於司市，其附于刑則歸于士。凡以阜民財，一民行而已，此所謂以義為利，不以利為利也。

《史記》卷六《秦始皇本紀》　維秦王兼有天下，立名爲皇帝，乃撫東土，至于琅邪。列侯武城侯王離、列侯通武侯王賁、倫侯建成侯趙亥、倫侯昌武侯成、倫侯武信侯馮毋擇、丞相隗林、丞相王綰、卿李斯、卿王戊、五大夫趙嬰、五大夫楊樛從，與議於海上。曰：古之帝者，地不過千里，諸侯各守其封域，或朝或否，相侵暴亂，殘伐不止，猶刻金石，以自爲紀。古之五帝三王，知教不同，法度不明，假威鬼神，以欺遠方，實不稱名，故不久長。其身未殁，諸侯倍叛，法令不行。今皇帝并一海内，以爲郡縣，天下和平。昭明宗廟，體道行德，尊號大成。羣臣相與誦皇帝功德，刻于金石，以爲表經。

又：　丞相李斯曰：五帝不相復，三代不相襲，各以治，非其相反，時變異也。今陛下創大業，建萬世之功，固非愚儒所知。且越言乃三代之事，何足法也？異時諸侯並争，厚招遊學。今天下已定，法令出一，百姓當家則力農工，士則學習法令辟禁。今諸生不師今而學古，以非當世，惑亂黔首。丞相臣斯昧死言：古者天下散亂，莫之能一，是以諸侯並作，語皆道古以害今，飾虚言以亂實，人善其所私學，以非上之所建立。今皇帝并有天下，別黑白而定一尊。私學而相與非法教，人聞令下，則各以其學議之，入則心非，出則巷議，夸主以爲名，異取以爲高，率羣下以造謗。如此弗禁，則主勢降乎上，黨與成乎下。禁之便。臣請史官非秦記皆燒之。非博士官所職，天下敢有藏《詩》、《書》、百家語者，悉詣守、尉雜燒之。有敢偶語《詩》《書》者弃市。以古非今者族。吏見知不舉者與同罪。令下三十日不燒，黥爲城旦。所不去者，醫藥卜筮種樹之書。若欲有學法令，以吏爲師。制曰：可。

《漢書》卷五八《公孫弘傳》　元光五年，復徵賢良文學，菑川國復推上弘。弘謝曰：前已嘗西，用不能罷，願更選。國人固推弘，弘至太常。上策詔諸儒：制曰：蓋聞上古至治，畫衣冠，異章服，而民不犯；陰陽和，五穀登，六畜蕃，甘露降，風雨時，嘉禾興，朱中生，山不童，澤不涸；麟鳳在郊藪，龜龍游於沼，河洛出圖書；父不喪子，兄不哭弟；北發渠搜，南撫交阯，舟車所至，人迹所及，跂行喙息，咸得其宜。朕甚嘉之，今何道而臻乎此？子大夫修先聖之術，明君臣之義，講論洽聞，有聲乎當世，敢問子大夫：天人之道，何所本始？吉凶之效，安所期焉？禹湯水旱，厥咎何由？仁義禮知四者之宜，當安設施？屬統垂業，物鬼變化，天命之符，廢興何如？天文地理人事之紀，子大夫習焉。其悉意正議，詳具其對，著之于篇，朕將親覽焉，靡有所隱。弘對曰：臣聞上古堯舜之時，不貴爵賞而民勸善，不重刑罰而民不犯，躬率以正而遇民信也；末世貴爵厚賞而民不勸，深刑重罰而姦不止，其上不正，遇民不信也。夫厚賞重刑未足以勸善而禁非，必信而已矣。是故因能任官，則分職治；去無用之言，則事情得；不作無用之器，即賦斂省；不奪民時，不妨民力，則百姓富；有德者進，無德者退，則朝廷尊；有功者上，無功者下，則群臣逡；罰當罪，則姦邪止；賞當賢，則臣下勸：凡此八者，治民之本也。故民者，業之即不爭，理得則不怨，有禮則不暴，愛之則親上，此有天下之急者也。故法不遠義，則民服而不離；和不遠禮，則民親而不暴。故法之所罰，義之所去也；和之所賞，禮之所取也。禮義者，民之所服也，而賞罰順之，則民不犯禁矣。故畫衣冠，異章服，而民不犯者，此道素行也。臣聞之，氣同則從，聲比則應。今人主和德於上，百姓和合於下，故心和則氣和，氣和則形和，形和則聲和，聲和則天地之和應矣。故陰陽和，風雨時，甘露降，五穀登，六畜蕃，嘉禾興，朱草生，山不童，澤不涸，此和之至也。故形和則無疾，無疾則不夭，故父不喪子，兄不哭弟。德配天地，明並日月，則麟鳳至，龜龍在郊，河出圖，洛出書，遠方之君莫不説義，奉幣而來朝，此和之極也。臣聞之，仁者愛也，義者宜也，禮者所履也，智者術之原也。致利除害，兼愛無私，謂之仁；明是非，立可否，謂之義；進退有度，尊卑有分，謂之禮；擅殺生之柄，通壅塞之塗，權輕重之數，論得失之道，使遠近情僞必見於上，謂之術：凡此四者，治之本，道之用也，皆當設施，不可廢也。得其要，則天下安樂，法設而不用；不得其術，則主蔽於上，官亂於下。此事之情，屬統垂業之本也。臣聞堯遭鴻水，使禹治之，未聞禹之有水也。若湯之旱，則桀之餘烈也。桀紂行惡，受天之罰；禹湯積德，以王天下。因此觀之，天德無私親，順之和起，逆之害生。此天文地理人事之紀。臣弘愚戇，不足以奉大對。

《宋書》卷五四《羊玄保傳》　時揚州刺史西陽王子尚上言：山湖之禁，雖有舊科，民俗相因，替而不奉，熂山封水，保爲家利。自頃以來，頹弛日甚，富强者兼嶺而占，貧弱者薪蘇無託，至漁採之地，亦又如兹。斯實害治之深弊，爲政所宜去絶，損益舊條，更申恒制。有司檢壬辰詔書：占山護澤，强盗律論，贓一丈以上，皆棄市。希以壬辰之制，其禁嚴刻，事既難遵，理與時弛。而占山封水，漸染復滋，更相因仍，便成先業，一朝頓去，易致嗟怨。今更刊革，立制五條。凡是山澤，先常熂爐種養竹木雜果爲林芿，及陂湖江海魚梁鰌鮆場，常加功修作者，聽不追奪。官品第一、第二，聽占山三頃；第三、第四品，二頃五十畝；第五、第六品，二頃；第七、第八品，一頃五十畝；第九品及百姓，一頃。皆依定格，條上貲簿。若先已占山，不得更占；先占闕少，依限占足。若非前條舊業，一不得禁。有犯者，水土一尺以上，並計贓，依常盗律論。停除咸康二年壬辰之科。從之。

《魏書》卷二一《獻文六王傳・北海王》　詳與八座奏曰：竊惟姦劫難除，爲蠹日久，群盗作患，有國攸病。故五刑爲用，猶陷觸網之誅；道幾勝殘，寧息狗竊之響。是以班制垂式，名爲治本，整綱提目，政之大要。謹尋奪禄事條，班已周歲。然京邑尹、令，善惡易聞；邊州遠守，或難聽審，皆上下同情，迭相掩没。設有賊發，隱而不言，或以劫爲偷，或遏掠成盗，更令賊發難知，攘竊惟甚。臣等參議，若依制削奪，則縣無期月之宰；附條貶黜，郡靡歲稔之守。此制必行，所謂法令滋章，盗賊多有。昔黄龔變風，不由削禄；張趙稱美，豈憚貶退。然綏導之體，得失在人。乃可重選慎官，依律劾禁，不宜輕改法令，削黜群司。今請改制條，還附律處。其勵己公清，賞有常典，風謡黷賄，案爲考第。世宗從之。

《魏書》卷五三《李孝伯傳》　時民困飢流散，豪右多有占奪。安世乃上疏曰：臣聞量地畫野，經國大式；邑地相參，致治之本。井税之興，其來日久；田萊之數，制之以限。蓋欲使土不曠功，民罔游力。雄擅之家，不獨膏腴之美；單陋之夫，亦有頃畝之分。所以恤彼貧微，抑兹貪慾，同富約之不均，一齊民於編户。竊見州郡之民，或因年儉流移，棄賣田宅，漂居異鄉，事涉數世。三長既立，始返舊墟，廬井荒毁，桑榆改植。事已歷遠，易生假冒。强宗豪族，肆其侵凌，遠認魏晋之家，近引親舊之驗。又年載稍久，鄉老所惑，群證雖多，莫可取據。各附親知，互有長短，兩證徒具，聽者猶疑，争訟遷延，連紀不判。良疇委而不開，柔桑枯而不採，僥倖之徒興，繁多之獄作。欲令家豐歲儲，人給資用，其可得乎！愚謂今雖桑井難復，宜更均量，審其徑術；令分藝有準，力業相稱，細民獲資生之利，豪右靡餘地之盈。則無私之澤，乃播均於兆庶，如阜如山，可有積於比户矣。又所爭之田，宜限年斷，事久難明，悉屬今主。然後虚妄之民，絶望於覬覦；守分之士，永免於凌奪矣。高祖深納之，後均田之制起於此矣。

《魏書》卷六八《甄琛傳》　王者立法，隨時從宜，改弦易調，明主所急。先朝立品，不必即定，施而觀之，不便則改。

《魏書》卷一一四《釋老志》　神龜元年冬，司空公、尚書令、任城王澄奏曰：臣聞設令在於必行，立罰貴能肅物。令而不行，不如無令。罰不能肅，孰與亡罰。頃明詔屢下，而造者更滋，嚴限驟施，而違犯不息者，豈不以假福托善，幸罪不加。人殉其私，吏難苟劾。前制無追往之辜，後旨開自今之恕，悠悠世情，遂忽成法。今宜加以嚴科，特設重禁，糾其來違，懲其往失。脱不峻檢，方垂容借，恐今旨雖明，復如往日。又旨令所斷，標榜禮拜之處，悉聽不禁。愚以爲，樹榜無常，禮處難驗，欲云有造，立榜證公，須營之辭，指言嘗禮。如此則徒有禁名，實通造路。且徙御已後，斷詔四行，而私造之徒，不懼制旨。豈是百官有司，怠於奉法？將由網漏禁寬，容託有他故耳。

《北史》卷五〇《高道穆傳》　時朝議鑄錢，以謙之爲鑄錢都將長史。乃上表求鑄三銖錢曰：

蓋錢貨之立，本以通有無，便交易。故錢之輕重，世代不同。太公爲周置九府圜法，至景王時，更鑄大錢。秦兼海内，錢重半兩。漢興，以秦錢重，改鑄榆莢錢。至文帝五年，復爲四銖，孝武時悉復銷壞，更鑄三銖。至元狩中，變爲五銖。又造赤仄之錢，以一當五。王莽攝政，錢有六等：大錢重十二銖，次九銖，次七銖，次五銖，次三銖，次一銖。魏文帝罷五銖錢，至明帝復立。孫權江左鑄大錢，一當五百。權赤烏年，復鑄大錢，一當千。輕重大小，莫不隨時而變。

竊以食貨之要，八政爲首；聚財之貴，詒訓典文。是以昔之帝王，乘天地之饒，御海内之富，莫不腐紅粟於太倉，藏朽貫於泉府，儲畜既盈，人無困弊，可以寧謐四海，如身使臂者矣。昔漢之孝武，地廣財饒，外事四戎，遂虚國用。於是草茅之臣，出財助國，興利之計，納税廟堂。市列榷酒之官，邑有告緡之令。鹽鐵既興，錢幣屢改，少府遂豐，上林饒積。外關百蠻，内不增賦者，皆計利之由也。

今羣妖未息，四郊多壘，徵税既煩，千金日費，倉儲漸耗，財用將竭，誠楊氏獻税之秋，桑兒言利之日。夫以西京之盛，錢猶屢改，並行大小，子母相權，況今寇難未除，州郡淪敗，人物彫零，軍國用少，別鑄小錢，可以富益，何損於政，何妨於人也？且政興不以錢大，政衰不以錢小，惟貴公私得所，政化無虧，既行之於古，亦宜效之於今矣。昔禹遭大水，以歷山之金鑄錢，救人之困；湯遭大旱，以莊山之金鑄錢，贖民之賣子者。今百姓窮悴，甚於曩日，欽明之主，豈得垂拱而觀之哉？臣今此鑄，以濟交乏，五銖之錢，任使並用，行之無損，國得其益。詔將從之，事未就，會卒。

《舊五代史》卷八四《晉書·少帝紀四》　纔除御史者旋授外藩賓佐，復有以私故細事求假外拜，州郡無參謁之儀，出入失風憲之體，漸恐四方得以輕易，百辟無所準繩。請自今藩鎮幕僚，勿得任臺官，雖親王宰相出鎮，亦不得奏充賓佐。非奉制勘事，勿得出京，自餘不令出釐雜務。

《宋史》卷一七七《食貨志上五》　哲宗立，宣仁后垂簾同聽政，門下侍郎司馬光言：按因差役破産者，惟鄉户衙前。蓋山野愚戇之人，不能幹事，或因水火損敗官物，或爲上下侵欺乞取，是致欠折，備償不足，有破産者。至於長名衙前，在公精熟，每經重難，別得優輕場務酬奬，往往致富，何破産之有？又鄉者役人皆上等户爲之，其下等、單丁、女户及品官、僧道，本來無役，今更使之一概輸錢，則是賦斂愈重。自行免役法以來，富室差得自寬，貧者困窮日甚，監司、守令之不仁者，於雇役人之外多取羨餘，或一縣至數萬貫，以冀恩賞，又青苗、免役，賦斂多責見錢。錢非私家所鑄，要須貿易，豐歲追限，尚失半價，若値兇年，無穀可糶，賣田不售，遂致殺牛賣肉，伐桑鬻薪，來年生計，不暇復顧，此農民之所以重困也。

臣愚以爲宜悉罷免役錢，諸色役人，並如舊制定差，見雇役人皆罷遣之。衙前先募人投充長名，召募不足，然後差鄉村人户，每經歷重難差遣，依舊以優輕場務充酬奬。所有見在役錢，撥充州縣常平本錢，以户口爲率，存三年之蓄，有餘則歸轉運司。凡免役之法，縱富彊應役之人，征貧弱不役之户，利於富不利於貧。及今耳目相接，猶可復舊名，若更年深，富者安之，民不可復差役矣。

於是始詔修定役書，凡役錢，惟元定額及額外寬剩二分已下許著爲準，餘並除之。若寬剩元不及二分者，自如舊則。尋詔耆户長、壯丁皆仍舊募人供役，保正、甲頭、承帖人並罷。

《宋史》卷一九三《兵志七》　逃亡之法，國初以來各有增損。熙寧五年詔，禁軍奉錢至五百而亡滿七日者，斬。舊制，三日者死。初，執政議更法，請滿十日。帝曰：臨陣而亡，過十日而首，得不長姦乎。安石曰：臨陣而亡，法不計日，即入斬刑。今當立在軍興所亡滿三日，論如對寇賊律。樞密使蔡挺請沿邊而亡滿三日者斬。安石曰：沿邊有非軍興之所，不可一概坐以重刑。本立重法，以禁避寇賊及軍興而已。帝曰：然。文彦博固言：軍法臣等所當總領，不宜輕改，如前代銷兵乃生變。安石曰：前代如杜元穎等銷兵，乃其措置失當，非兵不可銷也。且當蕭俛時，天下兵至多，民力不給，安得不減？方幽州以朱克融等送京師，請毋遣克融還幽州煽衆爲亂，而朝廷乃令克融等飄泊京師，久之不調，復遣歸北。克融所以復亂，亦何預銷兵事？彦博曰：國初，禁軍逃亡滿一日者斬。仁宗改滿三日，當時議者已慮壞軍法。安石曰：仁宗改法以來，活人命至多，然於軍人逃亡，比舊不聞加多，仁宗改法不爲不善。帝乃詔增爲七日。

（宋）李燾《續資治通鑑長編》卷一六六《宋仁宗皇祐元年》　臣嘗讀《漢書》，宣帝以西羌未平，京兆尹張敞建議，願令諸有罪非盜、受財殺人及犯法不得赦者，皆得以差入穀贖罪。欲乞下有司議罪犯可以贖者，條約事件，差定入穀多少，俾河北州軍得以贖罪。此亦權宜濟用之一端耳。

（宋）李燾《續資治通鑑長編》卷三六八《宋哲宗元祐元年》　又貼黄：臣竊以為抑兼并而惠困窮，仁政之先務也。免役之法，上戶幸而下戶不幸；差役之法，下戶樂而上戶不樂。今日陛下令韓維等四臣更行詳定，若衙前等事益加寬舒，則上戶亦無不樂之理，誠治世之善法也。而慮姦臣爲謀，幸其法之未完，卻令天下百姓先陳利害，此必上戶多陳差役法不便，又使提舉欲罷之官司助爲之説，是姦臣意欲動搖善法。伏望陛下深察姦謀，力主差法，以惠天下。初十日別降指揮。

（宋）李燾《續資治通鑑長編》卷三七一《宋哲宗元祐元年》　司馬光言：今國家大議科場之法，欲盡善盡美，以臣所見，莫若依先朝成法，合明經、進士爲一科，立《周易》、《尚書》、《詩》、《周禮》、《儀禮》、《禮記》、《春秋》、《孝經》、《論語》爲九經，令天下學官依注疏講説，學者博觀諸家，自擇短長，各從所好。《春秋》止用左氏傳，其公羊、穀梁、陸淳等説，並爲諸家。《孟子》止爲諸子，更不試大義，應舉者聽自占習。三經以上多少隨意，皆須習《孝經》、《論語》。於家狀前開坐習某經。臣愚所見如此，伏乞以臣所奏及禮部等官所議牓國子監門，及箚下諸州有州學處牓學門，令舉人限一月內投狀，指定何法爲善，仰本州附遞以聞，俟到京齊足，更委其他執政看詳參酌，從長施行。

（宋）李燾《續資治通鑑長編》卷三七二《宋哲宗元祐元年》　御史孫升言：伏以先朝始議推行天下保伍之法，要在辨察姦僞，屏除盜賊而已。小人欺罔，遂進邪説，令教府界三路之民，使之知兵。嗚呼！其亦不思而已矣。自先王道德之澤熄，而禮義之俗壞；三代井田之法廢，而兼并之徒興。千百年間，積習陵夷，兵民乃判。世變之異，惟聖智爲能通之。以太祖、太宗雄材大略，深慮遠謀，并一四海，降慴羣雄，措子孫帝王萬世不拔之規模，顧不知養兵之爲費而獨嚴兵器之禁者，示民不可使知兵也。府界三路保甲，患害雖均，而河北爲甚者，使者之罪也。劉定上挾章惇之姦黨，下附狄諮之庸才，內縱巡教指使，恣爲誅剝，外爲姑息寬假，抑沮州縣，使法令行乎其民，大肆馮陵，公行恐喝，故真定、獲鹿之變起于後，而澶、滑之盜作于前。賴祖宗社稷之靈，聖聽睿斷之果，不惑乎姦言邪説，卒從廢滅，不然患害未易知也。今遺毒餘孽，其弊猶存，姦惡之魁，既已屏斥于外，而劉定、狄諮生事起變，罪狀顯明。然假息竊視，冀于幸免，未正典刑，深鬱士民之憤。伏望聖慈察獲鹿、澶、滑之變，識劉定、狄諮之由，早正其罪，重行黜削。其後來頒降教閲畫一事件指揮，乞令樞密院再加詳議，約束禁止，以全祖宗萬世不拔之規模，則天下幸甚。

（宋）李燾《續資治通鑑長編》卷三七六《宋哲宗元祐元年》　左司諫王巖叟言：

伏睹閏二月八日聖旨，提舉官累年積蓄錢穀財物，盡樁作常平倉錢物，委提點刑獄交割主管，依舊常平倉法。臣謹按常平倉法，穀賤則增價以糴，穀貴則減價以糶，真所以惠百姓；搢紳之議，謂是朝廷復此舊法，遂罷出息二分之法矣。今見四月二十六日敕旨，再立常平錢穀給斂出息之法，中外之人，莫不復疑朝廷以利爲事，而惜爲陛下謀者失弛張之宜也。

伏以青苗之法，公卿士大夫之論其弊者，固已厭聞于朝。前日之言，臣不復道，請以臣自得於耆老之語爲陛下言。皆曰國家之意，主於收息以助用耶？主於惠養百姓耶？主於收息以助用，則無可言者；主於惠養百姓，則某等校量行法以來，十六年於今，但見百姓終歲皇皇，翻倒債負，不見一家有增益者。一歲之間，常不免秋則賤糶而納，春則貴糴而食，日陷於窮困而不自知。説者曰所以抑兼并，曾兼并未必能抑也。一日期限之逼，督責之嚴，則不免復哀求於富家大族，增息而取之。名爲抑兼并，乃所以助兼并也。又説者曰二分之息甚輕耳，曾不知官緡不可坐而得也。凡當請時，保長之籍姓名也，甲頭之團甲也，書手之點等第也，其城郭之往來也，其門户之經由也，其主庫者之出納也，皆人情之所不能盡禁者也。鈔引也，頭子錢也，公而不可無者也。通而會之，不知幾分之息也。復自起催，則吏在門矣。數數飲食之，賂遺之，而苟以免追呼，積日累久，又不知幾分之息也。又有違期而必至於追呼者，追呼既至而必鞭撻者，鞭撻既已而必荷校者，要其所耗，又不知幾分之息也。復有給陳粟腐麥以與之，而使之償善價者，論其所折，又不知幾分之息也。臣竊度天下之爲邑者，善催科，省刑罰，百人之中，歲撻一人，則萬户之邑，已百人矣。天下凡幾邑，總而計之，一歲之間，受鞭撻者無慮數萬人矣。臣以謂作意而惠之，不若惠之以無事也。伏望陛下深察四海已然之弊，遠思百姓無窮之困，斷然不疑，詔有司罷青苗法，天下幸甚。

又言：自斂散青苗錢，並行倉法，其於刑名可謂重，然犯者猶不可禁。今復罷重法，則斂散之際，其擾必多。去重法以行青苗，既恐侵漁益甚；因青苗以留重法，又與差役有妨。利未見而害已深，息未收而耗已廣。且出緡收息，終非國體所宜。伏望詳度前奏，早賜施行，以幸天下。

又言：臣近兩上章，乞罷再散青苗錢，又聞更有臣寮亦曾論列，至今未蒙施行。民病將除而復作，人心已定而又搖，必有姦言欺惑睿聽，望斷自宸衷，速令寢罷。巖叟前後凡五上章，訖不報。

（宋）李燾《續資治通鑑長編》卷四五四《宋哲宗元祐六年》 侍御史孫升言：臣伏見都水使者吴安持，自肆己意，創立條法，直申都省。從來中書退送工部，見行下諸路勘會有無違礙，未準朝廷頒行，而安持既以己意創立，未聽指揮，而乃擅將創立條內一項文移場埽，於縣鎮用牒往還。不候指揮，於去年三月內行下外監丞司，指揮諸場埽，于所屬縣只用公牒往還，致是河埽使臣，緣此恣横，無所忌憚。內陽武埽於去年八月二十八日套墊，直至九月八日夜子時方申危急。本埽使過稍草二十六萬，並不關申本縣，及壕寨楊賨等偷盜官椿橛一百數十條，本場占護賊人，不肯發遣。臣竊以河埽使臣、壕寨自來欺弊作過，偷謾官司物料習以成風，若更不令州縣統轄點檢，則今後蠹害愈深，何由覺察？臣謹按：吴安持行市易之日，與吕嘉問挾王安石勢力創造條法，內則三司不敢正視，外則州縣、監司不得點檢。內外欺弊積久，遂至大壞，失陷官錢以百萬計，害及公私，毒流天下至今未已者，良由吕嘉問、吴安持占蔽，不及內外官司點檢所致也。今日朝廷公明，不容小人爲姦，而吴安持乃敢輒肆欺罔，創立條法，亂上下統轄之制，使姦猾得自恣縱，而又不候朝旨，公然行下，干紀亂常，罪在不赦。此而不誅，安用執法？伏望聖慈指揮，付有司推治吴安持不候朝旨擅行條法之罪，重行典憲，以懲亂法之吏。

（宋）李心傳《建炎以來繫年要録》卷五〇《紹興元年辛亥十二月癸亥朔之壬辰》 壬申，言者論：今日為百姓甚害者，無如科配一事。州縣比年以來，於常賦之外，別立一項軍期科配，一歲之間，一户至五、七次。臣竊謂與其許科配，不若專責常賦；與其放逋欠，不若嚴禁敷率。今税租免役和買及關征榷酤之利，別無失陷，則軍事所需，何容不足，伏望特降睿旨，今後除依法催科以備軍期外，其餘非法科配，一切停罷。詔户部勘當，户部侍郎柳約言：遇災傷及經兵破，難以不放逋欠外，若是因軍期須索，亦有許收量添酒錢應副。或因軍期所需多科其數，別作支用。昨降旨以自盜贓論，官竄嶺表望依累降指揮施行從之。時議者又言：朝廷之上，喜徇祖宗愛民之良法，而諱言今日科斂之大害。如早稻未熟而借冬苗，春蠶未畢而催和買，富民鬻田舍，下户質子女。籲天不聞，誠宜嗟憫。伏望明詔大臣，繼自今後勿以科斂爲諱而特如條畫，申敕監司，謹其抛降之名，俾不得加數掊克，因事漁利。則四方之民，凡有征求，莫不樂輸，而無怨矣。疏奏詔檢會五月己未，指揮申嚴行下。後奏在此月甲戌今聯書之，明年正月陳汝錫謫官，恐緣此事。

（宋）鄭樵《通志》卷五四《職官略・州郡上》 臣謹按：漢制，刺史以六條問事，非條所問即不省。一條，彊宗豪右田宅踰制，以彊陵弱，以衆暴寡。二條，二千石不奉詔書，遵承典制，背公向私，旁緣牟利，侵漁百姓，聚斂爲姦。三條，二千石不卹疑獄，風厲殺人，怒則任刑，善則任賞，煩擾刻暴，剥截黎元，爲百姓所疾，山崩石裂，妖祥訛言。四條，二千石選辟不平，苟阿所愛，蔽賢寵頑。五條，二千石子弟恃怙榮勢，請託所監。六條，二千石違公下比，阿附豪彊，通行貨賂，割損正令。又按後周六條之制，其略曰：其一先治心，心不清淨，則思慮妄生，見理不明。是以治民之要在於清心而已。其二敦教化，其三盡地利，其四擢賢良，其五恤獄訟，其六均賦役。

（清）嵇璜等《續通典》卷一二《食貨·錢幣中》 江西提舉袁燮疏曰：我孝宗皇帝頒楮幣於天下，常通而不壅，常重而不輕，無他道焉，有以收之而已。自開禧用兵，造幣甚廣，知散而不知收，故其價甚賤。今日更定其法，固將流通而不窮，其可不法孝宗所以收之者乎？蓋楮之為物也，多則賤，少則貴。收之也則少矣，賤則壅；貴則通，收之則通矣。雖然，朝廷收之可也，州郡若何收之？曰：是在長吏而已，長吏而賢何事不集。今公清者少，貪濁者衆，肆為蠹賊，無所忌憚，尚何望其財用之積，而楮幣之收乎？我朝家法最為忠厚而獨也，此孝宗之規模也。今為郡守者，或拘民間米鹽並從官賣，或科有餘之家強以買會，或令民間輸納，非買楮於官者，不與收接。甚者課吏牧豕聽其自賣，而輸緡錢於官，朝夕紛紛與民争利，甚非治民之事也。惟聖主速救之。又上便民疏，曰：臣聞楮幣之用，至今而窮，立法而稱提之，所以濟其窮也。然今日所謂稱提者，果能有濟乎？始以法令從事，兑不以省陌者必罰無赦，未幾，從民之便，又未幾，而有三分七分之説，展轉屢變，而卒歸於贓吏之罰甚峻，深知其蠹不得不然。當今之務謂宜痛懲貪濁，崇奬公清。蓋公清之士，必能正身律下，而黠吏莫措其奸；必能愛惜財物，而冗費無所不節，必能選擇官僚，講理財之策；必能寬裕民力，養豐財之源，薄闤市之征，則商旅四集；謹鉟銷之防，則銅錢不耗；嚴交易税契之法，則泉貨頓增。守錢會相半之制，則藏鏹可出。財既裕矣，視時楮價其賤耶，亟從而收之，何憂其不貴？至日月浸久，價將復賤，則又收之。非常收也，賤而後收於銅錢楮幣之相半，是復其舊也，是猶未始稱提也。經久可行之策，顧不在兹乎？今議者急於豐財，欲用鐵錢與銅錢並行，當不足之時，倏焉有餘，寧不可喜，而其實有不然者。往時楮幣多故銅錢少，而又益以鐵錢，不愈少乎？往時楮幣多，故物價貴，今又益以鐵錢，不愈貴乎？銅鐵之價固不相若，鑄以為錢，孰貴孰賤？兼用之於市，而實得銅錢之直得無徒費鐵錢乎？兩淮虛耗甚矣，運鐵錢於江南，貿易而歸，固將裕之也。然江南之楮幣易淮甸之鐵錢，厥價三倍，奸巧之民争先取之，此盈而彼虛矣。鐵錢日以朘削，銅錢禁不得往，淮人將安所用哉？名曰裕之，其實蹙之，臣不知其可也。且夫鐵錢之易就，非若銅錢之難成，盗錢如雲而起，楮之輕也滋甚。譬之人方病寒，又以凉劑投之，祇益其病而已。內不足以權楮，外不足以裕淮，將何便於此哉？且今日楮幣之輕得，非以銅錢之寡歟？海舶之洩，未始無法也。而檢空之委得於情，懇納其私賄，縱其私載，則連檣而去，奸民相結，貯錢小舟，潛往海洋，納諸巨舶，稛載而歸，此錢之所由少也，獨不可申嚴其禁乎。銷錢為器，未始無法，而獲利十倍，人競趨之，所在公行若當然者。句容、天台、四明、池陽、臨川之所鑄者以精巧名，人皆貴之，此錢之所以銷也，獨不可痛懲其奸乎。鼓鑄之司，令至嚴也，每歲增之，何可勝用？自黠吏既漁其利，而傷戶復濟其奸，憚取銅之難，銷錢以輸之，幸其精煉，無復致詰，錢安得而不耗，獨不可堅明其約束乎。邦有常典，講若畫一，人不畏法，以法繩之，誰敢不服？若夫守法之地，人皆觀瞻，而先自廢法，罪莫大焉。銅楮相半之制，其來舊矣，乃創為新例，輸楮於官者必令貼納，是利其贏也，是弛相半之法而置錢於無用之地也。奸民乘之逞其私欲，毁之、匿之者、不勝其衆，是孰為之倡哉！臣竊觀當今州郡，大抵兼行楮幣所在塡委而錢常不足，間有純用銅錢不雜他幣者而錢每有餘，以是知楮惟能害銅，非能濟銅之所不及也，加之貼納，豈貨泉之利也哉！朝廷深懲往事，革三分七分之弊，而復二者均平之法。此乾道淳熙之美意也。人情翕然，僉曰：至當守法之便，昭晰如此。夫法有常守，則觀聽不惑而民有定志。法不一定，則前後相戾而人無信心。守銅楮相半之法悠久不變，而異時謀利撓法之蠹蕩滌無餘，尚何憂銅錢之寡而楮幣之輕乎？此當今之急務也，唯明主留意焉。

《金史》卷八九《梁肅傳》 久之，爲濟南尹，上疏曰：刑罰世輕世重，自漢文除肉刑，罪至徒者帶鐐居役，歲滿釋之，家無兼丁者，加杖准徒。今取遼季之法，徒一年者杖一百，是一罪二刑也，刑罰之重，於斯爲甚。今太平日久，當用中典，有司猶用重法，臣實痛之。自今徒罪之人，止居作，更不決杖。不報。

《明神宗實録》卷一一《萬曆元年三月》　戊戌，吏部覆御史李杕疏言：祖宗創制立法，酌古準今，極其盡善。雖法久不無偏弊，止宜隨事補改，不當任意紛更。邇來内外法司條陳興革，靡有定畫，以一人之言而遽行，以一人之言而遽罷，遠者不過數年，近者僅及數月。如六部三法司諸條例，方新修《會典》不必繙閲章奏，以滋多事。至於在外督撫巡按併各差御史，歲更一官，人各一見，條約紛紜，吏民無所適從，誠如李杕所論。以後但有建議者，各該部院務要上稽祖制，下體人情，遵奉明旨，仔細講究，必其永終，無弊方許如議覆講。不宜徒事依違，因取變亂之罪。仍通行各該督撫巡按及各差御史，將歷年條約及條陳事件督同司道參酌停當，具揭本院議覆裁定，分發各差永為遵守，不得炫奇立異，夕易朝更。

《皇朝文獻通考》卷二二二《經籍考十二》　臣等謹按，《國朝會典》康熙三十三年初修，雍正五年續修，至是凡三經釐定，典章條目燦然大備矣。昔《周禮》一經稱為周公致治之書，故傳之萬世，尊為法守，至歷代所傳，如《唐六典》、《元典章》、《明會典》，雖法制遞有增損，而所謂以官統事，以事隸官者不易焉。夫編纂之工拙，繫乎政令之廢修，我國家列祖相承，聖德神功，昭垂瀛海，規畫既皆盡善。

（清）嵇璜等《續文獻通考》卷一《田賦考》　青田縣主簿陳耆卿奏曰：經界，良法也。經界法壞，則所信者簿書耳，并簿書而不足信，則何所取信哉？有田則有賦役，田有多寡，則賦役有重輕。今之世乃有田愈多，而賦役愈輕，有無田而賦役反重者。税之厚薄當視其物力，物力之高下當視其產。今田之頃畝初不見於簿，而物力之貫陌獨載於簿，若是則其源既失矣。過割用物力簿，起催用二税簿，二者相關。而今初不相知歲遇攢造，不過以往年陳籍轉抄而已，升降出没，既莫得詳。鄉胥里豪始得株連，姦僞為牢不可破之計，故有一戶而化為數十戶者，有本無寸產而為富室承抱立戶者，有虛為名籍以避科斂稍久而成乾没者。但見逃絶之家日多，租税之額日減，上下歎愁莫知其獘之所自。邑令之有意者思欲釐正之，細民吐氣而大姓則忿然不懌矣。三歲一推排，此常式也，今或至十年而講矣。乞下諸路戒飭所在官吏，申嚴推排之法，其出入規避者，重寘憲典，每歲攢造必選一邑佐之清强者，躬督其事，既成，則併舊籍上之郡，郡復委僚屬研覆之，有訴不平或得其實，官吏俱從收坐，庶幾賦役均一，牒訟稀簡，吏稱職而民安業，誠非小補也。

（清）嵇璜等《續文獻通考》卷七《錢幣考》　青田縣主簿陳耆卿奏曰：有錢而後有楮，楮滯則稱提之説興焉，而未有言及錢者。楮日多，錢日少，禁楮之折閲者日嚴，而禁錢之漏泄者日寬，非果寬也，寬於大而嚴於小也。闤闠之間有腰百金以出者，吏卒已目送之，至數百則攎摭之鞭笞之矣。不獨以楮之多，正以錢之少也，存者既少藏者愈牢。雖以重法欲散出之，彼將曰吾之錢吾所自有也。彼以中國所有散之外國，上不之禁，而何以咎我？故臣以為今日之務不專在稱提楮幣，又在於稱提銅錢也。今銅錢之法大率犯者罰輕而捕者賞輕，犯者罰輕則人易為奸，捕者賞輕則吏不盡力。望申飭攸司嚴漏泄之憲，優掩獲之典，其捕至若干者特與附類獲盜，改秩以風厲之，誠使錢不甚荒則楮不偏勝，此稱提本務也。

（宋）黎靖德《朱子語類》卷一〇八《朱子五・論治道》　古人立法，只是大綱，下之人得自為。後世法皆詳密，下之人只是守法。法之所在，上之人亦進退，下之人不得。揚。

（清）唐甄《潛書》下篇下《賤奴》　凡為國之道，善後有定制，亂制有定刑。明法不置丞相其後孰敢言置之！譬之受室於祖，桷腐則改斵之，堊蝕則改鏝之，户不便則改闢之，其棟其楹，百年不改也。夫小法時改，大法不時改。凡政皆然閹人居其一焉。自公卿以下，凡有品秩者，皆助外治者也；凡左右之閹人，皆奴也。自后妃以下，凡有品秩者，皆助内治者也；凡宮中之女子，皆婢也。請著為典曰：凡閹人，不授官，不任事，不衣黃，不服袞。後世人臣，有言立閹人之職司及使視戎事者，凌遲無赦。

《呂氏春秋・有始覽・去尤》　邾之故法，為甲裳以帛。公息忌謂邾君曰：不若以組，凡甲之所以爲固者，以滿竅也。今竅滿矣，而任力者半耳。且組則不然，竅滿則盡任力矣。邾君以爲然，曰：將何所以得組也？公息忌對曰：上用之則民爲之矣。邾君曰善，下令令官爲甲必以組。公息忌知説之行也，因令其家皆爲組。人有傷之者曰：公息忌之所以欲用組者，其家多爲組也。邾君不説，於是復下令，令官爲甲無以組。此邾君之有所尤也。爲甲以組而便，公息忌雖多，爲組何傷也？以組不便公。息忌雖無，組亦何益也。為組與不為組，不足以累公。息忌之説，用組之心，不可不察也。

（漢）劉安《淮南子》卷一三《氾論訓》 夫神農伏羲，不施賞罰而民不為非，然而立政者不能廢法而治民。不能及神農伏羲。舜執干戚而服有苗，舜時有苗叛，舜執干戚而舞于兩階之間，有苗服從。然而征伐者不能釋甲兵而制彊暴。不耐及舜。由此觀之，法度者，所以論民俗而節緩急也；器械者，因時變而制宜適也。夫聖人作法，而萬物制焉；制猶從也。賢者立禮，而不肖者拘焉。拘猶檢也。制法之民，不可與遠舉；拘禮之人，不可使應變。耳不知清濁之分者，不可令調音；心不知治亂之源者，不可令制法。

（宋）趙升《朝野類要》卷四《法令・續降》 法所不載或異同而謂利便者，自修法之後，每有續降，指揮，則刑部編録成册。春秋二仲頒降内外遵守，一面行用。若果可行，則將來修法日，增文改創也。

（宋）司馬光《司馬温公文集》卷一〇《書啓・與吴丞相充書》 光啓：光愚戇迂僻，自知於世無所堪可，以是退伏散地，苟竊微禄，以庇身保家而已。近聞道路之人，自京師來者，多云相公時語及姓名，或云亦嘗有所薦引，未知虛實。光自居洛以來，仕宦之心，久已杜絶；在少壯之時，猶不如人，況年垂六十，鬚髮皓然，視昏聽重，齒落七八，精神衰耗，豈復容有干進之心？但以從游之久，今日特蒙齒記，感荷知己之恩，終身豈敢忘哉！顧惟相公富貴顯榮，豐備已極，光疏冗之人，無一物可以爲報，惟忠信之言，庶幾仰酬盛德之萬一耳。伏惟明主歴選周行，登用人傑以毗元化，以光不敢忘知己之心，知相公必不輕孤於明主也。竊見國家自行新法已來，中外洶洶，人無愚智，咸知其非。州縣之吏，困於煩苛，以夜繼晝，棄置實務，崇飾空文，以刻急爲能，以欺誣爲才。閭閻之民，迫於誅斂，人無貧富，咸失作業，愁怨流移，轉死溝壑，聚爲盜賊，日夜引領。冀朝廷之覺寤，弊法之變更，凡幾年於兹矣。相公聰明，豈得不聞之邪？今府庫之實，耗費殆竭；倉廪之儲，僅支數月；民間貲産，朝不謀夕，而用度日廣，掊斂日急。河北、京東、淮南蠭起之盜，攻剽城邑，殺掠官吏，官軍已不能制矣。若不幸復有方二三千里之水旱霜蝗所在，如是其爲憂患，豈可勝諱哉！此安得謂之細事，保其必無，而恬然不以爲意乎？賈誼當漢文之世，以爲譬如抱火厝之積薪之下，而寢其上，火未及燃，因謂之安。若當今日，必謂之火已燃，而安寢自若者也。昔周公勤勞王家，坐以待旦，跋胡疐尾，羽敝口瘏，終能爲周家成太平之業，立八百之祚，身爲太師，名播無窮，子孫奄有龜蒙，與周升降。王夷甫位居宰輔，不思經國，專欲自全置二弟於方鎮，以爲三窟，及晉室阽危，身亦不免。然則聖賢之心，豈皆忘身徇物，不自爲謀哉？蓋以國家興隆，則身未有不預其福者也，顧衆人之識近，而聖賢之慮遠耳。如相公之用心，固周公之用心也。今若法弊而不更，民疲而不恤，萬一鼠竊益多，蠭蠆有毒，則竊恐廟堂之位，亦未易安居，雖復委遠機柄，均逸外藩，固非息肩之處，乃至投簪解紱，嘯傲東山，亦非高枕之地也。然則相公今日救天下之急，保國家之安，更無所與讓矣。救急保安之道，苟不罷青苗、免役、保甲、市易之法，息征伐之謀，而欲求其成效，是猶惡湯之沸而益薪鼓橐，欲適鄢郢，而北轅疾驅也。所求必不果矣。欲去此五者，而不先別利害，以寤人主之心，則五者不可得而去矣。欲寤人主之心，而不先開言路，則人主之心不可得而寤矣。所謂開言路者，非如鄉時徒下詔書，使臣民言得失，既而所言當者，一無所施行，又取其稍訐直者，隨而罪之，此乃塞言路，非開之也。爲今之要，在於輔佐之臣朝夕啓沃，惟以親忠直、納諫諍、廣聰明、去壅蔽爲先務。如是則政令之得失，下民之疾苦，粲然無所隱矣。以聖主睿明之資，有賢相公忠信之助，使讜言日進，下情上通，至治可指期而致，況弊法何難去哉。夫難得而易失者，時也。今病雖已深，猶未至膏肓。苟制治於未亂，保邦於未危，尚有反掌之易；失今不治，遂爲痼疾，雖邴魏姚宋之佐，將末如之何，必有噬臍之悔矣。相公讀書從仕，位至首相，展志行道，正在此時。苟志無所屈，道無所失，其合則利澤施於四海，其不合則令名高於千古，丈夫立身事君，始終如此，亦可以爲無負矣。光切於報德，貪盡區區，不覺辭多，光皇恐再拜。

《二程集・周易程氏傳》卷一《周易上經上・泰》 自古立法制事，牽於人情，卒不能行者多矣。若夫禁奢侈則害於近戚，限田産則妨於貴家，如此之類，既不能斷以大公而必行，則是牽於朋比也。治泰不能朋亡，則為之難矣。

（宋）蘇轍《欒城集》卷二〇《策問三十四首·河南府進士策問三首》

問：法立於上，則俗成於下。故兩漢之間，經各有師，師各有説，異師殊説相攻如仇讎，異己者雖善不從，同己者雖惡不棄。下逮魏晉，争者少止，然後學者相與推究衆説，從其所長。至唐而傳疏之學具，由是學者始會于一。數百年之間，凡所以經世之用，君臣父子之義，禮樂刑政之本，何所不取於此？然而窮理不深，而講道不切，學者因其成文而師之，以爲足矣。是以間者立取士之法，使人通一經而説不必舊。法既立矣，俗必自此而變。蓋將人自爲説而守之耶？則兩漢之俗是矣。將舉天下而宗一説耶？則自唐以來傳疏之學是矣。夫上能立法以救弊而已，成其俗者必在於士。將使二弊不作，其將何處而可哉？

問：三代之治以禮樂爲本，刑政爲末，後世反之。儒者言禮樂之效與刑政之弊，其相去甚遠，然較其治亂盛衰，其比後世若無以大相過者。蓋夏后氏自禹再傳而失國，亂者三世，商人再衰而復興，周人一遷而不振，其賢於漢唐其實無幾。至於漢文帝、唐太宗，克己裕人，海内安樂，雖三代之盛王，何以加之？夫禮樂刑政，其功之異，豈特如此而已？今自祖宗創業百有餘年，法令修明，上下相維，四方無虞，求之前世未有治安若今之久者。然而儒者論其禮樂，常以爲不若三代，此爲誠不若耶？爲習其名而未稽其實也？不然，世之治安則不在禮樂歟？宜一有以斷之。

問：《孟子》言：五畝之宅，植之以桑，則五十者可以衣帛。鷄豚狗彘，無失其時，則七十者可以食肉。數罟不入洿池，則魚鼈不可勝食。斧斤以時入山林，則材木不可勝用。誠哉是言也！雖然，孟子將何以行之？豈將立法設禁以驅之歟？夫立法設禁而無刑以待之，則令而不行，有刑以待之，則彼亦何罪？請言孟子將何以行此。

（清）譚嗣同《譚嗣同全集》卷三《思緯一壹臺短書——報見遠征》

謹權量，審法度，一道德，同風俗，法立而教自存焉矣。

（清）梁啓超《飲冰室合集·專集》卷二八《管子傳》

管子之言立法，貴晝一而重簡易，故曰法不一則有國者不祥。《任法篇》。又曰：數出重法而不克其罪，則姦不為止。《七臣七主篇》。管子之言立法，貴適時而賤保守。故曰：民不道法則不祥，國更立法以典民則祥法者不可恆也。《任法》節。又曰古之所謂明君者，非一君也。其設賞有薄有厚，其立禁有輕有重。迹行不必同。非故相反也，皆隨時而變，因俗而動。管子之言立法，以偏至為大戒。故曰：驟令不行，民心乃外，舉所美必觀其所終，變所惡必計其所窮。《版法篇》。管子之言立法，最重平等而不容有階級之分，故曰：禁不勝於親貴而求令之必行，不可得也。《重令篇》。管子之言立法，貴與人民程度相應，故曰：智者知之，愚者不知，不可以教民。巧者能之，拙者不能，不可以使民。非一令而民服之也，不可以為大善。非夫人能之也，不可以為大功。《乘馬篇》。凡此皆管子立法之條件也。

綜　述

（清）惠棟《周易述·坎》

上六，繫用徽纆，寘于叢棘，三歲不得，凶。注：繫，拘也。巽爲繩，坤爲黑，故爲徽纆。寘，示也。坎爲叢棘，艮爲門闕。門闕之内有叢木，是天子外朝，左右九棘之象也。應在三。三體比匪人，故縛以徽纆，示于叢棘，而使公卿以下議之。害人者加明刑，任之以事，上罪三年而舍，中罪二年而舍，下罪一年而舍。不得者，謂不能改而不得出獄。艮止坎獄，乾爲歲，歷三爻，故三歲不得。兇。疏：

【略】繫拘至得兇。此鄭、虞、《九家》義也。隨上六曰：拘繫之。故云繫，拘也。巽爲繩，觀，巽也。坤爲黑，《説卦》文。虞云：徽纆，黑索也。巽繩坤黑，故云徽纆。示，寘也者，《詩·鹿鳴》曰：示我周行。鄭箋云：示當爲寘。《禮記·中庸》曰：治國，其如示諸掌乎？鄭注云：示讀如寘之河之干之寘。是示、寘、置三字同物。故劉表、張璠或作示，或作置也。坎爲叢棘，《九家·説卦》文。艮爲門闕，《説卦》文。《周禮·秋官·朝士》：掌建邦外朝之法，左九棘孤卿大夫位焉，右九棘公侯伯子男位焉。外朝在臯門之内，故云：門闕之内有叢木。是天子外朝，左右九棘之象也。《朝士》又云：左嘉石平罷民焉，右肺石達窮民焉。鄭氏謂：罷民，邪惡之民也。上應在三，二動三體比匪人，有邪惡之罪，故縛以徽纆，示于叢棘。鄭氏謂：外朝者，所以詢事之處。故使公卿以下議之。劉表亦云：衆議于九棘之下也。害人者加明刑已下，至下罪一年而舍，皆《秋官·司圜》文也。鄭彼注云：明刑書其罪惡于大方版，著其背，任之以事，若今時罰作。舍，釋之也。《司圜》又云：其不能改而出圜土者殺。故不得者，謂不能改而不得出獄。艮止坎獄，言止于獄也。乾爲天，天數十二，歲有十二月，故乾爲歲。二之上，歷三爻爲三歲，三歲不改，則不得出獄，出獄則殺，故兇也。

（宋）鄭樵《通志》卷六〇《刑法略·肉刑議》 漢文帝十三年，齊太倉令淳于意有罪，遂繫長安，當刑。其女緹縈上書曰：妾父爲吏，齊中皆稱廉平，今坐法當刑，妾痛死者不可復生，刑者不可復屬，屬，聯也，之欲反。雖欲改過自新，其道無由。妾願没入爲官婢，贖父刑罪。天子憐其意，逐下令曰：蓋聞有虞氏之時，畫衣冠，異章服以爲戮，而民弗犯。今有肉刑三，黥、劓二、左右趾。而姦不止，吾甚自愧。夫訓道不純，愚人陷焉。《詩》曰：愷悌君子，民之父母。今刑者，斷支體，刻肌膚，終身不息。息，生也。或欲改行爲善，而道無由，豈稱爲民父母之意哉。其除肉刑。丞相張蒼、御史大夫馮敬奏：議定律令，諸當完者，完爲城旦春；當黥者，髡鉗爲城旦春；當劓者，笞三百；當斬左趾者，笞五百。班固之論曰：禹承堯舜之後，自以德衰而制肉刑。湯、武順而行之者，以俗薄於唐虞故也。今漢承衰周，暴秦極弊之流，俗以薄於三代，而行堯舜之刑，是猶以鞿羈而馵御突。以繩繫馬口謂之鞿絡。馵突，惡馬也。馬頭曰羈。達救時之宜矣。且除肉刑者，本欲全人之生也，今去髡鉗一等，轉而入於大辟，故死者歲以萬數，刑重之所致也。至於穿窬之盜，忿怒傷人，男女淫佚，吏爲姦贓，若此之罰又不足以懲也。故刑者歲十數萬，人既不畏，又曾不恥，刑輕之所生也。故思所以清源正本之論，删定律令，篹音撰。二百章，以應大辟。其餘罪次，於古當生，今觸死者皆可篹行肉刑，欲死邪？欲腐邪？及傷人與盜，吏受賕枉法，男女淫亂，皆復古刑，爲三千章。詆欺文致微細之法，悉蠲除。如此則刑可畏而禁易避，吏不專殺，法無二門，順稽古之制，成時雍之化矣。

又： 後漢獻帝之時，天下既亂，刑罰不足以懲惡，於是名儒大才崔寔、鄭康成、陳紀之徒，咸以爲宜復肉刑。及曹公令荀彧博訪百官，欲復申之。少府孔融議，以爲紂斬朝涉之脛，天下謂之無道。九牧之地千八百君，若刖一人，是天下常有千八百紂也。且被刑之人，慮不念生，類多趨惡。夙沙亂齊，伊戾禍宋，趙高、英布爲世大患。不能止人遂爲非也。雖忠如鬻拳，信如卞莊，智如孫臏，寃如巷伯，才如史遷，達如子正，一罹刀鋸，没世不齒。漢開改惡之路，凡爲此故。朝廷善之，卒不改焉。

又： 魏武秉漢政，下令又欲復肉刑，御史中丞陳群深陳其便，相國鍾繇亦贊成之，奉常王循不同其議，魏武亦難以蕃國改漢朝之制，遂不行。至齊王芳正始中，征西將軍夏侯太初，河南尹李勝相論難，勝主肉刑，而太初不主肉刑，凡往復數四，文多不載。丁謐又論曰：《舜典》曰象以典刑，流宥五刑，鞭作官刑，扑作教刑，金作贖刑，怙終賊刑。咎繇曰：天討有罪，五刑五用哉。《吕刑》曰：蚩尤惟始作亂，延及於平民，罔不寇賊，鴟義姦宄，寇攘矯虔，苗人惟作五虐之刑曰法。殺戮無辜，爰始淫爲刵、劓、椓、黥。按此肉刑在於蚩尤之世，而堯舜以流放代之，故黥劓之文不載唐虞之籍，而五刑之數亦不具於聖人之旨也。禹承舜禪，與堯同治，必不釋二聖而遠則兇頑，固可知矣。湯武之王獨將奚取於吕侯？故叔向云：三辟之興，皆叔世也。此則近君子有徵之言矣。

又： 晉武帝初，廷尉劉頌上言：臣昔上行肉刑，竊以爲議者徇孝文之小仁，而輕違聖王之典刑，未詳之甚，莫過於此。今死刑重，故非命者衆，生刑輕，故罪不禁姦所以然者，肉刑不用之所致也。古者用刑以止刑，今反於此。諸重犯亡者，髡過三寸，輒重髡之，此以刑生刑，加作一歲，此以徒生徒也。亡者積多，繫囚猥畜。復從而赦之，此爲刑不制罪，法不勝姦。聖王之制肉刑，遠有深理，其事非徒懲其畏剝割之痛而不爲也，乃去其爲惡之具。亡者刖足，無所用復亡，盜者截手，無所用復盜；淫者割其勢，理亦如之。除惡塞源，莫善於此。此等已刑之後，便各歸家，父母妻子共相養恤，不流離於塗路。今宜取死刑之限輕，及三犯逃亡淫盜，悉以肉刑代之。隨發被刑，去其為惡之具。此爲已刑者，皆非良士也，豈與全其爲姦之手足，而蹴居必死之窮地同哉？《周禮》：三赦三宥，施於老幼悼耄，黔黎不屬逮者。此非爲惡之所出，故刑法逆舍而宥之。非此犯罪，則必刑而無赦。暨至後代以時嶮多難，因赦解結，權而行之，又不以寛罪人也。而今常以罪積獄繁，赦以散之，是以赦愈數而獄愈塞，如此不已，將至不勝。原其所由，肉刑不用之故也。去此二端，獄不得繁，故無取於數赦也。疏上，又不見省。

又： 東晉元帝即位，廷尉衛展上言，古者肉刑，事經前聖，漢文除之，增加大辟。今人户凋荒，百不遺一，而刑法峻重，非勾踐養胎之義也。詔内外通議。於是王導等議，以肉刑之典由來尚矣。引班固之論以爲據。尚書令刁協等議，以今中興祚隆，大命惟新，誠宜設肉刑，寛法以育人。然懼群小之愚，習翫所見而忽异聞，或未能咸服。愚謂行刑之時，先明申法令，樂刑者刖，甘死者殺，則心服矣。古典刑不上大夫，今士人有犯者，謂宜如舊，不在刑例，則進退爲允。尚書周顗等議，以爲肉刑平世所應立，非救弊之宜也。方今聖化草創，民有餘姦習惡之徒，爲非未已，截頭絞頸，尚不能禁，而乃更斷足劓鼻以止之乎？恐受刑者轉廣，而爲非者日多，踊貴屨賤，有鼻者醜也。元帝猶欲從展所上，大將軍王敦以爲百姓習俗日久，忽復肉刑，必駭遠近。且逆寇未殄，不宜有慘酷之聲，以聞天下，於是乃止。安帝元興末，桓元輔政，又議欲復肉刑斬左右趾之法，以輕死刑，命百官議。蔡廓上議曰：肉刑之設肇自哲王，故能勝殘去殺，化崇無爲。季末澆僞，設網彌密，至於棄市之條，實非不赦之罪，事非手殺，考律同歸，輕重均科，減降路塞。鍾陳以之抗言，元皇所爲留愍。今誠宜明慎用刑，愛民宏育，申哀矜以革濫，移大辟於支體，全性命之至重，恢繁息於將來。而孔琳之議不同，用王朗夏侯太初之旨時論多與琳之同，故遂不行。

（清）嵇璜等《續通典》卷一一六《刑・贖刑後漢》　後漢光武建武二十九年，令天下罪囚殊死已下及徒各減本罪一等，其餘贖罪輸作有差。明帝即位，詔罪囚中二千石下至黄綬貶秩贖論者，悉皆復秩還贖。又詔天下亡命殊死已下，聽得贖論死罪入縑二十疋，右趾至髡鉗城旦舂十疋，完城旦舂至司寇作三疋，其未發覺詔書到日先自告者，半入贖。永平八年，詔犯罪亡命者，贖罪各有差。十五年，詔亡命殊死已下，贖死罪縑四十疋，右趾及髡城旦舂十疋，完城旦舂至司寇五疋，餘如即位初制。十八年，詔贖死罪減縑十疋。章帝建初七年，詔又減縑十疋，如永平初年故事。右趾髯鉗已下各有差。和帝永元六年，廷尉陳寵言：今律令贖罪已下二千六百八十一，溢於甫刑者七十九事，宜令三公、廷尉平定律令，應經合義者，并大辟、耐罪、贖罪爲三千，悉刪除其餘條，使與禮相應。議未及施而寵免，後遂寢。順帝漢安二年，令罪囚殊死已下，出縑贖各有差。其不能入贖者，遣詣臨光縣居作二歲。桓帝建和三年，詔死罪亡命已下，贖各有差。靈帝建寧元年，令天下繫囚未决入縑贖各有差。三年及熹平六年、光和三年、中平四年俱有此令。

《魏書》卷一一一《刑罰志》　逮於戰國，競任威刑，以相吞噬。商君以《法經》六篇，入説於秦，議參夷之誅，連相坐之法。風俗凋薄，號爲虎狼。及於始皇，遂兼天下，毁先王之典，制挾書之禁，法繁於秋荼，網密於凝脂，姦僞並生，赭衣塞路，獄犴淹積，囹圄成市。於是天下怨叛，十室而九。漢祖入關，蠲削煩苛，致三章之約。文帝以仁厚，斷獄四百，幾致刑措。孝武世以姦宄滋甚，增律五十餘篇。宣帝時，路温舒上書曰：夫獄者天下之命，《書》曰：與其殺不辜，寧失有罪。今治獄吏，非不慈仁也。上下相毆，以刻爲明，深者獲公名，平者多後患。故治獄吏皆欲人死，非憎人也，自安之道，在人之死。夫人情安則樂生，痛則思死，捶楚之下，何求而不得。故囚人不勝痛，則飾辭以示人。吏治者利其然，則指導以明之；上奏畏卻，則鍛練而周内之。雖咎繇聽之，猶以爲死有餘罪。何則？文致之罪明也。故天下之患，莫深於獄。宣帝善之。痛乎！獄吏之害也久矣。故曰，古之立獄，所以求生；今之立獄，所以求殺人。不可不慎也。于定國爲廷尉，集諸法律，凡九百六十卷，大辟四百九十條，千八百八十二事，死罪决比，凡三千四百七十二條，諸斷罪當用者，合二萬六千二百七十二條。後漢二百年間，律章無大增減。魏武帝造甲子科條，犯釱左右趾者，易以斗械。明帝改士民罰金之坐，除婦人加笞之制。晉武帝以魏制峻密，又詔車騎賈充集諸儒學，刪定名例，爲二十卷，并合二千九百餘條。

晉室喪亂，中原蕩然。魏氏承百王之末，屬崩散之後，典刑泯棄，禮俗澆薄。自太祖撥亂，蕩滌華夏，至於太和，然後吏清政平，斷獄省簡，所謂百年而後勝殘去殺。故権舉行事，以著于篇。

（清）嵇璜等《續通典》卷一一六《刑・贖刑南北朝》　梁武帝即位，詔曰：金作贖刑，有聞自昔，人縑以免，施於中代，民悦法行，莫尚乎此。可依周漢舊典，有罪入贖。其科，凡在官身犯罰金、鞭扑杖督之罪，悉入贖停罰。其臺省令史、士卒欲贖者，聽之。其制：刑爲十五等之差。棄市已上爲死罪，大罪梟其首，其次棄市。刑二歲已上爲耐罪，言各隨技能而任使之也。有髡鉗五歲刑，笞二百，收贖絹男子六十匹；又有四歲刑，男子四十八匹；又有三歲刑，男子三十六匹；又有二歲刑，男子二十四匹。罰金一兩已上爲贖罪，贖死者金二斤，男子十六匹贖髡鉗五歲罪刑笞二百者，金一斤十二兩男子十四匹贖四歲刑者金一斤八兩男子十二匹贖三歲刑者金一斤四兩，男子十匹；贖二歲刑者，金一斤，男子八匹；罰金十二兩者，男子六匹；罰金八兩者，男子四匹；罰金四兩者，男子二匹；罰金二兩者，男子一匹；罰金一兩者，男子二丈。女子各半之。五刑不簡，正於五罰；五罰不服，正於五過，以贖論。故爲此十五等之差，將吏已上及女子應有罰者，以罰金代之。天監三年，詔以金作權典，宜在蠲息，於是除贖罪之科。大同十一年，復開罪身皆聽入贖，陳存贖罪之律。其三歲刑，若有官准當二年，餘一年贖。若公坐過誤罰金。其二歲刑，有官者贖論一歲刑，無官亦贖論。

元魏起自朔方，其初刑法甚峻，死罪至多，後乃令當死者，其家獻金馬以贖。

《北齊律》贖罪：舊有金皆代以中絹，死百匹，流九十二匹，刑五歲，七十八匹，四歲，六十四匹，三歲，五十匹，二歲，三十六匹。各通鞭笞論。一歲無笞，則通鞭二十四匹。鞭杖每十，贖絹一匹。至鞭百，則絹十匹。無絹之鄉，皆準絹收錢。自贖笞十已上至死，又爲十五等之差，當加減次，如正決法。合贖者，謂流内官及爵秩比視、老小閹癡並過失之屬。犯罰絹一匹及杖十已以上，皆名爲罪人。

後周制其贖，杖刑五金一兩至五兩贖，鞭刑五金六兩至十兩贖，徒刑五：一年金十二兩，二年十五兩，三年一斤二兩，四年一斤五兩，五年一斤八兩贖。流刑一斤十二兩，俱役六年，不以遠近爲差等。贖死罪，金二斤。婦人當笞者，聽以贖論。應贖金者，鞭杖十，收中絹一匹。流、徒者依限歲收絹十二疋，死罪者一百疋。其贖刑死罪五旬，流刑四旬，徒刑三旬，鞭刑二旬，杖刑一旬。限外不輸者歸於法，貧者請而免之。

《隋書》卷三三《經籍志二》 古者朝廷之政，發號施令，百司奉之，藏于官府，各修其職，守而弗忘。《春秋傳》曰：吾視諸故府，則其事也。《周官》：御史掌治朝之法，太史掌萬民之約契與質劑，以逆邦國之治。然則百司庶府，各藏其事，太史之職，又總而掌之。漢時，蕭何定律令，張蒼制章程，叔孫通定儀法，條流派別，制度漸廣。晉初，甲令已下，至九百餘卷。晉武帝命車騎將軍賈充博引羣儒，删采其要，增律十篇。其餘不足經遠者爲法令，施行制度者爲令，品式章程者爲故事，各還其官府。搢紳之士，撰而録之，遂成篇卷，然亦隨代遺失。今據其見存，謂之舊事篇。

又： 刑法者，先王所以懲罪惡，齊不軌者也。《書》述唐、虞之世，五刑有服，而夏后氏正刑有五，科條三千。《周官》：司寇掌三典，以刑邦國；司刑掌五刑之法，麗萬民之罪；太史又以典法逆于邦國；内史執國法以考政事。《春秋傳》曰：在九刑不忘。然則刑書之作久矣。蓋藏於官府，懼人之知争端，而輕於犯。及其末也，肆情越法，刑罰僭濫。至秦，重之以苛虐，先王之正刑滅矣。漢初，蕭何定律九章，其後漸更增益，令甲已下，盈溢架藏。晉初，賈充、杜預删而定之，有律，有令，有故事。梁時，又取故事之宜於時者爲《梁科》。後齊武帝時，又於麟趾殿删正刑典，謂之《麟趾格》。後周太祖又命蘇綽撰《大統式》。隋則律令格式並行，自律以下，世有改作，事在《刑法志》。《漢律》久亡，故事駁議，又多零失。今録其見存可觀者，編爲刑法篇。

（清）嵇璜等《續通典》卷一一六《刑・贖刑隋》 隋制：官品第九已上犯罪者聽贖者，皆以銅代絹，贖銅一斤爲一負，負十爲殿。笞十者，銅一斤，加至杖百，則十斤。徒一年，贖銅二十斤，每等加銅十斤，三年則六十斤矣。流一千里贖銅八十斤，每等則加銅十斤，三千里則百斤矣。絞斬二死刑皆贖銅百二十斤。煬帝即位，以高祖禁網深刻，每加減降時斗秤皆小舊二倍，其贖銅亦加二倍爲。差其實不異開皇舊制。

（唐）張九齡《唐六典》卷三《尚書户部》 凡天下之戶，量其資産，定爲九等每三年，縣司注定，州司覆之，然後註籍而申之於省。每定户以仲年子、卯、午、酉。造籍以季年。丑、辰、未、戌。州縣之籍恒留五比，省籍留九比。戶之兩貫者，先從邊州爲定，次從關内，次從軍府州，俱者，各從其先貫焉。樂住之制，居狹鄉者聽其從寬；居遠者，聽其從近居；輕役之地者，聽其從重。畿内諸州不得樂住畿外，京兆、河南府不得住餘州。其京城縣不得住餘縣，有軍府州不得住無軍府州。辨天下之四人，使各專其業：凡習學文武者爲士，肆力耕桑者爲農，功作貿易者爲工，屠沽興販者爲商。工、商皆謂家專其業以求利者；其織紝、組紃之類，非也。工、商之家不得預於士，食禄之人不得奪下人之利。凡天下之田五尺爲步，二百有四十步爲畝，百畝爲頃。度其肥瘠寬狹，以居其人。凡給田之制有差；丁男、中男以一頃；中男年十八已上者，亦依丁男給。老男、篤疾、廢疾，以四十畝；寡妻妾以三十畝，若爲户者則減丁之半。凡田分爲二等：一曰永業，一曰口分。丁之田二爲永業，八爲口分。凡道士給田三十畝，女冠二十畝；僧、尼亦如之。凡官户受田減百姓口分之半。凡天下百姓給園宅地者，良口三人已下給一畝，三口加一畝；賤口五人給一畝，五口加一畝，其口分、永業不與焉。若京城及州、縣郭下園宅，不在此例。凡給口分田皆從便近，居城之人本縣無田者，則隔縣給授。凡應收受之田，皆起十月，畢十二月。凡授田先課後不課，先貧後富，先無後少。凡州、縣界内所部受田悉足者爲寬鄉，不足者爲狹鄉。凡官人受永業田：親王一百頃，職事官正一品六十頃，郡王及職事官從一品五十頃，國公若職事官正二品四十頃，郡公若職事官從二品三十五頃，縣公若職事官正三品二十五頃，職事官從三品二十頃，侯若職事官正四品十四頃，伯若職事官從四品十一頃，子若職事官正五品八頃，男若職事官從五品五頃，上柱國三十頃，柱國二十五頃，上護軍二十頃，護軍十五頃，上輕車都尉一十頃，輕車都尉七頃，上騎都尉六頃，騎都尉四頃，驍騎尉飛騎尉各八十畝，雲騎尉武騎尉各六十畝，其散官五品已上同職事給。其地並於寬鄉請受，亦任隔越請射、莅帥，皆許傳之子孫，不在此授之限。若未請受而身亡者，子孫不合追請。若襲爵者祖、父未請地，其子孫減初受封者之半。凡天下諸州公廨田：大都督府四十頃，中都督府三十五頃，下都督、都護、上州各三十頃，中州二十頃；宮總監、下州各十五頃，上縣十頃中縣八頃，中下縣六頃，上牧監、上鎮各五頃，下縣及中牧、下牧、司竹監、中鎮、諸軍折衝府各四頃，諸冶監、諸倉監、下鎮、上關各三頃，互市監、諸屯監、上戍中關及津各二頃，津隸都水，則不別給。下關一頃五十畝；中戍、下戍、嶽、瀆各一頃。凡諸州及都護府官人職分田：二品一十二頃，三品、四品以二頃爲差，五品至八品以一頃爲差，九品二頃五十畝。鎮、戍、關、津、嶽、瀆及在外監官：五品五頃，六品三頃五十畝，七品三頃，八品二頃，九品一頃五十畝。三衛中郎將、上府折衝都尉各六頃，中府、下府以五十畝爲差，郎將各五頃；上府果毅都尉四頃，中府、下府以五十畝爲差；上府長史、別將各三頃，中府、下府各二頃五十畝。親王府典軍五頃五十畝，副典軍四頃。千牛備身、備身左右、太子千牛備身各三頃。諸軍上折衝府兵曹各二頃，中府、下府各一頃五十畝。其外軍校尉一頃二十畝，旅帥一頃，隊正、副各八十畝。凡給職分田，若陸田限。三月三十日，稻田限四月三十日，以前上者，並入後人；以後上者，入前人。其麥田以九月三十日爲限。若應給職田無地可充者，率畝給粟二斗。凡賦役之制有四：一曰租，二曰調，三曰役，四曰雜徭。開元二十二年，敕以爲天下無事，百姓徭役務從減省，遂減諸司色役一十二萬二百九十四。課户每丁租粟二石，其調隨鄉土所産綾、絹、絁各二丈，布加五分之一。輸綾、絹、絁者綿三兩，輸布者麻三斤，皆書印焉。若當户不成四端、屯綾者皆隨近合成。其調麻每年支科有餘，折一斤納粟一斗。凡丁歲役二旬，有閏之年加二日。無事則收其庸，每日三尺；布加五分之一。有事而加役者，旬有五日免其調，三旬則租、調俱免。通正役並不得過五十日。凡庸、調之物，仲秋而斂之，季秋發於州。租則准州、土收穫早晚，量事而斂之，仲冬起輸，孟春而納畢；江南諸州從水路運送之處，若冬月水淺上埭難者，四月已後運送。本州納者，季冬而畢。凡諸國蕃胡内附者，亦定爲九等，四等已上爲上户，七等已上爲次户，八等已下爲下户；上户丁税銀錢十文，次户五文，下户免之。附貫經二年已上者，上户丁輸羊二口，次户一口，下户三户共一口。無羊之處，准白羊估折納輕貨。若有征行，令自備鞍馬過三十日已上者，免當年輸羊。凡内附後所生子，即同百姓。不得爲蕃户也。凡嶺南諸州税米者，上户一石二斗，次户八斗，下户六斗；若夷、獠之户，皆從半輸。輕税諸州、高麗、百濟應差征鎮者，並令免課、役。凡天下諸州税錢各有準常，三年一大税，其率一百五十萬貫；每年一小税，其率四十萬貫，以供軍國傳驛及郵遞之用。每年又別税八十萬貫，以供外官之月料及公廨之用。凡水、旱、蟲、霜爲災害，則有分數：十分損四已上，免租；損六已上，免租、調；損七已上，課、役俱免。若桑、麻損盡者，各免調。若已役已輸者，聽免其來年。凡丁新附於籍帳者，春附則課、役並征，夏附則免課從役，秋附則課、役俱免。其詐冒、隱避以免課、役，不限附之早晚，皆徵之。凡丁户皆有優復蠲免之制。諸皇宗籍屬宗正者及諸親，五品已上父祖兄、弟子、孫，及諸色雜有職掌人。若孝子、順孫、義夫、節婦志行聞於鄉閭者，州縣申省奏聞，表其門閭，同籍悉免課役；有精誠致應者，則加優賞焉。

又：凡食封皆傳於子孫。食封人身没以後，所封物隨其男數爲分，承嫡者加與一分。若子亾者，即男承父分；寡妻無男，承夫分。若非承嫡房，至玄孫即不在分限，其封物總入承嫡房，一依上法爲分。其非承嫡房，每至玄孫，準前停。其應得分房無男，有女在室者，準當房分得數與半；女雖多，更不加。雖有男，其姑、姊、妹在室者，亦三分減男之二。若公主食實封，則公主薨乃停。

又： 金部郎中員外郎掌庫藏出納之節，金寶財貨之用，權衡度量之制，皆總其文籍而頒其節制。凡度以北方秬黍中者一黍之廣爲分，十分爲寸，十寸爲尺，一尺二寸爲大尺，十尺爲丈。凡量以秬黍中者容一千二百爲龠，二龠爲合十合爲升，十升爲斗，三斗爲大斗，十斗爲斛，凡權衡以秬黍中者百黍之重爲銖，二十四銖爲兩，三兩爲大兩，十六兩爲斤。凡積秬黍爲度、量、權衡者，調鍾律，測晷景，合湯藥及冠冕之；制則用之內、外官司悉用大者。凡庫藏出納皆行文傍，季終而會之。若承命出給，則於中書省覆而行之。百司應請月俸，則符、牒到，所由皆遞覆而行之。舊制，京官有防閣、庶僕、給食、雜用等。開元二十四年，敕以爲名目雖多，料數先定，既煩案牘，因此生姦。自今已後，合爲一色，都以月俸爲名。其貯米亦合入禄數同申。遂爲恒式。乃置木契，與應出物之司相合，以次行用，隨符、牒而合之以明出納之慎。金部置木契一百一十只：二十只與太府寺合，十只與東都合，十只與九成宮合，十只與行從太府寺合，十只行從金部與京金部合，十只行從金部與東都合，二十只與東都太府寺合，二十只東都金部與京金部合。凡有互市，皆爲之節制。諸官私互市唯得用帛練、蕃綵，自外並不得交易。其官市者，兩分練。一分蕃綵。若蕃人須糴粮食者，監司斟酌須數，與州司相知，聽百姓將物就互市所交易。凡縑、帛之類，必定其長短廣狹之制，端、匹、屯、綟之差焉。羅、錦、綾、段、紗、縠絁紬之屬以四丈，爲匹布則五丈爲端，錦則六兩爲屯，絲則五兩爲絇，麻則三綟爲綟。凡都之東租納於都之含嘉倉自含嘉倉，轉運以實京之太倉。自洛至陝運於陸、自陝至京運於水，量其遞運節制，置使以監充之。陸路從洛至陝分別量計十五文，付運使，於從路分爲八遞，應須車牛，任使司量運多少召雇情願者充，以十月起運盡歲止。凡王公已下，每年户別據已受田及借荒等，具所種苗頃畝，造青苗簿，諸州以七月已前申尚書省；至徵收時，畝別納粟二升，以爲義倉。寬鄉據見營田，狹鄉據籍徵。若遭損四已上，免半；七已上，全免。其商賈户無田及不足者，上上户税五石，上中已下遞減一石，中中户一石五斗中下户一石下上七斗，下中五斗，下下户及全户逃并夷獠薄税并不在取限，半輸者準下户之半。鄉土無粟，聽納雜種充。凡義倉之粟唯荒年給糧，不得雜用。若有不熟之處隨須給貸及種子，皆申尚書省奏聞。凡常平倉所以均貴賤。今太府寺屬官有常平署。開元二十四年敕：常平之法其來自久，比者州縣雖存所利非廣，京師輻湊浮食者多。今於京城内大置常平，賤則加價收糴，使遠近奔委；貴則終年出糶，而永無匱乏也。

（唐）張九齡《唐六典》卷五《尚書兵部》 若父兄子弟，不併遣之；若祖父母、父母老疾，無兼丁，免征行及番上。其居常則皆習射，唱大角歌番集之日，府官率而課試。凡左、右金吾衛有角手，諸衛有弩手；左、右羽林軍有飛騎及左、右萬騎驍騎；天下諸軍有健兒，舊健兒在軍皆有年限，更來往，頗爲勞弊。開元二十五年勅，以爲天下無虞，宜與人休息，自今已後，諸軍鎮量閑劇、利害，置兵防健兒，於諸色征行人內及客户中召募，取丁壯情願充健兒長住邊軍者，每年加常例給賜，兼給永年優復；其家口情願同去者，聽至軍州，各給田地屋。宅人賴其利，中外獲安。是後，州郡之間永無徵發之役矣。

（唐）張九齡《唐六典》卷六《尚書刑部》 刑部尚書一人，正三品，周之秋官卿也。漢成帝始置三公曹，主斷獄事。後漢以三公曹掌天下歲盡集課事，又以二千石曹主中都官水火、盜賊、辭訟、罪法事。晉初，依漢置三公尚書，掌刑獄；太康中，省三公尚書，以吏部尚書兼領刑獄。宋始置都官尚書，掌應該師非違得失事，兼掌刑獄。齊、梁、陳、後魏、北齊皆置都官尚書。後周依《周官》，置大司冠卿一人。隋初曰都官尚書，開皇三年改爲刑部，皇朝因之。龍朔二年改爲司刑太常伯，咸亨元年復爲刑部。光宅元年改爲秋官尚書，神龍元年復故。侍郎一人，正四品下，周之秋官小司冠中大夫也。漢以來尚書侍郎，今郎中之任。後周依《周官》。隋煬帝置刑部侍郎，皇朝因之。龍朔二年改爲司刑少常伯，咸亨、光宅、神龍並隨曹改復。刑部尚書、侍郎之職，掌天下刑法及徒隸句覆、關禁之政令。其屬有四：一曰刑部，二曰都官，三曰比部，四曰司門；尚書、侍郎總其職務而行其制命。凡中外百司之事，由於所屬，咸質正焉。

郎中二人從五品上；《周禮》大司寇屬官有士師下大夫，蓋郎中之任也。後漢有二千石曹尚書，掌刑法，因立二千石郎曹。魏、晉、宋、齊並以三公郎曹掌刑獄，置郎中各一人；梁、陳因爲侍郎。後魏、北齊三公郎中各置二人。後周秋官府有小刑部下大夫一人。隋初省三公曹，置刑部郎曹，掌刑法，置侍郎一人；煬帝除侍字改爲憲部郎，皇朝因之。武德三年改曰刑部郎中，龍朔二年改爲司刑大夫，咸亨、光宅、神龍並隨曹改復。員外郎二人，從六品上；《周禮》大司寇屬官有上士，後周依焉，蓋員外之任也。隋開皇六年置刑部員外郎，煬帝改爲憲部承務郎，皇朝因之。武德三年改曰刑部員外郎，龍朔、咸亨、光宅、神龍並隨曹改復。主事四人，從九品上。郎中、員外郎掌貳尚書、侍郎，舉其典憲而辨其輕重。凡文法之名有四：一曰律，二曰令，三曰格，四曰式。凡律一十有二章：一曰《名例》，二曰《衛禁》，三曰《職制》，四曰《户婚》，五曰《廄庫》，六曰《擅興》，七曰《賊盗》，八曰《鬭訟》，九曰《詐僞》，十曰《雜律》，十一曰《捕亾》，十二曰《斷獄》而大凡五百條焉。律，法也。魏文侯師李悝集諸國刑書，造《法經》六篇：一《盗法》，二《賊法》，三《囚法》，四《捕法》五《集法》，六《具法》，商鞅傳之，改法爲律，以相秦，增相坐之法，造參夷之誅、大辟加鑿顛、抽脅鑊烹、車裂之制。至漢，蕭何加悝所造《户》《興》《厩》三篇謂之九章之律。漢興，雖約法三章，然大辟尚有夷三族之令。當族者皆先黥、面、斬左右趾，笞殺之，梟其首，爼骨肉於其市，誹謗、詈詛又先斷其舌，謂之具五刑。至文帝，感緹縈之言，除肉刑，命丞相、御史定律曰：諸當加者，爲城旦舂；當黥者髠鉗爲城旦舂；當劓者，笞三百籍；笞當斬左趾者，笞五百籍笞；當斬右趾及殺人先自告及吏坐受贓枉法，守縣官財物而即盗之，已論而復有笞罪者，皆棄市罪。入獄已決，髠爲城旦舂，滿三歲，爲鬼薪白粲。鬼薪白粲一歲為隸臣妾，隸臣妾一歲免爲庶人，鬼薪白粲滿三歲爲隸臣妾，隸臣妾滿二歲爲司寇，司寇一歲及作如司寇二歲皆免爲庶人。其亾逃及有罪耐已上，不用此令。是後，外有輕刑之名，内實殺人，而笞五百、笞三百率多至死。至景帝定律，笞五百曰三百；笞三百曰二百，猶尚不全，又減笞三百曰二百，笞二百曰一百，遂定箠令：以竹爲之，箠長五尺，其本大一寸，末薄半寸，皆平其節。當笞者，笞臀無得更人。畢一罪，乃更人。自是得全。至武帝時，張湯、趙禹增律令科條，大辟四百九條。宣帝時，於定國入删定律令科條。成帝時，律令煩多，百有餘萬言，大辟之罪千有餘條。至後漢，馬融、鄭玄諸儒十有餘家，律令章句數十萬言，定斷罪所用者，合二萬六千餘條。魏武爲相，造甲子科條：犯斬左、右趾，易以木械。魏氏受命；參議復肉刑；屬軍國多故，竟寢之。乃命陳群等採漢律，爲《魏律》十八篇，增漢蕭何律《刼掠》、《詐僞》、《毁亾》、《告劾》、《繫訊》、《斷獄》、《請賕》、《驚事》、《償贓》等九篇也。依古義，制爲五刑，其大辟有三，髠刑有四，完刑、作刑各三，贖刑十一，罰金六，雜抵罪七，凡三十七名。晉氏受命，議復肉刑，復寢之。命賈充等十四人增損漢、魏律，爲二十篇：一《刑名》，二《法例》，三《盗律》，四《賊律》，五《詐僞》，六《請賕》，七《告劾》，八《捕律》，九《繫訊》，十《斷獄》，十一《雜律》，十二《户律》，十三《擅興》律，十四《毁亾》，十五《衛宫》，十六《水火》，十七《廐律》，十八《關市》，十九《違制》，二十《諸侯》，凡一千五百三十條。其刑名之制，大辟之刑有三，一曰梟，二曰斬，三曰棄市，髠刑有四：一曰髠鉗五歲刑，笞二百；二曰四歲刑；三曰三歲刑；四曰二歲刑。贖死，金二斤；贖五歲刑，金一斤十二兩；四歲、三歲、二歲各以四兩爲差。又有雜抵罰金十二兩、八兩、四兩、二兩、一兩之差。棄市以上爲死罪，二歲死以上爲耐罪，罰金一兩以上爲贖罪。宋及南齊律之篇目及刑名之制畧同晉氏，唯贖罪絹兼用之。梁氏受命，命蔡法度、沈約等十人增損晉律，爲二十篇：一《刑名》，二《法例》，三《盗刼》，四《賊叛》，五《詐僞》，六《受賕》，七《告劾》，八《討捕》，九《繫訊》，十《斷獄》，十一《雜律》，十二《户律》，十三《擅興》，十四《毁亡》，十五《衛宫》，十六《水火》，十七《倉庫》，十八《廐律》，十九《關市》，二十《違制》，大凡定罪二千五百二十九條。其刑名之制，加晉律一歲刑、半歲刑、百日刑，鞭杖二百、鞭杖一百、鞭杖五十、三十、一十之差；又加杖八等之差。其鞭有制鞭、法鞭、常鞭三等之差：制鞭，生革廉成；法鞭，生革去廉；常鞭熟靼不去廉。杖有大杖、法杖、小杖，皆用生荆。其犯刼皆斬。會赦降死者，黵面爲刼字，髠鉗，補冶鎖士終身。陳令范泉、徐陵等參定律令，《律》三十卷，《令》三十卷，《科》三十卷。採酌前代，條流冗雜，綱目雖多，博而非要，其制唯重請議禁錮之科。其罪人贓驗昭然而不欵，則上測立。立測者，以土爲垛，高一尺，上員，劣容囚兩足立，鞭二十笞三十訖，著兩械及至上垛，上測七刻，日再上；三七日上測，七日一行鞭，凡經鞭、杖一百五十得實不承者，得減罪論。凡囚鞭、杖著械徒著鎖；死著三械，加壺手。依梁氏。後魏初，置四部大人，坐庭決辭訟，以言語約束，刻契記事，無刑名之制。至太武帝，始命崔浩定刑名，於漢、魏以來律除髠鉗五歲、四歲刑，增二歲刑，大辟有轘腰斬、殊、死、棄市四等，凡三百九十條，門房誅四條，大辟一百四十條，五刑二百三十一條。始置枷拘罪人。文成時，又增律條章。至孝文時，定律凡八百三十三章、門房之誅十有六，大辟之罪二百三十，五刑三百七十七。北齊初命，造新律未成，文宣猶採魏制，性忍暴，恣行酷虐，訊囚用車輻壓踝，或使臂貫燒車釭，或使立燒犁耳上；常命憲司先定死罪囚，置仗衛内，帝欲殺人，執以應命，謂之供御囚。至武成時，趙郡王叡等造律成，奏上凡十二篇：一《名例》，二《禁衛》，三《户婚》，四《擅興》，五《違制》，六《詐僞》，七《鬭訟》，八《盗賊》，九《捕斷》，十《毁損》，十一《廄牧》，十二《雜律》。凡定罪九百四十九條，大抵採魏、晉故事。其制刑名五：一曰死，重者轘之，其次梟首，其次斬，其次絞。二曰流刑，鞭、笞各一百，髠之，投邊裔。未有道里之差，以六年爲限。三曰刑罪，即耐罪也，有五歲、四歲、三歲、二歲、一歲之差，凡五等，各加鞭一百，其五歲者又加笞八十，四歲六十、三歲三十。二歲二十，一歲無笞，並鎖輸左校。四曰鞭，有一百、八十、六十、五十、四十之差，凡五等。五曰杖，有三十、二十、一十之差，凡三等。贖罪舊以金，晉代以中絹。罪刑年者鎖。無鎖以枷，流罪已上加杻械，死罪桁之。又制立重罪十條爲十惡。後周命趙肅等造律，保定中奏之，凡二十五篇：一《刑名》，二《法例》，三《祠享》，四《朝會》，五《婚姻》，六《户禁》，七《水火》，八《興繕》，九《衛宫》，十《市廛》，十一《鬥競》，十二《刼盗》，十三《賊叛》，十四《毁亾》，十五《違制》，十六《關市》，十七《諸侯》，十八《廄牧》，十九《雜犯》，二十《詐僞》，二十一《請求》，二十二《告劾》，二十三《逃亡》，二十四《繫汛》，二十五《斷獄》，大凡定罪一千五百三十七條，比於《齊律》，煩而不當。其刑名之制：一曰杖刑五：自十至五十；二曰鞭刑五：自六十至于百；三曰徒刑五：徒一年者鞭六十、笞十，二年、三年、四年、五年皆遞加一十，至鞭一百、笞五十；四曰流刑五：流二千五百里者鞭一百、笞六十，以五百里爲差，鞭、笞皆加十，至流日千五百里者鞭、笞各一百，以六年爲限，五曰死刑五：一曰磬，二曰絞，三曰斬，四曰梟，五曰裂。五刑之屬各有五，合二十五等。其贖罪，金、絹兼用。凡囚死罪枷而拲流罪枷而梏，徒罪枷，鞭罪桎，杖罪散。至武帝，又造刑書要制，與律兼行。至宣帝殘酷，廣《刑經要制》爲《刑經聖制》謂之法經，有上書字誤，鞭二百四十，名曰天杖；又作礔礰車，以威婦人。隋開皇元年，命高熲等七人定律，至三年，又敕蘇威、牛弘删定，凡十二篇，並蠲除前代梟首、轘裂及鞭刑；又依北齊置十惡；應贖者皆以銅代絹。煬帝以開皇《律》、《令》猶重，除十惡之條，更制《大業律》，凡十八篇：一《名例》，二《衛宫》，三《違制》，四《請求》，五《户》，六《婚》，七《擅興》，八《告劾》，九《賊》，十《盗》，十一《鬥》，十二《捕亾》，十三《倉庫》，十四《廄牧》，十五《關市》，十六《雜》，十七《詐僞》，十八《斷獄》。其五刑之内降從輕典者二百餘條。末年嚴刻，生殺任情，不復依例。及楊玄感反，誅九族，復行裂、梟首，磔而射之。皇朝武德中，命裴寂、殷開山等定律令，其篇目一准隋開皇之律，刑名之制又亦畧同，唯三流皆加一千里，居作三年、二年半、二年皆爲一年，以此爲異；又除苛細五十三條。貞觀初，有蜀王法曹參軍裴弘獻奏駁律令不便於時三十餘條。於時，又命長孫無忌、房玄齡等釐正凡爲五百條，減《開皇律》大辟入流者九十三條，比古死刑，殆除其半。永徽中，復撰《律疏》三十卷，至今並行。凡《令》二十有七：分爲三十卷。一曰《官品》，分爲上、下。二曰《三師三公臺省職員》，三曰《寺監職員》，四曰《衛府職員》，五曰《東宫王府職員》，六曰《州縣鎮戍嶽瀆關津職員》，七曰《内外命婦職員》，八曰《祠》，九曰《户》，十曰《選舉》，十一曰《考課》，十二曰《宫衛》，十三曰《軍防》，十四曰《衣服》，十五曰《儀制》，十六曰《鹵簿》，分爲上、下。十七曰《公式》；分爲上、下。十八曰《田》，十九曰《賦役》，二十曰《倉庫》，二十一曰《厩牧》，二十二曰《關市》，二十三曰《醫疾》，二十四曰《獄官》，二十五曰《營繕》，二十六曰《喪葬》，二十七曰《雜令》，而大凡一千五百四十有六條焉。令，教也，命也。《漢書》杜周曰：後主所是著爲令，前主所是疏爲律。亦謂法也。漢時，決事集爲《令甲》以下三百餘篇。漢初，蕭何定律令。其後，張湯、趙禹、于定國、黄霸皆繼定律令。魏命陳羣等撰《州郡令》四十五篇，《尚書官令》、《軍中令》合百八十餘篇，晉命賈充等撰《令》四十篇：一《户》，二《學》，三《貢士》，四《官品》，五《吏員》，六《俸廩》，七《服制》，八《祠》，九《户調》，十《佃》，十一《復除》，十二《關市》，十三《捕亾》，十四《獄官》，十五《鞭杖》，十六《醫藥疾病》，十七《喪葬》，十八《雜上》，十九《雜中》，二十《雜下》，二十一《門下散騎中書》，二十二《尚書》，二十三《三臺秘書》，二十四《王公侯》，二十五《軍吏員》，二十六《選吏》，二十七《選將》，二十八《選雜士》，二十九《宫衛》，三十《贖》，三十一《軍戰》，三十二《軍水戰》，三十三至三十八《皆軍法》，三十九、四十皆《雜法》。宋、齊畧同晉氏。梁初，命蔡法度等撰《梁令》三十篇：一《户》，二《學》，三《貢士贈官》，四《官品》，五《吏員》，六《服制》，七《祠》，八《户調》，九《公田公用儀迎》，十《醫藥疾病》，十一《復除》，十二《関市》，十三《刼賊水火》，十四《捕亾》，十五《獄官》，十六《鞭杖》，十七《喪葬》，十八《雜上》，十九《雜中》，二十《雜下》，二十一《宫衛》，二十二《門下散騎中書》，二十三《尚書》，二十四《三臺秘書》，二十五《王公侯》，二十六《選吏》，二十七《選將》，二十八《選雜士》，二十九《軍吏》，三十《軍賞》。後魏初命崔浩定令，役命游雅等成之，史失篇目。北齊令趙郡王睿等撰《令》五十卷，取尚書二十八曹爲其篇名，又撰《權令》二卷，兩令並行。後用命趙肅、拓跋廸定令，史失篇目。隋開皇命高熲等撰令三十卷：一《官品》上，二《官品》下，三《諸省臺職員》，四《諸寺職員》，五《諸衛職員》，六《東宫職員》，七《行臺諸監職員》，八《諸州郡縣鎮戍職員》，九《命婦品員》，十《祠》，十一《户》，十二《學》，十三《選舉》，十四《封爵俸廩》，十五《考課》，十六《官衛軍防》，十七《衣服》，十八《鹵簿》上，十九《鹵簿》下，二十《儀制》，二十一《公式》上，二十二《公式》下，二十三《田》，二十四《賦役》，二十五《倉庫厩牧》，二十六《關市》，二十七《假寧》，二十八《獄官》，二十九《喪葬》，三十《雜》。皇朝之令，武德中裴寂等與律同時撰。至貞觀初，又令房玄齡等刊定。麟德中源直心，儀鳳中劉仁軌，垂拱初裴居道，神龍初蘇環，太極初岑羲，開元初姚元崇，四年宋璟並刊定。凡《格》二十有四篇，以尚書省諸曹爲之目，共爲七卷。其曹之常務但留本司者，别爲《留司格》一卷。盖編緣當時制敕，永爲法則，以爲故事。漢建武有《律令故事》上、中、下三篇，皆刑法制度也。晉賈充等撰律、令，兼删定當時制、詔之條，爲故事三十卷，與律令並行。梁易故事爲梁科三十卷，蔡法度所删定。陳依梁。後魏以格代科，於麟趾殿删定，名爲《麟趾格》。北齊因魏立格，撰《權格》，與律令並行。皇朝《貞觀格》，十八卷房玄齡等删定。《永徽留司格》十八卷，《散頒格》七卷，長孫無忌等删定；永徽中，又令源直心等删定，唯改易官號、曹局之名，不易篇第。永徽留司格後本，劉仁軌等删定。《垂拱留司格》六卷，《散頒格》二卷，裴居道等删定。《太極格》十卷，岑羲等删定。《開元前格》十卷，姚元崇等删定。《開元後格》十卷，宋璟等删定。皆以尚書省二十四司馬篇名。凡《式》三十有三篇。亦以尚書省列曹及秘書、太常、司農、光禄、太僕、太府、少府及監門、宿衛、計帳爲其篇目，凡三十三篇，爲二十卷。後周文帝初輔魏改，大統元年，令有司斟酌今古通變可以益時者，爲二十四條之制；七年，又下有十二條之制；十年，命尚書蘇綽總三十六條，更損益爲五卷，謂之《大統式》。皇朝《永徽式》十四卷，《垂拱神龍》、《開元式》並二十卷，其删定與定格、令人同也。凡律以正刑定罪，令以設範立制，格以禁違正邪，式以軌物程事。乃立刑名之制五焉：一曰笞，二曰杖，三曰徒，四曰流，五曰死。笞刑五，笞十至五十也。杖刑五，杖六十至于百。其工、樂户及習天文及官户、奴婢等犯流罪者，及家無兼丁犯徒者，各决二百放。又犯罪已發更重犯累決者，計數雖多，亦不過二百。徒刑五，自徒一年，以半年爲差，至於三年也。流刑三，自流二千里、二千五百里、三千里，三流皆役一年，然後編所在爲户。而常流之外，更有加役流者，本死刑，武德中改爲斷趾，貞觀六年改爲加役流。謂常流唯役一年，此流役三年，故以加役名焉。死刑二。絞、斬。乃立十惡，以懲叛逆，禁淫亂，沮不孝，威不道。其一曰謀反，謂謀危社稷。二曰謀大逆；謂謀毁宗廟、山陵及宫闕三曰謀叛，謂謀背國從僞。四曰惡逆，謂毆及謀殺祖父母、父母，殺伯、叔父母、姑、兄、姊、外祖。父母、夫之祖父母、父母。五曰不道，謂殺一家非死罪三人，支解人，造畜蠱毒魘魅。六曰大不敬，謂盗神御之物、乘輿服御物，及御造御寶，合和御藥誤不如本方及封題誤，若造御膳誤犯食禁，御幸舟船誤不牢固，指斥乘輿情理切害及對捍詔使而無人臣之禮。七曰不孝，謂告言、詈詛祖父母、父母；及別籍異財，若供養有闕；居父母喪身自嫁娶，若作樂、釋服從吉；聞祖父母、父母喪匿不舉哀；詐稱祖父母、父母死。八曰不睦，謂謀殺及賣緦麻已上親，毆、告夫及大功已上尊長。九曰不義，謂謀殺本屬府主、刺史、縣令、現受業師。十曰内亂。謂姦小功已上親、祖、父妾。此十者，常赦之所不原。初，北齊立重罪十條爲十惡：一反逆，二大逆。三叛，四降，五惡逆，六不道，七不敬，八不孝，九不義，十内亂，犯此者不在八議論贖之限。隋氏頗有益損，皇朝因之。迺立八議，以廣親親，以明賢賢，以篤賓舊，以勸功勤。其一曰議親，謂皇帝祖免以上親及太皇太后、皇太后緦麻以上親、皇后小功以上親。二曰議故，謂故舊。三曰議賢，謂有大德行。四曰議能，謂有大才藝。五曰議功，謂有大功勳。六曰議貴，謂職事官三品已上、散官二品已上及爵一品。七曰議勤，謂有大功勞。八曰議賓。謂承先代後，爲國賓。八者犯死罪，所司先奏請議，得以減、贖論。《周禮》以八辟麗邦法，附刑罰，即八議也。自魏、晉、宋、齊、梁、陳、後魏、北齊、後周及隋皆載於律。凡贖罪以銅。自笞五十銅一斤，至杖一百即十斤，徒一年二十斤至徒三年則六十斤，流二千里銅八十斤至流三千里則百斤。絞與斬，銅止一百二十斤。其私坐也，一斤爲一負；其公坐也，則二之。十負爲殿。凡贖者，謂在八議之條及七品已上官祖父母、妻子，五品已上，上至曾、高祖，下至曾、玄孫；五品已上妾犯非罪十惡；八品已下身犯流已下罪者，及年七十已上、十五已下及廢疾等犯罪加役流、及逆緣坐流，會赦猶流已下罪者，及年八十已上、十歲已下及篤疾犯盗與傷人者；及過誤殺人；及大辟疑罪者並以贖論。凡計贓者，以絹平之。準律，以當處中絹估平之。開元十六年敕：其以贓定罪者，並以五百五十爲定估。其征收平贓，並如律也。其贓有六焉：一曰强盗贓，自絹一疋至於十疋。二曰枉法贓，其刑絞，自絹一尺，至於十有五疋，其刑與強盗同。三曰不枉法贓，自絹一尺至於三十疋加役流也。四曰竊盗贓，自絹一尺至於五十疋加役流。五曰受所監臨贓，其刑流，自絹三尺至於五十疋流二千里，其法與不枉法、竊盗皆同。六曰坐贓，其刑徒。自絹一尺至於五十疋徒三年。凡六贓定罪有正條，餘皆約而斷焉。枉法贓，謂受人財爲曲法處分事者，一尺杖一百，已上每一疋加一等。止十五疋絞。不枉法贓，謂雖受財，依法處分者，一尺杖九十，二疋加一等，止三十疋加役流。若無禄人犯此二贓，並減有禄人一等，若枉法，二十疋即絞；不枉法四十疋加役流。强盗贓，謂以威力取人財，並與藥酒及食使狂亂取財，不得，徒二年；得財一尺徒三年。二疋加一等，十疋以上絞。竊盗贓者，謂私竊人財，不得，笞五十；得財一疋杖六十。疋加一等，五疋徒一年，又每五疋加一等，五十疋止加役流。受所監臨贓者，謂不因公事受部人財物者，一疋笞四十，每一疋加一等，至八疋徒一年，又每八疋加一等，五十疋罪止流三千里。坐贓者，謂非監臨主司而因事受財者，一疋笞二十。每一疋加一等，至十疋徒一年，每十疋加一等，五十疋罪止徒三年。自外諸條皆約此六贓爲罪。凡應減者，下就輕次焉，二死、三流，俱從一減。凡應加者，上就重次焉；五刑皆累加，雖數盈不得至於死。凡律法之外有殊旨、別敕，則有死、流、徒、杖、除、免之差。謂有殊旨、別敕：宜殺郤、宜處盡、宜處死、宜配遠流、宜流郤、配流若干里，及某處宜配流郤遣、宜、徒、宜配徒若干年，至到與一頓、與重杖一頓、與一頓痛杖、决杖若干，宜處流依法配流、依法配流若干里，宜處徒、依法配徒、與徒罪，依法處徒若干年，與杖罪、與除名罪、與免官罪、與免所居官罪，皆刑部奉而行之。凡决死刑皆於中書門下詳覆。舊制皆於刑部詳覆，然後奏決。開元二十五年，敕以爲庶獄既簡，且無死刑，自今已後，有犯死刑，除十惡死罪、造僞頭首、刼殺、故殺，謀殺外，宜令中書門下與法官等詳所犯輕重，具狀聞奏。其在降官，除逆人親，并犯賄贓、名教，如有刻已自新，以功補過，使司應合聞薦，不須限以貶黜。凡京都大理寺、京兆，河南府、長安、萬年、河南、洛陽縣咸置獄。其餘臺、省、寺、監、衛、府、皆不置獄。凡死罪枷而杻，婦人及徒流枷而不杻，官品及勳散之階第七已上鎖而不枷。勳官武騎尉及散官宣義郎並七品階。諸應議、請、減者，犯流已上，若除、免官當者，並鎖禁。杖笞與公坐徒及年八十、十歲、廢疾、懷孕、侏儒之類，皆訟繫以待弊。凡有犯罪者，皆從所發州，縣推而斷之；在京諸司，則徒以上送大理，杖以下當司斷之；若金吾糺獲，亦送大理。犯罪者，徒已上縣斷定送州覆審訖；徒罪及流應決杖、笞若應贖者。即決配、征贖其大理及京兆、河南斷徒及官人罪，並後有雪減，並申省司審詳無失，乃覆下之；如有不當者，亦隨事駁正。若大理及諸州斷流已上若除、免、官當者。皆連寫案狀申省案覆，理盡申奏；若案覆事有不盡，在外者遣使就覆，在京者追就刑部覆以定之。凡決大辟罪皆於市。古者，決大辟罪皆於市。自今上臨御以來無其刑，但存其文耳。五品已上，犯非惡逆已上聽自盡於家。七品已上及皇族，若婦人犯非斬者，皆絞於隱處。決大辟罪，官爵五品已上在京者，大理正監決；在外者，上佐監決餘並判官監決；在京決者亦皆有御史、金吾監決。若因有冤濫灼然者。聽停決奏聞。凡決大辟罪，在京者，行決之司五覆奏；在外者，刑部三覆奏。在京者，決前一日二覆奏，決日三覆奏；在外者，初一日再覆奏，後日再覆奏。縱臨時有敕不許覆奏，亦準此覆奏。若犯惡逆已上及部曲、奴婢殺主者，唯一覆奏。決大辟罪皆防援至刑所，囚一人防援二十人，每一人加五人。五品已上非惡逆者，聽乘車並官給酒食，聽親故辭訣，宣告犯狀，仍日未後乃行刑。因在外，奏報之日，不得馳驛行下。凡京城決囚之日，尚食蔬食，內教坊及太常皆徹樂。每歲立春後至秋分，不得決死刑。若犯惡逆及奴婢、部曲殺主，不依此法。其大祭祀及致齋、朔、望、上下弦、二十四氣、雨未晴、夜未明、斷屠日月及休假亦如之。其死囚無親戚者皆給棺，於官地內權殯。於京城七里外量置地一頃。擬埋諸司死囚；埋訖，仍下本屬告家人令取。凡犯流罪已下應除、免、官當未奏身死者，免其追奪。謂不奪告身。若奏時不知身死，奏後云先死者，依奏定。其常赦所不原者，不在免限。流移之人皆不得棄放妻妾及私遁還鄉，若妻子在遠，預爲追喚，待死同發配西州、伊州者，送涼府；江北人配嶺南者，送桂、廣府；非劒南人配姚、嶲州者送付益府，取領即還。其涼府等各差專使領送。所領送人皆有程限，不得稽留遲緩。至六載然後聽仕。其犯反逆緣坐流及免死役流不在此例。即本犯不應流而特配流者，三載以後聽仕。有資者各依本犯收叙法。其解見任及非除名、移鄉者，年限、叙法皆準考解之例。其應徒則皆配居作。在京送將作監，婦人送少府監縫作；外州者，供當處官役及修理城隍、倉庫及公廨雜使。犯流應住居作者亦準此，婦人亦留當州縫作及配舂。諸流、徒罪居作者皆著鉗，若無鉗者著盤枷，病及有保者聽脱，不得著巾、帶。每旬給假一日，臘寒食各給二日，不得出所役之院。患假者，倍日役之。凡禁囚皆五日一慮焉。慮，謂檢閱之也。斷決訖，各依本犯具發處日、月別，總作一帳，附朝集使申刑部。凡告言人罪，非謀叛以上，皆三審之。應受辭、牒官司並具曉示虛得反坐之狀。每審皆別日受辭，若有事切害者。不在此例。告密有不於所由，掩捕則從近也。謂告密人皆經當處長官；長官有事，經佐官告；長官、佐官俱有事者，經比界論告。若須有掩捕應與餘州相知者，所在準法收捕。事當謀叛已上，馳驛奏聞。且稱告謀叛已上不肯言事意者，給驛部送京。其犯死罪囚及緣邊諸州鎮防人等若犯流人告密，並不在送限。凡察獄之官先備五聽，一曰辭聽，二曰色聽。三曰氣聽，四曰耳聽，五曰目聽。又稽諸證信，有可徵焉而不首實者，然後拷掠，二十日一訊之。訊未畢，更移他司，仍須拷鞫，通計前訊，以充三度。即罪非重害及疑似處少，不必備三。若因因訊致死者、皆與長官及糺彈官對驗。其拷囚及行決罰不得中易人。凡斷獄之官皆舉律、令、格、式正條以結。之若正條不見者，其可出者，則舉重以明輕；其可入者，則舉輕以明重。凡獄囚應入議、請者，皆申刑部，集諸司七品已上於都座議之。若有別議，所司科簡，具狀以聞。若衆議異常，堪爲典則者，録送史館。凡枷、杖、杻、鎖之制各有差等。枷長五尺已上、六尺已下，頰長二尺五寸已上、六寸已下，共闊一尺四寸已上、六寸已下，徑頭三寸已上、四寸已下。杻長一尺六寸已上、二尺已下，廣三寸，厚一寸。鉗重八兩已上、一斤已下，長一尺已上、一尺五寸已下。鎖長八尺已上、一丈二尺已下。杖皆削去節目，長三尺五寸。訊囚杖大頭徑三分二釐，小頭二分二釐；常行杖大頭二分七釐，中頭一分七釐；笞杖大頭二分，小頭一分半。其決笞者腿、臀分受，杖者背、腿、臀、分受，須數等拷訊笞亦同。願背、腿均受者，聽。殿庭決杖者，皆背受。凡鞫獄官與被鞫人有親屬仇嫌者；皆聽更之。親謂五服內親及大功已上婚姻之家，并授業經師爲本部都督、刺史、縣令，及府佐於府主，皆同換推。凡有罪未發及已發未斷而逢格改者，若格重則依舊條，輕從輕法。凡天下諸州斷罪應申覆者，每年正月與吏部擇使，取歷任清勤、明識法理者，仍過中書門下定訖以聞，乃令分道巡覆。若應句會官物者，加判官及典。刑部録囚徒所犯以授使，嶺南使以九月上旬先發遣。使牒與州案同，然後復送刑部。若州司枉斷，使推無罪，州司欵伏，灼然無罪者，任使判放；其降入流、徒者，亦從流、徒法。若使人與州執見有別者，各以狀申。若理狀已儘，可斷，決而使人妄生節目不退者，州司録申辨，及贓狀露驗者即決，不得待使覆；其餘罪皆待覆定。使人至日，先檢行獄囚枷鎖、鋪席及疾病、糧餉之事，有不如法者，皆以狀聞。若巡察使、按察使、廉察使、採訪使，皆待制命而行，非有恒也。凡在京諸司見禁囚每月二十五日已前，本司録其所犯及禁時日月以報刑部。來月一日以聞。凡有寃滯不申欲訴理者，先由本司、本貫；或路遠而躓礙者，隨近官司斷決之。即不伏，當請給不理狀，至尚書省，左、右丞爲申詳之。又不伏，復給不理狀。經三司陳訴。又不伏者，上表。受表者又不達，聽撾登聞鼓。若惸、獨、老、幼不能自申者，乃立肺石之下。若身在禁繫者，親、識代立焉。立於石者，左監門衛奏聞。撾於鼓者，右監門衛奏聞。凡國有赦宥之事，先集囚徒於闕下，命衛尉樹金鷄，待宣制訖，乃釋之。都官郎中一人，從五品上；都官者，本因漢置司隸校尉，其屬官有都官從事一人，掌中都官不法事，因以名官。都官者，義取掌中都官。中都官者，京師官也。至魏明帝青龍二年，尚書陳矯奏置都官郎中。晉、宋、齊、都官郎中二人，復魏、北齊一人，梁、陳爲侍郎，並掌京師非違得失事，非今都官之任。後周置秋官府，有司厲之職，掌諸奴男子。男女入於罪隸。女子入於舂饎之事，蓋比今都官郎中之任也。隋初，置都官侍郎二人，猶掌非違得失事。開皇三年，改都官尚書曹曰刑部，其都官郎曹遂改掌簿録配没官私奴婢，并良賤訴競、俘囚之事。煬帝時，都官郎置二人，皇朝因置一人，武德三年加中字。龍朔二年改曰司僕大夫。咸亨元年復故。員外郎一人，從六品上；《周禮・秋官》有司厲下士二人，掌男女奴，盖比今都官員外郎之任也。後周依焉。隋文帝置員外郎侍郎，煬帝改曰承務郎。武德三年改爲都官員外郎，龍朔、咸亨並隨曹改復。主事二人，從九品上。都官郎中、員外郎掌配没隸，簿俘囚，以給粮、藥療，以理訴競、雪免；凡公私良賤必周知之。凡反逆相坐，没其家爲官奴婢。反逆家男女及奴婢没官，皆謂之官奴婢。男年十四以下者，配司農；十五已上者，以其年長，命遠京邑，配嶺南爲城奴。一免爲番户，再免爲雜户，三免爲良人，皆因赦宥所及則免之。凡免皆因恩言之，得降一等、二等，或直入良人。諸《律》、《令》、《格》、《式》有言官户者，是番户之捴號，非謂别有一色。年六十及廢疾，雖赦令不該，並免爲番户；七十則免爲良人，任所居樂處而編附之。凡初配没有伎藝者，從其能而配諸司；婦人工巧者，入于掖庭，其餘無能，咸隸司農。凡諸行宫與監、牧及諸王公主應給者，則割司農之户以配，諸官奴婢賜給人者，夫、妻、男、女不得分張；三歲已下聽隨母，不充數。若應簡進内者，取無夫無男女也。其餘雜伎則擇諸司之户教充。官户皆在本司分番，每年十月，都官按比。男年十三已上，在外州者十五已上，容貌端正，送大樂；十六已上，送鼓吹及少府教習。有工能官奴婢亦準此。業成，準官户例分番。其父兄先有伎藝堪傳習者，不在簡例。凡配官曹，長輸其作；番户、雜户；則分爲番。番，户一年三番，雜户二年五番，番皆一月，十六已上當番請納資者，亦聽之。其官奴婢長役無番也。男子入于蔬圃，女子入厨饍，乃甄爲三等之差，以給其衣粮也。四歲已上爲小。十一已上爲中。二十已上爲丁。春衣每歲一給，冬衣二歲一給，其粮則季一給。丁奴春頭巾一，布衫、袴各一件，皮鞾一量并氈。十歲已下男春給布衫一、鞋一量，女給布衫一、布裙一、鞵一量。冬男子各給布襦一，鞵韈一量；官户長上者准此。其粮：丁口日給二升，中口一升五合，小口六合；諸户留長上者，丁口日給三升五合，中男給三升。凡居作各有課程。丁奴，三當二役，中奴若丁婢，二當一役；中婢，三當一役。凡元、冬、寒食、喪、婚、乳免咸與其假焉。官户、奴婢，元日、冬至、寒食放三日，假産後及父母喪、婚放一月，聞親喪放七日。有疾，太常給其醫藥。其分番及供公廨户不在給限。男、女既成，各從其類而配偶之。並不得養良人之子及以子繼人。每歲孟春，本司以類相從而疏其籍以申。每歲仲冬之月，條其生息，閲其老幼而正簿焉。每歲十月，所司自黄口以上並印臂，送都官閲貌。依周官隋開皇初置司門侍郎，煬帝曰：司門郎皇朝因之。武德三年加中字。龍朔二年改日司門大夫，咸亨元年復改故。員外郎一人，從六品上；《周禮》有司門上士，後周有小司門上士，隋置司門員外郎，煬帝改曰承務郎，武德三年改曰員外部。主事二人，從九品上。司門郎中、員外郎掌天下諸門及關出入往来之籍，賦而審其政。凡關二十有六，而爲上、中、下之差。京城四面關有驛道者爲上關，上關六：京兆府藍田關，開華州潼關，同州蒲津關，岐州散關，隴州大震關，原州隴山關。餘關有驛道及四面關無驛道者爲中關，中關一十三京：兆府子午、路谷、庫谷，同州龍門，會州，會寧，原州木峽，石州孟門，嵐州合河，雅州邛萊，彭州蠶崖，安西鉄門，興州興城，渭津也。他皆爲下關焉。下關七：凉州甘亭、百牢，河州鳳林，利州石門，延州永和，綿州松嶺，龍州涪水。所以限中外，隔華夷，設險作固，閑邪正暴者也。凡關呵而不征，司貨賄之出入。其犯禁者，舉其貨，罰其人。古，書帛爲繻，刻木爲契，二物通爲之傳。傳，如今過所。凡度關者，先經本部本司請過所；在京則省給之；在外，州給之。雖非所部，有來文者，所在給之。若私度關及越度，至越所而不度，不應度關而給過所，若冒名請過所與人及不應受而受者，若家人相冒及所司無故稽留，若領人、兵度關及别人妄隨之，若賫禁物私度及越度縁自邊關，其罪各有差。

（唐）張九齡《唐六典》卷七《尚書工部》 虞部郎中、員外郎掌天下虞衡、山澤之事，而辨其時禁。凡採捕、畋獵，必以其時。冬春之交，水蟲孕育，捕魚之器，不施川澤；春夏之交，陸禽孕育餧獸之藥，不入原野；夏苗之盛，不得蹂藉；秋實之登，不得焚燎。若虎豹豺狼之害，則不拘其時，聽爲檻穽，獲則賞之，大小有差。諳有猛獸處，聽為檻穽、射窠等，得即於官，每一賞絹四疋；殺豹及狼，每一賞絹一疋。若在牧監内獲豺，亦每一賞絹一疋，子各半疋。凡京兆、河南二都，其近爲四郊，三百里皆不得弋獵、採捕。每年五月、正月、九月皆禁屠殺、採捕。凡五嶽及名山能蘊靈産異，興雲致雨，有利於人者，皆禁其樵採，時禱祭焉。

（唐）張九齡《唐六典》卷九《中書省》 匭使院，知匭使一人。垂拱元年置，常以諫議大夫及補闕、拾遺一人爲使，專知受狀，以達其事。事或要者，當時處分；餘出付中書及理匭使據狀申奏。理匭使常以御史中丞及侍御史一人爲之。知匭使掌申天下之寃滯，以達萬人之情狀。立匭之制一房四面，各以方色。東曰延恩，懷材抱器，希於聞達者投之；南曰招諫，匡正補過，裨於政理者投之；西曰申寃，懷寃負屈，無辜受刑者投之；北曰通玄，獻賦作頌，諭以大道及涉於玄象者投之。初置有四門，其制稍大，難於往來。後遂小其制度，同爲一匭，依方色辨之。其匭出以辰前入以未後。

（唐）張九齡《唐六典》卷一三《御史臺》 御史大夫之職，掌邦國刑憲、典章之政令，以肅正朝列；中丞爲之貳。其百寮有姦非隱伏，得專推劾。若中書門下五品已上、尚書省四品已上，諸司三品已上，則書而進之，并送中書、門下。凡天下之人有稱寃而無告者，與三司詰之。三司：御史大夫，中書，門下。大事奏裁，小事專達。凡中外百僚之事應彈劾者，御史言於大夫，大事則方幅奏彈，小事則署名而已。舊：彈奏，皇帝視事日，御史奏之。自景龍三年以來，皆先進狀，聽進止。許則奏之，不許則止。若有制使覆囚徒，則與刑部尚書參擇之。凡國有大禮，則乘輅車以爲之道。駕幸京都，大夫從行，則令中丞一人留在臺，並殿中侍御史一人。若別敕留守，不在此限。

侍御史四人，從六品下。周官宗伯屬官御史，掌邦國都鄙及萬民之治令，以贊冢宰。凡治之者，受法令焉，以其在殿柱之間，亦謂之柱下史，秦改爲侍御史。《史記》張蒼自秦時爲御史。主柱下方書，即其任也。冠法冠，一名柱後惠文冠，以鐵爲柱，言其審固不撓也。法冠者，秦事云：始皇滅楚，以其君冠賜御史，亦名獬豸冠，以獬豸獸主觸不直，故執憲者以爲冠。漢因秦，置侍御史。秩六百石，員十五人。惠帝三年，相國奏遣御史監三輔不法事，有辭訟者，盜賊者，鑄僞錢者，獄不直者繇賦不平者，吏不廉者，吏苛刻者，踰侈及弩力十石以上者，作非所當服者，凡九條。監者每二歲一更，常十一月奏事，三月還監焉。侍御史有綉衣直，指出討姦猾，治大獄；武帝制，不常置。後漢皆公府掾屬高第者爲之，所掌有五曹：曰令曹，掌律令；印曹掌刻印；供曹，掌齋祠之事；尉馬曹，掌廐馬之事；乘曹，掌護駕。魏置八人品。

侍御史掌糾舉百僚，推鞫獄訟。其職有六：一曰奏彈；二曰三司，三曰西推，四曰東推，五曰贓贖，六曰理匭。侍御史年深者一人判臺事，知公廨雜事等；次知西推、贓贖、三司，受事監奏；次知東推、理匭之事。臺中有黃卷，不糾舉所職則罰之。其新除者未曉制度，罰有日逾萬錢者。舊例，新人罰止於四萬，及崔隱甫爲大夫，以其數太廣減之，以萬二千爲限。三院各有院長，議罰則詢於雜端也。凡有制敕付臺推者，則按其實狀以奏；若尋常之獄，推訖，斷于大理。舊，臺中無獄，未嘗禁人；有須留問，寄禁大理。李乾祐爲大夫，奏請於臺置獄，雖則按問爲便，而增鞫獄之弊。至開元十四年，御史大夫崔隱甫奏罷之，須留問者，依前寄禁大理。凡事非大夫、中丞所劾而合彈奏者；則具其事爲狀，大夫、中丞押奏。大事則冠法冠，衣朱衣纁、裳、白紗中單以彈之；小事，常服而已。法冠一名豸冠，一角，爲獬豸之形，取觸邪之義也。凡三司理事，則與給事中、中書舍人更直於朝堂受表。三司更直，每日一司正受，兩司副押，更遞如此。其鞫聽亦同。若三司所按而非其長官；則與刑部郎中員外郎、大理司直評事往訊之，除三司受事及推按外，每日，侍御史一人承制，諸奏事者並監而進退之。若所論繁細，不宜奏陳，則隨事奏而罷之。虧闕則糾之。非大備則常服。凡兩京城内，則分知左、右巡，各察其所巡之内有不法之事。謂左降、流移停匿不去，及妖訛、宿宵、蒲博、盜竊、獄訟、寃濫諸州綱典貿易隱盜賦斂不如法式，諸此之類，咸舉按而奏之。若不能糾察及故縱蔽匿者，則量其輕重而坐所由御史。監察御史掌分察百僚，巡按郡縣，糾視刑獄，肅整朝儀。朝庭有不肅敬御史，則糾而劾之。每二人五日分和東、西朝堂。舊例監察正門無籍，非因奏事，不得入至殿庭。開元七年三月，敕並令隨仗而入，不得供奉，位在尚書員外郎後。十道巡按，則選判官二人以爲之佐；如本道務繁，得量差官人歷官清幹者，號爲支使。凡將帥戰伐，大克殺獲，數其俘馘，審其功賞，辨其真僞。若諸道屯田及鑄錢，其審功糾過亦如之。凡嶺南及黔府選補，亦令一人監其得失。凡決囚徒，則與中書舍人、金吾將軍監之。若京師忌齋，則與殿中侍御史分察寺、觀。七品已上清官皆預行香，不到，則牒送法司。若在京都，則分察尚書六司，糾其過失，及知太府、司農出納。凡冬至祀圜丘，夏至祭方丘，孟春祈穀，季春祀明堂，孟冬祭神州，五郊迎氣及享太廟，則二人共監之。若朝日、夕月及祭社稷、孔宣父、齊太公，蜡百神，則一人率其官屬，閲其牲牢，省其器服，辨其輕重，有不修不敬則劾之。凡尚書省有會議，亦監其過謬。尚書省諸司七品已上官會議，皆先牒報臺，亦一人往監，若據狀有違及不委議意而署名者，糾彈之。凡有敕令一御史往監，即監察受命而行。自監察御史已上，每日一人於本司當門直，以檢察臺中出入及令史領詞訟過大夫之事。若緣詞訟事須推勘者，大夫便委門直御史以推之。凡百官燕會習射亦如之。

（唐）張九齡《唐六典》卷一八《大理寺鴻臚寺》 大理寺卿一人，從三品；《尚書》云帝曰：咎繇，汝作士，五刑有服。孔安國注曰：士，理官也。周官爲司寇。《韓詩外傳》云：晉文公使李離爲理。理，謂察理刑獄也。《史記・天官書》斗魁四星，貴人之牢，曰大理。《漢書・百官表》云：廷尉，秦官掌刑辟，有正、左右監。景帝更名大理，秩中二千石。武帝復爲廷尉。宣帝置左、右廷尉平，哀帝復爲大理。王莽改曰作士。後漢復爲廷尉。魏初爲大理，後復爲廷尉，置律博士。晉置丞、主簿、明法、掾。歷宋、齊，皆爲廷尉。梁爲秋卿，班第十三，陳因之。後魏置少卿、司直。北齊及隋爲大理寺，隋置評事，皇朝因之。龍朔二年改爲詳刑寺正卿，咸亨元年復爲大理，光宅元年改爲司刑寺，神龍元年復故，兩漢卿秩中二千石。

又： 大理卿之職，掌邦國折獄詳刑之事。以五聽察其情：一曰氣聽，二曰色聽，三曰視聽，四曰聲聽，五曰詞聽。以三慮盡其理：一曰明慎以讞疑獄，二曰哀矜以雪冤獄，三曰公平以鞫庶獄。少卿為之貳。凡諸司百官所送犯徒刑已上，九品已上犯除免官當，庶人犯流、死已上者，詳而質之，以上刑部，仍於中書門下詳覆。其杖刑已下則決之。若禁囚有推決未盡、留繫未結者，五日一慮。若淹延久繫，不被推詰或其狀可知，而推證未盡；或訟一人數事及被訟人有數事，重事實而輕事未决者，咸慮而決之。凡中外官吏有犯，經斷奏訖而猶稱寃者，則審詳其狀。開元八年敕：內外官犯贓賄及私坐成殿、公坐官當已上有合許雪及減罪者，並令大理審詳犯狀，申刑部詳覆；知實寃濫，乃録送中書門下。其有遠年斷雪，近請除痕，亦準此。其餘具《刑部格》。凡吏曹補署法官，則與刑部尚書、侍郎議其人可否然後注擬。

大理正掌參議刑獄、詳正科條之事。凡六丞斷罪有不當者，則以法正之。凡內外官及爵五品已上犯罪至棄市者，並監決。若車駕巡幸在京，則都一人留守，以總卿貳之職；在都，則京亦如之。丞掌分判寺事，凡有犯，皆據其本狀以正刑名。六丞判尚書六曹所統百司及諸州之務，其刑部丞掌押獄。每一丞斷事，五丞同押，若有異見，則得各言其不同之致也。徒已上，各呼囚與其家屬，告以罪名，問其狀欵不伏，則聽其自理。無理者，便以元狀斷定，上刑部。刑部覆有異同者，下於寺，更詳其情理以申，或改斷焉。主簿掌印，省署抄目，勾檢稽失。凡官吏之負犯并雪寃者，則據所由文牒而立簿焉。凡贖銅者，一斤爲一負；公坐而贖銅者，二斤爲一負。各十負爲一殿。其有犯人未附而會恩免者，本犯至免官以上及犯贓賄。

（唐）張九齡《唐六典》卷二〇《太府寺》 以僞濫之物交易者，沒官；短狹不中量者，還主。《周禮》：司市僞飾之禁，在人者十有二，在商者十有二，在賈者十有二，在工者十有二。《王制》亦云：用器、兵、車不中度，布帛精麤不中數，幅廣狹不中量，姦色亂正色，五穀不時，果實未熟，木不中伐，禽獸魚鱉不中殺，皆不鬻於市。凡賣買奴婢、牛馬，用本司、本部公驗以立券。凡賣買不和而榷固，榷謂專畧其利，固謂鄣固其市。及更出開閉共限一價，謂賣物以賤爲貴，買物以貴爲賤。若參市而規自入者，並禁之。謂在傍高下其價以相惑亂也。

（唐）張九齡《唐六典》卷二二《少府軍器監》 凡天下諸州出銅鐵之所，聽人私採，官收其税。若白鑞，則官爲市之。其西邊、北邊諸州禁人無置鐵冶及採鉚，若器用所須，則其名數，移於所由官供之；私者，私市之。凡諸冶所造器物，皆上於少府監然後給之，其興農冶監所造者唯供隴右諸牧監及諸牧使。

（唐）張九齡《唐六典》卷二七《家令率更僕寺》 凡諸坊、寺、府之有犯者，令其主司定罪，庶人杖已下决之，官吏杖已下皆送於大理。若皇太子未立及雖立未即東宫，其宫、坊、寺、府之犯罪者，皆斷於大理。

丞掌判禮樂、刑獄之事。凡宫臣有犯理于率更者，皆親問之，乃斷其罪，而上於詹事。

主簿掌印及勾檢稽失。凡宗族不序，禮儀不節，音律不諧，漏刻不審，刑名不法，皆舉而正之。若所司决囚，與其丞同監之。

（唐）張九齡《唐六典》卷三〇《三府督護州縣官吏》 戶曹、司戶參軍掌户籍、計帳、道路、逆旅、田疇、六畜、過所、蠲符之事，而剖斷人之訴競。凡男女婚姻之合，必辨其族姓，以舉其違。凡井田利害之宜，必止其爭訟，以從其順。凡官人不得於部內請射田地及造碾磑，與人爭利。

又：法曹、司法參軍掌律、令、格、式，鞫獄定刑，督捕盗賊，糺逖姦非之事，以究其情偽，而制其文法。赦從重而罰從輕，使人知所避而遷善遠罪。士曹司士參軍掌津梁舟車舍宅百工京畿及天下諸縣令之職，皆掌導揚風化，撫字黎氓，敦四人之業，崇五土之祠，養鰥寡，恤孤窮，審察寃屈，躬親獄訟，務知百姓之疾苦。

（唐）王溥《唐會要》卷三九《定格令》 永徽二年閏九月十四日，上新删定律令格式。太尉長孫無忌、開府儀同三司李勣、尚書左僕射于志寧、尚書右僕射張行成、侍中高季輔、黄門侍郎宇文節、柳奭、尚書右丞段寶元、吏部侍郎高敬言、刑部侍郎劉燕客、太常少卿令狐德棻、給事中趙文恪、中書舍人李友益、刑部郎中賈敏、行少府監丞張行實、大理丞元詔、太府丞王文端等同修，勒成律十二卷、令三十卷、式四十卷，頒於天下。遂分格爲兩部，曹司常務者爲留司格，天下所共者爲散頒格。散頒格下州縣，留司格本司行用。至三年五月，詔律學未有定疏，每年所舉明法，遂無憑準，宜廣召解律人修義疏奏聞，仍使中書門下監定參撰，律疏成三十卷，太尉長孫無忌、司空李勣、尚書左僕射于志寧、刑部尚書唐紹、大理卿段寶元、尚書右丞劉燕客、御史中丞賈敏行等同撰。四年十月九日上之，詔頒于天下。龍朔二年二月，改易官名。敕司刑太常伯源直心等重定格式，唯改曹局之名，而不易篇第。至麟德二年，奏上之。至儀鳳二年，官號復舊，又敕删輯。三月九日，删輯格式畢，上之。尚書左僕射劉仁軌、尚書右僕射戴至德、侍中張文瓘、中書令李敬元、太子右庶子郝處俊、黄門侍郎來恆、太子左庶子高智周、吏部侍郎裴行儉、馬戴、兵部侍郎蕭德昭、裴炎、工部侍郎李義琰、刑部侍郎張楚金、右司郎中盧律師等，至垂拱元年三月二十六日，删改格式，加計帳及勾帳式、通舊式成二十卷。又以武德以來，垂拱已前詔敕，便於時者，編爲新格二卷。內史裴居道、夏官尚書岑長倩、鳳閣侍郎韋方質，與删定官袁智宏等十餘人同修，則天自製序。其二卷之外，別編六卷，堪爲當司行用，爲垂拱留司格。時韋方質詳練法理，又委其事于咸陽縣尉王守慎，有經理之才，故垂拱格式，議者稱爲詳密，其律唯改二十四條，又有不便者，大抵仍舊。至神龍元年六月二十七日，又删定垂拱格及格後敕。尚書左僕射唐休璟、中書令韋安石、散騎常侍李懷遠、禮部尚書祝欽明、尚書右丞蘇瓌、兵部郎中姜師度、戶部郎中狄光嗣等，同删定，至神龍二年正月二十五日已前制敕，為散頒格七卷，又删補舊或為二十卷。表上之。

又：開元三年正月，又敕删定格式令，上之，名爲開元格六卷。黄門監盧懷慎、刑部尚書李乂、紫微侍郎蘇頲、紫微舍人吕延祚、給事中魏奉古、大理評事高智静、韓城縣丞侯郢璡、瀛州司法參軍閻義顓等同修。至七年三月十九日，修令格，仍舊名曰《開元後格》。吏部尚書宋璟、中書侍郎蘇頲、尚書左丞盧從愿、吏部侍郎裴漼、慕容珣、戶部侍郎楊綰、中書舍人劉令植、大理司直高智静、幽州司功參軍侯郢璡等同修。十九年，侍中裴光庭、中書令蕭嵩，又以格後制敕行用之後，與格文相違，于事非便，奏令所司，删撰格後長行敕六卷，頒于天下。二十五年九月一日，復删輯舊格式律令。中書李林甫、侍中牛仙客、中丞王敬從、前左武衛胄曹參軍崔冕、衛州司戶參軍直中書陳承信、酸棗縣尉直刑部俞元杞等，共加删緝舊格式律令及勅，總七千二十六條，其一千三百二十四條，于事非要，並删除之。二千一百八十條，隨事損益；三千五百九十四條，仍舊不改。總成律十二卷，律疏三十卷，令三十卷，式二十卷，開元新格十卷，又撰格式律令事類四十卷，以類相從，便于省覽。奉勅，于尚書都省寫五十本，頒于天下。二十五年九月三日，兵部尚書李林甫奏：今年五月三十日前勅，不入新格式者，並望不任行用限。至貞元元年十月，尚書省進貞元定格後勅三十卷，留中不出。至元和二年七月，詔刑部侍郎許孟容、大理少卿柳登、吏部郎中房式、兵部郎中熊執易、度支郎中崔光、禮部員外郎韋貫之等，删定開元格後勅。八月，刑部奏改律卷第八爲鬬競。至十年十月，刑部尚書權德輿奏：自開元二十五年，修格式律令事類三十卷，處分長行勅等。自大曆十四年六月，元和二年正月，兩度制删之，並施行。伏以諸司所奏，苟便一時，事非經久，或舊章既具，徒更煩文，獄理重輕繫人性命。其元和二年准制删定，至元和五年删定畢，所奏三十卷。歲月最近，伏望且送臣本司。其元和五年已後，續有勅文合長行者，望令諸司録送刑部。臣請與本司侍郎郎官，參詳錯綜，同編入本，續具聞奏，庶人知守法，吏絶舞文，從之。至十三年八月，鳳翔節度使鄭餘慶等詳定格後勅三十卷。左司郎中崔郾、吏部郎中陳諷、禮部員外郎齊庾敬休、著作郎王長文、集賢校理元從質、國子博士林寶用修上。其年，刑部侍郎許孟容、蔣乂等奉詔刪定格後勅，勅成三十卷。刑部侍郎劉伯芻等考定修爲三十卷。至長慶三年正月，刑部奏請戶部郎中王正、司門員外郎齊推詳正勅格，從之。其月，又請奏本司郎中裴潾、司門郎中文格、本司員外郎孫革、王永、大理司直楊倞，與本司尚書崔植、侍郎景重詳正勅格，奏可。至開成元年三月，刑部侍郎狄兼謩奏：伏准今年正月日制刑法科條。頗聞繁冗，主吏縱捨，未有所徵。宜擇刑部大理官，即令商量條流要害，重修格式，務于簡當，焚去冗長，以正刑名者。伏以律令格式，著目雖始於秦漢，歷代增修，皇朝貞觀、開元又重刪定，理例精詳，難議刊改。自開元二十六年刪定格令後至今九十餘年，中外百司，皆有奏請。各司其局，不能一秉大公，其或恩出一時，便爲永式，前後矛盾，是非不同，吏緣爲姦，人受其屈。伏見自貞元已來，累曾別勅，選重臣置院刪定，前後數四，徒涉歷三十歲，未堪行用。今若只令刑部大理官商量重修格式，遽焚冗長，伏恐姦吏，緣此舞文。伏請但集蕭嵩所刪定建中以來制勅，分朋比類，刪去前後矛盾，及理例重錯者，條流編次，具卷數聞奏行用。所刪去者，伏請不焚，官同封印，付庫收貯。仍愼擇法官、法署省等所斷刑獄，有不當者，官吏重加貶黜。所冀人知自効，吏不敢欺，上副陛下哀矜欽恤之意，言者宜依。至大中五年四月，刑部侍郎劉瑑等奉勅修大中《刑法統類》六十卷。起貞觀二年六月二十八日，至大中五年四月十三日，凡二百二十四年雜勅，都計六百四十六門，二千一百六十五條。至七年五月，左衛率府倉曹參軍張戣，編集律令格式條件相類者一千二百五十條，分爲一百二十一門，號曰《刑法統類》，上之。

（清）嵇璜等《續通典》卷一一六《刑・贖刑》　唐律贖銅之數及以官當罪之法，大略悉準隋制。以官當徒者，五品以上犯罪者，一官當徒二年，九品以上一官當徒一年，若犯公罪者各加一年。以官當流者，三流同皆比徒四年，仍各解見任除名者，比徒三年。免官者，比徒二年。免所居官者，比徒一年。九品已上官，若官品得減者之祖父母、父母、妻、子孫犯流罪已下，聽贖。七品、五品已上官親屬流罪已下，得減一等。軍民年七十已上十五已下，及廢疾犯流罪已下者，準此。玄宗天寶六載，赦節文：其贖銅，如情願納錢，每斤一百二十文。若欠負官物，應徵正贓及贖物。無財以備官役、折庸。其物雖多，限三年，一人一日折絹四匹。若會恩其物合免者，停役。憲宗元和三年，詔：今後應坐贓及他罪當贖者，諸道委觀察判官一人專勾當，及時申報。如蔽匿不申者，節級科貶。如罪不繫，奏官長量情處置者，其贓但準前申送御史臺充本色給用。仍差御史一人專知贓贖，不得以贓罰為名。如罪名未正，妄罰其財，亦委觀察判官勾當，差定後先，具名奏聞。僖宗乾符三年，赦：應殘疾篤疾犯徒流罪，或是連累即許徵贖，如身犯罪不在免限，其年十五已下者，準律文處分。

（清）嵇璜等《續通典》卷一一六《刑・贖刑》　晉高祖天福六年，尚書刑部李象奏請：今後凡是散官，不計高低，若犯罪不得當贖，亦不得上請，詳定院覆奏。應內外文武官，有品官者自依品官法，無品官有散試官者，應內外帶職廷臣賓從、有功將校等，并請同九品官例。其京都軍巡使及諸道州府衙前職員、內外雜任鎮將等，并請準律，不得上請當贖。其巡司馬步司判官，雖有曾歷品官者，亦請同流外職。準律：杖罪已下，依決罰例徒罪已上，仍依當贖法。

《宋史》卷一九九《刑法志一》　宋法制因唐律、令、格、式，而隨時損益則有《編敕》，一司、一路、一州、一縣又別有《敕》。建隆初，詔判大理寺竇儀等上《編敕》四卷，凡一百有六條，詔與新定《刑統》三十卷並頒天下，參酌輕重為詳，世稱平允。太平興國中，增《敕》至十五卷，淳化中倍之。咸平中增至萬八千五百五十有五條，詔給事中柴成務等芟其繁亂，定可為《敕》者二百八十有六條，準律分十二門，總十一卷。又為《儀制令》一卷。當時便其簡易。大中祥符間，又增三十卷，千三百七十四條。又有《農田敕》五卷，與《敕》兼行。

仁宗嘗問輔臣曰：或謂先朝詔令不可輕改，信然乎？王曾曰：此憸人惑上之言也。咸平之所刪，太宗詔令十存一二，去其繁密以便於民，何為不可？於是詔中外言《敕》得失，命官修定，取《咸平儀制令》及制度約束之在《敕》者五百餘條，悉附《令》後，號曰《附令敕》。天聖七年《編敕》成，合《農田敕》為一書，視《祥符敕》損百有餘條。其麗于法者，大辟之屬十有七，流之屬三十有四，徒之屬百有六，杖之屬二百五十有八，笞之屬七十有六。又配隸之屬六十有三，大辟而下奏聽旨者七十有一。凡此，皆在律令外者也。

又：　嘉祐初，因樞密使韓琦言，內外吏兵奉禄無著令，乃命類次爲

《祿令》。三司以驛料名數，著爲《驛令》。琦又言：自慶曆四年，距嘉祐二年，敕增至四千餘條，前後牴牾。請詔中外，使言《敕》得失，如天聖故事。七年，書成。總千八百三十四條，視《慶曆敕》，大辟增六十，流增五十，徒增六十有一，杖增七十有三，笞增三十有八。又配隸增三十，大辟而下奏聽旨者增四十有六。又別爲《續附令敕》三卷。

（清）嵇璜等《續通典》卷一一六《刑・贖刑》　宋制最慎贖刑，非入議者幾不得與。《刑統・名例律》有用官蔭減贖之條。太祖乾德四年，《通考》作開寶四年。以大理正高繼申言，具《雜議篇》。詔：犯罪身無官，須祖父曾任本朝官，及仕前代三品已上官，有功惠及民者，乃得請。又定：流內品官任流外職，準律文。徒罪已上依當贖法。諸司受勒留官及歸司人犯徒流等罪，公罪許贖，私罪以決罰論。太宗淳化四年，《通考》作端拱三年。詔：諸州民犯薄罪，或入金贖，長吏得以任情而輕重之，自今並決杖遣之，不以贖論。婦人犯杖已下，非故為量輕重笞罰或贖銅釋之。仁宗議立贖法，詔曰：先王用法簡約，使人知禁而易從。後代設茶酒鹽稅之禁，奪民厚利，刑用滋章。今之編敕皆出律外，又數改更，官吏且不能曉，百姓安得聞之？一陷於理，情雖可哀，法不得贖，豈禮樂之化未行，而專用刑罪之弊與？漢文帝使天下人入粟於邊，以受爵免罪，幾於刑措。其議科條非著於律者，或冒利犯禁，奢侈違令，或過誤可憫，別為贖法。鄉民以穀麥市人以錢帛，使人重穀麥免刑罰，則農桑自勸，富壽可期矣。詔下，論者以為富人得贖而貧者不能免，非朝廷用法之意。不果行。至和初，詔：前代帝王後，嘗仕本朝，官不及七品者，祖父母、父母、妻子流罪以下，聽贖。雖不仕而嘗被賜予者，有罪，非巨蠹，亦如之。隨州司理參軍李抃父毆人死，抃上所授官以贖父罪，帝哀而許之。君子以為失刑。神宗熙寧四年，前單州碭山尉王存立言嘉祐中，同學究出身為尉，嘗納官贖父配隸罪，願同舉人例，得免丁徭。詔復賜出身，仍與注官。時中書言：刑名未安者五條。其四令州縣考察士民有能孝悌力田為衆所知者，給帖付身，偶有犯令，情輕可恕者，特議贖，罰其不悛者。科決後竟不行。

（清）嵇璜等《續通典》卷一一〇《刑・雜議二》　遼興宗重熙二年，有司奏言：元年詔曰：犯重罪徒終身者，加以捶楚，而又黥面。是犯一罪而具三刑，宜免黥。其職事官及宰相、節度使世選之家子孫，犯姦罪至徒者，未審黥否？帝諭曰：犯罪而悔過自新者，亦有可用之人，一黥其面，終身為辱，朕甚憫焉。遂定刺臂、刺頭之制，分別施之。具《刑制篇》。按：遼世於刑罰未嘗專設科條。其時，執政大臣與司刑官屬亦鮮有建議執奏者，故終遼之世，別無雜議可述云。

（清）嵇璜等《續通典》卷一一六《刑・贖刑》　遼制，品官公事誤犯，民年七十已上，十五已下犯罪者，聽以贖論以贖銅之數，杖一百者，輸錢千。太祖七年，于厥掠生口者，俾贖其罪，放歸本部。興重熙元年，詔執事官，公罪聽贖，私罪各從本法。

（清）嵇璜等《續通典》卷一一〇《刑・雜議二》　金世宗大定間濟南尹梁肅上疏曰：刑罰世輕世重，自漢文除肉刑，罪至徒者帶鐐居役，歲滿釋之，家無兼丁者，加杖准徒。今取遼季之法，徒一年者杖一百，是一罪二刑也。刑罰之重，於斯為甚，臣實痛之。自今徒罪之人，止宜居作，更不決杖。時朝廷以為今法已輕於古，恐滋姦惡，不從。金初定法，禁民不得收制書，恐滋告訐之弊。至是，言事者乞許民藏之。平章政事張汝霖言：昔子產鑄刑書，叔向譏之者，蓋不欲使民預測其輕重也。今著不刋之典，使民曉然知之，猶江河之易避而難犯，足以輔治，不禁爲便。帝以衆議多不欲，姑令仍舊禁之。按此條止據《金史・刑志》原文録入。蓋是時民間，原未嘗藏制書，亦未因汝霖言而弛禁。而《汝霖本傳》則云：時有司言民間收藏制文，恐因而滋訟，乞禁之。汝霖因言不禁爲便，詔從之。志傳所載蓋互異云。章宗明昌元年，命置詳定所，審定律令。時，章宗問宰臣，謂今何不專用律文？張汝霖奏言：前代律與令各有分，其有犯令，以律決之。今國家制、律混淆，固當分也。遂有是命，已而詳定官言：若依重修制文爲式，則條目增減，罪名輕重，當異於律。新律既定，復與舊同頒，則使人惑而易爲奸矣！臣等謂，用今制條，參酌時宜，準律文修定，歷採前代刑書宜於今者，以補遺闕，取刑統疏文以釋之，著爲常法，名曰《明昌律義》。別編榷貨、邊部、權宜等事，集爲勅條。宰臣謂：先所定令文尚有未完，俟皆通定，然後頒行。若律科舉人，則止習舊律。五年，尚書省奏：在制，《名例》內徒年之律，無決杖之文，便不用杖。緣先爲流刑非今所宜，且代流役四年以上俱決杖，而徒三年以下復不用。婦人比之男子雖差輕，亦當例減。按《金史・刑志》因省臣此奏，遂定制：徒二年以下者，杖六十；二年以上者，杖七十。婦人犯者並決五十。而大定問梁肅疏請徒刑免決，史又稱恐滋奸惡不從其請，意大定之後，中間別有變更，徒不決杖，至是復用舊法。而杖數，則視大定以前稍從輕減。特史文未詳耳。承安五年，翰林修撰楊庭秀言：州縣官往往以權勢自居，喜怒自任，聽訟之際，鮮克加審。但使譯人往來傳詞，罪之輕重，成於其口，貨賂公行，寃枉有至三二十年不能正者。帝遂命立州縣官聽訟條約，違者按察司糾之。又命編先後條制，書之於册，以備將來考驗。泰和二年，監察御史史肅言：大定條理自二十年十一月四日以前，奴娶良人女爲妻者，並準已娶爲定，若夫亡，拘放從其主。離夫摘買者令本主收贖，依舊與夫同聚。放良從良者即聽贖換，如未贖換間與夫所生男女並聽爲良。而《泰和新格》復以夫亡服除準良人例，離夫摘賣及放夫爲良者，並聽爲良。若未出離再配與奴，或雜姦所生男女並許爲良奴。此不同，皆編格，官妄爲增減，以致隨處訴訟紛擾，是涉違枉。勅付所司正之。三年亳州醫者孫士明擅用黄紙大書勅賜神針先生等十二字，紙尾年月摹作寶樣朱篆青龍二字，以誑市人。有司捕治欵伏，值赦。大理寺議宜准僞造御寶，雖會赦不應原。參知政事賈鉉奏天子八寶其文各異，若僞造，不限用泥及黄蠟，今用筆描成青龍二字，既非八寶文，論以僞造御寶，非本法意，遂以赦原。宣宗貞祐三年三月，禁州縣置刃於杖以决罪人。初左諫議大夫賈鉉上書言：親民之官，任情立威，所用决杖，分徑長短不如法式，甚者以鐵刃置於杖端，因而致死。間者陰陽愆戾，和氣不通，未必不由此也。願下州郡申明舊章，檢量封記，按察官其檢察不如法者，具以名聞，内庭勅斷，亦依已定程式，制可。至是，復詔禁之。七月，詔宰臣，自今監察官犯罪，其事關軍國利害者，並笞决之。左司諫穆延和囉羅上言曰：禮義廉恥以治君子，刑罰威獄以治小人，此萬世不易論也。近者，朝廷急於求治，有司奏請從權立法；應贖者亦多的决。夫爵禄所以馭貴也，貴不免辱，則卑賤者又何加焉。車駕所駐非同征行，而凡科徵小過皆以軍期罪之，不已甚乎。且百官皆朝廷遴選，多由文行、武功、閥閲而進，乃與凡庶等，則享爵禄者亦不足爲榮矣。抑又有大可慮者，爲上者將曰官猶不免，民復何辭，則苛暴之政日行。爲下者將曰彼既亦然，吾復何恥，則陵犯之心益肆，其弊可勝言哉。伏願依元年赦恩刑不上大夫之文，削去此法，幸甚。按：是時，宣宗欲從其言，而高琪用事固執不可，因定職官犯罪決斷百餘條，沿至哀宗正大元年，始從右丞張行信言，一切改除，復行舊制，乃廢琪所定之法。興定三年，省臣奏言：向以物重錢輕，犯贓者計錢論罪則太重，於是以銀爲則，每兩爲錢二貫，有犯通寶之贓者直以通寶論，如因軍興調發，通寶及三十貫者，已得死刑，準以金銀價，纔爲錢四百有奇，罪止當杖。輕重懸絶如。此遂命准犯時銀價論罪。後參政李復亨言：近制，犯通寶贓者並以物價折銀定罪，每兩爲錢二貫，而法當贖銅者，止納通寶見錢，乞亦令輸銀，既足懲惡，又有補於官。詔省臣議，遂命犯公錯過誤者止徵通寶見錢，贓汙故犯者輸銀。

（清）嵇璜等《續通典》卷一一六《刑・贖刑》 金國舊俗，凡親屬犯罪欲以牛馬雜物贖者，從之。或重罪亦聽自贖，然恐無辨於齊民，則劓刵以為别。世宗大定八年，制品官犯賭博法贓不滿五十貫者，其决杖，聽贖。再犯者，不聽。且曰：杖者所以罰小人也。既為職官，當先廉恥，既無廉恥，何以贖為？時焦旭攝左警巡事，以杖親軍百夫長，有司論當杖決，帝曰：旭親民吏也，若因杖有官人復行杖之，何以行事？其令收贖。章宗泰和元年，新律成，贖銅皆倍於舊。宣宗時，完顔伯嘉知歸德府，上言：乞雜犯死罪已下，許納粟贖免。宰臣奏：伯嘉前在代州嘗行之，盖一時之權，不可為常法，遂寢。

（清）嵇璜等《續通典》卷一〇八《刑・刑制下》 元太祖頒條畫刑獄，惟重罪處死，其餘雜犯量情笞决。太宗六年五月，大會諸王百僚，諭以條令：凡當會不赴而私宴者，斬。軍中凡十人置甲長，聽其指揮，專擅者論罪。其甲長以事來宫中，即置權攝一人、甲外一人，二人不得擅自徃來，違者罪之。諸公事非當言而言者，拳其耳；再犯笞；三犯杖；四犯論死。諸千戶越萬戶前行者，隨以木鏃射之。百戶、甲長、諸軍有犯，其罪同。不遵此法者，斥罷。凡來會，用善馬五十匹為一羈，守者五人，飼羸馬三人，守乞烈思三人，盜馬一二者，即論死。諸婦女製質孫燕服不如法及妬者，乘以騾牛狗部中，論罪即聚財為更娶。世祖中統元年，禁私商不得越境，犯者死。二年，諭諸王駙馬，凡民間詞訟，毋得私自决斷，皆聽朝廷處置。四年，詔：諸路私造軍器者，處死。凡民間所有不輸官者，與私造同。至元二年正月，申嚴越界販馬之禁，違者處死。五月，令軍申犯法不得擅自誅戮，罪輕斷遣，重者聞奏。六月，勑行院及諸軍將校卒伍，須正身應役，違者罪之。十月，詔：隨路私商曾入南界者，首實免罪充軍。五年三月，申禁民間兵器犯者，驗多寡定罪。十二月，詔諭：四川行省、沿邊屯戍軍士逃役者，處死。禁市烏頭、砒霜諸毒藥及不通醫理妄行鍼炙，或為婦人墮胎戕害人命者，加等治罪。八年，勑：凡訟而自匿及誣告人罪者，以其罪罪之，禁用金泰和律。元初新格未行，猶用金律，至是禁之。十年五月，詔：主守失陷官錢者，杖而釋之。十月，勑：巴延和爾果斯以史天澤、姚樞所定新格參考行之。十二年二月，禁民間賭博，犯者流之北地。十月，中書省臣議斷死罪，詔：自後殺人者死，罪狀已白，不待時行刑。奴婢殺主者，具五刑論。十四年五月，申嚴大都酒禁犯者，籍其家貲，散之貧民。七月，勑：犯盜者皆棄市。符寶郎董文忠言：盜有強竊，贓有多寡，難以悉寘於法。帝遽命革之。十一月，詔：偽造寶鈔，同情者並處死，分用者杖之。十五年正月，禁官吏、軍民賣所娶良家子女及為娼者，賣買者兩罪之，官没其直，人復為良。復勑：官吏擅易馬匹私配婦人者，没其家。軍官不能撫治軍士及役擾致逃亡者，没其家貲之半。五月，定諸職官犯罪，受宣者聞奏，受勑者從行臺處之，受省札者按察司治之。其宣慰司官吏，姦邪非法及文移案牘，從本道提刑按察司磨刷。應有死罪，有司勘問明白，提刑按察司覆審無冤，依例結案，類奏待命。十六年三月，勑：中書省，凡掾史文移稽緩一日二日者杖，三日者處死。八月，詔：漢軍出征逃者，罪死籍其家。十一月，勑：諸路所捕盜，初犯贓多者死，再犯贓少者從輕治罪。十七年十一月，詔：有罪配役者，量其程遠近。十八年，立登聞鼓院，許有寃者撾鼓以聞。先是，十二年四月，諭中書省議立登聞鼓，如為人殺其父母兄弟夫婦，寃無所訴，聽其來擊。其或以細事妄擊者，論如法。至是始立焉。十九年九月，勑：官吏受賄及倉庫官侵盜，臺察官知而不糾者，驗其輕重罪之。中外官吏贓罪輕者杖決，重者處死。言官緘默，與受贓者一體論罪。十月，耶律鑄言：前奉詔殺人者死，仍徵燒埋銀五十兩，復止徵鈔二錠。其事太輕，請依蒙古人例，犯者没一女入仇家，無女者徵鈔四錠，從之。又令天下重囚，除謀反、大逆、殺祖父母、父母、妻殺夫、奴殺主並正典刑外，餘犯死罪者充日本、占城、緬國軍。二十年正月，令：自今以匿名書告事，重者處死，輕者流遠方，能發其事者，給犯人妻子，仍以鈔賞。四月，申嚴酒禁，有私造者，財產女子没官，犯人配役。尋以歲登開其禁。十二月，令：凡盜為首及同謀者死，餘屯田淮上。二十一年四月，括天下私藏天文、圖讖、太乙雷公式、《七曜歷》、《推背圖》、《苗太監歷》，有私習及收匿者罪之。二十三年四月，中書省臣言：比奉旨，凡為盜者毋釋，竊鈔數貫及佩刀微物，與童幼竊物者，悉令配役。今議一犯者杖釋，再犯者依法配役為宜。帝曰：朕以漢人徇私，用金《泰和律》處事，致盜賊滋衆，故有是言。今後非詳讞者，勿輒殺人。二十四年，詔：憲臣有貪婪敗度者，付法司，增條科罪以懲欺罔。二十八年，頒行《至元新格》。元刑制名例四條、衛禁八條、職制三百七條、祭令五條、學規十三條、軍律十二條、戶婚六十九條、食貨三十六條、大惡五十一條、姦匪五十九條、盜賊一百十四條、詐偽五十條、訴訟二十二條、鬬毆四十二條、殺傷一百六條、禁令一百十一條、雜犯十四條、捕犯九條、恤刑十五條、平反四條。五刑之制，笞刑六，自七下遞加十，至五十七；杖刑五，自六十七遞加十至一百七。徒刑五，自一年遞加半年至三年，凡徒一年者，杖六十七，遞加十至一百七；流刑三，曰遼陽、曰湖廣、曰迤北；死刑二，曰斬、曰凌遲處死。獄具，制，枷長五尺以上，六尺以下，濶一尺四寸以上，一尺六寸以下，死罪重二十五斤，徒流二十斤，杖罪十五斤，皆以乾木為之，長濶輕重各刻誌其上；手杻長一尺六寸以上，二尺以下，橫三寸，厚一寸。鎖長八尺以上，一丈二尺以下。鐐連環重三斤，笞大頭徑二分七釐，小頭徑一分七釐。罪五十七以下用之。杖，大頭徑三分二釐，小頭徑二分二釐；罪六十七以下用之。訊杖，大頭徑四分五釐，小頭徑三分五釐，長三尺五寸，並刊削節目，無令筋膠諸物裝釘，應決者，並決小頭，其決笞及杖者，臀受；考訊者，臀若股分受，務令均停。二十九年二月，申禁鞭背法。三月，中書省御史臺奏：定贓罪十三等，枉法者五，不枉法者八，罪入死者以聞。制可。三十年二月，以江南豪右多庇匿盜賊，令為首者誅，餘徒內縣。成宗即位，御史臺言：先朝決獄，隨罪輕重笞杖異施，今止用杖，乞如舊制，不允。元貞元年，定職官坐贓論斷，再犯者加二等。倉庫官吏盜所守錢糧，一貫以下笞之，至十貫杖之，二十貫加一等，一百二十貫徒一年，每三十貫加半年，二百四十貫徒三年，滿三百貫者死。計贓以至元鈔為則。二年正月，諭諸王、公主、駙馬非奉旨毋罪官吏。先是中統二年及成宗時，屢詔諸王以下，毋私決有罪，而風猶未格。至是，復申前禁。二月，禁軍將擅易侍衛軍，蒙古軍以家奴代役者罪之，又詔軍卒擅更代及逃歸者死。六月，御史臺臣言：官吏受賂，初既辭伏，繼以審覈，而有司徇情致有辭詞者，乞加等論罪，從之。十月，詔：職官坐贓，經斷再犯，加本罪三等。大德元年五月，詔：強盜姦傷事主者，首從悉誅。不傷事主，止誅為首者，從者刺配，再犯亦誅。六月，詔：僧道犯姦盜重罪，聽有司鞫問。二年二月，詔：僧人犯姦盜、詐偽聽有司專決。輕者與僧官約斷，約不至者罪之。七月，詔：諸王、駙馬及諸近侍，自今奏事不經中書，輒傳旨付外者，罪之。三年三月，命何榮祖等更定律令。四年正月，申嚴京師惡少不法之禁，犯者黥刺，杖七十，拘役。五年正月，令：官吏犯贓及盜官錢，事覺避罪逃匿者，事同獄成，雖經原免，亦加降黜。七月，詔：禁畏吾兒僧、陰陽巫覡道人、呪師，自今有大祠禱，必請而後行，違者罪之。十一月，禁軍士萬戶以下，毋令私代犯者斷罪有差。十二月，定強竊盜條格，凡盜人孳畜者，取一償九，然後杖之。六年正月，詔：千戶、百戶等自軍逃歸，先事而逃者罪死，敗而後逃者，杖而罷之，沒入其男女。七年正月，定諸改補鈔罪例，為首者杖一百七，從者減二等，再犯從者罪與首同，為首者流。復詔：凡為匿名書詞語重者，誅之；輕者，流配；首告人賞鈔有差；籍沒犯人妻子充賞。三月，定大都南北兵馬司姦盜等罪，六十七以下付本路，七十七以上付伊克扎爾古齊。復定凡子孫或因貧困，或信師巫邪說擅發祖父墳墓，移棄尸骸，貨塋地者，與惡逆同罪。十一月，命依十二章斷僧官罪。八年三月，詔：軍官擅離所部者，悉遣還翼，違者論如律。軍人不告所部私歸者，杖而還之。十一月，詔：內郡江南人凡為盜黥三次者，謫戍遼陽。諸色人及高麗人俱免黥，謫戍湖廣。盜禁籞馬者，初犯謫戍，再犯者死。武宗至大元年四月，詔：凡匿鷹犬者，沒家貲之半，笞三十。二年六月，皇太子言：宣政院先奉旨，毆西番僧者截其手，詈之者斷其舌。此法昔所未聞，有乖國典，僧俗相犯已有明憲，乞更其令，從之。三年十月，敕：省部官勤恪署事，晨集暮散。苟或怠弛，不必以聞，便宜罪之。其到任或一再月，辭以病者，杖罷不敘。仁宗皇慶二年十二月，命中書更定署賣良人罪例。延祐元年十一月，詔：省部官有晚至早退政務廢弛者，視其輕重杖責之，如更不悛，則罷不敘。二年六月，敕：大辟罪臨刑，敢有橫加封割者，以重罪論。四年十一月，諭：諸宿衛入直，非有旨不得上殿，闌入禁中者坐罪。五年九月，敕：軍官犯罪，行省咨樞密院議擬，毋擅決遣。英宗至治二年三月，禁捕天鵝，違者籍其家。漳州路推官上言律，徒者不杖，今杖而又徒，非恤刑意，宜加徒減杖，遂定為令。三年二月，成《大元通制》。先是，仁宗時，取格例條畫有關風紀者，類集成書，號曰《風憲宏綱》。至是，復命宰執，儒臣取前書而損益之。其大綱有三：曰詔制，曰條格，曰斷例，凡詔制為條九十四，條格為條一千二百五十一，斷例為條七百十七，頒行天下。此據《元史·刑法志》與《英宗紀》稍異。《紀》中詔制作詔赦，又有令類五百七十七條。凡二千五百三十九條。泰定帝即位，詔：凡有罪自首者原其罪。泰定元年六月，禁蒙古流民毋擅離所部，違者斬。八月，敕：武官坐罪制授者以聞，敕授者從行省處決。二年八月，敕：諸王部曲私入京者，罪之。九月，禁饑民結扁擔社，傷人者杖一百，著為令。四年九月，禁僧道買民田，違者坐罪，沒其直。命職官贓汙者，流放廣南。先是，流遠囚徒，惟女直、高麗二族流湖廣，餘並流奴兒干及青海。至是，御史言，廣海古流放之地，請令贓吏處之，以示懲戒，從之。致和元年正月，詔：百司凡不赴任及擅離職者，奪其官，避差遣者，笞之。五月，禁流民聚，至千人者杖一百。文宗天歷元年十月，以罪人既籍家貲又役妻子，非古者罪人不孥之意。詔：自今凡罪人妻子，勿役。三年正月，令：自今臣僚有罪致籍沒者，其妻子他人不得陳乞，亦不得沒為官口。六月更定遷徙法。先是北人徙南，南人徙北，去家萬里，往往道死。至是，始命應徙者驗所居遠近不過千里，在道遇赦，皆得放還。如不悛，再犯徙之本省不毛之地，十年無過則量移之，所遷人死妻子聽歸土著。八月，敕：自今有以朝賀為名歛鈔入己者，依枉法論罪。至順元年七月，令：各宿衛復有容匿漢南高麗人及奴隸濫充者，集賽官與其長，杖五十七，犯者與典給散者皆杖七十七，沒家貲之半，以籍入之半為告者賞。仍令監察御史察之。九月，敕：諸人非其本俗，敢有弟收其嫂，子收庶母者，坐罪。十月，令：自今內外官吏家人受財，悉依十二章計贓多寡論罪。二年六月，詔：諸官吏在職役或守代未任，為人行賕關説即有所取者，官如十二章論臟，吏罷不敘終其身，雖無所取，訟起滅由已者，罪加常人一等。寧宗即位，定婦人犯私鹽罪。初英宗時，王克敬為兩淮鹽運使，溫州逮犯鹽者，以一婦人至，怒曰：豈有逮婦人千里外與吏卒雜處者，汙教甚矣。自今毋得逮婦人，建議著為令。至是，始定其罪。順帝元統二年七月，詔蒙古、色目人犯盜者免剌。至元元年六月，中書省員外郎陳恩謙言：強盜但傷事主者皆得死罪，而故殺從而加功之人，與鬭而殺人者，例杖一百七十，得不死，與私宰牛馬之罪無異，是視人與牛馬等也，法應加罪。因姦殺夫，所姦妻妾同罪。律有明文，今止坐所犯，似失推明。宜令法曹議著為定制。二年八月，詔：強盜皆死；盜牛馬者劓；盜驢騾者黥額，再犯劓；盜羊豕者墨項，再犯黥，三犯劓，劓後再犯法者死；盜諸物者，照其數估價。省院臺五府官三年一審決。三年七月，詔：除人命重事之外，凡盜賊諸罪不須候五府官審録，有司照例決之。四年六月，令：自今處決重囚，五府官斟酌地理遠近，預選官分行各道涖其事。六年九月，詔：今後有罪者，毋藉其妻女以配人。至正五年十一月，新修《至元條格》成，六年四月頒行之。

（清）嵇璜等《續通典》卷一一六《刑·贖刑》　元制，諸職官犯夜及牧民官公罪之輕者，許罰贖。又諸年老七十已上，年幼十五已下不任杖責，及癃篤殘疾有妨科決者，贖。世祖至元二年，諸王塔齊爾使臣庫庫楚至北京花道驛，手殺驛吏郝用及郭和尚，有旨徵鈔十錠給其主以贖死。二十一年，以哈扎爾齊依舊揚州鹽運使，歲市鹽八十萬石以贖過。

（清）嵇璜等《續通典》卷九《食貨·賦税下》　明制：賦役之法，一以黃册為準。册有丁有田，丁有役，田有租。曰夏税，曰秋糧，凡二等。夏税無過八月，秋糧無過明年二月。丁曰成丁，曰未成丁，凡二等。役曰里甲，曰均徭，曰雜泛，凡三等。以戶計曰甲役，以丁計曰徭役，上命非時曰雜役，皆有力役有雇役。兩税，洪武時，夏税曰米麥，曰錢鈔，曰絹。秋糧曰米，曰錢鈔，曰絹。弘治時，會計之數，夏税曰大小米麥，曰麥莜，曰絲綿并荒絲，曰税絲，曰絲綿折絹，曰税絲折絹，曰本色絲，曰農桑絲折絹，曰農桑零絲，曰人丁絲折絹，曰改科絹，曰棉花折布，曰苧布，曰土苧，曰紅花，曰麻布，曰鈔，曰租鈔，曰税鈔，曰原額小絹，曰幣帛絹，曰本色絹，曰絹，曰折色絲。秋糧，曰米，曰租鈔，曰賃鈔，曰山租鈔，曰租絲，曰租絹，曰租粗麻布，曰課程棉布，曰租苧布，曰牛租米穀，曰地畝棉花絨，曰棗子易米，曰棗株課米，曰課程苧麻折米，曰棉布，曰魚課米，曰改科絲折米。萬歷時，小有所增損，大略以米麥為主，而絲絹與鈔次之。夏税之米唯江西、湖廣、廣東、廣西，麥莜唯貴州，農桑絲遍天下，唯不及川、廣、雲、貴，餘各視其地產。此明代賦役制之大概也。

（清）嵇璜等《續通典》卷一〇八《刑·刑制下》　明太祖初平武昌，即議定律。吳元年十月，令左丞相李善長為律令總裁官，參知政事楊憲、傅瓛，御史中丞劉基，翰林學士陶安等二十人為議律官。諭之曰：法貴簡當使人易曉。若條緒繁多，或一事兩端，可輕可重，吏得因緣為姦，非良法也。十二月書成。凡為令一百四十五條，吏令二十，戶令二十四，禮令十七，兵令十一，刑令七十一，工令二；律二百八十五條，吏律十八，戶律六十三，禮律十四，兵律三十二，刑律一百五十，工律八，命有司刊布中外。又恐民不能盡知法意，命大理卿周楨等取所定律令，自禮樂、制度、錢糧選法外，凡民間所行事宜，類聚成編，訓釋其義，頒之郡縣。名曰《律令直解》。洪武元年八月，詔：凡決重刑，須待秋後，毋非時以傷生意。十二月，置登聞鼓于午門外，令監察御史監之。凡民間詞訟有司不為申理及寃抑重事不能自達者，許擊之。御史隨引奏，敢阻告者死。三年六月，詔：武臣有犯，非奏請不得逮問。五年六月，定宦官禁令。凡內使於宮城內相罵詈者，先發理屈笞五十，後罵理直者不坐，不服本管鈐束而抵罵者杖六十，內使罵奉御者杖六十，罵門官、監官者杖七十。內使於宮城內相鬭毆者，先鬭理屈杖七十，毆傷者加一等，後應理直而無傷者笞五十，不服本管鈐束而毆之者杖八十，毆傷者加一等，毆奉御者杖八十，毆門官、監官者杖一百，傷者各加一等。內使等有心懷惡逆，口出不道之言者，凌遲處死；知情而蔽之者，同罪；知其事而不首者斬，首者賞銀三百兩。作鐵榜誡公候，申明律令。凡九條：一，凡內外指揮、千戶、百戶、鎮撫等不得私受公候財物，受者杖一百發，海南充軍，再犯處死。公侯與者，初、再犯免罪附過，三犯准免死一次。一，公侯不得私役官軍，違者初、再犯免罪附過，三犯准免死一次。官軍敢輒聽從者杖一百，發海南充軍。三，公侯強佔官民山場、湖泊、茶園、蘆蕩及金銀銅鐵錫冶者，初、再犯免罪附過，三犯准免死一次。四，各衛官軍非出征之時，不得輒於公侯門首侍立聽候，違者杖一百，發煙瘴地充軍。五，功臣家管莊人等不得倚勢在鄉欺毆人民，違者刺面、劓鼻，家産籍没入官，妻子徙置南寧，其餘聽使之人各杖一百，及妻子皆發南寧充軍。六，凡功臣家屯田佃戶、管莊、幹辦、奴僕及親屬人等倚勢凌民、侵奪財産者，並依倚勢欺毆人民律處斷。七，公侯除賜定儀杖戶及佃田人戶，已有名額報籍，在官敢有私托門下隱蔽差徭者，斬。八，凡公侯之家欺壓良善，虚錢實契，侵奪人田地、房屋、孳畜者，初犯免罪附過，再犯住支俸給一半，三犯停其禄，四犯與庶人同罪。九，功臣家不得受諸人土田及朦朧投獻物業，違者與侵奪田産同科斷。六年四月，刊《律令憲綱》，頒諸有司。八月，定親屬相容隱律。凡同居大功以上親及外祖父母、外孫，若孫之婦、夫之兄弟及兄弟妻，若妾之父母、女婿許相容隱，或奴婢為主隱者皆勿論。其小功以下相容隱，減凡人三等。若無服之親姑、姊妹、夫妻之兄弟、姑夫、妻侄相容隱者，減二等。謀反、惡逆不在此律。九月，命府、州、縣輕重囚獄，即依律斷決，不須轉發。果有違枉，御史、按察司究劾之。先是，有司決獄，笞五十者縣決，杖八十者州決，一百者府決，徒罪以上具獄送行省。至是，命中書省、御史臺定議行之。十一月，定《大明律》篇目，一準於唐。曰衛禁，曰職制，曰戶婚，曰廄庫，曰擅興，曰賊盜，曰鬬訟，曰詐偽，曰雜律，曰捕亡，曰斷犯，曰名例。采用舊律二百八十八條，續律一百二十八條，舊令改律三十六條，因事制律三十一條，掇唐律以補遺一百二十三條。合六百有六條，分三十卷。明年二月，書成。八年二月，勑刑官，自今凡雜犯死罪者，免死輸作終身；律流罪限年輸作；官吏受贓及雜犯死罪當罷職役者，發鳳陽屯種；民犯流罪者鳳陽輸作一年，然後屯種十四年。二月，詔：凡武臣三品以上犯罪，奏請得旨乃鞫之；四品以下所司就逮問，請旨裁決；若文職有犯，干涉武臣三品者，亦須奏請毋擅問。命刑部更定徒罪煎鹽炒鐵例，各照年限並以到配所之日為始。發鹽場者，每日煎鹽三觔；鐵冶者，每日炒鐵三觔，另項結課。三月，勑：官吏受賕必求通賄之人，并罪之，徙其家於邊。四月，勑刑部：自今官吏有犯宥罪復職，榜示其過於門，能改過則除之，不悛者論如律。十月，勑：凡戶婚田土作奸犯科諸事，悉由本屬官司陳告，毋得輒赴京師越訴，亦不許家居上封事，違者罪之。又詔：有以繁文出入人罪者，罪之。仍命刑科會諸司官定議成式，榜示中外。十六年正月，令：徒、流、笞、杖罪囚代農民力役贖罪，役十日，准笞二十，杖一十，徒流各計年准之，雜犯死罪者，罰戍邊三月，定詐偽律。十七年十月，定土官犯罪律選用者依流官律定罪，世襲者所司不許擅問，先以干証之人推得其實，定議奏聞。杖以下紀録在職，徒流則徙之北平。十二月，以民間乞養義女，自幼撫養，有尊卑之分，帷薄不脩，實傷風化，比同宗無服之親律加一等，杖六十，徒一年，其女歸宗。十八年，命刑部録內外職官犯法罪狀明白者，揭於申明亭以示懲戒。初，太祖患民狃元習狗私滅公，罪戾日滋，乃采輯官民過犯條為《大誥》。是歲書成，其目有十：曰攬納戶，曰安保過付，曰詭寄田糧，曰民人經該不解物，曰灑派拋荒田土，曰倚法為奸，曰空引偷軍，曰黥刺在逃，曰官吏長解賣囚，曰寰中士大夫不為君用，其罪至抄劄。次年復為續編、三編，皆頒學宮以課士，里置塾師教之。囚有《大誥》者罪減等。於時，天下有講讀大誥師生來朝者，十九萬餘人。皆賜鈔遣還，其後罪人率援《大誥》減等，不復論其有無矣。二十年正月，焚錦衛刑具以擊囚付刑部。具《寬恕篇》。二十一年二月，勑：有司官入流品以上犯罪者，皆須奏聞方許逮問。五月，定雲南官吏軍民犯罪律。是歲，詔：謀逆姦黨及造偽鈔者没貲産丁口，其餘止收貲産，仍以農器耕牛給還之。凡應合抄劄者，曰姦黨，曰謀反大逆，曰姦黨惡，曰造偽鈔，曰殺一家三人，曰採生拆割人。為首其《大誥》所定十條，後未嘗用也。二十二年八月，更定《大明律》。先是刑部奏言：比年條例增損不一，以致斷獄失當，請編類頒行，俾中外知所遵守。遂命翰林院同刑部官取比年所增以類附入，改《名例律》冠於篇首，為卷三十，為條四百六十。《名例》一卷，四十七條。《吏律》二卷，曰職制十五條，曰公式十八條。《戶律》七卷，曰戶役十五條，曰田宅十一條，曰婚姻十八條，曰倉庫二十四條，曰課程十九條，曰錢債三條，曰市廛五條。《禮律》二卷，曰祭祀六條，曰儀制二十條。《兵律》五卷，曰宮衛十九條，曰軍政二十條，曰關津七條，曰廄牧十一條，曰郵驛十八條。《刑律》十一卷，曰盜賊二十八條，曰人命二十條，曰鬬毆二十二條，曰罵詈八條，曰訴訟十二條，曰受贓十一條，曰詐僞十二條，曰犯姦十條，曰雜犯十一條，曰捕亡八條，曰斷獄二十九條。《工律》二卷，曰營造九條，曰河防四條。為五刑之圖，凡二。首圖五：曰笞，曰杖，曰徒，曰流，曰死。笞刑五，自一十至五十，每十為一等加減，杖刑五，自六十至一百，每十為一等加減；徒刑五，徒一年，杖六十，一年半杖七十，二年杖八十，二年半杖九十，三年杖一百，每杖十及徒半年為一等加減。流刑三，二千里，二千五百里，三千里皆杖一百。每五百里為一等加減。死刑二，絞、斬。五刑之外，徒有總徒四年，遇例減一年者。有准徒五年，斬絞雜犯減等者。流有安置，有遷徒，去鄉一千里，杖一百，准徒二年。有口外為民，其重者曰充軍，初惟邊方屯種，後分極邊、煙瘴、邊遠、邊衛、沿海、附近。軍有終身，有永遠。絞斬之外，有凌遲以處大逆不道諸罪者。充軍、凌遲非五刑之正，故圖不列。凡徒流再犯者，流者於原配處所，依工樂戶留住法。三流並決杖一百，拘役三年。拘役者，流人初止安置，今加以居作，即唐、宋所謂加役流也。徒者於原役之所，依所犯杖數年限決訖，應役毋得過四年。次圖七：曰笞，曰杖，曰訊杖，曰枷，曰杻，曰索，曰鐐。笞，大頭徑二分七釐，小頭減一分。杖，大頭徑三分二釐，小頭減如笞之數。笞、杖皆以荊條為之，皆臀受。訊杖，大頭徑四分五釐，小頭減如笞杖之數，亦荊條為之，臀腿受。笞、杖、訊皆長三尺五寸。枷，自十五觔至二十五觔止，刻其上為長短輕重之數，長五尺五寸，頭廣尺五寸。杻，長尺六寸，厚一寸，男子死罪者用之。索，鐵為之，以繫輕罪者，長一丈。鐐，鐵連環之，以繫足，徒者帶以輸作，重三斤。又為喪服之圖凡八：族親有犯，視服等差定刑之輕重。其因禮起義者，養母、繼母、慈母皆服三年，毆殺之，與毆殺嫡母同罪。兄弟妻皆服小功。互容隱者，罪得遞減。舅姑之服皆斬衰三年，毆殺罵詈之者，與夫毆殺罵詈之律同。姨之子、舅之子姑之子皆緦麻，是曰表兄弟，不得相為婚姻。大惡有十：曰謀反，曰謀大逆，曰謀叛，曰惡逆，曰不道，曰大不敬，曰不孝，曰不睦，曰不義，曰內亂。雖常赦不原。貪墨之贓有六曰：監守盜，曰常人盜，曰竊盜，曰枉法，曰不枉法，曰坐贓。當議者有八：曰議親，曰議故，曰議功，曰議賢，曰議能，曰議勤，曰議貴，曰議賓。時太孫請更定五條以上，太祖覽而善之。太孫又請凡與五倫相涉者，宜皆屈法以伸情。乃命改定七十三條。具《寬恕篇》。二十四年七月命刑部：凡犯法者不許誣引良善，違者所誣雖輕，亦坐以重罪。二十六年定應充軍者大理寺審訖，開付陝西司，本部置文簿，註姓名、年籍、鄉貫，依南北籍編排甲為二冊，一進內府，一付該管百戶，充軍如浙江、河南、山東、陝西、山西、北平、福建、直隸應天、廬州、鳳陽、淮安、揚州、蘇州、松江、常州、和州、滁州、徐州人，發雲南、四川屬衛；江西、湖廣、四川、廣東、廣西、直隸太平、寧國、池州、徽州、廣德、安慶人發北平、大寧、遼東屬衛。有逃故，按籍勾補。《明史·刑法志》曰：初制流罪三等，視地遠近，邊衛充軍有定所。蓋降死一等，惟流與充軍為重。然《名例律》稱二死三流名同為一減。如二死遇恩赦減一等，即流三千里，流三等以《大誥》減一等，皆徒五年。犯流罪者，無不減至徒罪矣。故三流常設而不用，而充軍之例為獨重。律充軍凡四十六條，《諸司職掌》內二十二條，則洪武間例，皆律所不載者。其嘉靖二十九年條例，充軍凡二百十三條，與萬歷十三年所定大畧相似。二十八年九月，頒《皇明祖訓》。禁用黥、刺、剕、劓、閹割之刑，臣下敢以請者置重典。又皇親惟謀逆不赦，餘罪宗親會議取上裁，法司祇許舉奏，毋得擅逮。三十年五月，作《大明律誥成》。命刑官取《大誥》條目，撮其要畧，附載于律。凡榜文禁例悉除之，除謀逆及《律誥》該載外，其雜犯大小罪，悉依贖罪律論斷，編次成書，刊布中外。自《律誥》出而《大誥》所載諸峻令未嘗輕用焉。惠帝建文四年，時成祖已即位。令徒罪囚人充撥國子監膳夫。八月定罪人輸作之例，笞罪五等，每等五日。杖罪五等，每等十日。徒罪准所徒年月，加以應杖之數輸役。流罪三等，俱役四年。一百日雜犯。死罪工役終身。九月，定功臣死罪減祿例。免三死者，初犯減二十之七，再犯減十之七，三犯盡奪。免二死者，初犯減十之五，再犯盡奪。免一死者，一犯盡奪。又令雜犯死罪及流罪挈家赴北平種田。流罪三年、死罪五年後録為良民，其徒罪令煎鹽，杖罪輸役如故。仍選徒罪以下罷職官，假以職名，俾督民耕種三年，有成績實授，無成仍坐原罪。永樂元年二月，定誣告法。凡誣三四人者杖一百，徒三年；五六人者杖一百，流三千里。所誣重者從重論。誣十人以上者凌遲梟首，家屬遷口外。又定凡監生犯公罪依律記過，私罪當笞者，罰歷刑一年，當杖者斷發充吏，准吏員資格出身。三年三月，定文職官及中外旗校軍民人等，凡犯重條依律科斷他如私度關津、臨事避難、私和公事、失火犯夜、私造斗斛秤尺、失囚、囑託公事求索取受財物、收養畜産不如法、居喪嫁娶、匿税，諸不應為而為，一應詿誤連累則免決記罪。其有不應侵損于人等項及情犯重者，臨時奏請。六月，命官犯杖罪者再犯仍記罪，還職停俸三月，三犯論如律。十二月，定制：凡徒流發充軍者，於長安左右門造守衛官軍飯食，漢趙二府牧馬。不充軍者充國子監膳夫。將軍軍伴士工或於北京為民種田，遵化炒鐵，或自買船遞運，或擺站運鹽。笞杖罪止鑄錢准工。四年七月，申誹謗之禁。十月，申匿名文書之禁。五年五月，嚴禁回回多買中國妻妾子女出境，按律處死。十年正月，令誣告犯徒、流等罪者免罪，挈妻子徒盧龍、山海、永平、小興州為民種田。十六年十二月，諭法司：凡官吏犯贓者，必論如法。十八年二月，諭甘肅總兵官、陝西行都司所屬軍士有犯笞、杖、徒、流、遷徙罪者，就發本地極邊處瞭守烟墩，其為事官以下犯死罪者送京師。十九年七月，嚴自宮之禁。二十二年十一月，仁宗已即位。命內府守衛官軍懸帶銅牌，無牌者依律論罪，借者及借與者罪同。仁宗洪熙元年十月，令凡例犯徒罪以上，准工滿日安置別郡。死罪如律。公罪附過杖。罪除坐累，詿誤依律的決還役。其受贓及誣取人財，考滿丁憂不赴部避役，逃亡詐稱疾病者，仍依永樂中事例，免杖發北京為民。十一月，詔法司：凡軍匠犯竊盜者，杖一百，常帶鎖鉗赴工。宣宗宣德元年五月，令貴州土人雜犯死罪役作終身。徒、流、徒、杖者依年限役之應笞者役五月，應杖者役十月，畢日釋放。四年令匠役雜犯死罪鎖鐐終身工役。徒、流、笞、杖罪論年限工役。二月，敕：自今犯不孝，及烝父妾，收兄弟之妻敗倫傷化者，在外有司毋擅斷決，悉送京師如律鞫治。若武官及其子弟犯此者，不許復職承襲。四月，嚴越訴之禁。有機密重事許實封進呈，若私事論訴必自下而上，擅動實封者法司治之，并究教誘之人皆坐罪，家屬戍邊。五月，申明原告在逃，被告放遣俟獲對理之制。六月，罷文職官犯贓贖罪例。先是，官吏犯贓律應死者，運磚畢罷為民，徒、流者官降用。吏改撥重歷，非犯贓及笞杖者還職役。至是，俱依律科斷不復引例。英宗正統元年正月，令：自今以婦女、殘疾、老幼出名告狀坐誣者，不准收贖，追究壯丁坐罪。三年二月，詔：民訟毋許摭拾妻女。婦女非犯奸惡殺人及毆罵舅姑不孝等罪，毋得提問。四年八月，勅法司：論獄妄援重律者，以變亂成法罪之。五年三月，令：因充隸富戶，逃者捕獲充軍。六月，令：凡內外軍官剋減糧五十石、布五十疋、棉花一百斤以上者論死罪。官充軍立功總小旗，充軍守哨五年，滿日還役。其計贓四十貫以下者論徒流罪，官稱為事官，立功總小旗，充軍守哨流罪四年，徒罪照年限，滿日各復職役，調邊衛差操。九月，命盜采銀礦為首者處斬，從者發戍雲南。十月，令軍丁力士犯盜者，依例戍邊。十一月，更定受枉法贓充軍例。具《雜議篇》。六年七月，令：免立竊盜牌額。先是，以竊盜黥刺之刑不足示懲，扁其門曰竊盜之家，至是罷之。八年七月，命竊盜已刺遇赦再犯者，依常例擬不論赦，仍通具前後所犯以聞。九年六月，命受財、教唆、捏告平人者充軍。十年二月，申嚴誣告之禁。誣十人以上者，軍發邊衛，民遷口外。十二年，令：凡以後妻所攜前夫之女為子婦，及以所攜前夫之子為婿者。並依娶同父異母姊妹律，減等科斷。十三年六月，令：凡姦義男婦比姦前夫之女應徒，男與婦仍歸本宗。強姦者處斬。十四年六月，令：凡生員犯輕罪者，充吏。其受贓姦盜、冒籍科舉、挾妓飲酒、居喪娶妻妾等罪，南北直隸發充國子監膳夫，各布政司發充鄰近儒學齋夫膳夫，滿日原籍為民，廩膳仍追廩米。景帝景泰元年八月，詔：為事充軍者，悉照宣德十年詔書事例，止終本身。五年三月，令各省遇蠻夷人有犯，若係真犯，死罪依律處決，笞杖罪的決，發還本部族，流雜犯死罪照工匠、樂戶及婦人犯罪例，各決杖一百，餘罪收贖，亦發還本部族收管。英宗復辟，天順元年四月，增修錦衣衛獄。憲宗成化元年，詔：武臣有罪者論如正律，後仍舍律用例如舊制。四年二月，命凡犯賭博者分別輕重為三等治罪。六年二月，令凡盜在京城關廂，行劫者於京城百里外衝要處，梟示三月。禁放官債，凡假姓名誆財物者，事發枷號部門三月，發煙瘴充軍。七年十二月，令：凡官司於軍民詞訟，悉依律問擬，擅自科罰者治罪。十三年正月始置西廠，命太監汪直督錦衣官校百餘人，廣刺外事。伏讀御批《通鑑輯覽》曰：自永樂設立東廠，寄宦官以訪緝之任，固已作法於涼。至憲宗信任汪直，復為特置西廠，勢熖益橫，其初不過因直舉發覃力，明殺人事，嘉其摘奸。孰知此正若輩先為小忠、小信以成其大不忠、大不信之故智。憲宗墮其術中，深相倚毗。自此廠衛乘時竊柄，日漸恣肆，迄於危亡。追論禍源，憲宗豈得辭作俑之咎耶？聖訓煌煌，於小人得君之伎倆，及人主馭下之大權，罔不洞探原本，有以昭萬古之炯戒云。十四年九月，定職官隱匿盜賊罪例。一二次不報者停俸，三次戴罪俱捕盜如故，四次以上奏請降等用。十六年九月，令：凡犯罪充軍病故者例終本身，各衛毋得因原問官司，移文仍一概按名清句，以戶丁抵補。十一月，以京城多盜，勅：究舍匿遊民與無籍軍匠、罪囚，送戶、工、兵三部收役。其無籍貫者，送兵馬司處晝。具《雜議篇》。十七年五月，定挾詐得財罪例。凡指京官並三司以下官名，及以官府使用為詞誆財者，俱計贓，不分首從，悉連屬發邊衛充軍，原係邊者發極邊守哨，職官有犯依律奏請一體發遣。十八年三月，罷西廠。十九年十月，定竊盜三犯罪例。凡三犯，計贓滿百貫者當絞斬罪，雖係雜犯不准常例。其不滿貫，犯徒流以下罪者，雖至三犯，原情實輕，仍依常例治之。孝宗弘治三年十二月，令：自後有奏議條例者，法司會議斟酌奏請上裁。五年七月，詔以前後奏准事例分類編集，通行中外。六年五月，令審録錯誤者，以失出入論罪。其受賄及任己見者，以故出入論罪。七年三月，申明酷刑條例，降調邊遠。其法外刑人致死者，除名為民。巡撫等官嚴加防察，依法問擬，奏聞處治。十二月，令：凡誣告人罪，年在七十以上十五以下及廢疾者，依律論斷。例應充軍瞭哨口外為民者，仍依律發遣。若年八十以上及篤疾有犯應永戍者，以子孫發遣，應充軍以下者免之。十一年正月，民有兄亡妻其嫂者，詔以絞罪定擬，仍通行中外。有犯此類及親屬相姦者，如之。十二年二月，詔：凡各州縣預備倉儲虧耗不及百石者，從常論罪責償。其有侵盜虧折百石之上者，從重論罪。六月，令：自後兩廣及雲、貴、四川犯應遣發者，悉改撥本處附近衛所充軍，不欲者仍口外為民。九月，以鎮巡等官於廣寧、開原、撫順三馬市，減價抑勒夷人，申明禁約。違者，捕送巡撫究治。計贓二百貫以上者，頭自僕從人等發極邊、衛充軍，職官調別邊，各衛遇赦不宥。因而激變引釁者，從重論。又嚴禁分守等官并勢家，與海西、建州部人聯親，抵易貢馬。犯者按問治罪，遇赦不宥。十三年二月，詔：增修歷年問刑條例，經久可用者二百七十九條。又嚴私通朝貢人之禁，有違例將軍器貨與夷人者問斬。私通往來投託買賣，及撥置害人透漏事情者，俱發邊衛充軍。十六年十月，詔凡威逼祖父母、父母死者，依毆父母律斬決不待時。十一月，令：決囚有抱訴鼓狀者，於午前封進，午後不許重訴。十七年二月，令：有收藏妖書者，許半月內首告官司。私録者同罪。四月，令：凡軍職犯事被提監故病故未復職者，所犯係人命失機，及宿娼等事，子孫承襲，俱照例改調別衛。其徒、杖等罪不分已結、未結免其降調。閏四月，禁軍民奏訴泛及七八人以上及摭入旁事者，不得准理，仍治其罪。又，凡強屯民田至五十畝以上者，軍改發邊衛，民遷口外為民。五月，嚴勛戚家人倚勢擾民之禁。凡生事害人者，除真犯死罪外，徒以上于所犯地方枷一月，發邊衛充軍，情重并逃回再犯者，枷三月發遣。家長故縱及官司畏避者，通行參奏。又命，今後有年七十以上十五以下及有疾人真犯死罪者，奏發充軍。徒流以下合充軍者，本身自犯聽收贖。有壯丁主使者，罪坐主使之人。六月，令：凡軍民奏訴牽緣別事摭拾原問官者，立案不行所奏事，仍令問結。虛詐者擬罪。如果原問官枉斷亦罪之。八月，令：天文生犯罪當充軍者，果習業已成，如例發附近衛充軍，仍于欽天監應役。其習業未成者，仍發邊衛充軍。十月，令自後凡故殺、鬬殺正犯坐擬斬、絞。其本非同謀但不勸阻者，止問不應杖罪。竊盜臨時拒捕，雖不得財，亦坐以斬。十八年二月，以南京決囚，刑科例不覆奏，均俟秋審後類奏定奪，如有巨憝難循常例者，更具奏處決。正德元年，復設西廠。五年三月，令：凡軍犯已故無子婦女家屬，一應免遣。死罪重訴三次者，免加罪。婦人無夫者，免配邊軍。凡犯罪家產，除重罪外，免没官。十年六月，詔問刑衙門：凡徵收部解官物未入官而有司侵盜者，俱照侵盜倉庫例科斷，故縱者坐之。十三年九月，嚴子弟刼父兄者罪例。十四年二月，廷杖修撰舒芬等。具《峻酷篇》。十六年十二月，令：自今各將領于所轄官軍，除臨陣退縮許用軍法外，其餘有犯止用常刑，違者聽撫按糾舉論罪。世宗嘉靖元年，令決囚准於未刻前畢事。三年十一月，詔：今後除反逆、緣坐外，凡減死、永遠充軍、未遣而死獄者俱免勾補。五年九月，申明訴寃之例。如各犯所訴得實，原問官從重究治，容情不參奏者，一體治罪。至民人寃抑，止許赴通政司或登聞鼓下投遞，有擅入禁門叫訴，及摭拾辱罵原問官、挾制官吏者，并主使之人重治之。六年七月，令：天下有罪應充軍者，斟酌律例，從宜編發，遠不過三千里程不過一二月，無使軍人走死，解戶貽累。七年正月，罷官校提人之制。四月，詔自後捕官軍職妄殺報功者，依故殺抵罪。八年三月，詔今後官吏犯枉法贓者，追贓入官，仍問軍發遣。酷刑致死人命，雖因公亦照例為民。其故禁故勘者論如律。

十五年七月，詔自後有犯辜限外人命者，俱遵律例議擬，奏請定奪。二十年十月，詔自後有私以首功相鬻者，不分受財與否，俱問發充軍。二十二年二月，令：自今犯偽茶五百斤以上者，本商與轉賣之人俱謫戍近衛。原係近衛者，調邊遠。主家匿偽茶至千斤以上者亦依前例編發其不及數者比私鹽律四月定偽造文書事例。凡盜用印信及詐為各衙門關防者，俱依律杖流。具《雜議篇》。二十八年，增修問刑條例二百四十九條。二十九年五月，更定充軍之制。具《雜議篇》。三十四年二月，令：凡姦緦麻以上親之妻，及妻前夫之女，同母異父姊妹者，發近衛充軍，婦女離異歸宗，聽夫嫁賣。凡用財冒襲軍職者，并保勘官俱罷職揭黄，永不得襲，若有贓以枉法論。凡宗室悖逆祖訓，出城越關赴京者，奏請降為庶人，仍送回軍職。犯死罪及充軍者，子孫俱不許襲沿邊總兵以下官。凡有科斂入己贓至二百兩以上，戍邊；四百兩以上，梟示。沿邊、沿海寇至不能固守，致城陷入，衛所掌印官與捕盜官，俱比守邊將帥失陷城寨律，斬。其府、州、縣降級别用。無衛所專城之責者，不分邊腹、掌印、捕盜官，俱比牧民官激變良民因而失陷律，斬。凡搶奪財物至三犯不悛者，俱比照竊盜三犯應絞律，擬絞奏，請定奪。凡軍職倚勢役占，并受財賣放餘丁至三十名以上致廢防守，俱比賣改正軍包納月錢至二十名以上事例，罷職戍邊。穆宗隆慶三年正月，詔買休賣休和娶人妻之條。非係姦情，不得引用。五年四月，令：以律書諸家注解折衷定論，參以續定事例附條例之後，刋布中外。六年正月，令：刑部申飭諸司，參酌律令，可矜可疑，務剖析情罪，毋致牽混。又申飭問刑官，毋得輕入，恤刑官毋得輕出。具《雜議篇》。神宗萬歷三年五月，嚴禁三司首領，州縣佐貳官貪污不職，除照例追贓問遣外，正官不行舉報者，倣古連坐法參論罷黜。九月，申嚴貪酷之律。凡守令贓私顯著者追贓，並押發各邊自行輸納，完日回籍為民。官吏因受人財，及法外用刑增減人重罪至死者，坐以死罪。五年八月，申明捕盜之禁。先是，命有司隱匿盜情反累失主者，參奏重治。至是，復申明其禁。六年七月，令：凡捕役冒功仇家攀陷者，辨釋治罪。十二月，以錢法壅滯，詔有犯私鑄及倡言阻撓者，為首依律論死，餘各問罪。七年三月，令：凡侵盜銀四百兩糧、八百石者，論斬。一年完贓改戍。過限不完處決，仍拘親屬追賠。至十一年六月，復舊例，侵盜者永遠充軍。五月，詔以廣東珠池之盜，比常人盜官物，併贓論罪，免刺。仍分為三等。拒捕者，不分首從，俱遠戍。若因而殺傷人，為首者斬。其未拒捕聚衆二十人以上，珠值銀二十兩以上者，為首者戍，為從者枷號三月。人與珠不及數者，為首者初犯枷三月。若以盜珠為由行刦市船，俱依強盜論。八月詔以衛所職官賣放正軍包攬月糧至二十石以上者，例罷職發邊衛守禦。沿邊副總等官科斂扣減贓至二百兩以上者，例發邊衛永遠充軍，四百兩以上者，例斬首示衆。自今沿海、地方犯者照此究處。十二年五月，定貪官計贓論罪條例。凡贓至五百兩以上者，即引枉法例。若止因公科斂，第依律以雜犯絞罪，准徒。十三年四月，輯嘉靖三十四年以後詔令，及宗藩軍政條例、捕盜格漕運議单與刑名相關者，律為正文例為附註，凡三百八十二條，頒行之。十四年九月，詔軍官、軍人犯徒、流律並免刺。以後文職一體遵行，其餘但以盜論，及雜犯、斬絞准徒者俱盡本法刺字。十二月，令：凡船查坐侵等項准照舊免刺。三十七年四月，增定失陷從賊罪例。凡大小文武官員，被賊攻陷城池不即拒敵，輒怯死從賊，導引焚劫有顯跡者，斬，秋後處決。三十八年六月，定軍職犯盜自首降襲事例。凡自首免死者，應襲之人降一級承襲。熹宗天啓三年十二月，魏忠賢提督東廠。具《峻酷篇》。七年十二月，莊烈帝已即位。令：法司等衙門究治罪人，按律用本等刑具，永革大枷，不得復用。莊烈帝崇禎二年三月，定逆案時，魏忠賢等皆伏誅，帝命刑部尚書喬允升等審定奸黨，自崔呈秀以下定為六等，詔示天下。十一年定編遣事，宜以千里為附近，二千五百里為邊衛，三千里外為邊遠，其極邊煙瘴以四千里外為率。止拘本妻，無妻則已，不許擅勾親鄰，如衰痼老疾准發口外為民。

（清）嵇璜等《續通典》卷一一六《刑・贖刑》 明贖法有二：有律得收贖者，有例得納贖者。律贖無敢損益，而納贖之例則因時權宜，先後互異，其端實自開國時啓之。律，凡文武官以公事犯笞罪者，官照等收贖錢，吏每季類決之，各還職役，不附過。杖已上記所犯罪名，每歲類送吏、兵二部，候九年滿考，通記所犯次數黜陟之，吏典亦備銓選降叙。至於私罪，其文官及吏典犯笞四十已下者，附過還職而不贖，笞五十者調用。軍官杖已上皆的決，文官及吏杖罪並罷職不叙至嚴也。然自洪武中年已三下令，准贖及雜犯死罪已下矣。三十年，命部院議定贖罪事例，凡內外官吏，犯笞杖者記過，徒流遷徙者俸贖之，三犯罪之如律。自是律與例互有異同。及頒行《大明律》，御製序：雜犯死罪、徒流、遷徙等刑，悉視今定贖罪條例科斷，於是例遂輔律而行。永樂四年十一月，法司進月繫囚數，凡數百人，大辟僅十之一。成祖諭曰：此等既非死罪而久繫不決，天氣沍寒必有聽其寃死者，凡雜犯死罪已下約二百，悉准贖發遣。仁宗初即位，諭都察院言：輸罰工作之令行，有財者悉倖免，宜一論如律。久之，其法復弛。英宗正統間，侍講劉球言：輸罪非古，自公罪許贖外，宜悉依律。時不能從。其後循太祖之例，益推廣之。凡官吏公私雜犯准徒已下，俱聽運炭納米等項贖罪。其軍官軍人照例免徒流者，例贖亦如之矣。贖罪之法，明初嘗納銅，成化間嘗納馬，後皆不行，不具載。惟納鈔、納錢、納銀常並行焉，而以初制納鈔為本。故律贖者曰收贖律鈔，納贖者曰贖罪例鈔。永樂十一年，令除公罪依例紀録收贖，及死罪情重者依律處治，其情輕者，斬罪八千貫，絞罪及榜例死罪六千，貫流徒杖笞納鈔有差，無力者發天壽山種樹。宣宗宣德二年，定笞杖罪囚，每十贖鈔二十貫。徒流罪名，每徒一等折杖二十，三流並折杖百四十，其所罰鈔，悉如笞杖所定，無力者發天壽山種樹。死罪終身，徒流各按年限，杖五百株，笞一百株。景帝景泰元年，令問擬笞杖罪囚，有力者納鈔。笞十，二百貫，每十以二百貫遞加，至笞五十為千貫。杖六十，千八百貫，每十以三百貫遞加，至杖百為三千貫。其官吏贓物，亦視今例折鈔。英宗天順五年，令罪囚納鈔，每笞十鈔二百貫，餘四笞遞加百五十貫，至杖六十增為千四百五十貫，餘杖各遞加二百貫。憲宗成化二年，令婦人犯法贖罪。孝宗弘治十四年，定折收銀錢之制。例難的決人犯，并婦人有力者，每杖百，應鈔二千二百五十貫，折銀一兩；每十以二百貫遞減，至杖六十為銀六錢；笞五十，應減為鈔八百貫，折銀五錢，每十以百五十貫遞減；至笞二十為銀二錢；笞十應鈔二百貫，折銀一錢。如收銅錢，每銀一兩折錢七百文。其依律贖鈔，除過失殺人外，亦視此數折收。武宗正德二年，定錢鈔兼收之制。如杖一百，應鈔二千二百五十貫者，收鈔千一百二十五貫，錢三百五十文。世宗嘉靖七年，巡撫湖廣都御史朱廷聲言：收贖與贖罪有異，在京與在外不同，鈔貫止聚於都下，錢法不行於南方。故事：審有力及命婦、軍職正妻及例難的決者，有贖罪例鈔；老幼廢疾及婦人餘罪，有收贖律鈔、贖罪例鈔。錢鈔兼收，如笞一十，收鈔一百貫，錢三十五文，其鈔二百貫，折銀一錢；杖一百，收鈔千一百二十五貫，錢三百五十文，其鈔二千二百五十貫折銀一兩。今收贖律鈔，笞一十止贖鈔六百文，比例鈔折銀不及一釐；杖一百，贖鈔六貫，折銀不及一分，似為太輕。蓋律鈔與例鈔，貫既不同，則折銀亦當有異，請更定為則，凡收贖者，每鈔一貫，折銀一分二釐五毫。如笞一十，贖鈔六百文，則折銀七釐五毫，以罪重輕遞加折收贖。帝從其奏，令中外問刑諸司，皆以此例從事。按：廷聲此奏謂律鈔輕例鈔重，然律鈔本非輕也，祖制每鈔一文，當銀一釐。所謂笞一十折鈔六百文定銀七釐五毫者，即當時之銀六錢也；所謂杖一百折鈔六貫銀七分五釐者，即當時之銀六兩也。以銀六錢比例鈔折銀不及一釐，以銀一兩比例鈔折銀不及一分。而欲以此懲犯罪者之心，宜其勢有所不行矣，特以祖宗律文不可改也。於是不得已定為七釐五毫、七分五釐之制。而其實所定之數，猶不足以當所贖者之罪，然後例之變通生焉。考洪武朝，官吏軍民犯罪聽贖者，大抵罰役之令居多，如發鳳陽屯種、滁州種苜蓿、代農民力役、運米輸邊贖罪之類，俱不用鈔納也。律之所載，笞若干，鈔若干文，杖若干，鈔若干貫者，特垂一代之法爾。然按三十年詔令，罪囚運米贖罪，死罪百石，徒流遞減，其力不及者，死罪自備米三十石，徒流十五石，俱運納甘州、威虜，就彼充軍。計其米價、脚價之費，與鈔數差不相遠，其定為贖鈔之等第，固不輕於後來之例矣。然罪無一定，而鈔法之久日變日輕，此定律時所不及料也。即以永樂十一年令斬罪情輕者贖鈔八千貫，絞及榜例死罪六千貫之詔言之，八千貫者，律之八千兩也；六千貫者，律之六千兩也；下至杖罪千貫，笞罪五百貫，亦一千兩、五百兩也。雖革除之際，用法特苛，豈有死罪納至八千兩，笞杖罪納至一千兩、五百兩而尚可行者？則知鈔法之弊，在永樂初年，已不啻輕十倍於洪武時矣。宣德時，申交易用銀之禁，冀通鈔法至。弘治而鈔竟不可用，遂開准鈔折銀之例。及嘉靖新定條例，俱以有力、稍有力二科贖罪，有力米五斗，准律之納鈔六百文也，稍有力工價三錢，准律之做工一月也。是則後之例鈔，才足比於初之律鈔耳。而況老幼廢疾，諸在律贖者之銀七釐五毫，准鈔六百文，銀七分五釐，准鈔六貫。凡所謂律贖者，以比於初之律鈔，其輕重相去尤甚懸絶乎？是時重修條例，奏定贖例。在京則做工、每笞一十做工一月折銀三錢至徒五年折銀十八兩。運囚糧、每笞一十米五斗，折銀二錢五分，至徒五年五十石，折銀二十五兩。運灰、每笞一十一千二百斤，折銀一兩二錢六分，至徒五年六萬斤，折銀六十三兩。運甎，每笞一十七十箇，折銀九錢一分，至徒五年三千箇，折銀三十九兩。運水和炭五等，每笞一千二百斤，折銀四錢，至徒五年八千五百斤，折銀十七兩。運灰最重，運炭最輕。此諸罪，初皆令親自赴役，事完寧家，無納贖之例。其後法令益寬，聽其折納而估算，事力亦略相當。在外則有力、稍有力二等，初有頗有力，次有力各等因御史言而革。其有力視在京運囚糧，每米五斗納穀一石，初折銀上庫，後納穀上倉。稍有力視在京做工年月為折贖。婦人審有力，與命婦、軍職正妻及例難的決之人，贖罪應錢鈔兼收者，笞杖每一十折收銀一錢。其老幼、廢疾、婦人及天文生餘罪收贖者，每笞一十應鈔六百文，折收銀七釐五毫。於是輕重適均天下便之。至萬歷十三年，復申明焉，遂為定制。明法充軍之例，最嚴有終身，有永遠。永遠者，罰及子孫，皆以實犯死罪減等者充之。嘉靖間，有請開贖軍例者，世宗曰：律聽贖者，徒杖以下小罪耳。死罪矜疑乃減從謫發，不可贖。御史周時亮復請廣贖例。部議審有力者銀十兩，得贖三年已上，徒一年，稍有力者半之。而贖軍之議卒罷。御史胡宗憲言：南方之人不任兵革，其發充邊軍者，宜令納銀自贖。部議以為然，因擬納例以上。帝曰：豈可預設此例以待犯罪之人？復不允。凡律贖，若天文生習業已成、能專其事、犯徒及流者，決杖一百，餘罪收贖。婦人犯徒流者，決杖一百，餘罪收贖。如杖六十，徒一年，全贖鈔應十二貫，除決杖准訖六貫，餘鈔六貫，折銀七分五釐，餘仿此其決杖一百，審有力又納例鈔二千二百五十貫，應收錢三百五十文，鈔一千一百二十五貫。凡年七十已上十五已下及廢疾犯流已下，收贖；八十已上十歲已下及篤疾、盜及傷人者，亦收贖。凡犯罪時未老疾，事發時老疾者，依老疾論；犯罪時幼小，事發時長大者，依幼小論，並得收贖。如六十九已下犯罪，年七十事發，或無疾時犯罪，廢疾後事發，得依老疾收贖。他或七十九已下犯死罪，八十事發，或廢疾時犯罪，篤疾時事發，得入上請。八十九犯死罪，九十事發，得勿論，不在收贖之例。若在徒年限內老疾，亦如之。如犯杖六十，徒一年，一月之後老疾，合計全贖鈔十二貫。除已杖六十，准三貫六百文，剩徒一年，應八貫四百文計算。每徒一月，贖鈔七百文，已役一月，准贖七百文外，未贖十一月，應收贖七貫七百文。餘仿此。老幼廢疾收贖，惟雜犯五年仍科之。蓋在明初時，即真犯死罪，不可以徒論也。其誣告例，告二事已上，輕實重虛，或告一事，誣輕為重者，已論決全抵剩罪，未論決笞杖收贖，徒流杖一百，餘罪亦聽收贖。如告人笞三十，內止一十實已決，全抵，剩二十之罪未決，收贖一貫二百文。如告人杖六十，內止二十實已決，全抵，剩四十之罪未決，收贖二貫四百文。如告人杖六十，徒一年，內止杖五十實已決，全抵，剩杖一十、徒一年之罪未決，徒一年，折杖六十，併仗其七十，收贖四貫二百文。如告人杖一百，流二千里，內止杖六十、徒一年實已決，以總徒四年論，全抵，剩杖四十、徒三年之罪未決，以連徒折杖流加一等論，共計杖二百二十，除告實杖六十、徒一年，折杖六十，剩杖一百，贖鈔六貫。若計剩罪，過杖一百已上，須決杖一百訖，餘罪聽收贖。又過失傷人，准鬭毆傷人罪，依律收贖。至死者，准雜犯斬絞收贖，鈔四十二貫。內鈔八分，應三十三貫六百文，銅錢二分，應八千四百文，給付其家。已徒五年，再犯徒收贖。鈔二十六貫。若犯徒流，存留養親者，止杖一百，餘罪收贖。其法實杖一百，不准折贖，然後計徒流年限，一視老幼例贖之。此律自英宗時詔有司行之，後為制。天文生、婦女犯徒流，決杖一百，餘罪收贖者，雖罪止杖六十，徒一年，亦決杖一百。律所謂應加杖者是也。皆先依本律議，其所犯徒流之罪，以誥減之。至臨決時，某係天文生，某係婦人，依律決杖一百，餘收贖。所決之杖並須一百者，包五徒之數也。然與誣告收贖剩杖不同，蓋收贖餘徒者決杖，而贖徒收贖剩杖者，折流歸徒，折徒歸杖，而照數收贖之，其法各別也。其婦人犯徒流，成化八年定例，除姦盜不孝與樂婦外，若審有力并決杖，亦得以納鈔贖罪。例每杖十，折銀一錢為率，至杖一百，折銀一兩止。凡律所謂收贖者，贖餘罪也。其例得贖罪者，贖決杖一百也。徒杖兩項分科之，除婦人，餘囚徒流皆決杖不贖。惟弘治十三年，許樂戶徒杖笞罪，亦不的決，此律鈔之大凡也。例鈔自嘉靖二十九年定例，凡軍民諸色人役及舍餘審有力者，與文武官吏、監生、生員、冠帶官、知印、承差、陰陽生、醫生、老人、舍人，不分笞、杖、徒、流、雜犯死罪，俱令運灰、運炭、運甎、納米、納料等項贖罪。此上係虧行止者。若官吏人等，例應革去職役，此係行止有虧者。與軍民人等審無力者，笞、杖罪的決，徒、流、雜犯死罪各做工、擺站、哨瞭、發充儀從，情重者煎鹽炒鐵。死罪五年，流罪四年，徒按年限。其在京軍丁人等，無差占者與例難的決之人，笞杖亦令做工。時新例犯姦盜受贓，為行止有虧之人，槩不許贖罪。惟軍官革職者，俱運炭納米等項發落，不用五刑條例的決實配之文，所以寬武夫，重責文吏也。於是在京惟行做工、運囚糧等五項，在外惟行有力、稍有力二項，法令益徑省矣。大抵贖例有二：一罰役，一納鈔，而例復三變。罰役者，後多折工值納鈔，鈔法既壞，變為納銀、納米。然運灰、運炭、運石、運甎、運碎甎之名尚存也。至萬歷中年，中外通行有力、稍有力二科，在京諸例，并不見施行，而法更歸一。所謂通變而無失於古之意者此也。初，令罪人得以力役贖罪，死罪拘役終身，徒流按年限，笞杖計日月。或修造，或屯種，或煎鹽炒鐵，滿日踈放。踈放者，引赴御橋，叩頭畢，送應天府，給引寧家。合充軍者，發付陝西司，按籍編發。後皆折納工價，惟赴橋如舊。宣德初，詔官吏軍民，自死罪至笞四十，分十等納米贖罪。納者贓罪，得不死徒流以下復用不納者，久繫不釋。其法最弊。有司復奏，行不善拘繫滿獄二年。御史鄭道寧言：納米贖罪，朝廷寬典，乃軍儲倉拘繫罪人，無米輸納，自去年二月至今，死者九十六人。刑部郎中俞士吉因奏：囚無米者，請追納於原籍，匠仍輸作，軍仍備操，若非軍匠，則追還所隸州縣遣之。詔如其請。伏讀《御批通鑑輯覽》曰：金作贖刑，古人欽恤之義。苟情有可矜而罪不赦，許其納米弛罪亦未始不可。今不問其願與否而强之使從，令無力者轉受無窮之累，則是為利起見，而非為仁行權矣。蓋明律頗嚴，凡朝廷有所矜恤限於律而不得伸者，一寓之於贖例，所以濟法之太重也。又國家得時藉其入以佐緩急，而實邊、足儲賑荒、宮府頒給諸大費往往取給於贓贖二者，故贖法比歷代特詳云。

（清）嵇璜等《續通典》卷一四《食貨・漕運》 臣等謹案：漕運之制，必視水道所宜，以裕民而益國。唐都關中，置轉輸之倉，由江、淮、汴河以達于渭。宋都大梁，以四河通漕運，皆行水之正道也。至元人始重海運，其講求海道，沿山求澳與夫相風避磧之法，可謂備矣。今考之元史，至元二十八年，漂米至二十四萬五千有奇。至大三年，漂米至二十萬九千有奇。而每歲漂溺，以什百千萬計者不與焉。原其立法之初，本欲省經費而罷牽挽。究乃舉倉庾之正供，及轉漕之官吏士卒，悉棄諸不測之淵，利害昭然，無俟較量。然終元之世，不能廢海運者，以運渠未濬，舍此更無以便漕也。自明臣宋禮、陳瑄等濬會通河，以通漕舟後，復改為兑運，省民間輸挽之勞。倉儲正額，歲有常經，不同海運之輕為嘗試。至天啟以後，徐鴻儒、李青山相繼為亂，有司勦治無方，運道為梗，沈廷揚復議海運，終於難行。明末綱紀不振，即此可見矣。

紀事

《春秋左傳正義》卷一九《文公六年》 宣子於是乎始為國政。宣，趙盾謚。制事典，典，常也。正法罪，輕重當也。當，丁浪反。辟獄刑，辟猶理也。辟，婢亦反。後同者更不音。董逋逃，董，督也。逋，補吾反。由質要，由，用也。質要，券契也。治舊洿，治理洿穢。洿音烏，本又作汙，同。本秩禮，貴賤不失其本。續常職，修廢官。出滯淹。拔賢能也。既成，以授大傅陽子與大師賈佗，使行諸晉國，以為常法。賈佗以公族從文公，而不在五人之數。大音泰，下同。佗，徒何反。從，才用反。疏：宣子至常法。正義曰：制事典者，正國之百事，使有常也；正法罪者，準所犯輕重，豫為之法，使在後依用之也；辟獄刑者，有事在官未決斷者，令於今理治之也；董逋逃者，舊有逋逃負罪播越者，督察追捕之也；由質要者，謂斷争財之獄，用券契正定之也；治舊洿者，國之舊政洿穢不絜，理治改正之也；本秩禮者，時有僭踰，貴賤相濫，本其次秩，使如舊也；續常職者，職有廢闕，任賢使能，令續故常也；出滯淹者，賢能之人沈滯田里，拔出而官爵之也。此謂所為制作法式者，豫為將來使案而遵行，臨時決斷者，將為故事使後人放習，故得行諸晉國以為常法也。注辟猶理也。正義曰：辟訓為法，依法斷決，是理治之也。此與上句所以為異者，正法罪謂準狀制罪，為將來之法，若今之造律令也。辟獄刑謂有獄未決斷當時之罪，若昭十四年韓宣子命斷舊獄之類是也。注董督也。正義曰：《釋詁》云董、督，正也。俱訓為正，是董得為督，謂督察之也。注由，用也。質要，契券。正義曰：《周禮・小宰》以官府之八成，經邦治。四曰聽稱責以傅別。六曰聽取予以書契。七曰聽賣買以質劑。鄭衆云：稱責，謂貸予也。傅別，謂券書也。聽訟責者，以券書決之。傅，傅著約束於文書也。別，別為兩，兩家各得一也。鄭玄云：傅別，謂為大手書於一札，中字別之。書契，謂出予受入之凡要也。質劑，謂兩書一札，同而別之。長曰質，短曰劑。傅別、質劑，皆今之券書也。事異其名耳。如彼禮文，知質要是契券也。注治理洿穢。正義曰：洿者，穢之別名，不絜之稱也。法有不便於民事，有不利於國，是為政之洿穢也。治理改正，使絜清也。注賈佗至之數。正義曰：《晉語》宋公孫固云：晉公子長事賈佗。又曰：賈佗，公族也，而多識以共敬。公子居則下之，動則咨焉。是以公族從文公也。《尚書・周官》大師、大傅、大保，天子三公也。宣十六年《傳》晉侯請于王。命士會將中軍，且為大傅。則大傅尊於中軍之將，與大師皆為孤卿也。《周禮》上公之國有孤一人，《王制》諸侯三卿。晉，侯爵也，而有三軍六卿，復有孤二人者，晉為霸主，多置羣官，共時所須，不能如禮。孤尊於卿，法由在上，故宣子法成，授二孤，使行之。

《春秋左傳正義》卷二四《宣公十五年》 初税畝。公田之法，十取其一。今又履其餘畝，復十收其一。故哀公曰：二，吾猶不足。遂以為常，故曰初。税，始鋭反。復，扶又反。疏：注公田至曰初。正義曰：《公羊傳》曰：古者什一而藉。古者曷為什一而藉？什一者，天下之中正也。多乎什一，大桀小桀。寡乎什一，大貉小貉。什一者，天下之中正也。什一行而頌聲作矣。何休云：多取於民比於桀。蠻貉無百官制度之費，税薄。《穀梁傳》亦云：古什一而藉。《孟子》云：夏后氏五十而貢，殷人七十而助，周人百畝而徹，其實皆什一也。趙岐注云：民耕五十畝者貢上五畝，耕七十畝者以七畝助公家，耕百畝者徹取十畝以為賦，雖異名而多少同，故云皆什一也。書傳言十一者多矣，故杜言古者公田之法，十取其一，謂十畝內取一。舊法既已十畝取一矣，今又履其餘畝，更復十收其一，乃是十取其二。故《論語》云哀公曰：二，吾猶不足，謂十內税二，猶尚不足。則從此之後，遂以十二為常，故曰初。言初税十二，自此始也。諸書皆言十一，而《周禮・載師》云凡任地近郊十一，遠郊二十而三，甸稍縣者皆無過十二，漆林之征二十而五者，彼謂王畿之內所共多，故賦税重。諸書所言十一，皆謂畿外之國。故鄭玄云：十一而税謂之徹。徹，通也，為天下之通法。言天下皆十一耳，不言畿內亦十一也。《孟子》又曰：方里為井，井九百畝。其中為公田。八家皆私百畝，同養公田。公事畢，然後敢治私事。《漢書・食貨志》取彼意而為之文，云：井田方一里，是為九夫。八家共之，各受私田百畝，公田十畝，是為八百八十畝，餘二十畝為廬舍。諸儒多用彼為義。如彼所言，則家別一百一十畝，是為十外税一也。鄭玄《詩箋》云：井税一夫，其田百畝。則九而税一，其意異於《漢書》，不以《志》為説也。又孟子對滕文公云：請野，九一而助，國中，什一使自賦。鄭玄《周禮・匠人》注引孟子此言，乃云是邦國亦異外內之法。則鄭玄以為諸侯郊外、郊內其法不同。郊內，十一使自賦其一。郊外，九而助一。是為二十而税二。故鄭玄又云：諸侯謂之徹者，通其率以十一為正。言郊內郊外相通其率為十税一也。杜今直云十取其一，則又異於鄭。唯謂一夫百畝，以十畝歸公，今又履其餘畝税之，更十取一耳。履畝，《穀梁傳》文也。趙岐不解夏五十、殷七十之意。蓋古者人多田少，一夫唯得五十、七十畝耳。五十而貢，貢五畝。七十而助，助七畝。好惡於此。鄭注《考工記》云：周人畿內用夏之貢法，邦國用殷之助法。

《春秋左傳正義》卷二五《成公元年》 三月，作丘甲。《周禮》：九夫為井，四井為邑，四邑為丘。丘十六井，出戎馬一匹，牛三頭。四丘為甸，甸六十四井，出長轂一乘，戎馬四匹，牛十二頭，甲士三人，步卒七十二人。此甸所賦，今魯使丘出之，譏重斂，故書。甸，徒練反，一音繩證反。乘，繩證反。卒，尊忽反。斂，力驗反。疏：周禮至故書。正義曰：《周禮》九夫為井，四井為邑，四邑為丘，四丘為甸，《小司徒》職文也。《司馬法》：六尺為步，步百為畝，畝百為夫，夫三為屋，屋三為井，四井為邑，四邑為丘。丘有戎馬一匹，牛三頭，是曰匹馬丘牛。四丘為甸，甸六十四井，出長轂一乘，馬四匹，牛十二頭，甲士三人，步卒七十二人。戈楯具備謂之乘馬。然則杜之此注多是《司馬法》文。而獨以《周禮》冠之者，以《司馬法》祖述《周禮》，其所陳者即是周法。言此是周之禮法耳，不言《周禮》有此文也。鄭注《論語》云《司馬法》成方十里，出革車一乘，與此不同者，鄭注《小司徒》云：方十里為成。緣邊一里治溝洫，實出税者方八里，六十四井。案鄭注《小司徒》又引《司馬法》云成出革車一乘，甲士十人，徒二十人。十成為終，千井，革車十乘，甲士百人，徒二百人。十終為同，萬井，革車百乘，甲士千人，徒二千人，與此車一乘，甲士三人，步卒七十二人不同者，《小司徒》辨畿內都鄙之地域，鄭所引士十人，徒二十人者，謂公卿大夫畿內采地之制，此之所謂諸侯邦國出軍之法，故不同也。古者用兵，天子先用六鄉，六鄉不足取六遂，六遂不足取公卿采邑及諸侯邦國。若諸侯出兵，先盡三鄉、三遂，鄉、遂不足，然後揔徵竟內之兵。案此一車，甲士、步卒揔七十五人。《周禮・小司徒》：五人為伍，五伍為兩，四兩為卒，五卒為旅，五旅為師，五師為軍。大數不同者，《小司徒》所云，謂鄉遂出軍及臨時對敵布陳用兵之法。此甲士三人，步卒七十二人，謂徵課邦國出兵之時所徵之兵。既至臨陳，還同鄉遂之法。必知臨敵用鄉、遂法者，以桓五年戰于繻葛，先偏後伍，又宣十二年廣有一卒，卒偏之兩，及《尚書・牧誓》云千夫長，百夫長，是臨時對敵皆用卒兩師旅也。長轂、馬牛、甲兵、戈楯，皆一甸之民同共此物。若鄉遂所用，車馬、甲兵之屬，皆國家所共。知者，以一鄉出一軍，則是家出一人，其物不可私備故也。此言四丘為甸，并據上地言之。若以上、中、下地相通，則二甸共出長轂一乘耳。甸即乘也。六十四井出車一乘，是故以甸為名。此一乘甲兵，甸之所賦。今魯使丘出甸賦，乃四倍於常。譏其重斂，故書之也。《穀梁傳》曰：作，為也。丘為甲也。丘甲，國之事也。丘作甲，非正也。古者立國家，百官具，農工皆有職以事上。古者有四民，有士民，有商民，有農民，有工民。丘作甲，非正也。其意以為四邑為丘，使一丘農民皆作甲，以農為工，失其本業，故譏之。今《左氏》經、傳並言作丘甲耳，重斂之事，傳無明文。而知必異《穀梁》，以爲丘作甸甲者，以傳云爲齊難故，作丘甲。以慮有齊難而多作甲兵，知使丘爲甸甲而倍作之也。士卒牛馬悉倍於常，而獨言甲者，甲是新作之物。其餘斂充之耳，非作之也。譏其新作，故舉甲言之。初税畝言初，此不言初者，此備齊難，暫爲之耳，非是終用，故不言初。然則築城備難，非時不譏。此亦備難，而譏之者，魯是大國，甲兵先多，僖公之世《頌》云公車千乘，昭公之蒐傳稱革車千乘，此時亦應然也。其甲足以拒敵，而又加之重斂，故譏之。

《春秋左傳正義》卷四一《昭公元年》 王伯之令也，言三王五伯有令德時。疏：注言三至德時。正義曰：以傳言王伯，故言三王。下云虞有三苗，則帝時亦有，非獨三王也。但王亦帝也，故傳通言其王耳。引其封疆，引，正也。正封界。而樹之官。樹，立也。立官以守國。舉之表旗，旌旗以表貴賤。旗音其。疏：舉之表旗。正義曰：舉，立也。為立表貴賤之旌旗也，故杜云旌旗以表貴賤。而著之制令。為諸侯作制度法令，使不得相侵犯。過則有刑，猶不可壹。

《春秋左傳正義》卷四二《昭公三年》 公笑曰：子近市，識貴賤乎？對曰：既利之，敢不識乎？公曰：何貴何賤？於是景公繁於刑，繁，多也。有鬻踊者。故對曰：踊貴屨賤。既已告於君，故與叔向語而稱之。傳護晏子，令不與張趯同譏。鬻，羊六反，賣也。令，力呈反。疏：注傳護晏子。正義曰：傳護晏子，故為發此傳。而叔向亦言己國，傳雖無説，蓋亦嘗以諫君故無譏也。景公爲是省於刑。君子曰：仁人之言，其利博哉！晏子一言而齊侯省刑。《詩》曰：君子如祉，亂庶遄已。《詩・小雅》。如，行也。祉，福也。遄，疾也。言君子行福，則庶幾亂疾止也。為是，于僞反。省，所景反，下同。祉音恥。遄，市專反。其是之謂乎！

《春秋左傳正義》卷五三《昭公二十九年》 冬，晉趙鞅、荀寅帥師城汝濱，趙鞅，趙武孫也。荀寅，中行荀吴之子。汝濱，晉所取陸渾地。濱音賓。行，户郎反。遂賦晉國一鼓鐵，以鑄刑鼎，令晉國各出功力，共鼓石爲鐵，計令一鼓而足，因軍役而爲之，故言遂。鑄，之樹反。令，力呈反。疏：注令晉至言遂。正義曰：服虔云：鼓，量名也。《曲禮》曰：獻米者操量鼓。取晉國一鼓鐵以鑄之，但禮之將命，置重而執輕，鼓可操之，以將命即豆區之類，非大器也。唯用一鼓則不足以成鼎，家賦一鼓，而鐵又大多。且金鐵之物，當稱之以權衡，數之以鈞石，寧用量米之器量之哉？故杜以爲賦晉國者，令民各出功力，均賦取其功也。冶石爲鐵，用橐扇火，動橐謂之鼓，今時俗語猶然。令衆人鼓石爲鐵，計令一鼓使足，故云賦晉國一鼓鐵也。遂者，因上生下之辭，因城汝濱，遂鑄刑鼎，故言遂也。著范宣子所爲刑書焉。仲尼曰：晉其亡乎！失其度矣。夫晉國將守唐叔之所受法度，以經緯其民，卿大夫以序守之，序，位次也。疏：著范至刑書。正義曰：范宣子制作刑書，施於晉國，自使朝廷承用，未嘗宣示下民。今荀寅謂此等宣子之書，可以長爲國法，故鑄鼎而銘之，以示百姓。猶如鄭鑄刑鼎，仲尼譏之，其意亦與叔向譏子産同。民是以能尊其貴，貴是以能守其業。貴賤不愆，所謂度也。疏：民是至度也。正義曰：守其舊法，民不豫知，臨時制宜，輕重難測。民是以能尊其貴，畏其威刑也。官有正法，民常畏威，貴是以能守其業，保禄位也。貴者執其權柄，賤者畏其威嚴，貴賤尊卑不愆，此乃所謂度也。言所謂法度，正如此是也。文公是以作執秩之官，爲被廬之法，僖二十七年，文公蒐被廬，脩唐叔之法。被，皮義反。廬，力居反。蒐，本又作搜，所求反。以爲盟主。今棄是度也，而爲刑鼎，民在鼎矣，何以尊貴？棄禮徵書，故不尊貴。貴何業之守？民不奉上，則上失業。貴賤無序，何以爲國？疏：今棄至爲國。正義曰：今棄是貴賤常度而爲刑書之鼎，民知罪之輕重在於鼎矣。貴者斷獄不敢加增，犯罪者取驗於書，更復何以尊貴？威權在鼎，民不忌上，貴復何業之守？貴之所以爲貴，只爲權勢在焉，勢不足畏，故業無可守，貴無可守則賤不畏威，貴賤既無次序，何以得成爲國？且夫宣子之刑，夷之蒐也，晉國之亂制也，范宣子所用刑，乃夷蒐之法也。夷蒐在文六年，一蒐而三易中軍帥，賈季、箕鄭之徒遂作亂，故曰亂制。帥，所類反。疏：注范宣至亂制。正義曰：於時晉侯將以士縠、梁益耳將中軍。先克曰：狐、趙之勳，不可廢也。以狐射姑將中軍，趙盾佐之。陽處父改蒐于董，更以趙盾將中軍，狐射姑佐之。是一蒐而三易中軍帥。三易者，士縠、梁益耳將中軍，是易代前人，是一易也。狐射姑將中軍是二易也。又趙盾將中軍是三易也。致使賈季、箕鄭之徒怨恨而作亂。其事文公傳具矣。因此蒐而有此亂，故曰晉國之亂制。若之何以爲法？蔡史墨曰：范氏、中行氏其亡乎！蔡史墨即蔡墨。中行寅爲下卿，而干上令，擅作刑器，以爲國法，是法姦也。又加范氏焉，易之，亡也。范宣子刑書中既廢矣，今復興之，是成其咎。擅，市戰反。復，扶又反。咎，其九反。疏：又加至亡也。正義曰：宣子刑書久已廢矣，今復變易興之，以成其滅亡也。劉炫云：范氏取夷蒐之法以爲國制，雖則爲非，書已廢矣。縱應有禍，亡釁已歇，今荀寅更述其事，又加增范氏之惡焉。范氏已欲免禍，今復改易之而使亡。其及趙氏，趙孟與焉。然不得已，若德，可以免。鑄刑鼎本非趙鞅意，不得已而從之。若能脩德，可以免禍。爲定十三年荀寅、士吉射入朝歌以叛。與音預。朝，如字。

《春秋左傳正義》卷五五《定公九年》 鄭駟歂殺鄧析，而用其竹刑。鄧析，鄭大夫。欲改鄭所鑄舊制，不受君命，而私造刑法，書之於竹簡，故云竹刑。疏：注鄧析至竹刑。正義曰：昭六年子産鑄刑書於鼎，今鄧析別造《竹刑》，明是改鄭所鑄舊制。若用君命遺造，則是國家法制，鄧析不得獨專其名，知其不受君命而私造刑書，書之於竹，謂之《竹刑》。駟歂用其刑書，則其法可取，殺之不爲作此書也。下云棄其邪可也，則鄧析不當私作刑書而殺，蓋別有當死之罪，駟歂不矜免之耳。君子謂：子然於是不忠。苟有可以加於國家者，棄其邪可也。加，猶益也。棄，不責其邪惡也。邪，似嗟反，注同。疏：君子至可也。正義曰：《周禮・小司寇》：

以八辟麗邦法，附刑罰。三曰議賢之辟，四曰議能之辟。鄭玄云：賢謂有德行者，能謂有道藝者。《春秋傳》曰：夫謀而鮮過，惠訓不倦者，叔向有焉，社稷之固也，猶將十世宥之，以勸能者。今壹不免其身，以棄社稷，不亦惑乎？是賢能之人，當議其罪狀，可赦則赦之。今鄧析制刑，有益於國，即是有能者，殺有能之人，是不忠之臣，君子謂子然於是爲不忠也。國之臣民，誠有可以加益於國家者，取其善處，棄其邪惡可也，雖知其邪，當棄而不責，所以勸勉人，使學爲善能也。

《春秋左傳正義》卷五七《哀公三年》 夏，五月，辛卯，司鐸火。司鐸，宮名。鐸，待洛反。疏：注司鐸宮名。正義曰：僖二十年，西宮災，書之。此不書者，西宮，公之西宮，親近偪君，忽被天火，故重而書之。此司鐸雖是公小宮，在公宮之後，非君來往之急，又是人火，所以輕而不書。或可舉廟重以略之。火踰公宮，桓、僖災。桓公、僖公廟。疏：桓僖灾。正義曰：傳言火，而經書灾者，司鐸初被人火，火越宮而至廟。以火踰宮，故以灾言之。救火者皆曰顧府。言常人愛財。南宮敬叔至，命周人出御書，俟於宮，敬叔，孔子弟子南宮閱。周人，司周書典籍之官。御書，進於君者也。使待命於宮。閱音悦。曰：庀女，而不在，死。庀，具也。庀，匹婢反。女音汝。子服景伯至，命宰人出禮書，景伯，子服何也。宰人，冢宰之屬。以待命。命不共，有常刑。待求之命。共音恭。校人乘馬，巾車脂轄，校人，掌馬。巾車，掌車。乘馬，使四匹相從，爲駕之易。校，户教反，注及下同。乘，繩證反，注及下皆同。轄，户瞎反，本又作鎋，同。爲，于僞反。易，以豉反。百官官備，府庫慎守，官人肅給。國有火灾，恐有變難，故慎爲備。難，乃旦反。濟濡帷幕，鬱攸從之。鬱攸，火氣也。濡物於水，出用爲濟。濟，子細反，又子禮反，注同。帷，位悲反。幕音莫。攸音由。蒙葺公屋，以濡物冒覆公屋。葺，七入反，一音子入反。自大廟始，外内以悛。悛，次也。先尊後卑，以次救之。悛，大全反。助所不給。有不用命，則有常刑，無赦。公父文伯至，命校人駕乘車。乘車，公車。季桓子至，御公立于象魏之外，象魏，門闕。命救火者，傷人則止，財可爲也。命藏象魏，《周禮》，正月縣教令之法于象魏，使萬民觀之，故謂其書爲象魏。縣音玄。疏：注周禮至象魏。正義曰：《周禮・大宰》云：正月之吉，始和，布治于邦國都鄙，乃縣治象之法于象魏，使萬民觀治象。浹日而斂之。鄭玄云：正月，周之正月。吉，謂朔日。大宰以正月朔日布王治之事於天下，至正歲又書而縣于象魏，使萬民觀焉。凡治有故，言始和者，若改造云爾。鄭衆云：從甲至甲，謂之浹日，凡十日。其《地官》、《夏官》、《秋官》皆有此言：《地官》云：布教縣教象；《夏官》云：布政縣政象；《秋官》云：布刑縣刑象。各縣所掌之事爲異，其文悉同。唯《春官》不縣者，以禮法一頒，百事皆足，不可又縣，故不縣之。杜揔彼意言縣教令之法，彼所縣者皆是教令之事故也。由其縣于象魏，故謂其書爲象魏，命藏其書也。彼言朔日縣之，十日即斂之，則救火之時，其書久已藏矣。而此立象魏之外，方始命藏此書者，象魏是縣書之處，見其處而念及其書，非始就縣處斂藏之。曰：舊章不可亡也。

《史記》卷一《五帝本紀》 於是帝堯老，命舜攝行天子之政，以觀天命。舜乃在璿璣玉衡，以齊七政。遂類于上帝，禋于六宗，望于山川，辯于羣神。揖五瑞，擇吉月日，見四嶽諸牧，班瑞。歲二月，東巡狩，至於岱宗，柴，望秩於山川。遂見東方君長，合時月正日，同律度量衡，修五禮五玉三帛二生一死爲摯，如五器，卒乃復。五月，南巡狩；八月，西巡狩；十一月，北巡狩：皆如初。歸，至于祖禰廟，用特牛禮。五歲一巡狩，羣后四朝。偏告以言，明試以功，車服以庸。肇十有二州，決川。象以典刑，流宥五刑，鞭作官刑，扑作教刑，金作贖刑。眚烖過，赦；怙終賊，刑。欽哉，欽哉，惟刑之静哉！

《史記》卷四《周本紀》 諸侯有不睦者，甫侯言於王，作脩刑辟。王曰：吁，來！有國有土，告汝祥刑。在今爾安百姓，何擇非其人，何敬非其刑，何居非其宜與？兩造具備，師聽五辭。五辭簡信，正於五刑。五刑不簡，正於五罰。五罰不服，正於五過。五過之疵，官獄内獄，閲實其罪，惟鈞其過。五刑之疑有赦，五罰之疑有赦，其審克之。簡信有衆，惟訊有稽。無簡不疑，共嚴天威。黥辟疑赦，其罰百率，閲實其罪。劓辟疑赦，其罰倍灑，閲實其罪。臏辟疑赦，其罰倍差，閲實其罪。宮辟疑赦，其罰五百率，閲實其罪。大辟疑赦，其罰千率，閲實其罪。墨罰之屬千，劓罰之屬千，臏罰之屬五百，宮罰之屬三百，大辟之罰其屬二百：五刑之屬三千。命曰《甫刑》。

《史記》卷六八《商君列傳》 令既具，未布，恐民之不信，已乃立三丈之木於國都市南門，募民有能徙置北門者予十金。民怪之，莫敢徙。復曰：能徙者予五十金。有一人徙之，輒予五十金，以明不欺。卒下令。

（宋）鄭樵《通志》卷八六《周異姓世家・楚》 十三年平王卒。將軍子常曰：太子珍少，且其母乃前太子建所當娶也。欲立令尹子西，子西，平王之庶弟也，有義。子西曰：國有常法，更立則亂，言之則致誅。

（宋）鄭樵《通志》卷九〇《列傳・趙盾》　成子卒。宣子將中軍，始爲國政，制事典，正法罪，辟刑獄，董逋逃，由質要，治舊洿，本秩禮，續常職，出滯淹。既成，以授太傅陽處父、太師賈佗，使行諸晉國，以爲晉法。

（宋）鄭樵《通志》卷九四《列傳・李斯》　始皇三十四年，置酒咸陽宫，博士僕射、周青臣等頌稱始皇威德。齊人淳于越進諫曰：臣聞之殷周之王，千餘歲封子弟功臣，自爲支輔。今陛下有海内而子弟爲匹夫，卒有田恒六卿之患，臣無輔弼，何以相救哉？事不師古而能長久者，非所聞也。今臣青等又面諛以重陛下過，非忠臣也。始皇下其議丞相，丞相謬其説，絀其辭。乃上書曰：古者天下散亂，莫能相一，是以諸侯並作，語皆道古以害今，飾虚言以亂實，人善其所私學，以非上所建立。今陛下并有天下，辨白黑而定一尊，而私學乃相與，非法教之制。聞令下，即各以其私學議之，入則心非，出則巷議。非主以爲名，異趣以爲高，率羣以造謗，如此不禁，則主勢降乎上，黨與成乎下，禁之便。臣請諸有文學、《詩》、《書》、百家語者，蠲除去之。令到滿三十日弗去，黥爲城旦；所不去者，醫藥、卜筮、種樹之書，若有欲學者，以吏爲師，始皇可其議，收去《詩》《書》百家。

《漢書》卷二三《刑法志》　漢興，高祖初入關，約法三章曰：殺人者死，傷人及盗抵罪。蠲削煩苛，兆民大説。其後四夷未附，兵革未息，三章之法不足以禦姦。於是相國蕭何攈摭秦法，取其宜於時者，作律九章。

《漢書》卷二四上《食貨志》　平帝崩，王莽居攝，遂篡位。【略】又動欲慕古，不度時宜，分裂州郡，改職作官，下令曰：漢氏減輕田租，三十而税一，常有更賦，罷癃咸出，而豪民侵陵，分田劫假，厥名三十，實什税五也。富者驕而爲邪，貧者窮而爲姦，俱陷於辜，刑用不錯。今更名天下田曰王田，奴婢曰私屬，皆不得賣買。其男口不滿八，而田過一井者，分餘田與九族鄉黨。犯令，法至死，制度又不定，吏緣爲姦，天下謷謷然，陷刑者衆。

後三年，莽知民愁，下詔諸食王田及私屬皆得賣買，勿拘以法。然刑罰深刻，它政誖亂。邊兵二十餘萬人仰縣官衣食，用度不足，數橫賦斂，民俞貧困。常苦枯旱，亡有平歲，穀賈翔貴。

《漢書》卷二四下《食貨志》　商賈以幣之變，多積貨逐利。於是公卿言：郡國頗被災害，貧民無産業者，募徙廣饒之地。陛下損膳省用，出禁錢以振元元，寬貸，而民不齊出南畝，商賈滋衆。貧者畜積無有，皆仰縣官。異時算軺車賈人之緡錢皆有差，請算如故。諸賈人末作貰貸賣買，居邑貯積諸物，及商以取利者，雖無市籍，各以其物自占，率緡錢二千而算一。諸作有租及鑄，率緡錢四千算一。非吏比者、三老、北邊騎士，軺車一算；商賈人軺車二算。船五丈以上一算。匿不自占，占不悉，戍邊一歲，没入緡錢。有能告者，以其半畀之。賈人有市籍，及家屬，皆無得名田，以便農。敢犯令，没入田貨。

又：郡國鑄錢，民多姦鑄，錢多輕，而公卿請令京師鑄官赤仄，一當五，賦官用非赤仄不得行。白金稍賤，民弗寶用，縣官以令禁之，無益，歲餘終廢不行。是歲，湯死而民不思。其後二歲，赤仄錢賤，民巧法用之，不便，又廢。於是悉禁郡國毋鑄錢，專令上林三官鑄。錢既多，而令天下非三官錢不得行，諸郡國前所鑄錢皆廢銷之，輸入其銅三官。而民之鑄錢益少，計其費不能相當，唯真工大姦乃盗爲之。

又：莽性躁擾，不能無爲，每有所興造，必欲依古得經文。國師公劉歆言周有泉府之官，收不讐，與欲得，即《易》所謂理財正辭，禁民爲非者也。莽乃下詔曰：夫《周禮》有賒貸，《樂語》有五均，傳記各有斡焉。今開賒貸，張五均，設諸斡者，所以齊衆庶，抑并兼也。遂於長安及五都立五均官，更名長安東西市令及洛陽、邯鄲、臨甾、宛、成都市長皆爲五均司市（稱）師、東市稱京，西市稱畿，洛陽稱中，餘四都各用東西南北爲稱，皆置交易丞五人，錢府丞一人，工商能采金銀銅連錫登龜取貝者，皆自占司市錢府，順時氣而取之。

又：羲和置命士督五均六斡，郡有數人，皆用富賈。洛陽薛子仲、張長叔、臨菑姓偉等，乘傳求利，交錯天下，因與郡縣通姦，多張空簿，府臧不實，百姓俞病。莽知民苦之，復下詔曰：夫鹽，食肴之將；酒，百藥之長，嘉會之好；鐵，〔曰〕〔田〕農之本；名山大澤，饒衍之臧；五均賒貸，百姓所取平，卬以給澹；鐵布銅冶，通行有無，備民用也。此六者，非編户齊民所能家作，必卬於市，雖貴數倍，不得不買。豪民富賈，即要貧弱，先聖知其然也，故斡之。每一斡爲設科條防禁，犯者辠至死。姦吏猾民並侵，衆庶各不安生。

又：後五歲，天鳳元年，復申下金銀龜貝之貨，頗增減其賈直。而罷大小錢，改作貨布，長二寸五分，廣一寸，首長八分有奇，廣八分，其圜好徑二分半，足枝長八分，間廣二分，其文右曰貨，左曰布，重二十五銖，直貨泉二十五。貨泉徑一寸，重五銖，文右曰貨，左曰泉，枚直一，與貨布二品並行。又以大錢行久，罷之，恐民挾不止，乃令民且獨行大錢，與新貨泉俱枚直一，並行盡六年，毋得復挾大錢矣。每壹易錢，民用破業，而大陷刑。莽以私鑄錢死，及非沮寶貨投四裔，犯法者多，不可勝行，乃更輕其法；私鑄作泉布者，與妻子没入爲官奴婢；吏及比伍，知而不舉告，與同罪；非沮寶貨，民罰作一歲，吏免官。犯者俞衆，及五人相坐皆没入，郡國檻車鐵鎖，傳送長安鍾官，愁苦死者什六七。

（宋）鄭樵《通志》卷九五《列傳·田叔》　後數歲，叔坐法失官。梁孝王使人殺漢議臣袁盎。景帝召叔案梁，具得其事，還報。上曰：梁有之乎？對曰：有之，事安在。叔曰：上無以梁事爲問也。今梁王不伏誅，是廢漢法也。如其伏誅，而太后食不甘味，卧不安席，此憂在陛下。於是上大賢之，以爲魯相。

《三國志》卷二《魏志·文帝紀》〔裴松之注〕《魏書》載庚戌令曰：關津所以通商旅，池苑所以禦災荒，設禁重税，非所以便民；其除池籞之禁，輕關津之税，皆復什一。辛亥，賜諸侯王將相已下大將粟萬斛，帛千匹，金銀各有差等。遣使者循行郡國，有違理掊克暴虐者，舉其罪。

《宋書》卷九《後廢帝紀》〔元徽二年五月〕戊戌，原除江州逋債，其有課非常調、役爲民蠹者，悉皆蠲停。詔曰：頃國賦多蹇，公儲罕給。近治戎雖淺，而軍費已多，廪藏虚罄，難用馭遠。宜矯革淫長，務在節儉。其供奉服御，悉就减撤，雕文靡麗，廢而勿修。凡諸游費，一皆禁斷，外可詳爲科格。

《宋書》卷六六《何尚之傳》　先是患貨重，鑄四銖錢，民間頗盗鑄，多翦鑿古錢以取銅，上患之。二十四年，録尚書江夏王義恭建議，以一大錢當兩，以防翦鑿，議者多同。尚之議曰：伏覽明命，欲改錢制，不勞採鑄，其利自倍，實救弊之弘算，增貨之良術。求之管淺，猶有未譬。夫泉貝之興，以估貨爲本，事存交易，豈假數多。數少則幣重，數多則物重，多少雖異，濟用不殊。况復以一當兩，徒崇虚價者邪。凡創制改法，宜從民情，未有違衆矯物而可久也。泉布廢興，未容驟議，前代赤仄白金，俄而罷息，六貨憒亂，民泣於市。良由事不畫一，難用遵行，自非急病權時，宜守久長之業。煩政曲雜，致遠常泥。且貨偏則民病，故先王立井田以一之，使富不淫侈，貧不過匱。雖兹法久廢，不可頓施，要宜而近，粗相放擬。若今制遂行，富人貲貨自倍，貧者彌增其困，懼非所以欲均之意。又錢之形式，大小多品，直云大錢，則未知其格。若止於四銖五銖，則文皆古篆，既非下走所識，加或漫滅，尤難分明，公私交亂，争訟必起，此最是其深疑者也。命旨兼慮翦鑿日多，以至消盡；鄙意復謂殆無此嫌。民巧雖密，要有蹤迹，且用錢貨銅，事可尋檢，直由屬所怠縱，糾察不精，致使立制以來，發覺者寡。今雖有懸金之名，竟無酬與之實，若申明舊科，禽獲即報，畏法希賞，不日自定矣。愚者之議，智者擇焉，猥参訪逮，敢不輸盡。

《南齊書》卷六《明帝紀》〔建武元年冬十月〕己巳，以安陸侯子寶晊為湘州刺史。詔曰：頃守職之吏，多違舊典，存私害公，實興民蠹。今商旅税石頭後渚及夫鹵借倩，一皆停息。所在凡厥公宜，可即符斷。主曹詳為其制，憲司明加聽察。

（宋）鄭樵《通志》卷一三《梁紀·武帝》　夏四月癸卯，尚書删定郎蔡法度上梁律二十卷，令三十卷，科四十卷。

《魏書》卷四《世祖紀》　冬十月戊寅，詔司徒崔浩改定律令。

《魏書》卷七上《高祖紀》〔太和八年〕六月丁卯，詔曰：置官班禄，行之尚矣。《周禮》有食禄之典，二漢著受俸之秩。逮于魏晉，莫不聿稽往憲，以經綸治道。自中原喪亂，兹制中絶，先朝因循，未遑釐改。朕永鑒四方，求民之瘼，夙興昧旦，至於憂勤。故憲章舊典，始班俸禄。罷諸商人，以簡民事。户增調三匹、穀二斛九斗，以爲官司之禄。均預調爲二匹之賦，即兼商用。雖有一時之煩，終克永逸之益。禄行之後，贓滿一匹者死。變法改度，宜爲更始，其大赦天下，與之惟新。

《魏書》卷八《世宗紀》〔延昌二年閏二月〕癸卯，定奴良之制，以景明為斷。

《魏書》卷一一一《刑罰志》 魏初，禮俗純朴，刑禁疏簡。宣帝南遷，復置四部大人，坐王庭決辭訟，以言語約束。刻契記事，無囹圄考訊之法，諸犯罪者，皆臨時決遣。神元因循，亡所革易。

穆帝時，劉聰、石勒傾覆晉室。帝將平其亂，乃峻刑法，每以軍令從事。民乘寬政，多以違命得罪，死者以萬計。於是國落騷駭。平文承業，綏集離散。

昭成建國二年：當死者，聽其家獻金馬以贖；犯大逆者，親族男女無少長皆斬；男女不以禮交皆死；民相殺者，聽與死家馬牛四十九頭，及送葬器物以平之；無繫訊連逮之坐；盜官物，一備五，私則備十。法令明白，百姓晏然。

太祖幼遭艱難，備嘗險阻，具知民之情僞。及在位，躬行仁厚，協和民庶。既定中原，患前代刑網峻密，乃命三公郎王德除其法之酷切於民者，約定科令，大崇簡易。是時，天下民久苦兵亂，畏法樂安。帝知其若此，乃鎮之以玄默，罰必從輕，兆庶欣戴焉。然於大臣持法不捨。季年災異屢見，太祖不豫，綱紀褫頓，刑罰頗爲濫酷。

又：世祖即位，以刑禁重，神䴥中，詔司徒崔浩定律令。除五歲四歲刑，增一年刑。分大辟爲二科死，斬死，入絞。大逆不道腰斬，誅其同籍，年十四已下腐刑，女子沒縣官。害其親者轘之。爲蠱毒者，男女皆斬，而焚其家。巫蠱者，負羖羊抱犬沉諸淵。當刑者贖，貧則加鞭二百。畿内民富者燒炭於山，貧者役於圊溷，女子入舂槀；其固疾不逮于人，守苑囿。王官階九品，得以官爵除刑。婦人當刑而孕，産後百日乃決。年十四已下，降刑之半，八十及九歲，非殺人不坐。拷訊不踰四十九。論刑者，部主具狀，公車鞫辭，而三都決之。當死者，部案奏聞。以死不可復生，懼監官不能平，獄成皆呈，帝親臨問，無異辭怨言乃絶之。諸州國之大辟，皆先讞報乃施行。闕左懸登聞鼓，人有窮冤則撾鼓，公車上奏其表。是後民官瀆貨，帝思有以肅之。太延三年，詔天下吏民，得舉告牧守之不法。於是凡庶之凶悖者，專求牧宰之失，迫脅在位，取豪於閭閻。而長吏咸降心以待之，苟免而不耻，貪暴猶自若也。

時輿駕數親征討及行幸四方，真君五年，命恭宗總百揆監國。少傅游雅上疏曰：殿下親覽百揆，經營内外，昧旦而興，諮詢國老。臣職忝疑承，司是獻替。漢武時，始啓河右四郡，議諸疑罪而謫徙之。十數年後，邊郡充實，並修農戍，孝宣因之，以服北方。此近世之事也。帝王之於罪人，非怒而誅之，欲其徙善而懲惡。謫徙之苦，其懲亦深。自非大逆正刑，皆可從徙，雖舉家投遠，忻喜赴路，力役終身，不敢言苦。且遠流分離，心或思善。如此，姦邪可息，邊垂足備。恭宗善其言，然未之行。

六年春，以有司斷法不平，詔諸疑獄皆付中書，依古經義論決之。初盜律，贓四十匹致大辟，民多慢政，峻其法，贓三匹皆死。正平元年，詔曰：刑網大密，犯者更衆，朕甚愍之。其詳案律令，務求厥中，有不便於民者增損之。於是游雅與中書侍郎胡方回等改定律制。盜律復舊，加故縱、通情、止舍之法及他罪，凡三百九十一條。門誅四，大辟一百四十五，刑二百二十一條。有司雖增損條章，猶未能闡明刑典。

高宗初，仍遵舊式。太安四年，始設酒禁。是時年穀屢登，士民多因酒致酗訟，或議主政。帝惡其若此，故一切禁之，釀、沽飲皆斬之，吉凶賓親，則開禁，有日程。增置内外侯官，伺察諸曹外部州鎮，至有微服雜亂於府寺間，以求百官疵失。其所窮治，有司苦加訊惻，而多相誣逮，輒劾以不敬。諸司官贓二丈皆斬。又增律七十九章，門房之誅十有三，大辟三十五，刑六十二。和平末，冀州刺史源賀上言：自非大逆手殺人者，請原其命，謫守邊戍。詔從之。

顯祖即位，除口誤，開酒禁。帝勤於治功，百僚内外，莫不震肅。及傳位高祖，猶躬覽萬機，刑政嚴明，顯拔清節，沙汰貪鄙。牧守之廉潔者，往往有聞焉。

延興四年，詔自非大逆干紀者，皆止其身，罷門房之誅。自獄付中書覆案，後頗上下法，遂罷之，獄有大疑，乃平議焉。先是諸曹奏事，多有疑請，又口傳詔敕，或致矯擅。於是事無大小，皆令據律正名，不得疑奏。合則制可，失衷則彈詰之，盡從中墨詔。自是事咸精詳，下莫敢相罔。

顯祖末年，尤重刑罰，言及常用惻愴。每於獄案，必令覆鞫，諸有囚繫，或積年不斷。羣臣頗以爲言。帝曰：獄滯雖非治體，不猶愈乎倉卒而濫也。夫人幽苦則思善，故囹圄與福堂同居。朕欲其改悔，而加以輕恕耳。由是囚繫雖淹滯，而刑罰多得其所。又以赦令屢下，則狂愚多僥幸，故自延興，終於季年，不復下赦。理官鞫囚，杖限五十，而有司欲免之則以細捶，欲陷之則先大杖。民多不勝而誣引，或絶命於杖下。顯祖知其若此，乃爲之制。其捶用荆，平其節，訊囚者其本大三分，杖背者二分，撻脛者一分，拷悉依令。皆從於輕簡也。

高祖馭宇，留心刑法。故事，斬者皆裸形伏質，入死者絞，雖有律，未之行也。太和元年，詔曰：刑法所以禁暴息姦，絶其命不在裸形。其參詳舊典，務從寬仁。司徒元丕等奏言：聖心垂仁恕之惠，使受戮者免裸骸之耻。普天感德，莫不幸甚。臣等謹議，大逆及賊各棄市袒斬，盗及吏受賕各絞刑，踣諸甸師。又詔曰：民由化穆，非嚴刑所制。防之雖峻，陷者彌甚。今犯法至死，同入斬刑，去衣裸體，男女媟見。豈齊之以法，示之以禮者也。今具爲之制。

三年，下詔曰：治因政寬，弊由網密。今候職千數，姦巧弄威，重罪受賕不列，細過吹毛而舉。其一切罷之。於是更置謹直者數百人，以防諠鬭於街術。吏民安其職業。

先是以律令不具，姦吏用法，致有輕重。詔中書令高閭集中秘官等修改舊文，隨例增減。又敕羣官，參議厥衷，經御刊定。五年冬訖，凡八百三十二章，門房之誅十有六，大辟之罪二百三十五，刑三百七十七；除羣行剽劫首謀門誅，律重者止梟首。

時法官及州郡縣不能以情折獄。乃爲重枷，大幾圍；復以縋石懸於囚頸，傷内至骨；更使壯卒迭搏之。囚率不堪，因以誣服。吏持此以爲能。帝聞而傷之，乃制非大逆有明證而不款辟者，不得大枷。

律：枉法十匹，義贓二百匹大辟。至八年，始班禄制，更定義贓一匹，枉法無多少皆死。是秋遣使者巡行天下，糾守宰之不法，坐贓死者四十餘人。食禄者跼蹐，賕謁之路殆絶。帝哀矜庶獄，至於奏讞，率從降恕，全命徙邊，歲以千計。京師決死獄，歲竟不過五六，州鎮亦簡。

又：世宗即位，意在寬政。正始元年冬，詔曰：議獄定律，有國攸慎，輕重損益，世或不同。先朝垂心典憲，刊革令軌，但時屬征役，未之詳究，施於時用，猶致疑舛。尚書門下可於中書外省論律令。諸有疑事，斟酌新舊，更加思理，增減上下，必令周備，隨有所立，別以申聞。庶於循變協時，永作通制。

永平元年秋七月，詔尚書檢枷杖大小違制之由，科其罪失。尚書令高肇，尚書僕射、清河王懌，尚書邢巒，尚書李平，尚書、江陽王繼等奏曰：臣等聞王者繼天子物，爲民父母，導之以德化，齊之以刑法，小大必以情，哀矜而勿喜，務於三訊五聽，不以木石定獄。伏惟陛下子愛蒼生，恩侔天地，疏網改祝，仁過商后。以枷杖之非度，愍民命之或傷，爰降慈旨，廣垂昭恤。雖有虞慎獄之深，漢文惻隱之至，亦未可共日而言矣。謹案《獄官令》：諸察獄，先備五聽之理，盡求情之意，又驗諸證信，事多疑似，猶不首實者，然後加以拷掠；諸犯□年刑已上枷鎖，流徙已上，增以杻械。迭用不俱。非大逆外叛之罪，皆不大枷、高杻、重械，又無用石之文。而法官州郡，因緣增加，遂爲恒法。進乖五聽，退違令文，誠宜案劾，依旨科處，但踵行已久，計不推坐。檢杖之小大，鞭之長短，令有定式，但枷之輕重，先無成制。臣等參量，造大枷長一丈三尺，喉下長一丈，通頰木各方五寸，以擬大逆外叛；杻械以掌流刑已上。諸臺、寺、州、郡大枷，請悉焚之。枷本掌囚，非拷訊所用。從今斷獄，皆依令盡聽訊之理，量人强弱，加之拷掠，不聽非法拷人，兼以拷石。自是枷杖之制，頗有定準。未幾，獄官肆虐，稍復重大。

又：從其宜買，罪止於流。然其親屬相賣，坐殊凡掠。至於買者，亦宜不等。若處同流坐，於法爲深。准律斟降，合刑五歲。至如買者，知是良人，決便真賣，不語前人得之由緒。前人謂真奴婢，更或轉賣，因此流漂，罔知所在，家人追贖，求訪無處，永沉賤隸，無復良期。案其罪狀，與掠無異。且法嚴而姦易息，政寬而民多犯，水火之喻，先典明文。今謂買人親屬而復決賣，不告前人良狀由緒，處同掠罪。

太保、高陽王雍議曰：州處張回，專引盗律，檢回所犯，本非和掠，保證明然，去盗遠矣。今引以盗律之條，處以和掠之罪，原情究律，實爲乖當。如臣鈞之議，知買掠良人者，本無罪文。何以言之？羣盗强盗，無首從皆同，和掠之罪，故應不異。明此自無正條，引類以結罪。臣鴻以轉賣流漂，罪與掠等，可謂罪人斯得。案《賊律》云：謀殺人而發覺者流，從者五歲刑；已傷及殺而還蘇者死，從者流；已殺者斬，從而加功者死，不加者流。詳沉賤之與身死，流漂之與腐骨，一存一亡，爲害孰甚？然賊律殺人，有首從之科，盜人賣買，無唱和差等。謀殺之與和掠，同是良人，應爲準例。所以不引殺人減之，降從强盜之一科。縱令謀殺之與强盜，俱得爲例，而似從輕。其義安在？又云：知人掠盜之物而故買者，以隨從論。此明禁暴掠之原，遏姦盜之本，非謂市之於親尊之手，而同之於盜掠之刑。竊謂五服相賣，俱是良人，所以容有差等之罪者，明去掠盜理遠，故從親疏爲差級，尊卑爲輕重。依律：諸共犯罪，皆以發意爲首。明賣買之元有由，魁末之坐宜定。若羊皮不云賣，則回無買心，則羊皮爲元首，張回爲從坐。首有沾刑之科，從有極默之戾，推之憲律，法刑無據。買者之罪，宜各從賣者之坐。又詳臣鴻之議，有從他親屬買得良人，而復真賣，不語後人由狀者，處同掠罪。既一爲婢，賣與不賣，俱非良人。何必以不賣爲可原，轉賣爲難恕。張回之愆，宜鞭一百。賣子葬親，孝誠可美，而表賞之議未聞，刑罰之科已降。恐非敦風厲俗，以德導民之謂。請免羊皮之罪，公酬賣直。詔曰：羊皮賣女葬母，孝誠可嘉，便可特原。張回雖買之於父，不應轉賣，可刑五歲。

先是，皇族有譴，皆不持訊。時有宗士元顯富，犯罪須鞫，宗正約以舊制。尚書李平奏：以帝宗磐固，周布於天下，其屬籍疏遠，蔭官卑末，無良犯憲，理須推究。請立限斷，以爲定式。詔曰：雲來綿遠，繁衍世滋，植籍宗氏，而爲不善，量亦多矣。先朝既無不訊之格，而空相矯恃，以長違暴。諸在議請之外，可悉依常法。

其年六月，兼廷尉卿元志、監王靖等上言：檢除名之例，依律文，獄成謂處罪案成者。寺謂犯罪逕彈後，使覆檢鞫證定刑，罪狀彰露，案署分昞，獄理是成。若使案雖成，雖已申省，事下廷尉，或寺以情狀未盡，或邀駕撾鼓，或門下立疑，更付別使者，可從未成之條。其家人陳訴，信其專辭，而阻成斷，便是曲遂於私，有乖公體。何者？五詐既窮，六備已立，僥倖之輩，更起異端，進求延罪於漏刻，退希不測之恩宥，辯以惑正，曲以亂直，長民姦於下，隳國法於上，竊所未安。大理正崔纂、評楊機、丞甲休、律博士劉安元以爲：律文，獄已成及決竟，經所綰，而疑有姦欺，不直於法，及訴冤枉者，得攝訊覆治之。檢使處罪者，雖已案成，御史風彈，以痛誣伏；或拷不承引，依證而科；或有私嫌，强逼成罪；家人訴枉，辭案相背。刑憲不輕，理須訊鞫。既爲公正，豈疑於私。如謂規不測之澤，抑絶訟端，則枉滯之徒，終無申理。若從其案成，便乖覆治之律。然未判經赦，及覆治理狀，真僞未分。承前以來，如此例皆得復職。愚謂經奏遇赦，及已覆治，得爲獄成。尚書李韶奏：使雖結案，處上廷尉，解送至省，及家人訴枉，尚書納辭，連解下鞫，未檢遇宥者，不得爲案成之獄。推之情理，謂崔纂等議爲允。詔從之。

《周書》卷七《宣帝紀》 詔制九條，宣下州郡：一曰，決獄科罪，皆準律文；二曰，母族絶服外者，聽婚；三曰，以杖決罰，悉令依法；四曰，郡縣當境賊盜不擒獲者，竝仰録奏；五曰，孝子順孫義夫節婦，表其門閭，才堪任用者，即宜申薦。

（清）嵇璜等《續通典》卷一一《食貨·錢幣上》 周太祖廣順元年勅銅法，今後官中更不禁斷，一任興販，所有一色，即不得瀉破爲銅器貨賣。如有犯者，有人糾告，所犯人不計多少斤兩，並處死，其地方所由節級徒三年，鄰保人杖七十，其告事人給與賞錢一百貫。

（清）嵇璜等《續通典》卷一五《食貨·雜税》 周太祖廣順二年，制牛皮法，勅約每歲民間所輸牛皮三分減二，計田十頃税取一皮。餘聽賣買，惟禁賣於敵國。按自兵興以來，禁民私賣買牛皮，悉令輸官受直。唐明宗之世，有司止償以鹽。晉天福中，并鹽不給。漢法犯私牛皮一寸抵死，然民間日用實不可無，至是李穀建議均於田畝，公私便之。

《北史》卷二《魏紀二·世祖太武帝》 正平元年春正月丙戌朔，大會羣臣於江上，文武受爵者二百餘人。丁亥，車駕北旋。二月癸未，次于魯口。皇太子朝於行宮。三月己亥，車駕至自南伐，飲至策勳，告於宗廟，以降人五萬餘家分置近畿，賜留臺文武所獲軍資生口各有差。

夏五月壬寅，大赦。六月壬戌，改元。車師國王遣子入侍。詔以刑網太密，犯者更衆，命有司其案律令，務求厥中，自餘有不便於人者，依比增損。詔太子少傅游雅、中書侍郎胡方回等改定律制。

《北史》卷五《魏紀五·西魏文帝》 秋九月，詔班政事之法六條。冬十一月，叛羌梁仚定徒黨屯於赤水城，秦州刺史獨孤信擊平之。尚書奏班十二條制。十二月，御憑雲觀。引見諸王，敍家人之禮。手詔爲宗誡十條以賜之。

《北史》卷七《齊紀中七·顯祖文宣帝》 〔天保元年八月〕甲午，

詔曰：魏世議定《麟趾格》，遂爲通制，官司施用，猶未盡善。羣官可更論討新令。未成之間，仍以舊格從事。

《北史》卷九《周紀上九・太祖文帝》〔大統十年〕七月，魏帝以帝前後所上二十四條及十二條新制，方爲中興永式，命尚書蘇綽更損益之，總爲五卷，班於天下。於是搜簡賢才爲牧、守、令，習新制而遣焉。數年間，百姓便之。

又：廢帝三年正月，始作九命之典，以敍内外官爵。以第一品爲九命，第九品爲一命；改流外品爲九秩，亦以九爲上。又改置州、郡、縣。凡改州四十六，置州一，改郡一百六，改縣三百三十。

《隋書》卷一《高祖紀》 時帝爲《刑經聖制》，其法深刻。高祖以法令滋章，非興化之道，切諫，不納。【略】宣帝時，刑政苛酷，羣心崩駭，莫有固志。至是，高祖大崇惠政，法令清簡，躬履節儉，天下悦之。

《隋書》卷二五《刑法志》 又初除復讎之法，犯者以殺論。時晉公護將有異志，欲寬政以取人心，然闇於知人，所委多不稱職。既用法寬弛，不足制姦，子弟僚屬，皆竊弄其權，百姓愁怨，控告無所。武帝性甚明察，自誅護後，躬覽萬機，雖骨肉無所縱捨，用法嚴正，中外肅然。自魏、晉相承，死罪其重者，妻子皆以補兵。魏虜西凉之人，没入名爲隸户。魏武入關，隸户皆在東魏，後齊因之，仍供斯役。建德六年，齊平後，帝欲施輕典於新國，乃詔凡諸雜户，悉放爲百姓。自是無復雜户。其後又以齊之舊欲，未改昏政，賊盗姦宄，頗乖憲章。其年，又爲《刑書要制》以督之。其大抵持仗羣盗一匹以上，不持仗羣盗五匹以上，監臨主掌自盗二十匹以上，盗及詐請官物三十匹以上，正長隱五户及十丁以上、及地三頃以上，皆死。自餘依《大律》。由是澆詐頗息焉。

宣帝性殘忍暴戾，自在儲貳，惡其叔父齊王憲及王軌、宇文孝伯等。及即位，並先誅戮，由是内外不安，俱懷危懼。帝又恐失衆望，乃行寬法，以取衆心。宣政元年八月，詔制九條，宣下州郡。大象元年，又下詔曰：高祖所立《刑書要制》，用法深重，其一切除之。然帝荒淫日甚，惡聞其過，誅殺無度，疏斥大臣。又數行肆赦，爲姦者皆輕犯刑法，政令不一，下無適從。於是又廣《刑書要制》，而更峻其法，謂之《刑經聖制》。宿衛之官，一日不直，罪至削除。逃亡者皆死，而家口籍没。上書字誤者，科其罪。鞭杖皆百二十爲度，名曰天杖。其後又加至二百四十。又作礔礰車，以威婦人。其決人罪，云與杖者，即一百二十，多打者，即二百四十。帝既酣飲過度，嘗中飲，有下士楊文祐白宮伯長孫覽，求歌曰：朝亦醉，暮亦醉。日日恒常醉，政事日無次。鄭譯奏之，帝怒，命賜杖二百四十而致死。後更令中士皇甫猛歌，猛歌又諷諫。鄭譯又以奏之，又賜猛杖一百二十。是時下自公卿，内及妃后，咸加棰楚，上下愁怨。及帝不豫，而内外離心，各求苟免。隋高祖爲相，又行寬大之典，删略舊律，作《刑書要制》。既成奏之，静帝下詔頒行。諸有犯罪未科決者，並依制處斷。

《舊唐書》卷一六《穆宗紀》〔長慶元年〕五月丙申朔。戊戌，以刑獄淹滯，立程：凡大事，大理寺三十五日詳斷訖，申刑部，三十日聞奏；中事，大理寺三十日，刑部二十五日；小事，大理寺二十五日，刑部二十日。所斷罪二十件已上爲大，十件已上爲中，十件已下爲小。刑部四覆官、大理六丞每月常須二十日入省寺，其廚料令户部加給。

《舊唐書》卷一七上《文宗紀》〔大和二年〕三月丁巳朔，度支奏：京兆府奉先縣界鹵池側近百姓，取水柏柴燒灰煎鹽，每一石灰得鹽一十二斤一兩，亂法甚於鹹土，請行禁絶。今後犯者據灰計鹽，一如兩池鹽法條例科斷。從之。

《舊唐書》卷四八《食貨志上》 大和三年六月，中書門下奏：準元和四年閏三月敕，應有鉛錫錢，並合納官，如有人糾得一錢，賞百錢者。當時敕條，貴在峻切，今詳事實，必不可行。只如告一錢賞百錢，則有人告一百貫錫錢，須賞一萬貫銅錢，執此而行，事無畔際。今請以鉛錫錢交易者，一貫已下，以州府常行决脊杖二十；十貫已下，決六十，徒三年；過十貫已上，所在集衆决殺。其受鉛錫錢交易者，亦準此處分。其用鉛錫錢，仍納官。其能糾告者，每一貫賞五千文，不滿貫者，準此計賞，累至三百千，仍且取當處官錢給付。其所犯人罪不死者，徵納家資，充填賞錢。可之。

四年十一月，敕：應私貯見錢家，除合貯數外，一萬貫至十萬貫，限一周年内處置畢；十萬貫至二十萬貫以下者，限二周年處置畢。如有不守期限，安然蓄積，過本限，即任人糾告，及所由覺察。其所犯家錢，並準元和十二年敕納官，據數五分取一分充賞。糺告人賞錢，數止於五千貫。應犯錢法人色目決斷科貶，並準元和十二年敕處分。其所由覺察，亦量賞一半。事竟不行。五年二月，鹽鐵使奏：湖南管内諸州百姓私鑄造到錢。伏緣衡、道數州，連接嶺南，山洞深邃，百姓依模監司錢樣，競鑄造到脆惡姦錢，轉將賤價博易，與好錢相和行用。其江西、鄂岳、桂管鑄濫錢，並請委本道觀察使條流禁絶。敕旨宜依。

會昌六年二月，敕：緣諸道鼓鑄佛像鐘磬等新錢，已有次第，須令舊錢流布，絹帛價稍增。文武百僚俸料，宜起三月一日，並給見錢。其一半先給虚估匹段，對估價支給。敕：比緣錢重幣輕，生人坐困，今加鼓鑄，必在流行。通變救時，莫切於此。宜申先甲之令，以誡居貨之徒。京城及諸道，起今年十月以後，公私行用，並取新錢，其舊錢權停三數年。如有違犯，同用鉛錫惡錢例科斷，其舊錢並納官。事竟不行。

《舊唐書》卷四九《食貨志下》 建中四年六月，户部侍郎趙贊請置大田：天下田計其頃畝，官收十分之一。擇其上腴，樹桑環之，曰公桑。自王公至于匹庶，差借其力，得穀絲以給國用。詔從其説。贊熟計之，自以爲非便，皆寢不下。復請行常平税茶之法。又以軍須迫蹙，常平利不時集，乃請税屋間架、算除陌錢。間架法：凡屋兩架爲一間，屋有貴賤，約價三等，上價間出錢二千，中價一千，下價五百。所由吏秉算執籌，入人之廬舍而計其數。衣冠士族，或貧無他財，獨守故業，坐多屋出算者，動數十萬。人不勝其苦。凡没一間者，杖六十，告者賞錢五十貫，取於其家。除陌法：天下公私給與貨易，率一貫舊算二十，益加算爲五十。給與他物或兩换者，約錢爲率算之。市牙各給印紙，人有買賣，隨自署記，翌日合算之。有自貿易不用市牙者，驗其私簿。無私簿者，投狀自集。其有隱錢百者没入，二千杖六十，告者賞十千，取其家資。法既行，而主人市牙得專其柄，率多隱盜。公家所入，曾不得半，而怨讟之聲，囂然滿於天下。至興元二年正月一日，赦，悉停罷。

又： 會昌六年九月敕：揚州等八道州府，置榷麴，并置官店沽酒。代百姓納榷酒錢。并充資助軍用，各有榷許限，揚州、陳許、汴州、襄州、河東五處榷麴，浙西、浙東、鄂岳三處置官沽酒。如聞禁止私酤，過於嚴酷，一人違犯，連累數家，閭里之間，不免咨怨。宜從今以後，如有人私沽酒及置私麴者，但許罪止一身，并所由容縱，任據罪處分。鄉井之内，如不知情，並不得追擾。其所犯之人，任用重典，兼不得没入家産。

《新唐書》卷五一《食貨志一》 玄宗初立求治，蠲徭役者給蠲符，以流外及九品京官爲蠲使，歲再遣之。開元八年，頒庸調法于天下，好不過精，惡不至濫，闊者一尺八寸，長者四丈。

《新唐書》卷五二《食貨志二》 租庸調之法，以人丁爲本。自開元以後，天下户籍久不更造，丁口轉死，田畝賣易，貧富升降不實。其後國家侈費無節，而大盜起，兵興，財用益屈，而租庸調法弊壞。

自代宗時，始以畝定税，而斂以夏秋。至德宗相楊炎，遂作兩税法，夏輸無過六月，秋輸無過十一月。置兩税使以總之，量出制入。户無主、客，以居者爲簿；人無丁、中，以貧富爲差。商賈税三十之一，與居者均役。田税視大曆十四年墾田之數爲定。遣黜陟使按比諸道丁産等級，免鰥寡惸獨不濟者。敢有加斂，以枉法論。議者以租、庸、調，高祖、太宗之法也，不可輕改。而德宗方信用炎，不疑也。舊户三百八十萬五千，使者按比得主户三百八十萬，客户三十萬。天下之民，不土斷而地著，不更版籍而得其虚實。歲斂錢二千五十餘萬緡，米四百萬斛，以供外；錢九百五十餘萬緡，米千六百餘萬斛，以供京師。

《新唐書》卷五六《刑法志》 高宗初即位，詔律學之士撰《律疏》。又詔長孫无忌等增損格敕，其曹司常務曰《留司格》，頒之天下曰《散頒格》。龍朔、儀鳳中，司刑太常伯李敬玄、左僕射劉仁軌相繼又加刊正。武后時，内史裴居道、鳳閣侍郎韋方質等又删武德以後至于垂拱詔敕爲新格，藏於有司，曰《垂拱留司格》。神龍元年，中書令韋安石又續其後至於神龍，爲《散頒格》。睿宗即位，户部尚書岑羲等又著《太極格》。

玄宗開元三年，黄門監盧懷慎等又著《開元格》。至二十五年，中書令李林甫又著新格，凡所損益數千條。明年，吏部尚書宋璟又著後格，皆以開元名書。天寶四載，又詔刑部尚書蕭炅稍復增損之。

肅宗、代宗無所改造。至德宗時，詔中書門下選律學之士，取至德以來制敕奏讞，掇其可爲法者藏之，而不名書。

憲宗時，刑部侍郎許孟容等删天寶以後敕爲《開元格後敕》。

文宗命尚書省郎官各刪本司敕，而丞與侍郎覆視，中書門下參其可否而奏之，爲《大和格後敕》。開成三年，刑部侍郎狄兼謩採開元二十六年以後至於開成制敕，刪其繁者，爲《開成詳定格》。

宣宗時，左衛率府倉曹參軍張戣以刑律分類爲門，而附以格敕，爲《大中刑律統類》，詔刑部頒行之。

此其當世所施行而著見者，其餘有其書而不常行者，不足紀也。《書》曰：慎乃出令。蓋法令在簡，簡則明，行之在久，久則信，而中材之主，庸愚之吏，常莫克守之，而喜爲變革。至其繁積，則雖有精明之士不能徧習，而吏得上下以爲姦，此刑書之弊也。蓋自高宗以來，其大節鮮可紀，而格令之書，不勝其繁也。

（宋）王溥《唐會要》卷三九《定格令》 武德元年六月一日，詔劉文靜與當朝通識之士，因隋開皇律令而損益之，遂制爲五十三條，務從寬簡，取便于時。其年十一月四日，頒下。仍令尚書令左僕射裴寂、吏部尚書殷開山、大理卿郎楚之、司門郎中沈叔安、內史舍人崔善爲等，更撰定律令。十二月十二日，又加內史令蕭瑀、禮部尚書李綱、國子博士丁孝烏等，同修之，至七年三月二十九日成，詔頒于天下。大畧以開皇爲准，正五十三條。凡律五百條，格入于新律。他無所改正。

又： 太和四年七月，大理卿裴誼奏：當寺格後勅六十卷，得丞謝登狀，準御史臺近奏。從今已後，刑部、大理寺詳斷刑獄，一切取最後勅爲定。

（宋）王溥《唐會要》卷四一《雜記》 六年十一月二十七日詔：投匿名書，國有常禁，凡厥寮庶，咸應具悉。近遂有人向朝堂之側，投書於地，藏其姓名，誣人之罪。朕察其所陳，皆極虛妄，此風若扇，為蠹方深。自今以後，內外法司，及別勅據事，宜並依律文，勿更別為酷法。其匿名書，亦宜准律處分。

（宋）王溥《唐會要》卷四七《議釋教上》 顯慶二年詔曰：釋典冲虛，有無兼謝；正覺凝寂，彼我俱忘。豈自遵崇，然後爲法。聖人之心，主於慈孝，父子君臣之際，長幼仁義之序，與夫周孔之教異轍同歸。棄禮悖德，朕所不取。僧尼之徒，自云離俗，先自尊高，父母之親，人倫以極，整容端坐，受其禮拜，自餘尊屬，莫不皆然。有傷教名，實斁彝典。自今已後，僧尼不得受父母及尊者禮拜，所司明爲法制，即宜禁斷。

（宋）王溥《唐會要》卷六二《御史臺下・諫諍》 長安四年十一月，勑於登、萊州置監牧，和市牛羊。右肅政臺監察御史張廷珪諫曰：竊見國家於河北和市牛羊，及荆、益等州市奴婢，擬於登、萊等州置監牧。此必有人爲國用不足，或將見陶朱公孫宏卜式之事，而爲陛下陳其策耳。臣愚以爲齷齪小算，有損無益，爲盛明天子行於世也何以明之。彼三人者，實爲匹夫，藉空虛之地，罄勤苦之功，畜牧積歲，增致千金。苟以一家言之，其計得也。今聖朝疆域四海，臣妾萬方，天覆地載，莫非所有。而必取於人，從牧於國，何示人之不廣，而近樹私也？況和市遞送，所在騷然，公私煩費，不可勝計。今河南牛疫處，十不存二，家家保之，豈願輒賣？今雖和市，甚於抑奪。頃者，諸州雖定估價，既緣併市，則雖平準，加以簡擇，事須賄求，侵克之端，從此而出。牛羊踴貴，必倍於常，百姓私賠，即破家產。雖官得一牛一羊，百姓已失兩牛兩羊價矣，此則有損無利也。又聞君之所恃者人，人之所恃者食，食之所資者耕，耕之所恃者牛。失牛則廢耕，廢耕則去食，去食則人無以生。人無以生，君將何恃。然則牛者，君國字人之本，豈有無故而取之哉！假令畜牧能遂繁，三數歲間，億萬可致，陛下豈可鬻之於中土，剖割其命爲資乎。牛之爲損則如彼，羊之無益又如此。伏願特加審慎，詳圖賴益。諸有所和市及新置監牧等，倘迴聖慮，即日停絕，天下蒼生，不勝幸甚。其後數日，御史中丞盧懷慎上表曰：臣奉使幽州推事，途經衛、相等州，知河北和市，萊州監牧牛。臣聞官人百姓，當土牛少，市數又多，官估已屈於時價，衆户又私相賠帖。既印之後，却付本主養飼，春暮草青，方送牧所，竟無蠲折，侵削實深，且民惟邦本，食乃民天，牛之不存，民將安寄。河北百姓，尤少牛犢，賤市抑養，奪取無異。聚農户之耕牛，冀收孳課，奪居人之沃壤，將爲牧場，益國利民，未見其可。所和市牛，臣望總停，爲計之上。

（宋）王溥《唐會要》卷八三《租稅上》 貞觀十一年，侍御史馬周上疏曰：自古明王聖主，雖因人設教，寬猛隨時，而大要惟以節儉於身，恩加於人二者是務。今百姓承喪亂之後，比於隋時纔十分之一，而供官徭役，道路相繼，兄去弟還，首尾不絕，春秋冬夏，略無休時。陛下雖每有恩詔，令其減省，而有司作既不廢，自然須人，徒行文書，役之如故。臣每訪問四五年來，百姓頗有嗟怨之言，以爲陛下不存養之。今京師及益州諸處，營造供奉器物，并諸王之服飾，議者皆不以心儉。陛下少處人間，知百姓辛苦，前代成敗，目所親見，而猶如此，而皇太子生長深宫，不更外事，萬歲之後，固聖心所當憂也。凡修政教，當修之於可修之時，若事變一起，而後悔之，則無益也。故人主每見前代之亡，則知其政教之所由喪，而皆不知其身之失。是以殷紂笑夏桀之亡，而幽、厲亦笑殷紂之滅。京房云：後之視今，亦猶今之視古。此言不可不誡也。往者，貞觀之初，率土荒儉，一匹絹纔得一斗粟，而天下帖然。百姓知陛下憂憐之，故人人自安，曾無怨讟。自五六年來，頻歲豐稔，一匹絹得粟十餘石，百姓皆以爲陛下不憂憐之，咸有怨言，以今所營爲者，頗多不急之務故也。自古已來，國之興亡不由蓄積多少，唯在百姓苦樂。且以近事驗之，隋室貯洛口倉，而李密因之；東都積布帛，而王世充據之；西京府庫亦爲國家之用，至今未盡。向使洛口、東都無粟帛，即王世充、李密未必能聚大衆。但積貯者，固是有國之常事，要當人有餘力，而後收之，豈人勞而强斂之，更以資寇，積之無益也。然儉以息人，貞觀之初，陛下以躬爲之，故今行之不難也。若人既勞矣，而用之不息，倘中國被水旱之災，邊方有風塵之警，狂狡因之以竊發，則有不可測之事矣。以陛下之明，誠欲勵精爲政，不煩遠求上古之術，但返貞觀之初，則天下幸甚。

又：其年八月，宰相楊炎上疏奏曰：國家初定令式，有租賦庸調之法。至開元中，元宗修道德，以寬仁爲治本，故不爲版籍之書，人户寖溢，隄防不禁。丁口轉死，非舊名矣；田畝移换，非舊額矣；貧富升降，非舊第矣。户部徒以空文，總其故書，蓋非得當時之實。舊制：人丁戍邊者，蠲其租庸，六歲免歸。元宗方事夷狄，戍者多死不返，邊將怙寵而諱敗，不以死申，故其貫籍之名不除。至天寶中，王鉷爲户口使，方務聚斂，以丁籍且存，則丁身焉往，是隱課而不出耳。遂按舊籍，計除六年之外，積徵其家三十年租庸。天下之人，苦而無告，則租庸之法弊久矣。迨至德之後，天下兵起，始以兵役，因之飢癘，徵求運輸，百役並作，人户凋耗，版圖空虚。軍國之用，仰給于度支、轉運二使；四方大鎮，又自給於節度、團練使；賦斂之司增數而莫相統攝。於是綱目大壞，朝廷不能覆諸使，諸使不能覆諸州。四方貢獻，悉入内庫，權臣猾吏，緣以爲奸，或公託進獻，私爲贓盜者，動以萬計。有重兵處，皆厚自奉養，正賦所入無幾。吏之職名，隨人署置；俸給厚薄，由其增損。故科斂之名凡數百，廢者不削，重者不去，新舊仍積，不知其涯。百姓受命而供之，旬輸月送，無有休息。吏因其苛，蠶食於人。凡富人多丁，率爲官爲僧，以色役免；貧人無所入則丁存，故課免於上而賦增于下。是以天下殘瘁，蕩爲浮人，鄉居地著者百不四五，如是者迨三十年。炎遂請作兩稅法，以一其名，曰：凡百役之費，一錢之斂，先度其數而賦於人，量出以制入。户無主客，以見居爲簿；人無丁中，以貧富爲差。不居處而行商者，在所州縣稅三十之一，度所取與居者均，使無僥倖。居人之稅，秋夏兩徵之，俗有不便者正之。其租庸雜徭悉省，而丁額不廢，申報出入如舊式。其田畝之稅，率以大曆十四年墾田之數爲準，而均徵之。夏稅無過六月，秋稅無過十一月。逾歲之後，有户增而稅減輕及人散而失均者，進退長吏，而以度支總統之。德宗善而行之。

（宋）王溥《唐會要》卷八四《租稅下》 會昌元年正月制：租斂有常，王制斯具；徵率無藝，齊民何依。内外諸州府百姓，所種田苗，率稅斛㪷，素有定額。如聞近年長吏不守法制，分外徵求，致使力農之夫，轉加困弊。亦有每年差官巡檢，勞擾頗深。自今已後，州縣每縣所徵科斛㪷，一切依額為定，不得隨年檢責。數外如有荒閑陂澤山原，百姓有人力，能墾闢耕種，州縣不得輒問，所收苗子，五年不在稅限。五年之外，依例收稅。於一鄉之中，先填貧戶欠闕，如無欠闕，即均減衆戶合徵斛㪷。但令不失元額，不得隨田加稅，仍委本道觀察使每年秋成之時，具管内墾闢田地頃畝，及合徵上供留州若使斛㪷數，分析聞奏。如所奏數外有賸納人戶斛㪷，刺史已下，并節級重加徵貶，觀察使奏聽進止。仍令出使郎官、御史及度支鹽鐵知院官，訪察聞奏。

（宋）王溥《唐會要》卷八四《雜稅》 長慶元年，鹽鐵使王播奏茶稅一百增之五十。左拾遺李珏上疏論之，曰：榷率救弊，起自干戈，天下無虞，即宜蠲省。况稅茶之事，尤出近年，在貞元元年中，不得不爾。今四海鏡淨，八方砥平，厚斂於民，殊傷國體，其不可一也。又茶為食物，無異米鹽，人之所資，遠近同俗，既祛渴乏，難捨斯須，田閭之閒，嗜好尤切。今增稅既重，時估必增，流弊於民，先及貧弱，其不可二也。

且山澤之饒，出無定數，量斤論税，所冀售多。價高則市者希，價賤則市者廣，歲終上計，其利幾何。未見阜財，徒聞斂怨，其不可三也。臣不敢遠徵故事，直以目前所見陳之。伏望暫留聰明，少垂念慮，特追勅更賜商量。陛下即位之初，已徵聚斂，外官抽貫，旋有詔停，洋洋德音，千古不朽。今若榷茶加税，頗失人情，臣忝職諫司，不敢緘默。時禁中造百尺樓，因計不充，王播希恩增税，疏奏不省。

太和七年四月，御史臺奏：伏准太和三年十二月十八日赦文，天下除兩税外，不得妄有科配，其擅加雜榷率，一切宜停，令御史臺嚴加察訪者。臣伏以方今天下無事，聖政日修，務去煩苛，與人蘇息。臣昨因嶺南道擅置竹練場，税法至重，害人頗深。博訪諸道，委知自太和三年准赦文兩税外停廢等事，旬月之內，或以督察不嚴，或以長吏更改，依前即置，重困齊民。伏望起今後，應諸道自太和三年准赦文所停税外，科配雜榷率等復已卻置者，仰勅到十日內，具卻置事由聞奏，仍申報臺司。每有出使郎官御史，令嚴加察訪，苟有此色，本判官重加懲責，長吏奏聽進止。勅旨宜依。

又：大中六年正月，鹽鐵轉運使、兵部侍郎裴休奏：諸道節度使、觀察使，置店停止茶商，每斤收搨地錢，並税經過商人，頗乖法理。今請釐革橫税，以通舟船，商旅既安，課利自厚。今又正税茶商，多被私販茶人侵奪其利。今請强幹官吏，先於出茶山口，及廬壽淮南界內，布置把捉，曉諭招收，量加半税，給陳首帖子，令其所在公行，從此通流，更無苛奪。所冀招懷窮困，下絶奸欺，使私販者免犯法之擾，正税者無失利之歎，尋究根本，須舉綱條。勅旨：宜依。其年四月，淮南及天平軍節度使、浙西觀察使皆奏軍用困竭，伏乞且賜依舊税茶。勅旨：裴休條疏茶法，事極精詳，制置之初，理須畫一，並宜准今年正月二十六日勅處分。

（宋）王溥《唐會要》卷八五《定戶等第》　天寶四載三月勅：朕聽政之餘，精思治本，意有所得，庶益於人。且十一而税，前王令典，農商異宜。舊制猶闕。今欲審其戶等，拯貧乏之人；賦彼商賈，抑浮惰之業。優劣之際，有深察之明；閭里之間，無不均之歎。頃以人不欲擾，法貴從寬，所以比來未全定戶。今已經數載，產業或成，適可因茲，平于賦税。自今已後，每至定戶之時，宜委縣令與村鄉對定，審於衆議，察以資財，不得容有愛憎，以為高下，徇其虛妄，令不均平，使每等之中，皆稱允當。仍委太守詳覆定後，明立簿書，每有差科，先從高等。矜兹不足，庶協彝倫。廣德二年二月十一日赦文：天下戶口，委刺史、縣令據見在實戶，量貧富等第科差，不得依舊籍帳。貞元四年正月赦文：天下兩税，更審定等第，仍令三年一定，以為常式。

又：十五年二月勅節文：天下百姓，自屬艱難，棄于鄉井，戶部版籍，虛繫姓名。建中元年已來，改革舊制，悉歸兩税，法久則弊，奸濫益生。自今已後，宜準例三年一定兩税，非論土著客居，但據貲產差率。

又：元和六年正月，衡州刺史吕温奏：當州舊額戶一萬八千四百七，除貧窮死絶老幼單孤不支濟等外，堪差科戶八千二百五十七。臣到後，團定戶税，次檢責出所由隱藏不輸税戶一萬六千七。伏緣聖恩，録臣在道州微效，擢授大郡，令撫傷殘。臣昨尋舊案，詢問閭里，承前徵税，並無等第，又二十餘年都不定戶，存亡孰察，貧富不均。臣不敢因循，設法團定，檢獲隱戶，數約萬餘。州縣雖不徵科，所由已私自率斂，與其潛資於奸吏，豈若均助於疲民。臣請作此方圓，以救凋瘵，庶得下免偏枯，上不闕供。勅旨：宜付所司。

（宋）王溥《唐會要》卷八八《鹽鐵》　開元元年十二月，河中尹姜師度以安邑鹽池漸涸，開拓疏決水道，置爲鹽屯，公私大收其利。其年十一月五日，左拾遺劉彤論鹽鐵，上表曰：臣聞漢孝武爲政，厩馬三十萬，後宮數萬人，外討戎夷，內興宮室，殫費之甚，什百當今。然而古費多而貨有餘，今用少而財不足者，何也？豈非古取山澤，而今取貧民哉。取山澤，則公利厚而人歸于農；取貧民，則公利薄而人去其業。故先王之作法也，山海有官，虞衡有職，輕重有術，禁發有時。一則專農，二則饒國，濟民盛事也，臣實爲當今宜之。夫煑海爲鹽，採山鑄錢，伐木爲室，豐餘之輩也。寒而無衣，飢而無食，傭賃自資者，窮苦之流也。若能收山海厚利，奪豐餘之人，蠲調斂重徭，免窮苦之子，所謂損有餘而益不足，帝王之道，可不謂然乎。然臣願陛下詔鹽鐵木等官，各收其利，貿遷于人，則不及數年，府有餘儲矣。然後下寬大之令，蠲窮獨之徭，可以惠羣生，可以柔荒服，雖戎狄降服，堯、湯水旱，無足虞也。奉天適變，惟在陛下行之。上令宰臣議其可否，咸以鹽鐵之利甚益國用，遂令將作大匠姜師度、户部侍郎强循俱攝御史中丞，與諸道按察使檢校海内鹽鐵之課。至十年八月十日，勅：諸州所造鹽鐵，每年合有官課，比令使人勾當，除此更無别求。在外不細委知，如聞稍有侵剋，宜令本州刺史、上佐一人檢校，依令式收税。如有落帳欺没，仍委按察糾覺奏聞。其姜師度除蒲州鹽池以外，自餘處更不須巡檢。

（宋）王溥《唐會要》卷八九《泉貨》 顯慶五年九月，以天下惡錢多，令官私以五惡錢酬一好錢贖取。至十月，以好錢一文博惡錢兩文。至儀鳳四年四月，以天下惡錢甚多，令東都出遠年糙米及粟，就市糶，斗别納惡錢百文。其惡錢令少府、司農相知，即令鑄破，其厚重徑合觔兩者，任將行用。至先天元年九月二十七日，京中用錢惡，貨物踴貴，諫議大夫楊虚受上疏曰：伏見市井用錢，不勝濫惡，有加鐵錫，即非公鑄，虧損正道，惑亂平民。銅錫亂雜，僞錢豐多，正刑漸失於科條，明罰未加於守長。帝京三市，人雜五方，淫巧競馳，侈僞成俗。至於商賈積滯，富豪藏鏹，兼并之人，歲增儲蓄，貧素之士，日有空虚。公錢未益於時須，禁法不當於世要。其惡錢臣望官爲博取，納鑄錢州，京城並以好錢爲用。書奏，付中書門下詳議，以為擾政，不行。至開元六年正月十八日，勅禁斷惡錢，行三銖四絫已上舊錢，更收人間惡錢，鎔破復鑄，凖樣式錢。勅禁出之後，百姓喧然，物價摇動，商人不甘交易。宰相宋璟、蘇頲奏請出太府錢五萬貫，分於南北兩京平價買百姓間所賣之物，堪貯掌官須者，庶得好錢散行人間，從之。又降勅近斷惡錢，恐人少錢行用，其兩京文武官夏季防閤庶僕，宜即先給錢，待後季任取所配物貨賣，凖數還官。

又： 開元二十二年三月二十一日勅：布帛不可以尺寸爲交易，菽粟不可以秒忽貿有無。古之爲錢，以通貨幣，豈無變通？往者漢文之時，已有放鑄之令，雖見非於賈誼，亦無費於賢君。古往今來，時移事異，亦欲不禁私鑄，其理如何？公卿百寮詳議可否。秘書監崔沔議曰：夫國之有錢，時所通用，若許私鑄，人必競爲，各徇所求，小如有利，漸忘本業，大計斯貧。是以賈生之陳七福，規于更漢令，太公之創九府，將以殷貧人。況依法則不成，違法則有利。謹按：《漢書》文帝雖除盗鑄錢令，而不得雜以鉛鐵爲他巧者，然則雖許私鑄，不容奸錢；錢不容奸，則鑄者無利；鑄者無利，則私鑄自息。斯則除之與不除，爲法正等。能謹於法而節其用，則令行而詐不起，事變而奸不生，斯所以稱賢君也。今若聽其私鑄，嚴斷惡錢，官必得人，人皆知禁誡，則漢政可侔，猶恐未若皇唐之舊也。今若税銅折役，則官冶可成，計估度庸，則私錢無利。易而可久，簡而難誣，謹守舊章，無越制度。且錢之爲物，貴以通貨，利不在多，何待私鑄然後足用也。左監門録事參軍劉秩議曰：古者以珠玉爲上幣，黄金爲中幣，刀布爲下幣。《管子》曰：夫三幣，握之則非有補于煖也，捨之則非有損于飽也。先王以守財物，以御人事，而平天下也，是以命之曰衡。衡者，使物一高一下，不得有常。故與之在君，奪之在君。是以民戴君如日月，親君如父母，用此術也，是爲人主之權。今之錢，即古之下幣也，陛下若捨之任人，則上無以御下，下無以事上，其不可一也。夫物重則傷農，錢輕則傷賈。故善爲國者，觀物之貴賤，錢之輕重。夫物重則錢輕，錢輕由乎物多，多則作法收之使少，少則錢重，重則作法布之使輕。輕重之本，必由乎是，奈何而假於人？其不可二也。夫鑄錢不雜以鉛鐵則無利，雜以鉛鐵則惡，不重禁不足以懲惡。方今塞其私鑄之路，人猶冒死以犯之，況啓其源而欲人之從令乎？是設陷穽而誘之入，其不可三也。夫許人鑄錢，無利則人不鑄，有利則人去南畝者衆；去南畝者衆，則草萊不墾；草萊不墾，又鄰於寒餒，其不可四也。夫人富溢則不可以賞勸，貧餒則不可以威禁，故法令不行，民之不治，皆由貧富之不齊也。若許其鑄錢，則貧者必不能爲。臣恐貧者彌貧，而服役於富室，富室乘之則益恣。昔漢文之時，吴濞，諸侯也，富埒天子；鄧通，大夫也，財侔王者。此皆鑄錢所致也。必欲許其私鑄，是與人利權而捨其柄，其不可五也。陛下必以錢重而傷本，工費而利寡，則臣願言其失，以效愚計。夫錢重者，猶人鑄日滋於前，而爐不加於舊。又公錢重，與銅之價頗等，故盗鑄者，破重錢爲輕錢。禁寬則行，禁嚴則止，止則棄矣，此錢之所以少也。夫鑄錢用不贍者，在乎銅貴；銅貴之由，在於採用者衆矣。夫銅以爲兵則不如鐵，以爲器則不如錫，禁之無害，陛下何不禁於人？禁於人，則銅無所用；銅無所用，則銅益賤；銅賤則錢之用給矣。夫銅不布下，則盗鑄者無因而鑄；無因而鑄，則公錢不破，公錢不破，則人不犯死刑，錢又日增，不復利矣。是一舉而四善兼也，伏維陛下熟察之。

又： 其年六月詔曰：泉貨之法，義在通流。若錢有所壅，貨當益賤，故藏錢者得乘人之急，居貨者必損己之資。今欲著錢令以出滯藏，加鼓鑄以資流布。使商旅知禁，農桑獲安，義切救時，情非欲利。若革之無漸，恐人或相驚。應天下商賈，先蓄見錢者，委所在長吏，令收市貨物，官中不得輒有程限，逼迫商人，任其貨易，以求便利，計周歲之後，此法遍行，朕當別立新規，設蓄錢之禁。所以先有告示，許其方圓，意在他時，行法不貸。又天下有銀之山，必有銅鑛。銅者可資於鼓鑄，銀者無益於生民，權其重輕，使務專一。天下自五嶺以北，見採銀坑，並宜禁斷。恐所在坑户，不免失業，各委本州府長吏勸課，令其採銅，助官中鑄作。仍委鹽鐵使作法條流聞奏。

（宋）王溥《五代會要》卷九《定贓》 後唐長興四年六月十四日准敕：枉法贓十五匹絞，准格加至二十匹。乃自喪亂已來，廉恥者少，舉律行令，誡人遠財。國家常切好生，上下頗能知禁，犯既漸寡，法亦宜輕。起今後犯枉法贓者，宜准格文處分。贓名條内有以准加減及同字者并倍累贓，並宜准律令格式處分。凡有告事者，除鹽麴條流外，宜據輕重依理施行，不在格賞之限。

（清）嵇璜等《續通典》卷一《食貨・田制上》 後唐明宗天成四年，詔曰：今年夏苗委人戶自供手狀，具頃畝多少，仍以五家爲保，委無隱漏，攢連手狀送于本州，本州具帳送省，州縣不得差人檢括。如或人戶隱欺，許令保内陳告，其田並令倍長。

又： 乾興元年，是時仁宗已即位。制：衙前將吏各免戶役者，除見莊業外，不得更與買田土，如違，將所典買没官。其罷任前資官元無田者，許置五頃爲限。又勅：應以田産虛立契，與買于形勢戶下隱庇差役者，命官使臣除名，公人百姓決配。又准臣僚奏命官所買莊田，定以三十頃爲限，衙前將吏合免。如祖父遷葬別有塋地者，數外許更置墳地五頃。

又： 慶歷中詔：限職田，有司始申定其數，凡大藩長吏二十頃，通判八頃，判官五頃，幕職官四頃；凡節鎮長吏十五頃，通判七頃，判官四頃，幕職官三頃五十畝；凡防團以下，州軍長吏十頃，通判六頃，判官三頃五十畝，幕職官三頃；其餘軍監長吏七頃，判官幕官並同防團以下州軍，凡縣令萬戶以上六頃，五千戶以上五頃，不滿五千戶並四頃。凡簿尉萬戶以上三頃，五千戶以上二頃五十畝，不滿五千戶二頃，録事參軍比本判官，曹官比倚郭簿尉，發運制置轉運使副武臣總管比節鎮長吏，發運制置判官比大藩府通判，安撫都監路分都監比節鎮通判，大藩府都監比本府判官，黄汴河許汝石塘河都大催綱比節鎮判官，節鎮以下至軍監，諸路走馬承受并砦主，都同巡檢，提舉捉賊，提點馬監，都大巡河，不得過節鎮判官。在州監當及催綱撥發，巡捉私茶鹽賊盗，駐泊捉賊，不得過簿尉。皇祐中，帝聞天下廢田尚多，民罕土著，或棄田流徙爲閒民，每下赦令輒以招輯流亡，募人耕墾爲言，民被災而流者，又優其蠲，復緩其期，招之。詔：諸州長吏令佐能勸民修陂池、溝洫之久廢者，及墾闢荒田，增税二十萬以上議賞，監司能督責部吏經畫，賞亦如之。神宗熙寧間復詔詳定職田，凡知大藩府二十頃，節領十五頃，餘州及軍並十頃，餘小軍監七頃，通判藩府八頃，節鎮七頃，餘州六頃，留守節度觀察判官藩府五頃，節鎮四頃，掌書記以下幕職官三頃五十畝，防禦團練軍事推軍監判官三頃；令丞簿尉萬戶以上，縣令六頃，丞四頃，不滿萬戶令五頃，丞三頃；不滿五千戶，令四頃，丞二頃五十畝；簿尉減令之半。藩府節鎮録參視本州判官，餘視幕職官；藩府節鎮曹官視萬戶縣簿尉，餘視滿戶者發運轉運使，副視節鎮知州，開封府尉提點，視餘州發運轉運判官；常平倉司提舉官視藩府通判；同提舉視萬戶縣令；發運司幹當公事視節鎮通判，轉運司管幹文字，提刑司檢法官，提舉常平倉司幹當公事，視不滿萬戶縣令。蔡河許汝石塘河都大催綱管幹機宜文字，府界提點司幹當公事，視節鎮判官；總管視節鎮知州；路分鈐轄視餘州知州；安撫路分都監州鈐轄視節鎮通判；藩府都監視本州判官；諸路正將視分都監，副將視藩府都監，走馬承受；諸州都監都同巡都大巡河，並視節鎮判官；巡檢堡砦都監，砦主，在州監當及催綱撥發巡捉私茶鹽賊盗，駐泊捉賊，並視幕職官。巡轄馬遞舖，監堰并縣鎮砦監當，並視本縣簿尉；諸路州學教授，京朝視本州判官，選人視本州曹官。又詔成都府路提點刑獄司，以本路職田，令逐州軍歲以子利稻麥等拘斛變錢，從本司以一路所收錢數，又紐而爲斛斗價直，然後等第均給。

又： 自熙寧三年始五年，帝患田賦不均，重修定方田法，詔司農以均税條約并式，頒之天下。以東西南北各千步，當四十一頃六十六畝，一百六十步爲一方。歲以九月，縣以令、佐分地，計量隨陂原平澤而定其地，因赤淤黑壚而辨其色。方量畢，以地及色參定肥瘠，而分五等以定税。若瘠鹵不毛及衆所食利山林陂塘溝路墳墓，皆不立税。凡田方之角立土爲峰，植其野之所宜木以封表之，有方帳，有莊帳，有甲帖，有戶帖，其分煙析產、典賣割移，官給契，縣置簿，皆以今所方之田爲正。令既具，乃以濟州鉅野尉王曼爲指教官，先自京東路行之，諸路倣焉。

《宋史》卷四《太宗紀一》〔開寶三年六月〕癸未，詔：太平興國元年十月乙卯以來諸職官以贓致罪者，雖會赦不得敍，永為定制。

《宋史》卷七《真宗紀二》〔景德四年冬十月〕甲寅，詔：宜柳象州、懷遠軍死罪以下，非十惡、謀故鬬殺、官吏犯枉法贓者，並原之。廣南東、西路雜犯死罪以下遞減一等，脅從受署者勿理。蠲宜柳象州、懷遠軍丁錢及夏秋租，桂、昭州秋租。乙卯，毀諸道官司非法訊囚之具。

《宋史》卷一五六《選舉志二》〔紹興〕三十一年，禮部侍郎金安節言：熙寧、元豐以來，經義詩賦，廢興離合，隨時更革，初無定制。近合科以来，通經者苦賦體雕刻，習賦者病經旨淵微，心有弗精，智難兼濟。又其甚者，論既併場，策問太寡，議論器識，無以盡人。士守傳注，史學盡廢，此後進往往得志，而老生宿儒多困也。請復立兩科，永為成憲。從之。

《宋史》卷一七三《食貨志上一》〔紹興〕二十六年，以諸路賣官田錢七分上供，三分充常平司糴本。初，盡鬻官田，議者恐佃人失業，未賣者失租。侍御史葉義問言：今盡鬻其田，立爲正税，田既歸民，税又歸官，不獨絶欺隱之弊，又可均力役之法。浙東刑獄使者邵大受亦乞承買官田者免物力三年至十年。一千貫以下免三年，一千貫以上五年，五千貫以上十年。於是詔所在常平没官、户絶田，已佃未佃、已添租未添租，並拘賣。

《宋史》卷一七四《食貨志上二》神宗患田賦不均，熙寧五年，重修定方田法，詔司農以《方田均税條約并式》頒之天下。以東西南北各千步，當四十一頃六十六畝一百六十步，爲一方；歲以九月，縣委令、佐分地計量，隨陂原平澤而定其地，因赤淤黑壚而辨其色；方量畢，以地及色參定肥瘠而分五等，以定税則；至明年三月畢，揭以示民，一季無訟，即書户帖，連莊帳付之，以爲地符。

均税之法，縣各以其租額税數爲限，舊嘗收蹙奇零，如米不及十合而收爲升，絹不滿十分而收爲寸之類，今不得用其數均攤增展，致溢舊額，凡越額增數皆禁。若瘠鹵不毛，及衆所食利山林、陂塘、溝路、墳墓，皆不立税。

又：元豐五年，開封府言：方田法，取税之最不均縣先行，即一州而及五縣，歲不過兩縣，今府界十九縣，准此行之，十年乃定。請歲方五縣。從之。其後歲稔農隙乃行，而縣多山林者或行或否。八年，帝知官吏擾民，詔罷之。

又：崇寧三年，宰臣蔡京等言：自開阡陌，使民得以田私相貿易，富者恃其有餘，厚立價以規利，貧者迫於不足，薄移税以速售，而天下之賦調不平久矣。神宗講究方田利害，作法而推行之，方爲之帳，而步畝高下丈尺不可隱；户給之帖，而升合尺寸無所遺；以賣買，則民不能容其巧；以推收，則吏不能措其姦。今文籍具在，可舉而行。詔諸路提舉常平官選官習熟其法，諭州縣官吏各以豐稔日推行，自京西、河北兩路始。四年，指教官每三縣加一員，點檢官每路二員。未幾，詔諸路添置指教官不得過三員，又不專差點檢官，從提舉司於本路見任人内選差。五年，詔罷方田。大觀二年，復詔行之，四年罷，其税賦依未方舊則輸納。十一月，詔：方田官吏非特妄增田税，又兼不食之山方之，俾出芻草之直，民户因時廢業失所。監司其悉改正，毋失其舊。

又：紹興元年五月詔：民力久困，州縣因緣爲姦，今頒式諸路，凡因軍期不得已而貸於民者，並許計所用之多寡，度物力之輕重，依式開具，使民通知，毋得過數科率。八月，減大觀税額三分之一。

《宋史》卷一七五《食貨志上三》寶慶三年，監察御史汪剛中言：和糴之弊，其来非一日矣，欲得其要而革之，非禁科抑不可。夫禁科抑，莫如增米價，此已試而有驗者，望飭所司奉行。有旨從之。

《宋史》卷一八三《食貨志下五》〔紹興〕二十七年，常平提舉張汝楫復申明鈔法，上以問宰執。陳誠之奏曰：建、劍山溪之險，細民冒法私販，雖官賣鹽猶不能革，若使民自賣，其能免私販乎？私販既多，鈔額必虧。上曰：中間曾用鈔法，未幾復罷，若可行，祖宗已行之矣。大抵法貴從俗，不然不可經久。淳熙五年，詔泰寧、尤溪兩縣計産買鹽之令，更不施行。

《宋史》卷一八六《食貨志下八》 靖康元年詔：都城物價未平，凡税物，權更蠲税一年。臣僚上言：祖宗舊制并政和新令，場務立額之法，並以五年增虧數較之，併增者取中數，併虧者取最高數，以爲新額，故課息易給而商旅可通。近諸路轉運司不循其法，有益無損，致物價騰踴，官課愈負。請令諸路提刑下諸郡，準舊法釐正立額。詔依所奏。

又： 均輸之法，所以通天下之貨，制爲輕重斂散之術，使輸者既便，而有無得以懋遷焉。

熙寧二年，制置三司條例司言：天下財用無餘，典領之官拘於弊法，内外不相知，盈虚不相補。諸路上供，歲有常數。豐年便道，可以多致而不能贏；年儉物貴，難於供億而不敢不足。遠方有倍蓰之輸，中都有半價之鬻，徒使富商大賈乘公私之急，以擅輕重斂散之權。今發運使實總六路賦入，其職以制置茶、鹽、礬、酒税爲事，軍儲國用，多所仰給。宜假以錢貨，資其用度，周知六路財賦之有無而移用之。凡糴買税斂上供之物，皆得徙貴就賤，用近易遠。令預知中都帑藏年支見在之定數，所當供辦者，得以從便變易蓄買，以待上令。稍收輕重斂散之權歸之公上，而制其有無，以便轉輸，省勞費，去重斂，寬農民。庶幾國用可足，民財不匱。

《宋史》卷一九九《刑法志一》 是歲，改强盗法。不持杖，不得財，徒二年；得財爲錢萬及傷人者，死。持杖而不得財，流三千里；得財爲錢五千者，死；傷人者，殊死。不持杖得財爲錢六千，若持杖罪不至死者，仍刺隸千里外牢城。能告羣盗劫殺人者第賞之，及十人者予錢十萬。既而有司言：竊盗不用威力，得財爲錢五千，即刺爲兵，反重於强盗，請減之。遂詔至十千始刺爲兵，而京城持杖竊盗，得財爲錢四千，亦刺爲兵。自是盗法惟京城加重，餘視舊益寬矣。

又： 〔元祐〕五年，詔命官犯罪，事干邊防軍政，文臣申尚書省，武臣申樞密院。中丞蘇轍言：舊制，文臣、吏民斷罪公案歸中書，武臣、軍士歸樞密，而斷例輕重，悉不相知。元豐更定官制，斷獄公案並由大理、刑部申尚書省，然後上中書省取旨。自是斷獄輕重比例，始得歸一，天下稱明焉。今復分隸樞密，必有罪同斷異，失元豐本意，請並歸三省。其事干邊防軍政者，令樞密院同進取旨，則事體歸一，而兵政大臣各得其職。六年，乃詔：文武官有犯同按干邊防軍政者，刑部定斷，仍三省、樞密院同取旨。

（宋）留正《皇宋中興兩朝聖政》卷七《建炎四年六月》 庚辰，命宰臣范宗尹提舉詳定重修敕令，參知政事張守同提舉。先是有詔以嘉祐、政和敕令格式對修成書。至是始設官置局，命大理寺及見在敕局官就兼詳定刪定等官，仍召人言編敕利害，踰年乃成。

（宋）留正《皇宋中興兩朝聖政》卷一〇《紹興元年七月》 戊辰，參知政事張守等上對修嘉祐、政和敕令格式一百二十二卷，看詳六百四卷，詔以紹興重修敕令格式爲名，自來年頒行。

（宋）留正《皇宋中興兩朝聖政》卷二六《紹興十年十月》 冬十月戊寅，尚書右僕射兼提舉詳定一司敕令，秦檜等上紹興重修在京通用敕令格式四十八卷，申明十二卷，看詳三百六十卷。

（宋）留正《皇宋中興兩朝聖政》卷二八《紹興十二年十一月》 壬申，太師秦檜等上重修六曹寺監通用敕令格式四十七卷，申明六卷，看詳四百十卷，詔頒行之。

（宋）留正《皇宋中興兩朝聖政》卷四九《乾道六年十月》 甲子，禮部尚書劉章進對奏：臣聞李德林在隋開皇初與修勅令，請于朝，謂欲有更張者，當以軍法從事。夫法之弊也，故修之，修之而未必皆當與衆共議之，可也？乃欲脅之以軍法，其亦不仁甚矣。仰惟陛下清明遠覽，命官取新舊法并前後勅旨，緝而修之，越歲書成，迺以奏御。而丙夜之觀尤爲詳悉，其間有煩擾，乃止，至是卒置之。

（宋）李燾《續資治通鑑長編》卷九《宋太祖開寶元年》 癸巳，詔：天下縣令佐，自今檢苗定税，部役差夫，鈐轄徵科，區分刑獄，凡關事務，貴在公平，如有違踰，並宜論訴。或令佐不相糾舉，許吏民告，得實者賞之有差。

（宋）李燾《續資治通鑑長編》卷二六《宋太宗雍熙二年》 上覽邕管雜記，歎其風俗乖異。乙未，詔嶺南諸州民嫁娶、喪葬、衣服制度，委所在長吏漸加誡厲，俾遵條例；其殺人祭鬼，病不求醫，僧置妻孥等事，深宜化導，使之悛革。無或峻法，以致煩擾。

（宋）李燾《續資治通鑑長編》卷三六《宋太宗淳化五年》 左諫議

大夫、知審刑院許驤等上重删定淳化編敕三十卷，詔頒行之。

（宋）李燾《續資治通鑑長編》卷六一《宋真宗景德二年》 詔以劉承珪新定權衡法附編敕。《實録》、《會要》皆云詔以承珪新定權衡法附編敕，而不頒下。案承珪新式，自淳化三年已行用矣，不知此所謂不頒下者果何法也。《會要》云景德中承珪重加參定，其法益為精備。所謂不頒下者豈此法耶？其實與淳化所用不殊，當是已行用，故不復頒下，而承珪新式及是始附編敕耳。當考。

（宋）李燾《續資治通鑑長編》卷九一《宋真宗天禧二年》 庚辰，上謂大臣曰：始聞河北薦饑，貧民倩豪家息錢，未償納者，即印券契取其桑土，宜禁止之。

（宋）李燾《續資治通鑑長編》卷一二〇《宋仁宗景祐四年》 同知禮院吳育言：舊藏禮文故事，類例不一。請擇儒臣與本院官，約古今制度參定，為一代之法。從之。慶曆四年正月，書始成。

（宋）李燾《續資治通鑑長編》卷一六〇《宋仁宗慶曆七年》 六月乙巳，詔畜猛獸而害人者，以違制論。

（宋）李燾《續資治通鑑長編》卷三四七《宋神宗元豐七年》 秋七月己亥，以奉議郎徐彦孚提舉荊湖北路常平等事。彦孚知衛州黎陽縣，嘗言：青苗息錢可用常平法，聽民非時吉兇匱乏用抵保稱貸，立期輸官。不報。又言：保甲逃亡，恐積以歲月，寖虧本數。乞立責正長法。下開封府界、三路保甲司相度以聞，故有是命。

（宋）李燾《續資治通鑑長編》卷四六五《宋哲宗元祐六年》 初，患天下積欠名目多，法令不一，公私難于奉行，巖叟在開封嘗乞隨等第立貫百為催法。兖州鄒令張文仲尋有狀申都省，陳其不便，乞改制，遂立五年十料之法。閏八月初八日事。五年五月二十五日詔當考。蘇軾七年五月十六日論積欠第六項云：元祐六年五月二十六日聖旨，將有府界諸路人戶應見欠諸般欠負，以十分為率，每年隨夏秋料各帶納一分。所有前後累降催納欠負分料展閣指揮，更不施行。法册乃是五年五月二十五日聖旨，八月初三日尚書省批戶部狀依申施行：本部看詳，人戶見催納逐年拖欠夏秋税租賦、贓賞課利、省房没官等錢物，若不係因災傷，許分料展閣理納之數，自不該上條。

（宋）李燾《續資治通鑑長編》卷五〇八《宋哲宗元符二年》 辛巳，左司員外郎兼提舉編修刑房斷例曾旼等奏：準尚書省劄子編修刑房斷例，取索到元豐四年至八年。紹聖元年二年斷草，并刑部舉駁諸路所斷差錯刑名文字共一萬餘件，並舊編成刑部大理寺斷例。將所犯情款看詳，除情法分明，不須立例外，其情法可疑，法所不能該者，共編到四百九件。許依元豐指揮，將諸色人斷例内可以令内外通知，非臨時移情就法之事，及諸處引用差互，曾被刑部等處舉駁者，編爲刑名斷例，共一百四十一件，須之天下，刑部雕印頒行。其命官將校依條須合奏案，不須頒降天下，并諸色人斷例内不可頒降者，并編爲刑名斷例共二百六十八件，頒降刑部大理寺檢用施行。勘會申明，頒降斷例係以款案編修刑名行下檢斷，其罪人情重法輕，情輕法重，有蔭人情不可贖之類，大辟情理可憫并疑慮，及依法應奏裁者自合引用奏裁，慮恐諸處疑惑，欲乞候頒降日令刑部具此因依申明，遍牒施行。從之。此元符斷例序篇合係四月八日辛巳，九月二十五日甲子曾旼等推恩，或移此入彼。

（清）徐乾學《資治通鑑後編》卷二《宋紀二》 丁丑，金商房三州民飢，遣使賑之。是春，令長吏課民種植，每縣定民籍為五等。第一種雜木百，每等減二十為差，桑棗半之；男女十歲以上，人種韭一畦，闊一步長十步；乏井者，鄰伍為鑿之。令佐以春秋巡視其數，秩滿赴調，有司第其課而為之殿最。又詔：自今民有逃亡者，本州具户籍頃畝以聞，即檢視之，勿使親鄰代輸其租。

（清）徐乾學《資治通鑑後編》卷一一《宋紀一一》 癸亥，翰林學士賈黄中等九人權知貢舉，帝謂宰相曰：設科取士，最為捷要，近年籍滿萬餘，得無濫進者乎？己巳詔：自今諸科並令量定人數相參引試，分科隔坐，命官巡察監門，謹視出入。有以文字往復與吏為奸者，寘之法；私以經義相教者，斥出科場。伍保預知，亦連坐。進士倍加研覆，貢舉人勿以曾經御試不考而薦。始令試官親戚别試者凡九十八人，又罷進士試律復貼經。

（清）徐乾學《資治通鑑後編》卷一六《宋紀一六》 先是，陳滑蔡潁郢鄧金房州、信陽軍皆不禁酒。太平興國初，京西轉運使程能請榷之。所在置官吏局署，歲計所獲利無幾，而主吏規其盈羡。又酒多醨薄不可飲，至課民婚葬，量户大小令酤。帝知其獘，戊申下詔：募民自釀，輸官錢減常課三之二，使其易辦，民有應募者，檢視其貲産，長吏及其大姓共保之，後課不登者均償之。

（清）**徐乾學《資治通鑑後編》卷五三《宋紀五三》**　丁丑詔：執政大臣非假休不許私第接見賓客，從知諫院蔡襄言也。議者以為，唐元和用兵，時裴度為相，請私第延見四方賢俊以廣謀慮，今一切禁絶賓客非諫官所宜言也。

（清）**徐乾學《資治通鑑後編》卷五七《宋紀五七》**　九月庚寅詔：文武官已致仕而所舉官犯罪當連坐者，除之，從翰林學士張方平請也。方平言坐繆舉而許首免，蓋責其當察所舉者之不法也。致仕官既謝事，不當與在職者同責。遂著為令。

（清）**徐乾學《資治通鑑後編》卷五九《宋紀五九》**　辛酉，詔曰：自古為治，必戒苛察，近歲風俗，争事傾危，獄犴滋多，上下睽急，傷累和氣，朕甚悼焉。自今言事者，非朝廷得失民間利病，毋得以風聞彈奏，違者坐之。

（清）**徐乾學《資治通鑑後編》卷六七《宋紀六七》**　有御營卒桑達等數十人酗酒鬬呼，指斥乘輿，有司不之覺。皇城使以旨捕，送開封府推鞫。案成，棄達市。糾察刑獄劉敞移府，問所以不經審訊之由。府報曰：近例，凡聖旨、中書、門下、樞密院所鞫獄，皆不慮問。敞曰：此豈可行耶？遂奏請自今一准定格，樞密使以開封府有例不復論可否進呈報，敞争之曰：先帝仁聖欽恤，以京師刑獄最繁，故建糾察一司，澄審真偽。自爾以來，每有大辟，倍加精審。此則先帝不敢兼於庶獄庶慎，惟有司之任，今乃曲忤聖旨，中書、門下、樞密院所鞫公事，不復審察，未見所以尊朝廷審刑罰，而適足啟府縣弛慢、獄吏侵侮、罪人銜冤，不得告訴之弊。又朝廷舊法，不許用例破條，今顧於刑獄極謹，人命至重之際，而廢條用例，此臣所不諭也。帝乃以敞章下開府。著爲令。

（清）**徐乾學《資治通鑑後編》卷七三《宋紀七三》**　辛丑詔：監司知州歲薦所部吏務在得人，不必充所限之數。先是御史中丞賈黯言：今京朝官至卿監，凡二千八百餘員。而吏部奏舉磨勘選人未引見者，至二百五十餘人。臣不敢遠引前載，且以先朝事較之。方天聖中法尚簡，選人以四考改官，諸路使者薦部吏數未有限，而在京臺閣及常參官，嘗任知州通判，雖非部吏皆得薦時磨勘，改官者歲才數十人，後資考頗增。而知州薦吏，視屬邑多少裁定其數，又常參官不許薦士，其條約比天聖漸繁，而改官者固已衆矣。然磨勘應格者，猶不越旬日引對，未有待次者。皇祐中始限監司奏舉之數，其法益密，而磨勘待次者已不減六七人。皇祐及今才十年耳，而猥多至於三倍。向也，法疎而其數省，今也，法密而其數增，此何故哉？正在薦吏者歲限定員務充數而已。如一郡之守，歲許薦五人，而歲終不滿其數，則人人以為遺己，當舉者避謗畏譏，欲止不敢，此薦者所以多，而真才實廉未免溷於無能也。謂宜明詔天下，使有人則薦，不必滿所限之數。帝納其言。故降是詔。

（清）**徐乾學《資治通鑑後編》卷七七《宋紀七七》**　辛巳，立淮、浙江、湖六路均輸法。條例司言：天下財用無餘，典領之官拘於弊法，内外不相知，盈虚不相補。諸路上供，歲有常數，豐年便道可以多致而不能贏；年儉物貴，難於供億而不敢不足；遠方有倍蓰之輸，中都有半價之鬻，徒使富商大賈乘公私之急，以擅輕重斂散之權。今發運使實總六路賦入，其職以制置茶、鹽、礬、酒税爲事，軍儲國用，多所仰給。宜假以錢貨，資其用度，周知六路財賦之有無而移用之。凡糴買税斂上供之物，皆得徙貴就賤，用近易遠。令預知中都帑藏年支見在之定數，所當供辦者，得以從便變易蓄買，以待上令，稍收輕重斂散之權歸之公上，而制其有無，以便轉輸，省勞費，去重斂，寬農民。庶幾國用可足，民財不匱。詔本司具條例以聞，而以發運使薛向領均輸平準事，賜内藏錢五百萬緡，上供米三百萬石。時議者慮其爲擾，多言不便，帝弗聽。向既董其事，乃請設置官屬。從之。

（宋）**李心傳《建炎以來繫年要録》卷四《建炎元年丁未四月庚申朔之丁亥》**　丁亥，詔：政和海行法非御筆修立者許引用。初，議者請參用嘉祐、元豐法，以俟新書之成，奏可。去年九月丙子。尋詔律令用嘉祐，斷刑依元豐，至是復有此命。此事《欽宗實録》不書。今以先堯《會要》趙伯總奏狀增入，摭建炎日曆，京東西路提刑司申明，乃垂簾日指揮也。

（宋）**李心傳《建炎以來繫年要録》卷一六《建炎二年戊申六月甲寅朔之七月辛亥》**　詔：自今士卒有犯，並依軍法，不得剜眼刳心，過爲慘酷。令御營使司行下，衆皆鼓舞感戴。《中興聖政》史臣曰：愛而不能令，厚而不能使，亂而不能治，此兵法之患也。治軍固不能不嚴，然治之自有常法，若師出以律，孰敢不畏者。而諸將過爲慘酷，豈撫軍之道哉？

（宋）李心傳《建炎以來繫年要録》卷三四《建炎四年庚戌六月辛未朔之己亥》 庚辰，命宰臣范宗尹提舉詳定重修敕令，參知政事張守同提舉。先是有詔以嘉祐、政和敕令格式對修成書。至是始設官置局，命大理寺及見在敕局官就兼詳定删定等官，仍召人言編敕利害，踰年乃成。

（宋）李心傳《建炎以來繫年要録》卷五一《紹興二年壬子正月癸巳朔之二月庚寅》 丁巳，右司諫方孟卿言：近權戶部侍郎劉約請推祖宗限田之制，凡品官名田數過者，科敷一同編戶。今郡縣之間，官戶田居其半，而占田數過者極少。自軍興以來，科需與編戶一同，若以格令免科需，則專取於民，必致重困。臣謂艱難之際，士大夫義當體國，豈可厚享占田之利？又況富商大賈之家，多以金帛竄名軍中僥倖補官，及假名冒戶，規免科需者，比比皆是。願寢前詔弗行。從之。

（宋）李心傳《建炎以來繫年要録》卷一〇七《紹興六年丙辰十二月甲午朔之辛酉》 戊午，詔自今吏部注擬知通守令，並選擇非老病及不曾犯贓與不緣民事被罪之人，仍申中書門下省審察，旬具注擬人脚色關御史臺，如非其人，許本臺彈奏，用中書請也。既而行宫吏部請曰：民事犯徒已上罪人如今詔，吏部奏在七年六月己酉。自祖宗以來，以公私贓三等定天下之罪，至是始增民事律焉。

（宋）李心傳《建炎以來繫年要録》卷一一三《紹興七年丁巳八月辛卯朔之丁巳》 甲寅，中書言：命官犯贓抵死，祖宗之時，間有杖脊刺面，係一時酌情斷遣。近來刑部引爲常例，甚非朝廷欽恤之意。詔自今似此案狀，令刑部更不坐例，止申朝廷酌情斷遣。自是贓吏不復黥配矣。

（宋）李心傳《建炎以來繫年要録》卷一二〇《紹興七年戊午六月乙卯朔之癸未》 庚申詔廣西鹽歲以二分令雷廉高化州官賣人戶食鹽，餘八分行鈔法。尋又詔廣東鹽九分行鈔法，一分産鹽州縣出賣，皆不出嶺。

（宋）李心傳《建炎以來朝野雜記甲集》卷三《製作·紹興乾道淳熙慶元敕令格式》 國朝法令，大抵從寬。政和後，始有御筆特斷刑名，是蓋多出於三尺之外矣。靖康元年九月，議者請參用嘉祐、元豐舊法，以竢新書之成。奏可。尋詔：律令依嘉祐，斷刑依元豐。明年四月，復詔：政和海行法非御筆修立者，許引用。建炎三年復辟赦，舉行仁宗法度，即嘉祐、元豐法有不同者，賞格聽從重，條約聽從輕。時吕元直、張德遠始爲政也。明年六月，范覺民相，乃奏命有司以嘉祐、政和敕對修成書。紹興元年八月，上之。其後，乾道、淳熙、慶元之際，率十餘歲一修，然大槩以《紹興重修敕令格式》爲準。

（宋）李心傳《建炎以來朝野雜記甲集》卷三《製作·淳熙事類》 《淳熙事類》，孝宗時所修也。國初，但有《刑統》，謂之《律》。後有《敕》、《令》、《格》、《式》，與律並行。若不同，則從《敕》、《令》、《格》、《式》。然士大夫罕通法律，而數書散漫，故吏得以舞文。上患之。淳熙中，始命敕局官取《敕》、《令》、《格》、《式》、及《申明》五書，分門來上。七年四月乃成，爲總門三十三，别門四百二十，詔頒行之，賜名《淳熙事類》。

（宋）李心傳《建炎以來朝野雜記甲集》卷三《製作·紹興淳熙慶元寬恤詔令》 寬卹詔令者，始紹興二十二年八月，王瞻叔知荊門軍代還入見，請命有司編集中興以來寬卹詔令，而知惠州鄭康佐者亦言：守令奉行詔書不虔，請編類成書以賜。從之。二十五年九月乃成，凡二百卷，號《紹興寬卹詔令》。其後，淳熙、慶元皆有之。

（宋）李心傳《建炎以來朝野雜記甲集》卷五《朝事一 建炎至淳熙·臨軒疏決》 自真宗以來，率以盛暑臨軒慮囚。建炎初廢。二年六月，始詔疏決行在揚州繫囚雜犯，死罪已下減一等，杖以下釋之。其後，越州、建康，皆同此制。紹興二年六月，上在臨安，甲申，始臨軒疏決御史臺、大理寺、臨安府、三衙諸軍繫囚。自是遂爲故事，然諸道未及也。五年，趙元鎮爲相，復舉故事，命諸路提刑以盛暑行之，迄今不改。然憲臣多不能徧所部，則以諸州通判代行。久之，通判亦不能行，第傳檄往來，徒爲文具而已。朝廷屢戒飭之，終不能革。

（宋）李心傳《建炎以來朝野雜記甲集》卷五《朝事一 建炎至淳熙·役法總要》 自高宗紹興中，始修常平、免役之令。其後歲月寖久，論建滋益多，視舊法或牴牾，吏緣爲姦。淳熙末，中書舍人莆田陳居仁詳定所司敕令，因請下敕令所取祖宗免役舊法，又於戶部括取紹興十七年以後續降指揮，精加參考。其有與舊法牴牾者，悉行删去，萃爲一書，名曰《役法撮要》。書成，鏤板布之天下。從之。十四年三月辛酉。

（宋）李心傳《建炎以來朝野雜記甲集》卷八《雜事·保任京官連坐》

保任京官犯贓連坐，舊制也，然近歲未有舉行者。淳熙初，錢師魏參知政事，會其所舉者以賄敗，上疏自劾，詔特鐫三官。吏部因以他舉官名聞，皆坐降秩。紹熙初，趙温叔所舉以贓抵罪，用故事當削三秩，而温叔時爲使相，若降三秩，則應落衮鉞爲銀青光禄大夫，朝廷難之，於是自衛國公降封益川郡公，贓吏連坐法條改。參閲《宋史》卷八九《地理志》利州條及卷三九六《趙雄傳》。削其食戶二千而已。其後，周洪道連坐，亦自益國公降封榮陽郡公，蓋用温叔例。

（清）徐松《宋會要輯稿》卷三七九《刑法一》　崇寧元年七月二十六日，中書省：檢會崇寧元年七月六日奉聖旨：編敕更不編修，并依元豐敕令格式施行。其元祐後來所編修更不施行，仍并毁板。七月九日奉聖旨：并依元符敕令格式施行，其今年七月六日指揮更不行用。所有元祐敕令格式及元符三年以後衝改元符敕令格式續降指揮，并板并行毁棄。勘會昨修元符敕令格式，內有係干一司一路等條法，并行釐出，不曾編修，今來自合依舊行用。竊慮諸處疑惑，合申明行下。若其間有衝改動元豐法制者，仍具利害因依申尚書省。從之。八月十二日樞密院奏：今來追復元豐法制，已衝改元祐條件不行者。其元祐條件有原係樞密院指揮。詔令有司勾收，申樞密院焚毁。本院今後依此遵守。仍令進奏院遍牒，并依此施行。九月二十八日，中書省、尚書省勘會下項：一，元符三年已後衝改元符敕令格式，續降指揮并板，合依朝旨并行毁棄，其創立條件不係衝改元符敕令格式者，自依舊行用。一，七月二十六日詔書：今來追復元豐法制，已衝改元祐條件不行者，其元祐條件勾收，申尚書省焚毁。勘會所有未曾衝改元祐年條件，自合依舊行用。一，勘會昨修元符敕令格式，內有係干一司一路等條法，並行釐出。不曾編修，今來自合依舊行用，頒行新法日，即依新法施行。一，勘會昨修元符敕令，爲户部見修禄秩，其《禄令》更不曾編修。後來建中靖國元年十月二十七日，得旨罷修禄秩，遵依見管令式條貫施行。今欲申明，將見行《禄令》條件且依舊行使，仍令一司敕令所將元祐年衝改舊法《禄令》條貫詳看，申尚書省。從之。【略】二年正月四日，尚書右僕射兼中書侍郎蔡京等奏：昨具陳情，乞諸路置學養士。伏奉詔令講議立法、修立成《諸州縣學勅令格式》并一時指揮，凡一十三册，謹繕寫上進。如得允當，乞下本司鏤版頒行。從之。【略】三年二月二十九日，蔡京言：奉詔令講議司修立，以六尚局條約聞奏，謹以元陳請畫一事件，并稽考參酌，修立成殿中省、提舉所、六尚局、供奉庫勅令格式并看詳共六十卷。內不可著為永法者，存為申明。事干兩局以上者，總為殿中省通用，仍冠以崇寧為名。所有應干條畫起請續降申明及合用舊司條法，已係新書編載者更不行用，不係新書收載各合依舊引用。從之。【略】

大觀元年七月二十八日，蔡京言：伏奉聖旨，令尚書省重修《馬遞鋪海行法》，頒行諸路。臣奉承聖訓，删潤舊文，編纘成書，共為一法。謹修成勅令格式申明對修揔三十卷，并看詳七十卷，共一百册，計六複，隨狀上進。如或可行，乞降付三省鏤版，頒降施行。仍乞以《大觀馬遞鋪敕令格式》為名，從之。【略】

大觀四年六月三十日，刑部奏：聖旨：神考稽古創制，講明治具，維時憲慶，盡載編敕，悉出睿斷裁成，親加筆削，故行之甚久，曾無抵疵。繼而元符續敕令疏密重輕頗有不同，遂致踳駁，寖失本意。可委刑部檢詳元豐頒降敕令格式，條具聞奏。如有該載未盡，參以紹聖所降敕令施行，今來元豐頒降敕令格式書完具，欲令先次遵依施行。如該載未盡，參以紹聖所降敕令，庶幾元豐敕令便可施行。又奏元豐敕令格式係元豐七年正月一日頒降，所有後來續降在元豐八年三月五日已前，亦合參照施行，詔從之。仍具元符崇寧後來敕令等，或因官司申請各不失法意，有所補完及隨事創立與元豐敕令格式別無妨礙者，且合遵依施行，內有刑名輕重不同，去取失當，即令本部大理寺限一月條具前後意義，簽貼成書，取旨。

八月三日詔近降指揮，刑部檢詳元豐頒降勅令格式，條具開奏。可。十三日，委本部依元降指揮疾速條具，其令存留□用，應干敕令、續降等條件，仍仰刑部大理寺編類成書，申尚書看詳，取旨頒降。所有今年七月一日刑部申明先決遵守指揮更不施行。閏八月十八日，工部尚書聖政録同編修官李圖南奏：臣將大觀內外宗子學敕令格式等與奏稟到條畫事件，重別詳定到宗子大小學敕一册，令七册，格五册，式二册，申明一册，一時指揮一册，對修敕一册，令二册，總二十一册。謹繕寫上進，如得允當，乞付尚書省禮部頒降。從之。【略】

政和五年八月九日手詔，法以制人，不以便己，故法出于至公，無牽於私意。稽考元豐官制，刑部為議法之官，尚書省為創法出令之地。今有司請立法，往往自便，應修勅令格式並歸一司，勅令所候脩畢，送刑部議定立法，申尚書省詳覆，取旨頒行，如元豐格，其逐處見編脩官吏並罷。【略】

政和六年閏正月二十九日，詳定一司勅令王韶奏修到勅令格式共九百三卷，乞冠以政和為名，鏤版頒行，從之。六月五日，戶部尚書兼詳定一司勅令孟昌齡等奏：今參照熙寧舊法，修到國子監律學勅令格式一百卷，乞冠以政和重修為名，詔頒行。十三日，禮部尚書白時中等奏：今將崇寧貢舉去改修到御試貢士勅令格式，摠一百五十九卷，乞冠以政和新修為名，詔頒行。【略】

政和七年十二月二十八日樞密院言，修成高麗勅令格式例二百四十册，儀範坐圖一百五十八册，酒食例九十册，目録七十四册，看詳卷三百七十册，頒降官司五百六十六册，總一千四百九十八册。以高麗國入貢接送館伴條例為目，繕寫上進，詔送同文館遵守施行。【略】

宣和元年八月二十四日，詳定一司勅令所奏，新脩明堂勅令格式一千二百六册，乞下本所雕印頒降施行。從之。【略】

欽宗靖康元年四月二十日，大理卿周懿文言，勅令格式自熙寧以後四經編修，率不踰十年，元符勅令行之最久，經十二年亦重修纂，見行勅令自政和三年頒行迨今一十五年，未再編次，其間緣因革建明條目至多抵牾乖戾，無所適從，乞下勅令所編次。從之。【略】

紹興六年八月十八日，刑部員外郎周三畏言：國家昨以承平日久，因事增創，遂有一司一路一州一縣海行勅令格式與律法刑統兼行，已是詳盡，又或法所不載，則律有舉明議罪之文，而勅有比附定刑之制，可謂纖悉備具。乞自今除朝廷因事修立一時指揮外，自餘一切悉遵見行成憲。從之。九月二十一日，尚書右僕射同中書門下平章事提舉詳定一司勅令張浚等上禄秩新書，海行勅一卷，在京勅一卷，海行令二卷，在京令一卷，海行格一十一卷，在京格一十二卷，申明一十五卷，目録一十三卷，修書指揮一卷，看詳一百四十七卷。詔鏤版施行。【略】

紹興八年六月十九日，尚書左僕射同中書門下平章事兼樞密院使趙鼎等上諸班直諸軍轉員勅一卷，格一十二卷，親從親事官轉員勅一卷，令一卷，格五卷，詔降付樞密院行使，仍以紹興樞密院諸班直諸軍轉員勅令格及紹興樞密院親從親事官轉員勅令格為名。十月三日，尚書右僕射同中書門下平章事提舉詳定一司勅令秦檜等續上禄勅一卷，禄令二卷，禄格一十五卷，在京禄勅一卷，禄令一卷，禄格一十二卷，中書門下省尚書省令一卷，樞密院一卷，格一卷，尚書六曹寺監通用令一卷，大理寺右治獄令一卷，目録六卷，申明六卷。詔自紹興九年正月一日頒行，仍以紹興重修禄秩勅令格為名。先有詔將嘉祐熙寧大觀禄令并政和禄令格及政和元年十二月十七日後來續降指揮編修，除已先次脩成勅二卷，令三卷，格二十五卷，目録一十三卷，申明一十五卷。修書指揮一卷，看詳一百四十七卷，于紹興六年九月二十一日進呈訖，至是續脩上焉。【略】

紹興十年十月七日，尚書右僕射同中書門下平章事提舉詳定一司勅令秦檜等上在京通用勅一十二卷，令二十六卷，格八卷，式二卷，目録七卷，申明一十二卷。詔自紹興十一年正月一日頒行，仍以紹興重修在京通用勅令格式為名。【略】

隆興二年二月二十四日，臣僚言：今日之弊在於捨法用例。法者率由舊章，多合人情，出者出于朝廷一時之予奪，官吏一時之私意。欲望明詔中外，悉遵成法，毋得引例。如事理可行而無正條者，須自朝廷裁酌，取旨施行。從之。【略】

乾道二年六月五日，刑部侍郎方滋上乾道新編特旨斷例五百四十七件，名例三卷，衛禁一卷，職制三卷，戶婚一卷，厩庫二卷，擅興一卷，賊盜十卷，鬭訟十九卷，詐僞四卷，雜例四卷，捕亡十卷，斷獄六卷。分為一十二門，共六十四卷，目録四卷，脩書指揮一卷，參用指揮一卷，總七十卷。仍乞冠以乾道新編特旨所例為名。從之。【略】

乾道六年八月二十八日，尚書右僕射虞允文言：昨將紹興勅與嘉祐勅及建炎四年十月以後至乾道四年終續降指揮逐一參酌删削，今已成書。勅一十二卷，令五十卷，格三十卷，式三十卷，目録一百二十二卷，存留照用指揮二卷。繕寫進呈，乞冠以乾道重修勅令格式為名。詔依，仍自八年正月一日頒行。十月十五日，尚書右僕射虞允文言：伏見勅令所見修乾道新書，係將諸處録到續降指揮計二萬二千二百餘件，除合删去外，今於舊法有增損元文五百七十四條，帶修創立三百六十一條，全删舊文八十三條，存留指揮一百二十八件，已成書頒行。欲望明詔諸路候頒到新書，其間如有疑惑事件，許限兩月各條具申本所，以憑檢照元修因依分明指説行下。從之。【略】

乾道九年二月六日，右丞相梁克家參知政事曾懷上中書門下省勅二卷，令二十二卷，格一十三卷，式一卷，申明一卷。尚書省勅二卷，令七卷，格二卷，式三卷，申明二卷，樞密院勅四卷，令二十四卷，格十六卷，申明二卷，三省通用勅一卷，令五卷，格一卷，式一卷，申明一卷，三省樞密院通用勅二卷，令三卷，格一卷，申明三卷，目録二十卷，并元修看詳意義五百册。乞冠以乾道重修逐省院勅令格式為名，從之。【略】

淳熙三年三月二十九日，參知政事龔茂良等上吏部條法總類四十卷。【略】

淳熙十一年五月一日，勅令所上紹興三十二年六月十一日以後淳熙十年十二月以前寬恤事件成書，凡三百卷。【略】

淳熙十四年三月十八日，中書舍人兼詳定一司勅令陳居仁言：乞下勅令所取祖宗免役舊法并戶部取括紹興十七年以後續降指揮，本所官公共精加參考，其有與舊法抵牾者，即行删者，仍具申朝廷修為一書，名曰《役法撮要》，候成，鏤板頒之天下，以一民聽，以梔吏姦。從之。【略】

嘉泰四年五月二十三日，戶部侍郎王違、刑部侍郎周珌等言：恭奉指揮參修吏部七司條法，已將淳熙二年正月一日以後續降指揮四千四百餘件參酌一部舊法三千二百餘條，可以附入舊法者就舊法本條删潤，元無舊法則創行修立。今已每月申納提舉官。欲乞候提舉官看下，送三省合屬房分檢正，都司審覆訖，類聚牒送吏部詳審施行，從之。

開禧元年五月二日，權吏部尚書丁常任等言：參修吏部七司條法，今來成書，乞以開禧重修尚書吏部七司勅令格式申明為名。從之。六月十九日，右丞相提舉編修勅令陳自強等上表：昨準指揮參修吏部七司條法，已將合修指揮參酌可以附舊者增潤删修，無舊法者創立為法，如是權行指揮難以立法者，編節作申明照用，今已成書，上進以聞，從之。

（清）嵇璜等《續通典》卷二《食貨・田制中》　五年，詔諸官田比鄰田租，召人請買，佃人願買者，聽。佃及三十年以上者，減價十之二。六年，詔諸路總領諭民投買戶絶、入官，及江漲河田、海退泥田。七年，以賊徒田充官莊，其没官田，依舊出買。

《遼史》卷五九《食貨志上》　夫賦税之制，自太祖任韓延徽，始制國用。太宗籍五京戶丁以定賦税，戶丁之數無所於考。聖宗乾亨間，以上京云爲戶訾具實饒，善避徭役，遺害貧民，遂勒各戶，凡子錢到本，悉送歸官，與民均差。統和中，耶律昭言，西北之衆，每歲農時，一夫偵候，一夫治公田，二夫給糺官之役。當時沿邊各置屯田戍兵，易田積穀以給軍餉。故太平七年詔，諸屯田在官斛粟不得擅貸，在屯者力耕公田，不輸税賦，此公田制也。餘民應募，或治閑田，或治私田，則計畝出粟以賦公上。統和十五年，募民耕灤河曠地，十年始租，此在官閑田制也。又詔山前後未納税戶，並於密雲、燕樂兩縣，占田置業入税，此私田制也。各部大臣從上征伐，俘掠人戶，自置郛郭，爲頭下軍州。凡市井之賦，各歸頭下，惟酒税赴納上京，此分頭下軍州賦爲二等也。

《遼史》卷六二《刑法志下》　重熙元年，詔職事官公罪聽贖，私罪各從本法，子弟及家人受賕，不知情者，止坐犯人。先是，南京三司銷錢作器皿三斤，持錢出南京十貫，及盗遺火家物五貫者處死；至是，銅逾三斤，持錢及所盗物二十貫以上處死。二年，有司奏：元年詔曰，犯重罪徒終身者，加以捶楚，而又黥面。是犯一罪而具三刑，宜免黥。其職事官及宰相、節度使世選之家子孫，犯姦罪至徒者，未審黥否？上諭曰：犯罪而悔過自新者，亦有可用之人，一黥其面，終身爲辱，朕甚憫焉。後犯終身徒者，止刺頸。奴婢犯逃，若盗其主物，主無得擅黥其面，刺臂及頸者聽。犯竊盗者，初刺右臂，再刺左，三刺頸之右，四刺左，至于五則處死。五年，《新定條制》成，詔有司凡朝日執之，仍頒行諸道。蓋纂修太祖以來法令，參以古制。其刑有死、流、杖及三等之徒，而五凡、五百四十七條。

《金史》卷三《太宗紀三》　己丑，詔曰：合蘇館諸部與新附人民，其在降附之後同姓爲婚者，離之。

《金史》卷一一《章宗紀三》　乙未，定管軍官受所部財物輒放離役及令人代役法。

《金史》卷一二《章宗紀四》　癸巳，定鞫勘官受飲宴者罪。

又：壬子，定隨路轉運司及府官每季檢視庫物法。

《金史》卷一六《宣宗紀下》　甲申，增定藏匿逃亡親軍罪及告捕賞格。

《金史》卷四五《刑志》　熙宗天眷元年十月，禁親王以下佩刀入宮，衛禁之法，實自此始。三年，復取河南地，乃詔其民，約所有刑法皆從律文，罷獄卒酷毒刑具，以從寬恕。至皇統間，詔諸臣，以本朝舊制，兼採隋、唐之制，參遼、宋之法，類以成書，名曰《皇統制》，頒行中外。時制，杖罪至百，則臀、背分決。及海陵庶人以脊近心腹，遂禁之，雖主決奴婢，亦論以違制。又多變易舊制，至正隆間，著爲《續降制書》，與《皇統制》並行焉。然二君任情用法，自有異於是者矣。

又： 太宗雖承太祖無變舊風之訓，亦稍用遼、宋法。天會七年，詔凡竊盜，但得物徒三年，十貫以上徒五年，刺字充下軍，三十貫以上徒終身，仍以贓滿盡命刺字於面，五十貫以上死，徵償如舊制。

又： 及世宗即位，以正隆之亂，盜賊公行，兵甲未息，一時制旨多從時宜，遂集爲《軍前權宜條理》。大定四年，尚書省奏，大興民男子李十、婦人楊仙哥並以亂言當斬。上曰：愚民不識典法，有司亦未嘗丁寧誥戒，豈可遽加極刑。以減死論。五年，命有司復加删定《條理》，與前《制書》兼用。

又： 十一年，詔諭有司曰：應司獄廨舍須近獄安置，囚禁之事常親提控，其獄卒必選年深而信實者輪直。

十二年，尚書省言：内丘令蒲察臺補自科部内錢立德政碑，復有其餘錢二百餘貫，罪當除名。今遇赦當敍，仍免徵贓。上以貪僞，勿敍，且曰：乞取之贓，若以赦原，予者何辜。自今可並追還其主，惟應入官者免徵。

尚書省奏，盜有發塚者，上曰：功臣墳墓亦有被發者，蓋無告捕之賞，故人無所畏。自今告得實者量與給賞。

故咸平尹石抹阿没刺以贓死於獄，上謂其不尸諸市已爲厚幸。貧窮而爲盜賊，蓋不得已。三品職官以贓至死，愚亦甚矣，其諸子可皆除名。先是，詔自今除名人子孫有在仕者並取奏裁。

十三年，詔立春後、立秋前，及大祭祀，月朔、望，上、下弦，二十四氣，雨未晴，夜未明，休暇并禁屠宰日，皆不聽決死刑，惟強盜則不待秋後。

十五年，詔有司曰：朕惟人命至重，而在制竊盜贓至五十貫者處死，自今可令至八十貫者處死。

十七年，陳言者乞設提刑司，以糾諸路刑獄之失。尚書省議，以謂久恐滋弊。上乃命距京師數千里外懷冤上訴者，集其事以待選官就問。時濟南尹梁肅言，犯徒者當免杖。朝廷以爲今法已輕於古，恐滋姦惡，不從。

嘗詔宰臣，朝廷每歲再遣審録官，本以爲民伸冤滯也，而所遣多不盡心，但文具而已。審録之官，非止理問重刑，凡訴訟案牘，皆當閲實是非，囚徒不應囚繫則當釋放，官吏之罪即以狀聞，失糾察者嚴加懲斷，不以贖論。

又以監察御史體察東北路官吏，輒受訟牒，爲不稱職，笞之五十。

又謂宰臣曰：比聞大理寺斷獄，雖無疑者亦經旬月，何耶？參知政事移刺道對曰：在法，決死囚不過七日，徒刑五日，杖罪三日。上曰：法有程限，而輒違之，弛慢也。罷朝，御批送尚書省曰：凡法寺斷重輕罪各有期限，法官但犯皆的決，豈敢有違。但以卿等所見不一，至於再三批送，其議定奏者書奏牘亦不下旬日，以致事多滯留，自今當勿復爾。又曰：故廣寧尹高楨爲政尚猛，雖小過，有杖而殺之者。即罪至於死而情或可恕，猶當念之，况其小過者乎。人之性命安可輕哉。

上以正隆《續降制書》多任己意，傷於苛察。而與皇統之《制》並用，是非淆亂，莫知適從，姦吏因得上下其手。遂置局，命大理卿移刺慥總中外明法者共校正。乃以皇統、正隆之《制》及大定《軍前權宜條理》、後《續行條理》，倫其輕重，删繁正失。制有闕者以律文足之。制、律俱闕及疑而不能决者，則取旨畫定。《軍前權宜條理》内有可以常行者亦爲定法，餘未應者亦别爲一部存之。參以近所定徒杖減半之法，凡校定千一百九十條，分爲十二卷，以《大定重修制條》爲名，詔頒行焉。

二十年，上見有蹂踐禾稼者，謂宰相曰：今後有踐民田者杖六十，盜人穀者杖八十，並償其直。二十一年，尚書省奏鞏州民馬俊妻安姐與管卓姦，俊以斧擊殺之，罪當死。上曰：可減死一等，以戒敗風俗。二十二年，上謂宰臣曰：凡尚書省送大理寺文字，一斷便可聞奏。如烏古論公説事，近取觀之，初送法寺如法裁斷，再送司直披詳，又送闔寺參詳，反覆三次，妄生情見，不得結絶。朕以國政不宜滯留，昨雖炙艾六百炷，未嘗一日不坐朝，欲使卿等知勤政也。自今可止一次送寺，闔寺披詳，苟有情見即具以聞，毋使滯留也。

二十三年，尚書省奏，益都民范德年七十六，爲劉祐毆殺。祐法當死，以祐父母年俱七十餘，家無侍丁，上請。上曰：范德與祐父母年相若，自當如父母相待，至毆殺之，難議末減，其論如法。

尚書省奏招討司官及禿里乞取本部財物制，上曰：遠人止可矜恤，若進貢不闕，更以兵邀之，强取財物，與盜何異。且或因而生事，何可不懲。又曰：朕所行制條，皆臣下所奏行者，天下事多，人力有限，豈能一一盡之。必因一事奏聞，方知有所窒礙，隨即更定。今有聖旨、條理，復有制條，是使姦吏得以輕重也。

《金史》卷九九《賈鉉傳》　鉉上書曰：親民之官，任情立威，所用决杖，分徑長短不如法式，甚者以鐵刃置於杖端，因而致死。間者陰陽愆戾，和氣不通，未必不由此也。願下州郡申明舊章，檢量封記，按察官其檢察不如法者，具以名聞。内庭勅斷，亦依已定程式。制可。復上書論山東採茶事，其大概以爲茶樹隨山皆有，一切護邏，已奪民利，因而以揀茶樹執誣小民，嚇取貨賂，宜嚴禁止。仍令按察司約束。上從之。

（清）嵇璜等《續通典》卷一八《選舉·歷代制中》　泰和二年，更定廕叙法。年六十以上退與患疾身故者，雖非文武官資，擬令係班，除存習本業者，聽廕一人，止一子者，不須習即廕。凡諸色出身文武官一品，廕子孫至曾孫及弟兄姪孫六人。因門蔭則五人，二品子孫至曾孫及弟兄姪五人，四品、五品三人，因門廕則二人，六品二人，七品一人。因門廕則六品、七品皆一人。凡進納官正班三品廕四人，雜班三人，正班武略子孫兄弟一人，雜班明威一人，懷遠以上二人，鎮國以上三人，司天太醫遷至四品，换文武官者，廕一人。哀宗時詔有司爲死節士立褒忠廟，又書其子孫于御屏以備擢用，雖時迫危亡，爲激勵人心之計，要亦勸忠之典也。

又：　至元四年定廕叙之法。凡廕諸品官止廕一人，以嫡長子同母弟及其子孫曾元。如無，則次及旁推，皆于合叙品級降一等。諸九品依例遷至正三品者，止于本等。流轉二品以上選自。特旨五年令三品至七品廕叙人員年二十五以上者，當傔使一年，並不支俸。滿日，三品至五品子孫量材叙用，六品，七品子准上銓注監當差，使其諸路達嚕噶齊子弟廕充散府諸州。達嚕噶齊其散府諸州子弟充諸縣，達嚕噶齊其諸縣子弟充巡檢，凡主兵官有功升擢其舊職宜别援有功者，若陣亡，許其子弟承襲。

《元史》卷二《太宗紀》　〔元太宗元年〕秋八月己未，諸王百官大會于怯緑連河曲雕阿蘭之地，以太祖遺詔即皇帝位于庫鐵烏阿剌里。始立朝儀，皇族尊屬皆拜。頒大札撒。華言大法令也。

《元史》卷一七《世祖紀十四》　〔至元二十九年三月〕壬戌，給還楊璉真加土田、人口之隸僧坊者。初，璉真加重賂桑哥，擅發宋諸陵，取其寶玉，凡發冢一百有一所，戕人命四，攘盜詐掠諸贓爲鈔十一萬六千二百錠，田二萬三千畝，金銀、珠玉、寶器稱是。省臺諸臣乞正典刑以示天下，帝猶貸之死，而給還其人口、土田。

《元史》卷二〇《成宗紀三》　〔大德四年〕十一月壬寅朔，詔頒寬令，免上都、大都、隆興大德五年絲銀、税糧；附近秣養馬駝之郡免税糧十分之三，其餘免十分之一；徒罪各減一半，杖罪以下釋之；江北荒田許人耕種者，元擬第三年收税，今並展限一年，著爲定例。

《元史》卷二一《成宗紀四》　〔大德〕七年春正月戊戌，太陰犯昴。甲辰，太陰犯軒轅。丙午，定諸改補鈔罪例，爲首者杖一百有七，從者減二等；再犯，從者杖與首同，爲首者流。

又：　辛亥，奉使宣撫耶律希逸、劉賡言：平陽僧察力威犯法非一，有司憚其豪强，不敢詰問，聞臣等至，潛逃京師。中書省臣言：宜捕送其所，令省、臺、宣政院遣官雜治。從之。

《元史》卷二九《泰定帝紀》　〔泰定元年正月〕甲辰，敕譯《列聖制詔》及《大元通制》，刊本賜百官。

《元史》卷三九《順帝紀二》　〔至元四年三月〕辛酉，命中書平章政事阿吉剌監修《至正條格》。

《元史》卷四〇《順帝紀三》　〔至元六年秋七月〕戊寅，命翰林學士承旨腆哈、奎章閣學士（夔夔）〔巎巎〕等删修《大元通制》。

《元史》卷四一《順帝紀四》　〔至正五年〕十一月甲午，《至正條格》成。

又：癸丑，以長吉爲皇太子宫傅官。頒《至正條格》於天下。

《元史》卷一三八《康里脱脱傳》 〔至正〕三年，詔修遼、金、宋三史，命脱脱爲都總裁官。又請修《至正條格》頒天下。

（清）徐乾學《資治通鑑後編》卷一八四《元紀三二》 甲辰，吴律令成，王與諸臣復閲視之，去煩就簡，減重從輕者居多。凡爲令一百四十五條，凖唐之舊，而增損之計二百八十五條。命有司刊布中外。

《元典章》卷一八《戸部・婚姻・婚禮・嫁娶寫立婚書》 至元六年三月旨，中書戸部契勘人倫之道。男女婚姻爲大，據各処見行礼数事罪不一，有立婚書文約者，亦有不立元議婚書，止憑媒妁爲婚。已定之後，少有相違，男家爲无婚書，故違元議，妄行增減財錢，或女婿養老、出舍、争差年限，訴訟到官。其間循情及媒妁人等偏向，止憑在口詞，因以致詞訟不絶，深爲未便。省部公議得今後但爲婚姻，議定寫立婚書，文約明白，該寫元議、聘財、錢物。若招召女婿，指定養老，或出舍年限，其主婚、保親媒妁人等畫字依理成親，庶免争訟，除外仰遍行所屬，依上施行。

《元典章》卷一八《戸部・婚姻・嫁娶・母在子不得主婚》 至元五年十月，中書戸部來申：田盈及王秀才各定問訖趙阿王女趙速兒，相争，未曾經断，今却嫁与孟二爲婦。若將趙速兒断付田盈与弟爲婦，却緣趙速兒次兄趙定主婚喫訖肯酒，係不合主婚之人。若断得王秀才与男爲婦、兼王秀才目今已与伊男娶訖妻室。止令孟二爲妻。從來不曾断過如此体例，乞照驗事。省部相度，趙速兒既有母在，其兄在外喫肯酒，爲子之道礼无自專，難議從兄許親爲定。據趙速兒母阿王稱受訖王秀才聘定，許伊男王二爲妻，合行爲婚。未婚之間趙速兒与小李通奸在逃被捉到官。在後王秀才若不願娶趙速兒即將元下与阿王定婚礼物，依數追還。仰照驗施行。

《元典章》卷一八《戸部・婚姻・官民婚・廣官妻妾嫁例》 大德三年十一月，湖廣等処行省准中書省咨，御史臺呈，准行臺咨，海北廣東道廉訪司申，李通等告，兄李榮充惠州路鈔庫大使，因病身故，抛下妻阿何，服内改嫁本路提控按牘郭克仁爲妻。除另行取問外，切見廣東烟瘴重地，北来官負离家万里，不伏水土，染病身死者不可勝数，抛下妻妾，不能守志，改適他人，將前夫應有資財人口席卷而去。亡歿官負骨肉未寒，家私人口已属他人。况在廣亡歿官負老小出廣，已有應付站船定例。如蒙行移合属，嚴加禁約。今後，在廣仕宦官負，若有身故，抛下老小，听從本処官司依例起遣還家，不得擅自改嫁。如有違犯，事發到官，断罪聽離。前夫家私若有散失，勒令陪償。可以絶詞訟之源，亦正人倫厚風俗之一端。具呈照詳。得此，送礼部照擬，回呈，叅詳，两廣迁去官負，若有身故，合准廉訪司所擬，將抛下老小家私，本処官司依例起發還家，妻妾不得改嫁，違者依上断罪聽離，相應都省准擬施行。

《元典章》卷一八《戸部・婚姻・官民婚・命婦夫死不許改嫁》 至大四年八月，江西行省准中書省咨，礼部呈奉省判，上都留守王忠議呈，切聞男有重婚之道，女無再醮之文。生則同室，死則同穴，古今之通義也。夫亡守節之婦，有司爲之旌表門閭。朝廷每降德音，其於義夫節婦未嘗不爲之褒諭，所以重風化之原也。近年以來，婦人夫亡守節者甚少，改嫁者歴歴有之，乃至齊衰之淚未乾，花燭之筵復盛，傷風敗俗，莫此爲甚。見今尚書省奏准封贈流官父母妻室頒行天下，婦人因得夫子得封郡縣之號，即与庶民妻室不同。既受朝命之後，若夫子不幸亡歿，不許本婦再醮，立爲定式。如不遵式，即將所受宣勅追奪、断罪离異。儻准所言，不惟少副聖朝奉行封贈之美意，亦厚風俗重人倫之一端也。具呈照詳。送礼部照擬，呈省。奉此。本部叅詳，如准王中議所言相應，具呈照詳，都省准呈，咨請照驗施行。

《元典章》卷一八《戸部・婚姻・軍民婚・出征軍妻不得改嫁》 至元二十六年四月尚書礼部奉尚書省劄付，湖廣行省咨，廣南宣尉司呈，出征交趾軍人，多有隔絶潰散，各家爲見久不回還，父母將各軍妻小改嫁，以致分居，殆失人倫，咨請定奪。送礼部議得，出征軍人未知存亡，抛下妻小，其父母不合一面改嫁。合咨本省改正，仍將主婚人等断罪，相應。都省准呈，合下仰遍行禁約

《元典章》卷一八《戸部・婚姻・休棄・離異買休妻例》 至元八年五月，尚書戸部承奉尚書省劄付，御史臺呈，体知得有一等夫婦，不相安諧者，遂有賣休買休体例。若不禁断，有傷人倫敗壞風俗，今來照得舊例，諸棄妻雖犯七出之狀，而有三不去之理，以此叅詳，若以夫出妻妾者，分明寫立休書，赴官告押執照，即聽帰宗，依理改嫁，以正夫婦之

道。此係爲例事理，乞照驗事。得此，送本部披詳，該送法司，照得舊例，棄妻須有七出之狀，一無子，二淫泆，三不事公姑，四口舌，五盗竊，六妬嫉，七惡疾。雖有棄狀而有三不去，一經持公姑之丧，二娶時賤後貴，三有所受無所帰，即不得棄。其犯奸者，不用此律。又條犯義絶者離之。違者，杖一百。若夫婦不相安諧而和離者，不坐。若依臺所擬，甚爲允當，省府准擬施行。

《元典章》卷一八《戶部·婚姻·收繼·田長宜強收嫂》 延祐五年二月初六日，江浙行省准中書省咨，刑部呈，奉省判，遼陽省咨，大寧路據利州申田阿叚狀告，皇慶二年十月內，有夫田千羊身故，抛下阿叚并兒女四个，於父叚琮家守服。延祐四年三月二十七日，有婆阿馬引領男田五兒前來，對父叚琮言道我交田長宜收，你嫌那厮在先作過，不肯交收，今日交這五兒收呵，怎生有。父叚琮回言，俺女孩兒持服守志，見有四个兒女，如何收的。有婆阿馬將阿叚喚去伊家做飯喫用，至後晌，欲行還家，不期小叔田長宜將阿叚拖到見住正房內，將門関閉，令田禄兒看門，田五兒將阿叚兩手拿把，其田長宜用棍於左膊上打訖兩下，不能動止，將阿叚頭髪於窗櫺上拴繫，剥去衣服，有小叔田五兒將阿叚兩手拿住，令伊兄田長宜將阿叚收继了當。取訖田長宜招伏，原其所犯，甚傷風化，敗壞人倫，量擬强奸凡人例減一等，杖断九十七下。誠恐差池，緣事干通例，宜令合干部分定擬相應。送據刑部議得，田阿叚夫亡守志及六年，其叔田長宜賺去伊家，先令弟田禄兒看門，次喚田五兒將本婦兩手捉拿，親行用棍打拷，及揪拴頭髪，剥去衣服，强行奸訖。原其所犯，乱常敗俗，甚傷風化，擬合將田長宜比依強奸無夫婦人例，杖断一百七下。其弟田五兒等就便量情断決。田阿叚断從帰宗守志，如别行招嫁，依例断罪，令應继罪人收贖。如蒙准呈，遍行照會，庶可激勵薄俗，具呈照詳。得此。都省議得，田長宜所招罪犯，比依凡人强奸無夫婦人減等，杖斷九十七下，餘准部擬。咨請照驗，依上施行。

《元典章》卷一八《戶部·婚姻·驅良婚·良人不得嫁娶驅奴》 至元二十五年十月十六日，尚書省奏過事内一件，人每的驅每根底百姓，每根底女孩兒与了有男兒死了呵，媳婦孩兒做百姓的体例有。道有。在先，与時分，你甚麼根脚人，麼道爲甚不問与了有，明理會得是人的驅根底与了呵，与了的後頭，是百姓人家女孩兒，來則合做百姓体例有。道呵，不宜，爲那般呵，人的駈使長根底趓避的多有。麼道，奏呵，人每的駈，麼道。明理會得，女孩兒每根底休与者但是駈每根底与呵，則合做駈的体例有。麼道、聖旨了也，欽此。

《元典章》卷一九《戶部·田宅·房屋·多年宅院難令回贖》 大德元年六月，江西行省據龍興路申，范大鼎告，翟鎮撫占住房屋，虚錢实契不肯回贖公事。省府議得，翟鎮抚等於至元十二年收附龍興，踏逐到范大鼎等空屋住坐。已後月日不等，憑牙立契用價錢買訖所仵房舍。在後，范大鼎爲見官司，許令回付，以此陳告，盖緣江南帰附之初，行使中統鈔兩，百物價直低微，成交之時，初非抑逼，亦无競意。目今百物踴貴，買賣房舍，價增數倍，致起貪人僥倖之心，訴訟之煩实由於此。若令范大鼎補元價回贖，却緣翟鎮撫已將所買房屋賣与馬萬戶，在後，馬萬戶又轉賣与杜經歷，到今一十五年，經隔三主，若遞相收贖，其馬萬戶即目不知去省。又翟鎮抚所買房舍，至元二十三年，范大鼎爲見元賣價低，翟鎮撫又行添貼價錢四定，重行給據，立契成交，至甚明白，兼各人節次用工修造，用過工食三十餘定，若擬回贖，实虧買主。又緣江南地薄，頑民好訟，似此援例，必致將來詞訟蜂起，莫若准各人已買为主，依舊管業，以革僥倖。移准中書省咨，送礼部照擬得，合從行省所擬相應。都省准擬合下。

《元典章》卷一九《戶部·田宅·家財·同宗過繼男與庶生子均分家財》 皇慶元年十月，江浙行省准中書省咨，備浙東宣慰使李中奉呈，婺州路蘭溪州唐柱唐禎家財，照到各人備細詞因。當職看詳，唐證始因无子，与妻王氏，於亡宋辛未年間，過房伊親姪唐柱爲子。十有二年之後，典雇葛氏方生一男唐禎。至元二十七年抄数時伊父唐證作成丁長男唐柱不成丁次男唐禎立籍。唐證父子相安，初无間異，後二十五年有餘，至元三十一年，唐證正妻王氏身故，次子唐禎生母葛氏掌管家私，遂生嫌隙，累累言告，唐柱抵抗不欲爲子，自願帰宗等事。節次追到唐柱，殊无一字帰宗之詞，止是官司朦朧立案，合帰宗似難。已後，唐禎自行主意，与親族唐剛大等議，令二子均分家產。赴官，執法連判，所立分書，於内明白將实有田土品搭均分。又該品搭之田，乃唐柱應分之業。又該分撥之後，兄弟自宜孝友，同心恊力，支持門戶，若争执，以不孝論，如此等語。可見唐證本無棄子帰宗之心明矣。又兼婺州路已曾勾追一同議分親族唐剛大到官，明指唐證在日，並不曾令唐柱帰宗，亦不見唐柱説不願因由自行帰宗等語，其事猶爲明白。各処官司循情，不行詳認事体，以是爲非，逗留到今，不与從公帰結。近拠婺州路達魯花赤買驴不依都省已断万拱蕭千八例，又不憑至元二十七年欽奉聖旨抄定戶籍，又不憑伊父唐證立下文書輙理唐禎所執伊父唐證獨名書押，無顯證不堪憑信之言，將已過房四十余年同宗之子，破籍帰宗，於理未當。况江南異姓過房之子承繼官戢，承紹家業者，不可勝計，况復同宗嫡子，抑又何疑。其蘭溪州司吏刘紹，三年專掌此事，不行交案，不報刷目，情弊昭然。合依至元二十七年巳籍并都省断過万拱等通例爲定，難擬帰宗仍憑唐證在日，与親族唐剛大等元立分書，令唐禎分産當役，相應。所據唐禎不遵父命分産，累告其兄，詞理不遜，事涉犯義。蘭溪州司吏作弊，三年不行交案，雖在革前，亦宜遍行禁止。具呈照詳。得此。本省看詳，人倫之大，嗣續爲先。謂其唐證，始因无子，過房堂姪唐柱継後，今計四十餘年，唐禎不思父兄起家之難，遂忘手足友恭之義，假父遺命，棄兄帰宗。其往往告争継立，多因富豪分産不均，所在官司不遵定例，以情破法，紊乱人倫。今唐證生前与房族唐剛大已立分書，將家産二子均分當役，又与省臺断過万拱蕭千八巳籍定通例无異。參詳，若依宣慰李中奉所擬，相應。咨請照驗事。准此。都省議得，唐柱唐禎争告家財事理，依准宣慰李中奉所擬，將唐證應有財産，令唐柱唐禎均分外，據蘭溪州司吏劉紹作弊，三年不行交案，罪經釋免，擬合革去，似此小吏亦合禁止，咨請依上施行。

《元典章》卷一九《戶部・田宅・家財・父母未葬不得分財析居》 延祐六年十月江浙行省准中書省咨，刑部呈，奉省判，御史臺呈，據山東東西道肅政廉訪司申，准本道廉訪使安正奉牒，盖聞養生者不足以當大事，惟送死可以當大事。斯前代之格言，亦今人之龜鑑也，比見庸愚莫喻此理，不以孝悌爲心，務以争訟爲事。殊不思父母亡歿之後，猶未安葬，先已分財異居，各爲不均，互相毀訐，爱敬之心絶无。往往赴官陳告，積年不能杜絶。父母瘞於淺土，恬然不問，豈假慎終追遠哉？風俗僥薄，乃至如此。莫若今後凡民間弟兄遇父母亡歿未曾大葬者，不許析居，須候葬畢，方許分另。如願永遠同居者听。如此，庶幾風俗还淳，官无冗政。緣係爲例事理，牒請備申施行。准此。看詳，如准廉訪使安正奉所言，誠爲允當。申乞照詳。准此。本臺看詳，如准所言，遍行禁治，庶裨風教。具呈照詳。得此，批奉都堂鈞旨，送刑部，約會礼部講究議擬呈省。奉此，本部依上約請到礼部尚書張中議，一同講議得，擬葬之礼，除蒙古色目例從本俗，别无定奪，其余人凡居父母之丧，葬事未畢，弟兄不得分財異居。虽巳葬訖，服制未終而分異者，並行禁止。如蒙准呈，遍行照會，相應。具呈照詳。得此，都省准擬除外，咨請依上施行。

《元典章》卷一九《戶部・田宅・典賣・典賣田宅須問親隣》 至元六年七月，中書戶部承奉中書省劄付備太原路申，本路人民凡有典賣田宅物業，有欺昧親鄰典主，亦故行推調，不肯畫字厘勒望减價錢，反勒要畫字錢物，固非一端，以致相争，紊煩官司。爲无定例，不能决断。乞明降事省府，照得旧例，諸典賣田宅，及已典就賣，先須立限取問有服房親先親後疏，次及鄰人親從等及諸鄰處分，典賣著听，次見典主，若不在願者限三日批退，願者限五日批價。若酬價不平，并違限者，任便交易，限滿不批，故有遮占者，仍不得典賣。其業主亦不得虚擡高價，及不相本問而輙交易。違而成交者听親隣見典主百日内依元價收贖，限外不得争告。欺昧親鄰典主故不交業者虽過百日，亦听依價收贖。若親隣見典主在他所者，令以次人取問謂親隣典主以次之人，若无人並除程過百日者，不在争告之限。若遇飢饉灾患丧凶争鬪之事，須典賣者經所属陳告給拠交易。仰依旧例，行下各路照會施行。

《元典章》卷一九《戶部・田宅・典賣・典賣批問程限》 延祐二年九月，江浙行省劄付，准中書省咨，礼部呈，奉省判御史臺呈，據监察御史言，切謂民間諸典賣田宅者，皆因迫於飢寒，或遇丧事，並軍站差發，及欠少錢債，委无措置，將田土房舍或典賣以救其急，蓋不得巳也。檢會到至元二十七年，都省議得，今後凡典賣田宅，皆從尊長畫字立帳，取問有服房親，次及隣人典主，不愿者批退，愿者五日批價，依例立契，交錢兑業。若酬價不平，并違限者，任便交易。其親隣典主毋得故行遮占刁蹬，取要畫字錢物。如業主虚擡高價，不相由問成交者，听親隣典主百日内收贖。限外不知争告，欺昧親隣典主，故不交業者，虽過百日，並听依例收贖。若親隣典主在它所者，百里之外，不在由問之限。軍户依例給據，如有違犯者，依例歸結。若所管官司應与決不行与決，或作疑申稟，致使争訟之大，繁紊上下官府，將當該官吏嚴行治罪。奉此。除遵依外，今照近年以來，多有房親隣人典主，不遵官司定限，恃以冨勢，欺壓良民，勒要畫字錢物，刁蹬多端難以備夆。動經年月推調，不行畫字，致令業主多負錢債，重納利息，困苦至極，少有不赴官陳告，其當該人吏，又不隨即結絶，亦行取受錢物，往往如是，事理細微，良多受害，原其所由，蓋因當時虽設批退程限，别无定到違限當有罪責，以致如斯，深不便易，以此參詳，此項公事，即係違例定例事理，莫若今後諸典賣田宅，但凡親隣典主不愿者，三日内不行批退，加以罪責。若有五日内不行酹價，亦行治罪。若有其業主却行欺昧親隣典主，私下成交者，亦行治罪。若有如此立定成憲，似望少革其弊，不唯貧民受賜，官司亦省文繁，公私得濟，宜從憲臺具呈中書省，令合干部分定擬，相應。具呈照詳。准此，送礼部照擬施行，奉此，本部議得，上項事理，若依旧立程限議擬科罪，切恐限次促迫，不能完備，致使百姓枉遭刑憲。以此參詳，今後軍戶諸色人戶，凡典賣田宅，皆從尊長畫字給據立帳，取問有服房親，次及隣人典主，不愿者，限一十日批退，如違限不行批退者，決一十七下。愿者限一十五日批價，依例立契成交，若違限不行酹價者，決二十七下，任便其親隣典主故行刁蹬，取要畫字錢物，取問是实，決二十七下。如業主虚擡高價，不相由問成交者，決二十七下，听親隣典主百日内收贖，限外不得争告。欺昧親隣業主故不交業者決四十七下，虽過百日，並听依價收贖。若隣人典主在他所者，百里之外不在由問之限。若告發到官，不行依例理斷，從監察御史廉訪司糾治。如蒙准呈，遍行照會，具呈照詳。得此。都省除外，咨請依上施行。

《元典章·新集至治條例·刑部·諸盗·總例·盗賊通例》　延祐六年三月日，江西行省准中書省咨，議得天地生民，各有良心。苟失教養，靡所不爲，甚至昏迷爲盗，重罹刑憲，原其所自，盖多脅從染習。故《虞書》有象刑之典，《周礼》載懸法之文，皆所以明示憲章，使民易避。比年以未，禾獲盗賊，起数尚多，实由有司失於抚字，不能申明禁例，及至誤陷於罪，抵法繩之，所謂不教而罪，深可哀矜，故將元定盗賊輕重罪名，開列於后，仰所在官司多出文榜，排門粉壁，明白曉諭，毋致違犯。其應捕官兵人等，常切用心巡警緝捕，須要弭息，仍照勘在前曾經刺断，强切盗賊若能悔過自新，元定限内，不曾再犯，保勘是实，即与除籍。有司正官常加抚諭所部人民，修其孝悌、忠信，勤謹服勞，各安生理，里閭相勸，族黨相親，永爲淳良，非徒虚文，期於实效，都省咨請，依上施行。

《元典章·新集至治條例·刑部·諸盗·總例·親屬尊卑相盗》　延祐六年五月日，江西行省准中書省咨，該御史臺呈，抵監察御史呈，切詳規財物者，情莫重於盗賊；論親屬者，義莫别於服制。故盗賊有强有切，親屬有尊有卑。即今无服親屬相犯者，止科其罪，免追倍贓，俱不流配刺字。有服之親，亦无減等之條，是乃輕重不倫，親踈无别。今後凡尊長於别居卑幼家切盗，若强盗及卑幼於尊長家行切盗者，緦麻小功親減凡人一等，大功減二等，周親減三等，亦依上例，不刺不配，免追倍贓；其卑幼於尊長家强盗，以凡人論。庶尊卑之分别，刑法之允當。本臺具呈照詳，送刑部議得，御史臺元呈監察御史所言，親屬相盗，立制不同，既无服之親相犯者，止科其罪免追倍贓，俱不流配，仍免刺字。其有服之親，今後凡尊長於别居卑幼家切盗若强盗及卑幼於尊長家行切盗者，緦麻小功親減凡人一等，大功減一等，周親減三等，亦依上例不刺不配，免追倍贓，其卑幼於尊長家强盗以凡人論，以此參詳，如准所言相應都省准擬，咨請依上施行。

《明史》卷八《仁宗紀》　〔永樂二十二年冬十月〕乙卯，詔中外官舉賢才，嚴舉主連坐法。丁巳，令三法司會太學士、府、部、通政、六科於承天門録囚，著爲令。庚申，增京官及軍十月廪。丁卯，擢監生徐永清等二十人爲給事中。十一月壬申朔，詔禮部：建文諸臣家屬在教坊司、錦衣衛、浣衣局及習匠、功臣家爲奴者，悉宥爲民，還其田土。言事謫戍者亦如之。癸酉，詔有司：條政令之不便民者以聞。凡被災不即請振者，罪之。

（清）龍文彬《明會要》卷五四《食貨二·田賦》　隆慶元年四月，戶部尚書葛守禮言：國初徵糧，戶部定倉庫名目及石數價值，通行所司分派。小民隨倉上納，完欠之數，瞭然可指。近乃定爲一條鞭法，計畝徵銀，不問倉口，不論石數。吏書夤緣爲奸，灑派增減，弊端百出。至於收解，乃又變爲一串鈴法，謂之夥收分解，收者不解，解者不收。收者獲積餘之貲，解者任賠補之累。夫錢穀必分數明而後稽覈審，今混而爲一，是爲那移者地也。願敕所司，酌復舊規。詔悉舉行，於是奏定國計簿式，頒行天下。自嘉靖三十六年以後，完欠起解追徵之數，及貧民不能輸納，備録簿中。自府州縣達布政，送戶部稽考，以清隱漏、那稽、侵欺之弊。《葛守禮傳》。

（清）龍文彬《明會要》卷五五《食貨三・錢法》 大學士邱濬言：自古論錢法者，惟南齊孔顗不惜銅，不愛工二語，爲萬世不易之良法。體質厚而肉好適均，製作工而輪廓周正，本多而工費，雖驅之使鑄，彼亦不爲矣，況冒禁而盜爲之者哉？然自太府圜法以來，以銅爲泉，或半兩，或榆莢，或八銖、四銖，惟漢之五銖爲得其中。五銖之後，或赤仄，或當千，或鵝眼、綖環，或荷葉，惟唐之開元爲得其中。二者之外，當三、當十、當百，皆行之不久而遽變。惟其質製如開元者，則至今通行焉。惜古鑄之存世者無幾，凡市肆流行而通使者，皆盜鑄之僞物耳！爲今之計，莫若拘盜鑄之徒以爲工，收新造之錢以爲銅；本孔顗此説，別爲一種，以新天下之耳目，革天下之宿弊。每錢以十分爲重，中間錢文必以古篆，或用年號別製佳名；輪廓之旁，周迴鑿以花紋；每文計用銅十五分。令天下輸舊錢於官，以易新錢。所得舊錢，週以細紋，如新錢製式，然後散之天下。仍詔非此二樣錢勿用。則錢法流通而公私俱便。

（清）龍文彬《明會要》卷五五《食貨三・茶法》 嘉靖十五年六月，巡茶御史劉良卿言：律例：私茶出境，與關隘失察者，竝凌遲處死。蓋西陲藩籬，莫切於諸番。番人恃茶以生，故嚴法以禁之，易馬以酬之，以制番人之死命，壯中國之藩籬，斷匈奴之右臂，非可以常法論也。洪武初例，民間蓄茶不得過一月之用，弘治中，召商中茶，或以備振，或以儲邊，然未嘗禁內地之民使不得食茶也。今減通番之罪止於充軍，禁內地之茶使不得食，又使商私課茶悉聚於三茶馬司。夫茶司與番爲鄰，私販易通，而禁復嚴於內郡，是敺民爲私販而授之資也。以故，大姦闌出而漏網，小民負升斗而罹法。今計三茶馬司所貯，洮河足三年，西寧足二年，而商私課茶又日益增，積久腐爛而無所用。茶法之弊如此。番地多馬而無所市，吾茶有禁而不得通，其勢必相求，而制之之機在我。今茶司居民竊易番馬以待商販，歲無虚日。及官易時而馬反耗矣。請敕三茶馬司，止留二年之用。每年易馬，當發若干正茶之外，分毫無得夾帶，令茶價踴貴。番人受制，良馬將不可勝用。且多開商茶，通行內地，官榷其半以備軍餉。而河、蘭、階、岷諸近番地禁賣如故，更重通番之刑，如律例。洮、岷、河責邊備道，臨洮、蘭州責隴右分巡，西寧責兵備，各選官防守。失察者以罷軟論。奏上，報可。於是茶法稍飭矣。《實録》。

（清）嵇璜等《續通典》卷一〇《食貨・戶口丁中》 宣宗宣德間，定制：逃者發邊充軍。官司鄉里隱匿者，俱坐罪。孝宗弘治五年，始免解在逃富戶，每戶徵銀三兩，與廂民助役，世宗嘉靖中減爲二兩，以充邊餉。

（清）蔣良騏《東華録》卷二一《康熙四十九年十一月》 十一月，給事中高遐昌言：凡遇蠲免錢糧之年，請將佃戶田租亦酌量蠲免，著爲例。上諭曰：蠲免但及業主，而佃戶不得沾恩，伊等田租，亦應稍〔減〕〔寬〕。但山東、江南田畝多，今佃戶耕種牛種皆出自業主，若免租過多，又虧業主，必均平無偏，乃爲有益。尋戶部議：業主蠲免十分之七，佃戶十分之三，永著爲例。

《皇朝通志》卷七五《刑法畧一・刑制肉刑附》 康熙二十年，諭：聞刑部所用枷有大小，板有厚薄，所带鐵鎖亦輕重不一，發在各門罪犯受門軍污穢嚇詐，此等情弊著稽察嚴禁。

《皇朝通志》卷七九《刑法畧五・刑制欽卹》 九年，諭：清理刑獄，除重罪候決人犯外，凡牽連待質及候審輕罪，著刑部覆明，速行完結，或暫予保釋。八旗高墻拘禁人犯，亦照此辦理。枷示人犯除永遠枷示者不宥外，其有限期未滿者照例保釋。於處暑後補枷，外省已經到部之案，有擬徒杖準折贖者，悉寬免之。

《皇朝文獻通考》卷二〇六《刑考十二・詳讞平反》 五十三年，勅刑部秋審奏章毋得繁複。奉諭閲刑部秋審奏章繁複者甚多，皆由府州縣司道各官録供招盡行全載所致。該府司道果讞有別情自應敘入，若無互異之處，但註明該府司道與各州縣等官歷審皆同一語，止將州縣初招並督撫大吏審擬之處敘明足矣。此非爲朕便於省覽，案牘繁多，則事務必致遲延矣。定秋審緩決之案，照舊聲明情由。奉諭刑部等衙門所奏各省緩決犯案，并不將緩決情由聲明，只書某人打死某人應行緩決一語。嗣後應照例聲明情由，其情實可矜等案亦著照例。

（清）嵇璜等《續文獻通考》卷一《田賦考》 五年十一月，立諸路通檢地土等第税法。先是二年五月有言，以用度不足奏預借河北東西路中都租税。帝以國用雖乏，民力尤艱，不允。至是立通檢法，帝又問条知政事魏子平曰：古者税什一而民足，今百一而民不足，何也？子平對曰：什一取其公田之入，今無公田而税其私田，爲法不同，古有一易再易之田，中田一年荒而不種，下田二年荒而不種，今乃一切與上田均税之，此民所以困也。

（清）陸曾禹《康濟録》卷四上《事後之政·贖難賣以全骨月》 憲宗成化二十三年，詔：陝西、山西、河南三省軍民先因饑荒逃移，將妻、妾、子女典賣與人者，許典賣之家首告，准給原價贖取歸宗，其無主及願留者，聽，隱匿者罪之。謹案：官給原價贖其歸宗，若不首告，罪其隱匿，人亦何怨之有。使如漢家之竟令放還，或以掠人論，是以勢而不以理，豈君民之道哉？

雜録

《國語》卷六《齊語》 桓公曰：吾欲從事於諸侯，其可乎？管子對曰：未可。國未安。桓公曰：安國若何？管子對曰：修舊法，擇其善者而業用之；遂滋民，與無財，而敬百姓，則國安矣。桓公曰：諾。遂修舊法，擇其善者而業用之；遂滋民，與無財，而敬百姓。國既安矣，桓公曰：國安矣，其可乎？管子對曰：未可。君若正卒伍，修甲兵，則大國亦將正卒伍，修甲兵，則難以速得志矣。君有攻伐之器，小國諸侯有守禦之備，則難以速得志矣。君若欲速得志於天下諸侯，則事可以隱令，可以寄政。桓公曰：爲之若何？管子對曰：作内政而寄軍令焉。桓公曰：善。

（宋）金履祥《資治通鑑前編》卷三 其或不恭，邦有常刑。此明先王之制，下證義和之罪。惟時義和，顛覆厥德，沉亂于酒，畔官離次，俶擾天紀，遐棄厥司。此正義和之罪也。

（宋）金履祥《資治通鑑前編》卷三 政典曰：先時者殺無赦，不及時者殺無赦。此以下狥師之辭。政典者，大司馬之法，用之於軍旅者也。故先時、後時者皆殺無赦，所以謹期會，一師徒，明節制也。先時者，邀功而亂陣；不及時者，失期而怯敵，皆用兵之忌也。是以兵法於此必嚴無赦之律焉。

《漢書》卷一二《平帝紀》 詔曰：大赦令者，將與天下更始，誠欲令百姓改行絜己，全其性命也。（性）〔往〕者有司多舉奏赦前事，累增罪過，誅陷亡辜，殆非重信慎刑，洒心自新之意也。及選舉者，其歷職更事有名之士，則以爲難保，廢而弗舉，甚謬於赦小過舉賢材之義。對諸有臧及内惡未發而薦舉者，皆勿案驗。令士厲精鄉進，不以小疵妨大材。自今以來，有司無得陳赦前事置奏上。有不如詔書爲虧恩，以不道論。定著令，布告天下，使明知之。

《漢書》卷一一《哀帝紀》 又曰：制節謹度以防奢淫，爲政所先，百王不易之道也。諸侯王、列侯、公主、吏二千石及豪富民多畜奴婢，田宅亡限，與民争利，百姓失職，重困不足。其議限列。有司條奏：諸王、列侯得名田國中，列侯在長安及公主名田縣道，關内侯、吏民名田，皆無得過三十頃。諸侯王奴婢二百人，列侯、公主百人，關内侯、吏民三十人。年六十以上，十歲以下，不在數中。賈人皆不得名田、爲吏，犯者以律論。諸名田畜奴婢過品，皆没入縣官。齊三服官、諸官織綺繡，難成，害女紅之物，皆止，無作輸。除任子令及誹謗詆欺法。掖庭宫人年三十以下，出嫁之。官奴婢五十以上，免爲庶人。禁郡國無得獻名獸。益吏三百石以下奉。察吏殘賊酷虐者，以時退。有司無得舉赦前往事。博士弟子父母死，予寧三年。

（晉）常璩《華陽國志》卷一〇《廣漢仕女》 義舊，狄道長姜穆女，綿竹司馬雅妻也。既許婚，父坐事徙朔方，雅就婚死，雇人送其喪。尋父母死朔方，義舊獨與弟孤居十年，士大夫求，終不肯。乃上疏自訟求還鄉里，天子愍悼，下朔方使送。遂下詔書定律令：女已許嫁，不得從父母徙。

《魏書》卷二一《廢出三帝紀第十一·出帝平陽王》 〔丁未〕又詔

曰：理有一準，則民無覬覦；法啓二門，則吏多威福。前主爲律，後主爲令，歷世永久，實用滋章。非所以準的庶品，隄防萬物。可令執事之官四品以上，集於都省，取諸條格，議定一途，其不可施用者，當局停記。新定之格，勿與舊制相連。務在約通，無致冗滯。

《魏書》卷四《世祖紀》 戊申，詔曰：愚民無識，信惑妖邪，私養師巫，挾藏讖記、陰陽、圖緯、方伎之書；又沙門之徒，假西戎虛誕，生致妖孽。非所以壹齊政化，布淳德於天下也。自王公已下至於庶人，有私養沙門、師巫及金銀工巧之人在其家者，皆遣詣官曹，不得容匿。限今年二月十五日，過期不出，師巫、沙門身死，主人門誅。明相宣告，咸使聞知。庚戌，詔曰：自頃以來，軍國多事，未宣文教，非所以整齊風俗，示軌則於天下也。今制自王公已下至於卿士，其子息皆詣太學。其百工伎巧、騶卒子息，當習其父兄所業，不聽私立學校。違者師身死，主人門誅。

《魏書》卷一一《後廢帝紀》 十有一月己巳。詔曰：王度創開，彝倫方始，所班官秩，不改舊章。而無識之徒，因茲僥倖，謬增軍級，虛名顯位，皆言前朝所授，理難推抑。自非嚴爲條制，無以防僞竊。諸有虛增官號，爲人發糾，罪從軍法。若入格檢覈無名者，退爲平民，終身禁錮。

《北史》卷一八《景穆十二王傳下・任城王》 澄表上《皇誥宗制》并《訓詁》各一卷，欲太后覽之，思勸誡之益。又奏利國濟人所宜振舉者十條：一曰律度量衡，公私不同，所宜一之；二曰宜興學校，以明黜陟之法；三曰宜興滅繼絶，各舉所知；四曰五調之外，一不煩人，任人之力，不過三日；五曰臨人之官，皆須黜陟，以旌賞罰；六曰逃亡代輸，去來年久者，若非伎作，任聽即住；七曰邊兵逃走，或實陷没，皆須精檢，三長及近親，若實隱之，徵其代輸，不隱勿論；八曰工商世業之戶，復徵租調，無以堪濟，今請免之，使專其業；九曰三長禁姦，不得隔越相領，戶不滿者，隨近并合；十曰羽林武賁，邊方有事，暫可赴戰，常戍宜遣番兵代之。靈太后下其奏，百僚議之，事有同否。

《北史》卷五〇《高道穆傳》 道穆外執直繩，內參機密，凡是益國利人之事，必以奏聞。諫爭盡言，無所顧憚。選用御史，皆當世名輩，李希宗、李繪、陽休之、陽斐、封君義、邢子明、蘇淑、宋世良等三十人。於時用錢稍薄，道穆表曰：百姓之業，錢貨爲本，救弊改鑄，王政所先。自頃以來，私鑄薄濫，官司糾繩，挂網非一。在市銅價，八十一文得銅一斤，私鑄薄錢，斤餘二百。既示之以深利，又隨之以重刑，得罪者雖多，姦鑄者彌衆。今錢徒有五銖之文，而無二銖之實，薄甚榆莢，上貫便破，置之水上，殆欲不沈。因循有漸，科防不切，朝廷失之，彼復何罪。昔漢文帝以五分錢小，改鑄四銖。至武帝復改三銖爲半兩。此皆以大易小，以重代輕也。論今據古，宜改鑄大錢，文載年號，以記其始。則一斤所成，止七十六文。銅價至賤，五十有餘，其中人功、食料、錫炭、鉛砂，縱復私營，不能自潤。直置無利，自應息心，況復嚴刑廣設也？以臣測之，必當錢貨永通，公私獲允。後遂用楊侃計，鑄永安五銖錢。

（北魏）崔鴻《十六國春秋》卷一三《後趙録三・石勒下》 勒又下書曰：今大亂之後，律令煩滋，其採集律令之要為施行條制。於是命法曹令史貫志造辛亥制度五千文，施行十餘年，乃用律令。

（宋）宋敏求《唐大詔令集・序》 《唐大詔令集》者，先君宣獻公景祐中書第三□所纂也。先公以文章名世，更內外制之選，而朝廷典册多以屬之。及入陪宰政，仁宗數面命撰述，於是有中宮册文，三后不遷，及條列兵農，置睦親宅，朝集院等詔。機務之隙，因哀唐之德音號令非常所出者彙之，未次甲乙，未為標識。而昊天不弔，梁木遽壞，小子不肖，大懼失墜，秘其書於家楹者，盖有年矣。僕射王文安公累以為問，謂當垂世不朽，乃緒正舊稾十三類，總一百三十卷。文安見許，序而名之。未果而公薨。治平二年，先皇帝簡拔孤陋，寘在西掖，固欲澡雪衆滯，而鑽仰衆製，方繕寫成編，會忤權解職，顧翰墨無所事，第取唐大詔令目其集而弆藏之云。

《敦煌吐魯番唐代法制文書考釋・律・永徽名例律片段》

（前缺）

□若大□

□兄弟妻，有罪□

即滿露其事，及□以下相隱滅□

人三等。若犯謀叛□律。

諸官戶、部曲稱部曲者，部曲妾及客女亦同官[私]奴婢[有]犯，本條無正文者，各准良人。若犯流徒者，加杖，免居作。應徵正贓及贖，無財省准銅二斤，各加杖十，決訖，付[官]主。若老小及廢疾，不合加杖，無財者放免。即同主奴婢自相殺，主[求]免者，聽減死一等。親屬自相殺者，依常律

諸化外人，同類自相犯者，各依本俗法，異類相犯者，以法律論

諸本條別有制，與例不同者，依本條。即當條雖有罪名，所為重者，自從重。其本應重，而犯時不□者，依凡論，本應輕者，聽[從][本]。□

□[而][無][正][條]□

（後缺）

《舊五代史》卷三七《唐書·明宗紀三》 詔曰：今後文武兩班及諸道商旅，凡有喪亡，即準臺司所奏施行。其坊市民庶軍士之家，凡死喪及婢僕非理物故，依臺司奏，委府縣、軍巡同檢舉，仍不得縱其吏卒，於物故之家妄有邀脅。或恐暑月屍柩難停，若待申聞檢舉，縱無邀脅，亦須經時日。今後仰本家喚四鄰檢察，若無佗故，逐便葬埋。如後別聞枉濫，妄有保證，官中訪知，勘詰不虛，本戶鄰保並行科罪。如聞諸道州府，坊市死喪，取分巡院檢舉，頗致淹停，人多流怨，亦仰約京城事例處分。《永樂大典》卷七千一百六十四。

《宋史》卷一七四《食貨志上二》 陝西、河東用兵，民賦率多支移，因增取地里脚錢，民不能堪。五年，詔陝西特蠲之，且令後勿復取。既而詔河東亦然。又令諸路轉運司：支移、折變，前期半歲書于榜以諭民，有未便者聽自言，主者裁之。皇祐中，詔：廣西賦布，匹為錢二百。如聞有司擅損其價，重困遠人，宜令復故。州郡歲常先奏雨足歲豐，後雖災害，不敢上聞，故民賦罕得蠲者，乃下詔申飭之。又損開封諸縣田賦，視舊額十之三，命著于法。

（宋）李燾《續資治通鑑長編》卷二《宋太祖建隆二年》 漢初，犯私麴者並棄市，周祖始令至五斤死。上以周法尚峻，壬戌，詔民犯私麴十五斤，以私酒入城至三斗者，始處極典，其餘論罪有差；私市酒麴，減造者之半。

又： 上又以前朝鹽法太峻，是日，定令：官鹽闌入禁地貿易至十斤，煮鹻至三斤者，乃坐死。民所受蠶鹽以入城市，三十斤以上者，奏裁。《太宗實録》太平興國二年云：先是，官貨鹽與民，蠶事即畢，即以絲絹償官，謂之蠶鹽，令民隨夏秋賦租納其直。《食貨志》云：唐有蠶鹽，皆賦於民，隨夏稅收錢絹。與《實録》少異，當考。

（宋）李燾《續資治通鑑長編》卷一九《宋太宗太平興國三年》 丙辰，令民二月至九月無得採捕蟲魚、彈射飛鳥，違者重寘其罪。與建隆二年二月詔書略同，犯者有刑，為不同耳。

（宋）李燾《續資治通鑑長編》卷八五《宋真宗大中祥符八年》 以牛疫，頒醫方於諸路，免牛稅一年。

（宋）李燾《續資治通鑑長編》卷八七《宋真宗大中祥符九年》 翰林學士陳彭年等言：先准詔看詳新舊編敕，及取已刪去並林特所編三司文卷續降宣敕，盡大中祥符七年，總六千二百道，《會要》云二千七百九十一道，今從本志。千三百七十四條，分為三十卷。其儀制、敕書、德音別為十卷，與刑統、景德農田敕同行。其止是在京及三司本司所行宣敕，別具編録。若三司例冊，貢舉、國信條制，仍舊遵用。上謂宰相曰：彭年等刪去繁文，甚為簡便。然有本因起請，更相難詰，沖改前後，特留一敕者，今既刪去，恐異日或須證驗，即無從得之。宜令録所刪敕一本，別付館閣，以備檢詳。《實録》、《本紀》並稱同玉清昭應宮副使林特上之，然其後陳彭年等加恩，特不與焉。今但從本志及《會要》，不著特名，《寶訓》又稱別留刪敕，緣劉綜起請，今亦不取。《實録》存刪去敕在六年六月戊子，今依本志附此。

又： 詔民負息錢者，無得逼取其莊土、牛畜以償。

（宋）李燾《續資治通鑑長編》卷九五《宋真宗天禧四年》 詔：諸民偽立田產要契，托衣冠形勢戶庇役者，限百日自首，改戶輸稅。限滿不首，許人陳告，命官除名，餘人決配。所在揭榜示之。

（宋）李燾《續資治通鑑長編》卷一八一《宋仁宗至和二年》 壬子，邇英閣講《周禮》祭祀割羊牲，登其首，王洙曰：祭陽以其首，首主

陽；祭陰以其血，血主陰也。神明不測，故以類而求之。帝曰：然天地簡易，非己誠，其能應乎！又講《左氏傳》鄭人鑄刑書，洙曰：子産以鄭國之法，鑄之於鼎，故使民知犯某罪，有某罰也。帝曰：使民知法，為亂可止，不若不知而自化也。

（宋）李燾《續資治通鑑長編》卷二四五《宋神宗熙寧六年》中書以勸課栽桑之法奏御，上曰：農桑衣食之本，宜以勸民。然民不敢自力者，正為州縣約此以為貲，升其戶等耳。舊有條禁，可申明之。

又：提舉詳定編敕宰臣王安石等言：新修編敕，雖已經審刑、刑部、大理寺、殿前馬步軍司等看詳，尚慮事理未盡，欲更送中書、樞密院再看詳籤貼，及付在京刑法司、律學官吏等各具所見，申中書，送提舉詳定官看詳。如當改正，即改正刊印頒行。從之。

（宋）李燾《續資治通鑑長編》卷二八九《宋神宗元豐元年》詔：諸榷場除九經疏外，若賣餘書與北客，及諸人私賣與化外人書者，並徒三年，引致者減一等，皆配鄰州本城，情重者配千里。許人告捕給賞。著為令。

（宋）李燾《續資治通鑑長編》卷二九九《宋神宗元豐二年》又炊醞不以時，擅增器量及用私麴，皆立告賞法。

（宋）李燾《續資治通鑑長編》卷三〇二《宋神宗元豐三年》龍圖閣直學士韓縝言：伏以為治之法，圖籍為本。臣竊睹陛下臨御以來，內則講求典禮，總一制度，流斡財幣，審核庶獄；外則團結兵將，討伐違傲，開拓疆境，經制邊用。凡所措置，悉該聖慮，一有奏稟，皆出宸斷。及緣邊州軍與外界移文，往往執為爭端，而官司奉行之外，初無編録之法，官吏一易，不知本末。臣愚欲乞應朝廷置局及專使被受朝廷措畫行遣事節，可遵守檢用者，并緣邊州軍與外界移文，各令元差或見任官，分門編類，責以期限，投進中書、樞密院。檢舉嚴立漏落之法，置籍拘管收貯。詔嚴立中書、樞密院諸房遺失官文書法。縝又言：乞以分定地界、壕堠、鋪舍照用文字，降付河東路經畧司。從之。

（宋）李燾《續資治通鑑長編》卷三一四《宋神宗元豐四年》前河北轉運判官呂大忠言：天下二稅，有司檢放災傷，執守謬例，每歲僥倖而免者無慮三二百萬，其餘水旱蠲閣，類多失實。民投訴災傷狀，多不依公式，諸縣不點檢。所差官不依編敕起離月日程限，託故辭避。乞詳定立法。中書戶房言：熙寧編敕約束詳盡，欲申明行下。從之。

（宋）李燾《續資治通鑑長編》卷三二八《宋神宗元豐五年》上曰：朝廷設市易法，本要平準百貨，蓋周官泉府之政。官失其職，一切賒貨，公私頗不便之。雖云有收息之數，名存實亡。今已改用金銀、鈔帛抵貨，最為善法。其元催致欠官吏，重行追奪，亦其宜也。遂從之。

（宋）李燾《續資治通鑑長編》卷三二九《宋神宗元豐五年》尚書右丞王安禮先在開封時，大姓負市易息錢者累訴於庭。安禮既為執政，言於上曰：市易之法，行之已久，取息滋多，而輸官不時者又有罰息。方天下無事，而行法之弊，民至困窮，竊為朝廷惜之。臣願陛下渙然下詔，蠲其罰息，則天下幸甚。上曰：卿言有理，群臣未有為朕言者。其詔使大姓以限輸納，除其罰息。

（宋）李燾《續資治通鑑長編》卷三七七《宋哲宗元祐元年》尚書省言：舊制以贓抵罪，重輕有等。今又立重法，則是罪均刑異，未稱朝廷矜恤之意，請罷諸路重祿法，犯者自依常法，及復熙寧已前吏祿。從之。《舊録》云：嘉祐已前吏不給祿，貨賂請託公行，以貨之多寡輕重為事之枉直，先帝閔焉。庶人之在官者，受贓一錢抵罪。以故刑不濫，民受賜，至此改之。《新録》辨曰：既復熙寧已前吏祿，則改熙寧已後吏祿法自可見，不必更載，今刪去。

（宋）李燾《續資治通鑑長編》卷四四一《宋哲宗元祐五年》神宗皇帝考古揆今，更新官制，以朝廷者政事之所自出，乃用有《唐六典》之法，置舍人於中書省，凡詔令之未安，法度之未便，皆得抗之，庶協厥中；萬一差失，則設給事中於門下省，委之封駮；猶恐人之謀慮不能盡善，則又命諫官論議，御史糾彈，上下維持，紀綱詳密。誠使此地卒皆得人，交修職業，而朝廷不治者未之有也。

（宋）李燾《續資治通鑑長編》卷四七六《宋哲宗元祐七年》兼蕃族既自能改易漢姓，即不以得姓為重，朝廷旌寵之意，恐有時而不行。須至奏陳乞立法止絶者，欲諸路蕃族，除係朝廷特行旌寵賜與姓名外，即不許陳乞改作漢姓。所有今日以前，不因朝廷賜姓之人，並行追改，各令依舊。如允所奏，只乞朝廷訪聞立法行下。

（清）徐乾學《資治通鑑後編》卷二五《宋紀二五》宰相王旦言：

諸路各置轉運使，復遣官檢舉酒税，競以增益課利為功，煩擾特甚。帝曰：官吏務貪勞績，不恤民困，朕甚閔之。乃詔三司取一年中等之數，立為定額，自今中外勿得更議增課，以圖恩奬。

（清）**徐乾學《資治通鑑後編》卷三九《宋紀三九》** 自諸國降附，天下鹽利皆歸縣官，其解池引水而成者，曰顆鹽。淮浙蜀廣煑海井鹻而成者，曰末鹽。初皆通商貿易。咸平中，梁鼎請官自鬻解鹽，未幾，以公私煩擾，復舊商販。帝初即位，置計置司議茶鹽利害，茶法變為貼射，而鹽則官自鬻，利微而害博。兩池積鹽為阜，其上生木合抱，數莫可校，有上書者請通商平估以售，少寬百姓之力。乃詔盛度王隨議更其制。隨與權三司使胡則畫通商五利上之曰：方禁商時，伐木造船，以給輦運，而兵民罷勞，不堪其命，今去其弊，一利也。始以陸運，既差帖頭，又役車戶，貧人懼役，連歲逋逃，今悉罷之，二利也。舟運有沉溺之患，綱吏侵盜，雜以泥沙、硝石，其味苦惡，疾生重膇，今皆得食真鹽，三利也。國之錢幣，謂之貨泉，蓋欲使之通流，而富室大家多藏鏹不出，故民用益蹙，今歲得商人六十餘萬，頗助經費，四利也。歲減監官、兵卒、畦夫、傭作之給，五利也。丙申，詔罷三京、二十八州軍榷法，聽商賈入錢若金銀京師榷貨務，給鈔受鹽於解池，而申私販鬻之禁。詔下，蒲解之民皆作感聖恩齋。自是雖商賈流行，而歲課之入官者耗矣。

（清）**徐乾學《資治通鑑後編》卷四二《宋紀四二》** 權判戶部勾院葉清臣上疏：請弛茶禁，以歲所課均賦郭鄉村人戶。其畧曰：議者謂榷賣有定率，征税無彝准。通商之後必虧歲計。臣按管氏鹽鐵法，計口受賦，茶為人用，與鹽鐵均，必令天下通行，以口定賦，民獲善利，又去嚴刑，口出數錢，人不厭取。比於官自榷易，驅民就刑，利病相須，炳然可察。詔三司與詳定所相度以聞，皆以為不可行。

（清）**徐乾學《資治通鑑後編》卷七七《宋紀七七》** 初，知同州趙尚寬，知唐州高賦，知齊州王廣淵，皆條奏置義倉事。知陳留縣蘇涓亦言：臣勸諭百姓立義倉，以備水旱。因條上措置事，義倉自慶歷中罷，帝善其法，將復之。會王安石主青苗，己巳，言於帝曰：民有餘粟乃使之輸官，非良法也。乃止。

（清）**徐乾學《資治通鑑後編》卷八〇《宋紀八〇》** 帝患田賦不均，詔司農重定方田及均税法。頒之天下。方田之法，以東西南北各千步當四十一頃六十六畝，一百六十步為一方，歲以九月，縣委令、佐分地計量，隨陂原平澤而定其地，因赤淤墨壚而辨其色。方量畢，以地及色參定肥瘠，而分五等，以定其税則。至明年三月畢，揭以示民，一季無訟，即書戶帖，連莊帳付之，以為地符。均税之法，縣各以其租額税數為限，舊嘗收蹙奇零，如米不及十合而收為升，絹不滿十分而收為寸之類。今不得用其數均攤增展，致溢舊額，凡越額增數皆禁。若瘠鹵不毛及衆所食利山林陂塘溝路墳墓，皆不立税。凡田方之角，立土為峰，植其野之所宜木以封表之。有方帳，有莊帳，有甲帖，有戶帖，其分烟析產典賣割移，官給契，縣置簿，皆以今所方之田為正。令既具，乃以鉅野縣尉王曼為指教官，先自京東路行之，諸路倣焉。

（宋）**李心傳《建炎以來繫年要録》卷六《建炎元年丁未六月己未朔之戊子》** 詔自今以絹定罪，並以二千爲準，舊制以絹計贓者，千三百爲一匹，至是大理正權尚書刑部郎中朱端有言所在絹直高，乃有是命，詔道州編管人張思正令赴王淵所使唤，候立功日取旨，以擒捕郭京之勞也。

（宋）**李心傳《建炎以來繫年要録》卷八《建炎元年丁未八月戊午朔之丙戌》** 會許翰與京東西路安撫大使兼知東平府權邦彦繼以爲言，乃以忠義巡社爲名，仍自本院參酌立法行下，其法，五人爲甲，五甲爲隊，五隊爲部，五部爲社，皆有長，五社爲一都社，有正副，二都社，有都副總首。二都社共爲一千二百五十人。甲長已上免身役，所結及五百人已上，借補官有差，即有功或藝強及都總首滿二年無過者，並補正，犯階級者杖之，歲冬十月按試於縣，仍聽守令節制，歲中巡社增耗者，守二令尉黜陟皆有差，論者以爲其法精審而詳整，可以久行，前此論民兵者，皆莫及也。

（宋）**李心傳《建炎以來繫年要録》卷九《建炎元年丁未九月戊子朔之乙卯》** 金人民兵之法有二：一曰家戶軍，以家産高下定之；二曰人丁軍，以丁數多寡定之。諸稱家戶者，不以丁數。論人丁者，不以家業。每簽軍，則元帥府符下諸路帥司，帥司次第下節鎮支郡諸縣，縣籍戶口家業定訖，乃諭民間以所當軍數多寡。然後市鞍馬，置器械，備餱糧，或親丁不足，則募人代行。貧者稱貸於人，以應軍役，俟其足備，然後選千戶百長人等部之以行。其屯戍，則人自營田以供糧，無田者用給七斗粟。每出疆，不以遠近，人持一月糧。將戰，各以所負米造飯而食，食罷而出，故其國平時無養兵之費，行軍無餽運之苦，此其大略也。

（宋）李心傳《建炎以來繫年要録》卷一五《建炎二年戊申四月甲寅朔之五月己酉》 詔自今見任官有涉疑異志者，止許經不礙官陳告，如徑行殺戮，事雖有實，亦坐擅殺官吏之罪，即妄殺平人以爲姦細者，從軍法。自軍興，所在姦民殺官吏害良善者甚衆，朝廷恐其生事，至是下詔條約。

（宋）朱熹《資治通鑑綱目》卷三上 匈奴寇代，代王喜棄國自歸，立子如意爲代王。春，令郎中有罪耏以上請之，民産子，復勿事二歲。集覽罪耏，應劭曰：耏音而，罪不至髡，但鬄其頰毛而已。蘇林曰：諸法度字皆從寸。宋祁曰：耐，無而音。如淳曰：耐，任也，任其事也。言任罪不至髡之事，一歲刑為罰，作二歲刑已上為耐。索隱曰：後改此耏字，音若能，能，乃代反。書法二事《通鑑》不書。《綱目》特書，書之何，嘉祥刑且志仁政也。《綱目》恤刑之書令奏請讞議者八。是年，景帝中元五年，齊戊辰年元魏，隋文帝開皇十二年、十六年，唐太宗貞觀二年、四年、十六年。此書令民産子，復勿事。章帝書詔賜民胎養穀，元和二年，皆仁政也。

（宋）朱熹《資治通鑑綱目》卷一〇 詔除妖惡禁錮者。詔曰：往者妖言大獄所及廣遠，一人犯罪，禁至三屬，如有賢才没齒無用。朕甚憐之。諸以前妖惡禁錮者，皆蠲除之。集覽往者妖言大獄。明帝時楚王英與顔忠等造圖書謀逆。禁錮，禁止錮塞其仕進之路。

（宋）朱熹《資治通鑑綱目》卷二五 冬十月，魏使崔浩定律令。初，魏昭成帝始制法令。反逆者，族其餘。當死者，聽入金馬贖罪。殺人者，聽與死家馬牛葬具以平之。盜官物一備五，私物一備十。四部大人共坐王庭決辭訟，無繫訊連逮之苦，境内安之。太祖入中原，患前代律令峻密，命三公郎王德刪定，務崇簡易。季年被疾，刑罰濫酷。太宗承之，吏文亦深。至是命崔浩更定律令，除五歲、四歲刑，增一年刑。巫蠱者，負羖羊抱犬沉諸淵。初令官階九品者，得以官爵除刑。婦人當刑而孕，後百日乃決。闕左登聞鼓以達寃人。集覽以平之。平，和也。連逮，按《史記·秦始皇本紀》以罪禍連。注：索隱曰：逮及謂連及，俱被捕。

（宋）朱熹《資治通鑑綱目》卷二七 十一月，齊制病囚診治之法。丹陽尹王僧虔上言：郡縣獄相承，有上湯殺囚，名為救疾，實行寃暴。愚謂囚病，必先刺郡求職司與醫對診，遠縣家人省視，然後處治。從之。集覽刺郡，刺猶移文也，闕也。質實丹陽，郡名，注見漢獻帝興平二年金陵。書法漢宣之篇書詔上繫囚掠笞瘐死者矣。地節四年，於是復書齊制病囚診治之法，亦可謂能慎獄矣。《綱目》雖惡齊小善，必録焉。

（宋）朱熹《資治通鑑綱目》卷二八 魏除逋亡緣坐法。初，魏主以有罪徙邊者多逋亡，乃制一人逋亡，闔門充役。光州刺史崔挺諫曰：善人少，惡人多，若一人有罪延及闔門，則司馬牛受桓魋之罰，柳下惠嬰盜跖之誅，豈不哀哉。魏主從之。

（宋）朱熹《資治通鑑綱目》卷二九 梁立贖刑條格。書法入《綱目》以來書詔民得贖罪矣。漢元朔六年又書令死罪入贖矣。漢天漢四年又書詔聽有罪亡命者贖矣。漢永平八年，皆一時之政，未立條格也。立為條格自梁始。終《綱目》書贖刑三，皆梁也。是年、甲申年、己丑年。

又： 十二月魏更定律令。詔殿中郎等議定律令。彭城王勰等監之。書法魏自辛未使崔浩定律令，至是凡五更，而魏亦自是衰矣。

（宋）朱熹《資治通鑑綱目》卷三二 九月，魏省官員置屯田頒六條。宇文泰欲革時政為彊國富民之法，度支尚書蘇綽贊成其事，减官員，置二長，並置屯田以資軍國。又為六條詔書，一曰清心，二曰敦教化，三曰盡地利，四曰擢賢良，五曰恤獄訟，六曰均賦役。泰常置諸坐右，令百司習誦之，非通六條及計帳者不得居官，既而又益新制十二條。

又： 冬十月，東魏頒《麟趾格》。東魏詔羣官於麟趾閣議定法制，謂之《麟趾格》。行之。

又： 冬，梁復贖刑法。書法四十四年立，罷復凡三書矣。《綱目》書贖刑三，皆梁也。

又： 二月，魏除宫刑。魏詔自今應宫刑者，直没官勿刑。質實宫刑，《事物紀原》云：五刑之一，即古之淫刑也。男子割勢，婦人幽閉，其屬三百條。詳見《周禮》。書法書除宫刑何，予權也。肉刑自漢文帝始除之矣。於是猶用宫刑，魏之過也。《綱目》書除宫刑，無貶辭，蓋予之矣。終《綱目》恤刑之政書除十，詳漢惠帝四年。

（宋）朱熹《資治通鑑綱目》卷三三 齊定律始立九等戶。齊主初立，勵精為治。趙道德以事屬黎陽太守房超，超不發書，棓殺其使。齊主善之，命守宰各設棓以誅屬請之使。久之，中郎宋軌奏曰：若受使請賕，猶致大戮，身為枉法，何以加罪。乃罷之。尋詔僕射薛琡等取魏《麟趾格》討論損益以為齊律。簡練六坊之人，每一人必當百人，任其臨陳必死，然後取之，謂之百保鮮卑。又簡華人勇力者，謂之勇士，以備邊要。始立九等之戶，富者税其錢，貧者役其力。集覽棓，殺。棓與棒同，步項反，繫上聲，《説文》打也，又木杖也。案《魏志》云曹操為北部尉，門左右懸五色棓各十杖。《麟趾格》，東魏孝静帝集群臣於麟趾閣議定法制，謂之《麟趾格》。質實黎陽郡名注見漢成帝綏和三年。鮮卑、東胡，種名，注見漢光武建武二十五年。

（宋）朱熹《資治通鑑綱目》卷三四 十二月，陳立鹽賦榷酤法。庶子虞荔中丞孔奂以國用不足，奏立之。集覽庶子注見周顯王八年。

又： 一月，周頒大律。周主命司憲大夫拓跋迪造大律十五篇行之，其制罪：一曰杖刑，自十五至五十；二曰鞭刑，自六十至百；三曰徒刑，自一年至五年；四曰流刑，自二千五百里至四千五百里；五曰死刑，磬、絞、斬、梟、裂，凡二十五等。

又： 三月，齊頒律令制田賦。初，齊顯祖命刊定齊律，久而不成，決獄者罕依律文，相承謂之變法從事。世祖即位，思革其弊，乃督脩者，至是而成。其刑名有五：一曰死，轘、梟、斬、絞；二曰流，投邊裔為兵；三曰徒，自五歲至一歲；四曰鞭，自百至四十；五曰杖，自三十至十。凡十五等。其流内官及老小閹癡并過失應贖者，皆以絹代金。是後為吏者始守法令。又敕仕門子弟嘗講習之，又令民十八受田輸租調，二十充兵，六十免力役，六十六還田免租調。一夫受露田八十畝，婦人四十畝，奴婢依良人，牛受六十畝。大率一夫一婦調絹一匹，綿八兩，墾租二石，義租五斗，奴婢準良人之半，牛調二尺，墾租一斗，義租五升。墾租送臺，義租納郡，以備水旱。

（宋）朱熹《資治通鑑綱目》卷三五 周頒刑書要制。羣盗贓一匹及正長隱五丁若地頃以上皆死。發明昔鄭子産鑄刑書，君子非之，以為民知争端，將棄禮而徵於書。誠以民可使觀德不可以覲刑故也。後周高祖固英明之主，自魏晉而下未易多得，然不再傳而遂滅，何哉？自泰以篡殺得國，至邕雖曰聰明剛果而亦兵戈屢動，殺人多矣。今又制為刑書，盗匹贓隱頃地皆死。立法若此，是豈天道好生之意哉？五代周世宗亦號為英主，然性好殺戮，故天開聖人以承其後，二君英威，功業大畧相似，而皆不能久有其國，意者徒知所以殺而不知其所以生耳。《綱目》書周頒刑書要制，而紀其嚴酷之法於下，則其譏貶之意為可知。然則人主欲保有天禄者，其必以嚴刑為戒，寬大為先乎！

（宋）朱熹《資治通鑑綱目》卷三六上 夏五月，隋初置義倉，貌閲戶口，作輸籍法。時民間多妄稱老小，以免賦役。隋主命州縣大索貌閲，戶口不實者，里正黨長遠配，大功以下皆令析籍，以防容隱，於是計帳得新附一百六十四萬餘口。高熲又言民間課輸無定簿，難以推校，請為輸籍法。隋主從之，自是姦無所容矣。

又： 十二月，敕盗邊糧升以上皆斬。書法書譏峻法也。先是，法盗一錢以上皆棄市，不書遄罷也。書此則邊糧之法，竟行矣。隋法之嚴如此，及五季唐書詔盗不計贓，並行極法。漢書制盗賊，毋問贓多少皆死。尚何怪哉？發明殺人者死，傷人及盗抵罪。盗固非一端，其間輕重高下隨其所犯，則有之矣。未聞以升糧而斬人者也。周武帝以盗疋帛隱頃地以上皆死，君子猶深譏之，况又不及此者乎？帝王好生之德，似不如此。《綱目》大書於册，則隋氏之嚴刑酷法不減於亡秦矣。宜其皆一傳而滅也。

（宋）朱熹《資治通鑑綱目》卷三六下 夏四月，詔頒新律。帝以高祖末年法令峻刻，詔牛弘等造《大業律》十八篇，頒行之。民久厭嚴刻喜於寬政，其後征役繁興，民不堪命，有司臨時迫脇以求濟事，不復用律令矣。旅騎尉劉炫預修律令，弘嘗從容問炫曰：《周禮》士多而府史少，今令史百倍於前，減則不濟，其故何也？炫曰：古人委任責成，歲終考其殿最，案不重校，文不繁悉，府史之任掌要目而已。今之文薄恒慮覆治，若鍛鍊不密，則萬里追證百年舊案，故諺云老吏抱案死。事繁政弊，職此之由。弘曰：魏齊之時，令史從容而已，今則不遑寧處，何也？炫曰：徃者州唯置綱紀，郡置守丞，縣置令而已，其餘其僚則長官自辟，今大小之官悉由吏部，纖介之迹皆屬考功。省官不如省事，官事不省，而望從容其可得乎？弘善其言，而不能用。

（宋）朱熹《資治通鑑綱目》卷三八 夏四月，頒新律令。比開皇舊制增新格五十三條。初定均田租庸調法。丁中之民給田一頃，篤疾減什之六，寡妻妾減七，皆以什之三為世業，八為口分。每丁歲入租粟二石，調隨土地所宜，綾絹絁布歲役。二旬不役，則收其傭日三尺，有事而加役者，旬有五日免其調，三旬租調俱免。水旱蟲霜為災，什損四以上免租，損六以上免調，損七以上課役俱免。凡民貲業分九等，百戶為里，五里為鄉，四家為鄰，四鄰為保，在城邑者為坊，田野者為村。食禄之家無得與民争利，工商雜類無預士伍。男女始生為黄，四歲為小，十六為中，二十為丁，六十為老，歲造計帳，三年造戶籍。范氏曰：自井田廢而貧富不均，後世未有能制民之産，使之養生送死無憾者也，唐之法蓋庶幾焉。然為治者，唯能省力役薄税斂務本抑末，尚儉去奢，占田有限，困窮有養，使貧者足以自立，富者不得兼之，則均天下之本也。不然雖有法令，徒文具而已，何益於治哉！胡氏曰：食禄之家無得與民争利，此以廉恥待士大夫之美政也。然古之仕者世禄，故仕則不稼，後世用人不慎，陞黜無常，則此制將有不可行者，必也。仕者視其品而給之田，進而任用則有禄，以酬其勞，置而不用則有田，以資其生，必有大罪然後取其田里，如此則不得争利之法可行，而廉恥之風益勸矣。

（宋）朱熹《資治通鑑綱目》卷三九下 制自今决死刑者，皆覆奏，决日徹樂減膳。上謂侍臣曰：朕以死刑至重，故令三覆，蓋欲思之詳熟也。而有司須臾之間三覆已訖。又斷獄者惟據律文，雖情在可矜，而不敢違法，其間豈能盡無寃乎？古者刑人，君為之徹樂減膳，朕庭無常設之樂，然常為之不啖酒肉，但未有著令耳，於是制决死囚者，二日中五覆奏，下諸州者三覆奏，行刑之日，尚食勿進酒肉，内教坊及太常不舉樂，皆令門下覆視。有據法當死而情可矜者，録狀以聞，由是全活甚衆。上嘗與侍臣論獄。魏徵曰：煬帝時，嘗有盗發，捕得拷訊，服罪者二千餘人，悉令斬之。大理丞張元濟尋其狀，惟五人嘗為盜，餘皆平民，竟不敢執奏，盡殺之。上曰：此豈惟煬帝無道，其臣亦不盡忠。君臣如此，何得不亡，公等宜戒之。上又嘗謂執政曰：朕常恐因喜怒妄行賞罰，故欲公等極諫，公等亦宜受人諫，不可以己之所欲惡人違之，苟自不能受諫，安能諫人。

（宋）朱熹《資治通鑑綱目》卷四一上 定銓注法。時承平既久，選人益多，司列少常伯裴行儉始與員外郎張仁褘設長名姓歷牓引銓注之法，又定州縣升降官資，高下其後，遂為永制，無能革之者。大畧唐之選法，取人以身言書判，計資量勞而擬官，始集而試，觀其書判，已試而銓，察其身言，已銓而注，詢其便利，已注而唱，集衆告之，然後類以為甲，先簡僕射，乃上門下，給事中讀，侍郎省，侍中審之，不當者駮下。既審然後上聞，主者受旨奉行，各給以符，謂之告身。兵部武選亦然，課試之法，以騎射及翹闗、負米，人有格限未至，而能試文三篇，謂之宏詞，試判三條，謂之拔萃，入等者得不限而授。其黔中嶺南閩中州縣官不由吏部，委都督選擇土人補授。凡居官以年為考，六品以下四考為滿。有劉曉者上疏論之曰：今選曹以檢勘為公道，書判為得人，殊不知考其德行才能，況書判借人者衆矣。又禮部取士專用文章為甲乙，故天下之士皆捨德行而趨文藝。有朝登甲科而夕陷刑辟者，雖日誦萬言何闗理體。文成七步未足化人，取士以德行為先，文藝為末，則多士雷奔四方風動矣。集覽身言書判，唐制擇人之法有四：一曰身，體貌豐偉；二曰言，言辭辨正；三曰書，楷法遒美；四曰判，文理優長。四事皆可取，則先德行。發明以言書判取人可也，以身取人而求其體貌豐偉焉？如是，則體若不勝衣之趙文子，容貌若婦人女子之張良，不在所取矣。烏在其為良法哉？書之於册，其失自見。

（宋）朱熹《資治通鑑綱目》卷五九 周立訴訟法。敕民有訴訟必先歷縣州，及觀察使處決不直，乃聽詣臺省，或自不能書牒倩人書者，必書所倩姓名居處，若無可倩，聽執素紙所訴，必須己事，毋得挾私客訴。

《金史》卷七《世宗紀中》 壬寅，定殺異居周親奴婢、同居卑幼，輒殺奴婢及妻無罪而輒毆殺者罪。

《金史》卷一一《章宗紀三》 詔定進納官有犯決斷法。

《金史》卷一二《章宗紀四》 定軍前差發受贓罪。

《金史》卷六《宣宗紀下》 定宋人來歸賞格及詐誘征防軍人逃亡罪法。

《金史》卷八三《張汝霖傳》 時有司言民間收藏制文，恐因而滋訟，乞禁之。汝霖謂：王者之法，譬猶江、河，欲使易避而難犯。本朝法制，坦然明白，今已著爲不刊之典，天下之人無不聞誦。若令私家收之，則人皆曉然不敢爲非，亦助治之一端也。不禁爲便。詔從之。

《元史》卷一六《世祖紀》 何榮祖以公規、治民、禦盜、理財等十事緝爲一書，名曰《至元新格》，命刻版頒行，使百司遵守。

《元史》卷二三《武宗紀》 國家地廣民衆，古所未有。累朝格例前後不一，執法之吏輕重任意，請自太祖以來所行政令九千餘條，删除繁冗，使歸於一，編爲定制。並從之。

《元典章》卷三《聖政・均賦役》 詔書内一欵，爰自包銀之法行，積弊到今，民力愈困，朝廷立制本欲利民，而反害民，非法之弊，乃人弊之也。加之濫官汚吏夤緣侵漁，科斂則務求羨余，輸納則暗加折耗，以致淫刑虐政，暴斂急徵，使農夫不得安於田里者，爲害非一。吾民安得不重困耶。旧弊苟不悉除，新政安能有立。今後應科斂差發，斟酌民力，務要均平，期于安静。与吾民共享有生之樂而已。欽此。

（清）徐乾學《資治通鑑後編》卷一五七《元紀五》 國初，未有法守，百司斷理獄訟，循用金律，頗傷嚴刻。右丞何榮祖世業吏，而榮祖尤所通習，始以公規、治民、禦盜、理財等十事輯為一書，名曰《至元新格》，至是奏頒行之。

《皇明寶訓・明太祖寶訓》卷四《評古》 洪武十九年八月乙酉，太祖覽《宋史》，見太宗改封樁庫為内藏庫，顧謂侍臣曰：人君以四海為家，因天下之財供天下之用，何有公私之别？太宗，宋之賢君，亦復如此，他如漢靈帝之西園，唐德宗之瓊林、大盈庫，不必深責也。宋自乾德開寶以來，有司計度之所缺者，必藉其數以貸於内藏，俟課賦有餘則償之。凡有司用度，乃國家經費，何以貸為，缺而許貸，貸而復償，是猶為商賈者自與其家較量出入。及内藏既盈，乃以牙籤别名其物，參驗帳籍。晚年出籤示真宗曰：善保此足矣。貽謀如此，何足為訓。《書》曰：慎厥終，惟其始。太宗首開私財之端，及其後世，困於兵革，三司財帛耗竭，而内藏積而不發，間有發緡錢數十萬以佐軍資，便以為能行其所難。皆由太宗不能善始故也。

《清高宗實録》卷一四二五《乾隆五十八年》 又諭曰：郭世勳奏，請將呈繳小錢至千文以上者，每觔酌給大錢五十文，仍定以半年之限，盡行繳官等語。民間呈繳小錢，若不酌給價值，恐愚民貪利見小，私行存留攙用，一時難於淨絶。今該撫請將呈繳千文以上者，每觔給與大錢五十文，俾小民不致賠累，自必争先呈繳。所辦亦可，但恐奸徒恃有此例，將所給大錢，私行鎔銷，攙和鉛錫，復鑄小錢，赴官繳換，輾轉漁利。其弊亦不可不防。又據稱：廣東歷年收繳小錢六萬六千餘觔，實止鎔出淨銅三萬八千七百餘觔。寶廣局鼓鑄，歲需滇銅十五萬觔，所有鎔出小錢銅觔，尚不足數等語。收繳小錢鎔化之銅，雖不敷該省鼓鑄之用，但既有此三萬八千餘觔，可以配搭供鑄，亦應於下次採買額銅内照數扣抵，豈不減省運腳。何以該撫摺内，止稱現將銅觔存貯在局，而於扣抵額銅、節省運腳之處，並未籌及。著傳諭郭世勳，務飭所屬於給換大錢後，嚴查私銷，其鎔化小錢之銅，即按數扣除抵鑄。

（清）蔣良騏《東華録》卷七《順治十年六月》 戶、工、兵三部遵諭改折，各直省本色錢糧歸於一條鞭法，總收分解，永爲例。從之。

又： 左都御史屠賴等言：愛民莫先除害，近聞八旗投充之人，自帶本身田産外，又任意私添，或指隣近之地據爲己業，或連他人之業隱避差徭，被占之民，既難控訴，國課亦爲虧減，上下交困，莫此爲甚。宜勅戶部，將投充之人，照原投部檔查核給地外，其多占地畝，即退還原主，庶民累稍甦，而賦租亦增矣。又年來因逃人衆多，立法不得不嚴，但逃人三次始絞，而窩主一次即斬。又將隣佑流徙，似非法之平也。竊謂逃人如有窩主者，逃人處死，即將窩主家産人口斷給逃人之主，兩隣甲長責懲，該管官員議處。無窩主者，仍鞭一百給主，其自投歸主，及窩主出首者，俱照例免議，庶逃人少，而無辜之株連者亦少矣。得旨下部議。再如建言降革諸科道，已蒙特旨，令吏部開列事由奏請矣。查禮部郎中郭一鶚、流徙詞臣李呈祥、侍郎魏琯等，其罪實由于進言，似應一體開列，庶不虚宥過惜才之盛典。得旨：著王大臣等會議具奏。

（清）鄂爾泰等《世宗憲皇帝硃批諭旨》卷一二六之一〇《硃批田文鏡奏摺》 常平倉穀存七借三之弊，天下人所共悉者。朕久思剔除，未得良策。今若照此立法繩治，則冒借抗欠諸弊不杜自絶矣，田文鏡所奏甚屬可嘉。交發九卿再加詳議，通行直隸各省，永遠遵循。

（清）梁國治《國子監志》卷二《聖諭二·訓示》 軍民一切利病不許生員上書陳言，如有一言建白，以違制論，黜革問罪。生員不許糾党多人立盟結社，把持官府，武斷鄉曲，所作文字不許妄行刊刻，違者聽提調官治罪。

《大清會典則例》卷一四四《理藩院·理刑清吏司》 邊内人在邊外犯罪，依刑部律；邊外人在邊内犯罪，依蒙古律。八旗游牧蒙古牧場人等有犯，均依蒙古律治罪。

《皇朝通典》卷七《食貨七·田賦上》 九等之賦載在《夏書》，九職之供詳於《周禮》，皆所以明取民之制也，沿及後世，代有重輕。

《皇朝通典》卷一三《食貨十五·市糴》 《周禮》司市之法，以泉府同貨而斂賒，原以為酌盈劑虚之制，後之言事者遂置平準立均輸，藉口於泉府之法，則失周制之遺矣。

《皇朝通志》卷七五《刑法略一·刑制肉刑附》 三十七年奉旨：各監口有刑具曰大鐐，與匣牀無異，又短夾棍止長尺許，大枷重百三十斤，瓦樣重板，此皆酷虐之刑，著嚴行禁止。

《皇朝通志》卷七六《刑法略二·刑制律綱》 十八年諭：國家設立法制，原以禁暴止姦，安全良善，故律例繁簡因時制宜，總期合於古帝王欽卹民命之意。向因人心滋偽，輕視法網，强暴之徒凌虐小民，故於定律之外，復嚴加條例，俾其畏而知儆，免罹刑辟。乃近來犯法者多，姦偽未見少止，人命關繫重大，朕心惻然。其定例之外，所有條例，如罪不至死，而新例議死，或情罪原輕，而新例過嚴者，應去應存著九卿詹事科道會同詳加酌定，議奏遵旨將更改條例繕册，奏請刊布，名曰《見行則例》。

又： 十三年諭：國家刑罰禁令之設，所以詰姦除暴，懲貪黜邪，以端風俗，以肅官方也。然寬嚴之用，又必因乎其時。從前朕見人情澆薄，官吏營私，相習成風，罔知省改，勢不得不懲治整理，以誡將來，今人心共知警惕矣。

《皇朝通志》卷八三《食貨略三·賦税上》 三十九年，乃設立滚單法。滚單者，每里中或五戶或十戶止用一單，於納戶名下註明田畝若干，該徵銀若干，春應完若干，秋應完若干，分作十限，每限應完銀若干，給甲内首名挨次滚催。令納戶自封投櫃，不許里長銀匠櫃役稱收，一限若完，二限又依次滚催，法行，民稱甚便。

《皇朝通志》卷八九《食貨略九·錢幣》 各督撫条奏監局官交部議

處，時大學士九卿議言：奸民銷毀制錢，改鑄銅器，從前立法甚嚴，而弊不能禁者，緣定例時，但定將來未造之器，而已成之器不問。又現在之器惟禁五斤以上，而五斤以下不問。故禁久玩生，仍然銷毀鑄造也。今欲杜毀錢之源，惟是除紅白銅並黄銅之樂器、天平法馬及五斤以下圓鏡不禁，其餘俱不許黄銅制造。其已成銅器作廢，銅交官平買，禁官吏不得扣剋。則私毀可除，於錢法實有裨益。上善其言，遂下禁銅器之詔令。下數月，民間交官者少，而市店猶行貨賣。復定例，京城内除三品官以上，其餘概不得用黄銅器，限三年内將所有悉行報出，當官收買。旗人交本旗佐領，漢人交五城御史處，隨交隨收。逾限不交者，照私藏禁物律治罪。其直省照京城例，定限交收。明年以向議三品以上，許用黄銅，猶覺過濫。嗣後，惟一品之家許用，餘俱偏行禁止，有藏匿私用者，概以違禁論。

（清）劉錦藻《皇朝續文獻通考》卷八四《選舉考一》 又諭：士子與考官句通關節，國初年間，有問擬腰斬者，立法至爲嚴峻，其後賄賣生童如俞鴻圖、喀爾欽及科場交通關節之蔡時田、曹詠祖等俱節次破案，無不立時伏法。覆轍具在，可爲炯戒。朕意節經整頓之後，場屋諸弊自必漸次廓清。乃近日鄉會試種種弊端，復又漸作。諸臣所奏，防弊之條層見疊出，閲之實深愧歉，士子等涵濡教育百有餘年，不爲不久。今作奸犯科之徒，蕩檢踰閑，罔知儆畏。朕即道之以德，尤不得不齊之以刑。嗣後，鄉會試榜發後，朕當特派親信大臣，於城内乾清宫、圓明園、正大光明殿覆試。凡有文理不通，筆迹不對，較取中原卷大相懸絶者，即立行斥革嚴究。倘有賄賣關節等弊，即將該生及主考房官，按律立正典刑。如究出係槍倩傳遞者，亦分别從重治罪。

（清）劉錦藻《皇朝續文獻通考》卷二四二《刑考一》 十月，定辦理秋審官犯、服制黄册毋庸先期進呈之例。諭曰：每年刑部辦理秋審，呈進黄册，俱係將各省情實官犯及服制人犯，首先進呈。一經分别予句後，該部即行交各該省，不論遠近，部文到日即遵照處决。其餘常犯，則按照省分遠近，進呈黄册，以次句到。此向來辦理成例也。惟念勅法明刑，務存矜恤。所有罪應斬絞人犯，除立决外，餘令監禁俟秋後處决者，原係於執法之中，寓哀矜之意，該犯等於未届句到以前，或在監所病斃，得免肆市，亦屬法外之仁。今因係官犯服制，即將黄册先行進呈，其予句人犯部文一經到省即日行刑，是同一秋審，而此等官犯服制較之各省情實常犯處决日期，近省或早至一二月，遠省亦早至月餘及數旬不等，先行受法，且各省官犯中，多有令其解交刑部監禁者，例應歸入朝審辦理，其句到之期又在各省常犯之後，是同一官犯，轉因解部監禁而處决日期較之在本省監禁候决文到施刑者，又復遲早懸殊，未爲平允。著自本年爲始，刑部辦理秋審，其官犯服制黄册，毋庸先期進呈，俱於每次呈進各該省情實常犯招册時，將此二項人犯另繕黄册，列於黄册常犯之前，一併呈覽，聽候句到，以示格外矜全、用刑務得其平至意，著爲令。

六年，御史鄭敏行請定觸犯父母發遣人犯不准援赦之例。奉諭：此等遣犯向例皆不准援赦，嗣於乾隆六十年查辦發遣人犯，欽奉皇考高宗純皇帝特旨，如查詢伊祖父母、父母願令其回籍者，即准釋回。敬繹聖意，子孫違犯教令，其祖父母、父母送官發遣，或係出於一時氣忿，及其子孫遠戍後，未必不心存繫念。是以皇考特諭有仍願子孫回家者，准其援赦，係曲體天下爲祖父母、父母者之心，並非於曾犯忤逆之人，稍有寬宥。自當永遠遵行。乃該御史摺内稱，彼時皇考因次年即值歸政之期，法外施仁，尤屬措詞失體。我皇考矜慎庶獄，六十年如一日，此事特溥如天之仁，推而至於庶民愛子之至情，與歸政何涉，該御史輒冒昧摭陳乎。至該御史既知以孝治天下，豈有皇考欽定例條輕言更易之理，所有觸犯父母發遣人犯如遇恩赦，傳詢各犯祖父母、父母，有願伊子孫回家者，仍欽遵皇考諭旨，准其釋回，以符孝治天下之義。倘赦回後，再有忤逆情事，一經呈告，即當加倍治罪。至前定父母已故准令釋回條例，彼時軍機大臣等所議，原未允協。忤逆發遣之人，若謂伊父母已故，不致再爲忤逆情事，即准釋回，殊非情理，况該犯等於親在時既敢於違犯，失其歡心，又安望其有依戀墟墓之誠耶？此一條著即删去，仍遵例不赦。

九年四月，老母教匪王添組伏誅，奉諭：秦承恩奏續獲逆匪審擬具奏一摺，覽奏俱悉此案。素習老母教之王添組即王瑞忠，捏稱彌勒佛轉世，煽惑鄉愚。上年廖幹周起事之時，懇其幫助，許爲上清宫教主，該犯輒自稱瑞忠法中皇寫入旗内，號召衆人，實爲罪大惡極。若日久潛逃，必致養癰貽患。秦承恩於訊出之後，能不動聲色，設法鉤致，密將該犯及助惡之曾啟三、周仲祥、王添保一併拏獲，搜出旗式底稿。訊得實，將該犯等分别首從問擬凌遲斬決，即請王命正法，傳首示衆，俾地方匪徒知所儆戒，所辦甚好。其各教内安静守法，未經滋事之人，秦承恩並不紛紛查拏，免致驚擾，所見亦是。該撫仍當出示曉諭，以王添組係教内爲首之犯，伊自稱彌勒佛轉世，能知過去未來，人有災難，皆可藉伊解救，今伊已經地方官拏獲正法，是該犯本身即不能自免災難，又何能解救人之災難乎！可見邪説斷不可聽，徒自罹法網耳。爾等鄉愚無知受其哄騙，紛紛斂錢施捨，隨同入教，今亦不加深究，但爾等見該首犯如此被拿伏法，亦當共知猛省，悔悟前非，從此安静家居，勿再從教滋事，庶可免罹重罪。如此倘尚執迷不悟，廣招醜類，捏造謠言，則憲章具在，不能稍爲曲貸。如此詳明曉諭示以利害，民人等自必畏懼警省，勉爲善良。

（清）劉錦藻《皇朝續文獻通考》卷二四九《刑考八》　又奏：宗室覺羅充當陸軍，應依陸軍軍法審辦，略稱宗室覺羅充當陸軍軍人、軍屬者，日漸增多。若有犯陸軍各項法規、章程，自應依陸軍軍法會審，審判不必另訂專章，以歸一律。但一經犯罪，應由陸軍部知照臣衙門以備查核。又宗人府奏增訂宗室覺羅律例，略稱宗室覺羅見審舊律，從前均編輯則例之中，但沿習舊章，率多簡略，今既明奉諭旨增纂律例，自應詳爲參考，以期因時制宜。臣等遵即督飭該提調纂修等，悉心酌擬，就臣衙門曾經辦過成案，並採各項法令、章程，依次分類編輯增訂十二條，如蒙俞允，即由臣衙門通咨各衙門一體欽遵，依議行。

（清）劉錦藻《皇朝續文獻通考》卷二五一《刑考十》　又奏：旗民詞訟必須罪在徒流以上，方准送部審辦，略稱查例載五城及步軍統領衙門審理案件，如户婚、田土、錢債細事，並拏獲竊盜、鬭毆、賭博及一切尋常訟案，審明罪止枷杖笞責者，照例自行完結。其旗民詞訟各衙門均先詳審確情，如應得罪名在徒流以上者，方准送部審辦，不得以情介疑似濫行送部。若將不應送部之案率意送部者，將原案駁回，仍據實奏參。如例應送部之案而自行審結，亦即查參核辦，至拏獲要犯，必須贓證確鑿方可分别奏咨交部審鞫。若將案外無辜之人率行拏送，一經刑部審明並非正犯，即將該管官員參奏，捕人等照例治罪等語。詳繹例意，原以朝廷設官分職各有專司，臣部爲刑名總匯之區，每年核覆外省案件總不下數千及萬餘起，而杖笞以下並不咨部，京外事同一律。若將尋常詞訟紛紛送部，必致日積日多，不能迅速清結。故特纂定此例，所以清庶獄省株累也。近年以來，五城各衙門不問案情輕重罪名大小，每以例無刑訊爲詞送部審辦，往往所控情節甚重，一經推問，不過户婚、田土、錢債細故，無罪可科。其餘鬭毆、賭博等項亦罪止枷杖笞責者。而平民之無故株連，實勢所不能免，隸役之從中需索，亦難保其必無。且有死由自盡及乞丐路斃之案，亦紛紛送部，然後擡埋以致街市道途穢氣薰蒸，殊於衛生有礙，種種流弊不可勝言。雖光緒十八年及二十七年曾經申明定例，而辦理仍復參差，見在五城奉旨裁撤，改設工巡局，其審理詞訟案件與步軍統領衙門，事同一律。應再申明定例，嗣後步軍統領衙門工巡局審理案件，如户婚、田土、錢債細故，並拏獲竊盜、鬭毆、賭博及一切尋常詞訟，審明罪止枷杖、笞責，照新章應罰金或折爲工作者，照例自行完結。若死由自盡及乞丐路斃之案，驗訊並無别情，即令作速擡埋，俟辦結後報部查核。其旗民詞訟各該衙門均先詳審確情，如應得罪名在徒流以上者，方准送部審辦，不得以情介疑似濫行送部，倘不先行詳審確情，不問罪名輕重概行送部審辦，臣部即照例駁回。庶案牘不致紛歧，而無辜者亦免拖累矣。奉旨依議。

臣謹案：定制徒流案件，京外辦法不同外省，由州縣審明申報臬司核定詳由，督撫咨部詳核，流罪須奉部覆後方准發配，徒罪不必候覆，即行發配。流罪專案報部，徒罪彙案分季報部。京師案件，外城由五城御史審理，内城由步軍統領衙門審理，核其罪，在徒流以上，方准送交刑部審理，徒罪以下，即由各該衙門自行完結。見因裁撤五城改設内外工巡局，以致辦法參差，有應送部而自行擅結者，有不應送部而推諉送部者，屢經言官奏參，刑部故有此奏，特以申明舊章也。

又：　臣謹案：徒罪發五百里，流罪分别發二千里，二千五百里，三千里。雖遠近不同，均使離鄉背井以動其悔罪之心。徒即古者移郊移遂之意，流即屏之遠方不與同中國之意。自唐虞三代以至於今，未之有改。故宋臣有言犯罪止令居役，不離鄉井，幾於惠姦，不足懲嚴云云。誠以流徒爲千古良法。馬考特設專門，不容稍爲變易者也。舊律徒流遷徙門載有道里表。凡直隸問擬軍流人犯，匀發外省，而外省軍流人犯，不准撥發直隸、奉天兩省，誠以畿疆重地，不容匪徒託足。即古者刑人不近君側之意。弭患未萌，慮至深也。見因變法另修見行律，已將徒犯留於本地作工，免其外發，軍流擇其情輕者，亦留本地，其兇惡情重者，仍照舊例發往遠方。雖與舊法不合，然尚未至盡廢。今該侍郎不思輦轂之下，理宜肅清，妄自陳奏，擬將京師所問軍流徒犯，均免發遣，一概留於本地監禁。無論人多擁擠，監獄不能容留，即設所令其工作，而聚千百罪犯於京城，一旦有變，後患何堪設想，經刑部詳加斥駁，洵爲不刊之論，附録篇末，以爲輕議更張者戒。

《商君書・定分》 法令皆副置：一副天子之殿中，爲法令爲禁室，有鋌鑰爲禁而以封之，內藏法令。一副禁室中，封以禁印，有擅發禁室印，及入禁室視禁法令，及禁剟一字以上，罪皆死不赦。一歲受法令以禁令。天子置三法官：殿中置一法官，御史置一法官及吏，丞相置一法官。諸侯郡縣皆各爲置一法官及吏，皆此秦一法官。郡縣諸侯一受寶來之法令，學問并所謂。

《尸子》卷下《散見諸書文彙輯》 堯有建善之旌。《初學記》廿，任本建作進。堯立誹謗之木。《史記・孝文本紀》索隱、《後紀》十一注，案《吕氏春秋・自知篇》云：堯有欲諫之鼓，舜有誹謗之木，湯有司過之士，武王有戒慎之鞀。《淮南子・主術訓》作：堯置敢諫之鼓，舜立誹謗之木，湯有司直之人，武王立戒慎之鞀。《鄧析子・轉辭篇》同《史記・孝文本紀》云：古之治天下，朝有進善之旌，誹謗之木。《集解》應劭曰：旌，旛也。堯設之五達之道，令民進善也。服虔曰：誹謗之木，堯作之，橋梁交互柱頭。服、應以旌木並屬堯，蓋本《尸子》

（宋）趙升《朝野類要》卷四《法令・海行》 勅令格式，謂之海行。蓋天下可行之義也。

（宋）趙升《朝野類要》卷四《法令・罰直》 內外百司吏屬，有公罪之輕者，皆罰直入官。每一直即二百文足，如贖銅之例。

（清）錢大昕《十駕齋養新録》卷六《古律有蔭減蔭贖》 唐制，職事官三品以上，散官二品以上，及爵一品者，犯死罪，奏請議。此即《周禮》議貴之法也。其祖父母父母伯叔父母，姑兄弟姊妹妻子兄弟之子及孫犯死罪，亦得上請，其犯流罪以下，減一等。文武職事五品以上，散官三品以上，勳官及爵五品以上者，犯死罪，上請，其祖父母父母兄弟姊妹妻子孫犯流罪以下亦減一等。七品以上官，犯流罪以下，減一等，其祖父母父母妻子孫犯流罪以下，聽贖。九品以上官，本身犯流罪以下，聽贖。此亦承隋舊制，《隋書・刑法志》其在八議之科，及官品第七以上，犯罪皆例減一等，其品第九以上，犯者聽贖，是也。八議本周公之制，至是始著于律，唐宋相因，莫之或改，明名例律雖載八議之條，乃戒治獄官，勿許引用。而先王忠厚之意，澌滅盡矣。

（宋）李昉等《太平御覽》卷六三七《刑法部・律令》 《國語》曰：越王勾踐令民壯者無娶老婦，老者無娶壯婦。女子十七不嫁，丈夫二十不娶，其父母有罪。將勉者勉乳以告公，令醫守之。醫，乳醫也。生男，二壺酒一犬。生女，二壺酒一豚。生三人，與之乳母。生二人，與之餼。三子力不能獨養，故與乳母。

（宋）潘自牧《記纂淵海》卷八一《閫儀部・母道》 公父文伯退朝，朝其母，其母方績。文伯曰：以歜之家而主猶績，懼干季孫之怒也。其以歜為不能事主乎？其母嘆曰：魯其亡乎。使僮子備官，而未之聞耶。居吾語女，諸侯朝修天子之業命，晝考其國職，夕省其典刑，夜儆百官，使無慆淫，而後即安。卿大夫朝考其職，晝講其庶政，夕序其業，夜庀其家，而後即安。士朝而受業，晝而講貫，夕而習復，夜而計過無憾，而後即安。自庶人以下，明而動晦而休，無日以怠。《國語・魯語》。

（宋）王應麟《玉海》卷五一《藝文・典故會要》 古者，朝廷之政，發號施令，百司奉之，藏於宮府，各修其職守而弗忘。《周官》御史掌治朝之法，太史掌萬民之約契，然則百官庶府各藏其事，太史之職又總而掌之。

（宋）王應麟《玉海》卷五一《藝文・典故・周政周法》 《漢志》儒家周政六篇。周時法度政教，周法九篇。法天地立百官，河間周制十八篇。河間獻王所述。

（宋）王應麟《玉海》卷五一《藝文・典故・魯象魏舊章　魯故事　晉故府　周記府象魏制》 《左傳》哀三年夏五月辛卯，司鐸火，火踰公宮，季孫至，御公立於象魏之外，命藏象魏曰：舊章不可忘也。注：《周禮》正月縣教治之法于象魏，使萬民觀之。故謂其書為象魏。

晉士伯曰：吾視諸故府。《禮記・檀弓》魯有初。注：初謂故事也。《禮運》仲尼出游於觀之上。注：象魏舊章之處。《周語》樊穆仲曰：魯侯賦事行刑，必問於遺訓，而咨於故實。《史・世家》作固實。

（宋）王應麟《玉海》卷五一《藝文·典故·楚故志　訓典》　《楚語》：莊王使士亹傅太子，箴問於申叔時。叔時曰：教之故志，使知廢興而戒懼焉。注：故志所記前代成敗之書。教之訓典，使知族類行比義焉。訓典，五帝之書也。又王孫圉曰：左史倚相，能道訓典，以敘百物，以朝夕獻善敗於寡君，寡君無忘先王之業。《戰國策》：楚棠穀負雞次之典。棠穀獻典，五官得法，趙牛贊諫曰：國有固籍，兵有常經。《左傳》蔿敖為宰，擇楚國之令典。王子朝奉周之典籍，以奔楚。《呂氏春秋》：荊王發平府而視故記。《文選》：王簡棲云擇方城之全典，酌龜蒙之故實。注：方城，楚也。龜蒙，魯也。

（宋）王應麟《玉海》卷八八《器用·鼎鼐·晉刑鼎》　《左傳》：昭二十九年冬，晉趙鞅、荀寅賦晉國一鼓鐵鑄刑鼎，著范宣子所為刑書焉。仲尼曰：晉國將守唐叔之所受法度，以經緯其民。文公作執秩之官，為被廬之法，以為盟主。今棄是度也。而為刑鼎，民在鼎矣。何以尊貴？蔡史墨曰：擅作刑器以為國法。昭六年三月，鄭子產鑄刑書。注：鑄於鼎。

（清）丁柔克《柳弧》卷二《僧判》　予於己巳年署漢陽府時，有衆紳羣縛一堪輿孽僧妙淨至，罪狀多端，齊動公憤。予升堂，大怒，重枷大杖畢，即提筆堂判曰：蓋聞禪和佛子，莊嚴須七寶威儀；卜史師巫，昭假亦一誠儼慤。故必虔持禁戒，方稱白象之門人；庶幾藉彼清忱，可得青烏之吉兆。今按孽僧妙淨，本無妙諦，絶少淨規，不歸兜率之宗，妄厠堪輿之術。此其舍本務末，已獲罪於如來；然能守正袪邪，猶可原於吾黨。乃敢無邊放蕩，有意恣矜。不戒五葷，災及劉安雞犬；未封三板，識迷燕客堂防。口鴟吻以流言，眼鼠睛而瞪視。更復窮凶遍地，罪大滔天。託言水宿風餐，淫人婦女；聚匪深林密箐，劫客輜財。惡貫既盈，王章難宥。削南山之竹，莫罄其辜；決東海之波，難湔其惡。合依僧道犯姦之律，並加祭祀不敬之條，荷校加笞，八百板敲其狗腿；依律處決，七十日斷此驢頭。此判一郡快之。

（南朝宋）劉義慶《世説新語》卷二《政事》　賈充初定律令，晉諸公贊曰：充字公閭，襄陵人，父逵，魏豫州刺史。充起家爲尚書，遷廷尉，聽訟稱平。晉受禪，封魯郡公，充有才識，明達治體，加善刑法，由此與散騎常侍裴楷共定科令，蠲除密網以爲晉律。薨，贈太宰。與羊祜共咨太傅鄭沖。王隱《晉書》曰：沖，字文和，滎陽開封人，有核練才，清虛寡欲，喜論經史，草衣緼袍，不以爲憂。累遷司徒太保。晉受禪，進太傅。沖曰：皋陶嚴明之旨，非僕闇懦所探。羊曰：上意欲令小加弘潤，沖乃粗下意。《續晉陽秋》曰：初，文帝命荀勗、賈充、裴秀等分定禮儀律令，皆先咨鄭沖然後施行也。

（宋）蔡絛《鐵圍山叢談》卷二　國家初沿革五季，故綱紐未大備，而人患因循。至熙寧制度始張，於是凡百以法令從事矣。元豐時，又置一司敕令所，蓋欲凡一司局務咸稱一司局務之條式也。吾嘗白魯公，切謂為治恐勿在是。然自熙豐迄今，大抵八九十年，而一司敕令終未成。

（清）董誥《全唐文》卷五〇唐德宗李適《删定條格詔》　律令格式，條目有未折衷者，委中書門下簡擇理識通明官共删定。自至德以來制敕，或因人奏請，或臨事頒行，差互不同，使人疑惑，中書門下與删定官詳決，取堪久長行用者，編入條格。

（元）蘇天爵《元文類》卷四二《憲典·學規篇》　法至於學規，輕之至者也，而至重焉。太祖皇帝始為國都學規，世祖皇帝廣為國子學規，今上皇帝親為王宮學規。夫法不從吏議，而出聖裁，重之至矣乎！

（明）楊一清《楊一清集·閣諭録》卷四《奏議·論循舊典以篤親親奏疏》　臣惟睦族之道，婚姻爲重。故曰：兄弟婚姻，無相絶遠。此《中庸》、《九經》同其好惡之道也。若於締婚之間，有意防閑，則是其所厚者薄，無所不薄矣。考之前代，漢、唐、宋以來，皆無此禁，我祖宗朝亦無此例。若有之，則當於《皇明祖訓》、《大明律令》、《大明集禮》、《洪武禮制》諸書中載之矣。聞宣德年間，有旨，漢府親戚不許遷京職。然亦因其謀反，止爲漢府而言，不曾並各王府通著爲例矣。天順、成化間，不知何人，倡爲此議。弘治以前，亦不甚拘，如布政雍泰，其族中女與秦府郡王干親，得陞任宣府都御史。至弘治十三年，三法司修輯《問刑條例》，姑載其中，遂爲定例，然既非帝王親親之道，又非我祖宗垂後之典。大君言出爲令，本諸天理之正，即乎人心之安，釐而正之，無所不可。粵稽《大明會典》，累朝奏行事例，因革損益，隨事修改者甚多，惟太祖、太宗成法則一定而不可變者也。

（明）王守仁《王文成公全書》卷一六《别録·征剿横水桶岡分委統

哨牌》 軍令：失誤軍機者，斬。臨陣退縮者，斬。違犯號令者，斬。經過宿歇去處，敢有攪擾居民及取人一草一木者，斬。劄營起隊取火作食後時遲慢者，照軍法治，因而誤事者，斬。安營住隊常如對敵，不許私相往來，及輒去衣甲器仗，違者照軍法治，因而誤事者，斬。凡安營訖，非給有各隊信牌及非營門而輒出入者，皆斬。守門人不舉告者，同罪。其出營樵牧汲水方便而擅過營門外者，杖一百。軍中呼號奔走驚衆者，斬。雖遇賊乘暗攻營將士輒呼動者，斬。軍中卒遇火起，除奉軍令救火人外，敢有喧呼及擅離本隊者，斬。軍中守夜巡夜之人，每夜各有號色，號色不應者，即便收縛。軍中不許私議軍機及妄言禍福休咎惑亂衆心，違者皆斬。凡入賊境哨探，可往而畏難不往，托故推調及回報不實者，斬。軍行遇敵人往衝及有埋伏在傍者，不許輒動，即便整隊向賊，牢把相機殺剿，違者，斬。軍行遇賊乞衆降，恐有奸謀，即要駐軍嚴備，一面飛稟中軍，令其遠退，自縛來投，不許輒與相近，遇有自稱官吏及地方里老來迎接者，亦不許輒與相近，即便駐軍嚴備，一面飛稟中軍，審實發落，違者，皆斬。賊使入營及來降之人，將士敢與私語及問賊中事宜，凡漏泄軍情者，斬。凡臨陣對敵，一隊失全伍皆斬。鄰隊不救鄰隊，皆斬。賊敗追奔不得太遠，一聽號令，聞鼓方進，聞金即止，違者，斬。賊巢財物並聽殺賊已畢，差官勘驗給賞，敢有臨陣擅取者，斬。乘勝逐賊不許争取首級，路有遺下金銀寶物，不許低頭拾取，違者，皆斬。

《聖祖仁皇帝御製文集·第一集》卷九《勑諭·諭刑部》 國家設立法制，原以禁暴止姦，安全良善。故律例繁簡，因時制宜，總期合於古帝王欽恤民命之意。向因人心滋僞，輕視法網，及強暴之徒凌虐小民，故於定律之外，復嚴設條例，俾其畏而知警，免罹刑辟。乃近來犯法者多，而奸宄未見衰止。人命關係重大，朕心深用惻然。其定律之外，所有條例如罪不至死，而新例議死；或情罪原輕，而新例過嚴者，應去應存，著九卿詹事科道會同詳加酌定，確議具奏。特諭，康熙十八年九月十四日。

（清）吴振棫《養吉齋叢録》卷六 我朝欽恤民命，制刑之典，由州縣而道府，而臬司，會其成於巡撫。既入告，刑部覈之，九卿科道簽商、面折、定議上聞。又下科臣覆奏，始擇期勾到。凡御别殿，東向；途次御行幄，則南向。案置黄册，大學士、軍機大臣、刑部堂官、内閣學士等按班跪，講官四人立侍，滿閣學一人跪讀本案前。上升座，閲黄册，滿閣學啟奏某省某人某事。上略論一、二語，謂情有可原者，免勾；謂法無可貸者，秉筆之大學士以硃筆勾其姓名。既勾，滿閣學啟奏第二人，上諭諭如前。以次勾畢，大學士捧黄册退，衆皆退，其最後爲講官。朝審勾到，其儀式同。

又： 舊時，秋審分四項：曰情真應決，曰緩決，曰可矜，曰可疑。雍正間，去可疑一項。後以避世宗嫌名，改情真曰情實。情實者，進册，緩決者，進本不進册。

（清）龔自珍《龔定盦全集·定盦續集》卷二《昇平分類讀史雅詩自敘》 本朝死刑别二等，曰情實，曰緩決，又有情實而不予勾者，勾囚之日，皇帝賜漢大學士一人坐，一一商榷之。講官科道皆侍，先期由有司詳部臣核定，又有九卿會議簽商，有刑部簽商，蓋自有司初定讞以至於予勾，中間更心目十數更手百數。仕者罪至死，子孫應試入仕如故。此本朝之刑。

《皇朝經世文編》卷五〇《戸政二十五·鹽課·歷代鹽政沿革》 天下鹽課，兩淮獨居其半。乃利之所競，弊亦隨之，救弊之道，貴乎立法。然天下因弊而立法者甚，且法久而弊生，爲寛爲嚴，代以時殊。宜因宜革，法由人異。得其道，則商富而用饒；失其道，則商困而用竭。固千萬世有同揆也。

（清）馮桂芬《校邠廬抗議》卷上《省則例議》 朝廷亦何德，於吏而必爲之濬利源哉。偶舉二事，他事可知，他部可知。大凡治病者，必探其病根而除之，而後病可已。吏之病根安在？在例案太繁而已。宜簡諳習吏事大小員數人，紬繹會典則例等書，擥存其要，名之曰簡明則例。每部不得逾二十萬言。舊册存之，舊例舊案無論遠近，一切燬之。以新例頒發大小官員，惟偏戒自今非新例不得援引，小事兩可者，卿貳督撫以理斷之。《傳》曰：用人勿疑。卿貳督撫大官而必束之以例案，且束之以無一定之例案，是疑大臣而轉信吏也，傎孰甚焉。至咨移詳札實叙處無可簡略，其首尾複述套語皆删之，并頒一成式。

（清）康有爲《新學僞經考·漢書齊歆王莽傳辨僞》 陵夷至於暴秦，燔經書，殺儒士，設挾書之法，行是古之罪，道術由是遂滅。漢興，去聖帝、明王遐遠，仲尼之道又絶，法度無所因襲，時獨有一叔孫通略定禮儀，天下唯有《易》卜，未有他書。

司法分部

論説

《周易正義·訟》 ䷅坎下乾上。訟：有孚，窒惕，中吉，窒，謂窒塞也。皆惕，然後可以獲中吉。疏：正義曰：窒，塞也。惕，懼也。凡訟者，物有不和，情相乖争而致其訟。凡訟之體，不可妄興，必有信實，被物止塞，而能惕懼，中道而止，乃得吉也。終凶。利見大人，不利涉大川。疏：正義曰：終凶者，訟不可長，若終竟訟事，雖復窒惕，亦有凶也。利見大人者，物既有訟，須大人决之，故利見大人也。不利涉大川者，以訟不可長，若以訟而往涉危難，必有禍患，故不利涉大川。

《周易正義·坎》 上六：係用徽纆，寘於叢棘，三歲不得，凶。險陗之極，不可升也。嚴法峻整，難可犯也。宜其囚執寘于思過之地。三歲，險道之夷也。險終乃反，故三歲不得自脩，三歲乃可以求復，故曰三歲不得凶也。疏：正義曰：係用徽纆，寘于叢棘者，險陗之極，不可升上。嚴法峻整，難可犯觸。上六居此險陗之處，犯其峻整之威，所以被繫用其徽纆之繩。置於叢棘，謂囚執之處，以棘叢而禁之也。三歲不得凶者，謂險道未終，三歲已來，不得其吉，而有凶也。險終乃反，若能自脩，三歲後可以求復自新，故《象》云上六，失道凶，三歲也。言失道之凶，唯三歲之後，可以免也。

（清）江藩《周易述補·鼎》 九四【略】注：剭讀如屋誅之屋。疏：【略】剭讀如屋誅之屋。又曰：屋中刑之者，《周禮·秋官·司烜氏》：邦若屋誅，則爲明竁焉。鄭氏彼注曰：屋讀如其刑剭之剭。剭誅謂所殺不於市，而以適甸師氏者也。《漢書·敘傳》曰：底剭鼎臣。服虔云：《周禮》有屋誅，誅大臣於屋下不露也。俗本作形渥。非。

《周易正義·巽》 九五：貞吉，悔亡，无不利。无初有終。先庚三日，後庚三日，吉。以陽居陽，損於謙巽。然秉乎中正以宣其令，物莫之違。故曰貞吉，悔亡，无不利也。化不以漸，卒以剛直用加於物，故初皆不説也。終於中正，邪道以消，故有終也。申命令謂之庚。夫以正齊物，不可卒也；民迷固久，直不可肆也，故先申三日，令著之後，復申三日，然後誅而无咎怨矣。甲、庚，皆申命之謂也。疏：正義曰：九五以陽居陽，違於謙巽，是悔也。然執乎中正，以宣其令，物莫之違，是由貞正獲吉，故得悔亡而无不利，故曰貞吉，悔亡，无不利也。无初有終者，若卒用剛直，化不以漸，物皆不説，故曰无初也。終於中正，物服其化，故曰有終也。先庚三日，後庚三日，吉者，申命令謂之庚，民迷固久，申不可卒，故先申之三日，令著之後，復申之三日，然後誅之，民服其罪，无怨而獲吉矣，故曰先庚三日，後庚三日，吉也。

（清）江藩《周易述補·象下》 旅【略】終以譽命，上逮也。注：逮，及也。謂二上及也。疏：逮及至及也。此虞義也。《説文解字》：唐逮，及也。唐疑衍字，故曰逮，及也。二承三，不應五，五變成乾，二來應五，故曰二上及也。逮，又訓爲追。《漢書·刑法志》：齊太倉令淳于公有罪當刑，詔獄繫逮。師古曰：逮，及也。辭之所及，則追捕之，故謂之逮。

《國語》卷四《魯語上》 臧文仲言於僖公曰：夫衛君殆無罪矣。刑五而已，無有隱者，隱乃諱也。大刑用甲兵，其次用斧鉞，中刑用刀鋸，其次用鑽笮，薄刑用鞭扑，以威民也。故大者陳之原野，小者致之市朝，五刑三次，是無隱也。今晉人鴆衛侯不死，亦不討其使者，諱而惡殺之也。有諸侯之請，必免之。臣聞之：班相恤也，故能有親。夫諸侯之患，諸侯恤之，所以訓民也。君盍請衛君以示親於諸侯，且以動晉？夫晉新得諸侯，使亦曰：魯不棄其親，其亦不可以惡。公説，行玉二十轂，乃免衛侯。

《晉書》卷三〇《刑法志》 至惠帝之世，政出羣下，每有疑獄，各立私情，刑法不定，獄訟繁滋。尚書裴頠表陳之曰：夫天下之事多塗，非一司之所管；中才之情易擾，賴恒制而後定。先王知其所以然也，是以辨方分職，爲之準局。準局既立，各掌其務，刑賞相稱，輕重無二，故下聽有常，羣吏安業也。舊宫掖陵廟有水火毁傷之變，然後尚書乃躬自奔赴，其非此也，皆止於郎令史而已。刑罰所加，各有常刑。

去元康四年，大風之後，廟闕屋瓦有數枚傾落，免太常荀寓。于時以嚴詔所譴，莫敢據正。然內外之意，僉謂事輕責重，有違于常。會五年二月有大風，主者懲懼前事。臣新拜尚書始三日，本曹尚書有疾，權令兼出，按行蘭臺。主者乃瞻望阿棟之間，求索瓦之不正者，得棟上瓦小邪十五處。或是始瓦時邪，蓋不足言，風起倉卒，臺官更往，太常按行，不及得周，文書未至之頃，便競相禁止。臣以權兼暫出，出還便罷，不復得窮其事。而本曹據執，卻問無已。臣時具加解遣，而主者畏咎，不從臣言，禁止太常，復興刑獄。

昔漢氏有盜廟玉環者，文帝欲族誅，釋之但處以死刑，曰：若侵長陵一抔土，何以復加？文帝從之。大晉垂制，深惟經遠，山陵不封，園邑不飾，墓而不墳，同乎山壤，是以丘阪存其陳草，使齊乎中原矣。雖陵兆尊嚴，唯毀發然從族之，此古典也。若登踐犯損，失盡敬之道，事止刑罪可也。

去八年，奴聽教加誣周龍燒草，廷尉遂奏族龍，一門八口并命。會龍獄翻，然後得免。考之情理，準之前訓，所處實重。今年八月，陵上荊一枝圍七寸二分者被斫，司徒太常，奔走道路，雖知事小，而案劾難測，搔擾驅馳，各競免負，于今太常禁止未解。近日太祝署失火，燒屋三間半。署在廟北，隔道在重牆之內，又即已滅，頻爲詔旨所問。主者以詔旨使問頻繁，便責尚書不即案行，輒禁止，尚書免，皆在法外。

刑書之文有限，而舛違之故無方，故有臨時議處之制，誠不能皆得循常也。至於此等，皆爲過當，每相逼迫，不復以理，上替聖朝畫一之德，下損崇禮大臣之望。臣愚以爲犯陵上草木，不應乃用同產異刑之制。按行奏劾，應有定準，相承務重，體例遂虧。或因餘事，得容淺深。

《晉書》卷六九《劉隗傳》 建興中，丞相府斬督運令史淳于伯而血逆流，隗又奏曰：古之爲獄必察五聽，三槐九棘以求民情。雖明庶政，不敢折獄。死者不得復生，刑者不可復續，是以明王哀矜用刑。曹參去齊，以市獄爲寄。自頃蒸荒，殺戮無度，罪同斷異，刑罰失宜。謹按行督運令史淳于伯刑血著柱，遂逆上終極柱末二丈三尺，旋復下流四尺五寸。百姓諠譁，士女縱觀，咸曰其冤。伯息忠訴辭稱枉，云伯督運訖去二月，事畢代還，無有稽乏。受賕使役，罪不及死。軍是戍軍，非爲征軍，以乏軍興論，於理爲枉。四年之中，供給運漕，凡諸徵發租調百役，皆有稽停，而不以軍興論，至於伯也，何獨明之？捶楚之下，無求不得，囚人畏痛，飾辭應之。理曹，國之典刑，而使忠等稱冤明時。謹按從事中郎周莚，法曹參軍劉胤屬李匡幸荷殊寵，並登列曹，當思敦奉政道，詳法慎殺，使兆庶無枉，人不稱訴。而令伯枉同周青，冤魂哭於幽都，訴靈恨於黃泉，嗟嘆甚於杞梁，血妖過於崩城，故有隕霜之人，夜哭之鬼。伯有晝見，彭生爲豕，刑殺失中，妖眚並見，以古況今，其揆一也。皆由莚等不勝其任，請皆免官。於是右將軍王遵等上疏引咎，請解職。帝曰：政刑失中，皆吾闇塞所由。尋示愧懼，思聞忠告，以補其闕。而引過求退，豈所望也！由是導等一無所問。

《魏書》卷一一一《刑罰志》 熙平中，有冀州妖賊延陵王買，負罪逃亡，赦書斷限之後，不自歸首。廷尉卿裴延儁上言：《法例律》：諸逃亡，赦書斷限之後，不自歸首者，復罪如初。依《賊律》，謀反大逆，處買梟首。其延陵法權等所謂月光童子劉景暉者，妖言惑衆，事在赦後，亦合死坐。正崔纂以爲，景暉云能變爲蛇雉，此乃傍人之言。雖殺暉爲無理，恐赦暉復惑衆。是以依違，不敢專執。當今不諱之朝，不應行無罪之戮。景暉九歲小兒，口尚乳臭，舉動云爲，並不關己，月光之稱，不出其口。皆姦吏無端，橫生粉墨，所謂爲之者巧，殺之者能。若以妖言惑衆，據律應死，然更不破□惑衆。赦令之後方後顯其事；律令之外，更求其罪。赦律何以取信於天下，天下焉得不疑於赦律乎！《書》曰：與殺無辜，寧失有罪。又案《法例律》：八十已上，八歲已下，殺傷論坐者上請。議者謂悼耄之罪，不用此律。愚以老智如尚父，少惠如甘羅，此非常之士，可如其議，景暉愚小，自依凡律。靈太后令曰：景暉既經恩宥，何得議加橫罪，可謫略陽民。餘如奏。

又： 神龜中，蘭陵公主駙馬都尉劉輝，坐與河陰縣民張智壽妹容妃、陳慶和妹慧猛，姦亂耽惑，毆主傷胎。輝懼罪逃亡。門下處奏：各入死刑，智壽、慶和並以知情不加防限，處以流坐。詔曰：容妃、慧猛恕死，髡鞭付宮，餘如奏。尚書三公郎中崔纂執曰：伏見旨募若獲劉輝者，職人賞二階，白民聽出身進一階，厮役免役，奴婢爲良。案輝無叛逆之罪，賞同反人劉宣明之格。又尋門下處奏，以容妃、慧猛與輝私姦，兩情耽惑，令輝挾忿，毆主傷胎。雖律無正條，罪合極法，並處入死。其智壽等二家，配敦煌爲兵。天慈廣被，不即依決，雖恕其命，竊謂未可。夫律令，高皇帝所以治天下，不爲喜怒增減，不由親疏改易。案《鬭律》：祖父母、父母忿怒，以兵刃殺子孫者五歲刑，毆殺者四歲刑，若心有愛憎而故殺者，各加一等。雖王姬下降，貴殊常妻，然人婦之孕，不得非子。又依永平四年先朝舊格：諸刑流及死，皆首罪判定，後決從者。事必因本以求支，獄若以輝逃避，便應懸處，未有捨其首罪而成其末愆。流死參差，或時未允。門下中禁大臣，職在敷奏。昔邴吉爲相，不存鬭斃，而問牛喘，豈不以司別故也。案容妃等，罪止於姦私。若擒之穢席，衆證分明，即律科處，不越刑坐。何得同宫掖之罪，齊奚官之役。案智壽口訴，妹適司士曹參軍羅顯貴，已生二女於其夫，則他家之母。《禮》云婦人不二夫，猶曰不二天。若私門失度，罪在於夫，釁非兄弟。昔魏晉未除五族之刑，有免子戮母之坐。何曾諍之，謂：在室之女，從父母之刑；已醮之婦，從夫家之刑。斯乃不刊之令軌，古今之通議。《律》，期親相隱之謂凡罪。况姦私之醜，豈得以同氣相證。論刑過其所犯，語情又乖律憲。案《律》，姦罪無相緣之坐。不可借輝之忿，加兄弟之刑。夫刑人於市，與衆棄之，爵人於朝，與衆共之，明不私於天下，無欺於耳目。何得以非正刑書，施行四海。刑名一失，駟馬不追。既有詔旨，依即行下，非律之案，理宜更請。

《魏書》卷一一四《釋老志》　又尚書令高肇奏言：謹案：故沙門統曇曜，昔於承明元年，奏涼州軍戶趙苟子等二百家爲僧祇戶，立課積粟，擬濟飢年，不限道俗，皆以拯施。又依内律，僧祇戶不得別屬一寺。而都維那僧暹、僧頻等，進違成旨，退乖内法，肆意任情，奏求逼召，致使吁嗟之怨，盈於行道，棄子傷生，自縊溺死，五十餘人。豈是仰贊聖明慈育之意，深失陛下歸依之心。遂令此等，行號巷哭，叫訴無所，至乃白羽貫耳，列訟宫闕。悠悠之人，尚爲哀痛，况慈悲之士，而可安之。請聽苟子等還鄉課輸，儉乏之年，周給貧寡，若有不虞，以擬邊捍。其暹等違旨背律，謬奏之愆，請付昭玄，依僧律推處。詔曰：暹等特可原之，餘如奏。

又：永平二年冬，沙門統惠深上言：僧尼浩曠，清濁混流，不遵禁典，精粗莫別。輒與經律法師群議立制：諸州、鎮、郡維那、上坐、寺主，各令戒律自修，咸依内禁，若不解律者，退其本次。又，出家之人，不應犯法，積八不淨物。然經律所制，通塞有方。依律，車牛淨人，不淨之物，不得爲己私畜。唯有老病年六十以上者，限聽一乘。又，比來僧尼，或因三寶，出貸私財。緣州外。又，出家捨著，本無凶儀，不應發道從俗。其父母三師，遠聞凶問，聽哭三日。若在見前，限以七日。或有不安寺舍，遊止民間，亂道生過，皆由此等。若有犯者，脱服還民。其有造寺者，限僧五十以上，啓聞聽造。若有輒營置者，處以違敕之罪，其寺僧衆擯出外州。僧尼之法，不得爲俗人所使。若有犯者，還配本屬。其外國僧尼來歸化者，求精檢有德行合三藏者聽住，若無德行，遣還本國，若其不去，依此僧制治罪。詔從之。

《舊唐書》卷六九《侯君集傳》　中書侍郎岑文本以爲功臣大將不可輕加屈辱，上疏曰：君集等或位居輔佐，或職惟爪牙，並蒙拔擢，受將帥之任，不能正身奉法以報陛下之恩，舉措肆情，罪負盈積，實宜繩之刑典，以肅朝倫。但高昌昏迷，人神共棄，在朝議者，以其地在遐荒，咸欲置之度外。唯陛下運獨見之明，授決勝之略，君集等奉行聖算，遂得指期平殄。若論事實，並是陛下之功，君集等有道路之勞，未足稱其勳力。而陛下天德弗宰，乃推功於將帥。露布初至，便降大恩，從征之人，皆霑滌蕩，及其凱旋，特蒙曲宴，又對萬國，加之重賞。内外文武，咸欣陛下賞不踰時。而不經旬日，並付大理，雖乃君集等自挂網羅，而在朝之人未知所犯，恐海内又疑陛下唯録其過，似遺其功。臣以下才，謬參近職，既有所見，不敢默然。

臣聞古之人君，出師命將，克敵則獲重賞，不克則受嚴刑。是以當其有功也，雖貪殘淫縱，必蒙青紫之寵；當其有罪也，雖勤躬潔己，不免鈇鉞之誅。故《周書》曰：記人之功，忘人之過，宜爲君者也。昔漢貳師將軍李廣利捐五萬之師，糜億萬之費，經四年之勞，唯獲駿馬三十匹。雖斬宛王之首，而貪不愛卒，罪惡甚多。武帝爲萬里征伐，不録其過，遂封廣利海西侯，食邑八千戶。又校尉陳湯矯詔興師，雖斬郅支單于，而湯素貪盜，所收康居財物，事多不法，爲司隸所繫。湯乃上疏曰：與吏士共誅郅支，幸得擒滅。今司隸乃收繫案驗，是爲郅支報讎也。元帝赦其罪，封湯關内侯，賜黃金百斤。又晉龍驤將軍王濬有平吴之功，而王渾等論濬違詔，不受節度，軍人得孫皓寳物，並燒皓宮及船。濬上表曰：今年平吳，誠爲大慶，於臣之身，更爲咎累。武帝赦而不推，拜輔國大將軍，封襄陽侯，賜絹萬匹。近隋新義郡公韓擒虎平陳之日，縱士卒暴亂叔寳宮內，文帝亦不問罪，雖不進爵，拜擒虎上柱國，賜物八千段。由斯觀之，將帥之臣，廉慎者寡，貪求者衆。是以黄石公《軍勢》曰：使智，使勇，使貪，使愚。故智者樂立其功，勇者好行其志，貪者邀趨其利，愚者不計其死。是知前聖莫不收人之長，棄人之短，良爲此也。

臣又聞夫天地之道，以覆載爲先；帝王之德，以含弘爲美。夫以區區漢武及歷代諸帝，猶能宥廣利等，况陛下天縱神武，振宏圖以定六合，豈獨正兹刑網，不行古人之事哉！伏惟聖懷，當自已有斟酌。臣今所以陳聞，非敢私君集等，庶以螢爝末光，增暉日月。倘陛下降雨露之澤，收雷電之威，録其微勞，忘其大過，使君集重升朝列，復預驅馳，雖非清貞之臣，猶是貪愚之將。斯則陛下聖德，雖屈法而德彌顯；君集等愆過，雖蒙宥而過更彰。足使立功之士，因兹而皆勸；負罪之將，由斯而改節矣。

《舊唐書》卷八七《劉禕之傳》 時有司門員外郎房先敏得罪，左授衛州司馬，詣宰相陳訴。內史騫味道謂曰：此乃皇太后處分也。禕之謂先敏曰：緣坐改官，例從臣下奏請。則天聞之，以味道善則歸己，過則推君，貶青州刺史；以禕之推善於君，引過在己，加授太中大夫，賜物百段，細馬一匹。因謂侍臣曰：夫爲臣之體，在揚君之德，君德發揚，豈非臣下之美事？且君爲元首，臣作股肱，情同休戚，義均一體。未聞以手足之疾移於腹背，而得一體安者。味道不存忠赤，已從屏退；禕之竭忠奉上，情甚可嘉。納言王德真對曰：昔載至德每有善事，必推於君。太后曰：先朝每稱至德能有此事，逮其終歿，有制褒崇。爲臣之道，豈過斯行，傳名萬代，可不善歟！【略】

後禕之嘗竊謂鳳閣舍人賈大隱曰：太后既能廢昏立明，何用臨朝稱制？不如返政，以安天下之心。大隱密奏其言，則天不悦，謂左右曰：禕之我所引用，乃有背我之心，豈復顧我恩也！垂拱三年，或誣告禕之受歸誠州都督孫萬榮金，兼與許敬宗妾有私，則天特令肅州刺史王本立推鞫其事。本立宣敕示禕之，禕之曰：不經鳳閣鸞臺，何名爲敕？則天大怒，以爲拒捍制使，乃賜死於家，時年五十七。

初，禕之既下獄，睿宗爲之抗疏申理，禕之親友咸以爲必見原宥，竊賀之。禕之曰：吾必死矣。太后臨朝獨斷，威福任己，皇帝上表，徒使速吾禍也。禕之在獄時，嘗上疏自陳。及臨終，既洗沐，而神色自若，命其子執筆草謝表，其子將絶，殆不能書。監刑者促之，禕之乃自操數紙，援筆立成，詞理懇至，見者無不傷痛。時麟臺郎郭翰、太子文學周思鈞共稱歎其文，則天聞而惡之，左遷翰爲巫州司法，思鈞爲播州司倉。睿宗即位，以禕之宮府舊僚，追贈中書令。

（清）董誥《全唐文》卷一四〇魏徵《理獄聽諫疏》 臣聞道德之厚，莫尚於軒唐；仁義之隆，莫彰於舜禹。欲繼軒唐之風，將追舜禹之跡，必鎮之以道德，宏之以仁義，舉善而任之，擇善而從之。不擇善任能，而委之俗吏，既無遠度必失大體。惟奉三尺之律，以繩四海之人，欲求垂拱無爲，不可得也。故聖哲君臨，移風易俗，不資嚴刑峻法，在仁義而已。故非仁無以廣施，非義無以正身。惠下以仁，正身以義，則其政不嚴而理，其教不肅而成矣。然則仁義理之本也，刑罰理之末也。爲理之有刑罰，猶執御之有鞭策也，人皆從化，而刑罰無所施，馬盡其力，則有鞭策無所用。由此言之，刑罰不可致理，亦已明矣。故《潛夫論》曰：人君之理，莫大於道德教化也。民有性有情，有化有俗。情性者，心也本也；俗化者，行也末也。是以上君撫世，先其本而後其末，順其心而履其行，心情苟正，則姦慝無所生，邪意無所載矣。是故上聖無不務理民心，故曰聽訟吾猶人也，必也使無訟乎？道之以禮，務厚其性而泯其情。民相愛，則無相傷害之意；動思義，則無畜姦邪之心。若此非律令所理也，此乃教化之所致也。聖人甚尊德禮而卑刑罰，故舜先勑契以敬敷五教，而後任咎繇以五刑也。凡立法者，非以司民短而誅過誤也，乃以防姦惡而救禍患，檢淫邪而內正道。民蒙善化，則人有士君子之心，被惡政，則人有懷姦亂之慮。故善化之養民，猶工之爲麴豉也。六合之民，猶一廕也，黔首之屬，猶荳麥也，變化云爲，枉將者耳。遭良吏則懷忠信而履仁厚，遇惡吏則懷姦邪而行淺薄。忠厚積則致太平，淺薄積則致危亡。是以聖帝明王，皆敦德化而薄威刑也。德者所以循己也，威者所以理人也。民之生也，猶鑠金在爐，方圓薄厚，隨鎔制耳。是故世之善惡，俗之薄厚，皆在於君世之主。誠能使六合之内，舉世之人，感忠厚之情，而無淺薄之惡，各奉公正之心，而無姦險之慮，則醇醲之俗，復見於兹矣。後王雖未能遵專尚仁義，當慎刑卹典，哀敬無私。故管子曰：聖君任法不任智，任公不任私，故王天下，理國家。貞觀之初，志存公道，人有所犯，一一於法。縱臨時處斷，或有輕重，但見臣下執論，無不忻然受納。民知罪之無私，故甘心而不怨。臣下見言無忤，故盡力以效忠。頃年已來，意漸深刻，雖開三面之網，而察見川中之魚，取捨枉於愛憎，輕重由乎喜怒。愛之者，罪雖重而強爲之辭。惡之者，過雖小而深探其意。法無定科，任情以輕重，人有執論，疑之以阿僞。故受罰者無所控告，當官者莫敢正言。不服其心，但窮其口。欲加之罪，其無辭乎？又五品已上有犯，悉令曹司聞奏，本欲察其情狀，有所哀矜。今乃曲求小節，或重其罪，使人攻擊，惟恨不深，事無重條，求之法外，所加十有六七。故頃年犯者懼上聞，得付法司，以爲多幸。告訐無已，窮理不息，君私於上，吏姦於下，求細過而忘大體，行一罰而起衆姦，此乃背公平之道，乖泣辜之意，欲其人和訟息，不可得也。故《體論》云：夫淫泆盜竊，百姓之所惡也，我從而刑罰之，雖過乎當，百姓不以我爲暴者，公也。怨曠饑寒，亦百姓之所惡也，遁而陷之法，我從而寬宥之，百姓不以我爲偏者，公也。我之所重，百姓之所憎也；我之所輕，百姓之所憐也。是故賞輕而勸善，刑省而禁姦。由此言之，公之於法，無不可也，過輕亦可。私之於法，無可也。過輕則縱姦，過重則傷善。聖人之於法也公矣，然猶懼其未也，而救之以化，此上古所務也。後之理獄者則不然。未訊罪人，則先爲之意，及其訊之，則驅而致之意，謂之能。不探獄之所由生爲之分，而上求人主之微旨以爲制，謂之忠。其當官也能，其事上也忠，則名利隨而與之，驅而陷之，欲望道化之隆，亦難矣。凡聽訟理獄，必原父子之親，立君臣之義，權輕重之序，測淺深之量。悉其聰明，致其忠愛。疑則與衆共之。疑則從輕者，所以重之也。故舜命咎繇曰：汝作士，惟刑之恤。又復加之以三訊，衆所善，然後斷之，是以爲法，參之人情。故《傳》曰：小大之獄，雖不能察，必以情。而世俗拘愚苛刻之吏，以爲情也者，取貨者也，立愛憎者也，右親戚者也，陷怨讐者也。何世俗小吏之情，與夫古人之懸遠乎？有司以此情疑之羣吏，人主以此情疑之有司，是君臣上下，通相疑也，欲其盡忠立節難矣。凡理獄之情，必本所犯之事以爲主，不嚴訊，不旁求，不貴多端以見聰明，故律正其舉劾之法，參伍其辭，所以求實也，非所以飾實也。但當參伍明聽之耳，不使獄吏鍛鍊飾理，成辭於手。孔子曰：古之聽獄，求所以生之也；今之聽獄，求所以殺之也。故析言以破律，任案以成法，執左道以必加也。又《淮南子》曰：豐水之深十仞，金鐵在焉，則形見於外，非不深且清，而魚鼈莫之歸也。故爲上者，以苛爲察，以功爲明，以刻下爲忠，以訐多爲功，譬猶廣革，大則大矣，裂之道也。夫賞宜從重，罰宜從輕，君居其厚，百王通制。刑之輕重，恩之厚薄，見思與見疾，其可同日言哉？且法，國之權衡也，時之準繩也。權衡所以定輕重，準繩所以正曲直。今作法貴其寬平，罪人欲其嚴酷，喜怒肆志，高下在心，是則捨準繩以正曲直，棄權衡而定輕重者也，不亦惑哉？諸葛孔明，小國之相，猶曰：吾心如稱，不能爲人作輕重。況萬乘之主，當可封之日，而任心棄法，取怨於人乎？又時有小事，不欲人聞，則暴作威怒，以弭謗議。若所爲是也，聞於外其何傷？若所爲非也，雖掩之何益？故諺曰：欲人不知，莫若不爲；欲人不聞，莫若勿言。爲之而欲人不知，言之而欲人不聞，此猶捕雀而掩目，盜鍾而掩耳者，祇以取誚，將何益乎？臣又聞之，無常亂之國，無不可理之民者。夫君之善惡，由乎化之薄厚，故禹湯以之理，桀紂以之亂，文武以之安，幽厲以之危。是以古之哲王，盡己而不以尤人，求身而不以責下。故曰禹湯罪己，其興也勃焉；桀紂罪人，其亡也忽焉。爲之無已，深乖惻隱之情，實啟姦邪之路，温舒恨於曩日，臣亦欲惜所不用，非所不聞也。臣聞堯有敢諫之鼓，舜有誹謗之木，湯有司過之史，武有戒慎之銘。此則聽之於無形，求之於未有，虚心以待下，庶下之情達上，上下無私，君臣合德者也。魏武帝云：有德之君，樂聞逆耳之言，犯顔之諍。親忠臣，厚諫士，斥讒慝，遠佞人者，誠欲全身保國，遠避滅亡者也。凡百君子，膺期統運，縱未能上下無私，君臣合德，可不全身保國，遠避滅亡乎？然自古聖哲之君，功成事立，未有不資同心予違汝弼者也。昔在貞觀之初，側身勵行，謙以受物，蓋聞善必改，時有小過，引納忠規，每聽直言，喜形顔意，故凡在忠烈，咸竭其辭。自頃年海内無虞，遠夷懾服，志色盈滿，事異厥初。高談疾邪，而喜聞順旨之説；空論忠讜，而不悦逆耳之言。

私嬖之徑漸開，至公之道日塞。往來行路，咸知之矣。邦之興衰，實由斯道。爲人上者，可不勉乎？臣數年已來，每奉明旨，深懼羣臣莫肯盡言，臣切思之，自比來人或上書，事有得失，惟見述其所短，未有稱其所長。又天居自高，龍鱗難犯，在於造次，不敢盡言，時有所陳，不能盡意，更思忠竭，其道無因。且所言當理，未必加於寵秩；意或乖忤，將有恥辱隨之。莫能盡節，實由於此。雖左右近侍，朝夕階墀，事或犯顔，咸懷顧望，況疏遠不接，將何以極其忠款哉？又時或宣言云，臣下見事，衹可來道，何因所言，即望我用，此乃拒諫之辭，誠非納忠之意。何以言之？犯主嚴顔，獻可替否，所以成主之美，匡主之過。若主聽則惑，事有不行，使其盡忠讜之言，竭股肱之力，猶恐臨事恐懼，莫肯效其誠款，若如明詔所道，便是許其面從，而又責其盡言，進退將何所據？欲必使乎致諫，在乎好之而已。故齊桓好服紫，而合境無異色；楚王好細腰，而後宫多餓死。夫以耳目之玩，人猶死而不違，況聖明之君，求忠正之士，千里斯應，信不爲難。若徒有其言，而内無其實，欲其必至，不可得也。

（清）董誥《全唐文》卷二〇八魏靖《理冤濫疏》 臣聞古之綱紀，在乎降殺，理道攸寄，人命所懸。法務於寬，刑期尚簡，猶慮詆欺過制，旋濫不歸。臣遠睇前經，歷探故事，刑得其中，則風雨順而陰陽和；法失其宜，則怨濫興而災眚作。虐臣酷吏者，資矯佞以事君，行刻薄以臨下，矯佞似乎用意，刻薄類乎無私。侮憲害公，弄權撓法，倚深之奏，似公之請，既肆淫巧，理難聽察。其周興、來俊臣、邱勣、萬國俊、王宏義、侯思止、敦宏霸、李敬仁、彭先覺、王德壽、張知默者，既堯年四凶矣，恣愚騁暴，縱虐含毒，譬疾在位，安忍朝臣？罪逐法加，刑隨意改。當其時也，囹圄如市，朝廷以目。既而神靈不昧，冤魂有託，行惡期報，禍淫可徵，具嚴天刑，以懲亂首。臣竊見來俊臣身處極法者，以其羅織良善，屠陷忠良，籍没以勸將來，顯戮以謝天下。臣又聞之道路，上至聖主，傍洎貴臣，明明有羅織事矣。俊臣既死，推者獲功，胡元禮超遷，斐談顯授，中外稱慶，朝廷載安。破其黨者，既能賞不逾時；被其陷者，豈可銜冤累歲，且稱反之徒，須得反狀，惟據口辨，即請行刑，拷楚妄加，疑笞何限？故徐有功以寬平見忌，斛瑟羅以妓女而受拘，中外具知，枉直斯在，借以爲喻，其餘可詳。臣又聞之，郭宏霸自刺而唱快，萬國俊被遮而遽亡，霍獻可臨終膝拳於項，李敬仁將死舌至於臍：皆衆鬼滿庭，羣妖横道。近集若響隨聲，備在人謠，不爲虚説，伯有晝見，殆無以過，此亦羅織之一據也。臣以至愚，不識大體，儻使平反者數人，衆其詳覆來俊臣等所推大獄，庶鄧艾獲申於今日，孝婦不濫於昔時。恩涣一流，天下幸甚。

（清）董誥《全唐文》卷二七二徐堅《論刑獄表》 臣又聞書有五聽，慮失情實也；令著三覆，恐致虚枉也。比見有勅勘當反逆，令使者得實便決，然人命至重，死不可生，儻萬分之中，有一不實，欲訴無路，懷枉誰明？飲恨吞聲，赤族從戮，豈不痛哉！此不足以肅姦逆而明典刑，適所以長威福而生疑懼。臣望絶此處分，依法覆奏，則死者甘伏，知泣辜之恩，生人歡悦，見祥刑之意。又法官之任，人命所懸，若不簡擇，恐招枉濫。諸官僚之内，有用法寬平，爲衆所稱者，願親而進之；處事深酷不允人望者，願疎而退之。囹圄無冤，億兆幸甚。臣又聞罰不及嗣，虞帝之明規，罪不至孥，漢君之茂德。【略】竊見逆人之親，選曹廣責，至於無親無服，亦數十條，士子之中，十將三四。【略】又准勅，逆人同堂親，不得任京官及兩畿三輔官；準法，刑戮緦麻親，不得充近侍宿衛。臣望申勅有司，勅令逆人外，不得輒爲勘責。

《宋史》卷一九九《刑法志一》 先是，曾布建言，盜情有重輕，贜有多少。今以贜論罪，則劫貧家情雖重，而以贜少減免，劫富室情雖輕，而以贜重論死。是盜之生死，係於主之貧富也。至於傷人，情狀亦殊。以手足毆人，偶傷肌體，與夫兵刃湯火，固有間矣，而均謂之傷。朝廷雖許奏裁，而州郡或奏或否，死生之分，特幸與不幸爾。不若一變舊法，凡以贜定罪及傷人情狀不至切害者，皆從罪止之法。其用兵刃湯火，情狀酷毒，及汙辱良家，或入州縣鎮砦行劫，若驅虜官吏巡防人等，不以傷與不傷，凡情不可貸者，皆處以死刑，則輕重不失其當矣。及布爲相，始從其議，詔有司改法。

未幾，侍御史陳次升言：祖宗仁政，加於天下者甚廣。刑法之重，改而從輕者至多。惟是強盜之法，特加重者，蓋以禁姦宄而惠良民也。近朝廷改法，詔以強盜計贜應絞者，並增一倍；贜滿不傷人，及雖傷人而情輕者奏裁。法行之後，民受其弊。被害之家，以盜無必死之理，不敢告官，而鄰里亦不爲之擒捕，恐怨仇報復。故賊益逞，重法地分尤甚。恐養成大寇，以貽國家之患，請復行舊法。布罷相，翰林學士徐勣復言其不便，乃詔如舊法，前詔勿行。

《宋史》卷二〇一《刑法志三》　元豐三年，周清言：審刑院、刑部奏斷妻謀殺案問自首，變從故殺法，舉輕明重，斷入惡逆斬刑。竊詳律意，妻謀殺夫，已殺，合入惡逆，以按問自首，變從故殺法，宜用妻毆夫死法定罪。且十惡條，謀與故鬥殺夫，方入惡逆，若謀而未殺，止當不睦。既用舉輕明重，宜從謀而未殺法，依敕當決重杖處死，恐不可入惡逆斬刑。下審刑院、刑部參詳，如清議。

又：八年，尚書省言：諸獲盜，有已經殺人，及元犯强姦、强盜貸命斷配之人，再犯捕獲，有司例用知人欲告、或按問自首減免法。且律文自首減等斷遣者，爲其情非巨蠹，有改過自新之心。至於姦、盜，與餘犯不同，難以例減。請强盜已殺人，並强姦或元犯强盜貸命，若持杖三人以上，知人欲告、按問欲舉而自首，及因人首告應減者，並不在減等例。初，王安石與司馬光争議按問自首法，卒從安石議。至是，光爲相，復申前議改焉。乃詔：强盜按問欲舉自首者，不用減等。既而給事中范純仁言：熙寧按問欲舉條並得原減，以容姦太多，元豐八年，别立條制。竊詳已殺人、强姦，於法自不當首，不應更用按問減等。至於貸命及持杖强盜，亦不減等，深爲太重。按《嘉祐編敕》：應犯罪之人，因疑被執，贓證未明，或徒黨就擒，未被指説，但詰問便承，皆從律按問欲舉首減之科。若已經詰問，隱拒本罪，不在首減之例。此敕當理，當時用之，天下號爲刑平。請於法不首者，自不得原減，其餘取《嘉祐編敕》定斷，則用法當情，上以廣好生之德，下則無一夫不獲之寃。從之。

又詔：諸州鞫訊强盜，情理無可憫，刑名無疑慮，而輒奏請，許刑部舉駁，重行朝典，無得用例破條。從司馬光之請也。光又上言：殺人不死，傷人不刑，堯、舜不能以致治。刑部奏鈔兖、懷、耀三州之民有鬥殺者，皆當論死，乃妄作情理可憫奏裁，刑部卽引舊例貸之。凡律、令、敕、式或不盡載，則有司引例以决，今鬥殺當死，自有正條，而刑部承例免死决配，是鬥殺條律無所用也。請自今諸州所奏大辟，情理無可憫，刑名無可疑，令刑部還之，使依法處斷。若實有可憫、疑慮，即令刑部具其實於奏鈔，先擬處斷，門下省審覆。如或不當，及用例破條，即駁奏取旨勘之。

（清）徐乾學《資治通鑑後編》卷一〇《宋紀一〇》　知桐廬縣太常寺太祝昇州刁衎上疏言：古者投姦凶於四裔，今乃遠方囚人盡歸象闕，配於務役最非其宜，神皐天子所居，豈可使流囚於此聚役。自今外處罪人，望勿許解送上京，亦不留於諸務充役。又《禮》曰：刑人於市，與衆棄之，則知黄屋紫宸之中非行法用刑之所，乞御前不行决罪之刑，敕杖不以大小，皆以付御史、廷尉，又或犯刦盜亡命，罪重者刖足釘身，國門布令，此乃愚民昧於刑憲，迫於衣食，偶然爲惡，義不及他，被其慘毒，實傷風化，亦望減除。至於淫刑酷法，非律文所載者，並詔天下悉禁止之。帝覽疏甚悦，降詔褒答焉。

（清）徐乾學《資治通鑑後編》卷一六《宋紀一六》　閏月己亥，帝謂輔臣曰：朕嘗聞孟昶在蜀日亦躬親國政，然於刑獄之事，優游不斷，錯用其心。每有大辟罪人臨刑之時，必令人偵伺其言，苟一言稱屈者，即移司覆勘。至有三五年間遲留不决者，以爲夏禹泣辜竊效之，而不明古聖之旨。朕歷覽前書，必深味其理，蓋大禹自悲不及堯舜，致人死法，所以下車而泣。今犯罪之人，苟情理難恕者，朕固不容也。參知政事蘓易簡趙昌言對曰：臣等聞李煜有國之日亦如此。每夏則與罪人張紗廚以禦蚊蚋，冬則給與衾被恣其安眠。如犯大辟者，仍令術士燃燈以卜之，苟數日間燈不滅者，必移司勘劾，恐其寃枉，至有冬有罪人戀其温燠而不願疎放者。帝笑曰：庸暗如此，不亡何待。

（清）徐乾學《資治通鑑後編》卷三三《宋紀三三》　乙亥，諸路貢舉人郭積等四千三百人，見于崇政殿。時積冒緦喪赴舉，爲同輩所訟，殿三舉同保人並贖金，殿一舉時有司欲脱宋城王洙，問洙曰：果保積否。不然，可易也。洙曰：保之，不願易也。遂與積俱罷。《考異》：《王洙本傳》云：積冒祖母禫，墓銘作母禫。今從《實録》。

吕中曰：太祖之世，進士不過三十人，諸科五十人，太宗在位二紀，登科近百人。真宗時，一歲至有千八百餘人。當世道寬平之時，法令簡約，上之人雖不多爲之塗以開其紛争之習，亦不狹爲之塗以抑其好進之心。是以考察之法，雖不求詳而自不容於畧也，收取之門，雖不求寬而自不容於狹也。自糊名之法始於景德，謄録之法始於祥符，同保連坐之法嚴於天禧，法令雖密，所取非人望矣。然猶未至盡委之法。賈邊之背經旨以立異黜之，李迪之偶失韻以越格收之，朝廷議論，質實如此。故王洙寧受同保連坐之罪而不辭，則人心風俗其淳厚尤可想也。

（宋）吕中《宋大事記講義》卷二《太祖皇帝・去贓吏》　建隆二年正月，遣使度民田，館陶令坐括田不實，杖流海島。

建隆二年四月，滴河令李瑶按田受贓，杖殺，後間有寘極刑者。

乾德四年八月，宴近臣紫雲樓下，上因論及民事，謂趙普等曰：　愚下之民，不分菽麥，如藩侯不爲撫養，務行苛虐。朕斷不容之。

《傳》曰：刑不上大夫，非謂有罪而不刑也。爲士大夫者，當自愛其身，不至於刑也。我朝待臣下以禮，而贓吏者，戕民之斧斤，害民之蟊賊，無惻隱羞惡辭讓是非之心，非人也。非人類，則禽獸耳。明主在上，則誅之絶之可也。熙寧大臣王安石欲法太祖之嚴而獨以贓吏寬之，何仁於贓吏，而不仁於無告之民？何仁於小人，而不仁於君子邪？

《明史》卷二四五《黄尊素傳》　尊素厲聲曰：内閣絲綸地，即司禮非奉詔不敢至，若輩無禮至此，乃稍稍散去。無何，熽以創重卒。尊素上言：律例，非叛逆十惡無死法。今以披肝瀝膽之忠臣，竟殞於磨牙礪齒之凶豎。此輩必欣欣相告，吾儕借天子威柄，可鞭笞百僚。後世有秉董狐筆，繼朱子《綱目》者，書曰某月某日，郎中萬熽以言事廷杖死，豈不上累聖德哉！進廷杖之説者，必曰祖制，不知二正之世，王振、劉瑾爲之；世祖、神宗之朝，張璁、嚴嵩、張居正爲之。奸人欲有所逞，憚忠臣義士掣其肘，必借廷杖以快其私，使人主蒙拒諫之名，己受乘權之實，而仁賢且有抱蔓之形。於是乎爲所欲爲，莫有顧忌，而禍卽移之國家。熽今已矣。辱士殺士，漸不可開。乞復故官，破格賜邺，俾遺孤得扶櫬還鄉，熽死且不朽。

（清）王先謙《荀子集解・大略》　有法者，以法行。無法者，以類舉。皆類於法而舉之也。郝懿行曰：類，猶此也。古謂之决事比，今之所謂例也。下云慶賞刑罰類亦通，然楊注未明晰盧分段竝非二句。又見《王制篇》。俞樾曰：古所謂類，即今所謂例。《史記・屈原賈生傳》吾將以爲類。正義曰：類，例也。以其本，知其末。以其左，知其右。凡百事異理而相守也。其事雖異，其守則一。謂若爲善不同，同歸於理之類也。慶賞刑罰通類而後應。通明於類，然後百姓應之，謂賞必賞功，罰必罰罪，不失其類。政教習俗相順而後行。順人心，然後可行也。

（清）唐甄《潛書》下篇上《權實》　權者，聖人之所藉以妙其用者也。今夫與一人期，至者十八；與三人期，畢至者十五；與九人、十人期，畢至者十一。何則？權不在也。大將居中，提兵十萬，副參、遊守、都總以及隊百什伍之長，轉相貫屬，如驅羣羊，齊生赴死，不敢先後。何則？權在也。乘權之利，如軸轉輪；乘權之捷，如響應聲。乘權而不能行，恥莫甚焉。官有萬職，君惟一身。賢君之用官，如大將之御衆。以一用十，以十用百，以百用千，以千用萬，是則君之用者有萬，而憑之者惟十。約而易操，近而能燭。夫尊卑次屬，職之恒也。而奚有異？蓋不善用之，則萬職之利，轉而奉之於十；善用之，則十職之修，轉而布之於萬。十職能修，澤及海内，其功大，功大者賞厚。十職不正，毒及海内，其罪大，罪大者刑重。此舜所以誅四凶也。

又：夫雨露，至渥也，不能入陶穴而滋生；泉流，至澤也，不能越隄防而灌溉。何則？有隔之者也。是故善爲政者，刑先於貴，後於賤；重於貴，輕於賤；密於貴，疎於賤；决於貴，假於賤；則刑約而能威。反是，則貴必市賤，賤必附貴。是刑者，交相爲利之物也，法安得行，民安得被其澤乎！恩義之大，莫如君臣。親臣爲腹心，政臣爲股肱，彊臣爲拇指，庶臣爲毛髮，戎臣爲衣履。是以仁君之待其臣，安富同樂，疾病同戚，厚之至也。聲色不和，貧勞不恤，猶爲亢而少恩，况加之以刑罰乎！此以待良臣也。若夫專利，蔽主，狥私，黨邪，是民之讎，國之賊也，若之何不刑！愛德爲祥，愛殺人之人，斯爲愛乎？忍德爲凶，忍於殺人之人，斯爲忍乎？刑不可爲治也，而亦有時乎爲之者，以刑狐鼠之官，以刑豺狼之官，而重以刑匿狐鼠養豺狼之官。國有常刑，有變刑。常刑者，律刑也，有司議之，人主不敢私。變刑者，雷霆之威也，英主神之，羣臣不得與。常刑以齊小民，變刑以治元惡。元惡之臣，多援要譽，其罪難見。察之而不得其罪，質之而不得其罪，速之獄而不得其罪，非雷霆之用，何以治之！德外無治，不言德而言刑者，猶醫之治寒疾也。不却穀而飲藥，其人必危。疾愈，却藥而反穀也不遠矣。

（清）唐甄《潛書》下篇上《卿牧》　司寇詰姦慝，禁暴亂，表裏宗伯，以成政教，不壹于刑。刑者，殘民之物；今名爲刑，是示天下以尚刑，非仁慈之號也。請復名爲司寇。民不知禮，見利則争，争成奪，奪成寇，以至于大亂。名爲司寇者，欲其功至于内寧外靖，無爲寇者，不啻明刑無失而已。夫功期于無寇，事則先于明刑。刑罰不中，當死不死，不當死乃死；當流不流，不當流乃流。其在有位，功罪不分，其在庶民，手足無措。賢人害，小人利；善人禍，惡人福。必且胥淪以底亂亡。夫刑自貴始，自寵始，自近始，刑乃威，威則民畏。刑于命獄，于鬻獄，于奸獄，刑乃清，清則民服。今之議獄者，盜殺爲重，財産爲輕。烏知財産爲四海之大命，有司輕之，恒不爲理，理不得宜，亦不卒事。逮役所至，盡其雞豚，亡者不復反。多所亡，漸至家室空虚，農民失業，其害大于盜殺。必申戒有司，懲其所知，儆所不知，孰敢不盡心于獄！如是，則臣安其職，不虞得罪；民安其家，不罹禍殃；寇賊奸宄，無釁以作。斯無忝于司寇。

（清）唐甄《潛書》下篇下《省刑》　昔者唐子之治長子也，一年而罷。一年之間，治羣殺數人之獄者二，獄成，未嘗加一杖於殺人者之身。内司諫曰：殺人，至惡也；殺數人，大獄也，而公不加一杖。從來號爲慈吏者，未有過寬若此者也。公不忍於所當忍，吾恐民風日玩，從此得罪者愈多矣。唐子曰：不然。彼殺人者，豈其始念則然哉！逞一時之忿，自陷其身於死，而不徐爲之慮也。既以一死抵一死，亦足蔽其辜矣，又從而杖之，是淫刑也。吾不加一杖者，是爲至平，不爲過寬。夫山西之民，非弱於山東也；長子之民，又號爲多奸。唐子爲吏一年，夾棍非刑，廢而不用。俗用之杖，雖未能遽改，以從律之制，然且薄且減，亦不乖制。一年之間，令未嘗不行也，政未嘗不舉也，賦未嘗不入也，豪強未嘗不伏也，疑獄隱慝未嘗不得其情也，關市橋梁傳乘賓旅未嘗不治也，四境之内未嘗不安也。巡撫達良輔嘗謂唐子曰：百里之長，不患無威，奚以重刑爲！重以刑之，既傷其體，歸而療治，又費其財，仁者弗爲也。苟治事而事治，懲民而民服，斯可已矣，奚以重刑爲！

（清）唐甄《潛書》下篇下《吴弊》　吴人善訟，凡所以求勝者，無不爲也，無不忍也。震澤有農夫，欲訟其叔而知其不可。則謀之於母，使婦誣叔亂我。婦不可，姑與夫交撻之，不從，將致之死。婦懼而從之。姑婦告之官，其叔不能辯也。鄉人皆知其罔，而亦不能爲之辨。今獄未成也。吴江有欲訟其所疾者而知其不可勝，乃夜與人謀曰：爾卽爲我致之來，我斷其頭。其人笑曰：爾亦與之俱死矣。曰：不然。吾斬吾妻之頭，明日挈二頭而告於官，曰：是人通吾妻，並斬之矣，敢請死罪。天下豈有無故而自殺其妻者哉？雖有明者，不能察也。於是除吾所疾而吾且晏然，又有豪傑之名。子以爲何如？其人曰：妙哉此計，非吾所能及也。即起，往召所疾者。其婢竊聞之，而告其妻。其妻大驚，急奔之鄰。入室視之，不見其妻矣，計遂不行。

（清）戴望《管子校正·大匡》　管仲告鮑叔曰：勸國家不得成而悔，從政不治不能。野原，又多而發。言相告發。訟驕，既訟而驕。凡三者，有罪無赦告。晏子曰：貴人子，處華。下處華屋之下，則淫佚。交，好飲食。重交好，則挾朋黨。嗜飯食，則道情薄。行此三者，有罪無赦。士出入無常，不敬老而營富，行此三者，有罪無赦。耕者出入不應於父兄，用力不農，不事賢，行此三者，有罪無赦。告國子曰：工賈出入，不應父兄，承事不敬，而違老治危，危，傾險也。行此三者，有罪無赦。凡於父兄無過，州里稱之，吏進之，君用之。無過於父兄，見稱於州里，吏進此，人君必用之。有善無賞，有過無罰，吏不進廉意。有善不能賞，有過不能罰，吏則苟免而已。故不進廉意也。

於父兄無過，於州里莫稱，吏進之，君用之，善。爲上賞，不善。吏有罰，雖無過於父兄，而州里不稱，吏進此人，君承用之。其人善，則吏受上賞。不善，則吏當罰。君謂國子凡貴賤之義，入與父俱，父貴而子賤也。出與師俱，師貴而資賤也。上與君俱，君貴而臣賤。凡三者遇賊，不死，不知賊，則無赦。言人於此三者所在，當致死。所謂在三如一，今賊將害此三者，遇之而不能死，有賊而又不如，則不臣不子也，故無赦也。從政治爲次，野爲原，又多不發起，訟不驕，次之。王云：爲次二字，涉下文得二爲次而衍，次之二字，總承上文從政治以下四句而言。則不當更有爲次二字。且從政治，野爲原，又多不發起。訟不驕，正對下文之從政雖治，而不能野原，又多發起，訟驕，而言。若有爲次二字，則既於本文不協，又與下文不對矣。俞云：多字衍文，涉下文又多發起句而衍。《七臣七主篇》曰：然强敵發而起，雖善者不能存，即可證此文發起之義。上云野爲原謂能辟草萊也，此云又不發起，謂能治盜賊也。又云訟不驕，謂能聽獄訟也。驕讀爲獢。《周語》曰：其刑獢誣，韋解云：以詐用法曰獢，是其義也。下文曰：又多發起訟驕，亦當以起字絶句。

其下又曰：又多而發訟驕，則誤衍而字，脱起字。行此三者爲下。王氏引之云：行此三者四字，因下文而衍，勸國家得之以下，優劣相間，凡五事，不得云行此三者也。耕者農農用力。王云：此文多一農字，後人所加也。耕者農用力，此農字非謂農夫。《廣雅》曰：農，勉也。言耕者勉用力也。下文云：耕者用力不農，亦謂用力不勉也。《呂刑》曰：稷降播種，農殖嘉穀，言勉殖嘉穀也。説見《經義述聞》。襄十三年《左傳》曰：君子上能而讓其下，小人農力以事其上，言勉力以事其上也。農力猶努力，語之轉耳。後人不知農訓爲勉，而誤以爲農夫之農。故又加一農字。不知耕者即是農夫，無煩更言農也，得二者爲次得一者爲下。王云：兩者字因上文行此三者句而衍。得二爲次，得一爲下。上文凡三見，皆無者字。管仲進而舉者，上而見之於君。宋本無之字。貴人子處華下交好飲食。劉云：處華爲句，對上處不華。下交爲句，謂以貴陵人，使友居下也。對上文有少長好飲食爲句，尹注非。用力不農不事賢。望案。《詩・北山傳》曰：賢，勞也。此賢字當訓爲勞。上文事賢多，亦謂服勞多也。《御覽・資産部二》引作農不事賢行，誤連下文行此三者行字爲句，又衍一農字。工賈出入不應父兄。安井衡云：古本應下有於字。

（清）戴望《管子校正・中匡》 法行而不苛，刑廉而不赦，有司寬而不凌，不虐惸獨。菀濁困滯，皆法度不亡。菀濁，謂穢塞不潔清者也。困滯，謂疲羸微隱者也。有如此者，皆以法度加之，不令有所失亡也。往行不來而民游世矣，其行法度者，但往行而進，不卻來而退，而人以此自得行於世也。此爲天下也。

刑廉而不赦。丁云：赦當爲忮。忮，很也。不忮與上文不苛同意。《説文・玉下》曰：廉而不忮，絜之方也。《水地篇》曰：廉而不劌。有司寬而不凌。王云：凌者，嚴急之意，字或作陵。《荀子・致士篇》曰：凡節奏欲陵，而生民欲寬。《富國篇》曰：其於貨財取與計數也，寬饒簡易，其於禮義節奏也，陵謹盡察，是凌與寬正相反也。尹注非。菀濁困滯皆法度不亡。張云：皆下當脱一字。往行不來。張云：來疑爽字之誤，與上句亡字爲均。而民游世矣。俞云：世讀爲泄。游泄皆和樂之意。望案，當作游於世，游下脱於字。

《商君書・境内》 其獄法：高爵訾下爵級。高爵能，無給有爵人隸僕。爵自二級以上有刑罪則貶，爵自一級以下有刑罪則已，小失死。

（宋）李昉等《太平御覽》卷六三六《刑法部・叙刑》 韓子曰：殷之法：灰棄於街者，刑。子貢以爲重，問之仲尼，仲尼曰：灰棄於街，必燔人，燔人怒，則鬬，鬬則三族相殺，雖刑之可也。

又曰：楚國法：太子不得乘車至第門。時天大雨至急，召太子，庭中有淖，太子遂馳第門。廷理以殳擊馬，遂敗其駕。太子泣，請王誅之。王乃益廷理爵三級。

又：《商君書》曰：晉文將欲明刑，於是合諸卿大夫於冀宮。顛頡後至，吏請其罪，遂斷顛頡之脊，人皆懼曰：顛頡之有寵也，斷脊以徇，而况於我乎？乃無犯禁者，晉國大理。

（宋）李昉等《太平御覽》卷六三八《刑法部・律令》 韓子曰：魯燒積澤，天北風，火南向，恐燒國。哀公自將衆趍救火，人盡逐獸而火不救。乃召仲尼，仲尼下令曰：不救火而逐獸者，比入禁之罪。令下未徧，火遂救矣。

（宋）王欽若《册府元龜》卷九〇一《總録部・公直》 鉅子腹䵍，秦之墨者，鉅姓，子通稱，腹䵍字也。其子殺人，秦惠王曰：先生之年長矣，非有他子也，寡人已令吏弗誅矣。惠王，秦孝公子也。他，異也。先生之以此聽寡人也。腹醇對曰：墨者之法，曰：殺人者死，傷人者刑。此所以禁殺傷人也，夫禁殺傷人者，天下之大義也。王雖爲之賜，賜，受也。而令吏弗誅，腹䵍不可不行墨者之法，欲必行之，怨其子也。不許。惠王遂殺之。

（唐）歐陽詹《歐陽行周文集》卷六《雜著・懷州應宏詞試片言折獄論》 夫子説季路於人曰：片言折獄者，其由也歟？夫子之言，蓋非於季路之云也。後之人不窮聖旨，以爲夫子美於季路，任一時之見，輕而折獄者，十有八九焉。迂哉！斯人也。夫兩訟之爲獄，獄折而有刑。刑者，侀也，一成而不可變，不其重歟？古之帝王，將刑一人，循三槐，歷九棘，訊羣臣，訊羣吏，訊萬人。億兆絶議，然後致法。猶於朝於市於野，昭然與衆，方棄之，所以不易也。君莫聖於堯，加有舜、禹、稷、契佐之；莫明於舜，而有夔龍、縉雲、高陽佐之。莫哲於禹，莫賢於湯，莫察於文武，莫敏於成康，於時皆濟濟盈朝，明明在位。豈無獨見，而可臆斷？慎刑之道，如斯不敢失，明刑獄不可輕也。凡至獄訟，多在小人，至於訟也，皆欲己勝，何則？不勝，罪戾隨之。若是，則君子時或妄訟於人，未有小人而能自訟者。片之爲言，偏也，偏言，一家之詞也。偏詞，雖君子不足以信者，矧非君子乎？且先師曰：人而無恒，不可以作巫醫。巫以鬼神占，醫以筋脈體，無恒之人，筋脈且不足以自體，而況有言乎？鬼神不足以爲占，而況視聽乎？以斯折獄也，小則肌膚必有抶撲之濫焉，大則性命必有鈇鑕之寃焉。夫子祖述堯舜，憲章文武，師老聃而崇周公，此六人無欲輕傷於人者。夫子豈好輕傷哉？脱夫子實爲片言可以折獄也，不幾乎一言可以喪邦歟！夫子之言，非於季路，賢者審之，片言不可以折獄，必然之理也。

（唐）柳宗元《柳宗元集》卷四四《非國語上·莒僕》 莒太子僕殺紀公，韓曰：紀公生僕及季佗，既立僕，而又愛季佗而黜僕，故弒之。以其寶來奔。宣公使僕人以書命委文子，里革遇之而更其書。明日，有司復命，公詰之，僕人以里革對。公執之，里革對曰：毀則者爲賊，掩賊者爲藏，竊寶者爲宄，用宄之財者爲姦。使君爲藏、姦者，不可不去也；臣違君命者，不可不殺也。公曰：寡人實貪，非子之罪也。乃舍之。韓曰：里革，魯大夫克也。自明日以下新附。

非曰：里革其直矣！曷若授僕人以入諫之爲善？公之舍革也美矣！而僕人將君命以行，遇一夫而受其更，釋是而勿誅，則無以行令矣。若君命以道而遇奸臣更之，則何如？

（唐）柳宗元《柳宗元集》卷四五《非國語下·戮僕》 晉悼公四年，會諸侯於雞丘。魏絳爲中軍司馬。公子揚干亂行於曲梁，魏絳斬其僕。自晉悼至司馬，新附。揚干，悼公弟也。非曰：僕，稟命者也。亂行之罪在公子。公子貴，一無貴字。一無公子貴三字，而作兩貴字，非是。不能討，而稟命者死，非能刑也。使後世多爲是以害無罪，問之，則曰魏絳故事，不亦甚乎！然則絳宜奈何？止公子以請君之命。止，一作正，非是，當作止。止，執也。黄曰：以軍政論之，殺貴大，賞貴小。當殺，雖貴重必殺之，是刑上究也。賞及牛童、馬圉，是賞下流也。不責宣子而戮其使，不治揚干而戮其僕，己爲有禮，又安得謂之殺無辜乎？若子厚必請君命，則又不然。投機之會，間不容息，方欲作士氣以決一戰，而每每稟命，是非失火之家，必白大人而後救之乎？

（宋）司馬光《司馬温公文集》卷三《章奏·論正家上殿劄子》 臣先曾上言爲前管句兖國公主宅內臣等，過惡至大，乞不召還。近聞傳宣入內，內侍省令押上件內臣梁懷吉赴公主宅，依舊句當，外議諠譁，無不駭異。臣聞太宗皇帝時，姚坦爲兖王宮翊善，王有過失，坦輒盡言諫正，王及左右皆患之。左右教王詐疾，踰月未朝。太宗甚憂之，召王乳母入宮，問王起居狀，乳母曰：王本無疾，但以翊善姚坦，檢束太嚴，王舉動不得自繇，鬱鬱成疾耳。太宗怒曰：朕選端士爲王僚屬，固欲導王爲善。今既不能納用規諫，而又詐疾，欲使朕逐去正人，以求自便，其可得乎？且王年少不知出此，皆汝輩教之耳。命捽至後園杖之數十，召坦慰勉之。太宗非不愛其子也，誠以愛之則莫若納之於善，若縱其所欲，不忍譴訶，適所以害之也。齊國獻穆大長公主，太宗皇帝之子，真宗皇帝之妹，陛下之姑，於天下可謂貴矣。然獻穆公主仁孝謙恭，有如寒族，奉李氏宗親，備盡婦道，愛重其夫，無妒忌之行，至今天下稱婦德者，以獻穆公主爲首。獻穆公主豈不自知其身之貴哉？誠以貴而不驕，然後能保其福禄，全其令名故也。臣謂陛下教子以義，宜以太宗皇帝爲法，公主事夫以禮，宜以獻穆公主爲法，則風化流於四方，聲譽施於後世。今陛下曲徇公主之意，不復裁以禮法，使之無所畏憚，陷入於惡，觸情任性，以邀君父，憎賤其夫，不執婦道，將何以刑四方之風，垂來世之則？《易》曰：家人嗃嗃悔厲吉，婦子嘻嘻終吝。此言家道尚嚴，不可專用恩治也。伏望陛下斥逐梁懷吉等復歸前來貶竄之處，其公主左右之人，欲使陛下召還梁懷吉等者，皆教導公主爲不善之人也，悉宜治其罪而逐之。別擇柔和謹愿者以補其缺，仍戒敕公主。以法者天下之公器，若屢違詔命，不遵規矩，雖天子之子，亦不可得而私，庶幾有所戒懼，率循善道，可以永保福禄，不失善名。不然衆人所云，甚可畏也。取進止。

《二程集·周易程氏傳》卷二《周易上經下·賁》 《象》曰：【略】山者，草木百物之一無之字。所聚生也，火在其下而上照，庶類皆被其光明，爲賁飾之象也。君子觀山下有火明照之象，以修明其庶政，成文明之治，而无果敢於折獄也。折獄者，人君之所致慎也，豈可恃其明而輕自用乎？乃聖人之用心也，爲戒深矣。象之所取，唯以山下有火，明照庶物，以用明爲戒，而賁亦自有无敢折獄之義。折獄者，專用情實，有文飾則没其情矣，故无敢用文以折獄也。

《二程集·周易程氏傳》卷四《周易下經下·旅》 《象》曰：【略】火之在高，明无不照。君子觀明照之象，則以明慎用刑，明不可恃，故戒於慎明，而止亦慎象。觀火行不處之象，則不留獄。獄者不得已而設，民有罪而入，豈可留滯淹久也？

（宋）李昉等《文苑英華》卷六七三李嶠《書·上巡察覆囚使歷城張明府書》 月日，涇州安定縣尉趙國李嶠謹再拜上書明公足下。側聞幽明三光，止水洞窮神之察；雷電六爻，連山繹噬膚之象。是以金祇獻序，肅帝典於秋霜；瑞節宣風，播皇華於春澤。鵜鳩司讞，黄涉疑作沙俟清問之仁；神獬推姦，素簡飛惠文之筆。賔舜門而佇穆，指軒郊而静害，分聽之寄，其在兹乎。伏惟某公孤官授社，昴臣疏宗，登雅譽於祥梟，照禎徽於瑞鵲。青衣西指，摽玉壘之英詞；紫蓋南浮，變金陵之間氣。若乃地華承懿，天才嗣武，連十珥於中陽，疊雙都於上國。遺編默覽，粹識表於神聰；化池昭業，精藝隣於聖道。仙查泊宿，懸河通博望之津；天口飛鉗，鬼谷禪縱横之術。文用足矣，學而優矣，然後銅章底務，紘佩維襟。泱泱大風，汎游歌成韻；巖巖崇岫，應密琴而度曲。誠招異感，春狎仁童；德憚靈遊，夜呼神女。屬二星齊騖，八俊駢驅，議馬良規，兹承不宛之裔；誅狼俊檗，是寄埋輪之風。廼者繡衣貳日，錦傳詢風，下璿樞而稟涣，剸玉關而致職。宰鮮東夏，舊辨淄澠；道鼠西源，近分涇渭。鎬池十朱，端衡制其輕重；清河二天，直繩糾其枉紊。故使晨雞輟唱於酸吻，夜鵲緘謡於苦哀，寘棘剗束薪之苛，食苗愜甘荼之戮矣。嶠西垂之賤吏耳，技非專業，未始存於劒書；迹惟太簡，居然弊於刀筆。頃以亭衢覩物，窮路迷方，自谷罕求聲之資，挺險無擇陰之暇。是用沿流委逝，遇抵而止，乘日愒景。拓陰斯一作期庇，而涸鱗不懸於枯肆，更想江湖；哀羽未摧於墜繳，緬窺雲漢。退求鄙尚，旋顧微軀，雖質異鳳毛，飾慙豹鞟，然嗣徽良冶，挹道聖衢。至於組織身文，筌蹄意象，照神交於千載，得奥旨於三復。貞筠範操，枯羽以銘丹；秀蕤敷簡，搴菁華而抒素。砥礪希割鉛之効，巾緹庶沾玉之資，豈期事以命，迍跡隨冗擯，沉泣與涇泥共滓，悲歌將隴泉俱咽。彩叨靈鑒，觖三獻而孤憤；影昧天機，懷九方而累悒。顧以爲探幽詣極，玄宰之貞分；閲祕甄微，知音之妙賞。且夫清英儦雲，出於煨燼之末；光華孕日，生自泥沙之下。是知賤有可尊，明眸不忽；陋而或賔，清耳無遺。明公銜綍帝庭，彯纓天闕，片言之賞，飛闔言於日署；尺一之奏，抗陳德於星階。伏冀晰鑒蘭苗，綴思茅茹，俾夫集螢收曜，攀若華而繄疑作翳景，射鮒堙流，泝扶津而飲液。野籟叶編鍾之韻，甘黎味和鼎之滋，則樹李其緘，反抛知執。昔鯷瀆據地，抗嘉言於直指；龍門蹈闖，激遠好於司隸。兩賔不嫌於黷進，二主無忤於歡接。並雕芳憲序，灼美清流，然則古之望今，亦猶今之視昔矣。投翰魄沮，授簡心馳，不宣。某頓首。

（宋）李昉等《文苑英華》卷七四九牛希濟《論・刑論》

刑罰之用，蓋將以革人之心，勸之於善。所以小罪輕刑，以正其失。大罪重罰，以勵其衆。將刑，王者爲之不舉，以示仁恕之心也。棄人必於市，明其罪之死也。皆欲遷人於善，豈圖斷其肌膚，殘其支體，流其膏血，盡其性命，以逞於威怒者也？三代之後，五刑之用，劓刖之屬，最可以爲耻於衆觀者，則知其所犯，毁其父母之遺體，罔不憯痛於心。犯者不能諱其罪，亦可以永戒其惡，所謂有耻且格。及笞杖之法，易隱其跡，行鄉而無愧。苟富貴而或得行者，其暴犯者不以爲耻，誠哉免而無耻。漢文帝感緹縈之一言，廢肉刑用笞杖。及後笞者多死，文皇帝視明堂圖，亦輕其罰，天下之獄幾亂。知刑罰者，治之具也，不可蹔捨。然罰無輕重，杖無大小，皆成之於胥吏之手，斷之於出没之文。上之人其知乎？夫鞫獄之法，始於疑辯之中，成於案牘之内。吏典之者，捨其罪而彰其是。其不與者，除其善而彰其惡。又復刑律之中，或一與一奪，隨其取捨，以爲出入，官必不盡知，此爲弊之一也。畫灰爲獄，誓不願入。刻木爲吏，誓不願對。獄吏之尊，聲色之大，桎梏之重輕，搒掠之多少，率由其意，孰可與争？此爲弊之二也。又或欲其僞而怒其真，惡其輕而思其重，或捽其首，或批其頰，詬辱毆繫，無所不至。又節其飲食，嚴其徽纆，外殘其軀，内脅其心，壯士勇夫，且必流涕，孤弱之人，敢不從命？此爲弊之三也。或上下其手，以取其信，或默疑作點。染富室，以求資賄，則衆知其非，不能即止。此爲弊之四也。且獄既久，改爲疑讞，遠取支證，廣擒黨與，淹延歲月，以伺赦宥。此爲弊之五也。捶栲之下，易以强抑，人之支體，頑非木石。若加其殘忍，取其必然，誠雖無罪，百不能免。蓋不勝其楚掠之毒，寧甘心於一死。狡猾之吏，斷成其獄。故戮死之後，盗自他發，衆方知其無辜。且桎梏之苦，笞捶之嚴，輕罪者願重刑而獲出，無辜者畏殘害而求死，皆狡猾之所能爲也。即平人孰敢與吏爲敵？公卿尊嚴，察視不及，臺寺懸遠，訴訟無門。死者不可再活，親戚焉能申冤？何以感致和氣，平一水旱？此爲弊之六也。復有衆皆知非，難加以法，當炎酷之時，穢其傍而成其疾疫，奪其餉而致其饑餓。圜扉嚴邃，守者羅列，親戚之人，胡能知其食與不食，渴與不渴？但成其困，以取其斃。此爲弊之七也。况外府法司，又爲不道，或土囊以鎮其腹，或濕紙以蒙其面。拘録所至，號呼莫聞。瞑然而去，孰知其由？昔東海誤殺貞婦，致三年之旱。今天下之刑，晝常雨血，尚未足以泄其寃憤。且刑罰者，遠於人，非近於人。犯之者，皆自求之也，非刑之就於人也，皆人就也。上自天子，下至庶人，若爲不道，必歸於法。故商辛夏桀，懸首於白旗，此天子之刑也。則公卿之下獄，黎庶之就戮，又何足道哉？是知上下皆有分，故君子常懷畏懼。夫厲聲變色，揚眉張目，樂刑罰以毒物之性命，殆非人類信豺狼之心也。故魯子曰：如得其情，則哀矜而勿喜。又于定國每歲次疑作決。獄，先自流涕。悲哉！仁者之心，深知刑獄之本，所以勸人，非以虐人也。今天下之大，九州之衆，一歲决獄之多少，皆由吏議，豈能盡平？莫若重明桎梏笞杖重輕之制禁，計日月之遠近，寒暑静疑作清温，其所處饘粥每給其饑渴，決罪遍求於刑律，察詞必盡於疑辯，庶幾少塞其弊，當不濫於無辜，以成王者之理。

（元）蘇天爵《滋溪文稿》卷二七《章疏·論臺察糾劾辨明之弊》

嘗謂糾劾貪邪，在乎公天下之好惡；辨明誣枉，所以著一人之是非。好惡既公，則惡黨消而奸弊息；是非既著，則善類伸而治化興。欽惟世皇肇立臺憲，登明選公，欲四海人才之來集；揚清激濁，務一時公論之持平。比者風紀之司，論列涉於輕易，或因察識之未審，故致辨論之多端。自昔國家皆有國是，國是既定，則邪正判而公道行；國是不明，則是非雜而人心惑。宋宰相王曾語諫官韓琦曰：近見章疏所陳甚佳，高若訥多是擇利，范希文未免近名。要須純意爲國家事，斯其諫論之良法歟。夫天生人才固周一世之用，作而成之則才常有餘，沮而棄之則才恒不足矣。然公族貴胄必生於閥閲之家，而謀士軼才或出於山林之下。故伊尹聘於有莘，傅説起於版築，孰曰身之卑賤，豈論家世之寒微。此古者數路用人，未嘗滞於一也。夫法令，朝廷所定，廷尉，天下之平。或笞或杖，受宣者必申稟於中臺；或降或黜，無例者必定擬於刑部。是慎重於守法，不敢輕於用刑。今動輙曰省、院、臺勿用，則當用者宣政、資政之選乎？是降爲雜職矣；又曰有選衙門勿用，無選者孰敢用乎？是不復得叙矣。且職官犯贓，猶有一貫至三百貫之分，至論其罪，則有殿、降、叙、不叙之別。豈有一遭論列，或犯在革前，或事涉疑似，輙坐雜職任用之科，終身不叙之罪，豈法之平允哉！且犯罪者至於流遠，家屬尚留於京師；被劾者未至當刑，起遣即歸於鄉里。蓋緣無事可尋，强生於掇拾；潔白素著，特爲之汙染。致使高尚之人聞而退藏，有志之士亦爲歛避，當路興乏全材之嘆，後世有國無人之譏，其於世道甚爲關係。夫孰賢孰否，在君子固自信而不疑；去泰去甚，當言者宜核實以詳審。今始者一人糾言其罪，次者一人辨明其非，三人共列於一堂，何以酬酢庶政。縱使不行報復，豈能消彌讐嫌。夫史官定千古之褒貶，臺諫判一時之是非，褒貶公則後世之人信，是非明則天下之人勸。今或好惡淪於所偏，邪正因以失實，輕則訐人之陰私，甚則誣人之父祖。是以清濁混淆，善惡錯亂，朝是而暮非，春劾而夏辨。奏請有煩於聖聽，辨論實撓於臺端。事至於斯，當究其理。大抵爲治莫先於擇人，擇人貴在於守法。蓋諸人呈言並無罪責者，所以通下下之情；臺諫論事務得其實者，所以重耳目之寄。若不申其賞罰，何以端其本原。舉人不當，今有連坐之科；論事不實，古有抵罪之禁。今後論言人者，必須赦後爲坐，果犯贓罪，並從臺憲追問。其餘罪名，仍須法司定擬。如此則事不至於反覆，法必底於允平，奏請不煩於聖聽，毁譽弗紊於朝章。刑政肅而國體尊，是非明而人心服。公論幸甚，天下幸甚。

（元）蘇天爵《滋溪文稿》卷二七《章疏·建言刑獄五事》

蓋聞刑者輔治之具，非恃刑以爲治者也。欽惟國家列聖臨御，其用刑也，本之以寬仁，施之以忠厚，内則論議付之刑曹，外則糾察責之風紀，故治功表著，德澤涵濡。然法之所立，或有所未周，吏之奉行，或有所未至。當職猥以謭材，竊食重禄，粗有聞見，畧具敷陳。一，到選官員年六十五以上者，先行詮注，此國家優恤臣僚，宣力既久，恐其年不逮，恩德至渥也。照得各處推官，專掌刑名。夫案牘之冗，全藉乎精神；審讞之詳，悉資乎耳目。案牘不差，則吏無所欺；推審既詳，則囚無寃抑。今路府推官，往往年老，或視聽不明，或神思昏耄，苟圖俸禄。姑俟引年，欲望刑政肅清，蓋亦難矣。夫先行詮注，固明時之厚恩，而刑罰不中，亦聖人之明訓。今後各處推官有闕，當選吏通儒術，儒習吏事，材力明敏，別無過舉，方許爲之，其年六十五以上者，銓注別職，如此則庶幾刑罰得中，官無曠職矣。一，民之犯罪，具有常刑，苟肆攘奪，理宜禁治。切見各處人民，或稱窩藏盜賊，或言收寄贓物，或因僞鈔扳援，或爲私鹽致訟，凡一切刑獄等事，有司公吏巡捕人等，往往因其捕獲，乘隙肆爲搶奪。所犯罪有輕重，家貲爲之一空，甚至取其贓仗，其家因爲得罪，盍亦不敢告陳，有司亦不受理。江淮之南，此風尤甚。照得舊例，諸被囚禁，不得告舉他事，其爲獄官酷己者聽之。夫在獄被酷猶許陳告，況民之罪狀未明，一家已被其虐，不亦甚可恤乎！今後有犯此者，許其家人明立證佐，具狀陳告，合無比依搶奪民財估贓定論。官吏失於約束，亦合量情究治。如或挾讐妄告，抵罪反坐。如此，庶幾愚民不至甚受其害，而巡捕之人，亦知有所警畏矣。一，至元三年七月内，中書省奏准節該，除人命重事外，偷大頭疋等一切罪犯，贓仗完備，不須候五府官審理，令拘該衙門，依例歸結。欽此。夫民之犯刑，或不得已。累朝欽恤，具有憲章。向者三年一次，遣官審理，本爲罪囚在禁淹滯。今次奏准，偷大頭疋等罪，許令拘該衙門歸結，則是人命重事，直待三年五府官處決，誠恐獄囚繁夥，愈見淹延。照得立御史臺條畫一欵：所在重刑，每上下半年，親行參照文案，察之以情，當面審問，若無異情，行移本路總管府結票，申部待報。其有番異及別有疑似者，即行推鞫。若闗中人衆，卒難歸結者，行移附近，不干礙官司，再行磨問實情。若更有可疑，亦聽復行推問，無致寃枉。若有寃滯，随即改正疎放。欽此。今後内外重囚，擬合照依舊例，令廉訪司審録，果無寃抑，移牒總管府結案，申覆詳斷。其三年一次遣官審理，既不得人，徒增煩擾，並合住罷。如此，庶幾獄無淹滯，刑政肅清矣。一，伏覩至元二年八月内宣諭聖旨節文，内外有司官不爲用心捕捉盜賊，縱有挐獲賊徒，取訖招伏，贓仗明白，指以小節不完，不行歸斷。今後但有捉獲强盜，僞造寶鈔賊徒，半年之内依例結案。偷大頭疋，三箇月内須要結案。合該杖罪，依例斷决。違者，在内監察御史，在外廉訪司官，驗事輕重究治。欽此。謹按《易》曰：君子以明慎用刑，而不留獄。盍言獄者，不得已而設。民有罪而入，不可留滯淹久也。今各處在禁重囚，或爲賊盜，寄贓仗於別所；或即僞鈔，藏板具於他鄉；或指爲首同，伴在某處居止；或稱家屬，證佐在某家隱藏。果有堪信顯迹事發，官司即須移文勾取，不得因而妄指平民。彼處官司，倚恃不相統攝，往往不即追捕，以致賊徒在逃，又令毁棄贓仗，遷延歲月，虚調文移。盍因官吏舞弄作弊萬端，以致刑獄淹延不能杜絶。江南州郡，此弊尤甚。今後如有承受各處公文，即當劃時追捕。若令賊徒等展轉在逃，贓仗亦不到官，合無比依不即捕盜等例定立罪名。如此，庶幾事得結絶，吏知畏懼，而州郡亦無留獄矣。一，法制之立既有成規，奸僞之滋理宜嚴禁。照得舊例，諸保辜者，手足毆傷人限十日，以他物毆傷者二十日，以刀及湯火傷人者三十日，折跌支體及破骨者五十日。限内死者，各依殺人論。其在限外，及雖在限内以他故死者，各依本毆傷法參詳。此法古今遵守，别難更易。今江淮以南，或辜限已滿，其被毆者身死，有司往往比依元貞元年孟福被死事例，加等科斷。若皆如此遵行，是辜限爲不可用，破已成之法，開姦弊之門，誠恐刑獄日滋，深爲未便。照得孟福事例，通制既已不載，有司似難奉行。今後鬬毆傷人者，止合依辜限之制。或在限外，雖無他故死者，合無止依本毆治罪。其孟福例，擬合遍行禁止。如此，庶幾奸僞不滋，法制歸一矣。

（元）蘇天爵《滋溪文稿》卷二七《章疏·禁治死損罪囚》　洪惟聖朝，奄有中夏。深仁厚澤，普洽於黎元，明罰詳刑，務存乎寬大。然自近歲伊始，有司或不得人，以致刑獄滋章，重使生靈彫弊，無辜者牽連受刑，有罪者僥倖獲免，舞文弄法，悉快於貪婪，肆虐逞威，尤便於皂隷。始則因事以織羅，次則受財以脱放。及聞審囚官將至，卻稱被罪人在逃。縱欲陳告其取受，卻緣本宗事未絶。設計害民，無所不至。其有結案之囚，當使明正其罪，今縣未嘗申解於州，州未嘗申解於路，或畏刑名之錯，或因結案之難，不問罪之輕重，盡皆死於囹圄。斷遣者既未嘗有，平反者盍所絶無。夫廟堂宰輔惟恐一人失所，而州縣官吏輒敢恣意殺人。感傷天地之和，盍亦莫重於此。近因欽奉詔書，巡行畿甸，詢民疾苦，疎滌寃滯。念國家治安既久，本欲生全其民，今中外一歲之中，死者不知其幾。其在江南，猶稍知懼。結案幸達於中書，判送悉歸於刑部，議擬方在吏手，囚徒已死獄中。且重罪飛申，先使知事之元發，有司月報，又欲考事之施行，今皆視爲虚文，一切置之不問。夫朝廷作法如此，郡縣慢令可知。京畿積弊如此，天下之事可知。故憤怨蘊於人心，災異形於天變。水旱大損於禾稼，生靈日入貧窮。聞者可以傷心，見者當爲痛哭。《傳》曰：國家閒暇，及是時明其政刑。今海宇承平百年，正當申明刑政，感格和平。而乃因循苟且，隳廢如此，欲望禎祥駢臻，黎民安乂盍亦難矣。

宜從都省明白聞奏，今後内外輕重罪囚，某事一起，自某年月日到禁，某年月日申解所司，或斷訖笞、杖等罪，或審復結案待報；某事一起，自某年月日到禁，某年月日因患某病，某醫用何藥餌，竟因某病身故。年終通行開寫署節情犯緣由，次年三月以裏申達省部。選委刑部文資正官一員，巡行仔細披詳，如有淹滯刑獄，決遣不當，妄申急證死損數多，皆當驗事輕重，依例治罪。庶幾朝廷明其政刑，天下知所警畏，有司不敢生事擾民，罪囚不至冤濫死損。

（元）蘇天爵《滋溪文稿》卷二七《章疏·乞差官録囚》 欽惟祖宗混一區宇，既有民庶之衆，尤宜刑政之修。蓋發政施仁，固朝廷之急務，戢姦禁暴，亦郡縣所當爲。是以司刑官吏允貴得人，若官不得人，則乏推鞫之明，吏不得人，惟務文深之害。或無罪枉陷於刑章，或有罪僥倖以苟免，以致下有冤抑之苦，則必上干陰陽之和。故累朝以來，屢差官審決，蓋欲刑政肅清，臣民畏懼故也。竊惟本省控制四道，總轄三十餘路。至正八年十二月分共計見禁輕重罪囚一千三百一十五起，三千九百三十六名，每歲約支囚糧七八千石，冬夏衣鈔若干百疋。夫以江浙四道，固曰地大民繁，犯法者衆，若使官吏得人，治化清簡，則獄訟亦不至如此之多也。考其罪囚在禁月日，有十五年者，有二十年者。又至正八年之内，四道共計死損罪囚五百餘人。夫既不能明正典刑，皆徒死於囹圄，何以爲姦惡之勸乎！况兼本省之地，東南與海相接，近年海中爲盗者衆，除已招安爲民，各居鄉里當差外，其餘在禁之人，亦合一體明白審録區處。且以累朝審囚條目，具載憲章。伏覩聖天子即位以來，所降詔書，屢以罪囚爲念，其惻隱之仁，欽恤之意，可謂至矣。元統二年十月内一欵：刑期於無刑，蓋以弼教而助治也。議刑之際，可不慎歟。司刑之官，宜加詳慎，務在平允，毋使冤濫，致傷和氣。又一欵：内外見禁重囚，中間若有贓仗未完、屍傷不明，證佐争差，累審累番，禁繫三年不能决者，仰監察御史、肅政廉訪司官用心詳讞，果是疑獄，即與疎放。至元四年正月内一欵：各處見禁重囚，果有贓証不明、事情疑似、累審累番、虚實難辨、三年不能决者，從監察御史、廉訪司詳讞疎放。至元六年七月内一欵：各處刑獄冤濫，蓋因捕盗官迫於期限，推問官暗於刑名，審復之司，不加詳讞，以致在禁之人，輕則淹延歲月，破蕩家産，重則死於非命。朕甚憫之。在内監察御史、在外廉訪司即與有司正官詳加審理，輕者與決，冤者辯明。累審累番果無顯驗，在禁日久疑不能决者，即與疎放。具所放緣由，申達上司。如無冤抑，依例結案。至正三年十月内一欵：比來獄犴滋多，中間寧無冤濫。其有累審累番別無證驗、在禁日久疑不能决者，在内監察御史、在外廉訪司研窮審理，具由申達省部，詳讞疎放。如無冤抑，依例結案。至正五年二月内一欵：内外獄囚，有司不得其人，中間不無冤濫。仰監察御史、廉訪司詳加審理，輕者疎決，重者依例結案。冤抑不能自明者，即與明辨。累審累番三年疑不能决者疎放，具由行移有司，申達省部。至正七年七月内一欵：諸禁囚枷鎖監收，飲食治療，具有成法。近年有司失於奉行，畏上司之審録，惡上司之駁問，往往將病囚不即治療，無糧者弗與飲食。甚者託以患病，其實抑死囚中。使爲惡者失正其罪，冤抑者含恨九泉。監察御史、廉訪司嚴加究治。又當年十一月内一欵：刑獄之重，民命繫焉。死者不可復生，傷者不可復息。各處見禁罪囚，恐有淹滯，詔書到日，所在有司即與用心推理，合疎决者疎决，合結解者結解，毋以小節不完，淹滯囹圄。其有在禁五年之上、累審累番疑不能决者，在内監察御史、在外廉訪司吏爲讞疑狀昭著釋之，仍具所由申達省部。欽此。夫以聖上好生之德，見於明詔者一一可考，然自元統二年至至正九年十有六年之間，不知各處辨明疎放者幾人，結案待報者幾起，司刑者獨可置之不考其故乎！是以徒見囚徒日益以衆，文移日益以繁，有傷聖明仁厚之至化，以致雨暘連年之失時，當國者可不爲之深思長慮乎！宜從都省聞奏，精選通曉刑名官員，先將各省見繫罪囚多處一一審録。比及立春，使罪狀明白者各正其罪，情犯疑似者悉與辨明。庶幾國家刑罰見於施行，民庶知所畏懼而不敢犯，冤抑淹延亦得寬釋而無怨恨矣。務施聖上恤刑之實惠，勿爲有司一切虚文，不勝幸甚。《易》曰：君子明慎用刑而不留獄，又曰：聖人感人心，而天下和平，此之謂也。本省除將輕囚行下各處依例斷决，重囚催督追會完備聽候，死損者，行移究治。

（明）海瑞《海瑞集》上編《刑屬》 一，詞訟。《易》：天與水違行訟，君子以作事謀始。説者謂慎交結於相與之初，明契券於交易之際，訟無由生矣。然此特言其一爾。淳安縣詞訟繁多，大抵皆因風俗日薄，人心不古，惟己是私，見利則競。以行詐得利者爲豪雄，而不知欺心之害，以健訟得勝者爲壯士，而不顧終訟之凶，而又倫理不惇，弟不遜兄，姪不遜叔，小有蔕芥，不相能事，則執爲終身之憾，而媒櫱訐告不止。不知講信修睦，不能推己及人，此訟之所以日繁而莫可止也。

又： 人命。淳俗多以人命誣人，此事亦因上人用意過致之。律圖賴人命未決，罪止擬徒二三年。原告人官府每以苦主寬之，被誣之人則凶手也。若被檢二三次，所費不知幾何也。受刑責百般苦楚不知幾何也。輕視人命，使人輕於殺人，人命不可視之輕。重視人命，使人妄事圖賴人命，又不可一例視之重而不知別。明係圖賴者不可不加重刑，以儆後也。須研審干證，係真實後可檢驗。若輕檢驗則誣誣者受虧，圖賴之人反得勝。

又： 輕於准理翻案，使民争訟之道也。獄貴初辭，縣官所問正初辭也。天下烏乎定？孟子曰：定于一。凡事皆然。官自爲政，人逞己私，事體何時而定乎？縣官於民最親，上司止當責成縣官，不可輕爲翻案。

又： 一，供狀。曾見刑部供案情節不遺，詞極簡短。今在外衙門供狀，每鋪敍許多無用説話，遂致吏書得以暗藏字面，出入罪人，官不能究。竊謂當止即官所判斷語爲供，不用書手，可免百般奸弊。而上下沿襲不改，自生事可怪！

又： 一，止訟。問之識者多説是詞訟作四六分問，方息得訟。謂與原告以六分理，亦必與被告以四分。與原告以六分罪，亦必與被告以四分。二人曲直不甚相遠，可免忿激再訟。然此雖止訟於一時，實動争訟於後。理曲健訟之人得一半直，纏得被誣人得一半罪，彼心快於是矣。下人揣知上人意向，訟繁興矣。小官問事怕刁人，兩可和解，俗以老人和事笑之。四六之説非和事老人乎？《易》：噬嗑亨。健訟之人，正吾頤中之梗，利用刑獄也。可畏訟而含糊解之乎？君子之於天下曲曲直直，自有正理。四六之説，鄉愿之道，興訟啓争，不可行也。

又： 一，各衙門日日聽訟，迄不能止訟者何？失其本也。考之龔、黄、卓、魯，專以德禮勸諭，魯父子訟者而孔子繫之三月。豈以孔子而不能別其情哉！求其心也。虞芮争田，文王决之；鼠牙雀角，召伯辯之。聖賢未嘗不聽訟也。其轉移化導之機，則别有所在而不在於是。

《皇朝經世文編》卷九三《刑政四・治獄》吴綬紹《請禁原官會審覆審疏》 查州縣一官，與民最親，凡詞訟全賴審理，然往往有聽斷未平，下情寃抑，因而赴訴上司者，亦有逞刁健訟，於結案後復飾詞越訴者。近湖南新甯縣民傅帙罷市一案，伏讀聖諭，以該署府既不親審，又不委員，仍發交本縣辦理，將原告禁押，致成事端。仰見睿照如神，無微不燭，惟外省積習，大抵皆然。臣每聞府道以上，收准呈詞，多批本州縣自行審詳，即別委他員，亦令原問官會審。如本年二月間，山東高唐州民高上忠所控之知州馬而良各欵，蒙欽差前往審結。而據原呈所稱，則一控於東昌府，仍批本州查報，兩控於巡撫，批行司道，仍皆委員就本州會訊，以致有不審被告，獨囚原告等詞，其明證也。夫小民如果受屈，必由州縣偏向徇私，執意難回，不得已而上訴。今反令覆審，則其忿怒摧折，固不待言。若既委他員，仍復會同審訊，在原問官勢必自護前非，且差役皆其牙爪，氣忿刑求，小民恐無能畢其詞，委員又何從證其枉。扶同瞻徇，亦遂不得不然，非惟寃抑莫伸，更增一誣告之罪。及上司依詳批結，而立案已不可動搖矣。更使情真罪當，而屢折於原質之庭，重科於會鞫之地，且不足以服其心，又况健訟者流，藉口本官不肯自翻己案，捏詞越瀆，屢訐不休，則訟端更無由平。刁風因之益熾，其至協衆肆横，抗官玩法，種種事端，皆緣此起。殊非所以仰體皇上慎重民讞，明聽庶獄之至意也。伏思督撫等官，統制全省，若因所屬呈愬即據一面之詞，輒行關提。猶慮於民未便，至於道則分巡，府則專轄，自當察其情僞。重者，親爲提審。餘亦專委別員隔訊，以免寃縱。臣請飭下直省督撫以下，凡收准民詞，與本州縣有干涉者，即委該管道府覆審。其道府收准民詞，即行取卷案，提集人證，親行訊究，至案内如遇有檢驗查勘應差委等事，令其遴選賢員，不得仍會同原官。如此，庶小民之抱屈者，易於伸雪；其捏飾越訴者，待上司別訊得實，加以重懲，自必俯首畏法，不敢行險僥倖，而刁風亦可少息矣。

（清）康有爲《論語注》卷一二《顔淵》 子曰：片言可以制獄者，其由也與？折，魯讀爲制，則折當是古文。《吕刑》制以刑，《墨子・尚同中篇》引作折。制折當是古通，而古文改之，今不從。《釋詁》：制，折也，即斷獄。朱子曰：片言，半言。子路忠信明決，故言出而人信服之。孔氏曰：片，偏也。聽訟必須兩辭以定是非，偏信一言以折獄者，惟子路可也。愚按，天下獄情至變僞，雖有聖者，不能不聽兩造之詞，子路雖賢，無是理也。

子路無宿諾。

何氏曰：宿，豫也。子路篤信，恐臨時多故，故不豫諾。然諾不苟也。小邾射以句繹奔魯。曰：使季路要我，吾無盟矣。季康子使冉有謂曰：千乘之國，不信其盟，而信子之言，子何辱焉？對曰：魯有事於小邾，不敢問，故死城下可也。彼不臣而濟其言，是義之也，由弗能。其不易許諾，即無宿諾之證。

又：子曰：聽訟，吾猶人也，必也使無訟乎？猶人，包氏咸曰：與人等也。《潛夫論》曰：上聖不務治民事，而務治民心。導之以德，齊之以禮。民親愛，則無相害傷之意；動思義，則無奸邪之心。非法律之所使，非威刑之所强，此乃教化之所致。孔子自以明決斷獄不足貴，必使無争訟乃可尚也。

（清）康有爲《新學僞經考・史記經説足證僞經考》 是時張湯方鄉學，以爲奏讞掾，以古法議決疑大獄，而愛幸寬。

綜　述

（清）馬驌《繹史》卷一二三下《周官之制》 大司寇之職，掌建邦之三典，以佐王刑邦國，詰四方。一曰：刑新國用輕典；二曰：刑平國用中典；三曰：刑亂國用重典。以五刑糾萬民。

（唐）杜佑《通典》卷一六三《刑一・刑制》 春秋時，子産相鄭，鑄刑書。鑄刑法於鼎。晋叔向遺書强非之，子産報曰：吾以救世弊也。具《雜議篇》上。

秦文公二十年，法初有三族罪。張晏曰：父母、兄弟、妻子。如淳曰：父族、母族、妻族。武公三年，誅三父等而夷三族，以其殺出子。寧公子三人，長武公，爲太子；次德公；次出子。寧公卒，大庶長弗忌、威壘、三父廢太子，而立出子爲君。後三父等復共殺出子，立武公。

孝公初，衛鞅請變法令，令人爲什伍，而相收司連坐。不告姦者腰斬，告姦者與斬敵首同賞，匿姦者與降敵同罰。人有二男以上不分異者，倍其賦。有軍功者，各以率受上爵。爲私鬭者，各以輕重被刑大小。戮力本業，耕織致粟帛多者，復其身。事末利及怠而貧者，舉以爲收孥。宗室非有軍功論，不得爲屬籍。明尊卑爵秩等級，各以差次名田宅，臣妾。衣服以家次。有功者尊榮，無功者雖富無所芬華。令既具，未布。恐人之不信己，乃立三丈之木於國都市南門，募人有能徙置北門者與十金。人怪之，莫敢徙。復曰：能徙者與五十金。有一人徙之，輒與五十金，以明不欺。秦人初言令不便者以千數。於是太子犯法，衛鞅曰：法之不行，自上犯之。將法太子。太子，君嗣也，不可施刑，刑其傅公子虔，黥其師公孫賈。明日，秦人皆趨令。令初下，有言令不便者，有來言令便者，衛鞅曰：此皆亂化之人也。盡遷於邊城。其後人莫敢議令。甘龍、杜摯極非之。具《雜議上篇》。令之初作，一日臨渭，刑七百餘人，百姓皆苦之。居三年，道不拾遺，山無盜賊，家給人足，勇於公戰，怯於私鬭，秦人大治而大悦。魏文侯師李悝撰次諸國法，著《法經》，皆罪名之制也，商君受之以相秦。具魏代語中。

始皇即位，遣將成蟜擊趙，反，死屯留，軍吏皆斬，及戮其屍。士卒死者，皆戮其屍。其後，嫪毐作亂，敗，其徒二十人皆梟首。懸首於木上，曰梟。車裂以徇，滅其宗。輕者爲鬼薪。取薪給宗廟，爲鬼薪。律曰：鬼薪作三歲。後又體解荊軻。及平六國，制夫人藏詩書及偶語，棄市；禁人聚語，畏其謗也。以古非今者，族；吏見知不舉與同罪。令下三十日不燒，黥爲城旦。《律説》：論決爲髡鉗，輸邊，築長城。城旦，四歲刑也。燕人盧生竊言始皇樂以刑殺爲威，因亡去。始皇聞之怒，諸生在咸陽者四百六十餘人，皆坑之。其後東郡星隕爲石，或刻其石曰：始皇死。始皇盡誅石旁人。

胡亥立，以趙高爲郎中令，更變律令，有罪者相坐收族。又羣盜起，胡亥責李斯，斯懼，上書請行督責，刑者相半。其後趙高譖斯，具五刑，腰斬，夷三族。具《峻酷篇》。

《新唐書》卷五四《食貨志四》 天寶、至德間，鹽每斗十錢。乾元元年，鹽鐵、鑄錢使第五琦初變鹽法，就山海井竈近利之地置監院，游民業鹽者爲亭户，免雜傜。盜鬻者論以法。及琦爲諸州榷鹽鐵使，盡榷天下鹽，斗加時價百錢而出之，爲錢一百一十。

自兵起，流庸未復，税賦不足供費，鹽鐵使劉晏以爲因民所急而税之，則國足用。於是上鹽法輕重之宜，以鹽吏多則州縣擾，出鹽鄉因舊監置吏，亭戶糶商人，縱其所之。江、嶺去鹽遠者，有常平鹽，每商人不至，則減價以糶民，官收厚利而人不知貴。晏又以鹽生霖潦則鹵薄，暵旱則土溜墳，乃隨時爲令，遣吏曉導，倍於勸農。吴、越、揚、楚鹽廩至數千，積鹽二萬餘石。有漣水、湖州、越州、杭州四場，嘉興、海陵、鹽城、新亭、臨平、蘭亭、永嘉、大昌、候官、富都十監，歲得錢百餘萬緡，以當百餘州之賦。自淮北置巡院十三，曰揚州、陳許、汴州、廬壽、白沙、淮西、甬橋、浙西、宋州、泗州、嶺南、兗鄆、鄭滑，捕私鹽者，姦盜爲之衰息。然諸道加榷鹽錢，商人舟所過有税。晏奏罷州縣率税，禁堰埭邀以利者。晏之始至也，鹽利歲纔四十萬緡，至大曆末，六百餘萬緡。天下之賦，鹽利居半，宫闈服御、軍饟、百官禄俸皆仰給焉。明年而晏罷。

貞元四年，淮南節度使陳少游奏加民賦，自此江淮鹽每斗亦增二百，爲錢三百一十，其後復增六十，河中兩池鹽每斗爲錢三百七十。江淮豪賈射利，或時倍之，官收不能過半，民始怨矣。

劉晏鹽法既成，商人納絹以代鹽利者，每緡加錢二百，以備將士春服。包佶爲汴東水陸運、兩税、鹽鐵使，許以漆器、瑇瑁、綾綺代鹽價，雖不可用者亦高估而售之，廣虚數以罔上。亭戶冒法，私鬻不絶，巡捕之卒，遍于州縣。鹽估益貴，商人乘時射利，遠鄉貧民困高估，至有淡食者。巡吏既多，官冗傷財，當時病之。其後軍費日增，鹽價寖貴，有以穀數斗易鹽一升。私糶犯法，未嘗少息。

順宗時始減江淮鹽價，每斗爲錢二百五十，河中兩池鹽，斗錢三百。增雲安、渙陽、塗三監。其後鹽鐵使李錡奏江淮鹽斗減錢十以便民，未幾復舊。方是時，錡盛貢獻以固寵，朝廷大臣，皆餌以厚貨，鹽鐵之利，積於私室，而國用耗屈，榷鹽法大壞，多爲虚估，率千錢不滿百三十而已。兵部侍郎李巽爲使，以鹽利皆歸度支，物無虚估，天下糶鹽税茶，其贏六百六十五萬緡。初歲之利，如劉晏之季年，其後則三倍晏時矣。兩池鹽利，歲收百五十餘萬緡。四方豪商猾賈，雜處解縣，主以郎官，其佐貳皆御史。鹽民田園籍於縣，而令不得以縣民治之。

憲宗之討淮西也，度支使皇甫鎛加劍南東西兩川、山南西道鹽估以供軍。貞元中，盜鬻兩池鹽一石者死，至元和中，減死流天德五城，鎛奏論死如初。一斗以上杖背，没其車驢，能捕斗鹽者賞千錢；節度觀察使以判官、州以司録録事參軍察私鹽，漏一石以上罰課料；鬻兩池鹽者，坊市居邸主人、市儈皆論坐；盜刮鹻土一斗，比鹽一升。州縣團保相察，比於貞元加酷矣。自兵興，河北鹽法羈縻而已。至皇甫鎛又奏置榷鹽使，如江淮榷法，犯禁歲多。及田弘正舉魏博歸朝廷，穆宗命河北罷榷鹽。戶部侍郎張平叔議榷鹽法弊，請糶鹽可以富國，詔公卿議其可否。中書舍人韋處厚、兵部侍郎韓愈條詰之，以爲不可，平叔屈服。

是時奉天鹵池生水柏，以灰一斛得鹽十二斤，利倍鹻鹵。文宗時，采灰一斗，比鹽一斤論罪。開成末，詔私鹽月再犯者，易縣令，罰刺史俸；十犯，則罰觀察、判官課料。

宣宗卽位，茶、鹽之法益密，糶鹽少、私盜多者，謫觀察、判官，不計十犯。戶部侍郎、判度支盧弘止以兩池鹽法敝，遣巡院官司空輿更立新法，其課倍入，遷榷鹽使。以壕籬者，鹽池之隄禁，有盜壞與鬻鹻皆死，鹽盜持弓矢者亦皆死刑。兵部侍郎、判度支周墀又言：兩池鹽盜販者，迹其居處，保、社按罪。鬻五石，市二石，亭戶盜糶二石，皆死。是時江、吴羣盜，以所剽物易茶鹽，不受者焚其室廬，吏不敢枝梧，鎮戍、場鋪、堰埭以關通致富。宣宗乃擇嘗更兩畿輔望縣令者爲監院官。戶部侍郎裴休爲鹽鐵使，上鹽法八事，其法皆施行，兩池榷課大增。

《新唐書》卷二〇九《酷吏傳》 太宗定天下，留心聽斷，著令：州縣論死三覆奏，京師五覆奏。獄已决，尚芊然爲徹膳止樂。至晚節，天下刑幾措。是時州縣有良吏，無酷吏。

武后乘高、中懦庸，盜攘天權，畏下異己，欲脅制羣臣，椔翦宗支，故縱使上飛變，構大獄。時四方上變事者，皆給公乘，所在護送，至京師，稟於客館，高者蒙封爵，下者被賚賜，以勸天下。於是索元禮、來俊臣之徒，揣后密旨，紛紛並興，澤吻磨牙，噬紳纓若狗豚然，至叛褂臭達道路，冤血流離刀鋸，忠鯁貴彊之臣，朝不保昏。而后因以自肆，不出幃闥，而天命已遷，猶慮臣下弗懲，而六道使始出矣。

至載初，右臺御史周矩諫后曰：凶人告訐，遂以爲常，推劾之吏，以嶮責痛詆爲功，鑿空投隙，相矜以殘，泥耳籠首，枷楔兼暴，拉脅籤爪，縣髮熏目，號曰獄持。晝禁食，夜禁寐，敲撲撼搖，使不得瞑，號曰宿囚。人苟賒死，何求不得？陛下不諒，試取告牒判無驗者，使推其情，有司必上下其手，希合盛旨。今舉朝脅息，謂陛下朝與爲密，夕與爲讎，一罹攝逮，便與妻子決。且周用仁昌，秦用刑亡。惟陛下察之。后寤，獄乃稍息，而酷吏寖寖以罪去。

天寶後至肅、代間，政類事叢，姦臣作威，渠憸宿狡，頗用慘刻，奮然不得如武后時敢搏摯殺戮矣。

嗚呼！非吏敢酷，時誘之爲酷。觀俊臣輩怵利放命，内懷滔天，又張湯、郅都之土苴云。

（宋）鄭樵《通志》卷五四《職官略・御史臺》

舊制但聞風彈事，提綱而已。舊例，御史臺不受訴訟，有通辭狀者，立於臺門候御史。御史往門外收採，人知如可彈者，略其姓名，皆云風聞訪知。唐永徽中，崔義元爲大夫，始定受事御史，人知一日，劾狀題告人姓名，或訴訟之事。其鞫案禁繫，則委之大理。貞觀末，御史中丞李乾祐以囚自大理來往滋其姦僞，又按事入法，多爲大理所反，乃奏於臺中置東西二獄以自繫劾。開元中，大夫崔隱甫復奏罷之，其後罕有聞風彈舉之事，多受辭訟，推覆理盡，然後彈之，將有彈奏則先牒監門禁止，勿許其入。按《宋書》云：二臺劾奏，符光禄加禁止，不得入殿省，是其先例。光禄主殿門。武太后時，改御史臺爲肅政臺，凡置左右肅政二臺，别置大夫中丞各一人，侍御史殿中監察各二十人。又置肅政臺使六人，尋罷之。左以察朝廷，右以澄郡縣，時議以右多名流，左多寒畯，其遷登南省者，右殆倍焉，以其不陵朝貴故也。二臺迭相糺正，而左加畏憚。龍朔以後，去肅政之名，但爲左右御史臺。初置兩臺，每年春秋發使，春曰風俗，秋曰廉察，令地官尚書韋方質爲條例，删定爲四十八條，以察州縣。延載以後，奉勑乃巡，不每年出使也。睿宗即位，詔二臺並察京師，資位既等，競爲彈糺，百僚被察，殆不堪命。太極元年，以尚書省悉隷左臺，月餘，右臺復請分綰尚書西行事。左臺大夫竇懷貞乃表請：依貞觀故事，遂廢右臺，而本御史臺官復舊，廢臺之官，並隷焉，大夫一人、中丞二人、侍御史四人、殿中侍御史六人、監察御史十人、主簿一人，内供奉裏行者，各如正員之半。太宗朝始有裏行之名。高宗時，方置内供奉及裏行官，皆非正官也。開元初，又置御史裏使、殿中裏使、監察裏使等官，並無定員，義與裏行同。穆思泰、元光謙、吕太一、翟章，並爲裏使尋省。建中三年九月，御史臺請置推官一人，常與本臺御史同推覆，奉勑依。其臺憲故事，官資輕重，則杜易簡、韓琬注記詳焉。杜易簡撰《御史雜法》四卷，韓琬撰《御史臺記》十二卷。

（清）嵇璜等《續通典》卷一二〇《刑・峻酷》

唐肅宗初，監察御史敬羽兇暴不能忍，嘗作巨枷，號鮑尾榆，因人多死。又仆囚於地，以門牡轢其腹，謂之肉餺飥。掘地實棘蒙以席瀕坎，鞫囚不服，則擠之坎。人多濫死。有康謙者，以賈富，嘗納金於楊國忠，授安南都護，領山南東路驛事，吏誣其通史朝義，羽鞫之，謙鬚長三尺，明日脱盡，膝踝皆碎，人視之，驚以爲鬼，乃殺之。寶應初，斥爲道州刺史，詔追殺之。羽聞使者至，將逃，吏械之，臨死，袖中出牒數沓，乃吏相告訐語。吒曰：不及推，死矣。治州者，宜無寢。德宗時，韓滉爲兩浙觀察使，嘗禁部内宰殺耕牛。婺州傍縣有犯其令，誅及鄰伍，死者數百人。又遣推覆官分察境内，情涉疑似，必寘極法，誅戮殘忍，一判即勳數十人，月無虚日，雖令行禁止，而冤濫相尋。李實爲京兆尹，恃寵強愎不顧文法。貞元二十年，關中大饑，實匿災不報，百姓至撤屋賣苗麥以供賦。優人成之端因戲作語爲秦民難苦之狀，實怒，坐以誹謗朝政，立誅殺之。明年，詔蠲畿内逋租，實違詔徵斂，窮民大擾，官吏多遭笞罰，追呼掊克，聚錢三十萬貫。胥吏有絲毫乞丐者固死，無犯者且曰死亦不屈，每杖殺之，京師無貴賤莫不切齒。順宗在諒闇逾月，實斃人於府者十數，事聞，貶爲通州長史，制出，市人皆袖瓦石將碎其首，乃間道而遁。憲宗元和十一年，梆公綽拜京兆尹，方赴府，有神策校乘馬不避者，即時搒死。帝怒其專殺，公綽曰：此非獨試臣，乃輕陛下法。帝曰：既死不以聞，可乎？公綽曰：臣不當奏。在市死，職金吾；在坊死，職左右巡使。帝乃解。

恭繹《御批通鑑輯覽》曰：躍馬衝導罪之細者，京兆雖以肅清輦轂爲任，豈可因衝己導而遽斃軍將？公綽此舉，非惟草菅人命，亦且弁髦王章，或猶以爲風厲，真不知政衡者。聖諭誅其專擅之罪，至爲允當，其心並非峻酷所能賅，而其事則殘忍，故附輯於此。

漢高祖時四方盗賊多，朝廷患之，特重其法，分遣使者捕逐，中書侍郎蘇逢吉草詔：凡盗所居，本家及隣保皆族誅。或謂逢吉曰：爲盗族誅，已非王法，况隣保乎？逢吉恡以爲是，不得已，但省去族誅字。於是鄆州捕賊使者張令柔盡殺平陰縣十七村民，衛州刺史葉仁魯聞部有盗，自率兵捕之，時村民十數，共逐盜入於山中，盜皆散走。仁魯後至，見民捕盜者以爲賊，悉擒之，斷其脚筋，暴之山麓，宛轉呼號，累日而死。聞者不勝其冤，而逢吉以仁魯爲能，由是天下因盜殺人滋濫。逢吉爲人貪詐無行，喜爲殺戮。高祖初鎮河東，嘗以生日遣逢吉疏理獄囚以祈福，謂之静獄。逢吉入獄，囚無輕重曲直盡殺，以報曰獄静矣。有庶兄自外來，未白逢吉而見其諸子，逢吉怒，託以他事告於高祖，杖殺之，其慘忍如此。時侍衛都指揮使史弘肇性尤殘刻，河中、鳳翔、永興三鎮連叛，人情汹懼流言以相驚恐，弘肇出兵警察，務行殺戮，罪無大小皆死。時太白晝見，民仰觀者，輒腰斬於市。市有醉者，忤一軍卒，軍卒誣其訛言，遂棄市。凡民抵罪，吏以白弘肇，但伸三指示之，即腰斬，又爲斷舌、决口、斮筋、折足之刑，備極慘毒。

（清）嵇璜等《續通典》卷一〇九《刑・雜議一》 晉高祖天福六年五月十五日，尚書刑部員外郎李象奏：據《刑法統類節文》云：盜賊未見本贓，推勘因而致死者，有故者，以故殺論，無故者，減一等。又云：今後或有故者，以故殺論，無故者，或景跡顯然，支證不謬，堅恃姦惡不招本情以此致死，請減故殺罪三等，其或妄被攀引，終是平人，以此致死，請減故殺罪一等。臣按上文云：有故殺者，以故殺論，此即是矣，其無者，亦坐減罪，即恐未當。假如官司或有刑獄未見本情，未可全不詰問，據言有故者，則是曾行拷捶及違令式，或轟枷大棒，强相抑壓以此致死者，並屬有故。無故者則是推勘之司不曾拷掠，又不違法律，亦不堅有抑壓，此則並屬無故，不可坐刑。假若有犯事人舊患疾病，推勘之際卒暴身亡，不可亦坐推司減等之罪。又據《斷獄律》云：若依法使杖，依數拷決而邂逅致死者，勿論。邂逅，謂不期致死而死，且彼言拷決，尚許勿論，此云無故卻令坐罪，事實相背，理有未通，請今後推勘之時致死者，若實無故，請依邂逅勿論之義。詳定院奏：臣等參詳，若違法拷掠及托法挾情以致其死，但有情故者，依故殺論；若雖不依法拷掠，卻非託法挾情以致其死而無情故者，請減故殺一等；若本無情故，又依法拷掠，或未拷掠，或詰問未詰問及不抑壓，因他故致死，並屬邂逅勿論之義。從之。按馬端臨《通攷》載：李象奏定邂逅致死條下按語有云：有罪者拘滯囹圄，官不時科決而令其瘐死，此誠有國者之所宜矜憫，然既曰盜賊，則大者可殺，小者可刑，其推勘淹時而不即引伏者，皆大猾巨蠹也，邂逅致死而以故殺論過矣。夫李象之議，固謂依法拷掠而卒暴身亡，是爲邂逅致死不宜坐罪，若果顯違令式非法拷決因而致死，是爲有故，即與故殺同科，但審致死之有故、無故，不問罪人之爲巨猾、非巨猾也。凡拘拷罪人亦有並非大猾巨蠹而經時不即引伏者，非盡可殺、可刑之人也，如爲邂逅，即非猾蠹，亦得勿論。如爲故殺，即係猾蠹，亦當坐罪。端臨之論似與李象之議不相符合云。出帝開運二年五月，殿中丞桑簡能奏請：詔所在刑獄委長吏親自録問，量罪疾速斷遣，務絶冤濫，勿得遲留，勅從之。又著作郎邊玕奏請：勅自今後諸道並委長吏五日一度録問，勅從之。

（清）嵇璜等《續通典》卷一一四《刑・决斷》 後唐明宗天成三年，滑州掌書記孟昇匿母憂，大理寺斷流。敕曰：孟昇身被儒冠，職居賓幕，比資籌盡，以贊綱維，而乃都昧操修，但貪榮禄，匿母喪而不舉，爲人子以何堪？瀆汚時風，敗傷名教，五刑是重，十惡難寬，其賜自盡。觀察使觀察判官録事參軍失其糾察，各有殿罰。四年，蔡州西平縣令李商爲百姓告陳不公，大理寺斷止贖銅，以官當罪。敕旨：李商招愆俱在案欵，大理定罪備引格條，然亦事有所未圖，理有所未盡。古者立法意在惜人，喪亂已來，人鮮廉恥。朕一臨寰海，思革前非，每當用刑，惟期不濫。李商不務養民，專謀潤己。初聞告不公之事件，决彼狀頭，又爲奪有主之莊田，撻其本戶。國家給州縣篆印，止爲行遣公文，而乃將印歷下鄉，從人戶取物，據茲行事，何以當官？今王饒所告李商並招實罪，宜奪歷任官，重杖一頓處死。元論人王饒四人並宜釋放，仍令所在長吏，徧示官屬。長興二年，國子勒停官張崇遠受賂補人法寺，定罪爲無禄者，減死一等。又引四月二十六日恩赦，俾從釋放。帝問：崇遠本官久無錢料，今有春冬逐月糧，乃下詔曰：設禄任能，立法懲惡，苟有違犯，須舉憲刑。崇遠流外授官，監中守職，雖官不請於俸禄，而職見請於依糧，贓罪既彰，死刑難貸，宜决重杖一頓處死。澤州沁水縣令李照、主簿樂鈞兩相鬬毆，及追至本州，不肯交割牌印，大理刑部斷罪，准律當徒及罰銅，並該今年四月二十六日恩宥。敕旨：同官相毆，據法當徒。大理備陳格律，合議矜寬，但照鈞等處令佐之資，縱屠沽之行，既罵且鬬，自晝經宵加以抗拒使符，執留縣印，全乖事體，大紊紀綱。若謂偶在赦前，合從赦限，豈可遣茲兇輩親我疲民。免刑已是優宏，復職實非允當，其照鈞等並勒停見任。

四年，獲嘉縣令盧嵩以戶民闕延韜不伏責問喧悖，令從人曳撲致死。大理寺斷，准格配流。天德敕旨：盧嵩容易宰邑，造次怒人，不恕法以行刑，遂尋時而致死。原情則本非故殺，據律則當處極刑。但究彼根繇以緣公事，罪雖甚重，理稍可疑，峻行則慮致民驕，輕恕則恐滋吏酷，永從遠竄，特貸餘生，聊以慰往者之魂，兼可戒爲官之厲。嵩宜配蔚州長流百姓，逢赦不在放歸之限。

（清）嵇璜等《續通典》卷一二〇《刑・峻酷》　周世宗用法過嚴，往往傷於慘刻。翰林醫官馬道元進狀，訴壽州界被賊殺其子，獲正賊見在宿州，本州不爲勘斷。帝大怒，遣竇儀乘驛往，按獄成，坐族死者二十四家。宋州巡檢供奉官竹奉璘捕盜不獲，左羽林大將軍孟漢卿監納取耗，刑部員外郎陳渥檢田失實，濟州馬軍都指揮使康儼治橋道不謹，內供奉官孫延希督修永福殿，而役夫有就瓦中啗飯者，密州防禦副使侯希進不奉使者命檢視夏苗，左藏庫使符令光造軍士複襦不辦，楚州防禦使張順隱落稅錢，皆抵極刑，時論冤之。

南漢劉龑性苛酷，爲刀鋸、支解、刳剔之刑。每視殺人，則不勝其喜，不覺朵頤垂涎呀呷，人以爲真蛟蜃也。

（清）嵇璜等《續通典》卷一〇九《刑・雜議一》　宋太祖乾德四年，大理正高繼申上言：《刑統・名例律》三品五品七品以上官親屬犯罪，各有等第減贖，恐年代已深，不肖自恃先蔭，不畏刑章。今犯罪身無官，須祖父曾任本朝官，據品秩得減贖。如仕於前代，須有功惠及民，爲時所推，歷官三品以上，乃得請。從之。太宗端拱元年，廣定軍民安崇緒隸禁軍，訴繼母馮嘗與父知逸離，今來占奪父貲產，欲與己子。大理定崇緒訟母罪死，太宗疑之，判大理寺張佖固執前斷，遂下臺省集議。徐鉉議曰：伏詳安崇緒詞理雖繁，今但當定其母馮與父曾離與不離，如已離異，即須令馮歸宗，如不曾離，即崇緒准法訴母處死。今詳案內不曾離異，其證有四：崇緒所執父書，只言遂州公論後母馮自歸本家便爲離異，固非事實。又知逸在京，阿馮卻來知逸之家，數年後知逸方死，豈可並無論訴遣斥，其證一也。本軍初勘，有族人安景泛證云：已曾離異，諸親具知，及欲追尋諸親，景泛便自引退，其證二也。知逸有三處莊田，馮卻後來自占兩處，小妻高占一處，高來取馮莊課，曾經論訟，高即自引退，不曾離，其證三也。本軍曾收崇緒所生母蒲勘問，亦稱不知離絶，其證四也。又自知逸入京之後，阿馮却歸以來，凡經三度官司勘鞫，並無離異狀況。不孝之刑教之大者，崇緒請依刑部大理正元斷處死。右僕射李昉等四十三人議曰：據法寺定斷，以安崇緒論嫡母馮罪，便合處死，臣等深以爲不當。若以五母皆同，即阿蒲雖賤，乃是安崇緒之親母，崇緒本以田業為馮強占，親母永食不充，所以論訴。若從法寺斷死，則知逸負何辜而絶嗣，阿蒲處何地而託身。臣等參詳田業並合歸崇緒，馮亦合與蒲同居，終身供侍，不得有闕。馮不得擅自貨易莊田，本家親族亦不得來主崇緒家務，如是，則男雖庶子，有父業可安，女雖出嫁，有本家可歸，阿馮終身又不乏養，所有罪犯並准赦原。詔從昉等議，鉉佖各奪俸一月。真宗大中祥符二年，衛尉卿權判刑部慎從吉言：準淳化三年敕諸路所奏獄空，須是司理院州司倚郭縣，俱無繫囚。又準後敕諸路自今獄空，更不降詔獎諭。奏至，委刑部以逐處旬奏禁狀，點勘不謬，即具以聞。伏見提點刑獄司所奏獄空，本司比對，多不應舊敕，外州妄覬獎諭，沽市虛名。近者，邠滄二州勘鞫大辟囚，干詿數人，裁一夕即行斬決。伏見前代京師決獄尚五覆奏，蓋欲慎重大辟，豈宜一日之內便決死刑。朝廷比務審詳恐有冤濫，非有求於急速其間，州府不體朝旨，邀爲己功，但務獄空，必無所益。欲望依準前詔，不行獎諭。其諸州府監以公事多少分爲三等：第一等公事多，處五日，其次十日，其次二十日。並須州司、司理院倚郭縣全無繫囚，及責保寄店之類，方爲獄空。委提點刑獄司據等第數目勘驗詣實，書於印歷。從之。咸平中，殿中侍御史趙湘嘗建言聖王：行法必順天道。漢制大辟之科，盡冬月乃斷，此古之善政，當舉行之。且十二月爲承天節萬方祝頌之時，而大辟決斷如故，況十一月一陽始出，其氣尚微，議獄緩刑，所以助陽抑陰也。望以十一月、十二月內天下大辟未結正者，更令詳覆，已結正者，未令結斷，所在厚加矜恤，掃除獄房，供給飲食薪炭之屬，防護無致他故。情可憫者，奏聽敕裁，合依法者，盡冬月乃斷。在京大辟人，既當春孟之月，亦行慶施惠之時。伏望萬幾之暇，臨軒躬覽，情可憫者，特從末減，亦所以布聖澤於無窮。況愚民之抵罪未斷，兩月亦非淹延，若用刑順於陰陽，則四時之氣和，氣和則百穀豐實、水旱不作矣。帝覽奏曰：此誠嘉事，然古今異制，沿革不同，行之慮有淹滯，或因緣爲姦矣。天禧四年，乃詔天下：犯十惡刼殺、謀殺、故殺、鬬殺、放火、強刼、正枉法贓、僞造符印、厭魅、呪詛、造妖書妖言、傳授妖術、合造毒藥、禁軍諸軍逃亡爲盗罪至死者，每遇十一月，權住區斷，過天慶節即決之，餘犯至死者，十二月及春夏未得區遣，禁錮，奏裁。仁宗天聖四年，刑部侍郎燕肅奏曰：唐大辟罪，令尚書九卿讞之，凡決死刑，京師五覆奏，諸州三覆奏。貞觀四年斷死罪二十九。開元二十五年，財五十八。今天下生齒未加於唐，而天聖三年斷大辟二千四百三十六，視唐幾至百倍。京師大辟雖一覆奏，而州郡之獄有疑，及情可憫者至上請，而法寺多所舉駁，官吏率得不應奏之罪，故皆增飾事狀，移情就法，失朝廷欽恤之意。望準唐故事，天下死罪皆得一覆奏。議者必曰待報淹延，臣則以爲漢律皆以季秋論囚，唐自立春至秋分不決死刑，未聞淹延以害漢唐之治也。下其章，中書王曾以爲天下皆一覆奏，則必死之人徒充滿狴犴，而久不得決，請獄疑若情可矜者，聽上請。於是有詔，天下死罪情理可矜，及刑名疑慮者，具案以聞，有司毋得舉駁。具《詳讞篇》。五年，知諫院司馬光奏言：臣聞勑下京東、西災傷州軍如貧戶以饑偷盗斛斗，因而盗財者，與減等斷放。臣竊以爲非便。《周禮》荒政十有二，散利薄征、緩刑弛力、舍禁去幾，率皆推寬大之恩以利於民，獨於盗賊愈更嚴急。蓋以饑饉之歲，盗賊必多，殘害良民，不可不除。頃年嘗見州縣官吏有不知治體，務爲小仁，遇凶年刼盗斛斗，輒寬縱之，則盗賊公行，更相刼奪，鄉村大擾，不免廣有收捕，重加刑戮，或死或流，然後稍定。今若朝廷明降勑文，豫言與減等斷放，是勸民爲盗也。百姓乏食，當輕徭薄賦，開倉賑貸，以救其死，不當使之自相刼奪。今歲府界京東、京西水災極多，嚴刑峻法以除盗賊，猶恐春冬之交饑民嘯聚，不可禁禦，又況降勑以勸之。臣恐國家始於寬仁，而終於酷暴，意在活人而殺人更多也。事報聞。具《寬恕篇》。嘉祐五年，判刑部李綖上言：一歲之中，死刑無慮二千餘，夫風俗之薄，無甚於骨肉相殘，衣食之窮，莫急於盗賊。今犯法者衆，豈刑罰不足以止姦，而教化未能導其爲善與，願詔刑部類天下所斷大辟，歲上朝廷，以助觀省。從之。神宗熙寧元年八月，詔謀殺已傷按問欲舉自首，從謀殺減二等論。初，登州奏：有婦阿云母服中嫁韋，惡韋寢陋，謀殺不死。按問欲舉自首，審刑院、大理寺論死，用違律爲婚，奏裁，勑貸其死。知登州許遵奏，引律：因犯殺傷而自首得免，所因之罪，仍從故殺傷法，以謀爲所因，當用按問欲舉條減二等，刑部斷如審刑、大理。時遵方召判大理，御史臺劾遵，遵不伏，請下兩制議，詔翰林學士司馬光、王安石同議，二人議不同，遂各爲奏。光議：凡議法者，當先原立法之意，然後可以斷獄。按律其於人損傷，不在自首之例。釋謂犯殺傷而自首者，得免所因之罪，仍從故殺傷者，蓋以與人傷損既不在自首之例，而別因有犯，如爲盗刼囚、略賣人之類，本無殺傷人之意，而致殺傷人者，慮有司執文并不許首。故申明因犯殺傷而自首者，得免所因之罪，然殺傷之中自有二等：其處心積慮，巧詐百端，掩人不備，則謂之謀，直情徑行略無顧慮，公然殺害，則謂之故。謀者重，故者輕。今因犯他罪致殺傷人，他罪得首，殺傷不原。若從謀殺，則太重，若從鬬殺，則太輕。故參酌其中，從故殺傷法也。其直犯殺傷更無他罪者，惟未傷可首，已傷不在首限，今許遵欲以謀與殺分爲兩事，按謀殺、故殺皆是殺人，若以謀與殺爲兩事，則故與殺亦爲兩事也。彼平居謀慮不爲殺人，當有何罪。而可首者，以此知謀字止因殺字生文，不得別爲所因之罪。若以刼鬬與謀皆爲所因之罪，從故殺傷法，則是鬬傷自首，反得加罪一等也。云獲貸死，已是寬恩，遵爲之請，欲天下引以爲例，開姦宄之路，長賊殺之源，非教之善者也。臣愚以爲宜如大理所定。安石議：《刑統》殺傷罪名不一，有因謀，有因鬬，有因刼囚、竊囚，有因略賣人，有因被囚禁拒捍官司而走，有因強姦，有因厭魅、呪詛，此殺傷而有所因者也。惟有故殺傷，則無所因，故《刑統》因犯殺傷而自首得免所因之罪，仍從故殺傷法。其意以爲於法得首，所因之罪既已原免，而法不許首，殺傷刑名未有所從，惟有故殺傷爲無所因而殺傷，故令從故殺傷法。至今因犯過失殺傷而自首則所因之罪已免，惟有殺傷之罪未除。過失殺傷非故殺傷，不可亦從故殺傷法，故《刑統》令過失者從本過失法。至於鬬殺傷，則所因之罪常輕，殺傷之罪常重，則自首合從本法，可知此則《刑統》之意，惟過失與鬬當從本法，其餘殺傷得免所因之罪，皆從故殺傷罪科之，則於法所得首之罪皆原，而於法所不得首之罪，皆不免，其殺傷之情本輕者，自從本法，本重者，得以首原。今刑部以因犯殺傷者，謂別因有犯，遂致殺傷，竊以爲律但言因犯，不言別因，則謀殺何故不得爲殺傷所因之犯。又刑部以始謀專爲殺人，即無所因之罪。竊以爲律謀殺人者，徒三年，已傷者絞，已殺者斬，謀殺與已傷、已殺自爲三等。刑名因有謀殺，徒三年之犯，然後有已傷、已殺絞斬之刑名，豈得稱别無所因之罪。今法寺刑部乃以法得首免之，謀殺與法不得首免之，已傷合爲一罪，其失律意明甚。臣以爲凡謀殺已傷，按問欲舉自首，合從謀殺減二等論。然竊原法寺刑部，所以自來用例斷謀殺已傷不許首免者，蓋律疏但言假有因盜殺傷，盜罪得免，故殺傷罪仍科，遂引爲所因之罪，止謂因盜殺傷之類，盜與殺傷爲二事，與謀殺殺傷類例不同。臣以爲律疏假設條例其於出罪則當舉重以包輕。因盜傷人者斬，尚得免所因之罪，謀殺傷人者絞，絞輕於斬，則其得免所因之罪可知。然議者或謂謀殺已傷情理有甚重者，若開自首，則或啟姦。臣以爲有司議罪，惟當守法，情理輕重則勅許奏裁。若有司輒得捨法以論罪，則法亂，於下人無所措手足矣。奏入，詔從安石所議。而御史中丞滕甫猶請再選官定議，御史錢顗請罷遵大理。詔送翰林學士吕公著、韓維知制誥錢公輔重定。公著等言安石、光所論勅律悉已明備，所争者，惟謀爲傷因不爲傷因而已。臣等以爲，律著不得自首者凡六科，而於人損傷不在自首之例，釋謂因犯殺傷而自首者得免所因之罪，仍從故殺傷法，蓋自首者但免所因之罪，而尚從故殺傷法，則所因之謀罪雖原免，而傷者還得傷之罪，殺者還得殺之刑也，且律於器物至不可備償，則不許首。今於人損傷，尚有可當之刑，而必使償之以死，不已過乎！古初立法，殺人者死，傷人者抵罪。後世因刼殺而傷者，增至於斬，因謀殺而傷者，則增入於絞。倘有不因先謀，則不過徒杖三等之科而已，豈深入於絞、斬乎？若首其先謀，則傷罪仍在。是傷不可首，而因可首，則謀爲傷因亦已明矣。律所以設首免之科者，非獨開改惡之路，恐犯者自知不可免死，則欲遂其惡心至於必殺。今若由此著爲定論，塞其原首之路，則後之首者不擇輕重，有司一切按文殺之矣。朝廷雖欲寬宥，其可得乎？苟以爲謀殺情重，律意不通其首，則六科之中當著謀殺已傷不在自首之例也，編勅所載，但意在致人於死並同已傷，及傷與不傷，情重兇惡不至死者，許奏裁。今令所因之謀得用舊律而原免，已傷之情復以後勅而奏決，則何爲而不可也？臣等以爲，宜如安石所議。便制曰可。於是法官齊恢、王師元、蔡冠卿等皆論奏公著等所議爲不當，又詔安石與法官集議。安石與師元冠卿反覆論難，師元等益堅執其説。明年二月庚子，詔自今謀殺人已死，自首及按問欲舉，並奏取勅裁。是月，除安石參知政事，判部劉述、丁諷奏：庚子詔書未盡封還中書，於是安石奏以爲律意因犯殺傷而自首得免所因之罪，仍從故殺傷法。若已殺，從故殺法，則爲首者必死，不須奏裁，爲從者，自有編勅奏裁之文，不須復立新制。與唐介等數争議帝前，卒從安石議。是月，甲寅，詔：自今謀殺人自首，及按問欲舉，並以去年七月詔書從事，其謀殺人已死，爲從者雖當首減，依嘉祐勅，兇惡之人，情理巨蠹及謀殺人傷與不傷，奏裁。收還庚子詔書。劉述等又請中書樞密院合議，中丞吕誨，御史劉琦，錢顗皆請如述奏下之二府。帝以爲律文甚明，不須合議，而曾公亮等皆以博盡異同厭塞言者爲無傷。乃以衆議付樞密院。文彦博以爲殺傷者欲殺而傷也，即已殺者，不可首。吕公弼以爲，殺傷於律不可首請，自今已後，殺傷依律，其從而加功自首即奏裁。陳升之、韓絳議與安石略同。時富弼入相帝，令弼與安石議，弼謂安石以謀與殺分爲二事，以破析律文，盍從衆議，安石不可，弼乃辭以病。八月，遂詔謀殺人自首，及按問欲舉，並依今年二月甲寅勅施行，司馬光因奏言阿云之獄，中材之吏皆能立斷，朝廷命兩制、兩府定奪者各一，勅出而復收者一，收而復出者各一。争論縱横，至今未定。夫執條據例者，有司之職也，原情制義者，君相之事也，分争辯訟非禮不決。禮之所去，刑之所取也。阿云之事，陛下試以禮觀之，豈難決之獄哉？彼謀殺爲一事，爲二事，謀爲所因，不爲所因，此苛察繳繞之論，乃文法俗吏之所争，豈明君、賢相所當留意耶。今議論歲餘而後成法，終爲棄百代之常典，悖三綱之大義，使良善無告，姦兇得志，豈非徇其枝葉，而忘其根本之所致耶？不報。按《文獻通考》云：初，安石議行，員外郎崔台符曰：數百年誤用刑名，今乃得正，安石喜其附己，擢判大理寺。小人之趨勢導諛以爲倖進之地，固無所不至矣。是時，蘇州民張朝之同堂兄以槍戳死朝父逃去，朝執而殺之。審刑、大理當朝十惡不睦死罪。案上，參知政事王安石言：朝父爲從兄所殺，而朝報殺之罪，止加役流，會赦應原。帝從安石議，特釋朝不問。按《宋史・刑法志》曾公亮嘗以中書論正刑名爲非，而安石則謂有司用刑名不當，則審刑、大理當論正。審刑大理用刑名不當，則差官定議。議既不當，即中書自宜論奏，取決人主，此乃所謂國體，豈有中書不可論正刑名之理。夫有司奉法容有過差，審刑、大理自可駁正，極而至於差官定議，更無餘事，必使官聽命於中書，則成憲何以恪守。自安石擅主而後京惇報復，遂至徽宗末年，有御筆斷罪，不許詣尚書省陳訴改正之詔矣。三年，中書上刑名未安者五：其一，歲斷死刑幾二千人，比前代殊多。如強刦盜並有死法，其間情狀輕重有絶相遠者，使皆抵死，良亦可哀。若爲從情輕之人別立法如前代斬右趾之比，足以止惡而除害。禁軍非在邊防屯戍而逃者，亦可更寬首限，以收其勇力之効。其二，徒、流、折杖之法，禁網加密。良民偶有抵冒，致傷肌體爲，終身之辱，愚頑之徒雖一時創痛，而終無愧恥。若使情理輕者復古居作之法，遇赦第減月日，使良善者知改過自新，凶頑者有所拘縶。其三，刺配之法二百餘條，其間情理輕者亦可復古徒流移鄉之法，俟其再犯，然後法刺充軍，其配隸並減就本處或與近地，凶頑之徒自從舊法，編管之人亦迭送他所量立役作時限，無得髠鉗。其四，令州縣考察士民有能孝悌力田爲衆所知者，給帖付身，偶有犯令情輕可恕者，特議贖罰，其不悛者，科決。其五，奏裁條目繁多，致淹刑禁，亦宜删定。詔付編勑所詳議。立法初，韓絳嘗請用肉刑，曾布復上議曰：先王之制刑罰，未嘗不本於仁，然而斷肢體，刻肌膚以至於殺戮，非得已也。蓋人之有罪，贖刑不足以懲之，故不得已而加之以墨、劓、剕、宮、大辟，然審適輕重，則又有流宥之法。至漢文帝除肉刑而定笞箠之令，後世因之爲律。大辟之次，處以流刑，代墨、劓、剕、宮，不惟非先王流宥之意，而又失輕重之差。古者鄉田同井，人皆安土重遷，流之遠方，無所資給，徒隸困辱，以至終身。近世之民輕去鄉井，轉徙四方，固不爲患，而居作一年即聽附籍，比於古亦輕矣。況折杖之法，於古爲鞭扑之刑，刑輕不能止惡，故犯法日益衆，其終必至於殺戮。是欲輕而反重也。今大辟之目至多，取其情可貸者處之以肉刑，則人之獲生者必衆。若軍士亡去應斬，賊盗贜滿應絞，則刖其足，犯良人於法應死，而情輕者處以宮刑，至於劓、墨則用刺配之法，降此而後爲流、徒、杖、笞之罪，則制刑有差等矣。按自漢文除肉刑之後，東晉而降，鮮有議及者。曾布忽創議及之，神宗乃問可否於執政，當時互有論辨，遂寢其說。杜《典》原有《肉刑議》一門，今已省去，因即併入於此。

樞密使文彦博上言：臣聞刑亂國用重典，刑平國用中典。唐末五代用重典以救時弊，故法律之外徒流或加至於死。國家承平百年，當用中典，然猶因循有重於舊律者，如僞造官文書律止流二千里，今斷從絞，近凡僞造印記再犯不至死者，亦從絞坐。夫持杖強盜本法重於造印，今造印再犯者死，而強盜再犯，贜不滿五匹者不死，則用刑甚異於律文矣。請檢詳刑名重於舊律者，以勑律參考裁定其當。詔送編勑所。又詔審刑院、大理寺議重贜併滿輕贜法。審刑院言所犯各異之贜不待罪等而累併，則於律義難通，宜如故事。而大理寺言律稱以贜致罪頻犯者並累科，若罪犯不等者，即以重贜併滿輕贜各倍論，累併不加重者止從重，蓋律意以頻犯贜者不可用二罪以上之法，故令累科，爲非一犯，故令倍論，此從寬之一也。然六贜輕重不等，若犯二贜以上者，不可累輕以從重，故令併重以滿輕，此從寬之二也。若以重併輕後加重，則止從一重，蓋爲進則改從於輕法，退亦不至於容姦，而疏議假設之法適皆罪等者，蓋一時命文耳。若罪等者盡數累併，不等者止科一贜，則恐知法者足以爲姦，不知者但繫臨時。幸與不幸，非律之本意也。詔從大理議行之。八年，洪州民有犯徒而斷杖者，其餘罪會恩免，官吏失出當劾。中書堂後官劉衮駁議，以爲律因罪人以致罪，罪人遇恩者準罪人原法，洪州官吏當原。又請自今官司出入人罪，皆用此令，而審刑院、大理寺以爲失入人罪，乃官司誤致罪於人，難用此令，其失出者宜如衮議。按洪州民犯徒斷杖一條，馬氏《通考》作熙寧五年令，從《宋史·刑法志》，作熙寧八年。元豐三年，周清上言：審刑院、刑部奏，斷妻謀殺夫案問自首，變從故殺法，舉輕明重，斷入惡逆斬刑。竊詳律意，妻謀殺夫已殺，合入惡逆，以按問自首，變從故殺法，宜用妻毆夫死法定罪，且十惡條謀與故、鬭殺夫，方入惡逆，若謀而未殺，止當不睦，既用舉輕明重，宜從謀而未殺法，依勑當决重杖處死，恐不可入惡逆斬刑。下審刑院、刑部參詳，如清議。杜紘爲大理評斷官，民間有女許嫁未行，而養於壻氏，壻殺以誣人，吏當如昬法。紘議以爲禮三月而廟見，未廟見而死，則歸葬於家，示未成婦也，律定昬而夫犯論同凡人。養婦雖非禮律，然未成婦則一也，議乃定。及紘爲刑部郎中，邵武軍奏讞：婦與人姦，謀殺其夫，已而夫醉歸，姦者自殺之，法寺當婦謀殺爲從。紘議婦加功，罪應死。又興元府奏讞：梁懷吉往視出妻之病，因寄粟，其子輒取食之，懷吉毆其子死，法寺以盜粟論，而當懷吉雜犯死罪，引赦原。而紘議：出妻受寄粟，而其子輒費用不入捕法。議既上，御史臺論紘議不當，詔罰金，仍展年磨勘。侍郎崔台符以下三人，無所可否，亦罰金。按邵武興元二條馬氏《通考》作熙寧六年，《宋史·刑法志》綴於元豐三年周清議妻謀殺夫未死條下，今從《宋史》編入元豐時。八年，尚書省言諸獲盜有已經殺人，及原犯強姦、強盜貸命斷配之人，再犯捕獲者，有司例用知人欲告，或按問自首減免法，且律文知人欲告及按問者欲舉自首之類減等斷遣者，爲其情非巨蠹，有改過自新之心，故行寬貸。至於姦盜與餘犯不同，難以例減，請強盜已殺人并強姦，或原犯強盜貸命，若持杖三人以上，知人欲告，按問欲舉而自首及因人首告應減者，並不在減等例。詔從之。按熙寧朝王安石與司馬光爭議按問自首法，卒從安石議，雖累問不承者亦得爲按問，或兩人同爲盜刼，吏先問左，則按問在左，先問右則按問在右，獄之生死在問之先後，而非盜之情。至元豐八年，光復爲門下侍郎，申前議改焉。馬氏《通考》誤作熙寧八年。司馬光言殺人不死，傷人不刑，堯舜不能以致治。近刑部奏鈔兗、懷、耀三州之民，有鬬殺者，皆當論死。今乃妄作情理可憫，或刑名疑慮奏裁，刑部即引舊例，一切貸之。凡律令、勅、式或不盡載，則有司引例以決。今鬬殺當死自有正條，而刑部不問可否，盡免死決配作，奏鈔施行，是殺人者不死，其鬬殺條律無所用也。請自今諸州所奏大辟情理無可憫，刑名無疑慮，令刑部還之，使依法處斷，實有可憫疑慮，令刑部具其實於奏鈔後，先擬處斷，令門下省審覆，如或不當及用例破條，即令門下省駁奏取旨勘。從之。哲宗元祐元年，給事中范純仁奏言：熙寧按問欲舉條並得原減，以容姦太多。元豐八年，別立條制。竊詳已殺人、強姦，於法自不當首，不應更用按問減等，至於貸命，及持杖強盜亦不減等，深爲太重。按嘉祐編勅，應犯罪之人，因疑被執，贓證未明，或徒黨就擒，未被指説，但詰問便承，皆從律按問欲舉首減之科，若已經詰問隱拒本罪，不在首減之例，此勅當理，當時用之，天下號爲刑平。請於法不當首者，自不得原減，其餘取嘉祐編勅定斷，則用法當情。上以廣好生之德，下則無一夫不獲之冤。詔從其請。純仁又言：前歲四方奏讞：大辟，凡二百六十四，死者止二十五人，所活垂及九分。自去年改法至今未及百日，所奏按凡一百五十四，死者乃五十七人，所活纔及六分以上。臣故知未改法前，全活數多，其間必有曲貸，然猶不失罪疑惟輕之仁。自改法後，所活數少，其間必有濫刑，則深虧寧失不經之義。請自今四方奏大辟案，並令刑部、大理寺再行審覆，略具所犯及原奏因依，令執政取旨裁斷，或所奏不當亦原其罪，如此則無冤濫之獄。因詔大辟刑名疑慮、情理可憫，令刑部看詳，無得枉濫。而是年尚書省言遠方奏讞，待報淹繫甚衆，請川、廣、福建、荊南路罪人，情輕法重當奏斷者，申按撫或鈐轄司酌情決斷訖，乃奏，詔從之。門下侍郎韓維又言天下奏案必斷於大理，詳議於刑部，然後上之中書，決於人主。近歲有司昧於知法，便文自營，但因州郡所請依違其言，即上中書貼例取旨，故四方奏讞日多於前，欲望刑清事省難矣。自今大理寺受天下奏案，其有刑名疑慮、情理可憫，須具情法輕重條律，否則，指所斷之法，令刑部詳審，次第上之，詔刑部立法以聞。是時，中丞劉摯奏言元豐編修勅令，舊載勅者多移之令，蓋違勅法重，違令罪輕，此足以見神宗仁厚之德，而有司不能推廣，乃增多條目，離析舊制，用一言而立一法，因一事而生一條，意苛文晦，不足以該事物之情，行之幾時，蓋已屢變，今所續降者半歲一頒，無慮數帙，宜選經術儒臣明於治體練達民情者，取慶歷、嘉祐以來新舊勅粂照去取刪正，以成一代之典。右諫議孫覺亦言：元豐編勅，細碎煩多，難以檢用。乃詔摯等刊修。五年有詔，命官犯罪事干邊防軍政，文臣申尚書省，武臣申樞密院。中丞蘇轍言：舊制，文臣吏民斷罪公案歸中書，武臣軍士歸樞密，而斷例輕重悉不相知。元豐更定官制斷獄公案，並由大理、刑部申尚書省，然後上中書省取旨，自是斷獄輕重比例始得歸一，天下稱明焉。今復分隸樞密，必有罪同斷異，失元豐本意，請並歸三省。其事干邊防軍政者，令樞密院同進取旨，則事體歸一，而兵政大臣各得其職。六年，乃詔文武官有犯同案干邊防軍政者，刑部定斷，仍三省樞密院同取旨。紹聖元年，權刑部侍郎杜紘言：諸州大辟本非疑慮，其間有因奏裁，遂獲免死，而已決者不得蒙宥，是因之生死，惟奏與否而已。詔刑部、大理寺申明立法。三年，刑部侍郎邢恕等言：藝祖初定天下，主典自盜贓滿者往往抵死。仁祖之初，尚不廢也，其後用法稍寬，官吏犯自盜罪至極法，率多貸死，然甚者猶決刺配島。錢仙芝帶館職，李希甫歷轉運使不免也，比朝廷用法益寬，主典人吏軍司有犯，例各貸死，略無差別。欲望講述祖宗故事，凡自盜計贓多者間出睿斷，以肅中外。詔從之。元符三年，刑部請復強盜計贓科罪之令。先是曾布建言：盜情有重輕，贓有多少，今以贓論罪，則刼貧家情雖重而以贓少減免，刼富室情雖輕而以贓重論死，是盜之生死係於主之貧富也。至於傷人情狀亦殊，以手足毆人，偶傷肌體，與夫兵刃、湯火固有間矣，而均謂之傷。朝廷雖許奏裁，而州郡或奏或否，死生之分，特幸與不幸爾。不若一變舊法，凡以贓定罪，及傷人情狀不至切害者，皆從罪止之法，其用兵刃、湯火情狀酷毒，及汙辱良家，或入州縣鎮砦行刧，若驅虜官吏巡防人等，不以傷與不傷，凡情不可貸者，皆處以死刑，則輕重不失其當矣。及布爲相，始從其議。詔有司改法。未幾，侍御史陳次升言：祖宗仁政加於天下者甚廣，刑法之重改而從輕者至多，惟是強盜之法特加重者，蓋以禁姦宄而惠良民也。近朝廷改法，詔以強盜計贓應絞者並減一倍，贓滿不傷人，及雖傷人而情輕者奏裁。法行之後，民受其弊，被害之家以盜無必死之理不敢告官，而鄰里亦不爲之擒捕，恐怨讎報復，故賊益逞，重法地分尤甚。重法地分，詳《刑制篇》。恐養成大寇以貽國家之患，請復行舊法。布罷相，翰林學士徐勣復言其不便。乃詔如舊法。徽宗宣和六年，臣僚言，元豐舊法有情輕法重、情重法輕，若大辟刑名疑慮，並許奏裁。比來諸路以大辟疑慮決於朝廷者，大理寺類以不當劾之，恐天下無復以疑獄奏矣，請詔大理寺並依元豐法。詔從之。高宗紹興三年，宣州民葉全二盜檀偕窖錢，偕令佃人阮授、阮捷殺全二等五人，棄屍水中，罪當斬。有司以屍不經驗奏裁，詔授、捷並杖脊，流三千里，偕貸死杖脊、配瓊州。中書舍人孫近駁之，命更擬。而近嘗提點浙東刑獄，紹興民俞富捕盜而併殺盜妻。近奏富與盜別無私讎，願貸死。詔從之。法寺因援以爲比，執前擬不變，近乃言富執本縣判狀捕刧盜，殺拒捕之人，並及妻。偕乃私用威力，被殺者五人，所犯不同。乃詔御史臺看詳。侍御史辛炳等言，偕係故殺，衆證分明，以近降申明條法不應奏輔臣進呈。朱勝非曰：疑獄不當奏而奏者，法不論罪。近以宣州有觀望欲併罪之。帝曰：若罪宣州則實有疑慮者，亦不復奏陳，於是法寺、刑部止罰金。二十六年，右正言凌哲上疏曰：漢高入關，悉除秦法，與民約法三章耳，所謂殺人者死，實居其首，司馬光有言殺人者不死，雖堯舜不能以致治，斯言可謂至當矣。臣竊見諸路州軍勘到大辟，雖刑法相當者類以可憫奏裁，自去歲郊後距今大辟奏裁者五十餘人，中有實犯故殺、鬭殺常赦所不原者，法既無疑，情無可憫，刑寺並皆奏裁貸減，彼殺人者可謂幸矣，被殺者銜恨九原，何時已耶。臣恐強暴之風滋長，良善之人莫能自保，其於刑政爲害非細，應令今後大辟情法相當，本無可憫，而所司輒奏裁減貸者，臺臣彈劾。按高宗南渡之初，法官濫用奏裁之例，給事中陳與義嘗以爲言，雖獲申嚴立法，而有司妄奏如故。及凌哲上疏，高宗覽奏，仍恐諸路減裂一例不奏，有失欽恤之意，僅令刑部坐條行下。馴至乾道，讞獄之弊日益滋甚，孝宗乃詔有司緣情引條定斷，更不奏裁。而其後又從刑部侍郎方滋之議，於勑律條令內分別註明合用奏裁事件，又從臣僚之請，只許奏裁爲首應死之罪，其爲從不坐死，及流、徒等罪概不許奏。終南宋之世，刑法廢弛。理宗朝甚至讞不時報，往往囚多瘐死，蓋於明慎用刑而不留獄之意，失之遠矣。二十七年十月，盜發烏江縣王公袞母冢，有司釋之，公袞手殺盜。事聞，其兄佐爲吏部員外郎，乞納官以贖公袞罪。詔令給舍議。時給舍楊椿等議，大略謂發冢開棺者，律當絞。公袞始獲盜不敢殺，而歸之吏。獄成，而吏出之，使揚揚出入閭巷與齊民齒。則地下之辱，沉痛鬱結終莫之伸。爲人子者，尚得自比於人。椿等謂公袞殺掘冢法應死之人，爲無罪，納官贖弟之請，當弗許，故縱失刑有司之罪宜如律。詔依椿等議，公袞降一官，佐依舊供職，紹興府當職官，皆抵罪。孝宗淳熙十三年，中書舍人葛邲言：乾道六年，指揮強盜並依舊法。議者以爲持杖脅人以盜財者亦死，是脅人與殺人等死，恐非所以爲良民地。後來遂立六項，一爲首，二下手傷人，三下手放火，四因而行姦，五殺人加功，六已曾貸命再犯。並依舊法處斷外，餘聽依刑名疑慮奏裁。自此指揮已行之後，非特刑名疑慮者不死，而在六項者亦爲不死。法出姦生，徒爲胥吏受贓之地。若犯強盜者，不別輕重而一於死，則死者必多，又非所以示好生之德也。乞下有司詳議。其後言者又謂強盜苟不犯六項，雖累行刧至十數次以上，並贓至百千貫皆可以貸命，謂宜除六項指揮外，其間行刧至兩次以上，雖是爲從亦合依舊法處斷。詔從之。寧宗開禧元年，知衡州張訢言：殺人無證一條《斷獄》註云：殺人屍不經驗，與無證佐者，若勘鞫證佐逃死，及雖有證而於法不許爲證者，同夫屍不經驗與證佐逃死，事因顯然，往往州郡引用失當，遂致牴牾。蓋謀殺、刧殺則有佐而必無證，鬭殺、故殺則有證而必無佐。夫謂之證者，旁證之謂也，謂之佐者，助己之謂也。曰證曰佐，自是二事，苟有其一，皆可以表殺人之然否。至於不許爲證，正謂殺害人親屬等人，慮其私於黨，與法故不許。近日曲法者，凡是重囚多作無證具奏，且行兇之時相助協力，到官之後自相供通，謂之有佐，可也，何必更求有證。至如行兇之人親屬旁援到官，固無由證之理，例拘親屬不許爲證。承舛襲訛，寖失本意。請行下刑寺及勑令所明析施行，刑寺奏如訢請。詔從之。理宗時，監察御史程元鳳奏曰：今罪無輕重，悉皆送獄，獄無大小，悉皆稽留，或以追索未齊而不問，或以供欵未圓而不呈，或以書擬未當而不判。獄官視以爲常，而不顧其遲。獄吏留以爲利，而惟恐其速。奏案申牘既下刑部，遲延日月方送理寺。理寺看詳，亦復如之，寺回申部，部回申省，動涉歲月，省房又未遽爲呈擬，亦有呈擬而疏駁者，疏駁歲月又復如前，展轉遲回有一二年未報下者，可疑、可矜，法當奏讞，矜而全之乃反遲回，有矜貸之報下，而其人已斃於獄者，有犯者獲貸，而干連病死不一者，豈不重可念哉。請自今諸路奏讞即以所發月日申御史臺，從臺臣究省部法寺之慢。詔從其請。

（清）嵇璜等《續通典》卷一一三《刑・詳讞》 宋太祖建隆三年，定大辟詳覆法令，諸州録事、參軍、司法掾同斷獄。開寶三年，詔諸道州府應大辟罪決訖，録其案，朱書格律、斷辭、禁儀月日、官典姓名以聞，委刑部覆視，尋如舊制。大理寺詳勘而後覆於刑部，又慮刑部大理寺之失，別置審刑院讞之。按五代用兵以來，藩侯跋扈，多枉法殺人，朝廷務行姑息之政，率置不問，刑部按覆之制遂廢，至是乃下詔著令。又按《宋史・刑法志》載是詔，亦作建隆三年，今從《文獻通考》。太宗嘗躬親聽斷。時有開封寡婦劉使婢詣府訴其夫前室子王元吉毒己將死，右軍巡推不得實，移左軍巡掠治，元吉自誣伏。俄劉死，及府中慮囚，移司録、司按問，以其毒無顯狀，累月未決，會元吉妻張擊登聞鼓稱冤。帝召問張，盡得其狀，立遣中使捕元推官吏，付御史鞫。乃劉有姦狀，慙悸成疾，懼其子發覺而誣之。推官及左右軍巡使等削罰有差，醫工詐稱被毒，劉母弟欺隱王氏財物，及推吏受贓者，並流海島。太平興國六年，詔曰：諸州大獄，長吏不親鞫，胥吏旁緣爲姦，逮捕證佐，滋蔓踰年，而獄未具。自今長吏每五日一慮囚，情得者即決之。雍熙元年，令諸州十日一慮囚，又諭輔臣曰：御史臺閤門之前，四方綱準之地，頗聞臺中鞫獄，御史多不躬親，垂簾雍容以自尊大，求無冤濫豈可得也？乃詔御史鞫獄勿得任胥吏，尋又詔：獄無大小，中丞已下皆臨鞫，不得專責所司。時有開封女子李嘗擊登聞鼓，自言無兒息身且病，一旦死，家業無所付，請詔本府隨所欲裁置之。李無他親，獨父在，有司因繫之。李又詣登聞訴父被繫狀。帝駭曰：此事豈當禁繫，輦轂之下，尚或如此，天下至大，安得無冤濫乎？即日遣殿中侍御史李範等十四人，分往江南、兩浙、四川、荊湖、嶺南審決刑獄，吏之弛怠者，劾其罪以聞。其明敏無滯者，亦以名上。三年，置刑部詳覆官六員，專閲天下所上案牘，置御史臺推勘二十人，凡諸州有大獄，則乘傳就鞫，羣臣受詔鞫獄，獄既具，騎置來上，有司斷已，復騎置下之州。凡上疑獄，詳覆之，而無疑狀，官吏並同違制之坐。其應奏疑案，亦騎置以聞。又因判刑部李昌齡言：令大理寺所斷案牘，寺官印署送刑部，詳覆得當，則送寺共奏，否則疏駮以聞。端拱中，敵犯邊郡，北面部署言文安大城二縣監軍段重誨等棄城遁，請論以軍法。帝遣中夜就斬之，既行，追謂曰：此得非所管州軍召之耶？往訊之乃決。使至，果訊得乾寧牒令部送民入居城，非擅離所部也，乃得釋。淳化二年，置諸路提點刑獄司，凡管內州府十日一報囚，帳有疑獄未決，即馳傳往視。州縣稽留不決，按讞不實，聽劾治。次年尋罷，以其事歸轉運司。真宗景德三年，復設。復置審刑院於禁中，兼置詳議官六員，凡獄上先達審刑院，印訖付寺部斷覆以聞，乃下審刑院詳議，申覆裁決訖，以付中書省當即下之。其未允，宰相覆奏，始命論決。至道二年，帝聞諸州所斷大辟獄情可疑者，懼爲有司所駮，不敢上其獄，乃詔死罪有可疑者具獄申轉運司，擇部內詳練格律者令決之，須奏者乃奏。時向敏中爲西京推官，有僧暮過村民家求寄止，主人不許，求寢於門外車箱中，許之。夜有盜入其家，自牆上扶一婦人，并囊衣而出，僧適見之，自忖不爲主人所納宿，今亡其婦及財，及明必執我詣縣官矣。因夜亡去，走荒草中，忽墮眢井，則婦人已爲盜所殺，先納其中矣。明日主人搜訪得之井中，執以詣縣掠治，僧自誣與婦姦，誘與俱亡，恐爲人所得，故殺而投之井，暮夜失足亦墮井中，贓在井傍，不知何人持去。獄成言府，府皆不疑，敏中獨疑其無贓。引僧詰問數四，乃以實對，敏中密遣吏訪其賊，吏食於村店，店嫗問僧獄何如，吏紿之曰：昨已笞死矣。嫗曰：今獲賊當何如？吏曰：已誤決，雖獲賊不問也。嫗太息曰：實村少年某甲所殺也。吏就掩捕獲之，案問具伏，追得其贓，府咸以爲神。同州富民家小女奴亡，不知所之。奴父母訟於州，命録事鞫之。録事嘗貸錢於富民，不予，乃劾富民父子三人殺女奴，棄水中，亡其屍，富民不勝榜掠，遂誣服獄。上州官審覆無異。推官錢若水獨疑之，留其獄。録事語頗侵錢，知州亦屢促之，俱不應。一日，若水詣州，屏人言曰：所以留其獄者，密使人訪求女奴，今得之矣，因密送女奴於知州所。知州大驚，立呼女奴父母。問曰：今若見女，識之乎？曰：吾女也，安得不識？遂出示之父母，泣曰：是也。乃引富民父子破械縱之。邵煜爲連州録事參軍，州將楊全誣部民十三人爲劫盗，欲寘之死。煜察其枉，不肯書牘，白全願劾其實，再繫獄，按驗得實，民由是獲免，全坐廢。真宗景德三年，《文獻通考》作元年。詔諸道州軍斷獄，內有宣敕不定刑名，止言當行極斷者，所在即置大辟，頗乖平允。自今凡言處斷、重斷、極斷、決配、朝典之類，未得論決，具獄以聞。大中祥符二年，詔御史臺、開封府及在京凡有刑按之處，令特置司糾察。凡徒已上，即時具收禁，移報內未盡理及淹延者，追取欵詞，詳閱駁奏。咸平間，有三司軍將趙永昌者素凶暴，督運江南，多爲姦贓，知饒州韓昌齡廉得其狀，乃移轉運使馮亮，坐決停職。遂撾登聞鼓，訟昌齡與亮謗訕朝政，仍僞刻印，作亮等求解之狀。帝察其詐，於便殿自臨訊，永昌俯首屈伏，遂斬之，釋亮不問。仁宗即位，用刑尤慎。天聖四年，詔曰：朕念生齒之繁，抵冒者衆，法有高下，情有輕重，而有司巧避微文，一切致之重辟，豈稱朕好生之意哉。其令天下死罪情理可矜，及刑名疑慮者具案以聞，有司毋得舉駮。其後，雖法不應奏吏當坐罪者，審刑院貼奏，率以恩釋爲例，名曰貼放。吏始無所牽制，請讞者多得免死矣。刑部分四按，大辟居其一，月覆大辟不下二百數，而詳覆官纔一人。明道二年，令四按分覆大辟，有能駮正死罪，五人已上，歲滿改官，法直官與詳覆官分詳天下旬奏獄。包拯知天長縣，民有訴牛爲盗割其舌去者，無主名。拯曰：誰爲知而牛舌者，若苐歸殺而鬻之，何告爲。俄而有告私宰者？拯笑曰：奈何割某家牛舌，又告之耶？盗大驚，伏罪。時私宰禁重，犨者割牛舌以逞忿，計牛主且當宰殺，乃復告之也。閬州大姓雍子良殺人，買里民使出就吏，獄具，知州朱壽昌得其情，引囚訊之，因服如初。乃告之曰：吾聞子良遺汝錢十萬，納汝女爲子婦，許以女妻汝子，有諸。囚色動，又告之曰：汝且死，書僞券，抑汝女爲婢，指十萬爲傭直，而嫁汝女也，奈何。囚痛哭，以實告，收子良付法。宣州有殺人囚，將抵死。判官胡宿訊，疑之。囚畏箠楚，垂首不言，辟左右，問之曰：農夫也，且將之田，縣吏縛赴官，懵莫知其繇。宿大駭，亟取獄辭繙閱，知婦人與吏私殺其夫，而執平民以告也，一訊而伏。魯有開守金州，有蠱毒獄，坐死幾十人，有開曰：欲毒人，衷謀之可矣，安得若是衆者。訊之，果誣。神宗元豐元年，帝以國初廢大理獄爲非，乃下詔曰：大理有獄尚矣。今中都官有所劾治，皆寓繫開封諸獄，囚既猥多，難於隔訊，盛夏疾疫，轉至瘐死，或主者異見，輒淹歲時不決，朕甚愍焉。其復大理獄，應三司、諸寺監吏犯杖、笞不俟追究者，聽即決，餘悉送大理獄。其應奏者，並令刑部、審刑院詳斷。應天下奏按亦上之。哲宗元祐三年，罷。紹聖三年，復設。時韓晉卿爲大理正，諸州請讞大辟。執政惡其多，將劾不應讞者，晉卿曰：聽斷，求所以生之，仁恩之至也，苟讞而獲譴，後不來矣。帝然其言。六年，刑部言：舊詳斷官分公案訖，主判官論議改正，發詳議官覆議。有差失問難，則書於簡尾，送斷官改正，主判官審定，然後判成。自詳斷官歸大理爲評事、司直，議官爲丞，所斷案草，不由長貳，類多差忒。乃定制：分評事、司直與正爲斷司，丞與長貳爲議司。凡斷公案，正先詳其當否，論定則簽印注日，移議司覆議，有辨難，乃具議改正，長貳更加審定，然後判成録奏。時元絳以江寧推官攝上元令，民有甲與乙被酒相毆擊，甲歸卧，夜爲盗斷足，妻稱乙，告里長，執乙詣縣，而甲已死。絳敕其妻曰：歸治而夫喪，乙已伏矣。陰使信謹吏迹其後，妻望一僧，迎笑切切私語。絳命取僧縶廡下，詰妻姦狀，即吐實。人問其故，絳曰：吾見妻哭不哀，且與傷者共度，而襦無血汚，是以知之。後知永新縣，豪子龍聿誘少年周整飲博，以技勝之，計其貲折取上腴田立券。久而整母始知之，訟於縣，縣索券爲證，則母手印存，弗受。又訟於州，於使者擊登聞鼓，皆不得直。絳至，母又來訴，絳視券，呼謂聿曰：券年月居印上，是必得周母他牘尾印，而撰僞券續之耳。聿駭謝，即日歸整田。楊汲爲趙州司法參軍，州民曹潯者，兄遇之不善，兄子亦加侮焉，潯持刀逐兄子，兄挾之以走，潯曰：兄勿避，自爲姪爾。既就吏，兄子云：叔欲紿吾父，止而殺之。吏當潯謀殺兄，汲曰：潯呼兄使勿避，何謂謀？若以意爲獄，則民無所措手足矣。州用其言，讞上，潯得不死。哲宗時，陸佃知江寧府，句容人盗嫂，而殺其兄，別誣三人同謀，既皆訊服。一囚父以冤訴，通判已下皆曰：彼怖死耳，獄已成，不可變。佃爲閱實，三人者皆得生。高宗紹興二十九年，令殺人無證、屍不經驗之獄，具案奏裁，委提刑審問。如有可疑及翻異，從本司差官重勘，案成上本路，移他監司審定，具案聞奏。否則監司再遣官勘之，又不伏，復奏取旨。先是有司建議外路獄三經翻異，在千里内者，移大理寺，刑部以爲非祖宗法，遂釐正之。孝宗究心庶獄，每歲臨軒慮囚，率先數日令有司進款案披閱，然後決遣。法司更定律令，必親爲訂正。紹興法鞫獄官推勘不實，故有不當者，一案坐之。乾道法又恐有移替事故者，即至淹延，乃令先決，罪人不當，官吏案後收坐。七年，所司請更定死罪依紹興法，餘依乾道施行。從之。其後，有司以覆勘不同，則前官有失入之罪，往往雷同前勘。帝知其弊，十四年詔特免一案推結一次，於是小大之獄，咸得其情。又詔：凡本路累嘗差官鞫勘，猶稱冤者，惟檄隣路，如尚翻異，則奏裁。先是諸州翻異之囚，既經本州屢勘，次檄隣路，或再翻異，乃移隔路，至有越兩路者，官吏旁午於道，逮繫者困於追對，故有是詔。光寧之際，劉宰爲泰興令，隣邑有租牛縣境者，租戶於主有連姻，因喪會竊券而逃。他日，主之子征其租，則曰：牛鬻久矣。子累年訟於官，無券可質。官又以異縣置不問，至是訴於宰，宰曰：失牛十載，安得一旦復之。乃召二句者，勞而語之，故託以他事繫獄，鞫之。句者自詭盜牛以賣，遣詣其所驗視，租戶曰：吾牛因某氏所租。句者辭益力，因出券視之，相持以來，盜券者憮然，爲歸牛與租。富室亡金釵，惟二僕婦在，置之有司，咸以爲冤。宰命各持一蘆，曰：非盜釵者，詰朝蘆當自若，果盜則長於今二寸。明旦視之，一自若，一去其蘆二寸矣。即訊之，果伏其罪。有姑訴婦不養者二，召二婦，并姑置一室，爲餉其婦，而不及姑。徐伺之，一婦每以己饌饋姑，姑猶呵之，其一反之。如是累日，遂得其情。理宗淳祐十年，諭輔臣曰：在法詞訴者，須經次第官司，其臺部受詞，所當紊酌兩造，豈宜遽憑單詞剖決，致使所屬觀望，曲直倒置，可令御史臺及刑部遵守。景定元年，詔曰：比詔諸刑提司，取翻異駁勘之獄，從輕斷決，而長吏監司多不任責，又引奏裁，甚者十餘年不決。仰提刑司守臣審勘，或前勘未盡，委有可疑，除命官、命婦、宗婦、宗女，及合用蔭人奏裁外，其餘斷訖以聞，官吏特免收坐一次。

（清）嵇璜等《續通典》卷一一四《刑·決斷》 宋太祖開寶五年，峽州言民范義超，周顯德中，以私怨殺同里人常古真家十二口。古真小子留留脱走得免，至是長大，擒義超訴於官，有司引赦當原。帝曰：豈有殺一家十二口，而可以赦論，即命斬之。太宗太平興國九年，鳳翔司理楊鄴、許州司理張睿，並坐掠治平人及亡命卒致死。大理處鄴等公罪，刑部覆以私罪。詔曰：法寺以鄴等本非用情，宜從公過議法。刑部以其擅行掠治，合以私罪定刑。雖所執不同，亦未爲乖當。國家方重惜人命，欽恤刑章，豈忍無辜之人死於酷吏之手，宜如部議，著爲令。張詠知崇陽縣，一日吏自庫中出，見其鬢旁巾下有一錢，詰之，庫中錢也。詠命杖之，吏勃然曰：一錢何足道，乃杖我耶，爾能杖我，不能斬我也。詠援筆判云：一日一錢，千日千錢，繩鋸木斷，水滴石穿。自仗劒下階斬其首，申府自劾。後知益州，有僧行止不明，有司執以白詠，詠判牒曰：勘殺人賊，既而按問，果一民也，與僧行於野，殺僧取其祠部、戒牒及衣，遂自披剃爲僧。寮屬問何以知之，詠曰：吾見其額上猶有繫巾痕也。民間訛言：有白頭翁午後食人男女，郡縣譊譊，至暮路無行人。詠謂其屬曰：汝歸縣去，但訪市肆中爲鄉里患者必大言其事，即立證解來。明日果得之，乃倡爲訛言者，戮之於市，民遂帖然。李順黨與有殺耕牛避罪亡匿，詠許其首身，拘其母，十日不出，釋之，復拘其妻，一夕而來，詠斷云：禁母十日，留妻一宵，倚門之望何疎，結髮之情何厚。舊爲惡黨，今又逃亡，許令首身，卻猶觀望，就市斬之。於是首身者踵至。真宗咸平二年，以工部侍郎出知杭州，有與其姊壻訟家財者，壻言婦翁疾，篤子纔三歲，令壻主其貲，遺書言異日分財，即以十之三與子，七與壻，願如約。詠曰：汝婦翁，智人也。時以子幼，故以此屬汝，不然子死汝手矣。命以七給其子，餘三與壻，皆泣謝而去。韓億知洋州，有富民李甲，喪兄而迫嫁其嫂，又誣姪爲他姓子，而並其資産，嫂訟之十餘歲，吏受賂不得直。億按舊牘，獨未嘗證以乳醫，遂密致乳醫，以驗決，衆皆詘服。張齊賢，復相日，戚里有以分財不均，互相争訴，既入宫，自理於上，前更十餘斷，不服。齊賢請自治，帝許之。召訟者曰：若非以彼得分多，若獨少乎？皆曰：然，命具欵。乃召兩吏趨歸其家，甲家入乙舍，乙家入甲舍，貲財皆按堵如故，先分書交易之，訟者乃止。仁宗至和中，王疇爲開封判官，宦者李允良疑人毒死其叔父，訴請發棺驗視。疇獨曰：驗而無實，是無故暴人屍，安知非允良有姦。既而窮治，果引伏。與叔家有怨，故詭訴也。梁適爲審刑院詳議官，梓州妖人依鬼神以詛殺人，獄具，以不傷讞，適曰：殺人以刃或可拒，而詛可拒乎？卒論死。張逸知益州，華陽騶長殺人，誣道旁行者，縣吏受財，獄既具，乃使殺人者守囚，逸曰：囚色冤，守者氣不直，豈守者殺人乎？囚始敢言，而守者果服，立誅之。趙抃爲武安軍節度推官，有僞造印者，吏以爲當死。抃曰：造在赦前，而用在赦後，赦前不用，赦後不造，法皆不死，遂以疑讞之，卒竟免。神宗元豐中，青州民王贇父爲人毆死，贇幼未能復讎，幾冠，刺讎斷支首祭父墓，自首，論當斬。帝以殺讎祭父，又自歸罪，其情可矜，詔貸死，刺配鄰州。宋律復讎無明文，先是仁宗時，單州民劉玉父爲王德毆死，德經赦，玉私殺德以復父讎。帝義之，決杖，編管。宣州民葉元有同居兄亂其妻，縊殺之，又殺兄子，強其父與嫂爲約契，不訟。鄰里發其事，州爲上請，帝曰：罪人已死，姦亂之事特出元口，不足以定罪，下民無知，固宜哀矜，然以妻子之愛既罔其父，又殺其兄、戕其姪，逆理敗倫，宜以毆兄至死論。程顥為鄠縣主簿，有民借其兄之宅居者，發地藏錢，兄之子訴曰：父所藏也，令難其證。顥曰：此易辯耳，問兄子曰：而父所藏錢幾年矣？曰：四十年矣。而叔借宅居幾何時矣？曰：二十年矣。即遣吏取錢十千，視之，謂借屋者曰：今官所鑄錢，不五六年即徧天下，此錢皆爾未借居時所鑄，何也？其人不敢争。光宗紹熙初，陸九淵知荊門，軍民有訴人殺其子者，九淵曰：不至是，及追究其子，果無恙。有訴竊取而不知主名，九淵出二人姓名，使捕至，訊之，伏辜，盡得所竊物還訴者，且宥其罪，使自新。因語吏以某所某人爲暴，翌日，有訴遇奪掠者，即其人也，乃加追治，吏大驚。寧宗朝，黃榦通判安豐軍淮西帥司檄，榦鞫和州獄，獄故以疑未決，榦釋囚桎梏，飲食之，委曲審問無所得。一夜，夢井中有人，明日呼囚，詰之，曰：汝殺人投之於井，我悉知之矣，胡爲欺我。囚遂驚服，果於廢井得屍。

（清）嵇璜等《續通典》卷一一五《刑·守正》 宋太祖朝，馬仁瑀爲瀛州防禦使，兄之子因醉誤殺平民，繫獄當死。民家自言非有憾也，過誤爾，願以過失傷論。仁瑀曰：我爲長吏，而兄子殺人，此乃恃吾勢橫恣耳，非過失也，豈可以己之親而亂國法哉，卒論如律。淳化中，張詠知銀臺，封駁司張永德爲並州帥，有小校犯法，笞之至死，詔按其罪。詠封還詔書，且言陛下方委永德邊任，若以一部校故摧辱主帥，臣恐下陵上自此始，太宗不從。未幾，果有營卒脅訴軍校者，詠復引前事爲言，太宗乃改，容勞之。澶淵之役，諸將臨敵退衄，真宗已詔貸罪，議者以爲敗軍之將當誅，帝惑，以問殿前都指揮使高瓊，對曰：罪誠當誅，然陛下去歲已釋其罪，今復行之，非信也。又方屯諸路，非時代易，臣恐衆心疑懼，乃止違制之法，向無故失，率坐徒。二年，王曾知審刑院，請分故失，非親被制書者，止以失論。帝不悅，曰：如是，不復有違制者。曾曰：如陛下言，亦無復有失者矣。自是，違制遂分。景德中，榮王宮火，延前殿，有言非天災，請置獄劾火。事當坐死者百餘人，宰相王旦獨請見曰：始失火時，陛下以罪己詔天下，而臣等皆上章待罪，今反歸咎於人，何以示信，且火雖有跡，寧知非天譴耶？帝從之，當坐者皆免。王質知廬州日，有盜殺其徒，而並其財者，獲之，置於法，大理駁曰：法當原，質謂盜殺其徒而自首者，原之，所以疑壞其黨，而開其自新，若殺而不首，既獲而又原，則公行爲盜，而茀殺一人，既得兼其財，又可以贖罪，不獲，則肆爲盜，獲則引以自原。如此盜不可止，非法意也，疏三上，貶靈仙宮。仁宗時，近臣有罪，多不下吏劾實，不付有司議法，諫官王贄言：情有輕重，理分故失，而一切出於聖斷，前後差異有傷政體，刑法之官，安所用哉。請自今悉付有司，正以法。詔可。沈德妃之弟惟恭、樂安郡主之壻張承衍同管勾會靈觀，觀燔，黜惟恭蔡州，承衍汝州，妃主交爲言，乞留京師，帝曰：已行之，命爲貴戚所回，則法徒設矣。命趣行。周敦頤為南安司理參軍，有囚法不當死，而轉運使欲深治之，敦頤争不勝，投其告身以去，曰：如此尚可仕乎？殺人以媚人，吾不爲也。轉運使感悟，因卒不死。神宗以韓晉卿爲大理正，晉卿自仁宗朝已典訟臬。時朝廷有疑議，輒下公卿雜議。開封民争鶉殺人，王安石以爲盜拒捕，鬬而死，殺之無罪。晉卿曰：是鬬殺也。登州婦人謀殺夫，郡守許遵執爲按問，安石復主之，晉卿曰：當死。事久不決，争論盈廷，終持之不肯變。故事大理，開封斷獄得請實，蔽罪其後，任情棄法，法益不用。哲宗時，開封少尹虞奕言廷尉持天下平，京師諸夏本法且不行，何以示萬國，請自今非情法實不相當，毋得輒請。從之。高宗紹興初，張九成爲鎮東軍僉判，民冒鹺禁，提刑張宗臣欲逮捕數十人，九成争之，宗臣曰：此事左相封來。九成曰：主上屢下恤刑之詔，公不體聖意，而觀望宰相耶？宗臣怒，九成即投檄歸。孝宗時，李浩知台州，豪民鄭憲以貲給事權門，囊橐爲姦，事覺，械繫之，死獄中。盡籍其家，徙其妻孥，權貴人教其家訟冤，且誣浩以買妾事，言者用是擠之。疏方上，權參政劉珙越次奏曰：李浩爲郡獲罪豪民，爲其所誣，臣考其本末甚白。帝顧曰：守臣不畏彊禦，豈易得耶？且問章安在，珙袖出之，遂留中不下。大理觀望，猶欲還憲所没貲。帝批其後，曰：台州所斷至甚允當，鄭憲家貲，永不給還，流徙如故。明年，大理奏結他獄，帝顧輔臣曰：棘寺官須得剛正如李浩者爲之，已而卿缺，曰無以易浩，遂除之。程迥知隆興府，進賢縣，省符下，知平江府王佐決陳長年輒私賣田，其從子愬有司十有八年，母魚氏年七十坐獄。廷辨按法追正，令候母死服闋日理爲已分。令天下郡縣視此爲法。迥爲議曰：天下之人孰無母，慈子若孫宜定省温清，不宜有私財也。在律別籍者有禁，異財者有禁，當報牒之初，縣令杖而遣之，使聽命於其母可矣，何稽滯偏愬有司，而達於登聞院乎？《春秋穀梁傳》注曰：臣無訟君之道，爲衛侯鄭與元咺發論也。夫諸侯之於命大夫猶若此，子孫之於母乃使坐獄以對吏，愛其親者聞之，不覺泣涕之横集也。按令文，分材産謂祖父母、父母服闋已前所有者。然則母在，子孫不得有私財，借使其母一朝盡費，其子孫亦不得違教令也。既使歸於其母，其日前所費，乃卑幼輒用尊長物，法須五年。尊長告乃爲理。何至豫期母死，又開他日争訟之端也。抑亦安知不令之子孫，不死於母之前乎？守令者，民之師，帥政教之所由出，誠宜正守令不職之愆，與子孫不孝之罪，以敬天下之爲人母者。寧宗時，董槐爲廣德軍録事參軍，民有誣富人李桷私鑄兵、結豪傑以應李全者。郡捕繫之獄，槐察其枉，以白守。守曰：爲反者解説，族矣。槐曰：吏明知獄有枉而擠諸死地，以傅於法，顧法豈謂諸被告者無論枉不枉皆可殺乎？不聽。頃之，守以憂去，槐攝通判州事，歎曰：桷誠枉，今不爲出之，生無繇矣。乃爲翻其辭，明其不反。書上，卒脱桷獄。

（清）嵇璜等《續通典》卷一二〇《刑・峻酷》 宋太宗時，開封民王元吉爲後母所誣，繫左軍巡獄，獄卒縶縛搒治，極其慘毒，謂之鼠彈箏，及事白帝，命即以其罪罪之。真宗朝京東、兩浙轉運，時孫何性卞急，頗事苛察，日有捶楚，官屬罹譴罰者甚衆，從者依憑其威妄爲寒暑，所至騷然。州縣吏患之，乃求古碑字磨滅紙本，揭之館中。何至，則細讀辨識文字，以爪搔髮垢而嗅之，遂往往至日暮不復省録文案而去。韓縝知秦州，指使傅勍夜被酒悮隨入州宅，縝令軍校以鐵裹杖捶死。勍妻持血衣撾登聞鼓院以訴，落職分司南京。秦人語曰：寧逢乳虎，莫逢玉汝。玉汝，縝字也。蔡確於元豐間爲御史中丞，太學虞蕃訟學官，確深探其獄，連引朝士。自翰林學士許將已下，皆逮捕械繫，令獄卒與同寢處，飲食旋溷共爲一室，設大盆於前，凡羹飯餅胾舉投其中，以杓混攪，分飼若犬、豕，久繫不問，及問則無事不承矣。確遂劾糸知政事元絳有所屬請，神宗出絳知亳州，而以確代其位。哲宗紹聖中，董必提舉湖南常平，時相章惇方置衆君子於罪，孔平仲在衡州以倉粟腐惡，乘饑歲稍損價發之，必即劾其戾常平法，置鞫長沙，以承惇意，無辜繫訊多死者，平仲坐徙韶州。惇與蔡卞將大誅流人，遣必往廣西察訪。帝既止不治，必所至，猶以慘刻按脅立威，爲五書歸奏。寧宗時，有吴淵者歷官江浙間，政尚嚴酷，好興羅織之獄。所至籍入豪横，世有蜈蚣之謡。理宗用刑寬恤，而法吏舞姦不勝其弊。每歲冬夏，詔提刑行郶決囚，提刑憚行，悉委倅貳，倅貳復委幕屬，所委之人，類皆肆行威福以要餽遺。監司郡守下及州縣莫不恣行横暴，意所欲殺輒殺之，呼喝吏卒，嚴限日期，監勒招承，催促結欵，而又擅置獄具，非法殘民，或斷薪爲杖搯擊手足，名曰掉柴，或木索並施夾兩脛，名曰夾幫，或纏繩於首加以木楔，名曰腦箍，或反縛跪地，短豎堅木，交辮兩股，令獄卒跳躍於上，謂之超棍法，無拘鎖之條。時州縣一時彈壓盗賊姦暴罪不至配者，故拘鎖之，或一月、兩月，或一季、半年，俾之省愆，竟無限放，亦不支口食，淹滯囚繫死而後已，又以己私，摧折手足，拘鎖尉砦，亦有豪強賂吏，羅織平民，而囚殺之，甚至戶婚詞訟亦皆收禁。有飲食不充，饑餓而死者，有無力請求，吏卒凌虐而死者，有爲兩詞賂遺苦楚而死者。懼其發覺，先以病申，名曰監醫，實則已死。至度宗時，雖累詔切責禁止，終莫能勝焉。

（宋）呂中《宋大事記講義》卷一七《神宗皇帝・嚴刑獄以報私讎》 熙寧五年七月，治秀州獄，貶祖無澤，安石以私怨諷監司，誣其過，自後多舉詔獄矣。四年，富弼阻格青苗而亳州之獄起。七年，詔臺獄竄鄭俠。八月，詔臺獄又竄鄭俠。惠卿曰：上鄭俠前後所言，皆馮京使安國道之，乞付獄窮治京，罷政事，安國勒歸田里。

元豐元年，詔：臺獄停陳安民等官，初曾充在執政府，數秉閒言政事非便。安石罷，充遂相，欲便更會堂後官，駁相州殺賊徒三人，爲失入死罪。安民爲相州判官，求救於充之壻及甫，而充之子受囑。蔡確窮治其事，獄成，確嫌充之子罪太輕。上曰：子弟爲親戚請託，不得已而應之，此亦相州事，卿等但欲攻吴充，此何意也？

祖宗不以言罪臣子，不以責加勳舊，不輕用一刑，不妄一興獄，蓋其家法如此。自安石嚴刑峻法之意一行，其禍遂至於紹聖崇寧之極也，幸而神宗聖心寬裕，每不俯從安石，而安石欲違祖宗之大意，則雖屢言而不聽，甚至挾持搖撼以必其聽，而上意屹然不動也。安石請重貶純仁，而上命予之大郡，欲重貶富弼，而上命落使相。熙寧士大夫貶逐之禍，豈安石之無意哉。神宗之盛德至矣，使安石得其行，至於熙寧則章蔡而下，又當何如。幸而若此，他日猶不勝其禍，使熙寧嘗殺一人，則元祐、元符之人無遺育矣，此皆神宗之賜也。

（清）嵇璜等《續通典》卷一一三《刑·詳讞》　遼太祖初年，諸部新附，文法未備，康默記隸麾下一切番漢相涉事，委令折衷。默記推析律意，論決輕重，不差毫釐，罹禁網者人人自以爲不冤。七年，詔曰：朕自北征已來，四方獄訟積滯頗多，今休戰息民，羣臣其副朕意詳決之，無或冤濫。乃命北府宰相蕭達魯等分道疏決，而以韓知古領焉。穆宗朝，諸王多坐反逆，知軍國事蕭哈里達政體，每被命按獄，多得其情，人無冤者。聖宗統和中，敕諸處刑獄，有冤不能申雪者，聽詣御史臺陳訴，委官覆問。往時大理寺獄訟凡關覆奏者，以翰林學士給事中政事舍人詳決，至是始置少卿及正主之。猶慮其未盡，嘗親爲録囚，數遣使分詣諸道，審決冤滯，如邢抱朴之屬，所至平反。帝嘗微服出獵，識耶律罕巴有長才，會南京疑獄久不決，命罕巴馳驛審録。罕巴量情處理，人無冤者。興宗重熙十二年，詔諸路上重囚，遣官詳讞。道宗咸雍四年，詔左伊勒希巴，曰：比詔外路死刑聽所在官司即決，然恐未能悉其情，或有枉者，自今雖已款伏，仍令附近官司覆問無冤，然後决之，有冤者，即具以聞。時御史中丞耶律儼武、定軍節度使實景庸、崇德宫使蕭托斯和審决冤獄，多稱平允。昭懷太子之難，窮治黨與多所牽引，知雜事御史左企弓辨析其冤，免者甚衆。出爲中京副留守，按刑遼陽，有獄本輕而入之重者，已奏待報，企弓釋之以聞。

（清）嵇璜等《續通典》卷一一四《刑·决斷》　遼景宗保寧三年，吴王稍爲奴所告，有司請鞫。帝曰：朕知其誣，若按問，恐餘人效之，命斬以徇。聖宗統和時，有達巴噶者竊蘇州王令謙家財，復手刃傷主，幸不死。有司止擬杖罪。又訥默庫犯竊盗者十有三次，皆以情不可恕，命棄市。近侍瑠格謂斯庫嘗從齊王妻而逃，以赦，後會千秋節自首，詔諸近侍、護衛集視，而腰斬之。由是國無倖民，吏多奉職，人重犯法。

（清）嵇璜等《續通典》卷一二〇《刑·峻酷》　遼穆宗嗜酒及獵，不恤政事。五坊、掌獸、近侍、奉膳、掌酒人等以獐、鹿、野豕、鶻、雉之屬亡失傷斃，及私歸逃亡，在告踰期，召不時至，或以奏對小不如意，或以飲食細故，或因犯者遷怒無辜，輒加炮烙、鐵梳之刑。時或手刃刺人，斷手足、爛肩股、折腰脛、劃口碎齒、鋸灼、梟磔，棄屍於野，往往築封以爲京觀。應歷十年以後，時爲長夜彌月之飲，醉中誅戮愈横，監雉詳衮壽格寧古等斃雉而亡，獲之將誅，殿前都檢點耶律伊勒哈諫曰：法不當死。不聽，殺而支解之，以屍付伊勒哈曰：收汝故人。命有司取鹿人之在繫者六十五人，斬所犯重者四十四人，餘悉痛杖之。道宗太康中，耶律伊遜窮治蕭蘇色等獄，恐上疑，引數人庭詰，各令荷重校，以繩繫其頸，皆昏憒不能出氣，惟求速死。伊遜反奏曰：別無異辭，遂戮耶律薩喇等三十五人，又殺蘇色等諸子，其幼稚及婦女、奴婢、資産悉籍没以分賜舊臣。時方暑，屍不得瘞，以至腐臭。乾統以來，賞罰無章，叛亡相繼，天祚大恐，益務繩以嚴酷。初，太祖因治諸弟逆黨，權宜立法，設爲投崖、砲擲、釘割、臠解之刑，至是復興焉。

（清）嵇璜等《續通典》卷一一三《刑·詳讞》　金海陵天德中，綏德州軍卒數人道過鄜城民家求宿，是夜有賊剽掠主人財。有司執假宿之卒，繫獄搒掠，同知保大軍使盧克忠獨察其冤，不肯署，未幾，果得賊，假宿之卒遂釋。世宗大定初，伊喇鄂爾多爲利涉軍節度使，先是有農民避賊入保郡城，以錢三十千寄之鄰家，賊平索之，隣人諱不與，訴於縣。縣官以無契驗却之，乃訴於州。鄂爾多陽怒，械繫之，捕其隣人，鬬以三木，詰之曰：汝隣乙坐劫殺人，指汝同盜。隣人大懼，始自陳有欺錢之隙，乃責歸所隱錢而釋之，郡人駭服。七年，左藏庫夜有盜，殺都監郭良臣，盜金珠。求盜不得，命點檢司追捕，執其可疑者八人，鞫之，掠三人死，五人誣服。帝疑之，命同知大興府事伊喇道雜治，既而親軍百夫長阿勒巴鬻金於市，事覺伏誅。上聞之曰：箠楚之下，何求不得，奈何鞫獄者不以情求之乎。賜死者及未死者錢有差。十七年，詔朝廷每歲再遣審録官，本以爲民伸理冤滯，非惟理問重刑，凡訴訟案牘，皆當閲實是非，其疎縱者，嚴加懲斷，不以贖論。十八年，曹王永功爲大興尹，有老嫗與男婦憩道傍，婦與所私相從亡去，或告嫗曰：向見年少婦人自水邊小徑去矣。嫗告伍長蹤跡之，有男子私殺牛，手持血刃，望見伍長，意其捕己，即走避之，嫗與伍長以爲是殺其婦也，捕送縣，不勝楚毒，遂誣服。問屍安在，詭曰棄之水中矣。求之，果獲一屍，已半腐，縣吏信之，即具獄上，永功疑之，曰：婦死幾何日，而屍遽半腐哉。頃之，嫗得其婦於所私者，永功曰：是男子偶以私宰，而執就獄，其拷掠亦足以稱其科罰矣。遂釋之而去。章宗即位，立諸路提刑司，嘗諭之曰：建官立制當寬猛得中，凡軍民事相涉者，均平決遣。今以司獄隸提刑司，惟期獄犴無冤耳。時奏獄而法官有獨出情見者，帝曰：或言法官不當出情見，故論者紛紛不已。朕謂情見非出於法外，但折衷以從法爾。平章守貞曰：是制自大定二十三年罷之，然律有起請之條，是古亦許情見矣。帝曰：科條有限，而人情無窮，情見亦豈可無也。明昌中，李完同知廣寧府事，遼瀋民崔元入城飲不歸，其家求之，得屍於水中。有司執同飲者訊，皆誣服。提刑司疑其冤，以獄畀完，完廉得賊，乃舟師也，同飲者得白。遼東契丹判額哩葉嘗殺驛使大理司直，有契丹人同名者，有司捕繫之獄，及孟奎爲上京等路提刑判官，按囚率賓路，讞而出之，已而果獲其殺司直者。

（清）嵇璜等《續通典》卷一一四《刑·決斷》 金太宗時，趙元同知蘇州事，有殺賊人横道，官吏環視，莫知所爲。路人耕夫聚觀甚衆，元忽指田中釋耒而來者曰：此賊也。叱左右縛之，一訊而伏。僚吏問其故，元曰：偶得於眉睫間耳。熙宗天眷間，洪洞令劉徽柔明敏善聽斷。縣人揚遠者投牒於縣，以夜雨屋壞壓其姪死，號訴哀切。徽柔熟視而笑曰：汝利姪財而殺之，乃誣雨耶？叱付獄，其人立伏曰：公神明也，不敢延死，遂寘於法。世宗大定初，彰國軍節度使大懷貞嘗以私忌飯僧，中一僧舉止異常，懷貞問曰：汝何許人也？曰：山西人也。復問：嘗爲盜殺人否？曰：無之。後三日，詰盜果引僧，皆服其明斷。二年，率賓軍士珠勒呼等誣完顔默音子色克寄書其父謀反，並以書上之，帝覽曰：此誣也。止訊告者，果引伏，遂誅之。二十三年，尚書省奏：益都民范德年七十六，爲劉祐毆殺，法當死，以親老無侍請。帝曰：范德與祐父母年相若，即當如父母視之，竟至毆殺，難從末減，可論如法。

（清）嵇璜等《續通典》卷一一五《刑·守正》 金世宗大定初，嘗命左衛將軍達巴訪求良弓，達巴多自取，及護衛入直者多以己意更代，護衛羅索以告，命點檢司按鞫。達巴妹入宫爲巴哩，達巴因内侍僧爾謂巴哩曰：我無罪，問事者迫我誣服耳。巴哩以聞，命杖僧爾百，出達巴爲隴州防禦使。四年，上謂宰相曰：權勢之家，親識訴訟，請屬官吏往往屈法伸情，宜一切禁止。九年，高德基爲刑部尚書，有犯罪當死者，宰相欲從末減。德基曰：法無二門，失出猶失入也，不從。及奏帝，是刑部議。因召諸尚書諭之曰：朕即位已來，以政事與宰相爭執是非者，德基一人而已。自今部上省三議不合，即具以聞。十五年，唐古部族節度使伊喇摩多之子殺其妻而逃，帝命追捕，及既獲，皇姑梁國公主請赦之，帝曰：公主婦人，不識典法，罪尚可容，摩多請託至此，豈可貸宥！並罪之。二十五年，后族有犯罪者，尚書省引入議奏，帝曰：法者，公天下持平之器，若親者犯而從減，是使之恃此而横恣也。昔漢文誅薄昭，有足取者。前二十年時，后族濟州節度使烏凌阿綽嘗犯大辟，朕未嘗宥，今乃宥之，是開後世輕重出入之門也。宰臣曰：古所以議親尊，天子别庶人也。帝曰：外家自異於宗室。漢外戚權太重致移國祚。朕所以令諸王、公主有權也，夫有功於國，議勳可也，至若議賢，既曰賢矣，肯犯法乎？脱或緣坐，則固當減請也。二十六年，遂奏定太子妃大功以上親，及與皇家無服者，及賢而犯私罪者，皆不入議。帝曰：法有倫而不倫者，其改定之。帝又謂宰臣曰：親軍雖不識字，亦令依例出職，若涉贓賄，必痛繩之。太尉左丞相克寧曰：依法則可。帝曰：朕於女直人未嘗不知優恤，然涉於贓罪，雖朕子弟亦不能恕。太尉之意，欲姑息女直人耳。知大興府事赫舍哩執中坐贓，命吏部侍郎李仲略鞫之，罪當削解，權要競言太重。

帝意頗惑，仲略奏曰：教化之行，自近者始，京師四方之則也。郡縣守令無慮數百，此而不懲，何以勵後？況執中兇殘狠愎，慢上虐下，豈可宥之？帝曰：卿言是也。將陵主簿高德温大收税戶米，逮御史獄，具二法上。帝怒，責御史大夫張汝霖曰：朕以卿爲公正，故登用之，德温有人在宫掖，故朕頗詳其事，朕肯以宫掖之私撓法耶？不謂卿等顧徇如是。賈少冲以刑部郎中攝右司員外郎，嘗執奏刑名甚堅。既退，帝謂侍臣曰：少冲居下位，乃有守如此。大懷貞爲興中尹，有錦州富民蕭鶴壽塗中殺人，匿於府少尹家，有司捕不得，懷貞以計取之，卒寘於法。越王永功於章宗時判大宗正，與應州僧善，僧將訴事於彰國軍節度使伊喇呼喇，求永功手書與呼喇爲地。呼喇得書，奏之，帝謂宰臣曰：永功以書請託，事雖細微，不可不懲。凡人小過不治，遂致大咎。有犯必懲，庶幾能改，是亦教也。皆曰：陛下用法無私，臣下敢不敬畏，於是永功解職。宣宗興定時，伊爾必斯爲右副元帥，備潼關次澠池，兵潰。伊爾必斯變易姓名，與其妻之妹赫舍哩氏及僕婢三人亡匿柘城縣民舍，既而赫舍哩氏爲其姑所捕執，伊爾必斯妻子亦在京師，有司請窮治蹤跡，詔令自出特赦死。伊爾必斯乃使其子上書，請圖後效。御史中丞完顏伯嘉奏曰：古之爲將者，進不忘死，退不避罪。伊爾必斯膺國重寄，握兵數萬，未陳而潰，委棄虎符，既不克援枹鼓以死敵，又不能負斧鑕而請罪，逃命竄伏猥居里巷，挾匿婦人，爲此醜行。聖恩寛大，曲貸其死，自當奔走闕庭，惶恐待命，乃安坐要君，略無忌憚，跡其情罪，實不容誅，此而不懲，朝綱廢矣。乞尸諸市，以戒爲臣之不忠者。按法莫重於失律，罪莫大於無君。伊爾必斯喪師亡命，醜穢悖慢，雖梟磔不足以蔽辜，乃宣宗是伯嘉之奏，終以先有赦令，僅予除名，亦失政刑之甚矣。哀宗正大二年，内族旺嘉努故殺鮮于主簿，權貴多救之。帝曰：英王，朕兄也，敢妄撻一人乎？朕爲人主，敢以無罪戮一人乎？國家衰弱之際，生靈幾何，而族子恃勢殺一主簿，吾民無主矣，即命斬之。劉肅爲尚書省令史，時盗内藏官羅及珠，盗不時得，逮繫貨珠牙儈及藏吏，誣服者十一人。刑部議，皆置極刑。肅執之曰：盗無正贓，殺之冤。帝怒，有近侍夜見肅，具道其旨。肅曰：辨析冤獄，我職也。惜一已而戕十一人之命，可乎？明日，詣省辨愈力，右司郎中張天綱曰：吾爲汝具奏辨析之。帝悟，囚得不死。

（清）嵇璜等《續通典》卷一一九《刑·舞紊》 金熙宗朝，參酌隋唐遼宋律令，以爲皇統制，頒行中外。海陵虐法，率意變易，有續降制書與皇統制並行。或同罪異罰，或輕重不倫，或共條重出，或書文贅意，是非淆亂，莫知適從。姦吏因得夤緣舞法。世宗大定十九年，始命大理正伊喇慥等更定焉。宣宗貞祐四年，參知政事李革奏有司各以情見引用斷例，牽合傅會，實啓倖門，凡斷例勅條特旨奏斷，不爲永格者，不許引用，悉準律文，以杜紊亂，報聞。哀宗即位，詔曰：國家已有定制，有司往往以情破法，使人枉遭刑憲。今後有本條而不遵者，以故入人罪罪之。

（清）嵇璜等《續通典》卷一二〇《刑·峻酷》 金初，法制簡易，天會已來，漸用吏議，以杖折徒，累及二百。州縣立威，甚者置刃於杖，虐於肉刑。熙宗皇統已後，酗酒妄殺，后妃、宗室大臣，率無故被戮。九年五月，以天變肆赦。翰林學士張鈞草詔，參知政事蕭肄摘其語以爲誹謗。帝大怒，命衛士拽鈞下殿，搒之數百，不死，手劍剺其口而醢之。時有鄭建充者爲平凉尹，性剛暴，常畜猘犬十數，奴婢有罪既笞，已復嗾犬齧之，骨肉都盡。海陵猜忌殘忍，以篡弑得國。即位之初，殺太傅領三省事宗本等百二十餘人，又以詐書殺行臺左丞相薩里罕等，皆夷其族。以魏王威泰之孫呼爾察好修飾，族之。自是已後，翦滅宗室，鈎棘傅會，無歲不有誅戮。宣宗喜刑罰，大臣已下往往被笞楚至用刀杖決殺言者，及果勒齊用事，威刑自恣。定制有司犯姦贓的決，微過亦然，風紀臣失糾亦決，考滿校其受決多寡以爲殿最。南遷之後，習以成風，雖士大夫亦爲所移，如右丞圖克坦思忠好用麻椎擊人，號麻椎相公。運使李特立號半截劍，言其短小鋒利也。刑部郎中馮璧號馮劊。雷淵爲御史，至蔡州，得姦豪杖殺五百人，號曰雷半千。又有完顏瑪克沁楚，皆以酷聞。

《元典章》卷四〇《刑部·刑獄·獄具·禁治遊街等刑》 大德四年三月，湖廣行省准中書省咨該江浙行省咨：挑杭州路揔管梁正議言：諸處鞫問罪囚，多有自用己意，失之酷虐，深爲未便。若不早爲禁斷，有傷大體。本省與朝廷差來官議擬如後，請定奪。准此。送刑部議得：遊街拷掠賊徒，露體久跪，酷吏暮夜鞫囚，禁治相應。都省區處到下項事理除外，咨請依上禁治施行。切惟國朝最以人命爲重。凡有重刑，必須奏覆，而後處決，深得古先謹審刑辟之意。向爲寇盗滋蔓，追會未完，淹滯難決，間遇寬恩，一例疎放，倖而獲免，復爲民害，致蒙上司遣使分道審録。倘贓仗明白，雖餘黨未獲，並以遊街處置。蓋一時權宜之制，非終久通行之法也。近聞他處或有盜賊，緣爲牧守不得其人，擅用此法，以致遊街之後，方獲正賊。死者不可復生，官吏雖悔何及？不惟有失朝廷之初意。生殺之權，輕委臣下，防微杜漸，不可不謹。如蒙朝省遍下諸路禁斷，不勝幸甚。行省議得：各處重囚，追勘完備，牒審無冤，結案待報。蓋詳刑之義，聖朝所尚。遊街拷掠，誠非理體，若不禁治，枉傷人命，關係非輕。除已遍行合屬，嚴加禁約，輕囚疾早疎決外，重囚追勘結案，毋致似前違犯。前件議得：合准所擬，嚴行禁治。今後若有故違禁令，似前非法遊街栲掠囚徒，事輕，從本管上司究治，因而致傷人命者，取明白招伏，咨省。

鞫問罪囚，已有明制。若贓仗已明，而隱諱不招，須立案推問。雖加拷掠，杖有定數。所以禁官吏之非法，不敢恣情以虐民也。近年以來，官吏推問，不詳法制之輕重，不肯以理而推尋，遽憑所告，務要速成。一到訟庭，令精跪裩衣露膝於粗磚頑石之上，或於寒冰烈日之中，莫恤其情，不招不已。使其人觔骨支離，不可屈伸，腿腳拳攣，不能步履。又令獄卒時復提換，每移一處，則兩膝膿血，昏迷不省。假使得免，亦爲廢人。況外無栲掠之痕，內有傷殘之實。所在官吏，習以爲常。江、浙之間，此弊尤甚。上負國家好生之德，下長官吏酷虐之風。向者繩縛罪人及磁芒刺膝、鞭背等刑，已蒙上司革去，今者跪廳之法，如蒙一體禁斷，不勝幸甚。行省議得：訊囚之法，已有定例。其精跪之酷，誠爲虐政，若不禁止，遺患方深。除已遍行合屬，嚴加禁治，仍行移廉訪司，依上施行。

前件議得：合准所擬。今後若有似此跪廳問事酷虐官吏，有人告發，從本管上司究治。

見奉《至元新格》節該：官府皆須平明治事，當日合行商議發遣之事，了則方散一欵。節該：凡問罪囚，須與連職官員立案同署，依法推理。近年已來，一等酷吏，昼則飽食而安寢，夜則鞫獄而問囚，意謂暮夜之間，人必昏困而難禁，燈燭之下，自可肆情而妄作，以致蚊蝱之嗜皮膚，風霜之裂肌體。間有品官爲事，鞫問官吏先使本人跪於其前，問官據案假寐或熟寢榻上。至於睡竟，方問其人招與不招，又復偃卧，或啜茶飲酒，故意遷延，百端凌虐，必得招而後已。

國家赤子，乃使刻薄之人殘害如此。若不明立案禁，貽害無窮。除今後朝廷委問，並各處緊急重事，許官負從便推問，不爲定例。其餘寅夜鞫問罪囚，並合禁斷。行省議得：鞫問罪囚，必須負坐，以理推尋。刻薄之徒，無故寅夜問事，擬合禁治。

前件議得：除朝省委問緊急重事，其餘諸衙門官吏，不得似前寅夜鞫問罪囚。違者，從本管上司究治。

（清）嵇璜等《續通典》卷一一五《刑·守正》 元世祖在潛邸時，分地在關陝，奏以廉希憲、商挺宣撫陝西，以趙良弼參議司事。阿勒達爾當國，憚世祖英武，讒於憲宗，即命爲陝西行省。左丞相劉太平參知政事，鈎校京兆錢穀，鍛鍊羣獄，死者二十餘人，衆皆股栗。良弼力陳大義，詞氣懇款，二人卒不能誣，故宣撫司一無所坐。按《廉希憲傳》又載：阿勒達爾等檢覆所部，用酷吏分任其事，大開告訐。希憲曰：宣撫司事由己出，有罪固當獨任，僚屬何與，故事竟，卒無獲罪者。中統三年，趙炳爲刑部尚書兼中書省斷事官。時有攜妓登龍舟者，即按之以法，未幾其人死，其子犯蹕訴冤。詔讓之。炳曰：臣執法尊君，職當爲也。帝怒，命之出，既而謂侍臣曰：炳用法太峻，然非徇情者。王磐爲真定、順德等路宣慰使，邢水縣達嚕噶齊、蒙古岱貪暴不法，縣民苦之。有趙清者發其罪，既具伏矣。適初置監司，其妻懼無以滅口，召家人飲酒至醉，以利啗之，使夜殺清，清逃獲免，乃盡殺其父母、妻子。清訴諸官，權要蔽蒙古岱不爲理，又欲反其獄，磐竟奏置諸法，籍其家，以半給清。郡有西域大賈稱貸取息，有不時償者，輒置獄於家，拘繫搒掠，且恃勢干官府，直來坐廳事，指麾自若。磐大怒，叱左右捽下箠之數十。時府治寓城上，即擠諸城下，幾死，郡人稱快。按《廉希憲傳》：西域人自稱駙馬，繫富民，誣其祖父嘗貸息錢。希憲令械繫之，其事相類，故不重載。至元初，奸臣阿哈瑪特領左右部，專總材賦，會其黨相攻擊，帝命中書推覆，衆畏其權，莫敢問。平章政事廉希憲窮治其事，以狀聞，杖阿哈瑪特，罷所領歸有司。帝諭希憲曰：吏廢法而貪久矣，自卿等爲政，朕無此憂。言者訟宰相史天澤，親黨布列中外，威權日甚，詔罷天澤政事。待鞫，希憲謂天澤無肆横不臣狀，力爭於帝前。帝良久曰：卿且退，朕思之。明召希憲諭曰：昨思之，天澤無對訟者，事遂解。又有訟四川帥奇徹者，帝勑中書急遣使誅之。明日希憲覆奏，帝怒曰：尚爾遲迴耶？對曰：奇徹大帥，以一小人言被誅，民心必駭。收繫至京師，與訟者廷對，然後明其罪於天下爲宜。詔遣使者按問，事竟無實，奇徹得免。參議樞密院事費正寅，素憸狡，有告其罪者，詔丞相錫津與侍御史張雄飛雜治之，請託交至。雄飛獨無所顧，盡發其罪狀，並其黨與皆伏誅。嗣左遷同知京兆總管府事，宗室公主有家奴逃渭南民間爲贅壻，主適過臨潼，識之，械其奴並奴妻及妻之父母，盡沒其家貲。雄飛與主爭辨，詞色俱厲，主不得已，悉還而遣之，但挾其奴以去。入爲兵部尚書，平章阿哈瑪特在制國用司時與伊瑪都鼎有隙，至是羅織其罪，同僚爭相附會，雄飛不可，曰：所犯在制國用司時，平章獨不預耶？衆無以答。秦長卿、劉仲澤亦以忤阿哈瑪特皆下吏欲殺之，雄飛持之甚力。阿哈瑪特使人啗之，曰：誠能殺此三人，當以參政相處。雄飛曰：殺無罪以求大官，吾不爲也。阿哈瑪特怒，出爲澧州安撫。澧有巨商二人犯匿税及毆人事，僚佐受賂欲寬其罪，雄飛繩之急，或曰：此細事，何執之堅？雄飛曰：吾非治匿税、毆人者，欲改宋弊政，懲不畏法者爾。是時四方多盜，詔犯者皆殺無赦，所在繫囚滿獄，因符寶郎董文忠言，乃革其令。具《刑制》篇。或告漢人毆傷國人，及太尉監屬盧甲盜剪官布。帝怒，命殺以懲衆。文忠言：今刑曹於囚罪當死者，已有服辭，猶必詳讞，是豈可因人一言，遽加重典？宜付有司閲實，以俟後命。乃遣文忠及近臣圖們分覈之，皆得其誣狀。帝因責侍臣曰：方朕怒時，卿曹皆不敢言，非文忠開悟朕心，則殺二無辜之人，必取議中外矣。詔悉原免，並賜文忠金尊以旌其直。二十年，江淮行省宣慰使郗顯李兼愬平章蒙古台不法，有詔弗問，仍以顯等付蒙古台鞫之，繫於獄必抵以死。行臺監察御史申屠致遠慮囚浙西，知其冤，將縱之，蒙古台脅之以勢，致遠不爲動，親脱顯等械，俾從軍自贖。僧格當國，治書侍御史陳天祥使湖廣劾平章約蘇穆爾，僧格摘其疏中語誣以不道，奏遣使往鞫。臺中咸憚往，致遠慨然請行，比至，累章極論其誣。僧格方促定天祥罪，閲致遠章乃氣沮。有小吏誣告漕臣劉獻盜倉粟，僧格方事聚斂，衆阿其意，鍛鍊誣服，刑部尚書理智理威曰：刑部，天下之平。今輦轂之下，漕臣以冤死，何以正四方乎？即以實聞，以是忤僧格，出爲江東道宣慰使。二十四年，分中書爲尚書省，僧格引用黨與鉤考天下錢糧，凡阿哈瑪特時積年負逋，舉以中書失徵，奏誅二參政。行省乘風督責尤峻，主無所償，則責及親戚，或逮繫隣黨，械禁搒掠，民不勝苦，自裁及死獄中者以百數。中外騷動，廷臣顧忌，皆莫敢言。利用監徹爾具陳僧格姦貪誤國害民狀，辭語激烈。帝怒，謂其毀詆大臣，失禮體，命左右批其頰。徹爾辨愈力，於是帝大悟，誅僧格，枉繫者始得釋。其黨人納蘇拉鼎等既誅，帝以實都長於理財，欲釋不殺，平章政事布呼密力爭之，不從。日中凡七奏，卒誅之。圖圖爾哈求欽察之爲人奴者增益其軍，而多取編民。中書僉省王遇騐其籍，改正之。圖圖爾哈遂奏：遇有不臣語。帝怒，欲斬之。布呼密諫曰：始令以欽察之人奴爲兵，未聞以編民也，萬一他衛皆倣此，戶口耗矣。若誅遇，後人安肯爲陛下盡職乎。帝意解，遇得不死。成宗即位，聽斷明果，多采布呼密之言。西僧爲佛事請釋罪人祈福，謂之圖魯木。豪民犯法者皆賂之，以求免。有殺主殺夫者，西僧請被以帝后御服乘黄犢出宮門釋之，云可得福。布呼密曰：人倫者，王政之本，風化之基，豈可容其亂法如是。帝責丞相曰：朕戒汝，無使布呼密知，今聞其言，朕甚媿之。有奴告主者，主被誅。詔即以其主所居官與之。布呼密曰：若此必大壞天下之風俗，使人情愈薄，無復上下之分矣。帝悟，爲追廢前命。大德七年，左丞相達爾罕言：僧人修佛事畢，必釋重囚。有殺人及妻妾殺夫者，悉皆指名釋之，生者苟免，死者負冤，於福何有，帝嘉納之。十一年，詔行世祖時條格，中書省臣言：法者，譬之權衡，不可偏重，世祖已有定制，自元貞已來，以作佛事之故，放釋有罪，失於太寬，故有司無所遵守。今請凡内外犯法之人，悉歸有司依法裁決。制可。仁宗延祐時，雲南行省右丞賽音濟勒威有罪，國師綽斯嘉旺札勒奏請釋之。帝斥之曰：僧人宜誦佛書，官事豈當預耶。不聽。又參議中書省事奇實堅坐鬻官。刑部以法當杖，太后命笞之。英宗爲皇太子，奏曰：不可。法者天下之公，徇私而輕重之，非示天下以公也，卒正其罪。皇姊大長公主僧格喇實作佛事，釋全寧府重囚二十七人，敕案問全寧守臣阿從不法，仍追所釋囚還獄。巴爾斯濟蘇下獄，帝謂左右曰：法者，祖宗所制，非朕所得私。巴爾斯濟蘇雖事朕日久，今既有罪，當論如法。文宗至順二年，約爾珠爲江西等處行中書省平章事，有誣告富民負永寧王官帑錢八百餘錠者，中書遣使諸路徵之，使至江西。約爾珠曰：事涉誣罔，不可奉命。僚佐重違宰臣意。約爾珠曰：民惟邦本，傷本以斂怨，亦非宰相福也。令使者以此意復命，時雅克特穆爾爲丞相，聞其言感悟，命刑部詰治，得誣罔狀，罪誣告者若干人。宰相以奏，帝嘉之。順帝至元四年，有婦宋娥者與隣人通，隣人謂娥將殺而夫。娥曰：張子文行且殺之。明日，夫果死。跡盜數日，娥始以張子文告其姑。五府官以爲非共殺，且既經赦宥，宜釋之。御史扎實曰：張子文以爲娥固許之矣。且娥夫死及旬，乃始言之，是娥與張同謀，度不能終隱，故發之也，豈赦可釋哉。樞密判官曰：平反活人，陰德也。御史勿執常法，扎實曰：是謂故出人罪，非平反也。且公欲種陰德於生者，奈死者何。乃獨上議刑部，卒正娥罪。五年，歸暘僉河南廉訪司事，行部西京，以法繩趙王府官屬之貪暴者。王三遣使請，暘爲不動。九年，臺臣議贓吏遭喪不許歸葬，須竟其獄。都事成遵曰：惡人固可怒，然與人倫孰重？國家方以孝治天下，寧失罪人，不可使天下有無親之吏。議遂寢。

（清）嵇璜等《續通典》卷一一九《刑·舞紊》 元時，南北異制。蒙古毆打漢人，勿許還報，其因争及乘醉毆死漢人者，止斷罰出征。蒙古人犯罪，有司不得拷掠禁繫，偏徇袒庇，頗乖公允。又事類繁瑣，挾情之吏舞弄文法，出入比附，往往用譎行私，累朝姦臣秉政，更迭起大獄焉。世祖至元二十四年，復置尚書省，以僧格與特穆爾爲平章正事。時行新鈔，僧格嘗檢覈中書省事，凡校出虧欠鈔四千七百七十錠，昏鈔一千三百四十五錠。平章敏珠爾丹自服，叅政楊居寬微自辨析，僧格即令左右拳其面，於是叅議貝降已下，凡鈎考違惰耗失等事，及叅議王巨濟嘗言新鈔不便者，各欵伏事聞。帝令丞相安圖與僧格共議，且諭毋令敏珠爾丹等他日得以脅問誣服爲辭，而僧格等傳致周内，又劾叅政郭佑尸位不言，佑與居寬竟論棄市。其後，臺吏王良弼前江寧縣達嚕噶齊吳德有後言，僧格聞之，俱以非議朝政，捕問殺之，籍没其家。二十五年，劉宣爲江浙行臺御史中丞，時行省丞相蒙古台悍戾縱恣，嘗慮臺臣糾言其罪，而尤忌宣，陰以事羅織宣之子繫揚州獄，又令建康酒務淘金等官，及録事司官以罪免者誣告行臺沮壞錢糧，以聞於朝，必欲寘宣死地。朝廷遣官二員置獄於行省，鞫問宣及御史六人，俱就逮，既登舟，行省以軍船列兵衛迫之，至則分異各處，不使往來。宣不堪其辱，自刭舟中。行省白於朝，以爲宣知罪重自殺。前後搆成斯獄者，郎中張斯立也。仁宗皇慶元年，特們德爾既再入相，怙勢貪虐，兇穢滋甚。平章蕭拜珠、中丞楊多爾濟思糾正其罪。富民張弼殺人繫獄，特們德爾使家奴脅留守賀巴延令出之，巴延持不可，而多爾濟已廉得丞相所受弼賄有顯徵，乃與拜珠巴延共奏之。内外監察御史凡四十餘人亦交劾其蠹政、害民之罪。仁宗震怒，有詔逮問，特們德爾匿興聖近侍家，有司不得捕。帝恐傷太后意，乃僅罷其政。及仁宗崩，乘間復據相位。英宗尚在諒闇，遂矯太后詔，召拜珠多爾濟至徽政院，與院使實勒們等雜問之，責以前違太后旨之罪，又引同時爲御史者二人證成其獄，即起入奏稱旨，執二人戮於市，並誣殺巴延。時中丞趙世延亦豫彈劾，至治初，已出爲四川行省平章政事。特們德爾鋭意報復，誘世延從弟索約爾哈呼誣告世延罪，逮之置對，俾其黨巧詆成獄。會有旨赦原，勿復問。特們德爾更以他事白帝，繫之刑曹，逼令自裁。世延不爲動，居囚再歲。左丞相拜珠屢於帝前言其亡辜，乃得出。順帝時，綽斯戩復爲丞相，徇皇太子旨，搆成大獄，誣婁達實曼濟阿南達實哩沙克嘉實哩額森呼圖克及托歡等不軌，執托歡鍛鍊其獄，連逮不已。帝知其無辜，欲釋其事，特命大赦。而綽斯戩增入條畫内，獨不赦前獄，惟婁達實亡去，曼濟阿南達實哩等遂皆貶死。

（清）嵇璜等《續通典》卷一二〇《刑·峻酷》 元初未有法守，百司斷獄，襲用金律，頗傷嚴刻。世祖刋定《至元新格》頒行。英宗又損益之爲《大元通制》，漸近平恕。初，憲宗時，斷事官伊囉斡齊與布扎爾總天下財賦，於燕視事一日，殺二十八人。其一人盜馬者，既杖而釋之矣。適有獻刀環者，遂追還所杖之人，手試刀斬之。世祖至元中，湖廣行省平章政事約蘇穆爾貪縱淫虐，誅求無厭，或妄言初歸附時州縣長吏及吏胥富人比屋斂銀，將輸之官，銀已具，而事終止。約蘇穆爾即下令責民自實，使者旁午隨地置獄，株連蔓引，備極慘酷，民以拷掠瘐死者載道。

（清）嵇璜等《續通典》卷一一五《刑·守正》 明太祖洪武初，御史中丞劉基謂宋元寬縱，今宜肅紀綱，令御史糾劾無所避。時帝幸汴梁，宿衛官侍有過者，皆啓皇太子置之法。中書省都事李彬坐貪縱抵罪，左丞相李善長素暱之，請緩其獄，基不聽，馳奏，報可。方祈雨，即斬之。八年，鳳陽宮殿成，帝坐殿中，若有人持兵鬭殿脊者，善長奏：諸工匠用厭鎮法，帝將盡殺之。工部尚書薛祥爲分別交替不在工者，並鐵石匠皆不預，活者千數。營謹身殿，有司列中匠爲上匠，帝怒其罔，命棄市。祥在側，争曰：奏對不實，竟殺人，恐非法，得旨用腐刑。祥復徐奏曰：腐廢久矣，莫若杖而使工。帝然之。九年，詔官吏有罪者笞已上悉屯謫鳳陽，至萬數。陝西按察司僉事韓宜可疏争之曰：刑以禁淫慝，一民軌，宜論其情之輕重，事之公私，罪之大小，今悉令謫屯，此小人之幸，君子殆矣，乞分別以協衆心。帝嘉納之。英宗正統中，法司因旱恤刑，有王綱者，惡逆當辟，或憫其少，欲緩之。吏部左侍郎魏驥持不可，曰：此婦人之仁，天道不時，正此故也，獄決而雨。孝宗弘治末年，刑部尚書閔珪讞重獄，忤旨，久不下，帝與兵部尚書劉大夏語及之，對曰：人臣執法効忠，珪所爲無足異。帝曰：且道自古君臣曾有此事否？對曰：臣幼讀《孟子》，見瞽瞍殺人，皋陶執之之語。珪所執，未可深責也。帝頷之。明日疏下，遂如擬。世宗即位，七月，因日精門災，疏理冤抑，命再問緩死者三十八人。而廖鵬、王瓛、齊佐等與焉，給事中李復禮等言，鵬等皆江彬錢寧之黨，王法所必誅，乃令禁之如故。嘉靖初，革錦衣傳奉官十六，汰旗校十五，復諭緝事官校惟察不軌、妖言、人命、強盗重事，他詞訟及在外州縣事，毋得預。未幾，中官葛景等奸利事覺，爲言官所糾，詔下司禮監察訊。刑部尚書林俊言：內臣犯法，法司不得訊，是宫府異體也。乞下法司公訊，以昭平明之治。中官崔文家人李陽鳳索匠師宋珏賄，不獲，嗾文杖之，幾死。下刑部治未決，而中旨移鎮撫司，俊留不遣，力争不納。明日又奏，帝怒責陳狀。俊言：祖宗以刑獄付法司，以緝獲姦盗付鎮撫。訊鞫既得，猶必付法司擬罪，未有奪取未定之囚，反付推問者，文先朝漏姦，罪不容誅，玆復干内降，臣不忍朝廷百五十年紀綱爲此輩壞亂。帝憚其言直，乃不問。中官黄錦誣劾高唐判官金坡，詔逮之，連五百餘人。御史馬録言：祖宗內設法司，外設撫按，百餘年刑清政平。先帝時，劉瑾錢寧輩蠱惑聖聰，動輒遣錦衣官校尉，致天下洶洶。陛下方勤新政，不虞復有高唐之命。給事中許復禮等亦以為言，獄得少解。王世貞為刑部郎中，奸人閻姓者犯法，匿錦衣都督陸炳家。世貞搜得之，炳介嚴嵩以請，不許。穆宗隆慶初年，任用宦官，旨多從中下。刑科給事中舒化言：法者，天下之公，大小罪犯宜悉付法司，不當，則臣等論劾。若竟自勅行，則喜怒未必當，而法司與臣等俱虛設。帝是其言。路楷、楊順以搆殺沈鍊論死。具《舞紊篇》。大學士高拱欲庇楷，謂順首禍，順死，楷可勿坐。化取獄牘，示拱曰：獄故無鍊名，有之自楷始，楷誠罪首。拱又議宥方士王金等罪，化言此遺詔，即欲勿罪，宜何辭？由是忤拱。神宗即位，冬月，詔停刑者三矣。五年九月，司禮太監孫得勝復傳旨，大昏期近，命閣臣於三覆奏本，擬旨免行刑。大學士張居正言：祖宗舊制，凡犯死罪，鞫問既明，依律棄市。嘉靖末年，世宗皇帝因災醮，始有暫免不決之令，或間從御筆所勾量行取決，此特近年姑息之弊，非舊制也。臣等詳閲諸囚罪狀，皆滅絶天理、敗傷彝倫，今獨見犯罪者身被誅戮之可憫，而不知彼所戕害者皆含冤。蓄憤於幽冥之中，使不一雪其痛，怨恨之氣，上干天和，所傷必多。若不行刑，年復一年，充滿囹圄，既費關防，又乖國典，其於政體又大謬也。給事中嚴用和等亦以為言，詔許之。崇禎間，姜埰熊開元下獄，莊烈帝諭掌衛駱養性潛殺之。養性洩上語，且言二臣當死，宜付所司書其罪，使天下明知。若陰使臣殺之，天下後世謂陛下何如主？會大臣多為埰等言，乃得長繫。

（清）嵇璜等《續通典》卷一二〇《刑・峻酷》 明太祖開國之初，懲元季貪冒，重繩贓吏，其法至剝皮囊草。諭刑部：凡官吏有犯宥罪復職，書過榜其門，使自省，不悛，論如律。洪武十八年，《大誥》三篇成，所列凌遲、梟示、種誅者，無慮千百，棄市已下萬數。貴溪儒士夏伯啓叔姪斷指不仕，蘇州人才姚潤王謨被徵不至，皆誅，而籍其家。寰中士夫不爲君用之科，所由設也。其三編稍寛容，然所記進士監生罪名，自一犯至四犯者，猶三百六十四人，幸不死還職，率戴斬罪治事。其推原中外貪墨所起，以六曹爲罪魁，郭桓爲誅首。郭桓者，戶部侍郎也。帝疑北平二司官吏李彧、趙全德等與桓爲姦利，自六部左右侍郎以下皆死，贓七百萬，詞連直省，諸官吏繫死者數萬人。覈贓所寄借徧天下，民間中人之家，大抵皆破。時咸歸謗御史余敏丁廷舉，或以爲言，帝乃手詔列桓等罪，而論右審刑吴庸等極刑，以厭天下心。先是，空印事發誅殺已過，當其後胡惟庸、藍玉兩獄株連死者且四萬，他如僉都御史嚴德珉以辭官黥戍蘇州，知府魏觀以上梁文腰斬，馮勝、傅友德俱開國功臣，並以無罪賜死，議者病其險刻。時吏部尚書詹徽性殘忍，用刑慘厲，常侍懿文太子録囚，太子屢欲有所出，徽輒文附重法，太子爲白帝。帝先入徽言曰：徽執者，法也。太子因言立國以仁厚爲本。帝曰：汝欲自爲帝耶？太子懼，因感疾卒。成祖靖難後，悉指忠臣爲奸黨，甚者加族誅，妻女發浣衣局教坊司，親黨謫戍者，至隆萬間猶勾伍不絶。御史大夫景清以早朝懷刃事覺，磔死，族之，籍其鄉，轉相攀染，謂之瓜蔓。抄村里爲墟，抗拒者既盡被殺戮。又懼人竊議之，疾誹謗特甚。任用陳瑛、吕震、紀綱輩，專以羅織爲事，於是蕭議、周新、解縉等多無罪死。武宗時，磔流賊趙璲等於市，剝爲魁者六人皮。法司奏：祖訓有禁。不聽，尋以皮製鞍鐙，帝每騎乘之。世宗性猜忌，冤濫相尋，雖間命寬恤，而意主苛刻。中年益惡言者，中外相戒，無敢觸忌諱。兵科給事中楊元繩以謗毁玄修死西市。御史楊爵疏詆符瑞，詞過切直，下詔獄搒掠，血肉狼籍，關以五木，死一夕復甦，所司請送法司擬罪，不許，命嚴錮之。主事周天佐、御史浦鋐以救爵，先後箠死獄中。工部員外郎劉魁、給事中周怡皆以言事同繫。歷五年不釋，既而有神降於乩，感其言出之。未踰月，尚書熊浹疏言乩仙之妄，帝怒，復令東廠追執之。比三人同繫鎮撫獄，桎梏加嚴，飲食屢絶，且令伺其言動，五日一奏聞，謂之監帖。莊烈帝承神宗廢弛、熹宗昏亂之後，鋭意綜理，用刑頗急。十一年，南通政徐石麟疏救鄭三俊，因言皇上御極以來，諸臣麗丹書者幾千，圜扉爲滿，使情法盡協，猶屬可憐，况怵惕於威嚴之下者，有將順而無挽回，有揣摩而無補救，株連蔓引，九死一生，豈聖人惟刑之恤之意哉。十四年，大學士范復粹疏請清獄，言獄中文武纍臣至百四十有奇，大可痛。皆不報。刑法有創之自明，不衷古制者，廷杖、東西廠、錦衣衛、鎮撫司獄是已。洪武時，永嘉侯朱亮祖父子、工部尚書夏祥皆斃杖下。宣德三年，怒御史嚴皚、方鼎、何傑等久不朝參，命枷以徇。自此，言官有荷校者。至正統中，王振擅權，尚書劉中敷、侍郎吴璽、陳瑺，祭酒李時勉率受廷杖。成化十五年，汪直誣陷侍郎馬文昇、都御史牟俸等，詔以科道李俊、王濬等五六人容隱，廷杖人二十。正德十四年，以諫止南巡，廷杖修撰舒芬等百四十六人，死者十一人。金吾衛都指揮僉事張英自刃以諫，衛士奪刃得不死，亦杖殺之。嘉靖三年，羣臣争大禮，廷杖翰林學士豐熙等百三十四人，死者至十六人。中年刑法益峻，受廷杖者愈多。宣大總督翟鵬、薊州巡撫朱方，以撤防早，宣大總督郭宗臯、大同巡撫陳燿，以敵入大同，刑部侍郎彭黯、左都御史屠僑、大理卿沈良才，以議丁汝夔獄緩，戎政侍郎蔣應奎、左通政唐國相，以子弟冒功，皆逮杖之。方、燿斃於杖下，而黯、僑、良才杖畢，趣治事。公卿之辱，前此未有。又因正旦朝賀，怒給事中張思静等皆朝服，予杖，天下莫不駭然。四十餘年間，杖殺朝士倍蓰前代。萬歷六年，以争閣臣張居正奪情，杖編修吴中行等五人，其後主事盧洪春、給事中孟養浩、王德完輩，咸以建言被杖，多者至一百。自十二年至三十四年，内外官杖戍爲民者共百四十人。天啟時，太監王體乾奉勑大審，重笞戚畹李承恩，以悦魏忠賢。於是萬燝、吴裕中斃於杖下。臺省力争不得，閣臣葉向高言數十年不行之敝政，三見於旬日，萬萬不可再行。忠賢乃罷廷杖，而以所欲殺者悉下鎮撫司，士大夫益無噍類矣。南京行杖始於成化十八年，南御史李珊等以歲祲請賑，帝摘其疏中訛字，令錦衣衛詣南京午門前，人杖二十，守備太監監之。至正德間，南御史李熙劾貪吏，觸怒劉瑾，矯旨杖三十。時南京禁衛久不行刑，選卒習數日乃杖之，幾斃。東廠之設，始於成祖，立廠於東安門北，令嬖倖者提督之，緝訪謀逆、妖言大姦惡等。至憲宗時，尚銘領東廠，又别設西廠，以汪直督之，所領緹騎倍東廠。自京師及天下，旁午偵事雖王府不免，直復任錦衣百户韋瑛爲心腹，屢興大獄。建寧衛指揮楊曅，故少師榮曾孫也。與父泰爲仇家所告，逃入京，匿姊夫董璵所，璵爲請，瑛陽諾而馳報直，直即捕曅、璵，考訊，三琶之。琶者，錦衣酷刑也。骨節皆寸解，絶而復甦。曅不勝苦，妄言寄金於其叔父兵部主事士偉家，直不復奏請，捕士偉下獄，並掠其妻孥，獄具，曅死獄中，泰論斬。直中廢，復用，先後凡六年，冤死者相屬。會直數出邊監軍，大學士萬安奏罷西廠。於是，尚銘專用事，未幾亦黜。正德元年，復設西廠，以命谷大用，邱聚領東廠，皆劉瑾黨也。兩廠争用事，瑾又改惜薪司外薪廠爲辦事廠，榮府舊倉地爲内辦事廠，自領之。京師謂之内行廠。雖東西廠皆在伺察中加酷烈焉，凡瑾所逮捕，一家犯，隣里皆坐，或瞰河居者，以河外居民坐之。且創例罪無輕重，皆决杖，永遠戍邊，或加項發遣，枷重至百五十斤，不數日輒死。尚寶卿顧璿、副使姚祥、工部郎張瑋、御史王時中輩並不免，瀕死而後謫戍。御史柴文顯、汪澄以微罪至凌遲。官吏、軍民非法死者數千。瑾誅，西廠、内行廠俱革，獨東廠如故。張鋭領之，與衛使錢寧並以緝事，恣羅織。至嘉靖二年，芮景賢領廠事，任千户陶淳，多所誣陷。萬歷初，馮保以司禮兼廠事，建廠東上北門之北曰内廠，而以初建者爲外廠。天啓時，魏忠賢以秉筆領廠事，用衛使田爾耕、鎮撫許顯純之徒，專以酷虐鉗中外，而廠衛之毒極矣。凡中官掌司禮監印者，其屬稱之曰宗主，而督東廠者曰督主。東廠之屬，無專官掌刑，千户一，理刑百户一，亦謂之貼刑，皆衛官。其隸役悉取給於衛，最輕黠儇巧者乃撥充之役長曰檔頭，帽上鋭，衣青素襒褶，繫小條白皮鞾，專主伺察。其下，番子數人爲幹事。京師亡命誆財挾讐，視幹事者爲窟穴，得一陰事，由之以密白於檔頭。檔頭視其事大小，先予之金，事曰起數，金曰買起數。既得事，帥番子至所犯家，左右坐曰打樁，番子即突入執訊之，無有左證符諜，賄如數徑去，少不如意，搒治之，名曰乾醡酒，亦曰搬罾兒，痛楚十倍官刑，且授意使牽有力者。有力者予之多金，即無事，或靳不予、予不足即上聞，下鎮撫司獄。立死。每月旦，廠役數百人，掣簽庭中，分瞰官府，其視中府諸處會審大獄，北鎮撫司考訊重犯者曰聽記，他官府及各城門訪緝者曰坐記。某官行某事，某城門得某奸。胥吏疏白坐記者上之廠曰打事件。至東華門，雖夤夜投隙中以入，即屏人達至尊，以故事無大小，天子皆得聞之。有四人夜飲密室，一人酒酣，嫚罵魏忠賢，其三人噤不敢出聲。罵未訖，番子攝四人至忠賢所，即磔罵者而勞三人金。莊烈帝即位，忠賢伏誅，而王體乾、王承祚、鄭之惠、李承芳、曹化淳、王德化、王之心、王化民、齊本正等相繼領廠事，告密之風未嘗息也。德化及東廠理刑，吴道正等偵閣臣薛國觀陰事，國觀由此死。崇禎十五年，御史楊仁愿疏請寬東廠事件，復切言緹騎不當遣，帝雖戒諭廠衛，而倚毗益甚，至國亡乃已。錦衣衛即古詔獄。太祖時，天下重罪逮至京者，收繫獄中，數更大獄，多使斷治，所誅殺甚多，然其後悉焚刑具，申明禁令。具《寬恕篇》。成祖寵幸紀綱，令治錦衣親兵，復典詔獄。綱遂用其黨莊敬、袁江、王兼、李春等，緣借作奸，數百千端，久之族綱。而錦衣典詔獄如故，終明之世，遂廢。洪武詔不用矣。英宗初，王振用指揮馬順，毒流天下。天順復辟，指揮門達鎮撫逯杲怙寵羅織，達遣旗校四出，杲又立程督，並以獲多爲主。千户黄麟之廣西，執御史吴禎至，索獄具二百餘副，天下朝覲官陷罪者甚衆。杲死，達兼治鎮撫司，搆指揮使袁彬繫訊之，五毒更下，僅免。具《舞紊篇》。朝官楊璡、李觀輩皆鋃鐺就逮。蓋自紀綱誅，其徒稍戢，至正統時復張，天順之末禍益熾，朝野相顧，惴惴不自保。正德中，旗校王邦奇貪饕搏噬，有若虎狼，其捕奸盗也，或以一人而牽十餘人，或以一家而連數十家，鍛鍊獄詞，付之司寇，謂之鑄銅板。其緝妖言也，或用番役四出搜愚民詭異之書，或購奸僧潛行誘愚民彌勒之教，然後從而掩之，無有解脱，謂之種妖言。數十年内，死者填獄、生者冤號不可勝記。鎮撫司分南北，北司專理詔獄。建設具《職官典》。初，衛獄附衛治，至門達掌問刑，又於城西設獄舍，拘繫狼籍。正德時，衛使石文義與張綵表裏作威，時稱爲劉瑾左右翼。祖制凡朝會，廠衛率屬及校尉五百名列侍奉天門下糾儀，失儀者即褫衣冠，執下鎮撫司獄，杖之乃免。迨萬歷中，始罷其制，時告訐之風稍衰，故大臣被録者寡，然建言及忤礦税璫者，輒下詔獄。刑科給事中楊應文言監司守令及齊民被逮者百五十餘人，雖已打問，未送法司，獄禁森嚴，水火不入，疫癘之氣充斥囹圄。衛使駱思恭亦言：熱審歲舉，俱在小滿前。今二年不行，鎮撫司監犯且二百多，抛瓦聲冤。鎮撫司陸逵亦言：獄囚怨恨，有持刀斷指者。俱不報。魏忠賢起楊左之獄，具《舞紊篇》。許顯純輩定爰書坐贓比較立限嚴督之，五日一追比。《明史・刑法志》云：兩日爲一限，茲據《左光斗傳》。輸金不中程者受全刑，曰械、曰鐐、曰棍、曰桚、曰夾棍，五毒備具，呼譽聲沸天，血肉潰爛，宛轉求死不得，顯純叱咤自若。一夕，令諸囚分舍宿，於是獄卒曰：今夕當有壁挺者。壁挺，獄中言死也。明日漣死，光斗等次第皆鎖項拉死。自劉瑾創立枷，錦衣獄常用之。神宗時，御史朱應轂具言其慘，請除之，不聽。至忠賢益爲大枷，又設斷脊、墮指、剝皮、剜舌之刑，蓋廠禍至忠賢而極矣。莊烈帝疑羣下，王德化掌東廠以慘刻輔之，孟明掌衛印，時有縱舍，然觀望廠意，不敢違，而鎮撫梁清宏喬可用朋比爲惡。凡搢紳之門，必有數人往來蹤跡，故常晏起早闔，毋敢偶語。旗校過門，如被大盗，官爲囊橐，均分其利。京城中奸細潛入，傭夫販子陰爲流賊所遺，無一舉發。而高門富家踞蹐無寧居，其徒黠者，恣行請託，稍拂其意，飛誣立搆，摘竿牘片字，株連至數十人。秕政淪胥，刑章顛覆，於斯爲極云。

（清）琴川居士《皇清奏議》卷五《畫一法守疏》 少保兼太子太保、刑部尚書臣劉餘祐謹題爲聖心圖治，維殷法守最宜畫一，敢效芻蕘以佐平允事。臣辦事部中接得吏部咨爲捧出上傳事，臣恭繹絲綸，深以合天心，順人情爲惓惓，此堯舜執中之心也。臣在刑言刑，其因革損益，亦有久慨於中者。竊讀《大清律例》原以折衷成憲爰定諸條，其輕重俱酌情事之宜，立爲一定之法。近多狃於舊例，而不顧律之合否，似非立法不移之義，敢條分六欵。上請，儻臣言不謬，伏乞聖鑒飭正施行，斯亦俯順人情，仰合天心之一端也。

一、律設五刑，如斬絞，雖同一死，畢竟兩刑有別。今凡應死者雖犯絞，亦一概論斬，則失之過重，應照律分別處決。

一、流、徒之律各設有等，流則地分遠近，徒則限分年月。凡應流者，除隱匿東人應提到部類發外，其餘流罪今俱加解部二字，徒者鞭責之外，竟放不充，則輕重兩失之矣。竊思流者，以罪不致死，故量定三等，且里數亦就本犯之地論也。今如一概解部而後流，徒令遠省跋涉押解多至數千里，其不死於道路饑寒者，寡矣。查律文原無解部字樣，應行改正。徒亦照律僉發，限滿申放，庶無枉縱。

一、人命抵償，即約法三章亦云殺人者死。查五年七月有傳諭：偶相互毆，誤傷至死者，姑責四十板賠一人。夫誤傷原有本律，然註亦云至死並絞，今若以賠人作抵命，是開凶人以骫法之端，而死寃不雪矣。應仍照律定擬，庶人知畏法，而不敢縱惡也。

一、強盜應斬固矣，查律無籍没字樣，且身甘爲盜，安有厚家？常見籍來不過破缸、破椀數件。然遵行籍没之時，稽查有無騷擾鄉里，及起送押運反費地方脚價，擾累甚多，即間有妻子，語云：罪人不孥，豈得增累於律例之外。今除強盜正法外，其妻子、家産如屬旂下者，聽本主查收，屬有司者，應免籍没。

一、隱匿逃人，窩主減死流徙關外，已荷不殺之恩矣。但有問明應流之人，必須提取妻子盤費，不得不行監候，又有妻子已到，而戶部以人數零星必積至多起，始押發一次，其病死獄底者時時有之。今應勅戶部：凡經審明者，陸續押發，亦可半徵生全也。即隱匿之家，亦有至情可憐者，如父母之於其子與子之於父母，離亂重逢天性難割，與常人有心隱匿者不同，應查果係親子、親女者，伏乞聖恩量與分別，懲責無知，其常人隱匿及非的親父母者，仍照例發遣。

一、外州县投充之人賢愚萬狀，一人投而舉家皆籍其勢，奸民羣肆，地方何安。查得八年七月初一日，奉上傳爲投充漢人生事害民事。勅戶部刊示曉諭：投充犯法與屬民一體究治，欽遵在案。今復奉旨有司不許稽禁滿人，則凡自稱滿人者，地方官真假莫辨，何以措手足哉？今除真正旂下舊人犯事，即送部審，不許監禁，致妨農業事。如投充之人借勢生奸，仍遵前旨一體究治，審虛加等，庶地方有司猶敢爲朝廷持法守也。

（清）鄂爾泰等《世宗憲皇帝硃批諭旨》卷九上《硃批楊文乾奏摺》

奏爲秋審緩決人犯密奏請旨以廣皇恩事。本年十二月初六日，臣接准部咨奉到皇上欽恤刑獄諭旨，臣隨通行各屬，現在凛奉遵行以仰副聖心。伏惟我皇上天地爲心，恩被萬物，而慮囚決獄，更復哀矜慎重，其蒙特恩寬宥者不知凡幾。八月內大沛恩綸，將保辜五日外殞命之案何純恭等一百一十七名從寬追埋釋放。今年秋審情實人犯又奉特旨停決，雖堯之三宥、湯之開網無逾於此。臣仰體聖慈，因思秋審案內有緩決人犯一項爲數最多，論其情罪雖可矜，而亦不至於情實，所以一次緩決之後逐年皆擬監候，有歷五六年始改可矜者，有歷十餘年尚未減等者，此項人犯在獄日久，懦弱者或因衣食不繼，或因疾病纏綿，歷年久遠，遂化獄燐，殊覺有負聖主好生之至意。至於狡黠者與獄吏、禁卒狎習串通，魚肉新犯，名曰牢頭，竟成獄中之蠹，並無改悔之心，且伊等在監情熟，越獄逃監等事亦由此種人犯倡率所致。臣愚以爲除秋審緩決一兩次者仍行監禁，再行詳審外，其已經三次緩決者可否槩予減等發邊遠爲民，如此則瘐斃之慘可免，而犯少獄清，易於防範，並可免越獄逃監之慮矣。但此法外施恩出自聖裁，非臣子所敢擅請者，爲此繕摺密奏，如果可行，伏乞皇上睿鑒。謹奏。

〔硃批〕此所奏斷乎不可，身爲封疆大吏，切勿崇尚婦人之仁，犯人中如有不知改悔公然爲牢頭，爲獄中之蠹者，當題請改其緩決，仍從重議則可。今日之予以緩決者，皆朕姑息之恩，令其苟延性命之輩，實無有可寬者在內也。朕甚不取汝此奏，且恐汝務小而遺大，寬嚴不得其宜。朕甚憂之，大凡應嚴者戲不能嚴，則應寬者亦必不能寬，寬嚴失宜則賞罰顛倒，賞罰顛倒則吏治何有準繩也。誠欲積陰功爲子孫造福，惟有一秉赤衷爲國家旂善懲惡，當於此求之。若枉國法以宥人，乃損陰功殃及子孫之心，行有何福可造耶。總緣中下之材居多，識見通達者少，率皆不究根本、不權輕重，被世俗小知小見朦蔽己靈。方云造福不知已種無窮罪業，方謂有利，不知大害已隨及至，通盤大錯尚不悟己罪之由來，反怨上天辜負好心之人，殊不知皆其自取也。讀朕此諭，當警省勉爲之，果能以公忠血誠對越天地神明，刑所當刑，即決人亦造福之事，何況其他，勉之勉之。

（明）張四維《名公書判清明集》卷一《官吏門・申儆・劝諭事件於後》 獄者，生民大命，苟非當坐刑名者，自不應收繫。爲知縣者每每必須躬親，庶免冤濫。訪聞諸縣間有輕寘人囹圄，而付推鞫於吏手者，往往寫成草子，令其依樣供寫，及勒令立批出外索錢，稍不聽從，輒加箠楚，哀號慘毒，呼天莫聞。或囚糧減削，衣被單少，饑凍至於交迫。或枷具過重，不與湯刷，頭項爲之潰爛。或屋瓦疎漏不修，有風雨之侵。或牢床打併不時，有蟣蝨之苦。或坑厠在近，無所蔽障，有臭穢之薰。或囚病不早醫治，致其瘐死。或以輕罪與大辟同牢。若此者不可勝數。今請知縣以民命爲念，凡不當送獄公事，勿輕收禁，推問供責，一一親臨，飯食處時檢察，嚴戢胥吏，毋令擅自拷掠，變亂情節。至于大辟，死生所關，豈無纖毫或至枉濫，明有國憲，幽有鬼神，切宜究心，勿或少忽。

（明）唐順之《稗編》卷四三《春秋決事比》 《崇文總目》，漢董仲舒撰。初，仲舒既老病致仕，朝廷每有政議，武帝數遣廷尉張湯問其得失，於是作《春秋決疑》二百三十二事，動以經對。

按此即獻帝時，應劭所上仲舒《春秋斷獄》，以爲幾焚棄於董卓蕩覆王室之時者也。仲舒通經醇儒，三策中所謂任德不任刑之説、正心之説，皆本《春秋》以爲言，至引正誼不謀利、明道不計功以折江都王，尤爲深得聖經賢傳之旨趣，獨災異之對引兩觀桓僖亳社火災，妄釋經意而導武帝以果於誅殺，與素論大相反。西山真公論之詳矣。《決事比》之書與張湯相授受，度亦災異對之類耳。帝之馭下以深刻爲明，湯之決獄以慘酷爲忠，而仲舒乃以經術附會之。王何以老莊宗旨釋經，昔人猶謂其罪深於桀紂，況以聖經爲緣飾淫刑之具，導人主以多殺乎，其罪又甚於王何矣！

又按《漢・刑法志》言：自公孫弘以《春秋》之義繩下，張湯以峻文決理，於是見知腹誹之獄興。《湯傳》又言：湯請博士弟子治《春秋》、《尚書》者，補廷尉史，蓋漢人專務以《春秋》決獄，陋儒酷吏遂得以因緣假飾，往往見二傳中所謂責備之説、誅心之説、無將之説，與其所謂巧詆深文者相類耳，聖賢之意其有是哉？常秩謂孫復所學《春秋》，商君法耳，想亦此意。

紀事

《春秋左傳正義》卷三《隱公四年》 九月，衛人殺州吁于濮。州吁弒君而立，未列於會，故不稱君。例在成十六年。濮，陳地，水名。濮音卜。疏：注州吁至水名。正義曰：春秋之世，王政不行，賞罰之柄，不在天子。弒君取國，爲罪雖大，若已列於諸侯會者，則不復討也。其有臣子殺之，即與弒君無異。未必禮法當然，要其時俗如是。宣公殺惡取國，納賂於齊以請會，傳曰：會于平州以定公位。杜云：篡立者，諸侯既與之會，則不得復討，臣子殺之，與弒君同，故公與齊會而位定。是其義也。《釋例》又云：諸侯篡立，雖以會諸侯爲正，此列國之制也。至於國内，策名委質，即君臣之分定，故諸殺不成君者，亦與成君同義。然杜前注云：篡立者，諸侯既與之會，臣子殺之，與弒君同。則若未會諸侯，臣子殺之，不與弒君同。似與《釋例》違者。《釋例》所云：諸弒不成君，亦成君同義者，即莊九年齊人殺無知，及此年衛人殺州吁，以其未會諸侯，故不書爵，猶不從兩下相殺之例，故云亦與成君同義。若既會諸侯，則臣弒稱爵，則文十八年齊人弒其君商人是也。曹伯負芻殺其大子而自立，成十五年諸侯同盟于戚。曹伯既列於會，然後晉人執之。十六年《傳》稱曹人請于晉曰，若有罪，則君列諸會矣，是列會即成君矣。此州吁未列於會，故不稱君，曹人之辭，即是成例，故云例在成十六年。殺之於濮，謂死於水旁也。《釋例・土地名》此濮下注云：闕。哀二十七年《傳》濮下注云：濮自陳留酸棗縣受河，東北經濟陰，至高平鉅野縣入濟。彼濮與此名同實異，故杜於此不言闕，直云：濮，陳地，水名。

《春秋左傳正義》卷四《隱公十一年》 君子謂鄭莊公失政刑矣。政以治民，刑以正邪。既無德政，又無威刑，是以及邪。大臣不睦，又不能用刑於邪人。邪，似嗟反，下及注同。邪而詛之，將何益矣！

《春秋左傳正義》卷九《莊公十四年》 厲公入，遂殺傅瑕。使謂原繁曰：傅瑕貳，言有二心於己。貳，許靳反。周有常刑，既伏其罪矣。納我而無二心者，吾皆許之上大夫之事，上大夫，卿也。吾願與伯父圖之。伯父謂原繁，疑原繁有二心。且寡人出，伯父無裏言。無納我之言。裏音里。入，又不念寡人，不親附己。寡人憾焉！對曰：先君桓公命我先人典司宗祏。桓公，鄭始受封君也。宗祏，宗廟中藏主於石室。祏字從示，神之也。社稷有主，而外其心，其何貳如之？苟主社稷，國內之民其誰不爲臣？臣無二心，天之制也。子儀在位十四年矣，子儀，鄭子也。而謀召君者，庸非二乎？庸，用也。莊公之子，猶有八人，若皆以官爵行賂勸貳而可以濟事，君其若之何？臣聞命矣。乃縊而死。

《春秋左傳正義》卷一六《僖公二十八年》 城濮之戰，晉中軍風于澤，牛馬因風而走，皆失之。疏：注牛馬至失之。正義曰：劉炫《規過》以爲放牛馬於澤，遺失大旆左旃，不失牛馬。今刪定知不然者，若不失牛馬，唯亡左旃，罪未至重，何須殺之以徇？牛馬是軍之要用，於事尤重。故《費誓》云：馬牛其風，臣妾逋逃，則有常刑。今既亡左旃，又失牛馬，爲罪至重，故殺之以徇。若牛馬不失，又大旆在軍，何得因放牛馬而亡左旃？故知風於澤者，爲別失馬牛，又於軍中亡失大旆之左旃，故杜云掌此二事而不脩理。劉以爲不失牛馬而規杜過，非也。亡大旆之左旃。大旆，旗名。繫旐曰旆，通帛曰旃。旃，章然反。《爾雅》云：因章曰旃。疏：注大旆至曰旃。正義曰：《釋天》云：緇廣充幅，長尋曰旐，繼旐曰旆。則旆是旗之尾也，今別名大旆。則此旆有異於常，故以大旆爲旗名，上云狐毛設二旆而退之，亦此類也。通帛爲旜，《周禮·司常》文也。鄭炫云：通帛謂大赤，從周正色無飾。《釋天》云：因章曰旃。孫炎曰：因其繒色以爲旗章，不畫之。是也謂之左旃，蓋是左軍所建者，此亦於事難明，不可強說。祁瞞奸命，掌此二事而不脩，爲奸軍令。瞞，莫干反。奸音干。司馬殺之，以徇于諸侯。使茅茷代之。師還。壬午，濟河。舟之僑先歸，士會攝右。權代舟之僑也。士會，隨武子，士蔿之孫。茷，扶廢反。僑，其驕反。秋，七月丙申，振旅，愷以入于晉。愷，樂也。愷，開在反。樂音洛。疏：注愷，樂也。正義曰：《大司馬》云：若師有功，則左執律，右秉鉞，以先愷樂獻于社。注云：律所以聽軍聲，鉞所以爲將威。兵樂曰愷。《司馬法》曰：得意則愷樂愷歌，示喜也。獻俘授馘，飲至大賞，授，數也，獻楚俘於廟。馘，古獲反。數，邑主反。徵會討貳。徵召諸侯，將冬會于溫。殺舟之僑以徇于國，民於是大服。君子謂：文公其能刑矣，三罪而民服。三罪，顛頡、祁瞞、舟之僑。《詩》云：惠此中國，以綏四方。不失賞刑之謂也。《詩·大雅》。言：賞刑不失，則中國受惠，四方安靖。

又：衛侯與元咺訟，爭殺叔武事。甯武子爲輔，鍼莊子爲坐，士榮爲大士。大士，治獄官也。《周禮》命夫婦不躬坐獄訟。元咺又不宜與其君對坐，故使鍼莊子爲主，又使衛之忠臣及其獄官質正元咺。傳曰：王叔之宰與伯輿之大夫坐獄於王庭。各不身親，蓋今長吏有罪，先驗吏卒之義。鍼，其廉反。坐如字，或一音才卧反。長，丁丈反。卒，子忽反。疏：注大士至之義。正義曰：《周禮》獄官多以士爲名，鄭玄云：士，察也。主察獄訟之事者。《周禮》命夫命婦，不躬坐獄訟，《小司寇》職文也，鄭玄云：爲治獄吏褻尊者也。躬，身也。不身坐，必使其屬若子弟也。《喪服傳》曰：大夫者，其男子之爲大夫者。命婦者，其婦人之爲大夫妻者。凡斷獄訟，皆令競者坐，而受其辭，故云不躬坐也。《大司寇》云：以兩造禁民訟，以兩劑禁民獄。鄭玄云：訟，謂以財貨相告者。獄，謂相告以罪名者。對文則小別，散則可以通。獄訟，皆争罪之事也。元咺不宜与君對坐，故使鍼莊子代衛侯爲坐獄之主，甯子爲輔，輔莊子也。以甯子位高，故先言之。士榮亦輔莊子，舉其官名，以其主獄事，故亦使輔之，與晉之獄官對理質正元咺也。所引傳曰在襄十年。衛侯不勝。三子辭屈。殺士榮，刖鍼莊子，謂甯俞忠而免之。執衛侯，歸之于京師，寘諸深室。深室，別爲囚室。刖音月，又五割反。

《春秋左傳正義》卷一九下《文公十四年》 周公將與王孫蘇訟于晉，王叛王孫蘇，王，匡王。叛，不與。而使尹氏與聃啓訟周公于晉。訟，理之。尹氏，周卿士。聃啓，周大夫。聃，乃甘反。趙宣子平王室而復之。復使和親。

《春秋左傳正義》卷二一《宣公元年》 晉放其大夫胥甲父于衛。放者，受罪黜免，宥之以遠。宥音又。疏：注放者至以遠。正義曰：《舜典》云流宥五刑。孔安國云：以流放之法寬五刑。是放者，有罪當刑，而不忍刑之，寬其罪而放棄之也。三諫不從，待放而去者，彼雖無罪，君不用其言，任令自去，亦是放棄之義。放之與奔，俱是去國，而去情小異。《釋例》曰：奔者，迫窘而去，逃死四鄰，不以禮出也。放者，受罪點免，宥之以遠也。臣之事君，三諫不從，有待放之禮。故傳曰：義則進，否則奉身而退。迫窘而出奔，及以禮見放，俱去其國。故傳通以進爲文。仲尼脩《春秋》，又以所稱爲優劣也。言優劣者，放者，君舍其罪，緩步而出，是其優也；奔者，止則懼死，奔馳而去，是其劣也。昭八年楚人執陳公子招放之于越，哀三年蔡人放其大夫公孫獵于吴，與此胥甲父等，皆甘心受罪、黜其官位，宥之以適遠方，是實放而書放也。襄二十九年《傳》稱：齊公孫蠆、公孫竈放其大夫高止於北燕。《書》曰：出奔，罪高止也。高止好以事自爲功，且專，故難及之。彼罪高止，故實放而書奔也。然則文十四年《傳》稱宋高哀不義宋公而出，遂來奔。高哀無罪亦改放而書奔者。放者，緣遣者之意爲義；奔者，指去國之人。立文據其所往之處，皆是從外來耳。高哀身來至魯，自魯而稱來奔，不書宋人之意，故不得言放。此乃外內之文異耳。叛者，以地適他稱叛，入魯則稱來奔，亦此之類也。

《春秋左傳正義》卷二七《成公十一年》 晉郤至與周爭鄇田，鄇，温別邑。今河內懷縣西南有郲人亭。郲音侯，《字林》音候。郲人本又作候人，如字。王命劉康公、單襄公訟諸晉。郤至曰：温，吾故也，故不敢失。言温，郤舊邑。單音善。疏：注言温郤氏舊邑。正義曰：郲是温之別邑，本從温內分出，温屬晉，郲屬周，温是郤氏舊邑，郤氏既已得温，則謂從温而分出者，亦宜從温而屬郤氏，故郤至争之。其劉子、單子之言襄王勞文公而賜之温，於時郲已分矣，賜晉以温，不賜以郲也。狐氏、陽氏先處温邑，於時亦不得郲，郲本未嘗屬晉，故爲王官之邑。劉子、單子曰：昔周克商，使諸侯撫封，各撫有其封內之地。蘇忿生以温爲司寇，與檀伯達封于河。蘇忿生，周武王司寇蘇公也。與檀伯達俱封於河內。檀，徒丹反。疏：注蘇忿至公也。正義曰：《尚書・立政》云：周公若曰：大史、司寇蘇公。此傳與彼俱言蘇公爲司寇，明是一人。此言克商即爲司寇，是爲武王司寇。蘇氏即狄，又不能於狄而奔衛。事在僖十年。襄王勞文公而賜之温，在僖二十五年。勞，力報反。狐氏、陽氏先處之，狐溱、陽處父先食温地。溱，側巾反。而後及子。若治其故，則王官之邑也，子安得之？晉侯使郤至勿敢争。傳言郤至貪，所以亡。

《春秋左傳正義》卷二九《襄公三年》　晉侯之弟揚干亂行於曲梁，行，陳次。行，戶郎反，注同。陳，直覲反。魏絳戮其僕。僕，御也。疏：魏絳戮其僕。正義曰：以車亂行，是御者之罪，故戮其僕也。《周禮》司寇之屬有掌戮之官。鄭玄云：戮，猶辱也。既斬殺又辱之。其職云：掌斬殺賊諜而膊之。凡殺其親者，焚之；殺王之親者，辜之；殺人者，踣諸市肆之三日。鄭玄云：膊，謂去衣磔之。焚，燒也。辜，謂磔之。踣，僵尸也。肆，猶申也，陳也。彼膊、焚、辜、肆，皆謂陳以示人。然則此言戮者，非徒殺之而已，乃殺之以徇諸軍。昭四年，楚戮慶封，負之斧鉞，以徇於諸侯，先徇乃殺之也。成二年，韓獻子既斬人，郤子使速以徇，是殺之而後徇也。此戮即彼徇之謂也。文十年，楚申舟抶宋公之僕以徇。或曰：國君不可戮也。彼抶以徇，亦稱爲戮。下云至於用鉞，當是殺之，乃以徇也。晉侯怒，謂羊舌赤曰：合諸侯，以爲榮也。揚干爲戮，何辱如之？必殺魏絳，無失也！對曰：絳無貳志，事君不辟難，有罪不逃刑，其將來辭，何辱命焉？言終，魏絳至，授僕人書，僕人，晉侯御僕。疏：事君至不逃刑。正義曰：此言絳之宿心舊行耳，非獨爲此事而言也。服虔云：謂敢斬揚干之僕，是不辟獲死之難。然則斬僕，依軍法也，豈是絳之罪，而得謂之有罪不逃刑乎？不逃，不辟此事，自亦是矣。要本其宿心，非是專爲此事也。將伏劍。士魴、張老止之。公讀其《書》曰：日君乏使，使臣斯司馬。斯，此也。疏：將伏劍。正義曰：謂仰劍刃，身伏其上，面取死也。臣聞師衆以順爲武，順，莫敢違。軍事有死無犯爲敬。守宮行法，雖死不敢有違。君合諸侯，臣敢不敬？君師不武，執事不敬，罪莫大焉。臣懼其死，以及揚干，無所逃罪，懼自犯不武不敬之罪。不能致訓，至於用鉞。用鉞斬揚干之僕。鉞音越。疏：臣聞至用鉞。正義曰：臣聞師旅兵衆，順從上命，莫敢違逆，是爲威武。此據在軍之衆也。軍旅之事，守宮行法，欲討罪人，雖有死難，不敢辟死，犯違法令，而從舍罪人，是爲共敬也。君命既合諸侯，臣豈敢畏懼死罪，放舍罪人，不爲共敬也？今君之師衆違命亂行，既已不武，謂揚干也。執事之臣，畏懼其死罪，不戮罪人，是爲不敬，魏絳自謂也。不武不敬，罪莫大焉。是揚干與己，皆有大罪。臣若不討，非直臣有死罪，揚干亦合有死罪。臣懼身之死罪，連及揚干，是臣罪更重，無所逃辟重罪也。不能以禮漸致教訓，至於用鉞以斬其僕，是臣之罪重也。臣之罪重，敢有不從，以怒君心？言不敢不從戮。請歸死於司寇。致尸於司寇，使戮之。公跣而出，曰：寡人之言，親愛也。吾子之討，軍禮也。寡人有弟，弗能教訓，使干大命，寡人之過也。子無重寡人之過，聽絳死爲重過。跣，先典反。重，直用反，注同。敢以爲請。請使無死。晉侯以魏絳爲能，以刑佐民矣。反役，與之禮食，使佐新軍。羣臣旅會，今欲顯絳，故特爲設禮食。食音嗣，注同，又如字。特爲，于僞反。疏：與之禮食。正義曰：與之禮食者，若公食大夫禮以大夫爲賓，公親爲之特設禮食。使佐新軍。正義曰：服虔云：於是魏頡卒矣，使趙武將新軍代魏頡，升魏絳佐新軍代趙武也。《世族譜》，魏顆、魏絳，俱是魏犨之子。顆長，生頡，則絳是頡之叔父。顆別爲令狐氏，絳爲魏氏。蓋顆長而庶，絳幼而適故也。《魏世家》，武子生悼子，悼子生絳。則絳是犨孫。計其年世，孫應是也。先儒悉皆不然，未知何故。張老爲中軍司馬，代魏絳。士富爲候奄。代張老。士富，士會別族。

《春秋左傳正義》卷三〇《襄公五年》　楚人討陳叛故，討，治也。曰：由令尹子辛實侵欲焉。乃殺之。書曰：楚殺其大夫公子壬夫，貪也。君子謂：楚共王於是不刑。陳之叛楚，罪在子辛。共王既不能素明法教，陳叛之日，又不能嚴斷威刑，以謝小國，而擁其罪人，興兵致討。加禮於陳，而陳恨彌篤，乃怨而歸罪子辛。子辛之貪，雖足以取死，然共王用刑，爲失其節，故言不刑。共音恭。斷，丁亂反。疏：注陳之至不刑。正義曰：《釋例》曰：陳之叛楚，罪在子辛。共王既不能明法示教，以肅大臣。陳叛之日，又不能嚴斷威刑，以謝小國。而擁其罪人，以興兵致討，暴師經年。加禮於陳，陳恨彌篤，乃愠而歸罪子辛。子辛之貪，雖足以取死，然共王用刑，爲失其節，故君子論之以爲不刑也。加禮於陳者，謂四年楚將伐陳，聞喪乃止是也。不刑者，言不得用刑之道也。《詩》曰：周道挺挺，我心扃扃。講事不令，集人来定。逸《詩》也。挺挺，正直也。扃扃，明察也。講，謀也。言謀事不善，當聚致賢人以定之。挺，他頂反。扃扃，工迥反，徐孔穎反。己則無信，而殺人以逞，不亦難乎？其王伐宋封魚石，背盟敗于鄢陵，殺子反、公子申及壬夫，八年之中，戮殺三卿，欲以屬諸侯，故君子以爲不可。背音佩。疏：注共王至不可。正義曰：《釋例》以君子此言，止爲殺公子申與壬夫二人而已。此注又兼言殺子反者，傳言己則無信，尤共王也。背盟而敗于鄢陵，及殺子反，皆是共王無信之事，故追言之也。殺此三卿，欲令諸侯息忿，還來屬己，故言欲以屬諸侯。以屬諸侯者，僖十九年《傳》文也。逞訓解也。共王殺此三人，望解己意，而諸侯不從，意竟不解，故云殺人以逞，不亦難乎。《夏書》曰：成允成功。亦逸《書》也。允，信也，言信成，然後有成功。疏：注亦逸至成功。正義曰：此《虞書・大禹謨》之文。禹是夏王，故傳稱《夏書》。杜不見古文，故稱逸《書》。亦，亦前逸《詩》也。彼舜謂禹能成聲教之信，成治水之功，爲二事。此傳引之，言共王無信，故無成功。杜順傳意，言信成，然後有成功，爲一事也。

《春秋左傳正義》卷三〇《襄公六年》 宋華弱與樂轡少相狎，長相優，又相謗也。狎，親習也。優，調戲也。少，詩照反。狎，尸甲反。長，丁丈反。調，徒弔反。疏：注狎親至戲也。正義曰：《論語》云：雖狎必變。《曲禮》云：賢者狎而敬之。狎是相褻慢、相貫習之名也。二十八年《傳》稱慶氏之徒，觀優至於魚里。是優爲戲名也。《晉語》有優施，《史記・滑稽傳》有優孟、優旃，皆善爲優，遂以優著名。是優爲調戲也。子蕩怒，以弓梏華弱于朝。子蕩，樂轡也。張弓以貫其頸，若械之在手，故曰梏。梏，古毒反。貫，古亂反。疏：注子蕩至曰梏。正義曰：貫者，穿也。張弓以貫沓其頸，頸穿於弓之中，故曰貫其頸。《周禮・掌囚》有梏桎，在手曰梏，在足曰桎。頸貫於弓，若手在梏，故云以弓梏也。桎梏俱名爲械。《釋名》云：械者，戒也，戒止人使不得遊行也。平公見之，曰：司武而梏於朝，難以勝矣。司武，司馬。言其懦弱不足以勝敵。懦，乃亂反，又乃卧反。遂逐之。夏，宋華弱來奔。司城子罕曰：同罪異罰，非刑也。專戮於朝，罪孰大焉。亦逐子蕩。子蕩射子罕之門曰：幾日而不我從？言我射女門，女亦當以不勝任見逐。射，食亦反，注同。幾，居豈反。女音汝。勝音升。子罕善之如初。言子罕雖見辱，不追忿，所以得安。疏：司城至如初。正義曰：子罕以華弱奔後而發此言，蓋以告諸大夫，非告君也。亦逐子蕩一句，亦是子罕之語，説子蕩之罪，言亦宜逐子蕩也。子蕩恐即被逐，故射子罕之門，宋亦不復逐之。子蕩作被逐之意，故云幾日而不我從也。宋人不復更逐，故子罕善之如初，不恨其射門也。或當實逐子蕩，故子蕩云幾日而不我從，理亦通也。注言子至得安。正義曰：服虔云：言子罕不阿同族，亦逐樂轡以正國法，忠之至也。及樂轡射其門，畏從華弱之罰，復善樂轡如初，是爲茹柔吐剛，喪其志矣。傳故舉之，明《春秋》之義，善惡俱見。杜以《春秋》之世，君弱臣強，莫不蓋失掩罪，以相忍爲國。向戌欲蓋華臣，子罕不怨樂轡，皆忍忿求安之事，不足以爲大尤。知傳載此言，是善其得安，非尤其從惡，故異於服也。

《春秋左傳正義》卷三〇《襄公九年》 向戌討左，亦如之。向戌，左師。使樂遄庀刑器，亦如之。樂遄，司寇。刑器，刑書。遄，市專反。疏：注樂遄至刑書。正義曰：此人掌具刑器，知其爲司寇也。恐其爲火所焚，當是國之所重，必非刑人之器，故以刑器爲刑書也。哀三年，魯人救火，云出禮書、御書。書不名器，此言刑器，必載於器物。鄭鑄刑書而叔向責之，晉鑄刑鼎而仲尼譏之。彼鑄之於鼎，以示下民，故譏其使民知之。此言刑器，必不在鼎，當書於器物，官府自掌之，不知其在何器也。或書之於版，號此版爲刑器耳。

《春秋左傳正義》卷三三《襄公十七年》 宋華閲卒。華臣弱皋比之室，臣，閲之弟。皋比，閲之子。弱，侵易之。比音毗。易。以豉反。使賊殺其宰華吴，賊六人以鈹殺諸盧門合左師之後。盧門，宋城門。合，向戌邑。後，屋後。鈹，普皮反。左師懼，曰：老夫無罪。賊曰：皋比私有討於吴。遂幽其妻，幽吴妻也。曰：畀余而大璧。畀，與也。畀，必利反，注同。宋公聞之，曰：臣也，不唯其宗室是暴，大亂宋國之政，必逐之。左師曰：臣也，亦卿也。大臣不順，國之恥也。不如蓋之。乃舍之。

《春秋左傳正義》卷三四《襄公十九年》 鄭子孔之爲政也專。專權。國人患之，乃討西宫之難十年，尉止等作難西宫，子孔知而不言。難，乃旦反，注及下同。與純門之師。前年，子孔召楚師至純門。子孔當罪，以其甲及子革、子良氏之甲守。以自守也。守，手又反，下守備同。甲辰，子展、子西率國人伐之，殺子孔而分其室。書曰：鄭殺其大夫，專也。亦以國討爲文。

《春秋左傳正義》卷三四《襄公二十一年》 邾庶其以漆、閭丘來奔。庶其，邾大夫。季武子以公姑姊妻之，計公年不得有未嫁姑姊，蓋寡者二人。公姑姊，杜以公之姑及姊，是二人也。或曰，《列女傳》稱梁有節姑妹，謂父之妹也。此云姑姊，是父之姊也，一人耳。以杜氏爲誤。案成二年，楚侵及陽橋，孟孫往賂，以公衡爲質。杜云：衡，成公子也。楚師及宋，公衡逃歸。臧宣叔云：衡父不忍數年之不晏，以棄魯國。則公衡之年，下計猶十七八。成公是其父，固當三十有餘矣。成二年至此三十八歲，姑又成公之姊，則年近七十矣。假令公衡非成公之子，猶是成公之弟。成九年伯姬歸于宋。伯者，長稱。九年始嫁，則爲成公之妹，成公不得有姊矣。若成公别有庶長之姊，以成公、公衡之年推之，亦不復堪嫁，故知二人也。唯《公羊》以成公即位年幼。據《左氏》成四年《傳》云，公如晉，晉侯見公不敬。公歸，欲求成于楚，得季文子諫而止。此非年幼也。反覆推之，杜氏不誤。妻之，七計反，下同。疏：注計公至二人。正義曰：杜以姑爲父之女昆弟，姊是己之女昆，故計公之年，以爲寡者二人。劉炫云：案十二年《傳》云：無女而有姊妹及姑姊妹，則古人謂姑爲姑姊妹也。而知此姑姊是襄公父之姊，止一人耳，不得云寡者二人。今知不然者，以襄公，成公之子，成公即位二年，已令大子公衡爲質於楚，及宋逃歸，則公衡年十五六矣。成公即位之初，已三十有餘，計至於今七十許歲，其姊雖存，年極老矣，安可以妻庶期？劉以爲成公之姊而規杜氏，非也。皆有賜於其從者。於是魯多盜。季孫謂臧武仲曰：子盍詰盜？詰，治也。從，才用反，下同。盍，朝臘反，下盍反同。詰，起吉反。疏：子盍。正義曰：鄭玄、服虔皆以盍爲何不也。武仲曰：不可詰也。紇又不能。季孫曰：我有四封，而詰其盜，何故不可？子爲司冦，將盜是務去，若之何不能？武仲曰：子召外盜而大禮焉，何以止吾盜？吾，謂國中。去，起吕反，下皆同。子爲正卿，而來外盜；使紇去之，將何以能？庶其竊邑於邾以來，子以姬氏妻之，而與之邑，使食漆、閭丘。其從者皆有賜焉。若大盜，禮焉以君之姑姊與其大邑，其次皁牧輿馬，給其賤役，從皁至牧，凡八等之人。皁，在早反，凡八等之人，謂皁、輿、隸、僚、僕、臺、圉、牧也。疏：注給其至之人。正義曰：昭七年《傳》曰：皁臣輿，輿臣隸，隸臣僚，僚臣僕，僕臣臺，馬有圉，牛有牧。自皁至牧有八等也。其次，謂庶其從者，魯給之以八等之人。其小者衣裳劍帶，是賞盜也。賞而去之，其或難焉。紇也聞之，在上位者洒濯其心，壹以待人，軌度其信，可明徵也，徵，驗也。洒，西禮反。濯，直角反。度，待洛反。疏：軌度至徵也。正義曰：謂使其臣信有軌，則法度可明，以爲徵驗也。劉炫云：軌，法也。行依法度，而言有信也。而後可以治人。夫上之所爲，民之歸也。上所不爲而民或爲之，是以加刑罰焉，而莫敢不懲。若上之所爲而民亦爲之，乃其所也，又可禁乎？《夏書》曰：念茲在茲，逸《書》也。茲，此也。謂行此事，當念使可施之於此。不懲，直升反。釋茲在茲，釋，除也。謂欲有所治除於人，亦當顧己得無亦有之。名言茲在茲，名此事，言此事，亦皆當令可施於此。令，力呈反。允出茲在茲，允，信也。信出於此，則善亦在此。惟帝念功。言帝念功，則功成也。將謂由己壹也。信由己壹，而後功可念也。言非但意念而已，當須信己誠至。疏：夏書至念也。正義曰：念茲在茲，謂念此所行之事，欲施於他，得可施之在於此身，然後行之。釋茲在茲，釋，除也。謂有所除治於此前人之上，亦當在此身無有罪過，然後除之。名言茲在茲，謂名此事、言此事，亦皆當令可施於此，猶若名此除盜、言此除盜。已能除盜，是除盜之事可施於此。若己不能除盜，遣人除盜，是不可施於此也。允出茲在茲，允，信也。謂誠信之心出於此身，則善亦誠在此身也。信由己壹，謂信實由己專壹，然後善功可念。此斷章爲義，故與《尚書》本文稍殊也。庶其非卿也，以地來，雖賤必書，重地也。重地，故書其人，其人書，則惡名彰，以懲不義。疏：庶其非卿也。正義曰：《公羊》、《穀梁》皆以邾莒之徒，小國不合有卿。《釋例》曰：公、侯、伯、子、男及其卿大夫士命數，《周官》具有等差，當春秋時，漸已變改，是以仲尼、丘明據時之宜，仍其行事，從而然之，不復與《周官》同。而先儒考合《周官》、《禮記》各致異端。今詳推經、傳，國之大小，皆據當時土地人民，不復依爵。故書秦、楚之卿而略於滕、薛也。諸侯大國之卿，皆必有命，固無所疑，其揔名亦曰大夫也。故經、傳卿大夫之文相涉，晉殺三卿，而經書大夫，邢丘之會，傳稱大夫，亦皆卿也。蜀之盟，齊國之大夫。溴梁之盟，小邾之大夫。此不命一命大夫，故不書也。命者，謂其君正爵命之於朝，其宫室、車、旗、衣服、禮儀，各如其命數，則皆以卿禮書之於經。衛之於晉，不得比次國，則邾、莒、杞、鄫之屬，固以微矣。此等諸國，當時附隨大國，不得列於會者甚衆，及其得列，上不能自通於天子，下無暇於備禮成制。故與於會盟戰伐甚多，唯曹之公子首，得見於經，其餘或命而禮議不備，或未加命數，故皆不書之也。邾卑我之等，其奔亡亦多，所書唯數人而已，知其合制者少也。又邾庶其等，傳皆言：非卿，以地來，雖賤必書。紀裂繻來逆女，傳曰：卿爲君逆。知此等微國，亦應有卿，有卿則應書於經。徒以卑陋，制不合禮。失禮之例，杞降爲夷。華耦具官，君子貴之。至於此等卿而不備禮，亦所以見其略賤也。諸儒以爲邾、莒無命卿，既自違傳。劉、賈又云，《春秋》之序，三命以上，乃書於經。潁氏以爲再命稱人。傳曰：叔孫昭子三命，踰父兄。昭公十年，昭子始加三命，而先此叔孫皆自見經。知所書皆再命也。是杜大明《春秋》書卿名氏之例，以邾、莒自當有卿，若有再命，則書名氏，其不書於經，皆爲禮不備，故庶其非卿，謂非再命之卿也。

又：晉侯問叔向之罪於樂王鮒，對曰：不棄其親，其有焉。言叔向篤親親，必與叔虎同謀。於是祁奚老矣，老，去公族大夫。聞之，乘馹而見宣子，曰：《詩》曰：惠我無疆，子孫保之。《詩·周頌》也。言文、武有惠訓之德，加於百姓，故子孫保賴之。馹，人實反，傳也。疆，居良反，下注同。《書》曰：聖有謩勳，明徵定保。逸《書》。謩，謀也。勳，功也。言聖哲有謀功者，當明信定安之。謩，莫胡反。勳，如字，《書》作訓。疏：有覺至順之。正義曰：此《詩·大雅·抑》之篇。惠我至保之。正義曰：此《詩·周頌·烈文》之篇。注逸書至安之。正義曰：此引《書》，曰《夏書·胤征》之文也。彼作聖有謨訓，此云惠訓不倦，則本當作訓，但杜以傳作聖有謩勳，故順傳文解之。劉背傳文而規杜氏，非也。夫謀而鮮過、惠訓不倦者，叔向有焉，謀鮮過，有謩勳也。惠訓不倦，惠我無疆也。社稷之固也。猶將十世宥之，以勸能者。今壹不免其身，壹以弟故。宥音又。以棄社稷，不亦惑乎？鯀殛而禹興；言不以父罪廢其子。鯀，古本反。殛，紀力反。疏：鯀殛而禹興。正義曰：《尚書》稱堯使鯀治水，九載績用不成，乃求得舜而徵用之，歷試三年，乃禪以位。《舜典》美舜之功，象以典刑之下，始云流共工于幽州，放驩兜于崇山，竄三苗于三危，殛鯀于羽山，四罪而天下咸服。孔安國云：作者先敘典刑，而連引四罪，明皆徵用所行，於此揔見之。是言舜初被徵用，先誅鯀而後舉禹，故言鯀殛而禹興。僖三十三年《傳》曰：舜之罪也殛鯀，其舉也興禹。《洪範》云：鯀則殛死，禹乃嗣興。皆言誅鯀乃舉禹。而鄭玄注《尚書》以爲禹治水既畢，乃流四凶。言其先舉禹而後誅鯀，既違經傳之文，且復於理不當。故王肅難云：禹治水而後以鯀爲無功而殛之，是爲用人子之功而流放其父，則爲禹之勤勞，適使父殛。舜失五典克從之義，禹陷三于莫大之罪，進退無據，迂亦甚哉！伊尹放大甲而相之，卒無怨色；太甲，湯孫也。荒淫失度，伊尹放之桐宮，三年，改悔而復之，而無恨心。言不以一怨妨大德。大音泰。相，息亮反。疏：注太甲至大德。正義曰：太甲，湯孫，《世本》紀文也。《書序》云：太甲既立，不明。伊尹放諸桐宮，三年，復歸于亳。思庸，伊尹作《太甲》三篇。是太甲能自改悔，伊尹復之之事也。管、蔡爲戮，周公右王。言兄弟罪不相及。右，王音又。若之何其以虎也棄社稷？子爲善，誰敢不勉？多殺何爲？宣子説，與之乘，以言諸公而免之。

《春秋左傳正義》卷三五《襄公二十二年》 楚觀起有寵於令尹子南，未益祿而有馬數十乘。言子南偏寵觀起，令富。數，所主反。乘，繩證反。令，力呈反。楚人患之，王將討焉。子南之子棄疾爲王御士，御王車者。王每見之，必泣。棄疾曰：君三泣臣矣，敢問誰之罪也？王曰：令尹之不能，爾所知也。國將討焉，爾其居乎？問能止事我否？對曰：父戮子居，君焉用之？洩命重刑，臣亦不爲。漏泄君命，罪之重。焉，於虔反，下焉入同。泄，息列反，又以制反。王遂殺子南於朝，轘觀起於四竟。

又：十二月，鄭游眅將如晉，游眅，公孫蠆子。眅，普板反。未出竟，遭逆妻者，奪之，以館于邑。舍止其邑，不復行。丁巳，其夫攻子明，殺之，以其妻行。十二月無丁巳。丁巳，十一月四日也。子展廢良而立大叔，良，游眅子。大叔，眅弟。大音泰　曰：國卿，君之貳也，民之主也，不可以苟。請舍子明之類。子明有罪，而良又不賢故。舍音捨。求亡妻者，使復其所。使游氏勿怨，鄭國不討專殺之人，所以抑强扶弱，臨時之宜。曰：無昭惡也。交怨，則父之不脩益明也。疏：注交怨至明也。正義曰：若游氏報殺此人，則人知其父被殺。其父所以見殺，爲奪人妻故也。報殺則人知其父，是父之行不脩益明也。

《春秋左傳正義》卷三五《襄公二十三年》 慶氏以陳叛。因陳侯在楚而叛之。不書叛，不以告。夏，屈建從陳侯圍陳。陳人城，治城以距君。屈建，楚莫敖。從，才用反，又如字。板隊而殺人。役人想命，各殺其長。慶氏忿其板隊，遂殺築人。故役人怒而作亂。隊，直類反，注同。長，丁丈反。遂殺慶虎、慶寅。楚人納公子黃。君子謂：慶氏不義，不可肆也。肆，放也。故《書》曰：惟命不于常。《周書·康誥》。言有義則存，無義則亡。疏：君子至于常。正義曰：杜言慶氏以陳叛，叛不書，不以告，則傳載君子之言，其意不爲經也。君子自論慶氏之罪，所爲不義，不可放肆，以爲宜其誅滅，故引《尚書·康誥》，言天命之不于常，有義則存，無義則亡。慶氏族有二卿，爲不義之故，而並喪亡，故君子論其事傷之也。服虔以爲傳發此言爲不書慶氏以陳叛，爲楚所圍，稱國以殺，不成惡人肆其志也。服意見元年圍宋彭城，追書繫宋，不登叛人，謂此亦宜然，故爲此解。然叛是大罪，若書爲叛，其惡益明，何當匿其罪名謂之不可肆也？若慶氏不可放肆，故不書其叛，則林父、華亥、趙鞅、荀寅之徒，豈皆可使放肆而書其叛乎？且傳文不言書經之意，知之不爲經也。故杜以爲叛不告，故不書耳。

《春秋左傳正義》卷三八《襄公二十七年》 衛甯喜專，公患之。公孫免餘請殺之。免餘，衛大夫。公曰：微甯子，不及此，及此，反國也。吾與之言矣。言政由甯氏。事未可知，恐伐之未必勝。祇成惡名，止也。祇，適也。祇音支，注同。對曰：臣殺之，君勿與知。乃與公孫無地、公孫臣謀，二公孫，衛大夫。勿與，音預。使攻甯氏，弗克，皆死。無地及臣皆死。公曰：臣也無罪，父子死余矣。獻公出時，公孫臣之父爲孫氏所殺。疏：注獻公至所殺。正義曰：十四年《傳》曰：公使子蟜、子伯、子皮與孫子盟于丘宮，孫子皆殺之。彼所殺者，皆是公子。而此臣是公孫，公言臣也無罪，父子死余。知是爾時死耳，亦不知彼所殺者誰是臣之父也。夏，免餘復攻甯氏，殺甯喜及右宰穀，尸諸朝。穀不書，非卿也。復，扶又反。石惡將會宋之盟，受命而出。衣其尸，枕之股而哭之。欲斂以亡，懼不免，且曰：受命矣。乃行。行會于宋。爲明年石惡奔傳。衣，於既反。枕，之鴆反。斂，力驗反。子鮮曰：逐我者出，謂孫林父。納我者死，謂甯喜。納，本又作內，音納。賞罰無章，何以沮勸？君失其信，而國無刑，不亦難乎？難以治國。沮，在呂反。疏：子鮮至難乎。正義曰：逐我者應死而得生出，納我者有功而更身死。章，明也。沮，止也。罰有罪所以止人爲惡，賞有功所以勸人爲善。今賞罰既無章明，何以得爲止勸乎刑法也？君失其信，違信而殺甯喜，而國無法，賞罰無所章明，以此爲國，不亦難乎？言治國難也。且鱄實使之。使甯喜納君。遂出奔晉。

《春秋左傳正義》卷三九《襄公二十九年》 秋，九月，齊公孫蠆、公孫竈放其大夫高止於北燕。蠆，子尾。竈，子雅。放者，宥之以遠。蠆，勑邁反。宥音又。乙未，出。書曰出奔，罪高止也。實放書奔，所以示罪。疏：注實放至示罪。正義曰：《釋例》云：奔者，迫窘而去，逃死四鄰，不以禮出也。放者，受罪黜免，宥之以遠也。迫窘而奔及以禮見放，俱去其國，故傳通以違爲文。仲尼脩《春秋》，又以所稱爲優劣也。大立功立事者，國之厚益而身之表的也。表高的明，雖婦人猶欲彎弓，而况當塗之士？是以君子慎之。道家貴善行者無轍迹，功遂而身退。高止既犯其始，又專以終之，免死爲幸。斯乃聖賢之篤戒，故變放言奔，又致其罪以示過。胥甲之放命，陳招之首惡，矯厲以篤教也。杜以高止之罪，輕於陳招、胥甲，而變放言奔。以止爲重，故原聖意欲以申之。高止好以事自爲功，且專，故難及之。

《春秋左傳正義》卷四〇《襄公三十一年》 子皮欲使尹何爲邑。爲邑大夫。子産曰：少，未知可否。尹何年少。少，詩照反，注同。子皮曰：愿，吾愛之，不吾叛也。愿，謹善也。愿者願。疏：不吾叛也。正義曰：謂尹何也。劉炫云：叛，違也。欲令子産不於我有違，得使尹何爲邑也。使夫往而學焉，夫亦愈知治矣。夫，謂尹何。治，直吏反，下注之治同。疏：夫亦愈知治矣。正義曰：病差謂之愈。言不能之病愈，知治必速也。劉炫云：尹何比未解治邑，以爲己病。今若遣往學，治邑之病差，自然以後知治邑矣。子産曰：不可。人之愛人，求利之也。今吾子愛人則以政，以政與之。猶未能操刀而使割也，其傷實多。多自傷。操，七刀反。其傷實多，本作其傷多。子之愛人，傷之而已，其誰敢求愛於子？子於鄭國，棟也。棟折榱崩，僑將厭焉。敢不盡言？子有美錦，不使人學製焉。製，裁也。棟，丁弄反。榱，所追反，椽也。厭，本又作壓，於甲反，徐於輒反，下同。製音制。大官大邑，身之所庇也，而使學者製焉。其爲美錦，不亦多乎？言官邑之重，多於美錦。所庇，必利反，又意祕。僑聞學而後入政，未聞以政學者也。若果行此，必有所害。譬如田獵，射御貫，則能獲禽。貫，習也。貫，古患反。若未嘗登車射御，則敗績厭覆是懼，何暇思獲？

《春秋左傳正義》卷四一《昭公元年》 鄭徐吾犯之妹美，犯，鄭大夫。公孫楚聘之矣，楚，子南。穆公孫。公孫黑又使强委禽焉。禽，鴈也。納采用鴈。强，其丈反。犯懼，告子産。子産曰：是國無政，非子之患也。唯所欲與。犯請於二子，請使女擇焉。皆許之。子晳盛飾入，布幣而出。布陳贄幣。子晳，公孫黑。贄音至。子南戎服入，左右射，超乘而出。女自房觀之，曰：子晳信美矣，抑子南，夫也。言丈夫。乘，繩證反。夫夫婦婦，所謂順也。適子南氏。子晳怒，既而櫜甲以見子南，欲殺之而取其妻。子南知之，執戈逐之，及衝，擊之以戈。衝，交道。櫜，古刀反，本或作衷，丁隆反。衝，尺容反。疏：夫夫至順也。正義曰：夫如夫道，當剛强也。婦如婦節，當柔弱也。如是，所謂順也。曹大家《女誡》曰：生男如狼，猶恐其尪。生女如鼠，猶懼其武。是男欲剛而女欲柔也。子晳傷而歸，告大夫曰：我好見之，不知其有異志也，故傷。大夫皆謀之。子産曰：直鈞，幼賤有罪，罪在楚也。先聘，子南直也。子南用戈，子晳直也。子産力未能討，故鈞其事，歸罪於楚。好，如字，一音呼報反。直鈞，音均，絶句。乃執子南而數之，曰：國之大節有五，女皆奸之。奸，犯也。女音汝，下皆同。奸音干。畏君之威，聽其政，尊其貴，事其長，養其親，五者所以爲國也。今君在國，女用兵焉，不畏威也。奸國之紀，不聽政也。奸國之紀，謂傷人。長，丁丈反，下同。養，如字，下同。子晳上大夫，女嬖大夫，而弗下之，不尊貴也。幼而不忌，不事長也。忌，畏也。嬖，必計反。下，戶嫁反。兵其從兄，不養親也。君曰：余不女忍殺，宥女以遠。勉速行乎，無重而罪！

《春秋左傳正義》卷四二《昭公二年》 秋，鄭公孫黑將作亂，欲去游氏而代其位，游氏，大叔之族。黑爲游楚所傷，故欲害其族。去，起呂反。傷疾作而不果。前年游楚所擊創。創，初良反。駟氏與諸大夫欲殺之。駟氏，黑之族。子産在鄙聞之，懼弗及，乘遽而至。遽，傳驛。遽，其據反。《爾雅》云：馹遽，傳也。孫炎注云：傳車驛馬。傳，中戀反。驛音亦。疏：注遽傳驛。正義曰：《釋言》云：馹，遽，傳也。孫炎曰：傳車驛馬也。使吏數之，責數其罪。曰：伯有之亂，在襄三十年。以大國之事，而未爾討也。務共大國之命，不暇治女罪。共音恭，下文注皆同。爾有亂心，無厭，國不女堪。專伐伯有，而罪一也。昆弟争室，而罪二也。謂争徐吾犯之妹。厭，於鹽反。薰隧之盟，女矯君位，而罪三也。謂使大史書七子。矯，居表反。有死罪三，何以堪之？不速死，大刑將至。再拜稽首，辭曰：死在朝夕，無助天爲虐。子産曰：人誰不死。凶人不終，命也。作凶事，爲凶人。不助天，其助凶人乎？請以印爲褚師。印，子晳之子。褚師，市官。朝，如字，下同。印，刃反。褚，張吕反，注同。疏：死在至爲虐。正義曰：言我創疾見作，死在朝夕之間。天已虐我，無更助天爲虐也。注褚師市官。正義曰：蓋相傳説也。子産曰：印也若才，君將任之。不才，將朝夕從女。女罪之不恤，而又何請焉？不速死，司寇將至。七月，壬寅，縊。尸諸周氏之衢，衢，道也。衢，其于反。加木焉。書其罪於木，以加尸上。

《春秋左傳正義》卷四二《昭公四年》 鄭子産作丘賦。丘，十六井，當出馬一匹，牛三頭。今子産别賦其田，如魯之田賦。田賦在哀十一年。疏：注丘十至一年。正義曰：丘，十六井，當出馬一匹，牛三頭。《司馬法》之文也。服虔以爲子産作丘賦者，賦此一丘之田，使之出一馬三牛，復古法耳。丘賦之法，不行久矣。今子産復脩古法，民以爲貪，故謗之。案：春秋之世，兵革數興，鄭在晉、楚之間，尤當其劇，正當重於古，不應廢古法也。若往前不脩此法，豈得全無賦乎？故杜以爲今子産於牛馬之外，别賦其田，如魯之田賦。田賦在哀十一年。彼注云：丘賦之法，因其田財，通出馬一匹，牛三頭。今欲别其田及家財，各爲一賦，故言田賦。然則，此與彼同賦斂家資，使出牛馬，又别賦其田，使之出粟，若今輸租，更出馬一疋、牛三頭。是一丘出兩丘之税。案：《周禮》有夫征、家征。夫征，謂出税；家征，謂出車徒、給傜役。此牛馬之屬，則《周禮》之家征也。其夫征，十一而税，是與家征别也。國人謗之，謗，毁也。曰：其父死於路，謂子國爲尉氏所殺。己爲蠆尾。謂子産重賦，毒害百姓。蠆，敕邁反。以令於國，國將若之何？子寬以告。子寬，鄭大夫。子産曰：何害？苟利社稷，死生以之。以，用也。且吾聞爲善者不改其度，故能有濟也。民不可逞，度不可改。度，法也。《詩》曰：禮義不愆，何恤於人言？逸《詩》。子産自以爲權制濟國，於禮義無愆。吾不遷矣。遷，移也。渾罕曰：國氏其先亡乎！渾罕，子寬。渾，矢温反。罕，徐許但反。君子作法於涼，其敝猶貪。涼，薄也。音良，徐音亮。作法於貪，敝將若之何？言不可久行。姬在列者，在列國也。蔡及曹、滕，其先亡乎！偪而無禮。蔡偪楚，曹、滕偪宋。鄭先衛亡，偪而無法。偪晉、楚。疏：姬在至衛亡。正義曰：渾罕意譏子産，將言鄭之先亡，故遂博言諸國亡之先後。杜據《世本》、《史記》作《世族譜》，説諸國滅亡之年。此下十一年楚滅蔡，十三年蔡復封。《春秋》後二世十八年而楚滅蔡也，哀八年宋滅曹也。滕以《春秋》後六世而齊滅之。鄭在《春秋》後五世九十一年，韓滅鄭。衛在《春秋》後十一世二百五十八年，而秦滅衛也。據蔡之前亡，則渾罕之言，終亦驗矣。政不率法，而制於心。民各有心，何上之有？子産權時救急，渾罕譏之正道。

《春秋左傳正義》卷四三《昭公六年》 三月，鄭人鑄刑書。鑄刑書於鼎，以爲國之常法。鑄，之樹反。疏：注鑄刑書於鼎。正義曰：傳直言鑄刑書，知鑄之於鼎者，二十九年《傳》云：晉趙鞅、荀寅賦晉國一鼓鐵，以鑄刑鼎，著范宣子所爲刑書焉。彼是鑄之於鼎，知此亦是鼎也。叔向使詒子産書詒，遺也。詒，以之反。遺，唯季反。曰：始吾有虞於子，虞，度也。言準度子産以己法。度，待洛反，下同。今則已矣。已，止也。昔先王議事以制，不爲刑辟，懼民之有争心也。臨事制刑，不豫設法也。法豫設，則民知争端。辟，婢亦反，下皆同。争，争鬭之争，注及下注同。疏：注臨事至争端。正義曰：《尚書・伊訓》云：先王肇修人紀，制官刑，儆于有位。又穆王命吕侯訓夏贖刑，作《吕刑》之篇，其經云：墨罰之屬千，劓罰之屬千，剕罰之屬五百，宫罰之屬三百，大辟之屬二百，五刑之屬三千。《周禮》：司刑掌五刑之法，以麗萬民之罪，墨罪五百，劓罪五百，宫罪五百，刖罪五百，殺罪五百。據此二文，雖五者相變，條數不同，皆是豫制刑矣。而云臨事制刑，不豫設法者，聖王雖制刑法，舉其大綱，但共犯一法，情有淺深，或輕而難原，或重而可恕，臨其時事，議其重輕，雖依準舊條，而斷有出入，不豫設定法，告示下民，令不測其淺深，常畏威而懼罪也。法之所以不可豫定者，於小罪之間，或情有大惡，盡皆致之極刑，則本非應重之罪；悉令從其輕比，又不足以創小人也。於大罪之間，或情有可恕，盡加大辟，則枉害良善；輕致其罰，則脱漏重辜。以此之故，不得不臨時議之，準狀加罪。令鄭鑄之於鼎，以章示下民，亦既示民，即爲定法。民有所犯，依法而斷。設令情有可恕，不敢曲法以矜之。罪實難原，不得違制以入之。法既豫定，民皆先知，於是倚公法以展私情，附輕刑而犯大惡，是無所忌而起争端也。漢、魏以來，班律於民，懼其如此，制爲比例。入罪者舉輕以明重，出罪者舉重以明輕。因小事而别有大罪者，則云所爲重，以重論。皆不可一定故也。猶不可禁禦，是故閑之以義，閑，防也。糾之以政，糾，舉也。行之以禮，守之以信，奉之以仁，奉，養也。制爲禄位，以勸其從，勸從教。嚴斷刑罰，以威其淫。淫，放也。疏：閑之至其淫。正義曰：義者，宜也，合於事宜。閑謂防衛也。閑之以義，曰衛之使合於事宜者也。政者，正也，齊正在下。糾謂舉治也，糾之以政，舉治之使從於齊正也。禮當勉力履行，故行之以禮也。信當守而勿失，故守之以信也。仁心所以養物，故奉之以仁也。位以序德，禄以酬勤，有德能勤，則居官食禄，制爲禄位，以勸其從順教令也。其有犯罪，則制之刑罰，故嚴斷刑罰，以威其驕淫放佚也。嚴斷，言其不放舍也。對文則加罪爲刑，收贖爲罰；散則刑、罰通也。閑之以下，皆言在上位者行此事治民也。懼其未也，故誨之以忠，聳之以行，聳，懼也。聳，息勇反。行，下孟反。教之以務，時所急。使之以和，説以使民。説音悦。臨之以敬，涖之以彊，施之於事爲涖。涖音利，又音類。斷之以剛。義斷恩。疏：懼其至以剛。正義曰：此上言行事，此又言用心。言雖行上事，懼其未從教也，故復勞心以撫之。於文中、心爲忠，如、心爲恕，謂如其己心也。事親、事君，遠及諸物，宜恕以待之，不得虛詐。忠是萬事之本，故陳忠恕之事，以訓誨之。行善得善，行惡得惡，舉善惡之行以恐懼之。時之所急，民或不知，故教示之以當時之務。居上位者，失於以威迫人，故使之以和，當和説以使之。臨、涖一也，臨謂位居其上，俯臨其下；涖謂有所施爲，臨撫其事。臨謂平常之時，涖謂當事之時。居上位者，失於驕慢。臨之以敬，言常共敬以臨之。其監於行事者，失於懈倦，涖之以彊，言當彊力以臨之。柔而少决，爲政之病，故斷之以剛彊，此云斷之以剛，即上嚴斷之義。嚴謂威可提，剛謂情無私。此皆論心，故重言之。注聳懼也。正義曰：《釋詁》文也。彼作竦，音義同。注施之於事爲涖。正義曰：涖亦臨也。而與臨别文，故解之。《周禮·肆師》稱涖卜，《曲禮》云涖官，《春秋》書涖盟，皆謂當其事而臨之，故云施之於事爲涖，則臨謂平常，涖謂當事，以此爲異，故别文也。若散而言之，涖亦臨也。故《論語》云：不莊以涖之，則民不敬是也。注義斷恩。正義曰：《喪服·四制》云：門内之治恩揜義，門外之治義斷恩。《尚書·胤征》云：威克厥愛允濟，愛克厥威允罔功。是斷獄者，皆當義斷恩。猶求聖哲之上，明察之官，上，公王也。官，卿大夫也。忠信之長，慈惠之師，民於是乎可任使也，而不生禍亂。民知有辟，則不忌於上，權移於法，故民不畏上。長，丁丈反。疏：猶求至使也。正義曰：以剛以上，雖率意教人，猶爲未善，更求聖哲王公之上制、明察大夫之官法、忠誠信著之長則、慈愛温惠之師教。用此四法以教民，民於是乎可任使也。注權移至畏上。正義曰：刑不可知，威不可測，則民畏上也。今制法以定之，勒鼎以示之，民知在上不敢越法以罪己，又不能曲法以施恩，則權柄移於法，故民皆不畏上。並有争心，以徵於書，而徼幸以成之，因危文以生争，緣徼幸以成其巧僞。徼，本又作邀，古堯反。巧如字，又苦孝反。疏：注因危至巧僞。正義曰：法之設文有限，民之犯罪無窮。爲法立文，不能網羅諸罪。民之所犯，不必正與法同，自然有危疑之理。因此危文以生與上争罪之心，緣徼幸以成其巧僞，將有實罪而獲免者也。弗可爲矣。爲，治也。夏有亂政，而作《禹刑》。商有亂政，而作《湯刑》。夏、商之亂，著禹、湯之法。言不能議以制。夏，户雅反。疏：注夏商至以制。正義曰：夏、商之有亂政，在位多非賢哲，察獄或失其實，斷罪不得其中，至有以私亂公，以貨枉法。其事不可復治，乃遠取創業聖王當時所斷之獄，因其故事，制爲定法。亦如鄭鼎所鑄，遵舊施行，言不能臨時議事，以制刑罪也。周有亂政，而作《九刑》。周之衰亦爲刑書，謂之《九刑》。疏：注周之至九刑。正義曰：準夏、商所作，當爲文、武、周公之制。不以聖王名刑而謂之九刑者，蓋周公别爲此名，故稱之耳。三辟之興，皆叔世也。言刑書不起於始盛之世。疏：注言刑至之世。正義曰：三辟，謂《禹刑》、《湯刑》、《九刑》也。辟，罪也。三者斷罪之書，故爲刑書，皆是叔世所爲。言刑書不起於始盛之世，始盛之世議事制罪，叔世不復能然，采取上世决事之比，作書以爲後法。其事是始盛之世，作書於衰亂之時。服虔云：政衰爲叔世，叔世踰於季世，季世不能作辟也。今吾子相鄭國，作封洫，在襄三十年。相，息亮反。洫，况域反。立謗政，作丘賦，在四年。謗，布浪反。制參辟，鑄刑書，制參辟，謂用三代之末法。參，七南反，一音三。疏：注制參至末法。正義曰：制參辟、鑄刑書，是一事也，爲其文，是制參辟；勒於鼎，是鑄刑書也。三代之辟，皆取前世故事，制以爲法。子産亦取上世故事，故謂之制參辟。言其所制，用三代之末法，非謂子産所作還寫三代之書也，子産蓋亦采取上世所聞見斷獄善者以爲書也。將以靖民，不亦難乎？《詩》曰：儀式刑文王之德，日靖四方。《詩·頌》。言文王以德儀式，故能日有安靖四方之功。刑，法也。疏：《詩》曰至四方。正義曰：《周頌·我將》之篇，祀文王之樂歌也。杜言：文王以德爲儀式。刑，法也。則儀、式、刑三者，皆爲法也。言以德爲儀式法者，是文王之德也。由其以德爲法，故能日日有安靖四方之功也。服虔云：儀，善；式，用；刑，法；靖，謀也。言善用法文王之德，日日謀安四方。此解於文便於杜也。又曰：儀刑文王，萬邦作孚。《詩·大雅》。言文王作儀法，爲天下所信。疏：又曰至作孚。正義曰：《大雅·文王》之篇也。服虔云：儀，善也。刑，法也。善用法者，文王也。言文王善用其法，故能爲萬國所信也。亦便於杜。如是，何辟之有？言《詩》唯以德與信，不以刑也。民知争端矣，將棄禮而徵於書。以刑書爲徵。疏：民知至於書。正義曰：端謂本也。今鑄鼎示民，則民知争罪之本，在於刑書矣。制禮以爲民則，作書以防民罪。違禮之愆，非刑書所禁，故民將棄禮而取徵驗於書也。刑書無違禮之罪，民必棄禮而不用矣。錐刀之末，將盡争之。錐刀末，喻小事。亂獄滋豐，賄賂並行。終子之世，鄭其敗乎！肸聞之：國將亡，必多制。數改法。疏：終子至敗乎。正義曰：子産鑄刑書，而叔向責之。趙鞅鑄刑鼎，而仲尼譏之。如此傳文，則刑之輕重，不可使民知也。而李悝作法，蕭何造律，頒於天下，懸示兆民，秦、漢以來，莫之能革。以今觀之，不可一日而無律也，爲當吏不及古，民僞於昔。爲是聖人作法，不能經遠。古今之政，何以異乎？斯有旨矣。古者分地建國，作邑命家，諸侯則弈世相承，大夫亦子孫不絶，皆知國爲我土，衆實我民，自有愛吝之心，不生殘賊之意。故得設法以待刑，臨事而議罪，不須豫以告民，自令常懷怖懼，故仲尼、叔向所以譏其鑄刑書也。秦、漢以來，天下爲一，長吏以時遷代，其民非復己有。懦弱則爲殿負，彊猛則爲稱職。且疆域闊遠，户口滋多，大郡竟餘千里，上縣數以萬計。豪横者陵蹈邦邑，桀健者雄張閭里。故漢世酷吏，專任刑誅。或乃肆情好殺，成其不橈這威；違衆用己，以表難測之知。至有積骸滿穽，流血丹野，郅都被蒼鷹之號，延年受屠伯之名。若復信其殺伐，任其縱舍，必將喜怒變常，愛憎改竟不得不作法以齊之，宣衆以令之。所犯當條，則斷之以律；疑不能決，則讞之上府。故得萬民以察，天下以治。聖人制法，非不善也，古不可施於今。今人所作，非能聖也，足以周於用，所謂觀民設教，遭時制宜，謂此道也。其此之謂乎！復書曰：若吾子之言，復，報也。疏：若吾子之言。正義曰：若，如也。誠如吾子之言也。僑不才，不能及子孫，吾以救世也。既不承命，敢忘大惠？以見箴戒爲惠。疏：吾以救世也。正義曰：當時鄭國大夫邑長，蓋有斷獄不平，輕重失中，故作書以令之，所以救當世。

《春秋左傳正義》卷四四《昭公七年》 無宇執之，有司弗與，王有司也。曰：執人於王宫，其罪大矣。執而謁諸王。執無宇也。王將飲酒，遇其歡也。無宇辭曰：天子經略，經營天下，略有四海，故曰經略。諸侯正封，封疆有定分。疆，居良反，下同。分，扶問反。疏：天子至正封。正義曰：莊二十一年注云：略，界也。則此略亦爲界也。經營天下，以四海爲界，界内皆爲己有，故言略有四海，謂有四海之内也。天子界内，天子自經營之，故言經略也。諸侯封内，受之天子，非己自營，故言正封，謂不侵人，不與人，正之使有定分。古之制也。封略之内，何非君土？食土之毛，誰非君臣？毛，草也。故《詩》曰：普天之下，莫非王土。率土之濱，莫非王臣。《詩·小雅》。濱，涯也。普，本或作溥，音同；毛傳云：大也。濱音賓。涯，五佳反。疏：《詩》曰至王臣。正義曰：《北山》，大夫刺幽王也，役使不均。云溥天之下云云，鄭箋云：此言王之土地廣矣，王之臣又衆矣，何求而不得，何使而不行。率土之濱者，地之形勢，水多於土，民居水畔，故云循土之涯也。天有十日，甲至癸。人有十等，王至臺。下所以事上，上所以共神也。故王臣公，公臣大夫，大夫臣士，士臣皁，皁臣輿，輿臣隸，隸臣僚，僚臣僕，僕臣臺。馬有圉，牛有牧，養馬曰圉，養牛曰牧。共音恭。圉，魚吕反。疏：王臣至臣臺。正義曰：文十八年《傳》云舜臣堯者，謂舜爲臣以事堯也。此云王臣公者，謂上以下爲臣。文同而意異也。公者，五等諸侯之揔名。《環齊要略》云：自營爲厶，八厶爲公，正無私也。大夫者，夫之言扶也，大能成人也。士者事也，言能理庶事也。服虔云：皁，造也，造成事也。輿，衆也，佐皁舉衆事也。隸，隸屬於吏也。僚，勞也，共勞事也。僕，僕豎，主藏者也。臺，給臺下，微名也。此皆以意言之，循名求義，不必得本，故杜皆略而不説。以待百事。今有司曰，女胡執人於王宫？將焉執之？周文王之法曰，有亡荒閱，荒，大也。閱，蒐也。有亡人當大蒐其衆。女音汝。焉，於虔反。閱音悦。蒐，所由反。所以得天下也。吾先君文王，楚文王。作《僕區》之法，《僕區》，刑書名。僕區，烏侯反，徐如字。服云：僕，隱也；區，匿也。爲隱匿亡人之法也。疏：注僕區刑書名。正義曰：引其言戒刑法，知是刑書名也。名曰僕區，未知其義。服虔云：僕，隱也；區，匿也。爲隱亡人之法也。曰，盜所隱器，隱盜所得器。與盜同罪，所以封汝也。行善法，故能啓疆北至汝水。疏：注行善至汝水。正義曰：文王之法，所以得天下，言行善法，所以得爲天子也。僕區之法，所以封汝，言去盜賊，所以大啓封疆也。哀十七年《傳》曰：彭仲爽，申俘也，文王以爲令尹，實縣申息，朝陳蔡，封畛於汝。是文王啓疆至汝水。若從有司，是無所執逃臣也。逃而舍之，是無陪臺也。言皆將逃。王事無乃闕乎？昔武王數紂之罪，以告諸侯曰：紂爲天下逋逃主，萃淵藪。萃，集也。天下通逃，悉以紂爲淵藪澤而歸之。數，色具反，又色主反。逋，布吴反。萃，在醉反。藪，素口反。疏：昔武至淵藪。正義曰：此在《尚書·武成》篇也。武王既克殷，歸至于豐，乃陳伐紂之事，告於諸侯。言將伐之時，以商之罪，告于皇天后土，所過名山大川曰：今商王受無道，暴殄天物，害虐烝民，爲天下逋逃主，萃淵藪。是言天下罪人逋逃者，以紂爲主，集而歸之，如魚入深淵，獸奔藪澤也。故夫致死焉。人欲致死討紂。夫音扶，又方于反。君王始求諸侯而則紂，無乃不可乎？若以二文之法取之，盜有所在矣。

又： 罕塑奔晉。韓宣子問其位於子產。問朔可使在何位。子產曰：君之羈臣，苟得容以逃死，何位之敢擇？卿違，從大夫之位，謂以禮去者，降位一等。罪人以其罪降，罪重則降多。古之制也。朔於敝邑，亞大夫也，其官，馬師也。大夫位，馬師職。獲戾而逃，唯執政所寘之。得免其死，爲惠大矣。又敢求位？宣子爲子產之敏也，使從嬖大夫。爲子產故，使降等，不以罪降。爲子，于僞反，注同。嬖，必計反。疏：使從嬖大夫。正義曰：子產數游楚云：子晳，上大夫。女，嬖大夫，不尊貴也。則曾之嬖大夫，亦是下大夫。子產云：朔，亞大夫也。今晉侯使朔爲下大夫，故杜云：爲子產故，使降一等，不以罪降。

《春秋左傳正義》卷四五《昭公九年》 周甘人與晉閻嘉争閻田。甘人，甘大夫襄也。閻嘉，晉閻縣大夫。閻，以廉反。疏：注甘人至大夫。正義曰：孔子父叔梁紇爲鄹邑之長，《論語》謂孔子爲鄹人之子，是典邑大夫，法當以邑名冠之而稱人，知此甘人即是下文甘大夫襄也。甘人是甘縣大夫，知閻嘉是晉之閻縣大夫名嘉也。甘、閻接竟，田或相侵，故共爭之。晉梁丙、張趯率陰戎伐潁。陰戎，陸渾之戎。潁，周邑。趯，他歷反。王使詹桓伯辭於晉，辭，責讓之。桓伯，周大夫。詹，之廉反。曰：我自夏以后稷，魏、駘、芮、岐、畢，吾西土也。在夏世以后稷功，受此五國爲西土之長。駘在始平武功縣所治釐城，岐在扶風美陽縣西北。夏，戶雅反，注同。駘，他來反，依字應作邰。芮，如銳反。岐，其宜反。長，丁丈反，下師長同。治，直吏反。釐，本又作漦，他來反，又音來，一音力之反。疏：注在夏至西北。正義曰：《周語》云：昔我先世后稷，以服事虞、夏。及夏之衰也，弃稷弗務，我先王不窋用失其官。案《本紀》不窋是后稷之子，繼其父業，世爲大國，故受此五國爲西土之長也。《釋例·土地名》云：魏，河東河北縣也。芮，馮翊臨晉縣芮鄉是也。畢在京兆長安縣西北。駘在武功。岐在美陽。今案其地，芮在魏之西南百餘里耳。岐在駘之西北，無百里也。《詩》稱后稷封邰，與岐、畢相近，爲之長可矣。計魏在邰東六百餘里，而令邰國與魏爲長，道路太遥。公劉居豳，又在岐西北四百餘里。此傳極言遠竟，而辭不及豳，並不知其故。及武王克商，蒲姑、商奄，吾東土也。樂安博昌縣北有蒲姑城。蒲，如字，又音薄。奄，於撿反。樂音洛。疏：及武至東土。正義曰：武王克商，光有天下，外薄四海，皆爲周地。上文既言西土，故以下唯説三方。其實西方所至，過於上文，自岐以西，猶是周竟，但不復重言之耳。服虔云：蒲姑、商奄，濱東海者也。蒲姑，齊也。商奄，魯也。二十年《傳》曰：蒲姑氏因之。定四年《傳》曰：因商奄之民，命以伯禽。巴、濮、楚、鄧，吾南土也。肅慎、燕、亳，吾北土也。肅慎，北夷，在玄菟北三千餘里。巴，必加反。燕，於賢反。亳，步各反。疏：巴濮至北土。正義曰：《土地名》云：巴，巴郡江州縣也。楚，南郡江陵縣也。鄧，義陽鄧縣也。建寧郡南有濮夷地。然則巴、楚、鄧，中夏之國，唯濮爲遠夷耳。《土地名》又云：燕國，薊縣也。亳是小國，闕，不知所在，蓋與燕相近，亦是中國也。唯肅慎遠夷。注肅慎至餘里。正義曰：《書序》云：成王既伐東夷，肅慎來賀。《魯語》云：武王克商，肅慎氏貢楛矢，韋昭云：肅慎，東北夷之國，去扶餘千里。晉之玄菟，即在遼東東北。杜言玄菟北三千里，是北夷之近東者。故杜言北夷，韋言東北夷。吾何邇封之有？邇，近也。疏：吾何邇封之有。正義曰：言我之封疆，何近之有。邇，近也。文、武、成、康之建之母弟，以蕃屏周，亦其廢隊是爲，爲後世廢隊，兄弟之國當救濟之。蕃，方元反。屏，必井反。隊，直類反，注同。爲，于僞反，注同。疏：文武至是爲。正義曰：傳稱虢仲、虢叔，王季之穆，是文王母弟也。管、蔡、郕、霍、魯、衛、毛、聃，《史記》以爲武王之母弟也。唐叔，成王之母弟也。其康王之母弟，則書傳無文。文王，周之始王，故言文王。文王未得封諸侯也。弟以同母爲親，故言母弟耳，所封非同母者亦多矣。建爲國君，所以爲藩籬，屏蔽周室，使與天子蔽鄣患難，亦其慮後世子孫，或有廢隊。王命望諸侯共救濟之，是爲此也。豈如弁髦，而因以敝之？童子垂髦始冠，必三加冠，成禮而弃其以始冠，故言弁髦因以敝之。弁，皮彦反，本又作卞。髦音毛。始冠，古亂反。疏：豈如至敝之。正義曰：豈如弁髦，因以敝之者，弁謂緇布冠，髦謂童子垂髦。凡加冠之禮，先用緇布之冠，斂括垂髦。三加之後，去緇布之冠，不復更用，故云因以敝之。今王自比，豈得將王室如緇布冠，加髦之後，不須復用，因以敝之？猶言以我王家封建晉國之後，因即弃而不事之也。注童子至冠也。正義曰：案禮，未髻之時必垂髦，故云童子垂髦也。《士冠禮》始冠緇布冠，次加皮弁，次加爵弁，是始冠必三加冠也。其記冠義云：始冠緇布之冠，冠而敝之可也。《玉藻》亦云：始冠緇布冠，自諸侯下達，冠而敝之可也。鄭玄云：本大古耳，非時王之法服也。是言本古而暫冠，既加而即弃。是禮成而弃其始冠，故云：弁髦而因以敝之也。弁有爵弁、皮弁，嫌緇布之冠不得名弁，故云弁亦冠也。《周禮》弁師掌冕，是弁爲大名也。劉炫以爲弁、髦二物，以童子垂髦爲髧彼兩髦，又云因以敝之者，謂親没不髦。案禮，加冠以後，親没以前，身既成人，猶自垂髦，何得云童子垂髦？髦既親没乃弃，杜注何以不言親没也？若三加之後，弃弁不弃髦，杜注何得云弃其始冠？故言弁、髦因以敝之，既連髦而言，明非親没之髦也。髦之形像，鄭注《士喪禮》云未聞。先王居檮杌于四裔，以禦螭魅，言檮杌，略舉四凶之一。下言四裔，則三苗在其中。檮，徒刀反。杌，五忽反。裔，以制反。禦，魚呂反。螭，勑知反。魅，本又作鬽，武冀反。疏：注言檮至其中。正義曰：文十八年《傳》稱：舜臣堯流四凶族，渾敦、窮奇、檮杌、饕餮，投諸四裔，以禦螭魅。先儒皆以爲渾敦，驩兜也；窮奇，共工也；檮杌，鯀也；饕餮，三苗也。此傳以晉率陰戎伐潁，止須言饕餮耳，而云檮杌者，略舉四凶之一耳。下言四裔，則三苗在其中可知也。若直説鯀，當言居檮杌于羽山，不須言四裔也。故允姓之姦，居于瓜州。允姓，陰戎之祖，與三苗俱放三危者。瓜州，今敦煌。姦，古顔反。瓜，古華反。敦，都門反。煌音皇。疏：注允姓至敦煌。正義曰：此言主責陰戎。知允姓，陰戎之祖也。言允姓之姦者，謂其姦邪之人，惡言之也。《尚書》云：竄三苗于三危。此言允姓居于瓜州，時同而人别，知與三苗俱放於三危也。伯父惠公歸自秦，而誘以來，僖十五年，晉惠公自秦歸。二十二年秦晉遷陸渾之戎於伊川。使偪我諸姬，入我郊甸，則戎焉取之。邑外爲郊，郊外爲甸。言戎取周郊甸之地。偪，彼力反。甸，徒遍反。焉，於虔反，又如字。疏：則戎焉取之。正義曰：焉猶何也。若不由晉，則戎何得取周之地也？注邑外至之地。正義曰：《釋地》云：邑外謂之郊。《周禮·載師》掌任土之法具敘王畿之內，遠近之次，自國中以外，有近郊、遠郊、次甸、次稍、次縣、次都，是郊外爲甸也。陸渾之戎居伊洛之間，是取周郊甸之地。戎有中國，誰之咎也？咎在晉。咎，其九反。后稷封殖天下，今戎制之，不亦難乎？后稷修封疆，殖五穀，今戎得之，唯以畜牧。殖，時力反。疆，居良反。畜，許又反，一音許六反。牧音目，又音茂。伯父圖之。我在伯父，猶衣服之有冠冕，木水之有本原，民人之有謀主也。民，人謀主，宗族之師長。疏：我在至主也。正義曰：言我周存在於伯父有益，如衣服云云。伯父若裂冠毀冕，拔本塞原，專弃謀主，雖戎狄，其何有余一人？伯父猶然，則雖戎狄，無所可責。晉率陰戎伐周邑，故云然。疏：雖戎至一人。正義曰：言伯父我親猶自如此，則雖戎狄，其何有恩義於我一人？既無恩親，侵我亦無可責。叔向謂宣子曰：文之伯也，豈能改物？言文公雖霸，未能改正朔，易服色。伯如字，又音霸。翼戴天子，而加之以共。翼，佐也。自文以來，世有衰德，而暴滅宗周，宗周，天子。以宣示其侈，諸侯之貳，不亦宜乎？且王辭直，子其圖之！宣子説。王有姻喪，外親之喪。説音悦。疏：王有姻喪。正義曰：隱元年《傳》云：士踰月，外姻至。姻是外親，故杜云外親之喪也。服虔云：婦之父曰姻。王之后喪父，於王亦有服義，故往弔。案妻父爲姻，雖有此稱，王之納后，必取諸侯之女。后之父母，不得身在京師。往弔可耳，何以得致襚也？以致襚言之，知是外親之喪耳。不知外親喪是誰死。使趙成如周弔，且致閻田與襚，襚，送死衣。襚音遂，贈死衣服。反潁俘。王亦使賓滑執甘大夫襄以説於晉。晉人禮而歸之。賓滑，周大夫。俘，方夫反。滑，乎八反，又于八反。説如字，又音悦。

《春秋左傳正義》卷四七《昭公十四年》　楚令尹子旗有德於王，不知度，有佐立之德。與養氏比，而求無厭。養氏，子旗之黨，養由基之後。比，毗志反。厭，於鹽反，本又饜，下注同。王患之。九月，甲午，楚子殺鬭成然，而滅養氏之族。使鬭辛居鄖，以無忘舊勳。辛，子旗之子鄖公辛。

又：晉邢侯與雍子爭鄐田，邢侯，楚申公巫臣之子也。雍子，亦故楚人。鄐，許六反，又超六反。疏：注邢侯至楚人。正義曰：巫人、雍子，皆故楚人也。襄二十六年《傳》稱巫臣奔晉，晉人與之邢，雍子奔晉，晉人與之鄐，則鄐是雍子之田也。邢侯，巫臣之子，而得與之爭鄐者，孔晁注《晉語》云：邢與鄐比爭疆界。久而无成。士景伯如楚，士景伯，晉理官。叔魚攝理。攝，代景伯。疏：叔魚攝理。正義曰：《晉語》云：士景伯如楚，叔魚爲贊理。孔晁云：景伯，晉理官，叔魚佐之。景伯聘楚，叔魚專斷。韓宣子命斷舊獄，罪在雍子。雍子納其女於叔魚，叔魚蔽罪邢侯。蔽，斷也。命斷，丁亂反，注同。蔽，必世反，注同，徐甫世反，王補弟反。疏：注蔽斷也。正義曰：《周禮·大司寇》云：凡庶民之獄訟，以邦成蔽之，鄭衆云：蔽之，斷其獄訟也。《尚書·康誥》云：服念五六日，至于旬時，丕蔽要囚。孔安國云：服膺思念五六日，至於十日，至於三月，乃大斷之。皆以蔽爲斷，是相傳爲説。邢侯怒，殺叔魚與雍子於朝。宣子問其罪於叔向。叔向曰：三人同罪，施生戮死可也。施，行罪也。雍子自知其罪，而賂以買直，鮒也鬻獄，邢侯專殺，其罪一也。己惡而掠美爲昏，掠，取也。昏，亂也。鬻，羊六反，賣也。掠音亮。貪以敗官爲墨，墨，不絜之稱。敗，必邁反，又如字。稱，尺證反。殺人不忌爲賊。忌，畏也。《夏書》曰：昏、墨、賊，殺。逸《書》。三者皆死刑。皋陶之刑也。請從之。乃施邢侯，而尸雍子與叔魚於市。

《春秋左傳正義》卷四九《昭公二十年》　與於青之賞，必及于其罰。何忌，齊大夫。言青若有罪，亦當並受其罰。苑，於元反。在《康誥》曰，父子兄弟，罪不相及，《尚書·康誥》疏：在康至相及。正義曰：此非《康誥》之全文，引其意而言之。其本文云：子弗祇服厥父事，大傷厥考心。于父不能字厥子，乃疾厥子。于弟弗念天顯，乃弗克恭厥兄；兄亦不念鞠子哀，大不友于弟。惟弔茲，不于我政人得罪。孔安國云：至此不孝不慈弗友不恭，不於我執政之人得罪乎！道教不至所致。又曰：文王作罰，刑茲無赦。言刑此不孝不慈之人無赦也。刑不慈者，不可刑其父又刑其子；刑不孝者，不可刑其子又刑其父。是爲父子兄弟，罪不相及。況在羣臣？

《春秋左傳正義》卷五二《昭公二十八年》　冬，梗陽人有獄，魏戊不能斷，以獄上。上魏子。斷，丁亂反。其大宗賂以女樂，訟者之大宗。魏子將受之。魏戊謂閻没、女寬二人，魏子之屬大夫。閻，以占反。曰：主以不賄聞於諸侯，若受梗陽人，賄莫甚焉。吾子必諫！皆許諾。退朝，待於庭。魏子朝君退，而待於魏子之庭。聞，如字，又音問。饋入，召之。召二大夫食。饋，求位反。比置，三歎。既食，使坐。更命之令坐。比，必利反。令，力呈反。魏子曰：吾聞諸伯叔，諺曰：唯食忘憂。吾子置食之間三歎，何也？同辭而對曰：或賜二小人酒，不夕食。或，他人也。言飢甚。饋之始至，恐其不足，是以歎。中置，自咎曰：豈將軍食之而有不足？是以再歎。魏子，中軍帥，故謂之將軍。咎，其九反。食之音嗣。帥，所類反；本又作率，同。疏：注魏子至將軍。正義曰：晉使卿爲軍將，謂之將中軍，將上軍。此以魏子將中軍，故呼爲將軍。及六國以來，遂以將軍爲官名，蓋其元起於此。及饋之畢，願以小人之腹爲君子之心，屬厭而已。屬，足也。言小人之腹飽，猶知厭足。君子之心亦宜然。屬，之玉反，注同。厭，於鹽反，又於豔反，注同。獻子辭梗陽人。傳言魏氏所以興也。

《春秋左傳正義》卷五六《定公十三年》 荀躒言於晉侯曰：君命大臣，始禍者死，載書在河。爲盟書沈之河。躒，力狄反。沈，如字，又音鴆。今三臣始禍，而獨逐鞅，刑已不鈞矣。請皆逐之。

（宋）劉恕《資治通鑑外紀》卷六《周紀四·定王》 莊王之法曰：羣臣入朝，至門，馬蹄踐霤者，斬其輈而戮其御。太子犯令，廷理斬輈戮御。太子怒，入見王，泣曰：爲我誅廷理。王曰：立法從令，所以尊敬宗廟。前有老主而不踰，後有儲主而不屬。真吾守法之臣也，益爵二級。此《説苑·正諫》文。首句作：楚莊王有茅門之法。

（宋）鄭樵《通志》卷九二《列傳·管仲》 桓公使魯人殺子糾，召忽死之，管仲請囚。桓公使鮑叔爲宰，辭曰：君之庸臣也，君加惠於臣，使不凍餒，則是君之賜也。若必治國家者，則非臣之所能也，其唯管夷吾乎。臣之所不如夷吾者五：寬惠柔民，弗若也；治國家不失其柄，弗若也；忠信可結於百姓，弗若也；制禮義可法於四方，弗若也；執枹鼓立於軍門，使百姓皆加勇焉，弗若也。桓公曰：夫夷吾射寡人中鉤，是以濵於死。鮑叔對曰：夫爲其君勤也，君若宥而反之，夫猶是也。

（宋）鄭樵《通志》卷九二《列傳·鬬子文》 初，子文爲令尹，其族有干法者，廷理拘之，聞其令尹之族也，遂釋之。子文讓之曰：凡立廷理所以司法也，故直士持法，柔而不撓，剛而不折。吾爲令尹以率士民，惑怨，吾而不能勉之於法。吾族之犯法甚明，而使廷理因緣吾心而釋之，是吾不忠著於國也。執國之政，而以私聞與其生，以無義不若有死而已。廷理懼而刑之。成王聞之，不及履而至子文之室，曰：寡人幼，至廷理失其人，以違夫子之意。乃出。

《國語》卷四《魯語上》 莒太子僕弒紀公，以其寶來奔。宣公使僕人以書命季文子曰：夫莒太子不憚以吾故殺其君，而以其寶來，其愛我甚矣。爲我予之邑。今日必授，無逆命矣。里革過之而更其書曰：夫莒太子殺其君而竊其寶來，不識窮固又求自邇，爲我流於夷。今日必通，無逆命矣。明日，有司復命，公詰之，僕人以里革對。公執之，曰：違君命者，女亦聞之乎？對曰：臣以死奮筆，奚啻其聞之也！臣聞之曰：毁則者爲賊，掩賊者爲藏，竊寶者爲宄，用宄之財者爲姦，使君爲藏姦者，不可不去也。臣違君命者，亦不可不殺也。公曰：寡人實貪，非子之罪。乃舍之。

《史記》卷六《秦始皇本紀》 侯生盧生相與謀曰：始皇爲人，天性剛戾自用，起諸侯，并天下，意得欲從，以爲自古莫及己。專任獄吏，獄吏得親幸。博士雖七十人，特備員弗用。丞相諸大臣皆受成事，倚辨於上。上樂以刑殺爲威，天下畏罪持禄，莫敢盡忠。上不聞過而日驕，下懾伏謾欺以取容。秦法，不得兼方不驗，輒死。然候星氣者至三百人，皆良士，畏忌諱諛，不敢端言其過。天下之事無小大皆決於上，上至以衡石量書，日夜有呈，不中呈不得休息。貪於權勢至如此，未可爲求仙藥。於是乃亡去。始皇聞亡，乃大怒曰：吾前收天下書不中用者盡去之。悉召文學方術士甚衆，欲以興太平，方士欲練以求奇藥。今聞韓衆去不報，徐市等費以巨萬計，終不得藥，徒姦利相告日聞。盧生等吾尊賜之甚厚，今乃誹謗我，以重吾不德也。諸生在咸陽者，吾使人廉問，或爲訞言以亂黔首。於是使御史悉案問諸生，諸生傳相告引，乃自除犯禁者四百六十餘人，皆阬之咸陽，使天下知之，以懲後。益發謫徙邊。始皇長子扶蘇諫曰：天下初定，遠方黔首未集，諸生皆誦法孔子，今上皆重法繩之，臣恐天下不安。唯上察之。始皇怒，使扶蘇北監蒙恬於上郡。

又： 於是二世乃遵用趙高，申法令。乃陰與趙高謀曰：大臣不服，官吏尚彊，及諸公子必與我爭，爲之柰何？高曰：臣固願言而未敢也。先帝之大臣，皆天下累世名貴人也，積功勞世以相傳久矣。今高素小賤，陛下幸稱舉，令在上位，管中事。大臣鞅鞅，特以貌從臣，其心實不服。今上出，不因此時案郡縣守尉有罪者誅之，上以振威天下，下以除去上生平所不可者。今時不師文而決於武力，願陛下遂從時毋疑，即羣臣不及謀。明主收舉餘民，賤者貴之，貧者富之，遠者近之，則上下集而國安矣。二世曰：善。乃行誅大臣及諸公子，以罪過連逮少近官三郎，無得立者，而六公子戮死於杜。公子將閭昆弟三人囚於內宮，議其罪獨後。二世使使令將閭曰：公子不臣，罪當死，吏致法焉。將閭曰：闕廷之禮，吾未嘗敢不從賓贊也；廊廟之位，吾未嘗敢失節也；受命應對，吾未嘗敢失辭也。何謂不臣？願聞罪而死。使者曰：臣不得與謀，奉書從事。

將閭乃仰天大呼天者三，曰：天乎！吾無罪！昆弟三人皆流涕拔劍自殺。宗室振恐。羣臣諫者以爲誹謗，大吏持禄取容，黔首振恐。

《史記》卷三〇《平準書》 而大農顔異誅。初，異爲濟南亭長，以廉直稍遷至九卿。上與張湯既造白鹿皮幣，問異。異曰：今王侯朝賀以蒼璧，直數千，而其皮薦反四十萬，本末不相稱。天子不説。張湯又與異有卻，及有人告異以它議，事下張湯治異。異與客語，客語初令下有不便者，異不應，微反脣。湯奏當異九卿見令不便，不入言而腹誹，論死。自是之後，有腹誹之法（以此）〔比〕，而公卿大夫多諂諛取容矣。

又：自公孫弘以《春秋》之義繩臣下取漢相，張湯用峻文決理爲廷尉，於是見知之法生，而廢格沮誹窮治之獄用矣。其明年，淮南、衡山、江都王謀反迹見，而公卿尋端治之，竟其黨與，而坐死者數萬人，長吏益慘急而法令明察。

《史記》卷五一《荆燕世家》 至孫定國，與父康王姬姦，生子男一人。奪弟妻爲姬。與子女三人姦。定國有所欲誅殺臣肥如令郢人，郢人等告定國，定國使謁者以他法劾捕格殺郢人以滅口。至元朔元年，郢人昆弟復上書具言定國陰事，以此發覺。詔下公卿，皆議曰：定國禽獸行，亂人倫，逆天，當誅。上許之。定國自殺，國除爲郡。

《史記》卷一一八《淮南衡山列傳》 丞相臣張倉、典客臣馮敬、行御史大夫事宗正臣逸、廷尉臣賀、備盜賊中尉臣福昧死言：淮南王長廢先帝法，不聽天子詔，居處無度，爲黄屋蓋乘輿，出入擬於天子，擅爲法令，不用漢法。及所置吏，以其郎中春爲丞相，聚收漢諸侯人及有罪亡者，匿與居，爲治家室，賜其財物爵禄田宅，爵或至關内侯，奉以二千石，所不當得，欲以有爲。大夫但、士五開章等七十人與棘蒲侯太子奇謀反，欲以危宗廟社稷。使開章陰告長，與謀使閩越及匈奴發其兵。開章之淮南見長，長數與坐語飲食，爲家室娶婦，以二千石俸奉之。開章使人告但，已言之王。春使使報但等。吏覺知，使長安尉奇等往捕開章。長匿不予，與故中尉蕑忌謀，殺以閉口。爲棺槨衣衾，葬之肥陵邑。謾吏曰：不知安在。又詳聚土，樹表其上，曰：開章死，埋此下。及長身自賊殺無罪者一人；令吏論殺無罪者六人；爲亡命弃市罪詐捕命者以除罪；擅罪人，罪人無告劾，繫治城旦舂以上十四人，赦免罪人，死罪十八人，城旦舂以下五十八人；賜人爵關内侯以下九十四人。前日長病，陛下憂苦之，使使者賜書、棗脯。長不欲受賜，不肯見拜使者。南海民處廬江界中者反，淮南吏卒擊之。陛下以淮南民貧苦，遣使者賜長帛五千匹，以賜吏卒勞苦者。長不欲受賜，謾言曰：無勞苦者。南海民王織上書獻璧皇帝，忌擅燔其書，不以聞。吏請召治忌，長不遣，謾言曰：忌病。春又請長，願入見，長怒曰：女欲離我自附漢。長當弃市，臣請論如法。制曰：朕不忍致法於王，其與列侯二千石議。臣倉、臣敬、臣逸、臣福、臣賀昧死言：臣謹與列侯吏二千石臣嬰等四十三人議，皆曰：長不奉法度，不聽天子詔，乃陰聚徒黨及謀反者，厚養亡命，欲以有爲。臣等議論如法。制曰：朕不忍致法於王，其赦長死罪，廢勿王。臣倉等昧死言：長有大死罪，陛下不忍致法，幸赦，廢勿王。臣請處蜀郡嚴道邛郵，遣其子母從居，縣爲築蓋家室，皆廩食給薪菜鹽豉炊食器席蓐。臣等昧死請，請布告天下。制曰：計食長給肉日五斤，酒二斗。令故美人才人得幸者十人從居。他可。盡誅所與謀者。於是乃遣淮南王，載以輜車，令縣以次傳。是時袁盎諫上曰：上素驕淮南王，弗爲置嚴傅相，以故至此。且淮南王爲人剛，今暴摧折之，臣恐卒逢霧露病死，陛下爲有殺弟之名，柰何！上曰：吾特苦之耳，今復之。縣傳淮南王者皆不敢發車封。淮南王乃謂侍者曰：誰謂乃公勇者？吾安能勇！吾以驕故不聞吾過至此。人生一世間，安能邑邑如此！乃不食死。至雍，雍令發封，以死聞。上哭甚悲，謂袁盎曰：吾不聽公言，卒亡淮南王。盎曰：不可柰何，願陛下自寬。上曰：爲之柰何？盎曰：獨斬丞相、御史以謝天下乃可。上卽令丞相、御史逮考諸縣傳送淮南王不發封餽侍者，皆弃市。乃以列侯葬淮南王於雍，守冢三十戶。

又：吏因捕太子、王后，圍王宮，盡求捕王所與謀反賓客在國中者，索得反具以聞。上下公卿治，所連糾與淮南王謀反列侯二千石豪傑數千人，皆以罪輕重受誅。衡山王賜，淮南王弟也，當坐收，有司請逮捕衡山王。天子曰：諸侯各以其國爲本，不當相坐。與諸侯王列侯會肄丞相諸侯議。趙王彭祖、列侯臣讓等四十三人議，皆曰：淮南王安甚大逆無道，謀反明白，當伏誅。膠西王臣端議曰：淮南王安廢法行邪，懷詐僞心，以亂天下，熒惑百姓，倍畔宗廟，妄作妖言。《春秋》曰：臣無將，將而誅。安罪重於將，謀反形已定。臣端所見其書節印圖及他逆無道事驗明白，甚大逆無道，當伏其法。而論國吏二百石以上及比者，宗室近幸臣不在法中者，不能相教，當皆免官削爵爲士伍，毋得宦爲吏。其非吏，他贖死金二斤八兩。以章臣安之罪，使天下明知臣子之道，毋敢復有邪僻倍畔之意。丞相弘、廷尉湯等以聞，天子使宗正以符節治王。未至，淮南王安自剄殺。王后荼、太子遷諸所與謀反者皆族。天子以伍被雅辭多引漢之美，欲勿誅。廷尉湯曰：被首爲王畫反謀，被罪無赦。遂誅被。國除爲九江郡。

《漢書》卷五《景帝紀》　後元年春正月，詔曰：獄，重事也。人有智愚，官有上下。獄疑者讞有司。有司所不能決，移廷尉。有令讞而後不當，讞者不爲失。欲令治獄者務先寬。三月，赦天下，賜民爵一級，中二千石諸侯相爵右庶長。夏，大酺五日，民得酤酒。

《漢書》卷四二《張蒼傳》　二年，鼂錯爲內史，貴幸用事，諸法令多所請變更，議以適罰侵削諸侯。而丞相嘉自絀，所言不用，疾錯。錯爲內史，門東出，不便，更穿一門，南出。南出者，太上皇廟堧垣也。嘉聞錯穿宗廟垣，爲奏請誅錯。客有語錯，錯恐，夜入宮上謁，自歸上。至朝，嘉請誅內史錯。上曰：錯所穿非真廟垣，乃外堧垣，故冗官居其中，且又我使爲之，錯無罪。罷朝，嘉謂長史曰：吾悔不先斬錯乃請之，爲錯所賣。至舍，因歐血而死。

（宋）鄭樵《通志》卷一〇《晉紀・武帝》　六月甲申朔，詔：郡國守相巡行屬縣，見長吏，觀風俗，協禮律，考度量，存問耆老，親見百年。録囚徒，理冤枉，察政刑得失，敦喻五教，勸務農功，勉勵學者，思勤正典，無為百家庸末，致遠必泥。士庶有好學篤道、孝悌忠信、清白異行者，舉而進之；有不孝不悌、不率禮法，糾而罪之。若長吏廉直不飾名譽者，及貪穢諂黷公節不立者，並謹察之。

（宋）鄭樵《通志》卷一一《晉紀・前廢帝》　秋九月戊辰，詔：定黥刖之制。有司奏：自今凡刼竊執官仗、拒戰邏司、攻剽亭寺及傷害吏人，并監司將吏自為刼，皆不限人數，悉依舊制斬刑。若遇赦，黥及兩相刼字，斷去兩脚筋，徙付交、梁、寧州。五人以下止相逼奪者，亦依黥作刼字，斷去兩脚筋，徙付遠州。若遇赦，原斷徙猶黥面，依舊捕治，亡，家口應及坐，悉依舊結讁。及上崩，其例乃寢。

（宋）鄭樵《通志》卷七八《宗室傳・淮南厲王長》　下公卿治，所連引與淮南王謀反列侯、二千石、豪桀數千人，皆以罪輕重受誅。衡山王賜，淮南王弟，當坐收。有司請逮捕衡山王，上曰：諸侯各以其國為本，不當相坐。與諸侯王列侯議。趙王彭祖、列侯讓等四十三人，皆曰：淮南王安大逆無道，謀反明白，當伏誅。膠西王端議曰：安廢法度，行邪辟，有詐偽心，以亂天下，營惑百姓，背畔宗廟，妄作妖言。《春秋》曰：臣毋將，將而誅。安罪重於將，謀反形已定。臣端所見其書印圖及他逆亡道事驗明白，當伏法。論國吏二百石以上及比者，宗室近幸臣不在法中者，不能相教，皆當免，削爵為士伍，毋得官為吏。其非吏，他贖死金二斤八兩，以章安之罪，使天下明知臣子之道，毋敢復有邪僻背畔之意。

（宋）鄭樵《通志》卷八一《宗室傳・臨川烈武王道規》　元嘉中，為丹陽尹，有百姓黄初妻趙殺子婦遇赦，應避孫讎。義慶議以為《周禮》父母之仇，避之海外，蓋以莫大之冤，理不可奪。至於骨肉相殘，當求之法外。禮有過失之宥，律無讎祖之文。況趙之縱暴，本由於酒，論心即實，事盡荒耄。豈得以荒耄之王母，等行路之深讎，宜共天同域，無虧孝道。

（宋）鄭樵《通志》卷八一《宗室傳・彭城王義康》　二十二年，太子詹事范曄等謀反，事連義康。有司奏收付法罪。詔特宥大辟，并子女並免為庶人，絶屬籍，徙安成郡。義康在安成讀《漢史》，見淮南厲王長事，廢書歎曰：前代乃有此，我得罪為宜也。

（清）周爾吉《歷朝折獄纂要》卷五《判產・奉使者》　漢朝有富民張老者，妻生一女無子，贅某甲於家。久之妾生子，名一飛，育四歲而張老卒。張病時，謂壻曰：妾子不足任吾財，當畀汝夫婦，爾但養彼母子，不死溝壑，即汝陰德矣。於是出券書云：張一，非吾子也。家財盡與吾壻，外人不得爭奪。壻乃據有張業不疑。後妾子壯，告官求分，壻以券呈，官遂置不問。他日奉使者至，妾子復訴，壻仍前赴證。奉使者因更其句讀曰：張一飛，吾子也，家財盡與。吾壻外人，不得爭奪。曰：爾岳父明謂外人，爾尚敢有其業耶？詭書飛作非者，慮彼幼為爾害耳，於是將家財斷給妾子，人稱快焉。

宰相須用讀書人，况爲民父母？此案張老暗設機心，非奉使者看破，更其句讀，則用心枉然，問官之宜讀書明矣。

（清）周爾吉《歷朝折獄纂要》卷五《判產・遺書授劍》 前漢沛郡有富翁，家貲十餘萬。子纔五歲，失其母，有女適人，甚不賢。翁病，因即遺書，悉以財屬女，但遺一劍，云兒年十五以付之。後其女並不與劍，兒詣郡陳訴。太守何武録女及壻，省其手書，顧謂椽吏曰：此人因女性强梁，壻復貪鄙，畏殘害其兒。又計兒小得此財，不能全獲，故且與女，實守之耳。夫劍者所以决斷，限年十五者，度其子智力足以自居，又度此女不還其劍，如此轉展，其思慮深遠，如是哉！悉奪取其財與兒曰：悍女惡壻温飽十年，亦已足矣。但以經理十年，不無微勞，再分以家財十分之一，論者大服。

財歸富兒，本屬正斷，但其壻女，代爲經理，不為他人佔奪，亦屬有功。寬其强據之罪，録其保守之勞，稍予賙恤，猶見平允。

《南史》卷四〇《薛安都傳》 安都既回馬，元景復呼之令下馬入車，因讓之曰：卿從弟服章言論與寒細不異，且人身犯罪，理應加罰。卿爲朝廷勳臣，云何放恣，輒於都邑殺人。非惟科律所不容，主上亦無辭相宥。因載俱歸，安都乃止。其年以憚直免官。

《魏書》卷六《顯祖紀》 五年春三月乙亥，詔曰：天安以來，軍國多務，南定徐方，北掃遺虜。征戍之人，亡竄非一，雖罪合刑書，每加哀宥。然寬政猶水，逋逃遂多。宜申明典刑，以肅姦僞。自今諸有逃亡之兵及下代守宰浮游不赴者，限六月三十日悉聽歸首，不首者，論如律。

《魏書》卷四八《高允傳》 魏初法嚴，朝士多見杖罰。允歷事五帝，出入三省，五十餘年，初無譴咎。初，真君中以獄訟留滯，始令中書以經義斷諸疑事。允據律評刑，三十餘載，内外稱平。允以獄者民之命也，常歎曰：臯陶至德也，其後英蓼先亡，劉項之際，英布黥而王。經世雖久，猶有刑之餘釁。況凡人无咎乎？

（宋）鄭樵《通志》卷五四《職官略・大理卿》 正。秦置廷尉正，漢因之，後漢一人，魏謂正監平為廷尉，制服，獬豸冠，介幘，皂衣，銅印，墨綬。歷代皆有。隋開皇三年，增為四員。煬帝增為六員。唐二人，通判寺事。龍朔二年改為詳刑大夫。咸亨初復舊。臣謹按：魏司馬芝為大理正，有盗官練置都厠上者，吏疑女工，收以付獄。芝曰：贓物先得，而後訊其辭，若不勝掠，或至誣服。誣服之情，不可以折獄。且簡而易從，大人之化也。不失有罪，庸世之理耳。魏武從之。

《北史》卷一八《景穆十二王傳下・安定王》 孝文親行諸軍，遇休以三盗人徇六軍，將斬之，有詔赦之。休執曰：不斬何以息盗？詔曰：王者之體，亦時有非常之澤，雖違軍法，可特原之。

《北史》卷四一《楊播傳》 出除岐州刺史，津巨細躬親，孜孜不倦。有武功人齎絹三匹，去城十里，爲賊所劫。時有使者馳驛而至，被劫人因以告之。使者到州，以狀白津。津乃下教，云有人著某色衣，乘某色馬，在城東十里被殺，不知姓名。若有家人，可速收視。有一老母行哭而出，云是己子。於是遣騎追收，并絹俱獲。自是闔境畏服。至於守令僚佐有濁貨者，未曾公言其罪，常以私書切責之。於是官屬威厲，莫有犯法者。以母憂去職。

《北史》卷五一《神武諸子傳・彭城王》 武定六年，出爲滄州刺史。爲政嚴察，部内肅然。守令參佐，下及胥吏，行游往來，皆自齎糧食。潡纖介知人問事，有濕沃縣主簿張達，嘗詣州，夜投人舍食雞羹，潡察知之。守令畢集，潡對衆曰：食雞羹何不還他價直也？達即伏罪，合境號爲神明。又有一人從幽州來，驢馱鹿脯，至滄州界，脚痛行遲，偶會一人爲伴，遂盗驢及脯去。明旦告州，潡乃令左右及府僚吏分市鹿脯，不限其價。其主見脯議之，推獲盗者。轉都督、定州刺史。時有人被盗黑牛，背上有白毛。長史韋道建謂中從事魏道勝曰：使君在滄州日，禽姦如神。若捉得此賊，定神矣。潡乃詐爲上符，市牛皮，倍酬價直。使牛主認之，因獲其盗。建等歎服。又有老母姓王，孤獨，種菜三畝，數被偷。潡乃令人密往書菜葉爲字，明日，市中看菜葉有字，獲賊。爾後境内無盗，政化爲當時第一。

《北史》卷八七《酷吏傳・李洪之》 後為使持節、安南將軍、秦益二州刺史。至任，設禁姦之制。有带刃行者，罪與劫同。輕重品格，各有條章。於是大饗州中豪傑長老，示之法制。乃夜密遣騎分部覆諸要路，有犯禁者，輒捉送州，宣告斬决。

（北魏）崔鴻《十六國春秋》卷四《前秦録九・苻融》　司隷校尉，京兆人董豐，游學三年而返，過宿妻家。是夕，妻爲賊所殺，妻兄疑豐殺之，送豐有司。豐不堪楚掠，誣引殺妻，融察而異之，問曰：汝行往還，頗有怪異，及卜筮否？豐曰：初將發，夜夢乘馬南渡水，反而北渡，復自北而南，馬停水中，鞭策不去，俯而視之，見兩日在於水下，馬左白而濕，右黑而燥。寤而心悸，竊以爲不祥。還之，夜復夢如初。問之筮者，筮者云：憂獄訟，遠三枕，避三沐。既至，妻爲具沐，夜授豐枕。豐憶筮者之言，皆不從之。妻乃自沐，枕枕而寢。融曰：吾知之矣。《周易》坎爲水，離爲馬，乘馬南渡，旋北而南者，從坎至離三爻同變，變而成離，離爲中女，坎爲中男，兩日，二夫之象。坎爲執法吏，吏詰其夫，婦人被流血而死。坎二陰一陽，離二陽一陰，相承易位。離下坎上，既濟，文王遇之，囚羑里，有禮而生，無禮而死。馬左而濕，濕，水也。左水右馬，馮字也。兩日，昌字也，其馮昌殺之乎？於是推驗，獲昌而詰之。昌具首服曰：本與其婦謀殺董豐，期以新沐，枕枕爲驗，是以誤中婦人。

《隋書》卷二五《刑法志》　高祖性猜忌，素不悦學，既任智而獲大位，因以文法自矜，明察臨下。恒令左右覘視內外，有小過失，則加以重罪。又患令史贓污，因私使人以錢帛遺之，得犯立斬。每於殿廷打人，一日之中，或至數四。嘗怒問事揮楚不甚，卽命斬之。十年，尚書左僕射高熲、治書侍御史柳彧等諫，以爲朝堂非殺人之所，殿庭非决罰之地。帝不納。熲等乃盡詣朝堂請罪，曰：陛下子育羣生，務在去弊，而百姓無知，犯者不息，致陛下决罰過嚴。皆臣等不能有所裨益，請自退屏，以避賢路。帝於是顧謂領左右都督田元曰：吾杖重乎？元曰：重。帝問其狀，元舉手曰：陛下杖大如指，棰楚人三十者，比常杖數百，故多致死。帝不懌，乃令殿內去杖，欲有决罰，各付所由。後楚州行參軍李君才上言，帝寵高熲過甚，上大怒，命杖之，而殿內無杖，遂以馬鞭笞殺之。自是殿內復置杖。未幾怒甚，又於殿庭殺人，兵部侍郎馮基固諫，帝不從，竟於殿庭行决。帝亦尋悔，宣慰馮基，而怒羣僚之不諫者。十二年，帝以用律者多致踳駮，罪同論異。詔諸州死罪不得便决，悉移大理案覆，事盡然後上省奏裁。十三年，改徒及流並爲配防。十五年制，死罪者三奏而後决。十六年，有司奏合川倉粟少七千石，命斛律孝卿鞫問其事，以爲主典所竊。復令孝卿馳驛斬之，没其家爲奴婢，鬻粟以填之。是後盗邊糧者，一升已上皆死，家口没官。上又以典吏久居其職，肆情爲姦。諸州縣佐史，三年一代，經任者不得重居之。十七年，詔又以所在官人，不相敬憚，多自寬縱，事難克舉。諸有殿失，雖備科條，或據律乃輕，論情則重，不卽决罪，無以懲肅。其諸司屬官，若有愆犯，聽於律外斟酌决杖。於是上下相驅，迭行棰楚，以殘暴爲幹能，以守法爲懦弱。是時帝意每尚慘急，而姦回不止，京市白日，公行掣盗，人間强盗，亦往往而有。帝患之，問羣臣斷禁之法。楊素等未及言，帝曰：朕知之矣。詔有能糾告者，没賊家産業，以賞糾人。時月之間，內外寧息。其後無賴之徒，候富人子弟出路者，而故遺物於其前，偶拾取則擒以送官，而取其賞。大抵被陷者甚衆。帝知之，乃命盗一錢已上皆棄市。行旅皆晏起早宿，天下懔懔焉。此後又定制，行署取一錢已上，聞見不告言者，坐至死。自此四人共盗一榱桶，三人同竊一瓜，事發卽時行决。有數人劫執事而謂之曰：吾豈求財者邪？但爲枉人來耳。而爲我奏至尊，自古以來，體國立法，未有盗一錢而死也。而不爲我以聞，吾更來，而屬無類矣。帝聞之，爲停盗取一錢棄市之法。帝嘗發怒，六月棒殺人。大理少卿趙綽固争曰：季夏之月，天地成長庶類。不可以此時誅殺。帝報曰：六月雖曰生長，此時必有雷霆。天道既於炎陽之時，震其威怒，我則天而行，有何不可。遂殺之。大理掌固來曠上封事，言大理官司恩寬。帝以曠爲忠直，遣每旦於五品行中參見。曠又告少卿趙綽濫免徒囚，帝使信臣推驗，初無阿曲。帝又怒曠，命斬之。綽因固争，以爲曠不合死。帝乃拂衣入閤，綽又矯言，臣更不理曠，自有他事未及奏聞。帝命引入閤，綽再拜請曰：臣有死罪三。臣爲大理少卿，不能制馭掌固，使曠觸挂天刑，死罪一也。囚不合死，而臣不能死争，死罪二也。臣本無他事，而妄言求入，死罪三也。帝解顏。會獻皇后在坐，帝賜綽二金盃酒，飲訖，并以盃賜之。曠因免死，配徒廣州。帝以年齡晚暮，尤崇尚佛道，又素信鬼神。二十年，詔沙門道士壞佛像天尊，百姓壞岳瀆神像，皆以惡逆論。帝猜忌，二朝臣僚，用法尤峻。御史監師，於元正日不劾武官衣劍之不齊者，或以白帝，帝謂之曰：爾爲御史，何縱捨自由。命殺之。諫議大夫毛思祖諫，又殺之。左領軍府長史考校不平，將作寺丞以諫麥䴷遲晚，武庫令以署庭荒蕪，獨孤師以受蕃客鸚鵶，帝察知，並親臨斬決。仁壽中，用法益峻，帝既喜怒不恒，不復依準科律。時楊素正被委任。素又禀性高下，公卿股慄，不敢措言。素於鴻臚少卿陳延不平，經蕃客館，庭中有馬屎，又庶僕氈上樗蒲。旋以白帝，帝大怒曰：主客令不灑掃庭內，掌固以私戲污敗官氈，罪狀何以加此。皆於西市棒殺，而榜棰陳延，殆至於斃。大理寺丞楊遠、劉子通等，性愛深文，每隨牙奏獄，能承順帝旨。帝大悅，並遣於殿庭三品行中供奉，每有詔獄，專使主之。候帝所不快，則案以重抵，無殊罪而死者，不可勝原。遠又能附楊素，每於塗中接候，而以囚名白之，皆隨素所爲輕重。其臨終赴市者，莫不塗中呼枉，仰天而哭。越公素侮弄朝權，帝亦不之能悉。

煬帝卽位，以高祖禁網深刻，又敕修律令，除十惡之條。時斗稱皆小舊二倍，其贖銅亦加二倍爲差。杖百則三十斤矣。徒一年者六十斤，每等加三十斤爲差，三年則一百八十斤矣。流無異等，贖二百四十斤。二死同贖三百六十斤。其實不異。開皇舊制，釁門子弟，不得居宿衛近侍之官。先是蕭巖以叛誅，崔君綽坐連庶人勇事，家口籍没。巖以中宮故，君綽緣女入宮愛幸，帝乃下詔革前制曰：罪不及嗣，既弘至孝之道，恩由義斷，以勸事君之節。故羊鮒從戮，彌見叔向之誠，季布立勳，無預丁公之禍，用能樹聲往代，貽範將來。朕虛己爲政，思遵舊典，推心待物，每從寬政。六位成象，美厥含弘，一眚掩德，甚非謂也。諸犯罪被戮之門，期已下親，仍令合仕，聽預宿衛近侍之官。三年，新律成。凡五百條，爲十八篇。詔施行之，謂之《大業律》：一曰名例，二曰衛宫，三曰違制，四曰請求，五曰戶，六曰婚，七曰擅興，八曰告劾，九曰賊，十曰盜，十一曰鬭，十二曰捕亡，十三曰倉庫，十四曰廄牧，十五曰關市，十六曰雜，十七曰詐僞，十八曰斷獄。其五刑之內，降從輕典者，二百餘條。其枷杖決罰訊囚之制，並輕於舊。是時百姓久厭嚴刻，喜於刑寬。後帝乃征四夷，內窮嗜慾，兵革歲動，賦斂滋繁。有司皆臨時迫脅，苟求濟事，憲章遐棄，賄賂公行，窮人無告，聚爲盜賊。帝乃更立嚴刑，勑天下竊盜已上，罪無輕重，不待聞奏，皆斬。百姓轉相羣聚，攻剽城邑，誅罰不能禁。帝以盜賊不息，乃益肆淫刑。九年，又詔爲盜者籍没其家。自是羣賊大起，郡縣官人，又各專威福，生殺任情矣。及楊玄感反，帝誅之，罪及九族。其尤重者，行轘裂梟首之刑。或磔而射之，命公卿已下，臠噉其肉。百姓怨嗟，天下大潰，及恭帝卽位，獄訟有歸焉。

《隋書》卷五〇《李安傳》 安叔父梁州刺史璋，時在京師，與周逍王謀害高祖，誘悊爲內應。悊謂安曰：寢之則不忠，言之則不義，失忠與義，何以立身？安曰：丞相父也，其可背父？遂陰白之。及趙王等伏誅，將加官賞，安頓首而言曰：兄弟無汗馬之勞，過蒙獎擢，合門竭節，無以酬謝。不意叔父無狀，爲凶黨之所蠱惑，覆宗絶嗣，其甘若薺。蒙全首領，爲幸實多，豈可將叔父之命以求官賞？於是俯伏流涕，悲不自勝。高祖爲之改容曰：我爲汝特存璋子。乃命有司罪止璋身，高祖亦爲安隱其事而不言。

《隋書》卷六六《源師傳》 煬帝卽位，拜大理少卿。帝在顯仁宮，勑宮外衛士不得輒離所守。有一主帥，私令衛士出外，帝付大理繩之。師據律奏徒，帝令斬之，師奏曰：此人罪誠難恕，若陛下初便殺之，自可不關文墨。既付有司，義歸恒典，脱宿衛近侍者更有此犯，將何以加之？帝乃止。

《舊唐書》卷五二《后妃傳・穆宗貞獻皇后蕭氏》 開成四年，昭義節度使劉從諫上章，論蕭本僞稱太后弟，云：今自上及下，異口同音，皆言蕭弘是真，蕭本是僞。請追蕭弘赴闕，與本證明。若含垢於一時，終取笑於千古。遂詔御史中丞高元裕、刑部侍郎孫簡、大理卿崔鄑三司按弘、本之獄，具，並僞。詔曰：

恭以皇太后族望，承齊、梁之後，僑寓流滯，久在閩中。慶靈鍾集，早歸椒掖，終鮮兄弟，常所咨嗟。朕自臨御已來，便遣尋訪，冀得諸舅，以慰慈顔。而姦濫之徒，探我情抱，因緣州里之近，附會祖先之名，覬幸我國恩，假託我外族。蕭洪之惡迹未遠，蕭本之覆轍相尋，弘之本末，尤更乖戾。三司推鞫，曾無似是之蹤；宰臣參驗，見其難容之狀。文款繼入，留中久之。朕於視膳之時，頻有咨稟，恭聞處分，惟在真實。丐沐墮桑，既無可驗；鑿空作僞，豈得更容。據其罪狀，合當極法，尚爲含忍，投之荒裔。蕭本除名，長流愛州；簫弘配流儋州。

《舊唐書》卷一九〇上《文苑傳上・張蘊古》 初，河內人李好德，素有風疾，而語涉妄妖。蘊古究其獄，稱好德癲病有徵，法不當坐。治書侍御史權萬紀劾蘊古家住相州，好德之兄厚德爲其刺史，情在阿縱，奏事不實。太宗大怒，曰：小子乃敢亂吾法耶！令斬於東市。太宗尋悔，因發制，凡决死者，命所司五覆奏，自蘊古始也。

《新唐書》卷五四《食貨志四》　二十二年，宰相張九齡建議：古者以布帛菽粟不可尺寸抄勺而均，乃爲錢以通貿易。官鑄所入無幾，而工費多，宜縱民鑄。議下百官，宰相裴耀卿、黄門侍郎李林甫、河南少尹蕭炅、祕書監崔沔皆以爲嚴斷惡錢則人知禁，税銅折役則官冶可成，計估度庸則私錢以利薄而自息。若許私鑄，則下皆棄農而競利矣。左監門衛録事參軍事劉秩曰：今之錢，古之下幣也。若捨之任人，則上無以御下，下無以事上，不可一也。物賤傷農，錢輕傷賈，物重則錢輕，錢輕由乎物多，多則作法收之使少，物少則作法布之使輕，奈何假人？不可二也。鑄錢不雜鉛鐵則無利，雜則錢惡。今塞私鑄之路，人猶冒死，况設陷穽誘之？不可三也。鑄錢無利則人不鑄，有利則去南畝者衆，不可四也。人富則不可以賞勸，貧則不可以威禁。法不行，人不理，繇貧富不齊。若得鑄錢，貧者服役於富室，富室乘而益恣，不可五也。夫錢重繇人日滋於前，而鑪不加舊。公錢與銅價頗等，故破重錢爲輕錢，銅之不贍，在採用者衆也。銅之爲兵不如鐵，爲器不如漆。禁銅則人無所用，盜鑄者少，公錢不破，人不犯死，錢又日增，是一舉而四美兼也。是時公卿皆以縱民鑄爲不便，於是下詔禁惡錢而已。信安郡王禕復言國用不足，請縱私鑄，議者皆畏禕帝弟之貴，莫敢與抗，獨倉部郎中韋伯陽以爲不可，禕議亦格。

《新唐書》卷一一五《狄仁傑傳》　時民多脅從於賊，賊已去，懼誅，逃匿。仁傑上疏曰：議者以爲虜入寇，始明人之逆順，或迫脅，或願從，或受僞官，或爲招慰。誠以山東之人重氣，一往死不爲悔。比緣軍興，調發煩重，傷破家産，剔屋賣田，人不爲售。又官吏侵漁，州縣科役，督趣鞭笞，情危事迫，不循禮義，投跡犬羊，以圖賒死，此君子所愧，而小人之常。民猶水也，壅則爲淵，疏則爲川，通塞隨流，豈有常性。昔董卓之亂，神器播越，卓已誅禽，部曲無赦，故事窮變生，流毒京室。此由恩不溥洽，失在機先。今負罪之伍，潛竄山澤，赦之則出，不赦則狂。山東羣盜，緣茲聚結。故臣以爲邊鄙暫警不足憂，中土不寧可爲慮也。夫持大國者不可以小治，事廣者不可以細分。人主所務，弗檢常法。願曲赦河北，一不問罪。詔可。

《新唐書》卷一三一《宗室宰相傳・李峴》　初，東京平，陳希烈等數百人待罪，議者將悉抵死，帝意亦欲懲天下，故崔器等附致深文。峴時爲三司，獨曰：法有首有從，情有重有輕，若一切論死，非陛下與天下惟新意。且羯胡亂常，誰不凌汙，衣冠奔亡，各顧其生，可盡責邪？陛下之親戚勳舊子若孫，一日皆血鈇碪，尚爲仁恕哉？《書》稱殲厥渠魁，脅從罔治。况河北殘孽劫服官吏，其人尚多，今不開自新之路而盡誅之，是堅叛者心，使爲賊致死。困獸猶鬭，况數萬人乎？於是，器與吕諲皆齪齪文吏，操常議，不及大體，尚騰頰固争，數日乃見聽。衣冠蒙更生，賊亦不能使人歸怨天子，峴力也。

《新唐書》卷一四二《柳渾傳》　玉工爲帝作帶，誤毁一銙，工不敢聞，私市它玉足之。及獻，帝識不類，擿之，工人伏罪。帝怒其欺，詔京兆府論死，渾曰：陛下遽殺之則已，若委有司，須詳讞乃可。於法，誤傷乘輿器服，罪當杖，請論如律。由是工不死。

《新唐書》卷一五二《張鎰傳》　郭子儀婿太僕卿趙縱爲奴告，下御史劾治，而奴留内侍省。鎰奏言：貞觀時有奴告其主謀反者，太宗曰：謀反理不獨成，尚當有他人論之，豈藉奴告耶？乃著令：奴告主者斬。由是賤不得干貴，下不得凌上，教本既修，悖亂不萌。頃者，長安令李濟以奴得罪，萬年令霍晏因婢坐譴。輿臺下類，主反畏之，悖慢成風，漸不可長。建中元年五月辛卯詔書：奴婢告主，非謀叛者，同自首法，並準律論。由是獄訴衰息。今縱事非叛逆，而奴留禁中，獨下縱獄，情所不厭。且將帥功孰大於子儀，冢土僅乾，兩婿前已得罪，縱復繼之，不數月斥其三婿。假令縱實犯法，事不緣奴，尚宜録勳念亡，以從蕩宥，况爲奴所愬耶？陛下方貴武臣以討賊，彼雖見寵一時，不能忘懷於異日也。帝納之，貶縱循州司馬，杖奴死。鎰召子儀家僮數百，暴示奴尸。

《新唐書》卷一七四《牛僧孺傳》　穆宗初，以庫部郎中知制誥。徙御史中丞，按治不法，内外澄肅。宿州刺史李直臣坐賕當死，賂宦侍爲助，具獄上。帝曰：直臣有才，朕欲貸而用之。僧孺曰：彼不才者，持禄取容耳。天子制法，所以束縛有才者。禄山、朱泚以才過人，故亂天下。帝異其言，乃止。

（唐）王方慶《魏鄭公諫録》卷二《諫處張君快等死》　刑部奏，張君快、歐陽林謀殺蘇志約取銀，君快不下手。貞觀九年三月赦，劫賊不傷財主，免死配流。經門下奏定，刑部郎中高敬言舉斷合死，門下執依前奏，尚書任城王道宗録奏。太宗謂侍臣曰：國有常典，事迹可明，何得各爲意見，弄其文墨。因令御史勘當，御史奏之。太宗曰：君快等謀爲劫殺，何得免死？因令殺之。公進諫曰：據律，劫殺傷財主者皆死。謀殺之條，元謀者斬，下手者絞，餘皆配流。劫賊重，謀殺輕赦是一時之恩，劫賊不傷財主，免死配流，則君快從重法被寬，而刑部於後從輕法斷死，臣實有疑。太宗曰：幾人行劫？公對曰：三人，下手者處死罪。太宗令議，議定奏聞。太宗曰：三人謀，從二人之言，因令配流。

（宋）王溥《唐會要》卷四《雜録》　貞觀十六年六月，苑西守監穆裕，農圃不脩。太宗怒甚，命于朝堂斬之。侍臣戰慄，莫敢進言。太子承乾諫曰：人者有生最靈，一死不可復活，命即斬之，理恐未盡，請付法司推鞫。太宗意解，即笞而釋之。長孫無忌進曰：陛下發天威之怒，太子犯顔進諫，斯誠四海之福。太宗曰：自朕御天下，虚心正人。即有魏徵，朝夕納諫。自徵云亡，劉洎繼之。太子幼在朕前，每見規諫者，常心悦之，染以成性，故有今日之諫耳。

（宋）王溥《唐會要》卷三九《議刑輕重》　大中四年正月勑，攘竊之興，起于不足。近日刑法頗峻，竊盗益煩，贓至一千，便處極法。輕人性命，重彼貨財，既多殺傷且乖教化。况非舊制，須議更改。其會昌元年二月二十六日勑，宜令所司，重詳定條流。四年四月，請依建中三年三月二十四日勑，每有盗賊贓满絹三疋已上决殺，如贓數不充，量情科處。五年十月勑，今後有官典犯贓，及諸色取受，但是全未發覺已前，能輕陳首，即准律文與減等，如知事發，已有萌兆，雖未被追捕勘問，亦不許陳首之限。

（宋）王溥《唐會要》卷四〇《臣下守法》　貞觀元年，太宗務正奸吏。乃遣人以財物試之，有司門令史受餽絹一匹。上怒，將殺之，民部尚書裴矩諫曰：此人受賂，誠合重誅，但陛下以物試之，即行極法，所謂陷人於罪，恐非道德齊禮之義。上納其言，謂百寮曰：矩能廷折，不肯面從，每事如此，天下何憂不理？其年，温州司户參軍柳雄，於隋資妄加階級。人有言之者，上令其自首。若不首，與爾死罪。固言是真，竟不肯首。大理推得其僞，將處雄死罪。少卿戴胄奏，據法止合徒，上曰：我已與其斷，當與死罪。胄曰：陛下既不即殺，付臣法司，罪不至死，不可酷濫。上作色遣殺，胄言之不已。至四五，然後赦之。仍謂之曰：曹司但能爲我如此守法，豈畏濫有誅夷也？

（宋）王溥《唐會要》卷四〇《定贓估》　大中六年閏七月勑，應犯贓人，其平贓定估等，議取所犯處及所犯月上絹之價。假有蒲州盗鹽，嶲州事發，鹽已費使，依令懸平。即蒲州中估之鹽，准蒲州上絹之價，於嶲州決斷之類。縱有賣價貴賤，所估不同，亦依估爲定。其年十月，中書門下奏，其犯贓人平贓定估等，其外州府比者，雖准律文，取當處上估絹定贓平估，或有不出土絹處。縱有出處，亦慮結獄之時，須爲勘估。因其貴賤，便生異端，兼以州府絹價，除果閬州外，無貴於宋亳州。上估絹者，則外州府不計有土絹及無土絹處，並請一例，取宋亳州上絹估，每匹九百文結計，如所取得絹已費使，及不記得當時州土色目，即請取犯處市肆見貨當處中估絹價平之。如不出絹處，亦請以當處見貨雜州中估絹價平之，庶推劾有准，斷覆無疑，從之。

（宋）王溥《唐會要》卷五一《官號·識量上》　貞元三年正月，上命玉工爲帶，墜有一銙誤墮地壞焉。工者六人，私以錢數萬，市玉以補壞者，既與諸銙相埒矣。及獻，上即指其所補者曰：此銙光彩，何不相類？工人叩頭伏罪。上震怒，令于京兆府各决重杖處死，責其欺罔。詔至中書，宰相柳渾執奏曰：陛下若便賜死則已。今事下有司，請存詳理。况玉工之罪，或未詳審，只緣人命至重，所以獄讞有疑；且方春極刑，恐傷和氣，容臣條奏，以正刑典。遂案律文，但罪壞玉者，以誤傷乘輿器服，杖一人，餘五人並釋之。以聞，詔可其奏。

（宋）王溥《唐會要》卷五二《忠諫》　開元二十一年，萬年縣尉李美玉得罪，上令流於嶺外。黄門侍郎韓休進諫曰：今朝廷有大奸，尚不能去，豈得捨大而取小也？臣竊見金吾大將軍程伯獻，恃怙恩寵，所在貪冒，第宅輿馬，僭擬過甚。臣請先出伯獻，而後罪美玉。上不許，休固爭曰：美玉微細，尚猶不容；伯獻巨猾，豈能無罪？陛下若不出伯獻，臣即不敢奉詔流美玉。上以其言切直，竟從之。宋璟聞之曰：不謂韓休，乃能如此？是仁者之勇也。

(宋) 王溥《唐會要》卷五五《省號下・匭》 萬歲通天元年，侍御史徐有功上疏曰：陛下所令朝堂受表設匭投狀，空有其名，竟無其實，並不能正直，各自防閑，延引歲時，拖曳來去，叩閽不聽，撾鼓不聞，抱恨銜冤，吁嗟而已。至誠所感，和氣必傷，豈不由受委任者不副天心，是陛下務使直申其冤，是有司務在重增其枉，塵埃聖德，掩蔽宸聰者，其三司受表，及理匭申冤使不速與奪，致令壅滯，臣望准前彈奏。

又： 開成三年八月，諫議大夫知匭使事李中敏奏：應舊例，所有投匭進狀，及書策文章，皆先具副本，呈匭使。其有詭異難行，不令進入。臣檢尋文案，不見降勅處所由等，但云貞元中奏宣，恐是一時之事。臣以爲本置匭函，每日從內將出，日暮進入，意在使冤濫無告、有司不爲申理者，或論時政，或陳利害，宜通其必達之路，所以廣聰明而慮幽枉。若使有司先具裁其可否，即非重密其事，俾壅塞自申於九重之意也。臣伏請自今以後，所有進狀及封章，臣等但爲狀引進，取舍可否，斷自中旨，庶使名實在茲，明置匭之本意。勅旨，依奏。其月，知匭使事諫議大夫李中敏奏：伏準今年八月一日勅，朝廷體設諫匭，將防漏塞，若徵副本，恐不盡言。依中敏所奏，仍令本司及金吾所由，須知進狀人姓名住居去處，或要召問，如過旬日無處分，即任東西者，伏以舊例，詣光順門進狀，即有金吾押官責定住處。匭院投狀，即本司收投使狀人名，便差院子審復家第及主人，旋牒報京兆府。若又令牒金吾責狀，恐進狀人勞擾，又慮煩併。今伏請準前準牒京兆府。勅旨，依奏。

(宋) 王溥《唐會要》卷六〇《御史臺上・御史臺》 長慶元年十一月，御史臺奏：應十惡，及殺人鬬毆官典犯贓，并僞造計銀，刦盜、竊盜及府縣推斷訖重論訴人等，皆是奸惡之徒，推鞫之時，盡皆伏罪。臨刑之次，即又稱冤。每度稱冤，皆須重推，與證平常，被其追擾。若無懲革，為弊實深。伏請今後有此色賊，臺及府縣并外州，但計三度推問，不同人皆有伏款，及三度斷結訖，更有論訴，一切不重推問，限其中縱有進狀，勅下。如是已經三度結斷者，亦請受勅處聞奏執論。如本推官典受賄賂，推斷不平，及有冤濫詞狀，言訖便可立驗者，即請以重推；如所告及稱冤，推勘又虛，除本犯是死刑外，餘罪於本條更加一等；如官典取受有實，亦請本罪更加一等；如所訴冤屈不虛，其經第三度推官典，請於本法外，更加一等貶責，其第三度官典，亦請節級科處。從之。

又： 太和元年十二月，御史臺奏：伏以京城囚徒，準勅科決者，臣當司準舊例，差御史一人監決。如囚稱冤，即收禁聞奏。便令監決御史覆勘者，伏慮監決之時，各懷疑憚，務求省便，難究冤辭，恐至無告屈之人，失陛下好生之治。且臺司本定四推，以讞疑獄，六察職事以重，不合分外領推。伏請自今以後，有囚稱冤者，監察御史聞奏，勅下後，便配四推。所冀獄無冤滯，事得倫理。從之。

(宋) 王溥《五代會要》卷九《定贓》 二年五月，中書門下奏：刺史位列公侯，縣令為人父母，祇合倍加乳哺，豈可自致瘡痍？一昨張宗胤，胥吏訟論，合當極典，法司援律，罪止徒流。臣聞立法稍嚴，則人不敢犯，其見行法律，望下所司更加斟酌。御史臺、刑部、大理寺同奏議曰：准律，枉法贓十五匹絞，天寶元載加至二十匹。請今後枉法贓十五匹准律絞，不枉法贓准三十匹加徒流。受所監臨贓五十匹流二千里。今請依《統類》，不枉法贓過三十匹，受所監臨贓過五十匹。從之。

(清) 周爾吉《歷朝折獄纂要》卷四《理冤・府從事》 五代時，某府有人因行商回，宿於離家數里之親友處。次早歸，見妻已於先夜爲人所殺，而失其首。既悲且懼，走告妻族，妻族乃執壻送官。不勝捶楚，自誣殺妻，獄既具。府從事疑之，請更加窮治，太守許之。乃傳城內平日代人埋葬之人至，問近日與人家安厝靈柩中有舉事可疑者否。一人對曰：某處豪家舉事，只言殂却孀子，五更初由牆頭舁過，靈柩極輕，中似無物，見瘞某處。從事亟遣人發之，乃一女子首，令壻驗認，云非妻也。遂收豪家鞫問，供言久與某婦通，見其夫歸，急殺孀子，函首埋瘞，以屍易壻之妻，畜於私室。拘其婦至，所供如一，遂以豪家抵罪，鞭婦數百，遊市示警，而令婦家收領安置。壻乃獲免，另擇配焉。

此案疑竇種種，不詳加審察，遽以嚴刑逼招，幾成冤獄。幸從事請加窮治，得雪其冤，如此瞶瞶，何以臨民？古言刑家無後，其是之謂乎？

《宋史》卷一七四《食貨志上二》 三十二年六月戊寅，孝宗受禪赦：凡官司債負房賃、租賦、和買、役錢及坊場、河渡等錢，自紹興三十年以前並除之。諸路或假貢奉爲名，漁奪民利，使所在居民以土物爲苦，太上皇帝已嘗降詔禁約。自今州軍條上土貢之物，當議參酌天地、祖宗陵寢薦獻及德壽宮甘旨之奉，止許長吏修貢，其餘並罷。州縣因緣多取，以違制坐之。七月：諸縣受民已輸税租等鈔，不即銷簿者，當職官吏並科罪；民齎戶鈔不爲使，而抑令重輸者，以違制論，不以赦免，著爲令。八月，詔：州縣受納秋苗，官吏多收加耗，肆爲姦欺。方時艱虞，用度未足，欲減常賦而未能，豈忍使貪贓之徒重爲民蠹？自今違犯官吏，並置重典，仍没其家。此孝宗初詔也。

又：四年，臣僚言：屢赦蠲積欠，以蘇疲民，州縣不能仰承德意，至變易名色以取之。宜下漕司，如合除者毋更取之於州，州毋取之於縣，縣銷民欠籍，書其名數，諭民通知。詔可。五年八月，詔曰：比年以來，五穀屢登，蠶絲盈箱，嘉與海内共享阜康之樂，尚念耕夫蠶婦終歲勤動，價賤不足以償其勞。郡邑兩税，除折帛、折變自有常制，當輸正色者，毋以重價強之折錢。若有故違，重置于法。臨安府刻石，徧賜諸路。六年，以諫議大夫謝廓然言：州縣違法科斂，侵漁日甚，其咎雖在縣令，而督迫實由郡守。縣令按劾，而郡守自如。詔：自今凡有過需横取，監司悉行按劾，無詳於小而略於大。

《宋史》卷二〇一《刑法志三》 三年，乃詔大辟應奏者，提刑司具因依繳奏。宣州民葉全二盜檀偕窖錢，偕令佃人阮授、阮捷殺全二等五人，棄屍水中，有司以屍不經驗奏。侍御史辛炳言偕係故殺，衆證分明，以近降法，不應奏。諸獄不當奏而奏者雖不論罪，今宣州觀望，欲併罪之。帝曰：若宣州加罪，則實有疑者亦不復奏陳矣。於是法寺、刑部止罰金。

（宋）李燾《續資治通鑑長編》卷六五《宋真宗景德四年》 甲申，上閲開封府囚簿，有囚累月械繫，案下法寺而未報者數人，指示王旦等曰：此何故？旦對曰：法官於刑名間有所詰難故也。然臣嘗領審刑，見案牘稽滯或踰百日，蓋法官考限將滿，則妄生詰難，延日俟替，以避斷奏。上曰：但處法平允，何須顧避？乃詔主判官常加約束，無使復然。

（宋）李燾《續資治通鑑長編》卷八三《宋真宗大中祥符七年》 辛亥，詔江南、廣南僞命日民田並以見佃人為主，訟者官勿受理，克復後即論如法。

（宋）李燾《續資治通鑑長編》卷一〇一《宋仁宗天聖元年》 癸未，詔：諸州典獄者，不先白長吏而榜平民，論如違制律；榜有罪者以失論。捕盜官獲盜而未問者，榜毋過二十；非盜而輒榜之，亦以違制論。挾私非理虐害平民至死者，論如故殺律。

又：戊戌，詔江南東西、荊湖南北、廣南東西、兩浙、福建路轉運司：自今師巫以邪神為名，屏去病人衣食、湯藥，斷絶親識，意涉陷害者，並共謀之人，並比類咒咀律條坐之。非憎嫉者，以違制失論。其誘良男女傳教妖法為弟子者，以違制論。和同受誘之人，減等科之。情理巨蠹者，即具案取裁。

（宋）李燾《續資治通鑑長編》卷一〇六《宋仁宗天聖六年》 庚子，詔陝西部署司緣邊蕃部使臣、首領等因罪罰羊，並令躬自送納，毋得卻於族下科斂入官，犯者重斷之。

（宋）李燾《續資治通鑑長編》卷一九二《宋仁宗嘉祐五年》 戊寅，樞密直學士、右諫議大夫吕公弼為龍圖閣學士、知成都府。公弼初至，人疑其少威斷。會營卒犯法當杖，不肯受，曰：寧請劍，不能受杖。公弼再三諭之，不從，乃曰：杖，國法，不可不受；劍，汝所請，亦不汝違也。命杖而復斬之。軍中肅然。

（宋）李燾《續資治通鑑長編》卷三〇九《宋神宗元豐三年》 甲申，侍御史知雜事何正臣言：大理寺法，本寺官不許看謁，仍不得接見賓客。府司、軍巡兩院，推勘公事不減大理，而休務日乃得看謁，亦或非時造詣稟白，不惟妨廢職事，亦恐未免觀望請託之弊。欲乞並依大理寺條施行。從之。

（宋）李燾《續資治通鑑長編》卷三二三《宋神宗元豐五年》 詔河東路提點刑獄、承議郎、集賢校理黄廉降一官。坐不按省木路諸司及朝廷所賜金帛數，言去歲出界所亡財用、軍器、兵夫不可勝計，增事張皇，奏乞降進納宣敕及令民納粟釋罪也。四年十月十二日，廉奏請云云。廉行狀，庭堅作，更當考詳增入。

（宋）李燾《續資治通鑑長編》卷三三五《宋神宗元豐六年》 壬寅，右正言王桓言：聞大理寺獄官多不親訊囚，惟囚初到，當官收付，終至結案，或不復見。榜掠詰訊，一委吏胥，非理陵虐，無所告訴。聞頃者有丞拷囚致死，而長、貳以不與獲免，自是以來，官屬不復親事。陛下建長立貳，設正陳丞，豈欲使之偷脱自便，避責不居？伏望懲革。詔大理寺自今並依條格施行。

（清）徐乾學《資治通鑑後編》卷六《宋紀六》　初，帝征晉陽，命密州防禦使馬仁瑀率衆巡邊。至上谷漁陽，遼人素聞其名，不敢出，因縱兵大掠而還。明年，羣盜周弼等起兖州，詔仁瑀掩擊，仁瑀領帳下十數人入泰山擒弼，盡獲其黨。庚辰，徙仁瑀為瀛州防禦使，仁瑀兄子因醉誤殺平民，繫獄當死。民家願以過失傷論，仁瑀曰：我為長吏，而兄子殺人，此乃恃勢恣横，非過失也。豈敢以私親而亂國法哉！遂論如律。

（清）徐乾學《資治通鑑後編》卷九《宋紀九》　十二月甲戌，畋近郊，因閲武賜禁軍校及衛士襦，時禁盜獵，有衛士獲麞，違令當死。帝曰：我若殺之，後世必謂我重獸而輕人命，釋其罪。

（清）徐乾學《資治通鑑後編》卷一三《宋紀一三》　太平興國初，侯莫陳利用賣藥京城，多變幻之術，眩惑閭里。樞密承旨陳從信得之，亟聞於帝。即日召見，試其術頗驗，即授殿直，驟加恩遇，累遷至陳州團練使。前後賜與寵澤莫二，遂恣横無復畏憚。至於居處、服玩皆僭乘輿宫殿之制，依附者頗獲薦用。士君子畏其黨，而不敢言。至是趙普兼得其專殺人及他不法事，盡於帝前發之，乃遣近臣就案，利用具伏。乙亥，詔：除名，流商州，仍籍其家。俄詔還之，普恐其再用，使殿中丞竇諲復告其不遜之狀。又京西轉運使宋沆籍利用家，獲書數紙，言皆指斥切害，悉以聞。普因勸帝曰：利用罪大責輕，未塞天下望，存之何益？帝曰：豈有萬乘之主不能庇一人乎？普曰：陛下不誅則亂天下法，法可惜，此一豎子何足惜哉。帝不得已，命戮於商州。既而復遣使馳傳貸之，使者至新安，馬旋濘而踣，及出濘，易馬至商州，已磔於市矣。聞者快之。

（清）徐乾學《資治通鑑後編》卷一四《宋紀一四》　帝欽恤庶獄，慮大理、刑部吏舞文巧詆。八月乙卯，置審刑院于禁中，以樞密直學士李昌齡知院事，兼置詳議官六員。凡獄具上奏者，先由審刑院，印訖，以付大理寺、刑部斷覆以聞。乃下審刑院詳議申覆，裁決訖，以付中書。當者，即下之；其未允者，宰相復以聞，始命論決。

（清）徐乾學《資治通鑑後編》卷一九《宋紀一九》　以御史中丞張詠為工部侍郎，知杭州。詠既至，屬歲歉，民多私鬻鹽以自給，捕犯者數百人，詠悉寬其罰而遣之。官屬請曰：不痛繩之，恐無以禁。詠曰：錢塘十萬家，飢者八九，苟不以鹽自活，一旦蜂起為盜，則其患深矣。俟秋成當仍舊法，有民家子與姊訟家財。壻言妻父臨終，此子才三歲，故見命掌貲產，且有遺書，令異日以十之三與子，七與壻。詠覽之，以酒酹地，曰：汝妻父，智人也！以子幼甚，故託汝，儻遽以家財十之七與子，則子死於汝手矣。亟命以七分給其子，餘三給壻。皆服詠明斷，拜泣而去。

（清）徐乾學《資治通鑑後編》卷四六《宋紀四六》　丁亥，以太常博士梁適為右正言，諫院供職。適初為審刑詳議官，梓州妖人白彦歡者，依鬼神以詛殺人，獄具，以不傷讞。適曰：殺人以刃或可拒，而詛不可拒，是甚於刃也。卒以死論。

（清）徐乾學《資治通鑑後編》卷七六《宋紀七六》　秋七月癸酉，詔：謀殺已傷案問欲舉自首者，從謀殺減二等論。初，登州奏，有婦阿云，母服中聘於韋，惡韋醜陋，謀殺，韋傷而不死，按問欲舉，自首。審刑院、大理寺論死，用違律為婚奏裁，敕貸其死。知登州許遵奏，引律因犯殺傷而自首，得免所因之罪，仍從故殺傷法，以謀為所因，當用按問欲舉條減二等。刑部定如審刑、大理。時遵方召判大理，御史臺劾遵，而遵不伏，請下兩制議。乃令翰林學士司馬光、王安石同議，安石以謀與殺為二事，光言謀殺猶故殺也，皆一事，不可分。若謀為所因與殺為二，則故與殺亦可為二邪！二人議不同，遂各為奏。光議是刑部，安石議是遵詔，從安石議。

（清）徐乾學《資治通鑑後編》卷一一一《宋紀一一一》　夏四月戊戌朔，帝御經筵，給事中兼侍講朱震留身論四方奏讞：自王安石開按問之法，及曾布增强盜贓錢，遂皆不死。翌日，帝以語輔臣曰：此極敝事，若出得一人死罪，雖云陰德，然殺人者不死，亦豈聖人立法之意？折彦質曰：此非陰德，乃長姦耳。帝顧趙鼎曰：遇有奏案，切須詳之。

（清）徐乾學《資治通鑑後編》卷一一七《宋紀一一七》　辛未，三省樞密院言：頃者，輕儇之子，輒發人箱篋私書，訟于朝廷，遂興大獄，因得美官。自是相習成風，雖朋舊、骨肉亦相傾陷，收簡牘于往來之間，録戲語于醉飽之後，其間固有曖昧而傳致其罪者，薄惡之風莫此為甚。臣等願令刑部具前後告訐姓名，議加黜罰。從之。

（清）徐乾學《資治通鑑後編》卷一三〇《宋紀一三〇》 金主謂宰臣曰：鎬王祇以語言得罪，與永蹈罪異。參知政事馬琪曰：罪狀雖異，人臣無將，則一也。遂令百官雜議，皆曰：請論如律，詔賜永中死，實圖梅阿里哈罕等皆棄市。勅有司用國公禮收葬，永中妻子威州安置。

（宋）李心傳《建炎以來繫年要録》卷三四《建炎四年庚戌六月辛未朔之己亥》 辛卯，大理寺奏魔賊王宗石等款狀。上曰：此皆愚民無知，自抵大戮。朕思貴溪兩時閒二十萬人無辜就死，不勝痛傷。乃誅宗石等二十六人於越州市，其餘皆釋之。

（宋）李心傳《建炎以來繫年要録》卷七二《紹興四年甲寅正月辛亥朔之庚辰》 戊午，以法慧寺爲秘書省。詔，宣州奏檀偕殺人疑慮獄案。令刑部重別議斷申尚書省。偕，倬兄也。先是有葉全三者，盜其窖錢，偕令耕夫阮授、阮捷殺全三等五人，棄屍水中，當斬。屍不經驗，奏裁，詔授、捷杖脊流三千里，偕貸死，決杖配瓊州。孫近爲中書舍人，言：偕殺一家五人，雖不經驗，而證佐明白，別無可疑。貸宥之恩，止及一偕，而被殺者五人，其何辜焉？乃命重別擬斷。始近之提點浙東刑獄也，紹興民俞富因捕盜而併斬盜妻，近奏富與盜別無私讎，情實可憫，詔貸死。去年三月戊寅。故法寺援之。近言，富執本縣判狀，捕捉劫盜，殺拒捕之人，并及其妻女。而偕私用威力，拘執打縛，被殺者五人，所犯不同。刑部亦言，右治獄近斷孫昱殺一家七人，亦係屍不經驗，法寺爲追證分明，不用疑慮奏裁，何不依例？法寺堅執不移，詔御史臺看詳定奪。今年二月戊子。既而侍御史辛炳等言，偕係故殺，衆證分明，又已經委官審問，以近降申明條法，不應奏裁。輔臣進呈，朱勝非言曰：疑獄不當奏而輒奏者，法不論罪。而孫近以宣州有觀望，欲併罪之。上曰：宣州可貸，今若加罪，則後來州郡實有疑慮者，亦不復奏陳矣。乃詔偕論如律。大理寺當職丞評、刑部郎官皆贖金有差。進呈在三月甲子，今並書之。

（宋）李心傳《建炎以來繫年要録》卷七五《紹興四年甲寅四月庚辰朔之戊申》 癸卯，吏部員外郎趙霈言：輦轂之下，彈壓是先。惟昔天府法令特嚴，若強盜不得財而配千里，竊盜滿一貫而徒一年之類是也。比來行朝盜賊尚多，乞行下三省，參酌開封府舊法，遇有盜犯之人，乞不以常法斷罪，庶幾盜賊畏戢。部勘當如所請。刑部勘當在五月壬申，今併書之。

（宋）李心傳《建炎以來繫年要録》卷八〇《紹興四年甲寅九月丁未朔之甲戌》 己巳，右司諫趙霈言：臣嘗聞漢高祖初入關中，約法三章：殺人者死，傷人及盜抵罪。唐高祖入京師，約法十二條，惟殺人、劫盜、背叛者死。夫以漢、唐二主，當草昧之初，雖約法尚簡，猶不廢先王之刑辟。故殺人者，斷在必刑，以是知好生雖聖人之大德，而殺有罪，亦刑辟之所不赦。苟殺人而不死，傷人而不刑，雖堯、舜不能以致治也。臣竊見比來在外刑獄，例常淹延，考其奏案，原其情犯，有法當論死，初無可疑者，奈何吏緣爲姦，以獄爲市，意在縱釋，以故久而不決。使已死之魄，冤抑而不得達；被苦之家，怨憤而不申，將何以召和氣乎？臣未暇悉數，如以建康府、婺州論之。建康百姓王紱等六人，始因失牛，仍報私怨，共殺死一十三人，獄具。得旨處以凌遲，處斬二等，後因審問，乃輒翻異。今踰一年。婺州豪民厲景忻，昨緣賊發，差充隘投搜山，因捉到孔真，疑其爲賊，其人兩次聲冤，景忻不問來歷，親斬首級。昨體究諸實，後來勘鞫，兩經翻異。今踰兩年。紱等殺人命爲至衆，景忻殺平人以希賞，二獄久而不決，皆欲遷延免死，則死者何其不幸哉！乞下兩路提刑司催督，並限十日具案聞奏，如稽留出限，重行黜責，庶幾冤枉得申，和氣可招，仰副陛下矜慎刑獄之意。從之。永豐縣故射士蔣青與其徒三人殺人縱掠，縣令左從政郎黃延年捕斬之，事聞，詔放罪。閏年三月乙未降旨。

（宋）李心傳《建炎以來繫年要録》卷一〇三《紹興六年丙辰七月丁卯朔之乙未》 戊子，侍御史周祕乞諸路疏放干繫人。如命官犯贓，合用供證者，本身雖無收坐之罪，亦聽暫時勒留對證。其淹延妄禁者，令憲臣按劾。從之。初，上既從朱震、王縉之請，命諸路釋拘繫之人，而祕謂命官犯罪，先推干證，今一概釋之，恐獄吏舞文，縱釋贓吏，故有是請。後數日，中書舍人董弅復言：諸路見勘命官公事二百二十四，其間姦贓不法等罪，為數百二十有一，有及三四年未決者，干連禁繫，死於狴犴，不知其幾何人？望令諸路憲臣詳加檢察，按其滯繫，以副陛下欽恤之意。乃命刑部申嚴下行。弅奏請在八月丙申。

（宋）李心傳《建炎以來繫年要録》卷一二七《紹興九年己未三月壬午朔之四月丙子》 戊子，尚書吏部侍郎晏敦復、戶部侍郎梁汝嘉，皆進權本部尚書。汝嘉仍兼江淮等路經制使，侍從過宰執閣相見，既退，宰相須送出數步。時敦復見秦檜，未嘗送出，每曰：人必自悔，然後人悔之。舊六部胥吏，罪無大小，悉送大理，有罪而必送，則頗煩擾，不送則無以懲戒，常以爲患。敦復之爲尚書也，奏請置門頭杖，外可以省頻送之勞，內可以示必懲之威，是以胥吏知畏而不敢爲過，至今便之。

（清）徐松《宋會要輯稿》卷三七九《刑法一》 〔紹興七年〕是年閏十月二日，左正言辛次膺奏：近有廢法而用例者，且以二事言之，故侍從執政之家用致仕遺表恩澤，乃援例而捕異姓者，特奏名進士及以恩例補文學之人，不候赦恩，乃援例而叅部者。且事或無條，乃可用者；事既有條，何名為例？一例既開，一法遂廢。望今後凡有正條，不許用例。詔（中）〔申〕嚴今年四月八日指揮行下。紹興元年二月九日，御史中丞勾龍如淵言：有司用例之害有四，大略以胥吏私自記録，並録有姦。乞將官司應干行過舊例，委官搜檢，並行架閣，並吏人私記録者，重立案賞，限十日首納燒毁。仍飭有司，今後一切以法令從事，而訴事之人敢輒引例者，官員徒一年，百姓杖一百。詔勅令所取索百司行過舊例，删修取旨。

（清）周爾吉《歷朝折獄纂要》卷一《詰姦・句章奇案》 宋朝張舉爲句章令，有妻殺其夫，因放火燒舍，詐稱夫死於火，其弟訟之。舉往驗，乃取猪二隻，一殺一活，積薪焚之，察死者口中無灰，活者口中有灰。因驗夫口無灰，嚴刑之，乃服謀害之罪。

以灰辨僞，妙想天開，必如此用心，方不愧爲民父母。

（宋）呂中《宋大事記講義》卷一二《仁宗皇帝・明國法　嚴賞罰》

景祐二年二月，王曾平章事。先是，楊崇勳常進王曾白事，直登階。曾劾之，上請釋之。太后問其故，曰：崇勛武人，不知朝廷之儀。舉劾者，柄臣所以振綱紀，寬釋者，人君所以示恩德。

王曾之劾崇勛，猶申屠嘉之折鄧通，所以正朝儀也。仁宗之請釋其罪，猶文帝之持節赦通，所以重相權也。然崇勛武人，猶可恕，而鄧通宦者，豈可不正其罪哉！

直史官葉清臣上疏曰：王者，之所以掾制六合，撫有萬民者，在握刑賞之權，不授人以柄而已。故舉一善有爵禄之賜，黜一惡有斧鉞之誅，使人尊如天，親如地，仰如日月，畏如雷霆。今則不然，有一進擢則曰宰相某人之親舊也，常遊其門而善者也；被一廢黜，則曰宰相某人之嫌隙也，跡疎而不被其遇者也。爵賞刑罰不自陛下出，而由宰相得。非臣陰之盛，而易天地之序者乎。

《遼史》卷六一《刑法志上》 至太宗時，治渤海人一依漢法，餘無改焉。會同四年，皇族舍利郎君謀毒通事解里等，已中者二人，命重杖之，及其妻流于厥拔離弭河，族造藥者。

世宗天禄二年，天德、蕭翰、劉哥及其弟盆都等謀反，天德伏誅，杖翰，流劉哥，遣盆都使轄戛斯國。夫四人之罪均而刑異。遼之世，同罪異論者蓋多。

穆宗應曆十二年，國舅帳郎君蕭延之奴海里强陵拽刺禿里年未及之女，以法無文，加之宮刑，仍付禿里以爲奴。因著爲令。十六年，諭有司：自先朝行幸頓次，必高立標識以禁行者。比聞楚古輩，故低置其標深草中，利人誤入，因之取財。自今有復然者，以死論。

《遼史》卷六二《刑法志下》 道宗清寧元年，詔諸宮都部署曰：凡有機密事，卽可面奏；餘所訴事，以法施行。有投誹訕之書，其受及讀者皆棄市。二年，命諸郡長吏如諸部例，與僚屬同決罪囚，無致枉死獄中。下詔曰：先時諸路死刑皆待決于朝，故獄訟留滯；自今凡强盜得實者，聽卽決之。四年，復詔左夷離畢曰：比詔外路死刑，聽所在官司卽決。然恐未能悉其情，或有枉者。自今雖已款伏，仍令附近官司覆問。無寃然後決之，有寃者卽具以聞。咸雍元年，詔獄囚無家者，給以糧。

《金史》卷四五《刑志》 武器署丞奕、直長骨赧坐受草畔子財，奕杖八十，骨赧笞二十，監察御史梁襄等坐失糾察罰俸一月。上曰：監察，人君之耳目。事由朕發，何以監察爲。

又： 承安三年，勅尚書省，自今特旨事，如律令程式者，始可送部。自餘創行之事，但召部官赴省議之。

四年四月，尚書省請再覆定令文，上因勅宰臣曰：凡事理明白者轉奏可也。文牘多者恐難偏覽，其三推情疑以聞。五月，上以法不適平，常行杖樣，多不能用。遂定分寸，鑄銅爲杖式，頒之天下。且曰：若以笞杖太輕，恐情理有難恕者，訊杖可再議之。

五年五月，刑部員外郎馬復言：外官尚苛刻者不遵銅杖式，輒用大杖，多致人死。詔令按察司糾劾黜之。

又：先嘗令諸死囚及除名罪，所委官相去二百里外，并犯徒以下逮及二十人以上者，並令其官就讞之。刑部員外郎完顔綱言：自是制行，如上京最近之地往還不下三、二千里，如北京留守司亦動經數月，愈致稽留，未便。詔復從舊，令委官追取鞫之。

又：十二月，翰林修撰楊庭秀言：州縣官往往以權勢自居，喜怒自任，聽訟之際，鮮克加審。但使譯人往來傳詞，罪之輕重，成於其口，貨賂公行，寃者至有三、二十年不能正者。上遂命定立條約，違者按察司糾之。且謂宰臣曰：長貳官委幕職及司吏推問獄囚，命申御史臺聞奏之制，當復舉行也。又命編前後條制，書之于册，以備將來考驗。

又：泰和元年正月，尚書省奏，以見行銅杖式輕細，姦宄不畏，遂命有司量所犯用大杖，且禁不得過五分。

《金史》卷一〇七《高汝礪傳》 未幾，擢爲左諫議大夫。以賦調軍須，郡縣有司或不得人，追胥走卒利其事急，規取賂，深爲民害，建言自今若因兵調發，有犯者乞權依推排受財法治之，庶使小人有所懼。二年六月，定制，因軍前差發受財者，一貫以下徒二年，以上徒三年，十貫處死，從礪之言也。

《元史》卷四《世祖紀一》 歲壬子，帝駐桓、撫間。憲宗令斷事官牙魯瓦赤與不只兒等總天下財賦于燕，視事一日，殺二十八人。其一人盜馬者，杖而釋之矣，偶有獻環刀者，遂追還所杖者，手試刀斬之。帝責之曰：凡死罪必詳讞而後行刑，今一日殺二十八人，必多非辜。既杖復斬，此何刑也？不只兒錯愕不能對。

《元史》卷一〇《世祖紀七》 順德府總管張文煥、太原府達魯花赤太不花，以按察司發其姦贓，遣人詣省自首，反以罪誣按察司。御史臺臣奏：按察司設果有罪，不應因事而告，宜待文煥等事決，方聽其訴。從之。

《元史》卷一八《成宗紀一》 辛丑，浙西道提刑按察使弘吉烈帶阿魯灰受賂，遇赦免，復以爲河西隴北道肅政廉訪使。御史臺臣言：先朝決獄，隨罪輕重，笞杖異施。今止用杖，乞如舊制。不允。

《元史》卷二〇《成宗紀三》 戊午，參政張頤孫及其弟珪等伏誅于〔隆〕〔龍〕興市。頤孫初爲新淦富人胡制機養子，後制機自生子而死，頤孫利其貲，與珪謀殺之，賂郡縣吏獲免。其僕胡忠訴主之寃于官，乃誅之，其貲悉還胡氏。

《元史》卷二一《成宗紀四》 七道奉使宣撫所罷贓污官吏凡一萬八千四百七十三人，贓四萬五千八百六十五錠，審寃獄五千一百七十六事。

《元史》卷二六《仁宗紀三》 甲戌，皇姊大長公主祥哥剌吉作佛事，釋全寧府重囚二十七人，敕按問全寧守臣阿從不法，仍追所釋囚還獄。命分簡奴兒干流囚罪稍輕者，屯田肇州。

《元史》卷三〇《泰定帝紀二》 〔十一月〕癸卯，中書省臣言，西僧每假元辰疏釋重囚，有乖政典，請罷之。有旨：自今當釋者，敕宗正府審覆。

《元典章》卷三九《刑部·刑制·刑名·重刑不待秋分》 至元八年四月，尚書省三月二十一日欽奉聖旨宣諭：听得您每如今断底公事也，疾忙断有。今後断底公事，合打底早打者，合重刑底早施行者。欽此。回奏：在先，重囚待報，直至秋分已後施行有來。此上，罪囚人每半年内多趲下淹住有。議得：今後有重罪底罪人，省部問當了呵，再教監察重審无寃，不待秋分，逐旋施行呵，宜底一般。奉聖旨：您底言語是底一般。欽此。

《元典章》卷三九《刑部·刑制·刑名·刑名備申招詞》 至元二十年十一月，中書省咨：據刑部呈：各处凡有到省刑名事理，多送本部照勘擬定，呈省。今來照得：事發官司元呈，止是莭略犯人招語，不見備細情犯詞因。准憑短招議罪，中間恐有差池。若便駁不完呈省，却緣地里懸遠，不惟往復文繁，致使囚人坐禁未便。參詳：今後遇有須合申明裁決事理，令事發官司開寫犯人所招一干備細詞因完備，申覆合干上司，先行議擬，咨呈都省區處，或送本部復擬。庶望易爲照勘，不致差池。都省咨請依上施行。

《元典章》卷三九《刑部·刑制·刑名·重刑司縣略問》 至元二十四年，江西行省照得：隨路申到見禁罪囚數内，各司縣官多有見禁合待報重刑，一二年不解本路、府、州起数。省府公議得：應有重刑，司、縣略問是实，即合解赴各路、州、府，推問追勘結案。司、縣別无慘酷牢獄，又无囚粮，有合追會公事，関涉近上衙門，又難追攝。有合摘断罪人，亦不敢擅便与決。是以淹禁数年，不得杜絶，及致凍餓死者，往往有之。蓋是府、州官吏不爲用心，以致若此。仰遍下司、縣，今後將應干重刑，略問是实，申解各路、府、州，追會結案。

《元典章》卷四〇《刑部・刑獄・獄具・禁止慘刻酷刑》 至元二十年十一月，御史臺准本臺中丞崔少中牒該： 照得：鞫獄之具，自有定制。比年以來，外路官府，酷法虐人，有不招承者，跪於甆芒、碎瓦之上，不勝楚痛，人不能堪。罪之有无，何求不得？其余法外慘刻，又不止此。今後，以此鞫問之慘，自內而外，通行禁断。如有違犯官吏，重行治罪，似望体聖上恤刑之本意，去酷吏肆虐之餘風，天下幸甚。牒請照驗施行。准此。呈奉中書省劄付： 除已遍行禁止外，仰照驗施行。

《元典章》卷四〇《刑部・刑獄・獄具・不得法外枉勘》 大德七年五月，行省准中書省咨該： 刑部呈： 會驗奏准《至元新格》內一欵：見《至元察獄新格》第二條下。除欽依外，切聞舜命皐陶作士，明刑弼教，刑期于無刑。与其殺不辜，寧失不經。好生之德，洽于民心。非好用刑，乃不得已也。今之官吏，不体聖朝恤刑之意，不思仁恕，專尚苛刻。每於鞫獄問爭之際，不察有无贓驗，不審可信情節，或懼不獲正賊之責，或貪昭察之名，或私偏徇，或挾宿怒，不問重輕，輒加拷掠嚴刑。法外凌虐，因人不勝苦楚，鍛鍊之詞，何求而不得？致令枉死无辜。幸不致命者，亦爲殘疾。然嘗禁止，爲无罪名，犯者甚多。畧夆本部見行： 福清州判官楊守信，因問切盗李公信未獲贓物，用油紙於兩脚燒燃，墮落指節，不能行立。又平滦路樂亭縣簿尉郭愈，將涉疑婦人張阿刘用布瓦研跪兩膝，又於背脊項莧因傷身死。又成武縣主簿徐德用等，坐視獄卒將涉疑賊人朱不借驴，就牢門首用麁棍打傷，隨即身死。同州官達魯花赤三合、知州智公弼等，爲偷羊賊人梁丑驴不指平人，拷訊一百四十餘下，故令虛指張順係知情窩主，又將張順拷勘身死。似此非法拷訊，兼夜跪厅，棍棒敲打，按拗揪捽，屈招枉罪，如是数多，豈能尽辛？雖官吏断罪，降等不叙，使枉勘屈死无辜，寃魂含怨，何能得雪？以此叅詳： 今後應有鞫問公事，須憑証佐，贓驗明白，究情研穷磨問。其事昭著，再三引審，抗拒不肯招伏，如情可拠无疑，湏依條例，與連職园座，立案同署，依法拷問。其餘杖罪以下細事，依理帰對，毋得似前，非法拷訊，酷虐无辜。若有違犯，隨即取招，量事輕重，断罪黜降，庶望少免寃濫。如蒙准呈，照會相應。得此。檢會到中統五年欽奉聖旨條畫內一欵：見巡檢司獄具不便例下。欽此。已經遍行合属，欽依施行去訖。今拠見呈，都省議得： 諸捕盗人員，職掌捕捉。若獲賊徒，略問所犯情節，隨即發付有司，公座推問，並不得獨負鞫勘，并轉委吏人、弓手人等，法外拷問。違者，一体取招，量事科断。余准所呈。咨請依上施行。

《元典章》卷四〇《刑部・刑獄・繫獄・監禁輕重罪囚》 至元二十二年四月，中書省契勘： 刑罰之用，本爲禁暴止奸，重而誅夷，輕而笞杖，以信必期於不犯而已。近体知： 內外百司，凡有罪囚，不爲嚴切禁錮，以致獄卒因緣作弊，情僞多端。若不禁治，害政良深。都省擬： 自今後，諸衙門罪囚，或枷鎖散禁，須管明立案験，委官一員，不妨本職，專一提調，无致輕重縱肆，透漏獄情，因而脱放。如違，除獄卒嚴行懲断外，罪及元委提調官員。仰依上施行。

《元典章》卷四〇《刑部・刑獄・繫獄・訟情監禁罪囚》 大德九年九月，行臺准御史臺咨： 奉中書省劄付： 拠吏部主事賈廷瑞言： 近年以來，府、州、司、縣，官失其人，奉法不虔。受成文吏舞弄出入，以資漁獵，愚民冒法，小有詞訴，根連株逮，動至什伯，係累滿途，囹圄成市。至於相争田地、婚姻、債負、家財、歐詈、干證之類，被勾到官，罪无輕重，即监入禁。動經旬月，誅求横取，百端擾害，不可勝言。若不申明制令，嚴加戒飾，則吏弊不除。今後，除奸盗、詐僞、杖罪以上，罪狀明白，依例监禁，其余相争田土、婚姻、家産、債負、歐詈，自笞以下雜犯罪名，及攀連干證之人，不許似前監收，止令隨衙待對。若果有情犯，畏罪迯避，根捉到官，比本犯加等断决。庶獄訟清簡，小民得遂生理，可以少副聖明欽恤之意。本部叅詳： 如准所言，誠爲允當。具呈照詳，送刑部議得： 主事賈奉訓所言事理，盖爲路、府、州、縣官吏不能奉戢，致有差池。若牧民官選擇得人，自然不至寃濫。以此叅詳： 小民犯法，中間情罪輕重不一，擬合臨事詳情區処。如有不應違枉等事，廉訪司照刷究治相應。都省准擬，仰依上施行。

《元典章》卷四〇《刑部・刑獄・繫獄・匣禁》 延祐四年六月，袁州路奉江西行省劄付：近拠龍興路申：切謂刑罰，国之大柄，有功者賞，有罪者罰，理當然也。伏惟聖朝車書万里，四海爲家，刑獄之制，理宜帰一。切見江南有司見禁重囚，昼扭双手，匣其一足，夜則並匣双足。未審腹裏重囚，如何禁繫？如蒙明白定擬，使江南腹裏刑禁帰一，实爲平允。申乞照詳。得此。移准中書省咨該：送刑部議得：内郡、江南諸処官府，在牢設置匣床，本爲防備所禁囚徒畏罪踈虞之患。然各処所行，事有不同，從前未有定制。况兼死罪以下，或法重而情輕，或法輕而情重，昼夜桎梏，則恐致慘傷。姑息任情，則或生不測，似難一槩定論。擬合令所在主司、佐幕之官，臨事詳情，隨宜匣禁。如有挾私凌虐，徇情故縱者，驗事輕重治罪。具呈照詳。都省咨請依上施行。

《元典章》卷四〇《刑部・刑獄・鞫獄・推官專管刑獄》 大德七年八月日，江西行省准中書省咨該：推鞫刑獄，大与其他庶務不同。諸囚，事發之源，起自巡尉。司、縣官吏，公明廉政者固亦有之，然推問之術，少得其要。况雜進之人，十常八九不能洞察事情，專尚捶楚，期於獄成而已，甚至受賂枉法，变乱是非，顛倒輕重。欲使獄無枉濫，其可得乎？事既到路，推官應須先自細看文卷，披詳詞理，察言觀色，庶得其情。且古者兼囚徒所犯，小則决刺徒流，大則人命所係，不加詳審，害政实深。此皆推官之責也。若察獄之官，先俻五听，如就州、縣審理，尤且究心。今擬路、府推官，差調奪於外，餘事擾其中，雖欲留情獄事，不可得已。今擬路、府推官，仍舊專管刑獄，通署刑名追會文字，其餘事務，並不簽押。諸官府亦不差占。凡有罪囚，推官先行穷問实情，須待獄成，通審园署。事須加刑，与同職官員，問掌官刑名司吏，听推官於見役人吏内選擇，具姓名，申廉訪司照驗。同寮官不得阻當移換。路、府長官，通行提調，長司、首領官、主管交案，合追會者，常加檢舉。違者，許推官直申省部。仍令各道廉訪司嚴加糾治。若推官承差，不即申上，輒離本職者，亦行治罪。其巡按官取具平反寃抑、在禁淹延輕重起数，行移本路，候推官任滿，觧由内開寫，以憑考其殿最，約量陞降。路、府、州、縣佐官，欽依元奉聖旨事意，分輪提控，須三日一次，親於牢内點視。若有淹延者，隨即咨舉。除外，咨請依上施行。

《元典章》卷四〇《刑部・刑獄・提牢・佐戢提控罪囚》 至元七年六月，御史臺奉尚書省劄付：拠刑部呈：順天路總官府俻易州知州楊恕等七処見戢官連名狀申：契勘：諸犯刑名罪囚，比之官司鞫問，在於不泄。其獄吏等，不思犯人罪之輕重，務求財利，私下凌虐，不堪其苦。罪重者，得財反輕；罪輕者，无財反重。罪重反輕者，有所恃而不伏，罪輕反重者，有所畏而屈招，使官司不得实情，不能帰結。以此叅詳：最爲重事，人命所係，関於利害。切見諸路總官府經歴知事兼獄官，提舉刑名，合无照依上例。令各州、縣典史、吏目，不妨本役，常川提控罪囚，似爲不致違錯。得此。申乞明降。本部叅詳：各州、縣典史、吏目，係親管案牘，似難兼委。若令州、縣佐官兼提控囚禁，似爲便當。省府准擬，仰遍行依上施行。

《元典章》卷四一《刑部・諸惡・不義・將妻沿身雕青》 至大四年二月，江西行省准尚書省咨江浙省咨杭州路申：錢万二狀招：至大二年六月初七日，將妻狄四娘沿身刁刺青綉，不從，用拳將本婦行打抑勒，於背上、兩腿刁刺龍鬼。接受莫一史舍鈔兩，雇覓妻狄四娘在街露体，呈綉迎社。又將妻母狄阿孫抵觸。大傷風化，已絶夫婦之道，似難同居。若將本婦离異帰宗，緣係爲例事理，咨請照詳。准此。送刑部議得：庶民生理，勤实爲本。其錢万二，不以人倫爲重，貪圖錢物，將妻狄四娘抑逼，遍身刁刺青綉，赤体沿街迎社。不惟將本婦終身廢棄，实傷風化。合杖断八十七下，合准行省所擬离異。緣犯在至大三年十月十八日，欽奉詔赦已前事理，罪經革撥，將本婦离異帰宗，遍行合屬禁治，相應。具呈照詳。都省准擬，咨請依上施行。

《元典章》卷四二《刑部・諸殺・殺卑幼・溺子依故殺子孫論罪》 延祐四年正月，建寧路抄録到至元三十年正月二十七日福建道肅政廉訪司准分司李朝列牒該：巡按至浦城縣，照刷出本縣文卷内一件，至元二十九年六月，孝悌里張次十狀告：至元二十七年十月十三日，族人張熚同妻阿黄將男張朴妻阿詹產下男子，不容洗養，於桶中溺死公事。議行間，又拠前福州路閩清縣尉張寧呈：南方之民，有貧而不濟，或爲男女数多，初生之時，遽行溺死。浦城之風，独此爲盛。得此。叅詳：父子之恩至重，死生之节非輕。既萌人世，非命夭殤，上違天理，下滅人倫，惡莫大於此矣。當司除已省會本縣，根勾張熚等到官，帰問明白，申覆合干上司詳斷，及令本縣尹傳承務，常切丁寧誠諭細民，使知父子之道，仍多出文榜禁治。今後，若有將所生男女不行羍養者，許諸人告發到官，以故殺子孫論罪。隣佑、社長、里正人等失覔察者，亦行治罪。牒請行移合属，禁治施行。准此。移牒各処官司，依上禁治施行。又至元三十一年正月，福建行省拠前福州路閩清縣尉張寧呈：切謂天地之間，人最爲貴，既得人身，以生爲重。江南風俗，間有一等頑愚之人，或因男女数多，或因家貧不給，於嬰孩初生之時，多不養育，以水渰溺，寘之死地。爲父母者，此何心哉？敗壞風化，莫此爲甚。至元三十年，本道肅政廉訪分司副使李朝列，巡按到浦城縣，已經具呈前事。雖蒙出榜禁約，今後如有似前溺子之人，許諸人告首到官，犯人依故殺子孫論罪；隣佑、里正、主首，有失覔察，並行治罪外，切緣此風在在有之，今來若不言告，省府无憑禁治，殊負聖朝好生之大德，乞賜遍行合属，多出文榜，一体禁治，非惟丁口增添，抑且敦美風化，实非小補。呈乞施行。省府相度：人倫之道，父子至親，頑愚之徒，反道敗常，惡莫大焉，實傷風化。今拠所言，誠爲允當。合下仰照驗，多出文榜，遍行合属，嚴加禁治。如有似前溺子之人，諸人首告到官，取問是实，依理断罪。主首、社長、鄰佑，有失覔察，亦行治罪。奉此。

《元典章》卷四四《刑部·諸毆·雜例·毆詈不准攔告》 至元八年正月，尚書刑部承奉尚書省劄付：拠御史臺呈備監察御史呈：体察得：在都左右巡院，自春至秋，陳告毆詈者，不肯奉公帰結，却行准訖攔告，計四十四起。切見一等不畏公法小人，無故行兇，毆詈良民。虽有告發到官，當該官吏故意迁延，縱令行兇人或恃權勢，或行賄賂，或有轉托他人関節，或馳騁兇暴，恐嚇告者，百端需要。元告人自願攔告休和，文狀到官，擅便准攔了當。不唯如此，使貪吏得為其弊，小人敢肆其惡，善人无地可容，深為未便。又見刑部重刑卷內，鬪毆殺人起数甚多。詳此，盖是官司自來禁断不嚴，及听從攔告，使行兇之徒不知畏懼，以致毆人至死，况兼毆人詈人，俱係刑名事理，旧來并无攔告躰例。所拠左右兩院前項准攔事理，即係違錯，合行糾呈。外，今後有毆詈人者，告論到官，不許攔告，須要取責明白招證詞因，約量所犯的决。庶使兇暴日消，詞訟日簡，乞照詳事。省府相度：拠左右兩院前項准攔事理，照勘取責明白招伏詞因，擬定呈省，仍仰遍行合属。今後，凡有歐詈人者，告發到官，不許攔告，取責明白招證詞因，依理帰断施行。

《元典章》卷四六《刑部·諸贓·取受·親隨受錢着落元主》 至元二十二年正月八日，中書省咨：拠御史臺呈：照得省部諸衙門出使人員，往往於各某官司因事取受錢物。事發被問，推称並不知會，係是隨從并過錢人隱藏，或故縱在逃，虛称某処去訖。如此設詞，不肯承伏。擬合先行着落正委人員，追陪元要錢物，候勾所指人等得獲，至日再行歸對。呈乞明降。得此。送刑部議得：已前至今，諸衙門出使人員，於各處因事取受錢物，發露到官，若係先指元引親隨、帶行人等接受過度，勾問，故縱逃趓，妄称不知去向；若督勒本人責限根喚，赴官追問，如違限不到，或虛指遠方去訖。如此，中間情弊不無。先令正委人員陪納元数，候將來根勾所指人等得見，至日再行歸對。及有各処官司囑托彼中親舊人等，轉行過度，推調不肯承伏。詳審情理，委有差別，擬令元經手人等歸對追徵，似爲相應。呈乞照詳。都省議得：如事發之後，故縱親隨、駈口人等在逃，先行着落正委人員追陪。若因事在外，立限根勾，違限不到者，依上陪償。餘准刑部所擬，除外，仰依上施行。

《元典章》卷四六《刑部·諸贓·取受·臺察官吏犯贓不叙》 延祐二年二月，行臺准御史臺咨：據監察御史呈：切惟有守者乃能执憲无瑕者方可律人。己之不廉，而欲正人之貪汚，自古及今，未之能行。原夫臺察之設，本以糾治奸貪。其餘自治所禁尤嚴者，盖以不先絜己，不能治人故也。自至元五年立御史臺，以至革罷按察司，前後二十餘年之間，臺察官吏，間有染犯贓汚，悉皆断罷不叙。又至元二十年，憲臺奏奉聖旨：臺察官吏，但有犯贓，並除名不叙。以古酌今，咸謂得宜。改立廉訪之後，止有加罪之人，別無不叙之例。是以各処往往作疑申禀，呈省送部定擬。刑部議得：臺察官吏，自犯贓私，依例加等科罪，加至所止，虽不枉法，並除名不叙。都省准擬，遍行照會。

《元典章》卷四八《刑部·諸贓·禁例·禁聚斂責發錢》 元貞元年四月，准御史臺咨：拠大興縣賀君用告：盧縣尹用羊酒作會，呼喚富戶之家賫發，典史董君佐斉歛鈔兩。取訖董君佐招伏，已將鈔兩追給外，拠本人所招，難同取受議罪。若不禁治，切恐在任官吏倣此爲例，因而作弊。呈奉中書省劄，議得：董君佐替閑，置備羊酒，邀請官吏人等，取受賫發，已行追給。雖有招伏，元无禁例，難議定罪。今後，諸官吏在任或得替其間，並不得以酒食邀請部下吏民人等，取斂錢物，違者治罪，外拠下任官員，百姓愛慕，自願以礼錢送者，不拘此例。奉此。遍行各処照會去後，今拠山東西道廉訪司申：卑司伏念：若謂下任官員，百姓愛慕，自願以礼餞送，果无善政及人，何至去思如彼。苟求其实，誠恐艱得。切恐見任官吏，或拜識豪華以為親戚，或接引殷富以為交友，既不愧於廉耻，務貪婪於賄賂。在任之時，或施小惠；替閑之後，希望饋贐。又各処官員新任及未滿者，暗地托詞或令本処豪強諷諭逼赫鄉耆、社長、里正人等鳩斂財物，以給去官。若亦為百姓愛慕，以礼餞送，可乎？其間，因緣侵漁者有之。民受實殃，彼施虚惠，盖為己之將來，亦欲如此。况流俗之情，齊之以政教，董之以刑威，典為防閑，貪奪之弊，尚難变革，若有啓其源，藉此成風，擾民斁法，莫斯為甚！以此參詳，理宜禁止。申乞照驗。本臺議得：官員去職，百姓建祠立碑，自古有之。若許新官、豪右、百姓人等率斂錢物，餞送去官，漸啓奸貪之門，其間弊倖而有不可勝言者。合准山東西道廉訪司所申，禁断相應。呈奉中書省劄：送刑部議擬得：誠如所言，即係設謀巧取，假手率斂，事屬違法，皆非自願，理宜弾糾，以正貪汚。都省准擬，仰依上施行。

《元典章》卷四八《刑部·諸贓·雜例·羅織清廉官吏》大德七年，江浙行省准中書省咨：胡平仲言問事官員循私之弊：大凡官員不要肚皮者，中心委无所慊，未免見上司官吏恥於趍媚，似若簡傲。其上司官吏，該使非人，因此嗔恠，私意尋事羅摭。甚有陖使奸豪猾吏，誣詞虚告，以逼勒招承，銜寃負枉，无所伸雪。又有一等譁徒，專務把持官府爲主，或无爲有，互相強證，或妄攀本官眷属，或栲掠奴婢指證，百端侵辱，晝時因前項官員請托不從，多方計嘱在上衙門，非理不時差委，使其奔馳道塗，不得安坐。設使此計不行，即便虚捏事件，直經上司謊告，買人證對。如此設計傾陷，甚是不便。合无行移各処禁治？今後，問事官但有挾私曲断，体察是实，断罪黜降。其奸豪猾吏把持官府者，置立板牓，所在官司懸掛，仍大字書寫粉壁，再犯，断罪移徙，以懲後來，比以明刑之要務。送刑部議得：今之官吏，貪邪奸梭者，自知有過，必加諂媚，監臨問事官司，以爲慕已，更或窺伺所好，私苐營求，必得辛明。其律身廉潔者，心既无慊，恥於趍迎，及稱簡傲，百端尋事，證辱被害，誠如所言。以此參詳：問事官員因公挾私，致有枉入人罪者，驗輕重断罪降叙，相應。都省准擬，咨請遍行合属，依上禁治施行。

《元典章》卷五〇《刑部·諸盜·發塚·禁治子孫發塚》大德七年三月十六日，江西行省准中書省咨：臨江路備新淦州申：知州曹奉訓関：体知諸人子孫，多有發掘出父祖墳墓棺屍，將地穴出賣等事。又准本路達魯花赤扎忽児歹中議関：亦知本路士民之家止圖利己，莫恤祖宗，往往听信野師、俗巫妄以風水誑惑，曰某山強則某支富，某水弱則某支貧；或曰茲山无鼎鼐之似，安得出一品之貴？又曰茲山无倉庫之似，安得致千金之富？於是有一墓屢迁而不已者。又有子孫不肖，貧窮不能固守，從而墮師巫之誘，但圖多取價鈔，掘墓出賣剖分者有之。其富税之家貪圖風水，用錢買誘，使之改掘出賣者有之。又有圖葬埋之金銀，破祖宗之棺槨並骸骨於水火者有之。本省看詳：比及江西風俗僥薄，爲人後者不務勤儉，破蕩財産，及至貧乏，不自咎責，反謂先塋風水不利所致，遂乃听信師巫誑惑，豪強利誘，發掘祖先墳墓，迁移骸骨，高價貨賣穴地。不仁不孝，情罪非輕。即今事發到官者甚衆。若不明定嚴刑，以示禁戒，切恐愚民沿襲，視以爲常。緣係爲例事理，請定奪事。送刑部議得：劫墓賊徒，發塚開棺毀屍者，已有断例。其爲人子孫，或因貧困，或信師巫説誘，發掘祖宗墳塚，盜取財物，貨賣塋地者，驗所犯輕重断罪。移弃屍骸，不爲祭祀者，合同悪逆結案。買地人等，知情者，減犯人罪二等科，断元價没官；不知情者，臨事詳决。有司不得出給貨賣墳地公據。依理迁葬者不拘此例。如蒙准擬，移咨行省，嚴切禁治。今後敢有違犯，依上追断，相應。都省准呈，咨請禁治施行。

《元典章》卷五三《刑部·訴訟·書狀·籍記吏書狀》大德十一年五月，行臺准御史臺咨：據淮西江北道廉訪司申：檢會大德五年三月内，江南行臺監察御史折都將仕呈：各處狀鋪之設，本欲書寫有理詞狀，便知應告、不應告言之例，庶革泛濫陳詞之弊，亦使官府詞訟静簡，易於杜絶。比年以來，所在官司設立書狀人，多是各官梯己人等，於內勾當，或計會行求充應。所任之人，既不諳曉吏事，反以爲營利之所。凡有告小事，不問貧富，須費鈔四五兩而後得狀一紙，大事一定、半定者有之。兩家争告一事，甲狀先至，佯称已有乙狀，却觀其所與之多寡，而後與之書寫。若所與厭其所欲，方與書寫，稍或慳吝，故行留難，暗行報與被論之人，使作先告，甚至争一先費鈔数定者。又有一等有錢告狀者，自與粧飾詞語，虛捏情節，理雖曲而直；無錢告狀者，雖有情理，或與之削去緊関事意，或之與減除明白字樣，百般調弄，起滅詞訴。由是訟庭日見繁冗，初詞疑似，卒難窮治，其失置立書鋪之意。今後，亲令有司於籍記吏員內，遴選行止謹慎、吏事熟閑者，輪差一名，專管書狀，年終經換，果無過錯，即便收補，仍先責書狀人甘結狀。每呈詞狀到鋪，依例書寫，當日須要了畢，不許有留多餘書寫人等在鋪。若詞狀到鋪，妄行刁蹬，取受錢物，故作停難，不即書寫，及不子細詢問事之争端，有無明白證驗，是否應告詞訟，以直作曲，以後爲先，朦朧書寫，調弄作弊，許令告人徑赴所属官司陳告。取問是实，當該書狀人等黜罷。若所属官司看詢不行，廉訪司到官，体察究問。行臺准呈，遍行合属，依上施行去訖。卑司切見：江北州郡所設書鋪，亦有此弊。若依行臺所行，官民便益。然此即係爲例事理，乞照詳事。得此。本臺看詳：江淮、腹裏諸處路分，俱係一体，如准本道所言，似爲便益。却緣各處路、府、州、縣所管人民多寡、詞訟繁簡不同，宜令合干部分，斟酌合設人数，通行定擬，相應。呈奉中書省劄付，送刑部議得：書寫詞狀之弊，合准御史臺所呈施行。所設人数，從各處斟酌遴選差役。若有泛濫，廉訪司就便究治，相應。都省准呈，除已遍行各處，依上施行。

《元典章》卷五三《刑部·訴訟·聽訟·詞訟不許里正備申》　至元三十一年六月，江西道廉訪司備袁州路推官石承務呈：切謂詞訟之煩簡，係民官之政令。今見大江以南，鄉都里正、社長、巡尉、弓手人等，恃爲官府所設之人，事不干己，輙爲体訪，申作事頭。當該官司不詳事体，依憑勾攝，民皆受苦，官吏相藉爲奸故也。今後，除地面嘯聚、強竊盜賊、殺人、僞造宝鈔、私宰牛馬，許令飛申，其餘一切公事，听令百姓赴有司從实陳告，鄉都里正、主首、社長、巡尉、弓手人等不許干預。所処民户有詞告官，官司詳審詞理。若指陳不明，及無證驗，或泛濫瑣碎，不應受理者，即與明白分別，省會退還，自然訟簡民安。呈乞照詳。得此。憲司准呈，可依上施行。

《元典章》卷五三《刑部·訴訟·誣告·誣告官吏斷罪》　至大元年，行臺近據來申：准兼訪司牒：近來犯贜經断之人，摭拾元問官吏，赴上司称冤，信憑一面詞因，犯除名不叙者，却得叙用，官吏反被誣執。貪婪之人因得快意，但公正有爲之人，豈肯向前！莫若今後被問經断之人，如有寃抑，先赴御史臺陳告，受理照勘。犯人若果寃抑，隨即改正，仍治元問官吏不應枉問之罪。若對問得已断別無寃抑，再断本人誣告罪犯。庶使問事官吏肯爲尽心詳察實情，不致枉問；被断之人別无寃抑，不敢紊煩上司，誠爲便益。申乞照詳。得此。已經移咨御史臺照詳去訖。照得：近欽奉聖旨節該：今後告監察廉訪司官吏每不公外，枉問來的人有呵，依在先的聖旨体例裏，御史臺裏告者。若合問呵，問的是实了，被告的官吏每根底，依体例要罪過者。若虛呵，告的人每根底加等断罪者。欽此。

《元典章》卷五三《刑部·訴訟·代訴·不許婦人訴》　皇慶二年十二月初九日，承奉江浙行省劄付准中書省咨刑部呈彰德路申：備本路府判田奉訓牒：訴訟老幼婦人，當厅口告，或具文狀，嘗以理理法言語喻之，未暇罪責，兾帰自省，追改前過。近已憲司委断安陽等処人户告争田土、房舍、財產、婚姻、債負，積年未絕等事，照得元告、被論人等，於內有一等不畏公法、素无慚耻婦人，自嗜鬪争，妄生詞訟，椿飾捏合，往往代替兒夫、子姪、叔伯、兄弟赴官争理。及有一等對證明白，自知无理，倚賴婦人，又行抗拒，起生僥倖，不肯供說实詞，甚者別生事端。在後体知，復有一等年幼寡婦，意逞姿色，故延其事，日逐隨衙，衆与人雜言戲謔勾引，出入茶肆酒家宿食，寄止僧房道院，中間非理，无所不爲，習以爲常，官不爲禁。甚矣，婦道有傷風化！合无今後不許婦人告事，若或全家果無男子，事有私下不能杜絕，必須赴官陳告，許令宗族親人代訴，所告是实，依理帰結；如虛不实，止罪婦人，不及代訴。乞照詳明降。得此，本部議得：婦人之義，惟主中饋。代夫出訟，有違礼法。此等僥倖，在在如是。不加禁約，敗俗弥深。以此叅詳：凡婦人代替男子經官告辨詞訟，合准所言，通行禁止。若果寡居无依，及雖有子男，別因他故妨碍，事須論訴者，不拘此例。如蒙准呈，遍行照會。相應。都省准擬，依上施行。

《元典章》卷五三《刑部・訴訟・折證・詞訟不指親屬子證》 大德十年正月，湖廣行省准中書省咨刑部呈礼部関奉省判：諸人陳言，送礼部依例分間。可采名件，置簿隨即附録，然後就行合干部分另議擬開呈。事干本部，就便擬定呈省。奉此。分間到胡平仲所言一件：親屬許相容隱者，舊例也。近年，譁訐之徒首告官吏賍罪，動輒攀指其父母、兄弟、妻子爲證。問事官不以綱常爲重，一時快意，憑信追對，使公庭之下，一家骨肉自爲仇敵。甚而婦人、女子不堪苦楚，未免乱説妄指，銜冤莫伸。風化如此，縱獲巨万之賍，何益哉？大有戾孔門父爲子隱、子爲父隱之意，合無禁治？今後，犯者以違例坐罪。関請照驗，依上議擬，就便施行。本部議得：人倫之大，莫大於君臣、父子、夫婦、兄弟之叙。至如刑法之設，正爲裨補教化，當以人倫爲本。近年，有罪者，子證其父、弟證其兄、婦證其夫、奴證其主，聽訟者，又施法外之刑，苦迫以成其獄。非惟大失用刑之本意，而其弊至於使人不復知有綱常之理。人道有虧，用刑失當，莫重於此。以此条詳，理宜禁治。具呈照詳。都省准呈，咨請依上施行。

《元典章・新集至治條例・刑部・刑獄・詳讞・平反冤獄》 延祐七年二月日，江南行臺准御史臺咨承奉中書省劄付刑部呈：切謂信賞，在功无不報，必罰，在罪无不懲。非功而獲爵，則爵輕；非罪而肆刑，則刑褻。方今庶務，唯刑爲重。平反寃獄，乃居官者耴令所當為之事，比因陞等減資之路，其一等貪進僥倖之徒，承差委問之際，不詳事理虚实，欲圖陞進，往往鍜煉獄成，返害无辜，捏合文案。所在官司，亦不詳讞，輒憑申牒，廉訪司取具体察公文，咨申省部定擬。其間，平反辨明固亦有之，照出不完，冒濫者，十常八九，必致駁問。往復照勘文繁，經年逾月不能杜絶。其於始初，定立平反，止是推官任滿，考其殿最而言，殊無平反通例。若不定擬，深為未便。今後内外官負果能留情獄訟，平反保勘明白，行移各処廉訪司体覆相同，繳連的本方許申呈，須具元問，并平反各各缘由，備細招詞，取到枉勘，官吏招伏，本宗公事如何帰結，開坐咨申詳酌。如能平反，重刑三名以上，量陞一等，犯流配五名者，擬減一資。名数不及者，受優定奪。其吏負事不干己，而能平反者，依上於應得役上，量進一等迁調。若耴當審録并家属称寃，承差委問、諸人告指，不在論賞之例。其或冒濫不实罪，及保勘体察官司，庶革僥倖之弊，如蒙准呈，遍行照會，遵守相應，具呈照詳，得此。議得：諸官負今後如能平反重刑一名以上，陞一等；犯流罪三名減一資歷，五名陞一等。名数不及者，從優定奪，徒役五名以上，減一資。餘准部擬。都省仰依上施行。

《明史》卷九四《刑法志二》 弘治元年，刑部尚書何喬新言：舊制提人，所在官司必驗精微批文，與符號相合，然後發遣。此祖宗杜漸防微深意也。近者中外提人，止憑駕帖，既不用符，真僞莫辨，姦人矯命，何以拒之？請給批文如故。帝曰：此祖宗舊例不可廢。命復行之。然旗校提人，率齎駕帖。嘉靖元年，錦衣衛千戶白壽等齎駕帖詣科，給事中劉濟謂當以御批原本送科，使知其事。兩人相争並列，上命檢成、弘事例以聞。濟復言，自天順時例卽如此。帝入壽言，責濟以狀對，亦無以罪也。天啓時，魏忠賢用駕帖提周順昌諸人，竟激蘇州之變。兩畿决囚，亦必驗精微批。嘉靖二十一年，恤刑主事戴楩、吴元璧、吕顥等行急失與内號相驗，比至，與原給外號不合，爲巡按御史所糾，納贖還職。

成化時，六品以下官有罪，巡按御史輒令府官提問。陝西巡撫項忠言祖制，京外五品以上官有犯奏聞，不得擅勾問。今巡按輒提問六品官，甚乖律意，當聞於朝，命御史、按察司提問爲是。乃下部議，從之。凡罪在八議者，實封奏聞請旨，惟十惡不用此例。所屬官爲上司非理凌虐，亦聽實封徑奏。軍官犯罪，都督府請旨。諸司事涉軍官及呈告軍官不法者，俱密以實封奏，無得擅勾問。嘉靖中，順天巡按御史鄭存仁檄府縣，凡法司有所追取，不得輒發。尚書鄭曉考故事，民間詞訟非自通政司轉達，不得聽。而諸司有應問罪人，必送刑部，各不相侵。曉乃言：刑部追取人，府縣不當却。存仁違制，宜罪。存仁亦執自下而上之律，論曉欺罔。乃命在外者屬有司，在京者屬刑部。然自曉去位，民間詞訟，五城御史輒受之，不復遵祖制矣。

洪武時，有告謀反者勘問不實，刑部言當抵罪。帝以問秦裕伯。對曰：元時若此者罪止杖一百，蓋以開來告之路也。帝曰：姦徒不抵，善人被誣者多矣。自今告謀反不實者，抵罪。學正孫詢訐税使孫必貴爲胡黨，又訐元參政黎銘常自稱老豪傑，謗訕朝廷。帝以告訐非儒者所爲，置不問。永樂間定制，誣三四人杖徒，五六人流三千里，十人以上者凌遲，家屬徙化外。

洪武末年，小民多越訴京師，及按其事，往往不實，乃嚴越訴之禁。命老人理一鄉詞訟，會里胥決之，事重者始白於官，然卒不能止。越訴者日多，乃用重法，戍之邊。宣德時，越訴得實者免罪，不實仍戍邊。景泰中，不問虛實，皆發口外充軍，後不以爲例也。

《明史》卷九五《刑法志三》　東廠之設，始於成祖。錦衣衛之獄，太祖嘗用之，後已禁止，其復用亦自永樂時。廠與衛相倚，故言者並稱廠衛。初，成祖起北平，刺探宫中事，多以建文帝左右爲耳目。故即位後專倚宦官，立東廠於東安門北，令嬖暱者提督之，緝訪謀逆妖言大奸惡等，與錦衣衛均權勢，蓋遷都後事也。然衛指揮紀綱、門達等大幸，更迭用事，廠權不能如。至憲宗時，尚銘領東廠，又别設西廠刺事，以汪直督之，所領緹騎倍東廠。自京師及天下，旁午偵事，雖王府不免。直中廢復用，先後凡六年，冤死者相屬，勢遠出衛上。會直數出邊監軍，大學士萬安乃言：太宗建北京，命錦衣官校緝訪，猶恐外官徇情，故設東廠，令内臣提督，行五六十年，事有定規。往者妖狐夜出，人心驚惶，感勞聖慮，添設西廠，特命直督緝，用戒不虞，所以權一時之宜，慰安人心也。向所紛擾，臣不贅言。今直鎮大同，京城衆口一辭，皆以革去西廠爲便。伏望聖恩特旨革罷，官校悉回原衛，宗社幸甚。帝從之。尚銘專用事，未幾亦黜。弘治元年，員外郎張倫請廢東廠。不報。然孝宗仁厚，廠衛無敢横，司廠者羅祥、楊鵬，奉職而已。

《明史》卷一八一《李東陽傳》　三年六月壬辰，朝退，有遺匿名書於御道數瑾罪者，詔百官悉跪奉天門外。頃之，執庶僚三百餘人下詔獄。次日，東陽等力救，會瑾亦廉知其同類所爲，衆獲宥。後數日，東陽疏言寬恤數事，章下所司。既而戸部覆奏，言糧草虧折，自有專司，巡撫官總領大綱，宜從輕減。瑾大怒，矯旨詰責數百言，中外駭歎。瑾患盜賊日滋，欲戍其家屬並鄰里及爲之囊橐者。或自陳獲盜七十人，所司欲以新例從事。東陽言，如是則百年之案皆可追論也，乃免。劉健、謝遷、劉大夏、楊一清及平江伯陳熊輩幾得危禍，皆賴東陽而解。其潛移默奪，保全善類，天下陰受其庇，而氣節之士多非之。侍郎羅玘上書勸其早退，至請削門生籍。東陽得書，俛首長歎而已。

《明史》卷二八三《儒林傳二·王畿》　民兄弟争産，汝芳對之泣，民亦泣，訟乃已。創開元會，罪囚亦令聽講。入覲，勸徐階聚四方計吏講學。階遂大會於靈濟宫，聽者數千人。父艱，服闋，起補東昌，移雲南屯田副使，進參政，分守永昌，坐事爲言官論罷。初，汝芳從永新顔鈞講學，後鈞繫南京獄當死，汝芳供養獄中，鬻産救之，得減戍。汝芳既罷官，鈞亦赦歸。汝芳事之，飲食必躬進，人以爲難。

《明史》卷三〇六《閹黨傳·張綵》　綵既銜瑾恩，見瑾擅權久，貪冒無厭，天下怨之，因乘間説曰：公亦知賄入所自乎？非盜官帑，即剝小民。彼借公名自厚，入公者未十一，而怨悉歸公，何以謝天下？瑾大然之。會御史胡節巡按山東還，厚遺瑾。瑾發之，捕節下獄。少監李宣、侍郎張鸞、指揮同知趙良按事福建還，餽瑾白金二萬。瑾疏納金於官，而按三人罪。其他因賄得禍者甚衆。苛斂之害爲少衰，中外或稱綵能導瑾爲善矣。及瑾伏誅，綵以交結近侍論死，遇赦當免。改擬同瑾謀反，瘐死獄中，仍剉屍於市，籍其家，妻子流海南。

（明）陳洪謨《治世餘聞》上篇卷二　辛酉冬，馬司馬文升轉太宰。御史張津、文森、曾大有論馬宜在兵部，且熟知邊事，吏部宜慎擇正人居之。奏上，奉旨：進退大臣，朝廷自有公道。這御史每如何輒擅銓衡？皆下獄送法司擬罪。僉謂輒擅銓衡，准律文其罪不小，皆爲危之。後得旨如擬，運炭還職。方知上意初未嘗怒言者，恐論列者衆，故先批如此。聖人之度，何嘗有所適莫哉！方太宰缺時，馬與刑部閔珪皆以資望相應，北人主于馬，南人主閔。推者以馬爲首，遂相嫌。馬在部，移怒於屬司，一年之間，刑部十三司無一轉官者，可謂隘矣。弘治末，爲何御史天衢所劾，遂罷去。

（清）龍文彬《明會要》卷三二《職官四·刑部尚書侍郎》　二十二年，以戸部尚書楊靖與刑部尚書趙勉换官，諭曰：愚民犯法，如啗飲食。設法防之，犯者益衆。推恕行仁，或能感化。自今惟犯十惡並殺人者，死。餘罪，皆令輸粟北邊。又曰：在京獄囚，卿等覆奏，朕親審決，猶恐有失。在外各官所擬，豈能盡當？卿等詳讞，然後遣官審决。靖承旨研辨，多所平反。帝嘉納之。《楊靖傳》。

（清）龍文彬《明會要》卷三五《職官七·大理寺》　正統六年，評事馬豫言：臣奉敕審刑，竊見各處所獲強盜，多因仇人指攀，拷掠成獄，不待詳報死傷者甚多。今後宜勿聽妄指。果有贓證，御史、按察司會審，方許論決。若未審録有傷死者，毋得準例升賞。是年出死囚以下無數。已上《夢餘録》。

又：景泰六年：大理寺卿向敬言：鞫囚有二弊：其一，論罪不當者，輒調問，痛加箠楚，至三四次，仍依原擬，不免有冤。請自今三次不允，送别衙門推鞫。原問不當者，罪之。其一，毆鬬、罵詈、違限等類，輕重律有正條者，法司以正條罪輕，輒依擬不應從重。其買免、枉法、強竊盜等項贓法金銀，律追本色。今乃准其費用追鈔。此皆輕重不當，乞禁令如律。從之。已上《通典》。

成化時，給事中白昂言：大理寺審録，有稱冤人犯，駁回在外衙門再問。多偏執己見，不與辯明；或用非法重刑，鍛鍊成獄。因人慮其駁回必加酷刑，雖有冤枉，不敢再言。今後有問招不明、擬罪不當者，俱乞改調相應官員問理，不許鍛鍊成獄。違者，虽無贓亦依律問罪。從之。《夢餘録》。

五年，評事張鈺言：大理之設，所以審録刑部都察院鞫問重囚。其問，或擬罪不當者，一再駁還，並令改擬；或仍不當，許參問。此係舊制。近見南京法司，多用嚴刑，追囚誣服。其被糾者，亦止改正而無罪。乞自今許本寺參問。寺卿王概覆奏如議。《續通典》。

（清）龍文彬《明會要》卷五四《食貨二・田賦》 永樂元年，湖廣夏税至，後期。戶部尚書郁新請治府州縣官稽緩罪。帝曰：賦入，但無失經制可矣。耕種有先後，地里有遠近，何能概論？任官牧民，當察其難易而悉其情。苟以稽緩罪其官，必急責於民，吾民殘矣。其勿問。《春明夢餘録》。

（清）龍文彬《明會要》卷六四《刑一・刑制》 嘉靖五年六月戊辰，給事中謝蕡疏請革嚴刑以全民命。上曰：人命至重，死者不可復生。問刑官於罪輕宜用常刑者，率以酷刑拷訊傷人，因而致死。朕甚憫焉。其卽以朕意示各撫按官，諭諸問刑者，務爲寬恤。自今有嚴刑死傷人者，罪之；並所司同坐。《實録》。

八年，刑部覆給事中霍韜疏言：官以贓敗及故禁、故勘平人致死者，律當斬絞。後人惡其厲已，於贓罪得贖刑，而致人死者置之不問，以致贓暴之吏得肆。帝是其言，詔：今後，官吏犯枉法贓、酷刑致死人命及故禁、故勘者，論如律。《通典》。

（清）龍文彬《明會要》卷六五《刑二・詳獄》 洪武十四年五月，刑部奏決重囚，帝諭之曰：朕嘗命汝等，凡有重獄，必三覆奏。以人命至重，恐不得其情，則刑罰濫及，死者不可復生也，故必欲詳審。今汝等概以重刑來奏，其間固有瀆倫亂法罪不可原者，亦有一時迷誤情有可矜者。若混而同之，則輕重不分矣。自今凡十惡常赦不原者，則云重刑。其餘雜犯死罪許聽收贖者，毋概言也。《世法録》。

又：十六年正月，諭刑部尚書開濟、都御史詹徽等曰：凡論囚須原情。不可深入人罪。蓋人命至重，常存平恕之心，猶恐失之，况深文乎？自今凡有論決，必再三詳讞，覆奏而行，毋重傷人命。

七月辛亥，遣御史往浙江等處録囚，帝諭之曰：古人有言：議獄緩刑。刑當其罪，猶在可矜；若濫及非辜，豈可復悔。草木微物，有仁心者方長不折，况於人而可忽乎？爾往，愼之。

十七年閏十月癸丑，命天下諸司刑獄皆送刑部都察院詳議平允，又送大理寺審覆，然後決之。其直隷諸府州刑獄，亦準此令。庶幾民無冤抑。因諭刑官曰：王良善御，豈在於策？周公善治，豈在於刑？刑者，輔治之具，用之不可不愼。故每令三審五覆，無非求其生而已。已上《世法録》。

（清）龍文彬《明會要》六七《刑四・登聞鼓》 宣德元年，直登聞鼓給事中林富奏：重囚二十七人，以姦盜當決，擊鼓訴冤，煩瀆不可宥。帝曰：登聞鼓之設，正以達下情，何謂煩瀆？自後，凡擊鼓訴冤阻遏者，罪。《刑法志》。

二年二月乙亥，諭直登聞鼓給事中曰：朝廷慮刑獄有冤，下情不能達，故設登聞鼓。然前代置院設官，託耳目於一人，非兼聽廣覽之道。我國家命六科輪直，最得其當。爾等毋畏權勢，無欺孤煢，惟其所言，卽時爲達。庶幾事無壅蔽，幽隱畢聞。《大訓記》。

（清）周爾吉《歷朝折獄纂要》卷四《理冤・京師指揮》 明朝，京師有盜劫一家，遺一册。旦視之，盡富室子弟名字，書書某日某甲，會飮某處議事，或聚博狎娼，或同往搶刧，云云，凡二十條，以白於官。按册捕之，皆跅弛少年，各父母皆以諸兒素不逞，亦頗自疑，而飲博諸事悉實，蓋大盗每偵所爲而借以自掩。少年不勝榜毒，誣服。訊贓所在，浪言埋郊外某處，發之悉獲。諸少相顧駭愕曰：天亡我！遂定案。一指揮疑之，而不得其故，沈思良久曰：我之豢馬髯奴，何得每訊斯獄，輒侍於側，心疑之。明日仍提諸少年審訊，而髯奴又在焉，即呼取炮烙具，嚴比髯奴。髯乃叩頭，請屏左右，乃曰：初不知事之本末，有盗賂奴，令每治斯獄，必記公與囚言，馳報，許酬我百金。乃知所發贓皆得報，後瘞之也。髯請擒賊自贖，指揮令數兵易衣而往，至僻境悉擒之，諸少乃免。

黠盗遺害良家子弟，証以簿據，實以贓私，寃真難洗。幸指揮留心髯奴，嚴訊得實，否則諸盗不獲，各家子弟，能免於難哉？聽訟之難，一至如此。

（清）蔣良騏《東華録》卷一《先世至天命十一年十一月》 又置理政聽訟大臣五人，扎爾固齊十人佐理，五日一視朝，凡有聽斷，先經扎爾固齊十人審問，然後言於五臣，五臣審問，言於衆貝勒，議定奏明。

丙辰年，羣臣尊上爲覆育列國英明皇帝，建元天命元年。是年上五十有八。明萬曆四十四年七月，上諭議政五大臣曰：凡事不可一人獨斷，如一人獨斷，必至生亂。國人有事，當訴于公所，毋訴于諸臣之家。其有私訴者，曾付以鞭索，俾執而責之。貝勒諸臣有罪，束身静聽，如例審斷，有執拗不服者，加以重罪。凡事俱五日一聽斷于公所。

（清）蔣良騏《東華録》卷七《順治九年十二月》 諭刑部：巨盗李應試、潘（學文）〔文學〕盤據都下，多歷年所，官兵莫敢攖其鋒。今因別事發覺，審得李應試別名黄膘李三，元係明朝重犯，漏網出柙，專一豢養强盗，交結官司，役使衙蠹，遠近盗賊競輸重貲，南城舖行盡納常例，明作威福，暗操生殺。他若崇文門一應税務，自立規則，擅抽課錢。惡姪殺人，死者家不敢申訴，諸如此類，罪不可勝數。潘文學自充馬販，潛通賊線，挑聚膘健馬騾，接濟遠近盗賊，每次多或一二百匹，少或數十匹，羣盗得騎，如虎添翼。且交通官吏，包攬不公不法之事，任意興滅，甚至文武官員多與投刺會飲，道路側目，莫敢誰何。以上二犯，罪大惡極，舉國官民人等，皆言罪當萬死，故將李應試、潘文學併伊子姪，俱行斬梟。又兵科都給事中李運長身爲言官，反與應試之姪李天鳳聯宗，認爲兄弟，將天鳳之子李蓁冒作己子，充送官監。及事覺，仍藏匿天鳳子，希圖倖免，姑從寬典，止誅李運長、李蓁。以後各衙門勿得狥縱以取罪戾，再有與奸盗往來者，事發定行連坐。

（清）蔣良騏《東華録》卷八《順治十五年五月》 諭兵部：近聞有奸徒假冒逃人，詐害百姓。或借名告假還家，將殷實之家指爲窩主；或原非逃人，冒稱旗下，在外嚇詐；或買主冒認，詭名作真；或領本貿易，假夥（扳）〔攀〕害，種種詐僞，深爲可惡。今〔後〕凡有逃人，本主報明該管官，將逃人之主及逃人姓名具結報部。如逃後日久方報，及已獲始稱伊家人者，不許給主。直省地方有旗下（不）告假，私出妄爲，及冒稱旗下，羣奸横行者，該督撫嚴行訪拿，並本主從重治罪。

（清）蔣良騏《東華録》卷一三《康熙二十三年五月》 五月，上諭大學士等曰：前輔臣時有包衣佐領下一人，外作善狀，内懷凶惡，卒爲强盗，於通州被擒。有包衣人見之云：爾不悛改，今事發矣。因歷數其惡，以鞭鞭之。後鞫審時，啣恨扳陷包衣人同爲强盗。同夥皆云勿妄陷無辜，其人不聽。此包衣人竟坐法。由此觀之，天下此等事不少，朕常以此爲念，遇有重罪，必反復推詳，下部再議，此寧失出無失入之意也。

（清）蔣良騏《東華録》卷一九《康熙四十三年八月》 八月，御史吕履恒劾奏李光地于秋審之事任意斷决。上以光地依律奏擬，並非任意斷决，命發還吕履恒奏。給事中王原劾奏文選司郎中陳汝弼因光地舉薦由刑部調吏部，初猶矯詐顧名，近則專擅恣縱，有婪贓情弊，下都察院察議，革汝弼職，交刑部鞫訊，刑部定讞，計贓論絞。上曰：人有薦陳汝弼之賢能者，故朕簡于衆郎中内特授選司，如受賄是實，卽置之于法，以爲衆戒。若未經受賄，則應寬之。令再審，尋覆奏受賄有據，應請立絞。上察知供證非實，下議政大臣九卿等確核，得刑訊選人逼供行賄狀，奏上，上命免陳汝弼罪，原審諸臣降革有差，王原以有囑托私書，爲陳汝弼舉首，革職。

（清）蔣良騏《東華録》卷二〇《康熙四十六年六月》 六月，陝西盗犯朱璽、魏學吾，行劫商州、雒南等處，拒捕傷兵，逃匿山澤，千總趙璉招降之。詔内閣學士二格偕左都御史巢可托往勘實，朱璽等實因官兵四面圍困，計窮出降，與自首不同，論斬決。從犯流徙寧古塔，被脅百餘人俱免罪。承審官未能得實，各分別降革。

（清）鄂爾泰等《世宗憲皇帝硃批諭旨》卷一七二《硃批王奕仁奏摺》

本年九月內，臣在大定州考棚懸牌，於二十日考試畢節縣文童。忽於十九日有畢邑生員邵藩奭，指稱童生邵汝鈞為伊家奴，同族人邵景奭等混行攻打。經大定州知州蘇霖泓將邵景奭等拏至州署責禁，隨有劣生糜粢盛等往教官寓中尋覓，保邵汝鈞之廩生毆打。復令童生傅才選等取去邵汝鈞試卷，致將册卷搬散。據提調官知州蘇霖泓詳報，臣以考試事關鉅典，豈容劣生肆行無忌，一面鎖拏為首生童，交提調官嚴審；一面出示畢邑童生候具題另考。隨據大定、平遠、畢節等州縣各官詳據合邑生童再四懇求，轉請收考。臣查童生與事者不過二人，其餘皆安分讀書，不相關涉，仍示期考試。今據知州蘇霖泓等審擬邵藩奭指邵汝鈞為家奴，事雖有因，但年代久遠，已無契券可據。臨考攻擊，明係借端生事，殊屬不合。已將生員邵藩奭等除名，分別杖責枷示，童生傅才選等俱夾訊杖責，其為首指使童生擅取試卷之糜粢盛，雖經除名，預先逃避，現在嚴拏，俟緝獲到日，審擬結案。臣按試之時，有此一事，理合據實奏聞，至臣初莅外任，不諳律例，邊郡愚蒙，為細故而干國憲，應否從寬發落，伏乞聖恩指示施行。

〔硃批〕邊方愚頑無知窥法，自當題叅，嚴加懲處，以申功令。似此罷軟姑息，將就完結，殊屬玷職。

《清史列傳》卷五二《大臣畫一傳檔後編八·崇真》

〔光緒元年〕七月，以奉省積弊太深，具疏言：【略】

一、府尹事權宜變通也。察吏安民，府尹最重，本與兼尹相助爲理。惟兼尹闕屬户部，而旗、民交涉之獄，又須由刑部會辦定案。近年民多於旗，轇轕最甚。府尹雖設有讞局，審斷每不得自專，往往一事而上制於户部之兼尹，旁牽於刑部之會訊。稽留往復，清理良難。各州縣申詳此等案情，亦遂紛而無主，甚至包苴争納，徑竇互開。多一兼管衙門，即多一需索地步。此弊之在上者也。健訟成風，意存拖累。原告方控於府尹，被告又控於刑部，而部中司員復不遵守定章，任意收呈，隨處提案；問官亦有偏袒，胥吏因而作奸。審結無期，互傳不到。其中命盜重案，竟使待質囹圄，多至一二十年。微論瘐死紛紛，無從呼訴，而挾仇索賄，被害尤深。至於會驗屍傷，每以索費久稽，動輒數月。此弊之在民者也。擬請旨將奉天府尹一缺加二品銜，以右副都御史行巡撫事，旗、民各務悉歸專理，便與將軍相承一氣，不致兩歧。通省紀綱，斯爲樞紐。一、五部事機宜變通也。奉天及吉林兩省，餉需匯於户部，其任非輕，不宜再兼府尹，反增枝節，而三陵典禮大内工程，禮、工兩部各有專司，皆於民間無涉。至將軍雖管理兵、刑，而該部堂官責無旁貸。五部侍郎應仍其舊，無須移動，俾免紛更。夫刑部之弊，前已略陳，相應請旨申明定例，亦如京中刑部體制，嗣後惟旗、民交涉，罪在犯徒以上者，方准該部按律定擬；其餘一概不得干預。該司官等如再有違例收呈提案，及相驗逾限等事，徑由將軍指名嚴參，以杜侵官而紓民困。至兵部僅管驛丁，事原簡易，惟文書任意私鈔，漏洩太多。一言未上而通國皆知，一令未頒而浮議先起；甚且機密釘封，往往破損。此外尋常公牘，積壓遺失，不可勝言。竊思陳奏機宜，軍、尹兩處多於各部，今以將軍管理，即可一律整齊。更擬請旨將地方通同州縣各員，兼理驛務，所有向設驛丁，准其會同兵部所派之驛站監督，隨時稽察。沿途逐站，皆得其人，文報攸關，亟宜並議。【略】

一、旗、民地方各官宜變通也。旗、民交涉之案，各州縣必與城守尉等官會同辦理。查其列銜之處，禀將軍則尉、縣並書，稟府尹則有縣無尉。同一公牘，任意紛歧，遂至守尉目中幾無府尹，營私挾詐，何所不爲？且於地方尤有數弊，旗界同居，非親卽友，官中公事，但論私情，其弊一；會辦各異，未能和衷，彼此留難，案久懸擱，其弊二；命盜重件，遇有旗人，則借强宗爲護身之符，託本管爲説情之地，抗拒容隱，不服查拏，其弊三；捕盗不力，州縣官處分綦嚴，而城守尉、佐領等官尤有專責，乃盡委罪於驍騎校及領催微末諸員，指名搪塞，劫掠横行，致無忌憚，其弊四。上分其肥，下受其毒，曲直無從申理，州縣亦遂因循。是以前次請照熱河定例，將地方通、同以下全加理事等銜，片奏在案，今更擬請旨嗣後奉省地方一切案件，無論旗、民專歸同、通、州、縣等官管理。其旗界大小各員，祇准經理旗租，緝捕盗賊，此外不得絲毫干預。其緝捕處分，自城守尉至路記佐領，必與州縣等官一律輕重，不得以屬弁隨時塞責；而本地旗、民尤須再申定例，不許做本界武職。如此劃清限制，自無包庇牽掣之虞矣。至各處城守尉，本係宗室專缺，官階同於府、道，責任亦遂不輕。嗣後請旨簡放時，擬擇宗室中諳練政事之員方能稱職，如其才力不勝，應由將軍隨時甄别，方不至貽誤地方。其餘民界各官，陞途太隘，雖有京察計典，奉省均屬具文，是以吏治毫無振作，擬併請將奉省道、府、同、通、州、縣由吏部推廣陞途，力加鼓勵，庶幾有所激勸，百廢可興，是根本儲才之急務也。一、各大吏養廉宜變通也。奉省賄賂公行，已非一日。原情而論。出於貪黷者猶少，迫於窮困者實多。查將軍養廉雖名八成，而官票每兩折銀，祇以二錢五分入算，此外一成停止，一成實折。計廉額二千兩，實數僅五百餘金。推之府尹、府丞，又當四成遞折，實數不過二百餘金矣。借此從公，萬難敷衍。不得已設爲名目，取給下僚，有節壽之賀儀，有月費之攤款。自兼尹、刑部，迄於府尹、府丞，凡涉詞訟之官，地方無不餽送，變本加厲，習爲故常。甚至民間訛傳委缺必酬，到任必謝，而營求囑託，又無論矣。卽有潔清自好之員，迫於時勢，亦姑擇受一二，不敢矯異鳴高。夫上官既資於下僚，下僚必斂於百姓，追呼掊克，激成事端。是以官習爲不廉，而極之於縱役分贓，民亦習爲不廉，而極之於殺人放火。典章罔顧，教化不興。此陋規相沿，實奉省第一大弊也。竊思興廉不難，道宜善養。若以竭蹶辦公之力，復有衣食内顧之憂，不惟阬塞人材，亦覺有傷政體。擬請旨嗣後奉省各大吏養廉，與其遞折，但立虚名，不如另減，歸於實濟。將軍既照總督例，卽以至少省分計之，養廉當一萬八千金，府尹既照巡撫例，養廉至少當一萬二千金。然値此時艱，必須力求撙節。因覈各處用度，將軍養廉至少非實銀八千兩不可，府尹養廉至少非實銀六千兩不可，而府尹内有幕脩，外有役食，六千之數，仍慮難敷。查各地方官向有攤派之款，細加分别，凡涉私規，悉行汰去，尚留公用三四千金，卽令其匯解府尹衙門，以補公用之不足。府丞既兼學政，亦係外官，今既裁撤陋規，其養廉非實銀二千，亦難有濟。以上各款，可否卽由海關道徵收盈餘，及新增盈餘兩項下按年支解，作正開銷。並懇天恩格外俯恤，所有奉省督、撫、學政養廉均給實銀，外餘各副都統、五部養廉俸，原額本少，皆准八成實放，不必疊爲折扣；而將軍兼轄事繁，支用尤鉅，雖議養廉八千，仍恐不敷所用，另有津貼公費之籌，亦知國用未充，可減則減，豈容别生枝節，徒事虚糜？惟關外情形，迥殊各省，既欲力除積弊，便當籌及通盤。況乎宅鎬留豐，自古不嫌優異，力培根本，分所當然。外省養廉，豈容並論？在帑項所支無幾，而大局所全已多。苟且補苴，何敢遷就？自經此次議定章程後，凡奉省向來各大吏一切全分半分陋規，概行禁革。若蹈前轍，立予嚴懲。在小民可稍免苛求，而墨吏亦無所藉口。清源正本，莫切於斯！一、倉差規費宜變通也。奉省各旗草豆由折色以至實徵，最不畫一。數則任意增減，田則任人歸併。宗室未完之款，或償取於平民；富紳應納之糧，反强派之貧户。浮收包攬，百弊叢生，而正供之外，尚有盈餘，謂之倉差規費。每年收租，例由將軍專派督催協領一員，由部分派正副監督司官二員。其奉派之員，每納規費於本管上司，始而每人不過三四千金，繼則五六千金，近來增至八九千金。本屬私供，遂無定數。往往承辦各員，借貸墊賠，致招物議。甚或藉此訛索，其患仍受於民。現將旗租草豆章程改爲一律，無論宗室、平民上中下户，酌一適中之數，按畝交收，以此貧民同聲感戴。所不便者，惟包糧之土棍及不法之豪强耳。如此力加覈減，仍有盈餘，約在一萬五六千金。竊思此項雖非正供，尚於地方無礙，必欲概行裁撤，未免竭澤而漁。與其任作私規，茫無限制，不如改充公費，免再株求。惟五部向係輪派司員，計必遞推三年，始受規費一次。任有久暫，事亦不均。擬於盈餘中先提一萬金，作爲五部侍郎公費，每歲各分二千，以資貼補；而派員督辦，仍循舊章。餘數千金，卽充軍署公費。所取有定，較覺光明。既化私而爲官，卽非損下而益上。或亦因利乘便之一端也。疏入，命軍機大臣、九卿會議，議上，諭曰：奉天爲陪京重地，從前積弊已深。此次變通章程，崇實等務宜實力奉行。所有陋規，悉數革除。地方文武各員，並著該署將軍等隨時稽察，覈實勸懲。其餘未盡事宜，仍隨時酌度，奏明辦理。

《皇朝通志》卷七八《刑法畧四・刑制秋朝審》　雍正二年，諭：明刑所以弼教，君德期於好生，誠以民命至重，寧過乎仁，毋過乎義也！朕念朝審重囚其情實者，刑科必三覆奏聞，勾除者，方行處决。而外省情實重囚，惟於秋審後法司具題卽咨行該省，無覆奏之例。中外一體，豈在京諸囚宜加詳慎，在外省者獨可不用詳慎乎？自今年為始，凡外省重囚經秋審具題，情實應决者，爾法司亦照朝審之例三覆奏聞，以副朕欽䘏之至意。

《皇朝通志》卷七九《刑法畧五·刑制欽卹》 雍正元年，仍復熱審，諭：熱審減等，舊有成例，迨日久弊生，罪人妄希巧脱，胥吏因緣為奸，故延日期，致逃法網，是以停止。

《皇朝文獻通考》卷二〇六《刑考十二·詳讞平反》 二十四年，勑法司詳審秋决人犯。二十五年，命内外法司詳審重囚，果可矜疑，照例減等。定不理刑名日期審理尋常事件之例。諭刑部：刑獄，民命攸關，聽斷雖貴精詳，而案牘務無留滯，庶事得速，竣民免株累。向來凡朔一二日及齋戒等期不理刑名，因而案件間有停積，恐聽審人犯久候拖累，覆核事件遷延滋弊。嗣後遇前項日期，除循例不行刑外，其餘照常，章疏事件仍行審理啓奏。務期獄無稽緩，案得早清，以副朕明慎用刑之至意。

又：三十九年，上以州縣官審獄多有寃抑，特諭州縣取原供，時雖不得情，亦必飾詞以詳上司。上司覆審，然後到部，即有寃抑，部内何由周知？凡為州縣者，遇刑獄之事，初次不能審出實情，及上司批駁後審出，不妨改正。若明知已誤，又復隱諱，則必致有寃抑矣。定部駁審案，另委員覆審，將原審不明之官議處例。

《皇朝文獻通考》卷二〇七《刑考十三·詳讞平反》 九年，申飭各省秋審定擬之未當者。奉諭：今歲各省秋審册内，經九卿改正者甚多，或先後案情不符，混行矜減，或以毁堤毆官之罪而寛其情實，或以屢行謀殺之犯，或犯姦毆死人命，或連掘數塚，或與族嬸通姦致死本夫，或毆斃尊長二命，或誣告伊主死罪，以及屢次行竊、持刀、強姦與故殺病妻，情極殘忍之人，皆予緩决矜減，殊屬姑息。至於情有可原之案，或又草率擬斷，應緩决而置情實，應矜減而置緩决者，不一而足。夫法律為國之綱紀，過重則乖矜恤，過輕則長奸惡。今各省案件朕舉其一二，情節顯然者尚如此辨理，則平日所辦刑名主事未能允當者，諒亦不免，著申飭。

（清）樊增祥《樊山政書》卷一《批富平縣周令丕紳詳》 來詳敘次極佳，非尋常幕友所能。西同等屬，藉屍詐訛之案不一而足。此案李老八即李毓睿因其堂兄李丁柱客死美原，逞刁誣控。事閲三年，官經三任，堅以病故作爲毆斃，瀆請開棺。此等荒謬控呈，亟應於衆證晰明以後，將原告痛加刑責，以儆刁誣。而節經堂訊，僅將李居兒笞責一次，李老八一無所苦，轉以丁柱遺銀付之。在縣令以爲寛待屍親，而該民以爲畏其上控，於是愈控愈刁，揣知縣官决不輕易開棺，乃堅以檢驗爲拖累圖訛之計。該令接審此案，明則明矣，殊欠老辣。此案三次覆鞫之時，居兒已逃匿矣。宜將蔓訟越控之李老八先行交差看管，押令出具無傷反坐切結。如不具結，立即痛打久枷，方爲痛快。乃計不出此，竟聽李老八襲居兒故智，一去無蹤，案則完矣。試問如此健訟之刁徒拖累無數平民，蔓延三載光陰，而終以一逃了事，始終不知刑杖爲何物，世間如李老八者正不乏人，何所畏而不上控乎？且何以對久受拖累之一干被證乎？此案准其詳銷，而原告定須反坐。仰即選差幹捕，嚴拿在逃之李老八、李居兒，務獲究辦。並由本司札飭白水縣一體搜拿，如共拿獲到案，即行查照省章，將該二犯鎖繫鐵桿五年，以爲誣訛者戒。大凡善斷案者，如盛暑食瓜，清涼沁膈，其寛緩者，如病夫打狗，不聞棒喝之聲，徒長猲驕之氣而已。該令是解人，聊復發之。此繳。

（清）周爾吉《歷朝折獄纂要》卷二《察盜·羅定州案》 國朝道光三年，廣東羅定州牧，詳報民某被盜，訪知盜首黄爪四窩藏廣西岑溪縣黎維祺家。經文武前往查拿，被窩主奪犯，拒傷兵役。大府移檄西省，將窩主黎維祺等二十餘人，擒獲解東。札首府審訊，以無贓可繳，經年不决，特調高青書太守復訊。太守查核全卷，情節支離，即至首郡公廨，先提州役，次兵丁，又提往捕之把總胡成韜，及證佐人等，分爲五處，隔别研訊。一兵供某日辰刻，在黎家廳房拿獲；一供天未明，在卧床拿獲；一供槽門外拿獲。提州役問之，謂營兵拿獲，役等方到。傳胡把總問之，則云是州役拿的。太守均令其一一畫押，乃曰：盜果在黎家拿獲乎？胡把總曰：是，已拿獲，又被黎維祺等糾衆搶去，把總兵役，俱受重傷。太守大笑曰：我看此案，不獨黎家並未窩藏，而汝等亦未見黄爪四之面，不然何以五起問供，供詞各異，其爲誣捏陷害可知？立將把總摘去頂戴，嚴訊兵役，始供黎某實未窩藏，因胡某詐伊錢四十千不遂，與其商之，以奪犯毆官、打傷兵役重罪害之也。録其原供，把總免冠叩頭，太守大怒曰：縱盜抗官，罪干大辟，爾既揑控誣良，即以其罪罪之。旋請督撫，奏請將把總兵役，分别流徙。州牧交部議處，後獲黄爪四訊之，果未至黎宅，始共信平反之不虚也。

以經年不决之案，而先生一朝結之。非平日見理明確，安能如此？

向使先生隨意訊問，不獨黎維祺等分別治罪，並不知牽連多少良善。先生真造福不少，可惜以貪贓詐索之把總，僅與以流徒，尚不足以服其辜也。

（清）周爾吉《歷朝折獄纂要》卷三《辨僞·僧寺求子》　國朝廣西南甯府永淯縣寶蓮寺，有子孫堂，傍多净室。相傳祈嗣頗驗，布施山積。凡婦女祈嗣，須年壯無疾者，先期齋戒，得聖筶，方許止宿。其婦女或言夢佛送子，或言羅漢，或不言，或一宿不再，或屢宿屢往。因净室嚴密無隙，而夫男居户外，故人皆信焉。閩省汪旦初涖縣，聞之頗疑其事，乃飾二妓以往，屬云夜有至者，勿拒，但以朱墨汁密塗其頂。次日黎明，伏兵寺外，而親往點視，僧倉皇出謁，凡百餘人。令去帽，則紅頭墨頭者各二，令縛之。出二妓使證其狀，云鐘定後，兩僧更至，贈調經種子丸一包。汪令拘訊他婦，皆云無有，搜之各得種子丸如妓，乃縱去不問。召兵衆入，僧皆慴不敢動，一一就縛。究其故，則平地中，或牀下，悉有暗道可通，蓋所污婦女，不知幾何矣！既置獄，獄爲之盈。住持名佛顯，謂禁子凌志曰：我掌寺四十年，積金無筭，自知必死，能私釋我等，暫歸取來，以半相贈。凌許三僧從顯往，而自與八輩從之。既至寺，則窖中黄白燦然，恣其所取。僧陽束卧具，而陰收寺中刀斧之屬，期三更斬門而去。汪方秉燭搆詳稿，忽心動念百僧一獄，卒有變莫支，乃密召快手，持械入宿，甫集而僧亂起，僧所用皆短兵，衆以長鎗禦之，僧不能敵，多死。顯知事不諧，揚言曰：吾儕好醜，相公不一一細鞫區别，以此激變，然反者不過數人，今已誅死。吾儕當面訴相公。汪令刑房吏諭曰：相公亦知汝曹非盡反者，然反者已死，可盡納器械，明當庭鞫，分别之。器械既出，於是召僧每十人一鞫，以次誅絶，至明百僧殲焉。究器械入獄之故，始知凌志等弊竇，而志等則已死於兵矣。

　假佛地作勾欄，姦淫擄掠，甚於盜賊，衆人習焉不察，婦女含羞不言。汪公涖任，即使妓女往試，一宿卽發。其留心民事，無微不至，彼有斯民之責者，可不師之？

（清）周爾吉《歷朝折獄纂要》卷三《辨僞·舁屍駕禍》　國朝普甯縣草湖鄉有蔡阿竈，兄弟四人，均無妻室，共住廟中，刈草度日，雨則盜採園薯，丐食爲事。一日阿竈烹薯，火烈傷足，因之抱病而死。有陳興泰者，教其弟舁屍富室陳興覲門首，賴其打死。興覲投明蔡姓房族及陳姓族人，與之理論。其弟等理屈，仍自舁屍瘗埋。興泰大失所望，復爲蔡阿尾等代寫狀詞，以打死抑埋告縣。時邑宰爲藍鹿洲先生，心疑之時，已封印，而興覲亦於先一日以籍屍移賴，埋後詐嚇具禀，准卽票差拘訊，候開印之後，起屍檢驗。而正月初旬，陳興泰又率其族之無賴執械至陳孟發家中，將孟發擒曳拖打，受傷甚重。復截興覲於和平橋，剥衣叢毆，奪去錢米各物。興覲隨至縣控告。先生即飭差拘訊，而興泰潛踪抗延，直至五月始拘到案。庭訊之下，阿尾仍執前説，不肯吐實，以天理良心動之，乃供阿竈委係在廟病死，被興泰教以移屍嚇詐等情，直供不諱。蔡陳族人及保正等，皆言興泰傷天害理，平空架禍，唆訟殃民，請正法以靖地方。興泰俯首服罪，隨即責打數十，差役押令起出原贓。律擬招解，而興泰竟爾潛逃，又以賊刼縣諱等事，用血書奔控道憲，當批海陽縣查審。興泰日在道轅游行，不復歸案矣。至六月始在郡城緝獲，追比原贓，興泰堅不繳出，乃命羈禁。興泰潛使其父往海陽縣，禀關移提，又連赴道轅喊寃，檄行數次。先生以誣命、誣盜均關重大，應否移交海陽質審，抑就原發命案確訊，詳請批示，迨批至，而先生已離任矣，後署令未知如何了結。

　蔡陳族人等，僉謂興泰架禍殃民，共求正法。是先生即不明正典刑，亦可立斃杖下，而先生一味仁慈，務必原贓呈驗，以至簽差不慎，半路賄逃，生出無限波瀾，無窮拖累。真是精明果決，缺一不行。

（清）周爾吉《歷朝折獄纂要》卷三《辨僞·竊賊誣良》　國朝高青書在安徽六安州任内，一日快手禀獲竊賊一名，竊城内某家衣服等件，其人已認贓，具領在外。公疑之，隨傳某人領衣去訖，即訊賊是何處人，到六安幾年，做賊幾次，窩户是誰。曰：壽州人，到六安三年，做賊一次，即被獲，窩戶是某村某家。問三年做賊一次，豈不成餓殍乎？可押候另訊，隨記所供之窩户里居姓名。後數日，因事過某村，即步行至某門首，其人跪接，年四十餘，人甚樸誠。遂曰：我聞爾勤耕守分，故到此來，問家有幾人？云祇一妻，生子一女二，皆幼穉。問妻姓氏，有無父母，現居何村，皆一一備述。視其居室園圃，皆修整，是務農而稍可過活者。因諭云爾乃良民，第安本分，倘有人嚇詐，許即扭禀，我去毋須送也。及歸，即提前日竊賊，問所供之窩戶門房牆院，供皆脗合，問曰爾居他家三年，見其妻是何稱呼？曰嫂嫂。妻之外父母是何稱呼？曰阿公阿婆。問其姓氏，則茫不能答。公曰爾在他家三年，而不知其妻之父母姓氏乎？嚴究之，始供實係快役所教，遂重責釋放，將快役痛責數百，枷號一月，革其差名，而誣良之風頓息。

以一極不要緊之案，如此用心，誣良之風，亦自此息。可見爲官實不難，難於爲官之盡心耳。彼世之矜言有功於民者，自信比公如何。

（清）周爾吉《歷朝折獄纂要》卷四《理寃・新墳鬼哭》 國朝張某爲四川褒中令，僱一女媪至，言其鄉住宅後，某家葬墳畢，往往鬼哭，且時一現身，偏體血跡，不知何解？後令下鄉公幹，出西門數里，過一高大新墳，陰風突起，詢即女媪所言之地也。問鄉民係誰氏之墓。據云某監生之墳。傳其子至，問曰：汝父以何病死？人言此中有寃，爾知否？曰父死開弔三日，送葬者百餘人，寃從何來？官以女媪之言，證之鄰右。衆口皆同。官即令掘墳開驗，其子不肯，官曰：如無寃枉，本縣任咎。遂令掘開，剛將棺抬出，而棺底一尸露焉，徧身血痕，問從何來，其子茫然不知，因問何時下壙，曰申時下壙，天晚不能築，越宿始動工。官曰：是夜何人看守？曰：僱工六人。隨拘六人至，皆不吐實。帶回嚴刑拷訊，始供是夜，守至二更時，一行客至棚內，求火吃煙，小的等見所帶包袱沉重，搶看有銀三百兩，遂以帶勒死之，各分其銀五十兩，將尸束於棺下。追出贜銀包袱不悞，遂置六人於法，而張某之能聲遂著。

以女媪一言，即留心察看，卒爲行路者雪寃。其平日之動能，已可概見，民之父母，洵無愧焉。

（清）周爾吉《歷朝折獄纂要》卷四《理寃・山右衛生》 國朝仁宗時，山右衛生，世家子也。兒時穎悟過人，鄉里稱爲神童。十三歲入邑庠，家貧，將弱冠，猶未聘室。邑有酈翁者，有女名珊柯，年及笄，才色雙絶。一日與嫂倚門眺望，適衛生過，嫂指曰：姑知此人否？即遠近所稱神童衛生者。與家兄最密，與姑執柯如何？珊笑而未答。次日又曰：昨思衛生，才貌雖好，而家徒壁立奈何？珊曰：大凡人生貧富，命也。命好貧亦可富，命不好富亦可貧，貧富似非人可定也。嫂曰：果爾，當與兄言之。一笑而散。適邑有某太守之公子，聞珊柯名，倩媒求婚，翁許之。嫂議遂罷，至期，公子親迎，備極奢侈。夜深公子入房更衣，復至苑自私，被一人殺死，其人即入新房滅燭，抱新人求歡。珊曰：公子何爲？其人曰：我我非公子，乃乃神童衛生。珊曰：是何衛生？敢如此無禮！大呼婢嫗，其人即開門竄去。婢嫗聞呼，詢故，急覓公子，即已被殺於後苑。具狀訴於邑宰，相驗後，即拘衛生、珊柯隔別研訊，珊柯哭稱與衛生從未謀面，實不知情。訊生，生素未登公堂，見厲聲叱問，惶恐不知所對。邑宰即詳革衣巾，備加搒虐，生不堪酷刑，誣服殺死冒姦是實。珊柯亦牽連被押。適某公陳臬山左，慮囚至生，頗疑之，欲平反而無法。一日命獄吏浄除一室，俾二人同處，聽其所言。吏如命。曰：衛生你不日處決，具杯酒你二人一決。言畢鑰扉而去。自公子獄起，衛生與珊柯從未同處，今見之奮然曰：珊柯你與我有何寃仇？坑我至死。柯曰：殺人者抵，尚復何言？生曰：你何所見？珊曰：彼時滅燭，無從辨認，惟口吃狐臭，是其所知也。生曰：我何曾口吃孤臭？汝又何說？言罷二人皆痛哭。獄吏轉述於公，公曰：此真有寃。即傳公子家人，及酈翁至，問：汝等家人親友中，有口吃狐臭者否？皆言無之。忽酈翁曰：有衣工金二如此，曾在舍做衣。公即拘金二，撫案叱曰：昨晚某公子魂來，謂你殺死，托名衛生，速供無諱，免勞鞭朴。金大驚失色，勉强分辯，公痛笞之。乃供金二曾在酈府，得見珊柯，時存妄想，後其家僕婦與金有私，將嫂姑執柯之言述於金，金以珊有意衛生，遂於親迎日溷入公子家，拼爲孤注一擲，以遂其願，事後托名衛生，已可置身事外。至是盡吐其實，公即以金抵罪，出生於獄，痛責承審各官，罰銀數千兩，爲衛生膏火貲，使珊柯衛生結爲夫婦。遠近無不稱頌，後生聯捷入詞館，夫婦亦極伉儷云。

金二謀命圖奸，情節固屬影响。但衛某，年幼書生，似非能持刀殺人者，且當時珊柯大聲呼婢，其無奸情可想，又况供稱與衛生從未謀面，情更可疑。乃邑宰絶不從此根究，一味刑求。若非臬司誘出真情，幾又弄成大獄。案情變幻，匪易推求，即使再四推敲，猶恐失實，如此索畧從事，其有不貽誤者乎！

（清）周爾吉《歷朝折獄纂要》卷四《理寃・臨清縣案》 國朝茅思忠，山東臨清縣富家子，弱冠遊庠，娶妻紀氏。完婚未踰旬，有偷兒陳禄者，夜半揭瓦入房，將搜財物，忽聞床上言：卿右臂硃砂斑，想是貴相。妻曰：不特右臂，左股亦有之。言次貓捕鼠，觸物墮地，茅生披衣起，陳禄心忙，順手向妝台撿蘭花簪一枝，仍從瓦隙遁去。茅生知被竊，并未失他物，遂不鳴官。而陳禄素與鄰村鄭家婦私，乃以蘭花簪贈婦，并述夜間竊聽語相笑。鄭婦之夫，屠户也。婦厭之，所私不止陳禄，村中汪秀才亦與交。越日汪至，婦述陳禄語，汪問言所自來？即以夫對，并出簪相示，汪乞簪，婦移贈焉。汪歸置諸案頭，書僮竊之，易物於市。適爲茅生所見，以簪係真贓，執書僮於縣，令鞫之曰：是主人物。因拘汪到官，汪供以米易於某屠戶。拘屠戶至，極口呼寃，嚴械之，乃承拾自道旁，因責屠户二十，簪歸茅，案已結矣。過數日，屠户酒醉，經汪門憶及前寃，穢言痛駡，且言狹路相逢，必毆撲之。經鄰佑勸歸，汪情虛未敢與較。久之，屠戶在郊外被戕，身帶重傷，腦骨并碎，報驗，無從緝凶。鄭婦屢到公堂痛哭，求爲申雪。官不得已，酷比諸役，役曰：惟汪秀才，以賊屈鄭屠，致遭板責。後鄭屠與汪生有見面便殺之語，汪家鄰佑可証也。官即傳汪並鄰至。供一月前鄭屠欲毆殺汪是實，汪不認，官以事關人命，詳革衣頂，用刑訊焉。汪不勝苦，思此事皆茅生告竊所致，今吾寃死，不使彼獨生。遂誣招曰：鄭屠實吾所殺，但指使者茅生。官問故，曰：茅妻與我通姦，蘭花簪是渠所贈，鄭被責後，茅生方知，而鄭屠則有打殺兩秀才語，茅生慮爲所箏，令我殺之。問與紀氏姦有何據？曰紀氏右臂左股，皆有硃砂斑。官即喚茅生，詰以同謀殺鄭狀，茅出自不意，無所置辨，官益疑。命穩婆驗紀氏斑痕，言果脗合。於是亦褫茅生衣頂，以夾棒逼招，茅脆弱不任刑，一一誣服。汪擬謀殺人律，斬監候。茅擬起意謀殺人律，亦應斬，緣未加功，減等爲絞監候。紀氏斷回母家。紀氏既痛夫寃，又遭汚衊，屢欲自盡，家人慰曰：此寃不雪，天道無知，盍姑耐之。半年後，有印御史恤刑，蒞臨清，閱是獄曰：殺人不獲凶器，豈成信讞？況汪生既私紀氏，茅生豈肯同謀？因提各犯研審一過。見鄭家婦異常妖嬈，必非善類，遣役密偵之，復稱鄭婦淫蕩，所遇不一人，偷兒陳禄者最久。即拘陳禄訊之，禄曰：通姦有之，實不知殺人事。刑之，哭曰：渠人盡可夫，何獨屈我？恤刑命指其人，答曰：他即不深知，汪生亦姦夫也。問何憑？曰：簪係某所竊，斑痕某所聞，某向鄭婦述之，並以簪贈。後聞簪歸汪處，汪誣紀氏姦，又知斑痕，非鄭婦私告而何？問殺人果汪否，曰：此又不知。但汪既認殺人，何必深藏凶器？問官夾訊，託言已燬，斯可疑耳。恤刑躊躇久之，問陳禄曰：爾夥中有飛簷走壁者否？曰：有，名小時遷者能之。恤刑以陳禄寄獄，喚小時遷來曰：汝鼠竊狗偷，罪有應得，今一事遣汝，能辦不罪汝也。小時遷請命，恤刑屬其夜探鄭婦家，有無姦夫，及私言密語，限三日回稟。限滿，言鄭婦并無破綻，又展限數日，第三天即回稟曰：有縣刑房張三，夜半入婦室，滅燭共寢，語聲極低，伏帳外，始聞張三言：如是往來，究覺未便。婦應：俟兩生償命後，再嫁汝，人始不疑耳。恤刑即拘張三、鄭婦至，始猶狡賴，証以小時遷夜聽，乃吐實。蓋張三與婦爲新交，鄭屠醉歸，張三適在室，遂乘醉斃之，棄屍荒野。婦故催官緝犯，而張三亦不敢頻到婦室，以故人無疑者。至是張三問斬，鄭婦凌遲，放茅生歸，仍迎紀氏爲室，笞陳禄而賞小時遷，囑其改業。惟汪生除與鄭婦通姦，輕罪不計外，以誣扳茅生，例應反坐，減等杖之，流七十里，永遠不赦，原審官革職。茅生乃爲印青天，設長生禄位牌云。

鄭屠戶被其婦與姦夫張三謀殺，株連汪茅兩秀才。雖案情支離，疑竇不一，而問官一味刑求，絶不訪察，幾致寃及無辜。幸御史按臨以無兇器，別緝真凶，拘陳禄，遣時遷，暗訪明查，始得水落石出，否則茅生安能復見天日？平反之功，勝造浮圖七級，長生牌之設，洵屬無愧。

（清）周爾吉《歷朝折獄纂要》卷四《理寃・借瓜鳴寃》 國朝歙縣吴某，貿易外郡，已多年矣。妻許氏獨處，色頗麗，忽園產一瓜，大可合抱，闔邑紛傳。縣令亦有所聞，即往閲看，久之，命掘其地，得一屍身，被數傷，面貌如生，衆譁曰：是許氏夫也。嚴鞫其婦，始供與鄰人有私，夫夜歸共謀殺之。負屍棄諸河，因屍過重，至半路仍負回家，即葬園中，十餘載矣。遂置鄰人與婦於法。

瓜大已奇，借瓜鳴寃亦奇，縣官閲畢，命掘其地，若預知其下有尸者，則更奇。總之，天下無積久不白之寃。以十餘年之殘魂，尚能借瓜自訴，豈姦夫淫婦所能料及耶！亦可見爲人者，暗室之不可欺，臨民者雖小事亦不可忽也。

（清）周爾吉《歷朝折獄纂要》卷四《理寃・漢陽命案》 國朝乾隆時漢陽漢陰里，有娶新婦者，是夕新郎遣矢園中，偷兒踰垣殺之。襲衣冠與新婦寢，夜半盡取其釵釧出，婦驚愕不敢問。天明翁見子被殺，詰婦，婦語其故，翁疑婦夙有外遇，鳴官刑鞫之，堅不承。閻令炳知婦冤，莫解其由，禱神。夜夢蛛落冠纓，繞絲三匝，棄之，仍繞如前，異焉。微服出訪，憩酒肆間，問有朱三其人乎？曰：某村有朱紅絲者，行三，新設旅店，生計頗豐。往瞷之，方聚黨呼盧，朱屢北，錢且盡，憤甚。出金釧爲質，即婦物也。拘而訊之，歷供前情不諱，遂釋新婦而置朱三於法。

新郎遺矢被殺，疑新婦夙有外遇，情也，亦理也。而閻公疑信叅半，微服出訪，卒能藉神獲兇，使奇冤立雪，非盡心民事者，其能如是乎！稱爲萬家生佛，誰曰不可？

（清）周爾吉《歷朝折獄纂要》卷四《理冤·嘉興命案》　國朝乾隆四十年，嘉興宋某，爲福建仙游縣令，素性方嚴，以包孝肅自命。某村有王監生者，姦佃户之妻，而嫌本夫在家，乃賄算命者，告其夫在家不利，必遠遊他方庶免於厄。本夫信之，告王監生，生遂借以貲本，貿易四川，三年不歸，村人喧傳王監生謀死矣。宋聞此語，欲雪其冤而不得。一日過某村，適村中淘井，得一男子腐屍，有謂即是某佃户者。宋即信之，立拘監生與佃户妻嚴拷之，俱認通姦謀害是實，遂寘之於法。邑人稱爲宋龍圖，演成戲本。久之，其夫自川歸，甫入城，乃知其妻冤死，登時大慟，控於省城，宋知縣以故勘平人致死，抵罪。

於井中得一腐尸，即信爲某佃户，何其浮躁？亦至於此，且尸無傷痕，又無確証，即以嚴刑逼招，置之於死，以之抵罪，不亦宜乎！

（清）周爾吉《歷朝折獄纂要》卷五《判産·謀吞家産》　國朝某縣，有劉姓者，少孤，入贅李家。李翁以其孱弱無能，虐之。劉不堪，潛投仕宦爲僕，得主寵。數年積四百餘金，歸與其妻共謀值産，妻因炫述於父母，李即欣然設宴，爲壻洗塵。且曰：汝妻年幼，交以多金，恐不勝任，況汝須外出，以少婦居守，得無穿窬之慮乎？盍交老夫，權爲收藏，可以無慮。劉唯唯，出金點交，計八錠十六件。既而悔之，亟向李索銀。李曰：汝貧如丐，寄食我家，隣里咸知，焉得多金寄我？不思爲汝育妻，反肆訛詐耶！其女助壻争論，李大怒曰：女生外向，真不可與處矣！并逐之。劉寃忿興訟，縣令曰：汝物無憑，妻不可以爲証，揮之退。劉稔鄰縣某公有能名，往陳其苦，公以越境辭。劉曰：賢如使君，若不治理，誰雪此冤？公曰：欲余折此獄，須暫禁囹圄，汝願否？劉曰：但見明白，雖刀鋸加身，亦甘承受，況暫禁耶！公乃移交原縣曰：日者獲大盜張三，據供劫得某家銀四百餘兩，若干錠件，寄存窩主李某家。希即查起賍銀，并窩主解來備質。令見係盜劫重情，即躬自查抄，人賍並獲。不日解到，公即墨塗劉面，械繫於堂，呼李詰之曰：此囚供在某家，劫銀四百餘兩，八錠十六件，寄在汝家。今賍數相符，汝爲窩，罪當梟首。據實陳明，勿重勞鞭扑。李呼寃曰：此銀係小人之壻，劉某寄存者。聞其得自隨官，是否劫來，請拘劉某與張三質之。令曰：若然，則劉某在是矣。命釋其桎梏，使靧面易服相見，李大慚，無詞。令乃給還劉銀，而薄責曰：余爲留翁壻情也！劉感泣而去，李亦從此悔過矣。

此案集中凡三見，事雖不一，用意則同，皆脱胎於唐咸通時淮陰一案。可見爲官者不可不細心，猶不可不讀書也！

（清）周爾吉《歷朝折獄纂要》卷五《判産·逐婢據産》　國朝雍正中豫省某縣，有富翁老而無子。以其壻經理家政，凡貲財悉付之，壻儼然以嗣子自居。後翁侍婢有娠，生子。翁憐其少，而懼壻之生異心也，不敢言。將俟稍長而析其産，無何翁以暴病没。壻即逐婢與兒，而獨據其産。婢攜兒鳴官，壻賄囑戚黨，皆以誣非翁子。聚訟數年，婢知力不敵，待其子長成，乃含忿行乞他郡。每撫子而泣，悲動路人。一日至清苑縣，或詢知其故，謂曰：吾邑邵公，青天也。何不訴之？值宰出，婦哭訴輿前，邵細詰之曰：爾情似實，可投狀來。好事者遂慫恿以狀進。邵請於制軍李公，公以越俎爲嫌，邵曰：公第主持之，涇渭可立判也。歸取獄中大盜，指河南某巨室爲窩主。訊成而關取其壻，壻至，邵庭鞫之。壻極口稱冤，盜曰：爾翁起家，咸賴我輩，爾房舍幾楹，門窗何向，皆所熟覩。今爾享成業，令我輩在縲絏中耶。壻惶恐訴曰：翁生前所爲，實不知之，且我壻也，非子也，彼子不肖，久經漂泊外出，我不過代持門户耳！邵曰：渠果有子，爾尚識之否？曰：識。邵令以婦兒見。壻大呼曰：是真翁子矣！邵笑曰：子既非假，即以家産給之。壻俯首稱罪，案乃定。李公聞之，嘆曰：良吏也！薦擢通州牧。

壻占翁産，已同盜劫。邵公以盗判盗，真情畢露，使富翁遺産，得歸其子。不但上台荐其長才，即富翁亦必冥感不盡。可見無才幹者，真不可以居民上也。

（清）周爾吉《歷朝折獄纂要》卷五《判産・義烏命案》　國朝乾隆間，浙江義烏縣鄉民虞全士買族人虞盛公田十畝，已經二載，盛姪祖福，又將此田賣與族兄虞兆文，以致互争控縣。未審時，兆文赴山查看樹木，失足墜崖，跌傷右臂及左腋肘，越日殞命。其弟兆賢，謂嫂曰：兄與全士争田，未分勝負，若移屍投水，告以挾仇謀命，則田可永業。全士抵命，積恨可消也。嫂畏禍不允，知之者皆阻勸，兆賢不依，即與子乘夜抬屍，並將兆文雨傘包裹，帶放王頂塘塍，沉屍於水而歸。天明，塘對居之虞佩生、汪某，見塘浮一尸，外塘邊有傘一柄，其傘有兆文名字，遂往告兆賢。賢佯爲不知，同往查看，暗將兆文原買契據與控縣呈稿，扯碎棄落塘邊。有虞看見拾起，兆賢即指全士挾仇謀命。控稱其兄於昨日清晨赴縣催審，被全士攔路打死，抛塘。報縣，縣驗果有致命傷痕，死後棄水不誤。重刑拷之，全士無從置辯，遂問絞擬抵。時郡守爲江南婁縣朱性齋諱椿，見其讞詞瞿然曰：是案疑竇種種，豈可竟置大辟。遴委蘭溪令，會同再訊。兆賢又續呈血衣，謂相驗時脱下未繳者，而全士極口稱寃。郡守復赴王頂塘履勘，見塘塍曲折，如果仇殺，自必急圖抛棄，豈肯從容遠送？且被打時，何無一人見之者？况契紙呈稿，何難立時毁滅，而必留於塘塍？且彼時天雨滑濘，紙落必濕，安能拾取辯認？其爲誣害無疑。隨唤兆文隣里老幼，曉以天良，乃各供先日兆文在山失足跌傷，抬歸醫治，次日喧傳被某人打死，抛塘，此外某等實不知情。遂唤近塘寺僧及塘塍所居之人訊之。有供親見兆賢袖中落出契紙呈稿者，有供其血衣是先日跌傷脱在家者，有供見其父子抬屍棄塘者。各情節，歷供如繪。兆賢始俯伏認罪，郡守遂將兆賢永遠監禁，而釋全士焉。

兆賢移屍栽禍，縣令不究根由，率以傷據嚴拷擬抵，躁妄已極，非朱郡守見案生疑，委蘭溪令再訊，則全士之寃終沉海底。事後未將原審官詳糸，真是倖免，而兆賢未辦反坐，亦是法外施行。

（清）周爾吉《歷朝折獄纂要》卷六《懲詐・東巡紀事》　國朝純皇帝乾隆十二年，東巡直隸。各官照例備供給，隨扈人員，尚循情理，獨太監驕蹇不法，或重支，或冒領，撓攪不休。時有執事監名二十八他他者，在御前行走，勢燄頗張。其時總理支應，爲通州刺史，協理者即其吏目，供給皆遵舊章，有條不紊。忽有十餘人，自他他處來，索食甚侈，刺史以冒濫斥之，諸人去。隨擁一首領太監至，曰：咱家隨駕出巡，不給飯食，使枵腹從事耶！刺史以業經照例發訖爲辭。首領曰：平日汝等出差，尚須臧獲數人，豈玉輅親巡，儀衛不容過盛，而竟以例格耶！舉手摑其面，刺史懼而退。吏目曰：此事可與争，不可避。倘擄掠一空，明日將無物以應，獲咎不更深耶！某願舍一官折之，乃唤集各役曰：內竪肆虐似此，我輩受辱，將不堪。如我喝打，汝等即擒而行刑，有我在，罪不及汝，毋畏葸不前，事定有賞。衆於是踴躍從命。首領見刺史潛避，率衆搜掠銀物，吏目突前喝曰：何來惡痞，入我帳房，劫我貨財，必是匪徒！敢冒內監？命皂役執之，去其褌，杖責二十，逐出局外。首領探知爲通州吏目，即向御前泣訴，帝詔左右大臣，召通州吏目。大臣承宣旨意，制府不知所爲，將吏目械送宫門。吏部笑曰：上命召見，並非拿問。立命易衣冠，帶領入見。帝曰：杖內監者汝耶？吏目伏奏曰：緝捕盗賊，臣之職也。此人闖入帳房，擅搜財物，是以捕而責之，不知其爲內監也。且竊盗已行，而不得財，厥罪應笞。聖朝斷不因一監，而廢大清律也。故臣謹遵行。帝曰：善。問吏部近日縣令缺，尚書按籍以對。帝曰：某省知縣缺出，即着通州吏目補授。又詔曰：汝此去作縣令，宜始終强項，以庇百姓，勿爲上官屈也。吏目免冠謝恩，領憑赴任。

（清）周爾吉《歷朝折獄纂要》卷七《明論・姚端恪公逸事》　國朝嘉慶初年，直隸某翁，家小康，僅一子，好狎邪遊，翁不能禁。一日謂曰：我疾恐不能起，家有田數百畝，子孫原不至凍餒，惟汝子萬難成守，不如分而爲三，汝一，子婦各一。縱子敗去一分，尚有二分，或不憂貧也。媪以爲然。遂憑族戚而分之，翁遂卒。不逾年，而子之一分已揮霍殆盡矣。每賭負，即與母妻尋鬧，輒代償之，不數年，而二分又變盡。母時垂淚，婦慰之曰：兒拚十指勞，亦可仰事俯蓄，憂無益矣。蓋婦精於鍼黹，里黨慕其賢，争請爲之。藉供甘旨，而姑婦安之。一日忽門外喧呶，其子率博徒十餘人而囬，謂婦曰：我憐汝，終日作苦，亦非長策。今已憑衆，將汝賣與前村某人爲妾，家道尚豐。汝既得其所，我亦得身價銀可以奉母，誠一舉兩得也。少停輿夫即至矣。婦聞牽母痛哭，暈而忽蘇，母憤極，詈子曰：忤逆兒，不能養親，賴婦賢不至餓死。今若去彼，我尚能活耶？汝即不念我，獨不念汝八歲之子耶！皇天有知，雷霆不汝宥矣。子怒曰：休多言，婦嫁汝亦可沾潤，不强於苦守耶！趣婦速爲料理，婦持母不肯行。子即取擣衣杵，當頭擊之，腦裂殞命，衆見婦死，紛紛散去。母家詣於御史，三法司會鞫，以夫毆妻死例不問抵，擬以徒罪。適姚端恪公爲大司寇，閱爰書，將二人情狀分疏詳叙論抵，大略先叙婦之生平，斷曰：孝婦。後叙某子過惡，斷曰：逆子。以逆子殺孝婦，理已難容，况逼嫁致死，夫妻之義已斷，合依平民故殺律問抵。疏入，得旨俞允，將某子立決以狥，聞者無不稱快。

聞端恪公官刑部最久，所訂爰書，多於死處求生。獨此案於生處求死，蓋原情執法，不泥於律，而轉得其平也。惟明克允，吾爲端恪誦之。

（清）周爾吉《歷朝折獄纂要》卷八《感化·蒲州命案》　國朝葉南巖，刺山西蒲州時，有羣鬨看訴於州。內一人流血被面，身受重傷，胸腹幾裂，命且將盡。公惻然，即入內，自携刀瘡藥敷之。舁至幕廨，委一謹厚廨子，及幕官曰：善視之，勿令傷風。其家人不准前視，乃略加審覈，收仇家於獄，而釋其餘。其友問之曰：不急救，此人必死，死則償命，寡人之妻，孤人之子。又於干証連繫，不止一人破家，此人若能愈，一鬭毆罪耳，且人情欲訟勝，雖骨肉亦甘心焉！吾所以不令其家人相見也。未幾傷者平，而訟息。

刺史攜藥療傷，當時必有笑其迂者；然息事寍人，多所全活，而民不知誰賜。且訟勝一語，洵千古未發之覆，苟非子諒性成，其用心必不能如此周至。愷悌君子，民之父母，其在斯乎！

《盛京滿文檔案中的律令·天命七年》　二十六日，汗諭衆漢人曰：我國維生之道，乃事之曲直，秉公聽斷。凡不受下人之財賄者，心術正直善良之人，酌情晉陞。凡庇護邪惡貪財之人，予以降職。諸凡案件，先交守堡、備禦。守堡、備禦審訊後，交參將、遊擊。參將、遊擊審訊後，交都堂、總兵官。都堂、總兵官審訊後，告於八貝勒。小事則由八貝勒共同審理結案。大事則奏聞於汗。八王以下，守堡以上各官，不可獨斷，皆集於衙門，共同審理。若各就本衙門獨自審理，貪財徇庇，妄加剖斷，恐獲罪於天。所謂衆人聽斷，乃此也！

（清）顧炎武《日知録》卷一一《鈔》　永樂元年四月丙寅，以鈔法不通，下令禁金銀交易，犯者准姦惡論，有能首捕者，以所交易金銀充賞；其兩相交易而一人自首者，免坐，賞與首捕同。二年二月戊午，詔：自今有犯交易銀兩之禁者，免死，徙家興州屯戍。

（宋）王欽若《册府元龜》卷六一六《刑法部·議讞》　晉天福三年七月，晉州民曹繼勳訴男滿籍與王興哥，因里俗戲擲塼子，誤觸破頭上。辜限内因風致卒，准律令決重杖處死者。刑部詳奏云：王興哥情非巨蠹，年乃童蒙，滿籍死既因風，本州勘須有據，雖執毆傷之律，自有常刑，當逢欽恤之朝，寧無有過。尋有勑，減死一等，徵銅一百斤。

（明）朱長祚《玉鏡新譚》卷五《僭竊·矯旨》　逆璫亂政，妖姆同心，以致中外蒙蔽，出入自由，詔旨多從傳奉票擬，不由内閣。太阿倒持，國是混淆，五六年間，半爲矯命也。

樊維城疏略云：按《大明律》内一欵，詐傳詔旨，乃斬首。今年八月二十一日、二十二日，正先帝彌留之際，一切批答，既非中傳懿旨，而誰爲出令也？忠賢于此，百口難辯矣。

李思啓疏略云：先帝自不豫以至上升，凡三越月。當其時，以床褥之間保身不遑，而內旨批發，誰爲秉裁？以明命誅戮之音，竟罔無倫無次之語，一手障天，包藏禍心，不急爲改正，不幾辱朝廷而羞萬世邪！謂宜速發閣臣，盡知其僞，以明示非先帝之意也。

朱國弼疏略云：朝廷之設三法司也，原以伸寃理枉，持天下之平。自忠賢當權，而三法司又爲忠賢頤指氣使之衙門矣。即先帝明明有不從重之論，而忠賢不聽也；即法司時有持平之請，而忠賢不聽也。且爲知府劉鐸，其曾呪忠賢與否不可知，就使果呪忠賢，亦自有本等之律，何至弃市，忠賢安然以君父自處耶？又如武進士顧同寅戲爲文一篇以諷忠賢，聖朝寬政，原不以失筆罪人，何至與孫文豸等馘斬而寸磔其屍乎？

（清）楊一清《楊一清集·閣諭録》卷二《奏對·論大獄奏對》

〔嘉靖六年九月〕昨日，蒙發下署掌刑部、都察院、大理寺等衙門侍郎等官桂萼、張璁、方獻夫等一本前事。内稱：伏承皇上以犯人馬録所起寃獄，付之推問。一應在繫人犯，俱蒙依擬發落，惟馬録尚欲從重擬議者。是欲戮一人使千萬人懼也。夫馬録故欲陷張寅一家之死，臣等復何敢援馬録一人之生，特因未決之張寅猶可以矜當死之馬録。故在馬録相應處以烟瘴地面，永遠充軍，遇赦不宥，是則刑之當也等因。臣等見其所奏，用法似爲得中，照議擬票上請。節該欽奉聖諭：此起事之因，雖於衆人所成，而録係巡按之官，巡按官果能行公執正，他人何得黨而爲之。推原其罪，本在馬録。蕁等謂：不必殺，令其禍及子孫。《書》曰：罰不及嗣。不如將録戮於市曹。彼自造其罪，豈不謂之得中。欽此。

臣等捧誦再三。仰見皇上聖德如天，雖霜雪摧殘之中，實寓雨露發生之意。故殺馬録者，欲戒酷刑故入之官，用全將來民命。《書》曰：刑期于無刑。又曰：辟以止辟。皇上是心，乃虞、周聖王措刑止辟之心也。蕁等既已明正其罪，又何敢故求其生。但祖宗制律，具有成法。死刑各有明條，法之所在，不可少有推移。使馬録有當坐死罪之律，法司具獄以請，殺之可也。今所坐之獄，律不該死而遽殺之，則於成法有干。天下後世，將謂律法可以推移，高下其手，人將無所措其手足矣。

況今法司所擬强盗人命犯必死之罪，坐當死之律者，聖意每不肯加刑，常欲生之。不嗜殺人之仁，可以動天地，格神人，而於律不該死之馬録必欲誅之，則非皇上欽恤好生之初意矣。臣等竊謂馬録之法，止於烟瘴地面充軍爲當。聖諭又引罰弗及嗣之訓爲言，尤見克寬克仁之德。但虞舜之流放竄殛，亦皆緣坐其子孫。今之真犯死罪蒙有免者，亦皆永遠充軍。此法坐之馬録，未爲過當。

雜録

《國語》卷六《齊語》　桓公問曰：夫軍令則寄諸内政矣，齊國寡甲兵，為之若何？管子對曰：輕過而移諸甲兵。桓公曰：為之若何？管子對曰：制重罪贖以犀甲一戟，輕罪贖以鞼盾一戟，小罪讁以金分，宥閒罪，索訟者三禁而不可上下，坐成以束矢。美金以鑄劍戟，試諸狗馬；惡金以鑄鉏、夷、斤、斸，試諸壤土。甲兵大足。

《漢書》卷四四《淮南厲王劉長傳》　制曰：朕不忍置法於王，其與列侯吏二千石議。列侯吏二千石臣嬰等四十三人議，皆曰：宜論如法。制曰：其赦長死罪，廢勿王。有司奏：請處蜀嚴道邛郵，遣其子、子母從居，縣爲築蓋家室，皆日三食，給薪菜鹽炊食器席蓐。制曰：食長，給肉日五斤，酒二斗。令故美人材人得幸者十人從居。於是盡誅所與謀者。乃遣長，載以輜車，令縣次傳。

《後漢書》卷四《孝和孝殤帝紀》　秋七月辛卯，詔曰：吏民踰僭，厚死傷生，是以舊令節之制度。頃者貴戚近親，百僚師尹，莫肯率從，有司不舉，怠放日甚。又商賈小民，或忘法禁，奇巧靡貨，流積公行。其在位犯者，當先舉正。市道小民，但且申明憲綱，勿因科令，加虐羸弱。

《後漢書》卷二五《魯恭傳》　夫王者之作，因時爲法。孝章皇帝深惟古人之道，助三正之微，定律著令，冀承天心，順物性命，以致時雍。然從變改以來，年歲不熟，穀價常貴，人不寧安。小吏不與國同心者，率入十一月得死罪賊，不問曲直，便即格殺，雖有疑罪，不復讞正。一夫吁嗟，王道爲虧，況於衆乎？《易》十一月君子以議獄緩死。可令疑罪使詳其法，大辟之科，盡冬月乃斷。其立春在十二月中者，勿以報囚如故事。

《後漢書》卷七七《酷吏傳・董宣》　時湖陽公主蒼頭白日殺人，因匿主家，吏不能得。及主出行，而以奴驂乘，宣於夏門亭候之，乃駐車叩馬，以刀畫地，大言數主之失，叱奴下車，因格殺之。主即還宮訴帝，帝大怒，召宣，欲箠殺之。宣叩頭曰：願乞一言而死。帝曰：欲何言？宣曰：陛下聖德中興，而縱奴殺良人，將何以理天下乎？臣不須箠，請得自殺。即以頭擊楹，流血被面。帝令小黄門持之，使宣叩頭謝主，宣不從，彊使頓之，宣兩手據地，終不肯俯。主曰：文叔爲白衣時，臧亡匿死，吏不敢至門。今爲天子，威不能行一令乎？帝笑曰：天子不與白衣同。因勑彊項令出。賜錢三十萬，宣悉以班諸史。由是搏擊豪彊，莫不震慄。京師號爲卧虎。歌之曰：枹鼓不鳴董少平。

《三國志》卷一《魏志・武帝紀》　己酉，令曰：《司馬法》將軍死綏，故趙括之母，乞不坐括。是古之將者，軍破于外，而家受罪于内也。自命將征行，但賞功而不罰罪，非國典也。其令諸將出征，敗軍者抵罪，失利者免官爵。

《三國志》卷三五《蜀志・諸葛亮傳》　宫中府中俱爲一體，陟罰臧否，不宜異同。若有作奸犯科及爲忠善者，宜付有司論其刑賞，以昭陛下平明之理。不宜偏私，使内外異法也。

（晉）常璩《華陽國志》卷七《劉後主志》　丞相亮開府領益州牧，

事無巨細，咸決於亮。亮乃撫百姓，示儀軌，約官職，從權制，盡忠益。時者雖讐必賞，犯法怠慢者雖親必罰，服罪輸情者雖重必釋，遊辭巧飾者雖輕必戮。善無微而不賞，惡無纖而不貶。庶事精練，物究其本，循名責實，虚僞不齒。終乎，封域之内畏而愛之，刑政雖峻而無怨者，以其用心平、勸戒明也。

《晉書》卷三三《石苞傳》 兄統忤扶風王駿，有司承旨奏統，將加重罰，既而見原。以崇不詣闕謝恩，有司欲復加統罪。崇自表曰：臣兄統以先父之恩，早被優遇，出入清顯，歷位盡勤。伏度聖心，有以垂察。近爲扶風王駿横所誣謗，司隸中丞等飛筆重奏，劾案深文，累塵天聽。臣兄弟跼蹐，憂心如悸。駿戚屬尊重，權要赫奕。内外有司，望風承旨。苟有所惡，易於投卵。自統枉劾以來，臣兄弟不敢一言稍自申理。戢舌鉗口，惟須刑書。古人稱榮華於順旨，枯槁於逆違，誠哉斯言，於今信矣。是以雖董司直繩，不能不深其文，抱枉含謗，不得不輸其理。幸賴陛下天聽四達，靈鑒昭遠，存先父勳德之重，察臣等勉勵之志。中詔申料，罪譴澄雪。臣等刻肌碎首，未足上報。臣即以今月十四日，與兄統、浚等詣公車門拜表謝恩。伏度奏御之日，暫經天聽。此月二十日，忽被蘭臺禁止符，以統蒙宥，恩出非常，臣晏然私門，曾不陳謝，復見彈奏，訕辱理盡。臣始聞此，惶懼狼狽，静而思之，固無怪也。苟尊勢所驅，何所不至，望奉法之直繩，不可得也。臣以凡才，累荷顯重，不能負載析薪，以答萬分。一月之中，奏劾頻加，曲之與直，非臣所計。所愧不能承奉戚屬，自陷於此。不媚於竈，實愧王孫。《隨巢子》稱明君之德，察情爲上，察事次之。所懷具經聖聽，伏待罪黜，無所多言。

《晉書》卷四六《李重傳》 遷太子舍人，轉尚書郎。時太中大夫恬和表陳便宜，稱漢孔光、魏徐幹等議，使王公已下制奴婢限數，及禁百姓賣田宅。中書啓可，屬主者爲條制。重奏曰：先王之制，士農工商有分，不遷其業，所以利用厚生，各肆其力也。《周官》以土均之法，經其土地井田之制，而辨其五物九等貢賦之序，然後公私制定，率土均齊。自秦立阡陌，建郡縣，而斯制已没。降及漢魏，因循舊跡，王法所峻者，唯服物車器有貴賤之差，令不僭擬以亂尊卑耳。至于奴婢私産，則實皆未嘗曲爲之立限也。八年《己巳詔書》申明律令，諸士卒百工以上，所服乘皆不得違制。若一縣一歲之中，有違犯者三家，洛陽縣十家已上，官長免。如詔書之旨，法制已嚴。今如和所陳而稱光、幹之議，此皆衰世踰侈，當時之患。然盛漢之初不議其制，光等作而不行，非漏而不及，能而不用也。蓋以諸侯之軌既滅，而井田之制未復，則王者之法不得制人之私也。人之田宅既無定限，則奴婢不宜偏制其數，懼徒爲之法，實碎而難檢。方今聖明垂制，每尚簡易，法禁已具，和表無施。

又：又司隸校尉石鑒奏，鬱林太守介登役使所監，求召還；尚書荀愷以爲遠郡非人情所樂，奏登貶秩居官。重駁曰：臣聞立法無制，所以齊衆檢邪，非必曲尋事情，而理無所遺也。故所滯者寡，而所濟者衆。今如登郡比者多，若聽其貶秩居官，動爲準例，懼庸才負遠，必有黷貨之累，非所以肅清王化，輯寧殊域也。臣愚以爲宜聽鑒所上，先召登還，且使體例有常，不爲遠近異制。詔從之。

《晉書》卷四七《傅玄傳》 及帝崩，梓宫在殯，而太傅楊駿輔政，欲悦衆心，議普進封爵。祗與駿書曰：未有帝王始崩，臣下論功者也。駿不從。入爲侍中。時將誅駿，而駿不之知。祗侍駿坐，而雲龍門閉，内外不通。祗請與尚書武茂聽國家消息，揖而下階。茂猶坐，祗顧曰：君非天子臣邪！今内外隔絶，不知國家所在，何得安坐，茂乃驚起。駿既伏誅，裴楷息瓚，駿之壻也，爲亂兵所害。尚書左僕射荀愷與楷不平，因奏楷是駿親，收付廷尉。祗證楷無罪，有詔赦之。時又收駿官屬，祗復啓曰：昔魯芝爲曹爽司馬，斬關出赴爽，宣帝義之，尚遷青州刺史。駿之僚佐不可加罰。詔又赦之。祗多所維正皆如此。

《宋書》卷四三《徐羨之傳》 少帝詔曰：平理獄訟，政道所先。朕哀荒在疚，未堪親覽。司空、尚書令可率衆官月一決獄。

《宋書》卷六一《武三王傳・江夏文獻王》 凡訊獄多決，當時難可逆慮，此實爲難，汝復不習，殊當未有次第。訊前一二日，取訊簿密與劉湛輩共詳，大不同也。至訊日，虚懷博盡，慎無以喜怒加人。能擇善者而從之，美自歸己。不可專意自决，以矜獨斷之明也。萬一如此，必有大吝，非唯訊獄，君子用心，自不應爾。刑獄不可擁滯，一月可再訊。

《宋書》卷六六《王敬弘傳》 丞相南郡王義宣、車騎將軍臧質反，義宣司馬竺超民、臧質長史陸展兄弟並應從誅，尚之上言曰：刑罰得失，治亂所由，聖賢留心，不可不慎。竺超民爲義宣司馬，賊既遁走，一夫可禽，若反覆昧利，即當取之，非唯免愆，亦可要不義之賞，而超民曾無此意，微足觀過知仁。且爲官保全城府，謹守庫藏，端坐待縛。今戮及兄弟，與向始末無論者復成何異。陸展盡質復灼然，便同之巨逆，於事爲重。臣豫蒙顧待，自殊凡隸，苟有所懷，不敢自默。超民坐者由此得原。

《南齊書》卷八《和帝紀》 乙卯，教纂嚴。又教曰：吾躬率晉陽，翦此凶孽，戎事方勤，宜覃澤惠。所領内繫囚見徒，罪無輕重，殊死已下，皆原遣。先有位署，即復本職。將吏轉一階。從征身有家口停鎮，給廩食。凡諸雜役見在諸軍帶甲之身，克定之後，悉免爲民。其功効賞報，別有科條。

《南齊書》卷四〇《武十七王傳·竟陵文宣王》 凡預衣冠，荷恩盛世，多以闇緩貽舋，少爲欺猾入罪。若類以宰牧乖政，則觸事難委，不容課逋上網，偏覺非才。但賒促差降，各限一期。如乃事速應緩，自依違糾坐之。坐之〔之〕科，不必須重，但令必行，期在可肅。

《魏書》卷二一上《獻文六王傳·廣陵王》 古者重罪，必令三公會，期至旬日，所以重死刑也。先帝登極，十有七年，細人犯刑，猶寬憲墨，朝廷貴仕，不戮一人。今陛下踐阼，年未半周，殺僕射、尚書，如夭一草，是忠秉權矯旨，擅行誅戮。臣知不能救，臣之罪六也。

《魏書》卷六八《甄琛傳》 詔琛參八座議事。尋正中尉，常侍如故。遷侍中，領中尉。琛俛眉畏避，不能繩糾貴遊，凡所劾治，率多下吏。於時趙脩盛寵，琛傾身事之。琛父凝爲中散大夫，弟僧林爲本州別駕，皆託脩申達。至脩姦詐事露，明當收考，今日乃舉其罪。及監決脩鞭，猶相隱惻，然告人曰：趙脩小人，背如土牛，殊耐鞭杖。有識以此非之。脩死之明日，琛與黄門郎李憑以朋黨被召詣尚書，兼尚書元英、邢巒窮其阿附之狀。琛曾拜官，諸賓悉集，巒乃晚至，琛謂巒曰：卿何處放蛆來，今晚始顧？雖以戲言，巒變色銜忿，及此，大相推窮。司徒公、録尚書、北海王詳等奏曰：臣聞黨人爲患，自古所疾；政之所忌，雖寵必誅，皆所以存天下之至公，保靈基於永業者也。伏惟陛下纂聖前暉，淵鑒幽慝，恩斷近習，憲軌唯新，大政蔚以增光，鴻猷於焉永泰。謹案：侍中、領御史中尉甄琛，身居直法，糾擿是司，風邪響黷，猶宜劾糾，況趙脩奢暴，聲著内外，侵公害私，朝野切齒。而琛嘗不陳奏，方更往來，綢繆結納，以爲朋黨，中外影響，致其談譽。令布衣之父，超登正四之官；七品之弟，越陟三階之禄。虧先皇之選典，塵聖明之官人。又與武衛將軍、黄門郎李憑相爲表裏，憑兄叨封，知而不言。及脩釁彰，方加彈奏。出則附其形勢，死則就地排之，竊天之功以爲己力，仰欺朝廷，俯罔百司，其爲鄙詐，於茲甚矣。不實不忠，實合貶黜。謹依律科徒，請以職除。其父中散，實爲叨越，雖皇族帝孫，未有此例，既得不以倫，請下收奪。李憑朋附趙脩，是親是仗，交遊之道，不依恒度，或晨昏從就，或吉凶往來，至乃身拜其親，妻見其子，每有家事，必先請託。緇點皇風，塵鄙正化。此而不糾，將何以肅整阿諛，獎厲忠概！請免所居官，以肅風軌。奏可。琛遂免歸本郡，左右相連死黜者三十餘人。

《魏書》卷九三《恩倖傳·王叡》 及沙門法秀謀逆，事發，多以牽引。叡曰：與其殺不辜，寧赦有罪。宜梟斬首惡，餘從疑赦，不亦善乎。高祖從之，得免者千餘人。

《魏書》卷一一一《刑罰志》 太宗即位，修廢官，恤民隱，命南平公長孫嵩、北新侯安同對理民訟，庶政復有敍焉。帝即練精庶事，爲吏者浸以深文避罪。

又：《法例律》：五等列爵及在官品令從第五，以階當刑二歲；免官者，三載之後聽仕，降先階一等。延昌二年春，尚書邢巒奏：竊詳王公已下，或析體宸極，或著勳當時，咸胙土授民，維城王室。至於五等之爵，亦以功錫，雖爵秩有異，而號擬河山，得之至難，失之永墜。刑典既同，名復殊絶，請議所宜，附爲永制。詔議律之制，與八坐門下參論。皆以爲：官人若罪本除名，以職當刑，猶有餘資，復降階而敍。至於五等封爵，除刑若盡，永即甄削，便同之除名，於例實爽。愚謂自王公以下，有封邑，罪除名，三年之後，宜各降本爵一等，王及郡公降爲縣公，公爲侯，侯爲伯，伯爲子，子爲男，至于縣男，則降爲鄉男。五等爵者，亦依此而降，至於散男。其鄉男無可降授者，三年之後，聽依其本品之資出身。詔從之。

其年秋，符璽郎中高□賢、弟員外散騎侍郎仲賢、叔司徒府主簿六珍等，坐弟季賢同元愉逆，除名爲民，會赦之後，被旨勿論。尚書邢巒奏：

案季賢既受逆官，爲其傳檄，規扇幽瀛，遘兹禍亂，據律準犯，罪當孥戮，兄叔坐法，法有明典。賴蒙大宥，身命獲全，除名還民，於其爲幸。然反逆坐重，故支屬相及。體既相及，事同一科，豈有赦前皆從流斬之罪，赦後獨除反者之身。又緣坐之罪，不得以職除流。且貨賕小愆，寇盜微戾，贓狀露驗者，會赦猶除其名。何有罪極裂冠，釁均毁冕，父子齊刑，兄弟共罰，赦前同斬從流，赦後有復官之理。依律則罪合孥戮，準赦則例皆除名。古人議無將之罪者，毁其室，洿其宫，絶其蹤，滅其類。其宅猶棄，而況人乎？請依律處，除名爲民。詔曰：死者既在赦前，又員外非在正侍之限，便可悉聽復仕。

三年，尚書李平奏：冀州阜城民費羊皮母亡，家貧無以葬，賣七歲子與同城人張回爲婢。回轉賣於鄃縣民梁定之，而不言良狀。案盜律掠人、掠賣人、和賣人爲奴婢者，死。回故買羊皮女，謀以轉賣。依律處絞刑。詔曰：律稱和賣人者，謂兩人詐取他財。今羊皮賣女，告回稱良，張回利賤，知良公買。誠於律俱乖，而兩各非詐。此女雖父賣爲婢，體本是良。回轉賣之日，應有遲疑，而〔決從真賣。於情不可。更推例以爲永式〕。

廷尉少卿楊鈞議曰：謹詳盜律掠人、掠賣人爲奴婢者，皆死，别條賣子孫者，一歲刑。賣良是一，而刑死懸殊者，由緣情制罰，則致罪有差。又詳群盜强盜，首從皆同，和掠之罪，固應不異。及知人掠盜之物，而故買者，以隨從論。然五服相賣，皆有明條，買者之罪，律所不載。竊謂同凡從法，其緣服相減者，宜有差，買者之罪，不得過於賣者之咎也。但羊皮賣女爲婢，不言追贖，張回真買，謂同家財，至於轉鬻之日，不復疑慮。緣其買之於女父，便賣之於他人，準其和掠，此有因緣之類也。又詳恐喝條注：尊長與之已決，恐喝幼賤求之。然恐喝體同，而不受恐喝之罪者，以尊長與之已决故也。而張回本買婢於羊皮，乃真賣於定之。準此條例，得先有由；推之因緣，理頗相類。即狀准條，處流爲允。

三公郎中崔鴻議曰：案律賣子有一歲刑；賣五服内親屬，在尊長者死，期親及妾與子婦流。唯買者無罪文。然〕賣者既以有罪，買者不得不坐。但賣者以天性難奪，支屬易遺，尊卑不同，故罪有異。買者知良故買，又於彼無親。若買同賣者，即理不可。何者？賣五服内親屬，在尊長者死，此亦非掠，從其真買，暨於致罪，刑死大殊。明知買者之坐，自應一例，不得全如鈞議，云買者之罪，不過賣者之咎也。且買者於彼無天性支屬之義，何故得有差等之理？又案别條：知人掠盜之物而故買者，以隨從論。

又：尚書元脩義以爲：昔哀姜悖禮於魯，齊侯取而殺之，《春秋》所譏。又夏姬罪濫於陳國，但責徵舒，而不非父母。明婦人外成，犯禮之愆，無關本屬。況出適之妹，釁及兄弟乎？右僕射游肇奏言：臣等謬參樞轄，獻替是司，門下出納，謨明常則。至於無良犯法，職有司存，劾罪結案，本非其事。容妃等姦狀，罪止於刑，並處極法，準律未當。出適之女，坐及其兄，推據典憲，理實爲猛。又輝雖逃刑，罪非孥戮，募同大逆，亦謂加重。乖律之案，理宜陳請。乞付有司，重更詳議。詔曰：輝悖法亂理，罪不可縱。厚賞懸募，必望擒獲。容妃、慧猛與輝私亂，因此耽惑，主致非常。此而不誅，將何懲肅！且已醮之女，不應坐及昆弟，但智壽、慶和知妹姦情，初不防禦，招引劉輝，共成淫醜，敗風穢化，理深其罰，特敕門下結獄，不拘恒司，豈得一同常例，以爲通準。且古有詔獄，寧復一歸大理。而尚書治本，納言所屬。弗究悖理之淺深，不詳損化之多少，違彼義途，苟存執憲，殊乖任寄，深合罪責。崔纂可免郎，都坐尚書，悉奪禄一時。

《舊唐書》卷五〇《刑法志》 時司刑少卿徐有功常駁酷吏所奏，每日與之廷争得失，以雪冤濫，因此全濟者亦不可勝數，語在《有功傳》。及俊臣、弘義等伏誅，刑獄稍息。前後宰相王及善、姚元崇、朱敬則等，皆言垂拱已來身死破家者，皆是枉濫。則天頗亦覺悟，於是監察御史魏靖上言曰：

臣聞國之綱紀，在乎生殺。其周興、來俊臣、丘神勣、萬國俊、王弘義、侯思止、郭弘霸、李敬仁、彭先覺、王德壽、張知默者，即堯年四凶矣。恣騁愚暴，縱虐含毒，讎嫉在位，安忍朝臣，罪逐情加，刑隨意改。當其時也，囚圄如市，朝廷以目。既而素虚不昧，冤魂有託，行惡其報，禍淫可懲，具嚴天刑，以懲亂首。竊見來俊臣身處極法者，以其羅織良善，屠陷忠賢，籍没以勸將來，顯戮以謝天下。臣又聞之道路，上至聖主，傍洎貴臣，明明知有羅織之事矣。俊臣既死，推者獲功，胡元禮超遷，裴談顯授，中外稱慶，朝廷載安。破其黨者，既能賞不逾時；被其陷者，豈可淹之累歲。且稱反徒，須得反狀。惟據片辭，即請行刑，拷楚妄加，款答何限。故徐有功以寬平而見忌，斛瑟羅以妓女而受拘，中外具知，枉直斯在，借以爲喻，其餘可詳。臣又聞之，郭弘霸自刺而唱快，萬國俊被遮而遽亡。霍獻可臨終，膝拳於項；李敬仁將死，舌至於臍。皆衆鬼滿庭，羣妖横道，惟徵集應，若響隨聲。備在人謠，不爲虚説，伯有書見，殆無以過。此亦羅織之一據也。臣以至愚，不識大體，儻使平反者數人，衆共詳覆來俊臣等所推大獄，庶鄧艾獲申於今日，孝婦不濫於昔時，恩涣一流，天下幸甚。

疏奏，制令録來俊臣、丘神勣等所推鞫人身死籍没者，令三司重推勘，有冤濫者，並皆雪免。

中宗神龍元年，制以故司僕少卿徐有功，執法平恕，追贈越州都督，特授一子官。又以丘神勣、來子珣、萬國俊、周興、來俊臣、魚承曄、王景昭、索元禮、傅遊藝、王弘義、張知默、裴籍、焦仁亶、侯思止、郭霸、李敬仁、皇甫文備、陳嘉言、劉光業、王德壽、王處貞、屈貞筠、鮑思恭二十三人，自垂拱已來，並枉濫殺人，所有官爵，並令追奪。天下稱慶。時既改易，制盡依貞觀、永徽故事。敕中書令韋安石、禮部侍郎祝欽明、尚書右丞蘇瓌、兵部郎中狄光嗣等，删定《垂拱格》後至神龍元年已來制敕，爲《散頒格》七卷。又删補舊式，爲二十卷，頒於天下。

《舊唐書》卷一七九《蕭遘傳》　遘少負大節，以經濟爲己任，洎處台司，風望尤峻，奏對朗拔，天子器之。光啓初，王綱不振。是時天下諸侯，半出羣盗，強弱相噬，怙衆邀寵，國法莫能制。有李凝古者，從支詳爲徐州從事，詳爲衙將時溥所逐，而賓佐陷於徐。及溥爲節度使，因食中毒，而惡凝古者譖之，云爲支詳報讎行酖，溥收凝古殺之。凝古父損，時爲右常侍，溥上章披訴，言損與凝古同謀。内官田令孜受溥厚賂，曲奏請收損下獄。中丞盧渥附令孜，鍛錬其獄。侍御史王華嫉惡，堅執奏證損無罪。令孜怒，奏移損付神策獄按問，王華拒不奉詔，奏曰：李損位居近侍，當死即死，安可取辱於黄門之手？遘非時進狀，請開延英，奏曰：李凝古行酖之謀，其事曖昧，已遭屠害，今不復論。李損父子相别三四年，音問斷絶，安得誣罔同謀？時溥恃勳壞法，凌蔑朝廷，而抗表請按侍臣，悖戾何甚？厚誣良善，人皆痛心。若李損羅織而誅，行當便及臣等。帝爲之改容，損得免，止於停任。

《新唐書》卷八三《太平公主傳》　長安浮屠慧範畜貲千萬，諂結權近，本善張易之。及易之誅，或言其豫謀者，於是封上庸郡公，月給奉稍。主乳媪與通，奏擢三品御史大夫。御史魏傳弓劾其姦贓四十萬，請論死。中宗欲赦之，進曰：刑賞，國大事，陛下賞已妄加矣，又欲廢刑，天下其謂何？帝不得已，削銀青階。大夫薛謙光劾慧範不法，不可貸，主爲申理，故謙光等反得罪。

《新唐書》卷九七《魏徵傳》　中尉仇士良捕妖民賀蘭進興及黨與治軍中，反狀具，帝自臨問，詔命斬囚以徇。御史中丞高元裕建言：獄當與衆共之。刑部、大理，法官也，决大獄不與知，律令謂何？請歸有司。未報。暮上言：事繫軍，即推軍中。如齊民，宜付府縣。今獄不在有司，法有輕重，何從而知？帝停决，詔神策軍以官兵留仗内，餘付御史臺。臺憚士良，不敢異，卒皆誅死。擢諫議大夫，兼起居舍人、弘文館直學士，暮固讓不見可，乃拜。

《新唐書》卷一〇三《蘇世長傳》　東都平，大赦天下，又欲責賊支黨，悉流徙惡地。伏伽諫曰：臣聞王者無戲言，《書》稱爾無不信，朕不食言，言之不可不慎也。陛下制詔曰：常赦不免，皆原之。此非直赦有罪，是亦與天下更新辭也。世充、建德所部，赦後乃欲流徙。《書》曰：殲厥渠魁，脅從罔治。渠魁尚冤，脅從何辜？且蹠狗吠堯，吠非其主。今與陛下結髮雅故，往爲賊臣，彼豈忘陛下哉，壅隔故也。至疏者安得而罪之？由古以來，何始無君，然止稱堯、舜者，何也？直由善名難得也。昔天下未平，容應機制變。今四方已定，設法須與人共之。法者陛下自作，須自守之，使天下百姓信而畏也。自爲無信，欲人之信，若爲得哉？賞罰之行，無貴賤親疏，惟義所在。臣愚以爲賊黨於赦當免者，雖甚無狀，宜一切加原，則天下幸甚。又表置諫官。帝皆欽納。

太宗即位，封樂安縣男，遷大理少卿。帝數出馳射，伏伽諫曰：臣聞天子之居，禁衛九重，出也警，入也蹕，非直尊其居處，爲社稷生人計也。此聞陛下走馬射帖，娱悦羣臣，殆非所以導養聖躬，垂憲後代，此直少年諸王務耳，安得既爲天子，尚行之乎？竊爲陛下不取。帝悦曰：卿能言朕失，朕能改之，天下庶有瘳乎！後坐奏囚失，免官。起爲刑部郎中。累遷大理卿。時司農市木橦，倍直與民，右丞韋悰劾吏隱没，事下大理訊鞫。伏伽曰：緣官市貴，故民直賤。臣見司農識大體，不見其罪。帝悟，顧悰曰：卿不逮伏伽遠矣。

《新唐書》卷一〇六《杜正倫傳》　入爲大理卿。太宗問曰：比刑網寖密，咎安在？德威曰：在君不在臣。下之寬猛，視主之好。律：失入者減三，失出者減五。今坐入者無辜，坐出者有罪，所以吏務深文，爲自營計，非有教使然也。帝然其言。

（唐）劉肅《大唐新語》卷一《規諫》　太宗幸九成宫還京，有宫人憩湋川縣官舍，俄而李靖、王珪至，縣官移宫人於别所，而舍靖、珪。太宗聞之，怒曰：威福豈由靖等？何爲禮靖等而輕我宫人？即令按驗湋川官屬。魏徵諫曰：靖等陛下心膂大臣，宫人皇后賤隸。論其委任，事理不同。又靖等出外，官吏倣闕庭法式；朝覲，陛下問人間疾苦。靖等自當與官吏相見，官吏亦不可不謁也。至於宫人，供養之外，不合參承。若以此加罪，恐不益德音，駭天下耳目。太宗曰：公言是。遂捨不問。

（唐）王方慶《魏鄭公諫録》卷一《諫科祖孝孫罪》　太宗謂侍臣曰：人皆以祖孝孫爲知音。今教曲多不諧韻，此其未至精妙，爲不存意乎。乃敕所司，令定其罪。公進諫曰：陛下生平不愛音聲，今忽爲教女樂差舛，責及孝孫，臣恐天下眙愕。太宗曰：汝等並是我腹心，應須忠正，何反附下罔上，爲孝孫爲辭。温彦博拜謝。公及王珪進曰：陛下不以臣等不肖，置於樞近。今臣所言，豈是爲私，不意陛下責臣至此。臣常奉明旨云，勿臨時嗔怒，即便曲從，成我大過。臣等不敢失墜，所以每觸龍鱗。今以此爲責，祇是陛下負臣，臣終不負於陛下。太宗怒猶未已，懔然作色。公曰：祖孝孫學問立身，何如白明達。陛下平生禮遇孝孫，復何如白明達。今過聽一言，便謂孝孫可疑，明達可信，臣恐羣臣衆庶，有以窺陛下，太宗意乃解。

（唐）王方慶《魏鄭公諫録》卷一《諫科閿川縣官罪》　或奏云：右僕射李靖、侍中王珪奉使九成宫，還至閿川縣，有宫人先舍於令廳，靖等後至，乃移御宫人，安置靖等。又近有宫人使至始平縣，縣令已安置訖。右丞裴載家口後至，移動宫人，不加禮敬。太宗聞之大怒曰：此等官職，都不由我，皆由李靖、王珪等乎？何見李靖、王珪等如此，見我宫人都不禮遇，始平官司空處約等決杖一百，解官，仍案驗閿川官人及李靖等。公進諫曰：李靖、王珪皆知禮法，必不許移動宫人，自取好處。此或言者過誤，發陛下嗔怒。如其實然，亦可矜恕。何者？李靖等陛下心膂大臣，宫人皇后掃除僕隸，其委付事理不同，較其輕重，全無等級。又靖等出外，官人訪朝廷法式，歸得，陛下問百姓疾苦，靖等自不可不與官人相見，官人等亦不得不參。至於宫人出使，不與州縣交涉，唯得供其飲食，自外何所參承。若以此罪責及官人，不益陛下德音，徒駭天下耳目。太宗曰：公言是也。乃釋州縣之罪，李靖等亦寢不問。

（唐）王方慶《魏鄭公諫録》卷一《諫魏王不得折辱貴臣》　魏王，文德皇后所生，太宗特所寵異，貴要言，三品以上多輕淺《政要》作蔑。王者，意欲誣毁公等，以激怒太宗。太宗大怒，御齊政殿，引三品以上入，作色而言曰：我有一口語，欲向卿等道。往前天子是天子，今時天子非天子耶？往前天子兒是天子兒，今天子兒即非天子兒耶？我見隋家諸王，一品以下，皆不免其躓頓。我自不許兒子縱横，卿等何爲蔑我兒耶？我若教《政要》作縱。之，豈不能折辱卿等？房玄齡以下，戰慄流汗拜謝。公正色而進曰：當今羣臣，必無敢輕魏王者。然在禮臣子一也，傳稱，王人雖微，列諸侯之上。諸侯用之爲公卿，若不爲公卿，則下士之諸侯也。今三品以上，列爲公卿，並天子大臣。陛下之所敬異，如其小小不是，魏王何得折辱？若國家綱紀替壞，臣所不知，以當今聖明，魏王豈得如此？且隋高祖不知禮義，寵縱諸子，使行無禮，尋皆罪黜，不可爲法，亦不足道。太宗聞之，喜形於色，謂羣臣曰：凡語理到，不可不服。朕之所言，身之私愛。魏徵所言，國家大法。朕向者忿怒，謂理在不疑，見魏徵所論，方始覺屈也。人君發言，亦何容易。

（宋）王溥《唐會要》卷四一《左降官及流人》　〔建中三年〕其年四月，御史臺奏：天下斷獄，一切請待讞報，以正刑名。唯除殺人當罪，自徒以上結竟者，並徙置邊州。京兆尹嚴郢駁奏曰：臣伏以徙置邊州者，流之異名。流罪者，有三等。一例移配，或恐未當。其死罪除殺人之外，有十惡重罪，造僞刻印，并主典僞用印，及强盗光火等，若一切免罪徙邊，於法太輕，不足懲戒。其徒罪條目至多，或鬭毆争競，小有傷損，或夫妻離異，不犯義絶，或養男別姓，或立嫡違式，或私行度關，或相冒合戶，如此之類，不可悉數。今一切徙邊，與十惡造僞同等，卽輕重懸殊，又准刑部格。京城殷雜，愆犯百端，觸網陷刑，徒罪偏廣，若皆送覆，繫滯實多，其徒以下罪，非除免官當及勑杖者，宜准外州縣例，量事處分。今若天下徒罪，悉申所司，皆待讞報，法司斷結，准式有程，州縣禁囚，動盈千百，計每月徒配，必不啻五六千人。此則百姓動摇，刑章紊撓。又邊州及近邊，犯死罪及徒流者，復何以處？伏請下刪定使詳覆，然後施行。從之。

又：〔元和〕八年正月，刑部侍郎王播奏：天德軍五城，及諸邊城配流人。臣等竊見諸處配流人，每逢恩赦，悉得放還。唯前件流人，皆被本道重奏，稱要防邊，遂令没身，終無歸日。臣又見比年邊城犯流者，多是胥徒小吏，或是鬬打輕刑，據罪可原，在邊無益。伏請自今以後，流人及先流人等，准格例，滿六年後，並許放還，冀抵法者足以悛懲，滿歲者絶其愁怨。從之。

（宋）王溥《唐會要》卷六〇《御史臺上・御史臺》〔太和〕四年九月，御史奏：諸司諸使及諸州府縣，并監院等，公事申牒臣當臺，各令遵守時限並臣當司行牒勘事。多緣準勑推勘刑獄，或是遠方人事有冤抑，凡於關繫，盡須勘逐，事節不精，卽慮滯屈。比來行牒，有累月不申，兼頻牒不報者，遂使刑獄淹恤，懼涉慢官。其間或有須且禁申動經時月者，若無條約，弊恐轉深。臣等今勘責，各得遠近程限，及往復日數，限外經十日不報者，其本判官勾官等，各罰三十直。如兩度不報者，其本判官勾官，各罰五十直。如三度不報者，其本判官勾官，各罰一百直。如涉情故遠勑限者，本判官勾官，牒考功書下考。如經過所由，輒有停滯，其所由官等，節級別舉處分，其間如事須轉行文牒，諸處追尋，亦須具事由先報。旨：依奏。

又：九年八月，御史臺奏：京兆尹及少尹兩縣令、合臺參官等，舊例，新除大夫、中丞、府縣官自京兆尹以下，並就臺參見。其新除三院御史，並不到臺參，亦不於廊下參見，此爲闕禮尤甚。伏請自今以後，應三院有新除御史等，並請勑京兆尹及少尹兩縣令，就廊下參見，冀使稟奉之禮不虧，臨制之儀可守。臺司令史及驅使官，并諸色所由，有罪犯須科決等，或有罪犯稍重者，皆是愚人常態，不可一一奏聞。便欲隨事科舉，又緣臺杖稍細，以細杖而止大罪，必恐兇狡不懲。自今以後，如有情故難容，不足上陳聖聽者，許臣等據所犯判決杖下數，勒送京兆府，用常行杖科決訖報，冀得戒懼之意稍嚴，奸欺之心可革。勑旨：依奏。

（宋）王溥《唐會要》卷六〇《御史臺上・殿中侍御史》太和元年六月，御史大夫李固言奏：監太倉殿中侍御史一人，監左藏庫殿中侍御史一人，臺中舊例，取殿中侍御史從上第一人充監大倉使，第二人充監左藏庫使，又各領制獄。伏緣推事，皆有程限，所監遂不專精，往往空行文牒，不到倉庫。動經累月，莫審盈虛，遂使錢穀之司，狡吏得計，至於出入多有隱欺。臣今商量，監倉御史，若當出納之時，所推制獄稍大者，許五日一入倉；如非大獄，許三日入倉；如不是出納之時，則許一月兩入倉檢校。其左藏庫公事，尋常繁閙，監庫御史所推制獄，大者亦許五日一入庫；如無大獄，常許一旬內計會，取三日入庫句當。庶使當司公事，稍振綱條，錢穀所由，亦知警懼。勑旨：依奏。

（宋）王溥《唐會要》卷六〇《御史臺上・監察御史》大中四年九月十六日，御史臺奏：准舊例，京兆府准勑科決囚徒，合差監察御史一人到府門監決。御史未至，其囚已至科決處，縱有冤屈，披訴不及。今後請許令御史到府引問，如因不稱冤，然後許行決。其河南府准此，諸州有死囚，仍委長官差官監決，並先引問。從之。

（宋）王溥《唐會要》卷九三《諸司諸色本錢下》〔元和六年〕其年五月，御史中丞柳公綽奏：請諸司諸使應有捉利錢戶，其本司本使給戶人牒身稱準放免雜差遣夫役等。如有過犯，請牒送本司本使科責，府縣不得擅有決罰，仍永爲常式者。臣昨因奉進止，追勘閑廄使下利錢戶割耳進狀，劉嘉和訴，被所由分外科配等事由。因勘責劉嘉和所執牒身，所引勑文，檢勑不獲，牒閑廄使勘勑下年月日，又稱遠年文案失落。今據閑廄使利錢案，一使之下已有利錢戶八百餘人。訪聞諸使，並同此例，戶免夫役者，通計數千家，況犯罪之人，又常僥倖。所稱捉利錢戶，先亦不得本錢。百姓利其牒身，情願虛立保契，文牒一定，子孫相承。至如劉嘉和情願充利錢戶事由，緣與人毆鬬，打人頭破時，便於閑廄使情願納利錢，得牒身免府縣科決，實亦不得本錢。已具推問奏聞訖，伏奉進止。今臣具條流奏聞者。今請諸司諸使所管官錢戶，並依臺省舉本納利人例，諸司諸使吏不得妄有準勑給牒身，免差遣夫役，及有過犯，許作府縣處分。如官典有違，請必科處，使及長官，奏聽進止。其先給牒者，並仰本司本使收毀，入後在人戶處收毀不盡，其官典必有科責，其捉錢戶原不得本錢者，亦任使不納利，庶得州府不失丁夫，姦人免有僥倖。勑旨：宜依。

《宋史》卷四《太宗紀一》　戊申，以秦州節度判官李若愚子飛雄矯制乘驛至清水縣，縛都巡檢周承瑨及劉文裕、馬知節等七人，將劫守卒據城爲叛，文裕覺其詐，禽縛飛雄按之，盡得其狀，詔誅飛雄及其父母妻子同產，而哀若愚宗蔑無主；申戒中外臣庶，自今子弟有素懷凶險、屢戒不悛者，尊長聞諸州縣，錮送闕下，配隸遠處，隱不以聞，坐及期功以上。

《宋史》卷二〇〇《刑法志二》　律令者，有司之所守也，太祖以來，其所自斷，則輕重取舍，有法外之意焉。然其末流之弊，專用己私以亂祖宗之成憲者多矣。

（宋）留正《皇宋中興兩朝聖政》卷一三《紹興三年四月》　駕部員外郎韓膺胄轉對論：刑罰輕重，國祚短長係之。望追法仁祖舊章，凡獄官失入死罪者，終身廢之，雖經赦宥，永不收敘。上曰：此仁祖之事也，其仁民詳刑如此乎。乃命有司申嚴行下。

又：戊午，大理少卿元衮言：律令煩多，非明察詳審而熟於憲章者，未免有失。故四方請讞比擬繆誤者，十常二三。望令刑寺官具法令引用，有可疑者，爲之推原法意，申明以頒天下。俾郡縣無承用之駁，而姦吏絶因緣之市，以廣陛下欽恤之意。詔刑寺看詳，如其請。

（宋）留正《皇宋中興兩朝聖政》卷一六《紹興四年十月》　甲申，大理少卿張礿乞宮觀。上曰：礿爲理官，頗有平允之稱。邇來有司，率多觀望鍛鍊，或至刑獄失當，甚非朕所以欽恤之意。人命至重，豈可忽擇其尤者，當痛加懲艾。大抵刑獄以明恕爲先，深戒慘酷。趙鼎曰：礿昨久任理官，不畏強禦，極有執守。上曰：當議陞擢，以爲理官之勸。

（宋）留正《皇宋中興兩朝聖政》卷六二《淳熙十二年六月》　上曰：秋季在近，命令獄案有稽緩者，可擇數事稍大而日子最久者，當議行遣。今州郡職事弛慢不一，難爲一例從寬。寬猛相濟，政是以和。前此岳霖降官印榜行下已久，誨爾諄諄，聽我藐藐，豈可不明賞罰？天下事只是賞罰，不然朝夕諄諄無益。

（宋）李燾《續資治通鑑長編》卷六三《宋真宗景德三年》　是月，詔：開封府今後內降及中書、樞密院送下公事，罪至徒以上者並須聞奏。先是，御史臺言：開封府前勘天清寺僧契如及故左丞呂餘慶孫男歸政，止節略劄子聞奏，致不絶詞訟。乞自今應干分割田宅及僧人還俗事，並令結案録問，方得聞奏。上曰：豈止僧歸俗與私家分財邪？因有是詔。

（宋）李燾《續資治通鑑長編》卷七七《宋真宗大中祥符五年》　詔：比來因公事勘斷人，經年遇赦，多過闕訴枉。自今宜令制勘官，每獄具則請官録問，得手狀伏辨，乃議條决罰。如事有枉濫，許詣録問官陳訴，即選官覆按。如勘官偏曲，即劾罪同奏；如録問官不為申舉，許詣轉運、提點刑獄司，即無得詣闕赴訴。

（宋）李燾《續資治通鑑長編》卷八二《宋真宗大中祥符七年》　詔大理寺斷獄宜依條處罪，其情輕法重者，具狀實封以聞。時上封者言法官以臨時取旨為文，歸怨於上故也。

（宋）李燾《續資治通鑑長編》卷八三《宋真宗大中祥符七年》　御史臺鞫殺人賊，獄具，知雜王隨請臠割之。上曰：五刑自有常制，何必為此。王旦曰：隨司風憲，抨彈自有故事，此非其所宜言。况此賊本情可見，一死亦已極矣。

又：詔自今諸州部送罪人赴闕及往他州者，並所在為券給以糧，仍令依程而行，不得非理縶撲，倍道進發。病者，牒所至州縣遣醫療治；死者，檢視無他故，即以公驗付部送吏，違者所在官司劾罪以聞。先是，淄州部送繫囚赴闕，道多死者，上憫之，特命條約。

（宋）李燾《續資治通鑑長編》卷一〇八《宋仁宗天聖七年》　自定折杖之制，長短廣狹，皆有尺度，而輕重無準，官吏或得任情。至是，有司以為請，乃詔凡所用杖，重無過十五兩，施印其上，責所部常驗視之。

又：詔廣南民自今祖父母、父母在而別籍者論如律，已分居者勿論。先是，同判桂州王告言：劉氏時，應祖父母、父母在，孫子既娶，即令析產，其後富者數至千金，而貧者或不能自給。及朝廷平嶺南，乃知法不得以異居。爭訟至今不息，請條約之。故降是詔。

（宋）李燾《續資治通鑑長編》卷一一一《宋仁宗明道元年》 乙亥，上封者言：外任官有貪污不公，而監司不即按劾，乃奏見體量者。其後事敗，因免從坐之責，而貪污者或得善代以去。請自今但曾經監司體量，替日，並降差遣。從之。

（宋）李燾《續資治通鑑長編》卷一五九《宋仁宗慶曆六年》 詔：如聞百姓抵輕罪，而長吏擅刺隸它州，朕甚閔焉。自今非得於法外從事者，毋輒刺隸罪人。

（宋）李燾《續資治通鑑長編》卷一九〇《宋仁宗嘉祐四年》 敞又言：伏見先帝哀矜庶獄，開釋無辜。以京師浩穰，獄訟煩多，創設糾察一司，辨理微枉，澄審繆誤，誠不欲使吏得弄法，民陷非罪，設令侵冤，有所告訴也。臣伏見諸大辟公事，或具獄既上情涉可疑，或審問之際囚自翻變者，並皆移司推勘。左軍則移右軍，右軍則移左軍，府司亦然。然此三處形勢既均，利害略同，更相顧望，自為地道，寧伸吏典，莫念民枉。以此治獄，恐非朝廷欽恤之意。臣謂諸大辟公事，其情理可疑及囚自變者，並委糾察司奏請別差官置勘，其司獄等仍須與原勘處不相干礙，方許抽差。如此則獄無銜冤之濫，吏無試法之倖，好生之德，洽于民心矣。敞此奏不得其時，今附見。七年正月，有詔兩軍巡翻異者，送御史臺推劾，恐或由此。

（宋）李燾《續資治通鑑長編》卷二一一《宋神宗熙寧三年》 詔以京朝官曾歷通判、知縣者四人，分治開封府新舊城左右廂。凡鬥訟，杖六十已下情輕者得專決；及逋欠、婚姻兩主面語對定，亦委理斷。其先所差使臣並罷之。從權知開封府韓維請也。

（宋）李燾《續資治通鑑長編》卷二一三《宋神宗熙寧三年》 詔：自今疏決或及開封府界、三京，令於初得旨日取旨，仍與在京同日降指揮。限指揮到，停案決聽旨。四京諸縣更不差官。應犯杖罪並降從杖以下，止委本縣，依次日朝旨施行。

（宋）李燾《續資治通鑑長編》卷二三四《宋神宗熙寧五年》 馮京曰：景初當提點刑獄，在一路吏民之上，今令萬里往舊治所就獄，恐有辭便乞伏罪。賈誼言：當養人臣以廉恥，宜止就鄰路近處。上曰：景初自無廉恥，如此更困辱之，亦無傷。所謂刑不上大夫者，既刑，即不可使復為大夫。賈誼所言恐非是。兼景初在本路桀驁不奉朝廷法令，其自為乃如此，何足恤！王安石曰：若悉力公家，奉行詔令，即私行有缺，尚有可矜。今既犯令陵政，又所為自無耻，且就獄辯對虛實，於景初固無可恥。若鄰路勘，使無罪證見之人受弊，卻不便也。

（宋）李燾《續資治通鑑長編》卷二九八《宋神宗元豐二年》 詔：謀殺人案舉自首，雖減等坐之，其情理凶惡不可留本處者，依編敕配隸他所。時法官斷謀殺人自首獄，從減等論，而不用配法。堂後官周清以謂昨朝廷議謀殺人得首所因之法，編敕明言指定謀殺人傷與不傷，罪不至死，奏裁決配。又云今所因之謀得用舊律而原免，已傷之情復以後敕而奏決，以此二說證之，則用配法無疑，乞申明行下故也。

（宋）李燾《續資治通鑑長編》卷三一三《宋神宗元豐四年》 上批：開封府治蓋漸之獄，禁繫已久，詳其所治，在民間至為小事。本府所以如此淹延者，必以御史所言，致於意外推求，盛暑之際，追逮不已，冀附致近臣之罪，以塞言者之口。宜限百日結絶，毋得枝蔓。

（宋）李燾《續資治通鑑長編》卷三三五《宋神宗元豐六年》 降又言：事之最難者莫如疑獄。夫以州郡不能決而付之大理，大理不能決而付刑部，刑部不能決而後付之御史臺，則非甚疑獄必不至付臺再定。若御史聯事之衆非如大理、刑部，必不能勝其責也。近有旨：定奪文字送本曹，如合再定，即送本察。臣愚以謂與奪刑名，事重體大，宜仍舊衆官參定，餘事則隨曹付察。如此，則大小繁簡皆得其稱，是正疑讞罕有不當。其後刑部請：鞫獄、言事御史輪治；其定奪刑名，則衆官參定；餘事隨曹付察。從之。

又：御史楊畏言：中丞舒亶不罷學士院廚錢事，大理寺劾百餘日，聞奏案已具，而卿、丞執議不同，留章未決。臣竊惟亶所受供給之物，皆有文籍，宜無諱匿不承之理。有司必緣都省彈辭參驗證左，經涉時月，今宜得其情實，豈容復有駁議？則是必慾變動獄情，而陰懷傅會觀望之意。乞垂省察，無使留獄，以害國體。朱本削去。

（宋）李燾《續資治通鑑長編》卷三三六《宋神宗元豐六年》 詔：刑部應移鄉人情理輕者十年，稍重者二十年，遇赦檢舉，放令逐便。令刑部著為令。

（宋）李燾《續資治通鑑長編》卷三七七《宋哲宗元祐元年》 三省

言：舊置糾察在京刑獄司，蓋欲他司總領察其違慢，所以謹重獄事。向罷歸刑部，無復申明糾舉之制，請以異時糾察職事悉委御史臺刑察兼領，刑部毋得干預，其御史臺刑獄，令尚書省右司糾察。從之。《政目》云：在京刑獄委臺察，依舊行察法，吕陶乞復置糾察及審刑院當考。

又：己未，門下省言：開封府大理寺奏勘到案牘，並降付本省次第書判，方送大理寺定斷，遂成迂滯。請自今令有司於奏案内貼：乞降付大理寺及開封府大理寺案牘。直候斷出刑名到省，方行封駁。從之。

（宋）李燾《續資治通鑑長編》卷三八三《宋哲宗元祐元年》 門下省言：刑部删修到不以去官赦降條件，看詳當職官以職事墮曠，雖去官不免，猶可言；至於赦降大恩，與物更始，雖劫盜殺人亦蒙寬宥，豈可以一事差失，負罪終身？竊謂不以去官赦降原減條内，所留尚多，所删尚少，今欲更删改存留。從之。

（宋）李燾《續資治通鑑長編》卷四一五《宋哲宗元祐三年》 冬十月癸酉朔，尚書省言：刑部令諸奏獄格雖該載，而情罪有輕重者，附格增損。按兵民當從本部增損外，其郡吏有罪，恐非有司所敢專，合令取裁。從之。

（宋）李燾《續資治通鑑長編》卷四六五《宋哲宗元祐六年》 是日，刑部尚書范純禮、彭汝礪過都堂論列刑名，劉摯謂：近日斷敕下刑部，連繳三案求貸。凡獄既取旨，則輕重出于朝廷。有司議法則可駁，特旨則非。從來未有稽留制命，曲求寬貸之事者，純禮、汝礪實始為之。此事壞法惠姦，别無議理。此據劉摯閏月八日所記修入，惜乎不載所繳三案是何事也。二十六日壬午，汝礪云云可考之。

（宋）李燾《續資治通鑑長編》卷四九九《宋哲宗元符元年》 尚書省言：大理寺修立到，大辟或品官犯罪結案，未録問，而罪人翻異，或其家屬稱冤者，聽移司别推。若已録問而翻異稱冤者，仍馬遞申提刑司審察。若事不可委本州者，差官别推。從之。

（宋）李燾《續資治通鑑長編》卷五〇〇《宋哲宗元符元年》 庚申，刑部言：犯罪會赦合原而止，有離正停降還俗者。其同犯及干連人，非赦後有罪，不許首告，官司亦不得受理，仍於大理前一月檢舉曉諭。從之。

（宋）李燾《續資治通鑑長編》卷五〇一《宋哲宗元符元年》 訴訟不可施行者，並曉示于都門，限五日勾收。經曉示後人又陳狀，依前詞理送所屬告示，仍取知委連申，經取知委後來依前更陳述者，即送所司取勘施行。從之。

（清）徐乾學《資治通鑑後編》卷二《宋紀二》 五代以來，州郡牧守多武人，任獄吏恣意用法。時金州民有馬漢惠者，殺人無賴，閭里患之。其父母及弟共殺漢惠，防禦使仇超、判官左扶悉按誅之。帝怒超等持法深刻，並除名，流扶海島。自是人知奉法。

（清）嵇璜等《續通典》卷二《食貨・田制中》 户部言：人户抛棄田産已詔三年外許人請射，十年内雖已請射及撥充職田者，並聽理認歸業，官司占田不還許越訴。如孤幼兒女及親屬依例合得財産之人，委守令面問來歷，取索契照勾勒，耆保鄰佐照證得實，即時給付，或偽冒指占者，論如律。從之。

又：孝宗隆興元年，詔凡百姓逃棄田宅，出二十年無人歸認者，依户絶法。乾道四年，知鄂州李椿奏，江南荒田甚多，請佃者開墾未幾，便征税度田，追呼不任其擾，旋即逃去。今欲召人請射，免税三年，後為世業。

（宋）朱熹《資治通鑑綱目》卷三六上 八月制：諸州死刑，悉移大理奏裁。帝以天下用律者多踳駁，罪同論異，故有是命。集覽踳駁，《孝經・序》注：踳，尺允反。駁，比角反。《正義》曰：踳，亦駁也。駁，乖錯也。罪同論異，論，平聲，議法也。《記・王制》曰：凡制五刑，必即天論。註：論音倫。書法書美恤刑也。漢景五年，詔獄疑者讞之。然非疑者不讞也，於是制死罪悉移大理奏裁，庶乎不輕殺人者。其後復詔三奏，然後行刑，則益加審矣。

又：秋八月詔：死罪三奏，然後行刑。發明書詔：死罪三奏，然後行刑，可謂不輕於用法矣。然一怒之頃，殺人於殿庭，如恐不及，則奏亦何待？至三覲者自可察矣。

（宋）朱熹《資治通鑑綱目》卷三九下 詔：訟不决者，聽於東宫上啓。詔：訟者，經尚書省判不服，聽於東宫上啓，委太子裁决，不服然後聞奏。范氏曰：太子之職在於視膳問安，古之教者必以禮樂，而置師保以輔翼之。苟學問明而德性成，何患不能聽訟乎？且太子纔年十二，而使之聽訟，若其不能，宫臣必教之，以欺其君父，非所以養德也。

《遼史》卷六一《刑法志上》　五院部民有自壞鎧甲者，其長佛奴杖殺之，上怒其用法太峻，詔奪官。吏以故不敢酷。撻剌干乃方十因醉言宮掖事，法當死，特貰其罪。五院部民偶遺火，延及木葉山兆域，亦當死，杖而釋之，因著爲法。至於敵八哥始竊薊州王令謙家財，及覺，以刃刺令謙，幸不死。有司擬以盜論，止加杖罪。又那母古犯竊盜者十有三次，皆以情不可恕，論棄市。因詔自今三犯竊盜者，黥額、徒三年；四則黥面、徒五年；至于五則處死。若是者，重輕適宜，足以示訓。近侍劉哥、烏古斯嘗從齊王妻而逃，以赦，後會千齡節出首，乃詔諸近侍、護衛集視而腰斬之。於是國無倖民，綱紀修舉，吏多奉職，人重犯法。故統和中，南京及易、平二州以獄空聞。至開泰五年，諸道皆獄空，有刑措之風焉。

《金史》卷七《世宗紀中》　上謂左丞相良弼：初，唐古部族節度使移剌毛得之子殺其妻而逃，上命捕之。至是，皇姑梁國公主請赦之。上謂宰臣曰：公主婦人，不識典法，罪尚可恕。毛得請託至此，豈可貸宥。不許。

《金史》卷九《章宗紀一》　戊子，制諸部內災傷，主司應言而不言及妄言者杖七十，檢視不以實者罪如之，因而有傷人命者以違制論，致枉有徵免者坐贓論，妄告者戶長坐詐不以實罪，計贓重從詐匿不輸法。

《金史》卷四五《刑志》　上以法寺斷獄，以漢字譯女直字，會法又復各出情見，妄生穿鑿，徒致稽緩，遂詔罷情見。

《金史》卷九五《張萬公傳》　進士李邦乂者上封事，因論世俗侈靡，譏涉先朝，有司議言者罪，上謂宰臣曰：昔唐張玄素以桀、紂比文皇。今若方我爲桀、紂，亦不之罪。至於世宗功德，豈容譏毀。顧問萬公曰：卿謂何如？萬公曰：譏斥先朝，固當治罪，然舊無此法。今宜定立，使人知之。乃命免邦乂罪，惟殿三舉。

《元史》卷八《世祖紀五》　有司斷死罪五十人，詔加審覆，其十三人因鬬毆殺人，免死充軍，餘令再三審覆以聞。

《元史》卷一四《世祖紀十一》　中書省臣言：比奉旨，凡爲盜者毋釋。今竊鈔數貫及佩刀微物，與童幼竊物者，釋令配役。臣等議，一犯者杖釋，再犯依法配役爲宜。帝曰：朕以漢人徇私，用《泰和律》處事，致盜賊滋衆，故有是言。人命至重，今後非詳讞者，勿輒殺人。

又：庚寅，大駕幸上都。札魯忽赤合剌合孫等言：去歲審囚官所録囚數，南京、濟南兩路應死者已一百九十人，若總校諸路，爲數必多，宜留札魯忽赤數人分道行刑。帝曰：囚非羣羊，豈可遽殺耶，宜悉配隸淘金。

《元史》卷二二《武宗紀》　丙辰，御史大夫塔思不花言：殿中司所職：中書而下奏事者，必使隨之以入；不在奏事之列者，聽其引退；班朝百官朝會失儀者，得糾劾；病故者，必以告。諸如舊制。又言：舊例，內外風憲官有所彈劾，諸人勿預。而近有受賕爲監察御史所劾者，獄具，夤緣奏請，託言事入覲，以避其罪。臣等以爲今後有罪者，勿聽至京，待其對辨事竟，果有所言，方許奏陳。皆從之。塔思不花又言：皇太子有旨：有司贓罪，不須刑部定議，受敕者從廉訪司處決，省、臺遣人檢覈廉訪司文案，則私意沮格。非便。平章阿沙不花因言：此省、臺同議之事，臺臣不宜獨奏。帝曰：此御史臺事，阿沙不花勿妄言。臺臣言是也，如所奏行之。

《元史》卷二六《仁宗紀三》　帝御嘉禧殿，謂扎魯忽赤買閭曰：扎魯忽赤人命所繫，其詳閱獄辭。事無大小，必謀諸同僚。疑不能決者，與省、臺臣集議以聞。

又：辛卯，江浙行省丞相黑驢言：白雲僧沈明仁，擅度僧四千八百餘人，獲鈔四萬餘錠，既已辭伏，今遣其徒沈崇勝潛赴京師行賄求援，請逮赴江浙併治其罪。從之。

（元）張養浩《三事忠告》卷一《牧民忠告·聽訟·親族之訟宜緩》　親族相訟，宜徐而不宜亟，宜寬而不宜猛。徐則或悟其非，猛則益滋其惡。第下其里中開諭之，斯得體矣。

（元）張養浩《三事忠告》卷一《牧民忠告·聽訟·別強弱》　世俗之情，強者欺弱，富者吞貧，衆者暴寡，在官者多凌無勢之人。聽訟之際，不可不察。

（元）張養浩《三事忠告》卷一《牧民忠告·聽訟·待問者勿停留》　昔嘗使外，所過州縣，待問者雲集乎門，每病焉。乃命一能吏簿其所告，而日省之，而日遣之。不浹旬，則訟庭闃然矣。

（元）張養浩《三事忠告》卷一《牧民忠告·聽訟·會問》　訟有相約而問者，不可乘一時之忿擅加搒掠也。若釋道，若兵卒，諸不隸所部者是已。

（元）張養浩《三事忠告》卷一《牧民忠告·聽訟·妖言》　民有妖言惑衆者，則當假以別罪而罪之。如有妄書，取而火之，則厥跡滅矣。勿使蔓為大獄，延禍無辜。

（元）張養浩《三事忠告》卷一《牧民忠告·聽訟·移聽》　近年司憲受詞訟，往往檄州郡官代聽之。代聽者不可承望風旨，邀寵一時，使人茹枉受刑，而靡恤陰理。

（元）張養浩《三事忠告》卷一《牧民忠告·御下·御吏》　吏佐官治事，其人不可缺，而其勢最親。惟其親故，久而必至無所畏；惟其不可缺故，久而必至為奸。此當今之通病也。欲其有所畏則莫若自嚴；欲其不為奸，則莫若詳視其案也。所謂自嚴者，非厲聲色也，絶其饋遺而已矣。所謂詳視其案者，非吹毛求疵也，理其綱領而已矣。蓋天下之事無有巨細，皆資案牘以行焉。少不經心，則奸偽隨出。大抵使不忍欺為上，不能欺次之，不敢欺又次之。夫以善感人者，非聖人不能，故前輩謂：不忍欺在德，不能欺在明，不敢欺在威。於斯三者，度己所能而處之，庶不為彼所侮矣。

（元）張養浩《三事忠告》卷一《牧民忠告·御下·約束》　諸吏曹勿使縱遊民間，納交富室，以泄官事，以來訟端，以啟幸門也。暇則召集講經讀律，多方羈縻之，則自然不横矣。

（元）張養浩《三事忠告》卷一《牧民忠告·御下·毁淫祠》　毁淫祠，非獨理明而信道篤者不能，非行己端而處心正者不敢。

（元）張養浩《三事忠告》卷二《牧民忠告·慎獄·獄詰其初》　獄問初情，人之常言也。蓋獄之初發，犯者不暇藻飾，問者不暇鍛煉，其情必真而易見，威以臨之，虚心以詰之，十得七八矣。少萌姑息，則其勞將有百倍厥初者，故片言折獄，聖人惟與乎子路，其難可知矣。

（元）張養浩《三事忠告》卷二《牧民忠告·慎獄·詳讞》　在獄之囚，吏案雖成，猶當詳讞也。若酷吏鍛煉而成者，雖讞之，囚不敢異辭焉。須盡辟吏卒，和顔易氣，開誠心以感之，或令忠厚獄卒款曲以其情問之。如得其冤，立為辨白，不可徒拘閡吏文也。噫！奸吏無文，何所不至哉！

（元）張養浩《三事忠告》卷二《牧民忠告·慎獄·囚糧》　天地之德曰好生，聖元體之，以有天下。諸在縲絏無家者，皆給之糧，惟縣獄不給也。意者縣亶待報之官府，故令略詰其然，而上之州。比見為州者，往往為吏之所欺，吹求不受，以致瘐死於縣獄。夫罪不至死，而以己私繆殺之，不仁甚矣。為州若府者，尚深戒之。

（元）張養浩《三事忠告》卷二《牧民忠告·慎獄·按視》　獄庭時當一至也，不惟有以安衆囚之心，亦使司獄卒吏輩知所警畏，而無飲博喧嘩、逸而反獄者，是亦先事防之之微意也。倉庫同。

（元）張養浩《三事忠告》卷二《牧民忠告·慎獄·哀矜》　亡友段伯英嘗尹巨野，民有犯法受刑者，每為泣下，或以為過。余聞之，私自語曰：人必有是心，然後可以語王政。且獨不聞古人亦有禁人於獄而不家寢者乎？要皆良心之所發，非過也。

《元典章》卷三《聖政·理冤滯》　中統元年五月欽奉詔書内一欵：凡有犯刑至死者，如州府審問獄成，便行処断，則死者不可復生，断者不可復續。案牘繁冗，須臾决断，万一差誤，人命至重，悔將何及？朕实哀矜。今後凡有死刑，仰所在官司推問得实，具事情始末，及断定招欵，申宣抚司，再行審復无疑，呈省聞奏，待報処决。欽此。

又：至大四年三月十八日欽奉：登寶位詔書内一欵：天下之民，皆吾赤子。苟懷異志，自有常刑。比者，尚書省脱忽脱、三宝奴等織羅煆煉，濫殺立威。其韓脱、因不花、唐華及鄭闌兒思闌等已經昭雪，元没貲産，悉還其家。今後内外重囚從監察御史、肅政廉訪司審復無冤，結案，待报省部再三詳讞，方許奏决。

《元典章》卷三《聖政·霈恩宥》　詔書節文：又念諸路水旱疾疫，吏不能奉戢，民不能自存，輕觸刑憲，往往有之。朕位臨万邦，恩霈寧有中外遠迩之間？可赦天下，自至大元年十一月二十五日昧爽以前，除殺祖父母、父母，妻妾殺夫，奴婢殺主不赦外，其余已發覺、未發覺、已結正、未結正，罪無輕重，咸赦除之。敢以赦前事相告言者，以其罪罪之。

又：詔書節文：朕自臨御以來，下詔万方，其所以撫安元元者，亦已至矣。而前歲江浙飢疫，今年蝗旱相仍，民或尽死，幸生者流离道路。雖嘗遣使分道賑恤，終恐未能戶到。夫既罹是天刑，其輕觸憲網者，必衆。有司文以重法繩之，朕寔憫焉。其自十月十七日昧爽以前，中外罪囚大辟以下，已未發覺，並從釋免。

《元典章》卷四《朝綱・政紀・外省不許泛濫咨禀》 地土廣大，政事繁多，建都省以揔宏綱，置行省以分庶務，法度章程具有明典。今行省不詳事体輕重，無問巨細，往往作疑咨禀，以致文繁事弊，甚非所宜。爲此，已經移咨各省去訖。比年以來，各處咨禀多係碎事，又復紊煩，深爲未便。都省咨請，今後除重事并刱支錢粮，必合咨禀者，議擬咨來。其餘公事應合與决者，隨即從公，依例與決，毋得似前泛咨。若不應咨而咨者，定將當該首領官吏取招治罪施行。

《元典章》卷四〇《刑部・刑獄・獄具・禁断王侍郎繩索》 至元二十年二月，御史臺備奉中書省劄付：刑部尚書、集賢院侍讀李士呈：照得：鞫問罪囚，笞杖枷鎖，凡諸獄已有聖旨定制。自阿合馬擅權以來，專用酷吏爲刑部官。謂如刑部侍郎王儀，尤号慘刻，自創用繩索法，能以一繩縛囚，令其遍身痛楚。若後稍重，四肢断裂。至今刑部称爲王侍郎繩索，非理苦虐，莫此爲甚。今來叅詳，應內外官司，凡推勘罪囚獄具，自合照依已降定制，並不得用王侍郎繩索。所據各処推官、司獄，以至押獄禁子人等皆常選用循良人，庶得刑平政理。擬合諸路一体，禁約施行。得此。本省咨請依上施行。

《元典章》卷四〇《刑部・刑獄・獄具・禁殺殺問事》 大德四年九月，江西行省劄付：據南豐州俻吏目王沂呈：欽惟聖朝大推好生之仁，曲尽恤刑之意。方今用刑，已有定例。向之者，繩縛衆人，磁芒刺膝，鞭背精跪，遊街栲掠，遇夜問事等項非法酷刑，已蒙上司禁革。切見有司親民之官，每於問事之際，私情暴怒，輙遣兇徒，驅於公廳之下，恣情以殺殺捆打。不思爲人覩物听事，全在耳目。其殺殺擊之，打及一頰，則衝損頭目，以致含血滿口，兩頰釁腫，傷於肌膚，連月不愈。及其甚者，或打其耳際近於太陽虛怯去処，左邊擊，則右耳出血；右邊擊，左耳出血。經日昏迷，輕則救之甦省，痛楚之余，血氣閉塞，致成聾聵，終爲殘廢；重則因而致傷人命，深可哀怜。如蒙一例禁止，不惟居官者戢酷虐之風，爲事者免殘疾之苦。庶不失聖朝好生之意。乞俻申施行。得此。州司看詳：若准吏目王沂所言，实爲允當，俻申乞照詳。得此。移准中書省咨：照得：諸人犯罪，自有常憲，請照驗依例施行。准此。

《元典章》卷五一《刑部・諸盗・獲盗・捕盗功賞》 皇慶元年，中書省咨：刑部呈孫朶歹陳言，檢會先欽奉聖旨內一款，節該：若有失盗云云見后失盗類全免本罪。又一款，節該：諸人告獲盗云云見前獲盗類应捕人減半。欽此。切惟國家法令既明，賞罰必信，然後事功有成。若使捕盗官兵獲賊不沾賞，失盗不見罪，欲使民安盗息，其可得乎？今各処捕獲賊人，欽依已降聖旨，便合給賞。府、州、縣爲係干碍官錢，不敢擅支，須申上司，經由省府，等候明降，才方支付。展轉疏駁，虛調歲月。捕盗人員任滿離職，不復顧問。至於失過盗賊，過違三限，弓手依例断決，捕盗官止罰俸鈔，任滿給由，掩庇失過起數，到部之日，依驗資品定奪。賞罰无彰，何由激勸？以致巡尉尸位素餐，賊多不獲，將來滋盛，爲害非輕。以此參詳：今後諸人告捕得獲強切盗賊，賍仗已明，許令有司隨即支給賞鈔，具申上司照驗。其有失過起數，違限不獲，標附過名。任滿觧由內開寫在任功過事跡，如有隱蔽，罪在當該給由官吏，到部照依功過黜陟。庶望向公者有所勸，不戢者知所畏。境內嚴戢，盗賊自息。雖提調分揀陳言官，議得：所言諸人告捕獲強切盗賊，賍仗已明，有司隨即給賞。如失過起數，觧由內明白開寫，照驗功過黜陟。其言可采，合於吏部考功，令內一就議擬，具呈照詳。得此。送據本部約會到吏部郎中陳中順，一同議得：孫朶歹陳言獲賊給賞公事，如准所言，今後若有諸人告獲強切盗賊，如賍仗明白，別无疑似，例合給賞者，拘該官司隨即於不以是何係官錢內就便支撥，具數申呈合干上司，年終通行照筭。庶使人肯尽心，賊盗弭息。如有争差不实，罪及當該官司。外據捕盗官功過黜陟事理，合依已定通例施行。相應。都省咨請依上施行。

《元典章・新集至治條例・刑部・刑獄・詳讞・禁司獄用刑》 至治元年四月□日，福建廉訪司奉江南行臺□，據監察御史阿剌不花、承事馬徽事呈：延祐五年十二月初二日吉安路申：永豐縣李壽三等聚衆，捉獲賊人李壽三、羅四等，招供係首賊周篾博糾合，行劫吉水州夏家、永豐縣余家財物，豎立紅旗聚衆等事。獲問得首賊周篾博，先於吉水州供招，止曾與徐五等同謀，聚衆行劫，被武司獄。於延祐六年十月初十日入禁之初，拷打、勒令招指税□家同謀，不禁箠楚、省記得讎人陳一大、劉元道、黄茂可，於官妄指各人選造妖言等因。唤責得獄典萬彧等指證，武司獄委曾令牢子劉懋用□訊杖拷打脚底，及武司獄拏起木棍，自將周箎博拷打是實。參詳司獄之設，職專囚禁，冤者録問申明，滯者隨事申舉。據周箎博撰造妖言□，事禮非理。本路未經取問，司獄武楨先就禁内，輒加榜□掠，已是不應，又逼令妄指平民陳一大撰造妖言，劉元道、黄茂可接受關文，及被周箎博當廳指出被拷妄指讎人情由。本官嗔怒，就牢復將周箎博自用木棍打傷，繫破枷頭。有此越分，殊失委任之意。得此。施行間，延祐七年三月三十日，欽遇詔赦釋免。今來照得：大德八年江南行□臺准御史臺咨：承奉中書省劄付，刑部呈：刑獄不便事内一款。獄事不修，司獄之責。牢獄皆凶穢之地，前人有畫地爲獄，設願不入之語句。司獄官如能用心，使獄卒常常除掃潔淨，暑天洗滌枷扭，時令暫出□乘涼，冬月糊塞窗户，措置暖匣，拘鈐囚糧，不致尅減。病則親臨看治，因有冤滯枉禁者，具實申明，少免冤濫。今司獄之官，少得其人，或自有私過，畏避本屬，因循緘默，獄事不治。所以撫字之官，不以恤刑爲心。有不應收禁而收禁，有不應枷鎖而枷鎖，有例應疏放故作遲延者。看詳：司獄直隸廉訪司，蓋與常知各處獄情。今後，督責司獄，整治獄事如法，每月具報收除起數，有無冤滯，開申憲司。其司獄官吏有犯，許移文憲司，取問責罰，以稱直隸之責，亦免有司挾恨羅織之患。仍仰本府提牢正官，常切依期加意點覷。奉此。常謂司獄之職，專管獄事。掃除牢房，滌洗枷扭，時其衣食，病則親臨看治，設有冤枉，申達本道廉訪司，此其職也。今吉安路司獄武楨，不思職分之所當爲，乃將囚徒周箎博等擅用訊杖、木棍拷打，逼令妄指平民，似此違越濫用刑法，深負司獄之責。罪經釋免。若不申明，誠恐積漸倣傚，深爲未便。如蒙札付各道廉訪司常加檢舉，若有似此違枉人員，各處當該官司，隨即具由申牒本道廉訪司，嚴行究治。非惟官有分内之事，人免法外之苦，抑亦恤刑之一端也。具呈照詳。得此。憲臺除外，仰照驗依上施行。

（清）嵇璜等《續通典》卷一九《選舉·考績》　宣宗貞祐二年，臣僚請依大定舊制，以監察御史及審録官分詣諸道考覈，庶幾使人自勵。興定初，以縣令或非材，監察御史一過不能備知。遂令每歲遣御史巡察，仍别選官巡訪，以行黜陟之政，并定監察御史失察法。

《明史》卷九五《刑法志三》　其徒黠者恣行請託，稍拂其意，飛誣立搆，摘竿牘片字，株連至十數人。姜埰、熊開元下獄，帝諭掌衛駱養性潛殺之。養性泄上語，且言：二臣當死，宜付所司，書其罪，使天下明知。若陰使臣殺之，天下後世謂陛下何如主？會大臣多爲埰等言，遂得長繫。此養性之可稱者，然他事肆虐亦多矣。

錦衣舊例有功賞，惟緝不軌者當之。其後冒濫無紀，所報百無一實。吏民重困，而廠衛題請輒從。隆慶初，給事中歐陽一敬極言其弊，言：緝事員役，其勢易逞，而又各類計所獲功次，以爲陞授。則憑可逞之勢，邀必獲之功，枉人利己，何所不至。有盗經出首倖免，故令多引平民以充數者；有括家囊爲盗贓，挾市豪以爲證者；有潛搆圖書，懷挾僞批，用妖言假印之律相誣陷者，或姓名相類，朦朧見收；父訴子孝，坐以忤逆。所以被訪之家，諺稱爲劙，毒害可知矣。乞自今定制，機密重情，事干憲典者，廠衛如故題請。其情罪不明，未經讞審，必待法司詳擬成獄之後，方與紀功。仍敕兵、刑二部勘問明白，請旨陞賞。或經緝拿未成獄者，不得虚冒比擬，及他詞訟不得概涉，以侵有司之事。如獄未成，而官校及鎮撫司拷打傷重，或至死者，許法司參治。法司容隱扶同，則聽科臣并參。如此則功必覆實，訪必當事，而刑無冤濫。時不能用也。

《明史》卷一一三《后妃傳一·太祖孝慈高皇后》　學士宋濂坐孫慎罪，逮至，論死，后諫曰：民家爲子弟延師，尚以禮全終始。况天子乎？且濂家居，必不知情。【略】

帝怒曰：匹夫犒天子軍，亂民也，宜誅。后諫曰：妾聞法者，誅不法也，非以誅不祥。民富敵國，民自不詳。不祥之民，天將災之，陛下何誅焉。乃釋秀，戍雲南。帝嘗令重囚築城。后曰：贖罪罰役，國家至恩。但疲囚加役，恐仍不免死亡。帝乃悉數之，帝嘗怒責宫人，后亦佯怒，令執付宫正司議罪。帝曰：何爲？后曰：帝王不以喜怒加刑賞。當陛下怒時，恐有畸重。付宫正，則酌其平矣。即陛下論人罪亦詔有司耳。

《明史》卷一七六《商輅傳》　中官汪直之督西廠也，數興大獄。輅率同官條直十一罪，言：陛下委聽斷於直，直又寄耳目於羣小如韋瑛輩。

皆自言承密旨，得顓刑殺，擅作威福，賊虐善良。陛下若謂擿奸禁亂，法不得已，則前此數年，何以帖然無事。且曹欽之變，由逯杲刺事激成，可爲懲鑒。自朝臣無大小，有罪皆請旨逮問，直擅抄没三品以上京官。大同、宣府，邊城要害，守備俄頃不可缺，直一日械數人。南京，祖宗根本地，留守大臣，直擅收捕。諸近侍在帝左右，直輒易置。直不去，天下安得無危？

《明史》卷二四三《孫慎行傳》 臣在禮言禮，其罪惡逆天，萬無可生之路。若其他督戰悮國，罔上行私，縱情蔑法，干犯天下之名義，釀成國家之禍患者，臣不能悉數也。陛下宜急討此賊，雪不共之仇，毋詢近習，近習皆從哲所攀援也。毋拘忌諱，忌諱卽從哲所布置也。并急誅李可灼，以洩神人之憤。

《明史》卷二四三《高攀龍傳》 孫慎行以紅丸事攻舊輔方從哲，下廷議。攀龍引《春秋》首惡之誅，歸獄從哲。給事中王志道爲從哲解，攀龍遺書切責之。尋改太常少卿，疏陳務學之要，因言：從哲之罪非止紅丸，其最大者在交結鄭國泰。國泰父子所以謀危先帝者不一，始以張差之梃，繼以美姝之進，終以文昇之藥，而從哲實左右之。力扶其爲鄭氏者，力鋤其不爲鄭氏者；一時人心若狂，但知鄭氏，不知東宮。此賊臣也，討賊，剛爲陛下之孝。而説者乃曰爲先帝隱諱則爲孝，此大亂之道也。陛下念聖母則宣選侍之罪，念皇考則隆選侍之恩，仁之至義之盡也。而説者乃曰爲聖母隱諱則爲孝。明如聖諭，目爲假託，忠如楊漣，謗爲居功。人臣避居功，甘居罪，君父有急，袖手旁觀，此大亂之道也。惑於其説，孝也不知其爲孝，不孝也以爲大孝；忠也不知其爲忠，不忠也以爲大忠。忠孝皆可變亂，何事不可妄爲。故從哲、養性不容不討，奈何猶令居輦轂下！時從哲輩奧援甚固，摘疏中不孝語激帝怒，將加嚴譴。葉向高力救，乃奪禄一年。旋改大理少卿。鄒元標建書院，攀龍與焉。元標被攻，攀龍請與同罷，詔留之。進太僕卿，擢刑部右侍郎。

《明太祖實録》卷二四《吴元年六月》 甲戌，上謂憲臣曰：任官不當，則庶事不理；用刑不當，則無辜受害。譬之薅草菜者，施鎛不謹必傷良苗；繩姦慝者，論法不當必傷善類，故刑不可不慎也。夫置人於捶楚之下，屈抑頓挫，何事不伏，何求不得？古人用刑，蓋不得已，懸法象魏，使人知而不犯。譬之水火，能焚溺人，狎之則必傷，遠之則無害。水火能生人，亦能斃人；刑本生人，非求殺也。苟不求其情而輕用之，受枉者多矣。故欽恤二字，用刑之本也。

《明太祖實録》卷三九《洪武二年二月》 上與侍臣論待大臣之禮。劉基言於上曰：古者公卿有罪，盤水加劍，詣請室自裁，未嘗鄙辱之，存待大臣之禮也。時侍讀學士詹同侍坐，因取《大戴禮》及賈誼疏以進，且曰：古者刑不上大夫，所以勵廉耻而君臣之恩義兩盡也。上深然之。

《明太祖實録》卷六三《洪武四年閏三月》 庚辰，以兵部尚書劉貞為治書侍御史。上諭之曰：臺憲之官不專于糾察朝廷政事，或有遺闕，皆得言之。人君日理萬機，聽斷之際，豈能一一盡善？若臣下阿意順旨，不肯匡正，則貽患無窮。今擢卿為侍御史，居朝廷之上，當懷蹇諤之風，以為百官表率。至於激濁揚清，使姦邪屏跡，善人彙進，則御史之職兼盡矣。

《明太祖實録》卷六五《洪武四年五月》 〔辛巳〕上與廷臣論刑法。御史中丞陳寧曰：法重則人不輕犯，吏察則下無遁情。上曰：不然。法重則刑濫，吏察則政苛。鉗制下民而犯者必衆，鉤索下情而巧偽必滋。夫壘石之岡，勢非不峻，而草木不茂；金鐵之溪，水非不清，而魚鱉不生。古人立法，置刑以防惡衛善，故唐虞畫衣冠、異章服以為戮，而民不犯。秦有鑿顛抽脅之刑，參夷之誅，而囹圄成市，天下怨叛。所謂法正則民慤，罪當則民從。今施重刑，而又委之察吏，則民無所措其手足矣。朕聞帝王平刑緩獄而天下服從，未聞用商韓之法可致堯舜之治也。寧慚而退。

《明太祖實録》卷一三七《洪武十四年五月》 丙申，刑部奏決重刑。上諭之曰：朕常命汝等，凡有重獄必三覆奏，以人命至重，恐不得其情，則刑罰濫及，而死者不可復生也，故必欲詳審。今汝等概以重刑來奏，其間固有瀆倫亂法罪不可原者，亦有一時過誤情有可矜者，必當分別。若一概言之，則輕重不分矣。自今凡十惡非常赦所原者，則云重刑。其餘襍犯死罪許聽收贖者，毋概言也。

《明太祖實録》卷一五二《洪武十六年二月》 庚辰，上諭皇太子諸王曰：凡聽訟貴明，不明則刑罰不中，罪加良善，人心怨咨，有傷天和。或有大獄，必當詳審，庶免搆陷之非、鍛鍊之獘。又曰：凡賞功要當，不當則人心不服。蓋賞與罰二事，治天下之大權也，不可不慎。

《明太宗實録》卷九六《永樂七年九月》 壬申，上諭行在刑部、都察院、大理寺臣曰：明刑慎罰，朕之本心。是是非非，爾等當究情實。隋煬帝時，盜發，令子士澄捕之，牽連二千餘人，悉論死。大理丞張元濟恠之，推尋多非真盜，但以榜笞不勝，自誣服。其間真為盜者，五人而已。而以被旨斬決不服執奏，並殺之。煬帝固無道，然元濟等之罪亦大矣。朕數戒爾等當存矜恤，須體朕意，必循至公。若違朕言，致無罪之人冤抑以死，是汝等殺之，不有陽責，必有陰譴矣。

《明太宗實録》卷一一四《永樂九年三月》 〔乙丑〕三法司奏審録囚徒既罷。上召至前，諭之曰：刑當矜恤。然論刑之際，尤當明其君子、小人。若君子有過，如失足溝澗，偶出于誤，當矜其情而將護之。小人有罪，如貪嗜飲食，恣意為之，非過誤也，當懲以法。君子誤犯而不恕，非佑善之道；小人故犯而不懲，有縱惡之失。爾等其審邪正、精權度，不宜概論。

《明太宗實録》卷一一九《永樂九年九月》 戊寅，諭刑部、都察院、大理寺臣曰：明刑慎罰，帝王所重。朕自蒞祚以來，敬於用刑，誠以死者不可復生，斷者不可復續。故令再三詳讞，必使罰適中而人服。爾等雖面承朕訓，然聞屬吏因循苟且，未盡得中。自今除謀反、大逆審覆無異，決不候時，其餘死罪，可具疏情犯進來，朕詳覽之，必五覆奏，然後加刑，天地神明鑒臨在上，朕不敢忽爾，惟欽哉！

《明太宗實録》卷一四三《永樂十一年九月》 壬午，府軍衛指揮張昶奏事畢，辭歸南京，上諭之曰：皇親最當守法，不守法，罪比常人有加。開平王、永成侯、德慶侯之家，特外戚生事壞法，皆取滅亡，前鑑不遠。汝今富貴，但常不忘貧賤時，自然驕逸不生。若溺富貴，而忘貧賤，奢傲放恣，以凌虐人，有英明之君在上，必不恕爾！爾宜慎之。昶頓首謝。命禮科賜鈔六十錠，又諭之曰：此賜非多，爾能守法保富貴，何啻萬倍於此？昶，皇太妃子，妃之兄，上頗聞昶弟旭居鄉驕横，不欲顯斥之，故因昶至戒云。

《明仁宗實録》卷五上《永樂二十二年十二月》 〔庚戌〕刑部尚書金純、太子少保兼都察院左都御史劉觀等奏刑名畢，上諭之曰：朕於刑法，未嘗敢以喜怒增損。卿等鞫獄之際，亦當虛心聽察，量其情實。有罪不可幸免，無罪不可濫刑。持法明信，則人有所畏而不敢犯。若不明其情而任己輕重，或迎合朕意使人含冤抱恨者，朕之所惡。卿等其慎以為戒。卿等皆國大臣，非獨自己，當存矜獄之心。如朕一時過於疾惡，處法失中，卿等更須執正，毋以乖逆為慮，朕不難於從善也。

《明仁宗實録》卷八上《洪熙元年三月》 〔辛巳〕上諭吏部臣曰：刑獄係人死生。近日刑官有以貪賄敗者，有以深刻敗者。蓋顛倒是非，民苦冤抑，天災人譴，彼必不免。但簡用之者，亦得辭其咎歟？自今刑官必擇廉明公正、謹厚之士，無俾憸人得肆枉濫。

《明英宗實録》卷二二四《景泰三年十二月》 〔癸巳〕浙江等十三道監察御史陳綱等言：【略】八曰清刑獄以召和氣。刑者輔治之具，聖人不得已而用之也。近見在京法司罪囚，有累訴冤枉行勘未報者，有行勘未明仍前駁勘者，有提人未完停對未結者，有行勘雖實仍訴冤抑者。法司推避嫌疑，不敢辯理。故平人被其負累，文卷不得杜絶，違禁連年，致傷和氣。乞勑法司會官審録情有冤抑者，即與辯明；情犯真實者依律發落；若情可矜疑難擅決斷者，具奏，取自上裁。仍移文在外巡撫、巡按等官將罪囚會審，不許推避。如此，則刑獄可清而和氣可召矣。疏聞，命禮部會官議行。

又：太祖高皇帝八議之目，特列於律條之首。邇者在京文武大臣，有罪送法司輒加箠楚。及問完之日，或蒙恩而復職，或情虛而免罪。送問之際，何辜而先受凌辱乎？乞勑法司，今後大臣有犯，除謀逆黨惡重情鞫問外，其餘事情必推問明白，開具情由，取自上裁，不許擅加箠楚。如此則恩典得申明，而大臣有所激勸矣。

《明英宗實録》卷二五四《景泰六年六月》 丙子，都察院左副都御史馬謹巡撫河南，陛辭勑之曰：河南乃中原要地，今特命爾往彼巡撫地方，撫安軍民，提督操練軍馬，整搠器械，禁防寇竊。遇有城池損壞，即加修理。盜賊生發，即調官軍相機勦捕，毋令滋蔓。存恤流移人民，遇有飢窘，即設法招撫，安插賑濟，毋令失所。一應軍民利病果有當興革者，悉聽爾便宜（處）〔區〕畫而行，務在事妥民安，盜賊平息。其山東之沙灣等處一帶漕運河道，事有幹（沙）〔涉〕爾河南者，即為督屬整理。官員之中，果有廉能著稱當旌異者，奏來處置。其有貪酷不才，不以公道行事，事跡尤顯著者，除五品以上及軍職，具奏；文職六品以下，爾即鞫問如律，重則差人觧京。爾務在持廉秉公，寬猛得宜，舉措不偏，使人有所懲勸，毋或因循怠忽，有負委任。

《明英宗實録》卷二八〇《天順元年七月》 癸酉，詔曰：朕以菲德早承大統，中罹多難，復登宸極，夙夜兢惕，罔敢怠荒。乃天順元年七月初六日，承天門災，此誠上天示譴，莫究所由。朕甚驚惶，省躬思咎，務新其德，永惟奉承天意，必以施惠爲先。其大赦天下，咸與維新，所有寬恤事宜，條示于後。一、自天順元年七月十二日昧爽以前，除謀反、大逆、子孫謀殺祖父母父母、妻妾殺夫、奴婢殺主、蠱毒魘魅、採生折割、謀故殺人，及姦黨已行榜示者不赦外，其餘已發覺未發覺、已結正未結正，罪無大小，咸赦除之。敢有以赦前事告言者，以其罪罪之。一、文武官吏軍民人等犯罪運甎、運灰、運石、運水和炭、運糧、運料、煎塩、炒鐵、做工、擺站立功哨瞭、發充儀從、軍伴、膳夫者，悉皆疎放，各還職役，寧家隨住。其終身炒鐵煎塩者，有年五十五歲以上及篤疾者，有司驗實，亦與放免。其文職官吏犯枉法贓罪，例該充軍者，發回原籍爲民。若不枉法等贓例該爲民，并已問結曾訴冤枉者，自天順元年正月二十一日至七月十二日止，及考退罷輭等項見在京者，悉與冠帶閒住，吏仍爲民，後不爲例。一、景泰七年十二月以前，各處該徵税糧、馬草、本色、折色、農桑、人丁、絲絹、屯田并地畝子粒糧草、戶口、食塩鈔米諸色課程，并一應採辦買辦黄白蠟、廚料、果品等物，除拖欠先已蠲免外，其餘已徵在官者，所司見數收貯以充日後採辦買辦之用。敢有乘機侵用者，依律治罪。若起解在途者，仍送原定衙門，驗其正數不虧，即與收受，准作再辦之數，不許刁蹬。其有被水火、盗賊等項，于所在官司告有文憑已到該部者，不分年月久近，俱與除豁。其佃田、人戶、拖欠田主，自景泰七年正月以前租税者，不許追償。一、天順元年七月十二日以前，内外諸司衙門見追陪遞年侵盗虧折，浥爛燒毁等項，并誆攬景泰七年正月以前一應係官錢糧、叚疋、布絹、銀鈔、草束物料等件未完者，悉免追陪。其各處軍民人等納欠景泰六年正月以前税糧、蠟茶、廚料、草束等項諸色物件，及宣府大同軍民人等正統年間領出各庫銀兩、絹布、糴買糧料行追年久不完，并原領官給牛隻倒死走失者，悉皆免追。一、淮、浙、長蘆等塩運司、四川等塩課提舉司，景泰七年十二月以前拖欠未完塩課，悉與蠲免。原派守支客商引塩，改派别場。天順元年以後課内關支。一、各處税課司局、河泊所等衙門該辦課程，悉照永樂年間舊額徵收。其所收課鈔不及萬貫者，俱各革罷，就令所在有司、帶管官吏起送赴部。一、山東并順天、直隷河間二府地方爲因上年積水未消，不曾播種夏麥田地，各該巡按御史、按察司官勘實具奏。該徵今年夏麥、農桑、絲絹悉舉蠲免。先令該部差官踏勘山東、河南、北直隷空閑地土，俱免踏勘。其新增起科田地，除造册已定外，其餘悉皆除豁。民間河灘沙淤田地，所司踏勘是實，即於附近空閒地内撥補。應有情願承佃抛荒田地者，有司驗畝，仍照輕例三年之後起科，就于本處倉廒送納。其各處軍民人等天順元年七月十二日以前，借過預備等倉糧米，俱免還官，以甦困敝。一、在京、在外文武官員若年七十以上，及年未及七十有疾，不堪任事者，俱准自陳致仕。其才堪倚注特旨留用者，不在此例。一、自天順元年七月十二日以前，有犯偷盗倉庫錢糧等物及邊餉糧儲，并一應入官贓物追陪未完者，悉與蠲免。一、内外法司照出強盗，及一應在逃重囚中間恐有冤枉，詔書到日與免本罪。其在官強盗，有強姦、殺傷人及累犯不悛者，發邊遠充軍。其餘監禁羈候提人待對，并照勘未到者，悉皆放免各還職役，寧家隨住。一、凡今後謀故殺死軍人，律該處死，仍將正犯戶丁抵充軍役。其餘鬬毆等項殺死軍人者，依律償命，免戶丁抵充軍役。一、各處天順元年七月十二日以前派辦額辦拖欠物料，除軍需遮洋等項船料不免外，其各色皮張、白真、黄牛皮、魚油、翎鰾、黄白麻、銀珠、生漆，榆、槐、櫨等木，檾麻、連包、荊條、蒲草、猫筀等竹，黄蠟、銅線、雜草、土硝、瀛沙等料及安慶等府遞年該納南京均工、蘆柴，除已徵在官者，仍令起觧以充今年額辦之數。未徵收者，悉皆停止。其油椿木、石磨亦待下年解納。以後三年一换，永爲定例，不許内外衙門更改，朦朧奏請追徵，違者罪之。一、景泰七年以前各處歲造叚疋，除已織完徵絲料在官者，照舊起解，准作今年歲造之數。其餘未曾織造，及原派蘇松杭三府并浙江等布政司上用、供用、賞賜等項紵、絲、紗、羅、綾改機紬等項，俱以三分爲率量減一分，以甦民困。及光禄寺年换器皿等項，自天順元年正月以前拖欠未完者，俱各停免。已闕物料者准作今年該造之數，以備支用。一、內外各處造作，除城垣河道、倉廒急務所在官司具陳修理外，其餘一應不急之務暫且停止。各衙門不許擅自移文興工修造，果有應修造者，亦要奏請定奪。一、惜薪司各處擡炭人夫及滿城山廠採運柴炭人夫，自天順元年七月十二日以前拖欠及在逃病故缺工行提未解，及部運官吏人等違限罰納柴炭等項，并年例供應柴炭黄穰苗等項者，悉與蠲免。其今年各色失班人匠俱免罰工，止當正班，以甦民困。一、在外各衛所季造軍器，儘其見在物料，照數成造。其天順元年七月十二日以前拖欠之數，悉暫停止，不許再行朦朧科派擾民，違者罪之。一、正統十四年召募義勇、民壯、報效人等來京操備，後因在逃發充軍者，悉放寧家。其有自願當軍者，聽。一、姦黨親屬有已發充軍及抄提已未到京者，元惡止令親房一人充軍，其餘內外親屬等親，悉與放免，官復原職，軍還原伍，民發寧家。一、文職官吏、監生、生員承差、知印民人及欽天監官舍天文生人等，自正統元年以後至天順元年七月十二日以前，有爲事問發各處充軍，除謀逆、姦黨、不孝者不赦，其餘不分已未到配所，盡行宥免，起送該部序用，肄業寧家。其宣德十年正月以後犯罪充軍，例該止終，本身有亡故者，其隨住人口隨即放回寧家。開豁軍伍衛所官吏，仍將開豁緣由具奏，不許故違刁蹬留難。若曾經衛所朦朧發册勾擾者，兵部悉與查理分豁。一、在京近侍、風憲官，天順元年以前爲事降，除雜職無贓罪者，吏部查理對品調用。一、廣平侯、武定侯子孫還襲侯爵；富陽侯、安順侯、成山侯、保定侯子孫俱襲伯爵；鎮遠伯復侯爵，清遠伯、會寧伯子孫俱爲都指揮使；安平伯、榮昌伯子孫俱爲都指揮同知；都督王教子孫爲指揮使。一、內外文職署職試職官員，詔書到日悉與實授。一、自正統元年以後天順元年七月十二日以前，軍官并旗軍將軍、力士、校尉、舍餘人等犯罪及陳言調衛降等，并發遣各處立功，哨守充軍、常川操練等項，除謀逆、姦黨、強盜、不孝者不赦，其餘盡行宥免，復還職役，仍回原衛，原管事者照舊管事，原帶俸差操者照舊帶俸差操。其有在逃者，詔書到日爲始，限三箇月以裏自首，俱免本罪，復还職役。一、自正統元年以後天順元年七月十二日以前，官軍并總小旗甲，父祖原係軍功陞授職役，有爲事降等疾故，子孫止依降定職役襲職。補役者，俱准襲補父祖原舊職役。其有父祖爲事亡故等項，子孫襲職照例調衛者，悉回原衛，後不爲例。不願者，聽。一、在京軍職有告要情願調出在外都司衛所者，聽從其便，原管事者照舊管事，原帶俸差操者照舊帶俸差操。一、各處總兵、鎮守、守備等官，先因失機等項記罪在官者，悉免提問。正統年間，福建布按二司等衙門文職官，失機降除雜職者，俱令還職。一、在京各營、在外各邊及各處軍衛有司，原養騎操孳牧馬騾驢、牛并種馬、馬駒、擠乳牛隻、長生牛毛及雞、鵝等畜，自天順元年七月十二日以前一應倒死、拖欠、走失、被盜并查出埋沒，及遞年起解拖欠等項，盡行蠲免。一、自正統十四年以來，各處官軍人等殺賊有功，已經造册到部駁勘三四次者，眾無違礙，照例陞職。其間有重陞職役者，准令改正。及有官下弟、姪兒男殺賊有功陞職事故者，許令子孫承襲。如無嫡子，就令弟、姪兒男承襲。一、文武官吏先因爲事充軍後調別衛，亦有願住原籍附近衛分當軍者，原衛未曾開豁，二處俱有名籍，清理行勾以致重役，今後有此重役者，該部查理明白，止許後調衛分充軍。一、錦衣衛將軍、力士、校尉有爲事發遣各處充軍、立功哨瞭等項有該回衛者，俱取回京調衛差操。一、在京在外武職有因爲事及襲替不明，有同姓爲婚，有被伯叔姑妗等親倚恃尊長，朦朧捏告革職爲民者，查理明白，俱令復職。一、正統十四年以來，在外各衛指揮使，因功陞都指揮仍在本衛帶俸者，俱令都司到任，食俸管事。如果多餘，亦令本司帶俸。一、文武官員先因爲事發去大同等處充軍，正統十四年曾有旨宥免冠帶回家閑住者，吏部查勘明白，俱令還職。果年七十以上者，仍令冠帶閑住。一、處士中果有學貫天人，才堪經濟，隱居高蹈不求聞達者，所司具名實來聞，當以禮徵聘。一、民間義夫、節婦、孝子、順孫及同居共爨五世以上，鄉黨稱其孝友者，有司取勘以聞，即爲旌表。一、水旱災傷去處，如遇飢民缺食，有司加意撫恤賑濟。逃民招撫復業，免其糧差三年。及各處地方有因飢疫身死，無人收葬者，所在軍民有司即與掩埋，毋使暴露。一、各處都司衛所軍官有因屯種子粒住俸者，照舊關支。各邊軍人月糧不分馬步，俱關本色米一石，隻身老幼照舊。一、文職有犯贓罪曾訴冤枉行勘未報者，悉令復職。有不係年老四品以上，因病告回調治，痊可堪任用者，聽其復職。一、今後文武官員人等爲事犯贓充軍，爲民降調者，遇赦不宥，永爲定例。一、凡軍民利病時政得失，並許諸人直言無隱。其在京各衙門大小官員各陳所見，以匡時政之失，言或乖謬，亦不加罪。於戲，天心篤愛，敢忘警懼之誠？民欲惟從，誕布寬人之澤，播告中外，咸使聞知。

《明憲宗實録》卷一一《天順八年十一月》 丙寅，南京六科給事中王徽等言二事。一曰明刑罰以正朝綱。臣等切惟人主之治天下者，在明號令，修紀綱。號令行，綱紀振，由人主操賞罰之柄也。苟賞罰不明，則號令不行，欲求天下之治難矣。伏惟皇上嗣登大寶，初遵先帝遺命，册立皇后，蓋以繼承宗祀為重。豈意賊臣牛玉大肆姦欺，橫貪賄賂，朦朧進退，其意欲固寵於內，擅權于外，包藏禍心，深不可測。幸賴陛下聖明，廢退吴氏，蓋亦出于不得已也。然遇此大變，處此非常，朝野騰諠，中外駭聽，以為吴氏既退，則牛玉之罪必萬死無疑矣。今不意牛玉得放南京，全首領。夫牛玉故違先帝之命，其罪當死一也；謀立皇后，其罪當死二也；欺侮陛下，其罪當死三也；使陛下負廢后之名，其罪當死四也。凡此四不韙者，人臣之大惡，而牛玉兼有之。明正典刑，梟首街市以明號令，以正紀綱可也。今乃將牛玉輕放者，臣等知陛下用心仁慈，不忍加刑也。《書》曰：刑期無刑，辟以止辟。今陛下不忍殺一牛玉，則今後侍陛下左右者恣肆無所勸懲，天下之人謂陛下好行姑息。誠恐號令自此不行，紀綱自此不振。然臣等非欲啓陛下好殺之心，亦非與牛玉素有睚眦也，但為朝廷號令、紀綱惜耳。然姦臣之惡，固所當誅，而內閣大臣不能無罪。且册立皇后，將以奉承宗祀，表正六宫，輔助君德，母儀天下，豈有居內閣者如越人視秦人之肥瘠，恝然不加之意哉？方牛玉肆姦之初，婚禮尚未成也，掌禮之官畏其權勢而阿附。及牛玉事發之後，王法不可恕也，執法之官念其舊情而苟容，李賢等坐視成敗不出一言。其初不言者，是黨牛玉也；其後不言者，是畏牛玉之後復有如牛玉者，而禍己也。黨惡欺君莫此為甚。伏望陛下剛毅明斷，即將牛玉明正典刑，梟首示衆。仍將李賢等明正其罪，以警方來。如此則號令斯行，紀綱斯正，中國服義，外夷畏威矣。二曰：鑒往事以防後患。臣等切惟人主之治天下，不貴于能處患而貴于能防患。夫患已成，而後處之，處之雖善，亦未免憂煩朝廷，驚駭中外，虧損國體，貽笑後世。患未萌而先防之，防之惟謹，則自然災害不生，禍亂不作，朝廷無事，君臣同休。仰惟皇上嗣登大寶，積意圖治，屢頒詔書，大開言路。臣等已於今年四月內陳言五事。內一言保全內官，正欲陛下防患于未萌也。處置之道未聞，而牛玉之禍果作。然既往者不可諫，方來者尤當謹。陛下勿謂牛玉之後再無牛玉也。臣等不敢遠引漢唐故事，請以目擊之事為陛下言之。正統末年，王振專權，使先帝遠播，宗社幾危，其禍已慘。天順年間，曹吉祥專權，舉兵焚闕，欲危宗社，其禍尤烈。今日牛玉專權，謀立皇后，欺侮陛下，其禍尤為非常，是皆貽笑四夷，取議萬世者也。當時朝廷以為王振之後，必再無有如王振者矣，豈意曹吉祥復興。曹吉祥之後必再無有如曹吉祥者矣，豈意牛玉復作。自茲以往，若再不以牛玉為鑒，而思所以預防之，安知後日之禍不有甚于牛玉者哉？然預防之道，非欲使之遠去左右也，亦不過三事而已。一不許內官與國政；二不許外官與內官私相交結；三不許內官弟姪在外任事，并置立產業。然此三事非臣等一己之見，實太祖高皇帝成法。《詩》曰：不愆不忘，率由舊章。陛下果能行之，非惟國家之福，亦內官之福也。臣等披瀝肝膽為陛下明言之。自古內官賢良者，萬無一人。無事之時似為謹慎，一聞國政便作姦欺。彼如聞陛下將用某人也，必先賣之以為己功。聞陛下將行某事也，必先泄之以張己勢。人望日歸，威權日盛，而內官之禍起矣。此臣等所以勸陛下不許內官與聞國政者，此也。內官侍奉陛下，未免朝夕在于左右，文武大臣不知廉恥者多與之交結，有饋以金寶珠玉加以婢膝奴顔者，內官便以為賢能，朝夕在陛下左右稱美之；有正大不阿、不行私謁者，內官便以為不賢，朝夕在陛下左右讒謗之。陛下天縱聖明，固不為惑，日加浸潤，未免致疑。稱美者，驟躋顯位；讒謗者，久居下僚。怨不歸于內官而歸于朝廷，恩不歸于朝廷而歸于內官，賄賂日行，威權日盛，而內官之禍起矣。臣等所以勸陛下不許外官與內官交納者，此也。內官弟姪人等授職任事，倚勢為非，聚姦養惡，家人百數，貲貨萬餘，田連千頃，馬繫千疋。內官因有此家產，所以貪婪無厭，姦弊多端。身雖在內，心實在外，內外相通而禍亂所由起矣。此臣等所以勸陛下不許內官弟姪在外管事并置立家產者，此也。陛下果能鑒彼三人於既往，行此三事於方今，則禍亂自然不作，災害自然不生。倘或不然，則禍起蕭牆，患生肘腋，深有不可測者矣。然臣等今日之所言，乃衆人之所諱。臣等雖愚亦知避禍，但受恩朝廷，無以為報，居官言路不可苟容。若陛下能行而無疑，臣等雖死而無悔，惟陛下聽察之。奏上，詔曰：牛玉壞大婚禮，衆人無預，朝廷已有處分，徽等不知情實，妄言要譽，希求進用，令吏部俱調官遠方。於是徽等俱調州判官，徽普安州，王淵茂州，朱寬潼川州，李翔寧州，李鈞綏德州。奏草蓋鈞筆云。

《明憲宗實録》卷七六《成化六年二月》　乙亥，六部三法司等衙門尚書姚夔等奏：比奉勅諭，命臣等條具政事未善、刑罰失中可畏張者，并惠利可興舉、冤抑可伸理者以聞。臣等愚昧無知，謹會議如左：

一、南京，祖宗根本所在，接連荊襄，控制江淮，形勢至重。比來災異多見于此。乞諭守備內外官脩城池，練軍馬，并嚴整操江船，不可視為故事。仍時令給事中、御史巡視之。一、天下諸司官多不職，未能宣布德意以安生靈。乞諭巡抚、巡按并布按二司嚴為考察，且裁革冗員以聞。一、兩廣并陝西固原等處兵革之後，民多死徙，閒田有人承佃者，稅粮即令代納，無人者免徵。仍具數奏報，勿得欺隱。一、河南、山東、北直隸土田，洪武、永樂年間許民開種，永不起科。高阜低窪處所聽其採柴草、魚鰕以自給。比來王府及勢家多謂空地棄閒，請為己業，民無田者，仍佃種之，每畝納穀二斗或三斗者，人多怨咨。自今可定具款，瘠土納五升，沃土不過一斗。仍諭勢家勿得請閒田，與民争利。一、在京衛所軍職，一衛指揮有二三十員者，一所千戶有七八員者，每公移必一一僉押，然後行之，多事擾民。乞自錦衣衛外，俱視諸司職掌定額，罷其老疾庸懦者。每指揮缺員則令掌印并首領屬吏保之，千戶令指揮保之，俱要各循其序，兵部仍具名以聞。一、南北直隸、河南、山東諸州縣有民少馬多者，又有堪養馬州縣原未養馬者，往往奏訴不已。請下巡撫督諸司并太僕寺丞審視，為均其役。或有盗去死亡者，先令富家買補，力不及者，緩之。一、舊例，諸官九年稱職，陞二級。比因會保之例多得驟遷者，維今宜罷此例。一、兩京法司繫囚，凡雜犯死罪以下即為分理，或兩造未備大辟可矜者，奏聞區處。一、軍職所犯非死罪以下，三年中能改過自新才堪任用者，在內兵部，在外巡按御史并按察司具疏以聞，復起用之。一、先奏詔文武官以罪逬者，俱罷其職，著為令，俱其問所犯不同，自今罪重者罷之，輕者論以常例。一、在外文武官坐事有赴訴於京者，法司不為分疏或恐冤抑，自今乞令別遣人覆視之。一、南京馬快船往往利人僱直之貲，所載官物無多，而私貨倍之。沿途擾民，其弊不一。自今乞諭所司禁行，巡河御史糾察，凡所載如馬槽之類，止令工部自造，罷南京轉送。一、諸州縣清觧軍役，間有親老一丁者，聽於近衛著藉，原伍除名，里長亦不得因緣為姦。一、枷禁罪人私殺耕牛者、半年違例匿稅者或一月或三月，禁錮日久，恐至傷生。維今乞枷半年者，減為三月，三月者減為一月，庶全其生。一、官軍并軍餘有誣訴人罪者，就以所訴罪抵之，或調遣衛立功或遣極邊瞭哨。蓋此輩多不識字，狀牒往往倩人爲之，誤觸刑章不得脱觧。乞視舊例，令其運甎、傭工贖罪，庶爲適中。一、諸州縣歲造段匹不中用者，倍征之。乞暫賜停免蘇、松、杭、嘉、湖五府織造局，止令各府掌印官、提督原遣內官、堂長等暫回京。一、白河抽分竹木局，去京三十里，非商旅所由，止抽細民柴炭，間有至廣積局重抽者，乞罷白河之局。一、蘆溝、通州二抽分局積弊最多，自今乞工部、都察院各遣一官同內官抽分，敢復欺隱者，論之以法。一、各都司衛所歲造軍器所用之物，皆軍民裸辦之多逋負者。乞暫免今年歲辦及弓箭弦條之類，以甦民困。一、在京巡羅官校訪察陰事，間有報復私讐，中以飛語，亦有為人誣連被掠首服者，法司因而罪之。乞自今一一詳覆，務得其情，庶幾冤抑得伸。臣等惟陛下一身，宗社生靈所萃，可憂之事殆不止此。天下水旱、災傷、干戈、盗賊無日無之，可憂也。賢人或未用，小人或未遠，可憂也；正道或未脩，邪術或未屏，可憂也。陛下欲一一聞之，必詢諸近臣而後得。乞令內閣每五日一疏天下事宜以聞。陛下時御便殿，召問其所以處之之方，無所疑者即下有司行之。少有所疑，退而審之而後行，則於天下之事皆在陛下照察之內。乃若內庭之間，處后妃則思恩愛之均，御群下則思仁惠之溥，宴樂必思其節，賜予必思其當。齋醮，非內侍所當為；庫藏，非盗賊所可入，皆宜裁正而慎防之。陛下處內庭如此，處外朝如此，清穆肅雍，恭己南面，動與天遊，静與道會，而人心不和，天道不順者，無有也。疏入。詔曰：莊田子粒不必定數，但不許多取。軍職坐事帶俸差操，并文武官有罪在逬，及馬槽清軍等事，循舊例行。段匹免倍征。督造官取回一員，堂長等留之。白河抽分局不必革。通州五處每處止遣主事、給事中、御史各一員，內官罷遣。其餘皆如所議行之。

《明憲宗實録》卷九九《成化七年十二月》〔庚寅〕刑科等科都給事中白昂等言：頃因上天垂戒，彗見天田。皇上修德納言，齋沐稽告，變異宜自消矣。然累經旬日，遷度無常，揆厥所由，實乃臣等不能盡言供職所致。誠以刑政不善，賢否混淆，是非交進，財用無經，營繕頻煩，征科無藝，皆不能先見而預言之。省躬思咎，雖萬死不足以贖尸曠之罪。伏蒙勑令交修，已嘗從大臣具疏時政。今復條陳數事，用補缺遺，將欲以實應天，是或弭災之一道也。一、内外法司問擬囚犯，已有定例，今宜戒彼不當法外妄加參語故入罪人，庶使政令均一，人無嗟怨。一、官店輸納税錢以供國用，今皆歸于權要之家，宜仍還官以省民財。一、水旱為災，宜免被災之民食塩、鈔貫，以甦困苦。一、淮揚以北軍民用於夫役，宜驗每歲進貢船數多寡，定與夫數。一、天下鎮守官并採造諸物之人，除舊例如常，餘宜悉依天順八年詔旨召還，以全大信。一、邊軍艱難，陪納官馬不許勢豪之家興販，逼令買補。一、朝覲官至京，宜令各陳所在軍民利病，會官詳議可否，以通天下之情。一、南京百官有司具在，宜勑文武大臣同科道官，議彼時政得失、軍民利病，仍宜勑守備等官撫恤。軍民操練，士卒嚴加防範，期庶政允修，有備無患。一、浙江并直隸田地有坍入江湖而税糧猶存者，及各府縣燒造瓷器有地土不宜者，四川等處塩井有枯竭者，松潘等處運糧有不循舊例累及邊民者，凡此宿弊，宜悉量為減免。一、官軍除團營已有文武大臣協同提督，其三營多被管軍之人私役、擅放，或軍士懶惰而逃，宜推舉文臣一人遇操練之日，赴營嚴考其數，以修武備。一、兩京文武大臣分理庶政，委任有年，宜令吏部具其年甲，疏其名績，奏聞。其中有老疾妨政及才不充任者，罷歸；如才行超卓，政跡顯著，乞加獎勵，以勉其效職。一、漕運軍士不勝疲（敞）〔敝〕良由督運之人刻削科斂，或附載私貨，分運官糧，以致漕運稽緩，宜令巡河御史并治水利官同加盤檢禁革。事覺者，即與追給究問，以除姦弊。奏上，命司其事者各知之。於是吏部等衙門各議擬條上，自今内外法司問刑宜遵天順即位初詔，不得法外妄加參語。官店自景泰以後者，一一還官。被災之民戶口、塩鈔亦宜蠲免。漕運官科歛財物，裝載私貨及分糧與別船代運者，移文總漕都御史申明禁約，酌其輕重降調處治。兩京文武大臣具疏名，御以請黜陟三營私役之弊，令科道官仍視舊例點閘，減免坍塌田粮、燒造瓷器及鹽井枯竭、松潘運粮等事，各下所司勘報，召還鎮守官。伏乞聖裁。奏入，上從其議。惟黜陟大臣、召還鎮守、點閘三營，取回官店四事俱命已之。

《明憲宗實録》卷一五四《成化十二年六月》 己丑，山西按察使趙敔言六事：一曰：息刁風以安良善。通政司接受本狀，務當看〔詳〕，但有不干己〔之〕事，退還其人，今除去方與奏行法司再加詳審，必擇干己之事施行。及在外各司受狀亦當同此。二曰：禁摭拾以扶紀綱。在外官吏、軍民有罪，有司必依律按問刁詐之徒，或摭拾原問官吏事端，妄奏者，請行隔別衙門詳鞫，果無冤枉，當如近例。原問充軍者，發極邊衛；原為民者，發口外；原口外為民者，發附近衛充軍終身。三曰：定比附以免奏擾。凡斷罪而律無正條，考法當引律比附，奏請施行，然在外斷獄不敢輕易上奏，率多增減情飾以就別條。今法司見有比附未經奏准通行，請更加斟酌，奏行内外法司遵守。四曰：恤矜疑以伸冤抑。在外各處問完重囚，或有冤抑，并情可矜疑，不得及時審辯，多致瘐死獄中。請令在三司各道者，觧巡按御史三司掌印官處，公同會審；在屬府者，巡按御史與按察司各道官所至就同原問衙門掌印官會審，有可矜疑者，轉送三司再加會審，即與定奪。五曰：明詳擬以清刑獄。在外問刑衙門問過死罪重囚，例俱轉呈刑部都察院，備行大理寺詳擬，待報發落。今各處軍衛有司官吏，多有不知前例，久禁罪囚，致使連年奏擾，不得明正典刑。當申明前例，使知遵守。六曰：分輕重以均刑罰。律條所載，止有官吏宿娼者杖六十，然以行止有虧並罷職役，其挾妓飲酒律不該載，犯者，以不應為坐杖，然亦罷其職役，似失輕重之宜，請勑法司議擬奏行遵守。詔：法司議之。

《明武宗實録》卷六六《正德五年八月》 戊戌，大學士李東陽上疏言：臣誤蒙先帝及陛下委托，扶衰力疾，強効弛驅，顧以駑劣之材，綿薄之力，誠不足以動物，術不足以救時。比者劉瑾專權亂政，備員禁近，事體相関，凡票本擬旨，撰寫勑書，或駁下再三，或徑自改竄，或帶回私宅，假手他人，或遞出謄黄，逼令落底，真偽混淆，無從辨白。臣雖委曲匡持，期于少濟而因循隱忍，所損亦多，荷蒙淵衷明見，謂不干内閣，然玉毀櫝中，亦難辭責，理宜罷黜，更復何言？伏望特降俞音，放歸田里。上曰：卿以宏才碩德佐政，先朝嘉謀嘉猷播在天下，先帝顧命輔導朕躬。四五年來，劉瑾恣爲蒙蔽，卿委曲匡持，朕已具悉，宜安心辦事，不允所辭。瑾亂政害人事件，即令各衙門逐一查革改正。

《明武宗實録》卷一六七《正德十三年十月》 丁丑，大學士楊廷和等言：每歲法司會審過重囚，例該冬前處決，先期該科三覆具奏，奉有欽依押赴市曹。行刑之日，各犯家屬又訴冤于登聞鼓下，直鼓給事中隨即封進或暫停刑者，特遣校尉批乎留之，皆于頃刻之間，取旨定奪。此係祖宗舊制，累朝遵行已久，所以欽恤刑獄慎重人命，固不容于不殺，亦不忍于必殺，良法美意，誠聖子神孫之所宜世守，而不可忽者也。去年該決囚犯因聖駕在外，有旨監候，并今年囚犯該決者，總計不下百十餘人，即今冬至漸近，又當處決之時。該科三覆奏本送下擬票，臣等展轉思之，未知所處，將欲如上年暫留不決歟，則犯法者不死，奸宄何所懲戒？且犴獄積多已不能容，凶惡搆結，恐生他變，此事理之，甚不可者也。將欲遷行處決歟，則臨之刑時又該鼓狀應與辯理者，何以遽得明旨？臣下又安敢擅便議擬乎？此事理之，尤不可者也。蓋生殺威福之權，出自朝廷，非人臣所得而干者。況今當朝綱廢弛之餘，國勢危疑之際，若復于此重事，萬一處之不得其當，則主柄下移，成規中廢，刑罰之用無以畏服人心，治亂安危之義未必不由于此。臣等職居禁密，不敢不言，以重取負恩悮國之罪，伏望俯鑒輿情，振旅還京，凡此重務悉逆舊制而行，以獨運乾綱，潛消禍變，不報。

《明武宗實録》卷一七一《正德十四年二月》 〔甲申〕刑科給事中張漢卿疏言三事。【略】其一：慎刑獄以重民命。謂近該巡按御史李節義參奏：指揮時鐸逼栲平人為盜，見監王天祐等，遇蒙審録辯釋，閻隆等五人瘐死獄中。今鐸止坐以徒罪復職，情重律輕，于法似為寬縱，非別有坐擬，何以伸死者之冤？況在外撫按監司衙門一應刑名，多憑郡縣衛所申呈至巡歷，合審之期，皆稱病故，文案絶滅，無所究竟。如王天祐等逢辯得生能幾人哉？乞榜示內外問刑衙門，凡撫按巡歷，務將曾經呈詳候審之囚，不分已未結正，通行開報，已死者亦須查勘有無冤枉及病死根因。若情有偏枉，故入致死，如時鐸數多者，照例重加區處。疏入，不報。

《明世宗實録》卷六《正德十六年九月》 南京刑部主事黄偉疏言：南京內外守備官為留守舊都，設其一切庶獄不得兼理。今新江口防守之備，漫不為意，顧逾越職守，濫受訟詞，請申明舊制節戒。從之。

《明世宗實録》卷六《正德十六年九月》 〔癸亥〕南京監察御史王佩陳二事。其一：禁罰贖。謂比者諸司于給引投文轉解之類，本非有罪人犯，而濫罰之，名曰堂食錢；笞杖徒流雜犯死罪，不論其供明無力，而通罰之，名曰償勞錢。宜嚴革此弊，仍令其罪之當贖者止收本色，及呈報上司，以為公家之需。其一：慎刑獄。謂問刑官以故出為恤民，故入為執法，任意喜怒，隨手高下，以致刑罰不中。乞勅所司審聽其罪，按律平決。上是其言，命各巡按御史遵律著為條約，申諭諸司。

《明世宗實録》卷一六《嘉靖元年七月》 〔己巳〕先是各內臣犯法，屢詔免逮問，唯下司禮監治，於是刑部尚書林俊等言：宮中、府中宜為一體，諸內臣所犯，宜下法司明正其罪。如罪之不當，自宜廢不法之官，不宜廢祖宗之法。上報有旨。

《明神宗實録》卷三《隆慶六年七月》 〔辛亥〕一、議功罪。臣惟功者，人情之所誇喜，而罪其所深避也。惟在深避則賊將至，有司每壅蔽不以聞，惟所誇喜則賊將滅，主將每詐冒不覈實。此廣東地方之禍，日尋于無已也。夫賊至于攻城掠邑，殺虜人民，驅逐長吏，其為禍豈朝夕之故，遂至陷失哉？有司者蚤不能撫循，繼不能解散，因仍苟且為傳舍之計，故不至于大敗極露不得上聞。及以聞，猶冀委曲回互，苟免禍，謫上下相蒙。鄉不得以聞于縣，縣不敢以聞于郡。至于道所聞于郡邑，十不得六矣；撫按所聞于道，又十不得四矣，其能達于廟廊之上者，僅一二耳。萌孽不伐，將缺斧柯，爝大不滅，燎原若何，其勢然也。及其事不可已，然後伏天威，請天討，猶恐異日功之不大，而名不著也，先張大賊之名，以一為十，以百為千，擒獲不能盡，餘黨遂逸，則妄殺平民以充級，露布報捷以邀賞。無何而餘孽復作，日積月長，則又另稱名目，為明年巡撫之事矣。此皆十年以前流禍之漸，以至于今不可收拾。譬之久病，痈疽不大，忍痛割洗，滌其腐爛，則藥石不可施而氣血不暢。今宜勑部轉行督撫大臣，趂今大赦，詔頒嚴行，各官毋更諱疾，以自遺患，其盗賊跡未甚章著，昔嘗德隱未及聞者，即明白許其從善，復還故業，毋輕棄其民。守巡官設法示信，使愚民不疑，不負朝廷德意。如再掩護，致日久敗露，雖經去任亦重參處，其提督撫臣仍督責將佐，空巢搗穴，毋使漏網，致遺他日禍患。然後論功敍次，陞賞如此，則庶幾壅蔽不行，詐冒不作，而賊可平矣。兵部覆請。上是之。

《明神宗實録》卷七二《萬曆六年二月》〔乙未〕吏部覆：巡按廣東御史龔懋賢、江西御史李學詩各疏，嚴懲貪吏，以安民生。夫貪贓之吏，多出有材，方其新任，逞能炫奇，巧取名譽，上官不廉其實，一加獎薦。遂肆行無忌，錢粮倍加，羡餘起税，摎括無算，舖户供應，苦賠詞訟，折贖太濫，指稱公賣，半入私囊。守巡畏其中傷，若罔聞知，而巡按恐有操切之議，不盡搏擊，漏網者多。今後訪有貪酷，大著提問從重歸結，至罷官回籍，規利害人。并聽撫按詳察，以治其尤。上曰：朕奉天子民，恒恐一夫不獲，屢旨懲貪進廉，以飭吏安民，乃撫按官不着實舉行，及奉旨駁問，便説朝廷用法太嚴，人不能堪上澤，何繇下究？今後撫按官都着嚴察奸貪，訪有實跡的，不論官職崇卑，出身資格，即便參奏拏問治罪。然不許因而報復讎怨。其所奏革羡餘鋪戶等項，依擬着實行。

《明神宗實録》卷一四一《萬曆十一年九月》〔甲午〕刑科都給事中戴光啓言：近年朝審，例在矜疑者，大約不過十餘人，竊謂應恤者多，雖三四十人不為縱；應恤者少，雖不滿十人不為苛。要于至當。詔下所司。

（明）查繼佐《罪惟録》志卷三二《外志・列朝帝紀逸・正統天順逸紀》 皇親會昌侯弟顯宗犯法，上曰：法之不行，自上犯之，姑免顯宗，以家人抵。侯爲弟乞恩，不允。禮部郎中李和浼一釋子通權貴，求爲侍郎。上以李賢、王翺言，必不許。又曰：景泰中，凡用人，今日陞官，明日遄行，非例。夫文武遷轉，未嘗接言，上下之情不通，安能綜理？

（明）張岱《西湖夢尋》卷五《西湖外景・城隍廟》 吳山城隍廟，宋以前在皇山，舊名永固，紹興九年徙建於此。宋初，封其神，姓孫名本。永樂時，封其神爲周新。新，南海人，初名日新。文帝常呼新，遂爲名。以舉人爲大理寺評事，有疑獄，輒一語決白之。永樂初，拜監察御史，彈劾敢言，人目爲冷面寒鐵，長安中以其名止兒啼。轉雲南按察使，改浙江。至界，見羣蚋飛馬首，尾之蓁中，得一暴屍，身餘一鑰一小鐵識，新曰：布賈也。收取之。既至，使人入市市中布，一一驗其端，與識同者皆留之，鞫得盜，召屍家人與布，而置盜法，家人大驚。新坐堂，有旋風吹葉至，異之。左右曰：此本城中所無，一寺去城差遠，獨有之。新曰：其寺僧殺人乎？而寃也。往樹下，發得一婦人屍。他日有商人自遠方夜歸將抵舍，潛置金叢祠石罅中，旦取無有，商白新，新曰：有同行者乎？曰：無有。語人乎？曰：不也，僅語小人妻。新立命械其妻，考之得其盜，則其私也。則客暴至，私者在伏匿聽取之者也。凡新爲政，多類此。新行部，微服視屬縣，縣官觸之，收繫獄，遂盡知其縣中疾苦。明日，縣人聞按察使來，共迓不得。新出獄曰：我是。縣官大驚，當是時周廉使名聞天下，錦衣衛指揮紀綱者最用事，使千户探事浙中。千户作威福，受賕。會新入京，遇諸涿，印捕千户繫涿獄。千户逸出訴綱，綱更誣奏新，上怒逮之，卽至，抗嚴陛前曰：按察使擒治奸惡，與在內都察院，同陛下所命也。臣奉詔書死，死不憾矣。上愈怒，命戮之。臨刑大呼曰：生作直臣，死作直鬼。是夕太史奏文星墜，上不懌，問左右周新何許人，對曰：南海。上曰：嶺外乃有此人。一日上見緋而立者，叱之，問爲誰，對曰：臣新也。上帝謂臣剛直，使臣城隍浙江，爲陛下治姦貪吏。言已不見，遂封新爲浙江都城隍，立廟吴山。

（清）龍文彬《明會要》卷六四《刑一・刑制》 侍講劉球疏：古者人君不親刑獄，悉付之理官。蓋恐徇喜怒妄有輕重，以致刑失其中也。近者法司所上獄狀，有奉敕旨減重爲輕、加輕爲重者。法司既不敢執奏，至於訊囚之際，又多有所觀望，以求苟合聖意，是以不能無枉。臣竊以爲一切刑獄，宜從法司所擬。設有不當，調問得情，則罪其原問之官。其運甎納米贖罪等項，亦非古法，且使貪者倖免，而廉者蒙辜。宜令法司，今後文武臣，除犯公罪許贖外，其餘俱依律開擬。《春明夢餘録》。

（清）龍文彬《明會要》卷六六《刑三・寬恕》 四年四月庚辰，錦衣衛奏：民有與外國使人交通者，宜執付法司罪之。帝詰其實，對曰：以氈衫市之，而交語甚久。帝曰：立法以禁奸，過輕則民慢；用法在體情，過重則民急。彼小民治生，錢物交易議值，豈一語可決，彼何知國法，其釋之。

五年五月，指揮僉事俞讓買番人爲奴。奴殺人叛去，事連讓，罪應流。上知讓前征交阯有功，且才能可用。諭兵部曰：讓之罪、惟不能檢束奴耳，可恕。遂令復職。

洪熙元年二月己丑，詔曰：刑者所以禁暴止邪，導民於善，非務誅殺也。吏或深文傅會，以致冤濫，朕深憫之。自今其悉依律擬罪。或朕過於嫉惡，法外用刑，法司執奏。五奏不允，同三公大臣執奏，必允乃已。古之盛世，採聽民言，用資戒儆。今奸人往往摭拾務爲誹謗，法吏刻深，鍛鍊成獄。刑之不中，民則無措。其除誹謗禁，有告者一切勿治。已上《大訓記》。

《皇明祖訓·祖訓首章》 一、皇親國戚有犯，在嗣君自決。除謀逆不赦外，其餘所犯，輕者與在京諸親會議，重者與在外諸王及在京諸親會議，皆取自上裁。其所犯之家，止許法司舉奏，並不許擅自拿問。今將合議親戚之家，指定名目，開列於後：皇后家，皇妃家，東宫妃家，王妃家，郡王妃家，駙馬家，儀賓家，魏國公家，曹國公家，信國公家，西平侯家，武定侯家。

《大誥·勾取逃軍》 十二布政司、按察司、府、州、縣官，爲兵部勾取逃軍，或有頑民犯法，各部勾取。其布政司、府、州、縣貪圖賄賂，不將正犯解官，往往拿解同姓名者。因贓迷惑其心，止知己利，不知良善受害，無可伸訴。若將犯罪受刑之苦，以己推之，豈有貪贓害於良善者。且罪人受刑，罪重，晝則枷項杻手，夜則繫項鈴足；輕則鋉索牽行，父母妻子悲啼。送程倉卒，一時催起，路無盤費，是後父母妻子，收拾盤纏，意在往供。有司刁蹬，不與引行。既而買引，沿途追趕，有中途病死者，有飲食不節而負病者。所勾之人，惟恐違限，日加箠楚，雖有微命，猶在幾死之間。若法司審理不明，即作真犯擬罪。若上官既明，吏不枉法，方得放歸。其苦萬端，當時法司肯將此苦量推於己，豈有良善受害哉。然有司因此無辜於善良，天鑑不遠，一旦發露，罪及身家。如此者，數數開諭，每每加刑，曾有幾人而省此禍殃！

《大誥·問贓緣由》 如六部有犯贓罪，必究贓自何而至。若布政司賄於部，則拘布政司至，問斯贓爾自何得，必指於府。府亦拘至，問贓何來，必指於州。州亦拘至，必指於縣。縣亦拘至，必指於民。至此之際，害民之奸，豈可隱乎！其令斯出，諸法司必如朕命，奸臣何逃之有哉。嗚呼！君子見而其政尤勤，小人見而非心必省。

《大誥·官民犯罪》 今後官民有犯罪責者，若不順受其犯，買重作輕，買輕誣重，或盡行買免，除死罪坐死勿論，餘者徒、流、遷徙、笞、杖等罪賄賂出入，致令冤者不伸，枉者不理，雖笞亦坐以死。法司罪同犯者。此犯不分贓之巨微，除失錯公罪不坐，凡私的決，并不虛示。

《大誥·行人受贓》 行人受命而出，或捧制書，或尋常差使，或催督六部、都察院公事，所在受贓者，問贓自何而來，必供諸司所與。擒至諸司，問此賄賂錢物從何而至，必供取之於民。其害民之奸，豈可隱乎。當此之時，除民人被其威逼科斂不罪外，官吏與者、受者罪同。

《皇明弘治六年條例·禁止囑托公事及凌辱大臣》 竊聞《書》貴有恆，《禮》病法無常。欽惟皇上御極，萬化維新，鉅細政務，莫不振舉。蓋人心匪石而易轉，除害不久而即生。伏願皇上獨斷乾綱，通行各該衙門，今後如有故違制命，希求請託，挾勢要而輒廢公法者，責令三法司參奏，治以重罪。脱或奪於權勢，牽於囑託，有所規避，不行參奏者，許科、道糾舉，同坐。

（清）蔣良騏《東華録》卷二二《康熙五十二年四月》 四月，左都御史趙申（橋）〔喬〕奏：京城農忙之時，請停訟。上曰：農忙停訟之言，聽之似乎有理，細思實無裨益。不允。

（清）蔣良騏《東華録》卷二九《雍正六年正月》 雍正六年正月，諭内閣：大名知府曾逢聖前此被參虧空，朕料必有作弊貪贓之款，令該督藩臬等曉諭地方，果有受屈被害之人，准其以實控告審理。昨聞有老秀才呈告曾逢聖居官劣款，而布政使張（遁）〔适〕將此秀才嚴刑斃命，詐稱在監病故，且坐以平素積惡之名，不思既奉辯冤諭旨，誣告自有國法，豈有訟獄未定，曾逢聖之案未結，而將首告之人，遽以三木斃其命？此必有意袒護曾逢聖，恐首告者多，先殺一人以箝衆口，似此慘酷之行，世所罕見。宜兆熊、劉師恕身爲總督，置若罔聞，負朕任用之恩。魏定國專司一省刑名，乃任張适恣意妄行，及朕近加詰責，則全推於張适，而置身事外，若然，則直隸臬司之設何爲？張适、魏定國俱著解任，著福敏、史貽直前往，秉公嚴審。

（清）蔣良騏《東華録》卷三二《雍正十二年三月》 刑部議河南學政俞鴻圖罪。得旨：着即處斬，學政督撫同在一省，優劣未有不知。嗣後有考試不公，徇情納賄者，經朕訪聞，該督撫亦必照溺職例嚴處。

(清) 蔣良騏《東華録》卷三一《雍正十二年五月》 至是上諭：彭維新受朕深恩，不次擢用爲户部尚書，且令辦事內閣，數年來，所以委任優待之者，至深且厚。伊苟具有人心，必無忍于背負之理。況伊歷任庸碌不及，朕誤視爲過于拘謹，限于才力，種種將就。今在户部衙門，輒敢徇情作弊，植黨營私，將怡賢親王殫忠竭力多年經畫之良規，任意更張，甚屬可惡。今刑部福敏、張照等審訊此案，竟敢懷挾私心，公然在朕前巧于舞弊，將應行詰問根究之處，一概朦混開除，反將挪用飯食銀一條，擬以大辟。似此輕重出入之間，顛倒錯亂，高下其手，朕實不料福敏、張照等，職司刑官，而敢于爲此詐僞欺矇之舉也。此案着交刑部堂官，另行確審定擬具奏。倘仍敢固結徇隱，朕必親自審訊，將刑部堂官與彭維新一體治罪。尋奏：維新居心巧詐，賦性貪鄙，植黨營私，貪贓壞法，或背旨以市私恩，或徇情而誤國帑，妄作威福，收支留難，擅用官銀，沉擱部務。甚至將國家定例並怡賢親王在户部歷年整理經畫之良規，肆行變亂，任意更張，法實難寬，情尤可惡。查律載：官吏挾詐欺公，變亂成法者斬監候，維新應治罪如律。從之。

(清) 朱櫄《國朝奏疏》卷七魏裔介《條陳四事》 省刑之典宜覆也。臣聞獄者，天下之大命，故帝堯之命臯陶曰刑期于無刑。而臯陶曰罪疑惟輕，功疑惟重，與其殺不辜，寧失不經。唐太宗語侍臣曰：朕死刑至重，故令三覆奏。明朝《會典》則大獄有審録之例，行於霜降以後，若有詞不覆並情罪有可矜疑，另行奏請。熱審之例，行於小滿後十日。洪武元年，令處決重囚須待秋後，毋得非時，以偏備生意。三年，令臣民有罪法當死者，三覆五奏，毋輒行刑，其事例開載極詳。若決不待時者，必係惡逆重犯，然亦必經大理寺詳允，部科覆奏。凡以人命至重，示朝廷矜恤之意也。今我皇上泣車解網，在外者尚循盟監候再審之例，而在內者未見舉行，凡罪犯死者一概立行處決，萬一其中有情可矜疑，則死者不可復生，未免有干天地之和。仰乞皇上体上帝好生之心，敕下刑部，詳查自古以來覆奏矜恤舊例，即賜施行，將仁德如天，刑措可致矣。

(清) 鄂爾泰等《世宗憲皇帝硃批諭旨》卷三一下《硃批馬會伯奏摺》

竊臣賦質庸陋，歷任武途、錢穀、刑名，素所未悉。仰荷聖恩命撫四川，旋調湖北任事以來，伏讀欽頒定例，酌乎天理，愜乎人情，盡善盡美，無以復加。如臣愚昧，安能復參末議，仰贊高深。然竭慮殫思，愚見所及，未敢隱默。所有刑名數條，謹繕摺敬呈御覽。一、盜贓宜勒限追賠，以償失主。一、捕役帶盜投首，不准寬減，以杜欺飾。一、存留養親之案，應各解審，以防捏飾。一、誣告人命，不得輕准攔息，以儆刁風。一、《洗冤録》宜重加核閱，以期畫一。以上五條，是否可行？伏乞皇上睿鑒施行。謹奏。

〔硃批〕九卿詳議具奏。

(清) 鄂爾泰等《世宗憲皇帝硃批諭旨》卷四五上《硃批沈廷正奏摺》

題自前歲督臣鄂爾泰到任之後，仰體皇上慎重刑獄、鋤暴安良德意，與前撫臣何世璂，加意整頓。凡苗民命盜案件，不許外結，各屬始知畏懼，處分不敢諱匿。但積案纍纍，多未完結，一時驟難清理，容臣逐案確查，俟查明幾案，先行陸續具題外，再有從前實係命盜重案，而首犯或久已在逃，或久伏冥誅，承審各官亦久已病故者，或本非正盜正命原可無庸題結者，臣不敢冒昧具題。一面將輕案人犯，酌量情罪發落；一面將重案審擬具題。其自盡命案，有情節可疑者，臣務必細加根究，不使其有絲毫疑竇，然後具疏完結，謹此繕摺奏。

(清) 鄂爾泰等《世宗憲皇帝硃批諭旨》卷五一《硃批法敏奏摺》

臣訪有寶坻縣莊頭焦國璧弟兄六人，恃富兇橫，殘忍不法，除同巡撫李維鈞另摺參奏，并現在密訪不法棍徒，一有兇横害民確據，即同巡撫密參陸續拏問外，查旗人命案，向係報部，部咨一到，即飭地方官，帶犯赴保會同理事廳審轉。葢因州縣官無刑訊旗人之例，是以檄令會審，原其初意乃專指謀故鬬毆殺等重案例應刑訊者而言，至於自盡命案，死係自取，既無抵償之條，又無應加刑訊之人。若不分別輕重，一例會審，非特地方官往返需時，貽誤公務，抑且干連人犯長途解審，拖累堪憐。臣愚以為：除謀故鬬毆殺等案，仍照舊例令其會審外，其一切自盡報部命案，應令地方官取具確供，如情罪供證已明者，免其解質，止具詳由理事廳核轉。其有恃旗狡展者，令摘緊要犯證，解赴理事廳，自行審轉。庶案犯得免羈候拖累之苦，而地方官亦無往返誤公之虞矣。

又： 一、楚省百姓向稱剽悍，健訟者多，每為極小事，俱至督撫衙門越告。臣出示嚴禁，如果有寃枉，及告貪官污吏有贜證者，方准呈訴。

一、查徵收漕糧錮弊多端，州縣家人串通蠹役勒索陋規，百般刁難。臣出示將諸弊條列通行嚴禁，以甦民困。

（清）鄂爾泰等《世宗憲皇帝硃批諭旨》卷六〇上《硃批王國棟奏摺》

皇上硃批實力為之。臣跪誦之下，益加凜切，俟完半及全完之期，當細心稽查，力懲頑抗，以除積弊。其各府州縣命盜訟獄案件，臣先令按察司開報查核，仍於巡歷所至，逐一稽查清理。至保甲一法，弭盗安民，最關緊要，乃浙省州縣奉行不力，率多有名無實。

〔硃批〕亟宜嚴行督查。

臣現在嚴諭各該府縣實力奉行，勒限編查，毋得借端苛派，毋得粉飾具文，如有仍前玩愒，及奉行不善，反致擾民者，立即題条治罪。

（清）鄂爾泰等《世宗憲皇帝硃批諭旨》卷六〇下《硃批王國棟奏摺》

爾地方上頑民有此等惡習，漫無覺察，致令他處發覺，特命部臣前來究審，又不能將一類姦匪查出，巡撫封疆之謂何？從京指名數犯交爾審究，蓋恐姦徒聞風遠颺。故令爾就近設法鞫訊，以得其實情。今閱所奏，但將已經問出之供，任其彼此推卸，延捱時日，究未知出自誰口。亦可謂才德兼全、忠誠任事之巡撫矣。此一干人犯自然須解京審問，如再究出他犯，亦自然在爾地方上，但必將有名人犯一一交出方可。

（清）鄂爾泰等《世宗憲皇帝硃批諭旨》卷六三《硃批劉柟奏摺》

江南安慶按察使臣劉柟謹奏，為敬陳芻蕘之言，仰祈睿鑒事。臣於雍正六年九月二十四日到按察使任，伏念聖恩高厚，委臣刑名重任，時刻冰兢，惟期律例詳明，刑法平允，以仰副我皇上慎重民命之至意。就臣所辦刑名案件，於律例內偶有所見，以及地方有應調劑者，不揣愚昧，敬為我皇上陳之。

一、律例未明條欵，宜請分析也。查律載強盗傷人未得財，比照搶奪傷人律科斷。在搶奪本條內開傷人者，首斬監候，為從各減一等。從來讞獄俱以造意者為首，但造意止在搶奪，而傷人則在臨時，或一人起意搶奪，為從者俱動手傷人，則為首擬斬，而傷人之犯反得減流，似未平允。況強盗傷人，法所難宥。若照搶奪，以起意為首，則傷人為從者，皆得末減，亦屬寬縱。雍正六年十一月，內部議：竊盗拒捕殺人者，將臨時拒捕為首，殺人之犯照例擬斬立決；其拒捕為從者，照免死減等強盗例，刺字分發吉林、烏喇等處，給披甲之人為奴。再竊盗臨時拒捕傷人不死者，將為首傷人之犯，擬斬監候；其為從者，刺字發邊衛充軍。奉旨依議，欽遵在案。臣請嗣後搶奪者，除殺人之犯，照雍正五年二月初二日奉旨，照竊盗殺人斬決外，其有數人同殺一人，併殺而未死者，亦照竊盗定例，將臨時拒捕之兇犯，分別首從科罪。而強盗傷人未得財者，比照搶奪傷人例，亦就臨時拒捕內，分別首從斬戍。其起意之人均仍照本例科斷。則傷人者不得倖免，而有數人共傷人者，擬一傷重者爲首，餘皆為從，則輕重得宜，而立法庶為平允。如此不特搶奪傷人之律有所遵守，即強盗比照搶奪傷人之律，亦可援照無誤矣。

〔硃批〕傷人盗犯之應正法者，原不必拘定舊例。曾有旨命汝等臨時斟酌。若數人共經傷人，則凡傷人之犯，俱應議斬，並未著有末減之條也。今以搶奪傷人之律，而必欲施之於強盗，何迂踈拘泥一至於此？以汝如此識見，又兼魏廷珍如老嫗之工司，安徽刑名不可問矣，奈何？

又查雍正五年十月內，奉刑部議，分巡杭嘉湖道，徐鼎條奏內開強竊盗犯，如事主浮開贓物審出，照不應重律治罪等語，於以杜浮開而免延案，法至善也。第在強盗原非計贓定罪之案，但一得財即應斬決，事主尚忍多開贓物，以圖詐冒，予以重杖。夫復何辭？至於竊盗則必計贓定罪，往往有贓止十兩上下，竊罪不過杖六十、杖七十，而事主浮開數兩贓物，輒加以不應重罪杖八十，則是失主之罪浮於竊盗，似未平允。

〔硃批〕此等欺心詐冒盗贓之輩，予以重杖，何不平允之有？

臣愚以為宜計其冒開之數，分別多寡，以定其罪。除冒開贓物數至滿貫者，應照強盗事主冒開贓物例，杖八十。其餘未至滿貫，應照不應輕律笞四十，至於冒開數少，仍於竊盗之罪無所加者，或一時查點未清，錯誤多開，應從寬免其治罪。

〔硃批〕殊屬亂道。

又查鬬毆律內條例開載，凡審共毆下手擬絞人犯，果於未結之前，遇有原謀助毆重傷之人，監斃在獄，與解審中途因而病故者，准其抵命等語，則是擬絞之人，固已不必繯抵矣。但擬絞之人，應作何問罪，律內尚未指明。如謂宜照監斃病故者之罪發落，則已死者為原謀，其罪應流。若已死者，為助毆重傷之人，則重傷之內原有兩等：有重傷而又執有兇器者，其罪應發邊衛充軍；有重傷而無兇器者，其罪不過餘人杖一百。夫以擬抵之人，而竟減為滿杖，似屬輕縱。但律未開明，恐引律者，或有意為輕重出入之處。伏乞皇上敕部將擬絞之人，作何問罪之處，開載通行。則法既畫一，有所遵守，不致有妄為出入者矣。

〔硃批〕此係法外之恩，在汝等執掌。刑名者，揆情酌理，權其輕重而為之。公則合乎情法，私則偏於枉縱，有何難遵守處？若為一己恐涉失出失入之咎，不論情罪重輕，概令畫一，在汝等固可免咎，殊與朕法外施仁之意相悖，所見誤矣。

一、上江署事官員，宜請速委也。臣思上江所轄七府七州，止為江南半省。宜若事簡易治，而詎知委員署事，較他省為獨難。

〔硃批〕可發一大笑！

蓋緣督臣與撫臣，相隔幾及千里。府州縣官，或奉題叅革職，或因事故降調，舊官離任必由布政使詳請委署。布政使駐劄隔省，及至行文知照遴員，詳請詳准之後，又復行文布政使轉行委署之員。每至曠官二三月，署員始得到任。查欽部命盜案件，各有限期，雖新舊交代定例，各得展限一月。但或至二三月無官，其中虛日無從扣算，每至枉受叅罰，且徵收錢糧，亦必按期完納，數月無官，誰為催，比積至數月之糧，欲其一旦併完，必至輸納不前，遂成積欠。臣愚以為嗣後凡有署事之員，應請督叅、督委、撫叅、撫委，或有丁憂事故屬員，必由布政使轉詳離任者，即令布政使隨詳請委。督撫即一面徑行署員，限日赴任，一面行知布政使檄飭交代。較之詳請委署，批司轉行者，似屬利便。伏祈亦當念其勤勞，放出為良。

〔硃批〕此係汝就范時，繹魏廷珍輩督撫而言耳。若遇致身辭公之督撫，如鄂爾泰、田文鏡等，斷未有令地方曠官數月，拘泥成例，而不急等籌委署之理，欲令安徽諸務就緒，亦何須更改成例。但另用督撫則該省一切事較他省轉易矣。

臣愚以為皇上特施寬大之典，拔人汚賤之中，應請敕下地方官，明示曉諭：嗣後凡有年代久遠，自故明服役迄今者，除現在豢養使令之僕，仍前服役外，其餘無契者，固不得久占為僕。即有契者亦俱聽贖為良，毋許仍以世僕告争，則世僕相沿之惡習，可以革除矣。

〔硃批〕不通處，殊不勝批諭。

至於配人婢女之為奴僕一條，撫臣議覆因貧幫工配人婢女，與部議投靠招配婢女之奴僕似屬有間。夫因貧幫工者，貧不能出聘銀，而以幫工議價作聘，工價滿日攜婦而歸，非投靠者。比謂之雇工，則可若概定為奴僕，則所生子孫亦不得為良，似覺寃抑。臣請併將此條分別曉諭。則良賤之分，更覺井然不混矣。

〔硃批〕總為臬司易辦起見，全不計情理之重輕，觀汝乃一可笑人也。

以上數條，盖因律例分析未明，實有關於國法之出入，民命之死生，不敢妄為引斷。

〔硃批〕據云：律例未明，不敢引斷，如此則國家設立按察一官何用耶？

至於署員之速委，實為上江地方之要務，下逮徽、寧二府世僕，又臣目覩其争端不忍坐視。是以妄抒管見，冒昧敷陳，但臣識見短淺，語言陋劣，恐不能有當於萬一，伏乞皇上睿鑒施行。

〔硃批〕覽此摺所奏，豈止短淺陋劣而已。

（清）鄂爾泰等《世宗憲皇帝硃批諭旨》卷七三之四《硃批王士俊奏摺》

竊查直省奉行秋審定例，每年五月內，將各州縣題准部覆在監人犯，提解到省，經督撫司道等官公同察審具題，是皆欽恤深恩，務求平允之至意。臣自初任祥符，以及在粤六年，每當秋審屆期，一切人犯，府縣並未覆加察核，無論路途遠近，俱將監犯預為僉解臬司衙門，在途往返，則有脱逃疎縱之虞，到省寄監，復有擁擠薰蒸之患，炎暑易生疾病，瘐斃恒至多人。迨秋審之日，總以各案原招為主，未嘗逐名將原犯情節再行翻駁。臣思題達重案，當州縣承審之初，一有未協，府司院再三駁審，及成招之後，觧府、觧司、觧院，業已幾經審勘，然後詳請具題列入秋審者，盖欲察其情罪之輕重，分別情實、緩決、可矜三項，候旨遵行也。是則秋審之案，惟察原招之有無遺漏，以定爰書。非謂其情罪尚有可疑，必須調犯親審者，可比可否？仰詣聖恩。嗣後每逢秋審，責令州縣，將各犯原招細加覆勘，分別輕重詳府覆核，由府彙册詳報司院聽候，屆期在省公同察勘原招，詳加區別。或有縣府所定不符者，院司改正具題，不必盡將監犯觧省，以致有脱逃、病故諸弊。庶幾仰副我皇上如天好生之德，於無極矣。是否允當？伏乞睿鑒施行。

（清）鄂爾泰等《世宗憲皇帝硃批諭旨》卷七八《硃批胡瀛奏摺》 雍正七年二月初九日，江西按察使臣胡瀛謹奏為敬陳管見事。竊臣備員江臬職司明刑，夙夜兢惕，惟期寬嚴適當，以仰副聖明欽恤之仁，乃體察獄情，參考刑書，見律條內，尚有未經該載，及可以斟酌變通之處，敬為我皇上陳之。一、贓數滿貫之竊盜，宜定勒緝之處分；一、盜竊鞘餉之犯，宜嚴加治罪；一、謀殺親夫、拐逃姦婦之姪兇，不宜仍引監候；一、軍流人犯，時值冬月，中途留養之例，尚宜斟酌。以上各條，關係盜賊民命，刑獄重務。是否可採，伏祈皇上睿鑒，飭部議覆施行。謹奏。

〔硃批〕大學士會同該部詳議具奏。

（清）鄂爾泰等《世宗憲皇帝硃批諭旨》卷一二五之三《硃批鄂爾泰奏摺》 前往并咨催粵撫遴委大員，速集會審，俟審之詳報到日。臣等再當會議，竊思隣邊地方，苗民雜處，搶擄為常，刦奪不已，姑息因循，釀成此習，其故多由外結，此至當不易之論。臣經將分別流土考成，使各有專責，不致互相推諉遲延；不結之處，繕摺具奏，業奉聖旨，諭部議覆在案。至於黔粵之交，原有大江為界，祇因犬牙相錯，以致彼此紛爭。今若劃江而理，江以南屬之粵，江以北屬之黔，則界限井然，防守稽察，皆易為力，庶幾兩省之紛爭永絶，又不獨完結目前案件也。其貴州普安州屬黄草壩地方，請添設文員一條，臣查此地民苗雜處，距州二百四十里，止有安籠鎮分防之遊擊一員，一切地方事務，並無文員管理，而武職又不敢違例干預，今請添設文員，事屬應行。

〔硃批〕後有諭。

（清）鄂爾泰等《世宗憲皇帝硃批諭旨》卷一二六之七《硃批田文鏡奏摺》 雍正四年七月二十六日，河南巡撫，臣田文鏡謹奏為據實奏明，仰祈聖鑒事。竊臣荷蒙皇上天恩，簡畀豫撫以來，兢業凜惕，從無一事敢於苟且，亦無一字敢於欺隱。故前參信陽州知州黄振國等各案，臣敢於繕摺具奏，仰懇聖恩欽差部臣來豫質審。茲臣伏查上蔡縣知縣張球，前因息縣參革知縣邵言綸借銀五百兩。臣先聞知此事，適張球因公在省，臣隨面加詰訊。據張球稟稱，從前與邵令同寅相好，暫時通融，已經還清，因而未經糾參。嗣奉聖諭令臣秉公體察，臣查張球借銀還銀是實，並無藉此招搖恐嚇同官之事，隨一面繕摺據實覆奏，至於應否題參，恭請聖諭。蒙皇上硃批諭旨：誠如是，張球亦何罪之有？自無庸列之彈章也，欽此。臣受恩深重，固不敢仰欺皇上，亦不肯為屬員所欺。臣因張球一面之詞，未敢遽信，復密令南汝道陳世倕嚴行確查。嗣據陳世倕將張球掣回借券，併邵言綸收銀收票送驗。臣猶疑為張球假揑。復令陳世倕將此券票，令邵言綸驗看，是否假揑？如未還清，即親筆註明以憑。題參去後，陳世倕因署司篆在省，轉飭西平縣知縣王鑛，執持券票令邵言綸親看，據邵言綸稱係還清，並非張球假揑，即註明還訖字樣，將原券票申送陳世倕，轉送到臣驗明。臣始信以為實，復將張球嚴加飭責，令其改過自新，暫免題參在案。今邵言綸、汪誠等，因張球別無招搖恐嚇之事，可以為辭，惟有借銀一節，是確執為口實。見皇上欽差部臣到豫覆審，不知張球借銀一事臣已經奏明，意臣必有所徇隱，不敢題參。且妄揣皇上，疑臣所參各官俱不足憑。因而欽差部臣來豫質審，以為伊等報復之地，故於布按二司，會審參案之時，恣意牽混，並非與張球為仇，而實則與臣為難。更可駭者，將臣飭令南汝道轉飭行查之西平縣，指為證佐，欲將張球之還銀掣票，坐為臣所主使，意在挾制陷臣以重罪，是不特邵言綸得以報復，而黄振國等各案從此均得擾亂矣。總之，伊等科目中人，聲氣相通，不比泛常，不但被參，諸員聯為一黨，而從旁袒救者，亦不乏人。竟視張球借銀一事為奇貨可居，視臣之不參張球為徇私曲庇，必欲臣參張球，以快其私并欲皇上治臣以罪，以洩其憤。臣查張球雖欽奉皇上，有無庸列之彈章之諭旨，但臣當此黨惡錮結之時，臣實處有不得不參，不敢不參之勢，非臣敢於故違諭旨也。今既據兩司録取邵言綸供詞詳揭到，臣若不將張球題參革職，反若臣實有所私，實有所庇，而外間之物議風生，終無底止矣。除將上蔡縣知縣張球繕疏題參外。伏乞皇上天恩，將張球敕發，欽差部臣一併審明。庶臣心得以自白，而一切浮言亦均可少戢。如果臣有絲毫徇隱，併乞皇上從重治臣之罪，以為欺君罔上者戒，為此謹奏。

〔硃批〕既據邵言綸供出張球理應參革，併案發審質訊之下，曲直自明。朕非不容人辨白之主也。清者清，而濁者濁，涇渭終豈混淆？差來二臣可保其公，假若稍涉徧徇，乃自招罪譴耳，於事何損？

（清）鄂爾泰等《世宗憲皇帝硃批諭旨》卷一二六之一〇《硃批田文

鏡奏摺》　同日又奏，為請定查驗盜賊出入情形之例，併嚴事主捏報盜案之條，以廣皇仁，以重民命事。竊惟盜賊為害民生，查捕不可不力，人命關係重大，究察不可不詳。臣查民間凡有一戶被盜，具報到官，一面出批僉差，四路追捕，一面移會營汛，併鄰邑文武官弁，添差協拏，仍一面通報督撫巡察司道府廳批令嚴緝，四箇月限滿，題參疎防，限年緝賊，逾限不獲，再限一年，分別降調。如拏獲賊犯，以獲盜之日起，扣限一年審解核題，此定例也。而且鄰佑亦干責處，汛兵復予杖懲，無容寬假，何等嚴切。至於地方印官，不親詣查驗出入情形，從未見有處分事主捏報盜案，亦未確有定例。臣查例內，止有旗人以竊報强，鞭一百。亦未定民人以竊報强，作何治罪。至雍正四年二月定例，事主以竊報强，挾制官府，妄行控告者，查明治罪，以遏刁風等語。亦未定以應治何罪。若竝未被竊，捏報强盜者，更未定議。臣蒙皇上殊恩，畀以封疆重任，無時無刻，不以緝盜安民為己任。州縣一有失事，批查甚嚴，如有諱匿情弊，立即糾參，不敢少有瞻徇。遂有一等頑劣之輩，見縣令畧加約束，即拂其情，希圖報復，以快私憤，且見定例無事主捏報罪名，報盜認贜之外，又不許苦累事主，遂妝點被盜情形，張大其詞，或毫無影響，而突稱強盜刦殺，或因別項事由而輒謂大盜刦財，或偶被小竊失物，而捏作羣盜拷逼，種種不一。總因州縣官慣能諱盜，抑勒事主，故定例將州縣處分特嚴，將事主俱從寬典。乃不謂刁惡之徒，視事主為地方官所無可如何之人，妄自尊大，以逞其姦，捏報之後，多不能審出虛誣，終得脱然事外，所以肆無忌憚也。又州縣官因無不行親驗處分，只圖安樂，一聞民間被盜，不但漠不關心，抑且以為害己，不過喚鄉地一問，委衙官一查，給捕役一批而已，未經親驗情形，强竊從何而辨？虛實從何而分？只得甘心受事主之挾制，不敢再措一詞，因而人皆效尤，毫無顧忌，此刁風之所以固結而不可解也！官懼其捏盜陷害，則凡事不敢與惡人為仇，而彼得肆行於一州一縣之中，縱有强項令，亦不得不委曲調停，求悦於衆。其為害豈可勝言？且一經報盜之後，四月限屆，即參疎防，一經題參之後，審係非强，亦難開脱。葢參過疎防，則部中有案，限年不獲，則處分甚嚴，官畏處分，必勒比捕役，役畏嚴比，必誣拏平民，承審之員，急欲完案，豈肯任其申訴？限期緊迫，急於成招，箠楚之下，何求不得？況有捕役為之栽贜買贜，教唆口供，扳累無辜，則遂成鐵案。雖經撫臣司府歷審，而該犯畏懼駁審加刑，不敢翻供，只得依樣招承。撫臣覆審，萬一不加詳慎，照此具題部覆。不數月，而駢首藁街矣，以竊盜而膺斬決之。嚴刑已是由輕入重，以平民而代强盜之大辟，更屬負屈含寃。上干天和，下戕民命，揆厥由來，皆地方官報盜不驗之故也。臣竊以為辨盜案之虛實强竊，必須責令地方官先慎之於始。一聞報盜，不論遠近，無分風雨，立即會同營汛，飛赴事主之家，先驗前後出入情形，有無撞門毀户，再驗有無遺下器械、油捻之類，再驗事主有無拷燎、捆扎傷痕，并訊地鄰、更夫、救獲人等，有無聞見影響，則是虛、是實、是竊、是强，思已過半。然後再加詳審事主，雖狡口如簧，亦斷不能遁飾矣。如云定例不許苦累事主，不敢過問，則又不然，實在强刦，則事主報盜認贜之外，自不得畧有苦累，至若盜係捏報，事當推求者，此非事主也，誣告之犯人也，正不得謂之苦累也。況公道自在人心，定例豈可拘泥乎？臣查人命屍傷例應印官親詣檢驗，不許轉委佐貳雜職，如印官公出，亦必詳委鄰近印官代驗，强盜重情與人命無異。臣請嗣後凡有呈報强刦盜案，照依檢驗屍傷之例，責令州縣印官親詣事主之家，查驗出入情形、遺下器械、拷燎傷痕，當場查訊地鄰口供，俱填註通報文內。若印官公出，即令衙官專差，申請鄰邑印官代驗，通報其衙官與防汛武職，飛赴追擒。若仍委衙官代驗，或公出而衙官不申請鄰邑查驗，或鄰邑推諉不即赴驗，或竟將未曾目見之情形，捏作親驗填報，該管道府與直隸知州，併管捕廳員，將不親驗情形之屬官徇庇不揭，一併題參，請旨敕部嚴加議處。至於以姦命鬬毆等事，而捍報强盜者，除本罪屬重，照本罪治罪外，如本罪屬輕，應否即於本罪上加等治罪？以竊賊捏報强盜者，應否照旗人例，以鞭一百作杖一百折責，有所挾制。而憑空捏報强盜者，應否即依誣告人死罪未決律問遺？若果係被刦，地方官因有懲治捏報之定例，借詞抑勒苦累事主，以圖諱匿，除照定例革職外，應否亦照誣告平人加等治罪？伏乞皇上敕部，一併定例施行。臣不揣愚昧，敬獻芻蕘，是否可行？伏候睿鑒，為此謹奏。

〔硃批〕為此盜案一節。朕自即位五年以來，曾經日夜思維，總無善策，不得已而惟嚴責督撫大吏俾督撫大吏，嚴責州縣有司，有司自必勒比捕役，勿令玩愒疎縱，庶被失之家不致抱恨莫伸，葢以為稍若懈弛，則仍復如故，是以執意行之，而無疑也。今卿所奏，亦未嘗不是，第恐此法一施，刁惡之徒固應斂退，而馴良怯懦者，不敢報盜矣。非不知盜案叅例，原屬過嚴，無如勢處兩難，寬嚴俱滋流弊，試稍寬一步，或可從容奏效。因命各部院，曾任外吏之堂司，并科道等官會議，不限以日期，俾得詳籌熟計。朕更悉心體究，議定後，另有諭旨。

（清）鄂爾泰等《世宗憲皇帝硃批諭旨》卷一三二下《硃批憲德奏摺》

上諭：朕特沛寬大之恩，准各省官民自行出首，將從前侵隱之罪，悉從寬免，其未納之錢糧，亦不復追問。定限一年，令其首報，統於雍正七年，入額徵解，倘逾限不首，後經查出，在官、在民定行從重治罪。著各該督撫轉飭地方官，通行曉諭等因。欽此。

又：奏為請遣員究審，以伸國法，以懲姦邪事。雍正九年六月初五日，臣等在會府公坐處，有按察使劉應鼎稟稱訪聞得：有本司衙門緣事已革之書辦彭懋輝，承差唐現章等，又復賄投督院衙門克役，隨差人拏獲。昨於衆司道齊集時，質審得行賄立約情由，供出提標提塘楊姓説合手札內，有昨日已向敝友説白等情。本日又據劉應鼎來院稟臣説：今早有署督標中軍傅弘禮向本司説：楊提塘手札內，有所謂敝友者，我已經訊問，據楊提塘供，係撫院衙門趙相公等語。臣隨將臣衙門繪畫之趙瓚，立刻差員押送臬司對質研訊。又據臬司稟稱，反復質對，即揚提塘，亦供委不與趙瓚相干等語。臣恐此事或劉應鼎因趙瓚係臣衙門延請之人，致有瞻徇，或傅弘禮假司掣肘，勿得深究，均未可定。伏乞皇上密敕大臣來川嚴審，究出札內所謂敝友之人定擬，總不假手於川員，庶姦徒無所肆其伎倆，而執法之員各得盡法矣。又有貢生簡宣家被盜一案，先經該府縣審詳，謂簡宣家捏報，已咨部暫將簡宣斥革研審後，有簡宣妻子來省訴寃，又有首告共盜知情之人。經臬司提審，謂已得大槩，復令府縣盧公核審，隨互相指摘不休，劉應鼎亦稱寃不了。如蒙皇恩遣員來川，審究前件並祈將此一案亦敕差員定審，以上二事或已革之胥役賄求復充，串通之中保希圖漁利，或未被盜而報為大盜，或刦盜而硬謂捏報，皆屬常有之事，祇宜法在必行耳！無論為文為武，或憲或屬，一有偏私便分黨羽，此則必不可有之勢。臣所以亟亟入告，干冒聖聽也。伏乞皇上俯允施行，謹奏。

〔硃批〕覽奏：類如趙瓚無益之輩，招置署中何用？况封疆緊要案牘，殷繁奚暇，留心繪事耶？似此本省所屬些小案件，尚不能服人心口，輒請差員審理。朕實代汝愧之，未知汝具何面皮，公然奏請也？

（清）鄂爾泰等《世宗憲皇帝硃批諭旨》卷一三八上《硃批謝旻奏摺》

今抵江西將近一月，查閱新舊案卷，體訪地方情形，通省事務，約畧得其大概。除綜覈錢糧、操練兵馬、嚴查虧空、稽察驛遞、清理訟獄等項次第舉行外，查江省原係內地，本為易治，惟民情近於刁健。如現年錢糧今甫完及五分，歷年錢糧迄今尚多舊欠。地畝欺隱，盜賊未消，賭博未絶，詞訟每多誣告，而借命抄搶尤為惡習。更有地方積棍，因官所行之事有不便於姦民者，動輒假公濟私，以罷市罷考挾制官長。此由從前過於寬縱，遇此等事，每以枷責結案，未按律例究擬，以致姦民無所畏懼。

〔硃批〕所論是，但須實力為之，務期行與言符。若能仿效田文鏡、李衛之竭慮奉公，任勞任怨，何事不克就緒也？

臣通行各屬，令於地方事務無論大小悉照欽頒律例遵行，毋得寬縱，使民知有法度，庶刁風可以漸息。再，臣由九江至南昌赴任，所過之地見墩臺營房多有倒塌，訪聞各屬城垣坍塌未修者，亦非一處。容臣通行查議，設法脩理。

〔硃批〕煙墩營房當即為籌計。至於城垣，尚非急務，當從容料理。

大抵江省屬員闒茸者多，必應嚴行整飭，但稽查州縣責在知府，而知府與州縣最親，不無徇隱。臣一人耳目，實恐難周，即藩臬兩司管理通省錢穀、刑名事務，實亦紛繁。查向來分巡兩道，每自視為承接衙門，督率屬員，非其專責。糧驛兩道亦自謂漕糧、驛鹽之外可以不問，往往不深體察。臣今以饒九南三府，仍責成於原管之饒九南道；以南贛二府，仍責成於原管之南贛道；其餘八府無專轄道員者，以東路之南昌、撫州、建昌、廣信四府責成於糧道；以西路之瑞州、臨江、袁州、吉安四府，責成於驛道。各令稽查，如屬員不職，事有廢弛，揭報条處。

〔硃批〕察吏之術，能勉效田文鏡一分，即有一分政績。若能盡似，則亦為田文鏡一列之賢大臣矣！設不如是，而希朕如是信重，何異欲登山而却步耶？

臣仍不時密訪，以飭官方，以嚴吏治。凡此俱臣職分當為之事，本不敢上瀆聖聽。辦理未宜，致滋謬誤，仰祈睿謨指示，俾得恪遵。益戴天恩於無既矣。

〔硃批〕凡百俱當據實入告，恐瀆聖聽一語，乃誤盡生平之見解，朕所深惡者。於一切處，不可少存斯念。

（清）鄂爾泰等《世宗憲皇帝硃批諭旨》卷一三九《硃批宋筠奏摺》

一、臣按行隰州地方，有州學武生李彪，在途喊冤。呈稱次子李除除，於雍正元年十一月十九夜，不知被何人殺死在城内李家圪，身有刀斧傷痕，地有血跡等情。歷今五載，冤不能伸，具呈到臣。臣密訪無異，隨批隰州牧吴元鉽查案，該州速原卷詳送。據稱前任知州周鑲，驗得李除除身屍年歲及傷痕長深分數，并致命之處皆有刀痕。通詳緝兇未獲。

〔硃批〕接收呈詞，須當詳慎，毋致滋事。設遇有真實冤案，批查之後，必密以奏聞。恐開告訐之門，則不勝其煩，反起刁風，殊非朕遣差汝等之意。若似此實情，又經察訪的確者，可密移知撫臣，令其催緝結案。何必聲張，以啓健訟之風耶？

周鑲奉調離任，知州李濂亦未幾調州離任。董俊到任，接緝限滿未獲，其承緝不力之知州李濂，經前撫臣諾岷初叅議處而獲。撫臣高成齡袒獲接緝之董俊，並未續叅。今現任知州吴元鉽，於雍正五年三月二十二日到任，勒限嚴拏兇犯未獲。伏念人命重情，例限嚴迫，奚容懸案五載，官經屢易，尚未弋獲兇犯。似此懈弛，誠恐將來凡遇命案重情，相率效尤，必至俱成疑案。

〔硃批〕此事宜向該撫直言，汝等若不嚴飭伸雪，似此怠忽人命，定即具疏題叅。説知之後，看伊等如何施行？據實奏聞。

此等弊竇，皆由歷來各承緝衙門怠緩，而護理撫臣高成齡不行續叅，有以開之也。應否指名查詰，伏祈睿鑒批示遵行。

一、臣巡查所至，民有紛紛，在途具呈。臣收細閲，多屬戶婚田土構訟，或有以印官陞遷、降革、離任，未經審結一槩註銷者；亦有准而未審，經年累月拖延者；更有印官闒茸批發捕衙審理，不能令其悦服者。伏思捕衙職守卑微，難於彈壓。甚而不肖之徒受賕枉斷，朦詳該令，此風尤不可長。凡此等呈詞，臣批諭百姓仍赴該管上司申理，不使冤抑久沈。

〔硃批〕如此方是，但亦不可膜外視之。總照前諭，密以告之該撫司可也。何待今日飭諭？自康熙六十一年直敕諭至今矣。總之督撫兩司得人則無庸重申再命。似晉省大員，便一日頒降千行詔旨，亦復何益？若浙江、河南兩省，朕可保其必無此等陋弊也。不得其人。奈何！奈何！

仰請皇上睿鑒，應否敕諭通行各該有司，雖戶婚、田土細事，星速完結，勿致拖累日久，以廢農功，并行禁止發衙陋習。庶民無不白之冤矣。

（清）鄂爾泰等《世宗憲皇帝硃批諭旨》卷一四二下《硃批王柔奏摺》

奏為請定審案，報駁核批之例，以省拖累事。竊照欽部案件，以及命盜重情，州縣審招解府之時，一面將供看開造方册，先行通報，名曰樣招。其州縣審擬未協之案，經知府駁回；知府審擬未協之案，經臬司駁回者，各將駁由通報立案，此現行之成例也。若即將駁語與樣招兩相比對，則招擬之是非，與駁飭之合否，固已洞若觀火矣。乃今之報駁者，或止云供情可疑，引擬未協，已經駁飭等語。或全録駁語，止用驗文申報，而院司衙門，每將樣招與駁文置之高閣，不為核其是非。及至府解司，而司始駁查；司解院，而院始駁飭。其未經到司、到院之先，率皆因循怠忽，更或有所瞻顧，每於解到後，復藉端苛駁，以致案件不能速結，無辜枉受拖累，甚非大吏公忠辦事之道。臣請嗣後凡知府駁州縣之案，令將駁語改用詳文報司，即取州縣樣招與駁語，細加確核，將應駁與不應駁，并未及駁到之處，秉公批示，則案經知府報駁之後，便有成規，其知府審定解司，亦令將樣招通報督撫。如尚有情罪未盡允協，及犯證口供互異，臬司必須駁審者，亦將駁語詳報督撫，即將知府樣招核明批示，則一經解院覆訊，便可立時具題，庶案件易於速結，而人犯免致拖累矣。

（清）鄂爾泰等《世宗憲皇帝硃批諭旨》卷一四四《硃批徐本奏摺》

奏為詳陳安省盜案情由，并酌添捕役，以資巡緝事。竊照安省濱河環山，盜賊多有。臣自抵任以來，披閲案卷，報刦報竊，日有數起，而宿州壽州、亳州等處尤甚。伏思寧謐地方，全在嚴拏盜賊，而嚴拏盜賊必須嚴督捕役。

〔硃批〕稽察匪類尤為切要。

但有司每遇盜案竊發，不過出一緝批，任其所之，毫無整頓，以致竊刦頻聞，逸盜未能即獲。臣仰體皇上弭盜安民至意，現在分定比緝之法，飭令司府直隸州各立比簿，凡係竊案提比，責之府州；大盜提比，責之臬司；其有巨盜，及案多未獲之處，臣則親自提比，並照定例立限，分別懲勸。其沿江一帶，臣復派委員弁分路駕舟巡哨，冀戢盜風，再請於省城另募幹練、妥當捕役八名，發與按察司衙門，一聞慣盜行刦，立即飛差前往協拏。平日即令慎密查緝各處私磺私鑄等項。捕役每名每月於兩關存公節省浮費項下動支銀三兩作為工食。臣與臬司仍嚴加約束，不時體察，明示賞罰，不許在外生事，如有違犯，盡法懲治。雖省城設立捕役八名，未必能查拏通省大盜，然各屬恐為臬司捕役拏獲，有干考成，諒必各知奮勵，似亦整飭地方之一端。至宿州等處，素稱盜藪，其應行防範各處。臣現在悉心訪察，容俟酌議妥協，另行請旨是否有當？【略】

〔硃批〕匪類之貽害生民最酷，審理此等案件，務宜盡力窮究不可，先存將就速結之念，若妄將化大為小以免株累無辜之鄙論奉為指南，則大誤矣。克詳克慎，勉為之。

（清）鄂爾泰等《世宗憲皇帝硃批諭旨》卷一六六《硃批陳王章奏摺》

一、州縣官專理民情，武弁職膺戎務，各有攸司，不容紊越者，但兵民實屬相關，文武本同一體，故諱盜之處分，原屬無異。因武弁惟有緝盜之責，而無讞鞫之權。凡遇明火執械盜劫案件，俱係有司審訊。事主地隣之供詞為憑，其中不無規避處分，移重作輕，諱強為竊，以及匿不報聞之弊。至武弁雖不長於文墨，而失事强劫情形，易為查察，若使武弁自行具報，文武互異，為上司官者，势必駁詰，而有司或以事主地隣之供詞，舞文弄法，多端掩飾，或反誣武弁為捏報，而武弁並無供詞可據，不敢固執。故凡遇有盜案，必俟有司審訊，畫一具報，其無知武弁惟圖苟安於目前，因而扶同隐諱，或為有司所挾制，而遷挽相從者，至有漏網之大盜，而無領贓之失主。及致上司覺察，或經別案敗露，文武一體處分，而武弁之為有司所朦蔽者，似屬可憫，至於姦徒匪類，造給偽劄，謀為不軌，煽惑良民，關係重大之事，或經武弁覺察，設法誘首，自應移送有司根究，而有司或以功非己出，含糊完結，或稱事有疑情，難以懸擬，因循苟且，俱或有之。臣請凡遇有匪逆重情，以及明火執械盜劫案件。令文武官弁公同研鞫，合詞具報，庶不致有諱匿之弊，而實情可得，或亦有裨於治理矣。

（清）鄂爾泰等《世宗憲皇帝硃批諭旨》卷一七四之九《硃批李衛奏摺》 奏爲遵旨奏覆事。本年十月二十三日，臣於發回黄匣內，接到密封條陳一件，欽奉御批：有人條奏，此種惡習，卿其嚴行查禁，欽此。臣查內開湖州等處，刁民將妻女假裝名色局騙嫁賣事，誠有之。臣到浙後，據各屬詳報，嚴加究處。豈止於胡道生、方美然二案，此等刁民不但干犯法紀，亦且喪盡廉恥，實爲人心風俗之害。如閔道宏、錢子發等案，臣皆於賣休本律之外，加等治罪，比追財禮入官，從未嘗使之得利。惟律文婦女應斷歸宗，今條奏，誠恐姦民與婦人父母串通，復行詐騙，議將知情婦人審實當官嫁賣，以絶後弊，亦屬懲姦之道。嗣後有犯前項案件，應如所議，竝將婦人官賣，仍向本犯名下追出財禮，給還被騙之人，以儆惡習。再臣查浙省沿海之温台二府，向緣染於福建惡俗，沿及衢州、金華府屬俱有，將己妻得價出典，與人生子留養之後，將其婦仍給夫領回，始猶無力婚娶者之所爲，漸則人心日刁，即有子者，亦借此爲漁色之計。臣於上年閏三月內，分晰飭行嚴禁，遇有犯者盡法痛懲。目前此風稍熄，各并附摺陳明，伏祈睿鑒。謹奏。

〔硃批〕懲姦貪以厲廉恥，明倫理以厚風俗，是乃善舉也！

（清）鄂爾泰等《世宗憲皇帝硃批諭旨》卷二一〇《硃批楊馝奏摺》

雍正十三年五月初八日，四川巡撫臣楊馝謹奏：竊刑讞之道，必須精思熟習，講明有素。俾臨民治事，判决允當，蓋明刑所以弼教。我皇上勵精圖治，中外一體，初無區別於其間也。臣查川省司道府州縣，將一切題達事件，不按成憲，率多錯謬。甚至刑讞重案，援引議擬，輕重失宜。有一案之中，供看游移，情罪互異，兩岐三截，顛倒夾雜，不明讞法體式，難以據入章奏。詢問其故，皆以邊末遐方，吏胥未諳，向來如此。臣數月以來，事無巨細，詳加指示駁飭，復擬格式立法課督，以期漸有成效。曾據按察使高維新詳稱各州縣豈無留心吏治之人，但因循苟且，相沿已久等語。

〔硃批〕高維新即係因循苟且之首，在川不為不久，而猶作相沿之語。更欲沿及何時而後已？試看伊之結局可也。

臣復檄行通飭各屬，因循苟且，即非實心辦事，亟宜加意整飭，務各去偽存誠，始有稗益。以此諄切告誡，疊經通飭在案。臣覩此情形，不敢因循懈弛，惟有立意振刷。

〔硃批〕若再因循，亦不過如高維新耳。

務期各屬咸知講習吏治，共圖實政，以盡臣職而已。

〔硃批〕行與朕看。

再川省秋審人犯，較之別省倍多，臣檢查各案，逐一察核，矢公矢慎，期於平允。以仰副聖主明慎用刑，欽恤民命之至意。查通省人犯共計二百五十二起，二百六十一犯。臣等謹議得楊文炳等十一起擬為情實，袁述等二百四十二起擬為緩決，楊德美等八起擬為可矜，已經會疏具題在案。臣自顧知識淺陋，夙夜凛凛，猶恐未盡允當。伏祈皇上睿鑒。謹奏。

〔硃批〕果弗允當，豈此奏所能卸責者乎？

(清) 鄂爾泰等《世宗憲皇帝硃批諭旨》卷二一二上《硃批許容奏摺》

奏為請復倉舖，以廣皇仁事。竊臣接閲邸鈔，見刑部尚書勵廷儀疏，請刑部監內照直省州縣監倉之例，將獄神堂東西，分別內外，以禁輕重人犯，奉旨飭部議行。仰見我皇上仁德育物，慈祥愛民，不忍輕罪之人與重囚一例監禁。天地父母之心，誠為亘古所未有也！臣查直省州縣，向時原分設監舖。自康熙四十五年，副都御史周清原條奏，將倉舖拆毁，於是州縣止有監獄，而無倉舖矣！在周清原拆毁之請，原令干連輕罪人犯取保候審，第州縣官每因關係大案，質訊之人，取保在外，恐有疎失，致案情難定，遂一并收禁獄中。是本應散羈之人，以無倉之故，俱受縲絏之苦，殊非仰體聖天子愛養元元至意。臣請直省州縣，仍復舊規將監內空閒房屋，另行隔斷分作倉舖，如監內無空房，即於舊時倉舖基地，量為修蓋，將干連待質輕犯，散羈在內。俟案定之日，即行釋放，其案已審明，笞杖人犯，俱即取保，不得濫行羈候。庶監倉各別囹圄，自漸空虛，輕重有分，干連不致濫禁。於我皇上惠鮮之仁不無小補也。臣職司刑名，用敢謬陳管見推廣皇仁，可否採擇？伏候聖裁，謹奏。

〔硃批〕爾職司提刑，此事正乃專責，當與督撫臣商行，何必奏請於朕？

(清) 郭嵩燾《郭侍郎奏疏》卷一《請變通辦理盗案片》 若各州縣憚於辦案之煩，意存避就，積習相沿，視為故常，為弊尤大。欲求革除積弊之法，必先稍示變通之方。查從逆滋事及迭劫兇盗罪至斬梟者，例得由外恭請王命，先行正法。

又： 如此量爲變通，則獲一盗卽誅一盗，刑人於市，耳目昭彰，非如報病之有可揑飾，匪徒卽愍不畏法，而身首異處，見之寒心，非如監斃之無足懲創。案經道府覆審，由臣等覈明批行，亦足以昭詳慎，而不至枉濫。而於各州縣辦理盗案，期歸直捷，庶稍免因循□頊拖延搪塞之弊，統俟軍務完竣，盗風稍戢，再行奏明。仍復舊例辦理。

(清) 郭嵩燾《郭侍郎奏疏》卷四《廣東盗犯懇請變通例文辦理疏》

竊查律例乃朝廷之大法，推本人情，體察時勢，舉其大綱，而各省民情變幻百出，有同一例文而情事迥不相侔者。承平日久，官吏習爲寬容，皆務避重就輕，不肯認真辦理。廣東民情獷悍，用法尚嚴，因循既久，風俗日壞。一二强幹之吏懲辦盗匪，法外用刑，駭人聽聞。

又： 臣等身任封疆，朝廷宣法禁姦，自應明定例文，使與本律不至參差。庶州縣有所循守，以持刑罰之平，而不以瞻徇廢法，其廉幹之吏，亦可不至以非刑立威，於廣東除暴戢姦之意，似亦甚有關係。請旨敕下刑部，依照本律酌中定議，俾有遵循。

(清) 郭嵩燾《郭侍郎奏疏》卷一二《請禁鴉片煙第二疏》 國家嚴立科條，責成地方官禁之，徒以擾累百姓，其終必至愈禁而愈開。使人民自為禁制，以獎勵其廉恥，而激發其天良，則動於詔旨一二言，而人心自振，積弊亦將自除。

(清) 趙翼《廿二史劄記》卷二《漢時以經義斷獄》 漢初法制未備，每有大事，朝臣得援經義以折衷是非。如張湯爲廷尉，每決大獄，欲傅古義，乃請博士弟子治《尚書》、《春秋》者，補廷尉史，亭疑奏讞。《湯傳》。倪寬爲廷尉掾，以古義決疑獄，奏輒報可。《寬傳》。張敞爲京兆尹，每朝廷大議，敞引古今處便宜，公卿皆服是也。《敞傳》。今見于各傳者，宣帝時，有一男子詣闕，自稱衛太子，舉朝莫敢發言，京兆尹雋不疑至，卽令縛之。或以爲是非未可知，不疑曰：昔蒯聵違命出奔，輒拒而不納，《春秋》是之。衛太子得罪先帝，已爲罪人矣。帝及霍光聞之曰：公卿當用經術明大義者。《不疑傳》。匈奴大亂，議者遂欲舉兵滅之。蕭望之曰：《春秋》士匄侵齊，聞齊侯卒，引師還，君子善其不伐喪。今宜遣使弔問，則四夷聞之，咸服中國之仁義。宣帝從之，呼韓邪單于遂內屬。《望之傳》。朱博、趙玄、傅晏等奏，何武、傅喜雖已罷退，仍宜革爵。彭宣劾奏，博、玄、晏等欲禁錮大臣，以專國權。詔下公卿議。龔勝引叔孫僑如欲專國，謂季孫行父於晉，晉人執囚行父，《春秋》重而書之。今傅晏等職爲亂階，宜治其罪。哀帝乃削晏封户，坐玄罪。《朱博傳》。哀帝寵董賢，以武庫兵送其第，毋將隆奏：《春秋》之誼，家不藏甲，所以抑臣威也。孔子曰：奚取于三家之堂。臣請收還武庫。《隆傳》。賈捐之與楊興迎合石顯，上書薦顯，爲顯所惡，下獄定讞，引《書》讒説殄行，《王制》順非而澤，請論如法。捐之遂棄市，興減死一等。《捐之傳》。此皆無成例可援，而引經義以斷事者也。援引古義，固不免於附會，後世有一事卽有一例，自亦無庸援古證今，第條例過多，竟成一吏胥之天下，而經義盡爲虛設耳。

（清）汪輝祖《佐治藥言・論治訟》　一、摘唤須詳慎，省事之説大屬不易。蓋詞之訐控多人者，必有訟師主持其事，或以洩忿旁牽，或以左袒列證。我苟不墮其術，則反以經承弊脱為詞，百計抵揑，甚且含沙射影，妄指幕友闗通，啟官疑竇。故核稿時，必須細加量衡，惟庭訊應問及者，方予傳唤，則凡摘釋之人，自有確然可刪之。故遇有刁揑無難明批斥，使訟師不敢肆其譸張，庶株蔓之風漸息，而無辜不致受累矣。

一、批駁勿率易。一詞到官，不惟具狀人盛氣望准，且訟師差房無不樂於有事。一經批駁，羣起而謀抵其隙，批語稍未中肯，非增原告之冤，即壯被告之膽，圖省事而轉釀事矣。夫人命姦盗及棍徒肆横，原非常有之事，一切口角争鬬類，皆户婚細故，兩造非親則故，非族則鄰，情深累世，衅起一時。本無不解之讐，第摘其詞中要害酌理準情，剴切諭導，使弱者心平、强者氣沮，自有親隣調處，與其息於准理之後，費入差房，何如曉於具狀之初誼全姻睦？

一、核詞須認本意。諺云：無謊不成狀。使每有控近事而先述舊事，引他事以曲證此事者，其實意有專屬，而訟師率以牽摭為技。萬一賓主不分，勢且糾纏無已。又有初詞，止控一事，而續呈漸生枝節，或至反賓為主者，不知所以翦裁，則房差從而滋擾。故省事之法，第一在批示明白。

一、人命宜防牽連。前明徐相國階柄政時，作家書示子弟，尚誡命案不可牽涉，何況尋常百姓，往往有凶犯赤貧，漯歸詞證者。故在官閲報詞非緊要人證，都當場省釋不入，令城應取保者，訊後立追保狀。然猶聞有官保私押之事，一日不歸，則其家一日不甯，如之何勿念，至路斃案件，若保無可生發，每將地主牽入此，則真屬無辜。尤須禁絶。核稿時，更宜字字檢點，以防株累。

一、侵佔勿輕查勘。豪强侵佔，律所不容。然世業相承，重加修整，或本非官產，原聽民便，往往地棍藉端挾持，需索不遂，即飾詞訐控。一經准理，必先差查，差查不已，必須勘斷。官或不暇遽及，則棍差朋比，費已不貲。此等借名啟訟之人，多非善類，能於呈控時，嚴切批斥，使小人畏法，固為上策。否則速勘嚴懲，必有陰受其福者矣。

一、勘案宜速結。事關田房墳墓類須勘結，官事甚殷，安能日履山澤。且批勘之後，凡遇催詞無可費心，故批勘最易不知，疆界不清，每易釀成他故。如案圖辨址，核計魚鱗弓口，卷册明著者，或批斷、或訊斷，自能折服其心，不得已而批勘，必須為之速結。所全不少至，示勘有期，勢必多人守候，尤萬萬不宜臨期更改。

一、押犯宜勤查案。有犯證尚須覆訊者，勢不能不暫予羈管，繁劇之處，尤所多有。然羈管之蔽甚於監禁。蓋犯歸監禁，尚有管獄官時時稽查，羈管則權歸差役，差不遂役，則縶之穢處，餓之終日，恣為陵虐，無所不至，至有釀成人命，貽累本官者。若賊犯久押則縱竊分肥，為害更大，此等人犯官難畢記，全在立薄檢察，以便隨時辦結。即官有代任，幕有替人，亦可免晡脱之患。

一、勿輕易僉差訟。一僉差，兩造不能無費，即彼此相安息銷，亦且不易。余向佐主人為治，惟必訊之案，方僉差傳唤，其餘細事多批族親查理，或久而不覆，經承禀請差催從不允行，亦不轉禀。蓋事可寢擱，必其氣已平。因而置之有益無損，加以差催，轉多挑撥矣，且族親縱有袒護，終不敢盡没其真，役則惟利是視，更不可信也。

一、宜隨機杜蔽。蓋地方風氣，以官為轉移，地棍揣摩，即視官為迎合，官有善政未始不資，若輩厲階。如官懲賭博則棍首局誘；官治小錢則棍訐攙和；官清水利則棍控侵佔；官嚴鬬毆則棍飾偽傷；官禁錮婢則棍告佔揹；官恤窮佃則棍訟業横。如此之類，悉數難終大概。有一利必有一弊，甚且利少而弊多，全在因利察弊，力究冤誣，固不可因噎廢食，斷不宜乘風縱火，使棍姦可戢、官法可行，而平民自安無事之福矣。

一、上臺批駁宜細繹。初報宜慎，前已言之，或奉上臺駁詰，尤須詳繹。蓋駁法不一，有意在輕宥而駁故從重者；有意在正犯而駁及餘證者，非虛心體會易致歧誤。至案可完結，而碎瑣推敲，萬勿稍生煩厭，付以輕心。若我所持甚正，與上臺意見參左，當委曲措詞，以伸己意，斷不可游移遷就，使情罪不符。亦慎毋使氣矜才，致上下觸忤。

一、治獄以色聽先。嘗言五聽非身歷不知。余苦短視，兩造當前。恐記認不真，必先定氣凝神，注目以熟察之。情虛者良久即眉動而目瞬，兩頰肉顫不已，出其不意發一語，詰之，其真立露，往往以是得要犯。於是堂下人私謂余工相法，能辨奸良。越年餘，偽者漸息，訟皆易辨。蓋得力於色聽者什五六焉。較口舌爭，幾事半而功倍也。

一、聽訟宜静。明由静生，未有不静而能明者。長民者衣税食租，何事不取給於民？所以荅民之勞者，惟平爭息競，道民於義耳。片言折獄，必盡其辭而後折之，非不待其辭之畢也。嘗見武健之吏，以矜躁臨之，一語不當輒懾以威，有細故而批頰百十者，有巨案而三木疊加者，謂所得之情，皆其真也。吾未之敢信。

未得犯罪真情，難成信讞致罪之由，犯者自知之，不得其情，非特入於重，彼不能甘，即從末減，彼亦以官固易欺，必圖翻異，求即於無罪而後快。於是為之官者，惡其無良也。刑以創之，愈久而愈失其真。古云：獄貴初情，一犯到官，必當詳慎推求，畢得其實，然後酌情理之中，權重輕之的，求其可生之道，予以能生之路，則犯自輸服。讞定如山不可動矣。

一、要案更不宜刑，求詞訟細務，固可不必加刑矣。或謂命盜重案，犯多狡黠，非刑訊難取確供，此非篤論也。命有傷，盜有贓，不患無據，且重案斷不止一人，隔别細鞫，真供以偽供亂之，偽供以真供正之。命有下手情形，盜有攫贓光景，揆之以理，衡之以情，未有不得其實者。持虛心推問，未免煩瑣耳，然官坐堂上可茶、可煙、可小食，從容自如，犯跪堂下，外則饑憊，内則畏懼。雖甚刁譎，言多必失，静聽其隙而嚴詰之，受之以需，何患不得，而必酷以取供？愛民者不以為然也。

一、婣族施互訐，毋輕笞撻。諺曰：刑傷過，犯終身之玷，不惟自玷而且上辱祖父，貽羞子孫。為民父母其可易視笞撻耶？黠者、豪者、玩法而怙惡者，非撻不足示儆。愿者能知悔過，已當稍示矜憐矣。至兩造族婣互訐細故，能分曲直，便判輸贏。一予責懲，轉留釁隙，訟仇所結，轇轕成嫌。所當於執法之時，兼寓篤親之意，將應撻不撻之故，明白宣諭，使之翻然自悟、知懼且感，則一紙遵依，勝公庭百撻矣。然此為相對相當之訟，可以情恕理諭者言。如犯者實係凶横，或倚貧擾富，或恃尊陵卑，稍從曲宥則慾壑難填，為之族婣者，必致受害無已，遇此種人，必須盡法痛懲，即老病或婦女，亦當究其抱告，使知親不可恃，法不可干。庶幾強暴悔心，善良安業。

又：一、假命案斷不可蔓延。應抵命案，吏役尚知畏法。惟自盡路斃等事，更易蔓延茲擾。蓋百姓無知，最懼人命牽連，恐嚇撞騙易於藉口，全賴相驗時，力歸簡易。凡自盡人命，除釁起威逼，或有情罪出入，尚須覆鞫，其餘口角輕生儘可當場斷結，不必押帶進城，令有守候之累。如死由路斃及失足落水，則驗報立案，不待他求，每有鶻突之官，妄向地主兩隣根尋來歷，以致轉輾撦拉，徒飽吏役之橐，造孽何有紀極哉？

一、辦重案須得條理。一人治一事，及一事止數人者，權一而心暇，自可無誤。或同寅會鞫事難專斷，或案關重大牽涉多人，稍不静細，即滋寃抑。遇此等事，先須理清端緒，分别重輕，可以事為經者，以人緯之；可以人為經者，以事緯之。自為籍記，成算在胷，方可有條不紊，不墮書吏術中。其土音各别，須用通事者，一語之譌，毫釐千里，尤宜慎之又慎。總之辦案宜有斷制，斷制云者，非師心自用也。案無大小總有律例可援，援引既定則例，得無干者，皆無庸句攝，人少牽連，案歸簡净矣。

一、隣境重案，不宜分畛域。守土之官，治不越境，然遇接壤命盜重案，一有風聞，即宜星速緝防。稍分畛域受之以需，致犯得遠竄。已失敬公之義，其或假道境内，終且牽連被議，豈非自取之乎？

一、據筆足跡斷訟者，宜慎。尋常訟案，亦不易理也。凡民間粘呈契約議據等項，入手便須過目，一發經承問，或舞弊挖補，初之不慎，後且難辨。向館嘉、湖，吏多宿蠹，聞有絶產告贖者，業主呈契請驗，蠹吏挖去絶字，仍以絶字補之，問官照見絶字補痕，以為業主挖改，竟作活產斷續，致業主負寃莫白。余佐幕時，凡遇呈粘契據借約之辭，俱於緊要處紙背，蓋用圖記，並於辭内批明，以杜訟源。至楚省則人情詐，只知挖改絶賣為暫典而已，欲以筆蹟斷訟者，不可不留意。

《大清會典則例》卷一二《吏部・考功清吏司・升選》　文武官員犯笞杖等罪，分別公私，此定例也。向來部內議處，不分公私，槩一私罪處分，應行改正。嗣後議處官員引用律文，按照笞杖等罪定議者，皆照例分別公罪、私罪。

又：凡議處官員例無正條，必須旁引比照者，如比照則例可以引用全條，務將全條載入。如不便引用，務將所引則例，或一段，或數語載入稟內。如例無可引，比照律文定擬者，亦務將律文，或一段，或數語引用。定議總期案情例意兩相脗合，不得徒取字面相似，以滋高下之弊。如律例並無正條，又無可旁引比照之案。令該司官將案情詳細察覈酌定處分，該堂官等再行斟酌定議，於疏內聲明請旨，著為定例，以備引用。

又：部內承辦議處事件，自罰俸以至降革，款項繁多，情事各別，除將應行議處官員，故行割裂，增删例文援引比照，免議者，其中必有情弊，自有應得處分，毋庸更行定議外，嗣後承辦之員，有將情罪相符之例，不行引用，擅行割裂，增删别條，摘取字面，以致將不應處官員，竟行革職降調離任者，別經發覺，除將本人開復外，將承辦之員照所議降革議處。如於議處之後，未經發覺之先，自行察出，準其改正，照承問失出改正免議例，免議。

又：官員議處，悉照本條律例定議，其有應從重定擬者，亦必取自上裁，非奉特旨不得擅用加倍字樣，違者以故入人罪論。

又：凡官員議處案件，實繫一事，而其中有兩罪名相因而致者，如承審事件錯擬罪名，有失入之人，即有失出之人。職司關汛衙役賄縱出口，失察出口之人，即失察賄縱之人，似此確繫一事，而罪名實為相因，自應從重議處。再如命案檢驗錯認傷痕，以致不能審出實情，又如清文譯漢情節舛錯，以致事件誤行準駁，似此所犯罪名，雖有先後，實繫一事相因而及，亦應按其所犯重罪議處。再科場內作弊，頂冒之人，又復作弊換卷，所犯雖屬二事，而作弊總屬一人，既與兩次犯罪者不同，即與兩次失察者有間，似此犯罪止繫一人，而處分應有兩罪者，亦應從重定議。至頂替換卷等弊犯罪各有數人，或先發覺者一起，後發覺者一起，察叅既分兩次，失察亦屬各項，即應分案議處。此外如辦理公務失察衙役犯贓，又失察家人犯贓，所犯之人既有兩種失察之咎，亦必逐案分議。又如盜案疎防，一日數起，倉場放米，前後冒領，雖同在一日共屬一事，而疎防冒領，皆不得溷行牽引。再如列款糾叅一案之內，而罪名實不相同，刑名錢穀一人之事，而款件各不相涉，皆應仍照向例分別察議。

《大清會典則例》卷二四《吏部・考功清吏司・邊禁》　會審夷漢事件，究出實情之後，民人照內地律例治罪，蒙古照蒙古例治罪。如蒙古例內並無正條者，呈明都統援引刑部律例治罪。如各該員擬罪不當，蒙古則由都統覈正，民人則由同知覈正，務使定擬罪名歸於平允。倘有彼此存私偏執己見，該上司訪聞，即行題叅，其會審限期，該都統已經委員，該員務於五日內起程，赴協理筆帖式衙門會審，即將會審日期報明該管上司存案，仍照定例。

《皇朝通典》卷八〇《刑一》　刑部議太監錢文才毆死民人徐二，應絞監候。諭大學士等曰：凡太監犯罪斷不可宥。朕觀古來太監善良者少，要在人主防微杜漸慎之於始，縱容姑息侵假事權，迨其勢既張，雖欲制之亦無可如何。如漢之十常侍，唐之北司竊弄威權，甚至人主起居服食皆爲所制，此非一朝一夕之故，由積漸使然也。朕聞明代諸君將本章批簽委之司禮太監，司禮太監委之名下內監，此輩素無學問，不知理義，委之以事，其能免於舛謬耶？錢文才此案爾等記之，至秋審時，勿令倖免。謹按：宦寺之害，自漢唐以來迄於明季，無代無之，其始皆由於愛克厥威，其後遂至於難制。我朝綱紀肅清，恭繹聖訓，防微杜漸，凡近御近侍止許供掃除之役，誠億萬斯年之良法也。

《皇朝通志》卷六六《職官畧三・大理寺》　臣等謹按：我朝慎重邦刑，直省請讞皆令三法司核擬，會疏具奏。蓋以刑部核其實，以都察院、大理寺簡其孚，而大聖人欽恤深仁，務使庶獄咸歸平允，好生之德洽于民心，洵遠軼虞，廷盛軌矣。

《皇朝通志》卷七七《刑法畧三・刑制聽斷》　凡聽斷刑獄，立審結章程，以專責守。五城提督衙門審理案件，除笞杖等，輕罪自行完結，若情節介在疑似，及關繫罪名出入者，俱送刑部審擬，不得率行自結。其直省徒罪案件，如有關繫人命者，均照軍流人犯，解按察使審，轉督撫專案咨部核覆，仍令年終彙題。其尋常徒罪，各督撫批結後，即詳敘供招，按季報部查核。

又：凡刑部現審事件，如竊盜三犯贓數不多，改遣家奴喫酒行凶發遣。及賭博擬流、販私擬徒、軍民相姦擬以枷責等項，尋常罪犯於審結之日，即行發落，仍於彙題疏内聲明。遇有特交案件，即審明無罪可科，亦應覆奏。如罪至斬、絞仍會同三法司核擬。特題其他案件，除杖罪竟行發落外，犯該發遣軍流徒役及軍流徒折枷鞭等罪，倘非尋常經見之事，若犯罪文自監生以上、武自驍騎校以上，或本身雖白丁，繫見任大臣子弟，犯該斷决者，仍照彙題之例，詳叙招供，文移不拘件數、時日，隨結隨題，俟奉旨之日發落。其有酌輕酌重案件，即非生監驍騎校及大臣子弟，亦視此仍於酌量改擬之處，黏貼黄簽進呈御覽。各省每年題結斬、絞重案，刑部於次年開印後，分類摘叙，簡明事由奏聞。

又：凡初次供招，不許擅自删改，按察使亦不得借簡招之名，故為删節，倘有意義不明、序次不順、與情罪並無干礙者，即就近核正申轉，將改本備案，不得發换銷毁。

又：凡勘問謀殺人犯，果有詭計陰謀者，方以造意論斬。助毆傷重者，方以加功論絞。謀而已行，人贓見獲者，方與强盗同辟。毋得據一言為造謀，指助勢為加功，坐虚贓為得財，一槩擬死。若鬬毆及故殺人，獨毆曰毆有從，為同謀共毆，臨時有意欲殺，非人所知，曰：故其共毆人傷皆致命，當時身死，以後下手重者，當其重罪。若當時未死而過後身死，當究明何傷致死，以傷重者坐罪。若原謀共毆，亦有致命重傷，以原謀為首。至亂毆不知先後輕重者，有原謀，則坐原謀為首，無原謀，則坐初鬬者為首。以堪殺人之事為戲，如比較拳棒之類，因而殺傷人者，為戲殺戲傷。因鬬毆而誤殺傷旁人者，為誤殺誤傷。各以鬬毆殺傷論。若耳目所不及、思慮所不到，初無害人之意，而偶致殺傷人者，為過失殺傷。依律收贖。其鬬毆傷而未死者，驗傷官親往，不得舁傷者就驗，驗明立限，責令犯人保辜。以手足他物傷人者，限二十日。刃及湯火傷者，三十日。打傷肢體及破骨墮胎者，五十日。正限二十三十日者，餘限十日。正限五十日者，餘限二十日。正限内因傷身死者，擬抵；餘限内因本傷死者，擬死罪奏請。其原毆傷輕又非致命之處，正限内，因風身死者，將毆打之人，擬流；如當致命處而傷輕或傷重而非致命處，因風身死必在十日外，方准聲請改流；其致命重處及雖非致命傷，至骨斷骨損，即身死在十日之外，仍擬絞抵。若因患病身死與本傷無涉者，雖在正限内，各依本毆傷法，惟僧人逞凶斃命，有致命重傷者，雖在限外十日之内，不得輕擬寛減。

又定治冤獄之法，凡内外問刑衙門，辯明冤枉，須開具所枉事蹟，實封奏聞。委官追問得實，被誣之人，依律改正，罪坐原告，原問官吏以故失入罪論。若罪囚事本無冤，朦混辯明者，杖一百徒三年；所誣罪重者，以故出入人罪論；所辯之罪人知情與同罪，如原犯重，止從重論，不知者不坐。法司凡遇一應稱冤調問及各衙門奏送人犯，如有冤枉及情罪有可矜疑者，即與辯理具奏發落，毋拘成案。若明知冤枉不與辯理者，以故入人罪論。遇有重囚稱冤，原問官輒難辯理者，許該衙門移文三法司堂上官辯理，果有冤枉及情可矜疑者，奏請上裁。

又：又定羈保之法，以清囹圄。凡刑部發城取保犯證，原繫五城送部之案，仍交原城司坊官取保，其餘各衙門移送之案，則發該城司坊官，其由外州縣提到人證，令其自舉親識，交城就近發保，仍將保人姓名報部查核，其並無親識者，酌量交城看守。

又定檢驗之法，以雪沈冤。遇告訟人命，有自縊、自戕及病死而妄稱身死不明，意在圖賴詐財者，究問明確，不得一槩發檢以啟弊竇。其果繫鬬殺、故殺、謀殺者，在京委刑部司官及五城兵馬司、京縣知縣，在外委州縣正印官，務須於未檢驗之先，即詳鞫屍親、證佐、凶犯人等，令其實招以何物傷何致命之處，立為一案，隨親詣屍。所督令仵作如法報檢，定執要害致命去處，細驗其圓長斜正，青赤分寸，果否係某物所傷，公同一干人衆，質對明白，各情輸服，然後成招。或死久發變青赤色，亦須詳辨，不得聽憑仵作混報，擬抵。其仵作受財增減傷痕，扶同屍狀，以成冤獄，審實贓至滿數者，依律從重科罪。額設仵作大縣三名，中縣二名，小縣一名，仍於額外再募一二人跟隨學習，每名發《洗冤録》一部，選委明白刑書一人，與仵作逐細講解。《洗冤録》凡四卷，除總論二篇，屍格屍圖外共二十六條，并續增檢骨圖格二篇。

又：二十二年諭：刑部問刑衙門，期于審鞫精詳，讞獄平允，而後民情悦服，寃抑畢伸。近見爾部審理大小事件，每多草率，因循瞻徇舛錯。如聽訟之時，兩造是非自應分別定案，因意有偏私，往往不問曲直，勒令和息或逼撤原狀，含糊完結，以致奸頑倖免，良善含冤。至於審員膠執己見，聽斷不公，或更改口詞，圖遂私意；或恐嚇犯證，不令直供；或妄肆株連，稽延月日；或怠玩踈忽，苟且告竣，此等弊端，難以枚舉。嗣後堂司各官俱著洗心滌慮，一切刑名事務，令情法允協，無枉無縱，以副委任之意。

又： 二十五年諭：刑曹，民命攸關，國典所繫，必以中正之心，行平恕之道，使法蔽其辜，毋縱毋枉，必得真情，始免冤抑。若惟以深文為能事，鍛鍊為盡職，及獄辭既具，奏牘已成，即反覆推詳，欲求其更生之路，亦甚難矣。朕于爾諸臣章疏有情可矜疑、罪未允協者，皆駁令覆審。嗣後其各體朕懷，殫心竭慮，矢慎矢明，以副祥刑之意。

又： 三十九年諭：州縣取原供時，雖不得情，亦必飾辭具詳，上司覆覈，然後達部。即有冤抑，刑部何由周知？凡承問官初審，未得實情，及上司批駁後果能審出，不妨改正。若明知已誤，又復隱諱，則冤抑莫伸矣。各宜虛衷詳鞫，務得實情。

又： 二十七年諭：刑名案件情偽徵曖，變幻百出，若事事曲為逆億，雖日定一例，豈能遍給乎？惟在司刑憲者，臨事詳察案情，參酌令典，期于平允。徒鰓鰓然各逞己見，議改議增，適以變舊章而滋紛擾，于讞獄之道，有何裨益？著傳諭中外問刑衙門知之。

《皇朝通志》卷七八《刑法畧四·刑制秋朝審》 凡秋審定例，直省督撫將重犯審擬情實、緩決、可矜三項具題，每歲限五月內到部。刑部將原案及法司督撫各看語刊刷招册，送九卿、詹事、科道各一册。八月在金水橋西先是，在天安門外，至康熙二十三年覆准定於金水橋西會審。合同詳核，分擬具題，請旨裁定。其盛京等處案件，亦造入各省秋審案內具題，俟命下日先後咨行直省，將情實人犯於霜降後冬至前正法。其文到限期，雲南、貴州、四川、廣東、廣西、福建限四十日，江西、浙江、湖南、甘肅，限二十五日，江南、陝西、湖北，限十八日，河南限十二日，山東、山西，限九日，直隸限四日，盛京限十五日，寧古塔限一個月。限內遲延不到者，將遲延各地方官察明指參，其刑部見監重犯，每歲一次朝審。刑部於霜降後摘叙緊要情節刊刷招册，送九卿各官。如秋審例，霜降後十日在金水橋西會同詳審，分別情實、緩決、可矜具題請旨。其情實者，俟命下之日，刑科三覆奏，皆經御定大學士承旨用硃筆勾決，其餘仍監固。

又： 凡在京，每年秋審，遇審某省即令某道御史與掌道一體上班，朝審令京畿道御史同掌道與審，勾到時遇某省本章，即著某道御史承辦朝審案件，令京畿道專辦，行刑時，著刑科給事中及刑部侍郎一人監視。乾隆十四年定例如此，今係刑部滿漢侍郎各一人、刑科給事中一人、新資刑部員外郎一人、十八司滿漢司員各一人監視。各省官犯，於定案時即在按察司衙門收禁，秋審勾到，本到省照刑部決囚之例，將情實官犯全數□赴市曹，即令按察司監視行刑，奉到諭旨，當場開讀，按照予勾之犯驗明處決。秋審勾到後，大學士會同刑部，將已勾、未勾情節摘叙簡明事由奏聞行知，各督撫於處決時，榜示通衢曉諭。

又： 朝審，由刑部發交該城榜示其各省官犯，俱俟朝審勾到後奏聞頒發。又朝審勾到，刑部將人犯綁出之日，步軍統領衙門泒步軍翼尉一員護送。凡各省官犯，如繫貪酷敗檢，侵虧狼籍，及有心巧詐不盡臣職，罪應斬、絞之員，其審題結案，在行刑之日以前，皆補疏題請，情實予勾者，即行刑之日已過，亦著行刑。在行刑以後審結者，入下年新事册內，刑部仍貼簽聲明。其尋常私罪案犯，無前項情節者，牢固監候以俟次年秋審，不得概請補入本年情實。其常犯罪該斬、絞，如連斃二命、妖言惑衆、傳集符咒等項，定讞時，已在該省熱審之後，刑部即補入本年秋審情實册內具題，或遇停決之年，其情實案內，有糾衆、聚匪、劫奪、辱官以及前項官常犯情罪重大之案，刑部仍開具事由清册，專行奏聞，請旨正法。

又： 順治二年諭：以後重辟，如奉監候再審之旨，地方毋得輕決，著各巡按御史會同監司從公研審，報部覆奏，候旨處決。其事有冤抑、情可矜疑者，徑自奏聞。十二年諭：三法司核擬罪，必面同研審，不得但用文移往復。

又： 三年諭：人命至重，須平心研究求其可生之路，至萬無可生然後勾決，則國法所不容，亦其自取耳。從來法寬則愚民易犯，非刑期無刑之意。十一年諭：今年各省秋審人犯，有不應緩決之案，經九卿改為情實者甚多。督撫通省、大僚臬司、刑名總匯、録囚定獄、何等重事？豈可因循苟且？如有司執法科罪，而九卿奏請平法，或九卿據法定議，而朕酌奪從寬，方合政體。豈有執法之官而任意於法外徇縱者乎？倘督撫臬司，或謂九卿定議從刻，稍存迎合之見，遂於矜疑之案，概以情實奏讞，其弊尤不可言，爾等將改正各案，逐一覈明，通行申飭之。又諭：明刑所以弼教，除暴所以安民。朕臨御萬方，不得一道同風，俾我民免於刑戮，每以自咎。所望內外大臣，抱刑期無刑之心，執辟以止辟之法，先使民不敢犯，俾無漏網之姦宄，繼則導人不為非，漸化向風之頑懦，如此需之歲月，庶幾習俗可移。朕十年以來，一切刑獄莫不虛衷斂息，詳慎推研，寬嚴本無成見，惟其自取。每見廷臣疆吏諄切開示，諒已悉朕心矣。

又： 朕每當勾到之日，置招册於旁，反覆省覽，常至五六遍，必令毫無疑義，至臨勾時，猶必與大學士等斟酌再四，然後予勾，豈啻三復也哉！若夫三覆奏，本章科臣匆遽具題，不無豕亥，且阻於時日，豈能逐本全覽？嗣後，刑科覆奏，各省皆令一次，朝審，仍令三覆。又諭：朕因刑科三覆奏之例，各省奏牘繁多，迫於時日轉致，不能詳覽，已命簡去二覆以從務實。今思勾决之時，朕詳閱招册，反覆斟酌辯論，大學士在朕前，一面秉筆代勾，一面聽受諭旨，雖殿庭咫尺自無舛錯，但多經一遍視覽，於勾决更為慎重。嗣此著於勾到後，將原本進呈覆閱，再行批發，著為例。

又： 朕於各省招册，反覆研究，務協理法之大中，人命至重，大德好生，何忍不以哀矜為念？但骫法違道，務在活人，斯乃婦人之仁，中外問刑者，其共知之。十八年諭：各省由立决改監候，人犯情罪本重，累次秋審仍列入情實，上年四十起內，未勾者二十三人，此次已勾一起，但節次存留監禁，將積而愈多，足因緩死而屢次綁赴市曹，亦非所以重刑章也！嗣後，此項除本年未勾人犯，下次仍入情實外，其餘著大學士會同刑部堂官將招册覆加詳勘。

《皇朝通志》卷七九《刑法畧五・刑制欽卹》 凡事務推勘確實，從公審斷，勿徇私見，顛倒是非；仍宜兼程遄往，作速清結。倘遲延時日，恐無賴之徒藉端生事，捏詞妄訐，反累貧民。至所審案件或當或否，朕無不洞悉，爾等慎之。又諭：遣閣臣會同三法司，將已結大案在監者詳加審理，無使寃滯。直省監候重犯，選賢能司官會同該撫，將大小刑名事件，不論已結、未結逐一詳審，其重罪內情可矜疑者，奏請定奪，小罪即行完結，造册報部。

又： 凡案件易結者，毋執定限速行審理，使輕罪早脱囹圄，無辜亦免牽連，倘任意躭延，雖所告得伸，亦多含怨。即訊鞫罪人亦不可輕用重刑，若云非夾訊不能定案，此尤爾部之大謬矣！録囚之際，但求平允，不可過當。爾等訊獄動刑，習為常事，當思無負重任，亦須自念子孫，豈可疎忽致有後悔乎？尚其同寅協恭，速為辦理，毋恃才偏執，毋推諉瞻徇，以體朕心，以卹民命。

《皇朝通志》卷八〇《刑法畧六・赦宥》 四年七月奉諭：各省命案內，其情由可惡者不准寬免外，其餘一百七十七名俱著釋放，此朕格外生全之恩，為舊例之所未有。凡兹小民，當體朕省刑宥過之意。

《皇朝通志》卷一二二《災祥畧一・天類》 諭大學士等曰：朕觀自古帝王于不肖大臣正法者頗多。今設有貪污之臣，朕得其實，亦必置之重典，此皆係於人事。

《皇朝文獻通考》卷三《田賦考三・田賦之制》 至七年，以直省所舉老農有冒濫生事者，令督撫查明，悉行革退，另選題補。其從前，或因賄囑營求而得者，准老農及保送之官員，自行出首，但革去老農頂帶，免其治罪。

《皇朝文獻通考》卷二四《職役考四》 朕聞直隸州縣衙門，經承之外，必有貼寫；正役之外，每多白役。聚此數十輩無賴之徒，假托公務，橫肆貪饕，其為小民擾累，何可勝言？故有獄訟，尚未審結而耗財於若輩之手，兩造已經坐困矣！額糧尚未收納而浮費於催徵，中飽於蠹胥，已什去二三矣。其餘勾緝命盜，因緣舞弊，遇事風生，株連無辜，賄縱要犯，大底貼寫白役之為害居多。各省督撫務宜嚴飭各該州縣將所有吏役按籍鈎考，其有私行冒充者，悉行裁革。設正額書役實不敷用，不妨於貼寫幫役中擇其淳謹者，酌量存留，亦必嚴加約束，毋得非時差擾。至於經承正役，務須時刻稽查，倘有壞法擾民之事，立即按律重懲。

又： 諭：據福康安奏山丹縣有押車縣役劉國臣被毆身死，訊據安西營兵馬國棟等，有兵丁鄧喜，因索車價拉去差役劉國臣之供，乃該条將路德沛飾詞屢稟，代兵狡辯。經節次嚴批，始將兵丁鄧喜等交縣訊辦，請旨將路德沛革審等語。各省驛站向來原有額設車輛，如遇差使緊要不敷應用，並准其開銷雇辦。此次安西營兵赴凉州駐守，係官為護送，既有車可乘，兵丁等又何由向縣役索取車價？此必地方官辦理不善，或車輛短少，有折價情弊，以致兵丁得以藉詞訛索。著福康安即查明據實具奏，至兵丁等遇有征調，自當安分遄行。如果車輛不敷，亦應稟明該管將領，代為辦理。何得額外多索，擅自毆斃差役？若似此行兇滋事，不嚴行懲治，其何以申軍紀而肅戎行？著福康安於審明後，即將毆斃縣役之兵丁，一面正法，一面奏聞以示懲儆。其叅將路德沛，既不能約束兵丁，致有毆斃差役之事，又不即時查出行兇之犯，送交地方官審訊，似此狡詐迴護之劣員，其罪已不止於革職，路德沛如果審無別項情弊，亦當發往伊犁充當苦差，以為營員飾詞揑稟者戒。

《皇朝文獻通考》卷一九五《刑考一·刑制》 比來風俗儇薄，姦民健訟，攫利嫁禍，為害滋多。請申飭內外各衙門，凡經審結之案，非奇寃積枉，不得復起葛藤，重滋株累。至於旁觀出首，多屬傾誣，百姓告訐官長，尤為刁悖，且民間婦女，輒拘訊公庭，亦傷廉耻之化，俱乞嚴禁，所全實多。至治之世，囹圄空虚，晚季刑繁獄重，甚非古人明慎用刑之意。請勅法司、各衙門，務以清獄省刑為第一義，非事關重大不得繫獄，仍勅各撫按親詣郡邑查覈，即獄犯之多寡，定有司之仁暴，庶可漸幾刑措之治。

《皇朝文獻通考》卷二〇一《刑考七·刑制》 又定直省秋審令道府巡歷審勘例。諭：阿思哈奏，各省每年秋審請照京師按册覆讞之例，停其提犯到省一摺，所奏甚是，而其中尚有計議未盡周到之處。蓋此等罪犯所有案情，久經督撫臬司等確核詳定，及秋審屆期，亦不過循用故事，就招册分別情實、緩決，可矜三項，而在省過堂時，亦從不聞有聲屈平反之事。徒令囚徒輾轉提解，紛擾疎虞種種不免，自應酌議停止，以省具文，第各屬成案頗繁，研究務宜詳慎。若概免提解，而執法之司惟知抱牘從事於貌稽辭聽之義，猶屬未協朕意，從古案部録囚，原有舊典，在督撫統轄全省，臬司亦刑名總滙，勢難親臨州縣，一一按問。至本管道府，職司既專，而分轄地方又不甚遼遠，若令於每年審録之前，巡歷所屬，逐案審勘，其情罪無疑義者，自可會册具申上司。間遇有獄成未孚，臨時呼寃之犯，仍應據實另繕招册，將本案犯証一併解送司院覆訊定擬。是於減除陋例之中，兼寓慎重祥刑之意，立法庶為盡善。至道府録報各册，無論情罪有無與原案異同，俱令加結備案，以杜徇庇屬員及有心翻駁諸弊。於責成，尤有專屬，其應如何酌定條例，著該部詳議具奏。尋議嗣後應令道員巡歷，皆以冬季為期，於所屬業經定案應入秋審人犯，即率同知府各該州縣一一研訊，詳加覆勘造册，加結申送。如有情罪未協，臨時呼寃之犯，訊非揑詞翻異者，即另繕招册，將犯証解送司院聽候覆審，該道府亦出具印結備案。倘有事本寃抑而徇庇屬員不為辨明及案無可疑、有心翻異者，經該督撫查出嚴叅議處，如該督撫不加覺察，別經發覺，一併議處。從之。

（清）劉錦藻《皇朝續文獻通考》卷二四二《刑考一》 四月，巡漕御史英綸正法，奉諭：軍機大臣會同刑部議奏將英綸擬絞請旨即行正法一摺。國家設立巡漕御史四員，自瓜儀以至通州分段巡查，原以稽察弊竇，催趲遲延，從前積有陋規節經裁革，添給養廉，以資辦公，膺斯任者，理應潔己自愛，勤慎奉職。上年都察院請簡漕差，朕於科道各員就引見時，派出四人，英綸適在其內。朕素未識其爲人，及伊請訓召見，即覺其人頗平常，當經嚴加訓誡。嗣伊到任未久，旋奏請患病開缺，朕以其年力正强，疑有揑病情弊，另派趙佩湘前往，於其赴任時，承旨密查。趙佩湘一至東省，即查其聲名狼藉，據實密奏，而英綸迎遇趙佩湘，並告以病已漸痊，其爲欺飾，已屬顯然。因密飭馬慧裕、吉綸，將英綸劣款再行詳查，節據覆奏，贓證確鑿，實屬目無法紀。巡漕御史職在催查，今英綸於每幫船入境時，藉詞恐嚇勒索幫銀，該弁丁輾轉攢湊，自必耽延時日。且銀不入手不予收文。及告病後，仍有印柄在手，斷難越過之語，是以催漕之官爲阻漕之事，並查勘泉源，呵斥挑剔，婪索多贓。其挾勢求索所部財物，於法實有所枉，至御史職司風紀奉命巡查，設地方官有不公不法之事，尚應列之彈章，其該管弁丁夫役人等，如沿途有飲博宿娼等事，藉端逗留者，該御史即行查禁懲處。乃英綸於行館喚妓住宿，以執法之人躬爲此無耻之事，尤屬卑鄙不堪。英綸係温福之孫，勒保之姪，舊家大族，世受國恩，乃貪汚縱恣一至於此，實屬法無可宥。英綸著即處絞，至英綸於巡漕時，每以捆打恐嚇運弁，是以朝廷之刑法爲詐財之具，應即令其身受責處，用示儆創。著派御前大臣、軍機大臣會同刑部堂官，將英綸監提重責二十板。派御前侍衛富翰，刑部侍郎景禄，押赴市曹監視處決。以爲奉差官員不念職守，敗檢貪婪，罔顧廉恥者戒。

又：二十二年十月，伊緜泰、蕭鎮正法。奉諭：我朝列聖相承，廣開言路，朕虚懷納諫，凡科道所上章疏，其言是者，無不採納施行；即或識見迂陋所言不當，亦每曲示包容，不特不肯誅戮言官，即如前朝粃政廷杖諫臣，亦從無其事。本日朝審，句到官犯内伊緜泰、蕭鎮二名俱予句決。伊緜泰枉法貪贓，法所難宥。至蕭鎮職居言路，得以上章言事，徇情聽囑，已干法紀，乃竟賄賣條陳，以奏事爲納賂之具，欺君犯上，孰大於此？若不加嚴懲，則言以賄行，顛倒是非，變亂黑白，勢將何所不至？特將該犯明正典刑，以昭炯戒。内外臣工，當知朕所誅者，乃壞法營私，行同市儈之小人，於上章言事之諫臣，毫不相涉也。

（清）劉錦藻《皇朝續文獻通考》卷二四四《刑考三》 光緒四年，都察院奏言，近來各省控案，多有相驗遲誤，地方官並不親往者，熱河及東三省爲尤甚。雖控詞未必盡實，要事出有因，人命重案，例有定限，本宜迅速往驗辨明屍傷，立緝兇犯究辦。乃或遲至數月，甚有至數年之久者，正兇多半遠颺，致令獸鼠殘食，屍體不全，焚毀滅迹，難求證佐。兩造各執一詞，而差役人等勒索把持於其間，弊竇不可勝言，定案則未免草率，蒸檢即彌形慘酷，至佐雜等官，例不准擅受民詞，何得輕議民命？乃或委令雜職武弁，控詞中竟有訴及幕友代驗之事，既非其分所當爲，安保其皆知自愛？輾轉夤緣，就中舞弊，勢所難免，均非慎重民命之道。擬請旨飭下刑部，凡地方官相驗，均確遵程途遠近定限，即於詳報時，隨案聲明，除報案遲誤，罪坐鄉保，或奉差請假，速爲稟請鄰封相驗外，倘有遲延逾限，及率委佐雜人等代驗者嚴加處分。並通飭各省一律遵照辦理。

又：又諭：御史張兆蘭奏外省問刑衙門濫用非刑請嚴行禁止一摺。朝廷設立刑章，本有定制，外省問刑衙門濫用非刑，疊經降旨申禁。茲據該御史所奏，各直省州縣，仍有濫用各種非刑情事，殊非矜恤民命之道。著各該督撫嚴飭所屬，謹遵疊次諭旨，實力奉行。如敢陽奉陰違，即行從嚴參辦。

（清）劉錦藻《皇朝續文獻通考》卷二五二《刑考十一》 臣謹案：凡京控之案，有直行叩閽者，有向都察院通政司上控者，有向提督衙門上控者，各衙門接收奏聞後，即交該省督撫臬司會審。緣此等案件，多係小民奇寃莫，伸不得已而冒險出此，非尋常詞訟可比，乃近來積習。該督撫臬司視爲無關緊要，均諉發審局員審理，含混了結，其親提詳審平反者，十無一二。前一條係嚴責推諉怠惰，不親提審理之弊，後二條係嚴責任意延遲，拖累無辜之弊，皆慎刑之大端也。

二十四年，侍郎張蔭桓奏請：增修内政以戢民志。奉諭：國家振興庶務，尤以通達民隱爲先。各直省州縣，於聽訟一事，久不講求，往往於戶婚田土錢財細故，任意積壓，累月經年。書役門丁因之藉端訛索，愚民受累無窮，亟應實力整頓，以除積弊，而惜民隱。前大學士直隸總督曾國藩所撰《清訟事宜》及《清訟功過章程》，於清釐積案之法，鉅細靡遺，曾經頒發各省，著各將軍、督撫、府尹，重爲刊印頒發各屬。並著照該侍郎所請：於原定《功過章程》外，增補《道府功過章程》，所屬州縣局員，有記大過三起以上者，道府記過一次；六起以上者，記大過一次，記功亦如之。其有容隱在先，續行舉報或被參隱匿提報清結，除將州縣局員分別輕重參撤記過外，道府亦即比例記功。凡實缺計典候補委署及年終密考，俱以清訟之功過，分別予奪優劣。該將軍、督撫、府尹等務當認真考核，實力奉行，以期政平訟理，不得虚應故事、視同具文。並將遵辦情形迅速具奏。

又：臣謹案：咸同軍興以來，財力困竭，州縣皆視催科爲要政，於民間詞訟漠不關心，以致寃抑莫伸，釀成旱災。曾國藩督畿輔時，洞悉州縣積弊，撰有《清訟功過章程》，以結案之多寡、遲速，爲委署、升遷之地步，吏治漸有起色。此諭並責成府道監察，以州縣之功過定道府之優劣，更爲周密無遺矣。

臣謹案：從前外省死罪由州縣審理，臬司核定，詳由督撫奏聞；京師死罪由刑部審理，會同都察院、大理寺奏聞。見在變法，外省改歸審判廳審理，京師改歸大理院審理，其臬司刑部俱改爲行政機關，以致部員數百無所事事。因之法部與大理院，以事權不明迭相争執。茲經編查館畫分部院權限，令法部依舊辦理秋審，是又以行政而兼司法矣。其處决死刑既歸刑部奏聞，又由檢察廳執行，其中轇轕不清，無非爲争權起見，於公事毫無裨益，而徒增無數紛擾，添無數員缺，耗無數俸金而已。

（清）樊增祥《樊山政書》卷一《批蒲城縣商民楊海雲呈詞》 爾被惡差屈德借端訛詐，私刑拷打，並將爾鋪内銀錢衣物擄掠一空，爾不在縣具控，輒來省垣瀆請提究。爾獨不聞越訴笞五十乎？仰即迅回蒲城縣具呈催案，越訴不准。

（清）樊增祥《樊山政書》卷一《批長安縣民任益謙呈詞》 家庭不睦，訟屬尋常，何至傳案數月，一堂未過？仰長安縣於五日以内集訊斷結具報，勿稍延徂。詞發，仍繳。

（清）樊增祥《樊山政書》卷二《批咸陽縣民沈隆楊治福等控詞》 爾沈隆著名健訟，往往事不干己，閧案害人。本司痛惡刁民，嚴治訟棍，豈能任爾刁誣？仰西安府查明沈隆歷年訟案，照訟棍辦罪，以除咸陽之害。楊治福形同瓦狗，全聽沈隆支使，無足深責。咸陽賑案既經訊明，即可秉公斷結，勿任延累。禀發，仍繳。

（清）樊增祥《樊山政書》卷二《批在籍直隸知縣汝作枚呈詞》 查閲該令前禀及被告訴詞，以局外而言捐案，以縣令而訐吏胥，即使語皆有憑，亦屬事不干己。而况衅起於借貸不遂，而迹涉於誣告挾嫌。觀爾祈求姊丈之書及挾制羣胥之語，官箴掃地，客氣凌人。最可惡者，以他人饋贈之程儀，而作書吏求和之賄賂，封呈賑局，昧盡天良。夫以太阿之柄授人，而又欲殺人以爲快，是之謂愚。以暮夜之金呈案，而忽欲銷案以圖財，是之謂妄。以公事論，不能起滅自由，以例案言，理應誣告反坐。爾在籍尚訛書辦，做官必虐下民。今日是難免昨日非，爾自投罟擭之内，一家哭何如一路哭，我不爲婦人之仁。既爲朝廷法官，可畏當如夏日，寄語人間寒士，等閒莫打秋風。仰西安府提集人證，迅速訊明，秉公斷結，詳請核辦。此禀不准。

（清）樊增祥《樊山政書》卷三《批韓城縣詳》 斷案須要持平，敘事更要清楚。來詳稱史春泰充戶房經承，侵吞公款七八百金。因吳光玉亦係幫辦，賠出百金，其餘則戶房及三班借墊代賠。光玉不應濫控，掌責完案。查史春泰侵盗公款至八百金之多，事發潛逃，累人代墊。及其到案，不過曰酌責而已。所謂從嚴比追者，迄今未交出分釐。詳稱春泰是經承，光玉亦是幫辦，咎有應得。究竟光玉曾否分肥，未據申敘。如所吞八百金，光玉並未染指，何能代泰春賠銀。譬如知縣虧空，責令典史代墊，有是理乎？該令事理不明，深堪憤詫。仰同州府速委鄰經歷前往，將史春泰提案，重責比追。該革書身犯監守自盗之罪，滿貫至六七倍之多，杖斃誠不足惜。並著查明吳光玉曾否扶同侵盗，如無分贓情事，則所墊百金亦應令史春泰持出歸還，並仰同州府留心察看。丁令是否能勝韓城縣之任，據實禀復，勿徇寅情而貽民害。本司亦知丁令是老實人，然老實之害甚於貪酷。蓋貪而有才，猶可駕馭而用之，老實而糊塗，真百無一用矣。此繳。

（清）樊增祥《樊山政書》卷三《批韓城縣印委會禀》 據禀已悉。准如所請銷案。前禀倘能如此詳明，何至委員覆訊。故斷案不可不公明，禀詞尤不可不詳審也。繳。

（清）樊增祥《樊山政書》卷三《批大荔縣孀婦董方氏控詞》 爾子於去年十月在祥泰店自戕隕命，如果由郭尚志等威逼所致，大荔張令與郭何親，與爾子何嫌，豈有不爲伸冤之理？陝中風俗，凡有自戕之案，無不藉命圖詐。况爾爲子鳴冤，應如何奮迅迫切，何以遲延半載有餘，始行上控？其爲意存拖害，不問可知。姑仰大荔縣録案詳覆，以憑主奪。詞發，仍繳。

（清）樊增祥《樊山政書》卷三《批咸甯縣詳》 王璋等以銀交姚克仁糧鋪代納民糧，是糧銀未入吳祥之手。而璋明知故昧，誣控逞刁，並不在府縣具呈，徑來本司衙門越訴。其意以爲控差無不准之理，即或審係誣控，亦無爲差役打百姓之理。殊不知本司嚮來斷案，但論是非，不管是民是役。百姓今日入卯，則百姓即差也。差役今日辭卯，則差役依然百姓也。差與百姓何分乎？王璋刁猾若此，未便姑容。除由該縣已經懲責外，仰再枷號一個月，以儆刁告。該縣仍宜切戒糧差，勿因此案得直，遂爾欺凌百姓。試思百姓犯法，猶且不恕，若差役知法犯法，能不倍懲乎？此繳，原詞存。

（清）樊增祥《樊山政書》卷四《批西安府張守禀》 據禀已悉。此案劉撈獅白晝竊取劉成才家麥袋，爲成才十一歲幼女撞見聲喊，撈獅起意致死滅口，當即揿按倒地，搯傷咽喉，致口鼻流血而死，其情慘毒已極。夫慘斃幼女，較拒捕殺人者尤爲可恨。蓋事主捕賊，勢均力敵，勝負尚未可知。若幼女身小力微，該賊先操必能致死之權，而該女已處於不能不死之勢。欺幼斃命，心狠手毒，尚有何情可原乎？前署司但聽該賊一面之虛詞，而不思冬英稚年之慘斃，現既覆鞫得實，無可推移，仰照原詳勘轉，以伸憲典而慰幽魂。切切。此繳，原卷存。

（清）樊增祥《樊山政書》卷四《批南鄭縣屈令壽昌稟》　此等兇徒逆子，經其親父令族人毆成殘廢，三月二十六日受傷，閱二十餘日因傷身死。論其情罪，甚屬便宜。死者不冤，毆者何罪？仰即知照。繳。

（清）樊增祥《樊山政書》卷四《批客民朱麗雲呈詞》　爾真不會告狀。此案批縣秉公斷結，據爾自稱李縣主初次堂訊，即嚴飭竇嶽重還錢，可謂公道之至。繼令東夥分賠，在債主以爲放鬆資東，在縣官酌理准情，必有不獲已之處。爾因逾限未償，具呈催案可也。乃竟以風影之詞，爲含沙之射。詞稱竇光儀賄通官府，豈李令亦受賄乎？又謂嶽重是其門生，夫李令如果庇護門生，則初訊必不嚴飭，豈嚴飭之後，嶽重始拜門乎？以代追欠款之官，徒以債家償款稍遲，遂被受賄徇情之謗，以本司設身處地，心不平矣。爾不但不會要賬，亦並不會説話。李令之秉公持正，何人不知，豈能由爾非毁？仰仍赴蒲投案，自繳縣主認錯，求追欠款。李縣主必能爲爾了結此事。俟欠款交齊，先將爾打二十戒尺，然後領銀完案，以爲糊塗越訴者戒。惟事須分别言之，竇娃應還之款務令速還，勿任羈累。切切。詞發，仍繳。

（清）樊增祥《樊山政書》卷四《批長安縣民曹發友控詞》　此案曹發有爲李屈氏招夫，業經八載，李屈氏幼子夭折。其夫堂兄李文懷與其子李囤囤涎屈氏之產，意在逐發有離門，則遺業易於欺奪，乃捏發有毁業之詞，率行具控，而又擅取屈氏棉籽，翻犁屈氏煙苗。查發有入門之始，文懷已受錢二十四千，此時涎業捏誣，居心深爲險很。該縣審判此案，以李文和承繼屈氏，曹發有或同居，或另度，聽其自便，均屬公允。所以不足服人者，李文懷父子如此可惡，該縣於問明後毫無懲創。究竟强拿之棉籽是否歸還，翻犁之煙苗是否暗補，一切未見分曉。胡令素稱明決，何忽顢頇如此？此案不必提審滋累，仰西安府將李文懷、李囤囤提至讞局，各痛打一頓，勒令將棉籽、煙苗如數賠補，交李屈氏具領。曹發有並未毁李氏之產，自勿庸離屈氏之門。併著文懷、囤囤各具切結，以後不准干預李屈氏家事。此繳。詳文、原詞並發西安府閲看，仍繳。

（清）樊增祥《樊山政書》卷四《批渭南縣余令詳》　此案現據屍母呈控到司，業委張令炳華前赴渭南訪查研究。該署令辦理此案顢頇率忽，深堪怪訝。查王福林兄弟於三月十四日夜同宿李家，十五日清晨忽地與人争毆，福林登時殞命，越三日化義亦因傷身死。案關一家二命，宜如何上緊緝兇，乃十七日報案，該署令二十一日始往相驗，已屬玩視民命，憚於下鄉。况以時而論，清晨非昏夜可比；以地而論，厚子鎮非曠野可比。該令勘單明云該鎮有南北街一道，李盧氏居住東頭，當肇衅喧嚷之時，街鄰豈無聞者？兇手毆畢出門，必從街市經過，豈無見者？乃案延數月之久，該署令毫無端倪。現據屍母指控多人，其早經在縣呈控可知。即使不確，亦應逮案訊問，方足以服原告之心。乃該令不但不問，並將屍子王建臣交差管押，誠不知其何心。該署令懶惰之聲遍傳關内，即此案而觀，可謂名下無虛士矣。李盧氏母子身爲居停，其家白晝打死親戚二人，豈能毫無知覺？王化義受傷三日始斃，此三日中豈皆昏迷不醒，一言不發乎？此等易於查訊之案，而猶如此迷罔，設更有冤獄，又將如何？余紹僑著詳記五大過，勒限一個月緝兇。無獲，定即詳參不貸。仍俟委員下縣會同研審，倘持成見，則是自貽伊戚，決無原恕。此繳。

（清）樊增祥《樊山政書》卷四《批華陰縣詳》　查該犯王年娃等因索稞錢之故，先一日已將張高氏逼至投井，經救得生。乃該犯等不知悔禍，復敢於次日前往强割麥禾，致令張高氏吞煙殞命。如此兇惡，愍不畏法，若僅照尋常威逼致死之案杖責完結，未免情浮於法。仰同州府即飭該縣於決杖之外，將該犯王年娃加枷號一個月，翟祥兒枷號半個月，以示儆戒。再查張高氏當地認稞，歷年並無拖欠，迨年荒災重，始欠錢四串餘文，而即以是區區者被逼殞命，該縣於王年娃從輕杖決外，仍斷令張孟氏即日丟地，張家之人命何其輕，王姓之僥倖何其甚也！此地著仍歸張孟氏佃種，每年減去稞錢兩串，以恤死者之家。該令以後斷案，務須細心審度，一意持平。切切。仍將遵辦情形詳報察奪，併候督撫憲暨潼商道批示。繳，格結存。

（清）樊增祥《樊山政書》卷四《批蒲城縣民武鑽謨呈詞》　本司久在關中，深知上控呈詞多虛少實，是以從不輕准。此稟據稱蘇馮氏荒年乏度，將其祖姑早已坍塌之節孝牌坊折賣度命，爾遂以銀易之。生員李炳昌等索詐不遂，串通王教官加爾以藐旨毀節之罪。教官書斗婪索銀錢，看其情節，言言俱實。此等教官秀才，不革何待？候飭西安府札委徐令兆蘭前赴蒲城，提集被告中證人等秉公研究得實，即行稟請分别懲辦。爾即回蒲城候質。詞發，仍繳。

（清）**樊增祥《樊山政書》卷四《批臨潼縣稟》** 據稟已悉。此案本司風聞游勇張連山即張壽亭路遇營勇楊生輝進省打麥，搭伴同行，生輝供其食用，又憐其行路足軟，借馬與騎。洋槍亦生輝之物，令其馬上携帶。行至斜口迆東，張連山馬上放槍，將生輝擊斃。此等窮兇極惡之徒，應立即梟首示衆，以快人心。來稟聽其一面之詞，擬以謀殺，尚須提借槍之蘇奎質對。蘇奎有無其人，尚不可必。即使到案，亦必認是己物，可冀白得洋槍一桿。且槍是誰物，與案情毫不相干。該令何必費如許周折，徒使巨憝稽誅。仰即迅速開具供摺，立請就地正法，以昭炯戒，勿再迂緩延誤。切切。仍候督撫憲暨糧道批示。繳。

（清）**樊增祥《樊山政書》卷四《批南鄭縣民梁泰新呈詞》** 據稟已悉。情詞未必盡真，案牘或非虚造。粘呈前後府批，郭振基似屬狡猾之尤，而王德新更屬無恥之吏。此案仰漢中府提集人證、卷宗，秉公質究，斷結報奪。王德新如實有枉斷情事，照例隨案詳革，勿稍徇縱。切切。詞發，仍繳。

（清）**樊增祥《樊山政書》卷四《批渭南縣民王虎兒呈詞》** 余紹僑在渭南凡有命案，俱令私和，可恨之至。此案仰西安府轉飭現任鈕署令，檢查原案，傳集被證人等，秉公研訊，據實詳覆。余紹僑業已被參，無所用其回護，應即提訊。原差刑仵人等，如果王王氏因傷而死，即著照例稟辦，勿稍扶同徇隱。切切。詞發，仍繳。

再查此案余紹僑於交卸之後，始行補詳。初四自渭南發遞，十四始行到省，明係倒填月日，情屬可疑，尤應查究。不然六月初五之案，何以八月初四始上詳乎？又批。

（清）**樊增祥《樊山政書》卷四《批長安縣民定清桂稟詞》** 胡説！爾父痰迷枉告，事或有之，試問賭具從何而來？爾父首告賭匪，甚屬可嘉。爾身爲人子，故反爾父所爲，庇護賭匪，反指爾父爲瘋痰，實屬不孝之尤，法當杖斃。仰西安府將定清桂一併嚴拿到案，盡法懲治。稟發，仍繳。

（清）**樊增祥《樊山政書》卷四《批長安縣商民謝萬元呈詞》** 所控無情無理。老穆如果積慣兇横，人人受害，何無一人控告？前日下午，糾黨十餘人，直人爾鋪，托言買衣，實則硬拿架貨。鋪夥劉生發父子攔阻被毆，各受重傷。爾店設省城，時非昏夜，而老穆等形同明火，迹等行强，果有此情，豈有報縣不究之理？據稱鋪夥受傷沈重，曾否報縣驗傷？老穆等將衣持去，究竟持去若干？均未聲明。似此荒謬朦朧，實堪怪詫。况十七薄暮肇衅，控縣僅隔一日，爾即於十九日越訴到司，謂長安縣至今未曾一訊。試問爾十八具呈，必得即日傳集訊問乎？如此膽妄逞刁，非痛撻不可。仰長安縣即日驗明傷痕之有無，查明搶案之虚實，迅速秉公從嚴究坐。切切。詞發，仍繳。

（清）**樊增祥《樊山政書》卷四《批三原縣印委魏程會稟》** 老劉張氏已回娘屋，因天寒衣薄，復至劉家拾取穿舊棉衣數件。雖云經官斷離，以後不應乘虚入室。然所取無多，且是伊從前舊著，即可發還該氏，俾禦冬寒。張萬昌等故甚其詞，情殊可惡。此婦十年以來蕩費劉氏産業數萬餘金，劉氏東夥諸人瞠目坐視，無法可施。今經本司斷得乾乾淨淨，永絶葛藤，乃將小事捏作大事，來轅聳瀆，致煩印委交馳，東里騷動，何其傎而謬也！老劉張氏著其弟張炳元具領回家，遵照前斷，每年在劉楷手領銀百六十兩以養餘年，不准再入劉門，復滋訟累。其舊衣兩包，即令携去。張萬昌記責百板，倘再無端撒謊，定即加倍重笞。薛升吞蝕極多，仰讞局細算窮追，務令繳足而後已。稟及原詞發交西安府查辦，仍繳。併飭三原縣及委員知照。

（清）**樊增祥《樊山政書》卷五《批蒲城縣民趙金貴控詞》** 光緒二十六年臘月之案，如果爾叔趙温志被黄檗客謀財害命，該縣豈能諱命縱兇？本州又豈能坐視不理？爾又豈能坐待兩年之久始行來轅上控？核其情事，顯係藉命圖詐，而自忘其情虧理短，實屬愚妄已極。不准。

（清）**樊增祥《樊山政書》卷五《批華陰縣印委劉李會稟》** 查近來誣控之案層見迭出，總由承審官不肯坐誣，是以毫無畏忌。此案時扣娃偷竊僱主王秀蘭麥袋槍枝，人贓並獲，送縣請究。爲團總者，誼當如此。扣娃行至中途，畏罪投井，事出意外，死非逼迫，業經該縣驗明，具詳了案。蕭至川以扣娃外姻事不干己而輒以逼命霸埋一再控府控司，計圖訛詐。該印委等業已訊明誣告屬實，照例以俯首認咎，並不始終誣執二語請免治罪，已屬婦人之仁。又因蕭至川一面之詞稱扣娃娶親，伊曾幫銀二十兩，此番時熊氏再醮其堂叔時，先泰私受銀三十二兩，斷令先泰分給一半等語。查先係扣娃叔父領屍由彼，主婚亦由彼，則再醮財禮自應歸其收受，何所謂私？至川所稱幫銀二十兩，真假尚不可知。即使果真，人死例不還賬，而況以毆殺二命重情，誣人以必死之罪，被證拖累，久乃得明，該令等不辦反坐，而反以十六金賞之，是開誣陷之門而長健訟之氣也。優柔顛倒，閲之令人憤怒。仰同州府迅飭華陰劉令速提蕭至川到案，立將十六金追還先泰，將蕭至川重笞無算，枷號一月，遞解回籍，永遠不准再至華陰滋事。仍將遵辦及遞解日期禀報本司查考，勿再縱延干咎。繳。

（清）樊增祥《樊山政書》卷五《批華州李令嘉續禀》 接閲來牘，如畫如話，於兩造案情及案外圖賴之詭謀，軒豁呈露，真公牘能品也。此案朱村堡孫建極等借修河爲名，砍伐沙澗堡樹木六十餘株，毆傷戴忠仁母子，而伐樹之侯來娃、李上墳亦被還毆受傷，均經貴州驗明在卷。而朱村民人李映秀突於事後報稱其姪剛子被沙澗史辣子毆傷身死。查互毆在十月二十四，驗傷在二十五，剛子死亦在二十五，果係受傷垂斃，豈有請驗輕傷而反置重傷於不報之理？其爲死後聽受孫建極等主使誣陷無疑。既經貴州驗明，死由服毒，別無傷痕，應即究明因何自盡緣由，別詳了結。至隄工已竣，而孫建極等膽敢隔堡伐樹，假公事以報私嫌。查兩堡受傷相等，而朱村情理太虧，而且藉命圖訛，誣人死罪，實堪痛恨。杜端忝列黌校，隨同陷害，應即查明年貌，詳請斥革。孫建極係屬主謀，侯來娃砍樹傷人，李映秀聽唆誣告，著一併逮案，重責枷號。來娃前經受傷，量減一等。除將樹株歸還沙澗外，仍勒令朱村合堡出錢二十千，以爲補種樹株之費。以後再有隄堰各工，務須查照舊規，妥定章程，出丁出料，均勻攤派。有不遵者，重責勿貸。本司特就紙上判斷，如有未盡情事，貴州隨宜酌改，務得情法之平可也。此批發還閲看，鈔録存案，仍繳。

（清）樊增祥《樊山政書》卷五《批鎮安縣民阮兆祥呈詞》 據稱爾堂兄阮光啟來省貿易，今年八月十一日帶銀百兩回家，在咸甯北留村被人劫銀砍傷身死。爾等九月來省，詢知光啟頭顱粉碎，遍體刀傷，赤身入棺，懇求覆驗，並指控何席珍等五人到案。查阮光啟身死，該村並無人知其姓名，咸甯縣照例往驗，填格殮屍，緝兇招領，並無不合。爾於人死四十日後始來省城，所稱光啟身帶百金，糜身碎首，究竟聞自何人？又稱在該地拾得頭髮一撮，門牙一個，查大路旁邊日日人畜踐踏，何以四十餘日極輕之髮而風不能吹，極細之齒而土不能掩，剛剛被爾拾得？況齒髮何人蔑有？何憑何證，定爲光啟所遺？又況屍格存卷，屍骨掩埋，爾既未開棺見屍，又未閲看案卷，何以知屍傷、屍格兩不相符？似此妄控圖訛，深堪痛恨。查爾所説各節，無非聞之於人，是誰告爾得知，即著將其人指出，以憑傳究。此狀不准。明白另呈候奪。

（清）樊增祥《樊山政書》卷五《批三原縣程令壎禀》 此案擬杖未免輕縱。查張貴林到案之初，曾經供認揪按事主，後來翻異，則稱因事主供指在先，不敢分辯。審是，則事主早已認明確指矣。今因事主回籍，竟聽其一面之詞，予以平反，以罪應駢首之人擬杖完事。在原審之歐故令誠不可靠，而以隨同上盗之犯明知認供即死，翻異是其常情，一面之詞，庸可信耶？此案遷延已久，姑從外結。張貴林著鎖繫鐵杆八年，屆期查看請釋，以免枉縱。仍候撫憲批示。繳。

（清）樊增祥《樊山政書》卷五《批鄜州勞母啟恂禀》 此案路周娃既認共謀同行，即非爲首，亦係同惡相濟。昨據李倅聰回省面禀，該犯惡貫滿盈，死不蔽辜，自應早加顯戮，以快人心而懲大憝。仰該牧迅飭新任蔣令覆訊一堂，立即禀請就地正法，勿稍延縱，切切。仍候撫憲批示，繳。

（清）樊增祥《樊山政書》卷五《批南鄭縣孀婦袁姚氏呈詞》 據禀爾買彭劉氏地畝，當主彭毓璋措不放贖，並將地内房屋竹木毀賣。搆訟以後，毓璋不遵縣斷，賄串求提。趙委員頓翻縣案，笞爾幼子，勒爾退約。上控呈詞往往多過火之語，未可遽信。惟彭毓璋經該縣詳革，則不安分可知，何以委員庇惡欺孀，顛倒若此？此案仰漢中府楊守親提審訊，查照縣案，秉公斷結。如該革生果係串提，趙委員有意袒斷，即行從嚴懲處，勿稍姑息。詞發，仍繳。

（清）樊增祥《樊山政書》卷五《批渭南縣張令稟》　據稟已悉。本司前任渭南郝教官濬湘之弟毆打世叔，經本司嚴加訓責。郝氏子弟不安分久矣，然猶以濬湘爲好人。今閲來牘，濬湘之姪品端挾鄰村吴建愷索欠之嫌，主使徐張娃糾人謀毆洩忿。因建愷他出，毆傷其妻頂心等處，並强拿銀錢衣土。控官傳訊，張娃與品端質證明確，毆由主使，贜在郝家。比因鈕令愛護士族，不往起贜，令其自行繳案，郝姓遂從此生奸矣。始則濬湘昧良飾辯，謂糾毆之夜，品端猶在大荔，繼而其兄濟普吞昧贜物，從中阻繳，反控建愷誣告。品端以例應辦罪之犯人，猶敢以家世官職抵抗官府。論家世科名，至拔貢而止，論官職，一教官耳，一賑捐知縣耳。所挾僅此戔戔，即欲包庇犬豚。雖行同强盜而無罪，然則韓城朝邑兩宰相家之子弟，不將日日殺人都市乎？候即日札飭咸、長兩縣嚴拿郝濟普到案，押發該縣，重加笞比，勒限交贜。俟贜繳齊，將徐張娃重笞見血，鎖繫五年。郝品端姑免笞責，亦鎖繫五年。此係本司格外從寬。案由外結，郝姓人等倘再恃符妄告，即仰該縣將郝濬湘、郝敬端功名一齊詳革，以儆妄謬。此繳。

（清）樊增祥《樊山政書》卷七《批澄城縣高令詳》　凡判事須情法兩平，則受者心服，閲者愜意，而革人衣頂尤須慎重周詳。此案據該令詳稱，習勞兒之妻習王氏夫婦不和，哭訴於鄰居龔生員之母，央借盤川，往省城姨娘家暫住。龔母憐之，付銀一兩五錢，該氏遂搭袁生員家貨車進省。嗣經本夫以誘串拐匿控龔、袁兩生到案。該令傳訊，其實情不過如此，業將習王氏交本夫領回完事矣。乃謂龔、袁兩生雖無知誘護送情事，究屬不合，若不詳革，不足以端士習，斯言過矣。夫借銀出於龔生之母，與龔渤海無干，王氏搭貨車進省，袁明鑑是否知情尚未可定，即使知之，人自搭車，與明鑑何與？以案情論之，習勞兒告兩生串拐，乃誣告也。該令斷王氏爲背夫潛逃，亦枉斷也。如果背逃，則必另嫁矣，藏匿矣，何以該令一喚即到乎？龔、袁兩生被人誣以串拐重情，訊無其事，則亦已矣。乃於此妄誣之案，一詳而褫兩衿，該令亦係秀才出身，何以谿刻至此？既袁明鑑尚未到案，乃於詳革後仍請勒傳懲責，何其酷也？所請褫革兩生衣頂應不准行，仍將該令高錫華詳記大過三次，以爲居心刻薄自殘同類者戒。此批速申三院，以免准駁參差。繳。

（清）樊增祥《樊山政書》卷八《判回民童遇祥控詞》　天下夫婦不和及翁姑憎其子婦因而涉訟者多矣，女家父母偏護其女致訟者亦多矣。此等事，自有該管父母官了之。爲上司者，何必提審？獨童遇祥父子控賈兆春一案蔓訟六年，臬司發縣，而原告不到，又控本司，屢駁屢控，調卷核閲，不得不提。緣童遇祥之子夢元於光緒十九年娶賈兆春之女過門，至二十五年因姑媳夫婦口角生嫌，賈兆春父子擁至童家摔毁器物，遇祥控請驗究，單開衣物甚多。及查勘得實，則所毁者亦屬無幾。當經長安周令諭令回紳李家風等爲之處息，而兩造俱不相下。時則賈女已還娘屋，遇祥父子瀆控不已，官經三任，迄無斷法，後亦彼此寢息矣。二十九年，賈兆春因夢元娶妾，其女情同大歸，懇祈長安曾令作主。曾令情殷成美，傳集兩造，開導再三，令兆春將其女送至縣署，認爲義女，又將夢元收作門生，擇日用肩輿牌傘送女歸童，爲民父母之心可謂極恩勤之至。薄俗夫妻之愛，不禁由勢利而生。此後夢元屢詣師門，禮待有加，其家庭亦暫得無事矣。惟是童遇祥年老昏顛，夢元則奸貪儇薄，既得出入衙門，謬托師弟，乃遂肆其欺狡，而有誣控馬騄父子吞本滅東一案。先是遇祥有香料鋪歇業，以殘貨作五十金打與馬騄。時值庚子荒年，馬騄僅付十五金，下餘三十五金未給。至是夢元捏稱馬騄之子領伊本銀一百七十兩，開設復興齋數年，弗與算賬，今竟反眼不認等語。曾令信之，堂訊令馬騄給夢元百金，馬騄不服，乃飭三班協約鄰查覆。既而覆稱查無領本情事，惟欠三十五金屬實。稟詞已達門房，夢元急商工房張建基謂：差稟有誤字，祈抽出另改，賄錢五串。張潛至門房竊稟，付之夢元，另易一稿，仍以差約出名，謂領本屬實云云。曾令即據稟斷案，勒令馬騄給銀百兩，限中秋交領完案。夢元心知馬騄不平，乃又控其違斷抗交。曾令批云：爾何性急，如到中秋無銀，爾在縣堂吗罵三日，本縣墊銀百兩何如？曾令居官倔强，有過人不敢言。此案闔署皆知夢元賄通抽换事，獨曾令不知。迨馬騄控府，批縣覆訊，三班始以原稟底稿呈案。曾令將張建基笞二千板革役，而令馬騄給夢元百金如故，似唐人之鐵案鑄就無移，如宋末之弓鞋一錯到底。迨八月二十九日夢元赴縣領銀，曾令竟捐廉百兩付之。嗟乎！由前而論，乃君子成美之心；由後而觀，似小人必文其過。在他人不足言，吾特爲賢者惜耳。夢元輕浮無檢，外遇頗多，本憎其妻，又恨其岳，以曾令故，暫爾和翕。及其師去任，反目時聞，兼其繼母生嫌，勃谿不免。去冬夢元毆妻成傷，兆春喊控請驗，刑仵到門，夢元麾之使出。及到案，又與兆春喧呼揪扭。長安胡令各予戒責，將夢元押待質所，仍令李家風處和了案。旋據李紳等禀覆遇祥父子均願和好如初，此案又小作結束矣。夢元出押，恨兆春愈甚，又深以胡令戒責爲辱，乃嗾其父以兆春父子毆詈及縣差朦聰等詞控諸臬司，發縣覆訊，抗傳不到，又以寃上加寃控諸本司。本司歸自京師，此案原委一切未悉，但以情理譬諭之。及詢諸胡令，盡得其詳。遇祥二次再控，嚴斥不准。夢元竟敢三次懇提。今經提訊，其案情不過如此。詰其意欲何爲？遇祥稱毁物求償，當諭以二十五年之案，二十九年經曾任委曲成全，早已無事，何得再提？則又稱兆春父子毆詈無休。問誰作證，則稱無人敢證。及問夢元，爾言爾妻謀命有諸？曰有之。問何以不令大歸？則稱不忍休妻。夫謀命果實，則賈女雖死不屈，如無其事而忍以凌遲之罪誣之，則夫婦之義已絶，亦以斷離爲是。而兩造俱不願，然則屢懇親提者，果何意乎？察遇祥形同墨屎，前後纏訟，皆夢元所爲。該回民自經曾令擡舉，趾高氣揚，直以上控爲兒戲，意在以久訟拖累兆春，以控差動搖胡令，而自忘其誣告反坐及抽换禀詞之罪，天下糊塗人自詡聰明者皆此類也。當以該父子所控毁物凶毆、放火謀命及縣差毆辱各情無證無據，全係虚誣，概勿庸議。惟據革書張建基當堂質明童夢元賄錢五串，抽换禀詞，毫無遁飾。查受賄徇情者，笞責二千，革役，而行賄舞弊者，得銀一百了案，不平至此，世所希聞。夢元之必懇親提，可謂自投法網。當將夢元戒責二百，押發長安縣收管，追取曾令濫給銀一百兩，限三日内交案，發交恤嫠局充公。仍追取從九執照，照抽换官文書律治以應得之罪，勿稍輕縱。若該回民真能知懼知悔，懇請李家風、賈兆春來案具呈，保其從今兩姓合好，永不滋生事端，或者法外施仁，亦未可定。如十日内賈、李保狀不到，即仰胡令一面追照詳革，一面笞臀二千板，如曾令笞張建基之數，以昭平允。笞畢，再科本罪。童遇祥昏憒無知，叱令回家安分。此判。

（清）樊增祥《樊山政書》卷一一《批藍田縣禀》 據禀已悉。馮克智係積年糧蠹，貪狡刁横。鎖繫以後，猶敢潛使伊弟克起上瀆撫轅，捏病乞恩，希圖免脱。若竟墮其術中，藍田糧務又將破壞。兹據該令驗明，實無疾病，應再加繫三年，俟六年届滿查看禀奪。並查傳上控之馮克起到案，重責枷號，以儆奸欺。仍候撫憲批示。繳。

（清）樊增祥《樊山政書》卷一一《批扶風縣自理詞訟月報清册》 綜覽各案，尤以斷結前兩起爲最轇轕而最詳明。頭一案趙萬江買趙典壽等兩段莊基，因與趙狗矢之地毗連，又乘其出外逃荒，起意賴業。遂勾串里書，過狗矢一升之糧，而不過典壽等六升之糧，以致賣地者賠糧，未賣者失地。前任劉令懵然將狗矢責打，令萬江給錢三串完事，猶屬一時糊塗。及再控往勘，心知狗矢被屈，而自護前非，令萬江加給錢二串完事。此則劉林立之迷謬，趙萬江之詐騙，厥罪惟均矣。第二案李吉祥先開煙錢店折本，以殘帳作錢五百串打合李義舟出錢五百串夥做義盛祥生意，李吉祥連東帶掌，義舟概不過問。其生意甚佳，義舟又寄存錢五百串。五年之中，義舟使錢三十餘串，吉祥則用至一千三百九十串之多，忽然閉歇，令義舟分認外債，以至互控。劉令不念義舟一千串之血本化爲烏有，吉祥五百串之殘帳掏换千金，皂白不分，斷令所有欠外之帳，二李各還一半。此則劉林立之顢頇，與李吉祥之貪狡，又同一可恨矣。此兩案該令訊明平反後，未將趙萬江、李吉祥責打一板，稍嫌輕縱。若遇本司，則彼兩人者血肉正應皇極數矣。張令據事直書，於前任無所回護，亦無所中傷，以古之遺愛而兼古之遺直，吾愛之敬之。若遇油滑之吏，必代爲彌縫，以納交傾險之人，又必恣意攻訐，以揚己殊。不知前任有過，後任補之，達之上司，百姓之寃抑可伸，前任之謬誤亦可自儆，並可使同寅共儆。若畏前任獲咎，則本司論人最恕，必不追究前非。即如劉令見事不明，知過不改，誠爲可恨。然今之作令者大抵不學而仕，身坐堂皇，知明處當者，七十餘廳州縣不過得半而已。但使肯受直言，肯學好，肯改過，即當觀後效而貸前愆。張令之平反各案，乃扶風之照妖鏡，亦劉令之降魔杵也。各屬有平反前案愜心貴當者，儘可一一示我，勿存官場庸鄙之見爲佳。此册開列五案，無不允當。前兩案登報，俾衆共知。此册發還，扶風録批備案，仍繳。

（清）樊增祥《樊山政書》卷一二《批商州詳》 來詳具悉。訟棍郭光隆於黃光前、黃顯煥互控一案兩頭唆串，從中取錢，險譎貪横，罪難擢髮。此案關鍵在光前之僱工偷摘顯煥構葉，因照村規議罰。光前用光隆之計，將萬娃藏匿，而以誣逼帶逃不知生死纏控。顯煥被該署牧明眼勘破，先將萬娃密拿到案，已掐定真命脈矣。此詳敘述明白，剖斷公允，一切如所議行。惟郭光隆以棍徒擾害鄉里，積案如鱗，近復拒捕傷差，形同强盗，僅擬鎖繫十年，未免輕縱。郭光隆著加銬釘鐐，發回山陽縣重笞一千二百板，永遠監禁。雖在獄中，仍應带杆繫石，以懲巨憝而快人心。此繳，原詞存。

（清）**樊增祥《樊山政書》卷一二《批咸陽縣詳》** 此案劉瑞駒行同無賴，欺人寡弱，敗人名節，深堪痛恨。該令前稟毅然革審，此詳朦朧擬結，豈念瑞駒爲理學家兒，特予寬貸耶？結則結矣，以後永遠不准詳請開復。仍將瑞駒交給保正鄉約嚴加管束，倘再犯事，重笞勿貸。餘如詳辦理。繳。

（清）**樊增祥《樊山政書》卷一二《批石泉縣陳令稟》** 據稟已悉。該令初任，於稟報命案未得竅要。此案據屍兄甘朝興轉據伊三弟甘朝勝嚮説，昨晚三更伊二哥甘朝順聽見屋後狗咬，手拿木扁担走出，不知怎樣與陳世發在山根争吵，被世發用矛戳傷左耳竅，移時身死，兇犯逃逸等語。朝順、朝勝是否同居？當朝順聞聲出視之時，朝勝是否相隨同出？如果一同出視，何以不知啟衅根由？如未在場，何以知爲陳世發戳斃？時當夜半，無人見證，無人解勸，死者死而逃者逃，朝勝此段供詞從何處得來？該令在屍場竟不窮究耶？據云移時身死，或者朝順未死之前尚能言語耶？朝順以三更出門，朝勝究於何時往視？如果朝順能言兇手姓名，獨不能略述起衅情由耶？此等顢頇稟詞，閲之令人發躁。他人顢頇可也，該令亦顢頇耶？以後凡遇命盗案件，初次稟報總須叫人看得明白，無可挑駁。刑名家之言，初稟要空不要實，以爲將來獲犯辦案之地，此言似是而非。凡事只要近情近理，空也好辦，實也好辦。本司嚮來辦案，盡説實話，從無辦不出去之案。若供情犯駁，則自己早已駁詰，決不率登稟牘，使上司駁詰。問案辦案與時文家作理題相似，剝去一層，方能深入一層。此事本難與初學者言，特該令與尋常人不同，故不憚諄諄相誨也。仰再研訊確情，並嚴緝陳世發務獲，細心推鞫，照例填格録供，通詳察奪。仍候督撫憲暨臬司、陝安道批示。繳。

（清）**樊增祥《樊山政書》卷一二《批甯陝廳民王允義呈詞》** 此案本司聞知久矣。殷洪順收得貨銀四百五十兩，並不緘之箱篋，而以八床氈條裹捆，付秦士萬背送進山。行至江口，又復自己空身上前，覓店打火，任士萬背負氈包在後。其作事本屬離奇。士萬在爾兄店門歇坐，爾兄窺其氈包沉重，商同開看，誘令俵分。迨經洪順尋獲，士萬方在溝中藉氈酣睡。問銀何在，答曰不知，以致搆訟到廳。此前任西安府面告本司者也。事在去年七月，迨九月初始據甯陝汪丞通詳前來，贓既無獲，供亦無定，詳文惝怳，毫無辦法。兹據控稱贓銀已由吴學蕃家中起出，而汪丞將爾兄王允明責押不放，並稱爾母被江口主簿拷斃，所言萬不可信。惟出案以後拖延兩月有餘，汪丞始上一顢頇詳文，上詳以後，擱置半年有餘，渺無結案消息。汪丞之疲玩昏庸實堪痛恨。仰西安府迅委明幹廉直之員前赴甯陝，查閲廳卷是否人贓已獲，如果贓盗俱真，何以遲延不結？王允明之母因何致斃？吴學蕃係何月何日到案？陳志富有無挾嫌貪賞誣報情事？此八個月中，汪丞共捉得幾人？審過幾堂？因何玩延至今不結？逐一查明以後，一堂了結，據實稟覆，勿許徇飾，代人受過。切切。詞發，仍繳。

（清）**樊增祥《樊山政書》卷一三《批渭南縣張令稟》** 王有善即南山王嚮係著名刀匪，本司任渭南時蓄意拿辦，而該匪遠颺境外，亦遂置之。兹由該令緝獲到案，應即如稟鎖繫十年，以懲奸慝。該匪生平所爲，豈止聚賭而已，搶殺之案時有所聞，或事在鄰封，礙難稟報，或苦主畏惡，隱忍不言。本司嚮來治刀匪之法重則杖斃，輕則繫石，若照例詳辦，則憲幕之駁斥，罪犯之翻供，案證之拖累，招解之繁費，有不勝言者。死法而活用之，緩獄而速成之，老手靈心，往往於不合例之中而有極快心之舉，特難爲初學及不知者言耳。今日忝在台司，於心所未信者銜勒難寬，而深信不疑者操縱任便。若刑幕專以死法繩生人，則胥吏所爲而通儒所恥也。繳。

（清）**樊增祥《樊山政書》卷一五《批西安府詳》** 凡藉屍圖詐之案經人處和了結者無他，不過給錢完事而已。本司作令時，從不准和人命。有冤者伸冤，誣告者坐誣，無不一了百了。彼誣人詐人者，其處心惟在得錢。一錢不給，雖欲上控而無資，一遂所欲，不但挾之以爲資，而且持之以爲柄。語人曰：我若誣彼，安肯以錢賄我乎？是出錢而愈不了也。此案柳新財之舅汪興隆受僱與趙錦堂傭工，六月炎天，觸發羊角瘋舊症而死。當喚同興隆堂弟汪啟文看明，由錦堂備辦衣棺，殮埋了事。十日以後，柳新財忽以外甥出頭誣控，謂係錦堂之子趙冬兒毆斃私埋。查死者病發之時有張永順幫同冬兒救治，死後又有伊堂弟及黄老漢一同看明。宫令只須將永順、啟文兩人傳案質究明確，新財之藉命圖詐何從抵賴？待彼無詞可賴，即當堂痛打一頓，遞籍管束，何等痛快？乃問過一堂，又要傳黄老漢到案，方才了結。試問黄老漢所言與汪啟文有何異同乎？死者之堂弟自稱看過無傷，何必再傳外人覆訊乎？縣令身坐堂皇，於此等極不要緊之假命案不能立時了結，而待其親友處和，實屬膽小如鼠，萬分無用。仰西安府轉飭富平縣速將誣告人命之柳新財嚴拿到案，重笞五百板，鎖遞回籍，交保管束，仍將責遞日期具報。查考趙錦堂出錢僱人不幸死於其家，衣棺殮埋已經受累，而又被柳新財誣控，縣差傳案，管飯管煙，親友説和，承情酌酒，所費已屬不貲，卒乃令出搬柩歸葬之費，付之誣控之人。今日横目之民視父子不相顧者多矣，舅舅身死而令外甥以死屍賣錢，此何理也？幸而上控不准，猶趙錦堂之福。萬一提省發審，趙姓傾家破産無疑矣。作牧令者，一事不斷，作孽無窮，願我同寅，知所法誡。宫令於此等假命案一月之中兩被上控。控該令者，皆誣告人命而宫令斷給錢財者也。凡胸無墨水之州縣，自命滑手，往往如此。語云事不過三，倘照樣再出一案，該令從此休想署事。此繳。

（清）**樊增祥《樊山政書》卷一五《批同官縣詳》** 凡辦命案，犯證、供詞務須脗合。查兇犯郭茂盛與餘人陳奉宜供稱因兇起太挐去茂盛煙土、衣服，因邀奉宜同去尋找。走到羊莊村，遇見起太，彼此争吵。奉宜即將起太右手拉住，茂盛用棍毆其左太陽穴、左肐膊幾下。奉宜放手，起太即拿刀拚命。茂盛用棍格落，復毆其脊背，仰面倒地，又奪刀砍其左脚腕。當經袁本深聞鬧出視喝住，將起太扶入窑内，越日身死等語。復查見證袁本深供七月二十一夜聽得起太聲喊，連忙出門。看見郭茂盛拿棍毆折，陳奉宜捉住起太右手。伊見勢凶惡，不敢走攏，用言喝住等語。就犯供而言，茂盛棍打刀砍已畢，袁本深方纔出門。而用棍毆背、用刀砍脚之先，陳奉宜早已放手，何以本深供稱看見奉宜將起太右手捉住？是敘供自相矛盾也。起太所受各傷，以左太陽穴爲致命。茂盛第一棍即將太陽穴毆傷，皮破見骨，顯見手辣心狠。且左邊太陽、胳膊連打幾下，何以屍格不填重疊字様？此二處被傷以後，奉宜即已放手，起太拿刀拚命，此刀究從何處拿出？若早握刀在手，則奉宜早應受傷，茂盛棍來，亦必用刀架格，何竟聽一人捉其手、一人打其頭乎？茂盛將刀格落，乘其俯拾之時毆其脊背受傷，起太此時理應往前撲跌，何又仰面倒地？此供情多有未確也。陳奉宜聽糾同往，及兩人争毆，急將死者右手捉住，以便兇手毆打，其爲幫兇無疑，何得置之餘人之列？至屍格所填左太陽穴皮脱，骨上紅色亦殊新異，太陽、胳膊各填木器傷一處，又與毆打幾下之供不符。該令讀律未深，刑幕本事平常，以致瑕瘢迭出，仰即按照指示各節，細心推鞫，勿再自干駁詰爲要。仍候各衙門批示。繳。

（清）**樊增祥《樊山政書》卷一五《批臨潼縣詞訟册》** 聽訟之事，千形百態，有有趣者，有無味者，有極討厭者。大約百案之中，有趣者不過什一，無味者什六七，無味而又討厭者什二三。不能問案者，一味茫然，不必論矣。能問案者，不難於審有趣之案，難在審無味而討厭之案。非不明也，非不決也，身坐堂皇，遇此極討嫌之事，先存一不耐煩之心，無暇推求，三言兩語，喝令具結，内問諸心，實亦不甚清楚。彼持牒來愬者，不覆控必上控矣。故做官以耐煩爲第一義。正如舉子作時文題目，宏深濶大，有工夫、有才氣者皆能見長，必須能作無味題目，他人不能生發者，我獨做得津津有味，方是真正好手。此册臚列八案，無一稍有趣者，咬得來無味，轇轕得討嫌。而能平心静氣，旁敲側證，究底尋根，務期盡得其情，然後以片言折之，使譸張者無詞可遁，吁不易也。非過來人，不知此中甘苦。吾嘗謂，案非聰明人不能問，非英爽者不能結，然才大而心不細，轉不若沈實謹厚者之推敲入裏也。若夫天分高、更事多，而又不厭鄙瑣淆亂，一一爲之分清理白，牧令雖衆，能有幾人？繳。

（清）**樊增祥《樊山政書》卷一五《批漢中府稟》** 陳思周，著名訟棍，積案如鱗。兩次責遞回籍，輒敢復至漢中逞其故技。該守捉獲到案，僅請鎖繫五年，何其輕也？陳思周除前已面刺訟棍二字勿庸再刺外，應重責一千板，鎖繫鐵杆巨石十五年，期滿察看禀奪。仍候督撫憲暨臬司、陝安道批示。繳。

（清）**樊增祥《樊山政書》卷一八《批長安縣詳》** 凡訟案屢控不結者，皆問官是非不明，因牽就而轉滋訟蔓。此案李郁芳係李永茂兄子，永茂生前乏嗣，並未以姪承祧。及其死也，郁芳亦未經營喪葬，則其叔姪之情淡漠可知。永茂之妻李劉氏僅遺二女，因其姨姪烏兆翥爲媒，以長女贅王文元爲婿，郁芳涎業不得，控兆翥以洩其忿，此是小人慣技。問此案者，但當聽李劉氏擇愛承祧，不必敷衍郁芳，啟狼心而滋雀角。乃劉氏已立族孫金喜爲嗣，而問官復分别其間，以金喜爲愛孫，而以郁芳之姪爲應孫。愛孫、應孫不知出何典記，如此不通之捐班知縣，直堪打煞。自有此斷，李劉氏因訟嫌而不甘輸與郁芳，郁芳挾官斷而必欲鬮嗣永茂，是此案之屢控不一，控皆問官胡令一人階之厲也。今由本司斷定，永茂身故乏嗣，其妻李劉氏愛繼何人即繼何人，惟不許異姓亂宗。李郁芳照争繼不繼之例，永遠不准干預李劉氏家事。倘再假其母李馬氏之名出頭妄控，即仰該縣將該民人逮案重責久押，以正其貪業欺孀逞刁健訟之罪。李鴻卿應孫之名實長安縣案牘之醜，著即日刪除，爲該令擊鼓解穢。胡令著記大過一次，永遠不准在首縣發審，仰即迅飭兩造遵照。繳，原詞存。

（清）樊增祥《樊山政書》卷二〇《批職員湯宜震稟》 從來一面之詞，原難盡信。惟此稟以賑債涉訟，事屬有憑有據，言亦有條有理。邢式九似屬虧心，傅讞員亦似乎偏袒。本司折獄多矣，從不敢偏聽人言。惟此案以本年三月具控，邢式九避不到案者凡五閱月。迨七月初一日兩造傳齊，又延至二十一日始行質訊。則該州之堂事廢弛可想而知，其所請之讞員不能得力亦可想而知。此等錢債細故，准而不傳，傳而不審，審而不斷，斷而不公，以致髫稚孤兒來司上控，爲民父母，羞乎不羞？仰該州覆集兩造人證，添傳要證周晴川，秉公親訊，不准原審之傅某代審。限奉批十日之内斷結詳覆，如敢玩視此批，如前延擱，本司蒞任伊始，力除庸惰積習，定將該牧嚴懲不貸。詞發，隨詳申繳。

（清）樊增祥《樊山政書》卷二〇《批通州詳》 此等訟案，有據有證，判斷何難。該署牧年力方强，甫握銅符，即染積習，以堂事委之讞員。而讞員傅壽慈專信被告邢式九之言，於執券索逋者反謂之欺騙。今之官場糊塗顛倒者誠不一而足，然既具此恰合時宜之性質，吃飯可也，得錢可也，何必坐堂問案耶？此案據楊麗華供邢式九共欠湯氏寡本利洋三千餘元，前經沈敬夫等理處還洋千四百元了事，因内東不允而止。今搆訟八閱月之久，反折却四百元，僅令邢式九持出千元了事，吾不知該署牧撫心自問爲何如？本司自覺孤兒上控一回，父母官未見一面，但由親友懇息吃虧了案，吾輩真無顔以對百姓也。此案若提省親訊，適滋拖累，若發州復審，更不放心。衹可如懇息銷，以圖省事。該署牧前次來見，器宇端整，應對明析，即知是吾楚佳士，然切不可走入油滑庸惰一路。世惟首府縣酬酢較繁，必須有人幫審。然本司爲首縣時，案多親訊，從不以考成所在付之他人。若外州外縣公事委諸幕友，聽訟又屬之委員，本官終日閒居，有何意味？荀子曰：多暇日者，出人不遠。戒之！戒之！傅壽慈不公不明，應詳記三大過，學習三年，然後問案。此次孤兒寡婦少得四百塊錢，壽慈爲之也。仰該署牧扣給三箇月薪水，罰入學堂充公。此繳。

（清）周爾吉《歷朝折獄纂要》卷四《理冤・慈谿張御史》 明朝張御史昺，字仲明，由進士知鉛山縣。有賣薪者，性嗜鱓。一日自市歸，饑甚，妻烹鱓以進，恣啖之，腹痛而死。隣保謂妻毒夫，執送官，拷訊無他據，獄不能具，械繫踰年。公始至閱其牘，疑中鱓毒，召漁者捕鱓得數百斤，悉置水甕中，有昂頭出水二三寸者，數之得七。公異之，召此婦面烹焉。而出死囚與食，纔下咽便腹痛，俄撲地死，婦冤遂白。

鱓固不盡有毒，賣薪者適逢之，亦是貪口腹之報。仲明爲其婦雪冤，以毒鱓証之，仁人用心，實寬且厚。

《盛京滿文檔案中的律令・天聰九年》 汗曰：凡人有罪，不可以一人之言而遂殺之，當集衆審定是非，然後殺之耳。

（清）王昶《金石萃編》卷一一八《唐七十八》崔胤《賜錢鏐鐵券》

維乾寧四年，歲次丁巳，八月甲辰朔，四日丁未，皇帝若曰：咨爾鎮海、鎮東等軍節度，浙江東西等道觀察、處置、營田、招討等使，兼兩浙鹽鐵制置、發運等使，開府儀同三司，檢校太尉兼中書令，使持節，潤、越等州諸軍事，兼潤、越等州刺史，上柱國彭城郡王食邑五千戶，食實封壹百戶錢鏐。朕聞銘鄧隲之勳，言垂漢典，載孔悝之德，事美魯經。則知褒德策勳，古今一致。頃者，董昌僭僞，爲昏鏡水，狂謀惡貫，渫染齊人，而爾披攘兇渠，盪定江表，忠以衛社稷，惠以福生靈。其機也氛祲清，其化也疲羸泰。拯於粤於塗炭之上，師無私焉；保錢塘成金湯之固，政有經矣！志奬王室，續冠侯藩，溢於旂常，流在丹素，雖鍾繇刊五熟之釜，竇憲勒燕然之山，未足顯功，抑有異數。是用錫其金板，申以誓詞：長河有似帶之期，泰華有如拳之日。惟我念功之旨，永將延祚子孫，使卿長襲寵榮，克保富貴。卿恕九死，子孫三死。或犯常刑，有司不得加責。承我信誓，往維欽哉！宜付史館，頒示天下。

中書侍郎兼戶部尚書平章事臣崔胤宣奉。

（清）王先慎《韓非子集解・喻老》 楚莊王既勝，【略】狩于河雍，歸而賞孫叔敖。孫叔敖請漢間之地，沙石之處。楚邦之法，禄臣再世而收地，唯孫叔敖獨在。先慎曰：《吕氏春秋・孟冬紀》楚孫叔敖有功於國，疾將死，戒其子曰：王數欲封我，我辭不受。我死，必封汝，汝無受利地。荆楚閒有寢邱者，其為地不利。而前有妬谷，後有戾邱，其名惡，可長有也。其子從之。楚功臣封二世而收，唯寢邱不奪也。獨在，《藝文類聚》五十一引作獨存，存、在義同。言惟孫叔敖所請之地不收也。

（宋）鄭克《折獄龜鑑》卷六《證慝・顧憲之于仲文附》 宋顧憲之，元徽中為建康令。時有盗牛者，被主者所認，盗者亦稱己牛，二家辭理等，前後令莫能决。憲之至，覆其狀，謂二家曰：無為多言，吾得之矣。乃令解牛任其所去，牛逕還本主宅，盗者始伏其辜。發奸擿伏，多如此類，時人號曰神明。舊出《南史・顧凱之傳》。憲之其孫也。

按：證以人，或容偽焉，故前後令莫能决；證以物，必得實焉，故盗者始服其罪。于仲文放牛事已見擿奸門，與此正相類。其異者，彼之家遠而有牛群，此之家近而無牛群也。隨事制宜，然後放之，理無異焉。

（明）張四維《名公書判清明集》卷一《官吏門・禁戢・約束州縣屬官不許違法用刑》 訪聞判官廳每每違法用刑，决撻之類動以百計。照得在法笞杖自有定數，笞至五十而止，實决十下，杖至一百而止，實决二十下，未嘗有累及百數者。惟軍中用重典，則有法外之行，然必是其罪合減死一等，始有决小杖一百者，亦豈可常也。令州縣屬者非軍將，吏卒所犯非軍令，不應輒行軍法，以作淫虐。此皆由郡政不綱之故，合行約束。準令，諸見任官、本廳或本司所轄兵級、公吏犯杖以下罪，聽申長吏，借杖勘决。朝廷立法曲盡至此，其恤刑之意可見矣。今後各廳吏卒决二十以下，聽從便遣决，杖以上照條申借，不得仍前任意專决外，知縣係是長吏，職兼軍政，巡、尉係轄弓手、土兵，與掌軍事體一同，合聽斟酌輕重施行。

（明）張四維《名公書判清明集》卷三《賦役門・財賦・財賦造簿之法》 蓋簿書乃財賦之根柢，財賦之出於簿書，猶禾稼之出於田畝也。故縣令於簿書，當如舉子之治本經。近世不然，雖秋夏之簿未嘗不置，然爲宰者牢會親閲，則所用以催科者，鄉司之草簿而已。彼其平時飛走產錢，出入賣弄，無所不至，若據其草簿以催科，則指未納爲已納，已納爲未納，皆惟其意所欲。官賦之陷失，人户之被擾，皆由於此。若用歛縣之法，則各都之納有欠無欠。一目瞭然。故嘗謂催科之權在己而不在吏，則不擾而辦，在吏而不在己，則擾而不辦，蓋謂此也。

（明）張四維《名公書判清明集》卷四《戶婚門・争業上・漕司送許德裕等争田事》 準法：諸祖父母、父母已亡，而典賣衆分田宅私輒費用者，準分法追還，令元典賣人還價。卽典賣滿十年者免追，止償其價，過十年典賣人死，或已二十年，各不在論理之限。儻許嵩尚存，誑在交易十年之前者，只是還價；十年之後，復與免追，且無可得田之理。自淳熙九年至今，首尾通五十七年，許嵩户絶，悉無其人，豈得更在論理之限？合照見佃爲業。

（明）張四維《名公書判清明集》卷四《戶婚門・争業上・漕司送下互争田產》 然律之以法，諸典賣田宅，具帳開析四鄰所至，有本宗緦麻以上親，及墓田相去百步內者，以帳取問。立法之初，蓋自有意，父祖田業，子孫分析，人受其一，勢不能全，若有典賣，他姓得之，或水利之相關，或界至之互見，不無扞格。曰親曰鄰，止有其一者，俱不在批退之數，此蓋可見。墓田所在，凡有鋤鑿，必至興犯，得產之人儻非其所自出，無所顧藉，故有同宗，亦當先問。兩姓有墓，防其互争，則以東西南北爲次，尤爲周密。二者各有所主。非泛然也。

（明）張四維《名公書判清明集》卷四《戶婚門・争業上・妄訴田業》 詞訟之興，初非美事，荒廢本業，破壞家財，胥吏誅求，卒徒斥辱，道塗奔走，犴獄拘囚。與宗族訟，則傷宗族之恩，與鄉黨訟，則損鄉黨之誼。幸而獲勝，所損已多，不幸而輸，雖悔何及。故必須果抱寃抑，或貧而爲富所兼，或弱而爲强所害，或愚而爲智所敗，横逆之來，逼人已甚，不容不一鳴其不平，如此而後與之爲訟，則曲不在我矣。

（明）張四維《名公書判清明集》卷七《戶婚門・立繼類・倉司疑筆》

諸無子孫，聽養同宗昭穆相當爲子孫，此法也。諸以子孫與人，若遺棄，雖異姓三歲以下收養，卽從其姓，聽收養之家申官附籍，依親子孫法，亦法也。既曰無子孫者，養同宗爲子孫，是非同宗不當立矣。而又一條曰雖異姓，聽收養，依親子法者，何也？國家不重於絶人之義也。如必曰養同宗，而不開立異姓之門，則同宗或無子孫少立，或雖有而不堪承嗣，或堪承嗣，而養子之家與所生父母不咸，非彼不願，則此不欲，雖强之，無恩義，則爲之奈何？是以又開此門，許立異姓耳。

（明）張四維**《名公書判清明集》卷八《戶婚門·立繼類·已立昭穆相當人而同宗妄訴》**　謹按令曰：諸無子孫，聽養同宗昭穆相當者爲子孫。又曰：其欲繼絶，而得絶家近親尊長命繼者，聽之。又曰：夫亡妻在，從其妻。觀此三條，則王氏争訟可一見便決，何至連編累牘，越月踰年，如是之紛紛乎！

（明）張四維**《名公書判清明集》卷八《戶婚門·立繼類·後立者不得前立者自置之田》**　照得人家立繼，固有出於祖父母、父母之治命，而昭穆相當，法意無礙，雖官司亦不容加毫末其間。然或有溺於私愛，而輒變初心，遂成兩立。訟隙既開，馴至破蕩家計，在官司又安得不主盟公論，而與之區畫也哉！

（明）張四維**《名公書判清明集》卷九《戶婚門·取贖·親鄰之法》**　照得所在百姓多不曉親鄰之法，往往以爲親自親，鄰自鄰。執親之説者，則凡是同關典賣之業，不問有鄰無鄰，皆欲收贖；執鄰之説者，則凡是南北東西之鄰，不問有親無親，亦欲取贖。殊不知在法所謂應問所親鄰者，止是問本宗有服紀親之有鄰至者。如有親而無鄰，與有鄰而無親，皆不在問限。見於慶元重修田令與嘉定十三年刑部頒降條册。昭然可考也。今譚亨所欲執贖堂弟出典之田，既是有親無鄰，則是於法有礙，合照僉廳所擬行。

（明）張四維**《名公書判清明集》卷九《戶婚門·墳墓·一視同仁》**　豈特姨孀墳不可動，雖古墓亦不可動也。國家法禁，一視同仁，豈有所輕重哉！若劉自誠已安葬在彼，只當照條監移，官司按法而行，若要如此委曲勸諭，幾時是了？

（明）張四維**《名公書判清明集》卷一一《人品門·宗室·宗室作過押送外司拘管爪牙並從編配》**　刑故無小，三細不宥，以細罪小罪，犯至於三，事出於故，猶且不宥，何况罪大惡極。

（清）王明德**《讀律佩觿》卷二《附記》**　刑部福建司，有某旗，某公下，某莊頭，生二子，皆已娶媳。適長子亡，次子之媳亦亡，父母遂為主婚匹配，親友稱賀，并延長媳之父共飲，其父耻甚，告于本部，送福建司。及審，子則稱係父命不敢違，而父又稱係奉包衣大之命。及喚包衣大審問，則云，并無是事。以律論，罪坐主婚無疑矣。但于違律二字，滿漢莫知所適，共議累月而不決。因以此議對。適河南司，滿洲掌印，庫公而康，素攻苦漢文，執前出妻條下所註，期親以上，杖一百，流三千里之説相難。愚以律中出妻，完娶各為分條，各有義意，反復陳説。庫公大為稱快，遂以是説呈堂，滿漢堂共是而可之。佘其時值熱審，凡系笞刑，例皆盡免。本司掌印滿洲，宜公成格，謂亂倫大事，既經陳告大部，乃一人不為懲責，竟為完結，恐愚人不知，視為應然，無以警後，議于本罪，則照律以違令笞四十，援熱審減免。但其子，不應謊稱奉伊父命，照説謊定例，鞭一百。父更不應謊稱包衣大傳主之命，亦照定例，鞭一百。雖所議介乎兩歧，于法未為盡洽。然其維持風化之意，則最善。此經所謂輕重之權也。即其議以呈堂。滿漢堂更曰善甚。一如司議鞭責，離異發落，立案而結。此康熙九年五六月内現行事件也。故附記之。

《吕氏春秋·仲秋紀·愛士》　趙簡子有兩白騾而甚愛之。陽城胥渠處，廣門之官，夜款門而謁曰：主君之臣胥渠有疾。醫教之曰：得白騾之肝病則止，不得則死。謁者入通，董安于御於側，慍曰：譆！胥渠也，期吾君騾，請即刑焉。簡子曰：夫殺人以活畜，不亦不仁乎？殺畜以活人，不亦仁乎？於是召庖人殺白騾，取肝以與陽城胥渠處。無幾何，趙興兵而攻翟。廣門之官，左七百人，右七百人，皆先登而獲甲首。人主其胡可以不好士？

《吕氏春秋·仲冬紀·至忠》　荊莊哀王獵於雲夢，射隨兕，中之。申公子培劫王而奪之。王曰：何其暴而不敬也？命吏誅之。左右大夫皆進諫曰：子培，賢者也，又為王百倍之臣，此必有故，願察之也。不出三月，子培疾而死。荊興師，戰於兩棠，大勝晉，歸而賞有功者。申公子培之弟進，請賞於吏曰：人之有功也於軍旅，臣兄之有功也於車下。王曰：何謂也？對曰：臣之兄犯暴不敬之名，觸死亡之罪於王之側，其愚心將以忠於君王之身，而持千歲之壽也。臣之兄嘗讀《故記》曰：殺隨兒者，不出三月。是以臣之兄驚懼而争之，故伏其罪而死。王令人發平府而視之於《故記》，果有，乃厚賞之。

《吕氏春秋・貴直論・過理》　刑鬼侯之女而取其環，截涉者脛而視其髓，殺梅伯而遺文王其醢，不適也。

（宋）趙升《朝野類要》卷四《文書・奏案》　州郡或提刑司勘成大辟及合奏獄案也，得回降，則斷之；若姦穢，則只申省。

（宋）趙升《朝野類要》卷四《雜制・待罪》　具奏自劾也。又宰執奏陳，自謙之詞曰：臣待罪政府。或帥府獲逆冠，恐難於上請。先誅而後申奏待罪，乃待朝廷責其專擅之罪。諸州軍被火亦然。

（宋）洪邁《容齋續筆》卷一四《龍筋鳳髓判》　《唐史》稱張鷟，早惠絶倫，以文章瑞朝廷，屬文下筆輒成，八應制舉皆甲科。今其書傳於世者，《朝野僉載》、《龍筋鳳髓判》也。《僉載》紀事，皆瑣尾擿裂，且多媟語。《百判》純是當時文格，全類俳體，但知堆垜故事，而於蔽罪議法處不能深切，殆是無一篇可讀，一聯可味。如白樂天《甲乙判》則讀之愈多，使人不厭。聊載數端於此：甲去妻，後妻犯罪，請用子蔭贖罪，甲不許。判云：不安爾室，盡孝猶慰母心；薄送我畿，贖罪寧辤子蔭。縱下山之有怨，曷陟屺之無情。辛夫遇盜而死，求殺盜者，而爲之妻。或責其失節，不伏。判云：夫讎不報，未足爲非；婦道有虧，誠宜自恥。《詩》著靡它之誓，百代可知；《禮》垂不嫁之文，一言以蔽。景居喪，年老毁瘠，或非其過。《禮》曰：哀情所鍾。判云：況血氣之既衰，老夫耄矣；縱哀情之罔極，吾子忍之。景妻有喪，景於妻側奏樂，妻責之，不伏。判云：儼衰麻之在躬，是吾憂也；調絲竹以盈耳，於汝安乎？甲夜行，所由執之，辤云：有公事欲早趨朝。所由以犯禁不聽。判云：非巫馬爲政，焉用出以戴星？同宣子俟朝，胡不退而假寐。乙貴達，有故人至，坐之堂下，進以僕妾之食！曰：故辱而激之。判云：安實敗名，重耳竟慙於臼犯；感而成事，張儀終謝於蘇（奏）〔秦〕。景娶妻，無子，父母將出之，辤曰：歸無所從。判云：雖配無生育，誠合比於斷絃；而歸靡適從，庶可同於束緼。乙爲三品，見本州刺史不拜，或非之！稱：品同。判云：或商、周不敵，敢不盡禮事君；今晉、鄭同儕，安得降階卑我。若此之類，不背人情，合於法意，援經引史，比喻甚明，非青錢學士所能及也。元微之有百餘判，亦不能工。余襄公集中亦有判兩卷，粲然可觀。張鷟，字文成，史云：調露中，登進士第，考功員外郎騫味道見所對，稱天下無雙。案：《登科記》，乃上元二年，去調露尚六歲。是年，進士四十五人，鷟名在二十九，既以爲無雙，而不列高第？神龍元年，中才膺管樂科，於九人中爲第五。景雲二年，中賢良方正科，於二十人中爲第三。所謂制舉八中甲科者，亦不然也。

（明）葉子奇《草木子》卷四上《談藪篇》　宋朝有詩獄，諸儒之過也，夫子言時可以觀，可以羣，可以怨。故言之者無罪，聞之者足以戒。

（清）張怡《玉光劍氣集》卷七《吏治》　韓永熙雍爲御史，録囚碭山，教諭丘純責膳夫丘磨兒，磨兒父教令逃去，而以純笞死其子訴。前御史搒掠，誣服，然無從得尸。適黄河傍一浮尸支解者，父哭認之，坐純極刑。公至，疑之，爲蹤跡得磨兒，純乃白。公爲副都，長院者寇公深，剛愎少許可，獨心敬公，公亦時有所贊益。石亨誅，錦衣劉敬坐直所邀亨午食，律朋黨死，公抗言：朋黨者，阿比共亂朝政，今以一飯當之，過重。且亨盛時，大臣中固有朝夕趨其門爲宴會累時，今不坐，獨以坐敬，何也？敬得不死。

又：凡獄，惟人命最重，惟初情最真，而有司多漫不經意，告不即檢，檢不親臨，於是百弊叢生矣。鄧虚舟令長洲，遇有人命，即日親赴相驗。在鄉者，令載來，故吏胥忤作，無上下出入之奸，里排地方，無搭廠守候之苦。有司所當效法也。伍容菴在杭，檄有司，凡人命招中，開明某日准狀，某日檢驗，如過三宿，及委之佐貳者，定註劣考。亦良法也。

（清）王士禛《分甘餘話》卷三《古今冤獄》　余常謂古今冤獄，首漢淮陰，次則明傅潁公耳。康熙丙子，被命祭告西嶽，道出井陘，有詩云：少日紛多慨，龍門《太史書》。劫殘秦復趙，齒冷耳兼餘。詎有無雙士，而師李左車。到頭鐘室恨，功狗竟何如。又甲子，奉命祭告南海，過定遠，弔傅公云：躍馬千山外，呼鷹百戰場。平蕪何莽蒼，俱上聲。雲氣忽飛揚。寂寂通侯里，沉沉大澤鄉。潁川湯沐盡，空羡夥頤王。蓋陳涉亦産此地，故結句云然。昔人云秦少恩哉，吾於漢、明二祖亦云。若宋文帝之殺檀道濟，北齊高洋之殺斛律光，宋高宗之殺岳忠武，明世宗之殺夏言、曾銑，又各有斷案爰書也。

（清）周亮工《書影》卷四　沈練川璧爲建安令，御史按所部，入境甫十里，停舟欲拷掠人，索獄具不得，方盛怒，衆皆股慄。沈抗聲曰：即至治所而不得，則令罪也；奈之何責之中途，且此亦非拷掠地。御史改容謝之。後御史出守蘇州，語其屬曰：沈建安非嘉定人乎？汝曹學此人，不患不爲良吏。

（清）趙翼《陔餘叢考》卷二七《親族迴避》　親族迴避，起於後漢，已見《蔡邕傳》。按《晉陽秋》劉宏爲荊州都督諸軍事，詔以宏壻夏侯陟爲襄陽太守，乃荊屬郡也。宏表陟姻親，舊制不得相監臨，乃罷之。可見晉時此例已嚴，《宋書》劉祗爲中書郎，江夏王義恭領中書監，服親不得相臨，表求解職。孝武詔曰：昔二王兩謝，俱至崇禮，自今三臺五省並同此。《唐書》賈敦頤爲瀛州刺史，弟敦實爲饒陽令，舊制大功之嫌不連官，朝廷以其治行相高，故不徙，以示寵。此以其治行，特破成例，則親族迴避之例自嚴也。楊於陵爲戶部侍郎，其子嗣復遷禮部員外郎，以父子同省，乞換他官。詔同司親大功以上，非聯判勾檢官長皆勿避，官同職異，雖父子兄弟無嫌。時各部同一尚書省，故云同省。此又于應迴避之中，稍示區別，職事不相統攝者，不必避也。韋抗爲御史兼按察京畿，弟拯方爲萬年令，兄弟領本部，時以爲榮。此雖職相統攝，然或以按察係暫時差遣，非久任者故爾。《元史》大德七年，以行省官久任，多與所隸編氓聯姻害政，詔互遷之。然大德八年，又詔父子兄弟有才者，許並居風憲。則元時親族迴避，尚疎闊矣。

（清）趙翼《陔餘叢考》卷二九《科場迴避親族》　《通考》唐開元二十四年，移貢舉於禮部，以侍郎主試事，其侍郎親故，則移試考功，謂之別頭試。此後世科場迴避親族，及另設迴避卷之始也。然《唐書》沈絢主春闈，其母曰：近日崔、李侍郎皆與宗盟及第，汝於諸葉中放誰耶？曰：莫如沈先、沈擢。其母曰：二子早有聲價，科名不必在汝。沈儋孤寒，鮮有知者。絢不敢違，遂放儋及第，則宗族又似不迴避。按《齊抗傳》禮部侍郎試貢士，其姻舊悉試考功，謂之別頭試，抗以爲侍郎大臣皆上所任，不必別試，乃奏罷之。沈絢之取沈儋，或齊抗奏罷之後歟。否則先儋等與絢本同姓不同族歟？《宋史·張士遜傳》：科場初用糊名法，士遜爲巡捕官，以進士有姻黨，請迴避。自是有親嫌者皆移試，著爲令。而宋制應迴避之人，有并及門客者。《夷堅志》汪義和預鄉薦，淳熙辛丑，其弟義端爲文院點檢試卷官，牒詣別頭，乃奏名以黄甲榜登第。此親族迴避也。黄若納以禫服不及試大院，乃經營以某公門客避嫌例，試別所，遂登科。此門客迴避也。

（宋）李昉等《太平御覽》卷四五九《人事部·鑒戒下》　鬻子曰：昔周公使康叔守商，戒之曰：無殺不辜，寧失有罪。亦有無罪而見誅，亦有有功而不賞，慎之！

（宋）李昉等《太平御覽》卷六三五《刑法部·敘刑上》　〔《書》〕曰：有過赦，小罪勿增，大罪勿纍。延罪無辜曰纍。老弱不受刑，有過不受罰。故老而受刑謂之悖，弱者受之不克，不赦有過謂之賊。

（宋）王欽若《册府元龜》卷六一六《刑法部·議讞》　嚴郢爲京兆尹兼御史中丞，時御史臺奏：天下斷獄，一切謂待讞報，以正刑名。唯除殺人，罪當自徒已下結竟者，並徙置邊州。郢駮奏曰：臣伏以徙置邊州者，流之異名。流罪者有三等，一例移配或恐未當。其死罪除殺人之外有十惡重罪，造僞刻印并主典僞印及强盗光火等。若一切免死徙邊，即於法太輕，不足懲戒。其徒罪條目至多，或鬬毆爭競，小有傷損；或夫妻離異，不犯義絶；或養男別姓；或立嫡違式；或私行度關，或相冒合戶，如此之類，不可悉數。令一切徙邊，與十惡造僞同等，即輕重懸殊。又准刑部格京城縣雜抵犯，百端觸網，陷刑徒罪偏廣。若皆送覆繫滯實多，其徒已下罪，非除免官當及勅杖者，宜准外州例，州縣量事處分。今若天下徒罪，悉申所司，皆從讞報，法司斷結，准式有程。州縣禁囚，動盈千百計。天下每月徒配必不啻五六千人，此則百姓動搖，刑章紊橈。又邊州及近邊犯死及徒流者，復何以處之？伏請下删定使詳覆，然後施行。從之。

（宋）潘自牧《記纂淵海》卷五二《識見部·徇公忘私》　以公滅私。《書》。靡室靡家，玁狁之故。王事多難，不遑啟居。豈不懷歸，畏此簡書。王事靡盬，不遑啟處。不遑將父，不遑將母。《詩》。言公事，不言家事，內稱不避親，外舉不避怨，推賢而進達之。不望其報，苟利國家，不求富貴。《禮》。

子君子能以公義勝私欲。公道達而私門塞，公事明而私事息。《荀子》。為國薦賢，滅身無憾。《劉子》。

楚鬭穀於菟為令尹，自毀其家，以紓楚國之難。子太叔曰：周公殺管叔而放蔡叔，夫豈不愛王室故也？吉若獲戾子將行之，何有於諸游？先國後己。惠伯曰：公事有公利無私忌。仲尼曰：叔向，右之遺直也。治國制刑，不隱於親，不以家事辭王事。昔趙衰以壺飱從徑，餒而弗食。《左》。李離為晉文公理，過聽殺人，自劾當死。文公曰：非子之罪也。離曰：理有法。失刑則刑，失死則死。公以臣能聽徵决疑，故使為理。今過聽殺人，當死。伏劒而死。《史·循良傳》。

（宋）潘自牧《記纂淵海》卷六四《政事部·總論政事》 曹攄為臨淄令。獄有死囚，歲夕，攄愍之曰：卿等不幸致死，新歲人情所重，豈不欲暫見家耶？衆囚泣曰：若得暫歸，死無恨也。攄悉開獄出之，吏固爭，攄曰：此雖小人，義不見負，自為諸君任之。至日，相率而還，並無違者，一縣歎服。《晉書》。

（宋）潘自牧《記纂淵海》卷六四《政事部·循良》 奉法循理之吏，不伐功矜能，百姓無稱，亦無過行。《史·循》。

（宋）潘自牧《記纂淵海》卷六四《政事部·不畏強禦》 趙奢為田部吏，收租稅。平原君不肯出，奢以法治之，殺平原君，用事者九人。《史·趙奢傳》。

（宋）潘自牧《記纂淵海》卷六八《接物部·録用》 臼季使過冀，見冀缺耨，其妻饁之，敬，相待如賓。與歸，言諸文公。公曰：其父有罪，可乎？對曰：舜之罪也殛鯀，其舉也興禹，管敬仲，桓之賊也，實相以齊。《康誥》曰：父不慈，子不祗，兄不友，弟不共，不相及也。文公以為下軍大夫。《左傳》。臼季見冀缺耨，以告文曰：其父有罪，可乎？臼季曰：國之良也，減其前惡。公見之使為下軍大夫。《國語》。

（宋）王應麟《玉海》卷九〇《器用·周嘉石　肺石》 《禮·大司寇》：以嘉石平罷民，文石也，樹之外朝門左。肺石達窮民。赤石也。《朝士》左嘉石，右肺石。疏：嘉，善也，有文稱嘉。欲使罷民思文理，以改悔自修。火色赤，肺亦赤，故知肺石是赤石。使之赤心，不妄告也。

（晉）干寶《搜神記》卷二《扶南王》 扶南王范尋養虎於山，有犯罪者，投與虎，不噬，乃宥之。故山名大蟲，亦名大靈。又養鰐魚十頭，若犯罪者，投與鰐魚，不噬，乃赦之。無罪者皆不噬。故有鰐魚池。又嘗煮水令沸，以金指環投湯中，然後以手探湯。其直者，手不爛；有罪者，入湯卽焦。

（晉）陶潛《搜神後記》卷四 張華爲豫章太守，善《易》卦，明於政刑，下吏罪人畏之，不敢犯令。或當死者，悉放歸辭父母。時有一人犯盜處死，剋日欲誅，放歸辭别，限滿赴州就刑。其人在路號哭，經趙朔家。趙朔問：何故哭？答曰：某拙謀爲盜，犯法當死。昨蒙太守給假辭父母，限滿赴州就刑，所以悲泣。朔曰：何不逃去？答曰：使君明於《易》筮，前後逃者皆獲得，是以不敢違日。朔曰：汝不用哭，吾令汝生。但用吾計，自當獲免。汝可取三遍到行渡河，即取竹筒，盛水三尺長，安於腹上，仍黄沙中卧，經三日，然後可還，終始擒汝不得也。其人一依朔言。至假滿，法司怪久違限，乃以名聞。華乃觀《易》，六卦成，斷曰：何故腹上水深三尺，背卧黄沙？此人必投水死，更不用尋也。此謂之善《易》。其人經一年，改名姓，處於鄉里。既脱其死，即賫重賂，酬於朔，朔一無受焉。

（南朝宋）劉義慶《世説新語》卷二《政事》 成帝在石頭，《晉世譜》曰：帝諱衍，字世根，明帝太子，年二十二崩。任讓在帝前戮侍中鍾雅，《晉陽秋》曰：讓，樂安人，諸任之後，隨蘇峻作亂。《雅别傳》曰：雅，字彦胄，潁川長社人，魏太傅鍾繇弟，仲常曾孫也。少有才志，累遷至侍中。右衛將軍劉超。《晉陽秋》曰：超，字世踰，琅邪人。漢成陽景王六世孫，封臨沂慈鄉侯，遂家焉。父徵爲琅邪國上將軍，超爲縣小吏。稍遷記室掾安東舍人。忠清慎密，爲中宗所拔。自以職在中書，絶不與人交關。書疏閉門不通賓客，家無擔石之儲。討王敦有功，封零陽伯爲義興太守，而受拜及往還朝莫有知者。其慎默如此，遷右衛大將軍。帝泣曰：還我侍中。讓不奉詔，遂斬超雅。《雅别傳》曰：蘇峻逼主，上幸石頭。雅與劉超立侍帝側，匡衛與石頭中人密期，拔至尊出，事覺，被害。事平之後，陶公與讓有舊，欲宥之。許柳《許氏譜》曰：柳，字季祖，高陽人。祖允，魏中領軍，父猛，吏部郎。劉謙之《晉紀》曰：柳妻，祖逖子涣女。蘇峻招祖約爲逆，約遣柳以衆會峻，既克京師，拜丹陽尹。後以罪誅。兒思妣者至佳，諸公欲全之。《許氏譜》曰：永，字思妣。若全思妣，則不得不爲陶全讓，於是欲並宥之。事奏，帝曰：讓是殺我侍中者，不可宥。諸公以少主不可違，並斬二人。

（宋）蘇轍《龍川略志》卷四《許遵議法雖妄而能活人以得福》 知潤州許遵嘗爲法官，奏讞婦人阿雲謀殺夫不死獄，以按問欲舉，乞減死。舊説，鬬殺、劫殺，鬬與劫爲殺因，故按問欲舉可以減。謀而殺，則謀非因，故不可減。士大夫皆知遵之妄也。時介甫在翰苑，本不曉法，而好議法，乃主遵議。自公卿以下争之，皆不能得，自是謀殺遂有按問。然舊法，一問不承，後雖犯者自言，皆不得爲按問。時欲廣其事，雖累問不承，亦爲按問，天下皆厭其説。予至齊，齊多劫盗，而人知法有按問，則未有盗而非按問者。二人同劫，先問其左，則按問在左；先問其右，則按問在右。故獄之死生，在問之先後，而非盗之情。又有甚者，捕人類多盗之鄰里，所欲活者，輒先問之，則死生又出於用情。予見而嘆曰：惜哉！始議按問者之未究此弊也！因以語齊守李誠之。誠之亦嘆曰：吾儕異日在朝，當革此弊。予曰：雖然遵議則非，而要能活人；吾議則是，而要能殺人。予意亦難改之。誠之曰：信然。柰何而可？予曰：昔劫盗，贓三千而死，今五千而死矣，非有常也。必欲改是，增至七千而死，庶幾可耳。

（宋）吴處厚《青箱雜記》卷一〇 乖崖張公詠尹益部日，值李順兵火之後，羣政未舉。因決一吏，詞不伏，公曰：這漢要劍喫？彼云：決不得，喫劍則得。公命斬之以狥。軍吏愕眙相顧，自是始服公威信。李順黨中有殺耕牛避罪亡逸者，公許其首身。拘母十日，不出，釋之。復拘其妻，一宿而來。公斷云：禁母十夜，留妻一宵。倚門之望何疎？結髮之情何厚？舊爲惡黨，因之逃亡。許令首身，猶尚顧望。就市斬之。於是首身者繼至，並遣歸業，蜀民由此安居。

（宋）周煇《清波雜志》卷三《疑獄》 諸疑獄當奏而不奏，科罪如法；不當奏輒奏者，勿坐。此法既行，全活多矣。元豐詔大理兼鞫獄事，多上所付。大理卿韓晉卿獨持平覈實，無所觀望，人以不寃。神宗知其材，凡獄難明，及事繫權貴者，悉以委晉卿。天下大辟請讞，執政或以爲煩，將劾不應讞者。晉卿曰：聽斷求生，朝廷之心也。今讞而獲戾，讞不至矣。議者或引唐覆奏令，欲天下庶獄悉從奏決。晉卿曰：法在天下而可疑可矜者上請，此祖宗制也。今四海萬里，一欲械繫待朝命，恐罪人之死于獄，多于伏辜者。朝廷皆從之。韓，密州安丘人。應天下疑獄，並具本末，奏取勑裁。此説既行，凡有奏疑，未嘗不免。迨元豐八年，詔：自今天下州軍，勘到彊盗，情理無可憫、刑名無疑慮，輒敢奏聞者，並令刑部舉駁，重行朝典，不得用例破條。正與前説相反。

（宋）周煇《清波雜志》卷七《常平》 常平備凶荒，立法甚嚴，而米斛有以陳易新之條，州郡恃以借兑。先人任信幕，後守不償前欠，一旦漏底，官吏並送鄰州勘鞫。先人亦坐失於催促撥還，科公罪笞，不理遺闕。二十年後，因同時坐累，該改秩，為銓曹留難索案。至朝廷時，宗衮益國公參大政，從容見語：近見先丈常平伏辯，既不曾僉書，何亦被鞫？煇因言州郡刑獄寃濫，有司以被朝命，雖知不曾着字，蓋亦行三問，豈容不承？罪及無辜，大率類此。退而思之，先人尚無恙，或陷深文，固可雪理於今日矣。自昔初除執政，例薦所知三兩人。建康王元樞初得政，首以先人名聞，乃自臨安莞庫除江東漕司幹官。見次一任，屢更使長，皆欲發文字，力辭之。竟終於選調。

（漢）孔融《孔融集·報曹公書》 猥惠書教，告所不逮。融與鴻豫州里比郡，知之最早。雖嘗陳其功美，欲以厚於見私，信於爲國，不求其覆過掩惡，有罪望不坐也。

（漢）孔融《孔融集·肉刑論》 今之洛陽道橋作徒，困於厮役，十死一生。故國家嘗遣三府齎詔，月一案行。又置南甄官使者，主養病徒，僅能存之。語所謂洛陽豪徒韓伯，密加笞三百，不中一，髡頭至耳髮詣膝。此自爲刑，非國法之意。

古聖作犀兕革鎧，今有盆領鐵鎧，云絶聖人甚遠也。

（宋）姚鉉《唐文粹》卷二五陸贄《奉天論延訪朝臣表》 積習以妨理，任削平而在躬，以明威照臨，以嚴法制斷，流弊自久，浚恒太深。遠者驚疑而阻命，逃死之亂作；近者畏懾而偷容，避罪之態生。

（宋）張載《張載集·正蒙·作者篇》 虞芮質厥成，訟獄者不之紂而之文王。文王之生，所以縻縶於天下，由多助於四友之臣爾。

（宋）吴泳《鶴林集·沈應丑降授從事郎從陳叔峴降儒林郎制》

敕：具官某等。獄者，民之大命。吏不奉法，而以貨爲市，朕甚憫焉。

爾應丑爲四會令，邑有豪大家，麗於死辟，甘受其請託而不之問。寃者何所伸耶？代以叔峴，猶應丑也。部刺史以失刑告，各鐫一階，尚曰輕典。可。

（宋）吴泳《鶴林集·陳亨祖降授文林郎制》　敕：具官某。非訖于威，惟訖于富，典獄之大戒也。爾爲臨川糾掾，有犴户之寄。事無大小，皆冒是戒而行之。豈朕庶謹庶獄之意哉？姑鐫一階，尚用中典。可。

（元）蘇天爵《滋溪文稿》卷二八《題跋·書姚君墓誌銘後》　至順三年春，勅省臺遣官録囚郡國。天爵備員南臺，分行岳漢常灃辰沅諸郡。因在獄者無慮數百人，或無罪被桎梏，或有罪以賕免，既皆隨事正之。甚矣，民之可矜而刑辟不可不慎也，蓋用心無欺則可以察人之情僞，守法不撓則可以寄人之死生。自昔君子之治獄，如斯而已。故罰及而人不寃，法設而民不犯，因讀姚君銘章重有感焉，彼十九人者，非姚君，則亦徒死獄中。蓋當是時，江南歸附未久，國家勝殘去殺之教猶未洽也。今江南平定幾六十年，嶺海之間，雖險且遠，寧無用心平恕若姚君者乎？夫姚君政績非一，而銘章獨書治獄之事者，亦欲為吏者有所觀省也。

（明）林大欽《林大欽集》卷二《論表判策·越訴》　太守吏民之本，天子賴以共治；縣令近民之樞，獄訟所由取平。故非大不可訴之寃，不得越大有司之廷。亦曰夫既已治之矣，焉用是傲天子之命吏也。律有明訓，法所當遵。今某不守封疆之閑，妄競越上之訴。縣越則無其令，是令之賊民也。郡越則無其守，是守之罪人也。若訴而不伸，爲吏之過；如既伸而訴，豈非斯民之奸！應裁五十之笞，以杜浮競之漸。

《聖祖仁皇帝御製文集·第一集》卷一《勅諭·諭宗人府》　自古帝王建國，親親賢賢，義在並重。我太祖、太宗、世祖以來，篤念本支，敦睦九族，咸加愛恤，欲其成立以共膺福禄也。朕思罪有大小，法有重輕，宗室犯罪，遽行革除宗室。朕心不忍，除世祖皇帝時定案外，自順治十八年以後，凡宗室有犯罪，革除宗室者，著將情節一併察明具奏。特諭。康熙八年六月二十七日。

《聖祖仁皇帝御製文集·第一集》卷一《勅諭·諭吏兵二部》　蘇克薩哈奉皇考遺詔輔政，蘇克薩哈雖係有罪，罪止本身，不至誅滅子孫後嗣，此皆鰲拜等與蘇克薩哈不和，挾讐滅其子孫後嗣，深為可憫。其白尔黑圖等並無罪犯，因係族人連坐誅戮，殊屬寃枉。其蘇克薩哈原官及白尔黑圖等官職俱應給還，尔二部將此案所革官員俱行察明議奏。特諭。康熙八年六月十一日。

《聖祖仁皇帝御製文集·第一集》卷一《勅諭·諭兵刑二部》　京師重地理應肅清。近聞竊盜、剪綹、搶奪、詐騙者甚多，此皆步兵及五城司坊各官並巡捕營官兵稽察不嚴，巡緝不力，或番役人等與盜交通受賄縱容，以致奸惡之徒肆行無忌，殊非法紀。以後著該管文武官員嚴加巡察，督率番役兵丁，力行緝拏，務使姦宄肅清，良民無擾。如仍前怠玩縱容、交通作弊，將該管官員一併從重治罪，決不饒恕。尔部即遵諭行。特諭。康熙八年八月初五日。

《聖祖仁皇帝御製文集·第一集》卷一《勅諭·諭刑部》　設立通政司及登聞鼓衙門，原以通達民隱，陳告寃抑。果有真正寃枉事情，應赴該部院衙門告理。近見奸惡棍徒，或以瑣細小事捏成重大，或以私讐借端陷害善良，或受人僱託代為控告，或擅入禁地及行幸之所，衝突儀仗，趣近喊告。及將此等狀詞交與部院審理，並無大事及寃枉之處，反因被告干証，將良民株連受累者甚多，故前此已行禁止。今仍多有違禁妄告者，以後著嚴加禁止，如有惡徒仍前瀆告者，除所告之事不准外，著照律治罪。尔部即嚴加曉諭遵行。特諭。康熙八年六月二十九日。

又：近覽章奏罪犯監禁，踰限不行速審，以致斃獄者甚多。夫各犯自有應得之罪，未死於法，先死於獄，殊非慎刑折獄之意！朕心深為不忍，尔部將踰限不結，監斃幾人以上者，作何嚴加處分？詳議定例具奏。特諭。康熙九年六月十一日。

《聖祖仁皇帝御製文集·第一集》卷一《勅諭·諭禮部》　凡進貢來朝人等，騎用馬匹駱駝，應加意喂養肥壯，以便往來行走，昭示柔綏遠人之意。近聞喂馬人役，侵盜草料，致馬駝竟不肥壯，殊為可惡，此皆監管喂養章京及部內堂司官怠玩不經心之故。以後若再仍前偷盜草料，著監管喂養章京及巡察官員稽察舉發，如不舉發，致馬駝瘦弱，將部內堂司官及喂養官役一併從重治罪，決不饒恕。特諭。康熙八年八月初五日。

《聖祖仁皇帝御製文集·第一集》卷三《勅諭·諭宗人府吏兵二部》

以後，王以下及文武官員處分、罰銀，及罰土、黑勒、威勒之例，應否酌量其情罪改為罰俸？著確議具奏。特諭。康熙十年五月二十六日。

《聖祖仁皇帝御製文集・第一集》卷三《勅諭・諭刑部》　設立刑法，原以戢姦禁暴，必事情重大，方可用刑嚴訊。近見内外問刑衙門，嘗有濫用夾棍致斃人命者，朕心殊為不忍。以後審問事情，尔等務加詳慎，勿得輕聽。問官不分輕重，動輒夾訊，希圖草率結案，仍將審事官員嚴加申飭，不時稽察。其有任情作弊者，即行指實題条，務使重刑不得濫及無辜，以副朕矜恤民命至意。若有不應夾訊之人，擅用夾棍，及罪不至死徑行夾死者，應作何處分？尔部會同吏兵二部定議具奏。特諭。康熙十一年閏七月十四日。

《聖祖仁皇帝御製文集・第一集》卷六《勅諭・諭吏部等大小各衙門》　向來各衙門事件關係重大者，雖有定限赴科道稽察，但事有易結者，即宜速結。必俟限滿方行題覆，多致壅滯，更有各項呈狀不係註銷者，任意耽延，借端拘提人犯，數月不為審結，無辜牽累，殊堪憫惻，以後題覆本章俱著速行料理，不必盡拘定限。至於審理事件，亦速為完結。著照註銷欽件例定限每月造册，赴都察院科道稽察具奏。尔等各宜力圖振作，體恤民隱，以副朕孜孜求治之意。特諭。康熙十六年八月二十三日。

《聖祖仁皇帝御製文集・第一集》卷一一《勅諭・諭三法司》　帝王以德化民，以刑弼教，莫不敬慎庶獄。刑期無刑，故讞决之司所關最重，必聽斷明允，擬議持平，乃能使民無冤抑，可幾刑措之風。近覽法司章奏，議决重犯甚為繁多，愚民無知，身陷法網，或由教化未敷，或為饑寒所迫，以致習俗日偷，愍不畏法。每念及此，深為憫惻，在外督撫臬司及問刑各官，審理重案，有律例未諳、定擬失當、草率完結者，有膠執成見、改竄供招、深文羅織者，有偏私索詐、受囑徇情、顛倒是非者，有一於此，民枉何由得伸？以後，著嚴加申飭内外大小問刑各衙門，洗心滌慮，持廉秉公。凡問理刑名，務期原情準法、協於至當，不得故縱市恩，亦不得苛刻失入，痛改積習，加意祥刑，以副朕尚德好生、欽恤民命至意。特諭。康熙二十年正月二十八日。

《聖祖仁皇帝御製文集・第一集》卷一三《勅諭・諭刑部》　時已季夏，雨澤愆期，邇來亢旱益甚，農事堪憂。朕思天人一理，感格之道，必有未孚，且刑獄或有淹滯，冤抑之氣最能上干天和。内外大小問刑各衙門，審讞案件，恐有聽斷不公，曲直顛倒，以及草率怠忽，任意遲延，致無辜之人久羈犴狴。爾部即通行申飭，今後問刑各官，凡應速結事情，即為歸結，勿得借端稽緩，苦累平民，務期虚明公允，詳慎得情，以副朕欽恤刑獄、感召休祥至意。特諭。康熙二十一年六月十四日。

又：國家設立問刑衙門，期於明罰勅法，弼教化民，必審鞫精詳，讞决平允，而後民情悦服，冤抑畢伸。近見尔部審理大小事件，每多草率，因循瞻狥舛錯，全無振刷省改。如聽訟之時，兩造是非，自應分别定案。因意有偏私，往往不問曲直，勒令和息，或逼撤原狀，含糊完結，以致奸頑倖免，良善含冤。又如入官財物，奉差籍没官員不能廉潔自持，據實册報，乃恣意侵盗，竟飽私囊，貪黷成風，愍不畏罪，殊非人臣奉公守法之誼。至於審事官員膠執己見，聽斷不公，或更改口詞圖遂私意，或恐喝犯証不令直供，或妄肆株連稽延月日，或怠玩疎忽苟且告竣，此等獘端種種，難以枚舉。嗣後堂司各官俱著洗心滌慮，痛改前非，一切刑名事務必令情法允協，無枉無縱，恪遵法紀，持廉秉公，以副委任之意。特諭。康熙二十二年三月二十二日。

《聖祖仁皇帝御製文集・第二集》卷二《勅諭・諭大學士勒德洪明珠學士麻爾圖牛鈕禪布》　傳諭厄魯特尔等進貢來使，沿途往返擾害民生、搶掠牲畜，以致邊境内外百姓患苦者甚衆。朕雖稔知，以尔等遠方之人，本不諳中國法紀，無知妄行，屢不加罪，槩從寬免。嗣後貢使往來如有攘奪為非者，尔等率領頭目并犯法之人皆依中國律令治罪。曾經頒曉諭：今尔進貢頭目并不嚴束傔從，任其擾害，將内地人毆死，干紀甚矣。先以尔等愚昧頑蠢，凡細微奪攘之罪，知而宥之，乃屢邀寬免，頻加曉諭，全不欽遵，竟至毆死内地之人。今若不按法抵罪，日後漸益恣肆，大起争釁，未可定也。用是將毆死人命之伊忒木根依律處斬，令尔等識之觀之。此後尔等其謹遵成法，嚴戢從人，毋得肆惡妄行。特諭。康熙二十四年十月十一日。

《聖祖仁皇帝御製文集・第三集》卷九《勅諭・諭扈從大學士等》　海賊案件，今斷不可輕宥。從前曾屢經寬釋，如再宥，則人不知警，寇賊滋長，臺灣為之不寧矣。時勢不同，當因時調度，恐京中諸臣不知所以，不免之故。爾等將此意諭知在京大學士及刑部大臣。康熙四十四年六月十九日。

《聖祖仁皇帝御製文集·第三集》卷九《勅諭·諭内閣》 人命案件，關係重大，有先審情真而後審屬虚者。前任督撫審結之案，後任督撫將不符之處輒稱無庸更改，可乎？今佟毓秀欲将秋審人犯停其解赴省城，則永無平反之事矣。所奏無益，不可行，下所司知之。康熙四十四年七月二十八日。

《世宗憲皇帝御製文集》卷一《勅諭·諭按察司》 邇來士大夫好云名實兼收。所謂名者，官爵也；所謂實者，貨財也。習俗婾薄，朕甚憫焉。夫六廉之義，百司攸同，至納賄出入人罪，於法尤重。戕人之命，破人之家，以潤屋奉身。歷觀古來逃於國法者，十無一二；免於天罰者，更百無一二。《書》之《吕刑》曰：獄貨非寳。非聽訟者之明訓歟？爾司其正己率下，使法無枉撓，庶幾刑措之風尚其勗諸。特諭。雍正元年正月初一日。

《皇朝經世文編》卷二一《吏治八·守令》陳慶門《仕學一貫録》 大刑示不可輕用，更不可錯用也。然不獨大刑爲然，即行杖亦不可忽。罪當杖者，亦視其氣體壯健，足以當之。

《皇朝經世文編》卷九三《刑政四·治獄》陸祚蕃《請復差恤刑之官疏》 獄者，民命所尤關，卽天心所降鑒，感應之理，至明且速，誠使獄不濫，而刑不冤，遠邇内外，共宥于光天化日之中，則嘉祥自至，災沴自消。

《皇朝經世文編》卷九四《刑政五·治獄》李上楨《治獄四條》 一、審賊以慎審爲主。凡賊初拏獲，不可在外久停滋弊，到官卽擇深邃之處，審問明白。所云停宿長智，洵非虚語，况從來無無窩主之賊，亦無不通衙役之賊。未審明白之時，尤不許衙役出入洩漏，使餘賊知覺潛逃。然審時亦不徒恃刑法，而在隔别分訊，問有供報同夥姓名，亦查衆賊口供相同者，姓名年貌住址，一一註明，卽時出票分差往拏，及到官後，仍前隔别嚴審而定奪之。

一、强盜，務須得其强狀。必先問其果有明火器械、劫財殺傷等情。如竊盜搶奪及謀爲强而終爲竊，謀爲竊而終爲强者，原情按律，各有正條情律。此外如有繁冗舛錯口供，須前後删正明妥，毋令混亂，致難結也。

一、原問别官，或有失出失入，改批我覆審者。如審出枉縱情由，必當援情據理，明允平反。葢明允者明，而後允服其心，平反者，平而後反正其案。毋得避嫌疑，看情面，仍照原問回覆，以枉民命。

一、承問大獄，期無枉縱，速結爲當。查引新例，如無新例，卽遵律條。如律條之所未合者，自有援引矜疑之情以議之。其難其慎，必簡必速，毋聽狡犯株連多人，耽延時日，尤不可輕出輕入，致有枉縱。不然，訟獄繁典，而百姓之誤生計而累性命者，可勝言乎？

《皇朝經世文統編》卷四三《内政部十七·刑律》林則徐《籌議嚴禁鴉片章程疏》 竊謂治獄者，固宜準情罪，以持其平。而體國者，尤宜審時勢，而權所重。今鴉片之貽害於内地，如病人經絡之間久為外邪纏擾，常藥既不足以勝病，則攻破之峻劑，亦有時不能不用也。夫鴉片，非難於革癮而難於革心。欲革玩法之心，安得不立怵心之法？况行法在一年以後，而議法在一年以前，轉移之機，正繫諸此。《書》所謂舊染汙俗咸與維新，《傳》所謂火烈民畏，故鮮死焉者，似皆有合於大聖人辟以止辟之義，斷不至與苛法同日而語也。惟是吸煙之輩，陷溺已深，志氣無不惰昏，今日安知來日。當夫嚴刑初設，雖亦魄悚魂驚，而轉思期限尚寬，姑俟臨時再斷，至期迫而又不能驟斷，則罹法者仍多。故臣謂轉移之機，卽在此一年中，必直省大小官員共矢一心，極力挽迴，間不容髮，期於必收成效，永遠澆風，而此法仍不為贅設。茲謹就臣管見所及，擬具章程六條，為我皇上敬陳之。

《皇朝經世文統編》卷四三《内政部十七·刑律》魏琯《申明三法司舊例疏》 竊惟自古帝王，莫不以慎罰敬獄為先。稽古建官，六卿分職，各領一事，法司獨設立三衙門。葢以民命至重，死者不可復生，斷者不可復續，而獨斷或以成偏，師聽乃能曲盡，庶不致一時偶誤，貽日後之悔也。嘗攷大理一官與部院，職掌不同，部院皆問刑衙門，大理則取其所問者，而平反之也，載在《會典》與大理事宜。除恤刑、熱審，奉有明旨，欽遵在案。大略問刑衙門，凡係成招奏請定案者，連人并卷送寺覆覈，其情真無詞，罪名合律者，具奏如議施行。如有罪，不合律，中間招情未明者，依律照駁，再擬再問，而月報有限。照駁翻異有貳，寺押平允，始行發落。是持天下之平者，部也。執法糾正者，院也。辨理冤枉者，大理也。故决囚必差御史，恤刑則遣寺官，此其義固彰明較著者。今大理雖備法司之末，而平反二字向未申明。臣承乏斯任，正值下詔清獄之時，其會審者一次，看議者不下數招矣，着議者，率出看語于已成之案；會審者亦集眾目于俄頃之間。《書》曰：丕蔽要囚，服念五六日至于旬時，誠慎之也。夫以成章累牘之案，决疑信于片言；兩造無稽之詞，聽供招於紙上，部擬誠無不明允之事。臣則未盡了然於心，此臣之所大懼也。近見部覆有三法司均列看語者，非設官立法之初意矣。茲詳察典故，恭請聖裁。凡奉旨該部知道，自應刑部徑復，如奉旨下三法司，及至死罪者，似當舉行舊典，以備一王之大法也。然臣猶有説焉，久曠之典，驟舉易駭，言及番駁之例，恐涉掣肘之疑，更祈天語申飭，各矢虛公，臣衙門不得苛舉生事，部院無以異同為嫌，共體欽恤之心，仰成刑措之盛，國法民生，未必無小補也。

《皇朝經世文統編》卷四四《內政部十八·訟獄》丁日昌《清理積案以蘇民困疏》　閭閻苦累，莫甚於詞訟。地方官宕延不結，差役籍端訛詐，經年累月，動至蕩產傾家。因而強者變為盜賊，黠者流入異端，人心風俗之壞，胥由乎此。是以臣任蘇撫時，創立章程，通飭各屬，將詞訟按月造册通報，予以功過，以示勸懲。並令將押犯姓名懸挂粉牌，按月另册造報，必隱者彰之使顯，然後官吏不敢任意欺朦，仍隨時派員密查報册實數是否相符，遂漸無延察、私押之弊，而民困亦藉以稍蘇。

（清）馮桂芬《校邠廬抗議》卷上《改捐則議》　一犯法，則朝爲坐上客，夕爲階下囚。故富商倍重犯法，此亦抗體無弊之一證。其實職升銜加級及貢監一切停止，現任有政績者，上司特疏保留，改其籍。

（清）左宗棠《左文襄公全集·奏稿》卷二《遵查失守文武謹將情罪較重之大員先行定擬摺》　林福祥、米興朝以文武文員疊受文宗顯皇帝厚恩，不數年間，擢任提督布政使。該革員等，苟天良未泯，自應於杭城失陷時，即行奮烈捐軀。乃巡撫王有齡、將軍瑞昌等先後殉節，而該革員等目覩情形，恬不知恥，仍復展轉逃匿，忍辱偷生，希求苟免。若不從嚴懲辦，何以肅軍律而正人心？林福祥、米興朝，卽著在衢州軍營正法，免致久稽顯戮，已革杭州織造恒起，雖非守土之員，而隨同避匿，罪實難辭。左宗棠所請發往軍臺效力，尚覺寬縱，恒起著改爲發往新疆充當苦差，用示衡情執法，辟以止辟之意。欽此。

（清）左宗棠《左文襄公全集·奏稿》卷五《劣紳倚勢壓民請革職審擬片》　臣見飭署蘭谿縣知縣江紹華查明唐志歐劣迹，據實具稟，聽候核奏。應請旨將在籍刑部郎中唐志歐先行革職，按律審擬，以彰直道而洽輿情。理合附片請旨。

（清）左宗棠《左文襄公全集·奏稿》卷一九《命案疑竇甚多請分別革審摺》　代理巡檢陶綬海不行轉解訊辦，率憑紳董一面之詞，不訊取葉尾婢確供，擅自混稟前署甌甯縣知縣趙人同就地正法。趙人同不察虛實，擅批就地正法，均屬荒謬已極。應卽參革，確審以成信讞。除將生員陳嗣昌，監生陳堡埜卽嘉猷咨部斥革外，相應請旨將前署甌甯縣事候補知府趙人同，前代理營頭巡檢試用從九品陶綬海，藍翎同知銜候選知縣周星符，一併先行斥革，以便嚴訊照例審擬辦理。臣等謹合詞恭摺具奏。

（清）左宗棠《左文襄公全集·奏稿》卷二三《請將藐法潛逃之員弁查拏正法片》　上諭左宗棠奏請將藐法潛逃之員弁查拏正法等語。勇目副將潘楚棠，參將汪得勝、胡俊升，遊擊程天錫、鄭祖虎、李獻廷均因軍功薦保至二三品武職。輒敢藐玩軍律，相率潛逃，實屬目無法紀。著湖南、江西、安徽各巡撫嚴飭地方官一體嚴拏務獲，訊明後，卽行正法，以肅軍律。所有該勇目等歷次保案卽著一併撤銷。該部知道。欽此。

（清）左宗棠《左文襄公全集·奏稿》卷三八《訊明通賊革員彭慶章正法片》　上諭左宗棠等奏訊明已革知縣通賊確情盡法懲治等語。甘肅已革甯夏縣知縣署靈州知州彭慶章，數年以前已有通回情事，嗣復久留賊中，爲賊主謀。經左宗棠親提研訊，據供各情，其爲通逆無疑。喪心昧良，罪無可逭。彭慶章業經訊明正法，實足以昭炯戒。至於從逆武弁王錫爵、鐵秉忠，著左宗棠一併提訊，從嚴懲辦。欽此。

（清）沈葆楨《沈文肅公政書》卷二《請旨審辦重案並自請議處摺》

奏爲丁憂道員稟揭知縣祖匪殺良，疑臣徇護，應照例迴避，請旨簡派大臣審辦，仰祈聖鑒事。竊臣於同治元年三月初一日，據南康縣監生張起鳳呈控生員楊韶九、職員許高鴻誣逆抄搶一案內有牽涉。升任江西督糧道前，署南康縣知縣周汝筠袒縱等情，當經批司飭署南安府知府楊豫成提案秉公確訊，嗣於八月二十一日據署南康縣知縣石昌猷詳稱，訪得該縣候選從允許高鴻倚勢害命，藉局吞財，劣生楊韶九抑勒鄉民，恃符武斷。請予斥革，從嚴審辦，當以所敘款跡殊欠明晰，飭再研審確情録供。詳候覈奪。

（清）沈葆楨《沈文肅公政書》卷二《覆審詐贓釀命重案片》 再同治二年五月初九日，准刑部咨，臣奏瑞州營已革都司劉青雲詐贓釀命，衆供確鑿，堅不承招，按例具擬奏請定奪一摺。奉旨交議，檢查歷年並無辦過斬絞重犯，取具衆證情狀，奏請擬結成案，應令選派幹員再行嚴訊確情，務得輸服供詞，以成信讞等因具奏。奉旨依議。欽此。欽遵咨行到，臣即經行司劄委饒州府知府王必達、揀發知府柳淵會同南昌府覆審，去後茲據該委員等稟稱提到衆證，逐一研訊僉供，劉青雲詐贓釀命情形如故，而劉青雲堅不成招亦如故。查此案前次經臣隔別親提，衆口僉同，毫無疑義。劉青雲自知孽無可逭，雖當堂環質無可狡辨，只俯首痛哭不吐一詞。若因其無供之故，量從末減，抑或懸案不結，不特無以折服屍親之心，且恐將來斬絞重囚紛紛效尤，殊非國家辟以止辟之意。除飭照例用刑嚴審，務得確供外，理合附片陳明，伏乞聖鑒訓示。謹奏。

（清）沈葆楨《沈文肅公政書》卷二《取具已革都司輸服供詞定擬具奏摺》 奏爲覆審已革都司詐贓釀命，取具輸服供詞，定擬具奏，仰祈聖鑒事。竊照同治二年五月初九日，准刑部咨臣奏瑞州營已革都司劉青雲詐贓釀命，衆供確鑿，堅不承招，按例具擬奏請定奪一摺。奉旨交議，檢查歷年並無辦過斬絞重犯，取具衆證情狀，奏請擬結成案，應令選派幹員再行嚴訊，確情務得輸服供詞，以成信讞等因具奏。奉旨依議。欽此欽遵。即經行司飭提全案人證解省，劄委南昌府知府許本墉會同饒州府知府王必達、揀發知府柳淵審辦，嗣據該委員等以提集衆證研訊僉供，劉青雲詐贓釀命情形如故，而劉青雲仍堅不承招。稟經臣附片，奏明刑訊。

（清）沈葆楨《沈文肅公政書》卷六《遵旨覆訊已革總兵詹啟綸摺》

奏爲遵旨審明已革總兵京控命案，據實覆陳，仰祈聖鑒事。竊臣承准軍機大臣字寄，光緒元年十一月初四日奉上諭，前因劉坤一等奏已革總兵詹啟綸主使毆斃人命一案，當交刑部議奏。茲據都察院奏，詹啟綸遣抱呈訴胡士禮斃命，時詹啟綸並未在揚，因陳國瑞挾嫌唆使胡士禮服毒陷害，賄使仵作揑傷，並兩江總督刑逼具招等語。沈葆楨甫到兩江無所用其迴護，著秉公嚴訊，務得確情詳細具奏等因。欽此。

（清）沈葆楨《沈文肅公政書》卷六《覆訊陳國瑞片》 再詹啟綸京控陳國瑞凡三事：曰唆使服毒，曰持械抄搶，曰成脅仵作。胡士禮因傷致死，唆使服毒四字不辨自明。抄搶一節，經前署督臣派員暨府縣查覆，並無其事。臣又傳到湖北會館董事羅觀臣、李殿賓、王起高、曾天順逐一訊問，均稱毫無所聞。詹啟綸盡室以行，衣服豈能一無所失？然不能以行人之得，爲邑人之災。仵作李洪並非陳國瑞當場綑縛帶回，而干預相驗情形，已據陳國瑞供認不諱。第胡士禮實係陳國瑞親戚，又實係屈死。仵作李洪又實有賄朦情弊，當孤兒寡婦呼號乞援之時，一爲剖分皁白，雖則事不干己，夫亦情似可原。惟陳國瑞以武職大員，受列聖厚恩，不容不知國法。該革員奉旨交地方官嚴加管束，乃擅離原籍，長住揚州。去年胡士禮案定後又經劉坤一飭地方官迭催回籍，毫無顧忌，置若罔聞。此風一開，不特無以肅朝廷之紀綱，恐大非臣子之福。相應請旨將已革總兵陳國瑞發往軍臺效力，以為目無法紀、任性妄為者戒。是否有當，伏候宸裁。理合附片陳明，祇乞聖鑒訓示。謹奏。

（清）沈葆楨《沈文肅公政書》卷六《覆訊劉福興片》 再提督銜記名總兵劉福興藉差訛詐，經臣奏參，革職審訊。奉旨允准在案。臣飭派營務處候補道趙繼元提集人證，確切訊究，據原告民人顧國全供稱，從前詹啟綸之妾劉氏身故，詹啟綸許給其母家養老錢，未經付足。上年七月間，曾代劉氏母家向詹啟綸取過銀七百五十兩，劉福興聞知，以爲該民人經手得錢，輒向逼勒訛詐等語，飭傳詹啟綸故妾劉氏之父劉文富、母劉劉氏所供，上年七月間，顧國全經手取銀，數目相符。隨提劉福興研訊，供稱奉劉署督臣面諭，赴揚州查提詹啟綸認捐河工銀兩，嗣准劉坤一咨覆並無其事，始據供稱，聽聞顧國全經手詹家幫給劉文富銀兩從中取利，起意訛詐。因到儀徵向奇兵營署遊擊董立勳揑稱出差借兵二名，即潛往顧國全家中，訛得洋銀四十元，期票一百零三元，當堂呈出洋票九十三元，其餘在劉巨川手裏。查劉福興以在標武職大員，輒敢揑稱奉差，私借營兵訛索得贓，雖未全行入手，實屬膽大妄爲，形同無賴，非從嚴參辦不足以示懲儆。

（清）沈葆楨《沈文肅公政書》卷六《續獲匪首馬小繞等正法片》

再江皖等處，土匪滋事，疊經臣專摺馳奏在案。海州拏獲張飛豹等犯後，人心漸定。該州知州林達泉會同提督王得勝，搜捕積匪，不遺餘力。六月下旬，沭陽縣境内又有幅匪潛起，漕臣文彬派隊馳赴，王得勝、林達泉亦即會帶勇役下縣查辦，督同圩董緦獲匪首馬小繞一犯，夥匪王蘭芝一犯，訊據供認迭次行劫，並糾衆豎旗不諱，當經正法梟示。至各處零星餘孽，三五成羣者，經各防營分路緝拏，沛縣境内拏獲徐本先一犯，豐縣境内拏獲韓道成、韓繼田二犯，宿州境内拏獲曠軒一犯，沭陽縣境内拏獲胡士成、郝小幅、郝金有、董繼太、張文俊五犯，分别發交各州縣研訊。並由漕臣交彬就近提審嚴懲。皖北一帶，據壽春鎮總兵郭寶昌禀報，遊擊趙得勝追捕王山孜一犯，該遊擊受傷七處，始將王山孜格斃梟示，以快人心。現在江皖交界雖無結幅嘯聚重情，惟餘匪竄伏，尚恐暗中句結。除由臣嚴飭地方官及各防營儘力拏辦，有犯必懲外。合將近日獲匪情形，會同漕臣文彬，江蘇撫臣吴元炳，安徽撫臣裕禄，附片陳明，伏乞聖鑒。謹奏。

（清）沈葆楨《沈文肅公政書》卷七《仵作馬快請免禁錮摺》　奏爲仵作馬快兩途，關係於吏治者甚鉅，宜免其禁錮，以養廉耻而勵人材恭摺仰祈聖鑒事。伏惟三代以上庶人在官者，與士同禄。漢制近古，往往由小吏至公卿，故循良稱極盛所學其所用也。自晉人重門第，寖爲風俗，相沿至今。夫芝草無根，醴泉無源，不問其所能，只問其所出，與求才初意已兩不相謀。然指倡優爲身家不清，彼誠無以自解。若供役公署者，雖風塵奔走，勞瘁不堪，究其所逐逐營營者，非國事即民事，固天下之所必不可無者也。乃不待其作奸犯科，而先絶之於人類，於求治之意毋乃左乎？況不嫺文理者，無以爲仵作；不精武藝者，無以爲馬快。屏之於不足齒數之列，而望有出類拔萃之才起而應之者乎？命案全視屍傷爲準，屍傷一舛，雖皐陶無由得其情。《洗冤録》一書，其理極微，又有不盡一一可憑者，須以意會之。在由科甲及幕友入仕者，日夕研究，猶憚其難，若再以不自愛之仵作顛倒是非，含冤其誰訴乎？有終身不見賊之兵，無終身不見賊之馬快。奉票緝捕，其危險與臨陣同，若罷輭無能，安望其爲鷹、爲鸇，闤闠不皆成盜藪乎？

（清）劉坤一《劉坤一遺集・奏疏》卷二六《研訊遊棍僞詐事情比例議擬摺》　查律載：斷罪無正條，援引他律加減定擬。又例載：惡棍設法索詐官民，捏告各衙門，情罪重大，實在光棍，事發者，不分曾否得財，爲首斬立决。又律載：不應爲而爲，事理重者杖八十各等語。此案曹秉權屢在各處誆騙得財，又詐稱京官赴葉懷善衙門往拜告幫，後在鎮江遇見葉懷善圖詐未成，輒敢設法妄捏葉懷善在彼處冶遊，被散勇圍譌情事，並捏其親寫許洋筆據，屢信索詐，復赴江蘇巡撫衙門控告，實屬刁惡不法。惟向無兇暴重情，與實在光棍有間。徧查律例並無治罪專條，自應比例量減問擬。曹秉權除向各處誆騙得財不記確數，並無官詐稱有官圖行一事，應擬近邊充軍，計止二千五百里，較滿流爲近，各輕罪不議外，合依惡棍設法索詐官民，捏告各衙門，情罪重大，實在光棍，事發者，爲首斬立决例上量减一等，擬杖一百，流三千里，定地發配，折責安置。據供父老丁單，係惡棍積慣詐譌，情節較重，應不准其查辦留養。葉懷善於曹秉權詐稱京官往拜時並未見面，不知虚實，無從覺察，即送洋酬應，亦人情之常。其因公路過鎮江並未停留，均無不合；惟在上海地方，無端逗遛兩日，雖訊無冶遊重情，而玩愒曠職，究屬不應。葉懷善除將無名信函指爲鹽巡道胡家楨信，一經到案，即將懷疑誤呈緣由具結據實呈明，即屬自首，例得免議外，合依不應爲而爲，事理重者，杖八十律，擬杖八十，業已另案革職，應毋庸議。鹽巡道胡家楨訊據曹秉權供不認識葉懷善，亦和縣信件；且查胡家楨親筆所批卷宗字迹亦不相符，應毋庸議。抱告龔恕到鎮時，已在曹秉權設法捏據屢函索詐之後，曹秉權亦未將真情向告，訊不知情，亦毋庸議。代爲寫據之不識姓名測字人應免查提。葉懷善所呈呈明前呈無名一信係屬懷疑，檢查信局號簿亦無二、三月間胡家楨發遞元無名信件，無從查究。曹秉權捏告票據，案結塗銷。

（清）劉坤一《劉坤一遺集・奏疏》卷二〇《武職借備章程仍請展限摺》　竊查武職大銜借補小缺一案，同治七年經前大學士曾國藩酌擬推廣借補章程，奏准提督、總兵借至副將、參將、遊擊止，副將、參將、遊擊借至都司、守備止，都司、守備借至千總、把總止，仍照部議以十年爲限，十年之後應否規復舊制，抑再行體察情形奏明酌辦。嗣於光緒十三年接准部咨：借補章程逾限已久，擬請暫緩五年，凡提鎮以下人員准其通融借補，五年之後再行奏請停止等因。光緒十三年十一月十一日具奏，奉旨：依議。欽此。各在案。

現計限期將滿，自應照例辦理。惟查武職大銜借補小缺，原因軍興以後，各將領積功薦保崇階，人多缺少，序補無期，斟酌權宜，具有深意。是以十年限滿之後，部臣仍因提、鎮人員過多，未卽奏請停止。嗣於前陝甘督臣譚鍾麟奏請升調補署一律緩復舊制案內，又經兵部議復展緩五年。蓋深知此項章程係屬因時制宜，未便遽復舊制，仍准通融辦理。現雖承平已久，而從前立功將領分發各省候補人數尚多；兩江用兵最久，又復兼轄三省，在標候補武員較他省尤形擁擠，提督、總兵兩項共有一百餘員之多。此項人員，昔年奮迹行間，艱苦備嘗，始得論功薦擢，若一經規復舊制，按班不准借補，則留省之提、鎮各員永無補缺之望。正如曾國藩所奏，功績較淺者轉得各占實缺，勞苦最久者反致長抱虛榮，殊非激勵將士之道。卽副將以下各員保獎名次稍後者，亦恐無輪補到班之日。一概置之閒散，未免向隅。且部定補缺章程，按班輪用，缺項本多，借補人員僅於儘先一項內通融辦理，並未另立班次。是大銜借補小缺，既寓矜恤將士之意，亦與別項輪補缺次毫無格礙。臣體察兩江現在情形，不得不查照舊章，仍請變通辦理。合無仰懇天恩，俯准將武職借補章程量予展限，仍俟數年後應否規復舊制，再行奏明酌辦。

（清）劉坤一《劉坤一遺集・書牘》卷三《復曾中堂》 去年余福先之事，騙案而作為搶案，一案而欲銷七案，以致數人而株連數十人，未免志在鸇鷹，非父母斯民之道。初擬調省會審，又恐事自不能曲全，因遲久而託他詞以撤之，微示警戒，非有苛求。

（清）劉坤一《劉坤一遺集・書牘》卷四《致文輔卿》 九年，贛縣謝鍾氏之媳朱喜風在南康縣博羅甲被殺一案，迄今凶犯未獲。聞沈令因朱劉氏之控，將謝鍾氏女婿拘繫勒交雇工許黑牯，迄今未釋。無論許黑牯是否正犯，尚係一面之詞；卽使正犯是許黑牯，察核案情，斷非許日暄主使；破案之後，許黑牯勢必遠颺，亦斷非許日暄所能交出。有罪在逃，無辜受累，是一冤未雪而一冤又增。伏乞嚴飭該令，或卽行提，確切訊明，分別拘釋，是爲至要！

此外如長寧等處之遞次刦搶，寧都等處之遞次械鬬，不可不認真懲辦，並祈加意。

（清）劉坤一《劉坤一遺集・書牘》卷五《致王榮椿鎮軍》 昨日提訊韓道璲等，供詞尚無翻異，擬於節後卽將郭老六、羅明標、吴羅羅三犯在省正法，餘犯發回，分別監禁。現據函報續獲之鄒海順，俟訊供解省，另行核辦。此案擬卽作爲外結，毋庸奏咨。陳守備事雖釋，仍請咨送來省當差，以息浮議。並會同文觀察，出示曉諭，告誡軍民，務各滌慮洗心，安分守法，以安反側，以儆愚蒙。此係必不可少之作，聞亦爲執事本意也。軍興以後，此種變故甚多，但能寬猛得宜，羣情自然安貼。

（清）劉坤一《劉坤一遺集・書牘》卷六《復方照軒軍門》 承示各條，具佩卓見。詳加閱核，如第一條，援照潮屬成案，奏明辦理；第二條，會銜出示，徧貼曉諭；第三條，飭發令箭，以樹風聲；第六條，毋聽浮言，嚴懲刁健；第七條，就地正法，以免疏虞：均可逐條照辦。唯第四、第五兩條，添勇籌餉，不能不由司局妥議施行，免致臨時掣肘。鄙見以年內除見案辦案外，其餘暫緩舉動，並宜不露聲色，以免各匪徒懼而先逃，或事先備我。儘此年內兩三月之力，執事得以確查地方一切情形，何處宜辦，何處不宜辦，或輕或重，或後或先，以及用剛用柔，用智用勇，先有成算在胸；仍將該各屬積案積匪若干，查開節略，密咨敝署及撫院，庶幾具奏出示，非出耳聞，將來卽有刁徒上控，便可核明批駁，免致行查待覆，彼得有所希覬觀望也。

（清）劉坤一《劉坤一遺集・書牘》卷六《復馮萃庭》 譬如家有逃奴在外滋事，爲主人者擒之以歸，治之以法，方且向受害者謝過不遑，人自知感，人自知畏；乃必謂此奴惡作劇，彼皆莫奈伊何，惟我足以制之，以示武示德，甚至形諸公牘，執事殊未三思也。

（清）劉坤一《劉坤一遺集・書牘》卷七《致成方伯金廉訪》 訪聞現在方照軒處當差之委員幸光萃、清安兩人，貪婪殘刻，作惡多端，應請將該兩員撤省察看。如方營差遣需人，另行稟調，該兩員決不可聽其乞留。又訪聞方營本年内押斃九十餘名人犯，深駭聽覩。查司局詳定章程，方營祇可拏犯，至於或究或釋，應解歸該府審辦，是以專設讞局。今方營所拏人犯，何以不隨時解府，竟於營中自設羈所，管押如此之多，瘐斃者已九十餘名，其餘在押不知凡幾；本年已瘐斃九十餘名，以前更不知凡幾。卽此九十餘名，既未解府審辦，其中自多不應至死之犯。人命至重，豈可如此草菅。該府張署守近在同城，事有專責，何得任其所爲，殊大負弟與諸公委任之意。並請密致該署守，刻日查明本年方營押斃人犯若干，以前押斃人犯若干，此項押斃之犯，何以如是之多，是否用刑太慘，抑任憑兵丁人等肆其陵虐，當時何以並不照章隨時解交該府，除已押斃外，該營尚有人犯若干，以及已斃未斃各犯是何籍貫、姓名、情罪，逐節查明，據實具覆，往返統限半月，不得玩延徇蔽，並飭該府照會方營，以後拏獲人犯，務照詳定章程，隨時解府，不得留營管押。該府亦須將此項人犯，每月册報一次，開具舊管、新收以及正法、病故各若干，現存若干，仍於每犯名下註明籍貫事由，以憑察核。現在朝政清明，宏開言路，外事動輒上聞，力求振頓，地方文武，職守所在，不可不慎益加慎也。

（清）劉坤一《劉坤一遺集・公牘》卷二《飭發審清釐積案劄》 爲札飭發審局清釐積案以免延累事：

照得首府設立發審局，爲通省疑難案件萃會之區，若不趕緊審辦，則緊要犯證，必致紛紛瘐斃，要案何由得結。今查首府發審之案，尚有七、八年及三數年不結者；似此因循延擱，尚復成何事體！本部院察核延案不結之由，其故有四：或因犯人自知情罪重大，抵死不承，以爲苟延之計；或因犯人藉案圖詐，任意株連牽累，不能了結；或因案已咨展，並無限期，委審之員，視爲無關緊要，置之高閣；或因兩造刁健，案情煩難，審辦匪易，委員不肯任勞任怨，藉詞案證未齊，故意行提拖宕。而外屬提人，遠則千餘里，近亦數百里，斷難卽到，況其中行賄縱脱者有之，畏累逃避者有之，以致經年累月，不能定案。以前二端，由於犯人之狡供圖詐，問官無有不得其情，何難連日熬審，趕緊結案。以後二端，由於問官之畏難趨避，果能振作精神，勤於審斷，亦不難權宜辦結。若必俟人證到案再審，設或終不能提到，豈案竟不可結耶！今擬將累年難結要案，由首府逐件開呈簡明清摺送院司查核，並帶同承審委員前來面議，其應如何審辦，得以酌商。此後每閲旬日，首府與委員至院司，將審辦情形，回明一次。如此既有可稽考而知案情之難易，又可以廉察委員之材具能否了結斯案。從此上下認真，於公事定有裨益，而案內人證亦得免羈累拖斃之苦矣。合行札飭。爲此札仰該司會同藩司立卽轉飭南昌府傳知發審局各委員一體遵照辦理。

再，凡有京控案件，無論新舊，亦應照此開摺面稟。毋違！

守法分部

論説

《周易正義・乾》 不成乎名，遯世无悶，不見是而無悶，樂則行之，憂則違之，確乎其不可拔，潛龍也。疏：不成乎名至潛龍也。正義曰：不成乎名者，言自隱默，不成就於令名，使人知也。遯世无悶者，謂逃遯避世，雖逢无道，心无所悶。不見是而无悶者，言舉世皆非，雖不見善，而心亦无悶。上云遯世无悶，心處僻陋，不見是而无悶，此因見世俗行惡，是亦无悶，故再起无悶之文。樂則行之，憂則違之者，心以爲樂，己則行之，心以爲憂，己則違之。確乎其不可拔者，身雖逐物推移，隱潛避世，心志守道，確乎堅實其不可拔，此是潛龍之義也。

（清）孫星衍《周易集解・乾》 《文言》曰【略】脩辭立其誠，所以居業也。

解：荀爽曰：脩辭，謂終日乾乾。立誠，謂夕惕若厲。居業，謂居三也。翟元曰：居三，脩其教令，立其誠信，民敬而從之。

（明）來知德《易經集注・坤》 《文言》曰【略】直其正也，方其義也。君子敬以直內，義以方外，敬義立而德不孤。直方大，不習无不利，則不疑其所行也。

直者，何也？言此心無邪曲之私，從繩墨而正之之謂也。方者，何也？言此事無差謬之失，得裁制而宜之之謂也。

（宋）司馬光《温公易説・履》 九五，夬履，貞厲。

《象》曰：夬履，貞厲，位正當也。

夬者何？決也。履者何？人之所履也。人之所履，有得有失，為人君者，決而正之。得則有賞，失則有法。勸賞畏刑，然後人莫敢不慎其履，而天下國家可得而治也。五以剛健，為履之主，乘其中正，以決得失。任斯重也，可不戒乎？故曰：貞厲。

（明）來知德《易經集注・泰》 九三，无平不陂，无往不復；艱貞无咎，勿恤其孚，于食有福。陂，碑爲反。

陂，傾邪也。无平不陂，以上卦地形險夔之理言。無往不復，以下卦天氣往來之理言。艱者，勞心焦思，不敢慢易之意。貞者，謹守法度不敢邪僻般樂之意。恤者，憂也。孚者，信也。勿恤其孚者，不憂此理之可信也。食者，吞于口而不見也。福者，福禄也。有福者，我自有之福也。食有福者，天禄求終之意。乾之三爻乾乾惕若厲，艱貞無咎之象也。變兑爲口，食之象也。

（明）來知德《易經集注・大有》 六五，厥孚交如，威如，吉。

威如者，恭己無爲，平易而不防閑備具，特有人君之威而已。因六五其體文明，其德中順，又有陽剛群賢輔之，即舜之無爲而治矣，所以有此象。六五，當大有之世。文明中順，以居尊位，虚己誠信，以任九二之賢，不惟九二有孚于五，而上下之陽亦皆以誠信歸之。是其孚信之交，無一毫之僞者也。是以爲六五者，賴群賢以輔治，惟威如而已。此則不言而信，不怒而民威于鈇鉞，盖享大有太平之福者也，何吉如之！故其象占如此。

《周易正義・謙》 ䷎艮下坤上。謙：亨。君子有終。【略】

《象》曰：謙，亨，天道下濟而光明，地道卑而上行。天道虧盈而益謙，地道變盈而流謙，鬼神害盈而福謙，人道惡盈而好謙。謙尊而光，卑而不可踰，君子之終也。【略】

六四：无不利，撝謙。處三之上，而用謙焉，則是自上下下之義也。承五而用謙順，則是上行之道也。盡乎奉上下下之道，故无不利。指撝皆謙，不違則也。疏：正義曰：无不利者，處三之上而用謙焉，則是自上下下之義。承五而用謙順，則是上行之道。盡乎奉上下下之道，故无所不利也。《象》曰：无不利，撝謙，不違則也。疏：正義曰：指撝皆謙不違則者，釋无不利撝謙之議。所以指撝皆謙者，以不違法則，動合於理，故无所不利也。

（清）孫星衍《周易集解・蠱》 蠱【略】先甲三日，後甲三日。

解：《子夏傳》云：先甲三日者，辛壬癸也；後甲三日者，乙丙丁也。馬融曰：甲在東方，艮在東北，故云先甲，巽在東南，故云後甲。所以十日之中，唯稱甲者，甲為十日之首。蠱是造事之端，故舉初而明事始也。言所以三日者，不令而誅謂之暴，故令先後各三日，欲使百姓遍習行而不犯也。

集解：鄭康成曰：甲者，造作新令之日。甲前三日，取改過自新，故用辛也；甲後三日，取丁寧之義，故用丁也。褚氏、何氏、周氏同。〔并疏〕

（明）來知德《易經集注・剥》 《象》曰：山附於地，剥；上以厚下安宅。上謂居民之上，一陽在上之象也。厚下者，厚民之生，省刑罰、薄税斂之類也。宅者，上所居之位，非定舍也。因艮體一陽覆幬于上，有宅舍之象，故以宅言之。所以上九亦以廬言者，以有廬之象也。厚下安宅者，言厚下而不剥下者，正所以自安其宅也。民惟邦本，本固邦寧之意。卦以下剥上取義，乃小人剥君子，成剥之義。象以上厚下取義，乃人君厚生民，則治剥之道也。

（清）朱駿聲《六十四卦經解・大畜》 六四，童牛之牿，元吉。《象》曰：六四元吉，有喜也。

牛之剛健在角。童牛未角者也。牿，楅也，以木爲之，横施于角。《封人》職曰：設其楅衡，楅設于角，衡設于鼻，止觝觸也。所以告人，故从告，牿之爲言角也。童牛未角而先習之，禁于未發之謂豫，制官刑則具訓蒙士，無彝酒則誥教小子，此物此志也。

（宋）司馬光《温公易説・坎》 初六，習坎，入于坎窞，凶。《象》曰：習坎入坎，失道，凶也。

初者，事之始也。聖人之教人也，禁其始不禁其終，防其微不防其章。故坤之初六曰：履霜，堅冰至。震之初九曰：震來虩虩，後笑言啞啞，吉。皆原其始而要終也。夫人之于險也，始皆有恐懼之心焉，及幸而濟也，則狃以為常，至于失身而不自知也。是以，聖人于險之初，而戒其將來之禍，曰習坎，入于坎窞，凶。窞者，坎中之坎也。

（明）來知德《易經集注・震》 《象》曰：震，亨。震來虩虩，恐致福也；笑言啞啞，後有則也。震驚百里，驚遠而惧邇也。出，可以守宗廟社稷，以爲祭主也。

《易舉正》出可以守句上有不喪匕鬯四字，程子亦云。恐者，恐惧也。致福者，生全出于憂患，自足以致福也。後者，恐懼之後也，非震驚之後也。則者，法則也，不違禮，不越分，即此身日用之常度也。人能恐懼，則操心危而慮患深，自不違禮越分，失日用常度矣，即俗言懼法朝朝樂也，所以安樂自如，笑言啞啞也。驚者，卒然遇而動乎外。懼者，惕然畏之而變其中。驚者不止于懼，懼者不止于驚。遠者外卦，邇者内卦，内外皆震，遠邇驚懼之象也。出者，長子已繼也而出也。可以者，許之之辭也。言禍患之來，出于倉卒之間，如雷之震，遠邇驚懼。當此之時，乃能處之從容，應之暇豫，不喪匕鬯，則是不懼由于能懼，雖甚有可驚懼者，亦不能動吾之念也，豈不可以負荷天下之重器乎！故以守宗廟能爲宗廟之祭主，以守社稷能爲社稷之祭主矣。

（宋）司馬光《温公易説・涣》 九五，涣汗其大號，涣王居，无咎。《象》曰：王居无咎，正位也。

涣，利涉大川，坎下巽上，乘木有功也。九五，涣汗其大號。涣，王居无咎。王者，號令之從出也。庶人稟于士，士稟于大夫，大夫稟于君，君稟于天子。天子至尊，出令而非受令者也，其餘則有所稟而不敢專也，故王居无咎。

（宋）張載《横渠易説・繫辭下》 弦木為弧，剡木為矢，弧矢之利，以威天下，盖取諸睽。養道雖至，禁網尚疎，但懲其乖亂而已。

（宋）司馬光《温公易説・繫辭下》 子曰：小人不恥不仁，不畏不義，不見利不勸，不威不懲。小懲而大誡，此小人之福也。《易》曰：屨校滅趾，无咎。此之謂也。

小人之情，盡如是。小懲而大誡，懲其小惡，使人戒懼，不至于大。屨校滅趾，止之于下。

善不積，不足以成名；惡不積，不足以滅身。小人以小善為无益而弗為也，以小惡為无傷而弗去也，故惡積而不可掩，罪大而不可解。《易》曰：何校滅耳，凶。

積惡貫盈，不得不誅。或先告以禍敗，終不能聽。故曰：滅耳，凶。

《尚書正義・虞書・大禹謨》 禹曰：惠迪吉，從逆凶，惟影響。迪，道也。順道吉，從逆凶。吉凶之報，若影之隨形，響之應聲。言不虛。迪，徒力反。響，許丈反。益曰：吁！戒哉！儆戒無虞，罔失法度。先吁後戒，欲使聽者精其言。虞，度也。無億度，謂無形。戒於無形，備慎深。秉法守度，言有恒。吁，况俱反。度，徒布反。虞度，徒洛反。罔遊于逸，罔淫于樂。淫，過也。遊逸過樂，敗德之原。富貴所忽，故特以爲戒。樂音洛。任賢勿貳，去邪勿疑。疑謀勿成，百志惟熙。一意任賢，果於去邪，疑則勿行，道義所存於心，日以廣矣。去，起吕反。熙，火其反。罔違道以干百姓之譽，干，求也。失道求名，古人賤之。罔咈百姓以從己之欲。咈，戾也。專欲難成，犯衆興禍，故戒之。咈，扶弗反。戾，連弟反。無怠無荒，四夷來王。言天子常戒慎，無怠惰荒廢，則四夷歸往之。怠音待。惰，徒卧反。疏：禹曰至來王。正義曰：禹曰：益言謀及世事，言人順道則吉，從逆則凶。吉凶之報，惟若影之隨形，響之應聲。言其無不報也。益聞禹語，驚懼而言曰：吁！誠如此言，宜誡慎之哉！所誡者，當儆誡其心無億度之事。謂忽然而有，當誡慎之：無失其守法度，使行必有恒，無違常也。無遊縱於逸豫，無過耽於戲樂，當誡慎之以保己也。任用賢人勿有二心，逐去回邪勿有疑惑。所疑之謀勿成用之，如是則百種志意惟益廣也。無違越正道以求百姓之譽，無反戾百姓以從己心之欲。常行此事，無怠惰荒廢，則四夷之國皆來歸往之。此亦所以勸勉舜也。傳：迪，道也。正義曰：《釋詁》文。傳：先吁至有恒。正義曰：《堯典》傳云：吁，疑怪之辭。此無可怪，聞善驚而爲聲耳。先吁後戒者，驚其言之美，然後設戒辭，欲使聽者精審其言。虞，度，《釋詁》文。無億度者，謂不有此事，無心億度之。《曲禮》云：凡爲人子者，聽於無聲，視於無形。戒於無形見之事，言備慎深也。安不忘危，治不忘亂，是其慎無形也。法度當執守之，故以秉法守度解不失，言有恒也。傳：淫過至爲戒。正義曰：淫者過度之意，故爲過也。逸謂縱體，樂謂適心，縱體在於逸遊，適心在於淫恣，故以遊逸過樂爲文。二者敗德之源，富貴所忽，故特以爲戒。傳：干求至賤之。正義曰：干，求，《釋言》文。失道求名謂曲取人情，苟悦衆意，古人賤之。傳：咈戾至戒之。正義曰：《堯典》已訓咈悉戾。彼謂戾朋儕，此謂戾在下，故詳其文耳。專欲難成，犯衆興禍，襄十年《左傳》文。

《尚書正義・夏書・胤征》 告于衆曰：嗟予有衆，誓勑之。聖有謨訓，明徵定保。徵，證。保，安也。聖人所謀之教訓，爲世明證，所以定國安家。先王克謹天戒，臣人克有常憲，言君能慎戒，臣能奉有常法。百官修輔，厥后惟明明。修職輔君，君臣俱明。每歲孟春，遒人以木鐸徇于路，遒人，宣令之官。木鐸，金鈴木舌，所以振文教。遒，在由反。鐸，待洛反。鈴音令。官師相規，工執藝事以諫。官衆，衆官。更相規闕，百工各執其所治技藝以諫，諫失常。藝，本又作埶。更音庚。技，其綺反。其或不恭，邦有常刑。言百官廢職，服大刑。疏：告于至常刑。正義曰：胤侯將征羲和，告于所部之衆曰：嗟乎！我所有之衆人，聖人有謨之訓，所以爲世之明證，可以定國安家。其所謀者，言先王能謹慎敬畏天戒，臣人者能奉先王常法，百官修常職輔其君，君臣相與如是，則君臣俱明，惟爲明君明臣。言君當謹慎以畏天，臣當守職以輔君也。先王恐其不然，大開諫争之路。每歲孟春，遒人之官以木鐸徇于道路，以號令臣下，使在官之衆更相規闕；百工雖賤，令執其藝能之事以諫上之失常。其有違諫不恭謹者，國家則有常刑。傳：徵證至安家。正義曰：成八年《左傳》稱晉殺趙括，欒、郤爲徵。徵是證驗之義，故爲證也。能自保守是安定之義，故爲安也。聖人將爲教訓，必謀而後行，故言所謀之教訓。聖人之言，必有其驗，故爲世之明證。用聖人之謨訓，必有成功，故所以定國安家。傳：言君至常法。正義曰：王者代天理官，故稱天戒。臣人奉主法令，故言常憲。君當奉天，臣當奉君，言君能戒慎天戒也，臣能奉有常法，奉行君法也。此謂大臣，下云百官修輔，謂衆臣。傳：遒人至文教。正義曰：以執木鐸徇于路，是宣令之事，故言宣令之官。《周禮》無此官，惟《小宰》云：正歲，帥理官之屬而觀治象之法，徇以木鐸曰：不用法者，國家常刑。宣令之事，略與此同。此似别置其官，非如周之小宰。名曰遒人，不知其意，蓋訓遒爲聚，聚人而令之，故以爲名也。《禮》有金鐸、木鐸，鐸是鈴也，其體以金爲之，明舌有金木之異，知木鐸是木舌也。《周禮》教鼓人以金鐸通鼓，大司馬教振旅，兩司馬執鐸，《明堂位》云振木鐸於朝，是武事振金鐸，文事振木鐸。今云木鐸，故云所以振文教也。傳：官衆于失常。正義曰：相規，相平等之辭，故官衆謂衆官，相規謂更相規闕。平等有闕，已尚相規，見上之過，諫之必矣。百工各執其所治技藝以諫，謂被遺作器，工有奢儉，若《月令》云無作淫巧，以蕩上心，見其淫巧不正，當執之以諫，諫失常也。百工之賤，猶令進諫，則百工以上，不得不諫矣。傳：言百至大刑。正義曰：百官廢職，服大刑，《明堂位》文也。顧氏云：百官衆臣其有廢職懈怠不恭謹者，國家當有常刑。

（清）孫星衍《尚書今古文注疏・洛誥》 厥若彝，及撫事，如予。惟以在周工，往新邑，伻嚮卽有僚，明作有功，惇大成裕，汝永有辭。疏：撫者，《王逸》注《楚辭》云：循也。以者，《説文》云：用也。嚮，俗字。《易・隨》嚮晦，《釋文》云：嚮，本作向。有與友通。卽者，《詩傳》云：就也。明與孟聲相近，《釋詁》云：勉也。裕者，《方言》云：道也。辭與詞通，《周禮・大行人》注：鄭司農云：辭，當爲詞。《釋名》云：詞，嗣也。令擇善言相嗣續也。此告成王，欲其順常法及循故事，如我所爲。惟用在周之官，往治新邑，使之向就僚友，勉爲有功，厚大成道，則汝長有嗣世之慶矣。上文戒成王慎所與，此欲成王不改其政與其臣也。

《尚書・周書・無逸》 周公曰：嗚呼！我聞曰，古之人猶胥訓告，胥保惠，胥教誨，民無或胥譸張爲幻。此厥不聽，人乃訓之，乃變亂先王之正刑，至于小大。民否則厥心違怨；否則厥口詛祝。

（清）黄奭輯《孝經緯・援神契》 諸侯孝曰度。度者，法也。諸侯居國，能奉天子法度，得不危溢，則其親獲安。故曰度也。

（宋）劉恕《資治通鑑外紀》卷一〇《周紀八・威烈王》 師經鼓琴，文侯起舞，曰：使我而言無違者。師經援琴而撞文侯，不中。文侯問左右曰：撞君者何罪？曰：當烹。提師經下堂一等，師經曰：臣一言而死，昔堯舜惟恐言而人不違，桀紂惟恐言而人違之，臣撞桀紂，非撞吾君也。文侯曰：釋之。是寡人之過也。此《説苑・君道》文。

《汲冢周書》卷三《大開武解》 十淫：一、淫政破國，動不時，民不保；二、淫好破義，言不協，民乃不知；三、淫樂破德，德不純，民乃失常；四、淫動破醜，醜不足，民乃不讓；五、淫中破禮，禮不同，民乃不協；六、淫采破服，服不度，民乃不順；七、淫文破典，典不式教，民乃不類；八、淫權破故，故不法官，民乃無法；九、淫貨破職，百官令不承；十、淫巧破用，用不足，百意不成。嗚呼！十淫不違，危哉！今商維茲，言商紂所行如此，十者之所蔽。其唯第茲，命不承殆哉。不奉天命則危殆也。若人之有政令，廢令無赦，乃廢天之命。訖文考之功緒，忍民之苦不祥。廢政令，罪不赦，而乃廢天命，□父之業，忍民患，是不祥也。

《汲冢周書》卷九《周祝解》 故天有時，人以爲正，地出利，而民是争。正謂敬授民時也，争謂争其斂之也。人出謀，聖人是經，陳五刑，民乃敬。經，經度之也。敬，上命也。教之以禮，民不争；被之以刑，民始聽；因其能，民乃静。有禮則讓，故不争。聽順静服，謂不爲亂也。故狐有牙而不敢以噬，獂有蚤而不敢以撅。

《國語》卷六《齊語》 桓公曰：定民之居若何？管子對曰：制鄙。三十家爲邑，邑有司；十邑爲卒，卒有卒帥；十卒爲鄉，鄉有鄉帥；三鄉爲縣，縣有縣帥；十縣爲屬，屬有大夫。五屬，故立五大夫，各使治一屬焉；立五正，各使聽一屬焉。是故正之政聽屬，牧政聽縣，下政聽鄉。桓公曰：各保治爾所，無或淫怠而不聽治者！

（清）錢儀吉《三國會要》卷三二《刑一・赦》 《華陽國志》：丞相亮時，有言公惜赦者，亮答曰：治世以大德，不以小惠，故匡衡、吴漢不願為赦。先帝亦曰：吾周旋陳元方、鄭康成間，按先主嘗事盧植，康成亦植弟子。每見啓告治亂之道悉矣，曾不語赦也。若劉景升、季玉父子按劉璋字季玉，焉子。歲歲赦宥，何益於治！

（宋）徐夢莘《三朝北盟會編》卷二四三《炎興下帙》 有五刑，著為常典。小者加之責罰，大者至於誅戮。有罪犯者必罰無赦，爾或懼於邦憲，實有傷於朕心，故使通聞，庶令天下有守法奉公無贓私之過。朕所聞知，必加進用。自今後，凡有罪者，無或隱而相容；凡觖望者，必盡獄以取平。庶共底於大寧，以同享於極治。咨爾，有衆體予至懷，故兹詔示，想宜知悉牒平詔書。

如右宜令尚書、刑部關牒各行下，應於合屬去處。

（清）畢沅《續資治通鑑》卷一九七《元紀五》 〔至大三年，張養浩上言〕陛下龍飛之始，詔中外一遵世祖皇帝舊制，而近年以來，稽厥廟謨，無一不與世祖異者。豈陛下欲自成一代之典，以祖宗爲不必法與，將臣下工爲佞詞，陰變之而陛下不知也。世祖時，官外者有田，今乃假禄米以奪之；世祖時，江南無質子，今乃入泉穀以誘之；世祖時，用人必循格，今乃破憲法以爵之；世祖時，守令三載一遷，今則限九年以困之；世祖時，楮幣有常數，今則隨所費以造之；世祖時，臺省各異選，今則侵其官而代之；世祖時，墨敕在所禁，今則開倖門以納之；世祖時，課額嘗添，今則設苛禁以括之；世祖時，言事者無罪，今則務煅煉以殺之。當國者姦謀詭計，謬論詐忠，以熒惑朝廷，欺天罔人，惟己是利，陛下信彼方深，任彼方篤。今天下藩鎮無有，外敵無有，大盜竊發者無有，宦官作福者無有，女謁亂政者無有，然而所以未極於治者，良由任事之臣惟知曲意迎合，而不知進逆耳之忠言，惟務一切更張，而不知繩武祖宗，是以爲法。今則姑舉害政之太甚者十事爲陛下言之：【略】

二曰刑禁太疏。法者，天下公器，將以威姦弼教也。比見近年臣有贓敗，各以左右賄賂而免；民有賊殺，多以好事赦宥而原。加以三年之中，未嘗一歲無赦。殺人者固已幸矣，其無辜而死者，冤孰伸耶！臣嘗官縣，見詔赦之後，罪囚之出，大或讐害事主，小或攘奪編氓，有朝蒙恩而夕被執，旦出禁而暮殺人，數四發之，未嘗一正厥罪者。又有始焉鼠偷，終成狼虎之噬，遠引虛攀，根連株逮，故蔓其獄，未及期歲，又復宥之。古之赦令出人不意；今詔稿未脱，姦民已羣然誦之，乘隙投機，何事不有！以致爲官者不知所畏，罪露則逃；爲民者不知所憂，釁禍益熾；甚非導民以善之義。【略】

四曰臺綱太弱。御史臺乃國家耳目所在，近年綱紀法度，廢無一存。昔在先朝，雖掾吏之微，省亦未嘗敢預其選。今臺閣之官，皆從尚書省調之。夫選尉，所以捕盜也，尉雖不職，而使盜自選之，可乎？自古姦臣欲固結恩寵，移奪威權者，必先使臺諫默然，乃行其志，臣不容不言於未然也。【略】

六曰號令太浮。近年朝廷用人，不察其行，不求諸公，縱意調罷，有若弈碁，其立法舉政，亦莫不爾。雖制誥之下，未嘗有旬月、期年而不變者，甚則朝出而夕改，甫行而卽止，一人昉仕，而代者踵隨，不惟取笑於一時，又貽口實於後世。廟堂之上，舉措如此，則外方諸郡，事體可知。原其所以致此者，蓋由執政褊心自用，恃寵大言，或急于迎合之私，或牽於好惡之過，輕率無謀，而徒爲是紛擾也。

《明史》卷二四四《楊漣傳》　給事中魏大中遵旨莅任，忽傳旨詰責。及大中回奏，臺省交章，又再褻王言。毋論玩言官於股掌，而煌煌天語，朝夕紛更，大罪十九。

東廠之設，原以緝奸。自忠賢受事，日以快私讐、行傾陷爲事。縱野子傅應星、陳居恭、傅繼教輩，投匭設阱。片語稍違，駕帖立下，勢必興同文館獄而後已，大罪二十。

邊警未息，內外戒嚴，東廠訪緝何事？前奸細韓宗功潛入長安，實主忠賢司房之邸，事露始去。假令天不悔禍，宗功事成，未知九廟生靈安頓何地，大罪二十一。

祖制，不蓄內兵，原有深意。忠賢與奸相沈潅創立內操，藪匿奸宄，安知無大盜、刺客爲敵國窺伺者潛入其中。一旦變生肘腋，可爲深慮，大罪二十二。

忠賢進香涿州，警蹕傳呼，清塵墊道，人以爲大駕出幸。及其歸也，改駕四馬，羽幢青蓋，夾護環遮，儼然乘輿矣。其間入幕効謀，叩馬獻策者，實繁有徒。忠賢此時自視爲何如人哉？大罪二十三。

夫寵極則驕，恩多成怨。聞今春忠賢走馬御前，陛下射殺其馬，貸以不死。忠賢不自伏罪，進有傲色，退有怨言，朝夕隄防，介介不釋。從來亂臣賊子，只爭一念，放肆遂至不可收拾，奈何養虎兕於肘腋間乎！此又寸臠忠賢，不足盡其辜者，大罪二十四。

《明太祖實録》卷一四《甲辰年春正月》　戊辰，上退朝，謂左相國徐達等曰：卿等為生民計推戴予，然建國之初，當先正紀綱。元氏昏亂，紀綱不立，主荒臣專，威福下移，由是法度不行，人心渙散，遂致天下騷亂。今將相大臣輔相於我，當鑒其失，宜協心為治，以成功業，毋苟且因循，取充位而已。又曰：禮法，國之紀綱。禮法立則人志定、上下安，建國之初，此為先務。吾昔起兵濠梁，見當時主將皆無禮法，恣情任私，縱為暴亂，不知馭下之道，是以卒至於亡。今吾所任將帥，皆昔時同功一體之人，自其歸心于我，即與之定名分、明號令，故諸將皆聽命，無敢有異者。爾等為吾輔相，當守此道，無謹於始而忽於終也。

《明太祖實録》卷一五《甲辰年十二月》　丁巳，上謂廷臣曰：元本胡人，起自沙漠，一旦據有中國，混一海內。建國之初，輔弼之臣率皆賢達，進用者又皆君子，是以政治翕然可觀。及其後也，小人擅權，奸邪競進，舉用親舊，結為朋黨，中外百司貪婪無話。由是法度日弛，紀綱不振，至于土崩瓦解，卒不可救。今創業之初，若不嚴立法度以革奸弊，將恐百司因循故習，不能振舉，故必選賢能以隆治化。爾等有所荐引，當慎所擇。

《明太祖實録》卷一六七《洪武十七年閏十月》〔癸丑〕命天下諸司刑獄，皆屬刑部，都察院詳議平允，又送大理寺審覆，然後决之。其直隸諸府、州刑獄，自今亦準此令，庶幾民無寃抑。因謂刑官曰：刑者，人君用之以防民。君之於民，如天之於物。天之道，春生秋斂，而論天之德，則曰生；君之道，仁育義制，而論君之德，則曰仁。夫王良善御，豈在於策？周公善治，豈在於刑？所謂刑者，輔治之具，是以用之不可不詳，故每令三審五覆，無非求其生而已。

《明太宗實録》卷九三《永樂七年六月》〔辛亥〕上念諸勳臣自靖難以來，溺於安逸，數有驕縱犯决者，思保全之。乃諭之曰：自古君臣，善始者易，善終者難。而相與保全始終之道，人君在於明法，人臣在於守法而已。昔漢高帝定天下，韓彭遭屠戮。後世論高帝不能保全功臣，而亦誚韓彭不能自保。何使漢高能明法以訓下，韓彭能守法以事上，豈遽至此。唐太宗躬率諸將戡禍亂，尉遲敬德之功第一，雖嘗有小過，而一聞太宗之訓，即自謹飭免，終壽考。若侯君集恃勞驕恣，卒自殺身。又如宋曹彬，雖有大功，恒自裁革，故能令名始終。往迹昭昭，可鑒也。我皇考太祖高皇帝，厚於勳舊，深鑒前代，用意保全，惟恐其陷於是過。訓諭諄切，至於三四其間，謹守而不違者，中山武寧王一人而已。蓋其小人畏法，卑歲已然，及為大將，肅清疆宇，不嗜殺人。功愈大而心愈小，爵愈隆而身愈儉，出則經營四方，入則杜門遠勢，每旦詣闕朝參，鞠恭屏息，行不踰距，故能保其名爵，終於壽考。如藍玉者，斗筲小人，玩棄法度，慢瀆鬼神，驕横無禮，卒至覆宗絶祀。又如李景隆，柔奸稔惡，包藏凶慝，造為妖讖，覬覦神器，天地鬼神暴其逆謀。朕念其祖母至親，曲存寬宥，彼不知修省，懷忿諸怨，久而益深。若此，豈其自保之道乎？爾等皆從朕多歷艱難，以臻今日，所期同享富貴，榮榮始終。嘗申明皇考，戒飭功臣之訓，俾朝夕觀覽，茲復録洪武間戒諭鐵榜及律條定制，人賜一本，俾永為鑒。

《明英宗實録》卷二二〇《景泰三年九月》辛卯，南京錦衣衛鎮撫司軍匠餘丁華敏言：臣竊見近年以來，內官袁琦、唐受喜、寧王振等專權誤國，俱已敗露，此天下所共見也。伏望皇上監前車之覆，防微杜漸，親賢遠佞，總攬權綱，以為子孫萬世之法。不然，恐禍稔蕭墻，姦生帷幄，曹節、侯覽之害復生於今日矣。臣切恨今之在朝文武臣僚，懷禄固寵，保全身家，緘默不言。臣草茅賤陋，偶有所見，不勝痛哭流涕，何惜一朝之命不安萬乘之國哉？謹以內官苦害軍民十事上聞，伏乞聖裁。臣切見內官收積家財金銀珠玉，動以萬計，此從何而來？非盗府庫之錢糧則削生民之膏血，其害一也。內官專權，倚勢侵占公侯房屋，興工造作，役軍勞民，其害二也。內官家人義男外親盡是無籍之徒，肥馬輕裘，縱横豪悍，任意為非，甚至納粟補官，貴賤不分，其害三也。蓋造佛寺，費用無算，以一己之私破萬家之產，其害四也。廣置田莊，不納糧芻，寄户府縣，不當差徭，彼則田連阡陌，民則無立錐之地，其害五也。家人中塩，虚占塩數，轉賣與人，先得勘合，倍支鉅萬，壞國家之權法，奪客商之利息，其害六也。奏求塌房，邀接客旅，倚勢賒賣，昏賴不還，商人受害，莫敢誰何，其害七也。賣放匠人，名為伴當，辦納月錢，內府監局乏人造作，工役煩重，捶楚不堪，其害八也。家人包攬各色物件，官府畏權以一科十，虧官損民，其害九也。內官監工，非法酷刑，軍民塗炭，不勝嗟怨，其害十也。事下禮部，皆寢不行。

《明英宗實録》卷二四一《景泰五年五月》癸酉，命總督兩廣軍務右副都御史馬昂兼巡撫廣西，勅之曰：朕惟弭盗莫先於安民，安民而盗自息；衛民莫先備兵，兵備而民自安。比聞各處盗賊生發，所在上下禁禦無方，皆因有司不知恤民，軍衛不知操兵，加以貪暴之徒横加侵漁尅害，生靈受患，朕甚憫焉。已嘗命爾總督兩廣軍務，今復命爾兼巡撫廣西地方，撫安兵民，操練軍馬，禁防盗賊，督令所司，凡遇人民饑荒，設法賑濟，城池坍塌，用工修理。宣布朝廷之意，振作各司，府州縣奉公守法之官員中有廉勤公謹者，量加獎諭，具貪酷徇私事蹟顯著者，除五品以上及軍職具奏區處，民職六品以下并刁潑軍民，爾即挐問。如律輕則就彼發落，重則械送來京。其有軍民詞訟，輕則量宜責罰，重則送發巡按御史司府州縣究問。凡事有便於軍民者，聽爾從宜處置具奏。爾為朝廷大臣，疊承重任，必須公勤廉謹，乃克有濟，盜息民安，地方寧靜。斯爾能若或處置垂方，惟爾不任其欽承。無怠無忽。

《明英宗實録》卷二八八《天順二年閏二月》〔甲子〕敕諭都察院十三道監察御史曰：朝廷設風憲之職，以任耳目之寄，絶愆糾繆，理枉伸冤，所係甚重，必先正己而後可以正人。且如羅綺，由監察御史歷陞副都御史，朝廷待之至矣。豈料其立心姦險，行止不端，及以枉人獲罪，黜為參政，却乃在家延住，怨謗朝廷，一旦敗露，贓以萬計。盖內平日巡撫四方，鎮守松潘，欺公賣法，惟利是圖，科斂郡縣，剝削軍民，以致如此。由是觀之，人固難知，今為御史者，豈盡得人，中間亦有操行不謹，任意妄為，及出巡於外，往往虛張聲勢，凌虐軍職，貪圖賄賂，顛倒事情。所任如此，朕將何賴？今後各宜痛加警省，勉圖自新，夙夜懋修，期稱任使，敢有怙不知戒，仍蹈前非，國法昭然，必不輕恕。且都御史為風憲之長，先須明大體，略細故，律己率人，務俾僚屬安分守法，恪恭乃職，以副朝廷委託之重。

《明憲宗實録》卷五三《成化四年夏四月》〔乙卯〕刑科給事中白昂以災異上言六事。其一，謹命令以全大信。皇上即位以來，首頒明詔，罷土木，絶貢獻，取回織造叚疋，官員停追災傷地方馬匹。然行之未久，俱復如舊。乞賜申明，俾尊成命。他如戒飭權豪不許中鹽，禁約勢要不得乞地，及禁京城內外，不許修蓋寺觀。是皆所以革姦去邪而保愛元元之意也。伏望保此大信，堅如金石，信如四時，不移於親愛，不易於近倖，則法令嚴明而彰信兆民矣。其二，修治化以止流民。即今河南荆襄，附籍流民已有六萬三千餘戶，未附籍者猶不知數。皇上簡任憲臣，往彼撫治，然而猶有仍前流徙者，蓋因新收逃戶既得賑恤，復業流民大免糧差，惟安土重遷始終不逃者，每代逃戶陪糧服役反不能存。今宜嚴加禁約，府衛州縣務在敷宣德化，撫恤軍民，使之各安其業，不致流移可也。其三，禁科征以甦民困。前者，光禄寺下順天府鋪行買辦諸物，不即關與物價，市廛小人富少貧多，或典賣家貲，或出息假貸，竭盡艱苦，方得完足。又經月久未得價值，資本既失，無所經營，多至失所。乞裁省冗費，俾百司度支，量入為出，仍責各處歲辦諸物，務要依期輸納，以備供應。其四，專委任以革民姦。今各處起解税糧軍需等項，有司多縱姦民謀充解戶，動經三五六年不得完納，供應不敷，多由於此。宜定立則例，錢物多者，必須委官督解，或每府一員，或每州縣一員。若物數少者，亦令差吏管運，俱要督令相應解戶，依限起解。其五，立期限以集庶物。今天下官吏、軍民人等，有因考滿給由，有因訴訟理冤，事干在外提人照勘者，在京各該衙門類行該司府衛令其勘報所司，奉行既久，視為泛常，動經年載不即完報，以致聽候人難。今後宜量其事情大小，驗其往來程途，就於勘合劄付內定立期限，違者罪之。其六，止虛僞以息刁風。今各處軍民人等，來京奏訴詞訟，其中實少虛多，刁猾之徒意欲竦動官府，往往駕空揑詞，訴一事而添揑數端，告一人而牽連數。上以欺誑朝廷，下以冤陷良善。今後一應詞訟奏本，宜定與計字則例，或三百，或四百，詞狀字數亦宜依此。有故違者，通政使司省令改正，然後接受或出榜曉諭，使之知禁，毋得縱其虛誣之詞。上覽奏，下諸司處之。

《明武宗實録》卷一六七《正德十三年十月》〔壬申〕兵部等衙門尚書王瓊等言：近聞聖駕自大同往偏頭関，將渡黄河，巡幸陝西。冬月邊地極寒，非萬乘所宜處。且河套內北虜不時深入，雖聖明威武，將勇兵強，恐亦不宜與角。況今天下聞聖駕遠巡，人心搖動，福建軍亂，幾戕守臣，江西盜入建昌，劫庫劫囚，陝西商州亦有嘯聚流劫者。萬一遠近效尤，盜賊峰起，捽難撲灭，致廑聖慮，悔將何及？伏望俯納臣等所言，早回鑾輿，端拱九重，以馭萬方。不報。

《明世宗實録》卷一《正德十六年四月》〔己酉〕刑科給事中顧濟疏：乞謀始慮終，守法納諫，以圖盛治。大畧言：立法非難，守法為難。聽諫非難，樂諫為難。臣伏見陛下踐阼之始，凡先年宿弊，剗除殆盡，言官敷陳並見采録，天下臣民莫不懽忻踴躍，思見德化之成。但新政所釐正，多不便於姦豪貴倖之家，臣恐盤據既深，玩縱未已，非依怙於宮闈戚里，必請託於左右權貴，萬一持法不固，弊源少開，則社鼠城狐將叢聚而壞之。陛下雖欲復正，其末不可得已。此臣所以慮守法之忠也。昔唐太宗貞觀之初，每導羣臣而使之言，及至晚年，諫者乃多忤旨。陛下首闢言路，大小臣工靡不思因事納忠，以贊成新治，高遠者似涉於迂闊，切直者或過於犯顏，要之皆忠義所發，有利於國家者，陛下若怒其犯顏，則言必不入；視為迂闊，則計必不行。如此而欲忠言日聞於前，惡可得哉？

此臣所以慮納諫之終也。疏入，上嘉納之。

《皇明條法事類纂》附編《禁約》 恪遵祖宗成憲，洪惟我太祖高皇帝，龍飛（淮）〔淮〕甸，混一區（守）〔宇〕，酌古準今，創立法制，盡善盡美，超軼後（先）〔世〕子孫。臣庶所當萬世遵守而不可易者也。迨我太宗文皇帝、仁宗昭皇帝、宣宗章皇帝、英宗睿皇帝、憲宗純皇帝，相繼守成，一遵舊典。中間法制，或有所當未備者，率皆斷自宸衷，或敕令庭臣，揆度事體，斟酌時宜，着爲定例，通行天下，永爲遵守，亦確乎不可改移者矣。《詩》曰：不愆不忘，率由舊章。孟子曰：遵先王之法，而過者未之有也。蓋以此耳。柰何近年以來，天下文武官員、內官行止，不惜奔競，無恥者或（日）〔因〕（切）巧門、或因報復私忿，輒將不合時例已事，裝捏虛情，粉飾浮詞，朦朧妄奏，幸圖更改，用遂姦計。雖皇上日月之明，洞見萬里，不爲所惑，抑恐覆盆之下，明光（來）〔未〕照，亦有所存，從以非格遵成憲（耳）〔而〕由舊章之美意也。如蒙乞敕該部通行在京衙門，今後遇有天下文武官員，敢將違例私事，故捏情詞，妄行具奏，紊亂舊章，就將奏詞立案不行。仍查所奏之人，應參究者，參究；應提問者，提問：痛加懲治，勿事姑息。庶使法令歸一，人易遵守，而宗社享萬年太平之治矣。

（清）鄂爾泰等《世宗憲皇帝硃批諭旨》卷一九上《硃批黃國材奏摺》 諭旨：事事檢點，留心訪察，如有屬員貪婪不肖者，立即題參，以副皇上澄清吏治，愛惜民生之至意。所有奉到御批，理合恭繳叩謝。

〔硃批〕激濁揚清固為第一要務，然不可稍涉冤抑。朕前諭公之一字，須時刻奉為指南。

（清）鄂爾泰等《世宗憲皇帝硃批諭旨》卷一〇五《硃批楊鵬奏摺》 國家政令，豈宜朝行夕改？營弁對換，亦未必盡皆千餘里之遙。汝懷邀譽之心，具此一偏之論，俾恩歸於己，則怨將誰歸？況此事係大員條奏，經九卿定議，然後施行。今據汝一介武夫市小惠而不顧大體之奏，遂爾更改成例，可乎？若又不慎密，致令無知微弁羣懷怨望，則恐汝禍不旋踵也。

《荀子・富國》 由士以上則必以禮樂節之，衆庶百姓則必以法數制之。

（清）王先謙《荀子集解・榮辱》 有狗彘之勇者，有賈盜之勇者，猶彘勇於求食，賈盜勇於求財。賈音古。有小人之勇者，有士君子之勇者：小人勇於暴，士君子勇於義。言人有此數勇也。争飲食，無廉恥，不知是非，不辟死傷，不畏衆彊，恈恈然唯利飲食之見，是猶彘之勇也。辟，讀爲避。恈恈，愛欲之貌。《方言》云：牟，愛也，宋、魯之間曰牟。王引之曰：飲食上本無利字。唯飲食之見，言猶彘唯見有飲食也。下文恈恈然唯利之見，與此文同一例。今本作利飲食之見，利字即涉下文利字而衍。爲事利，爲事及利也。爲，于僞反。争貨財，無辭讓，果敢而振，猛貪而戾，恈恈然唯利之見，是賈盜之勇也。振，動也。戾，乖背也。《春秋公羊傳》曰葵邱之會，桓公振而矜之，何休云：亢陽之貌也。王引之曰：振當爲很，字之誤也。果敢而很，猛貪而戾，二句一意相承。故《廣雅》曰：戾，很也。若振則非其類矣。楊注非。輕死而暴，是小人之勇也。義之所在，不傾於權，不顧其利，舉國而與之不爲改視，重死持義而不橈，是士君子之勇也。

《曾子全書・外篇守業》 曾子曰：君子禍之為患，辱之為畏，見善，恐不得與焉；見不善，恐其及己也，是故君子疑以終身。君子見利思辱，見惡思詬，嗜欲思耻，忿怒思患，君子終身守此，戰戰也。【略】君子患難除之，財色遠之，流言滅之，禍之所由生自孅孅也。是故君子夙絶之。

又： 曾子曰：君子入人之國，不稱其諱，不犯其禁，不服華色之服，不稱懼惕之言。故曰：與其奢也，寧儉；與其倨也，寧句；可言而不信，寧無言也。

曾子曰：君子終日言，不在尤之中。小人一言，終身為罪。君子亂言而弗殖，神言而弗致也，道遠日益，云衆信弗主，靈言弗與，人言不信不和。

曾子曰：君子不倡流言，不折辭，不陳人，以其所能。言必有主，行必有法，親人必有方，多知而無親，博學而無方，好多而無定者。君子弗與也。

（宋）黎靖德《朱子語類》卷五六《孟子六・離婁上》 上無道揆，則下無法守。儻上無道揆，則下雖有奉法守一官者，亦將不能用而去之矣。朝不信道，工不信度。信，如憑信之信。此理只要人信得及，自然依那箇行，不敢逾越。惟其不信，所以妄作。如胥吏分明知得條法，只是他冒法以爲姦，便是不信度也。卓。

（宋）**黎靖德《朱子語類》卷一二八《本朝二·法制》** 祖宗置資格，自立僥倖之門。如武臣橫行，最為超捷。纔除橫行，便可越過諸使，許多等級皆不須歷，一向上去。然今人又不用除橫行，橫行猶用守這數級，只落借官則無所不可。祖宗之法，本欲人遵守資格，謹重名器。而不知自置許多僥倖之路，令人脱過，是甚意思？除是執法者大段把得定，不輕放過一箇半箇，無一毫私，方執得住。不然，便不可禁遏矣。不知當初立法，何故如此？今獃底人，便只守此為不可易之典，才觸動著，便説是變動祖宗法制。也須睹過是，始得。僩。

（晉）**葛洪《抱朴子》外篇卷二四《酒誡》** 輒有酒禁，嚴令重申。官司搜索，收執榜徇者相辱，當作屬。制鞭而死者太半，防之彌峻，犯者至多。至乃穴地而釀，油囊懷酒，民之好此，可謂篤矣。余以匹夫之賤，託此空言之書，末如之何矣。又臨民者，雖設其法，而不能自斷斯物，緩己急人，雖令不從，弗躬弗親，庶民弗信，以此而教，教安得行？以此而禁，禁安得止哉？沽賣之家，廢業則困，遂修飾賂遺，依憑權右所屬，吏不敢問，無力者獨止，而有勢者擅市，張壚專利，乃更倍售，從其酤買。公行靡憚，法輕利重，安能免乎哉？

（清）**戴望《管子校正·法法》** 凡民從上也，不從口之所言，從情之所好者也。上好勇，則民輕死；上好仁，則民輕財。故上之所好，民必甚焉。是故明君知民之必以上爲心也，故置法以自治，立儀以自正也。故上不行，則民不從，彼民不服法死制，則國必亂矣。是以有道之君，行法修制，先民服也。服，行也。先自行法以率人。凡民從上也。安井衡云：古本自凡民下另行。

（清）**戴望《管子校正·問》** 令守法之官日行，又令守法之官日行邊鄙，無關塞。度必明，無失經常。其巡行之時，必明其制度，無得失於經常。令守法之官日行，度必明，失經常。王云：據尹注，失上脱無字，日當爲曰。字之誤。令守法之官曰爲句。上文問於邊吏曰：云云，即其證。行度必明爲句。行度，行法度也。無失經常爲句。

（清）**戴望《管子校正·戒》** 於是管仲與桓公盟誓爲令曰：老弱勿刑，參宥有後弊。老弱犯罪者，無即刑之，必三寬宥而後斷罪。三宥即《周禮》三宥：一曰不識，二曰過誤，三曰悼耄也。關幾而不正，市正而不布。布，謂錢也。即其物而正之，不必分錢。山林梁澤，以時禁發，而不正也。獺祭魚，然後入澤梁；豺祭獸，然後入山林。草封澤鹽者之歸之也，譬若市人。草封澤，謂澤多草，刈積成封，可用煑鹽者也，其處既多鹽，故歸者譬若市人，言不設禁也。參宥而後弊。陳先生云：弊，治也。言三宥而後治其罪也，《立政》、《中匡》篇皆曰：一再則宥，三則不赦。今令三宥者，寬緩其刑也，後劉本作友，云反字之誤，弊即蔽。失之。張云：疑後字本作后，故譌爲友耳。

（清）**戴望《管子校正·君臣下》** 君有過而不改，謂之倒；臣當罪而不誅，謂之亂。君爲倒君，臣爲亂臣，國家之衰也，可坐而待之。是故有道之君者執本，相執要，大夫執法，以牧其羣臣，羣臣盡智竭力，以役其上。謂給上之役也。四守者得則治、易則亂，故不可不明設而守固。明設上四法，固而守之。【略】

明君在上，便僻不能食其意。便僻者不能諂君以得意，故曰不能食其意也。刑罰亟近也，既不能得君意，故刑罰數也。大臣不能侵其勢，不能侵君之勢。比黨者誅，明也。君明，故比黨者誅之。

故不可不明設而守固。丁云：尹注云明設上四法，固而守之，疑當作明設而固守。

便僻不能食其意。張云：食字與上篇婦人能食其意同，俞氏讀爲蝕。是也。下文行食之徒，食字同此義，或訓食爲僞，非。比黨者誅明也。劉云：明字衍。

【略】

《商君書·弱民》 民善之則親，利之用則和，用則有任，和則匱，有任乃富於政。上舍法，任民之所善，故姦多。民貧則力富，力富則淫，淫則有蝨。故民富而不用，則使民以食出各必有力，則農不偷，農不偷，六蝨無萌，故國富而民治，重彊。

《商君書·君臣》 故明主慎法制。言不中法者，不聽也；行不中法者，不高也；事不中法者，不爲也。言中法，則辯之；行中法，則高之；事中法，則爲之。故國治而地廣，兵彊而主尊，此治之至也。人君者，不可不察也。

《商君書·定分》 并所謂吏民知法令者，皆問法官，故天下之吏民，無不知法者。吏明知民知法令也，故吏不能敢以非理法遇民，民以敢犯法以干法官也。遇民不修法，則問法官，法官即以法之罪告之，民即以法官之言正告之吏。吏知其如此，故吏不敢以非法遇民，民又不敢犯法。如此，天下之吏，雖有賢良辯慧，不能開一言以枉法；雖有千金，不能以用一銖。故智詐賢能者，皆作而爲善，皆務自治奉公。民愚則易治也。此所生於法，明白易知而必行。法令者，民之命也，為治之本也。

《尉繚子・制談》　凡兵，制必先定。制先定則士不亂；士不亂則刑乃明。【略】民非樂死而惡生也，號令明，法制審，故能使之前。明賞於前，決罰於後，是以發能中利，動則有功。【略】然不能濟功名者，不明乎禁舍開塞也。明其制，一人勝之，則十人亦以勝之也，十人勝之，則百、千、萬人亦以勝之也。故曰：便吾器用，養吾武勇，發之如鳥擊，如赴千仞之谿。【略】吾用天下之用以為用，吾制天下之制以為制。修吾號令，明吾賞罰，使天下非農無所得食，非戰無所得爵，使民揚臂争出農戰，而天下無敵矣。故曰：發號出令，信行國内。民言有可以勝敵者，毋許其空言，必試其能戰也。視人之地而有之，分人之民而畜之，必能内有其賢者也。不能内有其賢，而欲有天下，必覆軍殺將。如此，雖戰勝而國益弱，得地而國益貧，由中國之制弊矣。

《尉繚子・戰威》　令者，一衆心也。衆不審，則數變；數變，則令雖出，衆不信矣。故令之之法，小過無更，小疑無中。故上無疑令，則衆不二聽，動無疑事，則衆不二志。古率民者，未有不信其心，而能得其力者也。未有不得其力，而能致其死戰者也。故國必有禮信親愛之義，則可以饑易飽，國必有孝慈廉恥之俗，則可以死易生。古者率民，必先禮信而後爵禄，先廉恥而後刑罰，先親愛而後律其身。

《尉繚子・重刑令》　軍自千人以上，有戰而北，守而降，離地逃軍，命曰國賊。身戮家殘，去其籍，發其墳墓，暴其骨於市，男女公於官。自百人以上，有戰而北，守而降，離地逃衆，命曰軍賊。身死家殘，男女公於官，使民内畏重刑，則外輕敵。故先王明制度於前，重威刑於後。刑重則内畏，内畏則外堅矣。

《尉繚子・兵教下》　臣聞人君有必勝之道，故能兼併廣大，以一其制度，則威天下，有十二焉。一曰連刑，謂同罪保伍也。二曰地禁，謂禁止行道，以網外姦也。三曰全車，謂甲首相附，三五相同，以結其聯也。四曰開塞，謂分地以限，各死其職而堅守也。五曰分限，謂左右相禁，前後相待，垣車為固，以逆以止也。六曰號別，謂前列務進，以別其後者，不得争先登不次也。七曰五章，謂彰明行列，始卒不亂也。八曰全曲，謂曲折相從，皆有分部也。九曰金鼓，謂興有功，致有德也。十曰陳車，謂接連前矛，馬冒其目也。十一曰死士，謂衆軍之中有材智者，乘於戰車，前後縱横，出奇制敵也。十二曰力卒，謂經其全曲，不麾不動也。此十二者教成，犯令不舍。兵弱能强之，主卑能尊之，令弊能起之，民流能親之，人衆能治之，地大能守之。國軍不出於閫，組甲不出於橐，而威服天下矣。

《慎子・逸文》　有權衡者，不可欺以輕重。有尺寸者，不可差以長短。有法度者，不可巧以詐僞。

《吕氏春秋・貴直論・知化》　太宰嚭曰：不可。君王之令所以不行於上國者，齊、晉也。君王若伐齊而勝之，徙其兵以臨晉，晉必聽命矣，是君王一舉而服兩國也，君王之令必行於上國。

（漢）劉安《淮南子》卷一四《詮言訓》　夫無爲，則得於一也，一也者，萬物之本也，無敵之道也。凡人之性，少則猖狂，壯則暴強，老則好利。一人之身既數變矣，又况君數易法，國數易君，人以其位，通其好憎，下之徑衢，不可勝理。故君失一則亂，甚於無君之時，故《詩》曰：不愆不忘，率由舊章。此之謂也。

（宋）李昉等《太平御覽》卷六三八《刑法部・律令》　崔寔《政論》曰：君以審令爲明，臣以奉令爲忠。故背制而行賞，謂之作福；背令而行罪，謂之作威。作威則人畏之，作福則人歸之。夫威福者，人主之神器也。譬之操莫耶矣，執其柄，則人莫敢抗；失其柄，則還見害也。

（宋）歐陽修《歐陽修全集》卷一〇〇《奏議・諫院進劄子十首・論吕夷簡僕人受官劄子》　臣伏見國家每出詔令，常患官吏不能遵行，不知患在朝廷自先壞法，朝廷不能自信，則誰肯信而行之？然多因小人僥倖而不加抑絶，所與之恩雖少，所損之體則多。臣聞去年十月中，曾有臣寮上言，乞今後大臣斷僕不得奏薦班行。敕旨頒下纔三四月，已却用吕夷簡僕人袁宗等二人爲奉職。夷簡身爲大臣，壞亂陛下朝政多矣，苟有利於其私，雖敗天下事尚無所顧，况肯爲陛下惜法？但朝廷自宜如何？今一法纔出，而爲大臣先壞之，則其次臣寮僕人豈可不與？不與，則是行法有二；與之，則近降敕旨，今後又廢。有司爲陛下守法者，不思國體，但徇人情。或云二僕得旨與官，在降敕前。奈何授官在降敕後？凡出命令，本爲釐革前弊，法家以後敕衝前敕。今袁宗等雖曾得旨，而未受命之間，已該新制，自合釐革。夷簡不能止絶而恣其僥求，朝廷又不舉行近敕而自隳典法，今後詔令，何以遵行？其袁宗等，伏乞特追奉職之命，別與一軍將之類閑慢名目，足示優恩，不可爲無功之臣私寵僕奴而亂國法。取進止。

（宋）李覯《李覯集》卷一八《安民策十首・安民策第六》　民之所從，非從君也，從其令也。君之所守，非守國也，守其令也。君端冕乎奥阼之位，而民被堅執鋭，履腸涉血，赴死萬里者，令使之也。君夙駕乎囿游之中，而民居處笑語如不知者，令不及故也。是民從令非從君也。

又：封疆有固，山川有險，人猶踰之。比閭小吏，執三尺之法，則老姦大豪無敢違者，是君守國不如守令也。君以令用民，民以令事君。令之所取，民亦取之；令之所去，民亦去之。故令可一而不可變也。

（宋）司馬光《司馬温公文集》卷四《章奏・上皇帝疏》〔嘉祐八年四月二十七日〕具位臣司馬光昧死再拜上疏皇帝陛下：臣愚竊惟大行皇帝春秋未甚高，以宗廟社稷之重，昭然遠覽，確然獨斷，知陛下仁孝聰明，可守大業，擢於宗族之中，建爲嗣子，授以天下，其恩德隆厚，踰於天地，固非微臣所能稱述。今不幸奄棄萬國，陛下哀慕泣血，以夜繼晝，過於禮制，以至成疾。中外聞者，無不成泣，知大行皇帝能爲天下得人，治平之期，企踵可待。羣臣百姓，不勝大幸。今者聖體痊平，初臨大政，四海之人，拭目而視，傾耳而聽，舉措云爲，不可不慎。《易》曰：君子以作事謀始。《召誥》曰：王乃初服。嗚呼！若生子，罔不在厥初，生自貽哲命。夫爲政之要，在於用人、賞善、罰惡而已。三者之得，則遠近翕然，嚮風從化，可以不勞而成，無爲而治。三者之失，則流聞四方，莫不解體。綱紀不立，萬事墮穨，治亂之原，安危之機，盡在於是。臣願陛下難之、慎之，精心審慮，如射之有的，必萬全取中，然後可發也。陛下思念先朝，欲報之德，奉事皇太后孝謹，撫諸公主慈愛，此誠仁厚之至，過人遠甚。臣願陛下，雖天性得之，復加聖心，夙夜匪懈，慎終如始，以結億兆之心，刑四方之化，則福禄流於子孫，令問垂於無窮矣。古者人君嗣位，必踰年然後改元，臣願陛下一循典禮，勿有變更於中年也。三年之喪，自天子達於庶人一也。自漢氏以來，始從權制，以日易月。臣願陛下雖仰遵遺詔，俯徇羣情，二十七日而釋服。至於宫禁之中，音樂游燕吉慶之事，皆俟三年然後復常，以盡慎終追遠之義焉。禮爲人後者，爲之子，故爲所後服斬衰三年，而爲其父母齊衰不杖期，爲所後者之親皆如子，而爲己之親皆降一等。蓋以特重於大宗，則宜降其小宗，所以專志於所奉，而不敢顧私親也。漢宣帝自以爲昭帝後，終不敢加尊號於衛太子史皇孫。光武起於布衣，親冒矢石，以得天下，自以爲元帝後，亦不敢加尊號於鉅鹿都尉南頓君。此皆徇大義、明至公，當時歸美，後世頌聖。至於哀安桓靈，或自旁親入繼大統，皆追尊其祖父，此不足爲孝，而適足犯義侵禮，取譏當時，見非後世。臣願陛下深以爲鑑，杜絶此議，勿復聽也。凡此數者，伏計陛下聰明皆素知之。然臣復區區進言者，誠懼不幸有諂諛之臣不識大體，妄有關説，自求容媚，陛下萬一誤加聽從，聖言一出，布聞於外，則足以傷陛下之義，虧海内之望，臣雖欲捐軀爭之，亦無及已。是以不敢不先事而言，庶幾聖德純粹完美，不有秋毫之缺，使一夫竊議於草萊者，臣之志也，輕冒宸嚴，不勝悃款惶悸之至，伏冀留神裁察。臣光昧死再拜上疏。

（宋）張載《張載集・經學理窟・周禮》　一市之博，百步之地可容萬人，四方必有屋，市官皆居之，所以平物價，收滯貨，禁争訟，是決不可闕。故市易之政，非官專欲取利，亦所以爲民。百貨亦有全不售時，官則出錢以留之，亦有不可買時，官則山而賣之，官亦不失取利，民亦不失通其所滯而應其所急。故市易之政，止一市官之事耳，非王政之事也。

又：廛而不征，廛者猶今之地基錢也。蓋貯物之地，官必取錢，不征者，不税斂之也。法而不廛，法者，治之以市官之法而已。廛與不廛，亦觀臨時如何，逐末者多，則廛所以抑末也，逐末者少，不必廛也。

《二程集・河南程氏外書》卷一二《傳聞雜記》　治平中，見正叔先生云：今之守令，唯制民之産一事不得爲，其他在法度中，甚有可爲者，患人不爲耳。

（清）馮桂芬《校邠廬抗議・陳寶琛序》　明法以善世，求行法非求變法。其有變者，必其有以行者矣。吾聞之傳曰：上無道揆，下無法守。

蓋上之人揆道以揆法，下之人守法以守道。法者適於道之由也，否則傳又有言：徒善不足以爲法，徒法不能以自行，廉耻不修，紀綱不明，又何與於天下之大計哉？方今時事尚云棘矣，元氣不盡復，奸宄不盡絶，敵國外患，方且狙伺而狼顧，苟無以安民生、固民心，其何以堪？安之固之將奈何，不壞法而已矣；不壞法將奈何，時時奉法，而每事必求其實而已矣。且夫四夷之於中國，常若不及而不勝者也，乃彼則既富、既强，夫亦恃有法耳？

（清）康有爲《論語注》卷四《里仁》　子曰：君子懷德，小人懷土；君子懷刑，小人懷惠。

懷，思也。土，田宅也。人精神各有所注，注者皆念兹在兹，行事雖同，而心思迥異。養神明者，尊德性，念念在德性；養形魄者，戀居處，念念在田宅。愛身名者，守法紀，舉事皆畏刑，貪財利者，冒明刑，動念但營利。君子，樂善其性，次亦恶不善之加身。小人，上者苟安，甚則苟得。觀此大端，可定人品之區别也。故盛德之至，捨國而讓天下，細民則終身經營田宅。良人受治于法律之下，奸人則作弊于法律之中，豈不遠哉？

（清）梁啓超《飲冰室合集·專集》卷四《新民説·論自治》　且中國人何規矩繩尺之與有。人人言奉法，然國家有憲令，官吏且勿守，無論民氓也；人人言尊教，然聖賢有條訓，士夫且勿遵，無論雜流也。《堯典》曰：天敍有典，天秩有禮。秩敍者，一羣所以團治之大原也。今試觀我中國，朝野上下，其所謂秩敍者安在乎？望其官府，則魑魅罔兩所出没黑闇詭僻，無復人道也；察其民間，則盗賊之藪，貪詐之府，與野蠻時代未立政府者，無以異也。何以故？以不能自治故，不能自治而待治於人，未能真能治焉者也。

（清）梁啓超《飲冰室合集·專集》卷四《新民説·論自尊》　凡自尊者必自治。人何以尊於禽獸？人有法律，而禽獸無之也。文明人何以尊於野蠻？文明人能與法律相浹，而野蠻不能也。十人能自治，則此十人者在其鄉市爲一最固結之團體，而可以尊於一鄉市；百人能自治，則此百人者在其省郡爲一最固結之團體，而可以尊於一省郡；千人萬人能自治，則此千人萬人者在其國中爲一最固結之團體，而可以尊於一國；數十百千萬人能自治，則此數十百千萬人者在世界中爲一最固結之團體，而可以尊於全世界。其在古代，斯巴達以不滿萬人之國，而獨尊於希臘；其在現世，英國人口不過中國十五分之一，而尊於五洲。何也？皆由其自治之力强，法律之觀念重耳。蓋人也者必非能以一人而自尊者也，故必其羣尊，然後羣内之人與之俱尊，而彼此自治力不足，則羣且不成，尊於何有？我中國人格所以日趨於卑賤，其病源皆坐於是。

紀事

《春秋左傳正義》卷四〇《襄公三年》　鄭人游于鄉校，鄉之學校。校，户孝反，下同。鄭國謂學爲校。以論執政。論其得失。然明謂子産曰：毁鄉校，何如？患人於中謗議國政。謗，布浪反。疏：鄉校。正義曰：《詩序》云：《子衿》，刺學校廢。是校爲學之别名。子産曰：何爲？夫人朝夕退而游焉，以議執政之善否。其所善者，吾則行之；其所恶者，吾則改之。是吾師也，若之何毁之？我聞忠善以損怨，爲忠善，則怨謗息。夫音扶，下并注同。朝，直遥反，舊如字。恶，烏路反，又如字。不聞作威以防怨。欲毁鄉校，即作威。豈不遽止？然猶防川，遽，畏懼也。遽，其據反。大決所犯，傷人必多，吾不克救也。不如小决使道，道，通也。道音導，注同。不如吾聞而藥之也。以爲己藥石。疏：不如至之也。正義曰：言不如不毁鄉校，使人游處其中，聞謗我之政者而即改焉，以爲我之藥石也。

（宋）劉恕《資治通鑑外紀》卷六《周紀四·匡王》　魯宣公命季文子曰：莒太子不憚以吾故殺其君，而以其寶來，愛我甚矣，爲我予之邑。今日必授，里革遇之而更其書曰：爲我流之於夷，今日必通。明日有司復命。公詰之，僕人以里革對。公報之，對曰：毁則者爲賊，掩賊者爲藏，竊寶者爲宄，用宄之財者爲姦，使君爲姦藏者，不可不去也。臣違君命者，亦不可不殺也。公曰：寡人實貪，非子之罪，乃舍之。

（宋）劉恕《資治通鑑外紀》卷一〇《周紀八·威烈王》　魯公儀休者爲相，奉法循理，無所變更，百官自正，使食禄者不得與下民争利，受大者不得取小，食茹而美，拔其園葵而棄之，見其家織布好而疾出其家婦，燔其機，云：欲令農士工女，安所售其貨乎？

（漢）荀悦《前漢紀》卷八《孝文二》　上過渭橋，有人在橋下，乘輿馬驚，捕之。屬廷尉釋之訊之曰：遠縣人也，聞蹕匿橋下久已，爲行過即出，見車騎即走耳。釋之奏：犯蹕罰金。上怒曰：此人親驚吾馬，馬賴和柔，即令他馬固不傷敗我乎！釋之奏曰：法者，天子之所與天下共之。今如重之，是法不信於民。廷尉，天下之平，今一傾，天下用法皆爲之輕重，民安措其足乎？上曰：善，廷尉當如是也。其後有人盗高廟坐前玉環者，下廷尉奏當棄市。上大怒曰：此人無道，乃盗先帝器，吾欲置之族矣！釋之曰：法如是，足矣！而有萬一愚人取長陵一抔土，陛下何以加其法？上乃許之，曰：廷尉當如是也。

（漢）荀悦《前漢紀》卷一〇《孝武一》　河内郭解在徙中，衛將軍爲言：解家貧不應徙。上曰：解布衣權至使將軍知之，此不貧也。及解徙。諸公贈送出千餘萬。解任俠睚眦，上崖下柴。觸死於塵中者甚衆。藏匿亡命，攻剽作姦，不可勝數，然折節恭約，厚施而薄望。解嘗出，有人箕踞視之者，解問其姓名。客欲殺之，解不聽，乃陰使吏脱其徭役，其人乃肉袒謝罪。解姊子與人争不直，人殺之，自歸解。解曰：吾兒不直，公殺之，故當縱之。諸公聞之，皆多賢解。洛陽人有相仇者，賢豪居其間以十數人，不能和解。客乃令解見仇家，仇家聽命，解夜至夜去。解乃謂仇家曰：解如何從他郡奪人邑中權乎？且須士大夫復居其間？乃聽之。其居家，夜過半，後門閭住車嘗十餘乘。有與解忤者，少年輒爲報仇，不使解知也。解兄子爲解殺人，爲其家人上書自訟之，又殺之闕下。上捕解，解亡。過臨晉籍少翁，少翁素不知解，然慕其名，送之出關，自殺以絶口。語其得人率如此，豪賢知與不知，聞聲争與交歡。後捕得，解所犯皆在赦前，後有謗毁解者，客殺之，斷其舌，解實不知。有司奏解無罪。時公孫弘爲丞相，以爲解布衣以睚眦殺人，雖不知，甚於知。遂族之。

（宋）鄭樵《通志》卷六上《後漢紀·明帝》　二年春三月辛丑，詔曰：朕深惟先帝詔書，每欲元元去末歸本，而今貴戚近親奢縱無度，嫁娶送終，僭侈自若，有司廢典，莫肯舉察，自今三公並宜明糾非法，宣振威風。其科條制度所宜施行在事者，備爲之禁。

《新唐書》卷一一九《賈至傳》　至德中，將軍王去榮殺富平令杜徽，肅宗新得陝，且惜去榮材，詔貸死，以流人使自效。至諫曰：聖人誅亂，必先示法令，崇禮義。漢始入關，約法三章，殺人者死，不易之法也。按將軍去榮以朔方偏裨提數千士，不能整行列，挾私怨殺縣令，有犯上之逆。或曰去榮善守，陝新下，非去榮不可守，臣謂不然。李光弼守太原，程千里守上黨，許叔冀守靈昌，魯炅守南陽，賈賁守雍丘，張巡守睢陽，初無去榮，未聞賊能下也。以一能而免死，彼弧矢絶倫、劍術無前者，恃能犯上，何以止之！若捨去榮，誅將來，是法不一而招罪人也。惜一去榮，殺十去榮之材，其傷蓋多。彼逆亂之人，有逆於此而順於彼乎？亂富平而治於陝乎？悖縣令，能不悖於君乎？律令者，太宗之律令，陛下不可以一士小材，廢祖宗大法。帝詔羣臣議，太子太師韋見素、文部郎中崔器等皆以爲：法者，天地大典，王者不敢專也。帝王不擅殺，而小人得擅殺者，是權過人主。開元以前，無敢專殺，尊朝廷也；今有之，是弱國家也。太宗定天下，陛下復鴻業，則去榮非至德罪人，乃貞觀罪人也。其罪祖宗所不赦，陛下可易之耶？詔可。

（宋）王溥《唐會要》卷三九《定格令》　開元十四年九月三日勅：如聞用例破勅及令式，深非道理，自今以後，宜禁斷。

貞元二年七月二十三日，刑部侍郎韓洄奏：刑部掌律令，定刑名，按覆大理及諸州應奏之事，並無爲諸司尋檢格式之文。比年諸司每有與奪，悉出檢頭，下吏得生奸，法直因之輕重。又文明勅當司格令，並書于廳事之壁，此則百司皆合自有程式，不唯刑部，獨有典章。訛弊日深，事須改正。勅旨：宜委諸曹司，各以本司雜錢，置所要律令格式。其中要節，仍准舊例，録在官廳壁。左右丞勾當事畢日奏聞。其所諸司于刑部檢事，待本司寫格令等了日停。

（宋）王溥《唐會要》卷三九《議刑輕重》　武德九年九月八日，吏部尚書、權檢校左武衛大將軍長孫無忌，被召，不解佩刀，入東上閤門。尚書右僕射封德彝議，以監門校尉不覺，合死；無忌誤帶刀入，徒二年，罰銅二十斤。詔從之。大理少卿戴胄駁曰，校尉不覺，與無忌帶入，同爲誤耳。臣子之于君，不得稱誤。凖律云：供御湯藥、飲食、舟船，誤不如法者，皆死。陛下若録其功，非憲司所決；若當據法，罰銅未爲得衷。太宗曰：法者非朕一人之法也，何得以無忌國親，便欲阿之？更令重議。德彝執議如初，胄又駁曰：校尉緣無忌以致罪，法當輕。若論其過，則其情一也。生死頓殊，敢以固請。乃免校尉死刑。其年九月，盛開選舉，或有詐僞資蔭者，上令自首，不首者死。俄有詐僞者，大理少卿戴胄斷流。上曰：朕下勅不首者死，今斷流，示天下以不信。卿欲賣獄乎？胄曰：陛下當即殺之，非臣所及。今既付所司，臣不敢虧法。上曰：卿自守法，而令我失信耶？胄曰：法者，國家之所以大信于天下；言者，當時喜怒之所發耳。陛下發一朝之忿，而許殺之，既知不可。寘之于流，此乃忍小忿而存大信。若順忿違信，臣竊爲陛下惜之。上曰：法有所失，公能正之，朕何憂也。

又：神龍元年正月，趙冬曦上書：臣聞夫今之律者，昔乃有千餘條。近者隋之姦臣，將弄其法，故著律曰：犯罪而律無正條者，應出罪則舉重以明輕，應入罪則舉輕以明重。立夫一條，而廢其數百條。自是迄今，竟無刊革。遂使死生罔由乎法律，輕重必由乎愛憎，受罰者不知其然，舉事者不知其犯，臣恐賈誼見之，必爲之慟哭矣。夫立法者，貴乎下人盡知，則天下不敢犯耳，何必飾其文義，簡其科條哉。夫科條省則下人難知，文義深則法吏得便。下人難知，則暗陷機穽矣，安得無犯法之人哉；法吏得便，則比附而用之矣，安得無弄法之臣哉。臣請律令格式，復更刊定其科條，言罪直書其事，無假飾其文。以准加減比附量情，及舉輕以明重、不應得爲而爲之類，皆勿用之。使愚夫愚婦，聞之必悟，則相率而遠之矣，亦安肯知而故犯哉。苟有犯，雖貴必坐，則宇宙之內，肅肅然咸服矣。故曰，法明則人信，法一則主尊。《書》曰：刑期于無刑，誠哉是言。

（宋）王溥《唐會要》卷四〇《臣下守法》　上元三年九月七日，左威大將軍權善才、右監門中郎將范懷義，並爲斫昭陵柏木，大理奏，以官減死，并除名，上特令殺之。大理丞狄仁傑執奏，稱不當死。上引入，謂曰：善才斫陵上柏，是我不孝，必須殺之。仁傑又執奏，上作色令出，仁傑進曰：臣聞逆龍鱗，忤人主，自古爲難，臣愚以爲不然。居桀紂時則難，居堯舜時則易。臣今幸逢堯舜，不懼比干之誅。昔漢文時，有盜高廟玉環，張釋之廷諍，罪止棄市。魏文將徙其人，辛毗引裾而諫，亦見納用。且明主可以理奪，忠臣不可以威懼。今陛下不納臣言，臣恐瞑目之後，羞見釋之、辛毗于地下也。陛下作法，縣之于象魏，徒罪死罪，具有等差，豈有犯罪極輕，即令賜死？法既無常，則萬姓何以措手足！陛下必欲變法，請從今日爲始。古人云：假使盜長陵一抔土，陛下何以加之？今陛下以昭陵一株柏，殺二軍將，千載之後，謂陛下爲何如主，此臣所以不敢奉詔，殺善才，陷陛下于不道。上意乃解，謂仁傑曰：既能爲善才正我，豈不能爲我正天下也！

神龍元年正月，韋月將上變告武三思謀逆。中宗大怒，命斬之。大理卿尹思貞，以發生之月，執奏以爲不可行刑，竟決杖流嶺南。三思令所由司以非法害之。思貞又固爭之。三年，節愍之誅，武三思事變之後，其註誤守門者，並配流未行，有韋氏黨，密奏請盡誅之。上令鞫斷，大理卿鄭惟忠奏曰：今大獄始決，人心未寧，若更改推，必遞相驚恐，則反側之子，無由自安。遂依舊斷。

開元二年八月，監察御史蔣挺有犯，勅朝堂杖之。黄門侍郎張廷珪執奏曰：御史，憲司清望，耳目之官，有犯當殺即殺，當流即流，不可決杖。可殺而不可辱也。

（宋）王溥《唐會要》卷四〇《定贓估》　開元十六年五月三日，御史中丞李林甫奏：天下定贓估，互有高下，如山南絹賤，河南絹貴。賤處計贓，不至三百，即入死刑。貴處至七百已上，方至死刑，即輕重不侔，刑典安寄？請天下定贓估，絹每匹計五百五十價爲限。勅：依。其應徵贓入公私，依常式。至上元二年正月二十八日，勅：先准格例，每例五百五十價，估當絹一匹。自今已後，應定贓數，宜約當時絹估，並准實錢，庶叶從寬，俾在不易。刑部尚書處正已奏。

（宋）王溥《唐會要》卷五八《尚書省諸司中·左右丞》　其年，侍御史張元素奏，慶州樂蟠縣令叱奴隲盜用官倉，推逐並實。上令決之。中書舍人楊文瓘奏：據律不合死。上曰：倉糧朕之所重，若不加罰，恐犯者更多。尚書右丞魏徵對曰：陛下設法，與天下共之。今若改張，多將法外畏罪，且後有重者，又何以加之？

（宋）王溥《唐會要》卷六〇《御史臺上·殿中侍御史》　貞元十年四月勅：準《六典》，殿中侍御史，凡兩京城內，分知左右巡，察其不法之事。謂左降流移、停匿不法，及妖訛宿宵、蒱博盜竊、獄訟冤濫、諸州綱典貿易、賦斂違法，如此之類，方合奏聞。比者因循，務求細事，既甚煩碎，頗失大猷。宜令自今以後，據《六典》合舉之事，所司有隱蔽者，既具狀奏聞。其餘常務，不須更聞。

（宋）王溥《唐會要》卷六六《大理寺》 會昌元年六月，大理寺奏：當寺司直：評事應准勅差出使，請廢印三面。比緣無出使印，每經州縣及到推院，要發文牒追獲等，皆是自將白牒，取州縣印用，因茲事狀，多使先知，爲弊頗深，久未釐革。臣今將請前件廢印，收鏁在寺庫。如有出使官，便令齎去，庶免刑獄漏泄，州縣煩勞。勅旨：依奏，仍付所司。

其年十一月，又奏：請創置當寺出使印四面。臣於六月二十八日，伏緣當寺未有出使印，每准勅差官推事，皆用州縣印，恐刑獄漏泄，遂陳奏權請廢印三面。伏以廢印經用年多，字皆刓缺。臣再與當司官吏等商量，既爲久制，猶未得宜。伏請准御史臺例，置前件出使印，其廢印卻送禮部。勅旨：宜量置出使印三面。

（宋）王溥《唐會要》卷九〇《緣封雜記》 七年三月，戶部奏：伏以周、漢故事，有功卽加地，有罪卽奪國，既明賞罰，方申沮勸。其犯除名以上罪，有實封，準法合除，比來因循，兼不申舉。自今以後，應實封人，或人緣罪犯，其尚書省及本軍、本使、本貫奏狀，請令並標實封戶數，本配州名同奏，勅下戶部，以爲憑據。其犯徒罪，三分望奪一分，流罪奪一半，除名以上罪，卽準法悉除，並以本犯條論，不在減贖之限。其奉特勅貶謫，驗制詞內所犯無正條者，伏請準流罪奪一半。勅旨依奏。

《舊五代史》卷三七《唐書・明宗紀三》 丁未，樞密使院條奏：諸道節度使、刺史內，有不守詔條，公行科斂，須行止絶。州使所納軍糧，不得更邀加耗。節度使、刺史所置牙隊，許於軍都內抽取，便給省司衣糧，況人數已多，訪問尚有招致。諸色人多有抵罪亡命，便於州府投名爲使下元隨，邀求職務，凌壓平人；及有力戶人，於諸處行賂，希求事務。亦有州使妄稱修葺城池廨宇，科賦於人，及營私宅，諸縣鎮所受州使文符，如涉科斂人戶，不得稟受。州府不得賒買行人物色，兼行科率。已前條件，州使如敢犯違，許人陳告，勘詰不虛，量行獎賞。宜令三京、諸道州府，準此處分。

（宋）李燾《續資治通鑑長編》卷二五一《宋神宗熙寧七年》 兩浙路察訪沈括言：泗州都鹽務免納船戶，而以官鹽等第敷配，并給歷抑配居民、寺觀，違法。詔淮南東路轉運提舉鹽事司根治以聞。後實有抑配狀，而官已罷去，獲免。

（宋）李燾《續資治通鑑長編》卷三四五《宋神宗元豐七年》 辛亥，權知開封府、龍圖閣直學士王存爲兵部尚書。存固辭，且言：左丞王安禮之妻乃臣故妻之妹，法亦當迴避。詔不許。後旬日，改戶部尚書。

（宋）李燾《續資治通鑑長編》卷三七一《宋哲宗元祐元年》 甲子，御史中丞劉摯、殿中侍御史呂陶、孫升言：臣等伏以御史臺肅正紀綱，彈劾不法。自朝廷至於州縣，由宰相及於百官，不守典法，皆合彈奏。今按中書省録黄，除安燾知樞密院事，付門下省書讀省審，給事中封駁不當，奉聖旨更不書讀，門下侍郎省審，並不執奏，付尚書省吏部出告，吏部具給事中不書讀事理申本省，尚書省亦不執奏，遂以不書讀告命降出。所有門下省、尚書省僕射、侍郎、左右丞，及付受官，并吏部等，不守典法，有損聖政，乞付有司論罪，以正朝廷紀綱，謹具彈劾以聞。

（宋）李燾《續資治通鑑長編》卷三八六《宋哲宗元祐六年》 辛亥，宰臣司馬光言：先舉孫準行義無闕，堪充館閣，聞準與妻黨訟，坐罰金，舉非其人，請連坐。上批還其奏曰：準緣私家小事罰金，安有連罪，光又言：臣舉狀稱準行義無闕，今準閨門不睦，妻妾交争，是行義有闕，於臣爲舉非其人，臣不敢逃刑。況臣近奏設十科，或有不如所舉，其舉主從貢舉非其人律科罪。雖見爲執政，朝廷所不可輟者，亦須降官示罰。臣備位宰相，身自立法，首先犯之，此而不行，何以齊衆？乞如臣所奏，從貢舉非其人律施行，所貴率厲羣臣，審謹所舉。不從。尋詔準更不召試館職。

（清）徐乾學《資治通鑑後編》卷一一《宋紀一一》 秋七月庚申，詔諸路轉運使及諸州長吏，專切督察、知倉官吏等依時省視倉粟，勿致毁敗。其有計度支用外，設法變易，或出糶借貸與民，及轉輸京師。如不省視而致損官粟者，雖去官，猶論如律。

（清）徐乾學《資治通鑑後編》卷五九《宋紀五九》 乙酉，同知諫院李兊，御史知雜事何郯，監察御史陳旭等言：比歲臣寮有繳奏交親往還簡尺者，朝廷必推究其事而行之，遂使聖時成告訐之俗。自今非情涉不順，毋得繳簡尺以聞其於官司，請求非法，自論如律。從之。

（清）徐乾學《資治通鑑後編》卷九一《宋紀九一》 是月，左正言孫諤言免役者，一代之大法，夫在官之數，元豐多元祐省，雖省未嘗廢事也，則多不若省；散役之直，元豐衆元祐輕，雖輕未嘗廢役也，則重不若輕。數省而直輕，則民之出錢者易，民之出錢者易故法可久也。願陛下博採羣言，無以元豐元祐為間，要以使百姓無不均平之患而止。蔡京言諤論役法，欲伸元祐之姦，惑天下之聽。丙申，詔諤罷言職，知廣德軍。

（清）徐乾學《資治通鑑後編》卷一四一《宋紀一四一》 初，蒙古唯事進取，所降之户因以與將士一社之民各有所主不相統攝，至是，詔括户口，以大臣呼圖克領之民始隸州縣，時羣臣皆欲以丁為户，耶律楚材以為不可，衆皆曰：我朝及西域諸國莫不以丁為户，豈可捨大朝之法，而從亡國之政耶？楚材曰：自古有中原者，未嘗以丁為戶，若果行之，可輸一年之賦，隨即逃散矣。

（清）徐乾學《資治通鑑後編》卷一四四《宋紀一四四》 六月癸未，右丞相董槐罷。槐自以為人主所振拔苟可以利安國家者，無不為。嘗言于帝曰：今有害治者三：一、戚里不奉法；二、執法大吏久於其官而擅威福；三、皇城司不檢士將卒不檢下，故士卒橫。士卒橫，則變生於無時。執法威福擅，故賢不肖混淆，賢不肖混淆，則奸邪肆，賢人伏而不出。親戚不奉法，故法令輕，法令輕故朝廷卑。三者不去，政且廢。願自上除之。

（宋）李心傳《建炎以來繫年要録》卷一一《建炎元年丁未十二月丙辰朔之己酉》 乙丑，諫官衛膚敏言：比來王羲叟除命，旨自中出，用御寶以行下，既不由宰臣之進擬，又不由銓部之差注。議者咸謂因戚里佞幸，干請而與之，舜輔及洪，初不由臺臣之彈奏，又不由部使者之糾劾。議者咸謂因近習讒譖而逐之，此二事者若甚微，而所繫於國禮者甚大，前此所以召亂致禍者，皆由於此。在今日不可不戒，願特詔有司，自今除授並行遣有罪之人，並須經由三省及宰執進呈，方得施行，或有干求請託，乞御寶以行下者，並重寘於法，令御史臺覺察以聞，庶幾政事之本，一出朝廷而天下治。從之。

（宋）李心傳《建炎以來繫年要録》卷一八《建炎二年戊申十月癸丑朔之十二月戊寅》 戊午，執政進呈從官呂頤浩、葉夢得、孫覿、張澂討論常平法事。頤浩等言：此法不宜廢，如免役、坊場亦可行，惟青苗、市易當罷。上曰：青苗斂散，永勿施行。夢得請選歷州縣通世務者為提舉官，已而頤浩請追還常平司糴本，皆從之。會戎馬南牧，未克行。還糴本在三年正月庚寅，今併書之。熊克《小曆》載此事，在十一月壬辰，今從《日曆》繫此，但《日曆》於去年十一月癸亥亦書此事，蓋重疊差誤。

（宋）李心傳《建炎以來繫年要録》卷三一《建炎四年庚戌正月甲寅朔之二月辛丑》 壬申，戶部侍郎葉份言：淮鹽路梗，妨阻客販；浙鹽數少，積壓客鈔，望權以福建鹽通商，仍稍還買鹽本錢，即本路官搬官賣，兩不相妨。從之。福建路歲產鹽一千一百萬觔，政和中，遣左司郎官張察至本路參定，歲以三分為率，二分歸朝廷，許商人輸錢，於榷貨務給鈔。即本路受鹽，一分歸漕司，許自買鹽，積於海倉。令上四郡及屬縣搬賣，以辦歲計。時商販官搬二法並行，靖康俶擾，商販殆絕，故官悉自鬻，歲收課錢四十萬緡，至是份請行鈔法，而姦民乘之，盜販者甚衆。

（宋）李心傳《建炎以來繫年要録》卷九六《紹興五年乙卯十二月己亥朔之戊辰》 辛酉，起居郎潘良貴言：中台省出納王命，賦政四海，喉舌之司也。六曹遵奉成憲，各揚乃職，兵火以來，苟簡玩習，視爲傳舍，其最甚者。遇朝廷送下勘當事理，並不依據格法，指定是非，常操兩可之説。曰更合取朝廷指揮，是致朝廷臨時別有衝改，長貳郎官，循默奉行，不復更有執守。每廢一法，即後來陳乞者循以爲例，干求請託，紛然無窮，若不加察，恐省部成法盡壞，其患有不可勝言者。伏望嚴飭六曹長貳郎官，各務協心，凡朝廷送下勘當事理，並須據格法，定是非供報。仍乞詔大臣，事關六曹者，不問鉅細，一切唯有司格法是從，庶幾杜僥倖之門，開公正之路，仰稱陛下敷政之意。輔臣進呈。上曰：祖宗以來，自有格法，有司但能遵守，即事稱職，格法既定，誰復有僥倖之心，唯其因事陳請，人思幸得。此法之所以寖廢也，可依良貴所請，更切申嚴。沈與求曰：六部乃守法之地，有司徇情，遂至廢法而用例，然情豈勝徇耶！僥倖之門塞，則人自安分，天下何患不治。《中興聖政》史臣曰：法外豈得有例哉？徇情之私而爲法之蠹，莫例若也，其弊蓋出於特旨爲例矣。而又沿請之，僥倖相乘，無不可者，是獨從其不齊於物，而悉廢其器，雖有權量度數無所用之也。天下誰爲知止足之分者哉，然則法安出也，傳之祖宗，蓋有所創之於上；付之有司，蓋有所受之於下，猶權量度數之器，受之於官而用之也，夫是謂之遵守。

（宋）范仲淹《范文正奏議》卷下《陝西守策》 臣等請緣邊城寨愈加繕完，使戎狄之心無所窺伺。又久守之計須用土兵，各諳山川多習戰鬪，比之東兵戰守功倍。然緣邊次邊土兵數少，分守不足，更當於要便城寨招置土兵。若近裏土兵願改隸邊寨者，即遣其家而團集之。况昨來慶州創起大順城，欲置振武保捷兵兩指揮，乃於永興、華、耀土兵中召其願守寨者，而應募甚衆。何則？關内諸州土兵多在邊上，或得代歸營。而數月之間，復出遠戍，豈徒星霜之苦，極傷骨肉之恩。征夫不保其家，離婦頗多犯法，人情不免，久則怨起。如得併遷其家於緣邊住營，更免出軍。父母、妻子樂於完聚，戰則相救，守則相安。或謂若土兵攜家居於塞下，則全分請給其費尤多。不然，土兵月給差少，又素號精强，使之戍邊，於東兵數復可減，然於逐路漸為增益。二年以來，方能整習，固非一朝可驟改也。

《金史》卷一《世紀》 自景祖以來，兩世四主，志業相因，卒定離析。一切治以本部法令，初，諸部各有信牌，穆宗用太祖議，擅置牌號者置于法，自是號令乃一，民聽不疑矣。

（清）徐乾學《資治通鑑後編》卷一六七《元紀一五》 己丑，帝諭都爾蘇曰：朕即位以來，無一人能執法為朕，言者知而不言則不忠，且陷人於罪。繼自今，凡有所知，宜悉以聞，使朕明知法度，断不敢自縱，非獨朕身，天下一切政務能守法以行則衆皆乂安，反是則天下罹於憂苦矣。又曰：凡事防之於小則易，救之於大則難，爾其以朕言明告於衆，俾知所慎。

《明太宗實録》卷二六一《永樂二十一年秋七月》 交阯布政司右參政房安卒。安，汝陽人，洪武中由國子生擢北京按察僉事，陞江西按察使。上即位，安坐事謫戍興州。後召為監察御史，陞福建布政司右叅政，再陞工部左侍郎，數日出為山東布政司右叅政。同官魏瑛誣告安誹謗事，徵下獄。安不勝掠治，悉引伏。闔蒙謫戍交阯，安繫聽决，會瑛他罪覺，併驗所告安事非實，遂釋安，召還其家人。改安四川右參政，未幾，復改交阯，至是以疾卒。安老於吏事，所至嚴刻為治，人多怨之，然能以廉自守云。

《明神宗實録》卷二《隆慶六年六月》 以明年爲萬曆元年，與民更始，所有合行事宜，開列于後。一、祖宗成法至精至備，所當萬世遵守。近年以來，有司不考憲度，往往自作聰明，任意更變。其有稱爲神宗成法者，又多遷移出入，殊非祖宗立法本意。致令事體紛紜，軍民惶惑，豈成治理？今後内外大小衙門官，務要仰求祖宗之意，明考成法，一一遵行，違者以變亂成法論。其有從前更變者，俱行查復，若果係時宜不得不然，許詳具事繇奏請，准允乃行。一、自隆慶六年六月初十日昧爽以前，官吏軍民人等所犯，除死罪惡極情真，及充軍，係邊方失機，喇唬兇徒，積年聚衆投充投獻撥置教唆，詐冒侵欺，誣執良民，威逼一家二命，略誘略賣，挾制鷹害，并近奉欽依矜疑饒死充軍等項，及口外爲民情罪深重者，俱不赦外。若竊盗逃軍三犯，匿名文書未及害人，謀殺人傷而不死，并人命延至辜限外身死，審有别因者，悉免處死，發邊衛永遠充軍。其饒死充軍逃回，例該原擬死罪者，免死仍發原衛。至于犯該死罪，監禁十五年以上篤疾者，免死釋放。其餘一應充軍、徒杖等犯，不分已未遣配，已發覺、未發覺，已結正、未結正，罪無大小，咸赦除之。敢有以赦前事相告言之，以其罪罪之。一、宗室節年因事減革禄糧者，除敗倫傷化、奸盗人命重情外，其餘詔書到日，全革者准支三分，減去一分、二分者，准全支，以資養贍。一、宗室子女奏請名封選婚者，近年每以過期叅駁停閣，或因錯誤行查，立案積久，多致失所。今後應奏請者，該府即與保勘具奏。承奉長史等官，不許抑勒，致令失期。其自隆慶六年六月初十日以前，各王府有曾經奏報，請名、請封，及奉有勘合選婚各過期者，并節因錯誤行查，覆回到部者，該部一體勘無違礙，即與題覆施行。一、鳳陽高牆庶人已故，所遺子孫、妻妾，無罪拘繫，未及放回者，撫按官即與查明，奏請釋放。其節年越關，赴京遞回，拘禁閑宅者，一體分别原犯情繇，具奏定奪。一、軍國錢糧，用有定數。近來邊費浮于歲額，若不計有無，概擬蠲免，後復按括，小民反受其害。今自嘉靖四十三年、四十四年、四十五年，并隆慶元年錢糧除金花銀不免外，其餘拖欠夏秋税糧、馬草、農桑、人丁、絲絹、布疋、棉花、絨，戸口鹽糧、鹽鈔、皇莊子粒、各色料價，屯田牧馬、草場子粒、租銀、甎價、匠價、砍柴、柴炭等項，悉從蠲免。其二年、三年、四年各量免十分之三。淮安府、徐州地方屢被水災，民不堪命。及廣東、慈湖二府，兵傷特重，除照前蠲免外，乃全免。隆慶二年、三年，以示優恤，前項錢糧除已徵在官者，照數起解，若經收人役通同吏書乘機侵盜轉換簿籍，將已徵捏作未徵，許諸人首告治罪。一、戶部召買，並各處採買金珠、寶石、祖母碌、猫睛等項，及隆慶五年欽降式様燒造江西瓷器，詔書到日，除已買採燒造者，照數起解，其未完者，悉行停止。一、各處織造絨褐紵絲紗羅綾紬等項，除額辦歲造，并工部奏派之數，照舊解運外，其陜西、蘇杭、嘉湖并應天府等處差人坐守織造者，悉皆停免。已織完者照數起解，未完者并已徵物料交與所在官司，准作歲造。內支差去，內官即便回京，違者罪之。

《明神宗實録》卷二四《萬曆二年四月》 先是，刑科給事中劉鉉題今次辦事進士各司預設《大明律例》一部，選司屬中老成博雅者一二人爲表率，堂事之暇，讀習講解，堂上官不時掣誦。每月終面試假如一道以驗進益。其兩京國子生常課外，每日讀律例幾條，亦月季考較招情，刑部覆如議，但國子學生如試判語一道，默寫本條全文，亦可為將來服官張本矣。從之。

(明) 俞汝楫《禮部志稿》卷一《聖訓・太祖高皇帝・讀法之訓》 洪武二十年，上謂禮部尚書李原吉曰：朕製《大誥》三編，頒示天下，俾為官者知所監戒，百姓有所持循，若能遵守，不至為非。其令民間子弟於農隙之時講讀之。

(清) 龍文彬《明會要》卷三〇《職官二・宰輔雜録》 萬曆二十九年，大學士沈鯉疏：向例：內閣輔臣，辰入申出，辦事閣中擬票旨，所得預聞者，獨寫票中書而已。其於諸司章奏，誰敢攜之以出而越閣門一步者？後有輔臣患病，因將本發私寓擬票，遂相沿爲常，一往一來，始不能無漏洩。夫公事而議於私室，大政而決於委巷，已非朝廷之體，況機事不密而有害乎？且臣等亦因是有不能盡職者，中使銜命守催，則不得從容審處，以竭其心思。寮友各自爲寓，復不得相聚商搉，以資其謀斷。故率有進呈旋卽悔悟以爲不當者。請復先朝舊規，發本閣中，公同擬票，以上尊朝廷之體，下塞窺伺之隙。帝從之。

(清) 龍文彬《明會要》卷三一《職官三・六部總敘》 召六部尚書入見奉天殿，諭曰：朕肇基江左，軍務方殷，官制未備。今以卿等分任六部。國家之事，總之者中書，分理者六部，至爲要職。凡諸政務，宜竭心經理。或有乖違，患及天下，不可不慎。

《皇朝通志》卷七七《刑法畧三・刑制聽斷》 五年諭：朕聞直隸、山東、江南、河南等省，頗有行客單少不能禦侮，被匪類邀截于路，強取銀錢行李而走者，又假作進香之人，乞丐之類，以肆其搶奪者。在本人失物無多，未必盡行報官。而地方希圖省事，或隱諱不發，或緝捕不力，以致宵小無所懲儆。此風不可漸長。著該省督撫等，嚴行申飭，不時稽察，倘有仍蹈故轍者，必加以枲處，毋得寬縱。又諭：朕聞各省聯界之處，多有積窩巨匪，久慣豢盜殃民，隔省往拏必須赴地方官掛號添差，稽遲時日，又或地方官不能上緊協拏，以致要犯風聞遠遁，盜案久懸不結。向蒙世宗憲皇帝深悉其弊，特降諭旨：凡地方失事，探實贓盜之處，無論隔縣、隔省，一面差役執持印票，即行密拏，一面移文關會。

聖諭煌煌，實為息盜安民之良法。及近年各省督撫奉行不力，以致被盜之省辦理掣肘。嗣後，凡有鄰省聯界地方積窩逃盜，訪實之後，或徑行差捕，或知會密拏。庶盜案易結，盜源易清，而鄰境彼此均受其益。如有司等仍以為具文，歧視怠忽，經朕訪聞，必于該督撫是問。

《皇朝通志》卷八九《食貨畧九・錢幣》 五十五年，令京局暫行收買舊銅，以充鼓鑄。扵是奸民私銷小制錢，作廢銅變賣，較之錢價，獲利以倍。諭令廷臣集議，尋議錢局只許收買舊銅器皿，不許買新鑄板塊，如有毀小制錢充作廢銅者，通行八旗步军絞領，並五城、大興、宛平兩縣嚴緝，分首從治罪。房主鄰佑，知情不首者，照為從例，不知者勿論，該管官亦如之。

(宋) 王欽若《册府元龜》卷六七《刑法部・守法》 李離，晉人，文公時爲理，過聽殺人，自拘當死。文公曰：官有貴賤，罰有輕重，下吏有過，非子之罪也。李離曰：臣居官爲長，不與吏讓位；受禄爲多，不與下分利。今過聽殺人，傅其罪下吏非所聞也。辭不受令。文公曰：子則自爲以有罪，寡人亦有罪邪？李離曰：理有法，失刑則刑，失死則死。公以臣能聽微決疑，故使爲理，今過聽殺人，罪當死。遂不受令，伏剄而死。

又： 石奢，楚人，爲人公正好直，昭王使爲理。於是廷有殺人者，石奢追之，則其父也。還反於廷曰：殺人者，臣之父也。以父成政非孝也，不行君法非忠也。施罪廢法而伏其辜，臣之所守也。遂伏鈇鑕曰：命在君。君曰：追而不及，庸有罪乎！子其治事矣。石奢曰：不然。不私其父非孝也，不行君法不忠也，以死罪生不廉也。君赦之，上之惠也；臣不敢失法，下之義也。遂不去鈇鑕，刎頸而死於廷中。

（宋）吴泳《鶴林集・趙時點降授迪功郎制》 敕：具官某。獄奪於貨，先王所戒。爾爲義安理掾，事無大小，皆以賄成，豈朕庶謹庶獄之意哉？姑鐫二秩，以淑羣慝。可。

（宋）吴泳《鶴林集・陳植降授文林郎制》 勅：具官某。國朝置州戶曹，使之專掌倉庾，受納欲其平也。永春德化盜起，民不粒食，不得已而賦于官，爾又從而取盈焉。淫刑肆行，寃氣纏結。若據外銓劾上，則其罪難擢數也。姑鐫一階，尚曰中典。可。

（宋）吴泳《鶴林集・曹南強降授文林郎制》 敕：具官某。宓子賤治單父，民不忍欺；卓茂治密，吏不忍欺。爾為貴平令，寬循謹願，民粗安之。而寬失之懦，謹失之畏，刻木之徒，得以撓法其間，則吏猶可欺以其方也。外臺劾奏，姑上兩階，蓋存統體。可。

雜録

《史記》卷六八《商君列傳》 令行於民朞年，秦民之國都言初令之不便者以千數。於是太子犯法。衛鞅曰：法之不行，自上犯之。將法太子。太子，君嗣也，不可施刑，刑其傅公子虔，黥其師公孫賈。明日，秦人皆趨令。行之十年，秦民大説，道不拾遺，山無盜賊，家給人足。民勇於公戰，怯於私鬭，鄉邑大治。秦民初言令不便者有來言令便者，衛鞅曰此皆亂化之民也，盡遷之於邊城。其後民莫敢議令。

（宋）金履祥《資治通鑑前編》卷八 其惟王勿以小民淫用非彝，亦敢殄戮用乂民，若有功，其惟王位在德元。小民乃惟刑用于天下，越王顯。蘇氏曰：商俗靡靡，其過用非常也久矣。召公戒王勿以小民過用非常之故，亦敢于法外殄戮以治。蓋民之有過，罪實在我，及其有功，則王亦有德，何也？王之位，民德之先倡也。如此則法行于天下而王亦顯矣。或曰：下文有欲王以小民受天永命，以字如以某師之，以此戒王勿用，此小民淫用非彝而復以殄戮治之也，言當正身率下，不務刑罰，其下乃與蘇説同。葉氏曰：刑，儀刑也。

《魏書》卷七七《高道穆傳》 僕射尒朱世隆當朝權盛，因內見衣冠失儀，道穆便即彈糾。帝姊壽陽公主行犯清路，執赤棒卒呵之不止，道穆令卒棒破其車。公主深以爲恨，泣以訴帝。帝謂公主曰：高中尉清直之人，彼所行者公事，豈可私恨責之也。道穆後見帝，帝曰：一日家姊行路相犯，極以爲愧。道穆免冠謝曰：臣蒙陛下恩，守陛下法，不敢獨於公主虧朝廷典章，以此負陛下。帝曰：朕以愧卿，卿反謝朕。尋敕監儀注。又詔曰：祕書圖籍所在，內典□書，又加繕寫，緗素委積，蓋有年載。出內繁蕪，多致零落。可令御史中尉、兼給事黄門侍郎道穆總集帳目，并牒儒學之士，編比次第。

（清）徐乾學《資治通鑑後編》卷二《宋紀二》 帝謂宰臣曰：五代諸侯跋扈，多枉法殺人。朝廷置而不問，刑部之職幾廢。自今決大辟者，録案聞奏，委刑部詳覆。

（清）徐乾學《資治通鑑後編》卷一二《宋紀一二》 國子司業孔維上書請禁原蠶，以利國馬。直史館樂史駮奏曰：所市國馬，來自外方，涉遠馳驅，虧其秣飼，失於善視，遂致斃耗。今乃禁及蠶事，甚無謂也。唐朝畜馬，具存監牧之制。詳觀本書，亦無禁蠶之文。況近降明詔，來年春有事于耤田，是則勸農之典方行，而禁蠶之制又下，事相違戾，恐非所宜。臣嘗歷職州縣，粗知利病，編民貧窶者多，春蠶所成，止充賦調之備，晚蠶薄利，始及卒歲之資。今若禁其後圖，必有因緣為弊，滋彰撓亂，民豈遑寧！帝覽之，遂寢原蠶之禁。

（清）徐乾學《資治通鑑後編》卷一五《宋紀一五》 吕中曰：唐虞考課之法，先自九官十二牧。成周會計之法，上自公卿，下至比閭小吏，是無小大內外之官，皆用考課法也。我朝上自京朝官，下至幕職官，皆有考課法。今世之法，詳于外而不詳于內，行于小吏而不行于達官，徒為文具，亦不過財賦之辦與否耳。何嘗課守令以惠養，課監司以刺舉哉？

（宋）范仲淹《范文正奏議》卷下《奏乞編緣邊部署司條貫宣勑事》

臣等竊聞朝廷已議差官刪定天聖編勑，所有諸路沿邊部署司前後承受宣勑條貫不少，當用兵之際，再合粂詳，兼慮諸處多有漏落。臣等欲乞朝廷指揮諸路沿邊部署司令具録前後宣勑條貫，候到，亦令相度編録，如一司一務，編勑之例，須下逐處，各令遵守。臣范仲淹，臣韓琦。

《金史》卷九五《程輝傳》 會有司市麵不時酬直，世宗怒監察不舉劾，杖責之。以問輝，輝對曰：監察，君之耳目。所犯罪輕，不贖而杖，亦一時之怒也。世宗曰：職事不舉，是故犯也，杖之何不可。輝對曰：往者不可諫，來者猶可追。

《金史》卷九九《孫鐸傳》 鐸因轉對奏曰：比年號令，或已行而中輟，或既改而復行，更張太煩，百姓不信。乞自今凡將下令，再三講究，如有益于治則必行，無恤小民之言。國子司業紇石烈善才亦言頒行法令，絲綸既出，尤當固守。上然之。

《元史》卷二九《泰定帝紀》 己丑，帝諭倒剌沙曰：朕卽位以來，無一人能報成法爲朕言者。知而不言則不忠，且陷人於罪。繼自今，凡有所知，宜悉以聞，使朕明知法度，斷不敢自縱。非獨朕身，天下一切政務，能守法以行，則衆皆乂安，反是，則天下罹於憂苦。又曰：凡事防之於小則易，救之於大則難，爾其以朕言明告于衆，俾知所慎。

（元）王鶚《汝南遺事》卷四《總論》 義宗皇帝在位十有一年，傷王室之浸微，先朝之積弊。吏政失於苛細也，不破法以情，徃興定間，陳州防禦呂子羽因取會逃戶，致秋稅有不足者。豐衍庫官趙某以應入庫物未足，寄民家罪，皆怠慢的决追解而已。有司附會，丞相高琪苛細生事，以子羽不以軍儲為意，即係不以社稷為念。某官物不即入庫，意望入己，委曲生意，皆處以死。正大初，赦文首一欵，有司不得以私情破法，自是無復冤獄矣。子羽，字唐卿，大興人，明昌二年詞賦進士。將士利於征戰也，不逞兵以忿，自興定初，宋人歲貢不入，宣宗連年出師征討，國家精鋭幾盡喪，而利歸將士。義宗即位，一意約和，十年無一兵犯南界者，宋人亦未嘗見侵，大朝兵入，宋始侵矣。朝臣有罪則薄示降罰，未嘗妄戮一人。丞相高琪、駙馬阿哈粂政，伊埒圖行院，時全皆以將相大臣為前朝所戮，其餘不言可知，正大、天興未常有此大臣有犯，但省會休閑，出守外郡而已。

《明太祖實録》卷二六《吴元年冬十月》 乙卯，上謂臺憲官劉基、章溢、周禎等曰：紀綱法度為治之本。所以振紀綱、明法度者，則在臺憲。凡揭紀綱法度，以示百司，猶射者之有正鵠也。百司庶職，操弓矢以學射者，于臺憲乎！取法故審，已不可以不慎。苟不知其本，察于小物而昧于大體，終非至正之道。爾等執法，上應天象，少有偏曲。則紀綱法度廢壞，而民不得其安。況或深文以為能，苛察以為智，若甯成、郅都、周興、來俊臣之徒，巧詆深文，恣為酷虐，終亦不免。若于公陰德，子孫乃致貴顯，天道昭然，深可畏也！

《明太祖實録》卷四八《洪武三年春正月》 甲午，各道按察司官來朝。上因召御史臺官，併諭之曰：風憲之任，本以折姦邪、理冤抑，糾正庶事，肅清紀綱，以正朝廷。而元末，臺憲每假公法，挾私憤以相傾排。今日彼傾此之親戚，明日此陷彼之故舊，譬猶蛇蝎，自相毒螫，卒致敗亡而後已。如此則何以為臺諫也？今卿等司風紀，當以大公至正為心，揚善遏惡，辨别邪正，不可循習故常，挾公以濟私，苟或如此，不惟負朕委任，亦且失其職守矣。

《明太祖實録》卷一一六《洪武十年十二月》 是月，各道按察司官來朝。上諭之曰：朕以天下之大，民之姦宄者多。牧民之官，不能悉知其賢否。故設風憲之官，為朕耳目，察其善惡，激濁揚清，繩愆糾繆，此其職也。凡任風憲者，宜體朕此意，以公正為心，廉潔自守。國家法律，必務精詳。用法有失，鬼神鑒焉。至於姦民犯法，吾所甚惡，必務除之，不可貸也。有司以撫治吾民為職，享民之奉，而不思恤民，惟以貪饕掊尅為務，此民之蠹也。宜糾治其罪、毋以姑息，縱其為害。汝等安坐高堂，其視民相去遠矣，不思問民疾苦，公其聽斷，將安用汝乎？今官以九年為考，非一日積也，汝當謹守法度，思稱其職，苟或不然，鬼神鑒之。

《明太祖實録》卷二一四《洪武二十四年十一月》 命賞民間子弟能誦《大誥》者。先是，上令天下府州縣民每里置塾，塾置師，聚生徒教誦《御製大誥》，欲其自幼知所循守，閱三歲，爲師者率其徒至禮部背誦，視其所誦多寡，次第賞之。

（明）俞汝楫《禮部志稿》卷四九《奏疏・宗藩疏・宗藩七議疏》

臣嘗稽之祖訓，並無禁出城郭之文，其所以禁之不使出郭者，為近日放縱不法者設也。苟能各務生業，謹守王度，一有不檢，稍加繩之，雖出城何害也。或曰：宗室有罪，例不加刑。今既入仕受職，與交易債事一切貸之，則貪婪兇縱、凌弱暴寡，益多事矣。臣愚以為，宗室不加刑責，原非古道，即宗室有罪，而有司刑罰不加，則大亂之道也。夫人情有欲，所以平其情而不亂者，恃有司之法繩之耳。今宗室一有小過不以有司治，而動必奏請。苟以錙銖斤兩，彼必忿争而遽欲聞之。朝廷則往來勞費，廢時妨業，彼小民者，豈願為之哉。若復不較而姑縱之，則錙銖不治，千金可攫，斤兩不戒，則腴田可侵。故曰：有司之法不行，大亂之道也。夫常人之愛子弟者，必望師傅以夏楚以威之。今之有司皆士大夫，國朝之外傅也。今之宗黨，皆皇家之苗裔，族屬之子弟也。與其姑息而養成惡德以就罪辟，孰若教戒而造就成才，以歸於正之為愈哉。且聞今之貧宗，傭工、隸卒無所不為，匿名執役，甘心捶楚，是陽諱其名而陰受其辱也。若顯拔縉紳之列，而均受舉劾之公，分授四民之業，而平以市官之法，此大公至正之道。不足以言媿矣。

《皇明祖訓·祖訓首章》　朕自起兵至今四十餘年，親理天下庶務，人情善惡真僞，無不涉歷。其中奸頑刁詐之徒，情犯深重，灼然無疑者，特令法外加刑，意在使人知所警懼，不敢輕易犯法。然此特權時處置，頓挫奸頑，非守成之君所用常法。以後子孫做皇帝時，止守《律》與《大誥》，並不許用黥刺、腓、劓、閹割之刑。云何？蓋嗣君宫生内長，人情善惡未能周知，恐一時所施不當，誤傷善良。臣下敢有奏用此刑者，文武羣臣即時劾奏，將犯人凌遲，全家處死。

（清）蔣良騏《東華録》卷四《順治元年四月》　誓諭諸將，勿殺無辜，勿掠財物，勿焚廬舍，不如約者罪之。仍曉諭官民，以取殘除暴共享太平之意。

（清）蔣良騏《東華録》卷一三《康熙二十四年七月》　户部郎中色楞額往福建稽察鼓鑄，疏請禁用明代舊錢，户部尚書科爾坤、余國柱等議如所請。上以詢内閣諸臣，徐乾學言：自古皆新舊兼行，以從民便。若設例禁，恐滋煩擾。因考自漢至明故事，爲議以獻。上諭曰：舊錢流布，不止福建一省，他省亦皆有也。若驟爲禁止，恐不肖之徒借端生事，貽害平民。色楞額所奏不准行。

（清）蔣良騏《東華録》卷二六《雍正二年五月》　五月，上諭總漕督及直隸、山東、河南撫：各省旗丁應行守法，數年前浙江、湖廣糧船，彼此争鬬，持戈放箭，致有殺傷。又聞前冬，守凍山東，竟行搶奪。去歲，又聞强取百姓衣服。此等大干法紀，嗣後該督卽奏聞于彼地正法，決不寬貸，可預行曉諭。

（清）鄂爾泰等《世宗憲皇帝硃批諭旨》卷三〇中《硃批石文焯奏摺》　臣叩頭跪讀，愧赧無地，竊以地方有司庸劣之輩，每多藉端，向富户借貸，此等惡習，難逃聖鑒。臣屢經嚴禁，如有違犯，許被害之人赴臣衙門控告。

〔硃批〕若不秉公激揚，嚴行糾察，雖舌敝唇乾，其如未之聞何。

凡遇屬員公謁，又諄諄告誡，不啻三令五申，詎意臣監臨文闈時，乃有河南府屬之鞏縣知縣張可標巧借祭陵名色，又以封櫃爲辭，膽敢借貸，致起事端。而教諭楊倬生，挾有私嫌，於是從中播弄，迨臣出闈，即據陪祭之彰德府知府朱鈞稟知其事，臣隨以不職糾糸，立行摘印，已奉旨革職，究審治罪。其原糸疏内，未曾明言其事者，葢恐長糾黨生事之風也。教諭楊倬生，懷私逞忿，臣愚意姑緩時日，即當咨糸，以示懲創。

〔硃批〕此人挾私唆訟，爲小人之尤者，當列欵嚴糸示懲，其中生事劣衿，亦不可寬縱，以長刁風。

今蒙聖訓詳明。臣謹銘之肺腑，一一凜遵諭旨而行。至朱鈞原係委令，前往陪祭，適逢其事，奉發審問口供，嗣因原呈人等於班第處哀求息結，故未詳報。隨將情由據實稟臣。情尚可恕，但查朱鈞在彰德府居官，亦不過平常供職，無甚好處，容臣另行查糸。

〔硃批〕若别無蕩檢踰閑之處，只據此一事，即行劾奏，似覺太過。

臣惟敬體聖心，時加密訪，屬員之中，一有劣蹟，即行嚴糸，以爲貪黷之戒。臣不肯舍己徇人，自詒伊戚。凡爲人臣，分當實心爲國，班第所奏，是其不敢隱蔽之忠誠。

（清）鄂爾泰等《世宗憲皇帝硃批諭旨》卷三二一《硃批張楷奏摺》　皇上硃批諭旨：惟在汝善為勸導士民，踴躍樂輸，不可稍涉强勒，欽此。臣查江省民情浮薄，若令自行捐積，終無成效。惟主法勸輸，趁此豐收，令每畝捐米二合，民皆樂從，絶無勉强。

又：皇上至聖至明，無微不燭。以魚鱗册乃經界所由定，徵輸所必需。恐日久弊生，諄切訓示，令臣等協力察覈，臣隨遵旨，傳示布政使漆紹文，一體欽遵，嚴飭查造。臣惟有恪遵諭旨，竭力整刷，剔除錮弊，飭行各州縣，將魚鱗册備行查造，毋致牽混錯謬。并不許里胥、蠹役借端擾累，倘有紳衿、豪棍抗玩阻撓，臣不避嫌怨，必繩之以法，斷不敢稍有依違，妄干虛譽，有負我皇上策勵臣工、軫恤黎元至意。臣謹遵旨奏明，伏乞睿鑒，謹奏。

（清）鄂爾泰等《世宗憲皇帝硃批諭旨》卷三四《硃批李成龍奏摺》

居心行事，庶可永保無虞也。慎勿再蹈前轍，因循自便。事事舉頭看天，件件捫心自問。凡起一因私廢公之念，隨即慚而不忍為，則漸近自然矣。湖廣盜案繁多，當竭力整頓，能清盜源，始為上策。不揣其本而齊其末，可憐無藉窮黎，比比陷於誅戮，殊覺惻然。爾悉心講求良法，而力行之。

（清）鄂爾泰等《世宗憲皇帝硃批諭旨》卷四四上《硃批宜兆熊奏摺》

奏為請撫生番事。竊臣據臺郡文武各官報稱，南北兩路番社甚多，其為害於鳳諸二縣者，惟山猪毛等社；其為害於彰化縣者，惟水沙連等社。皆由從前不繩以國法，遂使益無顧忌。山猪毛等社，向日擒獲兇犯四人，稍知畏懼。至於水沙連，從不一加懲創，以致半年之內，焚殺疊見，撫之不可，不得不脅以兵威。為今之計，當以番攻番，令各社之通事、土官，擇其勇敢者數人為前導，率領番壯，直抵巢穴。而使汛兵駐劄山口，以壯聲勢，取勝甚易。但勦番，惟賴冬日。夏秋之際，雨水連綿，鎗礮無用，一交春，二、三月又難舉行。今現在會商委員剋期舉行，等因到臣。臣即會尚撫臣毛文銓以臺灣各社生番，屢行殺人，頑梗無知，似不便再行姑息，即以社丁協同番壯，深入擒捕。汛兵不過駐劄山口，示以兵威，諒無他患。批令臺屬文武，同心協力，仍會商巡臺御史，務須籌畫萬全，切勿輕舉妄動。倘彼畏威懾服，情願就撫者，即宜相機，亟為撫綏，勿株累無辜，以廣皇上柔遠之深仁。其發兵若干，作何勦撫，並動贏餘若干，俟續報到日另行具奏外，合先奏聞。

（清）鄂爾泰等《世宗憲皇帝硃批諭旨》卷四六《硃批張坦麟奏摺》

如此秉公，毫不瞻顧，甚屬可嘉，勉為之，因公獲罪，於人無妨也；假若懷私獲罪，於天恐難逃法網耳。雖暫時倖免，亦不過苟延歲月而已。屬員中，遇材堪造就者，小過當寬宥之，隨加訓誡容其悛改。教而不改者，条處示懲。但當將情由，密為奏聞。如陳時夏，竟行開脱，狥隱不奏，乃其過也。至於在內、在外，皆係與國家效力，朕量才器使，自有鑒別，當遵奉指授而行，何可存揀擇之念。既存此念，則心志疑貳，而精神散亂矣。曷克奉公盡職，百凡處無苟同，無立異，當酌中而處，不可尚氣。

（清）鄂爾泰等《世宗憲皇帝硃批諭旨》卷一〇四《硃批尚瀠奏摺》

廣東潮州總兵官臣尚瀠謹奏，為恭繳御批奏摺事。竊臣恭請聖安一摺，又敬陳末議一摺，俱荷硃批。臣跪讀再三，十分惶悚。夫人臣盡職，當務力行，不在空言。今聖諭諄切，惟有欽遵祇凜，潔己奉公。至於清積匪一議，緣彼時尚未聞。奉旨嚴行保甲之法，故敢以末議瀆陳。乃年來保甲既嚴，姦徒盡化。

〔硃批〕不過少減耳，盡化恐未必然。

凡屬將弁，但使巡查防禦，地方便可寧謐。漁船一議，芻蕘之見，自不及從前，酌定成規，即武弁需索，所在仍有。

〔硃批〕聞廣武弁之貪風未革，朕常耿耿於懷，亟當竭力剔除。言之似易，斯豈易事耶？

今現奉聖旨清查。臣惟首先潔己，併嚴飭將弁，不許畧染絲毫，上負國恩。其摺中有一二欠妥協之處，蒙聖德如天，恕臣愚昧，不加罪譴。臣雖捐糜頂踵，難報高深。茲已奉旨，與督撫二臣商酌，皆謂惟恪守聖訓，便盡臣職，不必再議施行矣。理合具摺奏聞併繳。

〔硃批〕現今楊文乾在京，候朕與伊而酌可否，總之有治人無治法，若肯實力奉行，何例非善政。若仍徇私網利，何善政非弊藪，惟以得人爲難事耳。

（清）鄂爾泰等《世宗憲皇帝硃批諭旨》卷一〇九《硃批蔡良奏摺》

同日又奏，為奏聞事。竊聞省駐防習氣不好，屢蒙皇上諭令臣正人心，改風俗。臣跪聆之下，仰見皇上明並日月，無微不照。臣敢不悉心竭力，究其根由，絕其弊端。查閩省四旗披甲人等，臣現在訓練，凡演習鎗箭，務令精熟，不使生疎。凡行走差使，令習勤勞，不許怠惰。其度日不能節省，行事不合規矩，并彼此護庇、交相徇隱者，臣必盡力漸次整頓。更有兵丁之弟、男、子、姪雖係壯丁，尚未披甲，遊手好閒，遇事生風，將無作有，以訛傳訛。向因伊等自以為身係閒散之人，無人約束。而為官長者，亦因伊等尚未披甲，漫不稽查，此平日因循懈弛之所致。臣向任糸領，知之頗詳，此項之人，更須加意整頓。今飭令各旗協糸領、防禦、驍騎校等官將伊各旗壯丁內除力可營生者，任其自贍。仍不時嚴加查察，其餘皆令官員帶領，習學弓箭鳥鎗，稽查其出入行走之處。臣亦時加看視教訓，其有技藝嫻熟，平日又毫無過犯之人，遇有甲出，即令選擇頂補。倘有不肯習學，而又為非者，雖伊本家甲出，亦不准其頂補。仍責成其父兄親族人等交相勸勉，令其悔改。伊等俱係駐防年久之人，非披甲不能養贍。今既開以上進之路，又示以不能得甲之勢，如此則知法者自必更加勉勵，即向來遊手無藉，亦漸知法度，不敢為非矣。為此繕摺具奏。

（清）鄂爾泰等《世宗憲皇帝硃批諭旨》卷一二六之一《硃批田文鏡奏摺》　雍正二年六月初九日，臣齎摺家人回豫，恭捧皇上硃批諭旨到署。臣隨跪誦細繹，所有河工物料、人夫一事，仰見睿慮周詳，盡善盡美無以復加。臣惟恪遵聖訓，竭力奉行。凡有類斯借力之事，務使愚民共曉。茲於本年五月二十二日，有開封府屬之封邱縣，因時當伏汛，北岸大堤工程緊急，該縣唐綏祖即按照地畝，飭令各社添雇人夫，論方給價，實無短少。忽有劣衿王遜、温濬、方元龍、方元璐、杜菁義、邊長虹，武生范瑚、王前，并姦民潘得仁、徐丕泰等一百餘人，赴撫臣衙門具控。詞內首列王遜名字，而舉人、進士反居其後。經撫臣批開封府查報去後，乃王遜等復來，唐綏祖赴鄉捕蝗，至晚回縣，聚集數十人攔阻，不容進城，口稱築堤不許雇覓社夫，並稱徵收錢糧，應分别儒户、宦户，如何將我等與民一例完糧，一例當差。當據該縣稟報，隨經撫臣委令開歸道陳時夏親赴該縣地方，嚴查確情，并曉以大義，示以利害。而王遜等即行退避，百姓俱帖然赴工力作。臣與撫臣商酌，因事內盡屬文武生員，又聞學臣不日回省考校，誠恐查拏過嚴，以致脅衆罷考，所以暫緩時日，再行嚴拏，具題請旨。不謂王遜等野性未馴，果乘學臣回省，開捏欵單，赴學臣衙門違例投遞匿名呈狀，控告知縣唐綏祖。學臣張廷璐遽准批開歸道查訊，因而王遜等又脅衆阻遏考試。封邱一邑，文武生童僅有生員二十三名應試，餘皆罷考。又有武生范瑚等，於途次竟將封邱縣呈送學臣考試童生用印册卷擡去，希圖挾制官長，不法殊甚。撫臣與臣已將王遜等現在批飭開封府嚴拏訊究，除撫臣石文焯備細繕摺請旨，並移咨催令學臣張廷璐會稿具題外，臣謹據實奏聞。伏乞睿鑒，謹奏。

〔硃批〕石文焯、田文鏡知悉：朕觀王遜等咆哮光景，所奏猶屬未盡，更恐生出事端。爾等先將為首者出其不意拏禁省城，候遣部臣前往審理，如果情真罪當，必將一二渠魁正法示儆，刁風方可少息。此諭暫且密之，但云遵奏特旨命將生事生員王遜等速行拏問，一面奏請定奪，如是宣示於外，遣部臣之旨尚未發出，俟題本一到，即行頒降。

又：旨內事理移咨到豫，臣隨摺閱拜誦，欽惟我皇上仁覆萬物，德被羣生。重道崇儒，四海振興，文教開科廣額，普天共慶，風雲不期。猶有封邱縣生童王遜等，智類城狐，狡同社鼠，因河工、雇夫揑稱知縣短發土方、工價，號召生童阻衆罷考，經臣繕摺具奏。

〔硃批〕亦非因汝奏而然，揆度事之情理，不得不如是耳。

恭逢皇上明並日月，無微不照。特命大臣來豫審理，人人以為三尺不赦，罪無可逭矣。乃又荷皇上湯網開三，舜刑警百，立誅首惡，末減餘從。聞命之下，臣即檄知各屬，宣諭皇仁，廣布聖德。在豫省士民，從前竟不知有國法，并不知有王遜等之狂悖，及當正法之後，咸云王遜等罪惡滔天，死有餘辜，幸蒙聖恩浩蕩，餘從寬典，踴躍歡呼。盡皆革面革心。

〔硃批〕所以云：民可使由之，不可使知之，盖事前雖諄諄告諭不解，事後則不言自喻矣。行法果能公當，久之人心自服。

不特臣任茲土，地方諸事可以盡力振興，即薄海內外臣民亦無不輸誠向化，共歌聖德，咸樂堯天於億萬斯年矣。理合繕摺奏謝，伏乞聖鑒。謹奏。

〔硃批〕賞罰原屬一理，為治平之大綱，絲毫不容稍偏也。

又：臣已明白開導，詳晰曉諭矣。如果成災，臣又當竭力撫恤，奏請賑濟，豈敢固執。但臣近日查得東省錢糧，八年舊欠未完有二百餘萬兩之多。

〔硃批〕江南更甚，不得賢員，清理奈何。

雍正六年錢糧，及今將屆全完之期，尚完不及五分之數，不勝駭異。因而留心細察，一由於各州縣之火耗太重，一由於各州縣之私派太多，甚至有令民先完私派，後完正供者。因欲私派，不得不用里書、總書等。役名雖不同，其實即係昔日之里長，或每里一、二名，或每甲一名。州縣實徵赤籍是其攢造，其按糧灑派亦其所為。此等里蠹定例，久經禁革，而山東各州縣違例不革者，利其私派也，私派之擾累，總在小民。其各紳衿、貢監不敢過問。其各衙門書役不敢濫加。更有不肖紳衿，從而把持二三土棍，從而附和，使小民飲泣吞聲，不敢言喘。用一派十，而此輩竟得從中分肥，故樂於地方官之派，而不樂於地方官之不派。里書、總書等役視為必解司，而州縣則徵加二，加二五，加二七八不等。耗重而民力不支，是以艱於輸納，此又臣之所訪最確者也。

〔硃批〕此弊深可痛恨，亟當嚴行剔除，以解倒懸。

雖經臣大張告示，嚴檄飭禁，誠恐積弊已深，一時難以頓改。何也，從來大法則小廉，上行則下效。州縣之加耗、加派，其利全不入州縣之手，其罪全不在州縣之官。自巡撫、布按兩司、道府、直隸知州、同知通判皆不得而辭其責也。山東州縣，不論大中小，每州縣給養廉銀一千兩。而上司陋規，每年却用至三四千兩，斷不可少。即有上司不得而歸公者，亦有上司不收而縱容書役、家人索取者。如州縣進見一次，必索門包。

〔硃批〕有是理乎？

巡撫衙門十六兩，布、按二司八兩，糧道衙門十二兩，驛道衙門五兩，兖寧道衙門八兩，巡道衙門五兩，本府、本州衙門十六兩，同知通判每衙門三四兩。此各州縣謁見上司之難也。及解地丁錢糧，則有鞘費、部費、敲平飯食、驗色紅簿、掛牌草簿、寄鞘、劈鞘、大門、二門內不可少之人，堅不肯革。平時即用其催糧，每將民間錢糧先收擎用。懦者勒令重納，强者陸續補完，一至無力補完，捏報死故，或挈眷遠逃，以致錢糧完納不全，此一病也。故人人謀充里書、總書，每於年終點充之時，每名出銀二十四兩、二十兩、十六兩不等，先送入官，官得其陋規，即行點充。是以地方官明知其蠹害，而貪此陋規，決不肯革。由是總書、里書等役之把持甚牢，而其為害更毒。又有庫吏、總吏，户糧房櫃書，原差銀匠等役，私收花户錢糧，預借里書銀兩，通同侵蝕。牧令之清正者尚知忌憚，若一有虧空，一有婪贓，即被此輩挾制，惟所欲為。故往往有設計誘官，致令虧空，以圖遂其挾制之私者。此東省錢糧半虧在官，半虧在役，而實在民欠者無幾。此臣之所訪最確者也，至於火耗太重，正項不完者，其故何在？臣查東省耗羨，統係加一八內除，解費添平，并存縣辦公銀兩外，悉行柵外柵巡風付子，實收投批、投文、茶房等名色。每解銀一千兩，約需銀三十兩不等。又解黄蠟、牛角、弓面、輕齎、席草、鹽鈔，臨倉使費，河銀解費，驛站使費，起解夫馬，小建、閏月裁減、各役小建等銀，添搭奏銷部費、册費，稿房册費、糧僉部費、外房使費、册費、本府封筒、民壯幫貼、本府更夫、礮手、聽差、厨役、水火轎傘等夫，起解課程、按察司刑名部費。以上各項，約得二三千兩不等。上司之需索不已，則各屬之供應實難，不能不向小民而加耗、加派。雖有自愛之州縣，初登仕籍，正思發抒其幼時之所學，以致君澤民。而臨以貪得無厭、分釐不饒之上司，不得不改廉易節，大喪其平生之所守。唯唯以從命也。

〔硃批〕言及此，洵可為太息流涕者矣。

今欲禁州縣之加耗、加派，必先嚴上司，欲嚴上司必先革陋規、陋例。但臣離東遙遠，示檄雖發，而陽奉陰違者多。查察雖嚴，而漏網倖免者亦復不少。必得皇上特降明旨，

〔硃批〕遇便有諭。

嚴諭山東撫藩二臣，著落其半年之內，協同臣徹底查清分別，應条者条，應追者追，應禁者禁，應革者革。若撫藩瞻徇容隱，尚留絲毫陋規，蒙皇上聖明察出，或經臣題条，將撫藩二臣敕部嚴加議處，庶幾有所畏懼。

〔硃批〕是。

而臣雖隔遠，亦不致有鞭長莫及之虞矣。

（清）鄂爾泰等《世宗憲皇帝硃批諭旨》卷二一八上《硃批黄廷桂奏摺》

奏為據實奏明，伏祈聖鑒事。竊臣前摺奏省會地方偷竊與賭博之風未能盡絶，恭奉硃批諭旨：賭博最為惡習，亟應盡力查拏，欽此。臣隨嚴飭城守營將弁晝夜查拏。自本年四月二十五日起至今十一月初十日止，前後共拏獲竊賊三十一起，賭犯二十五起。宰殺耕牛、行使假銀、拐帶人口共一十二起。俱遵例移交成都府通判，及成都縣審理，懲究發落在案。臣何敢復行干預，但思執法必貴嚴明，源清方能流潔。該營兵弁所獲各案人犯，其間情罪虚實，固未可執一而科。然竊賊或係初犯，或係再犯、三犯；賭博或係窩家，或係局騙，斷未有人人之罪止於枷責者。

〔硃批〕所奏甚是，其窩賭局騙，及貨賣賭具等犯，分別處分，久經定有成例。所慮者，地方有司賣法經減耳。當言之撫臣，令其切加申飭。務期照例施行。

況臣查閲所獲之牌骰，少舊多新，且各種不一。是貨賣賭具之禁，尚未盡除。源既不清，流何能潔。但此皆有司之事，臣不避嫌怨，已將此事與撫臣憲德面相商酌，惟期從此犯法者日少一日。則上副聖心，下盡臣犬馬之私。理合據實奏明，伏祈皇上睿鑒。謹奏。

〔硃批〕牧民之官，果肯執法懲姦，諒亦未有不畏懼者，大都褻玩之生，率由日久懈弛，有意縱捨所致。故禁令之弗行，其咎惟在不公不明，而不在不嚴也。夫法猶治病之藥，藥取攻疾而已，過於峻利則元氣將必大傷，知乎此斯知過猛之不足為貴矣。

（清）鄂爾泰等《世宗憲皇帝硃批諭旨》卷一三九《硃批宋筠奏摺》 聖明在上，各該有司，奉公守法者固多；而因循玩愒，偷安旦夕，相率成風者亦復不少。如介休縣，郝國義被盜一事，係雍正元年失竊，縣官已經屢易，而盜未全獲，贓未全追。迨臣巡查至境，告發批府，將已獲盜犯發落，未獲之犯立案嚴緝。又據署聞喜縣詳明未結竊案內開，於雍正二年聞喜縣被竊驛馬二匹，今已三年有餘，案內竊賊尚未弋獲究處。觀此二案，則上司之失察，下屬之怠玩可知矣。

《皇朝通志》卷七七《刑法畧三·刑制聽斷》 凡問刑各官，審理重案，有律例未諸，定擬失當，草率完結者；有膠執成見，改竄供招，深文羅織者；有偏私索賄，受囑徇情，顛倒是非者。有一於此，民枉何由得伸？茲特嚴加申飭，務期持兼秉公，痛改積習，加意祥刑以副朕尚德好生之至意。

又： 六年諭：律例之設，乃詳察情理，揆度至當，而後定者也。審擬罪案之時，應引某條則引之，斷無輕重任意，或介兩可之理。常見奏章內，往往有先引一條，復云不便照此治罪，更引重罪以治之，此乃臣下營私之陋習，或欲以嚴刻之名歸之于上，或冀法外之恩，巧于開脱，均非明允之道。以後外省本章，有兩引條例者，駁回，將情由叅奏。若當引輕律，而故坐重罪，亦難逃朕之洞鑒。內外執法臣工，各宜凛遵。

《皇朝通志》卷七八《刑法畧四·刑制秋朝審》 今者秋審大典，詳覽各册，有法無可貸、情無可原而各督撫概擬緩決，並無勘語，且有上次擬情實，而今年自改緩決者；有監候多年之犯，而每年秋審，忽擬情實忽擬緩決者；有本定緩決，因部改情實，即照擬情實；本定情實，因部改緩決，即照擬緩決者。試問該督撫等，豈竟漫不經心，抑竟漫無定見耶？夫踈縱之過，甚於苛刻，姑息之害，等於殘忍。但本公誠之至意，達仁義之通權，方為平允。若以為欲嚴，是負朕心；若以為欲寬，亦辜朕訓。內外大臣務籌遠大，不枉法、不弛刑。由此類推，庶政皆然，其各身體而勤求之，毋忽朕意。

又： 又諭：朕於侵貪各案，諄諄垂戒，前後所降諭旨，不啻三令五申。此次勾到辦理侵貪各案，有督撫輕擬，九卿改入情實者；有九卿溷入緩決，經朕指示情節，改入情實者。所有二年限滿之犯，完數如例者，業經分別原減。其逾限未完，營私入己，確然有憑者。予勾正法，誠以律不容弛，法當共守，與其失之寬而犯者衆，不如顯然示以無所假藉，俾知所戒，而不至更蹈覆轍，所全者實多也。

《皇朝文獻通考》卷四《田賦考四·田賦之制》 諭：州縣收錢糧，有私增火耗者，嚴加治罪。時上聞江南州縣徵收錢糧，有加火耗之弊。傳諭督撫嚴查所屬，果有劣員暗地加耗，立即題叅治罪。復諭曰：從前火耗未經題解，州縣恣意横徵，飽其谿壑，苦累百姓。是以皇考允各省提解火耗之請，而優給各官養廉，令不得額外巧取，所以懲貪風而紓民力，用意誠善。即養廉稍薄之州縣，當時亦必就其所辦事務，酌予足用，該員量入為出，自無不敷，何得暗地重耗，刻剥小民，以為自潤之計，情罪至為可惡。該督撫不時體訪，如有不肖州縣于應收火耗外絲毫加重者，立即題叅，嚴加治罪。如不行覺察，經朕訪聞確實，必將該督撫嚴加議處，斷不姑容。

《皇朝文獻通考》卷二八《征榷考三·鹽》 各處所報鹽課，每報餘銀若干。細思鹽課正額，自應徵解。若課外餘銀，非多取諸商人，即係侵尅百姓，大為弊政。户部、都察院通行各鹽差、御史，及各鹽運司，止許徵解額課，不許分外勒索餘銀。有御史及運司各官貪縱者，許商民指實，赴都察院首告，審問確實，奏請治罪。用布朝廷恤商裕民至意。

《皇朝文獻通考》卷三九《國用考一》 況旗員內之老成謹慎者，可望擢用外任。上為國家効力辦公，下亦可得俸禄養廉，以贍給家口。儻伊等不知痛改前非，仍蹈覆轍，驕奢侈靡，虧帑誤公，則是伊等下愚不移，自取罪戾，不惟恩所不施，且為法所不貸。朕必仍前按律懲治，不少姑息。且朕今日所寛者，即向日虧空官帑、驕泰自恣之人也。若不痛自改省，謹遵法紀，則將來不於伊身，必於伊等之子孫，又復罹追比之苦矣，又何樂於目前數日之花費乎？

《皇朝文獻通考》卷一三六《王禮考十二・巡幸》　諭曰：人生以道理為重，人為情欲所牽，恣意妄為，以致喪身，皆由不明道理之故耳。朕見其無知陷罪，甚為憫惻。即今阿禄科爾沁、翁牛特二旗，盗賊甚衆。為盗賊而致富者能有幾人，身受惡名，被獲則死。凡貧富皆由天命，違理妄求，能必得乎？爾等各遵法守分，有牲畜者，擇水草善地畜牧；能耕田者，勤於耕種。則各得生理，天亦佑之。倘有貧困至極、無以聊生者，該管之主宜加撫恤，使之得所。坐視其迫於饑寒，以致離散，爾等之心何安？朕本内外一視，並無分別。爾外國遇年歲荒歉，朕即運糧米賑濟；或有困乏，即賜牲畜緞疋。無非慮爾失所之意。況此番巡幸，爾等或有過犯，朕並不執法治罪，且頻加賞賚，優待爾等，於此可見。嗣後，爾等宜遵守教諭，革除惡習以副朕好生之意。

（漢）劉安《淮南子》卷一四《詮言訓》　民有道所同道，有法所同守，民凡所道行者同道，而法度有所共守也。為義之不能相固，威之不能相必也，故立君以一民。君執一則治，無常則亂。君道者，非所以為也，所以無為也。

（明）孫承澤《春明夢餘録》卷九《文華殿》　三年，神宗日講至漢强項令董宣事，謂輔臣曰：彼公主也，尚不能私庇一奴。外戚家何可不守法？

（漢）曹操《曹操集・孫子注・九變篇》　君命有所不受

曹公曰：苟便於事，不拘於君命也，故曰：不從中禦。

（明）宋濂《宋學士全集》卷八《送李參政之官廣西序》　奉吾君之道而教之大，而國家之法有未著也。吾以所得者告於君，為後世慮者或未至也。吾將為之贊助焉，則可以不愧吾之職矣。吾職之不愧，則吾心可樂矣。

（明）王守仁《王文成公全書》卷一八《别録・牌諭都指揮馮勳等振旅還師》　牌諭都指揮馮勳、通判林寛、典史徐誠等，本月二十三日，據知縣熊价所禀，已知安義叛賊畧平，所漏無幾。俟餘黨一盡，各官即行振旅而還，就將所擒叛賊通行牢固綁縛，分領觧赴軍門。各官在途務要肅整行伍，申嚴紀律，禁緝軍兵，不得犯人一草一木。今差糸隨官詹明，賚執各官原領令旗、令牌，監軍而回。但有違令侵擾於人者，即行斬首示衆。其奮命當先被殺、被傷義勇之士，及獲功人役，各官務要從公從實開報，以憑優恤給賞，不得互分彼此，輒有偏私輕重。但能推功讓美者，勤勞雖微，亦在褒賞；若有争功專利者，功蹟雖茂，亦從擯抑其奉。新兵快徃年從征，多犯禁令，今既効有勤勞，尤宜保全始終，毋蹈前非，自取軍法重罪。知縣熊价不必觧賊，且可在縣撫安被擾軍民，令各安居樂業，既行申嚴。十家牌諭，互相保障，仍量留九姓義勇，分班守縣，候事體定帖以漸散回。

《聖祖仁皇帝御製文集・第一集》卷一《勅諭・諭户部》　凡奉差及地方見任各官，俱有料理公務併撫綏百姓之責。宜各盡乃職，以副朕差遣簡用之意。近聞奉差官員，及督撫提鎮等大小文武各官，不思各盡乃職，反圖利己。買良民為奴，甚至多買餽送親友，此等違法妄行，好生可惡。以後著永行嚴禁，若仍前恣買良民者，從重治罪，決不饒恕。尓部即遵諭通行曉諭，特諭。康熙八年六月初六日。

《聖祖仁皇帝御製文集・第一集》卷七《勅諭・諭吏部等衙門》　國家設法定例，原期章程盡善，垂之久遠，上裨軍國，下益民生，必藉内外臣工，精白乃心，恪恭詳慎，實心奉行，方克永遵而無弊。近見各處章奏，凡於現行之例，或借端營私、巧為掩飾；或推諉卸過、冀免處分；或徇庇情面，曲為彌縫。凡行一事，每滋弊端，以致良法美意，澤未下究而累已及民。揆諸立法初意，殊為未符。此等情弊，科道官雖有風聞，因無確據，難於指糸。朕雖洞悉緣由，期其自行改悔，不加深求，遂爾因循以為僥倖之路。以後在内部院等衙門，在外督撫各官，俱著滌慮洗心、痛改積習，於有益國家、民生事務，籌畫擔當，不避嫌怨，務期法行無弊，恩被閭閻，以副朕立法定制、愛養斯民至意。如視為故事，仍蹈前轍，事經發覺，定行嚴加處分，決不饒恕。著通行申飭遵行。特諭。康熙十七年四月二十三日。

《聖祖仁皇帝御製文集・第一集》卷一〇《勅諭・諭内閣九卿詹事科道》　朝廷致治，惟在端本澄源。臣子服官首宜奉公杜弊。大臣為小臣之表率，京官乃外吏之觀型。大法則小廉，源清則流潔，此從來不易之理。如大臣果能精白乃心，恪遵法紀，勤修職業，公爾忘私，小臣自有所顧畏，不敢妄行。在外督撫各官，自應慎守功令，潔己愛民。乃大臣等，每自謂清正無私，粉飾空言，至其所行，往往營私作弊，有玷官方，深負委任之意。科道係耳目之官，凡有弊端，自當據實条奏，且居處甚近，如此情弊，豈無見聞。乃瞻徇情面，緘默不言。即有條奏，多係繁文，言官職掌，殊為未盡。如肯從公糾舉，孰敢恣行無忌。朕以為目今之弊莫大於此。近因天氣亢旱，朕夙夜焦思，念慮所及，無不舉行；感格之道，猶恐未盡。故特召尔等各面陳所見，因宣諭朕意，令尔等知之。康熙十九年五月十五日。

《世宗憲皇帝御製文集》卷四《詔・登極詔》　皇考臨御以來，良法美政，萬世昭垂，朕當永遵成憲，不敢少有更張，何止三年無改。

（清）劉坤一《劉坤一遺集・奏疏》卷二二《奉命出師籌軍前事宜摺光緒二十年十二月二十一日》　一、申明賞罰也。臣維戰者危事，進死退生，難期人人用命，惟有重利以誘其前，嚴刑以驅於後，庶可使之踴躍。臣督師東征，如有文武帶隊打仗奮勇，果能擊退大股，克復堅城，殲擒渠魁，多有斬獲者，立卽擇尤電奏，破格優保；其次財分別重賞，以示鼓勵。請旨飭吏、兵、戶三部不得拘常挑駮，以寒將士之心。倘有奉令玩違，臨陣畏縮，或致部伍錯亂，槍械失亡，以及紀律不嚴，騷擾地境者，大將則奏請革職拏問，營官以下由臣提案訊明，卽於軍前正法，庶使知有勸懲，競思立功報效。

律學部

綜論分部

論説

《禮記・表記》 是故君子議道自己，而置法以民，經解：其爲人也，温柔敦厚而不愚，則深於詩者也，疏通知遠而不誣，則深於書者也，廣博易良而不奢，則深於樂者也，絜淨精微而不賊，則深於易者也，恭儉莊敬而不煩，則深於禮者也，屬辭比事而不亂則深於春秋者也。

（清）江藩《國朝漢學師承記》卷五《金榜》 《周禮》泉府以國服爲之息，元明諸人以爲乃新莽之制，劉歆取以羼入《周官》，宋王安石竊其説爲青苗法，乃《周禮》之遺害也，辨之曰：泉府凡民之貸者，與其有司辯而授之，以國服爲之息，注云：有司，其所屬吏也，與之別其貸民之物，定其買以與之。鄭司農云：貸者，謂從官借本賈也，故有息。使民弗利，以其所賈之國所出爲息也。假令其國出絲絮，則以絲絮償其國；出絺葛，則以絺葛償。玄謂以國服爲之息，以其於國服事之税爲息也。於國事受園廬之田而貸萬泉者，則期出息五百。王莽時，民貸以治産業者，但計贏，所得受息，無過歲什一。榜謂凡民之貸者，謂從官借本賈，先鄭説是也；以國服爲之息，以其於國服事之税爲息，後鄭説是也。泉府，市官之屬，以受市之征布爲職，以其市之征布貸於賣人以賈，與上經以征布斂市之滯貨同義。二者皆恤商阜貨，泉府之職也。其言凡民之貸者，對下有司言之謂之民，泉府不得與國人爲貸。《周官》旅師職云：掌聚野之鋤粟、屋粟、閒粟，凡用粟，春頒而秋斂之。此貸於國人者不令出息，爲其無所取贏也；賈人貸宫財以權子母之利，則有息。農民受田，計所收者納税，賈人貸泉，計所得者出息。其息或以泉布，或以貨物，輕重皆視田税爲差，是謂以國服爲之息。朝士凡民同貨財者，令以國法行之，後鄭釋國法爲國服之法，然則同貨財者爲貸本以賈者與？經言凡國事之財用取具焉，指所受市之征布，大府所云關市之賦以待王之膳服是也，外府職之。其以國服爲之息者，謂之餘財，下經歲終納其餘是也，職幣職之。後儒以經文以國服爲之息與下凡國事之財用取具焉文相聯屬，誤合爲一事，至依托泉府以行其奸爰據一鄭之言，贊而辨之如此。

《後漢書》卷三二《樊準傳》 今學者蓋少，遠方尤甚。博士倚席不講。儒者競論浮麗，忘謇謇之忠，習諓諓之辭。文吏則去法律而學詆欺，鋭錐刀之鋒，斷刑辟之重，德陋俗薄，以致苛刻。昔孝文竇后性好黄老，而清静之化流景武之閒。臣愚以爲宜下明詔，博求幽隐，發揚巖穴，寵進儒雅，有如孝、宫者，徵詣公車，以俟聖上講習之期。公卿各舉明經及舊儒子孫，進其爵位，使纘其業。復召郡國書佐，使讀律令。如此，則延頸者日有所見，傾耳者月有所聞。伏願陛下推述先帝進業之道。

《宋書》卷五六《孔琳之傳》 桓玄輔政爲太尉，以爲西閤祭酒。桓玄時議欲廢錢用穀帛，琳之議曰：《洪範》八政，以貨次食，豈不以交易之所資，爲用之至要者乎。若使不以交易，百姓用力於爲錢，則是妨其爲生之業，禁之可也。今農自務穀，工自務器，四民各肆其業，何嘗致勤於錢。故聖王制無用之貨，以通有用之財，既無毁敗之費，又省運置之苦，此錢所以嗣功龜貝，歷代不廢者也。穀帛爲寶，本充衣食，今分以爲貨，則致損甚多。又勞毁於商販之手，耗棄於割截之用，此之爲敝，著於自曩。故鍾繇曰：巧僞之民，競蘊濕穀以要利，制薄絹以充資。魏世制以嚴刑，弗能禁也。是以司馬芝以爲用錢非徒豐國，亦所以省刑。錢之不用，由於兵亂積久，自至於廢，有由而然，漢末是也。今既用而廢之，則百姓頓亡其財。今括囊天下之穀，以周天下之食，或倉庾充衍，或糧靡斗儲，以相資通，則貧者仰富，致之之道，實假於錢。一朝斷之，便爲棄物，是有錢無糧之民，皆坐而饑困，此斷錢之立敝也。且據今用錢之處不爲貧，用穀之處不爲富。又民習來久，革之必惑。語曰：利不百，不易業。况又錢便於穀邪？魏明帝時，錢廢穀用，三十年矣。以不便於民，乃舉朝大議。精才達治之士，莫不以爲宜復用錢，民無異情，朝無異論。

彼尚舍穀帛而用錢，足以明穀帛之弊，著於已試。世或謂魏氏不用錢久，積累巨萬，故欲行之，利公富國。斯殆不然。昔晉文後舅犯之謀，而先成季之信，以爲雖有一時之勳，不如萬世之益。于時名賢在列，君子盈朝，大謀天下之利害，將定經國之要術。若穀實便錢，義不昧當時之近利，而廢永用之通業，斷可知矣。斯實由困而思革，改而更張耳。近孝武之末，天下無事，時和年豐，百姓樂業，便自穀帛殷阜，幾乎家給人足，驗之事實，錢又不妨民也。頃兵革屢興，荒饉荐及，飢寒未振，實此之由。公既援而拯之，大革視聽，弘敦本之教，明廣農之科，敬授民時，各順其業，遊蕩知反，務末自休，固以南畝競力，野無遺壤矣。於是以往，升平必至，何衣食之足卹。愚謂救弊之術，無取於廢錢。

玄又議復肉刑，琳之以爲：唐、虞象刑，夏禹立辟，蓋淳薄既異，致化實同，寬猛相濟，惟變所適。《書》曰刑罰世輕世重，言隨時也。夫三代風純而事簡，故罕蹈刑辟；季末俗巧而務殷，故動陷憲網。若三千行於叔世，必有踊貴之尤，此五帝不相循法，肉刑不可悉復者也。漢文發仁惻之意，傷自新之路莫由，革古創制，號稱刑厝，然名輕而實重，反更傷民。故孝景嗣位，輕之以緩。緩而民慢，又不禁邪，期于刑罰之中，所以見美在昔，歷代詳論而未獲厥中者也。兵荒後，罹法更多。棄市之刑，本斬右趾，漢文一謬，承而弗革，所以前賢恨恨，議之而未辯。鍾繇、陳羣之意，雖小有不同，而欲右趾代棄市。若從其言，則所活者衆矣。降死之生，誠爲輕法，然人情慎顯而輕昧，忽遠而驚近，是以盤盂有銘，韋弦作佩，況在小人，尤其所惑，或目所不覩，則忽而不戒，日陳于前，則驚心駭矚。由此言之，重之不必不傷，輕之不必不懼，而可以全其性命，蕃其產育，仁既濟物，功亦益衆。又今之所患，逋逃爲先，屢叛不革，宜令逃身靡所，亦以肅戒未犯，永絶惡原。至於餘條，宜依舊制。豈曰允中，貴獻管穴。

《宋書》卷五七《蔡廓傳》 時桓玄輔晉，議復肉刑，廓上議曰：夫建封立法，弘治稽化，必隨時置制，德刑兼施。貞一以閑其邪，教禁以檢其慢，灑湛露以膏潤，厲嚴霜以肅威，晞風者陶和而安恬，畏戾者聞憲而警慮。雖復質文迭用，而斯道莫革。肉刑之設，肇自哲王。蓋由曩世風淳，民多惇謹，圖像既陳，則機心冥戢，刑人在塗，則不逞改操，故能勝殘去殺，化隆無爲。季末澆僞，法網彌密，利巧之懷日滋，恥畏之情轉寡，終身劇役，不足止其姦，況乎黥劓，豈能反其善，徒有酸慘之聲，而無濟治之益。至於棄市之條，實非不赦之罪，事非手殺，考律同歸，輕重均科，減降路塞，鍾、陳以之抗言，元皇所爲留愍。今英輔翼讚，道邈伊、周，雖閉否之運甫開，而遐遺之難未已。誠宜明慎用刑，愛民弘育，申哀矜以革濫，移大辟於支體，全性命之至重，恢繁息於將來。使將斷之骨，荷更榮於三陽，干時之華，監商飆而知懼。威惠俱宣，感畏偕設，全生拯暴，於是乎在。

《隋書》卷二《高祖紀下》 但國家事大，不可限以常禮。既葬公除，行之自昔，今宜遵用，不勞改定。凶禮所須，纔令周事。務從節儉，不得勞人。諸州總管、刺史已下，宜各率其職，不須奔赴。自古哲王，因人作法，前帝後帝，沿革隨時。律令格式，或有不便於事者，宜依前敕修改，務當政要。嗚呼，敬之哉！無墜朕命！

《舊唐書》卷五〇《刑法志》 古不云乎：萬邦之君，有典有則。故九疇之敘，興於夏世，兩觀之法，大備隆周。所以禁暴懲奸，弘風闡化，安民立政，莫此爲先。自戰國紛擾，恃詐任力，苛制煩刑，於兹競起。秦并天下，隳滅禮教，恣行酷烈，害虐蒸民，宇內騷然，遂以顛覆。漢氏撥亂，思易前軌，雖復務從約法，蠲削嚴刑，尚行菹醢之誅，猶設錙銖之禁。安民之化，實有未弘，刑措之風，以兹莫致。爰及魏晉，流弊相沿，寬猛乖方，綱維失序，下陵上替，政散民凋，皆由法令湮訛，條章混謬。自斯以後，宇縣瓜分，戎馬交馳，未遑典制。有隋之世，雖云釐革，然而損益不定，疎舛尚多，品式章程，罕能甄備。加以微文曲致，覽者惑其淺深，異例同科，用者殊其輕重。遂使姦吏巧詆，任情與奪，愚民妄觸，動陷羅網。屢聞釐革，卒以無成。朕膺期受籙，寧濟區宇，永言至治，興寐爲勞，補千年之墜典，拯百王之餘弊，思所以正本澄源，式清流末，永垂憲則，貽範後昆，爰命羣才，修定科律。但今古異務，文質不同，喪亂之後，事殊曩代，應機適變，救弊斯在。是以斟酌繁省，取合時宜，矯正差違，務從體要。迄兹歷稔，撰次始畢，宜下四方，即令頒用。庶使吏曹簡肅，無取懸石之多，奏讞平允，靡競錐刀之末。勝殘去殺，此焉非遠。

《舊唐書》卷八〇《韓瑗傳》 韓瑗，雍州三原人也。祖紹，隋太僕少卿。父仲良，武德初爲大理少卿，受詔與郎楚之等掌定律令。仲良言於高祖曰：周代之律，其屬三千，秦法已來，約爲五百。若遠依周制，繁紊更多。且官吏至公，自當奉法，苟若徇己，豈顧刑名？請崇寬簡，以允惟新之望。

《宋史》卷三一七《錢易傳》 召試中書，改光禄寺丞、通判蘄州。奏疏曰：堯放四罪而不言殺，彼四者之凶，尚惡言殺，非堯仁之至乎？古之肉刑者劓、椓、黥、刖皆非死，尚以爲虐。近代以來，斷人手足，鈎背烙筋，身見白骨而猶視息，四體分落乃方絶命。以此示人，非平世事也。今四方長吏競爲殘暴，婺州先斷賊手足，然後斬之以聞。壽州巡檢使磔賊於闤闠之中，其旁猶有盜物者。使嚴刑可誡於衆，則秦之天下，無叛民矣。臣以謂非法之刑，非所以助治，惟陛下除之。帝嘉納其言。

(宋) 李燾《續資治通鑑長編》卷三六八《宋哲宗元祐元年閏二月》 又侍御史劉摯言：近制明法舉人試以律令、刑統大義及斷案，謂之新科。明法登科者，吏部將司法員闕先次差注，在進士及第人之上。臣竊以先王之治天下，以禮義為本，而刑法所以助之者也。惟君子用法，必傅之以經術，法之所治，理之所在也，故惡有所懲，而常不失忠恕之道。舊制，明法最為下科，然其所試，必有兼經，雖不知其義而止於誦數，而先王之意猶在也。今新科罷其兼經，專於刑書，則意若止欲得淺陋刻害之人，固滯深險之士而已。又所取之數，比舊猥多，調擬之法，失其次序。臣以謂宜有更張，欲乞新科明法，並加論語、孝經大義，登科之額，裁減其半，及注官之日，並依科目資次。所貴從事於法者稍不遠義，而士之流品不失其分。伏望聖慈裁酌，如賜開允，即乞今年。

(宋) 李心傳《建炎以來繫年要録》卷一七四《紹興二十六年八月庚午朔之九月戊辰》 戊辰，御史中丞湯鵬舉言，法者，天下之所通用，例之所傳，乃老姦宿贓，祕而藏之，以舞文弄法，貪饕賄賂而已。不用法而用例，古未之聞也。若刑部之所以斷罪，吏都之所以馭吏，最爲劇曹，此正猾吏可以上下其手而輕重其心者。伏望明詔吏刑部條具合用之例，修入見行之法，以爲中興之成憲。從之。後四年乃成，鵬舉又乞選差獄官，必依祖宗格法，試中二等以上者，次第注擬。時沈該當國，多引里黨諸少年爲大理評事，故鵬舉及之。

(清) 嵇璜等《續通志》卷一四五《刑法略・歷代刑制》 初，帝置獄修敕，詔中外言法不便者，至是左諫議安壽等上諸司敕式，上以律不足以周事情，凡律所不載者一斷以敕，乃更其目曰：敕令格式，而律恆存乎敕之外。諭之曰：禁於未然之謂敕，禁於已然之謂令，設於此以待彼之謂格，使彼效之之謂式，修書者要當識此。於是凡入笞杖徒流死，自名例以下至斷獄十有二門，麗刑名輕重者皆爲敕，自品官以下至斷獄三十五門，約束禁止者皆爲令，命官之等十有七，吏庶人之賞等七十有七。又有倍全分釐之級，凡五等，有等級高下者皆爲格。表奏、帳籍、關牒、符檄之類，有體制模楷者皆爲式，七年書成上之。

《金史》卷一二九《酷吏傳》 太史公有言，法家嚴而少恩。信哉斯言也。金法嚴密，律文雖因前代而增損之，大抵多準重典。熙宗迭興大獄，海陵翦滅宗室，鈎棘傅會，告姦上變者賞以不次。於是，中外風俗一變，咸尚威虐以爲事功，而讒賊作焉。流毒遠邇，慘矣。金史多闕逸，據其舊録得二人焉，作《酷吏傳》。

(元) 沈仲緯《刑統賦疏》楊維楨《沈氏刑統疏序》 刑定律有限，情博愛無窮，世欲以有限之律律天下無窮之情，亦不難哉！漢初約法三章，未幾九章，遂至三百五十九章，後代滋至一千五百三十七章，何其所教之多也。然不能以數究情，則凡一千五百三十有七之數亦甚少耳。唐襲隋律，統為十二，乃約武德以來格敕二千八百六十五為七百一十一條，使徒詳律不詳情，則七百一十一與二千八百六十五孰為多寡哉？傅霖氏賦《刑統》，設問答，急急於原律究情，君子猶有取焉耳，故五刑、十惡、八議、六贓、七殺之法，或輕或重，或減或加，極乎萬變通而者，欲以索天下之情耳，然是賦之出，詩書者薄之而不讀，市井雖讀而不能通其議，苛察大吏且或妄引他比以殺人，則霖之志荒矣。吴中沈仲緯氏為郡府掾，獨能盡心於例事，指明霖意，取其則賦章分句解，又以本朝律款會而通之，辯取其要，無不中隙。待論厚而詩書者樂聞，演義白而俗胥所共曉，析類例最精而大吏者取信。書且梓而行矣，求予敘。吾聞注六經者誤而不得其意，則其禍萬世，經非不祥器而設者如此。刑而不祥，可使誤而不得其意乎？仲緯慎於慮是而人之誤書一出，又烏有妄引殺人之患乎？吾於仲緯有媿也。學經於筆削而屬比義例，未能如仲緯之明以教人也，吾於仲緯實媿之。至正元年賜進士會稽楊維楨序。

（元）孟奎《粗解刑統賦》 律義雖遠，人情可推。

古今用律所以齊民也，舜任咎繇而五刑立，周懸象魏而三典明，子產鑄書於鄭，蕭何立法於漢，金改唐律爲律義，宋立律學而博士傅霖變律以爲賦，蓋《刑統》之源其來遠矣。律之爲義，雖遠且大，而未嘗難乎理。故人情之萬變尤可即此而推明也。

能舉綱而不紊，用斷獄以何疑。

掌法者能舉其綱領，不致煩亂，則施於斷獄之際，觸類而明，復何疑哉！

立萬世之準繩，使民易避。

雖千萬世之下，立此標準繩墨，使民知所畏而易避，不誤陷於刑法也。

撮諸條之機要，觸類周知。

此賦擇唐律衆條之樞機要略，使人心領神會，因要事之，彷佛情之相若者，舉其類而無不知之，此則活法耳。非若例之一一已定不易之文也。

竊原著而有定者，律之文變而不窮者，法之意。

賦內之文有定者，對偶文法之拘也。若人情之變隨法所施之條，則不能窮矣。

文有未備，既設於問荅。

律文有所不能備曉者，下文設問荅以明之。

意有未顯，又詳於疏議。

律意有所未顯然者，又復詳解於疏文之議也。

《明史》卷二一六《呂坤傳》 法者，所以平天下之情。其輕其重，太祖既定爲律，列聖又增爲例。如輕重可以就喜怒之情，則例不得爲一定之法。臣待罪刑部三年矣，每見詔獄一下，持平者多拂上意，從重者皆當聖心。如往年陳恕、王正甄、常照等獄，臣等欺天罔人，已自廢法，陛下猶以爲輕，俱加大辟。然則律例又安用乎！誠俯從司寇之平，勉就祖宗之法，而囹圄之人心收矣。

（明）何棟如《皇祖四大法》卷三《治法》 甲寅，上以唐宋皆行成律斷獄，惟元不倣古制，取一時所行之事爲條格，胥吏易爲奸弊，自平武昌以來即議定律。至是臺諫已立，各道按察司將巡歷郡縣欲頒成法，俾內外遵守，命善長等詳定，諭之曰：立法貴在簡當，使言直理明，人人易曉，若條緒繁多，或一時而兩端可輕可重，使奸貪之吏得以夤緣爲奸，則所以禁殘暴者反以賊良善，非良法也，務求適中，以去煩弊。夫網密則水無大魚，法密則國無全民，卿等宜盡心參究，凡刑名條目逐日來上，吾與卿等面議斟酌之，庶可以爲久遠之法。

（明）何棟如《皇祖四大法》卷八《治法》 九月乙酉朔。乙巳，嘉興府道判麗安獲私鬻鹽徒，送京師，而以鹽賞其獲者，戶部以其違例罰償鹽入官，且責取罪狀。安上言：律者，萬世之常法。例者，一時之旨意。豈可以一時之例壞萬世之法。昔唐太宗以選人多詐冒，勑自今不首者死，未幾有詐冒者，命殺之。大理少卿戴胄奏：據法應流。太宗怒曰：卿言守法而使朕失信。胄曰：勑者出於一時喜怒，法者國家所以布大信於天下也，陛下忿選人之多詐，故欲殺之，既而知其不可，復斷之以法，此忍小忿而存大信也。今之律即古所謂法，國家布大信於天下者也。例者即古所謂勑，出於一時之命也。今欲依例而行，則於律內非應捕人給賞之言自相違背，是失信於天下也。上然其言，詔論如律。

《大明令·頒行大明令敕》 洪武元年正月十八日欽奉聖旨：朕惟律、令者，治天下之法也。令以教之於先，律以齊之於後。古者律、令至簡，後世漸以繁多，甚至有不能通其義者，何以使人知法意而不犯哉？人既難知，是啓吏之奸而陷民於法。朕甚憫之。今所定律、令，芟繁就簡，使之歸一，直言其事，庶幾人人易知而難犯。《書》曰：刑期於無刑。天下果能遵令而不蹈於律，刑措之效，亦不難致。茲命頒行四方，惟爾臣庶，體予至意。欽此。

（明）何廣《律解辯疑》卷首 玉律貴原情。玉者，國之信實；律者，國之定法。與民視法，蓋人君以信為寶，故云玉律。參之歷代得中之五刑，斟酌輕重以為罪名，頒示天下，各守律，已期於無刑。刑其所以犯情或故訟，人心隱顯，豹變萬端，惟在執法之官究察其原，庶幾無冤獄也。

又： 金科慎一誠。金科者，刑也，曹也；又科也，條也，斷也。凡刑官推刑獄之際，惟當慎其一心，若有已有。夫刑者，輔治之法，先王用弼五教，從急不得已而施之。太酷則失之緩，貴乎其中。小不衷，恐致出入，可不慎歟？

（明）徐鑑《刑臺法律序》 國朝之刑章，大抵監漢、唐、宋而折衷之，固一時法官之群議，實太祖，成祖二聖君稱制而裁定之，故名曰《大明律》。從國號凡以別識於漢、唐、宋之律，亦以見律法至此大明，非復有晦遺而未表章，亦煌煌乎鉅典也哉。故二佰四十餘年来，上信守如金石，下凜威如鈇鉞，吏無舞文之徂公，官無深文之屠伯。雖無逮畫衣空圄之風，亦無霜飛雷擊之慘。庶幾哉，天下無冤民。司刑無鬼哭之庭矣，非以律法素明，巧猾無所售其奸，編氓知所畏而不蹈哉。雖夫政刑不如德禮，鷹鸇不若鸞鳳，刑以翼德之行，非任法而可致理也。謂讀律而致君堯舜，風人有激乎其刺之，無乃悦亦謂有司以執法爲公，何也？蓋刑者，可下之平。網不漏于吞舟，膏始流于保赤，法不以權貴橈澤，乃以普率戴無，豈以得情爲愉快，而議獄不思以緩死乎。善哉！褒德侯之言曰：律設大法，禮順人情。以禮治人，退必無怨，以法治人，則一門之中，小亦可論，大者可誅，民何所措手足乎。故律亦法也，得其法而善用之，是亦行法者培天地生機，以不失自心之不忍爲耳。

（清）朱櫄《國朝奏疏》卷三三陳秉直《引律明刑議》 竊惟天地之大德曰生，國家之大法曰律。律者，緣情准理，以服人心，寧使罪浮於法，不使法浮於罪，此國家用法之意，長與天地生生之德相終始而無已。臣每接閲邸抄仰見我皇上事事以祥刑欽恤為念，其現行律例又屢年命法司參考校正，豈非以人命出入攸關，必得斟酌情理是爲至當不易之法爲萬世憲章也哉。臣讀律例至搶奪傷人及因公科歛二條，不無微有疑義，謹爲我皇上陳之，按律内開搶奪傷人者爲首斬，爲從減一等，此與强盗傷人不得財之例互相比照，遵行已久。臣思搶奪情罪畢竟與强盗立心不同，或遭風失火，或路僻乘機，或彼此産業不明，因而搶奪偶至傷人，原非與强盗拷炙事主拒捕格鬬傷人者比，况被傷之人現未身死，遂加以解流重典，似屬大過，若不分傷而不死與傷而致死分別輕重，凡有微損輕傷皆得概混傷人之律，輕置解流。此臣之所疑而未安者一也。又按律内開因公擅自科歛所得財物入己者，計贜以枉法論。臣繹枉法贜律小注盖專主受有事人財而曲法處斷者，故謂之枉法，罪至於死。至因公科歛之法，更於借端私染並非受有事人財，及曲法枉斷之處，再查非因公務科歛入己者不過以不枉法論，罪至杖流，則同一科歛也，同一入己也。何獨置因公者以枉法其死重律，此臣之所疑而未安者二也。以上二條人命攸關，必須參酌至當，庶罪人心服而獄無寬濫矣。

（清）朱櫄《國朝奏疏》卷三三圖納《律例須歸一貫疏》 題為律例須歸一貫，舊刻未為全書，謹陳應删應補之事，宜仰乞重加考定，以垂法守事。臣等會議得，據廣西道試監察御史盛符升條奏疏稱：民生之大命繫於刑獄，歷朝之大法載在律書。皇上誠恐正律之外條例過嚴，特諭刑部會同九卿詹事科道詳加酌議，刊為《見行則例》。查《職制》等目悉依舊律編次，則凡屬新例皆可分入各條，並載在正律之内。至若《大清律》一書所載，諸事有仍襲前代之舊文，而於本朝之法制絶不相蒙者，如郡王將軍中尉親自赴京者治罪等項，其類尚多，明載律中，實非遵行正法，所當删定改正，以成善本。伏乞將律例之分别者，合之；新舊之不符者，通之；輕重之可議者，酌之；務期盡善，然後刊刻全書，勒成定本等語。先經刑部議覆，律文仍係遞沿成書，例乃因時酌定，凡《見行則例》或遇事而定，或遵旨而定，若將此等陸續定例事件附入律内，則律文難以告成。其律内所有郡王將軍中尉親自赴京治罪等項，雖非遵行正法，若將此等條件删去，恐以後比照定擬者，無憑查考。將御史盛符升條奏之處，俱無毋庸議，等因具題。奉旨：九卿詹事科道會議具奏。欽此。查康熙九年，將律文滿、漢文義復行校正，二十七年又將《見行則例》會同九卿詹事科道詳加酌定，具題刊布。但律文、條例乃將歷代所行之條，有摭拾彙輯者，《見行則例》係因時著定者，若使重複繁多，倘詳查不周，則情罪雖一，而輕重或異。又往代所擬罪名有與今不相符合者，其不用之條，如不盡行删除，則律文、條例反致繁冗，舛錯參差，均未可定，應如臺臣盛符升所奏，將《見行則例》載入《大清律》條例内。其律例内有滿漢文義互相參差，或律文内已有各罪本律而定例重複浮贅，或官員衙役名色及所擬罪條於今不便引用等項，及應删之條，均為畫一，各歸各款删除，所有關係纂修事宜，應聽該部另行具題。

（清）朱櫄《國朝奏疏》卷三三總理王大臣《請纂輯律例》 竊惟刑罰世輕世重，乃帝王宜民宜人之權。我朝律例刊布於順治三年，酌議於康熙十八年，重刊于雍正三年，固已法度修明，紀綱整飭矣。臣伏讀我世宗憲皇帝遺詔，有曰：國家刑罰禁令之設，所以詰姦除暴，懲貪黜邪，以端風俗，以肅官方者也。然寬嚴乏用，又必因乎其時。從前朕見人情淺薄，官吏營私，相習成風，罔知省改，勢不得不懲治整理，以誡將來，今人心共知警惕矣。凡各衙門條例有從前本嚴，而朕改易從寬者，此乃從前部臣定議未協，朕與廷臣悉心斟酌而後更定，以垂永久者，應照更定之例行。若從前之例本寬，而朕改易從嚴者，此乃整飭人心風俗之計，原欲暫行於一時，俟諸弊革除之後，仍可酌復舊章，此朕本意也。向後遇此等事件，則再加斟酌，若有應照舊例者，仍照舊例行。欽此，欽遵。

（清）劉錦藻《皇朝續文獻通考》卷二五二《刑考十一》　臣謹案《記》曰：刑者侀也，侀者成也，一成而不可變，故君子盡心焉。凡成獄詞，史以獄成告於正，正聽之，正以獄成告於大司寇，大司寇聽之棘木之下，以獄之成告於王，王命三公參聽之。三公以獄之成告於王，王三宥，然後制刑。其見於《書》者。成王告君陳曰：殷民在辟，余曰辟，爾惟勿辟。余曰宥，爾惟勿宥，惟厥中，辟以止辟，乃殺。又《吕刑》云：兩造具備，師聽五辭。又曰：明清於獄之單辭，《周禮》大司寇聽訟之法曰：辭聽、色聽、氣聽、耳聽、目聽云云，此古人詳讞之遺意。故舊律特設斷獄一門，分二十九章，律文而外又立則例百餘條，無非示讞獄者詳慎之意。我朝於死刑更加慎重，制有秋審之法，設秋審實緩比較條款一百八十五項。凡一死刑必經大小臣工數十次討論，然後定讞，定讞後行刑之時，又須由御史連奏三次然後處决，其慎重刑獄可謂詳且至矣。近年變法減輕刑罰，改《大清律》爲《見行律》，已將《斷律門》內則例删去大半，而律文尚仍其舊，其秋審條款亦修改從寬，而猶存舊日遺制。自新刑律一出，死罪俱爲立決，不用監候，故秋審條款已爲無用。而舊律訴訟、斷獄二門亦全行廢除，另修民事刑事訴訟法五章，共二百六十條，以爲推行新律之輔助，此編詳載於末，以備考證其得失利害，有識者自能辨之。

（清）陳士鑛《折獄卮言·折獄卮言引》　甚矣折獄之難也，余嘗讀《易》至《訟》卦之象辭而重有感焉。夫既曰有孚何以復言窒，正以見聽訟之際，少有一毫矜能炫才、深文好察之臆見萌于中，對簿之人脱或詞不達意，輒于有司之喜怒，而刀筆舞文之輩遂得窺伺，而迎合之于以顛倒是非，株累而蔓延者何可勝道。故雖有孚而仍窒也，聖人斷之以吉，非惕中不可，且戒以終訟必凶，苟非遇大人之明，其險與涉人川等，而利不利可知也。顧余自爲郎而守東萊、守巴蜀，再守京江，歷中外幾三十年，凡遇聽斷，惴惴以聽訟不猶人，不能片言折獄爲懼。雖不敢以王賀歐陽觀自期，而既得其情，哀矜勿喜之古訓，謹志之弗敢忽。舊著《折獄卮言》一編，友人力勸付梓，公諸當世，謂此非余一人之私言，皆古聖賢之明訓也。司刑之官，共存此心，以聽訟而治獄，庶有孚者不復慮其窒礙，于以仰副我皇上好生之德，不嗜殺之仁，而於變時雍之上理，旦夕可奏矣。

（清）宋邦德《祥刑古鑑》卷下《讀書可以通律意·經訓》　《書·説命》：學於古訓乃有獲。《周官》：學古人官，義事以制，政乃不迷。

蘇氏曰，先王人法並任，而任人爲多，故律設大法而已，其輕重之詳，則付之人臨事而議以制其出入，故刑簡而政清，自唐以前，治罪科條，止於今律令而已，人之所犯，曰變無窮，而律令有限治無窮，不聞有闕，豈非人法兼行，吏猶得臨事而義乎。

（清）王夫之《讀通鑑論》卷四《漢宣帝》　路温舒之言緩刑，不如鄭昌之言定律也。宣帝下寬大之詔，而言刑者益淆，上有以召之也。律令繁，而獄吏得所緣飾以文其濫，雖天子日清問之，而民固受罔以死。律之設也多門，於彼於此而皆可坐，意爲重輕，賄爲出入，堅執其一説而固不可奪。於是吏與有司争法，有司與廷尉争法，廷尉與天子争法，辨莫能折，威莫能制也。巧而强者持之，天子雖明，廷尉雖慎，卒無以勝一獄吏之姦，而脱無辜於阱。即令遣使歲省而欽恤之，抑惟大凶巨猾因緣請屬以逃於法，於貧弱之冤民亡益也。唯如鄭昌之説，斷然定律而不可移。則一人制之於上，而酷與賄之弊絶於四海，此昌之説所以爲萬世祥刑之經也。

夫法之立也有限。而人之犯也無方。以有限之法，盡無方之慝，是誠有所不能該矣。於是而律外有例，例外有奏準之令，皆求以盡無方之慝，而勝天下之殘。於是律之旁出也日增，而猶患其未備。夫先王以有限之法治無方之罪者，豈不審於此哉？以爲國之蠹、民之賊、風俗之蜚蜮。去其甚者，如此律焉足矣，即是可以已天下之亂矣。若意外無方之慝，世不恆有，苟不比於律，亦可姑俟其惡之已稔而後誅，固不忍取同生並育之民，逆億揣度，刻畫其不軌而豫謀操蹙也。律簡則刑清。刑清則罪允，罪允則民知畏忌，如是焉足矣。

抑先王之將納民於軌物而弭其無方之姦頑者，尤自有教化以先之，愛養以成之，而不專恃乎此。則雖欲詳備之，而有所不用，非其智慮弗及而待後起之增益也。乃後之儒者，惡惡已甚，不審而流於申、韓。無知之民，苟快洩一時之忿，稱頌其擿發之神明，而不知其行自及也。嗚呼！可悲矣夫！

（清）王夫之《讀通鑑論》卷一九《隋文帝》　今之律，其大略皆隋裴政之所定也。政之澤遠矣。千餘年間，非無暴君酷吏，而不能逞其淫虐，法定故也。古肉刑之不復用，漢文之仁也，然漢之刑，多爲之制，故五胡以來。獸之食人也得恣其忿慘。至於拓拔，宇文、高氏之世，定死刑以五：曰磬、絞、斬、梟、磔，又有門房之誅焉，皆漢法之不定啓之也。政爲隋定律，制死刑以二：曰絞、曰斬，改鞭爲杖，改杖爲笞，非謀反大逆無族刑。垂至於今，所承用者，皆政之制也。若於絞、斬之外，加以凌遲，則政之所除，女真、蒙古之所設也。

夫刑極於死而止矣，其不得不有死刑者，以止惡，以懲惡，不得已而用也。大惡者，不殺而不止，故殺之以絶其惡，大惡者，相襲而無所懲，故殺此以戒其餘！先王之於此也，以生道殺人也，非以惡惡之甚而欲快其怒也。極於死而止矣，梟之、磔之、轘之，於死者又何恤焉，徒以逞其扼腕齧齦之忿而怖人已耳。司刑者快之，其仇獄快之，於死者何加焉，徒使罪人之子孫，或有能知仁孝者，無以自容於天地之間。一怒之伸，慘至於斯，無裨於風化，而祇令腥聞上徹於天，裴政之澤斬，而後世之怒淫，不亦憯乎？隋一天下，蠲索虜鮮卑之虐，以啓唐二百餘年承平之運，非苟而已也，蓋有人焉，足以與於先王之德政，而惜其不能大用也。

（漢）荀悦《申鑒・時事》　肉刑古也，或曰：復之乎。曰古者，人民盛焉。今也至寡，整衆以威，撫寡以寬。道也，復刑非務必也，生刑而極死者，復之可也。如斬右趾本生刑也，而改爲棄市，則極死矣。斯則斬右趾之刑復之可也。自古肉刑之除也，斬右趾者死也，惟復肉刑，是謂生死而息民。此一首所謂生刑而死者，但知肉刑也。

（宋）黎靖德《朱子語類》卷一〇八《朱子五・論治道》　制度易講，如何有人行！賑。

立一箇簡易之法，與民由之，甚好。夏商井田法所以難廢者，固是有聖賢之君繼作，亦是法簡，不似周法繁碎。然周公是其時不得不恁地，惟繁故易廢。使孔子繼周，必能通變使簡易，不至如是繁碎。今法極繁，人不能變通，只管築塞在這裏。道夫。

（明）陳永《法家裒集・刻法家裒集》　傳曰：一壺千金，非壺之貴也，以所用者中流耳。六經語孟，具載聖賢脩治之道，如布帛菽粟之不可一日無者，人皆知之。至於緣法求情，以上泝古人，惟衷之治高明之士，其或以吏事鄙之，未盡無也。予入仕愛閱是書，謂其有裨于理，雖不足以煖飽斯人，亦中流之壺也？敬用梓之，期與高明之士共焉。若夫舍孔孟以事申韓，則吾豈敢？

（清）王明德《讀律佩觿序》　嗚呼！律學之不明久矣，時也，亦數也。小人幸而君子之大不幸也。君子不幸，人心何由大正，世道何由大淳，道德仁義何由大著于天下？是非紊，强弱形，誅賞失，僭亂興，得毋兵將起而繼之歟？兵起則刑暴，刑暴則律亡，是更律之大不幸也。律且不幸，而况于人乎，而况天下乎？天將奈之何哉。謂非自然之數，自然之氣耶。

（清）王明德《讀律佩觿・讀律八法》　律隸六科，條分五罰，似為各不相侔。然定律之初，豈盡漫無主腦，一惟徒恃意見，即事論情，各定各法而云然。則經所謂上下比罪，無僭亂辭之謂何？要皆握定根源，同流異派，然後千百其支，總不悖乎根源所自始。然則讀律者，可不究尋其源而深繹之？何謂源？謀反、大逆、子孫殺祖父母父母以及姦黨是也。夫罪莫大于謀反大逆，子孫殺祖父母父母。若姦黨，雖云不過紊亂朝政，然久之不戢，則皆可為僭亂之梯，反逆之漸。故律為並重，餘皆由是而推之，比類而遞減之。銖較寸比，纖微畢貫，一如嶰谷之管，分杪黴殊，則飛灰異候，宮商于是乎各屬，而要之無不本乎黄鐘以為源，是以命名曰律。苟為尋溯，則知源之所由分，自不敢任喜怒，恣愛惡為輕重矣。否則源流不明，反覺律中輕重重輕，同異異同。

（清）王明德《讀律佩觿》卷一《八字廣議》　律有以、准、皆、各、其、及、即、若八字，各為分註，冠於例首，標曰：八字之義，相傳謂之律母。宋儒蘇子瞻曰：讀書不讀律，致君堯舜終無術。若先賢指示讀例之法。又云，必於八字之義，先為會通融貫，而後可與言讀法。心竊誌之，未敢學也。職以納言散秩，循俸填補，仰承曹務，憒然如盲。急取八字之義讀之，率多言簡而意未悉。師心推廣，志存乎心，卒未敢逞臆從屬筆墨，蓋恐有于聖訓，貽譏賢上大夫也。辛亥初秋，奉堂諭，特令詳推，以廣其義，退而不自揣，妄爲懸擬，既而服念，竊八字者，五刑之權衡，非五刑之律也。五刑各有正目，而五刑所屬。殆逾三千，中古已然，况末季乎？漢唐而下，世風日薄，人情變態，一如其面。若為上下比罪，條析分隸，雖汗牛充棟，亦不足以概輿情之幻變。故于正律之外，復立八字，收屬而連貫之。要皆于本條中，合上下以比其罪，庶不致僭亂差忒，而惑於師聽矣。此前賢制律明義之大旨也。然即刑書而詳別之，正律為體，八字為用。而即八字細味之，則以准、皆、各四字，又為用中之體。其、及、即、若四字，更為用中之用。蓋引律者，摘取以、准、皆、各四字，固無事乎取用於其、及、即、若，而摘取其、及、即、若四字時，則舍以、准、皆、各，別無所為引斷以奏爰書矣。此讀律者之斷斷不容于八字之義，不敬為詳審也。或謂八字之用，律載甚備，無容更為擬議，但比類曠觀，輕重縣殊，乃並以一字為權衡，得毋非所以明等威，示有別歟？曰好惡不嫌同詞，《春秋》之義也。春秋者無象之刑書也。律也者，威用之麟經也。故其命義同也，謹述《大清律》本註，並故明舊註，備載于前，謬參鄙見，各為截取律例數條，以廣其義。凡各律原註所已載者，概不再述，以眩觀覽，未知當否。

（清）王明德《讀律佩觿》卷一《以》 《大清律》本註：以者，與真犯同。謂如監守貿易官物，無異真盜，故以枉法論，以盜論，並除名刺字，罪至斬絞，並全科。《明律》舊註：曰：以字有二義。其曰以盜論，以監守自盜論，以枉法論，以常人盜倉庫錢糧論，以謀叛論者，惡其迹而深治之也。如廄馬律曰，如馬拴繫不如法，因而傷人者以過失論。鬭毆律曰，因公務急速而馳驟傷人者，以過失論，則矜其失而輕貸之也。

王肯堂箋釋註：同前。

明德謹按：以者，非真犯也。非真犯，而情與真犯同，一如真犯之罪罪之，故曰以。乃律中命意，備極斟酌，有由重而輕，先為寬假而用以者，如謀叛條內所附逃避山澤，不服追喚，此等之人，未叛于君，先叛于所本管之主矣。與叛何異？而律則以謀叛未行論。若拒敵官兵，實有類于反，而律則以謀叛已行論，按其跡，似用以之意極嚴。而詳其實，則實仁愛之至也。有由輕而重，示人以不可犯。而用以者，如私借錢糧條內，凡監臨、主守、將官錢糧等物，私自借用，或轉借與人，雖立有文字，並計贓，以監守自盜論。夫立有文字借用，及轉借與人，非盜也。乃私自為之，則漸不可長矣。蓋監守之人，易於專擅，非重其法，無以示警，故罪非其罪，而以其罪罪之。若以過失殺諸條，則又充類至義之盡，以行其權之妙也。總之，大義所解，即同真犯四字最妙，以則無所不以矣。然所以者不過律而已。若律外條例，則又不得概以之。蓋律例有後先之分，而以為正律中之文，非條例中之文也。讀律者，又不可不重為留意。

（清）王明德《讀律佩觿》卷一《准》 《大清律》本註：准者，與真犯有間矣。謂如准枉法，准盜論，但准其罪，不在除名刺字之例，罪止杖一百，流三千里。故明舊註：准字，亦二義，其曰准竊盜論，准盜論，准凡盜論，此則但准其罪，不在除名刺字之例也。又如人命律，過失殺傷人者，各准鬭毆殺傷人罪，依律收贖，則但准其罪名，不加刑法，止令如數收贖而已，此又一例也。

王肯堂箋釋註，同前。

明德謹按：准者，用此准彼也。所犯情與事不同，而跡實相涉，算為前項所犯，惟合其罪，而不概如其實，故曰准。如以米柴准算布帛，惟取價值相當，實不可以米柴代布帛之用。其罪異於真犯。故贓雖滿貫，亦罪止杖一百，流三千里。乃註中不曰減等，但曰不在除名刺字之例，何耶？蓋官吏犯此，雖贓逾於滿貫亦止於革其職役為民，而不追奪誥敕。若未至滿貫，官則止於革職，而不至永不敘用也。若本朝定例，但遇革職，則盡為追奪，恐非所以懲貪之法，似當題請改正。是在主持國是者之大君子耳。

（清）王明德《讀律佩觿》卷一《皆》 《大清律》本註：皆者，不分首從，一等科罪，謂如監臨主守，職役同情，盜所監守官物，並贓滿貫，皆斬之類。故明舊註：皆字，有二義，其曰皆絞、皆斬、皆杖、皆徒、皆凌遲處死之類，則是不分首從也。又如犯罪自首條曰：餘皆徵之。增減官文書條曰，若無規避錯誤者，皆勿論之類。是又一例也。

王肯堂箋釋註，同前。

明德謹按：皆者，概也，齊而一之，無分別也。人同，事同，而情同，其罪固同。即事異，人異，而情同，其罪亦無弗同也。葢緣全律中，其名罪科法，原分首從、餘人、親疏、上下、尊卑、倫序、同姓、異姓、老幼、廢疾、篤疾、監守、常人，并物之貴賤，輕重，贓之多寡、分否，以及事情之大小、同异，名為科斷以著其罪。此則不行分別，惟概一其罪而同之，故曰皆。

（清）王明德《讀律佩觿》卷一《各》 《大清律》本註：各者，彼此同科此罪，謂如諸色人匠，撥赴內府工作，若不親自應役，雇人冒名，私自代替，及代替之人各杖一百之類。故明舊註：各字為議不一，有以人對人為各者，如漏使信印條，當該吏典，對同首領，並承發，各杖八十。有以物對物為各者，如盜賣田宅條，盜賣過田價，并花利，各還官，給主。有以事對事者為各者，如廐牧律，放犬殺傷他人畜產者，各笞四十之類。又如各杖一百，從重論。各遞減等，各加凡人罪一等。亦俱以人對人為名者也。

王肯堂箋釋註，同前。

明德謹按：各者，各從其類，義取乎別也。萬類不齊，流品各別，比類而觀，實同一致。故用各字以別之。各字用義多端。有因所犯之事同，其情同，而其人有不同者，則以各字別之。如選用軍職條內，凡守御處所，千戶，百戶，鎮撫，有闕奏聞選用，若先委人權管，希望實授者，當該官、吏各杖一百，罷職役充軍。舉用有過官吏條內，凡官吏，曾經斷罪，諸衙違禁，朦朧保舉者，舉官及匿過之人，各杖一百，罷職不敘。發塚條內，若卑幼，發五服以內尊長墳塚者，同凡人論。開棺見屍者，斬。若棄屍，賣墳地者，罪亦如之。買地人，牙，保知情者，各杖八十。犯姦條內，和姦、刁姦者，男女同罪。姦生男女，責付姦夫收養。姦婦，從夫嫁賣。其夫願留者，聽。若嫁賣與姦夫者，姦夫，本夫，各杖八十之類。

有因所犯之事異，其人異，而其情實同者，則以各字別之。如無故不朝參公座條內，凡大小官員無故在內不朝參，在外不公座，及官吏假滿，無故不還職役者，一日，笞一十，每三日，加一等，各罪止杖八十，並附過還職。縱容妻妾犯姦條內，若用財，買休，賣休，和娶人妻者，本夫、本婦及買休人，各杖一百之類。亦有所犯之情同事異，情異事同，法無分別，人非齊等，條難共貫，而義實同辜者，則以各字別之。如親屬相姦條內，姦內外緦麻以上親，及緦麻以上親之妻，若妻前夫之女，同母異父姊妹者，各杖一百，徒三年。私借官畜產條內，凡監臨、主守，將係官馬、牛、駝、贏、驢，私自借用或轉借與他人，及借之者，各笞五十之類。更有所犯之事與人，大小攸分，科條不一，而情則無分。或法應累加而律難該載，或罪無死律，而法應齊等。又或各有科條，而文難復述者，則亦以各字別之。如謀殺祖父母父母條內，其尊長，謀殺卑幼，已行者，各依故殺罪減二等。已傷者減一等，依故殺法。誣告條內，凡誣告笞罪者，加所誣罪二等，流徒杖罪，加所誣罪三等，各罪止杖一百流三千里。略人、略賣人條內，和略賣妻為婢，及賣大功以上尊卑親為奴者，各從凡人和略法。發冢條內，若於他人墳墓，為薰狐狸，因而燒棺槨者，杖八十徒二年，燒屍者，杖一百徒三年。若緦麻以上尊長，各遞加一等之類。

（清）王明德《讀律佩觿》卷一《其》 《大清律》本註：其者，變於先意，謂如論八議罪犯，先奏請議。其犯十惡，不用此律之類。故明舊註：其字，律內有其子歸宗，其養同宗之人，其遺弃小兒三歲之類，是也。

王肯堂箋釋註，同前。

明德謹按：其者，更端之詞也。然詞雖更端，而事與情，實不離乎本條，舉凡明白顯然，可為指實共見之事，承乎上文，為之更端可竟本條所未盡，則用其字以發揮之，與後若字，似同而實異。如謀叛條內，所附逃避山澤，不服拘喚，以謀叛未行論。其拒敵官兵者，以謀叛已行論。盜大祀神御物條內，凡盜大祀神祇，御用饗薦饌具等物，皆斬。其未進神御，未造成，及其餘官物，皆杖一百，徒三年。強盜條內，竊盜臨時拒捕，及殺傷人者，皆斬監候。其竊盜事主知覺，棄財逃走，事主追逐因而拒捕者，自依罪人拒捕律科斷。親屬相盜條內，其同居雇工、奴婢盜家長財物，減凡盜一等。盜賊窩主條內，其知人略賣和誘，准竊盜為從論。其不知情，誤買受寄，俱不坐之類。皆承上以起下，葢詞氣雖涉于更端，而事實不離乎本文。或罪，或否，則皆以其字為分別。然亦有事非本律而欲附入于本條之下，則亦以其字附入之者，如職制律內，大臣專擅選官條內云，其見任在朝官員，面諭差遣，及改除，託故不行者，並杖一百，罷職不叙。此條與大臣專擅選官何與，而欲附入本條之下？則亦用其字以收束之，此又一義也。

（清）王明德《讀律佩觿》卷一《及》 《大清律》本註：及者，事情連後，謂如彼此俱罪之贓，及應禁之物，則没官之類。故明舊註：及字，律内有及因人連累，及其役目滿，及有過之人，及久占在家之類，是也。

王肯堂箋釋註，同前。

明德謹按：及者，推而及之也。有因親以用及者，如謀反條内父、祖、兄、弟、子、孫及伯叔父、兄弟之子，皆斬之類，罪由連坐。此一義也。有因物以用及者，如盗印信條内，凡盗各衙門印信及夜巡銅牌，皆斬之類。有因情以用及者，如略買略賣條内，和同相誘，及兩相情願，賣良人為奴婢者，杖一百徒三年之類。有因事以用及者，如强盗條例内，强盗殺傷人，放火等項，及干係城池、衙門，並集至百人以上，皆奏請梟示。白晝搶奪條内，凡白晝搶奪傷人，若因失火，及行船遇風着淺，乘時搶奪及拆毁船隻之類。又有因人以用及者，如搶奪條例内，凡號稱喇唬，白晝在街撒潑，口稱聖號，及總甲，快手、應捕人等，指以巡捕勾攝，各毆打衆人，搶奪財物之類。以上皆係正犯。此又一義也。大約凡係人與事各有不同，而罪無分别者，則皆以及字連屬之。

（清）王明德《讀律佩觿》卷一《即》 《大清律》本註：即者，意盡而復明。謂如犯罪，事發在逃者，衆證明白，即同獄成之類。故明舊註：即字，律内有即時救護，即放從良，即是奸黨之類，是也。

王肯堂箋釋註，同前。

明德謹按：即者，顯明易見，不俟再計之意。如儀制律内，凡朝參近侍，病嗽者，許即退班。禁止迎送條内，凡軍民人等，遇見官員引導經過，即時下馬躲避，此一義也。共謀為盗條内，凡共謀為盗，臨時不行，而行者為竊盗，其不行者，若不分贓，但係造意。即為竊盗從。名例内，犯罪事發而在逃者。衆証明白，即同獄成。不須對問。職制律内，凡諸衙門官吏，及士庶人等，上言宰執大臣，美政才德者，即是奸黨之類。此一義也。若名例内，賣放充軍人犯，即抵充軍。則又一義也。

（清）王明德《讀律佩觿》卷一《若》 《大清律》本註：若者，文雖殊而會上意，謂如犯罪未老疾，事發時老疾，依老疾論。若在徒年限内老疾者，亦如之之類。

故明舊註：若字，律内有若奉旨推問，若庶民之家，若追問詞訟之類，是也。

王肯堂箋釋註，同前。

明德謹按：若者，亦更端之詞，乃設為以廣其義，雖意會乎上文，而事變無窮，欲更端以推廣之，連類以引伸之，則不得不設為以竟其意，故用若。律内用若字處最多，有自本律而特及於輕者，如謀反條内，若女許嫁已定，歸其夫，子孫過房與人，及聘妻未成者，俱不追坐。謀叛條内，凡謀叛，但共謀，不分首從，皆斬。若謀而未行為首者，絞。為從者杖一百，流三千里，造妖書妖言條内，凡造讖緯妖書妖言，及傳用惑衆者，皆斬。若私有妖書，隱藏不送官者，杖一百，徒三年。盗大祀神御物條内，若已奉祭祀之物，及其餘官物，皆杖一百，徒三年。盗賊窩主條内，凡係强盗窩主，造意，身雖不行，但分贓者，斬。若不行，又不分贓者，杖一百，流三千里之類。有自本律而特入于重者，如謀殺人條内，謀殺人，若因而得財者，同强盗不分首從論，皆斬。謀殺祖父母父母條内，若奴婢及雇工人，謀殺家長，及家長之期親，外祖父母，若緦麻以上親者，罪與子孫同之類。

（清）董誥《全唐文》卷八四八蕭希甫《請置明律科奏》 臣聞禁暴亂者，莫先於刑律。勸禮義者，無切於詩書。刑律明則人不敢爲非，禮義行則時自然無事。今詩書之教，則業必有官。刑律之科，則世皆莫曉。近者大理正宋昇，請置律學生徒。雖獲上聞，未蒙申舉。伏乞特頒詔旨，下付國庠。今再設此科，許其歲貢。仍委諸州，各薦送一兩人，就京習學。候至業成，便放出身，兼許以卑官，卻還本處。則率土之内，盡會刑書。免禍觸於金科，冀咸遵於皇化。

（宋）張載《張載集・經學理窟・周禮》 肉刑猶可用於死刑。今大辟之罪，且如傷舊主者死，軍人犯逃走亦死，今且以此比刖足，彼亦自幸得免死；人觀之更不敢犯。今之妄人往往輕視其死，使之刖足，亦必懼矣。此亦仁術。

（宋）張載《張載集・拾遺・近思録拾遺》 肉辟於今世死刑中取之，

亦足寬民之死，過此當念其散之之久。

《二程集・河南程氏文集》卷八《雜著・論漢文殺薄昭事》 司馬温公以爲：法者天下之公器，惟善持法者，親疎如一，無所不行。皆執一之論，未盡於義也。義既未安，則非明也。有所不行，不害其爲公器也。

（清）陳確《陳確集・文集》卷一一《試訟説》 士生乎今之世，或不得已而出試於有司，吾无惡焉耳。惟試而求必售，斯有不忍言者矣。又或不得已而見訟於人，吾猶无責焉耳。惟訟而求必勝，愈有不忍言者矣。

不試已耳，試故不可苟也。文，吾盡心焉，售不售則命也，无喜戚焉可也。无訟善矣，訟故不可苟也。孚窒而惕中，吾庶幾焉。幸而勝，吾滋戚也。不幸而不勝，非吾罪也。雖甚而囹圄焉，桎梏焉，古之聖與賢有不免者，夫何憾！

克是二者，士又焉往而不可與乎道矣乎？

（清）朱彝尊《曝書亭集》卷五八《原刑》 墨、劓、剕、宫、大辟，非舜之五刑也。舜以命皋陶者：流也，鞭也，扑也，贖也，賊也。象以典刑，五者是已。《甫刑》曰：苗民勿用靈，制以刑，惟作五虐之刑曰法。斯則劓、刵、椓、黥之謂肉刑之始矣。刑者一成而不變，聖人之所甚不忍也，故就典刑命士流者宥之，鞭扑者贖之，若夫怙終不悛，則法在必誅，賊之為言殺也，《春秋傳》晉侯使鉏麑賊趙盾是也。相古有虞之世，畫象而民知禁，赭衣墨幪，别其冠服，使觸罪者知恥悔過，得以自新。自五虐之刑作殘其形，毁其體膚，斷者不可復續，終其身不敢與士民齒，將無用恥焉，彼夫劓、刵、椓、黥，在苗民發聞惟腥。舜方哀矜庶戮之不辜也，務遏絶之。豈反效尤而以至仁用至不仁之法乎？荀卿有云：治古無肉刑而有象刑。斯言是也。乃班固《漢志》援俗説著論，以為禹承堯舜之後自以德衰而制肉刑。昔者，鄭子産鑄刑書，叔向非之，其言曰：夏有亂政而作禹刑，商有亂政而作湯刑，其云禹刑、湯刑者初未嘗指為肉刑，而班氏實之。孔氏《書傳》稱吕侯以穆王命作《書訓》，暢夏禹贖刑之法，夏刑大辟二百，臏辟三百，宫辟五百，劓墨各千，不知何所據依，殆無稽之言爾。愚考肉刑，夏莫之用，商亦無明徵。《伊訓》臣下不匡其刑墨。出《古文尚書》未足深信。迨《周官》分職，乃掌之司刑，墨者初守門，劓者守闗，宫者守内，刖者守囿，然則肉刑其昉于周與？穆王閲實其罪，許罰以鍰，是亦不忍人之政矣。盖至漢而文帝始除之，仁人哉。俾五虐之刑絶于世，可謂盡心焉已。顧腐儒之論尚謂肉刑當復，豈不謬哉！作《原刑》告後之君子治《書》者兼可明孔傳之僞焉。

《皇朝經世文編》卷九〇《刑政一・刑論》黄中堅《五刑辨》 肉刑，非聖人之制也。《吕刑》言苗民弗用靈，制以刑。惟作五虐之刑曰法，殺戮無辜，爰始淫爲劓、刵、椓、黥。是肉刑爲三苗所作明甚。向使堯舜之時，本有此五刑，則不得言三苗作始矣。而《虞書》之象以典刑，五刑有服，先儒皆以墨、劓、剕、宫、大辟釋之，何哉？或曰：上古之世，不廢誅戮，苟以五刑爲始於三苗，則豈前此無殺人之事耶？不知殺非聖人所得已，而以劓、刵、椓、黥，次殺戮爲五刑，則實自三苗始。經固分别言之，未可以此而概彼也，且蔡氏之釋流宥五刑曰：謂雖入於五刑，而情可矜，法可疑，與夫親賢勳勞，不可加以刑者，則以此寬之，則是謂放流輕於五刑矣。然當日四凶之惡，天下莫不聞，舜之誅四凶，可謂大刑大獄，威震天下，然亦止於放流竄殛而已。豈其於庶民小罪遽有傷肌膚、斷肢體之事，此又理之不可信者也。吾謂《虞書》之所謂典刑，皆死刑也。上古民湻事簡，死刑之條止於五，故曰五刑。其言五服，或亦《周禮》搏焚辜肆之類，其言三就，或亦戮於市、戮於郊、戮於甸師之類。雖不必盡然，要之舜之五刑，則斷非三苗之五刑可知矣。嗚呼！後王德薄，世風不古，而五虐之刑寖以濫觴，墨刑始見於《伊訓》，延及成周，遂全用其法。《傳》曰：三辟之興，皆叔世也，葢其所由來者漸矣，而後之議者，顧以刑輕則民玩，而欲復肉刑。夫漢世盜賊之禁至嚴，而犯者愈衆，苟不能以德禮導民，則雖日殺人以求其不犯，不可得也，而何有於肉刑。漢文帝曰：何其刑之痛而不德也，彼議復肉刑者，其言亦痛而不德矣哉。

《皇朝經世文編》卷九〇《刑政一・刑論》施朝幹《刑論》 昔者周穆王命吕侯作刑以詰四方，而歷舉帝舜時三后恤功，士制百姓之治，且推其典獄之效，而極之於惟克天德，自作元命，配享在下，此其審於五刑五服，五流五宅之用，必有非後世之所能測者，而先爲之指其實曰：非訖于威，惟訖于富。余始讀《書》至此，以爲穆王耄荒之言之陋，不可以論有虞之盛，既而思穆王固爲其時司政典獄者而言，是以徵於有虞以爲法，而又述苗民之奪貨而絶厥世以爲戒也。葢自商道之衰，貪墨之風漸以流行，於是盤庚之遷，亟亟焉於具貝玉者，而惕以高后之作丕刑，復以無總於貨寶，訓飭邦伯師長暨百執事。逮周之衰，而政以賄成，又有甚焉。穆王之言其亦有不得已於此也。嗚呼！秦漢以下，刑獄之失又可勝道哉。凡聽訟先得情而後持法，訟之興也，大抵愿樸者什之三，桀黠者什之七，其愿樸者苟據理折之，則俯首引服易易爾。其桀黠者，匿情飾辭，詭譎變幻，雖大公至正以臨之，平心以察之，而情猶有得有不得。曾是冒於貨賄，而尚能使之無遁情邪。且立訟者於庭而訊，則以貨財啟釁者過半焉。彼所得貨財，固不若官所受之多也，得少者長跪而伏辜，受多者南面而判牘，其不足以服罪人之心，亦已明矣。又況顛倒曲直，骩法而不顧也，或曰當世之吏，有受賄而謂有陰德者，如富人當死，而求所以出之是也。嗚呼！富人當死，官得其情而斷以法，是死於法，非死於官也。今有富人以非禮殺臧獲，而官乃受賄而出之，則死者之魂魄將訟於幽，而又何德焉！又如州縣讞定重囚及親屬訴冤，上官知獄辭之誤，慮屬官之得罪，納賄賂而具獄如初者，當其巧文上奏，雖堯舜且謂法所不原。而虛實相蒙，甲乙互易，夫孰從而正之，雖然魯褒所論，死可使活，生可使殺，昏亂之朝，以獄爲市，無足異爾。若以明罰勑法之盛世，而鬻獄罔忌，腥聞滋章，則是飲鴆而爲甘，兵在頸而夢猶未覺也。

《皇朝經世文編》卷九〇《刑政一・刑論》汪价《赦罪論》　嘗讀《易・大象》，言刑獄者凡六，旅則慎而不留，賁則明而不折，豐則致之以刑，噬嗑則勅之以法，其用之而不敢遽用，與不忍終用者，唯見之中孚與解。中孚辭曰：議獄緩死。解之辭曰：赦過宥罪，大約刑獄以離明爲主，而震以動威，艮以止暴，兑以議之，巽以緩之，雷雨以赦宥之，此中孚與解所爲作也。雖然議而緩之，訊鞫論報，其詳其慎自不失矜卹之意。若夫數行赦宥，則王法中弛，而猾賊亂人，且公然扞網，以僥倖於一朝之不死。聖人用情以佐法之窮，後乃至玩法而情窮於莫可用，未始非赦詔之屢頒誤之也，請得而備言之。《舜典》眚災肆赦，謂過而遇災，則赦之以示仁，而未嘗稽其刑于四凶。《大禹謨》宥過無大，刑故無小，而防風後至之戮，有扈不道之誅，在所不宥。《秋官・司刺》掌三宥三赦之法，亦唯遺忘過誤老弱蠢愚耳，非謂殺人者可赦也。《禮》曰疑獄訊問，與衆共之，衆疑赦之，疑則有寃，故赦，而不疑者不赦。

《皇朝經世文編》卷九一《刑政二・律例》張朝珍《詳定刑律疏》　刑法者，帝王御世之大權，而生死攸關不可不慎，故罪疑惟輕，得情勿喜，深悲其已死不能復生也。然一之以律法，務期情當乎罪，罪協于律，彼自作之孼，雖死又何怨哉！故《律例》一書，古人用意深長，句法字義，確乎不可動摇，倘遵守不一，則奸吏得以輕重其間，不無獄鬼夜號，怨氣上升，以致天變之屢見也。

《皇朝經世文編》卷九三《刑政四・治獄》黎士宏《理刑存稾自序》　理刑，郡官也，無專職，故事歲一值季會城，受大吏指揮，以故十三郡之訟獄皆得問。凡民間所控而特下於理者曰發審。郡縣上之監司而轉於下者曰覆審。事重大，集郡縣官而共聽者曰會審。會審，名也，操筆者實一人，監司上之兩院，不協而覆下者曰院駁。兩院議定廷請，經法司覆核而行再讞者曰部駁。駁至部，事益重大，苟失出入，罪且連問官。予理信六載，受十三郡之讞牘，大小七百五十計，環廷而聽斷者約數千人。其父兄、子弟、親戚、知交，愁苦相望，視以爲死生榮辱者殆且萬家。夫以數千人近萬家之所視爲死生榮辱者而待定于一人之筆與舌焉，則刑之理也，亦綦難矣。夫鬻獄者，黷也；鮮斷者，闒也。蜚黷與闒而又有偏與執焉，此數萬人之性命，亦幾幾其莫必哉。常聽訟日中不飯，或暑雨蒸濕，墨亂蠅飛，兩扇交鼓，汗流浹席，或祁寒股栗。口圻手龜，禁鼓戒嚴，兩端爭執，不無意煩氣結，厭苦見顔色，必從自咎曰：此何時何事，而乃以一刻之倦勤，易若人之性命乎！仍復平心斂氣，從容展卷，再聽更端，必得情而後罷。六年中賴當事諒其無他，每上輒報可，豈曰能之，亦惟是不敢黷，不敢闒，又不敢偏與執焉，以庶幾無罪耳。歲丁未，奉裁缺。戊申，補永新，署中稍暇，乃檢舊牘中得可存者若干篇，刻而藏之于家，語曰：陷水可脱，陷文不可活，文也何至陷人乎！予子若孫有起而任是官者，其尚慎之哉。

《皇朝經世文新編》卷四《法律》闕名《掌故學》　刑獄烏乎始，始於禮，成於律，出入於誡諭禁令。天地之生有毛人、羽人、倮人之族，於是乎有爭奪殺害。毛人、羽人不能自治，倮人能自治之，於是有禮以治牝牡、交際、飲食、出入之事。禮之所不能禁者，則為誅殺戮辱以威之，故有刀鉆、鑽鑿、桁楊、黴墨之屬若干事，大罪入大名，小罪入小名。於是乎有律，律禮者一成之憲，不可以盡天下之事，於是乎按百事之名實比類依誼，條為章程，曲為號令，獄疑不具治禮之生，援經意而斷之。明律之吏取一人之意旨而施之，故例不能無出入，律例具矣。按獄之官、治獄之吏、習律之師，弟子通于禮，本精於名治，深於律術，是以吏無賕法，民無枉訟。秦漢以來律學寖微，舞文於刀筆之吏，專決於雄武之主，苟且之治不足述。請言《周禮》司寇之職以達於府吏小吏之屬，其入官蓋莫不由學，治獄之官慎矣。自國以及都鄉之屬，輕繫重囚以時緩决，圜土以治罷民，肺石達之，嘉石平之，治獄之所飭矣。五刑之屬三千，上下弊罪。原父子之親，立君臣之義以權之，意論輕重之比，慎測淺深之量以別之。悉其聰明，致其忠愛，以盡之。正聽之司寇，覆之三公，參之疑獄，與衆共之，庶民共之，羣吏共之，習獄之師弟子緐矣。

《皇朝經世文統編》卷四三《內政部十七·刑律》姚文然《律意律心說》 凡講論律令，須明律意，兼體作律之心。律意者，其定律時斟酌其應輕應重之宜也。如稱錘然有物一斤在此，置以十五兩九錢則錘昂，置之十六兩一錢則錘沈，置之恰當則不昂不沈，錘適居其中央，故曰刑罰中。中者，中也，不輕不重之謂也。此律意也。何謂律心，《書》曰：罪疑惟輕，與其殺不辜，甯失不經。曾子曰：如得其情，則哀矜而勿喜，此律心也。譬如一稱錘也，存心寬恕者，則用錘平且甯於其出也，微失之昂於其入也，甯失之沈。若心存刻核者，則其用錘也，出必欲其沈，入必欲其昂，此非錘之不平也。用錘者之心不平也，故用律者亦然。

律者，如十二律，然因加減而生者也。黃鐘之管，長九寸，九九八十一數也，三分宮損一生徵，徵數五十四。林鐘長六寸，六九五十四也。三分徵益一生商，商數七十二。太簇長八寸，八九七十二也。其餘皆三分損益而生，故律者，得也，加減而成者也。或加一等、二等、三等，或減一等、二等、三等，明於加減之故者，可以明律，可以作律矣。律中加減之最精而盡變者，莫遇於鬬毆、誣告二條，欲明加減之故者，自熟講讀此二條始。大凡律之所以通者，加之而重，減之而輕，適得其平也。例之所以間有窒者，行於一事一時，則可行於事，事行於永，永則不可行也。

《皇朝經世文統編》卷四三《內政部十七·刑律》徐旭齡《引用律例疏》 古者樂律曰律，法律亦曰律，其義一也。律差絫黍，則聲音即變，故立法者取之言一定而不可移易也。後世法網益密，律不足以盡之，間增條例。夫例者不得已而佐律之窮者也。律有一定，依以斷罪，無可異同也。例則用比，比則可重可輕，事有近似者引而合之。酷吏貪胥因以舞文弄法，致莫可詰矣。臣愚以為十惡犯在死條及重罪合應戍謫者，律中無不具備，其餘律所不載者，罪亦稍微焉，原立法之初意，重者設有一定之律，所以懲兇也。微者間有增定之條，所以通變也。嚴懲於重罪，而通變於輕條，無非愛養生民之意，即如謀反大逆，父母兄弟尚有同居、不同居之分，劫財殺人尚有為首、為從之別，而且思赦必及會審，矜疑其不欲盡羅之法，用意如此其厚也。近日刑官決獄擬罪，所引律例或未詳明，蓋情罪至重。皇上特有天威，律例所關分別，豈無成憲，或非刑官所敢豫定，其他究擬刑獄，凡死罪充軍必依正律，雜犯徒杖而下始許用例，必祈皇上勅下用刑，衙門務加矜慎，庶胥吏不得以意為輕重而舞文索賄矣。《禮》有之曰：附從輕言，法無一定而比附以成罪者，宜從輕罰也。

(清)鄭觀應《增訂盛世危言新編》卷一一《強兵四·罰贖》 五刑有贖，仁至義盡之規也，而罰鍰之法乃未聞。敷諸奏議見諸行者，或恐縱富人之惡，長賄賂之奸，而屈抑小民貧乏者之寃獄故也。

又： 夫天生烝民，資財以生，故相依若性命。詞訟之興，發端於財者十有八九，若詳定罰鍰一章，於五刑準贖而外，訟而虛者，議罰若干，其半入官帑，半歸訟直之人，則始也以財肇訟，終反以訟傷財，稍知顧忌者，有敢輕蹈法網，健訟不休者乎。即梗頑之輩既知有議罰之條，或亦重命惜財，而弗敢輕肆其刁詐，且越禮藐法，欺壓良善者多在巨室富豪。今罰減曲者之富以濟直者之貧，則均平之道得也。矧人之愛貨則往往重於惜名命，刑辱之不恥，笞撻之不畏，而獨至令其解貪囊舍阿堵，則較之剜肉斷脰彌深痛惜追悔，是罰欵之嚴，尤甚於桁楊刀鋸之猛也，而顧必謂其有抑寃長惡之患，蒙殊不信其然也。

又： 罰鍰之條目將何如，則擬請飭下廷臣大理三法司會同妥議，參以《周官》束矢鈞金之例，除人命必抵外，刊佈定章，示罰於無訟之始，諭罰於方訟之初，讞定之後，曲者虛者戶婚之罰幾何，田土之罰幾何，鬬毆之罰幾何，詐騙之罰幾何，姦情之罰幾何，拐竊之罰幾何，債務之罰幾何，一切不應爲而爲雜犯之罰又幾何，無貲可罰者，即照篇中前論充當苦工。

準事犯之輕重，制罰欵之差等。毋或偏，毋或貸，上控覆審，仍虛曲者倍罰之。

（清）譚嗣同《譚嗣同全集》卷二《石菊影廬筆識・學篇》 《漢書註》：《淮南厲王傳》，命從者刑之。《史記》作剄之。當從剄，音相近而譌。下文太子自刑不殊，又云王自刑殺，《史記》亦皆作剄也。案《説文》：刑，剄也。从刀幵聲，與荆罰之荆从刀守井者異。《漢書》不誤，此顧氏不喜《説文》之疏也。

（清）梁啓超《飲冰室合集・文集》卷一五《中國法理學發達史論》 我國法律思想完全發達始自法家，吾故命法家爲新學派，命法家以前諸家爲舊學派。而舊學派中復分爲三：一曰儒家，二曰道家，三曰墨家。

（清）梁啓超《飲冰室合集・文集》卷二〇《國文語原解》 則、制、分。《説文》則下云等畫物也，从刀从貝，會意。具，古之物貨也。段注云：等畫物者，定其差等而各爲介畫也。物貨有貴賤之差，故從刀介畫之。今案古者以貝爲貨幣，而貨幣之用，在於易中，故能權物之貴賤而等差之者莫如貝，故曰等物。齊之如刀切焉，故曰畫物。从貝以示等，从刀以示畫。蓋含秩序均齊之意，既差等而猶命之曰均齊者。孟子曰：物之不齊，物之情也，本不齊者，因其等而等之，是乃所謂齊也。《爾雅・釋詁》則，法也，常也。《管子・七法篇》根，天地之氣，寒暑之和，水土之性。人民鳥獸草木之生物，雖不甚多，皆均有焉，而未嘗變也。謂之則。《易・乾卦》乃見天則，《詩》烝民有物有則，六月閑之維則。《周禮》大司馬均守平則，又太史掌則以逆都鄙之治。《左》僖九年《傳》，順帝之則。文十八年《傳》則以觀德。昭六年《傳》聖作則。《周語》蔑棄五則。《魯語》毀則者爲賊。《晉語》，略則行志。《夏小正》將閑諸則。《離騷》名余曰正則兮，傳注皆訓法，此則字之本義，蓋均齊秩序而不變，與法之觀念正脗合也。

又：式。《説文》云法也，从工弋聲。今案式之取義在工，而工象規矩之形，直中繩，二平中準，所以衡度也。衡度者，以中正平均爲體用者也，與法同觀念，故訓法。《廣雅・釋詁一》式，灋也，《詩・下武》下土之式，《傳》：法也。《周禮》典婦功掌婦式之法，注：婦人事之模範。又太宰以九式均節財用，注：式謂節度。《老子》抱一爲天下式。注：猶則之也。

範。《説文》無範字，竹部，笵下云：法也，竹簡書也。古法有竹刑，段注云：《通俗文》曰：規模曰笵。元應曰：以土曰型，以金曰鎔，以木曰模，以竹曰笵，一物材別也。説與《説文》合。今按據此則知笵與型同義，型卽荆也，故訓法。《考工記》軓前十尺。注云：《書》或作軋。軋，法也，然則在車曰軋。範乃後起之字。𠫤合笵軋二文而成也。《易・繫辭》範圍天地之化而不過。鄭注：範，法也。《書・洪範》僞孔傳云：洪大範法也，言天地之大法，然則範亦爲法之名，而其義又全與法同也。

又：寸、守、討、射、寺、等、度。《説文》寸下云：十分也。人手卻一寸動𧖴謂之寸口，从又一，指事。守下云：官，守也，从宀，寺府之事也，从寸，法度也。討下云：治也，从言从寸，會意。寸，法度也。射下云：篆文，从身从寸。寸，法度也，亦手也。寺下云：廷也，有法度者也，从寸之聲。等下云：齊，簡也，从竹从寺，會意。寺官曹之等平也。據此則从寸之字，多會法度之意。寸者，量度之本位也，由寸而累之則爲尺，由寸而析之則爲分，故以擬法焉，亦取均齊之義也。《説文》度下云：法制也。从又庶，省聲，从又與，从寸同，寸本从又，以一指事，皆借手爲度量之意也。

又：中、正、直、平、均、齊。此數者皆中國道德上之根本思想，而尤爲法律觀念之所從出也，是以此而論之。

《説文》中下云：和也，从口丨，上下通，段氏訂爲內也，从口。朱氏駿聲曰：當从㐅，象射侯形，从丨，通也。亦象矢形，横穿爲毌，縱通爲中，用字从此作用，古文用作用，則象侯更顯然矣。《周禮》射人與太史數射中。《儀禮・大射儀》中離維綱。《禮記・射義》持弓矢審固，然後可以言中，故盛算之器即曰中。《鄉射禮記》皮樹中閭中虎中兕中鹿中是也。今案朱説是也，中正二字皆以射喻，後世習用不察耳。我中國道德倫理之觀念至有弓矢以後而始發達。蓋弓矢造於黃帝，而黃帝以后，我文明乃大進步也，當時新發明此種利器，既以威敵復習用之而覺其有種種之德，故矩矱知等字皆从矢，而中正之德，亦以矢喻也。引申爲凡適中之義，謂不偏不倚無過不及也。《禮記》有《中庸篇》其言曰：中也者，天下之大本也。又曰：君子而時中。又曰：執其兩端，用其中於民。《論語》曰：允執厥中。又曰：中庸之爲德也，其至矣。夫《春秋繁露》云：中者，天之所用也，皆以之爲最高之德矣。字之从之者曰用，曰史，其从用者曰庸，从史者曰吏、曰事。《説文》用下云：可施行也，庸下云：用也，事可施行，謂之用，行而有繼謂之庸。《爾雅·釋詁》云：庸，常也，惟中而可用，故爲常道也。《説文》史下云：記事者也，从又持中，會意。中正也，古代一切教育皆託諸史，故以中爲史德焉。吏下云：治人者也，从一从史，會意。《漢書·景帝紀》吏者，民之師也。《管子·明法篇》吏者民之所懸命，故从史，取中之意。事下云：職也，从史之省聲，一切人事皆史所教，而以手持中爲標準也。

《説文》正下云：是也，从止，一以止。朱氏駿聲曰：此字本訓當爲侯中也，象方形卽曰从止，亦矢所止也。受矢者曰正，拒矢者曰乏，故於文反正爲乏。《小爾雅·廣器》鵠中者，謂之正是也，今案朱説是也，其後引申爲凡正直之義，字之从之者曰是、曰定、曰政。《説文》是下云：直也，从日正，會意。定下云：安也，从宀从正，會意。政下云：正也，从攴，正聲，余謂當訂爲从攴从正，正亦聲。《論語》政者，正也，子率以正，孰敢不正，《釋名·釋言語》政，正也，下所取正也，古文法，从亼、从正，亦會意，取正直之義也。

《説文》直下云：正見也，从乚从十目，會意。今案謂十目視乚，無所匿也，蓋以輿論取直之意，引申爲凡正直之義。時小明正直是與傳能正人之曲曰直，《荀子·修身篇》是謂是，非謂非，曰直。《韓非子·解老篇》所謂直者，義必公正。立心不偏黨也，又引申爲價直之直，當得者曰值，字本作直，《詩·柏舟》實維我直，《傳》相當值也。《禮記》投壺馬各直其算，疏：當也，皆謂行宜享有者也，英文之 Right，本義爲正當，引中爲權利。日人以權利譯之，侯官嚴氏謂與原義不密合。《詩》實維我直，爰得我直，實含有正當與權利兩意，故謂 Right of men，宜譯爲人直或民直云。《説文》平下云：語平舒也，从亏从八，八分也，此語源之果正確與否不可考。《詩》終和且平。鄭箋云：齊等也，此實引申之義之最古者也。考中國平等思想，濫觴最早，而日日發達，以至於實行《書·堯典》平章百姓，卽以平爲義。雖其時有百姓與民之階級，由今日觀之，正與平等義相反對。然古代視異族之人，不以人類，蓋有所蔽，而不足爲怪也，然以有此思想之故，故階級之界日見消滅，至戰國時已不復留其痕。孔子作《春秋》張三世，由據亂而升平而太平。《大學》言平天下，其道則所惡於上，毋以使下；所惡於下，毋以事上；所惡於前，毋以先後；所惡於後，毋以從前；所惡於右，毋以交於左，所惡於左，毋以交於右，此實圓滿之平等思想也。我國法律以此種思想爲基礎，故雖疏闊不完，而其精神有足尚者。

《一切經音義》引《説文》云匀，調匀也，从勹二，會意。二猶分也。《廣韻》云：匀，偏也，齊也。《説文》均下云：平偏也，从土，匀聲。今案當云从土从匀，會意。匀亦聲，《論語》曰：不患寡而患不均，均無貧。蓋我國經濟思想以分配之平均爲期，均从土，謂土地也，《周禮》大司徒以土均之法制天下之地征，小司徒乃均土地以稽其人民。均人掌均地政，均地守。均地職均人民牛馬車輦之力政。土均掌平土地之政，以均地守，以均地事，以均地貢。凡此皆所以爲均也。而其事多屬於經濟問題，井田之制所由生也。近今歐洲倡社會主義土地國有論，其精神正同之。

齊篆作亝《説文》云：禾麥吐穗，上平也。象形。朱氏駿聲曰：二象地，其中高地之禾，左右下地之禾也。今按朱説是也，以字之原形其三穗原不平，而謂之平者。孟子曰：夫物之不齊，物之情也，因其不齊而各如其位置，是謂至平。《荀子·王制篇》曰：分均則不偏，勢齊則不一，衆齊則不使。夫兩貴之不能相事，兩賤之不能相使，是天數也。勢位齊而欲惡同，物不能贍則必争，争則亂，先王惡其亂也，故制禮義以分之，使有貧富貴賤之等，足以相最臨者，是養天下之本也。《書》曰：維齊非齊，此之謂也。今案此論最足與亝字之形訓相發明，與《莊子》之《齊物論》有異，但非齊而仍可謂之齊者，則人民得各竭其才能，自由競争以進其地位，所謂爰得我直也。

綜述

《南齊書》卷四八《袁瑱傳》 史臣曰：刑禮相望，勸戒之道，淺識言治，莫辯後先，故宰世之堤防，御民之羈絆。端簡爲政，貴在畫一，輕重屢易，手足無從。律令之本，文約旨曠，據典行罰，各用情求。舒慘之意既殊，寬猛之利亦異，辭有出没，義生增損。舊尹之事，政非一途，後主所是，卽爲成用。張弛代積，稍至遷訛。故刑開二門，法有兩路，刀筆之態深，舞弄之風起。承喜怒之機隙，挾千金之奸利，剪韭復生，寧失有罪，抱木牢戶，未必非冤。下吏上司，文簿從事，辯聲察色，莫用衿府，申枉理讞，急不在躬，案法隨科，幸無咎悔。至於郡縣親民，百務萌始，以情矜過，曾不待獄，以律定罪，無細非嘗。蓋由網密憲煩，文理相背。夫懲恥難窮，盜賊長有，欲求猛勝，事在或然，掃墓高門，爲利孰遠。故永明定律，多用優寬，治物不患仁心，見累於弘厚，爲令貴在必行，而惡其舛雜也。

《南齊書》卷四八《孔稚珪傳》　尋古之名流，多有法學。故釋之、定國，聲光漢臺；元（帝）〔常〕、文惠，績映魏閣。今之士子，莫肯爲業，縱有習者，世議所輕。良由空懃永歲，不逢一朝之賞，積學當年，終爲閭伍所蚩。將恐此書永墜下走之手矣。今若弘其爵賞，開其勸慕，課業宦流，班習冑子，拔其精究，使處内局，簡其才良，以居外仕，方岳咸選其能，邑長並擢其術，則皋繇之（謀）〔謨〕，指掌可致，杜鄭之業，鬱焉何遠。然後姦邪無所逃其刑，惡吏不能藏其詐，如身手之相驅，若絃栝之相接矣。

（唐）長孫無忌《唐律疏議》卷一《名例》　古者大刑用甲兵，其次用斧鉞；中刑用刀鋸，其次用鑽笮；薄刑用鞭扑。其所由來，亦已尚矣！昔白龍、白雲，則伏犧、軒轅之代；西火、西水，則炎帝、共工之年。鶆鳩筮賓於少皞，金政策名於顓頊。咸有天秩，典司刑憲。大道之化，擊壤無違。逮乎唐虞，化行事簡，議刑以定其罪，畫象以媿其心，所有條貫，良多簡略，年代浸遠，不可得而詳焉。堯舜時，理官則謂之爲士，而皋陶爲之；其法略存，而往往概見，則《風俗通》所云《皋陶謨》：虞造律是也。律者，訓銓，訓法也。《易》曰：理財正辭，禁人爲非曰義。故銓量輕重，依義制律。《尚書大傳》曰：丕天之大律。注云：奉天之大法。法亦律也，故謂之爲律。昔者，聖人制作謂之爲經，傳師所説則謂之爲傳，此則丘明、子夏於《春秋》、《禮經》作傳是也。近代以來，兼經注而明之則謂之爲義疏。疏之爲字，本以疏闊、疏遠立名。又，《廣雅》云：疏者，識也。案疏訓識，則書疏記識之道存焉。《史記》云：前主所是著爲律，後主所是疏爲令。《漢書》云：削牘爲疏。故云疏也。昔者，三王始用肉刑。赭衣難嗣，皇風更遠，樸散淳離，傷肌犯骨。《尚書大傳》曰：夏刑三千條。《周禮》司刑掌五刑，其屬二千五百。穆王度時制法，五刑之屬三千。周衰刑重，戰國異制，魏文侯師於里悝，集諸國刑典，造《法經》六篇：一、《盜法》；二、《賊法》；三、《囚法》；四、《捕法》；五、《雜法》；六、《具法》。商鞅傳授，改法爲律。漢相蕭何，更加悝所造《户》、《興》、《廐》三篇，謂《九章之律》。魏因漢律爲一十八篇，改漢《具律》爲《刑名第一》。晉命賈充等，增損漢、魏律爲二十篇，於魏刑名律中分爲《法例律》。宋齊梁及後魏，因而不改。爰至北齊，併《刑名》、《法例》爲《名例》。後周復爲《刑名》。隋因北齊，更爲《名例》。唐因於隋，相承不改。

又：名者，五刑之罪名；例者，五刑之體例。名訓爲命，例訓爲比，命諸篇之刑名，比諸篇之法例。但名因罪立，事由犯生，命名即刑應，比例即事表，故以《名例》爲首篇。第者，訓居，訓次，則次第之義，可得言矣。一者，太極之氣，函三爲一，黄鍾之一，數所生焉。《名例》冠十二篇之首，故云《名例第一》。

（清）徐松《宋會要輯稿》卷三七九《刑法一》　〔熙寧三年〕十一月二十一日，樞密院文彦博言：臣聞刑平國用中典，自唐末至周五代離亂，刑用重典，以救一時。故法律之外輕罪或加於重，徒流或至於死。權宜從之，以定國可也。然非律之意，不可以為平世常法。國家承平百年，當用中典，然因循用法，猶有重於舊律者，若偽造官文書印，律止於流二千里。今斷送絞又其甚者，因近者臣僚一時起請凡偽造印記，再犯皆不至死者，亦從絞坐。既云罪不至死而復坐絞刑，是不應死而死，用刑之失中也。若以其累犯責其不悛，即持仗強盜贓滿五匹者，死。若止於四疋，雖五七犯不至於絞。况持杖強盜本法重于造印，則今之用法甚異律文，恭惟陛下仁覆萬邦惟刑是恤，方詔法官講議刑典，欲乞檢詳自五代以來于本朝見用刑名重於舊律如偽造印之比者，以勑律參詳，裁定其當所奠聖朝協用中典，詔送編勑所。

（明）孫旬《皇明疏鈔》卷六四馬文升《講明律意疏》　臣伏覩《大明律》一款：凡國家律令，參酌事情輕重定立罪名，頒行天下，永為遵守，百司官吏務要熟讀，講明律意，剖決事務。每遇年終，在內從都察院，在外從分巡御史、提刑按察司官按治去處考校，若不能講解，不曉律意者，初犯罰俸錢一月，再犯笞四十附過，三犯於本衙門遞降敘用。欽此欽遵。外竊惟國家大事莫先於刑獄，刑獄所重莫先於人命。蓋以死者不可復生，斷者不可復續。一女含冤，三年不雨；匹夫結怨，六月飛霜。以其冤抑之氣，有以傷天地之和，召水旱之灾。自古帝王莫不慎之。古舜典有欽恤之言，《周書》有敬慎之戒，下至漢唐法家多取專門，趙宋刑官設科取士，皆所以慎刑獄而重民命也。仰惟我太祖高皇帝膺天眷命，奄有萬方，臨御之初，屢詔大臣更定魏律，至于五六為之弗倦，以求至當。復命刑官重會衆律，親御宸翰，為之裁定，務協厥中，而於人命尤致意焉。是以當時司刑官員，多所用心，而於律意，務為講明，鞫讞之際，少有失平。陰陽以和，風雨以時，而天下無冤民矣。近年以來，兩京法司官員，或由進士初除寺正寺副評事主事，或由知州行人就陞員外郎中，而御史亦多知縣所除，到任之後，未經問刑就便斷獄公差，所以律條多不熟讀，而律意亦未講明，所問囚人不過移情就律，將就發落。且笞、杖、徒、流縱有所枉為害未大，至於人命，一有所冤關係匪輕。且如強盗窩主，重在造意，若窩藏強盗而不造意，亦難問擬斬罪。又如官吏懷挾私讐故勘平人因而致死，重在懷挾私讐，若因事到官，但有笞罪雖勘致死，亦止可問擬因公毆人致死徒罪。又如故殺鬬毆殺人，若兩人相爭互相毆打，毆死一人則名鬬毆殺人，一人未曾動手一人於彼致命去處有意致死，則名故殺，此等律意人多忽略。有將強盗窩主未曾造意同謀，止是分贓，及官吏因公事毆人致死，本無私讐故勘情由，而俱問斬罪者，有本係鬬毆而問擬故殺斬罪者，有本係故殺而却擬鬬毆殺人絞罪者，甚至謀殺、故殺，無屍檢驗而問擬斬罪，輙取情真罪當奏請處決者，或本因與人妻妾通姦，其夫別項身死，而問擬本婦因姦同謀殺死親夫凌遲處死，奸夫斬罪者。其他以非為是，以重作輕者非一。查得數年之間，天下布按二司等衙門呈詳死罪重囚，本院并刑部詳擬明白，大理寺復詳合律該科覆奏處決。幸蒙憲宗皇帝慈愛仁厚，不忍殺人，止令監着。恭遇皇上嗣登寶位，重念刑獄，屢下明詔：強盗無贓仗，人命無屍檢驗者，具奏定奪。其節年原監該決重囚近日辯理寬宥者亦多。若使當時就令處決，則含冤而死者不知幾人矣。其所傷和召灾者果誰之咎歟？法司尚然，則其餘府、州、縣、衛所囚犯枉抑而死者，又不知其幾何矣。此皆原問官員律學未講，律意未明之故也。況府、州、縣官員多有不曉刑名，不知律意者。遇有刑名事務多有不能剖決問理，而惟聽於主文之人。蓋由巡按御史、按察司官按治去處不行考校之故也。如蒙乞勑兩京法司堂上官督令所屬官，天下都、布、按三司，督令斷事理問，及浙江等按察司官并各府推官各要將大明律條熟讀講解，深明其意，不許似前忽略，置而不講。其問囚之時，參錯訊鞫，務要得其真情，方纔取招。議罪之時，尤須原情定擬，不許輕易致有冤抑，獄成之後，難以辯明，及通行天下大小衙門并兩京部屬官吏各置《大明律》一本，朝夕熟讀，用心講解，務曉其意。仍通行各處巡按御史、按察司分司官按治去處遵依《大明律》內事理從公考校，若有不能講解，不曉律意者，依律施行，當奏請并降用者，徑自具奏發落。仍乞勑吏部行移法司，將撥去進士，就令與見任官員一同問刑，以後該選之時，兩京法司有缺，先儘各衙門問刑進士除授，如果法司無缺，方令除授別部等衙門，是亦前代刑官設科取士之意也。庶使人精法律，而刑鮮濫施之弊，獄無冤抑，而世底刑措之美。

（明）孫旬《皇明疏鈔》卷六四丘濬《講求律意以定國是疏》　太祖高皇帝制律以防姦，因情以定律，增損舊制，輕重有倫，真治世安民之要典。凡司刑者所當恪守而不可有違之者也。柰何近年以來，問刑官多不窮究律意，有蹈襲前非以為是者，有偏執己見以為能者，以致往往刑不當罪，人將無所措手足，是豈惟良折獄之意哉？伏覩律之總目，凡計四百餘條。臣等固不能一一推論其意，姑以受贓條稱枉法、不枉法者言之。所謂枉法，律註明解受有事人財而曲法科斷者；所謂不枉法，律註明解受有事人財科斷不為曲法者。此皆為官與吏而言者。何哉？蓋以其各得承掌文移，均有用法之責故也。又有事後受財與有事以財請求之條，亦皆為官吏而言，故有若枉斷、不枉斷及避難就易，所枉重者之文，至明白也。今諸司問刑，凡以贓入罪者，不分官吏與諸色人等，如總甲皁隸之類，亦照有事以財請求律條科罪，夫豈律之本意哉？臣等又就本條論之，所謂有事以財行求得枉法者，計所與財坐贓論。蓋謂有事在官之人，而用財買求官吏，致事有枉斷者，則出錢人坐贓論罪，官吏以枉法科斷。觀下文有官吏刁証用強生事逼抑取受之文，則專為官吏而言，其事較然。其餘人犯贓，若不係承行得以用法之人，如總甲等項人役若臨時差遣，追捕罪人而有犯者，自有應捕人受財律條可坐。不係差遣者，亦自有豪強人求索之條可坐。豈得以官吏受財枉法之罪而一槩坐於諸人之身？夫官吏受財雖至滿貫，若係求索准枉法罪，猶得減止徒三年？而諸人受財以枉法論，遂有至於坐絞准徒五年者，是豈法之平邪？夫何以謂之法，律有明條是之謂法。何以謂之枉，罪有出入是之謂枉。此又枉法二字之義也。至於法不應受財而受，及不應為而為之者，謂之犯法則可。以其犯在官之法，而法不屬於彼，誠難謂之枉也。諸條猶有以枉法論，准枉法論者，蓋以諸人所犯之情不同，而有類於此者，官吏枉法條該括不盡，故又有以枉法、准枉法之條以別其罪。祖宗因情定法之意至為精密，固不容文外求意，致罪有出入者也。若凡受財但於法有違者，使謂之枉法，則人人皆可以官吏枉法條科斷，而以枉法、准枉法諸條似若不必設者。此理本明，初無難曉，顧未之思耳。臣等備員大理寺，職專天下刑名，審録諸司罪囚。雖與刑部都察院並稱法司，而本寺之職掌獨重，正古所謂廷尉天下平者，此也。叅酌情罪，允宜詳慎，故依叅駁，此又臣等為天下平者所執之權度也。但律之文詞簡精，人之意見或異，而用法之際至有移情就獄而不得其平者，聖明在上，百度維新，而欽恤之典尤廑宸衷。臣等若復依違附會而不思有所建明，非惟流毒一時，將起後世舞文弄法之弊。而臣等之責，有不得而辭者矣。故敢以一得之見切於法度常行者，上廑睿覽，倘賜采納，候命下之日備行兩京法司，并在外問刑衙門，此後凡問以贓入罪人犯，除官吏受財曲斷致罪有出入，及別稱以枉法論者，坐以枉法罪名外，其餘不係用法之人，如總甲等項人役，若係臨時差遣受財賣放罪人者，查照應捕人受財律條；其非差遣，有罪者自依豪強人求索律條各科斷。如此則法有定守，而司刑者不得以輕重其手，犯法者亦甘於受罪，而自將無寃之可稱矣。

《大清會典則例》卷一二四《刑部·律綱》　大凡別為一編曰名例，其目首列律母八字之義：曰以。以者，與實犯同謂。如監守貿易官物無異正盜，故以枉法論、以盜論，並除名刺字，罪至斬絞，並全科。曰準。準者，與實犯有間，謂如準枉法，準盜論，但準其罪不在除名刺字之例，罪止杖一百流三千里。曰皆。皆者，不分首從一等科罪。謂如監臨主守職役同情盜所監守官物并贓論數皆斬之類。曰各。各者，彼此同科此罪。謂如各色人匠撥赴內府工作，若不親自應役，雇人冒名私自代替，及替之人，各杖一百之類。曰其。其者，變於先意。謂如論八議罪犯，先奏請議，其犯十惡不用此律之類。曰及。及者，因類而推。如彼此皆罪之贓及應禁之物，則入官之類。曰即。即者，意盡而復明。謂如犯罪事發在逃者，衆證明白即同獄成之類。曰若。若者，文雖殊而會上意。謂如犯罪未老疾，事發時老疾，以老疾論；若在徒年限內老疾者，亦如之之類。

（清）嵇璜等《續文獻通考》卷一三五《刑考》　臣等謹按：馬端臨作《刑考》，其序畧曰：苟慕輕刑之名，而不恤惠姦之患，則非聖人明刑弼教之本意。蓋見宋承積弱之餘，法不振而人多玩，故為此論也。今考寧宗以降，史又言其刑獄滋濫，往往不以時讞囚，多瘐死，是因玩法以致濫刑，亦其勢所必至矣。遼以用武立國，刑多殘酷。景宗、聖宗補偏救弊，吏畏其法，民懷其恩，當時稱治，惜其子孫不能承二宗之意。而復仍其草創之舊，以至於衰。金初法制簡易，一洗故遼粃政，迄乎世宗援經斷事，揆義立法，治獄最為近古，明昌而後遠不能及，跡其矜恕之多，猶有中興之遺風焉。元初循用金律，後又定《新格》、頒《通制》，雖崇尚寬厚，而南北異制，事例紛繁，吏緣為奸，得以高下其手。至於數行赦宥，歲為佛事縱囚，豈可訓哉？明代規畫井然，始未嘗不祇慎，厥後偵伺成風，寖失大體，廠衛與法司分權，縉紳由中官制命，皆前代所罕聞也。兹循《馬考》體例，首刑制，次徒流，次詳讞，次贖刑、赦宥，博采史志，兼綜而條貫之，俾用刑者有所法鑒焉。

《四庫全書總目提要》卷一〇一《子部·法家類》　刑名之學，起於周季，其術爲聖世所不取。然流覽遺篇，兼資法戒，觀於管仲諸家，可以知近功小利之隘；觀於商鞅、韓非諸家，可以知刻薄寡恩之非。鑒彼前車，即所以克端治本，曾鞏所謂不滅其籍，乃善於放絕者歟。至於凝㠓所編，和凝、和㠓父子，相繼撰《疑獄集》。闡明疑獄，桂吳所録，桂萬榮、吳訥相續撰《棠陰比事》。矜慎祥刑，竝義取持平，道資弼教；雖類從而録，均隸法家。然立議不同，用心各異，於虞廷欽恤，亦屬有裨。是以仍準舊史，録此一家焉。

（清）王明德《讀律佩觿》卷三《免罪勿論》 免罪者，本有其罪而特免之也，與勿論迥別。蓋凡遇此等應為免罪人犯，必先細為推鞫，使之自吐真情，即其罪之或輕或重，詳列罪狀於案，照律擬以應得之罪。然後或引律，或引例，詳請具奏以免之。蓋罪雖免而法仍存，所以示人以罪之不可犯，凜之以不敢犯之懼也。

（唐）歐陽詢《藝文類聚》卷五四《刑法部・刑法》 晉杜預《律序》曰：律以正罪名，令以存事制。二者相須爲用。晉張斐《律序》曰：律令者，政事之經，萬機之緯。

（宋）潘自牧《記纂淵海》卷三《律歷部・律度量衡附》 同律度量衡。《書・舜典》。内宰凡建國，出其度量淳制。《周禮》。質人同其度量。合方氏一其度量。大行人十有一歲，同度量。並同上。仲春日夜分，則同度量。《記》。周公頒度量而天下大服。《明堂位》。立權度量，《大傳》。宮室得其度量，鼎得其象。《仲尼燕居》。正度量，夷民者也。《左傳》。謹權量，審法度。《論語》。

法制，度量。王者典憲也。《管》。仲春令關市，同度量，仲秋一度量。《淮南子》。法者，天下之度量也。同上。

（宋）潘自牧《記纂淵海》卷三七《科舉部・刑法科》 漢高祖初定關中，與秦父老約法三章。命蕭何定律令。鄭昌上疏云：若開後嗣不若定律令。律令一定，愚民知所避，姦吏無所弄矣。成帝詔：今大辟之刑千有餘條，律令煩多，百餘萬言自明習者不知所由，以羅元元之民大絶亡辜。

（清）丁柔克《柳弧》卷二《刑名》 刑名一道無過乎熟。律為一代之章程，例為隨時之條例，故開口皆曰照例辦，而不曰照律辦也。律重求例，例重求律。例分八字：以、准、皆、各、其、及、即、若。以字則不減等。十五字：加、減、計、坐、聽、依、從、並、餘、遞、重、但、亦、稱、同。九此者：欽、奉、准、得、敬、為、蒙、承、據。十一奉者：欽、敬、承、備、該、先、續、依、今、明、又。七殺者：殺人得財為劫殺；有嫌先定計為謀殺；事有怨恨，心無宿謀，逞怒一時為故殺，故殺不得有從；彼此交打，原無致死之心，曰鬬殺；本欲害甲錯中乙身，曰誤殺；相打以決勝負因而致死，曰戲殺；不期殺人而致人於死，曰過失殺。十姦：曰和姦、曰刁姦、曰强姦、曰輪姦、曰縱姦、曰賣姦、曰拒姦、曰捉姦、曰殺姦、曰調姦。至於保辜限，手足及以他物傷限二十日，金刃及湯火傷限三十日，餘限各十日，折跌肢體及破骨墮胎者，無論手足他物金刃皆限五十日，餘限二十日。照一日九十六刻扣限，聲明大建小建時刻。謀殺傷不准保辜，過失傷不責保辜。律眼：曰俱、曰從重、曰累減、曰聽減、曰得減、曰罪同、曰同罪。五刑者：笞、杖、徒、流、死。五徒者：杖六十徒一年，杖七十徒一年半，杖八十徒二年，杖九十徒二年半，杖一百徒〔三年〕。笞五十即止，六十則歸杖。五軍者：附近、近邊、邊遠、極邊、極邊烟瘴。三流者：杖一百流二千里，杖一百流二千五百里，杖一百流三千里，有《五軍道里表》一書。斬、絞立決隨時具題，部文到即（較）〔絞〕斬也，監候方歸秋審。有例即照例行，無例方照律行，律例俱無，則用比照。

（元）蘇天爵《元文類》卷四二《憲典・十惡》 人之罪無大於十惡者矣，王法之所必誅也。故歷代之律，著之首篇。國家任子之法舉人之條皆曰：不犯十惡者，始得預列。嗟夫，之二者之選，豈必其人有是惡，而後絶之哉！言不犯者，意其必無也，意其必無，而猶慎之，知人之難也！

（明）焦竑《澹園集》卷二三《經籍志論・法令》 漢初，蕭何定律令，張蒼制章程，叔孫通定儀法，一代之制粲然矣。晉《令甲》九百餘卷，杜預、賈充刪采其要，有律有令有故事，各選官府，儻所云章程者，非乎？國家創制立法，莫重於此。史稱魏相明經有師法，好觀漢故事及便宜章奏。故知前事不忘，後事之師也，其可忽諸？舊史有刑法一目，而《漢名臣奏事》、《魏臺雜訪》，貢舉、監學、役法參錯其間，近於不倫。今更名《法令》，以律令爲首，而諸條皆檢括之。其職官儀注，又以其重大別出云。

（清）沈家本《寄簃文存》卷三《説・法學盛衰説》 孔子言道政齊刑而必進之以德禮，是制治之原不偏重乎法，然亦不能廢法而不用。虞廷尚有皋陶，周室尚有蘇公，此古之法家，竝是專門之學，故法學重焉。自商鞅以刻薄之資行其法，寡恩積怨而人心以離。李斯行督責之令而二世以亡。人或薄法學爲不足尚，然此用法之過，而豈法之過哉？漢改秦苛法，蕭何修律，雖以李悝之法爲本，而秦法亦采之。然惠帝除夷族之法，文帝除誹謗妖言之法，除肉刑，景帝減笞法，其時人民安樂，幾致刑措。用法而行之以仁恕之心，法何嘗有弊？嘗考法學之盛衰而推求其故矣，按法家者流。出于理官，自李悝著法經，其後則有商鞅、申不害、處子、慎到、韓非、游棣子諸人，並有著作列在《漢志》法家，是戰國之時，此學最盛。迨李斯相秦，議請史官非《秦記》皆燒之，非博士官所職，天下敢有藏《詩》、《書》、百家語者，悉詣守尉雜燒之，若欲學法令者，以吏爲師。自是，法令之書藏于官府，天下之士阨于聞見。斯時，朝廷之上，方以法爲尚，而四海之內，必有不屑以吏爲師者，而此學亦遂衰。【略】

蓋自魏置律博士一官，下及唐宋，或隸大理，或隸國學，雖員額多寡不同，而國家既設此一途，士之講求法律者亦視爲當學之務，傳授不絶於世。迨元廢此官，而法學自此衰矣。【略】

紀文達編纂《四庫全書》，政書類法令之屬僅收二部，存目僅收五部。其按語謂刑爲盛世所不能廢，而亦盛世所不尚，所録略存梗概，不求備也。夫《四庫目録》乃奉命撰述之書，天下趨向之所屬，今創此論於上，下之人從風而靡，此法學之所以日衰也。

（清）梁啓超《飲冰室合集·文集》卷一六《論中國成文法編制之沿革得失》 一成文法之定義，謂國家主權者所制定而公布之法律也。不著竹帛之慣習法，其非成文法不俟言，即已著諸竹帛，如君主之詔勅，及法庭之判決例，實際上雖與法律有同一之効力，然名義上未經主權者指定賦與法律之名，仍不能謂之成文法。本論所論者以此定義爲斷。

一成文法復可分爲兩種，一曰單行法，謂隨時頒布之法律也。二曰法典，立夫單行法之上，或集録前此之單行法，而勒爲大典者也。本論所論者兼此兩種。

又： 人類之始爲社會，其間固自有種種慣習以爲之制裁，是即法律之所由起也。故法律之起，可謂之先於國家，及社會既形成國家，而前此所謂制裁力者，漸以强制執行之。主治者與受治者之關係既確定，慣習變爲慣習法，主治者復以其意之所是非，制爲禁令，而一國人皆有服從之之義務，此法律發達之第一級也。然慣習雖經承認，禁令雖經厲行，而或僅從實際方面，遇事而發表其權力作用，而未嘗以文句泐爲一定之科條，使國中以共守。或雖有文句，而以隱而祕之爲政治上之妙用。故法律之爲物，屬於理官之所專有，而人民莫能睹其端倪。其意蓋以法律者，統治之要具也。爲主治者而立，非爲受給者而立。而主治者惟常示民以不可測，乃能威天下而善其治，故有法而不公諸民，與無法同。及夫統治作用漸進步，主治者以種種原因，不得不取前此之慣習及禁令，泐爲條文，而特命之以法律之名。日本《法政新誌》第九卷第七號，法學博士仁保龜松著《論法律之發達》云：法律之由不文法以進於成文法也，固由文字之利用方法之進步，自然爲外形之發達。雖然徵諸各國之立法史，其以文字表示法律者，莫不有其極重大之政治的理由。有欲確表立法之本意，使執法官及臣民咸知所適從者，名曰訓示的立法。如我日本聖德太子之憲法，北條氏之《貞永式目》是也。有欲明示權力行使之準則，舉權利保障之實者，名曰治安的立法。如羅馬之《十二銅表法》，英國之《大憲章》是也。有欲表明立法之意思，示統治權之威力者，名曰威壓的立法。如希臘古代之多拉哥血法是也。有欲保存不文法使便記憶者，名曰保存的立法。如德意志中世之索遜士比奇、疏華彬士比奇是也。 又以不教而誅之爲罔民也，乃以法律代一種之教規，泐而布之，使一國知所守。於是所謂成文法者見焉。此法律發達之第二級也。成文法之初起，不過隨時隨事，制定爲多數之單行法。及單行法發布既多，不得不撮而録之，於是所謂法典者見焉。然法典之編纂，其始毫無組織，不過集録舊文而已。及立法之技量稍進，於是或爲類聚體之編纂，或爲編年體之編纂，畫然成一體裁。及立法之理論益進，於是更根據學理以爲編纂。凡法律之内容及外形，皆有一定之原理、原則以組織之，而完善之法典始見，此法律發達之第三級也。今更詳密表示之如下。

- 法
  - 社會法
  - 國家法
    - 不文法
    - 成文法
      - 不公布之成文法
      - 公布之成文法
        - 單行成文法
        - 集合成文法（法典）
          - 無組織的集合
          - 有組織的集合
            - 非學理的組織
            - 學理的組織

以上諸階級，實各國法律之形體的進化所必經也。日本法學博士穗積陳重《法典論》曰：法律有實質與形體之二原素。一國之法律果適於興國利進民福乎？

此法律之實質同題也。一國之法令果簡明正確而成法文，使人民容易知權利義務之所在乎？此法律之形體問題也。本論之範圍屬於形體問題而不及實質問題。我國自黃帝堯舜時代，卽已有國家法。而虞夏之間，成文法之痕跡，見於故書雅記者，漸可考見。迨夫周代，成文法之公布，遂認爲政府之一義務。及春秋戰國，而集合多數單行法，以編制法典之事業，蚤已萌芽。後漢魏晉之交，法典之資料益富，而編纂之體裁亦益講，有組織的之大法典，先於世界萬國而見其成立。羅馬法典之編成在西曆五百三十四年，當我梁武帝中大通六年。晉新律之頒布在晉武帝泰始四年，當彼二百六十八年。唐宋明清，承流蹈軌，滋粲然矣，其所以能占四大法系之一，而爛然有聲於世界者，蓋有由也。雖然法律之實質，既已曆二千餘年，無所進步。卽其形體，亦沿漢晉隋唐之舊，卷帙條目雖加增，而組織之方法，卒未一變。馴至今日，而固有之法系，殆成博物院中之裝飾品，其去社會之用日遠，勢不得不採他人之法系以濟其窮。蓋編纂新法典之論，漸入於全國有識者之腦中，促政府當道以實行。而政府當道，外追於時勢，內鑒於輿論，其實行之機，抑已漸動。今後最重要問題，卽編纂新法典之問題，申言之，卽新法典當以何等方法從事編纂之問題也。雖然，法律者，非創造的而發達的也。然則非徒有外國之法律智識，而遂足以語於立法事業。而本國法律之沿革，與夫社會之需要，皆不可不深厝意焉。夫法律豈如何而適於社會，此實質問題，非本論所及也。

又：我國成文法之起原，不可確指。然以數千年來之思想，往往視法律與命令同爲一物。蓋君主之詔勅，得稱之爲實質的法律。故《說文》典下云：五帝之書也。而後此法律，卽以五帝書之名名之。是五帝書卽最古之一種法律也。《左傳》有三墳五典之目，但其書久佚，不識內容云何。以今《尚書》有《堯典》一篇推之，則古之五典，當亦不過爾爾，殆記載一古帝王之言論行事以爲法程，其視後世之成文法，相去固甚遠。

《逸周書・武王踐祚》篇云：王召師尚父問曰：黃帝、顓頊之道存乎？師尚父曰：在丹書。明楊慎釋之曰：丹書，古人之法律書名也。《丹鉛録》。日本先儒蘆東山氏曰，黃帝與宗室大臣國人相約之言，書於丹圖者《無刑録》。凡此皆後人揣度之詞，不可徵信，丹書殆卽五典之類，或卽五典之一部耳。

我國之法系，其中一部分，殆可謂繼受苗族之法系而來。蓋我國文明，實濫觴於揚子江流域。若刑法者，我之受之於彼，又載籍所明示也。《書・呂刑》云：苗民勿用靈，制以刑，惟作五虐之刑，曰法。殺戮無辜，爰始淫爲劓刵椓黥，越茲麗刑，是五刑爲苗族所創，其跡甚明。《墨子・尚同》中亦云：譬之若有苗以五刑然，亦其證也。自黃帝迄於舜禹，我族與苗族爲劇烈之競爭，卒代之以興。於是彼族之文明，吸收以爲我用，刑法於是起焉。而此種刑法，初但還以施諸彼族，不以施諸我族。《書・呂刑》又云：皇帝哀矜庶戮之不辜，報虐以威，遏絶苗民。是當時我刑法爲限用於苗族之特別法。報虐以威者，謂苗人以虐制刑，還以刑威之也。《書・堯典》亦曰：帝命皋陶，蠻夷猾夏，寇賊奸宄，汝作士。皋陶爲司法官，而其職權所轄治者，乃在蠻夷，是其證也。《左傳》僖二十五年云：德以柔中國，刑以威四夷。此殆上古時普通之觀念也。《記・曲禮》云：禮不下庶人，刑不上大夫，亦是此意。參觀拙著《中國法理學發達史》第五章。

附言：《唐律・名例篇》云：諸化外人同類自相犯者，各依本俗法；異類相犯者，以法律論。然則治異族人，還以其族固有之法律，實我國法學上之一原則。此原則導源於黃帝堯舜時代，至唐時則明著諸法文中。《唐律》亦本前代此條？爲唐律所特著？抑因襲前代成文？今不可考。而今日之領事裁判權，施行於國中，而恬不以爲怪者，亦自此觀念演出也。古代法律，率採屬人主義，卽羅馬法、回回法，莫不皆然，又匪獨我矣。

《書・堯典》曰：象以典刑，流宥五刑。鞭作官刑，扑作教刑，金作贖刑，眚災肆赦，怙終賊刑。此數語可謂我國成文法之最古者。象，卽《周官・秋官》所謂懸刑象之法於象魏也。《左傳》昭十四年引《夏書》曰：昏墨賊殺，咎繇之刑也。咎繇卽皋陶。然則皋陶之刑，殆必爲一種簡單的成文法，特今不傳耳。而《唐律疏議》敘云：堯舜時理官則謂之士，而皋陶爲之，其法略存，而往往概見。然則其遺文至唐時猶有存焉者矣。

我國古代，禮與法視同一物。禮者，卽規律本族之法也。故凡禮制之著於竹帛者，皆可認爲一種之成文法。而《書・堯典》云：修五禮。禮而言修，則其據法成文可知。《堯典》又云：自我五典五惇哉，自我五禮有庸哉，五刑五用哉。五典、五禮、五刑皆可認爲成文法。《論語》云，殷因於夏禮，所損益可知也。周因於殷禮，所損益可知也。此殆如漢律之因秦律，大清律例之因大明律歟？若禮而可認爲成文法，則周代所謂經禮三百、曲禮三千者，其可謂最古而最繁博之法典焉矣。日本博士織田萬曰：支那之行政法典，實先於刑法典而成立，彼《周禮》實周公之政典，而世界最古之行政法典也。《清國行政法》第四頁。《周禮》一書，真僞未有定論。織田氏之説，吾非能絶對的表同情者也。雖然，其書即依託，亦殆出於春秋戰國之間，然則品世界之行政法，猶未或能先也。但果屬依託者，則僅能命爲學説，而不得以冒法律之名耳。

德國碩學里斯特曰：法律發達史之第一葉，必屬於刑法。《清國刑法論》第三頁。即我中國亦豈其能外此公例？今翻觀刑法方面，虞之五刑尚矣。《尚書大傳》曰：夏刑三千。《左傳》昭六年曰：夏有亂政而作禹刑，商有亂政而作湯刑，周有亂政而作九刑，是夏商周三代，各各有成文刑法也明甚。而《書·吕刑》篇，則法文之見於經傳而尤可信據者也。其他如《周禮》有懸法讀法之文，是皆非既有成文法以後不可。今以真僞未明，姑略之。

逮於春秋，社會形勢一變，法治主義，應於時代之要求，而句出萌達。於是各國政治家，咸以編纂法典為當務之急。其成文法之名見於傳記者至多，今臚舉之。

一、齊之憲法。《管子·首憲篇》云：正月之朔，百吏在朝，君乃出令，布憲法於國。五鄉之師，五屬大夫，皆受憲於太史。大朝之日，五鄉之師，五屬大夫，皆身習憲於君前。太史既布憲，入籍於太府，憲籍分布於君前，五鄉之師出朝，遂於鄉官，致於鄉屬，及於游宗，皆受憲。憲而有籍，則其為成文法甚明。此殆管子所制定者也。

二、楚之僕區法。《左傳》昭七年云：吾先君文王作《僕區之法》曰：盗所隱器，與盗同罪。杜注云：僕區，刑書名。案：此傳載楚無宇之言也。所謂僕區法者能舉其條文，則其為成文法可知。

三、楚之茅門法。《韓非子·外儲説右上》云：荊莊王有茆門之法。

四、晉之被廬法。《左傳》昭二十九年云：文公是以作執秩之官，為被廬之法，以為盟主。案：僖二十七年《傳》云：於是乎蒐於被廬。杜注云：晉常以其春蒐禮改政令，敬其始也。然則此法殆文公所制定，以蒐於被廬時頒之者也。

五、晉之刑書刑鼎。《左傳》昭二十九年云：冬，晉趙鞅、荀寅帥師城汝濱，遂賦晉國一鼓鐵以鑄刑鼎，著范宣子所為刑書焉。然則此盖一種新刑法。范宣子所制定，而趙鞅更鑄之於鼎以垂久遠者也。

六、鄭之刑書。《左傳》昭六年云：三月，鄭人鑄刑書。叔向使詒子産書曰：（前略）今吾子相鄭國，作沟洫，立謗政，制參辟，鑄刑書，將以靖民，不以難乎？……復書曰：僑不才，不能及子孫，吾以救世也。案：所謂鑄刑書者，亦以成文之刑法鑄之於鼎也。至其法爲舊有之法，抑子産所新制定，傳無明文。

七、鄭之竹刑。《左傳》定九年云：鄭駟歂殺鄧析而用其竹刑。杜注云：鄧析，鄭大夫。私造刑法，書之於竹簡。故云竹刑。案：今傳《鄧析子》五篇真僞未定。鄧析殆當時之一法學者，自以意見制一新刑法。駟氏執政從而承認之爲國家法也。

以上見於傳記者如此。大抵當時各國，莫不各有其成文法。而政治家亦以此爲最要之政策焉。蓋春秋以降，構成國家之大分子，日趨複雜。非用强制組織，無以統治之。而欲實行强制組織，莫亟於法律之公布。故各國汲汲於立法事業，而或著諸竹帛，或泐諸金石。刑鼎之製，與羅馬之十二銅表，東西同揆矣。《韓非子·定法篇》云：法者，憲令著於官府，刑罰必於民心者也。其釋法之定義如此，可知成文法典，至其時而已大具矣。

又：語中國法制上最重要之人物，則李悝其首屈一指矣。《漢書·藝文志》法家，有《李子》三十二篇。原注云：名悝，相魏文侯，富國强兵。《晉書·刑法志》曰：秦漢舊律其文起自魏文侯李悝。悝撰次諸國法，著《法經》。以爲王者之政，莫急於盗賊。故其律始於盗賊，盗賊須劾捕，故著網、捕二篇。其輕狡、越城、博戲、借假不廉、淫侈踰制，以爲《雜律》一篇。又以其律具其加減，是故所著六篇而已。商君受之以相秦，漢承秦制。（下略）又《唐律疏義·進律疏表》云：魏文侯師於李悝，集諸國刑典，造《法經》六篇：一盗法，二賊法，三囚法，四捕法，五雜法，六具法。又漢相蕭何更加悝所造戶、興、廄三篇，謂九章之律，是爲九法。綜上兩文，則李悝在我國法制史上之位置，從可識矣。吾語其關係之最大者有二。

一曰立後此成文法之基礎。我國現行之律，繼受明律，明律繼受宋律，宋律繼受唐律，唐律繼受魏晉律，魏晉律繼受漢律，漢律繼受秦律，而秦律即李悝之原文也。然則二千年間之法律，無不以李悝所制定者爲藍本。不過因緣時代之需要，而有所損益云爾。《法經》六篇雖亡，實則展轉間接，散存於今之《大清律例》者，尚不知凡幾。但孰爲原文不可識別耳。故後世一切法典之對於《法經》非徒母子血統的關係，而實一體化身的關係也。

二曰集前此成文法慣習法之大成。悝之《法經》，既撰次諸國法而成。然則前所列舉之七種法，與夫不見於傳記之他種成文法，乃至各國未著於竹帛之慣習法，當莫不爲《法經》所網羅。蓋《法經》者，集局部法以爲一般法者也。我國法律之統一，自《法經》始。我國之有《法經》，猶法蘭西之有《拿破侖法典》也。法國前此各地方各有法律，莫能統一。現行民法由拿破侖時代制定，名爲《拿破侖法典》，實集各地方法律之大成，棄短取長以編制之者也。其內容之豐富與理由之深遠，雖非《法經》可擬。然其制定之歷史頗相類矣。故諸國法令雖無一遺存，然以其爲法經之淵源，則東鱗西爪，藉《法經》之介紹，間接以散見於現行法律中者，殆非絶無矣。

又： 漢高初入關，宣言除秦苛法，與民約法三章。然條件太簡單，勢固不能實行。而蕭何首收秦國圖籍律令，遂因秦律秦律六章，卽李悝《法經》也。秦政法曰律。益爲九章。今舉其名以與《法經》相比較。

《法經》：盗法、賊法、囚法、捕法、雜法、具法。

《漢律》：盗律、賊律、囚律、捕律、雜律、具律、戶律、廐律、興律。

張蒼者，故秦柱下史，以明律聞，蕭何辟爲相府主計。然則九章律之起草，殆出蒼手歟？其後社會之現象日繁，法律之條件亦日密。終兩漢之世，其所謂實質的法律者，已數十倍於前。其種類亦至多，今縷舉之。

一曰律。此正式的成文法也。自蕭何益《法經》爲九篇，未幾叔孫通益律所不及爲《傍章》十八篇，張湯復爲《越宫律》二十七篇，趙禹復爲《朝律》六篇，合六十篇。皆漢律正文也。後漢永元六年，廷尉陳寵上疏，謂律有三家，説各駁異。所謂三家者，卽蕭、張、趙三氏所定之律也，其他見於史傳者，尚有《尉律》、《尚方律》、《金布律》、《田律》、《上計律》、《錢律》、《田租税律》、《大樂律》、《酎金律》、《挾書律》等，其詳不可得而聞。

二曰令。凡在專制國，法律制定之權，悉操諸君主。故君主之詔令，與法律有同一之効力。《史記・酷吏傳》云：前主所是著爲律，後主所是著爲令，是令亦一種實質的法律也。然令亦有立法命令與行政命令之分。其立法命令，則史所稱功令所稱著令者是也。其後積久浸多，乃編次爲令甲令乙令丙等。《漢書・宣帝紀》：令甲：死者不可生，刑者不可息。顏注：如淳曰：令有先後，故有令甲、令乙、令丙。師古曰：淳説是也。甲乙者若今之第一第二篇耳。又《晉書・刑法志》有令景之文。景卽丙。避帝諱也。六朝時皆避丙作景。《漢書・刑法志》謂孝武之末，律令凡三百五十九章，則其數之多可知。然律與令固非相雜廁者，《説文》衣部褱下引漢令云：解衣而耕謂之褱，系部綷下引漢律云：祠宗廟，丹書告也。絩下引漢律云：綺絲數謂之絩布。然則律與令各自爲編明甚，此如日本之法令，對文則別，散文則通矣。日本之法令，法謂法律，令謂命令也。漢令之名稱，見於史傳者，有《田令》《契令》《光禄契令》《廷尉挈令》《水令》《公令》《養老令》《馬復令》《諸姬令》《秩禄令》《官衛令》《憲令》《金布令》《任子令》《祠令》《胎養令》《品令》等。其卽在令甲令乙令丙之中，抑離而獨立，今不可考。

三曰比。比者，今《大清律例》之所謂例也。日本所謂判決例也。其義本於《記・王制》，《王制》曰：必察小大之比以成之是也。漢時稱爲決事比，或稱法比，或單稱比。《漢書・刑法志》謂死罪決事比萬三千四百七十二事，則其繁多可想。蓋法文有定，而行爲之變態無窮。以有定馭無窮，勢必不給。故折獄者不得不隨時比附。此各國所不能免也。而比附者，或比附法文，或比附條理。條理者日本法律上專用之一名詞，裁判官於法文所不具者，則推條理以爲判決。如我國所謂準情酌理也。我國則於此兩者之外，更有比附經義之一種。比附法文者，《漢書・刑法志》云：制疑獄者，各讞所屬官長，皆移廷尉。廷尉不能決，具爲奏，附所當比律令以聞。《史記・張湯傳》云：貧弱雖陷法，曲文以出之。其豪傑侵小民者，以文內之是也。比附條理者，凡法文所不具者，法官憑其心之所安以爲斷，《書・呂刑》所謂輕重諸罰有權，《周官》司刺職所謂求民情、斷民中，面刺上服下服之罪是也。此自古有之，而漢代法文簡略，用之尤廣。《漢書・刑法志》曰：姦吏轉相比况。又曰：所欲活則傅生議，所欲陷則予死比。又曰：奇請它比，日以益滋。《唐律・斷獄篇》曰：諸制敕斷罪，臨時處分，不爲永格者，不得引爲後比。是卽比附條理之意也。《漢書・刑法志》又載孝景中五年詔云：諸獄疑，雖文致於法，而於人心不厭者，輒讞之。然則雖有法文可按者，猶時或推條理以爲斷矣。比附經義者，我國崇古而尊經，視經義與國法，有同一之効力。漢初法制未備，每有大事，朝臣得援經義以折衷是非。《漢書·張湯傳》云：湯爲廷尉，每決大獄，欲傅古義，乃請博士弟子治《尚書》《春秋》者補廷尉史，亭疑奏讞。又《兒寬傳》云：寬爲建尉椽，以古義決疑獄，奏輒報可。應劭奏上《漢儀表》云：《晉書·刑法志》引。故膠東相董仲舒老病致仕，朝廷每有政議，數遣廷尉張湯親至陋巷，問其得失。於是作《春秋折獄》，獄二百三十二事，動以經對是也。應劭《漢儀》，自言撰具《律本》《章句》《尚書舊事》《廷尉板令》《決事比例》《司徒都目》《五曹詔書》等而成。所謂《尚書舊事》《廷尉板令》《決事比例》《司徒都目》皆判決例，即所謂比也。《晉書·刑法志》謂：漢時決事，集爲三百餘篇，及司徒鮑公撰《嫁娶辭訟決》，爲法比都目，凡九百六卷。則當時判決例之浩瀚繁博，可以想見。而此等之在當時，皆視之與律令有同一之効力者也。

《晉書·刑法志》云：漢興以來，三百二年，憲令稍增，科條無限。而《魏律》序略，雜引律有某條，令乙令丙有某條，科有某條，又言以省科文，又言於旁章科令爲省。然則科者，當時一種法律之名，而與律令異其性質者也，殆卽判決例，而漢時所謂比矣。不然，漢之法比九百餘卷，何序略不一引之耶？此説若信，則比與律令，有同一之効力益明。

四曰學説。以學説爲成文法之淵源，此各國法律史上所習見也。徵諸西史，凡學説之所以得變爲法律者，其途有四：一、以解釋法律之權，付諸學者。如羅馬帝奧古斯丁，選當時法律家付與解釋法律之權，其所解釋者稱爲學士説，Responsa Pruden Tiam 直與法律同効力是也。二、直以法律之効力，賦諸學説。如羅馬帝托多條士，采當時碩儒巴比尼安等五家之著書，認爲國法，若五家説有互相牴牾者，則以巴比尼安説爲正是也。三、編纂學説以爲法典。如羅馬查士丁尼帝，編纂羅馬三十九大家之學説，爲一法典，名曰的支士潭是也。四、學説養成慣習法者。學者之法律思想，浸灌人心，遂養成一種之慣習法，或裁判官採其學説以折獄，遂成爲判決例。而由慣習法或判決例，轉變成爲法律者是也。此四者，皆各國法制史上所常見也。我國漢代，如董仲舒之《春秋折獄》，本非立法，亦非判決例，而後此經應劭採爲《漢儀》，獻帝承認之，遂成爲國法。又應劭之書，末附《議駁》八十二章，自言内二十六，博採古今瓌瑋之士，是則前哲之學説也。内二十七劭所創造，是又劭之學説也，而皆經獻帝承認，又成爲國法矣。且當時大儒解釋法文者，尤爲繁賾。《晉書·刑法志》云：後人生意，各爲章句，叔孫宣、郭令卿、馬融、鄭玄諸儒章句，十有餘家，家數十萬言，凡斷罪所當由用者，合二萬六千二百七十二條，七百七十三萬二千二百餘萬言，言數益繁，覽者益難。天子於是下詔，但用鄭氏章句，不得雜用餘家。案此所謂天子者，魏明帝也。由此觀之，當時法律解釋派之發達，殆不讓今之德國。夫七八百萬言之章句，恐合今兹日本諸家之法律注解，尚未逮其數也。而絶代大儒馬鄭二君，皆有成書，其博深切明，當無待言。惜乎今日無一字之能見也，而當時既爲斷罪所當由用，由用猶繼行也，則其與法律有同一之効力甚明。逮魏明帝專認鄭氏章句，則又明賦與鄭説以法律之効力矣。

又：次於李悝《法經》，而從事編纂法典之大業者，魏晉間之《新律》是也。蕭何之《九章》，雖稍益於秦舊，而以馭生事日繁之社會，既大苦不給。故續頒之詔令，任意之判決例，及繁重之解釋，間雜錯出，動相矛盾，蓋至東漢之末，而律有六十篇，令有三百餘篇，法比有九百餘卷，章句有七百餘萬言，《晉書·刑法志》評之曰：事類雖同，輕重乖異。通條連句，上下相蒙。又曰律文煩廣，事比衆多，誠切中其弊也，於新法典編纂之必要迫於眉睫。魏明初政，厲精圖治，乃命司空陳羣，散騎常侍劉邵，給事黄門侍郎韓遜，議郎庾嶷，中郎黄休、荀詵等，刪約舊科，傍采漢律，定爲魏法，制《新律》十八篇，《州郡令》四十五篇，《尚書官令》、《軍中令》合一百八十餘篇，其序略云：

舊律所難知者，由於六篇篇少故也。篇少則文舊，文舊則事寡，事寡則罪漏。是以後人稍增，更與本體相離。今制新律，宜都總事類，多其篇條。舊律因秦《法經》，就增三篇，而《具律》不移，因在第六罪條例，既不在始，又不在終，非篇章之義。故集罪例以爲《刑名》，冠於律首。《盜律》有劫略、恐猲、和賣買人，科有持質，皆非盜事，故分以爲《劫略律》。《賊律》有欺謾、詐僞、踰封、矯制。《囚律》有詐僞生死，令景有詐自復免，事類衆多，故分爲《詐律》。《賊律》有賊伐樹木、殺傷人畜產及諸亡印。《金布律》有毁傷亡失縣官財物，故分爲《毁亡律》。《囚律》有告劾傳覆。《厩律》有告反逮受，科有登聞道辭，故分爲《告劾律》。《囚律》有繫囚鞫獄斷獄之法。《興律》有上獄之事，科有考事報讞，宜別爲篇，故分爲《繫訊斷獄律》。《盜律》有受所監、受財枉法。《雜律》有假借不廉，令乙有呵人受錢，科有使者驗賂，其事相類，故分爲

《請賕律》。《盜律》有劫辱强賊，《興律》有擅興徭役，《具律》有出賣呈，科有擅作修舍事，故分爲《興擅律》。《興律》有乏徭稽留，《賊律》有儲峙不辦，《廄律》有乏軍之興，及舊典有奉詔不謹、不承用詔書。漢氏施行，有小愆之反，不如令，輒劾以不承用詔書乏軍，要斬。又減以丁酉詔書。丁酉詔書，漢文所下，不宜復以爲法，故別爲之留律。秦世舊有廄，置乘傳、副車、食廚，漢初承秦不改，後以費廣稍省，故後漢但設騎置而無車馬，律猶著其文，則爲虛設，故除《廄律》，取其可用合科者以爲《郵驛令》，其告反逮驗，別入《告劾律》。上言變事，以爲《變事令》；以驚事告急與《興律》烽燧及科令者，以爲《驚事律》。盜律有還贓畀主，《金布律》有罰贖入責以呈黄金爲價，科有平庸坐贓事，以爲《償贓律》。律之初制，無免坐之文。張湯趙禹，始作監臨部主見知故縱之例，其見知而故不舉劾，各與同罪；失不舉劾，各以贖論。其不見不知不坐也。是以文約而例通。科之爲制，每條有違科不覺不知從坐之免，不復分別，而免坐繁多，宜總爲免例，以省科文。故更制定其由例以爲《免坐律》。諸律令中，有其教制，本條無從坐之文者，皆從此取法也。凡所增定十三篇，故就五篇，合十八篇。於正律八篇爲增，於旁章科令爲省矣。

據此，則魏律之視秦漢律，其篇章大有所增損，編次亦多移易。若其內容，今雖不可得見。然於漢代詔令法比乃至諸家之學説，殆多網羅而抉擇之，其用力之劬，殆非初漢時代所得同年而語也。夫漢高本以駔儈弋大位，未嘗有立法制以福天下之志。其臣又非能有管仲、子產、李悝、商鞅之才，可以任立法事業。蕭何一刀筆吏耳，叔孫通闒然媚世之賤儒耳，一國法制，全委於其手，故因陋就簡，蹈襲秦舊，東塗西抹，命爲漢制。及不周於用，則任嗣君之是非以爲詔令，憑俗吏之抑揚以爲法比，與原有之根本律，分馳矛盾，曾無一貫之原則以樞紐之，無秩序無統一，故法愈多而弊愈不可勝窮。蓋自文景武之世，而學者已極言改制立法之不可以已矣。賈誼之告文帝曰：人之所設，不爲不立，不植則僵，不修則壞。中略豈如今定經制，令上下有差，父子六親，各得其宜。姦人亡所幾幸，而羣臣衆信，上不疑惑，此業一定，世世常安，而後有所持循矣。若大經制不定，是猶度江河亡維楫，中流而遇風波，船必覆矣。《漢書》本傳。董仲舒之對武帝曰：繼治世者其道同，繼亂世者其道變。又曰：琴瑟不調甚者，必解而更張之，乃可鼓也。爲政而不行甚者，必變而更化之，乃可理也。《漢書》本傳。賈、董皆一代大儒，而其所主張，咸謂當取一切法度，爲根本的變更，而別以良法組織之。所論者不徒在刑法之一方面而已。卽就刑法一方面觀之，亦歷歲愈久而弊愈甚。《漢書・刑法志》述孝武時代之現狀，謂文書盈於几閣，典者不能徧睹，是以郡國承用者駮，或罪同而論異，姦吏因緣爲市，然則法文不整，其毒害之及於社會者，可以概見矣。宣帝起閭閻，深知情弊。及卽位，置廷平之官，秩六百石，員四人。常自幸宣室决事。此殆如英王愛華德第三之設衡平裁判所矣。英王爲濟普通法之窮，特命近侍法官別設裁判所，許人民叩閽。其判决例復別成爲衡平法。然識者固已謂爲不揣其本而齊其末。鄭昌上疏曰：若開後嗣，不若刪定律令。律令一定，愚民知所避，姦吏無所弄矣。今不正其本而置廷平以理其末也，政衰聽怠，則廷平將招權而爲亂首矣。《漢書・刑法志》。是最初倡修正刑法法典之議者，鄭昌也。元帝成帝，曾兩下詔議修正，元帝詔云：夫法令者，所以抑暴扶弱，欲其難犯而易避也。今律令煩多而不約，自典文者不能分明，而欲羅元元之不逮，斯豈刑中之意哉？成帝詔云：今律令類多，百有餘萬言。奇請它比，日以益滋。自明習者不知所由，欲以曉喻衆庶，不亦難乎？於以羅元元之民，夭絶亡辜，豈不哀哉？而臣下無足以當此重任者，業遂不就。班固論之曰：有司無仲山父將明之材，不能因時廣宣主恩，建立明制，爲一代之法，而徒鈎摭微細毛舉數事以塞詔而已。是以大議不立，遂以至今，誠傷之也。蓋當西漢元平間，編纂法典之機一動，而遂不見結果，蹉跎以迄東京之季。固之言又曰：議者或謂法難數變，此庸人不達，疑塞治道，聖智之所常患也。又曰：豈如惟思所以正本清源之論，刪定律令，復古刑爲三千章。俱見《漢書・刑法志》。是班氏亦當時主張修正刑法論者之一人。志中之言，一篇間三致意焉，此殆當時一般之輿論，又非徒班氏一人意見而已。和帝永元六年，廷尉陳寵，復大倡是議，亦蹉跎未行。獻帝建安元年，應劭以私人資格，獨力纂述，未臻完備，暫以適用。而當世大儒崔寔、鄭玄、陳紀之流，倡改革論益力。夫漢律自孝武時代，已苦其猥雜棼亂，況復加以三百年間不秩序不統一之科令，日出而不窮，其有法等於無法，漸演出無政府之現象，勢所必然矣。故編纂法典，殆時代最急之要求，而當日救濟社會惟一之手段也。魏武相漢，陳紀子羣，復申父論，而操自謂不宜以藩國改漢制，復寢不行。直至魏明初政，天下稍蘇息，始克從事斯業，而陳羣卽出其家學以當編輯之任。蓋此舉爲一般學者之所倡，垂數百年，而至是始實行也。及司馬文帝爲晉王，又以陳羣劉劭之本，雖經改革，而科網本密，尚苦不周，又叔孫、郭、馬、杜諸儒章句，但取鄭氏，未免偏黨。魏明帝時下詔：諸家章句，有相牴牾者，以鄭玄説爲正。乃命賈充更事編制。而以鄭沖、荀顗、荀勗、羊祜、王業、杜友、杜預、裴楷、周權、郭頎、成公綏、柳軌、榮邵十四人典其事，半皆一時名宿，以學聞於世者也。於是就漢九章增十一篇，仍其族類，正其體號，改舊《具律》爲《刑名》、《法例》，辨《囚律》爲《告劾》、《繫訊》、《斷獄》，分《盜律》爲《請賕》、《詐僞》、《水火》、《毀亡》。因事類爲《衛宫》、《違制》，撰《周官》爲《諸侯》，律合二十篇，六百二十條，二萬六千七百五十七言。其一時權宜之制，不著於律，悉以爲令。犯令者則以律中違制之罪罪之。都凡律令合二千九百二十六條，十二萬六千三百言，爲六十卷，泰始三年事畢。武帝親自臨講，使裴楷執讀。四年正月，大赦天下，班新律焉。由此觀之，則此次編纂新律之事業，伏根於西漢中葉，大動於東漢之季，作始於魏代，而成就於晉初。學者提議於前，而政府實行於後，蓋議論亘於數百年之間，而草案成於數十人之手。雖其所改正者，萬不能如賈誼董仲舒之所期，且未必能如鄭昌班固之所期。要之不可謂非歷史上之一大事也。今其書雖不存，然以載籍所可考見，其視舊律進化者有數端。

一、嚴律令之界。漢代律令，併爲一談，至晉新律，則釐令於律之外。夫律者，含有固定的性質，一經施行，雖人主亦不得以私意輕重者也。故近世文明國，嚴法律與命令之區別，不許以命令變更法律。當時雖未能如是，然別令於律，其間自有主從之形，其意蓋以令爲律之補助品也，故曰違令有罪則入律，然則非令能罪之，而惟律能罪之也。

二、根據于學理。漢律采摭秦法，補苴一二，於立法所以然之故，少所推求。及經推行數百年，雖復棼亂猥雜，然解釋派大興，學説如鲫，其間所闡明學理，定當不少。魏晉襲之，取精用宏，去取之間，殊非草章。觀《唐書·經籍志》所載，有劉邵撰《律略論》五卷，賈充等撰《刑法律本》二十一卷。《隋書·經籍志》題爲《律本》，無刑法二字。而下注：杜預撰。大約其書成于杜預之手。但當時編律以賈充領銜，故題賈充等耳。凡中國歷代官書皆如是也。竊意當時晉律殆由杜征南起草，故《晉書·刑法志》亦稱爲杜律，果爾則價值更高矣。凡此皆當時起草員之著述，殆如日本之《憲法義解》、《民法原理》等矣。則其條文蓋必有學理上之根據，無可疑也。《晉書·刑法志》又稱：明法掾張裴注律表上之，其表文云：律相須而成，若一體焉。刑名所以經略罪法之輕重，正加減之等差，明發衆篇之多義，補其章條之不足，較舉上下綱領。（中略）自始及終，往而不窮，變動無常，周流四極，不離於法律之中也。其知而犯之謂之故，意以爲然謂之失，違忠欺上謂之謾，背信藏巧謂之詐，虧禮廢節謂之不敬，兩訟相趣謂之鬥，兩和相害謂之戲，無變斬擊謂之賊，不意誤犯謂之過失，逆節絶理謂之不道，陵上僭貴謂之惡逆，將害未發謂之戕，唱首先言謂之造意，二人對議謂之謀，制衆建計謂之率。不和謂之強，攻惡謂之略，三人謂之羣，取非其物謂之盜，貨財之利謂之贓。凡二十者，律義之較名也。夫律者，當慎其變，審其理。若不承用詔書，無故失之刑，當從贖。謀反之同伍，實不知情，當從刑。此故失之變也。卑與尊鬥，皆爲賊。鬥之加兵刃水火中，不得爲戲，戲之重也。向人室廬道徑射，不得爲過，失之禁也。都城人衆中走馬殺人，當爲賊，賊之似也。過失似賊，戲似鬥，鬥而殺傷傍人又似誤，盜傷縛守似強盜，呵人取財似受賕，囚辭所連似告劾，諸勿聽理似故縱，持質似恐猲。如此之比，皆爲無常之格也。五刑不簡，正於五罰。五罰不服，正於五過。意善功惡，以金贖之。故律制生罪不過十四等，死刑不過三，徒加不過六，囚加不過五，累作不過十一歲，累笞不過千二百，刑等不過一歲，金等不過四兩，月贖不計日，日作不拘月，歲數不疑閏，不以加至死，并死不復加。不可累者故有并數，不可并數乃累其加。以加論者但得其加，與加同者連得其本，不在次者不以通論，以人得罪與人同，以法得罪與法同。侵生害死不可齊其防，親疏公私不可常其教。禮樂崇於上，故降其刑。刑法閑于下，故全其法。是故尊卑敍，仁義明，九族親，王道平也。（中略）律之名例，非正文而明也。若八十非殺傷人，他皆勿論。即誣告謀反者反坐。十歲不得告言人。即奴卑捍主，主得謁殺之。賊燔人廬舍積聚，賊贓五匹以上棄市。即燔官府積聚，盜亦當與同。毆人，教令者與同罪。即令人毆其父母，不可與行者同得重也。若得遺物強取強乞之類，無還贓法，隨例畀之文。法律中諸不敬、違儀、失式及犯罪爲公爲私贓入身不入身，皆隨事取法，以例求其名也。夫理者精玄之妙，不可以一方行也。律者幽理之奥，不可以一體守也。或計過以配罪，或化略不循常，或隨事以盡情，或趣舍以從時，或推重以立防，或引輕而就下。公私廢避之宜，除削重輕之變，皆所以臨時觀釁。使用法執詮者幽於未制之中，采其根牙之微，致之於機格之上，稱輕重於豪銖，考輩類于參伍，然後乃可以理直刑正。（下略）案：此爲當時注釋新律者之表文，而所言多屬於刑法學上之大原則，即現今學者所視爲重要問題而研究之者也。此文所論屬於總則爲多，加圈者除一部分爲文中要旨外，其餘大率皆現今學者所研究之原則也。其注釋之文所含學理之富如此，則原文必有可觀者矣。晉律久亡，故節録此，以示其梗概。

三、鄭重公布之形式。漢代法律，未嘗爲正式的公布，故人主一時之詔令、法官推意之判例，學者私議之學説，皆得冒法律之名，有同一之效力。魏晉律則視爲大舉，嚴重以公布之，有整齊畫一之概。不寧惟是，法律既有固定性，得爲具體的研究，於以助此學之進步。《晉書·刑法志》

載衛覬奏云：刑法者，國家之所貴重，而私議之所輕賤，王政之弊，殆由於此。請置律博士，轉相教授。事遂施行。然則當時以有新律之故，而法學漸至成爲一種科學之形矣。

此外如條文之增多，重複之芟除，篇第之釐正等，又一見而至易明者也。由此觀之，則此次編纂法典實我國法制史上一大事，後此南北朝循之直至隋唐，少所更革。然則魏晉律者，實筦《法經》與唐律之中樞，而爲其重要之媒介者也。

爾後每度易姓，必有新法典之發布，然大率沿襲魏晉，無大改作，今將其法典之名及其篇數與其制定發布之年月，列表如左。

魏新律	十八篇	陳群劉邵等撰	
晉新律	二十篇	賈充鄭沖等撰	泰始四年正月成
令	四十篇	同	同
後魏新律	二十卷	崔浩等撰	太和五年成
齊律	二十篇	王植等撰	永明七年成
梁律	二十篇卅卷	蔡法度等撰	天監二年四月成
令	三十篇卅卷	同	同
科	三十篇卅卷	同	同
東魏麟趾格			興和三年十月施行
西魏大統式	五卷	蘇綽等撰	大統十年七月頒
北齊律	十二第十二卷	趙郡王睿等撰	河清三年成
令	廿八篇五十卷	同	同
後周大律	廿五篇廿五卷	趙肅等撰	保定三年三月成
令			同
陳律	二十卷	范泉徐陵等撰	永定元年十月成
令	三十卷	同	同
科	三十卷	同	同
隋新律	十二卷	高熲等撰	開皇元年十月施行
新令	卅卷	同	開皇二年七月施行
大業律	十八卷	牛弘等撰	大業二年成
大業令	三十卷	同	同

又：我國之成文法至唐代而始極浩瀚。而其現存於今者，亦以唐之成文法爲最古。故研究唐代成文法之編制，實屬較易之業，而又最要之業也。唐之律名，凡有四種：一曰律，二曰令，三曰格，四曰式，此四者皆實質的法律也。《唐六典》云：卷六。凡律以正刑定罪，令以設範立制，格以禁違止邪，式以軌物程事。《舊唐書・刑法志》云：令者，尊卑貴賤之等數，國家之制度也。格者，百官有司所常行之事也。式者，其所守之常法也。凡邦國之政，必從事於此一二者，其有所違及人之爲惡而入於罪戾者，一斷以律。由此觀之，則似令者爲一般之國法，格者爲行政法及民法，律者爲刑法，而式者則施行諸法之細則也。然考諸當時之載籍，其界限亦不甚分明，今舉其名而推定其性質。

律　唐高祖初定天下，武德元年，詔以隋《開皇律》爲適用，隋有《開皇律》、《大業律》，《大業律》後起，煩苛，故以《開皇》爲正。而制定五十三條格以輔之。武德七年，以五十三條格入于律，餘悉爲開皇之舊。名爲新律，是卽最初之唐律也。太宗貞觀十一年，房玄齡等復加修定，篇目卷數條文，悉依隋舊，律十二卷，五百條。而內容大有殊異。《舊唐書・刑法志》云：唐新律視隋律，死刑殆除其半。高宗永徽三年，復命長孫無忌等刪定律令格式。律之卷數仍舊，其內容有變易否，不可考。同時復命無忌等撰律疏三十卷，四年十月，頒之天下，卽今存之《唐律疏義》是也。武后垂拱元年，復有修改，而律惟改二十四條，其後終唐之世無所變。

令　武德七年，頒《武德令》三十一卷。貞觀十一年，頒《貞觀令》二十七卷，一千五百四十六條。永徽二年，頒《永徽令》三十卷。開元四年，頒《開元前令》三十卷，開元二十五年，又頒《開元令》三十卷。此外尚有《麟德令》、《儀鳳令》、《乾封令》、《垂拱令》、《神龍令》、《太極令》，不知卷數。唐令沿革之見於史籍者如此，今諸書無一存。令之內容，不復可見。誠遺憾也。若欲求律與令之區別，則請列其篇數及篇目比較之如下。

律十二篇，五百條。

一名例、二衛禁、三職制、四戶婚、五廄庫、六擅興、七賊盜、八鬥訟、九詐僞、十雜律、十一捕亡、十二斷獄。

令二十七篇，一千五百四十六條。

一官品、二三司三公臺省職員、三寺監職員、四衞府職員、五東宮王府職員、六州縣鎮戍嶽瀆關津職員、七内外命婦職員、八祠令、九戶令、十選舉、十一考課、十二宮衞、十三軍防、十四衣服、十五儀制、十六鹵部、十七公式、十八田令、十九賦役、二十倉庫、二十一廄牧、二十二關市、二十三醫疾、二十四獄官、二十五營繕、二十六喪葬、二十七雜令。案：官品篇、鹵部篇、公式篇皆分爲上下卷，故合三十卷。

此據《唐六典》卷三所載唐令之篇目也。六典之編纂，濫觴於開元十年，殺青於開元二十七年。此所舉者，爲開元四年之令，抑開元二十五年之令，不可深考。要之唐令之内容，大率類是。其他雖有異同，當不相遠。由此觀之，則律令兩者對象之目的物，固有相同者，如律有衞禁，令有宫衞。律有戶婚，令有戶令。律有廄庫，令有倉庫、廄牧等。而令之範圍甚廣，律之範圍較狹也。令則普涉於一般國法，律則專限於刑法也。然則律與令二者非性質上之差別，兩者皆有固定的性質，與格、式異。而資料上之差別也，非如日本命令與法律之差別，實如日本刑法與其他法律之差別也。

格　唐時之格，其與律令之界限，最難分明。武德元年，制五十三條格，七年，則以入於律，是格變爲律也。而貞觀十一年所頒，則於律令之外，復有格七百條。永徽三年所頒，於律令之外，復有格十五卷，是格離律而獨立也。自茲以往，武后朝則有《垂拱格》，神龍元年删定。中宗、睿宗朝則有《太極格》，太極元年奏上。玄宗朝則有《開元格》，開元三年删定。《開元後格》、開元七年删定。《開元新格》。開元二十五年編纂。其後屢有修改，皆名爲格，不名爲律。蓋自開元以後，無復有新律矣。是格與律有同一之效用也。考唐時所謂格者，有廣義、有狹義。廣義之格，律令格式之總名也。宋王溥著《唐會要》卷三十九云：貞觀十一年正月，頒新格於天下。凡律五百條，令一千五百九十條，格七百條，以爲通式。是律令或皆可通稱爲格也。其狹義之格復分兩種：

一、留司格，屬於曹司常務者，留存本司。

二、散頒格，屬於天下所共者，頒行州縣。

此永徽間之分類也，其後遂以爲常。然則留司格者殆近於行政法。而散頒格者，殆近于普通之法律也。惟格與律之異，則律爲特定之條文，格則集制敕以爲之。故唐之格，可當漢魏晉之令，亦可當日本之令。其視律之性質，微有差别也，但其所涉之範圍，則視律令唐之所謂律令。皆廣。凡律

與令兩方面，其條文有不具者，皆以格規定之。是格實律、令兩者之補助品也。《唐律》云：諸制敕斷罪，臨時處分，不爲永格者，不得引爲後比。《唐律疏義》卷三十。然則凡制敕之被承認爲格者，皆變成實質的法律，與律令正文有同一之效力明矣。自中宗神龍元年，有格後敕之編定。其後有《貞元定格後敕》、貞元元年編。《開元格後敕》、元和二年編。《元和格後敕》、元和十三年編。《大中格後敕》大中五年編。等。是又格之草案，而認爲與格有同一之效力者也。

式　武德七年所頒，有式十四卷。貞觀十一年所頒，有式四十卷。永徽二年所頒有式十四卷。垂拱元年所頒，有《垂拱式》二十卷。開元三年、二十五年所頒，各有式二十卷。元和十三年所頒，有《元和式》三十卷。是唐代所頒式之大略也。格與式之差别，今不可深考，惟據《舊唐書·刑法志》所稱，格以尚書省二十四司唐官制，尚書省所屬凡二十四司。爲篇目，式以尚書省列曹及秘書、太常、司農、光禄、太僕、少府及監門、宿衞、計帳爲篇目。至其淵源及性質，有何差異，尚俟考定。《宋史·刑法志》引神宗詔書云：設於此以待彼之謂格，使彼效之之謂式。不知唐時格式之區分實如此否。但即神宗此文，我輩讀之仍苦不明了也。

通有唐一代其編纂法典事業，凡有七役：一、武德間，二、貞觀間，三、永徽間，四、垂拱間，五、開元間，六、元和間，七、大中間。就中永徽、開元兩役尤爲重要。蓋刑法之大備，自永徽時代，而行政法之大備，自開元時代也。

日本博士織田萬氏，謂我國行政法法典，發達最早，而推本于《周禮》。此其言吾雖未能純表同情，然近世學者解釋行政法之定義，謂行政法者，總括關於政權作用之法規的全體也。此定義若當，則今傳之《唐六典》，足以當之矣。我國自漢以來，諸種法典中，雖偏重刑法，而關於行政作用之規定者，固已不少，特東鱗西爪，未泐成書。其《漢官儀》應劭撰。《魏官儀》荀攸撰。《齊職儀》范曄撰。等書，俱見《舊唐書·經藉志》。又屬私家著述，未爲成憲。迨唐玄宗開元十年，始命修六典，帝手寫白麻子六條，曰理曰教曰禮曰政曰刑曰事。凡亘十六年，經十數人之手，乃始完成。陳振孫《直齋書録解題》引韋述《集賢記》注云：開元十年起居舍人陸堅被旨修是書。帝手寫白麻子六條，曰理、教、禮、政、刑、事。令以類相從，撰録以進。張説

以其事委徐堅，思之經歲莫能定，又委毋丘㬈、徐欽、韋述。始以令格入六司，其沿革併入注中。後張九齡又委苑咸，二十六年奏草上。《唐會要》載開元二十三年張九齡等撰是書。而今本卷首著李林甫奉敕注者。《四庫提要》謂開元二十四年張九齡罷知政事，及二十七年林甫乃注成，獨上之也。其體裁分三師、三公、尚書省及六部、門下中書、秘書、殿中、内官、内侍各省、御史台、九寺、三監、十六衛、二軍及太子親王三府、都護、州縣、官吏，各規定其職掌與其職員，而以理典、教典、禮典、政典、刑典、事典六部綰之，凡三十卷，實空前之一宏著也。蓋至是而刑法以外，始别有獨立之成典。後此《明會典》、《大清會典》，皆因襲以成。雖謂《唐六典》一書，爲我國法制史上開一新紀元可也。

《四庫提要・唐律疏義》條下云：論者謂唐律一準乎禮以爲出入，得古今之平，故宋世多採用之。元時斷獄，亦每引爲據。明洪武初命儒臣同刑官進講唐律，後命劉惟謙等詳定明律，其篇目一準于唐。又云：蓋斟酌量一，權衡允當，迨今日而集具大成，案：此指《大清律例》也。原文以《大清律例》與唐律相比較，以文繁故闕不録。而上稽歷代之制，其節目備具，足以沿波而討源者，要惟唐律爲最善。據此則唐律之内容，及其影響一於後世者，可以概見。夫以唐之行政法卽六典，其影響之大而久也既若彼，唐之刑法卽唐律，其影響之大而久也復若此，然則永徽開元間爲我國法制史上一最重要之時代，不其益信乎？

唐律影響之大，不惟在本國而已。蓋唐代文化，隨其武功以遠被于亞洲諸國，而法律卽所播文化之一種也。故高麗日本安南諸國，皆以彼時代繼受我之法系，日本博士奥田義人《法學通論》云：我國嘗汲文化之源于支那，故代表文化之法律亦皆繼受支那法系。當天智天皇之朝，始據唐律爲母法，以編纂律令。其後天武、文武等諸朝，數經改正。元正天皇之朝編律令各十卷，名爲《養老律令》，實我國古代成文法之沿革云云。案彼天智、天武，當我唐高宗時。彼文武，當我唐中宗時。彼元正當我唐玄宗時也。計自梁武帝中大通六年，西歷五百三十四年。羅馬法律全典成立，隋開皇以迄唐永徽，西歷五百八十年至六百五十年。而我國法典大成。世界兩大法系，同以此百年間，臻於全盛，不亦異耶！

《唐書・經籍志》載有《僧格》一卷，實一種之特别法。雖未能視之與羅馬寺院法同科，然亦可見當時法律之繁密進步矣。

開元二十五年，又頒《格式律令事類》四十卷，以類相從，便於省覽。大中七年，復命張戣等編《刑法統類》六十卷，集律令格式條件相類者一千二百五十條，分爲一百二十一門頒之。此又一種類聚體之編纂法，爲後世所承學者也。

又：宋代法典之多，實前古所未聞。每易一帝，必編一次。甚者每改一元，必編一次。蓋終宋之世，殆靡歲不從事於編纂法典之業。其法典内容，非必悉相異，殆因沿前法，略加修正而已。然莫不裒然成一巨帙。少者亦數十卷，多者乃至數百卷，亦可謂極千古之壯觀矣。今據群書列爲一表，而略下推論。【略】

由此觀之，則宋代成文法之汗牛充棟，實有足驚者。宋末之亂，蕩去者當不少。而元初修宋史，其粲然具備也尚若此。直至焦弱侯時，其所及見者猶不下四十種，逮本朝修《明史・藝文志》、修《四庫書目》則已竟無一卷之著録，豈明末之亂盡成灰燼邪？抑尚有之而屏勿録邪？嗚呼！使以上諸書有一二種流存於人間，則其裨補於律學之研究者，固不淺鮮耳。

宋代成文法雖多，然大率編輯詔敕以成，其真可稱爲立法事業者，惟神宗時代耳。《宋史・刑法志》云：神宗以律不足以周事情，凡律所不載者，一斷以敕，乃更其目曰敕令格式，而律恒存乎敕之外。熙甯初置局修敕，詔中外言法不便者，集議更定擇其可采者賞之。元豐中始成書，二千有六卷。復下二府參訂，然後頒行。帝留意法令，每有司進擬，多所是正。嘗謂法出於道，人能體道，則立法足以盡事。又曰：禁於未然之謂敕，禁于已然之謂令，設於此以待彼之謂格，使彼效此之謂式，修書者要當識此。於是凡入笞杖徒流死，自刑名以下至斷獄，十有二門，麗刑名輕重者，皆爲敕。自品官以下至斷獄三十五門，約束禁止者，皆爲令。命官之等十有七，吏庶人之賞等七十有七，又有倍全分厘之級，凡五等。有等級高下者，皆爲格。表奏章籍關牒符檄之類，凡五卷。有體制模楷者，皆爲式。由此觀之，則宋代法典之性質略可推見焉。其敕卽前代之律，專屬於刑法者也。其令與格，則一般之法律，不屬於刑法者也。其式則判决例等附焉。而神宗時所編纂者，起熙甯初，迄元豐中，前後凡亘十有餘年。熙寧凡十年，元豐凡八年。而其書裒然爲二千餘卷，實可稱上凌千代横絶五洲最龐大之法典也。天喪斯文！無一字傳於今日，惜哉！案：此法典編纂之沿革，及其卷數，惟見於《刑法志》，而《宋史・藝文志》及《文獻通考》皆不著録，可謂咄咄怪事。謂未成之業耶？而《刑法志》固明言頒行矣。豈此書爲總名，而前表所列熙甯元豐間各種敕令格式，凡四十餘種者即其一部分耶？

宋代法典，既無一傳於今者，故其内容不可考見。惟據存目以推度之，其特色有三：

一、前代偏重一般法，宋則多有局部法，如一州一縣一司一路法等，是也。

二、前代偏重普通法，宋則多有特别法，如關於皇族，關於將官，關於在京人，多爲特别之規定是也。

三、前代偏重刑法，宋則多有刑法以外之法，前表所列，多屬於行政法之範圍，熙寧元豐間尤多。

終宋之世殆無歲不從事於編纂法典之業，此又其與前代異者也，就此事論之，則亦得失參半。其所得者，則能使法律當與社會現象相應，不至成爲紙上僵石，其所失者，則根本法屢動搖，民無所適從，而吏且得因緣爲奸也。

又：今世現行成文法，其大體殆全襲前明，故明清兩代，當合論之。

一、刑法。明太祖平武昌，即議律令。吴元年，命左丞相李善長爲律令總裁官，楊憲、劉基、陶安等二十人爲議律官。遂撰令一百四十五條，律二百八十五條，又命大理卿周楨等取所定律令類聚成編，訓釋其義，名曰《律令直解》。及洪武六年，詔刑部尚書劉惟謙定大明律篇目，一依唐律，而增爲六百有六條。二十二年，復取比年所增以類附入，成四十卷，即今所傳之《大明律》是也。其篇目如左：

《名律例》一卷四十七條。

《吏律》二卷職制十五條，公式十八條。

《户律》七卷户役十五條，田宅十一條，婚姻十八條，倉庫二十四條，課程十九條，錢債三條，市廛五條。

《禮律》二卷祭祀六條，儀制二十條。

《兵律》五卷宫衛十九條，軍政二十條，關津七條，廄牧十一條，郵驛十八條。

《刑律》十一卷盜賊二十八條，人命二十條，鬥毆二十二條，罵詈八條，訴訟十二條，受贓十一條，詐僞十二條，犯奸十條，雜犯十一條，捕亡八條，斷獄二十九條。

《工律》二卷營造九條，河防四條。

其《名例律》所規定者與近世諸國之刑法總則相當。如刑之適用，刑之加減，與夫恩典赦免、數罪俱發等具焉。其《吏律》所規定，則官吏懲戒法也。其《户律》所規定，則淆亂户籍罪怠納租税罪違反度量衡罪等具焉。其《禮律》所規定，則上自皇室、下至百官之婚嫁喪葬等規則具焉。其《兵律》所規定，則如各國之海陸軍刑法也。其《刑律》所規定，則强盜、竊盜、殺人、傷人、毆打、罵詈、詐僞、猥褻、逃亡、放火、失火等諸科罪法具焉。即各國刑法之大部分也。其《工律》所規定，則决水及破毁營造物諸罪具焉。各國所謂普通刑法特别刑法，揉雜而成，此其内容之大概也。

清代凡百皆因明舊。順治三年，命吴達海等譯明律，參以滿制，爲《大清律》十卷，頒之。雍正三年，復頒《大清律集解》三十卷。乾隆五年，《大清律例》成。以例爲一種法典之名自兹始，律與例性質之差别如下：

光緒四年，應寶時撰《增修律例統纂集成》序：漢自蕭相國采摭秦法，作律九章，此律之名所由始。而後人中言之曰例者，則《王制》之所謂比也。比則察其小大，而獄之輕重判焉。

道光三年，吴廷深撰《新增律例統纂集成》序：其曰例者，《王制》之所謂比是也。古者獄辭之成，必察小大之比，律尚簡而例獨尚繁，非簡不足以統宗，非繁不足以徵引。

同治六年，王凱奏撰《重修律例統纂集》序：是故斷法有律，而準情有例。律守一定，而例則因時爲變通。

道光六年祁塤撰《新修律例統纂集成》序：律一成而不易，例則逐年增删。五年一小修，又五年一大修，通行天下，俾知遵守。故律文自雍正年删改增併，合爲四百三十六門，至今仍循其舊。條例世輕世重，因時地而酌量變通，增纂删改，款目繁多。

道光九年，常德撰《增修律例統纂集成》序：律猶日星，懸諸天壤而不可易，例則如纏度次舍之運行，或日易焉，或歲易焉，故天道五歲而一祧，星家於是有置閏之法，律例亦五歲而一輯，法家於是有增修之文。

由是觀之，律者永久不變之根本法也。例者隨時變通之細目法也。其在明代，永樂間嘗詔法司問囚，一依《大明律》擬議，毋妄引榜文條例爲深文。成化元年，又令讞囚者一依正律，盡革所有條例。十三年，刑官復上言，洪武未定《大明律》後，列聖因時推廣之而有例，例以輔律，非以破律也。俱見《明史・刑法志》。然則律與例之關係，殆如今世各國法律與命令之關係，不得以例破律，猶不得以命令變更法律也。雖然，律者一成而萬古不易者也，其與時勢之推移，不能相應，此無如何者也。而條例則世輕世重，准社會現象以爲衡，故條例所定，自難保無與律相矛盾。以近時法理論之，司法官只能用法，不能制法，故判決例萬不能認爲法律。若判決例經國家採用承認編入成文法中者，則已爲律而非復爲例矣。

雖然，在古代立法機關未備，裁判官于裁判之際，得以己意所推條理，變更補正成法者，往往而有，我國之條例實屬於此種，英人梅因氏所謂判事制定法也。故《明史・刑法志》又云，自成化以後，律例並行，而弘治萬曆間，屢次欽定條例。蓋與律有同一之效力矣。及乾隆定《大清律例》，始以例與律並列。而《嘉慶續修會典》卷四十一云：有例則置其律，例新有者則置其故者。又云：斷獄者當以改定之例爲准，不必拘泥律文。又《刑案匯覽》卷十四：云查律乃一成不易，例則隨時變通，故有律本輕而例加重者，亦有律本重而例改輕者。然則非徒可以例破律，而律與例有相矛盾者，且適用例而不適用律矣。故我國現行律例之性質，蓋如各國舊法律與新法律之關係，舊法律與新法律抵觸者則以新法易舊法。非如各國法律與命令之關係也。不得以命令變更法律。

故就律之一方面論之，今律可云卽唐律之舊，亦卽魏晉律之舊，亦卽蕭何、李悝之舊。試列其篇目之分類比較之。

法經	蕭何律	晉律	唐律	明清律
具法	具律	刑名 法律	名例	名例
		宮衛	衛禁	宮衛
		違制	違制	違制
	戶律	戶律	戶婚	戶役 婚姻
	廄律	廄牧	廄庫	廄牧 倉庫
	興律	興律	擅興	軍政
盜法 賊法	盜律 賊律	盜律 賊律	盜賊	盜賊
			鬥訟	鬥毆 訴訟
		詐僞	詐僞	詐僞
雜法	雜律	雜律	雜律	雜犯
捕法	捕律	捕律	捕亡	捕亡
囚法	囚律	囚律	斷獄	斷獄
		毀亡 告刻 繫訊		
		請賕		受贓
		水火 諸侯		
		關市		市廛 關律
				祭祀 儀制
				公式 田宅
				錢債 課程
				郵驛 人命
				罵詈 犯奸
				營造 河防

《四庫書目提要》史部政書類《唐律疏義》條下云：凡《唐律》篇目今所沿用者，有名例、職制、賊盜、詐僞、雜犯、捕亡、斷獄諸門。其《唐律》合而今分者，如《戶婚》，爲《戶役》、《婚姻》。《廄庫》爲《倉庫》、《廄牧》。《鬥訟》爲《鬥毆》、《訴訟》諸門。其名稍異，而實同，如《衛禁》爲《宮衛》，《擅興》爲《軍政》諸門。其分析類附者，如關津留難諸條，《唐律》入《衛禁》，今析入《關律》。乘輿服御物、事應奏不奏、驛使稽程、以財行求諸條，《唐律》俱入《職制》，今分析入《禮律》之《儀制》、《吏律》之《公式》、《兵律》之《郵驛》、《刑律》之《受贓》。謀殺人諸條，《唐律》入《盜賊》，今悉入《人命》。毆罵祖父母父母諸條，《唐律》併入《鬥訟》，今析爲兩條，分入《鬥毆》、《罵詈》。又奸罪、市司平物價、盜決堤防、毁大祀丘壇、盜食田園瓜果諸條，《唐律》俱入《雜律》，今分析入《刑律》之《犯奸》，《戶律》之《市廛》、《田宅》，《工律》之《河防》，《禮律》之《祭祀》。此以《唐律》與今律比較言其淵源所自出，最爲分明。蓋今律十之七八本諸唐律矣。

此以言夫律也。若夫例，則自乾隆間定章，五年一纂修，雖未嘗爲嚴格的實行，而自嘉慶以來，續纂修改，既已不少，今列其目：

嘉慶六年　纂修
十一年　纂修
十九年　修改
廿五年　修纂
道光元年　修改續纂纂修
五年　續纂
六年　修改
十年　修改續纂
十年　修改纂修
十九年　修改
二十年　修改續纂
廿一年　續纂
廿五年　續纂
廿六年　修改
咸豐二年　修改續纂纂修
同治十二年　修改續纂

歷次纂修條例告竣，請進呈表文皆云：臣等悉心參考，分爲修改、修併、移改、續纂、删除各名目，開列本例之首，粘貼黄簽，並於本條之下逐條加具按語，分晰陳明。有原例者先列原例於前，次列現修新例於後云云，是其纂修之體裁大略分爲五種：一修改。將原例條文略加正者也。二修併。將原例二條以上合爲一條者也。三移改。將原例條文移易其類屬位置者也。四續纂。原例所無而新增入者也。五删除。原例所有而削去者也。又《律例增修統纂集成》凡例云：凡各省條奏及咨請，部示準駁，供刑部隨案修改例文，應纂爲例。是條例之淵源全出於判決時所推條理也。

夫例既能與社會新現象相應，而其性質復與律有同一之效力。且律例抵觸，而所適用者在例不在律。則律雖有根本法之虚名，而其中一大部分，已成殭石。今日法庭最優之勢力，實判例之勢力也，即梅因氏所謂判事制定法也。我國所以當二千年後之今日，而猶得使行用李悝之法者，以此我國法律之性質所以不明瞭，而其效力所以不強固者亦以此。

又：自《唐六典》既頒以後，歷代相沿，如《元典章》、《明會典》，乃至現行之《大清會典》咸汲其流。於是我國有二大法典。所謂律者，即刑法也；所謂會典者，即行政法也。而明清兩代之會典，實並律之所規定者而悉收容於其間。故會典之與律例，實爲全部法與一部法之關係。故研究會典之性質，實重要中之重要也。

又：日本織田萬氏謂現今各國除葡萄牙外，無一國焉有專編之行政法典，其最浩博之行政法，惟我現行之《大清會典》，非虚言也。織田氏謂，歐洲諸國所以無行政法典者，一因其行政法之性質不便於編於法典，二因研究未充實不能立一定不變之準則。而我國則立於此通例以外，故行政法典早發達云。

會典既爲經久常行之大法，是則所謂根本法也。根本法固不可屢動搖。故乾隆本凡例又云：嗣後如有因時損益之處，其畸零節目，止於則例内增改，既有關大體者，亦止刊補一二條，無煩全書更動，庶一勞永逸，以便遵循。是其尊重根本法之精神，略可推見。然社會現象推移，終非可以一成不變之法，而適用于永久也。於是乎於會典之外，復用則例。會典其大綱法，而則例其細目法也。行政法之以例輔典，猶刑法之以例輔律。我國古代編纂成文法之事業，雖極盛大，然大率捃摭先例以成，其發達約如近世之國際法。國際法純以先例爲主。其嚴定法與例之區别者，實自清代始。乾隆御製《會典》序云：嚮者發凡排纂，率用原議舊儀，連篇並載，是典與例無辨也。夫例可通，典不可變，今將緣典而傳例，後或摭例以淆典，其可乎，於是區會典則例，各爲之部而輔以行。又凡例云：

以典爲綱，以則爲目，庶詳略有體。觀於此，則會典與則例之性質，較然甚明。織田博士曰：二者之差異及關係，恰如近世立憲國家憲法之與法律。雖比擬不倫，而不得謂無相類之點也。其關係既已若是，以法理論之，則例宜不得與典矛盾。苟有矛盾，則其例當不適用，雖然事實上乃正與之相反，典例異趨，數見不鮮。而當其例未經採以入典變更典文之時，則例行而典之效力且中止焉，此實我國特別之理論，而非可以普通理繩之者也。

如是則則例之性質及其編纂法，不可不更置一言，則例者施行《大清會典》時所起之實例也。凡行政官當執行政務時，每生疑義，則或陳其委典，或自擬辦法，經長官以請于中央政府，由所屬之部，審議奏聞，得旨施行，乃著爲例。其性質與各國之法律經君主裁可公布者無以異。且其例非徒約束行政官吏而已，即對於一般人民，亦生效力，此實一種之成文法，而非可以尋常之慣習先例目之者也。則例之對於典，與條例之對於律，其關係全相同。雖然，有一異焉，條例與律，合爲一法典，稱之曰律例，非有二書也。則例之與會典，其在乾隆前，每將例之重大者，編入典中，體裁雖一如律例，及嘉慶續修時，其編纂法大加改良，於《大清會典》八十卷外，別有所謂《大清會典事例》者九百二十卷，同時發布。而《會典事例》，名實皆爲例而不爲典，純然爲獨立之一種成文法，此其與刑法上律例之異點也。

又：我國歷代相傳及現行之成文法，裒然巨帙，充棟汗牛。求其所自出之淵源，蛛絲馬跡，粲然可見，今條舉之。

一曰慣習。各國法律之大部分，無不從承認慣習而來。故在英國有Common Law之名，即慣習法。而英人所最尊者也。此其義舉凡法學家言之已詳，今不復述。而我國古今之立法家，亦不能外此公例者也。且我國儒家言，素崇信自然法，而謂自然法出於天，天之代表爲人民總意。於是以人民總意爲立法之標準。故曰，因其風不易其俗，齊其政不易其宜。後世立法家，本此精神，以因應一切。故我國之重視慣習，視他國爲尤甚。其承認慣習以爲法律者必甚多，自無待言。

二曰君主之詔敕。我國數千年，爲君主專制國，其法律惟采單純的命令主義。舉凡君主下一詔敕，其效力直普及於國內。《書》之典、謨、訓、誥、誓命皆當時及後世所尊爲大經大法也，而除謨以外，皆屬於君主詔敕。自漢以後，則前主所是著爲律，後主所是疏爲令，《史記・酷吏傳》引杜周語。益成爲一般國民之理想。故一切法文，其采集詔敕而成者，十而八九。至宋代則竟以敕代律，並其名而異之矣。唐代有律令格式四種，宋代改爲敕令格式。律之語源有平均中正爲事物標準之意，敕令語源則誥戒而已。《説文》文部敕下云：誡也。言部誡下云：敕也。故宋之法典，什九以編敕爲名，詔敕與法律，幾同體而不可分矣。

夫謂詔敕與法律同物，此近世法理所決不許也。雖然，無論何國之法律，必待主權者之裁可公布，而始生效力。然則法律與主權者，本有不可離之關係甚明。而況乎在君主專制國，以朕即國家之主義爲原則。法律既爲國家意志之作用，則君主意志，即爲法律，又理論上之一貫者也。徵諸吾國，即世界所共尊之羅馬法律全典Corpus Juis Civilis合三種而成。其第一種曰哥狄士Codex，即編纂巴特連奴帝Patrianns以後諸帝之命令。其後續頒新典，名曰那威爾Norelle則亦編纂查士丁尼帝Justinnianus三十年間所發之命令也，此亦與宋代之編敕無異矣。

然詔敕非一切與法律有同一之效力。其詔敕不含有立法之性質者無論矣，即含有立法之性質者，亦必經君主再度承認，或後之君主承認，以法律之形勢公布之，然後永久之效力，乃始發生。《宋史・刑法志》記：宋仁宗嘗問輔臣曰：或謂先朝詔令，不可輕改，信然乎？王曾曰，咸平所删太宗詔令，十存一二，何爲不可！於是詔天下言敕得失。是詔敕之不經再度承認，未成爲法律之形式者，可以無效也。《晉書・刑法志》亦稱：晉武帝修律，其權設之法不入律，悉以爲令，違令有罪則入律。是即經再度承認者，苟不以法律之形式布之，則其效力與法律仍有差別。故君主之詔敕，謂爲法律大部分之淵源則可。直謂之爲法律，猶不可也。

三曰先例。所謂比，所謂故事，所謂章程，所謂品式，所謂格式，所謂條例，所謂事例，所謂則例，皆先例也。先例經主權者承認，即變爲法律，其慣習條理學説等，大率皆先經採用，成爲先例，復由先例間接以變爲法律。此各國所同，我國亦如是。

四曰學説。採學説以爲法律，實助長法律之進步最有力者也。羅馬法所以能爲法界宗主者，其所採之學説多，而所含之學理富也。我國數千年來，可稱爲純粹之法律上學説者甚希。雖然，我國有支配人心最有力之一物焉，曰經義。經義者，實一種尊無與尚之學説。後世一切之公私行爲，動引爲準則，而于立法事業，亦有影響也。漢初儒者，每引《春秋》及其他經義折獄，隨即成爲判決例，以供來者之比附。其見於史中者，歷歷可考見。至東晉元帝時，主簿熊遠奏猶言，凡爲駁議者，若違律令節度，當合經傳及前比故事。又云：諸立議者皆當引律令經傳。俱見《晉書・刑法志》。又元魏真君時，以有司斷法不平，詔諸疑獄，皆付中書依經義論決。見《通典》卷一六四。然則視經傳與律令有同一之效力。至晉六朝間猶然矣。夫歷代固未聞有采經傳之文以制法律者，然法官引經義以判事，遂成爲判決例。而判決例旋被采擇以入法文，則間接而變爲法律者，往往有焉矣。及漢末，而大儒叔孫宣、郭令卿、馬融、鄭玄，各爲漢律章句數十萬言。魏明帝時，遂採鄭氏説以入律。晉武帝時，又以魏律專用鄭氏，失諸偏黨，復廣採諸家。是國家承認學説爲法律，信而有徵。魏晉以還，儒者讀書不讀律，學説闕如，於是立法家所憑籍之淵源，失其一種矣。

五曰外國法。今世各國現行法律，多取材於異國。其繼受他國之法系者無論矣。如歐洲大陸國繼受羅馬法系，美國繼受英國法系，日本前此繼受我國法系，近今繼受羅馬英國兩法系之類。即一法系中所屬之國，亦未嘗不互相師法，棄短取長。雖謂今世各國法律，無一國不雜外國法焉可也。我國數千年自成一固有獨立之法系。除最近所發表之商法訴訟法外，未嘗一與他法系交通，於此而謂我國法律之淵源，有出自法國者，其誰信之？雖然，最初之刑法，傳自苗族。苗族與我，本爲異國。然則充類言之，雖謂我爲繼受九黎法系，亦未始不可。及李悝著《法經》，其時諸國並立，悝以魏人而兼采六國法，是外國法可以爲立法淵源之一原則，在成文法鼻祖之李悝，已承認之。及至元魏定《麟趾格》，間羼入東胡舊制。隋承周舊，唐律因之，其間是否全無魏法之分子，蓋難言矣。然則謂外國法爲我法律一種之淵源，亦不爲過。

又：日本人動引孔子民可使由之，不可使知之二語，以相詆諆，謂我國法律取神秘主義，不與民以共見。此實瞽説也。在昔羅馬，貴族專政，故神秘其法律，利用平民無法律知識，得以肆其蹂躪。其後見迫，乃制定十二銅表之法。在昔希臘暴主，有名狄阿西尼亞者，每發一令，懸諸數十丈之柱頭，使民不能讀，而因以罔民。此歐西野蠻之舊則有之，而我國自古不如是也。其在《書・胤征》曰：孟春之月，遒人以鐸徇於路。其在《周禮・秋官・大司寇》曰：正月之吉，始和，布刑於邦國都鄙，乃懸刑象之法於象魏，使萬民觀刑象，挾日而斂之。五官之長文略同。《天官・小宰》曰：正歲帥治官之屬而觀治象之法，徇以木鐸，曰：不用法者，國有常刑。《小司徒》、《小司寇》文略同。《地官・州長》曰：正月之吉，各屬其州之民而讀法，若以歲時祭祀州社，則屬民而讀法亦如之。《地官・黨正》曰：四時之孟月，則屬民而讀邦法以糾戒之。《地官・族師》曰：月吉，則屬民而讀邦法。《地官・閭胥》曰：凡春秋之祭祀，役政喪紀之數，取衆庶，既比則讀法。《秋官・士師》曰：正歲帥其屬而憲禁於國中。《秋官・訝士》曰：凡邦之大事，聚衆庶，則讀其誓禁。《秋官・布憲》曰：掌憲邦之刑禁，正月之吉，執旌節以宣布於四方，而憲邦之刑禁，以詰四方邦國，及其都鄙，達於四海。使《周禮》而非僞書，則我國古代於法典之公布，視爲一重大之事甚明，夷考其公布之方法有三。

一曰揭示法。所謂懸法象魏者是也。羅馬十二銅表，建諸公園，使民共見，正用此法。

二曰口達法。所謂徇以木鐸者是也。法蘭西第一共和時所頒憲法，使人嗚喇叭走市中而誦其條文，正用此法。

三曰牒達法。布憲職所掌是也。由中央政府頒法於地方所用之方法也。近日各國通行法，以公文或官報到達口生效力，正用此法。

然則當時公布法之完備也如此。不寧惟是，其各地方鄉官，常屬民讀法，歲有定期。凡此皆懼民之不知法，設種種方術以使之周知者也。

《管子・首憲篇》云：正月之朔，布憲法於國，五鄉之師，五屬大夫，皆受憲法大史。中略遂於鄉官，致於鄉屬，及於游宗，皆受憲。是亦言公布法典之次第也。《商君書・定分篇》云：公問於公孫鞅曰：法令之當時立之者，明旦欲使天下之吏民皆明知而用之。奈何？公孫鞅曰：爲法令置官置吏。中略諸官吏及民，有欲問法令之所謂也。案：謂欲問法之所言者爲何也。於主法令之吏，皆各以其故明告之。是商君以使人人知法令之所謂，爲極要之政策。而司法官對於人民有説明法律性質之責任也。漢代法律，其公布之跡，雖不可考見，然以當時印刷術未興，民間於一切文籍，皆傳鈔不易，法律者猶十餘家，家數十萬言，則其成典之普及於民間，殆可推見。迨普編新律成，特於太始四年元旦，大赦天下，以頒新律。其所以鄭重之者至矣。六朝迄隋，皆循斯例，唐則以貞觀十一年頒唐律，永徽初頒律疏。

開元二十五年，撰《格式律令事類》四十卷，詔於尚書都省寫五十本，散於天下。自茲以往，歷代每制一法，無不公布，成例相沿，不遑枚舉，而其所以編纂及公布之意，無非欲使舉國人民悉知法律，今略述歷朝建議之言。

唐高宗永徽中趙曦奏：立法者，貴乎人人盡知，則天下不敢犯耳。何必飾其文義簡其科條哉？夫科條省則下人難知，文義深則法吏得便。（中略）臣請律令格式復更刊定其科條，言罪直書其事，無假文飾，便愚夫愚婦聞之必悟。

周世宗顯德四年中書門下奏：（前略）律令則文辭古質，看覽者難以詳明，格敕則條目繁多，檢閱者或有疑誤。（中略）方屬盛明之運，宜伸畫一之規，所冀民不陷刑，吏知所守（下略）。

明洪武十二年諭：律令之設，所以使人不犯法。田野之民，豈能悉曉其意？爾等前所定律令，凡民間所行事，宜類聚成編，直解其義，頒之郡縣，使民家喻戶曉焉。

由此觀之，我國數千年來，皆執法律公布主義，且以使人民有法律智識，爲國家之一義務，其事甚明。其間惟金代曾禁收藏制書，謂恐滋告訐之弊，實爲二千年來我族所未嘗行虐政。然以不孚輿論，禁亦旋弛。《金史・張汝霖傳》云：舊禁民間收藏制文，恐滋告訐，汝霖言：昔子產鑄刑書，叔向譏之者，蓋不欲使民預測其輕重也。今著不刊之典，使民曉然知之，猶江河之易避而難犯，足以輔治。不禁爲便。詔從之。近今如會典律例諸大法典，每撰成，隨即頒布。而其餘各種單行法令，亦以京報發表之。近世各國公布成文法之方法，每登載揭示于官報。法人馬伊耶士，謂此法由我國最初發明，良不誣也。

且歷朝尚有以律學課士之制。秦時命欲學法令者，以吏爲師。漢建初八年，詔書辟士四科，其第二科曰，明曉法律，足以決疑。魏文帝時，衛覬請置律博士，轉相教授，從之。唐制科目有明法一科，宋初有刑法科，詔法寺主判官諸路監司奏舉京朝官選人兩考者，上等進秩補法官。仁宗天聖四年，復置律學，設教授四員，公試習律令生員義三道，斷案生員一道，刑名五事至七事，私試義二道，案一道，刑名五事至三事。及元明以後，制科純用八股，然明試舉子第二场，猶作判五條，蓋亦獎勵讀律之意也。凡此掌故，本不足爲律學輕重，然此可見我國法律，本期與民共見而決非日本人所識爲取神秘主義云云也。

又：近今學者言法律之分類，其說雖不一，而最普通者，則大別爲公法、私法之兩種。公法者，所以規定國之組織，及國與人民之關係，國與國之關係者也。私法者，所以規定人民相互之關係，及甲國人與乙國人之關係者也。公法、私法之界說，學者言人人殊。今所徵引者日本梅謙次郎氏《民法原理》之說也。公法之中，有規定國家之根本的組織者，是名憲法。有規定行政機關及其活動之規律者，是爲行政法。有爲國家自衛起見，科刑罰於犯法之人者，是爲刑法。兩獨立國之間，互定其法律關係者，是爲國際公法。私法之中，有規定一般私人間之權利義務者，是爲民法。或於民法中，別取其關於商人商事者，爲特別法，以詳定之，是爲商法。有規定甲國私人與乙國私人間之權利義務者，是爲國際私法。法律分類之大概如是，今以我國歷代遺傳及今日現行之成文法按之。

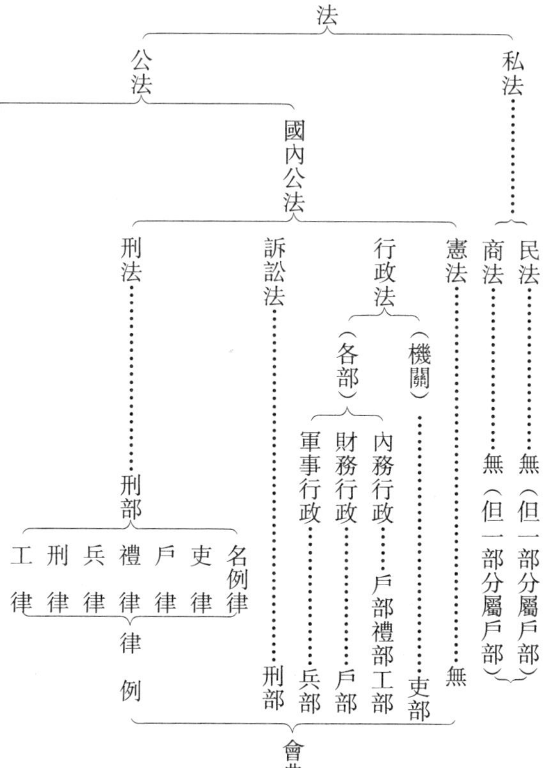

附言：右表本於日本淺井虎夫，見《史學雜誌》第十四卷第八號。其比附本不能十分正確。因彼我異形，有非可擬倫者也。姑録之以備參考。

我國法律界，最不幸者，則私法部分全付闕如之一事也。羅馬法所以能依被千禩，擅世界第一流法系之名譽者，其優秀之點不一，而最有價值者，則私法之完備是也。其中債權法尤極完備，今世各國殆全體繼受之。故當近世之初，所謂文學復興時代者，羅馬法之研究，自其時始啟端緒，而近世之文明，即於茲導源焉，其影響之大如此。近世各國法律不取義務本位説，而取權利本位説，實羅馬法之感化力致之。夫既以權利爲法律之本位，則法律者，非徒以爲限制人民自由之用。而實以爲保障人民自由之用。而人民之樂有法律，且尊重法律也，自不期然而然。此原理變遷之間，其關係不亦重乎？我國法律之發達，垂三千年。法典之文，萬牛可汗。而關於私法之規定，殆絶無之。夫我國素賤商，商法之不别定，無足怪者。若乃普通之民法，據常理論之，則以數千年文明之社會，其所以相結合相維持之規律，宜極詳備。乃至今日，而所恃以相安者，仍屬不文之慣習。而歷代主權者，卒未嘗爲一專典以規定之，其散見於户律户典者，亦羅羅清疏，曾不足以資保障。此實咄咄怪事也。吾推原其故：一、由君主專制政體，亘數千年未嘗一變。彼羅馬法律，雖大成於帝政時代，然實積共和時代之慣習法而來。故其法含有共和的精神。我國自戰國以前，未脱酋長政治之史域。其後遂變爲帝政，以迄今日。故法律純爲命令的原素，而絲毫不含有合議的原素，其於一般私人之痛癢，熟視無睹焉，亦固其所。二、由於學派之偏畸。我國自漢以後，以儒教爲國教，然儒教固取德治主義禮治主義，而蔑視法治主義。故言法者殆見屏於儒家之外，法家言於他方面雖不復有勢力，而在法律界，仍以商韓爲不祧之宗。夫儒家固常以保護私人利益爲國家之天職者也，使純采儒家所持主義以立法，則私法之部分，其必不至視同無物。無奈儒家言惟置重社會制裁力，而於國家之强制執行，不甚視爲重要。其根本概念，與法治不能相容，故不得不任法家言占優勝之地位於法律界。而法家言則祇知有國家自身之利益，純粹之法家言，本以國家之利益爲標準，其後君主即國家之理想深入人心，於是更趨於君主之利益矣。而構成國家之分子即人民之利益在所不計。儒法兩派，不能調和，此所以法令雖如牛毛，而民法竟如麟角也。此實我文明進退稍長之一關鍵，不可不深察也。

次所遺憾者，則關於國家根本組織之憲法，未能成立也。夫憲法屬於最近世之産物。吾國前此之無之，固不足怪。雖然，苟無此物，則終不足以進於法治國。何也？此爲根本法，無之則一切法無所附麗，無所保障也。英人布黎士頓 Preston 嘗有《清帝國憲法》之一論文 Constitutional Law of the Chinese Empire 介紹《大清會典》一書，謂其爲永久不變之大法，與憲法相類。而日本織田萬氏，亦言《會典》與《則例》之關係，恰如立憲國憲法與法律之關係。雖然，此擬不於倫也。夫各國所謂憲法者，雖程度高下各有不同，然其内容大率分三大部：一曰國家組織之方法，二曰國家機關活動之規律，三曰國家分子對於國家之權利義務。三者缺一，不得謂憲法。而會典則惟有第二項，其第一第三項皆無有也。且憲法爲國家之根本法，一切法律，不得與憲法法文及法文所含之精神相觸背。而會典之效力，反往往得以則例停止之也，故會典與憲法異者，非徒在程度問題，而實性質問題也。

又：法律之有固定性、静止性，其本質然也。雖然，法律以適於社會之需要爲貴。而社會之進步變遷，瞬息未嘗停止者也。以固定静止之無機的法律，而遇瞬息變遷之有機的社會。然則法律之形質，與社會之實況，常日趨於相離，此自然之勢也。故法律不成文則已，既已成文，則無論若何敏捷之立法家，總不能使法律與社會適相應，而無一毫之隔膜。蓋社會變態之速且幻，終非有文句之法律所能追及也。英國碩學梅因曰，法律與社會的需要，兩者之間恒有一鴻溝焉，立法者宜思有以填之。其鴻溝之廣狹，與填之之遲速，是即人民幸福之多少所攸判也。Maine，Ancient Law 第十一章。夫鴻溝不能無，所争者廣狹耳。填之不能盡，所争者遲速耳。凡在愈進步之社會，則其鴻溝之成也愈速，而其填之也愈難，而愈不可不黽。然能應於時勢，急起直追，則又愈可以助長社會之進步。故鴻溝日日皸坼，日日塞填，坼者無已時，填者亦無已時，如形影競走，未嘗休息，而國民幸福，遂以日增。其在不進步之社會，則鴻溝之成也稍遲，而填之者亦不勉。顧以不填之之故，而不適之法律，遂益障社會之進步。於是法律與社會兩者俱成静止之形，殆如僵屍毫無生氣。雖然社會者爲自然法則所支配，雖其變遷緣他阻力而致遲滯，顧終不能爲絶對的静止而絲毫無變遷者也。積年既久，其與法律之鴻溝相去亦愈益廣，非復小小補苴所能使之接近，而法律之大部分，遂不得不成秋扇，僅賴其小小部分，勉維持社會秩序于萬一，則亦已同強弩之末。一旦社會忽遇外界之刺激逼迫，驟生出劇烈之變遷，則法律全部，無復足爲社會之保障，而法遂成爲博物院中之法，非復社會關係之法矣。我國以進步遲鈍聞於世界，西人常謂馬可波羅之遊記，義大利人，當元時遊歷中國者。至今日猶與中國內地現狀相合。然則以今日而適用前古之法律，其鴻溝似仍不甚相遠，雖然，今之法律非他，唐律之舊也。唐律非他，漢律之舊也。漢律非他，李悝之舊也。夫李悝距今則二千餘年矣，唐之距今則亦千餘年矣。卽曰社會進步淹滯，亦安有千餘年前之法律，適用於千餘年後，而猶能運用自如者？而試以今律校唐律，其間所損益者能有幾何也！夫法國現行民法，由拿破崙時代所制定卽《拿破崙法典》。距今不過百年耳。而運用之者，已覺其多不適而大困難，而倡議改正者且囂囂起。《日本法學協會雜誌》第二十三卷第一號穗積陳重博士著《佛蘭西民法將來》。然則今之《大清會典》、《大清律例》，卽使其當乾隆嘉慶間，果曾悉心研究，參合彼時代社會之現象以立案，然至今日，而其大部分已須改正，而况乎其所襲者實二千年前之舊也！

歐洲近世，自培根Bacon首倡編纂法典之論，至最近世則英之邊沁Bentham、德之提巴Thibant復鼓吹之。而反對論者亦大起。其反對論不一端，而最有力者，則謂爲障社會之進步。其言曰，成文法典者，使法律成爲結晶體者也。結晶體光采爛然，外觀甚美而不能有生育發達之活力。日本穗積陳重著《法典論》第四章。此論雖爲近今多數學者所排，然以評我國法典與社會之關係，蓋甚切當矣。我國社會進步之淹滯，其原因雖不一端，而受博物院中法典之障礙，實其重要原因之一，無可疑也。要之我法典之腐舊，與社會之麻木，兩者遞相爲因，遞相爲果，而前代編纂法典之人，固有不得不尸其咎者矣。

近世學者之論各國法律，多分爲成文國與不文國之二種。歐洲大陸諸國，所謂成文國也。英美二國，所謂不文國也。若我中國以歷史上觀之，宜屬於成文國。而以近今事實證之，卽往古亦當然。則實可謂之不文國。何也？一切法律關係，實則仍遵慣習及判決例等以爲衡，時或頒發多數之單行法。若夫朝廷所特制定整然成書，號爲一國之大經大法者，則不過以飾石渠天祿之壯觀。而實際上之效力，反甚薄弱。此何以故？則以法律與社會之鴻溝太相懸絶也。

又：甲、範圍不確立

學者分法律之種類，又區爲主法與助法。主法者，實體的法律，如憲法、行政法、民法、刑法等是也。助法者，施行法律之法律，如議院法、選舉法、行政裁判法、民刑事訴訟法，乃至其他爲一時一事所制定之特別法皆是也。主法舉大綱，助法明細目。主法貴簡括，助法貴詳密。主法以法律現象之大原則爲准據，成一獨立體。助法以主法爲准據，不能觸背主法。主法比較的固定不變，助法比較的與時推移。此其性質差異之大概也。法律中何者當屬於主法之部分，何者當屬於助法之部分，此立法者所最宜注意也。我國之會典與律，近於主法。則例、條例，近於助法。然有一般之大綱宜爲主法者，而以入諸則例條例之中。亦有部分之細目，宜爲助法者，而以入諸會典與律之內。質而言之，則律之與例，會典之與則例，果以何者爲界線，彼立法者自初未嘗設有一嚴格的區別也。夫宜爲主法者而入諸助法，則效力不強，而授官吏以出入上下因緣爲奸之隙。宜爲助法者而入諸主法，則主法太繁碎猥雜，失彈力性，緣夫時勢之變遷，而主法遂不得不成僵石。夫卽以《大清律例》中之律論之，其中固有一大部分，屬於瑣碎節目，萬不能以入於主法的刑法者，而竟充塞盈帙焉，其不能實施適用，而徒化爲一種之裝飾品，不亦宜乎？

日本穗積陳重論法典之範圍曰：《法典論》第五編第二章。法典之範圍，當便宜畫定。非必一切法律，悉編入一法典中也。如民法法典中，畫其關於商事者，別爲商法，刑法法典中，畫其關於軍人犯罪者，別爲海陸軍刑法。此其最著者也。其他不應編入法典之法律，其種類甚多，今舉其重要者。

一附屬於單行法之法規。如郵便罰則，當附屬於郵便法，租稅罰則，當附屬於租稅法，不必揭諸刑法中。

一頻須變更之法律。

一有實施期限之法律。

一別須細密規定之法律。

一限於一地方或一種之人民所施行之特別法。

一如商業法、工業法、農業法、礦業法、森林法、海上法等，凡一切要特别規定之法律。

由是觀之，則範圍之限制，與法典之良楛，大有關係焉。我國之法典，如賣菜求添，惟多爲務，此所以支離漫漶，不適於用也。

乙、主義不一貫

穗積陳重曰：凡編纂法典者，必先確定其主義。如編纂憲法者將取國家主義乎？抑取君主主義乎？抑取民乎主義乎？其民法人事篇將取家族主義乎？抑取個人主義乎？其財産篇將取完全所有權主義乎？抑取有限所有權主義乎？其相續篇將取分配主義乎？抑取總領主義乎？其在商法將取保護主義乎？抑取助長主義乎？抑取放任主義乎？其在刑法，將援據罪惡必罰之正理，而取絶對主義乎？抑取對立主義，而於復讎、恐嚇、改良、防禦諸主義中擇其一乎？抑取折衷主義乎？又如治罪法、訴訟法，將取口訴主義乎？抑取書訴主義乎？將取聽訟主義乎？抑取審糾主義乎？如裁判所構成法，將取合議裁判主義乎？抑取單獨裁判主義乎？每當編一法典，則其通於法典全體之大主義，及其爲一部基礎之小主義等，皆不可不豫定之，否則全典脈絡不貫通，而彼此矛盾之弊遂不可免。

以上所述，爲近世科學發達以後據科學的方法以編纂法典者之所言也，自不能以責諸前古人。雖然，我國前此之法典，其編纂太無意識。去取之間，絶無一貫的條理以爲之衡。故一法典中而其文意相矛盾者，指不勝屈。使用法者無所適從，而法典之效力以相消，而不復存。此不得不謂編纂方法拙劣之所致也。

丙、綱目無秩序

立法家之腦力，無論若何偉大，斷不能取社會現在、將來之現象而悉計及之，自不能取社會現在、將來之法律關係而悉規定之。何也？人之心理，自由活動者也，其活動固非有一成不變之規律。即有之，亦非人智之所能及也。而法律者，向於現在將來而有效力者也。苟現在將來所起之法律關係，而法律絶無所規定，則法律之用將窮。故善立法者，於綱目之間，最所注意焉，先求得其共通之大原理，立以爲總則。比利時碩學普蘭斯現今世界三大刑法家之一。曰：所謂犯罪者，非犯刑罰法之謂，謂其違反於産出法典條文之大原則也。如犯殺人罪者，非必其犯刑法之某一條，以其犯不可殺人之原則也。犯竊盗罪者，非必其犯刑法之某一條，以其犯不可竊盗之大原則也。《最近刑法論》第二卷第一章第二節。故立法者，苟欲取犯罪之現象，無小無大，無正無變，而悉規定諸條文之中，則其勢必有所不給矣。故綱舉而目自從。綱不舉，則雖臚目如牛毛，猶之無益也。豈惟刑法，凡一切法皆若是矣。我國今日現行兩大法典，其《大清會典》，無所謂總則，不必論矣。其《大清律例》，沿晉唐之舊，首置《名例律》一門，頗有合於總則之義。雖然，《大清律例》之《名例律》，有非貫通于全律之大原則而亦入其中者，有貫通于全律之大原則而不入其中者。謂《名例律》足以包舉諸律焉不得也，謂諸律悉無觸背《名例律》焉不得也。故《名例律》者，有總則之名而未能全舉其實者也。夫《大清律例》爲發達最古稍稱完備之書，而猶若是，其他更無論矣。此我國法律所以等於頭痛灸頭腳痛灸腳，支離滅裂，而終不足以周社會之用也。

又：英國碩學邊沁，嘗以法律之文辭，比諸寶玉，誠重之也。法律之文辭有三要件：一曰明，二曰確，三曰彈力性。明、確就法文之用語言之，彈力性就法文所含意義言之。若用艱深之文，非婦孺所能曉解者，時曰不明。此在古代以法愚民者恒用之，今世不取也。確也者，用語之正確也。培根曰：法律之最高品位在於正確，是其義也。彈力性者，其法文之内包甚廣，有可以容受解釋之餘地者也。確之一義與彈力性之一義，似不相容，實乃不然。彈力性以言夫其義，確以言夫其文也。培根又曰：最良之法律者，存最小之餘地，以供判官伸縮之用者也。存最小之餘地，則其爲確可見；能供判官伸縮之用，則其有彈力性可見。然則二者之可以相兼明矣。我國法律之文明則有之，而確與彈力性兩種，皆甚缺乏。《大清律例》卷首，于律中文辭之用法，雖有説明，然其細已甚，且不完備。以我律文與今世諸國之法文相較，其正確之程度，相去遠矣。若夫彈力性，則我律文中殆全無之。率皆死於句下，無所復容解釋之餘地。法之適用所以日狹，而馴即於不爲用者，皆此之由。

法文之美妙者，雖社會之變遷，其現象大異于立法之時，而猶可輾轉假借以適於用。如法國之民法，其制定在距今百年以前。此百年間，全社會精神、物質兩方面，皆爲突飛進步，劃然成一新天地。而法之民法，迄今未改，雖用之常不免困難，而困難猶未嘗不可用。此無他，學說之解釋，有以濟其窮也。而學說之解釋所以得施，則法文之美妙使然也。其最淺著者，如百年以前，世界未嘗有汽車有電車，此盡人所能知也。而今者法之法庭，凡關於汽車電車所起之事件，皆可援拿破崙所制定之民法以斷之，非解釋之功，安得有此？

學說解釋者，補助法律之最良法也，昔之立法者，嘗懼解釋者牽合附會以失其本意，或從而禁之。如羅馬帝査士丁尼制定法典時，下詔嚴禁注釋。普王腓列特力第二，奥帝周斯夫第二，亦曾禁之。拿破崙制民法新成，不旋踵而巴黎市中已有民法注疏出現。拿破崙見而歎曰：余之法典既亡。凡此皆認爲解釋爲法典之蟊賊者也。雖然，禁之終不可得禁。非惟不可得禁，且日盛焉。蓋法律之爲物，有體有用，有學有術，其用其術，神而明之，存乎其人，豈直不能禁，抑亦不必禁不可禁也。我國法律，不禁詮釋，故馬鄭大儒曾注漢律。而《唐律疏義》乃由立法者奉敕自撰。即《大清律例》，其解釋之書，亦不下十數，其間因解釋以廣法文之用者，雖自不少，然終不能如彼法國民法之圓融無礙，則法文之工拙爲之也。

學者之解釋，不徒廣法文之用，而并能助法學之進步。蓋法文所隱含之義，未備之義，反對之義，恒能緣解釋而發明。故解釋盛行，其於次度之修補法文改正法文，常得莫大之助。我國雖有解釋而不能收此效果者，其原因有數端：一、解釋家雖有之而不能盛。蓋法律解釋之業，與辨護士之關係最密切。而我國辨護士之業，爲法律所禁，自影響於法律解釋之業，而無由盛也。二、法律學殆見排斥於學界以外。漢代尚有馬鄭大儒，從事注律。自兹以降，上流學者，皆不屑讀律。故解釋之業，惟委諸刀筆俗吏，夫俗吏之學識，不足以闡明高尚之學理，豈待問也。三、則法文中所含學理本不富。《記》曰：甘受和，白受采。膚淺混雜之法文，無論若何苦心研究終不能於其間得甚深微妙之義。我國法典，大率爲無意識的結集，雖多集上流學者從事解釋，猶將勞而少功，而况乎解釋者率屬俗吏，且寥寥不多覯也。

（清）梁啓超《飲冰室合集・文集》卷一七《開明專制論》 制者何？發表其權力於形式以束縛人一部分之自由者也。以其束縛人自由，故曰裁制、曰禁制、曰壓制。以其所束縛者爲自由之一部分，故曰限制、曰節制。以其用權力以束縛故曰强制，其權力之發表於形式者，曰制度、曰法制。

又： 吾嚮者下開明專制之定義曰：以所專制之客體的利益爲標準。斯固然也。然所謂客體，亦可析而爲二：其一，即法人之國家；其二，則視成國家之諸分子人民也。故前哲學說之主張開明專制者，亦分爲二，其一，則偏重國家之利益者，其他則偏重人民之利益者也。

又： 《管子・法禁篇》云：有國之君，苟不能同人心、一國威、齊士義，通上之治以爲下法，則雖有廣地衆民，猶不能以爲安也。此言秩序爲維持國家之第一義也。又《法法篇》云：所以愛民者，爲用之故愛之也，爲愛民之故，不難毁法虧令，是失所謂愛民矣。此言人民爲國家而存在也。又云：民未嘗可與慮始，而可與樂成功，是故仁者知者有道者，不與大慮始。房注云大猶衆也。此言立法權不可假諸民之理也，爲幼稚時代言也。又云：不法法則事無常，法則令不行。言法之必當有開明的精神也。姑舉一二，他不具徵。

又： 同時掊擊麥氏不遺餘力者，曰波丹，而彼亦主張開明專制之人也。彼之學說，最有價值者，爲主權論。彼之言曰：主權者統治人民之最高權力，而非法律所能拘束者也。此權力爲獨立國所不可缺之物，此權力之存在，即國民的獨立之表徵也。而其論此權力之所屬，則舍君主外無他焉。故曰：君主者，法律之主人也。此其說皆與麥氏無大異，惟加明晰耳。其大異於麥氏者，則曰：君主一切無責任，惟有道德上之責任。故麥氏猶有近於野蠻專制之嫌疑，波氏則純粹的開明專制也。

（清）梁啓超《飲冰室合集・文集》卷二〇《國文語原解》 灋。《説文》云：荆也，平之如水。从水廌，所以觸不直者去之，从廌去，會意。今文从水从去，古文从亼从正，會意。又廌下云：解廌獸也，似牛一角，古者聽訟，令觸不直者，段注。《神異經》曰：東北荒中有獸，見人鬥則觸不直，聞人論則咋不正，名曰獬豸。《論衡》曰：獬豸者一角之羊，性識有罪。皋陶治獄，有罪者令羊觸之。按古有此神獸，非必皋陶賴之聽獄也。今案初民法律不備而多迷信，使獸觸不直，非必無之事。此如歐洲古代之探湯决獄耳。及後世製字，遂會其意以成文，又从水者。《説苑・雜言》云：孔子曰：夫水者君子此德焉。至量必平似正，盈不求槩似度，是水之德平且正也。从水以示平正，从廌去以示正直，然則灋之語源，實訓平訓正直也。《管子・七法篇》：尺寸也，繩墨也，規矩也，衡石也，斗斛也，角量也，謂之法。凡以言其平且正直也。又《正篇》：當故不改曰法。如四時之不貣，如星辰之不變，如宵如晝，如陰如陽，如日月之明，曰法。此所以示其固定不變。天下惟平而正直者，能固定不變也。《孝經》非先王之法服不敢服，非先王之法言不敢道。注。法經也，常也。《爾雅・釋詁》亦云：法常也，是其義也，其後用之於廣義，則爲成文法律之法，用之於最廣義，則爲法則方法之法，皆展轉引申也。《釋名・釋典藝》云：法，逼也，人莫不欲從其志，逼正使有所限也。此雖非最初義，然與近世學者所言法之觀念，甚相接近，所謂莫不欲從其志者，言人人欲自由也，使有所限者。自由有界也，逼者卽强制制裁之意，而制裁必軌於正，則我國之觀念也。

古文从亼从正者。《説文》亼下云：三合也，从亼，象三合之形。《周禮・小司寇》，以三刺斷庶民獄訟之中，一曰訊羣臣，二曰訊羣吏，三曰訊萬民。聽民之所刺宥，以施上服下服之刑，是古代治獄，以輿論取決也。《書・洪範》：三人占則從二人之言。此輿論取決之法也，故从三合之亼。《廣雅・釋詁》二：法合也，義本古文也。

井、荆、彤、侀、㓝。《説文》井下云：八家一井，象構韓形。今案此自井之本義，然井之形實平而正，且有水德，故義通於法。《荀子・儒效篇》井井兮其有理也。以井爲形容詞，含秩序意。《易・井卦》：改邑不改井。王注：井以不變爲德者也，然則井也者，具有秩序與不變之兩義者也。秩序不變，與法之觀念正合。故《廣雅・釋詁》一云：井，灋也。《易・井卦》鄭注亦云：井，法也。《越絶書・記地傳》云：井者，法也。《一切經音義》引《易》記云：井爲刑法也。《風俗通》云：井，法也，節也，言法制居人令節其飲食無窮竭也。此必其古義有所受者矣。故荆字从之。

《説文》荆下云：罰辠也，从井从刀，會意。《易》曰井法也，井亦聲。字今誤作刑似荆，今案荆與刑殊。説文刑下云：剄也。剄下云：刑也。二者轉注，然則刑之本義甚狹，謂剄人之頭而已。段注云：荆罰典㓝儀荆等字，以刑當之，俗字也。造字之恉旣殊，井聲幵聲各部，是也。《説文》法下云：荆也。而此文云：井法也。是荆法二字相轉注也。《詩毛傳》亦屢云：荆，法也。段注曰：《易》利用荆人以正法也。引申爲凡模笵之稱。木部曰：模者法也。竹部曰：笵者法也。土部曰：㓝者鑄器之法也。據此，則荆法之爲轉注益信。《易》曰：利用荆人，以正法也。是荆含有正之意。《荀子・彊國篇》云：荆笵正，金錫美，是荆以正爲貴也。《禮記・王制》云：荆者侀也，侀者成也，一成而不可變，故君子盡心焉。一成不變，正與㓝之性質相合，亦卽法字之意也，其字又與彤通。《左傳》引《詩》：形民之力，而無醉飽之心。杜注云：形同刑，程量其力之所能爲而不過也。然則荆有形式之意，模範之意，程量之意，其德則平正秩序而不變也。故典荆儀荆等字，皆備此諸義。今若下其定義，則當云：荆也者，以人力制定一平正有秩序而不變之形式，可取爲事物之模範及程量者也，與灋字之範圍正脗合。《説文》訓爲罰辠者，就其狹義言之，則罰辠之法也。

律。《説文》云：均布也，从彳聿聲。段注云：律者所以笵天下之不一而歸於一，故曰均布。桂氏馥《義證》云：均布也者，義當是均也布也。《樂記》：樂所以立均。《尹文子・大道篇》：以律均清濁。《鶡冠子》：五聲不同均。《周語》：律所以立均出度也。今案《説文》之訓，段桂之釋，皆能深探語源，確得本意，蓋吾國科學，發達最古者，莫如樂律。《史記・律書》云：王者制事立法，物度軌則，壹稟於六律，六律爲萬事根本焉。《漢書・律曆志》云：夫律者，規圜矩方，權重衡平，準繩嘉量，探賾索隱，鉤深致遠，莫不用焉。故曰萬事根本也。《書》言同律度量衡，而度量衡又皆出於律，夫度量衡爲一切形質量之標準，而律又爲度量衡之標準，然則律也者，可謂一切事物之總標準也。而律復有其標準焉？曰黄鐘之宫。黄鐘之宫者，十二律中之中聲也，以其極平均而正確，故謂之中聲。所以能爲標準之標準者，以其中也。故律者，制裁事物之最嚴格者也。《左傳》云：先王之樂，所以節百事，是其義也。《孟子》曰：不以六律不能正五音，蓋樂之爲理，十二律固定不動，而五音回旋焉。若衆星之拱北辰，然則律者，非徒平均正確，而又固定不動者也。綜上諸訓以下其定義，則律也者，平均正確，固定不動，而可以爲一切事物之標準者也。其後展轉引申，凡平均正確固定可爲事物標準者，皆得錫以律名。《易》曰：師出以律。孔疏云：律，法也。《爾雅·釋詁》律，法也，常也。律，法律通名之始也。《爾雅·釋言》又云：律，銓也。郭注云：所以銓量輕重，此猶荆之訓程量標準之意也。《釋名》云：律，累也，累人心使不得放肆。此猶法之訓逼所以正不正也。自漢以還，而法遂以律名。《史記·蕭相國世家》，獨先入收秦律令。又《杜周傳》，前主所是著爲律。《漢書·刑法志》，不若刪定律令，是皆以律名法矣。多不克悉舉。

（清）沈家本《寄簃文存》卷六《序·重刻唐律疏議序》 律者，民命之所繫也，其用甚重而其義至精也。根極於天理民彝，稱量於人情事故，非窮理無以察情僞之端，非清心無以袪意見之妄。設使手操三尺，不知深切究明，而但取辦於臨時之檢按，一案之誤，動累數人，一例之差，貽害數世，豈不大可懼哉。是今之君子，所當深求其源，而精思其理矣。自魏李悝著《法經》六篇，漢蕭何、叔孫通、張湯、趙禹遞相增益，馬融、鄭康成以海內巨儒，皆嘗爲之章句，豈非以律意精微，俗吏所不能通曉歟？魏、晉以降，漸趨繁密。《隋律》簡要，而唐實因之。史稱高祖詔裴寂等更撰律令，凡律五百，麗以五十條；流罪三，皆加千里；居作三歲至二歲半者，悉爲一歲；餘無改焉。太宗又詔房玄齡等復定舊令，議絞刑之屬五十，皆免死而斷右趾。既而又哀其斷毀支體，除其法，爲加役流三千里，居作二年。其後玄齡等遂與法司增損《隋律》，降大辟爲流者九十二，流爲徒者七十一。高宗又命長孫無忌等偕律學之士撰爲《疏議》，即是書也。名疏者，發明律及注意，云議者，申律之深義及律所不周不達，若董仲舒《春秋决獄》，應劭《决事比》及《集駁議》之類。蓋自有《疏議》，而律文之簡質古奥者始可得而讀焉。嘗考元魏太和中置律博士時，儒説十餘家，詔但用鄭氏章句，不得雜用餘家。《唐律》本隋，由魏而周而隋，淵源具在。然則《唐律》之《疏議》雖不純本太和，而鄭義多在其中，《漢律》雖亡，其意猶賴以考見，深可寶貴。況我朝定律，監古立法，損益歸於大中，而所載律條與《唐律》大同者，四百一十有奇，其異者，八十有奇耳。今之律文與《唐律》合者亦什居三、四。沿波討源，知其所從來者舊矣。則是書非卽功令之椎輪，法家之津筏歟？至由是書而深求乎古今異同之原，講明乎世輕世重之故，晰奇闡微，律無遺蘊，庶幾傳古亭疑，情罪相準，無銖黍毫髮之爽，是又在善於讀律者。

（清）沈家本《寄簃文存》卷六《序·大清律例講義序》 天下之學，必講焉而後明，矧在專門，義博而科繁，安有不講而能明者。講讀律令，舊載《吏律》。乾隆初，吏部以内外官員各有本任承辦事例，律例款項繁多，難概責以通曉，奏請刪除官員考校律例一條，上不允。誠以律例關係重要，非盡人所能通曉，講讀之功，不可廢也。乃今之説者，謂律例當使官吏盡諳，顓愚共喻。信斯言也，必使人人皆能通曉，無待於講焉而後可，必深辭古義非講不明者，概加芟薙焉而後可。不然官吏尚未能盡諳，又安望顓愚之共喻哉？講讀之文，載在功令，烏可誣也。夫讀者但記誦其辭，講者必解説其意，舉凡禮教之精微，事情之繁賾，一字一句，皆有至理存焉。是卽講之讀之，尚恐有不能通曉者，屬在官吏職當盡諳，而官吏之諳之者已不多覯，若欲顓愚之人莫不喻之，能乎？否乎？

在昔《漢律》，各爲章句，叔孫宣、郭令卿、馬融、鄭玄諸儒，十有餘家，家數十萬言。凡斷罪所當由用者，合二萬六千二百七十二條，七百七十三萬二千二百餘言。魏世詔用鄭氏章句，不得雜用餘家。夫以康成一代大儒，其所以講之者，猶如是之詳且盡也。其後《唐律》，則有《疏議》三十卷。在唐初，律學專家頗有其人，奉敕纂修《疏議》，其所以講之者，又如是之詳且盡也。洎乎有明，説律之書，不下數十家，《瑣言》、《讀法》、《纂注》、《箋釋》諸書，世尚有傳本。或自申己見，或彙集羣言，其所以講之者，又如是之詳且盡也。使果人人皆能通曉，古之人何若是之不憚煩哉？《大清律例》承《明律》而損益之，雍正、乾隆以來，疊經修改，其條例視明代增千數百條，律文則因者多而革者少。順治初，以律文有難明之義，未足之語，增人小注。雍正三年，又纂總注附於律後，並列聖垂訓，命官撰集。豈非以禮教之精微，事情之繁賾，正有非官吏之所能盡諳，顓愚之所能共喻者乎？此其所以講之者，又如是之詳且盡也。

然則《律例》一書，將欲考其沿革，窮其義例，辨其同異，權其重輕，是非講不爲功。今試進司牧之自負能名，幕府之素稱老手者，舉律例而周諮焉。其閱歷非不深也，其辦案非不精核也，若夫歷代之沿革，亦嘗考訂之乎？法經之義例，亦嘗推闡之乎？律與律之同異，例與例之同異，律與例之同異，亦嘗參稽而明辨之乎？律輕例重之故，律重例輕之故，古律與今律重輕之故，此律與彼律重輕之故，亦嘗博綜而審定之乎？將皆遜謝不遑曰，未也。夫不明沿革，必至修一例而貽害無窮。不明義例，必至斷一案而情法失當。不明同異，必至援引不衷，于是甲罪用乙例，乙罪用甲例。不明重輕，必至權衡不得其平，重者失之輕，輕者失之重。夫孰非不講之爲害哉。

獨是《律例》爲專門之學，人多憚其難，故雖著講讀之律，而世之從事斯學者實鮮。官西曹者，職守所關，尚多相與討論。當光緒之初，有豫、陝兩派，豫人以陳雅儂、田雨田爲最著，陝則長安薛大司寇爲一大家。餘若故尚書趙公及張麟閣總廳丞，於《律例》一書，固皆讀之講之而會通之。余嘗周旋其間，自視弗如也。近年則豫派漸衰矣，陝則承其鄉先達之流風遺韻，猶多精此學者。韓城吉石生郎中同鈞，於《大清律例》一書，講之有素，考訂乎沿革，推闡乎義例，其同異重輕之繁而難紀者，又嘗參稽而明辨之，博綜而審定之，余心折之久矣。迨偕順德伍秩庸侍郎奏請專設法律學堂，於丙午九月開學，學堂科目特設有《大清律例》一門，卽延石生主講。於今已閱五學期，所編講義積成六册。其於沿革之源流，義例之本末，同異之比校，重輕之等差，悉本其所學引伸而發明之，辭無弗達，義無弗宣，洵足啓法家之祕鑰而爲初學之津梁矣。余奉命修律，采用西法互證參稽，同異相半。然不深究夫中律之本原而考其得失，而遽以西法雜糅之，正如枘鑿之不相入，安望其會通哉？是中律講讀之功，仍不可廢也。余嘉是編之成，幸斯學之未墜，而後來者有門徑之可尋也，故樂爲之序。宣統建元六月。

（清）沈家本《沈寄簃先生遺書・律目考・附明律目源流》　律之次序，李悝六篇以盜賊居前，係民事雜法，亦多民事，囚捕二法與盜賊相因，具法總各律之加減，皆與國政無關。漢增興、廄、戸三章，係國政而列於六篇之後，其殆有重民之義歟。魏刑名雖冠篇首，而盜律、賊律卽繼之，是仍以盜賊居首。晉、梁皆然，未改漢律之次序也。北齊名例之後繼以禁衛、婚戸、婚民事而可賅於戸。興擅、違制，國政也次以詐僞、鬥訟、賊盜民事也，捕斷、毁損、廄牧則國政民事兼有之，雜則補各律之遺，故厠於末。隋《開皇律》改廄牧爲廄庫，而移於前，於是國政皆居前而民事皆居後。唐律因之，蓋用尊王之義，故與梁以前之次序不同。明政歸六部而律亦分六部，與重民尊王之義皆不合矣。

（清）沈家本《沈寄簃先生遺書・明律目箋一・斷罪依新頒律》　舊律與新律豈能無輕重互異之處？而概依新律者，非但謂遵王之制也。法律爲人人所當遵守，既定而頒行之，則犯罪不論新舊，斷罪自當一律，不得再有參差。致法律失信用之教也，若如舊説例應輕者，照新例行；新例嚴而犯在前者，應照舊例，其參差孰甚哉！

（清）沈家本《沈寄簃先生遺書・明律目箋一・斷罪無正條》　按：同罪異論等語，班氏采入《刑法志》中。所欲活則出生議，所欲陷則與死比。比附他律之弊，兩語賅之矣。【略】

按：本朝文字之禍，大多在乾隆以前。其中，出於素挾仇怨者半，出於藉端詐索者半，匪獨姦人羣相告訐。卽大臣之中，亦有因睚眦小隙圖快己私者。律例既無正條，遂不得不以他律比附。事本微細，動以大逆爲言，給諫此疏，所言比附之害可謂痛切，此疏係上於乾隆元年經刑部纂入條例，告訐之風亦漸息矣。仁人之言其造福爲何如哉？【略】

凡刑律於正條之行爲，若許比附援引及類似之解釋者，其弊有三：第一，司法之審判官得以己意於律，無正條之行爲比附類似之條文致人於罰，是非司法官，直立法官矣。司法立法混而爲一，非立憲國之所宜有也。第二，法者，與民共信之物。律有明文乃知應爲與不應爲。若刑律之外參以官吏之意見，則民將無所適從；以律無明文之事，忽援類似之罰，是何異以機穽殺人也？第三，人心不同亦如其面。若許審判官得據類似之例，科人以刑，卽可恣意出入人罪，刑事裁判難期統一也。因此三弊，故今惟英國視習慣法與成文法爲有同等効力；此外歐、美及日本各國無不以比附援引爲例禁者。本案故採此主義，不復襲用舊例。

紀　事

《宋書》卷六《孝武帝紀》　九月己巳，詔曰：夫五辟三刺，自古所難，巧法深文，在季彌甚。故沿情察訟，魯師致捷；市獄勿擾，漢史飛聲。廷尉遠邇疑讞，平決攸歸，而一蹈幽圄，動逾時歲。民嬰其困，吏容其私。自今因至辭具，並即以聞，朕當悉詳斷，庶無留獄。若繁文滯劾，證逮遐廣，必須親察，以盡情狀。自後依舊聽訟。壬辰，於玄武湖北立上林苑。

（清）朱銘盤《南朝陳會要》卷九《文學・諸家著述・刑法類》

《陳律》九卷，范泉撰。《陳令》三十卷，范泉撰。《陳科》三十卷，范泉撰。《陳新制》六十卷。《隋書・經籍志二》

《魏書》卷四一《源賀傳》 景明二年，徵爲尚書左僕射，加特進。時有詔，以姦吏犯罪，每多逃遁，因眚乃出，並皆釋然。自今已後，犯罪不問輕重，而藏竄者悉遠流。若永避不出，兄弟代徙。懷乃奏曰：謹按條制：逃吏不在赦限。竊惟聖朝之恩，事異前宥，諸流徙在路，尚蒙旋反，況有未發而仍遣邊戍？按守宰犯罪，逃走者衆，禄潤既優，尚有兹失，及蒙恩宥，卒然得還。今獨苦此等，恐非均一之法。如臣管執，謂宜免之。書奏，門下以成式既班，駁奏不許。懷重奏曰：臣以爲法貴經通，治尚簡要，刑憲之設，所以網羅罪人。苟理之所備，不在繁典；行之可通，豈容峻制。此乃古今之達政，救世之恒規。伏尋條制，勳品已下，罪發逃亡，遇恩不宥，仍流妻子。雖欲抑絶姦途，匪爲通式。謹按事條，侵官敗法，專據流外，豈九品已上，人皆貞白也？其諸州守宰，職任清流，至有貪濁，事發逃竄，而遇恩免罪。勳品已下，獨乖斯例。如此，則寬縱上流，法切下吏，育物有差，惠罰不等。又謀逆滔天，輕恩尚免，吏犯微罪，獨不蒙赦，使大宥之經不通，開生之路致壅，進違古典，退乖今律，輒率愚見，以爲宜停。書奏，世宗納之。

《舊唐書》卷四《高宗紀上》 庚戌，詔曰：天德施生，陽和在節，言念幽圄，載惻分宵。雖復每有哀矜，猶恐未免枉濫。在京繫囚應流死者，每日將二十人過。於是親自臨問，多所原宥，不盡者令皇太子録之。詔以書學隸蘭臺，算學隸秘閣，律學隸詳刑寺。

《新唐書》卷二〇〇《儒學傳下・趙冬曦》 趙冬曦，定州鼓城人。進士擢第，歷左拾遺。神龍初，上書曰：古律條目千餘。隋時姦臣侮法，著律曰：律無正條者，出罪舉重以明輕，入罪舉輕以明重。一辭而廢條目數百。自是輕重沿愛憎，被罰者不知其然，使賈誼見之，慟哭必矣。夫法易知，則下不敢犯而遠機穽；文義深，則吏乘便而朋附盛。律、令、格、式，謂宜刊定科條，直書其事。其以准加減比附、量情及舉輕以明重、不應爲之類皆勿用。使愚夫愚婦相率而遠罪，犯者雖貴必坐。律明則人信，法一則主尊。當時稱是。

（宋）留正《皇宋中興兩朝聖政》卷五七《淳熙六年二月》 癸卯，進呈淳熙海行新法。上曰：朕欲將見行條法令勅，令所分門編類，如律與刑統、勅令、格式，及續降指揮，每事皆聚載於一處，開卷則盡見之，庶使胥吏不得舞文。趙雄等奏士大夫少有精於法者，臨時檢閱多爲吏輩所欺，今若分門編類則遇事悉見，吏不能欺。陛下智周萬物，俯念及此，創爲一書，所補非小。乃詔勅令所將見行敕令格式申明，體倣吏部七司條法總類，隨事分門修纂，别爲一書，若數事共條即隨門釐入，仍冠以《淳熙條法事類》爲名。

（宋）李燾《續資治通鑑長編》卷四《宋太祖乾德元年》 己卯，判大理寺事竇儀等上《重定刑統》三十卷，《編敕》四卷，詔刊板模印頒天下。先是，頗有上書言《刑統》條目之不便者，儀因建議請别商榷，即命儀及權少卿武功蘇曉、正奚嶼、丞張希遜與刑部大理法直官陳光乂、馮叔向等同撰集之。儀等參酌輕重，時稱詳允。希遜、光乂、叔向，未見。

（宋）李燾《續資治通鑑長編》卷二〇《宋太宗太平興國四年》 是歲，命有司取國初以來敕條纂為《太平興國編敕》十五卷，行于世。

（宋）李燾《續資治通鑑長編》卷四三《宋真宗咸平元年》 先是，詔給事中柴成務等重詳定《新編敕》。丙午，成務等上言曰：自唐開元至周顯德，咸有格敕，并著簡編。國初重定《刑統》，止行《編敕》四卷。洎方隅平定，文軌大同，太宗臨朝，聲教彌遠，遂增後敕爲《太平編敕》十五卷，淳化中又增後敕爲《淳化編敕》三十卷。編輯之始，先帝親戒有司，務存體要。當時臣下，不能申明聖意，以去繁文。今景運重熙，孝心善繼。自淳化以後，宣敕至多。命有司别加删定，取刑部、大理寺、京百司、諸路轉運使所受《淳化編敕》及續降宣敕萬八千五百五十五道，徧共披閱。凡敕文與《刑統》令式舊條重出者及一時機宜非永制者，并删去之；其條貫禁法當與三司參酌者，委本部編次之，凡取八百五十六道，爲《新删定編敕》。其有止爲一事前後累敕者，合而爲一；本是一敕，條理數事者，各以類分取。其條目相因，不以年代爲次，其間文繁意局者，量經制事理增損之；情輕法重者，取約束刑名削去之。凡成二百八十六道，準律分十二門，并目録爲十一卷。又以儀制、車服等十六道別爲一卷，附儀制令，違者如違令法，本條自有刑名者依本條。又以續降赦書、德音九道別爲一卷，附淳化赦書合爲一卷。其釐革一州、一縣、一司、一務者，各還本司，令敕稱依法及行朝典勘斷，不定刑名者，并準律、令、格、式，無本條者，準違制敕，分故失及不躬親被受條區分。臣等重加詳定，衆議無殊，伏請鏤板頒下，與律令格式、《刑統》同行。優詔褒答之。

（宋）李燾《續資治通鑑長編》卷八七《宋真宗大中祥符九年》 甲午，審刑院上奏案，有命官自蜀代還，部綱京師，私抉元封，內繒帛其中，遣郵置卒賫擔，規免商算，知院孫僅等請以違制失論。上曰：此得謂之失耶？僅不能對。王旦曰：律之詐欺，百端皆是。大率言失者，須思慮所不到。此公為詐欺，非失也。遂改從違制。

（宋）李燾《續資治通鑑長編》卷九一《宋真宗天禧二年》 乙卯，上封者言：伏以信賞以勸善，明罰以懲惡，古人用此，堅如金石，信如四時，無私如天地。今斷天下之獄，皆是大理，詳天下之法，總在審刑。二者，海內之準繩也。且今之律令則具有明文，制敕則常有更改。凡定罪之要，言敕則多指故失，言罪則皆坐公私。四者定刑，重輕殊邈。酌情輕而用法重，則近侮文，按狀重而處條輕，則為失實。此之審克，尤在盡心。入私則犯徒追官，為公則贖金記過，稱故則不得末減，稱失則例有降差。承前斷公私故失之名，止是法官臨時裁處，既無著定，深慮差殊。欲望令應經歷刑法司同定公私罪名，參詳畫一，其違制稱失者亦須審詳，失錯情輕者明件條奏，使不能因緣為奸，輕重其法，杜其萌漸，實在於斯。詔審刑院、大理寺、刑部、開封府同議定以聞。

（宋）李燾《續資治通鑑長編》卷三〇七《宋神宗元豐三年》 丁巳，詔中書：以所編刑房并法寺斷例，再送詳定編敕所，令更取未經編修斷例與條貫同看詳。其有法已該載而有司引用差互者，止申明舊條。條未備者，重修正；或條所不該載，而可以為法者，創立新條；法不能該者，著為例。其不可用者，去之。

（宋）李燾《續資治通鑑長編》卷三四七《宋神宗元豐七年》 壬戌，御史黄降言：朝廷修立敕令，多因舊文損益，其去取意義，則具載看詳卷，藏之有司，以備照使。比者，官司議法，於敕令文意有疑者，或不檢會看詳卷，而私出己見，裁決可否。乞申飭官司，自今申明敕令及定奪疑議，并須檢會看詳卷，考其意義所歸。所貴法定於一，無敢輕重，本臺亦得以據文考察。詔下刑部。刑部言：元豐敕令格式看詳卷共二百二十册，難以頒降。乞自今官司定奪疑議，及申明敕令須看詳卷照用者，聽就所掌處抄録。從之。

（清）徐乾學《資治通鑑後編》卷八〇《宋紀八〇》 乙亥，以期集院為律學，置教授四員。公試習律令生員，義三道，習斷案生員一道，刑名五事至七事。私試義二道，案一道，刑名五事至三事。命官舉人皆得入學習律令。

（宋）李心傳《建炎以來繫年要録》卷七八《紹興四年甲寅七月戊申朔之丁丑》 癸酉。初，命大理寺丞評刊定見行斷例。時議者乞明詔有司，應小大之獄，既得其情，一斷以法，無使一時之例復預其閒。如有斷刑舊例，法家所援，有不可去者，乞條貝申上，付之所司，立為永法，布示中外，使知所遵守。庶幾刑罰平允，人無冤濫。刑部勘當，自國朝以來斷例，渡江以來皆已散失。今所引用多是自建炎以來近例，若建炎以前皆出官吏省記，閒亦引用，至於進擬案用例，或罪輕而引用重例，或罪重而引用輕例，或有例而不引，無例而彊引，即無監察斷罪指揮，欲乞將本部并大理寺見行斷例，并臣僚繳進元符斷例，裒集為一，行下大理寺。委自丞評刊定，若特旨斷例，即別為一書，候成書申送刑部看詳駁正，其不在新書者，不得引用，如引用失當，許本部檢察斷罪，上之朝廷，乞頒降施行。故有是旨。

《元史》卷二〇《成宗紀三》 壬戌，帝諭何榮祖曰：律令良法也，宜早定之。榮祖對曰：臣所擇者三百八十條，一條有該三四事者。帝曰：古今異宜，不必相沿。但取宜於今者。

《皇明條法事類纂》卷四六《問刑不許拘泥成案信憑參語及將重情俱擬不應併以誣告捏作輕告》 又睹洪熙元年三月十五日詔書內開：律令之制，善長惡短，罪之輕重，咸適厥中，顧執法之吏不能平。欽此。竊惟律令者，治天下之法也。國家參斟事情輕重，定立罪名，頒行天下，永爲令典，問刑衙門正當遵守謹行，必使一錢一杖之獄務合律文之意，庶受者心服而觀者戒矣。

（清）沈家本《沈寄簃先生遺書·日南隨筆》卷六《熙寧律學》

《宋史·神宗紀》元豐四年春正月詔：試進士加律義。熙寧六年四月置律學，七年四月置律學設教授四員，公試習律令。東坡詩：讀書萬卷不讀律，致君堯舜終無術，蓋譏之也。然漢時州郡多遣人赴丞相府學律，魏設律博士，其後歷代多有此官，律學明而刑罰中，於政治關係甚大。孔子曰：刑罰不中則民無所措手足，神宗此舉未可非也。

著録

（元）馬端臨《文獻通考》卷二〇三《經籍考三十·史》　《唐令》三十卷，《式》二十卷。

陳式曰：唐開元宋璟、蘇頲、盧從愿等所删定《藝文志》卷數，同更同光天福校定，至本朝湻化中，右贊善大夫潘憲、著作郎王泗校勘其篇目條例，頗與今見行令、式有不同者。

南豐曾氏序曰：《唐令》三十篇，以常員定職官之任，以府衛設師徒之備，以口分永業爲授田之法，以租庸調爲斂財役民之制，雖未及三代之政，然亦庶幾乎先王之意矣。讀其書，嘉其制度有庶幾乎古者而惜其不復行也，故綴其大要可記者論之於此焉。

（清）桑春榮《秋審實緩比較彙案序》　於戲！用法可不慎歟？有倫有要，執一者偏。疑重疑輕，任情者過。毛疵粟錯，呼吸生死，戞戞乎其難哉？荀子曰：公察善思論不亂，以治天下，後世法之成律貫。貫，通也，有比較之義焉。《晉書·刑法志》，李悝《法經》並蕭何、叔孫通、張湯、趙禹所益合六十篇，又有漢時決事，《令甲》以下三百餘篇，司徒鮑公決爲《法比都目》，凡九百六卷。比字見史始此，蓋比較之義開於周，比較之名立於漢，由來尚矣。余忝掌邦禁十有三年，日滋懼焉。夫律有專條，引用失當，其失立見不難更正，至名同實異，情殊理一，必旁參曲證。而後適中者稍不審卽誤殺人，且不獨殺一人也。今日所定之案，卽異日遵行之例，以誤襲、誤殺人詎有底哉？嘗觀漢大儒叔孫宣、郭令卿、馬融、鄭康成皆爲律作章句。晉張裴、杜預皆爲律作注。魏置律博士，齊敕仕門之子弟習律。唐置律學，宋歐陽公爲一代文宗則勸人讀文案。而律母八字，王伯厚《困學紀聞》且詳析焉。蓋古之時，經與律合，律文所不到者，援經術斷之，故不必舉成案爲準，則自能無枉無濫。今則不然，士大夫幼習帖括，一登仕版，所習非所用，手署紙尾，目注胥吏，迨歷久明晰，輒改官去，後進復何所法守？此則比較諸案，斷斷乎不可無成書也。余老矣，不能復持鉛槧，梅園觀察之輯以行世，其實獲我心哉。雖然此特爲用法者指示門逕，非謂可恃法也。老子曰：民不畏死，奈何以死懼之，夫民詎有不畏死者，上以任法自快，下乃益逃於法外，以犯法譸張爲幻，情形百出，恐有非此編所能盡者，斯真不畏矣。《易》言明慎用刑，《書》言哀矜折獄。精神周浹於律文之外，而纏綿悱惻仍歸宿於造律者之意中。庶幾法爲祥刑，獄爲福堂，而此書所載且無事盡用乎？敬質之梅園，並以告夫世之讀此書者。

《四庫全書總目提要》卷八一《史部·唐律疏義》　《唐律疏義》三十卷兩淮鹽政採進本。

唐太尉揚州都督趙國公長孫無忌等奉敕撰。《風俗通》稱皋陶謨虞造律。《尚書大傳》稱，夏刑三千，周刑二千五百。是爲言律之始。其後魏李悝著《法經》六篇，一《盜法》，二《賊法》，三《囚法》，四《捕法》，五《雜法》，六《具法》。商鞅受之以相秦。漢蕭何益《戶》、《興》、《廄》三篇爲九篇，叔孫通又益《傍章》十八篇，張湯《越宫律》二十七篇，趙禹《朝律》六篇合六十篇。馬融、鄭康成皆嘗爲之章句。魏世刪約漢律，定增十九篇，就故五篇合十八篇，晉復增損爲二十篇。南北朝互有更改，漸近繁密。隋文帝開皇三年，敕蘇威，牛宏等更制新律。除死罪以下千餘條，定留五百條。凡十二卷，一《名例》，二《衛禁》，三《職制》，四《戶婚》，五《廄庫》，六《擅興》，七《盜賊》，八《鬭訟》，九《詐僞》，十《雜律》，十一《捕亡》，十二《斷獄》。史稱其刑綱簡要，疎而不失。唐太宗詔房元齡等增損隋律，降大辟爲流者九十二，流爲徒者七十一，而大旨多仍其舊。高宗卽位，又命長孫無忌等偕律學之士撰爲《義疏》行之，卽是書也。論者謂，唐律一準乎禮，以爲出入得古今之平，故宋世多採用之。元時斷獄，亦每引爲據。明洪武初，命儒臣同刑官進講《唐律》，後命劉惟謙等詳定《明律》，其篇目一準於唐。至洪武二十二年刑部請編類頒行，始分《吏》、《戶》、《禮》、《兵》、《刑》、《工》六律，而以《名例》冠於篇首。

本朝折衷往制，垂憲萬年。欽定《大清律例》，明簡公平，實永爲協中弼教之盛軌。臣等嘗伏讀而紬繹之。凡《唐律》篇目今所沿用者，有《名例》、《職制》、《賊盜》、《詐僞》、《雜犯》、《捕亡》、《斷獄》諸門。其《唐律》合而今分者，如《戶婚》爲《戶役》、《婚姻》，《廄庫》爲《倉庫》、《廄牧》，《鬭訟》爲《鬭毆》、《訴訟》諸門。其名稍異而實同者，如《衛禁》爲《宮衛》，《擅興》爲《軍政》諸門。其分析類附者，如關津留難諸條《唐律》入《衛禁》，今析入《關津》。乘輿服御物事，應奏不奏，驛使稽程以財行求諸條《唐律》俱入《職制》，今分析入《禮律》之《儀制》、《吏律》之公式，《兵律》之郵驛，《刑律》之受贓、謀殺人諸條。《唐律》入《賊盜》，今析入《人命》。毆罵祖父母、父母諸條《唐律》竝入《鬭訟》，今析爲兩條分入《鬭毆》、《罵詈》。又姦罪、市司平物，價盜決隄防，毀大祀丘壇，盜食田園瓜果諸條，《唐律》俱人《雜律》。今分析入《刑律》之《犯姦》，《戶律》之《市廛》，《田宅》，《工律》之《河防》，《禮律》之《祭祀》。蓋斟酌畫一，權衡允當，迨今日而集其大成。而上稽歷代之制，其節目備具，足以沿波而討源者，要惟《唐律》爲最善。故著之於録，以見監古立法之所自焉。其書爲元泰定間江西儒學提舉柳贇所校刊，每卷末附以江西行省檢校官王元亮釋文及纂例，亦頗可以資參訂也。

《四庫全書總目提要》卷八一《史部・大清律例》 《大清律例》四十七卷。乾隆五年奉敕撰。御製序文頒行。凡《律目》一卷，《諸圖》一卷，《服制》一卷，《名例律》二卷，《吏律》二卷，《戶律》七卷，《禮律》二卷，《兵律》五卷，《刑律》十五卷，《工律》二卷，《總類》七卷，《比引律條》一卷。前列凡例十則，及順治初年以來奏議，而恭録世祖章皇帝御製序一篇，聖祖仁皇帝諭旨一道，世宗憲皇帝御製序一篇、諭旨一道，冠於卷首。蓋我朝律文，自定鼎之初，卽詔刑部尚書吴達海等詳考《明律》，參以國制，勒爲成書，頒布中外。康熙九年，大學士管刑部尚書事對喀納等，復奉詔校正，旋又諭部臣於定律之外，所有條例，或刪或存，詳爲考定，隨時增改，刊附律後。逮雍正元年，大學士朱軾、尚書查郎阿等，奉詔續成。我皇上御極之初，卽允尚書傅鼐之請，簡命廷臣，逐條考正，以成是編，纂入定例凡一千餘條。而皇心欽恤，道取協中。凡讞牘奏陳，皆辨析纖微，衡量情法隨事訓示，務準其平，以昭世輕世重之義。又每數載而一修，各以新定之例分附於後。在廷之臣，恭聆玉音，或略迹而原心，或推見以至隱。折以片言，悉斟酌於天理人情之至信。聖人留心庶獄，爲千古帝王之所無。而是編亦爲千古之玉律金科矣。右政書類法令之屬，二部，七十七卷，皆文淵閣著録。案：法令與法家，其事相近而實不同。法家者私議其理，法令者官著爲令者也。刑爲盛世所不能廢，而亦盛世所不尚。茲所録者，略存梗概而已，不求備也。

《四庫全書總目提要》卷八三《史部・元典章前集》 《元典章前集》六十卷附《新集》。無卷數，内府藏本。

不著撰人名氏。《前集》載世祖卽位至延祐七年英宗初政。其綱凡十曰《詔令》，曰《聖政》，曰《朝綱》，曰《臺綱》，曰《吏部》，曰《戶部》，曰《禮部》，曰《兵部》，曰《刑部》，曰《工部》。其目凡三百七十有三，每目之中又各分條格。《新集》體例略倣《前集》，皆續載英宗至治元二年事，不分卷數，似猶未竟之本也。此書始末，《元史》不載。惟載至治二年金帶御史李端言，世祖以來所定制度宜著爲令，使吏不得爲姦，治獄有所遵守。英宗從之。書成，名曰《大元通制》頒行天下，凡二千五百三十九條。計其時代，正與此書相同。而二千五百三十九條之數，則與此書不相應。卷首所載中書省劄亦不相合。蓋各爲一篇，非《通制》也。考《元史》以八月成書，諸志皆潦草殊甚，不足徵一代之法制。而《元經世大典》又久已散佚，其散見《永樂大典》者，顛倒割裂，不可重編。遂使百年掌故，無成書之可考。此書於當年法令，分門臚載，採掇頗詳，故宜存備一朝之故事。然所載皆案牘之文，兼雜方言俗語，浮詞妨要者十之七八。又體例瞀亂，漫無端緒。觀省劄中有置簿編寫之語，知此乃吏胥鈔記之條格，不足以資考證。故初擬繕録，而終存其目焉。

《四庫全書總目提要》卷一〇一《子部・唐律文明法會要録》 《唐律文明法會要録》一卷，永樂大典本。

不著撰人名氏。前有原序，亦不署名。後有沈侃序、署其字曰和卿、署其官曰陵州同知。案陵州始設於元，則元人作也。其說皆郛廓迂腐、殆無足觀。

《四庫全書總目提要》卷一〇一《子部・折獄卮言》　《折獄卮言》一卷，編修程晉芳家藏本。

國朝陳士鑛撰。士鑛有《江南治水記》，已著録。是篇摭取四書諸經慎刑之語，兼及漢詔一二條，徵引疎略，無所發明。曹溶載之《學海類編》中，姑盈卷帙而已，不足以言著書也。

（宋）王應麟《玉海》卷六五《詔令・律之上・秦漢舊律　令甲　魏李悝法經　諸儒章句》　《晉志》秦漢舊律，其文起自魏文侯師李悝，撰次諸國法，著《法經》李悝作法，蕭何造律。以為王者之政，莫急於盜賊，故其律始於《盜》、《賊》。盜賊刼捕，故著《囚》、《捕》二篇。其輕狡、越城、博戲、假借不廉、淫侈、踰制為《雜律》一篇。又以《具律》具其加減。《具律》今之《名例律》也。是故所著六篇而已，然皆罪名之制也。商君受之以相秦。漢承秦制，蕭何定律，除參夷連坐之罪，增部主見知之條，益《事律》《興》、《廏》、《戶》三篇，三篇總謂之《事律》。合為九篇。《蕭何傳》先入收秦丞相御史之律令圖書藏之。叔孫通益律所不及，《傍章》十八篇，張湯《越宮律》二十七篇，趙禹《朝律》六篇。又漢時決事，集為《令甲》以下三百餘篇，及司徒鮑昱撰嫁娶辭訟決為《法比都目》，凡九百六卷。世有增損，率皆集類為篇，結事為章。一章之中，或事過數十，事類雖同，輕重乖異。而通條連句，上下相蒙，雖大體異篇，實相採入。《盜律》有賊傷之例，《賊律》有盜章之文，《興律》有上獄之法，《廏律》有逮捕之事，若此之比，錯揉無常。後人生意，各有章句。叔孫宣、郭令卿、馬融、鄭玄諸儒十有餘家，家數十萬言。凡斷罪所當由用者，合二萬六千二百七十二條，七百七十三萬二千二百餘言，言數益繁，覽者益難。天子魏明帝於是下詔，但得用鄭氏章句，不得雜用餘家。范曄曰：律謂皋蘇而法令亟易。

（元）蘇天爵《滋溪文稿》卷六《序・兩漢詔令序》　是編吾家所藏《西漢》十二卷吴郡林虙録《東漢》十一卷，四明樓昉録及官浙省與憲使王公議刊行之。向聞於潛洪咨夔亦嘗纂次成書，事著其略，帝繫之説惜乎不傳，獨得其經論刻置卷首。又命進士高明輯其目，文學掾江若泉正其訛，或謂兩漢季年，權姦柄用，擅政稱制，文宜刊削。夫命令雖出於當時，而善惡悉著於史策，録之以示訓，不亦可乎？至正己丑五月甲午趙郡蘇天爵書。

（清）朱彝尊《曝書亭集》卷五二《唐律疏議・跋》　《唐律疏義》三十卷。永徽二年閏月詔曰：太宗文皇帝撥亂反正，恤獄慎刑，杜澆弊之源，削煩苛之法，道臻刑措。二十三年王几遺訓皇令刊改，朕仰遵先旨，旁求故實，乃制太尉揚州都督長孫無忌、開府儀同三司李勣、尚書左僕射張行成、光禄侍中高季輔、右丞段寶玄、太常少卿令狐德棻、吏部侍郎高敬言、刑部郎中賈敏行等爰曁朝賢，詳定法律，酌前王之令典，考列辟之舊章，適其輕重之宜，采其寬猛之要，使夫畫一之制，簡而易從，約法之章，疎而不漏，再移朞月方始勒成。是宜頒示普天，垂之來葉，凡在羣臣逮於列岳，其務審慎，稱朕意焉。此見諸《唐大詔令》者也。永徽三年五月詔律學未有定疏，宜廣召解律人修義疏，使中書門下监定条撰成三十卷。四年十一月上之詔頒行天下，此見諸《唐會要》者也。按無忌等表進有尚書左僕射于志寧，右僕射褚遂良、中書令柳奭、刑部尚書唐臨，守黄門韓瑗、中書侍郎來濟、辛茂將、尚書右丞劉燕客、潁州刺史裴弘獻、刑部郎中王懷恪、盩厔縣令董雄、大理丞路立、始平縣丞石士逵、大理評事曹惠果、律學博士司馬鋭等，而無張行成、高季輔、令狐德棻、高敬言。或疑纂修諸臣姓名不符，攷詔令開載乃總修律令格式之員，而表追於二年之後，所列縣令、丞、博士，蓋係召至解律人。若張、高、令狐四公不與纂修義疏，故爾唐代遺書傳抄多致殘闕，是編前有元泰定四年江西儒學提舉栁贇序，又附江西行中書省檢校官王元亮釋文，末又綴編校考亭書院學士余資姓氏信為完書。世有好事君子雕鋟以行儆於有位舊章之不愆，庶乎復古寬大之條矣。

（清）朱彝尊《曝書亭集》卷五二《刑統賦解・跋》　《刑統賦》四卷。《宋史・藝文志》不知作者，晁公武《讀書後志》著録二卷云皇朝傅霖撰，或人為之注。予所録卷與晁氏同，古林曹氏藏本也。《刑統》定於周顯德四年，命侍御史張湜，太子右庶子劇可久等十人編集，兵部尚書張昭遠看詳追呈，凡二十一卷。竇儀重加詳定，增益九卷。當日言律令格式之煩，期於省文達理成書，霖乃撮其要旨，作賦而自解其義。又東原郄某每聯撰四言歌以括之，前有延祐三年趙孟頫序言其大略，其後益都王亮復為增注，大抵傅、郄皆宋人，而亮則元人也。世儒以趙序加於長孫無忌等《唐律》三十卷之前，遂疑《疏義》為霖等所注，誤矣！霖自題左宣德郎律學博士，未審宋何朝人。

雜録

《晉書》卷三四《杜預傳》　與車騎將軍賈充等定律令，既成，預爲之注解，乃奏之曰：法者，蓋繩墨之斷例，非窮理盡性之書也。故文約而例直，聽省而禁簡。例直易見，禁簡難犯。易見則人知所避，難犯則幾於刑厝。刑之本在於簡直，故必審名分。審名分者，必忍小理。古之刑書，銘之鍾鼎，鑄之金石，所以遠塞異端，使無淫巧也。今所注皆網羅法意，格之以名分。使用之者執名例以審趣舍，伸繩墨之直，去析薪之理也。詔班于天下。

（唐）張九齡《唐六典》卷八《門下省》　給事中掌侍奉左右，分判省事，凡百司奏抄侍中審定，則先讀而署之以駁正違失。凡制勑宣行大事則稱揚德澤，褒美功業，覆奏而請，施行小事則署而頒之。凡國之大獄，三司詳決，若刑名不當，輕重或失，則援法例退而裁之。凡發驛遣使，則審其事宜，與黄門侍郎給之其緩者，給傳即不應給罷之。凡文武六品已下，授職所司奏擬，則校其仕歷深淺，功狀殿最，訪其德行，量其材藝，若官非其人，理失其事，則白侍中而退量焉。若文武進級至于三品五品，則覆其入仕之階考，會所由之狀而奏裁之。凡制敕文簿授官甲，歷皆貯之於庫，監其檢覆以出入焉。其弘文館圖書繕寫讎校亦課而察之。凡天下寃滯未申及官吏刻害者，必聽其訟，與御史及中書舍人同計其事宜，而申理之。每日令御史一人共給事中，中書舍人受詞訟，若告言官人事害政者及抑屈者，奏聞自外依常法。

《宋史》卷一六三《職官志一》　凡斷獄本於律，律所不該，以敕、令、格、式定之。凡律之名十有二：曰名例，曰禁衛，曰職制，曰戶婚，曰廄庫，曰擅興，曰盜賊，曰鬥訟，曰詐僞，曰雜律，曰捕亡，曰斷獄。禁於未然之謂令，施於已然之謂敕，設於此而使彼至之之謂格，設於此而使彼效之之謂式。

（宋）李燾《續資治通鑑長編》卷五七《宋真宗景德元年》　先是，朝廷每以敕書約束邊事，或有當行極斷等語，官吏不詳深意，即處大辟，洛苑使李繼和言其事。辛酉，詔諸州軍自今有云重斷、極斷、處斬、決配之類，悉須具獄以聞。

（宋）李燾《續資治通鑑長編》卷七二《宋真宗大中祥符二年》　審刑院、大理寺言：准詔，定違制及不躬親被受等條。今請應宣敕內有稱依法科罪及朝典勘斷不定刑名者，並合准律令格式；無本條者，准違制，分故失及躬親被受與不躬親被受條區斷，內情重者奏裁。仍令自今羣官到任，應承前宣敕並交付遵守，其有違犯，不得以未知條貫為辭。從之。

（宋）李燾《續資治通鑑長編》卷九五《宋真宗天禧四年》　審刑院、刑部、大理寺奏：自今所舉幕職、州縣官充詳斷、法直官，請試律五道，取三道以上，仍斷案二十道，稍合格例，則保明聞奏。從之。

（宋）李燾《續資治通鑑長編》卷二二三《宋神宗熙寧四年》　丙申，上諭文彦博等曰：京東武衛軍素號精勇得力，不減陝西兵。彦博曰：京東之人，沈鷙精悍，亦其性也。上因言：齊、魯諸儒，言過其行，如李徽之輩，每肆大言。吳充曰：前史謂齊人多詐，信不誣矣。彦博曰：齊、魯諸生，常以誦經為業，近聞朝廷釐改科場，此輩恐未能遽改所業，必有失職之憂。上曰：令展一次科場，方依今來新制。充曰：齊、魯專經之學，誦書之外，不知其他，登第之後，至於官政人事，漫不通曉，此弊深宜改更。上因言：近世士大夫多不習法令。充曰：漢儒陳寵以法律講授，徒眾常數百人。唐有律學在六學之一，後來搢紳多恥此學，明法一科又徒能誦其文而已，亦罕通法意。近歲補法官者，必聚而詳試其所習，取其尤精通者用之，有以見朝廷卹刑之意。去年十二月八日，徽之提舉鴻慶。

（宋）李燾《續資治通鑑長編》卷二六六《宋神宗熙寧八年》　又詔進士及第自第一人以下注官，並先試律令、大義、斷案。初，自三人以下始令試法，至是，中書習學公事練亨甫言：進士高科任簽判、兩使職官，通與一州之事，其於練習法令，豈所宜緩！前此習刑名者，世皆指以為俗吏。今朝廷推恩雖厚，而應者尚少，又獨優高科，不令就試，則人不以試法為榮，滋失勸奬之意。故有是詔。

（宋）李燾《續資治通鑑長編》卷三三四《宋神宗元豐六年》　國子

司業朱服言：相度入律學命官公試律義、斷案，考中第一人，乞許依吏部試法與注官；其太學生或精於律義、斷案，就律學公試中第一，與比私試第二等注籍。從之。

（宋）李燾《續資治通鑑長編》卷三三九《宋神宗元豐六年》（九月）詔：内外官司見行敕、律、令、格、式文，有未便於事理應改者，並申尚書省議奏。輒畫旨衝革者，徒一年。即面得旨，若一時處分應著為法，及應衝改者，隨所屬申中書省、樞密院奏審。傳宣内降若須索，並隨處覆奏，得旨施行。即本司官親承處分須索，仍畫所得旨録奏，請實奉行。於是上宣諭執政曰：傳宣内降及面得旨覆奏法，屢付有司討論，終未允當。今通内外為一法，可更看詳。乃行之。

（宋）李燾《續資治通鑑長編》卷三四七《宋神宗元豐七年》 臣論奏王珪、王安禮陳乞子姪差遣法許用例奏鈔，詔臣分析。臣愚見：按法之文而折中于理，謂有司之事。無條有例，或雖有條而文意未明，應用例以補之，皆在所司。可以常行，於法未礙，則為不應奏請可否之事，若陳乞差遣，自有定法。異時執政大臣本因礙法，遂有干請，畫旨施行，所以稱特旨，豈有司所專以為不應奏請之事？又官制申明逐處例册，候册定條目不用，即知有司所用之例，自可修條。未知特旨礙法之事，能如此否？又尚書省奏事依條目分，有法式者上門下，無法式者上中書，并取旨、特旨事，乃中書之職。臣竊謂法式者有常之稱，特者反常之義。今用特旨礙法事為有法式事上門下，臣雖甚愚，未知其可。

（宋）李燾《續資治通鑑長編》卷四〇七《宋哲宗元祐二年》 又按熙寧以前編敕，各分門目，以類相從，約束賞刑，本條具載，以是官司便於檢閱。元豐敕則各隨其罪，釐入諸篇，以約束為令，刑名為敕，酬賞為格，更不分門，故檢用之際，多致漏落。今則並依熙寧以前體例删修，更不別立賞格。又以古之議刑，必詢於衆，漢以春秋斷疑獄，發自仲舒；唐以居作代肉刑，成於弘獻；復有因人奏請，隨事立條，讞報實繁，去取尤謹。曩時修熙寧敕，止據嘉祐舊文，元豐敕亦只用熙寧前例增損删定，更不修考日前創法改作之意。今則斷自嘉祐，至今凡二十餘年，海行宣敕及四方士庶陳述利害，參酌可否，互有從違。

又： 又以法令所載，事非一端，郡、縣、省、臺，紀綱繁委，前紀所述，皆有別書。魏律則尚書、州、郡，著令自殊。唐格則留司散頒，立名亦異。皆所以便於典掌，不使混淆。其元豐敕以熙寧敕令中合尚書六曹在京通用，并一路、一州、一縣事並釐歸逐處，若盡收還，慮致叢脞。今合以該五路以上者，依舊敕修入敕令，其餘有事節相須，條制相類，可以隨事生文，不須別立條法者，雖止該一路、一司，並附本條編載。

又： 又有專為一事特立新書，若景德農田、慶曆貢舉，皆別為條敕，付在逐司。今元祐差役敕先已成書，并近歲專為貢舉、出使立條者，既不常行，遇事即用，並已釐出，不使相參。其有一時約束，三省奉行，廢置、改更、蠲除、省約，既關治體，須俟僉同，大則奏稟於清衷，次則諮議於執政，既有定論，咸用著篇。又按《刑統》録出律内餘條準此附名例後，旁舉諸條，各以類見，今亦以敕令中如此例者六十四件，別為一篇。

（宋）李心傳《建炎以來繫年要録》卷八六《紹興五年乙卯閏二月乙巳朔之癸酉》 大理評事李洪、李志行並改合入官，初，洪等自言，建炎二年春，試刑法入第三等上，乞依條改。吏部言無案牘可考，令召本司官一員，結除名編置之罪，委保詣實許之，中書舍人劉大中言有司當守法，何至爲一僥冒之人，委曲求改官之路，恐人人援此作僞生姦，何所不至。翌日輔臣進呈，趙鼎曰：古者以刑弼教宜崇奬之，上曰刑名之學其廢久矣，不有以崇奬之，使人競習則其學將絶。沈與求曰：法家者流，雖別一科，然人命所係，不可不重此選。乃令吏部重別取索有無的實干照，事遂寢。三月己卯，吏部申明給據事，恐因此。

（宋）李心傳《建炎以來朝野雜記甲集》卷一三《取士　選舉　學校　鄉飲酒・試刑法》 試刑法者，亦自熙、豐間始，舊附銓試院，兵火後權停。紹興三年始復，後又降敕差試官二員，專撰刑法問題，號爲假案。其合格分數。例以五十五通，作十分爲率。五分以上入第二等下，係二十七通七釐半。四分半以上入第三等上，係二十四通七釐半。四分以上入第三等中。係二十二通以上。凡試入二等者，選人改京秩。蓋趙忠簡爲相，以刑名之學其廢已久，故白上請優之，今遂爲大理評、丞之選。二十五年。四川制置司請每三年就類省試院別差刑法官二員校試。從之。

《元史》卷二三《武宗紀二》 又言：國家地廣民衆，古所未有。累朝格例前後不一，執法之吏輕重任意，請自太祖以求所行政令九千餘條，删除繁冗，使歸於一，編爲定制。並從之。

（清）徐乾學《資治通鑑後編》卷一八四《元紀三二》 己未，吴資官吏弄法，民間知者絶少，是聾瞽天下之人使之不覺犯法也。今吾以《律令直解》成，王覽而喜曰：前代所行《通制條格》之書非不繁密，但《律令直解》偏行，人人通曉則犯法者自少矣。

（元）張養浩《三事忠告》卷一《牧民忠告・拜命・法律為師》 吏人蓋以法律為師也。魏相所以望隆當世者，漢家典故無所不悉也。凡學仕者，經史之餘，若國朝以來典章文物，亦須備考詳觀，一旦入官，庶不為俗吏所迂也。

（元）孟奎《粗解刑統賦》 律義雖遠，人情可推。古今用律，所以齊民也。舜任咎繇而五刑立，周懸象魏而三典明。子產鑄書於鄭，蕭何立法於漢，金改《唐律》爲律義，宋立律學而博士。傅霖變律以爲賦，蓋刑統之源其來遠矣。律之爲義，雖遠且大，而未嘗難乎理。故人情之萬變尤可即此而推明也。

又： 規矩者，刑法之體。刑法者，規矩之用。夫人外規矩則罹於刑法矣，蓋執法者可不知所畏哉？大抵古人用心於刑法者，莫非齊人於規矩之域。

（清）朱櫄《國朝奏疏》卷三徐本《進纂刻大清律例表》 徐本等謹題，恭承敕旨纂刻《大清律例》，今已成書，謹奉表上進者。伏以帝德好生，玉律重慈祥之義；皇心敕法，丹書昭欽恤之仁。布解澤於離明，有倫有要；寓春温於秋肅，是訓是行。曲成不遺，咸中有慶。臣等誠惶誠恐，稽首頓首上言：竊惟上古之世，修德而後修刑；三代以還，敬官必敬典。自三章、九章而後，更張潤色，漸涉繁蕪；溯五刑五用之初，揵記侯明，宜歸畫一。惟我朝之憲典，經列聖而精詳。綱舉目張，象魏懸而民知敬聽；衡平鑒朗，令甲布而吏罔深文。欽惟皇帝陛下，道隆參贊，德懋中和。瑞靄春田，列井有囷倉之樂；明澄秋鏡，圜扉多芝菌之祥。臨以簡而御以寬，痌瘝念切；罪惟輕而功惟重，軫恤時殷。迺於乾隆元年，欽遵世宗憲皇帝明訓，於律例全書更加厘定。化民成俗，祇期執兩而用中；戴德行仁，將使回心而向道。特命臣等悉心參酌，揆理准情，緣情定法。寬嚴胥協，統歸睿鑒之精純；疑似盡捐，全賴宸衷之昭徹。反復於二刺三宥，千百國順帝則而不知；簡孚於五罰五辭，億萬年遵王路而無斁。

（清）梁國治《國子監志》卷五五《藝文一・奏議附》 高宗因之，遂令國子監領六學，一曰國子學，二曰太學，三曰四門學，四曰律學，五曰書學，六曰算學，各置生徒有差，皆承高祖之意也。

《大清會典則例》卷二一四《刑部・律綱》 凡律令垂為法守，內外諸司百執事不得妄生意見變更成法，歲終各從上司考校有不能講解律義者，論罰有差。

（清）汪洼《祥刑經解・蔡之定序》 天以陽生萬物，以陰成萬物，陽爲德，而陰爲刑。聖人在上，以仁育萬物，以義正萬民。仁主生而義有殺，非成卽無以爲生，非正亦無以爲育，故刑不可廢也。嗟乎！刑書立而民有病之者矣，自非忠厚温良，當體生物育物以爲心，而無一毫有我之私者，欲其致於祥也得乎。少讀經書，雖亦章句求解，而事未親切。自作吏粵東，歷十餘年，訟獄繁多，麗於刑者十六七，而幻僞百出。惴惴焉惟不得其當是懼，深念刑一及身，則畢生莫贖。况死者不可復生，敢不敬歟？間復紬繹經訓，歎唐虞三代欽恤之指，先後同揆，益惻然有觸於中，爰彙録經語，節解而句釋之，采摭儒先舊説，間出己意，大抵以刑期無刑，義歸於祥而止，藉以自鏡，警醒良多。雖然經之所訓，所謂仁心耳，若使置身於獄情雜錯之中，悉其聰明，權衡輕重，不致以慘刻干和，亦不致以姑息養姦。俾之成而孚，輸而孚，則尚有從事之實在，固非空持此心而可以爲祥也已。

（清）志和《大清刑律擇要淺説・凡例》 一，各項條例五年一小脩，十年一大脩。有由輕改重之處，有由重減輕之時，蓋律爲不變之文，例乃因時而易。鞫獄不可引用舊例，故《名例》有斷罪依新頒律之條，况刑部知照通行有並未纂入例册者，辦案自應臨事詳察。此編非爲斷獄而設，不能隨時修改，擇用各例難免有新舊互異之疵。

《盛京滿文檔案中的律令・崇德三年》 凡定制法度，皆有命下，命既頒發，即宜遵行勿違。爾等若見有不可行之處，即當於創行之初，進諫以爲不可行，或指陳其不可行處，奏請更收。

（清）章學誠《校讎通義》卷二《補校漢藝文志》 後世法律之書甚

多，不特蕭何所次《律令》而已也。就諸子中掇取申韓議法家言，部於首條所謂道也；其承用律令格式之屬，附條別次，所謂器也。後世故事之書甚多，不特張蒼所次《章程》而已也；就諸子中掇取論治之書，若《吕氏春秋》，賈誼、董仲舒諸家之言，部於首條，所謂道也；其相沿典章故事之屬，附條別次，所謂器也。例以義起，斟酌損益，惟用所宜。豈有讀著録部次而不能考索學術源流者乎？

（清）章學誠《校讎通義》卷三《漢志諸子》 《賈誼》五十八篇，收於儒家，似矣；然與法家當互見也，考《賈誼傳》：初以通諸家書，召爲博士，又出河南守吴公門下。吴公嘗學事李斯，以治行第一，召爲廷尉，乃薦賈誼。誼所上書，稱説改正朔，易服色，制度，定官，興禮樂，草具儀法，文帝謙讓未遑，然諸法令所更定及列侯就國，其説皆自誼發之。又司馬遷曰：賈生，晁錯明申、商。今其書尚可考見，宗旨雖出於儒，而作用實本於法也。《漢志敍録》云：法家者流，出於理官，蓋法制禁令，《周官》之刑典也。名家者流，出於禮官，蓋名物度數，《周官》之禮典也。古者刑法禮制，相爲損益，故禮儀三百，威儀三千。而五刑之屬三千，條繁文密，其數適相等也。是故聖王教民以禮而禁之以刑，出於禮者即入於刑，勢無中立。故民日遷善而不知所以自致也。儒家者流，總約刑禮而折衷於道，蓋懼斯民泥於刑禮之蹟而忘其性所固有也。孟子曰：徒善不足以爲政，徒法不能以自行。夫法則禮刑條目，有節度者皆是也；善則欽明文思，允恭克讓，無形體者皆是也。程子曰：有《關雎》、《麟趾》之心，而後可以行《周官》之法度。所謂《關雎》、《麟趾》，仁義是也；所謂《周官》法度，刑禮之屬皆是也。然則儒與名法，其原皆出於一；非若異端釋老屏去民彝物則，而自爲一端者比也。商鞅，韓非之法，未嘗不本聖人之法，而所以制而用者非也；鄧析、公孫龍之名，不得自外於聖人之名，而所以持而辨者非也。儒分爲八，墨分爲三，則儒亦有不合聖人之道者矣。此其所以著録之書貴知原委，而又當善條其流別也。賈生之言王道，深識本原，推論三代，其爲儒效不待言矣。然其立法創制，條列禁令，則是法家之實。其書互見法家，正以明其體用所備，儒固未足爲榮名，法亦不足爲隱諱也。後世不知家學流別主義，相率而爭於無益之空名，其有列於儒家者不勝其榮，而次以名法者不勝其辱。豈知同出聖人之道，而品第高下，又各有其得失，但求名實相副爲得其宜，不必有所選擇而後其學始爲貴也。《漢志》始別九流，而儒、雜二家已多淆亂。後世著録之人，更無別出心裁，紛然以儒，雜二家爲蛇龍之菹焉。凡與諸家著述，不能遽定意指之所歸。愛之則附於儒，輕之則推於雜。夫儒，雜分家之本旨，豈如是耶？

（宋）黎靖德《朱子語類》卷一二八《本朝二·法制》 今之法，大概用唐法。淳。

問：今三代之法，或可見於律中否？曰：律自秦漢以來，歷代修改，皆不可得而見矣。如漢律文簡奥，後代修改，今亦不可見矣。淳。

又： 律是歷代相傳，勑是太祖時修，律輕而勑重。如勑中刺面編配，律中無之，只是流若干里，即今之白面編管是也。勑中上刑重而下刑輕，如律中杖一百，實有一百，勑中則折之爲二十。五折一。今世斷獄只是勑，勑中無，方用律。同。

因言：律極好。律即《刑統》。後來勑令格式，罪皆太重，不如律。《乾道淳熙新書》更是雜亂。一時法官不識制法本意，不合於理者甚多。又或有是計囑妄立條例者。如母已出嫁，欲賣産業，必須出母著押之類。此皆非理，必是當時有計囑而創此條也。孝宗不喜此書，嘗令修之，不知修得如何。僩。

又： 或問：勑、令、格、式，如何分別？曰：此四字乃神宗朝定法時綱領。本朝止有編勑，後來乃命羣臣修定。元豐中，執政安燾等上所定勑令。上喻燾曰：設於此而逆彼之至謂之格，設於此而使彼效之謂之式，禁於未然謂之令，治其已然謂之勑。修書者要當如此。若其書完具，政府總之，有司守之，斯無事矣。此事載之《已仰録》，時出示學者。因記其文如此，然恐有脱誤處。神廟天資絶人，觀此數語，直是分別得好。格，如五服制度，某親當某服，某服當某時，各有限極，所謂設於此而逆彼之至之謂也。式，如磨勘轉官，求恩澤封贈之類，只依箇樣子寫去，所謂設於此而使彼效之之謂也。令，則條令禁制共事不得爲、某事違者有罰之類，所謂禁於未然者。勑，則是已結此事，依條斷遣之類，所謂治其已然者。格、令、式在前，勑在後，則有教之不改而後誅之底意思。今但欲尊勑字，以勑居前，令、格、式在後，則與不教而殺者何異？殊非當時本指。

又問：伊川云：介甫言：律是八分書。是他見得如此。何故？曰：律是《刑統》，此書甚好，疑是歷代所有傳襲下來。至周世宗，命竇儀注解過，名曰《刑統》，即律也。今世却不用律，只用勅令。大概勅令之法，皆重於《刑統》。《刑統》與古法相近，故曰八分書。介甫之見，畢竟高於世俗之儒。此亦伊川語，因論祧廟及之。儒用。

某事合當如何，這謂之令。如某功得幾等賞，某罪得幾等罰，這謂之格。凡事有箇樣子，如今家保狀式之類，這謂之式。某事當如何斷，某事當如何行，這謂之勅。今人呼爲勅、令、格、式，據某看，合呼爲令、格、式、勅。勅是令、格、式所不行處，故斷之以勅。某在漳州，曾編得户、婚兩門法。賀孫。

本合是先令而後勅，先教後行之意。自荊公用事以來，方定爲勅、令、格、式之序。德明。

(清) 王明德《讀律佩觿・讀律八法》 一曰知別。

律以乎情，衷乎義，義取乎別。律義首重倫常，故五刑圖具之後，即冠以服制各圖。凡有所犯，皆依服制親疏為加減，不必言矣。然其分別之嚴，又有不盡拘乎服制者，則又不可不知。【略】

一曰衡心。

律重元謀，慎獨始，誅心隱也。故賊盗、人命、鬬毆，分而為三，皆以元謀為標準。元者，始也，故謀命可同于盗賊，而盗賊則必不可同于謀命。鬬毆，亦見收于人命。而故殺，則不容並列于鬬毆。總以本乎其心之所自始，因以燭乎情之所極至。元謀重，則本源清，斷獄無患其不平矣。姑以盗賊、人命、鬬毆言之，盗曰强盗，已屬凶類，且殺人，更復所殺不止一人，豈不令人髮指，律以凌遲，似為不枉。而律則止于梟斬，推其心之所始，其謀止在財，初未謀命也。若其所以殺人，終從財起見，原未從命設謀，故雖因盗以殺人，罪止梟斬，不容之其所賤惡以為加。若人命篇，于殺一家非死罪三人，則重以凌遲，緣其心之所始，乃在謀命，且謀人之命而極乎三，凶慘殘賊，莫此為甚。故雖罪分首從，必重首惡以凌遲，且更嚴以元謀下手之分。若謀殺人，又因而得財，則同强盗論。推其本始，所謀乃在命，未及乎財，然見財起意，與盗無殊，故為同論。所異者，但不梟示耳。蓋小民恃財為命，因命生財，財命雖為並重，然以命與財較，則又命重而財輕。謀命心殘，故特嚴重。若謀財而强，强而不得，始為殺人，亦終于横暴無忌而已。揆其設心之初，非必欲殺其人而後快也。故未可同日而語耳。若異毆，則無心于殺，即同謀共毆，亦止有心于毆，未謀及殺也。故雖因而致死，罪亦止乎絞，不及于斬。總以原乎心之所自始，并以極乎情之所由終。律雖刑書，是即心學也，讀律者以心衡心，則律義自昭昭矣。

(清) 王明德《讀律佩觿》卷四上《玉律貴原情》 明德謹按，玉律之義《辯疑》所解，固為明備。愚則謂玉者，玉音也。王言如綸，其出如綍。人主君臨萬邦，言動皆世為天下法，故凡一話一言、一聲一咳，具稱玉音。刑書頒自朝廷，率土共遵。其中所載，率皆朝廷命令，是以律曰玉律。然前賢譬之為玉，亦自具有義意。《傳》曰：君子佩玉以養性修德。律義精微，縷析條分，同歸共貫，而要之皆一本乎刑期于無刑。君子讀之，即以寡過盡性，致君堯舜，而澤毒天下。小人讀之，即以遠禍全身，保世成家，而世稱善良。譬之為玉，誰曰不宜。若原情，則前賢昭示聽訟致知之法。原者，元也，始也，源乎情之所自始，而後克以灼見乎事之所繇終；又原也，推而原之，以原乎其情之或為眚，或為災，或為怙，或為終，更原及乎或事重而情輕，或法輕而情重，或情決適以相當，或物衡終非一致。又或罰宜嚴乎其為始，而情應貸乎其為終；又或罪當略乎其為等，而法不容不備乎其為要。要皆酌審夫情法兼備之衡，以克當乎至中不易。是即始終本末、格物致知之學。蓋兩造畢陳，狡罔幻妄，各為匿情以相干，凡所争辯皆終也。倘止各就其所陳而聽之，則各具各情曲直，何繇以共決必為原乎？其情之所自始，因以極乎？事之所繇終，則真偽分，曲直見，彼匿情者，將何繇更遁其詞哉？孔子曰：聽訟，吾猶人也，必也，使無訟乎。原情斷獄，使無訟之道也，是以君子貴之。

(清) 王明德《讀律佩觿》卷四上《達兹究奧理》 《明律》舊註《辯疑》：兹，此也，指上十事而言；究者，大也，深也。人能留心精察通曉以上此十事，則是于律内深大奧妙之理，皆知達矣。

明德謹按，達者，足此通彼之謂。兹者，此也，蓋指在上所列十條。或以理應無罪，而不稍示以寬假；或以義當極刑，而竟置之于不問；或以不殺也，必重以殺之名；或以本流也，復縈以徒之實；或於出乎杖之外，曲代之而為徒；或於入乎徒之中，復返而從乎杖；又或情罪本同等，斷則攸分而各別；又或物類實懸殊，法則同條不异視；更或良賤無殊分，大小皆一致，其中重重輕輕。其餘奥妙，一視分岐，實饒至理，未可任愚自遂，矢口議擬，視為泛常，草草讀過，必為潛心紬繹，體察根源，探究精詳，洞觀微義，仍為即此而推，以貫達乎全律，則凡律例奥理之類乎此，以及物情各具奥理之不止乎此。應為原推而究斷者，皆可舉一以旁通，連類而引申之矣。故先賢復重以達之一字，其於誠慎原情之道，諄復誠誨也詳矣。

（漢）蔡邕《獨斷》卷下　法冠，楚冠也。一曰柱後惠文冠，高五寸，以纚裹鐵柱卷。秦制，執法服之。今御史、廷尉、監、平服之，謂之獬豸。獬豸，獸名，蓋一角，今冠兩角以獬豸爲名，非也。

（宋）趙升《朝野類要》卷二《舉業·刑法試》　奏補人願試刑法者，兼治兩小經。如中選，即入大理評事，或是刑司檢法官，次第可至刑部尚書。

（清）趙翼《陔餘叢考》卷二二《敕》　詔敕爲君上之詞，本漢制。《文心雕龍》曰：漢初定儀命有四品，一曰策書，二曰制書，三曰詔書，四曰戒敕。蓋本《尚書》敕天之命也，又云：戒敕爲文，實詔之切者。然漢以後，敕字猶通用，凡官長之諭其僚屬，尊長之諭其子弟，皆曰敕。《漢書·成帝紀》詔公卿大夫、部刺史明申敕守相。又詔公卿申敕百寮，深思天誡。元帝詔：吏妨農事、公卿其申敕之。又王尊出教，敕掾功曹各自砥厲。丙吉敕乳母善視皇曾孫。《後漢書》陳寵爲廣漢太守，府中多積骸，寵敕縣盡葬之。《魏略》：鮮卑求互市，梁習與之約相會空城中，遂敕郡縣自將兵往就之。《三國志》：高堂隆以郡督軍呼其太守薛悌名，隆卽按劍敕督軍曰：臨臣名君，義之所討也。又高貴鄉公被弑，司馬昭上言：高貴鄉公率兵向臣，臣懼兵刃相接，卽敕將士不得有所傷害，乃成濟横入兵陣，公遂隕命。臣今輒敕侍御史收濟家族，結正其罪。龐淯懷匕首欲殺太守張猛，猛知其義士，敕遣不殺，此長官之敕僚屬也。《漢書》韋賢以長子當爲嗣，敕令自免。《後漢書·張純傳》純臨卒敕家丞死後勿議傳國。光武詔其子奮襲爵，奮稱純遺敕，固不肯受。《逸民傳》：向子平男女婚嫁既畢，敕斷家事。《魏略》：曹操征陶謙，敕家曰：我若不還，往依孟卓。卓謂張邈也。又李豐少時，聲稱日隆，其父不願其然，遂令閉門，敕使斷客。《吴書》李衡密於龍門上種橘千株，敕其子曰：千頭木奴，不責汝衣食，歲上絹千匹。《世語》薛夏，天水人，臨終敕其子無還天水。《北史》，雷紹臨卒，敕其子薄葬。又崔光疾甚，敕子姪等曰：吾荷先帝厚恩，史功不成，歿有遺恨。此尊長之敕子弟也。惟北齊樂陵王百年之被害，因賈德胄奏其嘗作敕字，武成帝因發怒，召使作敕字，與賈所封進相似，乃殺之，則又似專爲君上之用。蓋古時詔敕本自朝廷，而民間口語相沿，亦得通用。至唐顯慶中再定制，必經鳳閣鸞臺，始名爲敕，而其令始嚴。然《唐書》安禄山討契丹，敕人持一繩，欲盡縛之。李愬生母早卒，爲嫡母晉國夫人所養。晉國卒，父晟以愬非嫡子，敕愬服緦，愬不肯。則臣下猶有用敕字者。此或脩書者習用古文之字以爲文，非必當日實事也。《甕牖閒評》云：敕字從束從文，不從來從力，或作勑字，乃變體書，猶可用也。至乃作勅字，則賚字，非敕字矣。

（清）趙翼《陔餘叢考》卷二二《旨》　旨字，古人亦不專以爲君上之稱。《後漢書·曹褒傳》褒爲圉令，有他郡盜入，捕得之。太守馬嚴諷縣殺之，褒敕吏曰：皋陶不爲盜制死刑，今承旨而殺之，是逆天心、順府意也。《三輔決録》游殷以其子託張既，既難違其旨。《宋書》江夏王義恭請以庶人義宣還其屬籍，文帝答詔曰：以公表付外；依旨奉行。是上於臣下所云，亦謂之旨矣。《梁溪漫志》記宋時士大夫名刺末稱裁旨。《甕牖閒評》云：本朝君相曰聖旨、鈞旨，太守而下曰台旨，又次曰裁旨。則宋時旨字猶上下通用。

（清）趙翼《陔餘叢考》卷二七《笞臀》　漢《刑法志》文帝除肉刑，以笞代劓刖，後以笞數多，反多死，景帝乃遞減笞數。又詔定《箠令》，笞者箠長五尺，用竹，其本大一寸，末薄半寸，皆平其節。當笞者笞臀，毋得更人，畢一罪乃更人。自是笞者得全。邱濬謂笞所用之材，所制之度，所行之人，所施之處，皆定於此。《唐書》宇文審以夏楚無小大之制，始創杖架。以高庳度杖長短。此又後世頭號、二號之始也。《知新録》夾棍起於宋理宗時，以木索並用，夾兩股，名曰夾幫。又豎堅木交辮兩股，令獄卒跳躍於上，謂之超棍桚，見於《莊子》，罪人交臀歷指，註謂卽今背剪桚指也。桚音贊，入聲。韓昌黎詩：崩勝相排桚。今俗讀作斬音。

（清）張廷玉《子史精華》卷五五《政術部·刑獄》

璋兩原。《管子》上無量則民乃妄，文巧不禁則民乃淫，不——則刑乃繁。注：璋當爲章，章，明也。兩原謂妄之原，上無量也。浮之原，不禁文巧也，能明此法者刑簡。三侑一赦。《管子》文有——，武毋——，惠者多赦者也，先易而後難，久而不勝其禍。法者，先難而後易，久而不勝其福，故惠者，民之仇讎也。法者，民之父母也。斧鉞不上因。《管子》善用民者，軒冕不下儗，而——注：不因上有私憾，妄以斧鉞，有所誅戮也。入金鈞入半鈞《管子》小罪——以——分宥，薄罪——以——注：三十金曰鈞，分宥謂從坐者，分其首犯而寬宥之。入束矢。《管子》無坐抑而訟獄者，正三禁之而不直，則——一——以罰之。注：謂其人自無所坐，而被抑屈爲訟者，正當禁之三日，得其不直者，則令人束矢也。貴必。《管子》用賞者貴誠，用刑者——賞信必於耳目之所見，則其所不見，莫不闇化矣。疏獄。《管子》夫勝民之爲道，非天下之大道也，君欲勝民則使有司——而謁有罪者償，數省而嚴誅，若此則民勝矣。注：謂疏録獄囚謁告有罪者，則償之也。傷槐法，犯槐囚。《晏子》景公有所愛槐，令吏謹守之，植木縣之下令曰：犯槐者刑，有不聞令，醉而犯之者，公使吏拘之，且加罪焉。其子往辭晏子之家，晏子曰：吾將爲子言之，明日早朝而復於公，公令趣罷守槐之役，拔置縣之木，廢——之——出——之。斬竹囚。《晏子》景公樹竹，令吏謹守之，公出過之，有斬竹者，將加罪焉，晏子入見令捨之，公令出——之——五民不生。《商子》重刑而連其罪，則褊急之民不鬭，狠剛之民不訟；怠惰之民不游；費資之民不作巧諛；惡心之民無變也。——者——於境內則草必墾矣。重刑顛頡之春。《商子》晉文公將欲明刑以親百姓，於是合諸侯大夫於侍千宮，顛頡後至，吏遂斷顛頡之脊以徇，晉國之士稽焉，皆懼曰：顛頡之有寵也，斷以徇，況於我乎！三軍之士無敢犯禁者，故一假道——於——而國治。草纓非履艾韠。《慎子》有虞之誅以幪巾當墨，以——當劓以——當刖以——當宮，布衣無領，當大辟，此有虞之誅也。畫衣冠，異章服謂之戮，上世用戮而民不犯也。畫衣冠，異章服。見上。治之體。《莊子》以刑爲體，以禮爲翼。注：刑者——非我爲。宵人離。《莊子》爲外刑者，金與木也。爲內刑者，動與過也。——之外刑者，金木訙之，離內刑者，陰陽食之。注：金謂刀鋸、斧鉞，木謂捶楚、桎梏，不由明坦之塗者謂之宵人。《音義》訙又作訊，音信，問也。金木訙。見上。椎拍輐斷。《莊子》——與物宛轉。注：法家雖妙，猶有椎拍，故未泯合。王鈇非一世之器。《鶡冠子》——者，厚德隆俊也。注：王鈇，法制也。權勢法制，人主之斤斧。遂令懲下。《韓非子》嚴刑所以——也。注：遂，通也。轡策御馹馬。《韓非子》夫古今異俗，新故異備，如欲以寬緩之政治急世之民，猶無——而——此不知之患也，今儒、墨皆稱先王兼愛天下，則視民如父母，何以明其然也？曰：司寇行刑，君爲之不舉樂，夫以君臣爲如父子則必治，推是言之，是無亂父子也。十仞之城，樓季弗踰。《韓非子》父母之愛，不足以教子，必待州部之嚴刑者，民固驕於愛，聽於威矣，故——能者，峭也。千仞之山，跛牂易牧者，夷也，故明王峭其法而嚴其刑也。聽斷以類，明振毫末。《荀子》王者之人，飾動以禮義——舉措應變而不窮。注：王者之人，王者之佐類，謂輕重得中也。析愿禁悍。《荀子》尚賢使能而等位不遺——而刑罰不過。注：分其愿慤之民，使與凶悍之民異也，刑罰不過但禁之而已，不刻深也。爲刻削。《淮南子》繫五刑——乃背道德之本，而爭於錐刀之末。草律不如弘恭，草奏不如陳湯。《揚子》或曰載使子——曰吾——，曰吾——。寢厝。《抱朴子》囹圄虛陳，五刑——。捍刃甲冑。《抱朴子》德教者，黼黻之祭服也，刑罰者——之——也。懲非之具。《抱朴子》仁者，養物之器，刑者——，我欲利之而彼欲害之，加仁無悛，非刑不止刑，爲仁佐於是可知也。爲仁佐。見上。匠石繩墨。《抱朴子》——不舍——，故無不直之，木明主不廢戮罰，故無凌遲之政也。國之神器。《抱朴子》刑之爲物——君所自執不可假人，猶長劍不可倒捉，巨魚不可脱淵也。惟靜。《史記·虞舜紀》欽哉！欽哉——刑之——哉！夏臺。《史記·夏本紀》湯囚——已而釋之。注：《索隱》曰獄名，夏曰均臺，皇甫謐曰：地在陽翟是也。胥靡。《史記·殷本紀》武丁夜夢得聖人，名曰説，迺使百工營求之野，得説於傅險中，是時説爲——築於傅險。注：孔安國曰：傅氏之巖在虞虢之界，通道所經有澗水壞道，常使胥靡刑人築護此道，説賢而隱，代胥靡築之以供食也。官獄內獄。《史記·周本紀》五罰不服正於五過，五過之疵——閱實其罪。注：孔安國曰：不服不應罰也，正於五過，從赦免之。閱實其罪？使與罰名相當。城旦。《史記·秦始皇紀》黥爲——。注：律説：論決爲髡鉗，輸邊築長城，晝曰伺寇，夜暮築城。城旦，四歲也。隱宮。《史記·秦始皇紀》——徒刑者七十餘萬人，乃分作阿房宮。注：餘刑見於市朝，宮刑一百日，隱於陰室，養之乃可，故曰：隱宮下蠶室是。種族。《史記·高祖紀》蕭曹等皆文吏自愛恐事不就，後秦——其家盡讓劉季。三章。《史記·高祖紀》沛公還軍霸上，召諸縣父老豪傑曰：父老苦秦苛法久矣，誹謗者族，偶語者棄市。吾與諸侯約先入關者王之，吾當王關中，與父老約法——耳。殺人者死，傷人及盜抵罪，餘悉除去，秦法諸吏人皆案堵如故。楚痛。《史記·文帝紀》詔曰：夫刑至斷支體，刻肌膚，終身不息，何其——而不德也，豈稱爲民父母之意哉？連營。《史記·天官書》有句圜十五星，屬杓，曰賤人之牢，其牢中星，實則囚多，虛則開出。注：——賤人牢，宋均以爲連營貫索星也。廢格沮誹。《史記·平準書》自公孫弘以春秋之義繩臣下，取漢相張湯，用峻文決理，爲廷尉，於是見知之法生，而——窮治之獄用矣。注：廢格天子文法使不行也。誹謂非，上所行。尋端治。《史記・平準書》淮南衡山江都王謀反迹見，而公卿——之竟，其黨與長吏益慘急而法令明察。鈦左趾。《史記・平準書》敢私鑄鐵器煑鹽者——没入其器物。注：鈦，徒計反。鈦以鐵爲之，著左趾以代刖也。株送徒。《史記・平準書》所忠言世家子弟、富人或鬭雞、走狗馬、弋獵、博戲，亂齊民，乃徵諸犯令，相引數千人命，曰——注：應劭曰株，根本也。送，引也。如淳曰株，根蒂也，諸坐博戲事，決爲徒者。封三錢府。《史記・越世家》莊生間時入見楚王，言某星宿某此則害於楚，楚王素信。莊生曰：今爲奈何？莊生曰：獨以德爲可以除之。楚王曰：生休矣，寡人將行之。王乃使使者——之楚貴人驚告朱公長男曰：王且赦。曰：何以也，曰：每王且赦，常封三錢之府。昨暮王使使封之。注：賈逵云：虞夏商周，金幣三等，或赤、或白、或黄，黄爲上幣，銅錢爲下幣，封三錢之府者。錢幣至重，慮人或逆知有赦盜竊之，所以封錢府、備盜竊也。輸織室。《史記・外戚世家》漢使曹參等擊魏王豹，以其國爲郡，而薄姬——。獄市勿擾。《史記・曹相國世家》參相齊九年，蕭何卒，參告舍人趣治行，吾將入相居。無何，果召參，參去屬。其後相曰：以齊——爲寄，慎——也。後相曰：治無大於此者乎？參曰：夫獄市者所以并容也，今君擾之，姦人安所容也，吾是以先之。并容。見上。書牘背。《史記・絳侯周勃世家》人有上書告勃欲反，下廷尉，勃以千金與獄吏。獄吏，乃——示之曰以公主爲證。公主者，孝文帝女也，勃太子勝之，尚之，故獄吏教引爲證。收司。《史記・商君傳》衛鞅定變法之令，令民爲什伍而相——連坐。注：收司謂相糾發也。一家有罪而九家連舉，若不糾舉，則什家連坐，恐變令不行故設重禁。棄灰。《史記・李斯傳》商君之法刑——於道，夫棄灰薄罪也，而被刑重罰也，彼惟明主爲能深督輕罪。夫罪輕且督深而况有重罪乎？故民不敢犯也。檻車膠致。《史記・張耳陳餘傳》上逮捕趙王貫高等十餘人，乃——詣長安。注：謂其車上著板，四周如檻形，膠密不得開送致京師也。按：趙王，張耳子敖也。刺剟。《史記・張耳陳餘傳》貫高至對獄吏治榜，笞數十——身無可擊者。按：《漢書》作刺爇。張晏曰：爇，灼也。應劭曰：以鐵刺之。論輸。《史記・黥布傳》布已——麗山，麗山之徒數十萬人，布皆與其徒。長豪傑交通。注：言布論決受黥，竟麗山作陵也，時會稽郡輸身徒。輸身徒。見上。清室。《史記・袁盎傳》絳侯免相之國，國人上書告以爲反，徵繫——。注：《漢書》作請室。應劭曰：請室，請罪之室，若今鍾下也。如淳曰：請室，獄也。若古刑於甸師氏也。繫居室。《史記・灌夫傳》武安乃麾騎縛夫，置傳舍召長史曰：今日召宗室有詔劾灌夫罵坐不敬——，遂按其前事。注：《百官表》居室爲保宮，今守宮也。網漏吞舟之魚。《史記・酷吏傳序》漢興，破觚而爲圜，斲雕而爲朴——於——而吏治烝烝，不至於姦，黎民又安。見知。《史記・趙禹傳》與張湯論定諸律令，作——吏傳得相監司，用法益刻，蓋自此始。傅爰書。《史記・張湯傳》張湯父爲長安丞，出湯爲兒守舍，還而鼠盜肉，其父怒笞湯，湯掘窟得盜鼠及餘肉，劾鼠掠治——訊鞫論報。注：謂傳囚也。爰，易也。以此書易。其辭處。亭疑法。《史記・張湯傳》湯決大獄，欲傅古義，乃請博士弟子治《尚書》、《春秋》補廷史——注：亭，平也。三尺法。《史記・杜周傳》客有讓周曰：君爲天子決平，不循——，專以人主意指爲獄，獄者固如是乎？周曰：三尺安出哉，前主所是著爲律，後主所是疏爲令，當時爲是，何古之法乎？注：以三尺行簡書法律也。文罔《史記・游俠傳》漢興，有朱家、田仲王、公劇孟、郭解之徒，雖時扞當世之——然其私義廉潔，退讓有足稱者。繳繞。《史記・太史公自序》名家苛察——，使人不得反其意，專決於名而失人情，故曰：使人儉而善失真。注：繳繞猶纏繞不通大體也。辨告。《漢書・高帝紀》詔曰：吏以文法教訓——，勿笞辱。注：辨告者分别義理，以曉諭之。耐以上。《漢書・高帝紀》令郎中有罪——請之。注：應劭曰：輕罪不至於髡，完其耏鬢，故曰耐。古耏字，從彡，髮膚之意也。師古曰：耏當音而。彡，髮，貌音，所廉反。完其耏鬢。見上。薪粲。《漢書・惠帝紀》上造以上及内外公孫耳孫有罪當刑及當爲城旦舂者，皆耐爲鬼——白——。注：上造，滿十六者也，以上造有功勞，内外孫有骨血屬婕，施德布惠，故事從其輕。城旦，旦起行治城。舂者，婦人不豫外徭，但舂作米，皆四歲刑也，今皆就鬼薪白粲，取薪給宗廟，爲鬼薪坐擇米，使正白爲白粲，皆三歲刑也。謫作。《漢書・文帝紀》詔曰民——縣官及貸種食未入，入未備者皆赦之。斷獄數百，幾致刑措。《漢書・文帝紀・贊》海内殷富，興於禮義——，嗚呼仁哉！文致。《漢書・景帝紀》詔曰：有罪者不伏罪，姦法爲暴甚亡謂也，諸獄疑若雖——於法，而於人心不厭者輒讞之。注：讞，平議也，音魚列反。治獄先寬。《漢書・景帝紀》詔曰：獄重事也，人有智愚，官有上下，獄疑者讞有司，有司所不能決，移廷尉，有令讞而後不當讞者不爲失，欲令——者務——。減笞法，定箠令。《漢書・景帝紀》酷吏奉憲失中，廼詔有司——。顧山錢。《漢書・平帝紀》元始元年，天下女徒已論歸家——月三百。注：已論者，罪已定也。《令甲》：女子犯罪，作如徒六月，顧山遣歸。説以爲當於山伐木，聽使入錢顧工直。故爲之顧山。入竹二萬箇。《漢書・景武昭宣元成功臣表》將梁侯楊樸，元封四年坐爲將軍擊朝鮮畏懦——贖完爲城旦。注：箇，枚也。無一人獄。《漢書・禮樂志》古之王者莫不以教化爲大務，立太學以教於國，設庠序以化於邑，教化以明習俗，以成天下常——之矣。九章。《漢書・刑法志》漢興，高祖初入關，約法三章，蠲削煩苛，兆民大説。其後三章之法不足以禦姦，於是相國蕭何攈摭秦法，取其宜於時者作律——。監臨部主。《漢書・刑法志》孝武即位，招進張湯、趙禹之屬，條定法令，作見知故縱——之法，緩深故之罪，急縱出之誅。其後姦猾巧法，轉相比況；禁罔寖密。注：見知人犯法不舉告爲故縱，而所監臨部主有罪并連坐也。緩深故罪。見上。注：孝武欲急刑，吏深害及故入人罪者，皆寬罰。轉相比況。見上。典文。《漢書・刑法志》元帝初，立下詔曰：夫法令者，所以抑暴扶弱，欲其難犯而易避也。今律令煩多而不約自—者，不能分明而欲羅元元之不逮，斯豈刑中之意哉？頌繫。《漢書・刑法志》孝景詔曰：高年老長，人所尊敬也，鰥寡不屬逮者，人所哀憐也。其著令：年八十以上，八歲以下及孕者未乳，師、朱儒當鞠繫者—之。注：頌讀曰容，寬容之不桎梏。獄豻。《漢書・刑法志》原獄刑所以蕃若此者，禮教不立，刑法不明，民多貧窮，豪傑務私，姦不輒得—不平之所致也。注：獄豻，獄訟也，《詩》云：宜岸宜獄。殷天人之和。《漢書・刑法志》合刑罰之中——順稽古之制，成時雍之化。別獄。《漢書・地理志》尉氏注：古獄官曰尉氏。鄭之—也。編之徒官。《漢書・賈誼傳》夫嘗已在貴寵之位，天子改容而體貌之矣，吏民嘗俯伏以敬畏之矣。今而有過，帝令廢之可也，退之可也。若夫束縛之係，縛之緤之，輸之司寇——司寇小吏，詈罵而榜笞之，非所以令衆庶見也。注：編，次列也。奏當。《漢書・張釋之傳》拜爲廷尉，上行出中渭橋，有一人從橋下走，乘輿馬驚，於是使騎捕之屬，廷尉釋之，治問曰：縣人來聞蹕匿橋下久，以爲行過，既出見車騎卽走耳。釋之—此人犯蹕當罰金。注：當謂處其罪也。拉脅折齒。《漢書・鄒陽傳》范睢——於魏，卒爲應侯。棰楚。《漢書・路温舒傳》—之下何求而不得，故囚不勝痛則飾辭以視之。畫獄木吏。《漢書・路温舒傳》俗語曰：—地爲—議不入刻—爲—期不對此，皆疾吏之風，悲痛之辭也。注：畫獄木吏尚不入對，況真實乎？期猶必也。督姦。《漢書・董仲舒傳》殷人執五刑以—傷肌膚以懲惡，成康不式四十餘年，天下不犯，囹圄空虛。成康不式。見上。注：式，用也。威惡。《漢書・董仲舒傳》爵禄以養其德，刑罰以—其—去酒省食。《漢書・杜延年傳》延年子緩拜太常，治諸陵縣。每冬月封具獄日常——官屬稱其有恩。在筆端。《漢書・杜欽傳》欽兄緩子業與丞相翟方進定陵侯淳于長不平，上書言方進本與長深結厚，長陷大惡，獨得不坐，苟欲鄣塞前過不爲。陛下廣持平例，又无恐懼之心，反因時信其邪，辟報睚眦，怨刑罰無平—方進之—衆庶莫不疑惑。從吏議。《漢書・司馬遷傳》因爲誣上卒——家貧財賂，不足自贖，交游莫救，左右親近不爲壹言，身非木石，獨與法吏爲伍。法吏爲伍。見上。茸以蠶室。《漢書・司馬遷傳》故人任安予遷書，遷報之曰：李陵既生降隤，其家聲而僕，又——重爲天下觀笑。注：茸，音人勇反，推也。蠶室腐刑所居温密之室也，謂推致蠶室之中也。關木索。《漢書・司馬遷傳》太上不辱先，其次不辱身，其次不辱理色，其次不辱辭令，其次詘體受辱，其次易服受辱，其次——被箠楚受辱，其次鬄毛髮嬰，金鐵受辱，其次毀肌膚、斷支體受辱，最下腐刑極矣。鬄毛髮嬰金鐵。見上。注：鬄，音上計反。圜牆。《漢書・司馬遷傳》今交手足，受木索暴肌膚，受榜箠，幽於—之中，當此之時，見獄吏則頭搶地，視徒隸則心惕息。注：圜牆，獄也。《周禮》謂之圜土。三木。《漢書・司馬遷傳》魏其大將也，衣赭關——。注：三木在頸及手足。圄空《漢書・王褒傳》昔周公躬吐捉之勞，故有—之隆。注：一飯三吐餐，一沐三捉髮，以賓賢士，故能成太平之化，刑措不用，囹圄圄空虛也。輸府。《漢書・陳萬年傳》子咸爲南陽太守，所居以殺伐立威，豪猾吏及大姓犯法輒論—以律程作司空，爲地臼木杵舂，不中程或私解脱鉗釱衣服不如法輒加罪。寃訟。《漢書・陳湯傳》免湯爲庶人，徙邊敦煌，太守奏：湯前親誅郅支單于，威行外國？不宜近邊塞，詔徙安定，議郎耿育上書言：便宜因—湯。平反。《漢書・雋不疑傳》擢爲京兆尹，每行縣録囚徒還。其母輒問不疑，有所—活幾何人。卽不疑多有所平反，母喜笑，飲食語言異於他時。或亡所出，母怒爲之不食，故不疑爲吏嚴而不殘。注：反音幡。奏，使從輕也。抱具獄哭府上。《漢書・于定國傳》其父于公爲郡決曹，東海有孝婦養姑甚謹，姑欲嫁之，終不肯。姑謂鄰人曰：孝婦事我勤苦，哀其亡子守寡，我老久絫丁壯，奈何其後姑自經，姑女告吏婦殺我母，吏捕孝婦驗治，孝婦自誣服，具獄上府，于公以爲此婦以孝聞必不殺也，太守不聽，于公争之弗能得，乃—其—于—太守竟論殺孝婦，郡中枯旱三年，後太守至殺牛自祭孝婦冢，因表其墓，天立大雨。多陰德。《漢書・于定國傳》始定國父于公其閭門壞，父老方共治之，于公謂曰：少高大閭門令容駟馬高蓋車，我治獄——未嘗有所寃，子孫必有興者，至定國爲丞相，永爲御史大夫：封侯傳世云。按：永，定國子。共工獄。《漢書・劉輔傳》上廼徙繫輔——。注：蘇林曰：考工也，師古曰：少府之屬官也，亦有詔獄。金選。《漢書・蕭望之傳》甫刑之罰，小過赦，薄罪贖，有—之品，所從來久矣。注：應劭曰：選音刷。金銖，兩名也。師古曰：字本作鋝，鋝卽鍰也，其重十一銖二十五分銖之十三。一曰重六兩。《呂刑》曰：墨辟疑赦，其罰百鍰，是其品也。一律兩科。《漢書・馮野王傳》令曰：吏二千石告過長安謁，不分別予賜，令有司以爲子告得歸，賜告不得是——失省刑之意。薛侯故事。《漢書・薛宣傳》宣爲相府辭訟，例不滿萬錢不爲移書，後皆遵用——。耳劓。《漢書・朱博傳》遷廷尉，當讞平天下獄，博恐爲官屬所誣，召見正監典法掾史謂曰：廷尉治郡斷獄以來，且二十年亦獨—日久。三尺律令，人事出其中，掾史試與正監其撰前世決事吏議難知者數十事，持以問廷尉得爲諸君覆意之。注：劓，劫也，猶言行聽也。覆意。見上。注：但欲用意覆之，不近法律事故也。探意立情。《漢書・王嘉傳》聖王斷獄必先原心定罪……。靡敝。《漢書・揚雄傳》甫刑……秦法酷列。司空城旦書。《漢書・轅固傳》竇太后好老子書，召問固，固曰：此家人言耳，太后怒曰：安得……乎。注：道家以儒法爲急，比之於律令也。兩劾。《漢書・嚴延年傳》爲涿郡太守，時郡比得不能太守，涿人畢野白等由是廢亂，大姓西高氏、東高氏自郡吏以下皆畏避之，延年至，遣掾蠡吾趙繡按，高氏繡見延年新將心內懼，卽爲……欲先白其輕者，觀延年意怒，乃出其重劾。延年已知其如此矣。趙掾至果白其輕者，延年索懷中得重劾卽收送獄，夜入晨將至市論殺之。名捕。《漢書・樓護傳》爲廣漢太守，王莽專政，呂寬謀以血塗莽第門，發覺，呂寬亡。……寬。注：舉姓名而捕之也。攝録《漢書・敘傳》班伯遷奉車都尉，會定襄大姓石季羣輩報怨殺追捕吏，卽拜伯爲定襄太守，定襄聞伯素貴年少，畏其下車作威，吏民竦息，伯請問耆老父祖故人有舊恩者迎延滿堂，日爲供具，執子孫禮。郡中益弛，諸所賓禮皆名豪懷恩，醉酒共諫伯宜頗……盗賊，具言本謀亡匿處，伯曰：是所望於父師矣。廼召屬縣長吏選精進掾史，分部收捕，旬日盡得。潤鑊。《漢書・敘傳》班彪《王命論》曰：勇如信布，彊如梁籍，成如王莽，然卒……伏質亨醢分裂。薰胥。《漢書・敘傳》嗚呼史遷……以刑。注：《詩・小雅・雨無正之》篇曰：若此無罪，淪胥以鋪胥相也，言無罪之人横相牽率，偏得罪也，《韓詩》淪字作薰，薰者謂相薰。蒸亦漸及之義耳，此敘言史遷因坐李陵，横得罪也，令甲、令乙、令丙。《後漢書・章帝紀》詔曰：律云：掠者唯得榜笞立。又令丙箠，長短有數。注：令有先後有……。報囚。《後漢書・章帝紀》律，十二月立春不以……注：報，論也，立春陽氣至，可以施生，故不論囚。讞篋。《後漢書・靈帝紀》制詔，州郡大舉鉤黨。注：《續漢志》曰：建寧中，京都長者皆以葦方笥爲裝具，時有有識者竊言葦笥郡國……也，後黨人禁錮，會赦有疑者皆讞廷尉，人名悉入方笥中。馬將軍故事。《後漢書・馬援傳》援條奏：《越律》與《漢律》駁者十餘事，與越人申明舊制以約束之，自後駱越奉行……。廉考。《後漢書・魯恭傳》司隷典司，京師四方是則而近於春月，分行諸部，託言勞來，貧人而無隱惻之實，煩擾郡縣……非急。立秋爲斷。《後漢書・魯恭傳》決獄案考，皆以……以順時節，育成萬物。司寇論。《後漢書・魯丕傳》擢拜青州刺史，務在表賢，明慎刑罰，七年坐事下獄……注：司寇，刑名也，決罪曰論，言奏而論決之，前書曰：司寇，二歲刑也。立疏網。《後漢書・杜林傳》大漢初興，詳覽失得，故破矩爲圓，斲雕爲樸，蠲除苛，政更……開一門。《後漢書・桓譚傳》又見法令决事輕重不齊，或一事殊法，同罪異論，姦吏得因緣爲市，所欲活，則出生議，所欲陷，則與死比，是爲刑……也。可論在東，無理居西。《後漢書・虞延傳》遷漢陽令，是時陰氏有客馬成者常爲姦盗，延收考之。信陽侯陰就廼訴帝，譖延多所寃枉，帝廼臨御道之館，親録囚徒，延陳其獄狀……者……成，廼回欲趨東，延前執之，謂曰：爾人之巨蠹，久依城社，不畏熏燒，今考實未竟，宜當盡法。帝知延不私，謂成曰：汝犯王法，身自取之，呵使速去。後數日伏誅。首匿科知從律。《後漢書・梁統傳》武帝值中國隆盛，財力有餘，征伐遠方，軍役數興，豪傑犯禁，姦吏弄法故重……之著……之以破朋黨，以懲隱匿。注：凡首匿者爲謀自藏匿罪人，至宣帝時除子匿父母，妻匿夫，孫匿祖父母罪，餘至殊死上請。知從謂見知故縱。武帝時立見知故縱之罪，使張湯等著律。律謝皐蘇《後漢書・曹褒傳論》……而制令亟易。注：皐陶，虞士官。蘇忿生，周武王之司寇也。械節《後漢書・度尚傳》徵交阯刺史張磐下廷尉辭狀未正，會赦見原，磐不肯出獄，方更牢持……。徒衣《後漢書・鍾離意傳》舉孝廉再遷辟大司徒侯霸府詔部送徒詣河內，時冬寒徒病不能行路，過弘農意輒移屬縣使作……，縣不得已與之，而上書言狀意亦且以聞，光武得奏以見霸曰：君所使掾何乃仁於用心，誠良吏也。輸作左校《後漢書・朱穆傳》徵穆詣廷尉……大學書生劉陶等數千人詣闕，上書訟穆曰：伏見弛刑徒朱穆處公憂國拜州之日，志清姦惡。注：左校署名屬將作掌左工徒。輕侮法、《後漢書・張敏傳》建初中，有人侮辱人父者，而其子殺之。肅宗貰其刑而降宥之，自後因以爲比。是時遂定其議以爲……。楚獄《後漢書・袁安傳》永平十三年楚王英謀爲逆，事下郡覆考。明年三府舉安能理劇拜楚郡太守，是時英辭所連及繫者數千人，安先往案獄，理其無明驗者條上出之。帝感悟卽報許，得出者四百餘家。論袁公理……未嘗鞫人於臧罪，其仁心足以覃平，後昆子孫之盛不亦宜乎。小杜律《後漢書・郭躬傳》躬家世衣冠，父弘習……。注：前書杜周斷獄深刻，少子延年亦明法律，對父故言小。重比《後漢書・陳寵傳》會祖父咸性仁恕，常戒子孫曰：爲人議法當依於輕，雖有百金之利慎無與人……。撰辭訟比《後漢書・陳寵傳》寵少爲州郡吏，辟司徒鮑昱府轉爲辭曹，掌天下獄訟。時司徒辭訟久者數十年，事類溷錯易爲輕重不良吏得生因緣寵爲昱……七卷决事科條皆以事類相從，昱奏上之，其後公府奉以爲法。篣格《後漢書・陳寵傳》斷獄者急於……酷烈之痛。注：篣卽榜也，古字通用，《聲類》曰笞也。《說文》曰：格擊也。鉆鑽科《後漢書・陳寵傳》帝敬納寵言，每事務於寬厚，其後遂詔有司絶……諸慘酷之……解妖惡之禁，除文致之請讞五十餘事，定著於令，是後人俗和平屢有嘉瑞。注：《蒼頡篇》曰：鉆，持也。《說文》曰：鉆鐵銸也，其炎反，銸音陟葉反。鑽，臏刑謂鑽，去其髕骨也。鑽音作喚反。報重《後漢書・陳寵傳》漢舊事斷獄……常盡三冬之月。斷獄不以三微。《後漢書・陳寵傳》殷周……而化致康平無有災害。奉微之惠。《後漢書・陳寵傳》陛下採幽析微，允執其中，革百載之失，建永年之功，有迎承之敬，下有……。

注：三正之月不用斷獄，敬承天意奉順三微也。決事比。《後漢書·陳忠傳》初父寵在廷尉，上除漢法溢於甫刑者未施行，及寵免後遂寢，而苛法稍繁，人不堪之。忠依寵意上二十三條爲——以省請讞之敝。收孥。《後漢書·楊終傳》終上疏曰：秦政酷烈違牾天心，一人有罪延及三族，高祖平亂，約法三章，太宗至仁，除去——，萬姓廓然，蒙被更生。注：文帝除去收孥相坐之律。作春秋決獄二百三十二事。《後漢書·應劭傳》劭刪定律令爲漢儀，建安元年奏之曰：故膠東相董仲舒老病致仕，朝廷每有政議數遣廷尉張湯親至陋巷問其得失，於是——，動以經對，言之詳矣。臣輒撰具《律本章句》、《尚書舊事》、《廷尉板令》、《決事比例》、《司徒都目》、《五曹詔書》及《春秋斷獄》凡三百五十篇，蠲去復重爲之節文，又集駁議三十篇以類相從。駁議三十篇。見上。重梏。《後漢書·王符傳》性惡之民，民之豺狼，雖得放宥之澤，終無改悔之心，旦脱——夕還囹圄，嚴明令尹不能使其斷絶。周氏祕典《後漢書·仲長統傳》今令五刑有品，輕重有數，科條有序，名實有正，非殺人逆亂鳥獸之行。甚重者皆勿殺。嗣——之——，續吕侯之祥刑，此又宜復之善者也。九刑。《後漢書·崔駰傳》威械藏而俎豆布，六典陳而——厝。治亂藥石。《後漢書·崔寔傳》夫刑罰者——之——也，德教者興平之粱肉也。義錢。《後漢書·虞詡傳》時長吏二千石聽百姓讁罰者輸贖，號爲——託爲貧人儲而寺令因以聚斂。抱鉗扭《後漢書·蔡邕傳》論當伯喈——徒幽裔仰日月而不見照燭，臨風塵而不得經過其意，豈及語平日倖全人哉。刊章《後漢書·黨錮傳序》自是正直廢放，邪枉熾結，海内希風之流遂共相標榜，指天下名士爲之稱號，刻石立墠，共爲部黨，而張儉爲之魁，靈帝詔——捕儉等。注：刊削不欲宣露竝名，故削除之而直捕儉等。案經三府《後漢書·李膺傳》及遭黨事當考實膺等——太尉陳蕃卻之曰：今所考案皆海内人譽憂國忠公之臣，此等猶將十世宥也，豈有罪名不章而致收掠者乎？不肯平署。帝愈怒，遂下膺等於黄門北寺獄。黄門北寺獄見上。録牒《後漢書·李膺傳》時侍御史蜀郡景毅子顧爲膺門徒，而未有——故不及於譴，毅乃慨然曰：本謂膺賢，遣子師之，豈可以漏奪名籍苟安而已，遂自表免歸。時人義之。漏奪名籍見上。被急徵《後漢書·魏朗傳》竇武等誅朗以黨——。祭臯陶《後漢書·范滂傳》牢修誣言鉤黨滂，坐繫黄門北寺獄，吏謂曰：凡坐繫皆——滂曰：臯陶賢者古之直臣，知滂無罪將理之於帝如其有罪祭之何益？衆人由此亦止獄吏將加掠考，滂以同囚多嬰病，乃請先就格。就格見上。賈生之謀《後漢書·賈彪傳》延熹元年黨事起，太尉陳蕃爭之不能得，朝廷寒心，莫敢復言。彪謂同志曰：吾不西行，大禍不解，乃入洛陽説城門校尉竇武尚書霍諝武等訟之，桓帝以此大赦，黨人李膺出曰：吾得免此——也。若盧都内《後漢書·竇武傳》有詔原李膺、杜密等自黄門北寺——諸獄繫囚罪輕者皆出之。注：都内主藏，官名，前書有都内令。古刑《後漢書·孔融傳》融曰：古者敦庬，善否不别，吏端刑清，政無過失，百姓有罪皆自取之，末世政撓其俗法害其人，而欲繩之以——投之以殘棄，非所謂與時消息者也。進寶得刑《後漢書·孔融傳》信如卞和。注：韓子和氏得璞玉於楚山，獻之武王，玉人曰石也，刖其左足，及文王即位又奉其璞玉，人又曰石也，刖其右足。成王即位，和乃抱璞而哭於楚山之下。王使玉人攻璞而得寶焉。和作怨歌琴操曰：——足離分兮。中刑《後漢書·孔融傳》一離刀鋸。注《國語》——用刀鋸也。漢世輕法《後漢書·循吏傳序》初光武長於民間，頗達情僞，見稼穡艱難百姓病害。至天下已定，務用安静，解王莽之繁密，還——之——。善風吉問《後漢書·李南傳》南少篤學，明於風角。永元中太守馬稜坐盗賊事被徵當詣廷尉，南特通謁賀，稜意有恨，謂曰：太守不德，今將即罪而君反相賀耶？南曰：旦有——明日中時應有——故來稱慶，旦日乃有驛使齎詔書原停稜事。劇獄《後漢書·董宣傳》遷北海相，大姓公孫丹令其子殺道行人，宣即收丹父子殺之。丹宗族親黨三十餘人操兵詣府，稱冤叫號。宣乃悉收繫——。注：劇縣之獄。科防《魏志·袁紹傳》注：細政苛慘，——互設，罾繳充蹊，坑穽塞路。國綱《魏志·曹洪傳》注：老悖倍貪觸突——罪迫三千不在赦宥。促械我。《魏志·賈逵傳》注：太祖欲征吳，而大霖雨三軍不願行，逵謂其同僚三主簿曰：全不可不諫。乃進諫草以示三人，三人不獲已皆署名。太祖怒，收逵等當送獄取造意者，逵遂走詣獄，獄吏以逵主簿也，不即著械。謂獄吏曰：——尊者且疑我在近職求緩於卿，今將遣人來察我。逵著械適訖，而太祖果遣家中人就獄視逵，既而教曰：逵無惡意原復其職。問事杖《魏志·賈逵傳》注：李孚到梁淇使從者斫——三十枚繫著馬邊，自著平上幘將三騎投暮詣鄴下。衆猥《魏志·倉慈傳》先是屬城獄訟——縣不能決，多集治下，慈躬往省閲，料簡輕重鞭杖遣之，一歲決刑會不滿十人。昔慚柳下今愧孫登《魏志·王粲傳》注：嵇康遭吕安事，爲詩自責曰：欲寡其過謗議沸騰，性不傷物頻致怨憎，——内負宿心，外報良朋。楚掠。《魏志·滿寵傳》注楊公身爲名臣，縱有愆負，猶宜保佑，况淫刑所濫而可加其——乎。蜀科。《蜀志·伊籍傳》遷昭文將軍，與諸葛亮、法正、劉巴、李嚴共造——。蜀科之制由此五人焉。楚撻《蜀志·許慈傳》時尋——以相震撼。偏枯之物。《蜀志·孟光傳》赦者——非明世所宜有也。平當。《蜀志·楊戲傳》戲年二十餘從州書佐爲督軍從事職典刑獄，論法決疑，號爲——。黄沙獄。《晉書·武帝紀》太康五年六月初置——。密網。《晉書·成帝紀》詔曰：思蠲——咸同斯惠其赦五歲刑以下。庚戌制。《晉書·哀帝紀》興寧二年三月庚戌朔，大閲戶人，嚴法禁稱爲——。皂巾丹服黑體雜履。《晉書·刑法志序》犯黥者——其——犯劓者——其——犯臏者——其——犯宫者——其——。犴逐情遷科隨意往。

《晉書・刑法志》漢王以三章之法以弔之，文帝以刑厝之道以臨之，於時百姓欣然，將逢交泰而——獻瓊杯於闕下，徙青衣於蜀路，覆醢裁刑傾宗致獄。甲子科。《晉書・刑法志》魏武帝定——犯釱左右趾者易以木械，是時乏鐵，故易以木焉。木械。見上。《網》、《捕》二篇。《晉書・刑法志》李悝撰次諸國法，著《法經》，以爲王者之政，莫急於盜賊，故其律始於盜賊，盜賊須劾捕，故著——其輕狡、越城、博戲、借假不廉、淫侈、踰制以爲《雜律》一篇，又以其律具其加減，是故所著六篇而已，然皆罪名之制也。洪赦。《晉書・左貴嬪傳》蠲釁滌穢，與時惟新，沛然——恩詔遐震。繩墨斷例。《晉書・杜預傳》與賈充等定律令，既成，預爲之注解，乃奏之曰：法者蓋——之——非窮理盡性之書也，故文約而例直，聽省而禁簡，例直易見，禁簡難犯。易見則人知所避，難犯則幾於刑厝。刑之本在於簡直，故必審名分，審名分者，必忍小理。簡直。見上。長沙獄。《晉書・高光傳》時武帝置——以典詔囚，以光歷世明法，用爲長沙御史。獄官惟實，法吏惟文。《晉書・劉頌傳》夫監司以法舉罪，獄官案劾盡實，法吏據辭守文，大較雖同，然至於施用，監司與夫法獄體宜小異——監司則欲舉大而略小，何則夫細過微闕，人情之所必有，而悉糾以法，則朝野無立人，此所謂欲理而反亂者也。得法外意。《晉書・陶侃傳》謝安每言陶公雖用法而恒——。皇人闊網，帝者約法。《晉書・紀瞻傳》唐虞密——之——，夏殷繁——之——。機心起而日進淳德，往而莫返。漢斧。《晉書・伏滔傳》黥布衆潰於一戰，身脂於——。辛亥制度。《晉書・石勒載記》下書曰：今律令滋煩，其採集律令之要爲施行條制，於是命法曹令史貫志造——五千文，施行十餘歲，乃用律令。蠅集筆端。《晉書・苻堅傳記》初，堅之將爲赦也，與王猛、苻融密議於露堂，堅親爲赦文，猛、融供進紙墨，有一大蒼——入自牖間，鳴聲甚大，——於——驅而復來，俄而長安街巷市里人相告曰：官今大赦，有司以聞，堅驚，謂融、猛曰：禁中無耳屬之理事，何從泄敕外，窮推之，咸言：有一小人衣黑衣，大呼於市曰：官今大赦。須臾不見，堅歎曰：其向蒼蠅乎？聲狀非常，吾固惡之。黑衣大呼。見上。猶左右手。《晉書・慕容超載記》王者之有刑糾——人之——焉。故孔子曰：刑罰不中，則民無所措手足。中否格。《宋書・武帝紀》詔曰：杖罰雖有舊科，然職務殷碎，推坐相尋，若皆有其實，則體所不堪，文行而已。又非設罰之意，可籌量犆爲——之。犴圄《宋書・武帝紀》詔曰昔姬道方凝，刑法斯厝，漢德初明，——用簡，良由上一其道，下淳其性。嬰金屨校。《宋書・孝武帝紀》詔曰：向因巡覽，見二尚方徒隸——既有矜，復加國慶民和，獨隔凱澤，益以慙焉？可詳所原宥。魯師致捷，漢史飛聲《宋書・孝武帝紀》詔曰：洸情察訟——市獄勿擾——。幽國。《宋書・孝武帝紀》詔曰：廷尉遠邇，疑讞平決，攸歸而一，蹈——動逾歲時，民嬰其困，吏容其私。滯劾。《宋書・孝武帝紀》詔曰：自今囚至辭具立，即以聞朕，當悉詳斷，庶無留獄。若繁文——證逮遐廣，必須親察以盡情狀。逭役違調。《宋書・孝武帝紀》詔曰：頃化弗能孚，而民未知禁，——起觸刑網。料省。《宋書・孝武帝紀》詔曰：近道刑獄當親——其王畿內及神州所統，可遣尚書與所在共訊。曲令密文。《宋書・帝子業紀》凡——繁而作治宜寬，傜輕憲以救民切。降辟次網。《宋書・明帝紀》詔曰：夫愆有小大，憲隨寬猛，故五刑殊用，三典異施，而——使暨鉗撻求之法，科差品滋遠。鉗撻。見上。裁風茂典。《宋書・帝昱紀》緩法昭恩——蠲憲貸眚，訓俗彝義。洗遂。《宋書・帝昱紀》詔曰：尚書令可與執法以下就訊，衆獄使寃訟——困弊昭蘇。頒下州郡，咸令無壅。盪萌漸。《宋書・樂志》大赦——文，教被黃支。獮豸至。《宋書・符瑞志》——知曲直，獄訟平則——。時網。《宋書・王弘傳》多僮者傲，然於王憲無僕者怵迫於——。訊牒。《宋書・謝晦傳》高祖嘗訊囚，其旦刑獄，參軍有疾，札晦代之於車中一鑑——催促便下。相府多事，獄繫殷積，晦隨問酧辨，曾無違謬。高祖奇之，即日署刑獄賊曹。機心寘戢。《宋書・蔡廓傳》肉刑之設，肇自哲王。蓋由曩世風淳民多惇，謹圖象既陳則——。刑人在途，則不逞改操。恢繁息。《宋書・蔡廓傳》申哀矜以革濫，移大辟於支體，全性命之至重——於將來，使將斷之骨，荷更榮於三陽，干時之華，監商飇而知懼，威惠俱宣，感畏偕設，全生拯暴，於是乎在。監商飇。見上。霜准。《宋書・蔡興宗傳》亂辟害政，混穢大猷，不有——軌憲斯淪。戮諷。《宋書・王僧達傳》殛山誅邪，聖典所同，——剪律，漢法攸尚。楚對。《宋書・謝莊傳》——之下鮮不誣濫。慶宥。《齊書・高帝紀》詔曰：宸運肇創，寶命惟新，宜弘——廣敷，蠲汰劫賊，餘口没在臺府者，悉原赦。諸負釁流徙，普聽還本土。蠲汰。見上。方風霜。《齊書・崔祖思傳》以教化比雨露，名法——。罰丁赦丙。《齊書・崔祖思傳》如令丙罪重丁眚輕，——而——天下必有不悛矣。一宿髮白。《齊書・謝超宗傳》超宗下廷尉——皓首。荊革，《齊書・竟陵王子良傳》宋孝武徵求急速，以郡縣遲緩，始遣臺使公役勞優。太祖踐祚，子良陳之曰：凡此輩使人開亭正櫓便振——萬姓駭迫，人不自固，遂漂衣敗力，競致兼漿。值，今夕酒諧肉飫，既許附申赦格，明日禮輕貸薄，便復不入恩科。赦格。見上。恩科。見上。獄圄。《齊書・竟陵王子良傳》子良密啟曰：明詔深矜——恩文累墜。今科網嚴重，稱爲峻察，負罪離愆，充積牢戶。暑時鬱蒸，加以金鐵，聚憂之氣，足感天和。恩文。見上。科網。見上。律章。《齊書・孔稚珪傳》尚書刪定郎王值撰定——表奏之。律吏。《齊書・孔稚珪傳》今府州郡縣千有餘獄。如令一獄歲枉一人，則一年之中枉千餘人，致此之由，非但——之咎。列邑之宰，亦亂其經。法學《齊書・孔稚珪傳》尋古之名流，多有——故釋之、定國，聲光漢臺。元常、文惠，續映魏閣。今之士子莫肯爲業，縱有習者，世議所輕，將恐此書永墜下走之手矣。今若弘其爵賞，開其勸慕，課業宦流，班習胄子，拔其精究使處內局，簡其才良以居外仕，則臯繇之謀，指掌可致，杜鄭之業，鬱焉何遠。**杜鄭之業**。見上。**剪韭**。《齊書·孔稚珪傳論》刑開二門，法有兩路，刀筆之態深，舞弄之風起。承喜怒之機隙，挾千金之奸利——復生，寧失有罪，抱木牢戶，未必非寃。**入縑**。《梁書·武帝紀》詔曰：金作贖刑，有聞自昔——以免施於中代。**鉗鈦**。《梁書·武帝紀》斷弊之書，日纏於聽，覽——之，刑歲積於牢犴。**牢犴**。見上。**三訊**。《梁書·武帝紀》詔曰：——五聽，著自聖典。哀矜折獄，義重前誥。按：《周禮》小司寇以三刺斷庶民獄訟之中，一曰訊羣臣，二曰訊郡吏，三曰訊萬民。**梁律**。《梁書·武帝紀》尚書删定郎蔡法度上——二十卷，令三十卷，科四十卷。**嬰網**。《梁書·武帝紀》——陷辟，日夜相尋。**權典**。《梁書·武帝紀》遐邇知禁圄犴稍虛，率斯以往庶幾刑措，金作——宜在蠲息，可除贖罪之科。**逋讁**。《梁書·武帝紀》詔曰：自今——之家及罪應質作，若年有老小可停將送。**質作**。見上。**讁運**。《梁書·武帝紀》詔曰：頃聞外間多用九陌錢，徒亂王制，無益民財，自今可通用足陌錢，令書行。後百日爲期，若猶有犯，男子——女子質作，竝同三年。**裁問**。《梁書·武帝紀》詔曰：緣邊初附，諸州部內百姓先有負罪流亡，逃叛入北，一皆曠蕩，不問往𠎝，并不得挾以私讎而相報復，若有犯者，嚴加——。**鑠士**。《梁書·元帝紀》長徒——特加原宥。**徽纆**。《漢書·王僧孺傳》爲南康王長史，典籤湯道愍謗訟，僧孺逮詣南司牋辭府曰：下官既貽疵辱，方致——，解籙收簪，且歸初服。**嚴棘**。《梁書·劉孝綽傳》漏斯密網，免彼——。**在縲嬰纆**。《梁書·劉孝綽傳》舞文虛謗，不取信於宸明————幸得觸於庸暗。**殷牖**。《陳書·武帝紀》仁霑葭葦，信及豚魚——斯空夏臺虛設。**幽圄**。《陳書·文帝紀》詔曰：惠澤未流，愆陽累月。今歲序云：暮年正向肇欲，使——之內同被時和，可曲赦京師。**清乂**。《陳書·宣帝紀》其三獄等事，前須詳斷，然後啟聞。凡諸辨決，務令——。**秋憲**。《陳書·蔡景歷傳》御史中丞宗元饒奏曰：景歷專擅貪汙，彰於遠近，宜寘刑書以明——。**重械**。《陳書·沈洙傳》——之下危墮，之上無人不服，誣枉者多，**危墮**。見上。**行獄**。《南史·宋孝武帝紀》大明七年，原放——徒繫。**察判**。《南史·齊武帝紀》以木潦爲患，尅曰訊都下囚，諸遠獄委刺史以時——。**訊辨**。《南史·梁武帝紀》下令通檢尚書衆曹諸諍訟失理，及主者淹停，不時施行者，精加——，依事議奏。**洗除前注**。《南史·梁武帝紀》其犯鄉論清議，贓汙淫盜，一皆蕩滌，————，與之更始。**建康三官**。《南史·梁武帝紀》天監五年初立詔獄，詔——縣置——與廷尉三官分掌獄事，號建康，爲南獄，廷尉爲北獄。**南獄北獄**。見上。**訊簿**，《南史·宋江夏王義恭傳》爲荊州刺史，文帝與書戒之曰：凡訊獄前一二日可取——，密與劉湛輩粗其詳論。**囊科**。《南史·蕭琛傳》郎有杖，起自後漢，爾時，郎官位卑，與令史不異。自魏晉以來，郎官稍重。今方參用高華吏部，又近於通貴，不應官高昔品而罰遵——。**杜郵之賜**。《南史·謝莊傳》孝武賞賜莊寶劍，莊以與魯爽。後爽叛，帝因宴問劍所在，答曰：昔以與魯爽別，竊爲陛下————上甚悦。**憲劾**。《南史·王融傳》一介罪身，獨嬰——。**冶中貴囚**。《南史·袁彖傳》彖監吳興郡，到郡坐過用禄錢，免官，付東冶。既而帝遊孫陵，望東冶曰——有一好——數日與朝臣幸冶，見彖與語，明日釋之。後爲侍中。**緩憲賒刑**。《南史·袁昂傳》——於斯戮之人，——於耐罪之族，**三署囚**。《南史·齊文惠太子長懋傳》詔太子於元圃園宣猷堂録————原宥各有差。**律生**。《南史·崔祖思傳》憲律之重，由來尚矣。實宜清置廷尉、茂、簡、三官。漢來習律，有家子孫竝傳其業，今廷尉——乃令史門戶，刑之不厝，抑此之由。**張杜律**。《南史·孔珪傳》江左承用晉時————二十卷。**圜門**。《南史·江淹傳》抱痛——含憤獄戶。**就測**，《南史·何遠傳》遷武昌太守。爲人所訟，徵下廷尉，被劾十數條。當時士大夫坐法皆不受測，遠度已無贓——立三七日不款，猶以私藏禁仗除名。**法者，人之父母**。《南史·郭祖深傳》————惠者，人之仇讎，法嚴則人思善，德多則物生惡。**測囚**。《南史·沈洙傳》梁代舊律——之法，日一上起自晡鼓，盡於二更，及比部郎范泉删定律令，以舊法測立，時久非人所堪，分其刻，數日再上。廷尉以爲新制過輕。時宣帝録尚書集衆議之，洙議曰：夜中測立，緩急易欺，兼用晝漏，於事爲允。但漏刻賒促，今古不同，願去夜測之昧，從晝漏之明，斟酌今古之聞，參會二漏之義，捨秋冬之少刻，從夏日之長晷，不問寒暴竝依。今之夏至朝夕上測，各十七刻，庶罪人不以漏短而爲捍，獄囚無以在夜而致誣。宣帝曰：沈長史議得中，依事施行。**東冶徒賦**。《南史·卞彬傳》永明中，琅邪諸葛勗爲國子生，作《雲中賦》指祭酒以下皆有形似之目，坐事繫東冶，作————武帝見赦之。**鑊魚賦**。《南史·卞彬傳》廣陵高爽坐事被繫，作——以自況，其文甚工。後遇赦免。**釐恤**。《魏書·肅宗紀》熙平元年，詔曰：尚書可——獄犴，察其淹枉，簡量輕重，隨事以聞。**誣壅**。《魏書·肅宗紀》熙平元年詔曰：比日獄犴繁廣，嗟訴驟聞，雖曰司存每多。**三約**。《魏書·任城王澄傳》三季之弊由於煩刑，火德之興在於——，是以老聃云：法令滋彰，盜賊多有。**憲墨**。《魏書·高陽王雍傳》細人犯刑，猶寬——，朝廷貴仕，不戮一人。**口誤**。《魏書·刑罰志》顯祖卽位，除——開酒禁。**拷石**。《魏書·刑罰志》從今斷獄皆依令，盡聽訊之理，量人強弱，加之拷掠，不聽非法拷人兼以——自是枷杖之制頗有定準。**貫索九星**。《隋書·天文志》————賤人之牢也。一曰連索。一曰連營，一曰天牢，主法律，禁暴彊也。牢以一星爲門，欲其開也。九星皆明，天下獄煩。七星見小赦，五星大赦。昴明。《隋書・天文志》昴，七星，天之耳目也，主西方，主獄事，——則天下牢獄平。簡憲。《隋書・刑法志》歲布平典，年垂——昭然如日月，望之者不迷曠乎？如大路行之者不惑。易鈦。《隋書・刑法志》魏武造——之科。測罰。《隋書・刑法志》凡繫獄者，不即答款應加——不得以人事爲隔，若人事犯罰違扞不欵，宜測罰者，先參議牒啟，然後科行，斷食三日，聽家人進粥二升，女及老小一百五十刻乃與粥，滿千刻而止。鶴頭鈕。《隋書・刑法志》鞭有制鞭、法鞭、常鞭，凡三等之差，制鞭生革廉成，法鞭生革去廉，常鞭熟靼不去。廉皆作——長一尺一寸。冶士。《隋書・刑法志》髡鉗補治、鎖士終身，其下又讁運配材官——尚方鎖士皆以輕重差其年數，其重者或終身。僁目。《隋書・刑法志》切見南北郊壇，材官車府，太守下省左裝等處，上啟並請四五歲已下輕囚助，充使役，自有刑均罪等——不異，而甲付錢署，乙配郊壇。錢署三所，於辛爲劇。郊壇六處，在役則優。今聽獄官詳其可否，舞文之路自此而生。將恐玉科重輕全關墨綬金書，去取更由丹筆。甲付署署，乙配郊壇。見上。玉科金書。見上。權今。《隋書・刑法志》河清三年，尚書令趙郡王叡等奏上《齊律》十二篇。是後法令明審，科條簡要。又敕仕門之子常講習之，齊人多曉法律，蓋由此也。其不可爲定法者，別置——二卷，與之並行。刑經聖制。《隋書・刑法志》用宣帝廣刑書要制，而更峻其法謂之——經義量決。《北史・魏太武紀》太平真君六年詔：諸有疑獄皆付中書以——。聽訟觀。《北史・魏宣武紀》永平元年詔：依洛陽舊圖修——。理訴殿、申訟車。《北史・魏宣武紀》延昌元年詔：立——以盡寃窮之理。麟趾格。《北史・齊文宣紀》天保元年詔曰：魏世議定——遂爲通制，官司施用，猶未盡善，羣官可更論討。新令未成之間，仍以舊格從事，按：《隋書・經籍志》於麟趾殿刪正刑典謂之《麟趾格》。配雜。《北史・周武帝紀》建德六年詔曰：以刑止刑，以輕代重，罪不及嗣，皆有定科。雜役之徒，獨異常憲。一從罪配，百代不免罰，既無窮刑何以措。凡諸雜戶悉放爲百姓——之科，因之永削。彌尾青。《北史・宋翻傳》翻爲河陰令，縣舊有大枷，時人號曰——及翻爲縣主吏，請焚之，翻曰：置南牆下以待豪右。未幾，有內監楊小駒詣縣請事，辭色不遜，翻命取尾青以鎖之，於是威振京師。文帳。《北史・崔暹傳》有獄囚數百文襄盡欲誅之，每催——，暹故緩之，不以時進，文襄意釋竟免。官戶。《北史・麥鐵杖傳》陳大建中結聚爲羣盜，廣州刺史歐陽頠俘之以獻，没爲——配執御繖。舉烟。《北史・燕傳》苻堅每臨聽訟觀，令民有怨者——於城北觀而録之，長安爲語曰：欲得必存當舉烟。得法華經力。《北史・梁蕭氏傳》甄元成隨肅詧鎮襄陽，以江陵甲兵殷盛，密書與元帝，具申誠欵有得其書送於詧，詧深信佛法，常願不殺誦《法華經》人，元成素誦《法華經》遂獲免。詧後見之，常曰：甄公好——。三覆奏、五覆奏。《舊唐書・太宗紀》貞觀五年七月，初令天下決刑必——，在京諸司——，其日尚食進蔬食，內教坊及太常不舉樂。律學《舊唐書・太宗紀》貞觀六年二月，初置——。烏巢獄上。《舊唐書・明皇紀》大理少卿徐岵奏：天下今歲斷刑五十八，幾致刑措——寺之——。竹章牙簡。《舊唐書・肅宗紀》大曆七年詔：圜土嘉石之下，積有繫囚——之中困於法吏。節目書於食堂。《舊唐書・宣宗紀》大理卿劉濛奏：太和二年刑部侍郎高鉞條疏准勘——一十一件，下諸州府粉壁——録事參軍——每申奏罪人，須依前件節目、歲月滋久，文字湮淪，今後請下諸道令刻石置於會食之所，使官吏起坐觀省記憶條目，庶令案牘周詳。從之。十二章。《舊唐書・職官志》凡律有——一名例，二禁衛，三職制，四戶婚，五廄庫，六擅興，七賊盜，八鬭訟，九詐僞，十雜律，十一捕亡，十二斷獄，而大凡五百條。金雞竿。《舊唐書・敬宗紀》寶曆元年正月，御丹鳳樓，大赦，鄠縣令崔發坐誤辱中官下獄，是日與諸囚陳於——下俟釋放。留司格、散頒格。《舊唐書・刑法志》永徽初，敕太尉長孫無忌等共撰定律令格式，舊制不便者皆隨刪改，遂分格爲兩部，曹司常務爲——天下所共行者爲——其散頒格下州縣，留司格但留本司行用焉。通法。《舊唐書・劉文靜傳》時制度草創，命文靜與當朝通識之士更刊隋開皇律令而損益之，以爲——。高祖謂曰：本設法令，使人共解，而往代相承多爲隱語。執法之官緣此舞弄，宜更刊定，務使易知。律議。《舊唐書・劉祥道傳》父林甫武德初爲內史舍人，以才幹見稱，尋詔與中書令蕭瑀等撰定律令，林甫因著——萬餘言。遇徐杜者生。《舊唐書・杜景儉傳》轉司刑丞天授中，與徐有功、來俊臣、侯思止專理制獄，時人稱云——必——。侯卿杖。《舊唐書・尹思貞傳》爲司府少卿，時卿侯知一亦厲威嚴吏，人爲之語曰不畏——惟畏尹卿筆。御史雨。《舊唐書・顏真卿傳》爲監察御史，充河西隴右軍，試覆屯交兵使。五原有寃獄久不決，真卿至立辯之，天方旱獄決乃雨，郡人呼爲——。獄持。《舊唐書・索元禮傳》御史周矩疏曰：推劾之吏，相矜以虛，泥耳籠頭，枷研揳摠，摺脅籤爪，縣髮薰耳，臥隣穢溺，曾不聊生。號爲——。鐫詰。《唐書・河間王孝恭傳》孝恭再破巨賊，欲以威重夸遠俗，乃築第石頭城，陳廬徼自衛或誣其反，召還。頗爲憲司——既無狀，赦爲宗正卿。前雨沉濊。《唐書・邠王守禮傳》岐王嘗奏守禮知雨暘，帝問故。答曰：臣無它，當天后時，臣被敕杖凡四三，累創痕膚——則——霽則佳，以此知之。因泣下，帝爲惻然。州犂上下其手，張湯輕重其心。《唐書・魏徵傳》昔——而楚法以敝，——而漢刑以謬。賣獄。《唐書・載胄傳》時選者盛集，有詭資蔭冒牒取調者詔許自首，俄有詐得者獄具，胄以法當流，帝曰：朕詔不首者死，而今當流，是示天下不以信卿——邪？胄曰：陛下登殺之，非臣所及，既屬臣，敢虧法乎！參處法意，至析秋毫。《唐書・載胄傳》胄犯顔，據正數矣——隨類指擿，言若泉湧。帝益重之。一介易十囚《唐書・崔仁師傳》時青州有男子謀逆，有司捕支黨，纍係塡獄。詔仁師按覆，坐止魁惡十餘人，它悉原縱，仁師曰：治獄主仁恕，故諺稱殺人刖足，亦皆有禮，豈有知枉不申爲身謀哉？使吾——命，固吾願也。及敕使覆訊，諸囚咸叩頭曰：崔公仁恕必無枉者，舉無異辭。由是知名。訴犴。《唐書・蔣儼傳》進蒲州刺史，戸產充夥——積年不平，儼發隱禁姦，號良二千石。申挺。《唐書・虞世南傳》山東及江淮大水，遣使賑饑民——獄訟多所原赦。捉搦。《唐書・韓琬傳》貪冒者謂能，清貞者謂孤，浮沉者謂黠，剛正者謂愚，位下而驕，家貧而奢，歲月漸漬不救其弊，何由變浮之淳哉？不務省事而務——夫捉搦者法也，法設而滋章，滋章則盜賊多矣。銖秒罪。《唐書・蔣欽緒傳》欽緒精治道，馭吏整嚴，雖——不貸。唐卿不寃。《唐書・唐臨傳》累遷大理卿，高宗嘗録囚，餘司斷者輒紛訴不承，獨臨所訊無一言。帝問故，答曰：——斷囚——所以絕意。帝歎曰：爲獄者固當如是。句杖判徒。《唐書・狄仁傑傳》時太學生謁急，后亦報可。仁傑曰：左右丞不——左右丞相不——況天子乎？學徒取告丞簿職耳。若爲報可，則胄子數千，凡幾詔耶。爲定令示之而已，后納其言。獄決而霽。《唐書・崔碣傳》再爲河南尹，邑有大賈王可久，轉貸江湖，値龐勛亂盡亡，其貲不得歸。妻詣卜者楊乾，夫咨在亡，乾夫悅妻色且利其富，既占陽驚曰：乃夫不還矣。陰以百金謝媒者誘聘之，妻乃嫁乾夫。它年徐州平，可久困甚，丐衣食歸里往見妻，乾夫逐之，妻詣吏自言，乾夫厚納賄，可久反得罪，再訴復坐誣，碣之來可久陳寃，碣得其情，卽勅吏掩乾夫并前獄史下獄，一日殺之，以妻還可久。時淫潦——，都民歌舞於道。不枉不漏。《唐書・張說傳》譙王重福支黨數百人獄久不決，詔說往按一昔而罪人得，乃誅張靈均鄭愔，餘詿誤悉原，帝嘉其——直——惡，慰勞之。刑耳列寃。《唐書・張說傳》宇文融與崔隱甫、李林甫共劾奏說其言醜慘，帝怒，詔卽尚書省鞠之，說兄光詣朝堂——。獄官箴。《唐書・裴諝傳》諝惡法吏舞文，或挾宿怨爲重輕，因獻——以諷。繫廚院。《唐書・崔隱甫傳》初臺無獄，凡有囚則繫大理。貞觀時，李乾祐爲大夫始置獄，由是中丞侍御史皆得繫人，隱甫執故事，廢掘諸獄。其後患囚往來或漏泄復——之——云。杖架。《唐書・宇文融傳》遷大理評事，以夏楚大小無制，始創——以高庳度杖長短，又鑄銅爲規齊其巨細。祓瑕洗釁。《唐書・韋處厚傳》敬宗初，李逢吉得柄，構李紳，逐爲端州司馬，其黨劉栖楚等建言當徙醜地，處厚上言：紳先朝舊臣，就令有過尚當——成無改之美，況被譏乎。律明人信，法一主尊。《唐書・趙冬曦傳》律令格式宜刊定科條，犯者雖貴必坐——則——則——。靜獄。《五代史・蘇逢吉傳》高祖嘗以生日遣逢吉疏理獄囚，以祈福，謂之——逢吉入獄中閱囚，無輕重曲直悉殺之以報曰：獄靜矣。更一字以活千人。《五代史・張居翰傳》魏王破蜀王衍朝京，師行至秦川，而明宗軍變於魏，莊宗東征慮衍有變，詔魏王殺之，詔書已印畫，而居翰發視之，詔書言誅衍一行，居翰以謂：殺降不祥，乃以詔傳柱揩去行字，改爲一家。時蜀降人與衍俱東者千餘人皆獲免。又論：居翰——吾於斯人有所取焉。氣樓涼窓。《宋史・哲宗紀》紹聖四年令諸獄置——設漿飲、薦席，杻械五日一浣，繫囚以時沐浴，遇寒給薪炭。騎置上下。《宋史・刑法志》羣臣受詔鞠獄，獄既具——來有司斷已復騎置——之。審刑銘。《宋史・刑法志》理宗初卽位，卽詔天下恤刑。又親製——以警有位。若呼吸，《宋史・竇儼傳》刑有制——人之——御人銜勒，救敝斧斤《宋史・劇可久傳》刑法者——之——之——有國家者不可一日而廢也，雖堯舜之世，亦不能捨此而致治。陰擇善水土處。《宋史・王博文傳》爲政務平恕常，語諸子曰：吾平生決罪，至流刑未嘗不——汝曹志之。辨獄記。《宋史・杜衍傳》以太常博士提點河東路刑獄，遷尚書祠部員外郎，按行潞州折寃獄，知州王曙爲作——。雪活。《宋史・喬執中傳》執中寬厚有仁心，屢典刑獄，——以百數。黥籍。《宋史・呂本中傳》臨階州草場，苗亘以贓敗，有詔從黥，本中奏：近歲官吏犯贓，多至——，然四方之遠，或有枉濫，何由盡知，願酌處常罰從之。取伏。《宋史・王衣傳》升大理卿。先是，百司愆戾，付寺劾之，至三問取伏狀，被劾者懼對莫敢辨。衣奏曰：伏與辨二事也，若一切——是以威廹之不使自直，非法意也，乞三問未承者聽辨從之。木劍背。《遼史・太宗紀》會同二年乙室大王坐賦調不均，以——撻而釋之。鍾院。《遼史・刑法志》太祖置——以達民寃。推析律意。《遼史・康默記傳》時諸部新附文法未備。默記——，論決重輕，不差毫釐，罹禁網者人人自以爲不寃。赦書日行五百里。《遼史・劉景傳》召草赦，既成，留數月不出，景奏曰：唐制——今稽期弗發非也。怨鼓。《遼史》、《國語》解有寃者擊鐘以達於上猶——云。木鶴仙人。《金史・禮志》應天門頒赦，設雞竿於樓下之左，竿上置大盤，盤中置金雞，雞口銜絳幡，幡上金書大赦天下四字，卷而銜之。又設捧制書——一以紅繩貫之，引以轆轤，置於御前欄子。上又設捧鶴畫臺於樓下正中。捧鶴畫臺。見上。柳蔑。《金史・刑志》金國舊俗，輕罪笞以——。秦以爲巢。陸賈《新語》堯以仁義爲巢——刑罰——。國之維檝。桓寬《鹽鐵論》執法者，國之轡銜。刑罰者，——。坊非矯邪。桓寬《鹽鐵論》聖人審於是非，察於治亂，故設明法，陳嚴刑——若檃栝輔檠之正弧刺也。注：檃揉，曲者也。栝，正方者也，輔檠輔，正弓弩者也。弧刺，弓之不正者也。刺音辣。若檃栝輔檠。見上。猶魚仰水。桓寬《鹽鐵論》民之仰法——之——水清則靜，濁則擾，擾則不安其居，靜則樂其業樂，其業則富，富則仁生，澹則爭止。注：澹古音贍。大理爲務。劉向《說苑》衛靈公問於史鰌曰：政孰爲務？

對曰：——聽獄不中斷者不可屬也，故曰：大理爲務。聖人自來。劉向《説苑》仲尼見梁君，梁君問仲尼曰：吾欲使日月當時，吾欲使聖人自來爲之奈何？仲尼對曰：丘聞之尊天敬鬼，則日月當時，善爲刑罰則——。無轡用策。《孔叢》以禮齊民，譬之於御則轡也。以刑齊民，譬之於御則鞭也。執轡於此，而動於彼，御之良也。——而——則馬失道矣。稽五赦。荀悦《申鑒》惟——以綏民中，一曰原心，二曰明德，三曰勸功，四曰褒化，五曰權計，凡先王之攸赦必是族也。小加弘潤。劉義慶《世説》賈充初定律令，與羊祜共咨鄭沖，沖曰：皋陶嚴明之旨，非僕闇懦所探，羊曰：上意欲令——沖乃粗下意。上稍雲眼，下拂地足。劉義慶《世説》桓公在荊州，全欲以德被江漢，恥以威刑肅物，令史授杖，正從朱衣上過，桓式年少從外來云向從閣下過，見令史受杖——意譏不著，桓公云：我猶患其重。髀背分受。劉餗《隋唐嘉話》太宗閲醫方，見《明堂圖》五藏之系，咸附於背，乃愴然曰：今律杖笞奈何？令——乃詔不得笞背。平典。劉肅《大唐新語》則天朝，御史裴懷古曰：臣守——庶無冤濫。憲問。劉肅《大唐新語》朱履霜著——五卷，撮刑獄之機要。參酌院。李肇《國史補》長慶初，上以刑法爲重，每有司斷大獄，又令中書舍人一員參酌而出之，百司呼爲——。涿鹿黥。叚成式《酉陽雜俎》《周官》墨刑罰五百，鄭言：先刻面以墨窒之，窒墨者使守門，《尚書刑德攷》曰：涿鹿者，鑿人顙也黥人者，馬羈窄人面也。鄭云：——世謂之刀墨之民。蘇門之風以出於赭衣。范攄《雲溪友議》李尚書翱初守廬江，時有重繫者合當大辟，引讞之，時敵鳴曰：某偶黷典章卽從誅戮，然昔於羣小，專習一藝，願於貴人之前試之，乃長肅也。公命緩繫而聽之，清聲，上徹雲漢，公曰：不意——之，下可命鸞鶴同遊，當與孫阮齊躅去其械梏，蠲其罪戾。詩獄。張舜民《畫墁録》元豐中——與凡館舍諸人與子瞻和詩，罔不及。閲佛書。方勺《泊宅編》宗澤任館陶尉，凡獲逃軍卽殺之，邑境爲之無盜。時吕惠卿師大名因薦之，且戒云此雖警盜賊之一策，恨子未——，人命難得，安可輕殺。況國有常刑乎。刻桐象囚。陳翥《桐譜》李子長爲政，欲知囚情，——形鑿地爲坎，臥木囚其中罪，若正木囚不動，若有寃木囚動出。葢人之精誠，著木人也。左讞。李元綱《厚德録》故事，州郡之獄，有疑及情可憫者，雖許上請而法寺多舉駁，則官吏當不應奏之罪，故皆移情就法，不以上請。燕肅判刑部奏：天聖三年，天下斷大辟二千四百三十六，豈無法疑情可憫者？而州郡無所奏讞，葢畏罪也，請自今奏而不應奏者不科以罪，自是——者歲不減千人，皆情可憫法，疑者無不貸免。勅裁。李元綱《厚德録》吕申公奏請天下獄有情可疑及情理可憫者皆取——，今爲著令。入古器贖。葉夢得《避暑録話》吴珏爲光州固始令，先申伯之國，而楚之故封也，間有異物以僻遠人，未之知乃令民有罪皆——自既而罷官，幾得五六十器。風動琅璫。葉夢得《避暑録話》蘇子瞻元豐間赴詔獄，乃作詩寄子由，今附於此：栢臺霜氣夜凄凄，——月向低，夢繞雲山心似鹿，魂飛湯火命如雞。詳定刑統。朱子《名臣言行録》范質一日坐封邱巷荼肆中，有人貌怪陋前揖曰：相公無慮。時署中所執扇，偶書大暑去酷吏，清風來故人二句。其人曰：世之酷吏寃獄，何止如大暑也，公它日當深究此弊。公後至袄廟後門，見一土木短鬼，其貌肖荼肆見者，公心異焉。亂定，公大用，首建議律條繁廣，輕重無據，吏得以因緣爲姦，周祖特詔——是爲——。戒民集。朱子《名臣言行録》張詠每斷事，有情輕法重，情重法輕者，必爲判語讀以示之，蜀人鏤板謂之——。五房例。朱子《名臣言行録》中書習舊弊，每事必用例，五房史操例在手，顧金錢唯意，所去取所欲與白舉用之，所不欲行或匿例不見，韓魏公琦令刪取——及刑房斷例，除其冗繆不可用者，爲綱目類次之封縢謹掌，每用例必自閲，自是人知賞罰可否，出宰相五房史不得高下於其間。分珠獄。朱子《名臣言行録》潭州巨賈，私藏蚌胎爲關吏所搜，太守而下輕其估，悉自售焉！唐公介時以言事謫潭，倅——發，奏方入，仁宗謂近侍曰：唐介必不肯買。案具奏覆覽之，果然。

《皇朝經世文編》卷九一《刑政二・律例上》姚文然《律意律心説》

凡謹論律令，須明律意，兼體作律者之心。律意者，其定律時斟酌其應輕應重之宜也，如稱錘然。

（清）譚嗣同《譚嗣同全集》卷一《報章文體説》

法類得三體。八曰：敍例。凡法皆據例而斷，故敍例爲法之先。《春秋》之發凡起例，《周易》之序卦雜卦，及羣史羣書之敍例，爲發明其書之宗旨條理者咸隸焉。九曰：章程。章程者，例之見諸行事者也。《尚書》之誓命，《公羊》之戰例，及公法條約律例教令告示，及凡百辦事之章程咸隸焉。十曰：計。計者，例與章程之分數也。《周禮》之要會質劑，與羣經羣史疆里祿賦之數，周制司寇孟冬獻民數於王，漢制郡國遣吏上計於京師，在今謂之册籍，謂之報銷，西人謂之預算決算，凡算經數學及有數可稽者，下逮民間日用之帳簿，交易之券據咸隸焉。

（清）譚嗣同《譚嗣同全集》卷一《論今日西學與中國古學》

刑名學，則有鄧析之類；法律，則有申韓之類。

圖表

（清）梁啓超《飲冰室合集・文集》卷一六《論中國成文法編制之沿革得失》 今復將戰國至隋法律篇目次第列表如左：

法經	具法 6						盜法 1 賊法 2			雜法 5	捕法 4	囚法 3	
漢律	具律			戶律	廄律	興律	盜律 賊律			雜律	捕律	囚律	
魏律	刑名			戶律		擅興	盜律 賊律		詐僞	雜律	捕律	囚律	劫掠
晉律	刑名 1 法例 2	宮衛 15	違制 19	戶律 12	廄牧 17	興律 13	盜律 3 賊律 4		詐僞 5	雜律 11	捕律 8	斷獄 10	
宋律	刑名 法例	宮衛	違制	戶律	廄牧	興律	盜律 賊律		詐僞	雜律	捕律	斷獄	
齊律	刑名 法例	宮衛	違制	戶律	廄牧	興律	盜律 賊律		詐僞	雜律	捕律	斷獄	
梁律	刑名 1 法例 2	宮衛 15	違制 20	戶律 12	廄牧 18 倉庫 17	擅興 13	盜律 3 賊犯 4		詐僞 5	雜律 11	討捕 8	斷獄 10	
後魏律	刑名 法例	宮衛	違制	戶律	牧産	擅興	盜劫 賊犯	鬥律	詐僞	雜律	捕亡	斷獄	
北齊律	名例 1	禁衛 2	違制 5	婚戶 3	廄牧 11	擅興 4	盜賊 8	鬥訟	詐僞 6	雜律 12	捕斷 9		
後周律	刑名 1 法例 2	宮衛 9	違制 15	戶律 6 婚姻 5	廄牧 18	興繕	劫盜 12 賊犯 18	鬥競 11	詐僞 20	雜犯 19	逃捕 10	斷獄 25	
隋唐律	名例律 1	衛禁律 2	職制律 3	戶婚律 4	廄庫律 5	擅興律 6	賊盜律 7	鬥訟律 7	詐僞律 9	雜 犯 10	捕亡律 11	斷獄律 12	

六篇											
九篇											
十八篇	毀亡	告劾	繫訊	請賕	驚事	償贓					
二十篇	毀亡 14	告劾 7	繫訊 9	請賕 9			水火 16	諸侯 20	關市 18		
二十篇	毀亡	告劾	繫訊	請賕			水火	諸侯	關市		
二十篇	毀亡	告劾	繫訊	請賕			水火	諸侯	關市		
二十篇	毀亡 14	告劾 7	繫訊 9	請賕 9			水火 16		關市 17		
二十篇	毀亡	告劾	繫訊	請賕			水火		關市		
十二篇	毀亡 10										
廿五篇	毀亡 14	告劾 22	繫訊 24	請賕 21			水火 7	諸侯 17	市廛 10 關津 16	祠享 3	朝會 4
十二篇											

觀此表則魏代之成文法，上接秦漢，下開隋唐，而爲之樞紐，其間之統系甚明。

律說分部

論說

《後漢書》卷三四《梁統傳》 統在朝廷，數陳便宜。以爲法令既輕，下姦不勝，宜重刑罰，以遵舊典，乃上疏曰：

臣竊見元哀二帝輕殊死之刑以一百二十三事，手殺人者減死一等，自是以後，著爲常準，故人輕犯法，吏易殺人。

《三國志》卷一三《魏志・鍾繇傳》 初，太祖下令，使平議死刑可宫割者。繇以爲古之肉刑，更歷聖人，宜復施行，以代死刑。議者以爲非悦民之道，遂寢。及文帝臨饗羣臣，詔謂大理欲復肉刑，此誠聖王之法。公卿當善共議。議未定，會有軍事，復寢。太和中，繇上疏曰：大魏受命，繼蹤虞、夏。孝文革法，不合古道。先帝聖德，固天所縱，墳典之業，一以貫之。是以繼世，仍發明詔，思復古刑，爲一代法。連有軍事，遂未施行。陛下遠追二祖遺意，惜斬趾可以禁惡，恨入死之無辜，使明習律令，與羣臣共議。出本當右趾而入大辟者，復行此刑。《書》云，皇帝清問下民，鰥寡有辭于苗。此言堯當除蚩尤、有苗之刑，先審問於下民之有辭者也。若今蔽獄之時，訊問三槐、九棘、羣吏、萬民，使如孝景之令，其當棄市，欲斬右趾者許之。其黥、劓，左趾、宫刑者，自如孝文，易以髡、笞。能有姦者，率年二十至四五十，雖斬其足，猶任生育。今天下人少于孝文之世，下計所全，歲三千人。張蒼除肉刑，所殺歲以萬計。臣欲復肉刑，歲生三千人。子貢問能濟民可謂仁乎？子曰：何事於仁，必也聖乎，堯、舜其猶病諸！又曰：仁遠乎哉？我欲仁，斯仁至矣。若誠行之，斯民永濟。書奏，詔曰：太傅學優才高，留心政事，又於刑理深遠。此大事，公卿羣僚善共平議。司徒王朗議，以爲繇欲輕減大辟之條，以增益刖刑之數，此即起偃爲豎，化屍爲人矣。然臣之愚，猶有未合徽異之意。夫五刑之屬，著在科律，自有減死一等之法，不死即爲減。施行已久，不待遠假斧鑿于彼肉刑，然後有罪次也。前世仁者，不忍肉刑之慘酷，是以廢而不用。不用已來，歷年數百。今復行之，恐所減之文未彰于萬民之目，而肉刑之問已宣于寇讎之耳，非所以來遠人也。今可按繇所欲輕之死罪，使減死之髡、刖。嫌其輕者，可倍其居作之歲數。內有以生易死不訾之恩，外無以刖易釱駭耳之聲。議者百餘人，與朗同者多。帝以吴、蜀未平，且寢。

袁宏曰：夫民心樂全而不能常全，蓋利用之物懸於外，而嗜慾之情動於內也。於是有進取貪競之行，希求放肆之事。進取不已，不能充其嗜慾，則苟且僥倖之所生也；希求無厭，無以愜其慾，則姦僞忿怒之所興也。先王知其如此，而欲救其弊，或先德化以陶其心；其心不化，然後加以刑辟。《書》曰：百姓不親，五品不遜。汝作司徒而敬敷五教。蠻夷猾夏，寇賊姦宄。汝作士，五刑有服。然則德、刑之設，參而用之者也。三代相因，其義詳焉。《周禮》：使墨者守門，劓者守關，宫者守內，刖者守囿。此肉刑之制可得而論者也。荀卿亦云，殺人者死。傷人者刑，百王之所同，未有知其所由來者也。夫殺人者死，而相殺者不已，是大辟可以懲未殺，不能使天下無殺也。傷人者刑，而害物者不息，是黥、劓可以懼未刑，不能使天下無刑也。故將欲止之，莫若先以德化。夫罪過彰著，然後入于刑辟，是將殺人者不必死，欲傷人者不必刑。縱而弗化，則陷於刑辟。故刑之所制，在於不可移之地，禮教則不然。明其善惡，所以潛勸其情，消之於未殺也；示之恥辱，所以內愧其心，治之於未傷也。故過微而不至於著，罪薄而不及於刑。終入罪辟者，非教化之所得也，故雖殘一物之生，刑一人之體，是除天下之害，夫何傷哉！率斯道也，風化可以漸淳，刑罰可以漸少，其理然也。苟不能化其心，而專任刑罰，民失義方，動罹刑網，求世休和，焉可得哉？周之成、康，豈按三千之文而致刑錯之美乎？蓋德化漸漬，致斯有由也。漢初懲酷刑之弊，務寬厚之論，公卿大夫，相與恥言人過。文帝登朝，加以玄默。張武受賂，賜金以愧其心；吴王不朝，崇禮以訓其失。是以吏民樂業，風流篤厚，斷獄四百，幾致刑措。豈非德刑兼用已然之効哉？世之欲言刑罰之用，不先德教之益，失之遠矣。今大辟之罪，與古同制。免死已下，不過五歲，既釋鉗鎖，復得齒于人倫。是以民無恥惡，數爲姦盜，故刑徒多而亂不治也。苟教之所去，罰當其罪，一離刀鋸，没身不齒，鄰里且猶恥之，而况于鄉黨乎？而况朝廷乎？如此，則夙沙、趙高之儔，無施其惡矣。古者察其言，觀其行，而善惡彰焉。然則君子之去刑辟，固已遠矣。過誤不幸，則八議之所宥也。若夫卞和、史遷之冤，淫刑之所及也。苟失其道，或不免於大辟，而况肉刑哉！《漢書》：斬右趾及殺人先自言告，吏坐受賕，守官物而即盜之，皆棄市。此班固所謂當生而令死者也。今不忍刻截之慘，而安剿絶之悲，此最治體之所先，有國所宜改者也。

《宋書》卷三《武帝紀下》 六月壬寅，詔曰：杖罰雖有舊科，然職務殷碎，推坐相尋。若皆有其實，則體所不堪；文行而已，又非設罰之意。可籌量觕爲中否之格。車駕又於華林園聽訟。甲辰，制諸署敕吏四品以下，又府署所得輒罰者，聽統府寺行四十杖。

又：冬十月丁酉，詔曰：兵制峻重，務在得宜。役身死叛，輒考傍親，流遷彌廣，未見其極。遂令冠帶之倫，淪陷非所。宜革以弘泰，去其密科。自今犯罪充兵合舉戶從役者，便付營押領。其有戶統及謫止一身者，不得復侵濫服親，以相連染。

《宋書》卷四二《王弘傳》 弘博練治體，留心庶事，斟酌時宜，每存優允。與八座丞郎疏曰：同伍犯法，無士人不罪之科，然每至詰謫，輒有請訴。若垂恩宥，則法廢不可行；依事糾責，則物以爲苦怨。宜更爲其制，使得優苦之衷也。又主守偷五匹，常偷四十匹，並加大辟，議者咸以爲重，宜進主守偷十匹、常偷五十匹死，四十匹降以補兵。既得小寬民命，亦足以有懲也。想各言所懷。

左丞江奥議：士人犯盗贓不及棄市者，刑竟，自在贓汙淫盗之目，清議終身，經赦不原。當之者足以塞愆，聞之者足以鑒誡。若復雷同羣小，謫以兵役，愚謂爲苦。符伍雖比屋鄰居，至於士庶之際，實自天隔，舍藏之罪，無以相關。奴客與符伍交接，有所藏蔽，可以得知，是以罪及奴客。自是客身犯愆，非代郎主受罪也。如其無奴，則不應坐。

右丞孔默之議：君子小人，既雜爲符伍，不得不以相檢爲義。士庶雖殊，而理有聞察，譬百司居上，所以下不必躬親而後同坐。是故犯違之日，理自相關。今罪其養子、典計者，蓋義存戮僕。如此，則無奴之室，豈得宴安。但既云復士，宜令輸贖。常盗四十匹，主守五匹，降死補兵。雖大存寬惠，以紓民命，然官及二千石及失節士大夫，時有犯者，罪乃可戮，恐不可以補兵也。謂此制可施小人，士人自還用舊律。

尚書王准之議：昔爲山陰令，士人在伍，謂之押符。同伍有愆，得不及坐，士人有罪，符伍糾之。此非士庶殊制，實使即刑當罪耳。夫束脩之胄，與小人隔絶，防檢無方，宜及不逞之士，事接羣細，既同符伍，故使糾之。于時行此，非唯一處。左丞議奴客與鄰伍相關，可得檢察，符中有犯，使及刑坐。即事而求，有乖實理。有奴客者，類多使役，東西分散，住家者少。其有停者，左右驅馳，動止所須，出門甚寡，典計者在家十無其一。奴客坐伍，濫刑必衆，恐非立法當罪本旨。右丞議士人犯偷，不及大辟者，宥補兵。雖欲弘士，懼無以懲邪。乘理則君子，違之則小人。制嚴於上，猶冒犯之，以其宥科，犯者或衆。使畏法革心，乃所以大宥也。且士庶異制，意所不同。

殿中郎謝元議謂：事必先正其本，然後其末可理。本所以押士大夫於符伍者，所以檢小人邪？爲使受檢於小人邪？案左丞稱士庶天隔，則士無弘庶之由，以不知而押之於伍，則是受檢於小人也。然則小人有罪，士人無事，僕隸何罪，而令坐之。若以實相交關，責其聞察，則意有未因。何者？名實殊章，公私異令，奴不押符，是無名也，民乏貲財，是私賤也。以私賤無名之人，豫公家有實之任，公私混淆，名實非允。由此而言，謂不宜坐。還從其主，於事爲宜。無奴之士，不在此例。若士人本檢小人，則小人有過，已應獲罪，而其奴則義歸戮僕，然財無奴之士，未合宴安，使之輸贖，於事非謬。二科所附，惟制之本耳。此自是辯章二本，欲使各從其分。至於求之管見，宜附前科，區別士庶，於義爲美。盗制，按左丞議，士人既終不爲兵革，幸可同寬宥之惠，不必依舊律，於議咸允。

吏部郎何尚之議：按孔右丞議，士人坐符伍爲罪，有奴罪奴，無奴輸贖。既許士庶緬隔，則聞察自難，不宜以難知之事，定以必知之法。夫有奴不賢，無奴不必不賢。今多僮者傲然於王憲，無僕者怵迫於時網，是爲恩之所霑，恒在程、卓，法之所設，必加顔、原，求之鄙懷，竊所未愜。謝殿中謂奴不隨主，於名分不明，誠是有理。然奴僕實與閭里相關，今都不問，恐有所失。意同左丞議。

弘議曰：尋律令既不分別士庶，又士人坐同伍罹謫者，無處無之，多爲時恩所宥，故不盡親謫耳。吴及義興適有許、陸之徒，以同符合給，二千石論啓丹書。己未間，會稽士人云十數年前，亦有四族坐此被責，以時恩獲停。而王尚書云人舊無同伍坐，所未之解。恐莅任之日，偶不值此事故邪。聖明御世，士人誠不憂至苦，然要須臨事論通，上干天聽爲紛擾，不如近爲定科，使輕重有節也。又尋甲符制，蠲士人不傳符耳，令史復除，亦得如之。共相押領，有違糾列，了無等衰，非許士人閭里之外也。諸議云士庶緬絶，不相參知，則士人犯法，庶民得不知。若庶民不許不知，何許士人不知。小民自非超然簡獨，永絶塵粃者，比門接棟，小以爲意，終自聞知，不必須日夕來往也。右丞百司之言，粗是其況。如衰陵士人，實與里巷關接，相知情狀，乃當於冠帶小民。今謂之士人，便無小人之坐；署爲小民，輒受士人之罰。於情於法，不其頗歟？且都令不及士流，士流爲輕，則小人令使徵預其罰，便事至相糾，閭伍之防，亦爲不同。謂士人可不受同伍之謫耳，罪其奴客，庸何傷邪？無奴客，可令輸贖，又或無奴僮爲衆所明者，官長二千石便當親臨列上，依事遺判。又主偷五匹，常偷四十匹，謂應見優量者，實以小吏無知，臨財易昧，或由疏慢，事蹈重科，求之於心，常有可愍，故欲小進匹數，寬其性命耳。至於官長以上，荷蒙禄榮，付以局任，當正己明憲，檢下防非，而親犯科律，亂法冒利，五匹乃已爲弘矣。士人無私相偷四十匹理，就使至此，致以明罰，固其宜耳，並何容復加哀矜。且此輩士人，可殺不可謫，有如諸論，本意自不在此也。近聞之道路，聊欲共論，不呼乃爾難精。既衆議糾紛，將不如其已。若呼不應停寢，謂宜集議奏聞，决之聖旨。太祖詔：衛軍議爲允。

弘又上言：舊制，民年十三半役，十六全役。當以十三以上，能自營私及公，故以充役。而考之見事，猶或未盡。體有强弱，不皆稱年。且在家自隨，力所能堪，不容過苦。移之公役，動有定科，循吏隱恤，可無其患，庸宰守常，已有勤劇，况值苛政，豈可稱言。乃有務在豐役，增進年齒，孤遠貧弱，其敝尤深。至令依寄無所，生死靡告，一身之切，逃竄求免，家人遠討，胎孕不育，巧避羅憲，實亦由之。今皇化惟新，四方無事，役召之宜，應存乎消息。十五至十六，宜爲半丁，十七爲全丁。從之。

《梁書》卷二《武帝紀中》 又詔曰：金作贖刑，有聞自昔，入縑以免，施於中世，民悦法行，莫尚乎此。永言叔世，偷薄成風，嬰諐入罪，厥塗匪一。斷弊之書，日纏於聽覽；鉗釱之刑，歲積於牢犴。死者不可復生，刑者無因自返，由此而望滋實，庸可致乎？朕夕惕思治，念崇政術，斟酌前王，擇其令典，有可以憲章邦國，罔不由之。釋愧心於四海，昭情素於萬物。俗僞日久，禁網彌繁。漢文四百，邈焉已遠。雖省事清心，無忘日用，而委銜廢策，事未獲從。可依周、漢舊典，有罪入贖，外詳爲條格，以時奏聞。

（宋）竇儀《宋刑統・附録》 葉大慶《攷古質疑》曰：嘗觀諸書，見大舜之用法，何其忠厚之至也。後世興君誼辟之於法，亦未嘗不體是意。今所傳《刑統》一書，歷代相承，良法美意，我朝建隆初又加修正。嘗試觀其梗概，其得帝舜遺意多矣。或者皆謂法家者多失之刻，大慶切以爲不然，且以一二明之。如斷罪之失於出入，均之爲不可也，然失入者減三等，失出者減五等，焉非忠厚乎？原註：見《斷獄律》。赦前斷罪不當，均之爲不可也，然處輕爲重者，宜改從輕矣，而處重爲輕者，盍亦改而從重，今乃即依輕焉，非忠厚乎？原註：亦見《斷獄律》。至若本應重而犯時不知者，依凡論，本應輕而犯時不知者，聽從本。其原情定罪，又豈非忠厚乎？原註：《名例律》疏議曰：假有叔姪别處生長，素未相識，姪打叔傷，官司推問始知，聽依凡人鬭法。又如别處行盗，盗得大祀神御之物。如此之類，並是犯時不知，得依凡論，悉同常盗斷。其本應輕者，或有父不識子，主不識奴，毆打之後，方始知悉，須依打子及打奴本法，不可以凡鬭而論，是名本應輕者聽從本，其原情定罪。蓋至於犯罪時幼少，事發時長大，依幼少論。此以犯罪時定法者，從輕之意也。犯罪時未老疾，事發時老疾者，依老疾論。此以事發時定法者，亦從輕之意也。原註：《名例律》第四。以至有官蔭犯罪，無官蔭事發，則以犯時論。無官蔭犯罪，有官蔭事發，則以發時論。無往而非從輕，亦無往而非忠厚也。原註：《名例律》第一。况乎大功以上，許相容隱，其或告言，如自首法，原註：上《名例》四十六條，下三十七條。莫非忠厚惻怛之意。此類甚多，未易枚舉，孰謂法家之多刻？彼其謂慘刻而少恩者，無亦用法者之過歟？有能推《刑統》之意，而施於法理之間，則有虞氏之忠厚不外是矣。

《遼史》第六一《刑法志上》 遼以用武立國，禁暴戢姦，莫先於刑。國初制法，有出於五服、三就之外者，兵之勢方張，禮之用未遑也。及阻午可汗知宗室雅里之賢，命爲夷離堇以掌刑辟，豈非士師之官，非賢者不可爲乎。太祖、太宗經理疆土，擐甲之士歲無寧居，威克厥愛，理勢然也。子孫相繼，其法互有輕重；中間能審權宜，終之以禮者，惟景、聖二宗爲優耳。然其刑之凡有四：曰死，曰流，曰徒，曰杖。死刑有絞、斬、凌遲之屬，又有籍没之法。流刑量罪輕重，置之邊城部族之地，遠則投諸境外，又遠則罰使絶域。徒刑一曰終身，二曰五年，三曰一年半；終身者決五百，其次遞減百；又有黥刺之法。杖刑自五十至三百，凡杖五十以上者，以沙袋決之；又有木劍、大棒、鐵骨朶之法。木劍、大棒之數三，自十五到三十；鐵骨朶之數，或五，或七。有重罪者，將決以沙袋，先于脽骨之上及四周擊之。拷訊之具，有麄、細杖及鞭、烙法，麄杖之數二十；細杖之數三，自三十至于六十。鞭、烙之數，凡烙三十者鞭三百；烙五十者鞭五百。被告諸事應伏而不服者，以此訊之。品官公事誤犯，民年七十以上、十五以下犯罪者，聽以贖論。贖銅之數，杖一百者，輸錢千。亦有八議、八縱之法。籍没之法，始自太祖爲撻馬狘沙里時，奉痕德堇可汗命，按于越釋魯遇害事，以其首惡家屬没入瓦里。及淳欽皇后時析出，以爲著帳郎君，至世宗詔免之。其後内外戚屬及世官之家，犯反逆等罪，復没入焉；餘人則没爲著帳戶；其没入宫分、分賜臣下者亦有之。木劍、大棒者，太宗時制。木劍面平背隆，大臣犯重罪，欲寬宥則擊之。沙袋者，穆宗時制，其制用熟皮合縫之，長六寸，廣二寸，柄一尺許。徒刑之數詳于重熙制，杖刑以下之數詳于咸雍制；其餘非常用而無定式者，不可殫紀。

太祖初年，庶事草創，犯罪者量輕重決之。其後治諸弟逆黨，權宜立法。親王從逆，不磬諸甸人，或投高崖殺之；淫亂不軌者，五車轘殺之；逆父母者視此；訕詈犯上者，以熟鐵錐摏其口殺之。從坐者，量罪輕重杖決。杖有二：大者重錢五百，小者三百。又爲梟磔、生瘞、射鬼箭、砲擲、支解之刑。歸於重法，閑民使不爲變耳。歲癸酉，下詔曰：朕自北征以來，四方獄訟，積滯頗多。今休戰息民，羣臣其副朕意，詳決之，無或寃枉。乃命北府宰相蕭敵魯等分道疏決。有遼欽恤之意，昉見于此。神册六年，克定諸夷，上謂侍臣曰：凡國家庶務，鉅細各殊，若憲度不明，則何以爲治，羣下亦何由知禁。乃詔大臣定治契丹及諸夷之法，漢人則斷以《律令》，仍置鐘院以達民寃。

《金史》卷一〇七《張行信傳》　初，行信言：今法，職官論罪，多從的決。伏見大定間世宗勅旨；職官犯故違聖旨，徒年、杖數並的決。然其後三十餘年，有司論罪，未嘗引用，蓋非經久爲例之事也。乞詳定之。行信既出，上以其章付尚書省。至是，宰臣奏：自今違奏條之所指揮、及諸條格，當坐違制旨者，其徒年、杖數論贖可也。特奉詔旨違者，依大定例。制可。行信去未久，上嘗諭宰臣曰：自張行信降黜，卿等遂緘默，此殊非是。行信事，卿等具知，豈以言之故耶。自今宜各盡言，毋復畏忌。

《明史》卷九三《刑法志一》　仁宗初即位，諭都察院言：輪罰工作之令行，有財者悉倖免，宜一論如律。久之，其法復弛。正統間，侍講劉球言：輪罪非古，自公罪許贖外，宜悉依律。時不能從。其後循太祖之例，益推廣之。凡官吏公私雜犯准徒以下，俱聽運炭納米等項贖罪。其軍官軍人照例免徒流者，例贖亦如之矣。

《明史》卷九四《刑法志二》　凡有大慶及災荒皆赦，然有常赦，有不赦，有特赦。十惡及故犯者不赦。律文曰：赦出臨時定罪名，特免或降減從輕者，不在此限。十惡中，不睦又在會赦原宥之例，此則不赦者亦得原。若傳旨肆赦，不別定罪名者，則仍依常赦不原之律。自仁宗立赦條三十五，皆楊士奇代草，盡除永樂年間敝政，歷代因之。凡先朝不便於民者，皆援遺詔或登極詔革除之。凡以赦前事告言人罪者，即坐以所告者罪。弘治元年，民吕梁山等四人，坐竊盗殺人死，遇赦。都御史馬文升請宥死戍邊，帝特命依律斬之。世宗雖屢停刑，尤慎無赦。廷臣屢援赦令，欲宥大禮大獄暨建言諸臣，益持不允。及嘉靖十六年，同知姜輅酷殺平民，都御史王廷相奏當發口外，乃特命如詔書宥免，而以違詔責廷相等。四十一年，三殿成，群臣請頒赦。帝曰：赦乃小人之幸。不允。穆宗登極覃思，雖徒流人犯已至配所者，皆許放還，蓋爲遷謫諸臣地也。

有明一代刑法大概。太祖開國之初，懲元季貪冒，重繩贓吏，揭諸司犯法者於申明亭以示戒。又命刑部，凡官吏有犯，宥罪復職，書過榜其門，使自省。不悛，論如律。累頒犯諭、戒諭、榜諭，悉象以刑，誥示天下。及十八年《大誥》成，序之曰：諸司敢不急公而務私者，必窮搜其原而罪之。凡三《誥》所列凌遲、梟示、種誅者，無慮千百，棄市以下萬數。貴溪儒士夏伯啓叔姪斷指不仕，蘇州人才姚潤、王謨被徵不至，皆誅而籍其家。寰中士夫不爲君用之科，所由設也。其《三編》稍寬容，然所記進士監生罪名，自一犯至四犯者猶三百六十四人。幸不死還職，率戴斬罪治事。其推原中外貪墨所起，以六曹爲罪魁，郭桓爲誅首。郭桓者，戶部侍郎也。帝疑北平二司官吏李彧、趙全德等與桓爲姦利，自六部左右侍郎下皆死，贓七百萬，詞連直省諸官吏，繫死者數萬人。覈贓所寄借徧天下，民中人之家大抵皆破。時咸歸謗御史余敏、丁廷舉。或以爲言，帝乃手詔列桓等罪，而論右審刑吴庸等極刑，以厭天下心，言：朕詔有司除姦，顧復生姦擾吾民，今後有如此者遇赦不宥。先是十五年空印事發。每歲布政司、府州縣吏詣戶部覈錢糧、軍需諸事，以道遠，預持空印文書，遇部駁卽改，以爲常。及是，帝疑有姦，大怒，論諸長吏死，佐貳榜百戍邊。寧海人鄭士利上書訟其寃，復杖戍之。二獄所誅殺已過當。而胡惟庸、藍玉兩獄，株連死者且四萬。

（明）何廣《律解辯疑所載律文序》 〔先王明刑定法，五刑之屬〕三千，有如鞭、撲、墨、劓、剕〔宫、大辟之刑，佈憲中外，而〕《士師》職掌暨諸兵牧守〔而行〕之。自堯而降，歷代刑法輕重不侔，惟晉、魏、周、齊條〔制頗近〕於古，而隋文帝遂革梟轘之酷，立爲笞、杖、徒、流、絞、斬之刑，於世〔久矣〕。今我朝酌古準今，〔順〕天行誅，爰命刑部尚書劉惟謙採摭諸條，刪繁就簡，類編爲《大明律》、《令》，頒行天下，使民知所畏而不敢犯。此國保於民，民信於國，刑期無刑，而各遂其生者，可謂至仁之至。蓋令以教之於先，律以齊之於後。然其律法簡古，文義深邃，治獄之吏非老於案牘者，則未盡知耳。苟或法司獄成，定擬之際，失於詳明，誤乖律意，致有輕重出入之〔非〕（罪），而況罪誣於人否，則終身之玷，而死〔者不能復生。嗚呼〕恤哉！且陷於刑者，無由自雪，生〔者啣怨於天，死者〕負寃於地，天地既傷，神人競怒。〔而其陰譴陽報，自有不〕期然而至者，可不慎歟？廣〔日嘗讀律，玩味採摘疑難〕之句，申之以律疏，解其〔義擬，然未敢擅註於律。對款〕分條，編成別集，名之曰《律解辯疑》。其待識見高明之士，觀之者尚冀校正無謬，以使迷惑渙然冰解，怡然理順，豈非希升堂必自開〔戶牖矣。〕凡〔蒞〕官君子於議刑決判之間，庶望〔盡心慎求，〕以〔輔〕聖化，而至於無刑之效，斯亦是編之□□□。

《新纂四六合律判語》卷下《禮律・喪葬》 喪欲速朽，不當拘年月之祥，以土爲安，豈可罹水火之厄？蓋死者藏其遺體，則生人庇其余休。今某惑于堪輿之言，迷于塟埋之禮，避凶趨吉。故稽封樹之期隨俗習非，未免焚溺之舉，且飲酒而食肉，更設醮而脩焚。試藉口于象，罔所傷實，泚顙于蝇蚋所嘬，不思壬戌死而癸亥殯，安得延留？盍念窀穸《左傳》獲保首領以歿于地，唯是春秋窀穸之事。窀，厚也，穸，夜也。謂塟埋于地猶長夜，而終不復有晝也。啓而魂魄歸？豈容暴露若欲教之以禮，必先加之以刑。

（清）鄂爾泰等《世宗憲皇帝硃批諭旨》卷一五《硃批裴律度奏摺》 旨發江西、浙江督撫詳議具奏欽此。欽遵俱經檄飭兩司查議在案。查諸臣條議編甲之法，大概相同，但編甲之中，不無變通。臣身任地方，細訪情形，各有不同。有入籍年久現在納糧當差者；有入籍未久去留無定者；有遠在山箐星散各居者；有土民僱其傭工，地主招其墾田者；有山主利其力作曲為隱庇者；或種靛蔴，或種茶烟，或佃耕做紙，統名之曰棚民。要在因地制宜，順情立法。地方官得人，方能有益。臣於該州縣謁見時，莫不諄切誡諭，令其實力奉行，至一切應行事宜俟查議到日臣會同督臣悉心公議具題。

《皇朝文獻通考》卷一九五《刑考一》 臣等謹按：古者以墨、劓、剕、宫、大辟為五刑。自有虞氏肇始，象刑、鞭扑、流宅之典興焉。厥後寬猛各殊，輕重異制。隋唐以來，作笞、杖、徒、流、死之法，而五刑以定此。馬端臨所謂聖人復起未能或易者也。雖然法有定而情無定，刑罰世輕世重，在用之者權乎其時耳？《舜典》皋陶曰：宥過無大，刑故無小。《周禮》大司寇掌建邦之三典而異用。以刑邦國，其在《呂刑》曰：上刑適輕下服。下刑適重上服。

（清）王又槐《辦案要略・論六贓》 六贓者：監守盜，常人盜，竊盜，枉法，不枉法，坐贓，皆計贓以定罪也。枉法與常人盜贓相同，不枉法與竊贓相同。罪分四等，輕重懸殊。監守、常人盜贓，不分首從，並贓論罪。竊盜以一主爲重，並贓而分首從。枉法贓各主者，通算折半科罪，亦計入己之數，分有祿無祿也。坐贓致罪者，或因應得之外而過取，則計過取之財以論罪；或因科斂人財而不入己，則計所斂之財以坐罪。無論一主各主，折半以科罪，止滿徒。贓不入己，仍還職役。

律中官吏受財一條，專指官典與吏已經得受有事人財，事已斷訖之罪也。雖未審斷，已有批詞亦是。若許而未交，或立有契劵，封貯他處尚未接受者，則爲聽許財物。如聽許於事前，事過而已接受；或受意於臨事，過後而始迎合，則爲事後受財，三者必須官吏因事方引此律。若衙役犯贓，及平人因事許財受財，本條別有罪名，不得援引也。其律內所謂有事以財請求者，專言有事在官，以賄行求之罪也。如事未到官賄求私和，及賄求藏匿引送脱逃之類，另有本律本例，不可誤引賄求官吏之文也。至在官求索借貸人財物，並非因事及挾勢恃強而取。凡在官人役有犯如衙役、里長索人年節規禮，強借人器物牲畜之類，俱可援此律斷，不專指官吏也。惟家人求索，分別因事、挾勢，另有律條。贓錢一千估銀一兩，雜色銀兩折實庫平紋銀，米一石估銀一兩，欲則減半，江南米一石估銀一兩二錢，仍循向例。盜牛計隻，盜馬計匹，例不估價。若獲賊不能追出原失牛馬，又須估價賠償。

強竊盜贓，不論多寡，均造贓册隨詳通送。獲盜後，再造贓册，開列已起未起。

緝獲確盜，查明各盜子女、家產，保候封固立案。俟部複到日變賣賠贓。無家屬之盜犯身故未追贓銀，律得免征。盜犯原籍無贓，可追取原籍各結，轉詳本籍，取保鄰親族甘結詳送。

每見部中審辦盜賊案件，聲明未獲之贓赤貧免追，外省現辦均聲明照估追賠。其實賊盜大都因窮苦起見，追賠之語亦不過具文，應從權辦理。不必定須取結轉致擾累。增注。

贓款被參者，於議罪之後申明：系貪官，不准納贖，永不敘用字樣，並追奪誥封。

（清）王明德《讀律佩觿·讀律八法》　贓盜、人命、鬭毆三者是也。凡所條列率關生死，間不容髮，合計三篇正條，為數不過七十，即各篇所附條例，賊盜亦止三十有二，人命計二十，若鬭毆則止于八，合為通計，共不過百三十而止。日分數條，頻為翻閲，為功極易。若入首之法，必須先將各條正文，逐段、逐節、逐句、逐字概為詳慎點次，務期段落分明，然後更為潛心細究，備加丹鉛，沉酣既久，閲之自為不厭。斯前賢斟酌苦心，慈祥惻怛至意，于是乎出，有得，即筆而誌之，毋致復忘。苟能如此，則要領畢得，要領渾化于胸中，何患律難融貫。

又：　而名例一篇，更為吃緊綱維，乃所以運用全律之樞紐，輕重諸法之權衡，愈為要中至要。如要領未得，先事樞紐，譬之不綱而綱，將何為用。然綱維不明，徒從事乎律例。雖律精例熟，是又闌具而無樞，車成而乏輗軏矣，與未讀同。必于律首各圖，及名例各條，備為熟閲。凡于五服、六贓、折贖、收贖，及十惡、八議、老幼廢疾、常赦不原、得相容隱諸款目，細加理會，神明而酌體之，始不至犯食生膠柱之病。否則聽訟雖平，其于明允，終難副矣。

又：　律議精嚴，難容冗集復著。故其義意所在，每為互見于各律各條中，即如窩藏強盜，坐家分贓，不係主謀造意共謀為盜者。止發邊衛充軍，而不同強盜以立斬，跡而視之，似覺太縱，若其定律之義，則已先著于盜賊窩主正條內之主謀造意，及謀反叛逆條內之隱匿反叛各條矣。又如鬭毆律，毆大功以下尊長條內。止及毆殺同堂弟妹、堂侄、侄孫，乃絶不言及從堂伯叔母及各兄弟妻妾，並各侄與各侄婦、妾，而侄與侄孫，則見于毆期親尊長條內。從堂伯叔母及各兄弟妻妾，並各卑幼婦妾，則又見于毆夫親屬條內。若非互參而互證之，將何以致其論斷歟？

（清）王明德《讀律佩觿》卷二《例》　若律中名例，則本乎歷代所增損，上以仰鑒百王，下以曲體衆志，中以克準乎禮法所應然，其審視周詳，固已無微不及，是又未可同日而語矣。即律中條例，雖云盡本故明所漸增，然于本定律之初，不知幾經酌訂，終不能為之盡删而必因者，蓋以條例所在，乃極人情之變，用補正律本條所未詳，采擇而並行之，其亦殷因夏，周因商之微意乎？因即全律，反覆而細繹之，深覺律非例，則不可以獨行，而例非律，又無由以共著。蓋律有律之例，例亦有例之例，要皆統括乎名例四十八條中，惟在用律者，神明而體會之耳。然例之為例，固非一致，又不可不為詳辨。

又：　夫例則例而已矣。名例之義何居乎？繇于古之聖帝明王欲以正人心而一天下，則不得不特著大法以空懸，預示人以莫可犯，故帝舜命臯陶曰，汝作士，明于五刑，以弼五教。更命曰，象以典刑，流宥五刑，鞭作官刑，朴作教刑，眚災肆赦，怙終賊刑。而終則重以叮嚀告誡，一惟惟欽惟恤之是命，是以戮人必于市，與衆共棄。所以使人覩象魏以知警，念桁楊而心惕，有以動其悚懼之良，知所觀感而自化。

（清）王明德《讀律佩觿》卷二《六贓圖》　或曰，坐贓，監守盜，各為一等，其義甚明，無容復為擬議。若枉法、不枉法，除胥吏卑賤之流，不足比數外，其罪于居尊而有位者，則居多也。乃與常人盜、竊盜各為分隸以同科，毋乃等之非其倫，豈所以重朝廷，明等威，風有位歟？曰：等之，正所以風有位，以重朝廷，所以啟人羞惡之良，發其耻心，以示乎贓之未易輕為染指也。蓋朝廷體天立極，明罰敕法，以齊一天下，復設高爵厚禄，專委而分任之，一期于共執此應行之大法，以平天下之或不得其平者耳。若乃受財而枉之，朝廷之大法焉存？夫君與臣，共遵而共守之者，天下之公法也。若乃徇私而枉之，公法失矣。是盜法也，盜天下之公法，與盜天下之公物何异？故與常人盜齊等，鄙而弃之，非過也。

《皇朝經世文編》卷九〇《刑政一·刑論》魏世傚《書蘇文公議法後》

重贖之議，可以治富，不可以治貧。吾不能必貴人近戚之不貧，而又不能保庶民之貧者之不入于疑罪。則是貧民終不可貸，貴人近戚必將殖貨封利以自固。吾以爲重贖減罪之法，兼而行之。庶民之富者，從貴戚重贖之議；貴戚之貧者，從庶民減罪之議。邱邦士先生曰：大抵疑有三等：疑其無罪，則赦之可也；疑其重輕，則從輕可也；疑其罪重矣，而律例未有明據，證佐有八九而尚欠一二，則富議贖貧議減可也。

《皇朝經世文編》卷九一《刑政二·律例》趙俞《讀律辯訛序》

高郵王君金樵官刑曹郎，著《讀律佩觿》。華亭盛子魯得，就其書作《讀律辯訛》十則。蓋律文簡質，箋註者若不能暢其指。觿之爲物，用以解結，讀律有糾結而不得通者，則用此以解釋之云爾。然其意駿快，而其辭博辨，駁快則或逞一時之見，而博辯則務伸一己之説，其失也。漏其所本有，而鑿其所本無者，容有之矣。解亂絲者紬釋之，其緒乃見；不然者，毋亦求通而反窒也乎。夫天有四時，人有四德。聖人以仁應春，以義應秋，故《周禮》以刑官爲秋官。然而雷霆風雨，無非至道；慶賞刑威，無非至德。天地以生物爲仁，聖人禁民爲非曰義，正所以仁之也。惟天下之仁人爲能用刑，惟義之盡者乃能仁之至。故夫刑也者，聖人仁天下之大法；而律也者，則義理之權衡也。彼獄之弊也，惟官、惟貨、惟來，其審克之，而不盡此也。天下固有持廉秉公，而不得其平者矣，無他，好作聰明而恣行自臆，權衡一爽，大法倒置，每以生人之意，出爲殺人之具。其初不過逞一時之見，伸一己之説，而不知其貽禍烈也。夫用刑之失，其所失猶止在一事耳。況乎講讀律令，筆之于書，傳之于世，其流弊又何所底耶！辨訛之作，其王氏之諍友，而律家之功臣也歟。噫！律之爲義精微，非法吏所能究切也。根極于天理民彜，稱量于人情事故，非窮理無以察情僞之端；非清心無以祛意見之妄；非養德無以調血氣之平；非持敬無以合中正之矩。盛子少攻經學，沉潛玩味，老而不倦。其于讀律，蓋亦推明仁義之一端，豈好辯乎哉！皇上好生如天，明慎折獄，方勅儒臣修改律令，是册將上書館，用備參考，而余方出膺民社，日置座右，且以自省焉。

《皇朝經世文編》卷九一《刑政二·律例》袁枚《荅金震方先生問律例書》

公以先君子擅刑名之學，故將郵罰麗事，採訪殷殷，枚趨庭時年幼，無所存録，但略記先君子之言，曰：舊律不可改，新例不必增。舊律之已改者宜存，新例之未協者宜去。先君之意，以爲律書最久，古人核之已精。我朝所定《大清律》，聖君賢臣尤加詳審。今之條奏者，或見律文未備，妄思以意補之。不知古人用心，較今人尤精。其不可及者，正在疏節闊目，使人比引之餘，時時得其意於言外。蓋人之情僞萬殊，而國家之科條有限。先王知其然也，爲張設大法，使後世賢人、君子悉其聰明，引之而議，以爲如是，斷獄固已足矣。若必預設數萬條成例，待數萬人行事而印合之，是以死法待生人。而天下事付傀儡胥吏而有餘。子產鑄刑書，叔向非之曰：先王議事以制不爲刑辟。武帝增三章之法爲萬，三千盜賊繼起。大抵昇平時，網舉而綱疏。及其久也，文俗之吏爭能競才，毛舉紛如，反乖政體。蓋律者，萬世之法也；例者，一時之事也。萬世之法，有倫有要，無所喜怒於其間。一時之事，則人君有寬嚴之不同，卿相有仁刻之互異，而且狃於愛憎，發於倉卒，難據爲準。譬之律者，衡也，度也。其取而擬之，則物至而權之度之也。部居別白，若網在綱。若夫例者，引彼物以肖此物，從甲事以配乙事也。其能無牽合影射之處乎？律雖繁，一童子可誦，而習至於例，則朝例未刊，暮例復下，千條萬端，藏諸故府，聰强之官不能省記。一日援引，惟吏是循。或同一事也而輕重殊，或均一罪也而先後異，或轉語以抑揚之，或深文以周内之。往往引律者多公，引例者多私。引律者直舉其詞，引例者曲爲之證。公卿大夫，張目拱手受其指揮，豈不可歎！且夫律之設，豈徒爲臣民觀戒哉？先王恐後世之人君任喜怒而予言莫違，故立一定之法，以昭示子孫，誠能恪遵勿失，則雖不能刑期無刑，而科比得當，要無出入之誤。若周穆王所謂刑罰世輕世重，杜周所謂前王所定爲律後王所定爲令，均非盛世之言，不可爲典要。謹以先君子所私核者數條，列狀於左，伏候採擇。

《皇朝經世文編》卷九二《刑政三・律例》姚文然《犯罪自首説》 律學之不可不講也如是夫。予在署見强盜、殺人、放火、姦淫不准自首之例既定，每思曰：假如有殺人、放火、姦淫、盜案，其同案之盜有出首者，一概立決，似覺未安。何法略爲分别，使不出首者立決？出首者監候，以待秋審，方爲至當之法。思之累月，而不能得也。頃閲律註，喟然曰：古人先得我心矣。損傷於人而自首者，得免所因之罪，所因之罪即强盜之罪也。盜罪仍以首免，而不免其故殺、强姦、放火、故燒人房屋之罪，然三不免之罪皆監候也。既可待秋審，則情重者仍決，情輕者可減等矣。微乎微乎，神乎神乎，故曰思而不學則殆。記在少司寇時，有一次投首强盜，部覆立決。奉旨改監，此又聖人天縱，暗合於古矣。

綜　述

《晉書》卷三〇《刑法志》 永元六年，寵又代郭躬爲廷尉，復校律令，刑法溢於《甫刑》者，奏除之，曰：臣聞禮經三百，威儀三千，故《甫刑》大辟二百，五刑之屬三千。禮之所去，刑之所取，失禮卽入刑，相爲表裏者也。今律令，犯罪應死刑者六百一十，耐罪千六百九十八，贖罪以下二千六百八十一，溢於《甫刑》千九百八十九，其四百一十大辟，千五百耐罪，七十九贖罪。《春秋保乾圖》曰：王者三百年一蠲法。漢興以來，三百二年，憲令稍增，科條無限。又律有三家，説各駁異。刑法繁多，宜令三公、廷尉集平律令，應經合義可施行者，大辟二百，耐罪、贖罪二千八百，合爲三千，與禮相應。其餘千九百八十九事，悉可詳除。使百姓改易視聽，以成大化，致刑措之美，傳之無窮。未及施行，會寵抵罪，遂寢。寵子忠。忠後復爲《尚書》，略依寵意，奏上三十三條，爲《決事比》，以省請讞之弊。又上除蠶室刑，解贓吏三世禁錮，狂易殺人得減重論，母子兄弟相代死聽赦所代者，事皆施行。雖時有蠲革，而舊律繁蕪，未經纂集。

獻帝建安元年，應劭又删定律令，以爲《漢議》，表奏之曰：夫國之大事，莫尚載籍也。載籍也者，決嫌疑，明是非，賞刑之宜，允執厥中，俾後之人永有鑒焉。故膠東相董仲舒老病致仕，朝廷每有政議，數遣廷尉張湯親至陋巷，問其得失，於是作《春秋折獄》二百三十二事，動以《經》對，言之詳矣。逆臣董卓，蕩覆王室，典憲焚燎，靡有孑遺，開闢以來，莫或兹酷。今大駕東邁，巡省許都，拔出險難，其命惟新。臣竊不自揆，輒撰具《律本章句》、《尚書舊事》、《廷尉板令》、《決事比例》、《司徒都目》、《五曹詔書》及《春秋折獄》，凡二百五十篇，蠲去復重，爲之節文。又集《議駁》三十篇，以類相從，凡八十二事。其見《漢書》二十五，《漢記》四，皆删敍潤色，以全本體。其二十六，博採古今瓌瑋之士，德義可觀。其二十七，臣所創造。《左氏》云：雖有姬姜，不棄憔悴；雖有絲麻，不棄菅蒯。蓋所以代匱也。是用敢露頑才，廁於明哲之末，雖未足綱紀國體，宣洽時雍，庶幾觀察，增闡聖德。惟因萬機之餘暇，遊意省覽。獻帝善之，於是舊事存焉。

是時承用秦漢舊律，其文起自魏文侯師李悝。悝撰次諸國法，著《法經》。以爲王者之政，莫急於盜賊，故其律始於《盜》《賊》。盜賊須劾捕，故著《網》《捕》二篇。其輕狡、越城、博戲、借假不廉、淫侈、踰制以爲《雜律》一篇，又以《具律》具其加減。是故所著六篇而已，然皆罪名之制也。商君受之以相秦。漢承秦制，蕭何定律，除參夷連坐之罪，增部主見知之條，益事律《興》、《廏》、《戶》三篇，合爲九篇。叔孫通益律所不及，傍章十八篇，張湯《越宮律》二十七篇，趙禹《朝律》六篇，合六十篇。又漢時決事，集爲《令甲》以下三百餘篇，及司徒鮑公撰嫁娶辭訟決爲《法比都目》，凡九百六卷。世有增損，率皆集類爲篇，結事爲章。一章之中或事過數十，事類雖同，輕重乖異。而通條連句，上下相蒙，雖大體異篇，實相採入。《盜律》有賊傷之例，《賊律》有盜章之文，《興律》有上獄之法，《廏律》有逮捕之事，若此之比，錯糅無常。後人生意，各爲章句。叔孫宣、郭令卿、馬融、鄭玄諸儒章句十有餘家，家數十萬言。凡斷罪所當由用者，合二萬六千二百七十二條，七百七十三萬二千二百餘言，言數益繁，覽者益難。天子於是下詔，但用鄭氏章句，不得雜用餘家。

衛覬又奏曰：刑法者，國家之所貴重，而私議之所輕賤；獄吏者，百姓之所懸命，而選用者之所卑下。王政之弊，未必不由此也。請置律博士，轉相教授。事遂施行。然而律文煩廣，事比衆多，離本依末，決獄之吏如廷尉獄吏范洪受囚絹二丈，附輕法論之，獄吏劉象受屬偏考囚張茂物故，附重法論之。洪、象雖皆棄市，而輕枉者相繼。是時太傅鍾繇又上疏求復肉刑，詔下其奏，司徒王朗議又不同。時議者百餘人，與朗同者多。帝以吴蜀未平，又寢。

其後，天子又下詔改定刑制，命司空陳羣、散騎常侍劉邵、給事黄門侍郎韓遜、議郎庾嶷、中郎黄休、荀詵等删約舊科，傍采漢律，定爲魏法，制《新律》十八篇，《州郡令》四十五篇，《尚書官令》、《軍中令》，合百八十餘篇。其序略曰：

舊律所難知者，由於六篇篇少故也。篇少則文荒，文荒則事寡，事寡則罪漏。是以後人稍增，更與本體相離。今制新律，宜都總事類，多其篇條。

舊律因秦《法經》，就增三篇，而《具律》不移，因在第六。罪條例既不在始，又不在終，非篇章之義。故集罪例以爲《刑名》，冠於律首。

《盗律》有劫略、恐猲、和賣買人，科有持質，皆非盗事，故分以爲《劫略律》。《賊律》有欺謾、詐僞、踰封、矯制，《囚律》有詐僞生死，《令丙》有詐自復免，事類衆多，故分爲《詐律》。《賊律》有賊伐樹木、殺傷人畜産及諸亡印，《金布律》有毁傷亡失縣官財物，故分爲《毁亡律》。《囚律》有告劾、傳覆，《廐律》有告反逮受，科有登聞道辭，故分爲《告劾律》。《囚律》有繫囚、鞫獄、斷獄之法，《興律》有上獄之事，科有考事報讞，宜别爲篇，故分爲《繫訊》、《斷獄律》。《盗律》有受所監受財枉法，《雜律》有假借不廉，《令乙》有呵人受錢，科有使者驗賂，其事相類，故分爲《請賕律》。《盗律》有勃辱强賊，《興律》有擅興徭役，《具律》有出賣呈，科有擅作修舍事，故分爲《興擅律》。《興律》有乏徭稽留，《賊律》有儲峙不辦，《廐律》有乏軍之興，及舊典有奉詔不謹、不承用詔書，漢氏施行有小愆之反不如令，輒劾以不承用詔書乏軍要斬，又減以《丁酉詔書》，《丁酉詔書》，漢文所下，不宜復以爲法，故别爲之《留律》。秦世舊有廐置、乘傳、副車、食廚，漢初承秦不改，後以費廣稍省，故後漢但設騎置而無車馬，而律猶著其文，則爲虚設，故除《廐律》，取其可用合科者，以爲《郵驛令》。其告反逮驗，别入《告劾律》。上言變事，以爲《變事令》，以驚事告急，與《興律》烽燧及科令者，以爲《驚事律》。《盗律》有還贓畀主，《金布律》有罰贖入責以呈黄金爲價，科有平庸坐贓事，以爲《償贓律》。律之初制，無免坐之文，張湯、趙禹始作監臨部主、見知故縱之例。其見知而故不舉劾，各與同罪，失不舉劾，各以贖論，其不見不知，不坐也，是以文約而例通。科之爲制，每條有違科，不覺不知，從坐之免，不復分别，而免坐繁多，宜總爲免例，以省科文，故更制定其由例，以爲《免坐律》。諸律令中有其教制，本條無從坐之文者，皆從此取法也。凡所定增十三篇，就故五篇，合十八篇，於正律九篇爲增，於旁章科令爲省矣。

改漢舊律不行於魏者皆除之，更依古義制爲五刑。其死刑有三，髡刑有四，完刑、作刑各三，贖刑十一，罰金六，雜抵罪七，凡三十七名，以爲律首。又改《賊律》，但以言語及犯宗廟園陵，謂之大逆無道，要斬，家屬從坐，不及祖父母、孫。至於謀反大逆，臨時捕之，或汙瀦，或梟菹，夷其三族，不在律令，所以嚴絶惡跡也。賊鬬殺人，以劾而亡，許依古義，聽子弟得追殺之。會赦及過誤相殺，不得報讎，所以止殺害也。正殺繼母，與親母同，防繼假之隙也。除異子之科，使父子無異財也。毆兄姊加至五歲刑，以明教化也。囚徒誣告人反，罪及親屬，異於善人，所以累之使省刑息誣也。改投書棄市之科，所以輕刑也。正篡囚棄市之罪，斷凶强爲義之蹤也。二歲刑以上，除以家人乞鞫之制，省所煩獄也。改諸郡不得自擇伏日，所以齊風俗也。

斯皆魏世所改，其大略如是。其後正始之間，天下無事，於是征西將軍夏侯玄、河南尹李勝、中領軍曹羲、尚書丁謐又追議肉刑，卒不能決。其文甚多，不載。

又：文帝爲晉王，患前代律令本注煩雜，陳羣、劉邵雖經改革，而科網本密，又叔孫、郭、馬、杜諸儒章句，但取鄭氏，又爲偏黨，未可承用。於是令賈充定法律，令與太傅鄭沖、司徒荀覬、中書監荀勖、中軍將軍羊祜、中護軍王業、廷尉杜友、守河南尹杜預、散騎侍郎裴楷、潁川太守周雄、齊相郭頎、騎都尉成公綏、尚書郎柳軌及吏部令史榮邵等十四人典其事，就漢九章增十一篇，仍其族類，正其體號，改舊律爲《刑名》、《法例》，辨《囚律》爲《告劾》、《繫訊》、《斷獄》，分《盜律》爲《請賕》、《詐僞》、《水火》、《毁亡》，因事類爲《衛宫》、《違制》，撰《周官》爲《諸侯律》，合二十篇，六百二十條，二萬七千六百五十七言。蠲其苛穢，存其清約，事從中典，歸於益時。其餘未宜除者，若軍事、田農、酤酒，未得皆從人心，權設其法，太平當除，故不入律，悉以爲令。施行制度，以此設教，違令有罪則入律。其常事品式章程，各還其府，爲故事。減梟斬族誅從坐之條，除謀反適養母出女嫁皆不復還坐父母棄市，省禁固相告之條，去捕亡、亡没爲官奴婢之制。輕過誤老少女人，當罰金杖罰者，皆令半之。重姦伯叔母之令，棄市。淫寡女，三歲刑。崇嫁娶之要，一以下娉爲正，不理私約。峻禮教之防，凖五服以制罪也。凡律令合二千九百二十六條，十二萬六千三百言，六十卷，故事三十卷。泰始三年，事畢，表上。武帝詔曰：昔蕭何以定律令受封，叔孫通制儀爲奉常，賜金五百斤，弟子百人皆爲郎。夫立功立事，古今之所重，宜加禄賞，其詳考差敘。輒如詔簡異弟子百人，隨才品用，賞帛萬餘匹。武帝親自臨講，使裴楷執讀。四年正月，大赦天下，乃班新律。

又：明法掾張裴又注律，表上之，其要曰：

律始於《刑名》者，所以定罪制也，終於《諸侯》者，所以畢其政也。王政布於上，諸侯奉於下，禮樂撫於中，故有三才之義焉，其相須而成，若一體焉。

《刑名》所以經略罪法之輕重，正加減之等差，明發衆篇之多義，補其章條之不足，較舉上下綱領。其犯盜賊、詐僞、請賕者，則求罪於此，作役、水火、畜養、守備之細事，皆求之作本名。告訊爲之心舌，捕繫爲之手足，斷獄爲之定罪，名例齊其制。自始及終，往而不窮，變動無常，周流四極，上下無方，不離于法律之中也。

其知而犯之謂之故，意以爲然謂之失，違忠欺上謂之謾，背信藏巧謂之詐，虧禮廢節謂之不敬，兩訟相趣謂之鬭，兩和相害謂之戲，無變斬擊謂之賊，不意誤犯謂之過失，逆節絶理謂之不道，陵上僭貴謂之惡逆，將害未發謂之戕，唱首先言謂之造意，二人對議謂之謀，制衆建計謂之率，不和謂之强，攻惡謂之略，三人謂之羣，取非其物謂之盜，貨財之利謂之贓：凡二十者，律義之較名也。

夫律者，當慎其變，審其理。若不承用詔書，無故失之刑，當從贖。謀反之同伍，實不知情，當從刑。此故失之變也。卑與尊鬭，皆爲賊。鬭之加兵刃水火中，不得爲戲，戲之重也。向人室廬道徑射，不得爲過，失之禁也。都城人衆中走馬殺人，當爲賊，賊之似也。過失似賊，戲似鬭，鬭而殺傷傍人，又似誤，盜傷縛守似强盜，呵人取財似受賕，囚辭所連似告劾，諸勿聽理似故縱，持質似恐猲。如此之比，皆爲無常之格也。

五刑不簡，正于五罰，五罰不服，正于五過，意善功惡，以金贖之。故律制，生罪不過十四等，死刑不過三，徒加不過六，囚加不過五，累作不過十一歲，累笞不過千二百，刑等不過一歲，金等不過四兩。月贖不計日，日作不拘月，歲數不疑閏。不以加至死，并死不復加。不可累者，故有并數；不可并數，乃累其加。以加論者，但得其加；與加同者，連得其本。不在次者，不以通論。以人得罪與人同，以法得罪與法同。侵生害死，不可齊其防；親疏公私，不可常其教。禮樂崇於上，故降其刑；刑法閑於下，故全其法。是故尊卑敘，仁義明，九族親，王道平也。

律有事狀相似而罪名相涉者，若加威勢下手取財爲强盜，不自知亡爲縛守，將中有惡言爲恐猲，不以罪名呵爲呵人，以罪名呵爲受賕，劫召其財爲持質。此六者，以威勢得財而名殊者也。即不求自與爲受求，所監求而後取爲盜贓，輸入呵受爲留難，斂人財物積藏於官爲擅賦，加毆擊之爲戮辱。諸如此類，皆爲以威勢得財而罪相似者也。

夫刑者，司理之官；理者，求情之機；情者，心神之使。心感則情動於中，而形於言，暢於四支，發於事業。是故姦人心愧而面赤，内怖而色奪。論罪者務本其心，審其情，精其事，近取諸身，遠取諸物，然後乃可以正刑。仰手似乞，俯手似奪，捧手似謝，擬手似訴，拱臂似自首，攘臂似格鬭，矜莊似威，怡悦似福，喜怒憂歡，貌在聲色。姦真猛弱，候在視息。出口有言當爲告，下手有禁當爲賊，喜子殺怒子當爲戲，怒子殺喜子當爲賊。諸如此類，自非至精不能極其理也。

律之名例，非正文而分明也。若八十，非殺傷人，他皆勿論，即誣告謀反者反坐。十歲，不得告言人；即奴婢捍主，主得謁殺之。賊燔人廬舍積聚，盜贓五匹以上，棄市；即燔官府積聚盜，亦當與同。歐人教令者與同罪，即令人毆其父母，不可與行者同得重也。若得遺物強取強乞之類，無還贓法隨例界之文。法律中諸不敬，違儀失式，及犯罪爲公爲私，贓入身不入身，皆隨事輕重取法，以例求其名也。

夫理者，精玄之妙，不可以一方行也；律者，幽理之奧，不可以一體守也。或計過以配罪，或化略以循常，或隨事以盡情，或趣舍以從時，或推重以立防，或引輕而就下。公私廢避之宜，除削重輕之變，皆所以臨時觀釁，使用法執詮者幽於未制之中，采其根牙之微，致之於機格之上，稱輕重於豪銖，考輩類於參伍，然後乃可以理直刑正。

夫奉聖典者若操刀執繩，刀妄加則傷物，繩妄彈則侵直。梟首者惡之長，斬刑者罪之大，棄市者死之下，髡作者刑之威，贖罰者誤之誡。王者立此五刑，所以寶君子而逼小人，故爲敕慎之經，皆擬《周易》有變通之體焉。欲令提綱而大道清，舉略而王法齊，其旨遠，其辭文，其言曲而中，其事肆而隱。通天下之志唯忠也，斷天下之疑唯文也，切天下之情唯遠也，彌天下之務唯大也，變無常體唯理也，非天下之賢聖，孰能與於斯！

夫形而上者謂之道，形而下者謂之器，化而財之謂之格。刑殺者是冬震曜之象，髡罪者似秋彫落之變，贖失者是春陽悔吝之疵也。五刑成章，輒相依準，法律之義焉。

（唐）長孫無忌《唐律疏議·柳贇序》　故《唐律》十二篇，非唐始有是律也。自魏文侯以李悝爲師，造《法經》六篇，至漢蕭何定加三篇，總謂《九章律》，而律之根荄已見。曹魏作新律十八篇，晉賈充增損漢魏爲二十篇，北齊後周或併苞其類，或因革其名，所謂十二篇云者，裁正於唐。而長孫無忌等十九人承詔製疏，勒成一代之典，防範甚詳，節目甚簡，雖總歸之唐可也。蓋姬周而下，文物儀章，莫備於唐。始太宗因魏徵一言，遂以寬仁制爲出治之本，中書奏讞，常三覆五覆而後報可，其不欲以法禁勝德化之意，皦然與哀矜慎恤者同符。史言有司定律五百條，分十二卷，即篇爲卷是已。今定次三十卷者，長孫製義疏時，固已增多。義疏出永徽初，去貞觀應未遠。其後定令、刪格、編式，各隨世損益，科條無藝，大抵皆原於律矣。

然則律雖定於唐，而所以通極乎人情法理之變者，其可畫唐而遽止哉？國家立經陳紀，迪德踐猷，較諸近世之中，稽合唐制爲多，故凡垂之爲甲令，著之爲事比，無非忠厚惻怛之所形，累聖重光，何其甚似乎太宗也。予嘗備數禮官，陪在廷末議，見吏抱成法寘前，曰律當知是，不當如彼。雖辯口佞舌，莫不帖帖順聽，無敢出一語爲異。及按而視之，則本之唐以志其常，參之祖宗睿斷以傳其變。非常無古，非變無今。然而必擇乎唐者，以唐之揆道得其中，乘之則過，除之即不及，過與不及，其失均矣。嗚呼！法家之律，猶儒者之經。五經載道以行萬世，十二律垂法以正人心。道不可廢，法豈能以獨廢哉！彼謂除參夷連坐之罪，作見知部主之條，爲蕭、張控制天下之一術，其論抑淺末矣。予何足以知之？因其理之在人心者而竊窺之耳。

（唐）長孫無忌《唐律疏議·勵廷儀序》　昔皋陶爲士師，五刑有服，五服三就，五流有宅，五宅三居，其法僅存大槩而已。即《尚書》所紀，《周禮》所載，條目具在，亦不過得其體要而已。迨里悝造《法經》六篇。而漢蕭何又成《九章》之律，較之前代有所增加矣，然猶不得爲大修也。由漢魏迄隋，因革相承，代有成書，然俱不足爲後世法律之章程也。維唐太宗，覽明堂針灸圖，詔毋得鞭背，其於刑名法律之書，殆惓惓乎三致意焉；又有瀛洲諸學士從事鉛槧，分任纂修，而唐律于是乎大修。惜乎世遠年湮，散失已久，訪之中土藏書家，竟不可復得，余亦常以未獲寓目爲恨。

（唐）長孫無忌《唐律疏議·孫星衍序》　律出於禮。《書·呂刑》曰：伯夷降典，折民惟刑。班固以爲制禮以止刑，《今文尚書》家說唐虞象刑而民不犯，三王始制刑辟，荀子不信之。然夏刑條目，僅見《尚書大傳》；周公寓刑於禮，不制刑書。則知孔子言道德齊禮，謂上古之世，善人爲邦，勝殘去殺，未可以疑象刑之說矣。秦焚經籍，醫、律幸存。蕭何入關，先收律令。《藝文志》載有《李子》三十二篇，即李悝《法經》，其目有六，略具唐律，蓋蕭何、張蒼、晁錯、于定國及魏晉六朝名臣之所增定也。【略】

漢時，董仲舒、倪寬皆以經義決疑獄。後漢郭躬、陳寵世傳法律，馬、鄭諸儒爲之章句。法者，天下之平。刑律不據經守古，則以吏爲師，專阿意指，三尺之法一傾，使民手足無所措；有司不通律學，則姦吏因緣爲市，典文者無從別白禁抑，或且變亂舊章，損傷元氣。是以漢課尉律，魏置律博士，始知蘇軾讀書不讀律之言非通論也。

自唐永徽定律已後，宋元皆因其故。惟明代多有更改，又增《姦黨》一章，以陷正士，而輕其輕罪，重其重罪。或言輕罪愈輕則易犯，重罪加重則多冤，非善政也。我朝積德累仁，與民休息，幾致時雍刑措之治。列聖務行寬大之政，故有改共盗爲原情免死之條，增宫刑代從坐死刑之重。今上至仁天錫，久道化成，特禁雖但從重之文，復侵盗準徒之例，合於哀矜折獄之義，而舞文文致之風漸絶。夫不讀《唐律》，不能知先秦歷代律令因革之宜，不足彰聖朝立法之仁、折衷之當。

（唐）長孫無忌《唐律疏議・沈家本序》 律者，民命之所繫也。其用甚重，而其義至精也。根極於天理民彝，稱量於人情事故；非窮理無以察情僞之端，非清心無以祛意見之妄。設使手操三尺，不知深切究明，而但取辦於臨時之檢按，一案之誤，動累數人；一例之差，貽害數世。豈不大可懼哉！是今之君子所當深求其源，而精思其理矣。

自魏李悝著《法經》六篇，漢蕭何、叔孫通、張湯、趙禹遞相增益，馬融、鄭康成以海内巨儒皆嘗爲之章句，豈非以律意精微，俗吏所不能通曉歟？魏晉以降，漸趨繁密。隋律簡要，而唐實因之。史稱高祖詔裴寂等更撰律令，凡律五百，麗以五十之條，流罪三皆加千里，居作三歲至二歲半者悉爲一歲，餘無改焉。太宗又詔房玄齡等復定舊令，議絞刑之屬五十，皆免死而斷右趾，既而又哀其斷毀支體，除其法，爲加役流三千里，居作二年。其後玄齡等遂與法司增損隋律，降大辟爲流者九十二，流爲徒者七十一。高宗又命長孫無忌等偕律學之士，撰爲疏議，卽是書也。名疏者，發明律及注意，云議者，申律之深義及律所不周不達，若董仲舒《春秋決獄》、應劭《決事比》及《集駁議》之類。蓋自有疏議，而律文之簡質古奥者，始可得而讀焉。

嘗考元魏太和中，置律博士，時儒説十餘家，詔但用鄭氏章句，不得雜用餘家。唐律本隋，由魏而周而隋，淵源具在。然則唐律之疏議，雖不純本太和，而鄭義多在其中。漢律雖亡，其意猶賴以考見，深可寶貴。況我朝定律，監古立法，損益歸於大中，而所載律條與唐律大同者四百一十有奇，其異者八十有奇耳；今之律文，與唐律合者，亦什居三四。沿波討源，知其所從來者舊矣，則是書非卽功令之椎輪，法家之津筏歟？至由是書而深求乎古今異同之原，講明乎世輕世重之故，晰奇闡微，律無遺藴，庶幾傅古亭疑，情罪相準，無銖黍毫髮之爽，是又在善於讀律者。

（清）嵇璜等《續通典》卷一〇七《刑・刑制上》 唐德宗貞元八年詔：凡罪至死者，先決杖宜停。具《寬恕篇》憲宗時，刪天寶以後敕，為開元格後敕。元和八年，詔兩京、關內、河東、河北、淮南、山南東西道，死罪十惡殺人，鑄錢造印。若強盗持杖劫京兆界中，及他盗贓踰三疋者，論如故。其餘死罪，皆流天德五城，父祖子孫願隨者勿禁。詔天德軍五城，及諸邊城配流人，准格例滿日，六年後並許放還。文宗時，命尚書省郎官各刪本司敕，丞與侍郎覆視。中書、門下察其可否，而奏之為太和格後敕。開成三年，採開元二十六年以後至於開成制敕。刪其繁者，為開元詳定格。武宗時詔：竊盗贓滿千錢者死。會昌五年制，據律已去任者，公罪流以下勿論。公罪之條，情有輕重，苟涉欺詐，豈得勿論。自後公罪有情狀難恕，並不在勿論之限。宣宗時，左衛率府倉曹參軍張戣，以刑律分類為門，附以格敕，為大中刑律統類，詔頒行之。又詔：竊盗滿三疋者死。如建中時，制大中五年敕。今後有官典犯贓，及諸色取受能於未發覺以前，陳首即准律文減等。如知事發，已有萌肇，雖未被追捕勘問，亦不在陳首之限。七年敕法司斷罪，每脊杖一下，折法杖十下，臀杖一下，折笞杖五下。八年敕：估絹結贓，天下均依上都例。以一千一百九十文為陌，計贓絹一疋。僖宗乾符四年敕：自後州縣官所犯諸罪，五年之後去任勿論。五年內同現任官例追收。據事定例。

又： 梁太祖開平四年，刪定令三十卷，式二十卷，格一十卷，律併目録十三卷，律疏三十卷，共一百三卷。為大梁新定律令格式頒行之。

後唐莊宗同光二年，廢梁新格，行開成格。三年，大理寺奏準：斷獄律，諸立春後秋分以前，不得奏決死刑，違者徒一年。今寺司案牘相次，若準律文俟秋分後申奏，恐刑獄遲滯。詔以諸司囚徒，並宜據罪詳斷輕者，即時疏理，重者候過立春至秋分後，然後行法。如事繫軍機，或謀為惡逆，或蘊蓄姦邪，或行劫殺人，難於留滯，不在此限。明宗長興四年，大理正張仁瑑奏，伏見諸道州府刑殺罪人，雖有骨肉尋時不容收瘞，或殘害尸髮，多致邀求。準獄官：令諸大辟罪，並官給酒食，聽親故辭訣，宣告犯狀，日未後行刑，決之經宿所司，即為埋瘞。若有親故，亦任收葬；又諸囚死，無親戚者，官給棺，於官地埋瘞，置銘壙內，立碑塚上書姓名，請依令指揮。從之。

晉天福七年詔：應大辟罪者，遇大祠冬正受朝，立春立夏及大雨雪並不論決。

漢高祖時敕：凡强盜捉獲，不計贓物多少，按驗不虛，並宜處死。又詔：下州縣凡盜所居本家，及隣保皆誅。具《峻酷篇》周太祖廣順二年敕：民有訴訟，必先歷縣州，及觀察使處決不真，乃聽詣臺省，或倩人書牒者，必書所倩姓名居處。若無可倩，聽執素紙所訴，必須己事，無得挾私妄訴。世宗顯德四年，以法書文義古質，條目繁細，前後敕格差繆重疊，難於詳究。令侍御史知雜事張湜等編集新格律令，有難解者就文訓釋。格敕有繁雜者隨事刪除，有輕重未當便於古而不便於今，矛盾相攻可於此而不可於彼，盡宜改正編集。竣日，委御史臺尚書省四品以上官，及兩省五品以上官，參詳可否，送中書門下定議。五年七月書成。凡二十一卷為《大周刑統》，與律疏令式通行。其《刑法統類》、《開成編敕》等，採掇既盡，不在法司行使之限。至舊有宣命指揮公事，及三司臨時條法州縣，見今施行，不在編集之數者，令本司刪集，送中書門下詳議。奏聞是年敕：州縣自長官以下，因公事行責情杖，不得過臀杖十五。因責情杖致死者，具事由奏聞。又敕：諸盜經斷，後仍更行盜前後三犯，並曾經官司推問。伏罪者，不問赦前後贓多少並決殺。

（宋）留正《皇宋中興兩朝聖政》卷六三《淳熙十四年八月》 是月，臣僚言：刺配之法始於晉天福間，國初加杖用貸死罪。其後科禁寖密，刺配日增。考之《祥符編勅》止四十六條，至于慶曆已一百七十餘條。今淳熙配法凡五百七十條。配法既多，犯者自衆。近臣僚建請改定居役之法，已降指揮看詳，至今未有定論，莫若依倣舊格，稍加參訂，將犯配法人如入情重，則依舊刺面，用不移不放之格。其次稍重則止刺額角，用配及十年之格。其次稍輕則與免黥刺，用不刺面放還之格。其次最輕則降爲居役，別立年限，縱免之格。儻使居役本條或有從坐編管，則置之本城，減其放限。如此，則於見行條法並無抵牾，且使刺配之法專處情犯兇蠹，而其他偶麗於罪得全其面目，知所顧藉可以自新，惟陛下留神速詔有司裁定施行。

《元史》卷一〇二《刑法志》 元興，其初未有法守，百司斷理獄訟，循用金律，頗傷嚴刻。及世祖平宋，疆理混一，由是簡除繁苛，始定新律，頒之有司，號曰《至元新格》。仁宗之時，又以格例條畫有關於風紀者，類集成書，號曰《風憲宏綱》。至英宗時，復命宰執儒臣取前書而加損益焉，書成，號曰《大元通制》。其書之大綱有三：一曰詔制，二曰條格，三曰斷例。凡詔制爲條九十有四，條格爲條一千一百五十有一，斷例爲條七百十有七，大概纂集世祖以來法制事例而已。其五刑之目：凡七下至五十七，謂之笞刑；凡六十七至一百七，謂之杖刑，其徒法，年數杖數，相附麗爲加減，鹽徒盜賊既決而又鐐之；流則南人遷於遼陽迤北之地，北人遷於南方湖廣之鄉；死刑，則有斬而無絞，惡逆之極者，又有陵遲處死之法焉。

蓋古者以墨、劓、剕、宮、大辟爲五刑，後世除肉刑，乃以笞、杖、徒、流、死備五刑之數。元因之，更用輕典，蓋亦仁矣。世祖謂宰臣曰：朕或怒，有罪者使汝殺，汝勿殺，必遲回一二日乃覆奏。斯言也，雖古仁君，何以過之。自後繼體之君，惟刑之恤，凡郡國有疑獄，必遣官覆讞而從輕，死罪審録無冤者，亦必待報，然後加刑。而大德間，王約復上言：國朝之制，笞杖十減爲七，今之杖一百者，宜止九十七，不當又加十也。此其君臣之間，唯知輕典之爲尚，百年之間，天下乂寧，亦豈偶然而致哉。

然其弊也，南北異制，事類繁瑣，挾情之吏，舞弄文法，出入比附，用譎行私，而兇頑不法之徒，又數以赦宥獲免；至於西僧歲作佛事，或恣意縱囚，以售其奸宄，俾善良者喑啞而飲恨，識者病之。然則元之刑法，其得在仁厚，其失在乎緩弛而不知檢也。今按其實，條列而次第之，使後世有以考其得失，作《刑法志》。

《明史》卷九三《刑法志一》 自漢以來，刑法沿革不一。隋更五刑之條，設三奏之令。唐撰律令，一準乎禮以爲出入。宋採用之，而所重者敕，律所不載者，則聽之於敕。故時輕時重，無一是之歸。元制，取所行一時之例爲條格而已。明初，丞相李善長等言：歷代之律，皆以漢《九章》爲宗，至唐始集其成。今制宜遵唐舊。太祖從其言。

始，太祖懲元縱弛之後，刑用重典，然特取決一時，非以爲則。後屢詔釐正，至三十年始申畫一之制，所以斟酌損益之者，至纖至悉，令子孫守之。羣臣有稍議更改，即坐以變亂祖制之罪。而後乃滋弊者，由於人不知律，妄意律舉大綱，不足以盡情僞之變，於是因律起例，因例生例，例愈紛而弊愈無窮。初詔內外風憲官，以講讀律令一條，考校有司。其不能曉晰者，罰有差。庶幾人知律意。因循日久，視爲具文。由此奸吏骫法，任意輕重。至如律有取自上裁、臨時處治者，因罪在八議不得擅自勾問、與一切疑獄罪名難定、及律無正文者設，非謂朝廷可任情生殺之也。英、憲以後，欽恤之意微，偵伺之風熾。巨惡大憝，案如山積，而旨從中下，縱之不問；或本無死理，而片紙付詔獄，爲禍尤烈。故綜明代刑法大略，而以廠衛終之。廠璫姓名，傳不備載，列之於此，使有所考焉。

又： 建文帝即位，諭刑官曰：《大明律》，皇祖所親定，命朕細閱，較前代往往加重。蓋刑亂國之典，非百世通行之道也。朕前所改定，皇祖已命施行。然罪可矜疑者，尚不止此。夫律設大法，禮順人情，齊民以刑，不若以禮。其諭天下有司，務崇禮教，赦疑獄，稱朕嘉與萬方之意。成祖詔法司問囚，一依《大明律》擬議，毋妄引榜文條例爲深文。永樂元年定誣告法。成化元年又令讞囚者一依正律，盡革所有條例。十五年，南直隸巡撫王恕言：《大明律》後，有《會定見行律》百有八條，不知所起。如《兵律》多支廩給，《刑律》罵制使及罵本管長官條，皆輕重失倫。流傳四方，有誤官守。乞追板焚燬，命即焚之。有依此律出入人罪者，以故論。十八年定挾詐得財罪例。

弘治中，去定律時已百年，用法者日弛。五年，刑部尚書彭韶等以鴻臚少卿李鐩請，删定《問刑條例》。至十三年，刑官復上言：洪武末，定《大明律》，後又申明《大誥》，有罪減等，累朝遵用。其法外遺姦，列聖因時推廣之而有例，例以輔律。非以破律也。乃中外巧法吏或借便已私，律浸格不用。於是下尚書白昂等會九卿議，增歷年問刑條例經久可行者二百九十七條。帝摘其中六事，令再議以聞。九卿執奏，乃不果改。然自是以後，律例並行，而網亦少密。王府禁例六條，諸王無故出城有罰，其法尤嚴。嘉靖七年，保定巡撫王應鵬言：正德間，新增問刑條例四十四款，深中情法，皆宜編入。不從。惟詔僞造印信及竊盜三犯者不得用可矜例。刑部尚書胡世寧又請編斷獄新例，亦命止依律文及弘治十三年所欽定者。至二十八年，刑部尚書喻茂堅言：自弘治間定例，垂五十年。乞敕臣等會同三法司，申明《問刑條例》及嘉靖元年後欽定事例，永爲遵守。弘治十三年以後、嘉靖元年以前事例，雖奉詔革除，顧有因事條陳，擬議精當可採者，亦宜詳檢。若官司妄引條例，故入人罪者，當議黜罰。會茂堅去官，詔尚書顧應祥等定議，增至二百四十九條。三十四年又因尚書何鼇言，增入九事。萬曆時，給事中烏昇請續增條例。至十三年，刑部尚書舒化等乃輯嘉靖三十四年以後詔令及宗藩軍政條例、捕盜條格、漕運議單與刑名相關者，律爲正文，例爲附註，共三百八十二條，删世宗時苛令特多。崇禎十四年，刑部尚書劉澤深復請議定《問刑條例》。帝以律應恪遵，例有上下，事同而二三其例者，删定畫一爲是。然時方急法，百司救過不暇，議未及行。

（清）嵇璜等《續通典》卷一〇七《刑》 臣等謹按杜佑作《刑典》。凡十有一門，曰刑制；曰雜議；曰肉刑議；曰詳讞；曰決斷。考訊附。曰守正；曰赦宥。禁屠殺，贖生附。曰寬恕；曰囚繫；曰舞紊；曰峻酷。竊惟刑法者，帝王宰世之大權。舜命臯陶曰：惟明克允，明以言其權衡之至當，允以言其施措之不撓。是以罪惟天討，刑歸衆棄。胥視其人之自取，無或畸輕畸重於其間，而協中之治成焉。唐自開元已前舊典畧備，德宗而後刑制畧准。開元而憲宗以流代殺，爰有廢法之弊。五代政刑紊亂，初無典要可述，宋承其敝，釐正刑章，旨歸平恕，而得失並存，詔獄之興，姦權藉手。三尺下移，致乖公論而傷國脉。遼初法尚嚴峻，厥後互有重輕，金則兼修隋唐宋遼之制，明昌泰和間，律義頗稱詳善。元代用輕典，而南北異制，吏得舞法行私論，者以爲失在縱弛。信已明法簡覈過於唐，寬厚不如宋。若其東西廠之設廷杖之制，一朝秕政，流毒無窮，亦前代所未有也。茲續纂是書一如舊目，惟考肉刑，後世久廢，宜不立專門，改附雜議，並參馬端臨《通考》之例，增《贖刑門》，以昭詳備焉。

《皇朝通志》卷七五《刑法畧一・刑制肉刑附》 凡五刑之制，一曰笞。自一十至五十，凡五等，用小荊杖決責，臀受。後改小竹板。一十折四板；二十折五板；三十折十板；四十折十五板；五十折二十板。旗人及旗奴犯笞者，以鞭代，不折責，杖罪同。二曰杖。自六十至一百，凡五等。用大荆杖决責，臀受。後改大竹板。六十折二十板；七十折二十五板；八十折三十板；九十折三十五板；一百折四十板。凡行杖之數不得過一百。罪重於杖者，枷示。自一月至三月皆枷，滿日折責。三曰徒。自一年至三年，凡五等。一年杖六十；一年半杖七十；二年杖八十；二年半杖九十；三年杖一百。各依年限應役，役滿回籍。若犯遷徙者，準徒二年；雜犯流罪，準徒四年；雜犯斬絞，準徒五年，並杖一百。均於充徒之所，折責軍流，同旗人旗奴。犯徒者，折枷示。一年折枷二十日；一年半折二十五日；二年折三十日；二年半折三十五日；三年折四十日。準徒二年者，與徒二年同。準徒四年者，折五十日；五年折六十日。各按杖數鞭責，惟漢軍家奴問擬實徒不準折枷。四曰流。流之遠方，終身不返折二千里、二千五百里、三千里，為三等。三流並杖一百，惟緣坐者不杖。旗人犯流二千里者，折枷五十日；二千五百里者，折五十五日；三千里者，折六十日，並鞭一百。惟毆死有服卑幼罪應杖流者，如情節慘忍，發往黑龍江。三姓等處旗員中，有誣告訛詐行同無賴，不顧行止者，亦如之。其實繫寡廉鮮恥，有玷旗籍者，無論滿洲蒙古漢軍，均削去本身户籍，依律發遣，不在折枷完結之例。旗僕有犯發駐防兵丁為奴，罪重於流者，為軍附近發二千里近邊、發二千五百里邊遠、發三千里極邊及烟瘴，皆發四千里。五軍均發衛所，改設州縣者，則發各州縣。惟奉天直隸不安置軍流，至戍所並杖一百。旗人犯附近軍，折枷七十日近邊、七十五日邊遠、八十日極邊，及烟瘴九十日，並鞭一百。旗奴犯軍者，亦如流例。罪又重於軍者，為發遣强盗免死減等，及强盗已行，而不得財者，造讖緯妖書惑人不及衆者，叛案緣坐應給兵丁為奴者，誘取良人子女勒賣為從者，一應左道惑人為從者，聚衆十人以上販私拒捕傷人為從者，俱發黑龍江等處，給披甲人為奴。餘俱改發雲貴、兩廣、極邊、烟瘴地方安置。其軍流情重者亦令加至黑龍江等處為止。旗人正身當差，旗僕為奴，罪又重者，發新疆伊犁、烏嚕木齊等處。人犯共二十二項，除情節尚非積猾兇徒易於約束六項，仍發新疆外，其餘十六項，又益以搶奪傷非金刃平復一條為十七項。此十七項人犯在新疆須人種地耕屯，則發新疆。若遣犯過多慮難約束，則仍照原例改發內地。

《皇朝通志》卷七六《刑法畧二・刑制律綱》 凡明刑敕法其文有二，曰律；曰例。律以定罪，例以輔律。律編為六，曰：吏、户、禮、兵、刑、工。吏律二，曰職制；曰公式。户律七，曰户役；曰田宅；曰婚姻；曰倉庫；曰課程；曰錢債；曰市廛。禮律二，曰祭祀；曰儀制。兵律五，曰宫衛；曰軍政；曰關津；曰廄牧；曰郵驛。刑律十一，曰賊盗；曰人命；曰鬬毆；曰罵詈；曰訴訟；曰受贓；曰詐僞；曰犯姦；曰雜犯；曰捕亡；曰斷獄。工律二，曰營造；曰河防。總律之大，凡别為一編曰《名例》。首列律目及律母八字之義。曰以。以者，與實犯同。謂如監守貿易官物，無異正盗，故以枉法論，以盗論，並除名刺字，罪至斬絞，並全科。曰準。準者，與實犯有間。謂如準枉法，準盗論，但準其罪不在除名刺字之例。罪止杖一百，流三千里。曰皆。皆者，不分首從，一等科罪。謂如監臨主守職役，同情盗所監守官物，並贓論，數滿皆斬之類。曰各。各者，彼此同科此罪。謂如各色人匠，撥赴內府工作，若不親自應役，雇人冒名私自代，替及替之人，各杖一百之類。曰其。其者變於先意。謂如論八議罪犯，先奏請議，其犯十惡不用此律之類。曰及。及者，因類而推。謂如彼此皆罪之贓，及應禁之物則入官之類。曰即。即者，意盡而復明。謂如犯罪事發在逃者，衆證明白即同獄成之類。曰若。若者，文雖殊而會上意。謂如犯事未老疾，事發時老疾，以老疾論。若在徒年限內老疾者，亦如之之類。次列六贓、納贖、收贖、五刑，及獄具、喪服諸圖。次曰十惡：一謀反；二謀大逆；三謀叛；四惡逆；五不道；六大不敬；七不孝；八不睦；九不義；十內亂。次曰八議：一議親；二議故；三議功；四議賢；五議能；六議勤；七議貴；八議賓。

又： 凡律令垂為法，令內外諸司百執事不得妄生意見，變更成法。歲終各從上司考校。有不能講解律義者，論罰有差。律中稱乘輿、車駕御物者，尚方服御之物，並同。稱制者，懿旨、令旨，並同。稱期親祖父母者曾高同。稱孫者曾元同適。孫承祖與父母同緣坐者，各依祖孫本法。其適母、繼母、慈母、養母，與親母同。稱子者，男女同。緣坐者，女不同。稱與同罪者，止坐其罪。正犯至死者，同罪之人得減一等，不在刺字斬絞之律。若受財故縱與同罪者，全科。其故縱謀反叛逆者，皆依本律稱罪。同者至死不減等。稱監臨者，內外諸司統攝所屬文案相涉，及别處駐劄衙門看管，有兵糧水利之類，雖非牧民官，但有事在手者，即為監臨。稱主守者，內外各衙門該管文案吏典專主掌其事，及守掌倉庫獄囚雜物之類，官吏庫子斗級攢攔禁子，並為主守，其職非統屬但臨時差遣管領提調者，皆是。

又： 稱一日者，以百刻。計工者，從朝至暮，不以百刻為限。稱年者，以三百六十日。稱人年者，以籍為定。稱衆者，三人以上。稱謀者，二人以上。謀狀顯著明白者，一人同二人之法。稱道士女冠者，僧尼同。若於受業師，與伯叔父母同。贓有六項罪分四等，曰監守盜；曰常人盜；曰枉法；曰不枉法；曰竊盜；曰坐贓。監守自盜最重，常人盜、枉法贓次之，竊盜不枉法又次之，坐贓為輕。監守人盜所監守之物故曰自盜。不分首從，併贓論罪。一兩以下杖八十，每二兩五錢加一等。至流則每五兩加一等。遞加至三十兩，杖一百，流三千里。雜犯三流總徒四年，數滿四十兩斬。雜犯準徒五年，若盜漕糧入己滿六百石，及盜倉庫錢糧入己一千兩以上者，均擬斬候。常人盜官之財，枉法盜官之法，情同而罪亦同。一兩以下杖七十，每五兩加一等。二十兩至四十兩俱五徒，遞加至五十五兩，杖一百，流三千里。常人盜雜犯三流總徒四年。贓至八十兩絞。雜犯準徒五年。枉法贓至八十兩，有禄人實犯絞；無禄人至一百二十兩亦實犯絞。常人盜漕糧入己滿六百石，並盜鞘餉至一百兩以上者，始擬絞候。不枉法與竊盜同科，謂均非其有而取之，故其罪同。一兩以下杖六十，每十兩加一等。遞加至一百二十兩以上絞。不枉法贓，無禄人減一等罪，止杖一百流三千里；有禄人贓至一百二十兩以上，始實犯絞。與竊贓滿貫，分首從，同坐贓致罪，謂本非入己之贓而坐以致之。一兩以下笞二十，每十兩加一等，至徒罪則每百兩加一等。遞加至五百兩罪止杖。一百徒三年。監守盜、常人盜皆不分首從，併贓論枉法，贓各主者通算全科，各計入己之數。不枉法折半科罪，各計入己之數。竊盜贓以一主為重，併贓論罪，而分首從。坐贓各主者，通算折半科罪。凡彼此俱罪之贓，及犯禁之物則入官。若取與不和，用強生事逼取求索之贓，並還主以贓入罪。正贓見獲者，官物還官，私物給主。已費用者，若犯人身死，勿徵餘皆徵之。

又： 二十八年，九卿議準律例內有襲前代舊文而於本朝法制絕不相蒙者：如郡王將軍中尉親自赴京者罪；如京操官輪操軍失於赴京者罪；如近京民户滋生牧養，如校尉緝事察訪皆屬前代弊政，久革不行；如安樂、自在等州非見在流犯之地；如炒鐵運甎等事，非見在徒犯之役；如吏典犯辟，長官處決，然後報部；如在京軍民犯杖軍發別衛民，發別郡；如詭寄田地，全家抄没；如誤傷致死，責賠一人之類。見今明載律文，實非通行令甲，應請覈實刪除。報可。

三十四年定律文，每篇正文後增輯總注疏解律義，酌定名例四十六條，録清漢文各六本進呈。三十六年，諭新纂律書名例，朕已覽閱，奏聞後又有更改之處，發回刑部增入，九卿詳閱具奏。三十八年，督捕衙門改隸刑部為督捕司，先是督捕衙門隸兵部，設侍郎一人，理事官一人，及郎中員外郎主事各官。至是裁侍郎理事官，餘仍舊制。互見《職官門》。四十六年，輯成《大清律例》四十二本，繕寫清漢文進呈。

雍正元年，奏準自康熙四十七年起至六十一年止，見在遵行定例一百十有五條，內有應刪應改者，令律例館總裁速行審定，並前纂成之四十二本，一併交與九卿叅酌考訂。三年，諭朕自臨御以來，欽卹刑獄，每遇法司奏讞。必再三覆覈，惟恐稍有未協。又念《律例》一書，為用刑之本，其中條例繁多，若不考訂畫一，有司援引斷獄，得以意為輕重，貽誤非小，特命纂修官刻期告竣。今據將所纂全藁進呈，朕逐一詳覽，其有應行駁正者，已一一批示。但明刑所以弼教，關繫甚大，著九卿會同細看，務期斟酌盡善，以副朕慎重刑名之意。是年，御製序文頒行《大清律集解附例》，凡三十卷律文，凡四百三十有六條，律有總注，律後附例。共八百十有五條，分為三項，曰原例。繫累朝舊例。凡三百二十一條。曰增例。繫康熙年間見行例，凡二百九十條。曰欽定例。繫欽奉上諭，及內外臣工條奏，凡二百有四條。

又： 八年奏準《督捕則例》。自康熙十五年編纂以來，閱今七十餘年未經修輯。其間先後更定律例，刪定為一百三條，名曰《督捕則例》。於律例外，別為一集，分上下二卷。并輯三流道里表，告成將館務移歸刑部。先是纂修則例，皆特簡大臣，至是始歸刑部纂辦。又纂修刑例，共五十四條，計二卷。毋庸纂二十四條。十一年續增例四十九條，修改二十一條，毋庸纂十四條。自是以後凡欽奉上諭，及內外臣工條奏，皆五年一修。十六年，續纂刑例七十四條，酌改十二條，更正五條，計二卷，删除十四條，毋庸纂二十七條。二十年，修訂三流道里表。二十一年，續纂刑例五十三條，增輯二條，酌改八條，更正二條，計二卷，删除四條，毋庸纂十二條。

《皇朝文獻通考》卷一九五《刑考》 定問刑衙門準依明律治罪。先是，國初律令重罪有斬刑，輕罪用鞭折，至是準用明律。

又諭諸土官民人等，有將歸順人民徑充役使，及給資貿易，占踞行市，虧損税額者，置之重典。

又命法司會同廷臣，詳譯明律，參酌時宜，集議允當，裁定成書。從刑科給事中孫襄請也。疏畧曰：刑之有律，猶物之有規矩準繩也。今法司所遵，乃故明律令。就中科條煩簡，情法輕重當稽往憲合時宜，斟酌損益，刊定成書，頒示中外，俾知畫一遵守。刑不上大夫乃古者貴貴之義，請自今文官犯罪，先下吏部覈議。武官隸兵部，亦如之。在外府州縣各官，被条革職應逮問者，行該撫按就近提訊，具獄報讞法司。但於爰書覆覈不必徑行勾攝，則士氣申，而國體立矣。

（清）劉錦藻《皇朝續文獻通考》卷二五五《刑考十四》 又刑部議覆御史奏請，婦女致斃奴婢，不准收贖。略稱查律載，奴婢有罪，其家長及家長之期親，不告官而私自毆殺者，杖一百。無罪而毆殺，或故殺者，杖六十，徒一年。又例載，官員將奴婢責打身死者，罰俸三年；故殺者，降二級調用；刃殺者，革職，不准折贖，杖一百。又家長之妾，毆死隸身服役之婢女者，杖一百，流三千里。又律載，婦女犯徒流者，决杖一百，餘罪收贖。又例載，婦女犯軍流等罪，除例載實發駐防爲奴，及酌量監禁，免其實發各條外，若係積匪，並窩留盗犯多名，及屢次行兇訛詐，罪應外遣者，實發駐防，給官兵爲奴。罪應軍流者，准其收贖一次，仍詳記檔案，如不知悛改，復犯前罪，即行實發駐防，不准收贖。犯該徒罪以下者，仍准收贖，不得加重實發等語。兹據御史奏請以近來非刑毆殺奴婢之案不一而足。推原其故，皆由家長治家不嚴，遇奴婢小有過失，縱令婦女任性荼毒，非刑凌虐，水燙火烙，皮肉焦爛，一身幾無完膚，殘忍致斃，事犯到官，類皆諉之婦女。以婦女有罪，例得收贖，夫婦女犯罪收贖一條，原係法外之仁，今竟成避罪之路。有犯罪之名，而無被罪之實。無怪其愍不畏法，豈容此等忍人肆行無忌而不加嚴禁？嗣後似此案件，應專歸在不准收贖條例之內。抑或竟罪坐家長等因奏奉諭旨著臣部議奏。臣等查婦女犯罪，除係因姦起衅等案，例有實發專條外，其衅非因姦，必犯係積匪，並窩留盗犯多名，及屢次行兇訛詐，罪應擬以外遣者，始行實發，其餘犯該軍流以下，仍准收贖。原以婦女首重名節，自非實犯邪淫，即不得概擬實發，致失矜全廉恥之意，今該御史請將婦女虐斃奴婢，不論罪名輕重，均擬以不准收贖，或罪坐家長。雖係爲慎重人命，嚴防慘殺起見，惟查主僕名分，綦重未可等於泛常，殺死奴婢與殺死子孫罪名相等。婦女故殺子孫，既無實發之條，何獨於奴婢而轉嚴其罰？且婦女致斃平人等案，無論減軍減流，均准收贖，豈有殺斃奴婢罪止擬徒之案反予實發，似非情法之平。至婦女犯罪，坐罪夫男之律，係指與夫男同犯，並非侵損者而言。若係侵損於人，仍應分別首從論斷。倘夫男不知情，則應仍坐本婦從。無婦女犯殺傷罪，坐夫男之案。若如該御史所奏，以收贖爲婦女避罪之路，擬欲獨坐家長，是以無辜之夫男因其治家不嚴，即强科以殺人之條，而例應擬罪收贖之婦女，轉得置身事外，顯與律意大相牴牾。設遇並無夫男，及雖有夫男而或係年老，或係殘廢，亦得照律收贖，仍屬法無可加，又將以何人坐罪耶？且殺斃奴婢，在本婦罪名，應或擬絞，勢不能置本婦於不問，而轉科夫男，以絞抵之條辦理，尤覺參差。該御史請將婦女致斃奴婢，不准收贖，或罪坐家長之處，均與定例不符，應毋庸護。伏查近年致斃奴婢之案，平人婦女尚少，而惟官員之家爲多見。據巡視北城御史咨送戶部主事楊廷傅之妻梁氏，因年甫十三婢女來喜不聽管教，用通條等物將其毆烙身死一案。此等殘忍性成之婦，倚恃官員正妻，不過虛擬罪名，照例收贖。若不稍示懲警，誠如該御史所奏，益將肆行無忌，終不足以生其畏法之心。例內官員致斃奴僕，係應分別毆殺、故殺，擬以罰金降革，不與平人一律問擬。實徒官員之妻，有犯應否照官員定擬，例無明文在，官員身列仕版，不能約束婦女，致將婢女虐斃，甚或知情故縱，即予以處分，亦屬咎無可辭。惟究與自行，犯罪不同，若一律擬以，降革未免，無所區別。應請嗣後官員之家婦女毆故殺奴婢、雇工人等，除罪應擬抵及律止擬杖者，仍照本律例定擬外，如罪應徒一年，老卽照依夫及家長品級，罰俸一年。罪應徒三年者，罰俸二年。罪應擬流者，罰俸三年。如家長及夫身故無俸者，仍照原品級追罰，並奪本婦誥勅，不得再行朦混，邀請封典。庶兇殘者稍知斂跡，而於各條律例亦不至有所牴牾矣。

又：光緒九年，刑部議覆故殺幼媳，酌予監禁，不准收贖。略稱查律載，非理毆子婦故殺者，杖一百，流二千里。又婦女犯徒流者，收贖各等語。兹據湖南巡撫，以見有民婦廖周氏，故殺童養子婦魯妹一案。魯妹年僅六歲，自三歲過門童養，體弱多病。廖周氏心生厭惡，嗣魯妹腹瀉污穢衣褲，廖周氏用香火點燃將其炙傷。復因其哭喊，用燒熱鐵火棒烙傷其顋門偏左，並取鍋内滚水連向魯妹潑燙，致傷其頂心等處殞命。又民婦謝周氏，因童養媳周女患病，慮及醫藥費錢，起意致死。用手搯傷其咽喉，氣絶殞命。情節均極兇殘。按律載，非理毆子婦故殺者，杖一百，流二千里，係婦人照律收贖。是雖有治罪之名，並無治罪之實。以致毫無畏忌，毒毆慘斃，大傷天地之和。請飭刑部，將非理故殺年十四歲以下童養幼媳，酌予監禁數年，以消殘虐之風，而保童穉之命等。因奉旨交議。臣等查姑媳者，分綦嚴。如果其媳不遵教訓，原可責處，是以律内姑殺媳，無論謀故，均擬流收贖。自乾隆四十八年，直隸老王邢氏謀死伊媳小王邢氏一案，欽奉諭旨始定，有實發之例。誠以姑之視媳與親生子女不同，往往倚恃尊長，毒虐致斃。例予實發，顯以戢殘忍之風，卽隱以敦慈愛之道。然爾時祇論謀殺。其故殺者，則仍照律擬流收贖。令該撫請將非理故殺年十四歲以下童養幼媳酌予監禁數年等語。係爲保全幼穉起見。臣等伏思，過門童養之媳，或因父母已故，或因家貧無力贍養，送至夫家，俟及歲後再行成婚。情形本屬可憫。爲翁姑者，自當憐其孤苦，格外矜恤，方不失爲尊長之道。乃日久厭惡心生，凌虐折磨，無復人理，甚至起意毒毆致斃。迨犯案到官，因姑媳名分已定，不過虚擬罪名，照律收贖。若不稍加懲創，誠如該撫所稱：有治罪之名，無治罪之實。以致毫無畏忌。查婦女因圖詐圖賴混行翻控，罪在軍流以下者，例既有酌加監禁三年專條。此等殘虐性成之婦，較潑賴滋事者，情無二致，自應仿照辦理。向例十五歲以下，皆爲幼孩。則致斃童養幼媳，亦應以十五歲爲斷擬。請嗣後姑故殺子媳之案，除年在十六歲以上，仍照律准其收贖外，如有將十五歲以下童養幼媳非理凌虐，逞忿故殺情節殘忍者，照律擬罪，酌予監禁三年。限滿由司獄管獄官察看情形。實知改悔，據實結報卽予釋放。倘在監復行滋事，犯該笞杖者，仍准收贖；犯該徒罪以上，加監禁半年；犯軍流以上，加監禁一年再行釋放。若官吏獄卒故意凌虐，照凌虐罪，因例加等治罪。如此分别酌辦庶兇殘者，稍知斂跡矣。

又：二十九年，刑部議覆晉撫奏請酌減生監平人捐贖銀數一摺。據原奏稱：金作罰刑，始於上古。見例收贖，銀數甚微，係專爲老幼廢疾，及命婦、官員正妻等項有犯者而設。至乾隆八年、十七年，先後奏准官員貢監各平人捐贖免罪之條。在内由臣部奏請，在外由督撫奏請，必實非常赦所不原者，方准捐贖。查貢監犯笞罪，贖銀一百兩；杖罪，贖銀二百兩；徒罪，贖銀八百兩；軍流罪，贖銀一千二百兩。平人犯笞罪，贖銀五十兩；杖罪，贖銀一百兩；徒罪，贖銀四百八十兩；軍流罪，贖銀七百二十兩。爲數過鉅，贖罪之案累歲不獲一見，似應酌減銀數，俾貢監及平人偶蹈法網者，易於贖罪自新等因，臣等公同商議，笞杖徒流，各犯捐贖之例，銀數過鉅，擬請酌量變通。除罪犯當赦所不原者，仍照前，不准捐贖。及官員贖罪銀數毋庸議減外，凡貢監及平人犯罪呈請捐贖者，卽照乾隆年間奏定。贖罪銀數減半科算，仍按笞杖徒流罪名分别等數辦理。如貢監犯笞杖，定例笞罪罰銀一百兩，酌減爲五十兩；杖罪贖銀二百兩，減爲一百兩。按笞五等，杖五等，分作十成，以十兩爲一等。凡貢臨犯笞一十，贖銀十兩；二十，贖銀二十兩。至杖六十，贖銀六十兩。以次遞加。平人犯笞杖，定例笞罪贖銀五十兩，酌減爲二十五兩；杖罪，贖銀一百兩，減爲五十兩。亦照前分作十成，以五兩爲一等。凡平人犯笞一十，贖銀五兩；笞二十，贖銀十兩。至杖六十，贖銀三十兩，以次遞加。貢監犯徒罪，定例贖銀八百兩，酌減爲四百兩，按徒五等，以二百兩起，每一等加五十兩。凡貢監犯杖六十，徒一年，贖銀二百兩；杖七十，徒一年半，贖銀二百五十兩。以次遞加。平人犯徒罪，定例贖銀四百八十兩，酌減爲二百四十兩。按徒五等，以一百兩起，每一等，加三十五兩。凡平人犯杖六十，徒一年，贖銀一百兩；杖七十，徒一年半，贖銀一百三十五兩。以次遞加。貢監犯軍流，定例贖銀一千二百兩，酌減爲六百兩。按流三等，以四百六十兩起，每一等加七十兩。凡貢監犯流二千里，贖銀四百六十兩；流二千五百里者，贖銀五百三十兩；流三千里者，贖銀六百兩。軍罪卽照滿流銀數捐贖。平人犯軍流，定例贖銀七百二十兩，酌減爲三百六十兩。按流三等，以二百七十兩起，每一等，加四十五兩。凡平人犯流二千里者，贖銀二百七十兩；流二千五百里者，贖銀三百十五兩；流三千里者，贖銀三百六十兩。軍罪亦照滿流銀數捐贖。其緩決減等人犯，仍照原議贖罪，一體減半科算。此項贖銀暫由各省存儲，撥歸習藝所充用。隨時彙案報部，仍令年終彙奏。俟各省習藝所出息足資用度，再行規復前制辦理。其事犯在新章以前之笞杖徒流各犯，如有呈請贖罪者，卽照新章辦理。

臣謹案從前捐贖一項，係因西域用兵需餉，孔棘暫開此法，以救眉急，並未永著爲例。故大清律不載此項，以係暫行章程，非常法也。見在晉撫趙爾巽請將此章程著爲通例，經部議准，雖係減半科算，然較舊律納贖銀數已增至十倍矣。至官員捐贖，亦照此減半科算，永著爲例，另詳他條。

（宋）王欽若《册府元龜》卷六一七《刑法部・議讞》　隋劉行本開皇中爲黃門侍郎領治書侍御史，雍州別駕元肇言於高祖曰：有一州吏受人饋錢二百文，依律合杖一百，然臣下車之始與爲約，此吏故違請加徒一年。行本駁之曰：律令之行，並發明詔，與民約束。今肇乃敢重其教命，輕忽憲章，欲申己言之必行，忘朝廷之大信。虧法取信，非人臣之禮，帝嘉之，賜絹百疋。

（宋）王欽若《册府元龜》卷六一六《刑法部・議讞》　唐徐有功爲司刑丞時，故左相蘇良嗣亾後被告反。男踐言、踐忠、踐義等，推事吏金吾將軍丘神勣奏稱請准法絞刑者。奉勅依。頃又有勅蘇良嗣往者頻被言告，指驗非虛。朕以其年迫桑榆，情敦簪履，掩其惡迹，竟不發揚。洎乎婦壞之辰，爰備餙終之禮。不謂因子，重發逆蹤。所司執法論科，請申毀柩之罰。朕念勞志切，惟庸舊情深，是矜因赦之科，特降非嘗之霈。式延恩於朽骼，俾流渥於幽冥。特免斲棺之刑，寬其籍没之典者。少卿郭奉一等所奏蘇良嗣作逆先死，准勅免斲棺，矜其籍没，其男踐言等緣坐，既在勅無文，請准法處絞刑奏依者。有功執奏曰：踐言、踐忠，良嗣之子，緣其父逆，並合絞刑，但爲勅稱，屈法申恩，特降非常之霈。又言：念勞志切，惟舊情深。特免斲棺之刑，寬其籍没之典。兩節皆具特字，信知恩是非嘗。父免斲棺之刑，子無緣坐之死。既寬藉没之典，理絶收録其家。按《名例律》云因罪人以致罪，若罪人遇恩原減，亦推罪人原減法。又云即緣坐家口，雖以配没。罪人得免者，亦免斲棺。爲其父逆，因父致其絞刑，父既特遇殊恩，子便不拘嘗律，踐言等並即不合緣坐，處盡録奏言奉勅，踐言等緣坐合死，朕好生惡殺，不忍加刑，宜特免死配流。又逆人丘神勣弟神鼎并男晙，被奴羊羔告反，司刑司直劉志素推案奏稱，丘鼎身居文職黑襖子即是武夫之衣若不夙懷叛心，擬投荊河州，無故不合，輒造又燒却，反狀分明，請付法者曹斷丘鼎處斬，家口籍没。有功批丘勣之弟兄反，弟合没官，憑狀以推，事迹可驗，在於斷結，理固難逾。羊羔稱投荊河，并作兩箇皂襖，假令事實，終在赦前，况乃涉虛，何以爲據？往時縱犯，今日方告。准赦據勅，不合更推，使人爲鼎，著皂衣將爲叛逆。曹司以燒却文狀，處以叛謀，竊尋此塗，頗傷苛酷。且衣之五彩，隨人好尚。武夫一著，豈限玄黃。燒書雖匪赦前，推勘須窮窟穴。或言《周易》作道，卜書既元，抛諸厠中。又云鼎自裂破，書既著標，便非反書，必是反書，論何事爲是簿帳，爲是讖圖，竟不甄明，遂無承疑，即處以斬，乃没其家，請更審詳，務令允當者。劉志素又批丘鼎反逆，夙藴包藏，非只一塗，豈唯今日？虺貞荊河作逆之歲，干時秩蒲神泉，准其家在西京，旋即合歸本舍。爲與虺貞相應，汗道水下嘉州，更至荊、襄，路過淹留，遂經一歲。當聞荊河州起逆，星夜即向唐州，接荊河界首，於懸泉舘，遂共男晙俱作黑褐襖子，擬充戰服，即明事相應接。及聞貞敗，星夜走來神都，即將襖子布施天宮寺。明知元來所造緣反，近以兄勣反彰之後，復燒却反逆文書，此反不誅，誰反合殺？况又聖澤哀矜，重令來中丞推覆，追奴問鼎勘案，逾明論其本愆，辜當萬死。徐丞内縱姦慝，外詐平反，奉勅令推反人得實，寧敢隱默者。曹又依前斷舉申秋官詳議者下員外鄭思齊判，凡斷刑名，須得指實，朦朧作狀，斟酌結刑，司刑比申，過爲非理。欲令集議，須審議由，狀未止歸，遣議何事？仰尋所推之案，取堪憑據之由。處分訖，申者曹斷又依前者，有功又批赦前縱實合免，恩後謀狀未誠。不反何爲燒書，法家無文臆度。使人的知是反，鞫案何不具言？當時撫狀朦朧，奏後方便啟畧。人命至重，一死不可再生；王法須平，居輕無宜入重。恐乖泣辜之惠，方虧祝網之慈，在愚所窺，請更商度者。劉志素又批丘鼎謀反與𣳇族同謀，包藏日深，又共逆黨連結。有功舞文巧法。黨逆不忠，批退欲縱反人，每有唯希僥倖，不尋案狀，孟浪即批。即不據科條，法外豈得依允？請據志素所批之狀，與有功意故縱逆人之平，即請申秋官及臺，集衆官議。奉勑依得春官員外郎楊思稚等一百一十七人，依有功議依縁坐爲允，得夏官楊執柔等百二十二人等議並無反狀，更羗明使推准議狀奏請羗五品使杜無一奏無反狀，准赦例處分並釋放。汾州司馬李思順臨川公德愆子也，被韋秀告稱思順共秀竊語云，汾州五萬戶管千一管，人多尚宿宵，好設齋戒，《大雲經》上道禮復思順好李三五年少，唱唐唐，思順捨第三兄，弟五箇者。監察御史李嘗等稱據思順潛謀逆節，苞藏禍心，研覈始引，唐興辯占，復承應讖，請從極法。奉勑依奏者，司直裴談斷處斬刑，家口籍没者。主簿程仁正批合從妖處絞，只向韋秀一人道狀，當不蒲衆，合斷流三千里者。裴談又判請依前斷，録奏者焦元亶判退司寺即議者，有功議曰：謀危社稷，罪人反條。自述休徵，坐當妖例。反依斬法，妖從絞論。言著成文，犯標定狀，狀在事難越狀，文存理無棄文。若違狀以結刑，捨文而斷獄，則乘馬何俟銜勒，遏流豈用隄防？今判官處以反謀，句司批從妖説。不耻下問，竊欲當仁。李思順解《大雲經》韋秀稱共竊語，私觧明非衆説，竊語不合人。知處實唯出秀辭，是非更無佗証。縱觧三五年少，只是自述休徵，既異結謀之蹤，元非背叛之事。即從叛逆，籍没其家，便是狀外棄文，豈曰文中據狀？請依程仁正批妖不衆處流三千里者。正焦元亶判具申秋官請議者，右臺中丞李嗣等二十一人議稱請依王行感例，流二千里，庶存畫一者。守司府卿于思言等六十三人議稱依徐有功議者，録奏勑思順志懷姦慝，妄説圖讖，准其犯狀，合寘嚴刑，爲其已死，特免籍没者，縁有功議，遂免破家。推事使顧仲琰奏稱，韓純孝受逆賊，徐敬業僞官同反，其身先死，家口合縁坐。奉勑依曹斷家口籍没。有功議，案律：謀反者斬處。斬本爲身存，身亾即無斬。法縁坐元因處斬，無斬豈合相縁。縁者是縁罪人，因者爲因佗犯法，已法例是因。所縁之人先亾，所因之罪合減。合減止於徒坐，徒坐頻會鴻恩。今日却斷没官，未知據何條例？若情狀難捨，勑遣戮屍，除非此塗，理絶言象。伏准逆人獨孤敬同、柳明肅之輩，身先殞歿，不許推尋，未敢比附勑文。但欲見其成例，勘當尚猶不許，家口寧容没官？申覆依有功所議，斷放，此後援例皆免没官者三數百家。推事使奏，瀛州人李仁里等三十七人被告稱謀反，曹斷並處斬，父母妻子流三千里。有功執曰：玄淑里正無得人戶，縁祖紛争，因相言告，或以反逆相喚，或將奔叛相牽。反逆須有同謀，奔叛寧無叶契？無謀天契，口語口陳，即以實論，頗亦以苛酷。槍擀元無影響，星文李自參差。縱使實有反言，只恨換其宗姓，因恨稱有，正是口陳，徒侶絶無，明非實反。《賊盗律》云：口陳欲反之言，心無真實之計，流三千里。《疏》云：口陳欲叛者杖八十。准依告狀，並是口陳之言。原究犯情，皆非心實之計。忝居商度，用此當宜，如是使推，請從鄙見，如將未允，終須重推。録奏勑依得使宗君哲狀稱無反可尋，請依徐丞見流三千里，奏勑依會勑免。御史郭弘霸奏宕州刺史皇甫懷節爲芳刑司倉薛璟所告，稱共當州刺史李思徵謀反，曹斷斬籍没者，有功批執曰：思徵芳部宣條，懷節宕州分竹，爰因羗叛，奉使討除，暫見思徵，屏人共語，即疑懷節與徵同謀。同謀須述謀由，共語當論語狀，語既無狀，謀又無由。思徵伏誅，一無牽引；薛璟陷辟，方始告言。璟元共徵同情，節復與徵連結。節當共徵私語，語狀在璟合知。徵在不知語由，徵死誰明反狀？寧有比州刺史奉勑討羗，白日入州，官人參謁，暫與思徵相見，遂即平章反謀？察獄以情，未聞此理。羗走出界，無賊可擊，所領之兵，更留何用？爲此放散，例將爲反，節實擬反，更須發兵成，集之兵，何須却放？非謀之狀，於此更明。懷節據狀無反，請差使推鞫。無反爲發兵遲斷，爲官當赦總免。推事使左臺監察御史盧佖奏稱，告事人問趙推之得疑，唐子產與推之手書狀，遣告長孫仲宣，實不知事由者，依問唐子產得疑與推之手狀，令告仲宣宅中私置爐擬打搶頭，謀反是實，其長孫仲宣是子產親舅，爲子產先與三舅，庶幾妾成蹊，私通仲宣，既知即罵辱，子產爲此誣告者。曹斷准律誣告謀反大逆者，斬。從者絞。又條云告令人告事虛，應反坐，得實應賞，皆以告者爲首推之。告密因得引見，遂訢枉屈。武太后曰：趙推之得唐子產手狀，即告於子產，引虛自是子產之罪，何得枉斷殺推之？宜令停决正斷奏聞者。有功重執曰：推之所告反由，元於子產處得。奉勑勘當，且狀是誣，付法科繩，已斷處斬，奏盡臨決，恩旨遣停。聖上爲子產引虐，則將奏之枉死。但令教告事，律者正文，告者爲首。教者爲從，若其事虐受責，推之合當重科；如其反實論功，子產纔霑薄賞。律開此制，本防避罪争功，在於憲司，固當守文奉法。奉勑依奏。

又：劉三復爲刑部侍郎時，朝議以從諫妻裴氏裴問之妹，欲原之。法司定罪，以劉禛之叛，裴从酒食會潞州將校，妻子泣告以固逆謀。三復覆奏曰：劉從諫包藏逆謀，比雖已露，今推窮僕妾尢得事情，據其圖謀言語，制度服物，人臣僭亂，一至於斯，雖生前幸免於顯誅，而死後已從於追戮，凡在朝野同深慶快。且自古人臣叛逆，合有三族之誅。《尚書》曰：乃有顛越不恭我，則劓殄滅之。無遺育，無俾易種于茲新邑。如此則阿裴已不得免於極法矣。又況從諫死後主張狂謀罪狀，非一劉禛，年既幼小，逆節未深，裴爲母氏，固宜誡誘。若廣説忠孝之道，深陳禍福之原，必巽梟首全革，而乃激厲兇黨，膠固叛心，廣招將校之妻。適有酒食之宴，號哭激其衆意，贈遺結其群情，遂使叛黨稽不捨之誅，孽童延必死之命，以至周歲方就誅夷，此阿裴之罪也。雖以裴問之功，或希減等，而國家有法，難議從輕。伏以管叔周公親弟也，有罪而且除之。以周公之賢，尚不捨兄弟之罪，況裴問之功効，安能破朝廷之法耶？據阿裴廢臣妾之道，懷逆亂之謀，裴問如周公之功，尚合行周公之戮，況於朝典固在，不疑阿裴請准法從之。

又：陳商武宗會昌中爲刑部郎中，勑以劉從諫妻裴氏合誅與不誅，商議曰：臣等徵諸古典，《周禮》司寇之職，男子入于罪隸，女子入于春藁。《漢律》云：妻子没爲奴婢。鍾繇曰：自古帝王罪及妻子。又晉朝議，在室之女從父母之誅，既醮之婦隨夫家之罰。謹按：奴婢、春藁、罪罰之類，名則爲重，而非罪刑。故法律明文古今通議，夫子有罪，母妻無誅死之制。然事出一時，法由情斷，帝王刑辟，豈在一途？昔少卿降虜，漢武誅其母。玄宗時，安慶宗妻榮義郡主夫以逆誅，主亦賜死，此則是夫子有罪，母、妻不捨之例。臣等伏以從諫犬羊狼戾蛇豕兇殘，抱逆節於明時，遺禍胎於孽子。裴氏爲惡有素，爲姦已成，分衣以固其人心，申令以安其逆志在於國典，情實難容，臣等參議宜從重典，從之。

（元）蘇天爵《滋溪文稿》卷二七《章疏・乞詳定鬭毆殺人罪》　蓋聞國之重者，莫先乎刑。刑之重者，莫大乎殺。且立法在於可守，用刑貴于適中。夫法不可守，則徒法不能以自行。刑不適中，則民無所措手足。是以古昔之用刑，必也隨世而輕重。故殺人者死，雖有定名，然鬭毆之情至為不一。若皆置之死地，或情有可恕，欲悉為之斷放，則死者何辜？照得大德十年八月，刑部郎中趙奉政牒鬭毆殺人，輕重似少詳論。本部議得，鬭毆殺人，所犯不一，原情議罪事各有異，若許一例斷放，被死之人寃何由雪？又恐官吏乘此弄法，漸生奸弊，甚於刑政不便，如准所言，但犯鬭毆殺人，追勘完備，依例結案詳斷庶免差池，都省准擬。又照得，至正五年五月，中書奏准節該鬭毆以手足毆人及頭撞擊，或用他物於人非要害處，毆損致命者，或因鬭擊非虛怯處，痛氣攻心邂逅致命者，並為本無殺心。擬合杖斷一百七下，並流三千里。其因鬭用刄及他物於人虛怯要害處，毆擊登時而死，或因非鬭争無事而殺，并被毆者原無忿争止辯己事，因而致命。若鬭毆罷散聲不相接去而又來，毆人致命身死者，以其即有害心，並從故殺之法，依例結案待報，欽此。夫以法制平允，則永遠可以奉行。如或執一，則刑獄必至淹滯。近因欽奉詔書，巡行畿甸，詢民疾苦，疏滌寃滯，所歷州縣等處，或有鬭殺之因，原情比附，新例往往不克斷遣。葢禁奸止暴，固宜嚴肅。然哀死恤刑，尤當慎重。且今村野人民，素無教養，誤犯刑憲者多。而郡縣官吏貪汙苟且通知法律者少。夫既不能詳情審問，又復不肯追勘結解，致使獄囚淹延一切，死於囹圄，豈惟玩舞刑政，實為感傷中和。《書》曰：罪疑惟輕。《易》曰：君子以明慎用刑，而不留獄。宜從都省詳定其法，務使允平，庶幾天下在獄之囚，幸得以生，全國家好生之德，普洽於遠邇。

（元）蘇天爵《元文類》卷四二《憲典・五刑》　國初立法以來，有笞杖徒流死之制，即後世之五刑也。凡七下至五十七用笞，凡六十七至一百七用杖徒之法。徒一年杖六十七，一年半杖七十七，二年杖八十七，二年半杖九十七，三年杖一百七。此以杖麗徒者也。鹽徒盜賊既决而又鐐之，使居役也。數用七者，考之建元以前斷獄皆用成數。今匿税者笞五十，犯私鹽茶者杖七十，私宰牛馬者杖一百，舊法猶有存者。大德中刑部尚書王約數上言：國朝用刑寬恕，笞杖十減其三，故笞一十減為七。今之杖一百者，宜止九十七，不當又加十也。議者憚於變更其事，遂寢流則南之遷者之北，北之遷者之南，大率如是。至於死刑，有斬無絞，蓋嘗論之。絞斬相去不至懸絶，鈞為死也，特有殊不殊之分耳。然已從降殺一等論，令斬首之降即為杖一百七，籍流猶有幸不至死之理。嗚呼，仁哉！

《皇朝經世文編》卷九一《刑政二・律例》潘杓燦《刑名十六字義》 擬罪全憑律例，律乃一代之典章，例爲因時之斷制，故有例須照例行，無例方照律行，例律俱無，則用比照法。凡有比照，須活擬上請，不得徑請斷決。蓋律分八字之外，尚有十六字，亦宜詳也。至於五刑之内，論死罪，則有立決、監候、真犯、雜犯之不同。論笞、杖、流、徒則有决贖之不同。論贖鍰，又有有力、稍力、收贖、贖罪之不同。皆毫釐千里者，全要細心體認。至於則例，時有減增，必時時訪查，方無違錯。

其一曰加，加者數滿乃坐。如竊盜贓一兩，杖六十。至十兩，方加至杖七十。不及十兩者不加也。又如笞滿加杖，杖滿加徒，徒滿加流，流滿加絞。本條無入死者，不得加入於死，罪止流三千里之類。

其一曰減，減者後輕之法。如皆爲從者減，失覺察者減，失出入人罪者減，無禄人減。又如二死三流各同爲一減之類。

其一曰計，計者對併而言。如稱計贓，乃止其所得之數科罪。計傭工賃錢爲贓之類。

其一曰通，通者總計而言。如通計前罪，先後併擬，貼徒貼杖通減通考之類。

其一曰坐，坐者應得之位也。如逃叛自首，減罪二等坐之，家人共犯坐家長，婦人犯罪坐夫男，以所隱之罪罪之，不坐連坐之類。

其一曰聽，聽者由其意之所欲。如犯流父子欲隨者聽，妻妾犯姦欲留者聽之類。

其一曰依，依者欲附諸條。如造魘魅殺人，依本殺法，依常人一體充賞，依已徒又犯徒，依殺尊長卑幼本律，依老疾幼小論之類。

其一曰從，從者偏一科斷之意。如從重論，從夫嫁賣，從新拘役，從本色發落，從尊長遺言之類。

其一曰竝，竝者數事均得本罪。如臨軍征討，行糧違限不完，臨敵缺乏，承調不進兵策應，承差報告軍期違限，因而失誤軍機，竝斬之類。

其一曰餘，餘者事外之意。如餘罪聽後發落，餘皆徵之，餘皆勿論，餘罪收贖，餘爲從論之類。

其一曰遞，遞者按次循級之謂。如官司失出入人罪，吏減犯人一等，佐貳減首領一等，正官減佐貳一等，是曰遞減。如卑幼於尊長墳墓内熏狐狸燒屍者，緦麻加凡一等，小功加二等，大功加三等，期親加四等，是曰遞加之類。

其一曰重，重者諸罪之魁。如重者更論之，已發又犯，從重科斷，以重論之類。

其一曰但，但者不分事之大小，物之多寡也。如盗已行，而但得財者皆斬，子孫告祖父母，父母但誣者絞，男女婚姻但曾受聘者之類。

其一曰亦，亦者承接上文之意。如人在徒，年老疾病，亦如老疾論，總徒不過四年，亦各依上減罪，亦各依數决之，無賦役者亦杖八十，亦准罪人自首之類。

其一曰稱，稱者律所載之文也。如稱子者男女同，祖者高曾同，稱日以百刻，稱監臨主守者但有事在手，稱嫡繼慈母親母之類。

其一曰同，同者一體科罪也。如同罪則同得其罪，充軍遷徙皆同，死罪減一等，衆証明白，即同獄成之類。

紀事

《南史》卷三《宋紀下・明帝》 秋九月戊辰，詔定黥刖之制。有司奏：自今凡劫竊執官仗、拒戰邏司、攻剽亭寺及傷害吏人，并監司將吏自爲劫，皆不限人數，悉依舊制斬刑。若遇赦，黥及兩頰劫字，斷去兩脚筋，徙付交、梁、寧州。五人以下止相逼奪者，亦依黥作劫字，斷去兩脚筋，徙付遠州。若遇赦，原斷徒猶黥面，依舊補冶士。家口應及坐，悉依舊結讁。及上崩，其例乃寢。庚午，上備法駕幸東宫。

《舊唐書》卷一五五《穆質傳》 質強直，應制策入第三等，其所條對，至今傳之。自補闕至給事中，時政得失，未嘗不先論諫。元和初，掌賦使院多擅禁繫戶人，而有笞掠至死者。質乃論奏鹽鐵轉運司應決私鹽繫囚，須與州府長吏監決。自是刑名畫一。

（宋）王溥《五代會要》卷九《定格令》 顯德四年五月二十四日，中書門下奏：

准宣，法書行用多時，文意古質，條目繁細，使人難會。兼前後敕格，差謬重疊，亦難詳究。宜令中書門下並行刪定，務從簡要，所貴天下易為頒行者。

伏以刑法者，御人之銜勒，救弊之斧斤，故鞭扑不可一日弛于家，刑罰不可一日廢于國，雖堯、舜淳古之代，亦不能舍此而致理矣。今奉制書，刪律令之書。竊以律令之書，致理之本，經聖賢之損益，爲今古之章程，歷代已來，謂之彝典。朝廷之所行用者，律一十二卷，律疏三十卷，式二十卷，令三十卷，《開成格》一十卷，《大中統類》一十二卷，後唐以來至漢末編敕三十二卷，及皇朝制敕等。折獄定刑，無出於此。律令則文辭古質，看覽者難以詳明。格敕則條目繁多，檢閲者或有疑誤。加以邊遠之地，貪猾之徒，緣此爲奸，寖以成弊，方屬盛明之運，宜申畫一之規，所冀民不陷刑，吏知所守。

臣等商量，望准聖旨施行，仍差侍御史知雜事張湜、太子右庶子劇可久、殿中侍御史率汀、職方郎中劉守中、倉部郎中王瑩、司封員外郎賈玭、太常博士趙礪、國子博士李光贊、大理寺正蘇曉、太子中允王伸等十人，編集新格，勒成簿帙。律令之有難解者，就文訓釋，格敕之有繁雜者，隨事刪除，止要諳理省文，兼且直書易會。其中有輕重未當便於古而不便於今，矛盾相攻，可於此而不可於彼，盡宜改正，毋或牽拘。候集編畢日，委御史臺、尚書省四品已上官，及兩省五品已上官參詳可否，送中書門下議定，奏取進止。

（宋）王溥《五代會要》卷九《議刑輕重》 後唐天成二年二月十五日，御史臺、刑部、大理寺奏：

奉天成元年十二月二十日敕：越訴之條，本防虛妄，須用懲斷，以絕傚尤。如或實抱深冤，無門上訴，其越訴律內，不載杖數，仍令大理寺別具奏聞者。寺司准名例律，諸斷罪而無正條，若或不經臺省，何得復讐？事在酌中，理難執律，其應出律者，則舉重以明輕，其應入罪者，則舉輕以明重。疏云：斷罪而無條。謂一部律内犯無罪名者，准雜律，不應得爲而爲者，笞四十；謂律令無條理不可爲者，事理重者杖八十。疏云：雖犯輕重，觸類宏多，金科玉條，包羅難盡。其有在律在令無有正條，若不輕重相明，無文可以比附，臨時處斷，量情爲罪，庶補遺闕，故立此條，其情輕者笞四十，事理重者杖八十。

《宋史》卷一五八《選舉志四》 淳熙元年，參知政事龔茂良言：官人之道，在朝廷則當量人才，在銓部則宜守成法。法本無弊，例實敗之。法者，公天下而爲之者也；例者，因人而立以壞天下之公者也。昔之患在於用例破法，今之患在於因例立法。諺稱吏部爲例部。今《七司法》自晏敦復裁定，不無疏略，然守之亦可以無弊。而徇情廢法，相師成風，蓋用例破法其害小，因例立法其害大。法常靳，例常寬，今法令繁多，官曹冗濫，蓋繇此也。望令裒集參附法及乾道續降申明，重行攷定，非大有牴牾者弗去，凡涉寬縱者悉刊正之。庶幾國家成法，簡易明白，賕謝之姦絕，冒濫之門塞矣。

《宋史》卷二〇一《刑法志三》 明年二月庚子，詔：今後謀殺人自首，並奏聽敕裁。是月，除安石參知政事，於是奏以爲：律意，因犯殺傷而自首，得免所因之罪，仍從故殺傷法；若已殺，從故殺法，則爲首者必死，不須奏裁；爲從者自有編敕奏裁之文，不須復立新制。與唐介等數争議帝前，卒從安石議。復詔：自今並以去年七月詔書從事。判刑部劉述等又請中書、樞密院合議，中丞呂誨、御史劉琦錢顗皆請如述奏，下之二府。帝以爲律文甚明，不須合議。而曾公亮等皆以博盡同異、厭塞言者爲無傷，乃以衆議付樞密院。文彦博以爲：殺傷者，欲殺而傷也，卽已殺者不可首。呂公弼以爲：殺傷於律不可首。請自今已殺傷依律，其從而加功自首，卽奏裁。陳升之、韓絳議與安石略同。會富弼入相，帝令弼議，而以疾病，久之弗議。至是乃決，而弼在告，不預也。

又： 乾德四年，大理正高繼申上言：《刑統·名例律》：三品、五品、七品以上官，親屬犯罪，各有等第減贖。恐年代已深，不肖自恃先蔭，不畏刑章。今犯罪身無官，須祖、父曾任本朝官，據品秩得減贖；如仕于前代，須有功惠及民、爲時所推、歷官三品以上，乃得請。

（宋）李燾《續資治通鑑長編》卷一八《宋太宗太平興國二年》 甲申，詔：先募民斷買場務，或有羨利，即收入己。屬已差監臨之官，其主吏犯者，法司處以監主自盗，或至棄市，殊非中典，良用惻然。自今準盗論，罪止流。又詔：持刃穿窬，法當强盗。近者多云棄刃於外，空手入室，既難覆驗，實啟姦心，自今以强盗論。並從權大理少卿趙齊之請也。

（宋）李燾《續資治通鑑長編》卷七三《宋真宗大中祥符三年》　丙辰，詔諸州司法參軍，有檢法不當，出入徒流已上罪者，具案以聞，經三次誤錯者，替日，令守選，及委長吏察舉。從兩浙轉運使陳堯佐之請也。因謂輔臣曰：詳明平允，由性識耳。如窮經之士，諷讀雖久，有不能通其義者。法官能曉律意，猶學者之能達經旨，縱與時事不同，但依之亦可尚也。

（宋）李燾《續資治通鑑長編》卷八〇《宋真宗大中祥符六年》　是月，詔：自今應京朝、幕職、州縣官乞試斷案者，委考試官等就庫密揀公案，親自封記，候試時於中更選合要道數，依元敕精加考試，不得仍前令庫胥檢簽，致有漏泄。其所試斷案，須是引用格敕分明，方始定斷合得何罪，勿使鹵莽。如違，其所試官並重寘之法。其大理寺應係新舊草檢宣敕等庫，自後並差官封鎖，無使人吏擅有開閉。初，中書以試律人名進呈，宰臣王旦言：從來已有差遣或已授遠官，雖是法寺要人，恐涉規避，已不施行。其間預試而中選者，亦甚僥倖。緣選人未經六考，無兩人同罪薦舉，則無階升陟。此輩雖云詳練格法，或考試不精，則僥倖者多矣。或擢於審刑院，則例改章服，歲滿又加等差使，以此尤須得人盡公程試。帝曰：如卿所言誠有之，所試斷案往往先知，洎至定刑，則但曰合入徒罪、合入杖罪，即不指陳犯何條格，致得某罪。自今選官精加考試，仍申條約。故有是詔。

（宋）李燾《續資治通鑑長編》卷八五《宋真宗大中祥符八年》　癸巳，編敕所言：監臨主守自盗及盗所監臨財物者，舊自五匹徒二年，遞加至二十五匹流二千五百里，三十匹即入絞刑。緣法律凡加重刑，皆須循次，今獨此條頓至大辟，望改三十匹為流三千里，三十五匹絞。從之。

（宋）李燾《續資治通鑑長編》卷一〇七《宋仁宗天聖七年》　辛卯，遣官謝晴。殿中侍御史張逸言：庚寅赦書，十惡與四殺連文，並為已殺人者不赦。然則十惡非殺人者，亦得赦矣，恐非詔意，請明示有司。遂詔十惡罪，無輕重皆不赦。

（宋）李燾《續資治通鑑長編》卷一〇八《宋仁宗天聖七年》　己巳，詔以新令及附令頒天下。始，命官删定編敕，議者以唐令有與本朝事異者，亦命官修定，成三十卷，有司又取《咸平儀制令》及制度約束之。在敕，其罪名輕者五百餘條，悉附令後，號曰《附令敕》。

又：編敕既成，合《農田敕》為一書，視《祥符敕》損百有餘條。其麗於法者，大辟之屬十有七，流之屬三十有四，徒之屬百有六，杖之屬二百五十有八，笞之屬七十有六，又配隸之屬六十有三，大辟而下奏聽旨七十有一，凡此皆在律令外者也。於是，詔下諸路閲視，聽言其未便者。尋又詔盡一年無改易，然後鏤版頒行。

（宋）李燾《續資治通鑑長編》卷二一七《宋神宗熙寧三年》　樞密使文彦博言：臣聞刑平國用中典。自唐末至周，五代亂離，刑用重典，以救一時，故法律之外，輕罪或加至於重，徒流或加至於死。權宜行之以定國亂，可也，然非律之本意，不可以為平世常法。國家承平百年，當用中典，然因循用法，猶有重於舊律者。若偽造官文書，即律止於流二千里，今斷從絞；又其甚者，因近年臣僚一時起請，凡偽造印記再犯皆不至死者，亦從絞刑，是不應死而死也。若以其累犯，責其不悛，即持杖强盗、贓滿五匹者死，若止四匹，雖五七犯不至於絞，况持杖强盗，本法重於造印，今之用法甚異律文。陛下仁覆萬邦，惟刑是恤，方詔法官講議刑典，欲乞檢詳自五代以來，於朝廷見用刑名，重於舊律，如偽造印之比者，以敕律參詳，裁用其當。詔送編敕所。

（宋）李燾《續資治通鑑長編》卷二六三《宋神宗熙寧八年》　大理寺言，洪州斷百姓周汝熊應坐徒而决杖，汝熊餘罪會恩免，官吏失出徒罪，當劾。中書堂後官劉筠駁議，以謂律因罪人以致罪，罪人遇恩者，準罪人原法，議曰：因罪人致罪，謂保證不實之類，洪州官吏因推罪人以致失出之罪，自合從原。緣法寺斷例，官司出入人罪，不用因罪人以致罪之法，乞自今官司失出，許用此法。審刑院、大理寺以謂失入人罪，即是官司誤致罪於人，難用因罪人致罪之法，其失出人罪，宜如筠議。從之。

（宋）李燾《續資治通鑑長編》卷二九九《宋神宗元豐二年》　權提點梓州路刑獄穆珦言：資州、廣安軍，有子為人所殺，而父母受財私和者，皆决以親屬被殺私和期親徒二年半律。案《刑統》稱子孫之於祖父母，皆有祖父子孫之名，其有相犯，多不據服而斷，《賊盜律》有所規求而故殺期以下卑幼者，絞。《鬥訟律》子孫違犯教令而祖父母毆殺者，徒一年半，故殺者加一等。今子孫被殺，父母乃坐私和徒二年半，則是私和之罪重於自殺，舉重明輕難從旁期之法，止當用不應得為輕重法，乞下有司申諭天下。從之。

（宋）李燾《續資治通鑑長編》卷三三一《宋神宗元豐五年》　右騏驥副使、知瀘州張克明言：瀘州地方千里，夷夏雜居。近者，白崖囤、落婆遠等生夷並為王民，既供租賦，或相侵犯，未有條約，一以敕律繩之，或恐生事。臣欲乞應瀘州生夷如與華人相犯，並用敕律，同類相犯，即比附黔州蠻五等罰法。從之。

（宋）李燾《續資治通鑑長編》卷四一五《宋哲宗元祐三年》　刑部言：按未行元祐新敕前，依元豐舊敕緣坐編管人放從便，其王沖賊徒妻子父母及同居期以上親，朝廷令依重法地分劫盜特旨編管，當具奏裁。詔王沖賊徒黨家屬仍舊編管，其未行新敕前，重法地分劫盜元犯為凶惡者編管妻子，先具情犯申尚書省。

（宋）李燾《續資治通鑑長編》卷四一九《宋哲宗元祐三年》　閏十二月癸卯朔，尚書省言：未行官制以前，凡定功賞之類，皆自朝廷詳酌，自行官制，先從六曹用例擬定。其一事數例，輕重不同，合具例取裁，事與例等，不當輒加增損。若不務審察事理，較量重輕，惟從減損，或功狀微小，輒引優例，亦當分別事理輕重及已未施行，等第立法。今以舊條例增修，凡事與例同而輒增損漏落者，杖八十，內事理重，已施行者徒二年，如數例重輕不同或無例而比類他例者，並具例勘當擬定奏裁。從之，仍增三省、樞密院相干事，並同取旨。詔頒元祐敕令格式。

（宋）李燾《續資治通鑑長編》卷四八一《宋哲宗元祐八年》　御史中丞兼侍讀李常言：臣伏見今月二日蘇軾講筵進讀間奏，昨鎮戎軍西人入寇，殺萬餘人，有司止奏二千。竊緣邊防奏報苟容失實，則朝廷賞罰何所據憑？賞罰苟差，何以懲勸功罪？軾既已面奏，臣職在伺察姦罔，仍復預聞，理當糾正。伏望聖慈特降指揮，密切根究，以正典刑。臣居耳目之司，不時體訪，稽於論例，不敢逃責。此據《李常集》，附見。

又：臣聞河北榷場禁出之書，其法甚嚴，徒以契丹故也。今高麗與契丹何異？乃廢榷場之法？兼竊聞昔年高麗使乞賜《太平御覽》，先帝詔令館伴用東平王故事為詞卻之。近日復乞，詔又以先帝遺旨不與。今歷代史、《册府元龜》與《御覽》何異？故申都省，止是乞賜詳酌指揮，未為過當，便蒙行遣，吏人上簿書罪。臣竊謂無罪可書。雖上簿至為末事，於臣又無絲毫之損，臣非為此奏論，所惜者，無厭之求，事必曲從，官吏苟徇其意，雖動衆害物不以為罪，稍有裁節之意，便行詰責，今後無人敢逆其請。使意得志滿，其來愈數，其患愈深，所以須至極論。

（宋）李燾《續資治通鑑長編》卷四九四《宋哲宗元符元年》　尚書省言：強盜罪至死，會恩後再犯，而罪不至死者，奏裁。其已被徒伴通說，事發而逃亡，後遇赦者，準此。因強盜殺人者，不要犯時不知律內傷人，或殺傷人之卑幼者，奏裁。從之。新削。

（宋）李燾《續資治通鑑長編》卷五〇一《宋哲宗元符元年》　乙巳，戶部言：印鈔差誤或損污墨色不均者，當官毀抹上曆，拘管勒償紙價。即私印換者，論如盜用餘印律；盜白鈔者，論如盜官文書律；已經書印圓備者，論如盜重害文書律。並許人告捕。內盜白鈔并已書印圓備鈔者，依在京通用格賞，主守不覺察，杖八十，知情者與同罪。從之。

（清）徐乾學《資治通鑑後編》卷七七《宋紀七七》　癸卯，侍御史劉琦貶監處州鹽酒務，監察御史裏行錢顗貶監衢州鹽稅，王安石爭謀殺自首之律，踰年不決。先是，詔臨時奏聽勅裁，安石又言律意因犯殺傷而自首得免，所因之罪仍從故殺傷法。若已殺從故殺法，則為首者必死，不須奏裁。為從者自有編敕奏裁之文，不須復立新制。時文彥博以下皆主司馬光議，唐介數與安石爭論於帝前。介曰：此法天下皆以為不可首，獨曾公亮、王安石以為可首。安石曰：以為不可首者，皆朋黨也。至是帝卒用安石言。

（清）畢沅《續資治通鑑》卷一五〇《宋紀一五〇》〔淳熙十二年〕己巳，臣僚言：臣聞一定不易之謂法，循習引用之謂例，故昔人嘗守法以廢例，未嘗用例以廢法。今天官諸選，條目猥多，法例參錯，吏姦深遠，法無已行而或廢，例有已行而必得，此其爲弊，固非一日。請詔銓部，凡七司所行之事，條法具載分明，可以遵用；而偶無已行者，並令長貳、郎官據法施行，若於法窒礙而偶有已行之例，並不得引用。從之。

《金史》卷四五《刑志》　明昌元年，上問宰臣曰：今何不專用律文？平章政事張汝霖曰：前代律與令各有分，其有犯令，以律決之。今國家制、律混淆，固當分也。遂置詳定所，命審定律、令。

承安二年，制軍前受財法，一貫以下，徒二年，以上徒三年，十貫處死。

符寶典書北京奴盜符寶局金牌，伏誅，仍除屬籍。按虎、阿虎帶失覺察，各杖七十。

泰和二年，御史臺奏：監察御史史肅言：《大定條理》：自二十年十一月四日以前，奴娶良人女爲妻者，並準已娶爲定，若夫亡，拘放從其主。離夫摘賣者令本主收贖，依舊與夫同聚。放良從良者卽聽贖換，如未贖換間與夫所生男女並聽爲良。而《泰和新格》復以夫亡服除準良人例，離夫摘賣及放夫爲良者，並聽爲良。若未出離再配與奴，或雜姦所生男女並許爲良。如此不同，皆編格官妄爲增減，以致隨處訴訟紛擾，是涉違枉。勅付所司正之。

又：　明昌三年七月，右司郎中孫鐸先以詳定所校《名例篇》進，既而諸篇皆成，復命中都路轉運使王寂、大理卿董師中等重校之。

四年七月，上以諸路枷杖多不如法，平章政事守貞曰：枷杖尺寸有制，提刑兩月一巡察，必不敢違法也。

又：　五年正月，復令鈎校制、律，卽付詳定所。時詳定官言：若依重修制文爲式，則條目增減，罪名輕重，當異於律。既定復與舊同頒，則使人惑而易爲姦矣。臣等謂，用今制條，參酌時宜，準律文修定，歷採前代刑書宜於今者，以補遺闕，取《刑統》疏文以釋之，著爲常法，名曰《明昌律義》。別編榷貨、邊部、權宜等事，集爲《勅條》。宰臣謂：先所定令文尚有未完，俟皆通定，然後頒行。若律科舉人，則止習舊律。遂以知大興府事尼厖古鑑、御史中丞董師中、翰林待制奥屯忠孝、小字牙哥。提點司天臺張嗣、翰林修撰完顔撒剌、刑部員外郎李庭義、大理丞麻安上爲校定官，大理卿閻公貞、戶部侍郎李敬義、工部郎中賈鉉爲覆定官，重修新律焉。

《金史》卷八九《移剌慥傳》　十九年，以按出虎等八猛安，自河南徙置大名、東平之境。還爲大理卿，被詔典領更定制條。初，皇統間，參酌隋、唐、遼、宋律令，以爲皇統制條。海陵虐法，率意更改，或同罪異罰，或輕重不倫，或共條重出，或虛文贅意，吏不知適從，夤緣舞法。慥取皇統舊制及海陵續降，通類校定，通其窒礙，略其繁碎。有例該而條不載者，用例補之。特闕者用律增之。凡制律不該及疑不能參決者，取旨畫定。凡特旨處分，及權宜條例内有可常行者，收爲永格。

《金史》卷九九《李革傳》　四年，拜參知政事。革奏：有司各以情見引用斷例，牽合附會，實啓倖門。乞凡斷例勅條特旨奏斷不爲永格者，不許引用，皆以律爲正。詔從之。

《元史》卷九《世祖紀》　秋七月戊子朔，罷大名、濟寧印鈔局。壬辰，敕犯盜者皆棄市。符寶郎董文忠言：盜有强竊，贓有多寡，似難悉置于法。帝然其言，遽命止之。

（清）徐乾學《資治通鑑後編》卷一五八《元紀六》　二月己巳，申禁鞭背。國法不用徒流黥絞之刑，惟杖臀。自十七分等加至百單七而止。然斬剮之刑，則又往往濫用之，至其酷也。或生剥人皮，曰輝托，又有三段劙殺法，曰扎薩，未之除也。

《明史》卷九三《刑法志一》　洪武元年又命儒臣四人，同刑官講《唐律》，日進二十條。五年定宦官禁令及親屬相容隱律，六年夏刊《律令憲綱》，頒之諸司。其冬，詔刑部尚書劉惟謙詳定《大明律》。每奏一篇，命揭兩廡，親加裁酌。及成，翰林學士宋濂爲表以進，曰：臣以洪武六年冬十一月受詔，明年二月書成。篇目一準於唐：曰衛禁，曰職制，曰戶婚，曰廄庫，曰擅興，曰賊盜，曰鬬訟，曰詐僞，曰雜律，曰捕亡，曰斷獄，曰名例。採用舊律二百八十八條，續律百二十八條，舊令改律三十六條，因事制律三十一條，掇《唐律》以補遺百二十三條，合六百有六條，分爲三十卷。或損或益，或仍其舊，務合輕重之宜。九年，太祖覽律條猶有未當者，命丞相胡惟庸、御史大夫汪廣洋等詳議釐正十有三條。十六年命尚書開濟定詐僞律條。二十二年，刑部言：比年條例增損不一，以致斷獄失當。請編類頒行，俾中外知所遵守。遂命翰林院同刑部官，取比年所增者，以類附入。改《名例律》冠於篇首。

又：　永樂二年，刑部言河間民訟其母，有司反擬母罪。詔執其子及有司罪之。三年定文職官及中外旗校軍民人等，凡犯重條，依律科斷，輕者免决，記罪。其有不應侵損於人等項及情犯重者，臨時奏請。十六年嚴犯贓官吏之禁。初，太祖重懲貪吏，詔犯贓者無貸。復敕刑部：官吏受贓者，并罪通賄之人，徙其家於邊。著爲令。日久法弛，故復申飭之。二十九年，大理卿虞謙言：誆騙之律，當杖而流，今梟首，非詔書意。命如律擬斷。宣德二年，江西按察使黄翰言：民間無籍之徒，好興詞訟，輒令老幼殘疾男婦誣告平人，必更議涉虚加罰乃可。遂定老幼殘疾男婦誣告人罰鈔贖罪例。其後孝宗時，南京有犯誣告十人以上，例發口外爲民。而年逾七十，律應收贖者，更著令，凡年七十以上、十五以下及廢疾者，依律論斷。例應充軍瞭哨、口外爲民者，仍依律發遣。若年八十以上及篤疾有犯應永戍者，以子孫發遣，應充軍以下者免之。

初制，凡官吏人等犯枉法贓者，不分南北，俱發北方邊衛充軍。正統五年，行在三法司言：洪武定律時，鈔貴物賤，所以枉法贓至百二十貫者，免絞充軍。今鈔賤物貴，若以物估鈔至百二十貫枉法贓俱發充軍，輕重失倫矣。今後文職官吏人等，受枉法贓比律該絞者，估鈔八百貫之上，俱發北方邊衛充軍。其受贓不及前數者，視見行例發落。從之。八年，大理寺言：律載竊盗初犯刺右臂，再犯刺左臂，三犯絞。今竊盗遇赦再犯者，咸坐以初犯，或仍刺右臂，或不刺。請定爲例。章下三法司議，刺右遇赦再犯者刺左，刺左遇赦又犯者不刺，立案。赦後三犯者絞。帝曰：竊盗已刺，遇赦再犯者依常例擬，不論赦，仍通具前後所犯以聞。後憲宗時，都御史李秉援舊例奏革。既而南京盗王阿童五犯皆遇赦免。帝聞之，詔仍以赦前後三犯爲令。至神宗時，復議奏請改遣云。十二年以知縣陳敏政言，民以後妻所攜前夫之女爲子婦，及以所攜前夫之子爲壻者，並依同父異母姊妹律，減等科斷。成化元年，遼東巡撫滕照言：《大明律》乃一代定法，而決斷武臣，獨舍律用例，武臣益縱蕩不檢。請一切用律。詔從之。武臣被黜降者，騰口謗訕，有司畏事，復奏革其令。十九年定竊盗三犯罪例。法司以南京有三犯竊盗，計贓滿百貫者犯，當絞斬。罪雖雜犯，其情頗重。三犯前罪，卽累惡不悛之人，難准常例。其不滿貫犯，徒流以下罪者，雖至三犯，原情實輕，宜特依常例治之，議上，報允。

弘治六年，太常少卿李東陽言：五刑最輕者笞杖，然杖有分寸，數有多寡。今在外諸司，笞杖之罪往往致死。縱令事覺，不過以因公還職。以極輕之刑，置之不可復生之地，多者數十，甚者數百，積骸滿獄，流血塗地，可爲傷心。律故勘平人者抵命，刑具非法者除名，偶不出此，便謂之公。一以公名，雖多無害。此則情重而律輕者，不可以不議也。請凡考訊輕罪卽時致死，累二十或三十人以上，本律外，仍議行降調，或病死不實者，并治其醫。乃下所司議處。嘉靖十五年，時有以手足毆人傷重，延至辜限外死者，部擬鬬毆殺人論絞。大理寺執嘉靖四年例，謂當以毆傷論笞。部臣言：律定辜限，而《問刑條例》又謂鬬毆殺人、情實事實者，雖延至限外，仍擬死罪，奏請定奪。臣部擬上，每奉宸斷多發充軍，蓋雖不執前科，亦僅末減之耳。毆傷情實至限外死，卽以笞斷，是乃僥倖兇人也。且如以兇器傷人，雖平復，例亦充軍，豈有實毆人致死，偶死限外，遂不當一兇器傷人之罪乎？矧四年例已報罷，請論中外仍如《條例》便。詔如部議。自後有犯辜限外人命者，俱遵律例議擬，奏請定奪。

隆慶三年，大理少卿王諍言：問刑官每違背律例，獨任意見。如律文所謂凡奉制書，有所施行而違者杖一百，本指制誥而言。今則操軍違限，守備官軍不入直，開場賭博，概用此例。律文犯姦條下，所謂買休、賣休、和娶人妻者，本指用財買求其妻，又使之休賣其妻，而因以娶之者言也。故律應離異歸宗，財禮入官。至若夫婦不合者，律應離異；婦人犯姦者，律從嫁賣；則後夫憑媒用財娶以爲妻者，原非姦情，律所不禁。今則概引買休、賣休、和娶之律矣。所謂不應得爲而爲者，笞四十，重者杖八十。蓋謂律文該載不盡者，方用此律也。若所犯明有正條，自當依本條科斷。今所犯毆人成傷，罪宜笞，而議罪者則曰除毆人成傷，律輕不坐外，合依不應得爲而爲之事理，重者律杖八十。夫既除毆人輕罪不坐，則無罪可坐矣。而又坐以不應得爲。臣誠不知其所謂。刑部尚書毛愷力爭之。廷臣皆是諍議。得旨：買休、賣休，本屬姦條，今後有犯，非係姦情者，不得引用。他如故。

又：蓋太祖之於律令也，草創於吴元年，更定於洪武六年，整齊於二十二年，至三十年始頒示天下。日久而慮精，一代法始定。中外決獄，一準三十年所頒。其洪武元年之令，有律不載而具於令者，法司得援以爲證，請於上而後行焉。凡違令者罪笞，特旨臨時決罪，不著爲律令者，不在此例。有司輒引比律，致罪有輕重者，以故入論，罪無正條，則引律比附，定擬罪名，達部議定奏聞。若輒斷決，致罪有出入者，以故失論。

《明史》卷九四《刑法志二》　熱審始永樂二年，止決遣輕罪，命出獄聽候而已。尋并寬及徒流以下。宣德二年五、六、七月，連諭三法司録上繫囚罪狀，凡決遣二千四百餘人。七年二月親閱法司所進繫囚罪狀，決遣千人，減等輸納，春審自此始。六月，又以炎暑，命自實犯死罪外，悉早發遣，且馳諭中外刑獄悉如之。成化時，熱審始有重罪矜疑、輕罪減等、枷號疏放諸例。正德元年，掌大理寺工部尚書楊守隨言：每歲熱審事例，行於北京而不行於南京。五年一審録事例，行於在京，而略於在外。今宜通行南京，凡審囚三法司皆會審，其在外審録，亦依此例。詔可。嘉靖十年，令每年熱審并五年審録之期，雜犯死罪、准徒五年者，皆減一年。二十三年，刑科羅崇奎言：五、六月間，笞罪應釋放、徒罪應減等者，亦宜如成化時欽恤枷號例，暫與蠲免，至六月終止。南法司亦如之。報可。隆慶五年令贓銀止十兩以上，監久産絶，或身故者，熱審免追，釋其家屬。萬曆三十九年，方大暑省刑，而熱審矜疑疏未下。刑部侍郎沈應文以獄囚久滯，乞暫豁矜疑者。未報。明日，法司盡按囚籍軍徒杖罪未結者五十三人，發大興、宛平二縣監候，乃以疏聞，神宗亦不罪也。舊例，每年熱審自小滿後十餘日，司禮監傳旨下刑部，即會同都察院、錦衣衛題請，通行南京法司，一體審擬具奏。京師自命下之日至六月終止。南京自部移至日爲始，亦滿兩月而止。四十四年不舉行。明年，又逾兩月，命未下，會暑雨，獄中多疫。言官以熱審愆期，朝審不行，詔獄理刑無人三事交章上請。又請釋楚宗英嫶、藴鈁等五十餘人，罣誤知縣滿朝薦，同知王邦才、卞孔時等。皆不報。崇禎十五年四月亢旱，下詔清獄。中允黄道周言：中外齋宿爲百姓請命，而五日之内繫兩尚書，不聞有抗疏争者，尚足回天意乎？兩尚書謂李日宣、陳新甲也。帝方重怒二人，不能從。

《明史》卷二二〇《舒化傳》　化言：陛下仁心出天性。知府錢若賡、知州方復乾以殘酷死戍。請飭大小臣僚各遵律例毋淫刑。《大明律》一書，高皇帝揭之兩廡，手加更定。今未經詳斷者或命從重擬議，已經定議者又詔加等處斬，是謂律不足用也。去冬雨雪不時，災異頻見，咎當在此。帝優詔答之。會續修《會典》，因輯嘉靖三十四年以後事例與刑名相關者三百八十二條，奏之。詔頒示中外。

十四年應詔陳言。請信詔令，清獄訟，速訊讞，嚴檢驗，禁冤濫，而以格天安民歸本聖心。帝嘉納焉。帝慮羣下欺罔，問有訐發，輒遣官逮捕，牽引證佐，文案累積。化言：主術貴執要，不當侵有司；徒使人歸過於上，而下反得緣以飾非。潞王府小校以事爲兵馬司吏目所笞，帝怒，逮吏目下詔獄，掠死，又罪其捕卒七人。化争之。詔罪爲首一人，餘並獲宥。【略】

會當慮囚，復起視事。中貴傳帝意宥重辟三十餘人，化争不可。詔卒從其議。

《皇朝通志》卷七五《刑法畧一・刑制肉刑附》　國初定制，重罪有斬刑，輕罪用鞭責。

順治元年，諭各衙門應責人犯悉遵用鞭責，不許用杖。尋議以三鞭折一板。又奏準我朝法制罪應死者止用斬刑，嗣後麗重典者仍分斬絞，按律定擬。三年，除割脚筋法。又舊例犯重辟減等者，鞭一百，貫耳鼻。奉旨：耳鼻在人身，最為顯著，此刑永革除之。四年，定凡民人犯杖罪用竹板折責，旗人、旗奴以鞭代，不折責。

又：二十年諭：旗人犯罪，充徒，例得折鞭。枷號者原指常犯而言，若告主，旗奴則當有别。嗣後奴告主應問徒者，著予實徒，不準鞭枷完結。又定凡内務府所屬莊頭、鷹户人等，如犯軍遣流徒等罪，俱照民人一律定擬，不得與在城居住，當差之旗人一體折枷完結。二十五年，定嗣後斬絞軍流人犯羈禁在監，及解審發遣，俱給衣赭色布服與鎖杻互為標示，易於識認。

《皇朝通志》卷七六《刑法畧二・刑制律綱》　天聰七年，太宗文皇帝遣官頒欽定法律於科爾沁國土謝圖濟農。十月，復宣示外藩蒙古諸國。順治元年，定問刑衙門，準依明律問罪。是年，世祖章皇帝詔法司會同廷臣詳繹明律，參酌時宜，詳擬允當，以便裁定成書，頒布天下。二年，敕修律官參酌滿漢條例，分别輕重差等，彙集進呈。四年，律書成，名曰《大清律集解附例》，御製序文，為書十卷，共四百五十八條。十年，特設督捕衙門，專理緝逃捕盜事務。十一年，敕法司仿古大誥之制，擇用刑各款重大者編緝成書，頒告天下，令有司於春秋暇日為民講説，並令學官常為士子講習。

又：十二年諭：帝王以德化民，以刑輔治，故律例最宜詳慎。苟輕重失則，官胥得以任意出入，欲政平訟理，其道無由。朕覽讞奏本章，引用律例每多未協，爾部速將滿漢文律繕寫進呈。朕將詳覽更定，頒示遵行。十七年，校訂律例以盛京定例及歷奉詔旨，並刑部衙門定例分析應入律各條欵，録成滿漢文册進呈。

康熙六年，敕刑部酌定見行則例，詳晰分欵，陸續進覽。九年，刑部將律例繙繹滿文進呈。十五年，諭：兵部督捕衙門逃人事情關繫旗下重大，前恐百姓株連困苦，故將條例屢行更改減定，期於兵民兩益，近見各該地方官奉行踈玩，緝獲日少，旗下民生深為未便，應遣部院大臣會同爾衙門將新舊條例逐一詳定，務俾永遠可行。

又：乾隆元年，部臣奏準修輯律例。又覆準督撫、臬司等各有刑名之責，儻有所見，據實敷陳，敕交該館以資採擇。五年，御製序文頒行《大清律例》，凡四十七卷，律文仍舊本，刪律總注，其注内有於律義有所發明，實可補律所不逮者，則竟别立一條，著為成憲，例千有四十二條，以次附律文之後。刪原例、增例各名目。又奏準乾隆四年十二月以前之例已經逐條奏準通行，其乾隆五年以後之例，有陸續增修之處，仍定三年一次編輯，頒行直省，永著為例。六年，諭：《律例》一書原係提綱絜領，立為章程，俾刑名衙門有所遵守。至於情僞無窮，而律條有限，原有不能纖悉必到，全然該括之勢，惟在司刑者體察案情，隨時詳酌，於無枉無縱則可，不可以一人一事而改成法也。

《皇朝通志》卷七八《刑法畧四・刑制秋朝審》 十四年諭：八旗滿洲互相殺傷案件，向例俱從斬決。至雍正年間，乃按律以謀殺、闘毆分别斬絞，亦即行正法。自朕御極之後，以旗民條例輕重懸殊，特諭九卿、八旗會同定議，一切命案俱著監候。至秋審時苟非謀故重情，概為緩决。但思立法之道，與其狎而易犯，不若使知所畏而不敢蹈。向來立法從嚴，具有深意，惟是旗民事例既經畫一，今又改從斬決，朕心有所不忍。嗣後滿洲與滿洲毆殺案件，著於秋審時俱入情實，八旗都統通傳知悉，務使旗人各惜身畏法，不罹罪譴。

又：四十二年，諭：調姦、拒捕、逞兇斃命之犯，情罪固為可惡，但按律擬以斬候，於法已無可加，乃聲叙以為不足蔽辜請即正法，恐無識者轉疑為有意從嚴，所辦未免過當。著傳諭各督撫，嗣後如遇此等案犯，按律定擬後即夾片聲明，趕入本年秋審。

《皇朝文獻通考》卷二〇《戸口考二・奴婢》 天聰六年，諭：家僕訐告伊主二事以上，重罪有實據，而輕罪虚者不以誣告論，准出戸。如開列欵内一欵有實據者，亦不以誣告論。若各欵俱實，原告准出戸，各欵俱虚及虚實相半者，原告俱不准出戸。訐告二事以上，輕罪有實據而重罪涉虚，或止告一事而以輕為重者，除實欵應坐外，其誣告之欵反坐，原告不准出户。互見《刑考》。

《皇朝文獻通考》卷二〇九《刑考十五・贖刑》 〔乾隆〕二十三年，停止斬絞捐贖例。御史葉啟豐奏請斬絞人犯即情稍可原，寧于秋審時量加矜減，其捐贖之例應行刪除。部議以贖罪之法，第按其情之故誤，不拘夫罪之重輕。自古迄今，從無死罪不准納贖之説，應不准行。得旨。該御史所言未嘗不是，著將斬絞緩决各犯納贖之例永行停止。俟遇有恩赦減等時，其憚於遠行者再准收贖，而贖鍰則仍照原擬罪名，不得照減等之罪。著為令。

（宋）王欽若《册府元龜》卷六一六《刑法部・議讞》 李峴，肅宗至德中爲御史大夫。時中丞崔器性刻樂禍，陰忍寡恩，又希旨深文，奏陷賊官云反逆從者據律並合處死。帝初收復，欲懲勸天下以爲器，議是。峴執之曰：夫事有首從，情有輕重，若一槩處死，恐非陛下含洪之義，又失國家惟新之典。且胡羯亂常狂寇凌據，二京全陷，萬乘南巡，各顧其生，衣冠蕩覆。或陛下親戚，勳舊子孫，責之以死，恐乖仁恕。昔者明王用刑，殲厥渠魁，脅從罔治，况河北殘寇今尚未平。苟容漏網，適開自新之路，若盡行誅，是堅叛逆之心，誰人更肯歸順？困獸猶鬪，况數萬人乎？崔器、吕諲皆守文之吏，不識大體，殊無變通，廷議累日，方從峴奏。陳希烈已下，定六等科罪，斬於獨柳樹，次杖刑決殺於京兆府門，自盡於大理寺，流於嶺南遠惡處，及貶有三等。後蕭華自相州賊中歸順闕廷，授尚書右丞，亦奏賊仕賊官等重爲安慶緒所驅，至相州初聞廣平王奉宣恩命陳希烈下並放之，皆相顧曰：我等國家見待如此，悔恨至此，其何可言？及器聞議刑，衆恨乃息。帝曰：朕幾爲崔器所誤。

又： 李朋，爲刑部員外郎，宣宗大中六年閏七月，奉勅應犯贓人，其平贓定估等，准《名律例》，諸平贓者，皆據犯處當時物價及上絹估。律《疏議》曰：贓謂罪人所取之贓，皆平其價直，准犯處當時上絹之價。依令每月旬别立三等估其贓，平所犯旬估定罪，所取犯月旬上絹之價。假有蒲州盜鹽，嶲州事發，鹽已費使，依令懸平，即取蒲州中估之鹽，准蒲州土絹之價，於嶲州決斷之。縱有賣價貴賤，所估不同，亦依估爲定。從之。十月中書、門下奏准勅應犯贓人，宜平贓定估等。奉閏七月三日，勅旨刑部奏頗叶中道，宜依仍編入令格者。臣等今商量，伏以京邑元無土絹，市中所貨，皆是外州將到。若據律處當處絹價，定賊平估，即京師當處之絹。若取河南一千一百價絹，即見在市肆又無此實估，將行新勅，須立定規。今京中市肆，所貨諸府絹，估各有等差。但據罪人所犯贓，如是見在絹及金銀雜物等，一事已上並請取京時價估定；如結贓即在京，諸府土絹上價實估結計。如罪人所取已費使及不記得當時州土色目，即請便取雜州土絹市肆所貨實價中估平結計贓，准前取諸州府土絹上估實價定罪。伏以京中、諸州府絹價，逐旬移改，貴賤不定。前使推獄每度臨時估定贓絹，即罪人性命所繫抄忽，校吏因兹得以上下。令責兩市絹牙人侯建武等，狀京城元不出土絹所貨者，諸州土縣果閬州絹最貴每疋九百五十文，上至五十尺，下至四十五尺；其次宋亳州土絹估每疋九百文實估價，其河南土絹價亦無一千實估。今以果閬州絹尺，每與尋嘗絹不同，已次校貴于宋〔亳〕州上縣，伏請永爲定例，其外州府比者雖准律文取當處上估絹，或有不出土絹、縱有出處，亦慮結獄之時，須有勘估，因其貴賤便生異端，兼以諸州府絹價除果閬州絹外，别無貴於宋亳州上估絹者，則外州府不計有土絹及無土絹處，並請一例取宋亳州土絹估，每疋九百文結計。如所取得絹以費使又不記得色目，即請取犯處市肆見貨，當取中估絹價平之。如不出絹處，亦請以當處見貨雜州中估價平之。庶使推劾有准，斷讞無疑。官吏既難舞文中外，自須畫一從之。十二月又奏准《名例律》在官犯罪，去官事發或事發去官，犯公罪流已下，各勿論，疏云：謂在本任犯罪去官事發或事發去官者，謂事發、未結斷問，便即去任職，此三事犯公罪，流已下勿論。又准會昌五年正月三日勅文，據律文，已去任者，公罪流以下勿論。公罪之條，情有輕重，苟涉欺詐，豈得勿論。向後公罪，有請狀難恕，並不在勿論之限，今伏詳勿論之理者，實啓倖門。勅律所標科條，未具伏見。近日已來，頻有長吏，在官無政被人告論，醜迹已達於聖聰，苛政又布于人口，降制使案劾，並已伏愆下法司參詳，即云去任，縱有重罪，盡得勿論，此乃徒致推窮，何懲姦濫，且當官犯罪，事迹已彰，既令推勘，自合停替，前同去任，實有等差。伏請自今已後，應在官犯罪事發因而去任，不論公罪私罪，一切准勅律科刑，不在勿論之限，其去任事發者，公罪流已下，即望許引勿論之科，其有事涉欺詐，情理難恕者，請法司詳斷之，時審詳事狀如涉此色，准會昌元年正月三日勅文，並不在勿論之限，從之。

又： 漢張仁琢爲左庶子，乾祐二年十二月，鄧州節度判官史在德棄市，以其誤斷民崔彦等八人犯牛皮禁，罪皆至死刑故也。時朝廷方務積甲，故牛革之禁甚峻。先是潞州長子縣民犯鞣底二殺數人，在德援例以斷之。節度使劉重進以崔彦將牛皮漢高廟冐皷。曾於本鎮申明，其與故犯不同，改杖放之。在德固争，因而上言，朝廷命使案覆在德以失入伏辜。時樞密使楊邠以法寺覺縱，乃召仁琢讞之。仁琢讞上以大理寺所斷即依律文。凡斷罪合取最後勅爲定，詳編勅云官典鞫獄枉濫或經臺授軌勘問不虚，元推官典並當誅罰。又嘗有忻州法椽郭業，故入張仁安一人死罪，合當誅罰處分，今在德故入八人罪，法寺不援後勅。准據律文，今以郭業比附在德合處極典。大理聞是讞，又引晉朝後勅云：今後不得以斷郭業勅内誅罰二字爲用，並須依格律斷獄，時宰臣蘇逢吉是之，言於楊頒不能正，竟決杖死之。

又： 殷侑爲鄆州觀察使，時濮州録事參軍崔元武坐贓，決六十，配流賀州。侑以元武或託公事被罰，取於五縣人吏率歛州縣官科錢，或以私馬擡估納官計絹一百二十疋。大理寺斷三犯以重者論，抵以中私馬爲重，止合削官三任。侑復奏以官法不及法律三犯不同即坐其所重。元武所犯枉法取受，准律枉法十五匹以上絞。律疏云即以贓致罪，頻犯者並累科，據元武所犯合當入處絞刑。疏奏崔元武遂依刑部元斷，先是御史大夫温造彈奏侑居天下，不由勅旨，賦歛百姓，即詔庾承宣代之，及奏論崔元武，文宗嘉侑之守法。翌日詔徵侑爲刑部尚書。

雜録

（漢）史游《急就篇》卷四　《春秋》《尚書》律令文。

《春秋》，孔子約《史記》而修之也。天有四時，春爲陽中，竹仲反。萬物以生。秋爲陰中，萬物以成。故錯牙舉之，苞十二月而爲名也。《尚書》，孔子所修帝王之書也。謂之《尚書》者，言自上古以來，其事久遠也。律之言率也，制法以率下也。一曰：律述也，具述刑名也。令，命爲政也。言宦學之人，又當皆習讀此等也。補曰：《春秋》辨是非，故長於治人。《書》記先王之事，故長於政。魏李悝著律六篇，漢蕭何定律，合爲九篇，叔孫通旁章十八篇，張湯二十七篇，趙禹六篇，合六十篇。所謂律也，下令、著令、挈令，及令甲、令乙、令丙。所謂令也，兒寬以《尚書》决疑。董仲舒以《春秋》决獄，故繼之以律令，幼學壯行不可不素講也。

（漢）史游《急就篇》卷四　臯陶造獄法律存。陶，餘招反。存叶祖陳反。見《楚辭・大招》。

臯陶，舜臣名。亦號庭堅。命爲士官，始制囹圄，法律備焉。欲言刑罰之事，故先陳之也，獄之言埆也，取其堅牢也。補曰：埆者，埆正之義。盧植云相質觳争訟。字從二犬。所以守備也。埆音角，囹圄音苓禦。補曰：後漢張敏曰：臯陶造法律，注引此句。《廣韻》：獄，臯陶所造。《説文》确也，法則也，律法也。

（明）董説《七國攷》卷一二《魏刑法・射訟》　《韓子》云：李悝爲魏文侯上地之守，而欲民之善射也，乃下令曰；民之有狐疑之訟者，令人射的，中之者勝，不中者不勝。令下，而民皆疾習射，日夜不休。及與秦人戰，大敗之，以民之善射故也。余按：古五刑之禁，决關梁、踰城郭而略盜者，其刑臏。男女不以義交者，其刑宫。觸易君命、革輿服制度、姦軌、盜攘、傷人者，其刑劓。非事而事之，出入不以道義，而誦不祥之辭者，其刑墨。降叛、寇賊、劫略、奪攘、矯虔者，其刑死。悝之《法經》何其深也！衛鞅既不用於魏，挾法入秦，定刑令什伍連坐，匿姦同罰，爲私闘則被刑，怠耕織則收孥，較魏《法經》先後一轍。作俑無後，悝不免矣。魏之《法經》曰：大夫之家有侯物，自一以上者族。惠王嘗乘夏車，建九斿。諸侯不得姦天子，猶大夫不得姦諸侯。防己極疏，繩人徒急，吾恐惠王之世，國法不行矣。《海濱筆乘》云：李悝弟子衛鞅得其師書，行秦政而伯天下。

《漢書》卷八三《薛宣傳》　久之，哀帝初卽位，博士申咸給事中，亦東海人也，毁宣不供養行喪服，薄於骨肉，前以不忠孝免，不宜復列封侯在朝省。宣子况爲右曹侍郎，數聞其語，賕客楊明，欲令創咸面目，使不居位。會司隸缺，况恐咸爲之，遂令明遮斫咸宫門外，斷鼻脣、身八創。

事下有司，御史中丞衆等奏：况朝臣，父故宰相，再封列侯，不相敕丞化，而骨肉相疑，疑咸受修言以謗毁宣。咸所言皆宣行迹，衆人所共見，公家所宜聞。况知咸給事中，恐爲司隸舉奏宣，而公令明等迫切宫闕，要遮創戮近臣於大道人衆中，欲以鬲塞聰明，杜絶論議之端。桀黠無所畏忌，萬衆讙譁，流聞四方，不與凡民忿怒争闘者同。臣聞敬近臣，爲近主也。禮，下公門，式路馬，君畜産且猶敬之。《春秋》之義，意惡功遂，不免於誅，上浸之源不可長也。况首爲惡，明手傷，功意俱惡，皆大不敬。明當以重論，及况皆棄市。廷尉直以爲律曰闘以刃傷人，完爲城旦，其賊加罪一等，與謀者同罪。詔書無以詆欺成罪。傳曰：遇人不以義而見疻者，與痏人之罪鈞，惡不直也。咸厚善修，而數稱宣惡，流聞不誼，不可謂直。况以故傷咸，計謀已定，後聞置司隸，因前謀而趣明，非以恐咸爲司隸故造謀也。本争私變，雖於掖門外傷咸道中，與凡民争闘無異。殺人者死，傷人者刑，古今之通道，三代所不易也。孔子曰：必也正名。名不正，則至於刑罰不中；刑罰不中，而民無所錯手足。今以况爲首惡，明手傷爲大不敬，公私無差。《春秋》之義，原心定罪。原况以父兄謗發忿怒，無它大惡。加詆欺，輯小過成大辟，陷死刑，違明詔，恐非法意，不可施行。聖王不以怒增刑。明當以賊傷人不直，况與謀者皆爵減完爲城旦。上以問公卿議臣。丞相孔光、大司空師丹以中丞議是，自將軍以下至博士議郎皆是廷尉。况竟減罪一等，徙敦煌。宣坐免爲庶人，歸故郡，卒於家。

《後漢書》卷四八《應劭傳》　又删定律令爲《漢儀》，建安元年乃奏之。曰：夫國之大事，莫尚載籍。載籍也者，决嫌疑，明是非，賞刑之宜，允獲厥中，俾後之人永爲監焉。故膠（東）〔西〕相董仲舒老病致仕，朝廷每有政議，數遣廷尉張湯親至陋巷，問其得失。於是作《春秋決獄》二百三十二事，動以經對，言之詳矣。逆臣董卓，蕩覆王室，典憲焚燎，靡有孑遺，開闢以來，莫或茲酷。今大駕東邁，巡省許都，拔出險難，其命惟新。臣累世受恩，榮祚豐衍，竊不自揆，貪少云補，輒撰具《律本章句》、《尚書舊事》、《廷尉板令》、《決事比例》、《司徒都目》、《五曹詔書》及《春秋斷獄》凡二百五十篇。蠲去復重，爲之節文。又集駮議三十篇，以類相從，凡八十二事。其見《漢書》二十五，《漢記》四，皆刪敍潤色，以全本體。其二十六，博採古今瓌瑋之士，文章煥炳，德義可觀。其二十七，臣所創造。豈繫自謂必合道衷，心焉憤邑，聊以藉手。昔鄭人以乾鼠爲璞，鬻之於周；宋愚夫亦寶燕石，緹緗十重。夫覩之者掩口盧胡而笑，斯文之族，無乃類旃。《左氏》實云雖有姬姜絲麻，不弃憔悴菅蒯，蓋所以代匱也。是用敢露頑才，廁于明哲之末。雖未足綱紀國體，宣洽時雍，庶幾觀察，增闡聖聽。惟因萬機之餘暇，游意省覽焉。獻帝善之。

《三國志》卷一二《魏志·毛玠傳》 崔琰既死，玠內不悅。後有白玠者：出見黥面反者，其妻子沒爲官奴婢，玠言曰：使天不雨者蓋此也。太祖大怒，收玠付獄。大理鍾繇詰玠曰：自古聖帝明王，罪及妻子。《書》云：左不共左，右不共右，予則孥戮女。司寇之職，男子入于罪隸，女子入于舂槀。漢律，罪人妻子沒爲奴婢，黥面。漢法所行黥墨之刑，存於古典。今真奴婢祖先有罪，雖歷百世，猶有黥面供官，一以寬良民之命，二以宥并罪之辜。此何以負於神明之意，而當致旱？案典謀，急恆寒若，舒恆燠若，寬則亢陽，所以爲旱。玠之吐言，以爲寬邪，以爲急也？急當陰霖，何以反旱？成湯聖世，野無生草，周宣令主，旱魃爲虐。亢旱以來，積三十年，歸咎黥面，爲相值不？衛人伐邢，師興而雨，罪惡無徵，何以應天？玠議謗之言，流於下民，不悅之聲，上聞聖聽。玠之吐言，勢不獨語，時見黥面，凡爲幾人？黥面奴婢，所識知邪？何緣得見，對之歎言？時以語誰？見答云何？以何日月？於何處所？事已發露，不得隱欺，具以狀對。玠曰：臣聞蕭生縊死，困於石顯；賈子放外，譏在絳、灌；白起賜劍於杜郵；晁錯致誅於東市；伍員絶命於吳都；斯數子者，或妒其前，或害其後。臣垂韶執簡，累勤取官，職在機近，人事所竄，屬臣以私，無勢不絶，語臣以冤，無細不理。人情淫利，爲法所禁。法禁于利，勢能害之。青蠅橫生，爲臣作謗，謗臣之人，勢不在他。昔王叔、陳生爭正王廷，宣子平理，命舉其契，是非有宜，曲直有所，《春秋》嘉焉，是以書之。臣不言此，無有時、人。說臣此言，必有徵要。乞蒙宣子之辨，而求王叔之對。若臣以曲聞，卽刑之日，方之安駟之贈；賜劍之來，比之重賞之惠。謹以狀對。時桓階、和洽進言救玠。玠遂免黜，卒于家。太祖賜棺器錢帛，拜子機郎中。

《宋書》卷五四《孔靈符傳》 淵之大明中爲尚書比部郎。時安陸應城縣民張江陵與妻吳共罵母黃令死，黃忿恨自經死，值赦。律文，子賊殺傷毆父母，梟首，罵詈，棄市，謀殺夫之父母，亦棄市。值赦，免刑補冶。江陵罵母，母以之自裁，重於傷毆。若同殺科，則疑重，用毆傷及罵科，則疑輕。制唯有打母，遇赦猶梟首，無罵母致死值赦之科。淵之議曰：夫題里逆心，而仁者不入，名且惡之，況乃人事。故毆傷呪詛，法所不原，詈之致盡，則理無可宥。罰有從輕，蓋疑失善，求之文旨，非此之謂。江陵雖值赦恩，故合梟首。婦本以義，愛非天屬，黃之所恨，情不在吳，原死補冶，有允正法。詔如淵之議，吳免棄市。

《魏書》卷四一《源賀傳》 是時，斷獄多濫，賀上書曰：案律：謀反之家，其子孫雖養他族，追還就戮，所以絶罪人之類，彰大逆之辜；其爲劫賊應誅者，兄弟子姪在遠，道隔關津，皆不坐。竊惟先朝制律之意，以不同謀，非絶類之罪，故特垂不死之詔。若年十三已下，家人首惡，計謀所不及，愚以爲可原其命，沒入縣官。高宗納之。出爲征南將軍、冀州刺史，改封隴西王。賀上書曰：臣聞；人之所寶，莫寶於生全；德之厚者，莫厚於宥死。然犯死之罪，難以盡恕，權其輕重，有可矜恤。今勁寇遊魂於北，狡賊負險於南，其在疆埸，猶須防戍。臣愚以爲自非大逆、赤手殺人之罪，其坐贓及盜與過誤之愆應入死者，皆可原命，謫守邊境。是則已斷之體，更受全生之恩；徭役之家，漸蒙休息之惠。刑措之化，庶幾在茲。《虞書》曰流宥五刑，此其義也。臣受恩深重，無以仰答，將違闕庭，豫增係戀，敢上瞽言，唯加裁察。高宗納之。已後入死者，皆恕死徙邊。久之，高宗謂羣臣曰：源賀勸朕宥諸死刑，徙充北番諸戍，自爾至今，一歲所活殊爲不少，生濟之理既多，邊戍之兵有益。

卿等事朕，致何善意也？苟人人如賀，朕治天下復何憂哉！顧憶誠言，利實廣矣。羣臣咸曰：非忠臣不能進此計，非聖明不能納此言。

《魏書》卷五七《崔挺傳》 時以犯罪配邊者多有逃越，遂立重制，一人犯罪逋亡，合門充役。挺上書，以爲《周書》父子罪不相及。天下善人少，惡人多，以一人犯罪，延及合門。司馬牛受桓魋之罰，柳下惠嬰盜跖之誅，豈不哀哉！辭甚雅切，高祖納之。

《周書》卷六《武帝紀下》 初行《刑書要制》。持杖羣彊盜一匹以上，不持杖羣彊盜五匹以上，監臨主掌自盜二十匹以上，小盜及詐僞請官物三十匹以上，正長隱五戶及十丁以上、隱地三頃以上者，至死。《刑書》所不載者，自依律科。

《北史》卷一〇《周紀下》 初，武帝作《刑書要制》，用法嚴重。及帝即位，恐物情未附，除之。至是，爲《刑經聖制》，其法深刻，大醮於正武殿，告天而行焉。

《北史》卷七〇《劉行本傳》 雍州別駕元肇言於上曰：有一州吏，受人饒錢二百文，律令杖一百。然臣下車之始，與其爲約。此吏故違，請加徒一年。行本駁之曰：律令之行，蓋發明詔。今肇乃敢重其教命，輕忽憲章，虧法取威，非人臣之禮。上嘉之，賜絹百匹。

《宋史》卷一五五《選舉志一》 又立新科明法，試律令、《刑統》、大義、斷桉，所以待諸科之不能業進士者。未幾，選人、任子，亦試律令始出官。又詔進士自第三人以下試法。或言：高科任簽判及職官，於習法豈所宜緩。昔試刑法者，世皆指爲俗吏，今朝廷推恩既厚，而應者尚少，若高科不試，則人不以爲榮。乃詔悉試。帝嘗言：近世士大夫，多不習法。吳充曰：漢陳寵以法律授徒，常數百人。律學在六學之一，後來縉紳，多恥此學。舊明法科徒誦其文，罕通其意，近補官必聚而試之，有以見恤刑之意。

《宋史》卷一九九《刑法志一》 神宗以律不足以周事情，凡律所不載者一斷以敕，乃更其目曰敕、令、格、式，而律恒存乎敕之外。熙寧初。置局修敕，詔中外言法不便者，集議更定，擇其可采者賞之。元豐中，始成書二十有六卷，復下二府參訂，然後頒行。帝留意法令，每有司進擬，多所是正。嘗謂：法出於道，人能體道，則立法足以盡事。又曰：禁於已然之謂敕，禁於未然之謂令，設於此以待彼之謂格，使彼效之之謂式。修書者要當識此。於是凡入笞、杖、徒、流、死，自名例以下至斷獄，十有二門，麗刑名輕重者，皆爲敕。自品官以下至斷獄三十五門，約束禁止者，皆爲令。命官之等十有七，吏、庶人之賞等七十有七，又有倍、全、分、釐之級凡五等，有等級高下者，皆爲格。表奏、帳籍、關牒、符檄之類凡五卷，有體制模楷者，皆爲式。

《宋史》卷二〇〇《刑法志二》 孝宗究心庶獄，每歲臨軒慮囚，率先數日令有司進款案披閱，然後決遣。法司更定律令，必親爲訂正之。丞相趙雄上《淳熙條法事類》，帝讀至收騾馬、舟舡、契書稅，曰：恐後世有算及舟車之譏。《戶令》：戶絶之家，許給其家三千貫，及二萬貫者取旨。帝曰：其家不幸而絶，及二萬貫迺取之，是有心利其財也。又《捕亡律》：公人不獲盜者，罰金。帝曰：罰金而不加罪，是使之受財縱盜也。又：監司、知州無額上供者賞。帝曰：上供既無額，是白取於民也，可賞以誘之乎？並令削去之。其明審如此。

《宋史》卷二〇一《刑法志三》 又詔審刑院、大理寺議重贓併滿輕贓法。審刑院言：所犯各異之贓，不待罪等而累併，則於律義難通，宜如故事。而大理寺言：律稱，以贓致罪，頻犯者並累科；若罪犯不等者，即以重贓併滿輕贓各倍論；累併不加重者，止從重。蓋律意以頻犯贓者，不可用二罪以上之法，故令累科；爲非一犯，故令倍論。此從寬之一也。然六贓輕重不等，若犯二贓以上者，不可累輕以從重，故令併重以滿輕。此從寬之二也。若以重併輕後加重，則止從一重，蓋爲進則改從於輕法，退亦不至於容姦。而《疏議》假設之法，適皆罪等者，蓋一時命文耳。若罪等者盡數累併，不等者止科一贓，則恐知法者足以爲姦，不知者但繫臨時幸與不幸，非律之本意也。

（元）陳桱《通鑑續編》卷三《宋初定折杖法》 宋初定折杖法。流刑四，曰加役流，杖二十，配役三年，流三千里；杖二十，二千五百里；杖十八，二千里；杖十七，並配役一年。徒刑五，曰：徒三年，杖二十；二年半，杖十八；二年，杖十七；一年半，杖十五；一年，杖十二。杖刑五，曰：杖一百，為杖二十；九十為十八；八十為十七；七十為十五；六十為十三；杖皆背受。笞刑五，曰：笞五十為十下，四十、三十為八下，二十、十為七下，笞皆臂受。

（宋）徐夢莘《三朝北盟會編》卷二四四《炎興下帙》　刑法：金人有國之初，立法設刑，悉遵遼制。常刑之外，又有一物曰沙袋，以革為囊，實之沙石，繫于杖頭，有罪者持而決其背。大率似脊杖之屬，為數多焉。亶立執政大臣，多中州漢兒人，始加損益如此。沙袋之治至皇統間，令學上院討論條例，頒行天下。目之曰皇統新制。近年餘條亮弑亶自立，又去脊杖，以其近人心故也。斬刑者，以上古之制一也，處死者，免重杖，令絞也。流者所犯之人無罪，止流犯人之家屬也。徒者非謂春秋代徒實拘役也，徒止五年以上死罪也。徒五年，則決杖二百；四年，決杖一百八十；三年，一百六十；二年，一百四十；一年，一百二十；杖無大。杖，止以荆杖決臀，實數也。拘役之處，逐州有之，曰：都作院所徒之人，或使之磨甲，或使之土工，使之雜作，無用不可。脚腕以鐵為科鎌鎌之。罪輕者，用一罪；重者，用二；皆朝縱暮收，年限滿則逐，便不妨依舊，為百姓刑法，大率與舊制不相遠。惟僧尼犯奸者，死，强盗不論得財不得並處，强奸者死，與古異矣。

《金史》卷四五《刑志》　初，詔凡條格入制文内者，分爲別卷。復詔制與律文輕重不同，及律所無者，各校定以聞。如禁屠宰之類，當著于令也，慎之勿忽，律令一定，不可更矣。

《元史》卷一六《世祖紀一三》　江淮省平章沙不丁，以倉庫官盜欺錢糧，請依宋法黥而斷其腕，帝曰：此回回法也。不允。

又：何榮祖以公規、治民、禦盗、理財等十事緝爲一書，名曰《至元新格》，命刻版頒行，使百司遵守。

《元史》卷二二《武宗紀二》　中書省臣言：驛戶疲乏，宜量事給驛。今經費浩大，其收售寶貨，權宜停罷。又，陛下即位詔書不許越職奏事，比者近侍奏除官丐賞者，皆自内降旨，請今不經中書省勿行。又，刑法者譬之權衡，不可偏重，世祖已有定制，自元貞以來，以作佛事之故，放釋有罪，失於太寬，故有司無所遵守。今請凡内外犯法之人，悉歸有司依法裁決。又，各處民饑，除行宫外，工役請悉停罷。皆從之。又言：律令者治國之急務，當以時損益。世祖嘗有旨，金《泰和律》勿用，令老臣通法律者，參酌古今，從新定制，至今尚未行。臣等謂律令重事，未可輕議，請自世祖即位以來所行條格，校讎歸一，遵而行之。制可。

《元史》卷二四《仁宗紀一》　是月，帝諭省臣曰：卿等裒集中統、至元以來條章，擇曉法律老臣，斟酌重經，折衷歸一，頒行天下，俾有司遵行，則抵罪者庶無寃抑。

《元史》卷二八《英宗紀二》　御史李端言：朝廷雖設起居注，所録皆臣下聞奏事目。上之言動，宜悉書之，以付史舘。世祖以來所定制度，宜著爲令，使吏不得爲奸，治獄者有所遵守。並從之。

又：命樞密副使完顔納丹、侍御史曹伯啓、也可扎魯忽赤不顔、集賢學士欽察、翰林直學士曹元用，聽讀仁宗時纂集累朝格例。

又：格例成定，凡二千五百三十九條，内斷例七百一十七、條格千一百五十一、詔赦九十四、令類五百七十七，名曰《大元通制》，頒行天下。

（清）徐乾學《資治通鑑後編》卷一七一《元紀一九》　中書省員外郎陳思謙上言：强盗但傷事主者皆得死罪，而故殺從而加之人與鬬而殺人者，例杖一百七，得不死，與私宰牛馬之罪無異。是視人與牛馬等也，法應加重。因姦殺夫所姦妻妾同罪，律有明文，今止坐所犯，似失推明，遂令法曹議，著為定制。

（清）龍文彬《明會要》六七《刑四·贖罪》　明充軍之例最嚴，有終身，有永遠。永遠者，罰及子孫，皆以實犯死罪減等者充之。嘉靖間，有請開贖軍例者。世宗曰：律聽贖者，徒杖以下小罪耳。死罪矜疑，乃減從謫發，不可贖。御史周時亮復請廣贖例。部議：審有力者，銀十兩得贖三年以上徒一年，稍有力者半之。而贖軍之議卒罷。御史胡宗憲言：南方之人不任兵革。其發充邊軍者，宜令納銀自贖。部議以爲然，因擬納例以上。帝曰：豈可豫設此例以待犯罪之人？復不允。

《皇朝通志》卷七五《刑法畧一·刑制肉刑附》　凡刺字，犯逃盗者刺，謀故及拒捕殺人者刺，死囚決不待時者刺，旗人另户刺臂，奴僕刺面，民徒罪以上刺面，杖罪以下刺臂，再犯者亦刺面。旗人有犯竊盗者，銷去本身旗檔，亦照民人初犯論罪。刺臂面，刺臂在腕之上肘之下，刺面在鬢之下頰之上，逃犯刺左，餘犯刺右，初犯刺左者，再犯、累犯刺右，初犯刺右者，再犯、累犯刺左。罪名刺左者，地名刺右，罪名刺右者，地名刺左。地名謂犯所應遣地方。字方一寸五分，畫濶一分有半，並不得過限。

立決者獄成即刺，監候者奉旨始刺，餘犯悉於起解責釋前刺之。

又： 凡律例言以者刺，言準者不刺，職官不刺，舉貢生監不刺，婦女不刺，逃軍流遣遇赦及自首發原配者不刺。初次一年内投回不刺，二次半年内投回不刺，三次三月内投回不刺，宗室以上家下莊頭、户部官莊頭、光禄寺園頭，有犯均不刺。莊頭家下壯丁刺，犯竊年未及歲不刺，惟在京十三歲以上，犯二次者刺。

《皇朝通志》卷七六《刑法畧二・刑制律綱》 凡各衙門條例，有從前本嚴，而朕改易從寬者，此乃從前部臣定議未協。朕與廷臣悉心斟酌，而後更定以垂永久者，應照更定之例行，若從前之例本寬，而朕改易從嚴者，此乃整飭人心風俗之計。原欲暫行於一時，俟諸弊革除之後，仍可酌復舊章，此朕之本意也。自後遇此等事件，則再加斟酌，若有應照舊例者，仍照舊例行。

又： 本朝《大清律》周詳明備，近年以來又命大臣等斟酌重修，朕詳加釐定，見在刊刻頒行，而新任之臬司科道等條陳律欵者尚屬紛紜。至於奉天府府丞竟奏請酌改三條，夫以已定之數章，欲以一人之臆見，妄思變易，究竟不能盡民間之情獘，而朝更夕改，徒有乖於政體，嗣後無得輕議紛更，如果所言實屬有當，該部亦止可議載册籍，不得擅改成書。

又： 是年，諭：向來枷號人犯，祇於熱審時，暫行保釋，並無隆冬保釋之例。此等生事不法之人，隨時懲治。庶人心共知警惕，若姑息市恩，適足養姦縱暴，非國家明罰敕法之道，刑部竟行編入條例頒發，殊屬不合，所有枷號人犯著仍照舊例行。

《皇朝通志》卷七七《刑法畧三・刑制聽斷》 凡官司斷罪，皆須具引律例，違者笞三十。若律有數事共一條，止引所犯本罪者，聽其特旨斷罪臨時處治不為定律者，不得援引為比。若輒引比致罪有出入者，以故失論，承問各官審明定案，須援引一定律例。若先引一條，復云不便照此例，更引重例及加情罪可惡字樣，坐人罪者，以故入人罪論，除正律正例而外，凡屬成案未經通行，著為定例者，毋得混率牽引，致罪有出入，又立斷決之，準凡盗公取竊取皆為盗器物錢帛之類，須移徙已離盗所，方謂之盗。珠玉寶貨之類，據入手隱藏縱在盗所未將行，亦是。其木石重器，非人力所勝，雖移本處，未馱載間，猶未成盗，不得以盗論。馬牛駝羸之類，須出闌圈，鷹犬之類，須專制在已，乃為盗。其未成盗而有顯蹟證見者，依已行而未得財科斷。

《皇朝文獻通考》卷一三《錢幣考一》 國初定，偽造金銀者，杖一百，徒三年。為從及知情買使者，減一等。至康熙年間，定凡造錫錁充假銀者，杖枷流三千里。乾隆五年，復定凡用銅錫鉛鐵藥煮為假銀行使者，係旗人鞭枷發黑龍江，係民杖枷發雲貴川廣烟瘴少輕地方。為從及知情買使者，擬流。其將銀鑿孔傾入銅鉛，及將銅鉛傾錠外包以銀使用者，仍照杖徒原律定擬。互詳《刑考》。

《皇朝文獻通考》卷一九五《刑考一・刑制》 定死罪，依律分別絞斬，應笞者折板。刑部侍郎提橋疏言：五刑之設，死刑居二，曰絞曰斬。明律分別差等，我朝法制，罪應死者，俱用斬刑。請自今以後麗於重典者，仍分別絞斬，按律引擬，至於應笞之人，罪不至死，若以板易鞭，或傷民命，宜酌減笞數，以三鞭準一板。從之。

《皇朝文獻通考》卷一九七《刑考三・刑制》 定因姦致死本婦律，奉諭，因姦致死本婦，向來例無正條，俱引因姦威逼人致死之律擬斬監候。但其間情事不同，如係强姦既成，本婦羞忿自盡者，擬以斬候固屬允當。若强姦不遂，將本婦立時殺死，如此淫兇之犯，非立決不足蔽辜。至於强姦未成，或但經調戲本婦，即羞忿自盡者，非引照擬抵，固無以慰貞魂而一概擬斬監候，又覺未為平允，應擬絞監候。至秋審時，俱以情實請旨，如此庶為輕重得宜。

《皇朝文獻通考》卷二〇四《刑考十・徒流》 定子孫將祖父母、父母屍誤執傷痕，告他人謀害，致屍遭蒸檢者，杖一百，流三千里，加徒役三年。詳見《刑制門》。定發遣巴里坤人犯分別種地、當差、為奴之例，刑部奏准發往巴里坤人犯照旗人有犯發遣之例，將旗人内之曾任職官，及另戸正身並民人内之舉監生員以上及職官子弟俱發往種地當差，其餘人犯俱給與種地緑旗兵丁為奴。

《皇朝文獻通考》卷二〇五《刑考十一・徒流》 增定盗砍他人墳樹例，刑部奏定砍他人墳樹，除犯案僅止一二次，所竊株數無多者，仍照本例，擬以枷責。外如犯案至三次者，即照竊盗三犯本例計贓，分別擬以流遣。其糾黨成羣，旬日之間，疊次竊砍至六次以上，而樹數又在二三十株以上，情同積匪者，無論從前曾否犯案，即照積匪猾賊例擬遣。如連竊砍在三次以上，而始犯案者照積匪例量減擬徒，仍各按竊盗本例刺字。互見《刑制門》。增定積匪猾賊，分别次數，問擬遣徒例。詳見《刑制門》。

《皇朝文獻通考》卷三〇〇《四裔考八·北》 法律：凡叛逆犯上者，肢解。遇敵敗北者，斬。刼奪人及殺人者，俱斬。傷人者，斷手。偷盗倉庫官物者，視贜之多寡，有劓刵者，有以火灼之而發遣者。私鑄錢者，鎔銅灌口内以殺之。私賣烟酒者，重責籍其家，遣其人。因姦殺死本夫者，本婦則埋于地，露其首以殺之。姦夫則懸于樹以殺之。犯姦者，本婦重責不離異，姦夫重責又罰銀入官。其幼童與女子姦者，重責之，配為夫婦。

（清）劉錦藻《皇朝續文獻通考》卷二四四《刑考三》 又奏准嗣後捉人勒贖之案，如有結夥三人以上，持械入室，倚强擄捉已成，形同强盗者，即照强盗得財不分首從律，擬斬立决。其有執持鳥鎗洋鎗者，照强盗章程，加擬梟示。若有拒捕殺傷，事主亦照强盗殺傷人之例科斷。在途擄捉，如被捉數在三人以上，或所捉係十五歲以下，幼童或擄捉已至三次以上，同時并發，或勒贖得贜在一百二十兩以上，此四項中兼有兩項者，即由絞監候例上加擬絞立决。若無前項，重情仍照舊例辦理。又擄捉一次，雖無兇暴重情，計贜在一百二十兩以上者，秋審均入情實，以昭畫一。

臣謹案：捉人勒贖，乃强盗搶奪之變相，舊例無此名目，以從前並無此罪犯也。自乾嘉以來，粤東始發生，此犯漸及各省。故道光二年，始立治罪條例。初本爲兩廣專條，後因蔓延北省，改爲通例，首犯照强盗斬决，從犯減等發遣。其後愈出愈奇。歷次修改加重。此項章程於定例斬决者，更加梟示，定例絞候者，加爲絞决，遣罪加爲絞候。原係奏准暫行章程，並非永著爲例。可見刑法因地因時而易，非一成而不可變也。

（清）劉錦藻《皇朝續文獻通考》卷二五五《刑考十四》 臣謹案：以上二條均係嚴懲婦女犯罪，不准收贖，一係致斃婢女，一係故殺幼媳。蓋舊律最重名分，凡婦女非犯姦盗、不孝、寡廉鮮恥之罪，均准贖罪。如家長妻妾致斃婢女及姑殺子媳，以名分攸關，均罪止流徒，准其收贖，所以養其廉恥，使之知所愧悔也。無如法久弊生，凡富貴家之婦女恃有贖罪之法，以致無所忌憚，長其殘忍兇悍之性，折磨婢女兒媳之案層見疊出。故前條設有罰俸之法，後條又設監禁之例，略爲加嚴，均不准照舊贖罪，所以救律法之窮，雖變而不失其常。若如見行律已除奴婢之制，新行律更廢姑媳之分，婦女有犯，一概均同凡論，則又變本加厲，無尊卑上下之分矣！《易》曰：君子以辨上下，定民志。若上下不辨，民志不定，未有能立國者也。

又：又奏：前據刑部奏，變通婦女犯罪收贖銀數一摺，内稱婦女收贖之法，始見明律，國朝因之，於權衡輕重之中，寓保全名節之義，洵係曠典。惟收贖諸圖，泥於往古贖銅之制，其數甚微。見在笞杖，改爲罰金，滿杖即應十五兩，本屬折中之數。議請嗣後婦女犯罪，除笞杖照新章一律改爲罰金外，如犯該遣、軍、流、徒等項，舊例應實發者改爲留於本地習藝所，一體工作，以十年爲限。應監禁者，照原定年限，亦收入本地習藝所工作。其尋常各案，准其收贖。徒一年，折銀二十兩，每五兩爲一等，五徒准此遞加；由徒入流，每一等加十兩，三流准此遞加。遣軍照滿流科斷。如無力完繳，將應罰之數照新章按銀數折算時日，改習工藝，其在各省尚未設立女犯習藝所以前，即照應得工作期限，暫予監禁等因，奉旨依議，自應輯爲通例，以便引用。

見行律，凡婦女犯罰金罪名，依律處罰。其犯該徒流以上，除例内載明應收所習藝者，一律按限工作，不准論贖外，其尋常各案，准其贖罪。徒一年，贖銀二十兩，每等加銀五兩，至徒三年，贖銀四十兩；流二千里，贖銀五十兩，每等加銀十兩，至流三千里，贖銀七十兩。應安置發遣者，照滿流科斷，如無力完繳，按銀一兩折工作四日。其未設有女犯習藝所地方，照工作時日，改爲監禁，俱限滿釋放。

（明）唐樞《法綴·大明令》 太祖高皇帝初登大寶，即班令旨以詔天下，名《大明令》，内自序則曰：律令，夫出於上以道之謂令；禁於下以齊之謂律。聖心布諭之仁，欲以其意道民於善，民之不爲犯則政效所及。故畧而不以名書，蓋法律、法令本一意。三代前皆稱法，商鞅改法爲律，乃專以求於民者，則所用異也。是編欵凡一百四十五，雖比後律書未三之一，大畧包含已盡，救時息患，起焚溺而新耳目，此其立例設條之祖也。

（清）俞樾《諸子平議》卷一《管子一》 疏遠無蔽獄，孤寡無隱治。

樾謹按，無隱治與無蔽獄同義。《周官·小宰》職曰：聽其治訟。《司市》職曰：聽其大治大訟，小治小訟。《胥師》職曰：聽其小治小訟而斷之，皆治訟並言，治亦訟也。《公羊》僖二十八年《傳》：叔武爲踐土之會，治反衛侯。何休解詁曰：叔武訟治於晉文公，令白王者反衛侯，使還國也。是古人以治爲訟之證，然則隱治與蔽獄一也。

（唐）徐堅《初學記》卷二〇《政理部·赦》〔敍事〕《爾雅》曰：赦，舍也。郭璞注：謂放置也。按《虞書》眚災肆赦，《周禮》司刺掌三赦之法。又曰國君過市則刑人赦。《論語》曰：有罪不敢赦，是也。《漢舊儀》云：踐祚改元，立皇后太子，赦天下。每赦自殊死以下，及謀反大逆不道，諸不當得赦者，皆赦除之。命下丞相御史，復奏可。分遣丞相御史乘傳駕行郡國，解囚徒布詔書，郡國各分遣吏傳廄車馬行屬縣，解囚徒，又荀悦《漢紀》論曰：夫赦，權時之宜，非常典也。漢興，承兵革之後，大過之代，比屋可刑，故設三章之法，申以大赦之令，蕩滌穢流，與人更始，時勢然也。後代承業，習而不革，失時宜矣。故《管子》曰：凡赦者，小利而大害也。故久而不勝其禍，無赦者，小害而大利也，故久而不勝其福。赦者，奔馬之委轡也。無赦者，痤疽之礦石也。又王符《潛夫論》云，或三辰有候，天氣當赦。故人從之施德也。《史記》，莊生謂楚王曰：某星犯某宿，宜以德報怨，楚王將爲赦，又望氣經曰：黄雲四出，注期五十日赦。又《風角書》：春甲寅風起，從中上來爲大赦，期六十日應也。

（唐）徐堅《初學記》卷二〇《政理部·囚》〔敍事〕《風俗通》曰：囚，遒也。言辭窮情得，以罪誅遒也。禮罪人寘諸圜土，故囚字爲口守人。此其象也。《尚書》曰：囚奴正士。又曰：要囚服念，五六日至於旬時，不蔽要囚。《詩》曰：在泮獻囚。《周官》掌囚掌守盗賊凡囚者。鄭玄注云：囚，拘也。此其事也。

（唐）徐堅《初學記》卷二〇《政理部·獄》〔敍事〕《釋名》曰：獄，确也。言實确人情僞也。又謂之牢，言所在堅牢也。又謂之圜土，言築土之表牆。其形圜也，又謂之囹圄。囹，領也。圄，禦也。言領録囚徒，禁御也。按《急就章》，咎繇造獄，後代因之。《風俗通》云：夏曰夏臺，殷曰羑里，周曰囹圄，是也。《博物志》云：夏曰念室，殷曰動止，周曰稽留，三代之異名也。又狴牢者，亦獄别名。《家語》曰：孔子爲大司寇，有父子訟者，同狴繫之。又《詩》曰：宜犴宜獄。《韓詩外傳》云：鄉亭之繫曰犴。朝廷曰獄，則其事也。

（唐）劉肅《大唐新語》卷四《持法》 太宗問大理卿劉德威曰：近來刑網稍密，何也？對曰：誠在君上，不由臣下。主好寬則寬，好急則急。律文：失入減三等，失出減五等。今則反是，失入無辜，失出則獲戾，所以吏各自愛，競執深文，畏罪之所致也。太宗深納其言。

（宋）周密《癸辛雜識後集·律文去避來》 律云去避來之文，最爲難曉。太宗嘗問孔恭承曰：令文中貴賤少長輕重，各有相避，何必又云去避來，此義安在？恭承曰：此必戒於去來者，互相回避耳。上不然，曰：借使去來相避，此義止是憧憧於通衢之大路，人密如交蟻，烏能一一相避，但恐律者别有他意耳。余嘗扣之棘寺老吏云：所謂去避來者，蓋避自我後來者，以其人自後奔走而來，此必有急事故耳，故當避之也。此語亦甚有理。

律疏注分部

綜　述

《南齊書》卷四八《孔稚珪傳》 至九年，稚珪上表曰：臣聞匠萬物者以繩墨爲正，馭大國者以法理爲本。是以古之聖王，臨朝思理，遠防邪萌，深杜姦漸，莫不資法理以成化，明刑賞以樹功者也。伏惟陛下躡曆登皇，乘圖踐帝，天地更築，日月再張，五禮裂而復縫，六樂穨而爰緝。乃發德音，下明詔，降恤刑之文，申慎罰之典，敕臣與公卿八座共删注律。謹奉聖旨，諮審司徒臣子良，稟受成規，創立條緒。使兼監臣宋躬、兼平臣王植等抄撰同異，定其去取。詳議八座，裁正大司馬臣嶷。其中洪疑大議，衆論相背者，聖照玄覽，斷自天筆。始就成立《律文》二十卷，《録敍》一卷，凡二十一卷。今以奏聞，請付外施用，宣下四海。

臣又聞老子、仲尼曰：古之聽獄者，求所以生之；今之聽獄〔者〕，求所以殺之。與其殺不辜，寧失有罪。是則斷獄之職，自古所難矣。今律文雖定，必須用之；用失其平，不異無律。律書精細，文約例廣，疑似相傾，故誤相亂，一乖其綱，枉濫横起。法吏無解，既多謬僻，監司不習，無以相斷，則法書徒明於帙裹，寃魂猶結於獄中。今府州郡縣千有餘獄，如令一獄歲枉一人，則一年之中，枉死千餘矣。寃毒之死，上干和氣，聖明所急，不可不防。致此之由，又非但律吏之咎，列邑之宰，亦亂其經。或以軍勳餘力，或以勞吏暮齒，獷（猜）〔情〕濁氣，忍并生靈，昬心狠態，吞剥氓物，虐理殘其命，曲文被其罪，寃積之興，復緣斯發。獄吏雖良，不能爲用。使于公哭於邊城，孝婦寃於遐外。陛下雖欲宥之，其已血濺九泉矣。

尋古之名流，多有法學。故釋之、定國，聲光漢臺；元（帝）〔常〕、文惠，續映魏閣。今之士子，莫肯爲業，縱有習者，世議所輕。良由空勤永歲，不逢一朝之賞，積學當年，終爲閭伍所蚩。將恐此書永墜下走之手矣。今若弘其爵賞，開其勸幕，課業宦流，班習胄子，拔其精究，使處内局，簡其才良，以居外仕，方岳咸選其能，邑長並擢其術，則皋繇之（謀）〔謨〕，指掌可致，杜鄭之業，鬱焉何遠。然後姦邪無所逃其刑，惡吏不能藏其詐，如身手之相驅，若絃栝之相接矣。

臣以疎短，謬司大理。陛下發自聖衷，憂矜刑網，御（延）〔廷〕奉訓，遠照民瘼。臣謹仰述天官，伏奏雲陛。所奏繆允者，宜寫律上，國學置律助教，依《五經》例，國子生有欲讀者，策試上過高第，卽便擢用，使處法職，以勸士流。

《北史》卷八五《劉子翊傳》 論云：禮者稱情而立文，杖義而設教。還以此義，諭彼之情。稱情者如母之情，杖義者爲子之義，分定然後能尊父順名，崇禮篤敬。苟以姆養之恩，始成母子。則恩由彼至，服自己來，則慈母如母，何待父令？又云：繼母、慈母，本實路人，臨己養己，同之骨血。若如斯言，子不由父，縱有恩育，得如母乎？其慈繼雖在三年之下，而居齊期之上。禮有倫例，服以稱情。繼母本以名服，豈藉恩之厚薄也。至於兄弟之子猶子也，私昵之心實殊，禮服之制無二。彼言以輕如重，因以不同；此謂如重之辭。卽同重法。若使輕重不等，何得爲如？律云准枉法者，但准其罪，以枉法論者，卽同真法。律以弊刑，禮以設教。准者准擬之名，以者卽真之稱。如以二字，義用不殊，禮、律兩文，所防是一。將此明彼，足見其義。取譬伐柯，何遠之有。

（清）朱櫺《國朝奏疏》卷三張玉書《進呈律文總注》 竊惟帝王好生，首重民命，國家垂憲，務定刑書。臣等奉命重修律例，自顧才識譾陋，夙夜凛凛，惧不勝任。欽惟我聖上至仁如天，羣生率育，凡有刑獄奏讞，聖心輒加矜憫，時于無可寬釋之中，曲求格外生全之路。每一歲之内，特旨免死寬減者甚多。

湛恩汪涉，洽于海隅。歷稽前史，實所罕覯。臣等敬體皇上明慎用刑至意，詳閲全律，逐條辯析，以刑部見行例分别載入律内，有滿漢文義互相參差者，通加改正。或罪有本律而例係重復者，卽行删除。或名目事款舊有今無及舊無今有者，酌量增删。或一款應分两條或數條同屬一類者，悉與分併。其今虽不行而宜備參考者，仍照舊例附載以俻引證。别部事例間有与律義相合者，亦照刑部現行例採入。如律例内有應具題請旨者，俟另題請旨。至於律文，仿自唐律，辭簡義賅，誠恐講晰未明，易致訛舛。臣等彙集衆説，於每篇正文後，增用總註疏解律義，期於明白曉暢，使人易知。

（清）朱櫺《國朝奏疏》卷三朱軾《進大清律集解附例表》 臣等誠惶恐稽首頓首上言：【略】迺於雍正元年欽奉上諭：以律例全書憲章百代。無偏無党，期服物而寧人；是訓是行，貴協中以定制。特命臣重加纂修，比事屬詞，發凡起例，情求當理。常蒙天語叮嚀，德洽好生，當體聖心仁爱，源流長遠，仰睿鑒之精明；義類繁多，經宸衷而畫一。增脩咸偹，臣職愧房杜之才；平允攸宜，主德協唐虞之治。伏願建行不息，容保無疆。敷文命於兩階，鼓润雷霆風雨；惠嘉師以三德，協和禮樂晨桑。將見刑期無刑，昭萬民之樂利；法非徒法，沛百代之恩膏矣。

（清）董誥《全唐文》卷一三六長孫無忌《律疏議序》 夫三才肇位，萬象斯分，稟氣含靈，人爲稱首，莫不憑黎元而樹司宰，因政教而施刑法。其有情恣庸愚，識沉愆戾，大則亂其區宇，小則睽其品式。不立制度，則未之前聞。故曰：以刑止刑，以殺止殺。刑罰不可弛於國，笞箠不得廢於家，時遇澆淳，用有衆寡。於是結繩啟路，盈坎疏源，輕刑明威，大禮崇敬。《易》曰：天垂象，聖人則之。觀雷電而制威刑，覩秋霜而有肅殺。懲其已犯，而防其未然；平其徽纆，而存乎博愛。蓋聖王不獲已而用之。古者大刑用甲兵，其次用斧鉞；中刑用刀鋸，其次用鑽笮；薄刑用鞭扑。其所由來，亦已尚矣。昔白龍白雲，則伏羲軒轅之代；西火西水，則炎帝共工之年。鶉鳩筵賓於少皡，金正策名於顓頊。咸有天秩，典司刑憲，大道之化，擊壤無違。迨乎唐虞，化行事簡，議刑以定其罪，畫象以愧其心。所有條貫，良多簡略，年代浸遠，不可得而詳焉。堯舜時理官則謂之爲士，而臯陶爲之。其法略存，而往往概見。則《風俗通》所云臯陶謨虞造律是也。律者，訓銓訓法也。《易》曰：理財正辭，禁人爲非曰義。故銓量輕重，依義制律。《尚書大傳》曰：丕天之大律。注云：奉天之大法。法亦律也，故謂之爲律。昔者聖人制作，謂之爲經。傳師所説，則謂之爲傳。此則邱明、子夏於《春秋》、《禮經》作傳是也。近代已來，兼經注而明之，則謂之爲義疏。疏之爲字，本以疏濶、疏遠立名。又《廣雅》云：疏者，識也。案疏訓識，則書疏記識之道存焉。《史記》云：後主所是疏爲令，前主所是著爲律。《漢書》云：削牘爲疏。故云疏也。昔者三王始用肉刑，赭衣難嗣，皇風更遠，朴散淳離，傷肌犯骨。《尚書大傳》曰：夏刑三千條，《周禮》司刑掌五刑，其屬二千五百。穆王度時制法，五刑之屬三千。周衰刑重，戰國異制。魏文侯師於李悝，集諸國刑典，造《法經》六篇，一盗法，二賊法，三囚法，四捕法，五雜法，六具法。商鞅傳授，改法爲律。漢相蕭何，更加悝所造户、興、廄三篇，謂九章之律。魏因漢律，爲一十八篇，改漢具律爲刑名第一。晉命賈充等增損漢魏律爲二十篇，於魏刑名律中分爲法例律。宋、齊、梁及後魏，因而不改。爰至北齊，併刑名法例爲名例。後周復爲刑名。隋因北齊，更爲名例。唐由於隋，相承不改。名者五刑之罪名，例者五刑之體例，名訓爲命，例訓爲比。命諸篇之刑名，比諸篇之法例，但名因罪立，事由犯生，命名即刑應，比例即事表，故以名例爲首篇。第者訓居訓次，則次第之義，可得言矣。一者太極之氣，函三爲一，黄鐘之一數所生焉，名例冠十二篇之首，故云名例第一。大唐皇帝以上聖凝圖，英聲嗣武。潤春雲於品物，緩秋官於黎庶。今之憲典，前聖規模，章程靡失，鴻纖備舉。而刑憲之司，報行殊異，大理當其死坐，刑部處以流刑，一州斷以徒年，一縣將爲杖罰，不有解釋，觸塗睽誤。皇帝彝憲在懷，納隍興軫。德禮爲政教之本，刑罰爲政教之用，猶昏曉陽秋，相須而成者也。是以降綸言於台鉉，揮折簡於髦彦，爰造律疏，大明典式。遠則皇王妙旨，近則蕭賈遺文，沿波討源，自枝窮葉，甄表寛大，裁成簡久。譬權衡之知輕重，若規矩之得方圓。邁彼三章，同符畫一者矣。

（清）董誥《全唐文》卷一三六長孫無忌《進律疏議表》　臣無忌等言：臣聞三才既分，法星著於元象；六位斯列，習坎彰於《易經》。故知出震乘時，開物成務，莫不作訓，以臨函夏，垂教以牧黎元。昔周后登極，吕侯闡其茂範；虞帝納麓，臯陶創其彝章。大夫之述三言，金篆騰其高軌；安衆之陳九法，玉牒播其宏規。前哲比之以隄防，往賢譬之以銜勒。輕重失序，則繫之以存亡；寛猛乖方，則階之以得喪。泣辜慎罰，文命所以會昌；斮脛剖心，獨夫於是盪覆。三族之刑設，禍起於望夷；五虐之制興，師亡於涿鹿。齊景網峻，時英有踊貴之談；周幽獄繁，詩人致菀柳之刺。所以當塗撫運，樂平除慘酷之刑；金行提象，鎮南削煩苛之法。而體國經野，御辨登樞，莫不崇寛簡以宏風，樹仁惠以裁化。景胄以之碩茂，寶祚於是克崇。徽猷列於緗圖，鴻名勒於青史。暨炎靈委御，人物道銷，霧翳三光，塵驚九服。秋卿司於邦典，高下在心，獄吏傳於爰書，出没由己。内史溺灰然而被辱，丞相見牘背而行賕。戮逮棄灰，誅及偶語，長平痛積冤之氣，司敗切瘐死之魂。遂使五樓之暈，争迴地軸；十角之旅，競入天田。國步於是艱難，刑政於焉弛紊。殷憂俟來蘇之后，多難佇撥亂之君。大唐握乾符以應期，得天統而御歷，誅阪泉之巨猾，勦丹浦之凶渠，掃旬始而靜天綱，廓妖氛而清地紀。朱旗乃舉，東城高滅楚之功；黄鉞裁麾，西土建翦商之業。總六合而光宅，包四大以凝旒。異域於是來庭，殊方所以受職。航少海以朝絳闕，梯崑山以謁紫宸。報髻之酋，加之以文冕；窮髮之長，寵之以徽章。王會之所不書，塗山之所莫紀。歌九功以協金奏，運七政以齊玉衡。律增甲乙之科，以正澆俗；禮崇升降之制，以拯頽風。蕩蕩巍巍信無德而稱也。伏惟皇帝陛下體元纂業，則大臨人，覆載並於乾坤，照臨運於日月。坐青蒲而化光四表，負丹扆而德被九圍。日旰忘餐，心存於哀矜；宵分不寐，志在於明威。一夫向隅而責躬，萬方有犯而罪己。仍慮三辟攸斁，八刑尚密。平反之吏，從寬而失情；次骨之人，舞智而陷網。刑靡定法，律無正條，徽纆妄施，手足安措？乃制太尉揚州都督監修國史上柱國趙國公長孫無忌，司空上柱國英國公李勣，尚書左僕射兼太子少師監修國史上柱國燕國公于志寧，尚書右僕射監修國史上柱國開國公褚遂良，銀青光禄大夫守中書令監修國史上騎都尉柳奭，銀青光禄大夫守刑部尚書上輕車都尉唐臨，太中大夫守大理卿輕車都尉段寶元，太中大夫守黄門侍郎護軍潁川縣開國公韓瑗，太中大夫守中書侍郎監修國史驍騎尉來濟，朝議大夫守中書侍郎辛茂將，朝議大夫守尚書右丞輕車都尉劉燕客，朝請大夫使持節潁州諸軍事守潁州刺史輕車都尉裴宏獻，朝議大夫守御史中丞上柱國賈敏行，朝議郎守刑部郎中輕車都尉王懷恪，前雍州盩厔縣令雲騎尉董雄，朝議郎行大理丞護軍路立，承奉郎守雍州始平縣丞驍騎尉石士逵，大理評事雲騎尉曹惠果，儒林郎守律學博士飛騎尉司馬鋭等，撫金匱之故事，採石室之逸書，捐彼凝脂，敦茲簡要，網羅訓誥，研覈邱墳，撰《律疏》三十卷，筆削已了。實三典之隱括，信百代之凖繩。銘之景鐘，將二儀而並久；布之象魏，與七曜而長懸。庶一面之祝，遠超於殷簡；十失之歎，永彌於漢圖。謹詣朝堂奉表以聞。臣無忌等誠惶誠恐，頓首頓首。永徽四年十一月十九日進。

紀事

《南史》卷四九《孔珪傳》 永明中，歷位黄門郎，太子中庶子，廷尉。江左承用晉時張、杜律二十卷，武帝留心法令，數訊囚徒，詔獄官詳正舊注。先是尚書删定郎王植撰定律，奏之，削其煩害，録其允衷，取張斐注七百三十一條，杜預注七百九十一條，或二家兩釋於義乃備者，又取一百七條，其注相同者取一百三條，集爲一書，凡一千七百三十二條，爲二十卷，請付外詳校，擿其違謬。詔從之。於是公卿八座參議，考正舊注，有輕重處，竟陵王子良下意多使從輕。其中朝議不能斷者，則制旨平決。至九年，珪表上《律文》二十卷，《録序》一卷，又立律學助教，依《五經》例，詔報從之。事竟不行。轉御史中丞。

（宋）朱熹《資治通鑑綱目》卷一五 冬十月，魏立聽訟觀置律博士。魏主叡常言：獄者天下之命，因改平望觀為聽訟觀，每斷大獄，詣觀臨聽之。初魏文侯師李悝，著《法經》六篇，蕭何定漢律，益為九篇，後稍增至六十篇，又有令三百餘篇，決事比九百六卷，馬鄭諸儒章句又十餘家。至是所當用二萬六千餘條，七百七十餘萬言。乃詔但用鄭氏章句，尚書衛覬奏：刑法者，國家之所貴重，而私議者之所輕賤。獄吏者，百姓之所縣命，而選用者之所卑下。王政之敝，未必不由此也。請置律博士，從之。又詔：司空陳羣等删約漢法，制新律十八篇，州郡令四十五篇，尚書官令軍中令百八十餘篇，於正律九篇，為增於旁章科令為省矣。**集覽**悝，枯回反。決事比，猶言斷例也，比，毗至反。《記・王制》比以成之。注：已行故事曰比，疏云例也。**質實**陳羣，許人實孫。蕭何定漢律，注見高帝十二年。馬鄭謂馬融、鄭玄。注見宋文帝元嘉二十七年。

（宋）朱熹《資治通鑑綱目》卷三五 隋更定律置博士。隋既頒律令，蘓威屢欲有所更易。李德林曰：修律令時，公何不言？令既頒行，且宜專守，自非大為民害不可數更。至是隋主覽刑部奏斷獄，數猶至萬，以律尚嚴密，乃敕威及牛弘等更定之。除死罪八十一條，流罪一百五十四條，徒杖等千餘條，定留五百條。凡十二卷，自是刑網簡要，疎而不失，仍置律博士弟子員。**集覽**定留謂訂定而存留。

發明隋文以法律治天下，前日得國之初，首行新律，今又更定律令，置博士官，則當時之所崇尚者，從可知矣！考之分注，雖曰除滅死刑，務從簡要。然而律博士之設弟子員之置，是豈明民之意哉？昔劉向有言：有司請定法，削則削，筆則筆，至禮樂則不敢，是敢於殺人，不敢於養人也。向之所言，其殆隋主之謂乎？直筆書之，其義自見。

雜録

（清）阮元《經籍籑詁》卷四《上平聲・回支・耏》 耏。《集韻》或从寸——多須貌。《後漢・章帝紀》注。耐者，輕刑之名也。《後漢・陳寵傳》注。耏，多髮曰——《史記・高祖功臣侯者年表》索隱引《字林》。——謂頰旁毛也。《漢書・高帝紀下》耏以上請之注。

—亦頰旁毛也。《漢書・西域傳上》而有桃拔師子犀牛注。

輕罪不至于髡完其—鬢，故曰—。《漢書・高帝紀下》注引應劭。古—字從彡，髮膚之意也。同上。

法度之字皆从寸，後改如字。《漢書・高帝紀下》應劭注引杜林。

—水名。《左氏》襄三年《傳》乃盟于—外注。

—如聲相近。《水經・瓠子水》注。

(清) 郝懿行《爾雅義疏・釋詁上》

典、彝、法、則、㓝、範、矩、庸、恆、律、戛、職、秩、常也。庸、戛、職、秩、義見《詩》《書》，餘皆謂常法耳。柯、憲、㓝、範、辟、律、矩、則，法也。《詩》曰：伐柯伐柯，其則不遠。《論語》曰：不踰矩。

常。《說文》以爲裳本字，經典借爲久長字，葢尋常俱度長之名，因訓爲長。故《方言》云：凡物長謂之尋，是尋亦訓長。常與長音義同。故《詩・文王》箋：長猶常也，通作嘗。《閟宮》箋：常或作嘗。《禮記・少儀》：馬不常秣。《釋文》常本亦作嘗，常本古裳字，又通作商。《說苑・修文篇》云商者，常也。《韓策》云西有宜陽常阪之塞。《史記・蘇秦傳》常作商。《淮南・繆稱篇》云老子學商容。《說苑・敬慎篇》作常樅，皆其證矣。典者，《釋言》云經也。經卽常，故《謚法》云典，常也。《大宰》注云典，常也，經也，法也。賈公彥疏引孫炎曰：典，禮之常也。彝者，《說文》云宗廟常器也。《書》彝倫攸斁。《史記・宋世家》作常倫所斁，我不知其彝倫攸敘作我不知其常倫所敘。通作夷。《詩》串夷載路。靡有夷届。《毛傳》竝云夷，常也，民之秉彝。《孟子》作民之秉夷。《書》是彝是訓，《宋世家》作是夷是訓。《明堂位》云夏后氏以雞夷，卽雞彝也。法則者，俱一定而不可變，是有常意，故訓常也。《管子・正篇》云當故不改曰法。《七法篇》云而未嘗變也，謂之則。是皆法則訓常之義也。㓝、範、矩與法則同意，說皆見下。庸者，用之常也。《說文》庸从用，从庚，而訓用更迭用事，亦有常義。故《中庸》注庸，常也。用中爲常道也。通作甬。《廣雅》云甬，常也。恆者心之常也。《說文》云恆从心，从舟，在二之閒，上下一心，以舟施恆也。《易・雜卦》云恆，久也。《繫辭》云恒德之固也。固與久其義皆爲常也。律者與法則同意，故同訓，說亦見下。戛者，《書》不率大戛。正義曰：戛，猶楷也，言爲楷模之常，故戛爲常也。按戛、楷一聲之轉，其義相近。又戛之言槩也，槩所以爲平也，平常義亦相近。《文選・海賦》注云戛，猶槩也。槩戛亦一聲之轉。《釋言》又云，戛，禮也。《禮》曰：天秩，秩曰天常，亦其義也。《釋文》戛，居黠反，郭苦八反。《說文》戛讀若棘，云戟也。按戟於兵器最長，故曰長戟，長猶常也，其義亦通矣。職者，下文云主也，主有常義。秩者，《說文》云積也。積與常義亦近。既云常，又云法者，法必有常，有常可以爲法也。《說文》作灋省作法，云㓝也。《釋名》云法，逼也。人莫不欲從其志，逼正使有所限也。《管子・禁藏篇》云法者，天下之儀也。葢儀訓表，又訓法矣。柯者，斧柄也。又訓法者，《詩》伐柯伐柯，其則不遠。則卽法也。故《考工記・車人》云半矩謂之宣，一宣有半謂之欘，一欘有半謂之柯，一柯有半謂之磬折。鄭注：伐木之柯，柄長三尺。鄭衆注引《蒼頡篇》有柯欘。是柯與矩皆法之所從出，因亦訓法矣。柯與括同。《廣雅》云括，灋也。《法言・脩身篇》云其爲外也肅括。李軌注括，法也。括柯又一聲之轉。憲者，《釋訓》云憲憲泄泄，制法則也。《詩・崧高》箋及《小司寇》注竝云憲，表也。葢標表亦所以爲法矣。㓝者，型之叚音也。《說文》型，鑄器之灋也。經典俱借作刑，刑當作㓝。《說文》㓝，罰辠也。从刀从井，引《易》曰井，法也。《一切經音義》卄引《易》曰㓝法也。井爲㓝，法也。此卽《說文》所引，又引《春秋元命包》曰㓝字從刀從井，井以飲人，人入井争水，陷於泉，以刀守之，割其情，欲人畏慎以全命也。通作刑。《詩》刑于寡妻。《釋文》引《韓詩》云刑，正也。正亦法也。古文法作金，从古文正字，法所以正人。故《周禮》注刑，正人之法，皆本古文爲說也。《楊信碑》云追念義㓝。《平都相蔣君碑》云秉□□之芳㓝。皆以㓝爲型也。又通作形。《易・鼎》云其㓝渥，《集解》今本㓝作形，《高彪碑》云形不妄濫，亦以形爲㓝也。範者，范之叚音也。《說文》云范，法也。从竹，竹簡書也。古法有竹㓝通作範。《一切經音義》二引《通俗文》云規模曰範。《易》範圍天地之化。鄭注範，法也。又通作范。《禮運》云：范，金合土。鄭注：范，鑄作器用。《荀子・彊國篇》云㓝范正，楊倞注：范，法也。㓝范，鑄劍規模之器也。《爾雅釋文》範字或作范，不知范、範皆叚借耳。辟者，《說文》云法也。《詩》辟言不信，無自立辟，辟爾爲德。及《尚書大傳》犧牲中辟。毛鄭竝云辟，法也。《方言》云南楚凡罵庸賤謂之田儓，或謂之辟。辟，商人醜稱也。按辟與庸同意，故庸爲凡常之稱，辟亦凡庸之名，庸既訓常，知辟亦當訓常，辟既訓法，知庸亦當訓法，推之典既訓常，亦當訓法。《爾雅》於典庸不言法，於辟不言常，實則其義互相通也。辟通作㢡。《書》我之弗辟。《說文》引作我之不㢡，云㢡，治也。治與法義亦相成矣。律者，《釋言》云銓也。《漢書・律曆志》云：律，法也，莫不取法焉。通作類。《方言》云類，法也。《樂記》云律小大之稱。《史記・樂書》作類小大之稱。《釋名》云律，累也，累人心使不得放肆也。是累、類、律竝聲轉義同矣。矩者，《說文》作巨，或作榘。經典相承省作矩閒，有作榘與巨者。《大學》注云矩或作巨。《離騷》云求榘矱之所同。《淮南・氾論篇》亦作榘，餘皆作矩。《弟子職》云居句如矩。尹知章注矩，法也。通作距。《考工記・輪人》注：故書矩爲距。鄭司農云當作矩，謂規矩也。又通作萬。《輪人》注，故書萬作禹，鄭司農云讀爲萬，書或作矩，然則矩萬距竝以聲爲義也。【略】

辜、辟、戾，辠也。皆㓝罪。

辠，古罪字。《說文》云：辠，犯法也。《墨子・經上篇》云：罪，犯禁也。按犯禁爲罪，加之刑罰亦爲罪。故《吕覽·仲秋篇》云行罪無疑。高誘注罪，罰也。辜者，《一切經音義》二引《爾雅》舊注云辜，禮義之罪也。按舊注非是。《書·微子》云凡有辜罪，此辜必非禮義之罪。故《詩》民之無辜，何辜今之人。鄭箋竝云辜，罪也。是罪辜通名耳。《莊子·則陽篇》云至齊見辜人焉。辜人卽罪人也，通作故。《史記·屈原賈生傳》云亦夫子之辜也。索隱曰辜，《漢書》作故，故辜以聲爲義也。辟者，法也，又訓罪者，出乎法卽入乎罪。治其罪者亦罪也。故《説文》云辟从辛，節制其辠也。《禮·王制》云司寇正刑明辟，謂正法明治其罪也。戾者，曲也，乖也，貪也，暴也，皆與罪名相近，故爲罪也。《詩》亦維斯戾。《逸周書·大匡篇》云刑罪之戾，戾皆訓罪，罪戾亦通名耳。《一切經音義》二引《漢書》云有其功無其意曰戾，有其功有其意曰罪。戾是戾，與罪異，亦非也。《左傳》云赦其不閑於教訓，而免於罪戾。罪戾一耳。【略】

命、令、禧、畛、祈、請、謁、誶、誥，告也。禧未聞。《禮記》曰：畛於鬼神。

《釋言》云：告，請也。《獨斷》云：告，教也。《釋名》云：上敕下曰告，告，覺也。使覺悟知己意也。按以告爲上敕下，亦不必然。《廣韵》二沃梏紐下云告上曰告，發下曰誥，是告乃上下通名耳。告有古沃古到二音。《詩》日月告凶。《漢書·劉向傳》作日月鞠凶。《禮·文王世子》注，告讀爲鞠，是告音古沃切者也。《漢書·高帝紀》注服虔曰告，音如嗥呼之嗥，是告音古到切者也。二讀皆古音矣。《爾雅釋文》於誥下列羔報、古酷二反，而於告下但云古篤反，是其疏也。禧者，《説文》云禮吉也。邵氏晉涵《正義》據徐鍇本，禮吉作禮告，與此義合也。通作釐。《漢書·文帝紀》云祠官祝釐。《集注》釐本字作禧，叚借用耳。然則祝釐卽祝禧，謂祝致神意，以告主人。《詩·楚茨》所謂工祝致告者也。畛者，眂之叚音也。《玉篇》《廣韵》竝作眂。《玉篇》眂之忍切，引《埤蒼》云告也。《禮記》曰眂於鬼神，亦作畛。然則眂爲正文，畛乃叚借。鄭注《曲禮》本《釋詁》《釋言》畛告、畛致二訓，而云畛致也，祝告致於鬼神辭也，因鄭此訓又知《釋言》畛致之畛亦當爲眂，與《釋詁》同，而《曲禮》注又云畛或爲祇，蓋祇卽眂字形近而譌也。因又知張揖《埤蒼》之眂卽本鄭君《曲禮》注而爲訓矣。祈者，《説文》云求福也。《玉篇》《廣韵》竝云祈，告也。《釋言》又云祈，叫也。叫、告義近。《一切經音義》九引孫炎曰祈爲民求福叫告之詞也。叫告連文，孫注蓋兼《釋詁》《釋言》而爲訓也。《詩》以祈黄耇。《毛傳》祈，報也。鄭《箋》祈，告也。告、報義同，通作蘄。《莊子·養生主篇》云不蘄畜于樊中。《荀子·儒效篇》云跨天下而無蘄。郭象及楊倞注竝云蘄，求也。是蘄祈通矣。誶者，《釋文》云沈音誶，郭音碎，告也。又云本作訊，音信。《文選·思玄及幽通賦》注竝引《爾雅》作訊告也。《後漢書·張衡傳》注引作誶，告也。誶訊二字經典多通。故《離騷》注引《詩》誶子不顧。《廣韵》引詩歌以誶止，今作歌以訊之，訊子不顧。《毛傳》訊，告也。又莫肯用訊。鄭《箋》訊，告也。此二詩之訊，依字皆當作誶。又《莊子·山木篇》云虞人逐而誶之。《釋文》誶本又作訊，音信，問也。至於詩之執訊，《王制》之訊馘，《學記》之多其訊，此三文本應作訊。《釋文》又云訊本作誶，蓋誶訊二字聲相轉，古多通用。近日戴氏震《毛鄭詩考正》及錢氏大昕《養新録》皆有辨證，王引之《經義述聞》又謂二字古音同，今依用其説也。誥者，《説文》云告也。《書序》云雅誥奥義亦通作告。《周禮·大祝》云三曰誥。杜子春注誥當爲告。《書》亦或爲告，《書序》云作帝告。《史記·殷紀》作帝誥，索隱曰一作俈。同嚳。又《大誥序》釋文云誥，本亦作弇。【略】

犯、奢、果、毅、剋、捷、功、肩、戡，勝也。陵犯、誇奢、果毅，皆得勝也。《左傳》曰：殺敵爲果。肩卽剋耳。《書》曰：西伯戡黎。【略】

劉、獮、斬、刺，殺也。《書》曰：咸劉厥敵。秋獵爲獮，應殺氣也。《公羊傳》曰：刺之者何？殺之也。

勝者，《説文》云：任也。《玉篇》云：強也。強與任材能過絶於人謂之爲勝，勝之言盛也，以盛氣蓋人。又言乘也，以氣乘人而上之，故《書序》云周人乘黎。《傳》云乘，勝也，是其義也。犯者，《説文》云侵也。《小爾雅》云突也。《玉篇》云抵觸也。《曲禮》云介胄則有不可犯之色。《左傳》云蒙皋比而先犯之，皆謂以氣陵轢於人。故犯訓爲勝。《楚語》云若防大川焉，潰而所犯必大矣。韋昭注犯，敗也。犯訓勝又訓敗者，義相足成也。奢者，《説文》云張也。籒文作奓。《文選·西京賦》云心奓體忲，奓卽奢也。又云麗美奢乎。許史薛綜注，言被服過此二家，然則奢訓爲過，過猶勝也。郭云誇奢當作夸奢，夸奢猶言觰沙，上陟加切。皆疊韵字也。果者，惈之叚音也。《一切經音義》九引《蒼頡篇》云惈，憨也。殺敵爲惈，卽引《爾雅》惈，勝也。孫炎曰惈，决之勝也。是《爾雅》古本作惈，故《釋文》惈音果，本今作果，惈訓憨者，憨亦敢也，通作果。《文選·魏都賦》云風俗以鑿果爲爈。李善注引《方言》曰惈，勇也。惈與果古字通。《謚法》云猛以剛果曰威。孔晁注果，敢行也。然則凡言果能者，卽敢能；言不果者，卽不敢，亦卽不勝矣。果聲同過，過於人卽勝於人也。《吕覽·適威篇》云以爲造父不過也。高誘注過，猶勝也。《莊子·至樂篇》釋文果本作過，是過、果通矣。毅者，《説文》云有决也。《左氏》宣二年《傳》，殺敵爲果，致果爲毅。《楚語》云毅而不勇。韋昭注毅，果也。是毅與果同但義有淺深耳。凡臨敵制勝必果毅兼資，故《周語》云制戎以果毅，明果毅能制勝也。剋者，勊之俗體也。《説文》勊尤劇也。《玉篇》云勊，勝也，通作剋，又作尅，皆俗作也。《御覽·刑法部》十八引《尚書大傳》云弱而受刑謂之剋。《淮南·兵略篇》云剋國不及其民，是皆以剋爲勝也。依正文當作克。《説文》云克，肩也，象屋下刻木之形。《釋言》云克，能也。能亦勝。故《書》云剛克柔克。鄭注克，能也。馬注克，勝也。克與刻音義同。故《釋名》云克，刻也。刻物有定處，人所克念，有常心也。按《爾雅》宋本此作剋，下作克。《釋文》無剋字，知陸本俱作克，今宜據以訂正焉。捷者，《説文》云獵也。則與克同意。《謚法》云捷，克也。克即勝，故《詩》一月三捷。《周語》云且獻楚捷。《吴語》云事若不捷。《毛傳》及韋注竝云捷，勝也。功者與攻同。《説文》云攻，擊也。攻擊與戰勝義近，上文云攻，善也。善、勝亦聲轉義近。凡言善於此者，亦言勝於此也。通作功。《大司馬》云若師有功，又云若師不功。鄭注功，勝也。《漢書・董賢傳》云賢第新成功堅。《集注》功字或作攻，是攻與功通。肩者，《説文》以爲克之訓也，肩任負何，力能勝之謂之克，克既爲肩，知肩亦爲克，故郭云肩即剋耳。《書》云朕不肩好貨。《正義》引舍人曰：肩強之勝也。按肩之爲言，堅也。堅強與能勝義近，堅與賢聲近，賢於人即勝於人矣。戡者，《書序》云西伯戡黎。《正義》引孫炎曰戡，强之勝也。通作𢦟，《説文》引《書》西伯𢦟黎，邑部𨛫，下又引作戡，是戡𢦟通，又通作龕。《文選》詩注龕與戡音義同，按龕唯音同耳，戡訓刺，𢦟訓殺，二義皆與勝近，但其訓勝之字，經典俱假作堪，堪訓任，任即勝也。故《晉語》云口弗堪也。《列子・仲尼篇》云堪秋蟬之翼。韋昭及張湛注竝云堪猶勝也。《墨子・非攻篇》云往攻之，予必使汝大堪之，亦以堪爲勝也。《藝文類聚》及《文選注》竝引《墨子》堪作戡。克訓勝，又訓殺者。郭引《書》弗迓克奔，馬鄭本作弗禦克奔。鄭注克，殺也，不得暴殺，紂師之奔走者。郭引《公羊》隱元年《傳》曰克之者，何殺之也。《穀梁傳》曰克者，何能也，何能也，能殺也，是皆郭義所本也。勝者，《聘義》云用之於戰勝。鄭注勝，克敵也。《素問・金匱真言論》云所謂得四時之勝者。王砅注四時皆以所剋殺而爲勝也，勝謂制剋之也。肩者，下文云作也。造作與克制義近。《詩》云佛時仔肩。《毛傳》仔肩，克也。鄭《箋》仔肩任也，皆二字連文爲訓，其實單文亦通。故《説文》云仔，克也。明仔肩俱訓克也。戡者，勝也，勝亦爲克，故不勝，言弗克，亦言弗堪。堪克聲轉耳。劉者，《逸周書・世俘篇》云則咸劉商王紂。孔晁注劉，剋也。殺者。《説文》云戮也。《釋名》云竄也，埋竄之使不復見也。通作殺。《大司寇》及《士冠禮》注竝云篡殺。《釋文》竝云殺，本作弑。劉者，《説文》作鐂，云殺也，通作劉，《書》云無盡劉。《詩》勝殷遏劉《毛傳》劉殺也，劉聲近膢。《漢書・武帝紀》注引《漢儀注》立秋貙膢。伏儼曰：膢，音劉。劉，殺也。師古曰：《續漢書》作貙劉，膢、劉，義各通，然則劉又秋獵之名，與獮義同矣。獮者，説文作𤢾，云秋田也。經典俱作獮。《釋天》云秋獵爲獮。《大司馬》注秋田爲獮，獮，殺也。刺者，《司刺》注：刺，殺也。郭引《公羊》僖廿八年《傳》刺之者何，殺之也。《説文》訓以君殺大夫曰刺。蓋據《春秋》書刺之文，而壹施之，即實非也。《秋官》三刺，下逮庶民。晉刺懷公，又非大夫，故《晉語》云殺懷公於高梁，又云刺懷公于高梁，證知刺殺通名，亦猶弑殺，古通用矣。

又：載、謨、食、詐、僞也。載者，言而不信。謨者，謀而不忠。《書》曰：朕不食言。

《説文》云僞，詐也。从爲聲。按僞之言爲也，故《廣雅》云僞，爲也。《荀子・性惡篇》云人之性惡，其善者僞也。楊倞注僞，爲也，矯也，矯其本性也。凡非天性而人作爲之者，皆謂之僞。故僞字人旁爲，亦會意字也。《禮・曾子問》云作僞主以行。鄭注僞，猶假也。然則假之爲言詐也；詐之爲言作也。作與詐僞與爲古皆通用。故《釋言》云作，造爲也。《詩》尚無造。《毛傳》造，僞也。小子有造。《傳》又云造，爲也，是爲僞通。《禮・月令》云毋或作爲淫巧。鄭注今《月令》作爲，爲詐僞，是詐亦通作僞，亦通爲，推此而言。《左氏》成九年《傳》爲將改立君者，定十二年《傳》子爲不知。《釋文》竝云爲本作僞，是皆僞爲通之證也。《爾雅》之僞義亦通爲，説者但謂詐僞，則失之矣。載者，下文云行也，行亦爲。《謚法》云載，事也，事亦爲，故《大宗伯》云大賓客則攝而載果。鄭注載，爲也。下文載又訓言，故郭云載者，言而不信，上文謨已訓謀，故郭云謨者，謀而不忠。今按郭説載言謨謀是也，其云不忠不信非也。何以明之？謨之爲言摹也，規摹圖畫與作爲義近，與詐僞義遠，然則載謨爲作爲之爲，食詐爲詐僞之僞，而亦爲作爲，一字皆兼數義。《爾雅》此例甚多，僞之通爲，蓋無可疑矣。食者，郭引《書・湯誓》云朕不食言。又《晉語》云虢之會，魯人食言。《文選・思玄賦》云疾防風之食言。韋昭及舊注竝云食僞也。《左氏》僖廿八年《傳》背惠食言，成十六年《傳》瀆齊盟而食話言。《法言・重黎篇》亦云不食其言，是經典俱食言連文，故《湯誓》及《左傳正義》竝引孫炎曰食言之僞也。此亦望文生義，實則食自訓僞，不必因言以見知者。《逸周書・皇門篇》云媚夫有邇無遠，乃食蓋善夫。孔晁注食，爲也，爲亦僞也。書意蓋言佞媚之人以飾詐作僞，掩蓋善士。又《左氏》哀元年《傳》後雖悔之，不可食已。此食亦當訓爲，猶言疾不可爲矣，是皆食自訓僞，不因言見之證。杜注訓食爲消，孔《傳》訓食爲盡，俱不合《爾雅》之詁，亦爲妄説矣。詐者，《説文》云欺也。《方言》云膠，譎詐也。《淮南・俶真篇》注巧言爲詐。《荀子・修身篇》云匿行曰詐。是詐兼言行而言也。詐與譎同意，譎與僞同聲。《周禮・馮相氏》注辯秩南譌。《漢書・王莽傳》作以勸南僞。是僞譌通，故《詩・沔水》及《正月》箋竝云訛譌也，蓋言訛當作譌，譌亦僞也。造作語言，行其詐僞，故《論語》云由之行詐也。無臣而爲有臣，爲亦僞矣。僞所以爲欺，故曰吾誰欺，欺天乎。《詩》云人之爲言，苟亦無信。爲亦僞也。《釋文》爲本或作僞。《正義》本即作僞，故云人之詐僞之言，又云君能不受僞言，則人之僞言者，復何所得焉。【略】

瘥、幽、隱、匿、蔽、竄，微也。微謂逃藏也。《左傳》曰：其徒微之是也。

《説文》云微，隱行也。引《左氏》哀十六年《傳》：白公其徒微之。又襄十九年《傳》崔杼微逆光。服虔注：微，隱匿也。又《晉語》云設微薄而觀之。韋昭注：微，蔽也。蔽、匿、隱俱依《爾雅》爲訓也。微有幽隱薆昧之意，故言之隱者曰微，言行之隱者曰微行，衣服之隱者曰微服，其義一也，通作危。《考工記·輪人》鄭衆注微至《書》或作危，至是矣。瘞者，《釋言》云幽也，《釋天》云祭地曰瘞薶。《説文》本此二訓，故曰瘞，幽薶也。《釋言》云薶，塞也。塞亦幽隱之義。故《詩·燕燕》傳塞，瘞也。瘞與翳聲義同，通作殪。《覲禮》云祭地瘞。鄭注：古文瘞作殪幽者。《説文》云隱也。又丝云微也，是丝與幽同。《太玄·玄瑩》注幽謂陰也。陰與隱義亦同。《大戴禮·誥志篇》云幽，幼也。《小爾雅》云幽，冥也。《釋言》云冥，幼也。《釋文》幼本或作窈，然則窈冥幽昧皆隱微之義。幽猶黝也，黝訓黑，黑色亦幽闇，故《詩》其葉有幽及《玉藻》幽衡。《毛傳》鄭注俱借幽爲黝矣。隱者。《説文》云蔽也。與乚同。《説文》云匿也，象迟曲隱蔽形，讀若隱。《玉篇》即以乚爲古文隱字，隱之訓爲微，故《史記·司馬相如傳》云春秋推見至隱。《索隱》李奇曰隱，猶微也。通作殷。《詩》如有隱憂，《韓詩》作如有殷憂。《劉熊碑》云勤恤民殷。殷，即隱也。又通作依。《説文》云衣，依也。《白虎通》云衣者，隱也。《書·無逸》云則知小人之依，謂知小人之隱也。衣、殷古同聲。隱之通爲依，猶隱之通爲殷也，此義馬瑞辰説。又聲轉爲偃，偃同匽，匽，匿也。《詩·魚麗》傳士不隱塞。《釋文》隱本又作偃。《漢書·古今人表》徐隱王即徐偃王也。匿者。《説文》云亾也。《廣雅》云藏也，隱也。《左氏哀十六年正義》引舍人曰：匿藏之微也。《御覽》七百五十六引《通俗文》云竹器邊緣曰匿。此雖別義，葢亦以匿爲藩蔽之意也。蔽者，《説文》云蔽蔽，小艸也。按小草曰蔽蔽，小葉曰蔽芾，皆草木隱翳之貌也。《釋器》云輿竹後謂之蔽。《廣雅》云蔽，障也。又云隱也。《論語》鄭注蔽，塞也。包咸注，蔽猶當也。按今人謂遮蔽爲遮當，讀當聲，如黨矣。《老子》云故能蔽不新成。河上公注蔽者，匿光榮也。王弼注蔽，覆蓋也。通作萆。《史記·淮陰矦傳》云閒道萆山。《索隱》以萆爲葢覆也。又通作斃。《釋木》云蔽者翳，《詩·皇矣傳》自斃爲翳，是斃即蔽矣。竄者，《説文》云匿也，从鼠在穴中。《呂覽·首時篇》云隱匿分竄。高誘注竄，藏也。藏、匿義皆爲微，故《晉語》：云敏能竄謀。韋昭注竄，微也。《書》竄三苗。《史記·五帝紀》作遷三苗。《説文》又引作𡨄三苗，云𡨄塞也。【略】

秉、拱，執也。兩手持爲拱。

執，《説文》作𡙇，云捕辠人也。《詩·執競》箋，執持也《夏小正》傳執，操也。《曲禮》云：執爾。顏鄭注：執，猶守也。《周禮·校人》執駒。鄭注：執，猶拘也。拘守與操持義近。執競，《釋文》引《韓詩》云：執服也。服訓用，與執義亦近也，通作縶。《月令》則執騰駒。《釋文》執，蔡本作縶。《老子注》無所繫縶。《釋文》縶一作執，《左氏》成九年《傳》南冠而縶者，誰也。杜預注縶，拘執。是執縶聲義同也。秉者，《説文》云禾，束也，从又持禾，是有執持之義。《詩》之秉簡秉心秉彝。《韓詩》及《鄭箋》竝云秉，執也。《禮運》天秉陽。注秉，猶持也。《詩》定之方中。《傳》秉，操也。《大田傳》秉，把也，把亦持也，持亦執也。《謚法》云秉，順也。秉訓順與執訓服同也。通作柄。《左氏》哀十七年《傳》國子實執齊秉。服虔注，秉，權柄也。《管子·小匡篇》云治國不失秉。尹知章注秉，柄也。《周禮·鼓人》注無舌有秉。《釋文》秉本又作柄。據此則知《左傳》《管子》俱借秉爲柄也。葢《説文》柄或从秉作棅，故斗柄。《史記·天官書》作斗秉，亦即棅字之省矣。拱者，《説文》云斂手也。《書序》云亳有祥，桑穀共生于朝。《正義》引《書大傳》云七日大拱。鄭注兩手搤之曰拱。《公羊》僖卅三年《傳》宰上之木拱矣。何休注拱，可以手對抱。按對抱即合抱。故《穀梁傳》注拱，合抱也。《孟子》趙岐注拱，合兩手也。郭云兩手持爲拱，與《説文》拱訓斂手其義同也。通作共。《詩》克共明荆，虔共爾位。《傳》竝云共，執也，受小共大共，《箋》亦同。《鄉飲酒禮》云退共。《論語》云衆星共之。鄭注竝云共，拱手也。《釋文》共，鄭作拱。《詩·氓》箋云以自拱持。《釋文》拱本又作共。【略】

廢、稅、赦，舍也。《詩》曰：召伯所稅。舍，放置。

舍有二義，亦有二音。《詩》夜切者，《釋名》云舍於中。舍，息也，息即止息，故《周禮·司戈盾》注舍，止也。《漢書·高帝紀》注舍，息也。《後漢·馮異傳》注舍，止息也。《詩·羔裘》箋舍，猶處也，是皆以止息爲義也。其音書冶切者，舍即捨之叚借《説文》云捨，釋也，釋，解也。經典捨俱作舍，故《詩·行葦》箋及《周禮·司圜》注舍，俱訓釋，舍釋雙聲，古字通用。《鄉飲酒禮》及《大射儀》注竝云古文釋爲舍。《楚語》注舍，去也。《詩·雨無正》傳舍，除也。《左》昭四年《傳》注舍，置也，是皆以捨釋爲義也。《爾雅》之舍亦兼二音二義。《釋文》唯主一音，於義疎矣。廢者，屋之舍也。《説文》廢，屋頓也。葢屋傾頓則人不居，故其義爲舍，又云癈，固病也，病、頓義近，故《釋文》廢字亦作癈同，甫穢反，是癈、廢通。《周禮·大宰》廢置以馭其吏。鄭注廢，猶退也。又廢以馭其罪，鄭注廢，猶放也。放退其義同。《詩·楚茨》箋及《禮·檀弓》《喪大記》注竝云廢，去也。《小爾雅》及《廣雅》竝云廢，置也，置去義亦同。《公羊》宣八年《傳》去其有聲者，廢其無聲者。何休注廢，置也，置者不去也，以不去爲廢者。廢訓爲舍，置而不用，亦與去同，是去爲舍，不去亦爲舍也。又廢亦有止息之義，故《表記》云中道而廢。鄭注廢喻力極罷頓，不能復行則止也。然則廢又爲止之舍矣。廢與發通。《方言》云發稅，舍車也，以舍車爲發。發即廢也。《莊子·列禦寇篇》云曾不發藥乎。《列子·黄帝篇》作曾不廢藥乎。是廢發古字通。發之與廢義若相反而實相成。《晉書·潘岳傳》云發槅寫鞍，皆有所憩。此借寫爲卸也。《説文》卸，舍車解馬也，以舍車爲發，其義與《方言》正合矣。稅者，車之舍也。《方言》以舍車爲稅。郭注稅，猶脱也，是以解脱爲義，脱乃捝之叚音。《説文》捝，解捝也。經典捝俱作脱，而又通借作稅。《禮·文王世子》云不稅冠帶。《少儀》云車則稅綏。又《少儀》注降稅屨投壺，注既稅屨。《釋文》竝云稅本作脱。《文選·陸機招隱詩》注脱與稅古字通，是也。又通作說，凡《禮記》中稅字，《釋文》竝云稅本作說。《檀弓》云不說齊衰。《玉藻》云無說笏。及《詩・召伯》所說說于農郊之說，《釋文》竝云說本作稅。《鄉射禮》注，今文說皆作稅，是稅、說通。《周禮・典路》，鄭衆注說，猶舍車也，是皆以舍釋爲義也。《詩・甘棠》傳說，舍也。《蜉蝣》箋說，猶舍息也，是皆以舍止爲義也。凡說、稅字通者，每多與脱同音。《釋文》亦兼始鋭、他活二反。故《詩・瞻卬》釋文說音稅，一音他活反，是也。《爾雅釋文》唯舉始鋭一音，於義蓋未備矣。赦者，置之舍也。《說文》云赦，置也，置亦舍。故《一切經音義》五引《三蒼》云赦，舍也。《周禮・司刺》注同《公羊》昭十八年《傳》，云赦，止者，免止之罪辭也。赦與舍音義同，說與赦音相轉，凡音同音轉之字，古人多以爲訓，卽六書中轉注叚借之所由生。故《詩》彼宜有罪，女覆說之，《傳》云說，赦也，赦卽舍，說卽稅，稅亦舍矣。【略】

覆、察、副，審也。覆校、察視、副長，皆所爲審諦。

《說文》云：宷，悉也。知宷諦也。篆文作審。《廣雅》云：審，諟也。又云審，覈也。《考工記》注以審爲察也。《吕覽・察微篇》注審，詳也。《音律篇》注：審，慎也。愼諟詳悉覈，俱審聲之，遞轉其義卽存乎聲也。覆者，《說文》云：覂也，覂，反覆也。反覆卽詳審之義。故《廣雅》云：覆，覈也。覆與審同訓覈，卽索字者，索，所以爲詳審也。《左氏》定四年《傳》藏在周府，可覆視也。《月令》云：命舟、牧覆舟，覆皆考索之意。《文選・思玄賦》云：神逵昧其難覆兮。舊注：覆，審也。《考工記・弓人》云覆之而角至。鄭注覆猶察也，通作復。《華嚴經音義序》引《珠叢》云：復，謂重審察也。字又作覆，是覆復通。《釋文》覆，芳福反。則與覆蓋之覆音芳救反者異矣。察者，《說文》云：覆也。《周禮・鄉士》注：審也。《禮・中庸》注：察，猶著也。《喪服四制》注察猶知也。知著義皆爲審。故《賈子・道術篇》云：纖微皆審謂之察。《書大傳》云：察者，至也。《爾雅》下文云：在，察也。在與至亦皆審諦之義矣。副者，《釋文》音赴，則與覆同。故《釋名》云：副，覆也。以覆首亦言副貳也。兼用衆物成其飾也。是副、覆音義同，又音芳救切。故《廣韵》四十九宥副字云，貳也，佐也。又福字云，衣一福，今作副，是副、福同。《文選・西京賦》云：仰福帝居。蓋以福爲副耳。李善注：福，猶同也。同卽副貳之義，按副本音晉力切，與《周禮》疈辜之疈同借爲副貳之字。故《匡謬正俗》以福爲正體，副爲叚借。又引《西京》《東京賦》皆用福字，竝爲副貳。其說是矣。但《爾雅》本爲釋經，福字經典所無，相承惟用副耳。

契、滅、殄，絶也。今江東呼刻斷物爲契斷。

《說文》云：絶，斷絲也。古文作𢇍。《廣雅》云：絶，斷也，滅也。《釋名》云：絶，截也，如割截也。契者，栔之叚借也。《說文》云：栔，刻也。《廣雅》同通作契。《釋名》云：契，刻也。刻識其數也。《淮南・齊俗篇》云越人契臂。高誘注以爲刻辟也。又通作鍥。《左氏》定九年《傳》盡借，邑人之車，鍥其軸。杜預注：鍥，刻也。《荀子・勸學篇》云：鍥而舍之。注亦云：鍥，刻也。《爾雅釋文》契，顧苦結反。引《左傳》作契其軸。又通作挈。《釋文》契，郭苦計反。字又作挈。《詩》爰契我龜。《考工記・輈人》注引鄭司農云：契，讀爲爰契我龜之挈。《漢書敘傳集注》亦作爰挈我龜。《文選・封禪文》云挈三神之歡。李善注引應劭曰：挈，絶也。滅殄，上文竝云盡也，盡絶義同。

(漢) 劉熙《釋名》卷三《釋親屬》 親，儭也。言相隱儭也。

(漢) 劉熙《釋名》卷六《釋典藝》 三墳。墳，分也。論三才之分，天地人之治，其體有三也。五典。典，鎮也。制法所以鎮定上下，其等有五也。八索。索，素也。著素王之法，若孔子者，聖而不王，制此法者有八也。九丘。丘，區也。區別九州土氣，教化所宜施者也。此皆三王以前上古羲皇時書也。今皆亡，惟《堯典》存也。

(清) 王念孫《廣雅疏證》卷一上《釋詁》 刵、劊、刓、剸、割、剺、刌、切、殊、絶、剬、斵、截、剸、刖、祝、斬、剫、刏、㓾、剟、㓷、刹、銽、𠜾、𠚍、𧫚、刈、劓、𠝤、𠠝，斷也。

刵者，《說文》刵，斷耳也。《康誥》云：劓，刵人。《吕刑》云：爰始淫爲刵、劓、劅、黥。《周官》山虞致禽而珥焉。鄭衆注云：珥者，取禽左耳以効功也。《雜記》其衈皆于屋下。鄭注云：衈謂將封割牲以釁先滅耳旁毛薦之。則珥、衈義相近。劊者，《說文》劊，斷也。《困》九五劓刖，《京房》刖作劊。《說文》膾，細切肉也。《少儀》云：牛與羊魚之腥聶而切之爲膾。義與劊同也。刓者，《說文》刓，剸也。《楚辭・九章》刓方以爲圓兮，王逸注云：刓，削也。《莊子・天下篇》椎拍輐斷，王說之。《義疏》云：椎拍輐斷，皆刑截者所用。輐與刓亦同義。剸者，《說文》剸，減也。剺者，《廣韻》云：剺，割也，斷也。出《埤倉》刌者，《說文》刌，切也。《士虞禮》刌，茅長五寸。《特牲饋食禮》刌肺三。鄭注云：今文刌爲切，《漢書・元帝紀》分刌節度，韋昭注云：刌，切也。《玉藻》瓜祭上環。鄭注云：上環，頭忖也。忖與刌通。殊者，昭二十三年《左傳》云：斷其後之木而弗殊。《莊子・在宥篇》今世殊死者，相枕也。《釋文》引《廣雅》殊，斷也。剬者，《說文》剬，擊也。昭二十六年《左傳》苑子剬林雍，斷其足。《正義》云：今江南猶謂刀擊爲剬，《齊語》云：剬令支，斬孤竹。《說苑・雜言篇》云：干將鏌鋣拂鐘不錚。拂與剬通。斵者，《說文》斵，斬也。《爾雅》云：魚曰斵之。成二年《公羊傳》郤克曰：欺三軍者，其法奈何，曰法斵。剸與下𧫚字同。《說文》𧫚，劉也。或作剸，《文王世子》其刑罪則纖剸。鄭注云：剸，割也。《淮南子・脩務訓》云：水斷龍舟，陸剸犀甲。《說文》膊，切肉也。義亦與剸同。刖者，《説文》刖，絶也。跀，斷足也。或作趴、跀、趴竝與刖通。祝者，哀十四年《公羊傳》天祝予。十三年《穀梁傳》祝髮文身，何休、范甯注竝云：祝，斷也。劊之，言絶也。卷四云：劊，劊也。《集韻·類篇》引《廣雅》作斵、刞者。《玉篇》刞，斷取也。《説文》釗，刓也。釗與刞聲近義同。𠛬者，集韻引字林云：𠛬細斷也。剬者，《説文》剬，斷齊也。剬與剸聲亦相近。銛亦劊也。語有緩急耳。《説文》䤣，斷也。從金，昏聲，隸省作銛。

（清）王念孫《廣雅疏證》卷一下《釋詁》　誅、罰、戮、虔、伐、肆、刈，殺也。

誅，《集韻·類篇》引《廣雅》竝作栽，虔者，《方言》虔，殺也。青徐淮楚之閒曰虔。又云：秦晉之北鄙，燕之北郊，翟縣之郊，謂賊爲虔，賊亦殺也。莊三十二年《左傳》共仲使圉人犖賊子般于黨氏，是也。成十三年《傳》虔劉我邊陲。杜預注云：虔、劉皆殺也。肆者，《夏小正》狸子肇肆。《傳》云：肇，始也。肆，遂也。言其始遂也，或曰肆，殺也。

（漢）史游《急就篇》卷四　誅罰詐僞劾罪人。劾，胡得反，又胡槩反。

誅，責也。罰，治也。劾，舉案之也。詐僞則責治，有罪則舉案。補曰：劾，推窮罪人也。漢世問罪謂之鞫，斷獄謂之劾。【略】

又：　變鬬殺傷捕伍鄰。

變鬬者，爲變難乃旦反。而相鬬也。殺傷，相傷及相殺也。捕，收掩也。有犯變鬬傷殺者，則同伍及鄰居之人皆被收掩也。補曰：魏李悝《法經》著《囚》《捕》二篇。秦初爲戶籍相伍。商君連什伍而同其罪。《續志》民有什伍，善惡以告，什主十家，伍主伍家，以相檢察。吕氏曰：觀商鞅初令，令民爲什伍而相收司，則始於鞅明矣。鄰伍解已在前。補曰：《書》正義云：令，律令，大功已上得相容隱，鄰保罪有相及。【略】

又：　盗賊繫囚榜笞臀。徒渾反，榜音彭。

繫囚，拘縶之也。榜笞，箠擊之也。補曰：《刑法志》景帝定箠令。箠，策也。笞者，箠長五尺，其本大一寸。其竹也。本薄半寸，皆平其節。當笞者笞臀，毋得更人。《書》曰：鞭作官刑。《廣雅》榜，擊也。《説文》：笞，擊也。臀，脽也。

獲盗賊者，則拘縶而搥擊其脽。考問其狀也。縶，竹立反。搥之蘂反。補曰：李悝《法經》始於《盗律》《賊律》，《廣雅》臀謂之脽，亦作屍。【略】

朋黨謀敗相引牽。牽，叶起巾反，《詩·楚茨》愆叶孫，《荀子·成相》賢叶民。

同謀之中，一人事敗，則牽引朋黨，皆發露也。補曰：《吕刑》曰：何度非及，漢詔獄所逮有至數萬人者。寒朗曰：考一連十，考十連百。【略】

欺誣詰狀還反真。

囚繫之徒，或欺詐閉匿，或誣冤良善。既被考詰，窮治由狀，乃歸實也。【略】

坐生患害不足憐。

干紀速辜，人所同嫉者也。補曰：憐，哀矜也。《方言》汝潁之間曰憐。

辭窮情得具獄堅。

既窮其辭，又得其情，則鞫訊之吏，具成其獄，鍛練周密，文致堅牢，不可反音翻。動也。汎音信。鞫，居六反。補曰：《漢書》具獄上府。《吕刑》曰：五辭簡孚。路温舒書有鍛練文致。《朱博傳·贊》辭窮情得。【略】

籍受證驗記問年。

簿籍所受，計其價直，并顯證以定罪也。記問年者，具爲書記。抵其本屬，問年齒也。幼少老耄。科罪不同，故問年也。抵，丁禮反。補曰：秦始皇十六年，初令男子書年，《周禮·司刺》壹赦曰幼弱，再赦曰老旄。鄭司農云：若今時律令，年未滿八歲，八十以上，非乎殺人。他皆不坐，《鍾離意傳》府下記案考之。注：記，文符也。【略】

閭里鄉縣趣辟論。趣音促，一作趨。辟，扶一反。論，盧昆反。

里門曰閭。里者，本其所居之里也。里屬於鄉，鄉統於縣。趣，謂催速之也。辟，法也。里鄉及縣。遞相催速。使早報問。則依憲法而論決也。補曰：《陳寵傳》：《月令》曰：趣獄刑，無留罪。【略】

鬼薪白粲鉗釱髡。鉗，巨淹反。釱音第，徒計反。又音大，髡，苦門反。

此謂輕罰，非重罪者也。鬼薪，主取薪柴以供祭祀鬼神也。白粲，主擇米取精白粲粲然者也。補曰：秦祀輕者爲鬼薪。《惠帝紀》皆耐爲鬼薪白粲。如淳曰：律説，鬼薪作三歲。應劭曰：取薪給宗廟爲鬼薪。坐擇米使正白爲白粲。以鐵錔頭曰鉗。錔足曰釱。錔，他合反。黄氏曰：釱音大，即鉗。補曰：《食貨志》釱左趾。注：釱，足鉗也。張裴《律序》云：狀如跟衣，著足足下，重六斤。以代刖。《陳咸傳》私解脱鉗釱，鉗在頭，釱在足，皆以鐵爲之。《説文》鉗，似鐵有所劫束也。釱，鐵鉗也。《倉頡篇》鉗，釱也。《廣韻》：釱，以鎖加足。鬄髮曰髡。鬄，他計反。補曰：《周禮》髡者使守積。

不肯謹慎自令然。然，叶音言。《詩·無羊》年叶溱，《漢敍傳》賢玄叶門論。

已則招之，又誰咎也。補曰：謹，絜也。慎，誠也。於文，心真爲慎。【略】

輸屬詔作谿谷山。詔，一作治。山，叶所旃反。《詩·小弁》山叶泉。《殷武》山叶丸。

輸屬，言配入其處也。詔敕別有所輸作也。一曰：詔書處昌汝反。罰令其輸作也。山瀆無所通曰谿，泉出通川曰谷。一曰：水注川曰谿，注谿曰谷。配於谿谷及山，徒之役也。補曰：陳咸爲南陽大守，豪滑吏及大姓犯法，輒論輸府，以律程作司空。【略】

又：犯禍事危置對曹。曹，叶徂侯反。見《詩·載馳》《泉水》，《楚辭·招隱士》。

犯禍，犯法而致禍也。事危，其事傾危也。既被驗問，則置立對辭於曹用也。補曰：《劉向傳》詣獄置對，臨江王徵詣廷尉府對簿。《說文》漢文帝以爲責對而爲言，多非誠對。故去其口以從士。《蕭育傳》詣後曹當以職事對。注：賊曹、決曹皆後曹。【略】

謾訑首匿愁勿聊。謾，謨官反，又音慢。訑音移。聊叶音留。見《楚辭·九章》《招隱士》。

謾訑，巧黠不實也。補曰：謾訑，欺也。《列子》狎侮欺詒。《楚辭·九章》或訑謾而不疑。《史記·龜策傳》誕謾。注：誕一作訑。黃氏曰：燕代之間謂憚。見《方言》。首匿，爲頭首而藏匿罪人也。補曰：《宣紀》注：作爲謀首。勿聊，無聊賴也。補曰：《鹽鐵論》自守匿相坐之法立，骨肉之恩廢而刑罪多。【略】

又：嗇夫假佐扶致牢。

嗇夫，鄉之有秩者也。補曰：《百官表》嗇夫職，聽訟、收賦稅。《續志》主知民善惡，爲役先後，知民貧富，爲賦多少，平其差品。《風俗通》，嗇，省也。夫，賦也。言消息百姓，均其役賦。朱邑爲舒桐鄉嗇夫。鮑宣任光鄭弘鄭立爲鄉嗇夫。《詩》箋云：田畯司嗇，今之嗇夫也。假佐，縣之假吏也。補曰：《王尊傳》注：胡公漢官，假佐，取內郡善史書佐給諸府。扶致牢者，扶持罪人而致之於牢獄也。一曰：假佐者，嗇夫之權佐也。謂之牢者。言若豢豕之牢，亦取其堅牢也。豢音患。補曰：司馬遷書云：畫地爲牢，執不入。【略】

疻痏保辜謕呼號。疻音紙。又音支。痏音洧。謕，古啼字，一作嗁。號，一作嘷。獋，並音豪。

歐人皮膚腫起曰疻。歐傷曰痏。保辜者，各隨其狀輕重。令歐者以日數保之。限內致死，則坐重辜也。謕呼號者，被歐之人稱痛酷也。歐，於口反。坐，才臥反。黃氏曰：疻，歐傷也。痏，瘡痏也。補曰：《薛宣傳》遇人不以義而見疻者，與痏人之罪鈞。注：以杖毆人青黑腫起而無創瘢者，律謂疻。《佩觿》毆作痏。號，或作獋，音義同。補曰：《爾雅》號，謼也。《廣韻》：號，大呼也。《說文》嗁，號也。《漢書》謕，號。【略】

乏興猥逮詷讂求。猥，烏賄反。詷，休正反。讂音眴。古縣反。

律有乏興之法。謂官有所興發，而輒稽留闕乏其事也。補曰：韓延年坐乏興，《卜式傳》北邊有興。猥，盛多也。逮，傳捕也。補曰：猥，雜也。逮，及也。辭之所及，則追捕之。猥逮者，矯爲官府多有逮捕也。詷謂知處密告之也。黃氏曰：詷自言長也。補曰：詷有所候伺，《淮南王安傳》爲中詷。孟康注：西方人以反間爲詷。讂，隱語也。謂偵伺官府利害，隱密其事，有所追求也。黃氏曰：讂，流言有所求也。補曰：《說文》流言也。火縣反。一曰：乏興之人，棄家逃匿。故官司逮捕，詷讂而求也。補曰：劉贛父謂：逮者其人存在，直追取之。捕者其人亡，當討捕。故或言逮，或言捕，一云：逮易辭，捕加力。逮連呼召之，捕加束縛。【略】

輒覺没入檄報留。檄，刑狄反。

檄者以木爲書，長二尺。報者，處當罪人也。言有乏興猥逮及詷讂者，其事發覺，身則没入爲奴婢，或没其家財，則爲檄書。處當其罪而留之也。處，昌汝反。當，丁浪反。補曰：朱博曰：古檄文。《江充傳》盡劾没入官。

受賕枉法忿怒仇。賕，巨牛反。

以財求事曰賕。言受人財者，枉曲正法，忿怒良直，反爲仇讐也。補曰：《說文》賕以財枉法相謝。《通釋》云非理而求。《潛夫論》曰：事曲則詔，意以行賕。

（清）段玉裁《說文解字注》卷一《示部·禁》 禁吉凶之忌也。禁忌雙聲。忌古亦讀如記也。《曲禮》曰：入竟而問禁。从示，林聲。居蔭切，七部。禁當次祘之前。

（清）段玉裁《說文解字注》卷三《半部·叛》 叛半反也。反，覆也。反者，叛之全；叛者，反之半。以半反釋叛，如以是少釋尟。从半反，半亦聲。按各本云半也。从半，反聲，轉寫者多奪字耳。薄半切，十四部。古多假畔爲叛。

（清）段玉裁《說文解字注》卷三《牛部·牢》 牢閑也。也字今補。養牛馬圈也。《充人》注曰：牢，閑也。必有閑者，防禽獸觸齧。牲繫於牢，故牲謂之牢。如《粊誓》呼牛馬爲牿，《禮》呼牲爲牽也。从牛，冬省，取其四周帀。从古文冬省也。冬取完固之意，亦取四周象形。引伸之爲牢不可破。魯刀切，古音在三部。

（清）段玉裁《説文解字注》卷三《告部・告》 告牛觸人，角箸横木，所吕告人也。从口，从牛。如許説，則告卽楅衡也。於牛之角寓人之口爲會意。然牛與人口非一體，牛口爲文，未見告義。且字形中無木，則告意未㬎。且如所云，是未嘗用口，是告可不用口也。何以爲一切告字見義哉？愚謂此許因童牛之告，而曲爲之説，非字意，故木部楅下不與此爲轉注。此字當入口部，从口，牛聲，牛可入聲讀玉也。《廣韵》：告上曰告，發下曰誥。古沃切，三部。音轉古到切。又汪氏龍曰：此因嚳字，故立告部。愚謂誠然。嚳从敎省，敎亦教也，教之故急急告之，告亦聲。然則當立敎部，嚳屬焉，不當有告部。《易》曰：僮牛之告。《大畜》爻辭。僮牛，僮昏之牛也。告，九家同，王弼作牿。凡告之屬皆从告。

（清）段玉裁《説文解字注》卷三《口部・命》 命使也。从口令。令者，發號也，君事也。非君而口使之，是亦令也。故曰命者，天之令也。眉病切，古音在十二部。令亦聲。

（清）段玉裁《説文解字注》卷三《彳部・律》 律均布也。均律雙聲。均古音同匀也。《易》曰：師出以律。《尚書》：正日，同律度量衡。《爾雅》：坎律銓也。律者，所以笵天下之不一而歸於一，故曰均布也。从彳，聿聲。吕戌切，十五部。

（清）段玉裁《説文解字注》卷三《足部・䠊》 䠊跀也。字亦作剕。从足，非聲。扶味切，十五部。

（清）段玉裁《説文解字注》卷三《足部・跀》 跀斷足也。此與刀部刖異義。刖，絶也。經傳多以刖爲跀。《周禮・司刑》注云：周改臏作刖。按唐虞夏刑用髕，去其厀頭骨也。周用跀，斷足也。凡於周言臏者，舉本名也。《莊子》魯有兀者叔山無趾，踵見仲尼。崔譔云：無趾，故踵行。然則跀刑卽漢之斬趾，無足指，故以足跟行也。無足指不能行，故別爲刖足者之屨以助其行。左氏云踊貴屨賤是也。髕則足廢不能行，跀則用踊尚可行，故跀輕於髕也。跀一名䠊，䠊一作剕。鄭駁《異義》云：臯陶改臏爲剕。《吕荆》有剕，周改剕爲刖。此恐誤，與《司刑》注不合。从足，月聲。魚厥切，十五部。

𧿹跀或从兀。亦形聲。《莊子・養生主》注曰：介，偏刖之名。崔本作兀，又作趴，云斷足也。《德充符》申徒嘉，兀者也。李云：刖足曰兀。

（清）段玉裁《説文解字注》卷五《言部・讎》 讎猶譍也。心部曰：應，當也。讎者，以言對之。《詩》云無言不讎是也。引伸之爲物價之讎。《詩》賈用不讎，高祖飲酒讎數倍是也。又引伸之爲讎怨。《詩》不我能慉，反以我爲讎，《周禮》父之讎、兄弟之讎是也。人部曰：仇，讎也。仇讎本皆兼善惡言之，後乃專謂怨爲讎矣。凡漢人作注云猶者，皆義隔而通之。如《公》《穀》皆云：孫猶孫也。謂此子孫字同孫遁之孫。《鄭風》傳：漂猶吹也。謂漂本訓浮，因吹而浮，故同首章之吹。凡鄭君、高誘等每言猶者皆同此。許造《説文》不比注經傳，故徑説字義，不言猶。惟䦈字下云：㠭猶齊也，此因㠭之本義極巧視之，於䦈从㠭義隔，故通之曰猶齊。此以應釋讎甚明，不當曰猶應，葢淺人但知讎爲怨䛗，以爲不切，故加之耳。然則爾字下云麗爾猶靡麗也，此猶亦可删與。曰：此則通古今之語，示人麗爾古語，靡麗今語。《魏風》傳糾糾猶繚繚，摻摻猶纖纖之例也。物價之讎，後人妄易其字作售，讀承臭切，竟以改易《毛詩》賈用不讎，此惡俗不可從也。从言，雔聲。此以聲苞意。市流切，三部。

（清）段玉裁《説文解字注》卷五《言部・誥》 誥告也。見《釋詁》。按以言告人，古用此字，今則用告字，以此誥爲上告下之字。又秦造詔字，惟天子獨稱之。《文選注》卅五引《獨斷》曰：詔猶告也。三代無其文，秦漢有也。據此可證秦已前無詔字，至《倉頡篇》乃有幼子承詔之語，故許書不録詔字，鉉補之，非也。从言，告聲。古到切，古音在三部。，古文誥。按此从言，肘聲，是古音在三部之證。

（清）段玉裁《説文解字注》卷五《言部・誓》 誓約束也。《周禮》五戒，一曰誓，用之於軍旅。按凡自表不食言之辭，皆曰誓，亦約束之意也。从言，斦聲。時制切，十五部。

（清）段玉裁《説文解字注》卷五《言部・誣》 誣加也。《玄應》五引皆作加言，加言者，架言也。古無架字，以加爲之。《淮南・時則訓》：鵲加巢，加巢者，架巢也。《毛詩》箋曰：鵲之作巢，冬至加之。劉昌宗加音架。李善引《吕氏春秋》注曰：結，交也。構，架也。云加言者，謂憑空構架，聽者所當審慎也。按力部曰：加，語相增加也。從力口。然則加與誣同義互訓，可不增言字。加與誣皆兼毁譽言之，毁譽不以實，皆曰誣也。《方言》：誣，𧫤與也。吴越曰誣，荆楚曰𧫤與，猶齊晉言阿與。《表記》：受禄不誣。注曰：於事不信曰誣。从言，巫聲。武扶切，五部。

（清）段玉裁《説文解字注》卷五《言部・誹》 誹謗也。誹之言非也，言非其實。从言，非聲。敷尾切，十五部。

（清）段玉裁《説文解字注》卷五《言部・謗》 謗毁也。謗之言旁也。旁，溥也。大言之過其實。《論語》：子貢方人。假方爲謗。从言，旁聲。補浪切。十部。

（清）段玉裁《説文解字注》卷五《言部·誤》 謬也。按謬當作繆，古繆誤字從糸，如綢繆相戾也，《大傳》五者一物紕繆是。謬訓狂者妄言，與誤義隔。从言，吴聲。五故切，五部。

（清）段玉裁《説文解字注》卷五《言部·詐》 欺也。从言，乍聲。測駕切，古五部。

（清）段玉裁《説文解字注》卷五《言部·訏》 詭譌也。从言，于聲。况于切，五部。一曰，訏䛩。今字作吁嗟，此别一義。齊楚謂信曰訏。按信當作大。《釋詁》：訏，大也。《方言》：訏，大也。中齊西楚之閒曰：訏，許語本楊。

（清）段玉裁《説文解字注》卷五《言部·訟》 争也。公言之也。《漢書·吕后紀》：未敢訟言誅之。鄧展曰：訟言，公言也。从言，公聲。此形聲包會意。似用切，九部。一曰歌訟。訟頌古今字。古作訟，後人假頌皃字爲之。

（清）段玉裁《説文解字注》卷五《言部·訴》 告也。从言，㡿聲。桑故切，五部。凡從㡿之字，隸變爲斥，俗又譌斥。《論語》曰：訴子路於季孫。《憲問篇》文。

（清）段玉裁《説文解字注》卷五《言部·譎》 罰也。从言，啻聲。陟革切，十六部。

（清）段玉裁《説文解字注》卷五《言部·誅》 討也。凡殺戮糾責皆是。从言，朱聲。陟輸切，四部。

（清）段玉裁《説文解字注》卷五《言部·討》 治也。發其紛糾而治之曰討。《秦風》傳曰：蒙討羽也。箋云：蒙，尨也。討，襍也。畫襍羽之文於伐，故曰尨伐。據鄭所言，則討者，亂也。治討曰討，猶治亂曰亂也。《論語》：世叔討論之。馬曰：討，治也。《學記》：古之學者，比物醜類。醜，或作討。凡言討論、探討，皆謂理其不齊者而齊之也。从言寸。寸，法也。或曰從肘省聲。他晧切，古音在三部。

（清）段玉裁《説文解字注》卷六《鬥部·鬥》 兩士相對，兵杖在後，象鬥之形。按，此非許語也。許之分部次弟，自云據形系聯。𠬪、𡳾在前部，故受之以鬥。然則當云争也。兩𠬪相對，象形。謂兩人手持相對也。乃云兩士相對，兵杖在後，與前部説自相戾。且文從兩手，非兩士也。此必他家異説，淺人取而竄改許書。雖《孝經音義》引之，未可信也。都豆切，四部。凡鬥之屬皆從鬥。

（清）段玉裁《説文解字注》卷六《隶部·隸》 附箸也。附當是本作坿，淺人改也。《周禮》注：隸，給勞辱之役者。漢始置司隸，亦使將徒治道溝渠之役，後稍尊之，使主官府及近郊。《左傳》：人有十等，輿臣隸。按隸與僕義同，皆訓坿箸，故從隶。从隶，柰聲。郎計切，十五部。 篆文隸。从古文之體。按此云篆文，則上古文也。先古後篆，亦丄部之例。但先古後篆，必古從隶，篆不從隶，乃合。各本隸、䊠俱從隶，則何取爾？有以知篆文必非從隶矣。《九經字樣》云：䊠字故從又持米，從柰聲，又象人手。經典相承作隸已久，不可改正。《玄應書》曰：字從米，𣪠聲。𣪠从又，從祟，音之絹切。考楊君《石門頌》、《王純碑》作䊠，與《字樣》合。《魯峻碑》作䊠，與《玄應》合。二人所謂葢皆謂《説文》，而右旁皆作柔。《玄應》説似近是，葢卽《説文》之篆文也。《説文》因小篆作䊠，故不得先舉篆而系以古文。以其形與古文略相似也，故依革弟民酉之例云從古文之體。至《玄應》乃説之曰從米，𣪠聲。𣪠，之芮切。從米，則唐玄度説以《周禮》曰：奴，男子入于罪䊠，女子入于舂稾。

（清）段玉裁《説文解字注》卷六《殳部·毆》 捶毄物也。捶，以杖擊也，因謂杖爲捶。捶毄物者，謂用杖擊中人物也。按此字卽今經典之敺字。《廣韵》曰：俗作敺是也。《唐石經周禮》射鳥氏，以弓矢敺鳥鳶。方相氏，索室敺疫，入壙，以戈擊四隅，敺方良。冥氏，以靈鼓敺之。庶氏，凡敺蠱，則令之比之。壺涿氏，以炮土之鼓敺之。今版本皆作毆。唐刻獨不誤。張參《五經文字》殳部：毆，一口反。攴部無敺，殳部毆字正爲經典而出，特未嘗箸之曰又起俱反，俗作敺耳。毆訓捶毄物，故以弓矢、以戈、以靈鼓、以炮土之鼓，皆捶擊意也。區聲。古音在四部，讀一口反。音轉入五部，《釋文》讀起俱丌于反。淺人乃分析一口爲毆打之字，起俱丌于爲驅逐之字，誤矣。又云敺是馬部驅之古文。夫敺在馬部爲古文，驅在殳部爲俗毆字，無庸牽合。驅訓馬馳，毆訓捶毄，試思爲淵敺魚、爲叢敺爵之類，可改爲驅魚、驅爵乎？鄭注《周禮》曰：凡言馭者，所以敺之納之於善。豈可改爲驅之納之於善乎？卽古閒有假借通用，唐《石經》固不可易也。又按，此部自毃而下言擊者八，言毄者二，不應錯出不倫。葢擊字皆本作毄，淺人改之而未盡。擊，攴也。攴，小毄也。與毄字義異。从殳，區聲。烏后切，四部。

（清）段玉裁《説文解字注》卷六《殳部·殺》 戮也。戈部曰：戮，殺也。从殳，杀聲。鉉等曰：《説文》無杀字，相傳音察，按張參曰：杀，古殺字。張説似近是。此如本作朮，或加禾爲秫。所八切，十五部。凡殺之屬皆从殺。

𣪗古文殺。按鉉本宋刻無此字，李燾本同。𢔩古文殺。𢼛古文殺。𣏂古文殺。按此葢卽杀字，轉寫譌變耳。加殳爲小篆之殺。此類甚多。《古文四聲韻》：𣏂爲崔希裕《纂古》，𣏂爲《説文》。則夏氏所據《説文》爲善本，正與張參説合。首字下當云從殳，從杀，或譌爲杀聲也。𢁁籀文殺。按鉉本、宋刻無此字，李燾本同。《類篇》云：史文殺作𣪘，臣光曰：《説文》失收，故《集韻》今不載。然則司馬公所據鉉本無𣪘信矣。今版本依鍇本增之耳。《考工記》𣪘字，不識何以從閃，今據殳部古文役、殺部籀文殺，殳皆作𠭔求之。知𠭔譌爲閃，頓釋此疑。學者觸類而長之可也。

（清）段玉裁《説文解字注》卷六《殺部・弒》 弒臣殺君也。經傳殺、弒二字，轉寫既多譌亂，音家又或拘泥，中無定見，多有殺讀弒者。按述其實則曰殺君，正其名則曰弒君。《春秋》正名之書也，故言弒，不言殺。三傳，述實以釋經之書也，故或言殺，或言弒，不必傳無殺君字也。許釋弒曰臣殺君，此可以證矣。殺在古音十五部，弒在一部，本不相通也。弒《漢石經公羊》作試，二字同式聲也。《白虎通》引《春秋讖》曰：弒者，試也。欲言臣子殺其君父不敢卒，候閒司事，可稍稍試之。《釋名》曰：弒，伺也。説同。皆本《文言》傳之意。《易》曰：臣弒其君。《文言》傳文。从殺省，式聲。式吏切，一部。

（清）段玉裁《説文解字注》卷六《寸部・寺》 寺廷也。廴部曰：廷，朝中也。《漢書》注曰：凡府庭所在，皆謂之寺。《釋名》：寺，嗣也。治事者相嗣續於其内。《廣韻》：寺者，司也。官之所止有九寺。按經典假寺爲侍。《詩・瞻卬》傳曰：寺，近也。《周禮》注曰：寺之言侍也。凡《禮》、《詩》、《左傳》言寺人皆同。若漢西域白馬駝經來，初止於鴻臚寺，遂取寺名。初置白馬寺，此名之不正者也。有法度者也。从寸，《考工記》曰：市朝一夫。注云：方各百步，知天子三朝，各方百步。其諸侯大夫之制未詳。步必積寸爲之，言法度字多從寸。又部曰：度，法制也。㞢聲。祥吏切，一部。

（清）段玉裁《説文解字注》卷六《攴部・敕》 敕誡也。言部曰：誡，敕也。二字互訓。《小雅》毛傳曰：敕，固也。此謂敕卽飭之假借。飭，致堅也。後人用勅爲敕，力部：勑，勞也。洛代切。又或從力作勅。一曰，二字今補。臿地曰敕。此別一義。凡植物地中謂之菑，或作傳、事、剚、銉，側吏、初吏二切。敕與初吏一切正同部雙聲也。臿者，今之插字，漢人祗作臿。从攴束。各本有聲，誤，今刪。攴而收束之，二義皆於此會意，非束聲也。恥力切，一部。

（清）段玉裁《説文解字注》卷六《攴部・赦》 赦置也。网部曰：置，赦也。二字互訓。赦與捨音義同，非專謂赦罪也。後捨行而赦廢，赦專爲赦罪矣。从攴赤聲。始夜切，古音在五部。𢻷赦或从亦。亦聲古在五部。

（清）段玉裁《説文解字注》卷七《目部・睦》 睦目順也。从目，坴聲。莫卜切，《廣韻》莫六切，三部。一曰，敬和也。五字疑後增。古書睦、穆通用。如《孟子》注：君臣集穆。《史記》旼旼睦睦，《漢書》作旼旼穆穆是也。穆多訓敬，故於睦曰敬和。

（清）段玉裁《説文解字注》卷七《目部・眚》 眚目病生翳也。玄應曰：翳，《韵集》作瞖。眚，引伸爲過誤。如眚災肆赦，不以一眚掩大德是也。又爲災眚。李奇曰：内妖曰眚，外妖曰祥是也。又假爲減省之省。《周禮》：馮弱犯寡則眚之。注：眚猶人省瘦也，四面削其地。按省瘦亦作瘖瘦，俗云瘦省。从目，生聲。所景切，十一部。

（清）段玉裁《説文解字注》卷八《歺部・殊》 殊死也。凡漢詔云殊死者，皆謂死罪也。死罪者，首身分離，故曰殊死。引伸爲殊異。从歺，朱聲。市朱切，四部。一曰斷也。各本無此四字，依《左傳》釋文補。斷與死本無二義，許以字從歺，故以死爲正義，凡物之斷爲別一義。《左傳》曰：武城人塞其前，斷其後之木而弗殊，邾師過之，乃推而蹷之。《史・蘇秦列傳》：刺蘇秦不死，殊而走。按弗殊者，謂不絶也。不死殊而走者，謂人雖未死，創已決裂也。皆斷之説也。宣帝詔曰：骨肉之親，粲而不殊。凡言殊異、殊絶，皆引伸之義。殳部曰：以杖殊人。謂隔遠敵仇不得近，亦是斷義。《漢令》曰：蠻夷長有罪當殊之。按殊之者，絶之也。所謂別異蠻夷。此舉漢令證斷義，而裴駰以來皆謂殊之爲誅死。夫蠻夷有罪，非能必執而殺之也，而顧箸爲令哉。今鍇本作當殊之市，多市字，此由張次立以鉉本改鍇本，誤以鉉本市朱切市字系殊之下，其可笑有如此者。

（清）段玉裁《説文解字注》卷八《死部・死》 死澌也。水部曰：澌，水索也。《方言》：澌，索也，盡也。是澌爲凡盡之稱。人盡曰死，死、澌異部疊韵。人所離也。形體與魂魄相離，故其字從歺人。从歺人。息姊切，十五部。凡死之屬皆从死。𣦵古文死如此。從古文歺、古文人。

（清）段玉裁《説文解字注》卷八《骨部・髕》 髕厀耑也。厀，脛頭節也。《釋骨》云：葢膝之骨曰膝髕。《大戴禮》曰：人生朞而髕，髕不備則人不能行。古者五刑：臏、宫、劓、墨、死。臏者，髕之俗，去厀頭骨也。周改髕作朗，其字借作刖，斷足也，漢之斬趾是也。髕者，廢不能行。朗者，尚可箸踊而行。踊者，朗足者之屨。《莊子》兀者叔山無趾，踵見仲尼。崔譔云：無趾故以踵行。是則朗輕於髕也。古文《尚書・吕刑》説夏刑作剕，《周本紀》《漢・刑法志》、《周禮・司刑》注引

《尚書大傳》皆作髕。《周禮注》云：周改臏作刖。而《公羊》疏引鄭駁《異義》云：皋陶改臏爲剕，《吕荆》有剕，周改剕爲刖。與《周禮注》不合。足部云：跀，跀也。跀即剕字。許謂跀卽跀矣，鄭析跀、跀爲二。不知其制何以分别。竊謂《周禮注》爲長，駁《異義》則未定之論。許説亦非是也。剕，惟見於《吕荆》，他經傳無言跀、言剕者。葢跀者，髕之一名。故《周禮》説周制作刖，《吕荆》説夏制，則今文《尚書》作臏，古文《尚書》作剕，實一事也。周改髕爲跀，卽改跀爲跀也。許釋跀爲跀，非。鄭云皋陶改髕爲跀，亦非也。髕作跀，如《禹貢》蠙作玭，《商書》紂作受，音轉字異，非有他也。从骨，賓聲。毗忍切，十二部。

（清）段玉裁《説文解字注》卷八《刀部・判》 判分也。《媒氏》：掌萬民之判。注：判，半也。得耦爲合，主合其半成夫婦也。《朝士》：有判書以治則聽。注：判，半分而合者。从刀，半聲。形聲包會意。普半切，十四部。

（清）段玉裁《説文解字注》卷八《刀部・刖》 刖絶也。凡絶皆偁刖，故劓下云：刖鼻也。刖足則爲跀。《周禮》刖者使守囿，此是假刖爲跀。《困》：九五，劓刖。京房作劓劊。《説文》劊與刖義同。从刀，月聲。魚厥切，十五部。

（清）段玉裁《説文解字注》卷八《刀部・制》 制裁也。衣部曰：裁，製衣也。製，裁衣也。此裁之本義。此云制，裁也。裁之引伸之義。古多假折爲制，《吕荆》：制以荆。《墨子》引作折則荆。《魯論》片言可以制獄。古作折獄。《羽獵賦》：不制中以泉臺。制或爲折。又《吕荆》：折民惟荆，《四八目》引作制民。从刀未。會意。征例切，十五部。未，逗。物成有滋味可裁斷。説從未之意。未下曰：味也。有滋味可裁斷，故刀未爲制。一曰止也。前義可包此義。制古文制如此。從彡者，裁斷之而有文也。

（清）段玉裁《説文解字注》卷八《刀部・罰》 罰辠之小者。辠，犯法也。罰爲犯法之小者，荆爲罰辠之重者。五罰輕於五荆。从刀詈。會意。房越切，十五部。未吕刀有所賊，但持刀罵詈，則應罰。説從刀詈之意。罰者，但持刀而詈，則法之。然則荆者，謂持刀有所賊，則法之。别其犯法之輕重也。《初學記》云：《元命包》曰：网言爲詈，刀守詈爲罰。罰之爲言内也，陷於害也。注云：詈以刀守之則不動矣。今作罰用寸，寸，丈尺也，言納以繩墨之事。《初學記》又云：《元命包》曰：荆，刀守井也。飲水之人，入井争水，陷於泉，刀守之，割其情也。注云：井飲人，則人樂之不已，則自陷於泉，故加刀謂之荆，欲人畏懼以全命也。此二條皆引《春秋元命包》，今本《初學記》皆系諸《説文》，殊誤。觀《玄應書》卷廿一、廿五引《春秋元命包》説荆字，與此同，可以諟正矣。云刀守詈、刀守井，則荆罰不分輕重，古五罰不用刀也。故許説罰爲刀詈，犯法之小者，荆爲井刀，執法之大者，一入刀部，一入井部，所以正緯説也。唐人諱淵作泉，亦或作川。

（清）段玉裁《説文解字注》卷八《刀部・刵》 刵斷耳也。刵見《康誥》、《吕荆》。五荆之外有刵。軍戰則不服者殺而獻其左耳，曰聝。《周禮》田獵取禽左耳以效功曰珥。从刀耳。會意包形聲。仍吏切，一部。

（清）段玉裁《説文解字注》卷八《刀部・劓》 劓刖鼻也。刖，絶也。《周禮注》曰截鼻。从刀，臬聲。臬，法也。形聲包會意。魚器切，十五部。《易音義》引《説文》牛列反。《易》曰：天且劓。《睽》六三爻辭。馬、虞皆云黥頟爲天。劓劓或从鼻。刀鼻會意。今經典如此作。

（清）段玉裁《説文解字注》卷八《刀部・刑》 刑剄也。按荆者，五荆也。凡荆罰、典荆、儀荆皆用之。刑者，剄頸也，横絶之也。此字本義少用，俗字乃用刑爲荆罰、典荆、儀荆字，不知造字之指既殊，幵聲、幵聲各部，凡幵聲在十一部，凡幵聲在十二部也。从刀，幵聲。戶經切。按古音當與一先韵内幵聲諸字爲伍。

（清）段玉裁《説文解字注》卷八《刀部・剄》 剄刑也。耳部曰：小罪聅，中罪刖，大罪剄。剄謂斷頭也。《左傳》：越句踐使罪人三行，屬劒於頸而辭曰：臣不敢逃荆，敢歸死。遂自剄也。吴師屬之目。剄，《經典釋文》宋刻作頸，非也。按許意剄謂斷頸，荆之至重者也。从刀，巠聲。古零切，十一部。《廣韵》古挺切。

（清）段玉裁《説文解字注》卷八《刀部・券》 券契也。《小宰》：官府之八成。大鄭曰：稱責謂貣予，傅别謂券書，聽訟責者以券書決之。傅，傅箸約束於文書。别，别爲兩，兩家各得一也。書契，符書也。質劑，謂市中平價，今月平是也。後鄭曰：傅别，謂爲大手書於一札，中字别之。書契謂出予受入之凡要。凡簿書之冣目，獄訟之要辭，皆曰契。《春秋傳》曰：王叔氏不能舉其契。質劑，謂兩書一札，同而别之，長曰質，短曰劑。質劑皆今之券書也。按云今之券書者，謂漢時名券書，其實券字自古有之也。大部曰：契，大約也。引《易・轂辭》書契。从刀，𢦏聲。去願切，十四部。券别之書，吕刀判契其旁，契，各本作契，今正。判，分也。契，刻也。兩家各一之書牘，分刻其旁，使可兩合以爲信。《韓子》曰：宋人得遺契而數其齒是也。故曰書契。書契，鉉作契券，鍇無書，皆非也，今正。書契，謂《易・轂辭》、《周禮・小宰》所云書契也。書而契之，是曰書契。契、契音同。此三句説從刀之意。

（清）段玉裁《説文解字注》卷八《刀部・刺》 刺君殺大夫曰刺。

刺，直傷也。刺篆疑非舊次。刺，直傷也，當爲正義。君殺大夫曰刺，當爲別一義。辭之先後，今又倒亂矣。上文剽砭刺也。刲，刺也。皆直傷之義，然則刺篆當廁剽、刲二篆下。《禮經》云：刺草，《大雅》之刺訓責，史稱刺六經，作王制。官稱刺史，鍼黹曰刺繡，用檣曰刺船，盜取國家密事爲刺探尚書事，皆其引伸之義也。一曰君殺大夫曰刺者，《春秋·僖二十八年》：公子買戍衛，不卒戍，刺之。《成十六年》：刺公子偃。《公羊傳》曰：刺之者何？殺之也。内諱殺大夫，謂之刺之也。考諸《周禮·司刺》：掌三刺之法，壹刺曰訊羣臣，再刺曰訊羣吏，三刺曰訊萬民。注：刺，殺也。訊而有罪則殺之。然則《春秋》於他國書殺其大夫，於魯國則兩書刺，諱魯之專殺而謂之刺，謂其當罪，合於《周禮》、《公羊》内諱之説，是矣。此云君殺大夫曰刺，《春秋》於他國不云爾也。从刀朿，朿亦聲。七賜切，十六部。按又七迹切，古不分去入。

（清）段玉裁《説文解字注》卷五《竹部·笵》

笵法也。《轂辭》：範圍天地之化而不過。鄭曰：範，法也。《考工記》：軓前十尺，注云：書或作軋。軋，法也。按許無軋字，車部範爲範軷。則《轂辭》範圍，假借字也。从竹，氾聲。防妥切，八部。竹簡書也。古法有竹荆。説从竹之意。法具於簡書，故笵从竹也。《左傳》曰：鄭駟歂殺鄧析，而用其竹荆。竹荆者，荆罰科條，載於竹簡也。《通俗文》曰：規模曰笵。《玄應》曰：以土曰型，以金曰鎔，以木曰模，以竹曰笵，一物材別也。説與説合。

（清）段玉裁《説文解字注》卷九《竹部·箠》

箠所㠯擊馬也。所㠯二字今補。假借爲杖人之稱。《漢書》定箠令是也。《周禮》假垂爲箠。垂氏掌共燋契是也。从竹，垂聲。之壘切。按壘當作累。古音在十七部。

（清）段玉裁《説文解字注》卷九《竹部·笞》

笞擊也。疑奪所㠯二字。笞，所以擊人者，因之謂擊人爲笞也。《方言》引《傳》曰：慈母之怒子也，雖折葼笞之，其惠存焉。後世笞、杖、徒、流、大辟五荆制於隨唐，至於今日，笞有名無實。从竹，台聲。丑之切，一部。

（清）段玉裁《説文解字注》卷九《丌部·典》

典五帝之書也。三墳五典，見《左傳》。从冊在丌上，尊閣之也。閣猶架也。以八庋閣之也。多殄切，古音在十三部。莊都説：典，大冊也。此字形之別説也。莊都者，博訪通人之一也。謂典字上从冊，下从大，以大冊會意，与冊在六上説異。不別爲篆者，許意下本不從大，故存其説而已。

（清）段玉裁《説文解字注》卷九《工部·式》

式法也。廌部法作灋。灋，荆也。引伸之義爲式，用也。按《周禮》八灋、八則、九式，異其文。注曰：則亦法也。式謂用財之節度。从工弋聲。賞職切。一部。

（清）段玉裁《説文解字注》卷九《血部·卹》

卹憂也。憂當作惪。惪，愁也。《釋詁》曰：恤，憂也。卹與心部恤音義皆同。古書多用卹字，後人多改爲恤。如比部引《周書》無毖于卹，潘岳《藉田賦》惟穀之卹，李注引《書》惟刑之卹，今《尚書》卹皆作恤是也。从血，卩聲。辛聿切，古音在十二部。一曰鮮少也。此別一義。卹與惜雙聲。鮮少，可惜也。鮮當作尟。

（清）段玉裁《説文解字注》卷九《井部·荆》

荆罰辠也。假借爲典型字。从刀井。《易》曰：井者，法也。此引《易》説从井之意。井者，法也，蓋出《易説》，司馬彪《五行志》引《易説》同。《風俗通》亦云：井者，法也，節也。《春秋元命包》曰：荆，刀守井也。飲水之人，入井争水，陷於泉，刀守之，割其情也。又曰：网言爲詈，刀守詈爲罰，罰之爲言内也，陷於害也。已上見玄應《大唐衆經音義》、徐堅《初學記》。夫井上争水，不至用刀，至於詈罵當罰，五罰斷不用刀也。故許以罰入刀部，謂持刀罵詈，則應罰。以荆入井部，謂有犯五刑之辠者，則用刀法之。同一从刀，而一系諸受法者。一系諸執法者，且从井，非爲入井争水，視《元命包》之説，正如摧枯拉朽，安置妥帖矣。故其書百世師承可也。井亦聲。戶經切，十一部。按此荆罰正字也，今字改用刑。刑者，剄也。見刀部。其義其音皆殊異。

（清）段玉裁《説文解字注》卷一〇《桀部·磔》

磔辜也。辛部曰：辜，辠也。《掌戮》：殺王之親者辜之。注：辜之言枯也，謂磔之。鄭與許合也。《大宗伯》以疈辜祭四方百物，大鄭從故書作罷辜，云：罷辜，披磔牲以祭。《爾雅》：祭風曰磔。郭云：今俗當大道中磔狗，云以止風。按凡言磔者，開也，張也，刳其胷腹而張之，令其乾枯不收。字或作矺，見《史記》。从桀，石聲。陟格切，古音在五部。今俗語云磔破者，當作此字，音如作。

（清）段玉裁《説文解字注》卷一一《木部·械》

械桎梏也。從木，戒聲。胡戒切，古音在一部。一曰械，逗。此字今補。器之總名。趙注《孟子》曰：械，器之總名。《禮記音義》引郭璞《三蒼解詁》同。一曰械，逗。此字今補。治也。各本治作持，恐是唐人諱改。今依李善《長笛賦》注正。一曰有所盛曰器，無所盛曰械。各本作有盛爲械，無盛爲器，《詩·車攻》釋文引無所盛曰械，今據正。按，㗊部曰：器，皿也。何注《公羊》云：攻守之器曰械。《大傳》：異器械。注云：禮樂之器及兵甲也。《王制》：器械異制。注云：謂作務之用。皆可爲有盛無盛之證。師古注《宣帝紀》與各本同。恐淺人所改也。若《六書故》云：唐本《説文》曰：或説内盛爲器，外盛爲械。外盛未安，當作外戒。

（清）段玉裁《説文解字注》卷一一《木部・桎》足械也。所吕質地。所吕質地四字，依《周禮音義》補。桎、質疊韵也。《周禮・掌囚》注：鄭司農云：拲者，兩手共一木也。桎梏者，兩手各一木也。玄謂在手曰梏，在足曰桎。中罪不拲，手足各一木耳。按後鄭從許説也。韋昭云：兩手共一木曰拲，兩手各一木曰梏。從木，至聲。之日切，十二部。

（清）段玉裁《説文解字注》卷一一《木部・梏》手械也。所吕告天。所吕告天四字，依《周禮音義》補。梏、告疊韵也。從木，告聲。古沃切，三部。

（清）段玉裁《説文解字注》卷一一《木部・梟》不孝鳥也。故日至捕梟磔之。《漢儀》：夏至賜百官梟羹。《漢書音義》孟康曰：梟，鳥名，食母。破鏡，獸名，食父。黄帝欲絶其類，使百吏祠皆用之。如淳曰：漢使東郡送梟，五月五日作梟羹，以賜百官，以其惡鳥，故食之也。從鳥在木上。《五經文字》曰：從鳥在木上。隷省作梟。然則《説文》本作梟甚明。今各本云從鳥頭在木上，而改篆作梟，非也。此篆不入鳥部而入木部者，重磔之於木也。倉頡在黄帝時，見黄帝磔此鳥，故製字如此。古堯切，二部。

（清）段玉裁《説文解字注》卷一二《口部・图》獄也。獄上當有图圉二字。幸部曰：图圉，所吕拘罪人。葢許作图圉，與他書图圄不同也。《月令》鄭注曰：图圄，所以禁守繫者，若今别獄矣。蔡邕云：图，牢也。圄，止也。所以止出入，皆罪人所舍也。《鄭志》：崇精問曰：图圄，何代之獄？焦氏荅曰：《月令》，秦書。則秦獄名也。漢曰若盧，魏曰司空。从口，令聲。錯曰：图，櫺也。櫳檻之名。郎丁切，十一部。

（清）段玉裁《説文解字注》卷一二《口部・圄》守之也。从口，吾聲。魚舉切，五部。按《韵會》云：圄，《説文》本作圉。葢小徐本有圉無圄。《左傳》：圉伯嬴於轑陽而殺之。

（清）段玉裁《説文解字注》卷一二《口部・囚》繫也。从人在口中。似由切，三部。

（清）段玉裁《説文解字注》卷一二《貝部・賄》財也。《周禮》注曰：金玉曰貨，布帛曰賄。析言之也。許渾言之，貨賄皆釋曰財。从貝，有聲。呼罪切。按古音在一部，古假悔字爲之。《聘禮》注曰：古文賄皆作悔。

（清）段玉裁《説文解字注》卷一二《貝部・賂》遺也。見《魯頌》大賂傳箋云：大，猶廣也。廣賂者，賂君及卿大夫也。按以此遺彼曰賂，如道路之可往來也。貨賂皆謂物，其用之則有公私衺正之不同。从貝，各聲。洛故切。五部。按各古有洛音，鉉云：賂當從路省聲。非也。

（清）段玉裁《説文解字注》卷一二《貝部・質》吕物相贅。質、贅雙聲。以物相贅，如春秋交質子是也。引伸其義爲樸也，地也。如有質有文是。《小雅》毛傳云：的，質也。《周禮》射則充椹質，《左傳》策名委質皆是。又《緜》詩、《抑》詩傳曰：質，成也。《禮》謂平明爲質明。从貝，从所。闕。闕者，闕從所之説也。《韵會》從所作所聲，無闕字。之日切，十二部。

（清）段玉裁《説文解字注》卷一二《貝部・賕》吕財物枉法相謝也。枉法者，違法也。法當有罪，而以財求免，是曰賕。受之者亦曰賕。《吕刑》：五過之疵惟來，馬本作惟求，云有請賕也。按上文惟貨者，今之不枉法贓也；惟求者，今之枉法贓也。从貝，求聲。形聲包會意。巨畱切，三部。一曰載質也。載，各本作戴，今依《韵會》正。謂載質而往求人俑貣也。質謂以物相贅。

（清）段玉裁《説文解字注》卷一二《貝部・貲》小罰吕財自贖也。貲字本義如是。引伸爲凡財貨之偁。从貝，此聲。即夷切，十五部。漢律：民不繇，貲錢二十三。繇、傜古今字。二十三，各本作二十二，今正。《漢儀注》曰：人年十五至五十六，出賦錢人百二十爲一筭，又七歲至十四，出口錢人二十，以供天子。至武帝時，又口加三錢，以補車騎馬。見《昭帝紀》、《光武紀》二注及今《四庫全書》内《漢舊儀》。按《論衡・謝短篇》曰七歲頭錢二十三，亦謂此也。然則民不傜者，謂七歲至十四歲。貲錢二十三者，口錢二十，併武帝所加三錢也。

（清）段玉裁《説文解字注》卷一三《㫃部・族》矢鏠也。今字用鏃，古字用族。金部曰：鏃者，利也。則不以爲矢族字矣。束之族族也。族族，聚皃。毛傳云：五十矢爲束。引伸爲凡族類之偁。从㫃，从矢。會意。㫃所吕標衆，衆矢之所集。此説从㫃之意。㫃所以標衆者，亦謂旌旗所以屬人耳目。旌旗所在，而矢咸在焉，衆之意也。《韵會》、《集韵》、《類篇》皆引此而衍一曰从三字，則不可解矣。昨木切，三部。

（清）段玉裁《説文解字注》卷一三《禾部・租》田賦也。从禾，且聲。則吾切，五部。

（清）段玉裁《説文解字注》卷一三《禾部・税》租也。从禾，兑聲。輸芮切，十五部。

（清）段玉裁《説文解字注》卷一三《禾部・科》程也。《廣韵》曰：程也，條也，本也，品也。又：科，斷也。按實一義之引伸耳。《論語》曰：爲力不同科。《孟子》曰：盈科而後進。趙岐曰：科，坎也。按盈科爲盈等也。从禾斗。依《韵會》所據小徐本。苦禾切，十七部。斗者，量也。説从斗之意。

（清）段玉裁《説文解字注》卷一三《禾部·程》

程品也。大徐無程字。按此三字爲句，與稟米也一例。淺人槩謂複字而删之。品者，衆庶也。因衆庶而立之法則，斯謂之程品。上文言諸程品可證矣。荀卿曰：程者，物之準也。《月令》：陳祭器，按度程。注：程，謂器所容也。《漢書》：張蒼定章程。如淳云：章，曆數之章術也。程者，權衡丈尺斗斛之平法也。十髪爲程，一程爲分，一俗本作十，誤。大小徐舊本、《漢制攷》、《小學紺珠》皆不誤。百髪爲分，斷無是理。十分爲寸。十髪爲程，度起於此。十髪當禾秒十二，故字从禾。从禾，呈聲。直貞切，十一部。

（清）段玉裁《説文解字注》卷一三《米部·竊》

盗自中出曰竊。小徐曰：所謂亂在内爲宄也。按《春秋》曰：盗竊寶玉大弓。盗自中出也。虎部曰：竊，淺也。此於雙聲疊韵得之。从穴米，米自穴出，此盗自中出之象也。會意。禼廿皆聲也。一字有以二字，形聲者。千結切，十五部。廿，古文疾。童下亦曰：廿古文以爲疾。云以爲則本訓二十，并古文叚借以爲疾字也。𠂤部疾下列古文仍與小篆不别，葢轉寫之誤。禼，偰字也。大徐作古文偰。按内部禼，蟲也。讀與偰同。是則音同而義異也。此云偰字者，葢古文叚借以禼爲偰，猶見於《漢書》。

（清）段玉裁《説文解字注》卷一三《凶部·凶》

惡也。凶者，吉之反。象地穿交陷其中也。此爲指事。許容切，九部。凡凶之屬皆从凶。

（清）段玉裁《説文解字注》卷一四《宀部·宥》

寬也。《周頌》：夙夜基命宥密。叔向、毛公皆曰：宥，寬也。宥爲寬，故貰罪曰宥。《周禮·大司樂》假宥爲侑，《王制》假又爲宥。从宀，有聲。于救切，古音在一部。

（清）段玉裁《説文解字注》卷一四《宀部·害》

傷也。人部曰：傷，創也。刀部曰：創，傷也。《詩》《書》多假害爲曷，故《周南》毛傳曰：害，何也。俗本改爲曷，何也。非是。今人分别害去、曷入，古無去入之分也。从宀口，言从家起也。會意。言爲亂階，而言每起於衽席。丰聲。胡葢切，十五部。

（清）段玉裁《説文解字注》卷一四《宀部·宗》

尊祖廟也。宗尊雙聲。按當云：尊也。祖廟也。今本奪上也字，《大雅》：公尸來燕來宗。傳曰：宗，尊也。凡尊者謂之宗，尊之則曰宗之。《大雅》：君之宗之。箋云：宗，尊也。《禮記》：别子爲祖，繼别爲宗，繼禰者爲小宗。凡言大宗、小宗，皆謂同所出之兄弟所尊也。尊莫尊於祖廟，故謂之宗廟。宗从宀，从示。示謂神也，宀謂屋也。从宀示。會意。作冬切，九部。按《唐韵》當在一東。

（清）段玉裁《説文解字注》卷一四《疒部·疻》

疻痏，逗。毆傷也。疻痏二字，各本無，依全書通例補。《漢書·薛宣傳》：廷尉引傳曰：遇人不以義而見疻者，與痏人之罪鈞。惡不直也。應劭曰：以杖手毆擊人，剥其皮膚，起青黑而無創瘢者，律謂疻痏。按此應注譌脱。《急就篇》顔注云：毆人皮膚腫起曰疻，毆傷曰痏。葢應注律謂疻下奪去六字，當作其有創瘢者謂痏。《文選》嵇康詩：怛若創痏。李善引《説文》：痏，瘢也。正與應語合，皆本漢律也。疻輕痏重，遇人不以義而見疻，罪與痏人等。是疻人者輕論，見疻者重論，故曰惡不直也。創瘢謂皮破血流。从𤕫，只聲。諸氏切，十六部。

（清）段玉裁《説文解字注》卷一四《疒部·痏》

疻痏也。按依許全書之例，則疻下云疻痏，毆傷也。此但云疻痏也，而義已足。此等往往爲淺人妄删，致文理不可讀矣。或曰，依應仲遠則疻痏異事，何爲合之也？曰應析言之，許渾言之。許曰毆傷，則固兼無創瘢有創瘢者言之。《文選注》引《倉頡篇》痏，毆傷也，與許正合。从𤕫，有聲。榮美切，古音在一部。一曰痏，逗。瘢也。據《文選》嵇康詩注補此五字。此析言之，與應劭引律合。

（清）段玉裁《説文解字注》卷一四《网部·罪》

捕魚竹网。竹字葢衍，小徐無竹网二字。从网，非聲。聲字舊缺，今補。本形聲之字，始皇改爲會意字也。徂賄切，十五部。秦以爲辠字。《文字音義》云：始皇以辠字似皇，乃改爲罪。按經典多出秦後，故皆作罪。罪之本義少見於竹帛。《小雅》：畏此罪罟，《大雅》：天降罪罟，亦辠罟也。

（清）段玉裁《説文解字注》卷一五《人部·傷》

創也。刅部曰：刅，傷也。二字爲轉注。《山海經》謂木束爲傷。从人，煬省聲。各本作殤省聲，殤下又云傷省聲，二字孰先後乎。今更正曰煬省，與殤、觴同。式羊切，十部。

（清）段玉裁《説文解字注》卷一五《人部·例》

比也。此篆葢晚出，漢人少言例者。杜氏説《左傳》乃云發凡言例。例之言迾也，迾者，遮迾以爲禁。《周禮·司隸》注：厲，遮例也。《釋文》例本作列。葢古經皆作列，作厲，不作迾。比例字衹作列。从人，列聲。力制切，十五部。疑許本無此。

（清）段玉裁《説文解字注》卷一五《人部·伐》

擊也。《詩》勿翦勿伐傳、鉦人伐鼓傳皆曰：伐，擊也。《禮記·郊特牲》：二日伐鼓，何居？鄭曰：伐猶擊也。《尚書》：不愆于四伐五伐。鄭曰：一擊一刺曰伐。《詩》：是伐是肆。箋云：伐謂擊刺之。按此伐之本義也。引伸之乃爲征伐。《周禮》九伐注云：諸侯之於國，如樹木之有根，是以言伐云。从人持戈。戈爲句兵，亦曰瞉兵，《左傳》擊之以戈是也。戍者，守也，故从人在戈下，入戈部。伐者，外擊也，故从人仗戈，入人部。房越切，十五部。一曰敗也。此謂引伸之義。伐敗疊韵。《左傳》：凡師有鐘鼓曰伐。《穀梁傳》：斬樹木，壞宫室曰伐。攴部曰：敗者，毁也。《公羊傳》曰：春秋伐者爲客，伐者爲主。何云：伐人者爲客，讀伐長言之；見伐者爲主，讀伐短言之。皆齊人語也。按今人讀房越切，此短言也。劉昌宗《周禮·大司馬》、《大行人》、《輈人》皆房廢切，此長言也。劉係北音，周顒、沈約《韵書》皆用南音，去入多强爲分别，而不合於古矣。伐人者有功，故《左傳》諸侯言時記功，大夫稱伐，《史記》：明其等曰伐，積日曰閲。又引伸之自功曰伐。亦斫也。大徐無此三字爲長。

（清）段玉裁《説文解字注》卷一五《人部·仇》 讎也。讎猶應也。《左傳》曰：嘉偶曰妃，怨偶曰仇。按仇與逑古通用，辵部怨匹曰逑，即怨偶曰仇也。仇爲怨匹，亦爲嘉偶，如亂之爲治，苦之爲快也。《周南》君子好逑，與公侯好仇義同。从人，九聲。巨鳩切，三部。

（清）段玉裁《説文解字注》卷一五《人部·咎》 災也。災當是本作烖。天火曰災，引伸之凡失意自天而至曰災。《釋詁》曰：咎，病也。《小雅·伐木》傳曰：咎，過也。《北山》箋云：咎猶罪過也。《西伯戡黎》鄭注：咎，惡也。《吕覽·移樂篇》注：咎，殃也。《方言》：咎，謗也。从人各。會意。其久切，三部。各者，相違也。説从各之意。

（清）段玉裁《説文解字注》卷一五《比部·比》 密也。今韵平上去入四聲皆録此字。要密義足以括之，其本義謂相親密也，餘義俌也、及也、次也、校也、例也、類也、頻也、擇善而從之也、阿黨也，皆其所引伸。許書無篦字，古衹作比，見《蒼頡篇》、《釋名》、《漢書·匈奴傳》。《周禮》或叚比爲庀。二人爲从，反从爲比。猶反人爲七也。毗二切。按四聲俱收，其義本一，其音强分耳。唐人詩多讀入聲者。十五部。凡比之屬皆从比。 古文比。按蓋从二大也。二大者，二人也。

（清）段玉裁《説文解字注》卷一五《臥部·監》 臨下也。《小雅》毛傳：監，視也。許書瞷，視也；監，臨下也。古字少而義晐，今字多而義别。監與鑒互相假。从臥，䘓省聲。古銜切，八部。 古文監。从言。會意。

（清）段玉裁《説文解字注》卷一五《欠部·欺》 詐也。大徐作詐欺也，今依《韵會》正。言部曰：詐者，欺也。此曰欺者，詐也。是爲轉注。从欠者，猶从言之意。从欠，其聲。去其切，一部。

（清）段玉裁《説文解字注》卷一五《欠部·盜》 厶利物也。周公曰：竊賄爲盜，盜器爲姦。米部曰：盜自中出曰竊。从次皿。會意。次，欲也。欲皿爲盜。依《韵會》本。説从次之意。徒到切，二部。

（清）段玉裁《説文解字注》卷一六《𥄉部·𥄉》 到首也。到者，今之倒字。此亦以形爲義之例。賈侍中説：偁官不偁名者，尊其師也。此斷首到縣𥄉字。《廣韵》引《漢書》曰：三族令先黥劓，斬左右趾，𥄉首，菹其骨。按今《漢書·刑法志》作梟，蓋非孫愐所見之舊矣。𥄉首字當用此，用梟於義無當，不言从到首者，形見於義，如珏下不言从二玉也。古堯切，二部。凡𥄉之屬皆从𥄉。

（清）段玉裁《説文解字注》卷一六《髟部·髡》 鬄髮也。《楚辭·涉江》：接輿髡首。王注云：髡，剔也。剔者，俗鬄字。《周禮》：髡者使守積。注云：此必王之同族不宫者，宫之爲翦其類，髡之而已。而部曰：罪不至髡，完其而鬢曰耏。从髟，兀聲。苦昆切，十三部。

（清）段玉裁《説文解字注》卷一六《卩部·令》 發號也。号部曰：號者，嘑也。口部曰：嘑者，號也。發號者，發其號嘑，以使人也，是曰令。人部曰：使者，令也。義相轉注。引伸爲律令，爲時令。《詩》箋曰：令，善也。按《詩》多言令，毛無傳。《古文尚書》言靈，見《般庚》《多士》《多方》。《般庚》正義引《釋詁》：靈，善也。蓋今本《爾雅》作令，非古也。凡令訓善者，靈之假借字也。从亼卪。號嘑者，招集之卪也。故从亼卪會意。力正切，古音在十二部。

（清）段玉裁《説文解字注》卷一六《辟部·辟》 法也。法當作灋。《小雅》：辟言不信。《大雅》：無自立辟。傳皆曰：辟，法也。又《文王有聲》箋、《抑》箋、《周禮·鄉師》注，《戎右》注、《小司寇》注、《曲禮下》注皆同。引伸之爲罪也，見《釋詁》：謂犯法者則執法以罪之也。又引伸之爲辟除，如《周禮·閽人》爲之辟，《孟子》行辟人，以及辟寒、辟惡之類是也。又引伸之爲盤辟，如《禮經》之辟，鄭注：逡遁是也。又引伸爲一邊之義，如《左傳》曰：闕西辟是也。或借爲僻，或借爲避，或借爲譬，或借爲闢，或借爲壁，或借爲襞。从卪辛，節制其辠也，節當作卪，俗所改也。以卪制説卪，以辠説辛。辛从辛，辛，辠也，故辛亦訓辠。从口，句。用法者也。用法上當再出口字，以用法説从口。辟合三字會意。必益切，十六部。凡辟之屬皆从辟。

（清）段玉裁《説文解字注》卷一七《广部·庶》 屋下衆也。諸家皆曰：庶，衆也。許獨云屋下衆者，以其字从广也。《釋言》曰：庶，侈也。侈，鄭箋作㑺，此引伸之義。又引伸之，《釋言》曰：庶，幸也。《詩・素冠》傳同。又《釋言》曰：庶幾，尚也。从广炗，光取衆盛之意。商署切，五部。炗，古文光字。見火部。

（清）段玉裁《説文解字注》卷一七《而部・耏》　罪不至髡也。罪當作辠。《高帝紀》：令郎中有罪耐以上請之。應劭曰：輕罪不至於髡，完其耏鬢，故曰耏。古耏字从彡，髮膚之意也。杜林以爲法度之字皆从寸，後改如是。言耐罪以上，皆當先請也。耐音若能。按耐之罪輕於髡，髡者，鬄髮也，不鬄其髮，僅去須鬢是曰耐，亦曰完。謂之完者，言完其髮也。《刑法志》曰：當髡者完爲城旦舂。王粲詩：許歷爲完士，一言猶敗秦。江遂曰：漢令謂完而不髡曰耐。然則應仲遠言完其耏鬢，正謂去而鬢而完其髮耳。从彡而，而亦聲。彡拭畫之意。此字从彡而，彡謂拂拭其而去之，會意字也。而亦聲。當如之切，一部。大徐奴代切，非是。　或从寸，諸法度字从寸。此爲罪名，法度之類，故或从寸也。應仲遠《高帝紀》注：意謂耏即而鬢字，用爲耏罪字，至杜林以後，乃改从寸作耐。許説不如是。耐，漢人叚爲能字，本如之切，後變音奴代切。古音能讀如而，今音耐能皆奴代切。

（清）段玉裁《説文解字注》卷一八《廌部・廌》　解廌獸也。四字一句。佀牛，一角。各本皆作似山牛，今刪正。《玉篇》、《廣韵》及《大平御覽》所引皆無山也。古者决訟令觸不直者。下者字依《玉篇》補。《神異經》曰：東北荒中有獸，見人門則觸不直，聞人論則咋不正，名曰獬豸。《論衡》曰：獬豸者，一角之羊，性識有罪，皋陶治獄，有罪者令羊觸之。按古有此神獸，非必皋陶賴之聽獄也。《廣韵》曰：《字林》、《字樣》作解廌，《廣雅》作觟𧣾，陸作獬豸。陸謂陸法言《切韵》也。廌與解疊韵，與豸同音通用。廌能止不直，故古訓爲解。《左傳・宣十七年》：庶有廌乎。杜注：廌，解也。《釋文》本作廌，正義本作豸。陵云：廌解之訓見《方言》。孔云：豸，解也。《方言》文。今《方言》卷十二：㾷，解也。㾷必廌之誤字，既誤後，乃反以胡計耳。《左釋文》大書廌字，俗改爲鳩，莫能諟正。象形。謂象其頭角也。从豸省。此下當有豸亦聲。宅買切，十六部。凡廌之屬皆从廌。

（清）段玉裁《説文解字注》卷一八《廌部・灋》　刑也。刑者，罰辠也。《易》曰：利用刑人，以正法也。引伸爲凡模笵之偁。木部曰：模者，法也。竹部曰：笵者，法也。土部曰：型者，鑄器之法也。平之如水，从水；説从水之意。張釋之曰：廷尉天下之平也。廌所㠯觸不直者去之，从廌去。下廌字，今依《韵會》補。此説从廌去之意，法之正人如廌之去惡也。方乏切，八部。　今文省。許書無言今文者，此葢隸省之字，許書本無，或增之也。如艸部本有斷，無折。　古文。

（清）段玉裁《説文解字注》卷一八《犬部・犯》　侵也。本謂犬，叚借之謂人。从犬，㔾聲。防險切，七部。

（清）段玉裁《説文解字注》卷一八《㹜部・獄》　确也。《召南》傳曰：獄，埆也。埆同确，堅剛相持之意。从㹜，从言。魚欲切，三部。二犬所㠯守也。説从㹜之意。《韓詩》曰：宜犴宜獄。鄉亭之繫曰犴，朝廷曰獄。獄字从㹜者，取相争之意。許云所以守者，謂陛牢拘罪之處也。

（清）段玉裁《説文解字注》卷一八《火部・烝》　火气上行也。此烝之本義。引申之則烝，進也。如《詩・信南山》《甫田》傳、《泮水》箋是也。又引申之則久也，衆也。久之義，如《釋詁》曰：烝，塵也。《東山》傳曰：烝，寘也。《常棣》傳曰：烝，塡也。皆是。鄭云：古聲寘、塡、塵同。是也。衆之義，如《東山》烝在栗薪傳，《烝民》傳是也。又引申之則君也。《釋詁》及《文王有聲》傳是也。又厚也。《泮水》傳曰：烝烝，厚也。是也。《左傳》凡下婬上謂之烝。从火，丞聲。煑仍切，六部。經典多叚蒸爲之者。

（清）段玉裁《説文解字注》卷一八《黑部・黜》　貶下也。《玉篇》云：貶也，下也。按當作貶也，下色也五字。貶也者，黜陟之義也。下色也者，爲从黑張本也。古或叚詘絀爲之。从黑，出聲。丑律切，十五部。

（清）段玉裁《説文解字注》卷一八《黑部・黥》　墨刑在面也。此刑亦謂之墨。《周禮・司刑》注曰：墨，黥也。先刻其面，以墨窒之。从黑，京聲。渠京切，古音在十部。　或从刀作。刀之而墨之也，會也。

（清）段玉裁《説文解字注》卷一九《大部・契》　大約也。約取纏束之義。《周禮》有《司約》：大約劑，書於宗彝。《小宰》：聽取予以書契。大鄭云：書契，符書也。後鄭云：書契謂出予受入之凡要，凡簿書之冣目，獄訟之要辭，皆曰契。引《春秋傳》王叔氏不能舉其契。按今人但於買賣曰文契。經傳或叚契爲栔，如爰契我龜傳曰：契，開也。是也。又叚爲挈字，如死生契闊，傳曰：契闊，勤苦也。又契契寤嘆，傳曰：契契，憂苦也。皆取提挈勤苦之意也。从大，㓞聲。苦計切，十五部。《易》曰：後世聖人易之㠯書契。世各本作代，避唐諱也，今正。《易・毄辭》傳文。

（清）段玉裁《説文解字注》卷一九《交部・絞》　縊也。糸部縊下曰：縊，絞也。二篆爲轉注。古曰絞、曰縊者，謂兩繩相交，非獨謂經死。《禮·喪服》絞帶者，繩帶也。兩繩相交而緊謂之絞。《論語》：直而無禮則絞。好直不好學，其蔽也絞。馬融曰：絞，刺也。鄭云：急也。刺，盧達切，乖刺也。與鄭義無異，急則無不乖刺者也。皇侃、陸德明乃讀爲譏刺，七賜反，其繆甚矣。从交糸。會意。交糸者，兩絲相切也。此篆不入糸部者，重交也。交亦聲。古巧切，二部。

（清）段玉裁《説文解字注》卷一九《㚔部·睪》

睪司視也。司者，今之伺字。《廣韵》作伺。从目，各本作从横目。今依《廣韵》昔韵。罒、蜀、𤓰篆下皆但言从目。从㚔。會意字。㚔者，罪也。羊益切，古音在五部。今隸作睪，凡从睪之字同。今吏將目捕辠人也。今各本譌令，今正。此以漢制明之，故曰今漢之吏人，攜帶眼目捕罪人。如虞詡令能縫者傭作賊衣，以采線縫賊裾，有出市里者，吏輒禽之，是也。辠各本作罪，今依《廣韵》。

（清）段玉裁《説文解字注》卷一九《㚔部·執》

執捕辠人也。辠各本作罪，今依《廣韵》。手部曰：捕者，取也。引申之爲凡持守之偁。从丮㚔，會意。㚔亦聲。之入切，七部。今隸作執。

（清）段玉裁《説文解字注》卷一九《㚔部·圉》

圉囹圄，逗。所吕拘辠人。㚔爲罪人，囗爲拘之，故其字作圉。他書作囹圄者，同音相叚也。圄者，守之也，其義別。《説文》宋本作囹圄者，非是。《月令》：仲春命有司省囹圄，孟秋命有司繕囹圄。注曰：囹圄所以禁守繫者，若今別獄矣。蔡邕云：囹，牢也。圄，止也。所以止出入，皆罪人所舍也。崇精問曰：獄周曰圜土，殷曰羑里，夏曰均臺，囹圄何代之獄？焦氏答曰：《月令》秦書，則秦獄名也。漢曰若盧，魏曰司空。是也。按蔡説囹圄，皆罪人所舍，云皆，則不必一地，是以囗部曰囹，獄也。不連圄言，此言囹圉，錯見以明之。从囗㚔。會意。魚舉切，五部。今隸作圉。一曰圉，垂也。義見《左傳》、《爾雅》、《毛傳》。一曰圉人，掌馬者。義見《左傳》、《周禮》注、《禮記》注。按，小徐本無此十二字，當是古本如此。邊垂者可守之地，養馬者守視之事，疑皆圄字引申之義，各書叚圉爲之耳。

（清）段玉裁《説文解字注》卷一九《㚔部·報》

報當辠人也。司馬彪《百官志》曰：廷尉掌平獄，奏當所應。凡郡國讞疑罪，皆處當以報。《史記·張釋之列傳》曰：廷尉奏當，一人犯蹕，當罰金。又曰：廷尉當。是也。又路温舒上書曰：奏當之成。司馬貞引崔浩云：當謂處其罪也。按當者，漢人語，報亦漢人語。《漢書·張湯傳》曰：訊鞫論報。蘇林注《蘇建傳》曰：報，論也。斷獄爲報。是則處分其罪以上聞曰奏當，亦曰報也。引申爲報白，爲報復。又叚爲赴疾之赴，見《少儀》、《喪服小記》。今俗云急報是也。从㚔，从𠬝。會意。博号切，古音在三部。今隸作報。𠬝，逗。服辠也。𠬝見又部，音服，治也。小徐作㞋，音展，誤甚。此説从𠬝之意。以今字今言通之也。

（清）段玉裁《説文解字注》卷一九《㚔部·䩩》

䩩窮治辠人也。治，各本作理，唐人所改也。今依《篇韵》正。辠，各本作罪，今依《廣韵》正。《文王世子》注曰：讀書論法曰鞫。正義云：讀書，讀囚人之所犯罪狀之書；用法，謂以法律平斷其罪。《周禮·小司寇》：讀書用法。先鄭云：如今讀鞫已乃論之。《漢書·功臣侯表》：坐鞫獄不實。如淳云：鞫者，以其辭決罪也。《張湯傳》：訊鞫論報。張晏云：鞫，一吏爲讀狀論其報行也。《刑法志》：遣廷史與郡鞫獄。如淳云：以囚辭決獄爲鞫，謂疑獄也。按鞫者，俗䩩字，譌作鞫。古言鞫，今言供，語之轉也。今法具犯人口供於前，具勘語擬罪於後，即周之讀書用法、漢之以辭決罪也。鞫與窮一語之轉，故以窮治罪人釋鞫。引申爲凡窮之偁。《谷風》、《南山》、《小弁》傳曰：窮也。《公劉》傳曰：究也。《節南山》傳曰：盈也。究、盈亦窮之意。《蓼莪》傳曰：養也。養與窮相反而成，如亂可訓治，徂可訓存，苦可訓快。若《采芑》傳曰：鞫告也。此則謂鞫即告之叚借字。《文王世子》：告於甸人，亦是叚告爲鞫也。从㚔人言，會意。㚔人言者，犯罪人之言也。竹聲。居六切，三部。按此字隸作鞫，經典從之。俗多改爲鞠，大誤。簕，或省言。

（清）段玉裁《説文解字注》卷一九《心部·䘏》

䘏惪也。惪各本作憂，今正。《釋詁》及《小雅·杕杜》、《祈父》傳皆曰：䘏，憂也。按，卩部曰：卹，惪也。比部引《周書》無毖于卹，今《尚書》作䘏，䘏與卹音義皆同，又疑古衹有卹，䘏其或體。收也。當依《玉篇》作救也。从心，血聲。辛聿切，十二部。

（清）段玉裁《説文解字注》卷一九《心部·愆》

愆過也。過者，度也。凡人有所失，則如或梗之有不可徑過處，故謂之過。从心，衍聲。去虔切，十四部。

（清）段玉裁《説文解字注》卷一九《心部·惡》

惡過也。人有過曰惡，有過而人憎之亦曰惡，本無去入之別，後人强分之。从心，亞聲。烏各切，五部。

（清）段玉裁《説文解字注》卷二二《非部·陛》

陛陛牢謂之獄。五字句。各本作牢也二字，今依《韵會》本訂。牛部曰：牢者，閑養牛馬圈也。引申之凡閑罪人者曰陛牢。即夏均臺、殷羑里、周圜土、秦囹圄、漢若盧也。《法言》曰：狴犴使人多禮。字作狴，猶鄉亭之繫曰犴，朝廷曰獄，字皆从犬。所吕拘非也。从非，説从非之意。陛省聲。邊兮切，十五部。

（清）段玉裁《説文解字注》卷二三《手部・撻》 鄉歆酒罰不敬，撻其背。《周禮・閭胥》：凡事掌其比，觵撻罰之事。故書或言觵撻之罰事。鄭云：觵撻者，失禮之罰。觵用酒，其爵以兕角爲之。撻，扑也。按鄭但云失禮，許必系之鄉飲酒者，禮莫大於此，惟此可登時行觵撻也。从手，達聲。他達切，十五部。

（清）段玉裁《説文解字注》卷二四《女部・媾》 重婚也。重婚者，重疊交互爲婚姻也。杜注《左傳》曰：重婚曰媾。按字从冓者，謂若交積材也。《曹風》：不遂其媾。《毛傳》曰：媾，厚也。引伸之義也。从女，冓聲。形聲中有會意。古厚切，四部。《易》曰：匪寇婚媾。《屯》六二爻辭。

（清）段玉裁《説文解字注》卷二四《女部・奴》 奴婢皆古皋人。《周禮》曰：其奴，男子入于皋隸，女子入于舂槀。《秋官・司厲》文。鄭司農云：謂坐爲盗賊而爲奴者，輸於罪隸、舂人、槀人之官也。由是觀之，令之爲奴婢，古之罪人也。故《書》曰：予則奴戮汝。《論語》曰：箕子爲之奴。《春秋傳》曰：斐豹，隸也，著於丹書。玄謂奴從坐而没入縣官者，男女同名。按許用仲師説，入罪隸者奴，入舂槀者可呼婢。引伸之，凡水不流曰奴，木之類近根者奴。《毛傳》曰：帑，子也。《左傳》鳥帑，鳥尾也；駑馬，下乘也。其字皆當作奴，皆引伸之義也。从女又。男女皆在焉，故从女又，所以持事也，會意。乃都切，五部。

（清）段玉裁《説文解字注》卷二四《女部・姘》 除也。按《詩》：作之屏之，其菑其翳。《論語》曰：屏四惡。屏皆謂除也。依許則屏，蔽也。姘，除也。義各有當。經傳皆用屏，屏行而姘廢矣。《莊子》：至貴國爵并焉。注：并，棄除也。是又叚并爲之。从女，并聲。普耕切，十一部。按今屏除之義讀上聲。漢律：齊民與妻婢姦曰姘。此别一義也。民各本作人，今正。高注《淮南》曰：齊民，凡人齊於民也。《禮》士有妾，庶人不得有妾，故平等之民，與妻婢私合，名之曰姘，有罰。此姘取合并之義。

（清）段玉裁《説文解字注》卷二四《女部・奸》 犯婬也。此字謂犯姦婬之罪，非即姦字也。今人用奸爲姦，失之。引申爲凡有所犯之偁。《左傳》多用此字，如二君有事，臣奸旗鼓之類。从女，干聲。形聲中有會意。干，犯也，故字从干。古寒切，十四部。

（清）段玉裁《説文解字注》卷二四《女部・姅》 婦人污也。謂月事及免身及傷孕皆是也。《廣韵》曰：姅，傷孕也。傷孕者，懷子傷也。从女，半聲。博幔切。《廣韵》又音判。十四部。漢律曰：見姅變，不得侍祠。按見姅變，如今俗忌入產婦房也，不可以侍祭祀。《内則》曰：夫齋則不入側室之門。正此意。漢律與《周禮》相爲表裏。

（清）段玉裁《説文解字注》卷二四《女部・姦》 厶也。厶下曰：姦衺也。二篆爲轉注。引申爲凡姦宄之偁。俗作姧，其後竟用奸字。从三女。三女爲奻，亦三女爲姦，是以君子遠色而貴德。古顏切，十四部。 古文姦，从旱心。大徐作从心，旱聲。

（清）段玉裁《説文解字注》卷二四《民部・民》 衆萌也。萌，古本皆不誤，毛本作氓，非。古謂民曰萌，漢人所用不可枚數。今《周禮》以興耡利甿，許耒部引以興耡利萌。愚謂鄭本亦作萌，故注云：變民言萌，異外内也。萌猶懵懵無知皃也。鄭本亦斷非甿字。大氐漢人萌字，淺人多改爲氓。如《周禮音義》此節摘致氓是也，繼又改氓爲甿，則今之《周禮》是也。説詳《漢讀攷》。民、萌異者，析言之也；以萌釋民者，渾言之也。从古文之象。仿佛古文之體，少整齊之也。凡許書有从古文之形者四，曰革，曰弟，曰民，曰西，説見革下。彌鄰切，十二部。凡民之屬皆从民。 古文民。蓋象萌生緐廡之形。

（清）段玉裁《説文解字注》卷二四《戈部・賊》 敗也。敗者，毁也。毁者，缺也。《左傳》：周公作《誓命》曰：毁則爲賊。又叔向曰：殺人不忌爲賊。从戈，則聲。此云則聲，貝部又云，敗、賊皆从貝會意。據从貝會意之云，是賊字爲用戈若刀毁貝，會意而非形聲也，説稍不同。以周公《誓命》言，則用戈毁則，正合會意。昨則切，一部。今字从戎作賊。

（清）段玉裁《説文解字注》卷二四《戈部・戮》 殺也。殺下曰：戮也。二篆爲轉注。古文或叚翏爲之，又勠力字亦叚戮爲勠。从戈，翏聲。力六切，三部。

（清）段玉裁《説文解字注》卷二四《匸部・匿》 亡也。《廣韵》曰：藏也，微也，亡也，陰姦也。从匸，若聲。此取雙聲爲形聲也。讀若羊騶箠。此有譌奪，當云讀若羊箠䥷之䥷。金部曰：䥷者，羊箠耑鐵也。説詳金部。䥷讀若至，至，古音同質。匿讀若䥷，即讀若質也。古亦讀尼質切，在十二部，不在一部也。今音乃女力切。

（清）段玉裁《説文解字注》卷二五《糸部・綱》 网紘也。各本作維紘繩也，今依《棫樸》正義正。紘者，冠維也。引申之爲凡維系之偁。孔穎達云：

紘者，网之大繩。《商書》曰：若罔在綱，有條而不紊。《詩》曰：綱紀四方。箋云：以罔罟喻之，張之爲綱，理之爲紀。从糸，岡聲。古郎切，十部。

(清) 段玉裁《説文解字注》卷二五《率部・率》 率捕鳥畢也。畢者，田网也，所以捕鳥，亦名率。按此篆本義不行，凡衛訓將衛也，𨔞訓先導也，皆不用本字，而用率，又或用帥。如《緜》傳云：率，循也。《北山》傳云：率，循也。其字皆當作𨔞，是也。又詳帥下。《左傳》藻率，服虔曰：《禮》有率巾，卽許書之帥也。象絲网，謂𢆶。上下其竿柄也。上其竿之露者，下其柄也。畢网長柄。所律切，十五部。凡率之屬皆从率。

(清) 段玉裁《説文解字注》卷二六《力部・劫》 劫人欲去㠯力脅止曰劫。脅，猶迫也。俗作愶，古無其字，用脅而已。以力止人之去曰劫，不專謂盜，而盜禦人於國門之外，亦劫也。太史公曰：劫人作姦。或曰㠯力去曰劫。用力而逃也。从力去。依《韵會》補此三字。二義皆力去也，此篆从力，而俗作刦从刀，葢刀與力相淆之處固多矣。居怯切，八部。

(清) 段玉裁《説文解字注》卷二六《力部・劾》 劾灋有辠也。法者，謂以法施之。《廣韵》曰：劾，推窮罪人也。从力，亥聲。

(清) 段玉裁《説文解字注》卷二七《金部・鉗》 鉗㠯鐵有所劫束也。劫者，以力脅止也。束者，縛也。从金，甘聲。巨淹切，七部。

(清) 段玉裁《説文解字注》卷二七《金部・鍰》 鍰鋝也。《尚書》釋文引六鋝也。六誤衍。鄭注《攷工記》曰：許叔重《説文解字》云：鋝，鍰也。今東萊謂大半兩爲鈞，十鈞爲環，環重六兩大半兩，鍰鋝似同矣。《周禮・職金》正義曰：夏侯、歐陽説：墨罰疑赦，其罰百率。古以六兩爲率。古《尚書》説百鍰。鍰者，率也。一率十一銖二十五分銖之十三也。百鍰爲三斤。鄭玄以爲古之率多作鍰。玉裁按：古文《尚書・吕刑》作鍰，今文《尚書》作率，亦作選，或作饌。《史記・周本紀》作率，《尚書大傳》一饌六兩作饌，《漢書・蕭望之傳》金選之法作選。皆今文《尚書》也。今文謂率六兩，説古文者謂鍰六兩大半兩，許用古文説者也。百鍰爲三斤，正與十一銖二十五分銖之十三數相合。从金，爰聲。戶關切，十四部。《書》曰：古本作《書》曰，趙本作《虞書》曰，今按當作《周書》曰。罰百鍰。《吕刑》文。東原師曰：鍰、鋝篆體易譌，説者合爲一，恐未然也。鍰當爲十一銖二十五分銖之十三。《攷工記》作垸，其叚借字。鋝當爲六兩大半兩。《史記》作率，《漢書》作選，其假借字。二十五鍰而成十二兩。三鋝而成二十兩。《吕刑》之鍰，當爲鋝。《弓人》膠三鋝，當爲鍰。一弓之膠三十四銖二十五分銖之十四，不得多至二十兩也。

(清) 段玉裁《説文解字注》卷二七《矛部・矜》 矜矛柄也。《方言》曰：矛，其柄謂之矜。《釋名》曰：矛，冒也。刃下冒矜也。下頭曰鐏，鐏入地也。按《曲禮》戈曰鐏，矛戟曰鐓，金部渾言之不别也。矜本謂矛柄，故字从矛。引申爲戈戟柄，故《過秦論》棘矜卽戟柄。字从令聲。令聲古音在真部，故古叚矜爲憐。《毛詩・鴻鴈傳》曰：矜，憐也。言叚借也。《釋言》曰：矜，苦也。其義一也。若矜夸、矜持、矜式，《無羊》傳矜矜以言堅彊，《菀柳》傳矜，危也，皆自矛柄之義引申之。葢矛柄㝡長，直立於地。《坶誓》曰：偁爾戈，立爾矛。此謂戈柄短，矛柄長也。或諸義皆由是引申。从矛，令聲。各本篆作矜，解云今聲，今依《漢石經論語》、《溧水校官碑》、《魏受禪表》皆作矜正之。《毛詩》與天臻民旬塡等字韵，讀如鄰，古音也。漢韋玄成《戒子孫詩》始韵心，晉張華《女史箴》、潘岳《哀永逝文》始入蒸韵，由是巨巾一反，僅見《方言》注、《過秦論》李注、《廣韵・十七真》，而他義則皆入蒸韵，今音之大變於古也。矛柄之字，改而爲穜，云古作矜，他義字亦皆作矜，从今聲，又古今字形之大變也。徐鉉曰：居陵切，又巨巾切。此不達其原委之言也。

(清) 段玉裁《説文解字注》卷二七《車部・轘》 轘車裂人也。《周禮・條狼氏》：誓僕右曰殺，誓馭曰車轘。注曰：車轘，謂車裂也。从車，睘聲。胡慣切，十四部。按大徐云：睘，渠營切。非聲。當从環省。此惑於《毛詩》青青睘睘爲韵，而不知《詩》之睘睘乃煢煢之雙聲叚借也。《春秋傳》曰：轘諸栗門。宣公十一年《左傳》文。

(清) 段玉裁《説文解字注》卷二七《車部・斬》 斬截也。截者，斷也。𥄉部：𩠐，截也。《周禮・掌戮》注曰：斬以鈇鉞，若今腰斬也。殺以刀刃，若今棄市也。本謂斬人，引申爲凡絶之偁。从車斤。會意。側減切，八部。斬法車裂也。此説从車之意。葢古用車裂，後人乃法車裂之意，而用鈇鉞，故字亦从車斤者，鈇鉞之類也。

(清) 段玉裁《説文解字注》卷二八《𨸏部・隱》 隱蔽也。艸部曰：蔽茀，小皃也。小則不可見，故隱之訓曰蔽。若《孟子》隱几字則當爲𤔌。又部曰：𤔌，有所據也。从𨸏，𤔌聲。於謹切，十三部。

(清) 段玉裁《説文解字注》卷二八《辛部・辠》 辠犯灋也。从辛自。辛自卽酸鼻也。徂賄切，十五部。言辠人戚鼻苦辛之𢡆。戚，今之蹙字。此釋从辛自之恉。秦㠯辠佀皇字，改爲罪。此志改字之始也。古有叚借而無改字。罪本訓捕魚竹网，从网非聲。始皇易形聲爲會意，而漢後經典多從之，非古也。

(清) 段玉裁《説文解字注》卷二八《辛部・辜》 辜辠也。《周禮》：殺王之親者，辜之。鄭注：辜之言枯也，謂磔之。按辜本非常重罪，引申之，凡有罪皆曰辜。从辛，古聲。古乎切，五部。𠴉古文辜从死。从古文死也。

（清）段玉裁《説文解字注》卷二八《辛部·辥》　辥辠也。此字古書内罕見。从辛，𡵂聲。𡵂見𠂤部。私列切，十五部。

（清）段玉裁《説文解字注》卷二八《辛部·辭》　辭説也。今本説譌訟。《廣韵·七之》所引不誤，今本此説譌爲訟。訟字下訟譌爲説，其誤正同。言部曰説者，釋也。从𤔔辛。會意。似兹切。一部。𤔔辛猶理辜也。釋會意之恉。依小徐本訂正。𤕌籒文辭从司。《易·繫辭》本亦作𤕌。

（清）段玉裁《説文解字注》卷二八《辛部·辡》　辡辠人相與訟也。从二辛。會意。方免切，十二部。凡辡之屬皆从辡。

（清）段玉裁《説文解字注》卷三〇《後序》　古者庖犧氏之王天下也，仰則觀象於天，俯則觀法當作灋。於地，視鳥獸之文與地之宜，近取諸身，遠取諸物，於是始作《易》八卦，㠯垂憲象。及神農氏結繩爲治，而統其事。謂自庖犧以前，及庖犧及神農皆結繩爲治而統其事也。《繫辭》曰：易之興也，其於中古乎。虞曰：興易者，謂庖犧也。庖犧爲中古，則庖犧以前爲上古，黄帝堯舜爲後世聖人。按依虞説，則傳云：上古結繩而治者，神農以前皆是。云後世聖人易之以書契者，謂黄帝。《孝經緯·援神契》云：三皇無文。是五帝以下，始有文字。庶業其緐，其，同荀卿書之綦，猶極也。飾僞萌生。萌生，謂多也。以上言庖犧作八卦，雖即文字之肇耑，但八卦尚非文字。自上古至庖犧、神農，專恃結繩，事緐僞兹，漸不可枝，爲下黄帝造書契張本。黄帝之史倉頡，倉，或作蒼。按《廣韵》云：倉，姓，倉頡之後。則作蒼非也。《帝王世紀》云：黄帝史官倉頡。衛恒《四體書勢》云：昔在黄帝，創制造物，有沮誦、倉頡者，始作書契，以代結繩。葢二人皆黄帝史也。諸書多言倉頡，少言沮誦者，交略也。按史者，記事者也。倉頡爲記事之官，思造記事之法，而文生焉。見鳥獸蹏迒之迹，知分理之可相别異也，分理，猶文理。初造書契。高誘注《吕覽》曰：蒼頡生而知書，寫倣鳥跡以造文章。百工㠯乂，乂，治也。萬品㠯察，葢取諸夬。夬，揚于王庭。言文者宣教明化於王者朝廷，文，即謂書契也。此引《易·彖辭》而釋之。君子所㠯施禄及下，居德則忌也。居德，依許字例當作凥悳，而不必改正者，十四篇皆釋造字之恉，其説解必用本義之字，而不用叚借，有爲後人所亂者，則必更正之，《敘》則許所自製之文，不妨同彼時通用之字，亦使學者知古今字詁不同，故知《敘》字不必同十四篇字也。施禄及下，謂能文者，則禄加之。居德則忌，謂律己則貴德不貴文也。倉頡之初作書，葢依類象形，故謂之文。依類象形，謂指事象形二者也。指事亦所以象形也。文者，遣畫也。这遣其畫而物像在是。如見迒而知其爲兔，見速而知爲鹿也。其後形聲相益，即謂之字。形聲相益，謂形聲、會意二者也。有形則必有聲，聲與形相軵爲形聲，形與形相軵爲會意。其後，爲倉頡以後也。倉頡有指事、象形二者而已。其後文與文相合，而爲形聲，爲會意，謂之字。如《易》本衹八卦，卦與卦相重，而得六十四卦也。文者，物象之本。各本無此六字，依《左傳·宣十五年》正義補。字者，言孳乳而寖多也。孳者，汲汲生也。人及鳥生子曰乳。寖猶漸也。字者，乳也。《周禮·外史》、《禮經·聘禮》、《論語·子路篇》皆言名，《左傳》反正爲乏、止戈爲武、皿蟲爲蠱，皆言文，六經未有言字者。秦刻石同書文字，此言字之始也。鄭注二《禮》、《論語》皆云：古曰名，今曰字。按名者自其有音言之；文者自其有形言之；字者，自其滋生言之。《大行人》屬瞽史諭書名，《外史》達書名於四方，此韵書之始也。《中庸》曰：書同文。此字書之始也。周之韵書不傳，而《毛詩》及他經韵語固在；周之字書不傳，而許君《説文》可補其闕。按析言之，獨體曰文，合體曰字；統言之，則文字可互稱。《左傳》止戈、皿蟲皆曰文，是合體爲文也。許君某部言文若干，謂篆文；言凡若干字，謂説解語。是則古篆通謂之文，已語則謙言字也。箸於竹帛謂之書。箸，各本作著，今正从竹。此字古衹作者，者者，别事䛐也。别之則其事昭焯。故曰者明。而俗改爲著明，别之則䛐與事相黏連軵麗，故引申爲直略切之附者，張略切之衣者，而俗亦皆作附著、衣著。或云《説文》無著，改爲箸，皆未得其原也。者於竹帛，附著而著明之於竹帛也。古者大事書之於册，小事簡牘。《聘禮記》曰：百名以上書於册，不及百名書於方。古用竹木不用帛，用帛葢起於秦。秦時官獄職務緐，初有隸書，以趨約易。始皇至以衡石量書決事，此非以縑素代竹木不可。許於此兼言帛者，葢𥃻捪秦以後言之。書者，如也。謂如其事物之狀也。聿部曰：書者，者也。謂昭明其事。此云如也，謂每一字皆如其物狀。㠯迄五帝三王之世，改易殊體，迄當爲訖。訖，止也。迄，俗。此等葢皆後人所改。然漢碑多用迄，或許不廢此字。黄帝爲五帝之首，自黄帝而帝顓頊高陽、帝嚳高辛、帝堯、帝舜爲五帝，夏禹、商湯、周文武爲三王。其閒文字之體，更改非一，不可枚舉。傳於世者，槩謂之倉頡古文，不皆倉頡所作也。封于泰山者七十有二代，靡有同焉。于當作於，泰當作大。封大山者七十二家，見《管子》、《韓詩外傳》、司馬相如《封禪文》、《史記·封禪書》。《封禪書》曰：古者封泰山禪梁父者七十二家，而夷吾所記者十有二焉。無懷氏、虙羲氏、神農、炎帝、黄帝、顓頊、帝俈、堯、舜、禹、湯、周成王也。《援神契》曰：三皇無文。而無懷、虙羲在五帝前，曷云有文字乎？五帝以前亦有記識而已，非必成字。黄帝以下，乃各著其字，故檃揩之曰：七十二代，靡有同焉。【略】至孔子書六經，左丘朙述《春秋傳》，皆㠯古文，六經，《易》、《書》、《詩》、《禮》、《樂》、《春秋》也。始見《小戴·經解》、《莊子·天運》。孔子書六經以古文者，以壁中經知之。左氏述《春秋傳》以古文者，於張蒼所獻知之。皆見下文。古文、大篆，二者錯見，此云皆以古文，兼大篆言之。六經、《左傳》不必有古文而無籀文也。下文云取史籀大篆，或頗省改，兼古文言之。不必所省改皆大篆而無古文也。秦書八體，一曰大篆，二曰小篆。不言古文，知古文已包於大篆中也。王莽改定古文，有六書，一曰古文，二曰奇字，卽古文而異者，三曰篆書，卽小篆。不言大篆，知古文、奇字二者內已包大篆也。《吕氏春秋》云：倉頡造大篆。是古文亦可偁大篆之證。厥意可得而說。謂雖當詭更正文，玩其所習，蔽所希聞之世，而真古文之意，未嘗不可說也。其後諸侯力政，不統於王，其後，謂孔子歾而散言絶，七十子終而大義乖也。惡禮樂之害己，而皆去其典籍。見《孟子》。分爲七國，韓、趙、魏、燕、齊、楚、秦。田畮異晦，如周制六尺爲步，步百爲畮。秦孝公二百四十步爲畮。車涂異軌，車之徹廣曰軌，因以軌名涂之廣。七國時，車不依徹廣八尺之定制，或廣或陝焉。涂不依諸侯經涂七軌，環涂五軌、野涂三軌之制，各以意爲之。故曰車涂異軌也。律令異灋，如商鞅爲左庶長，定變法之令。衣冠異制，如趙武靈王效胡服，爲惠文冠，前插貂尾，又服韠。齊王之側注冠，楚王之解豸冠是也。言語異聲，文字異形。謂《大行人》屬瞽史喻書名，聽聲音之制廢，而各用其方俗語言，各用其私意省改之文字也。言語異聲，則音韵歧；文字異形，則體製惑。車同軌、書同文之盛，於是乎變矣。秦始皇帝初兼天下，丞相李斯乃奏同之，罷其不與秦文合者。以秦文同天下之文，秦文卽下文小篆也。《本紀》曰二十六年，書同文字。斯作《倉頡篇》，《藝文志》曰：《倉頡》一篇，上七章，秦丞相李斯作。中車府令趙高作《爰歷篇》，《志》曰：《爰歷》六章，車府令趙高作。車上當有中字，伏儼曰：中車府令主乘輿路車者也。大史令胡毋敬作《博學篇》，《志》曰：《博學》七章，大史令胡毋敬作。司馬彪曰：大史令掌天時星厤。胡毋，姓也。《公羊音義》、《史記索隱》毋皆音無。或作父母字，非也。李之七章，趙之六章，胡毋之七章，各爲一篇。《漢志》冣目合爲《倉頡》一篇者，因漢時閭里書師合爲三篇，斷六十字以爲一章，凡五十五章，并爲《倉頡篇》故也。六十字爲一章者，凡五十五，然則自秦至司馬相如以前，小篆衹有三千三百字耳。淺人云倉頡大篆有九千字，大篆之多，三倍於小篆，其說之妄，不辨而可知矣。皆取史籀大篆，或頗省改，省同媘。女部曰：媘，少減也。亦作渻。水部曰：渻，減也。省者，減其緐重。改者，改其怪奇。如民、弟、革、酉，皆象古文之形，所謂改也。書中載秦刻石乜、汥二字，此又刻石與其小篆異者，如古文之有奇字也。云取史籀大篆，或頗省改者，言史籀大篆，則古文在其中。大篆既或改古文，小篆復或改古文大篆。或之云者，不盡省改也。不改者多，則許所列小篆，固皆古文大篆。其不云古文作某、籀文作某者，古籀同小篆也。其既出小篆，又云古文作某、籀文作某者，則所謂或頗省改者也。所謂小篆者也。篆者，引書之謂。大史籀作者大篆，則謂李斯等作者小篆以別之。小篆，《藝文志》作秦篆。凡許書中云篆書者，小篆也；云籀文者，大篆也。是時秦燒滅經書，滌除舊典，大發吏卒，興戍役，官獄職務緐，皆詳《始皇本紀》。初有隸書，以趣約易，趣，疾走也。而古文由此絶矣。《藝文志》曰：是時始造隸書矣。起於官獄多事，苟趨省易，施之於徒隸也。晉衛恒曰：秦既用篆，奏事緐多，篆字難成，卽令隸人佐書曰隸字。唐張懷瓘曰：秦造隸書，以赴急速，爲官司荆獄用之，餘尚用小篆焉。按小篆既省改古文大篆，隸書又爲小篆之省，秦時二書兼行，而古文大篆遂不行。故曰古文由此絶。秦時刻石皆用小篆，漢初人不識科斗，其證也。【略】漢興，有艸書。衛恒曰：漢興而有艸書，不知作者姓名。至章帝時，齊相杜度號善作之。宋王愔曰：元帝時，史游作《急就章》，解散隸體麤書之，章艸之始也。按艸書之偁，起於艸稾。趙壹云：起秦之末，殆不始史游。其各字不連緜者曰章艸，晉以下相連緜者曰今艸。猶隸之有漢隸、今隸也。漢人所書曰漢隸，晉唐以下楷書曰今隸。艸書又爲隸書之省，文字之變已極，故許蒙八體而附著之於此，言其不可爲典要也。漢趙壹有《非艸書》一篇。《尉律》：謂漢廷尉所守律令也。《百官公卿表》曰：廷尉，秦官，掌荆辟。《藝文志》曰：漢興，蕭何草律。《荆法志》所謂蕭何捃摭秦法，取其宜於時者，作律九章也。此以下至輒舉劾之，說漢律所載取人之制。學僮十七已上，僮，今之童字。始試，句絶。謂始應攷試也。諷籀書九千字，乃得爲史。《毛詩傳》曰：讀，抽也。《方言》曰：抽，讀也。抽卽籀。籀讀二文爲轉注。《尚書》：克由繹之。由繹，卽籀繹也。《史記》云：紬史記石室金匱之書。如淳云：抽徹舊書故事而次述之。紬亦卽籀字也。今本《說文》言部讀下云：誦書也。不合故訓，誦乃籀之誤耳。凡古卜筮抽繹卦爻本義而爲辭者，因以籀名之。今《左傳》作繇，俗作䌛，許偁則作卜籀。籀之說明，而許所謂諷籀書者可明矣。諷籀書九千字者，諷謂能背誦《尉律》之文，籀書謂能取《尉律》之義推演發揮，而繕寫至九千字之多。諷若今小試之默經，籀書若今試士之時藝。上云始試，則此乃試之之事也。《藝文志》：試學童，諷書九千字以上，乃得爲史。無籀字。得爲史，得爲郡縣史也。《周禮》：史十有二人。注曰：史，掌書者。又史掌官書以贊治。注曰：贊治，若今起文書草也。《後漢書·百官志》郡大守、郡丞、縣令若長、縣丞、縣尉，各置諸曹掾史。又㠯八體試之，八體，《漢志》作六體。攷六體乃亡新時所立，漢初蕭何艸律，當沿秦八體耳。《班志》固以試學童爲蕭何律文也。自學僮十七至輒舉劾之，許與班略異，而可互相補正。班云大史試學童，許則云郡縣以諷籀書試之，又以八體試之。而後郡移大史試之。此許詳於班也。班云諷書，許則云諷籀書，此亦許詳於班也。班云六體，許則云八體，此許覈於班也。班云以爲尚書御史史書令史，許云尚書史，此班詳於許也。班云吏民上書，字或不正，輒舉劾。許不言吏民上書，此亦班詳於許也。班書之成，雖在許前，而許不必見班書，固別有所本矣。郡移大史幷課，句絶。冣者㠯爲尚書史。大史者，大史令也。幷課者，合而試之也。上文試以諷籀書九千字，謂試其記誦文理。試以八體，謂試其字迹。縣移之郡，郡移之大史，大史合試此二者。冣讀殿冣之冣，其冣者用爲尚書令史也。尚書令史十八人，二百石，主書。《藝文志》曰：以爲尚書御史史書令史。云史書令史者，謂能史書之令史也。漢人謂隸書爲史書，故孝元帝、孝成許皇后、王尊、嚴延年、楚王侍者馮嫽、後漢孝和帝和熹鄧皇后、順烈梁皇后、北海敬王睦、樂成靖王黨、安帝生母左姬、魏胡昭史，皆云善史書。大致皆謂適於時用。如《貢禹傳》云：郡國擇便巧史書者以爲右職。又蘇林引胡公云：漢官假佐，取内郡善史書者給佐諸府也。是可以知史書之必爲隸書。向來注家釋史書爲大篆，其繆可知矣。石建自詭馬不足一，馬援糾繆皋爲四羊，其可證也。葢漢承秦後。切於時用，莫若小篆、隸書也。《志》兼言御史令史，御史之令史，即《百官志》之蘭臺令史，許不及之者，以下文云字或不正，輒舉劾之，乃尚書所職。非御史所職也。《光武紀》注引漢制度曰：帝之下書有四：一曰策書，二曰制書，三曰詔書，四曰誡敕。策書者，編簡也，其制長二尺，短者半之，篆書。起年月日，稱皇帝以命諸侯王。三公以罪免亦賜策，而以隸書，用尺一木兩行，惟此爲異也。制書者，帝者制度之命，其文曰制詔。三公皆璽封，尚書令印重封，露布州郡也。詔書者，詔告也。其文曰告某官云如故事。誡敕者，謂敕刺史大守。其文曰有詔敕某官。他皆倣此。按此知漢人除策諸侯王用木簡篆書外，他皆用縑素隸書而已，絶無用大篆之事也。書或不正，輒舉劾之。劾者，用法以糾有罪也。《百官志》曰：民曹尚書，主凡吏民。今本奪民字。上書事。然則吏民上書，字或不正，輒舉劾正。民曹尚書事，而令史實佐之者也。此以上言漢初《尉律》之法如此。今雖有《尉律》，不課，今者，許謂當其時也。謂不試以諷籀《尉律》九千字也。小學不修，謂不以八體試之也。《漢志》自《史籀》十五篇下至杜林《倉頡故》一篇，總之爲小學十家、四十五篇。謂之小學者，八歲入小學所教也。莫達其説久矣。莫解六書之説也。玉裁按，漢之取人，蕭何初制用律及八體書，迄乎孝武，依丞相御史言，用通一藝以上補卒史，乃後吏多文學之士。合《説文》、《藝文志》及《儒林傳》參觀可見。葢始用律，後用經，而文學由之盛。始試八體，後不試，第聽閭里書師習之，而小學衰矣。故言今以惜之。孝宣皇帝時，召通《倉頡》讀者，句絶。此通《倉頡》讀者，齊人，而失其姓名。《藝文志》云：徵齊人能通《倉頡》讀者，是也。張敞從受之，謂令張敞從此人學，如晁錯之從伏生受《尚書》，張叔等十餘人詣京師受業博士或學律令也。張敞從受之。《藝文志》曰：《倉頡》多古字，俗師失其讀，宣帝時徵齊人能正讀者，張敞從受之。傳至外孫之子杜林，爲作訓故。按云《倉頡》多古字者，謂《倉頡篇》中大半古文大篆，且周秦時所用音義，在漢時則爲古字。如張揖《古今字詁》所記者是也。俗師失其讀者，失其音義也。正讀者，正其音義。張敞字子高，河東平陽人。子吉，吉子竦，字伯松，博學文雅過於敞。《郊祀志》曰：美陽得鼎，獻之有司，多以爲宜薦見宗廟。張敞好古文字，按鼎銘勒而上議曰：此鼎殆周之所以褒賜大臣，大臣子孫刻銘其先功，臧之於宮廟者也。不宜薦見宗廟。制曰：京兆尹議是。涼州刺史杜業，業，《漢書》作鄴，似當從許作業。杜鄴字子夏，本魏郡繁陽人也。其母張敞女，從敞子吉學問，得其家書。吉子竦又從鄴學問，亦著於世，尤長小學。鄴子林，亦有雅材，其正文字，過於鄴、竦。沛人爰禮、沛，依六篇邑部當作郝，此亦從俗也。亏部平下曰爰禮説，其一端也。講學大夫秦近，講學大夫，新莽所設官名。《儒林傳》：蕭秉、陳俠、歐陽政爲王莽講學大夫。秦近，或曰即桓譚《新論》云：秦近君説《堯典》篇目兩字至十餘萬言，説曰若稽古三萬言者也。亦能言之。謂已上共五人，皆能説《倉頡》讀也。杜業在哀帝時，爰禮、秦近皆在平帝及亡新時。孝平皇帝時，徵禮等百餘人，令説文字未央廷中，㠯禮爲小學元士。《孝平紀》：元始五年，徵天下通知逸經、古記、天文、厤算、鍾律、小學、《史篇》、方術、本艸及以五經、《論語》、《孝經》、《爾雅》教授者，在所爲駕一封軺傳，遣詣京師，至者數千人。《王莽傳》曰：元始四年，徵天下通一藝教授十一人以上，及有逸禮、古書、《毛詩》、《周官》、《爾雅》、天文、圖讖、鍾律、月令、兵法、《史篇》、文字，通知其意者，皆詣公車，令記説廷中。紀、傳所説，正是一事。爰禮等百餘人説文字未央廷中，正其時也。禮等通小學、《史篇》文字者也。《史篇》，孟康云史籀所作十五篇也。玉裁按，《楊雄傳》曰：《史篇》莫善於《倉頡》。是則凡小學之書，皆得偁《史篇》。《藝文志》曰：至元始中，徵天下通小學者以百數，各令記字於庭中。楊雄取其有用者，以作《訓纂篇》。黄門侍郎楊雄，楊从木，或从手者，誤。本傳：奏《羽獵賦》，除爲郎，給事黄門。采㠯作《訓纂篇》。《志》曰：《訓纂》一篇，楊雄作。《楊雄傳》曰：《史篇》莫善於《倉頡》，作《訓纂》。凡《倉頡》以下十四篇，凡五千三百四十字，羣書所載，略存之矣。凡者，冣括也。冣括者，都數也。《倉頡》已下十四篇，謂自《倉頡》至於《訓纂》，共十有四篇，篇之都數也。五千三百四十字，字之都數也。《藝文志》曰：漢時，閭里書師合《倉頡》、《爰歷》、《博學》三篇，斷六十字以爲一章，凡五十五章。并爲《倉頡篇》。此謂漢初《倉頡篇》祇有三千三百字也。《志》又曰：武帝時司馬相如作《凡將篇》，無復字。元帝時黃門令史游作《急就篇》，成帝時將作大匠李長作《元尚篇》，皆《倉頡》中正字也。《凡將》則頗有出矣。此謂三家所作，惟《凡將》之字有出《倉頡篇》外者也。《志》又曰：至元始中，徵天下通小學者以百數，各令記字於庭中。楊雄取其有用者，以作《訓纂篇》。順續《倉頡》，又易《倉頡》中重復之字，凡八十九章。此謂雄所作《訓纂》凡三十四章，二千四十字，合五十五章，三千三百字。凡八十九章，五千三百四十字也。班但言章數，許但言字數，而數適相合。不數《急就》、《元尚》者，皆《倉頡》中字，既取《倉頡》，可不之數也。不數《凡將》者，《凡將》字雖或出《倉頡》外，而必晐於《訓纂》中，故亦不之數也。《訓纂》續《倉頡》，而無複《倉頡》之字，且易《倉頡》中自複者，故五千三百四十字一無重複也。然則何以云十四篇也？合李斯、趙高、胡毋敬、司馬相如、史游、李長、楊雄所作而言之，計字則無複，計篇則必備也。本衹有《倉頡》、《爰歷》、《博學》、《凡將》、《急就》、《元尚》、《訓纂》七目，又析之爲十四，其詳不可聞矣。漢初蓋《倉頡》、《爰歷》、《博學》爲《三倉》，班於《倉頡》一篇自注云：上七章，則《爰歷》爲中，《博學》爲下，可知也。自楊雄作《訓纂》以後班固作十三章，和帝永元中郎中賈魴又作《滂喜篇》，梁庾元威云：《倉頡》五十五章爲上卷，楊雄作《訓纂》記滂喜爲中卷，賈升郎更續記彥（音盤）均爲下卷。人偁爲《三倉》。元魏江式亦云：是爲《三倉》。蓋自張揖作《三倉訓詁》，陸璣《詩疏》引《三倉》說，郭樸作《三倉解詁》，魏晉時早有《三倉》之偁。韋昭注《漢》云：班固十三章疑在《倉頡》下篇三十四章之內。然則賈魴所作有三十四章，而班之十三章在其中。許所云五千三百四十字，不數班、賈所作也。楊雄《訓纂》終於滂熹二字。滂熹者，言滂沱大盛。賈魴用此二字爲篇目，而終於彥均二字。故庾氏云楊記滂喜，賈記彥均。《隨志》則云楊作《訓纂》，賈作《滂喜》，其實一也。喜與熹古通用。熹者，大盛之意。彥音盤，大也。《大學》人之彥聖，彥一作盤，是也。懷瓘《書斷》云：《倉頡》《訓纂》八十九章，合賈廣班三十四章，凡百二十三章，文字備矣。按八十九章，五千三百四十字，又增三十四章，二千四十字，凡七千三百八十字。許全書凡九千三百五十三文，蓋五千三百四十字之外，他采者三千十三字，班、賈之篇未嘗不在网羅之內。且班、賈而外，亦且偕歸漁獵之中。班前於許，賈則同時。許卽不見班、賈之書，而未央廷中百餘人所說，楊雄所未采，《凡將》所出《倉頡》外，《藝文志》所云《別字》十三篇者具焉，是皆許之所本也。自《倉頡》至《彥均》，章皆六十字，凡十五句，句皆四言。許引幼子承詔，郭注《爾雅》引考妣延年是也。《凡將》七言，如《蜀都賦》注引黃潤纖美宜製襌，《藝文類聚》引鐘磬竽笙筑坎侯是也。《急就》今尚存，前多三言，後多七言。《元尚》今無考。若《隨志》所載班固《大甲篇》、《在昔篇》，蓋卽在十三章內。崔瑗《飛能篇》、蔡邕《聖皇篇》、《黃初篇》、《吴章篇》，蔡邕《女史篇》，皆由其字已具《三倉》中，故不得列於《三倉》也。若《藝文志》又偁《倉頡傳》一篇，楊雄《倉頡訓纂》一篇，杜林《倉頡訓纂》一篇，杜林《倉頡故》一篇，此四篇者，又皆漢人釋《倉頡》五十五章之作。五十五章，四言爲句，如今童子所讀千字文。此四篇者，如顏師古、王伯厚之釋《急就篇》也。自《倉頡》至《彥均》，漢魏時蓋皆以隸書書之，或以小篆書之，皆閭里書師所教習，謂之史書。

及亡新居攝，使大司空甄豐等校文書之部，校，今之挍字也。古無挍字，借校字爲之。自吕爲應制作，《王莽傳》曰：莽奏起明堂、辟雍、靈臺，制度甚盛，立《樂經》。自言盡力制禮作樂事。頗改定古文。頗者，閒見之詞。於古文閒有改定，如疊字下，亡新以爲疊从三日，大盛，改爲三田，是其一也。【略】雖叵復見遠流，流，小徐本作沫，蓋誤。其詳可得略說也。玄應引《三倉》曰：叵，不可也。許可部無此字。以可急言之，卽爲不可。如試可乃已，卽試不可乃已也。而此有叵字者，不廢今字也。雖不可再見古昔原流之詳，而其詳亦可得略說之。就恭王所得、北平所獻，以及郡國所得鼎彝古文，略具於是。故王莽時，六書不得古文，便以壁中書爲古文。反古復始之道，莫之能易也。而世人大共非訾，《禮記》鄭注曰：口毀曰訾。吕爲好奇者也，故詭，叜正文，詭當作恑，變也。鄉壁虛造不可知之書，鄉，俗用向爲之。變亂常行，吕燿於世。此謂世人不信壁中書爲古文，非毀之，謂好奇者改易正字，向孔氏之壁憑空造此不可知之書，指爲古文，變亂常行，以燿於世也。正文、常行，世人謂秦隸書也。諸生競逐說字解經誼，誼，各本譌作諠。今正。誼、義古今字。《藝文志》曰：後世經傳既已乖離，博學者又不想多聞闕疑之義，而務碎義逃難，便辭巧說，破壞形體。說五字之文，至於二三萬言。後進彌以馳逐，故幼童而守一藝，白首而後能言。稱秦之隸書爲倉頡時書，云父子相傳，何得改易。謂諸生之爭逐說字解經義也。稱秦隸書卽倉頡書，云此積古以來父傳之子者，安能有所改易，而乃謂其非古文，乃輒別造不可知之書爲古文也。說字以解經，本無不合，患在妄說隸書之字，如下文所舉。乃猥曰：馬頭人爲長，謂馬上加人，便是長字會意。曾不知古文小篆長字，其形見於九篇，明辨晳也。今馬頭人之字罕見。蓋漢字之尤俗者。人持十爲斗，今所見漢隸字，斗作升，與升字、什字相混，正所謂人持十也。斗見十四篇，小篆卽古文也，本是像形字。虫者，屈中也。蟲从三虫，而往往叚虫爲蟲，許多云蟲省聲是也。但虫、蟲見十三篇，本像形字。所謂隨體詰詘。隸字衹令筆畫有横直可書，本非从中而屈其下也。如許書於民、酉字，曰从古文之體。小篆有變古文令可書者，隸書亦有變小篆令可書者。其道一也。廷尉說律至吕字斷法，猶之說字解經義也。苛人受錢，苛之字止句也。《通典》陳羣、劉邵等《魏律令序》曰：盜律有受所監臨，受財枉法，襍律有假借不廉，令乙有所呵人受錢科，有使者驗賂，其事相類，故分爲請賕律。按訶責字，見三篇言部，俗作呵，古多以苛字、荷字代之。漢令乙有所苛人受錢，謂有治人之責者，而受人錢，故與監臨受財、假借不廉、使者得賂爲一類。苛从艸，可聲。假爲訶字。並非从止句也。而隸書之尤俗者，乃譌爲岢，説律者曰：此字从止句，句讀同鉤謂止之而鉤取其錢。其説無稽，於字意、律意皆大失。今《廣韵・七歌》曰：岢，止也。虎何切。《玉篇》止部云：岢，古文訶。亦皆譌字耳，而不若岢之甚。若此者甚衆，不可勝數也。皆不合孔氏古文，謬於《史籀》。文字以《倉頡》、《史籀》爲正，故必兼舉之。不曰倉頡古文，而曰孔氏古文者，漢時惟孔子壁中書爲倉頡古文也。鼎彝之銘，則合於孔氏古文者也。俗儒啚夫，啚，俗本作鄙，非。啚者，嗇也。田夫謂之嗇夫。翫其所習，蔽所希聞，不見通學，未嘗覩字例之條，字例之條，謂指事、象形、形聲、會意、轉注、叚借六書也。《藝文志》曰：安其所習，毁所不見，終以自蔽，此學者之大患也。怪舊埶而善野言，埶，今藝字也。《五音韵譜》作執，亦通。㠯其所知爲祕妙，妙，古作眇。妙取精細之意，故以目小之義引申叚借之。後人別製妙文。蔡邕題曹娥碑有幼婦之言，知其字漢末有之。許書不録者，晚出之俗字也。而不廢此字者，可從者則不廢。从女，少聲，於古造字之義有合。古好从女子，妥从女爪。安从宀女，晏从女日，《周禮》媺从女散。男女者，人之大欲存焉，故古造字多有取於此。凡俗字不若馬頭人人持十之已甚者，許所不廢也。究洞聖人之微恉。究，窮也。洞，同迵。迵者，達也。恉者，意也。又見《倉頡篇》中幼子承詔，幼子承詔，葢《倉頡篇》中之一句也。《倉頡篇》例四字爲句。今許書言部無詔字，葢許以誥字包之。古曰誥，秦漢曰詔，義同音近。因曰：古帝之所作也，其辭有神僊之術焉。曰，大徐作號。幼子承詔，葢指胡亥卽位事。俗儒啚夫既謂隸書卽倉頡時書，因謂李斯等所作《倉頡篇》爲黃帝之所作，以黃帝、倉頡君臣同時也。其云幼子承詔者，謂黃帝乘龍上天，而少子嗣位爲帝也。無稽之談，漢人乃至於此哉。其迷誤不諭，豈不悖哉。諭，猶曉也。悖，亂也。自世人大共非訾以下至此，皆言《尉律》不課，小學不修，莫達其説之害。葢自不試以諷籒《尉律》九千字，不課以八體書，專由通一藝進身而不讀律，則不知今矣。所習皆隸書，而隸書之俗體又日以滋蔓，則不知古矣。以其滋蔓之俗體説經，有不爲經害者哉？此許自言不得不爲《説文解字》之故。《孟子》曰：予豈好辨哉，予不得已也。古聖賢作述，皆必有所不得已焉。爾後，魏江式亦以篆形謬錯，隸體失真，追來爲歸，巧言爲辯，小兔爲䨲，神蟲爲蠶，皆不合古文大篆及許氏説，請撰集字書，號曰《古今文字》。《書》曰：予欲觀古人之象。《虞書・皋陶謨》文。言必遵修舊文，而不穿鑿。《尚書》：日月星辰山龍華蟲作會，宗彝藻火粉絲黼黻希繡，以五采彰施于五色作服。日月以下像其物者，實皆依古人之像爲之。古人之像，卽倉頡古文是也。像形、像事、像意、像聲，無非像也。故曰古人之像。文字起於像形，日、月、星辰、山、龍、華蟲，宗彝、藻、火、粉米、黼黻，皆像其物形，即皆古像形字。古畫圖與文字非有二事，帝舜始取倉頡依類像形之文，用諸衣裳以治天下。故知文字之用大矣。虙羲、倉頡觀於天地人物之形，而畫卦造書契，帝舜法伏羲、倉頡之像形，以爲旗章衣服之飾。大舜之智，猶修舊不敢穿鑿，况智不如舜者乎！孔子曰：吾猶及史之闕文，今亡矣夫。《論語・衛靈公篇》文。葢非其不知而不問。人用己私，私當爲厶。是非無正，巧説衺辭，使天下學者疑。《藝文志》曰：古制書必同文，不知則闕，問諸故老。至於衰世，是非無正，人用其私。故孔子曰：吾猶及史之闕文也，今亡矣夫。葢傷其寖不正。葢文字者，上葢釋《論語》之辭，此葢承上起下之辭。經藝之本，六藝字古當祇作埶，埶，穜也。六經爲人所治，如穜植於其中，故曰六藝。後人穜埶字作蓺，六藝又加云作藝，葢皆俗字，許書當是用埶。王政之始，歬人所㠯垂後，後人所㠯識古。故曰：本立而道生。知天下之至嘖而不可亂也。上句《論語・學而篇》文，下句《易・毄辭傳》文。

（清）席世昌《席氏讀説文記》卷一〇《黥》 黥，墨刑在面也。

《釋文》四剠注云：《説文》或作黥。

（清）席世昌《席氏讀説文記》卷一四《辠》 辠，犯法也。

陸德明曰：罪本作辠，秦始皇以其似皇字改爲罪。罪，捕魚竹网也。桉此則秦以前皆當作辠。如《尚書》四罪而天下咸服，皆後人所改也。又秦以前書罪罟卽网罟也。讀書者當識之。

（南朝梁）顧野王《玉篇》卷一九《水部・法》 法。甫乏切，法令也。灋。古文。

（南朝梁）顧野王《玉篇》卷二〇《井部・井》 井。耶切，穿地取水也，伯益造之，因井爲市也，法也。

（清）張玉書《康熙字典》子集下《刀部・刑》 刑。《唐韻》：戶經切。《集韻》、《韻會》：乎經切。《正韻》：奚經切，𠀤音形。《説文》：剄也，从刀，幵聲。又《玉篇》：罰總名也。《易・豐卦》：君子以折獄致刑。《禮・王制》：刑者，侀也。侀者，成也。一成而不可變。又《爾雅・釋詁》：常也，法也。疏：謂常法也。《書・召誥》：王位在德元，小民乃惟刑用于天下，越王顯。註：王有首天下之德，民皆儀刑用德于下，王德益顯也。《詩・大雅》：尚有典刑。《朱傳》：典刑，舊法也。又成也。《禮・樂記》：教之不刑，其此之由乎？又《禮・禮運》：刑仁講讓。註：刑猶則也。又與鉶通。《周禮・天官・内饔》：羞脩刑膴。註：刑羹器。《史記・太史公自序》：啜土刑。註：刑以盛羹也。又叶胡光切，音黃。《詩・大雅》：罔敷求先王，克共明刑。《朱傳》：胡光反。又《玉篇》：刑同㓝。

(清) 張玉書《康熙字典》子集下《刀部・㓝》 㓝《集韻》同刑。《説文》：罰辠也，國之㓝罰也。从井刀，刀守井，飲之人入井陷于用，守之割其情也。《韻會》復古篇云刑从刀，幵聲，剄也。㓝从刀井，㓝法也。今經史皆通作刑。

(宋) 丁度等《集韻》卷五《上聲・廌觟觧豸》 廌、觟、觧、豸。丈蟹切。《説文》解廌，獸也。似山牛一角，古者決訟，令觸不直。象形，从豸省，或作觟，觧、豸通作豸，文十。

(漢) 衛宏《漢舊儀》卷下 秦制二十爵。男子賜爵一級以上，有罪以減，年五十六免。無爵爲士伍，年六十乃免者，案：本作老，今改。有罪，各盡其刑。凡有罪，男髡鉗爲城旦，城旦者，治城也；女爲舂，舂者，治米也，皆作五歲。完四歲，鬼薪三歲。鬼薪者，男當爲祠祀鬼神，伐山之薪蒸也；女爲白粲者，以爲祠祀擇米也，皆作三歲。罪爲司寇，司寇男備守，女爲作，如司寇，皆作二歲。男爲戍罰作，女爲復作，皆一歲到三月。案：此下疑有脱譌。令曰：秦時爵大夫以上，令與亢禮。

(唐) 長孫無忌《唐律疏議》卷一《名例》 笞刑五：笞一十。贖銅一斤。笞二十。贖銅二斤。笞三十。贖銅三斤。笞四十。贖銅四斤。笞五十。贖銅五斤。

疏議曰：笞者，擊也，又訓爲恥。言人有小愆，法須懲誡，故加捶撻以恥之。漢時笞則用竹，今時則用楚。故《書》云扑作教刑，即其義也。漢文帝十三年，太倉令淳于意女緹縈上書，願没入爲官婢，以贖父刑。帝悲其意，遂改肉刑：當黥者髡鉗爲城奴令舂，當劓者笞三百。此即笞、杖之目，未有區分。笞擊之刑，刑之薄者也。隨時沿革，輕重不同，俱期無刑，義唯必措。《孝經援神契》云：聖人制五刑，以法五行。《禮》云：刑者，侀也，成也。一成而不可變，故君子盡心焉。《孝經鉤命決》云：刑者，侀也，質罪示終。然殺人者死，傷人者刑，百王之所同，其所由來尚矣。從笞十至五十，其數有五，故曰笞刑五。徒、杖之數，亦準此。

杖刑五：杖六十。贖銅六斤。杖七十。贖銅七斤。杖八十。贖銅八斤。杖九十。贖銅九斤。杖一百。贖銅十斤。

疏議曰：《説文》云杖者持也，而可以擊人者歟？《家語》云：舜之事父，小杖則受，大杖則走。《國語》云：薄刑用鞭扑。《書》云：鞭作官刑。猶今之杖刑者也。又蚩尤作五虐之刑，亦用鞭扑。源其濫觴，所從來遠矣。漢景帝以笞者已死而笞未畢，改三百曰二百，二百曰一百。奕代沿流，曾微增損。爰洎隨室，以杖易鞭。今律云累決笞、杖者，不得過二百，蓋循漢制也。

徒刑五：一年。贖銅二十斤。一年半。贖銅三十斤。二年。贖銅四十斤。二年半。贖銅五十斤。三年。贖銅六十斤。

疏議曰：徒者，奴也，蓋奴辱之。《周禮》云其奴男子入于罪隸，又任之以事，寘以圜土而收教之。上罪三年而捨，中罪二年而捨，下罪一年而捨，比並徒刑也。蓋始於周。

流刑三：二千里。贖銅八十斤。二千五百里。贖銅九十斤。三千里。贖銅一百斤。

疏議曰：《書》云：流宥五刑。謂不忍刑殺，宥之于遠也。又曰：五流有宅，五宅三居。大罪投之四裔，或流之于海外，次九州之外，次中國之外。蓋始於唐虞。今之三流，卽其義也。

死刑二：絞。斬。贖銅一百二十斤。

疏議曰：古先哲王，則天垂法，輔政助化，禁暴防姦，本欲生之，義期止殺。絞、斬之坐，刑之極也。死者魂氣歸於天，形魄歸於地，與萬化冥然，故鄭注《禮》云：死者，澌也。消盡爲澌。《春秋元命包》云：黄帝斬蚩尤於涿鹿之野。《禮》云：公族有死罪，罄之于甸人。故知斬自軒轅，絞興周代。二者法陰數也，陰主殺罰，因而則之，即古大辟之刑是也。

問曰：笞以上、死以下，皆有贖法。未知贖刑起自何代？

答曰：《書》云：金作贖刑。注云：誤而入罪，出金以贖之。甫侯訓夏贖刑云：墨辟疑赦，其罰百鍰；劓辟疑赦，其罰唯倍；剕辟疑赦，其罰倍差；宮辟疑赦，其罰六百鍰；大辟疑赦，其罰千鍰。注云：六兩曰鍰。鍰，黄鐵也。晉律：應八議以上，皆留官收贖，勿髡、鉗、笞也。今古贖刑，輕重異制，品目區別，備有章程，不假勝條，無煩縷說。

十惡：

疏議曰：五刑之中，十惡尤切，虧損名教，毁裂冠冕，特標篇首，以爲明誡。其數甚惡者，事類有十，故稱十惡。然漢制《九章》，雖並湮沒，其不道不敬之目見存，原夫厥初，蓋起諸漢。案梁陳已往，略有其條。周齊雖具十條之名，而無十惡之目。開皇創制，始備此科，酌於舊章，數存於十。大業有造，復更刊除，十條之內，唯存其八。自武德以來，仍遵開皇，無所損益。

一曰謀反。謂謀危社稷。

疏議曰：案《公羊傳》云：君親無將，將而必誅。謂將有逆心，而害於君父者，則必誅之。《左傳》云：天反時爲災，人反德爲亂。然王者居宸極之至尊，奉上天之寶命，同二儀之覆載，作兆庶之父母。爲子爲臣，惟忠惟孝。乃敢包藏凶慝，將起逆心，規反天常，悖逆人理，故曰謀反。

注：謂謀危社稷。

疏議曰：社爲五土之神，稷爲田正也，所以神地道，主司嗇。君爲神主，食乃人天，主泰即神安，神寧卽時稔。臣下將圖逆節，而有無君之心，君位若危，神將安恃。不敢指斥尊號，故託云社稷。《周禮》云左祖右社，人君所尊也。

二曰謀大逆。謂謀毀宗廟、山陵及宮闕。

疏議曰：此條之人，干紀犯順，違道悖德，逆莫大焉，故曰大逆。

注：謂謀毀宗廟、山陵及宮闕。

疏議曰：有人獲罪於天，不知紀極，潛思釋憾，將圖不逞，遂起惡心，謀毀宗廟、山陵及宮闕。宗者，尊也。廟者，貌也。刻木爲主，敬象尊容，置之宮室，以時祭享，故曰宗廟。山陵者，古先帝王因山而葬，黄帝葬橋山即其事也。或云，帝王之葬，如山如陵，故曰山陵。宮者，天有紫微宮，人君則之，所居之處故曰宮。其闕者，《爾雅·釋宮》云：觀謂之闕。郭璞云：宮門雙闕也。《周禮·秋官》正月之吉日，懸刑象之法於象魏，使人觀之，故謂之觀。

三曰謀叛。謂謀背國從僞。

疏議曰：有人謀背本朝，將投蕃國，或欲翻城從僞，或欲以地外奔，即如莒牟夷以牟婁來奔，公山弗擾以費叛之類。

四曰惡逆。謂毆及謀殺祖父母、父母，殺伯叔父母、姑、兄姊、外祖父母、夫、夫之祖父母、父母。

疏議曰：父母之恩，昊天罔極。嗣續妣祖，承奉不輕。梟鏡其心，愛敬同盡，五服至親，自相屠戮，窮惡盡逆，絶棄人理，故曰惡逆。

注：謂毆及謀殺祖父母、父母，殺伯叔父母、姑、兄姊、外祖父母、夫、夫之祖父母、父母。

疏議曰：毆謂毆擊，謀謂謀計。自伯叔以下，卽據殺訖，若謀而未殺，自當不睦之條。惡逆者，常赦不免，決不待時；不睦者，會赦合原，惟止除名而已。以此爲別，故立制不同。其夫之祖父母者，夫之曾、高祖亦同。案喪服制，爲夫曾、高服緦麻；若夫承重，其妻於曾、高祖，亦如夫之父母服期。故知稱夫之祖父母，曾、高亦同也。

問曰：外祖父母及夫，據禮有等數不同，具爲分析。

答曰：外祖父母，但生母身，有服、無服，並同外祖父母，所以如此者，律云不以尊壓及出降故也。若不生母身者，有服同外祖父母，無服同凡人。依禮，嫡子爲父後及不爲父後者，並不爲出母之黨服，卽爲繼母之黨服，此兩黨俱是外祖父母；若親母死於室，爲親母之黨服，不爲繼母之黨服，此繼母之黨無服，卽同凡人。又，妾子爲父後及不爲父後者，嫡母存，爲其黨服；嫡母亡，不爲其黨服。《禮》云：所從亡，則已。此既從嫡母而服，故嫡母亡，其黨則已。夫者，依禮，有三月廟見，有未廟見，或就婚等三種之夫，並同夫法。其有克吉日及定婚夫等，唯不得違約改嫁，自餘相犯，並同凡人。

五曰不道。謂殺一家非死罪三人，支解人，造畜蠱毒、厭魅。

疏議曰：安忍殘賊，背違正道，故曰不道。

注：謂殺一家非死罪三人，支解人，

疏議曰：謂一家之中，三人被殺，俱無死罪者。若三人之内，有一人合死及於數家各殺二人，唯合死刑，不入十惡。或殺一家三人，本條罪不至死，亦不入十惡。支解人者，謂殺人而支解，亦據本罪合死者。

注：造畜蠱毒、厭魅。

疏議曰：謂造合成蠱，雖非造合，乃傳畜，堪以害人者：皆是。卽未成者，不入十惡。厭魅者，其事多端，不可具述，皆謂邪俗陰行不軌，欲令前人疾苦及死者。

六曰大不敬。謂盜大祀神御之物、乘輿服御物；盜及僞造御寶；合和御藥，誤不如本方及封題誤；若造御膳，誤犯食禁；御幸舟船，誤不牢固；指斥乘輿，情理切害及對捍制使，而無人臣之禮。

故曰大不敬。

疏議曰：禮者，敬之本；敬者，禮之輿。故《禮運》云：禮者君之柄，所以別嫌明微，考制度，別仁義。責其所犯既大，皆無肅敬之心，故曰大不敬。

注：謂盜大祀神御之物、乘輿服御物；

疏議曰：大祀者，依《祠令》：昊天上帝、五方上帝、皇地祇、神州、宗廟等爲大祀。《職制律》又云：凡言祀者，祭、享同。若大祭、大享，並同大祀。神御之物者，謂神祇所御之物。本條注云：謂供神御者，帷帳几杖亦同。造成未供而盜，亦是。酒醴饌具及籩、豆、簠、簋之屬，在神前而盜者，亦入大不敬；不在神所盜者，非也。乘輿服御物者，謂主上服御之物。人主以天下爲家，乘輿巡幸，不敢指斥尊號，故託乘輿以言之。本條注云：服通衾、茵之屬，真、副等。皆須監當之官部分擬進，乃爲御物。

注：盜及僞造御寶；

疏議曰：《説文》云：璽者，印也。古者尊卑共之，《左傳》云：襄公自楚還，及方城，季武子取卞，使公冶問，璽書，追而予之。是其義也。秦漢以來，天子曰璽，諸侯曰印。開元歲中，改璽曰寶。本條云僞造皇帝八寶，此言御寶者，爲攝三后寶並入十惡故也。

注：合和御藥，誤不如本方及封題誤；

疏議曰：合和御藥，雖憑正方，中間錯謬，誤違本法。封題誤者，謂依方合訖，封題有誤，若以丸爲散，應冷言熱之類。

注：若造御膳，誤犯食禁；

疏議曰：《周禮》：食醫掌王之八珍。所司特宜敬慎，營造御膳，須憑食經，誤不依經，即是不敬。

注：御幸舟船，誤不牢固；

疏議曰：帝王所之，莫不慶幸，舟船既擬供御，故曰御幸舟船。工匠造船，備盡心力，誤不牢固，即入此條。但御幸舟船以上三事，皆爲因誤得罪，設未進御，亦同十惡；如其故爲，即從謀反科罪。其監當官司，準法減科，不入不敬。

注：指斥乘輿，情理切害；

疏議曰：此謂情有觖望，發言謗毀，指斥乘輿，情理切害者。若使無心怨天，唯欲誣搆人罪，自依反坐之法，不入十惡之條。舊律云言理切害，今改爲情理切害者，蓋欲原其本情，廣恩慎罰故也。

注：及對捍制使，而無人臣之禮。

疏議曰：奉制出使，宣布四方，有人對捍，不敬制命，而無人臣之禮者。制使者，謂奉敕定名及令所司差遣者是也。

七曰不孝。謂告言、詛詈祖父母父母，及祖父母父母在，別籍、異財，若供養有闕；居父母喪，身自嫁娶，若作樂，釋服從吉；聞祖父母父母喪，匿不舉哀，詐稱祖父母父母死。

疏議曰：善事父母曰孝。既有違犯，是名不孝。

注：謂告言、詛詈祖父母父母，

疏議曰：本條直云告祖父母父母，此注兼云告言者，文雖不同，其義一也。詛猶呪也，詈猶罵也。依本條詛欲令死及疾苦者，皆以謀殺論，自當惡逆。唯詛求愛媚，始入此條。

問曰：依《賊盜律》：子孫於祖父母父母求愛媚而厭、呪者，流二千里。然厭魅、呪詛，罪無輕重。今詛爲不孝，未知厭入何條？

答曰：厭、呪雖復同文，理乃詛輕厭重。但厭魅凡人，則入不道；若呪詛者，不入十惡。《名例》云：其應入罪者，則舉輕以明重。然呪詛是輕，尚入不孝；明知厭魅是重，理入此條。

注：及祖父母父母在，別籍、異財，

疏議曰：祖父母、父母在，子孫就養無方，出告反面，無自專之道。而有異財、別籍，情無至孝之心，名義以之俱淪，情節於茲並棄，稽之典禮，罪惡難容。二事既不相須，違者並當十惡。

注：若供養有闕；

疏議曰：《禮》云：孝子之養親也，樂其心，不違其志，以其飲食而忠養之。其有堪供而闕者，祖父母、父母告乃坐。

注：居父母喪，身自嫁娶，若作樂，釋服從吉；

疏議曰：居父母喪，身自嫁娶，皆謂首從得罪者。若其獨坐主婚，男女即非不孝。所以稱身自嫁娶，以明主婚不同十惡故也。其男夫居喪娶妾，合免所居之一官；女子居喪爲妾，得減妻罪三等，並不入不孝。若作樂者，自作、遣人等。樂，謂擊鐘、鼓，奏絲、竹、匏、磬、塤、篪，歌舞，散樂之類。釋服從吉，謂喪制未終，而在二十七月之内，釋去衰裳而著吉服者。

注：聞祖父母父母喪，匿不舉哀及詐稱祖父母父母死。

疏議曰：依《禮》：聞親喪，以哭答使者，盡哀而問故。父母之喪，創巨尤切，聞即崩殞，擗踊號天。今乃匿不舉哀，或揀擇時日者，並是。其詐稱祖父母父母死，謂祖父母、父母見在而詐稱死者。若先死而詐稱始死者，非。

八曰不睦。謂謀殺及賣緦麻以上親，毆告夫及大功以上尊長、小功尊屬。

疏議曰：《禮》云：講信修睦。《孝經》云：民用和睦。睦者，親也。此條之内，皆是親族相犯，爲九族不相叶睦，故曰不睦。

注：謂謀殺及賣緦麻以上親，

疏議曰：但有謀殺及賣緦麻以上親，無問尊卑長幼，總入此條。若謀殺期親尊長等，殺訖即入惡逆。今直言謀殺，不言故、鬬，若故、鬬殺訖，亦入不睦。舉謀殺未傷是輕，明故、鬬已殺是重，輕重相明，理同十惡。賣緦麻以上親者，無問强、和，俱入不睦。賣未售者，非。

注：毆告夫及大功以上尊長、小功尊屬。

疏議曰：依《禮》：夫者，婦之天。又云：妻者，齊也。恐不同尊長，故别言夫號。大功尊長者，依禮，男子無大功尊，唯婦人於夫之祖父母及夫之伯叔父母是大功尊。大功長者，謂從父兄姊是也。以上者，伯叔父母、姑、兄姊之類。小功尊屬者，謂從祖父母、姑，從祖伯叔父母、姑，外祖父母，舅、姨之類。

九曰不義。謂殺本屬府主、刺史、縣令、見受業師，吏、卒殺本部五品以上官長；及聞夫喪匿不舉哀，若作樂，釋服從吉及改嫁。

疏議曰：禮之所尊，尊其義也。此條元非血屬，本止以義相從，背義乖仁，故曰不義。

注：謂殺本屬府主、刺史、縣令、見受業師，

疏議曰：府主者，依令職事官五品以上，帶勳官三品以上，得親事、帳内，於所事之主，名爲府主。國官、邑官於其所屬之主，亦與府主同。其都督、刺史，皆據制書出日；六品以下，皆據畫訖始是。見受業師，謂伏膺儒業，而非私學者。若殺訖，入不義；謀而未殺，自從雜犯。

注：吏、卒殺本部五品以上官長；

疏議曰：吏，謂流外官以下。卒，謂庶士、衛士之類。此等色人，類例不少，有殺本部五品以上官長，並入不義。官長者，依令：諸司尚書，同長官之例。

注：及聞夫喪匿不舉哀，若作樂，釋服從吉及改嫁。

疏議曰：夫者，妻之天也。移父之服而服，爲夫斬衰，恩義既崇，聞喪即須號慟。而有匿哀不舉，居喪作樂，釋服從吉，改嫁忘憂，皆是背禮違義，故俱爲十惡。其改嫁爲妾者，非。

十曰内亂。謂姦小功以上親、父祖妾及與和者。

疏議曰：《左傳》云：女有家，男有室，無相瀆。易此則亂。若有禽獸其行，朋淫於家，紊亂禮經，故曰内亂。

注：謂姦小功以上親，

疏議曰：姦小功以上親者，謂據禮，男子爲婦人著小功服而姦者。若婦人爲男夫雖有小功之服，男子爲報服緦麻者，非。謂外孫女於外祖父及外甥於舅之類。

注：父祖妾及與和者。

疏議曰：父祖妾者，有子、無子並同，媵亦是；及與和者，謂婦人共男子和姦者，並入内亂。若被强姦，後遂和可者，亦是。

八議：

疏議曰：《周禮》云：八辟麗邦法。今之八議，周之八辟也。《禮》云：刑不上大夫。犯法則在八議，輕重不在刑書也。其應議之人，或分液天潢，或宿侍旒扆，或多才多藝，或立事立功，簡在帝心，勳書王府。若犯死罪，議定奏裁，皆須取決宸衷，曹司不敢與奪。此謂重親賢，敦故舊，尊賓貴，尚功能也。以此八議之人犯死罪，皆先奏請，議其所犯，故曰八議。

（唐）長孫無忌《唐律疏議》卷一三《戸婚・以妻爲妾》　諸以妻爲妾，以婢爲妻者，徒二年。以妾及客女爲妻，以婢爲妾者，徒一年半。各還正之。

疏議曰：妻者，齊也，秦晉爲匹。妾通賣買，等數相懸。婢乃賤流，本非儔類。若以妻爲妾，以婢爲妻，違别議約，便虧夫婦之正道，黷人倫之彝則，顛倒冠履，紊亂禮經，犯此之人，即合二年徒罪。以妾及客女爲妻，客女，謂部曲之女，或有於他處轉得，或放婢爲之；以婢爲妾者：皆徒一年半。各還正之，並從本色。【略】

諸居父母及夫喪而嫁娶者，徒三年；妾減三等。各離之。知而共爲婚姻者，各減五等；不知者，不坐。

疏議曰：父母之喪，終身憂戚，三年從吉，自爲達禮。夫爲婦天，尚無再醮。若居父母及夫之喪，謂在二十七月内，若男身娶妻，而妻女出嫁者，各徒三年。妾減三等，若男夫居喪娶妾，妻女作妾嫁人，妾既許以卜姓爲之，其情理賤也，禮數既别，得罪故輕。各離之，謂服内嫁娶妻妾並離。知而共爲婚姻者，謂妻父稱婚，婿父稱姻，二家相知是服制之内，故爲婚姻者，各減罪五等，得杖一百。娶妾者，合杖七十。不知情，不坐。

（元）王元亮《唐律釋文》卷一《名例》

懲誡上音呈。猶勸勉也。捶撻上主壘反。下他達切。即扑擊也。楚木名。即荆之屬類也。扑普卜切。擊打也。謂教而不從者，即擊扑也。緹縈上音題。下貽甖切。昔漢文帝十三年，齊太倉令淳于意有罪當刑死，詔獄徵繫長安。太倉令無男，有五女，將行會逮，罵其女曰：生女不生男，有緩急非益也。其少女緹縈自傷泣，乃隨其父至長安，上書曰：妾父爲吏，齊中皆稱廉平。今坐法當刑，妾傷夫死者不可復生，刑者不可復屬，雖欲改過自新，其道無由也。妾今没身爲官婢，贖父刑罰，使得自新。帝悲而除肉刑。黥渠京切。刻罪人額上，以墨涅之也。髡鉗上音坤。謂去犯人者頭髮也。下其廉切。以鐵束項也。劓魚器切。謂割鼻也。沿革上余專切。沿訓襲。革訓變。措倉故切。訓置。謂將犯法者肆于市，令衆人見，使他人不復犯法，如他人皆不犯法，則刑法之具皆措置不用，刑以期無刑也。鞭杖者大，鞭者小，杖刑多殺於人，故降大從小，乃用鞭也。故《尚書》云：鞭作官刑。蚩尤古之諸侯名也。然其性酷毒，故作五虐之刑，如以車裂人，又燒銅柱，或使人抱，或使人緣之類也。《史記・五帝本紀》云：神農氏世衰，諸侯相侵伐，蚩尤最爲暴虐，莫能伐之。黄帝乃徵師諸侯，與蚩尤戰于涿鹿之野，遂擒殺蚩尤，而諸侯咸尊軒轅爲天子。如《本紀》云，蚩尤是炎帝之末諸侯，君霸天下，黄帝所伐者。濫觴上盧鑑切。下音傷。觴，酒器。傾盞而餘涓滴，取喻者謂其源起微小也。洎巨至切。訓及。隋在唐之前，姓楊氏。周又在隋朝之先，本姬姓也。罪隸下郎計切。謂罪名附刑書也。圜土獄也。《周禮・秋官》職，以圜土聚教罷民，其不改者，徵之于遠。所謂圜者，築土爲獄，其形圜，土象規形。規圜主仁。仁者，不忍殺之義也，欲其犯法者改而放之。宥音又。訓放也，寬也。謂犯法者未入死刑，又過徒刑，遂流于遠。慮其性惡，染壞正俗，故流放遠惡之處；欲使生活，以流放之法，寬從五刑也。王肅云，謂君不忍刑殺，宥之以遠方。然此是據狀合刑，而緣差可恕，全赦則太輕，致刑則太重，不忍依例刑殺，故完全其體，宥之遠方。應刑不刑，是寬縱之心也。五流有宅五宅三居五刑之流，各有所居，謂徙置之處。五居之差，有三等之居，量其狀爲遠近之差也。四裔下以制切。訓遠也。謂四方之極遠處也。哲王上陟列切。訓明。澌音賜。形骸消盡，謂之澌。涿鹿上竹角切。地名。黄帝斬蚩尤於涿鹿之野。罄輕信切。縊也。《周禮》云，公族有罪，罄之于甸人。謂公之親族，犯十惡之罪，則縊之于甸人，不欲與人共棄於市也。甸者，郊外之謂也。去城三十里爲近郊，六十里爲遠郊，郊外謂之野，野外謂之甸。甸音殿。甫侯上方矩切。周穆王末年，耄於用刑，是時甫侯爲王之卿士，夏有贖刑之法，甫侯遂訓其贖刑，謂罪疑是而似非，故不忍加誅，慮及無辜，遂使得入金以贖其罪。即今律：過失殺傷，各依其狀以贖論。此是誤而入罪。墨辟音闢。墨辟，將犯法者割額，以墨涅之，即謂黥也。犯此罪疑者，則罰百鍰。鍰音還。劓辟上音義。將犯法者割去鼻，謂之劓也。犯此罪疑者，罰二百鍰。剕辟上父沸切。將犯法者割去一足，謂之剕。犯此罪疑者，則罰倍差，是四百鍰。宮辟將犯法者割勢使守宮，女子幽閉，故謂之宮辟。犯此罪疑者，則罰六百鍰也。大辟犯死刑也。謂犯此罪疑者，則罰千鍰。犯而不罰，則謂之肉刑也。六兩謂之一鍰。誣音無。訴音素。炯誡上户頂切。訓明。湮没上音因。訓没。見存上賢變切。開皇隋朝年號。刊除上音刊。謂削去也。就十惡内削去其煩亂也。武德唐年號。災謂天反時爲災。覆載上扶救切。謂王者之仁恩，養育萬物，上同天之覆蓋，下同地之安載，使萬物各得其所也。凶慝下惕得切。謂惡逆之心也。天常天常之性，子孝于父，臣忠于君，弟悌于兄，卑順于長，此乃謂之天常。今爲臣敢有謀弑〔音試〕其君，爲子敢有謀弑其父，故名此者爲反天常也。反天常者，必絶其類，必毁其居，必污其宮。社稷如字。古者，勾龍氏之能平水土，後世奉爲社神。周棄爲堯之稷官，教民種五穀之種，後世奉之爲稷神。然王者是有土之君，神依于君，君安即神寧，故君爲社稷之主。司嗇下音色。時稔謂時豐熟也。逆節即謂反天常也。恃謂倚賴也。干紀干訓犯。紀訓律。犯順若前所反天常者。違道謂失道也。悖德上蒲没切。謂亂也。釋憾下胡暗切。恨也。不逞下丑影切。謂行惡逆之心也。紫微如字。大星名也。按《晉書・天文志》云，北方有紫微之星，後有華蓋之星，中有帝座之星，前有紫垣之星，紫垣之星前又有天市之星。故王者象此星位，置宮闕朝市。象魏闕名。《周禮·秋官》，正月之吉，縣刑象法於此闕，使人觀之，所謂觀也。觀之上音官。莒音舉。國名也。牟夷上莫侯切。牟婁音婁。邑名也。春秋時，莒國大夫牟夷爲牟婁邑宰，率牟婁之人，以牟婁之地歸屬魯國，是叛本國而從外國也。費音秘。魯邑也。公山弗擾爲其宰，遂以費叛魯，而歸屬齊國也。弗擾下爾詔反。公山氏，名弗擾，魯國之士也。梟鏡上堅堯切。下處脂切。梟鴟之鳥，食母高飛；破鏡之獸，食父而走。今爲子乃有心謀害父母者，是梟鏡其心也。爲别下卑列切。嫡子爲正妻之子。子之子爲嫡孫。廟見下賢變切。古者，娶妻三月滿，則夫與妻備享禮而拜于祖廟，謂之廟見，方始爲婦。未滿三月，則未拜于祖廟，則未爲婦。又有夫從女而居，秦世謂之贅〔朱芮切〕。如此者，是爲三種之夫。劾音亥。謂上表自言其罪也。安忍殘賊皆如字。謂酷毒之事，人皆不忍爲，今有人能行此酷毒之心，是名爲安忍殘賊。如此之人，並是背違正道之人，故名不道。蠱毒上音古。謂將毒蛇蟲聚在一器之内，從其自相吞食，末後一箇，最有其毒，堪傷于人，故名爲蠱毒。厭魅厭魅，謂事邪鬼，或用人爲牲，又將人名姓告此邪魔，令人病死顛狂，皆能害人性命，是陰行不軌之道，故曰不軌〔音鬼〕。不軌卽不法也。以别必列切。下同。乘輿上音盛。下音余。天子萬乘，所乘之車謂之乘輿。酒醴下音禮。酒之甘者名曰醴。饌具食物也。籩豆竹曰籩。木曰豆。皆祭用盛黍、稷、蔬、果也。簠簋上音甫。下音鬼。亦用盛祭物也。監當下當亮切。部分扶問切。璽音徙。襄公上音相。魯襄公自楚還，及方城之地，季武取卞邑，又使公冶問璽書。璽卽印也。公冶音也。人名。合和上音閤。錯謬上七各切。下靡幼切。膳音善。八珍若粉飴、糗飴、淳熬、淳母〔音模〕之類也。觖望依《漢書》音決。謂怨望也。對捍音旱。對捍，猶抵拒也。今爲臣而敢抵拒天子之使，是有無君之心，失人臣之禮，皆入十惡之條。制使天子所使謂制使。詛呪上莊助切。下之救切。詈音利。惡言穢語相詬謂之詈。愛媚如字。求愛媚者，謂之臣子不能以忠孝之道事于君父，爲君父所憎嫌，己却背違正道，自不責己之非，却向鬼神持君親名目，詛呪厭魅，圖得君親愛媚于己，是爲不孝。倶淪音輪。訓没。養親上羊向切。忠養之如字。作樂《周禮》，太師之八音：金、石、土、革、絲、竹、匏、木。謂琴、瑟、管、籥之類是也。匏蒲交切。笙也。塤音諠。其形如卵，以泥爲之，三孔。篪音池。三孔笛也。歌舞出口爲歌。動手磨舞。縗裳上倉回切。孝衣也。巨尤大過也。殞于敏切。擗音闢。搥胸也。踊音勇。哭而且跳也。不睦謂九族之内不相和睦。緦麻謂服之輕者。十五升布曰緦。未啻賣物不及價也。

男子無大功尊依《禮》，男子于高祖緦麻，曾祖小功，祖周年，父母三年，伯叔兄弟周年，是無大功尊長之服。服膺音應。胸也。弟子事師之禮，則拳拳服膺。妻以夫爲天《左傳》云，父爲子天，夫爲婦天。天者，乃尊大之稱也。既崇如字。謂恩義既厚。號慟大哭也。相瀆音獨。謂亂也。親戚相姦，男女無别，謂亂大倫，故曰内亂。紊音問。大亂也。八辟《周禮》，八辟麗邦法，附刑罰：一曰議親之辟，二曰議故之辟，三曰議賢之辟，四曰議能之辟，五曰議功之辟，六曰議貴之辟，七曰議勤之辟，八曰議賓之辟。解具如後。刑不上大夫《禮記》云，禮不下庶人，刑不上大夫。謂大夫以上之官，犯死罪非十惡之類，則在八議之内也。或分液天潢音黄。天潢，天漢也。液，派也。凡與人同宗共祖，本則惟一，以水喻之，猶如同共源而分流諸派。今族人與帝王共祖，不可以凡下之水取喻，故取喻天漢之分流，舉尊貴之極稱。此乃議親之謂也。或宿侍旒扆上音流。下音倚。按《禮記·玉藻》云，天子玉藻，十有二旒，前後邃延。説者謂，天子之冠，上更方板，上玄色象天，下黄色象地，前後以五彩絲貫五色玉，垂于前後。每以一五色繩貫五彩玉各十二，謂之一旒。前後各六，共十有二旒。故名此冠旒冕，卽今俗謂云平天冠也。扆者，形如小屏，以白黑之色相雜，畫爲斧文，義取能斷。蓋帝座後小屏也。今經云宿侍旒扆者，宿訓舊，侍訓事，謂伏事左右者。旒扆，帝王也。不敢指斥尊號，故托以其位言之。蓋謂宿昔故舊，曾得伏事左右。此乃議故之謂也。或多才多藝上天生賢，使多才識技藝，佐王經國輔教。蓋有大德行，可以師表人臣，羽儀朝位。此乃議賢之謂也。或立事立功聖王在位，必任能人，或能于艱危之中起立事跡，或能于戰鬭之下特立大功，運籌非時之可儔，機辨非常之可擬。此乃議能之謂也。簡在帝心謂臣下立大功勳，謂帝心之簡在者。此乃議功之謂也。勳書王府按《周禮》，臣下有大勤勞，立大功德，書其事跡，謂之勳，而藏之天府。此乃議勤之謂也。其如繼先代之後，謂之賓；爵一品之極，謂之貴。此等八議，或犯死罪非十惡者，並得議減，故經云：重親賢，敦故舊，尊賓貴，尚功能也。曹司之賤，焉得與奪者哉。祖免上檀，上聲。下音問。祖免，凶服之至輕淺之别也。據《禮》，緦麻之外親戚，如有死喪，不可與凡例一同，故祖其偏，而加免于首也，故謂之祖免。降姑降，下也。皇太后蔭及緦麻之親，今皇后只蔭及小功之親，是下蔭之等也。宿得侍見謂宿昔曾得接遇帝王，又蒙帝王恩顧之久者。言行謂賢人君子，凡出一言，凡行一事，則可爲世之法也。整訓齊，飭也。蒞音利。訓臨也。鹽梅古者，和羹用鹽梅，使其羹味好。取譬喻言賢人君子，佐輔帝王之道，使治道純備，猶如羹味得鹽梅也。故《尚書·説命篇》云，昔高宗命傅説作相，曰：若濟巨川，用汝作舟檝；若歲大旱，用汝作霖雨；若作和羹，用汝作鹽梅。師範音范。法也。師者有道，忠信，智能，才辨，教導于人，故名師。師者，尊稱。範者，法也。言此師教導，使人模法之。揚雄云，師者，人之模範也。斬將謂如韓信斬龍且〔音雎〕，是名斬將之功。搴旗上音愆。奪也。謂如韓信破趙，拔趙旗幟，而立漢赤幟，是名搴旗。摧鋒上徂回切。摧猶挫也。謂戰敵陣，敵之剛鋒利刃皆爲我之摧挫也。率衆謂共凶徒惡衆，背叛王教，己能率化，而使皆歸順，若唐時魏博之衆叛，田興能使奉上命也。寧濟一時若時之不安，或飢荒水旱，或寇盗疫蝗，己能出智力周濟一時之急，使長幼不至死傷之謂也。太常旗名也。《周禮》，臣下能立大功，則書其事跡，銘其功德于太常旗之上，以引駕也。恪克各切。謂勤也。謂在公勤廉，能幹其事，故名爲恪居官次。遠使絶域謂奉使四夷之國，經歷險難之事，若蘇武之謂也。虞賓舜將國位禪讓于禹，禹封舜子商均，商均立於禹朝，是各虞賓。事出《尚書》。有客周武克商，封微子于宋，爲商後，得用其正色，故曰有客。事出《毛詩》。若今，以唐事言之也。周後介公此乃後周也，在隋朝之前。周之歸隋，隋封于介國公爵，以繼周武之後，是爲國賓也。隋後酅公酅音攜。此乃隋後也。煬帝幸於江都不反，隋亡，入唐，封于酅國公爵，繼隋文之後，是爲國賓也。

（元）王元亮《唐律釋文》卷二《名例》

降殺下所拜切。皇后蔭及小功，太子妃蔭及大功，此乃是其降殺也。降殺，謂尊蔭及遠，而卑蔭及近也。武德唐年號也。博愛博訓大。謂加役流本入死刑，至唐改爲斷趾，到貞觀改爲加役流，如此展轉漸輕，蓋是王者慈仁，大愛于萬民也。軫真上聲。向隅按《漢書·刑法志》云，滿堂飲酒，一人向隅而泣，滿堂爲之不樂。天下猶一堂也，苟有無辜犯法，貧民失所，天下爲之不安也。覃訓大。祝網按《史記》，成湯出，見獵者張羅四面，祝曰：從天墜、地出，從四方來者，皆入吾網。湯曰：盡之矣。乃去其三面，改祝曰：欲左左，欲右右，不用命者入吾網。諸侯聞之曰：湯德及禽獸矣。遂相率而歸之。生禮死事按《禮記》云，父爲士，子爲大夫，父死，葬以士禮，祭以大夫之禮，是以生禮事死也。媵音孕。送女從行謂之媵。古者，諸侯一娶九女，其一爲嫡，其八爲媵，皆鄰國之女也，隨大國之女往嫁諸侯，以廣繼嗣之謂也。養素丘園按孟子云，吾善養吾浩然之氣也。浩然之氣，卽中和之氣。後有賢士隱居丘園，有處士之清風，帝王聞之，遂下詔求之，任以官爵，其賢士不赴詔命，惟乞隱居，所贈之官爵雖不居位，亦同封爵之例，得蔭子孫。丘園者，按《周易·賁卦》云，賁于丘園，束帛戔戔。説者謂，賁，飾也，謂賢者隱于山丘園林之内，上命詔求，委其束帛。戔戔，禮之多。束帛者，聘賢之禮也。假版諸假版官者，卽攝官也。假，猶借也。謂此等之身無正官，故權假借他官版，以令攝事，故名之曰假版官也。耆年老而有德之稱。假版官得以贖，雖非耆舊年德，然關恩澤，故聽以贖。雨露謂赦文恩澤，同于雨露，救物焦枯。赦按《周禮》有三赦之文，一赦老耄，一赦幼弱，一赦贛愚。謂此三等之人，識見淺劣，故赦放其罪。今之赦也，罪惡之重已下，笞十之輕，率皆原宥，卽名爲赦。降降者，卽赦之別文。赦則罪無輕重，降則減重就輕。慮慮者，又與降同。然降自咸免，慮是奏免。赦、降、慮三者名殊，而義歸于赦。

（元）王元亮《唐律釋文》卷三《名例》

爵按《周禮》、《禮記》、《儀禮》，並無王爵之稱，唯有公、侯、伯、子、男，是爲五等。然封地只三等，謂公五百里，侯與伯二百里，子、男一百里。不滿一百里者，是附庸之國，以屬于大國，以通天子。後至秦始皇併吞天下，總萬代之稱，故名曰皇帝，自此之後，諸侯始有王爵。今請降爵不盡者聽留，只是王爵降爲公爵，公爵降爲侯爵，侯爵降爲伯爵，伯爵降爲子爵，子爵降爲男爵，此名降爵之例。雜户雜户者，謂先代配隸，在諸司課役者。若今不刺面，配在將作監、太常院東西庫務者。官户官户者，亦爲先代配役及配隸相生者。此等之人，州縣無貫，唯屬本司，故曰雜户、官户。秩直質切。秩滿，卽任滿也。謂任官簿秩，年限當滿也。當免當者，以官當罪。免者，免所居官。除名者官爵盡除。官爵既除，故課役從本色也。年載祀此三者皆異代記時之號。若唐虞已前謂之載，取歲事一新也；夏周已後謂之祀，取四時祀事一周也；秦漢而下謂之年，取新穀一熟也；都謂之歲，取日月一周天，而歲星十二年一周之意也。今律：稱年者，須計日而論；稱載者，取晬〔祖對切〕時爲義。假如今年八月免所居官，至來年八月之後降先品一等叙。矜哀念意也。匝四時曰周且叙官之例，雖許周年，慮後人不曉周年之目，故律稱匝四時曰周，其意是取三百六十日爲正。其除爵雖有餘罪不贖。爵者，割地之封功臣，使得世世傳授，子孫不絶。今犯罪國除，雖有餘罪，又焉可聽贖。義同帶礪帶礪者，昔漢高祖封諸侯，與之約曰：使黄河如帶，泰山若礪，皆與卿等世世不絶共之。謂黄河如帶之小，泰山如礪石之平，皆不絶諸侯繼世世之子孫也。礪，磨刀石也。今國爵除削，在責之深，故不許其聽贖餘罪也。差降上楚加切。差降者，猶等第而降也。若除名者比徒三年，免官者比徒二年，免所居官者比徒一年，如此論比，是名差降也。藏匿藏匿者，猶隱蔽也。致資給謂供借宿食，或借財貨，使罪人藉資給而得逃亡也。苦使謂因役而過日數，或過期限，或枉令教化，或獨任力役，如此之類苦使也。附籍天下人民，皆著籍書，三年一度造訖申尚書省。只今俗爲户口帳也。沿泝音素。皆謂逆水舟，卽名爲沿泝也。阻難謂行程之内，或前後有兵寇，道路塞絶，若此之類皆名阻難。已沐音木。洗雪之義也。謂犯死罪，家無兼丁，父母老疾，用人禮待，聽敕留侍，此名已沐殊恩。其敕之意，本安老疾，不在罪人，然會赦須原。流罪不原者，生殺之柄，人主得專，曹判之司，焉可同例。甄異上音真。訓別也。左降官帝者之旁，以賢居右，以威居左，是右爲尊，左爲卑。今官人犯罪降官者，皆名左降，又名爲左遷，皆是黜其不賢之義也。殯葬權葬謂之殯，定穴謂之葬。葬者，藏也，欲人之不得見也。奔喪者謂子孫在遠，聞父母喪，奔歸本所，故謂之奔喪。今左降官及流人請欲奔喪，須聽敕旨。糧餉下商量切。獻熟食曰餉。戍役上音庶。訓守。戍役者，卽防邊之謂也。鉗其廉切。以鐵束項謂之鉗。局拘玉切。局者，職業所守之司也。閹人上右兼切。男子犯法，割勢使守内，故謂之閹人。闈音韋。宫門謂之闈。擯必刃切。謂斥遠之也。荒服按三《禮》云，王畿千里，四面各分距千里外，五百里曰侯服，侯服五百里外曰甸服，甸服五百里外曰男服，男服五百里外曰采服，采服五百里外曰衛服，衛服五百里外曰蠻服，蠻服五百里外曰夷服，夷服五百里外曰鎮服，鎮服五百里外曰藩服，藩服之外謂之荒服。荒者，取其恍惚，去王教極遠也。如以積筭之法，是七千里外謂之藩服，藩服之外又謂之荒服，是至遠之所也。投竄取亂切。投竄者，皆擯斥使遠去也，慮染變正俗故也。按《毛詩》云，取彼譖人，投畀豺虎；豺虎不食，投畀有北。又《尚書》云，竄三苗于三危。是投竄皆是棄逐之名也。中華中華者，中國也。親被王教，自屬中國，衣冠威儀，習俗孝悌，居身禮義，故謂之中華。非同遠夷狄之俗：被髮左衽，雕體文身之俗也。

（元）王元亮《唐律釋文》卷四《名例》

齠齓上音條。下音儭。男子八歲毀齒，謂之齓歲。女子七歲毀齒，謂之齠歲也。三赦按《周禮》三赦之法，一曰赦幼弱，謂七歲者；二曰赦老耄，謂八、九十者；三曰赦戇愚，皆謂其識見淺劣者。聖人於此三等，哀其無知，故令赦宥也。戇陟降切。愚也。忿恨上扶問切。準禮仍爲不孝準《禮》，凡爲人子者，冬温夏凊，昏定晨省，出必告。反必面，所游必有常，所習必有業；居父母疾與喪，笑不至哂，怒不至詈，飲藥必先嘗之。今律雖矜其幼小而赦，反有毆詈父母者，爲不孝也。凊，七正切。省，息井切。哂，失忍切。悼逃到切。謂幼小而可悲也。矛稍上音謀。下音朔。皆兵刃器仗也。旌旗析羽爲旌，交龍爲旗。幡幟音翅。小幅爲幡。表赤謂之幟。糾告糾謂舉覺也。饋音匱。以食獻，謂之饋。誅夷誅者罪連一宗，夷者殺及九族。污其室上音烏。毁其所居也。犯反逆罪者，必污毁其居，蓋欲絶其惡類也。孳生謂畜産蕃息，若展轉出舉而獲利者非。則蕃息孳生之類也。碾磑上尼彦切。下五對切。碾，磨上轉石也。磑，磨下定石也。邸店上音抵。謂收藏貨物謂之邸。賣之處謂之店也。蠲圭淵切。訓除去。駞徒阿切。懸平上音玄。謂將贓物評正定罪也。宏綱略舉宏綱者，謂不能一一盡説，聊備舉其大概也。不首自言其罪謂之首。甲弩附身謂之甲。甲者介也，取其堅介，以防刃也。弩，以蹶張謂之弩，其矢鉅，中且深也。蹶音厥。中，竹中切。矛稍上音牟。三脊鏘也，戟之類也。天文星運之局也，能預知禍福，慮學者非其人則以妖妄惑衆，故禁之也。兵書若《孫子》、《吴子》、《太白陰經》也。昧爽按《禮記》，昧爽而朝。謂辨色之時也。名爲昧，爲是絶漏之前，五鼓之末。今赦書發于此時，故用此時已前乃許原赦。嫡庶按《禮》，諸侯一娶九女，其一爲正妻，八爲媵。正妻生子爲嫡子，嫡子之子爲嫡孫；其媵生子爲庶子。傳襲封爵之例：維父死以嫡繼；無嫡子，以嫡孫；無嫡孫，立同母弟；無同母弟，立庶，立庶須以長。如此，是爲傳襲爵位。昭穆上本如字，以漢明帝諱，改音韶。古者立廟，以一爲太祖，太祖之左爲昭位，右爲穆位，如是言之，子在左，孫在右。《禮》云，君子抱孫不抱子，蓋孫可以爲皇父尸，子不可以爲皇父尸。如左右相對，是名昭穆。復除復除者，復户，除役。謂有户籍，曾於國有功，奉敕旨不應課役，是名復除。太原太原者，地名也。唐高祖於太原起義，以是給復終身。終身者，卽是與唐高祖同時人也，故終身給復，免其課役。没落謂中華人没落蕃中。投化謂外蕃人投歸王化也。放賤爲良謂赦贓奴婢爲良人也。如此等，並在給復之限。貿莫澇切。以物易財謂貿。借貸謂監臨主守自假官物。借貣下音特。謂監臨主守將官物與人也。

（元）王元亮《唐律釋文》卷五《名例》

劾音亥。鞫問罪人謂之劾。爲首萌兆，獨端緒也。兔辜音孤。謂罪也。首捕謂捉同犯罪者，而又自言己罪。刑戮音六。訓殺也。長官張兩切。爲首義見前解。第二從第三從第四從以謂長官爲首，下乃分爲第四等爲從科罪。從正上如字。關戍下音庶。謂邊界守也。關戍者，卽守關之長也；關丞，守關第二等官也；關令，守關第三等官也。見賢變反。挾私上音協。謂懷私情而曲斷其事也。案省先井切。謂先察所奏之案也。下從子用切。駮正上兵角切。謂以義駮難，降使改正也。難，乃旦切。省審上先井切。訓察也。尚書省生梗切。漢以禁中爲省中。剗垣上楚限切。下音員。牆也。謂將鋤剗平垣牆也。塹柵謂掘地爲長坑，上鋪蒺藜，名之爲塹。謂編木以防往来者，名之爲柵。當被上當浪切。鞫問居六切。謂推勘問罪，名之爲鞫。見賢變切。官當謂官折罪也。爲折上于僞切。旱澇郎到切。久不雨爲旱。大水泛溢爲澇。

（元）王元亮《唐律釋文》卷六《名例》

貿易上音茂。貿易官物，謂以私物博换官物也。擅賦上音善。謂自專賦斂。賦者，依本税額出也；斂者，是非常税額外出也。然斂雖離額外，亦就本額上刻折。此賦斂之物，並奉敕旨，非主守官司得自專爲也。擿語上音惕，擿語者，隱語也。謂隱語與罪人言，令其逃避，以免追攝也。隸屬上音利。隸屬司農者，謂前代配役及配隸相生者，其人州縣本無户貫，姓名權屬司農卿司屬收管，以書其姓名之案爲隸屬，以此名爲官户也。取良人上音娶。爲婚良人女爲妻也。化外人同類相犯此謂蕃夷之國，同其風俗，習性一類，若是相犯，卽從他俗之法斷之。異類相犯此謂東夷之人與西戎之人相犯，兩種之人，習俗既異，夷戎之法，各又不等。不可以其一種之法斷罪，遂以中華之政決之。此物皆爲去王化遼遠，各有君長之故，聖人但撫之教外，不以中華強之不能也，故許聽其俗。高麗音離。東海之國，其地多產珠璣，漢時始通中國。百濟西海之國，其地多產名布、魚鹽、百藥之物，秦時始通中國。左傳注云元妃昔者，孔子約魯國史記而修《春秋經》，爲一萬八千說，紀十二公之事，其文秘奧難曉，有左丘明爲傳以解經義，故稱《左傳》者，卽左丘明傳解《春秋》之經也。又，至晉時，杜預注者，解經、傳之文也。元訓大。妃訓匹。其以禮義爲大配匹者，是名元妃也。元妃者，卽嫡夫人也。嫡音適，訓正。夫訓扶。能以禮義扶正夫，故謂之夫人也。別之上卑列切。譯人上音亦。譯人能作夷語，以傳道夷戎之語。廐庫上音救。養馬謂之廐。藏貨謂之庫。主帥謂主領衛士之長爲主帥。

（元）王元亮《唐律釋文》卷一一《職制》　導德導訓引。謂將此德義，引納人民之爲善也。民知爲善之樂，卽謂之善政；善政既成，則不加刑戮而民自無犯也。齊禮謂能使在下者齊知禮讓。移風易俗謂此邦之民，舊多薄惡，今之長吏，能舉善薦賢，教勸孝悌，寬免課役，誘導農桑，使上下各安于禮讓，如此之用，是能移換昔日之風，變易如此之俗也，故云移風易俗也。崇飾猶增修也。政迹卽前所謂導德齊禮，移風易俗之謂也。冠婚上音貫。按《禮》，男子年十五，卽加冠于首，故謂之冠。若天子，卽十二歲；不名之冠，卽云加元服。殯殮權葬謂之殯。著服，謂之小殮；入柩，謂之大殮。饋餉謂將物與人也。縞紵上音浩。白也。

（元）王元亮《唐律釋文》卷一七《賊盜》　人君與天地合德按《周易·乾卦》文言，大人與天地合其德，與日月合其明。說者謂，天地以覆載爲德，大人以恩育爲德；日月以照臨爲明，大人以聰察爲明。上祇寶命祇訓恭。謂王者恭受上天寶有四海之命。下臨率土既受上天寶有四海之命，卽普天之下皆是王土，率土之濱皆是王臣。濱，音賓。水盡爲濱。狡豎小奴名豎。今謀反及大逆，此等蓋是狂惑小豎之徒，不知有上天寶命之重故也。將而必誅將有此興狂之心者，必誅也。已汩下音骨。訓亂也。背誕訓詐也。拱迫上居勇切。謂遮攔使不得逃竄故也。爲質謂將無罪之人身者有罪之人身者爲質。當有罪上丁亮切。在法不可同天《禮記》云，父母之讎不與共戴天，兄弟之讎不反兵。枕戈上執任切。謂父母之讎，思報其讎，至於寢睡尚枕戈器，以圖復殺。又，《禮記》云，兄弟之讎不反兵，謂遇見讎者，不可更反取兵也。如此言之，是戈兵常在身也。舉劾下音亥。勘問謂之劾。金科卽法書也。比附上音脾。謂比近不告，部曲、奴婢卽與子孫同罪。僥倖謂本合有罪，而今不罰，幸而免戮，謂之僥倖。

（宋）竇儀《宋刑統·附録》　《困學紀聞》曰：律疏與《刑統》不同，疏依律生文，《刑統》參用後勑，雖引疏義，頗增損。天聖中，孫奭校定律文，乃疏爲音義。

（宋）孫奭《律音義·名例第一》　名例第一。主物之謂名，統凡之謂例。法律之名既衆，要須例以表之，故曰名例。漢作九章，散而未統，魏朝始集罪例，號爲刑名。晉賈充增定律二十篇，以刑名法例揭爲篇冠至此。齊趙郡王叡等奏上《齊律》十二篇，併曰名例，後循而不改。

五刑。五刑之名尚矣，古者大刑用甲兵，次斧鉞，中刑用刀鋸，次鑽鑿，薄刑用鞭扑。《虞書》五刑曰墨，曰劓，曰剕，曰宮，曰大辟。又云流宥五刑，鞭作官刑，扑作教刑，金作贖刑，則五者之外似別有流、贖、鞭、扑之品也。三代而降，其制略同。秦法凝慘，始有夷三族，具五刑之名。漢文帝去三肉刑，又以完代。則魏制五刑，則死刑三，髡刑四，完、作刑各三，贖刑十一。晉以梟首、斬、棄市三死，與髡作，輸贖二等爲五刑。梁世略依前代，制刑十三等，及鞭杖督之差。北齊採魏晉故事，以轘裂、梟首、斬絞爲四死，鞭笞各百，髡以配兵爲一，流五年至一年爲五刑，一百至四十爲五鞭，三十至一十爲三杖。後周以杖刑、鞭刑、徒刑、流刑、死刑，名以五差，爲二十五等，與齊法小異。至隋更定五刑之序，則死以斬、絞爲二，流以一千里至二千里爲三，徒以一年至三年，杖以六十至一百，笞以五十至十，各爲五，凡二十等，蠲損前代鞭刑，梟首、轘裂之法，輕重之準，得天下之平矣。唐以二千里至三千里爲三流，餘同隋制，至今遵用。

笞。丑之切，捶擊也。贖石欲切，又音樹，貿也。出金以貿易其罪也。杖直兩切，持也，言人執持可以擊人也。古者用鞭，《書》云鞭作官刑是也。梁有制鞭、法鞭、常鞭三等，制鞭用生革廉成，法鞭去廉，常鞭用熟靼。至隋以杖易鞭，舊制應決杖笞者皆依數決之。皇朝建隆四年始有折杖之制。靼音旨熱切，柔皮也。徒。同都切，奴也。男子入于臯隸，女子入于舂槀，著於丹書，以戮辱之也。流。力求切，竄之邊裔，若水流也。舊制犯徒者，依年配役。犯流者，流至配所居作，皆不決杖。皇朝建隆四年制，犯徒者加杖免役，犯流者加杖留住，三流俱役一年，加役流者役三年。死。息姊切，澌也。澌，盡也。精神澌盡也。澌音賜。絞。古卯切，絞，殺之也，不殊身首。斬側減切，殺而殊其身首。謀，莫侯切，計也。二人對議謂之謀。叛。步半切，奔他國也。背。音佩，下同。惡逆如字。毆。烏苟切，下並同。支解。佳買切，離析也，謂離析其支體。造。昨早切，爲作也。畜。丑六切，聚也。後同。蠱毒。音古。《左氏傳》說蠱義有多種，於文皿蠱爲蠱。律言蠱毒者，謂聚諸毒蟲共在一器，使之相食，獨在者將以毒人，謂之蠱毒。厭魅。《周禮》注建厭及《字書》厭魅皆於琰切。魅字亦作彪，音媚，老物之精也。今律云厭魅皆謂邪俗左道，若漢之巫蠱是也。乘輿。食陵切，下音餘。蔡邕《獨斷》曰：天子車馬、衣服、器盛、百物曰乘輿，出於律。律曰：敢盜乘輿服御物謂天子所服食者也。天子至尊，不敢泄瀆言之，故託於乘輿也。乘猶載也，輿猶車也。天子以天下爲家，不以京師宮室爲處，則當乘輿以行天下，故羣臣託乘輿以言之。服御物。御，牛倨切。蔡邕《獨斷》曰：所進曰御。御者，進也。凡衣服加終身，飲食入於口，妃妾接於寢，皆曰御。律內言御者，義並同。御寶。博袍切。蔡邕《獨斷》曰：璽者，印也。印者，信也。天子用白玉螭虎紐，古者尊卑共之。《月令》曰：固封璽書。《春秋左氏傳》：魯襄公在楚，季武子使公冶問璽書，追而與之。此諸侯大夫印稱璽者也。秦以前民皆以金玉爲印，龍虎紐唯其所好也。自秦以來，天子獨以印稱璽，又獨以玉，羣臣莫敢用也。唐開元歲中改璽曰寶。合和。音閤，下如字，調也。後同。膳。時戰切，食也。御幸。胡耿切。蔡邕《獨斷》曰：天子所至曰幸。幸者，冝幸也。世俗謂幸爲僥幸，車駕所至，民臣被其德澤，因是謂之幸。指斥。音尺，指斥謂指的斥瀆而言也。對捍。户旦切，拒也。制使。所吏切。詛詈。惻慮切，下力智切。別籍。在亦切。供養。居用切，下羊尚切。後養親類並同。父母喪。息郎切，下同。作樂。音岳。匿。女力切，隱也。不睦。莫六切，親也。緦麻。音思，後皆同。《儀禮·喪服傳》緦者十五升，抽其半，有事其縷，無事其布，曰緦。鄭氏云謂之緦者，治其縷細如絲也。大功。《儀禮》大功布九升。鄭氏云其鍛治之功麤沽之。沽音古。尊長。丁丈切，後官長、尊長、長大、長官並同。小功。《儀禮》小功之布十一升。屬。市玉切，下親屬同。縣令。力政切，後皆倣此。見受。賢徧切，下見、任見在類並同。卒。子忽切。夫喪。如字，又息浪切。袒免。音但，下音問，後並同。袒免謂去冠代之以免。免者，以布廣一寸，從項中而前交於額上，却向後繞於髻。德行。下孟切。散官。蘇罕切。所坐。徂卧切，被罪為坐。後同。應議。於陵切，當也。後皆倣此。先奏。悉薦切，又如字。期。音基。唐避玄宗諱之字為周，今改從舊，後皆倣此。盜。取非其物謂之盜。略。離灼切，謂謀略取之。聽贖。佗定切，許也。後不音者倣此。官當。丁浪切，下意涉官當者並同。過失。不意誤犯謂之過失。廢疾。方肺切。律內皆同。號。胡到切，本亦作号同。蔭。於禁切。累減。力委切，後並同。從坐。才用切，又如字，後皆倣此。自首。舒救切，悔過自言曰首，佗皆倣此。故矢。知而犯之謂之故，意以為然謂之失。見任。而禁切，後皆倣此。解雖。佳買切。贈官。昨亘切，死而追與之也。視品。承矢切，比也。若藉。在夜切，下同。假版。古雅切，下布綰切。流外。以其在九流之外，故曰流外。比徒。如字。衛官。謂千牛備身以下親勳相衛及備身名衛官。勳官。凡勳十有二，轉謂武騎尉至上柱國。行守。官階高而擬卑曰行，階卑而擬高曰守。謂降。古巷切，後同。贓。子郎切，凡貨財之例謂之贓。尚書。音常，下同。省斷。所景切，省署也。下丁亂切，後不音者可以意求之。一匹。譬吉切。《説文》云四丈也。从入意，古者自兩頭卷之，至中為兩卷，故謂之兩，或曰匹，取匹敵之義也。作疋者，俗。禁。居蔭切，後並同。娶。俱住切。官稱。尺證切，又尺陵切。後同。冒。莫報切。委。如字，屬也，弃也。遷任。汝鴆切。大載。音宰，又音再，年也。朝參。直遙切，下七南切。誣。音巫。女官。《昇玄經》云女官如道士也，流俗以其戴冠，改作冠字，非也。身喪。息浪切。過限。古卧切，後同。上道。時掌切，下未上道同。課調。徒弔切。准折。之舌切。大常。音泰，字亦作太，後倣此。給使。音史，下散使同。各重。直龍切，累也。即重。直用切，更也。篤疾。冬毒切。教令。音交，下吕呈切。備。具也，謂具償之。乞索。所白切，求也。簿。蒲古切。斂。良冉切，又驗切。處決。昌與切。轉易。張戀切，換也，又陟兖切，下音亦。蕃息。扶元切。《周禮》大司馬職云：以蕃鳥獸。鄭氏謂蕃，息也。《左氏傳》指六年隨季梁曰：謂其畜之碩大。蕃，滋也。俗本作番息者，非。後並同。已費。芳未切，耗也。庸賃。音容。功也。下乃禁切。諸平。字又作評，同皮命切，謂平言也。凡事之曲直，物之貴賤，以平言之，皆曰評。漢有月平，若今市估。又有廷尉評，隋改曰評事。下平功同。估。音古。駝。徒河切，作馳俗。騾。落戈切。碾。女箭切。磑。五對切，磨也。邸。都禮切。詐假。古雅切，下同。蔽。必世切。復罪。房六切。媒保。媒之言謀也。保之言相保任也。不臣。臣伏辭也。嫡。音的。復除。音福，優也，謂優恩除免其課役。自借貸。資昔切，下吐得切，又音待，皆從人，假物也。若《周禮》泉府職，凡民之貸者，與其有司辨而授之類。本或作貣者，俗。及借貸。子夜切，下吐代切，皆以物假人也。畜産。許又切，後皆同。劾。胡得切。爲首。于僞切，後相爲者並同。贓數。色具切，下同。備償。時亮切，又音常，後並同。捕。薄故切，後倣此。悔。荒内切。所由爲首。如字，佗皆倣此。見官。賢偏切，下見獲同。案省。息井切，下省審同。檢句。古豆切，又古侯切，本作勾，俗。駮。邦角切。稽程。工兮切，律内皆同。造意。唱首先言謂之造意。隨從。如字，又才用切。關棧。士諫切，編豎柴木以斷人行。垣籬。兩元切。鞫。居六切。當年。丁浪切，又如字，下當條同。貿易。莫豆切。考校。古孝切。爲隱。于僞切，下爲上同。擿語。佗歷切，發也，動也，曾。子登切，後同，壓烏甲切。出降。古巷切。統攝。佗宋切，下舒涉切。鎮戍。傷遇切，後同。時率。所律切，又音律，音類。以籍。在亦切。觀寺。古喚切。三綱。古郎切。唐制每觀寺立三綱，以道德高者充。

（宋）孫奭《律音義・衛禁第二》 衛禁第二。天子作屯衛以申警，設關禁以防姦，自晉始有衛宫之名，至北齊附以關禁，隋勑蘇威等更定新律，名爲衛禁，蓋由内及外設法之序也。

（宋）孫奭《律音義・職禁第三》 職制第三。設官置職，必以法度守之。晉本名違制，隋更曰職制。

（宋）孫奭《律音義・戸婚第四》 户婚第四。户籍生齒之緫，婚爲禮俗之本，制民防失，合著此篇。漢初九章，專爲户律，北齊附以婚事，名婚户，隋更曰户婚。

（宋）孫奭《律音義・廐庫第五》 廐庫第五。廄蓄、畜産、庫舍、器幣爲之防限，以謹國用。自漢歷北齊，或名廄牧，或名牧産，隋更益以庫事，遂名廄庫。

（宋）孫奭《律音義・擅興第六》 擅興第六。興戎動衆，爲國大事，三者制以取重人臣，理不得專，故設此法以防之。漢初但名興律，魏陳羣定法，更爲興擅。晉朝復漢舊名，北齊改文從繕，至隋定曰擅興。

（宋）孫奭《律音義・賊盜第七》 賊盜第七。世不能無姦宄，盜賊所由生焉。故惡以防禁，杜其禍心，所以長善絶惡也。魏李悝首制盜賊二法，後魏改曰盜律、賊徒，北齊合爲一名，後周分爲刼盜、賊叛二篇，隋更名賊盜律。

（宋）孫奭《律音義・鬭訟第八》 鬭訟第八。兩怒相犯則鬭，二辭相勝則訟，此民之常情也。辨是室忿，宜得其平。後魏始析前世繫訊律爲鬭律，北齊附以訟事爲鬭訟律，後周改曰鬭競，隋復齊名焉。

（宋）孫奭《律音義・詐僞第九》 詐僞第九。詐以譎正，僞則昌真，大爲此防，以該衆變。魏世始分賊律，創而名之，後遂無改。

（宋）孫奭《律音義・雜律第十》 雜律第十。摭諸篇之遺，楺羣罪之目，匯類匯次，雜成此篇。里悝首曰雜法，後周更爲雜犯，隋去犯字，還爲舊名。

（宋）孫奭《律音義・捕亡第十一》 捕亡第十一。亡逃不擊，罪惡寖長，建比捕律，以絶厲皆，里悝首制捕法，後魏益曰捕亡，北齊改亡從斷，後周易斷爲逃，隋世遂復爲捕亡律。

（宋）孫奭《律音義・斷獄第十二》 斷獄第十二。《易》曰：折獄致刑。《書》曰：惟刑之恤，期於□審多辟傳致平典，斷獄之重不其然乎。此篇所以殿諸律者，誠欲罰值其罪，人得其情也。里悝始造囚法，魏世分出此篇，北齊合於捕斷，後周復爲斷獄。

（元）馬端臨《文獻通考》卷二〇三《經籍考三十・史》 《律文》十二卷，《音義》一卷。

陳氏曰：自魏李悝、漢蕭何以來，更三國、六朝、隋唐，因革損益備矣。本朝天聖中，孫奭等撰《音義》，自《名例》至《斷獄》，歷代異名皆著之。

（清）俞樾《諸子平議》卷一四《荀子三》 故盜不竊，賊不刺。

樾謹按：楊注曰：盜賊通名，分而言之。則私竊謂之盜，刼殺謂之賊。此蓋以刺爲刺殺之刺，實非然也。《漢書・郊祀志》刺，六經中作《王制》。師古注曰：刺，采取之也。又《丙吉傳》至公車刺取。注曰：刺謂探候之也。然則刺者，探取之義。盜不竊，賊不刺，變文以成句耳，非有異義也。

（清）俞樾《諸子平議》卷一五《荀子四》 故莫不服罪而請。

樾謹按：楊注謂自請刑戮，非也。請當讀爲情。《成相篇》明其請。注曰：請當爲情，《禮論篇》情文俱盡。《史記・禮書》情作請。徐廣曰：古情字或叚借作請。是其證也。情，實也。莫不服罪而情，猶莫不服罪而實也。言服罪而不敢虚誕也。《論語》所謂則民莫敢不用情也。楊注以本字釋之，誤矣。《成相篇》曰：下不欺上皆以情，言明若日，即此情字之義。【略】

有法者以法行，無法者以類舉。

樾謹按：古所謂類，即今所謂例。《史記・屈原賈生傳》吾將以爲類。正義曰：類，例也。

（清）俞樾《諸子平議補録》卷六《鶡冠子》 文武交用而不得事實者，法令放而無以梟之謂也。

樾謹按：陸注曰：梟，斬刑也。《後漢書・張衡傳》咸以得人爲梟。注曰：梟，猶勝也。猶六博得梟則勝，此文梟字亦當訓勝，無以梟之，即無以勝之。言法令弛放不足以勝小人之敢爲欺謾者，故雖文武交用而不得事實也。陸以斬刑説之，非是。

（清）顧炎武《日知録》卷二《矯虔》 《說文》：矯從矢，揉箭也。故有用力之義，《漢書・孝武紀》注引韋昭曰：詐稱為矯，强取為虔。

《周語》注以詐用法曰矯。

（宋）潘自牧《記纂淵海》卷三七《科舉部·刑法科》 律令成，杜預為之注解曰：法者，繩墨之斷例，非窮理盡性之書也。故文約而例直，聽省而禁簡。

幕學分部

綜　述

（清）萬維翰《幕學舉要·總論》 辦事以見解為主。呈狀一到，要識得何處是真，何處是偽，何處是起衅情由，何處是本人破綻，又要看出此事將來作何結局，方定主意，庶有把鼻。

事件初到，不可先有成心。及至辦理，又不可漫無主意。蓋有成心，則不能鑑空衡平，斷理必致偏枯。無主意，則依回反覆，事多兩歧，詞訟蜂起。

案件重在初報，總要簡淨。以後再可詳盡，再可轉變。須有剪裁，不致龐雜。若支離繁冗，招詳難辦，縱曲為辨解，聲説周到，倖免駁詰，亦大費心力矣。

（清）萬維翰《幕學舉要·盜案》 盜案隔别研審。緊要處，須逐層清出。如人數，姓名，住址，何年月日，誰為起意，誰為同謀，有無線蹻窩家，如何糾邀，何處會齊，執何器械，是何時候，如何上盜，何人入室，何人接贓，有無捆縛拷逼架送，何處出水，是何贓物，何處俵分，分得贓物現在何處，夥盜在何處，如何被獲，有無私拷，曾否竊刦别案及同居父兄人等，知情分贓情事。一人如此供，人人亦如此供，方是一線穿成，閲者醒目。

（清）萬維翰《幕學舉要·命案》 鬭毆被傷，例禁擡驗。問傷之輕重，或委員代驗，或單騎親往，其包裹黏結處，不可揭動，以防進風。若係共毆，必問明何處何人所傷，何處係何物所傷，取具保辜存案。一面飭令醫治，如傷處頗重，則以兇首鎖押，令其親屬代為調理，并須禁止被傷之家，不得故為勒索，滋生事端。

（清）萬維翰《幕學舉要·姦情》 姦情曖昧，最不易知。務存一分寬厚之心，保全婦女名節。苟無確據，即為指姦勿論，不可輕易吹求。婦女顔面，最宜顧惜，萬不得已，方令到官。蓋出頭露面，一經習慣，頑鈍無恥，以後肆行無忌矣。有黑夜乘本夫不在，入室刁姦者，或以聲音相貌有似熟識之人，指告到官，究非姦所捉獲，不可輕率定案。

（清）萬維翰《幕學舉要·逃人》 逃人定例甚綦嚴，容留六箇月以外，即干吏議。直隸京畿近地，旗民雜處，旗人竄逃，尤難查察。總要力行保甲，旗人責成領催屯長，民人責成鄉地牌頭，實力稽查，自難隱匿。

舊時旗人不准私逃，故有失察容留之例。惟國家二百餘年，滋生日繁，故屢經臣工奏請，閒散旗人，准其報明出行，赴外謀生。如年久在外入籍者，亦聽其便。是逃人各例幾成虚設。增註。

（清）萬維翰《幕學舉要·錢穀》 直隸地土糾葛，皆由界址不清。而界址不清，總在地圩無册。納戶名下只有地數、銀數，其坐落何鄉，不可知也。由是影射欺隱，以彼混此，以少混多，總無確據。故第一要清丈，經界既正，則立魚鱗册。册籍明，則地與糧皆按籍可稽矣。

（清）萬維翰《幕學舉要·交盤》 交代以驛馬為先，無論正署，皆限一月内接收。庫項倉穀固宜詳慎，雜項錢糧以及贓罰贖鍰，不入奏報者，亦須留心，不可忙中有錯也。

上手交盤，册是根據，再添以每年奏銷册，及各項卷宗，按款清釐。已解者，有批迴。已給者，有領狀。如批迴未掣，或詳明請示，必求確鑿而後已。

（清）萬維翰《幕學舉要·社倉》 社倉之法，始於朱子。做古義倉之意，請常平倉米六百石始其事，凡十有四年。除建倉外，得米三千餘石，誠良法也。其所著事目，大約編排保甲，稽戶口，設鄉官。四月上旬，申府委員役與鄉官，共支貸。十名為保，如有逃亡，同保均賠。十月上旬，申府差官同收貸者，出息什二，小歉弛半息，甚則盡蠲之。行之十四年，歸原粟於官，而用所赢為貸資，每石止收耗米三升，不復取息。此社倉之法，實與常平相表裏。

（清）萬維翰《幕學舉要·災賑》　荒政難辦，不能有功，但求無過。須安撫之，不使哀鴻離散。控御之，不使烏合逞兇。災象將成，即行具禀，即成災，則據報通詳，俟委員到日，將被災村莊勘明，成災分數，分晰造册，具印，勘各結申送。其成災地畝數目，另行續報，並停徵賑恤事宜，或候飭遵，或議詳請示，一面分頭查勘，正佐各員盡心辦理，務期無遺無濫。

著　録

（清）周爾吉《歷朝折獄纂要·李蕊序》　《吕刑》之書，典謨並重。古聖王淳淳訓誡，無非欲訟得其平。吾人學古入官，豈可胸無成竹？然泥古而不通今，守經而不達變，則譸張爲幻，百出不窮，安能執一律以定讞？所貴旁推側引，援古證今，以心究事，不以事欺心。庶不至操刀而不知割，製錦而不知裁，此一定之理也。同鄉周君鄂亝，績學能文，方未出山，卽留心吏治。凡歷代掌故所傳，稗官野史所載，遇有疑難案件，剖决如神者，卽隨時摘録，以備糸觀。歲月既久，删簡成書，來官嶺南，出以相示。余披覽數過，始知天下無奇不有，亦無案不破，全在問官之明敏勤慎，毋畏難而苟安耳。倘刻此書以風世，可以開無數法門，種無窮福果，其關繫實非淺鮮，而鄂亝則以爲前賢治蹟，人所共知，何用刻爲？吾則以往過來續，識者居半，不識者亦居半，與其獨善其身，何如兼善于人，與其散見輒忘，何如合編廣益。且删繁就簡，别類分門，閲之尤便，因急聳恿付梓，以補牧民者思慮之所不及，耳目之所難周，雖不能使天下盡無寃民，而天下之寃民亦必自此少矣，豈不懿歟？

（清）周爾吉《歷朝折獄纂要序》　古今書籍彙編者多矣，或競選詩文，以備文人之誦習。或臚陳故實，以爲後進之攷求，累牘連篇，指不勝屈。惟折獄一書，自宋季《折獄龜鑑》而外，從不一見。豈今人折獄之才，遠不及古人哉？蓋以海宇遼濶，聞見難周，間有一二可傳者，不載於本人集中。卽詳於他人雜録，且僅有得自口傳，而無從稽考者，一時搜集，殊覺爲難。吉自訖業六經子史而外，凡稗官野史，案牘刑名，無不樂近。嘗見古人折獄一二事，後人師其意而行之，奇寃無不立雪，可見人非清明在躬，志氣如神，鮮不能無所規傚。遂欲彙集成書，苦難就緒，弱冠而後，凡見書中載有折獄者，卽隨手録之，得自口傳者，卽隨筆記之。二十餘年始得二百餘則，内皆一時名公鉅卿，賢宰良吏，於事務紛投之間，衆心隱伏之際，不難以片楮相昭雪，以一詞爲折服者也，原欲藏爲秘本，又恐年深日久，仍歸散失，且使循良治蹟，湮没不傳，尤爲可惜。兹特活字成書，以公同好，雖屬陳陳相因，亦覺與古爲新之意，倘後之任民社者，倣而行之，推而廣之，未始非聽訟之一助也，是爲序。時光緒十六年仲夏月長沙周爾吉謹識。

（清）李鈞《判語録存·鮑承燾序》　天地以誠積也，萬物以誠應也，聖賢以誠感通也。古名臣安上全下，政通人和，使民服教畏神，而訟獄或幾乎息者，其来有自吾師夢詔先生，誠者也。以實學律身，以實心應事，以實政莅官，以實德孚衆，入值北門。舒文華國，躋班左堿，秉直記言，天子嘉之，命守東土。既下車，表正率屬，訪民間疾苦，慨然曰：民生之安否，以訟獄為斷；訟獄之息否，以讞鞫為斷。於是塵牘紛披，虚堂習聽，持衡乎情與法之平，神明乎寬與嚴之用。或眚災肆赦而薄其辜，或摘伏懲奸而盡其覆，或委曲勸諭婆心一片以全恩；或震怒明威約法三章以儆玩。每案必判，每判必允不數月，而疑者釋，難者解，積者清，庭有可張之羅，屋無或穿之雀。其樸而愿者，知恥不忍訟，其狙且偷者知懼不敢訟，其情真勢迫不能不訟者，争赴愬焉，以訟而後將不復訟，雖日知當年何以踰此。夫片言折獄，惟由也，可孔子奚信焉，信其無宿諾也，無宿諾誠也，誠至則明，明則百世可知，千里可見，何有於訟之興？誠至則格，格則風雷可鑒，豚魚可孚，何有於訟之息？如先生者，其諸古名臣，安上全下，政通人和，而使民服教畏神者乎？壬辰冬，判語成帙，命燾集序，以燾譾陋，何敢序先生之判然，既得大賢而師之，因得援門人序師文之例。如李漢為昌黎作序，挂名簡末與有榮焉？且以知求治之道，不惟其人，惟其誠，天地以誠積也，萬物以誠應也，聖賢以誠感通也，夫聽訟其顯焉者也。

道光壬辰孟冬受業門人仁和鮑承燾謹序。

（清）萬維翰《幕學舉要·張廷驤敍》 《幕學舉要》為乾隆初年吾吴萬楓江先生所著，論習幕之道，挈要提綱，語語從閱歷而來，誠為後學津梁。於直隸情形，尤瞭如指掌。其中條目閒有今昔異勢，上下異情，非可強為，而理自不謬，學者會而通之可也。嗟乎，幕雖小道，非洞達世情，周知利弊，焉能出而佐人。書中總論官方，所以兼及居官之道與用人之法，不僅為習幕言之，實仍為習幕言之。蓋幕與官相表裏，有能治之官，尤賴有知治之幕，而後可措施無失，相與有成也。幕顧可忽乎哉。

光緒癸未九月中澣元和張廷驤識。

《四庫全書總目提要》卷一〇一《子部·疑獄集四卷　補疑獄集六卷》 所記皆平反冤濫，抉摘姦慝之事，俾司憲者觸類旁通，以資啟發。雖人情萬變，事勢靡恒，不可限以成法。而推尋故迹，舉一反三，師其意而通之。於治獄亦不無裨益也。書中閒有按語，稱訥曰者，不著其姓。又包拯杖吏一條，稱桂氏取以載入篇中，愚特取以終篇云云，亦不言桂氏爲誰。考宋端平中，桂萬榮摭凝父子所載事迹，益以鄭克之《折獄龜鑑》，編爲《棠陰比事》一書。明景泰中，吴訥又刪補之，則所謂訥者，乃吴訥。所謂桂氏，即萬榮。景乃剽竊其文，不著所出，又復刊削不盡，是亦不去葛龔之類矣。景號西墅，汝陽人，嘉靖癸未進士，此書乃其官監察御史時作也。

《四庫全書總目提要》卷一〇一《子部·折獄龜鑑》 宋鄭克撰，是書宋志作二十卷。晁公武《讀書志》、陳振孫《書録解題》俱題作《決獄龜鑑》，蓋一書而異名者也。大旨以五代和凝《疑獄集》及其子㠓所續均未詳盡，因採摭舊文，補苴其闕，分二十門。其閒論斷，雖意主尚德緩刑，而時或偏主於寬，未能悉協中道。所輯故實，務求廣博，多有出於正史之外者，而亦或兼收猥瑣未免龐雜。然究悉物情，用以廣見聞而資觸發，較和氏父子之書，特爲賅備。晁公武《讀書志》稱其依劉向《晏子春秋》，舉其綱要爲之目録，體例井然，亦可謂有條不紊者已。

《四庫全書總目提要》卷一〇一《子部·棠陰比事》 是集前有嘉定四年萬榮自序，稱取和魯公父子《疑獄集》，參以開封鄭公《折獄龜鑑》，比事屬詞，聯成七十二韻。又有端平甲午重刻自序，稱以尚右郎陛對，理宗諭以嘗見是書，深相褒許。因有求其本者，以鋟梓星江，遠莫之致，是用重刻流布。其書彷唐李瀚蒙求之體，括以四字韻語，便於記讀而自爲之註。凡一百四十四條，皆古來剖析疑獄之事。明景泰閒，吴訥以其徒拘聲韻對偶，而敘次無義，乃刪其不足爲法及相類複出者，存八十條。以事之大小爲先後，不復以叶韻相從。其註亦稍爲點竄，又爲補遺二十三事，附録四事，别爲一卷。萬榮書中附論七條，首五條，辨析律意。末二條，則推論他事，然不應僅首尾有此五條，中閒全置不議，或傳寫又有所刪佚歟？第四條下註云：存中，宋人，不書時代，後同。不類萬榮之語，當亦訥所加也。訥所續二十七條，每條各有評語，附於題下。其書雖略於和㠓諸家，而敘述明白，較㠓等乃爲簡切，亦折獄者所宜取裁也。

《四庫全書總目提要》卷一〇一《子部·名公書判清明集》 不著撰人名氏，輯宋元人案牘判語，分類編次，皆署其人之别號。蓋用文選稱字之例，然名不甚顯者，其人遂不可知矣。其詞率以文采儷偶爲工，蓋當時之體如是云。

《四庫全書總目提要》卷一〇一《子部·祥刑要覽》 明吴訥撰，訥有《棠陰比事》，已著録。此書乃其致仕後所作，上卷經典大訓十六條，次爲先哲議論十五條，下卷善可爲法十三人，惡爲可戒十人。其經典大訓中引及《論語》、《大學》，而開卷《尚書》一條，臯陶下註舜臣字，蓋爲通俗之文以戒不甚讀書者，故淺近如是也。

《四庫全書總目提要》卷一〇一《子部·法家裒集》 不著撰人名氏，明蘇祐題辭，稱從史陳永，以是集見，曰司臺司籍潘智手録，因命補綴，付之梓，則是編永所輯定矣。書中設爲問荅，剖析異同，頗得明慎之意。其論拒毆追攝人并罪人拒捕二條與《唐律疏義》相合，疑其嘗見唐律也。

《四庫全書總目提要》卷一〇一《子部·疑獄箋》 國朝陳芳生撰。芳生有《捕蝗考》，已著録。此書自序，謂晉和魯公凝著《疑獄集》二卷，其子宋太子中允㠓增之，爲四卷。明巡按御史張景廣之，爲六卷。兹復增汰之，統爲三卷，而附和㠓及元杜震明李崧原序於卷後，末又輯昔賢論説讞獄成法，别爲一卷，統名《疑獄箋》。大旨主於全活，亦古人恤欽之意。然如張差梃擊一案，以主瘋顛者爲是，主姦宄者爲非，則又矯枉過直矣。其論妊娠過期至引佛經脇尊者之處胎六十年，神仙傳老聃之處胎七十二年，是亦未可爲典要也。

（宋）桂萬榮《棠陰比事序》 話次因及臬事，謂凡典獄之官，實生民司命，天心向背、國祚修短係焉，比他職掌尤當謹重。近者鄱陽尉胥為人所殺，昏暝莫知主名，承捕之吏續執俞達以告，證佐皆具，亦既承伏，以且謀連二弓手結欵，無一異詞。某獨不能無疑，躬造台府請緩其事，重立賞榜，廣布林目，俾緝正囚。未幾，果得龔立者，以正典刑。不然，橫致四無辜於死地，銜寃千古，咎將誰執。萬榮聞之，瞿然斂衽，因歎吾夫子三絶韋編，特著其議獄緩死之象於中孚，而古之君子亦盡心于一成不可變者，公其有焉。既而東歸，參選待次建康，犴曹屢省斯事，若有隱憂，遂於暇日，取和魯公父子《疑獄集》，參以開封鄭公《折獄龜鑑》，比事屬詞，聯成七十二韻，號曰《棠陰比事》。凡與我同志者類，能上體歷代欽恤之意，下究諸公編劘之心，研精極慮，不謂空言，則棠陰著明教，棘林無夜哭，曷勝多禮之幸。

雜録

（清）汪輝祖《佐治藥言・盡心》 士人不得以身出治，而佐人為治，勢非得已。然歲脩所入，實分官俸，亦在官之禄也。食人之食，而謀之不忠，天豈有以福之。且官與幕客非盡鄉里之戚，非有親故之歡，厚廩而賓禮之，什伯於鄉里親故，謂職守之所繫，倚為左右手也。而視其主人之休戚，漠然無所與於其心，縱無天譴，其免人誦乎？故佐治以盡心為本。

（清）汪輝祖《佐治藥言・盡言》 盡心云者，非徇主人之意，而左右之也。凡居官者，其至親骨肉，未必盡明事理，而傔僕胥吏，類皆頤指氣使，無論利害所關。若輩不能進言，即有效忠者，或能言之，而人微言輕，必不能動其傾聽。甚且逢彼之怒，譴責隨之，惟幕友居賓師之分，其事之委折，既了然於心，復禮與相抗，可以剴切陳詞，能辨論明確，自有導源迴瀾之力。故必盡心之欲言，而後為能盡其心。

（清）汪輝祖《佐治藥言・不合則去》 嗟乎盡言二字，蓋難言之。公事公言，其可以理争者，言猶易盡，彼方欲濟其私，而吾持之以公，鮮有不齟齬者。故委蛇從事之人，動曰，匠作主人模，或且從而利導之。曰，箭在弦上，不得不發也。嗟乎，是何言哉。顛而不持，焉用彼相，利雖足以惑人，非甚愚暗，豈盡迷於局中。果能據理斟情，反覆於事之當然。及所以然之故，抉利害而強諍之，未有不悚然悟者。且賓之與主，非有勢分之臨也。合則留，吾固無負于人，不合則去，吾目無疚於己。如争之以去就，而彼終不悟，是誠不可與為善者也。吾又何所愛焉。故欲盡言，非易退不可。

（清）汪輝祖《佐治藥言・素位》 幕客以力自食，名為傭書。日夕區畫，皆吏胥之事。而官聲之美惡繫焉，民生之利害資焉，非與官民俱有宿緣，必不可久居此席者。自視不可過高，高則氣質用事，亦不可過卑，卑則休戚無關。

（清）汪輝祖《佐治藥言・立心要正》 諺云，官斷十條路。幕之製事亦如之。操三寸管，臆揣官事，得失半焉。所争者公私之別而已，公則無心之過，終為輿論所寬，私則循理之獄，亦為天譴所及。故立心不可不正。

（清）汪輝祖《佐治藥言・自處宜潔》 正心之學，先在潔守，守之不慎，心乃以偏。吾輩從事於幕者，類皆章句之儒。為童子師，歲脩不過數十金，幕脩所入，或數倍焉，或數十倍焉，未有不給於用者。且官有應酬之費，而幕無需索之人，猶待他求，夫何為者。昔有為余説項者，曰，此君操守可信。余聞之怫然。客曰，是知君語也，夫何尤。余應之曰，今有為淑女執柯，而稱其不淫，可乎？客人笑而去。

（清）汪輝祖《佐治藥言・檢點書吏》 衙門必有六房書吏，刑名掌在刑書，錢穀掌在戸書，非無諳習之人，而惟幕友是倚者。幕友之為道，所以佐官而檢吏也。諺云，清官難逃猾吏手，蓋官統羣吏，而羣吏各以其精力，相與乘官之隙。官之為事甚繁，勢不能一一而察之。唯幕友則各有專司，可以察吏之弊，吏無禄入，其有相循陋習，資以為生者，原不必過為搜剔，若舞弊累人之事，斷不可不杜其源。總之幕之與吏，擇術懸殊。吏樂百姓之擾，而後得藉以為利。幕樂百姓之和，而後能安於無事。無端而吏獻一策，事若有益於民，其説往往甚正，不為徹底熟籌，輕聽率行，百姓必受累無已。故約束書吏，是幕友第一要事。

（清）汪輝祖《佐治藥言・省事》　諺云，衙門六扇開，有理無錢莫進來。非謂官之必貪，吏之必墨也。一詞准理，差役到家，則有饌贈之資。探信入城，則有舟車之費。及示審有期，而訟師詞證，以及關切之親朋，相率而前，無不取給於具呈之人。或審期更換，則費將重出。其他差房陋規，名目不一。諺云，在山靠山，在水靠水。有官法之所不能禁者，索詐之贓，又無論已。余嘗謂作幕者，於斬，絞，流，徒重罪，無不加意檢點。其累人造孽，多在詞訟。如鄉民有田十畝，夫耕婦織，可給數口。一訟之累，費錢三千文，便須假子錢以濟。不二年必至鬻田，鬻一畝則少一畝之入。輾轉借售，不七八年，而無以為生。其貧在七八年之後，而致貧之故，實在准詞之初。故事非急切，宜批示開導，不宜傳訊差提。人非緊要，宜隨時省釋，不宜信手牽連。被告多人，何妨摘喚，干證分列，自可摘芟。少喚一人，即少累一。諺云，堂上一點硃，民間千點血。下筆時多費一刻之心，涉訟者已受無窮之惠。故幕中之存心，以省事為上。

（清）汪輝祖《佐治藥言・詞訟速結》　聽訟是主人之事，非幕友所能專主。而權事理之緩急，計道里之遠近，催差集審，則幕友之責也。示審之期，最須斟酌，宜量主人之才具，使之寬然有餘，則不至畏難自沮。既示有審期，兩造已集，斷不宜臨時更改。萬一屆期，別有他事，他事一了，即完此事。所以逾期之故，亦可曉然，使人共知，若無故更改，則兩造守候一日，多一日費用，蕩財曠事，民怨必騰。與其准而不審，無若鄭重於准理之時。與其示而改期，無若鄭重於示期之始。昔有犯婦，擬凌遲之罪。久禁囹圄，問獄卒曰，何以至今不剮，剮了便好回去養蠶。語雖惡謔，蓋極言拖延之甚於剮也。故便民之事，莫如聽訟速結。

（清）汪輝祖《佐治藥言・息訟》　詞訟之應審者，什無四五。其里鄰口角，骨肉參商細故，不過一時競氣，冒昧啓訟，否則有不肖之人，從中播弄。果能審理平情，明切譬曉，其人類能悔悟，皆可隨時消釋。間有准理後，親鄰調處，籲請息銷者。兩造既歸輯睦，官府當予矜全，可息便息，亦寧人之道。斷不可執持成見，必使終訟，傷閭黨之和，以飽差房之慾。

（清）汪輝祖《佐治藥言・求生》　求生二字，崇公仁心，曲傳於文忠公之筆，實千古法家要訣。法在必死，國有常刑，原非幕友所敢曲縱。其介可輕可重之間者，所爭止在片語，而出入甚關重大，此處非設身處地，誠求不可。誠求反復，必有一線生機可以藉手。余治刑名佐吏凡二十六年，入於死者六人而已。仁和則莫氏之因姦而謀殺親夫者，錢塘則鄭氏之謀殺一家非死罪二人者，起意及同謀加功二人，平湖則犯竊而故殺其妻者，有毛氏一人，竊盜臨時行強而拒殺事主者，有唐氏一人。其他無入情實者，皆於初報時，與居停再三審慎。是以秋審之後，俱得邀恩緩減，是知生固未嘗不可求也。

（清）汪輝祖《佐治藥言・慎初報》　獄貴初情，縣中初報最關緊要。駁詰之繁，累官累民，皆初報不慎之故。初報以簡明為上，情節之無與罪名者，人證之無關出入者，皆宜詳審節刪。多一情節，則多一疑竇，多一人證，則多一拖累，何可不慎。辦案之法，不唯入罪宜慎，即出罪亦甚不易。如其人應抵，而故為出之，即死者含冤。向嘗聞鄉會試場，坐號之內，往往鬼物憑焉。余每欲出人罪，必反覆案情，設令死者於坐號相質，有詞以對，始下筆辦詳，否則不敢草草動筆。二十餘年來，可質鬼神者，此心如一日也。

（清）汪輝祖《佐治藥言・命案察情形》　命案出入，全在情形。情者，起釁之由，形者，爭毆之狀。釁由曲直，秋審時之為情實，為緩決，為可矜，區以別焉。爭毆時所持之具，與所傷之處，可以定有心無心之分。有心者為故殺，必干情實，無心者為鬭殺，可歸緩決。且毆狀不明，則獄情易混，此是出入最要關鍵。審辦時必須令仵作與兇手，照供比試，所敍詳供，宛然有一爭毆之狀，鑿鑿在目，方無游移干駁之患。

（清）汪輝祖《佐治藥言・盗案慎株累》　贓真則盗確，竊賊亦然。正盗正竊，罪無可寬。所尤當慎者，在指扳之人，與買寄贓物之家，往往擇殷而噬，藉端貽累。指扳之人，固須質審，其查無實據者，亦可摘釋。至不知情而買寄贓物，律本無罪，但不得不據供查弔。向嘗不差捕役，止令地保傳諭，檄內註明。有則交保，不須投案，無則呈剖，不許帶審，亦從無匿贓不繳，自干差提者。此亦保全善類之一法。蓋一經差提，不唯多費，且竊盗拖累，幾為鄉里之所不齒。以無辜之良民，與盗賊庭質，非賢吏之所忍也。

（清）汪輝祖《佐治藥言・嚴治地棍》　吏治以安良為本，而安良莫要於去暴。里有地棍，比戶為之不寧。訛借不遂，則造端訐告。其尤甚者，莫如首賭首娼。事本無憑，可以將宿嫌之家，一網打盡，無論冤未即雪。即至審誣，而破家蕩產相隨屬矣。惟專處原告，不提被呈，則善良庶有賴焉。惟是若輩倚胥吏為牙爪，胥吏倚若輩為腹心，非賢主人相信有素，上水之船，未易以百丈牽矣。

（清）汪輝祖《佐治藥言・讀律》 幕客佐吏，全在明習律例。律之為書，各條具有精蘊。仁至義盡，解悟不易，非就其同異之處，融會貫通，鮮不失之毫釐，去之千里。夫幕客之用律，猶秀才之用四子書也。四子書，解誤，其害止於考列下等。律文，解誤，其害乃致延及生靈。昔有友人辦因姦拐逃之案，意在開脱姦夫，謂是姦婦在逃改嫁，竝非因姦而拐。後以婦人背夫自嫁，罪干繯首，駁詰平反，大費周折。是欲寬姦夫之遣，而幾入姦婦於死，所謂知其一不知其二也。故神明律意者，在能避律，而不僅在引律。如能引律而已，則懸律一條，以比附人罪，一刑胥足矣，何藉幕為。

（清）汪輝祖《佐治藥言・讀書》 學古入官，非可責之幕友也。然幕友佐官為治，實與主人有議論參互之任，遇疑難大事，有必須引經以斷者，非讀書不可。向在秀水時，有陶氏某，以長房獨子出繼叔父。生五子，而長子故絶，例得以次子之子為後。其三子謀以己子後其伯兄，因乘父故偽託遺命，令仲子歸嗣本生。祖次房者，謂以孫禰祖，禮難歸繼。祖三房者，謂本生有子而無後，於情不順，歸繼之説，未為不可。薦紳先生，紛如聚訟，上臺檄下縣議，余亦無能執中。長夜求索，忽記禮經，殤與無後者，祔食於祖之文。爰佐令君持議，謂禰祖之論，必不可行。陶某既出繼叔後，斷難以子歸繼本宗。本宗有子而絶，情有難安，請以其主，祔食伊父。聽陶某子孫奉祀，大為上臺所賞。後在烏程，有馮氏子，因本宗無可序繼，自撫姑孫為後。及其卒也，同姓不宗之馮氏，出而爭繼，太守允焉。余佐令君持議，據宋儒陳氏，北溪字義，系重同宗。同姓不宗，即與異姓無殊之説。絶其爭端，向非旁通典籍，幾何不坐困耶。每見幕中公暇，往往飲酒圍棊，閒談送日。或以稗官小説，消遣自娱，究之無益身心，無關世務。何若屏除一切，讀有用之書，以之製事，所裨豈淺鮮哉。

（清）汪輝祖《佐治藥言・婦女不可輕喚》 提人不可不慎固已。事涉婦女，尤宜詳審，非萬不得已，斷斷不宜輕傳對簿。婦人犯罪則坐男，夫具詞則用抱告。律意何等謹嚴，何等矜恤。蓋幽嫻之女，全其顏面，即以保其貞操。而妒悍之婦，存其廉恥，亦可杜其潑横。吾師孫景溪先生，諱爾周，言令吴橋時，所延刑名幕客，葉某者才士也。一夕方飲酒，偃仆於地，涎沫横流，氣不絶如縷，歷二時而甦。次日齋沐閉戶，書黄紙疏，親赴城隍廟拜燬，回署後眠食若平常。越六日又如前偃仆，良久復起，則請遷居外寓。詢其故，曰，吾八年前，館山東館陶，有士人告惡少子調其婦者。當核稿時，欲屬居停專懲惡少子，不必提婦對質。友人謝某云，此婦當有姿首，盍寓目焉。余以法合到官，遂喚之。已而婦投繯死，惡少子亦坐法死。今惡少子控於冥府，謂婦不死，則渠無死法，而婦之死，實由内幕之傳喚。館陶城隍神，關提質理，昨具疏申剖，謂婦被惡少子所調，法合到官，且喚婦之説，起於謝某。城隍神批准關覆，是以數日幸得無恙。頃又奉提，謂婦被調之後，夫已告官，原無意於死。及官傳質審，始忿激捐生。而傳質之意，在窺其色，非理其冤。念雖起於謝某，筆實主於葉某。謝已攝至，葉不容寬。余必不免矣。遂為之移寓於外，越夕而殞。夫以法所應傳之婦，起念不端，尚不能悻逃陰譴，況法之可以不傳者乎。

（清）汪輝祖《佐治藥言・差禀拒捕宜察》 余族居鄉僻，每見地總領差，勾攝應審犯證，勢如狼虎，雖在衿士，不敢與抗。遇懦弱農民，需索尤甚。拂其意則厲聲呵詬。或自毁官票，以拒捕禀究，人皆見而畏之，無敢公然與之相觸。夫兇盗重犯，自問必死，拒捕之事，間或有之。若戶婚田債細故，兩造平民，必無敢毁票以拒者。拒捕之禀，半由索詐而起。然一以拒捕傳質，即至審虚，民不堪命矣。余在幕中，遇此等事，直將毁票存銷，改差承行，止就原案辦理。其果否拒捕，屬主人密加確訪，而改差票内，不及拒捕之説，以免串詐，然其每訪輒虚。故差禀拒捕，斷斷不可偏聽。

（清）汪輝祖《佐治藥言・須為犯人著想》 親民之吏，分當與民一體。況吾輩佐吏為治，身亦民乎。嘗見幕友，位置過高，居然以官體自處，齒鮮衣輕，漸不知民間疾苦。一事到手，不免任意高下。甚或持論未必全是，而強詞奪理，主人亦且曲意從之，恐其中作孽不少。余在幕中，襄理案牘，無論事之大小，必靜坐片刻，為犯事者，設身置想，並為其父母骨肉，通盤籌畫。始而怒，繼而平，久乃覺其可矜。然後與居停商量，細心推鞫，從不輕予夾桚，而真情自出。故成招之案，鮮有翻異。以此居停，多為上臺賞識，余亦藉以藏拙。無賦閒之日。故佐治所忌，莫大乎心躁氣浮，及拘泥成見。

（清）汪輝祖《佐治藥言・勿輕引成案》　成案如程墨然，存其體裁而已。必授以為準，刻舟求劍，鮮有當者。蓋同一賊盜，而糾夥上盜，事態多殊。同一鬥毆，而起衅下手，情形迥別。推此以例其他，無不皆然。人情萬變，總無合轍之事。小有參差，即大費推敲。求生之道在此，失入之故亦在此，不此之精辯，而以成案是援，小則翻供，大則誤擬，不可不慎也。

（清）汪輝祖《佐治藥言・訪案宜慎》　恃才之官，喜以私人為耳目，訪察公事。彼所倚任之人，或搖於利，或蔽於識，未必俱可深信。官之聽信，原不可恃，全在幕友持正不撓，不為所奪。若官以私人為先入，幕復以浮言為確據，鮮不僨事。蓋官之治事，妙在置身事外，故能虛心聽斷。一以訪聞為主，則身在局中，動多挂礙矣。故訪案慎勿輕辦。

（清）汪輝祖《佐治藥言・勤事》　辦理幕務，最要在勤。一事入公門，伺候者不啻數輩。多延一刻，即多累一刻。如鄉人入城探事，午前得了，便可回家。遲之午後，必須在城覓寓，不惟費錢，且枉廢一日之事。小民以力為養，廢其一日之事，即缺其一日之養。其羈管監禁者，更不堪矣，如之何勿念？況事到即辦，則頭緒清楚，稽查較易。一日積一事，兩日便積兩事。積之愈多，理之愈難，勢不能不草率塞責。訟師猾吏，百弊叢生，其流毒有不可勝言者。譬舟行市河之中，來者自來，往者自往，本無壅塞之患。一舟留滯，則十百舟相繼而阻，而河路有擠至終日者矣。故能勤，則佐劇亦暇，暇自心清。不勤，則佐簡亦忙，忙先神亂。

（清）汪輝祖《佐治藥言・須示民以信》　官能予人以信，人自帖服。吾輩佐官，須先要之於信。凡批發呈狀，示審詞訟，其日期早晚，俱有定準，則人可依期伺候，無廢時失業之慮。期之速者，必致輿人之誦，即克日稍緩，亦可不生怨讟。第欲官能守信，必先幕不失信。蓋官苟失信，幕可力盡。幕自失信，官或樂從。官之公事甚繁，偶爾偷安，便踰期刻，全在幕友隨時勸勉。至於幕友不能克期，而官且援為口實，則它之不信，咎半在幕也。

（清）汪輝祖《佐治藥言・勿輕出告示》　條教號令，是道齊中一事。告示原不可少，然必其事實有關係，須得指出利弊，與眾共喻。或勸或戒，非託空言，方為有益。若書吏視為故紙，士民目為常談，抄録舊稿，率意塗飾者，儘可不必。非惟省事，亦可積福。每見貼示之處，墻下多有陽溝。及安設糞缸溺桶之類，風吹雨打，示紙墮落穢中，褻字造孽，所損正不細耳。

（清）汪輝祖《佐治藥言・辦事勿分畛域》　州縣幕友，其名有五，曰刑名，曰錢穀，曰書記，曰挂號，曰徵比。劇者需才至十餘人，簡者或以二三人兼之，其事各有所司。而刑名、錢穀，實總其要，官之考成倚之，民之身家屬之。居是席者，直須以官事為己事，無分畛域。知無不言，言無不盡而後可。蓋宅門以內，職分兩項，而宅門以外，官止一人。諺云，一人之謀，不敵兩人之智。如以事非切己，坐視其失，而不置一詞。或以己所專司，不容旁人更參一解，皆非敬公之義也。特舍己從人，其權在我。而以局外之人，效千慮之得，則或宜委婉，或宜徑直，須視當局者之性情而善用之。否則賢智先人，轉易激成乖剌耳。

（清）汪輝祖《佐治藥言・勿輕令人習幕》　吾輩以圖名本就，轉而治生。惟習幕一途，與讀書為近，故從事者多。然幕中數席，惟刑名、錢穀歲脩較厚。餘則不過百金內外，或止四五十金者，一經入幕，便無他途可謀，而幕脩之外，又分毫無可取益。公事之稱手與否，主賓之同道與否，皆不可知。不合則去，失館亦常有之事。刑名、錢穀諳練而端方者，當道每交相羅致，得館尚易。其他書記、挂號、徵比各席，非勢要吹噓，即刑錢引薦，雖裕有用之才，潔無瑕之品，足以致當道延訪者，什無一二，其得館較難。以脩脯而計，刑錢一歲所入，足抵書、號、徵比數年。即失館缺用，得館之後，可以彌補。若書、號、徵比得館已屬拮据，失館更費枝梧。且如鄉里課徒，及經營貿易，緼袍疏食，勤儉有素。處幕館者，章身不能無具，隨從不能無人。加以慶弔往還，親朋假乞，無一可省。歲脩百金，到家亦不過六七十金。八口之家，僅足敷衍。萬一久無就緒，勢且典貸無門，居處既習於安閒，行業轉難於更改，終身坐困，始基誤之。故親友之從余習幕者，余必先察其才識，如不足以造就刑錢，則四五月之內，即令歸習他務。蓋課徒可以進業，貿易可以生財。作幕二字，不知誤盡幾許才人。量而後入，擇術者，不可不自審也。

（清）汪輝祖《佐治藥言・須體俗情》 幕之為學，讀律尚已。其運用之妙，尤在善體人情。蓋各處風俗，往往不同，必須虛心體問，就其俗尚所宜，隨時調劑。然後傳以律令，則上下相協，官聲得著，幕望自隆。若一味我行我法，或且怨集謗生。古云，利不百不興，弊不百不除。真閱歷語，不可不念也。

（清）汪輝祖《佐治藥言・戒已甚》 余尚在胡公幕中，初讀律書時，惴惴焉恐不能習幕是慮。友人駱君炳文，端方諳練，獨嚴事之。嘗語余曰，以子之才之識，為人佐治，所謂儒學醫，菜作虀者，非不能之患，正恐太能耳。余請其故，曰，衙門中事，可結便結。情節之無大關係者，不必深求。往往恃其明察，一絲不肯放過，則枝節横生，累人無已。是謂已甚，聖賢之所戒也。余心識之不敢忘。數十年來，覺受此語之益甚多。

（清）汪輝祖《佐治藥言・公事不宜遷就》 賓之佐主，所辦無非公事，端貴和衷商酌，不可稍介以私。私之為言，非必己有不肖之心也。持論本是，而以主人意見不同，稍為遷就，便是私心用事。蓋一存遷就之見，於事必費斡旋，不能適得其平。出於此者，大概為館所羈絆，不知吾輩處館，非惟賓主有緣，且於所處之地，必有因。果千慮之得有所利，千慮之失有所累。小者尚止一家，大者或徧通邑，施者無恩怨之素，受者忌報復之端。所謂緣也，宿緣有在，雖甚齟齬，未必解散。至於緣盡留戀，亦屬無益。且負心之與失館，輕重懸殊。何如秉正自持，不失其本心之為得乎。

（清）汪輝祖《佐治藥言・去館日勿使人指摘》 官之得民與否，去官日見真。幕之自愛與否，去館日畢露。佐主人為治，須算到去官日，不可令惡聲至耳。與主人相處，須算到去館之日，不可遺議敗名。總之官之得民，要在清、勤、慈、惠，故苛細者與闒冗交譏。幕之自愛，要在廉、慎、公、勤，故依回者與剛愎同病。

（清）劉錦藻《皇朝續文獻通考》卷二四三《刑考二》 十二年諭：御史宋劭穀奏請嚴禁地方官衙蠹積弊以清訟獄一摺，據稱近年來京控案件大約皆以衙蠹蔽朦串害爲辭，民人刁健者固多，書吏之借端索詐誣害善良，亦復不少。外省州縣積習，往往於蒞任後，凡有公私費用，先令書差墊出，而後令其承徵地方錢漕及各項陋規扣償墊項，謂之差墊。又有假辦公名目，令書差出具領結，領取款項，商同分用。至後任交代時，即將書差所具領結抵款輾轉流交，終成無著，謂之差欠。本官既與衙蠹商謀令其墊欠，即已受其挾制，而營私播弄諸弊叢生，遂不能不委曲徇庇等語。猾吏奸胥最爲地方之害，衙蠹不去，則善良不安。惟地方官潔己奉公，方不爲所朦蔽。著各直省督撫嚴加整飭，禁革州縣與書差借墊陋習。其各官交代時，書差領券概不准據作抵款，如有受制放縱及因循怠玩者，即查明參辦。至上控京控各案，如審明實係書差詐害，即按律懲治，不得以迴護屬員之故，兼護書吏致滋輕縱。又議准：嗣後差役押斃人命之案，無論有無凌虐，均令稟諸鄰封州縣，傳到屍親眼同驗明，不得任聽私埋。如有私埋情事，經屍親控告破案者，官爲究明致死根由詳請開檢，毋庸取具屍親甘結，檢明後除訊係差役索詐凌虐致斃者，仍各照本律從重治罪外，若止係因病身死，即將私埋之差役照地界內有死人不報官司，而輒埋藏以致殘毀者，杖六十徒一年律，加一等，杖七十，徒一年半。控告之屍親訊無挾仇情節，仍按誣告各本律分別科斷。地方官有任聽私埋及庇護差役不即開檢者，交部分別嚴加議處。其一切兇徒，挾仇謀財致斃人命，私埋滅迹之案，告發之後，如業將致死根由究問明白，毫無疑義。而屍傷非檢不明者，亦即詳請開檢，均毋庸取具屍親甘結。

（宋）鄭克《折獄龜鑑》卷一《釋冤上・孫登》 吴太子孫登嘗乘馬出，有彈圓按《吴志》圓作丸，蓋二字古通用。過，左右求之。適見一人操彈佩圓，咸以為是。辭對不服，從者欲捶之。登不聽，使求過圓，比之非類，乃見釋。舊出《吴志》本傳。

按：人之負寃多因疑似，聽者不能審，謹忿然作威，遂至枉濫。此事雖小，可以喻大，故首著焉。

（宋）鄭克《折獄龜鑑》卷一《釋冤上・曹攄》 晉曹攄，爲臨淄令。縣有寡婦，養姑甚謹。姑以其年少，勸令改適，婦守節不移。姑愍之，密自殺。親黨告婦殺姑，官爲考鞫。婦不勝苦楚，乃自誣。獄當決，適值攄到。知其有冤，更加辨究，具得情實，時稱其明。出《晉書》本傳。

按：前漢于公爲縣獄史，郡決曹，決獄平。東海有孝婦，少寡，亡子，養姑甚謹，姑欲嫁之，終不肯。其後姑自經死，姑女告吏：婦殺我母。吏捕孝婦，孝婦辭不殺姑。吏驗治，孝婦自誣服。具獄上府，于公以爲此婦養姑十餘年，以孝聞，必不殺也。太守不聽，于公争之，弗能得，乃抱其具獄，哭于府上，因辭疾去。太守竟論殺孝婦。郡中枯旱三年。後太守至，卜筮其故，于公曰：孝婦不當死，前太守强斷之，咎儻在是乎？于是太守殺牛自祭孝婦冢，因表其墓，天立大雨，歲熟。郡中以此大敬重于公。出《前漢書・于定國傳》。于公乃定國父也。

後漢上虞有寡婦，養姑至孝。姑以壽終，而夫女弟先懷嫌恨，乃誣婦厭苦供養，加酖其母。官吏不察，戸曹史孟嘗言于太守，亦不爲理，遂以冤死。郡中連旱二年。出《後漢書》本傳。此兩事舊集並不載。

臨淄寡婦若不遇曹攄，則與東海、上虞無以異矣。惟鑒彼負冤之可戒，乃顯此釋冤之足尚，故附著之。

（宋）鄭克《折獄龜鑑》卷一《釋冤上・苻融》　前秦苻融，爲司隷校尉。京兆人董豐，遊學三年而返，過宿妻家。是夜，妻爲賊所殺，妻兄疑豐殺之，送豐有司。豐不堪楚掠，誣引殺妻。融察而疑之，問曰：汝行往還，頗有怪異及卜筮否？豐曰：初將發，夜夢乘馬南渡水，返而北渡，復自北而南，馬停水中，鞭之不去，俯而視之，見兩日在于水下，馬左白而濕，右黑燥。寤而心悸，竊以爲不祥。還之夜，夢如初。問之筮者，云：憂獄訟，遠三枕，避三沐。既至，妻爲具沐，夜授豐枕。豐記筮者之言，皆不從之。妻乃自沐，枕枕而寢。融曰：吾知之矣。《周易》：坎爲水，離爲馬。夢乘馬南渡，旋北而南者，從坎之離。三爻同變，變而成離。離爲中女，坎爲中男。兩日，二夫之象。坎爲執法吏，吏詰其夫，婦人被流血而死。坎二陰一陽，離二陽一陰。相承易位，離下坎上，既濟。文王遇之囚羑里，有禮而生，無理而死。馬左而濕，濕，水也。左水右馬，馮字也。兩日，昌字也。其馮昌殺之乎？于是推撿，獲昌而詰之。昌具首服，曰：本與其妻謀殺董豐，期以新沐、枕枕爲驗，是以誤中婦人。舊出晉載記本傳。占夢辭煩，刪取其要。

按：古之察獄，亦多術矣。卜筮、怪異，皆盡心焉。至誠哀矜，必獲冥助。是以馮昌之罪具服，而董豐之冤得釋也。馮之馬邊非水，乃冰也；昌之日下非日，乃曰也。苻融以意言，其事遂驗。此周宣所謂神靈動君使言者也，豈非至誠哀矜而然歟！占夢事又見《察賊門》。案此第三章原本軼去標題，今補入。

（宋）鄭克《折獄龜鑑》卷一《釋冤上・辛祥》　後魏辛祥，為并州平北府司馬。有白璧還兵藥道顯，被誣為賊，官屬咸疑之。祥曰：道顯面有悲色。察獄以色，其此之謂乎！苦執申之。月餘，别獲真賊。祥終於安定王燮征虜府長史。出《北史・辛紹先傳》。祥，其孫也。舊集不載。

按：後漢法雄，為青州刺史。每行部，録囚徒，察其顔色，多得情偽。蓋察獄之術有三：曰色，曰辭，曰情。此其以色察之者也。若辭與情頗有冤枉，而跡其狀稍涉疑似，豈可遽以為實哉？苦執申之，理亦應爾。

（宋）鄭克《折獄龜鑑》卷一《釋冤上・李崇》　後魏李崇，爲河東太守。有定州流人解慶賓兄弟，坐事俱徙揚州。弟思安背役亡歸。慶賓懼後役追責，規絶名貫，乃認城外死屍，詐稱其弟爲人所殺，迎歸殯葬。頗類思安，見者莫辨。又有女巫楊氏，自云見鬼，説思安被害之苦，饑渴之意。慶賓又誣同軍兵蘇顯甫、李蓋等所殺，詣州訟之。二人不勝楚毒，各自款引。獄將決竟，崇疑而停之。密遣二人非州内所識者，僞從外來，詣慶賓告曰：僕住在北州，去此三百。按《晉書》本傳無去此三百四字。比有一人見過寄宿，夜中共語，疑其有異，便即詰問，迹其由緒。按《晉書》本傳無迹其由緒四字。乃云是流兵背役逃走，姓解字思安。時欲送官，苦見求及，稱：有兄慶賓，今住揚州相國城内，嫂姓徐。君脱矜愍，爲往報告，見申委曲，家兄聞之，必重相報。所有資財，當不愛惜。按《晉書》無所有資財當不愛惜八字。今但見質，若往不獲，送官何晚？是故相造，指申此意。君欲見顧幾何？當放賢弟。若其不信，可見隨看之。慶賓悵然失色，求其少停，當備財物。此人具以告崇，崇攝慶賓問曰：爾弟逃亡，何故妄認他屍？慶賓伏引。更問蓋等，乃云自誣。數日之間，思安亦爲人縛送。崇召女巫視之，鞭笞一百。崇斷獄精審，皆此類也。按此章標題秪載李崇一事，原本此下人載柳慶二事，於體例不合，考柳慶前一事後見第九章，後一事見後《譎賊門》，此蓋誤載，今刪去。

按：此亦察其面之色、款之辭、事之情，而疑其誣服者也。但用譎鈎慝，以驗誣告，爲異耳。然所以紿而驗之者，欲釋誣服之冤也，故列于此焉。給兵事又見《辨誣門》，質弟事又見《鈎慝門》，鞭巫事又見《懲惡門》。

（宋）鄭克《折獄龜鑑》卷一《釋冤上・司馬悦》　後魏司馬悦，爲豫州刺史。有上蔡董毛奴，齎錢五千，死于道路。或疑張堤行劫，又于堤家得錢五千。堤懼楚掠，自誣言殺。悦疑不實，引毛奴兄靈之問曰：殺人取錢，當時狼狽，應有所遺，曾得何物？答曰：得一刀鞘。悦取刀鞘視之，曰：此非里巷所爲也。乃召州内刀匠示之。有郭門者，言此刀鞘其手所作，去歲賣與鄰人董及祖。悦收及祖，詰之，具服。靈之又于及祖身上認得毛奴所服皂襦，遂釋張堤。出《北史・司馬楚之傳》。悦其孫也。舊集不載。

按：悦所以能使及祖服罪者，雖有智算，亦偶然耳。向若賊不遺刀鞘，或鞘非州内刀匠所作，何從知及祖爲賊耶？其可稱者，哀矜審謹，合于中孚議獄緩死之義，故卒能獲賊以釋冤也。認鞘事又見《迹賊門》。

（宋）鄭克《折獄龜鑑》卷一《釋冤上・宋世良》　後魏宋世良爲清河太守時，陽平郡移掩劫盜三十餘人，世良訊其情狀，惟送十二人，餘皆放之。陽平太守怒曰：輒放吾賊！及推問，送者皆實，放者皆非，始歎服焉。出《北史・宋隱傳》。世良，其族曾孫也。舊集不載。

按：他郡移掩劫盜，雖或誣引，咎不在我，據名縛送，斯亦可矣。世良乃復訊其情狀，實者送之，非者放之，是哀矜審謹之至也。傳言：齊天保初，大赦，世良郡無一囚，率群吏拜詔而已。此其效歟？

（宋）鄭克《折獄龜鑑》卷一《釋冤上・蘇瓊》　北齊蘇瓊，爲文襄儀同府刑獄參軍。并州嘗有強盜，推其事者所疑賊徒並已考伏，失物家亦識認，惟不獲盜贓。付瓊窮審，乃別推得元景融等十餘人，並獲贓驗。文襄語前妄引者曰：爾輩不遇我好參軍，幾致枉死。出《北史》本傳。舊集不載。

按：瓊推盜之術，固有可稱。然君子所貴者，不在覈姦，而在釋冤也。

（宋）鄭克《折獄龜鑑》卷一《釋冤上・柳慶》　後周柳慶，初仕後魏，爲雍州別駕。有賈人持金二十斤，詣京師交易，寄人居止。每欲出行，常自執管鑰。無何，緘閉不異而並失之。謂是主人所竊。郡縣訊問，主人遂自誣服。慶聞而疑之，乃召問賈人曰：卿鑰常置何處？對曰：常自帶之。慶曰：頗與人同宿乎？曰：無。曰：與同飲乎？曰：向者曾與一沙門再度酣宴，醉而晝寢。慶曰：主人特以痛自誣，非盜也。彼沙門乃真盜耳。即遣吏逮捕沙門，乃懷金逃匿。後捕得，盡獲所失之金。舊出《北史・柳虬傳》。慶，其弟也。

按：緘閉不異而失其金，則盜非遠，故疑主人。慶察其色、其辭、其情，而知主人誣服矣，故問其管鑰所在，同宿、同飲者誰。沙門無故與賈酣宴，不一而止，果何意哉？此必伺隙爲盜也。醉而晝寢，彼乃得便，其金于是失之，沙門非盜而何？慶之明察，亦可稱矣。用以釋冤，尤爲美也。問飲事又見《迹盜門》。

（宋）鄭克《折獄龜鑑》卷一《釋冤上・蔣常》　唐貞觀中，衛州版橋店主張逖妻歸寧。有魏州三衛楊正等三人投店宿，五更早發。是夜，有人取其刀殺逖，卻納鞘中，正等不覺。至曉，店人追及，刀血狼籍，收禁考掠，遂自誣服。太宗疑之，差御史蔣常覆推。常至，追店人十五以上皆集，人數不足，因俱放散，獨留一嫗年八十餘，晚乃令出，密遣獄典覘之，曰：有人共語，即記姓名。果有一人問嫗：使人作何推勘？前後三日，並是此人。捕獲詰問，具服：與逖妻奸殺逖，有實跡。正等乃釋。舊不著出處。當是唐人小説所載，今亡其本耳。餘類此者，同。

按：李崇用譎鈎慝，蔣常用譎察賊，而皆能釋冤，斯無惡於譎也。留嫗事又見《譎賊門》。唐韓思彥，使并州。有賊殺人，主名不立。醉胡懷刀血汙，訊掠已服。思彥疑之，晨集童兒數百，暮出之，如是者三。因問：兒出，亦有問者乎？皆曰：有之。乃物色追訊，遂擒真盜。見《唐書》本傳。

此亦用譎獲賊而冤乃釋，但不若常獨留一嫗密覘問者為精審耳，故特附見之也。

（宋）鄭克《折獄龜鑑》卷一《釋冤上・柳渾》　唐江西觀察使魏少遊，表柳渾為判官。州僧有夜飲火其廬者，歸罪瘖奴。軍候受財不詰，獄具。渾與其僚崔祐甫白奴冤，少遊趣訊僧，僧首服。因厚謝二人。見《唐書・柳渾傳》。

按：僧飲酒、失火，二罪俱發，而謂失火者瘖奴耳，且掩其飲酒之跡也。若非軍候受財不詰，則此獄豈難辨乎？唯上下相蒙，不以獄事為意，故莫之辨耳！渾與祐甫，一代英賢，而白其冤；少遊能聽用之，故趣訊僧云，斯亦可稱也。

（宋）鄭克《折獄龜鑑》卷一《釋冤上・劉崇龜》 唐劉崇龜，鎮南海。有富商子泊船江岸，見一高門中有美姬，殊不避人。因戲語之曰：夜當詣宅矣。亦無難色，啟扉待之。忽有盜入其室，姬即欣然往就。盜謂見擒，以刃剸之，逃去。富商子繼至，踐其血，滂而仆，聞脰血聲未已，覺有人臥於地，徑走至船，夜解維遁。其家蹤跡，訟於公府。遣人追捕，械繫考訊，具吐情實，惟不招殺人。崇龜視所遺刀，乃屠刀也，因下令曰：某日大設，闔境屠者皆集毬場，以俟宰殺。既而晚放散，令各留刀，翌日再至。乃命以殺人刀換下一口。明日，諸人各認本刀。一人不去，云非某刀。問是誰者？云某人刀。亟往捕之，則已竄矣。於是以他囚合死者為商人子，侵夜斃之。竄者聞而還，乃擒，置於法。富商子坐夜入人家，杖背而已。舊不著出處，蓋亦唐人小說所載，今見《唐書・劉政會傳》後，崇龜，其七世孫也。傳辭太簡，故於舊集刪取其要。

按：凡欲釋冤，必須有術。換刀者，跡賊之術也；斃囚者，譎賊之術也。賊若不獲，冤何由釋？故仁術有在於是者，君子亦不可忽也。

（宋）鄭克《折獄龜鑑》卷二《釋冤下・高防邵曄 梁顥二事附》 高防，初事周世宗。知蔡州時，部民王乂為賊所劫，捕得五人，繫獄窮治，贓狀已具，將加極典。防疑其枉，取贓閱之，召乂問：所失衫袴是一端布否？曰：然。防令校其幅尺，廣狹不同，疏密有異。因乃稱冤。問：何故服罪？曰：不任捶楚，求速死耳。居數日，獲其本賊，而五人得釋。防後事本朝，終於尚書左丞。見本傳。

按：防校布事，與許宗裔驗贓術同。然所獲衫袴本非真贓，若其不幸而疏密、廣狹如一，則奈何？苟於情理有可疑者，雖贓證符合，亦未宜遽決。

雍熙中，邵曄諫議，為蓬州録事參軍。知州楊全性率而悍，部民十三人被誣為劫盜，悉置於大辟。曄察其枉，白請再劾，不聽。乃取二人棄市，餘械送闕下。翌日，果獲正盜。全坐削籍為民。曄賜緋魚，授光禄寺丞。見曄本傳。

景德中，梁顥內翰知開封府時，開封縣尉張易捕盜八人，獄成，坐流。既決，乃獲真盜。御史臺劾問得實，官吏皆坐貶責。見當時詔令。

此乃但憑贓證，不察情理，而遽決之者也。蓋贓或非真，證或非實，唯以情理察之，然後不致枉濫。可不鑒哉！可不謹哉！

（宋）鄭克《折獄龜鑑》卷二《釋冤下・王利向傅亮 余良肱二事附》 王利郎中通判滄州時，閱具獄，有群盜，當就死。利察其氣貌非作惡者，密訊之，頗得其冤狀。乃留不決，且索境內。後數日，盡獲真盜，賴免者七人。見尹洙龍圖所撰墓誌。

按：凡察獄者，或以氣貌，或以情理，或以事跡：此三者，皆足以知其冤否也。故以二事附於後云：

向傅亮少卿知管城縣時，有殺人者，獄已具。傅亮察其情之非是，將釋而更捕之，佐吏咸以為不可。後數日，果得真殺人者。見王圭丞相所撰墓誌。此以情理察之者也。

余良肱大卿，初為荊南司理參軍。有捕得殺人者，既自誣服，良肱獨以驗其屍與所用刃疑之，曰：豈有刃盈尺，而傷不及寸？白請詳捕，果獲真殺人者。見本傳。此以事跡察之者也。夫事跡有時偶合，不可專用，當兼察其情理、氣貌，故著此三事。

抑又有說焉，治獄貴緩，戒在峻急，峻急則負冤者誣服；受捕貴詳，戒在苟簡，苟簡則犯法者幸免。惟緩於獄，而詳於捕者，既不失有罪，亦不及無辜，斯可貴矣。明謹君子，當如是也。

（宋）鄭克《折獄龜鑑》卷二《釋冤下・任中正》 任中正尚書知益州時，眉州青神縣吏光寶家為盜所劫，耆保言是夜雷延賦、雷延誼皆不宿本舍，縣尉即捕繫之。縣吏王嗣等恣行考掠，皆死於獄。有頃，本州獲劫光寶家賊七人，始知賦、誼之冤。中正劾治其事以聞，王嗣等四人並配隸他郡，而優恤被枉之家。見景德中詔令。

按：縣尉苟欲逃責，亦或捕繫平民，況其事跡涉於疑似。惟聽者宜察耳，不當容吏恣行考掠，使負冤而死也。以未論決，而貸長吏，亦云幸矣。此可為典獄之鑒，故特著之也。

（宋）鄭克《折獄龜鑑》卷三《辨誣・丙吉》 漢丙吉為廷尉時，陳留有一老人，年八十餘。前妻有一女，已適人。後妻生一子而翁死。家甚富，子方數歲，女欲奪其財，乃誣：後母所生非我父之子。郡縣皆不能決，聞於臺省。吉乃言曰：吾聞老人之子不耐寒，日中無影。時方八月，取同歲兒，均服單衣，唯老人之子畏寒變色。又令與諸兒立於日中，唯老人之子無影。遂奪財物，歸後母之男。前女服誣母之罪。舊不著出處。

按：或疑無影，恐其不然。《南史·蕭映傳》：荊州上津張元始，年九十七生兒，遂無影。前代之人固嘗驗此，尚有疑哉？

（宋）鄭克《折獄龜鑑》卷三《辨誣·孫亮》　吴廢帝孫亮，暑月遊西苑，食生梅，使黄門以銀椀並蓋，就中藏吏取蜜。黄門素怨藏吏，乃以鼠矢投蜜中，啟言藏吏不謹。亮即呼吏持蜜瓶入，問曰：既蓋覆之，無緣有此，黄門不有求於爾乎？吏叩頭曰：彼嘗從臣貸宫席，不與。亮曰：必為此也，亦易知耳。乃令破鼠矢，內燥。亮笑曰：若先在蜜中，當內外俱濕，今內燥者，乃枉之耳。於是黄門服罪。舊出《吴志》註。先引《吴歷》云：亮出西苑，食生梅，使黄門至中藏取蜜漬梅。蜜中有鼠矢，召問藏吏，藏吏叩頭。亮問曰：黄門從汝求蜜邪？吏曰：向求，實不敢與。黄門不服，侍中張邠等啟：黄門、藏吏辭語不同，請付獄推究。亮曰：此易知耳。令破鼠矢，矢裏燥。亮大笑謂邠等曰：若矢先在蜜中，中外當俱濕。今外濕裏燥，必是黄門所為。黄門首服，左右莫不驚悚。又引《江表傳》云：亮使黄門以銀椀並蓋，就中藏吏取交州所獻甘蔗餳。黄門先恨藏吏，以鼠矢投餳中，啟言藏吏不謹。亮呼吏持餳器入，問曰：此器既蓋之，且有掩覆，無緣有此。黄門將有恨於汝耶？吏叩頭曰：嘗從臣求宫中莞席，宫席有數，不敢與。亮曰：必是此也。覆問黄門，黄門首服。兩説小異，凝雜取之，故破矢事出《吴歷》，求席事出《江表傳》。

按：裴松之以為：鼠矢新者，亦表裏皆濕。黄門取新矢則無以得其姦，緣遇燥矢，故成亮之慧。然猶謂《吴歷》此言，不如《江表傳》為實。

夫亮所言者，決定之理也；松之所言者，偶合之事也。理雖決定，事或偶合。故執理以御事，亦有時乎不通；而窮理之人，反為曉事者所笑，蓋以此耳。惟圓珠不滯，鑒照難欺，則事理兼明，而情狀必得。故凝雜取兩説，今復備載其本末也。

（宋）鄭克《折獄龜鑑》卷三《辨誣·張楚金》　唐垂拱年，羅織事起。湖州佐史江琛，取刺史裴光判書，割取其字，輳合成文，以為與徐敬業反書，告之。則天差御史往推。光疑云：書是光書，語非光語。前後三使，皆不能決。或薦張楚金能推事，乃令再劾，又不移前疑。楚金憂悶，偃臥窗邊，日光穿透，因取反書向日看之，乃見書字補葺而成，平看則不覺，向日則皆見。遂集州縣官吏，索水一盆，令琛以書投於水中，字字解散。琛叩頭服罪。敕決一百，然後斬之。舊不著出處。

按：此非智算所及，偶然見之耳。荀卿有言：今夫亡針者，終日求之而不得，其得之非目益明也，眸而見之也。心之於慮亦然，要在至誠求之不已也。楚金之求獄情，何以異於此哉？是亦盡心之效也。楚金事跡，見《唐書·張道源傳》，乃其族孫也。以傳考之，楚金儀鳳初進刑部侍郎，至垂拱初凡歷十年，資望已高矣，猶被薦推事，斯亦可疑也。

（宋）鄭克《折獄龜鑑》卷三《辨誣·杜亞》　唐杜亞鎮維揚。有富民，父亡未幾，奉繼母不以道。元日，上壽於母，因復賜觴於子。既受，將飲，乃疑有毒，覆於地而地墳，乃訴其母曰：以酖殺人，上天何右！母拊膺曰：天鑒在上，何當厚誣！職者執詣公府。亞詰之曰：爾上母壽酒從何來？曰：長婦執爵而致也。母賜爾觴又從何來？曰：亦長婦所執之爵也。長婦為誰？曰：此子之婦也。亞訶之曰：毒因婦起，奈何誣母！遂分於廳廡劾之。乃是夫婦同謀，以誣其母也。舊不著出處。

按：辨誣之術，或以物正其慝，李德裕與泥模金是也；或以事覈其姦，杜亞詰觴劾酖是也：此皆其正而不譎者也。

（宋）鄭克《折獄龜鑑》卷三《辨誣·畢仲遊》　畢仲遊大夫提點河東刑獄時，韓縝丞相出鎮太原，家奴胡童自陳，有卒剽劫其衣服於黄堂之側。怒以付吏，將黥配之。仲遊謂：小童衣服尠薄，而剽劫於大帥、故相之宇下，非人情也。易吏案治，其誣乃辨。見陳恬直閣所撰墓誌。

按：誣有難知者，有易知者。智不足，則有所惑，而於難知者不能辨矣；勇不足，則有所懼，而於易知者不敢辨矣。苟不能辨，亦奚足責。若不敢辨，斯實可罪。孟陽之鞫贓，不阿中丞意；仲遊之案劫，不避大帥怒：所謂勇於義者也。

（宋）鄭克《折獄龜鑑》卷三《鞫情·胡質王靖附》　魏胡質，初召為東郡頓邱令。縣民郭政通於從妹，殺其夫程他，郡吏馮諒繫獄為證。政與妹皆耐掠隱抵，諒不勝痛，自誣，當反其罪。質至官，察其情色，更詳其事，檢驗俱服。出《魏志》本傳。舊集不載。

按：此蓋初察其色，已見其情，乃更詳其本末，而驗覈以事，驗證以物，於是情既露矣，辭必窮矣，安得不服乎。

王靖少卿提點河東刑獄時，潞州長子賊殺人不獲，縣械十數，掠治無狀，皆釋去。靖視其牘，曰：此真賊也。教吏曲折訊囚，果服罪。見本傳。靖，熙寧四年終於太常少卿、度支副使。

是亦耐掠隱抵者也。其能使之服罪，何哉？蓋察其款辭，而見其本情，已識其為真賊矣。於是曲折詰問，攻其所抵，中其所隱，辭窮情得，勢自屈服，斯不待於掠治也。然則鞫情之術，或先以其色察之，或先以其辭察之，非負冤被誣審矣，乃檢事驗物，而曲折訊之，未有不得其情者也。

（宋）鄭克《折獄龜鑑》卷三《鞫情・崔昂》　北齊崔昂為度支尚書時，有餚藏小吏，因內臣投書告事，又別有飛書告事者，並付昂窮檢。昂言笑間，咸得其情，告者辭窮，並引誣狀。於是飛書遂絕。出《北史・崔挺傳》。昂，其孫也。舊集不載。

按：鞫情之術，有證之以其跡者，宋文是也；有覈之以其辭者，崔昂是也。昂於鞫情，可謂精敏，然亦不過盡心研究以盤詰，使之辭窮，則其情得矣。誣告之禍，賴此而絕，其為功利不亦溥哉。

（宋）鄭克《折獄龜鑑》卷三《鞫情・陳樞》　陳樞都官初為宣州旌德令時，繁昌有大姓殺人，州縣不能正其罪，監司徙其獄屬樞。乃驗治童客，盡得其隱伏，殺人者論死。人以為盡其情。見曾鞏舍人所撰墓誌。

按：鞫情之術，有正，有譎。正以覈之，陳樞是也。譎以摘之，王璥是也。術苟精焉，情必得矣。恃拷掠者，乃無術也。

（宋）鄭克《折獄龜鑑》卷三《鞫情・司馬宣》　司馬宣駕部為華州司理參軍時，有驍騎卒十餘，犯罪謀亡去。監押捕獲，遂誣以共圖不軌，欲置之死，以希功賞。宣據實鞫之，皆止杖罪。見司馬光丞相所撰墓誌。

按：監押之勢力，豈能動司理？必有以誘之也。脅之以勢而不為變者，可謂勇矣，葛源是也。誘之以利而不為變者，可謂仁矣，司馬宣是也。鞫得其情，智足稱也。苟不仁，且無勇，則有為誘脅所動，而變其情者。故《甫刑》云：非佞折獄，惟良折獄。此之謂也。

（宋）鄭克《折獄龜鑑》卷三《鞫情・李南公》　李南公尚書提點河北刑獄時，有班行犯罪下獄，按之不服，閉口不食百餘日。獄吏不敢拷訊，甚以為患，訴於憲使。南公曰：吾能立使之食。引出，問曰：吾欲以一物塞汝鼻，汝能終不食乎？其人懼，即食，且服罪。蓋彼善服氣，以物塞鼻，則氣結，故懼。此亦博聞之效也。聞之士林。

按：士大夫不為誘脅所動者，近於孟子之不動心矣，彼有負犯，則豈能然？斯可反而用也。故鞫情之術，有在於是者。陳表破械，是誘之也。南公塞鼻，是脅之也。所謂脅之者，不必拷掠慘酷也，要在中其忌諱，使之悚然畏服，故於塞鼻之説亦有取焉。

（宋）鄭克《折獄龜鑑》卷四《議罪・黃霸王尊附》　漢宣帝時，燕、代之間，有三男共娶一女，而生二子。及將分離，爭子興訟。丞相黃霸斷之曰：此非人類，當以禽獸處之。遂戮三男，以子還母。舊不著出處。

按：元帝時，王尊守槐里令，兼行美陽令事。美陽女子告假子不孝，曰：兒常以我為妻，妬笞我。尊聞之，遣吏收捕驗問，辭服。尊曰：律無妻母之法，聖人所不忍書。此經所謂造獄者也。顏師古說：歐陽尚書有造獄事，謂非常刑名，造殺戮之事。尊於是出坐廷上，取不孝子懸磔著樹，使騎吏五人張弓射殺之。出《漢書》本傳。舊集不載。是亦以禽獸處之也。

（宋）鄭克《折獄龜鑑》卷四《議罪・孔深之》　宋孔深之為尚書比部郎時，安陸應城縣人張江陵，與妻吳共罵母黃令死，黃忿恨自縊。已值赦。律：子賊殺傷毆父母，遇赦猶梟首；罵詈，棄市。謀殺夫之父母，亦棄市；會赦，免刑補兵。江陵罵母，母以自裁，重於傷毆。若同殺科，則疑重；用傷毆及詈科，則疑輕。制惟有打母遇赦猶梟首，無詈母致死會赦之科。深之議曰：夫題里逆心，仁者不入。名目惡之，況乃人事！故殺傷咒詛，法所不容；詈之致盡，理無可宥。江陵雖遇赦恩，固合梟首。婦本以義，愛非天屬。黃之所恨，意不在吳，原死補兵，有允正法。詔如深之議，吳可棄市。出《南史・孔靖傳》，深之其孫也。舊集不載。按原本多脱誤，今據《南史》傳文改正。

按：詈之致死，重於毆傷，不以赦原，於理為允。妻若從坐，猶或可赦，吳實共罵，棄市亦當。詔所以補議之闕也。

（宋）鄭克《折獄龜鑑》卷四《議罪・戴胄》　唐戴胄為大理少卿時，長孫無忌被召，不解佩刀入東上閤，尚書右僕射封德彝論：監門校尉不覺，罪當死；無忌贖。胄曰：校尉與無忌罪均。臣子於君父不得稱誤，法著：御湯劑、飲食、舟船，誤不如法，皆死。陛下録無忌功，原之可也；若罰無忌，殺校尉，不可謂刑。帝曰：法為天下公，朕安得阿親戚。詔覆議。德彝固執，帝將可，胄駁之曰：校尉緣無忌以致罪，法當輕。若皆過誤，不當獨死。由是與校尉皆免。出《唐書》本傳。舊集不載。

按：胄言：臣子於君父不得稱誤。所以深責無忌也。校尉緣無忌以致罪，則與無忌罪均，而法當輕也。既免無忌，緣以致罪者豈得不免乎？胄之力爭，亦忠恕之義也。

（宋）鄭克《折獄龜鑑》卷四《議罪·竇參》 唐竇參，初為奉先尉。男子曹芬兄弟隸北軍，醉暴其妹，父救不止，恚赴井死。參當兄弟重辟。眾請俟免喪，參曰：父由子死，若以喪延，是殺父不坐。皆榜殺之。出《唐書·竇參傳》。

按：唐制，縣令斷決死罪。參為奉先尉，時殆攝行縣事歟？眾請俟免喪者，謂其父既赴井死矣，而兄弟又坐法死，則無人持喪也。此蓋北軍之眾，屯於奉先，故為之請，以緩其刑，而欲賕中官使獲免耳。參駁正其説，乃亟決之，蓋以此也。

（宋）鄭克《折獄龜鑑》卷四《議罪·柳渾》 唐柳渾，相德宗。玉工為帝作帶，誤毀一銙。工不敢聞，私市他玉足之。及獻，帝識不類，擿之，工人服罪。帝怒其欺，詔京兆府論死。渾曰：陛下遽殺之則已。若委有司，須詳讞乃可。於法：誤傷乘輿器服，罪當杖。請論如律。由是工不死。出《唐書·柳渾傳》。

按：誤傷之法，罪止於是，若使深文者議之，則必坐以罔上不恭之刑矣。《舜典》曰：宥過無大。玉工非敢為欺者，乃誤毀而備償耳，實在可宥之科。

（宋）鄭克《折獄龜鑑》卷四《議罪·高防》 高防初事周，為刑部郎中。宿州有民剸刃其妻，而妻族受賂紿州，言病風狂不語。並不拷掠，以具獄上請，大理斷令決杖。防覆之，云：某人病風不語，醫工未有驗狀，憑何取證，便坐杖刑？况禁繫旬月，豈不呼索飲食？再劾其事，必見本情。周祖深以為然，終置於法。

按：折獄之道，必先鞫情，而後議罪。今情猶未盡，罪輒先斷，於理可乎？此蓋受賂欲庇之耳。是故防之覆議如此。然但請再核其事，不復推究所司，則雖疾惡，而亦矜頑，且慮枝蔓也。

（宋）鄭克《折獄龜鑑》卷四《議罪·杜鎬》 杜鎬侍郎，兄仕江南為法官。嘗有子毀父畫像，為近親所訟者，疑其法，未能決，形於顏色。鎬尚幼，問知其故，輒曰：僧、道毀天尊佛像，可以比也。兄甚奇之。

按：荀子言：有法者以法行，無法者以類舉。此以類舉者也。若夫黄霸戮三男，王尊殺假子，蓋舉其事之類耳：法不禁禽獸聚麀，然人殺禽獸無罪，則戮之可也。

（宋）鄭克《折獄龜鑑》卷四《議罪·馬宗元》 馬宗元待制少時，父麟毆人，被繫守辜，而傷者死，將抵法。宗元推所毆時，在限外四刻，因訴於郡，得原父罪。由是知名。

按：辜限計日，而日以百刻計之。死在限外者，不坐毆殺之罪，而坐毆傷之罪。法無久近之異也，雖止四刻，亦是限外。有司議法，自當如此，不必因其子訴而後得原也。苟為鹵莽，或致枉濫，則能訴者亦可稱矣。

（宋）鄭克《折獄龜鑑》卷四《議罪·王質》 王質待制，知廬州。有盜殺其黨，並其貲而遁，邏者得之。質抵之死，轉運使楊告駁其獄曰：盜殺其徒者，死當原。質曰：盜殺其徒而自首者，當原。今殺人取其貲，非自首而捕得，原死豈法意乎？數上疏，不報。降監舒州靈仙觀。逾年，韓琦知審刑院，請盜殺其徒而不首者，毋得原。已上五事，並見本傳。

按：首則原之，許自新也。不首而原，復何謂耶？殺其徒，取其貲遁去，捕得，初非悔過，而貸其死，失法意矣！宜乎議者有是請也。

（宋）鄭克《折獄龜鑑》卷四《議罪·梁適》 梁適丞相，嘗為審刑院詳議官。梓州妖人白彥歡，能依鬼神作法詛咒人，有死者。獄上，請讞，皆以不見傷為疑。適曰：殺人以刃，尚或可拒，今以詛咒，其可免乎？卒以重辟論。見王圭丞相所撰墓誌。

按：能依鬼神作法詛咒，是造畜蠱毒、厭魅之類也。鞫得其實，疑不見傷，此蓋不知無法者以類舉之義耳。欲決大獄，必傳古義，彼俗吏者豈能然耶！

（宋）鄭克《折獄龜鑑》卷四《議罪·胡向》 胡向少卿，初為袁州司理參軍。有人竊食，而主者擊殺之，郡論以死。向爭之曰：法當杖。

郡將不聽。至請於朝，乃如向議。見呂大防丞相所撰墓誌。

按：此以名分言之，則被擊者竊食之盜也，擊之者典食之主也；以情理言之，則與凡人相毆擊異矣。登時擊殺，罪不至死也。然須擊者本無殺意，邂逅致死，乃坐杖罪。或用刃，或絶時，或殘毀，則是意在於殺，法所不許也。又當原其情理，豈可一概科斷？盡心君子亦宜察焉。

（宋）鄭克《折獄龜鑑》卷四《議罪・蘇寀侯瑾　張唐卿二事附》　蘇寀給事為大理寺詳斷官時，民有父卒母嫁者，聞母死已葬，乃盜其柩而祔之。法當死。寀獨曰：子盜母柩，納於父墓，豈與發冢取財者比！請之，得減死。

按：侯瑾少卿提點陜西刑獄時，河中有民，父死，母改嫁，十餘年亦死。輒盜發冢，取其棺與父合葬。法當大辟。有司例從輕，瑾請著於令。此乃用寀所請為例者。蓋母與後夫同穴而葬，於是發其冢，取其柩，故論以劫墓見屍之法，而請之僅得減死也。

（宋）鄭克《折獄龜鑑》卷四《議罪・陳希亮》　陳希亮大卿，為開封府司録事。有青州男子趙宇，上言元昊必反，坐責為文學參軍，福州安置。明年，元昊果反。宇自訟，所部不受，亡至京師。執政令劾以在官無故亡法。希亮奏：乞以宇所上封事付有司，即其言驗，不當加責。宇由是得釋。見本傳。

按：此論其狀，則宇為文學參軍，福州安置，而亡至京師，劾以在官無故亡法，可也。論其情，則宇豈無故亡哉？本坐言元昊反而責之，今果反矣，尚何劾焉！希亮可謂能舍狀以探情也。

（宋）鄭克《折獄龜鑑》卷四《議罪・強至》　強至郎中，初為泗州司理參軍，嘗攝司法事。漕運卒盜官米，獄具，議贓抵死者五人。至言：議贓未應律。州疑其事以奏。而大理寺果糾正如至言，皆得不死。官吏皆被罪，獨至不預。見曾肇内翰所撰墓誌。

按：議贓以律，而未應律，蓋於意義有不通也。罪不應死乃抵死焉，則其不講，過亦大矣。是故漢以律為專門之學，唐置博士弟子員以講之。盡心君子，亦焉可忽！

（宋）鄭克《折獄龜鑑》卷四《宥過・袁彖》　南齊袁彖，為廬陵王子卿咨議參軍。子卿鎮荊州時，南郡江陵縣人苟將之按《南史・袁彖傳》作苟蔣之。弟胡之婦，為曾口寺沙門所淫，夜入苟家，將之殺沙門，為官司所檢，將之列家門穢行，欲告則恥，忍則不可，實己所殺，胡之列又如此，兄弟争死。江陵令啟刺史博議，彖曰：將之、胡之，原心非暴。辯讞之日，義哀行路。昔文舉引謗，獲漏疏網；二子心跡，同符古人。陷以深刑，實傷為善。於是兄弟皆得免死。出《南史・袁湛傳》。彖，其族孫也。舊集不載。

按：情苟可恕，過無大矣。孝子之殺牛，義士之逾獄，兄弟之争死，皆是也。如犯夜雖輕罪，苟務立威而不原情，亦豈能恕之？此可為宥過之鑒也。

（宋）鄭克《折獄龜鑑》卷四《宥過・韋丹》　唐韋丹，鎮江西。有吏掌倉十年，數盈五十萬，因覆量，欠負三千餘石。憫之曰：欠負如此，豈皆自取費用，必為權勢所須。乃令搜索家私文字驗之，其分用名歷具在。因謂諸吏曰：汝等恃權勢，以取索於倉吏，今其欠負，豈獨賠填？今將貸汝之罪，可各據所得，限一月納足。皆頓首曰：君侯以至明察下，準法合當刑責，既釋重罪，填納不辭。倉吏由是得釋。舊不著出處。蓋唐人小説所載，今《新唐書》修入丹傳。

按：侵盜官物，其入己，其與人，罪等耳。然入己之情，貪於貨利，是君子所疾也；與人之情，迫於權勢，是君子所矜也。夫州吏之脅取，倉吏之盜與，豈不知法？但幸其不敗耳。以其可矜而宥倉吏，則不可獨加州吏罪，故並宥焉。且欠負賠填，既已足矣，亦有可恕之道。則置而不問者，乃許其悔過，非縱惡弗治也。

（宋）鄭克《折獄龜鑑》卷五《懲惡・孔琇之》　南齊孔琇之，為吳令。有小兒年十歲，偷刈鄰家稻一束，琇之付獄案罪。或諫之，答曰：十歲已能為盜，長大何所不為。縣中皆震。出《南史・孔靖傳》。琇之，靖之孫也。舊集不載。

按：南齊王敬則，為吳興太守。郡舊多剽掠，有十數歲小兒於路拾取遺物，敬則殺之以徇。自此路不拾遺，郡無劫盜。出《南史》本傳。舊集不載。

敬則欲駭眾立威故爾。夫小兒無識，路有衍遺物而拾取之，非剽掠也，何足深罪。殺之以徇，斯為酷濫，是前代長吏專殺之弊也。若琇之所案者，庶可以懲惡矣。

（宋）鄭克《折獄龜鑑》卷五《懲惡・李傑曾孝序附》　唐李傑，為河南尹。有寡婦告其子不孝，傑物色非是，謂寡婦曰：汝寡居，唯一子，今告之罪至死，得無悔乎？婦言：子無狀，寧復惜！傑曰：審如此，可買棺來取兒屍。因使覘其後。寡婦出，與一道士語曰：事了矣。俄將棺至。傑即令捕道士，劾問，具服：與寡婦通，為子所制，故欲除之。於是杖殺道士，納於棺。舊出《唐書》本傳。

按：曾孝序資政，知秀州。有婦人訟子，指鄰人為證。孝序視其子頗柔懦，而鄰人舉止不律。問其母，又非親。乃責鄰人曰：母訟子，安用爾！為事非涉己，因並與其子杖之。聞者稱快。蓋以繼母私鄰人，而忌其子間之，故致訟。見近時小說。

鄰人與道士類矣，然彼教寡婦訟其子以死罪，故殺之；此教繼母訟其子罪不至死也，故杖之而已。雖輕重有異，其懲惡一也。覘婦、責鄰二事，又見《察奸門》。

（宋）鄭克《折獄龜鑑》卷五《懲惡・李若谷》　李若谷參政知潭州時，有盜上下洞庭間，邀劫舟船，殺人即投於湖中，沒其屍。及捕獲，輒蒙讞得減死，黥配他州。既而逃歸，為患滋甚。若谷潛使人擒到，條前後殺人狀，磔於市。

按：《書》曰：怙終賊刑。謂怙其奸慝，終不悛改，以賊害人，當刑殺之。此先王懲惡之義也。告之捕置於法，若谷之擒磔於市，傳諸古義，亦庶幾焉。

（宋）鄭克《折獄龜鑑》卷五《懲惡・薛儀》　薛儀殿丞，通判渭州。守將武人不能謹廉，大吏郝正把其陰事，招權受賂，人莫敢詰。儀請治之。將內窘，以情告。儀曰：止欲去惡吏，必不使及君。將即移疾。儀攝州事，乃發正私出塞市馬，收案伏法。將不染於辭，深德之。見司馬光丞相所撰墓誌。

按：君子之懲惡，不必皆於法外誅戮也。若豪猾之人，咨為奸利，莫敢治之以法，而獨以法繩之，亦足以懲惡矣。故著此二事，使折獄者以為鑒也。

（宋）鄭克《折獄龜鑑》卷五《察姦・黃昌》　後漢黃昌，為宛令。政尚嚴猛，好發姦伏。有盜其車蓋者，昌初無所言，後乃密遣親客，至門下賊曹家掩取得之。悉收其家，一時殺戮。大姓戰懼，皆稱神明。出《後漢書》本傳。舊集不載。

按：賊曹主盜賊事，而盜令君車蓋，正如周亏為召陵侯相，廷掾憚其嚴明，欲損其威，而晨取死人斷手足立寺門，是奸猾之吏與令為戲者也。有以勝之，則其黨皆畏戢；無以勝之，則其黨皆侮玩。故昌初無所言，猶兵法初如處女，敵人開戶也；掩取得之，猶兵法後如脫兔，敵不及拒也。此其所以勝姦之術也。夫一車蓋，亦何所直？嘗試縣令，人必非遠。察其情狀，猶涉疑似；驗其物色，遂見端的。於是掩取，理無不得也。昌發姦伏，可謂有術。然悉收其家，一時殺戮，則殘酷已甚矣。此乃前代長吏法許專誅之過也。今但取其察姦之術耳。酷吏之事，善人所惡，何足道哉！

（宋）鄭克《折獄龜鑑》卷五《察姦・荀攸孟表附》　魏荀攸少孤，祖父廣陵太守曇卒，故吏張權求守曇墓。攸年十三，疑之，謂叔父衢曰：此吏有非常之色，殆將有姦！衢寤，乃推問，權果殺人亡命。出《魏志》本傳。舊集不載。

按：後魏孟表，鎮渦陽。南齊遣裴叔業攻圍六十餘日。表撫循將士，戮力固守。初，有一南人，自云姓邊字叔珍，攜妻息從壽春投表，未及送闕，會叔業圍城。表後察叔珍，言色頗有異，即推覈，乃是叔業姑兒，規為內應，所攜妻息，並亦假妄，遂斬之，人情乃安。出《北史》本傳。舊集不載。

夫察姦者，或專以其色察之，或兼以其言察之，其色非常，其言有異，必姦詐也，但不可逆疑之耳。見其有異，見其非常，然後案之，未有不得其情者。苟逆疑之，則與意其鄰之子竊鈇者類矣。是故逆詐示明者，不得為善察姦也。

（宋）鄭克《折獄龜鑑》卷五《察姦・李至遠包拯附》　唐李至遠，為天官侍郎，知選事。疾令史受賄謝，多所黜易，吏肅然斂手。有王忠者，被放，吏繆書其姓為士，欲擬訖增成之。至遠曰：調者三萬，無士姓，此必王忠也。吏叩頭服罪。出《唐書・李素立傳》。至遠，其孫也。舊集不載。

按：善察奸者，吏不能欺，至遠是也。

雖然，小人為姦，亦頗難防。包拯副樞知開封府，號為嚴明。有民犯法，罪當杖脊。吏受賕，與之約曰：今見尹，必付我責狀。汝第號呼自辨，我與汝分罪。汝決杖，我亦決杖。既而拯引囚問畢，果付吏責狀。囚如吏言，分辨不已，吏大聲訶之曰：但受脊杖出去，何用多言！拯謂其招權，捽吏于庭，杖之十七。特寬囚罪，止從杖坐，以折吏勢。不知乃為所賣，卒如素約。見筆談。此蓋防其招權，不防其見賣也。大抵察姦不可有意，吏果招權，杖之可矣；矯枉過正，遂寬囚重，為彼窺測，以至見賣，失在有意折吏之勢也。然則善察姦者，可不鑒于此哉。

（宋）鄭克《折獄龜鑑》卷六《覈姦・周紆》 後漢周紆，遷召陵侯相。廷掾憚紆嚴明，欲損其威，乃晨取死人斷手足，立寺門。紆聞，便往至死人邊，若與死人共語狀。陰察視口眼有稻芒，乃密問守門人曰：悉誰載藁入城？門者對：唯有廷掾耳。又問鈴下外頗有疑吾與死人語者否？對曰：廷掾疑君。乃收廷掾考問，具服：不殺人，取道邊死人。後人莫敢欺者。舊出《後漢書》本傳。語屍事，又見《擿奸門》。

按：污視口眼有稻芒者，跡也；若與死人共語者，譎也。以跡推覈其事，以譎發擿其情，乃復密問，以相參考，而姦人得矣。是故後人莫敢欺也。

（宋）鄭克《折獄龜鑑》卷六《覈姦・張式李景略附》 張式郎中知壽州，民有縊其妻而以自殺告者，吏受賕實之，式窮詰立服，人稱其明。見王安石丞相所撰墓誌。

按：唐李景略，初辟李懷光朔方節度府巡官。五原將張光殺其妻，以貲市獄，前後不能决。景略覈實，論殺之。既而有若女厲者進謝廷中，如光妻云。出《唐書》本傳。舊集不載。

式之覈姦，頗亦類此。且人縊之，與其自縊，傷跡有異，驗則知矣。吏既受賕，以非為是，必於驗狀有可疑者，苟能聽察，以理窮詰，彼雖巧詐，將何所逃！人稱其明，不為過也。凡附著之事，或以後證前，或以古明今，隨事變文，無定例也。

（宋）鄭克《折獄龜鑑》卷六《覈姦・葛源》 葛源郎中提點湖北刑獄時，鄂州崇陽大姓與人妻謀殺其夫，而州受賕出之。源使再劾，劾者又受賕，獄如初，而源終以為不直。其弟訴于轉運使，雖他在事者，亦莫不以為冤。遂親往鞫問，不復置獄，卒得其姦賕狀，論如法。見王安石丞相所撰墓誌。

按：此蓋布耳目，察民事，而先知其為姦受賕者，故再劾不得其情，而終以為不直。親往鞫問，然後得之。罪狀既明，議者自服，監司之職當如是也。

（宋）鄭克《折獄龜鑑》卷六《覈姦・范純仁》 范純仁丞相知河中府時，録事參軍宋儋年會客罷，以疾告，是夜暴卒。蓋其妾與小吏為姦也。純仁知其死不以理，遂付有司案治。會儋年子以喪柩歸，移文追驗其屍，九竅流血，睛枯舌爛，舉體如漆。有司訊囚，言置毒鼈胾中。純仁問：鼈胾在第幾巡？豈有中毒而能終席耶？必非實情。命再劾之。乃因客散醉歸，置毒酒杯中而殺之。此蓋罪人以儋年不嗜鼈而為坐客所共知，且其後巡數尚多，欲為他日翻異逃死之計爾。見《范忠宣公言行録》。

按：凡善覈姦者，必善鞫情也。若不得實情，則後必翻異，而奸人得計矣。推覈之際，戒在疏略，是故漢史稱嚴延年之治獄也，文案整密，不可得反。雖酷吏無足道，然於此一節亦有取焉耳。

（宋）鄭克《折獄龜鑑》卷六《覈姦・劉沆》 劉沆丞相知衡州時，有大姓尹氏，欲買鄰人田，莫能得。鄰人老而子幼，乃偽為券，及鄰人死，即逐其子，二十年不得直。沆至，又出訴。尹氏出積歲所收戶抄為驗，沆詰之曰：若田不頃，戶抄案，若曰不頃，句有誤，疑當作若田百頃。豈特收此乎！始為券時，嘗問他鄰乎？其人固多在者，可以取為證也。尹氏不能對，遂服罪。

按：賣田問鄰，成券會鄰，古法也。使當時法不存，則將何以覈其姦乎？近年有司苟取小快，遂改此法，未之思歟？

（宋）鄭克《折獄龜鑑》卷六《覈姦・程顥》 程顥察院知澤州晉城縣時，有富民張氏子，其父死未幾，晨起有老父在門，曰：我汝父也，來就汝居。具陳其由。張氏子驚疑莫測，相與詣縣，請辨之。老父曰：業醫，遠出治疾，妻生子，貧不能養，以與張氏。某年月日某人抱去，某人見之。顥謂：歲月久矣，爾何説之詳也？老父曰：某歸而知之，書於藥法册後。因懷中取册以進，其記曰：某年月日，某人抱兒與張三翁。顥問張氏子：爾年幾何？曰：三十六。爾父在年幾何？曰：七十六。

謂老父曰：是子之生，其父年四十，人已謂之三翁乎？老父驚駭服罪。聞之前輩。

按：凡為巧詐，必有缺漏，推覈已至，姦欺自露。如檢戶籍以視孤女所冒之非，校年齒以驗老父所記之妄，皆此術也。唯盡心者，則能之耳。

（宋）**鄭克《折獄龜鑑》卷六《覈姦·王罕呂惠卿附》** 王罕大卿初知常州宜興縣時，縣臨滆湖，民歲訴水，多倖免。罕因農休，召封內父老，各列其田之高下，繪而為圖。明年，既得訴狀，乃親往按之。其臨一鄉，輒曰：某戶輸可免，某戶不可免。眾環視無一辭。是時范仲淹知潤州，乃奏罕檢田法，下諸路。見王圭丞相所撰墓誌。

按：呂惠卿參政治縣法災傷門云：要使實被災者不至枉納分數，而不被災者莫敢妄訴以求倖免，則宜居常按視縣圖，究知鄉村地形高下，仍以小圖子分為九等，出入下鄉，復更窮按，有不盡者，隨手改正。遇有水旱，於未收刈前，先行巡省，已知被災人戶、田土多寡之大數。其積水所占年例，災傷田土皆先度見頃畝數目。至披訴時，將狀內頃畝比對，即免夾帶之弊。罕檢田法殆亦類此歟？是皆以正覈姦者也。

（宋）**鄭克《折獄龜鑑》卷六《覈姦·李南公》** 李南公尚書，初知長沙縣。諸村各有詭名，戶稅存而戶亡，每年戶長代納之。南公悉召其豪右，謂曰：此田不過汝曹典買耳，與汝一月限，為我推究出，不然汝曹均分輸納。及期，盡得其人，使之承稅。聞之士林。

按：詭戶之稅，非獨豪右作此弊也，蓋其鄉司相與為姦。今專責豪右，而鄉司獲免，殆亦於理有未盡歟？善覈姦者，宜並按之。抑又有説焉，若專令鄉司任責，則豪右愈更得計，必以厚賂，使填逋欠。稅數之外，物力所減，固亦多矣。內外相比，以欺縣官，何由可得其實乎？然則責豪右宜急，責鄉司宜緩，南公之意當在此也。

（宋）**鄭克《折獄龜鑑》卷六《察慝·高柔》** 魏高柔，為廷尉。護軍營士竇禮近出不還，營以為亡，表言逐捕，沒其妻盈及男女為官奴婢。盈稱寃自訟，莫有省者，乃詣廷尉。柔問：何以知夫不亡？盈泣對曰：夫非輕狡不顧室家者。又問：汝夫不與人有讎乎？曰：夫良善，與人無讎。汝夫不與人交錢物乎？曰：嘗出錢與同營士焦子文，求不得。時子文適坐事繫獄，柔乃召問所坐，語次，問：曾舉人錢否？對曰：單貧，不敢舉人錢。察其色動，遂復問：汝曾舉竇禮錢，何言不耶？子文怪知事露，應對不次。柔詰之曰：汝已殺竇禮，便宜早服。子文於是叩頭服罪。舊出《魏志》本傳。

按：慝與姦異者，姦必巧詐，慝唯隱諱。如釘殺其夫，而云遭火燒死，是巧詐也。如舉竇禮錢，而云單貧不敢，是隱諱也。禮近出不還，疑為人所殺，故首問其讎，次問交錢物者。嘗出錢與焦子文，而求不得，或緣嫌恨，以致此禍，於是察其色動，辭對不次，則隱諱之情得矣，故詰之服罪。是善察慝者也。

（宋）**鄭克《折獄龜鑑》卷六《察慝·蔡高》** 蔡高調福州長溪尉，民有夫婦皆出，而盜殺其守舍子者。高亟召里民舉會，環坐而熟視之，指一人曰：此殺人者也。訊之，果服。見歐陽修參政所撰墓誌。

按：民之被殺，無所猜執，則其夫婦必皆良善，而於同里亦無讎怨，忍殺其守舍子者，乃兇殘人也。兇殘之人，氣貌當異，故不待問之而色動，詰之而辭屈。唯環坐而熟視之，其人已得矣。高之明察，尤可稱也。昔孟嘉在坐，褚裒未識，而庾亮使裒自求之。眄睞良久，乃指嘉曰：此人小異，得無是乎？雖善惡有殊，而物理何別？高之視裒，諒無愧焉。

（宋）**鄭克《折獄龜鑑》卷六《證慝·張舉》** 張舉，吳人也，為句章令。有妻殺夫，因放火燒舍，稱火燒夫死。夫家疑之，訴於官。妻不服。舉乃取豬二口，一殺之，一活之，而積薪燒之。活者口中有灰，殺者口中無灰。因驗屍口，果無灰也。鞫之，服罪。舊不著出處。按和凝所著二十九條，皆以時代為次，其書舉事在吳人之末，晉人之前，豈非孫氏之臣乎？但先既云吳廢帝孫亮，則此宜云吳張舉，不當於姓名下言吳人耳。句章，屬會稽郡。

按：孫寶以饊散一枚之重為證，而誑言三百枚之慝顯矣；張舉以死豬口中之灰為證，而誑言夫燒死之慝顯矣：是謂慝未顯者，以物證之，則不可諱也。然則莊遵守屍，而首有蠅集，為覈姦有效，豈若張舉驗屍，而口無灰入，為證慝盡理乎？

（宋）**鄭克《折獄龜鑑》卷六《證慝·李惠傳琰附》** 李惠，為雍州刺史。人有負鹽負薪者，同釋重擔，息於樹陰。二人將行，爭一羊皮，各言藉背之物。惠遣爭者出，顧州綱紀曰：以此羊皮拷知主乎？群下以為戲言，咸無應者。惠令人置羊皮席上，以杖擊之，見少鹽屑，曰：得其實矣。使争者視之，負薪者乃服而就罪。凡所察究，多如此類，由是吏民莫敢欺犯。舊出《北史》本傳。

按：傅琰之為山陰令也，有賣糖姥與賣針姥争絲一團，琰令掛絲鞭之，有少鐵屑焉，乃罰賣糖姥。鞭絲擊皮，事異理同，皆以物為證者也。

（宋）鄭克《折獄龜鑑》卷六《證慝・歐陽煜》 歐陽煜都官，知端州。有桂陽監民争舟相毆死，獄久不決。煜出囚坐庭中，去其桎梏，而飲食之。訖，皆還於獄，獨留一人。留者色動，煜曰：殺人者汝也。因不知所以然。曰：吾視食者皆以右手持匕，汝獨以左。今死者傷右肋，此汝殺之明也。因泣曰：我殺之，不敢以累他人。見歐陽修參政所撰墓誌。

按：煜已觀其驗狀，云傷右肋死，故因飲食視所用手。彼獨左手持匕者，乃是毆殺之人也。以此為證，其辭自屈，與錢維濟辨誣之術同矣。苟非盡心察獄，則亦豈能然耶。

（宋）鄭克《折獄龜鑑》卷六《證慝・王璩》 王璩寺丞，嘗為襄州中盧令。有賊繫獄，訊治久之，不能得情。偶於賊橐中得故簡，而揭視之，乃房陵商人道為賊所掠者，賊即引服。不爾幾脱。見王圭丞相所撰墓誌。

按：此非智算所及，偶然得之耳，亦可見璩之治獄能盡其心。鞫獄之情，昔人賴於證也，歐陽曅以右肋之傷為證，而毆殺者辭窮；王璩以橐中之簡為證，而劫掠者情得。證慝之術，焉可忽哉。

（宋）鄭克《折獄龜鑑》卷六《證慝・王曾》 王曾丞相，少時謁郡僚，有争負郭田者，封畛既泯，質劑且亡，未能斷決。曾謂：驗其税籍，曲直可判。郡將從之，其人乃服。見《沂公言行録》。

按：界至不明，故起争訟；契書不存，故難斷決。唯有税籍，可為證據：辭與籍同者，其理直；辭與籍異者，其理曲也。曲直既判，焉得不服。

大觀間，有曾謂朝議者，知越州諸暨縣。四明富民，初唯一子，後通其僕之妻，又生一子而收養之。年十六，富民亡。子與母謀，以還其僕。後數年，所生母與嫡母皆死，乃歸持服，且訟分財，累年不決。監司委謂推治，歷訊不能屈。因索本邑戶版，驗其丁齒，而富民嘗以幼子注籍，遂許其分。見近時小説。

此亦以籍為證者也。争田之訟，税籍可以為證；分財之訟，丁籍可以為證。雖隱慝而健訟者，亦聳懼而屈服矣。此證慝之術所以可貴也。

（宋）鄭克《折獄龜鑑》卷六《證慝・韓億》 韓億參政知洋州時，土豪李甲者，兄死，迫嫁其嫂，因誣其子為他姓，以專其貲。嫂歷訴于官，甲輒賂吏使掠服之。積十餘年，其訴不已。億視舊牘，未嘗引乳醫為證。一日，盡召其黨，以乳醫示之，衆無以為辭，冤遂辨。見本傳。

按：嘗云：推事有兩，一察情，一據證。固當兼用之也。然證有難憑者，則不若察情，可以中其肺腑之隱；情有難見者，則不若據證，可以屈其口舌之争。兩者迭用，各適所宜也。彼誣其子為他姓者，所引之證，想亦非一，獨未嘗引乳醫，則其情可見矣。故盡召其黨，以乳醫示之，既有以中其肺腑之隱，又有以屈其口舌之争，則衆無以為辭，而冤遂辨，不亦宜乎！

（宋）鄭克《折獄龜鑑》卷六《證慝・程顥》 程顥察院，初為京兆府鄠縣主簿。民有借其兄宅以居者，發地中藏錢，兄之子訴曰：父所藏也。令言：無證左，何以決之？顥曰：此易辨耳。問兄之子曰：爾父藏錢幾年矣？曰：二十年。遣吏取千錢，視之，謂曰：今官所鑄錢，不五六年則遍天下。此錢皆爾父未藏前數十年所鑄，何也？按《宋文鑑》及《伊洛淵源録》皆作：爾父藏錢幾何時矣？曰：十年矣。彼借宅居幾何時矣？曰：二十年矣。即遣吏取錢十千，視之，謂借宅者曰：今所鑄官錢，不五六年即遍天下。此錢皆爾父未藏前數十年所鑄，何也？文義較明晰。其人遂服。令大奇之。見程頤侍講所撰行狀。

按：旁求證左，或有偽也；直取證驗，斯為實也。彼言地中藏錢是其父所藏者，取錢驗之，皆古錢也，又豈能選擇古錢藏之耶？以此為證，妄訴明矣。是故其人不敢不服也。

（宋）鄭克《折獄龜鑑》卷六《證慝・李處厚》 太常博士李處厚，知廬州真縣。嘗有毆人死者，處厚往驗屍，以糟胾灰湯之類薄之，都無傷跡。有一老父求見，曰：邑之舊書吏也，知驗傷不見跡，請用赤油傘日中覆之，以水沃屍，跡必立見。處厚如其言，傷跡宛然。自此江、淮間往往用其法。見沈括《内翰筆談》。

按：凡據證折獄者，不唯責問知見辭款，又當檢勘其事，推驗其物，以為證也。則驗傷者宜盡心焉。故書南公捏痕事，又以處厚沃屍事繼之也。

（宋）鄭克《折獄龜鑑》卷七《鈎慝・包拯》 包拯副樞，初知揚州天長縣時，有訴盜割牛舌者，拯密喻令歸屠其牛而鬻之。遂有告其私殺牛者，拯詰之曰：何為割某家牛舌而又告之？其人驚服。見本傳。

按：近時小説載朝散大夫錢和一事云：和嘗知秀州嘉興縣，有村民告牛為盜所殺，和令亟歸，勿言告官，但召同村解之，遍以肉饋知識，或有怨即倍與。民如其言。明日，有持肉告民私殺牛者，和即收訊，果其所殺。此乃用拯鈎慝之術者。蓋以揣知非仇不爾，故用此譎，使復出告也。

昔趙廣漢善為鈎距，以得事情。晉灼云：鈎，致也。距，閉也。蓋以閉其術為距，而能使彼不知為鈎也。夫惟深隱而不可得，故以鈎致之，彼若知其為鈎，則其隱必愈深，譬猶魚逃於淵，而終不可得矣。是故史稱：唯廣漢至精能用之，他人效者莫能及也。此數君子，材智過人，亦庶幾焉。

（宋）鄭克《折獄龜鑑》卷七《察盜・曹攄》 晉曹攄為洛陽令，大雪，宮門夜失行馬。攄收門士。眾謂不然，攄曰：宮掖禁嚴，非外人所敢盜，必是門士以燎寒耳。訊之，果服。舊出《晉書》本傳。

按：此以事理察之也。攄若不善察盜，姑徇眾人所見，則有罪者倖免，而無辜者濫及，獄訟不勝其繁矣。是故折獄之術，亦有取於此也。

（宋）鄭克《折獄龜鑑》卷七《察盜・韓褒尹賞附》 後周韓褒，為北雍州刺史。州帶北山，多有盜賊。褒密訪之，並豪右所為也，而陽不之知，厚加禮遇，謂曰：刺史起自書生，安知督盜？所賴卿等共分其憂耳。乃悉召桀黠少年素為鄉里患者，置為主帥，分其地界，有盜發而不獲者，以故縱論。於是惶懼首服曰：前盜發者，並某等為之。所有徒侶，皆列其姓名，或亡命隱匿者，亦悉言其所在。褒乃取盜名簿藏之，因大榜州門曰：自知行盜者，急來首，即除其罪。盡今月不首者，顯戮其身，籍没妻子，賞先首者。旬日之間，諸盜咸悉首盡。褒取名簿勘之，一無差異，並原其罪，許以自新。由是群盜屏息。出《北史》本傳。舊集不載。

按：褒之察盜，與張敞類矣。若尹賞為長安令則不然，部勒戶曹掾史，與鄉吏、亭長、里正、父老、伍人，雜舉長安中輕薄少年惡子，無市籍商販作業，而鮮衣凶服者，悉籍記之，得數百人。一朝會長安吏，車數百兩，分行收捕，皆劾以為通行飲食群盜。賞親閱，見十置一，其餘悉納虎穴中，穿地方深各數丈，致令辟為郭，以大石覆其口，名以虎穴。百人為輩。數日一發視，皆相枕籍死，後世縣令不能會吏車如此之多，亦不敢為虎穴，使數百人相枕藉死，蓋時異則法異也。所置數十百人乃其魁宿，或故吏善家子失計隨輕黠願自改者。貰其罪，詭令立功以自贖。盡力有效者，因親用之為爪牙，追捕甚精。郡國亡命散走，各歸其處，不敢窺長安。見《漢書》本傳。

賞雖亦以偷盜治偷盜，善於駕馭，稱其職任，然異乎張敞不純用誅罰，故號酷吏，為萬世戒。唯褒之察盜，視敞可以無愧。其不同者，彼窮治所犯，糾之以猛也；此首原其罪，施之以寬也。敞之猛，不至於民殘，而市無偷盜；褒之寬，不至於民慢，而群盜屏息，則是同歸於治也。

（宋）鄭克《折獄龜鑑》卷七《察盜・張允濟》 唐張允濟，初仕隋為武陽令時，道中見一姥，種葱結庵守之。允濟曰：但歸，不煩守此。遇盜，即來告。姥歸，一宿而葱大失。允濟乃召集葱地左右居人，呼令前，一一聽之，遂得盜葱者。舊出《唐書》本傳。

按：《周禮》：以五聲聽獄訟，求民情：一曰，辭聽。觀其出言，不直則煩。二曰，色聽。觀其顔色，不直則赧。三曰，氣聽。觀其氣息，不直則喘。四曰，耳聽。觀其聽聆，不直則惑。五曰，目聽。觀其顧視，不直則眊。允濟召集葱地左右居人，呼令前，一一聽之，遂獲盜葱者，蓋用此術也。然其意度頗涉矜炫，非不得已而用之，則與郤雍視盜，察其眉睫之間，而得其情者，何以異哉？苟未能使人恥為盜，不若聽姥守之也。

（宋）鄭克《折獄龜鑑》卷七《迹盜・高湝》 北齊任城王湝，領并州刺史。一婦人臨水浣衣，有騎馬人換其新靴馳去，婦人持故靴詣州訴。湝留靴，召居城諸嫗，以靴示之，紿曰：有乘馬人于路被賊殺害，遺此靴。焉得無親戚乎？一嫗拊膺哭曰：兒昨著此靴向妻家。如其語，捕獲之。一時稱明察。舊出《北史》本傳。

按：湝留故靴者，將以迹求之也；紿諸嫗者，兼以譎取之也。與敞買皮事頗相類。然居城諸嫗所以可召者，北齊承後魏喪亂之後，并州城中居人不多，雖盡召之，亦不為擾。苟或蕃庶，當如楊津下教而已，此在隨事制宜也。

（宋）鄭克《折獄龜鑑》卷七《察賊·柳崇》　後魏柳崇，為河中太守。郡人張明失馬，疑執十餘人。崇初到郡，見之，不問賊事，人別藉以温顔，更問其親老存否，農業多少，而微察其辭色，即獲真賊呂穆等二人，餘並放遣。郡中畏服，境内帖然。出《北史》本傳。舊集不載。

按：崇不問賊事者，惡彼匿其情也；問以親老存否，農業多少者，欲彼吐其情也。於是真情見乎辭色，乃可微察，以獲真賊，是亦用鞫情之術者也。賊與盗異，害物曰賊，攘物曰盗；劫取曰賊，竊取曰盗。此失馬者，殆被劫歟？不然，何以疑執十餘人也。

（宋）鄭克《折獄龜鑑》卷七《察賊·張詠》　張詠尚書，知江寧府。有僧陳牒出憑，詠據案熟視久之，判送司理院勘殺人賊。翌日，群官聚聽，不曉其故，詠乃召問：為僧幾年？對曰：七年。又問：何故額有繫巾痕？即惶怖服罪。蓋一民與僧同行，于道中殺之，取其祠部戒牒，自披剃為僧也。見李畋虞部所撰《忠定公語録》。

按：善察賊者，必有以識之，使不能欺也；善鞫情者，必有以證之，使不可諱也。詠實兼此二術矣，可不謂之明乎。

（宋）鄭克《折獄龜鑑》卷七《譎賊·陸雲》　晉陸雲，為浚儀令。民有被殺而主名不立者，雲録其妻，而無所問。十許日，遣出，密令人隨其後，謂曰：不出十里，當有男子候之與語，便縛來。既而果然。問之具服，云：與其妻同謀殺之，聞得出，欲與語，畏憚近縣，遠相要候。人皆嘆服。舊出《晉書》本傳。

按：此蓋察其妻有姦狀，故拘録之以譎姦人，使疑而出也。

（宋）鄭克《折獄龜鑑》卷八《嚴明·何武》　前漢時，沛縣有富家翁，貲二千萬。一男才數歲，失母，別無親屬；一女不賢。翁病困，思念恐其争財，兒必不全，遂呼族人為遺書，悉以財屬女，但餘一劍，云兒年十五付之。後亦不與。兒詣郡訴，太守何武因録女及婿，省其手書，顧謂掾史曰：女既强梁，婿復貪鄙。畏賊害其兒，又計小兒正得此財不能全護，故且付女與婿，實寄之耳。夫劍，所以決斷。限年十五，智力足以自居。度此女婿不還其劍，當聞州縣，或能證察，得以伸理。此凡庸何思慮深遠如是哉！悉奪其財與兒？曰：弊女惡婿温飽十年，亦已幸矣。聞者嘆服。舊出《風俗通》。案此事亦見杜佑《通典》，原本多誤字，謹依《通典》改正。

按：張詠尚書，知杭州。先有富民，病將死，子方三歲，乃命婿主其貲，而與婿遺書云：他日欲分財，即以十之三與子，七與婿。子時長立，以財為訟，婿持書詣府，請如元約。詠閲之，以酒酹地曰：汝之婦翁，智人也。時以子幼，故此囑汝，不然子死汝手矣。乃命以其財三分與婿，七分與子，皆泣謝而去。見李畋虞部所撰《忠定公語録》。此正類何武事也。夫所謂嚴明者，謹持法理，深察人情也。悉奪與兒，此之謂法理；三分與婿，此之謂人情。武以嚴斷者，婿不如約與兒劍也；詠之明斷者，婿請如約與兒財也。雖小異而大同，是皆嚴明之政也。

（宋）鄭克《折獄龜鑑》卷八《嚴明·鍾離意》　後漢鍾離意，為會稽北部督郵。有烏程男子孫常，與弟並分居，各得田四十頃。按四十頃《通典》作十頃。並死，歲饑，常稍以米粟給並妻子，輒追計直作券，没取其田。並兒長大，訟常。掾史皆言：並兒遭餓，賴常升合，長大成人，而更争訟，非順遜也。意獨議曰：常身為伯父，當撫孤弱，而稍以升合，券取其田，懷挾奸詐，貪利忘義。請奪其田，畀並妻子。衆議為允。見《通典》。不著出處。舊集不載。

按：聽獄者，或從其情，或從其辭。夫常取並妻子田，固有辭矣，奈其懷挾奸詐，貪利忘義之情何？意獨以情責常，是不從其辭，而從其情也，可不謂之嚴明乎！

（宋）鄭克《折獄龜鑑》卷八《嚴明·陳矯》　魏陳矯為魏郡太守時，繫囚千數，有至歷年。矯以為周有三典之制，漢約三章之法，今惜輕重之理，而忽久繫之患，可謂繆矣。自覽罪狀，一時論決。出《魏志》本傳。舊集不載。

按：此蓋罪狀已定，而輕重有疑，吏不敢决者也。使有罪不論，無罪久繫，自古以為患矣。然拘文之吏，每每如此，繆可知也。《易》曰：君子以明慎用刑，而不留獄。矯自覽罪狀，所謂明慎也；一時論決，所謂不留獄也。若罪狀未定者，慮有冤誣，理當考覈，豈可取快一時耶？君子於此宜盡心焉。

（宋）鄭克《折獄龜鑑》卷八《嚴明·燕肅鞫真卿附》　燕肅侍郎，知明州。俗輕悍喜鬥。肅推先毆者，雖無傷必加以罪，後毆者非折跌支體，皆貸之。於是鬥者為息。見本傳。

按：民之鬥毆，傷有輕重，理有曲直，不治其傷，而治其理者，乃息鬥之術也。若折跌支體，則理雖直而傷已甚，斯不可貸矣。譬猶鬥殺用刃以故殺論，蓋其情重也。

沈括《內翰》說：鞠真卿知潤州時，民有鬥毆者，本罪之外，別令先下手者出錢以與後應者。小人靳財，兼不甘輸錢於敵人，終日紛爭，相視無敢先下手者。蓋無賴之民，不畏杖責，故設此事以折伏之，與王敬則治獄之術同也。見《筆談》。近時州縣間固有使民輸下拳錢者，然官自取之，則不足以懲惡，而適所以招怨，斯失其本矣。豈若不治其傷，而治其理之簡易乎？

（宋）鄭克《折獄龜鑑》卷八《嚴明・許元劉晏附》 許元待制，初為發運判官，患官舟多虛破釘鞠之數，蓋以陷於木中，不可秤盤，故得為奸。元首至船場，命曳新造舟，縱火焚之，火過，取其釘鞠秤之，按劉熙《釋名》鉸，鏑也。關西謂之釘鉸。此文釘鞠無出，或即釘鉸聲之訛耳。比所破才十分之一，自是立為定額。見魏泰《東軒筆録》。

按：元不治虛破之罪，而但立為定額，可也。然亦異乎劉晏矣。蘇軾尚書說：晏為江淮發運使時，於揚州造船，每隻載米一千石，破錢一千貫，而實費不及五百貫，或譏其枉費，晏曰：大國不可以小道理。凡所創制，須謀經久。船場執事者非一，有餘剩衣食可以養活眾人，則私用不窘，而官物牢固。由是船場人皆富贍，五十餘年饋運不闕。至咸通末，有吳堯卿者，始勘驗每船合用物料實數，估給其直，無復寬剩，而船場自此破壞，饋運自此闕絕。晏言大國不可以小道理，良可信也。見《東坡奏議》。元定釘鞠額，無乃類吳堯卿乎？雖幸而不至敗事，然其嚴明乃俗士所誇，君子所鄙，不可為後世法也。

（宋）鄭克《折獄龜鑑》卷八《嚴明・孫甫》 孫甫待制為華州觀察推官時，州倉粟惡，吏當負錢數百萬。轉運使李紘以吏屬甫，乃令取斗粟舂之，可棄者十才一二，又試之亦然，吏遂得弛，負錢數十萬而已。紘因薦之。見曾鞏舍人所撰行狀。

按：嚴明者，非若世俗以苛為嚴，以刻為明也；持循事理，照察物情之謂也。以事理言之，則倉粟雖惡，不應盡可棄也；以物情言之，則負錢數百萬，將何以償耶？甫取斗粟舂之，可棄者十才一二，但負錢十萬而已，吏既得弛重負，官亦獲保舊積，是持循照察之效也。可不謂之嚴明乎？

（宋）鄭克《折獄龜鑑》卷八《嚴明・周沆本傳鹽價一事附》 周沆侍郎，嘗為河東轉運使。自慶曆以來，河東行鐵錢，民多盜鑄，吏以峻法繩之，抵罪者日繁，終不能禁。沆乃命高估鐵價，盜鑄者無利，不禁自息。見司馬光丞相所撰《神道碑》。

按：沆知慶州時，邊民多闌出塞販青鹽。沆請損官鹽之價，犯者稍衰。見本傳。

夫或高鐵估，或損鹽價，法異而意同，皆治其本也。治其末者，雖繩以峻法，而終不能禁，徒為苛刻耳；治其本者，雖處以平法，而姦盜自止，豈非嚴明乎？苟欲嚴行政理，要惟明見事情，然後政不苛暴，事不刻核，而獄訟省矣。彼籍治而課羨，舂粟而負少者，亦猶是也。

（宋）鄭克《折獄龜鑑》卷八《嚴明・王罕》 王罕大卿，知潭州。民有與其族人争產者，辨而復訴，前後十餘年。罕一日悉召立庭下，謂曰：諸家皆里富人，無乃厭追逮之苦？今無狀子寒餓不能以自存，況析產之券有不明，以故久不決。人能少資之，令其遠去，後復何患乎？皆泣聽罕命，自言方對吏時，雖欲求為此，顧不可得。於是遷所訴者於旁州，獄訟為之衰止。見王圭丞相所撰墓誌。

按：嚴明之術，在於察見物情，裁處事體。彼争產者，困於寒餓；析產者，苦於追逮。理之曲直，何足深校；苟或可已，無不聽命。於是人少資之，令其遠去，則析產者所損不多，而免追逮之苦；争產者所獲不少，而脱寒餓之困。州民獄訟，亦為衰止。豈非能察見而善裁處乎？儻忿其辨訴，加以峻罰，則物情不無所傷，而事體亦有所害，稱為嚴明，斯失之矣。若君子，則雖昭然深察，毅然决行，而從容中理，無傷害也。豈非嚴明之懿者乎？

（宋）鄭克《折獄龜鑑》卷八《矜謹・王坦之》 晉王坦之，襲封藍田縣侯。時卒士韓帳逃亡歸首，云失牛故叛。有司劾帳偷牛，考掠服罪。坦之以為：帳束身自歸，而法外加罪。懈怠失牛，事或可恕；加之木石，理有自誣。宜附罪疑從輕之例。遂以見原。出《晉書・王湛傳》。坦之，其曾孫也。舊集不載。

按：訊盜練，劾偷牛，皆慮自誣，而遂見宥，合矜謹之義矣。

（宋）**鄭克**《**折獄龜鑑**》**卷八**《**矜謹・宋世軌蘇瓊附**》　北齊宋世軌，為廷尉少卿。洛州人聚結，欲劫河橋。吏捕按之，連諸元徒黨千七百人。崔昂以為反，數年不斷。及世軌為廷尉少卿，判其事為劫，唯殺魁首，餘從坐悉舍焉。出《北史・宋隱傳》。世軌，其族孫也。舊集不載。

按：蘇瓊為三公郎中時，頻有告謀反，付瓊推檢，事多申雪。崔昂為尚書，謂瓊曰：若欲立功名，當更思餘理。乃數雪反逆，身命何輕耶？瓊正色曰：但雪冤枉，不放反逆。昂大慚。

夫崔昂亦善折獄，其意如此，乃寒伯奇所謂拷囚者咸共言妖惡大故，臣子所宜同疾，今出之不如入之，可無後責。是以拷一連十，拷十連百者也。且昂於此獄數年不斷，豈非求反狀未得乎？世軌判為劫事，理所當然，斯可以無慚於瓊矣，是皆矜謹之君子也。

（宋）**鄭克**《**折獄龜鑑**》**卷八**《**矜謹・張詠王質附**》　張詠尚書，再知益州。民有負販者，翁役其婦，婦違之，翁怒，翦其髮曰：我作婢使汝。其子自外歸，作鬧，所由具事領過。或謂其子曰：翁翦婦髮何罪？子若執父，汝罪不輕。至廳下，詠詰之，翁云：婦自翦髮泥。其子亦云：妻自翦髮泥翁。詠察其誣，即於解狀後判云：雖然子為父隱，其奈執辭不定。既不可窮詰於尊長，又不可抑斷於卑幼。仰責新婦狀，今後再不侍養，別具狀領過。並放。詠謂掾屬曰：五服之內，卑幼條至重。親民之官，所宜盡心。見李畋虞部所撰《忠定公語録》。

按：王質待制知荊南，有媪訴其婦薄於養，婦言：舅亡姑嫁，既窮而歸。且奉事無不謹。質曰：姑雖不良，獨不顧夫耶？因取家人衣以衣媪，又給以廩粟，使歸養之。皆感泣而去。見本傳。此其翁姑理皆不直，然家人之義，當責卑幼，但不可遽繩以法耳。是故恕其罪，而責之養也。

（宋）**鄭克**《**折獄龜鑑**》**卷八**《**矜謹・任布**》　任布副樞，知越州。民有被酒罵其祖者，祖既訴之，已而大悔，哭於庭曰：老無子，賴孫以為命。布特貸出之，且上書自劾。朝廷亦不之問。見本傳。

按：孫罵祖，法當死，特貸出之，理宜自劾，此乃矜其失教而謹於用刑者也。

（宋）**鄭克**《**折獄龜鑑**》**卷八**《**矜謹・蘇渙**》　蘇渙郎中知鄢陵縣時，歲荒盜起，有兄殺弟而取其衣者，弟偶不死，與父偕往訴之。渙閔其窮而為奸，問之曰：汝殺而弟，知其不死而舍之者，何也？兄喻其意，曰：適有見者，不敢再也。由是得不死。父子皆感泣。及渙罷去，負任從之數千里。見蘇轍門下所撰墓表。

按：古之聽獄者，求所以生之；不得其所以生之者，乃刑殺焉。孫罵祖，有可生之理，以其被酒，且祖自悔也；兄殺弟，有可生之理，以其苦饑，且弟不死也。布之貸出其孫，渙之慮問其兄，皆得其所以生之者也，可無愧於古人矣。

（宋）**鄭克**《**折獄龜鑑**》**卷八**《**矜謹・李士衡高化附**》　李士衡觀察，初釋褐，為京兆鄠縣主簿。府知其才，俾權獄掾。咸陽縣有民殺人，具獄以送府，父子五人，其為從者皆服加功之罪。士衡告於尹曰：彼殺人者止一人耳，餘四人掩其骸，可坐以加功，置之重辟乎？尹喜從其議，曰：四人者，非子之明，則冤於地下矣。見范仲淹參政所撰《神道碑》。

按：以掩骸為加功，是深文也。罪不應死而文致之，何其忍哉！嘗聞用法殺人，無異用刃殺人。深文之罪縱或幸免，鬼得而誅之也。高化太尉，雖起行伍，頗知民事。晚守相州，部有大獄，皆當論死，化疑之，命移他獄訊，蒙活者三人。殆亦以掩骸為加功之類歟？此矜謹者所以盡心也。

（宋）**鄭克**《**折獄龜鑑**》**卷八**《**矜謹・王博文**》　王博文副樞知密州時，負海有濤落鹽場，歲歉，民多盜鬻，吏捕逐之，輒起捍鬥，皆坐法當死。博文上言：請權弛鹽禁，俟歲豐如舊。從之。見本傳。

按：《周禮》：荒政十有二。其曰緩刑，曰舍禁，曰去幾者，博文所請義與合焉。苟非通達古今，豈能矜謹如是耶？

（宋）**鄭克**《**折獄龜鑑**》**卷八**《**矜謹・陳執方李士衡附**》　陳執方大卿通判江州時，民饑，有刈人之禾而傷其主，法當死者。執方以為：古之荒政，所以恤人者盡矣，然尚緩刑，況於今哉！即奏貸其死。見王安石丞相所撰墓誌。

按：李士衡觀察，權知天雄軍。民有盜瓜傷主者，法當死，士衡以歲饑奏貸之。自是著為例。執方之奏，蓋用此例也。見本傳。

（宋）鄭克《折獄龜鑑》卷八《矜謹・張奎王濟附》　張奎密學，初為常州推官，轉運使舉監衢州酒稅。婺州有滯囚，法當死，獄成，再問輒不服，命奎覆案，一視牘而辨之，得不死，人皆服。

按：奎一視牘而辨之者，謂辨其情理也。人有跡狀重而本情輕者，昔既酌情而立法，今當原情以定罪，安得不辨情理而抵之死耶？此其精明，固能服人。至於矜謹，尤可傳世。

王濟郎中，為澶州司理掾。時州獄有重囚，臨刑稱冤，濟覆案之，亦得不死。與此類矣。豈非哀矜折獄而然歟？二事並見本傳。

（宋）鄭克《折獄龜鑑》卷八《矜謹・王延禧》　王延禧朝議，初為嶽州沅江令。歲饑，盜起，親獲十餘人，贓皆應死，法得遷官。延禧嘆曰：是皆良民，窮而為盜。令既無以業之，又利其死，以為己功，亦何忍哉？諭被盜者悉裁其贓，盜得不死，延禧，王黃州孫也。見曾肇內翰所撰墓誌。

按：《周禮》荒政曰：除盜賊。謂饑饉盜賊多，不可以不除也。延禧親獲十餘人，蓋以此耳。邀功希賞，非其本心，故諭被盜者悉裁其贓，使得不死。夫捕盜之官，利盜之死，譬猶矢人惟恐不傷人，其術使之然也。雖遷一官，而殺數人，榮不足言，愧何可勝？君子豈忍為是哉！若殘民害物，罪不可赦，非窮而為盜，計贓抵死者，則其獲賊受賞，義在懲勸，君子可以無憾也。延禧所捕，實與此異，故竊嘆云爾。

《折獄龜鑑》終於矜謹，惻隱之心，人皆有之，為物所遷，斯失之矣。故有利人之死為己之功者，或文致於大辟，或誣人於極典，寧復能存不忍之心，以貸應死之命乎？故著此事矜謹篇末，庶幾覽者有所警焉。

（宋）桂萬榮《棠陰比事・宗元守辜》　待制馬宗元少時，父麟毆人被繫，守辜而傷者死，將抵法。宗元推所毆，時在限外四刻，因訴於郡，得原父死。鄭克云：按辜限計日，而日以百刻計之，死在限外，則不坐毆殺之罪，而坐毆傷之罪。雖止四刻，亦在限外。

謹按大明律云：凡保辜者責令犯人醫治，辜限內皆須因傷死者，以鬬毆殺人論。其在辜限外死者，各從本毆傷法，若折傷以上辜內醫治平復者，各減二等。辜限滿日不平復者，各依律全科。又依唐律云：保辜限內死者，依殺人論，限外死者依本毆傷法。又按《元史・刑法志》云：保辜限內死者依殺人論，限外死者杖一百七。蓋元時未嘗定律，及聖朝未定律之先，皆以唐律比擬。故我朝律文多宗唐律，而此條亦本之也。訥囊在南京會審刑部，罪囚有毆人辜限外死者，訥曰：當依本毆傷法。或曰：律云，辜限滿不平復者全科，此當死。訥曰：所云限滿不平復全科者，因上文折傷以上限內平復減二等立文，蓋謂辜內雖平復而成殘廢篤疾，及限滿不平復者則全科折傷之罪，若曰辜限外死者全科死罪，則律又何不云傷不平復而死者絞，乃虛立此辜限乎？後此囚會赦得免。然或人終不以愚言為然也。近讀宗元守辜事有感，因備載之。讀者詳焉。

《皇朝經世文統編》卷四四《內政部十八・訟獄》佚名《論姦情》

凡審姦情最宜特重，切勿因其事涉風流，遂亦為褻嫚之詞以訊之。當思平時之舉動，原係觀瞻，而此際之威儀尤關風教。稍涉詼諧，略假顰笑，彼從旁睨視者謬謂官長喜説風情，樂於放蕩。無論姦者不悔其姦，且有不姦而強飾為姦，思以阿其所好者矣。至於讞牘之間，更宜慎重，切勿用綺語代莊，嬉笑當罵。一涉於此，則非小民犯姦之罪狀，反是官府誨淫之供招矣。總之，下民犯此，由於上人失教，苟有反躬罪己之心，方且垂涕泣之不暇，奚忍談笑而道之哉。

（清）方苞《方苞集・集外文》卷六《紀事・獄中雜記》　康熙五十一年三月，余在刑部獄，見死而由竇出者日四三人。有洪洞令杜君者，作而言曰：此疫作也。今天時順正，死者尚希，往歲多至日十數人。余叩所以，杜君曰：是疾易傳染，遘者雖戚屬不敢同臥起；而獄中爲老監者四。監五室：禁卒居中央，牖其前以通明，屋極有牕以達氣；旁四室則無之，而繫囚常二百餘。每薄暮下管鍵，矢溺皆閉其中，與飲食之氣相薄；又隆冬貧者席地而臥，春氣動，鮮不疫矣。獄中成法，質明啟鑰。方夜中，生人與死者並踵頂而臥，無可旋避，此所以染者衆也。又可怪者，大盜積賊，殺人重囚，氣傑旺，染此者十不一二，或隨有瘳。其駢死皆輕繫及牽連佐證法所不及者。

余曰：京師有京兆獄，有五城御史司坊，何故刑部繫囚之多至此？杜君曰：邇年獄訟情稍重，京兆、五城即不敢專決。又九門提督所訪緝糾詰，皆歸刑部；而十四司正副郎好事者，及書吏、獄官、禁卒，皆利繫者之多；少有連，必多方鉤致。苟入獄，不問罪之有無，必械手足，置老監，俾困苦不可忍；然後導以取保，出居于外，量其家之所有以爲劑，而官與吏剖分焉。中家以上皆竭資取保。其次求脱械，居監外板屋，費亦數十金。惟極貧無依，則械繫不稍寬，爲標準以警其餘。或同繫情罪重者，反出在外；而輕者、無罪者罹其毒，積憂憤，寢食違節，及病又無醫藥，故往往至死。

余伏見聖上好生之德，同於往聖，每質獄辭，必於死中求其生，而無辜者乃至此。儻仁人君子爲上昌言：除死刑及發塞外重犯，其輕繫及牽連未結正者，別置一所以羈之，手足毋械。所全活可數計哉！或曰：獄舊有室五，名曰現監，訟而未結正者居之。儻舉舊典，可小補也。杜君曰：上推恩，凡職官居板屋。今貧者轉繫老監，而大盗有居板屋者，此中可細詰哉！不若別置一所，爲拔本塞源之道也。余同繫朱翁、余生及在獄同官僧某遘疫死，皆不應重罰。又某氏以不孝訟其子，左右鄰械繫入老監，號呼達旦。余感焉，以杜君言汎訊之，衆言同，於是乎書。

凡死刑獄上，行刑者先俟於門外，使其黨入索財物，名曰斯羅，富者就其戚屬，貧則面語之。其極刑，曰：順我，即先刺心，否則四支解盡，心猶不死。其絞縊，曰：順我，始縊即氣絶，否則三縊加別械，然後得死。惟大辟無可要，然猶質其首。用此，富者賂數十百金，貧亦罄衣裝，絶無有者，則治之如所言。主縛者亦然；不如所欲，縛時即先折筋骨。每歲大決，勾者十四三，留者十六七，皆縛至西市待命。其傷於縛者即幸留，病數月乃瘳，或竟成痼疾。余嘗就老胥而問焉：彼於刑者縛者，非相仇也，期有得耳；果無有，終亦稍寬之，非仁術乎？曰：是立法以警其餘且懲後也；不如此，則人有倖心。主梏扑者亦然。余同逮以木訊者三人：一人予三十金，骨微傷，病間月；一人倍之，傷膚，兼旬愈；一人六倍，即夕行步如平常。或叩之曰：罪人有無不均，既各有得，何必更以多寡爲差？曰：無差，誰爲多與者？孟子曰：術不可不慎。信夫！

部中老胥家藏僞章，文書下行直省，多潛易之，增減要語，奉行者莫辨也。其上聞及移關諸部，猶未敢然。功令：大盗未殺人及他犯同謀多人者，止主謀一二人立決，餘經秋審，皆減等發配。獄辭上中有立決者，行刑人先俟於門外，命下遂縛以出，不羈晷刻。有某姓兄弟以把持公倉，法應立決，獄具矣。胥某謂曰：予我千金，吾生若。叩其術，曰：是無難！別具本章，獄辭無易，取案末獨身無親戚者二人易汝名，俟封奏時，潛易之而已。其同事者曰：是可欺死者而不能欺主讞者，儻復請之，吾輩無生理矣。胥某笑曰：復請之，吾輩無生理，而主讞者亦各罷去。彼不能以二人之命易其官，則吾輩終無死道也。竟行之，案末二人立決。主者口呿舌撟，終不敢詰。余在獄猶見某姓，獄中人羣指曰：是以某某易其首者。胥某一夕暴卒，衆皆以爲冥謫云。

凡殺人，獄辭無謀故者，經秋審入矜疑，即免死，吏因以巧法。有郭四者，凡四殺人；復以矜疑減等，隨遇赦將出，日與其徒置酒，酣歌達曙。或叩以往事，一一詳述之，意色揚揚，若自矜詡。噫！渫惡吏忍於鬻獄，無責也！而道之不明，良吏亦多以脱人於死爲功而不求其情。其枉民也，亦甚矣哉！

姦民久於獄，與胥卒表裏，頗有奇羨。山陰李姓以殺人繫獄，每歲致數百金。康熙四十八年，以赦出，居數月，漠然無所事。其鄉人有殺人者，因代承之。蓋以律非故殺，必久繫，終無死法也。五十一年，復援赦減等謫戍，嘆曰：吾不得復入此矣。故例：謫戍者移順天府羈候。時方冬，停遣。李具狀，求在獄候春發遣，至再三，不得所請，悵然而出。

任人與任法部

綜論分部

論說

（宋）張載《橫渠易說・上經・蒙》 初六，發蒙，利用刑人，用説桎梏，以往吝。《象》曰：利用刑人，以正法也。

以柔下賢，居於坎陷，然無所私係，用心存公，雖不能諭人於道以辨曲直，正法可也。善行法者多説於任刑，道非弘矣，故以往吝，故一作終。故君子哀矜而勿喜也。

（宋）張載《橫渠易說・上經・師》 上六，大君有命，開國承家，小人勿用。《象》曰：大君有命，以正功也。小人勿用，必亂邦也。

師終必推賞，然小人雖有功，不可胙之以土，長亂也。承，猶繼世之承也。

《周易正義・蒙》 初六：發蒙，利用刑人，用説桎梏，以往吝。處蒙之初，二照其上，故蒙發也。蒙發疑明，刑説當也。以往吝，刑不可長。疏：初六至以往吝。正義曰：發蒙者，以初近於九二，二以陽處中，而明能照闇，故初六以能發去其蒙也。利用刑人，用説桎梏者，蒙既發去，无所疑滯，故利用刑戮于人，又利用説去罪人桎梏，以蒙既發去，疑事顯明，刑人説桎梏皆得當。在足曰桎，在手曰梏。《小雅》云：杻謂之梏，械謂之桎。以往吝者，若以正道而往，即其事益善矣；若以刑人之道出往，往之即有鄙吝。《象》曰：利用刑人，以正法也。刑人之道，道所惡也。以正法制，故利刑人也。疏：正義曰：且刑人之道乃賊害於物，是道之所惡，以利用刑人者，以正其法制，不可不刑矣。故刑罰不可不施於國，鞭扑不可不施於家。案：此經刑人、説人二事，《象》直云利用刑人一者，但舉刑重故也。

《周易正義・頤》 ䷚震下艮上。頤：貞吉。觀頤，自求口實。【略】《象》曰：頤貞吉，養正則吉也。觀頤，觀其所養也。自求口實，觀其自養也。天地養萬物，聖人養賢以及萬民，頤之時大矣哉！疏：象曰至大矣哉。正義曰：頤貞吉，養正則吉者，釋頤貞吉之義。頤，養也。貞，正也。所養得正，則有吉也。其養正之言，乃兼二義：一者養此賢人，是其養正，故下云聖人養賢以及萬民。二者謂養身得正，故《象》云慎言語，節飲食。以此言之，則養正之文，兼養賢及自養之義也。觀頤觀其所養也者，釋觀頤之義也。言在下觀視在上頤養所養何人，故云觀頤，觀其所養也。自求口實，觀其自養者，釋自求口實之義也。謂在下之人，觀此在上自求口中之實，是觀其自養，則是在下觀上，乃有二義：若所養是賢，及自養有節，則是其德盛也；若所養非賢，及自養乖度，則其德惡也。此卦之意，欲使所養得也，不欲所養失也。天地養萬物者，自此已下，廣言頤卦所養事大，故云天地養萬物也。聖人養賢以及萬民者，先須養賢，乃得養民，故云養賢以及萬民也。聖人但養賢人使治衆，衆皆獲安，有如虞舜五人，周武十人，漢帝張良，齊君管仲，此皆養得賢人以為輔佐，政治世康，兆庶咸説，此則聖人養賢以及萬民之養也。頤之時大矣哉者，以《象》釋頤義於理既盡，更无餘意，故不云義，所以直言頤之時大矣哉。以所養得廣，故云大矣哉。

（漢）韓嬰《韓詩外傳》卷七 傳曰：齊景公問晏子：爲國何患？晏子對曰：患夫社鼠，景公曰：何謂社鼠？晏子曰：社鼠出竊於外，入託於社，灌之恐壞牆，燻之恐燒木，此鼠之患。今君之左右，出則賣君以要利，入則託君，不罪乎亂法，君又幷覆而有之。此社鼠之患也。景公曰：嗚呼，豈其然！人有市酒而甚美者，置表甚長，然至酸而不售。問里人其故。里人曰：公之狗甚猛，而人有持器而欲往者，狗輒迎而齧之，是以酒酸不售也。士欲白萬乘之主，用事者迎而齧之，亦國之惡狗也。左右者爲社鼠，用事者爲惡狗，此爲國之大患也。《詩》曰：瞻彼中林，侯薪侯蒸。言朝廷皆小人也。

《禮記・檀弓下》 滕成公之喪，使子叔敬叔弔，進書，子服惠伯爲介。及郊，爲懿伯之忌不入。惠伯曰：政也，不可以叔父之私不將公事。遂入。

《論語注疏・顏淵》 樊遲問仁，子曰：愛人。問知，子曰：知人。樊遲未達。子曰：舉直錯諸枉，能使枉者直。包曰：舉正直之人用之，廢置邪枉之人，則皆化爲直。樊遲退，見子夏曰：鄉也吾見於夫子而問知，子曰：舉直錯諸枉，能使枉者直。何謂也？子夏曰：富哉言乎！舜有天下，選於衆，舉皋陶不仁者遠矣。湯有天下，選於衆，舉伊尹，不仁者遠矣。孔曰：言舜、湯有天下，選擇於衆，舉皋陶伊尹，則不仁者遠矣，仁者至矣。

疏：樊遲至遠矣。正義曰：此章明仁、知也。樊遲問仁。子曰：愛人者，言汎愛濟衆是仁道也。問知。子曰：知人者，言知人賢才而舉之，是知也。樊遲未達。子曰：舉直錯諸枉，能使枉者直者。樊遲未曉達知人之意，故孔子復解之，言舉正直之人而用之，廢置邪枉之人，則皆化爲直，故曰：能使枉者直也。樊遲退，見子夏曰：鄉也吾見於夫子而問知，子曰：舉直錯諸枉，能使枉者直，何謂也者？樊遲雖問舉直錯枉之語，猶自未喻，故復問子夏也。子夏曰：富哉言乎者。子夏聞言卽解，故歎美之曰：富盛哉，此言乎！舜有天下，選於衆，舉皋陶，不仁者遠矣。湯有天下，選於衆，舉伊尹，不仁者遠矣者，此子夏爲樊遲説舉直錯枉之事也。言舜、湯有天下，選擇於衆，舉用皋陶、伊尹，則不仁者遠矣，仁者至矣。長其能使邪枉者亦化爲直也。

《論語注疏・衛靈公》 子曰：君子義以為質，禮以行之，孫以出之，信以成之。君子哉！鄭曰：義以為質，謂操行。孫以出之，謂言語。《音義》：孫，音遜。疏：正義曰：此章論君子之行也。義以為質，謂操執以行者，當以義為體質，文之以禮，然後行之。孫順其言語以出之，守信以成之，能此四者，可謂君子哉。

（清）劉寶楠《論語正義・衛靈公》 子曰：人能弘道，非道弘人。注：王曰：才大者，道隨大；才小者，道隨小，故不能弘人。正義曰：道隨才爲大小，故人能自大其道，卽可極仁聖之詣，而非道可以弘人。故行之不著，習矣不察，終身由之，而不知其道，則仍不免爲衆。《中庸記》所云苟不至德，至道不凝焉，卽此意也。《漢書・董仲舒傳》：夫周道衰於幽、厲，非道亡也，幽、厲不繇也。至於宣王，思昔先王之德，興滯補弊，明文、武之功業，周道粲然復興。下引此文。又《禮樂志》載平當説衰微之學，興廢在人，亦引此文，義皆可證。

（清）劉寶楠《論語正義・陽貨》 子曰：色厲而内荏，譬諸小人，其猶穿窬之盜也與？《漢書・胡建傳》：《黄帝李法》曰：壁壘已定，穿窬不繇路，是謂姦人，姦人者殺。此在軍律尤嚴也。

（宋）朱熹《四書章句集注・孟子集注・離婁章句上》 故曰：徒善不足以爲政，徒法不能以自行。徒，猶空也。有其心，無其政，是謂徒善；有其政，無其心，是謂徒法。程子嘗言：爲政須要有綱紀文章，謹權、審量、讀法、平價，皆不可闕。而又曰：必有《關雎》《麟趾》之意，然後可以行《周官》之法度，正謂此也。《詩》云：不愆不忘，率由舊章。遵先王之法而過者，未之有也。《詩・大雅・假樂》之篇。愆，過也。率，循也。章，典法也。所行不過差不遺忘者，以其循用舊典故也。

（清）焦循《孟子正義・告子章句下》 孟子曰：舜發於畎畝之中，傅説舉於版築之間，膠鬲舉於魚鹽之中，管夷吾舉於士，孫叔敖舉於海，百里奚舉於市。故天將降大任於是人也，必先苦其心志，勞其筋骨，餓其體膚，空乏其身，行拂亂其所爲，所以動心忍性，曾益其所不能。注：舜耕歷山，三十徵庸。傅説築傅巖，武丁舉以爲相。膠鬲，殷之賢臣，遭紂之亂，隱遁爲商，文王於鬻販魚鹽之中得其人，舉之以爲臣也。士，獄官也。管仲自魯囚執於士官，桓公舉以爲相國。孫叔敖隱處，耕於海濱，楚莊王舉之以爲令尹。百里奚亡虞適秦，隱於都市，繆公舉之於市而以爲相也。言天將降下大事，以任聖賢，必先勤勞其身，餓其體而瘠其膚，使其身乏資絶糧，所行不從，拂戾而亂之者，所以動驚其心，堅忍其性，使不違仁，困而知勤，曾益其素所不能行。【略】人恆過，然後能改；困於心，衡於慮，而後作；徵於色，發於聲，而後喻。注：人常以有繆思過行，不得福，然後乃更其所爲，以不能爲能也。困瘁於心，衡，横也。横塞其慮於胷臆之中，而後作爲奇計異策，憤激之説也。徵驗見於顔色，若屈原憔悴，漁父見而怪之。發於聲而後喻，若甯戚商歌，桓公異之。【略】入則無法家拂士，出則無敵國外患者，國恆亡。然後知生於憂患，而死於安樂也。注：入，謂國内也。無法度大臣之家，輔拂之士。出，謂國外也。無敵國可難，無外患可憂，則凡庸之君，驕慢荒怠，國常以此亡也。故知能生於憂患、死於安樂也。死，亡也。安樂怠惰，使人亡其知能也。疏：注輔拂之士。正義曰：《音義》云：拂，音弼。《荀子・臣道篇》云：有能抗君之命，竊君之重，反君之事，以安國之危，除君之辱，功伐足以成國之大利，謂之拂。《説苑・臣術篇》引此文拂作弼。《賈子・保傅篇》云：潔廉而切直，匡過而諫邪者，謂之拂。拂者，拂天子過者也。《大戴記・保傅篇》載此文上二拂字作弼。《説文》弜部云：弼，輔也，重文作弻。手部云：拂，過擊也。然則弼爲本字，以弻从弗聲，同拂，故假借拂也。注故知至能也。正義曰：《音義》出知生字，云：丁依注意智，注同。陸如字，云：言憂患者以生全，安樂者得死亡也。趙氏讀知爲智，故以知能明之。卽德慧術智恆存乎疢疾之義。乃知能可言生，不可言死，故以死爲亡，謂死於安樂，卽是安樂怠惰，亡其知能。然揆經文之意，然後二字終不可達。以死爲亡，究爲曲説。陸氏讀如字是。《春秋繁露・竹林篇》云：深本頃公之所以大辱，身幾亡國，爲天下笑，其端乃從懾魯勝衛起。伐魯，魯不敢出，擊衛，大敗之。因得氣而無敵國以興患也。故曰得志有喜，不可不戒，此其效也。自是後頃公恐懼，不聽聲樂，不飲酒食肉，内愛百姓，問疾弔喪，外敬諸侯，從會與盟，卒終其身，家國安康。是福之本生於憂，而禍起於喜也。此正發明《孟子》此文之義。

（宋）劉恕《資治通鑑外紀》卷二《商紀・高宗武丁》 劉恕曰：武丁卽位之初，殷道中衰，甘盤遯世，朝多具臣。傅説賢而隱于胥靡，一旦舉而用之，出于微賤，衆必駭怪。故託於夢寐，旁求天下，置諸左右，如天所授。羣臣莫之疑懼，而傅説之道得行也。若不知其才，徒以夢取，則與王莽按符命以王興王盛爲四將，光武據讖用王梁爲司空，何異哉！仲尼刊書而存之，可以見武丁之意矣。

（清）馬驌《繹史》卷一一一《申不害相韓》 韓昭侯謂申子曰：法度甚易行也。申子曰：法者見功而與賞，因能而受官。今君設法度而聽左右之請，此所以難行也。昭侯曰：吾自今以來知行法矣，寡人奚聽矣。

（清）錢儀吉《三國會要》卷一九《選舉二·魏選舉》 魏武令曰：喪亂以來，風教凋薄，謗議之言，難用褒貶，自建安以前，一切勿論，其以斷前誹議者，以其罪罪之。

建安十五年令曰：天下未定，求賢之急時也。若必廉士而後可用，則齊桓何以霸世？今天下得無被褐懷玉而釣於渭濱者乎！又得無盗嫂受金而未遇無知者乎！唯才是舉，吾得而用之。

十九年令曰：有行之士，未必能進取；進取之士，未必能有行也；士有偏短，庸可廢乎！有司明思此義，則士無遺滯，官無廢業矣。

二十二年令曰：今天下得無有至德之人，放在民間；及果勇不顧，臨敵力戰；若文俗之吏，高材異質，或堪爲將守，負汙辱之名，見笑之行，或不仁不孝而有治國用兵之術，其各舉所知，勿有所遺。

魏武選令曰：諺曰：失晨之雞，思補更鳴。昔季闡在白馬，有受金取婢之罪，棄而勿問，後以爲濟北相，以其能故。

令曰：領長史王必是吾披荆棘時吏也，故教辟之。

延康元年令曰：故尚書僕射毛玠，奉常王修、涼茂，郎中令袁渙，少府謝奂、方潛，中尉徐奕，國淵等，皆忠直在朝，履蹈仁義，並早卽世，而子孫陵遲，惻然愍之，其皆拜子男爲郎中！

又： 夫官才用人，國之柄也。故銓衡專於臺閣，上之分也；孝行存乎閭巷，優劣任之鄉人，下之敍也。夫欲清教審選，在明其分敍，不使相涉而已。若令中正但考行倫輩，倫輩當行，均斯可官矣；行有大小，比有高下，則所任之次亦別矣；奚必使中正干銓衡之機於下，而執機柄者有所委仗於上，上下交侵，以生紛錯哉！且衆職之屬各有官長，但使官長各以其屬能否，獻之臺閣，臺閣則據官長能否之第，參以鄉閭德行之次，擬其倫比，勿使偏頗；中正則唯考其行迹，別其高下，審定輩類，勿使升降，而總之於臺閣。官長所第，中正輩，擬比隨次，率而用之，如其不稱，責負在外。內外相參，得失有所，庶可静風俗而審官才矣。

《晉書》卷五二《華譚傳》 太康中，刺史嵇紹舉譚秀才，將行，別駕陳總餞之，因問曰：思賢之主以求才爲務，進取之士以功名爲先，何仲舒不仕武帝之朝，賈誼失分漢文之時？此吴晉之滯論，可辨此理而後別。譚曰：夫聖人在上，物無不理，百揆之職，非賢不居。故山林無匿景，衡門不棲遲。至承統之王，或是中才，或復凡人，居聖人之器，處兆庶之上，是以其教日穨，風俗漸弊。又中才之君，所資者偏，物以類感，必於其黨，黨言雖非，彼以爲是。以所授有顔冉之賢，所用有廊廟之器，居官者日冀元凱之功，在上者日庶堯舜之義，彼豈知其政漸毁哉！朝雖有求賢之名，而無知才之實。言雖當，彼以爲誣；策雖奇，彼以爲妄。誣則毁己之言入，妄則不忠之責生。豈故爲哉？淺明不見深理，近才不覩遠體也。是以言不用，計不施，恐死亡之不暇，何論功名之立哉！故上官昵而屈原放，宰嚭寵而伍員戮，豈不哀哉！若仲舒抑於孝武，賈誼失於漢文，蓋復是其輕者耳。故白起有云：非得賢之難，用之難。非用之難，信之難。得賢而不能用，用而不能信，功業豈可得而成哉！

《魏書》卷一五《昭成子孫傳·元暉》 上疏曰：臣聞治人之本，實委牧守之官。得其才則政平物理，失其人則訟興怨結。自非察訪善惡，明加貶賞，將何以黜彼貪怠，陟此清勤也。竊以大使巡省，必廣迎送之費；御史馳糾，頗回威濫之刑。且暫爾往還，理不委悉，縱有簡舉，良未平當。愚謂宜令三司、八座、侍中、黄門，各布耳目，外訪州鎮牧將治人，守令能不。若德教有方，清白獨著，宜以名聞，卽加褒陟。若治績無効，貪暴遠聞，亦便示牒，登加貶退。如此則不出庭戸，坐知四方，端委垂拱，明賞審罰矣。

《魏書》卷二一上《獻文六王傳上·廣陵王》 高祖曰：夫刑獄之難，實惟自古，必也斷訟，夫子所稱。然五局所司，專主刑獄，比聞諸風聽，多論五局不精。知人之難，朕豈獨決，當與羣臣同之。卿等各陳所聞。高祖謂羽及少卿鄧述曰：五局司直，卿等以何爲品？羽對曰：諸司直並簡聖心。往者，百官初置，擢爲獄官，聽訟察辭，無大差越。所以爲二等者，或以視事甫爾，或以見機遲速，朝廷既有九品之制，故計其絲髮之差，以爲品第。統論所得，大都相似。高祖曰：朕頃年以其人識見可取，故簡司獄官，小優劣不足爲差。然廷尉所司，人命之本事，須心平性正、抑强哀弱、不避貴勢、直情折獄者可爲上等。今正欲聽採風謡，虚實難悉；正欲不採，事無所據。然人言惡者未必是惡，言善者不必是善。所以然者，或斷訟不避豪貴，故人以爲惡；或將勢抑賤，貴人以爲好。然關朕之聽，皆貴者言，是以遲迴三復，良由於此。局事須冰清玉潔，明揚褒貶。卿等既是親典，邪正得失，悉所具之，可精辨以聞。鄧述對曰：陛下行賞得人，餘者甘心；若賞不盡能，無以勸勵。如臣愚見，願不行賞。高祖曰：朕昔置此官，許三年考績，必行賞罰。既經今考，若無黜陟，恐正直者莫肯用心，邪曲者無以改肅。自非釋之于公，何能盡其至理。雖不可精其微致，且望粗有殿最。諸尚書吏與羣官善量所以。

《北齊書》卷四六《循吏傳》　先王疆理天下，司牧黎元，刑法以禁其姦，禮教以防其欲。故分職命官，共理天下。《書》云：知人則哲，能官人安人則惠。睿哲之君，必致清明之臣，昏亂之朝，多有貪殘之吏。高祖撥亂反正，以卹隱爲懷，故守令之徒，才多稱職。仍以戰功諸將，出牧外藩，不識治體，無聞政術。非唯暗於前言往行，乃至始學依判付曹，聚斂無厭，淫虐不已，雖或直繩，終無悛革。於戲！此朝廷之大失。大寧以後，風雅俱缺，賣官鬻獄，上下相蒙，降及末年，黷貨滋甚。齊氏循良，如辛術之徒非一，多以官爵通顯，别有列傳。如房仲幹之屬，在武平之末能卓爾不群，斯固彌可嘉也。

《舊唐書》卷一八六《酷吏傳上》　古今御天下者，其政有四：五帝尚仁，體文德也；三王仗義，立武功也；五霸崇信，取威令也；七雄任力，重刑名也。蓋仁義既廢，然後齊之以威刑；威刑既衰，而酷吏爲用，於是商鞅、李斯譎詐設矣。持法任術，尊君卑臣，奮其策而鞭撻宇宙，持危救弊，先王不得已而用之，天下之人謂之苛法。降及兩漢，承其餘烈，於是前有郅都、張湯之徒持其刻，後有董宣、陽球之屬肆其猛。雖然異代，亦克公方，天下之人謂之酷吏，此又鞅、斯之罪人也，然而網既密而姦不勝矣。夫子曰：刑罰不中，則人無所措手足。誠哉是言也。

唐初革前古之敝，務於勝殘，垂衣而理，且七十載，而人不敢欺。由是觀之，在彼不在此。逮則天以女主臨朝，大臣未附，委政獄吏，剪除宗枝。於是來俊臣、索元禮、萬國俊、周興、丘神勣、侯思止、郭霸、王弘義之屬，紛紛而出。然後起告密之刑，制羅織之獄，生人屏息，莫能自固。至於懷忠蹈義，連頸就戮者，不可勝言。武后因之坐移唐鼎，天網一舉，而卒籠八荒，酷之爲用，斯害也已。遂使酷吏之黨，横噬於朝，制公卿之死命，擅王者之威力。貴從其欲，毒侈其心，天誅發於唇吻，國柄秉於掌握。兇慝之士，榮而慕之，身赴鼎鑊，死而無悔。若是者何哉？要時希旨，見利忘義也。

嘗試而論之，今夫國家行斧鉞之誅，設狴牢之禁以防盗者，雖云固矣，而猶踰垣掘塚，揭篋探囊，死者於前，盗者於後，何者？以其間有欲也，然所徇者不過數金之資耳！彼酷吏與時上下，取重人主，無怵惕之憂，坐致尊寵，杖起卒伍，富擬封君，豈唯數金之利耶？則盗官者爲幸矣。故有國者則必窒覬覦之路，杜僥倖之門，可不務乎！況乎樂觀時變，恣懷陰賊，斯又郅都、董宣之罪人也。異哉，又有效於斯者！中興四十載而有吉温、羅希奭之蠹政，又數載而有敬羽、毛若虚之危法。朝經四葉，獄訟再起，比周惡黨，勦絶善人。屢撓將措之刑，以傷太和之氣，幸災樂禍，苟售其身，此又來、索之罪人也。

嗚呼！天道禍淫，人道惡殺，既爲禍始，必以凶終。故自鞅、斯至于毛、敬，蹈其跡者，卒以誅夷，非不幸也。嗚呼！執愚賈害，任天下之怨；反道辱名，歸天下之惡。或肆諸原野，人得而誅之；或投之魑魅，鬼得而誅之。天人報應，豈虚也哉！俾千載之後，聞其名者，曾蛇豕之不若。悲夫！昔《春秋》之義，善惡不隱，今爲《酷吏傳》，亦所以示懲勸也。語曰：前事不忘，將來之師。意在斯乎！意在斯乎！

《新唐書》卷一六九《杜黄裳傳》　始，德宗創艾多難，務姑息藩鎮，每帥臣死，遣中人伺其軍，觀衆所欲立者，故大將私金幣結左右，以求節制，晏年尤甚，方鎮選不出朝廷。黄裳每從容具言：陛下宜鑒貞元之弊，整法度，朘損諸侯，則天下治。帝嘗問前古王者所以治亂云云，黄裳知帝鋭於治，恐不得其要，因推言：王者之道，在脩己任賢而已。操執綱領，要得其大者，至簿書獄訟，百吏能否，本非人主所自任。昔秦始皇帝親程决事，見嗤前世；魏明帝欲案尚書事，陳矯不從；隋文帝日昃聽政，衛士傳飡，太宗笑之。故王者擇人任而責成，見功必賞，有罪信罰，孰敢不力？孔子之稱帝舜恭己南面，以其能舉十六相，去四凶，而至無爲。豈必刓神疲體，勞耳目之察，然後爲治哉？帝以黄裳言忠，嘉納之。

（宋）司馬光《資治通鑑》卷二四五《唐紀六一》　臣光曰：夫君子小人之不相容，猶冰炭之不可同器而處也。故君子得位則斥小人，小人得勢則排君子，此自然之理也。然君子進賢退不肖，其處心也公，其指事也實；小人譽其所好，毁其所惡，處，昌吕翻。譽，音余。好，呼到翻。惡，烏路翻。其處心也私，其指事也誣。公且實者謂之正直，私且誣者謂之朋黨，在人主所以辨之耳。是以明主在上，度德而敍位，量能而授官；荀卿子之言。度，徒洛翻。量，音良。有功者賞，有罪者刑；奸不能惑，佞不能移。夫如是，則朋黨何自而生哉！彼昏主則不然。明不能燭，强不能斷；斷，丁亂翻。邪正並進，毁譽交至；取捨不在於己，威福潛移於人。於是讒慝得志而朋黨之議興矣。

夫木腐而蠹生，醯酸而蜹集，蜹，而鋭翻。故朝廷有朋黨，則人主當自咎而不當以咎羣臣也。文宗苟患羣臣之朋黨，何不察其所毁譽者爲實，爲誣，譽，音余。所進退者爲賢，爲不肖，其心爲公，爲私，其人爲君子，爲小人！苟實也，賢也，公也，君子也，匪徒用其言，又當進之；誣也，不肖也，私也，小人也，匪徒棄其言，又當刑之。如是，雖驅之使爲朋黨，孰敢哉！釋是不爲，乃怨羣臣之難治，治，直之翻。是猶不種不芸而怨田之蕪也。朝中之黨且不能去，况河北賊乎！温公此論爲熙、豐發也。

（宋）洪遵《翰苑群書》卷一《李肇翰林志》　貞元三年，贄上疏曰：伏詳令式及國朝典故，凡有詔令，令由於中書。如或墨制施行，所司不須承受。蓋所以示王者無私之義。為國家不易之規。貞觀中有學士一十八人。太宗聽朝之餘，但與講論墳藉，時務得失悉不相干。實録之中具載其事。玄宗末方置翰林。張垍因緣國親，特承寵遇，當時之議以為非宜。然止於唱和文章，批答表疏。其於樞密，輒不預知。肅宗在靈武、鳳翔，事多草創，權宜濟急，遂破舊章。翰林之中始掌書詔。因循未革，以至於今。歲月滋深，漸逾職分。頃者物議，尤所不平。皆云：學士是天子私人，侵敗綱紀。致使聖代虧至公之體，宰臣有備位之名。陛下若俯順人情，大革前弊，凡在詔敕，悉歸中書。遠近聞之，必稱至當。若未能變改，且欲因循，則學士年月較深，稍稍替换。一者謗議不積，二者氣力不衰。君臣之間，庶全終始。事關國禮，不合不言。疏奏，不納。雖徵據錯謬，然識者以為知言。

《宋史》卷二〇一《刑法志三》　神宗即位，又詔曰：夫赦令，國之大恩，所以蕩滌瑕穢，納於自新之地，是以聖王重焉。中外臣僚多以赦前事捃摭吏民，興起獄訟，苟有詿誤，咸不自安，甚非持心近厚之義，使吾號令不信於天下。其内外言事、按察官，毋得依前舉劾，具按取旨，否則科違制之罪。御史臺覺察彈奏，法寺有此奏按，許舉駁以聞。知諫院司馬光言曰：按察之官，以赦前事興起獄訟，禁之誠爲大善。至於言事之官，事體稍異。何則？御史之職，本以繩按百僚，糾擿隱伏。姦邪之狀，固非一日所爲。國家素尚寬仁，數下赦令，或一歲之間至於再三，若赦前之事皆不得言，則其可言者無幾矣。萬一有姦邪之臣，朝廷不知，誤加進用，御史欲言則違今日之詔，若其不言，則陛下何從知之。臣恐因此言者得以藉口偷安，姦邪得以放心不懼。此乃人臣之至幸，非國家之長利也。請追改前詔，刊去言事兩字。光論至再，帝諭以言者好以赦前事誣人，光對曰：若言之得實，誠所欲聞，若其不實，當罪言者。帝命光送詔于中書。

（宋）李燾《續資治通鑑長編》卷四五《宋真宗咸平二年》　八月辛亥朔，上御文德殿，百官入閤，右司諫、直史館孫何次當待制，上疏曰：六卿分職，邦家之大柄也。故周之會府，漢之尚書，立庶政之根本，提百司之綱紀，令、僕率其屬，丞、郎分其行，二十四司粲然星拱；郎中、員外判其曹，主書、令史承其事，四海九州之大，若網在綱。有吏部焉，辨考績而育人才；有兵部焉，簡車徒而治戎備；有戸部焉，正版圖而阜財賦；有刑部焉，謹紀律而誅暴强；有禮部焉，祀神祇而選賢俊；有工部焉，繕宫室而修隄防，六職舉而天下之事備矣。

有唐貞觀之風，最為稱首。於時封疆甚廣，經費尤多，亦不聞别分利權，改創使額，而軍須取足。玄宗侈心既萌，貪地無已，北事奚、契丹，南征閤羅鳳，召發既廣，租調不充，於是蕭炅、楊釗始以地官判度支，而宇文融為租調地税使，雖利孔始開，禍階將作，然版籍根本尚在南宫。肅、代之世，物力蕭然，於是有司之職盡廢，而言利之臣攘臂於其間矣。

征税多門，本於專置使額，故德宗之初，首降詔書，追行古制，天下錢穀，皆歸文昌，咸謂故事復興，太平可致。而天未悔禍，叛亂相仍，經費不充，使額又建，於是裴延齡以利誘君，甚於前矣。憲、穆而下，或迫於軍期，切於國計，用救當時之急，率以權宜裁定。五代短促，曾不是思。國家三聖相承，五兵不試，太平之業，垂統立制，在茲辰也。

（宋）李燾《續資治通鑑長編》卷四八《宋真宗咸平四年》 祕書丞、知金州陳彭年上疏曰：

夫事有雖小而可以建大功，理有雖近而可以為遠計者，臣請言之，其事有五：一曰置諫官，二曰擇法吏，三曰簡格令，四曰省官員，五曰行公舉，此五者實經世之要道，致治之坦塗也。夫置諫諍之官，開獻替之路，堯、舜、湯、武所共然也，何者？以正直之臣，忠信之士，參立左右，專奉箴規，有事必言，有闕必諫，足以達四方之壅蔽，資聖主之聰明。今雖有諫官，且無言責，或出居外任，或兼領餘司，常箝口以自安，少危言而替否，是同虛器，何補聖猷？臣請依六典員數，置諫議大夫、司諫、正言，並選孤立無黨，忠直不欺，言行相符，名實相稱者為之，俱以才授，不以敍遷。使其常立朝廷，專居諫署，入觀朝政，出聽輿詞。或作事失中，或出令未當，或遷舉無狀，或獄訟有冤，小則上章，大則廷諍。然後陛下察其所言，可者從之，否者罷之。歲終，以言事之多少，為課最之高卑，忠讜盡規者甄升，依阿固位者懲責。自然人皆竭節，政必無邪，臣下不敢偷安，朝廷得以震肅矣。

又人命所繫，在於法官，官或非才，人必無告。古者按大獄，議大刑，雖本於法律，亦輔以經義。故釋之、定國之為廷尉，則無冤人，張湯、趙禹之列九卿，乃名酷吏。今國家重文學之選，輕刑法之司，故其屬僚未得盡善。用忠恕之道，則為曠官，徇深刻之文，乃名奉法，唯格律而是守，豈經義之能詳？若是，則囹圄何由空虛，鈇鑕何由偃息。臣請今後廷尉官屬，咸委所司慎加銓擇，不拘資敍，唯擢才能，使其理一成之刑，務於平允，用三宥之法，志在哀矜，無以愛憎舞文，無以高下希旨，自然民知恥格，時洽和平。

又法令者，國家之權衡，生民之銜轡，貴於簡易，惡乎滋章，久用則民知適從，數變則人無所措。近者陛下知制敕之頻降，懼條科之太繁，旋奉聖謨，特令删定。既經歷之者皆是名臣，則措置之閒固皆合理。而詔書頒下，方及踰年，後敕施行，又將累百，或删去者重為條貫，或已有者更示申明，無益憲章，徒繁簡牘。且理遵畫一，則吏無以欺民，令或頻更，則人得以弄法，損益之際，豈不明哉。古人有言：利不十，不變法。誠為此也。況先朝求理之心，陛下繼明之志，詔令一出，夷夏同歡，縱少有於闕文，亦無妨於大體，豈煩改作，以致多門。臣請今後有上封言事請變格法者，非有大益，無改舊章，庶使號令愈明，刑辟漸措。

（宋）李燾《續資治通鑑長編》卷二二五《宋神宗熙寧四年》 陛下方有大有為之心，固將舉直錯諸枉以示天下，而左右耳目之士以利為害，以直為曲，以是為非，以有為無，臣恐有傷陛下之明而害陛下之政也。御史有言責者也，臣有官守者也；御史之所論，臣之官守也；御史以言責言，臣以官守言，此臣之區區所以事陛下之義不敢不盡也。願陛下以臣所言宣示中外，使有識之士參考其是非。今臣言有涉誣罔，則誅夷竄逐，臣所甘心，陛下之法亦不可貸；如言不妄，則陛下亦當察其情僞而以大公至正之道處之，則天下之幸也！

（宋）李燾《續資治通鑑長編》卷三七〇《宋哲宗元祐元年》 陶又言：

伏謂朝廷差除之法，大别有三，自兩府而下，至侍從官，悉稟聖旨，然後除授，此中書不敢專也。自卿監而下及已經進擢，或寄禄至中散大夫者，皆由堂除，此吏部不敢預也。自朝議大夫而下，受常調差遣者，皆歸吏部，此中書不可侵也。法度之設，至詳至密，所以防大臣之專恣，革小人之僥倖也。恭惟神宗在御，深究其弊，凡堂選、奏舉之類，並悉罷去，以示大公之道。始因去年八月中，執政申請，以繁劇處重法地分為詞，收占吏部所用知州、通判、知縣并在京庫務、寺、監丞闕六十餘處，並歸中書取旨選差之後，除吏之弊，私徇寖多。天下州郡除别京大府並元係堂除處及取旨選差并元屬八路指射外，其歸于吏部以待常調者，數極少而員極多。【略】

夫威福者，天子之所得專；法度者，大臣之所當守。今大臣進退群吏，一出己意，不守法度，而欲專威福矣。臣恐朝廷不尊，而紀綱紊亂，當此之時，宜戒其漸也。伏願聖慈，將合係堂除闕編為一等，今後如有合得堂除之人，只於前項去處定差。其曾經擢用而非次差替罷，或責降牽復，不送吏部者，於合得堂除人之下，别為一等，依名次先後差遣。並不得於吏部所使闕差授，及銜已授之人。所有元豐八年八月取旨選差條貫，乞賜删改。

（宋）李燾《續資治通鑑長編》卷四二九《宋哲宗元祐四年》　左諫議大夫梁燾言：臣恭以國家之治務，在急賢材；人材之難，莫如宰相。方今多事，宰相之任，尤宜得人。陛下聰明勤儉，夙夜求治，拔擢輔臣，覬成公道，邪人多過，上負聖恩，任用之際，不可再失。必致注意仰成，固在留神審擇，先之以德器，次之以材能。有德器則不肯為姦，有材能則可以濟事。德器者，人望之所歸；材能者，士論之所服。在此二者，必得一長，使命下之日，中外歡然，有光陛下知人之明，以重天下觀國之勢，誠為宗社之福也。臣前日蒙陛下面詢，臣已具奏所知，不敢有隱。如陛下未以為允，乞少虚其位，深留聖意，審察而詳擇之。貼黄：若求經綸全材，未易遽得，不得已且求敦厚誠實之人，雖然材力有所不逮，且不敢為朋比欺罔，君臣之間，可以委信。但使推廣恩德，謹守法度，則自然漸致安靜矣。陛下聰明，必已自得人，臣妄言納忠，庶或有補。臣聞新除左、右丞，才薄望輕，士論不服。朝廷已行之命，臣不敢輕議，然大臣數易，非安靜之道，又其人未有顯然過惡，伏願陛下面加戒飭，使盡忠當事，試之歲月，徐觀其效，若便仰成，恐誤聖意。燾面奏所知，當考。

（宋）李燾《續資治通鑑長編》卷四七一《宋哲宗元祐七年》　御史中丞鄭雍言：竊觀治古之君，享國隆盛，措世安榮，未嘗不以人才為先。堯之聖，克明俊德；舜之明，咨於四岳。禹勤求賢士，湯立賢無方，則夫二帝、三王未有不先於此者。恭惟皇帝陛下謙恭退託，委任輔相而求賢，養士之法似未及古。今邊鄙幸無甚患，設一方有警，其可使帥方面者幾何人？天下財匱，黎民重困，其能不傷財、不害民者幾何人？河流未定，議論不決，其能窮利害，省民力者幾何人？朝廷有大述作，其能討論潤色華國者幾何人？凡此皆朝廷嘗有求而未得也。頃司馬光建請侍從之臣以十科舉士，今其法雖存，徒文具耳。何哉？朝廷不以近臣之言為信，近臣不以真賢實能報朝廷，求其得人難矣。臣欲乞詔宰臣、執政大臣，各選賢能，不限人數，以時上聞。仍令内外從官待制以上，約十科法，隨人才所長，歲各薦三人。内中置籍，列所薦及薦之者姓名，以備聖覽。每三省進擬閒用其人，陛下可以從中觀省，且以察近臣之能否。毋為空文，示以必信，則陛下之臣皆用心於求賢，而堯、舜之治可臻矣。

（清）徐乾學《資治通鑑後編》卷一〇九《宋紀一〇九》　侍御史永福黄龜年上書曰：臣聞一言而盡事君之道曰忠，罪莫大於欺君；一言而盡輔政之道曰公，罪莫大於私己。臣人者背公而徇私，則刑賞僭濫慮人主之照其姦，則合黨締交相與比周熒惑主聽，故附下罔上之黨盛而威福之柄下移，禍有不可勝言者。

（宋）李心傳《建炎以來繫年要録》卷二七《建炎三年己酉閏八月丁丑朔之乙巳》　郡守縣令者，親民之官。監司官統臨州縣之長，天下之治起於一縣，縣治則州治，州無不治，則天下治矣，明主必慎擇居此之人，既得其人，必久任之，以考功罪之實，而施賞罰焉。

（宋）李幼武《宋名臣言行録外集》卷四《張載横渠先生明公》　命校書崇文辭復按獄。浙東或曰張某以道德進，不宜使之治獄，執政曰：淑問如皐陶猶獻囚，此何傷？獄成還朝，會弟天祺以言得罪，先生益不安，乃謁告西歸。

（宋）呂中《宋大事記講議》卷二一《徽宗皇帝・小人變法》　元符三年，蔡京言紹述事，上搖手示京，曰：朕盡解此，獨母后之意未聽。姑待言。詔增損役法，下紹述詔，畧曰：朕於為政用人，無彼時此時之間，斟酌損益惟義所在，嘉與有位共圖紹述之美。自今有曲學偏狥妄意改作規害國事者，當與衆棄之。罷平準格，以王勳為翰林學士。勳以上鋭意圖治，任事者不如以達孝之義，開説因疏。武王周公之達孝者，又謂神考作法於前，子孫守之於後，然時異事殊，理須損益，亦神宗之意也。建中靖國元年，曾布以禁中密旨，諭趙挺之議紹述。挺之自此擊元祐舊臣，而國論一變矣。曾布初以熙豐之法久當補弊，已而背前議，以其法不可改。上欲兩存，以問，徐勣曰：天下之事有是與非，朝廷之人有忠與佞，不考其實，姑務兩存，未見其可。鄧洵武進愛莫助之圖，言欲繼志述事，非用蔡京不可。崇寧元年六月，曾布罷。布於元豐末欲以元祐兼紹聖而行，故力排蔡京。崇寧初，知上意所向，又力排忠彥，引京以自助。七月，焚元祐法，罷春秋博士，復紹聖役法、更茶法、更鹽法。三年復方田更科舉法，並由學校升貢。政和二年，禁史學。宣和三年，復元豐保甲舊制。五年，禁元祐學術。六年，科免夫錢。

人皆以建中靖國為更化之始時，而不知紹述之詔已下於元符之末。而禁中之意，曾布、蔡京已知之。布在熙寧之時，則附王安石惠卿之議。至紹聖之時乃詭請薦陳瓘黄庭堅輩，又請毋毁吕公著碑。至建中之時，初知上有消朋黨之意，乃排蔡京而主元祐。及知上有紹述之意，則排忠彦而主紹述。甚至蔡京者，其奸又過於布。在熙寧則奉行熙寧之法，在元祐則奉行元祐之法，在紹聖則奉行紹聖之法。國論三變而蔡京乃與之俱變，此小人不足責，而引用小人自安石始，然安石之心與章子厚不同，章子厚之心與蔡京諸人不同。盖安石之法猶出於所學，章子厚之法將托安石以報私怨耳。至蔡京則又托紹述以奉人主之侈心耳。愈變愈下，所以致中原之禍也。

（元）張養浩《三事忠告》卷三《風憲忠告・自律》　士而律身，固不可以不嚴也，然有官守者，則當嚴於士焉；有言責者，又當嚴於有官守者焉。蓋執法之臣將以糾奸繩惡以肅中外，以正紀綱，自律不嚴，何以服眾？夫所謂嚴如處子之居室，一行一住一語一嘿必語禮法，厥德乃全；跬步有違，則人人得而訾之。苟挾權怙勢，惟殖己私，或巧規子錢，或盜行鹽帖，或荒躭曲蘖，或私用親屬，或田獵不時，或宴遊無度，或潛托有司之事，或妄興不急之工，或曠官第而弗居，或縱家人而不撿，於斯數者而有一焉，皆足為風憲之累。近年南北富民多起宅以居勢要，因濟己私，既有官舍，則不必居於彼矣。夫朝廷以中臺為肅政，御史為監察，以憲司為廉記者，政欲弭奸貪，戢侵擾，開誠布公，俾所屬知所法也，今而若是，牧民之吏將焉法哉？且他人有犯輕，則吾得而言之；又重，吾得聞於上而僇之；己之所犯，其孰得而發哉？恃人不敢發，日甚一日，將如臺察何？將如天理何？故余備載其然，俾為憲司者有則改之，無則益知所以自重。

（元）張養浩《三事忠告》卷三《風憲忠告・按行》　將家云：多筭勝少筭，少筭勝無筭。不特用兵為然，雖涖官臨政，亦莫不爾。夫廉司所涖之處，一方官吏皆惕然不自安；其所不安者，由彼為惡日久，恐人有以發而訟之一旦故也。彼既内隱其惡，則必多方以求司官所親之人而解之。夫司官所親者，曰書吏焉，曰奏差焉，曰總領焉，曰祗侯焉。夫為人彌縫私罪，則何求不得，何請不隨。為司官者，苟不深防預備，嚴為禁切，萬一連己，悔將何及。若乃司官廉正，猶或庶幾；其或彼此胥貪，弊將焉救？於是乎有箕斂者，有稇載者，有篋笥充者，有囊橐盈者，微至土地所宜，靡不搜刮。昔端州出佳硯，包孝肅公出判於彼，及其代也，徒手而歸。李及知杭州，絲饋縷謁不逮門，由市白樂天文集，終身以為慊。古人持身之廉如此，況在風憲，其所行州郡，敢假分毫之物以自溷哉！大抵憲長得人，則司官不敢恣；司官得人，則書吏不敢恣。抑聞各道公燕，司官、書吏、奏差同堂而坐，喧嘩笑謔，上下不分，所以致彼操縱自如，百無忌憚。諺謂：廉訪司，書吏之權。跡此觀之，信匪虚語。誠能設法以禁之，盛威以臨之，小有所犯，即隨以鞭撲，如此庶使精鋭消沮，威福不張於外矣。凡初入風憲者，不可不知。

《明史》卷二五五《劉宗周傳》　於是宗周出奏曰：陛下方下詔求賢，姜埰、熊開元二臣遽以言得罪。國朝無言官下詔獄者，有之自二臣始。陛下度量卓越，妄如臣宗周，戇直如臣黄道周，尚蒙使過之典，二臣何不幸，不邀法外恩？帝曰：道周有學有守，非二臣比。宗周曰：二臣誠不及道周，然朝廷待言官有體，言可用用之，不可置之。即有應得之罪，亦當付法司。今遽下詔獄，終於國體有傷。帝怒甚，曰：法司錦衣皆刑官，何公何私？且罪一二言官，何遽傷國體？有如貪贓壞法，欺君罔上，皆可不問乎？宗周曰：錦衣，膏粱子弟，何知禮義，聽寺人役使。即陛下問貪贓壞法，欺君罔上，亦不可不付法司也。

《明宣宗實録》卷三八《宣德三年二月》　《賞罰篇》夫治田者，必資耒耜；治木者，必資斧斤；理天下者，必用賞罰。賞罰，人主所以勸懲之具也。然賞不以厚薄，惟其公；罰不以輕重，惟其當。故賞一人而天下莫不悦，罰一人而天下莫不懼者，惟其公且當也。古之帝王不以私愛而加賞，不以私惡而加罰。私愛而賞，為濫恩；私惡而罰，為濫刑。恩濫，民不貴而無所勸；刑濫，民必冤而無所措。由是不知興於善而有離畔之心矣。故人君賞罰，必存大公至正之道，不可不察也。《黜陟篇》為治本於任官。任官貴乎責實，考課、黜陟之法。所謂責實也，盖天下機務，人君一身，勢不能獨理，必資於群才，然其賢否或殊，勤怠亦異，非考察以驗其功過，黜陟以示夫勸懲，未可以幾於治也。故為人上者，虚己以用人，執簡以御煩，體要以制衆。行之以至公至明之心，守之以大中至正之道。而後約以歲月，稽其事功。果賢焉，陟之；果否焉，黜之；果勤焉，進之；果怠焉，退之。平若持衡，明若懸鏡。如是，則衆之賢且勤者皆悦而益奮，不賢而怠者皆懼而改行，而治效可望矣。昔唐虞三考黜陟，成周三歲大計群吏而賞罰之，皆此道也。後世苟簡為治，不務責實，用人之際考課無法，黜陟不明，加有愛憎之私，於是有賢而勤者見屈，不肖而惰者獲伸。如此，尚何望治效之幾於古哉？故用人致治，必以唐虞成周為法，而以後世苟簡為戒。若考課黜陟之法既明，尤當擇乎中正之人任之，不然徒法而已。此國家致治之要務，不可不謹。《卹刑篇》聖人視民猶子，而以刑法加之者，不得已也。足衣食以養民，明禮義以教民，此聖人之心也。如是而不從，然後刑以威之。刑實輔教焉耳，教養不至，徒恃刑以為治，是謂厲民，非聖人之政也。故聖人之政，刑一人足以戒萬人，昭天討也。過誤不幸，從而赦之，原人情也。親故賢能：若功，若勤、若貴、若賓，從而議之，全恩禮也。不殺不辜，寧失不經，厚之至也。折獄惟良，慎任人也。五者備至而刑有不省，民有不化者，必無之理也。四凶之罪，止於流放竄殛。三代之治，專用德教，深仁厚德，上承天休，昭譽萬世。若漢文帝除肉刑及誹謗法，唐太宗禁鞭背死刑至五覆奏。二君忠厚之澤，庶幾三代子孫，享國長久，此其效也。秦隋以刑立威，曾不再傳而遂失之。斯可監矣！

《明英宗實録》卷二二四《景泰三年十二月》 十三道御史練綱等言舉用方面事例，有旨：令禮部集議，吏部不俟議定即奏陞福建按察司僉事李顒為參政，楊珏為按察使。蓋吏部恐議定莫遂其姦，故即爾銓注。夫所舉縱皆得其人，亦當避嫌。況楊珏見為副使，曹祥發其贓私。且吏部推選多不公。如向者所舉陝西按察使何自學，不能檢身齊家，為家奴所殺；山東按察使張清，今為尚書薛希璉所黜；副使張哲，未任之先亦為都御史韓雍所黜；户部主事楊愈，考平常例不當陞乃陞為河南府知府；湖廣副使陳質，九年例陞二級，乃止陞左參政一級；僉事曾蒙簡，未及一考，以殺賊功例陞一級，乃越陞左參政三級。此其情弊顯然，當時臣等非不劾奏。但給事中、御史之内，有以直言觸其同類大臣者，吏部尚懷猜忌，往往退其見任之職，鉗其欲言之口。所以居言路者，以言為諱，職風憲者，以職自保。寧負朝廷之厚恩，不敢犯大臣之一怒。今吏部復爾專權鬻爵，肆行欺罔。臣等如不復言，則皇上深居九重，何由知其弊之若是。臣等非不知獨犯權臣，禍不能免，但朝廷耳目所繫甚重，豈可知有權臣不知有陛下，知有身家不知有朝廷。請下太子太保兼吏部尚書何文淵、右侍郎兼少詹事項文曜于法司，明正其罪。文曜陰險姦邪，羣臣共知。比之文淵，情罪尤重，難佐天官。少傅兼太子太師吏部尚書王直，太子少傅兼吏部左侍郎俞山，素行本殊於衆，今亦為文曜等所愚，失於舉覺，亦宜究問。乞俯從臣言，命吏部但遇三品以上大臣舉用方面等官，每次置二簿鈐以部印備書舉主與被舉陞者鄉貫職名、陞任年月於上，一封進司禮監便御覽，一送翰林院備顧問。俟抵任一考後，政績卓異者，賞其舉主；如政績無聞，及犯贓事露，舉主與同罪。如此，則舉主不容於不公，而膺薦者亦思所以勉職。業吏部縱欲如今專權欺罔，狥私鬻爵，亦不可得矣。帝曰：御史職居言路，凡事當言。今所言俱是，但知人之難從古爲然。已陞除者其置不問，文淵、文曜等亦姑宥焉。自今選官，其務洗心滌慮，廣詢博訪，必從公道，毋得徇私。

《清仁宗實録》卷三二九《嘉慶二十二年四月》 策試天下貢士龐大奎等二百五十五人於保和殿。制曰：朕寅承大寶命，二十有二年。仰荷昊綍眷佑，祖考貽庥，年穀順成，函夏安乂，兢兢業業，不敢自逸，敬思修己，治民之道，知人善任之原，官箴吏治之方，除莠安良之事，期與寰海生民，共臻上理。兹當對揚伊始，咨爾多士，用佇嘉謨。孔子曰：修己以敬，修己以安百姓。《書》曰：在知人，在安民，以堯舜猶病之事，責之一人，果可以無為而治乎？抑大圜在上，大矩在下，法而則之即可以為民父母乎？百官何以治，萬民何以察，利病何以周知，情僞何以能辨，亦惟是躬節儉，屏聲色。未明求衣，不遑暇食，遂可以致太平。是必深宫有格致誠正之學，然後朝野有官禮睢麟之化。朕日夜孜孜，勵精圖治，保泰持盈，以誠御下。雖海宇昇平，人民和樂，而由小康以致大同，其道何由歟？《詩》云：無競維人。《易》云：聖人養賢以及萬民。知人之道，非君天下者所首重歟。古所傳觀人之法，若《大戴禮・文王官人篇》，以至陸贄、司馬光、蘇軾之論，亦有可采者歟。皋陶曰：亦言其人有德，乃言曰載采采。《舜典》曰：敷奏以言，明試以功，進賢用人，如此其難也。乃古之君臣相得，或决於立談之閒何耶？大智若愚，大詐若忠，或外忠而内奸，或始賢而終佞，燭照數計，其道何由？君子小人各從其類，然諸葛亮之所用，李泌之所舉，司馬光之所取，或未必賢，抑又何説。孔子曰：取人以身，知言窮理，將何以濬其原歟？亮功熙績，治理所先，大法小廉，國家攸賴。朕率作興事，日昃不遑，乃内外臣工，謹身守家之意多，奮發有為之氣少，旅進旅退，流為怠惰因循，保禄保位，相率委靡遷就，豈稱忘私奉國之義？六計首廉尚已，然飭簠簋，杜苞苴，人臣之常分耳。案牘積而不釐，民生困而不卹，又安用此素食者為？至若浮躁喜事者，有似於敏勤，闒茸玩愒者，有似於持重，何以辨其真歟？悃愊安静者大抵便民，而緩急或不足恃强健明幹者，易於集事。而恣睢或至殃民，何以善其用舉劾之權不可不寄之大吏，而不無借以遂其私者，何以委任而責成歟？天地之大，梟鸞並育，稂莠不翦，嘉禾不生，邪慝萌蘖之始，或結會斂錢，煽惑人心，或糾黨鬭很武斷鄉曲，地方官及時治之，本不難於立時淨盡，乃或畏其激變，姑息養奸，甚或聞之上司。而封疆大吏，反以多事斥之，一味姑容縱邪害正。官既不經理，民甘心順從，以致受其害者，忍而不敢言，一旦煽動，為患甚大，非有司釀成之罪歟？保甲之制，所以弭患未萌，法至善也。乃王安石行之熙豐，而世以為累，王守仁用之南贑，而百姓便之，其故何歟？吏胥所以察姦，兵弁所以戢盗，乃往往聲息相通，反為援引，何術以防之歟？或謂民之不法，或迫於不得已，或陷於不自知。然則開衣食之原，而明禮義之方，固自有其本歟。若是者，典學以成化，迪知以用賢，澄敘以勵官常，糾詰以除民慝，保邦致治，莫要於是。多士稽古有素，且自田閒來，見聞尤習，其各陳心得，以當先資，毋泛毋隱，毋摭陳言，朕將親覽焉。

（清）王夫之《讀通鑑論》卷四《漢宣帝》 宣帝重二千石之任，而循吏有餘美，龔遂、黄霸、尹翁歸、趙廣漢、張敞、韓延壽，皆藉藉焉。迹其治之得失，廣漢、敞、霸皆任術而託迹於道。廣漢、敞以虔矯任刑殺，而霸多偽飾，寬嚴異，而求名太急之情一也。延壽以禮讓養民，庶幾於君子之道，而爲之已甚者亦飾也，翁歸雖察，而執法不煩；龔遂雖細，而治亂以緩；較數子之閒，其愈矣乎！要此數子者，唯廣漢專乎俗吏之爲，而得流俗之譽爲最；其餘皆緣飾以先王之禮教，而世儒以謂漢治近古，職此由。

夫流俗之好尚，政教相隨以濫；禮文之緣飾，精意易以相蒙；兩者各有小著之效，而後先王移風易俗、緣情定禮之令德，永息於天下。救之者其惟簡乎！故夫子言南面臨民之道，而甚重夫簡；以法術之不可任，民譽之不可干，中和涵養之化不可以旦夕求也。

如廣漢者，弗足道矣。繼廣漢而興，爲包拯、海瑞者，尤弗足道矣。至於霸、延壽、翁歸，循其迹而爲之，何遽不如三代？而或以侈敗，或以偽譏，何爲其致一時之感歆，反出廣漢下乎？雖然，亡其實而猶踐其迹，俾先王之顯道不絶於天下，以視廣漢與敞之所爲，猶荑稗之與五穀，不可以熟不熟計功也。褊躁以徇流俗之好惡，效在一時，而害中於人心，數百年而不復，亦烈矣哉！

（清）王夫之《讀通鑑論》卷一〇《三國》 魏從陳羣之議，置州郡中正，以九品進退人才，行之百年、至隋而始易，其於選舉之道，所失亦多矣。人之得以其姓名與於中正之品藻者鮮也，非名譽弗聞也，非華族弗與延譽也。故晉、宋以後，雖有英才勤勞於國，而非華族之有名譽者，謂之寒人，不得與於薦紳之選。其於公天爵於天下，而獎斯人以同善之道，殊相背戾，而帝王公天下之心泯矣。

然且行之六代而未嘗不收人才之用，則抑有道焉。人之皆可爲善者，性也；其有必不可使爲善者，習也。習之於人大矣，耳限於所聞，則奪其天聰；目限於所見，則奪其天明；父兄熏之於能言能動之始，鄉黨姻亞導之於知好知惡之年，一移其耳目心思，而泰山不見，雷霆不聞；非不欲見與聞也，投以所未見未聞，則驚爲不可至，而忽爲不足容心也。故曰：習與性成。成性而嚴師益友不能勸勉，醲賞重罰不能匡正矣。

是以古之爲法，士之子恒爲士，農之子恒爲農，非絶農人之子於天性之外也，雖欲引之於善，而曀霾久蔽，不信上之有日，且必以白晝秉燭爲取明之具，聖人亦無如此習焉何也。故曰：民可使由之，不可使知之。不可使知矣，欲滌除而拂拭之，違人之習，殆於拂人之性，而惡能哉？則斬取之華胄之子、清流之士，以品隲而進退之，亦未甚爲過也。父母者，乾坤也，即以命人之性者也；師友交遊者，臭味也，即以發人之情者也，見聞行習者，造化也，即以移人之氣體者也。知此，則於是以求材焉，有所溢，有所漏，然而鮮矣。

唐之舉進士也，不以一日之詩賦，而以名望之吹噓，雖改九品中正之制，猶其遺意焉。宋以後，糊名易書，以求之於聲寂影絶之内，而此意殆絶。然而學校之造士也夙，而倡優隸卒之子弟必禁錮之，則固天之所限，而人莫能或亂者。伊尹之耕，傅説之築，膠鬲之賈，託以隱耳。豈草野倨侮、市井錐刀之中，德色父而誶母者，有令人哉！

（清）王夫之《讀通鑑論》卷一一《晉武帝》　諫必有專官乎？古之明王，工瞽、庶人皆可進言於天子，故《周官》無諫職，以廣聽也。諫之有官，自漢設諫議大夫始。晉初立國，以傅玄、皇甫陶爲之，唐之補闕拾遺，宋之司諫，皆放此而立也。諫有專官，而人臣之得進言於君僅矣。雖然，古今之時異，而廣聽之與慎聽也，不得不殊；進言之迹同，而受益之與防邪也，亦各有道，未可以一概論也。

古之民樸矣，農、工、商、賈各世其業；士之遊於庠序者，亦各有常學，不能侈聞見、飾文詞以動當世。迨及戰國，教衰而人自爲學，揣摩當世之務者，競尚其説，縱之以言，則偏私逞而是非亂；則必擇其忠直而達治理者任之，而後無稽之言，不敢破聖道、紊綱紀，以熒主聽。則專官之任，亦未可謂盡非，時使然也。

諫官專立，職專諫矣。然非專諫於其官，而禁外此者之諫也。不淫聽於辨言，而不塞聽於偏聽；苟得忠直知治者司其是非之正，則懷忠樂進者相感以興。乃若聽之之道，羣言競奏，而忠佞相殽，存乎君之辨之，不徒在言者也。諫者以諫君也。邇聲色，殖貨利，狎宦戚，通女謁，怠政事，廢學問，崇佛老，侈宫室，私行遊，媟威儀，若此者諫官任之。大小羣臣下逮於庶人，苟有言焉，則固天子所宜側席而聽者也。即言之過，而固可無尤也。外此，人與政其亟矣。然而人之賢不肖，銓衡任之，政之因革，所司任之；雖君道之所必詳，而清諸其源，則是非著而議論一；争於其流，則議論繁而朋黨興。貞邪利害，各從其私意，辨言邪説，將自此以起，固不可不慎防之。而廣聽適以召姦，尤明主所深懼也。

以要言之，言而譏非乎我者，雖激雖迂，而不可忽也，言而褒貶於人、辨説乎事者，辨雖詳，辭雖切，而未可信也。士之受規於朋友者且然，而況君天下者乎！然則選忠直知治者任諫職於上，而主意昭宣，風尚端直，則羣言博采，而終弗使主父偃、息夫躬之流，矜文采以售其姦邪。慎之也，即所以廣之也。又何必執《周官》之不設諫臣以下訪芻蕘哉？

近者分諫職於臺省，聽亦廣矣。而六科司抄發之任，十三道司督察之權，糾劾移於下，而君德非所獨任，故詭隨忿戾，迭相進退，而國是大亂，則廣之適以廢之。黨人交争，勞臣掣肘，將諫官之設，以諫下而非諫君乎？拂其立諫之經，而予以證言之徑，乃至僉人游士獻邪説以爲用人行政之蠹賊。不專不慎，覆軌已昭，後世尚知鑒哉！

（清）王夫之《讀通鑑論》卷一六《齊武帝》　官無常禄，贓則坐死，日殺人而貪彌甚；有常禄矣，贓乃坐死，可無辭於枉矣，乃抑日殺人而貪尤彌甚。老氏曰：民不畏死，柰何以死威之！誠哉是言也。拓拔氏之未班禄也，枉法十疋、義贓二十疋、坐死；其既班禄也，義贓一疋、枉法無多少、皆死；徒爲殘虐之令而已。

夫吏豈能無義贓一疋者乎？非於陵仲子之徒，大賢以下，未有免焉者也。人皆遊於羿之彀中，則將詭遁於法，而上下相蒙以幸免。其不免者，則無交於權貴者也，有忤於上官者也，繩姦胥之過、拂猾民之欲者也。狎姦胥，縱姦民，媚上官，事權貴，則枉法千疋而免矣。反是，不患其無義贓一疋之可搜摘者也。於是乎日殺人而貪彌甚。不知治道，而刻覈以任法，其弊必若此而不爽。故拓拔令羣臣自審不勝貪心者辭位，而慕容契曰：小人之心無常，帝王之法有常。以無常之心，奉有常之法，非所克堪，乞從退黜。蓋以言乎常法之設，徒使人人自危，而人人可以免脱，其意深矣！宏不悟焉，死者積而貪不懲。豈但下之流風不可止哉？

（清）王夫之《讀通鑑論》卷二〇《唐太宗》　太宗制諫官隨宰相入閤議事，故當時言無不盡，而治得其理。然則以是爲盡聽言行政之理乎？抑有未盡然者。治惟其人，不惟其法。以王珪、魏徵爲諫議大夫，房玄齡、杜如晦爲宰相，而太宗之明，足以折中羣論而從違不爽，則可矣。必恃此以立爲永制，又奚可乎？命官圖治之道，莫大乎各明其守，而政各任於其人。庶務分治於六官，其屬詳其目，其長持其綱，皆有成憲之可準也。或舉、或廢，或倚法而挾姦私，或因時而爲斟酌，各以其所效之成能爲得失；然而有待於天子宰相之裁成者，則太宗之制，令五品以上更宿内省，以待訪問，固善術也。下有利病得達於上，而上得詰其勤怠公私以制其欺，若夫小有過誤，則包含教戒而俟其改。如使諫官毛舉細過以相糾，則大體失而争黨起於細微，亂世之所以言愈棼而事愈圮也。

宰相者，外統六官，内匡君德，而持可久可大之衡，以貞常而馭變者也。君心之所自正，國體之所自立，國本之所自固，民生之所自安，非宏通於四海萬民數百年之規而不役於一時之利病者，不足以勝其任。故古者三公論道，所論者道耳，不能與任氣敢言之士，争一言一事之可否；而論道於君，抑不在摘人間細政，繩舉動之小愆，發深宫之纖過，以與君競，徒自媟而與天子不親；故與諫官同者未必是，而其異者未必非也。詭隨諫官而避其彈射，則可以應一事而不可以規大全；逆折諫官而伸其獨見，則幾事不密，而失其正色立朝之度。若夫宰相而果懷私以病國，固諫官所必抗正以争，而非可使與辯訟於一堂，競偶然之得失者也。

夫諫官職在諫矣，諫者，諫君者也，徵聲逐色，奬諛斥忠，好利喜功，狎小人，耽逸豫，一有其幾而必犯顔以諍，大臣不道，誤國妨賢，導主賊民，而君偏任之，則直糾之而無隱。若夫群執事之修墜，則六官之長覈其成，執憲之臣督其失，宰相與天子總大綱以裁其正，初不藉諫官之毛舉鷙擊、搜剔苛求，以矜辨察；老成熟慮之訏謨，非繁稱曲説、矯舉異同於俄頃者，所可託風裁以決定者也。

故天子誠廣聽以求治，則宰相有坐論之時，羣臣有待問之時，諫官有請對之時，而不可有聚訟一堂，道謀築舍之時。官各有其守，政各任其人，分理而兼聽之，惟上之虚衷以廣益，豈立一成法以啓争端，可爲不易之經乎？

（清）王先謙《荀子集解・非相》　聽其言則辭辯而無統，無根本也。用其身則多詐而無功，上不足以順明王，下不足以和齊百姓，然而口舌之均，噡唯則節，蓋謂騁其口舌之辯也。噡唯則節四字未詳，或剩少錯誤耳。盧文弨曰：正文，均，宋本作於。郝懿行曰：均，當依宋本作於。噡唯，猶唯諾也。節，謂節制之也。凡與人言，然諾不欺，此蓋游俠之流，盗名於世，故曰：姦人之雄，聖王起，所以先誅也。俞樾曰：之，猶則也。僖九年《左傳》曰：東略之不知，西則否矣。《晉語》曰：華則榮矣，實之不知。之，亦則也，互文耳，説本王氏《釋詞》。口舌之均，噡唯則節，相對成文。《詩・皇皇者華篇》毛傳曰：均，調也。言雖上不足以順明主，下不足以和齊百姓，然而口舌則調均，噡唯則中節，故下文云足以爲奇偉偃卻之屬也。噡字，疑諾字之誤。凡從言之字，亦得從口，如詠之爲咏，讀之爲噴是也。俗書諾字，或作喏，因誤爲噡矣。先謙案：《説文》：詹，多言也。《莊子・齊物論》小言詹詹，《釋文》引李頤注：詹詹，小辯之貌。俗加言作譫。《衆經音義》十二引《埤蒼》云：譫，多言也。從言之字或從口，故譫又爲噡矣。噡唯則節者，或辯或唯，皆中其節也，義自分明，不煩改字。郝説尤非。足以爲奇偉偃卻之屬。奇偉，誇大也。偃卻，猶偃仰，卽偃蹇也。言姦雄口辯，適足以自誇大偃蹇而已。夫是之謂姦人之雄，聖王起，所以先誅也。然後盗賊次之。盗賊得變，此不得變也。

（清）孫星衍《孔子集語》卷九《論人》　《大戴禮・哀公問五義》

魯哀公問於孔子曰：吾欲論吾國之士，與之爲政，何如者取之？孔子對曰：生乎今之世，志古之道，居今之俗，服古之服，舍此而爲非者，不亦鮮乎！哀公曰：然則今夫章甫、句屨、紳帶而搢笏者，此皆賢乎？孔子曰：否，不必然。今夫端衣元裳冕而乘路者，志不在於食葷；斬衰菅屨杖而歠粥者，志不在於飲食。故生乎今之世，志古之道，居今之俗，服古之服，舍此而爲非者，雖有，不亦鮮乎！哀公曰：善。何如則可謂庸人矣？孔子對曰：所謂庸人者，口不能道善言，而志不邑邑；不能選賢人善士而託其身焉，以爲己憂；動行不知所務，止力不知所定，日選於物，不知所貴；從物而流，不知所歸；五鑿爲政，心從而壞。若此，則可謂庸人矣。哀公曰：善。何如則可謂士矣？孔子對曰：所謂士者，雖不能盡道術，必有所由焉；雖不能盡善盡美，必有所處焉。是故知不務多，而務審其所知；行不務多，而務審其所由；言不務多，而務審其所謂。知既知之，行既由之，言既順之，若夫性命肌膚之不可易也。富貴不足以益，貧賤不足以損。若此，則可謂十矣。哀公曰：善。何如則可謂君子矣？孔子對曰：所謂君子者，躬行忠信，其心不買，買當爲惪，形近而譌，荀子作言忠信而心不德。買與置形亦相近，故元本又譌作置。仁義在己，而不害不志，一本作知，一本作自彊不息。聞志廣博，而色不伐，思慮明達而辭不争。君子猶然如將可及也，而不可及也。如此，可謂君子矣。哀公曰：善。敢問何如可一本無可字。謂賢人矣？孔子對曰：所謂賢人者，好惡與民同情，取舍與民同統，行中矩繩而不傷於本，言足法於天下而不害於其身，躬爲匹夫而願富，貴爲諸侯而無財。一本財上有宛字。注：《荀子》作：富有天下而無宛財，布施天下而不病貧。如此，則可謂賢人矣。哀公曰：善。敢問何如可謂聖人矣？孔子對曰：所謂聖人者，知通乎大道，應變而不窮，能測萬物之情性者也。大道者，所以變化而凝成萬物者也；情性也者，所以理然不然取舍者也。故其事大，配乎天地，參乎日月，襍於雲蜺，總要萬物，穆穆純純，其莫之能循，若天之司，莫之能職，百姓淡然不知其善。若此，則可謂聖人矣。哀公曰：善。孔子出，哀公送之。

《荀子・哀公》魯哀公問於孔子曰：吾欲論吾國之士，與之治國，敢問何如之邪？孔子對曰：生今之世，志古之道，居今之俗，服古之服，舍此而爲非者，不亦鮮乎！哀公曰：然則夫章甫、絇屨、紳而搢笏者，此賢乎？孔子對曰：不必然。夫端衣元裳絻而乘路者，志不在於食葷；斬衰菅屨杖而啜粥者，志不在於酒肉。生今之世，志古之道，居今之俗，服古之服，舍此而爲非者，雖有，不亦鮮乎！哀公曰：善！孔子曰：人有五儀：有庸人，有士，有君子，有賢人，有大聖。哀公曰：敢問何如斯可謂庸人矣？孔子對曰：所謂庸人者，口不能道善言，心不知色色；不知選賢人善士託其身焉以爲己憂；勤行不知所務，止交不知所定；日選擇於物，不知所貴；從物如流，不知所歸；五鑿爲正，心從而壞。如此，則可謂庸人矣。哀公曰：善！敢問何如斯可謂士矣？孔子對曰：所謂士者，雖不能盡道術，必有率也，雖不能徧美善，必有處也。是故知不務多，務審其所知；言不務多，務審其所謂；行不務多，務審其所由。故知既已知之矣，言既已謂之矣，行既已由之矣，則若性命肌膚之不可易也。故富貴不足以益也，卑賤不足以損也。如此，則可謂士矣。哀公曰：善！敢問何如斯可謂君子矣？孔子對曰：所謂君子者，言忠信而心不德，仁義在身而色不伐，思慮明通而辭不爭，故猶然如將可及者，君子也。哀公曰：善！敢問何如斯可謂賢人矣？孔子對曰：所謂賢人者，行中規繩而不傷於本，言足法於天下而不傷於身，富有天下而無怨財，布施天下而不病貧。如此，則可謂賢人矣。哀公曰：善！敢問何如斯可謂大聖矣？孔子對曰：所謂大聖者，知通乎大道，應變而不窮，辨乎萬物之情性者也。大道者，所以變化遂成萬物也；情性者，所以理然不、取舍也。是故其事大辨乎天地，明察乎日月，總要萬物於風雨，繆繆肫肫，其事不可循，若天之嗣，其事不可識，百姓淺然不識其鄰。若此，則可謂大聖矣。哀公曰：善！

又：《荀子・哀公》魯哀公問於孔子曰：請問取人？孔子對曰：無取健，無取詌，《家語》作鉗。無取口啍。健，貪也；詌，亂也；口啍，誕也。故弓調而後求勁焉，馬服而後求良焉，士信慤而後求知能焉。士不信慤而有多知能，譬之其豺狼也，不可以身尒也。語曰：桓公用其賊，文公用其盜。故明主任計不信怒，闇主信怒不任計。計勝怒者强，怒勝計者亡。

《韓詩外傳四》哀公問取人。孔子曰：無取健，無取佞，無取口讒。健，驕也；佞，諂也；讒，誕也。故弓調然後求勁焉，馬服然後求良焉，士信慤而後求知焉。士不信焉，又多知，譬之豺狼，其難以身近也。《周書》曰：爲虎傅翼也，不亦殆乎！

《說苑・尊賢》哀公問於孔子曰：人何若而可取也？孔子對曰：無取拑者，無取健者，毋取口鋭者。哀公曰：何謂也？孔子曰：拑者大給利，不言盡用；健者必欲兼人，不可以爲法也；口鋭者多誕而寡信，後恐不驗也。夫弓矢和調，而後求其中焉；馬慤愿順，然後求其良材焉；人必忠信重厚，然後求其知能焉。今人有不忠信重厚而多知能，如此人者，譬猶豺狼與不可以身近也。是故先其仁信之誠者，然後親之，於是有知能者，然後任之。故曰親仁而使能。夫取人之術也，觀其言而察其行。夫言者所以抒其匈而發其情者也，能行之士，必能言之，是故先觀其言而揆其行。雖有姦軌之人，無以逃其情矣。哀公曰：善！

又：《韓非子・顯學》孔子曰：以容取人乎，失之子羽；以言取人乎，失之宰予。

薛據《集語》引《說苑》。子曰：以容取人，失之子羽；以言取人，失之宰予。澹臺子羽，君子之容也，與之久處而言不充其貌；宰予之辭，雅而文也，與之久處而智不充其辯。按今本無此文。《韓非子》澹臺子羽六句在孔子曰以容取人之上，不以爲孔子語也。

（清）孫星衍《孔子集語》卷一〇《論政》《晏子春秋・問上》景公問于晏子曰：爲政何患？晏子對曰：患善惡之不分。公曰：何以察之？對曰：審擇左右。左右善，則百僚各得其所宜而善惡分。孔子聞之曰：此言也信矣！善進則不善無由入矣，不善進則善無由入矣。

《説苑·政理》齊侯問於晏子曰：爲政何患？對曰：患善惡之不分。公曰：何以察之？對曰：審擇左右。左右善，則百僚各得其所宜而善惡分。孔子聞之曰：此言也信矣！善言進則不善無由入矣，不進善言則善無由入矣。

（漢）賈誼《新書》卷八《官人》　王者官人有六等：一曰師，二曰友，三曰大臣，四曰左右，五曰侍御，六曰斯役。知足以爲源泉，行足以爲表儀，問焉則應，求焉則得，入人之家足以重人之家，入人之國足以重人之國者，謂之師。知足以爲礲礪，行足以爲輔助，仁足以訪議，明於進賢，敢於退不肖，内相匡正，外相揚美，謂之友。知足以謀國事，行足以爲民率，仁足以令上下之驩，國有法則退而守之，君有難則進而死之，職之所守，君不得以阿私託者，大臣也。脩身正行不僁於鄉曲，道語談説不悖於朝廷，知能不困於事業，服一介之使，能合兩君之驩，執戟居前，能舉君之失過，不難以死持之者，左右也。不貪於財，不淫於色，事君不敢有二心，居君旁不敢泄君之謀，君有失過，雖不能正諫以其死持之，憔悴有憂色，不勸聽從者，侍御也。柔色傴僂，唯諛之行，唯言之聽，以睚眦之間事君者，斯役也。故與師爲國者帝，與友爲國者王，與大臣為國者伯，與左右為國者彊，與侍御為國者若荐若亡，與斯役爲國者亡可立待也。取師之禮，黜位而朝之。取友之禮，以身先焉。取大臣之禮，皮幣先焉。取左右之禮，使使者先焉。取侍御之禮，以令至焉。取斯役之禮，以令召矣。師至，則清朝而侍，小事不進。友至，則清殿而侍，聲樂技藝之人不竝見。大臣奏事，則徘優侏儒逃隱，聲樂技藝之人不竝奏。左右在側，聲樂不見。侍御者在側，子女不雜處。故君樂雅樂，則友、大臣可以侍；君樂燕樂，則左右、侍御者可以侍；君開比房從薰服之樂，則斯役從。清門治德，罷朝而論議，從容澤燕。夕時開比房，從薰服之樂。是以聽治論議、從容澤燕，矜莊皆殊序，然後帝王之業可得而行也。

（漢）桓寬《鹽鐵論·訟賢》　文學曰：二公懷精白之心，行忠正之道，直己以事上，竭力以徇公，奉法推理，不避强禦，不阿所親，不貴妻子之養，不顧私家之業。然卒不能免於嫉妒之人，爲衆枉所排也。其所以累不測之刑而功不遂也。夫公族不正則法令不行，股肱不正則姦邪興起。趙奢行之平原，范睢行之穰侯，二國治而兩家全。故君過而臣正，上非而下譏，大臣正，縣令何有？不反諸己而行非於人，執政之大失也。夫屈原之沉淵，遭子椒之譖也；管子得行其道，鮑叔之力也。今不覩鮑叔之力，而見汨羅之禍，雖欲以壽終，無其能得乎？

（漢）桓寬《鹽鐵論·疾貪》　大夫曰：然。爲醫以拙矣，又多求謝。爲吏既多不良矣，又侵漁百姓。長吏厲諸小吏，小吏厲諸百姓。故不患擇之不熟，而患求之與得異也；不患其不足也，患其貪而無厭也。

賢良曰：古之制爵禄也，卿大夫足以潤賢厚士，士足以優身及黨，庶人爲官者，足以代其耕而食其禄。今小吏禄薄，郡國繇役，遠至三輔，粟米貴，不足相贍。常居則匱於衣食，有故則賣畜粥業。非徒是也，繇使相遣，官庭攝追，小計權吏，行施乞貸，長吏侵漁，上府下求之縣，縣求之鄉，鄉安取之哉？語曰：貨賂下流，猶水之赴下，不竭不止。今大川江河飲巨海，巨海受之，而欲谿谷之讓流潦；百官之廉，不可得也。夫欲影正者端其表，欲下廉者先之身。故貪鄙在率不在下，教訓在政不在民也。

大夫曰：賢不肖有質，而貪鄙有性，君子内潔己而不能純教於彼。故周公非不正管、蔡之邪，子産非不正鄧晳之僞也。夫内不從父兄之教，外不畏刑法之罪，周公、子産不能化，必也。今一一則責之有司，有司豈能縛其手足而使之無爲非哉？

賢良曰：駟馬不馴，御者之過也。百姓不治，有司之罪也。《春秋》刺譏不及庶人，責其率也。故古者大夫將臨刑，聲色不御，刑以當矣，猶三巡而嗟嘆之。其耻不能以化而傷其不全也。政教闇而不著，百姓顛蹶而不扶，猶赤子臨井焉，聽其入也。若此，則何以爲民父母？故君子急於教，緩於刑。刑一而正百，殺一而慎萬。是以周公誅管、蔡，而子産誅鄧晳也。刑誅一施，民遵禮義矣。夫上之化下，若風之靡草，無不從教。何一一而縛之也？

（漢）劉向《説苑》卷一《君道》　當堯之時，舜爲司徒，契爲司馬，禹爲司空，后稷爲田疇，夔爲樂正，倕爲工師，伯夷爲秩宗，皋陶爲大理，益掌歐禽。堯體力便巧不能爲一焉。堯爲君，而九子爲臣，其何故也。堯知九職之事，使九子者各受其事，皆勝其任，以成九功。堯遂成厥功以王天下。是故知人者，王道也；知事者，臣道也。王道知人，臣道知事，毋亂舊法，而天下治矣。湯問伊尹曰：三公九卿，二十七大夫，八十一元士，知之有道乎？伊尹對曰：昔者堯見人而知，舜任人然後知，禹以成功舉之。夫三君之舉賢，皆異道而成功。然尚有失者，況無法度而任己，直意用人，必大失矣。故君使臣自貢其能，則萬一之不失矣。王者何以選賢，夫王者得賢材以自輔，然後治也。雖有堯舜之明，而股肱不備，則主恩不流，化澤不行。故明君在上，慎於擇士，務於求賢，設四佐以自輔，有英俊以治官。尊其爵，重其禄，賢者進以顯榮，罷者退而勞力，是以主無遺憂，下無邪慝，百官能治，臣下樂職，恩流羣生，潤澤草木。昔者虞舜左禹右皐陶，不下堂而天下治，此使能之効也。

（漢）劉向《説苑》卷二《臣術》　公曰：何謂社稷之臣？對曰：社稷之臣，能立社稷，辨上下之宜，使得其理；制百官之序，使得其宜；作為辭令，可分布於四方。自是之後，君不以禮不見晏子也。

（漢）劉向《説苑》卷八《尊賢》　人君之欲平治天下而垂榮名者，必尊賢而下士。《易》曰：自上下下，其道大光。又曰：以貴下賤，大得民也。夫明王之施德而下下也，將懷遠而致近也。夫朝無賢人，猶鴻鵠之無羽翼也。雖有千里之望，猶不能致其意之所欲至矣。是故游江海者託於船，致遠道者託於乘，欲霸王者託於賢。伊尹、吕尚、管夷吾、百里奚，此霸王之船，乘也。釋父兄與子孫，非疏之也。任庖人，釣屠與仇讐。僕虜，非阿之也。持社稷，立功名之道，不得不然也。猶大匠之爲宫室也，量小大而知材木矣，比功校而知人數矣。是故吕尚聘而天下知商將亡而周之王也；管夷吾、百里奚任而天下知齊、秦之必霸也，豈特船乘哉！夫成王霸固有人，亡國破家亦固有人。桀用千莘，紂用惡來，宋用唐鞅，齊用蘇秦，秦用趙高，而天下知其亡也。非其人而欲有功，譬其若夏至之日而欲夜之長也，射魚指天而欲發之當也，雖舜禹猶亦困，而又況乎俗主哉！

（漢）王符《潛夫論》卷一《論榮》　所謂賢人君子者，非必高位厚禄富貴榮華之謂也，此則君子之所宜有，而非其所以爲君子者也。所謂小人者，非必貧賤凍餒辱阨窮之謂也，此則小人之所宜處，而非其所以爲小人者也。

奚以明之哉？夫桀、紂者，夏、殷之君王也，崇侯、惡來，天子之三公也，而猶不免於小人者，以其心行惡也。伯夷、叔齊，餓夫也，傅説胥靡，而井伯虞虜也，然世猶以爲君子者，以爲志節美也。

故論士苟定於志行，勿以遭命，則雖有天下不足以爲重，無所用不足以爲輕，處隷圉不足以爲恥，撫四海不足以爲榮。況乎其未能相縣若此者哉？故曰：寵位不足以尊我，而卑賤不足以卑己。

夫令譽從我興，而二命自天降之。《詩》云：天實爲之，謂之何哉！故君子未必富貴，小人未必貧賤，或潛龍未用，或亢龍在天，從古以然。今觀俗士之論也，以族舉德，以位命賢，茲可謂得論之一體矣，而未獲至論之淑真也。

堯，聖父也，而丹凶傲；舜，聖子也，而叟頑惡；叔嚮，賢兄也，而鮒貪暴；季友，賢弟也，而慶父淫亂。論若必以族，是丹宜禪而舜宜誅，鮒宜賞而友宜夷也。論之不可必以族也若是。

昔祁奚有言：鯀殛而禹興，管、蔡爲戮，周公祐王。故《書》稱父子兄弟不相及也。幽、厲之貴，天子也，而又富有四海。顔、原之賤，匹庶也，而又凍餒屢空。論若必以位，則是兩王是爲世士，而二處爲愚鄙也。論之不可必以位也，又若是焉。

故曰：仁重而勢輕，位蔑而義榮。今之論者，多此之反，而又以九族，或以所來，則亦遠於獲真賢矣。

昔自周公不求備於一人，况乎其德義既舉，乃可以它故而弗之采乎？由余生於五狄，越蒙産於八蠻，而功施齊、秦，德立諸夏，令名美譽，載於圖書，至今不滅。張儀，中國之人也；衛鞅，康叔之孫也，而皆讒佞反覆，交亂四海。由斯觀之，人之善惡，不必世族；性之賢鄙，不必世俗。中堂生負苞，山野生蘭芷。夫和氏之璧，出於璞石；隋氏之珠，産於蜃蛤。《詩》云：采葑采菲，無以下體。故苟有大美可尚於世，則雖細行小瑕曷足以爲累乎？

是以用士不患其非國士，而患其非忠；世非患無臣，而患其非賢。蓋無羈縻。陳平、韓信，楚俘也，而高祖以爲藩輔，實平四海，安漢室；

衛青、霍去病，平陽之私人也，而武帝以爲司馬，實攘北狄，郡河西。惟其任也，何卑遠之有？然則所難於非此土之人，非將相之世者，爲其無是能而處是位，無是德而居是貴，無以我尚而不秉我勢也。

（漢）荀悦《申鑒·雜言上》 人主之患，常立於二難之間。在上而國家不治，難也。治國家則必勤身，苦思，矯情，以從道，難也。有難之難，闇主取之，無難之難，明主居之。大臣之患，常立於二罪之間，在職而不盡忠直之道，罪也。盡忠直之道，則必矯上拂下，罪也。有罪之罪，謂不盡忠直之道。邪臣由之；無罪之罪，謂盡道而矯上拂下。忠臣置之。人臣之義，不曰吾君能矣，不我須也，言無補也。而不盡忠，不曰吾君不能矣，不我識也，言無益也。而不盡忠，必竭其誠，明其道，盡其義，斯已而已矣。不已，則奉身以退，臣道也。故君臣有異無乖，有怨無憾，有屈無辱。人臣有三罪：一曰導非，二曰阿失，三曰尸寵。以非引上謂之導；從上之非謂之阿；見非不言謂之尸。導臣誅，阿臣刑，尸臣絀。絀與黜同。進忠有三術：一曰防，二曰救，三曰戒。先其未然謂之防；發而止之謂之救；行而責之謂之戒。防爲上，救次之，戒爲下，下不鉗口，上不塞耳，則可有聞矣。有鉗之鉗，猶可解也；無鉗之鉗，難矣哉；有塞之塞，猶可除也；無塞之塞，其甚矣夫。無鉗之鉗，無塞之塞，獻帝之時如此。

（唐）李世民《帝範》卷上《求賢篇》 夫國之匡輔，必待忠良。任使得其人，天下自治。故堯命四岳，《尚書·堯典》曰：羲仲羲叔和仲和叔。孔安國曰：重黎之後，羲氏、和氏世掌天之官，四岳，羲四子分掌四岳之諸侯。舜舉八元，《左傳·文十八年》曰：高辛氏有才子八人，伯奮、仲堪、叔獻、季仲、伯虎、仲熊、叔豹、季狸，天下民謂之八元。注曰：元，善。以成恭己之隆，用賛欽明之道。士之居世，賢之立身，莫不戢翼隱鱗，候風雲之運，懷奇藴異，思會遇之秋。是以明君傍求俊乂，博訪英才，搜揚仄陋。《尚書·舜典》曰：虞舜仄微。孔安國曰：側側陋也。莊棘反也。不以卑而不用，不以辱而不尊。昔伊尹，有莘之媵臣；《史記》曰：伊尹欲于湯而無由，乃爲有莘氏媵臣。鼎俎以滋味説湯致於王道也。吕望，渭濱之賤老；夷吾困於縲紲；《左傳·莊公九年》曰：秋，師及齊師戰于乾時，我師敗績。鮑叔帥師來，言曰：子糾親也，請君許之。管召讎也，請受而甘心焉？乃殺子糾于生竇，召忽死之。管仲請囚，鮑叔受之，及堂阜而脱也。韓信弊於逃亡。《漢書》曰：及項梁度淮，信乃仗劍從之。居戲下，無所知名。梁敗，又屬項羽，爲郎中。信數以策干項羽，弗用。漢王之入蜀，信去楚歸漢，未得知名。滕公言于漢王，以爲治粟都尉。上未奇之也。數與蕭何語，何奇之，信度何等已數言上，不我用，即亡。何聞信失，不及以聞，自追之。有言上曰：丞相何失。上恐如失左右手，居一二日，何來謁，上且怒且喜，罵何曰：若亡何也？何曰：臣非敢亡，追亡者耳。上曰：所追者誰也？曰：韓信。上復罵曰：諸將亡者以十數，公無所追，追信，詐也。何曰：諸將易得，至如信者，國士無雙也。然而，商湯不以鼎俎爲羞，姬文不以屠釣爲耻，卒能獻規景亳。《左傳·昭公四年》曰：商湯有景亳之會也。光啓殷朝，執旄牧野，會昌周室。齊成一匡之業，實資仲父之謀。漢以六合爲家，寔賴淮陰之策。故舟航之絶海也，必假橈檝之功，上如紹反，小檝也。《方言》：檝，謂之橈也。下辭立反，所以推船也。黄帝刻木爲檝也。鴻鶴之凌雲也，必因羽翮之用，帝王之治國也，必籍匡弼之資。故求之斯勞，任之則逸。於十二故也。賦斂重，則民財匱，民財匱，則飢寒之患生焉。亂世之君，極其驕奢，恣其嗜欲，土木衣緹繡而民裋褐不全，他禮反，鄭玄曰：縓，色也。《説文》帛，赤黄也。思又反。《考工記》曰：畫繢之事，五色備，謂之繡也。犬馬厭芻豢而人糟糠不足，《禮記》曰牛羊，曰芻犬豕，曰豢。故人神憤怨，上下乖離，佚樂未終，而傾危已至，此驕奢之忌也。

（宋）黎靖德《朱子語類》卷三九《論語二十一·先進篇上》 又問：文帝好黄老，亦不免有慘酷處。莫是纔好清淨，便至於法度不立，必至慘酷而後可以服人？曰：自清淨至慘酷，中間大有曲折，却如此説不得。唯是自家好清淨，便一付之法。有犯罪者，都不消問自家，但看法何如。只依法行，自家这裏更不與你思量得，此所以流而爲慘酷。

（清）黄宗羲《明夷待訪録·胥吏》 古之胥吏者一，今之胥吏者二。古者府吏胥徒所以守簿書，定期會者也。其奔走服役，則以鄉户充之。自王安石改差役爲顧役，而奔走服役者，亦化而爲胥吏矣。故欲除奔走服役吏胥之害，則復差役；欲除簿書期會吏胥之害，則用士人。【略】

蓋吏胥之敢于爲害者，其故有三：其一，恃官司之力，鄉民不敢致難，差役者，則知我之今歲致難于彼者，不能保彼之來歲不致難于我也。其二，一爲官府之人，一爲田野之人，既非同類，自不相顧，差役者，則

儕輩爾汝，無所畏忌。其三，久在官府，則根株窟穴牢不可破；差役者，伎倆生疏，不敢弄法。【略】

蓋吏胥之害天下，不可枚舉，而大要有四：其一，今之吏胥，以徒隸爲之，所謂皇皇求利者。而當可以爲利之處，則亦何所不至，創爲文綱以濟其私。凡今之所設施之科條，皆出于吏，是以天下有吏之法，無朝廷之法。其二，天下之吏，既爲無賴子所據，而佐貳又爲吏之出身，士人目爲異途，羞與爲伍，承平之世，士人衆多，出仕之途既狹，遂使有才者老死邱壑，非如孔孟之時，委吏、乘田、抱關、擊柝之皆士人也。其三，各衙門之佐貳，不自其長辟召，一一銓之吏部，卽其名姓且不能遍，況其人之賢不肖乎！故銓部化爲籤部，貽笑千古。其四，京師權要之吏，頂首皆數千金，父傳之子，兄傳之弟，其一人麗于法後而繼一人焉，則其子若弟也，不然，則其傳衣缽者也，是以今天下無封建之國，有封建之吏，誠使吏胥皆用士人，則一切反是，而害可除矣。且今各衙門之首領官與郡縣之佐貳，在漢則爲曹掾之屬，其長皆得自辟，卽古之吏胥也。其後選除出自吏部，其長復自設曹掾以爲吏胥，相沿至今，曹掾之名既去，而吏胥之實亦亡矣。故今之吏胥，乃曹掾之重出者也。吾之法，亦使曹掾得其實，吏胥去其重而已。

（清）黄宗羲《明夷待訪録・奄宦下》 奄宦之如毒藥猛獸，數千年以來，人盡知之矣。乃卒遭其裂肝碎首者，曷故哉？豈無法以制之與？則由于人主之多欲也。【略】

吾意爲人主者，自三宫以外，一切當罷。如是，則奄之給使令者，不過數十人而足矣。議者竊憂其嗣育之不廣也。夫天下何常之有！吾不能治天下，尚欲避之，況于子孫乎！彼鰓鰓然唯恐後之有天下者不出于其子孫，是乃流俗富翁之見。故堯、舜有子，尚不傳之。宋徽宗未嘗不多子，止以供金人之屠醢耳。

（清）王夫之《噩夢》 嚴於督民而寬於計吏，則國必無與立。史稱元政不綱，唯其寬也。唐制：州縣官秩滿，則謝事赴都，聽吏部銓簡，而後更授新除，謂之選人。雖士大夫不無疲勞之苦及待選之難，然使受命臨民者皆得奉一王之靈爽而聽廷臣之清議，則自鄭重其官箴而不敢偷。三年人覲，因行大計之曲，亦通此法而得其平也。考滿給由，必親領司文，赴部考覈，而後授以官階，則不滿於公議者，昏耄老疾者，皆無所隱匿，而吏道清矣。自以催科爲急，於是有藉口錢糧任重，而郡縣長吏有終身不入都門者。升降皆遥爲除受，其陟其黜，一聽之上官，上且不知有天子，而况知有廷臣之公是非乎！上官者唯知己之好惡，又其下則唯知貨賄已耳。而天子設部司，設臺省，將以何爲！故郡邑之吏不入覲受計，赴部考滿，而覬天下之治，必無此理。

覈吏不得不嚴，而士大夫自有廉恥獎掖之者，抑其本也。孟子言君之視臣如犬馬，則臣視君如國人。養犬馬者猶必充其芻豢，而官俸勿論多少，皆實支三石，折絹折鈔，則盡名有而實無。一月但支三石，以食九人，而不足庶人在官者之稍食也。爲吏者去其鄉，荒廢其資生之田里，子女僮僕取給於實支者，十不償一，勿論其上有父母之甘旨也。況其葬、祭、昏、嫁、子孫讀習之費，而在官抑有往來酬贈，楮筆鐙油之需，雖至儉約，亦豈能如於陵仲子之資屨纑乎！全與實支，猶且不給。故唐、宋之制，店舍、魚步、園圃皆委之郡邑而不以上供，所以佐俸入之窮也。至於修理公廨，鋪程酒飯，心紅油蠟，一切皆有經費，寬爲數而不問其盈餘，要令公私各得拔葵逐織，而出無政事之埤，入無交徧之謫，然後秉國法以課其廉頑，則賢者獎、不肖者懲而不怨。今俸入不堪，吏莫能自養。其始也，虧替公費，耗没祭祀、學校、夫馬、鋪遞、民快之貲以自入，而一責之民。其既也，則無所不爲，而成乎豺虎矣。國家常畜數千飢鷹以牧飛鳥，猶且曰彼自有之而無待於公家，則何以爲民元后耶！

《墨子・兼愛下》 古者文武爲正，均分賞賢罰暴，勿有親戚弟兄之所阿，卽此文武兼也。

《墨子・非命上》 古之聖王發憲出令，設以為賞罰以勸賢，是以入則孝慈於親戚，出則弟長於鄉里，坐處有度，出入有節，男女有辨。是故使治官府則不盜竊，守城則不崩叛，君有難則死，出亡則送。此上之所賞，而百姓之所譽也。執有命者之言曰：上之所賞，命固且賞，非賢故賞也。上之所罰，命固且罰，不暴故罰也。是故入則不慈孝於親戚，出則不弟長於鄉里，坐處不度，出入無節，男女無辨。是故治官府則盜竊，守城則崩叛，君有難則不死，出亡則不送。此上之所罰，百姓之所非毁也。執有命者言曰：上之所罰，命固且罰，不暴故罰也。上之所賞，命固且賞，非賢故賞也。以此為君則不義，為臣則不忠，為父則不慈，為子則不孝，為兄則不良，為弟則不弟。

《墨子・號令》　釋守事而治私家事，卒民相盗家室、嬰兒皆斷無赦，人舉而藉之。

（清）戴望《管子校正・法法》　國無以小與不幸而削亡者，必主與大臣之德行失於身也，官職、法制、政教失於國也，諸侯之謀慮失於外也，故地削而國危矣。言國無以小與不幸而削亡者。其削亡也，則以臣主有失故也。國無以大與幸而有功名者，必主與大臣之德行得於身也，官職、法制、政教得於國也，諸侯之謀慮得於外也，然後功立而名成。言國無以大與幸而有功名者。其有功名也，則以臣主有得故也。然則國何可無道？人何可無求？得道而導之，得賢而使之，將有所大期於興利除害，期於興利除害，莫急於身，而君獨甚傷也，必先令之失。先身無害而有利，然後可以及物。今君獨立無與則是有害，故甚可傷。所以然者，則由先令之失也。人主失令而蔽，失令則爲下所蔽塞也。已蔽而劫，已劫而弑。故地削而國危矣。丁云：以上文及尹注校之，此危字當是亾字之誤。而君獨甚傷也。丁云：傷疑惕之誤。《説文》惕，放也，今通作蕩。蕩者，緩縱之意，與急義相反。《漢書・揚雄傳》注引晉灼曰：佚蕩，緩也。

（清）戴望《管子校正・小匡》　相三月，請論百官。公曰：諾。管仲曰：升降揖讓，進退閑習，辨辭之剛柔，臣不如隰朋，請立爲大行。大行，大使之官。墾草入邑，辟土聚粟，多衆盡地之利，臣不如甯戚，請立爲大司田。平原廣牧，廣遠可牧之地。車不結轍，士不旋踵，鼓之而三軍之士視死如歸，臣不如王子城父，請立爲大司馬。決獄折中，不殺不辜，不誣無罪，臣不如賓胥無，請立爲大司理。犯君顔色，進諫必忠，不辟死亡，不撓當貴，臣不如東郭牙，請立以爲大諫之官。此五子者，夷吾一不如，於五子各不如其一。然而以易夷吾，夷吾不爲也。以五子之能，易夷吾之德，則夷吾所不能。君若欲治國彊兵，則五子者存矣。若欲霸王，夷吾在此。桓公曰：善。【略】

墾草入邑。丁云：入邑，《韓子・外儲説》作仞邑。《新序・雜事篇》作刱邑。《呂氏春秋・勿躬篇》作大邑。請立爲大司田。王云：大司田，本作司田。此因大司馬之文而誤衍也。《羣書治要》作請立以爲司田，無大字。《治要》立下皆有以字。《呂氏春秋》《韓子》《新序》同。丁云：《呂氏春秋・勿躬篇》《韓子・外儲説》皆作大田。《晏子春秋・問篇》桓公聞甯戚歌，舉以爲大田《淮南・繆稱篇》甯擊牛角而歌，桓公舉以爲大田。高注：大田，田官也。大田爲田官之長，與大行、大司馬、大理、大諫之官皆一例。司字蓋衍，不得據《治要》反改爲司田也。臣不如賓胥無。孫云：賓胥無，《韓子・外儲説》作弦商。《晏子春秋・問上篇》《呂氏春秋・勿躬篇》作弦章。《新序・雜事篇》作弦寗。上文弦子旗卽其字也。王云：賓胥無，本作弦章，後人以上文云其相曰夷吾，大夫曰甯戚、隰朋、賓胥無、鮑叔牙，用此五子者何功？遂改弦章爲賓胥無。不知上文自謂用此五人而成霸功，不謂以賓胥無爲大理也。《大匡篇》曰：賓胥無堅強以良，可以爲西土，則不使爲大理明矣。又上文曰：使東郭牙爲大諫。今本作鮑叔牙，亦後人所改，辯見上。王子城父爲將，弦子旗爲理，甯戚爲田，隰朋爲行。此文云：隰朋爲大行，甯戚爲司田，王子城父爲大司馬，東郭牙爲大諫，皆與上文同。而弦子旗卽弦章之字，則爲大理者乃弦章而非賓胥無矣。《呂氏春秋》《韓子》《新序》竝云：以弦章爲大理，卽本於《管子》也。《韓子》作弦商，商與章古字通。粃誓我商賚女。商，徐邈音章。《荀子・王制篇》：審詩章作審詩商，皆是也。《新序》作弦寗，卽弦章之譌。而《困學紀聞》乃謂弦章在景公時，當以《管子》作賓胥無者爲正，不知桓公時亦有弦章，不嫌與後人同名，且上文弦子旗卽弦章之字，則此文當作弦章明矣。上文是記事之詞，故稱弦子旗。此文是管仲告君之詞，故稱弦章。而《羣書治要》所載亦作賓胥無，則唐初本已誤。請立爲大司。理王云：當從《治要》作請立以爲大理司。字亦涉上文大司馬而衍。則五子者存矣。存一本作在。俞云：當依《呂氏春秋・勿躬篇》作則五子者足矣。

（清）戴望《管子校正・君臣上》　爲人君者，修官上之道，而不言其中。君在衆官之上，但修此官上之道而已。至於官中之事，則有司存，非所言也。爲人臣者，比官中之事，而不言其外。比，謂校次之也。若言官外，則爲越職。君道不明，則受令者疑。權度不一，則修義者惑。民有疑惑貳豫之心，而上不能匡，則百姓之與間，間，謂隔礙不通也。人心有疑，君不能正，故其所與爲多礙而不通也。猶揭表而令之止也。揭，舉也。表，謂以木爲標，有所告示也。既使舉於表，又令止之，是亦不一也。故以況人心之疑也。是故能象其道於國家，加之於百姓，而足以飾官化下者，明君也。象，法也，謂能本道而立法。能上盡言於主，下致力於民，而足以修義從令者，忠臣也。上惠其道，下敦其業，上下相希，言相希准以爲法也。若望參表，則邪者可知也。參表，謂立表所以參驗曲直。【略】

權度不一則修義者惑。望案：修當爲循，下文修義從令同，説見《形勢篇》。猶揭表而令之止也。張云：止當作正，與《七法篇》猶立朝夕於運鈞之上，擔竿而欲定其末義同。蓋測景者，當立表平地，若以手舉何能定景。此文揭，彼文擔，尹注皆訓舉，似不誤。

又： 吏嗇夫任事，吏嗇夫，謂檢束羣吏之官也，若督郵之比也。人嗇夫任教。人嗇夫，亦謂檢束百姓之官。教在百姓，論在不撓，謂百姓有不從教，論其罪罰，不撓法以行私。賞在信誠。體之以君臣，其誠也，以守戰，既賞信罰，必君臣合體，莫不至誠，故入可以守城，出可以野戰也。如此則人嗇夫之事究矣。吏嗇夫盡有訾程事律，訾，限也。程，准也。事律，謂每事據律而行也。論法辟衡權斗斛，文劾不以私論，而以事爲正，辟，刑也。文劾，言據文而舉劾。謂論法刑已下，皆據事以爲正，不曲從其私也。如此則吏嗇夫之事究矣。人嗇夫成教，吏嗇夫成律之後，則雖有慤忠信者不得善也，人嗇夫之教既成，則人皆忠信，故無有獨得善者也。而戲豫怠傲者不得敗也，吏嗇夫之律既成，人皆懼法，不敢爲非，雖有豫怠，不得爲敗也。如此則人君之事究矣。是故爲人君者，因其業，謂因人嗇夫之業也。乘其事，謂乘吏嗇夫之事。而稽之以度。又以國之法度考此二者。有善者，賞之以列爵之尊，田地之厚，而民不慕也。善自應賞，故不善者不敢橫慕。有過者，罰之以廢亡之辱，僇死之刑，而民不疾也。過自應罰，故人不敢疾怒。殺生不違，而民莫遺其親者，或罰而殺之，或賞而生之，皆不違其理，則人知主德之有常，不輕爲去就，故人不遺其親也。此唯上有明法，而下有常事也。

又： 論材量能，謀德而舉之。謀知其德，然後舉用之。上之道也，專意一心，守職而不勞，不以職事爲勞苦。下之事也。爲人君者，下及官中之事，則有司不任。下及官中之事，則君奪臣職，故有司不任也。爲人臣者，上共專於上，則人主失威。臣當上供，從君之命。今乃專上之權，故主失威。是故有道之君，正其德以蒞民，而不言智能聰明。智能聰明者，下之職也。所以用智能聰明者，上之道也。謂用下之智能聰明。上之人明其道，下之人守其職，上下之分不同任，而復合爲一體。君爲元首，臣爲股肱，故曰一體。是故知善，人君也。知善則謀慮深遠，故可以爲人君也。身善，人役也。身善則財能可任，故爲人役也。君身善則不公矣。君身善，則智淺，故不公人也。人君不公，常惠於賞而不忍於刑，不公，則不識理之正，故惠賞而不忍刑也。是國無法也。治國無法，則民朋黨而下比，飾巧以成其私。法制有常，則民不散而上合，竭情以納其忠。是以不言智能，而順事治，國患解，大臣之任也。不言於聰明，而善人舉，姦僞誅，視聽者衆也。是以爲人君者，坐萬物之原，而官諸生之職者也。謂授諸生之官，而任之以職也。生，謂知學之士也。選賢論材而待之以法，舉而得其人，坐而收其福，不可勝收也。得人則福多，故不可勝收。官不勝任，犇走而奉其敗事，不可勝救也。不勝任，則敗廣，故不可勝救。而國未嘗乏於勝任之士，上之明適不足以知之。是以明君審知勝任之臣者也。故曰：主道得，賢材遂，百姓治，治亂在主而已矣。故曰：主身者，正德之本也。官治者，耳目之制也。官禀君命而後行，若耳目待心制而後用，故曰官者耳目之制。身立而民化，德正而官治。治官化民，其要在上。是故君子不求於民。立身正德而已。是以上及下之事謂之矯，及，猶預也。矯，偽也。上預下事，則偽有餘而實不足也。下及上之事謂之勝。下預上事，則威權勝君故也。爲上而矯，悖也。爲下而勝，逆也。國家有悖逆反迕之行，迕，背。有土主民者失其紀也。【略】

正其德以蒞民。宋本蒞作莅，是故知善人君也，身善人役也，君身善則不公矣。張云：公疑當作法。下文云：是國無法也。無法即不法。蓋身善者，人臣之事，君身善，則所謂代馬走，代鳥飛矣，故云無法。坐萬物之原。朱本坐作生。張云：坐疑主字之譌。下文云主身者，正德之本也，官治者，耳目之制也。亦主與官對舉。而官諸生之職者也。宋云：諸生猶言羣生。書中屢見，此注云：生謂知學之士，非。犇走而奉其敗事。丁云：奉當爲救，事字衍。尹注曰：不勝任則敗廣，所見本無事字。救其敗不可勝救，與上文收其福不可勝收相對。故曰主身者正德之本也。俞云：主當作立，涉上文兩主字而誤。下文曰：身立而民化，德正而官治。身立、德正即承此文立身正德而言。官治者，耳目之制也。王氏引之云：治字因下文官治而衍。尹注曰：官禀君命而後行，若耳目待上制而後用。上字誤，當爲心。故曰：官者耳目之制，則無治字明矣。此但言官，下文乃言官治也。是以上及下之事謂之矯，下及上之事謂之勝。王云：《淮南・俶真篇》注曰：矯，拂也。上而及下之事，則拂乎爲上之道。故下文云：爲上而矯，悖也。勝者，陵也。下而及上之事，是陵其上也。故下文云：爲下而勝，逆也。《侈靡篇》曰：得天者高而不崩，得人者卑而不可勝，謂卑而不可陵也，易漸六四終莫之勝。虞注曰：勝，陵也。尹注皆失之。

(清) 戴望《管子校正・君臣下》 故能飾大義，審時節，上以禮神明，下以義輔佐者。所用輔佐，皆得其宜。明君之道，能據法而不阿，上以匡主之過，下以振民之病者，忠臣之所行也。

(清) 戴望《管子校正・七臣七主》 上亦法臣法，言亦爲臣立法。斷名決，無誹譽。依名而斷決，則理當而事愜，故無誹譽。故君法則主位安，臣法則貨賂止，而民無姦。嗚呼美哉！名斷言澤。依名而斷，則其言順而澤。飾臣克親貴以爲名，虚名求實之飾。克，勝也。謂不求親貴以自克勝，持此爲名。恬爵禄以爲高。佯弃爵禄，以自安恬，以此爲高。好名則無實，美名外揚，内實必喪。爲高則不御。恬爵禄者，君不能御也。故記曰：無實則無勢，勢必以實生。失轡則馬焉制。制馬必以轡，制臣必以禄。侵臣事小察以折法令，枉法行事謂之侵。好佼反而行私請。佼，謂很詐也。背理爲反。故私道行則法度侵，不侵法度，則無以成其私。刑法繁則姦不禁，主嚴誅則失民心。亂臣多造鍾鼓，衆飾婦女以惛上。故上惛則隟不計，而司聲直禄，上既惛暗，雖有危亡之隟，不能計度而知之。其司聲之官，直得禄而已，不憂其職務也。是以諂臣貴而法臣賤，此之謂微孤。諂貴法賤，則危亡日至，故其君衰微而孤獨。愚臣深罪厚罰以爲行，深文入罪，厚致其罰，此愚臣之行。重賦斂，多兑道以爲上，兑，悦也。謂多賦斂以悦道於君。使身見憎而主受其謗。厚罰多斂，人必憎之。故記稱之曰：愚忠讒賊，此之謂也。愚臣雖有忠於主，乃比之讒賊。姦臣痛言人情以驚主，痛，甚極之辭。開罪黨以爲讎。開引罪黨，上聞於君，與之爲讎。除讎則罪不辜，彼但讎耳，未必皆有罪。今而除之，則罪不辜之人也。罪不辜則與讎居。既殺不辜，則人皆讎己，故所與居者，莫非讎也。故善言可惡以自信，而主失親。好言可惡之事以告於君，此求君之信己也。君果信之，則失其所親也。亂臣自爲辭功禄，明爲下請厚賞，己有功，當得禄，則佯辭之，以爲名。其下未必當賞，則明然爲之請，以求衆心也。居爲非母，動爲善棟，其居也，與衆非者爲母。其動也，與佯爲善者爲棟梁也。以非買名，以是傷上，其所以買名者用非道，雖曰爲之必傷於上。而衆人不知，之謂微攻。言爲僞善漸攻於君。【略】

上亦法臣法，斷名決，無誹譽。王云：臣下當有亦字，上亦法，臣亦法，謂君臣皆守法也。下文君法、臣法，即承此文言之。丁云：臣下脱亦法二字。上亦法，臣亦法，法斷名決，無誹譽。知者以下文君法則主位安，臣法則貨賂止而民無姦，兩句分承，故此當平列也。名讀如刑名之名。凡罪人姓名以及某罪在大辟，某罪在小辟，皆是法斷則名決，而民亦無誹譽也。無實則無勢。張云：據下文失轡則馬焉制，疑此勢字當作執，蓋形近譌勢，傳寫又加力耳。好佼反而行私請。劉云：佼與交同。反當作友。注非。王云：《明法篇》曰：民務交而不求用。又曰：十至私人之門，不一至於庭。《明法解》交作佼。張云：疑佼字一本作交，譌爲友。後人不察而兩存之。此處文義不合有友字。亂臣多造鍾鼓，衆飾婦女，以惛上。陳先生云：亂臣爲六臣之一。在下文此亂臣當作諂臣。下文云：是以諂臣貴而法臣賤，是其明證。劉績以下亂臣爲字誤。恐非。多兑道。安井衡云：兑當爲税之壞字。多税道，多税斂之道也。故記稱之曰：愚忠讒賊。王云：愚忠本作愚臣。即承上文愚臣而言。故尹注亦作愚臣。此作愚忠者，唐武后改臣爲恵，因脱其上畫而爲忠矣。故善言可惡以自信，而主失親。丁云：尹讀惡字句，非當讀信字句，與親均。居爲非母，動爲善棟。陳先生云：母當爲毋，毋古貫字。《爾雅》曰：貫，事也。《説文》曰：棟，極也。居爲非事，而動爲善極。此所謂以非買名也。尹注非。以非買名，以是傷上。張云：非是二字當互易。又案：七臣有六過而缺一是，蓋有脱文。之謂微攻。陳先生云：之上脱此字，此之謂微攻，與上文此之謂微孤同一句例。

（明）張四維《名公書判清明集》卷一《官吏門·申儆·諭州縣官僚》　民生在勤，勤則不匱，則爲民者不可以不勤；業精于勤，荒于嬉，則爲士者不可以不勤。況爲命吏，所受者朝廷之爵位，所享者下民之膏脂，一或不勤，則職業隳弛，豈不上孤朝寄，而下負民望乎？今之居官者，或以酣詠遨遊爲高，以勤强謹恪爲俗，此前世衰弊之風也。盛明之時，豈宜有此。陶威公有言：大禹聖者，猶惜寸陰，至于衆人，當惜分陰。故賓佐有以蒱博廢事者，則取而投之於江。今願同僚共體此意，職思其憂，非休澣毋聚飲，非節序毋出遊，朝夕孜孜，惟民事是力，庶幾政平訟理，田里得安其生，此所當勉者四也。

《尸子》卷上《仁意》　堯舉舜於畎畝，湯舉伊尹於雍人。内舉不避親，外舉不避讎，仁者之於善也。無擇也，無惡也，惟善之所在。《韓非子·説疑篇》云：内舉不避親，外舉不避讎，是在焉從而舉之，非在焉從而罰之，是以賢良遂進而姦邪並退。

《慎子·君人》　君人者，舍法而以身治，則誅賞予奪，從君心出矣。然則受賞者雖當，望多無窮，受罰者雖當，望輕無已。君舍法，而以心裁輕重，則同功殊賞，同罪殊罰矣。怨之所由生也，是以分馬者之用策，分田者之用鉤，非以鉤策爲過於人智也，所以去私塞怨也，故曰：大君任法而弗躬，則事斷於法矣。法之所加，各以其分，蒙其賞罰而無望於君也，是以怨不生而上下和矣。

《鶡冠子·天則》　聖王者，有聽微決疑之道，能屏讒權實，逆淫辭，楊墨之屬。絶流語，管蔡之屬。去無用，屠龍之技刻楮之巧，雖號高妙，無所用之。杜絶朋黨之門，持禄養交，背公死黨，潝潝然患其上，訿訿然思不稱乎上，豈可開之。嫉妬之人，不得著明，常置卑晦。非君子術數之士，莫得當前。故邪弗能奸，禍不能中。彼天地之以無極者，以守度量，而不可濫。

（漢）劉安《淮南子》卷九《主術訓》 治國則不然。然，如是也。言事者必究於法，而爲行者必治於官。上操其名，以責其實，臣守其業，業，事。以效其功。效，致。言不得過其實，行不得踰其法。羣臣輻湊，莫敢專君。專，制。事不在法律中，而可以便國佐治，必參五行之。陰考以觀其歸，竝用周聽，以察其化。不偏一曲，不黨一事，是以中立而徧運照海內，中，正。羣臣公正，莫敢爲邪，公，方。正，直。百官述職，務致其公迹也。主精明於上，官勸力於下。姦邪滅迹，庶功日進，庶，衆。是以勇者盡於軍。盡力於軍功也。

（漢）劉安《淮南子》卷二〇《泰族訓》 裂地而州之，分職而治之，築城而居之，割宅而異之，分財而衣食之，立大學而教誨之，夙興夜寐而勞力之，此治之綱紀也。然得其人則舉，失其人則廢。堯治天下，政教平，德潤洽。在位七十載，乃求所屬天下之統，令四岳揚側陋。四岳舉舜而薦之堯，堯乃妻以二女以觀其內，二女，娥皇、女英。任以百官以觀其外。既入大麓，烈風雷雨而不迷。林屬於山，曰麓。堯使舜入林麓之中，遭大風雨不迷也。乃屬以九子，堯有九男。贈以昭華之玉而傳天下焉。昭華，玉名。以爲雖有法度，而絑弗能統也。絑，堯子也。夫物未嘗有張而不弛，成而不毁者也，惟聖人能盛而不衰，盈而不虧。

（漢）王充《論衡》卷一二《程材》 論者多謂儒生不及彼文吏，見文吏利便而儒生墮落，則詆訾儒生以爲淺短，稱譽文吏謂之深長。是不知儒生，亦不知文吏也。儒生文吏皆有材智，非文吏材高而儒生智下也；文吏更事，儒生不習也。謂文吏更事，儒生不習，可也；謂文吏深長，儒生淺短，知妄矣。世俗共短儒生，儒生之徒亦自相少。何則？並好仕學宦，用吏爲繩表也。儒生有闕，俗共短之。文吏有過，俗不敢訾，歸非於儒生，付是於文吏也。夫儒生材非下於文吏，文非所習之，業非所當爲也；然世俗共短之者，見將不好用也。將之不好用之者，事多已不能理，須文吏以領之也。夫論善謀材，施用累能，期於有益。文吏理煩，身役於職；職判功立，將尊其能。儒生栗栗，不能當劇；將有煩疑，不能效力；力無益於時，則官不及其身也。將以官課材，材以官爲驗，是故世俗常高文吏，賤下儒生。儒生之下，文吏之高，本由不能之將，世俗之論，緣將好惡。

（漢）王充《論衡》卷一三《效力》 六國之時，賢才之臣，入楚楚重，出齊齊輕，爲趙趙完，畔魏魏傷。韓用申不害，行其三符，兵不侵境，蓋十五年。不能用之，又不察其書，兵挫軍破，國并於秦。殷周之世，亂跡相屬，亡禍比肩，豈其心不欲爲治乎？力弱智劣，不能納至言也。是故塠重，一人之跡，不能蹈也；磕大，一人之掌，不能推也。賢臣有勁强之優，愚主有不堪之劣；以此相求，禽魚相與遊也。干將之刃，人不推頓，苽瓠不能傷；篠簵之箭，機不能動發，魯縞不能穿。非無干將篠簵之才也，無推頓發動之主，苽瓠魯縞不穿傷，焉望斬旗穿革之功乎？故引弓之力，不能引強弩，弩力五石，引以三石，觔絶骨折，不能舉也。故力不任強引，則有變惡折脊之禍。知不能用賢，則有傷德毁名之敗。論事者不曰才大道重，上不能用；而曰不肖不能自達。自達者帶絶不抗，自衒者賈賤不讎，案諸爲人用之物，須人用之，功力乃立。

（三國魏）劉邵《人物志》卷中《材能》 或曰：人材有能大而不能小，猶函牛之鼎，不可以烹雞，愚以爲此非名也。夫人材猶器，大小異，或者以大鼎不能烹雞。喻大材不能治小，失其名也。夫能之爲言，已定之稱，先有定質，而後能名生焉，豈有能大而不能小乎？凡所謂能大而不能小，其語出於性有寬急。寬者弘裕，急者急切。性有寬急，故宜有大小。寬弘宜治大，急切宜治小。寬弘之人，宜爲郡國，使下得施其功，而總成其事。急切則煩碎，事不成。急小之人，宜理百里，使事辦於已。弘裕則網漏，庶事荒矣。然則郡之與縣，異體之大小者也。明能治大郡，則能治小郡，能治大縣，亦能治小縣。以實理寬急論辯之，則當言大小異宜，不當言能大不能小也。若能大而不能小，仲尼豈不爲季氏臣？若夫雞之與牛亦異，體之小大也。鼎能烹牛，亦能烹雞，銚能烹雞，亦能烹犢。故鼎亦宜有大小，若以烹犢，則豈不能烹雞乎？但有宜與不宜，豈有能與不能？故能治大郡，則亦能治小郡矣。推此論之，人材各有所宜，非獨大小之謂也。文者，理百官。武者，治軍旅。夫人材不同，能各有異。有自任之能，脩己潔身，總禦百官。有立法使人從之之能，法懸人懼，無敢犯也。有消息辨護之能，智意辨護，周旋得節。有德教師人之能，道術深明，動爲物教。有行事使人譴讓之能，云爲得理，義和於時。有司察糾摘之能，督察是非，無不區別。有權奇之能，務以奇計，成事立功。有威猛之能，猛毅昭著，振威敵國。夫能出於材，材不同量。材能既殊，任政亦異。是故自任之能，清節之材也，故在朝也則冢宰之任，爲國則矯直之政，其身正，故掌天官而總百揆。立法之能，治家之材也，故在朝也則司寇之任，爲國則公正之政。法無私，故掌秋官而詰姦暴。計策之能，術家之材也，故在朝也則三孤之任，爲國則變化之政。計慮明，故輔三槐而助論道。人事之能，智意之材也，故在朝也則冢宰之佐，爲國則諧合之政。智意審故佐天官而諧內外。行事之能，譴讓之材也，故在朝也則司寇之任，爲國則督責之政。辨衆事故佐秋官而督傲慢。權奇之能，伎倆之材也，故在朝也則司空之任，爲國則藝事之政，伎能巧故任冬官而成藝事。司察之能，臧否之材也，故在朝也則師氏之佐，爲國則刻削之政。是非章故佐師氏而察善否。威猛之能，豪傑之材也，故在朝也則將帥之任，爲國則嚴厲之政。體果毅故總六師而振威武。凡偏材之人，皆一味之美，譬飴以甘爲名，酒以苦爲實。故長於辨一官，丐工揉材而有餘力。而短於爲一國。兼掌陶治器不成矣。何者？夫一官之任，以一味協五味；鹽人調監，醯人調醯，則五味成矣。譬梓里治材，土官治墻，則厦屋成。一國之政，以無味和五味。水以無味，故五味得其和。猶君體平淡，則百官施其用。又國有俗化，民有劇易，五方不同，風俗各異。土有剛柔，民有劇易。而人材不同，故政有得失。以簡治易，則得治，煩則失。是以王化之政，宜於統大，易簡而天下之理得矣。以之治小則迂。網疎而吞舟之姦漏。辨護之政宜於治煩，事皆辨護煩亂乃理。以之治易則無易。甚於督促民不便也。策術之政，宜於治難，權畧無方，解釋患難。以之治平則無奇。術數煩衆，民不安矣。矯抗之政，宜於治侈，矯枉過正，以厲侈靡。以之治弊則殘。俗獘治嚴，則民殘矣。諧和之政，宜於治新，國新禮殺苟合而已。以之治舊則虛。苟合之教，非禮實也。公刻之政，宜於糾姦，刻削不深，姦亂不止。以之治邊則失衆。衆民憚法，易逃叛矣。威猛之政，宜於討亂，亂民桀逆，非威不服。以之治善則暴。政猛民殘，濫良善矣。伎倆之政，宜於治富，以國彊民以使。以之治貧則勞而不困。易貨改鑄民失業矣。故量能授官，不可不審也。凡此之能，皆偏材之人也。故或能言而不能行，或能行而不能言；智勝則能言，材勝則能行。至於國體之人，能言能行，故爲衆材之雋也。人君之能異於此，平淡無爲以任衆能，故臣以自任爲能。竭力致功以取爵位。君以用人爲能，任賢使能國家自理。臣以能言爲能，各言其能，而受其官。君以能聽爲能，聽言觀行，而授其官。臣以能行爲能。必行其所言。君以能賞罰爲能，必當其功過也。所能不同，君無爲而臣有事。故能君衆材也。若君以有爲，代大匠斲，則衆能失巧，功不成矣。

（明）劉基《郁離子》卷上《規執政》　郁離子謂執政曰：今之用人也，徒以具數與，抑亦以爲良而倚以圖治與？執政者曰：亦取其良而用之耳！郁離子曰：若是，則相國之政與相國之言不相似矣。執政者曰：何謂也？郁離子曰：僕聞農夫之爲田也，不以羊負軛；賈子之治車也，不以豕驂服。知其不可以集事，恐爲其所敗也。是故三代之取士也，必學而後入官，必試之事而能然後用之，不問其系族，惟其賢，不鄙其側陋。今風紀之司，耳目所寄，非常之選也，儀服云乎哉？言語云乎哉？乃不公天下之賢，而悉取諸世胄昵近之都那豎爲之，是愛國家不如農夫之田賈子之車也。執政者許其言而心忤之。

（明）張怡《玉光劍氣集》卷七《吏治》　世有庸吏，積日待移，而官守則隳；亦有才吏，事至□□，□舉念或私；乃有傲吏，視在上若等夷，或壯於趾而缺于慈。豈無清吏，護尺寸若藩離，或長於守而短於為。惟真循良，有真調劑，鞭朴不施，案牘不羈，酬應不疲，賦税不虧。豪右無所用其把持，便佞無所用其詭隨，讒口無所用其排擠。綱紀以治，教化以宜，桑麻以滋，保我群黎，不識不知，以恬以熙。及其讞大獄，斷大疑，片言立决，如持利劍以斬亂絲，有見睍之慶，而無覆盆之悲，又何患乎水旱之流離，兵燹之瘡痍？

（宋）潘自牧《記纂淵海》卷三《律歷部・規矩》　無規矩，雖奚仲不能以定方圓。《淮南子》。規矩一行而不易，常一而不邪，方行而不流。一日行之，萬世傳之，而以無為為之。規矩，鉤繩者，巧之具也，而非所以巧也。規矩，事之制也，賢王用人猶制木，規矩方圓，各有所施。規之為度也，轉而不獲，圓而不垸，優而不縱，廣大以寬。矩之為度也，肅而不悖，剛而不憒，取而無怨，内而無害，威厲而不慴，令行而不廢，並同上。如委已以從人，雖有規矩焉得而用之。揚。

（明）唐順之《稗編》卷九〇《子貢為信陽令》　子貢為信陽令，辭孔子而行。孔子曰：力之，順之，因子之時，無奪、無伐、無暴、無盜。子貢曰：賜少日事君子，君子固有盜者耶？孔子曰：夫以不肖伐賢，是謂奪也；以賢伐不肖，是謂伐也；緩其令，急其誅，是謂暴也；取人善以為己，是謂盜也。君子之盜，豈必當財幣乎？吾聞之曰：知為吏者，奉法利民；不知為吏者，枉法以侵民，此皆怨之所由生也。臨官莫如平，臨財莫如廉，廉平之守，不可攻也。匿人之善者，是謂蔽賢也。揚人之惡者，是謂小人也。不内相教而外相謗者，是謂不足親也。言人之善者，有所得而無所亡傷也。言人之惡者，無所得而有所傷也。故君子慎言語矣。毋先己而後人，擇言出之令口如耳。

（明）馮琦《經濟類編》卷三一《銓衡類三・求賢》 齊桓公問於甯戚曰：筦子今年老矣，為棄寡人而就世也，吾恐法令不行，人多失職，百姓疾怨，國多盜賊，吾何如而使姦邪不起，民衣食足乎。甯戚對曰：要在得賢而任之。桓公曰：得賢柰何。甯戚對曰：開其道路，察而用之。尊其位，重其禄，顯其名，則天下之士騒然舉足而至矣。桓公曰：既以舉賢士而用之矣，微夫子幸而臨之，則未有布衣屈奇之士踵門而求見寡人者。甯戚對曰：是君察之不明，舉之不顯，而用之疑，官之卑，禄之薄也。且夫國之所以不得士者，有五阻焉。主不好士，諂諛在旁，一阻也；言便事者未嘗見用，二阻也；壅塞掩蔽，必因近習，然後見察，三阻也；訊獄詰窮其辭，以法過之，四阻也；執事適欲，擅國權命，五阻也。去此五阻，則豪俊並興，賢智求處。五阻不去，則上蔽吏民之情，下塞賢士之路，是故明王聖主之治若夫江海無不受。

（明）馮琦《經濟類編》卷三四《銓衡類六・吏治》 故吏者，民之本綱也，故聖人治吏不治民。人主者，守法責成以立功者也，聞有吏雖亂而有獨善之民，不聞有亂民而有獨治之吏！故明主治吏不治民，説在摇木之本與引網之綱。故失火之嗇夫，不可不論也。救火者，吏操壺走火，則一人之用也；操鞭使人，則役萬夫。故所遇術者，如造父之遇駕馬，牽馬推車則不能進，代御執轡持筴則馬咸騖矣。是以説在椎鍛平夷，榜檠矯直。不然，敗在淖齒用齊戮閔王，李兌用趙餓主父也。

（明）朱長祚《玉鏡新譚》卷一《敍畧》 夫國有權臣，朝無善政，自古而然。若我聖祖定官制，三台六部，九列兩垣，各有所司。惟臺省專任言責，上下悉繇之舉劾焉。於是大權不使一人獨擅，三百年來無莽、操之禍。雖首揆以票擬之重，衹係紙上一言耳。唯是宦官，不能制之，皆繇出入内廷，日侍御前，憑作威福，玩弄事機，外廷百執事孰敢與之抗乎？若王振、劉瑾其人，驕横肆縱，幾成大禍，幸天厭其毒，旋被誅殛矣。雖爾，豈似今日魏忠賢之逆惡滔天也。忠義之士，感奮一言，立爲齏粉，矯殺無筭。即宫闈妃御，亦不能相保，懿親國戚，悉遭辣手，尋且羅鉗吉網，緘口結舌矣。遂有狐媚者，假其威靈，亦各爲虎、爲彪，允殄善類，誅夷殆盡。哭泣遍海内，寃抑滿天下，吞聲不敢言也。是故天地所不容，誕膺明聖，登極一月，而元兇輔惡，盡加顯戮，數年積鬱，一日頓抒。日月重光，神人共快。

（漢）王粲《王粲集・儒吏論》 至乎末世則不然矣，執法之吏，不窺先王之典，搢紳之儒，不通律令之要。彼刀筆之吏，豈生而察刻哉？起於几案之下，長於官曹之間，無温裕文雅以自潤，雖欲無察刻，弗能得矣。

（宋）范仲淹《范文正集》卷五《論・帝王好尚論》 老子曰：我無為而民自化，我好静而民自正，我無欲而民自富，我無事而民自樸。此則述古之風，以警多事之時也。三代以還，異於太古。王天下者，身先教化，使民從善，故《禮》曰：人君謹其所好惡，君好之則民從之。孔子曰：上好禮則民莫敢不恭，上好義則民莫敢不服，上好信則民莫敢不用情。由此言之，聖帝明王豈得無好，在其正而已。堯設敢諫鼓，建進善旌，舜好問而成至化，禹拜昌言而立大功。湯五聘伊尹，文王恭迎呂望，周公握髮吐哺以待白屋之士。鄭武公好賢而詩雅歌之，燕昭王築臺募士而智者歸之，斯聖賢好尚如是之急也。桀紂好利欲，不好諫諍，而天下亡。秦好兵刑，不好仁義，而天下歸漢。隋煬帝好逸豫，不好恭儉，而天下歸唐。使桀紂好諫諍，秦好仁義，隋煬帝好恭儉，豈有畏亂之禍哉。

（宋）范仲淹《范文正别集》卷二《賦・從諫如流賦》 聖人以治歷乾綱，思邁前王。從忠諫而弗逆，觀流水以堪方。每行補過之言，曾無凝滯；或得與邦之議，寧昧激揚。矧夫内守宗社，外臨華夏。臣不興諫，則君道有虧；君不從諫，則臣心莫寫。所以遵啟沃之致理，若汪洋之就下。設樽以進，似使其狎而玩之；折檻弗誅，寧見其蹈而死者。豈不以君之德也，貴納諫而温恭。水之性也，美隨流而順從，故周旋而納善，如蕩漾而朝宗。詢彼芻蕘，豈愧束薪之詠；聽諸藥石，更疑浮磬之容。莫不洞達四聰，旁求五諫，上既資於獻替，下寧生於謗訕。聞善必信，不争之勢。何殊擇善以從，就濕之情無間。于以見萬乘之主，納賢以虚；七人之職，竭節而居。又何煩於斷鞅，豈有悔於觀魚？由是忠讜咸臻，信智者之所樂；俊賢是效，見臣心之亦如。又何必博聞取規，從繩為軌。但見弗違於啟，乃自可偕行於沔。彼所以明虚受之功，所以得上善之旨。及霤之士，雖濡首而何傷；補袞之臣，思澣衣而可美。夫如是則咸聞不諱，但見寡尤。上下莫聞於闕政，大小皆罄於嘉謀。威王之三賞屢行，恩波下施，晏子之一言見用，德澤旁流。我后光被羣方，柔懷多士。陳謗木而聽政，建善旌而求理。所以彰從諫之心，率疎通而如水。

（宋）李覯《李覯集》卷一七《强兵策十首·强兵策第九》　故曰：多言多語，惡口惡舌，終日言惡，寢卧不絶，爲衆所憎，爲人所疾，此可使要遮閭巷，察姦伺禍也。權數好事，夜卧早起，雖劇不悔，此妻子之將也。先語察事，勸而與食，實長希言，財物平均，此十人之將也。切切截截，垂意肅肅，不用諫言，數行刑戮，刑必見血，不避親戚，此百人之將也。訟辯好勝，嫉賊侵陵，斥人以刑，欲整一衆，此千人之將也。外貌怍怍，言語時出，知人飢飽，習人劇易，此萬人之將也。戰戰慄慄，日慎一日，近賢進謀，使人知節，言語不慢，忠心誠畢，此十萬人之將也。温良實長，用心無兩，見賢進之，行法不枉，此百萬人之將也。明主誠能不牽於世俗之論，而盡乎才用之宜，則不視而形，不聽而聲，不降席而横行乎四夷矣。

（宋）司馬光《司馬温公文集》卷六《章奏·初除中丞上殿劄子》　臣聞澂其原則流清，固其本則末茂。臣蒙陛下聖恩，拔於衆臣之中，委以風憲。天下細小之事，皆未足爲陛下言之。敢先以人君修心治國之要爲言，此誠太平之原本也。臣聞修心之要有三：一曰仁，二曰明，三曰武。仁者非嫗煦姑息之謂也，修政治，興教化，育萬物，養百姓，此人君之仁也。明者非煩苛伺察之謂也，知道義，識安危，别賢愚，辨是非，此人君之明也。武者非强亢暴戾之謂也，惟道所在，斷之不疑，奸不能惑，佞不能移，此人君之武也。故仁而不明，猶有良田而不能耕也；明而不武，猶視苗之穢而不能耘也；武而不仁，猶知穫而不知種也。三者兼備則國治强，闕一焉則衰，闕二焉則危，三者無一焉則亡。自生民以來，未之或改也。治國之要亦有三：一曰官人，二曰信賞，三曰必罰。夫人之才性，各有所長；官之職業，各有所守。自古得人之盛，莫若唐虞之際。然稷契皋陶垂益伯夷夔龍各守一官，終身不易，苟使之更來迭去，易地而居，未必能盡善也。故人主誠能收採天下之英俊，隨其所長而用之，有功者勸之以重賞，有罪者威之以嚴刑。譬如乘輕車，駕駿馬，總其六轡，奮其鞭策，何往而不可至哉？昔仁宗皇帝之時，臣初爲諫官，得上殿，首曾敷奏此語。先皇帝時，臣曾進歷年圖，又以此語載之後序。今幸遇陛下始初清明之政，虚心下問之際，臣復以此語爲先者，誠以臣平生力學所得，至精至要，盡在於是。願陛下勿以爲迂闊試加審察，若果無可取，則臣無所用於聖世矣。取進止。

（宋）司馬光《司馬温公文集》卷八《章奏·進孝經指解劄子》　臣竊惟自古五帝三王，未有不由學以成其聖德者。所謂學者，非誦章句，習筆札、作文辭也，在於正心修身，齊家治國，明明德於天下也。恭惟皇帝陛下，肇承基緒，雖年在幼沖，而執喪臨朝，率禮弗越，體貌尊嚴，舉止安重，顒顒卬卬，有老成之德。遐邇瞻仰，無不愛戴，此乃聖性自然，不聞亦式，實天祐皇家，宗廟社稷生民之盛福也。然玉不琢不成器，人不學不知道，儻復資學問以成之，則堯舜禹湯文武何遠之有？伏見近降聖旨，過冬至開講筵。臣竊以聖人之德，無以加於孝。自天子至於庶人，莫不始於事親，終於立身揚名於後世，誠爲學所宜先也。臣鄙不自揆，嘗撰古文《孝經指解》，皇祐中獻於仁宗皇帝，竊慮歲久遺失不存，今則繕寫爲一册，上進，伏乞聖明少賜省覽。取進止。

（宋）張載《張載集·正蒙·作者篇》　魯政之弊，馭法者非其人而已；齊因管仲，遂併壞其法，故必再變而後至於道。

（宋）張載《張載集·正蒙·三十篇》　仲由樂善，故車馬衣裘喜與賢者共敝；顔子樂進，故願無伐善施勞；聖人樂天，故合内外而成其仁。

子路禮樂文章未足盡爲政之道，以其重然諾，言爲衆信，故片言可以折獄，如《易》所謂利用折獄，利用刑人，皆非爻卦盛德，適能是而已焉。

（宋）張載《張載集·經學理窟·周禮》　天官之職，須襟懷洪大方看得。蓋其規模至大，若不得此心，欲事事上致曲窮究，湊合此心，如是之大必不能得也。釋氏錙銖天地，可謂至大；然不嘗爲大，則爲事不得，若畀之一錢則必亂矣。至如言四句偈等，其先必曰人所恐懼，不可思議，及在後則亦是小人所共知者事。今所謂死，雖奴隸寵問豈不知皆是空！彼實是小人所爲，後有文士學之，增飾其間，或引入《易》中之意，或更引他書文之，故其書亦有文者，實無所依取。莊子雖其言如此，實是畏死，亦爲事不得。

（宋）蘇轍《欒城集》卷二九《西掖告詞六十一首・宋子儀大理寺丞》 敕：某。用人之明，莫如已試。崇陽之訟，誣執交構。更數獄吏，皆不能察。汝能究其本根，而枝葉自舉。使寃者獲信，死者無憾。往丞廷尉，推行此心，要使庶獄皆如此而後可。可。

（宋）汪應辰《文定集》卷一《應詔言弭災防盜事》 何謂通下情？臣聞言路廣然後下情通。凡自古明君所以求言納諫，與夫祖宗所以貽謀垂裕者，陛下既已知之，而又躬行之矣，臣不敢廣引以煩聖聽。頃者，臣下進見，陛下每諭以言雖切直，或有過當，皆能容納。仰見陛下之意，惟恐下之有所不盡也。既而秦檜用事，專權自恣，惡天下之議己，而陛下得聞之也。乃始嚴刑峻罰以箝天下之口，詞色之間，稍涉疑似，進退之際，或被顧盼，輒皆有不測之禍。長告訐之俗，而親戚爲仇，起羅織之獄，而道路以目。人不自保，導諛成風。稱之者以爲聖人，尊之者以爲恩父。凡投匭之章，造庭之策，不謀而同，歸美于一德元老。至于輪當面對者，託疾而丐免。奏事殿上者，皇遽而夙退。聖問所及，則恐懼而不敢對。風旨所至，則遷延而不敢行。四方餽獻，畢集于相府，而尚方所無有也。郡國便宜，取稟于三省，而九重不之聞也。當此之時，中外人情，爲何如哉！原檜之所以至此者，彼其爲說必不自以爲拒諫也。以爲不如是，則國論不一，君上不尊。由今觀之，豈其然乎？陛下奮發英斷，一新政化，天下之人，始得拭目引領，以瞻天日之光，招徠多士，不問新舊，開納衆論，不遺疏遠，德意至渥也。然而士風頹敝，非一朝夕，非大有以矯正而振起之，未易變也。奈何議論之臣，不能廣推聖德，明示中外，反假秦檜之餘術，以艱梗言路，摧沮士氣。陛下因星變而求言，彼則曰：恐姦人以天變爲幸也。大理少卿論及刑法，彼則曰：不當言而言，是犯分也。凡士之獻言者，固未必其心迹相應也。然而有言則受之，有善則行之，豈必問其他哉！今或逆探其隱伏之情，或追究其平素之行，或指以爲好名，或目以爲好異。此等說行，雖不必加以刑罰，而士止于千里之外矣。昔公孫戌諫田文而得實于外，文表而出，以勸來者。司馬光以爲文可謂能用諫矣。苟其言之善也，雖懷詐諼之心，猶將用之，況盡忠無私以事其上乎？然則何必逆探其隱伏之情也。裴矩佞于隋而忠于唐，司馬光以爲君惡聞其過，則忠化爲佞。君樂聞直言，則佞化爲忠。然則何必追咎其平素之行也？慶曆間，諫官包拯上言：大臣顓政，惡才能之士，有所開建，則議其近名，夫羣下雖衆，然有志于國家者甚少。其能處心積慮圖補于上，又困于近名之說，是志士仁人終無以施矣。則夫指之以爲好名者，是不欲其爲善也。君子和而不同，小人同而不和，故晏嬰謂和與同異，則夫目之以爲好異者，是欲其爲同也。伏望陛下戒權臣欺罔之害，而知其說之爲邪。察今日風俗之弊，而思所以救其失。覽士大夫是非之論，而斷之以理，進用忠讜，斥遠諛佞，使天下知好惡所在，則中人以下，皆化而爲忠矣。其或狂妄而不知大體，迂闊而不適于用，亦置之而已。勿輕加以罪也。如此，則民庶之疾苦，臣下之情僞，庶政之闕失，皆畢陳于陛下之前，又孰有鬱塞而不伸之嘆哉！

（宋）汪應辰《文定集》卷三《論士大夫敦尚節義》 今有言曰：某利可興，某功可就，往往進之以爵禄，予之以事權。徐而考之，則名實相反，績用不效，非特不治其罪，而爵禄事權猶之如故，而或有加焉，此不覈其實之弊也。夫不觀其行，則頑鈍者無所愧恥，不覈其實，則誕謾者無所忌憚，是敺天下之人，使去義而就利，其積寖久，其流寖遠，將有不可勝言者。伏望陛下爲久安長治之計，思清源端本之道，于邪正義利之辨，特留聖意。奬任忠厚正直之士，貴其和而不必其同，取其大節而不求其備。若其浮虛輕躁，前後反復者，則懲沮而差擇之，以明示好惡所在。行之以必，持之以久，則公論伸，正道明，人皆化而爲善，所得者皆實才，所行者皆實事矣。何患士風之不美，節義之不立也？取進止。

（宋）陳亮《陳亮集》卷二《論・論正體之道》 臣聞君以仁爲體，臣以忠爲體。偏覆包含，如天地之大，仁也；公家之事，知無不爲，忠也。故君行恩而臣行令。慶曆間，杜衍輔政，遇有內降，輒封還之。仁宗以杜衍不可，告之而止者，又多於所封還。治平初，任守忠離間兩宮，韓琦乘間開悟上心，斥之遠方，仍放謝辭，卽日押出國門。君當其善，臣當其怨，君臣之體也。澶淵之役，自寇準而下，均欲追戰。章聖皇帝獨惻然許和。及其議歲幣也，章聖不欲深較，而準戒曹利用以不得過三十萬。天聖初，契丹借兵伐高麗，明肅太后微許其使，吕夷簡堅以爲不可而塞之。其後劉六符來求割地，夷簡召至殿廬，以言折之。君任其美，臣受其責，君臣之體也。

今則不然。陛下鋭意於有爲，不顧浮議；而羣臣持禄固位，多務收恩。陛下慨然立計，不屈醜虜；而羣臣動欲隨順，圖塞谿壑。使陛下孤立以主大計，羣臣安坐而竊美名，是尚爲得君臣之體乎！臣願陛下總攬大柄，端己責成，畏天愛民，以德自護；明詔大臣，使當大任，不辭小怨，不辭大艱。使天下戴陛下之恩而嚴大臣之執守，敵人服陛下之德而憚大臣之忠果，則何事之不濟，何功之不成！此祖宗養人心以行德義，正君臣之體而爲百世不易之家法也。故願陛下仰法祖宗，而大臣以寇準、吕夷簡、杜衍、韓琦爲法，天下有不足爲者矣。

（宋）陳亮《陳亮集》卷三《問答上》　三代以仁義取天下，本於救斯民，而非以位爲樂也。齊（威）〔桓〕挾尊周以自私，敗商周之常經，而開爭奪篡（殺）〔弒〕之禍，其流旣慘矣。秦合天下以奉一人，恣其所欲爲；陳涉因斯民之不忍，徒手大呼，而劉項藉之以起。沛公號爲寬大長者，三章之約，足以動天下而入其心，宜本於爲民而起矣。方其窮時，縱觀秦皇帝，嘆曰：大丈夫當如此！其意豈出於爲民耶！天下旣定，周防曲慮，如一家私物，此豈三代公天下之法耶？唐太宗與劉文靖之謀似矣；與其父謀所以免禍，而迫脅以從之，何其舛也！尊隋之舉，代王之立，殆若濯泥於水，而明白洞達之事，僅能以九錫歸諸有司耳。其所以守之者，又密於漢，則其義豈足自附於三代乎？然而國祚之久長，斯民之愛戴，曾不減於夏商，何也？民不可欺，則其取守之道必有可言者矣。

昔者生民之初，類聚羣分，各相君長。其尤能者，則相率而聽命焉，曰皇曰帝。蓋其才能德義足以爲一代之君師，聽命者不之焉則不厭也。世改而德衰，則又相率以聽命於才能德義之特出者。天生一世之人，必有出乎一世之上者以主之，豈得以世次而長有天下哉！以至於堯，而天下之情僞日起，國家之法度亦略備矣。君臣有定位，聽命有常所，非天下之人所得而自制也。朱均之不肖，非如桀紂之足以亡天下，而堯以爲非天下之賢聖，不宜在此位，豈以法度定天下之心而私諸不肖之子哉！取舜禹於無所聞知之人而歷試以事，以與天下共之，然後舉而加諸天下之上。彼其心固以天下爲公，而其道終不可常也。禹以爲苟未得非常之人，則立與子之法以定天下之心；子孫之不能皆賢，則有德者一起而定之，不必其在我，固無損於天下之公也。湯以爲天下旣已聽命於一家，而吾之子孫不擇其可與之者，而使不肖者或得以自肆於民上，則非所以仁天下也。故或世或及，惟其賢而已。不幸而與之不當其人，則天下之公議，終不以私之吾家也。武王周公合天下之諸侯，使之小大相承，而方伯實總之以聽命於天子，天子不能以一人之私而制天下也。故定立嫡之法以塞覬覦爭奪之門，而君臣之定分，屹然如天地之不可干矣。此豈一世之故哉！

秦以智力兼天下而君之，不師古始，而欲傳之萬世，使天下疾視其上，翻然欲奪而取之，勢力一去，則田野小夫皆有南面稱孤之心。競智角力，卒無有及沛公者，而其德義又眞足以君天下，故劉氏得以制天下之命。使劉氏不有以大異乎天下之姓氏，則君臣之分猶可干，而三代之統緒未可繼也。周防曲慮，豈其將以私天下哉！定于一而已。曹孟德一有私天下之心，而天下爲之分裂者十餘世。及李氏之興，則猶劉氏之舊也。彼其崛起之初，眇然一亭長耳。其盛者不過一少年子弟，安知天下之大慮，而勃然有以拯民於塗炭之心！三章之約，非蕭何所能教；而定天下之亂，又豈劉文靖之所能發哉！彼其初心，未有以異於湯武也。而其臣凡下，無以輔相之，雖或急於天位，隨事變遷，而終不失其初救民之心，則大功大德固已暴著於天下矣。

孔孟以天下之賢聖，而適當春秋戰國之亂，卒不得行其道以拯民於塗炭者，無其位也。《易》曰：天地之大德曰生，聖人之大寶曰位。又曰：垂象著明莫大乎日月，崇高莫大乎富貴。苟誠其人而欲得其位者，其心猶可察也。使漢唐之義不足以接三代之統緒，而謂三四百年之基業可以智力而扶持者，皆後世儒者之論也。世儒之論不破，則聖人之道無時而明，天下之亂無時而息矣。悲夫！

（宋）葉適《葉適集・水心別集》卷一四《外稾・新書》　何謂《新

書》之害？本朝以律爲經，而勑令格式隨時脩立，自嘉祐、熙寧、元豐、元祐、紹聖、大觀、政和、紹興，皆自爲書。近者乾道淳熙，已再成書矣。以後衝前，以新改舊，凡朝廷上下之所恃以相維持、相制使者，奉行此書而已。

且天下以法爲治久矣，臣豈敢遽議《新書》之爲害，如晉叔向之所以告鄭子產者乎？然而有三害最近，不可不知。凡天下之事，無不備於此書，而人之智慮不能出於此書之外者，一害也。書既備矣而事復弊，法既具矣而令不行，則宜有説焉。今止謂之各已有見行條法，止於檢坐、申嚴而已，明知法不足恃，而欲強委之，二害也。人才因此浸以頹惰，掎摭利害，汎然推廣，及其終也，不過亦曰臣愚欲望申嚴已行之法而已，以法爲弊，猶可言也，以人爲弊，不可言也，三害也。至於朝省之有批狀，六部之勘當，諸司州郡之照條施行，又其相習公爲欺誕以度歲月，害之小者耳。

夫以法爲治，今世之大議論，豈可不熟講而詳知也！蓋人不平而法至平，人有私而法無私，人有存亡而法常在；故今世以人亂法不亂爲常語，此所以難於任人而易於任法也。雖然，人則未易任也。以唐、虞、三代之盛王，至誠一意以相與，而後其人可任。今則安能！至於不任人而任法，則必任其足以行吾法之人，而不任其智不足以知法與力不足以行法者，而後法可任，此易見之論也。而今則亦未之能，何也？

夫使是書而果已備天下之事，則將何取於人？蓋是書之所備者，備其文不備其實，備其似不備其真也。夫使見行條法誠已皆具，而天下何爲尚有犯法而生弊者？然則非無其法之罪，而無其人之罪也審矣。今不改其人，而曰檢坐、申嚴以諄複其法，然則法終不行矣。

故任人而廢法，雖誠未易論，而任人以行法，所以助法之不能自行者，必非若今之所謂檢坐、申嚴，批狀、勘當、照條之類而已也。不任人以行法，而止於檢坐、申嚴，批狀、勘當、照條之類以煩天下之耳目，使其人聰明憒眊，智慮不知所出，求以應故事而塞章奏，則亦譊然願助陛下之申嚴。此法令之所以日壞而人材之所以日消，日用飲食而不能自知，法爛道窮，暫相縻縶而無經久固結之道，國威之所以不振而強虜之所以憑陵也。臣故欲陛下縱未能任人而廢法，以行唐、虞、三代遠大之政，姑欲任人以行法，使法不爲虚文而人亦因以見其實用，功罪當於賞罰，號令一於觀聽，簡易而信，果敢而仁，若漢以來者可矣。

（宋）真德秀《西山文集》卷二《對越甲藁·奏劄三》 臣恭惟陛下天資仁恕，矜謹庶獄，藹然有祖宗之風。真祈天永命之本也。然臣竊觀四方郡國之間，猶有亡辜而致死，有辜而逃刑者，推原其故，豈非典獄之官未盡得其人乎？蓋天下之獄起於縣而成於州，審訂其情而研覈其實，皆州郡獄官之責也。獄官而非其人，則委成於吏手，變亂於賕賂，何所不有？郡守不能盡知也，提點刑獄不能偏察也，繇是而上之朝，雖刑寺審詳之，憲部讞決之，淑問如皋陶，不過憑已成之案牘，少加攷閲焉耳。本源既失，救之末流何益哉！臣愚竊謂獄官之任匪輕，而獄官之選未重。有如特奏之授官，胥吏之補官，入粟之拜官，其間非亡材且能者。然榮進之路既窮，苟且之路易啟，精明廉潔者常少，昏眊貪黷者常多。顧使居典獄之官任民命之寄，臣未見其可也。且一尉之微，近制猶不容以特恩授，而百里之宰，胥吏入粟之流，未嘗得預其間。蓋以近民之官當重其選也，何獨於獄官而輕之哉？臣願陛下念仁政之當先軫民命之至重，明詔銓曹，自今差注獄官非進士任並歷官無過與闕陞及格之人，不許充選。其特恩雜流之見爲獄官者，委監司守臣擇人保奏，兩易其任，待闕未上者，改注他官。治獄有稱者，監司守臣條其實狀以聞，與量減舉主之數。其贓污不法者，令所屬按劾重寘典憲。蓋注授不輕則人知自重，激勸有方則人知自勉，庶幾小大之人獄必察以情，所以惠民生而召和氣，非小補也。倘臣言可察，乞付有司詳議施行。得旨送部勘當尋施行。

（明）歸有光《震川先生集》卷一〇《贈送序·送周給事與叔北上序》

今天下之用人，與士之爲天下用，與古異者：其求之與爲其求者，皆非古之所宜有。蓋古之士，上之人知重之也，故士亦有以自重，而不輕於進；今世則自進而已。

（明）歸有光《震川先生集》卷一一《贈送序·送吴縣令張侯序》

今之爲吏者，以才智自馳騁，趣辦于簿書期會之間。若此，可謂能其官矣，而未及乎愛民也。温良子愛，知人疾苦，務于葆息而安全之，若此，可謂愛民矣，而未及乎待士也。待士之禮，其軼已數千年，自兩漢循吏，有稱于是者蓋少。

（明）汪道昆《太函集》卷三《送蔣啓明之電白序》 高皇帝疆理天下，一切倚辦縣官。歷二百餘年，縣政多沮格。上之人操吏民之治，率左吏而右民，廉近堂卑，法日削矣。甚者寧失良吏，無寧失不令之民。於是不令之民睥睨，長吏有不得，羣起而彈射之，於長吏何有？以上則脂韋若彼，以下則恣睢若此。縣官孑然中立，不能不與上下浮沈，親於吾身，可幸無事足矣。寧詎能奉三尺法，與百姓更始哉！岐伯有言：亢則害，承乃制，承而有制，何亢爲？不制而承，惡得無害？乃今投人以正，治一不效輒斥之。庸醫罷瞑眩而務因循，此以水濟水、以火濟火者也。即病日甚，病者猶以爲良，此豈醫之罪哉？不知醫者之罪也。

《聖祖仁皇帝御製文集・第一集》卷九《勅諭・諭九卿詹事科道》 自古設立臺省，原係朝廷耳目之官，上之則匡過陳善，下之則激濁揚清，務求知無不言，言無不盡，乃稱厥職。近見直言讜論者，不過幾人，徇私好名者，不可勝數。朕自臨御以來，略知此情。每期言路諸臣化其偏私，實陳得失，輔登上理。頃有以風聞請者，試約略論之。如今之章奏，已見施行者，雖不明言為風聞，何嘗不是風聞？今若開風聞之條，使言事者果能奉公無私，知之既確，言之當理，即當敷陳，何必名為風聞方入告也？儻生事之小人恃為可以風聞，但知己之好惡必致擅作威福，以行其私。彼言之者既無確見，聽之者安能問其是非？故曰：無稽之言勿聽，弗詢之謀勿庸。正所以誡言之無據，謀之自專也。況天下之大，臣民之衆，導之以理，曉之以法。待臣下須寬仁有容，不因細事而即黜之，所以體羣工也。用人則隨才器，使無求全責備之心，蓋以人材有不齊也。若關天下之重，朋黨徇私之情，皆國家可条可言之大事，不但科道而已，有志之臣民，槩可以言之。何在區區風聞之言，能斂戢奸貪之志氣哉。治國家者，在有治人，不患無治法爾。康熙十八年八月二十六日。

（清）方苞《方苞集》卷四《序・畿輔名宦志序》 名不可以虛作，況守官治民，其尊顯者，大節必有徵於朝野，其卑散者，遺愛必有被于閭閻，宜乎公論彰明而不可以爲僞矣。然取諸舊史者，得其實爲易；而取諸郡州縣志者，得其實爲難。蓋非名實顯見，末由登於國史，而史作於異代，其心平，故其事信。若郡州縣志則並世有司之所爲耳。其識之明，未必能辨是非之正，而恩怨勢利請託，又雜出於其間，則虛構疑似之迹，增飾無徵之言，以欺人於冥昧者不少矣。

高邑趙忠毅公，有明一代可計數之君子也。同時宦於畿輔，風節治行見於公文而確乎有據者凡二十餘人，而郡縣舊志無一及焉。觀其所不載，則載者可盡信乎？欲削其所疑，則非小善必録之義，且無以辨其非真；欲別求其可信，則不與公同時，及同時而未見於公文者，又絶無可考。以是推之，欲賢者之不遺，而無實者不得冒濫，豈易言哉。

雖然，愚而不可欺者，民也。宦必有跡，每見一州一邑三數百年中，吏之仁暴污潔智愚，士大夫皆能口道焉。又其近者，山農野老能指名焉。中人之冒濫，或久而莫辨，若顯悖於所聞，衆必譁然而摘其實，此《傳》所稱有所有名而不如其無者也。故余志名宦，自元以前，一以舊史爲斷；自明以後，姑仍郡州縣志，而見於忠毅之集者，轉不以著於是編。蓋一人之文，一郡一時之事，特千百之十一耳，載之則所漏實多。故具列其所以然，俾他日有司之爲志者，知怵然爲戒，詳酌於民言，而達於史官。又以見忠直循良之實，必博求之君子之言信而有徵者，毋專據有司之方志；而仕宦者之子孫，慎毋虛美其先人而轉以自播揚也。

（清）錢大昕《潛研堂集》卷二《論・鼂錯論》 漢文帝時，鼂錯上書，請以術數教皇太子，拜太子家令，太子家號錯為智囊。及景帝即位，錯益貴用事，謀侵削諸侯，吴楚兵起，以誅錯為名，錯竟要斬東市。烏呼，景帝可謂失刑矣！雖然，錯固有以教之也。

古之人君於其臣也，尊之信之，禮貌以待之，故臣不挾術以干君，君亦不忍徇利而棄臣。春秋以降，主益替，臣益驕，於是始有倡為刑名之學，以救時之弊，以尊君而抑臣者。商鞅以之強秦，而卒以自亡；秦人用鞅之法幷天下，愈益任法。蒙恬、李斯皆將相，久任事，秦以法誅之，若刲羊豕然。古之能尊其君，未有如秦者也，秦以胥史僕隸待其臣，而臣於秦者，亦盡頑頓無恥，無有與上同休戚者。商鞅之法，不獨自亡，而終以亡秦矣。漢文寬仁待下，而鼂錯以刑名進，錯知帝不能盡用，因請以術數教太子，蓋知太子之猜忌而投其所好也。天子在而自結太子，錯自此見輕於太子矣。吾聞以仁義治天下，未聞以術數治天下。以術數者，好殺而不信其臣者也。錯之對策，擬漢文以五帝，謂羣臣莫能及，而勉以躬親其事，蓋導其君以驕也。君驕而侵臣之職，於是乎任法而不任臣，以臣為不足任也，故殺之而不悔，此錯之所謂術數矣。

錯之説不用於文而用於景，錯欲傾諸大臣而中之以法，而景帝乃卽以此術殺錯，何也？吴之反謀，非一日矣，帝之與錯謀吴，非一日矣，帝之所忌者惟吴，而錯欲因以謀楚趙諸國，則非帝本意也。帝方倚錯爲智囊，而錯謂非侵削諸侯則天子不尊而宗廟不安，帝之排衆議而任錯，將以制七國也。七國反，錯無以制之，帝知錯之不足任也，而誅錯之謀成矣。且錯之議曰：兵數百萬，獨屬羣臣，不可信。陛下不如自出臨兵，使錯居守。噫！漢之羣臣舉不可信，錯獨可信乎？將兵者不可信，居守者又可信乎？使天子將不可信之臣以行，而天子亦安肯留不可信之臣以守？此一議也，景帝固疑錯之有異志矣；不然，要斬，極刑也，孥戮，慘法也，果用爰盎之計殺一錯可以謝七國，何忍加以要斬，且并其父母妻子同産盡置之重辟哉！錯謂羣臣不可信，故誅錯以安軍中諸將之心，此景帝之術數，卽錯所教也。

禮有議貴議能之例，而法家絀之，惡其法不立也。法在必行，錯所受申商之學如是，庸詎知適以自禍也。是故任刑之君常至於亂國，任法之臣常至於殺身。鞅斯慘礉而秦速亡，蕭、曹清静而漢後滅，錯之不幸見誅，漢之幸也。不然，以景帝之猜忌，而錯以刻深輔之，幾何其不爲亡秦之續矣。

（清）龔自珍《龔定盦全集·定盦文集》卷上《己丙之際箸議》　吾聞深於《春秋》者，其論史也，曰：書契以降，世有三等，三等之世，皆觀其才；才之差，治世爲一等，亂世爲一等，衰世别爲一等。衰世者，文類治世，名類治世，聲音笑貌類治世。黑白雜而五色可廢也，似治世之太素；宫羽淆而五聲可鑠也，似治世之希聲；道路荒而畔岸隳也，似治世之蕩蕩便便；人心混混而無口過也，似治世之不議。左無才相，右無才史，閫無才將，庠序無才士，隴無才民，廛無才工，衢無才商，抑巷無才偷，市無才駔，藪澤無才盗，則非但尟君子也，抑小人甚尟。當彼其世也，而才士與才民出，則百不才督之縛之，以至於僇之。僇之非刀、非鋸、非水火；文亦僇之，名亦僇之，聲音笑貌亦僇之。僇之權不告於君，不告於大夫，不宣於司市，君大夫亦不任受。其法亦不及要領，徒僇其心，僇其能憂心，能憤心、能思慮心、能作爲心、能有廉恥心，能無渣滓心。又非一日而僇之，乃以漸，或三歲而僇之，十年而僇之，百年而僇之。才者自度將見僇，則蚤夜號以求治，求治而不得，誖悍者則蚤夜號以求亂。夫悖且悍，且睊然眮然以思世之一便己，才不可問矣，曏之倫聽有辭矣。然而起視其世，亂亦竟不遠矣。是故智者受三千年史氏之書，則能以良史之憂憂天下，憂不才而庸，如其憂才而悖；憂不才而衆憐，如其憂才而衆畏。履霜之屩，寒於堅冰，未雨之鳥，戚於漂摇，痺癆之疾，殆於癰疽，將萎之華，慘於槁木。三代神聖，不忍薄譎士勇夫，而厚豢駑羸，探世變也，聖之至也。

《皇朝經世文統編》卷二七《内政部一·治術》熊伯龍《納諫》　立國者不可以愼也！諫官國之威神也，凡天下大姦大害之所伏，其始也，以諫官折之而有餘，其後也，以君相制之而不足，故諫官有彈壓，而後朝廷有綱紀，而後天下有風俗。人君有正一官而百官莫不正者，其惟臺諫哉！

綜述

《舊唐書》卷一四《憲宗紀上》　戊戌，謂宰臣曰：前代帝王，或怠于聽政，或躬決繁務，其道如何？杜黄裳對曰：帝王之務，在於修己簡易，擇賢委任，宵旰以求民瘼，捨己從人以厚下，固不宜怠肆安逸。然事有綱領小大，當務知其遠者大者；至如簿書訟獄，百吏能否，本非人主所自任也。昔秦始皇自程決事，見嗤前代；諸葛亮王霸之佐，二十罰以上皆自省之，亦爲敵國所誚，知不久堪；魏明帝欲省尚書擬事，陳矯言其不可；隋文帝日旰聽政，令衛士傳餐，文皇帝亦笑其煩察。爲人主之體固不可代下司職，但擇人委任，責其成效，賞罰必信，誰不盡心。《傳》稱帝舜之德曰：夫何爲哉？恭己南面而已！誠以能舉十六相，去四兇也。豈與勞神疲體自任耳目之主同年而語哉！但人主常勢，患在不能推誠，人臣之弊，患在不能自竭。由是上疑下詐，禮貌或虧，欲求致理，自然難致。苟無此弊，何患不至於理。上稱善久之。

《新唐書》卷一九七《循吏傳》　治者，君也；求所以治者，民也；

推君之治而濟之民，吏也。故吏良，則法平政成；不良，則王道弛而敗矣。在堯、舜時，曰九德咸事也，百工惟時也；在周文、武時，曰《棫樸》，能官人也，《南山有臺》，樂得賢也。是循吏之效也。堯、舜，五帝之盛帝，文、武，三王之顯王，不能去是而治，後世可乎哉？

唐興，承隋亂離，剗祓荒荼，始擇用州刺史、縣令。太宗嘗曰：朕思天下事，丙夜不安枕，永惟治人之本，莫重刺史，故録姓名於屏風，臥興對之，得才否狀，輒疏之下方，以擬廢置。又詔內外官五品以上舉任縣令者。於是官得其人，民去歎愁、就妥安。都督、刺史，其職察州縣。間遣使者循行天下，劾舉不職。始，都督、刺史皆天子臨軒册授。後不復册，然猶受命日對便殿，賜衣物，乃遣。玄宗開元時，已辭，仍詣側門候進止，所以光寵守臣，以責其功。初，刺史準京官得佩魚，品卑者假緋、魚。開元中，又錮廢酷吏，懲無良，羣臣化之，革苛嬈之風，争以惠利顯。復詔：三省侍郎缺，擇嘗任刺史者；郎官缺，擇嘗任縣令者。至宰相名臣，莫不孜孜言長人不可輕授亟易。是以授受之間，雖不能皆善，而所得十五。故叶氣嘉生，薰爲太平，垂祀三百，與漢相埒。致之之術，非循吏謂何？故條次治宜，以著厥庸。若將相大臣兼以勛閥著者，各見本篇，不列於兹。

（宋）李燾《續資治通鑑長編》卷三三三《宋神宗元豐六年》 雖然，察之無時，則疲於應命，而事不加修，其説在察之以月要；責之已甚，則煩於究治，而人不勝任，其説在以律下從第減。如此，則士自盡而刑威矣。或曰：今御史固察事矣。臣曰不然。夫官府之治，有正而治之者，有旁而治之者，有統而治之者。省、曹、寺、監以長治屬，正而治之者也，則其為法當詳；御史非其長也，而以察為官，旁而治之者也，則其為法當略；都省無所不總，統而治之者也，則為法當攷其成。然則長吏察月，御史察季，都省察歲，庶乎其可也。臣之區區，竊意於此，然以為未足以有行也，故策之於諸生。而諸生皆未能有至當之論，其等上者多以經義為主，至於對問之言，或取其文詞而已。朱本以為無施行，削去。新本復存之，今從新本。

（明）沈德符《萬曆野獲編》卷二〇《言事·武弁建言太黷》 嘉靖元年，羽林衛指揮使劉永昌上言：人臣之惡有六，曰貪贓，曰囑托，曰私意，曰苟延，曰驕縱，曰淫濫。僨事之綱有六，曰欺君，曰壞法，曰誤國，曰害人，曰用舍不公，曰刑罰不平。大抵譏切時事，而末段則申言太祖罷丞相立部院，以分理世務。太宗命史臣於文淵閣參預機務，官止學士。至後世加以師保，於是雖無丞相之名，而有丞相之實。伏望皇上存內閣以遵太宗之制，減事權以守太祖之訓。再倣祖宗之意，令六部大臣更番入直，以備顧問，庶廣益聰明，委任不至乏人。其時張璁暴貴當國，以宰相自處，視六曹爲屬吏，而桂萼新入，又助璁爲惡。故永昌痛疾之，真昌言也。事雖不行，而天下壯之。至次年辛卯，又上言：武職立功之人故絶，其姪孫以下，俱許承襲。兵部議復姪孫以下，其祖父俱無功之人，豈宜傳襲，請行內外軍職。凡立功之人故絶，同時親子姪方許如律保送，其他不許。蓋其説已窒礙不可行矣。又十年爲庚子，則上視朝漸簡，永昌又疏：皇上欽命東宮監國，此盛德事何不可？而大臣固争之，則上幸承天時監國亦非也，且太子年富，正宜歷試朝政，惟皇上析羣疑思遠圖幸甚。上始大怒，下詔獄訊治。永昌初疏本屬讜論，至再至三，黷而僭矣。武人無識，自命敢言，遂添蛇足至此。且介胄之士，尤不當言及儲宮。昔岳飛請選立皇子，宋高宗尚謂邊將不宜預此議。況永昌幺麽成長哉！繼永昌上疏者，卽羅洪先等三宮寮，僅請朝賀，亦斥去矣。羽林衛向爲巡城科道踞爲朔望視事之所。永昌至其日，必自拉儕輩公座其中，科道以其分內不敢争也。後拜邊將至遊擊，罷歸衛降同知。始上監國疏，蓋亦啖名好奇人也。

（明）孫旬《皇明疏鈔》卷四胡世寧《君道四·忠益疏》 《書》經一章：帷辟作福，惟辟作威，惟辟玉食。臣無有作福作威玉食，臣之有作福作威玉食，其害於而家凶於而國。人用側頗辟，民用僭忒。這是《周書·洪範篇》，周武王初得天下，訪問箕子推衍大禹《洪範》九疇以告之也。洪，大也。範，法也，謂治天下之大法也。昔者大禹治水，功成，天與神龜出於洛水，其龜背上所列文數有九。大禹聖人，默契天道，因而則之為九類，示萬世人主，治天下之大法。故曰：天乃錫禹《洪範》九疇，箕子推衍至此。上言六三德：一曰正直，二曰剛克，三曰柔克者，蓋言人君因時制治。有是三者作用不同，皆所以納天下臣民於皇極者也。然是三德非人君自操威福之柄，則不能用。故此言唯辟作福，唯辟作威，唯辟玉食。唯，獨也；辟，君也。福謂凡與人以爵禄，使之得福也。威謂凡治人以刑罰，使之可畏也。玉食猶今言珍羞盛饌也。蓋獨是人君受天明命為天下主，則可以賞人之善，用人之賢，而與之爵禄，使之得福，是謂唯辟作福。亦獨是人君，則可以討人之罪，黜人之姦，而治以刑罰，使之知畏，是謂唯辟作威。至於玉食，亦獨是人君居天下之上，則可以享天下之奉。而食用珍羞尚膳，是謂唯辟玉食。臣謂大臣也，大臣則不可擅作威福，僭用玉食者。故曰：臣無有作福、作威、玉食。使大臣而有擅作福威，僭用玉食者，則英明之君，終必覺察，而討其罪。故在大夫必害於而家，在諸侯必凶於而國。大夫稱家，諸侯稱國者，蓋古人之大夫，如今武職，然多是世禄家傳，僭亂則滅其家。故曰：害於而家，諸侯如今公侯伯之類，多是分封有國，僭亂則滅其國。故曰：凶於而國。人謂羣臣側不正也，頗不平也，僻不公也，若大臣有作福、作威、玉食，而君之不覺，則凡在羣臣因見大臣作得威福，可以趨附他求得官禄，免得禍患，遂皆靡然從風，陰懷一種不正、不平、不公之心，立為一種不正、不平、不公之論，以顛倒是非，混亂曲直。而蔽主聰明，排斥忠良，以陰附權臣之勢，為禍不淺。下而小民亦皆倣效成風，過分僭用，而不可繩以禮法，此言人臣僭上之患如此。臣觀自古人君不能總攬威權，不覺威福漸移臣下而致失祖宗之天下者，多矣。然考《虞書・舜典篇》載：舜命九官，兩咨四岳，其餘或咨衆論之公，或因大臣之讓而命之。《周書・立政篇》周公告成王言：文王罔攸兼於庶言，庶獄庶慎，惟有司之牧夫，是訓用違。則知自古賢王進賢行賞必先咨於衆論，用刑勑法必責成於有司，又若不專以一己之見，與此不同者，蓋人君一身深處九重，不能盡識天下之才，亦不能盡歷天下之事，故必先得忠賢數人，布列卿輔要職，以後命德討罪，必咨衆論，必聽有司。從公擬上，然後人君察其公私可否，稱制臨決，是雖先咨衆論而必斷自君上，雖斷自君上，而皆合乎公論。此昔人君自作威福者。如此舜文所行與箕子所言，同一揆也。乃若秦漢唐宋之季，中材之君，不能知人委用，姦相一人被其蒙蔽，排斥忠賢，無敢直説，引用姦邪，托為鷹犬，使之攻擊異己，以致羣臣畏威服勢，無敢異見，凡其所欲即與議奏，其挾下奏以欺上，則曰：衆謂所同。而不知由其一人私主也。其挾上旨以欺下，則曰：上意所主。而不知由其平日從諛也。凡善則歸己曰：上初不然，我勸如是也。過則歸君曰：上所固欲，我不能回也。大臣一言，天下皆信，由是怨皆歸上，而恩皆歸下。威福予奪皆出其身，而主威日削，國勢日去矣。此後世人臣之有作福、作威者然也。

（明）孫旬《皇明疏鈔》卷七張國彥《君道七・進太平四劄疏》　三曰申訐辯之條，以開言路。臣惟朝廷設官分職，各有常事。獨臺省之臣不然者，豈故為寵異如斯哉？蓋官以言名，職以言盡。故上自天子，下及百僚，中間一切政務缺失，人才進退，世道之隆汙升降，閭閻之利病休戚，皆得聞風論奏，諸人不許辯訐。故曰：擢用臺諫未必皆賢，所言未必皆是，然須養其鋭氣，而假以重權者，其為聖子神孫慮何深且遠耶。臣切慨近年宿獘，言官論人，人即從而辯之，自達官以至下僚率為常態；甚者或洗垢吹毛，故為醜詆，捕風捉影，妄意中傷。朝廷體統、祖宗法令不從兹蕩然矣乎。臣聞古之諫官言及乘輿，天子改容，事關軍國，宰相待罪，今顛倒行而逆施焉。有識之士，既嘗扼腕太息矣。乃被論之人又復群然，訾議紛紛焉。辯訐無已，俾業是官者多遠嫌避謗，務為容默。論一人則囁嚅趑趄，遲疑靡定。言一事則瞻前顧後，點檢踰時，且猶兢兢焉，業業焉，恐上觸天威，下招物論。然則爲臺諫者，將何以自效其職哉？語曰：畏首畏尾，身其餘幾，又曰：前車既覆，後車當鑒。以是而欲言路大開，公道大明，壅蔽大去，治效大臻。臣知其萬萬不能矣。乞勑該部查照前令重加申飭，以後一應被論官員，不許造言騰謗。假以認罪伸寃為由，將朝廷耳目妄意摧挫，違則痛懲一二，以警將來。併乞皇上少霽天威，將隆慶元年以後諫言得罪諸臣，量行超擢，以慰中外人心，以存國家大體。庶祖宗臺諫之設不為虚文，而臣愚鰥曠之罪，或少免於萬一矣。

（清）李鈞《判語録存・莫鎮序》　作史有三長，才學識是也。吾謂聽訟亦然，人情狙詐機械百端，非才何以察其變？非識何以決其疑？非學何以運乎才與識而折衷於至當？故簿書而裁以史筆，文章經濟一以貫之爾。余治申韓之學，佐幕洛州者十有餘載，夢韶太守與余相得益歡。太守，舊史氏也，歲己丑奉命來守是邦，未期年政通人和，百廢俱舉，其他善政載之口碑，指不勝僂。而於詞訟尤所究心，每斷一案，必有判語一則，斑管生花，靈台懸鏡，出庶子家丞之筆，綴秋卿大理之文，其才敏，其識卓，其學瞻，三者備而史法行乎其中矣。積久成帙，録以示余，余寶玩不能釋手，勸付剞劂以公同好。將見藏諸芸閣依然玉堂清話之編，采入柏台直同風憲宏綱之册，昔人以杜少陵詩為詩史，讀斯集者又何得不以史目之哉。

道光辛夘仲冬山陰莫鎮頓首拜序。

（清）戴望《管子校正・五輔》　曰：民知禮矣，而未知務，然後布法以任力。任力有五務，五務者何？曰：君擇臣而任官，大夫任官辯事，辯，明也。能明所任之事也。官長任事守職，士修身功材，材，謂藝能。士既修身，必於藝能有功也。庶人耕農樹藝。君擇臣而任官，則事不煩亂；大夫任官辯事，則舉措時，官長任事守職，則動作和；士修身功材，則賢良發；庶人耕農樹藝，則財用足。故曰：凡此五者，力之務也。夫民必知務然後心一，心一然後意專，心一而意專，然後功足觀也。故曰：力不可不務也。【略】

大夫任官辯事。王云：辯，治也。昭元年《左傳》曰：主齊盟者，誰能辯焉？士修身功材。王云：功，成也，謂修身成材也。《爾雅》曰：功，成也。《大戴禮・盛德篇》曰：能成德法者，爲有功。尹注非。力不可不務也。丁云：力當作法。此涉上文力之務句而誤。

（清）戴望《管子校正・明法解》　凡所謂忠臣者，務明法術，日夜佐主，明於度數之理以治天下者也。姦邪之臣，知法術明之必治也，治則姦臣困而法術之士顯，是故邪之所務事者，使法無明，主無悟，而己得所欲也。故方正之臣得用，則姦邪之臣困傷矣。是方正之與姦邪不兩進之勢也。姦邪在主之側者，不能勿惡也。惟惡之，則必候主閒而日夜危之。人主不察而用其言，則忠臣無罪而困死，姦臣無功而富貴。故《明法》曰：忠臣死於非罪，而邪臣起於非功。

富貴尊顯，久有天下，人主莫不欲也。令行禁止，海內無敵，人主莫不欲也。蔽欺侵凌，人主莫不惡也。失天下，滅宗廟，人主莫不惡也。忠臣之欲明法術，以致主之所欲，而除主之所惡者，姦臣之擅主者，有以私危之，則忠臣無從進其公正之數矣。故《明法》曰：所死者非罪，所起者非功，然則爲人臣者重私而輕公矣。

亂主之行爵禄也，不以法令案功勞；其行刑罰也，不以法令案罪過，而聽重臣之所言。故臣有所欲賞，主爲賞之；臣欲有所罰，主爲罰之，廢其公法，專聽重臣。如此，故羣臣皆務其黨重臣而忘其主，趨重臣之門而不庭。故《明法》曰：十至於私人之門，不一至於庭。【略】

姦邪在主之側者，不能勿惡也。王云：惡也當依《治要》作惡之。下文曰：惟惡之，則必候主閒而日夜危之。三之字文義相承。故臣有所欲賞。丁云：當作臣欲有所賞，與臣欲有所罰對文。故羣臣皆務其黨重臣而忘其主。王云：上其字涉下其字而衍，務黨重臣四字連文。

（明）張四維《名公書判清明集》卷一《官吏門・申儆・諭州縣官僚》

某昨者叨帥長沙，嘗以四事勸勉同僚，曰律己以廉，撫民以仁，存心以公，涖事以勤。而某區區，實身率之，以是二年之間，為潭人興利除害者粗有可紀。今者蒙恩起廢，再撫是邦，竊伏惟念所以答上恩而慰民望者，亦無出前之四事而已，故願與同僚勉之。蓋泉之為州，蠻貊聚焉，犀珠寶貨，見者興羨，而豪民巨室有所訟愬，志在求勝，不吝揮金，苟非好修自愛之士，未有不為污染者。不思廉者，士之美節，污者，士之醜行。士而不廉，猶女之不潔，不潔之女，雖功容絶人，不足自贖，不廉之士，縱有他美，何足道哉！昔人有懷四知之畏而卻暮夜之金者，蓋隱微之際，最為顯著，聖賢之教，謹獨是先。故願同僚力修冰蘗之規，各勵玉雪之操，使士民起敬，稱為廉吏，可珍可貴，孰有踰此，其所當勉者一也。

《慎子・君臣》　爲人君者不多聽，據法倚數以觀得失。無法之言，不聽於耳，無法之勞，不圖於功。無勞之親，不任於官，官不私親，法不遺愛，上下無事，唯法所在。

（清）陳宏謀《在官法戒録・原序》　天下之人，無過善不善之兩途。而人之慕乎善，而遠不善也，則不外於法戒之兩念。予有四種遺規之刻，蓋冀天下人無男女、少長、貴賤、賢愚，均有所觀感興起，見善者而以爲法，見不善者而以爲戒也。云爾既又思之，人有在四民之外，勢所不能無而又關係民生之利害，吏治之清濁，不可以無化誨者，則官府之胥吏是也。古者三百六十之屬，皆有府史胥徒。府，掌廩藏者，即今之庫吏也。史，掌文案者，即今之吏典也。胥，即今之都吏，爲徒之什長。徒，即今之隸卒也。是爲庶人在官，其禄同於下士，其田在遠郊之地。充人掌之，春秋月吉讀法，書其孝友睦婣得與於鄉舉里選之列，故當時僚隸輿臺之守法循分，豈惟風俗之醇抑上之人教養成就之有其具也。秦燔《詩》《書》，人以吏爲師，漢制，能諷《書》九千字以上乃許爲吏。當時刺史守相自辟其屬恒求其賢者以爲吏而進達之，而吏亦皆束身自好，以蘄不負上之知，故一時名公鉅卿起家掾吏者，不可勝紀。兩漢吏治最爲近古，非由吏之得人而然乎。魏晉而後，流品遂分。上品無寒門，下品無世族，吏始不得與清流之班。沿及隋唐以降，科貢之勢重而吏之選益輕矣。然國家設官置吏，官暫而吏久也，官少而吏衆也，官去鄉國常數千里，簿書錢穀或非專長，風土好尚或多未習，而吏則習熟而諳練者也，他如通行之案例，與夫繕發文移，稽查勾攝之務，有非官所能爲，而不能不資於吏者。則凡國計民生繫於官，卽繫於吏，吏之爲責不亦重乎？面而爲吏胥者，類皆有機變之才智，不能安於畎畝耕鑿之樸，以來役於官。因盤據其間，子弟親戚轉相承授，作姦犯科，相習熟爲固然，而不知禮義之可貴，爲官者亦多方防閑之，摧辱之，幾若猛獸搏噬之不可馴擾。夫防之愈嚴，作弊亦愈巧，摧之愈甚，自愛之意愈微，將嚣然喪其廉恥之心，以益肆其奸猾狡黠之毒，官吏相蒙，國計民生於焉交困，而貪昧陋劣之員受其牢籠，牽鼻淪胥以敗也，又不足言矣。昔劉晏以吏人不可用，謂吏無榮進則利重於名，我國家立賢無方，吏員一途咸有進身之階，惟其才之所宜，未嘗限其所至，則固有榮進之可期矣，卽或不盡榮進，而其愛一時之小利，必不如其愛身家子孫之大利，更不如其畏身家子孫之奇禍。今試語人以于公治獄之陰德，而子孫駟馬高車充溢門閭，未有不欣然慕效者也。語以王溫舒舞文巧詆奸利受財，而辠至於五族，未有不悚然易慮者也。特無以提醒之遷善遠罪之良心，無緣而動耳，上以君子長者之道待人，而人不以君子長者之道自待者，非人情也。矧吏胥多讀書識字，粗知義理，習典故，明利害，視田野之愚氓，閨門之婦孺。其化誨當更易易，爲官者，方日資其心思才力，以成其政治而顧視爲化外之人。不一思所以化誨之，聽其日習於匪辟，於心何安，而於事又寧有濟乎。余於聽政之暇，採輯書傳所載吏胥之事，各綴論斷，裒爲四卷。名曰《在官法戒録》，廣爲分布以代文告，《書》曰：作善降之百祥，作不善降之百殃。孟子曰：仁則榮，不仁則辱。觀是録者，善惡燦陳，榮辱由己，何去何從，必有觀感而興起者矣。

乾隆八年夏四月，桂林陳宏謀題於豫章使署。

（清）陳宏謀《在官法戒録·劉大懿序》 《在官法戒録摘鈔》四卷，桂林陳文恭公原本，而余命兒子肇紳爲之重梓者也。原書有涉及因果者，節去十之二三，所以壹勸懲，翼理教也。初余受天子命陳臬事，由秦而閩，而齊魯，日坐堂皇間，吏胥抱牘進，則惴惴懼懼。夫一不當而若曹上下其手，獄且失平。既而思之，若曹亦猶人耳，導之以善，而絶其爲不善，未有不激發於天良而相懲於匪僻者也。歲壬午，閩中林少穆廉訪出其書，見其辭意詳至，切近而易曉，鼓舞振興之機，於是乎在在官者家置一編，以爲日用行習之式，是亦振吏治、挽錮習之一端矣。桂林舊有四種遺規，肇紳已爲摘鈔行世，是書刊竟，復爲識其緣起如左。

道光三年歲次癸未秋七月既望，洪洞葦間劉大懿序。

（明）張居正《張太岳文集》卷四三《乞鑒别忠邪以定國是疏》 臣于本月十五日趨召到京，晚閲邸報，見戶部浙江司員外郎王用汲一本，爲乞察總憲大臣欺罔以重正氣，以彰國是事，奉旨切責，革職爲民。臣不知所言何事，其時方急于赴命，企覩天顔，一切時事俱未暇諗問。次日朝見畢，會同官三臣，始知用汲以都察院左都御史陳炌条論湖廣巡按御史趙應元託病乞休，謂其有所阿附等情，妄行誣詆，然尚未見其全疏也。日來少暇，取其全抄讀之。始知用汲之言陽爲論炌，實陰以攻臣也。憸邪小人，已蒙聖斷處治，臣似可置之無論。但其所言有朝廷政體所關，天下治亂所係者，臣若隱忍不言，將使忠邪混淆，是非倒植，卒致國是不定，政本動搖，非細故也。劉向有言，讒邪之臣，將同心以害正臣。正臣進者，治之表也，邪臣進者，亂之機也。方今天下當五陽之會，處極辨之朝，一陰潛萌，其兆已見，羣邪害正，積慮日深。臣有社稷之寄，心切憂之，故不容已于言也。臣請先析其疏中所借口者二事，而後發其機穽所在，惟聖明鑒察。臣看得用汲疏中，謂臣前葬父事畢，謝恩疏無御史趙應元名，謂臣有所憾于應元，而炌阿附臣意，遂因其稱病而糾之。此大誣也。臣前回籍數日，卽扶先人柩歸窆，比時都御史陳瑞以陞任赴京，道經臣里，其餘各官皆奉差有事，及本地方住劄者，適會臣父葬期，遂吊祭于丘隴。其時應元差滿，正與新任巡按御史郭思極交代于襄陽，相去數百里，勢自難及，彼何嘗有所失禮于臣，而臣憾之耶。夫吊喪送殯，人道之常，不但臣無所憾于應元，卽應元亦未嘗有持秉風裁不爲私交之意，但偶不與耳，彼亦何所畏避，而遂以病乞休耶。若其稱病之有無虛詐，及憲職之果否修舉，在炌爲堂官訪之必真，臣不知也。前者屢奉明旨，御史託病偷安，及差滿回道，俱着都察院着實糾劾考察。然掌院之臣竟未聞有執法奉行者，今獨炌有此舉耳，而遂爲人所誣指脅制，則後之居是任者，必將以炌爲戒，寧背違明旨而不敢結怨臺臣，相與務爲扶同欺蔽，以致紀綱陵替而不可收拾，豈朝廷所以屬任臺臣振揚風紀之意耶。又謂舊歲以星變考察，其所懲抑者，半爲不附宰臣之人。此又大誣也。臣按舊規，每遇京官考察時，吏部、都察院預行各衙門堂上官，開列應黜官員事跡，送部院會同考察，比時兵部尚書方逢時奉命帯管吏部事，一日持各衙門所開及本部司屬所訪姓名事跡告臣，言據所開，則應黜者衆，奈何？臣卽語之曰：人才難得，况此乃非時考察，事起倉卒，恐一時廉訪未真，或有虧枉，但取其罪狀顯著，人所共知者，量行黜降足矣。故比時考察人數比之往年獨少，臣何嘗屬意部院私黜一人。今逢時見任，皇上試一問之，可知也。今曰某某被黜，以某某故，則各衙門堂官所開、部官所訪者，豈盡皆臣指使之耶。卽如禮部主事張程，乃今大學士馬自强，原任禮部尚書時所首開者，豈自强亦阿附臣意而黜之耶。又如禮部郎中章禮，乃臣子業師，亦在開中，臣亦不敢以私庇之，竟從降調，况其餘乎？今自强見在，皇上試一問之，可知也。夫人之善惡，各以其類。兔死狐悲，情勢自然。若被黜者一一求其所以得罪之故，捕風捉影，揑造流言，以掎齕當事之人，則將來司考察之柄者，將緘口斂臂而不敢輕動一人。祖宗考察公典幾于廢矣，又豈朝廷所以屬任銓衡，振刷吏治之意耶。然此二端皆借言也，至末後一段謂皇上當獨攬乾綱，不宜委政于衆所阿附之元輔。此則其微意所在，乃陷臣之機穽也。唐貞觀時，有勸太宗攬權，不宜委政房玄齡等者。太宗曰：此欲離間我君臣也。立命徙之。今用汲之意，實類于此。然此可以惑庸闇之君，不可以欺明哲之主也。夫自古惟明王聖主乃能擇賢而屬任之，非庸君闇主之所能也。三五之隆，不可殫舉。成湯聖君也，其于伊尹，乃學焉而後臣之；高宗長主也，拔傅説于胥靡，一旦命總百官，而屬之曰：汝爲舟楫，汝爲霖雨。其倚任之重如此。然成湯、高宗不以其故貶王，而功業之隆照耀史册，垂憲千古。蓋八柱高承而天位始定，四時成歲而大造乃成。明主勞于求賢而逸于得人，故信任賢臣者，正所謂攬權也。豈必若秦始皇之衡石程書，剛愎自用，隋文帝之猜忌任察，讒害忠良，而後謂之有權耶？若夫庸君闇主則明不足以知賢，而信不足以使下，雖奉之以太阿之柄，彼亦不能持也。以皇上之明聖，用汲乃不以成湯、高宗之所以任其臣者，而導之爲秦皇隋帝，不亦謬哉。夫國之安危，在于所任，今但當論輔臣之賢不賢耳。使以臣爲不賢耶，則當亟賜罷黜，别求賢者而任之。如以臣爲賢也，皇上以一身居于九重之上，視聽翼爲不能獨運，不委之于臣，而誰委耶。先帝臨終，親執臣手以皇上見託。今日之事，臣不以天下之重自任，而誰任耶。羈旅微賤之臣，一旦處百僚之上，據鼎鉉之任，若不得明主親信委用，又何以能肩鉅負重，而得有所展布耶。况今各衙門章奏，無一不經聖覽而後發票，及臣等票擬上進，亦無一不請聖裁而後發行，間有特出宸斷，出于臣等智慮所不及者。今謂皇上謾不經意，一切委之于臣，何其敢于厚誣皇上耶。

臣自受事以來，殫赤心以盡忠王室者，神明知之矣。賴我皇上神聖，臣得以少佐下風，數年之間，紀綱振舉，百司奉職，海内之治，庶幾小康。此市人田父所共歌頌而欣慶者也。今乃曰人人盡私，事事盡私，又何顛倒是非，一至此耶。然用汲之言如此也，而意不在此也。其言出于用汲也，而謀不止于用汲也。緣臣賦性愚戇，不能委曲狗人。凡所措畫，惟施一概之平，法所當加，親故不宥，才有可用，疎遠不遺。又務綜覈名實，搜剔隱姦，推轂善良，摧抑浮競，以是大不便于小人，而傾危躁進之士，游談失志之徒，又從而鼓煽其間，相與慫慂攛嗾，冒險釣奇，以覬幸于後日，爲攫取富貴之計，蓄意積慮，有間輒發。故向者劉臺爲專擅之論，今者用汲造阿附之言。夫專擅阿附者，人主之所深疑也。日浸月潤，鑠金銷骨，小則使臣冒大嫌而不自安，大則使臣中奇禍而不自保。明主左右既無親信重臣，孤立于上，然後呼朋引類，藉勢乘權，恣其所欲爲，紛更變亂，不至于傾覆國家不已。此孔子所以惡利口，大舜所以疾讒説也。臣日夜念之，憂心悄悄，故敢不避煩瀆，一控兹聖明之前，遂以明告于天下之人。臣是顧命大臣，義當以死報國。雖赴蹈湯火，皆所不避，况于毁譽得喪之間。皇上不用臣則已，必欲用臣，臣必不能枉己以狗人，必不能違道以干譽，臺省紀綱，必欲振肅，朝廷法令，必欲奉行，姦宄之人必不敢姑息，以撓三尺之公，險躁之士必不敢引進，以壞國家之事。如有揑造浮言，欲以熒惑上聽，紊亂朝政者，必舉祖宗之法，請于皇上而明正其罪。

此臣之所以報先帝而忠于皇上之職分也。尤望皇上大奮乾斷，益普離明，大臣之中有執法奉公如陳炌者，悉與主持裁斷，俾得以各守其職業，而無所畏忌。則國是不移，而治安永保矣。臣誠不勝懷忠奮義，憤發激切之至。

奉聖旨：朕踐祚之初，方在冲幼，賴卿受遺先帝，盡忠輔佐，以至于今，紀綱振肅，中外乂寧，此實宗靈所共昭鑒。惟是姦邪小人不得遂其狥私自便之計，假公伺隙，肆爲讒譖者，累累有之。覽奏，忠義奮激，朕心深切感動。今後如再有訛言譸張撓亂國是的，朕必遵祖宗法度，置之重典不宥。卿其勿替初心，始終輔朕，俾臻于盛治，用副虛己，倚毗至懷。吏部知道。

《皇明經世文編》卷二二九陳時明《陳給諫奏疏·免勘李隆之獄·專信任以戒不虞疏》 切照前歲甘州兵變，都御史許銘死之。銘之死，總兵官李隆爲之也。李隆志殺許銘，造謀倡亂，虐害忠良，實天下之大惡，千古之奸雄，王法不宥之賊。已該都給事中許復禮、劉濟等，給事中魯綸、御史喻茂堅、田麟等，先後交章，爲陛下言之。此皆言官。尊朝廷，惜紀綱，忘顧忌，攄憤懣，以曉左右也。繼而巡撫甘肅都御史陳九疇，領部咨密切訪察巡按陝西監察御史劉翀奉綸音蒞治具獄。二臣祇承聖意，訊諸奸黨，質諸輿人，不縱不刻，惟公平。於是許銘忠國之心，受禍之慘，李隆起釁之由，鼓亂之實，委曲本末，靡不悉得。獄具上諸朝，陛下下之法司詳勘，依律以奏請。奉聖旨：這事情重大，還於午門前會同多官，從公再問明白來説。欽此。於是府部科道等衙門，文武之臣集於午門前稠人廣衆之地，秉公覆審。咸曰：李隆法雖罹於謀殺，情又涉於謀叛，罪浮於罰，法司所據惟當。奉聖旨：這事情重大。還差三法司、錦衣衛堂上官各一員，前去彼處從公勘問明白來説，各寫勅與他。欽此。臣愚雖無知，亦竊致疑，此不必差而復差者也。命下，未幾，都給事中劉濟等果以爲言，内開李隆謀殺許銘之情，具於楊淮等之招撫按之勘，法司會問無異，多官覆審相同，是宜速正典刑。今復差官，無非多方展轉等因。奉聖旨：朝廷差官勘問，正欲慎重獄情，公聽斷以正國法，豈有遷延偏狥之意，你每如何又這等來説？該衙門知道。欽此。臣於此仰瞻陛下，真日月之明，雷霆之威。李隆之惡，許銘之寃，已在容光之下矣，所以復差官勘問者，蓋欲威斷出於朝廷，使天下凛然知畫一之法不可犯。雖河西之人，亦將膽落曰，天子明見萬里也。雖然臣愚，猶心有所未安。心有未安，而隱忍不言，是全軀持禄之臣也。持禄不忠，國有常刑。臣以是不避斧鉞，復瑣瑣以瞽言進，嘗讀《易·旅》之《大象》曰：山上有火，旅。君子以明慎用刑而不留獄。言獄未具者，當求其情；獄已具者，當致其罰也。又按《王制》成獄辭，史以獄成告於正，正聽之；正以獄成告於大司寇，大司寇聽於棘木之下；大司寇以獄之成告於王，王命三公叅聽之，三公以獄成告於王，王三宥然後制刑。言有司疑獄讞諸王朝，未聞王朝已聽之獄下之有司也。今李隆罪狀已明，招擬已定，無可疑議者，乃復遠勤有司，竊以爲此舉或過矣。况陛下平日所託以爲股肱耳目者，在内則世勳、三公、九卿、臺諫諸臣也，在外則地方撫按也。今撫按已勘而不信，則撫按之臣不勝任矣。甫於闕前覆審，旋復差官勘問，則舉朝之臣亦不勝任矣。撫按不勝任使，則撫按當罷去；舉朝不勝任使，則日日隨行朝著者，此何人哉？且陛下今日所差以勘問者，無寧他求才智優異者，以膺任使耶？抑亦就其職事少閒若佐貳者以行耶？向也萃數十百人於闕廷之前，參訂其獄，猶不稱聖意。今獨以二三人於數千里之外，探求巨猾秘縮鬼蜮之情，又安知其果足以當聖意否耶？爲恐獄有寃濫、薄釋詿誤，望降一勅旨，於撫按之臣亦能上體德意。若但求李隆真情，往來踪跡，陳九疇備詳之矣。罪犯重輕，劉翀差次之矣。勘官之往，如是而已矣。雖有他能其奈之何？此臣之所謂不必差官而復差者也。非獨此也。前日逆濠江西之變，其爲謀非一日。説者猶以爲差官勘問，有以激之。近聞巡按御史劉翀將及甘州，五衛之衆亦嘗疑曰，劉御史領凉州人馬來洗甘州，遂潰散上山。都御史陳九疇倉皇四出撫安，仍急張告示，諭以朝廷只罪首惡，他人無與，衆疑稍釋。實以前日之變詿誤者衆，故畏罪者多，勘官之往，彼自疑曰：首謀已擒，勘官復來，無乃搜索餘黨乎！萬一激成他變，誰執其咎？臣又有疑，李隆既爲籠中之鳥，必無復縱於山林之理，勘官之往，不與俱至甘州，誰則對理。若與偕行，彼豈不自知惡極罪大終難掩飾？萬一萌僥倖之心，同惡相助，圖爲邀刼之謀，若其奸計得行，不西走哈密，則南走亦不剌矣。異日誘引外患，如唐之僕固懷恩，於時悔之，其能及乎？蓋事久則變生，勢窮則慮易，固其理也。臣所謂不必差官而復差者，又以此也。臣畧計差官不可，其説有五，不惜一一爲陛下陳之。稽滯天討，蓄天下忠臣義士之憤，退有私議，一也；河西人心甫定，今復使之驚惶，二也；設有踈虞，他日必爲中國大患，三也；事出獨斷，臣下不與，股肱耳目之臣，各懷愧恥，四也；壞朝廷覆審之例，後必踵以爲常，五也。伏乞陛下收收回差官之命，早置李隆於法，於以釋中外之疑，於以防未然之患，使天下曉然知朝廷無負於死事之臣，而好亂樂禍者，卒不能逭憲典之誅殛也。事雖一端，勸懲攸係，惟望留神省察，無憚更張，實在廷臣工之願，天下忠義之願。

（清）王夫之《船山全書・黄書・任官》 董子曰：仁者人也，義者我也。以仁愛人，以義制我，以仁愛人，不授以制而盡其私。以義制我，不私所愛而厚其疑。惡有爲天下王者自愛而制人，可以宰九州，建千祀者乎！且誠非所以自愛。天有四時、五行、四方，各位其位，時其時。不疑冬之淒苦而間以燠；不疑夏之歊暑而間以寒；不疑西北之有崑崙，崇墮崟崔，隔己而陵夷之；不疑東南之有尾閭，淫浸沈没，汎己而堙燥之。四時、五行、四方各行其職，胥以歸功，蓋相報也。《詩》云：投我以木桃，報之以瓊瑶。言齊桓推亡固存，以誠信禮衛燬於兩河脰吻之間而不相疑，故取似實果而贈美瓊瑶也。

王者拜貺天醮，宅履中區，感河流光，承劍啓玟，以貽後世，得之丁寧，付之鄭重，固其所也，然三、五之代，以曆迭興，或及身而授，或數十世而授，卒不越神明之胤。惡有如趙宋之削其援，弱其族，以□之□□者乎！彼耶律、完顔、奇渥温之初始，亦嘗分尺土，籍一民，伏莽齧堤，以爲窺竊之資也哉！若晉、宋、梁、唐之末造，僭偪孤寡，權壅上流，彼畀受苟簡，日習而次垂之，此又無庸致怪也。流風沿遞，疑積相仍，乃至論道之職，喉舌之司，六官之長，旬宣之使，下及郡邑，城不足百雉，户不滿三千者，盈天下而無非疑地。以爲不可疑也，是戈矛填心而䵺匏割腕也。以爲可疑也，是授蹻、蹠以籥鍵而稍滯其户牡也。以爲疑在此而制以彼也，是忌貍竊雛而間之以狐也。

舜之命官也，禹陟司空，宅百揆，棄爲后稷，契作司徒，臯陶作士，伯作秩宗，夔典樂，教冑子，龍作納言，各專其采。雖稽讓從容，后心載俞，而旁任必咈，其汝諧以往者，共工百度之藪，虞理名山大澤之長也。故勞謝專户以體其愛，道孤獨贊以去其制，則仁義立而天工亮矣。天地之氣，刑德相召，禍喜相感。甘草兆熟，苦草兆饑。醴泉甘露，不流桀池。夾珥陰風，不淒堯宇。誠由誠往，疑用疑來。是故五臣、十亂、鄧、留、馮、鄧之侶，布心灑血而不恤，彼有以召之也。李廣之射石，非虎也而飲金没羽。誠以拔之，則小人革面。疑以任之，則君子寒心。是故豫生飲藥於趙都，百里行哭於秦族，越石授命於并陽，袁、劉縻姓於臺下，楊業介馬以喪元，余闕憑城而濺血。此數子者，事二姓，棄舊君，比匪類，仕僞邦，非有皦日白水之疇昔也，而一旦甘死趨禍，大貿其夙夜之狂心者，豈非任服躬而難委，誠推心以必讎者乎！故專任者不期報而報臻，疑投者不期欺而欺應矣。

（清）王夫之《船山全書・黄書・大正》 昔者三、五之王也，推五德，承終始，其原本灑祓嬗革之際，如平旦之受夜，虞淵之受晝也。後世五德失墜，治無主尚，以意爲輕重，至於湔惡俗，拯民瘵，創業中興，莫不有彷彿之意焉。粤自成湯革夏配天，伊尹、仲虺以弼之，一德馨聞，廷野革面。不數十世，而故家大族盤枕膏腴，湛溺財賄者，以亂阿衡之治。故盤庚之誥曰：無總於貨寶，生生自庸。由是言之，凌遲乾没，紹治而啓亂者，明主所深患也。《傳》曰：國家之敗，由官邪也，官之失德，寵賂彰也，可不戒與！

《皇朝經世文編》卷二一《吏政七・守令》洪亮吉《守令篇》 守令，親民之官也。一守賢則千里受其福，一令賢則百里受其福。然則爲守令者，豈別有異術乎？亦惟視守令之居心而已。往吾未成童，侍大父及父，時見里中有爲守令者，戚友慰勉之，必代爲之慮，曰：此缺繁，此缺簡，此缺號不易治。未聞及其他也。及弱冠之後，未入仕之前，二三十年之中，風俗趨向頓改。見里中有爲守令者，戚友慰勉之，亦必代爲慮，曰：此缺出息若干，此缺應酬若干，此缺一歲之可入己者若干，而所謂民生吏治者，不復挂之齒頰矣。于是爲守令後，其心思如慮，親戚朋友、妻子兄弟、奴僕媪保，于得缺之時，又各揣其肥瘠，及相率抵任矣。守令之心思，不在民也，必先問一歲之陋規若何，屬員之饋遺若何，錢糧稅務之贏餘若何。而所謂妻子兄弟、親戚朋友、奴僕媪保者，又各挾谿壑難滿之欲，助之以謀利。于是不幸一歲而守令數易，而部内之屬員，轄下之富商大賈以迄小民，已重困矣。其間卽有稍知自愛，及實能爲民計者，十不能一二也。此一二人者，又常被七八人者笑，以爲迂，以爲拙，以爲不善自爲謀。而大吏之視一二人者，亦覺其不合時宜，不中程度，不幸而有公過，則去之亦惟慮不速。是一二人之勢不至歸于七八人之所爲不止，且有爲今日之守令而并欲詆三十年以前守令之無術者。然吾又嘗驗之三十年以前守令之拙者，滿任而歸，或罷任而反，其贏餘雖不多，然恒足以溫飽數世。今則不然，連十舸，盈百車，所得未嘗不十倍于前也。而不十年，不五年，及其身已不能支矣，無待其子孫也。則豈前之拙者誠拙，而今之巧者誠巧乎？亦心微有不同者乎。

《皇朝經世文編》卷二四《吏政十・吏胥》牟願相《說吏胥》 漢以前吏胥士也，卿大夫多出焉。其人自愛而重犯法，以是吏胥貴。唐宋以來，士其業者，不為吏胥，為吏胥者，則市井奸猾，巨家奴樸，及犯罪之人，以是吏胥賤，吏胥既賤，為之者皆甘心自棄於惡。行己若狗彘，噬人若虎狼，以是吏胥横，吏胥日横，其勢足以攫財貨快恩仇。因而向之士其業者，稍慕而為之，既而搢紳之族不肖者，亦復為之。搢紳之族為吏胥，雖甚不肖，不可得而擯。搢紳者，仍兄之弟之伯叔父之祖之，其異姓仍中表之，與之抗禮矣。搢紳所與抗禮，姻親而吏胥者也，久之凡吏胥雖不為姻親，皆得與搢紳抗禮，以是吏胥大。

紀事

《論語注疏・憲問》 子曰：為命，裨諶草創之，注：孔曰：裨諶，鄭大夫氏名也。謀於野則獲，於國則否。鄭國將有諸侯之事，則使乘車以適野，而謀作盟會之辭。世叔討論之，行人子羽脩飾之，東里子產潤色之。注：馬曰：世叔，鄭大夫游吉也。討，治也。裨諶既造謀，世叔復治而論之，詳而審之。行人，掌使之官。子羽，公孫揮。子產居東里，因以為號。更此四賢而成，故鮮有敗事。音義：裨，婢之反。諶，時針反。創，初向反，制也。依《說文》此是創痍字。創制之字，當作刱，乗，繩證反。復，扶又反。使，所吏反。揮，許歸反。更，古衡反。鮮，仙善反。疏：正義曰：此章述鄭國大夫之善也。子曰：為命，裨諶草創之者，裨諶，鄭大夫也。命，為政命盟會之辭也。言鄭國將有諸侯之事，作盟會政命之辭，則使裨諶適草野以創制之。世叔討論之者，世叔，即子大叔，鄭大夫游吉也。討，治也。裨諶既造謀，世叔復治而論之，詳而審之也。行人子羽脩飾之者，行人，掌使之官。子羽，公孫揮，亦鄭大夫也。世叔既討論，復令公孫揮脩飾之也。東里子產潤色之者，東里，鄭城中里名。子產居東里，因以為號。脩飾潤色皆謂增脩使華美也。既更此四賢而成，故鮮有敗事也。注：謀於至之辭。正義曰：云謀於野則獲，於國則否者，襄三十一年《左傳》文。此及下注皆出於此。案彼《傳》云：子產之從政也，擇能而使之。馮簡子能斷大事，子大叔美秀而文，公孫揮知四國之為，而辨於大夫之族姓、班位、貴賤、能否，而又善為辭令。裨諶能謀，謀於野則獲，謀於邑則否。鄭國將有諸侯之事，子產問四國之為於子羽，且使多為辭令，與裨諶乗以適野，使謀可否，而告馮簡子使斷之。事成，乃授子大叔使行之，以應對賓客，是以鮮有敗事。是也。注：行人，掌使之官。正義曰：云行人，掌使之官者，《周禮・秋官》有大行人、小行人，皆大夫也，掌諸侯朝覲、宗廟會同之禮儀及時聘問之事，則諸侯之行人亦然，故云掌使之官，謂掌其為使之官也。

《後漢書》卷一下《光武帝紀下》 冬十月丁丑，詔曰：吾德薄不明，寇賊爲害，彊弱相陵，元元失所。《詩》云：日月告凶，不用其行。永念厥咎，内疚於心。其勑公卿舉賢良、方正各一人；百僚並上封事，無有隱諱；有司修職，務遵法度。

《三國志》卷一《魏志・武帝紀》 十五年春，下令曰：自古受命及中興之君，曷嘗不得賢人君子與之共治天下者乎！及其得賢也，曾不出閭巷，豈幸相遇哉？上之人不求之耳。今天下尚未定，此特求賢之急時也。孟公綽爲趙、魏老則優，不可以爲滕、薛大夫。若必廉士而後可用，則齊桓其何以霸世！今天下得無有被褐懷玉而釣于渭濱者乎？又得無盜嫂受金而未遇無知者乎？二三子其佐我明揚仄陋，唯才是舉，吾得而用之。

（宋）李燾《續資治通鑑長編》卷一九五《宋仁宗嘉祐六年》 光禄寺少卿張叔詹致仕。初，叔詹知壽州，值水災，監司奏叔詹非才，詔移蔡州。司馬光言：蔡、壽之民，皆陛下赤子。叔詹若為政無狀，於民有害，移彼置此，有何所殊？況蔡州封部闊遠，戶口繁庶，土饒山林，素多盜賊，地望之重，過於壽州，牧守之任，尤須擇人。豈有因不才被斥，更得善處！若叔詹實有才能，惠及於民，則當治本路監司罔上誣賢之罪，使叔詹仍居舊任，不復移易。今臧否不分，進退無據，衆口籍籍，皆云未允。臣前上言，為治之要，在於擇人精、賞罰當。此亦擇人不精，賞罰不當之一事也。況叔詹資性庸下，老而益昏，本無片長，授任過分，其為忝冒，人盡知之，使之從政，所至為害。優乞朝廷直令致仕，或授以宂散之職，勿使親民，庶幾黜陟明白，無損政體。詔改叔詹知衛州，叔詹遂乞致仕，從之。

（清）徐乾學《資治通鑑後編》卷一七《宋紀一七》 乙未，詔：自今五品以上官任子，止賜同學究出身，依例赴選集，不得濫授攝官，驟通閨籍。

富弼曰：古者賞延於世，止傳其禄，堪其事者，乃授以官，今之門蔭坐置國籍，此最濫也。若取太宗之詔，一切授以出身，則近古矣。

吕中曰：用人以世唐虞三代法也，非以豪異俊秀之才，俱出於公卿大夫之族，蓋以仁義道德之教，素行於聖賢明哲之家，自漢以下公卿之家，法既不如古，而朝廷教課國子之意，一切廢棄。此任子之法所以弊，而我太祖太宗與范富諸人所以裁抑而不恤也。

（清）徐乾學《資治通鑑後編》卷二五《宋紀二五》 壬申，謂輔臣曰：前代内臣恃恩恣横，蠹政害物，朕嘗深以為戒。至於班秩賜與不使過分，有罪未嘗矜貸，此輩常亦畏懼。王旦等曰：前代事迹昭然，足為龜鑒。陛下言及此，社稷之福也。内侍史崇貴嘗使嘉州，還上言知縣某貪濁，有佐官某廉幹，乞擢為知縣。帝曰：内臣將命能採善惡，固亦可獎，然便爾賞罰，外人必未厭，伏當須轉運使深察之。

富弼曰：人主聽納不可不慎，慎之之術，惟在防微，防微之術，莫若左右之言不入也。真宗不以一内侍之言進退官吏，於聽納之道，慎之至也。

（宋）李心傳《建炎以來繫年要録》卷五六《紹興二年壬子七月己未朔之丙戌》 乙丑，給事中胡安國入對。上曰：聞卿大名，爲何累召不至？安國再拜辭謝，進曰：臣聞保國必先定計，定計必先定都，建都擇地，必先設險，設險分土，必先遵制，制國以守，必先恤民。夫國之有斯民，猶人之有元氣，不可不恤也。除亂賊，選縣令，輕賦斂，更弊法，省官吏，皆恤民之事也。而行此有道，必先立政，立政有經，必先核實，核實者是非毁譽，各不亂真，此致理之大要也。是非核實，而後賞罰當，賞罰當，而後號令行。人心順從，惟上所命，以守則固，以戰則勝，以攻則服，天下定矣。然欲致此，顧人主志尚如何耳？尚志所以立本也；正心所以決事也；養氣所以制敵也；宏度所以用人也；寬隱所以明德也，具此五者，帝王之能事備矣。

（宋）李心傳《建炎以來繫年要録》卷六〇《紹興二年壬子十一月戊午朔之甲申》 王廣淵在仁宗朝，嘗編類成書，以爲後法，乞依故事施行，上從之。右宣教郎韓亮特進秩三等，以參知政事孟庾言：亮從其父勤除賊寇，備見勤勞故也。禮部尚書洪擬言：近時吏强官弱，官不足以制吏，官有以財用不給而罷者，吏未嘗過而問也。官有以刑名而罷者，吏未嘗過而問也。官有罪，吏言之，有司治之惟恐後。吏有罪，官案之，則相疑曰：豈寬縱致然耶？故任職者，官以不案吏爲得計，宜其所在奸吏專權擅勢，大作威福。臣竊憤之，願詔有司立法，應官除名者，吏勒停；官衝替者，吏放罷。官能自案吏，則許免失覺察之坐。如此，則吏强官弱之風寢衰矣。上謂宰執曰：朕思此一事，要在官得其人，吏不敢舞文爲奸。吕頤浩曰：緣官不知法，致吏得以欺。上然之。其後刑部言：吏犯贓私罪已有正法，擬所請難行，事遂止。刑部議下，在明年正月癸亥。

（宋）李心傳《建炎以來繫年要録》卷七〇《紹興三年癸丑十一月壬子朔之庚辰》 庚辰，詔：諸州大辟應奏者，從提刑司具因依繳奏，申舊制也。時上既欽恤庶獄，而言者以爲州縣之吏，於罪無可矜者，類以疑讞上聞。冀幸寬貸，其意以爲失出之罰輕，陰德之報厚。姦胥猾吏，旁緣惟貨，元惡巨蠹，罔有悛心。望自今罪人情涉疑慮，並申憲司閱實，委有可憫，本州當職官與提刑司官連書具奏。事下刑寺，刑部言舊法已是詳備，若如所陳，反見迂狂，望坐條申嚴行下，從之。

（宋）李心傳《建炎以來繫年要録》卷九五《紹興五年乙卯十一月庚午朔之丁酉》 顯謨閣待制、兩浙都轉運使李迨言：陛下深明治體，加意所重，既遴外臺之選，復行銓量之令，宜乎綱紀肅然也，奈何諸路監司尚有不副委任之意者，此無他。銓量之令雖行，而督責之方未至也。夫監司所以振舉綱紀者，法令也。近年以來，循習積弊，不守法令者久矣。差權官有專法也，或違法而徇情；求補人吏有定額也，或溢額而養浮宂；破兵級有著令也，或廢令而供私役，以至公使錢踰歲賜之數，頭子錢非合支窠名，虛費妄用，姦蠹百出，有不可勝言。人皆知法令所不當爲也，而監司公然爲之。其循習積弊不守法令如此，豈能爲陛下振舉綱紀乎？昔者薛宣爲御史中丞，嘗論部刺史不循守條職，蓋漢御史府，有大夫爲其長，有中丞爲其屬，執法殿中，外總部刺史。臣愚欲望陛下略倣漢制，委臺臣分察諸路監司差官補吏，占破兵級，支用公使頭子錢等事。今日以前，先令改正；今日以後，許令糾劾以聞，其有違法被黜，甚者仍令吏部籍記姓名，永不除授監司差遣。庶執按察之權者，皆務先自治而後治人，綱紀無不振舉矣。其於治體，非小補也，詔御史臺常切覺察。迨又言：祖宗以來，宅都大梁，歲漕東南六百餘萬斛，而陸路之民，莫知運動之方，且無飛輓之擾。蓋所運者舟，所役者兵卒故也。今者駐蹕浙右，大兵乘江，諸路漕運，地里不若中都之遠，而公私苦之，何也？蓋以所用舟船，大半取辦於民間，往往鑿船沈江，以避其役。至於抱認折欠，監錮塡納，爲患非一，此衆所共知也。伏見江、浙路如温、明、虔、吉州等處，凡祖宗以來，所置造船場，今官吏具在，皆坐糜廩禄，略不舉職。蓋緣逐州近將合支錢物、材料、工匠等，轉易他用。欲乞特降處分，委逐州守臣，措置物料，拘收兵匠，隨宜打造，仍官自裝籠須管，依年限數足。如錢物闕少，許取撥本處轉運司移用錢，相兼支用，逐旋團結。募兵卒主挽，使臣管押，依自來押綱條例支破請給。每綱以十分爲率，量留力勝二分，裝載私物，除不得運禁物榷貨外，免收力勝。所謂本綱官物，不容少欠，如違，勒令備償，庶幾害不及民，可以漸復漕運舊制，詔工部措置。

（宋）李心傳《建炎以來繫年要録》卷九七《紹興六年丙辰正月己巳朔之戊戌》　丁丑，詔：納粟別作名目授官人，毋得親民刑法官。已授者並罷，自今到部隱漏不實者，抵其罪，時論者謂縣令民之師帥。刑法之官，人命所繫，不可輕以授人。比年軍興，以納粟得官者，不謂之納粟。或以上書文理可採，或作獻納助國。與理選限，原朝廷之意，欲激勸其樂輸，使得爲官戶，而銓曹別無關防之法。近年以來，固有得縣令，亦有得司法者，此曹素未嘗知政務，直以多貲。一旦得官，若遂使之臨縣議刑，其不稱職必矣。既不能稱職，必爲民物之害，欲下吏部立法關防，仍先次改正，故有是旨。

（宋）李心傳《建炎以來繫年要録》卷一二一《紹興八年戊午七月乙酉朔之八月癸未》　丁丑，徽宗皇帝實録開院，用故事賜史館官茶酒，監修官趙鼎奏曰：先帝以仁厚之德，涵養天下，幾三十年。其間法令有未盡善者，皆出於羣臣貪功冒賞之私，而有司壅於上聞，非先帝本意。劉大中宣和初知如臯縣，時有旨卽隱者徐神翁所居建爲觀，而基包士民墓甚衆。大中顧有司不能決，乃具圖申省，且束裝待罪，洎取旨。先帝鄂然，曰：豈可發民墳墓？卽詔移之別地，則知當時有不便於民者，使先帝悉知，未有不改之者，此羣臣之罪，而蔡京爲之首也。上深然之，以至泣下。鼎又曰：崇觀之失，不歸之蔡京，使何人任責，今士大夫力主京者，皆厚私恩而薄祖宗之人也，願陛下深察之。

（宋）呂中《宋大事記講義》卷二〇《哲宗皇帝・小人廢復法例》

紹聖元年，復元豐免役法。初，蔡京、司馬光行差役法，至是京白曰：臣取熙寧元豐法施行之，尚何議焉？閏四月，復常平提舉等官，罷十科。六月，除字説禁。七月，復免役錢。九月，廢廣惠倉，罷制科。十二月，河東鹽復官賣法。二年四月，置律學博士。四年，罷春秋科。

安石之法自行，其所學之偏、所見之蔽，猶有素定之規模。至紹聖，諸人不過借紹述之名以報私怨耳。初不知熙豐元祐之法，孰非孰是、孰利孰害也，然安石變法之罪小，引用小人之罪大，使其罪止於變法，則安石之身既去，安石之法皆可得而變。為其罪在於引用小人，則引用之人無窮，而法亦與之無窮，雖其身已退於元豐之末，而其人未嘗不用於紹聖之後也。

《金史》卷一〇九《完顏素蘭傳》　四年三月，言：臣近被命體問外路官，廉幹者擬不差遣，若懦弱不公者罷之，具申朝廷，別議擬注。臣伏念彼懦弱不公之人雖令罷去，不過止以待闕者代之，其能否又未可知，或反不及前官，蓋徒有選人之虛名，而無得人之實跡。古語曰縣令非其人，百姓受其殃。今若後官更劣，則爲患滋甚，豈朝廷恤民之意哉。夫守令，治之本也。乞令隨朝七品、外路六品以上官，各舉堪充司縣長官者，仍明著舉官姓名，他日察其能否，同定賞罰，庶幾其可。議者或以闕選法、紊資品爲言，是不知方今之事與平昔不同，豈可拘一定之法，坐視斯民之病而不權宜更定乎。詔有司議行之。

《明太祖實録》卷一〇八《洪武九年九月》　己卯，中書省言福建叅政魏鑑瞿莊笞一奸吏至死。上賜璽書勞之曰：朕觀自古天下之治亂，在於君臣能馭不能馭耳。若君能馭臣以禮法，臣能馭吏以體上，故治由此始。若君不能以馭臣，臣無以馭吏，則亂亦由此始。或云：胥吏小人，何預治亂，是大不然。吏詐則蠹政，政既隳矣，民何由安？朕所以命著為令者，正欲使上官馭吏，動必以禮，而嚴之以法。若吏卒背理違法，繩以死無論。此令行久矣，奈何貪官動為下人所持，任其縱横，莫敢誰何。所以政無施，而民受枉。朕嘗謂若為官臨政，無馭吏之威，則諸事無成。馭得其法，則威立令行，事無不舉。今丞相奏：福建兩叅政致極刑於一奸吏，朕聞茲事當哉，惟仁人能好人能惡人，果然矣。故往諭之，尔尚慎終如始，乃能其官。

（清）鄂爾泰等《世宗憲皇帝硃批諭旨》卷一二五之一《硃批鄂爾泰奏摺》 雍正二年七月二十四日，江南江蘇布政使臣鄂爾泰謹奏為欽遵聖訓恭繳硃批事。竊臣於七月初九日恭接硃批臣摺，諭旨廣大悉備，纖細不遺，如衡斯平，如鑑斯澈，既精義以入神，乃造化之在手，此固萬物咸宜，千秋惟鑒。小試之則小效，大試之則大效者也。臣跪誦之下，心目洞豁，浮氣頓除，深繹熟思，歡忻累日。伏念國家設官分職，凡以為民耳。但能利民，則寬嚴、水火皆所以為仁。而勞怨非所恤，如不能因民，則刑名教化皆足以為病，而廉惠非所居。蓋謬拘臆見，薄務虛名，不以民事為事，不以民心為心，固未有能奏效者，恐廉吏與貪吏罪相等。好事較悞事害更大，見小不成，欲速不達，莫之或出此矣。臣仰體鴻慈，凛遵寶訓，鏤心刻骨，敢一飯之偶忘。宣化承流，期三年而報可，臣謹奏。

（清）陸曾禹《康濟録》卷三上《臨事之政・求才能以捍灾傷》 東晉秦甘露五年十月，秦王堅命牧伯守宰各舉孝悌、廉直、文學、政事，察其所舉得人者，賞之； 非其人者，罪之。由是人人莫敢妄舉，而請托不行。内外之官率皆稱職，田疇修辟、倉庫多寔、盜賊屏息。

謹案：用人得而萬事理，非秦王之謂乎。令舉之不得其法，賞罰混淆，蒙蔽者多，田疇能闢歟？倉庫能充歟？盜賊能息歟？甚矣，賢良之不可不急，而賞罰之不可不明也。

又： 憲宗元和間，上與宰相論：自古帝王或勤勞庶政，或端拱無為，互有得失，何為而可？杜黄裳對曰：王者，上承天地宗廟，下撫百姓四夷，夙夜憂勤，故不可自暇自逸。然上下有分，紀綱有序，苟慎選天下賢才而委任之。有功則賞，有罪則刑，誰不盡力？明主勞於求賢而逸於得人，此虞舜所以能無為而治者也。

謹案：天下事，獨任則勞，分任則逸，理固然也。然不得賢才而委之，則親民之官不以寔心行寔政，而救灾恤患之無方。督撫大員不能洞達國體，宣布德意於羣黎，俾知崇節儉致阜成之有道。所以治國之謨，必以慎選為要。杜公之對，真宰相之論也。

（清）陸曾禹《康濟録》卷三上《臨事之政・命條陳以開言路》 漢文帝時，每朝郎從官上書疏，未嘗不止輦受其言。言不可用，置之； 言可用，則採之。未嘗不稱善。又除誹謗妖言法。詔曰：古之治天下，朝有進善之旌，如有進善者，立於旌下言之。誹謗之木，慮政有缺失，使言事者書之於木。所以通治道而来諫者也。今法有誹謗妖言之罪，是使衆臣不敢盡情，而上無由聞過失也。將何以示遠方之賢良，其除之。

謹案：文帝之求直言，不啻如饑者之欲食，渴者之欲飲，故無不稱其善者。誘之使言也，除誹謗妖言法者，慮其懼禍而不告也。朝乾夕惕，民瘼是恤。不待鄒忌之諷諫而能然也，此文景之時號稱熙皥盛世，可以彷彿唐虞耳。

雜録

《論語注疏・子路》 仲弓爲季氏宰，問政，子曰：先有司，王曰：言爲政當先任有司而後責其事。赦小過，舉賢才。曰：焉知賢才而舉之？曰：舉爾所知，爾所不知，人其舍諸？孔曰：女所不知者，人將自舉其所知，則賢才無遺。疏：仲弓至舍諸。正義曰：此章言政在舉賢也。仲弓爲季氏宰，問政者，冉雍爲季氏家宰，而問政於夫子也。子曰：先有司，赦小過，舉賢才者，有司，屬吏也。言爲政當先委任屬吏，各有所司，而後責其成事。赦放小過，寬則得衆也。舉用賢才，使官得其人，野無遺逸，是政之善也。曰：焉知賢才而舉之者，仲弓聞使舉賢，意言賢才難可徧知，故復問曰：安知賢才而得舉用之也？曰：舉爾所知。爾所不知，人其舍諸者，舍，置也。諸，之也。夫子教之曰：但舉女之所知。女所不知，人將自舉之，其肯置之而不舉乎？既各舉其所知，則賢才無遺。

《論語注疏・爲政》 哀公問曰：何爲則民服？包曰：哀公，魯君謚。孔子對曰：舉直錯諸枉，則民服。包曰：錯，置也。舉正直之人用之，廢置邪枉之人，則民服其上。舉枉錯諸直，則民不服。疏：哀公至不服。正義曰：此章言治國使民服之法。哀公問曰：何爲則民服者，哀公，魯君也。問於孔子曰：何所云爲則萬民服從也？時哀公失德，民不服從，哀公患之，故有此問。孔子對曰：舉直錯諸枉，則民服者，此孔子對以民服之法也。錯，置也。舉正直之人用之，廢置諸邪枉之人，則民服其上也。舉枉錯諸直，則民不服者，舉邪枉之人用之，廢置諸正直之人，則民不服上也。於時羣邪秉政，民心厭棄，故以此對之也。注包曰：哀公，魯君謚。正義曰：《魯世家》云，哀公名蔣，定公之子，周敬王二十六年即位。《謚法》云：恭仁短折曰哀。

（漢）史游《急就篇》卷四 廷尉正監承古先。先，叶音詢。見《楚辭・九歌》。

廷尉，掌刑獄之官，秦所置也。補曰：九卿廷尉班在五，而議帝號獨出李斯名者，蓋秦以獄爲重。漢亦因之。廷者，平也，朝之處也；尉者，武官之號也。兵獄同制，故曰廷尉。廷尉屬官有正有監，言因承上古先代而置之。補曰：廷尉有正左右監，《王制》史以獄成告于正。注：正於周鄉師之屬，朱博召見正監。

總領煩亂決疑文。文，叶微勻反。

煩亂則領理，疑議則詳決，此獄官之職也。補曰：《朱博傳》廷尉職典決疑。

（清）段玉裁《説文解字注》卷一《一部・吏》 ，治人者也。治與吏同在第一部，此亦以同部疊韵爲訓也。从一从史。此亦會意也。天下曰从一大，此不曰从一史者。吏必以一爲體，以史爲用。一與史二事，故異其詞也。史者，記事者也。史亦聲。凡言亦聲者，會意兼形聲也。凡字有用六書之一者，有兼六書之二者，力置切。一部。

（清）段玉裁《説文解字注》卷二七《𠂤部・官》 ，吏事君也，从宀𠂤。會意，古九切，十四部。𠂤猶衆也。𠂤不訓衆而可聯之訓衆，以宀覆之，則治衆之意也。此與師同意。人衆而帀□之，與事衆而宀覆之，其意同也。

（宋）劉恕《資治通鑑外紀》卷二下《商紀・辛》 箕子諫不聽，人曰：可以去矣。箕子曰：知不用而言，愚也；殺身以彰君之惡，不忠也；爲人臣而自説于民，吾不忍爲也。乃被髮佯狂爲奴，隱而鼓琴以自悲。故傳之曰：箕子操，紂囚之。此《史記・宋世家》《殷本紀》及《韓詩外傳》卷五文。【略】王子比干見箕子爲奴。原注：《史記》曰：比干，紂之親戚。《家語》曰：紂之諸父。曰：爲大臣者，主暴不諫，非忠也；畏死而不以死争，則百姓何辜，非勇也。見過即諫，不用卽死，忠之至也。諫三日不去。

《漢書》卷八三《薛宣傳》 月餘，御史大夫于永卒，谷永上疏曰：帝王之德莫大於知人，知人則百僚任職，天工不曠。故皋陶曰：知人則哲，能官人。御史大夫內承本朝之風化，外佐丞相統理天下，任重職大，非庸材所能堪。今當選於羣卿，以充其缺。得其人則萬姓欣喜，百僚説服；不得其人則大職墮斁，王功不興。虞帝之明，在茲壹舉，可不致詳！竊見少府宣，材茂行絜，達於從政，前爲御史中丞，執憲轂下，不吐剛茹柔，舉錯時當；出守臨淮、陳留，二郡稱治；爲左馮翊，崇教養善，威德並行，衆職修理，姦軌絶息，辭訟者歷年不至丞相府，赦後餘盜賊什分三輔之一。功效卓爾；自左內史初置以來未嘗有也。孔子曰：如有所譽，其有所試。宣考績功課，簡在兩府，不敢過稱以奸欺誣之罪。臣聞賢材莫大於治人，宣已有效。其法律任廷尉有餘，經術文雅足以謀王體，斷國論；身兼數器，有退食自公之節。宣無私黨游説之助，臣恐陛下忽於《羔羊》之詩，舍公實之臣，任華虛之譽，是用越職，陳宣行能，唯陛下留神考察。上然之，遂以宣爲御史大夫。

《三國志》卷一六《魏志・倉慈傳》 自太祖迄于咸熙，魏郡太守陳國吴瓘、清河太守樂安任燠、京兆太守濟北顏斐、弘農太守太原令孤邵、濟南相魯國孔乂，或哀矜折獄，或推誠惠愛，或治身清白，或擿姦發伏，咸爲良二千石。

《梁書》卷五三《良吏傳》 昔漢宣帝以爲政平訟理，其惟良二千石乎！前史亦云：今之郡守，古之諸侯也。故長吏之職，號爲親民，是以導德齊禮，移風易俗，咸必由之。齊末昏亂，政移羣小，賦調雲起，徭役無度，守宰多倚附權門，互長貪虐，掊克聚斂，侵愁細民；天下搖動，無所厝其手足。高祖在田，知民疾苦，及梁臺建，仍下寬大之書，昏時雜調，咸悉除省，於是四海之內，始得息肩。逮踐皇極，躬覽庶事，日昃聽政，求民之瘼。乃命輶軒以省方俗，置肺石以達窮民，務加隱卹，舒其急病。元年，始去人貲，計丁爲布；身服浣濯之衣，御府無文飾，宫掖不過綾綵，無珠璣錦繡；太官撤牢饌，每日膳菜蔬，飲酒不過三醆，以儉先海内。每選長吏，務簡廉平，皆召見御前，親勗治道。始擢尚書殿中郎到溉爲建安内史，左民侍郎劉畯爲晉安太守，溉等居官，並以廉絜著。又著令：小縣有能，遷爲大縣；大縣有能，遷爲二千石。於是山陰令丘仲孚治有異績，以爲長沙内史；武康令何遠清公，以爲宣城太守。剖符爲吏者，往往承風焉。若新野庾華諸任職者，以經術潤飾吏政，或所居流惠，或去後見思，蓋後來之良吏也。綴爲《良吏篇》云。

（唐）王方慶《魏鄭公諫録》卷二《諫禁張士貴》　太宗因教習不整，遣大將軍張士貴，杖中郎郎將等，士貴坐杖輕下吏。公諫曰：臣在外竊聞大將軍張士貴，坐行杖阿縱，送付大理。臣以爲教習不整，官司誠合重責。但將軍之任職在爪牙，委以心膂，取其誠效，行杖小有不稱，未是將軍之罪。且使將軍執杖，已不可爲後法。又以杖輕加責，彌復驚駭物情，假令推得阿私，終恐有虧聖德。太宗大笑，遽令釋之。

（唐）王方慶《魏鄭公諫録》卷三《對百姓大似信佛》　太宗謂長孫無忌等曰：在外百姓，大似信佛。上封人欲我每日將十箇大德，共達官同入，令我禮拜。觀此乃是道人教其上書。公對曰：佛法本貴清净，以退浮競；且道俗事既不同，昔釋道安一時名德，符永固與之同輿，權翼以爲不可；釋惠琳非無才俊，宋文引之升殿，顔延之云：此三台之位，豈可使刑餘之人居之。今陛下若欲崇信佛教，豈須日別見道人。

（唐）王方慶《魏鄭公諫録》卷五《太宗即位有上書者》　太宗謂長孫無忌等曰：朕躬即位之初，有上書者非一，或言人主必須威權獨運，不得委任羣下；或耀兵振武，威懾四夷。唯有魏徵勸朕偃革興文，布德施惠，中國既安，遠人自服。朕從其語，天下安寧，絶域君長，皆來朝貢，九夷重譯，相望於道。凡以此等事，皆魏徵之力也。朕之任用，豈不得人！公拜謝曰：陛下聖德自天，留心政術，臣以庸短，承受不暇，豈有所益。

（宋）王溥《唐會要》卷六二《御史臺下·諫諍》　其時，左補闕吴兢上表曰：臣聞道路竊議云，宗楚客紀處納等，誣構安國相王，以爲連謀於庶人重俊，將請下制獄。臣既參職諫曹，安敢不奏？且安國相王，實陛下同氣，六合至廣，親莫加焉。今賊臣等共加羅織，此禍亂之漸，不可不察。又王之仁孝，幽明共知，頃遭荼毒，哀毁過度。以陛下爲性命，亦陛下之手足。既孝於父母，而惡於兄弟者，未之有也。若信任讒邪，寘之於法，必傷陛下之恩，失天下之望。所謂芟刈股肱，獨任胷臆，方涉江漢，棄其舟楫。可爲寒心，可爲慟哭。自昔翦伐枝幹，假權異族者，未有不喪其宗社也。何以明之？秦任趙高，卒致傾覆；漢委王莽，遂成篡逆；晉家以自相魚肉，寰瀛鼎沸；隋室以猜忌子弟，海内塵飛。驗之覆車，安可重迹。自陛下登極，于今四稔，一子以弄兵被誅，一子以愆失遠任，唯此一弟，朝夕左右，斗粟尺布之刺，可不慎乎！

《宋史》卷二〇〇《刑法志二》　高宗性仁柔，其於用法，每從寬厚，罪有過貸，而未嘗過殺。知常州周杞擅殺人，帝曰：朕日親聽斷，豈不能任情誅僇，顧非理耳。即命削杞籍。大理率以儒臣用法平允者爲之。獄官入對，即以慘酷爲戒。臺臣、士曹有所平反，輒與之轉官。每臨軒慮囚，未嘗有送下者，曰：吾恐有司觀望，鍛鍊以爲重輕也。吏部員外郎劉大中奉使江南回，遷左司諫，帝尋以爲祕書少監。謂宰臣朱勝非曰：大中奉使，頗多興獄，今使爲諫官，恐四方觀望耳。其用心忠厚如此。後詔，用刑慘酷責降之人，勿堂除及親民，止與遠小監當差遣。

（宋）李燾《續資治通鑑長編》卷三九《宋太宗至道二年》　吏部尚書宋琪等上奏曰：王者六官，法天地四時之柄，文昌列署，體象緯環拱之文，是爲布政之宫，王化之本，典教所出，何莫由斯。然而古今異宜，沿革殊制，或從權而改作，亦因時而立法。唐之中葉，兵革弗寧，始建使名，專掌邦事，權去省闥，政歸三司。五代相循，未能復舊。今聖文垂拱，書軌無外，將循名而責實，庶稽古以建官，悉舉舊章，以蹈前軌，而歲祀寖久，曹局僅存，有司失傳，遺編多闕。臣等欲望委崇文院檢討六曹所掌圖籍，自何年不係都省，詳其廢置之始，究其損益之源，別俟討論，以期恢復。上以其迂闊，竟寢之。王炳奏議，不得其日。宋琪自吏部尚書遷右僕射在二月，今琪猶以吏書見，故附此事于二月末，《實録》別本亦載此事於二月乙未。

（宋）李燾《續資治通鑑長編》卷一九二《宋仁宗嘉祐五年》　國馬之制，置自祖宗，歲月既深，官失其守，積習成弊，匪止一時。伏睹詔書，命奎等商度利害，將有更革。臣以謂監牧之設，法制具存，條目既繁，其弊亦衆。

（宋）李燾《續資治通鑑長編》卷二一〇《宋神宗熙寧三年》　又言：名不正，則言不順；言不順，則事不成。今制置一司，上既不關政府，下又不委有司，是以從初置局，人心莫不疑眩，及見乎行事，物論日益騰沸。蓋朝廷大事，無不出於二府，惟是制置條例，實繫國家安危，生民休戚，而宰相不得與聞。若宰相以為可，自宜與之共論；以為不可，亦不當坐觀成敗，但書敕尾而已。至於倉、場、庫、務瑣細利害，又恐不必執政大臣然後能集。臣又聞，聖人之政，貴乎顯仁藏用。管仲，霸者之佐耳，及其為寓令，猶曰法成而鄰國不知。

（宋）李燾《續資治通鑑長編》卷四三九《宋哲宗元祐五年》　巖叟又言：臣近封還温伯詞頭，蒙指揮令以次舍人撰詞。緣其日亦是臣當直，退而自省，苟非臣箟繆，無此處分，若猶冒處，義實難安。伏乞聖慈矜察，特許罷職，以適愚分。詔不允。巖叟又言：竊以典誥之任，所以發揮人主之好惡，以示天下，則別白賢佞，乃其所先。若用得其人，便當采摭公議，敷之訓詞；若非其人，則宜列上所聞，請收除目。故事不一，流風具存。今温伯之用，以邪亂正，有害治體，臣所以輒敢封還，冀以忠良易此柔佞，而蒙不回初命，徒改詞臣，則是臣濫居職分，無補盛明，莫仲守官之義，有愧代言之責。伏望聖慈檢會臣前奏，早賜俞允。居兩月，巖叟竟徙他官。五月十八日，巖叟改都承旨。劉安世第一章云：給事中兩次封駁。當此時，給事中兩人，鄭穆及范祖禹也。祖禹家傳載祖禹論議甚詳，獨不云封駁温伯除命，然則兩次封駁皆穆也。五月十八日，王巖叟遷；二十六日，梁燾、劉安世遷；二十七日，穆與朱光庭遷。是皆不得其職也。草温伯承旨告者鄭雍，此據王巖叟繫年録。

（宋）李燾《續資治通鑑長編》卷四四〇《宋哲宗元祐五年》　安世又同右諫議大夫朱光庭言：《安世集》此係第五章。臣等今早延和殿進對，嘗論都司官吏違法擬賞，罪不可貸，伏蒙面諭，令臣等親至都堂理會者。竊惟故事，臺諫官登對畢，自持劄子中書呈納，故可與宰臣已下相見。自垂簾聽政後来，上殿臣僚止是封進劄子，別無名目可至都堂，是以未敢奉詔。臣等謂朝廷所以為天下之本者，以有法度也；陛下設官分職，内外錯綜，所以行法也；又置臺諫之臣，付之言責，所以司察中外之亂法者也。今都司洎舞文之吏，蔑棄典刑，則是曠官；臣等見亂法之臣而不能正，則是辜陛下任寄。方二聖臨御，仰成大臣之日，正是謹守法度，維持紀綱之時，而尚書省都司附上罔下，廢格詔令。

（宋）徐夢莘《三朝北盟會編》卷三五《靖康中帙》　任宰相者，天子之職；進退百官者，進一相之事。高宗以命説為急，傅説以庶官為戒，此商之所以中興也。國家崇寧以來，俾張治具，欲歸太平，而天下靡靡日入於衰亂者，皆由相非其人也。相非其人，庶官以類而進，私昵者官之，惡德者爵之，賢能之士乃斥逐不用，惟用姦黨，其始亂不待今日而後見識者，已分於崇寧之日矣。雖欲正刑明辟嚴悞國之誅，固自無及言之，復為何益乎？然不極其為亂之階，則莫知其據亂之道。臣為陛下畧摭前朝宰相姦術之大者言之，假紹聖二字，以行己之詐；假國是二字，以主己之奸；假享上二字，以充己之私。進直言者，槩以狂妄斥之；立正論者，槩以邪説禁之；善阿諛者，乃以純正用之。奸術既行，無所忌憚，故敗壞法度，紊亂綱紀，無所不為，莫可勝舉。致使强敵幾危社稷，而陛下受莫大之屈辱者，皆相臣非其人之故也。陛下即位已來，見於施為者，慨然有求治之心，而論相之職，亦未為稱，此臣所以為當今之急務也。白時中老繆無用，罷相之日，公議稱快，咸謂陛下必能擇賢而相之，中興之治可立待也。

（宋）徐夢莘《三朝北盟會編》卷四六《靖康中帙》　耿南仲門下侍郎。勑曰：為君莫大於知人，用人莫先於求舊，置諸左右。心惟正直之臣，重於典刑，盖願老成之智眷時賢弼，進貳東臺，肆敷寵章，以昭茂烈。大中大夫、尚書左丞耿南仲清明不撓，惇大有容，迪德為君子之儒，窮經得聖人之旨，道適堯舜之正，言合稷契之忠。翊贊青宫，久資調護之益，參陪岩廟，更殫啟沃之誠。智侔蓍龜，氣貫金石，矧薫門出納之地，大政襟喉之司，玆疇雋庸用申褒律。噫，吕望天下之大老，蕭何一代之宗臣，惟我耆英，豈愧前哲勉擄所學？永底丕平，可門下侍郎。

（元）張養浩《三事忠告》卷一《牧民忠告・上任・瘴説》　昔人有欲之官而惡其地之瘴者。或釋之曰：瘴之為害，不特地也，仕亦有瘴也。急催暴斂，剥下奉上，此租賦之瘴；深文以逞，良惡不白，此刑獄之瘴；侵牟民利，以實私儲，此貨財之瘴；攻金攻木，崇飾車服，此工役之瘴；盛揀姬妾，以娱聲色，此帷薄之瘴也。有一於此，無間遠邇，民怨神怒，無疾者必有疾，而有疾者必死也。昔元城劉先生處瘴海而神觀愈強，是知地之瘴者未必能死人，而能死人者常在乎仕瘴也。慮彼而不慮此，不亦左乎？故余具載其言，以為授官憚遠避難者之戒。

（元）**張養浩《三事忠告》卷一《牧民忠告·聽訟·察情》**　人不能獨處，必資眾以遂其生。眾以相資，此訟之所從起也。故聖人作《易》，以訟繼師，其示警固深矣。夫善聽訟者，必先察其情，欲察其情，必先審其辭。其情直，其辭直；其情曲，其辭曲。政使強直其辭，而其情則必自相矛盾，從而詰之，誠偽見矣。《周禮》以五聲聽獄訟，求民情固不外乎此。然聖人謂：聽訟，吾猶人也。必也使無訟乎！蓋聽訟者折衷於已然，苟公其心，人皆可能也；無訟者救過於未然，非以德化民，何由及此？嗚呼！凡牧民者，其勿恃能聽訟為德也。

（元）**張養浩《三事忠告》卷一《牧民忠告·聽訟·民病如己病》**　民之有訟，如己有訟；民之流亡，如己流亡；民在縲絏，如己在縲絏；民陷水火，如己陷水火。凡民疾苦，皆如己疾苦也，雖欲因仍，可得乎？

（元）**張養浩《三事忠告》卷一《牧民忠告·御下·申舊制》**　朝廷德澤，牧民者多屯而不能宣布。我朝自世祖皇帝迨今數十百年，列聖相承，何善不施，何弊不治？凡所以保國順民者，討論靡遺，所謂文武之道，布在方册。但有司寢廢而不為申明，遂為墜典。苟能揭而行之，則不待他求而治道備矣。

（元）**張養浩《三事忠告》卷一《牧民忠告·御下·戢強》**　或謂：民有豪強，則不能致治。是殆為貪邪之吏而發也。夫豪強之所以敢横者，由牧民者有以縱之也。何也？與之交私故也。苟絶其私，可不動聲色而使其膽落。《語》曰：其身正，不令而行。又曰：不怒而民威於鈇鉞。信哉！

（元）**張養浩《三事忠告》卷二《牧民忠告·救荒·不可奴妾流民》**　嘗見一顯官，於凶年市所部民子女殆數十餘人，美且壯者皆奴妾之，餘將賂時要以希恩寵也。僕聞而顰蹙曰：使其困憊，吾治已得罪矣；又不能救，而反奴妾之，不大獲罪於法耶？故感而書之，以戒後來者。

（元）**張養浩《三事忠告》卷三《風憲忠告·審録》**　《書》曰：庶獄庶慎。又曰：非佞折獄，惟良折獄。《易》謂：君子明慎用刑，而不留獄。嗚呼！於以見聖人好生之心與天地等矣。夫饑寒切身，自非深知義理之人，不敢保其心之無他，況蚩蚩之氓，為守牧者教養之，不至窮而為盜，是豈得已哉。古人有以灼其然，故為制也恒寬而不亟促，恒哀矜而不忿疾。均之為盜也，而有長幼疏戚之分；均之為奸也，而有夫亡夫在之殊。有疾則醫藥之，疾革則釋梏入人而侍之。夫彼冥迷凶險之徒既麗於理矣，何足綴意，而古人為制如此者，則其仁恕忠厚之情可見矣。昔歐陽公父治死囚之獄，求其生而不得，則掩卷而歎，其言曰：夫常求其生，猶失之死，況世常求其死哉！後之殘忍者一切不務，而惟威刑之尚，謂其無茹冤而死者，吾不信也。夫蒞官之法無他，口威心善而已矣。口威則欲其事集，心善則不欲輕易害物。況久繫之囚，尤當示以慈祥，召之稍前，易其舊所隷卒吏，温以善色，使自陳顛末，情無所疑，然後參之以按。若據按以求其情，鮮有不誤人者。蓋州縣無良吏，所以不敢信其已具之文，毫厘或差，生死攸繫。故聖人謂：與其殺不辜，寧失不經。又曰：功疑惟重，罪疑惟輕。論囚之道，盡於此矣。君子其慎諸。

（清）**鄂爾泰等《世宗憲皇帝硃批諭旨》卷一四九上《硃批魏廷珍奏摺》**　爾之居官，廉謹安静，固在不言，但過於軟懦，非封疆所宜。聞該省許多命案處斷不當，皆傳為笑柄。夫賞善罰惡，首貴得中，次則寧嚴毋寬。督撫大吏常過於嚴，有裨政治火烈，民望而畏之，故鮮死焉。寬之一字，古人所難。豈爾輩中材所能者耶？一被屬員小民覷破慈柔罷軟，則百度廢弛，難以振作矣。地方無事時猶可將就。倘小有舉發，怠玩成風，為害匪淺。至於武備，尤為急務。若偏執以德化人之説，視干盾甲冑為棄物，操習巡防為具文。殊與國家寬猛兼濟，恩威竝施之教大相逕庭也。讀朕訓諭，當加意整飭一番，務令營伍改觀。聞爾標下兵丁甚屬不堪，嗣後若仍固執儒生迂見，不顧國家重計，則大負朕信用委託之意矣。勉之。

甄别將領優劣，訓練標營兵弁，申明法紀，懲姦罰惡，絲毫無容寬懈。

《晏子春秋·内篇問上》　景公問于晏子曰：治國何患？晏子對曰：患夫社鼠。公曰：何謂也？對曰：夫社，束木而塗之，鼠因往託焉，熏之則恐燒其木，灌之則恐敗其塗，此鼠所以不可得殺者，以社故也。夫國亦有焉，人主左右是也。内則蔽善惡于君上，外則賣權重於百姓，不誅之則亂，誅之則爲人主所案據，腹而有之，此亦國之社鼠也。人有酤酒者，爲器甚潔清，置表甚長，而酒酸不售，問之里人其故，里人云：公狗之猛，人挈器而入，且酤公酒，狗迎而噬之，此酒所以酸而不售也。夫國亦有猛狗，用事者是也。有道術之士，欲干萬乘之主，而用事者迎而齕之，此亦國之猛狗也。左右爲社鼠，用事者爲猛狗，主安得無壅，國安得無患乎？

（清）顧炎武《日知録》卷一三《大臣》 誠知夫大臣家事之豐約，關於政化之隆汙，則可以審擇相之方，而亦得審民之道矣。

（唐）徐堅《初學記》卷二〇《政理部・薦舉》 〔敍事〕《大戴禮記》曰：古者諸侯貢士，一適謂之好德，再適謂之賢，三適謂之有功，乃加九錫。不貢士，一則黜爵，再則黜地，三則黜爵地畢矣。爵地俱削盡也。《白虎通》曰：諸侯所以貢士於天子者，進賢勸善者也：天子聘求之者，貪義也。治國之道，得賢則治？失賢則亂。故《月令》季春之月開府庫，出幣帛，周天下，勉諸侯，聘名士，禮賢者。有貢者復有聘者。以爲諸侯貢士，庸者貢其身，盛德者貢其名。及其幽隱，諸侯所遺失，天子之所昭，故聘之也。《周官》小司徒之職，三年則大比，考其德行道藝，而興賢者能者。鄉老及鄉大夫帥其吏與其衆寡，以禮賓之，厥明，鄉老及鄉大夫羣吏獻賢能之書于王。王再拜受之，登于天府，内史貳之，退而以鄉射之禮五物詢衆庶，此謂使人興賢；出使長之，使民興能，入使治之。《漢書》博士官置弟子五十人，復其身。郡國縣官有好文學，二千石謹察可當，與計偕詣太常，得受業如弟子。一歲皆輒謂能通年藝以上，補文學掌故缺，其高第，可以爲郎中。太掌籍奏，即有秀材異等，輒以名聞。昭帝時，舉賢良文學，增博士弟子員滿百人。又歲謂甲科四十人爲郎中；乙科三十人爲太子舍人；丙科二十人補文學掌故。先是，又命列侯，中二千石，諸侯相，舉賢良方正直言極諫之士，并令州察吏人有茂材異等，可爲將相及使絶國者。命郡國舉孝悌有行義聞於鄉里者，令三輔太常舉賢良。郡國舉高第，自此而公卿大夫士吏，彬彬多文學之士，此薦舉之制。

（宋）王欽若《册府元龜》卷七三八《陪臣部・為政》 隨會晉大夫范武子也。會聘于周，王饗之餚蒸，會私於原公曰：吾聞王室之禮無毁折，今此何禮也。王曰：子弗聞乎！親戚宴饗則有餚蒸。武子遂不敢對而退，歸乃講聚三代之典禮。於是乎修執秩以爲晉法，會將中軍，且爲太傅，於是晉國之盗逃奔於秦。羊舌職曰：吾聞之禹稱善人，稱，舉也。不善人遠，此之謂也。夫《詩》曰：戰戰兢兢，如臨深淵，如履薄冰，善人在位也。言善人居位，則無不戒懼。善人在上，則國無幸民。諺曰：民之多幸，國之不幸也，是無善人之謂也。

（宋）王欽若《册府元龜》卷八三三《總録部・詞辯》 孫卿，趙人也。秦昭王問卿曰：儒無益於人之國？卿曰：儒者，法先王隆禮義。謹乎臣子而能致貴其上者也。人主用之則進在本朝，置而不用則退編百姓，而慤必爲順下矣。雖窮困凍餒，必不以邪道爲食，無置錐之地，而明於持社稷之大義，叫呼而莫之能應，然而通乎裁萬物，養百姓之經紀，勢在人上，則王公之才也；在人下，則社稷之臣國君之寶也。雖隱於窮閭漏屋，人莫不貴之。道誠存也。仲尼爲魯司寇，沈猶氏不敢朝飲，其羊公慎氏出其妻，慎潰氏踰境而走，魯之鬻牛馬不豫賈布，正以待之也。居於闕黨，黨之子弟罔罟分有親者取多孝悌以化之也。儒者在本朝則美政，在下位則美俗。儒之爲人下如是矣。王曰：然則在爲人上何如？孫卿對曰：其爲人上也，廣大矣，志意定乎内，禮節修乎朝，法則度量正乎官，忠信愛利形乎下。行一不義殺一無辜而得天下，不爲也。若義信乎人矣？通於四海，則天下之外應之而懷是何也？則貴明白而天下治也。故近者謳歌而樂之，遠者竭走而趨之。四海之内若一家，通達之屬莫不服從，夫是之謂人師。《詩》曰：自西自東，自南自北，無思不服。此之謂也。夫其爲人下也。如彼其爲人上也。如此何謂其無益人之國乎！昭王曰：善。

（宋）岳飛《岳忠武王文集・乞以明堂恩補張所男宗本奏》 竊見張俊例，初除太尉，陳乞奏薦男于文資内安排。臣技能蔑取，勳伐無聞，遭際聖明，承乏將帥。伏念臣昨於建炎初，因上書論事，罪廢，偶幸逃死，實出聖造。于此孤孑一身，狼狽羈旅，因詣招撫使張所，一見與臣言兩河燕雲利害，適偶契合。臣自白身，借補修武郎。閤門宣贊舍人，充中軍統領，尋又陞統制。其後張所軍次北京，蒙朝廷貶責南方，卒以節死。臣念靖康以來，奮不顧身爲國捍難者，不爲無人；而其間誤國敗事者，固亦不乏。然聖恩寬大，終於一切矜貸。若張所先意兩河，而身未北渡，已遭橫議。今其身名凋喪，後嗣零落，使臣不言，臣則有負，欲望矜憐，將臣今歲奏薦恩例，奏補張所男宗本，依張俊例，於文資内安排，謹録奏聞。

（宋）岳飛《岳忠武王文集・辭男雲轉三官第二劄》 伏念臣本以凡材，誤蒙陛下付以方面。若臣不能與士卒一律，則亦不能整齊其心。昨者之戰，士卒冒犯矢石。有斬將陷陣立奇功者，臣方列上事狀，得霑一級，而男雲何從超進崇資？臣正恐士卒有無功之謗，陛下致濫予之譏。且陛下方謹惜名器，以磨勵天下，將昭復大業。而乃因臣私恩，廢公議。臣不自安，伏望聖慈，特降睿旨，收還上件恩命，臣父子幸甚。取進止。

（宋）王安石《臨川先生文集》卷三八《銘・明州新刻漏銘》 戊子王公，始治于明，丁亥孟冬，刻漏具成。追謂屬人，嗟汝予銘。自古在昔，挈壺有職。匪器則弊，人亡政息。其政謂何，弗棘弗遲。君子小人，興息維時。東方未明，自公召之。彼寧不勤，得罪于時。厥荒懈廢，乃政之疵。嗚呼有州，謹哉維茲，茲惟其中，俾我後思。

（明）朱元璋《明太祖文集》卷四《誥命・提刑按察使誥》 古者致太和於寰宇，遂生民之休息，政在列國，天下爵分五等。授法諸侯，使世守而繩不律，則天王以時而狩兼考政也。當時事簡民安，故獄無囚滯之徒，野無怨聲。自秦併之後，設郡縣以治民，官無世守之心，乃有削剝貪酷。因是自漢唐宋以來，皆設糾察之職，分道以鎮覈之，若比古則不如，然得人以任，猶為美治。今按察司之設，豈輕授非人，以静方隅，而振綱紀也？斯必得人，使權豪斂跡，姦宄潛踪，是其人也。朕今以爾某為某處提刑按察司，某官爾其敬慎無私，公被一道，吉哉！

《世宗憲皇帝御製文集》卷一《勅諭・諭總督》 遴選屬僚之賢能者，委任得宜，則振綱飭紀可無廢弛之虞。而以人報國，亦得大臣之體，特是澄清吏治，必本大公之心，虚懷察訪，果係清節素著，才具練達者，任以要劇，即行保薦，則舉一可以風百。今或以逢迎意指為能，以沽名市譽為賢，甚至暗通賄賂，私受請託，不肖官吏濫列薦章，而樸素無華敦尚實治者，反抑而不伸，是豈風厲屬員之道乎？朕視天下如一家，視臣鄰如一體，爾等亦宜深體此意，以一家之心視兩省，以一體之心視屬吏，本之至公，用之至當，則上司之任使下僚如身之使臂，臂之使指，凡有才有守之人，皆樂為効用矣。至於所在管轄地方，有作奸犯科之豪猾，倚勢剥民之搢紳，理應重加懲治，因巧於結納，反得僥倖自全。而家居之大臣官員，皆經皇考任用之人致政，投閑安静自好，為大吏者並不加以禮貌，或反被土豪侵欺者有之，亦非所以表率屬僚，彰善癉惡之道也。總督與巡撫、將軍、提督誼屬同寅，凡地方軍民事務宜互相商搉，各本虚公，勿苟且雷同，勿偏執臆見，方於國計民生有所裨益。總督叅劾知府，例由司道揭報，叅劾州縣，例由兩司道府揭報，衆論僉同，所以示公也。近有叅劾之後，始行補揭。夫果其當劾，司道府不能揭報於前，既有狥庇之愆，而令其補揭於後，又欲寬其失察之罪，彼此巧飾，以欺朝廷，尚得謂之至公乎？朕觀古之純臣載在史册者，興利除弊，以實心行實政，實至而名亦歸之，故曰：名者，實之華也。今之居官者，釣譽以為名，肥家以為實，而云名實兼收，不知所謂名實者，果何謂也？爾督臣膺茲簡畀，固宜篤矢忠誠，尤當戒諭屬員，痛改陋習，更有仕宦之初頗著廉名，及身躋大位則頓易其操者，古人謂之巧宦，其心事豈可問乎？且職居制閫，亦非徒以清操自善也。若但謹身節用，而遇地方大事一籌莫展，雖免貪冒之名，究鮮屏翰之實，國家又何所倚毗耶？

（清）姚鼐《惜抱軒全集・文集》卷一《翰林論》 為天子侍從之臣，拾遺補闕，其常任也。天子雖明聖，不謂無失，人臣雖非大賢，不謂當職而不陳君之失。與其有失，播諸天下而改之，不若傳諸朝廷而改之之善也。傳諸朝廷而改之，不若初見聞諸左右而改之之善也。翰林居天子左右爲近臣，則諫其失也，宜先於衆人，見君之失，而智不及辨與則不明，智及辨之而諱言與則不忠。侍從者，擇其忠且明而居之者也。唐之初設翰林，百工皆人焉，猥下之職也，其後乃益親益尊，益親益尊，故責之益重。今有人焉，其于官也，受其親與尊而辭其責之重，將不蒙世譏乎，官之失職也，不亦久乎，以宜蒙世譏者，而上下皆謂其當然，是以晏然而無可爲，安居而食其禄。自唐及宋及元明，官制因革，六七百年，其不革者，御史有彈劾之責而兼諫争，翰林有制造文章之事而兼諫争彈劾，制造文章所別也，諫争所同也，其爲言官也奚以異。入而面争於左右，出而上書陳事，其爲諫也奚以異。今也獨謂御史言官而翰林不當有諫書，是知其一而失其一也。是故君子求乎道，細人求乎技，君子之職以道，細人之職以技。使世之君子，賦若相如鄒枚，善敍史事若太史公班固，詩若李杜，文若韓柳歐曾蘇氏，雖至工猶技也。技之中，固有道焉，不若極忠諫争爲道之大也。徒以文字居翰林者，是技而已。若唐初之翰林者，則若是可矣。今之翰林，固不可云皆親近居左右。然固有親近居左右者，且翰詹立班于科道上，謂其近臣也。居近臣之班，不知近臣之職可乎。明之翰林，皆知其職也，諫争之人接踵，諫争之辭連篋而時書。今之人不以爲其職也，或取其忠而議其言爲出位。夫以盡職爲出位，世孰肯爲盡職者。

《皇朝經世文編》卷一五《吏政一・吏論上》趙吉士《大法小廉論》 吏貪者知警，而廉者亦不必有善事上官之慮。神明自暇，手足自寬，皆將畢智竭力以盡其職，而報國家矣。又安見大臣之必難而小臣之不易易哉？記曰：大臣法而小臣廉，國之肥也，斯言其至矣。

（清）郭嵩燾《郭侍郎奏疏》卷六《欽奉諭旨敬陳管見疏》 總之，天下之治亂，在乎用人之當否。所用賢，則紀綱振飭，法度修明，雖亂世亦可以爲治；所用非賢，則紀綱倒置，法度廢弛，雖平世亦可以致亂。

（清）樊增祥《樊山政書》卷一二《批雒南縣詞訟册》 臨潼老手也，雒南新手也。兩縣賢令尹俱能判斷極轇轕之案，並善於敘述極繳繞之情，判斷公允，則受者心服，敘述清晰，則閲者眼明。嘗謂言語、文學、政事本是一串，不會説話、不能作文之人，其政事雖妥當，而決難出色。聽訟者，政事之一端，坐堂要口才，稟詳要文筆。月報册多矣，能斷案者亦正不乏，而能説難説之話，能達難達之情，則莫臨潼、雒南若也。此册前兩案登報，以示共賞之意。繳。

（清）馮桂芬《校邠廬抗議》卷上《改河道議》 國病而民亦病。爲萬世計者，奚忍安此？嗚呼！以催科聽訟爲治天下之道，而天下壞；以增庳培薄爲治河之道，而河壞。庸人誤國，一而已矣。

（清）徐棟《保甲書・敘》 今之為吏者，類稱惠於撫，信於使，智於計，敏於為，神於擿發，而威於彈壓。而或徒善，不足以敷其意，孤行不足以舉其政，過峻不足以制其民，則必求一法焉。以輔心思材力之用，以綜委曲繁重之數，以備正變緩急之策，而後可以御秀頑兼教養綱維，庶政優優焉，由分而得合此。

治人、治法分部

論説

《周易正義・觀》 九五：觀我生，君子无咎。居於尊位，爲觀之主，宣弘大化，光于四表，觀之極者也。上之化下，猶風之靡草，故觀民之俗，以察己之，百姓有罪，在予一人。君子風著，己乃无咎。上爲觀主，將欲自觀乃觀民也。疏：正義曰：九五居尊，爲觀之主。四海之内，由我而觀，而教化善，則天下有君子之風；教化不善，則天下著小人之俗，故則民以察我道，有君子之風著，則无咎也。故曰觀我生，君子无咎也。

《周易正義・夬》 《象》曰：澤上于天，夬。君子以施禄及下，居德則忌。澤上於天，夬之象也。澤上於天，必来下潤，施禄及下之義也。夬者，明法而決斷之象也。忌止也。法明斷嚴，不可以慢，故居德以明禁也。施而能嚴，嚴而能施，健而能説，決而能和，美之道也。疏：象曰至居德則忌。正義曰：澤上於天，夬者，澤性潤下。雖復澤上於天，決來下潤，此事必然，故是夬之象也。君子以施禄及下，居德則忌者，忌，禁也。決有二義，《象》則澤來潤下，《彖》則明法決斷，所以君子法此夬義。威惠兼施，雖復施禄及下，其在身居德，復須明其禁令，合於健而能説，決而能和。故曰君子以施禄及下，居德則忌也。

初九：壯于前趾，往不勝，爲咎。居健之初，爲決之始，宜審其策，以行其事。壯其前趾，往而不勝，宜其咎也。疏：正義曰：初九居夬之初，當須審其籌策，然後乃往。而體健處下，徒欲果決壯健，前進其趾，以此而往，必不克勝，非決之謀，所以爲咎，故曰初九，壯于前趾，往不勝，爲咎也。

（清）孫星衍《周易集解・巽》 初六，進退，利武人之貞。

解：虞翻曰：巽爲進退，乾爲武人。初失位利之正爲乾，故利武人之貞矣。

注：處令之初，未能服令者也，故進退也。成命齊邪，莫善武人，故利武人之貞以整之。

（清）王夫之《尚書引義》卷一《舜典四》 語曰：有治人，無治法。笞、杖、徒、流以爲法而無其人，則今日之天下是已。肉刑以爲法而無其人，昔爲羿之彀中，今其漁之竭澤，故曰擇禍莫如輕。賢者創而不肖足以守，乃可垂之百世而禍不延。以舜爲君，臯陶爲士，執笞、杖、徒、流之法，刺天下之姦而有餘。曹羲有言：在上者洗濯其心，心静而民足，各得其性，何懼乎姦之不勝？此之謂也。何事箝緹縈之口，傅曹操之翼，濺血市廷而後允哉？

若夫笞、杖、徒、流之用贖也，則苟且之弊也，墨吏之緣以濟貪，不可不分别禁之也。笞杖無的決，而濫用訊杖，以殺無辜，墨吏之緣以飾怒而逞威，不可不抑而遏之也。今欲善徒、流、笞、杖之法，莫如申的決之法，而除無名之訊杖，則惡可以懲，而民生不殄矣。上古樸略之法，存而不論焉可矣。爲君子者，忽但務爲空言，以啓後世凶人之實禍。尚慎之哉！

訊杖者，始以訊也。淫刑者，非訊而用之以撻，刀鋸之外有殺人之具焉。令甲不載，而恣有司之（墨）〔暴〕怒，以虐辟道失避、輸將不敏、祇候失當之疲民，血肉狼籍於杖下而靡所控，既已慘矣。且益之以夾拶箍楔之毒劉，刑具日繁，而民死益衆。有不忍人之心者，損之不及，而復欲益之以刀鋸乎？言之所興，事之所成；心之所操，天之所鑒；故曰不可不慎也。

《尚書・商書・盤庚下》　嗚呼！邦伯、師長、百執事之人，尚皆隱哉！予其懋簡相爾，念敬我衆。朕不肩好貨，敢恭生生，鞠人謀人之保居敍欽。今我既羞告爾，于朕志若否，罔有弗欽。無總于貨寶，生生自庸，式敷民德，永肩一心。

《尚書正義・商書・説命中》　王惟戒兹，允兹克明，乃罔不休。言王戒慎此四惟之事，信能明，政乃無不美。惟治亂在庶官。言所官得人則治，失人則亂。官不及私昵，惟其能。不加私昵，惟能是官。昵，女乙反。爵罔及惡德，惟其賢。言非賢不爵。疏：官不至其賢。正義曰：《王制》云：論定然後官之，任官然後爵之。鄭云：官之，使之試守也。爵之，命之也。然則治其事謂之官，受其位謂之爵，官、爵一也，所從言之異耳。賢謂德行，能謂才用；治事必用能，故官云惟其能；受位宜得賢，故爵云惟其賢。《詩序》云：任賢使能。《周禮・鄉大夫》：三年則大比，考其德行道藝，而興賢者能者。鄭云：賢者，有德行者。能者，有道藝者。是賢、能爲異耳。私昵謂知其不可而用之，惡德謂不知其非而任之。戒王使審求人，絶私好也。

（宋）**蔡沈《書經集傳・周書・康誥》**　王曰：外事，汝陳時臬，司師兹殷，罰有倫。

外事，未詳。陳氏曰：外有司之事也。臬，法也，爲準限之義。言汝於外事，但陳列是法，使有司師此殷罰之有倫者用爾。吕氏曰：外事，衛國事也。《史記》言康叔爲周司寇。司寇，王朝之官，職任内事，故以衛國對言爲外事。今按篇中言往敷求，往盡乃心。篇終曰：往哉封，皆令其之國之辭，而未見其留王朝之意。但詳此篇，康叔蓋深於法者，異時成王或舉以任司寇之職，而此則未必然也。

（清）**皮錫瑞《今文尚書考證・康誥》**　亦惟君惟長，不能厥家人，越厥小臣、外正，惟威惟虐，大放王命，乃非德用乂。汝亦罔不克敬典，乃由裕民，惟文王之敬忌，乃裕民。曰：我惟有及則。予一人以懌。《荀子・君道篇》曰：有治人，無治法。法不得獨立，得其人則存。故明主急得其人，急得其人，則身佚而國治，功大而名美。故君人勞於索之，而休於使之。《書》曰：惟文王之敬忌，一人以擇。此之謂也。《説苑・君道篇》曰：虞、芮質其成於文王，入文王之境，未見文王之身，而讓其所争以爲閒田而反。孔子曰：大哉，文王之道乎！其不可加矣。不動而變，無爲而成，敬慎恭己，而虞、芮自平。故《書》曰：惟文王之敬忌。此之謂也。段玉裁説：古擇、澤、釋、懌通用。一人以擇，擇卽懌也，上文所謂身佚而國治也。敬忌，上文所謂急得其人也。陳喬樅説：案：虞、芮之君見文王云人民讓爲士大夫，其士大夫讓爲公卿，亦化而讓田。是所謂得其人則身佚而國治也。

《尚書正義・周書・立政》　嗚呼！其在受德暋，惟羞刑暴德之人，同于厥邦。受德，紂字。帝乙愛焉，爲作善字，而反大惡自强，惟進用刑，與暴德之人同于其國，竝爲威虐。受德，紂字，馬云：受所爲德也。暋，眉謹反，徐亡巾反，一音閔。爲，于爲反，下爲之同。强，其丈反。乃惟庶習逸德之人，同于厥政。乃惟衆習爲過德之人，同于其政。言不任賢。帝欽罰之，乃伻我有夏，式商受命，奄甸萬姓。天以紂惡，故敬罰之。乃使我周家王有華夏，得用商所受天命，同治萬姓。言皇天無親，佑有德。伻，普耕反，徐敷耕反，又甫耕反。疏：嗚呼至萬姓。正義曰：既言湯以用賢而興，又説紂之失人而滅。周公又歎曰：嗚呼！其在殷王受德，本性大惡自强，惟進用刑罰，與暴德之人同治其國，竝爲威虐。乃惟衆習爲過德之人，與之同共於其政。由其任同惡之人，故上天敬誅罰之，乃使我周家王有華夏，用商所受天命，同治天下萬姓。言周能用賢，天親有德，故得爲天子。傳受德至威虐。正義曰：《泰誓》三篇，惟單言受，而此云受德者，則德本配受，共爲一人，故知受德是紂字也。既受之與德共爲紂字，而經或言受，或言受德者，呼之有單復爾。其人實爲大惡，德字乃爲善名，非是時人呼有德。知是帝乙愛焉，爲作善字，望其爲善，而反爲大惡，以其行反其字，明非時人呼也。《釋詁》云：暋，强也。暋即昏也，故訓爲强，言紂自强爲惡，惟進用刑罰。身既進用刑罰，則愛好暴虐之人，故爲與之同於其國，言竝爲威虐。傳乃惟至任賢。正義曰：暴德言以暴虐爲德，逸德言以過惡爲德。習效爲之衆者，言其所任多也。紂任衆爲過德之人，與之同於其政，言其不任賢也。與暴德同於其國，與惡德同於其政，其事一也，異言之爾。《牧誓》所云四方之多罪逋逃，是信是使，是以爲大夫卿士。俾暴虐於百姓，以姦宄於商邑，是其事也。傳天以至有德。正義曰：言天知其惡，熟詳審下罰，故言敬罰也。商本受天命，周亦受天命，故言用商所受天命，同治萬姓。《釋言》云：弇，同也。同爲天子治萬姓，與商同也。此經之意，言周家有德，皇天親有德也。王肅云：敬罰者，謂須暇五年。

又：亦越成湯陟，丕釐上帝之耿命，桀之昏亂，亦於成湯之道得升，大賜上天之光命，王天下。釐，力之反。耿，工迴反，徐工穎反，又工永反，下同。王，往況反。乃用三有宅，克即宅，曰三有俊，克即俊。湯乃用三有居惡人之法，能使就其居。言服罪。又曰，能用剛柔正直三德之俊，能就其俊事。言明德。嚴惟丕式，克用三宅三俊。言湯所以能嚴威，惟可大法象者，以能用三居三德之法。其在商邑，用協于厥邑，其在四方，用丕式見德。湯在商邑，用三宅三俊之道和其邑。其在四方，用是大法見其聖德。言遠近化。疏：亦越至見德。正義曰：不有所廢，則無以興。桀之滅亡，夏家乃以開道湯德。此言湯之能用人也。桀之昏亂，亦於成湯之道得升聞於天，大賜受上天之光命，得王有天下。湯既爲王，乃用三有居惡人之法，能使各就其居處。言皆服其罪也。又曰用三德之俊人，能使各就其俊事。言皆明其德也。湯所以能嚴威，惟可大法象者，以其能用三居三俊之法故也。成湯其在商邑，用此三居三俊之道，和於其邑。其在四方，用是斷罪任賢之大法，見其聖德於民。言遠近皆從化也。傳桀之至天下。正義曰：成湯之道得升，謂從下而升於天，故天賜之以光命，使之得王天下爲天子也。釐，賜、耿，光皆《釋詁》文。傳湯乃至明德。正義曰：《皋陶謨》九德即《洪範》之三德，細分以爲九爾。以此知三俊即是《洪範》所言剛克、柔克、正直三德之俊也。能就其俊事。言明德者，用以俊乂居官，顯明其有德也。上句言則乃宅人，兹乃三宅無義民，先言用賢，後言去惡。此經先言三有宅，後言曰三有俊者，用賢去惡，俱是立政之本。上句先説夏禹，言得賢然後去惡，見其須賢之切。及説成湯、文、武，先言去惡，後言用賢，又見惡宜速去。或先或後，所以互相見爾。

又：嗚呼！孺子王矣。歎稚子今以爲王矣，不可不勤法祖考之德。繼自今，我其立政、立事、準人、牧夫，我其克灼知厥若，丕乃俾亂。繼用今已往，我其立政大臣、立事小臣、及準人、牧夫，我其能灼然知其順者，則大乃使治之。言知臣下之勤勞，然後莫不盡心力。俾，必爾反，下同。治，直吏反，下同。相我受民，和我庶獄庶慎，時則勿有間之。能治我所受天民，和平我衆獄衆慎之事，如是則勿有以代之。言不可復變。相如字，馬息亮反，下勸相同。間，間廁之間。復，扶又反。自一話一言，我則末惟成德之彦，以乂我受民。言政當用一善，善在一言而已。欲其口無擇言。如此我則終惟有成德之美，以治我所受之民。話，户怪反。疏：嗚呼孺子至受民。正義曰：周公既歷説禹湯文武，乃復指戒成王，嗚呼而歎，孺子今已爲王矣。既正位爲王，事不可不慎。繼續從今已往，我王其與立政，謂大臣也，其與立事，謂小臣也，平法之人及養民之夫，此等諸臣，我王其能察之灼然，知其順於事者，則大乃使之治理。言知其能有勤勞，各盡心力。然後用此賢臣治我所受天民，和平我衆獄訟，及衆所當慎之事，必能如是，則勿復有以代之。言其法不可復變也。政從君出，爲人主用是一善之言，善在一言而已，勿以惡言亂之。王能如是，我王則終惟有成德之美，以治我所受天民矣。傳繼用至心力。正義曰：自此已下四言繼自今者，凡人靡不有初，鮮克有終，恐王不能終之，戒成王使繼續，從今已往常用賢也。自訓爲從，亦訓爲用，此傳言用今已往，下傳言從今已往，其意同也。政、事相對，則政大事小，故以立政爲大臣，立事爲小臣。及準人、牧夫，略舉四者以揔諸臣，戒王任此人也。其能灼然知其能順於事者，則大乃使治。顧氏云：君能知臣下順於事，則臣感君恩，大乃治理，各盡心力也。傳能治至復變。正義曰：相訓助也，助君所以治民事，故相爲治。天命王者，使之治民，則天與王者此民，故言能治我所受天民也。能治下民，理衆獄衆慎之事，使得其所，則爲政之大要，能如此，則勿有以代之。言此法盡善，不可復變易也。或據臣身既能如此，不可以餘人代之也。傳言政至之民。正義曰：《釋詁》云：自，用也。話，言也。舍人曰：話，政之善言也。孫炎曰：話善之言也。然則話之與言是一物也。自一話者，言人君爲政，當用純一善言。又云一言者，純一善言，在於一言而已。謂發號施令，當須純一，不得差貳，欲令其口無可擇之言也。顧氏云：人君爲政之道，當須用一善而已，爲善之法，惟在一言也。末訓爲終，彦訓爲美，王能出言皆善，口無可擇，如此我王則終惟有成德之美，以治我所受天民矣。《釋訓》云：美士爲彦。故彦爲美。

又：嗚呼！予旦已受人之徽言，咸告孺子王矣。歎所受賢聖説禹湯之美言，皆以告稚子王矣。○稚，直吏反，本亦作稺。繼自今，文子文孫，其勿誤于庶獄庶慎，惟正是乂之。文子文孫，文王之子孫。從今已往，惟以正是之道治衆獄衆慎，其勿誤。自古商人，亦越我周文王立政、立事、牧夫、準人，則克宅之，克由繹之，兹乃俾乂。言用古商湯，亦於我周文王立政立事，用賢人之法，能居之於心，能用陳之，此乃使天下治。繹音亦。疏：嗚呼至俾乂。正義曰：旦者，周公名也。周公又歎曰：嗚呼！我旦已受賢聖人説禹湯之美言，皆以告孺子王矣，王宜依行之。繼續從今以往，文王之子孫，其勿得過誤於衆獄訟衆所慎之事，惟當用是正是之道治之。用古商人成湯，亦於我周家文王其立政、立事、牧夫、準人此等諸官，皆用賢人之法，則能居之於心，能用陳之於位，明識賢人，用之爲官，此乃使天下大治。戒成王使法之。傳言用至下治。正義曰：上陳禹湯文武，此覆上文，惟言湯與文王者，言有詳略，無別意也。能居之於心，謂心知其賢也。能用陳之，謂陳列於位，用之以爲官也。王肅曰：則能居之在位，能用陳其才力，如此故能使天下治也。

國則罔有立政用憸人，不訓于德，是罔顯在厥世。商周賢聖之國，則無有立政用憸，利之人者。憸人不訓於德，是使其君無顯名在其世。憸，息廉反，徐七漸反，本又作憸，馬云：憸利，佞人也。繼自今立政，其勿以憸人，其惟吉士，用勱相我國家。立政之臣，惟其吉士，用勉治我國家。勱音邁。疏：國則至國家。正義曰：既言湯與文王用賢大治，又言其不宜用小人。商周聖賢之國，無有立政用憸利之人者。此憸利之人不順於德，若其用之，是使其君無顯名在其世也。王當繼續從今已往立其善政，其勿用憸利之人，其惟任用善士，使勉力治我國家。教王使用善士，勿使小人也。

今文子文孫，孺子王矣。告文王之子孫，言稚子已即政爲王矣，所以厚戒。其勿誤于庶獄，惟有司之牧夫。獨言衆獄、有司，欲其重刑，慎官人。其克詰爾戎兵，以陟禹之迹，其當能治汝戎服兵器，威懷竝設，以升禹治水之舊迹。詰，起一反，馬云：實也。方行天下，至于海表，罔有不服，方，四方。海表，蠻夷戎狄，無有不服化者。以覲文王之耿光，以揚武王之大烈。能使四夷賓服，所以見祖之光明，揚父之大業。嗚呼！繼自今，後王立政，其惟克用常人。其惟能用賢才爲常人，不可以天官有所私。疏：今文至常人。正義曰：今告汝文王之子，文王之孫，孺子今已即政爲王矣，我所以須厚戒之。王其勿誤於衆治獄之官，當須慎刑也。惟有司之牧夫，有司主養民者，宜得賢也。治獄之吏，養民之官，若任得其人，使其能治汝戎服兵器，以此升行禹之舊迹，四方而行，至於天下，至於四海之表，無有不服王之化者，以顯見文王之光明，以播揚武王之大業。言任得賢臣，則光揚父祖。周公又歎曰：嗚呼！繼續從今已往，後世之王，立行善政，其惟能用常人，必使常得賢人，不可任非其才，此雖有戒成王，乃是國之常法，因以戒後王，言此法可常行也。傳獨言至官人。正義曰：上有庶慎、立政、立事、牧夫、準人，此獨言庶獄與有司之牧夫者，言庶獄欲其重刑，言有司牧夫欲其慎官人也。傳其當至舊迹。正義曰：立官所以牧養下民，戒備不虞，故以詰爾戎兵爲言也。戎亦兵也，以其竝言戎兵，故傳以爲戎服兵器，威懷竝設，以升禹治水之舊迹。遠行必登山，故以陟言之。如舜之陟方，意亦然。傳方四至化者。正義曰：方行天下，言無所不至，故以方爲四方。《釋地》云：九夷、八狄、七戎、六蠻謂之四海。知海表謂夷狄戎蠻，無有不服化者。即《詩・小雅》云《蓼蕭》，澤及四海是也。傳其惟至所私。正義曰：官須常得賢人，故惟賢是用。用賢是常，常則非賢不可。人主或知其不賢，以私受用之，代天爲官，故言不可以天官有所私。

（宋）蔡沈《書經集傳・周書・立政》 今文子文孫，孺子王矣。其勿誤于庶獄，惟有司之牧夫。

始言和我庶獄庶慎，時則勿有閒之，繼言其勿誤于庶獄庶慎，惟正是乂之。至是獨曰其勿誤于庶獄，惟有司之牧夫。蓋刑者，天下之重事，挈其重而獨舉之，使成王尤知刑獄之可畏，必專有司牧夫之任，而不可以己誤之也。

（宋）蔡沈《書經集傳・周書・周官》 學古入官，議事以制，政乃不迷。其爾典常作之師，無以利口亂厥官。蓄疑敗謀，怠忽荒政。不學牆面，莅事惟煩。

蓄，勑六反。學古，學前代之法也。制，裁度也。迷，錯謬也。典常，當代之法也。周家典常，皆文武周公之所講畫，至精至備，凡莅官者，謹師之而已，不可喋喋利口，更改而紛亂之也。積疑不決，必敗其謀；怠惰忽略，必荒其政。人而不學，其猶正牆面而立，必無所見，而舉錯煩擾也。蘇氏曰：鄭子產鑄刑書，晉叔向譏之曰：昔先王議事以制，不爲刑辟。其言蓋取諸此。先王人法並任，而任人爲多，故律設大法而已。其輕重之詳，則付之人。臨事而議，以制其出入，故刑簡而政清。自唐以前，治罪科條，止於今律令而已。人之所犯，日變無窮，而律令有限。以有限治無窮，不聞有所闕，豈非人法兼行，吏猶得臨事而議乎？今律令之外，科條數萬而不足於用。有司請立新法者，日益不已。嗚呼！任法之弊，一至於此哉！

（清）皮錫瑞《今文尚書考證・吕刑》 爾安百姓，何擇非人，何敬非刑，何度非及？《史記》曰：爾安百姓，何擇非其人，何敬非其刑，何居非其宜與？《潛夫論・本政篇》曰：是故將致太平者，先調陰陽；調陰陽者，先順天心；順天心者，先安其人；安其人者，在審擇其人。故國家存亡之本，治亂之機，在明選而已矣。《書》曰：爾安百姓，何擇非人？此先王致太平而發頌聲也。段玉裁説：《史記》何居非其宜，此恐今文《尚書》之駁異，非以宜訓及也。朱駿聲説：《説文》疊字引揚雄説，以爲古理官決罪，三日得其宜乃行之。从晶从宜會意。疊者，審慎得宜之意。《史記》作宜，蓋以故訓代之。經文及字當叚借作疊，疊、及一聲之轉。案：段、朱二説未知孰是。《墨子》引《吕刑》作何度不及，云：能擇人而敬爲刑，堯舜禹湯文武之道可及也。是何也？則以尚賢及之。此古文義，恐與今文不同。《史記》作居，即度之故訓，多三其字，蓋亦足成其義。

《禮記正義・禮運》 故用人之知去其詐，用人之勇去其怒，用人之仁去其貪。用知者之謀，勇者之斷，仁者之施，足以成治矣。詐者害民信，怒者害民命，貪者害民財，三者亂之原。知，音智。注同。去，羌呂反，後皆同。斷，丁亂反。施，始豉反。下施生同。故國有患，君死社稷，謂之義；大夫死宗廟，謂之變。變當爲辯，聲之誤也。辯猶正也。君守社稷，臣衛君宗廟者。患，謂見圍人。之變音辯，出注。

疏：故用至之變。正義曰：上既禮達分定，患其不義而生，因上生下，故云故也，此論去不義之事。用人之知，去其詐者，知，謂謀計曉達前事，詐者不敢爲之，故云去其詐。用人之勇，去其怒者，勇謂果敢決斷，能除惡人凶暴，怒者不敢爲之，故云去其怒也。用人之仁去其貪者，仁者好施不苟求其財。貪者見之心漸止息也，故云去其貪也。注用知至之原。正義曰：言用此三者，足以成治。如鄭此言但得知者，勇者，仁者則足以成治矣，何須用詐，怒、貪者乎？故云去之。如鄭此言，則解之當云，選用人知者退去其奸詐者，不須用之，爲其害民信也。用人之勇者，去其忿怒，不須用之，爲其害民命也。用人之仁者，去其貪殘，不須用之，爲其害民財也。如注之意指當如此。先師既爲前解，故備載之，任後哲擇焉。注變當至圍入。正義曰：變與義相對，是正禮，明變是惡事，故讀爲辯。辯即正也。以聲相近，故致字誤。云臣衛君宗廟者，恐是臣之宗廟，故云衛君宗廟致死。按《孝經》云守其宗廟，謂大夫家之宗廟，此所以爲君宗廟者，以人臣義則進不則退，不可致死於己宗廟，故爲君宗廟也。《孝經》謂不被黜削，恒得守之，故爲己宗廟，所據意異也。

（清）孫希旦《禮記集解・禮運》 故用人之知，去其詐；用人之勇，去其怒；用人之仁，去其貪。

知音易於詐，勇者易於怒，仁者易於貪，惟禮達分定，而民知嚮方，則有以去其氣質之偏，而全其德性之美。故用人之知而能去其詐，用人之勇而能去其怒，用人之仁而能去其貪也。朱子曰：人之性易得偏。仁善底人便有貪便宜意思，廉介多是剛硬底人。

（清）孫希旦《禮記集解・緇衣》 子曰：大臣不親，百姓不寧，則忠敬不足，而富貴已過也。大臣不治，而邇臣比矣。故大臣不可不敬也，是民之表也；邇臣不可不慎也，是民之道也。君毋以小謀大，毋以遠言近，毋以内圖外，則大臣不怨，邇臣不疾，而遠臣不蔽矣。葉公之顧命曰：毋以小謀敗大作，毋以嬖御人疾莊后，毋以嬖御士疾莊士大夫、卿、士。

大臣不親者，謂君疏其大臣，而大臣亦自疏於其君也。大臣者，所以出政令以治民，大臣疏則政令不行而百姓不寧矣。忠，謂待以實心也。忠不足則疑，敬不足則慢。君之於大臣，既富貴之，則宜敬信之。忠敬不足，而徒厚以富貴，則君臣之間以利相與，以貌相承，此大臣之所以不親也。大臣疏於上而不得治其職，則壅蔽之患生，故邇臣皆得比周以欺其君也。大臣尊重，民所視以爲表率，故待之不可以不敬。慎，謂慎擇其人也。邇臣朝夕左右，所以成君德以導民，故擇之不可以不慎也。葉當作祭，字之誤也。將死而言曰顧命。祭公之顧命者，祭公謀父將死告穆王之言也。今見《逸周書・祭公解篇》。小謀，小臣之所謀；大作，大臣之所爲也。嬖御人，謂嬖寵之妾。莊后，謂齊莊之后也。嬖御士，嬖寵之近臣也。莊士大夫、卿、士，謂齊莊之士爲大夫、卿、士者也。陸氏德明曰：賤而得幸曰嬖。

又： 子曰：下之事上也，身不正，言不信，則義不壹，行無類也。

陳氏祥道曰：下之事上，以身爲本，而信以成之也。身正，然後無好異之行，是以行有類。言信，然後有不可移之義，是以義主於壹。身不正，則動皆反常矣，其形於可見之行者斯無類；言不信，則德二三矣，其見於事君之義者斯不壹。

又： 子曰：輕絶貧賤，而重絶富貴，則好賢不堅；而惡惡不著也。人雖曰不利，吾不信也。《詩》云：朋友攸攝，攝以威儀。

貧賤者未必不賢也，而輕於絶之，則必有以賢而見絶者，而好賢之心不堅矣。富貴者未必不惡也，而重於絶之，則必有以惡而見容者，而惡惡之心不著矣。如此，則其交也，徒以勢利而不以道義也。引《詩》，言人之交友，當相攝以威儀，不可以貧賤富貴爲向背也。

（漢）趙岐注 （宋）孫奭疏《孟子注疏・離婁章句上》 孟子曰：離婁之明，公輸子之巧，不以規矩不能成方負。公輸子魯班，魯之巧人也，或以爲魯昭公之子。雖天下至巧，亦猶須規矩也。師曠之聰，不以六律不能正五音。師曠，晉平公之樂太師也。其聽至聰。不用六律，不能正五音。六律，陽律，大蔟、姑洗、蕤賓、夷則、無射、黄鍾也。五音，宫、商、角、徵、羽也。堯舜之道，不以仁政不能平治天下。當行仁恩之政，天下乃可平也。今有仁心仁聞而民不被其澤，不可法於後世者，不行先王之道也。仁心，性仁也；仁聞，仁聲遠聞也。雖然，猶須行先王之道，使百姓被澤，乃可爲後世之法也。故曰徒善不足以爲政，徒法不能以自行。但有善心而不行之，不足以爲政；但有善法度而不施之，法度亦不能獨自行也。《詩》云：不愆不忘，率由舊章。遵先王之法而過者，未之有也。《詩・大雅・假樂》之篇。愆，過也。所行不過差矣，不可忘者，以其循用舊故文章遵用先王之法度，未聞有過者也。聖人既竭目力焉，繼之以規矩準繩，以爲方員平直，不可勝用也。盡己目力，續以其四者，方員平直可得而審知，故用之不可勝極也。既竭耳力焉，繼之以六律，正五音，不可勝用也。音須律而正也。既竭心思焉，繼之以不忍人之政，而仁覆天下矣。盡心欲行恩，繼以不忍加惡於人之政，則天下被覆衣之仁也。故曰：爲高必因丘陵，爲下必因川澤，爲政不因先王之道，可謂智乎？言因自然，則用力少而成功多矣。是以惟仁者宜在高位，不仁而在高位是播其惡於衆也。仁者能由先王之道。不仁逆道，則自播揚其惡於衆人也。上無道揆也，下無法守也，朝不信道，工不信度，君子犯義，小人犯刑，國之所存者幸也。言君無道術可以揆度天意，臣無法度可以守職奉命，朝廷之士不信道德，百工之作不信度量，君子觸義之所禁，謂學士當行，君子之道也。小人觸刑，愚人罹於密網也。此亡國之政，然而國存者，僥倖耳，非其道也。故曰：城郭不完，兵甲不多，非國之災也；田野不辟，貨財不聚，非國之害也；上無禮，下無學，賊民興，喪無日矣。言君不知禮，臣不學法度，無以相檢制，則賊民興，亡在朝夕，無復有期日。言國無禮義必亡。《詩》曰：天之方蹶，無然泄泄。泄泄，猶沓沓也。事君無義，進退無禮，言則非先王之道者，猶沓沓也。《詩·大雅·板》之篇。天謂王者。蹶，動也。言天方動，汝無然沓沓，但爲非義非禮、背先王之道而不相匡正也。故曰：責難於君謂之恭，陳善閉邪謂之敬，吾君不能謂之賊。人臣之道，當進君於善，責難爲之事，使君爲敬。謂行堯舜之仁，是爲恭臣。陳善法以禁閉君之邪心，是勉之君。言吾君不肖，不能行善，因不諫正，此爲賊其君也。故有恭敬賊三者之善。疏：孟子曰：離婁之明至吾君不能謂之賊。正義曰：此章言雖有巧智，猶須法度，固由先王，禮義爲要，不仁在位，播越其惡，誣君不諫，謂之賊。明上下相須，而道化行也。孟子曰：離婁之明，公輸子之巧，不以規矩，不能成方員者，公輸子魯班，魯之巧匠也。孟子謂離婁明雖足以察秋毫之末，公輸子其性雖巧，然不以規矩之度，不能成其方員之器。規所以員也，言物之員者皆由規之所出也。矩所以方也，言物之方者皆由矩之所出也。師曠之聰，不以六律，不能正五音者，師曠，樂官名也。孟子又謂師曠其耳雖聰，善能聽音，然不得六律以和之，固不能正其五音也。六律五音，大蔟、姑洗、蕤賓、夷則、無射、黄鐘是六律也；宫、商、角、徵、羽是五音也。堯舜之道，不以仁政不能平治天下者，堯、舜二帝，唐虞之盛者也，然而不以仁政而施之於天下，故不能平治天下而享無爲之功矣。以其天下平治，由仁政之施也，如物之方員必自規矩之所出，五音之正由六律以和之者也。今有仁心仁聞，而民不被其澤，不可法於後世者，不行先王之道也者，孟子言今之人君，雖有仁人不忍之心，又有仁聲而遠聞四方，然而民皆不得霑被其恩澤，不可爲後世之所法者，以其不行古先王之道而治之也。無他，蓋以先王之道，有恩澤足以被民，其法可爲後世取象故也。苟不行先王之道，雖有仁心仁聞，亦若離婁之明、師曠之聰、堯舜之道，不得以規矩、六律、仁政爲之，亦無如之何也已矣。故曰：徒善不足以爲政，徒法不能以自行者，此孟子言至於此，所以復言之者也。徒善不足以爲政，蓋謂雖有先王之道而爲之善，然而人不能用而行之，是徒善不足以爲政也。徒法不能以自行，蓋謂雖有規矩、六律之法；然而人不能因而用之，是徒法不能以自行也。以其規矩、六律之法不能自行之，必待人而用之，然後能成其方員、正其五音也。堯舜之道，自不足以爲之政，必待人而行之，然後能平治天下而爲法於後世也。《詩》云：不愆不忘，率由舊章。遵先王之道而過者，未之有也者，孟子引《大雅·假樂》之篇文而云也，蓋謂不愆違，不忘去其故舊典章皆循而用之，未有過失者也。故復言之曰：遵先王之法而過者，未之有也。典章者，即先王之法也。聖人既竭目力焉，繼之以規矩準繩，以爲方員平直，不可勝用也者，孟子又言聖人既竭己目力而視，續以規矩準繩而爲方員平直，故其用之不可勝極也。蓋規所以能員，矩所以能方，準所以能平，繩所以能直故也。既竭耳力焉，繼之以六律正五音，不可勝用也者，孟子又言聖人既已盡其耳力而聽之，又續以六律而正五音，故其用亦不可勝極也。蓋六律所以正五音也。既竭心思焉，繼之以不忍人之政，而仁覆天下矣者，孟子又言聖人既已能盡心之所思慮，續以施其不忍人之政，則仁恩德澤，足以覆蓋於天下矣。無他，以其仁恩廣大矣，故云覆天下，故曰爲高必因丘陵，爲下必因川澤，爲政不因先王之道，可謂智乎者？孟子言至於此，又所以復言之者也，蓋譬言人之欲爲高者，必因其丘陵而爲之也；爲下者，必因其川澤而爲之耳。無他，以其丘陵之山其本高矣，川澤之地其本下矣，言爲政於天下者，而不因先王之道爲之，豈足謂之智者乎？言不可謂之智矣。以其先王之道是爲之所本焉，故智足以有知，苟爲政而不知以先王之道爲本，豈謂之智乎？大抵孟子言規矩準繩六律者，皆譬爲政而言也。抑亦知孟子長於譬喻者歟。是以惟仁者宜在高位，不仁而在高位，是播其惡於衆也者，孟子於此畢其譬喻，乃曰：是以惟仁者之君宜其處高位爲尊也，不仁之君而處高位，是其處高位而播揚其惡于人民之衆矣。上無道揆也，下無法守也，朝不信道，工不信度，君子犯義，小人犯刑，國之所存者幸也者，孟子言上之爲君無道術以表率其下，下之爲臣無法度以守其職，朝廷之士皆不信其道德，百工之作皆不信其度量，君子之人以之觸義之所具，小人之人以之犯冒其刑憲，然而如此而國尚存而不亡者，以其僥倖得存焉。必云幸也，蓋少有存者也。故曰：城郭不完，兵甲不多，非國之災也；田野不辟，貨財不聚，非國之害也；上無禮，下無學，賊民興，喪無日矣者，孟子言至此，所以復言之也，故云城郭頽壞而不完，兵甲之器少，此非爲國之災害也；田野荒蕪而不開辟，貨財竭盡而無貯聚，此非爲國之害也；然而上之爲君無禮法以檢制，下之爲人臣不學法度以守職，賊民相殺戮以之興起，是則國之喪亡俱在朝夕，無復有日矣。《詩》云：天之方蹶，無然泄泄。泄泄，猶沓沓也。事君無義，進退無禮，言則非先王之道者，猶沓沓也者，自天之方蹶至泄泄猶沓沓也，是《詩·大雅·板》之篇詩也。自事君至沓沓也，是孟子自解上云沓沓之義也。其《詩》蓋言王者方動而爲非，爲之臣者無更沓沓，但復爲非禮義以事其王者也，故曰天之方蹶，無然泄泄。泄泄猶沓沓也。蹶，動也。天謂王者也。泄泄則沓沓是也，孟子復自解之，言事君以無義之事事之，其進退無禮節，其言則非先王之道而爲言者，是若沓沓者也。以其當匡正其君，不可復長君之惡耳。故曰：責難於君謂之恭，陳善閉邪謂之敬，吾君不能謂之賊者，孟子言至於此，所以又復言之者也。故云君之有難惡，當責之以善，能責君難惡以爲之善，是爲恭，臣恭其君也；陳之以善事，而閉其君之邪心，是謂敬其君者也。如不責君之難，不陳善而閉君之邪，而乃曰我君不能行善，因不諫正之者，是謂殘賊其君者也。故曰：責難於君謂之恭，陳善閉邪謂之敬，吾君不能謂之賊。注公輸子至規矩也。正義曰：案《淮南子》云：楚欲攻宋，墨子聞而悼之。見楚王曰：臣見大王之必傷義，而不得宋。王曰：公輸，天下之巧工，作爲雲梯之械，設以攻宋，曷爲弗取？墨子曰：令公輸設攻，臣請守之。於是公輸設攻宋之械，墨子設守宋之備，九攻而墨子九卻之，弗能入。乃偃兵不攻。是公輸即魯般也，或云是魯昭公之子也。

（清）焦循《孟子正義·離婁章句上》　**孟子曰：離婁之明，公輸子之巧，不以規矩，不能成方員；**注：公輸子魯班，魯之巧人也。或以爲魯昭公之子。雖天下至巧，亦猶須規矩也。疏：注公輸至之子。正義曰：《禮記·檀弓》云：季康子之母死，公輸若方小，斂，般請以機封。注云：公輸若，匠師。方小，言年尚幼。般，若之族多技巧者。見若掌斂事而年尚幼，請代之，而欲嘗其技巧。般爲公輸若之族，則亦氏公輸，故稱公輸子。班與般同。《戰國策·宋策》云：公輸般爲楚設機，將以攻宋。高誘注云：公輸般，魯般之號也。蓋般爲魯人，故又稱魯般，當時有此號也。周氏柄中《辨正》云：事亦見《墨子·魯問篇》，説者因謂有兩輸般。班固《答賓戲》班、輸摧巧於斧斤，顔師古注：魯班與公輸氏，皆有巧藝，故《樂府》云公輸與魯般。吴斗南謂墨子之書，恐非事實，未必有兩公輸般，一在春秋，一在戰國也。愚按：公輸班或以爲魯昭公之子，雖未可信，而與季康子同時，則爲春秋時人無疑。墨翟亦生春秋之末，《史記》云：或曰並孔子時，或曰在其後。蓋生稍後而實同時也。班爲楚攻宋，墨翟禦之，《戰國策》在宋景公時。景公卽位，在魯昭公二十六年，兩人正當其世。顔注固非，而斗南疑《墨子》不足據，亦未之考耳。**師曠之聰，不以六律，不能正五音；**注：師曠，晉平公之樂太師也。其聽至聰，不用六律，不能正五音。六律，陽律太族、姑洗、蕤賓、夷則、無射、黄鍾也。五音，宫、商、角、徵、羽也。疏：【略】**堯舜之道，不以仁政，不能平治天下。**注：當行仁恩之政，天下乃可平也。**今有仁心仁聞，而民不被其澤，不可法於後世者，不行先王之道也。**注：仁心，性仁也。仁聞，仁聲遠聞也。雖然，猶須行先王之道，使百姓被澤，乃可爲後法也。疏：注仁心性仁也。正義曰：《白虎通·性情篇》云：陽氣者仁，陰氣者貪，故情有利欲，性有仁也。又云：五性者何，謂仁義禮智信也。五藏，肝仁，肺義，心禮，腎智，脾信。性既有五，而獨言仁者，仁足以貫五性也。五藏心主禮，而趙氏以性仁解仁心者，《淮南子·原道訓》云：心者，五藏之主也。雖或以心配土，或以心配火，而五藏實統以心。性之仁，發諸心也。人性仁，皆有惻隱之心，故《白虎通》亦云：心之言任也，任於恩也。任於恩，卽任於仁矣。注仁聞至聞也。正義曰：《毛詩·小雅·車攻篇》有聞無聲，傳云：有善聞。又《大雅·卷阿篇》令聞令望，箋云：人聞之，則有善聲譽。《淮南子·脩務訓》云聲施千里，高誘注云：聲，名也。是仁聞謂仁之聲名播於遠方也。人以仁惠之心所發，有所施濟，其名亦可播於遠，然惠及一人，不能徧於人人，惠及一方，不能普於天下，且或恩及此而害在彼，祝在甲而詛在乙，此未習先王之道，不足爲後世法也。注乃可爲後世之法也。正義曰：阮氏元《校勘記》云：閩、監、毛三本同。廖本無之字，孔本、《考文》古本無世之二字，韓本、足利本無之字也字。**故曰徒善不足以爲政，徒法不能以自行。**注：但有善心而不行之，不足以爲政；但有善法度而不施之，法度亦不能獨自行也。疏：注但有善至行也。正義曰：《吕氏春秋·離俗篇》云惕然而寤，徒夢也，高誘注云：徒，但也。故徒善是但有善心，徒法是但有善法度。行仁政必有法，徒有仁心而無法，不可用爲政也。有法而不以仁心施之，仍與無法等。有善心而不以法，與無善心以施行法，同一不行先王之道也。先王之道，既不行於無善心之人，又不行於有善心之人，孟子爲作於其心不習先王之道者發，趙氏能發明之。《易·繫辭傳》云：制而用之謂之法，利用出入，民咸用之謂之神。非法，無以爲通變神化之用也。**《詩》云：不衍不忘，率由舊章。遵先王之法而過者，未之有也。**注：詩，《大雅·嘉樂》之篇。衍，過也。所行不過差矣。不可忘者，以其循用舊故文章，遵用先王之法度，未聞有過也。疏：注詩大至過也。正義曰：詩在《大雅·假樂》第二章。毛傳云：假，嘉也。《禮記·中庸》引作嘉樂。此作嘉樂，與《中庸》同。《音義》出嘉樂，則趙氏作嘉。閩、監、毛三本作假，蓋以《詩》改之也。箋云：衍，過也。率，循也。成王之令德不過誤，不遺失，循用舊典之文章。趙氏注略同。惟鄭以不愆不忘平對，趙氏以孟子下申言專指出過字，故以不愆爲不過差，而不忘別屬下謂不可忘者，因其遵舊法而無過也。按鄭義是也。愆，過也。忘爲遺失，亦過也。孟子言過，兼該愆、忘。遵用先王之法，乃不愆不忘，則屏棄《詩》、《書》，專恃心覺者，其愆忘可勝言哉！**聖人既竭目力焉，繼之以規矩準繩，以爲方員平直，不可勝用也。**注：盡己目力，續以四者，方員平直，可得而審知，故用之不可勝極也。疏：注盡己至極也。正義曰：《禮記·大傳》云人道竭矣，注云：竭，盡也。《説文》糸部云：繼，續也。《文選·

神女賦》云不可勝贊，注云：勝，盡也。盡之言窮也，窮之言極也。若果無待於規矩準繩，則以聖人之聰明睿智，而既竭盡其力，可憑其目力，以爲方圓平直矣。乃聖人既竭目力，仍必繼之以規矩準繩。規矩準繩，先王所制而用也，雖聖人不能不繼述之。惟其繼述規矩準繩，而目力所竭，乃能不窮其用；倘舍去規矩準繩，但準目力，方圓平直必不能以臆成之，而其用窮矣。不可勝用猶云用之不窮。聖人原非全恃規矩準繩而不竭目力，然其通變神化，在耳目心思，而必繼述規矩準繩，而耳目心思所竭乃能通變神化，運用不窮也。既竭耳力焉，繼之以六律正五音，不可勝用也。注：音須律而正也。疏：注音須律而正也。正義曰：《易・需卦・彖傳》云：需，須也。須卽待也，音必待律而正，方圓平直必待規矩準繩而成，仁心必待先王不忍人之政而覆天下，可勿繼述之乎？既竭心思焉，繼之以不忍人之政，而仁覆天下矣。注：盡心欲行恩，繼以不忍加惡於人之政，則天下被覆衣之仁也。疏：注盡心至仁也。正義曰：《楚辭・招魂》云皋蘭被徑兮，注云：被，覆也。《易・繫辭傳》九家注云：衣服乾，乾居上覆物。是被、覆、衣三字同義。經言仁覆天下，是聖人以仁衣芘天下，而天下皆被其澤，是天下被其所覆衣之仁也。不行先王之道，雖有仁心，而民不被其澤；今既有仁心，又能繼述先王之道，民被其澤可知矣。不忍人之政，仁政也。卽先王之道也。以仁心行仁政而法行，非徒法矣。法行而心之仁乃行，非徒善矣。徒法不能以自行，荀子所謂有治人無治法也。有治人，卽有此既竭心思，又繼述先王之道之人也。舍治法亦無治人矣。故曰爲高必因丘陵，爲下必因川澤；爲政不因先王之道，可謂智乎？注：言因自然，則用力少而成功多矣。疏：注言因至多矣。正義曰：《禮記・禮器》云：故作大事必順天時，爲朝夕必放於日月，爲高必因丘陵，爲下必因川澤。注云：謂冬至祭天於圜丘之上，夏至祭地在方澤之中。孟子引此二句，以起爲政必因先王之道。趙氏謂因自然則用力少而成功多，是以爲高爲累土，爲下爲掘深，與鄭異義。因卽所云繼也。是以惟仁者宜在高位；不仁而在高位，是播其惡於衆也。注：仁者，能由先王之道。不仁逆道，則自播揚其惡於衆人也。疏：注仁者至人也。正義曰：昭公三十年《左傳》云：將焉用自播揚焉。《周禮・春官・大師》皆播之以八音，注云：播，猶揚也。謂之仁者，則不獨有仁心仁聞，乃實能因先王之道，遵先王之法，而繼之以不忍人之政也，非徒善者也。不因先王之道，不遵先王之法，不能竭心思而繼之以不忍人之政，則爲不仁，如下所云。上無道揆也，下無法守也，朝不信道，工不信度，君子犯義，小人犯刑，國之所存者，幸也。注：言君無道術可以揆度天意，臣無法度可以守職奉命，朝廷之士不信道德，百工之作不信度量，君子觸義之所禁，謂學士當行君子之道也，小人觸刑，愚人罹於密罔也，此亡國之政，然而國存者，僥倖耳，非其道也。疏：注言君至道也。正義曰：《國語・吴語》云道將不行，注云：道，術也。賈誼《新書・道術篇》云：道者，所從接物也。其本者謂之虚，其末者謂之術。虚者言其精微也，平素而無設施也。術也者，所從制物也，動静之數也，凡此皆道也。又云：術者，接物之隊，其爲原無屈，其應變無極，故聖人尊之。《爾雅・釋言》云：揆，度也。一陰一陽之謂道，元亨利貞，謂之四德。顯道神德行，全在能揆度以合天德，此通變神化，所以垂衣裳而天下治也。若無道術，則不能揆度；不能揆度，則不能制而用之爲法，臣下遂無以守職奉命矣。揆度天意，乾健之不已也。守職奉命，坤順之承天也。奉命猶承天，故以守職爲奉命也。以揆度言爲術，以施行言爲德，皆道也。不以道揆則不信道，故云朝廷之士不信道德也。趙氏以工爲百工，以度爲度量，趙氏佑《温故録》云：工爲四民之一，特言之者，奇技淫巧之興，皆以蕩人心，蠹風俗也。按《毛詩・周頌》嗟嗟臣工，傳云：工，官也。《國語・魯語》夜儆百工，《尚書・堯典》允釐百工，百工卽謂百官，度謂法度也。《史記・天官書》其入守犯太微，集解引韋昭云：自下觸之曰犯。《淮南子・脩務訓》云犯津關，注云：犯，觸也。是犯義卽觸義，犯刑卽觸刑也。有道術而後知義禁，不以道術揆度，則不知義，故君子觸義之所禁而妄爲也。上既不知義，則小人詐僞欺誣，無所不至，而愚人罹於密罔矣。此皆不能因先王之道，遵先王之法者也。雖有仁心，而不能以道揆，則下無法守，至於工不信度，而犯義犯刑，亦仍歸於不仁。孟子言因言繼先王之道，在通變神化。因者，因此也。繼者，繼此也。不揆度，則徒法不能自行矣。王氏引之《經傳釋詞》云：所，猶若也，或也。國之所存者幸也，言國之或存者幸也。故曰城郭不完，兵甲不多，非國之災也。田野不辟，貨財不聚，非國之害也。上無禮，下無學，賊民興，喪無日矣！注：言君不知禮，臣不學法度，無以相檢制，則賊民興。亡在朝夕，無復有期日，言國無禮義必亡。疏：注言君至必亡。正義曰：趙氏以下無學爲臣不學法度，近時通解以下指民。趙氏佑《温故録》云：古之教者，五家爲比，五比爲閭，閭有塾；四閭爲族，五族爲黨，黨有庠；五黨爲州，州有序。大而六鄉六遂皆有序曰學，匪獨國有學也。學非特以教國子，國之貴遊子弟，國之俊秀也，舉彼耕甿雜作，至愚且賤，自六尺以上，皆比而使入其中。故大司徒頒職事十有二於邦國都鄙，以登萬民，一曰稼穡，十曰學藝，終曰服事。小司徒頒比法於六鄉之大夫，以施政教，行徵令。鄉師、鄉大夫各掌其鄉之教，以正月之吉，受教法於司徒，退而頒之於其鄉吏，使各以教其所治，考其德行，察其道藝，有鄉射之禮，大比之禮。州長各屬其州之民而讀法，歲時祭祀州社亦如之，有會民而射於州序之禮。黨正各掌其黨，有屬民而飲酒於序，以正齒位之禮。族師掌書其孝弟睦媚有學者。以逮閭胥比長所掌，莫不設之學，董之官。其平日相保相受，既有以察知其衆寡之數，明其禁令，又擇夫仕焉而已者，爲之大師小師。民自新穀既成，餘子皆入學，距冬至四十五日出學。學有進，則由比閭而升之族黨，以次升於州學鄉學。民不皆選司徒入太學，而已知禮樂詩書之文，孝弟忠信禮義廉恥之事。一國之中，貴賤賢否，等列有常，自其上世以來，習知賤之不可以干貴，愚之不可以敵賢，各循其分，而不敢肆浸淫漸摩，雖有桀黠不帥，一里老得而黼撻之，無有黨同相濟者。官長賢，易於治；官長不賢，亦難於亂也。蓋教學之功如此。降而春秋，此意亦既微矣。然而鄭存鄉校，魯聞弦歌，原伯不説學，則以取譏於時，理之者蓋非無人，故其民猶知先王之澤。一時相攻相取，皆强力之諸侯卿大夫爲之，至於征役煩興，暴骨如莽，而罕聞有窮巷小民起而相抗撓爲寇亂，如後世史書之事者，豈其民性之淳哉，由教化之積也。迨戰國，遂以蕩然。其君方日尋干戈，迫問學校；民皆救死不贍，疾視其上，去從椎埋。孟子蓋逆知六國之必亡，暴秦之不終，而閭左之禍將作也，故爲歸本於上無禮。其於下也，不曰無義而曰無學，謂夫學也者，乃所以明義也。漢荀悦有云：人不畏死，不可懼以罪；人不樂生，不可勸以義。故在上者先豐民財以定其志，是謂養生。禮教榮辱，以加君子，化其情也。桎梏鞭扑，以加小人，化其形也。若教化之廢，推中人而墜於小人之域；教化之行，引中人而納于君子之塗：是謂章化。斯言也，爲能洞於道揆法守，不可以老生之常談忽之。《詩》云：天之方蹶，無然泄泄。泄泄猶沓沓也。事君無義，進退無禮，言則非先王之道者，猶沓沓也。注：詩，《大雅·板》之篇。天，謂王者。蹶，動也。言天方動，女無敢沓沓，但爲非義非禮，背棄先王之道，而不相匡正也。疏：注詩大至正也。正義曰：詩在《大雅·板篇》之第二章。毛傳云：蹶，動也。泄泄，猶沓沓也。箋云：天，斥王也。段氏玉裁《説文解字注》云：呭，多言也。从口，世聲。《詩》曰：無然呭呭。《孟子》、毛傳皆曰：泄泄，猶沓沓也。日部云：沓，語多沓沓也。言部又云：詍，多言也。引詩無然詍詍，蓋四家之訓也。諸，譅諸也。譅，譅諸，語相及也。諸與日部沓字音義皆同。荀卿書愚者之言，諸諸然而沸，注：諸諸，多言也。按《蕩篇》箋云：其笑語沓沓，又如湯之沸，羹之方熟。亦以沓沓屬笑語。孟子以言則非先王之道爲沓沓，言則非先王之道卽生於其心，而爲詖爲淫爲邪爲遁之言。言不本諸《詩》、《書》，道不揆諸先聖，徒以心覺心悟，自以爲是，一倡百和，真沓沓矣。趙氏以無然爲無敢，鄭氏以然泄泄爲泄泄然，無然泄卽無泄泄然也。故曰責難於君謂之恭，陳善閉邪謂之敬，吾君不能謂之賊。注：人臣之道，當進君於善，責難爲之事，使君勉之，謂行堯舜之仁，是爲恭臣。陳善法以禁閉君之邪心，是爲敬君。言吾君不肖，不能行善，因不諫正，此爲賊其君也。疏：注人臣至君也。正義曰：《後漢書·郅惲傳》云：孟軻以彊其君之所不能爲忠；量其君之所不能爲賊。彊其君之所不能，謂責難於君也。彊卽勉也。彊其君之所不能，卽勉其君之所能也。《禮記·中庸》云：或安而行之，或利而行之，或勉彊而行之，及其成功一也。劉熙《釋名·釋言語》云：難，憚也。人所忌憚也。難爲之事，憚爲之事也。《説文》貝部云：責，求也。定公元年《穀梁傳》云：求者，請也。君所憚爲，臣請求之，使君勉强爲之。何以責難於君，卽陳善閉邪是也。君有邪心，故憚於爲善。《吕氏春秋·君守篇》云：外欲不入謂之閉。乃不知所以閉之之道，而婞直以觸之，矯拂以争之，言不可得而入，邪究不可閉塞，且激而成害矣。故欲閉其邪，惟婉陳其善道，善道明，則邪心自絶，此所以爲恭爲敬。《白虎通·諫諍篇》云：人懷五常，故知諫有五：其一曰諷諫，二曰順諫，三曰闚諫，四曰指諫，五曰陷諫。諷諫者，智也。知禍患之萌深，睹其事未彰而諷告焉，此智之性也。順諫者，仁也。出辭遜順，不逆君心，此仁之性也。闚諫者，禮也。視君顔色不悦，且卻，悦則復前，以禮進退，此禮之性也。指者，質也。質相其事而諫，此信之性也。陷諫者，義也。惻隱發於中，直言國之害，勵志忘生，爲君不避喪身，此義之性也。故孔子曰：諫有五，吾從諷之諫。事君進思盡忠，退思補過，去而不訕，諫而不露，故《曲禮》曰：爲人臣者不顯諫。纖微未見於外，如《詩》所刺也。孔子取諷諫，則指與陷所不取矣。

趙岐《章指》言：雖有巧智，猶須法度，國由先王，禮義爲要，不仁在位，播越其惡，誣君不諫，故謂之賊，明上下相須而道化行也。疏：國由先王。正義曰：周氏廣業《孟子章指考證》云：國，小字宋本作因。

（宋）朱熹《四書章句集注·孟子集注·盡心章句下》　孟子曰：梓匠輪輿能與人規矩，不能使人巧。尹氏曰：規矩法度，可告者也，巧則在其人。雖大匠亦末如之何也已。蓋下學可以言傳，上達必由心悟。莊周所論斲輪之意蓋如此。

（明）楊士奇《歷代名臣奏議》卷一二九《用人》　桓公問於甯戚曰：筦子今年老矣，為棄寡人而就世也。吾恐法令不行，人多失職，百姓疾怨，國多盜賊。吾何如而使奸邪不起，民衣食足乎？甯戚對曰：要在得賢而任之。桓公曰：得賢奈何？甯戚對曰：開其道路，察而用之，尊其位，重其禄，顯其名，則天下之士騷然，舉足而至矣。桓公曰：既以舉賢士而用之矣，微夫子幸而臨之，則未有布衣屈奇之士踵門而求見寡人者。甯戚對曰：是君察之不明，舉之不顯，而用之疑。官之卑，禄之薄也。且夫國之所以不得士者有五阻焉：主不好士，諂諛在傍，一阻也；言便事者未當見用，二阻也；壅塞掩蔽，必因近習然後見察，三阻也；訊獄詰窮其辭，以法過之，四阻也；執事適欲，擅國權命，五阻也。去此五阻，則豪俊並興，賢智智求處。五阻不去，則上蔽吏民之情，下塞賢子之路。是故明王聖主之治，若夫江海無不受。故長為百川之主。明王聖君無不容，故安樂而長久。因此觀之，則安主利人者，非獨一士也。桓公曰：善。吾將著夫五阻以為戒本也。

景公問於晏子曰：寡人從夫子而善齊國之政。對曰：嬰聞之，國具官而后政可善。景公作色曰：齊國雖小，則何為不具官乎？對曰：此非臣之所復也。昔先君桓公身體墮懈，辭令不給，則隰朋侍；左右多過刑罰不中，則弦章侍；居處肆縱，左右懾畏，則東郭牙侍；田野不修，人民不安，則甯戚侍；軍吏怠，戎士偷，則王子成父侍；德義不中，信行衰微，則筦子侍。先君能以人之長續其短，以人之厚補其薄，是以辭令窮遠而不逆，兵加於有罪而不頓。是故諸侯朝其德，而天子致其胙。今君之失多矣，未有一士以聞者也，故曰未具。景公曰：善。

（明）楊士奇《歷代名臣奏議》卷一五四《知人》 楚莊王時，有善相人，所言無遺策，聞於國。王見而問於情，對曰：臣非能相人，能觀人之交也。布衣也，其交皆孝悌焉。謹畏令如此者，其家必日益，身必日安，此所謂吉人也。官事君者也，其交皆誠信而好善，如此者，事君日益，官職日進，此所謂吉人也。主明臣賢，左右多忠。主有失，皆敢分爭正諫。如此者，國日安，主日尊，天下日富，此之謂吉主也。臣非能相人，能觀人之交也。莊王曰：善。於是乃招聘四方之士，夙夜不懈，遂得孫叔敖將軍子重之屬，以備卿相，遂成霸功。《詩》曰：濟濟多士，文王以寧，此之謂也。

《史記》卷一一九《循吏列傳》 太史公曰：法令所以導民也，刑罰所以禁姦也。文武不備，良民懼然身修者，官未曾亂也。奉職循理，亦可以爲治，何必威嚴哉？

《晉書》卷三九《荀勖傳》 時又議省州郡縣半吏以赴農功，勖議以爲：省吏不如省官，省官不如省事，省事不如清心。昔蕭曹相漢，載其清静，致畫一之歌，此清心之本也。漢文垂拱，幾致刑措，此省事也。光武并合吏員，縣官國邑裁置十一，此省官也。魏太和中，遣王人四出，減天下吏員，正始中亦并合郡縣，此省吏也。今必欲求之於本，則宜以省事爲先。凡居位者，使務思蕭曹之心，以翼佐大化。篤義行，崇敦睦，使昧寵忘本者不得容，而偽行自息，浮華者懼矣。重敬讓，尚止足，令賤不妨貴，少不陵長，遠不間親，新不間舊，小不加大，淫不破義，則上下相安，遠近相信矣。位不可以進趣得，譽不可以朋黨求，則是非不妄而明，官人不惑於聽矣。去奇技，抑異説，好變舊以徼非常之利者必加其誅，則官業有常，人心不遷矣。事留則政稽，政稽則功廢。處位者而孜孜不怠，奉職司者而夙夜不懈，則雖在挈瓶而守不假器矣。使信若金石，小失不害大政，忍忿悁以容之。簡文案，略細苛，令之所施，必使人易視聽。願之如陽春，畏之如雷震。勿使微文煩撓，爲百吏所黷，二三之命，爲百姓所饜，則吏竭其誠，下悦上命矣。設官分職，委事責成。君子心競而不力爭，量能受任，思不出位，則官無異業，政典不奸矣。凡此皆愚心謂省事之本也。苟無此愆，雖不省吏，天下必謂之省矣。若欲省官，私謂九寺可并於尚書，蘭臺宜省付三府。然施行歷代，世之所習，是以久抱愚懷而不敢言。至於省事，實以爲善。若直作大例，皆減其半，恐文武衆官郡國職業，及事之興廢，不得皆同。凡發號施令，典而當則安，儻有駁者，或致壅否。凡職所臨履，先精其得失。使忠信之官，明察之長，各裁其中，先條上言之。然後混齊大體，詳宜所省，則令下必行，不可摇動。如其不爾，恐適惑人聽。比前行所省，皆須臾輒復，或激而滋繁，亦不可不重。

《晉書》卷四七《傅玄傳》 帝初卽位，廣納直言，開不諱之路，玄及散騎常侍皇甫陶共掌諫職。玄上疏曰：臣聞先王之臨天下也，明其大教，長其義節；道化隆於上，清議行於下，上下相奉，人懷義心。亡秦蕩滅先王之制，以法術相御，而義心亡矣。近者魏武好法術，而天下貴刑名；魏文慕通達，而天下賤守節。其後綱維不攝，而虚無放誕之論盈於朝野，使天下無復清議，而亡秦之病復發於今。陛下聖德，龍興受禪，弘堯舜之化，開正直之路，體夏禹之至儉，綜殷周之典文，臣詠歎而已，將又奚言！惟未舉清遠有禮之臣，以敦風節；未退虚鄙，以懲不恪，臣是以猶敢有言。詔報曰：舉清遠有禮之臣者，此尤今之要也。乃使玄草詔進之。玄復上疏曰：

臣聞舜舉五臣，無爲而化，用人得其要也。天下羣司猥多，不可不審得其人也。不得其人，一日則損不貲，況積日乎！典謨曰無曠庶官，言職之不可久廢也。諸有疾病滿百日不差，宜令去職，優其禮秩而寵存之，既差而後更用。臣不廢職於朝，國無曠官之累，此王政之急也。

臣聞先王分士農工商以經國制事，各一其業而殊其務。自士已上子弟，爲之立太學以教之，選明師以訓之，各隨其才優劣而授用之。農以豐其食，工以足其器，商賈以通其貨。故雖天下之大，兆庶之衆，無有一人游手。分數之法，周備如此。漢魏不定其分，百官子弟不修經藝而務交遊，未知莅事而坐享天禄；農工之業多廢，或逐淫利而離其事；徒繫名於太學，然不聞先王之風。今聖明之政資始，而漢魏之失未改，散官衆而學校未設，游手多而親農者少，工器不盡其宜。臣以爲亟定其制，通計天下若干人爲士，足以副在官之吏；若干人爲農，三年足有一年之儲；若干人爲工，足其器用；若干人爲商賈，足以通貨而已。尊儒尚學，貴農賤商，此皆事業之要務也。

前皇甫陶上事，欲令賜拜散官皆課使親耕，天下享足食之利。禹稷躬稼，祚流後世，是以《明堂》、《月令》著帝藉之制。伊尹古之名臣，耕於有莘；晏嬰齊之大夫，避莊公之難，亦耕於海濱。昔者聖帝明王，賢佐俊士，皆嘗從事於農矣。王人賜官，宂散無事者，不督使學，則當使耕，無緣放之使坐食百姓也。今文武之官既衆，而拜賜不在職者又多，加以服役爲兵，不得耕稼，當農者之半，南面食禄者參倍於前。使宂散之官農，而收其租税，家得其實，而天下之穀可以無乏矣。夫家足食，爲子則孝，爲父則慈，爲兄則友，爲弟則悌。天下足食，則仁義之教可不令而行也。爲政之要，計人而置官，分人而授事，士農工商之分不可斯須廢也。若未能精其防制，計天下文武之官足爲副貳者使學，其餘皆歸之於農。若百工商賈有長者，亦皆歸之於農。務農若此，何有不贍乎！《虞書》曰：三載考績，三考黜陟幽明。是爲九年之後乃有遷叙也。故居官久，則念立慎終之化；居不見久，則競爲一切之政。六年之限，日月淺近，不周黜陟。陶之所上，義合古制。

夫儒學者，王教之首也。尊其道，貴其業，重其選，猶恐化之不崇；忽而不以爲急，臣懼日有陵遲而不覺也。仲尼有言：人能弘道，非道弘人。然則尊其道者，非惟尊其書而已，尊其人之謂也。貴其業者，不妄教非其人也。重其選者，不妄用非其人也。若此，而學校之綱舉矣。

（唐）王方慶《魏鄭公諫録》卷三《對突厥内大雪》 北蕃歸朝人奏稱：突厥境内大寒雪，人飢，羊馬並死。中國人在彼者，皆入山作賊，其人情大惡。太宗聞之，謂公曰：觀古來人君行仁義、任賢良則理；行暴虐、任小人則亂。突厥所信任者，並共卿等見之，略無中正可取者。頡利復不憂百姓，恣情所欲爲，朕以人事觀之，亦何可久，卿以爲何如？公對曰：昔晉《政要》作魏。文侯問李克，諸侯誰先亡，克曰：吴先亡。文侯曰：何故？克曰：戰數勝。戰數則人疲，數勝則主驕，以驕主馭疲人，不亡何待。頡利逢隋末，中國喪亂，遂恃衆内侵，今尚不息，此其必亡之道。太宗然之。

（唐）王方慶《魏鄭公諫録》卷三《對隋日禁囚》 太宗論日禁囚，公對曰：臣昔日在隋時，聞有盜發，煬帝令士澄捕之，但有疑，即苦加拷掠，枉承賊者，二千餘人，並令同日斬決。大理丞張元濟怪之，試尋其狀，乃有六七人，盜發之日，先禁他所，纔被放出亦遭推劾，不勝苦痛，虚以自誣。元濟因此更事尋究，二千人内，唯有九人不明，又按驗九人，四人非賊。有司不敢執奏，遂並殺之。太宗曰：非唯煬帝無道之君，臣下亦不盡忠。須相匡諫，不避誅戮。豈得苟行諂佞，求悦譽乎。君臣如此，何能不敗。賴公等共相輔弼，遂得囹圄空虚。欲公等善始令終，常如今日。

（唐）王方慶《魏鄭公諫録》卷四《對君臣治亂》 太宗謂侍臣曰：君亂於上，臣理於下，或臣亂於下，君理於上，二者苟逢，何者爲甚？公對曰：君心向理，則照見下，非若誅一勸百，誰敢不畏。若惛暴於上，忠諫不從，雖百里奚、伍子胥之在吴虞不救其禍。太宗曰：必如此也。齊文宣惛暴，楊遵彦以正道扶之，得理如何？公對曰：遵彦彌縫暴主，救理人物，纔得免亂，亦甚艱辛，與聖主嚴明，臣下畏法，不同日而語。

（宋）李燾《續資治通鑑長編》卷一四三《宋仁宗慶曆三年》 修又言：臣伏見國家每出詔令，常患官吏不能遵行，不知患在朝廷自先壞法。朝廷不能自信，則誰肯信而行之？然多因小人僥倖而不加抑絶，所與之恩雖少，所損之體則多。臣聞去年十月中，曾有臣僚上言，乞今後大臣廝僕不得奏薦班行。敕旨頒下纔三四月，已卻用吕夷簡僕人袁宗等二人為奉職。夷簡身為大臣，壞亂陛下朝政多矣，苟有利於其私，雖敗天下事，尚無所顧，况肯為陛下惜法，但朝廷自宜如何！今一法纔出，而大臣先壞之，則其次臣僚僕人豈可不與。不與，則是行法有二，與之，則近降敕旨今後又廢。有司為陛下守法者，不思國體，但徇人情。或云二僕得旨與官在降敕前，奈何授官在降敕後。凡出命令，本為釐革前弊，法家以後敕衝前敕，今袁宗等雖曾得旨，而未授命間，已該新制，自合釐革。夷簡不能止絶，而恣其僥求，朝廷又不與舉行近敕，而自隳典法，今後詔令何以遵行？其袁宗等，伏乞特追奉職之命，別與一軍將之類閑名目，足示優恩，不可為無功之臣私寵僕奴而亂國法也。

（清）**徐乾學《資治通鑑後編》卷一一《宋紀一一》**　右補闕知睦州田錫應，上疏其略曰：今陛下有所因方渴聞至言，有所為方切待直諫，引咎自誠，修德彌新。臣謂責在近臣，而不在聖躬，罪在諫官，而不在陛下。近陛下有朝令夕改之事，由制敕所行。時有未當而無人封駮者，給事中若任得其人，制敕若許之封駮，則所下之敕無不當，所行之事無不精。編為格式，豈有朝令夕改之弊。臣所以謂責在近臣而不在聖躬，臣又見陛下有捨近謀遠之事，由言動未合至理，而無人敢諫諍者，是左右拾遺補闕之過也。

（清）**徐乾學《資治通鑑後編》卷七六《宋紀七六》**　王安石以為古之取士皆本於學，請興建學校以復古。其詩、賦、明經諸科悉罷，專以經義、論策試進士，詔兩制兩省御史臺三司三館議之。時議者多欲變舊法，直史館判官告院蘇軾獨以為不必變，議曰：得人之道在於知人，知人之法在於責實。使君相有知人之明，朝廷有責實之政，則胥史皁隸未嘗無人，而況於學校貢舉乎。雖用今之法，臣以為有餘。使君相無知人之明，朝廷無責實之政，則公卿侍從常患無人，況學校貢舉乎？雖復古之制，臣以為不足矣。夫時有可否，物有興廢，使三代聖人復生於今其選舉亦必有道，何必由學乎。且慶歷間嘗立學矣，天下以為太平，可待至於今，惟空名僅存。今陛下必欲求德行道藝之士，責九年大成之業，則將變今之禮，易今之俗，又當發民力以治宫室，斂民財以養游士。百里之内，置官立師，而又時簡不帥教者，屏之遠方，則無乃徒為紛亂，以患苦天下邪！若無大更革而望有益於時，則與慶歷之事何異。至於貢舉或曰鄉舉德行而畧文章，或曰：專取策論而罷詩、賦，或欲舉唐室故事兼採譽望而罷封彌，或欲罷經生樸學，不用帖墨，而考大義，此數者皆知其一不知其二者也。夫欲興德行，在於君人者，修身以格物，審好惡以表俗。上之所向而下自趨焉，若欲設科立名以取之，則是教天下相率而為偽也。上以孝取人，則勇者割股，怯者廬墓。上以廉取人，則敝車羸馬惡衣菲食，凡可以中上意者，無所不至矣。自文章言之，則策論為有用，詩賦為無益；自政事言之，則詩賦策論均為無用。然自祖宗以來，莫之廢者，以為設法取士，不過如此也。矧自唐至今以詩賦為名，臣者不可勝數，何負於天下而必欲廢之。議奏，帝曰：吾固疑此，今得軾議，釋然矣。

（清）**徐乾學《資治通鑑後編》卷七七《宋紀七七》**　臣嘗親奉德音，欲修先王補助之政。今乃效桑弘羊均輸之法，而使小人為之，掊克生靈，斂怨基禍。王安石欲求近功忘其舊學，舍堯舜知人安民之道，講五霸富國强兵之術。尚法令則稱商鞅，言財利則背孟軻，鄙老成為因循，斥公論為流俗，合意者為賢，異己者為不肖。劉琦、錢顗等一言便蒙降黜。在廷之人方大半趨附，陛下又從而驅之，其將何所不至。且道遠當馴致，事大難速成，人材不可急求，積弊不可頓革，倘欲事功亟就，必為憸佞所乘。宜速還言者而退安石，以答中外之望。

《明史》卷一四《憲宗紀》　贊曰：憲宗早正儲位，中更多故，而踐阼之後，上景帝尊號，卹于謙之冤，抑黎淳而召商輅，恢恢有人君之度矣。時際休明，朝多耆彦，帝能篤於任人，謹於天戒，蠲賦省刑，閭里日益充足，仁、宣之治於斯復見。顧以任用汪直，西廠横恣，盗竊威柄，稔惡弄兵。夫明斷如帝而爲所蔽惑，久而後覺，婦寺之禍固可畏哉。

《明太祖實録》卷五四《洪武三年秋七月》　己亥，以殿中侍御史尋适為廣西按察使，監察御史王子啓、胡子祺為僉事。上諭之曰：廣西地控諸蠻，民未熟化，况兵戈凋瘵之餘未遂生業，恐有司不能撫卹，又從而蠹害之。兹特命爾等往司風憲，須嚴明以馭吏，寬裕以待民。如有奸貪、強暴，虐良善者，爾等就逮其人鞫問審决，然後以聞。若俟聞而後决，道里遼遠，往復不無淹滯。适等皆頓首受命。上曰：凡為治者，無責近效。若官守職、民安業，爾等但安靜以撫之。

（明）**查繼佐《罪惟録》志卷三二《外志・列朝帝紀逸・宣德逸紀》**　尚書蹇義稱漢光武不以吏事責三公。上曰：功臣概置不用，此亦過矣。擇其德望才幹者，分掌五府，可否悉决於朝廷，爲得之。又以銓政不良，有云：一事得人，一事理；一邑得人，一邑安。推之庶政，達之天下，無二致也。以言貌求其底蘊，蓋難。

（明）**何棟如《皇祖四大法》卷三《治法》**　〔洪武元年正月〕己卯，上諭群臣曰：吾觀史傳所載歷代君臣，或聰明之君樂聞忠讜，而臣下循黜姦諂不盡其誠者有之；或臣下不欺能抗言直諫，而君上昏愚驕暴飾非拒諫者有之。臣不諫君是不能盡臣職，君不受諫是不能盡君道。臣有不幸，言不見聽而反受其責，是雖得罪於昏君，然有功於社稷人民也。若君上樂于聽諫，而臣下善於進諫，則政事豈有不善，天下豈有不治？乃知明良相逢，古今所難。

又：二月壬寅朔癸卯，上御奉天門謂侍臣曰：凡人之言有忠諫者，有讒佞者。忠諫之言，始若難聽，然其有益，如藥石之能濟病；讒佞之言，始若易聽，然其貽患不可勝言。夫小人之爲讒佞也，其設心機巧漸漬而入，始焉必以微事可信者言於人主，以探其淺深，人主苟信之，彼他日復有言，必以爲其嘗言者可信，將不復審察。讒佞者，因得肆志，而妨賢病國無所不至，自古若此者甚多，而昏庸之君卒莫之悟，由其言甘而不逆於耳，故也。惟剛明者審擇於是非，取信於公論，不偏信人言，則讒佞之口可杜矣。

（清）鄂爾泰等《世宗憲皇帝硃批諭旨》卷六〇上《硃批王國棟奏摺》

愚又以為督撫大吏，在去任者，固不可沽譽市恩；在新莅者，身任封疆之重，為通省吏治民生所賴，尤當加意嚴肅整飭，則風聲所播，庶可以令行而禁止。若稍示寬大，則吏治必多縱弛，民情必生慢易，將來諸事便難整理。

〔硃批〕此數語治理寬嚴之要得矣，惟期實力行之。

（清）鄂爾泰等《世宗憲皇帝硃批諭旨》卷二一三之一《硃批邁柱奏摺》 自古有治人無治法。另設調補一例，督撫不得其人，不肯秉公奉行，反助其徇私之舉。若實心辦事之臣，自能相機酌宜設法補救。臨時奏請，何須朕強之使然也？汝且將江省料理就緒，再至湖廣竭力整飭。他省督撫各具人心，皆有耳目，苟懷竭忠盡力之誠，不難則而效之所慮者，不知愧勉。惟以因循推諉為得計，則朕亦末如之何也！已勉之，勉之。

（清）卓秉恬《蜀僚問答序》 天下有治法，尤貴有治人。州縣爲親民之官，民閒利弊疾苦，若者宜興，若者宜革，若者宜拯救。是在親民者，視民事如己事，而後其政燦然而可觀。《後漢書・循吏傳》敘云：仁信篤誠使人不欺人，仁信篤誠非可以矯飾也，非可以僞爲也，內不欺己，外不欺人，彼下之聽命於上者，安敢復逞其詐虞？故有治法，貴有治人以善其用也。

（清）王夫之《讀通鑑論》卷一《秦二世》 人皆有不忍人之心，而衆怒之不可犯，衆怨之不可任，亦易喻矣。申、商之言，何爲至今而不絕邪？志正義明如諸葛孔明而效其法，學博志廣如王介甫而師其意，無他，申、商者，乍勞長逸之術也。無其心而用其術者，孔明也；用其實而諱其名者，介甫也；乃若其不容掩之藏，則李斯發之矣。李斯曰：行督責之術，然後絕諫爭之路，申不害曰：有天下而不恣睢，命之曰以天下爲桎梏。諫爭絕，桎梏脫，則雖日勞於刑名文籍之中，而耽酒嗜色、佚游驕樂，可晏享而不輟。苟未忘逸豫之情者，惡能不以此爲兩得之術哉！

任法，則人主安而天下困；任道，則天下逸而人主勞。無一切之術以自恣睢，雖非求治之主，不能高居洸瀁於萬民之上，固矣。以孔明之淡泊而盡瘁也，以介甫之土木其形而好學深思也，然且樂奉名法者，何也？儉以耳目，勤以耳目，而心思從其康逸也。賢者且然，況令狐綯、張居正之挾權勢者哉！使讀李斯之言，知其爲導諛勸淫之術也，能勿靦然而汗下與？

（清）王夫之《讀通鑑論》卷二《漢景帝》 法嚴而任寬仁之吏，則民重犯法，而多所矜全。法寬而任鷙擊之吏，則民輕犯法，而無辜者卒罹而不可活。景帝詔有司讞不能決，移讞廷尉，讞而後讞不當，讞者不爲失，立法寬矣。乃郅都、甯成相繼爲中尉，則假法於殘忍之小人，姑寬爲之法，以使愚民輕於蹈阱，而幸其能出而終不免也。且也讞不當而不爲罪，無論失入之憯也，即數失出而弗譴，亦以導賕吏之鬻獄，而淫威之逞，冤民且無如之何也。於是而高帝寬大之意斬，武帝嚴酷之風起矣。嚴之於法而無可移，則民知懷刑，寬之以其人而不相尚以殺，則民無濫死。故先王樂進長者以司刑獄，而使守畫一之法，雷電章於上，雨露潤於下，斯以合天理而容保天下與！

（清）王夫之《讀通鑑論》卷一〇《三國》 任人任法，皆言治也，而言治者曰：任法不如任人。雖然，任人而廢法，則下以合離爲毀譽，上以好惡爲取舍，廢職業，徇虛名，逞私意，皆其弊也。於是任法者起而摘之曰：是治道之蠹也，非法而何以齊之？故申、韓之說，與王道而爭勝。乃以法言之，《周官》之法亦密矣，然皆使服其官者習其事，未嘗懸黜陟以擬其後。蓋擇人而授以法，使之遵焉，非立法以課人，必使與科條相應，非是者罰也。

法誠立矣，服其官，任其事，不容廢矣。而有過於法之所期者焉，有適如其法之所期者焉，有不及乎法之所期者焉。才之有偏勝也，時之有盈詘也，事之有緩急也，九州之風土各有利病也。等天下而理之，均難易而責之，齊險易豐凶而限之，可爲也而憚於爲，不可爲也而强爲塗飾以應上之所求，天下之不亂也幾何矣！上之所求於公卿百執郡邑之長者，有其綱也。安民也，裕國也，興賢而遠惡也，固本而待變也，此大綱也。大綱圮而民怨於下，事廢於官，虛譽雖騰，莫能掩也。苟有法以授之，人不得以玩而政自舉矣。故曰擇人而授以法，非立法以課人也。

論官常者曰：清也，慎也，勤也。而清其本矣。弗慎弗勤而能清也，詘於繁而可以居要，充其至可以爲社稷臣矣。弗清而不慎不勤，其罪易見，而爲惡也淺。弗清矣，而慎以勤焉，察察孳孳以規利而避害，夫乃爲天下之巨姦。考課以黜陟之，即其得而多得之於勤慎以墮其清，况其所謂勤者非勤，而慎者非慎乎？是所謂孳孳爲利，蹠之徒矣。清議者，似無益於人國者也，而國無是不足以立。恐其亡實而後以法飭之，《周官》、《周禮》、《關雎》、《麟趾》之精意所持也。京房術數之小人，何足以知此哉？盧毓、劉邵師之以惑魏主，不能行焉必也。雖不能行，而後世功利刑名之徒，猶師其説。張居正之毒，所以延及百年而不息也。

（清）王夫之《讀通鑑論》卷一一《晉武帝》　用人與行政，兩者相扶以治，舉一廢一，而害必生焉，魏、晉其驗已。雖無佞人，而亟行苛政以鉗束天下，而使亂不起，然而人心早離，樂於易主，而國速亡。政不苛而用佞人，其政之近道，足以羈縻天下使不叛，然而國是亂，朋黨交争，而國速以亂。

曹孟德懲漢末之緩弛，而以申、韓爲法，臣民皆重足以立；司馬氏乘之，以寬惠收人心，君弑國亡，無有起衛之者。然而魏氏所任之人，自謀臣而外，如崔琰、毛玠、辛毗、陳羣、陳矯、高堂隆之流，雖未聞君子之道，而骾直清嚴，不屑爲招權納賄、驕奢柔諂猥鄙之行，故綱紀粗立，垂及於篡，而女謁宵小不得流毒於朝廷，則其效也。

晉武之初立，正郊廟，行通喪，封宗室，罷禁錮，立諫官，徵窮逸，禁讖緯，增吏俸，崇寬弘雅正之治術，故民藉以安；内亂外逼，國已糜爛，而人心猶繫之。然其所用者，賈充、任愷、馮勗、荀紞、何曾、石苞、王愷、石崇、潘岳之流，皆寡廉鮮耻貪賢驕奢之鄙夫，即以張華、陸機錚錚自見，而與邪波流，陷於亂賊而愍不畏死；雖有二傅，和嶠之亢直，而不敵羣小之翕訿；是以强宗妒后互亂，而氐、羯乘之以猖狂。小人濁亂，國無與立，非但王衍輩清談誤之也。

是用人行政，交相扶以圖治，失其一，則一之僅存者不足以救；古今亂亡之軌，所以相尋而不舍也。

以要言之，用人其尤亟乎！人而苟爲治人也，則治法因之以建，而苟刻縱弛之患兩亡矣。魏之用人，抑苟免於邪佞爾，無有能立久長之本，建弘遠之規者也。孟德之智，所知者有涯；能別於忠佞之分，而不能虛衷以致高朗宏通之士，争亂之餘，智術興，道德墜，名世之風邈矣。僅一管寧，而德不足以相致也。晉承魏之安處，時非無賢，而奬之不以其道，進之不以其誠，天下頹靡，而以老、莊爲藏身之固，其法雖立，文具而已。使二代之君，德修而勤於求治，天下羣趨於正，而豈患法之不立乎？宋太祖、太宗之所以垂統久畏，而天下懷其德於既亡之餘，庶幾尚已！

（清）王夫之《讀通鑑論》卷一七《梁武帝》　梁制：尚書令史，並以才地兼美之士爲之，善政也，而亦不可繼也。何也？掾史之任，凡簿書期要，豪毛委瑣，一或差謬，積之久則脱漏大，而下行於州郡吏民者争訟不已，其事褻矣。故修志行者，不屑問焉。刑名錢穀工役物料之紛亂，無賞罰以督其後，則不肖者縱以行私，賢者抑忽而廢事，若必嚴以賞罰，則以細故而傷清流之品行，人士終厭棄而不肯爲；其屑爲之者，必其冒昧而不惜廉隅者也。則其勢抑必於令史之下，別委簿書之職於胥役，而令史但統其綱。是以今之部郎，仍置吏書以司案籍，則令史虛懸而權仍下替。蓋自有職官以來，皆苦胥吏之姦詭，而終莫之能禁。夫官則有去來矣，而吏不易，以乍此乍彼之儒生，仰行止於習熟之姦吏，雖智者不能勝也。於是而吏亦有三載考成，別遷曹署之例，然而無補也。官者，唯朝廷所命，不私相授受者也；吏雖易，而私相授受者無從禁止。且其繁細之章程，必熟嘗而始悉，故其練達者，欲弗久留其司而不得；易之，而欲禁其授受也，抑必不能，則其玩長上以病國殃民，如尸蟲之在腹，殺之攻之，而相續者不息。此有職官以來不可革之害，又將奚以治之邪？

夫姦吏亦有畏焉，訶責非所畏也，清察非所畏也，誅殺猶非所畏也，而莫畏於法之簡。法簡而民之遵之者易見，其違之者亦易見，上之察之也亦易矣。即有疏漏，可容侵罔者，亦纖微耳，不足爲國民之大害也。唯制法者，以其偶至之聰明，察絲忽之利病，而求其允協，則吏益爭以繁密詰曲銜其慎而售其姦。雖有明察之上官，且爲所惑蔽，而昏窳者勿論矣。夫法者，本簡者也，一部之大綱，數事而已矣，一事之大綱，數條而已矣。析大綱以爲細碎之科條，連章屢牘，援彼證此，眩於目而熒於心，則吏之依附以藏慝者，萬端詭出而不可致詰。惟簡也，劃然立不可亂之法於此，則姦與無姦，如白黑之粲然。民易守也，官易察也，無所用其授受之密傳，而遠郊農圃之子，苟知書數，皆可抱案以事官。士人旦絃誦而暮簿領，自可授以新而習如其故，雖間有疏脱，而受其愚蔽，不亦鮮乎！則粱以士流充令史之選，治其末而不理其本，乍一清明而後必淆亂，故曰不可繼也。語曰：有治人，無治法。人不可必得者也，人乃以開治，而法則以制亂，安能於令史之中求治人乎？簡爲法而無啓以亂源，人可爲令史也，奚必士哉？

（清）王夫之《讀通鑑論》卷一九《隋文帝》　周制：六卿各司其典，而統於天子，無復制於其上者，然而後世不能矣。周禮曰：惟王建國。言國也，非言天下也。諸侯之國，唯命之也，聽於宗伯；討之也，聽於司馬；序之也，聽於司儀行人。若治教政刑，雖頒典自王，而諸侯自行於國內，不仰決於六官。如是，則千里之王畿，政亦簡矣，其實不逾今一布政使之所理也。郡縣之天下，攬九州於一握，卑亢府史之考課，升斗銖絫之金粟，窮鄉下邑之獄訟，東西萬里之邊防，四瀆萬川之堙洩，其繁不可勝紀，總聽於六官之長，而分任之於郎署。其或修或廢，乃至因緣以售私者，無與舉要以省其成，則散漫委弛而不可致詰。故六卿之上，必有佐天子以總理之者，而後政以緒而漸底於成，此秦以下相臣之設不容已也。

乃相臣以一人而代天子，則權下擅而事亦宂，而不給於治，多置相而互相委，則責不專，而同異競起以相撓；於是而隋文之立法爲得矣。左右僕射皆相也，使分判六部，以各治三官。夫然，則天子統二僕射，二僕射統六卿，六卿統庶司，仍《周官》分建之制，而以兩省分宰相之功，殆所謂有條而不紊者乎！由小而之大，由衆而之寡，由繁而之簡，揆之法象，亦太極生兩儀，兩儀生四象八卦，以盡天下之至賾，而曲成乎亹亹者也。法者非必治，治者其人也，然法之不善，雖得其人而無適守，抑末由以得理，況乎未得其人邪？以法天紀，以盡人能，以居要而治詳，以統同而辨異，郡縣之天下，建國命官，隋其獨得矣乎！不可以文帝非聖作之主而廢之也。

（清）佚名《現行鄉約》　司董宜慎擇也。有治人乃有治法。經理一切，全在得人。無論紳士、耆民，須擇誠實可靠、物望素孚者，發給照會，專司其事，毋令掣肘，并遴委賢員，明查暗訪，懲勸兼施。

（清）王先謙《荀子集解·儒效》　君子之所謂賢者，非能偏能人之所能之謂也；君子之所謂知者，非能偏知人之所知之謂也；君子之所謂辯者，非能偏辯人之所辯之謂也；君子之所謂察者，非能偏察人之所察之謂也。有所正矣。苟得其正，不必偏能。或曰：正，當爲止。言止於禮義也。王念孫曰：案後説是也。《解蔽篇》曰：夫學也者，固學止之也。惡乎止之？曰：止諸至足。曷謂至足？曰：聖王也。是其證。《羣書治要》正作有所止矣。相高下，視墝肥，序五種，君子不如農人；相，視也。高下，原隰也。墝，薄田也。五種，黍、稷、豆、麥、麻。序，謂不失次序，各當土宜也。通財貨，相美惡，辯其貴賤，君子不如賈人；視貨物之美惡，辨其貴賤也。賈與估同。設規矩，陳繩墨，便備用，君子不如工人；便備用，謂精巧便於備用。先謙案：備用，猶言械用，説見《王制篇》。不卹是非然不然之情，王引之曰：然不然，本作然不，卽然否也。《哀公篇》情性者，所以理然不、取舍也，是其證。取舍與然不對文，是非與然不亦對文，後人不知不爲否之借字，故又加然字耳。《性惡篇》不恤是非然不然之情，誤與此同。先謙案：卹恤通用。《秦策》不恤楚交，韋注：恤，顧也。以相薦撙，以相恥怍，君子不若惠施、鄧析。薦藉也。謂相蹈藉、撙抑，皆謂相陵駕也。怍，慚也。盧文弨曰正文末有也字，今從元刻删。若夫謫德而定次，謫與商同，古字。商度其德而定位次，本或亦多作譎。譎與決同。謂斷決其德，故下亦有譎德而序位之語。盧文弨曰：注末四字，宋本作定次也，訛。今從元刻。洪頤煊曰：字書無謫字。《君道篇》論德而定次，量能而授官，文與此同。謫，疑卽論字之譌。《正論篇》圖德而定次，圖謀，亦論也。謫字又譌作譎。王念孫曰：作譎者是也。作謫者，譎之譌耳。譎決古字通。謂決其德之大小而定位次也。下文譎德而序位，是其明證。又《君道篇》謫德而定次，今本作論德，論字乃後人以意改之。《正論篇》論德而定次同。《韓詩外傳》作決德，則《荀子》之本作謫甚明。或據《君道篇》改此篇之謫德爲論德，非也。又《正論篇》圖德而定次，舊校云一本作決德，亦當以作決者爲是。作圖者，蓋亦後人所改。量能而授官，使賢不肖皆得其位，能不能皆得其官，任使各當其才。萬物得其宜，事變得其應，慎墨不得進其談，惠施鄧析不敢竄其察，竄，隱匿也。言二子之察，無所逃匿，君子皆識也。先謙案：楊説非也。不得進其談，不敢竄其察，文義一律，竄與進，意亦相配，不得解竄爲逃匿也。《大略篇》云貧窶者有所竄其手矣，注：竄，容也。此竄亦當訓爲容。言二子無所容其察辨也。《呂覽·審分篇》無所竄其姦矣，竄字意正與此同。言必當理，事必當務，是然後君子之所長也。

又：故有俗人者，有俗儒者，有雅儒者，有大儒者。辨儒者之異也。不學問，無正義，以富利爲隆，是俗人者也。逢衣淺帶，解果其冠，逢，大也。淺帶，博带也。《韓詩外傳》作逢衣博带。言带博則約束衣服者淺，故曰淺帶。解果，未詳。或曰：解果，陿隘也。左思《魏都賦》曰：風俗以韰倮爲嫿。韰音下界反。倮音果。嫿音獲，静好也。或曰：《説苑》：淳于髡謂齊王曰：臣笑鄰圃之祠田，以一壺酒，三鮒魚，祝曰：蟹螺者宜禾，汙邪者百車。蟹螺，蓋高地也，今冠蓋亦比之。謂強爲儒服而無其實也。盧文弨曰：韰，當作齏。所引《説苑》，見《復恩篇》，又見《尊賢篇》。此所引，《尊賢篇》之文也。蟹螺，彼作，蟹堁，鄰圃作臣鄰，皆當從彼爲是。略法先王而足亂世術，略，粗也。粗法先王之遺言，不知大體，故足以亂世法。《韓詩外傳》作略法先王而不足於亂世。繆學雜舉，不知法後王而一制度，不知隆禮義而殺《詩》、《書》；後王，後世之王。夫隨當時之政而立制度，是一也。若妄引上古，不合於時，制度亂矣。故仲尼修《春秋》盡用周法。《韓詩外傳》作不知法先王也。郝懿行曰：殺，蓋敦字之誤，下同。楊氏無注，知唐本猶未誤。其衣冠行僞已同於世俗矣，然而不知惡者；衣冠，即上所云逢衣淺带之比。行僞，謂行僞而堅。行，下孟反。郝懿行曰：僞與爲同，行動作爲也，注非。劉台拱曰：《荀子書》言僞者，義皆作爲，此行僞，《韓詩外傳》作行爲。王念孫曰：行僞二字，本篇一見，《非十二子篇》一見，《正論篇》一見，《賦篇》一見。其見於《正論》及《賦篇》者，後人皆已改作爲，唯此篇及《非十二子篇》未改，而此篇注遂讀爲詐僞之僞矣。然而不知惡與下然而明不能別對文，則惡下不當有者字。其言議談説已無以異於墨子矣，然而明不能别；盧文弨曰：别上宋本有分字，今從元刻删。呼先王以欺愚者而求衣食焉，呼，謂稱舉。得委積足以揜其口，則揚揚如也；揚揚，得意之貌。隨其長子，事其便辟，舉其上客，億然若終身之虜而不敢有他志：是俗儒者也。長子，謂君之世子也。便辟，謂左右小臣親信者也。便，婢延反。辟，讀爲嬖。舉其上客，謂褒美其上客，冀得其助也。億字書無所見，蓋環繞囚拘之貌。莊子曰：晥然在纆繳之中矣。王念孫曰：舉，讀爲相與之與，謂交其上客以求助也。楊以舉爲褒美，於義疏矣。又曰：億，蓋儓字之誤。《説文》：儓，安也，從人，意聲。《左傳》、《國語》通作億，億行而儓廢矣。儓然，安然也。言俗儒居人國中，苟圖衣食安然若將終身而不敢有他志也。俞樾曰：長子，猶鉅子也。《莊子·天下篇》釋文引向秀曰：墨家號其道理成者爲鉅子，若儒家之碩儒。長與鉅義同。鉅子、長子，蓋當時有此稱。隨其長子，謂奉一先生以爲師，從而附和之也。楊注非其義。王氏讀舉爲與，是也，解爲交其上客，則非是。此蒙事字爲文，猶言事其便辟及其上客耳。法後王，一制度，隆禮義而殺《詩》、《書》，其言行已有大法矣，然而明不能齊，雖有大體，其所見之明猶未能齊言行，使無纖介之差。法教之所不及，聞見之所未至，則知不能類也。有所不知則不能取比類而通之也。《禮記》：雖先王未之有，可以義起。是能類者矣。俞樾曰：楊注斷明不能齊爲句，此失其讀也。齊讀爲濟，然而以下十八字作一句讀。言法教所及，聞見所至，則明足以及之而不能濟其法教所未及、聞見所未至也，所以然者，由其知不能類也。學者誤謂明不能齊知不能類相對成文，遂以齊字斷句，失之矣。《韓詩外傳》正作明不能濟法教之所不及，聞見之所未至，無知不能類句。知之曰知之，不知曰不知，内不自以誣，外不自以欺，不自欺人。盧文弨曰：宋本作内不自以誣外，外不自以欺内，但與注不合。王念孫曰：《唐風·羔裘》傳曰：自，用也。言内不用之以誣己，外不用之以欺人。楊釋下句云不自欺人，失之。以是尊賢畏法而不敢怠傲，是雅儒者也。有雅德之儒也。法先王，統禮義，一制度，以淺持博，以古持今，以一持萬，以淺持博，謂見其淺則可以執持博也。先王當爲後王，以古持今當爲以今持古，皆傳寫誤也。盧文弨曰：案元刻作以一行萬，《外傳》同，本書《王制篇》亦同。劉台拱曰：後王，謂周也。以古持今，亦謂以文、武、周公之德持今世。楊謂當爲以今持古，非。苟仁義之類也，雖在鳥獸之中，若別白黑，善類在鳥獸之中猶別，况在人矣。倚物怪變，所未嘗聞也，所未嘗見也。卒然起一方，則舉統類而應之，無所儗㤘，倚，奇也。《韓詩外傳》作奇物怪變。卒，于忽反。儗，讀爲疑。㤘與怍同。奇物怪變卒然而起，人所難處者，大儒知其統類，故舉以應之，無所疑滞慙怍也。張法而度之，則晻然若合符節，是大儒者也。

又：志不免於曲私，而冀人之以己爲公也，行不免於汙漫，而冀人之以己爲脩也，汙，機也。漫，欺誑也。漫，莫叛反。王念孫曰：漫，亦汙也。

《方言》：浼，洿也。東齊、海、岱之閒或曰浼。洿與汙同，浼與漫同。《呂氏春秋・離俗篇》不漫於利，高注曰漫，汙也。楊讀漫爲謾欺之謾，分汙漫爲二義，失之。凡《荀子書》言汙漫者竝同。其愚陋溝瞀而冀人之以己爲知也，是衆人也。溝音寇，愚也。溝瞀，無知也。衆人，謂衆庶也。王念孫曰：其字文義不順，當是甚字之誤。言甚愚而冀人以己爲智也。又曰：呂本其作甚。先謙案：宋台州本亦作甚。志忍私然後能公，行忍情性然後能脩，忍，謂矯其性。行，下孟反。知而好問然後能才，其智慮不及，常好問，然後能有才藝。先謙案：知而好問，不自以爲知也。楊注非。公脩而才，可謂小儒矣。皆矯其不及，故爲小儒也。志安公，行安脩，知通統類，如是則可謂大儒矣。大儒者，天子三公也。其才堪王者之佐也。小儒者，諸侯大夫士也。衆人者，工農商賈也。

又：其言有類，其行有禮。類，善也，謂比類於善，不爲狂妄之言。先謙案：類，法也，説見《非十二子篇》。其舉事無悔，其持險應變，曲當。險，危也，其持危應變皆曲得其宜，當丁浪反。與時遷徙，與世偃仰，隨時設教。千舉萬變，其道一也，是大儒之稽也。

（清）王先謙《荀子集解・王制》 王者之人：王者之佐。飾動以禮義，所修飾及舉動，必以禮義。王念孫曰：飾，讀爲飭。言動作必以禮義自飭也。楊分飾動爲二義，失之。聽斷以類，所聽斷之事，皆得其善類。謂輕重得中也。先謙案：類，法也，説見《非十二子篇》。明振毫末，振，舉也。言細微必見。舉措應變而不窮。夫是之謂有原。是王者之人也。

又：故法而不議，則法之所不至者必廢；議，謂講論也。雖有法度而不能講論，則不周洽，故法所不至者必廢也。職而不通，則職之所不及者必隊。雖舉當其職，而不能通明其類，則職所不及者必隊。隊與墜同。故法而議，職而通，無隱謀，無遺善，而百事無過，非君子莫能。故公平者，職之衡也；中和者，聽之繩也。聽，聽政也。衡，所以知輕重；繩，所以辨曲直。言君子用公平中和之道，故能百事無過。中和，謂寬猛得中也。劉台拱曰：注先解聽，後解衡。職之衡，當作聽之衡。此涉上文職字致誤。其有法者以法行，無法者以類舉，聽之盡也；類，謂比類。先謙案：無法者上，《羣書治要》有其字。偏黨而無經，聽之辟也。無經，謂無常法也。辟，讀爲僻。故有良法而亂者有之矣；有君子而亂者，自古及今，未嘗聞也。傳曰：治生乎君子，亂生乎小人。此之謂也。

又：天地者，生之始也；禮義者，治之始也；君子者，禮義之始也。始，猶本也。言禮義本於君子也。爲之貫之，積重之，致好之者，君子之始也。言禮義以君子爲本，君子以習學爲本。貫，習也。積重之，謂學使委積重多也。致，極也。好之，言不倦也。王引之曰：君子之始也。之始二字蓋涉上三之始而衍。此言禮義爲治之始，而爲之貫之，積重之，致好之者，則君子也，故君子又爲禮義之始。下文無君子則天地不理，禮義無統，仍是此意。此承上文君子爲禮義之始而申言之，則君子下不當更有之始二字。楊云君子以積學爲本，則所見本已衍此二字。故天地生君子，君子理天地。君子者，天地之參也，萬物之揔也，民之父母也。參，謂與之相參，共成化育也。揔，領也。盧文弨曰：俗本又有要也二字，宋本、元刻皆無。無君子則天地不理，禮義無統，上無君師，下無父子，夫是之謂至亂。

（清）王先謙《荀子集解・君道》 有亂君，無亂國；有治人，無治法。先謙案：無治法者，法無定也，故貴有治人。《致士篇》云有良法而亂者有之，有君子而亂者，自古及今，未嘗聞也，意與此同。羿之法非亡也，而羿不世中，禹之法猶存，而夏不世王。故法不能獨立，類不能自行，先謙案：類，例也。《荀書》多法類並舉，説詳《大略篇》。得其人則存，失其人則亡。法者，治之端也；君子者，法之原也。故有君子則法雖省，足以偏矣；無君子則法雖具，失先後之施，不能應事之變，足以亂矣。不知法之義而正法之數者，雖博，臨事必亂。故明主急得其人，而闇主急得其埶。先謙案：埶，位也，説見《儒效篇》。急得其人，則身佚而國治，功大而名美，上可以王，下可以霸；不急得其人而急得其埶，則身勞而國亂，功廢而名辱，社稷必危。故君人者勞於索之，而休於使之。《書》曰：惟文王敬忌，一人以擇。此之謂也。

合符節，別契券者，所以爲信也；上好權謀，則臣下百吏誕詐之人乘是而後欺。探籌、投鉤者，所以爲公也；郝懿行曰：探籌，剡竹爲書，令人探取，蓋如今之掣籤。投鉤，未知其審。古有藏彄，今有拈鬮，疑皆非是。《愼子》曰：投鉤以分財，投策以分馬。上好曲私，則臣下百吏乘是而後偏。衡石、稱縣者，所以爲平也；上好傾覆，則臣下百吏乘是而後險。斗、斛、敦、槩者，所以爲嘖也；盧文弨曰：斗，元刻作勝。案《三輔黃圖》：御宿園出粟，十五枚一勝，大梨如五勝。勝與升通用。敦槩，即準槩。嘖，情也。《易・繫辭傳》見天下之嘖，京房作嘖，《太元礥》初一，《測》：黄純于潛，化在嘖也，皆訓情，此當作情實解。郝懿行曰：斗斛，或作勝斛。勝與升雖同音假借，然作斗斛爲長。槩卽杚也，所以平斗斛者。敦亦其類，但形狀今未聞。上好貪利，則臣下百吏乘是而後豐取刻與，以無度於民。謝本從盧校而後下有鄙字。盧文弨曰：宋本、世德堂本皆無鄙字，今從元刻。王念孫曰：案元刻有鄙字者，後人以意加之也。後人以上文云乘是而後欺，乘是而後偏，乘是而後險，疑此處乘是而後下脱一字，又以上句言貪利，故加入鄙字耳。今案：上文欺與信相反，偏與公相反，險與平相反，此下豐取刻與，以無度取於民，無度與嘖亦相反。嘖者，齊也。《説文》：嫧，齊也。嫧與嘖通。又《説文》：齻，齒相值也。《釋名》曰：幘，嘖也，下齊眉嘖然也。又曰：栅，嘖也，以木作之，上平嘖然也。又曰：册，嘖也，敕使整嘖，不犯法也。竝聲近而義同。無度則不齊，故與嘖相反。若云乘是而後鄙，則鄙與嘖義非相反，與上三條不合。且加一鄙字，則下文豐取刻與云云竟成贅語矣。盧據元刻加鄙字，又訓嘖爲情，皆失之。呂、錢本皆無鄙字。先謙案：王説是。今從宋本删鄙字。故械數者，治之流也，非治之原也；君子者，治之原也。官人守數，君子養原，原清則流清，原濁則流濁。故上好禮義，尚賢使能，無貪利之心，則下亦將綦辭讓、致忠信而謹於臣子矣。如是則雖在小民，不待合符節、別契券而信，不待探籌、投鉤而公，不待衡石、稱縣而平，不待斗、斛、敦、槩而嘖。故賞不用而民勸，罰不用而民服，有司不勞而事治，政令不煩而俗美，百姓莫敢不順上之法，象上之志，而勸上之事，而安樂之矣。盧文弨曰：而勸上之事，元刻作勸上之事。故藉斂忘費，事業忘勞，寇難忘死，城郭不待飾而固，兵刃不待陵而勁，先謙案：陵，謂厲兵刃也。敵國不待服而詘，四海之民不待令而一。夫是之謂至平。《詩》曰：王猶允塞，謝本從盧校猶作猷。王念孫曰：呂、錢本猷作猶。又見《議兵篇》。先謙案：呂、錢本是。今改正。説詳《議兵》。徐方既來。此之謂也。

又： 故古之人爲之不然。其取人有道，其用人有法。取人之道，參之以禮；用人之法，禁之以等。先謙案：《彊國篇》云夫義者，所以限禁人之爲惡與姦者也，限禁連文，是禁與限同義。禁之以等，猶言限之以階級耳。行義動靜，度之以禮；知慮取舍，稽之以成；日月積久，校之以功。故卑不得以臨尊，輕不得以縣重，愚不得以謀知，是以萬舉不過也。故校之以禮，而觀其能安敬也；與之舉錯遷移，而觀其能應變也；與之安燕，而觀其能無流慆也；盧文弨曰：流滔，疑卽流淫。元刻作陷，無流字。接之以聲色、權利、忿怒、患險，而觀其能無離守也。彼誠有之者與誠無之者，若白黑然，可詘邪哉！先謙案：《廣雅·釋詁》：詘，屈也。《呂覽·壅塞篇》注：詘，枉也。言白黑分明，焉可枉屈乎哉！故伯樂不可欺以馬，而君子不可欺以人，此明王之道也。人主欲得善射，射遠中微者，縣貴爵重賞以招致之，內不可以阿子弟，外不可以隱遠人，能中是者取之，是豈不必得之之道也哉！

（清）王先謙《荀子集解·致仕》 川淵深而魚鼈歸之，山林茂而禽獸歸之，刑政平而百姓歸之，禮義備而君子歸之。故禮及身而行脩，義及國而政明，能以禮挾而貴名白，天下願，令行禁止，王者之事畢矣。挾，讀爲浹。能以禮浹洽者，則貴名明白，天下皆願從之也。盧文弨曰：貴名白，《王制篇》作名聲日聞。此恐有訛。王念孫曰：《儒效篇》曰貴名白而天下治，《君道篇》曰文王欲立貴道，欲白貴名，則貴名白三字不訛。《韓詩外傳》作貴名自揚，義亦同也。《王制篇》作名聲日聞，乃後人所改，辯見《王制》。顧千里曰：禮下，疑當有義字，承上禮義備而君子歸之，故禮及身而行脩，義及國而政明言之。楊注已無義字，非也。《韓詩外傳》五有此句，作能以禮扶身，疑扶身二字亦義挾二字之誤。《詩》曰：惠此中國，以綏四方。此之謂也。《詩》，《大雅·民勞》之篇。中國，京師也。四方，諸夏也。引此以明自近及遠也。川淵者，龍魚之居也；山林者，鳥獸之居也；國家者，士民之居也。川淵枯則龍魚去之，山林險則鳥獸去之，郝懿行曰：險，當爲儉，儉與險古通用。儉，如山之童，林木之濯濯皆是。王念孫曰：險乃儉借字。《否象傳》君子以儉德辟難，虞注：儉，或作險。《大戴記·文王官人篇》多稽而儉貌，《逸周書》儉作險。襄二十九年《左傳》險而易行，杜注：險，當爲儉。山林儉則鳥獸無所依而去之，猶川淵枯而龍魚去之也。此與上文山林茂正相反。國家失政則士民去之。無土則人不安居，無人則土不守，無道法則人不至，無君子則道不舉。故土之與人也，道之與法也者，國家之本作也，本作，猶本務也。王念孫曰：楊未解作字之義。國家之本作，道法之總要，相對爲文。作者，始也，始，亦本也；總，亦要也。上文云無土則人不安居，無人則土不守，無道法則人不至，故此四者爲國家之本始也。《魯頌·駉篇》傳曰：作，始也。《廣雅》同。《皋陶謨》烝民乃粒，萬邦作乂，作與乃相對爲文，言烝民乃粒，萬邦始乂也。《禹貢》萊夷作牧，言萊夷水退始放牧也。沱、潛既道，雲夢土作乂，作與既相對爲文，言沱、潛之水既道，雲夢之士始乂也。竝見《經義述聞》。君子也者，道法之摠要也，不可少頃曠也。得之則治，失之則亂；得之則安，失之則危；得之則存，失之則亡。故有良法而亂者有之矣，有君子而亂者，自古及今，未嘗聞也。

《傳》曰：治生乎君子，亂生乎小人。此之謂也。

（漢）孔鮒《孔叢子》卷上《記義》 衛出公使人問孔子曰：寡人之任臣，無大小，一一自言問觀察之，猶復失人，何故？答曰：如君之言，此乃所以失之也。人既難知，非言問所及，觀察所盡，且人君之慮者多，多慮則意不精。以不精之意察難知之人，宜其有失也，君未之聞乎？昔者舜臣堯，官才任士，堯一從之。左右曰：人君用士，當自任耳目；而取信於人，無乃不可乎？堯曰：吾之舉舜，已耳目之矣。今舜所舉人，吾又耳目之，是則耳目人終無已也。

（漢）孔鮒《孔叢子》卷上《記問》 子思問於夫子曰：爲人君者，莫不知任賢之逸也，而不能用賢，何故？子曰：非不欲也。所以官人失能者，由於不明也。其君以譽爲賞，以毀爲罰，賢者不居焉。

（漢）孔鮒《孔叢子》卷上《居衛》 子思曰：夫聖人之官人，猶大匠之用木也。取其所長，棄其所短。故杞梓連抱而有數尺之朽，良工不棄，何也？知其所妨者細也，卒成不訾之器。今君處戰國之世，選爪牙之士，而以二卵焉棄干城之將，此不可使聞於鄰國者也。

又： 子思曰：時移世異，各有宜也。當吾先君，周制雖毀，君臣固位，上下相持若一體然。夫欲行其道，不執禮以求之，則不能入也。今天下諸侯方欲力争，競招英雄以自輔翼。此乃得士則昌，失士則亡之秋也。伋於此時不自高，人將下吾；不自貴，人將賤吾。舜禹揖讓，湯武用師，非故相詭，乃各時也。

（漢）孔鮒《孔叢子》卷上《抗志》 子思謂衛君曰：君之國事，將日非矣。君曰：何故？答曰：有由然焉。君出言皆自以爲是，而卿大夫莫敢矯其非。卿大夫出言亦皆自以爲是，而士庶人莫敢矯其非。君臣既自賢矣，而群下同聲賢之。賢之則順而有福，矯之則逆而有禍，故使如此，如此則善安從生。《詩》云：具曰予聖，誰知烏之雌雄。抑亦似衛之君臣乎！衛君問子思曰：寡人之政何如？答曰：無非。君曰：寡人不知其不肖，亦望其如此也。子思曰：希旨容媚，則君親之；中正弼非，則君疏之。夫能使人富貴貧賤者，君也。在朝之士，孰肯舍所以見親而取其所以疏乎。是故競求射君之心，而莫有非君之非者，此臣所以無非也。公曰：然乎，寡人之過也，今知改矣。答曰：君弗能焉，口順而心不懌者，臨其事必疣。君雖有命，臣未敢受也。

又： 衛君曰：賢則固寡人之所願也。子思曰：未審君之願將何以爲？君曰：必用以治政。子思曰：君弗能也。君曰：何故？答曰：衛國非無賢才之士，而君未有善政。是賢才不見用故也。君曰：雖然，願聞先生所以爲賢者。答曰：君將以名取士耶？以實取士耶？君曰：必以實。子思曰：衛之東境有李音者，賢而有實者也。君曰：其父祖何也？答曰：世農夫也。衛君乃盧胡大笑曰：寡人不好農。農夫之子，無所用之。且世臣之子，未悉官之。子思曰：臣稱李音，稱其賢才也。周公大聖，康叔大賢。今魯衛之君未必皆同其祖考。李音父祖雖善農，則音亦未必與之同也。君言世臣之子未悉官之，則臣所謂有賢才而不見用果信矣。臣之問君，固疑取士不以實也。今君不問李音之所以爲賢才，而聞其世農夫，因笑而不受。則君取士果信名而不由實者也。衛君屈而無辭。

又： 衛君言計非是，而群臣和者如出一口。子思曰：以吾觀衛，所謂君不君，臣不臣者也。公丘懿子曰：何乃若是？子思曰：人主自臧，則衆謀不進。事是而臧之，猶却衆謀，况和非以長惡乎？夫不察事之是非，而悦人之讚己，闇莫甚焉。不度理之所在，而阿諛求容，諂莫甚焉。君闇臣諂，以居百姓之上，民弗與也。若此不已，國無類矣。

又： 子思曰：公叔氏之子，愛人之同己，慢而不知賢。夫其親敬，非心見吾所可親敬也。則亦以人口而踈慢吾矣。申祥曰：其不知賢柰何？答曰：有龍穆者，徒好飾弄辭説，觀於坐席，相人眉睫，以爲之意，天下之淺人也。而公叔子交之，橋子良脩實而不脩名，爲善不爲人之知己。不撞不發，如大鍾然，天下之深人也。而公叔子與之同邑而弗能知，此其所以爲愛同己而不知賢也。

又： 齊王曰：今寡人欲相梁起，起也名少，願先生談説之也。子思曰：天下之士所以屬耳目者，以伋之言是非當也。今君使伋虚談於起，則天下之士必改耳目矣。耳目既改，又無益於起，是兩之喪也。故不敢承命。齊君曰：起之不善何也？子思曰：君豈未之知乎？厚於財色，必薄於德，自然之道也。今起以貪成富，聞於諸侯，而無救施之惠焉。以好色聞於齊國，而無男女之別焉。有一於此，猶受其咎，而起二之，能無累乎？王曰：寡人之言實過，願先生赦焉。

（漢）孔鮒《孔叢子》卷中《陳士義》　子順進曰：知人則喆，帝堯所病，故四凶在朝，鯀任無功，夫豈樂然哉，人難知故也。今文之對，不稱吾君之所能行，而乃欲强吾君以聖人所難，此不可行之説也。王曰：先生言之。對曰：當今所急，在脩仁尚義，崇德敦禮以接鄰國而已。昔舜命衆官，群臣競讓，得禮之致也。苟使朝臣皆有推賢之心，主雖不知人，則臣位必當。若皆以知人爲治，則人主宜未過堯。且其目所不見者，亦必漏矣。王曰：善。

《子思子全書·鳶魚》　哀公問政，仲尼曰：文武之政，布在方策。其人存則其政舉，其人亡則其政息。人道敏政，地道敏樹。夫政也者，蒲盧也。故為政在人，取人以身，脩身以道，脩道以仁。

又：仲尼曰：好學近乎知，力行近乎仁，知耻近乎勇。知斯三者，則知所以脩身，知所以脩身，則知所以治人；知所以治人，則知所以治天下國家矣。

（漢）桓寬《鹽鐵論·除狹》　賢良曰：古之進士也，鄉擇而里選，論其才能，然後官之，勝職任然後爵而禄之。故士修之鄉曲，升諸朝廷，行之幽隱，明足顯著。疏遠無失士，小大無遺功。是以賢者進用，不肖者簡黜。今吏道雜而不選，富者以財賈官，勇者以死射功。戲車鼎躍，咸出補吏，累功積日，或至卿相。垂青繩，擐銀龜，擅殺生之柄，專萬民之命。弱者，猶使羊將狼也，其亂必矣。强者，則是予狂夫利劍也，必妄殺生也。是以往者，郡國黎民相乘而不能理，或至鋸頸殺不辜而不能正。執綱紀非其道，蓋博亂愈甚。古者，封賢禄能，不過百里；百里之中而爲都，疆垂不過五十，猶以爲一人之身，明不能照，聰不得達，故立卿、大夫、士以佐之，而政治乃備。今守、相或無古諸侯之賢，而莅千里之政，主一郡之衆，施聖主之德，擅生殺之法，至重也。非仁人不能任，非其人不能行。一人之身，治亂在己，千里與之轉化，不可不熟擇也。故人主有私人以財，不私人以官，懸賞以待功，序爵以俟賢，舉善若不足，黜惡若仇讎，固爲其非功而殘百姓也。夫輔主德，開臣途，在於選賢而器使之，擇練守、相然後任之。

（漢）王符《潛夫論》卷三一《明忠》　人君之稱，莫大於明；人臣之譽，莫美於忠。此二德者，古來君臣所共願也。然明不繼踵，忠不萬一者，非必愚闇不逮而惡名揚也，所以求之非其道爾。

夫明據下起，忠依上成。二人同心，則利斷金。能知此者，兩譽俱具。要在於明操法術，自握權秉而已矣。所謂術者，使下不得欺也；所謂權者，使勢不得亂也。術誠明，則雖萬里之外，幽冥之內，不得不求效；權誠用，則遠近親疏；貴賤賢愚，無不歸心矣。周室之末則不然，離其術而舍其權，怠於己而恃於人。是以公卿不思忠，百僚不盡力，君王孤蔽於上，兆黎宛亂於下，故遂衰微侵奪而不振也。

夫帝王者，其利重矣，其威大矣。徒懸重利，足以勸善，徒設嚴威，可以懲姦。乃張重利以誘民，操大威以驅之，則舉世之人，可令冒白刃而不恨，赴湯火而不難，豈云但率之以共治而不宜哉？若鷹，野鳥也，然獵夫御之，猶使終日奮擊而不敢怠，豈有人臣而不可使盡力者乎？

《詩》云：伐柯伐柯，其則不遠。夫神明之術，具在君身，而君忽之，故令臣鉗口結舌而不敢言。此耳目所以蔽塞，聰明所以不得也。制下之權，日陳君前，而君釋之，故令羣臣懈弛而背朝。此威德所以不照，而功名所以不建也。

《詩》云：我雖異事，及爾同僚。我卽爾謀，聽我敖敖。夫惻隱人皆有之，是故耳聞啼號之音，無不爲之慘悽悲懷而傷心者；目見危殆之事，無不爲之灼怛驚而赴救之者。君臣義重，行路禮輕，過耳悟目之交，未恩未德，非賢非貴，而猶若此，則又況於北面稱臣被寵者乎。

是故進忠扶危者，賢不肖之所共願也。誠皆願之而行違者，常苦其道不利而有害，言未得信而身敗爾。歷觀古來愛君憂主敢言之臣，忠信未達，而爲左右所鞠按，當世而覆被，更爲否愚惡狀之臣者，豈可勝數哉？孝成終没之日，不知王章之直；孝哀終没之日，不知王嘉之忠也。此後賢雖有憂君哀主之情，忠誠正直之節，然猶且沈吟觀聽行己者也。

鳴鶴在陰，其子和之。相彼鳥矣，猶求友聲。故人君不開精誠以示賢忠，賢忠亦無以得達。《易》曰：王明並受其福。是以忠臣必待明君乃能顯其節，良吏必得察主乃能成其功。君不明，則大臣隱下而遏忠，羣司舍法而阿貴。

凡爲人上，法術明而賞罰必者，雖無言語而勢自治。治勢一成，君自不能亂也，況臣下乎？法術不明而賞罰不必者，雖日號令，然勢自亂。

亂勢一成，君自不能治也，況臣下乎？是故勢治者，雖委之不亂；勢亂者，雖懃之不治也。堯、舜恭己無爲而有餘，勢治也；胡亥、王莽馳騖而不足，勢亂也。故曰：善者求之於勢，弗責於人。是以明王審法度而布教令，不行私以欺法，不黷教以辱命，故臣下敬其言而奉其禁，竭其心而稱其職。此由法術明而威權任也。

夫術之爲道也，精微而神，言之不足，而行有餘；有餘，故能兼四海而照幽冥。權之爲勢也，健悍以大，不待貴賤，操之者重；重，故能奪主威而順當世。是以明君未嘗示人術而借下權也。孔子曰：可與權。是故聖人顯諸仁，藏諸用，神而化之，使民宜之，然後致其治而成其功。功業効於民，美譽傳於世，然後君乃得稱明，臣乃得稱忠。此所謂明據下作，忠依上成，二人同心，其利斷金也。

（清）黄宗羲《明夷待訪録·原法》 論者謂：有治人，無治法。吾以爲，有治法而後有治人，自非法之法桎梏天下人之手足，即有能治之人，終不勝其牽挽嫌疑之顧盼，有所設施，亦就其外之所得，安于苟簡，而不能有度外之功名。使先王之法而在，莫不有法外之意存乎其間。其人是也，則可以無不行之意；其人非也，亦不至深刻羅網文害天下，故曰：有治法而後有治人。

（清）唐甄《潛書》上篇上《鮮君》 治天下者惟君，亂天下者惟君。治亂非他人所能爲也，君也。小人亂天下，用小人者誰也？女子寺人亂天下，寵女子寺人者誰也？奸雄盜賊亂天下，致奸雄盜賊之亂者誰也？反是於有道，則天下治，反是於有道者誰也？師尹皇父無罪，勃貂驪姬無罪，后羿寒浞無罪，何云無罪？毒藥殺人，不能殺不飲者。伊尹周公無功，何云無功？良藥生人，不能生不飲者。一賢人進則望治，一小人進則憂亂，皆淺識近見，不知其本者也。海内百億萬之生民，握於一人之手，撫之則安居，置之則死亡，天乎君哉，地乎君哉！

（清）唐甄《潛書》下篇上《考功》 唐子嘗語人曰：天下之官皆棄民之官，天下之事皆棄民之事，是舉天下之父兄子弟盡推之於溝壑也，欲治得乎！天下之官皆養民之官，天下之事皆養民之事，是竭君臣之耳目心思，而并注之於匹夫、匹婦也，欲不治得乎！誠能以是爲政，三年必效，五年必治，十年必富，風俗必厚，訟獄必空，災祲必消，麟鳳必至。或曰：子，文士也，文其言焉而已。唐子曰：吾之言，如食必飽，如衣必煖。用吾之言，三年不效，五年不治，十年不富，風俗不厚，訟獄不空，災祲不消，麟鳳不至，則日西出而月東生矣。請與子合契而博勝焉可也。

（清）唐甄《潛書》下篇上《任相》 君者，利之源也，奸之的也。人皆酌之，皆欲中之。以一深宫不嘗事之人，而環而伺之者百千輩，雖有智者亦有所不及矣。於是佞以忠進，詐以誠進。其耳目達於宫庭之隱，其推引藉於左右之口，其揺惑假於優人之諧言。使人君入其術者，且自以爲聰明過人，無微不見也。於是虐民者以良薦，覆軍者以捷聞。功罪倒置，誅賞駭世。忠臣義士肝腦塗地，徒殺其身。而權臣賊閹竊旦夕之富貴，不知皮盡而毛無所附，且安然而自以爲得計也。

又： 相者，君之貳也，宗廟所憑，社稷所賴，不可以輕爲進退者也。譬之構屋，戶牖可以改作，丹堊可以數新，至於棟梁，則一成而不可易。古之爲國者，得一賢相，必隆師保之禮，重宰衡之權。自宫中至於外朝，惟其所裁；自邦國至於邊陲，惟其所措。讒者誅之，毁者罪之。蓋大權不在，不可以有爲也。國有賢相，法度不患不脩，賞罰不患不中，用舍不患不明，毁譽不患至前，田賦不患不治，吏必尚廉，將必能逞，士必能死，府庫充盈，奴僕懾伏。彼十亡者，皆可無虞也。然知人之識，自古爲難，在叔世爲尤難。叔世之人，矯情飾貌，矩行法言，驩兜可以爲皐夔，盜跖可以爲彝惠，猝難辨也。然則中才之主，烏能任相乎？人不易知，功則不可掩。譬之飲藥，一飲之而良，再飲之而效，三飲之而疾去者，必良醫也。一飲之而不良，再飲之而無效，三飲之而疾不去者，必庸醫也。人雖至愚，豈以疾去者爲庸醫，以疾不去者爲良醫哉！任相之道亦然。

又： 張居正之爲相也，拜命之日，百官凜凜，各率其職，紀綱就理，朝廷肅然，其效固旦夕立見者也。爲政十年，海内安寧，國富兵强。尤長於用人，籌邊料敵，如在目前。用曾省吾劉顯平都蠻之亂，用凌雲翼平羅旁之亂，並拓地數百里；用李成梁戚繼光，委以北邊，遼左屢捷，攘地千里；用潘季馴治水而河淮無患。居正之功如是，雖有威權震主之嫌，較之嚴嵩，判若黑白矣。主雖至愚，未有以亂政爲良相，以安社稷爲奸相者也。然則任相之道，豈難能哉！顯帝之任居正也，畏之如嚴師，信之如箎龜，無言不從，無規不改，雖太甲成王有所不及。是以居正得以盡忠竭才，爲所欲爲，無不如意，可謂盛矣。《詩》曰：靡不有初，鮮克有終。能用居正而不能保其終者，何也？居尊自高，恥於下人故也。顯帝當幼弱之時，童心尚存，血氣未剛，故憚於師傅，不敢爲非。及其稍長，念先帝付託之重，又加之以賢母之訓；而元輔才大功高，倚爲股肱，尚不敢失師保之禮。然以萬乘之尊，不得自專，而受挫於其臣，內懷忿悁，固已久矣。及居正死，念功之心，不勝其含怒之心，於是削其官爵，暴其罪愆，流其族屬，至欲斲棺戮屍。始有明良之美，而終爲桀紂之暴，君臣之際，反覆如是，可不爲寒心乎！使當日者，居正尚存，勳勞日高，顯帝之齒漸長，四方無事，志氣驕盈，讒間得入，則居正覆巢之禍，不在身死之後矣。曷亦念手挈十歲之童子，坐之南面之上，奸亂不作，海內服從，澤洽中土，威暢四裔，使高帝之天下，安於泰山，此誰之功與！是則據遼宮之罪小，安天下之功大，雖割江陵一縣以爲封國，伐荆楚之良材以營宮室，未爲過也。奈何身死之後，憾及骸骨，曾不得比於狗馬，此良臣謀士所爲望國門而却步者也！迨乎莊烈之世，天下傾危，將相無人，乃追思昔功，官居正之子孫。人亦有言：往事則明，當事則昏。使居正當莊烈之世，舉以爲相，朝受命而夕被誅矣，尚安望其有爲哉！是故人君之患，莫大於自尊；自尊則無臣，無臣則無民，無民則爲獨夫。《乾》之上九曰：亢龍有悔，龍德既亢，必有宇宙玄黄之戰，而開草昧之運矣。可不懼哉，可不戒哉！

（清）唐甄《潛書》下篇上《柅政》　天下難治。人皆以爲民難治也，不知難治者，非民也，官也。凡兹庶民，苟非亂人，亦唯求其所樂，避其所苦，曷嘗好犯上法以與上爲難哉！論政者不察所由，以爲法令之不利於行者，皆柅於民之不良，釋官而罪民。此所以難與言治也。以詔令之尊威，上馳於下，下復於上，不待旬月而則偏於海內矣。人見其偏於海內，吾見其未嘗出於門庭也。蓋偏於海內者，其文也；未嘗出於門庭者，其實也。雖有仁政，百姓耳聞之而未嘗身受之。此非有司之故而奚故哉！谿谷阻車，蒺藜阻足，今之有司，皆谿谷蒺藜也。若有司之盡乃心，如傭之事其主，則善矣。傭何善乎？主人督之不使即於惰，而亦不肯自惰，慮不當於主人之意而逐我也。

又：然則治民先治官乎！三代既遠，仕不由學，官焉而失其官也久矣，將何以治之？治之以賞罰乎？賞罰者，聖人善世之大權，然而難言之矣。聖人之賞，使天下之不善者皆悦其賞而遷於善；聖人之罰，使天下之善者亦兢兢焉恐入於罰而益修於善。此君子之所學以待用者也，然非所望於後世之賞罰也。世之降也，官之爲善者不必賞，爲不善者不必罰，孰慕不可必之賞而畏不可必之罰乎！於是有術焉，能使賞不出於朝廷而出於我。悦於上官，悦於大臣，悦於近臣，是其術也。悦於上官者，一秩之賞至；悦於大臣者，超遷之賞至；悦於近臣者，不次之賞至。賞自我操，罰焉能及！由是言之，賞罰不可以治官也明矣。

（清）唐甄《潛書》下篇下《除黨》　賞善刑惡，人主之柄也。刑賞由己，孰敢不服！若臣下竊以行私，則互相讎報，天下必亂。假使稷契夔龍與皋陶朋比而誅四凶，則四凶之徒亦必訐夔皋陶；人心不服，亦將叛舜。夫權假於下，舜且不得爲任賢之君，皋陶且不得爲執法之臣，況衰世之君臣乎！善乎吴修齡之言曰：萬曆之朝無君矣，安得無黨！夫君失其爲君，則致亂之釁，百出難料，不獨黨也。

《墨子·尚賢上》　子墨子言曰：今者王公大人爲政於國家者，皆欲國家之富，人民之衆，刑政之治。然而不得富而得貧，不得衆而得寡，不得治而得亂。則是本失其所欲，得其所惡。是其故何也？子墨子言曰：是在王公大人爲政於國家者，不能以尚賢事能爲政也。是故國有賢良之士衆，則國家之治厚；賢良之士寡，則國家之治薄。故大人之務，將在於衆賢而已。曰：然則衆賢之術將奈何哉？子墨子言曰：譬若欲衆其國之善射御之士者，必將富之，貴之、敬之、譽之，然后國之善射御之士將可得而衆也。況又有賢良之士，厚乎德行、辯乎言談、博乎道術者乎，此固國家之珍而社稷之佐也。亦必且富之、貴之、敬之、譽之，然后國之良士亦將可得而衆也。是故古者聖王之爲政也，言曰：不義不富，不義不貴，不義不親，不義不近。是以國之富貴人聞之，皆退而謀曰：始我所恃者富貴也。今上舉義不辟貧賤，然則我不可不爲義。親者聞之，亦退而謀曰：始我所恃者親也，今上舉義不辟疏，然則我不可不爲義。近者聞之，亦退而謀曰：始我所恃者近也，今上舉義不辟遠，然則我不可不爲義。遠者聞之，亦退而謀曰：我始以遠爲無恃。今上舉義不辟遠，然則我不可不爲義。逮至遠鄙郊外之臣、門庭庶子、國中之衆、四鄙之萌人，聞之皆競爲義。是其故何也？曰：上之所以使下者，一物也；下之所以事上者，一術也。譬之富者有高牆深宫，牆立既謹，上爲鑿一門，有盗人入，闔其自入而求之，盗其無自出。是其故何也？則上得要也。故古者聖王之爲政，列德而尚賢，雖在農與工肆之人，有能則舉之，高予之爵，重予之禄，任之以事，斷予之令。曰：爵位不高，則民弗敬；蓄禄不厚，則民不信；政令不斷，則民不畏。舉三者授之賢者，非爲賢賜也，欲其事之成。故當是時，以德就列，以官服事，以勞殿賞，量功而分禄。故官無常貴而民無終賤，有能則舉之，無能則下之，舉公義，辟私怨，此若言之謂也。故古者堯舉舜於服澤之陽，授之政天下平。禹舉益於陰方之中授之政，九州成。湯舉伊尹於庖廚之中，授之政，其謀得。文王舉閎天、泰顛於置罔之中，授之政，西土服。故當是時，雖在於厚禄尊位之臣，莫不敬懼而施；雖在農與工肆之人，莫不競勸而尚意。故士者所以爲輔相承嗣也，故得士則謀不困，體不勞，名立而功業彰成，美章而惡不生，則由得士也。是故子墨子言曰：得意，賢士不可不舉，不得意，賢士不可不舉，尚欲祖述堯舜禹湯之道，將不可以不尚賢。夫尚賢者，政之本也。

《墨子・尚賢中》 子墨子言曰：今王公大人之君人民、主社稷、治國家欲脩保而勿失，故不察尚賢爲政之本也。何以知尚賢之爲政本也？曰：自貴且智者爲政乎愚且賤者則治，自愚賤者爲政乎貴且智者則亂，是以知尚賢之爲政本也。故古者聖王，甚尊尚賢而任使能，不黨父兄，不偏貴富，不嬖顔色。賢者舉而上之，富而貴之，以爲官長；不肖者抑而廢之，貧而賤之，以爲徒役。是以民皆勸其賞，畏其罰，相率而爲賢者。**【略】**

賢者之治國也，蚤朝晏退，聽獄治政，是以國家治而刑法正。

《墨子・尚賢下》 墨子曰：先王之治天下也，必選擇賢者，以爲其羣屬輔佐。曰：今也天下之士君子，皆欲富貴而惡貧賤。曰：然，女何爲而得富貴而辟貧賤？莫若爲賢。爲賢之道將奈何？曰：有力者疾以助人，有財者勉以分人，有道者勸以教人。若此則飢者得食，寒者得衣，亂者得治。若飢則得食，寒則得衣，亂則得治，此安生生。今王公大人，其所富，其所貴，皆王公大人骨肉之親，無故富貴、面目美好者也。今王公大人骨肉之親、無故富貴、面目美好者，焉故必知哉？若不知使治其國家，則其國家之亂，可得而知也。今天下之士君子皆欲富貴而惡貧賤，然女何爲而得富貴而辟貧賤哉？曰：莫若爲王公大人骨肉之親無故富貴面目美好者，此非可學能者也。使不辯德行之厚若禹湯文武不加得也，王公大人骨肉之親躄瘖聾暴爲桀紂不加失也。是故以賞不當賢、罰不當暴。其所賞者，已無故矣，其所罰者，亦無罪。是以使百姓皆攸心解體，沮以爲善，垂其股肱之力，而不相勞來也。腐臭餘財而不相分資也，隱慝良道而不相教誨也。若此，則飢者不得良，寒者不得衣，亂者不得治。且今天下之王公大人士君子中實將欲爲仁義，求爲上士，上欲中聖王之道，下欲中國家百姓之利，故尚賢之爲説，而不可不察此者也。尚賢者，天鬼百姓之利，而政事之本也。

《墨子・號令》 〔墨子曰〕吏卒民多心不一者皆在其將長。諸行賞罰及有治者，必出於王公。

（清）戴望《管子校正・牧民》 錯國於不傾之地者，授有德也。

（清）戴望《管子校正・立政》 國之所以治亂者三，殺戮刑罰不足用也。**【略】**

君之所審者三：一曰德不當其位，二曰功不當其禄，三曰能不當其官。此三本者，治亂之原也。故國有德義未明於朝者，則不可加于尊位；功力未見于國者，則不可授以重禄；臨事不信於民者，則不可使任大官。故德厚而位卑者謂之過，德薄而位尊者謂之失。寧過於君子，而毋失於小人。過於君子，其爲怨淺；失於小人，其爲禍深。是故國有德義未明於朝而處尊位者，則良臣不進；有功力未見於國而有重禄者，則勞臣不勸；有臨事不信於民而任大官者，則材臣不用。三本者審，則下不敢求。三本者不審，則邪臣上通，而便辟制威，如此，則明塞於上，而治壅於下，正道捐弃而邪事日長。三本者審，則便辟無威於國，道塗無行禽，無禽獸之行。疏遠無蔽獄，孤寡無隱治。故曰：刑省治寡，朝不合衆。

則不可授以重禄。宋本以作與，《治要》同，無授字。則材臣不用。中立本材作財。道塗無行禽。俞云：此承上文，便辟無威於國而言，禽猶囚也。左氏襄二十四年《傳》曰：收禽挾囚，蓋以拘囚而言，則謂之囚；以禽獲而言，則謂之禽也。便辟左右之人擅作威福，則赭衣滿路矣。今也不然，是以道塗無行禽也。下文疏遠無蔽獄，孤寡無隱治，皆以獄訟言，可證此文禽字之義。尹注：謂無禽獸之行，説非。孤寡無隱治。俞云：無隱治，與無蔽獄義同。《周官・小宰》聽其治訟，司市，聽其大治大訟小治小訟，胥師聽其小治小訟而斷之，皆以治訟竝言。治亦訟也。僖二十八年《公羊傳》叔武爲踐土之會，治反衛侯，注云：叔武訟治于晉，文公令白王者反衛侯，是古人以訟爲治之證。故曰刑省治寡。安井衡云：曰字疑衍。

（清）戴望《管子校正・七法》　百匿傷上威，百，百官也。言百官皆匿情爲私，則上威傷。姦吏傷官法，姦民傷俗教，賊盜傷國衆。盜賊之人，常欲損敗於物也。威傷，則重在下；君威傷，則臣反得尊重。法傷，則貨上流；教傷，則從令者不輯；衆傷，則百姓不安其居。重在下則令不行，貨上流則官徒毀，官者既不以德進，但以貨成，故官徒毀。徒，事也。從令者不輯則百事無功，百姓不安其居則輕民處而重民散。輕民，謂爲盜者。用盜致富，故處。重民，謂務農者。爲盜破產，故散。輕民處、重民散則地不辟，地不辟則六畜不育，六畜不育則國貧而用不足，國貧而用不足則兵弱而士不厲。厲，奮也。則戰不勝而守不固，戰不勝而守不固則國不安矣。故曰：常令不審則百匿勝，官爵不審則姦吏勝，符籍不審則姦民勝，刑法不審則盜賊勝。國之四經敗，人君泄見危。謂常令官爵、符籍、刑法四者爲政之經。四者既敗，則是君泄其事。君泄其事，則其位危矣。人君泄則言實之士不進，言實之士不進則國之情僞不竭于上。下皆隱實言虛，則是國情不竭于上。

百匿傷上威。王云，尹注言：百官皆匿情爲私，則上威傷。其説甚迂。匿與慝同，百匿，衆慝也。言姦慝衆多，共持國柄，則上失其威也。《逸周書・大戒篇》克禁淫謀，衆匿乃雍。《韓子・主道篇》處其主之側爲姦匿。匿竝與慝同。人君泄見危。王云見當爲則，故尹注曰：君泄其事，則其位危。

（清）戴望《管子校正・樞言》　明其刑而賤其士者殆。

明其刑而賤其士者殆。宋蔡潛道本，賤作殘。

（清）戴望《管子校正・重令》　朝有經臣，國有經俗，民有經產。經，常也。何謂朝之經臣？察身能而受官，不誣於上，無能受官，謂之誣上。謹於法令以治，不阿黨，撓法從私，謂之阿黨。竭能盡力而不尚得，不貴苟得。犯難離患而不辭死，致身授命。受祿不過其功，不以少求多也。服位不侈其能，不以小居大也。不以毋實虛受者，有功勞而後受祿。朝之經臣也。何謂國之經俗？所好惡不違於上，從君欲也。所貴賤不逆於令，遵法制也。毋上拂之事，拂，違也。毋下比之説，毋侈泰之養，節而適也。毋踰等之服，禮而度也。謹於鄉里之行，信而悌也。而不逆於本朝之事者，行君令也。國之經俗也。何謂民之經產？畜長樹藝，畜長，謂畜產也。務時殖穀，力農墾草，禁止末事者，民之經產也。故曰：朝不貴經臣，則便辟得進，毋功虛取，姦邪得行，毋能上通。賤經臣，則邪臣進。國不服經俗，則臣下不順，而上令難行。俗無常故也。民不務經產，則倉廩空虛，財用不足。輕本務故也。便辟得進，毋功虛取，姦邪得行，毋能上通，則大臣不和；小人好事。臣下不順，上令難行，則應難不捷；人心不一。倉廩空虛，財用不足，則國毋以固守。人飢則逃散也。三者見一焉，則敵國制之矣。見一而制，況兼有乎。

（清）戴望《管子校正・法法》　令入而不出謂之蔽，令出而不入謂之壅，令出而不行謂之牽，牽於左右。令入而不至謂之瑕。君臣相閒，故曰瑕。牽瑕蔽壅之事君者，非敢杜其門而守其戶也，爲令之有所不行也。此其所以然者，由賢人不至，而忠臣不用也。故人主不可以不慎其令，令者，人主之大寶也。一曰：賢人不至謂之蔽，忠臣不用謂之塞，令而不行謂之障，禁而不止謂之逆。蔽塞障逆之君者，不敢杜其門而守其戶也，爲賢者之不至，令之不行也。

令入而不至謂之瑕。俞云：瑕當讀爲格，謂有扞格而不得達也。瑕，格古字通，《儀禮・少牢饋食禮》以嘏于主人。鄭注曰：古文嘏爲格。瑕之爲格，猶嘏之爲格矣。牽瑕蔽壅之事君者，非敢杜其門而守其戶也，爲令之有所不行也。宋本壅作擁。王云：之下衍事字，非下衍敢字，爲猶謂也。言所謂牽瑕蔽壅之君者，非杜其門而守其戶也。謂其令之有所不行也。此三句皆指君言之，非指臣言之，則首句內不當有事字，次句內亦不當有敢字，皆後人妄加之耳。下文曰：蔽塞障逆之君者，不敢杜其門，而守其戶也。爲賢者之不至，令之不行也，首句無事字是也，次句敢字亦後人所加，《羣書治要》引作不杜其門而守其戶也，不下無敢字，是其證。上文曰：滅絕侵壅之君者，非杜其門而守其戶也，爲政之有所不行也，首句無事字，次句亦無敢字，此尤其明證矣。《明法解》曰：夫蔽主者，非塞其門守其戶也，然而令不行、禁不止，所欲不得者，失其威勢也，文義亦與此同。賢人不至謂之蔽，安井衡云：古本至作臣。忠臣不用謂之塞，《治要》引用作至。

（清）戴望《管子校正・君臣上》　是故，别交正分之謂理，别上下之交，正君臣之分。順理而不失之謂道，道德定而民有軌矣。有道之君者，善明設法而不以私防者也。而無道之君，既已設法，則舍法而行私者也。爲人上者，釋法而行私，則爲人臣者，援私以爲公。公道不違，則是私道不違者也。臣之所以爲公者，乃是私也。名曰不違公道，便是不違私道也。行公道而託其私焉，寖久而不知，姦心得無積乎？既久行私而不知，則是姦心之積也，故言姦心豈復無積乎！姦心之積也，其大者有侵偪殺上之禍，其小者有比周内争之亂。此其所以然者，由主德不立，而國無常法也。主德不立，則婦人能食其意。君意委曲，隨於女謁，若食之充口，故曰婦人能食其意。國無常法，則大臣敢侵其勢。大臣假於女之能以規主情，假，因也。因女之能食主意，以規度主之情也。婦人嬖寵假於男之知以援外權，婦人既得君之嬖寵，又因大臣之智以引其外權，則何爲而不成也？於是乎外夫人而危太子，女寵既隆，又挾大臣之助，故夫人被外，太子見危。兵亂内作，以召外寇，此危君之徵也。

是故有道之君，上有五官以牧其民，則衆不敢踰軌而行矣。下有五横以揆其官，則有司不敢離法而使矣。横，謂糺察之官得入人罪者也。五官各有其横曰五横。朝有定度衡儀以尊主位，衡，正。衣服緷絻盡有法度，緷絻，古衮冕字。則君體法而立矣。體，猶依也。君據法而出令，有司奉命而行事，百姓順上而成俗，著久而爲常，著明而且久，積習而爲常也。犯俗離教者，衆共姦之，衆以離教爲姦而罪之也。則爲上者佚矣。寖久而不知。宋本寖作寢。有侵偪殺上之禍。宋本殺作弑。則婦人能食其意。俞云：食讀爲蝕。《説文》虫部：蝕，敗創也。言婦人能敗君之意也。正與下句大臣敢侵其勢一律。《君臣下篇》便辟不能食其意，義亦同此。大臣假於女之能，以規主情。丁云：規，古窺字。《説文》窺，小視也。《荀子・非十二子篇》瞡瞡然。楊注：規規，小見之貌。

(清)戴望《管子校正・任法》　聖君任法而不任智，任數而不任説，任公而不任私，任大道而不任小物，小物，小事。然後身佚而天下治。失君則不然，舍法而任智，故民舍事而好譽；舍數而任説，故民舍實而好言；舍公而好私，故民離法而妄行；舍大道而任小物，故上勞煩，百姓迷惑，而國家不治。聖君則不然，守道要，處佚樂，馳騁弋獵，鐘鼓竽瑟，宮中之樂，無禁圉也。宮中之樂，所以悦體安性，故不禁禦之也。不思不慮，不憂不圖，但任法數，故無所慮圖也。利身體，便形軀，養壽命，垂拱而天下治。但任法數，則事簡，故身不勞，壽命長，而天下自理也。是故人主有能用其道者，道則謂上法數，公正大道。不事心，不勞意，不動力，而土地自辟，囷倉自實，蓄積自多，甲兵自彊；羣臣無詐僞，百官無姦邪，奇術技藝之人，莫敢高言孟行，以過其情，以遇其主矣。孟，大也。遇，待也。不敢以謬妄姦言妄行以待其主也。昔者堯之治天下也，猶埴之在埏也，埏，和也。音羶。唯陶之所以爲；猶金之在罏，恣冶之所以鑄。其民引之而來，推之而往，使之而成，禁之而止。故堯之治也，善明法禁之令而已矣。黄帝之治天下也，其民不引而來，不推而往，不使而成，不禁而止。比黄帝之於堯，則堯有爲而黄帝無爲。故黄帝之治也，置法而不變，使民安其法者也。所謂仁義禮樂者，皆出於法，法行順，仁義生。此先聖之所以一民者也。法所以齊一於民也。《周書》曰：國法，有國者有法也。法不一，則有國者不祥，法不一則亂，故不祥。民不道法則不祥，道，從。國更立法以典民則祥，更，改也。典，主也。言能觀宜改法以主於人，則國理，故祥也。羣臣不用禮義教訓則不祥，百官服事者離法而治則不祥。服，行也。故曰：法者，不可恒也。法敝則當變，故不恒。存亡治亂之所從出，法順則存治，法違則亂亡。聖君所以爲天下大儀也。君爲天下之儀表也。君臣上下貴賤皆發焉。莫不取法於君臣。發，行也。

不思不慮，不憂不圖。安井衡云：古本無此八字。不動力。望案：動疑勤字誤。奇術技藝之人，莫敢高言孟行以過其情，以遇其主矣。張云：孟疑猛之借字，遇如遇主于巷之遇，猶言詭遇也。尹注非。猶埴之在埏也。宋本作猶植已埏也。猶金之在罏。宋本罏作鑪。故堯之治也善明法禁之令而已。《藝文類聚》五十四引作善明法察令而已。之字衍文。國更立法以典民則祥。丁云：案上下文四言不祥，此亦當言不祥，祥上脱不字，當補。國更立法，即上文所謂法不一也，尹注非。百官服事者。宋本服作伏。故曰法者不可恒也。俞云：尹注法敝則當變，故不恒，其説雖若有理，然以上下文求之，殊不可通。疑恒爲慎字之誤。法者不可恒也，本作法者不可不慎也。故其下即云存亡治亂之所從出，聖君所以爲天下大儀也。君臣上下貴賤皆發焉，乃申明不可不慎之意。《禁藏篇》曰：法者天下之儀也，所以决疑而明是非也，百姓所縣命也，故明主慎之，正與此文同義。自慎誤爲恒，而又脱不字，遂失其義矣。下文明王之所恒者二，當作明王之所慎者二。此二者主之所恒也，當作此二者主之所慎也。慎字右畔之真，隸書作真，闕壞而爲亘，故慎誤爲恒矣。君臣上下貴賤皆發焉。丁云：發乃法字誤，俗音亂之。下文云君臣上下貴賤皆法，是其證。

(清)戴望《管子校正・明法解》　奉主法，治竟内，使强不凌弱，衆不暴寡，萬民驩盡其力而奉養其主，此吏之所以爲功也。匡主之過，救主之失，明理義以道其主，主無邪僻之行，蔽欺之患，此臣之所以爲功也。故明主之治也，明分職而課功勞，有功者賞，亂治者誅。誅賞之所加，各得其宜，而主不自與焉。故《明法》曰：使法量功，不自度也。明主之治也，審是非，察事情，以度量案之。合於法則行，不合於法則止。功充其言則賞，不充其言則誅。故言智能者，必有見功而後舉之。言惡敗者，必有見過而後廢之。如此，則士上通而莫之能妬，不肖者困廢而莫之能舉。故《明法》曰：能不可蔽，而敗不可飾也。

明主之道，立民所欲，以求其功，故爲爵禄以勸之；立民所惡，以禁其邪，故爲刑罰以畏之。故案其功而行賞，案其罪而行罰。如此，則羣臣之舉，無功者不敢進也，毀無罪者不能退也。故《明法》曰：譽者不能進，而誹者不能退也。制羣臣，擅生殺，主之分也。縣令仰制，臣之分也。威勢尊顯，主之分也。卑賤畏敬，臣之分也。令行禁止，主之分也。奉法聽從，臣之分也。故君臣相與，高下之處也，如天之與地也。其分畫之不同也，如白之與黑也。故君臣之閒明別，則主尊臣卑。如此，則下之從上也，如響之應聲；臣之法主也，如景之隨形。故上令而下應，主行而臣從。以令則行，以禁則止，以求則得，此之謂易治。故《明法》曰：君臣之閒，明別則易治。

明主操術任臣下，使羣臣效其智能，進其長技。故智者效其計，能者進其功，以前言督後事所效，當則賞之，不當則誅之。張官任吏治民，案法試課成功，守法而法之，身無煩勞而分職。故《明法》曰：主雖不身下爲，而守法爲之可也。

明理義以道其主主無邪僻之行。元本理作禮，僻作辟。亂治者誅。丁云：治疑法字誤。其分畫之不同也。丁云：分當作介。《説文》介，畫也。身無煩勞而分職。丁云：分職，下有脱文。

又： 故明主以法案其言而求其實，以官任其身而課其功，專任法不自舉焉。故《明法》曰：先王之治國也，使法擇人，不自舉也。

專任法不自舉焉。中立本法下有而字。

《商君書・去彊》 農、商、官三者，國之常官也，三官者生蝨官者六：曰歲、曰食、曰美、曰好、曰志、曰行。六者有樸，必削。三官之樸三人，六官之樸一人。以治法者彊，以治政者削。常官治者遷官。治大，國小；治小，國大。彊之重，削；弱之重，彊。夫以彊攻彊者亡，以弱攻彊者王。國彊而不戰，毒輸於内，禮樂蝨官生必削。國遂戰，毒輸於敵，國無禮樂蝨官，必彊。舉榮任功曰彊。蝨官生必削。農少商多，貴人貧商貧農貧；三官貧必削。

《商君書・畫策》 國或重治，或重亂。明主在上，所舉必賢，則法可在賢。法可在賢，則法在下，不肖不敢爲非。是謂重治。不明主在上，所舉必不肖，國無明法，不肖者敢爲非。是謂重亂。

《商君書・定分》 公問於公孫鞅曰：法令以當時立之者，明旦欲使天下之吏民皆明知，而用之如一而無私，柰何？公孫鞅曰：爲法令，置官吏樸足以知法令之謂者，以爲天下正，則奏天子，天子則各主法令之。皆降，受命發官，各主法令之。民敢忘行主法令之所謂之名，各以其所忘之法令名罪之。主法令之吏有遷徙物故，輒使學讀法令所謂。爲之程式，使日數而知法令之所謂。不中程，爲法令以罪之。有敢剟定法令，損益一字以上，罪死不赦。諸官吏及民，有問法令之所謂也，於主法令之吏，皆各以其故所欲問之法令明告之，各爲尺六寸之符，明書年、月、日、時，所問法令之名，以告吏民。主法令之吏不告及之罪而法令之所謂也，皆以吏民之所問法令之罪各罪主法令之吏。即以左券予吏之問法令者，主法令之吏謹藏其右券，木押以室藏之，封以法令之長印。即後有物故，以券書從事。法令皆副置。一副天子之殿中。爲法令，爲禁室，有鋌鑰爲禁，而以封之，内藏法令。一副禁室中，封以禁印。有擅發禁室印，及入禁室視禁法令，及禁剟一字以上，罪皆死不赦。一歲，受法令以禁令。天子置三法官：殿中置一法官，御史置一法官及吏，丞相置一法官。諸侯郡縣皆各爲置一法官及吏，皆此秦一法官。郡縣諸侯一受寶來之法令，學問并所謂。吏民知法令者，皆問法官。故天下之吏民無不知法者。吏明知民知法令也，故吏不敢以非法遇民，民不敢犯法以干法官也。遇民不修法，則問法官，法官即以法之罪告之，民即以法官之言正告之吏，吏知其如此，故吏不敢以非法遇民，民又不敢犯法。如此，天下之吏民雖有賢良辯慧，不能開一言以枉法。雖有千金，不能以用一銖。故知詐賢能者皆作而爲善，皆務自治奉公。民愚則易治也，此所生於法明白易知而必行。

（清）王先慎《韓非子集解・二柄》 人主有二患：任賢，則臣將乘於賢以劫其君；賢者必多才術，故能乘賢以劫君也。妄舉，則事沮不勝。妄舉，謂不擇賢，則其事必沮而不勝。沮，毁敗也。故人主好賢，則羣臣飾行以要君欲，則是羣臣之情不效；飾行則僞外，故其内情不效。效，顯也。羣臣之情不效，則人主無以異其臣矣。莫不飾行，故真僞不分也。【略】。故君見惡則羣臣匿端，匿其端，避所惡也。先慎曰：乾道本君下有子字。顧廣圻云：《藏》本、今本無。先慎案：此不當有，今據删。君見好則羣臣誣能。誣其能，欲見用。人主欲見，則羣臣之情態得其資矣。羣臣之情態，皆欲求利。君見其好惡，則知利其所存，故得以爲資。俞樾曰：欲見當作見欲，與上文見好、見惡一例。見好、見惡即自見其所欲矣。下文云豎刁、易牙因君之欲以侵其君者也，正承此而言。《主道篇》云君無見其所欲，可證此文見欲之義。先慎曰：注利其所存，其當作之。故子之託於賢以奪其君者也，豎刁、易牙因君之欲以侵其君者也。其卒子噲以亂死，子噲，燕王名也。桓公蟲流出戶而不葬。【略】此其故何也？人君以情借臣之患也。謂見好惡之情，則臣得以爲利，此以情借臣求利者也，患所以生。人臣之情非必能愛其君也，爲重利之故也。今人主不掩其情，不匿其端，而使人臣有緣以侵其主，緣其好惡之情，得以侵主。則羣臣爲子之、田常不難矣。故曰：去好去惡，羣臣見素。君無好惡，則臣無因爲僞，其誠素自見。先慎曰：乾道本惡上無去字。顧廣圻云：《藏》本、今本有。先慎案：當有去字，《主道篇》云去好去惡，臣乃見素，可證，今據補。羣臣見素，則大君不蔽矣。

（清）王先慎《韓非子集解・孤憤》

智術之士，必遠見而明察，不明察不能燭私；能法之士，必強毅而勁直，不勁直不能矯姦。先慎曰：《廣雅・釋詁》：矯，直也。《莊子・天下篇》以繩墨自矯，《荀子・性惡篇》以矯飾人之性情而正之，其義並同。人臣循令而從事，案法而治官，非謂重人也。先慎曰：重人，非此之謂。重人也者，無令而擅爲，虧法以利私，耗國以便家，力能得其君，此所爲重人也。擅爲虧法，逆理而動，其力尚能得君從己，况其餘乎，此爲重人也。言其貴賤國人所共重之也。王渭云：爲當作謂，舊注未譌。先慎曰：爲、謂古通，不必改作。智術之士，明察聽用，且燭重人之陰情；智術之士既明且察，今見聽用，能燭見重人之陰情。能法之士，勁直聽用，且矯重人之姦行。故智術能法之士用，則貴重之臣必在繩之外矣。言必見削除也。是智法之士與當塗之人不可兩存之仇也。既不可兩存，所存以相仇也。【略】當塗之人擅事要，則外内爲之用矣。外，謂百官也；内，謂君之左右也。皆與當塗之人爲用也。先慎曰：外，指敵國，下文諸侯不因是也。百官、左右、學士皆屬内。注誤。是以諸侯不因則事不應，故敵國爲之訟；鄰國諸侯或來求事，不因當塗者其求必不見應，故重人有事，敵國爲之訟寃。先慎曰：訟，説也。此謂敵國之人稱譽其重人，如燕噲爲秦使燕，而爲子之之類。注謂重人有事，敵國爲訟寃，非。百官不因則業不進，故羣臣爲之用；郎中不因則不得近主，故左右爲之匿；郎中，爲郎居中，則君之左右之人也。既因重人而得近主，故爲之匿非也。學士不因則養禄薄禮卑，故學士爲之談也。談者，謂爲重人延譽。先慎曰：養、禄二字當衍其一。此四助者，邪臣之所以自飾也。重人不能忠主而進其仇，重人所仇者，法術之士也。人主不能越四助而燭察其臣，臣，亦謂法術之臣也。故人主愈弊而大臣愈重。【略】凡當塗者之於人主也，希不信愛也，又且習故。重人得主信愛者多，又用事既久，乃慣習故舊也。若夫即主心同乎好惡，固其所自進也。顧廣圻曰：《藏》本同，今本無乎字，誤。先慎曰：即，就也。就主心之好惡者而好惡之也。自進，謂己之進身也。其所以自進，則與主信愛、習故、同好惡三者而已。注訓自進爲己自進舉之人，誤。官爵貴重，朋黨又衆，而一國爲之訟。訟，即説也。重人舉措常就主心而同其好惡，己自進舉之人，官爵重之，朋黨衆，及其有事，一國爲之訟寃，則君無德而誅之。先慎曰：注訟，即説，是也。又以訟寃釋之，非。衆上脱又字，無德當作無得。則法術之士欲干上者，非有所信愛之親、習故之澤也；又將以法術之言矯人主阿辟之心，是與人主相反也。處勢卑賤，【略】無黨孤特。夫以疏遠與近愛信爭，其數不勝也；近愛信，謂重人是也。【略】其數不勝也；數，理也。以新旅與習故爭，其數不勝也；以反主意與同好爭，其數不勝也；重人與君同好。王渭曰：好下當有惡字。以輕賤與貴重爭，其數不勝也；以一口與一國爭，重人與一國爲朋黨。其數不勝也。法術之士操五不勝之勢，以歲數而又不得見；所經時歲已至於數，猶不得見君。顧廣圻曰：又當作猶，舊注未譌。當塗之人乘五勝之資，而旦暮獨説於前；法術之士既不得見，故當塗之人獨訟而稱寃。先慎曰：案依注所據本説作訟，故云獨訟而稱寃，此解非也。訟，古通誦；誦，猶説也。《史記・吕后紀》未敢訟言攻之，《漢書》作誦言，《索隱》云：誦，説也。此謂當塗之人獨常常與君言説，而法術之士見且猶不得亟，况得與言乎。此旦暮獨訟於前，反對法術之士言。舊注誤。故法術之士奚道得進，而人主奚時得悟乎？法術之士既不得進，則人主何從而悟乎？先慎曰：士無時得進，則人主無時得悟，語正相當。奚道得進即蒙上以歲數而又不得見言，則道爲時字變文，尤其明證。不得以他處道有由義，以例此也。《人主篇》正作奚時得進。故資必不勝而勢不兩存，法術之士焉得不危！法術之士既資必不可勝之數，而又與重人勢不兩存，則法術之士必危而見陷。先慎曰：乾道本注又下無與字，今據趙本增。其可以罪過誣者，以公法而誅之；法術之士有過失可誣罔者，重人則舉以爲罪而誅之。先慎曰：乾道本公上無以字，依下文當有，今據張榜本增。其不可被以罪過者，以私劍而窮之。若無過失可誣者，則使俠客以劍刺之，以窮其命也。是明法術而逆主上者，不僇於吏誅，必死於私劍矣。【略】朋黨比周以弊主，言曲以便私者，必信於重人矣。故其可以功伐借者，以官爵貴之；彼有功伐重人借爲己用者，則官爵貴其人也。其可借以美名者，以外權重之。彼雖無功伐可使近權令者，威重之。先慎曰：顧廣圻於其下添不字，云：《藏》本同，今本無不字，誤。乾道本名作明，譌。先慎案：名字是，今據改。借字當在名字下，其可以美名借者與其可以功伐借者句法一律，上不當有不字，借、藉古通，《莊子·應帝王篇》釋文引崔注：藉，繫也。其人可以功伐維繫者，則貴以官爵；可以美名維繫者，則重以外權。二事平説，舊注誤。是以弊主上而趨於私門者，不顯於官爵，必重於外權矣。趨，向也。今人主不合參驗而行誅，謂於法術之士，不參驗以知其真僞卽行誅罰。不待見功而爵禄，重人所進，雖未見功，先與之爵禄也。故法術之士安能蒙死亡而進其説，姦邪之臣安肯乘利而退其身！故主上愈卑，私門益尊。夫越雖富兵彊，中國之主皆知無益於己也。曰：非吾所得制也。越國爲異國，卽敵國也。【略】今有國者雖地廣人衆，然而人主壅蔽，大臣專權，是國爲越也。大臣專國，常有謀君之心，卽己國還爲越國，故曰是國爲越也。智不類越，而不智不類其國，不察其類者也。縱臣專權，國變成越，是不自知己國卽與越國不異，所以然者，良以不察知己國類於越國故也。先慎曰：《拾補》不智作不知。盧文弨云：知，各本俱作智。案智與知通，此上智字義亦當爲知。顧廣圻云：兩類字當作賴。賴，利也。涉下不察其類者也句而誤。今本智作知，誤。二智字皆讀爲知，本書屢見。先慎案：既讀爲知，則今本之作知，不得爲誤。類，似也。知己之國不似越之不得制，究不能自制其國，是不知國之不似己之國也。顧改類爲賴，非。人主所以謂齊亡者，非地與城亡也，【略】吕氏弗制而田氏用之；所以謂晉亡者，亦非地與城亡也，姬氏不制而六卿專之也。今大臣執柄獨斷而上弗知收，是人主不明也。不知收取其柄而自執之，令臣於上獨斷，此主之不明也。今，謂秦也。先慎曰：此書作於韓，秦王見之，始伐韓得非，非在秦時作也。今字泛言當時諸侯，注誤。與死人同病者，不可生也；與亡國同事者，不可存也。今襲迹於齊、晉，欲國安存，不可得也。襲，重也。凡法術之難行也，不獨萬乘，千乘亦然，人主之左右不必智也，人主於人有所智而聽之，因與左右論其言，是與愚人論智也。【略】人主之左右不必賢也，人主於人有所賢而禮之，因與左右論其行，是與不肖論賢也。智者決策於愚人，賢士程行於不肖，先慎曰：智者之策決於愚人，賢士之行程於不肖。則賢智之士羞而人主之論悖矣。人臣之欲得官者，其修士且以精絜固身，修士，謂修身之士，但精潔自固其身。先慎曰：《拾補》絜下旁注潔字。盧文弨云：潔，《藏》本、張本俱作絜。下同。先慎案：乾道本此作絜，下二絜字皆作潔，潔、絜字通用。其智士且以治辯進業。智者，謂智謀之士也。其修士不能以貨賂事人，既修身，故不以貨事人也。恃其精潔，而更不能以枉法爲治，既精潔，故不能枉法爲治。智士不重説，似闕文也。顧廣圻曰：其修士，修下當脱智之二字。精潔當作精辨。下文云則修智之士不事左右卽謂貨賂，不聽請謁卽謂枉法，文相承也。下文又云則精辨之功息，幷言精辨與幷言修潔同例。舊注智士不重説，似有脱文。誤。俞樾曰：其修士三字，衍文也。上文云其修士且以精絜固身，其智士且以治辯進業，此云不能以貨賂事人，則總蒙修士、智士爲文，言其皆不能也。恃其精潔當作恃其精潔治辨，因衍其修士三字，則此文專屬修士，遂删去治辯二字耳。舊注謂不重知士似有闕文，是其所據本已誤。先慎曰：俞説是。則修智之士不事左右，不聽請謁矣。左右，謂財貨修智之士，不肯聽從也。先慎曰：謂不以財貨賂左右，不能枉法從請謁，注説非。人主之左右，行非伯夷也，求索不得，貨賂不至，則精辯之功息，而毁誣之言起矣。精，謂修士精潔也。辯，謂智士辭辯也。治亂之功制於近習，治亂，謂智士材辯能治於亂也。顧廣圻曰：亂當作辯，舊注誤。先慎曰：張榜本亂作辨。精潔之行決於毁譽，則修智之吏廢而人主之明塞矣。修智之士，能發人主之聰明，今既廢而不用，則主明自塞矣。先慎曰：乾道本而作則，顧廣圻云：今本則作而。今據改。不以功伐決智行，決智行當以功伐，積功曰伐也。不以參伍審罪過，審罪過當參伍之。參，比驗也；伍，偶會也。而聽左右近習之言，則無能之士在廷而愚污之吏處官矣。近習之人既皆小人，同氣相求，同聲相應，故所親者無能之人，所愛者愚污之人；亦既親愛，必用之在廷，舉之處官矣。萬乘之患大臣太重，千乘之患左右太信，此人主之所公患也。公，正也。正當以此當患也。先慎曰：注説非。公訓爲共，《荀子·解蔽篇》此心術之公患也語句正同，楊注：公，共也。是其證。又案注當患應作爲患。且人臣有大罪，人主有大失，臣主之利與相異者也。【略】何以明之哉？曰：主利在有能而任官，臣利在無能而得事；主利在有勞而爵禄，臣利在無功而富貴；主利在豪傑使能，豪傑之人有材能，然後使之矣。臣利在朋黨用私。是以國地削而私家富，主上卑而大臣重。故主失勢而臣得國，主更稱蕃臣，君臣易位，故主稱蕃臣於其臣。而相室剖符。相室，家臣也。剖符，言得專授人官與之剖符也。【略】此人臣之所以譎主便私也。譎，誑也。設詐謀以誑誤於主也。【略】。故當世之重臣，主變勢而得固寵者，十無二三。變，謂行譎誑以移主意，十中但有二三，故曰十無二三也。王先謙曰：主勢變，謂國君相嬗之時也，注誤。先慎曰：注有二三當作有一二，涉正文而誤。是其故何也？人臣之罪大也。臣有大罪者，其行欺主也，其罪當死亡也。智士者遠見而畏於死亡，必不從重人矣；【略】賢士者修廉而羞與姦臣欺其主，必不從重臣矣。是當塗者之徒屬，非愚而不知患者，必污而不避姦者也。重人所爲必不軌，故智士恐與同之；廉士羞與之欺主，莫有從之遊者。同惡相濟，故與之爲徒屬者，必污愚之人也。先慎曰：乾道本注與字上有上字，污愚作惡愚，并誤，改從趙本。大臣挾愚污之人上與之欺主，下與之收利，侵漁朋黨，言侵奪百姓，若漁者之取魚也。先慎曰：侵漁朋黨當作朋黨侵漁，與下比周相與對文。比周相與，阿黨爲比，忠信爲周也。比周者，言以阿黨之人爲忠信與親也。先慎曰：注乾道本忠作心，改從趙本。一口惑主敗法，以亂士民，雷同是非，故曰一口。使國家危削，主上勞辱，此大罪也。臣有大罪而主弗禁，此大失也。使其主有大失於上，臣有大罪於下，索國之不亡者，不可得也。

（清）王先慎《韓非子集解・備内》　人主之患在於信人，信人則制於人。人臣之於其君，非有骨肉之親也，縛於勢而不得不事也。故爲人臣者，窺覘其君心也，無須臾之休，而人主怠慠處其上，此世所以有劫君弑主也。爲人主而大信其子，則姦臣得乘於子以成其私，故李兑傅趙王而餓主父。爲人主而大信其妻，則姦臣得乘於妻以成其私。故優施傅麗姬殺申生而立奚齊。夫以妻之近與子之親而猶不可信，則其餘無可信者矣。【略】故后妃、夫人、太子之黨成，而欲君之死也，君不死則勢不重，情非憎君也，利在君之死也。故人主不可以不加心於利己死者。故日月暈圍於外，【略】其賊在内，備其所憎，禍在所愛。是故明王不舉不參之事，盧文弨曰：王，《藏》本作主。不食非常之食；遠聽而近視，以審内外之失；【略】省同異之言，以知朋黨之分，偶參伍之驗，【略】以責陳言之實；執後以應前，按法以治衆，衆端以參觀。衆事之端皆相參而觀之。盧文弨曰：注張本作皆相觀而參之。舊脱皆字、之字。先慎曰：趙本無皆、之二字。士無幸賞，【略】無踰行，顧廣圻曰：《藏》本同。今本重賞字，誤。按本書《南面篇》云雖有賢行不得踰功而先勞，即此無踰行之意。殺必當罪不赦，盧文弨曰：當字下，凌本有罪有二字。則姦邪無所容其私矣。【略】徭役多則民苦，民苦則權勢起，權勢起則復除重。趙用賢曰：謂權勢之人，得爲民復除重役也。先慎曰：趙説非也。重字承權勢而言，下云下無重權，即其證。復除徭役，則苦民歸心，故其權勢重也。復除重則貴人富。苦民以富貴人，起勢以藉藉，假借也。人臣，先慎曰：下云偏借其權勢，即此義。非天下長利也。故曰：徭役少則民安，民安則下無重權，下無重權則權勢滅，權勢滅則德在上矣。今夫水之勝火亦明矣，然而釜鬵間之，【略】水煎沸竭盡其上，而火得熾盛焚其下，水失其所以勝者矣。今夫治之禁姦又明於此，【略】然守法之臣爲釜鬵之行，則法獨明於胸中，而已失其所以禁姦者矣。上古之傳言，《春秋》所記，犯法爲逆以成大姦者，未嘗不從尊貴之臣也；而法令之所以備，【略】刑罰之所以誅，常於卑賤，是以其民絶望無所告愬。大臣比周，蔽上爲一，陰相善而陽相惡以示無私，相爲耳目以候主隙，人主掩蔽，無道得聞，有主名而無實，臣專法而行之，周天子是也。偏借其權勢則上下易位矣，此言人臣之不可借權勢。

（清）王先慎《韓非子集解・用人》　聞古之善用人者，必循天順人而明賞罰。循天則用力寡而功立，順人則刑罰省而令行，明賞罰則伯夷、盜跖不亂。如此則白黑分矣。治國之臣效功於國以履位，見能於官以受職，盡力於權衡以任事。人臣皆宜其能，勝其官，輕其任。先慎曰：不兼官也。而莫懷餘力於心，莫負兼官之責於君。故内無伏怨之亂，外無馬服之患。盧文弨曰：馬，凌本作穚。王先謙曰：凌本非也，馬服謂趙括。明君使事不相干，故莫訟；使士不兼官，故技長；使人不同功，故莫爭。先慎曰：乾道本爭下有訟字。盧文弨云：訟字，秦本無。顧廣圻云：訟字衍，此涉下句而誤。先慎案：《飭令篇》亦無訟字，今據秦本刪。爭訟止，技長立，則彊弱不觳力，冰炭不合形，天下莫得相傷，治之至也。

釋法術而任心治，先慎曰：各本無任字。《御覽》八百三十引心上有任字，是。下去規矩而妄意度，妄意度與任心治相對爲文，明此脱任字，今據補。堯不能正一國；去規矩而妄意度，【略】奚仲不能成一輪；廢尺寸而差短長，王爾不能半中。【略】使中主守法術，拙匠執規矩尺寸，【略】則萬不失矣。

【略】君人者能去賢巧之所不能，守中拙之所萬不失，【略】則人力盡而功名立。

明主立可爲之賞，設可避之罰。故賢者勸賞而不見子胥之禍，不肖者少罪而不見傴剖背，先慎曰：此宋康王事，《安危篇》云誅於無罪，使傴以天性剖背，是也。盲者處平而不遇深谿，愚者守靜而不陷險危。如此則上下之恩結矣。古之人曰：其心難知，喜怒難中也。故以表示目，以鼓語耳，顧廣圻曰：鼓當作教，下文其教易知故言用承此。以法教心。【略】君人者釋三易之數，而行一難知之心，【略】如此則怒積於上而怨積於下，以積怒而御積怨，則兩危矣。

明主之表易見，故約立；其教易知，故言用；其法易爲，故令行。三者立而上無私心，則下得循法而治，望表而動，隨繩而斲，先慎曰：《安危篇》云一曰斲削於繩之內，二曰斲割於繩之外，是也。因攢而縫。【略】如此則上無私威之毒，而下無愚拙之誅。故上君明而少怒，【略】下盡忠而少罪。

聞之曰：舉事無患者，堯不得也。而世未嘗無事也。君人者不輕爵禄，不易富貴，不可與救危國。故明主厲廉恥，招仁義。昔者介子推無爵禄而義隨文公，不忍口腹而仁割其肌，故人主結其德，書圖著其名。人主樂乎使人以公盡力，而苦乎以私奪威；人臣安乎以能受職，而苦乎以一負二。謂一身兩役也。故明主除人臣之所苦，而立人主之所樂。上下之利莫長於此。不察私門之內，輕慮重事，厚誅薄罪，久怨細過，長侮偷快，長輕侮人，偷取一時之快也。數以德追禍，禍賊當誅，而反以德報之也。是斷手而續以玉也，故世有易身之患。

人主立難爲而罪不及，則私怨生；【略】人臣失所長而奉難給，則伏怨結。勞苦不撫循，憂悲不哀憐。喜則譽小人，賢不肖俱賞；怒則毀君子，使伯夷與盜跖俱辱。故臣有叛主。

又：釋儀的而妄發，雖中小不巧；【略】釋法制而妄怒，雖殺戮而姦人不恐。罪生甲，禍歸乙，伏怨乃結。故至治之國，有賞罰而無喜怒。故聖人極有刑法，而死無螫毒，故姦人服。發矢中的，賞罰當符，故堯復生，羿復立。如此則上無殷夏之患，下無比干之禍，君高枕而臣樂業，道蔽天地，先慎曰：蔽當作被。德極萬世矣。

（清）王先慎《韓非子集解·難一》　或曰，平公失君道，師曠失臣禮。夫非其行而誅其身，君之於臣也；非其行而陳其言，善諫不聽則遠其身者，臣之於君也。今師曠非平公之行，不陳人臣之諫，而行人主之誅，舉琴而親其體，是逆上下之位，而失人臣之禮也。夫爲人臣者，君有過則諫，諫不聽則輕爵禄以待之，【略】此人臣之禮義也。【略】今師曠非平公之過，舉琴而親其體，雖嚴父不加於子，而師曠行之於君，此大逆之術也。顧廣圻曰：夫爲人臣者至此六十一字當衍，乃舊注之錯入者耳。先慎曰：顧説非。此六十一字專指臣下言。夫爲人臣者至此人臣之禮也，申上人臣之禮；師曠非平公之過至此大逆之術也，申上逆上下之位，又以嚴父不加於子反譬而喻之，尤足見周、秦閒之文法，非舊注所能及。且注家亦無此例也。臣行大逆，平公喜而聽之，是失君道也。故平公之迹，不可明也，【略】使人主過於聽而不悟其失。師曠之行亦不可明也，使姦臣襲極諫而飾弒君之道。不可謂兩明，【略】此爲兩過。【略】故曰：平公失君道，師曠亦失臣禮矣。

（清）王先慎《韓非子集解·難二》　昔者文王侵盂、克莒、舉豐，【略】三舉事而紂惡之。文王乃懼，請入洛西之地、赤壤之國，方千里，以解炮烙之刑，先慎曰：各本以下有請字。案此承上請入洛西之地而言，不當有請字，淺人以下文請解烙炮之刑，遂於此誤加請字，今據《藝文類聚》十二引删。天下皆説。仲尼聞之曰：仁哉文王！輕千里之國而請解炮烙之刑。智哉文王！出千里之地而得天下之心。

或曰：仲尼以文王爲智也，不亦過乎！夫智者，知禍難之地而辟之者也，是以身不及於患也。使文王所以見惡於紂者，以其不得人心耶？則雖索人心以解惡可也。紂以其大得人心而惡之，己又輕地以收人心，是重見疑也。固其所以桎梏囚於羑里也。鄭長者有言：體道，無爲、無見也。此最宜於文王矣，不使人疑之也。仲尼以文王爲智，未及此論也。

【略】

或曰：桓公之所應優，非君人者之言也。桓公以君人爲勞於索人，何索人爲勞哉！伊尹自以爲宰干湯，百里奚自以爲虜干穆公。俞樾曰：兩以字皆衍文。自，由也。言由爲宰以干湯，由爲虜以干穆公也。《難一篇》：故伊尹以中國爲亂，道爲宰干湯，百里奚以秦爲亂，道爲虜干穆公。道，亦由也，與此一律。虜，所辱也；宰，所羞也。蒙羞辱而接君上，賢者之憂世急也。然則君人者無逆賢而已矣，【略】索賢不爲人主難。且官職所以任賢也，爵禄所以賞功也；設官職，陳爵禄，而士自至，君人者奚其勞哉！使人又非所佚也：人主雖使人必以度量準之，【略】以刑名參之；以事遇於法則行，【略】不遇於法則止；功當其言則賞，不當則誅。以刑名收臣，以度量準下，此不可釋也，君人者焉佚哉！索人不勞，使人不佚，而桓公曰勞於索人，佚於使人者，不然。

（清）王先慎《韓非子集解·八説》 任人以事，存亡治亂之機也。無術以任人，無所任而不敗。人君之所任，非辯智則修潔也。任人者，使有勢也。先慎曰：任人，則必使其人有勢可憑藉。智士者未必信也，爲多其智，因惑其信也；以智士之計，處乘勢之資而爲其私急，則君必欺焉。爲智者之不可信也。先慎曰：爲當作惟。故任修士者，使斷事也。修士者未必智，爲潔其身，因惑其智，以愚人之所惽，【略】處治事之官而爲其所然，【略】則事必亂矣。故無術以用人，任智則君欺，任修則君事亂，【略】此無術之患也。明君之道，賤德義貴，不必坐上，决誠以參，聽無門戶，人莫能測也。顧廣圻曰：《藏》本同。下必坐上决誠以，今本作法術倒言而詭使。按德義當作得議，形近之誤。《七術篇》云夫不使賤議貴，下必坐上云云，又《經》云觀聽不參則誠不聞，聽有門戶則主壅塞，即此文之證。下必坐上者，商君之告坐也。今本不能讀，輒加改易，謬甚。先慎曰：顧説是。張榜本無下必坐上决誠以七字，亦非。《七術篇》不當有必字，説見彼。故智者不得詐欺。計功而行賞，程能而授事，察端而觀失，有過者罪，有能者得，故愚者不任事。【略】智者不敢欺，愚者不得斷。先慎曰：不任修士使斷事。則事無失矣。

察士然後能知之，不可以爲令，先慎曰：令，即法也。夫民不盡察；賢者然後能行之，【略】不可以爲法，【略】夫民不盡賢。楊朱、墨翟，天下之所察也，干世亂而卒不决，雖察而不可以爲官職之令；鮑焦、華角，天下之所賢也，鮑焦木枯，立死，若木之枯也。華角赴河，【略】雖賢不可以爲耕戰之士。【略】故人主之所察，【略】智士盡其辯焉，【略】人主之所尊，能士盡其行焉。【略】今世主察無用之辯，尊遠功之行，索國之富强，不可得也。博習辯智如孔、墨，【略】孔、墨不耕耨，則國何得焉？修孝寡欲如曾、史，曾、史不戰攻，則國何利焉？匹夫有私便，人主有公利。不作而養足，不仕而名顯。此私便也；息文學而明法度，塞私便而一功勞，此公利也。錯法以道民也，【略】而又貴文學，則民之所師法也疑；【略】賞功以勸民也，而又尊行修，則民之産利也惰。夫貴文學以疑法，尊行修以貳功，索國之富强，不可得也。

擢笏干戚，不適有方鐵銛；言國軍異器。方，楯也。言擢笏之議，干戚之舞，與夫方楯鐵銛不相稱適也。顧廣圻曰：適讀爲敵。有方，未詳。舊注全謬。孫詒讓曰：有方當爲酋矛。酋、有音近，矛、方形近，因而致誤。《墨子·備水篇》云亓二十人，人擅酋矛，今本亦譌作有方，與此正同。詳《墨子閒詁》。登降周旋，不逮日中奏百；【略】狸首射侯，不當强弩趨發；【略】干城距衝，【略】不若堙穴伏櫜。【略】古人亟於德，中世逐於智，當今争於力。古者寡事而備簡，樸陋而不盡，故有珧銚而推車者。珧，蜃。以蜃爲銚也。即推輪也。上古摩蜃而耨也。【略】古者人寡而相親，物多而輕利易讓，故有揖讓而傳天下者。然則行揖讓，高慈惠而道仁厚，【略】皆推政也。【略】處多事之時，用寡事之器，非智者之備也；當大争之世，而循揖讓之軌，非聖人之治也。【略】故智者不乘推車，聖人不行推政也。【略】法所以制事，【略】事所以名功也。法立而有難，【略】權其難而事成則立之；【略】事成而有害，權其害而功多則爲之。【略】無難之法，無害之功，天下無有也。先慎曰：天下無不難之法，無不害之功，但權事之成否，功之多寡耳。乾道本有上無無字，則文不成義。顧廣圻云：今本有，按此當有，今據補。是以拔千丈之都，敗十萬之衆，死傷者軍之乘，乘，謂其半也。【略】甲兵折挫，士卒死傷，而賀戰勝得地者，出其小害計其大利也。夫沐者有棄髮，除者傷血肉。【略】爲人見其難，因釋其業，是無術之事也。先慎曰：事當作士。先聖有言曰：規有摩而水有波，我欲更之，無奈之何。此通權之言也。是以説有必立而曠於實者，言有辭拙而急於用者，故聖人不求無害之言，而務無易之事。【略】人之不事衡石者，【略】非貞廉而遠利也，石不能爲人多少，衡不能爲人輕重，求索不能得，故人不事也。明主之國，官不敢枉法，吏不敢爲私，先慎曰：乾道本私下有利字。案利即私之誤而複者。官不敢枉法，吏不敢爲私二文相對，不當多一字。《御覽》八百三十引正無利字，今據删。貨賂不行，【略】是境内之事盡如衡石也。此其臣有姦者必知，知者必誅。是以有道之主不求清潔之吏，而務必知之術也。

慈母之於弱子也，愛不可爲前。不可先以愛養之也。俞樾曰：愛不可爲前，猶言無前於此者，正見其愛之至也。舊注非是。然而弱子有僻行，使之隨師；

有惡病，使之事醫。不隨師則陷於刑，不事醫則疑於死。慈母雖愛無益於振刑救死，則存子者非愛也。子母之性，愛也；臣主之權，筴也。母不能以愛存家，君安能以愛持國？明主者通於富強，則可以得欲矣。故謹於聽治，富強之法也。明其法禁，察其謀計。法明則内無變亂之患，計得則外無死虜之禍。【略】故存國者，非仁義也。仁者，慈惠而輕財者也；暴者，心毅而易誅者也。顧廣圻曰：暴當作義。先慎曰：顧説非。此以仁、暴對言。心毅則憎心見於下，易誅則妄殺加於人，即暴之實迹，若義則無憎心、妄殺之事。下暴人在位與仁人在位比勘，尤其證。此意謂仁人之亡人國，無異於暴者之亡人國也。慈惠則不忍，輕財則好與；心毅則憎心見於下，易誅則妄殺加於人。不忍則罰多宥赦，好與則賞多無功；憎心見則下怨其上，妄誅則民將背叛。故仁人在位，下肆而輕犯禁法，偷幸而望於上；暴人在位，則法令妄而臣主乖，民怨而亂心生。故曰：仁暴者，皆亡國者也。

不能具美食而勸餓人飯，不爲能活餓者也；【略】不能辟草生粟而勸貸施賞賜，【略】不爲能富民者也。【略】今學者之言也，不務本作而好末事，知道虚聖以説民，【略】此勸飯之説，勸飯之説，明主不受也。

書約而弟子辯，法省而民訟簡，顧廣圻曰：簡當作萌，在訟字上。萌，氓也。民萌訟與弟子辯相對。訟猶辯也。是以聖人之書必著論，明主之法必詳事。【略】盡思慮，揣得失，智者之所難也；無思無慮，挈前言而責後功，愚者之所易也。明主慮愚者之所易，【略】以責智者之所難，【略】故智慮不用而國治也。

又：人臣肆意陳欲曰俠，人主肆意陳欲曰亂；人臣輕上曰驕，人主輕下曰暴。【略】行理同實，下以受譽，上以得非。人臣大得，人主大亡。【略】明主之國，有貴臣，無重臣。貴臣者，爵尊而官大也；【略】重臣者，言聽而力多者也。明主之國，遷官襲級，官爵受功，【略】故有貴臣；言不度行，先慎曰：不當作必。而有僞必誅，故無重臣也。

（清）王先慎《韓非子集解・人主》　人主之所以身危國亡者，大臣太貴，左右太威也。【略】所謂貴者，無法而擅行，操國柄而便私者也。所謂威者，擅權勢而輕重者也。此二者，不可不察也。【略】且法術之士與當途之臣不相容也。何以明之？主有術士，則大臣不得制斷，近習不敢賣重，大臣左右權勢息，則人主之道明矣。今則不然，其當途之臣得勢擅事以環其私，先慎曰：環讀爲營。《説文》引本書自營爲私，《五蠹篇》作自環爲私，與此同，即其證。左右近習朋黨比周以制疏遠，則法術之士奚時得進用，人主奚時得論裁？故有術不必用，而勢不兩立，法術之士焉得無危！故君人者非能退大臣之議而背左右之訟，獨合乎道言也，則法術之士安能蒙死亡之危而進説乎！此世之所以不治也。明主者先慎曰：趙本主作王。推功而爵禄，稱能而官事；所舉者必有賢，所用者必有能；賢能之士進，【略】則私門之請止矣。夫有功者受重禄，有能者處大官，則私劍之士安得無離於私勇而疾距敵，【略】游宦之士焉得無撓於私門而務於清潔矣。此所以聚賢能之士，而散私門之屬也。

《尸子》卷上《分》　諸治官臨衆者，上比度以觀其賢，案法以觀其罪。吏雖有邪僻無所逃之，所以觀勝任也。

（漢）劉安《淮南子》卷九《主術訓》　古之置有司也，有司，蓋有理官士也。所以禁民，使不得自恣也；恣，放恣也。其立君也，所以剬有司，使無專行也。專，擅。法籍禮義者，所以禁君，使無擅斷也。人莫得自恣，則道勝；道勝而理達矣，故反於無爲。

（漢）劉安《淮南子》卷二〇《泰族訓》　所以貴聖人者，非貴隨罪而鑒刑也，貴其知亂之所由起也。若不脩其風俗，而縱之淫辟，乃隨之以刑，繩之以法，法雖殘賊，天下弗能禁也。禹以夏王，桀以夏亡；湯以殷王，紂以殷亡。非法度不存也，紀綱不張，風俗壞也。三代之法不亡，而世不治者，無三代之智也；六律具存，而莫能聽者，無師曠之耳也。故法雖在，必待聖而後治；律雖具，必待耳而後聽。故國之所以存者，非以有法也，以有賢人也；其所以亡者，非以無法也，以無賢人也。

（清）顧炎武《日知録》卷九《守令》　所謂天子者，執天下之大權者也。其執大權奈何？以天下之權寄之天下之人，而權乃歸之天子。自公卿大夫至於百里之宰，一命之官，莫不分天子之權，以各治其事，而天子之權乃益尊。後世有不善治者出焉，盡天下一切之權而收之在上，而萬幾之廣，固非一人之所能操也，而權乃移於法，於是多為之法以禁防之。雖大姦有所不能踰，而賢智之臣亦無能效尺寸於法之外，相與兢兢奉法，以求無過而已。於是天子之權不寄之人臣，而寄之吏胥，是故天下之尤急者，守令親民之官。而今日之尤無權者莫過於守令，守令無權而民之疾苦不聞於上，安望其致太平而延國命乎！

又： 夫辟官、涖政、理財、治軍郡縣之四權也，而今皆不得以專之，是故上下之體統雖若相維而令不一，法令雖若可守而議不一。

（宋）潘自牧《記纂淵海》卷四三《性行部・老成》 人惟求舊。《書・盤庚》。惟公懋德弼亮四世。《書・畢命》。詢茲黃髮，則罔所愆。《書・泰誓》。番番良士，旅力既愆。同上。方叔元老克壯其猶。《詩・采芑》召彼故老。《詩・正月》。

（宋）潘自牧《記纂淵海》卷五八《論議部・影響相應》 下之事上也，不從其所令，從其所行，上好是物下必有甚者矣。故上之所好惡不可不慎也，是民之表也。《緇衣》。上好仁則下之為仁爭先人，同上。上好禮則民莫敢不敬，上好義則民莫敢不服，上好信則民莫敢不用情。《語・子路》。

（宋）潘自牧《記纂淵海》卷六七《人己部・恕己責人》 不能正其身，如正人何。其身不正，雖令弗從。《論語》。子身不用禮，而望禮於人，身不用德，而望德於人。《家語》。吾未聞枉己而正人者也，況辱己以正天下乎？《孟子》。志不免於曲私而異人以己為公也，行不免於汙漫而異人以己為修也。身不善而怨人，不亦反乎？《荀子》。行非其所履以督人，是猶筲父而責人以大舜之節，罵母而規人以曾閔之行。《唐子》。

（明）馮琦《經濟類編》卷二〇《臣類一・臣道》 荀況《臣道篇》巧敏佞説善取寵乎上，是態臣者也。朋黨比周以環主圖私為務，是簒臣者也。民親之，士信之，上忠下愛，而不倦，是功臣者也。政令教化，形下如影，應卒遇變，齊給如響，推類接譽，以待無方，曲成制象，是聖臣者也。從命而利君謂之順，從命而不利君謂之諂，逆命而利君謂之忠，逆命而不利君謂之簒。不恤君之榮辱，不恤國之臧否，偷合苟容以持祿養交而已耳。謂之國賊。君有過謀過事，將危國家殞社稷之具也。大臣、父子、兄弟有能進言於君，用則可不用則去，謂之諫。有能進言於君，用則可不用則死，謂之争。有能比知同力，率羣臣百吏而相彊曰君撟。君雖不安，不能不聽，遂以解國之大患，除國之大害，成於尊君安國，謂之輔。有能抗君之命、竊君之重、反君之事，以安國之危，除君之辱，功伐足以成國之大利，謂之拂。事聖君者，有聽從無諫争；事中君者，有諫争無諂諛；事暴君者，有補削無撟拂。《詩》國有大命，不可以告人，妨其躬身。此之謂也。曉然以道，而無不調和也，而能化易，時關內之是事暴君之也。若馭樸馬，若養赤子，若食餒人，故因其懼也而改過，因其憂也而辨其故，因其喜也而入其道，因其怒而除其怨，曲得所謂焉。争然後善，戾然後功，夫是之通忠之順。奪然後義，殺然後仁，上下易位，然後貞，夫之謂權險之平。

（明）馮琦《經濟類編》卷二〇《臣類一・臣道》 今處官則荒亂，臨財則貪得，列近則持諫，將衆則罷怯，以此厚望於主，豈不難哉。今有人於此修身會計則可耻，臨財物資盡則為己，若此而富者非盜則無所取。故榮富非自至也，緣功伐也。今功伐甚薄而所望厚，誣也。無伐功而求榮富，詐也。詐誣之道，君子不由。人之議多曰：上用我，則國必無患。用己者未必是也，而莫若其身自賢。而己猶有患，用己於國，惡得無患乎？己，所制也。釋其所制，而奪乎其所不制，誖。未得治國治官可也。若夫內事親外交友必可得也。苟事親未孝、交友未篤，是所未得，惡能善之矣。故論人無以其所未得，而用其所已得，可以知其所未得矣。古之事君者，必先服能，然後任必反情，然後受主雖過與，臣不徒取。《大雅》曰：上帝臨汝，無二爾心。以言忠臣之行也。鮮在鄭君之問被瞻之義也。薄疑應衛嗣君以無重稅，此二士者皆近知本矣。

（明）馮琦《經濟類編》卷二〇《臣類一・臣道》 故人臣之行有六正六邪，行六正則榮，犯六邪則辱。夫榮辱者，禍福之門也。何謂六正六邪，六正者，一曰：萌牙未動，形兆未見，昭然獨見存亡之機，得失之要，預禁乎不然之前，使主超然立乎顯榮之處，天下稱孝焉，如此者聖臣也。二曰：虛心白意，進善通道，勉主以禮義，諭主以長策，將順其美，匡救其惡，功成事立，歸善於君，不敢獨伐其勞，如此者良臣也。三曰：卑身賤體，夙興夜寐，進賢不解，數稱如徃古之德行事，以厲主意，庶幾有益，以安國家社稷宗廟，如此者忠臣也。四曰：明察幽，見成敗，早防而救之，引而復之，塞其間，絶其源，轉禍以為福，使君終以無憂，如此者智臣也。五曰：守文奉法，任官職事，辭祿讓賜，不受贈遺，衣服端齊，飲食節儉，如此者貞臣也。六曰：國家昏亂所為不道，然而敢犯主之顔，面言主之過失，不辭其誅，身死國安不悔所行，如此者直臣也。是為六正也。六邪者，一曰：安官貪祿，營於私家不務公事，懷其智藏其能，主饑於論渴於策，猶不肯盡節。容容乎，與世沉浮，上下左右觀望。如此者具臣也。二曰：主所言皆曰善，主所為皆曰可，隱而求主之所好即進之，以快主耳目，偷合苟容與主為樂，不顧其後害，如此者諛臣也。三曰：中實頗險，外容貌小謹，巧言令色，仄心嫉賢，所欲進則明其美而隱其惡，所欲退則明其過而匿其美，使主妄行過任賞罰不當，號令不行，如此者姦臣也。四曰：智足以飾非，辯足以行説，反言易辭而成文章，內離骨肉之親，外妬亂朝廷，如此者讒臣也。五曰：專權擅勢持招國事以為輕重於私門，成黨以富其家，又復增加威勢，擅矯王命以自貴顯，如此者賊臣也。六曰：諂言以邪，墜主不義，朋黨比周，以蔽主明，入則辯言好辭，出則更復異其言語，使白黑無別，是非無間，伺候可推而因附然，使主惡布於境內，聞於四隣，如此者亡國之臣也。

（明）馮琦《經濟類編》卷二〇《臣類一・臣道》 臣又聞國有任臣則安，有重臣則亂。而王制人君立子以適不以長，立適以長不以賢，此事哉。抑臣聞之，今世之弊在於法禁太密，一舉足不如律令，法吏且以為言，而不問其意之所屬。是以雖天子之大臣，亦安敢有所為於法律之外以安天下之大事。故為天子之計，莫若少寬其法，使大臣得有所守，而不為法之所奪。

（明）馮琦《經濟類編》卷二三《臣類四・守令》 孔子曰：善為吏者樹德，不能為吏者樹怨，槩者平量者也，吏者平法者也，治國者不可失平也。

（明）唐順之《稗編》卷七《論舜漁陶》 瞽叟之欲殺舜也，象之欲殺兄也。《史記》曰：舜母死，瞽叟更娶妻而生象，象傲。叟愛後妻子，常欲殺舜。然瞽叟特出於愛憎，而舜又非有大過惡，何至欲殺之哉。嘗攷其情，則虞氏自幕故有國，至瞽叟亦無違命，則曩能守其國者也。其欲殺舜，蓋欲廢嫡立幼，而象之欲殺其兄，亦欲奪嫡故耳。不然豈以匹夫之微愛憎之故而遽欲殺之哉。然則舜固有國之嫡，而其為耕稼陶漁之事何也？曰：古之國家，子弟固非如後世之豢養，舜之為田漁，而人從之，又非必如今之漁人、陶工也，或者見逐於父母，故勞役之或避世嫡不敢居，而自歸於田漁，亦因是以行其政教，而濟時之窮。故雜書有謂舜見器之苦惡而陶河濱，見時之貴糴而販負夏。孔子曰：耕漁陶販，非舜事也，而往為之以救敗耳。此説雖出雜書，而實得聖人之意。又瞽象之欲殺舜，在其初年之間，而堯之舉舜則在其克諧之後。《史記》反覆重出，而莫之辯，固也。然孟子當時亦不辯萬章之失何也？蓋孟子不在於辯世俗傳訛之跡，而在於發明聖人處變之心，務使學者得聖人之心，以推天理人倫之至，則其事跡之前後有無，皆不必辯矣。

（明）唐順之《稗編》卷九〇《宓子賤治單父》 宓子賤治單父，彈鳴琴身不下堂，而單父治。巫馬期亦治單父，以星出以星入，日夜不處，以身親之，而單父亦治。巫馬期問其故於宓子賤，宓子賤曰：我之謂任人，子之謂任力。任力者固勞，任人者固佚。人曰：宓子賤，則君子矣。佚四肢、全耳目、平心氣，而百官治，任其數而已矣。巫馬期則不然，敝性事情勞煩教詔雖治，猶未至也。

（明）唐順之《稗編》卷九一《論宇文護》 史臣曰：仲尼有言，可與適道，未可與權。夫道者，率禮之謂也。權者，反經之謂也。率禮由乎正禮，易以成佐世之功，反經繫乎非常，難以定匡時之業，故得其人則治。伊尹放太甲，周旦相孺子是也。不得其人則亂，新都遷漢鼎，晉氏傾魏族是也。是以先王明上下之序，聖人重君臣之分，委質同於股肱，受爵均其休戚。當其親受顧託，位居宰衡，雖復承利劍臨沸鼎不足以譬其慮，據帝圖君海內，不足以回其心。若斯人者，固以功與山嶽爭其高，名與穹壤齊其久矣。有周受命之始，宇文護實預艱難。及太祖崩殂，諸子冲幼，羣公懷等夷之志，天下有去就之心。卒能變魏為周，俾危獲乂者，護之力也。向使加之以禮讓，繼之以忠貞，桐宮有悔過之期，未央終天年之數，則前史所載，焉足以道哉？然護寡於學術，昵近羣小，威福在己，征伐自出，有人臣無君之心，為人主不堪之事。忠孝大節也，違之而不疑；廢弑至逆也，行之而無悔，終于身首横分，妻孥為戮，不亦宜乎？

（清）董誥《全唐文》卷八六六楊夔《復宮闕後上執政書》 夫法者士庶之所以共，固不以士則廢，庶則用。所以一而行之者，欲人之鮮過也。苟輕者以賂而重，曲者以勢而直，縱朝廷示於人，雖一子不爲信，而況有勢、有賂者，焉肯凜畏哉。今朝廷之法，不及州縣之條。州縣之條，違者必有刑，所以人知懼。朝廷之法，犯者未必罪，所以人莫畏。是以冠履雜處，首尾倒置。國君之威，不行於世。牧伯之令，反信於時。如此則風俗日已漓，國柄日已陵，不其痛歟，不其惜歟。今爲政者未嘗以此爲痛，蓋各急於私不計於法。設有其行典者，悉貧而寡援。俾其受罰而興怨，蓄憤而不能訴。鬼神有知，固納其訴，則伏陰僭陽，繁霜苦雨，豈不職於此哉。

（宋）王安石《臨川先生文集》卷八二《記·度支副使廳壁題名記》 夫合天下之衆者財，理天下之財者法，守天下之法者吏也。吏不良則有法而莫守，法不善則有財而莫理。有財而莫理，則阡陌閭巷之賤人皆能私取予之勢，擅萬物之利，以與人主爭黔首，而放其無窮之欲。非必貴强桀大，而後能如是，而天子猶爲不失其民者，蓋特號而已耳。

（宋）王安石《臨川先生文集》卷八四《序·周禮義序》 士弊於俗學久矣，聖上閔焉，以經術造之，乃集儒臣訓釋厥旨，將播之校學，而臣某實董周官。惟道之在政事，其貴賤有位，其後先有序，其多寡有數，其遲數有時，制而用之存乎法，推而行之存乎人。其人足以任官，其官足以行法，莫盛乎成周之時。其法可施於後世，其文有見於載籍，莫具乎周官之書。蓋其因習以崇之，賡續以終之，至於後世。無以復加，則豈特文武周公之力哉。猶四時之運陰陽，積而成寒暑，非一日也。

《二程集·河南程氏遺書》卷四《二先生語録四·游定夫所録》 善言治天下者，不患法度之不立，而患人材之不成。善修身者，不患器質之不美，而患師學之不明。人材不成，雖有良法美意，孰與行之？師學不明，雖有受道之質，孰與成之？

《二程集·河南程氏文集》卷五《上書·上仁宗皇帝書》 天下之治，由得賢也。天下不治，由失賢也。世不乏賢，顧求之之道如何爾。今夫求賢，本爲治也。治天下之道，莫非五帝、三王、周公、孔子治天下之道也。求乎明於五帝、三王、周公、孔子治天下之道者，各以其所得大小而用之。有宰相事業者，使爲宰相；有卿大夫事業者，使爲卿大夫；有爲郡之術者，使爲刺史；有治縣之政者，使爲縣令。各得其任，則無職不舉，然而天下弗治者，未之有也。

《二程集·河南程氏經説》卷三《詩解·國風》 宣王之於始也，不守法以治，盡其力以勤於事，固可知其不能於終也。

《二程集·周易程氏傳》卷三《周易下經上·萃》 天下之聚，必得大人以治之。人聚則亂，物聚則爭，事聚則紊，非大人治之，則萃所以致爭亂也。萃以不正，則人聚爲苟合，財聚爲悖入，安得亨乎？故利貞。

（宋）汪應辰《文定集》卷一《輪對論和議異議疏》 方朝廷患異議者之不已也。大則竄逐，小則罷黜，至有一言迎合則不次擢用。是以小人窺見間隙輕躁者，阿諛以希寵，畏懦者循默以自固，淺謀者遂謂無事，而忠臣正士乃無以自立于羣小之間。今者事既少定，陛下必以出于獨斷，益輕天下之士矣。夫事是而專之，猶卻衆謀，況其非乎？導人使諫，猶恐不至，況拒之乎？子思言于衛侯曰：君之國事將日非矣。君出言自以爲是，而卿大夫莫敢矯其非；卿大夫出言自以爲是，而士庶人莫敢矯其非。如此，則善安從出？孟子曰：訑訑之聲音顔色，拒人于千里之外，則讒諂面諛之人至矣。與讒諂面諛之人居，國欲治可得乎？此臣所以言上下相蒙之可畏也。

（宋）汪應辰《文定集》卷七《廷試策》 凡此數者，攷之于古，驗之于今。以臣觀之，莫不可行。而其所以行之，則在陛下正其心術，明于任使，而振其紀綱焉耳。古人所謂神而明之，存乎其人，有治人，無治法者。凡以此也，惟陛下力行之爾。伏讀聖策，曰：上之欲三辰明，四時序，災沴不生，動植遂性。臣願陛下反求諸己而應天以實，可也。下之欲風化行，習俗厚，姦宄不作，而中外協心。臣願陛下反求諸己而動民以行，可也。臣聞之《詩》曰：文王陟降，在帝左右。《書》曰：面稽天若。言聖人之奉天，如在其上，如在其左右也。是以顛沛造次，不違于仁。出入起居，罔有弗欽。凡以畏天之威而奉之爾，大抵天道雖至高而下，雖至遠而邇，雖至神而明。人君一念一慮之失，則足以傷天地之和；一言一動之善，則足以同天地之德。善惡之應，速于桴鼓。臣竊觀于今歲之夏，甘雨愆候，陛下焦心勞思，上懼天戒，下憂民瘼，不忘于食息之間，既而膏澤繼降，不出于旬日之內。蓋以陛下誠有慘怛之心也。古之人所以大過人者無他焉，善推其所爲而已。陛下誠能因前日之所已爲，而推今日之所未爲者，擴而充之，則天意昭格，將保佑宋祚于千萬年矣。昔孟子以齊宣王有愛牛之心，且曰是心足以王矣。況陛下如天地之大，推此以往，其何所不至乎？此應天以實之效也，惟陛下力行之爾。臣聞得十人之心者，可以將十人；得百人之心者，可以將百人；得千萬人之心者，可以將千萬人。今陛下將大有爲于天下，宜先有以深服天下之心，而天下之心亦未易服也。刑威不可得而制，權勢不可得而脅，惟人主力于爲善，勤于進德，始足以服其心爾。昔宣王承厲王之烈，小雅盡廢，四夷交侵，而終能復文武之境土者，以其所以躬行于上者，能服天下之心也。

（明）歸有光《震川先生集》卷一二《壽序・太倉州守孫侯母太夫人壽詩序》 故嘗以爲國家設官，具法令而已，而必選其人，夫以父母之道治其民，此豈法令之所及耶？蓋其意亦以此望之而已。

（明）歸有光《震川先生集》卷一六《記・吴郡丞永康徐侯署昆山縣惠政記》 嘗數更其法，而弊日生。識者以爲不在於法，而患吏之不廉。吏廉矣，法雖未盡，而可以無弊。

（明）鄒守益《鄒守益集》卷一四《再復十二條》 論法莫若論人。得其人，雖法令不善，猶能委曲以宜民。不得其人，雖良法美意，祇爲牆壁之虚文。以明公在上，督率有司，俾咸奮厲，處官如家，保民如子，而擇其尤者拔之，察其泰甚者黜之，則所謂贓罰濫受，科斂常例，將羞愧畏縮，自不敢犯官箴矣。

（清）魏源《古微堂内集》卷二《治篇四》 醫之活人，方也；殺人，亦方也。人君治天下，法也；害天下，亦法也。不難于得方而難得用方之醫，不難于立法而難得行法之人。青苗之法，韓琦、程伯子所部必不至厲民；周家徹法，陽貨榮夷公行之斷無不爲暴。弓矢，中之具也，而非所以中也；法令，治之具也，而非所以治也。買公田省餉之策，出于葉適，而賈似道行之，遂以亡國。是以郡縣生員二論。顧亭林之少作，《日知録》成而自删之，限田三篇，魏叔子三年而後成，友朋詰難而卒燬之。君子不輕爲變法之議，而惟去法外之弊，弊去而法仍復其初矣。不汲汲求立法，而惟求用法之人。得其人自能立法矣。《詩》曰：不失其馳，舍矢如破。

《皇朝經世文統編》卷二七《内政部一・治術》汪志伊《敬陳吏治三事疏》 臣思自古有治人無治法。因一弊即立一法，而法卒不能周；立一法又生一弊，而弊終莫能除。且法愈密，則規避愈多，則廢弛愈甚。由此觀之，與其詳於議法，不如慎於用人。蓋人正而弊自除也，顧得人甚難。大抵中材多，賢者少，不肖者亦少。察不肖而痛懲之，則人心自振而吏治可轉澆為湻。見賢者而峻擢之，則人心愈勸而吏治必精益求精。是中才胥奮發而效賢者之所為，斷不至下與不肖者等，特患執資格以限之，使不得伸其志，以作其氣。復設科條以縛之，使不得久其任以盡其材。且扣得項以窘之，使不得全其守以正其趨，為可惜也。

（清）李鴻章《李文忠公全集・奏稿》卷一〇《江蘇地方懸缺請准遴員酌補摺》 宋儒楊萬里作選法論，謂不任人而任法，終於信吏而不信官，吏執定法以進退予奪天下之人才，尚書侍郎莫之與抗，莫若略小法而存大體，則吏權漸輕，其弊可以漸革等語。名儒通論足爲良規舊例，候補班人員不論繁簡均准酌補。又外補各缺，人地實在相需，雖與例不符，仍准聲明奏請，每奉特旨准行。推原例意蓋以捄弊起衰，必先有治人，而後可責成效，循資按格，所以杜倖進而未足定人材，故於明示限制之中，仍寓變通盡利之法。自軍興日久，保舉人多，廷臣建言部議，酌加裁抑，始有候補班初任人員專補簡缺之例。部臣之意因其未經閲歴，恐有美錦學製之虞。原爲慎重職守起見，惟江蘇員缺停補多年，現任各官實缺甚少，積年所出繁要各缺堪以照例，升調者實屬寥寥。若以獘調繁，成例仍有未合，循資升補人地多不相宜，惟候補各員委署得缺，才猷卓著者，其臨政親民既已，確有表見，卽與實缺相去無幾。此外，卽用揀發人員，亦有可用之人，而到省多在出缺之後，儻墨守定章，竟有無員可補之勞。查安徽、浙江等省皆因軍務甫定員缺久懸，擬補多不合例，或請通融酌補，或請以省城克復之日作爲出缺日期，均經吏部議准在案。

（清）梁啓超《飲冰室合集・文集》卷二三《立憲政體與政治道德》

孔子曰：爲政在人。其人存則其政舉，其人亡則其政息。此天下古今之通義，言治道者所莫能易也。自近世，法治、人治之辨興，於是始有持爲政在法之説者。夫法之不善，則不足以維持國家於不敝，斯固然矣。顧苟有其人，則自能審度時勢，以損益諸法而善用之。苟非其人，則雖盡取天下古今至善之法以著諸官府，其究也悉成具文。而弊之與法相緣者，且日出而不知所窮，故法與人雖不可偏廢，然有人而法自隨之，其道爲兩得。徒法無人，並法亦不能以自存，其道爲兩喪也。

爲政在人云者，非謂一二人云爾。凡與政事有繫屬之人人皆統焉。其在專制政體之國，則君主及其疏附先後者，皆爲政者也；其在貴族政體之國，則國之臣室，皆爲政者也；其在立憲政體之國，則自執政大臣以逮小吏，自國會議員以逮司選之公民，皆爲政者也。苟得其人，則無論何種政體，皆足以致治；苟非其人，則無論何種政體，適足以生弊。謂立憲政體之優於他種政體者，非謂其本質確有優劣之可言。亦曰立憲政體之爲政者，其於得人之道，則較易焉耳。

爲政者所不可缺之具二：曰德曰智。然德優而智絀者，其於增益之也至易，誠以求焉，虚以受焉。緝熙光明，一反掌間事耳。昔日本伊藤大隈輩，號稱名相，而其初借外債以築鐵路也。擬結倒授太阿之約，其議拒治外法權也。乃至欲參用外人爲司法官，諸類此者，不可殫遽。此皆今日稍有識者所能知其非。彼貿然行之，其愚殆不可及，而功卒在社稷者，靡他之忠可矢，故不遠之復距艱也。若夫智具而德荒者，其獺祭耳食之所識知，良足以距人於千里之外。顧言説甚美，而所行皆適得其反。不寧惟是，假名於新法之當舉，因以爲奔競權要位置私昵之路，藉口於舊習之通變，益以佐弁髦禮義捐棄廉恥之資。故政治智識日進，而政治道德日退，使人反懍念疇昔之故見自封而砥節自守者，歎爲鳳毛麟角，不可復覩，則天下之憂方大矣。

（清）梁啓超《飲冰室合集・專集》卷二七《王荆公》 按：公所言教育之當興，官吏之當久任等。稍知治體者，蓋不能持異説，無俟發明。獨其論裁之以法，而引加小罪以大刑，則有疑其持申商之術，操之過切者，則甚矣。其闇於政治之原理也。夫國家之對於人民，有命令服從之關係者也，其統治權至尊無上而不可抗者也，非惟專制國有然，即立憲國亦有然。夫苟不可行者，則勿著爲令已耳。既著爲令而可以不行，則是瀆國家之神聖也。後此元祐諸君子以阻撓新法，貶謫遷徙，而積怨發憤於荆公。曾亦思管子之治齊也，曰：虧令者死，益令者死，不得令者死，留令者死，不從令者死。荆公之所以失敗，正坐姑息不能踐此書之言而已。

綜述

（清）皮錫瑞《今文尚書考證・吕刑》 王曰：吁！來！有邦有土，今文邦作國。《史記》曰：王曰：吁！來！有國有土。今文邦作國。所據《史記》作有士，云：士，《史記》作士。《周禮》：其附于刑者，歸于士。注云：士謂主斷刑之官。或謂歸于圜以古士字有作士者，故復以圜土釋之。《詩・周頌》云：保有厥士。義作土。《世本・作篇》云：乘馬。即相土也。《吕覽・任地》云：后稷曰：子能使吾士靖而甽浴士乎？高誘曰：士當爲土。周《牧敦》亦以土是也。案：漢隷字土、士不別，《韓勑禮器碑》四方士仁作土仁可證。《墨子》引《書》亦作有國有土。告爾，祥刑在今。今文爾下有女字，祥作詳。《史記》曰：告爾，女祥刑在今。史公用今文，多爾字，當以告爾爲句，女詳刑在今爲句。《潛夫論》引爾安百姓不連在今二字可證也。祥刑，祥字後人改之，《尚書》今古文皆作詳。《周禮・大宰》、《大司寇》注引度作詳刑，《正義》皆云：詳，審。《漢書・敘傳》曰：季世不詳。師古曰：不詳，謂不盡用刑之理。《周書・吕刑》曰：告爾詳刑。《後漢書・明帝紀》永平三年詔曰：詳刑慎罰。又十三年制曰：詳刑理寃。又《劉愷傳》曰：非先王詳刑之意也。章懷注曰：《尚書》曰：有邦有士，告汝詳刑。鄭玄注云：詳，審察之也。《文選》王粲《從軍詩》：司典告詳刑。李善注引《尚書》：王曰：有邦有土，告爾詳刑。《史記》亦當作詳不作祥也。

（明）楊士奇《歷代名臣奏議》卷一七三《去邪》 魯文公十八年，莒紀公生太子僕，又生季佗，愛季佗而黜僕，且多行無禮於國。僕因國人以弑紀公，以其寶玉來奔，納諸宣公，公命與之邑，曰，今日必授。季文子使司寇出諸竟，曰，今日必達。公問其故，季文子使太史克對曰，先大夫臧文仲教行父事君之禮，行父奉以周旋，弗敢失隊，曰，見有禮於其君者事之，如孝子之養父母也，見無禮於其君者誅之，如鷹鸇之逐鳥雀也。先君周公制周禮，曰，則以觀德，悳以處事，事以度功，功以食民，作誓命曰，毁則為賊，掩賊為藏，竊賄為盗，盗器為奸，主藏為名，賴奸之用，為大凶悳有常無赦，在九刑不忘。行父還觀莒僕，莫可則也。孝敬忠信為吉德，盗賊藏奸為凶德。夫莒僕，則其孝敬，則弑君父矣；則其忠信，則竊寶玉矣，其人則盗賊也，其器則奸兆也，保而利之，則主藏也，以訓則昏，民無則焉，不度於善，而皆在於凶德，是以去之。昔高陽氏有才子八人，蒼舒，隤敳，檮戭，大臨，尨降，庭堅，仲容，叔達，齊聖廣淵，明允篤誠，天下之民謂之八愷。高辛氏有才子八人，伯奮，仲堪，叔獻，季仲，伯虎，仲熊，叔豹，季貍，忠肅恭懿，宣慈惠和，天下之民謂之八元，此十六族也。世濟甚美，不隕其名，以至於堯，堯不能舉，舜臣堯舉八愷，使主后土，以揆百事，莫不時序，地平天成。舉八元，使布五教於四方，父義，母慈，兄友，弟共，子孝，内平外成。昔帝鴻氏有不才子，掩義隱賊，好行凶德，醜類惡物，頑嚚不友，是與比周，天下之民謂之渾敦。少皞氏有不才子，毁信廢忠，崇飾惡言，靖譖庸回，服讒蒐慝，以誣盛德，天下之民謂之窮奇。顓頊氏有不才子，不可教訓，不知話言，告之則頑，舍之則嚚，傲狠明德，以亂天常，天下之民謂之檮杌。此三族也，世濟其凶，增其惡名，以至于堯，堯不能去。縉雲氏有不才子，貪于飲食，冒于貨賄，侵欲崇侈，不可盈厭，聚斂積實，不知紀極，不分孤寡，不恤窮匱。天下之民以比三凶，謂之饕餮。舜臣堯，賓于四門，流四凶族，渾敦，窮奇，檮杌，饕餮投諸四裔，以禦螭魅。是以堯崩，而天下如一，同心戴舜，以為天子，以其舉十六，相去四凶也。故《虞書》數舜之功曰，慎徽五典，五典克從，無違教也。曰納于百揆，百揆時叙，無廢事也。曰賓于四門，四門穆穆無凶人也。舜有大功二十而為天子，今行父雖未獲一吉人，去一凶矣，於舜之功，二十之一也，庶幾免於戾乎。

（宋）司馬光《資治通鑑》卷七三《魏紀五》　臣光曰：爲治之要，莫先於用人，而知人之道，聖賢所難也。《書》皋陶曰：在知人，在安民。禹曰：吁！咸若時，惟帝其難之。是故求之於毁譽，則愛憎競進而善惡渾殽；考之於功狀，則巧詐横生而真僞相冒。要之，其本在於至公至明而已矣。爲人上者至公至明，則羣下之能否焯然形於目中，無所復逃矣。苟爲不公不明，則考課之法，適足爲曲私欺罔之資也。

何以言之？公明者，心也，功狀者，迹也。己之心不能治，而以考人之迹，不亦難乎！爲人上者，誠能不以親疏貴賤異其心，喜怒好惡亂其志，欲知治經之士，則視其記覽博洽，博，廣也，大也，通也。洽，徧也。講論精通，斯爲善治經矣；欲知治獄之士，則視其曲盡情僞，無所寃抑，斯爲善治獄矣；欲知治財之士，則視其倉庫盈實，百姓富給，斯爲善治財矣；欲知治兵之士，則視其戰勝攻取，敵人畏服，斯爲善治兵矣。至於百官，莫不皆然。雖詢謀於人而决之在己，雖考求於迹而察之在心，研覈其實而斟酌其宜，至精至微，不可以口述，不可以書傳也，安得豫爲之法而悉委有司哉！

或者親貴雖不能而任職，疏賤雖賢才而見遺；所喜所好者敗官而不去，所怒所惡者有功而不録；詢謀於人，則毁譽相半而不能决，考求其迹，則文具實亡而不能察。雖復爲之善法，繁其條目，謹其簿書，安能得其真哉！

或曰：人君之治，治，直吏翻。人者天下，小者一國，内外之官以千萬數，考察黜陟，安得不委有司而獨任其事哉？曰：非謂其然也。凡爲人上者，不特人君而已；太守居一郡之上，刺史居一州之上，九卿居屬官之上，三公居百執事之上，皆用此道以考察黜陟在下之人，爲人君者亦用此道以考察黜陟公卿章：甲十六行本卿下有刺史二字；乙十一行本同。太守，奚煩勞之有哉！古人有言曰：舉一綱，衆目張。又曰：正其本，萬事理，此之謂也。而所謂本者，豈易言哉！

或曰：考績之法，唐、虞所爲，京房、劉邵述而修之耳，烏可廢哉？曰：唐、虞之官，其居位也久，其受任也專，其立法也寬，其責成也遠。是故鯀之治水，九載績用弗成，然後治其罪；事見《尚書》。治其罪，謂殛鯀於羽山也。下同。禹之治水，九州攸同，四隩既宅，然後賞其功；事亦見《尚書》，賞其功，謂錫禹以玄珪也。非若京房、劉邵之法，校其米鹽之課，責其旦夕之效也。事固有名同而實異者，不可不察也。考績非可行於唐、虞而不可行於漢、魏，由京房、劉邵得不其本而奔趨其末故也。

（宋）司馬光《資治通鑑》卷二二五《唐紀四一》　臣光曰：臣聞用人者，無親疏、新故之殊，惟賢、不肖之爲察。其人未必賢也，以親故而取之，固非公也；苟賢矣，以親故而捨之，亦非公也。夫天下之賢，固非一人所能盡也，若必待素識熟其才行而用之，所遺亦多矣。古之爲相者則不然，舉之以衆，取之以公。衆曰賢矣，己雖不知其詳，姑用之，待其無功，然後退之，有功則進之；所舉得其人則賞之，非其人則罰之。進退賞罰，皆衆人所共然也，己不置豪髪之私於其間。苟推是心以行之，又何遺賢曠官之足病哉！

（清）徐乾學《資治通鑑後編》卷一四七《宋紀一四七》　庚申，吏部侍郎李常上七事，曰：崇廉恥，嚴鄉舉，擇守令，黜貪污，讞疑獄，任儒帥，修役法。先是蒙古主以安圖，幼未更事，召許衡於懷孟，楊誠於益都，俾議中書省事。及衡至，陳時務五事。其一曰：考之前代，北方之有中夏者，必行漢法，乃可長久。故後魏、遼、金歷年最多。他不能者，皆亂亡相繼。史册具載，昭然可考。夫陸行宜車，水行宜舟，反之則不能行；幽燕食寒，蜀漢食熱，反之則必有變。以是論之，國家之當行漢法無疑也。然萬世國俗，累朝勳舊。一旦驅之，下從臣僕之謀改就亡國之俗，其勢有甚難者。竊嘗思之，寒之與暑，固為不同。然寒之變暑也，始於微温，温而熱，熱而暑，積百有八十一日而寒始盡。暑之變寒，其勢亦然，是亦積之驗也。苟能漸之、摩之，待以歲月，心堅而確，事易而常，未有不可變者。此在陛下尊信而堅守之，不雜小人，不責近效，不恤流言，則致治之功庶幾可成矣。其二曰：中書之務，不勝其煩。然大要在用人、立法二者而已。近而譬之，髮之在首，不以手理而以櫛理；食之在器，不以手取而以匕取。手雖不能而用櫛與匕，是即手之為也。上之用人，何以異此？然人之賢否，未知其詳，固不可得而遽用也。然或已知其孰為君子孰為小人，而復患得患失，莫為進退。徒曰知人而實不能用人，亦何益哉？人莫不飲食也，獨膳夫為調五味之和；莫不睹日月也，獨星官為能步虧食之數者，誠以得其法故也。古人有言曰：為高必因丘陵，為下必因川澤，為政必因先王之道。今里巷之談，動以古為詬戲，不知今日口之所食，身之所衣，皆古人遺法，而不可違者。豈天下之大，國家之重，而古之成法反可違耶？其亦弗思甚矣。夫治人者，法也；守法者，人也。人法相維，上安下順，而宰執優游於廊廟之上，不煩不勞，此所謂省也。其三曰：民生有欲，無主乃亂。上天眷命作之君師，此蓋以至難任之，非予之可安之地而娱之也。天下之大，兆民之衆，事有萬變，日有萬機，人君以一身一心而酬酢之，欲言之無失，豈易能哉？故有昔之所言，而今日忘之者，今之所命，而後日自違者，可否異同，紛更變易，紀綱不得布，法度不得立。臣下無持，循奸人因以為獘。天下之人疑惑驚眩，且議其無法無信，一至於此也。此無他，至難之地不以難處而以易處故也。苟從大學之道，以修身為本，凡一言一行，必求其然與其所當然。不牽於愛，不蔽於憎，不因於喜，不激於怒，虚心端意熟思而審處之。雖有不中者，蓋鮮矣。人之情偽，有易有險。險者難知，易者易知，然又有衆寡之分焉？寡則易知，衆則難知。故在上者難於知下，而在下者易於知上，其勢然也。處難知之地，御難知之人，欲其不見欺也，難矣。故人君惟無喜怒也，有喜怒則贊其喜以市恩，鼓其怒以張勢；惟無愛憎也，有愛憎則假其愛以濟私，藉其憎以復怨。甚至本無喜也，誑之使喜，本無怒也，激之使怒；本不足愛也，而妄譽之使愛，本無可憎也，而强短之使憎。若是，則進者未必為君子，退者未必為小人，予者未必有功，奪者未必有罪，以至賞之、罰之、生之、殺之，鮮有得其正者。人君不悟其受欺也，而反任之以防天下之欺，欺而至此，尚可防耶？雖然此特人主之不悟者也，猶有説焉。如宇文士及之佞，太宗灼見其情而不能斥；李林甫妒賢嫉能，明皇洞見其奸而不能退。邪之惑人，有如此者，可不畏哉？夫上以誠愛下，則下以忠報上，感應之理然也。然考之往昔，有不可以常情論者，禹抑洪水以救民，啓又能敬承繼禹之道，其澤深矣。然一傳而太康失道，則萬姓仇怨而去者，何耶？漢高帝起布衣，天下影從。滎陽之難，紀信至捐生以赴急，則人心之歸可見矣。及天下已定，而沙中有謀反者，又何耶？竊嘗思之，民之戴君，本於天命。初無不順之心，特由使之失望，使之不平，然後怨怒生焉。禹啓愛民如赤子而太康逸豫以滅德，是以失望。漢高以寛仁得天下，及其已定，乃以愛憎行誅賞，是以不平。古今人君，凡有恩澤於民而民怨且怒者，皆類此也。其四曰：今國家徒知斂財之巧，而不知生財之由；徒知防人之欺，而不知養人之善；徒患法令之難行，而不患法令無可行之地。誠能優重農民，勿擾勿害，敺游惰之人而歸之南畝，課之種藝，懇諭而篤行之，十年之後，倉府之積當非今日之比矣。自都邑而至州縣，皆設學校，使皇子以下至於庶人之子弟皆入於學，以明父子、君臣之大倫，自洒掃、應對以至平天下之要道。十年已後，上知所以御下，下知所以事上。上下和睦，又非今日之比矣。二者之行，萬目斯舉，否則他皆不可期也。其五曰：天下所以定者，民志也，民志定而士安於士，農安於農，工商安於工商，則在上之人有可安之理矣。苟民不安於白屋，必求禄仕；士不安於卑位，必求尊榮。四方萬里輻輳並進，各懷無厭無耻之心，在上之人可不為寒心哉？臣聞取天下者，尚勇敢；守天下，尚退讓。取也、守也，各有其宜，君人者不可不審也。夫審而後發，發無不中。否則觸事而遽，喜怒之色見於貌，言出於口，人皆知之。徐考其故，知其無可喜者，則必悔其喜之失；無可怒者，則必悔其怒之失。甚至先喜而後怒，先怒而後喜，號令數變，喜怒不節之故也。先王潛心恭默，不易喜怒，其未發也，雖至近莫能知其發也，雖至親莫能移是以號令，簡而無悔則無不中節矣。蒙古主嘉納之衡，每見多奏陳，及退皆削其草，故其言世罕得聞。

（漢）孔鮒《孔叢子》卷上《記問》 子思問於夫子曰：伋聞夫子之詔，正俗化民之政，莫善於禮樂也。管子任法以治齊，而天下稱仁焉，是法與禮樂異用而同功也，何必但禮樂哉？子曰：堯舜之功，百世不輟，仁義之風遠也。管仲任法，身死則法息，嚴而寡恩也。若管仲之知足以定法，材非管仲而專任法，終必亂成矣。

（清）戴望《管子校正・五輔》 故善爲政者，田疇墾而國邑實，朝廷閒而官府治，公法行而私曲止，倉廩實而囹圄空，賢人進而姧民退。不能爲政者，田疇荒而國邑虛，朝廷兇小人競進故兇。而官府亂，小人用法故亂。公法廢而私曲行，倉廩虛而囹圄實，賢人退而姧民進。賢人進而姧民退，元刻姧作姦。

紀事

《春秋左傳正義》卷一七《僖公三十三年》 初，臼季使過冀，見冀缺耨，其妻饁之。臼季，胥臣也。冀，晉邑。耨，鋤也。野饋曰饁。臼，其九反。使，所吏反。過，古禾反，又古卧反。耨，乃豆反，鉏田也。饁，于輒反，《字林》于刼反。鋤，本又作鉏，仕居反。饋，其位反，餉也。疏：注臼季至曰饁。正義曰：《世本》云：垂作耨。《釋器》云：斪斸謂之定。李巡曰：鋤也。《廣雅》云：定謂之耨。《吕氏春秋》云：耨柄尺，此其度也；其耨六寸，所以間稼也。高誘注云耨，耘苗也。六寸，所以入苗間也。《釋名》云：耨，鋤，嫗薅禾也。《釋詁》云：饁，饋也。孫炎曰：饁，野之饋也。敬，相待如賓。與之歸，言諸文公曰：敬，德之聚也。能敬必有德，德以治民，君請用之！臣聞之，出門如賓，如見大賓。承事如祭，常謹敬也，仁之則也。公曰：其父有罪，可乎？缺父冀芮欲殺文公，在二十四年。芮，如鋭反。殺音試，或如字。對曰：舜之罪也殛鯀，其舉也興禹。禹，鯀子。殛，紀力反，誅也。鯀，古本反，禹父也。管敬仲，桓之賊也，實相以濟。《康誥》曰：父不慈，子不祇，兄不友，弟不共，不相及也。《康誥》，周書。祇，敬。實相，息亮反。不共音恭。疏：康誥至及也。正義曰：此雖言《康誥》曰，直引《康誥》之意耳，非《康誥》之全文也。彼云子弗祇服厥父事，大傷厥考心。于父不能字厥子，乃疾厥子。于弟弗念天顯，乃弗克恭厥兄。兄亦不念鞠子哀，大不友于弟。曰乃其速由文王作罰，刑茲無赦。其意言不慈不祇，不友不恭，各用文王之法刑之，不是罪子又罪父，刑弟復刑兄，是其不相及也。《詩》曰：采葑采菲，無以下體。君取節焉可也。《詩》，國風也。葑菲之菜，上善下惡，食之者不以其惡而棄其善。言可取其善節。葑，芳逢反。菲，芳匪反。疏：注詩國至善節。正義曰：彼毛傳曰葑，須也。菲，芴也。《釋草》云須葑，孫炎曰：須，一名葑。鄭玄《坊記》注云葑，蔓菁也。《釋草》又云菲，芴也，孫炎曰蓄類也。陸機《毛詩義疏》云葑，蔓菁。幽州人或謂之芥也。菲似蓄，莖麄葉厚而長有毛。三月中烝鬻爲茹，滑美，又可以爲羹是也。此二菜，其根有惡，《詩》故云上善下惡，食之者取善節也。文公以爲下軍大夫。

《晉書》卷三九《荀勖傳》 高貴鄉公欲爲變時，大將軍掾孫佑等守閶闔門。帝弟安陽侯榦聞難欲入，佑謂榦曰：未有入者，可從東掖門。及榦至，帝遲之，榦以狀白，帝欲族誅佑。勖諫曰：孫佑不納安陽，誠宜深責。然事有逆順，用刑不可以喜怒爲輕重。今成倅刑止其身，佑乃族誅，恐義士私議。乃免佑爲庶人。

《魏書》卷四《世祖紀上》 夏五月己丑，詔曰：方今寇逆消殄，天下漸晏。比年以來，屢詔有司，班宣惠政，與民寧息。而内外羣官及牧守令長，不能憂勤所司，糾察非法，廢公帶私，更相隱置，濁貨爲官，政存苟且。夫法之不用，自上犯之，其令天下吏民，得舉告守令不如法者。

【略】

十有二月甲申，詔曰：操持六柄，王者所以統攝；平政理訟，公卿之所司存；勸農平賦，宰民之所專急；盡力三時，黔首之所克濟。各修其分，謂之有序，今更不然，何以爲治？越職侵局，有紊綱紀；上無定令，民知何從？自今以後，亡匿避難，羈旅他鄉，皆當歸還舊居，不問前罪。民相殺害，牧守依法平决，不聽私輒報復，敢有報者，誅及宗族；隣伍相助，與同罪。州郡縣不得妄遣吏卒，煩擾民庶。若有發調，縣宰集鄉邑三老計貲定課，裒多益寡，九品混通，不得縱富督貧，避强侵弱。太守覆檢能否，覈其殿最，列言屬州。刺史明考優劣，抑退姦吏，升進貞良，歲盡舉課上臺。牧守荷治民之任，當宣揚恩化，奉順憲典，與國同憂。直道正身，肅居官次，不亦善乎？

（宋）王溥《唐會要》卷六六《大理寺》 二年十月，中書門下奏：

大理寺法官，伏見衛覬稱：刑法者，國家之所貴重，而私議之所輕賤。獄吏者，百姓之所懸命，而選任之所卑下。王政之弊，未必不由此也。臣等商量，望委中書門下，精擇法官，選任不得在文學官之後。如有缺員，兼委大理卿自舉所知，舉不得人，顯加殿罰。向後御史臺取御史，數至三人以上，即須取法官一人。所冀刑法之官，皆知勸勵。勅旨：從之。

四年七月，大理寺卿劉濛奏：准文明元年四月勅，律令格式，爲政之先，有類準繩，不可乖越。如聞内外官寮，多不習律，退食之暇，各宜尋覽。仍以當司格式，書于廳之壁，俯仰觀瞻，免使遺忘。今以年代遐曠，屋壁改移，文字不脩，瞻仰無所。就中大理寺評斷之司，尤爲要切。臣已于本寺廳粉壁，重寫律令格式。勅旨：尚書省郎官亦委都省檢勘，依舊抄撮要，即寫於廳壁。

（宋）李燾《續資治通鑑長編》卷一二四《宋仁宗寶元二年》 庚午，上謂宰臣張士遜曰：帝王之明在擇人，辨邪正，則天下無不治矣。士遜對曰：知人則哲，惟帝其難之。若選用得材，又邪正分別，堯、舜不易此道也。

己巳，壽州長史林獻可言國家休咎之事，上謂輔臣曰：朝廷得失在任人，得人則政治，失人則政隳。若堯、舜之世，雖有災異不為害，桀、紂之世，雖有祥瑞不為福。今之言者多挾此以求進用，不可不察。

（宋）李燾《續資治通鑑長編》卷三六六《宋哲宗元祐元年》 監察御史孫升言：臣聞有治人，無治法，法待人而後行，此古今不易之理也。伏以陛下即政以來，因天下之所欲惡而廢舉之，海内傾心，日望膏澤。比因耆舊正論，復行祖宗百年差役舊法，慰安元元，蘇息疲瘵，中外歡欣，幽明慶快。然臣竊以謂免役之為法，推行十有餘年，習俗已成，一旦盡復舊法，其間不無窒礙，理當委曲，隨宜斟酌，惟以便安公私為務。竊恐諸路使者以其議獨出於一人，而罔上賊民偷合苟容之徒，遺毒餘孽猶有存者，未能竭誠盡忠，推廣陛下仁心，恢復祖宗成法。伏望聖慈早降指揮，選擇諸路轉運使誡敕諸部使者，咸令體認朝廷因民所欲，復行祖宗之法，惠養元元之意，務在協心盡公，委曲斟酌，便安公私，無或過差以相違戾，庶祖宗成法早獲就緒，則天下幸甚！

（清）徐乾學《資治通鑑後編》卷一四《宋紀一四》 己丑，左司諫王禹偁上言請自今羣官詣宰相及樞密院使並須朝罷於都堂請見，不得於本廳延接賓客，以防請託。沔喜，即白帝施行之，仍令御史臺宣布中外。左正言謝泌上言：伏覩明詔，不許兩府接見賓客，是疑大臣以私也。天下至廣，萬幾至繁，陛下以聰明寄于輔臣，苟非接見羣官，何以悉知外事，古人有言曰：疑則勿用，用則勿疑。若國祚衰季，彊臣擅權，當此之時，可以為慮。今陛下鞭撻宇宙，總覽豪傑，朝廷無巧言之士，方面無姑息之臣；禮樂征伐自天子出，奈何疑執政大臣，為衰世之事乎？使非其人，當斥而去之；既得其人，任之以政，又何疑也？設若杜公堂請謁之禮，豈無私室乎？塞相府請求之門，豈無他徑乎？此非陛下推赤心以待大臣，大臣展四體以報陛下之道也。王禹偁識量庸淺昧於大體，妄率胸臆，以蔽聰明，狂躁之言，不可行用。帝覽奏嘉歎，即命追還前詔，仍以泌所上表送史館。

（清）徐乾學《資治通鑑後編》卷四二《宋紀四二》 三月己丑，以杜衍權判吏部流内銓，先是選補科格繁長，主判不能悉閲，吏多受賕出縮為姦。衍既視事即敕吏取銓法，問曰：盡乎？曰：盡矣。乃閲視具得本末曲折。明日曉，諸吏無得升堂，各坐曹聽行文書，銓事悉自予奪。由是吏不能為姦利。居月餘，聲動京師，後改知審官院，其裁制如判銓法。

呂中曰：人言我朝任法而不任人，信吏而不信士大夫。然吾觀賈積善十四考無公私過，雖無舉主，特與改官；李師錫以王德用甥，雖薦主凡三十人，止合循資。是銓選有定法而未嘗拘于法也。賈黯判流内銓，則有三年不通父問而廢歸田里者。杜衍權典選銓，則裁制如法而文吏聽行文書者，是銓法雖受成于吏，而未嘗盡委于吏也，故當時蘇紳上疏：審官之職，宜擇主判官付以事權，或有異材，別許論奏。如寇準判銓，錢若水等三人以選人遷朝官。此又不可以常法論，而真得法外之意也。

（清）徐乾學《資治通鑑後編》卷六九《宋紀六九》 丁丑，詔曰：先王考績之次序，雖見於經，而其詳不見於後世。朕若稽古以修衆功，而諸路刺舉之官，未有以考其賢否，比令有司詳議厥制，條奏來上，詢謀悉同。古人有言曰：徒善不足以為政，徒法不能以自行。今朕有念功樂善之志，而又斷之黜陟幽明之法，以待天下之大吏矣。然非夫任事之臣，躬率以正事者覈其術與士大夫之宣力於外者皆安于禮義，而不以便文徼倖為姦，則朕之意豈能獨信於天下，而法亦何恃以行哉！咨爾在位，其各悉力一心，務祗新書，以稱朕至誠惻怛之意。令考校轉運使、副、提點刑獄，課績院以所定條目施行。條目即陳旭所論在嘉祐三年七月。

（清）徐乾學《資治通鑑後編》卷八四《宋紀八四》 甲子，有上書請擇守令者。帝謂輔臣曰：天下守令之衆至千餘人，其才性難以偏知，惟立法於此使象之。於彼從之則為是，背之則為非，以此進退方有準的。所謂朝廷有政也，如漢黄霸妄為條教，以干名譽，在所當治而反增秩賜金。夫家自為政，人自為俗，先王之所必誅。變風變雅詩人所刺，朝廷唯一好惡定國。是守令雖衆，沙汰數年，自當得人也。

（清）徐乾學《資治通鑑後編》卷一一八《宋紀一一八》 丙戌，賜禮部進士樂清王十朋以下二十六人及第出身。先是，帝諭考官曰：對策中有陳朝政切直者，並寘上列。十朋以攬權為對，大略曰：攬權者，非欲衡石程書如秦皇，傳餐聽政如隋文，彊戾自任不任宰相如唐德宗，精于吏事以察為明如唐宣宗，蓋欲陛下懲既往而戒未然，威福一出於上而已。嘗有鋪翠之禁，而以翠羽為首飾者自若，是豈法令不可禁乎。抑宮中服澣濯之化，衣不曳地之風未形于外乎。法之至公者莫如選士，名器之至重者莫如科第。往歲權臣子孫門客類竊巍科，有司以國家名器為媚權臣之具，而欲得人可乎？願陛下立身以為本，任賢以為助，博采兼聽以收其效。幾萬餘言，自秦檜擅政，士子對策務迎合以邀上第，至是一變其習。帝以十朋議論醇正擢為第一。閣安中策言太子天下本，臣願陛下斷自宸衷，早正儲位以繫中外之望。時主器未定，大臣無敢啟其端者，安中獨以為請，帝感其言，擢為第二，是科又得劉清之胡晉臣。

（清）徐乾學《資治通鑑後編》卷一四二《宋紀一四二》 六月壬子朔，叅知政事徐榮叟罷。時，中書舍人李韶言：道揆之地，愛善類不勝於愛爵禄，畏公議不勝於畏權勢。陛下以腹心寄之大臣，大臣以心腹寄之一二都司，恐不能周知天下之慮。故以之用人，則皆用其所知，豈能用其所不知；以之守法，則能守其所不與，必不能守於其所欲與。又及濟王、國本、宮媪，與史嵩之議不合，出知泉州，榮叟言韶議論不阿，請留之，帝不聽，榮叟乞歸田里，從之。

又： 丙寅，以別之傑同知樞密院事端明殿學士高定子簽書樞密院事，禮部尚書杜範同簽書院事。範抗言時政無隱情。史嵩之外示寬容，接引善類，內實忌之。時帝斥逐權姦，收召名德，舉朝相慶。太府寺丞姚希得以為外觀形狀似若清明之朝，內察脉息有類危亡之證，乃上疏言：堯舜三代之時無危亡之事而常喜危亡之言，秦漢以來多危亡之事而常諱危亡之言。夫危亡之事不可有而危亡之言不可無，後世人主乃履危如履坦，諱言如諱病，又言君子非不收召，而意向猶未調一；小人非不斥逐，而根株猶未痛斷。大權若操握而不能無旁蹊曲逕之疑，大勢若更張而未見有長治久安之道。廷臣之所諷諫封囊之所奏陳非不激切，而陛下固不之罪，亦不之行。自古甘蹈危亡之機，非獨闇主，明君亦有焉。此臣之所甚懼。朝廷者，萬化之所自出，而實根于人主之一心。今雖大明當天，猶有可議者。內小學之建，人皆知陛下有意建儲也。然歲月逾邁，未覩施行，人心危疑，無所係屬。秦漢而下，嗣不蚤定，事出倉卒，或宮闈出令或宦寺主謀，或奸臣首議，此皆足以危人之國也。陛下何憚而不蚤定大計？邸第之盛，人皆知陛下篤於親愛也。然依憑者衆，輕視王法，請託之行，捷於影響。揚干，晉侯弟也，亂行於曲梁，而魏絳戮其僕，晉侯始怒而終悔，晉卒以霸。平原君，趙王弟也，不出租税而趙奢刑其用事者，趙王賢而用之，趙卒以强。此皆足以興人之國也。陛下何為而不少伸國法？至於女冠者流，衆所指目；近璫小臣，時竊威福。所以然者，實因聖心乍明乍晦之所致。夫國有善類，猶人有元氣，善類一敗一消，元氣一病一衰。善類能幾，豈堪數消，消極則國隨之矣。陛下明于知人，公於用人，固無權奸再用之意。然道路之口往往竊議，此元祐紹聖將分之機也，禍根猶伏而未去，不幾扵安其危乎？帝改容曰：朕決不用史嵩之。

（宋）李心傳《建炎以來繫年要録》卷四九《紹興元年辛亥十一月甲午朔之壬戌》 壬戌，監察御史劉一止言，伏見尚書六曹，下逮百司。凡所用法令，初無畫一之論。類以人吏省記，便爲予奪，蓋法令具在，姦吏猶得舞之，今乃一切聽其省記，顧欺蔽何所不有。欲與則呈與例，欲奪則呈奪例，或與奪在其牙頰，其患可勝言哉！陛下聖明，灼見此弊，嘗降處分，令左右司郎官，以其省記之文，刊定頒行，然左右司職事號爲最繁。竊恐於此不能專一，無由速成。伏望改差詳定一司敕令所，立限刊定，鏤板頒降。內吏部條法，最爲急務，乞責近限，先次施行，庶幾杜絕姦吏弄法受賕之弊，詔如其請。吏部法限一月，餘限一季成書。既而廣東轉運司以元祐吏部法來上，乃命參以七司所省記元豐至紹興條例，參酌修立，再踰年而後成云。

（宋）吕中《宋大事記講義》卷二《太祖皇帝·御史恤刑》 開寶六年五月，以馮柄判御史臺，上留意聽斷，專事欽恤，御史大理官屬尤加選擇，嘗召柄謂曰：朕每讀《漢書》，見張釋之、于定國治獄，天下無冤民，此所望於汝也。京城左右院典司按鞫，舊選牙校任之，上哀矜庶獄，至是改用士人，以新及第人為司寇參軍。

任人而不任法，以處他事則可，以處刑獄則不可。此刑統之不可無也。夫律令之明，條章之具，使罪應其法，法應其情，奸吏猶且為之輕重，況無法乎？本朝格式律令，皆有常書，張官置吏，所以行其書耳。乾德元年，頒《新刑統》，竇儀等所定也。然有有司所執之法，有人主所操之權，寬緣坐而嚴故入，命士人以典獄，責御史以無冤民，此太祖用刑之權也。建隆二年，嚴故入法。乾德四年，寬緣坐法。《書》云：五刑有服，五服三就，五流有宅，五宅三居。此臯陶所執之法，宥過無大，刑故無小，罪疑惟輕，功疑惟重。此大舜所操之權也。有司執一定之法，人主得從輕之權。此段論恤刑獄。

（宋）吕中《宋大事記講義》卷二《太祖皇帝·戶部主財》 開寶二年七月，以辛仲甫為三司户部判官，上問普曰：儒臣有武幹何人？普以仲甫對。上因曰：五代方鎮殘虐，民受其禍，朕今選儒臣才幹者百餘人，分治大藩，縱皆貪濁亦不及武臣一人也！

以酷吏主財，則取民必峻；以武夫主刑，則用法必嚴。此太祖所以命儒臣主財，士人典獄也。知所以培國脉而重民命歟。

（清）徐乾學《資治通鑑後編》一七二《元紀二〇》 五月甲辰，中書右丞相托克托罷，以知樞密院事阿嚕圖為右丞相，托克托固辭相位，帝問誰可代者？以阿嚕圖對，遂擢用之，封托克托為鄭王，食邑安豐，賜金印及海青文豹等物，俱辭不受。阿嚕圖既為相，議除一人為刑部尚書，或難之曰：此人柔軟非刑部所可用，阿嚕圖曰：選儈子耶？若選儈子，須用强壯人，尚書詳讞刑獄，不枉人壞法，即是好官，何用强壯者，為其為治知大體如此。

（清）徐乾學《資治通鑑後編》卷一八三《元紀三一》 辛卯，吳王命按察司僉事周禎等定議按察事宜，條其憲綱所當務者以進，諭之曰：風憲紀綱之司，惟在得人則法清弊革。人言神明能行威福，鬼魅能為妖禍，爾等能興利除害，輔國裕民，此即神明，若陰私詭詐蠹國害民，此即鬼魅也。凡事當存大體，有可言者，勿緘默不言，有不可言者勿沽名賣直，苟察察以為明，苛刻以為能，下必有不堪之患，非吾所望於風憲矣。

（清）徐乾學《資治通鑑後編》卷一八四《元紀三二》 戊辰，吳王諭中書省臣曰：自古聖賢之君不以禄私親，不以官私愛，惟求賢才以治其民，所以示天下至公也。元朝出於沙漠，惟任一己之私，不明先王之道，所在官司輒以蒙古、色目人為之長，但欲私其族類，羈縻其民而已。非公天下愛民圖治之心也。況奸吏從而蒙蔽之舞文弄法，朝廷之上，賄賂公行，苟且之政因循歲月，上下同氣不以為怪。末年以來其弊尤甚，以致社稷傾危，而卒莫之救。公等宜以此為戒，選官之際，慎擇其人而任之，勿循其弊也。

《明宣宗實録》卷一〇九《宣德九年三月》 陞行在浙江道監察御史張駿為行在大理寺左少卿，行在刑部山東清吏司郎中賀祖嗣為右少卿。上以大理評議刑獄必須得人。詢於近臣，有言駿、祖嗣二人，通法律，有持守，遂皆陞用之。勑駿、祖嗣曰：朕為億兆主，恒慮刑罰失中。大理之設，所以平天下之刑，苟非其人曷克以稱。卿等往即其任，必廉勤明慎，不溺于私，不撓于勢，無刻無縱，使輕重適當，舉措得宜，人心悦服，庶副朕欽恤之意。

（清）周爾吉《歷朝折獄纂要》卷二《察盜·巨塘沉屍》 明朝黄綬封邱人，爲四川參政時，過崇慶，忽旋風起輿前，公曰卽有冤，且散，吾爲若理，風遂止。抵州沭而禱於城隍，夢中若有神，言州西寺者。公密訪州西，四十里，果有寺地，當孔道，倚山爲巢，而寺僧諸多不法事。公旦起，卽率吏民急抵寺，盡繫諸僧。中一僧最少，而狀甚獰惡，詰之無祀牒，卽塗醋額上，灑洗之，公曰是盗也。訊諸僧，盡得其奸狀。蓋寺西有巨塘，夜殺投宿人，沉塘中，衆分其貲，有妻女則又分其妻女，匿之窖中，恣淫毒久矣。公盡按律，殺其僧，毁其寺，一邑稱賢宰焉。

寺僧爲害，無處無之，地方有司，置之不理，以致肆行無忌。綬以風起興前，即廉得實情，殺僧毀寺，以揭覆盆，可知有治法，必須有治人也。

（清）鄂爾泰等《世宗憲皇帝硃批諭旨》卷三一下《硃批馬會伯奏摺》

同日又奏：為仰籲聖恩，敕發賢員以肅吏治事。竊臣以湖北修築堤塍，需員料理。奏請人員，荷蒙皇上俞允，特命傅百揆等十員來楚，令於水利効力，臣已分委監築各處，堤工在案。臣查湖北吏治廢弛已久，急須整飭，臣於抵任後，凡屬員接見，靡不諄諄訓誨，冀其各自勉勵。無如積習既深，兼之賢員實少，一時難以振作。臣夙夜憂心，悚惶無極，仗思有治人無治法，吏治之整飭，惟在得人。而州縣之賢否，尤視知府為轉移。蓋以知府一官有董率羣僚之責，又與州縣最為親近，觀感捷於影響。知府苟能持廉秉公，實心辦事，則州縣自必奮然興起，共相砥礪。竭蹶從事，而政務可免廢弛矣！仰懇聖慈念湖北地方緊要，於候補候選知府中揀選賢能强幹之員，敕發四員來楚。俟有知府缺出，臣即委令署理。該員如果仰體聖心，竭力辦公，正己率屬，臣即會同督臣邁柱題請補授。再湖北州縣内賢能者寥寥無幾，前經臣據實奏明，久在聖明洞鑒之中。查湖北地方，如沔陽、荆門、江夏、漢陽、漢川、嘉魚、江陵、黄岡、黄陂等州縣，俱屬衝繁要缺，最稱難治。亦須得人方與地方有益。仰懇皇上將候選候補知州知縣敕發數員，遇有緊要州縣缺出，臣即酌量委署，著有勤勞，會題請旨實授。倘蒙皇上恩允，則知府表率於上，州縣贊理於下，而臣又與督臣邁柱和衷相濟，協力同心，吏治庶可整理，積習漸次悛改矣。臣因地方用人起見，冒昧陳奏。是否可行，伏祈皇上睿鑒批示。欽遵謹奏。

〔硃批〕留心試用可也，因揀選不能得人，發來者係中平才具此見通極乃狀常時議論之語，果肯嚴行糾察，多方勸懲，能令各府皆得其人，則闔省吏治之要領得矣！勉之。尤貴不瞻顧，屏却沽名邀譽之念。言之甚覺可聽，全賴爾等大吏為國家作養人材也。每遇知府缺出，不啻寒士。作文搜盡枯腸，尚無一篇佳。製四員五員談何容易，如蔣景濂此等好員，汝又不加愛惜，輒以微暇輕棄。一時那得有如許人材耶？察吏之道，當汰除庸劣，保護幹員。遇可上可下之中材則易勉，成全之斯，乃督撫之專責。若任意參劾，而惟向朕求現成賢良之吏，朕從何處覓來。偶有材力少壯者，率皆後生新進之流，未經歷練，何敢必其後效。況現今在部候選者，不過三四人。材質又皆不堪，其各部司官亦多新進之人，稍可觀者，經部臣保薦，盡行録用矣。高淳即係部中所保，第一等司官也。茲霸昌道一缺命六部保舉，因無以應命，現在空缺待人。爾等當知人材難得，只可在本省州縣各官中鼓勵，造就將來或可得人任用。假若各省咸欲得現成良吏而驅策之，恐未必拔茅連茹若斯之易也。至於州縣員缺，於新進中多方揀選有才情而不諳練者，尚屬可得。設欲即委以衝繁緊要之任，亦屬美錦學製烏乎。可汝若似此不能鼓勵屬員，朕亦如待高其倬者，待汝令隣省督撫相協助矣。若然汝之顔面安在哉？

（清）陸曾禹《康濟録》卷三上《臨事之政·禁遏糴以除不義》　咸淳七年，撫州饑黄裳奉命往彼救荒，但期會富民耆老以某日至，至則大書：閉糴者籍，强糴者斬。八字揭於通衢，米價遂平。一云辛幼安所行

謹案，孰謂救荒無奇策，以八字而定民心，非奇策乎。此所謂有治人無治法也。

《盛京滿文檔案中的律令·癸丑年》　癸丑年十二月，聰睿恭敬汗謂其諸子及所擢用之諸大臣曰：為國之道，以何爲貴？在於謀事公信，法度嚴明也。其棄良謀、慢法度之人，無益於此道，乃國家之鬼祟也！即以我自身而論之，我之所言，豈能盡是？倘有不當處，勿顧情面。一人之所慮，不如爾衆人之所思更甚切當。故爾諸子及衆大臣當以衆人之見識直陳之。

《盛京滿文檔案中的律令·天命七年》　三月初三日，八子進見父汗問曰：天賜基業，何以底定，何以永承天休？汗曰：夫繼父爲國君者，毋令力強者爲君。倘以力強者爲國君，恐尚力恣縱而獲罪於天，一人雖有知識，能及衆人之謀耶？故命爾等八子爲八王，八王同議，必然無失。爾八王中擇其能受諫者即嗣父爲國君。若不納諫，所行非善，爾八王即更擇其能受諫而好善者立之。更立時，若不樂從商議，艴然作色而拒之，豈容似此惡人而任其所爲耶？如此，則強行换之也！爾八王治理國政，一人心有所得，直陳所見，其餘七人則讚成之。如己無能，又不讚成他人之能而緘默坐視，則當易之，擇其子弟爲王。更易時，若下樂從商議，艴然作色拒之，亦豈容似此惡人而任其所爲耶？如此，亦強行易之也！

（清）王先慎《韓非子集解·説林》　張譴相韓，病將死。公乘無正

懷三十金而問其疾。居一月，公自問張譴曰：若子死，將誰使代子？答曰：無正重法而畏上，雖然，不如公子食我之得民也。張譴死，因相公乘無正。

田伯鼎好士而存其君，白公好士而亂荆。其好士則同，其所以爲則異。先慎曰：以下當有好士之三字，此謂其好士則同，其所以好士之爲則異，下文其自刑則同，其所以自刑之爲則異；其東走則同，其所以東走之爲則異，與此語句一律，明此脱好士之三字，《淮南・時則訓》注爲故也。公孫友自刖而尊百里，豎刁自宫而諂桓公。其自刑則同，其所以自刑之爲則異。慧子曰：狂者東走，逐者亦東走，其東走則同，其所以東走之爲則異。故曰：同事之人，不可不審察也。

（宋）桂萬榮《棠陰比事・虔劬思賢》 沈括《筆談》云：江南人好訟，有一書名鄧思賢者，作偽詞狀法也，始教以侮文。侮文不可得，則欺誣以取之。欺誣不可得，則求其罪以劾之。鄧思賢，人名也，始傳此術，遂名其書。村校中往往授生徒。韓琚通判虔州，民有偽作寃狀，悲憤叫呼，似若可信。琚攝郡究其風俗，考其枉直，莫之能欺。民皆以為不寃。琚，魏公之兄，終於轉運使。

按虔州今之贛州府也，括熙寧中任知制誥，去今四百年矣。世道日漓，刁民偽為寃狀以陷人者，在在有焉。貧弱有寃無處訴告者，亦無地無焉。受人財為人揑造寃苦詞情若鄧思賢者，亦有之焉。《易・訟卦・彖》曰：利見大人。言訟者求辨曲直，利見剛明中正之大人，以决其所訟也。《康誥》曰：如保赤子。言赤子未能言，為父母者誠心求之，則能得其心之所欲矣。今之任民牧者，民呼為父母；居顯要者，人呼為大人。其可不思盡其心稱其名，以上無負聖天子之委任，下無負斯民之仰望乎！

《晏子春秋・内篇雜上》 景公使晏子爲東阿宰，三年，毁聞於國。景公不説，召而免之。晏子謝曰：嬰知嬰之過矣，請復治阿，三年而譽必聞於國。景公不忍，復使治阿，三年而譽聞于國。景公説，召而賞之。景公問其故，對曰：昔者嬰之治阿也，築蹊徑，急門閭之政，而淫民惡之；舉儉力孝弟，罰偷窳，而惰民惡之；决獄不避，貴强惡之；左右所求，法則予，非法則否，而左右惡之；事貴人體不過禮，而貴人惡之。是以三邪毁乎外，二讒毁于内，三年而毁聞乎君也。今臣謹更之，不築蹊徑，而緩門閭之政，而淫民説；不舉儉力孝弟，不罰偷窳，而惰民説；决獄阿貴强，而貴强説；左右所求言諾，而左右説；事貴人體過禮，而貴人説。是三邪譽乎外，二讒譽乎内，三年而譽于君也。昔者嬰之所以當誅者宜賞，今所以當賞者宜誅，是故不敢受。景公知晏子賢，迺任以國政，三年而齊大興。

（宋）王應麟《玉海》卷四九《藝文・政要寶訓・夏政典》 《書・胤征》《政典》曰云云，注：夏后為政之典籍，若周官六卿之治典。

藝　文

（唐）白居易《白氏長慶集》卷二《諷喻二・贈友》 京師四方則，王化之本根。長吏久於政，然後風教敦。如何尹京者，遷次不逡巡。請君屈指數，十年十五人。科條日相矯，吏力亦已勤。寬猛政不一，民心安得淳。九州雍為首，羣牧之所遵。天下率如此，何以安吾民。誰能變此法，待君贊絲綸。慎擇循良吏，令其長子孫。

（宋）王安石《臨川先生文集》卷五《古詩・寄題睡軒》 劉侯少忼慨，天馬脱馽羈。一官不得意，州縣老委蛇。新居當中條，牆屋稍補治。疏軒以睡名，從我遠求詩。朝廷法令具，百吏但循持。又况佐小邑，有才安所施。賦租如簿領，獄訟了鞭笞。翛然卽高枕，於此樂可知。王官有空谷，隱者常棲遲。拂榻夢其人，亦足慰所思。嗟予久留連，竊食坐無為。浩歌臨西風，更欲往從之。

（宋）王安石《臨川先生文集》卷一三《古詩・答客》 士常疑西伯，何至羑里辱。瞽鰥親父子，尚脱井廩酷。昏主雖聖臣，飛禍安可卜。致命遂其志，雖窮不爲戮。

雜　録

（清）孫星衍《尚書今古文注疏・微子》 卿士師師非度，凡有罪辜，乃罔恒獲。注：史遷凡作皆，乃罔恒獲作乃無維獲。馬融曰：非但小人學爲姦宄，卿士已下，轉相師效，爲非法度。鄭康成曰：凡猶皆也。獲，得也。羣臣皆有是罪，其爵禄又無常得之者。疏：史遷説凡爲皆者，《廣雅·釋詁》云：凡，皆也。罔爲無者，《釋言》文。恒獲作維獲，《廣雅·釋詁》云：唯，獨也。維唯同義。言此有罪之人，不必獨能得之，則所獲者無恒。馬注見《史記集解》。以師師爲師效者，《漢書·敘傳》：高平師師。注：鄧展云：師師，相師法也。薛綜注《東京賦》百僚師師亦同。非度，言非法度者，《説文》云：度，法制也。《詩·瞻卬》云此宜無罪，女反收之。彼宜有罪，女覆説之也。案：此師師，上師言衆，下師言長，或如《梓材》云我有師師，謂卿士師長，不必如馬氏所云也。鄭注見《書》疏及《史記集解》。云獲得也者，《公羊傳》云：生得曰獲。云羣臣皆有是罪者，言羣臣皆有草竊姦宄不法之罪。云爵禄又無常得之者，鄭以獲爲得爵禄，言罰罪既不當，則爵人亦可以無常得之也。案：此經義蓋如《牧誓》所云：乃惟四方之多罪逋逃，是崇是長，是信是使，是以爲大夫卿士，俾暴虐于百姓，以姦宄于商邑。此言有罪逋逃者，紂爲之主，不能卽獲，致使民交相仇怨也。

（清）孫星衍《尚書今古文注疏·洪範》 平康正直，彊弗友剛克，燮友柔克。注：史遷弗作不，燮作內。鄭康成曰：人臣各有一德，天子擇使之。安平之國，使中平守一之人治之，使不失舊職而已。國有不順孝敬之行者，則使剛能之人誅治之。其有中和之行者，則使柔能之人治之，差正之。疏：此又申言三德之性行。正直者平康，是得其中正，不須克制也。彊弗友者，《廣雅·釋詁》云：友，親也。言其性彊毅，不可親。剛克之人有是性。燮友者，《釋詁》云：燮，和也。言柔克之人有此性。二者，君德之偏，故下言自克之道。史公燮作內者，內與燮聲相近，假借字。鄭注見《書》疏，以此三德爲人臣各有一德。云安平之國，使中平守一之人治之者，上文云乂用三德，馬、鄭皆以乂爲政治也。安平之國，謂其國平康，無事紛更，使中平守一之人，循其舊職可矣。云不順孝敬之行者，《爾雅》云：善兄弟爲友。彊弗友，是不順孝敬之行，當使剛能之人治之。云中和之行者，《釋詁》訓燮爲和，和而友，當使柔能之人治之。馬、鄭俱以下文有惟辟作福、作威之言，故爲此説也。

（清）孫星衍《尚書今古文注疏·金縢》 天大雷電以風，禾盡偃，大木斯拔。邦人大恐。王與大夫盡弁，注：史遷説大雷電以風，爲暴風雷雨，斯爲盡，弁爲朝服。古《尚書》説云：武王崩時，成王年十三。後一年，管、蔡作亂，周公東辟之。王與大夫盡弁，以開金縢之書。成王年十四，言弁，明知已冠矣。鄭康成曰：弁，爵弁。天子、諸侯十二而冠，成王此時年十五，于禮已冠。而爵弁者，承天變，故降服也。以啓金縢之書，注：鄭康成曰：開金縢之書者，省察變異所由故事也。乃得周公所自以爲功代武王之説。注：説，史遷一作簡。疏：大雷電以風，電當爲雨。偃者，孔氏安國注《論語》云：仆也。史公爲暴風雷雨者，《漢書·周舉傳》注應劭引《洪範五行傳》作大雷雨，《論衡·感類篇》，亦作雷雨，則電爲誤字。斯爲盡者，高誘注《吕氏春秋》云：斯，猶盡也。弁爲朝服者，《周禮·司服》云：視朝皮弁。《玉藻》云：皮弁以日視朝。故史公以朝服釋弁也。古《尚書》説見《公羊傳》隱元年疏。許君謹案：武王崩，成王年十三，若十四而已冠，是喪冠也。不從古《尚書》説。云成王年十四者，譙周《五經然否論》引此《異義》云：武王崩後，管、蔡作亂，周公出居東。是歲大風，王與大夫冠弁開金縢之書，成王年十四，是喪冠也。蓋不以秋大熟爲二年後，與鄭異也。鄭注見《書》疏、《詩·芄蘭》疏。云弁，爵弁者，《穀梁》文十二年《傳》疏云。爵弁者，《儀禮·士冠禮》：三加爵弁。注云：爵弁尊。江氏聲云：此以爵弁爲降服者，爵弁非天子之服。蔡邕《獨斷》云：冕冠周用爵弁。又云：以三十升布爲殼，廣八寸，長尺二寸，加爵冕其上，周黑而赤，如爵頭色，前小後大。《周書》曰：王與大夫盡弁。是同鄭説。鄭以不加爵冕，故曰降服也。云天子諸侯十二而冠者，《左傳》襄九年：晉侯問公年，季武子曰：會于沙隨之歲，寡君生。晉侯曰：十二年矣。國君十五而生子，冠而生子，禮也。君可以冠矣。《淮南·氾論訓》：歲星十二歲而周天，天道十二而備，故國君十二歲而冠。冠而娶，十五生子，重國嗣也。鄭説本此。云成王年十五，於禮已冠者，《穀梁傳》文十二年注引譙周曰：《書》稱成王十五而冠，著在《金縢》。亦與鄭説同也。鄭注見《書》疏。又云開金縢書，省察變異所由故事者，金縢之匱，藏先王舊章，必有可以考驗災異所由者，卽可知消伏之術。成王不知有周公代武王之簡亦在內也。説史公作簡者，徐廣曰：説，一作簡。或今文字也。

（宋）陳祥道《禮書》卷三三《力政》 小宰，以官府之八成經邦治：一曰聽政役以比居，鄭司農云政謂軍政。役，謂發兵起徒役。比居謂伍籍也。大司徒，大軍旅，大田役，以旗致萬民，而治其徒庶之政令。小司徒，上地家七人，可任也者家三人；中地家六人，可任也者二家五人；下地家五人，可任也者家二人。凡起徒役，毋過家一人，以其餘為羨，唯田與追胥竭作，凡國之大事，致民；大故，致餘子。鄭司農云：餘子謂羨也。玄謂餘子，卿大夫之子，當守於王宮者也。大軍旅，帥其衆庶。小軍旅，巡役，治其政令。大喪，帥邦役，治其政教。《鄉師》大役，則帥民徒而至，治其政令；既役，則受州里之役要，以考司空之辟，以逆其役事。鄉大夫之職，以歲時登其夫家之衆寡，辨其可任者。國中自七尺以及六十，野自六尺以及六十有五，皆征之。其舍者，國中貴者、賢者、能者、服公事、老者、疾者皆舍。以歲時入其書。國中，城郭中也，晚賦稅而早免之，以其所居復多役少，野早賦稅而晚免之，以其復少役多。鄭司農云：征之者，給公上事也。舍者，謂有復除舍不收役事也。貴者，謂若今宗室及關內侯皆復也。服公事者，謂若今吏有復除也。老者，謂若今八十、九十復羨卒也。疾者，謂若今癈不可事者復之。玄謂入其書者，言於大司徒。《鄉師》大役，則帥民徒而至，治其政令。《州長》若國作民而師田行役之事，則帥而致之，掌其戒令與其賞罰。《黨正》凡作民而師田行役，則以其法治其政事。《族師》若作民而師田行役，則合其卒伍，簡其兵器，以鼓鐸、旗物帥而至。掌其治令、戒禁、刑罰。《縣師》若將有軍旅、會同、田役之戒，則受法于司馬，以作其衆庶及馬牛、車輦，會其車人之卒伍，使皆備旗鼓、兵器，以帥而至。《遂人》若起野役，則令各帥其所治之民而以遂之大旗致之。凡事，致野役，而師田作野民，帥而至，掌其政治禁令。《遂師》作役事則聽其治訟。《鄙師》凡作民，則掌其戒令。以時數其衆庶，察其媺惡而誅賞。《縣正》若將用野民師田、行役、移執事，則帥而至，治其政令。《稍人》若有會同師田行役之事，則以縣師之法，作其司徒、輂輦，帥而以至，治其政令，以聽於司馬。《酇長》若作其民而用之，則以旗鼓兵革帥而至。《大司馬》簡稽鄉民以用邦國。凡令賦，以地與民制之。【略】

蓋王者有分土無分民，建萬國所以分其土，親諸侯所以合其人。不分其土，則其守不專，不合其人則其勢不一。《王制》言，凡九州千七百七十三國，分其土也。繼之以才伯，連帥之法，合其人也。《周官・大司馬》比小事大，以和邦國，《職方氏》凡邦國，大小相維者此也。古者什伍之法，於州鄉則聯其民，於師田則聯其徒，於宿衛則聯其官，故能以中國為一人而無內患。為屬、連、卒、州以聯其國，為長、師、正、伯以聯其人，故能以天下為一家而無外虞。然不惟其官，惟其人則法行而事舉。《詩》曰：四國有王，郇伯勞之，是也。非其人則法雖存而事廢。

（漢）衛宏《漢官舊儀》卷上 惟神爵三年十月甲子，丞相受詔之官，按《百官公卿表》神爵三年四月戊戌，御史大夫內吉為丞相，與此文月日不合。皇帝延登，親詔之曰：君其進，虛受朕言。朕鬱于大道，獲保宗廟，兢兢師師，夙夜思過失，不遑康寧，晝思百官未能綏。於戲丞相，其帥意無怠，以補朕闕。於戲羣卿大夫，百官慎哉！不勗于職，厥有常刑，往悉乃心，和裕開賢，俾之反本乂民，廣風一俗，靡諱朕躬。天下之衆，受制於朕，丞相可不慎歟？於戲！君其誡之。【略】

大夫初拜，策曰：惟五鳳三年正月乙巳，御史大夫之官按《百官公卿表》五鳳三年六月辛酉，西河太守杜延年爲御史大夫，與此文月日不合。，皇帝延登，親詔之曰：御史大夫其進，虛受朕言。朕鬱于大道，獲保宗廟，兢兢師師，夙夜思己失，不遑康寧，晝思百姓未能綏。於戲御史大夫，其帥意盡心，以補朕闕。於戲九卿、羣大夫，百官慎哉！不勗于厥職，厥有常辟，往悉乃心，和裕開賢，俾賢能反本乂民，靡諱朕躬。天下之衆，受制於朕，以法爲命，可不慎歟？於戲御史大夫，其誡之。

敕上計丞、長史曰：詔書殿下，布告郡國，臣下承宣無狀，多不究，百姓不蒙恩被化，守、丞、長史到郡，與二千石同力，爲民興利除害，務有以安之，稱詔書。郡國茂才不顯者言上，殘民貪污煩擾之吏，百姓所苦，務勿任用。方察不稱者，刑罰務於得中，惡惡止其身。選舉民侈過度，務有以化之。問今歲善惡孰與往年，對上。問今年盜賊孰與往年，得無有羣輩大賊，對上。

《魏書》卷五〇《慕容契傳》 高祖曰：古有待放之臣，亦有離俗之士，卿等自審不勝貪心者，聽辭位歸第，契進曰，臣卑微小人，聞識不遠，過蒙曲照，虛忝令職。小人之心無定，帝王之法有常。以無恒之心，奉有常之法，非所克堪。乞垂退免。高祖曰，昔鄭相嗜魚，人有獻魚者，相曰若取此魚，恐削名禄，遂不肯受。契若知心不可常，即知貪之惡矣，何爲求退？

（唐）劉肅《大唐新語》卷一《規諫》 張玄素，貞觀初太宗聞其名，召見，訪以理道。玄素曰：臣觀自古已來，未有如隋室喪亂之甚，豈非其君自專，其法日亂。向使君虛受於上，臣弼違於下，豈至於此。且萬乘之主，欲使自專庶務，日斷十事，而有五條不中者，何況萬務乎？以日繼月，乃至累年，乖繆既多，不亡何待？陛下若近鑒危亡，日慎一日，堯舜之道，何以加之。太宗深納之。

（唐）王方慶《魏鄭公諫録》卷五《或奏公阿黨親戚》 或奏公阿黨親戚者，太宗使御史大太温彥博案驗其事，乃言者謬妄。彥博奏：魏徵人臣，須存形迹，不能避遠嫌疑，爲人所道，雖情在無私，事亦可責。乃令彥博以此旨責公。因謂之曰：君前後諫争，凡數百條，豈以小事損君衆美。自今以往，不得不存形迹也。經數日太宗問公曰：昨來在外，聞有何不是事？公正色曰：前日令彦博宣敕語臣，何因不作形迹，此言大不是。臣聞君臣叶契，義同一體，未聞不存公道，唯事形迹。若君臣上下同遵此路，則邦之興喪，或未可知。太宗瞿然改容，曰：前發此語，尋已悔之，君不得因兹遂懷隱避。公乃再拜而言曰：臣以身許國，正道而行，必不敢欺負。但願陛下使臣爲良臣，勿使臣爲忠臣。太宗曰：忠良有異乎？公曰：良臣，稷契咎繇是也；忠臣，龍逢比干是也。良臣使身獲美名，君受顯號，子孫傳業，福禄無疆。忠臣身受誅夷，君陷大惡，家國並喪，獨有其名。由此而言，相去遠矣。太宗謂曰：君但不違此言，朕不忘社稷之計。乃賜絹一百匹。

（唐）王方慶《魏鄭公諫録》卷五《論止足之分》　公頻論止足之分，太宗未之許。公曰：羣臣委任既久，許其避退，權用之次，觀其能否。既得預察羣才，又無獨任之謗，使善人得進，長廉讓之風。若能行之於今，足為將來永法。太宗曰：信如公言，然論者猶有異同，待至京下當別議。

（唐）王方慶《魏鄭公諫録》卷五《太宗臨朝詔群臣》　太宗嘗臨朝謂侍臣曰：夫以銅爲鏡，可以正衣冠；以古爲鏡，可以知興替；以人爲鏡，可以明得失。朕常保此三鏡，以防己過。今魏徵殂逝，遂亡一鏡矣。徵亡，朕遣人至宅，就求其書，得遺表一紙，始立藁草，字皆難識，唯有數行乃稍可分辨，云：天下之事有善惡。任善人則國安，用惡人則國亂。公卿之情有愛憎。憎者，唯見其惡；愛者，唯見其善。愛憎之閒，宜詳審。若愛而知惡，憎而知善，去邪勿疑，任賢勿貳，可以興化矣。其遺表如此，何必多在。朕思之恐不免，斯事書於笏，知而卽諫也。

（宋）王溥《唐會要》卷五四《省號上・給事中》　會昌五月十二月，給事中韋宏景上疏，論中書權重，三司錢穀不合相府兼領，宰相李德裕論奏曰：臣等昨於延英召對，恭聞聖旨，常欲朝廷尊，臣下肅，此是陛下深究理本也。臣按《管子》云：凡國之重器，莫重於令。令重則君尊，君尊則國安。國安在於尊君，尊君在於行令。明君治民之本，莫要乎出令。故曰：虧令者死，益令者死，不行令者死，不從令者死。又曰：行令於上，而不論可否，是上失其威，下繫於人也。自太和以來，其風大弊，令出於上，非之於下。昨韋宏景所論宰相不合兼領錢穀，臣等敢以事體陳聞。昔匡衡云：所以爲大臣者，國家之股肱，萬姓所瞻仰，明主所慎擇。傳曰：下輕其上，賤人圖柄，則國家搖動。宏景受人教導，輒獻封章，是賤人圖柄矣。蕭望之漢朝名儒，爲御史大夫，奏云：今歲首日月少光，罪在臣等。上以望之意輕丞相，乃下御史詰責。賈誼有云：人主如堂，羣臣如陛，陛高則堂高。亦由將相重則君上尊，其勢然也。昔東漢處士横議，遂有黨錮事起，此事深要懲絶。上然之。

（宋）李燾《續資治通鑑長編》卷一七七《宋仁宗至和元年》　夫此典禮素定，不可輕變者，議論異同如此，是為禮官而以禮自舞也。古者法吏舞法，而今世禮官舞禮。若不加詰問，恐朝廷典章寖坏而不可救。

（宋）李燾《續資治通鑑長編》卷三二四《宋神宗元豐五年》　雖然，民生不見兵革，安于田畝，而以財力奉公家，未告病也。而論者以為無政事故財用不足，陛下有憂之，起王安石參大政，未久而相之，又以王安石所推引而任吕惠卿、曾布、李承之，内則議令，外則察訪，舉天下之法而新之。陛下日旰宵中，以聽萬務，自古好治之君，至誠篤信，排天下之議論而任安石，未有如陛下者。為安石者，以身當天下之怨，以報陛下，固亦鮮比。當此時朝廷、郡縣頗革因循之弊，上下日以赴功，而一切禁言新令之不便，是以法度未備而已敝。夫法已有弊，智足以知之，然則當更而不更者，何哉？是大臣造法之過，而羣臣不言之罪也。

（清）徐乾學《資治通鑑後編》卷一九《宋紀一九》　辛卯，京西轉運使姚鉉上言：諸路官吏，或强明莅事，惠愛及民者，則必立教條，除其煩擾。然所更之弊事多不便，於狡胥俟其罷官，悉藏記籍，害公蠹政莫甚於兹。應知州府軍監通判幕職州縣官於所在，有經畫利濟事可經久者，歲終書歷替日録付新官，俾之遵守，不得妄信下吏。輒有改更若灼然不便，州以上聞幕職，以下聞於長吏，俟報改正。《禮》云：其人存則其政舉，其人亡則其政息。《語》曰：舊令尹之政必以告新令尹。此實聖人之格言，國家之急務也。詔從之。

（清）徐乾學《資治通鑑後編》卷二五《宋紀二五》　準在中書喜用寒俊，每御史缺，輒取敢言之士。他舉措多自任，同列屢目吏持例簿以進，準曰：宰相所以進賢退不肖，若用例，一吏職爾。因卻而不視。吕中曰：我朝善守格例者，無若李沆、王旦、王曾、吕夷簡、富弼、韓琦、司馬光、吕公著之為相；破格例者無若王安石、章惇、蔡京、王黼、秦檜之為相。考其成效，驗其用人，則破格例者誠不若用格例者之為愈也。然寇準以公心行之，故破格例而用君子也。王安石以私心行之，故破格例而用小人也。抑王安石嘗置中書條例司。温公譏之曰：宰相以道佐主，苟事皆檢例而行之，胥吏可為宰相，何必擇也？如温公所言，則安石亦欲循格例乎？蓋温公亦未知安石用心之所在，徒見其編修條例，則謂之檢例耳。不知安石正以用例為非而盡破舊例以立法，温公以言譏之，是助之耳。此又不可不知也。

（清）徐乾學《資治通鑑後編》卷八一《宋紀八一》己丑，詔曰：朕度時之宜，造為法令。已行之效，固亦可見，吏有不能奉承，然朕終不以吏或違法之故，輒為之廢法。要當博謀廣聽，案違法而深治之。時，吕惠卿慮中外因王安石罷相，言新法不便，以書徧遺諸路監司、郡守，使陳利害，又白帝，降此詔申明之。

（清）徐乾學《資治通鑑後編》卷八五《宋紀八五》蔡確既為右僕射且兼中書侍郎，欲以自大，乃議尚書省關移中書，當加上字以重之。王安禮争曰：三省皆政事所自出，禮宜均一。確乃欲因人而為輕重，是法由人變也，非所以敬國家已。

（清）徐乾學《資治通鑑後編》卷八七《宋紀八七》右司諫蘇轍始供職，上言：帝王之治，必先正風俗，風俗既正，中人以下皆自勉於為善；風俗一敗，中人以上皆自棄而為惡。邪正盛衰之源未有不始於此。昔真宗獎用正人，孫奭、戚綸、田錫、王禹偁之徒，既以諫諍顯名，忠良之士相繼而起。其耄期厭事，丁謂乘間將竊國命，而風俗已成，無與同惡，謀未及發，旋即流放。仁宗仁厚，是非之論一付臺諫。孔道輔、范仲淹、歐陽修、余靖之流以言事相高，時執政大臣豈皆盡賢，然畏忌人言不敢妄作。一有不善，言者即至，隨即屏去。故雖人主寬厚，而朝廷之間無大過失。及先帝嗣位，執政大臣變易祖宗法度，惟有吕誨、范鎮等明言其失，二人既已得罪，臺諫有以一言及之者，皆紛然逐去，由是風俗大敗。臣願陛下永惟邪正盛衰之漸始于臺諫，修其官則聽其言，言有不當隨事行譴。使風俗一定，忠言日至，則太平之治可立而待也。

（清）徐乾學《資治通鑑後編》卷九〇《宋紀九〇》范祖禹請追改内侍除命，不報，因請對曰：熙寧之初，王安石、吕惠卿造立新法，悉變祖宗之政，多引小人以誤國，勳舊之臣屏棄不用，忠正之士相繼遠引。又用兵開邊結怨外國，天下愁苦，百姓流徙。賴先帝覺悟，罷逐兩人，而所引羣小已布滿中外，不可復去。蔡確連起大獄，王韶創取熙河，章惇開五溪，沈起擾交管，沈括徐禧俞充种諤興造西事，兵民死傷皆不下二十萬。先帝臨朝悼悔，謂朝廷不得不任其咎，以至吴居厚行鐵冶之法於京東，王子京行茶法於福建，蹇周輔行鹽法於江西，李稷陸師閔行茶法、市易于西川，劉定教保甲於河北，民皆愁痛，比屋思亂。賴陛下與太皇太后起而救之，天下之民如鮮倒懸。惟是向來所斥逐之人，窺伺事變，妄意陛下不以修改法度為是，如得至左右，必進姦言。萬一過聽而復用之，豈惟正人不敢立朝，臣恐國家自此陵遲，不復振矣。又論：漢唐之亡，皆由宦官。自熙寧、元豐間，李憲、王中正、宋用臣輩用事統兵，權勢震灼。中正兼幹四路，口敕募兵，州郡不敢違，師徒凍餒，死亡最多。憲陳再舉之策，致永樂摧陷，用臣興土木之工，無時休息，罔市井之微利，為國斂怨。此三人者，雖加誅戮，未足以謝百姓，憲雖已亡，而中正、用臣尚在，今召内侍十餘人，而憲、中正之子皆在其中。二人既入，則中正、用臣必將復用，惟陛下念之。時紹述之論已興，有相章惇意，祖禹力言惇不可用，帝不悦。

（清）徐乾學《資治通鑑後編》卷一一五《宋紀一一五》趙雄薦太學正陽安劉光祖試館職。光祖荅策論科場取士之道，進入帝親批其後，略曰：用人之弊，患君不能擇相，而相不能擇人，每除一官，則曰：此人中高第，真佳士也，終不考其才行。國朝以來，過於忠厚，宰相而誤國，大將而敗軍，未嘗誅戮。要在君必審擇相，相必為官擇人，懋賞立乎前，嚴誅設乎後，人才不出，吾不信也。御筆既出，中外大聳，議者謂曾覿視草，為光祖甲科及第發也。帝遣覿持示史浩，浩奏曰：唐虞之世，四凶極惡止於流竄，而三考之法不過黜陟幽明，未嘗有誅戮之科，誅戮大臣，乃秦漢法耳。太祖制治以仁，待臣下以禮，列聖傳心迨仁宗而德化隆洽。本朝之治與三代同風，此祖宗家法也。而聖訓則曰過於忠厚，夫為國忠厚不易得，豈有所謂過哉？臣恐議者以陛下自欲行刻薄之政，歸過祖宗，不可以不審也。若必欲宣示乞改云一於忠厚尚庶幾焉。雄亦為帝言：宰相如司馬光，恐非懋賞所能誘，嚴誅所能脅，帝悔乃改削其辭，宣付史館。

（宋）李幼武《宋名臣言行録別集上》卷五《衛膚敏》　勸上以守法度謹爵賞，正紀綱，因陳時政，有崇觀宣和之弊，未盡革者十餘事，上皆罷行之。又請以承慶院營繕之役付揚州，升暘宮造作之事歸有司，禁中差除須索必關三省，其不合天人之意戾祖宗之法者，許大臣執奏，大臣不正救者顯出之。公先論時政，上曰：崇觀以來所以亂法者，由宰相持禄，故於事無所可否，馴致其禍，今當戒之。

（宋）李心傳《建炎以來朝野雜記甲集》卷一《上德后妃王主宗室附・憲節刑皇后》　右諫議大夫衛膚敏、殿中侍御史張浚言：祖宗之法，后族戚里，不得任文資，恐撓法而干政。上納其言，改煥光州觀察使，著爲令。

（清）徐乾學《資治通鑑後編》卷一八三《元紀三一》　吴王命中書省録用諸司劾退官員，省臣傅巘等奏曰：今天下更化，庶事方殷，諸司官吏非精勤明敏者，不足以集事，此輩皆以迂緩不稱職，為法司劾退，豈宜復用？王曰：人之才能各有長短，故治效亦有遲速。夫質朴者多迂緩，狡猾者多便給。便給者，雖善辦事或傷於急促不能無損於民，迂緩者雖於事或有不逮，而於民則無所損也。命復用之。

（元）張養浩《三事忠告》卷一《牧民忠告・上任・受謁》　諸執事參謁，不可默然無一言。第曰：誤蒙國恩，托茲重寄，芒背汗顔，期與諸君滌慮洗心，以宣大化也。汝或餘違，國有常憲，非所敢私，諸君其慎之。

（元）張養浩《三事忠告》卷一《牧民忠告・御下・威嚴》　小而為一邑，大而為天下，賞罰明，則不煩聲色而威令自行。人徒知治民之難，而不知治吏為尤難。蓋吏與官比，詭詐易生。民遠於官，不能知理法，誤然而犯，宜若可矜。吏則日處法律中，非不知也，小過不懲，必為大患，無所忌憚矣。嘗聞：治民如治目，撥觸之則益昏；治吏如治齒牙，剔漱之則益利。《傳》曰：威克厥愛允濟，愛克厥威允罔。功法此而行，斷不至於難治矣。

（元）張養浩《三事忠告》卷二《牧民忠告・慎獄・自責》　教民不至，則犯禁者多；養民無術，則病饑者眾。為守與牧，而使其至此，獨歸咎於民，難矣哉！

《明神宗實録》卷一一《萬曆元年三月》　南京吏科給事中史朝鉉等條奏考察事宜，一曰慎題覆以俟考察；一曰催册籍以稽吏治；一曰酌地方以定去留；一曰均覈實以處卑職；一曰飭舊例以寓旌別。湖廣道御史陳堂等條奏七事：一曰崇實政，一曰重質問，一曰稽錢糧，一曰重方面，一曰簡教職，一曰重遠方，一曰惜人才。章俱下吏部。

《明神宗實録》卷二五《萬曆二年五月》　刑科給事中歐陽柏奏，贊成久任之法，條例四事。一、惜人才，謂同郡所屬，不得互相更調。同郡則地相近，互相調則優劣相形，心意頓灰，治效罔覩；一、慎咨訪，撫按監司多寄耳目于屬官，屬官復假于下人，奸弊叢生，黑白倒置，務在持公秉虛，使彌縫者不得倖免，而循默者不致受誣；一、戒紛更，喜事之徒借口興革，成法屢更，奸宄日滋，不若循舊奉公之為便；一、崇實政，立碑建祠一如律例所禁。吏部覆如議。從之。

（清）郭嵩燾《郭侍郎奏疏》卷五《各省抽釐濟餉歷著成效謹就管見所及備溯源流熟籌利弊疏》　惟不限以科則，不拘以程式，一依唐臣劉晏之法，引用士人，因地制宜，猶得任人不任法之意。

自古有治人無治法。苟得其人，雖稗政亦無所擾。苟非其人則緩征蠲賑，及一切保甲、社倉之美政，皆足以滋弊端。

（清）鄂爾泰等《世宗憲皇帝硃批諭旨》卷四五上《硃批沈廷正奏摺》　朕用天下羣才，素非謀面，止據羣工之薦揚糾劾，尚欲甄別淑慝，黜陟幽明。况藩邸有數幾人，皆向所稔悉。苟有一長可取者，豈肯不拔擢任用以示勸。其言行乖違怙終不悛者，何容不譴責棄逐以示懲。若一任倚恃私恩，干犯法紀，在汝等喪失天良，自招罪戾，此其小者。天下後世將謂朕為何如主耶？如傅鼐、博爾多，朕何嘗不期望成一人物，其奈小人福淺何？此二人即係汝等榜樣，惟自信無他，方保始終盡善。試思於朕前能陷害人者，為誰？能援庇救濟人者，為誰？朕之耳目，心思匪可簧鼓搖惑也。努力實行，做一好官，成一好人，以報效國家，垂名史册，顧不美歟。較之眼前，浮榮小利，奚啻徑庭，勉之勉之，毋辜朕望。

（清）鄂爾泰等《世宗憲皇帝硃批諭旨》卷四八《硃批杜濱奏摺》

聖人云：不獲乎上，民不可得而治。既為屬員即宜仰承上司意指就中委曲，匡救協助以裨益地方，始稱良吏。若一味剛愎自用，亦何足取。上司除貪婪欺罔、大逆不道之外，為屬員者，仍以能得其懽心為是，豈可但為自己地步不體上司之難，是皆潔身而不奉公之流弊，乃小人小臣之形態。如此居心行事，畢生斷不能至大臣地位也。不寧惟是，若如此居心，設或身為大臣，必且與君上抗拒而樹恩邀譽以自固。此種陋習，朕所深惡，汝當拳拳服膺，以為終身戒。

（清）鄂爾泰等《世宗憲皇帝硃批諭旨》卷五一《硃批法敏奏摺》

自古有治人無治法，爾等封疆大吏，但以秉公察吏為主。如爾今舉行此數事，緩則弊在因循，日久漸至懈弛，急則患在騷擾，苟免一時譴責。能不受屬員之種種欺隱蒙蔽，莫作容易看，惟宜勉之慎之，盡爾一己力量殫心竭慮，督察訪詢或有益於萬一。不然徒費唇舌，虛張告示於地方，何實濟之有。須實力勉行，徐徐權宜為之毋忽。

（清）鄂爾泰等《世宗憲皇帝硃批諭旨》卷一二五之一二《硃批鄂爾泰奏摺》　《聖諭廣訓》以及解釋：部頒律條，既非牧令一官所能徧及，亦非鄉官四人所能周至。在鄉官既仍率用各鄉村貢監生員，而牧令亦何不可分用各鄉村貢監生員。《語》云：有治人無治法，此雖恒言實準至理，定制必有深意，俱難輕議紛更。臣惟願天下大小官吏，各抒實心，各宣實力，既謹依良法，更善體美意。則固執為法，權宜亦為法，於化民成俗之道，或庶幾其有賴也。再八旗事務，原與州縣不同，在叅領佐領半多世職，其所管轄半多舊屬。雖有頑劣乖張之員，而瞻顧隱忍在所不免。今添設副叅領，副佐領，既以貳其事，又以分其權。公同辦理，實大有裨益。至於各省州縣雖事務煩多，要止不過數項，得其頭緒，亦不難料理。況如邊省簡僻之州縣，竝未設有佐貳。如大省煩劇之州縣，業經分畫管理，若復添設副員，於查勘檢驗等事，固可以分任而一治。兩官非统、非屬，倘不能和衷共濟，或復此忌彼猜，則誠如聖諭。或相推諉，或相争執，轉致事務稽遲，甚屬無益者也。據臣愚見，州縣副員似亦無庸添設，緣係奉旨各抒所見，議奏事理相應。繕摺陳明，伏乞聖主睿鑒。

（清）鄂爾泰等《世宗憲皇帝硃批諭旨》卷一二六之二《硃批田文鏡奏摺》　天高地厚之恩，即竭盡血誠、捐糜頂踵亦何能仰報弘仁於萬一。但臣伏思：巡撫一官責任綦重，凡有關於國計民生，以及刑名、錢穀暨通省應行興革事宜，無一不由巡撫斟酌主持稽查整飭，非同布政使專管錢糧，即偶有疎忽之處，尚有巡撫為之更正，可以暫藏其拙。臣自問才識短淺，於藩司任内即竭蹶辦理，猶恐不無舛錯，何堪復邀曠典，兼此重任。聞命之下，不覺憂懼悚惶，莫知所措。惟有盡臣之心，竭臣之力，秉公執法，愈加勉勵，以効犬馬報主之誠而已。所有微臣感激私忱，合先繕摺，恭謝謹奏。

〔硃批〕要在順理應物，亦不宜無事求事也。

豫撫之任，汝優為之。但天下事過猶不及，適中為貴，朕不慮汝不及，反恐報効心切，或失之少過耳。

《皇朝文獻通考》卷三五《市糴考四・糴》　福敏辦理此事，必須至公至當，方與吏治民生，兩有裨益也。自古有治人無治法，必有忠信樂善之良民，方可以主社倉之出入；必有清廉愛民之良吏，方可以任社倉之稽查。各省官民果能實力奉行，而善全無弊，朕實嘉之。至於繩以官法，而好尚虛名，則有司奉行之不善，負朕本意矣。

（清）劉錦藻《皇朝續文獻通考》卷一三三《職官考十九》　臣謹案孟子云：徒法不能自行。吾國之不振，由於用人之失當，未可盡咎法制之不善也。自新政行而紛誇變法，刑律幾全覆舊章。直省疆臣奏報開辦大都言人才之乏，財力之艱，千篇一律。綜觀各摺，每省法官約添二千餘員，每縣歲費約需三萬餘兩，合全國計之至少添官五萬員，費銀五千萬，殊駭聽聞。議者方謂《周官・大司寇》佐邦刑，而分設鄉士掌國中，遂士掌四郊，縣士掌野，以各聽獄訟，與司法獨立相符，不知良法美意，須隨地制宜，墨守成規，官禮亦足誤人。夫書史所載，制度損益，皆效於前，以時曠邈而異變尚未可泥，況拾遐陬異域，風俗之殊絶者，而一概施之可乎哉！不審國中之情勢，而專襲域外之章程，詡詡然，號於眾曰，此新法也。宇内騷然，莫敢非議，是自速其亡而已，嗚呼痛哉。

（清）樊增祥《樊山政書》卷五《批鳳翔府楊守稟》　此尋常事耳。而辦來四角俱全，周詳穩妥，大才小試，罄無不宜。世競言變法自强，有法無人，强於何有？天下服官者皆如貴府，民無不安，事無不舉，不期强而自强矣。為政在人，臨櫝三歎。此繳。

（漢）孔鮒《孔叢子》卷中《對魏王》　子高曰：駑驥同轅，伯樂爲之咨嗟。玉石相糅，卞氏爲之嘆息。故賢愚共貫則能士匿謀，真僞相錯則正士結舌，叔雖有餘，猶威不逮也。【略】

魏王問人主所以爲患，子高對曰：建大臣而不與謀，嬖幸者言用，則知士以踈自疑，孽臣以遇僥幸者，內則射合主心，外則挺主之非，此最人主之大患也。

子高見齊王，齊王問誰可爲臨淄宰。稱管穆焉。王曰：穆容貌陋，民不敬也。答曰：夫見敬在德，且臣所稱，稱其材也，君王聞晏子趙文子乎。晏子長不過三尺，面狀醜惡，齊國上下莫不宗焉。趙文子其身如不勝衣，其言如不出口，非但體陋，辭氣又呐呐，然其相晉國，晉國以寧，諸侯敬服，皆有德故也。以穆軀形方諸二子，猶悉賢之。昔臣常行臨淄市，見屠商焉，身脩八尺，鬚髯如戟，面正紅白，市之男女未有敬之者，無德故也。王曰：是所謂祖龍始者也。誠如先生之言，於是乃以管穆爲臨淄宰。

（清）王先慎《韓非子集解・外儲説左下》　孔子曰：善爲吏者樹德，不能爲吏者樹怨，概者，平量者也；吏者，平法者也。治國者，不可失平也。

《晏子春秋・内篇問上》　景公問晏子曰：昔吾先君桓公，有管仲夷吾保乂齊國，能遂武功而立文德，糾合兄弟，撫存翌州，吴越受令，荆楚惛憂，莫不賓服，勤于周室，天子加德。先君昭功，管子之力也。今寡人亦欲存齊國之政於夫子，夫子以佐佑寡人，彰先君之功烈，而繼管子之業。晏子對曰，昔吾先君桓公，能任用賢，國有什伍，治徧細民，貴不凌賤，富不傲貧；功不遺罷，佞不吐愚；舉事不私，聽獄不阿；內妾無羨食，外臣無羨禄，鰥寡無饑色；不以飲食之辟害民之財，不以宫室之侈勞人之力；節取於民，而普施之，府無藏，倉無粟，上無驕行，下無諂德。是以管子能以齊國免於難，而以吾先君參乎天子。今君欲彰先君之功烈，而繼管子之業，則無以多辟傷百姓，無以嗜欲玩好怨諸侯，臣孰敢不承善盡力，以順君意？今君疏遠賢人，而任讒諛；使民若不勝，藉斂若不得；厚取於民，而薄其施，多求於諸侯，而輕其禮；府藏朽蠹，而禮悖於諸侯；菽粟藏深，而怨積於百姓；君臣交惡，而政刑無常。臣恐國之危失，而公不得享也。又惡能彰先君之功烈而繼管子之業乎？

《晏子春秋・内篇問下》　景公問於晏子曰：昔吾先君桓公，善飲酒窮樂，食味方丈，好色無別，辟若此，何以能率諸侯以朝天子乎？晏子對曰：昔吾先君桓公，變俗以政，下賢以身。管仲，君之賊者也，知其能足以安國濟功，故迎之于魯郊，自御，禮之於廟。異日，君過于康莊，聞甯戚歌，止車而聽之，則賢人之風也，舉以爲大田。先君見賢不留，使能不怠，是以內政則民懷之，征伐則諸侯畏之。今君聞先君之過，而不能明其大節，桓公之霸也，君奚疑焉？

（漢）劉安《淮南子》卷九《主術訓》　府吏守法，君子制義，法而無義，亦府吏也，不足以爲政。

（清）顧炎武《日知録》卷一二《盗賊課》　是則治天下之道，有不恃法而行者，未可與刀筆筐篋之士議也。

（清）顧炎武《日知録》卷一三《除貪》　今之貪縱者大抵皆才吏也，苟使之惕於法而以正用其才，未必非治世之能臣也。

（南朝宋）劉義慶《世説新語》卷四《規箴》　京房與漢元帝共論，因問帝：幽、厲之君何以亡？所任何人？答曰：其任人不忠。房曰：知不忠而任之，何邪？曰：亡國之君各賢其臣，豈知不忠而任之？房稽首曰：將恐今之視古，亦猶後之視今也。《漢書》曰：京房字君明，東郡頓邱人。尤好鍾律，知音聲，以孝廉爲郎。是時，中書令石顯專權，及友人五鹿充宗爲尚書令，與房同經論議相是非，而此二人用事，房嘗宴見。問上曰：幽、厲之君何以亡？所任何人？上曰：君亦不明而臣巧佞。房曰：知其巧佞而任之邪？將以爲賢邪？上曰：賢之。房曰：然則今何以知其不賢？上曰：以其時亂而君危知之。房曰：是任賢而理，任不肖而亂，自然之道也。幽、厲何不覺悟而蚤納賢？何爲卒任不肖以至亡？於是上曰：亂亡之君，各賢其臣。令皆覺悟，安得亂亡之君。房曰：齊桓二世何不以幽、厲疑之而任豎刁趙高政治日亂邪？上曰：唯有道者能以往知來耳。房曰：自陛下卽位，盗賊不禁，刑人滿市，云云問上曰：今治也亂也。上曰：然愈於彼。房曰：前二君皆然。臣恐後之視之，猶今之視前也。上曰：今爲亂者誰？房曰：上所親與圖事帷幄中者。房指謂石顯及充宗。顯等乃建言宜試房以郡守，遂以房爲東郡。顯發其私事，坐棄市。

（宋）歐陽修《歐陽修全集》卷七九《外制集・祠部郎中沈周可開封

府判官制》 敕具官沈周：夫刑獄以禁暴，而託獄足以爲姦；法令以止亂，而舞法反以滋害。平民者政，而敗政者吏也。知政之術，繩吏爲先。況乎京師，號稱繁劇。凡治繁者，貴乎不勞。苟知其方，在得於要。擿姦急吏，此非要歟？以爾久列周行，屢經任使，通於政事，俾佐浩穰。告汝政弊之多端，訓汝治煩之有術。善思乃職，無或廢官。可。

（宋）歐陽修《歐陽修全集》卷七九《外制集・殿中中丞郭及大理寺丞魯有立太常寺太祝張昭度等磨勘改官制》 敕具官郭及等：朕患考績之不明，而使無聞者累久而幸遷，有善者混淆而莫别。故申新法，不專以日月敘秩，而間須保任之舉。非以抑人之進，而所以求能者焉。汝等無謂今由積日而得次升，尚勤後圖，以俟知者。可。

（宋）歐陽修《歐陽修全集》卷七九《外制集・大理寺丞袁穆許恢授殿中丞著作佐郎程適授祕書丞制并磨勘改官》 敕具官程適等：國家治民之要，其具素備。惟奉法守職而免於有過者，考其積日，皆得敘遷。苟有能稱，豈無懋賞？爾等寄予民政，咸上歲成，俾登於朝，蓋用常典。若夫異績，在爾勉焉。可。

（宋）歐陽修《歐陽修全集》卷八〇《外制集・著作佐郎張去惑可祕書丞制》 敕具官張去惑：國家設官之法，患乎巧偽干譽者之難止。故考績之格，三載而一例遷，所以使沉實守正之人得以自進。及其弊也，庸人希累日之賞，而賢者不能自别。故又增舊法，稍欲因舉類而求能者焉。推爾之材，世所稱美。夫累日而遷非爾志，干譽而進不可爲。惟思厥中，務廣其業。可。

（宋）歐陽修《歐陽修全集》卷一〇一《奏議・諫院進劄狀十首・論臺官不當限資考劄子》 況臺中自有裏行之職，以待資淺之人。仍乞重定舉官之法，有不稱職者，連坐舉主，重爲約束，以防偽濫，庶幾稱職，可振綱紀。取進止。

（宋）歐陽修《歐陽修全集》卷一一八《河北奉使奏草卷下・五保牒》 右具如前。當司相度鄰聚相保之法，是國家見行敕令，於公私甚利。然今既舉行，若縣令非才，不能制馭公人胥吏，則勾追搔擾，未見其利，先爲民害。以此當司未欲一概遍行指揮，今且於轄下諸縣柬選知縣、縣令公明材幹可以差委者，先次施行。數内某官見知某縣事，須實封專牒某官，候到，請詳前項事理施行。當司所録去合保次第，只是大綱，若更有合從彼處民便，别加增損事件，亦請一面增損施行。仍請先具如何施行次第，公文供報，無至張皇鹵莽者。

《二程集・河南程氏粹言》卷一《論政篇》 吕進明爲使者河東，子問之曰：爲政何先？對曰：莫要於守法。子曰：拘於法而不得有爲者，舉世皆是也。若某之意，謂猶有可遷就，不害於法，而可以有爲者也。昔明道爲邑，凡及民之事，多衆人所謂於法有礙焉者，然明道爲之，未嘗大戾於法，人亦不以爲駭也。謂之得伸其志則不可，求小補焉則過之，與今爲政遠矣。人雖異之，不至指爲狂也。至謂之狂，則必大駭。盡誠爲之，不容而後去之，又何嫌乎？

《皇朝經世文編》卷二一《吏治七・守令》汪輝祖《論用才》 立法非難，任人爲難，有治人無治法，安所得誠信之人而任之歟。

《皇朝經世文編》卷七四《兵政五・保甲》陶元淳《條陳四政議》 自古法無全利亦無全害，上下皆以實心行之，則有利無害，皆以文法行之，則有害無利。

（清）梁啓超《飲冰室合集・文集》卷一五《中國法理學發達史論》 《管子・明法篇》：是故先王之治國也，不淫意於法之外，不為惠於法之内也。動無非法者，所以禁過而外私也。（中略）是故先王之治國也，使法擇人，不自舉也；使法量功，不自度也。

又《明法解篇》：明主雖心之所愛，而無功者不賞也。雖心之所憎，而無罪者弗罰也。案法式而驗得失，非法度不留意焉。故曰不淫意於法之外。（中略）夫舍公法而行私惠，則是利姦邪而長暴亂也。行私惠而賞無功，則是使民偷幸而望於上也。行私惠而赦有罪，則是使民輕上而易為非也。故曰不為惠於法之内。

又《任法篇》：不知親疏遠近貴賤美惡，以度量斷之，其殺戮人者不怨也，其賞賜人者不德也。以法制行之，如天地之無私也。（中略）今亂君則不然，有私視也，故有不見也；有私聽也，故有不聞也；有私慮也，故有不知也。

又聖君任法而不任智，任數而不任説，任公而不任私，任大道而不任小物。失君則不然。

《韓非子・用人篇》：釋法術而任心治，堯不能正一國；去規矩而妄意度，奚仲不能成一輪；廢尺寸而差長短，王爾不能半中。使中主守法術，拙匠守規矩，則萬不失矣。君人者，能去賢巧之所不能，守中拙之所萬不失，則人力盡而功名立。

又《亡徵篇》：簡法禁而務謀慮者，可亡也。好以智矯法，時以私雜公，法禁變易，號令數下者，可亡也。

又《飾邪篇》：凡智能明通，有以則行，無以則止，故智能單道，不可傳於人，而道法萬全，智能多失。夫懸衡而知平，設規而知圓，萬全之道也。釋規而任巧，釋法而任智，惑亂之道也。

又《姦劫弑臣篇》：人主者，非目若離婁乃為明也，非耳若師曠乃為聰也。目必不任其數，而待目以為明，所見者少矣，非不蔽之術也。耳必不因其勢，而待耳以為聰，所聞者寡矣，非不欺之道也。明主者，使天下不得不為己視，使天下不得不為己聽。

又《難二篇》：以一人之力禁一國者，少能勝之。

《慎子・君人篇》：君人者舍法而以身治，則誅賞予奪，從君心出。然則受賞者雖當，望多無窮；受罰者雖當，望輕無已。君舍法以心裁輕重，則同功殊賞，同罪殊罰矣，怨之所由生也。是以分馬之用策，分田之用鉤，非以策鉤為過於人智，所以去私塞怨也。故曰：大君任法而弗躬，則事斷於法。法之所加，各以分蒙賞罰，而無望於君。是以怨不生而上下和矣。

《管子・任法篇》：昔者堯之治天下也，猶埴之在埏也。唯陶之所以為，猶金之在爐，恣冶之所以鑄。其民引之而來，推之而往，使之而成，禁之而止，故堯之治也，善明法禁之令而已。

以上所舉，皆謂非徒就國家方面論，宜任法而毋任人，即就君主方面論，亦宜任法而毋自任。而其言所以不可自任者有三義：一曰，自任則不周也；二曰，自任則滋弊也；三曰，自任則叢怨也。凡以明法治之必要而已。

選任分部

論説

《尚書正義・周書・呂刑》 王曰：嗟！四方司政典獄，非爾惟作天牧？主政典獄，謂諸侯也。非汝惟爲天牧民乎？言任重是汝。爲，于僞反。任，而鴆反。重，輕重之重。今爾何監，非時伯夷播刑之迪？言當視是伯夷布刑之道而法之。其今爾何懲？惟時苗民匪察于獄之麗。其今汝何懲戒乎？所懲戒惟是苗民非察於獄之施刑，以取滅亡。麗，力馳反。罔擇吉人，觀于五刑之中，惟時庶威奪貨，言苗民無肯選擇善人，使觀視五刑之中正，惟是衆爲威虐者任之，以奪取人貨，所以爲亂。斷制五刑，以亂無辜。上帝不蠲，降咎于苗。苗民任奪貨姦人，斷制五刑，以亂加無罪。天不潔其所爲，故下咎罪。謂誅之。蠲，吉緣反。咎，其九反。苗民無辭于罰，乃絶厥世。言罪重，無以辭於天罰，故堯絶其世。申言之爲至戒。疏：王曰至厥世。正義曰：王呼諸侯戒之曰：咨嗟！汝四方主政事典獄訟者諸侯之君等，非汝惟爲天牧養民乎？言汝等皆爲天養民，言任重也。受任既重，當觀古成敗，今汝何所監視乎？其所視者，非是伯夷布刑之道也。言當效伯夷善布刑法，受令名也。其今汝何所懲創乎？其所創者惟是苗民非察於獄之施刑乎？言當創苗民施刑不當取滅亡也。彼苗民之爲政也，無肯選擇善人，使觀視於五刑之中正，惟是衆爲威虐者任之，以奪取人之貨賂，任用此人，使斷制五刑，以亂加無罪之人。上天不絜其所爲，故下咎惡於苗民。苗民無以辭於天罰，堯乃絶滅其世。汝等安得不懲創乎！傳言當至法之。正義曰：伯夷典禮，皋陶主刑，刑禮相成以爲治。不使視皋陶而令視伯夷者，欲其先禮而後刑。道之以禮，禮不從乃刑之，則刑亦伯夷之所布，故令視伯夷布刑之道而法之。王肅云：伯夷道之以禮，齊之以刑。傳其今至滅亡。正義曰：上言非時，此言惟時，文異者，非時者言豈非是事也，惟時者言惟當是事也，雖文異而意同。惟是苗民非察於獄之施刑以取滅亡也，言其正謂察於獄之施刑不當於罪以取滅亡。傳苗民至誅之。正義曰：以亂加無罪者，正謂以罪加無罪，是亂也。蠲訓絜也。

天不絜其所爲者，鄭玄云：天以苗民所行腥臊不絜，故下禍誅之。

（清）孫星衍《尚書今古文注疏・吕刑》

王曰：吁！注：馬融作于，曰：於也。來！有邦有土，告爾祥刑。注：鄭康成作詳，曰：審察之也。在今爾安百姓，何擇非人，何敬非刑，何度非及？注：史遷度作居，及作宜。馬融曰：度，造謀也。爾一作而，非一作不，何擇非人上一有女字。疏：有國者，畿外諸侯。有土者，畿内有采地之臣。呼而告之。《墨子・尚賢下篇》云：於先王之書《吕刑》之書然。王曰：於！來！有國有土，告女訟刑。在今而安百姓，女何擇言人，何敬不刑，何度不及？能擇人而敬為刑，堯舜禹湯文武之道可及也。于作於者，於《説文》同烏，歎詞。爾作而者，鄭注《聘禮》云：而，猶女也。而與爾通。何擇言人，言當為吉字。何度非及，言及前王。此《墨子》用古文《書》説也。《潛夫論・本政篇》引此經而説之云：將致太平者先調陰陽，調陰陽者先順天心，順天心者先安其人，安其人者先審擇其人。故國家存亡之本，治亂之機，在明選而已矣。史公作何擇非其人，何敬非其刑，何居非其宜乎。古宅通度，義又為居，見上疏。及作宜者，言何所處之非其義乎？亦與《墨子》法前王之説相近。馬注見《釋文》。以吁作于，説為於者，與《墨子》同。云度，造謀者，《釋詁》云：度，謀也。言何謀不可及人，鄭注見《後漢書・劉愷傳》注，以祥為詳，云審察之者，《説文》云：詳，審議也。《周禮・太宰》注、《大司寇》注，皆引度作詳刑，疏俱云：詳，審。《後漢書・孝明帝紀》詔曰：詳刑慎罰，明察單辭。俱同鄭作詳也。《墨子》作訟者，或詳之誤。段氏玉裁云：訟、公古通用，謂公刑也。

（明）胡廣《論語集註大全・子路》

仲弓為季氏宰，問政。子曰：先有司赦小過舉賢才。有司衆職也。宰兼衆職，然事必先之於彼，而後考其成功。則己不勞而事畢舉矣。朱子曰：先有司而後紀綱立，而責有所歸。凡為政，隨其小大，各有有司須先教他理會自家，方可要其成且如錢穀之事，其出入盈縮之數，須是教他逐一自具来，自家方可考其虚實之成。過，失誤也。大者於事或有所害，不得不懲。小者赦之，則刑不濫，而人心悦矣。賢有德者，才有能者，舉而用之，則有司皆得其人，而政益脩矣。新安陳氏曰：黄氏饒氏云，先有司一句是總腦，赦小過，舉賢才，皆承先有司而言。宰，家臣之長。其為政之要，當以分任有司為先，既先有司矣。赦有司之小過，故常人可以自勉。舉有司之賢才，故非常之才可以自見。推此心也，豈但為季氏宰而已？范氏以為舉在位之賢才，蘇氏以為舉未用之賢才，須兼言其義，方備有司中才德有餘，而位不足稱者，固當舉而進之上位。如有司之才德不稱其職，則又當別舉有才德者充之。如此，方説得舉賢才，規模濶。若專説舉有司之賢才，則狹矣。

《論語注疏・衛靈公》

子曰：君子不以言舉人，包曰：有言者不必有德，故不可以言舉人。不以人廢言。王曰：不可以無德而廢善言。疏：子曰：君子不以言舉人，不以人廢言。正義曰：此章言君子用人，取其善節也。有言者不必有德，故不可以言舉人，當察言觀行然後舉之。夫婦之愚，可以與知，故不可以無德而廢善言也。

（清）焦循《孟子正義・梁惠王章句下》

孟子曰：國君進賢，如不得已，將使卑踰尊，疏踰戚，可不慎與！注：言國君欲進用人，當留意考擇；如使忽然不精心意，如不得已而取備官，則將使尊卑親疏相踰，豈可不重慎之。疏：注如使至慎之。正義曰：忽之言迷忘也。《荀子・正名篇》云：故愚者之言，芴然而粗。芴然即忽然，粗即不精心意。精，猶静也。静其心意，乃能詳審。今忽忽若迷若忘，解如不得已之狀也。已，止也。不得已者，本不當用，因無人充職，姑且用之，故云不得已而取備官。不得已而取備官，乃是明知其不才而姑且用之。今原非明知其不才，但以不精心意，若迷若忘，昏昏忽忽，故言如不得已。如者，擬而形容之之詞也。經以如不得已形容不詳審之狀，趙氏以忽然不精心意形容如不得已之狀。《國語・魯語》使僮子備官而未之聞耶，注云：僮，僮蒙，不達也。正忽然不精心意之謂。左右皆曰賢，未可也；諸大夫皆曰賢，未可也；國人皆曰賢，然後察之；見賢焉，然後用之。注：謂選大臣，防比周之譽，核鄉愿之徒。《論語》曰：衆好之，必察焉。疏：注選大至察焉。正義曰：累世修德，輔君以道，是大臣也。文公十八年《左傳》云：昔帝鴻氏有不才子，掩義隱賊，好行凶德，醜類惡物，頑嚚不友，是與比周。《漢書・谷永傳》云無用比周之虚譽，注云：比周，言阿黨親密也。鄉愿之徒，若漢之胡廣，晉之王祥，以虚名而登上位，宜核其實。引《論語》者，《衛靈公篇》文。左右皆曰不可，勿聽；諸大夫皆曰不可，勿聽；國人皆曰不可，然後察之；見不可焉，然後去之。注：衆惡之，必察焉。惡直醜正，實繁有徒，防其朋黨，以毁忠正。疏：注衆惡之必察焉。正義曰：亦《論語・衛靈公篇》文。注惡直至忠正。正義曰：昭公二十八年《左傳》云：《鄭書》有之，惡直醜正，實繁有徒。《文選・上林賦》注云：蕃與繁，古字通。《管子・參忠篇》云：行邪者不變，則羣臣朋黨，才能之人去亡。《荀子・臣道篇》云：不卹公道通義，朋黨比周，以環主圖私為務，是篡臣者也。注云：環主，環繞其主，不使賢臣得用。此朋黨毁忠正也。《春秋繁露・五行相勝篇》云：司農為姦，朋黨比周，以蔽主明，退匿賢士，絶滅公卿。

《孟子注疏・告子章句下》

孟子曰：舜發於畎畝之中，傅説舉於版築之間，膠鬲舉於魚鹽之中，管夷吾舉於士，孫叔敖舉於海，百里奚舉於市。故天將降大任於是人也，必先苦其心志，勞其筋骨，餓其體膚，空乏其身，行拂亂其所爲，所以動心忍性，曾益其所不能。舜耕歷山，三十徵庸。傅説築傅巖，武丁舉以爲相。膠鬲，殷之賢臣，遭紂之亂，隱遁爲商，文王於鬻販魚鹽之中得其人，舉之以爲臣也。士，獄官也。管仲自魯囚執於士官，桓公舉以爲相國。孫叔敖隱處耕於海濱，楚莊王舉之以爲令尹。百里奚亡虞適秦，隱於都市，穆公舉之於市而以爲相也。言天將降下大事以任聖賢，必先勤勞其身，餓其體而瘠其膚，使其身乏資絶糧，所行不從拂戾而亂之者，所以動驚其心，堅忍其性，使不違仁，困而知勤，增益其素所以不能行之者也。人恒過，然後能改。困於心，衡於慮，而後作。徵於色，發於聲，而後喻。人常以有謬思過行，不得福，然後乃更其所爲，以不能爲能也。困瘁於心，衡，横也。横塞其慮於胷中，而後作爲奇計異策，憤激之説也。徵驗見於顔色，若屈原憔悴，漁父見而怪之，發於聲而後喻，若甯戚商歌，桓公異之，是而已矣。入則無法家拂士，出則無敵國外患者，國恒亡。然後知生於憂患，而死於安樂也。入，謂國内也。無法度大臣之家，輔弼之士。出，謂國外也。無敵國可難，無外患可憂，則凡庸之君，驕慢荒怠，國常以此亡也。故知能生於憂患，死於安樂也。死，亡也。安樂怠慢，使人亡其知能者也。疏：孟子曰至安樂也。正義曰：此章言聖賢困窮，天堅其志。次賢感激，乃奮其意。凡人佚樂，以喪知能。賢愚之教者也。孟子曰：舜發於畎畝之中，至死於安樂也者，孟子言舜初起發自歷山畎畝之中，而堯禪其位。傅説築於傅岩之間，而高宗舉之爲相。膠鬲鬻販於魚鹽之中而商，文王舉爲賢臣。管仲爲士官之囚，而桓公舉爲相國。孫叔敖隱遁於海濱，而楚莊王舉爲令尹。百里奚亡虞歸秦，而隱於都市，秦繆公任之以爲相。故天欲降其大任，與之卿相之位於此六人也，必先所以如是苦楚其心志，劬勞其身，已餓其體，使之焦枯，疲瘠其皮膚，又使其身空乏無資財，所行不遂，而拂戾其所爲，又所以驚動其心，堅忍其性，曾益其素所不能而已。又言人常以過謬，然後更改而遷善。困瘁於心而無所通，則其操心也危，横塞其慮而思慮無所達，而後乃能興作，其大憔悴枯槁之容而驗於色，面後有吟咏嘆息之氣而發於聲，則人見其色，聞其聲，而後喻曉其所爲矣。又言國君者人於國内，無大夫循守其職而爲之法家，又無輔弼諫諍之士；出於國外，則無强敵之大國爲危難之警。如是者，其國未爲不喪亡矣，故曰國常亡。如是，則然後因而知人以憂患謀慮而生，以安樂怠慢而死也，故曰：生於憂患，而死於安樂也。注舜耕歷山至不能行。正義曰：自舜耕歷山至繆公舉之以爲相也，是皆案《史記》之文也。注：若屈原憔悴，與甯戚商歌，桓公異之。正義曰：案《史記》：屈原名平，與楚同姓，事懷王，爲三閭大夫，王甚任之。上官大夫與之同列，争寵而心害其能，因讒之。王怒而疎平，復逐放之。平乃遊江濱，被髮行吟澤畔，顔色憔悴，形容枯槁。時有漁父釣於江濱，怪而問之曰：子非三閭大夫乎？何故至此？原曰：舉世混濁，而我獨清。衆人皆醉，而我獨醒。漁父曰：聖人不疑滯於物，與世推移。舉世皆濁，何不混其泥而揚其波？衆人皆醉，何不啜其糟而餔其釃？原曰：吾聞新沐者必彈冠，新浴者必振衣。誰能以身察察，受物之汶汶者乎？寧赴常流，而葬魚腹中耳。遂作《長沙》之賦，懷石自投汨羅以死。後百餘年，賈誼爲長沙王大傅，過湘，投書以吊之。甯戚角歌者，案《三齊記》云：齊桓公夜出迎客，甯戚疾擊其牛角，高歌曰：南山粲，白石爛，生不遭堯與舜禪，短布單衣適至骭，從昏飯牛薄夜半，長夜曼曼何時旦？桓公乃召與語，説之，遂以爲大夫。

（清）焦循《孟子正義·盡心章句上》 孟子曰：有事君人者，事是君則爲容悦者也。注：事君求君之意，爲苟容以悦君而已。疏：注事君至君而已。正義曰：《呂氏春秋·似順篇》云：夫順令而取容者，衆能之，高誘注云：容，悦也。容、悦二字同義，相疊爲雙聲。【略】有安社稷臣者，以安社稷爲悦者也。注：忠臣志在安社稷而後悦也。有天民者，達可行於天下而後行之者也。注：天民，知道者也。可行而行，可止而止。疏：注天民至而止。正義曰：孟子引伊尹自稱我天民之先覺者也，則天民指伊尹太公一流矣。《莊子·庚桑楚》云：人之所舍，謂之天民；天之所助，謂之天子。郭象注云：出則天子，處則天民，此二者皆以泰然而自得之，非爲而得之也。《列子·楊朱篇》稱舜禹周公爲天人，稱孔子爲天民之遑遽者，稱桀爲天民之逸蕩者，紂爲天民之放縦者。當時稱天民者，别有異説，故孟子明之。有大人者，正己而物正者也。注：大人，大丈夫不爲利害動移者也。正己物正，象天不可言而萬物化成也。疏：注大人至成也。正義曰：大人之稱有二，《論語·季氏篇》云畏大人，《儀禮·士相見》疏引鄭氏云：大人爲天子諸侯爲政教者。何晏《論語》注云：卽聖人與天地合其德者也。昭公十八年《左傳》：葬曹平公。往者見周原伯魯焉，與之語，不説學。歸以語閔子馬。閔子馬曰：夫必多有是説，而後及其大人。大人患失而惑，又曰可以無學，無學不害。此大人指原伯魯，故注云大人，在位者。《管子·幼官篇》云：民之所利立之，所害除之，則民人從；立爲六千里之侯，則大人從。尹知章注云：大人，謂天子三公四輔。此鄭氏之義也。《易》稱利見大人，大人虎變，虞翻謂乾稱大人，此何氏之義也。《孟子·離婁下篇》兩云大人，其一，言不必信，行不必果，惟義所在，趙氏云大人杖義，是以德言也。其一，不失其赤子之心，趙氏云大人謂君，是以位言也。此注以大丈夫解之，大丈夫得志與民由之，不得志獨行其道，亦不以位言。乃下云象天不言，而萬物化成，此則非不得志者。《史記索隱》引向秀注《易·乾卦》云：聖人在位，謂之大人。此解《易》之言大人是也。而孟子之言大人，蓋卽謂此。孟子深於《易》，此大人卽舉《易》之大人而解之也。正己物正，篤恭而天下平也。惟黄帝堯舜通變神化，乃足以當之，故又進於天民一等也。

《章指》言：容悦凡臣，社稷股肱，天民行道，大人正身。凡此四科，優劣之差。疏：凡此四科。正義曰：《説文》禾部云：科，程也。從禾，從斗，斗者，量也。程，品也。十髮爲程，十程爲分，十分爲寸。有優劣之差，則有品次，故謂之科。周氏廣業《孟子章指攷證》云：《公羊傳》疏《春秋》設三科，科者，段也。

（宋）司馬光《資治通鑑》卷一《周紀一》　臣光曰：智伯之亡也，才勝德也。夫才與德異，而世俗莫之能辨，通謂之賢，此其所以失人也。夫聰察強毅之謂才，正直中和之謂德。才者，德之資也；德者，才之帥也。雲夢之竹，天下之勁也；《書·禹貢》：雲土夢作乂。孔安國註居聚落，故地之以雲夢得名者非一處。竹前之產，荆楚為良；雲夢，楚之地也。然而不矯揉，不羽括，則不能以入堅。棠谿之金，天下之利也；《左傳》：楚封吴夫概王於棠谿。戰國之時，其地屬韓，出金甚精利。劉昭《郡國志》：汝南郡吴房縣有棠谿亭。杜佑《通典》曰：棠谿在今汝州郾城縣界。《九域志》：蔡州有治爐城，韓國鑄劍之地。然而不鎔範，不砥礪，則不能以擊強。毛晃曰：鎔，銷也，鑄也；《説文》：鑄器法也。《董仲舒傳》：猶金在鎔。註：鎔，謂鑄器之模範。範，法也，式也。《禮運》：範金合土。是故才德全盡謂之聖人，才德兼亡謂之愚人；德勝才謂之君子，才勝德謂之小人。凡取人之術，苟不得聖人、君子而與之，與其得小人，不若得愚人。何則？君子挾才以為善，小人挾才以為惡。挾才以為善者，善無不至矣；挾才以為惡者，惡亦無不至矣。挾，擻頰翻。愚者雖欲為不善，智不能周，力不能勝，譬如乳狗搏人，人得而制之。朱元晦曰：挾者，兼有而恃之之稱。小人智足以遂其姦，勇足以決其暴，是虎而翼者也，其為害豈不多哉！虎而傅翼，其為害也愈甚。夫德者人之所嚴，而才者人之所愛；愛者易親，嚴者易疏，是以察者多蔽於才而遺於德。自古昔以來，國之亂臣，家之敗子，才有餘而德不足，以至於顛覆者多矣，豈特智伯哉！故為國為家者苟能審於才德之分而知所先後，又何失人之足患哉！

《漢書》卷三六《劉向傳》　竊聞故前將軍蕭望之等，皆忠正無私，欲致大治，忤於貴戚尚書。今道路人聞望之等復進，以爲且復見毀讒，必曰嘗有過之臣不宜復用，是大不然。臣聞春秋地震，爲在位執政太盛也，不爲三獨夫動，亦已明矣。且往者高皇帝時，季布有罪，至於夷滅，後赦以爲將軍，高后、孝文之間卒爲名臣。孝武帝時，兒寬有重罪繫，按道侯韓説諫曰：前吾丘壽王死，陛下至今恨之；今殺寬，後將復大恨矣！上感其言，遂貰寬，復用之，位至御史大夫，御史大夫未有及寬者也。又董仲舒坐私爲災異書，主父偃取奏之，下吏，罪至不道，幸蒙不誅，復爲太中大夫，膠西相，以老病免歸。漢有所欲興，常有詔問。仲舒爲世儒宗，定議有益天下。孝宣皇帝時，夏侯勝坐誹謗繫獄，三年免爲庶人。宣帝復用勝，至長信少府，太子太傅，名敢直言，天下美之。若乃羣臣，多此比類，難一二記。有過之臣，無負國家，有益天下，此四臣者，足以觀矣。

《漢書》卷八六《何武傳》　及爲御史大夫司空，與丞相方進共奏言：往者諸侯王斷獄治政，内史典獄事，相總綱紀輔王，中尉備盜賊。今王不斷獄與政，中尉官罷，職幷内史，郡國守相委任，所以壹統信，安百姓也。今内史位卑而權重，威職相踰，不統尊者，難以爲治。臣請相如太守，内史如都尉，以順尊卑之序，平輕重之權。制曰：可。以内史爲中尉。初武爲九卿時，奏言宜置三公官，又與方進共奏罷刺史，更置州牧，後皆復復故。

《漢書》卷八六《王嘉傳》　孝宣皇帝愛其良民吏，有章劾，事留中，會赦壹解。故事，尚書希下章，爲煩擾百姓，證驗繫治，或死獄中，章文必有敢告之字乃下。唯陛下留神於擇賢，記善忘過，容忍臣子，勿責以備，二千石、部刺史、三輔縣令有材任職者，人情不能不有過差，宜可闊略，令盡力者有所勸。此方今急務，國家之利也。前蘇令發，欲遣大夫使逐問狀，時見大夫無可使者，召盩厔令尹逢拜爲諫大夫遣之。今諸大夫有材能者甚少，宜豫畜養可成就者，則士赴難不愛其死；臨事倉卒乃求，非所以明朝廷也。

（漢）衛宏《漢舊儀》卷上　哀帝元壽二年，以丞相爲大司徒。案：以上從《續漢志補注》引補。郡國守丞案：《續漢志補注》引無丞字。長史上計案：《漢書·朱買臣傳》注引郡國丞長吏與計吏俱送計。事竟，遣君侯出坐庭，上案：《續漢志補注》引作公出庭上。親問百姓所疾苦。計室掾吏案：《續漢志補注》引作記室掾史一人大音者讀勅畢，遣勅曰：詔書殿下，案：殿本作數，從《續漢志補注》引改。禁吏無苛暴，丞長史歸告二千石，順民所疾苦，案：順本作凡，從《續漢志補注》引改。急去殘賊，審擇良吏，無任苛刻。治獄決訟，務得其中。明詔憂百姓困於衣食，二千石帥勸農桑，思稱厚恩，有以賑贍之，無煩擾奪民時。案：《續漢志補注》引擾作撓。公卿以下，務飭儉恪，案：《續漢志補注》引公卿上有今日二字，無下文今俗二字。今俗奢奓過制度，日以益甚，二千石務以身帥有以化之。民冗食者請諭以法，案：本作謹以法，從《續漢志補注》引改。養視疾病，致醫藥務治之。案：治本作活，從《續漢志補注》引改。詔書無飾廚傳增養食，案：《續漢志補注》引作無飾廚養。至今未變，或更尤過度，案：《續漢志補注》引作又更過度。甚不稱。歸告二千石，務省約如法。且案不改者，長吏以聞。官寺鄉亭案：官本作守，從《續漢志補注》引改。漏敗，垣牆阤壞所治，案：《續漢志補注》引所作不。無辦護者，不稱任，案：《續漢志補注》引稱作勝。先自劾不應法。歸告二千石勿聽。十年，更名相國。案：十年，更名相國六字，從《續漢志補注》引補。

《三國志》卷一六《魏志・杜畿傳》 時又大議考課之制，以考內外衆官。恕以爲用不盡其人，雖才且無益，所存非所務，所務非世要。上疏曰：

《書》稱明試以功，三考黜陟，誠帝王之盛制。使有能者當其官，有功者受其禄，譬猶烏獲之舉千鈞，良、樂之選驥足也。雖歷六代而考績之法不著，關七聖而課試之文不垂，臣誠以爲其法可粗依，其詳難備舉故也。語曰：世有亂人而無亂法。若使法可專任，則唐、虞可不須稷契之佐，殷、周無貴伊、呂之輔矣。今奏考功者，陳周、漢之法爲，綴京房之本旨，可謂明考課之要矣。於以崇揖讓之風，興濟濟之治，臣以爲未盡善也。其欲使州郡考士，必由四科，皆有事効，然後察舉，試辟公府，爲親民長吏，轉以功次補郡守者，或就增秩賜爵，此最考課之急務也。臣以爲便當顯其身，用其言，使具爲課州郡之法，法具施行，立必信之賞，施必行之罰。至於公卿及內職大臣，亦當俱以其職考課之也。

《三國志》卷二四《魏志・崔林傳》 散騎常侍劉劭作《考課論》，制下百僚。林議曰：案《周官》考課，其文備矣，自康王以下，遂以陵遲，此卽考課之法存乎其人也。及漢之季，其失豈在乎佐吏之職不密哉？方今軍旅，或猥或卒，備之以科條，申之以內外，增減無常，固難一矣。且萬目不張舉其綱，衆毛不整振其領。皋陶仕虞，伊尹臣殷，不仁者遠。五帝三王未必如一，而各以治亂。《易》曰：易簡，而天下之理得矣。太祖隨宜設辟，以遺來今，不患不法古也。以爲今之制度，不爲疏闊，惟在守一勿失而已。若朝臣能任仲山甫之重，式是百辟，則孰敢不肅？

《晉書》卷三三《何曾傳》 上疏曰：臣聞爲國者以清静爲基，而百姓以良吏爲本。今海內虛耗，事役衆多，誠宜恤養黎元，悅以使人。郡守之權雖輕，猶專任千里，比之於古，則列國之君也。上當奉宣朝恩，以致惠和，下當興利而除其害。得其人則可安，非其人則爲患。故漢宣稱曰：百姓所以安其田里，而無歎息愁恨之心者，政平訟理也。與我共此者，其惟良二千石乎！此誠可謂知政之本也。方今國家大舉，新有發調，軍師遠征，上下劬勞。夫百姓可與樂成，難與慮始。愚惑之人，能厭目前之小勤，而忘爲亂之大禍者，是以郡守益不可不得其人。才雖難備，猶宜粗有威恩，爲百姓所信憚者。臣聞諸郡守，有年老或疾病，皆委政丞掾，不恤庶事。或體性疏怠，不以政理爲意。在官積年，惠澤不加於人。然於考課之限，罪亦不至詘免。故得經延歲月，而無斥罷之期。臣愚以爲可密詔主者，使隱核參訪郡守，其有老病不隱親人物，及宰牧少恩，好修人事，煩撓百姓者，皆可徵還，爲更選代。

《晉書》卷三四《杜預傳》 泰始中，守河南尹。預以京師王化之始，自近及遠，凡所施論，務崇大體。受詔爲黜陟之課，其略曰：臣聞上古之政，因循自然，虛己委誠，而信順之道應，神感心通，而天下之理得。逮至淳樸漸散，彰美顯惡，設官分職，以頒爵禄，弘宣六典，以詳考察。然猶倚明哲之輔，建忠貞之司，使名不得越功而獨美，功不得後名而獨隱，皆疇咨博詢，敷納以言。及至末世，不能紀遠而求於密微，疑諸心而信耳目，疑耳目而信簡書。簡書愈繁，官方愈僞，法令滋章，巧飾彌多。昔漢之刺史，亦歲終奏事，不制算課，而清濁粗舉。魏氏考課，卽京房之遺意，其文可謂至密。然由於累細以違其體，故歷代不能通也。豈若申唐堯之舊，去密就簡，則簡而易從也。夫宣盡物理，神而明之，存乎其人。去人而任法，則以傷理。今科舉優劣，莫若委任達官，各考所統。在官一年以後，每歲言優者一人爲上第，劣者一人爲下第，因計偕以名聞。如此六載，主者總集採案，其六歲處優舉者超用之，六歲處劣舉者奏免之，其優多劣少者敍用之，劣多優少者左遷之。今考課之品，所對不鈞，誠有難易。若以難取優，以易而否，主者固當準量輕重，微加降殺，不足復曲以法盡也。《己丑詔書》以考課難成，聽通薦例。薦例之理，卽亦取於風聲。

六年頓薦，黜陟無漸，又非古者三考之意也。今每歲一考，則積優以成陟，累劣以取黜。以士君子之心相處，未有官故六年六黜清能，六進否劣者也。監司將亦隨而彈之。若令上下公相容過，此爲清議大穨，亦無取於黜陟也。

《晉書》卷三八《齊王攸傳》〔齊王〕攸每朝政大議，悉心陳之。詔以比年饑饉，議所節省。攸奏議曰：臣聞先王之教，莫不先正其本。務農重本，國之大綱。當今方隅清穆，武夫釋甲，廣分休假，以就農業。然守相不能勤心恤公，以盡地利。昔漢宣歎曰：與朕理天下者，惟良二千石乎！勤加賞罰，黜陟幽明，于時翕然，用多名守。計今地有餘羨，而不農者衆，加附業之人復有虚假，通天下謀之，則飢者必不少矣。今宜嚴敕州郡，檢諸虚詐害農之事，督實南畝，上下同奉所務。則天下之穀可復古政，豈患於暫一水旱，便憂飢餒哉！考績黜陟，畢使嚴明，畏威懷惠，莫不自厲。又都邑之内，游食滋多，巧伎末業，服飾奢麗，富人兼美，猶有魏之遺弊，染化日淺，靡財害穀，動復萬計。宜申明舊法，必禁絶之。使去奢即儉，不奪農時，畢力稼穡，以實倉廩。則榮辱禮節，由之而生，興化反本，於兹爲盛。

《晉書》卷四五《劉毅傳》　由此論之，選中正而非其人，授權勢而無賞罰，或缺中正而無禁檢，故邪黨得肆，枉濫縱横。雖職名中正，實爲姦府；事名九品，而有八損。或恨結於親親，猜生於骨肉，當身困于敵讎，子孫離其殃咎。斯乃歷世之患，非徒當今之害也。是以時主觀時立法，防姦消亂，靡有常制，故周因於殷，有所損益。至于中正九品，上聖古賢皆所不爲，豈蔽於此事而有不周哉，將以政化之宜無取於此也。自魏立以來，未見其得人之功，而生讎薄之累。毁風敗俗，無益於化，古今之失，莫大於此。愚臣以爲宜罷中正，除九品，棄魏氏之弊法，立一代之美制。

《魏書》卷六〇《韓顯宗傳》　顯宗又上言曰：進賢求才，百王之所先也。前代取士，必先正名，故有賢良、方正之稱。今之州郡貢察，徒有秀、孝之名，而無秀、孝之實。而朝廷但檢其門望，不復彈坐。如此，則可令别貢門望，以敍士人，何假冒秀、孝之名也？夫門望者，是其父祖之遺烈，亦何益於皇家？益於時者，賢才而已。苟有其才，雖屠釣奴虜之賤，聖皇不耻以爲臣；苟非其才，雖三后之胤，自墜於皂隸矣。是以大才受大官，小才受小官，各得其所，以致雍熙。議者或云，今世等無奇才，不若取士於門。此亦失矣。豈可以世無周邵，便廢宰相而不置哉？但當校其有寸長銖重者，即先敍之，則賢才無遺矣。

《舊唐書》卷八一《劉祥道傳》　劉祥道，魏州觀城人也。祥道少襲父爵。永徽初，歷中書舍人、御史中丞、吏部侍郎。顯慶二年，遷黄門侍郎，仍知吏部選事。祥道以銓綜之術猶有所闕，乃上疏陳其得失。其一曰：

今之選司取士，傷多且濫：每年入流數過一千四百，傷多也；雜色入流，不加銓簡，是傷濫也。經明行修之士，猶或罕有正人，多取胥徒之流，豈能皆有德行。即知共釐務者，善人少而惡人多。有國以來，已四十載，尚未刑措，豈不由此乎！但服膺先王之道者，奏第然始付選；趨走几案之間者，不簡便加禄秩。稽古之業，雖則難知，斗筲之材，何其易進？其雜色應入流人，望令曹司試判訖，簡爲四等奏聞。第一等付吏部，第二等付兵部，次付主爵，次付司勳。其行署等私犯公坐情狀可責者，雖經赦降，亦量配三司；不經赦降者，放還本貫。冀入流不濫，官無冗雜，且令胥徒之輩，漸知勸勉。

其二曰：

古之選者，爲官擇人，不聞取人多而官員少。今官員有數，入流無限，以有數供無限，遂令九流繁總，人隨歲積。謹約準所須人，量支年别入流者。今内外文武官一品以下，九品已上，一萬三千四百六十五員，略舉大數，當一萬四千人。壯室而仕，耳順而退，取其中數，不過支三十年。此則一萬四千人，三十年而略盡。若年别入流者五百人，經三十年便得一萬五千人，定須者一萬三千四百六十五人，足充所須之數。況三十年之外，在官者猶多，此便有餘，不慮其少。今年常入流者，遂逾一千四百，計應須數外，其餘兩倍。又常選放還者，仍停六七千人，更復年别新加，實非處置之法。

其三曰：

儒爲教化之本，學者之宗，儒教不興，風俗將替。今庠序遍於四海，儒生溢於三學，誘掖之方，理實爲備，而奬進之道，事或未周。但永徽已來，于今八載，在官者以善政粗聞，論事者以一言可採，莫不光被綸音，超升不次。而儒生未聞恩及，臣故以爲獎進之道未周。

其四曰：

國家富有四海，已四十年，百姓官僚，未有秀才之舉。豈今人之不如昔人，將薦賢之道未至？寧可方稱多士，遂間斯人。望六品已下，爰及山谷，特降綸言，更審搜訪，仍量爲條例，稍加優奬。不然，赫赫之辰，斯舉遂絶，一代盛事，實爲朝廷惜之。

其五曰：

唐、虞三載考績，黜陟幽明。兩漢用人，亦久居其職。所以因官命氏，有倉、庚之姓。魏、晉以來，事無可紀。今之在任，四考卽遷。官人知將秩滿，必懷去就；百姓見有遷代，能無苟且。以去就之人，臨苟且之輩，責以移風易俗，其可得乎！望經四考，就任加階，至八考滿，然後聽選。還淳反樸，雖未敢必期，送故迎新，實稍減勞弊。

《舊唐書》卷八五《徐有功傳》 有功嘗上疏論天官、秋官及朝堂三司理匭使愆失，其略曰：陛下卽位已來，海内職員一定，而天下選人漸多。掌選之曹用捨不平，補擬乖次，囑請公行，顔面罔懼。遂使囂謗滿路，怨讟盈朝，浸以爲常，殊無愧憚。又往屬唐朝季年，時多逆節，鞫訊結斷，刑獄至嚴。革命以來，載祀遽積，餘風未殄，用法猶深。今推鞫者猶行酷法，妄劾斷，臣卽按驗，奏而劾之，獲其枉狀，請卽付法斷罪，亦奪禄貶考，以懲其德。其三司受表及理匭申冤使，不速與奪，致令擁塞，有理不爲申者，亦望準前彈奏，貶考奪禄。臣昔處法司，緣蒙擢用，臣無以上答至造，願以執法酬恩。無縱詭隨，不避强禦，猛噬鷙擊，是臣之分。如蒙允納，請降敕施行，庶不越旬時，亦可以除殘革弊，刑措不用，天下幸甚。

《舊唐書》卷八七《魏玄同傳》 又夫從政莅官，不可以無學。故《書》曰：學古入官，議事以制。《傳》曰：我聞學以從政，不聞以政入學。今貴戚子弟，例早求官，髫齔之年，已腰銀艾，或童丱之歲，已襲朱紫。弘文崇賢之生，千牛輦脚之類，課試既淺，藝能亦薄，而門閥有素，資望自高。夫象賢繼父，古之道也。所謂冑子，必裁諸學，修六禮以節其性，明七教以興其德，齊八政以防其淫，舉上賢以崇德，簡不肖以黜惡。少則受業，長而出仕，並由德進，必以才昇，然後可以利用賓王，移家事國。少仕則廢學，輕試則無才，於此一流，良足惜也。又勳官三衛流外之徒，不待州縣之舉，直取之於書判，恐非先德而後言才之義也。

臣又以爲國之用人，有似人之用財。貧者厭糟糠，思短褐；富者餘糧肉，衣輕裘。然則當衰弊乏賢之時，則可磨策朽鈍而乘馭之；在太平多士之日，亦宜妙選髦俊而任使之。《詩》云：翹翹錯薪，言刈其楚。楚，荆也，在薪之翹翹者。方之用才，理亦當爾，選人幸多，尤宜簡練。臣竊見制書，每令三品、五品薦士，下至九品，亦令舉人，此聖朝側席旁求之意也。但以褒貶不甚明，得失無大隔，故人上不憂黜責，下不盡搜揚，苟以應命，莫慎所舉。且惟賢知賢，聖人篤論，伊、皋既舉，不仁咸遠。復患階秩雖同，人才異等，身且濫進，鑒豈知人？今欲務得實才，兼宜擇其舉主。流清以源潔，影端由表正，不詳舉主之行能，而責舉人之庸濫，不可得已。

《舊唐書》卷九四《李嶠傳》 陛下創置右臺，分巡天下，察吏人善惡，觀風俗得失，斯政途之綱紀，禮法之準繩，無以加也。然猶有未折衷者，臣請試論之。夫禁網尚疏，法令宜簡，簡則法易行而不煩雜，疎則所羅廣而無苛碎。竊見垂拱二年諸道巡察使所奏科目，凡有四十四件，至於别準格敕令察訪者，又有三十餘條。而巡察使率是三月已後出都，十一月終奏事，時限迫促，簿書填委，晝夜奔逐，以赴限期。而每道所察文武官，多至二千餘人，少者一千已下，皆須品量才行，褒貶得失，欲令曲盡行能，則皆不暇。此非敢墮於職而慢於官也，實才有限而力不及耳。臣望量其功程，與其節制，使器周於用，力濟於時，然後進退可以責成，得失可以精覈矣。

又曰：今之所察，但準漢之六條，推而廣之，則無不包矣，無為多張科目，空費簿書。且朝廷萬機，非無事也，機事之動，恒在四方，是則冠蓋相望，郵驛繼踵。今巡使既出，其外州之事，悉當委之，則傳驛大減矣。然則御史之職，故不可得閑，自非分州統理，無由濟其繁務。請大小相兼，率十州置御史一人，以周年為限，使其親至屬縣，或入閭里，督察姦訛，觀採風俗，然後可以求其實效，課其成功。若此法果行，必大裨政化。且御史出持霜簡，入奏天闕，其於勵已自修，奉職存憲，比於他吏，可相百也。若其按劾姦邪，糾摘欺隱，比於他吏，可相十也。陛下試用臣言，妙擇賢能，委之心膂，假溫言以樹之，陳賞罰以勸之，則莫不盡力而效死矣。何政事之不理，何禁令之不行，何妖孽之敢興哉？

（唐）王方慶《魏鄭公諫録》卷二《諫出韋元方為華陰令》 司門員外郎韋元方，給使過，所供遲晚，給使奏之，太宗大怒，出元方為華陰令。公進諫曰：帝王震動若雷霆，怒須當罪，何得妄發。前為給使夜行，遂出敕書，事似軍期，誰不驚駭。但宦者之徒，古來難狎，輕為言語，易生患害，獨行遠使，深非事宜。漸不可長，所宜深慎。太宗深納其言。

（唐）王方慶《魏鄭公諫録》卷三《對百官應有堪用者》 太宗曰：百官之內，應有堪用者。朕未能知之，不可造次，為天下主誠亦難。朕今行一事，則為天下所觀，出一言即為天下所聽。用得好人，為善者皆勸。誤用惡人，不善者競進。賞當其勞，無功者自退。罰當其罪，為惡者戒懼。故知賞罰不可輕行，用人彌須審悉。公對曰：舉選之事，自古為難，故考績黜陟，察其善惡。今欲求人，必須先訪其行，審知其善，然後任之。假令此人不能濟事，只是才力不及，不為大害。誤用惡人，假令強幹，為患極多。但亂代唯求其材，不顧其行。太平必須材行俱兼，始可任用也。

（唐）王方慶《魏鄭公諫録》卷四《對太子師保古難其選》 太宗謂侍臣曰：太子師保，古難其選。成王幼小，以周召為保傅，左右皆賢，足以長仁致化，稱為聖主。及秦之胡亥，始皇所愛，趙高作傅，教以刑法，及其篡也，誅功臣，殺親戚，酷烈不已，旋踵亦亡。以此而言，人之善惡，誠由近習。朕弱冠交遊，唯柴紹、竇誕，然則誕等為人，既非三益，及朕居寶位，經理天下，雖不及堯禹之明，庶免乎孫皓、高緯之暴，以此言之，復不由染，何也？公對曰：中人可與為善，亦可與為惡。然上智之人，自無所染。陛下受命自天，平定寇亂，救兆人之命，旋致昇平。豈紹誕之徒，能累聖德。但《傳》云：放鄭聲，遠佞人。近習之間，尤宜深慎。太宗稱善。

《宋史》卷一五五《選舉志一》 神宗篤意經學，深憫貢舉之弊，且以西北人材多不在選，遂議更法。王安石謂：古之取士俱本于學，請興建學校以復古。其明經、諸科欲行廢罷，取明經人數增進士額。迺詔曰：化民成俗，必自庠序；進賢興能，抑繇貢舉。而四方執經藝者專于誦數，趨鄉舉者狃于文辭，與古所謂三物賓興，九年大成，亦已盭矣。今下郡國招徠雋賢，其教育之方，課試之格，令兩制、兩省、待制以上、御史、三司、三館雜議以聞。議者多謂變法便。直史館蘇軾曰：

得人之道，在於知人，知人之法，在於責實。使君相有知人之明，朝廷有責實之政，則胥吏、皂隸，未嘗無人，雖用今之法，臣以爲有餘；使無知人之明，無責實之政，則公卿、侍從，常患無人，況學校貢舉乎？雖復古之制，臣以爲不足矣。

時有可否，物有興廢，使三代聖人復生于今，其選舉亦必有道，何必由學乎？且慶曆間嘗立學矣，天下以爲太平可待，至于今惟空名僅存。今陛下必欲求德行道藝之士，責九年大成之業，則將變今之禮，易今之俗。又當發民力以治宮室，斂民財以養游士，置學立師，以又時簡不帥教者，屏之遠方，徒爲紛紛，其與慶曆之際何異？至於貢舉，或曰鄉舉德行而略文章；或曰專取策論而罷詩賦；或欲舉唐故事，采譽望而罷封彌；或欲變經生帖、墨而考大義，此數者皆非也。

夫欲興德行，在於君人者修身以格物，審好惡以表俗，若欲設科立名以取之，則是教天下相率而爲僞也。上以孝取人，則勇者割股，怯者廬墓。上以廉取人，則弊車、羸馬、惡衣、菲食，凡可以中上意者無所不至。自文章言之，則策論爲有用，詩賦爲無益；自政事言之，則詩賦、論策均爲無用。然自祖宗以來莫之廢者，以爲設法取士，不過如此也。近世文章華麗，無如楊億。使億尚在，則忠清鯁亮之士也。通經學古，無如孫復、石介。使復、介尚在，則迂闊誕謾之士也。矧自唐至今，以詩賦爲名臣者，不可勝數，何負於天下，而必欲廢之。

帝讀軾疏曰：吾固疑此，得軾議，釋然矣。他日問王安石，對曰：今人材乏少，且其學術不一，異論紛然，不能一道德故也。一道德則修學校，欲修學校，則貢舉法不可不變。若謂此科嘗多得人，自緣仕進別無他路，其間不容無賢；若謂科法已善，則未也。今以少壯時，正當講求天下正理，乃閉門學作詩賦，及其入官，世事皆所不習，此科法敗壞人材，致不如古。

《宋史》卷一六〇《選舉志六》 初，神宗罷薦舉，惟舉御史法不廢。

熙寧二年，王安石言：舉御史法太密，故難於得人。帝曰：豈執政者惡言官得人耶？於是中書悉具舊法以奏。安石曰：舊法，凡執政所薦，即不得爲御史。執政取其平日所畏者薦之，則其人不復得言事矣，蓋法之弊如此。帝乃令悉除舊法，委中丞舉之，而稍略其資格。趙抃曰：用京官恐非體，又不委知雜，專任中丞，亦非舊制。帝曰：唐以布衣馬周爲之，用京官何爲不可？知雜，屬也，委長爲是。侍御史劉述奏曰：舊制，舉御史必官升京朝，資入通判。衆學士、本臺丞、知雜更互論薦，每一闕上，二人而擇用一人。今專委中丞，則愛憎由己，公道廢於私恩；或受權臣之託，引所親厚，擅竊人主威福，此大不便。

（宋）李燾《續資治通鑑長編》卷一四五《宋仁宗慶曆三年》 又言：臣近曾上言為臺官闕人，乞不依資考選舉，仍令添置裏行，所貴得材，可以稱職。竊聞近詔宋祁舉人，依前只用舊例，又未有議復裏行。臣竊歎方今大臣，事無大小，知其弊不肯更改。凡臺官舉人，須得三丞以上成資通判，此例蓋自近年。然近年臺官，無一人可稱者，近者臺官，至有彈教坊弟子鄭州來者，朝中傳以為笑。臺憲非才，近歲尤甚，是此例不可用明矣。然而寧用不才以曠職，不肯變例以求人，今限以資例，則取人之路狹；廣其路猶恐無人，何況專守其狹？若使資例及者入三院，未及者為裏行，又於差除，都不妨礙。況今四方多事之際，揚威出使，正要得人。臣今欲特降指揮，令舉官自京官以上，不問差遣次第，惟材是舉，使資淺者為裏行，資深者入三院。臣見前後舉臺官者，多徇親舊，舉既非材，人或問之，則曰：朝廷限以資考，致別無人可舉。今若改此繆例，責其惟材是舉，則不敢不舉有材之人。所冀漸振臺綱，免取非笑。

（宋）李燾《續資治通鑑長編》卷一四七《宋仁宗慶曆四年》 於是翰林學士宋祁，御史中丞王拱辰，知制誥張方平、歐陽修，殿中侍御史梅摯，天章閣侍講曾公亮、王洙，右正言孫甫，監察御史劉湜此八人姓名，據李清臣《史稿》。等合奏曰：伏奉詔書議，夫取士當求其實，用人當盡其才。今教不本於學校，士不察於鄉里，則不能覈名實；有司束以聲病，學者專於記誦，則不足盡人材。此獻議者所共以為言也。謹參考衆説，擇其便於今者，莫若使士皆土著而教之於學校，然後州縣察其履行，則學者修飭矣。故為設立學舍，保薦送之法。夫上之所好，下之所趨也。今先策論，則文詞者留心於治亂矣；簡程式，則閎博者得以馳騁矣；問以大義，則執經者不專於記誦矣。其詩賦之未能自肆者雜用今體，經術之未能亟通者尚如舊科，則中常之人，皆可勉及矣。此所謂盡人之材者也。故為先策論次，簡詩賦考式，問諸科大義之法，此數者其大要也。其州郡彌封謄録，進士、諸科帖經之類，皆苛細而無益，一切罷之。法行則申之以賞罰。如此，養士有本，取才不遺，為治之本也。

（宋）李燾《續資治通鑑長編》卷四一〇《宋哲宗元祐三年》 凡為天下國家，當愛惜名器，慎重刑罰。若愛惜名器，則斗升之禄足以鼓舞豪傑；慎重刑罰，則笞杖之法足以震讋頑狡。若不愛惜、慎重，則雖日拜卿相而人不勸，動行誅戮而人不懼。此安危之機，人主之操術也。自祖宗以來，用刑至謹，習以成風，故雖展年磨勘、差替、衝替之類，皆足以懲警在位。獨於名器爵禄，則出之太易，每一次科場，放進士諸科及特奏名約八九百人，一次郊禮，奏補子弟約二三百人，而軍職轉補、雜色入流、皇族外戚之薦不與。自近世以來，取人之多，得官之易，未有如本朝者也。今吏部一官闕，率常五七人守之，争奪紛紜，廉恥道盡。中材小官，闕遠食貧，到官之後，侵漁求取，靡所不為。自本朝以來，官冗之弊，未有如今日者也。伏見祖宗舊制，過省舉人，御試黜落不少，既以慎重取人，又以見名器威福專在人主。至嘉祐末年，始盡賜出身，雖文理紕謬，亦玷科舉。而近歲流弊之極，至於雜犯亦免黜落，皆非祖宗本意。又進士升甲，本為南省第一人唱名，近下方有特旨，皆是臨時出於聖斷。今來南省第十人以上，別試第一人、國子開封解元、武舉第一人，經明行修舉人，與凡該特奏名人正及第者，皆著令升一甲。紛然並進，人不復以升甲為榮，而法在有司，恩不歸於人主，甚無謂也。特奏名人，除近上十餘人文詞稍可觀，其餘皆詞學無取，年迫桑榆，進無所望，退無所歸，使之臨政，其害民必矣。欲望聖慈特詔大臣詳議今後進士諸科御試過落之法，及特奏名出官格式，務在精覈，以藝取人，不行小惠，以收虛譽，其著令升甲指揮，乞今後更不施行。昔諸葛亮與法正論治道，其略曰：刑政不肅，君臣之道漸以陵替，寵之以位，位極則賤，施之以恩，恩竭則慢。吾今威之以法，法行則知恩，限之以爵，爵加則知榮。恩榮並濟，上下有節，為治之要也。唐德宗蒙塵山南，當時事勢可謂危急，少行姑息，亦理之常。

而沿路進瓜果人，欲與一試官，陸贄力言以為不可。今天下晏然，朝廷清明，何所畏避而行姑息之政？故臣願陛下常以諸葛亮、陸贄之言為法，則天下幸甚。

（宋）李燾《續資治通鑑長編》卷四一三《宋哲宗元祐三年》 臣伏見祖宗已來，執政大臣親戚子弟，未嘗敢授内外華要之職，雖有合得陳乞差遣，亦止是閑慢監當局務。原其深意，蓋為父兄已居柄任，而京師之官多是要劇，為大臣者，既不能人人為朝廷推至公之心，振拔滯淹，提獎寒素，而貪權好利，多為子孫之謀，援引親屬，並據高勢，根連蒂固，更相朋比，絶孤寒之進路，增膏粱之驕氣，寖成大弊，有不勝言。是以祖宗立法，務加裁抑，上下遵奉，莫敢或違。自王安石秉政以後，盡廢累聖之制，專用親黨，務快私心，二十年閒，廉恥掃地。陛下踐阼之初，勵精求治，剗革僥倖，一本至公，躬行法度，不欲有毫髮之累，此天下之人所共聞見。在位之臣，化上之德，謂宜盡忠交儆，務為正直，而廟堂之上，猶習故態，子弟親戚，布滿要津，此最當今大患也。臣條例其弊，屢欲面奏，偶以秋暑尚盛，伏恐久煩聖覽，用此未敢請對。然近來差除尤多不協物論，是以不避煩黷聖聰，須至具章疏論列。

（宋）李燾《續資治通鑑長編》卷四八三《宋哲宗元祐八年》 監察御史黄慶基言：臣僚嘗進劄子，乞詔吏部立三法以選擇守令。竊謂此乃當今之急務，誠使所任皆得人，則不勞而治矣。唐名臣馬周嘗以告太宗曰：治天下者，以人為本，必欲使百姓安樂，在刺史、縣令爾。縣令既衆，不可皆賢，但州得良刺史可矣。天下刺史得人，陛下端拱巖廊之上，夫復何為？兹實確論。伏見朝廷差注知州人，吏部惟考歷任資序以為陞遷，到部月日以定先後。雖間有堂除，或非詳擇。至如常調，每有擬注，奏鈔朝上，俞音夕下，授任輕易，殊無銓量，甚非古者求賢共治之意。欲乞應差知州軍人，吏部具合入資序、人數，録歷任考課之優劣，舉將之多寡，有無勞績，有無殿罰，畫一申堂；中書據其員闕，審擇人材，量州郡大小，地望輕重，民事繁簡，擬名取旨。如此，則銓量由於宰執，進用出於宸衷，於體加重。庶幾師帥得人，治效可致。

（清）徐乾學《資治通鑑後編》卷七八《宋紀七八》 初，司馬光素與王安石厚，及行新法移書開陳再三，又與吕惠卿辯論於經筵，安石不悅。帝欲大用光，訪之安石，安石曰：光外托劘上之名，内懷附下之實，所言盡害政之事，所與盡害政之人，而欲置之左右，使預國政，是為異論者立赤幟也。及安石在告，帝乃以光為樞密副使。光上疏力辭曰：陛下所以用臣蓋察其狂直，庶有補於國家。若徒以禄位榮之而不取其言，是以天官私非其人也。臣徒以禄位自榮而不能救生民之患，是盜竊名器以私其身也。陛下誠能罷制置條例司，追還提舉官，不行青苗助役等法，雖不用臣，臣受賜多矣。

（宋）李心傳《建炎以來繫年要録》卷二七《建炎三年己酉閏八月丁丑朔之乙巳》 臣願深詔大臣，自今以往，於郡守監司縣令，斷以三年爲任，非有大過，勿輕移改，縣令不許輒從奏辟去官，其有貪汙爲民害者，舉祖宗法痛治之。仍許内侍從官，舉所知堪爲令者歲一人，後不如舉，貶秩示誡。留意此事，庶幾斯民於鼎沸之中，有蘇息之望。又今吏部無闕以待入官之人。士無所得禄，一切苟且，求權攝以度日。見居官者，不能勝任。逆避患害，則求差檄幹辦之名。苟營俸粟，無復夙夜之志。欲事治而民安，難矣！今欲乞專委諸路帥臣轉運提刑，不以遠近，共限一年申發部内見任及闕官已授未到職位姓名，參三司之實，付吏部爲案抵，以行差注。諸有以便宜從事辟置官屬者，必用曾任令録以上無過犯人。其奏補出官，及曾以不職無治狀罷者，不聽奏舉。奏補人必依舊法試銓。無銓則於逐路運司歲一試之，仍增時議策問各一首。精其選，少其數，中格則出官，以絶請求賄賂冗食之弊，肅清仕路，政在得人，此綱紀國家之五事也。

（宋）李心傳《建炎以來繫年要録》卷四一《紹興元年辛亥正月己亥朔之丙寅》 甲寅，中書門下省言：祖宗舊法，在京官吏添給，各有定限次數。若不別行措置，無以革冗濫之弊。詔行在供職官吏，除本身請受外，添給等不得過三色，有兼職人不得過四色，如違，計贓斷罪，批勘官司不覺察者準此。

（宋）鄭樵《通志》卷五九《選舉略·禁約雜條》 一，諸使及諸司州府長官舉用僚屬請明書事迹、德行、才能，請授某官某職，皆先申吏部兵部。若諸使奏官兼帶職掌者，即以職掌分其文武，不計本官。帶州縣職，即申吏部。帶軍職，即申兵部。吏部兵部謄其詞而奏，云得某使、某曹司、某州、府狀稱。

以元狀人入，按每使、每司、每州，各為一簿。

一，所舉官吏在任日，有行迹乖謬，不如舉狀，及犯罪至徒以上者，請兼坐舉主。其所犯人自依常法本條處分。一人奪禄一年，諸使無禄者，准三品官以料錢折納，依時估計。二人奪賜，無賜者，貶其色，降紫從緋，降緋從緑，降緑從碧。三人奪階及爵，有爵無階，有階無爵者，加奪賜及勳。四人解見任職事官，已上任者並追解之。五人貶官，節度觀察使降為刺史，刺史降為上佐，皆以邊州。六人除名。有犯贓罪至流以上者，倍論之。倍，謂一人從二人之法，二人從四人之法，三人從六人之法，罪止三人。若舉用後，續知過謬，具狀申述及自按劾者，請勿論。此謂所知不審舉用，失誤者。

一，所舉官有因姦納賂而舉者，有親故非才而舉者，有容受囑託而舉者，有所知不善而故舉者。有犯一科，請皆以罔上論，不在官贖限。囑託舉者，兩俱為首，規求者為從。

杜佑評曰：夫人生有欲，無君乃亂。君不獨治，故建庶官。昔在唐虞皆訪於衆，則舜舉八元八凱，四岳之舉夔龍，稷、契，蓋所用人之大略也。降及三代，擇於鄉庠，然後授任，其制漸備。秦漢之道，雖不師古，閭塾所推，猶本乎行。而郡國佐吏，並自奬擢，備嘗試効，乃登王朝；内官有僚屬者，亦得徵求俊彦。暨于東漢，初置選職，推擇之制，尚習前規，左雄議以限年，其時不敢謬舉，所以二漢號為多士。魏晉設九品置中正，蓋論閥閲，罕考行能，選曹之任，益為崇重。州郡之刺史、太守，内官之卿、尹、大夫，咸吏部所署，而辟召及鄉里之舉，舊式不替。永嘉之後，天下幅裂，三百餘祀，方遂混同。中間各承正號，凡有九姓，大抵不變魏晉之法，皆亂多治少，諒無足可稱。夫文質相矯，有如循環，教化所由，興衰是繫。自魏三主俱好屬文，晉、宋、齊、梁風流彌扇，體非典雅，詞尚綺麗，澆訛之弊，極於隋世。且三代以來，憲章可舉，唯稱漢室。繼漢之盛，莫若有唐。惜乎當創業之初，承文弊之極，可謂遇其時矣，羣公不議救弊以質，而乃因習尚文，風教未淳，慮由於此。緬觀往昔，論選舉者，無代無之，或云官繁人困要省吏員，或云等級太多，患在速進，或云守宰之職所擇殊輕，或云以言取人不如求行：是皆能知其失，莫究所失之由。何者？按秦法唯農與戰始得入官。漢有孝悌力田賢良方正之科，乃時令徵辟，而常歲郡國率二十萬口貢止一人，約計當時推薦，天下纔過百數。則考精擇審必獲器能。自兹厥後，轉益煩廣。開元天寶之中，一歲貢舉凡有數千，而門資武功藝術胥吏，衆名雜目，百户千途，入為仕者，不可勝紀，比於漢代，且增數十百倍。安得不重設吏職，多置等級，遞立選限以抑之乎？常情進趨，共慕榮達，升高自下，由邇陟遐，固宜驟歷方至，何暇淹留著績。秦氏列郡四十，兩漢郡國百餘，太守入作公卿，郎官出宰縣邑，便宜從事，闊略其文，無所可否，責以成效，寄委斯重，酬奬亦崇。今之剖符三百五十，郡縣差降，復為八九，邑之俊乂，不得有之；事之利病，不得專之。八使十連，舉動咨禀，地卑禮薄，勢下任輕，誠曰：徒勞難階，超擢容易而授理固然也。始後魏崔亮為吏部尚書，無問賢愚，以停解日月為斷，時沈滯者皆稱其能。魏之失才，實從亮始。洎隋文帝，素非學術，盜有天下，不欲權分，罷州郡之辟，廢鄉里之舉，内外一命悉歸吏曹；纔厠班列，皆由執政。則執政參吏部之職，吏部總州郡之權。罔究體國推誠，代天理物之本意，是故銓綜失叙，受任多濫。豈有萬里封域，九流叢湊，掄材授職，仰成吏曹，以俄頃之周旋，定才行之優劣，求其無失，不亦謬歟？爾後有司尊賢之道，先於文華；辯論之方，擇於書判。靡然趨尚，其流猥雜。所以閲經號為倒拔，徵詞同乎射覆，置循資之格，立選數之制，壓例示其定限，平配絶其踰涯，或糊名考覈，或十銓分掌。苟濟其末，不澄其源，則吏部專總，是作程之弊者。文詞取士，是審才之末者。書判，又文詞之末也。凡為國之本，資乎民甿，民之利害，繫乎官政。欲求其治，在久其任；欲久其任，在少等級；欲少等級，在精選擇；欲精選擇，在減名目。俾士寡而農工商衆始可以省吏員，始可以安黎庶矣。誠宜斟酌治亂，詳覽古今，推仗至公，矯正前失，或許辟召，或令薦延，舉有否臧，論其誅賞，課績以考之，升黜以勵之，拯斯刓敝，其效甚速，實為大政，可不務乎？

（宋）李幼武《宋名臣言行録外集》卷一二《朱熹晦菴先生徽國文公》　至於選任大臣，則以陛下之聰明，豈不知天下之事必得剛明公正之人，而後可任哉？其所以常不得如此之人，而反容鄙夫之竊位者，直以一念之間未能徹其私邪之閉，而燕私之好，便嬖之流不能盡由於法度。若用剛明公正之人，以為輔相，則恐其有以妨吾之事，害吾之人而不得肆。

《元史》卷一〇五《刑法志》　諸官吏平反冤獄，應賞者，從有司保勘，廉訪司體覆，而後議之。其有冒濫不實者，罪及保勘體覆官吏。諸路府軍民長官，因收捕反叛，輒羅織平民，强姦室女，殺虜人口財産，并覆人之家，其同僚能理平民之冤，正犯人之罪，歸其俘虜，活其死命者，於本官上優陞一等遷用。凡職官能平反重刑一起以上，陞等同。諸職官能平反冤獄一起之上，與減一資。諸路府曹吏，能平反冤獄者，於各道宣慰司部令史補用。

《明史》卷二四五《李應昇傳》 頃之，復陳時政，略曰：今天下敝壞極矣，在君臣奮興而力圖之。陛下振紀綱，則片紙若霆；大臣捐私曲，則千里運掌；臺諫任糾彈，則百司飲冰。今動議增官，為人營窟，紛紜遷徙，名實乖張。自登、萊增巡撫，而侵冒百餘萬；增招練監軍，而侵冒又十餘萬。邊關内地，將領如蟻，剥軍侵饟，又不知幾十萬。增置總督，何補塞垣，增置京堂，何裨政事。樞貳添注矣，孰慷慨以行邊；司空添注矣，孰拮据以儲備，大將添注矣，衹工媒孽而縱逋逃；禮、兵司屬添注二三十人矣，誰儲邊才而精典禮。濫開邊俸，捷徑燃灰，則吏治日壞，白衣攘臂，邪人入幕，則奸弁充斥。臣請斷自聖心，一切報罷。又言：今事下部曹，十九寢閣，宜重中國典，明正將領之罪。錦衣旂尉，半歸權要，宜遣官巡視，如京營之制。衛官襲職，比試不嚴，宜申明舊章，無使倖進將校蠶食。逃軍不招，私募乞兒，半分其饟，宜力為創懲。窮民敲扑，號哭滿庭，奸吏侵漁，福堂安坐，宜嚴其法制。

《明英宗實録》卷二二二《景泰三年冬十月》 太僕寺少卿黄仕儁言：訪得各處巡撫官考察州縣官吏，多憑里老呈説可否以為去留，是與除稂莠而保嘉禾，去泥滓而潔泉源者同意也。奈何人心狹黠，法出姦生，利反成害。近聞里老多因前官縱容，往来囑託公事，結攬收物，營求催辦害衆成家，積有歲年。及代者間有端己臨民，持廉執法，革去此輩，輒貽怨恨，兹因考察反將廉正官員揑無作有，指虚成實，一槩具呈。其巡撫官所臨州縣，風飛雹過不及覆實，因而黜罷。州縣官員恐被誣陷，一聞考察將臨，盛設酒席，邀求里老垂泣對訴，賄以錢帛，以此多得保留，否則去之殆盡。是里老乃有權之有司，而官員乃受制之里老。及無藉刁民，亦緣此而告害者多矣。不惟使見任者不能振作，恐代者雖稱廉介亦將聽命於里老，因而猫鼠一家，姦犬同窜，則民之增害其可勝言。即今各處正當考官之際，誠恐其弊多有似此，乞勑該部移文各處巡撫官，將已考察黜罷之中，如有平日不阿里老而見黜者，即為分豁，俾仍復職以勵廉恥之風。如有貪懦等項，實嘗賄求里老保留者，體實仍舊黜罷為民，以為貪懦之戒。并坐里老誣告者罪。及自後考察不可一一專憑里老百姓呈告，務須從容設法採訪，或在此而詢諸彼，或稠人中而審一人，或獨步暗行，或問道路之父老田野之匹夫，或臨有司而反覆詰問。昔范延賞過萍鄉，入其境，觀其田無荒蕪，橋道完固；入其邑，市無賭博，聞更鼓分明，即知張晞顔為好官，是未嘗拘拘咨里老而知其賢也。若動以百人迎送，則路人野老望見驚避，不惟招之不至，縱致之亦寧得其情哉！誠如臣所言，訪察則官之賢否得失俱洞燭無疑，亦不墮於區區里老刁民之愚弄矣。事下吏部議，少傅兼太子太師，吏部尚書王直等覆奏，宜移文考察官員仍遵勑書、事理，用心考察及以仕儁所言，斟量體訪務協輿論。帝曰：巡撫官考察不當，受枉者，必有伸訴，爾吏部即與辯明。果若不實，罪坐考官。若妄訴者，罪坐本人。如此則法令明白，人不被害。仕儁又言：巡撫之官，皆朝廷重臣，故三司所行多被掣肘。況巡撫年久節或移於晚，政或怠於終。昔唐玄宗謂張説曰：向令十道使出巡諸州以察善惡，兹因東封始知負朕多矣。今巡撫大臣固經簡命，又安知其中無一移節怠終以負朝廷者乎？乞勑各處巡撫大臣，惟總大綱毋親細事，惟從輿論無執私見，其事妥民安之處可無巡之官。乞令多官集議暫行省革，庶政無多門，事有歸一。帝曰：先因有司官吏不得其人，軍民被害，朝廷特擇重臣巡撫，本欲事妥民安。今既各處事已寧息，該部速議，某處可留，某處可省，明具以聞。户部言今年民間水旱，必得大臣撫綏宜姑俟来年，别奏定奪。從之。

《明英宗實録》卷二二七《景泰四年三月》〔監察御史左鼎言〕皇上即位之初，詔天天悉依律科斷，夫何執法之官旋復沮格，仍舉舊例行之，致使貪官污吏殆遍天下，驕將悍卒縱恣自如。伏望遵前詔刪繁例，則不患治化之隆不如古矣。一，汰冗員。國初建官有常，近年因事添設，如主事舊制每司不過二員，今則有增為十員者矣。御史各道共六十員，今則有百餘員者矣。甚至一部有兩尚書，而為侍郎者常倍於額設。為都御史者，率以數十計，此則京官之冗也。在外添設撫民、管屯等官，如河南布政司，舊設參議二員，今則添而為四員；按察司舊設僉事三員，今則增而為七員。夫自布政使、按察使而下皆為民而設也，今乃特置一官以撫民，則其餘者復何為哉！此外官之冗也。若夫巡撫鎮守之官，則亦有可言者。今方岳各司十餘人，不為少矣。每歲又差御史巡視，立法可謂詳矣。不擇方岳以責成，不選御史以督察，乃復設官以巡撫而鎮守之。夫今之巡撫鎮守往往多出於方面御史，則今之方面御史盖亦他日之巡撫鎮守者也。豈有為方面為御史，則合衆人之長而不足為巡撫為鎮守，則任一人之智而有餘耶！乞將内外官，凡非洪武之舊者，參酌裁罷，庶民力可紓，國用可省，委任專而事功可立。一，責成效。聖朝設監察御史，每有員缺必慎擇而任之，然而往往未見成效者，則以遷轉太速，培養之道有未盡耳。昔宋英宗欲授蘇軾以知制誥，韓琦以為軾之才遠大之器也，他日當自為天下用，要在朝廷培養之。夫以軾之才器，冠絶當時，猶欲培養之而後用，况今之士下軾萬萬者，乃欲驟用之乎？邇者御史有僅一考而陞者，有未經一考而遷者，苟於政事典故有未曉則將自治之不暇，何暇論人乎？自今宜以六年為率，但未經兩考者不須遷改，若其中果有行能卓異可為表率者，或增其秩俸亦未為不可。至於巡按所係尤重，凡任職未久者，毋輒使之，必歷三年之久。曾任别差練達政體者，方許巡按。雖然久任責以成效，豈獨御史當然，凡百執事皆然也。如此庶培養之久，人才漸出，成效可冀，而朝廷之委任亦不負命。禮部會官議而行之。

《明英宗實録》卷二五〇《景泰六年二月》 巡按湖廣監察御史葉巒言二事，其一曰：却貢獻以制外夷。《書》曰：不寶遠物，則遠人格。所寶惟賢，則邇人安。昔漢文帝却千里馬，晉武帝焚雉頭裘，皆帝王之盛德也。竊惟狡黠不仁貪殘無厭者，莫如胡戎，每年来貢羸馬，朝廷賞以馬價，賜勞之衣靴，勞之酒食。况自入關以来，及其回還之日，沿途馹站鄉村受其苦楚，隱忍受害，莫敢誰何。且彼往来既久，則中國之虚實，道路之險易，皆聞見〔稔〕熟，異日將有不測之禍。伏望皇上遵祖訓條章，凡外夷来朝及遣使進獻珍玩異物，明降勅旨，免其再来。如是則聖德（亦）〔益〕崇，國家省無用之費，而醜虜不得遂〔其〕奸矣。其二曰：革游食以實邊衛。臣聞兵者，國之所賴以保障，民之所恃以安生。今湖廣都司所屬，平溪清浪偏橋鎮遠等衛官軍見在者少，事故者多，較其原額，十無二三，且各衛接連貴州廣西地界、密邇猺獞苗夷諸種。往年各峒賊起，攻圍城池燒燬縣治，致勞遣將出師，累年征勦始獲奠安。今仍出没不常，民被擾害，原其所由，皆因各衛軍少無力勦捕所致也。竊見天下僧徒冗濫，敗俗傷化，其間有因户内丁多求（被）〔避〕差使者，有因為盗事發更名换姓者，有〔係〕灶丁灶户負塩課而偷身苟免者，有係逃軍逃匠（拒）〔懼〕捕而私自削髮者。乞勅該部議取各僧度牒審驗，若年貌相同名籍俱實者，仍與執照為僧，若（實）〔買〕借他人度牒及無度牒者，究問遞發前項衛分充軍。如此則邊衛得人，苗蠻不敢侵犯矣。帝曰：朝廷撫安四夷，来者不拒，去者不追，但邊將時加防範，勿使遂其譎詐而已。彼僧道寺觀不必屑屑追究。〔如〕有犯者，依律治之。勅甘肅總兵官都督僉事雷通，參贊軍務左副都御史宋傑并鎮守凉州，副總兵署都指揮同知蕭敬等人，得尔等奏，虜寇自去年九月以来，互相仇殺多有漫散逃至亦集乃地方潛住，〔爾〕等已選調人馬約于今年二月分投出境追殺，此係爾等職分當為，况計此時兵已出境，朕不爾制。但念守邊貴于持重，而舉事宜圖萬全，勅至，爾等務在相機守戰。若賊勢衆大，别無犯邊實情，未可輕舉妄動，引惹衅端。毋或因小利而忽遠圖，致有疎（慮）〔虞〕，罪在不恕。吏科都給事中李讚等言，各處巡撫鎮守等官，及都布按三司按治所屬往往恣肆妄為。凡出入必要官吏迎送或三五十里，遠至百里。凡有咨禀，務行跪禮。間有稍持正者，輒生事嗔辱之，以考試生員為盡職，以賡賦詩詞為有才。其軍民利病曾不詢及，乞申明《大明律》及憲綱嚴禁約之。帝曰：《大明律》及憲綱所載者，如何不遵？禮部都察院即申明之，但有搜舉細故凌辱官吏者，許被害之人陳訴，治罪不貸。

《明憲宗實録》卷一四《成化元年二月》 巡撫湖廣左僉都御史王儉上言八事：一，奬勵廉能。臣聞廉以律己則有守，能以致用則有為。乞勅所司從公訪察廣能之吏，其有清謹名著，政績在民，淪没者特加奬勸以復其家；致仕者，給與廪禄以瞻其身；見任者，錫誥勅以旌異之，則賢才進而政事脩矣。一，精擇師儒。臣聞師道立，則善人多。近年學官之選，往往以歲貢監生充之，此輩既無學識，安能教人？今後學官必用舉人中副榜者為之，壯者不許辭職，緣事京官通經術者，亦降除此官，中有克舉此職者，不次擢用之。及行提學憲臣嚴加考校，而優以禮貌。則師儒得人而學校興矣。一，遴選縣正。各處親民正官多不得人，今後親民正官勿依尋常資格，務必學優仕久，然後擢除，及多取三甲進士以任此職。一，考之内昭示勸戒，則人知重名，檢有顧忌，而化民成俗之效可致矣！一，揀選監生。近年以來，存省京儲監生有依親之例，在監日少家居日多，無復留意修己治人之術。即今有司之職，半是此輩，求其正風俗，興禮教，蔑如也。今後監生復監者，每年一次考選。如果年力精鋭，才學可取者，照例挨次出身，年力衰邁才識無取者，發回為民，庶幾壅滯疏通，他日得人任用。一，教養武生。南北二京設武學以教武臣子弟，即今宣力握兵多出於此。乞别降學規，其官生年十五以上，二十五以下，令講讀儒書使知仁義忠信之道，讀講兵書使知制勝禦敵之方，定為課試之法。每年一次，察其勤怠，第其優劣以為賞罰。又於講武之時，使觀習進退疾徐之節，旌麾金鼓之儀，弓馬馳射之法，庶幾磨礲有成。一旦舉而用之，則諳練已素，必有超然出衆者矣。一，禁革淫祀。乞勑翰林院儒臣博採三禮及諸經傳，自天子至於庶人，當祀之神纂集成書，刋示四方。凡天下鬼神不係禮典所載及當代祀典者，並宜撤其廟宇，毁其像設，仍乞禁革塑繪人匠，敢有違者，並付法司論罪。則禮制明，而民志定矣。一，挨查僧道。我朝裁損二教，明示禁戒。今游手之徒，冒名僧道動計萬千，乞勑所司如律禁革僧道。私自簪剃者，勒令還俗，解發原籍當差。仍嚴官民人等，布施之禁，及雲遊行脚，亦必給所司批文。其寺觀潛匿者，有司里老一體重罪。如此則人少游惰，户口可增矣。一，清理屯種。舊例屯田腹裏衛所，二分操守八分下屯，邊境衛所，三分操守七分下屯。近年以來，各都司衛所原行文卷多有朽爛，間有存者，旋復改洗以致無籍官旗人等，乘機作弊。屯田之制日就消削。乞勑所司委明正官，親詣屯所，查理其權豪勢要霸種者，悉令退出，撥給新軍，并空閑舍餘。如軍少田多，撥所在有力無田軍民照例起科，精會計之數，嚴侵漁之法，則豪強斂手而倉廩充矣。疏奏，下所司議之。

《明憲宗實録》卷二一《成化元年九月》　巡撫陝西右副都御史項忠上疏，其一曰：為治莫要於求賢，得人莫嚴於考課。近詔考察天下官吏，不才者，既已罷黜。而才者，未見旌擢。漢宣帝時，二千石有治理者，璽書勉勵，增秩賜金。唐太宗疏刺史名于屏風，善惡之迹註於名下，以備黜陟。故宣帝太宗致是之美，光耀史册。乞勑吏部，凡遇巡撫巡按奏請旌異者，量為擢用，或給以誥勑或勑書勉諭，庶賢否不混。其二曰：至重者將也，至危者兵也。昔君之遣將分之以閫誓莫干也，授之以鉞俾專斷也。將之統兵，若驅羣羊而莫知所之。若决積水於千仞之谿，夫然後得以建立功勳，勒名竹帛。今陝西三邊掛印總兵，遇敵逗遛無一人肯當前者，雖云智勇未能如古名將，盖亦委任有未專焉。况鋒鏑交於原野，機會變於斯須，呼吸之間，有生有死，若不委以軍法從事之柄，孰肯輕生以禦敵哉！今軍士但聞敵之可畏，而不畏總兵之號令，以總兵之權輕也。使畏總兵甚於畏敵，進有可生，退有必死，則人心豈有不奮，而敵豈有不克者。是知威福之柄，臣下不敢擅專直行，師大事安危所係，不得不暫假之也。宜勑各邊總兵官，今後聞有大敵，在前軍中有違主將號令者，悉以軍法從事。庶幾成功可必。其三曰：國家詔舉將才一年餘矣，騎射之間，尚無一人應詔，况才堪大將者乎？且陝西風土強勁，自古名將若郭子儀李晟之輩，皆由此出。雖曰間氣所生世不常有，而弓馬閑習，膂力過人者，不可畏無，但拘於答策之難，不能進也。且天下生員養於學校，善答策者，百無一二，况欲責之草野之人。自昔屠狗販繒之人，皆能建立大功，亦不拘於答策。若專拘此，恐終不能得入用也。詔曰：忠所言，斟酌停當，該部其即議行之。癸亥，南京監察御史施謙言：今歲水旱饑饉，江南有儲積處，宜行巡撫巡按官，令有司驗丁支給。江北無儲積處，令各勸借賑濟預備倉。有豪強規利之徒冒支者，令有司嚴加禁約。其浙江湖廣沿途抵京師量船納鈔法網太密，請暫停止。應天府都税司新增歲辦課額，比於洪武宣德中三倍，其數宜量減以甦民困。詔悉從之。

《皇明寶訓・明宣宗寶訓》卷三《用人宣德元年九月辛亥》　亦馬剌等處，女直野人刀兀等二百餘人來朝貢馬，命為指揮千百户等官。上因謂侍臣曰：夷狄為患，自古有之，未有若宋之甚者。若究禍之本根，蓋自熙寧至宣和五六十年，小人用事，變易法度，民苦征徭，軍無紀律，國家政事日陵月替，遂為夷狄所侮，致有此禍。高宗南渡，政宜委任忠良，恢復舊疆，洗雪大耻，乃復用小人力主和議，為偷安之計。以岳飛之忠卒死，秦檜之讒，小人之敗國家如此。

（明）俞汝楫《禮部志稿》卷四八《奏疏・儲教疏・輔導太子疏》

弘治七年，南京廣西道御史郭繼言：人主垂無窮之統，其本惟在於太子，而太子之善則又在於輔臣。稽諸往古，益輔啟以衍夏祚四百餘年，伊尹輔太甲以衍商祚六百餘年。秦以李斯、趙高為輔，其平昔所以教之者，皆致亡之道也，尚何能保有其國哉。漢昭帝年方十四即能辨霍光之譖，然終不能為漢賢主，得非輔之者，不學無術之人乎。今皇太子聰明異常，正當選擇輔佐之時。臣愚以為師傅講讀之官，必須擇取平昔孝行彰聞、忠蓋著稱、嚴毅方正、學術無偏者為之。其侍御僕從之人，亦必擇取平昔志摻端潔、威儀謹恪、慈祥篤實者為之，其輕薄淺露、憸邪忌刻之徒，一切勿取。則前後左右罔非正人，自然可以涵養氣質、熏陶德性。異日堯舜之德，雍熙之治皆自此出矣。奏入，命所司議。禮部議謂：繼所言與兵部尚書馬文升前所言之意合，皆深得古人教養太子之遺意。我朝列聖繼統率循此道，故建儲之後，出閣之際，必慎選名德以充講讀輔導之任。凡左右僕從之職，亦皆遴選以充彝典，具在皆可舉行。伏惟聖明鑒帝王之法，遵祖宗之制，博其人以專其任，宗社之休，生民之福端繫于此。上曰：慎選端人，輔導皇儲，各官所言，誠國家要務。爾禮部其記之，待皇太子出閣以聞。

（清）龍文彬《明會要》卷六七《刑四・登聞鼓》 嘉靖元年，山東參議韓邦奇奏：國家錦衣衛之設，以待夫隱罪極惡，天子非時震怒特遣下之，非以為常者也。然其制列聖相承，止行於畿內。正德二年以來，權奸用事，官校四出如豺虎，天下洶洶，幾至大亂。使非聖明繼世中興，革而正之，天下未可知也。近者聖母駕過山東，高唐州同知金波供應有缺，陛下詔錦衣衛官校拏至京師。天下愕然驚疑，謂：聖明在上，亦復有此。夫金波小官，何足動天下聽聞？而錦衣官校出京拏人，則固天下聽聞之所繫也。伏惟陛下特宥金波之罪，自後在外府州縣官有犯，付之撫按官；撫按官有犯，付之三法司。如此則內外相承，體統不紊。一疏入，下都察院覆題。《明臣奏議》。

二年，給事中劉最以劾中官逮下詔獄，尋編戍。給事中劉濟言：國家置三法司，專理刑獄，或主質成，或主平反。權臣不得以恩怨爲出入，天子不得以喜怒爲重輕。自錦衣、鎮撫之官專理詔獄，而法司幾成虛設。如最等小過耳，羅織於告密之門，鍛鍊於詔獄之手。旨從內降，大臣初不與知，爲聖政累非淺。帝怒，奪濟俸一月。《劉濟傳》。

（清）蔣良騏《東華録》卷一四《康熙二十七年二月》 先是，御史郭琇疏題，爲特糾大臣背公結黨，納賄營私，仰請乾斷，立賜嚴譴以清政本事：臣聞自古帝王御天下之道，舉止錯枉而已。堯、舜之世，未嘗不有共、鯀、驩兜，堯、舜始焉因其才而姑用之，繼焉知其奸而誅殛之，故堯、舜之世稱爲極盛。我皇上聖德純粹，聖鑑淵深，與放勳、重華異世同揆。臣竊見皇上用人行政，孜孜求治，惟恐一夫不被澤，一物不得所，私竊歡誦，千古難遇。邇者畿輔之地，奸邪逞詐，植黨類以樹私，竊威福以惑衆，日益縱肆。皇上灼知情僞，于一切用人，皆由宸聰獨斷，中外翕服，無不踴躍思奮。臣蒙皇上破格超擢，感激流涕，不知所以爲報。竊自念職在糾彈，仰體堯、舜之心，輒效鷹鸇之逐。謹將大學士明珠、余國柱背公營私實跡，胪列具呈于左：

一、凡閣中票擬，俱由明珠指麾，輕重任意，余國柱承其風旨，即有舛錯，同官莫敢駁正。皇上聖明，時有詰責，乃漫無省改。即如御史陳（芝紫）〔紫芝〕參劾湖廣巡撫張汧疏內，並請議處保舉之員，皇上面諭九卿，應一體嚴加議處，乃票擬竟不之及，則保舉張汧原屬指麾，即此可見矣。一、（凡明珠奉有旨意）〔明珠凡奉諭旨〕，或稱其賢，則向彼云由我力薦；或稱其不善，則向彼云上意不喜，吾當從容挽救。且任意增添，以市恩立威，因而結黨羣心，挾取貨賄。至于每日啓奏畢，出中左門，滿、漢部院諸臣及其腹心，拱立以待，皆密語移時。上意無不宣露，部院衙門稍有關係之事，必請命而行。一、明珠結連黨羽，滿洲則有尚書佛倫、葛思泰及其族姪侍郎傅臘塔、席珠等，漢人之總攬者，則余國柱結爲死黨，寄以腹心。向時會議會推，皆佛倫、葛思泰等把持，而余國柱更爲之囊橐，惟命是聽，但知戴德私門矣。一、凡督撫藩臬缺出，余國柱等無不展轉販鬻，必索及滿欲而後止，是以督撫等官（遇）〔愈〕事朘剥，小民重困。今天下遭逢聖主，愛民如子，而民猶有未給足者，皆貪官搜索以奉私門之所致也。一、康熙二十三年學道報滿之後，應陞學道之人，率往請價九卿選擇時，公然承風，任意派缺，缺皆預定。由是學道皆多方取賄，士風文教，因之大壞。一、靳輔與明珠、余國柱交相固結，每年糜費河銀，大半分肥，所題用河官，多出指授，是以極力庇護。皇上試察靳輔受任以來，請過錢糧幾何，通盤一算，則其弊可知矣。當下河初議開濬時，彼以爲必委任靳輔，欣然欲行，九卿亦無異辭。及見皇上欲另委人，則以于成龍方沐聖眷，舉出必當上旨。而成龍官止臬司，何以（純）〔統〕攝，于是議題奏仍屬靳輔，此時未有阻撓意也。及靳輔張大其事，與成龍議不合，于是一力阻撓，皆由倚托大臣，故敢如此。天鑒甚明，當洞悉靳輔累累抗拒明詔，非無恃而然也。一、科道官（有）內陞〔有〕出差者，明珠、余國柱率皆居功要索，至于考選科道，卽與之訂約，凡有本章，必須先行請問，由是言官多受其牽制。一、明珠自知罪戾，見人輒用柔顔甘語，百般欵曲，而陰行鷙害，意毒謀險，最忌者言官，恐發其奸狀。當佛倫爲總憲時，見御史李時謙（略）〔累〕奏稱旨，御史吳震方頗有參劾，卽令借事排陷，聞者駭懼。以上各欵，但約略指參之，明珠一人，其智足以窺探上旨，其術足以彌縫罪惡。又有余國柱奸謀附和，負恩之罪，書之罄竹難窮。皇上鼓舞臣僚，（貴）〔責〕其實心報効，臣受非常殊眷，若舍豺狼而問狐狸，卽爲辜負聖恩，臣罪滋大。臣固知其黨羽實繁，睚眦必報，恃有聖主當陽，何所畏忌？伏祈霆威，立加嚴譴，簡用賢能，俾贊密（沕）〔勿〕，天下人情，莫不欣暢，感戴聖明無盡，仰乞皇上睿鑒施行，謹題請旨。

（清）鄂爾泰等《世宗憲皇帝硃批諭旨》卷七三之三《硃批王士俊奏摺》 所奏未嘗不是，朕姑發諭一道通行誡飭試看，但恐亦屬無益。果遇督撫精明，不待朕諭自能約束，如遇昏懦者，此輩吏胥之舞文作弊猶輕，道府州縣之貪婪不法，為害更甚。從未有賢督撫能率通省屬員，而不能拘管本署胥役之理。今此之諭，亦不過令直省咸知朕已洞悉此事耳。有治人無治法，不得其人，亦無可奈何之事也。

《皇朝經世文統編》卷二七《內政部一・治術》汪志伊《敬陳吏治三事疏》 夫前之議定是例也，全為地方之緊要起見也。今該御史奏停是例也，特為杜人之營幹起見也。獨不思不合例之人，可以營幹陞調，豈合例之人卽不可以營幹陞調乎。與其奏除人地相須之例，貽誤地方，曷若指參徇私作弊之人，以清仕路。蓋弊人易去而要地必不可廢弛也。

（清）許乃濟《許乃濟奏議・請核實奉行恩詔廣儲人才摺》 臣竊覩我皇上御極以來，首令公正大臣密保文武賢能之員，不次擢用。羣僚莫不砥礪，實已握郅治之原。惟是天下之大，庶司百職之衆，需賢甚殷，而現在各官內有守有為，堪膺特薦者，一省不過數員，欲任用咸得其人，必早為儲材之地。我朝以科目取士，不乏英俊。然鄉會試祇憑文藝，無由知其素行，可以得人材，而不足以盡人材。惟參以鄉舉里選，而後人材可盡。如保舉之法，宜用之於任官，兼宜用之於取士。今有司疊承明詔，果能實力奉行，自可揚滯升幽，盡資世用。臣查上年陝西省奉特旨升授陝安道之嚴如熤，循聲素著，卽係嘉慶元年所舉孝廉方正出身。是此途甄拔得人，實足補科目之所不及。第聞外省從前薦舉到部者，甚屬寥寥，緣向例保舉，必由教官採訪牒縣，由縣申詳各上司。教官先索贄儀，各衙門書吏又索使費，孤寒清介之士，遂不與此數，所舉者大半富户幕賓，只圖照例給銜，不敢送部引見。又或藉詞矜慎，實於地方人材，漠不關心，有數郡不薦一人者。現在舉行恩詔，而外省此種弊端陋習仍所不免，似不足以副盛典而拔真材。至徵舉隱逸，外省更目為迂務在聖世彈冠交慶，原無所謂肥遯之流，第我朝教澤涵濡，秀良成俗，士有好修自愛，雜途不屑以進身，博學多聞，舉業或非其素習，雖才品深可造就，而不免抑塞終身者，所在有之。【略】

蓋取材之道，不可不嚴，嚴則不濫；求材之門，不可不廣，廣則無遺。恭際初元錫福，聖主求賢若渴之時，海內人材，咸思自奮。所患外省各督撫，勢位崇高，不能周知寒畯，州、縣則視為不急之務，莫肯加意訪求，舉朝廷良法美意，僅成虛應故事，殊為可惜。臣愚以為孝廉方正卽古之賢良方正也。孝廉專論其品，賢良兼及其才。必才與品俱優，斯為有體有用。又前此鴻博之舉，不遺韋布，是山林隱逸，卽在其中。伏乞皇上推廣恩詔，酌從賢良鴻博舊章舉行。其現在各直省奉文保舉之孝廉方正及山林隱逸名目，孝廉或僅優於德，隱逸更未見其人。似可將比兩途，統歸入賢良鴻博科中，以期才德兼收，名實相副。更乞酌遵成憲，勅令內而京堂以上，外而道府學政以上，各舉所知，弗避親故，無論其人已登第未登第及已仕而未達者，或行義純固，才猷通達，或經術湛深，文章爾雅，出具切實考語，某人足稱某科之選，限一年內各造名冊報部，恭候行取試引見，以昭核實。不必先由本籍教官牒縣，輾轉申詳，致啓夤緣需索之弊。報部後應如何考試，分別録用，出自聖裁。

議者或謂今方開恩榜，廣中額，得士不患不多，倘再行保舉，恐致仕途擁擠。不知寬於求者嚴於取，保舉所得，每途不過數人數十人而止，往歲暫開捐例時，每次或至千餘人數千人之多，以此相較，似保舉録用之員不致有礙銓選。或又慮其啓僞託之漸，開奔競之端。然保舉破格掄才，事屬曠典，露章薦士，各顧公評；其或自徇私情，則濫保處分，律有明罰。且保舉後尚待考試，則真贗不能盡淆；考試後統歸引見，則用舍操之自上。但使拔十得五，而異日國家獲指臂之用，良非淺鮮，庶足收旁求之實效，不致等明詔於具文矣。

《清史列傳》卷四五《大臣畫一傳檔後編一・曾國藩》〔道光三十年〕三月，應詔陳言，疏曰：今日所當講求者，惟在用人。人才不乏，欲作用而激揚之，則賴皇上之妙用。有轉移之道，有培養之方，有考察之法，三者不可廢一。臣觀今日京官辦事通病有二：曰退縮，曰瑣屑；外官辦事通病有二：曰敷衍，曰顢頇。習俗相沿，但求苟安無過，不肯振作有爲。將來一遇艱鉅，國家必有乏才之患。今遽求振作之才，又恐躁競者因而倖進。臣愚以爲欲令有用之才，不出範圍之中，莫若使從事於學術，又必皇上以身作則，乃能操轉移風化之本。臣考聖祖登極後，勤於學問，儒臣逐日進講，寒暑不輟，召見廷臣，輒與往復討論。當時人才濟濟，好學者多。康熙末年，博學偉才，大半皆聖祖教諭成就之。皇上春秋鼎盛，正符聖祖講學之年。臣請俟二十七月後，舉逐日進講例，四海傳播，人人向風。召見臣工，從容論難，見無才者則勗之以學，以痛懲模棱罷輭之習；見有才者則愈勗之以學，以化其剛愎刻薄之偏。十年以後，人才必大有起色。此轉移之道也。内閣、六部、翰林院爲人才薈萃之地，内而卿相，外而督撫，率出於此，皇上不能一一周知也。培養之權，不得不責成堂官。所謂培養有數端：曰教誨，曰甄别，曰保舉，曰超擢。堂官於司員，一言嘉獎，則感而圖功；片語責懲，則畏而改過。此教誨不可緩也。榛棘不除，則蘭蕙減色；害馬不去，則騏驥短氣。此甄别不可緩也。嘉慶四年、十八年，兩次令部院各保司員。此保舉成案也。雍正間，甘汝來以主事而賞人蓡，放知府。嘉慶間，黄鉞以主事而充翰林，入南齋。此超擢成案也。蓋嘗論之，人才譬若禾稼，堂官之教誨，猶種植耘耔也。甄别猶去稂莠，保舉猶灌溉也。皇上超擢，譬之甘雨時降，苗勃然興也。堂官時常到署，猶農夫日在田間，乃熟穡事。今各衙門堂官多内廷行走之員，或累月不到署，自掌印主稿外，司員半不識面。譬之嘉禾稂莠，聽其同生同落於畎畝之中，而農夫不問。教誨之法無聞，甄别之例亦廢。近奉明詔保舉，又但及外官不及京秩，培養之道不尚有未盡者哉？頃歲以來，六部人數日多，或廿年不得補缺，終身不得主稿，内閣翰林院人數亦三倍於前，往往十年不得一差、不遷一秩，而堂官多直内廷，本難分身入署，又或兼攝兩部、管理數處，縱有才德俱優者，曾不能邀堂官之顧，又烏能達天子之知？以數千人才，近在眼前，不能加意培養，甚可惜也！臣愚欲請皇上稍爲酌量，每部須有二三堂官不入内廷者，令日日到署，與司員相砥礪。翰林掌院亦須有不直内廷者，與編、檢相濡染，務使屬官之性情心術，長官一一周知。皇上不時詢問，某也才，某也直，某也小知，某也大受，不特屬官優劣燦呈，即長官淺深亦可互見，旁考參稽，而八衙門之人才，同往來聖主之胸中。彼屬官者但令姓名達於九重，不必陞官遷秩，而已感激無地，然後保舉之法、甄别之例次第舉行舊章。皇上偶有超擢，則楩枏一陞而草木之精神皆振。此培養之方也。古者詢事考言，二者兼重。近來各衙門辦事，小者循例，大者請旨，本無才猷可見，莫若於言考之；而召對陳言，天威咫尺，不宜喋喋便佞，則莫若於奏摺考之。國家定例，内而九卿、科道，外而督撫、藩臬，皆有言事之責，各省道員亦許專摺言事。乃十餘年間，九卿無一人陳時政得失，司道無一摺言地方利病，科道奏疏無一言及主德隆替，無一摺彈大臣過失，一時風氣，不解其所以然。本朝以來，匡言主德者，如孫嘉淦以自是規高宗，袁銑以寡慾規宣宗，皆優旨嘉納。糾彈大臣者，如李之芳劾魏裔介、彭鵬劾李光地。後四人皆爲名臣，至今傳爲美談。直言不諱，未有盛於我朝者也。皇上御極之初，特詔求言，而褎答倭仁之論，臣讀之至於抃舞感泣。然猶有過慮者，誠見皇上求言甚切，諸臣紛紛入奏，或條陳庶政，頗多雷同；或彈劾大臣，懼長攻訐。臣愚願皇上堅持聖意，借奏摺爲考覈人才之具，永不生厭斁之心，涉於雷同者，不必交議而已；過於攻訐者，不必發鈔而已。此外則但見有益，不見有損。今考九卿賢否，憑召見應對；考科道賢否，憑三年京察；考司道賢否，憑督撫考語。若人人建言參互質證，豈不更爲覈實乎？此考察之法也。奏入，諭稱其剴切明辨切中事情，命百日後舉行日講，國藩旋條陳日講事宜，下部議，格不行。

（清）王夫之《讀通鑑論》卷一《秦始皇》　古者諸侯世國，而後大夫緣之以世官，勢所必濫也。士之子恒爲士，農之子恒爲農，而天之生才也無擇，則士有頑而農有秀，秀不能終屈於頑，而相乘以興，又勢所必激也。封建毁而選舉行，守令席諸侯之權，刺史牧督司方伯之任，雖有元德顯功，而無所庇其不令之子孫。勢相激而理隨以易，意者其天乎！陰陽不能偏用，而仁義相資以爲亨利，雖聖人其能違哉！選舉之不慎而守令殘民，世德之不終而諸侯亂紀，兩俱有害，而民於守令之貪殘，有所藉於黜陟以蘇其困。故秦、漢以降，天子孤立无輔，祚不永於商、周；而若東遷以後，交兵毒民，異政殊俗，横斂繁刑，艾削其民，迄之數百年而不息者亦革焉，則後世生民之禍亦輕矣。郡縣者，非天子之利也，國祚所以不長也；而爲天下計，則害不如封建之滋也多矣。嗚呼！秦以私天下之心而罷侯置守，而天假其私以行其大公，存乎神者之不測，有如是夫！

世其位者習其道，法所便也；習其道者任其事，理所宜也。法備於三王，道著於孔子，人得而習之。賢而秀者，皆可以奬之以君子之位而長民。聖人之心，於今爲烈。選舉不慎，而賊民之吏代作，天地不能任咎，而况聖人！未可爲郡縣咎也。若夫國祚之不長，爲一姓言也，非公義也。秦之所以獲罪於萬世者，私己而已矣。斥秦之私，而欲私其子孫以長存，又豈天下之大公哉！

（清）王夫之《讀通鑑論》卷二一《唐中宗》　策貢士於殿廷，自武氏始。既試之南宫，又試之殿廷，任大臣以選士，不推誠以信，而以臨軒易其甲乙，終未見殿廷之得士優於南宫，徒以市恩遇於士，而離大臣之心。故至於宋而富鄭公欲請罷之，其説是已。雖然，勿謂貢士之策異於漢武之策問賢良也。貢士之取舍，人才進退之大辨，輕於其始，則不得復重之於後。天子以天之職求天之才而登進之，使委之有司，弗躬親以涖之，則玩人而以褻天，其弊也，士愈輕而貢舉愈濫，又奚可哉！有道於此，付試事於南宫，而所拔者緘其文以獻之上，上與大臣公閲而定其甲乙，庶乎不疑不褻，得進賢之中道，惜乎富公之言不及此也。

士之應科而來者，賢愚雜而人數冗，故授之所司，以汰其不經不達之冒昧；而天子親定其甲乙，則以崇文重爵，敬天秩，奬人才，而示不敢輕。此亦易知易行之道，而自武氏以來，迄千餘年，議選舉者，言滿公車，而計不及此者，後世人主之心，無以大異於武氏也。夫武氏以婦人而竊天下，唯恐士心之不戴己，而奪有司之權，鬻私惠於士，使感己而忘君父，固懷姦負慝者之固然也。後世人主，承天命，纘先猷，作君作師，無待私恩以固結，而與大臣爭延攬以籠絡天下，顧使心膂猜疑，互相委卸，不亦誖乎！天子而欲收貢士爲私人，何怪乎舉主門生懷私以相市也。此朋黨之所以興，而以人事主之誼所由替也。

（清）王夫之《讀通鑑論》卷二二《唐睿宗》　按察使之設，後世踵之，而其法有二：一專官也，一特遣也。專官者，任之久而官於其地，其利也，久任則足以深究民情，博考吏治，不以偶爾風聞，瞥然乍見之得失而急施奬抑；其害也，與郡邑習處而相狎，不肖之吏，可徐圖訢合以避糾劾。特遣者，出使有時，復命有程，間行亟返，不與吏親，事止參糾，他無適掌，使畢仍復其官。其利也，職有專司，威有獨伸，無狎習比昵之交，無調停遷就之弊；其害也，風土未諳，利病不親，據乍然之聞見，定臧否於一朝，賢者任氣，而不肖者行私。此二者利害各半，而收其利，免其害，則無如特遣而緩之以期，任之大臣而不以爲升遷之秩，則代天子以時巡而民不勞，代諸侯之述職而事不廢，因時制宜，慎擇人而飭法以簡，斯爲得中之道乎！

（漢）賈誼《新書》卷九《脩政語》　周成王曰：寡人聞之，有上人者，有下人者；有賢人者，有不肖人者；有智人者，有愚人者。敢問上下之人，何以爲異？粥子對曰：唯，疑。請以上世之政詔於君王。政曰：凡人者，若賤若貴，若幼若老，聞道志而藏之，知道善而行之，上人矣；聞道而弗取藏也，知道而弗取行也，則謂之下人也。故夫行者善則謂之賢人矣，行者惡則謂之不肖矣。故夫言者善則謂之賢矣，言者不善則謂之愚矣。故知愚之人有其辭矣，賢不肖之人別其行矣，上下之人等其志矣。周成王曰：受命矣。周成王曰：寡人聞之，聖王在上位，使民富且壽云。若夫富則可爲也，若夫壽則不在於天乎？粥子曰：唯，疑。請以上世之政詔於君王。政曰：聖王在上位，則天下不死軍兵之事。故諸侯不私相攻，而民不私相鬭鬩，不私相煞也。故聖王在上位，則民免於一死而得一生矣。聖王在上，則臣積於道，而吏積於德，而民積於用力。故婦爲其所衣，丈夫爲其所食，則民無凍餒矣。聖王在上，則民免於二死而得二生矣。聖王在上，則君積於仁，而吏積於愛，而民積於順，則刑罰廢矣，而民無大過之誅。故聖王在上，則民免於三死而得三生矣。故聖王在上，則使民有時，而用之有節，則民無厲疾。故聖王在上，則民免於四死而得四生矣。故聖王在上，則使盈境內興賢良，以禁邪惡。故賢人必用而不肖人不作，則已得其命矣。故夫富且壽者，聖王之功也。周成王曰：受命矣。

（唐）武則天《臣軌》卷下《廉潔章》 清靜無為，則天與之時；清靜無為天之德也，人能體之，則天與之時，所謂用天之道矣。恭廉守節，則地與之財。恭廉守節，地之德也，人能體之，則地與之時。所謂分地之利也。君子雖富貴，不以養傷身，雖貧賤，不以利毀廉。言君子之人，雖處富貴，不以奢侈之養而傷其身。雖居貧賤，不以無義之利而毀其廉。言所為必合於道也。知為吏者奉法以利人，不知為吏者枉法以侵人。言知為吏之道者則奉公法以利人，不知為吏之道者，則枉公法以侵人也。理官莫如平，臨財莫如廉，廉平之德，吏之寶也。吏能廉平，則患難遠已，故為寶也。非其路而行之，雖勞不至；非其有而求之，雖強不得。越分故也。知者不為非其事，廉者不求非其有。知其不可故也。是以遠害而名彰也，故君子行廉以全其真，守清以保其身。富財不如義多，高位不如德尊。夫不義而處富財必招刼奪之患，無德而居高位必踐傾危之災，故富財不如義多，高位不如德尊也。季文子相魯，妾不衣帛，馬不食粟，性廉潔也。仲孫忌諫曰：子為魯上卿，妾不衣帛，馬不食粟，人其以子為吝，且不顯國也。仲孫不曉文子之意故發此言。文子曰：然吾觀國人之父母，衣麁食蔬，吾是以不敢。欲與國人同其好惡。且吾聞君子以德顯國，不聞以妾與馬者。夫德者得之於我，又得於彼，故可行也。若唯自得則不足以行矣。若獨貪於奢侈好文章是不德也。何以相國。文章謂錦綺之屬也。仲孫慙而退。韓宣子憂貧叔向賀之。賀其貧也。宣子問其故，對曰：昔欒武子貴而能貧，故能垂德於後。今吾子之貧，是武子之德。能守廉靜者，致福之道也。吾所以賀。宣子再拜受其言。宋人或得玉，獻諸司城子罕，子罕不受，獻玉者曰以示玉人，杜預曰玉人能治玉者也。玉人以為寶，故敢獻之。子罕曰：我以不貪為寶，爾以玉為寶。若以與我，皆喪寶也，不若人有其寶。公儀休為魯相，使食公禄者不得與下人爭利，爭賈商之利也。受大者不得取小。大謂君禄，小謂人利也。客有遺相魚者，相不受，客曰：聞君嗜魚，故遺君魚，何故不受？公儀休曰：以嗜魚，故不受也。今為相能自給魚，言己為相之禄足以自給其魚。今受魚而免相，誰復給我魚者？吾故不受也。

（清）唐甄《潛書》下篇上《考功》 古之賢君，舉賢以圖治，論功以舉賢；養民以論功，足食以養民。雖官有百職，職有百務，要歸於養民。上非是不以行賞，下非是不以效治，後世則不然，舉良吏而拔之高位，既顯榮而去矣。觀其境內，凍餓僵死猶昔也，豕食丐衣猶昔也，田野荒莽猶昔也，廬舍傾圮猶昔也，彼顯榮之舉奚爲乎？爲其廉乎？廉而不能養民，其去貪吏幾何？爲其才乎？才而不能養民，其去酷吏幾何？愛赤子者，必爲之擇乳母，勤謹不懈，得主母之歡心？可謂良乳母矣！然而無乳以餓其子，是可謂之良乳母乎？廉才之吏不能救民之飢餓，猶乳母而無乳者也，是可謂之良吏乎？廉者必使民儉以豐財，才者必使民勤以厚利。舉廉舉才必以豐財厚利爲徵，若廉止於潔身，才止於決事，顯名厚實歸於己，幽憂隱痛伏於民。在堯舜之世，議功論罪，當亦四凶之次也，安得罔上而受賞哉！

（宋）吉天保《孫子十家註》卷五《勢篇》 善戰者求之於執不責於人，故能擇人而任執。〔張預注云：〕任人之法，使貪，使愚，使智，使勇，各任自然之勢，不責人之所不能。故隨材大小，擇而任之。尉繚子曰：因其所長而用之。言因能而用，則人盡其材。

（漢）劉安《淮南子》卷九《主術訓》 人主之一舉也，不可不慎也，所任者得其人，則國家治，上下和，羣臣親，百姓附。附從。所任非其人，則國家危，上下乖，羣臣怨，百姓亂，故一舉而不當，終身傷。傷，病也，亦敗也。得失之道，權要在主，是繩正於上，木直於下，非有事焉，事，治也，非治之使宜。所緣以脩者然也。故人主誠正，則直士任事，而姦人伏匿矣。

又： 非澹薄無以明德，非寧靜無以致遠，非寬大無以兼覆，非慈厚無以懷衆，非平正無以制斷，是故賢主之用人也，猶巧工之制木也，制，裁也。大者以爲舟航柱梁，舟，船也。方兩小船竝與共濟爲航。小者以爲楫楔，脩者以爲櫚榱，櫚屋垂，榱隱也。短者以爲朱儒枅櫨，朱儒梁上戴蹲跪人也。枅讀曰雞也。無小大脩短，各得其所宜。

（清）張怡《玉光劍氣集》卷七《吏治》　何公良俊嘗謂吏部董幼海曰：當今第一急務，莫過重守令之選，亦莫過於守令久任。蓋守令親民之官，凡有志與朝廷幹事百姓造福者，皆可行其志。然必一二年後，民風土俗，可以漸習。今遷轉不及三年，則是甫知地方之事，已作去任之計，及至新任一人，復是不知地方之人，安望天下有善治哉！第二，考選科道，當於部屬中推舉，不當徑用新取諸人。將取到天下知推，分置各部郎署，待一二年後，選其有風力者任科道。輦轂之下，與吏部聲聞相及，其人易知。且歇歷中外，必老成練達，與新進驟顯者不同。或以爲在京易於鑽刺，不知在外者物力殷盛，鑽刺尤爲有力。且以知推驟至科道，上司慮其如此，大相假借，故皆恣肆，無復顧忌，於政體不無有妨。第三，吏部諸公，當日與天下士大夫相接，古人云：只須簡要清通，何必插籬豎棘？今澆競之徒，打點關節，盡是暮夜之金耳。則白晝顯然相接，有何不可？况相與見接，其君子小人，固自易辨。與之言論，或試以事，或探以情，長短亦可立見。又因以周知天下地方之利害，生民之慘舒，有益於政體甚大，何必以閉門謝客爲得耶？

（清）顧炎武《日知録》卷八《掾屬》　是知署吏乃二千石之職，州牧代之尚為煩苛，後歸吏部而統之，宜乎事煩而日不給。又其變也，銓注之法多立資格，而吏治因之大壞矣。

（清）顧炎武《日知録》卷八《選補》　夫子之告仲弓曰：舉爾所知。今之取士，禮部以糊名取之，是舉其所不知也；吏部以掣籤注之，是用其所不知也。是使其臣拙於知人，而巧於避事。及乎赴任之後，人與地不相宜，則吏治墮，吏治墮則百姓畔，百姓畔則干戈興，於是乎軍前除吏，而并其所為尺寸之法亦不能守。豈若廓然大公，使人得舉其所知，而明試以功，責其成效於服官之日乎？

（清）顧炎武《日知録》卷八《停年格》　宋孫洙《資格論》曰：三代以下選舉之法，其始終一切皆失者，其國家資格之制乎！今賢材之伏於下者，資格閡之也；職業之廢於官者，資格牽之也；士之寡廉鮮恥者，争於資格也；民之困於虐政暴吏，資格之人衆也。萬事之所以抏弊，百吏之所以廢弛，法制之所以頽爛決潰而不之救者，皆資格之失也。惟天之生大賢大德也，非以私厚其人，將使之輔生民之治者也。惟人之有大材大智者，非以獨樂其身，將以振生民之窮者也。今小人累日而取貴仕，君子側身而困卑位，賢者戴不肖於上，而愚者役智者於下，爵不考德，禄不授能，故曰：賢材之伏於下者，資格閡之也。才足以堪其任，小拘歲月而防之矣。力不足以稱其位，增累考級而得之矣。所得非所求也，所求非所任也。位不度才，功不索實。故曰：職業之廢於官者，資格牽之也。今夫計歲閥而争年勞者，日夜相闘也。有司躐一名，差一級，則攝衣而羣争愬矣。其甚者或懷黄敕而置於丞相之前也，其行義去市賈者亡幾耳。故曰：士之寡廉鮮恥者，争於資格也。來而暴一邑，既歲滿矣，又去而虐一州也，非以贓敗，至死不黜。虎吏劇牙而食於民，賢者欝死於巖穴，而赤子不得愛其父母也。故曰：民之困於虐政暴吏者，資格之人衆也。夫資格之法起於後魏崔亮，而復行之於唐之裴光庭，是二子者，其當世固已罪之，不待後人之譏矣。然而行之前世，不過數十年者也。後得稱職者矯而更之，故其患不大。今資格之弊，流漫根結，踵為常法，方且世世而遵行之矣。往者不知非，來者不知矯，故曰：萬事抏弊，百吏廢弛，法制頽爛決潰而不之救也。雖然，不無小利也，小便也。利之者，惷愚而廢滯者也，便之者耋老而庸昏者也。而於天下國家焉則大失也，大害也。然而提選部者，亦以是法為簡而易守也。百品千羣，不復銓敘人物而綜覈功實，一吏在前勘簿，呼名而授之矣。坐廟堂者亦以是法為要而易行也，大官大職，列籍按氏，差第日月，遝然而登之矣，上下相冒而賢材去愈遠，可為太息也。為今之急，誠宜大蠲弊法，簡扳異能。爵以功為先後，用以才為序次，無以積勤累勞者為高敘，無以深資久考者為優選。智愚以别，善否陳前，而萬事不治、庶功不熙者，臣愚未嘗聞也。金章宗謂宰臣曰：今之用人太拘資歷，循資之法起於唐代，如此何以得人？平章政事張汝霖對曰：不拘資格，所以待非常之材。上曰：崔祐甫為相，未踰年薦八百人，豈皆非常之材與？

（清）顧炎武《日知録》卷八《銓選之害》　楊萬里作《選法論》，其上篇曰：臣聞選法之弊在於信吏而不信官。信吏而不信官，故吏部之權不在官而在吏，三尺之法適足以為吏取富之源，而不足以為朝廷為官擇人之具。所謂尚書、侍郎二官者，據案執筆，閉目以書紙尾而已。且夫吏之犯法者必治，而受賕者必不赦，朝廷之意豈真信吏而不信官者邪，非朝廷之意也，法也。意則信官也，法則未嘗信官也，朝廷亦不自信也。天子不自信，則法之可否孰決之？決之吏而已矣。夫朝廷之立法，本以防吏之為姦，而其用法也，則取於吏而為決，則是吏之言勝於法，而朝廷之權輕於吏也。其言至於勝法，而其權至重於朝廷，則吏部長貳安得而不吏之奉哉！長貳非曰奉吏也，曰吾奉法也。然而法不決之於官，而決於吏，非奉吏而何？夫是之為信吏而不信官。今有一事於此，法曰如是可，如是而不可。士大夫之有求於吏部，有持牒而請曰：我應夫法之所可行。而吏部之長貳亦曰：可宜其為可無疑也。退而吏出寸紙以告之曰：不可。既曰不可矣，宜其為不可無改也，未幾而又出寸紙以告之，曰：可。且夫可不可者，有一定之法。而用可不可之法者，無一定之論，何為其然也？吏也。士大夫之始至也，恃法之所可，亦恃吏部長貳之賢，而不謁之吏，故與長貳面可之，退而問之吏，吏曰：法不可也。長貳無以語，則亦曰然。士大夫於是不決之法，不請之長貳，而以市於吏。吏曰可也，而勿亟也。伺長貳之遺忘而晝取其諾，昨奪而今與，朝然而夕不然，長貳不知也，朝廷不詗也。吏部之權不歸之吏而誰歸！夫其所以至此，其始也有端，其積也有漸，而其成也植根甚固而不可動搖矣。然則曷為端？其病在於忽大體，謹小法而已矣。吏者從其所謹者而中之，并與其所忽者而竊之，此其為不可破也。且朝廷何不思之曰：吾之銓選，果止於謹小法而已，則一吏執筆而有餘也，又焉用擇天下之賢者以為尚書、侍郎也哉？則吾之所以任尚書、侍郎者，殆不止於謹小法而已。是故莫若略小法而責大體，使知小法之有所可否，初無繫於大體之利害，則吏部長貳得以出意而自決之，要以不失夫銓選之大體，而不害夫立法之大意而已。責大體而略小法，則不決於吏，而吏之權漸輕，吏權漸輕然後長貳之賢者得以有為，而選法可以漸革也。其下篇曰：臣聞吏部之權不異於宰相，亦不異於一吏。夫宰相之與一吏，不待智者而知其懸絶也。既曰吏部之權不異於宰相，又曰亦不異於一吏者何也？今夫進退朝廷之百官，賢者得以用，而不肖者得以黜，此宰相之權也。注擬州縣之百官，下至於簿尉，而上至於守貳，此吏部之權也。朝廷之百官自大科異等，與夫進士甲科之首者未有不由於吏部也，未有不由於吏部而官者。今日之簿尉未必非他日之宰相，而況今日宰相之所進退者，臺閣之所布列者，皆前日之升階揖侍郎者也。故曰吏部之權不異於宰相。雖然，吏部之所謂注擬何也？始入官者則得簿尉，自簿尉來者則得令丞。推而上之，至於幕職，由是法也。又上之至於守貳，由是法也。其宜得者則曰應格，其不宜得者則曰不應格。曰應格矣，雖貪者，疲懦者，老耄者，乳臭者，愚無知者，庸無能者皆得之，得者不之媿，與者不之難也。曰不應格矣，雖真賢實能廉潔守志之士，皆不得也。不得者莫之怨，不與者莫之恤也。吏部者曰：彼不媿不怨，吾事畢矣。如募焉，書其役之高下而甲乙之，按其役之遠近而勞逸之，呼一吏而閲之簿，盡矣，此縣令之以止小民之争也。吏部注擬百官，而寄之以天下之民命，乃亦止於止争而已矣。故曰亦不異於一吏。今吏部亦有所謂銓量者矣，揖之使書，以觀其能書乎否也。召醫而視之，以探其有疾與否也。贊之使拜，以試其視聽之明暗，筋力之老壯也。曰銓量者，如是而已矣。而賢不肖愚智何別焉？昔晉用山濤為吏部尚書，而中外品員多所啟拔。宋以蔡廓為吏部尚書，廓先使人告宰相徐羨之曰：若得行吏部之職則拜，不然則否。羨之荅云：黄、散以下皆委。廓猶以為失職，遂不拜。蓋古之吏部雖黄門、散騎皆由吏部之較選，是當時之為吏部者，豈亦止取若今所謂應格者而為黄、散哉，抑將止取今所謂銓量者而為黄、散邪？臣願朝廷稍增重尚書之權，使之得以察百官之能否而與奪之。如丞、簿以下，官小而任輕者，固未能人人而察之也。至於縣宰之寄以百里之民者，守貳之寄以一郡之民者，豈不重哉。且天下幾州，一州幾縣，一歲之中居者，待者之外，到部而注擬縣宰者幾人，守貳又幾人，則亦不過三數百而已。以一歲三數百之守貳、縣宰，而散之於三百六旬之日月，則一日之注擬者，絶多補寡，亦無幾爾。一歲之間，而不能察三數百人之能否，則其為尚書者亦偶人而已矣。月計之而不粗，歲計之而不精，則其州縣之得人豈不十而五六哉。雖不五六，豈不十而三四哉。以此較彼，不猶愈乎？或曰：尚書之權重則將得以行其私，奈何？是不然。昔陸贄請令臺省長官各舉其屬，而德宗疑諸司所舉皆有情故，或受賂者。贄諫之曰：陛下擇相亦不出臺省長官之中，豈有為長官則不能舉一二屬吏？居宰相則可擇千百其僚，其要在於精擇長吏。贄之説盡矣。今朝廷百官，孰非宰相進擬者而不疑也。至於吏部長貳之注擬，而獨疑其私乎？精擇尚書，而假之以與奪之權，使得精擇守貳、縣宰，而無專拘之以文法，庶乎天下不才之吏可以汰，而天下之治猶可以復起也與？

紹興三十二年，吏部侍郎凌景夏言：國家設銓選，以聽羣吏之治。其掌於七司，著在令甲，所守者法也，今升降於胥吏之手，有所謂例焉。長貳有遷改，郎曹有替移，來者不可復知，去者不能盡告。索例而不獲，雖有強明健敏之才，不復致議。引例而不當，雖有至公盡理之事，不復可伸。貨賂公行，姦弊滋甚。嘗觀漢之公府有辭訟比，尚書有決事比。比之為言，猶今之例。今吏部七司宜置例册，凡經申請，或堂白，或取旨者，每一事已，命郎官以次擬定，而長貳書之於册，永以為例。每半歲上於尚書省，仍關御史臺。如此則巧吏無所施，而銓敘平允矣。淳熙元年，參知政事龔茂良言：法者，公天下而為之者也。例者，因人而立以壞天下之公者也。昔之患在於用例破法，今之患在於因例立法，自例行而法廢矣。故諺稱吏部為例部。是則銓政之害，在宋時即已患之，而今日尤甚。所以然者，法可知，而例不可知。吏胥得操其兩可之權，以市於下。世世相傳，而雖以朝廷之力不能拔而去之。甚哉，例之為害也，又豈獨吏部然哉。

（清）顧炎武《日知録》卷九《部刺史》 漢武帝遣刺史周行郡國，省察治狀，黜陟能否，斷治冤獄。以六條問事：一條，强宗豪右田宅踰制，以强陵弱，以衆暴寡。二條，二千石不奉詔書，倍公向私，旁詔牟利，侵漁百姓，聚斂為奸。三條，二千石不恤疑獄，風厲殺人，怒則任刑，喜則任賞，煩擾刻暴，剥削黎元，為百姓所疾，山崩石裂，妖祥訛言。四條，二千石選署不平，苟阿所愛，蔽賢寵頑。五條，二千石子弟怙倚榮勢，請託所監。六條，二千石違公下比，阿附豪强，通行貨賂，割損政令。又令歲終得乘傳奏事。夫秩卑而命之尊，官小而權之重，憲小大相制，內外相維之意也。

又： 于文定《筆塵》曰：元時風憲之制，在内諸司有不法者，監察御史劾之。在外諸司有不法者，行臺御史劾之，即今在内道長，在外按臺之法也。惟所謂行臺御史者，竟屬行臺，歲以八月出巡，四月還治，乃長官差遣，非繇朝命，其體輕矣。明朝御史總屬内臺，奉命出按，一歲而更，與漢遣刺史法同，唐宋以來皆不及也。

（明）馮琦《經濟類編》卷二一《臣類二・近臣》 今人君之左右，出則為勢重而收利於民，入則比周而蔽惡於君。内間主之情以告外，外内為重。諸臣百吏以為富吏不誅則亂法，誅之則君不安。據而有之，此亦國之社鼠也。故人臣執柄而擅禁，明為己者，必利，而不為己者，必害。此亦猛狗也。夫大臣為猛狗，而齕有道之士矣，左右又為社鼠，而間主之情矣。人主不覺如此，主焉得無壅，國焉得無亡乎？

又： 然於道不勉而中，於事不思而得，非僻之習異端之言，無自而入矣。如是而施之任人，則邪佞者遠，忠直者伸，以之立事，則言而為天下則，動而為天下法，其於盛德，豈曰小補之哉！且夫深處法宮之中，親近褻御之徒，其損益相去，如此唯陛下留意毋忽。

（明）馮琦《經濟類編》卷二三《臣類四・守令》 故其法張則變曲為直，如蓬生於麻也。其法馳則變香為臭，似蘭化為艾也。且聖人之為理，豈盡得賢而用之乎？豈盡知不肖而去之乎？將在乎秉其樞，操其要，剗邪為正，變觚為圓。能使善之必遷，不謂善之盡有。能使惡之必改，不謂惡之盡無。成此功者，非他懲勸之所致也。則考課之法，其可輕乎？臣聞牧宰古者，五等之國也。於人有父母之道焉，於吏有君臣之道焉。所宜馳張舉措由其心，威福賞罰懸於手，然後能鎮其俗，移其化也。今縣宰之權受制於州牧，州牧之政取則於使司，迭相拘持不敢專達，雖有政術，何由施行？況又力役之限，賦斂之期，以用之費省為求，不以人之貧富為度。以上之緩急為節，不以下之勞逸為程。縣畏於州，州畏於使，雖有仁惠，何由撫綏？此猶束舟楫而望濟川，絆騏驥而求致遠。臣恐龔黄、卓魯復生於今日，亦不能為理矣！

又： 吏人有犯違禁法，輒隨方曉示。若吏稱其職，人行善事者，皆賜以酒餚之禮以勸勵之。耕織種收皆有條章。一境清靜，牢獄連年無囚。比縣流人歸化，徒居二萬餘户，民嘗為虎所害，乃設檻捕之，生獲二虎。恢聞而出，呪虎曰：天生萬物，唯人為貴。虎狼當食六畜，而殘暴于人。王法殺人者死，傷人則論法。汝若是殺人者，當垂頭服罪，自知非者，當號呼稱冤。一虎低頭閉目，狀如震懼，即時殺之。其一視恢鳴吼，踴躍自奮，遂令放釋。吏人為之歌頌。

（明）馮琦《經濟類編》卷三一《銓衡類三・求賢》 故可使治國者使治國，可使長官者使長官，可使治邑者使治邑，凡所使治國家官府邑里，此皆國之賢者也。賢者之治國家也，蚤朝晏退聽獄治政，是以國家治而刑法正。賢者之長官也，夜寢夙興收斂關市山林澤梁之利以實官府，是以官府實而財不散。賢者之治邑也，蚤出莫入耕稼樹藝聚菽粟，是以菽粟多而民足乎食。故國家治則刑法正，官府實則萬民富。貪於政者，不能分人以事。厚於貨者，不能分人以祿。事則不與，祿則不分。請問天下之賢人，將何自至乎王公大人之側哉？若苟賢者，不至乎王公大人之側，則此不肖者在左右也。不肖者在左右，則其所譽不當賢，而所罰不當暴。王公大人尊此以為政乎？國家則賞亦必不當賢，而罰亦必不當暴。若苟賞不當賢。而罰不當暴，則是為賢者不勸，而為暴者不沮矣。

（明）馮琦《經濟類編》卷三四《銓衡類六·官制》 臣聞治軍無禮則威嚴不行，禮者上下之分是也。唐自肅代以降務行姑息之政，是以藩鎮跋扈威侮朝廷，士卒驕横侵逼主帥，上陵下替無復綱紀，以至五代天下大亂，運祚迫蹙生民塗炭。祖宗受天景命聖德聰明知天下之亂生於無禮也，於是乃立軍前之制曰：一階一級，全歸伏事之儀，敢有違犯，罪至於死。於是上至都指揮使，下至押官長行等秩相承，粲然有叙。若身之使臂，臂之使指，莫敢不從，故能東征西伐，削平海内，為子孫建久大之業，至今百有餘年，天下太平者，皆由此道也。近歲以來，中外主兵，臣僚往往不識大體，好施小惠以盜虛名。軍中有犯階級者，務行寬貸，是致軍校大率，不敢鈐束長行，甘言悦色，曲加喣嫗，以至懦怯兵官亦為此態，遂使行伍之間，驕恣悖慢，寖不可制。上畏其下，尊制於卑，所謂下陵上替者，無過於此。臣聞聖王刑期於無刑，今寬貸犯階級之人，明活人一人之命，殊不知軍法不立，漸成陵替之風，則所繫乃億兆人之命也。臣愚欲望陛下特降詔旨，申明階級之法，戒敕中外主兵臣僚，令一遵祖宗之制。如敢有輒行寬貸，曲收衆心者，嚴加罪罰以警其餘，庶幾綱紀復振，基緒永安。

（明）唐順之《稗編》卷九〇《景差治鄭》 景差相鄭，鄭人有冬涉水者，出而脛寒，後景差過之，下陪乘而載之，覆以上衽。晉叔向聞之曰：景子為人國相，豈不固哉！吾聞良吏居之三月而溝渠修，十月而津梁成，六畜且不濡足，而況人乎？

（明）何良俊《四友齋叢説》卷一三《史九》 朝廷之官莫重於冢宰，冢宰賢，則百司得職，而天下之事理矣。余觀中世以下，士鮮全才，其嚴於律己者，每傷於刻；其寬以應物者，常失之通。聰明者，見事速而短於持循；敦篤者，守法堅而缺於裁變。遲鈍之士，可以固而有常；佻狡之徒，亦能權以濟事。苟當其材，則尺寸之木皆適於用。若違其任，則雖合抱亦無所施。故必有崔琰毛玠之公，山巨源之識，然後可以無憾。魏劉卲作《人物志》，以九徵論人。其言曰：凡人之質量，中和最貴矣。中和之質，必平淡無味，故能調成五材，變化應節。是故觀人察質，必先察其平淡，而後求其聰明。聰明者，陰陽之精。陰陽清和，則中叡外明。聖人淳耀能兼二美，自非聖人莫能兩遂。故明白之士，達動之機而暗於玄慮。玄慮之人，識靜之原而困於速捷。若官人者，能以劉卲之言參之，則庶乎司其契矣。

（漢）曹操《曹操集·文集》卷二《論吏士行能令》 議者或以軍吏雖有功能，德行不足堪任郡國之選，所謂可與適道，未可與權。管仲曰：使賢者食于能則上尊，鬭士食於功則卒輕于死，二者設于國則天下治。未聞無能之人，不鬭之士，併受祿賞，而可以立功興國者也。故明君不官無功之臣，不賞不戰之士；治平尚德行，有事賞功能。論者之言，一似管窺虎歟！

（唐）白居易《白居易集》卷六五《策林四·論刑法之弊升法科，選法吏》 問：今之法，貞觀之法；今之官，貞觀之官，昔何爲而大和？今何爲而未理？事同効異，其故何哉？將刑法不便於時耶？而官吏不得其人耶？

臣伏以今之刑法，太宗之刑法也；今之天下，太宗之天下也。何乃用於昔，而俗以寧壹？行於今，而人未休和？臣以爲非刑法不便於時，是官吏不循其法也。此由朝廷輕法學，賤法吏；故應其科與補其吏者，率非君子也，其多小人也。蓋刑法者，君子行之，則誠信而簡易。簡易則人安。小人習之，則詐偽而滋彰。滋彰則俗弊。此所以刑一而用二，法同而理殊者也。矧又律令塵蠹於棧閣，制勑堆盈於桉几；官不偏覩，法無定科。今則條理輕重之文，盡詢于法直：是使國家生殺之柄，假手於小人。小人之心，孰不可忍？至有黷貨賄者矣，有祐親愛者矣，有陷讎怨者矣，有畏權豪者矣，有欺賤弱者矣。是以重輕加減，隨其喜怒；出入比附，由乎愛憎。官不察其所由，人不知其所避。若然，則雖有貞觀之法，苟無貞觀之吏，欲其刑善，無乃難乎？陛下誠欲申明舊章，剗革前弊；則在乎高其科，重其吏而已。臣謹按：漢制以四科辟士，其三曰明習律令，足以決狐疑，能按章覆問，文中御史者，辟而用之。伏惟陛下：懸法學爲上科，則應之者必俊乂也；升法直爲清列，則授之者必賢良也。然後考其能，獎其善；明察守文者，擢爲御史；欽恤用情者，遷爲法官。如此，則仁恕之誠，廉平之氣，不散於簡牘之間矣。掊刻之心，舞文之弊，不生於刀筆之下矣。與夫愚詐小吏，竊而弄之者，功相萬也。臣又聞：管仲奪伯氏之邑，没無怨言；季羔刖門者之足，亡而獲宥；孔明黜廖立之位，死而垂泣：三子者，可謂能用刑矣。臣伏思之，亦何代無其人哉？在乎求而用之，考而獎之而已。伏惟陛下再三察焉。

（宋）范仲淹《范文正别集》卷二《賦・任官賢材賦》　官也者，名器所守。賢也者，才謀不羣。當建官而公共，惟任賢而職分。大則論道經邦帝賁之猷允著，小則陳力就列家食之歎無聞。王者臨萬邦之民，列百揆之職。將政理而有截，故掄材而不忒。示以好爵，惟皇之士攸臻；致于周行，命世之才盡得。始其精選不貳，明揚勿休。察其言之所謂，觀其行之所脩。苟進者不可不慎，待用者予取予求。勸農勉人，咸委循良之德；處繁理劇，悉咨濬哲之謀。豈不以官者，一人之股肱，兆民之綱紀。厥用也，雖各司其局；厥功也，蓋同歸於理。非其人則貽民之憂，得其人則致君之美。是故每孜孜於仄席，憂在進焉；俾濟濟以盈庭，野無遺矣。蓋以非賢不乂，得士則昌。度其才而後用，授其政而必當。上以見知人之道，下以見稱職之方。亦如大厦構興，惟美材而是取；良工制作，得利器而允臧。自然讒邪知禁，惟君子之是任；政教昭宣，致王業之不愆。庶績咸若，羣方宴然，其或未精黜陟，弗辨妍媸。素食之誚必作，嘉魚之詠莫傳。曷若我命以鈞衡，乃負鼎之明哲；升乎諫諍，必及雷之忠賢。大哉！考古典之訓謨，觀前王之取拾。巍巍堯帝，得五臣而治域中；赫赫軒皇，用六相而光天下。故我后法二帝之垂衣，舉多賢者。

（宋）范仲淹《范文正别集》卷二《賦・賢不家食賦》　國家廣闢四門，推賢可尊。俾進身於禄位，寧退食於丘園。出仕文明，萬鍾之榮自足；不居側陋，一簞之樂奚論。當其王道勃興，聖人在上。納忠良而罔怠，庶弼諧而無曠。敦三接而何善不臻，達四聰而無遠弗訪。思舉之士，效明試於勳庸；崇德之人，恥素食而高尚。莫不濯纓交進，束帶相先。上既諧於輔聖，下絶見於遺賢。克勤于邦，自重茵而列鼎；不出其位，寧鑿井而耕田。遂使獻替無虧，經綸是假。外兼濟於黔首，内盡忠於王者。行爵出禄，但見其聖人養賢；論道經邦，詎聞乎君子在野。豈不以天下之政也，惟賢是經；天下之情也，得賢而寧。所以宅茲百揆，所以康彼萬靈。靡吟皎皎之駒，已縻好爵；宜詠呦呦之鹿，盡宴明庭。彼茹藜而隱者，亦士之醜；飲泉而居者，何樂之有？曷若我美禄是干，良時是偶。如蛟龍兮得雲雨，異麟鳳兮在郊藪。是以子牙就聘，求魚豈戀於水濱？伊尹逢時，執耒寧思於田畝。美夫聖主，斯在明賢。不遐咸簪纓而奉國，豈菲薄而在家。端冕之前，既協鹽梅之用；衡茅之下，誰興葵藿之嗟！士有學稟，素風運逢。皇極方勵入官之業，獲頌養賢之德。幸奏藝於堯階，庶無慙於家食。

（宋）范仲淹《范文正别集》卷八《上資政晏侍郎書》　天聖八年月日，具銜范某，謹齋沐再拜，上書于資政侍郎閣下。某近者伏蒙召問，曾上封章，言朝廷禮儀事，果有之乎？某嘗辱不次之舉，矧公家之事，何敢欺默。因避席而對曰：有之。遽奉嚴教云，爾豈憂國之人哉？衆或議爾以非忠非直，但好奇邀名而已。苟率易不已，無乃為舉者之累乎。某方一二奉對，公曰：勿為强辭。某不敢犯大臣之威，再拜而退，退而思之，則自疑而驚曰：當公之知，惟懼忠不如金石之堅，直不如藥石之良，才不為天下之奇，名不及泰山之高，未足副大賢人之清舉。今乃一變為尤，能不自疑而驚乎？且當公之知，為公之悔，儻默默不辨，則恐搢紳先生誚公之失舉也。如此某何面目於門牆哉？請露肝膂之萬一，皆質於前志，非敢左右其説。惟公之采擇，庶幾某進不為賢人之疑，退不為賢人之累，死生幸甚！死生幸甚！某天不賦智，昧於幾微，而但信聖人之書，師古人之行，上誠於君，下誠於民。韓愈自謂有憂天下之心，由是時政得失，或嘗言之。豈所謂不知量也。蓋聞昔者聖人，求天下之言以共理天下，於是命百官箴闕，百工獻藝，則大臣小臣無非諫也。建善旌，立諫鼓，諮芻蕘，采謠詠。斯則何遠何近，咸可言也。此誠歷代令王，懼上有所未聞，下有所未達，特崇此道以致天下之言。俾九重之深，無所蔽也。亦必憂國大臣，懼義有所未從，諫有所未上，復廣此道以致天下之情，冀萬乘之心有以動也。某又聞事君有犯無隱，有諫無訕，殺其身有益於君，則為之。衛顗曰：非破家為國，殺身成君者，誰能犯顏色，觸忌諱，建一言哉？亦忠臣之分也。而曰不在其位不謀其政者，謂各司其局，不相侵官。如當二千石之位，則不責尚書之政。當尚書之位，則不責三公之政。非言路之謂矣。又曰：天下有道，庶人不議。蓋言有道之朝，教化純被，則庶人無所議焉。某登進士第，由幕府歷宰字為九卿之屬，似非庶人，敢不議乎。如云遠不當諫，則伯夷叩馬諫武王，豈近臣哉？太公謂之義士，夫子稱其賢人，曾不以遠而為過乎？至於穎考叔、曹劌、杜蕢、絃高、魯仲連、梅福之徒，皆遠而謀國者也，前史嘉之。況國家以公之清舉，置某于近閣同文館之列。唐文皇於此延天下之才，使多識前言往行，以諮政教之得失，備廊廟之選用。如朝廷延才之意，不減於前，則某事君於此，非遠也。又聞言未及而言謂之躁。今國家詔百官轉對，使明言聖躬之過失，宰司之闕遺，其不預轉對者，俾實封章奏以聞。則某非言未及而言也。若以某好奇為過，則伊尹負鼎，太公直鈎，仲尼誅侏儒以尊魯，夷吾就縲絏而霸齊，藺相如奪璧於強隣，諸葛亮邀主於敝廬，陳湯矯制而大破單于，祖逖誓江而克清中原，房喬杖策於軍門，姚崇臂鷹於渭上，此前代聖賢非不奇也。某患好之未至爾，若以某邀名為過，則聖人崇名教而天下始勸。莊叟云：爲善無近名，乃道家自全之説，豈治天下者之意乎？名教不崇，則爲人君者，謂堯舜不足慕，桀紂不足畏。為人臣者，謂八元不足尚，四凶不足恥，天下豈復有善人乎？人不愛名，則聖人之權去矣。經曰：立身揚名。又曰：善不積不足以成名。又曰：恥没世而名不稱。又曰：榮名以為寳。是則教化之道無先於名，三古聖賢，何嘗不著於名乎？某患邀之未至爾。某又聞天生蒸民，各食其力。惟士以有德，可以安君，可以庇民，於是聖人率民以養士。《易》曰：不家食吉。如其無德，何食之有？某官小禄微，然歲受俸禄僅三十萬，竊以中田一畝，取粟不過一斛，中稔之秋，一斛所售不過三百金，則千畝之獲可給三十萬。以豐歉相半，則某歲食二千畝之入矣。其二千畝中，播之耨之獲之斂之，其用天之時、地之利、民之力多矣。儻某無功而食，則為天之螟，為民之賊，使鬼神有知，則為身之殃，為子孫之患。某今職在校讐，務甚清素，前編後簡，海聚雲積，其間荒唐詭妄之書十有七八。朱紫未辨，膏肓奈何。某棲遲於斯，絶無補益。上莫救斯文之獘，下無庇斯人之德，誠無功而食矣。所可薦於君者，惟忠言耳。況我國家以六合之廣，四葉之盛，撫既濟之會，防未然之幾，兢兢持盈，日昃不暇。謂今天下民庶而未富，士薄而未教，禮有所未格，樂有所未諧。多士之源，有所未澄，百司之綱，有所未振。兵輕而有所未練，邊虚而有所未計。賞罰或有所未一，恩信或有所未充。乃詔百官轉對，其未預者竝許封章。此吾君盡心以虚受天下之言也，亦天下君子盡心以助成王道之日也。然獻言之初，或有所賞。於是浮淺僥覬之輩，争為煩言。或采其細而傷其力，或誇其利而隱其害，下冒上之寵而矯其辭，上疑下之躁而輕其説，此政教之大害也。某遠觀五帝三王，爵以尚德，禄以報功，未有賞其空言者，至於舜命禹拜，惟重其言而行之。逮夫春秋之時，則有舉賢之賞。唐文皇賞孫伏伽之諫，以天下始定，而權以進之，未使久行焉。今朝廷必欲求有道之言，在其擇而必行，不在其誘於必賞。言而無實，則真有憂天下之心者，不廢其進焉。然後下不冒上之寵而直其辭，上不疑下之躁而重其説，此政教大利也。某亦嘗聞長者之餘論，鬱于胸中，而莫敢罄發者，恥與浮淺僥覬之徒，受上之疑於國門矣。某昨輒言國家冬至上壽之禮者，斯言有罪，必不疑其僥覬矣。是故經一死以重萬代之法。請皇帝率親王皇族於內中，上皇太后萬壽，請詔宰臣率百僚於前殿，上兩宮聖壽，實無減皇太后尊崇之威，又足存皇帝貴高之體。蓋一人與親王皇族上壽於內，則母子之義親，君臣之禮異。與百僚上壽於外，則是行君臣之儀，非敦母子之義。在今兩宮慈聖仁孝之德而行此典，則未見其損。奈何後代必有舅族強熾，竊此為法，以仰制人主者矣。聖朝既不能正之，使後代忠臣何所執議先王制禮之心，非萬世利則不行焉？或五帝不相沿樂，三王不相襲禮，此何泥於古乎？某謂禮樂等數，沿革可移，帝王名器，乾坤定矣。豈沿革之可言哉！若謂某不知聖人之權，則孔子何以謂晉文公譎而不正？以臣召君，不可以訓。《書》曰：天王狩于河陽，是諱其權而正其禮也，豈昧於權哉？小臣昧死力言，大臣未能力救。苟誠為今日之事，未量後代之患，豈小臣之狂言，大臣之未思也？某天拙之效，不以富貴屈其身，不以貧賤移其心。儻進用於時，必有甚於今日。庶幾報公之清舉，如求少言少過自全之士，則滔滔乎天下皆是，何必某之舉也？夫天下之士，有二黨焉，其一曰：我發必危言，立必危行，王道正直，何用曲為。其一曰：我遜言易入，遜行易合，人生安樂，何用憂為。斯二黨者常交戰於天下，天下理亂，在二黨勝負之間爾。儻危言危行獲罪於時，其徒皆結舌而去，則人主蔽其聰，大臣喪其助，而遜言遜行之黨不戰而勝，將浸盛於中外。豈國家之福，大臣之心乎？人皆謂危言危行，非遠害全身之謀，此未思之甚矣。使搢紳之人皆危其言行，則致君於無過，致民於無怨，政教不墜，禍患不起，太平之下，浩然無憂，此遠害全身之大也。使搢紳之人皆遜其言行，則致君於過，致民於怨，政教日墜，禍患日起，大亂之下，洶然何逃？當此之時，縱能遜言遜行，豈遠害全身之得乎？凡今之人生於太平，非極深研幾，豈斯言之信哉？昔魏晉之亂，哲人罹憂，至有管寧之徒，涉海而遁。某今進危言於君，親蹈危機於朝廷，不猶愈於涉海之險，而遁於異域者乎？儻以某遠而盡心，不謂之忠；言而無隱，不謂之直。則而今而後，未知所守矣。惟公察某之辭，求某之志，謂尚可教，則願不悔前日之舉，而加平生之知。使某罄誠於當時，垂光於將來，報德之心，宜無窮已。儻察某之志，如不可教，則願昌言於朝，以絶其進。前奏既已免咎，此書尚可議責，使黜之辱之，不為賢人之累，則某退藏其身，省求其過，不敢以一朝之責而忘平生之知，報德之心亦無窮已。恭惟資政侍郎羽翼舊賢，股肱近輔，赫赫之猷，天下所望，願論道之餘，一賜鑒慮。與其進，則天下如某之徒皆不召而進矣，與其退則天下如某之徒皆不斥而自退矣。決天下進退者，其在公一言乎。干犯台嚴，不任戰懼之至，不宣，某再拜。

（宋）司馬光《司馬温公文集》卷二《章奏·言御臣上殿劄子得旨送中書》　臣聞致治之道無他，在三而已。一曰任官，二曰信賞，三曰必罰。《康誥》稱文王之德曰：庸庸，祗祗，威威，顯民。言用其可用，祗其可祗，刑其可刑也。臣竊見國家所以御羣臣之道，累日月以進秩，循資塗而授任，苟日月積久，則不擇其人之賢愚，而置高位，資塗相值則不問其人之能否，而居重職。夫人之材性，各有所宜。而官之職業，各有所守。自古得賢之盛，莫若唐虞之際。然稷降播種，益主山林，垂爲共工，龍作納言，契敷五教，皋陶明刑，伯夷典禮，后夔典樂，皆各守一官，終身不易。苟使之更來迭去，易地而居，未必能盡善也。今以羣臣之材，固非八人之比，迺使之徧居八人之官，遠者三年，近者數月，輒已易去。如此而望職事之修，功業之成，必不可得也。非特如是而已，設有勤恪之臣，悉心致力，以治其職，羣情未洽，績效未著，在上者疑之，同列者嫉之，在下者怨之。當是時，朝廷或以衆言而罰之，則勤恪者無不解體矣。姦邪之臣，衒奇以譁衆，養交以市譽，居官未久，聲聞四達，蓄患積弊，以遺後人。當是之時，朝廷或以衆言而賞之。則姦邪者無不争進矣。所以然者，其失在於國家采名不采實，誅文不誅意。夫以名行賞，則天下飾名以求功，以文行罰，則天下巧文以逃罪。如是則爲善者未必賞，爲惡者未必誅，此陛下所以南面孜孜，夙夜求治，歷載甚久，而太平未效者也。陛下誠能博選在位之士，不問其始所以進，及資序所當爲，使有德行者掌教化，有文學者待顧問，有政術者爲守長，有勇略者爲將帥，明於禮者典禮，明於法者主法。下至醫卜百工，皆度材而授任，量能而施職，有功則增秩加賞，而勿徒其官。無功則降黜廢棄，而更求能者。有罪則流竄刑誅，而勿加寬貸。如是而朝廷不尊，萬事不治，百姓不安，四海不服。臣請伏面欺之誅。凡臣所言，皆陛下耳所厭聞，心所素知，然致治之要，無以易此。知之非艱，行之惟艱，顧陛下力行何如耳。敢昧死陳瞽言，惟陛下裁擇，取進止。

（宋）司馬光《司馬温公文集》卷四《章奏·乞簡省細務不必盡關聖覽上殿劄子》　臣聞皋陶賛於舜曰：元首明哉！股肱良哉！庶事康哉！蓋言人君明則百官得其人，百官得其人則衆事無不美也。又曰：元首叢脞哉！股肱惰哉！萬事墮哉！蓋言人君細碎無大略則羣臣不盡力，羣臣不盡力，則萬事皆廢壞也。此二者，治亂之至要也。荀子曰：明主好要，闇主好詳。主好要，則百事詳。主好詳，則百事荒。故爲人君者，自有職事，固不當詳察細務也。然則人君之職謂何？臣愚以爲量材而授官一也，度功而加賞二也，審罪而行罰三也。材有長短，故官有能否。功有高下，故賞有厚薄。罪有大小，故罰有輕重。此三者，人君所當用心，其餘皆不足言也。臣伏見國家舊制，百司細事。如三司鞭一胥史，開封府補一廂鎮之類，往往皆須奏聞崇政殿，所引公事，有軍人武藝國馬芻秣之類，皆一一躬親閱視。此蓋國初艱難權時之制，施於今日，頗傷煩碎。陛下龍興撫運，聖政維新，臣愚以爲宜令中書樞密院，檢詳中外百司自來公事，須申奏取旨，及後殿所引公事，其間不繫大體，非人君所宜身親者，悉從簡省，委之有司。陛下養性安身，以專念人君之三職。足以法天地之易簡，致虞舜之無爲，誠天下幸甚。取進止。

（宋）司馬光《司馬温公文集》卷五《章奏・言爲治所先上殿劄子》

臣伏覩皇太后手書，已罷聽政。陛下欽承慈旨，獨斷萬幾。臣聞《易》曰：君子以作事謀始。又曰：正其始，萬事理。差之毫釐，謬之千里。陛下雖踐祚朞年，於國家大政，猶多所謙抑。雖時有處分，皆常試小事，非天下所以望於陛下者也。曏時外間議者，皆曰：陛下聖體未安，倦於聽覽。及知聖體已安，又曰：陛下上畏皇太后之嚴，欲盡人子之禮，避專命之嫌，韜韞聰明，未敢施設。今皇太后舉國家大柄，盡付之陛下，則議者無復可言，惟拭目傾耳，以瞻望聖政而已矣。陛下當此之際，治身治國，舉措云爲，不可不慎。昔楊朱見衢塗而泣，謂其可以左可以右，所差甚微，所失甚大也。人主卽政之初，亦榮辱安危之衢塗也。故臣願陛下留聖心焉。臣聞治身莫先於孝，治國莫先於公。孔子曰：孝，德之本也。又曰：不愛其親，而愛他人者，謂之悖德。不敬其親，而敬他人者，謂之悖禮。未有根絶而葉茂，源涸而流長者也。仁宗皇帝以四海大業授之陛下，其恩德之大，天地不足以爲比。今登遐之後，骨肉至親，獨有皇太后與公主數人，陛下所當日夜盡心竭力，供承撫養，以副仁宗皇帝之意。曏者皇太后聽政之時，左右侍衛之人，不敢不恪。求須之物，無敢不備。既委去政柄，臣竊慮有無識小人，隨勢傾移，侍奉懈慢，供給有闕，則天下之責，皆歸陛下。此不可不留意朝夕省察者也。又若有不逞之人，於兩宫之閒，刺探動靜，拾掇語言，外如效忠，内實求媚，以相構閒者。臣願陛下逆拒其辭，執付有司，加之顯戮，誅一人則羣邪自退，納一言則百讒俱進。此乃禍亂之機，不可不深察也。臣聞國事聽於君，家事聽於親，臣愚以爲陛下在外朝之時，刑賞黜陟之政，當自以聖心決之。至於禁庭之内，取捨賜予，事無大小，不若皆稟於皇太后而後行。陛下與中宫勿有所專，如此則内外之體正，尊卑之序明，慈母歡忻於上，臣民頌詠於下矣。不然皇太后歸政之後，若侍衛之人，稍有怠惰，求須之物，小失供擬，加以讒邪妄興離閒。萬一有絲毫闕失，流聞於外，或皇太后憂思不樂，内生疾疢，則陛下何以勝此名於天下哉！雖百善不能掩矣，臣故曰：治身莫先於孝也。《洪範》於好惡偏黨之際，六反言之，重之至也。周任曰：爲政者，不賞私勞，不罰私怨。《大學》曰：欲明明德於天下者，必先正其心。有所忿懥，則不得其正。有所好樂，則不得其正。陛下奮發宫邸，入纂皇極。爰自潛躍，至於天飛，舊恩宿怨，豈能盡無？然今日卽政之初，皆不可置於聖慮，以害至正也。凡人君之要道，在於進賢退不肖，賞善罰惡而已。爵禄者天下之爵禄，非以厚人君之所喜也。刑罰者天下之刑罰，非以快人君之所怒也。是故古者爵人於朝，與士共之。刑人於市，與衆棄之。明不敢以己之私心蓋天下之公議也。今以四海之廣，百官之衆，有賢有愚，有善有惡，比肩接迹，雜還並進，臣願陛下少留聰明，詳擇其閒，苟有才德高茂，合於人望者，進之。雖宿昔怨讎，勿棄也。有器識庸下，無補於時者，退之。雖親暱姻婭，勿取也。有勵行立功，爲世所推者，賞之。雖意之所憎，勿廢也。有懷奸犯禁，爲衆所疾者，罰之。雖意之所愛，勿赦也。如此則野無遺賢，朝無曠官。爲善者勸，爲惡者懼，上下悦服，朝廷大治，百姓蒙福，社稷永安。不然陛下若專居深宫，自暇自逸，威福之柄，盡委大臣，取適目前，不爲遠慮，賢愚不分，善惡共貫，不則所進者皆平生所親愛，所退者皆平生所不快，所賞者皆諂諛而無功，所罰者皆忠諒而無罪。如此則中外解體，紀綱墮紊，羣生失所，天下可憂矣。臣故曰：治國莫先於公也。此二先者榮辱之大本，安危之至要，臣願陛下審思而力行之。《詩》云：亹亹文王，令聞不已。陛下誠能行此二者，則盛德美譽，滂沛洋溢。近者傳誦，遠者褒歎。不過旬月之閒，徧於天下，達於四方。後日之政，如順風吹毛，乘高決水，可以不勞而成功矣。取進止。

（宋）司馬光《司馬温公文集》卷五《章奏・陳治要上殿劄子》

臣聞舜與皋陶，賡歌相戒，以明良爲美，以叢脞爲非。蓋以王者奄有四海，君臨億兆，若事無臣細，皆以身親之，則所得至寡，所失至多矣。古語有之曰：察目睫者，不能見百步。察百步者，亦不能見目睫。非不欲兼之，勢不可也。是以明王總其大體，執其樞要，精選賢能，任以百職。有功者賞，有罪者誅，故處躬不勞，而收功甚大，用此道也。臣伏見陛下自親政以來，厲精求治，孳孳不倦。未明求衣，日昃不食。雖大禹之勤勞，文王之懿恭，無以過此。然而政有本末，事有細大，舉其綱則百目張，挈其領則衆毛理。臣願陛下先其本，後其末，急其大，緩其細，擇人而任之，此政之本也。賞善而罰惡，此事之大也。陛下當先察羣臣之邪正，與其材能之所堪，然後思天下有某事不治者，當使某人治之。其公忠勤恪，功效顯著者，勸之以厚賞。奸回惰慢，無功敗事者，威之以嚴刑。如是則萬事無不舉，兆民無不安，陛下可以高拱無爲，而名配堯舜矣。至於簿書之煩碎，文法之微密，錢穀之出納，體例之有無，此乃羣臣百吏之所守，非陛下所當留意也。陛下若捨彼而取此，則臣恐徒有大禹之勤勞，而不獲其功；文王之懿恭，而不見其治也。臣以獻替爲職，遇陛下勤政之初，虚心求諫，此乃千載一時，誠不敢以細末之事，煩汙聰明。伏望陛下深思此道。乃自古及今，致治之大本，勿以爲迂闊陳熟之言而忽之，則天下幸甚。取進止。

（宋）司馬光《司馬温公文集》卷六《章奏·乞簡省舉御史條約上殿劄子》 臣聞法制之設，貴於簡要，而失在煩苛。官人之道，以得賢爲本，而資序爲末。昔東漢之衰，立三互之法。婚姻之家，及兩州人士，不得對相監臨，以是幽冀二州久缺不補。蔡邕嘗上疏極陳其弊，然則詳其末而遺其本，非治世之政也。伏見國家每選御史官，須中行員外郎以下，太常博士以上，差遣須通判資序，其餘條約甚多。是以百僚之中，可舉者至少，舉而得中者尤稀。近日以來，爲弊益甚。蓋以屢有覃恩，官品多高，而差遣未至，幸而有資序相值者，則又未必賢矣。夫御史之職，但當求忠亮方正之人。區區資序，何足比較。臣愚欲望朝廷自今每舉御史，其前行員外郎以上，卽以本官兼侍御史。三丞以下及知縣資序，卽且充裏行，不復更須逐次陳請，庶幾取人路廣，有可選擇。取進止。

（宋）司馬光《司馬温公文集》卷六《章奏·論風俗劄子》 臣聞國之致治，在於審官。官之得人，在於選士。士之嚮道，在於立教。教之歸正，在於擇術。是知選士者，治亂之樞機，風俗之根原也。竊見近歲公卿大夫，好爲高奇之論，喜誦老莊之言，流及科場，亦相習尚，新進後生，未知臧否，口傳耳剽，翕然成風。至有讀《易》未識卦爻，已謂十翼非孔子之言；讀《禮》未知篇數，已謂《周官》爲戰國之書；讀《詩》未盡《周南》《召南》，已謂毛鄭爲章句之學；讀《春秋》未知十二公，已謂三傳可束之高閣。循守注疏者，謂之腐儒；穿鑿臆説者，謂之精義。且性者子貢之所不及，命者孔子之所罕言。今之舉人，發口秉筆，先論性命，乃至流蕩忘返，遂入老莊，縱虚無之談，騁荒唐之辭。以此欺惑考官，獵取名第，禄利所在，衆心所趨。如水赴壑，不可禁遏。彼老莊棄仁義而絶禮學，非堯舜而薄周孔，死生不以爲憂，存亡不以爲患，乃匹夫獨行之私言，非國家教人之正術也。魏之何晏，晉之王衍，相與祖述其道，宅心事外。選舉者以此爲賢，仕宦者以此爲業，遂使紀綱大壞，禍患並興，生民塗炭，神州陸沈。今若於選士之際，用此爲術，臣懼向去任官之士，皆何晏王衍之徒，則政事安得不墮？風俗安得不壞？正始永嘉之弊，將復見於今矣。伏望朝廷特下詔書，以此戒勵内外公卿大夫。仍指揮禮部貢院，豫先曉示進士，將來程試，若有僻經妄説，其言涉老莊者，雖復文辭高妙，亦行黜落。庶幾不至疑誤後學，敗亂風俗。取進止。

（宋）司馬光《司馬温公文集》卷七《章奏·進修心治國之要劄子》 臣伏聞本固則末茂，源濁則流渾。昔仁宗皇帝，擢臣知諫院。臣初上殿，卽言人君之德三。曰仁，曰明，曰武。致治之道三，曰任官，曰信賞，曰必罰。英宗皇帝時，臣曾進歷年圖，其後序言人君之道一，其德有三，其志亦猶所以事仁宗也。大行皇帝新卽位，擢臣爲御史中丞。臣初上殿，言人君修心治國之要，其志亦猶所以事英宗也。今上天降災，大行皇帝奄棄天下。皇帝陛下，新承大統，太皇太后同聽萬幾。不知臣愚，猥蒙訪落。臣且愧且懼無以塞責，謹復以人君修心治國之要爲獻，其志亦猶所以事大行皇帝也。所以然者，臣歷觀古今之行事，竭盡平生之思慮，質諸聖賢之格言，治亂安危存亡之道，舉在於是，不可移易。是以區區首爲粲朝言之，不知臣者，以臣爲進迂闊陳熟之語。知臣者，以臣爲識天下之本源也。夫治亂安危存亡之本源，皆在人君之心。仁、明、武，所出於内者也。用人、賞功、罰罪，所施於外者也。出於内者，雖有厚有薄，有多有寡，禀之自天然。好學則知所宜從，力行則光美日新矣。施於外者，施之當，則保其治，保其安，保其存。不當，則至於亂，至於危，至於亡，行之由己者也。所以能當，在於至明。所以能明，在於至公。是以明君善用人者，博訪遠舉，拔其殊尤。德行高人謂之賢，智勇出衆謂之能，賢不必能，能不必賢，各隨所長，授以位任。有功則賞，有罪則罰，其人果賢能，雖讎必用。其人苟庸愚，雖親必棄，賞必有所勸，罰必有所懲。賞不以喜，罰不以怒。賞不厚於所愛，罰不重於所憎。必與一國之人同其好惡。是以古者爵人於朝，與士共之。刑人於市，與衆棄之。如此安有不當者乎？臣故曰：所以能當，在於至明。所以能明，在於至公也。昔齊桓公置射鈎而使管仲相。漢高祖知人善任使，苟爲不才，雖見喜亦棄之，苟才矣，雖負販酒徒，亡將戍卒，亦用之。此所以能奮布衣，取天下也。館陶公主爲子求郎，明帝不許，而賜錢千萬。郎，賤官也，猶惜之，况其貴者乎？故永平之治，至今稱之。宋高祖事蕭太后甚孝，太后欲以子道憐爲揚州刺史，太祖以其貪愚不許，故功業之高，冠於南朝。唐太宗殺建成元吉，而用其官屬魏鄭公王珪等，與房杜無異，卒得其效。宣宗事鄭太后甚謹，問舅鄭光以政事，不能對，罷其方鎮，故時人稱美，謂之小太宗。此用人之公明者也。韓昭侯惜敝袴，不以賜左右之無功者。漢高祖深怨雍齒，而不忘其功。魏太祖勳勞宜賞，不吝千金，無功望施分毫不與。唐宣宗重惜服章，故當時得緋紫者，以爲榮。此賞功之公明者也。豎牛殺孟丙仲任，立叔孫昭子，昭子數其罪而殺之。孔子善其不懷。丁公脱漢高祖於阨，高祖以爲不忠而斬之。武帝妹隆慮公主且死，屬其子昭平君。昭平君殺人，武帝流涕而誅之。唐明皇弄臣黄[illegible]，掀捕盜官墜馬，明皇杖殺之。宣宗謂樂工，汝惜羅程藝，我惜高祖太宗法。此罰罪之公明者也。臣略舉此數者，以爲明驗。其餘在陛下博覽載籍以考之，知臣所言不爲謬妄。臣以一夫之愚，不能周知天下之務。近會上奏，乞下詔書開言路。伏望聖慈，早賜施行。今並治平四年五月三日上殿劄子，具録進呈，乞陛下留神幸察。

（宋）司馬光《司馬温公文集》卷一二《贊·河閒獻王贊》　周室衰，道德壞。五帝三王之文，飄淪散失，棄置不省。重以暴秦害聖典，疾格言，燔詩書，屠術士。稱禮樂者謂之狂惑，述仁義者謂之妖妄。必薙滅先聖之道，響絶迹盡，然後慊其志。雖有好古君子，心誦腹藏，壁扁巖鐍，濟秦之險，以通於漢者，萬無一二。漢初挾書之律尚存，久雖除之，亦未尊録，謂之餘事而已。則我先王之道，餤餤其不熄者，無幾矣。河閒獻王，生爲帝子，幼爲人君，是時列國諸侯，苟不以宫室相高，狗馬相尚，則衰奸聚猾，僭逆妄圖。惟獻王厲節治身，愛古博雅，專以聖人法度遺落爲憂，聚殘補缺，校實取正，得《周官》《左氏春秋》毛氏《詩》而立之。《周禮》者，周公之大典。毛氏言《詩》最密，《左氏》與《春秋》爲表裏。三者不出，六藝不明。噫。微獻王，則六藝其遂曀乎？故其功烈至今賴之，且夫觀其人之所好，足以知其心。王侯貴人，不好奢靡，而喜書者，固鮮矣。不喜浮辯之書，而樂正道，知之明而信之篤，守之純而行之勤者，百無一二焉。武帝雖好儒，好其名而不知其實，慕其華而廢其質。是以好儒愈於文景，而德業後之。景帝之子十有四人，栗太子廢而獻王最長。嚮若遵大義，屬重器。用其德，施其志，必無神仙祠祀之煩，宫室游觀之費，窮兵黷武之勞，賦役轉輸之敝。宜其仁豐義洽，風移俗變，煥然帝王之治復還，其賢於文景遠矣。嗟夫！天實不欲禮樂復興邪！抑四海自不幸而已矣。

（宋）王安石《臨川先生文集》卷四一《劄子·論館職劄子二》　然陛下試求以爲講官，則必不知其誰可。試求以爲諫官，則必不知其誰可。試求以爲監司，則必不知其誰可。此患在於不親考試以實故也。孟子曰：國人皆曰賢，然後察之，見賢焉，然後用之。今所除館職，特一二大臣以爲賢而已，非國人皆曰賢。國人皆曰賢，尚未可信用，必躬察見其可賢而後用。况於一二大臣以爲賢而已，何可遽信而用也。臣願陛下察舉衆人所謂材良而行美，可以爲公卿者，召令三館祗候。雖已帶館職，亦可令兼祗候。事有當論議者，召至中書，或召至禁中，令具條奏是非利害，及當施設之方。及察其才可以備任使者，有四方之事，則令往相視問察，而又或令參覆其所言是非利害。其所言是非利害，雖不盡中義理可施用，然其於相視問察能詳盡而不爲蔽欺者，卽皆可以備任使之才也。其有經術者，又令講説。如此至於數四，則材否略見，然後罷其否者，而召其材者，更親訪問以事。訪問以事，非一事而後可以知其人之實也，必至於期年，所訪一二十事，則其人之賢不肖審矣，然後隨其材之所宜任使。

（宋）王安石《臨川先生文集》卷四七《内制·提轉考課勑詞》　先王考績之次序，雖見於經，而其詳不傳於後世。朕若稽古以修衆功，而諸路刺舉之官，未有以考其賢否。比勑有司，詳議厥制，條奏來上。詢謀悉同，其使布宣，以勵能者，而擇左右可信之良使典治之。古人有言：徒善不足以爲政，徒法不能以自行。今朕有念功樂善之志焉，而又繼之黜陟幽明之法，以待天下之大吏矣。然非夫任事之臣，躬率以正而考慎其實，與士大夫宣力于外者，皆安于禮義而不以便文徼幸爲姦，則朕之志豈能獨信於天下？而法亦何恃以行哉？咨爾在位，其各悉力一心。務祇新書，以稱朕至誠惻怛之意。

（宋）葉適《葉適集》卷三《官法上》　課羣臣當以實；實不能課，當課以名。名以致實，實以致名，有一不失，是謂尊主之經。失實失名，則其主輕；以此爲治，雖勤弗成。

堯、舜之時，天下之患莫甚於水，民之事莫重於稷，國家之政莫大於禮樂與刑。而諸侯之治，州各有牧。堯、舜既選天下之賢聖，各以其所長專蒞一職，而不制可否於其間，然而必爲之法曰，三載其考爾之績，三考而升黜之。以此課其官，而官之長亦各自課於其屬，法簡而令必行；故其可見之效，不惟施之一時，而遺利餘澤又能及於後世，是之謂實。

吾祖宗之治天下也，事無小大，一聽於法，雖傑異之能不得自有所爲，徒借其人之重以行吾法耳。然而必養之儒館，必任之金粟，必居之諫諍，審讞刑獄，習知邊事。一人之身，內外之官無不遍歷，較之以資，取之以望，然後其大者爲政事之臣，而其小者亦爲侍從之官。其人既已周旋衆職，詳練世事，雖不必真能盡知，而皆習聞其大槩。名爲蘊藉溫雅，沈厚老成，以局度器識自許，而上亦護養愛惜，不使有以少損其名。其人尚德而寡過，則所蒞之官亦不至於廢曠而不理，是故可以造居通選而無疑，而天下之事亦因以治，是之謂名。

夫堯、舜之實，不求其名；吾祖宗之名，不責其實。然而名以致實，實以致名，二者不同而均足以治，人主尊安而天下無事矣。噫！使天下之賢聖不廢吾法，而雖天下之中材亦得自附於善人君子之名，此豈非其課名實之本意歟！

後世號漢宣帝爲能行責實之政，然以臣論之，徒役役焉旦夕程其文書殿最之課耳，高才賢士欲自有所建立，終不可得。至於法令細密，器械精巧，此特百工俗吏之所能爲者耳。責羣臣以百工俗吏之所能，而又親持權柄以行其雜霸之道，臣主俱勞而善政益衰，烏覩所謂實耶！是之謂失實。東漢之末，名在下；下以名高取必於上，上不能堪，因而害之。兩晉之世，名在上；上取清談不事之名，位爲三公而無職可舉。江左相承，專尚名品，而天下皆有傲誕矜侈之意，無益於治。是之謂失名。且彼任其所尚，各自以爲能，器使羣臣而行其誅賞，而豈悟其失哉！

（宋）葉適《葉適集》卷三《官法中》　夫冗官之患何始也？推其所從始而得其受弊之原，從其原而治之，則其患息矣。以兩漢之官考之，丞相、御史，其後爲三公及九卿，尚書，二千石之任，其間自辟置者不暇計也。而議郎、郎中、博士、諫大夫、太中、光禄、謁者合數千百員，皆與聞國家之謀議，約以今世之中都官，不能什一也。郡守雖少於今世，然令長倍多，而三老、嗇夫、游徼、鄉亭有吏，皆食於上，此則今之所無也。舉選之路凡數十條，其取人最博，而上書待詔，時召見問，此亦今之所不能也，而未嘗以冗官爲患。蓋其漸始於魏、晉，而蔓延於唐，最甚於今日。唐自兵興，中外濫授，隨時增損，固宜其有冗也。故方其闕而不補也，則一人之除吏至於八百；方其多而不容也，則一日之汰去至於千四百人；此亦今之所無有也。然則冗官之患安在？夫計其大無以異於唐、虞之簡，舉其小不能如兩漢之多，然而兩漢無冗官，何也！

今世之官誠冗矣，不可諱已。夫文武不分則官不冗，官吏不分則官不冗，而自魏、晉以來始分矣。昔之官，今之吏也；昔之能爲武者，今不能爲文者也。郎中執戟，侍中奉乘輿，虎賁郎將、郎中令、校尉，昔以待天下之賢才者，今武士宦官專之矣。九卿、三公所辟舉拔授曹掾，皆忠廉脩潔之士，行義高於郡國，有不歲時而起爲公輔者，今吏胥專之矣。流品既分，趨舍異塗，是以其所選舉甚狹而天下之官猥多，爭先於此而不能去，乃其勢也，而何怪乎！且天子與大臣將有所大正於此，則捨其源而遏其流，是無益也；夫其事宏闊博大，非倉卒所能定，苟無決然改爲之意而徒欲以空言斷之，是無益也。臣嘗見今世號左右司郎爲宰掾者：漢六百石掾，今吏秩之輕者爾；左右司郎至尊貴，長史司直不能逮也，乃以掾擬之；緣名失實，何其甚歟！凡人習見前世稱謂，故亦有以今之尚書郎爲昔之郎者。夫外更刺史、郡守乃得入爲郎，其選至高，而乃欲以漢世郎吏爲比乎？然則明帝之所謂上應列宿，不肯以畀館陶公主子者，近今主事令史之屬耳。《周官》宰士通於四方，王人雖微，在諸侯上，而今也吏之，可乎？夫輕周漢之所重，隔絶太半，自爲武臣而執鋭執鉞以前後人主者，不使天下士大夫皆得出於此，而顧曰官冗當汰，然則官誠冗矣。

（元）蘇天爵《滋溪文稿》卷二六《章疏・災異告白十事》　建官分

職本以為民，官冗事繁適足害治。葢古者爵禄，所以待賢才。熙庶績非以供人之欲，給人之求者也。是以上自公卿大夫，下及抱關擊柝，皆有定員，而無曠職。故官無苟得，人無倖心。洪惟世祖皇帝，在位三十五年，建官之制，詳酌古今之宜，故治化成而事功立。爰自近歲以來，官府日增，選法愈獘，俸禄既廣，事功益隳。夫文翰之職既同，何為復列數職。造作所司既一，不應又置數司。掌軍政者，亦既俱分。奉祭祀者，似太重複。至於屬官辟吏員額雜冗，支俸食米，内外繁多。若不早為裁減，日久愈難。沙汰夫科場取士三年止得百人，今吏屬出身一日不知其幾，即自中書類選已有積年不調之苦，孰思數年之後，吏部選又將奈何？宜從都省早為聞奏，照依至元定制合并裁減，不惟省去冗員清選舉之方，亦以節制浮用為裕財之道。

（明）歸有光《震川先生集》卷三《論議説·三途並用議》　愚以爲朝廷欲收用人之實効，於科貢、吏員所宜加之意者，當先清其源。葢清其源，而後其末流可治也。

《聖祖仁皇帝御製文集·第二集》卷三〇《論·廉静論》　嘗讀漢詔有曰：吏不廉平，則治道衰。又曰：俗吏矯飾外貌似是而非，安静之吏，悃愊無華，日計不足歲計有餘。善哉！廉静之言，立身行己之大端，制事理物之要道。凡為學者皆宜然也。況人臣之策名委質任職臨民者乎？盖禮義廉耻，管子所謂國之四維。夫廉者，四維之一而已矣，然未有秉禮、守義、知耻，而不廉者也。自為吏者，有貪私之實，而後重廉潔之名，故尤以廉為貴，何則廉則有所不取，有所不取則有所不為。凡無禮、無義、無耻者，皆所不為者也。吏苟廉矣，則奉法以利民，不枉法以侵民；守官以勤民，不敗官以殘民，民安而吏稱其職矣，吏稱其職而天下治矣。故吏尤以廉為貴也。夫有所不取之謂廉，有所不為之謂静，惟廉故静，未有不廉而能静者也。既能廉而静矣，則有所不為也，而後可以有為。舉凡利於民者，行之必力，病於民者，除之亦必力。事治而民安，無非静也，夫豈優游自私，保利禄而不恤民事之謂静乎？故凡博安静之名，不可謂之真能安静，猶之博廉平之名者，不可謂之真能廉平者也。昔人有言曰：古之清勤為國修政，今之清勤為身修名，夫為國修政者忠於君，為身修名者私於己。臣之事君與君之待臣，貴其忠於君乎？貴其私於己乎？故願天下為真廉吏，斯能為真安静之吏，盖久矣厪於懷也。因讀漢詔，故遂論之如此。

《世宗憲皇帝御製文集》卷一《勅諭·諭廵撫》　國家任官守土綏輯兆民封疆之責，惟撫臣為重。今之廵撫即古者保釐夾輔之臣也。一省之事，凡察吏、安民、轉漕、裕餉，皆統攝於廵撫，苟非正己率屬振飭勵精，則一切政刑錢穀必致隳墮，拊循保障之功何賴乎。夫吏治不清民何由安，從來大法則小廉。自兩司以至郡縣，平時參見接談即可略知其才品優劣。迨試以委任，訪之輿情，賢否清濁自難淆混。惟上官偏私好諛，屬僚善於逢迎者即推為才能。其樸直自好潔己愛民之員，反無見知之地。及至計典黜陟并遇選擇保題之缺，或先納賄賂，或責報異時，始為之薦引。亦有寄耳目於監司等官，聽毁譽於幕賓僚友之口，以致舉劾不公，潛滋奔競。勸賞黜陟既失其當，地方安得良有司乎？藩庫錢糧虧空，近來或多至數十萬，盖因廵撫之貲用皆取給於藩司，或以柔和交好互相侵那，或先鈎致藩司短長，繼以威制勒索，分肥入己。徒供一身夤緣自奉之費，罔顧朝廷帑藏財用之虚，及事發難掩，惟思加派補庫展轉累民。負國營私，莫此為甚！州縣積穀本為備荒之計，水旱歉收之歲待此拯濟，於民生最有關係。今皆視爲正供之餘項，借出陳易新之名，半為胥吏中飽，半為州縣補空，一遇灾荒，茫無賑貸，皆由廵撫平時踈略包容玩愒所致也。屬員缺出，委署雖由兩司詳請，其實廵撫操其權，下屬鑽營囑託，以缺之美惡，定酬賂之輕重。攝篆之人，久則年餘，近亦數月，往往視為傳舍，情同行刼。不恤小民之脂膏，但飽谿壑於無厭，務償得署之餽遺而止。試思此一年數月之間，窮黎何罪，而可縱貪暴以剥削之乎？此等積弊，尤為國法所不容者。廵撫參劾知府，應由司道揭報，參劾州縣，應由司道府揭報，所以示公慎無私之義也。近有先行參劾而令其補揭，若所劾不公則其補揭未免以勢凌之，使不得不從。果其當劾，則司道府既不能公揭於前，而復巧飾於後，以寬其狥庇失察之咎。上下容隱，視功令為具文。

《世宗憲皇帝御製文集》卷一《勅諭·諭布政司》　今計典之黜陟，特疏之薦彈，朝廷憑督撫之奏章，督撫憑布按之詳揭。爾布政為官吏表式，自當益矢公忠，若愛憎任情，是非倒置，以諂事上官，通行請託。為賢以不善逢迎，耻投暮夜為不肖，其何以稱之屏之翰，百辟為憲者哉。夫官至監司，歔歷有年。當服官之初，廉潔自守，漸登高位，頓改初心，更有矯飾虛聲潛納賄賂，陋俗相沿，謂之名實兼収，其罔上行私為尤甚。孔子謂事君勿欺，寧不聞乎。

（清）**魏源《古微堂內集》卷二《治篇十一》** 三代以上之人材由乎教化，三代以下之人材乘乎氣運。乘氣運而生者，運盡則息，惟教化出之無窮。

（清）**鄭觀應《增訂盛世危言新編》卷二《富國二・吏治上》** 地方之治亂，視官吏之賢否爲轉移。朝廷求治，亦視用人何如耳。一縣得人則一縣治，一郡得人則一郡治，一省得人則一省治，天下得人則天下治。中樞之與督撫，朝廷之腹心，官守之師帥，操用人行政之大權者也。夫國家設官，本以爲民。其與民最親，而賢否得失之間，動關國家之治亂者尤在州、縣。何則？天下者，州、縣之所積也，內而六部，外而兩司、道、府諸官，皆考察此州縣者耳。伊古以來，未有民不聊生，而國家可以稱治者。亦未有牧令非人，而疆臣政府可以坐致太平者。獨奈何進身之始，科甲、保舉、捐納既已不一其途，而吏部銓選之章，率範之於掣籤按輪之中，而不復問其人之賢否。及選補得缺，則需次日久，負債纍纍，廉俸不足以養其身家，黜陟不足以勵其志氣。不肖者恣睢暴戾，如蛇蝎，如虎狼。卽上司風聞參撤，而鄉里小民之死者已不可復生，斷者已不可復續矣。間有廉能之吏，一意興利除弊，教養斯民，而知府之意見不同也，司道之威嚴可畏也，上官掎之，同寅笑之，衆庶疑之，必潰其成而後已。故今之巧宦莫妙於陽避處分而陰濟奸貪，一事不爲而無惡不作。上朘國計，下剥民生，但能博上憲之歡心，得同官之要譽，則天變不足畏，人言不足恤，君恩不足念，民怨不足憂。作官十年而家富身肥，囊槖纍纍然數十萬金在握矣。於是而上司薦之曰幹員，同僚推之曰能吏，小民受其魚肉者雖痛心疾首，箝口側目，而無如何也。噫！上下之間相蒙相遁至於如此，而猶日日言自治，是猶南轅而北其轍也，其必無成也。

（清）**鄭觀應《增訂盛世危言新編》卷二《富國二・吏治下》** 上篇諭州、縣爲親民之官，而賢否得失關乎國家治亂。然督撫爲朝廷之腹心，官守之師帥，統屬之賢否，全在督撫公正廉明。平日留心察視，不爲人所蒙蔽，然後能甄别確當。一有偏私，則所賢所否者皆不當矣。一省之司道佐督撫以出治者也，而用人理財尤爲藩司之專責。藩司之賢否得失，督撫居其半。若督撫大公無我，嚴加舉劾，朝廷察其好惡以定黜陟，人皆有自愛之心，敢不稱其職守乎？首府者，又督撫兩司所寄爲耳目，而藉以進退州、縣，其責亦綦重矣。自有以人地相宜之條量移州、縣，而後各省爲人擇地者十之八九，爲地擇人者十無二三。以爾車來，以我賄遷，駑庸競進，以事貪婪，孰能盡心於民事哉！而以民事爲事者，又每拙於逢迎，故黜陟不公則奔競不息，源濁而流清，未之或有也。守牧有表率之責，大省不過十數州郡，以督、撫、司、道之長才，鑒别十數員知府、直州之賢否何難？大郡不過十數州縣，小郡亦不過數州縣，以本管知府就近察數州縣之賢否何難？

綜述

（清）**蘇輿《春秋繁露義證》卷七《考功名》** 考績之法。考其所積也。《尚書大傳》：積不善至于幽，六極以類降，故黜之。積善至于明，五福以類相生，故陟之。《對册》云：長史多出于郎中、中郎，吏二千石子弟選郎吏，又以富貲，未必賢也。且古所謂功者，以任官稱職爲差，非所謂積日纍久也。故小材雖纍日，不離於小官；賢才雖未久，不害爲輔佐。是以有司竭力盡知，務治其業而以赴功。今則不然，纍日以取貴，積久以致官，是以廉恥貿亂，賢不肖渾殽，未得其真。案：此篇所陳，仍不廢積纍之法。大氐法立敝生，人情百變，舍此别無澄清之方，古今一也。不以時日，則賕請奔競，滋損風化。賢材不次之拔擢，繫於朝廷知人之明，可偶舉而不可爲常典。仲舒言此，蓋酌其行之可久者，不必疑其與《對册》違也。後漢郡國貢舉，多非功次，守職懈而吏事疏。潛夫著《考績》及《貢實篇》，亦此意矣。天道積聚衆精以爲光，聖人積聚衆善以爲功。《荀子・儒效篇》：積善而全盡，謂之聖人。故聖人者，人之所積也。故日月之明，非一精之光也；聖人致太平，非一善之功也。語意與《立元神篇》大同。明所從生，不可爲源，善所從出，不可爲端，善不積不成，猶明不積不光，故無端源可言。量勢立權，因事制義。言積善之法。故聖人之爲天下興利也，其猶春氣之生草也，各因其生小大而量其多少，生大則受春氣多，生小則受春氣少。事小則利小，事大則利大，其于功一也。其爲天下除害也，若川瀆之寫於海也，盧云：寫，舊本作瀉，今據《黄氏日鈔》改。

各順其勢，傾側《黄氏日鈔》勢下有之字。上其生下，同。而制於南北。故異孔而同歸，孔，道也。殊施而鈞德，其趣於興利除害一也。是以興利之要在於致之，不在於多少；除害之要在於去之，不在於南北。以興利除害爲考善之法。置官吏者，所以安民氓也。去害在因時地，不能一術，故云不在於南北。《白虎通·攷黜篇》諸侯所以攷黜何？王者所以勉賢抑惡，重民之意也。考績絀陟，計事除廢，除廢猶用舍。廢，天啟本注云：一作費。有益者謂之公，凌云：《韓非·五蠹篇》：蒼頡之作書也，自環者謂之私，背私謂之公。無益者謂之煩。無益之事擾民，故曰煩。擥名責實，官本云：他本擥作挈。不得虚言，有功者賞，有罪者罰，功盛者賞顯，罪多者罰重。不能致功，雖有賢名，不予之賞；官職不廢，雖有愚名，不加之罰。《管子·明法解》：國之所以亂者，廢事情而任非譽也。谷永奏云：聖主不以名譽加於實效。昔劉毅疏論九品中正云：抑功實而隆虚名，長浮華而廢考績。魏盧毓奏：古者敷奏以言，明試以功。今考績之法廢，而以毀譽相進退，故真僞渾雜，虚實相蒙。因作考課法。凌本加作予。賞罰用於實，不用於名，賢愚在於質，不在於文。故是非不能混，天啟本注云：一作詐奇不能枉。喜怒不能傾，姦軌不能弄，《潛夫論·考績篇》：官長不考功，則吏怠而姦宄興。弄，天啟本注云：一作算。萬物各得其冥，盧云：本一作真。輿案：天啟本注云：一作貴，非。則百官勸職，争進其功。《潛夫論·考績篇》：羣僚司尹咸有典司，各居其職，以責其效。

考試之法，大者緩，小者急，貴者舒而賤者促。鄧立誠云：大緩小急，貴舒賤促。以漢法況之，縣課丞尉，郡課縣，州課郡，公卿課羣吏。縣之課丞尉也，令長於秋冬歲盡，各計縣户口墾田，錢穀入出，盗賊多少，上其集簿。丞尉以下，歲詣郡課校，其功多尤爲最者，於廷尉勞勉之，以勸其後。負多尤爲殿者，於後曹别責，以糾怠慢。諸對詞窮尤困，收主者掾史，關白太守，使取法丞尉縛責，以明下轉相督敕，爲民除害。其郡守課縣，秋冬遣無害吏按訊諸囚，平其罪法。論課殿最。歲盡，遣吏上計。州刺史課郡國，以六條問事，常以八月巡行所部郡國，録囚徒，考殿最。御史中丞總領州郡奏事，課第諸刺史。丞相典天下誅討賜奪，天子受相國之安。其有日食、星變、諸陰陽不和，丞相不勝任，使者奉敕書，駕騩駱馬，即時布衣出府，免爲庶人。又按：試若丞相設四科之辟，以博選異德名士，稱才量能，皆試以能信，然後官之之試。此即《對策》所謂使諸列侯、郡守二千石各責其吏民之賢者，歲貢各二人以給宿衛，毋以日月爲功實，試賢能爲上者也。諸侯月試其國，州伯時試其部，四試而一考。凌云：諸侯一歲三考，州伯一歲一考。天子歲試天下，三試而一考，前後三考而絀陟，《路史》注引《書大傳》曰：三歲小攷，正職而行事。九歲大攷，黜無職，賞有功也。一之三以至九年，天數窮矣。陽德終矣。《史記·五帝紀》：三載攷一功，三攷黜陟。文元年天王使毛伯來錫公命，何注：古者三載考績，三考黜陟幽明。文公新即位，功未足施而錫之，非禮也。竝與董同。《白虎通·攷黜篇》：所以三歲一攷績何？三年有成，故於是賞有功，黜不肖。《尚書》曰：三載攷績，三考黜陟。何以知始攷輒黜之？《尚書》曰：三年一攷，少黜以地。《書》所謂三考黜陟者，謂爵土異也。《潛夫論·三式篇》：是故三公在三載之後，宜明考績黜陟。竝以爲一考即黜陟，殆今文異説。《晉·傅玄傳》：《虞書》曰：三載考績，三考黜陟幽明。是謂九年之後，君有遷敍也。後魏孝文太和中詔曰：三載考績，自古通經。三考黜陟，已彰能否。今若待三考然後黜陟，可黜者不足爲遲，可進者大成睽緩。是以朕今三載一考，考即黜陟。欲令愚滯無妨於賢者，才能不壅於下位。用《白虎通》説。命之曰計。《周禮·太宰》：八曰官計，以弊邦治。鄭司農云：謂三年則大計羣吏之治，而誅賞之。鄭玄云：官計謂小宰之六計。輿案：周時小宰宰夫之命羣吏，有月終旬終小計，歲終大計，以備考成，可想見其考察之密。蓋考羣吏詳而考天下畧，亦舒促之義也。元初令官吏計日月，考殿最。明制有考滿、考察二法，考察通天下内外官計之。其目八，曰貪、曰酷、曰浮躁、曰不及、曰老、曰疾、曰罷、曰不謹。分致仕、降調、閒住爲民有差。考滿論一身歷俸，分稱職、平常、不稱職三等。三年初考，六年再考，九年通考。其分年三考之典，沿古法也。我朝考績之法，在内曰京察，在外曰大計，各以三年爲期。武職曰軍政。康熙初年曾停京察，用考滿法，未幾而復。名雖畧殊，計典一也。内外通限三年，軍政不過五年。較漢法寬而視古密矣。

考試之法，天啟本不提行。合其爵禄，并其秩，積其日，陳其實，《史記》：積日曰閲，實謂功狀也。案：爵以位言，秩以食言，日以資言，實以勞言。禄與秩分者，禄有定而秩無定，禄麗於爵，秩敍於職也。此即後世年勞之法，雖考功罪，兼計資格。及其敝也，則有資格而無賢否之分。計功量罪，以多除少，罪多則除功，功多則除罪。《漢書·陳湯傳》：劉向上疏言：昔齊桓公前有尊周之功，後有滅項之罪，君子以功覆過，而爲之諱行事。東漢朱勃上書訟馬援：臣聞《春秋》之義，罪以功除。《詩·氓》鄭箋云：士有百行，可以功過相除。桓十一年何注：祭仲知國重君輕，君子以存國除逐君之罪。雖不能防其難，罪不足而功有餘，故得爲賢。又莊三年注：紀季稱字言之者，以存先祖之功，則除出奔之罪。莊四年注：賢襄公爲諱，以復讎之義，除滅人之惡。莊六年注：齊當以讓除惡，故善起其事。昭二十年注：以喜時之讓。除會之叛，猶叔術功惡相除，裁足通濫爾。僖十年注：桓公功大，善惡相除，足封有餘。文公功少，嫌未足除身篡，而有討功，故爲之諱。此亦《春秋》多少相除之例。以名定實，先内弟之。盧云：弟，古第字，下同。輿案：内第謂先就一人之功罪定其等次，然後外集合計天下而殿最之。內第當如明世考滿法，外集如明世考察法。天啟本弟作定。凌本以下有爲字。其先比二三分以爲上中下，俞云：比二皆衍文。以考進退，然後外集。官本云：以，他本誤移在後字下。通名曰進退，增減多少，有率爲弟。句。九分三三列之，亦有上中下，以一爲最，五爲中，九爲殿。凌云：《漢書·宣帝紀》丞相御史課殿最以聞，顔注：凡言殿最者，殿，後也。最，凡要之首也。課，居先也。《唐六典》：四善爲上上，一最；三善爲上中，一最；二善爲上下，無最；有二善爲中上，無最；有一善爲中中；職事粗理，善惡不聞，爲中下；愛憎任情，處斷乖理，爲下上；背公向私，職務廢缺，爲下中，居官諂詐，貪濁有狀，爲下下。有餘歸之於中，中而上者有得，中而下者有負。凌云：《漢書》注：晉灼曰：令丞尉治一縣，崇教化，亡犯法者，輒遷。有盜賊，滿三日不覺者，則尉事也。令覺之，自除二，尉負其二，率相準如此法。得少者以一益之，至於四，負多者以四減之，至於一，皆逆行。計取算法乘除爲名，此爲得負乘除法，未詳其式。三四十二而成於計，得滿計者絀陟之。次次每計，各逐其弟，以通來數。官本云：他本逐作遂。初次再計，次次四計，各不失故弟，而亦滿計絀陟之。

初次再計，謂上弟二也。次次四計，謂上弟三也。九年爲一弟，二得九，并去其六，爲置三弟，六六得等，爲置二，并中者得三盡去之，并三三計得六，并得一計得六，此爲四計也。絀者亦然。盧云：未詳。輿案：此法漢時似未通行，故人但知京房《考功課吏法》。今史文不詳，無由訂董京異同得失矣。

（唐）張九齡《唐六典》卷二《尚書吏部》 凡考課之法有四善：一曰德義有聞，二曰清慎明著，三曰公平可稱，四曰恪勤匪懈。善狀之外，有二十七最：一曰獻可替否，拾遺補闕，爲近侍之最；二曰銓衡人物，擢盡才良，爲選司之最；三曰揚清激濁，褒貶必當，爲考校之最；四曰禮制儀式，動合經典，爲禮官之最；五曰音律克諧，不失節奏，爲樂官之最；六曰決斷不滯，與奪合理，爲判事之最；七曰部統有方，警守無失，爲宿衛之最；八曰兵士調集，戎裝充備，爲督領之最；九曰推鞫得情，處斷平允，爲法官之最；十曰讎校精審，明於刊定，爲校正之最；十一曰承旨敷奏，吐納明敏，爲宣納之最；十二曰訓導有方，生徒充業，爲學官之最；十三曰賞罰嚴明，攻戰必勝，爲將帥之最；十四曰禮義興行，肅清所部，爲政教之最；十五曰詳録典正，詞理兼舉，爲文史之最；十六曰訪察精審，彈舉必當，爲糾正之最；十七曰明於勘覆，稽失無隱，爲句檢之最；十八曰職事修理，供承强濟，爲監掌之最；十九曰功課皆充，丁匠無怨，爲役使之最；二十曰耕耨以時，收穫剩課，爲屯官之最；二十一曰謹於蓋藏，明於出納，爲倉庫之最；二十二曰推步盈虚，究理精密，爲歷官之最；二十三曰占候醫卜，效驗居多，爲方術之最；二十四曰譏察有方，行旅無壅，爲關津之最；二十五曰市鄽不擾，姦濫不行，爲市司之最；二十六曰牧養肥碩，蕃息孳多，爲牧官之最；二十七曰邊境肅清，城隍修理，爲鎮防之最。一最已上有四善爲上上；一最已上有三善，或無最而有四善爲上中；一最已上有二善，或無最而有三善爲上下；一最已上有一善，或無最而有二善爲中上；一最已上，或無最而有一善爲中中；職事粗理，善最弗聞爲中下；愛憎任情，處斷乖理爲下上；背公向私，職務廢闕爲下中；居官諂詐，貪濁有狀爲下下。若於善最之外別可嘉尚，及罪雖成殿，情狀可矜，雖不成殿而情狀可責者，省校之日皆聽考官臨時量定。

（宋）李燾《續資治通鑑長編》卷一二五《宋仁宗寶元二年》 直史館蘇紳陳便宜八事：

一曰重爵賞。先王爵以詔德，禄以賞功，名以定流品，位以居才實，未有無德而據高爵，無功而食厚禄，非其人而受美名，無其才而在顯位者。不妄與人官，非惜寵也，蓋官非其人，則不肖者逞。不妄賞人，非愛財也，蓋賞非其人，則徼幸者衆也。非特如此而已，則又敗國傷民，納侮貽患，上乖天氣，下戾人心。災異既興，妖孽乃見，故漢世五侯同日封，而天氣赤黄，及丁、傅封而其變亦然，楊宣以為爵土過制，傷亂土氣之祥也。

二曰慎選擇。今內外之臣，序年遷改，已為官濫。而復有論述微效，援比希進者，朝臣則有陞監司，使臣則有授横行。不問人材物望，可與不可，並甄録之，不三數年，坐致清顯。如此不止，則異日必以將相為賞矣。

三曰明薦舉。今有位多援親舊，或迫於權貴，甚非薦賢助國，為官擇人之義。若要官闕人，宜如祖宗故事，取班簿親擇五品以上清望官，各令舉一二人，述其才能德業，陛下與執政大臣參驗以擢之。試而有效，則先賞舉者，否則黜責之。如此，則人人得以自勸。又選人條約太嚴。舊制三人保者遷京官，今則五人。舊轉運使、提點刑獄率當三人，今止當一人。舊大兩省官歲舉五人，今纔舉三人，陞朝官舉三人，今纔舉一人。舊不以在任及所統屬皆得薦舉，今則須在任及統屬方許論薦。驅馳下僚，未免有賢愚同滯之歎也。

四曰異服章。朝廷中有執技之人與丞郎清望同佩金魚，内侍班行與學士同服金帶，豈朝廷待賢才加禮遇之意？宜加裁定，使采章有別，則人品定而朝儀正矣。

五曰適才宜。古者自黄、散而下，及隋之六品，唐之五品，皆吏部得專去留。今審官院、流内銓則古之吏部，三班院則古之兵部。不問官職之閑劇，才能之長短，惟以資歷深淺為先後，在司但主簿籍而已。欲賢不肖有別，不可得也。太宗皇帝始用趙普議，置考課院以分中書之權，今審官是也，其職任豈輕也哉？宜擇主判官，付之以事權，責成其選事。若以為格例之設已久，不可遽更，或有異才高行，許别論奏，如寇準判銓，薦選人錢若水等三人，並遷朝官，為直館。其非才亦許奏殿，如唐盧從愿為吏部，非才實者並令罷選，十不取一是也。

六曰擇將帥。漢制邊防有警，左右之臣，皆將帥也。唐室文臣，自員外郎、郎中以上，出為刺史、團練、防禦、觀察、節度等，皆是養將帥之道，豈嘗限以文武？比年試武舉，所得人不過授以三班官，使之監臨，欲圖其建功立事，何可得也？臣僚舉换右職者，必人才弓馬兼書算策略，亦責之太備。宜使有材武者居統領之任，有謀畫者任邊防之寄，士若素養之，不慮不為用也。

七曰辨忠邪。夫忠賢之嫉姦邪，謂之去惡，惡不去則害政而傷國。姦邪之陷忠良，謂之蔽明，明不蔽則無以稔其慝而肆其毒矣。忠邪之端，惟人主深辨之。自古稱帝之聖者，莫如唐堯，然而四凶在朝，圮毁善類。好賢之甚者，莫如漢文，然而絳、灌在列，不容賢臣。願監此而不使譽毁之説得行，愛憎之徒逞志，則忠賢進而邪慝消矣。

八曰修備豫。國家承平，天下無事，將八十載，民食宜足而不足，國用宜豐而不豐，甚可怪也。往者，明道之初，蟲螟水旱，幾遍天下。始之以饑饉，繼之以疾疫，民之轉流死亡，不可勝數。幸而比年稍稔，流亡稍復，而在位未嘗留意於備豫。夫備豫之道，莫若安民而厚利，富國而足食。欲民之安，則為之擇守宰，明教化；欲民之利，則為之去兼并，禁游末，卹其疾苦，寬其傜役，則民安而利矣。欲國之富，則必崇節儉，敦質素，蠲浮費；欲食之足，則省官吏之冗，去兵釋之蠹，絕奢靡之弊，塞雕偽之原，則國富食足矣。民足於下，國富於上，雖有災沴，不足憂也。

書奏，帝嘉納之，尋除史館修撰。除修撰在閏十二月己酉，今附此。

（宋）李燾《續資治通鑑長編》卷三八六《宋哲宗元祐元年》 〔蘇轍〕又言：臣竊聞監察御史上官均上言，極論官冗之弊，已蒙朝廷降付給、舍、左右司看詳施行。臣伏見祖宗舊法，凡蔭補子弟，皆限二十五歲然後出官，及進士諸科釋褐合守選人并州縣選人，除司理、司法、縣尉外，得替日皆合守選，逢恩放選，乃得注官。所從來久遠，仁者習以為常，雖涉歲月，不以為怪。及見先朝患天下官吏不習法令，欲誘之讀法，乃令蔭補子弟不復限二十五歲出官，應係選人皆不復守選，並許令試法，通者注官。自是天下官吏皆争誦律令，於事不為無益。然人既習法，則試無不中，故蔭補者例減五年，而選人無復選限，遂令吏部員多闕少，差注不行。訪聞見今已使元祐四年夏秋季闕。官冗之患，亦云極矣。臣愚以為方人未習法，誘以免選，於理亦宜。及其既習，雖無免選，不患不習。且為吏而責之讀法，本事之當然，不為過也。謂宜追復祖宗守選之舊，而選滿之日，兼行先朝試法之科，此亦今日之便也。欲乞以臣所言，付給、舍、左右司一處看詳立法。

均言：朝廷設官分職，所以治事。才者任用，則職修而事治；才者不用，則事紊而職廢；才否並用，則政事之不治者常半。今之士大夫列於版籍者，可謂至冗矣。京官自承務郎至朝議大夫，凡二千八百餘人，選人一萬餘人，大使臣二千五百餘人，小使臣一萬三千餘人，舉天下之員闕，不足以充入仕之人。或吏部左右選用闕，京朝官及大小使臣，大率一年以上，選人須及二年以上或三年。而闕次之遠者，莫如選人。大抵一官之闕在任與夫已授而又擬之者凡三人。故自得替，如不該移令待試法之中否，須近一年而後擬差，必待闕三年而後就職，七年之間方成一任。京朝官待次，幾一年而得差遣，待闕一年然後就職，五年之間方成一任。以常人言之，三十而仕，又十五年而改官，至七十而致政，共成七任耳。又況三十未必仕，仕者未必皆至七十，而又有不幸私故陷於吏議，年雖及之，未必滿七任也。故舉天下之士大夫，其才可以治事不至曠職者，未必及半。就令及半，居閒之日常多，而治事之日常少，此天下之郡縣所以不治，閭井之民未純被朝廷之德澤者，良以此也。

臣以爲欲郡縣之治，在夫才者居職；欲才者居職，在乎使其居閒之日少；欲其居閒之日少，在乎清入仕之原。竊觀今之自文職入流者凡四：進士、補蔭，與夫納粟得官、百司胥吏是也。自武職入流者凡三：武舉，補蔭，與夫百司胥吏是也。計其才行可以居官治事者，納粟、胥吏不如補蔭，補蔭不如進士、武舉。何以言之？爲進士者自十歲就學，加之十年，而後能治經閱史，綴緝文詞。又加之十年，而後能問學通博，成就其志，其學可謂勞矣。及夫有司試之，必擇其明達義理，而稍工文詞者，方得薦送；又求其尤者，始預禮部之選；又加廷試，而後賜第：擇之可謂詳矣。三年一舉士，舉天下學者羣試於有司，亡慮數萬人，而賜第者僅五百人，取之可謂至艱矣。彼貴遊子弟，恃其父兄之蔭補，類多驕惰不學，但僅通經義稍成文詞者，則必中選。就令屢試不中，年及三十亦得出仕，其眎進士篤志講學，趣操自立，宜有間矣。百司胥吏，主行文書，積年寡過，例該祿仕。又豪右之家，以貲授官，其才品庸下，素不知義。又外臺郡守奬薦之所不及，彼固分甘自處於卑賤之地，豈復有奮勵之意？其眎補蔭子弟聞父兄之教，少壯就官，有嚮進之心，宜有間矣。由此觀之，計才量行，可以居官治事者，納粟、胥吏不如補蔭，補蔭不如進士，理之必然也。

又進士科所謂特奏名者凡五例，其最濫者但一次預薦，僅及三十年卽該推恩。其就廷試，則試題平易，字數減少，有司考校，又加寬假，但麤成文理，不至甚紕繆者，皆置第四等以上。年未滿七十者，卽便不須保任，便許出官。昨元豐八年特奏名，係第四等以上者四百餘人，可謂冗矣。夫進士自秋試至省、殿，三處考校，於三千人中僅取五百，其間尚容幸得。又況偶或一薦，累試見黜，年高才耗，學術忘廢，其比進士實固相遠。而又五路學者鮮少，取人數寬，但獲一薦，雖不事學，坐待及三十年便該祿仕。大率多年五六十以上，既仕官誰肯薦保？夫以血氣衰耗，有苟得之心，薦保不及，無向進之意，其能精明治事，廉潔自守者十無一二，其智識才力，方之進士，固有間矣。夫以特奏得官，與夫補蔭流外之人，學術才行皆不足以方進士，而入仕之數常多於及第之人。並趨吏部，吏部按格不計入流清濁，才行高下，但以到部先後注授差遣。以此待次者常至七八百人，注擬二年以上員闕。故負才可用之人，率爲特奏得官，與夫資蔭胥史之流，冗占壅滯，比肩待闕，居閒之日多而治事之日少者，常以此也。不清其源，欲官之不濫，才者之獲進，不可得也。臣以爲四者之冗，有可罷者，納粟得官是也。有可以裁抑者，特奏名資蔭胥史是也。竊聞嘉祐四年以後，係特奏名者纔百十人，自治平至熙寧三年止百有三人，自熙寧六年至今，每次推恩入仕不減四五百人。臣欲乞參酌祖宗故事，須實曾取到文解或經殿試計若干舉，方許就省試。實得文解及經殿試若干舉，方許就殿試，文理稍優者方得充四等以上，每等限定人數不過若干人。其餘四等以外者，不理選限。其曾預一薦，雖及三十年，不在推恩之限。蓋累曾取到文解或經殿試，卽須稍有文學，不至空疎。四等以上限以人數，則有司所取不至冗濫，如此則稍可以革特奏之弊矣。

臣又見廣南攝官，取本路曾預兩薦者權作簿尉，一任無過，遂得正授。雖曰優假遠方士人，然僥倖太過，若重加舉數，卽可以損入流之冗矣。臣以爲古之仕者世祿，蓋使爲之後者一人世焉祿廩之而已矣。時人之所譏，謂棄賢者之後，絕功臣之世。今之寄祿官，自大夫以上，初升大夫，卽奏補子弟一人，其後兩經郊恩與致仕之日，皆許奏蔭。其爲大夫以上，歲月深久，往往奏薦多至數人。夫廉謹無過，積日敘遷，而爲大夫者未必有功而賢者也。官其子弟一二人，以寵其後，固已厚矣！臣欲乞自兩省、兩制以下至大夫奏補之數，宜加裁減，限以多少，則可以革資蔭之濫矣。百司胥吏積勤累日，大率須及二十年方得出仕。惟三省人吏最爲優幸，每以點檢諸處文書，酬奬減年，出官最速。其不願出官者，坐理資任，至爲郡守，宜加裁抑，使無過厚，則可以損雜流之弊矣。四弊既損，則入仕之源清，而才行可用者不久於待闕。不久於待闕，則治事之日多，而職業無不舉矣。臣聞張官置吏所以爲民，今若損虛授之祿，以養害民之吏，姑息不才之士，以妨有才之進，豈爲民設官之意耶？願陛下明詔有司講求官冗之弊，澄清入仕之源，以幸天下，實非小補。十月六日王覿云云，可參照。

均又言：臣聞官以治事，不聞事少而官多，吏行文書，不聞文書寡而吏衆。今京師百司，吏之冗者莫如六曹，每歲出官不知幾何，而吏禄之費多至四十萬，冗官費財，月增歲積，若有司姑息而不敢議論，朝廷因襲而不思裁損，則將來之弊無時而已也。六曹冗吏，臣不能遍舉，請陳其一二以推其餘。竊以六曹事之簡者，莫如兵曹，四司自主事以下至貼司共一百一十九人。兵部每日承受生事，大抵多止於四五十件或六七十件，少止於一二十件或三十件。其承受都省批付文字，少止於一二件或三四件，多止於十餘件。而兵部人吏，自主事至貼司凡五十八人，大畧計之，每日所分事件，逐人多止於十餘件，少止於三五件。又所行之事，止於民兵、廂軍、街司及蕃夷屬户授官等數事而已。職方每日承受生事，大抵多止於十餘件，少止於三五件。其承受都省文字，一旬之内或四五日無所承受，或止於二三件。而職方手分、貼司凡八人，逐人所分事件不過一二件，所行之事止於州縣廢復、蕃夷歸明及天下地圖等數事而已。庫部每日承受生事，多止於三四十件，少止於一二十件。其承受都省文字，止於二三件。而庫部手分、貼司凡十八人，逐人所分事件不過一二件，所行之事止於軍器、儀仗、防城什物等數事而已。以三曹言之，所受文書既已簡少，又所行之事多承襲故常，不至費力鈎考，反復契勘。由此觀之，吏史閒冗，茲可見矣。舊日未行官制以前，三司人吏止六百餘人，自行官制，三司事務散入諸部十有三四，而户部四曹人吏通計四百八十七人，則是事少而吏衆矣。由此推之，他曹吏冗蓋可見矣。

臣竊以政有因革，各沿其時；法有損益，各因其事。蓋官制之初，每事創立，簿書紛糾，行移報應，倍勞心力，故不得不多置吏史，以集其事。今官制之行已六七年，綱紀張設，庶務就緒，又有事既減省，或歸他司，而吏額如故。臣請以一二言之。昔户部右曹所以事冗者，以總領常平一司，故人吏之多至於八十四人。今則助役變爲差役，州縣已有成法，青苗罷而不散，水利因而不作，苗役逋欠一切蠲除，則右曹所主事務十去七八矣。昔之兵部所以事繁者，以主義勇、保甲也，故吏史之多至於五十八人。比年以來，義勇、保甲既歸樞密院矣，則兵部所主事務十去一二矣。

夫法隨事立，事異則法從而變；吏緣事置，事省則吏從而損。今法改事省而吏額如故，非所以汰冗官而節國用也。且吏之廩禄既不欲遽損，而吏之冗占，又不加裁損，則耗財妨賢之弊終不能去也。臣以爲知曹事之繁簡難易，無親於本部長屬，乞特詔六曹尚書、侍郎，將見今吏額，令逐部郎官親自看詳，隨事裁減，務在吏與事稱，多少適當。俟其議上，更令左右司及兩省官同加參覆，庶幾詳盡。既已裁損，立定新額，則見權者可罷，而闕者可勿補，見行案者，且令仍舊，而移補它部之闕，或無闕可補，則候將來出職，更不撥填。如此行之，十年以後，吏數大減，省官節用之利必見其效矣。臣以爲朝廷損益法度，以義爲主，若恤世俗之浮論，而欲人人之便安，則弊無時而可去，法無時而可立，願陛下審義度時，斷在必行，天下幸甚。此據均奏議第九卷增入。二年三月末，均又奏疏。元豐五年五月一日行官制，云官制有已六七年，則此奏必是元祐二年或三年，非元年也，今姑附言冗官後。九月二十三日蘇軾云云，三年十月二十六日翟思云云，可并考。官制雖以元豐五年五月一日行，其議改更，則固前此矣，只附此爲允。

（清）嵇璜等《續通典》卷二一《選舉·雜議論中》 蘇軾曰：國家取人，有制策，有進士，有明經，有諸科，有任子，有府史雜流，凡此者，雖衆無害也。其終身進退之決，在乎召見改官之日，此尤不可以不愛惜慎重者也，今之議不過曰多其資考，而責之以舉官之數，且彼有勉彊而已。資考既足，而舉官之數亦以及格，則將執文墨以取必於我，雖千百為輩，莫敢不盡與。臣竊以為今之患，正在於任文太過。是以為一定之制，使天下可以歲月必得，甚可惜也。方今之便，莫若使吏六考以上，皆得以名聞於吏部，吏部以其資考之遠近，舉官之衆寡，而次第其名，然後使一二大臣雜治之，參之以其材器之優劣而定其等，歲終而奏之，以詔天子廢置。度天下之吏，每歲以物故罪免者幾人，而增損其數，以所奏之等補之，及數而止，使其予奪亦雜出於賢不肖之間，而無有一定之制。則天下之吏，不敢有必得之心，將自奮厲磨淬，以求聞於時。而向之所謂用人之大弊者，將不勞而自去。然而議者必曰：法不一定，而以才之優劣為差，則是好惡之私，有以啟之也。臣以為不然，夫法者，本以存其大綱，而其出入變化，固將付之於人。昔者唐有天下，舉進士者，羣至於有司之門。唐之制，惟有司之信也。是故有司得以搜羅天下之賢俊，而習知其為人。

至一日之試，則固已不取也。唐之得人，於斯為盛。今以名聞於吏部者，每歲不過數十百人，使一二大臣得以訪問參考其才，雖有失者，蓋已寡矣。如必曰任法而不任人，天下之人，必不可信。則夫一定之制，臣亦未知其果不可以為姦也。又曰夫天下之吏不可以人人而知也，故使長吏舉之。又恐其舉之以私而不得其人也，故使長吏任之。他日有敗事，則以連坐。其過惡重者其罰均。且夫人之難知，自堯舜病之矣。今日為善，而明日為惡，猶不可保，況於十數年之後，其幼者已壯，其壯者已老，而猶執其一時之言，使同被其罪，不已過乎！天下之人，仕而未得志也，莫不勉彊為善以求舉。惟其既已改官而無憂，是故蕩然無所不至。方其在州縣之中，長吏親見其廉謹勤幹之節，則其勢不可以不舉，彼又安知其終身之所為哉？故曰今之法責人以所不能者，謂此也。一縣之長，察一縣之屬。一郡之長，察一郡之屬。職司者，察其屬郡者也。此三者，其屬無幾耳。其貪其廉，其寬猛，其能與不能，不可謂不知也。今且有人牧牛羊者，而不知其肥瘠，是可復以為牧人歟？夫為長而屬之不知，則此固可以罷免而無足惜者。今其屬官有罪，而其長不即以聞，他日有以告者，則其長不過為失察。而去官者，又以不坐。夫失察，天下之微罪也。職司察其屬郡，郡縣各察其屬，此非人之所不能，而罰之甚輕，亦可怪也。今之世所以重發贓吏者，何也？夫吏之貪者，其始必詐廉以求舉，舉者必皆王公貴人，其下者亦卿大夫之列，以身任之。居官莫不愛其同類等夷之人，故其樹根牢固而不可動。連坐者常六七人，甚者至十餘人，此如盗賊質刦良民以求苟免耳。為法之獘，至於如此，亦可變矣。如臣之策，以職司守令之罪罪舉官，以舉官之罪罪職司守令。今使舉官與所舉之罪均，縱又加之，舉官亦無如之何，終不能逆知終身之廉官而後舉，特推之於幸不幸而已。苟以其罪罪職司守令，彼其勢誠有以督察之。臣知貪吏小人無容足之地，又何必於舉官焉艱之。

又： 時楊萬作《選法論》以進，其上篇曰：選法之獘在於信吏而不信官。信吏而不信官，故吏部之權不在官而在吏。三尺之法，適足以為吏取富之源，而不足以為朝廷為官擇人之具。所謂尚書、侍郎二官者，據案執筆，閉目以書紙尾而已。且夫吏之犯法者必治，而受賄者必不赦，朝廷之意豈真信吏而不信官者耶？非朝廷之意也，法也。意則信官也，法則未嘗信官也，朝廷亦不自信也。天子不自信，則法之可否孰決之？決之吏而已矣。夫朝廷之立法，以防吏之為姦，而其用法也，則取於吏以為決，則是吏之言勝於法，而朝廷之權輕於吏也。其言至於勝法，而其權至重於朝廷，則吏部長貳安得而不吏之奉哉！長貳非曰奉吏也，曰吾奉法也。然而法不決之於官，而決於吏，非奉吏而何？夫是之為信吏而不信官。今有一事於此，法曰如是而可，如是而不可。士大夫之有求於吏部，有持牒而請曰：我應夫法之所可行。而吏部之長貳亦曰可。宜其為可無疑也。退而吏出寸紙以告之曰不可。既曰不可矣，宜其為不可無改也，未幾而又出寸紙以告之曰可。且夫可不可者，有一定之法，而用可不可之法者，無一定之論，何為其然也？吏也。士大夫之始至也，恃法之所可，亦恃吏部長貳之賢，而不謁之吏，故與長貳面可之，退而問之吏，吏曰法不可也。長貳無以語，則亦曰然。士大夫於是不決之法，不請之長貳，而以市於吏。吏曰可也，而勿亟也。伺長貳之遺忘而晝取其諾，昨奪而今與，朝然而夕不然，長貳不知也，朝廷不訶也。吏部之權不歸之吏而誰歸！夫其所以至此，其始也有端，其積也有漸，而其成也植根甚固而不可動摇矣。然則曷為端？其病在於忽大體，謹小法而已矣。吏者從其所謹者而中之，并與其所忽者而竊之，此其為不可破也。且朝廷何以思之曰，吾之銓選，果止於謹小法而已，則一吏執筆而有餘也，又焉用擇天下之賢以為尚書、侍郎也哉？則吾之所以任尚書、侍郎，殆不止於謹小法而已。是故莫若畧小法而責大體，使知小法之有所可否，初無繫於大體之利害，則吏部長貳得以出意而自決之，要以不失夫銓選之大體，而不害夫立法之大意而已。責大體而畧小法，則不決於吏，而吏之權漸輕，吏漸輕然後長吏之賢者得以有為，而選法可漸革也。

（宋）吕中《宋大事記講義》卷一〇《仁宗皇帝・嚴銓選》 景祐二年二月，杜衍判流内銓為中丞。先是選補科格繁冗，主判不能悉閲，吏多受賄為奸。衍既視事即勑力取銓法，問曰：盡乎？曰：盡矣。乃閲視，具得本末曲折。明日曉諸吏毋得升堂，各坐曹廳行文書，銓事悉自予奪。居月餘，聲動京師，後知審官院如判銓法。

天聖元年抑勢要，是歲引改官人李師錫薦主凡三十餘人，上知其為王德用甥，曰：但薦勢要，使寒士何由進。止令循資。其後胡旦子宗堯以磨勘保官多，亦止循資。至和元年八月，以賈黯判流内銓。時太平日久，樂於因循，而銓衡徒具文而已。黯始欲以風義救其弊。澤在蜀三年，不知父喪，黯言於朝，終身廢歸田里。李亢入錢得官，已而有私罪默引去，後應舉及第，積十歲乃自首。黯言此律所謂罔冒也，罷之。

景祐三年五月，范仲淹上百官圖，曰：任人各以其才，如此則為序遷，如此則為不次，不可不察。

嘉祐二年五月詔，舉行磨勘法。詔文武舊臣，皆陳乞磨勘有傷廉節，自今歲滿，令審官三班院舉行之。

天聖二年，吏部引對，選人賈積善十四考無公私過失，雖無舉主，特與改秩。

天聖元年，縣尉王得説多書考而無保任，特與大理寺丞。

人言我朝任法而不任人，信吏而不信士大夫。然吾觀賈積善無公私過失，雖無舉主，特與改官。李師錫以王德用甥，雖薦主凡三十人止令循資。是銓選有定法，而未嘗拘於法也。賈黯判流内銓則有三年不通父問，而廢歸田里者。杜衍權典銓選則裁制如法，而文吏聽行文書者，是銓法受成於吏，而未嘗盡委於吏也。故當時蘇紳上疏：審官之職，宜擇主判官付以事權，或有異材，許別論奏，如寇準判銓錢若水等三人，以選人遷朝官。此又不可以常法論，而真得法外之意也。

（漢）王符《潛夫論》卷二《考績》 凡南面之大務，莫急於知賢；知賢之近途，莫急於考功。功誠考則治亂暴而明，善惡信則直賢不得見障蔽，而佞巧不得竄其姦矣。

夫劍不試則利鈍闇，弓不試則勁撓誣，鷹不試則巧拙惑，馬不試則良駑疑。此四者之有相紛也，由不考試故得然也。今羣臣之不試也，其禍非直止於誣、闇、疑、惑而已，又必致於怠慢之節焉。設如家人有五子十孫，父母不察精慄，則勤力者懈弛，而惰慢者遂非也，耗業破家之道也。父子兄弟，一門之計，猶有若此，則又況乎羣臣總猥治公事者哉？《傳》曰：善惡无彰，何以沮勸？是故大人不考功，則子孫惰而家破窮；官長不考功，則吏怠傲而姦宄興；帝王不考功，則直賢抑而□偽勝。故《書》曰：三載考績，黜陟幽明。蓋所以昭賢愚而勸能否也。

聖王之建百官也，皆以承天治地，牧養萬民者也。是故有號者必稱於典，名理者必效於實，則官無廢職，位無非人。夫守相令長，效在治民；州牧刺史，在憲聽明；九卿分職，以佐三公；三公總統，典和陰陽：皆當考治以效實爲王休者也。侍中、大夫、博士、議郎，以言語爲職，諫諍爲官，及選茂才、孝廉、賢良方正、惇樸、有道、明經、寬博、武猛、治劇，此皆名自命而號自定，羣臣所當盡情竭慮稱君詔也。

今則不然，令長守相不思立功，貪殘專恣，不奉法令，侵寃小民。州司不治，令遠詣闕上書訟訴。尚書不以責三公，三公不以讓州郡，州郡不以討縣邑，是以凶惡狡猾易相寃也。侍中、博士諫議之官，或處位歷年，終無進賢嫉惡拾遺補闕之語，而貶黜之憂。羣僚舉士者，或以頑魯應茂才，以桀逆應至孝，以貪饕應廉吏，以狡猾應方正，以諛諂應直言，以輕薄應敦厚，以空虛應有道，以嚚闇應明經，以殘酷應寬博，以怯弱應武猛，以愚頑應治劇，名實不相副，求貢不相稱。富者乘其材力，貴者阻其勢要，以錢多爲賢，以剛强爲上。凡在位所以多非其人，而官聽所以數亂荒也。

古者諸侯貢士，一適謂之好德，載適謂之尚賢，三適謂之有功，則加之賞。其不貢士也，一則黜爵，載則黜地，三黜則爵土俱畢。附下罔上者死，附上罔下者刑，與聞國政而無益於民者斥，在上位而不能進賢者逐。其受事而重選舉，審名實而取賞罰也如此。故能別賢愚而獲多士，成教化而安民氓。三代於世，皆致太平。聖漢踐祚，載祀四八，而猶未者，教不假而功不考，賞罰稽而赦贖數也。諺曰：曲木惡直繩，重罰惡明證。此羣臣所以樂總猥而惡考功也。

夫聖人爲天口，賢人爲聖譯。是故聖人之言，天之心也。賢者之所説，聖人之意也。先師京君，科察考功，以遺賢俊，太平之基，必自此始，無爲之化，必自此來也。

是故世主不循考功而思太平，此猶欲舍規矩而爲方圓，無舟楫而欲濟大水，雖或云縱，然不知循其慮度之易且速也。羣僚師尹，咸有典司，各居其職，以責其效；百郡千縣，各因其前，以謀其後；辭言應對，各緣其文，以□其實，則奉職不解，而陳言者不得誣矣。《書》云：賦納以言，明試以功，車服以庸，誰能不讓？誰能不敬應？此堯、舜所以養黎民而致時雍也。

（宋）真德秀《大學衍義》卷二二《辨人才・憸邪罔上之情一》漢武帝時，顔異以廉直至九卿。上與御史大夫張湯造白鹿皮幣，問異，異曰：今王侯朝賀以蒼璧，直數千，而其皮薦反四十萬，本末不相稱。天子不悅。湯又與有隙，及人有告異以它議，事下湯治。異與客語，客語初令下有不便者。異不應微反脣，湯奏當異九卿見令不便不入言而腹非，非謂非毀時政也。論死。自是後有腹非之法比比則例也。言自是遂為例也。而公卿大夫多諂諛取容矣。

臣按：胡寅曰：腹誹之法不亦異哉？自堯舜大聖猶以知人為難，知人之道必自聽言始，是故敷奏以觀其言，明試以考其功，庶幾乎盡之。夫人而大姦似忠、大佞似信者尚不得而知也，今乃探其心腹之隱而罪之。夫人心難測甚于知天，腹之所藏何從而驗？今指孝子曰爾欲悖父，指忠臣曰爾欲背君，指廉士曰爾欲穿窬，指義士曰爾欲為盜賊，爾雖未言未為，吾知爾之心也。然則凡所惡者孰不可殺耶？夫管蔡將叛，周公不知。而張湯乃能隔皮肉骨血見人順逆之情吁？亦異矣。孔子曰：不逆詐不億不信其于？辛子曰：吾聽其言而觀其行，雖心如明鏡，物無遁情，終不立逆探臆度之法。後之人臣不幸有遭腹誹之讒者，明主其尚察之。

漢武帝天漢末，趙人江充為趙敬肅王客，得罪于太子丹亡逃，詣闕告趙太子陰事，太子坐廢。上召充入見，奇之。與語政事，大悅。由是有寵。拜為直指繡衣使者，使督察貴戚近臣踰侈者。充舉劾無所避，上以為忠直，所言皆中意。嘗從上甘泉，逢太子家使乘車馬行馳道中，充以屬吏，太子聞之使人謝充，充不聽。遂白奏上曰：人臣當如是矣。大見信用，威震京師。

初，上年二十九，乃生戾太子，甚愛之。及長，仁恕溫謹。上嫌其才能少不類己，而所幸王夫人等皆生子。皇后太子寵寖衰，常有不自安之意。上每行幸，以後事付太子，有所平决，還，白其最。上亦無異，有時不省也。上用法嚴，多任深刻吏。太子寬厚，多所平反。雖得百姓心，而用法大臣皆不悅。羣臣寬厚者皆附太子，而深酷用法者皆毀之。邪臣多黨與，故太子譽少而毀多。上與諸子疏，皇后希得見。太子嘗謁皇后，移日乃出。黃門蘇文告上曰：太子與宮人戲。上益太子宮人。太子知之，心銜文。文與小黃門常融等，常微伺太子過失，輒增加白之。上嘗小不平，使常融召太子，融言太子有喜色，上默然。及太子至，上察其貌，有泣涕處，而佯語笑，上怪之。微問，知其情，乃誅融。是時方士及神巫多聚京師率皆左道惑衆。女巫往來宮中，教美人度厄，每屋輒埋木人祭祀之。因妬忌更相告訐，上怒，所殺宮人延及大臣，死者數百人。上心既疑，嘗晝寢夢木人數千持杖欲擊上。上驚寤，因是體不平遂苦忽忽善忘。江充自以與太子有隙，見上年老，恐晏駕後為太子所誅，因是為姦言上疾祟在巫蠱。於是上以充為使者，治巫蠱獄，使人入宮掘地求蠱。充云于太子宮得木人尤多，又有帛書，不道當奏聞。少傅石德懼并誅，因謂太子曰：巫與使者掘地得徵驗，不知巫置之耶，將實有也，無以自明，可矯以節，收捕充等繫獄，窮治其姦計。且上疾在甘泉，皇后與家吏請問皆不報，上存亡未可知，而姦臣如此，太子將不念秦扶蘇事耶？太子曰：吾人子，安得擅誅？不如歸謝，幸得無罪。將往之甘泉。而江充持之甚急，太子計不知所出，遂從德計，收捕充等，自臨斬之。使舍人持節白皇后，出武庫兵，發長樂宮衛卒。長安擾亂，言太子反。蘇文亡歸甘泉言狀，上曰：太子心懼又忿充等，故有此變。乃使使召太子，使者不敢進，歸報云：太子反已成，欲斬臣，臣逃歸。上大怒，賜丞相璽書曰：捕斬反者自有賞罰。堅閉城門，毋令反者得出。太子引兵至長樂西闕下，逢丞相軍，合戰。太子兵敗，出亡，東至湖，匿泉鳩里，主人家發覺，吏圍捕太子，太子入室距户自經，皇孫二人并遇害。後吏民以巫蠱相告言者，案驗多不實。上頗知太子惶恐無他意。會高寢郎田千秋，上急變訟太子寃，上大感悟，召見千秋謂曰：父子之間，人所難言也，公獨明其不然，此高廟神靈使教我。立拜千秋為大鴻臚，而族滅江充家。上憐太子無辜，乃作思子宮，為歸來望思之臺于湖，天下聞而寃之。

臣按戾園之禍，由江充之讒是則然矣。而所以致江充之讒者，其失有四焉：方太子之生也，武帝甚愛之，迨其後也，後宮嬖幸多。王夫人等皆生子，皇后太子寵寖衰，於是用法大臣毀之，黃門小臣又毀之，其卒也江充興巫蠱事陷之以死。大抵讒人之為讒必先窺伺上意，上意所嚮，讒人亦嚮之；上意所背，讒人亦背之。惟帝之於太子，眷意先有所移，然後臣下從風而靡，其失一也。當蘇文之譖也，帝當考覈其實，有則太子譴，無則蘇文誅。二者必居一。於此顧乃泯焉不問遽增太子宮人以媿之，是則浸潤之譖，膚受之愬行矣。自今小人為讒者，誰復忌憚？其失二也。太子無他職，問安視膳而已。父子之親豈容一日不相接哉？自衛后之寵衰，太子希得進見，方常融之譖猶能微察其情，為之誅融，蓋父子之情未盡隔塞故也。其後帝幸甘泉，而太子不從，家吏請問，而帝不之報。父子之間，乖隔至此，欲無讒間之入，得乎？其失三也。江充以告趙太子陰事而得幸，是其傾險有素，又嘗以太子家使車馬屬吏而白奏焉，是其仇憾有素。帝治巫蠱之獄不屬之他人而屬之充，以傾險之人挾仇憾之意，則其致螫于太子必矣。而帝曾不之察是，假以斧斤而使之戕伐國本，其失四也。雖然四者其事爾，而本原實出於一心。帝惟其多欲也，故寵嬖盛而庶孽蕃，愛憎之意既形，儲副之位，安得而定。惟其多惑也，故溺於方士巫覡之説，精神意慮久已昏亂，及年老氣憊，百邪乘之。于是妖言煽於外，妖夢感於内，巫蠱之事，由此而起。使其以董仲舒正心之言銘諸盤杅，朝夕是戒，顧安有是哉？江充讒賊小人，其情無足論者。獨推原武帝之失，以儆來者云。

漢哀帝時中山王箕子有眚病，祖母馮太后自養視數為禱祠解。上遣謁者張由將醫治之，由素有狂易病，病發怒去，西歸長安。尚書簿責由擅去狀，由恐，因誣言中山太后祝詛上及傅太后。傅太后與馮太后並事元帝，追怨之。因是遣御史案驗數十日，無所得，更使中謁者治之，受傅太后指，誣奏云：祝詛謀殺上立中山王。王乃飲藥自殺，宜鄉侯參等死者十七人。張由以先告封侯。史臣班固曰：《詩》稱：抑抑威儀，惟德之隅。宜鄉侯參鞠躬履方擇地而行，可謂淑人君子，然卒死於罪不能自免，哀哉。讒邪交亂，貞良被害，自古而然。《經》曰：心之憂矣，涕既隕之。馮參姊弟，亦云悲矣。

臣按張由祝詛之譖，特欲以自解其將命擅去之罪耳。使哀帝能遣外朝臣之知大體者訊之，則其誣立見矣。而傅太后乃以宿怨諭意指以成其獄，使馮氏之門無罪而死者十七人，而誣告者乃有封侯之賞。是時漢祚垂亡，君德不競，而母后以私意殺諸侯王之祖母與外戚之賢者。未幾，傅氏一門還自及焉。天有顯道，厥類惟彰，斯之謂矣。班固之言，至今讀之，猶使人隕涕也。

漢安帝時，楊震為太尉。時乳母王聖緣恩放恣，聖女伯榮出入宮掖，傳通姦賂。中常侍樊豐等分威共權，屬託州郡，傾動大臣。又詐作詔書調發司農錢穀，各起園宅廬觀，役費無數。震數上疏切諫，帝不平之。而豐等皆側目憤怨。尋有河間男子趙騰詣闕上書指陳得失。帝怒收考詔獄。震復上書救之，帝不省，竟誅騰。豐等遂共譖震云：自趙騰死後，深用怨懟。帝遣使者收震印綬。豐等復譖之，詔遣還本郡。震行至城西，乃慷慨謂其諸子門人曰：吾蒙恩居上司，疾姦臣狡猾而不能誅，惡嬖女傾亂而不能禁，何面目復見日月。因飲酖卒。

臣按樊豐之讒楊震曰怨懟，亦猶石顯之讒蕭望之曰怨望也。怨在心，未形於事，未露於言，顯與豐曷從知之。亦何異張湯之譖顏異曰：腹誹也。探腹心之隱，而加人以曖昧之罪，非遇至明之主，其誰能辨之。然則其果難辨與，曰特患人主無意耳，儻有意焉，何患其難辨？曰：爾之言彼曰怨望以何事知之？爾之言彼曰怨懟以何事知之？為之有何迹，覩之有何人，則有無虛實亦可以坐判矣。猶聽訟焉，彼曲也，以何事而見其曲；彼直也，以何事而見其直。未有指心腹未形者而可以蔽其辭也。雖然聽訟不若無訟，辨讒不若無讒，使為人上者心正意誠，私邪不能蔽公聽並觀信任無所倚。則魑魅讋於震霆，雨雪消於見晛，雖有善為讒者，且不敢為矣。此人主守約之方也。

漢質帝即位，梁太后臨朝委政，宰輔李固所言太后多從之。黄門宦官為惡者，一皆斥遣，天下咸望治平。而梁冀深忌疾之。初順帝時所除官多不以次，及固在事，免百餘人。此等既怨又希望冀旨共作飛章誣奏曰：太尉李固，因公假私，依正行邪，山陵未成違矯舊政。夫子罪莫大於累父，臣惡莫深於毀君。固之罪釁，事合誅辟。書奏，冀以白太后，使下其書，太后不聽，冀等置毒以進，帝崩。固請立長君，冀不從，策免固，殺之。

臣按李固陪輔初政，斥惡黨、清濫官，正其宜也。而讒者乃以違矯舊政為言，夫父之道有不待三年而改者，臣嘗論之於前矣。必曰：斥惡黨，清濫官，為違矯舊政。則四凶在朝，堯未及去，而舜去之。毋亦違堯之政耶？自梁冀之黨以是譖固，至我朝司馬光輔宣仁更王安石等所捌新法，而熙豐小人亦以是譖光，其後紹述之論興，卒為宗社之禍。吁！可不戒哉。

（明）張四維《名公書判清明集》卷一《官吏門·申儆·咨目呈兩通判及職曹官》 何謂十害？曰斷獄不公，獄者，民之大命，豈可少有私曲。聽訟不審，訟有實有虛，聽之不審，則實者反虛，虛者反實矣，其可苟哉！淹延囚繫，一夫在囚，舉室廢業，囹圄之苦，度日如歲，其可淹久乎！慘酷用刑，刑者，不得已而用，人之體膚，卽己之體膚也，何忍以慘酷加之乎！今為吏者，好以喜怒用刑，甚者或以闕節用刑，殊不思刑者，國之典，以代天糾罪，豈官吏逞忿行私者乎！不可不戒。汎濫追呼，一夫被追，舉室皇擾，有持引之需，有出官之費，貧者不免舉債，甚者至於破家，其可汎濫乎！招引告訐，告訐乃敗俗亂化之原，有犯者自當痛治，何可勾引，今官司有受人實封狀與出榜召人告首陰私罪犯，皆係非法，不可為也。重疊催稅，稅出於田，一歲一收，可使一歲至再稅乎！有稅而不輸，此民户之罪也，輸已而復責以輸，是誰之罪乎？今之州縣，蓋有已納而鈔不給，或鈔雖給而籍不銷，再追至官，呈鈔乃免，不勝其擾矣。甚者有鈔不理，必重納而後已，破家蕩產，鬻妻賣子，往往由之，有人心者豈忍為此！科罰取財，民間自二稅合輸之外，一毫不當妄取，今縣道有行科罰之政與夫非法科斂者，皆民之深害也，不可不革。縱吏下鄉，鄉村小民，畏吏如虎，縱吏下鄉，猶虎出柙也。弓手、士兵，尤當禁嚴，自非捕盜，皆不可差出。低價買物是也。物同則價同，豈有公私之異，今州縣有所謂市令司者，又有所謂行户者，每官司敷買，視市直率減十之二三，或不卽還，甚至白著，民户何以堪此。

（明）高拱《高拱論著四種·本語》 《大明會典》，凡官員任滿考覈及朝覲考察，各有定制。若因事考察，間一舉行，無常例，然在國初未有也。正統元年，始奏准兩京五品以下官員從本衙門堂上官考察，如有不才及老疾者，本部驗實，具奏定奪。景泰三年，奏准六部等衙門堂上官，考察各屬主事等官，才力不勝者降典史，老疾官冠帶致仕。天順八年，奏准本部都察院會同内閣，考察在京五品以下文職，並在外布、按二司官，有不公者，許令科道官指實劾奏。南京各衙門照例考察，有不公者，令南京科道官劾奏。成化四年，令兩京文職堂上官曾經科道糾劾及年老不堪任事、才德不稱職者，各自陳致仕，取自上裁。五品以下官，本部會同都察院及各堂上掌印官，公同考察，年老無爲，貪浮酷暴者革職。弘治元年，令兩京五品以下官，照例考察。其被黜之人，有造言生事，摭拾妄奏者，發遣爲民。十年，令兩京官照例考察。然皆十年一行，亦未有一定之題目、一定之處分也。至弘治十七年，始令六年一次考察，遂至今爲然。然事例有八目、四科：曰貪，曰酷，爲民；曰不謹，曰罷軟，冠帶閒住；曰老，曰疾，致仕；曰才力不及，曰浮躁淺露，降調外任。法可謂密矣。乃行事者不體朝廷之意，而皆襲爲含糊暖昧不明之説，曰貪而已，更不列其貪之狀；曰酷而已，更不列其酷之狀；曰不謹而已，更不列其不謹之狀；餘皆然。徒加之名，不指其實。不止罔者無以壓服其心，卽當其罪者亦無以壓服其心，何者？未有以明之也。然此有二弊焉，訪之不的，知之不真，若明指其實，則不符者多矣，此其一也。内閣部院之臣，於内有所私意中傷，若明指其實，則必將以無作有，以輕作重，私害昭然在人矣，此又其一也。夫是以止加空名，而不指實事，使天下徒有駭疑而不得其故，言官縱欲指摘而不得其端，遂苟且了事，之圖泯權奸傾陷之跡，便己以殘人，假公以威衆，莫甚於此也。而朝廷法度可如是舉行，天下人才可如是摧折乎？今誠宜於考察時，令部院官務覈名實：某也貪，必列其貪之事；某也酷，必列其酷之事；某也不謹，必列其不謹之事；餘皆然。明言直指，與天下共罪之，而又申飭先朝有不公者科道指實劾奏之例，則庶乎私意中傷者不敢公然肆其所爲，而其平日體訪，亦必務詳慎的確，不敢鹵莽塞責，以自取罪戾。斯不惟於懲汰不肖之中，存愛惜人才之意，而公道昭彰，人知勸懲，治理其可興矣。

（漢）班固《白虎通義》卷下《德論下·考黜》 《禮記》九錫，車馬、衣服、樂、朱户、納陛、虎賁、鈇鉞、弓矢、秬鬯，皆隨其德。可行而賜車馬，能安民者賜衣服，能使民和樂者賜以樂，民衆多者賜以朱户，能進善者賜以納陛，能退惡者賜以虎賁，能誅有罪者賜以鈇鉞，能征不義者賜以弓矢，孝道備者賜以秬鬯。以先後與施行之次自不相踰，相為本末然。安民然後富貴而後樂，樂而後衆乃多賢，賢乃能進善，進善乃能退惡，退惡乃能斷刑。内能正己，外能正人，内外行備，孝道乃生。

（宋）司馬光《司馬温公文集》卷八《章奏·乞以十科舉士劄子》 臣竊惟爲政之要，莫如得人，百官稱職，則萬務咸治。然人之才性，各有所能，或優於德而嗇於才，或長於此而短於彼，雖臯夔稷契，止能各守一官，况於中人，安可求備。是故孔門以四科論士，漢室以數路得人，若指瑕掩善，則朝無可用之人，苟隨器授任，則世無可棄之士。臣誤蒙甄擢，備位宰相，慎選百官，乃其職業，而智識淺短，見聞褊狹，知人之難，聖賢所重。寰宇至廣，俊彥如林，或以恬退滯淹，或以孤寒遺逸，被褐懷玉，豈能周知。若專引知識，則嫌於挾私，難服衆心；若止循資序，則官非其人，何以致治。莫若使在位達官，人舉所知，然後克協至公，野無遺賢矣。臣不勝狂愚，欲乞朝廷設十科舉士，一曰行義純固，可爲師表科。有官無官人皆可舉。二曰節操方正，可備獻納科。舉有官人。三曰知勇過人，可備將帥科。舉文武有官人，此科亦許鈐轄以上武臣舉。四曰公正聰明，可備監司科。舉知州以上資序。五曰經術精通，可備講讀科。有官無官人皆可舉。六曰學問該博，可備顧問科。有官無官人皆可舉。七曰文章典麗，可備著述科。有官無官人皆可舉。八曰善聽獄訟，盡公得實科。舉有官人。九曰善治財賦，公私俱便科。舉有官人。十曰鍊習法令，能斷請讞科。舉有官人。應職事官，自尚書至給舍諫議，寄禄官自開府儀同三司至大中大夫，職自觀文殿大學士至待制，每歲須得於十科中舉三人。非謂每科各舉三人，謂各隨所知某人堪充某科，共計三人。其狀云，臣竊見某人有何行能，竝須指陳事實，不得徒飾虛辭。位在上者，得舉在下之人，位在下者，不得舉在上之人。臣今保舉，堪充某科，如蒙朝廷擢用後，不如所舉，謂若舉行義純固，而違犯名教；節操方正，而佞邪險躁；智勇過人，而愚懦致敗；公正聰明，而私曲昏闇；經術精通，而不能講讀；學問該博，而空疏牆面；文章典麗，而鄙拙紕謬；善聽獄訟，而寃滯失實；善治財賦，而病民耗國；練習法令，而屢致出入。及犯正入己贓，臣甘伏朝典，不辭，候奏狀到日，付中書省，擇勤謹吏人二人，專切收掌，仍十科各置簿書。時鈔録年月日，某官姓名，舉某官，姓名，別置合舉官臣僚簿，歲終不舉，及人數不足，按劾施行。或遇在京及外方，有事須合差官體重、相度、點檢、磨勘、刻刷、催促、推勘、定奪，則委執政親檢，逐簿各隨所舉之科選差。令試管句上件事務，若能辦集，即別置簿記其勞績。遇本科職任有闕，謂若經筵或學官有闕，即用行義純固，經術精通，學問該博等科人，臺諫有闕，即用節操方正科人之類。則委執政親檢，逐簿選名實相稱。或舉主多有勞績之人補充，仍於本人除官敕告前，盡開坐舉主姓名於後。或不如所舉，其舉主從貢舉非其人律科罪；犯正入己贓，舉主減三等科罪；若因受賄徇私而舉之，罪名重者，自從重法，期在必行，不可寬宥。雖見爲執政官，朝廷所不可輟者，亦須降官示罰。即朝廷臨時因事特詔舉官，謂若舉知河渠馬牧等處之類。不在十科之内者，有不如所舉，亦同此法。所貴人人重慎，所舉官皆得人，取進止。

（宋）汪應辰《文定集》卷七《廷試策》 伏讀聖策，以真才之未顯，實惠之未孚，宂食之未革爲慮。臣以爲此誠當今之宿弊，而其所以治之，則在陛下之反求諸己也。夫吏道未肅，宰相之責也；民力未蘇，郡守縣令之責也；兵勢未強，諸將之責也。臣竊謂天子之于天下，所欲必得，所求必至，上之所好者玩異，則下之人以玩異而獻矣，上之所好者財利，則下之人以財利而獻矣，蓋未有上好之而下違之者也。今陛下銓選之令，則誠有意于肅吏道矣；嚴科歛之禁，則誠有意于蘇民力矣；謹揀練之法，則誠有意于強兵勢矣。然而真才之未顯，則是宰相進賢退不肖有未盡也；實惠之未孚，則是守令承流宣化有未良也；宂食之未革，則是二三將臣，訓兵整旅有未善也。夫人君之詔也若聲，而其下應之也若響，苟好惡一萌于方寸，雖不形于言詞氣色之間，而下之人，逆探其意而迎合之矣。今陛下以是三者，爲宵旰之憂，發于詔令，而下之人猶不能奉承之，無乃陛下誠有所未至耶。苟誠未至而徒爲空言，則雖日下詔書，果何補于事哉。

紀事

《漢書》卷六《武帝紀》 元朔元年冬十一月，詔曰：公卿大夫，所使總方略，壹統類，廣教化，美風俗也。夫本仁祖義，襃德禄賢，勸善刑暴，五帝三王所繇昌也。朕夙興夜寐，嘉與宇内之士臻於斯路。故旅耆老，復孝敬，選豪俊，講文學，稽參政事，祈進民心，深詔執事，興廉舉孝，庶幾成風，紹休聖緒。夫十室之邑，必有忠信；三人並行，厥有我師。今或至闔郡而不薦一人，是化不下究，而積行之君子雍於上聞也。二千石官長紀綱人倫，將何以佐朕燭幽隱，勸元元，厲蒸庶，崇鄉黨之訓哉？且進賢受上賞，蔽賢蒙顯戮，古之道也。其與中二千石、禮官、博士議不舉者罪。有司奏議曰：古者，諸侯貢士，壹適謂之好德，再適謂之賢賢，三適謂之有功，乃加九錫；不貢士，壹則黜爵，再則黜地，三而黜爵地畢矣。夫附下罔上者死，附上罔下者刑，與聞國政而無益於民者斥，在上位而不能進賢者退，此所以勸善黜惡也。今詔書昭先帝聖緒，令二千石舉孝廉，所以化元元，移風易俗也。不舉孝，不奉詔，當以不敬論。不察廉，不勝任也，當免。奏可。

又：初置刺史部十三州。名臣文武欲盡，詔曰：蓋有非常之功，必待非常之人，故馬或奔踶而致千里，士或有負俗之累而立功名。夫泛駕之馬，跅弛之士，亦在御之而已。其令州郡察吏民有茂材異等可爲將相及使絶國者。

《漢書》卷八《宣帝紀》 十一月，詔曰：朕既不逮，導民不明，反側晨興，念慮萬方，不忘元元。唯恐羞先帝聖德，故並舉賢良方正以親萬姓，歷載臻茲，然而俗化闕焉。傳曰：孝弟也者，其爲仁之本與！其令郡國舉孝弟有行義聞于鄉里者各一人。

又：夏四月，詔曰：舉廉吏，誠欲得其真也。吏六百石位大夫，有罪先請，秩禄上通，足以效其賢材，自今以來毋得舉。

《漢書》卷九《元帝紀》 三月，詔曰：五帝三王任賢使能，以登至平，而今不治者，豈斯民異哉？咎在朕之不明，亡以知賢也。是故壬人在位，而吉士雍蔽。重以周秦之弊，民漸薄俗，去禮義，觸刑法，豈不哀哉！繇此觀之，元元何辜？其赦天下，令厲精自新，各務農畝。無田者皆假之，貸種、食如貧民。賜吏六百石以上爵五大夫，勤事吏二級，爲父後者民一級，女子百户牛酒，鰥寡孤獨高年帛。是月雨雪，隕霜傷麥稼，秋罷。

《三國志》卷二《魏志·文帝紀》 秋七月庚辰，令曰：軒轅有明臺之議，放勛有衢室之問，皆所以廣詢於下也。百官有司，其務以職盡規諫，將率陳軍法，朝士明制度，牧守申政事，縉紳考六藝，吾將兼覽焉。

又：庚午，行幸許昌宫。詔曰，今之計、（考）〔孝〕，古之貢士也；十室之邑，必有忠信，若限年然後取士，是吕尚、周晉不顯於前世也。其令郡國所選，勿拘老幼；儒通經術，吏達文法，到皆試用。有司糾故不以實者。

《晉書》卷三《武帝紀》 十二月，班五條詔書於郡國：一曰正身，二曰勤百姓，三曰撫孤寡，四曰敦本息末，五曰去人事。

《晉書》卷三六《衛瓘傳》 瓘以魏立九品，是權時之制，非經通之道，宜復古鄉舉里選。與太尉亮等上疏曰：昔聖王崇賢，舉善而教，用使朝廷德讓，野無邪行。誠以閭伍之政，足以相檢，詢事考言，必得其善，人知名不可虚求，故還修其身。是以崇賢而俗益穆，黜惡而行彌篤。斯則鄉舉里選者，先王之令典也。自茲以降，此法陵遲。魏氏承顛覆之運，起喪亂之後，人士流移，考詳無地，故立九品之制，粗且爲一時選用之本耳。其始造也，鄉邑清議，不拘爵位，褒貶所加，足爲勸勵，猶有鄉論餘風。中間漸染，遂計資定品，使天下觀望，唯以居位爲貴，人棄德而忽道業，爭多少於錐刀之末，傷損風俗，其弊不細。今九域同規，大化方始，臣等以爲宜皆蕩除末法，一擬古制，以土斷定，自公卿以下，皆以所居爲正，無復懸客遠屬異土者。如此，則同鄉鄰伍，皆爲邑里，郡縣之宰，卽以居長，盡除中正九品之制，使舉善進才，各由鄉論。然則下敬其上，人安其教，俗與政俱清，化與法並濟。人知善否之教，不在交遊，卽華競自息，各求於己矣。今除九品，則宜準古制，使朝臣共相舉任，於出才之路既博，且可以厲進賢之公心，覈在位之明闇，誠令典也。武帝善之，而卒不能改。

《魏書》卷三《太宗紀》 庚午，姚興遣使來聘。詔分遣使者巡求儁逸，其豪門强族爲州閭所推者，及有文武才幹、臨疑能決，或有先賢世胄、德行清美、學優義博、可爲人師者，各令詣京師，當隨才敍用，以贊庶政。

《魏書》卷五《高宗紀》 冬十月丙辰，詔曰：朕承洪緒，統御萬國，垂拱南面，委政羣司，欲緝熙治道，以致寧一。夫三代之隆，莫不崇尚年齒。今選舉之官，多不以次，令班白處後，晚進居先。豈所謂彝倫攸敍者也！諸曹選補，宜各先盡勞舊才能。

《魏書》卷六《顯祖紀》 丙午，詔曰：先朝以州牧親民，宜置良佐，故敕有司，班九條之制，使前政選吏，以待俊乂，必謂銓衡允衷，朝綱應敍。然牧司寬惰，不祗憲旨，舉非其人，愆于典度。今制：刺史守宰到官之日，仰自舉民望忠信，以爲選官，不聽前政共相干冒。若簡任失所，以罔上論。

《魏書》卷二一上《獻文六王傳·廣陵王》 後高祖臨朝堂，謂羣臣曰：兩儀既闢，人生其間，故上天不言，樹君以代。是以《書》稱三考之績，《禮》云考成之章。自皇王以降，斯道靡易。朕以寡德，猥荷洪基，思與百辟，允釐庶務。然朕識乏知人，不能使朝絶素餐之譏，野無《考盤》之刺，夙宵寤寐，載懷怵惕。卿等皆是朝賢國彦，匡弼是寄，各率乃心，以旌考績之義。如乖忠正，國有常刑。賢者雖疏必進，不肖者雖親必黜。顧謂羽曰：上下二等，可爲三品，中等但爲一品。所以然者，上下是黜陟之科，故旌絲髮之美，中等守本，事可大通。

羽先呈廷尉五局司直。高祖曰：夫刑獄之難，實惟自古，必也斷訟，夫子所稱。然五局所司，專主刑獄，比聞諸風聽，多論五局不精。知人之難，朕豈獨决，當與羣臣同之。卿等各陳所聞。高祖謂羽及少卿鄧述曰：五局司直，卿等以何爲品？羽對曰：諸司直並簡聖心。往者，百官初置，擢爲獄官，聽訟察辭，無大差越。所以爲二等者，或以視事甫爾，或以見機遲速，朝廷既有九品之制，故計其絲髮之差，以爲品第。統論所得，大都相似。高祖曰：朕頃年以其人識見可取，故簡司獄官，小優劣不足爲差。然廷尉所司，人命之本事，須心平性正，抑强哀弱，不避貴勢，直情折獄者可爲上等。今正欲聽採風謠，虚實難悉；正欲不採，事無所所據。然人言惡者未必是惡，言善者不必是善。所以然者，或斷訟不避豪貴，故人以爲惡；或將勢抑賤，貴人以爲好。然關朕之聽，皆貴者言，是以遲迴三復，良由於此。局事須冰清玉潔，明揚褒貶。卿等既是親典，邪正得失，悉所具之，可精辨以聞。鄧述對曰：陛下行賞得人，餘者甘心；若賞不盡能，無以勸勵。如臣愚見，願不行賞。高祖曰：朕昔置此官，許三年考績，必行賞罰。既經今考，若無黜陟，恐正直者莫肯用心，邪曲者無以改肅。自非釋之于公，何能盡其至理。雖不可精其微致，且望粗有殿最。諸尚書更與羣官善量所以。

《魏書》卷二一上《獻文六王傳・高陽王》　世宗行考陟之法，雍表曰：

竊惟三載考績，百王通典。今任事上中者，三年昇一階，散官上第者，四載登一級。閑冗之官，本非虚置，或以賢能而進，或因累勤而舉。如其無能，不應忝兹高選。既其以能進之朝伍，或任官外戍，遠使絶域，催督逋懸，察檢州鎮，皆是散官，以充劇使。及於考陟，排同閑伍。檢散官之人，非之皆劣，稱事之輩，未必悉賢。而考閑以多年，課煩以少歲，上乖天澤之均，下生不等之苦。又尋景明之格，無折考之文；正始之奏，有與奪之級。明參差之考，非聖慈之心；改典易常，乃有司之意。又尋考級之奏，委於任事之手；涉議科勤，絶於散官之筆。遂使在事者得展自勤之能，散輩者獨絶披衿之所。抑以上下之閑，限以旨格之判，致使近侍禁職，抱槃屈之辭；禁衛武夫，懷不申之恨。欲克平四海，何以獲諸。又散官在直，一玷成尤；銜使衍失，差毫卽坐。徽纆所逮，未以事閑優之；節慶之賚，不以禄微加賞。罪殿之犯，未殊任事；考陟之機，推年不等。臣聞君舉必書，書而不法，後代何觀。《詩》云王事靡盬，不遑啓處，又曰豈不懷歸，畏此簡書。依依楊柳，以叙治兵之役；霏霏雨雪，又申振旅之勤。若折往來日月，便是《採薇》之詩廢，《杕杜》之歌罷。又任事之官，吉凶請假，定省掃拜，動歷十旬，或因患重請，動輒經歲。征役在途，勤泰百倍。苦樂之勢，非任事之倫；在家私閑，非理務之日。論優語劇，先宜折之。

武人本挽上格者爲羽林，次格者爲虎賁，下格者爲直從。或累紀征戍，靡所不涉；或帶甲連年，負重千里；或經戰損傷；，或年老衰竭。今試以本格，責其如初，有爽於先，退階奪級。此便責以不衰，理未通也。又蓄使之人，必抽朝彦。或歷嶮千餘，或履危萬里，登有死亡之憂，咸懷不返之戚，魂骨奉忠，以尸將命。先朝賞格，酬以爵品；今朝改式，止及階勞。折以代考，有乖使望。非所以獎勵《皇華》而敦崇《四牡》者也。

復尋正始之格：汎後任事上中者，三年升一階；汎前任事上中者，六年進一級。三年一考，自古通經。今以汎前六年昇一階，檢無愆犯，倍年成級。以此推之，明以汎代考。新除一日，同霑階榮，下第之人因汎上陟，上第之士由汎而退。

臣又見部尉資品，本居流外，刊諸明令，行之已久。然近爲里巷多盜，以其威輕不肅，欲進品清流，以壓姦宄。甄琛啓云：爲法者施而觀之，不便則改。竊謂斯言有可採用，聖慈昭覽，更高宰尉之秩。

今考格始宣，懷怨者衆，臣竊觀之，亦謂不可，有光國典，改之何難。

世宗乃引雍共論時務。

（宋）王溥《唐會要》卷六八《刺史上》 十一年八月，侍御史馬周上疏曰：治天下者，以民爲本。欲令百姓安樂，惟在刺史、縣令。今縣令既衆，不能皆賢，若每州得良刺史，則境内蘇息。天下刺史，悉稱聖意，則陛下可端拱巖廊之上，百姓不慮不安。自古郡守、縣令，皆妙選賢德。欲有擢升宰相，必先試以臨人，或有從二千石入爲丞相及司徒、太尉者。今朝廷獨重内官，刺史、縣令，頗輕其選。刺史多是武夫勳人，或京官不稱職，方始外出，邊遠之處，用人更輕。所以百姓未安，殆由於此。太宗因謂侍臣曰：刺史朕當自簡。縣令，詔京官五品已上，各舉一人。

又： 垂拱元年秘書省正字陳子昂上疏曰：臣竊惟刺史縣令之職，實陛下政教之首也。得其人，則百姓家見而戶聞；不得其人，但委棄有司而挂壁耳。陛下欲使家傳禮讓，吏勖清勤，不重選刺史、縣令，將何道以致之也？臣比在草茅，爲百姓久矣。刺史、縣令之化，臣實悉知，國之興衰，莫不在此職也。何者？一州得賢明刺史，以至公循良爲政者，則十萬家賴其福。若得貪暴刺史，以徇私苛虐爲政者，則十萬家受其禍。一州禍福，猶且如是。況天下之衆，豈得勝道哉。故臣以爲陛下政化之首，國家興衰，在此職也。伏願深思妙選，以救此弊。

又： 景龍二年，兵部尚書韋嗣立上疏曰：刺史、縣令，治人之首，近年已來，不存簡擇。京官有犯罪聲望下者方遣牧州。吏部選人，暮年無手筆者，方擬縣令。此風久扇，上下同知，將此治人，何以致化？今歲非豐稔，戶口流亡，國用空虛，租調減削。陛下不以此留念，將何以治國乎？臣望下明制，共論前事，使有司改換簡擇。天下刺史、縣令，皆取才能有稱望者充。自今已後，應有遷除諸曹侍郎，兩省兩臺及五品已上清資望官，先於刺史内取。刺史無人，然後餘官中求。其御史、員外郎等諸清要六品已上官，先於縣令中取。制中明言，如是則人爭就刺史、縣令矣。得刺史、縣令，天下大治，萬姓欣然，豈非太平樂事哉。其年，御史中丞盧懷慎上疏曰：臣竊見比來州牧上佐等，在任多者一二年，少者三五月，遂即遷改，不論課最，爭求冒進，不顧廉恥，亦何暇爲陛下宣風布化，求瘼恤民哉？戶口所以流散，倉庫所以空虛，百姓所以凋弊，日更滋甚，職爲此也。昔漢宣帝時，黃霸增秩賜金，而不遷於潁川，可謂美政也。臣請望諸州都督、刺史、上佐等，在任未經四考已上不許遷除。察其課効尤異者，或錫以車裘，或就加禄秩，或降使臨問，幷璽書慰勉。若公卿有缺，則擢以勸能。其政績無聞，及犯貪暴者，放歸田里。則萬方之民，一變於道。致此之美，革彼之弊，易於反掌，陛下何惜而不行之哉？

又： 其年八月，中書門下奏：致治親民，屬在守宰，朝廷近日命官，頗加推擇。從今已後，望令諸觀察使，每歲終具部内刺史、縣令，司牧方策，政事工拙上奏。其有教化具修，人知敬讓，賊盜逃去，遺路不行。刑獄無偏，賦税平允。撫綏孤弱，不虐幼賤。姦吏黠胥，侵牟止絶。田疇墾闢逃戶歸復。道路平治，郵傳修節。府無留事，獄去繫囚。糾慝繩違，嫉惡樹善。以公滅私，絶去貨殖。夙興夜寐，宴戲省少。人無謗議，家有蓄藏。是謂循良之吏，愷悌君子。其能備此具美者，仰以其尤薦聞。朝廷特加褒賞，增秩改章，徵受顯重。如或數科之中，粗有提舉，勤恪不怠，處事無闕者，仰以次等薦聞，量加寵賞，偕留未替，以候成績。其有昧此政經，所向無取。循資待録，無補於治。散材凡器，長在人上。亦仰以實奏聞，當請移於散秩。如有貪殘黷貨，枉法受贓，冤訴不伸，拷笞無罪，有一於此，具狀以聞。當加峻刑，投諸荒裔。賞善懲惡，期於必行。掾曹、邑佐，善惡特異者，亦仰聞狀請。頒示四方，專委廉察，仍令兩都御史臺，併出使郎官、御史，及巡院法憲官，常加採訪，具以事狀奏申。中書門下，都比較諸道觀察使承制勤怠之狀，每歲孟春，分析聞奏，因議懲奬。勅旨依奏。

（宋）王溥《唐會要》卷七四《選部上·論選事》 上元元年，劉嶢上疏曰：臣聞《論語》有曰：爲政以德，譬如北辰。《詩》曰：愷悌君子，民之父母。豈有使父養子，而憂不得所者哉！今國家以吏部爲銓衡，以侍郎爲藻鑑。鏡所鑑者貌也，妍媸可知；衡所平者法也，年勞可驗。至於心之善惡，何以取之？取之不精，必貽後患。今選曹以檢勘爲公道，以書判為得人。夫書判者，以觀其智也。知及之，仁不能守之，可使從政者歟？不可使之而或任之，是貽患於天下也。如有德行侔於甲科，書判不能中的，其可舍之乎？況於書判，借人者衆矣。求士本於鄉閭者，可謂至矣。且人不孝於其親者，豈有忠於君乎？不友於兄弟者，豈肯順於長乎？不恤於孤遺者，豈肯恤百姓乎？不義而取財者，豈有不犯贓乎？不直而好訟者，豈肯守恒乎？強悖而任氣者，其肯惠和乎？博奕而畋游者，其肯貞廉乎？不以辱爲辱者，其肯敬慎乎？薦士無此病則可任之以官也。

（宋）王溥《唐會要》卷七七《諸使上·巡察按察巡撫等使》 垂拱元年，祕書省正字陳子昂上疏曰：臣伏見陛下憂勞百姓，恐不得其所，將降九道大使巡察天下諸州，兼申黜陟，以求民瘼。臣竊以爲未盡善也。何以言之？陛下所以降明使，豈非欲天下黎元衆庶，知陛下夙興夜寐憂勤之念。陛下必若以此而發使乎，則愚臣竊見陛下之使又未盡也。若愚臣所請使者，先常雅合時望，爲衆人所推。慈愛足以恤孤惸，賢德足以振幽滯，剛直足以不避強禦，明智足以照察奸邪，然後使天下奸人，畏其明而不敢爲惡也；天下強禦，憚其直而不爲過也；天下英傑，慕其德而樂爲之用也；天下孤寡，賴其仁而欣戴其德也。夫如是，然後可以論出使。故輶軒未動於京師，天下翕然皆已知矣。今陛下使猶未出朝廷，行路市井之人，皆以爲非；在朝廷之有職者，亦不稱之。天子之使未出魏闕，朝廷之人皆已輕之，何況天下之衆哉！而欲黜陟求賢，未可得也。陛下所以有此失者，在不選人，亦輕此使，非天下之任，故陛下遂大失於此。苟以出使爲名，不求任使之實，使愈出而天下愈弊，使彌多而天下彌不寧。其故何哉？是朝廷輕其任也。徒使天下百姓，修飾道路，送往迎來，無益於聖教耳。臣久爲百姓，實委知之。臣願陛下與宰相更妙選朝廷百官，素有威重名節，爲衆所推者，陛下因大朝日，親御正殿，集百寮公卿，設禮儀，以使者之禮見之。告以出使之意，遂授以旌節而遣之，先是京師而訪豺狼，然後攬轡登車，以清天下。若如是，臣知陛下聖教，不旬月之間，天下家見而戶聞也。此之一使，是陛下爲政之大端。諺曰：欲知其人，先觀其所使。不可不慎也。若陛下必知不可得其人，不如不出使，以煩數無益於化，但勞天下之人，是猶烹小鮮而數撓之耳。

又： 萬歲通天元年，鳳閣舍人李嶠上疏曰：陛下創置左右臺，分巡天下，察吏人善否觀風俗得失，斯政途之綱紀，禮法之準繩，無以加也。然猶有未折衷者，臣請試論之。夫禁網尚疎，法令宜簡，簡則事易行而不煩雜，疎則所羅廣而無苛碎。竊見垂拱二年，諸道巡察使科目，凡四十四件，至於別作格勅令訪察者，又有三十餘條。而巡察使率是三月之後出都，十一月終奏事。時限迫促，簿書委積，晝夜奔逐，以赴限期。而每道所察文武官，多至二千餘人，少尚一千已下，皆須品量才行，褒貶得失，欲令曲盡行能，皆所不暇，此非敢惰於職而慢於官也，實才有限而力不及耳。臣望量其功程，與其節度，使器周於用，力濟於時，然後進退可以責成，得失可以精覈矣。

又： 開元元年二月，禮部侍郎張庭珪上疏曰：天下至大，郡邑至多，賢牧良宰，誠難盡得。兼下僚貪暴，小吏侵漁，黎庶不安，窮困衆矣。縱其發使廉問暫往速還，假申令冤，卻招後患，各思鉗口，無敢率心。臣竊見國家比置十道按察使，不限年月，懲惡勸善，激濁揚清，孤窮獲安，風俗一變。伏望復下明制，重選使臣，秋冬之後，令出巡察，自然貪吏望風懲革，陛下視聽恒遍於海內矣。

又： 永貞元年八月，詔曰：治天下者，先修其國；國命之重，寄在方鎮；方鎮共治，實維列城；列城爲政，繫於屬縣。然則一夫之耕，匹婦之織，積微方著，以供國計，永懷蒸庶，厥惟難哉。頃年以上准租賦及榷稅，委在藩服，使其均平。太上皇君臨之初，務從省便，遂令使府，歸在中朝。或恐巡按既多，職因交替，新制未立，舊綱已紊。况河汴而東，瀕海之右，名都奧壤，疆理接連。如或徵賦不均，輓輸難濟，物輕貨重，法弊人勞。又聞江淮數道，比愆時雨。深憂黎庶之不足，軍國之缺供，政有所不宣，事有所未便，牧宰有課績，官吏有臧否。爰使使臣，申我休命。宜令度支及諸道鹽鐵、轉運、戶部侍郎兼御史大夫潘孟陽，專往宣諭。慰安疲甿，詢訪便益，蠲除疾苦，安民利國，稱朕意焉。

（宋）王溥《唐會要》卷九一《內外官料錢上》 貞觀十二年二月，諫議大夫褚遂良上疏曰：爲政之本，在于擇人，不正其源，遂差千里。漢家以明經拜職，或四科辟召，必擇器任使，量才命官，然則市井子孫，不居官吏。大唐制令，憲章古昔，商賈之人，亦不居官位。陛下近許諸司令史捉公廨本錢，諸司取此色人，號爲捉錢令史，不簡性識，寧論書藝，但令身能估販，家足貲財，録牒吏部，使即依補。大率人捉五十貫已下，四十貫已上，任居市肆，恣其販易。每月納利四千，一年凡輸五萬，送利不違，年滿受職。然有國家者，嘗笑漢代賣官，今開此路，頗類於彼。在京七十餘司，大率司引九人，更一二載後，年別即有六百餘人輸利受職。伏惟陛下治致昇平，任賢爲政，或文學高第，或諸州進士，皆策同片玉，經若懸河，奉先聖之格言，慕昔賢之廉恥，拔十取五，量能授官。然犯禁違公，輒罹刑法。况乎捉錢令史，主於估販，志意分毫之末，耳目廛肆之間，輸錢於官，以獲品秩。荏苒年歲，陛下能不使用之乎？此人習以性成，慣於求利，苟得無恥，莫蹈廉隅，使其居職，從何而可？將來之弊，宜絶本源。臣每周遊人間，爲國視聽，京司寮庶，爰及外官，異口同詞，皆言不便，伏願勑朝臣，遣其詳議。上納之。

《舊五代史》卷三《梁書·太祖紀三》 帝初受禪，求理尤切，委宰臣搜訪賢良。或有在下位抱負器業久不得伸者，特加擢用。有明政理得失之道規救時病者，可陳章疏，當親鑒擇利害施行，然後賞以爵秩。有晦跡丘園不求聞達者，令彼長吏備禮邀致，冀無遺逸之恨。

又： 癸巳，以禪代已來，思求賢哲，乃下令搜訪牢籠之，期以好爵，待以優榮，各隨其材，咸使登用。宜令所在長吏，切加搜訪，每得其人，則疏姓名以聞。如在下位不能自振者，有司薦導之；如任使後顯立功勞，別加遷陟，勑禁屠宰兩月。

《舊五代史》卷三一《唐書·莊宗紀五》 上言：近以諸州奏薦令録，頗亂規程，請今後節度使管三州已上，每年許奏管内官三人，如管三州已下，只奏兩人，仍須課績尤異，方得上聞。防禦使止許奏一人，刺史無奏薦之例。從之。己酉，以太子少保李琪爲刑部尚書。

《舊五代史》卷三六《唐書·明宗紀二》 甲申，又詔曰：責授費州司戶參軍豆盧革、夷州司戶參軍韋説等，自居台輔，累换歲華，負先皇倚注之恩，失大國變調之理。朕自登宸極，常委鈞衡，略無謙遜之辭，但縱貪饕之意。除官受賂，樹黨徇私，每虧敬於朕前，徒自尊於人上。道路之諠騰不已，諫臣之條疏頗多，罪狀顯彰，典刑斯舉，合從極法，以塞羣情。尚緣臨御之初，含弘是務，特軫墜泉之慮，爰施解網之仁，曲示優恩，俯寬後命。革可陵州長流百姓，説可合州長流百姓，合州，原本作白州，今從《歐陽史》改正。仍委逐處長知所在。同州長春宮判官、朝請大夫、檢校尚書、禮部郎中、賜紫金魚袋豆盧昇，將仕郎、守尚書屯田員外郎、崇文館學士、賜緋魚袋韋濤等，各因權勢，驟列班行，無才業以可稱，竊寵榮而斯久。比行貶謫，以塞尤違。朕以纂襲之初，含容是務，父既寬於後命，子宜示於特恩，並停見任。

《舊五代史》卷一一五《周書·世宗紀二》 顯德二年春正月辛未朔，帝不受朝賀。辛卯，詔：在朝文班，各舉堪爲令録者一人，雖姻族近親，亦無妨嫌。授官之日，各署舉主姓名，若在官貪濁不任，懦弱不理，並量事狀重輕，連坐舉主。

（宋）王溥《五代會要》卷一九《縣令上》 乾化二年三月，詔曰：夫隆興邦國，必本於人民；惠養疲羸，尤資於令長。苟選求之踰濫，固撫理之乖違。如聞吏部擬官，中書除授，或緣親舊所請，或爲勢要所干，姑徇私情，靡求才實。念兹蠹弊，宜舉條章。今後應中書用人，及吏部注擬，並宜省藩身之才業，驗爲政之否臧，必有可觀，方可任用。如或尚行請説，猶假貨財，其所司人吏，必加推窮，重加懲斷。

《宋史》卷一五八《選舉志四》 三十二年，吏部侍郎凌景夏言：國家設銓選以聽羣吏之治，其掌於七司，著在令甲，所守者法也。今升降於胥吏之手，有所謂例焉。長貳有遷改，郎曹有替移，來者不可復知，去者不能盡告。索例而不獲，雖有強明健敏之才，不復致議；引例而不當，雖有至公盡理之事，不復可伸。貨賄公行，姦弊滋甚。嘗觀漢之公府有辭訟比，尚書有決事比，比之爲言，猶今之例。今吏部七司宜置例册，凡换給之期限，戰功之定處，去失之保任，書塡之審實，奏薦之限隔，酬賞之用否，凡經申請，或堂白、或取旨者，每一事已，命郎官以次擬定，而長貳書之于册，永以爲例，每半歲上于尚書省，仍關御史臺。如是，則巧吏無所施，而銓敘平允矣。

《宋史》卷一五九《選舉志五》 英宗即位，郡縣致貢奉人，悉命以官。知諫院司馬光建言：監司、太守，遣親屬奉表京師，不問官職高下、親屬近遠，推恩至班行、幕職、權知州軍，或所遺非親，亦除齋郎及差使、殿侍，此蓋國初承五代姑息藩鎮之弊，因循不革。爵禄本待賢才，今此等受官，誠爲大濫。縱不能盡罷其人，若五服内親，等第受以一官，其無服屬量賜金帛，庶少救濫官之失。

《宋史》卷一六〇《選舉志六》 嘉祐六年，下詔曰：朕觀古者治世，牧民之吏，多稱其官，而百姓安其業。今求材之路非不廣，責善之法非不詳，而吏多失職，非稱所以爲民之意。豈人材獨少而世變殊哉？殆不得久於其官故也。蓋智能才力之士，雖有興利除害、禁姦勸善之意，非假以歲月，則亦媮不爲用，欲終厥功，其路無由。自今諸州縣守令，有清白不擾、政迹尤異而實惠及民者，本路若州連書同罪保舉，將政迹實狀以聞，中書門下察訪得實，許令再任。

（宋）李燾《續資治通鑑長編》卷六六《宋真宗景德四年》　癸巳，復置諸路提點刑獄官。先是，上出筆記六事，指其一謂王旦曰：勤恤民隱，遴揀庶官，朕無日不念也。所慮四方刑獄官吏，未盡得人，一夫受冤，即召災沴。今軍民事務，雖有轉運使，且地遠無由知。先帝嘗選朝臣為諸路提點刑獄，今可復置，仍以使臣副之，先命中書、樞密院擇官具名進内。上曰：河北、陝西，地控邊要，尤須得人，取性度和平有執守者。故親選授太常博士陳綱、李權、李及，自餘擬名以聞，咸引對於長春殿遣之。所至專察視囚禁，審詳案牘。州郡不得迎送聚會。所部每旬具囚繫犯由，訊鞫次第申報，常檢舉催督。在繫久者，即馳往案問，出入人罪者移牒覆勘，劾官吏以聞。諸色詞訴，逐州斷遣不當，已經轉運使批斷未允者，並收接施行。官吏貪濁弛慢者，具名以聞，敢有庇匿，並當加罪。仍借緋紫，以三年為任，增給緡錢，如轉運使之數。内出御前印紙為歷，書其績效，中書、樞密院籍其名，代還考課，議功行賞。如刑獄枉濫，不能擿舉，官吏曠弛，不能彈奏，務從畏避者，寘以深罪。

（宋）李燾《續資治通鑑長編》卷七三《宋真宗大中祥符三年》　己亥，上謂宰相曰：刑獄之官，尤須遴擇。朕常念四方獄訟，若官非其人，寧無枉濫！且單弱之人，不能披訴，朝廷無由知之。頃歲有縣胥醉酒，與驛遞鋪卒相毆，夜歸，胥踣於路。或以告卒言夜寒，恐僵死。卒亟往視之，則已死。有司遽執此卒，遂以毆殺人論。母訴於州，州不能察，杖之。母歸，其婦曰：何忍子之屈死！母即詣闕伐鼓，詔使案覆，又不能原其情。母坐上言失實，杖脊放歸，其婦已罄貲而去，私適他族。此不由刑官非人，以致孤弱受弊乎？

（宋）李燾《續資治通鑑長編》卷七八《宋真宗大中祥符五年》　壬申，上封者言：諸州軍司法參軍多不得其人，致刑法差枉，望令吏部銓謹擇明法出身者授之。上以示輔臣，王旦言：明法雖習律文，亦須有才識。頃法官闕，多取屬縣簿、尉習刑名者代之，今請令銓司參酌施行。從之。

（宋）李燾《續資治通鑑長編》卷八一《宋真宗大中祥符六年》　辛亥，上謂輔臣曰：掌法之官，宜務求中道，勿用深文者。如聞親民之官，有酷刑以邀譽，此甚無謂也。卿等宜詢察而遷徙之。

（宋）李燾《續資治通鑑長編》卷八二《宋真宗大中祥符七年》　庚子，太常博士鄧餘慶坐受誓戒不及，在法，私罪當劾舉主，詔釋之。上因謂宰相曰：連坐舉官，誠亦不易，如此公坐，猶或可矜。其有本不諳知，勉徇請託，及乎曠敗，何以逃責。王旦曰：薦才實難，士人操行，往往中變。上曰：然拔十得五，縱使徇私，朝廷由此得人，蓋不少矣。旦曰：求人之際，但信其言而用之，有所曠敗，亦如其言而坐之。太祖朝，有自員外郎與所犯州縣官同除名者。太平興國初，程能為轉運使，舉官至濫，人多鄙之。上曰：朝廷急於得人，苟不令薦舉，則才俊在下，無由自達。求人之要，固無出於此也。

（宋）李燾《續資治通鑑長編》卷一一三《宋仁宗明道二年》　辛卯，都官員外郎、判刑部李遜言：刑部舊分四案，大辟居其一，月覆大辟不下二百數，而詳覆官才一人。請令四案分覆大辟，有能駁正死罪五人以上，歲滿與改京官。又請令法直官與詳覆官分詳天下旬奏，及二年，亦與改京官。並從之。

（宋）李燾《續資治通鑑長編》卷一二五《宋仁宗寶元二年》　壬辰，詔：禮部貢院，自今省試舉人，設簾都堂中間，而施帷幙兩邊，令内外不相闚見。點檢試卷官及吏人，非給使毋得輒至堂上。其詩、賦、論題，並以注疏所解揭示之，不許上請。或題義有疑當請者，仍不得附近簾前。御試考校，並分上中下三等，初考用墨，其點抹於卷後通計之，若塗注脱誤四十字以上，頗為不謹，亦依禮部格少字數退黜之。

（宋）李燾《續資治通鑑長編》卷一四四《宋仁宗慶曆三年》　壬戌，詔曰：唐、虞稽古，建官惟百，能哲而惠，克明峻德。然猶三載考績，三考黜陟幽明。周制，太宰之職，歲受官府之會，以詔王廢置，三載則大計羣吏之治而誅賞之。故考課之法舊矣。祥符之際，治致昇平，凡下詔條，主於寬大，考最則有限年之制，入官則有循資之格。及比年事邊，因緣多故，數披官簿，審閲朝行，思得應務之才，知虧素養之道。然非褒沮善惡，則不激勵，非甄別流品，則不憤發。特頒程式，以懋官成。自今兩地臣僚，非有勳德善狀，不得非時進秩；非次罷免者，毋以轉官帶職為例。兩省以上，舊法四年一遷官，今具履歷聽旨。京朝官磨勘年限，有私罪及歷任嘗有贓罪，先以情重輕及勤績與舉者數奏聽旨；若磨勘三年，贓私罪杖以下經取旨，徒以上再經取旨，其能自新無私犯而有最課及有舉者，皆第遷之。自請釐物務於京師，五年一磨勘，因舉及選差勿拘。凡有善政異績，或勸農桑獲美利，鞫刑獄雪冤枉，典物務能革大弊，省錢穀數多，準事大小遷官陞任，選人視此。若朝官遷員外郎，須三年無私罪，而有監司若清望官五人為保引，乃磨勘。遷郎中、少卿監亦如之。舉者數不足，增二年。遷大卿監、諫議大夫，弗為常例，悉聽旨。又定制，監物務入親民，次升通判，通判升知州，皆用舉者。舉數不足，毋輒關陞。

（宋）李燾《續資治通鑑長編》卷三〇二《宋神宗元豐三年》 乙巳，權御史中丞李定言：朝廷更置大理寺，設官數十，專治諸司獄訟，所以防寃滯，省刑罰也。卿、丞皆典獄之官，理當躬親聽治。比聞公事多委丞訊鞫，而卿則畧引問而已。至于增損情節，卿或不知。竊恐前後斷獄，不能無濫。欲望改易官吏，修立成法，遴擇其人而付與之。不聽。

（清）徐乾學《資治通鑑後編》卷五四《宋紀五四》 丙午，以鹽鐵副使張昷之爲河北都轉運按察司，知諫院王素爲淮南都轉運按察使，鹽鐵判官沈邈爲京東轉運按察使，用富弼范仲淹等言也。先是仲淹、弼等言，今轉運按察使，古之岳牧、方伯，刺史、觀察，採訪使之職也。知州、知縣，古之諸侯、守宰之任也。內外官雖多，然與陛下共理天下者惟守宰最要耳。比年以來，不加選擇，非才貪濁老懦者，一切以例除之，其間縱有良吏百無一二，是使天下賦稅不得均，獄訟不得平，水旱不得救，盜賊不得除，民既無所告訴，必生愁怨，而不思叛者未之有也。民既怨叛，姦雄起而收攬之，則天下必將危矣。今民方怨而未甚叛去，宜急救之。救之之術，莫若守宰得人，欲守宰得人，請詔二府通選轉運使，既得人即委逐路自擇知州，知州已得人即委逐州自擇知縣。其不任事者，奏罷之，直俟人人稱職而後已。仍令久其官守，勿復數易。其異政者，宜就與升擢，則官修政舉，朝廷唯總其大綱而振舉之可也。帝既納其言，於是昷之等首被茲選。素入辭，帝謂曰：卿今便去諫院，事有未言者可盡言之。

（清）徐乾學《資治通鑑後編》卷五五《宋紀五五》 乙亥，下詔令州縣皆立學。《東都事畧》云：諸路州府軍監並立學，如修學者多及二百人以上，許更置縣學。本道使者選屬部官為教授，三年而代，選於吏員不足，取於鄉里宿學有道業者，三年無私譴，以名聞。士須在學習業二百日，乃聽預秋賦。舊嘗充賦者，百日而止。親老無兼待，取保任，聽學於家。而令試于州者，相保任。所禁有七：曰隱憂匿服；曰嘗犯刑責；曰行虧孝弟，有狀可指；曰明觸憲法，兩經贖罰，或不經贖罰而為害鄉黨；曰籍非本土，假戶冒名；曰父祖犯十惡四等以上罪；曰工商雜類，或嘗為僧道，皆不得預進士。試三場，先策、次論、次詩賦，通考為去取，而罷貼經墨義。又以舊制用詞賦，聲病偶切，立為考式，一字違忤，已在紬落，使博識之士臨文拘忌，俯就規檢，美文善意鬱而不伸。如白居易《性習相近遠賦》、獨孤綬《放馴象賦》皆當時試於禮部對偶之外，自有意義可觀。宜許倣唐體，使馳騁於其間。士子通經術願對大義者，試十道，以曉析意義為通，五通為中格。三史科取其明史意而文理可采者，明法科試斷案，假立甲乙罪合律令法意，文理優者為上等。此即范仲淹等所陳十事，其三曰精貢舉也。

（清）徐乾學《資治通鑑後編》卷七七《宋紀七七》 庚午，詔御史中丞舉可為御史者，不限官高卑。趙抃争之弗得，于是侍御史知雜事劉述言：舊制，舉御史官須中行員外郎至太常博士，資任須實歷通判，又必翰林諸學士與本臺丞雜互舉。盖衆議僉同，則各務盡心，不容有偏蔽私愛之患。今專委中丞，則愛憎在於一己，苟非其人，將受權臣屬托，自立黨援，不附己者得以媒蘗中傷，其弊不一。夫變更法度，重事也。今止參知二人同書劄子，且宰相富弼暫謁告，曾公亮已入朝，臺官今不闕人，何至急疾如此。願收還前旨，俟弼出與公亮同議，然後行之。弗聽。述，湖州人也。

（清）徐乾學《資治通鑑後編》卷八八《宋紀八八》 辛酉，立十科舉士法。舊制銓注有格，槩拘以法，法可以制平而不可以擇才。故令內外官皆得薦舉。其後被舉者既多，除吏愈難。神宗乃革去內外舉官法，但用吏部審官院選格。及帝即位，王巖叟言：自罷羣舉而用選格，可以見功過，而不可以見人才，於是不得已而用其平日之所信。故有踏逐申差之目，踏逐實薦舉而不與同罪，且選才薦能而謂之踏逐非雅名也，况委人以權而不容舉其所知，豈為通術？遂復内外舉官法。司馬光奏曰：為政得人則治。然人之才或長於此而短於彼，雖皋夔稷契各守一官，中人安可求備？故孔子以四科論士，漢室以數路得人。若指瑕摘善則朝無可用之人，苟隨器指任，則世無可棄之士。臣備位宰相，職當選官而識短見狹，士有恬退滯淹或孤寒遺逸，豈能周知？若專引知識則嫌於私，若止循資序未必皆才，莫如使在位達官各舉所知，然後克叶至公，野無遺賢矣。欲乞朝廷設十科舉士。一曰行義純固，可為師表科。有官、無官人皆可舉。二曰節操方正，可備獻納科。舉有官人。三曰智勇過人，可備將帥科。舉文武有官人。四曰公正聰明，可備監司科。舉知州以上資序。五曰經術精通，可備講讀科。有官、無官人，皆可舉。六曰學問該博，可備顧問科。同上。七曰文章典麗，可備著述科。同上。八曰善聽獄訟，盡公得實科。舉有官人。九曰善治財賦，公私俱便科。同上。十曰練習法令，能斷請讞科。同上。應執事官自尚書至給舍、諫議，寄禄官自開府儀同三司至大中大夫，帶職自觀文殿大學士至待制，每歲須於十科中舉三人，仍具狀保任，中書置籍記之。異時有事需材，即按籍視其所嘗被舉科格，隨事試之，有勞，又著之籍。内外官闕取嘗試有效者，隨科授職。所賜告命仍具舉主姓名，其人任官無狀，坐以繆舉之罪，庶幾人人重慎所舉得才，詔從之。

（清）徐乾學《資治通鑑後編》卷一一九《宋紀一一九》　乙丑，分經義詩賦為兩科以取士。禮部侍郎金安節言：熙寧、元豐以來，經義詩賦廢興離合隨時更革，初無定制。近合科以來，通經者苦賦體雕刻，習賦者病經旨淵微，心有弗精，業難兼濟。又其甚者論既併埸策問太寡，議論器識無以盡人，士守傳注，史學盡廢，此後進往往得志而老生宿儒多困也，請復立兩科永為成憲。從之。

（清）徐乾學《資治通鑑後編》卷一三一《宋紀一三一》　己巳，金太府監孫復言：方今在仕者，三萬七千餘員，而門廕補叙居三之二，諸司待闕，動至累年。蓋以補廕猥多，流品混淆，本末相舛。至於進納之人，既無勞績又非科第，而亦廕及子孫，無所分别。欲流之清，非澄其源不可。金主從之，詔更定廕叙法。

（清）徐乾學《資治通鑑後編》卷一四一《宋紀一四一》　蒙古耶律楚材奏：制器者必用良工，守成者必用儒臣。儒臣之事業，非積數十年殆未易成也。蒙古主曰：果爾，可官其人。楚材請校試之。乃命税課使劉中楊奐隨郡考試，以經義詞賦論分為三科。儒人被俘為奴者亦令就試，其主匿弗遣者死。得士凡四千三十人，免為奴者，四之一。楚材又請一衡量立鈔法，定均輸，庶政略備，民稍蘇息。

（宋）李心傳《建炎以來繫年要録》卷一二《建炎二年戊申正月丙戌朔之甲寅》　癸巳，復置明法科，嘗得解或被貢人許就試，用大理少卿吳瓖請也。初，本朝取士之制自進士外，有諸科，而明法在其中。熙寧中，既罷諸科，而獨存明法，然以舊科但取記誦之學，故更號新科。崇寧初，併其額歸進士，至是瓖以法官闕人爲請，遂從之，然未及行。紹興十一年七月庚子可參攷。

（宋）李心傳《建炎以來繫年要録》卷四一《紹興元年辛亥正月己亥朔之丙寅》　壬子，詔京官知縣並堂除内外侍從官，限三日各舉可任縣令者二人。犯贓連坐。又詔不歷縣令人，勿除監司郎官；不歷外任人，勿爲侍從，著爲永法。於是從官有互舉其子爲縣令者。而子又皆貪贓，論者惜之。何俌《龜鑑》不歷縣令，不除監司郎官，不經外任，不除侍從。嚴失舉之罰頒考課之條，定内外更迭之法，而命官之道得矣。

（宋）李心傳《建炎以來繫年要録》卷五一《紹興二年壬子正月癸巳朔之二月庚寅》　〔二月〕丁卯，詔選人七階並分左右，時用元祐舊制；寄禄官分左右，而贓吏不與焉。言者謂祖宗以來，選人皆以州縣繫銜，故無所分别。今選階品秩雖卑，豈可無以律貪，而獨置之廉恥之外，乃下吏部，如所請。

（宋）李心傳《建炎以來繫年要録》卷一〇二《紹興六年丙辰六月丁酉朔之癸亥》　甲子，詔自今委保舉人避親牒試不實者，許人告，保官先降一官，然後取勘合負罪犯，用四川制置大使席益奏也。舊法，見任官子弟，去本貫二千里，及監司守貳有服親門客與婚姻之家，皆牒赴轉運司別試七人而解試一人。後多冒濫，亦有以賄得者。前舉成都路漕司就試者三千餘人，解四百四十人；潼川路漕司就試者一千餘人，解三百人。益請於朝，故有是命。

（宋）李心傳《建炎以來繫年要録》卷一一一《紹興七年丁巳五月壬戌朔之六月乙未》　〔五月〕乙酉，手詔自今内外臣寮薦士或不如所舉，及罪當并案者，必罰毋赦。上以薦舉法壞甚者，以子弟姻親互相薦論，至犯吏議，則僥倖首免，故條約焉。尚書省言：自來立法太重，不能必行。乃詔自今犯贓私罪者，舉主遞降二等，其以子弟親戚互薦者，令臺臣察之。

（宋）李心傳《建炎以來繫年要録》卷一二一《紹興八年戊午七月乙酉之八月癸未》〔八月〕丙辰，考功員外郎鄭剛中言：陛下臨御以來，寬仁愛物，於古有光，而臣下持法之心，頗與古異。大率有司皆不肯以身任怨，縣有罪，郡守不敢劾，留以俟監司；郡有罪，監司不敢按，留以俟臺諫。某事於法不可行也，郡猶問於監司，監司問六部，六部問朝廷，作聖旨罷之。某事於法不可得也，郡猶請於監司，監司請六部，六部請聖旨，作聖旨奪之。積日累月，罷之奪之，皆自一人出，而百官有司無一拂戾人情者。苛察之怨，日歸於上；姑息之恩，各歸諸己。此豈善風俗持久之道乎？臣願陛下戒敕臣吏，各使持職奉法，凡予奪之際，自有成書，無大疑惑者，不得互相推避。其失職廢法，全身避怨者，咸按之。上納其言，令學士院降詔布告中外。

（宋）李心傳《建炎以來繫年要録》卷一二三《紹興八年戊午十一月癸未朔之壬子》乙酉，中書舍人兼直學士院勾龍如淵言：昔福建、四川、廣東凡八路，以其去朝廷之遠，士艱於往來，而以銓法付在漕司。自車駕南幸，而二廣、福建則舉而歸之吏部矣。惟四川漕司差注之法獨在，是以蜀之人凡安貧守分，無知己在朝廷者。仕宦止於通判，而奔走勢要之人，今日改官，明日得倅，又明日得守。望參酌祖宗之制，凡四川守倅如何等闕合遠堂選，立爲定格，毋相侵紊，詔吏部措置。詔犯私鹽，除流配依本法外，徒以下並令衆五日。其後湖北提舉司言：本路係省茶地分，緣茶鹽事屬一體，乞犯茶人依此指揮，從之。日歷無此，今以紹興十三年十月十八日湖北提舉司所申修入。

（清）嵇璜等《續通典》卷一九《選舉·考績》神宗即位，凡職皆課，凡課責實，監司所上守臣不占等者，展年降資；其治狀優異者增秩，賜金帛以璽書獎勵。若監司以上則命御史中丞、侍御史考校。又詔考課縣令以斷獄平允，賦入不擾，均役止盜，勸課農桑，賑恤饑窮，導修水利，户籍增衍，整治簿書為最，而參用德義清謹，公平勤恪為善，參定上中下等，能否尤殊絶者，别立優劣二等。歲上其狀以昭賞罰，其入優劣者賞罰尤峻。

又：仁宗皇慶元年，臺臣言比年廉訪司多不悉心奉職，宜令監察御史檢覈名實，黜升之。制可。時御史中丞郝天挺言，國初論最，在内須三十月，在外須三周歲。比者省院臺部之臣，久者一二歲，少者三五月，甚有旬日遷易者，奔走往來之不暇，何暇宣布參理。乞今惟大臣可急闕選授，其餘内外大小官屬，必候任滿考績方許選調，庶免朝除夕改，啟倖長奸之弊。從之。

（清）嵇璜等《續通典》卷二一《選舉·雜議論中》仁宗慶歷八年，翰林學士張方平言，祖宗時文武官不立磨勘年歲，不為升遷次序，有才用名實之人，或從下位便見超擢，否則有守一官十餘年不改轉者，其任監當或知縣、通判、知州，有至數任不得遷者。故當時人皆自勉，非有勞効知不得進。自祥符後，朝廷之議益循寬大。故令自監當入知縣，知縣入通判，通判入知州，皆以兩任為限。又守官及三年，例得磨勘，行之人自知恩未見有獘，及今歲年深久，習以為常，皆謂本分無賢不肖，莫知所勸。願陛下稍革此制，其應磨勘、叙遷者，必有勞績可褒。或特敕擇官保任者，即與轉遷；如無勞績，不因保任，更增展年考。其保任之法，不當一例，應選擇清望有才識之人即命舉之。如此則委執政之臣舉清望官，委清望官舉親民官，有員闕隨員數令舉，又足以見聖恩急才愛民之意也。

《金史》卷七《世宗紀中》丁未，上謂宰執曰：縣令之職最為親民，當得賢材用之。邇來犯法者衆，殊不聞有能者。

《金史》卷九八《完顔匡傳》章宗立提刑司，專糾察黜陟，當時號爲外臺，匡與司空襄、參政揆奏：息民不如省官，聖朝舊無提刑司，皇統、大定間每數歲一遣使廉察，郡縣稱治。自立此官，冀達下情，今乃是非混淆，徒煩聖聽。自古無提點刑獄專薦舉之權者，若陛下不欲遽更，不宜使兼採訪廉能之任。歲遣監察體究，仍不時選使廉訪。上從其議，於是監察體訪之使出矣。

《金史》卷一一〇《馮璧傳》十月，改禮部員外郎，權右司諫、治書侍御史。詔問時務所當先者，璧上六事，大略言減冗食，備選鋒，緩疑似以慎刑，擇公廉以檢吏，屯戍革朘削之弊，權貴嚴請託之科。又條自治之策四，謂別賢佞，信賞罰，聽覽以通下情，貶損以謹天戒。

（清）李有棠《金史紀事本末》卷四〇《宣宗南遷》〔至甯二年〕三月壬戌，詔河北州縣官，令文武五品以上辟舉，不聽以它事差占，仍勒終任。詔各路訓練義兵，隣境有警，責其救援。降人自拔歸國者，遷職。沿河州縣官罷軟不勝職者，汰去之。令百官各陳防邊利害，封章以聞。（辛巳）〔朕〕於宫中置局，命方正官數員採取施行。

《元史》卷六《世祖紀三》　庚午，宋子貞言，朝省之政，不宜數行數改。又刑部所掌，事干人命，尚書嚴忠範年少，宜選老於刑名者爲之。

《元史》卷三一《明宗紀》　是日，帝宴諸王、大臣于行殿，燕鐵木兒、哈八兒禿、伯帖木兒、孛羅等侍。帝特命臺臣曰：太祖皇帝嘗訓敕臣下云：美色、名馬，人皆悦之，然方寸一有繫累，卽能壞名敗德。卿等居風紀之司，亦嘗念及此乎？世祖初立御史臺，首命塔察兒、奔帖傑兒二人協司其政。天下國家，譬猶一人之身，中書則右手也，樞密則左手也。左右手有病，治之以良醫，省、院闕失，不以御史臺治之，可乎？凡諸王、百司，違法越禮，一聽舉劾。風紀重則貪墨懼，猶斧斤重則入木深，其勢然也。朕有闕失，卿亦以聞，朕不爾責也。乙未，特命孛羅等傳旨，宜諭燕鐵木兒、伯答沙、火沙、哈八兒禿、八卽剌等曰：世祖皇帝立中書省、樞密院、御史臺及百司庶府，共治天下，大小職掌，已有定制。世祖命廷臣集律令章程，以爲萬世法。成宗以來，列聖相承，罔不恪遵成憲。朕今居太祖、世祖所居之位，凡省、院、臺、百司庶政，詢謀僉同，摽譯所奏，以告于朕。軍務機密，樞密院當卽以聞，毋以夙夜爲間而稽留之。其他事務，果有所言，必先中書、院、臺，其下百司及勢御之臣，毋得隔越陳請。宜宣諭諸司，咸俾聞知。儻違朕意，必罰無赦。

《元史》卷四一《順帝紀四》　戊寅，詔：作新風憲。在内之官有不法者，監察御史劾之；在外之官有不法者，行臺監察御史劾之。歲以八月終出巡，次年四月中還司。

（清）徐乾學《資治通鑑後編》卷一七六《元紀二四》　庚辰，徽州處士鄭玉為翰林待制，賜以御酒、名幣。玉辭疾不起，而為表以進曰：名爵者，祖宗之所以遺陛下，使與天下賢者共之，陛下不得私與人。待制之職臣非其才，不敢受酒與幣，天下所以奉陛下，陛下得以私與人，臣不敢辭也。

《明史》卷二二《熹宗紀》　丙寅，諭兵部：國家文武並用，頃承平日久，視武弁不啻奴隸，致令豪傑解體。今邊疆多故，大風猛士深軫朕懷，其令有司於山林草澤間慎選將材。

（明）俞汝楫《禮部志稿》卷一《聖訓・太祖高皇帝・薦舉之訓》

洪武十八年，詔舉孝廉之士，上諭禮部臣曰：朕向者令有司舉聰明正直之士，至者多非其人，甚孤所望。朕聞古者選用孝廉，孝者忠厚愷悌，廉者潔己清修，如此則能愛人守法，可以從政矣。其令州縣凡民有孝廉之行著聞鄉里者，正官與耆民以禮遣送京師，非其人勿濫。

（清）龍文彬《明會要》卷三一《職官三・吏部尚書侍郎》　是月，以詹同為吏部尚書，諭之曰：吏部者，衡鑑之司。鑑明，則物之妍媸無所逃，衡平，則物之輕重得其當。蓋政事得失在庶官，任官賢否由吏部。任得其人，則政理民安；非其人，則瘝官曠職。卿等居持衡、秉鑑之任，宜存公平，以辨賢否。毋但碌碌充位而已。

（清）龍文彬《明會要》卷三三《職官五・諫諍》　景泰四年，御史左鼎跪言：自衞拉特變作，於今又五年矣。貂蟬盈座，悉屬公侯。鞍馬塞途，莫非將帥。民財歲耗，國帑日虛。以天下之大，土地甲兵之衆，曾不能振揚威武，則軍政未立也。昔太祖定律令，至太宗，暫許有罪者贖，蓋權宜也。乃法吏拘牽，沿為成例，官吏受枉法財，悉得減贖。骫骳如此，復何顧憚哉？國初建官有常，近始因事增設。主事每司二人，今有增至十人者矣。御史六十人，今則百餘人矣。甚至一部有兩尚書，侍郎亦倍常額，都御史以數十計，此京官之冗也。外則增設撫民管屯官，如：河南參議，益二而為四；僉事，益三而為七；此外官之冗也。天下布、按二司各十餘人，乃歲遣御史巡視，復遣大臣巡撫鎮守。今之巡撫鎮守，卽曩之方面御史也。為方面御史，則合衆人之長而不足。為巡撫鎮守，則任一人之智而有餘。有是理耶？至御史遷轉太驟，當以六年為率，令其通達政事，然後可以治人。巡按所繫尤重，毋使初任之員漫然嘗試。其餘百執事亦宜慎擇而久任之。

（清）龍文彬《明會要》卷四八《選舉二・銓選》　成化三年，大學士商輅疏：臣見吏員考滿，冠帶聽選，有經十二三年未得除授者。中間多有衣食不給，借貸於人，將來授之以官，何以責其廉介弗至侵漁於下哉？又況累積愈多，聽選愈久，數年之後，宂濫之弊有不可言。當道慮其宂濫也，於是多方裁損。授職之後，曾未幾時，有以罷軟而去者，有以老病而去者，混及他途，概加屏黜。彼貪酷不才聲跡顯著者，固無足怪矣。若乃中人以下之資，民情必久而始熟，政務必久而始諳，雖欲假以歲月，勉圖後效，不可得矣。夫欲流之清，必先濬其源。慮官之多，而不慎選於出身之際，徒裁損於任事之後，非良法也。乞敕該部，今後吏員考滿，仍照宣德、正統年間事例而行，則賢否不混而宂濫可革。《明臣奏議》

（清）鄂爾泰等《世宗憲皇帝硃批諭旨》卷一二六之二一《硃批田文鏡奏摺》 雍正八年六月二十二日，河東總督臣田文鏡謹奏，為奏明事。竊惟學政一官，宣揚風化，振拔人才，職守最為清要，必得矢公矢慎，衡校嚴明，俾鑽營倖進之徒，無以施技逞姦，則內外肅清，諸弊可杜。

《清史列傳》卷四一《大臣傳續編六・湯金釗》 〔嘉慶〕二十四年，回京，仍在上書房行走。二十五年九月，調吏部右侍郎。十二月，充經筵講官。時吏部尚書英和以各省府、州、縣養廉不敷辦公，取給陋規，日益加增，奏請查明分別應存應革，定以限制。命下各督撫體察情形議奏，兩江總督孫玉庭、四川總督蔣攸銛、禮部尚書汪廷珍、山西學政陳官俊先後奏寢其事。金釗疏言：陋規皆出於民，地方官未敢公然苛索者，恐上知之而治以罪也。今若明定章程，即爲例所應得，勢必明目張膽，求多於額例之外，雖有嚴旨，不能禁矣。況名目碎雜，各處不同，逐一清查，難得真確，易滋紛擾。無論不當明立章程，亦不能妥立章程也。吏治貴在得人，得其人雖取於民而民愛戴之，不害其爲清；非其人雖不取於民而民嫉讐之，何論其爲清。有治人無治法，惟在各督撫舉錯公明，而非區區立法所能限制。奏入，諭曰：昨已降旨停止清查陋規矣。幸朝有諍臣，連章入告，使朕胸中黑白分明，而又無傷於政體，朕不勝欣悅之至！湯金釗著交部議敘。

《清史列傳》卷五八《新辦大臣傳二・孫詒經》 〔光緒元年〕六月，奏云：講求吏治，先在大吏深知屬吏之賢否。今保舉之多，捐納之廣，品流稍雜，人數實繁，旅見衙參，何從精覈？擬請敕下各直省督、撫、藩、臬，每日於知府以下至州縣各員，按班接見十人或八人，分爲兩班，或隨舉一事，或隨引一案，反覆討論，並將日行公事，命擬批四五件，則其人之德性才具，已可略知梗概，互相印證，則進退自有權衡，而庸材不敢存倖進之心矣。至於民心之向背，視乎州縣之賢良，莫大乎爲民興利除弊，擬請敕下各督撫通飭州縣，將地方實在利弊情形，詳細稟報，何者有便於民，應如何辦理；何者不便於民，應如何裁革。縷晰條分，稟商核辦。該督撫謹將皇太后、皇上休養元氣、愛惜百姓之意，明白宣示；並許該處老成碩彥，凡有本地應興之利、應除之弊，隨時具呈州縣官，以備採納。至如何興教化，清獄訟，防盜賊，懲吏胥，飭各州縣認真講求，毋得視爲具文。該管道府本有考覈之責，諭令隨時訪察各州縣果能實心實力與否，如有意存袒護，不肖州縣被劾，道府一併議處。至州縣之賢者，尤必以久於其任爲貴。各省州縣缺肥瘠不同，其瘠者賠累太重，每太息於廉吏之不可爲。查從前撫臣董教增曾奏准酌提優缺州縣之羨餘，以補苦缺之不足。擬請敕下各督撫妥爲籌畫，則調劑之説毋庸，而缺之瘠者亦得盡心民事。該督撫於州縣之賢者，隨時入告，以慰朝廷望治之殷；其不賢者，必深味乎一家哭何如一路哭之義，參劾從嚴，毋得姑息不肖，以養癰貽患。如此則吏治清而民心無不悅服矣。

《皇朝文獻通考》卷五五《選舉考九・舉官》 十一年，奉諭旨，朝廷設內外諸司，所以代天工理庶務，無論文武衙門大小官員各有責任。聞官多缺員，皆因吏胥作姦，朦混沉壓，上下其手，竊弄事權，求索賄賂。吏胥之弊，司官不舉；司官之弊，堂官不察。因循延緩，日復一日，以致弊竇叢生，甚至有頻年困頓流落旅邸不得一官者。人才淹抑，政事廢弛，皆此之故。今後爾等兩部務須正己率屬，剔弊釐姦，各該司官務洗心滌慮，奉公守法，毋得縱役夤緣，仍蹈前弊，以取罪戾。滿漢各官當互相砥礪，勉圖職業，將現在內外文武大小員缺作速詳察，盡行推補，務俾人才効用，政事修舉，稱朕承天愛民至意。

《皇朝文獻通考》卷六〇《選舉考十四・考課》 八年，奉諭旨，朕愛惜人才，不忍聽其限於考成，遂致放廢。而外任各官案件繁多，往往易罹条罰，是以數年來因公詿誤之員，例應降革者多於覆本之內降旨令該上司出具考語送部引見，若其才具，稍有可用，必再試以職任而成全之。雖片善寸長，亦不肯輕棄也。今思在京部院司官及旗員等，雖条罰之案不多，亦有因公詿誤者，所當一體加恩予以贖過自新之路。嗣後在京文武各官有因公詿誤，至于降革，而任内無錢糧不清及治罪之案者，准照外負之例令該堂官該旗大臣出具考語奏聞，帶領引見，或將該負仍留原任，或另行試用，或照例降革。候朕降旨定奪。

（清）樊增祥《樊山政書》卷五《批山陽縣劉令稟》　大凡判斷婚姻案件，以保全婦女之節為主。世稱州縣官為民之父母，世間有女者願其從一而終乎，抑願其一嫁再嫁乎？劉賡年判斷此案，於葛石氏已適葛成松一年以後，突然斷歸原聘之陳德林。石氏甫一歲而再婚，其子剛彌月而失母，有是非惻隱之心者固如是乎？幸賴張護牧斟酌情理，石氏幸免失節，而幼子亦不致絶乳，原聘財禮由陳姓收還另娶，可謂犁然有當於人心矣。而該令之荒謬糊塗，相形益見，本應撤任示警，從寬詳記三大過，聊示薄懲。該令奉批以後，不自咎責，而反上此自相矛盾之稟，悻悻求勝，實屬萬分糊塗。查張護牧前次録詳據劉賡年申稱，葛石氏面許陳維清之子為婚，交財禮錢十六串。二十一年，維清家遷居鄜州，數年罕通音問。二十七年，石明順以女年大，又值年荒，遂另給葛成松為妻，生有一子，今甫數月。陳維清回家控告，訊悉前情，本擬斷歸後夫。因維清父子不遵，是以照例斷歸前夫，幼子仍歸後夫等語，此賡年申州之詞也。及此次來稟，則稱維清於二十四年挈眷往鄜，與原申二十一年之説不符；又稱二十六年維清來接石氏，明順以路遠推緩，與原申數年罕通音問之説不符；原申謂石陳搆訟在葛石氏生子數月以後，此稟又稱該令初訊石氏，尚未生子，六月再訊，乃始生子月餘；原申謂維清父子不遵，故將石氏斷給，此稟又謂初訊時其子並未到案，種種矛盾，無非遂過飾非。查該令曩被告訐，前護憲李即欲撤參，賴尹牧緩頰而止。本司以為初入仕途，雖或公事未諳，未必不堪造就，前次記過，亦欲生其愧厲，勉為循良。今閲此稟，不惟糊塗，而且傲僻自是。其對上司且毫無愧畏，對下民當如何暴横？似此劣員，實屬不屑教誨。候即日移請藩司會詳撤任，應否歸入年終甄别之處，仍候撫憲主裁。吾陝官場風氣謹畏居多，如賡年之無才無識而猶怙過不悛，斷不可姑容者也。除牌示外，仰商州尹牧轉飭知照。繳。

《盛京滿文檔案中的律令・天聰九年》　二月壬午朔，汗曰：滿、漢、蒙古諸臣，凡見有知識堪用者，即行薦舉。所舉之人，無論舊歸新附，有任無任，但有居心公正、克勝任使者，即呈送吏部。有通曉文藝、立志公誠、足備任使者，即呈送禮部。該部貝勒奏聞，我將量才録用。其才全德備之人，實不易得。但能公忠任事者，亦善哉。

雜録

（宋）劉恕《資治通鑑外紀》卷七《周紀五・景王》　晏平仲治東阿，三年，齊景公召而數之曰：子治而亂，將加大誅。晏子曰：臣請改道易行，三年不治，臣當死之。明年上計，公曰：善矣。晏子曰：臣前之治東阿，舉儉罰偷惰，民惡之；決獄不畏彊貴，彊貴惡之；事貴人不能過禮，貴人惡之。屬託不行，貨賂不至，陂池之魚，以利貧民，君以為罪。後日之治，皆反於於前，民饑過半矣，願乞骸骨，避賢者路。公謝之曰：子彊為我治東阿，寡人無復與焉。

（漢）衛宏《漢官舊儀》卷上　官事至重，古法雖聖猶試，故令丞相設四科之辟，以博選異德名士，稱才量能，不宜者還故官。第一科曰德行高妙，志節清白。二科曰學通行修，經中博士。三科曰明曉法令，足以決疑，能案章覆問，文中御史。四科曰剛毅多畧，遭事不惑，明足以照姦，勇足以決斷，才任三輔劇令。按：《藝文類聚》引此文，輔下有劇字。皆試以能，信然後官之。第一科補西曹南閤祭酒，二科補議曹，三科補四辭八奏，四科補賊決。其以詔使案事御史為駕一封，行赦令駕二封，皆特自奏事。各以所職劾中二千石以下。選中二十書佐試補令史，令史皆斗食，遷補御史令史。其欲以秩留者，許之。歲舉秀才一人，廉吏六人。

《三國志》卷一《魏志・武帝紀》〔裴松之注〕《魏書》載庚申令曰：議者或以軍吏雖有功能，德行不足堪任郡國之選，所謂可與適道，未可與權。管仲曰：使賢者食於能則上尊，鬬士食於功則卒輕于死，二者設於國則天下治。未聞無能之人，不鬬之士，並受禄賞，而可以立功興國者也。故明君不官無功之臣，不賞不戰之士；治平尚德行，有事賞功能。論者之言，一似管窺虎歟！

《魏書》卷四《太武帝紀》　先是，辟召賢良，而州郡多逼遣之。詔曰：朕除偽平暴，征討累年，思得英賢，緝熙治道，故詔州郡搜揚隱逸，進舉賢俊。古之君子，養志衡門，德成業就，才爲世使。或雍容雅步，三命而後至；或棲棲遑遑，負鼎而自達。雖徇尚不同，濟時一也。諸召人皆當以禮申諭，任其進退，何逼遣之有也！此刺史、守宰宣揚失旨，豈復光益，乃所以彰朕不德。自今以後，各令鄉閭推舉，守宰但宣朕虛心求賢之意。既至，當待以不次之舉，隨才文武，任之政事。其明宣敕，咸使聞知。

《魏書》卷一五《昭成子孫傳・常山王》 肅宗初，徵拜尚書左僕射，詔攝吏部選事。上疏曰：臣聞治人之本，實委牧守之官。得其才則政平物理，失其人則訟興怨結。自非察訪善惡，明加貶賞，將何以黜彼貪怠，陟此清勤也。竊以大使巡省，必廣迎送之費；御史馳糾，頗回威濫之刑。且暫爾往還，理不委悉，縱有簡舉，良未平當。愚謂宜令三司、八座、侍中、黄門，各布耳目，外訪州鎮牧將治人，守令能不。若德教有方，清白獨著，宜以名聞，即加褒陟。若治績無効，貪暴遠聞，亦便示牒，登加貶退。如此則不出庭戶，坐知四方，端委垂拱，明賞審罰矣。又表以御史之職，鷹鸇是任，必逞爪牙，有所噬搏。若選後生年少、血氣方剛者，恐其輕肆勁直，傷物處廣。愚謂宜簡宿官經事、忠良平慎者爲之。詔付外，依此施行。

《舊唐書》卷四四《職官志三》 京兆、河南、太原牧及都督、刺史掌清肅邦畿，考覈官吏，宣布德化，撫和齊人，勸課農桑，敦敷五教。每歲一巡屬縣，觀風俗，問百年，録囚徒，恤鰥寡，閱丁口，務知百姓之疾苦。部内有篤學異能聞於鄉閭者，舉而進之。有不孝悌，悖禮亂常，不率法令者，糾而繩之。其吏在官公廉正己，清直守節者，必謹而察之。其貪穢諂諛，求名徇私者，亦謹而察之。皆附於考課，以爲褒貶。若善惡殊尤者，隨即奏聞。若獄訟疑議，兵甲興造便宜，符瑞尤異，亦以上聞。

《舊唐書》卷九八《盧懷慎傳》 臣聞孔子曰：爲邦百年，可以勝殘去殺。又曰：苟有用我者，期月而已，三年有成。故《書》云三載考績，校其功也。昔子產相鄭，更法令，布刑書，一年而人歌之曰：取我田疇而伍之，取我衣冠而褚之，孰殺子產，吾其與之！三年而人又歌之曰：我有子弟，子產教之，我有田疇，子產殖之，子產而死，誰其嗣之？終有遺愛，流芳史策。子產，賢者也，其爲政尚累年而化成，况其常材乎。

臣竊見比來州牧、上佐及兩畿縣令，下車布政，罕終四考。在任多者一二年，少者三五月，遽即遷除，不論課最。或有歷時未改，便傾耳而聽，企踵而望，争求冒進，不顧廉恥，亦何暇爲陛下宣風布化，求瘼恤人哉！禮義未能興行，風俗未能齊一，戶口所以流散，倉庫所以空虛，百姓凋弊，日更滋甚，職爲此也。何則？人知吏之不久，則不從其教；吏知遷之不遥，又不盡其力，偷安爵禄，但養資望。陛下雖勤勞之懷，宵衣旰食，然僥倖路啓，上下相蒙，共爲苟且而已，寧盡至公乎？此國之病也。昔賈誼所謂蹠盭之病，乃小小者耳。此弊久而不革，臣恐爲膏肓，雖和、緩不能療，豈蹠盭而已哉！

漢宣帝綜覈名實，興理致化。黄霸，良二千石也，就增秩賜金，以旌其能，而不遷於潁川，前代之美政也。又古之爲吏者長子孫，倉氏、庚氏，即其後也。《書》云：事不師古，以克永代，匪説攸聞。臣望請諸州都督、刺史、上佐及兩畿縣令等，在任未經四考已上，不許遷除。察其課効尤異者，或錫以車裘，或就加禄秩，或降使臨問，并璽書慰勉。若公卿有闕，則擢以勸能。其政績無聞及犯貪暴者，免歸田里。以明聖朝賞罰之信，則萬方之人，一變于道矣。致此之美，革彼之弊，易于反掌，陛下何惜而不行哉！

（唐）王方慶《魏鄭公諫録》卷五《房玄齡考績不平》 房玄齡、王珪掌内外考績，治書御史權萬紀奏其不平，追案勘問，王珪不伏，太宗付侯君集案之。公奏稱：無阿私必不可推鞫。太宗大怒，令君集勘當。未奏，太宗問君集，君集稱：臣謂魏徵、玄齡、王珪、挾私濫考，何得阿黨固執，言不可推。徵答云：玄齡、王珪，俱是國家重臣，並以忠正任使，其所考者既多，或一兩人不當，衹是見有左右，終非心有阿私。若即推繩，不相信任，此事便不可信，何以堪當重委？假令錯謬有實，未足虧損國家，窮鞠若虛，失委大臣之體。且萬紀每日常在考堂，必有乖違，足得論正，當時鑒見，一無陳説，身不得考，方始糾彈，徒發在上嗔怒，非是誠心為國。無益於上，有損於下，所惜傷於政體，不敢有所阿黨。遂釋不問。

（宋）王溥《唐會要》卷六八《都督府》 宋務光議曰：漢氏懲周之

弊，矯秦之失，初置剌史十三州，任用得賢，海内稱治。國家下明詔，發德音，憫黎元，修古法，而拘文牽俗之黨，諠然以爲非，期破其議。或云權歸於下，或以授非其人。遂令方牧拜而未行，朝典疑而將寢，不其惜歟。且授非其才，或可詳擇，權歸於下，未之前聞。且率計天下，三百餘州矣，今補二十四都督，物議以爲未可。則良二千石安得三百餘人耶？苟不賢，則百姓怨而和氣傷。比者雨旱不調，未必不由此。可建之理一也。巡察使人，數年一出，馳軒按俗，往復如飛。夫隱慝潛過，朋執不能知矣。況使者車不停軌，而能郡縣擁訟遏獄乎？設有舉按，多不周悉，使車朝返，姦吏夕生，而訟者亦不全其軀命矣。都督則不然，久於其職，無得苟且，歲時巡按，物無竄情。行者無遠詣之勞，貪者有終身之懼。方伯以委之，御史以按之，至愚之人，猶知自勉，況朝廷妙選乎！可建之理二也。秦人以役煩流禍，豈監郡之過耶？漢室以外氏專寵，豈剌舉之罪耶？古有明徵，事無深惑。可建之理三也。今長史貪冒，百姓流亡，職所以安之者衆矣，而多未安。近時之要，在興古制，此又持疑，蒼生何望？所願率而行之，以俟成績。太子右庶子李景伯、中書舍人盧補等議曰：牧伯之命，非不古也。洎秦罷侯置守，方制萬里，以綏兆民，令出王廷，威行郡國。至漢初置剌史，秩六百石。掌察墨綬已下，其黄綬已上，則不察焉。所以全長吏之威，行不擾之政。至漢武帝時，改置州牧，秩二千石，遂以秩高自守，而功業不著。於是罷州牧，又置剌史。及東漢之時，復置州牧。王綱不振，寖以凌夷，則事之汙隆，詳於典策。今天下諸州，分隸都督，操糾舉之柄，典刑賞之科。若委非其人，授受有失，權柄既重，疵釁或生。豈所以强榦弱枝，經邦軌物者也。其所置都督，事恐不便。今巡察御史，秩卑任重，則漢代剌史之流也。委以時巡，姦宄自禁。伏願慎考古道，率由舊章，法乾元之簡易，守前王之令典。俾夫化洽昇平，務依貞觀制度矣。吏部員外郎崔沚議曰：爲政之道，尚簡也，治人之道，尚寬也。寬則得衆，簡卽易行，扇之以淳風，施之以惠化，務崇清淨之教，不貴滋章之法。且賢良者，在君用與不用；邦國者，在君治與不治。豈宜察察而勞司舉，孜孜而用督責者哉！老子曰：治大國者，若烹小鮮。誠哉是言，其可不信。往者，周武之有天下，封建子弟，以爲藩翰。當其初也，親以同憂，有磐石之固。及其末也，疎而相討，成逆命之國。强侵弱，衆暴寡，或諸侯犯境，或天子蒙塵，王室凌夷，終於傾覆者，實由枝繁必折，尾大不掉之所致也。前漢時，吴、楚大族，山東諸豪，並令遷徙長安，充奉陵邑。葢以虚外實内，强榦弱枝之計也。則天分割雍州爲四，益州爲三，所以減削其權，不使專統。葢以防微慮遠，杜邪塞姦之策也。何則？惟名與器，不可以假人。寧容倒持太阿，而授其柄。雖初委任得士，政頗有方。後恐未必皆賢，弊從此起矣。貞觀故事，足可依行。棄而不遵，臣所未取。

《宋史》卷一五五《選舉志一》 時范仲淹參知政事，意欲復古勸學，數言興學校，本行實。詔近臣議，於是宋祁等奏：教不本于學校，士不察于鄉里，則不能覈名實。有司束以聲病，學者專於記誦，則不足盡人材。參考衆説，擇其便于今者，莫若使士皆土著，而教之于學校，然後州縣察其履行，則學者修飭矣。

又： 會張方平知貢舉，言：文章之變與政通。今設科選才，專取辭藝，士惟道義積于中，英華發于外，然則以文取士，所以叩諸外而質其中之藴也。言而不度，則何觀焉。邇來文格日失其舊，各出新意，相勝爲奇。朝廷惡其然，屢下詔書戒飭，而學者樂于放逸，罕能自還。今賦或八百字，論或千餘字，策或置所問而妄肆胸臆，漫陳他事，驅扇浮薄，重虧雅俗，豈取賢斂才備治具之意邪？其增習新體，澶漫不合程式，悉已考落，請申前詔，揭而示之。

初，禮部奏名，以四百名爲限，又諸科雜問大義，僥倖之人，悉以爲不便。知制誥王珪奏曰：唐自貞觀訖開元，文章最盛，較藝者歲千餘人，而所收無幾。咸亨、上元增其數，亦不及百人。國初取士，大抵唐制，逮興國中，貢舉之路寖廣，無有定數。比年官吏猥衆，故近詔限四百人，以懲其弊。且進士、明經先經義而後試策，三試皆通爲中第，大略與進士等，而諸科既不問經義，又無策試；止以誦數精粗爲中否，則其專固不達于理，安足以長民治事哉？前詔諸科終場問本經大義十道，《九經》、《五經》科止問義而不責記誦，皆以著于令。言者以爲難於遽更，而圖安于弊也。惟陛下申敕有司，固守是法，毋輕易焉。

又： 王洙侍邇英閣講《周禮》，至三年大比，大考州里，以贊鄉大夫廢興。上曰：古者選士如此，今率四五歲一下詔，故士有抑而不得進者，孰若裁其數而屢舉也。下有司議，咸請：易以間歲之法，則無滯才之歎。薦舉數既減半，主司易以詳較，得士必精。且人少則有司易於檢察，僞濫自不能容，使寒苦藝學之人得進。於是下詔：間歲貢舉，進士、諸科悉解舊額之半。增設明經，試法：凡明兩經或三經、五經，各問大義十條，兩經通八，三經通六，五經通五爲合格，兼以《論語》、《孝經》，策時務三條，出身與進士等。而罷説書舉。

又： 既而中書門下又言：古之取士，皆本學校，道德一於上，習俗成於下，其人才皆足以有爲於世。今欲追復古制，則患於無漸。宜先除去聲病偶對之文，使學者得專意經術，以俟朝廷興建學校，然後講求三代所以教育選舉之法，施於天下，則庶幾可以復古矣。

又： 元祐初，知貢舉蘇軾、孔文仲言：每一試，進士、諸科及特奏名約八九百人。舊制，禮部已奏名，至御試而黜者甚多。嘉祐始盡賜出身，近雜犯亦免黜落，皆非祖宗本意。進士升甲，本爲南省第一人，唱名近下，方特升之，皆出一時聖斷。今禮部十人以上，別試、國子、開封解試、武舉第一人，經明行修進士及該特奏而預正奏者，定著于令，遞升一甲。則是法在有司，恩不歸於人主，甚無謂也。今特奏者約已及四百五十人，又許例外遞減一舉，則當復增數百人。此曹垂老無他望，布在州縣，惟務黷貨以爲歸計。前後恩科命官，幾千人矣，何有一人能自奮厲，有聞于時？而殘民敗官者，不可勝數。以此知其無益有損。議者不過謂宜廣恩澤，不知吏部以有限之官待無窮之吏，戶部以有限之財禄無用之人，而所至州縣，舉罹其害。乃即位之初，有此過舉，謂之恩澤，非臣所識也。願斷自聖意，止用前命，仍詔考官量取一二十人，誠有學問，即許出官。其餘皆補文學、長史之類，不理選限，免使積弊增重不已。

又： 左僕射司馬光曰：取士之道，當先德行，後文學；就文學言之，經術又當先於詞采。神宗專用經義、論策取士，此乃復先王令典，百王不易之法。但王安石不當以一家私學，令天下學官講解。至於律令，皆當官所須，使爲士者果能知道義，自與法律冥合；何必置明法一科，習爲刻薄，非所以長育人材、敦厚風俗也。

又： 光又請立經明行修科，歲委升朝文臣各舉所知，以勉勵天下，使敦士行，以示不專取文學之意。若所舉人違犯名教及贓私罪，必坐舉主，毋有所赦，則自不敢妄舉。而士之居鄉、居家者，立身行己，不敢不謹，惟懼玷缺外聞。所謂不言之教，不肅而成，不待學官日訓月察，立賞告訐，而士行自美矣。

《宋史》卷一五六《選舉志二》 制舉無常科，所以待天下之才傑，天子每親策之。然宋之得才，多由進士，而以是科應詔者少。惟召試館職及後來博學宏詞，而得忠鯁文學之士。或起之山林，或取之朝著，召之州縣，多至大用焉。太祖始置賢良方正能直言極諫、經學優深可爲師法、詳閑吏理達於教化凡三科，不限前資，見任職官，黃衣草澤，悉許應詔，對策三千言，詞理俱優則中選。

又： 歐陽脩曰：近年進賢路狹，往時入館有三路，今塞其二矣。進士高科，一路也；大臣薦舉，一路也；因差遣例除，一路也。往年進士五人以上皆得試，第一人及第不十年有至輔相者，今第一人兩任方得試，而第二人以下不復試，是高科路塞矣。往時大臣薦舉即召試，今只令上簿候缺人乃試，是薦舉路塞矣。惟有因差遣例除者，半是年勞老病之人。此臣所謂薦舉路狹也。

又： 右正言劉安世建言：祖宗之待館職也，儲之英傑之地以飭其名節，觀以古今之書而開益其聰明，稍優其廩，不責以吏事，所以滋長德器，養成名卿賢相也。近歲其選寖輕，或緣世賞，或以軍功，或酬聚斂之能，或徇權貴之薦。未嘗較試，遂獲貼職，多開倖門，恐非祖宗德意。望明詔執政，詳求文學行誼，審其果可長育，然後召試，非試毋得輒命，庶名器重而賢能進。

《宋史》卷一五八《選舉志四》 司諫蘇轍議曰：祖宗舊法，凡任子，年及二十五方許出官，進士、諸科，初命及已任而應守選者，非逢恩不得放選。先朝患官吏不習律令，欲誘之讀法，乃減任子出官年數，去守選之格，概令試法，通者隨得注官。自是天下爭誦律令，於事不爲無補。然人人習法，則試無不中，故蔭補者例減五年，而選人無復選限。吏部員今年已用後四年夏秋闕，官冗至此亦極矣。宜追復祖宗守選舊法，而選滿之日，兼行試法之科，此亦今日之便也。

《宋史》卷一六〇《選舉志六》 英宗時，御史中丞賈黯又言：今京朝官至卿、監，凡二千八百餘員，而吏部奏舉磨勘選人，未引見者至二百五十餘人。且以先朝事較之：方天聖中，法尚簡，選人以四考改官，而諸路使者薦部吏，未有限數；而在京臺閣及常參官嘗任知州、通判者，雖非部吏皆得薦。時磨勘改官者，歲才數十人，後資考頗增，而知州薦吏，視屬邑多少裁定其數，常參官不許薦士。其條約漸繁，而改官者固已衆矣，然引對猶未有待次者也。皇祐中，始限監司奏舉之數，其法益密，而磨勘待次者已不減六七十人。皇祐及今纔十年耳，而猥多至于三倍。向也，法疏而其數省；今也，法密而其數增，此何故哉？正在薦吏者歲限定員，務充數而已。如郡守歲許薦五人，而歲終不滿其數，則人人以爲遺己。當舉者避謗畏譏，欲止不敢，此薦者所以多，而真才實廉未免恩於無能也。宜明詔天下，使有人則薦，不必滿所限之數。

又： 及司馬光爲相，奏曰：爲政得人則治。然人之才，或長於此而短於彼，雖皋、夔、稷、契，各守一官，中人安可求備？故孔門以四科論士，漢室以數路得人。若指瑕掩善，則朝無可用之人；苟隨器授任，則世無可棄之士。臣備位宰相，職當選官，而識短見狹，士有恬退滯淹，或孤寒遺逸，豈能周知？若專引知識，則嫌於私；若止循資序，未必皆才。莫若使有位達官，各舉所知，然後克叶至公，野無遺賢矣。

欲乞朝廷設十科舉士：一曰行義純固可爲師表科，有官、無官人，皆可舉。二曰節操方正可備獻納科，舉有官人。三曰智勇過人可備將帥科，舉文武有官人。四曰公正聰明可備監司科，舉知州以上資序。五曰經術精通可備講讀科，有官、無官人，皆可舉。六曰學問該博可備顧問科，同上。七曰文章典麗可備著述科，同上。八曰善聽獄訟盡公得實科，舉有官人。九曰善治財賦公私俱便科，舉有官人。十曰練習法令能斷請讞科。同上。應職事官自尚書至給舍、諫議，寄祿官自開府儀同三司至太中大夫，職自觀文殿大學士至待制，每歲須於十科內舉三人，仍具狀保任，中書置籍記之。異時有事須材，即執政案籍視其所嘗被舉科格，隨事試之，有勞，又著之籍。內外官闕，取嘗試有效者隨科授職。所賜告命，仍備舉官姓名，其人任官無狀，坐以繆舉之罪。所貴人人重慎，所舉得才。

光又言：朝廷執政惟八九人，若非交舊，無以知其行能。不惟涉徇私之嫌，兼所取至狹，豈足以盡天下賢才？若採訪毀譽，則情僞萬端。與其聽遊談之言，曷若使之結罪保舉？故臣奏設十科以舉士，其公正聰明可備監司，誠知請屬挾私所不能無，但有不如所舉，譴責無所寬宥，則不敢妄舉矣。詔皆從之。

又： 元祐初，御史中丞劉摯言：近者，朝廷主察名實，行綜覈之政，下乃承之以刻；主行教化，擴寬洪之澤，而下乃爲苟簡。先決此追罪監司數人，爲其掊斂害民耳；而昧者矯枉過正，乃欲以緩縱委靡爲安靜。請申立監司考績之政，以常賦登耗、郡縣勤惰、刑獄當否、民俗休戚爲之殿最，歲終用此以誅賞。文彥博又奏：《唐六典》所載，以德行、才用、勞效三類察在選之士，參辨能否。今之選格特多，舉主、有軍功，斯爲上矣。然舉主可求，軍功或妄，何可盡據？請委吏依倣三類，第其才德功效，送中書門下覆驗，取其應選者，引對而去留之。

《宋史》卷一七〇《職官志十》 皇祐中，知諫院包拯、吳奎亦言：願令御史臺檢察年七十已上，移文趣其請老不即自陳者，直除致仕。朝廷未行。奎復言：國家謹禮法以維君子，明威罰以御小人。君子所顧者，禮法也；小人所畏者，威罰也。臣文武二選爲士大夫，是皆君子之地也，儻不以禮法待之，則是廢名器而輕爵祿。七十致仕，學者所知，而臣下引年自陳，分之常也。人君好賢樂善而留之，仁之至也。自三代以來，用此以塞貪墨，聳廉隅，近者句希仲、陸軫等，皆以年高特與分司，初欲風動羣臣，而在位殊未有引去者，是臣言未效也。請詳前奏施行。

（宋）李燾《續資治通鑑長編》卷一三五《宋仁宗慶曆二年》 舊制，諸州薦貢者，既試禮部，則引試崇政殿。而知制誥富弼言曰：國家沿隋、唐，設進士科。自咸平、景德已來，為法尤密，踰於前代，而得人之道，或有未至。夫省試有三長，殿試有三短。主文衡者四五人，皆一時詞學之選，又選命館閣才臣數人，以助考校，復有監守、巡察、糊名、謄録，上下相警，不容毫氂之私，一長也。引試三日，詩、賦所以見才藝，策、論所以觀才識，四方之士得以盡其所蘊，二長也。貢院凡兩月餘，研究差次，可以窮功悉力，三長也。殿試考官泛取而不擇，一短也。一日試詩、賦、論三篇，不能盡人之才，二短也。考校不過十日，不暇研究差次，三短也。若曰禮部放牓，則權歸有司，臨軒唱第，則恩出主上，則是忘取士之本，而務收恩之末也。且歷代取士，悉委有司，獨後漢文吏課牋奏，副之端門，亦未聞天子親試也。至唐武后載初之年，始有殿試，此何足法哉！必慮恩歸有司，則宜使禮部次高下以奏，而引諸殿庭，唱名賜第，則與殿試無所異矣。

（宋）李燾《續資治通鑑長編》卷一四五《宋仁宗慶曆三年》 先是，諫官歐陽修言：臣伏見御史臺闕官，近制令兩制并中丞輪次舉人，遂致所舉多非其才，不能稱職，如蘇紳昨舉馬端，卻須朝廷別有行遣。臣謂今兩制之中，姦邪者未能盡去，若不更近制，則輪次所及，勢須舉人。近聞梁適舉王礪、燕度充臺官，其人以適在姦邪之目，各懷愧醜，懼其汙染，風聞皆欲不就。以此言之，舉官當先擇舉主。臣欲乞今後只令中丞舉人，或特選舉主。仍見朝班中雖有好人，多以資考未及，遂致所舉非人，今乞不限資考，惟擇才堪者為之。況臺中自有裏行，以待資淺之人。仍乞重定舉官之法，有不稱職者，連坐舉主，重為約束，以防偽濫，庶幾稱職，可振綱紀。

（宋）李燾《續資治通鑑長編》卷二一〇《宋神宗熙寧三年》 曾不數月，今又以絳參預政事，則是中書選任大臣，皆以利進，自古至治之朝，未有此事也。臣欲乞罷絳參知政事。今後中書選任大臣，必求道德經術之賢以處之，而不得以利進。如陛下不欲追罷已行之命，即乞將制置條例司與青苗補助之法只歸三司，及責之守令相度施行，庶不害于王政，而足以全大臣之節矣。

（宋）李燾《續資治通鑑長編》卷二三三《宋神宗熙寧五年》 詔：宗室非袒免親許應舉者，試策三道，論一道，或大經議十道。初試黜其不成文理者，餘令覆試。所取以五分為限，人數雖多，不得過五十人。累覆試不中，年長者當議量材録用。《新紀》書云宗室非袒免親應舉法，《舊紀》無此。

（宋）李燾《續資治通鑑長編》卷二三六《宋神宗熙寧五年》 監察御史蔡確言：朝廷患官冗而事不舉，其弊在於任官不考其能，故近者補京朝官、選人皆立試法，而獨未及使臣，則任官之弊未為盡革。伏望指揮樞密院詳議立法以聞。詔都承旨曾孝寬詳議試格具奏。

（宋）李燾《續資治通鑑長編》卷二五〇《宋神宗熙寧七年》 上因擇將帥之難，歎曰：薄言采芑，于彼新田。宣王能新美養育人才，遂可以征伐玁狁而蠻荆來威。今朝廷可謂所用非所養，所養非所用。卿等亦宜為朕養育實才，以當緩急之用。安石又言：今人材乏少，當由陛下是非、好惡、賞罰不明，人人偷惰取容，莫肯自盡故也。如趙子幾在河北未嘗按一人，獨程昉盡力，乃興數獄危之，昉終無一罪可劾，惟以壕寨取受杖罪收坐免勘。安有一年提舉四五處大役，乃以一壕寨取受杖罪收坐之理。子幾宣言陛下極稱其能效程昉。子幾向在府界，真能不畏強禦，修舉法令，陛下每以衆毀疑之，臣數辯其無罪，及使河北，更專按盡力之吏，以取悦流俗，陛下始極稱之。如此，即人臣何故不務為偷惰取容？上曰：朝廷獎用程昉如此，安得不盡力。內臣極有願為昉所為者，內臣得舉京官，祖宗以來未有。安石曰：昉以職事得舉京官，不知受賂否，若不受賂，但以要人營職故同罪，舉官不知於昉私家有何所利？若人人能為昉所為，陛下何不降出姓名代昉職事？上曰：只是修水利，又不似王繼恩平西川。安石曰：人材各有用，民功曰庸，乃先王所甚貴，何必能平西川然後能保。惜陛下長育人材如此，則人材乏少，臣何敢任其罪。陳瓘論已見六年九月二十八日。

（宋）李燾《續資治通鑑長編》卷三二七《宋神宗元豐五年》 蔡確既為右僕射且兼中書侍郎，欲以自大，乃議尚書省關移中書，當加上字以重之。王安禮爭曰：三省，天子攸司，政事所自出，禮宜均以一。確乃欲因人而為輕重，是法繇人變也，非所以敬國家。

（宋）李燾《續資治通鑑長編》卷三四五《宋神宗元豐七年》 涇原路經略司言：自今沿邊將官、城寨使臣坐事銜替者，乞再下本司察審，軍前得力人量事大小，於酬獎折除，或展年、降官，依舊在任。從之，詔吏部立法。

（宋）李燾《續資治通鑑長編》卷三八二《宋哲宗元祐元年》 秋七月丙辰朔，尚書省言：舊制：中外學官並試補。近詔尚書、侍郎、左右司郎中、學士、待制、兩省、御史臺官、國子司業各舉一員，宜罷試法。先是，王巖叟言：伏以砥名礪行，以待用於世者，士人之所自處也；養士人之節以成就其美，而風天下之俗者，朝廷之所以處士人也。臣竊見內自太學，外至諸郡學官之制，皆令就試。四方之士，區區於進卷，屑屑於程文，不憚奔馳之遠、留滯之久者，顧豈其心哉？禄仕迫之，有不得已耳。甚非所以重師道、崇儒風，惜士人之節也。禮曰：道尊然後民知敬學。孟子曰：人之患，在好為人師。今立法如此，使人人自求為師，欲天下之民知敬學，恐不可得。臣愚伏望聖慈令罷此法，一用應詔薦舉之士為中外學官，以重教導之選，為天下勸。貼黄稱：如蒙特賜罷試用舉，乞歲令近臣并諸路監司各舉所知，朝廷採察而用之。其武學學官，亦乞依此罷試用舉。於是從巖叟之言也。《舊録》云，時法無巨細悉罷。《新録》辨曰：前此詔舉學官，今所舉人材既衆，自不須别行選試。乃曰法無巨細悉罷，非也。

（宋）李燾《續資治通鑑長編》卷三八五《宋哲宗元祐元年》 〔蘇〕轍又言：伏見舊法，縣尉皆用選人，自近歲民貧多盜，言事者不知救之於本，遂請重法地分縣尉並用武夫。自改法以來，未聞盜賊為之衰少，而武夫貪暴不畏條法，侵漁弓手，先失爪牙之心；騷擾鄉村，復為人民之患。臣竊惟捕盜之術，要在先得弓手之情，次獲鄉村之助。耳目即廣，網羅先具，稍知方略，易以成功。舊用選人，雖未能一一如此，而頗知畏法，則必愛之；使之出入民間，於勢為便，不必親習騎射，躬自格鬥，然後能獲賊也。今改用武夫，未必皆敢入賊，而不習法律，先已擾民。訪聞河北、京東、淮南等路，凡用武夫縣分，民甚患之。欲乞復令吏部，依舊只差選人。所貴吏民相安，不至驚擾。

（宋）李燾《續資治通鑑長編》卷四四八《宋哲宗元祐五年》 〔蘇〕轍又言：臣伏見唐制，御史屬官皆大夫、中丞自舉。及本朝舊法，亦皆丞、雜及兩制舉人。蓋以人主耳目之官，不欲令執政用其私人，以防壅蔽。近自元祐三年六月八日聖旨指揮，殿中侍御史、監察御史并用陞朝官通判資序實歷一年以上人。自是以來，雖時復令本臺及兩制舉官，而終無一人應格可用。何者？士自選人改官，經兩任知縣，一任通判，若稍有才名，多為朝廷擢用，其餘碌碌無取，難以復堪臺官。雖或間有沈淪未見知賞，然亦已少矣。今法限取此人，已傷苛細。而又緣此祖宗舉臺官舊法，久廢不用，而執政以意選用舊人之例，遂以成風。近日雖聖意開悟，復令臣等舉官，然弊法尚存，方人物衰少之時，實患難以應法。伏乞檢臣前奏，稍改近制，令臺官得舉陞朝第二任知縣及通判以上各半。若謂知縣資淺，乞依尚書侍郎例，許權監察御史。所貴稍存祖宗故事，不致執政自用臺官。雖方今君臣相信，法度可略，而朝廷紀綱，不可不經久遠。臣職在臺長，臺中典章，義當固守。

（清）徐乾學《資治通鑑後編》卷二《宋紀二》 罷常參官序遷法。舊制，皆以歲月序遷。帝謂宰相曰：是非循名責實之道，會監門衛將軍魏仁滌等治市征有羨利並詔增秩，自是不以序遷矣。

（清）徐乾學《資治通鑑後編》卷一一《宋紀一一》 丙辰，宋琪、柴禹錫免。時知廣州徐休復密奏，廣南轉運使王延範謀為不軌，且言其依附大臣，無敢搖動。帝將遣使按鞫，延範琪妻高氏疎屬也。會琪、禹錫入對，帝問延範使如人，琪未知其端，盛稱延範强明忠幹。禹錫亦以為言，帝意琪等交通，不欲暴其狀，止以琪詼諧無大臣體，禹錫不能輸誠奉公，故罷其政柄，琪守刑部尚書，禹錫左驍衛上將軍。因謂李昉等曰：朕於大臣，豈容易進退。琪為宰相，乃請居盧多遜舊第，不避惡名，與鍾離意何相遠耶。中書樞密，朝廷政令所出，治亂根本繫焉。當各竭公忠以副任用，人誰無姻故之情，苟才不足稱，不若遺之財帛耳。朕亦有舊人，若果無可取，未嘗假以名器也。卿等其戒之。

（清）徐乾學《資治通鑑後編》卷一七《宋紀一七》 吕中曰：國朝以宰相掌民，樞密掌兵，三司掌財，目為計相，其權至重。正使位亞執政，恩數與參樞同。副使位亞待制，廩禄與卿監同。太祖之時，既分三司，各制使矣，後又併三司為一使，又置三司總計使，以陳恕為之，分則出納移用，政令互出，動相違戾，合則錢穀繁劇，非一人所能總。然使三司得如陳晉公之通曉，則合而為一可也。否則不如分之，可以互相稽考，抑財利之職，必專其權，久其任而後可。司馬温公嘗論：先朝陳恕在三司十餘年，至今稱能治賦者，以恕為首，豈恕之才獨異於人哉！蓋得久於其職故也。

又： 戊子，詔參知政事與宰相分日知印押班，同列位塼，遇宰相使相視事，及議軍國大政，並得升都堂。從吕端之請也。先是趙普獨相，太祖特置參知政事以佐之，其後復有釐革。吕端初與寇準同列，及先任宰相，慮準不平，乃上言：臣兄餘慶任參知政事，日悉與宰相同，願復故事。帝特從其請，亦以慰準意云。

吕中曰：國初置參政，所以貳宰相也，然其初不使之押班知印者，所以正中書之權；其後復令同知印押班者，所以防中書之專。然為宰相者，必如吕端之待寇準；為參政者，必如王文正之在政府。每事必咨稟同列而後行，則有同舟共濟之義，推車叶力之風。若荆公為參政，則置中書條例，以奪宰相之權；為宰相則置中書檢正，以奪參政之職，何往而不為私哉！

（清）徐乾學《資治通鑑後編》卷二七《宋紀二七》 八月，帝欲擇官知審刑院，謂宰相曰：當須詳悉法令之人，王旦曰：今司法有人知院者，但能曉達事理，詳究物情，不必熟法令者。帝然之。

又： 呂中曰：分天下為郡縣，總郡縣為一道，而又總諸道於朝廷；委郡縣於守令，總守令於監司，而又察監司於近臣。此我朝内外之紀綱也。故欲擇守令必責之轉運，欲舉轉運必責之近臣，既嚴連坐之罰，又定舉官之賞，而失察者又有罪，賞罰行而紀綱正矣。然賞罰但行於已舉之後，舉官當擇於未舉之先，蓋惟正知正，惟邪知邪，善惡各以類。至此真宗所以先擇舉主也。

（清）徐乾學《資治通鑑後編》卷四八《宋紀四八》 左正言孫沔奏，南郊并逐年聖節，凡文資並許奏蔭子孫弟姪，畧無定數。若皇親后族多至一二十人，少不下五七人，不限才愚，盡居禄位，未離襁褓，已列簪紳，將國家有數之品名，給人臣無厭之私惠。故使父兄不敦教訓，子弟不修藝業，俾之從政，徒以害民。欲乞今後約束人數，定其久制，以為萬世之法。

（清）徐乾學《資治通鑑後編》卷八九《宋紀八九》 始，元豐所定吏額，主者苟悦羣吏，比舊額幾數倍。朝廷患之，命量事裁減。吏有白中孚者告蘇轍曰：吏額不難定也。昔流内銓今侍郎左選也，事煩莫過於此。昔銓吏止十數，今左選吏至數十，事不加舊而用吏數倍者，昔無重法重禄，吏通賕賂則不欲人多以分所入，故竭力辦事，勞而不避。今行重法，給重禄，賕賂比舊為少，則不忌人多，而幸於少事。此吏額多少之大要也。舊法以難易分七等，重者至一分輕者至一釐以下，積若干分為一人。今誠取逐司兩月事定其分數，則吏額多少之限，無所逃矣。轍以其言為然，乃具以白執政。

（清）徐乾學《資治通鑑後編》卷一一二《宋紀一一二》 己巳，帝謂大臣曰：今日安民之要，無過擇監司、郡守，其間或有不材之人，奈一方赤子何？當令侍從官舉可為監司郡守者，中書置籍，遇闕差填。帝又曰：謬吏之害民甚於贓吏，贓吏一身取錢耳，謬吏為州，則一州之胥吏皆取錢，為縣則一縣之胥吏皆取錢，其害民豈不甚於贓吏乎？秦檜曰：向令内外侍從舉知縣，而有互舉其子者，其子又皆貪汙。帝曰：侍從官，朕之所取信也，而其任私謾如此，朕當時不知，知則必竄之。

（清）徐乾學《資治通鑑後編》卷一一四《宋紀一一四》 先是，詔試進士，兼用經義詩賦。國子司業高閌言取士之法，國初循唐制用詩賦，神宗始以經術造士，遂罷詩賦，又慮不足以盡人材乃設詞學一科，試以雜文。帝曰：詩賦亦雜文也。閌曰取士以經義為主不過三場，後加詩賦為四場不能無礙。蓋太學之法旬有課，月一周之，月有試，季一周之，若加一場，則課試之法遂紊。自元祐以來，雖增為四場，終不可行者，蓋以此也。今欲以經義第一，詩賦第二，論策第三。帝可其奏。庚辰，閌具分三場，乞永為定式。

（清）徐乾學《資治通鑑後編》卷一四五《宋紀一四五》 中書舍人洪芹言：丁大全鬼蜮之資，穿窬之行，引用凶惡，陷害忠良，遏塞言路，濁亂朝綱，乞追官遠竄，以伸國法。御史朱貔孫等相繼論：大全奸回險狡，狠害貪殘，假陛下之刑威以箝天下之口，挾陛下之爵禄以籠天下之財饒。虎臣又論其絶言路，壞人才，竭民力，誤邊防四罪。癸未，詔大全落職致仕。

（宋）李心傳《建炎以來繫年要録》卷四六《紹興元年辛亥七月乙未朔之八月癸巳》 壬寅，申命有司討論濫賞，時范宗尹以上將行明堂故事。文武官遷秩且任子者衆，故舉行之。上覽條目曰：議得當否，朕不欲人以事，每議及上皇聖德。翰林學士汪藻嘗言：陛下詔有司立討論之目，凡不以道而補官遷秩者，皆論如律，天下孰不以爲宜。然此法尚行於吏部，而堂除之人，則一切置而不問，是使孤寒椎鈍者，獨廢其終身，凡稍黠而有援者，巧騰捷出於法度之外，而僥冒自如也。此豈聖朝行於天下畫一之公法乎！臣愚欲乞應今後堂除人，並先取會吏部，無有於礙討論事件，如涉討論，卽依條改正，會宗尹乞去位，事遂不行。

（宋）李心傳《建炎以來繫年要録》卷四八《紹興元年辛亥十月甲子朔之癸巳》 詔：自今諸郡守臣改移及罪罷者，並不俟新官，先次罷任。令轉運使選以次廉幹官，權行主管，其帥臣則令監司權攝，以言者奏罪罷之人無所顧忌，藉肆爲不法故也。

《金史》卷七三《守貞傳》 俄以在政府日嘗與近侍竊語宮掖事，而妄稱奏下，上命有司鞫問，守貞款伏，奪官一階，解職。遣中使持詔責諭之曰：挾姦罔上，古有常刑，結援養交，臣之大戒。孰謂予相，乃蹈厥辜。爾本出勳門，寖登膴仕。朕初嗣位，亟欲用卿。未閲歲時，升為宰輔，每期納誨，共致太平。蓋求所長，不考其素，拔擢不為不峻，任用不為不專。曾報效之弗恩，輒私權之自樹，交通近侍，密問起居，窺測上心，預圖趨向。繇患失之心重，故欺君之罪彰，指所無之事而妄以肆誣，實未始有言而謂之嘗諫。義豈知於歸美，意專在於要君。其飾詐之若然，豈為臣之當耳。復觀彈奏，益見私情，求親識之援而列布宮中，縱罪廢之餘而出入門下。而又凡有官使，斂為己恩，謂皆涉於回邪，不宜任之中外。質之清議，固所不容，揆之乃心，烏得無愧。姑從輕典，庸示薄懲。

《金史》卷九六《黄久約傳》 久約又言宜令親王以下職官遞相推舉，世宗曰：薦舉人材惟宰相當為耳，他官品雖高，豈能皆有知人之監。方今縣令最闕，宜令刺史以上舉可為縣令者，朕將察其實能而用之。又謂久約曰：近日察舉好官皆是諸科監臨，全無進士何也？豈薦舉之法已有姦弊，不可久行乎？久約曰：諸科中豈無廉能人，不因察舉有終身不至縣令者，此法未可廢也。上曰：爾舉孫必福是乎？久約曰：臣頃任磁州時，必福為武安丞，臣見其廉潔向公，無所顧避，所以保舉。不謂必福既任警巡使，處決凝滯。上曰：必福非獨遲緩，亦全不解事，所以罪不及保官者，幸其無贓汙耳。久約無以對。

《金史》卷一〇九《陳規傳》 四曰：選守令以結民心。方今舉天下官吏軍兵之費，轉輸營造之勞，皆仰給河南、陝西。加之連年蝗旱，百姓荐饑，行賑濟則倉廩懸乏，免征調則用度不足，欲其實惠及民，惟得賢守令而已。當賦役繁殷、期會促迫之際，若措畫有方則百姓力省而易辦，一或乖謬有不勝其害者。況縣令之弊無甚于今，由軍衛監當進納勞効而得者十居八九，其桀黠者乘時貪縱，庸懦者權歸猾吏。近雖遣官廉察，治其姦濫，易其疲軟，然代者亦非選擇，所謂除狼得虎也。伏乞明勅尚書省，公選廉潔無私、才堪牧民者，以補州府官。仍清縣令之選，及責隨朝七品、外任六品以上官各保堪任縣令者一員，如他日犯贓並從坐。其資歷已係正七品，及見任縣令者，皆聽寄理，俟秩滿升遷。復令監察以時巡按，有不法及不任職者究治之，則實惠及民而民心固矣。

（清）徐乾學《資治通鑑後編》卷一六五《元紀一四》 翀嘗以御史巡按淮東，淮東憲司惟尚刑，多置獄具。翀曰：國家所以立風紀，蓋將肅清天下初不尚刑也。取其獄具焚之。時凡以吏進者例降二等，從七品以上不得用。翀言科舉未立，人才多以吏進，若一概屈抑，恐未足盡天下持平之議，請吏進者宜止於五品。詔復舊制，其犯贓者，止從七品。著為令。

《明史》卷二《太祖紀二》 己巳，定内侍官制。諭吏部曰：内臣但備使令，毋多人。古來若輩擅權，可為鑒戒。馭之之道，當使之畏法，勿令有功，有功則驕恣矣。

《明太祖實録》卷六〇《洪武四年春正月》 御史臺進擬憲綱四十條，上覽之，親加刪定，詔刊行頒給，因謂臺臣曰：元時任官但貴本族，輕中國之士，南人至不得入風憲，豈是公道？朕之用人惟才，是使無問南北風憲作朕耳目，任得其人則自無壅蔽之患。殿中侍御史唐鐸對曰：臣聞元時，遣使軍撫百姓，初出之日，四方驚動，及至畧無所爲而去，百姓爲之語曰：奉使宣撫問民疾苦，來若雷霆，去若敗鼓，至今傳以爲咲。今陛下一視同仁，任官惟賢，尤重風憲，明立法度，所以安百姓，興太平，天下幸甚。臣等敢不精白一心，欽承聖意。

《明太祖實録》卷七〇《洪武四年十二月》 甲申，時諸勳臣所賜公田莊佃多倚勢冒法，凌暴鄉里，而諸功臣亦不禁戢。上乃召諸勳臣諭之曰：古人不虧小節，故能全大功；不遺細行，故能成大德。是以富貴終身，聲名永世。今卿等功成名立，保守晚節，正當留意。而莊佃之家，倚汝勢，挾汝威，以凌暴鄉里，卿等何可不嚴戒之。彼小人耳，戒之不嚴，必漸自縱，自縱不已，必累爾德也。

《明太祖實録》卷八二《洪武六年五月》 上諭中書省臣曰：馬雖至駑，策勵可以致遠；木雖至樸，繩削可以致用；人雖至愚，勉教可使成材。故聖人之教無棄人，君子之化無鄙俗。朕觀今之爲吏者，寡於學術，惟弄文法，故犯罪者多。若得賢官，長以表率之，又日聚而教之，及告以古人爲吏而致通顯者，與夫守身保家之道，豈有不化而爲善乎？自今省臺六部官，遇有暇時集屬吏，或教以經史，或講以時務，以變其氣質，年終考之，視其率教與否，則可以知其賢不肖矣。

《明宣宗實録》卷二三《宣德元年十二月》　陞行在貴州道監察御史林碩爲浙江按察使。上諭之曰：浙江地大人衆，有司官未必皆賢，軍民之中亦有豪横非禮者，必須紀綱修明，法度整飭，然後姦豪斂戢，善柔得安。然欲治人必先自治，未有己不正而能正人者，爾其勉之。碩頓首受命。

《明英宗實録》卷二二二《景泰三年冬十月》　禮部右侍郎兼左春坊左庶子鄒幹言：臣考察山西布政司等衙門，右布政使等官侯復等三十餘員，俱昏耄不堪任，右參議等官于泰等二十餘員，俱簠簋不飾，已皆疏名送部，請如例黜罷。竊惟臣自奉命以來，夙夜勤慎，務求公論以稱委任。凡有軍民告訐，官司必詳加審覆，果得其實而後行，未嘗輕信而躁發，故於誣告輒抵以罪。近巡撫山西右副都御史朱鑑奏稱，因臣考察告訐之風甚行，有司懼誣不敢追督邊儲，此盖貪官污吏畏發其私，假此聳動倖免考察，而鑑徇情偏聽，代陳過當。况臣初至考察之時，當邊儲起運之後，其有未完皆由平日有司庸惰之所致，豈因臣考察而有所妨誤哉？夫民之豪黠誣構官司者固不能無，而官之不才蠹政害民者，亦不為少，原其所自，皆由方面風憲之非人。故紀綱蕩然無所表率，而有司之中，又多出於鎮守巡撫等官之所舉，故一有敗露，曲為回互，以致官有所恃而無所畏，民有所害而無所訴。繼今之後，乞勑吏部嚴選方面風憲之正員，以為諸司之表率，杜絶鎮守巡撫之舉保，以歸吏部之銓除，如此庶幾官得其人，民受其惠。疏聞是其言下之吏部。

《明英宗實録》卷二二四《景泰三年十二月》　六曰：廣薦舉以佐中興。中興之治，莫急于得人；得人之要，莫先於薦舉。然知人之難，聖哲所病。曩者在京三品以上大臣，各舉所知，以資任用，其法始行固無不善，奈何行之既久，不能無魚目混珠，碔砆厠玉之弊。今欲悉由眾大臣會舉，固未免有起於奔競，獨由吏部推選，未免聞見之有限。乞勑在京一品官舉布政使、按察使、參政，二品、三品官舉按察副使、僉事、參議、知府有缺必推舉二人會議允當，然後具本請聖裁。其薦舉之任，上可以兼下，下不可以僭上。若其人果賢能，雖在親戚子弟，不可避嫌而廢公；如其人非賢能，雖在故舊鄉黨，不得狥私而濫舉。苟有廢公狥私者，并許御史給事中指實糾劾，連坐其罪，則薦舉之法公，而中興之治隆矣。七曰：禁違例以保官員。郡縣之職，與民最親，生民休戚繫焉。近年以來，在外府州縣考滿官員，有等貪戀繁華去處，希求復任理事，不顧廉耻，私自主使所屬官吏，并情熟糧里人等，虛揑浮辭，連名保留，甚至具本詣京奏保，倘蒙允其所保，則前日所保之人結為心腹，而逞姦賣法無所不至。乞勑吏部今後考滿官員，俱赴部考其稱否，依例黜陟，如果廉能幹辦，政績顯著，許離任之後小民詣京陳言某事有益於國，某事有益於民，仍行巡撫、巡按等官覈實吏部然後奏請定奪，其有以鄉舊親屬輒准保奏者，一體究問，則姦弊革除，而無耻之徒，知所自警矣。

《明英宗實録》卷二三一《景泰四年七月》　禮部尚書胡濙，侍郎薩琦姚夔，暨吏部等衙門，尚書王直、王翺、金濂、于謙、儀銘、俞士悦、石璞，侍郎俞山、項文曜、孟鑑、俞綱、李賢、王偉、周瑄、劉清、趙榮，左副都御史羅通、劉廣衡，大理寺卿蕭維禎，寺丞李茂，聯名合奏：切見邇者天旱河决，臣民憂懼，累蒙遣廷臣以祭告，出内藏以修禳，憂國恤民之心本諸至誠，責己省躬之念形諸睿旨。顧惟臣等積咎淵深，致兹災異日夜淬礪用圖自新。切揆自古欲禳災以回天意，必修政以順民情，今會議得便民事宜條列上進。一、河南等布政司、順天等府州縣遞年税糧、子粒、馬草、農桑、絲絹、綿花、戸口、食鹽、米鈔、地畝、課鈔、黄白蠟、厨料、果品、黄豆、稭稻草等項，有已徵送赴各該倉庫納欠者，有已申起解全無送納者，合照依景泰三年五月初二日欽奉詔例，將錢糧前項未完等項通行蠲免，用甦民困。一、山東、河南等處連年民被火災，今京畿一帶東南乾旱不雨，其壩上等各馬房原餧馬匹日支料草浩繁。乞勑御馬監官，除内府本監馬匹及各馬房上等馬匹外，宜將其餘中等以下馬匹揀選存留餧養，其餘馬匹給軍騎操，庶得供給減省，民力少蘇。一、在京醫士、天文生、陰陽人、樂人班匠在逃并丁憂違限等項，及國子監、膳夫、囚夫并厨役，其間多因衣食不給逃回原籍，或於外郡趂食躲避，妄作非為。今後許限三箇月以裏赴所在官司，首告免罪，其醫士、天文生人等，若年高并患篤廢殘疾不堪應役者，俱令該管官司審驗明白即與開豁。一、光禄寺厨料如牛、猪、羊、鵝等項，催辦絡繹不絶，民間供應不前，盖為艱難所致，誠恐四夷朝貢來多，一時卒難取給，宜預令撙節以備供需，庶免科擾。一、雲南所屬各府州縣儒學生員，自洪武永樂年間開設以來，不分流土官衙門，一例選貢，至洪熙元年以後，始分土官衙門者選貢，流官衙門者歲貢。由此累年多有考試不中，往復人難，今後宜照舊例不分流土官衙門，仍舊一例選貢，不許更改。一、供用採辦買辦香料等藥，除已徵在官者觧納，其自景泰四年正月以前拖欠者停免。一、在京大小寺觀宫廟，止許原給有本僧有本寺度牒者聽令住坐，其見有職役者不拘，若係掛搭及無度牒者，悉令回還原籍，不許蚕食京師。一、欽天監成造進用曆日，該用黄白榜紙書籍紙，連年坐派順天府宛大二縣鋪戶買辦，并分派衢州開化出産去處抄造送用，所有拖欠，宜悉與停免。一、内外法司照提一應謀逆、反叛及人命強竊盗逃軍、逃囚、逃徒，積年逃躲山林，不服拘唤，及不首官復業者，文書到日，限三箇月以裏到官出首，悉免其罪。一、各處擺站煎鹽炒鐵囚徒内有年限滿者，在内法司問擬相應囚犯送去該部轉發替放，在外問囚衙門徑發更替。一、各處歲辦皮翎野味、魚油翎鰾等項，自景泰四年以前拖欠未辦者，盡行蠲免，已徵在官者，照舊解納。一、景泰四年六月以前坐派軍需等項物料，即今民艱以十分為率免辦五分，其餘暫候下年豐收，照舊徵納。一、在外衛所季造軍器，合用物料，軍衛有司相兼採買，拖欠未免者，景泰四年以前盡行停免，以後照舊成造。一、各處屯種牛隻，自景泰四年七月以前倒死，例該追陪者，免其追陪。一、栽種菜蔬採辦蘆葦、荊條、葛稭，自景泰四年正月以前拖欠未納者，盡行蠲免。一、各處逃移人戶，先該會議奏准，除正統十四年六月以前逃移，各處行移原籍，照勘明白，附定籍者不動外；其十四年六月以後逃者，仍舊招撫，沿途應付口糧復業；不願回還者俱照前例，仍令附籍當差免致勞擾。一、上林苑監蕃育署總甲王嵩等節告遠年在逃養牲王三等六百三十五名，遺下原養牲口雞鵝等項共九千九百九十六隻，即今着令見在人戶買陪委的艱難，宜自正統十四年十二月以前拖欠照例除豁，其餘良牧等三署有此等者一體除免，中間有隻身無倚年六十以上并篤廢殘疾者，驗實放回，果缺人用，候各處豐收另行僉補。一、方面郡守員缺例于在京在外官内初任兩考以上，陞任一考以上者推選，今照各處方面郡守員缺數多，前項年深官少，例難舉用。今後有缺宜於初任一考之上稱職，陞任一年之上才德堪任者，推舉請旨陞用。一、吏典三考滿日，舊例照依資格出身，後因中間多有人物鄙猥，寫字粗拙，文移不通者，往往廢職誤事。宣德年凡三考滿者，考試文義粗曉，行移得當，書扎不謬，三事俱可取者為一等，照資格出身，或二事可取者為二等，雜職内用，三事俱不可取者，放回原籍為民。今照前項吏典，實撥并辦事通該十餘年，備嘗艱苦，方得役滿，以此往往援例奏告。今後宜令吏典兩考到京，分撥各衙門辦事，滿日吏部就行揀選，除曾充隸兵及犯罪殘疾者不考，將年力少壯，人物端正者考試，文移眾者實撥各衙門充吏，三考滿日無贓犯違礙，照依資格出身，其不中者發回原籍為民。一、人臣之道，忠孝為本。今受任官員如有父母年七十以上及篤廢殘疾，無人奉侍，或路遠不能就禄而欲近地，及願改任以便養親者，吏部察實以聞，從其所請；若任大責重，難以改易者不許。詔曰：此卿等為國為民之心，俱允議行。

《明英宗實録》卷二三二《景泰四年八月》　工科給事中徐廷章言七事。一曰：重官爵。師保之官，非有經綸參替之才者不及。今每部增尚書一員，都察院增左右副僉都御史三十餘員，又徧加以師保，名器猥濫，人將易視。二曰：慎師儒。今校官多歲貢監生及山林儒士，素無深長學問，輒為人師授經，且句讀不明，問難則汗顔無對，師尚如此弟子可知，今後宜用副榜舉人除授。三曰：嚴科貢。近者科舉開額，如陝西山西皆取百名，三倍於昔，及會試無一中者，歲貢亦四倍於昔，及入監即以存省京儲悉遣還家，科貢之多誠無益也。今後宜仍如宣德正統中例，庶革冗濫之弊。四曰：却珍奇。近年蠻夷屢貢金銀、寶石、火雞、白鹿等物，未足為邦家之祥，而沿途應付脚力已為民患，且恐遠人得因是窺測淺深而弛來王之心。五曰：固封守。河南、山東、湖廣、浙江皆腹裏地，巡撫官可省；其遼東、永平、紫荊等邊地，則不可缺，亦宜定選二員，分班更代，不宜久任，使人情稔熟，以壞公事。六曰：禁諂瀆。京師天下所取則，每及節序，軍民男婦悉齎香紙赴寺觀祈福，因是淫穢敗倫，甚傷風化，可令都察院懸榜禁約。七曰：誅阿附。春秋之法，誅姦邪必先治其阿附者。今太子太保吏部尚書何文淵以姦邪免，其餘如許資、王巍、汪庭訓、陳鈍、何澄、王遠，皆附文淵者，亦宜治罪。帝曰：朕即位之初，加舊臣以公孤之職，蓋欲匡輔治道，其如舊餘，令所司計議以聞。既而覆奏省四巡撫官。詔：在邊久者，雖人情稔熟，亦足以達下情，俱且不動，俟寧靖之日處置。

《明憲宗實録》卷三三《成化二年八月》 辛丑，給事中丘弘言十一事。其一，畏天戒臣。惟人君，天之宗子。語默動息，天應若響。頃者水旱相仍，天變屢見，陛下果能如成湯以六事自責，或征科不息政多闕失，或盜賊四起民多流移，或土木漸興財用不節，或賞罰過當請托肆行，或内嬖不盡守恭靖之道，左右不純簡正直之人。有一於此，願痛為裁抑，將見聖德修天心格，不必設無益之齋醮，而災自弭矣。一、容直言。《書》曰：木從繩則正，后從諫則聖。陛下嗣位以來，屢詔求賢，臣下相慶，咸欲罄一得之愚，少裨至治之萬一。頃來直言者未見褒嘉，忠諫者漸見斥逐，於是忠臣喪氣而讒夫日昌，臣願陛下辯讒受直，以來天下之言，將見聖德隆而事無過舉矣。一、精選法。臣聞官不必備，惟其人。自鄉舉里選之法廢而行循資拘年之法，致使賢才淹困。臣請勅吏部廣博咨諏，察其才德卓異者，官品雖卑必以不次擢之；政譽無聞者資歷雖深亦必於法外抑之。一、抑奢僭。臣惟民俗奢儉，國脉盛衰所繫。臣願陛下遠珍奇絶玩好，痛自裁抑，為臣民先。仍令有司申明舊制，頒降品式，以示天下。一、通錢法。比者京師錢法不行，貿易不便，宜申令兩京文武官員俸鈔，軍官俸銀，俱各與錢中半兼支一貫為錢，四文銀一錢，錢八十文，非歷代舊錢不收，非破缺新鑄必用，違者問如法。一、息紛争。凡詞訟難辯莫甚于田地，其間刁詐之狀變幻不一，有恃豪勢而強占者，有因連界而吞併者，有已賣與人而重賣者，有見其耕荒而成熟争取者，有賄囑牙保而稱虚錢實契者，有將他産獻勢家者，甚至聚衆相殺，圖賴人命，驀越訴告。宜出榜禁約，軍發極邊哨瞭，民發口外為民。其景泰以前已經過戶管業者，不許訐告，聽理則争端息而詞訟簡矣。一、廣儲蓄。邇者山東歲歉，疊來報奏，宜將淮安府庫賑濟銀四萬兩内撥二萬兩，分遣公正官員召商糴米於臨清、濟寧、德州及鳳陽、淮安、徐邳等處儲積，委官監臨收放，仍行各府州縣分遣委官，量為儲積，以時斂散。一、憫窮民。比者明詔之頒，首言孤寡殘疾不能生業者，即便收入養濟院照例給與衣糧，奈何有司視為虚文。養濟雖有院而殘疾不收，案牘雖可稽而衣糧不給，以致叫街盈耳，乞食載途。宜敕該部行移在京在外府州縣正官，將養濟院特加修理，無者量於空閒官地設立，凡遇窮民不能生業即收入院，依時給與衣糧。一、革弊政。切見國朝立法，凡一應大小科差，皆論民貧富僉點，既因土俗復順民情。故永樂宣德間民生富庶，至有老死不識官府者，其時未有均徭之名而政無不平。蓋民以十戶為甲，以十甲為里，向者均徭未行，但隨時量以戶立差，一年之中或止用三四戶而足，其餘猶得空閒，以俟後差，貧者出力，富者出財，各隨所有，聽從其便。故竭一年之勞，猶得數年之逸，今也均徭，既行以十甲之人戶，定十年之差徭，官吏里書乘造册而取民財，豪富姦狡，通賄賂以避重役。以下作上，以下為存，殊不思民之貧富何嘗丁之消長不一，只憑籍册漫科差，孤寡老幼皆不免差，空閒人戶亦令出銀。故一里之中甲無一戶之閒，十年之内人無一歲之息，士夫家皆當皂役，致仕官不免襍差，甚至一家當三五役，一戶編三四處，富者傾家破産，貧者棄祖離鄉，宜嚴加禁革。今後民間差役，仍如舊例，責付府縣正官，其排年里長則盡數通拘，其各里人戶則詳加重勘，考諸籍册，參以輿情，貧富品第三等，各自類編，丁糧消長三年一次通審，别為賦役之册以為科差之則，挨次定差，周而復始，務在遠近相等，勞逸適均，如此則差役均平，人得休息矣。一、飭邊備。各邊鎮守巡撫、總兵、參謀等官多未得人，宜訪察更代，乞勅五府六部法司、科道官，公議得失，奏請更代。一、公賞罰。各處虜寇犯疆，草賊生發，巡撫、摠兵等官必須乘時撲滅，不得畏懼，賊勢多寡，劫掠輕重，務須從實奏報，不得互為蒙蔽，宜通行禁約，戶、禮、兵三部覆奏，上從之。惟錢法行之未久，不必更張。

《皇明條法事類纂》卷三八《(許)〔訐〕告軍民職官先行審勘明白方許提問例》 (有)〔又〕一款：風(綱)〔憲〕官之當存心忠厚，其(其)餘刑獄，先須詳順。若刻薄不仁，專行酷害，不忠。罪有大小，罰有重輕，而一概毒(行)〔刑〕以逞，(有)〔不〕惟有失朝廷欽恤之意，抑且禍及身家，雖悔無及。

(清)蔣良騏《東華録》卷六《順治四年六月》 六月，大理寺卿王永吉以陞工部右侍郎，具疏控辭。得旨有心願居官而徒尚虚名，或一次兩次控辭者，皆是踵明故套，以後再有似此，即允所辭，永不録用。久已有明旨，王永吉何得不遵，著革職永不録用。

(清)蔣良騏《東華録》卷一八《康熙三十八年十一月》 十一月，御史鹿祐疏參順天鄉試正副考官修撰李蟠、編修姜宸英以賓興之典為行私之地。奉上諭：此科考試不公已極，且聞代倩之人亦復混入，著將舉人齊集內廷覆試。尋覆試舉人等去留有差。又奉上諭：順天中式者童稚甚多，物議騰沸，著將李蟠等嚴加議處，鹿祐題參可嘉。

（清）鄂爾泰等《世宗憲皇帝硃批諭旨》卷一下《硃批范時繹奏摺》

察吏之道，若止據紳士商民之愛戴與否，而品定屬員之賢不肖，則大誤矣。何也？夫一州一邑，善惡不齊，未有能令人人感戴之理，縱使果能如是，亦所謂鄉愿德之賊也。即以陸朝璣能致鄉農擔柴、送米而論，亦豈有闔郡紳士商民偕往之事？大都詐偽之舉，鼓惑汝無能之總督耳，似此伎倆察吏，無怪乎兩江吏治不堪問也。陸朝璣之罪，在冒籍不自檢舉，並不為民有怨言，設因怨言即列彈章，則汝督撫更難姑容矣。何識陋見小至於此極！彭維新於疏內著此一語，混淆其間，即與汝同揆，亦係無能不識大體之流耳，何足深取？

（清）鄂爾泰等《世宗憲皇帝硃批諭旨》卷二上《硃批齊蘇勒奏摺》

人非聖賢，孰能無過？過而能改，則無過矣。爾等外任大臣，但以不袒護屬員，秉公甄別賢不肖，懲惡獎善，為第一要務。大都偏於優柔不斷者，往往皆受此累。山東河工同知董廷柱者，向乃趙世顯之用人，家私巨富，將河工錢糧冒銷至數十萬之多。若止予以叅革，猶不足以蔽其辜，可一面糾叅，一面搜察其宦資，必使其囊橐一空，庶豈警戒不法爾！倘狥一毫情面，或留地步，或令其預聞，防備日後被朕訪聞，則明知故犯之咎難辭也。爾差的當人，或行文與陳世倌，傳旨查拏，總在爾斟酌而行，但須嚴密耳，拏後即將其貪冒欵項一一審明具奏。特諭。

（清）鄂爾泰等《世宗憲皇帝硃批諭旨》卷二三上《硃批黃炳奏摺》

佟吉圖所省堤口錢糧之數，較之楊宗義捐助河務，及德音匿災不報所省之數，未必過多也，一句為錢糧，一句慰聖懷，此二語即足以喪其軀矣。魯論赦小過，《虞書》宥過，無大恕其誤犯也。若至如此，有心之大過，何可因其勉效數月之微勞，遂相抵釋耶？自既不諳河務，而又逞其胸臆，違抗上官，此端一開，凡外任大臣如何代朕經畫封疆重務？是非曲直，一審自明。設與齊蘇勒所叅之處不符，則佟吉圖原為無罪之人，若所叅俱實，朕必將伊正法，以為狂妄無知，越分膽大者戒。不然朕與佟吉圖寧有向日之私誼乎？何故因伊而啟天下懷疑，竊議之端？內外臣工，凡受朕格外簡拔之恩者，皆當恪勤奉公，還朕一是字，方可免自暴自棄之咎。天難諶命靡常，朕雖不敢言能法天，亦不敢違天，朕不作孽於人，若人自作孽，則安可屈法以宜之。

（清）鄂爾泰等《世宗憲皇帝硃批諭旨》卷二八《硃批王景灝奏摺》

覽奏知道了。百凡惟務無欺無隱為要，爾乃朕十分賞鑒之人，許爾將來可成大器，必勉勵以符朕旨。再者多有人言爾為年羹堯之鷹犬，朕思爾斷不肯為此等無恥之行，而年羹堯亦不應居此等無理之心。至隆科多、年羹堯二人，朕初看伊等具有聰明見解，能知大體，受恩深重，自循謙退，豈肯趨蹈危險，以玷朕名而招天下後世之議論？朕原作如此想，所以邇年來，言聽計從，任用之而不疑也。不料，今歲年羹堯來京陛見，二人皆被朕看破，均非無瑕之器，於奏對之間，錯亂悖謬，舉止乖張，大露擅作威福，市恩攬權情狀，朕隨深加訓誨，曲示保全之道。大凡從古功臣，第一須君上愛護，次須自能保守，其三更賴大小臣工不相趨附愚弄，送入危地，三者缺一不可，而其要尤在眾臣工之居心正也。不然功臣鮮有能全者，致令人君蒙寡恩之名，而若輩方且旁觀笑之，此等居心之人，難逃天地誅滅者也。今即爾身而言，若竟將年羹堯知己之情，薦舉之德，一旦盡付之流水，人非木石，必無此理，感激思報，分所當然，但宜思所以報之之道耳。朕意惟有赤忠為國，勉力作一不朽人物，勿使人主疑賤，勿令天下後世鄙薄，不與施恩人助虐致禍，斯乃深所以報之也。假若賄賂酬奉，狥私廢公，惟以阿諛順從言報，則天下後世以爾為何如人？以年羹堯為何如人？謂朕為何如主耶？所關甚大，反覆之間，三利三害繫焉。爾其詳思慎勉，且督與撫係比肩大臣，一省政治，所關非細，宜自出己見，各立功名，何可一味依違將就，以軟局陷害朕之功臣？爾等嗣後，若不仰體朕心，改絃易轍，實力遵諭而行，朕即先將爾等誤朕功臣之人戒懲，豈肯遽向朕之功臣加罪乎？苟能幡然醒悟，秉公不阿，或慮大將軍年羹堯責爾辜恩負義，朕可力保其無妨也。能如是報德之大，無以過此，切莫虛負朕愛惜之意，朋比之習向為朕所深惡。勉之、戒之，更須內外如一奉行方好。倘務巧密，以首鼠兩端為妙策，則大負朕此一番苦心，可惜此數行諭旨也。細加玩味，必豁然領會，始能身受實益，勉之又勉。

諭：巡撫王景灝昨年羹堯奏南坪壩番子一事，朕詢據蔡珽云南坪等處，雖新附未久，然曾遣劉應鼎前往踏勘建城，地方諸番悉皆恭順，並未見有阻抗情形。今云為建城謀逆，何大相逕庭如此？又據年羹堯奏稱：目下雜谷大金川、小金川等處土司，漸有多事之狀。依此看來，必因爾措置不妥所致。况犬羊無知蠢動，亦係夷猓之常，惟在地方官制御撫綏得法，自然寧帖。土司原非內地之民可比，爾為封疆總領，諸凡須平和寬大，慎勿見小，尚氣任性作威致生變，故責有攸歸斷不爾宥也。其遣往南坪等處建堡造房之員，若不能體朕愛恤遠人之意，肆行無忌，激出事端，朕必正以國法。而用人不當之咎，爾亦何辭以免。諭到爾其盡力調劑，設法駕馭，并嚴行飭察，所遣官弁，務令安靜寧妥，爾果忠誠，任事無貳無疑，此等事務再無不辦之理，勿得他諉。特諭。

（清）鄂爾泰等《世宗憲皇帝硃批諭旨》卷三七《硃批吴存禮奏摺》 爾向來居官，聲名平常，而且偏於軟懦。朕初御極，一切仰體皇考深仁厚德，六十餘載之用人行政，立意保全爾等中外大臣。爾諸臣亦當勉力自愛，以清正率屬教養百姓，撫安疆宇，庶克成全朕之孝道。諸如收受節禮陋規，侵蝕空糧，以及縱容地方豪富等弊，若仍蹈前轍，怙惡不悛，國法無私，噬臍何及。查弼納來時，朕已曾詳悉面諭，爾其加意振作更改一番，方不負朕容爾自新之大恩也。再者爾薦舉紊劾屬員，務須一秉至公，以鼓舞人材，倘狥私納賄，顛倒是非不符衆論，則欺誑之愆，朕不為爾逭也。勉之、慎之。

（清）鄂爾泰等《世宗憲皇帝硃批諭旨》卷五八《硃批郭朝祚奏摺》 吏治之優劣不問可知。上天所嘉者惟公與誠，所棄者惟私與僞。能知天道，斯克盡人道。天下未有克盡人道，而猶慮獲罪於君上之理。為人臣者要須見理明立本固，若大本不立，而惟於枝葉上施，為不肯為國致身任勞任怨，一味巧猾譎詐，冀幸保全功名身家，豈可得乎？更有將國法王綱，藉為積陰功之具，假公濟私，如汝父一流不明大體，不學無術之姦猾老吏輩，種種謬論悉不可為訓。亟宜敬慎秉公，實力報效，以期克盡人道，庶無忝厥職。不然朕諄諄屢諭，付之流水，違訓之罪，必不汝貸，汝能當否？嗣後倘仍不洗心滌慮，奮勉自新，猶循故智，以為老成穩當，執定庸愚謬論奉為龜鑑，牢不可破，至噬臍無及，時追思今，此之恩諭晚矣。

（清）鄂爾泰等《世宗憲皇帝硃批諭旨》卷七三之二《硃批王士俊奏摺》 皇上格外保全，兼邀擢用感切圖報，奮不顧身。自署理藩司以来，首以澄清吏治，愛養民生爲急務，訪明屬員中之有玷官箴者，俱經詳条；訪知州縣内有私派者，痛加禁革，除姦剔弊，弭盗安良。現在吏皆守法奉公，民悉安生樂業，臣所自信少可仰酬。

（清）鄂爾泰等《世宗憲皇帝硃批諭旨》卷一二六之九《硃批田文鏡奏摺》 同日又奏：為教缺不可久懸，衰老實難勝任，敬陳一得仰祈睿鑒事。竊學校為人才始基之地，教職為首端士習之員，不但諸生文藝賴其考課，即人品行誼，經綸治術，莫不當躬先表率，預為講貫，此教職之責為甚鉅，而其任為甚重也。雍正元年二月初八日，欽奉諭旨：教職等官，係專教士子之人，今准捐納以致不通文理，少年反為學問優長年老者之師，可乎？伊既捐納，應照伊品級别任調補之處，交與該部議奏，欽此。仰見我皇上聖鑒甚明，而年少文理不通之人，不得為學問優長年老者之師矣。又於雍正二年六月十五日，准吏部咨議覆吏部侍郎沈近思條奏，捐納現任教職以五年為限，任滿之日，令該撫將才具優長年力壯盛者，出具考語保送，照例改補。未滿五年者，俟其滿日，陸續分别保送。内有老憒陋劣，不能稱職者，令其休致等語。則是教職一途已經廓清，將來不致壅滯矣。但臣蒙皇上殊恩，簡界巡撫任事以來，准部選豫省教職共一百二十三員，内除病故者二十四員，老病者二十五員，迴避者一員，名字訛錯查無其人者一員，未據送考者十員，會試中式者一員，考准給憑赴任者止六十一員，現在教諭訓導懸缺無人者共六十二缺。揆厥由來，葢緣吏部按册銓選，竝不知其人之存亡老病，及憑發到省，轉行地方官查催赴任，則其人或病故已久，或衰憊不堪，紛紛詳覆，始將原發文憑繳部另選。雖准吏部咨令，臣將在籍候選之員，凡有丁憂事故，按月造册，報部以憑銓選。而現選之員仍復有事出意外者，總因老朽衰殘，風燭不定之故，以致員缺終不免於久懸者也。又查定例以進士選府衛教授，舉人選州學正縣教諭，恩拔副榜選復設教諭，由廪生挨出歲貢選訓導。則是訓導一缺止有挨貢可選。再查雍正元年四月初三日准到吏部咨候選訓導貢生，現選康熙三十三四年廪生挨出歲貢，其餘自三十五年起，按年陸續造册送部，則是目下所選之訓導，尚係康熙三十四五年之挨貢也。其人即自二十歲補廪，約越三十年出貢，再越二十餘年銓選，已經七八十歲矣。臣每於考試之時，留心驗看，類多年老，即給憑赴任之六十一員，除舉人恩拔副貢，或有年止五六十上下者，其餘均屬七十左右之人，但耳目尚能視聽，步履未甚艱難，故敢令其赴任。再下一等不但目瞶耳聾，即行動起立之間，似非扶掖不可考試，亦不能成篇，若容其到任，安能訓廸士子。臣因學校為重，不敢給憑繳部，另選此員缺，又必至於久懸者也。及至另補有人，發憑到豫，查驗之下，仍復如前。臣竊思教職雖屬閒員，關係實屬緊要，即現任內有年殘病廢者，亦須會同學臣不時糸革，豈可以新選之員，聽其赴任，輾轉咨補？而所屬教職之缺，竟有經年缺官者矣。臣請嗣後照雍正元年十二月初七日所定，令直隸各省督撫每於鄉試事竣，會同主考驗看舉人之例，俟學臣歲科两考完竣之日，該督撫會同學臣將通省廩生挨出之貢生傳集，秉公驗看，凡年力精壯竝無事故者，按定次第將補廩挨貢年分彙造清册送部銓選，其老病者，亦另造一册送部，以便查核。如此則所選之員，皆可勝任，無庸繳憑另選，以致懸缺久待。且刪除老病不選，則近年新貢亦得早膺除授，不待久遠候缺，以致年老殘廢矣。抑臣更有請者，捐納教職五年任滿者，令臣考驗將老憒不堪者，即令離任，其才具優長，年力壯盛，限滿各員，俟新選人員到任後，再令離任，照例送部。臣考驗過任滿捐納教職內，儘有才品優長，年力壯盛之員，現在留任交代者四十六員。雖仰蒙皇上天恩教諭調補縣丞，訓導調補主簿，然人多缺少，未免守候而歲月蹉跎，又復老去，殊屬可惜。除俊秀捐貢外，內有原係廩增附生員捐貢者，可否令學臣嚴加考試，若果文理優通，將試卷送部閱看，如新選有人，准其仍在本省以教職補用，如新選尚未到任，准其仍留原任。庶各該員得以乘時效力，自必感激皇恩，益加勉勵，而學校均可收得人之效矣。是否臣言可採，伏乞皇上敕部施行，謹奏。

又： 竊臣以一介庸材，至愚極陋，仰蒙皇上特達之知，畀以封疆重任，兢兢業業，凜惕冰淵，故凡有關於吏治之事，無時無刻莫不留心體察，惟以其人之賢否是憑，從不分別正異兩途。故自抵任迄今，經臣保舉者，儀封縣陞任知縣袁珂等一十九員；經臣糸革者，陳留縣知縣沈銘慎等二十二員，其中旗人、漢人，科甲、捐納，紛然雜出。而臣實未計及其人係何處籍貫，何項出身，如係方守兼優之員，即與臣素有仇隙，臣亦不敢不舉，豈敢妄糸。如其人劣蹟昭彰，即係臣之至親嫡眷，臣亦不敢不糸，豈敢妄舉。然而一點犬馬報主之微，誠臨事詳慎之苦衷，惟賴皇上察臣愚忱而已。臣查信陽州知州黃振國，狂悖貪劣，實出異常。臣於雍正三年十一月內訪確題糸，自摘印之後，不但州民稱快，而通省亦復帖然，毫無異詞。突於雍正四年二月內，豫省忽造浮言，從此各處紛紛傳説，或言臣不容讀書之人在豫省做官，或言臣欲將黃振國致死滅口，如此物論不一而足，豫省如此，京師可知。臣見黃振國姦險狡猾，恐其解京質審，無人質對，捏詞狡辯，於訊審之時，令其親筆寫供畫押存案，內有收呂遜投拜門生一欵。臣因糸後又訪，係拔取案首是實，受賄屬虛，不敢偏執，隨於疏內聲明。其餘各欵竝皆有贓有證，事事確實。至於報病一節，臣於題糸祥符縣知縣俞汝翼疏內業經備細敘明已久，在聖明洞鑒之中矣。臣查黃振國係己丑進士，竝不料臣於本年正月內所糸汝寧府知府張玢，固始縣知縣汪誠，息縣知縣邵言綸，俱係己丑進十，在臣實出之無心，而伊等同年弟兄，一時被劾，不無徇私袒護，但屢蒙皇上特頒諭旨，解散朋黨，至再至三。凡為臣子者自應仰體聖懷，洗心滌慮，一皆出於至公，若復瞻顧同年徇私羣起妄議，則嗣後科甲之員，如有貪污苟且，督撫諸臣斷不敢再為題糸矣。總之，臣賦性甚愚，受恩極重，心意之間，惟知仰皇上一人愛敬之誠，亦惟知有皇上一人，不但不敢偏執己私抑，且不敢絲毫欺誑。今忽造此讒謗浮言，欲為同年洩忿，陷臣負君不公之罪，雖臣之聲名所係最小，而皇上用人之當與否，攸關甚鉅。伏乞皇上隆恩，特簡廉明公正大臣來豫，將黃振國、俞汝翼、張玢、汪誠、邵言綸各案一併審明，或容臣將各案官犯卷宗解送赴京，敕法司就近質審。如臣有私毫懷私偏抑，乞治臣重罪，以警不公，庶邪正不致混淆，而臣心亦得以自白矣。所有挾私造言情節，臣不敢不繕摺奏聞，伏乞皇上睿鑒施行，謹奏。

〔硃批〕田文鏡此奏，是浮言嘖嘖，朕亦聞之，此風何可滋長？著侍郎海壽史貽直前往河南，將黃振國等各案，逐一覆審，具奏。

又： 竊查學臣王國棟，自奉差河南學政迄今，已經三載，凡所考試生童，由文及武，務期拔取之公，自始至終毫無苟且之事，抑且刻苦辛勤，留心講貫行優者舉，敗檢者黜，寬嚴並用，悉秉至公。或感生於知遇，或願切於栽培，多士歡騰，文風不變，此皆學臣王國棟之實政，而臣見聞之最確者也。今據闔屬士子感頌皇上知人善任之聖意環繞，臣署具詞懇留，復據布按二司詳請代題復留三載。臣查學臣王國棟已奉旨補授光祿寺卿，臣何敢冒昧題留？且經王國棟面與臣言，三年刻苦，無非圖報聖恩，實無善政足當。

題留之實，再三力辭，但臣細察輿情，極其懇切，臣實不敢壅於上聞。伏乞皇上睿鑒。謹奏。

〔硃批〕似此請留者不一其人，候朕再加斟酌。從來士為四民之首，士風丕變，較民俗還淳，奏效尤難。要須德化感孚，非刑政所能驅迫者，果若是耶，則王國棟之督學可謂盡善矣。

又： 奏為恭請分發候選州縣學習題補以課吏治，仰祈睿鑒事。竊照州縣一官，為民父母，與民最親，事無巨細，皆其所理，關係非輕。我皇上軫念民瘼，留心吏治，凡現任之州縣，莫不甄別其賢否，必得其人。至新選之州縣，又皆驗試其人才，務期克當。臣每見吏部月選之引見，後人去得者，記名別用。或與緊要之缺，人平常者，調以簡僻地方，或令督撫試看。凡經皇上欽定之員，人地應無，不宜到任，更當勉勵。臣又何庸妄叅末議。但臣蒙皇上殊恩，天高地厚，凡有知之深而見之切者，敢不敬為我皇上陳之？臣自莅任以來，見豫省新任之州縣，初登仕版，諸事茫然，其間質本平庸者，惟憑書辦依樣葫蘆；稍有才具者，又皆硜執己見，任意妄舉。臣聞學古入官，居官所行之政，本於平日之所學，則新選之州縣內無不學之人，宜其見之於政而可行，措之於民而皆得。然而進士舉人，當其為諸生時，專攻舉業，以取科名，故於刑名錢穀，平日無暇寓目，即間有博涉羣書，講求經濟實學者，若不能變通，惟執古人成説，則宜於古而多不宜於今，合於南而或不合於北。此中正有相時度地之權衡，又未可執一而論也。乃以初出學堂之書生，而即膺民社之重任，雖才具有可造就者，聽其學習，久當熟練，才庸不能勝任者，驗其不可，即便題叅，則是以朝廷之民社，而為新進後生所嘗試之具。當其未熟練未題叅之前，少則數月，多則經年，儼然民上，安能保其無害於民？即或另易一官而後來者，仍復如是。吏治何由而報循良，民生何由而登仁壽哉？臣伏思，我皇上求賢若渴，用人無方，常恐野有留良。故往往不拘資格，捐貢之教職，俸滿引見，竟得擢為知州，未中之生員學臣保題，竟得補授知縣，考職州同亦令挑選，雜職微員亦准卓異，在我皇上聖意，誠以何處無才不得早用為可惜耳！候選之進士舉人并各項人員，俱照科分名次，分班銓選，不得先後一人，但其間有已經及選者，或係才庸未得及選者，反多奇士，亦未可定。與其在原藉閒居，不如到各省學習，此亦造就人才之一法也。臣請將未經吏部截取，家居候選之進士舉人，并捐納州縣，行文各省督撫查其選期，尚在二三年之後者，准其給咨送部，按照省分掣籤，照常引見。如掣得直隸者，則命往直隸；掣得河南者，則命往河南，查照各省州縣之多寡，酌量命往。照進士留京學習之例，令其寓居省城，時常學習，在省督撫司道衙門，同現任官一體進見，從旁觀聽，凡有疑難重大之事，屬官如何辦理，如何稟明上司，如何教導，如何訓飭之處，便可一一考較。如有公務應差人員，則委其辦理，以試其才；再有缺出乏員署理，則委其接署，以觀其政。各上司亦時加指示，如師之於弟耳，提面命之。從此學習才具優長者督撫保題實授，學習未熟者令其再學，不能學習者題請改教。如此則不以民社為嘗試，亦不致遺害於地方，其於吏治民生大有裨益。如謂將未經截取之員，先赴各省學習，督撫遇缺題補，則截取在部，應選者反不得缺，以致有妨銓政。臣更請將學習人員內，除實在才能出眾者，許督撫遇缺保題，仍令引見補授外，其才非出眾，僅可供職之員，照其應選之期題補。倘未及選期，各省缺出歸部銓選，不得越次保題，則與銓政無妨也。如謂各員徒往學習，未得即補，長途跋涉旅食維艱，則各員在家閒居，亦必喫飯穿衣，赴部候選，豈免登程就道。倘到省後，遇有公事差委，各上司何難酌量往返日期，捐給盤費，且各員既欲致身事君，豈惜此主僕居食之費？此又無庸過慮者也。倘各員不安義命，營求鑽刺，希圖先用督撫徇私阿好，顛倒賢否，屈抑才能，保題庸吏，一經發覺，交部嚴加議處。臣不揣愚昧，敬獻芻蕘，是否可行，伏候聖裁特降諭旨，敕部詳議，臣不敢冒昧具題，仰祈睿鑒施行，謹奏。

〔硃批〕據奏請將候選州縣，分發各省學習，以裨益吏治。此議，朕於踐阼之初，業經思及，因難以施行遂寢而未發，爾謂挨次分班，恐致淹滯奇士，此意固善。然自古迄今，大抵中材居多，欲求間氣所鍾，出類拔萃之利器，世不屢覯。故理國之道，貴儲材有素，首先以厚風習為要務，風習既端，斯趨向有方，而人文蔚起矣。夫資性苟純，縱或政體生疎，亦可漸次造詣。天下事要不出情理二字而已，不特科甲輩學古入官，即一切旗漢人等，既擬身登仕籍，宜無不講求經濟吏治民生，豈盡茫然莫喻。《傳》不云乎未有學養子而後嫁者，但恐其居心不肯恪秉公忠，以奉乃職耳。若慮以民社為新進後生所嘗試之具，粵稽《舜典》明試以功，車服以庸，已啟後世科資循格之端。是以地方外吏全賴守封疆者激揚精嚴，糾舉公當，正所謂三載考績，黜陟幽明也。至云新選者，少則數月，多則經年，安保其無害於民？今學習之員，不令攝事，無由覈驗優劣，委令署理，彼僉邪小人之為害於民，又獨不然乎？況督撫諸臣，雖簡命自朕，未必一皆公而忘私，或稍涉夤緣則大啟奔競，其弊有不可勝言者。不寧惟是，即朕現今用人之法，亦止堪暫行一時，將來自仍歸於聖祖疇昔銓衡之成憲。朕緣目擊官常懈弛，吏治因循，專以積纍為勞，坐廢濯磨之志，不得不大示鼓舞，以振作羣工委靡之氣，俟咸知奮勉治行改觀時，自另有裁處之道。又據稱朕超擢教職為州，選舉生員為縣，雜職亦准卓異云云，就爾所言試觀如是甄拔，才堪入彀者能得幾員？此亦出於偶爾旁求，非可永遠循行之良策。所以吏兵兩部，向年規例，悉仍舊貫，未命更張一二，間遇爾等越例題請補授，亦俱令聲明原委，朕降特旨允行，蓋有深意存焉。豈俾輕紊成憲，而致一代典章混淆無序哉？

又：奏為刑名之任非輕，賢能之員難得，仰請聖恩陞擢以收實效事。竊臣荷蒙皇上深恩，總督河東吏治民生，時刻在念。伏思按察司一官為刑名之總，滙民命之攸關，必須精明練達才守兼優之員，方克勝任。臣查得現任糧道陳世倕，於雍正三年在南汝道任內，緣前按察司沈廷正陞任福建藩司，臣即令陳世倕署理臬篆，觀其辦事明白聽斷得情，實屬賢員。後於雍正六年十一月前按察使納海離任時，臣令署布政使謝旻署按察使事。署任月餘，因兩司事務殷繁，力請將糧道陳世倕署理，臣於其辦漕事竣，即令署理臬篆。該道署事以來，悉心辦理，朝夕弗遑，聽訟精詳，務期明允，不以刑訊為能，不以文致為巧，揆情度理，毫髮無遺。是以刁詐之民，當前立辨，無出入之愆；重大之案，經手可完，無拖累之苦。凡屬案情疑似，該道必親自鞫審，不任意駁詰，推諉屬員。現今數案，俱係歷來府州縣不能審出者，悉能審出實情，豫省官民無不稱其斷獄如神，此不獨臣一人之私言也。

又：應行料理之事，不一而足，如整頓吏治，必首嚴貪劣，重懲衙蠹。臣是以留心察訪，一經得實，即官參役拏，執法審究。臣又欽遵聖訓，諄諄教導，俾各革面洗心，奉公守法。近來官役稍知儆惕矣。各府州縣倉庫，前經委員分頭盤查，誠恐彼此徇隱，虧實混淆。今又會同署撫臣岳濬，將到任一年以上之州縣題請，錯綜調補，各各交盤，務使官侵民欠絲粟，必得確實，以冀漸次清理矣。至已審結虧空各案，大率有勒追之名，無完補之實，其中恐有隱匿寄頓，承追不力之弊。今已委員提犯嚴訊，務使一一究出，以抵虧項，毋許任其延挨支飾矣。此東省吏治倉庫虧空，臣之現在料理者，如此總因廢弛已久，驟難見效，然臣蒙皇上委任隆恩，惟有力圖整飭，不敢因其難而稍存苟且因循之念也。

〔硃批〕固不可因循，亦不宜急促，次第整理，自然就緒。

臣又查東省積案頗多，不可不亟為清理。如已參之虧空，未審題者，現有茌平縣革職知縣馬暠等九案；已參貪劣之員，未審題者，現有濰縣革職知縣袁登陛等二十案，其他命盜等案，難以枚舉。在布政使費金，吾前署按察使鹽運司唐綏祖，感激天恩，未始不竭力辦理，竭力催督，而臣亦時刻嚴飭，無如東省官玩役疲，積習未能驟改，非幾經駁飭，則案情未得，非挨至臨限則任催罔應，是以案牘每多壅滯。前河南按察使公元奉旨調補山東，臣於其起身之際，欽遵諭旨，諄諄教導，詳細指示，該司感荷聖恩，亦自勇往向前，力圖報效，但甫經到任，土俗民情尚未熟悉，各案原委亦未深知。現今積案既多，又屆辦理秋審，一日之工夫有幾，一人之心力有限，若非將現在之積案分委賢員，急為清理，恐日復一日，愈積愈多，非所以仰體皇上委任微臣整頓之聖意。臣查鹽運司唐綏祖才堪任用，人尚勤慎，諸凡案件，實能詳審。伏乞皇上天恩，將以上未經審結虧空貪劣等二十九案，著令唐綏祖勒催承審，府州縣審解該運司確審招解，俟督撫題結之後，令該運司將卷宗交該藩臬衙門存案。其有應追銀兩，仍令藩臬二司督追完解。其現今題參，未經奉旨之案，及嗣後續參之案，仍照舊例歸藩臬二司會審。如此則不但按察使公元得以專心辦理現審命盜等案，及秋審事宜積案可以一清，而布政使費金吾亦得省此會審參案之心思，可以悉意助臣清理錢糧，稽察庶務。鹽運司唐綏祖於各案情節，亦頗知悉，似亦駕輕就熟，實於東省錢穀、刑名、吏治，均有裨益。臣因題參奉旨，敕審之案有關錢穀、刑名，例應藩臬兩司會審招解。

(清)鄂爾泰等《世宗憲皇帝硃批諭旨》卷一三三下《硃批憲德奏摺》

道府各舉三人，簡僻地方二人，督撫或舉五六人，俱將姓名履歷，咨部註册彙題，各依衙門比照筆帖式例，分别給與品級職銜。仍令本官於養廉中酌量資給。其各省雜職等官，有久於作幕，通曉刑名、錢穀者，置之下僚閒散，亦屬可惜，應許督撫司道亦照此例取用，所遺員缺，俱咨部另補。其司道府州縣所取人等，若進見上司時，俱令其順帶驗看，如有招摇不謹等事，許本官據實揭報，咨革究處，免其誤舉之罪。若現在之員有犯贓違法，幕賓知情不為力阻者，發覺叅處，一併分别治罪。其賢能之員著有實效卓異陞轉，幕賓亦加議叙量才擢用。

〔硃批〕朕御極之元年，即曾有旨，命督撫幕賓奏明，延請數年，贊助無過，許令保薦録用。汝豈未之聞乎。至二年間，止有一二督撫曾具名上聞，三年以後總未見有奏聞者。蓋賓主兩俱不願，朕亦何可深强，今將喻意督撫尚不能行之事，而欲概行之於直省州縣等官，不但不勝紛擾，其中難行處豈堪枚舉。汝試一回思，自當恍然覺悟矣。朕無暇縷析批諭。

(清)梁國治《國子監志》卷三九《生徒五·鄉試》　禮部覆準廣西學政童鳳三奏舉貢監生改習經書之例，永行停止，嗣後貢生生員及捐納貢監生曾應本年鄉試者令各衙門查現年所習何經，登册備案。其新捐貢監及新進各生皆以初次進場録科册注某經為定，如有私行改經者，查處照例治罪。

《皇朝通志》卷七四《選舉畧三·考績》　我朝法制詳密，黜陟嚴明，列聖訓諭皆殷殷以察吏安民為首。皇上澄清吏治，凡屬考課卓異之員，聲名既悉於平時，才具又得諸引見，所由吏飭廉隅，將嫻軍旅，内外百司莫不恪共厥職。謹按我朝體制考課之人，六部卿寺官屬，則尚書侍郎卿監主之；侍衛及護軍官屬，則領侍衛内大臣主之；滿洲蒙古漢軍八旗，則各都統主之；直省文武職，則督撫提鎮主之。考課之期，内外文職定以三年，武職期以五年。考課之名，則有京察、大計，軍政法制釐然，至精極備，謹條分縷析，載諸令典，為萬世法守云。

《皇朝文獻通考》卷二《田賦考二·田賦之制》　賢能之員，必罷不及分數之參處，而不肖有司希圖陞進，或且抑勒首報，滋擾無窮。請將川省錢糧隱漏，徹底清查，而勸懲可以不立，祇宜嚴飭有司，實心勸首。里民紳士有田無糧，隱匿不報者，罪如不肖官。藉此累擾地方，通同侵隱，以及抑勒情弊。該督撫即行參奏。從之。

《皇朝文獻通考》卷二七《征榷考二·征商關市》　我皇考臨御以來，澄清吏治，凡此等官侵吏蝕之習，久已弊絶風清。今督撫諸臣如不能稽查屬員，被其朦混，則庸懦無能有忝封疆之任，若或己身少有染指，則名節有虧。朕一經擯斥之後，斷不復加録用也。可將此旨傳諭各省督撫，令其各行稽察，深自警省，若錯會朕釐剔弊端，藏富於民之意，又欲多報贏餘，以致商民受困，識見鄙陋，其罪更不可逭矣。

《皇朝文獻通考》卷四七《選舉考一·舉士》　又嚴夤緣誆騙之弊。直省地方每遇鄉試年，先期榜示禁約，仍令巡捕員役嚴加緝訪，如有生監營幹中舉，及積年棍徒假稱考官親戚，多方設計誆騙，污累考官者，照例問擬，枷號滿日，發烟瘴地方充軍。其生監央浼營幹，致被誆騙者，亦照例發遣。如有挾讎忌才，私寫匿名紙帖，揭於街衢，或編就歌謡，預先傳播，以致場中，雖已取中，不敢填榜者，在内聽巡城御史及五城兵馬司，在外聽按察司，及應捕人役緝拏，依律治罪。見者即便燒燬，主試官亦不得以避嫌妄退文卷。如生監因訟牽告在官，不係緊要對證，亦許科場畢日問理，毋墮姦計以長刁風。

《皇朝文獻通考》卷五四《選舉考八·任子》　我世宗憲皇帝懲其積蠹，於是有役滿占缺之禁，有回籍候選之條，不使久住京師為滋弊淵藪。近年以來，皇上遇事重懲，防微杜漸，兼之五年期滿，議叙得官，亦可以贍其衣食。夫治道去其太甚，既防其有作姦犯科，亦予之以微勞銓叙，立法均平，無踰是者。謹以吏道出身，銓用之法，叙列于左。

《皇朝文獻通考》卷五五《選舉考九·舉官》　我皇上御極以來，權衡銓次，損益因時，滿漢文武職官各得其叙。凡選法之畸輕畸重者，斟酌調劑，必合乎審量之平。自是注品有崇卑，序次有前後，例之所定，一成而不易，雖其親暱不得以意為重輕。而吏胥之徒亦無從舞弊誘惑選人，此則我朝之大經大法，度越漢唐垂萬世而無弊者也。

又：二十三年，大學士奏：遵旨傳諭六部，應補闕差保舉開送。今六部俱云，若保舉辦事，有才及謹慎者尚有其人，至於操守知之實難。上曰：清操如何可廢？凡貪犯之人，有應坐之罪，如郝洛居官甚好，然猶侵蝕錢糧數萬，魏象樞曾薦郝洛，此等情事，安能預知。朕皆信其清操而委任之。

又： 又吏部議覆都察院左都御史陳廷敬疏言：督撫保舉薦舉府州縣官，須令第一條實填無加派火耗字樣，第二條實填實心奉行上諭十六條，每月吉聚鄉村鄉約講解字樣，餘條仍照舊例開具實蹟，應如所請。嗣後督撫保舉薦舉府州縣官員，將此二條添註冊內，如保舉不實，別經發覺者，照徇情薦舉卓異例，督撫各降二級調用，申詳之司道等官各降三級調用。從之。

《皇朝文獻通考》卷五六《選舉考十·舉官》 又吏部奉諭旨：國家分理庶績，務在得人，道府州縣等官尤屬要職，其有才幹素著，廉節自持者，倘不得以時上聞，何以示勸。著於各省道府，同知通判州縣等官內，總督保奏三員，巡撫保奏二員，布政使、按察使各保奏一員，將軍提督亦屬本省大員，將所知者亦令保奏一員，俱各密封保奏，不得會同商酌。此保奏內，不得將朕特用之員塞責，朕特用人員有才守兼優者，不拘人數，亦另摺奏聞。俟朕降旨調取之時，再令來京引見。如保奏不當，日後劣蹟敗露，將保奏上司一併治罪。

又： 又奉諭旨：從來用人之道，必兼聽並觀，疇咨博採，方能允當而無失。朕於選用人員，勤加諮訪，正以朕一人之耳目有限，不若合爾諸臣之見聞，始無遺漏也。乃爾等僉云，未能深知，互相推諉。夫百職在廷，四方具集，同鄉親故，豈無見聞其賢者，即小善亦應稱舉；不肖者，即小惡無容隱匿。若知其賢而不言，是謂蔽賢；知其不肖而不言，是謂黨惡。即如月選官，內有劉尚儉者，係四川夔州府叅革貪酷知府劉天觀之子，其父刻剥民膏，為伊子捐職，罪莫大焉。

又： 又刑部奉諭旨：刑名案件，最為緊要。朕所賴者，諸大臣之贊襄；諸大臣所賴以辦事者，各司之盡職。是以每司必得一二實心辦事才能之員，方有裨益。朕思翰林院滿漢編修、檢討庶吉士俱係進士出身，伊等即未必素諳律例，亦必不難於練習。爾等於滿漢編修檢討庶吉士內揀選或有情願在刑部學習辦事者，或有為爾等所知者，共揀二三十員，帶領引見，分在各司學習辦事。如有辦事明白，實心効力者，酌量題補。

又： 六年奉諭旨：凡辦理府州縣事務，若得曾經出仕諳練之人，於地方實有裨益。朕愛惜人材，於罷斥之員，常降旨調來引見，以觀其才具之優劣，不忍令其棄置。今思從前因公詿誤之員，其中未必無才守可觀者，著吏部行文各省，凡知府同知通判知州知縣任內，除大計特疏糾叅外，其因公詿誤降革者，該員曾經居官五年，而離任之後交代清楚，無錢糧案件未清之處，准本人親赴吏部具呈。吏部不拘人數，即行奏聞，考試履歷，帶領引見，候朕酌量起用。起用之後，若再貪婪不法，再經察出必嚴加治罪。又奉諭旨：州縣為親民之官，向來督撫、藩司等委員署印，每憑一己私心而不計道里之遠近。夫州縣一官錢糧必及時徵收，盜賊必立時緝捕，人命必當時相驗，承審案件必如限完結。

又： 用人惟當辨其可否，不當論其為滿為漢也。自我太祖高皇帝開國之初，即將滿漢兼用，是以規模宏遠，中外歸心。葢漢人中固有不可用之人，而可用者亦多，如三藩變亂之際，漢人中能奮勇効力，以及捐軀殉節者，正不乏人，豈可謂漢人不當用乎？滿洲中固有可用之人，而不可用者亦多，如貪贓壞法，罔上行私之輩，豈可因其為滿洲而用之乎？且滿洲人數本少，今將中外緊要之缺補用已足辦理，若叅將以下之員弁，悉將滿洲補用，則人數不敷，勢必有員缺而無補授之人。朕臨御以來，以四海為一家，萬物為一體，於用人之際，必期有濟於國家民生，故凡秉公持正，實心辦事者，雖疎遠之人而必用，有徇私利己，壞法亂政者，雖親近之人而必黜。總無分別滿漢之見，中外諸臣皆宜深體朕懷，同寅協恭，股肱手足交相為濟，則國家深有倚賴，久安長治之道必由於此也。

《皇朝文獻通考》卷五九《選舉考十三·考課》 臣等謹按《洪範》之稱好德也，有猷之後，繼以有守。蓋人苟不能自堅所守，則所求取者既多，動多窒碍，雖見地未嘗不明，才力未嘗不裕，而為利所餌，不能自展其用，則一變而摸稜，再變而阿附，而人品遂不可問。故明積弊貪墨成風。我朝定鼎之初，每朝覲官員必嚴切警戒之，茲當世祖章皇帝親政之始，首嚴墨吏之罰。天語從容，以正心定守為諭旨，簡而意該，操約而行遠，聖有明訓，即為萬世官箴，奕禩臣工所當奉而弗失者。夫飭各衙門事件依限註銷六科。奉諭旨：朕惟內外本章，關係民生國計，豈宜遲延時日？如往年部臣稽遲事件，朕察出罰治，而科臣竟不預行摘叅，又不具疏認罪，己職不盡，何以糾人？著六科將六部都察院從前奉旨應銷事件，挨順年月，各造清册，逐月進呈，以後俱照舊例嚴行注銷。應催完者催完，應摘叅者摘叅，務使各衙門承行事件，刻期注銷，其行各督撫按者，亦定限報完。內無留滯，外無推諉，若瞻狗容隱，罪必不宥。

又： 吏部都察院奉諭旨：朕惟內外官員佐理天下，外官計典十年內已三舉行，京官殿最亦當察核，除吏部侍郎及學士、詹事等官，朕親行考試區别外，其六部等衙門有年老疾病，不能任事，及素行不孚衆論，或才力可外任者，俱令各部堂官自行詳察嚴核，彙送吏部都察院同吏科河南道議奏。其通政司、大理寺、太常寺、太僕寺等衙門堂官，開送吏部都察院同吏科河南道察核具奏，嗣據各衙門甄别具奏，照八法例分别辦理。

《皇朝文獻通考》卷六〇《選舉考十四・考課》 奉諭旨：保舉卓異，乃該旗大員要務，非陞進官階可比。必將漢仗好，曾經効力應保之人薦舉，方為合宜。其人平常不應保者，伊等或受請託，入於其間，朕必將狥情薦舉之人治罪。

又： 六年奉諭旨：據山西太原總兵袁立松奏稱，平垣營守備梁玉年已六十八歲，雖于八法而精力不衰，且操守廉潔，辦事敏練等語。夫八法內開列年老者，蓋謂其衰老不能辦事，故令罷斥。並非限定年逾若干，即入於八法之內。若限定年歲以為處分，則年齒未老而早衰不能辦事者，又將姑容之乎？况年老諳練事務之人，尤為難得，倘精力可用，該上司當優待，以為後進之表式。今袁立松將伊填入八法叅劾之內，殊非體朕愛惜人才之意。梁玉著仍留原任，并令袁立松酌量梁玉既年老歷練，若可勝遊擊之任，遇有缺出，著即題補。

奉諭旨：國家舉行大計，乃三年考績之大典，其中卓異人員，皆加以特恩，不次擢用，誠以該管上司為國家薦拔人材，必深知灼見，然後列為卓異，斷非狥私受託，草率冒濫以負國恩，而辱鉅典。而到任未久之上司，不能深知屬員之賢否，又准其題請展限，以俟確訪，如此則屬員人品之邪正，自無有不能辨晰之理。乃見從前卓異之員，而後任內竟至貪贓枉法，罹於重罪。夫以三年之久，數百屬員之多，保舉數人，以光大典，則非一時應詔薦舉可比也。其人既犯貪贓枉法之條，則平日必係行止奸邪之輩，又非尋常詿誤及才力不及之類可比也。督撫提鎮等，專以察吏為務，而乃以此等之人列為卓異，及至敗露之後，尚可藉口於知人之不易，不能保其將來乎？此等若不定以處分，恐相沿日久，必有濫舉失實之弊。嗣後文武卓異官員，有犯贓不法之款，而審訊確實者，將從前列為卓異之上司，一并議處。倘於該員未敗露之先，有能查出叅奏者，免其處分。其如何定例之處，著九卿詳議具奏。尋議嗣後文武卓異之員，原任內有濫行貪酷不法之處，原薦舉卓異之上司，不行揭報題叅者，督撫提鎮降五級調用，司道府副將遊擊等，均行革職；若文武官員卓異之後，或復回本任或陞轉他省，别犯貪贓不法之款，其原薦舉之各上司，分别降級調用，不准抵銷。從之。

《皇朝文獻通考》卷六一《選舉考十五・考課》 監察御史章佑昌奏：三年京察，激濁揚清，定例部院衙門所屬官員，俱由該部堂官填註考語。惟是四五品京堂與正卿分屬同官，並無統轄，往往俱置優等立法，似未周詳。請嗣後四五品京堂照國子監欽天監之例，止令正卿開寫各員事實，移送吏部都察院。大臣於諸員過堂時，秉公填註考語。從之。奉諭旨：向來在京八旗武職，及外省駐防官員，并在京文武官員，遇有罰俸案件，准其將議叙加級改為紀録抵銷，惟在外文武不准此例。朕思大小臣工，雖分職有內外之殊，而以功抵過俱屬一體。嗣後外省地方文武各員，有情願將議叙加級改作紀録抵銷罰俸者，著照在京文武官員之例，准其抵銷。吏部議覆江蘇按察使李學裕奏請：令月選州縣官考試律例，應毋庸議。奉旨：李學裕所奏，事屬可行，著即於九卿驗看時，摘問律例數條，令其條對，與履歷一并進呈。著為例。

（清）劉錦藻《皇朝續文獻通考》卷一《田賦考一》 又諭：江蘇高郵州舊吏，私雕假印，偽串冒徵，百姓胥受其患；而句容縣糧書侵用銀糧，盈千累萬，皆係以完作欠歷年吞蝕。由此而推，可見閭閻受國家百餘年培養愛育之恩深仁厚，澤無不浹髓淪肌，窮年力作之餘，皆思踴躍急公輸將恐後。而姦胥猾吏等假捏串票，任意侵漁，使小民急公奉上之誠，轉為若輩私肥囊橐之計。甚而地方官知朕無時不以惠養黎元，藏富於民為念，輒思積欠過多，自必蒙恩豁免，因而急於徵催，影射入己，作為未完者恐亦不少。朕臨御五十五年，勤求民隱，孜孜不倦，凡遇水旱偏災，無不先期諮詢，重則加恩，概予蠲免，輕則准其分年帶徵，俾窮簷蔀屋，咸躋盈甯。朕之於民，未嘗不體卹周至，乃督撫牧令等既不能宣達朕意，又使書吏從中侵蝕，豈得謂尚有人心者乎？愚民易於欺虐，不受姦吏重徵之累，已屬倖免，甯有應交正項錢糧，敢於遲延觀望也。封疆大吏，皆係受朕委任重恩，不於此等關繫民生休戚之事，盡心稽查，則其他更不可問矣。嗣後各省督撫等於藩司奏銷之期，務將未完各項是否實欠在民，悉心體訪，遍行曉諭，務使急公之戶不受重徵，方為無忝厥職。現在高郵、句容二案，接踵發覺，想各省亦必有似此者，俱著澈底清釐，毋任官侵吏蝕，虧帑累民，令各省將此旨榜示通衢，俾咸知朕意。

又：臣謹案屯衛租銀，國之正課，而不能不假手於州縣之吏胥，吏胥慣用其侵蝕舞弄之手段，至積逋累累，臯有所歸矣。責之糧道如是，責之巡道亦如是，部臣但就一偏之弊以立法，非法之善者，不如歸併州縣，猶為去吏胥近，而察弊較易也。

（漢）劉向《新序》卷四《雜事》 管仲言齊桓公曰：夫墾田刱邑，闢土殖穀，盡地之利，則臣不若甯戚，請置以爲田官。登降揖讓，進退閑習，臣不如隰朋，請置以爲大行。蚤入晏出，犯君顔色，進諫必忠，不重富貴，不避死亡，則臣不若東郭牙，請置以爲諫臣。決獄折中，不誣無罪，不殺無辜，則臣不若弦寧，請置以爲大理。平原廣囿，車不結軌，士不旋踵，鼓之而三軍之士視死若歸，則臣不若王子成甫，請置以爲大司馬。君如欲治國强兵，則此五子者足矣，如欲霸王，則夷吾在此。夫管仲能知人，桓公能任賢，所以九合諸侯，一匡天下，不用兵車，管仲之功也。《詩》曰：濟濟多士，文王以寧。桓公其似之矣。

有司請吏於齊桓公，桓公曰：以告仲父。有司又請，桓公曰：以告仲父。若是者三。在側者曰：一則告仲父，二則告仲父，易哉爲君。桓公曰：吾未得仲父則難，已得仲父，曷爲其不易也。故王者勞於求人，佚於得賢。舜舉衆賢在位，垂衣裳，恭己無爲，而天下治。湯文用伊、吕，成王用周、邵，而刑措不用，兵偃而不動，用衆賢也。桓公用管仲則小也，故至於霸，而不能以王。故孔子曰：小哉，管仲之器。蓋善其遇桓公，惜其不能以王也。至明王則不然，所用大矣。《詩》曰：濟濟多士，文王以寧。此之謂也。

（宋）真德秀《政經》 某昨者叨帥長沙，嘗以四事勸勉同僚，曰律己以廉，撫民以仁，存心以公，涖事以勤。而某區區，實身率之，以是二年之間，為潭人興利除害者粗有可紀。今者蒙恩起廢，再撫是邦，竊伏惟念所以答上恩而慰民望者，亦無出前之四事而已，故願與同僚勉之。蓋泉之為州，蠻貊聚焉，犀珠寶貨，見者興羨，而豪民巨室有所訟愬，志在求勝，不吝揮金，苟非好修自愛之士，未有不為所污染者。不思廉者士之美節，污者士之醜行。士之不廉，猶女之不潔。不潔之女，雖巧容絶人，不足自贖；不廉之士，縱有他美，何足道哉？昔人有懷四知之畏而却暮夜之金者，蓋隱微之際，最為顯著。聖賢之教，謹獨是先。故願同僚力修冰蘗之規，各厲玉雪之操，使士民起敬，稱為廉吏，可珍可貴。孰有踰此，其所當勉者一也。先儒有云：一命之士，苟存心於愛物，於人必有所濟。且以簿、尉求之。簿勤於勾稽，使人無重疊追催之害；尉勤於警捕，使人無穿窬攻刼之擾，則其所濟亦豈少哉？等而上之，其位愈高，繫民之休戚者愈大。發一殘忍心，斯民立遭荼毒之害；發一掊克心，斯民立被誅剥之殃。盍亦反而思之。針芒刺手，茨棘傷足，舉體凜然，謂之痛楚，刑威之慘，百倍於此，其可以喜怒施之乎？虎豹在前，坑穽在後，號呼求救，惟恐不免，獄刑之苦，何異於此，其可使無辜者坐之乎？己欲安居，則不當擾民之居；己欲豐財，則不當朘民之財。故曰：己所不欲，勿施于人。其在聖門，名之曰恕。强勉而行可以致仁。矧當斯民憔悴之時，撫摩愛育，尤不可緩。故願同僚各以哀矜惻怛為心，而以殘忍、掊尅為戒，則此邦之人其有瘳乎？此所當勉者二也。公事在官，是非有理，輕重有法，不可以己私而拂天理，亦不可骫公法以狥人情。諸葛公有言：吾心如平秤，不能為人作輕重。此有位之士所當視以為法也。然人之情每以私勝公者，蓋狥貨賄則不能公，任喜怒則不能公，黨親戚，畏豪強，顧禍福，計利害，則皆不能公。殊不思是非之不可易者，天理也；輕重之不可踰者，國法也。以是為非，以非為是，則逆乎天理矣！以輕為重，以重為輕，則違乎國法矣！居官臨民，而逆天理，違國法，於心安乎？雷霆鬼神之誅，金科玉條之禁，其可忽乎？故願同僚以公心持公道，而不汩於私情。不撓於私請，庶幾枉直適宜，而無寃抑不平之歎，此所當勉者三也。民生在勤，勤則不匱，則為民者不可以不勤；業精于勤，荒于嬉，則為士者不可以不勤。況為命吏，所受者朝廷之爵位，所享者下民之脂膏，一或不勤，則職業隳弛，豈不上孤朝寄，而下負民望乎？今之居官者，或以酣咏遨遊為尚，以勤强敏恪為俗，此前世衰弊之風也。盛明之時，豈宜有此。陶威公有言，大禹聖人，猶惜寸陰，至於衆人，當惜分陰。故賓佐有以蒱博廢事者，則取而投之於江。今願同僚共體此意，職思其憂，非休澣毋聚飲，非節序毋出遊，朝夕孜孜，惟民事是力。庶幾政平訟理，田里得安其生，此所當勉者四也。某雖不敏，請以身先，毫髮少渝，望加規警。前此官僚之間，或於四事未能無愧，顧自今始洗心自新。在昔聖賢，許人改過，故曰改而止。儻猶玩視而不改焉，誠恐物議沸騰，在某亦不容苟止也。涖事之初，敢以誠告，幸垂察焉。

（明）張四維《名公書判清明集》卷三《賦役門・受納・革受納弊幸》 官員之弊：受納之官，正當以己律人，所謂事例者，倖門也，此例一開，則無往而非弊矣。垂涎染指，亦能幾何，而此身亦墮諸吏膠漆之中矣。受制於人，方將畏首畏尾之不暇，豈能鈐束吏姦，釐革民病。今所委受納官必能相體，不待多言。然官員潔身，自是革獘之第一義，至於人從亦不可帶入倉門，蓋添一人，則添一人之獘。除帯兩名輪日當直外，其餘無本州給牌輒入倉門者，杖一百，編管。

（漢）劉安《淮南子》卷一四《詮言訓》 厭文搔法。厭，持也。搔，勞也。治官理民者，有司也。君無事焉，猶尊君也。辟地墾草者，后稷也。决河濬江者，禹也。聽獄制中者，皋陶也。有聖名者，堯也。故得道以御者，身雖無能，必使能者為己用。

（漢）班固《白虎通義》卷上《德論上・誅伐》 佞人當誅何？為其亂善行，傾覆國政。《韓詩内傳》曰：孔子為魯司寇，先誅少正卯，謂佞道已行，亂國政也。佞道未行章明，遠之而已。《論語》曰：放鄭聲，遠佞人。

（清）顧炎武《日知録》卷一三《名教》 漢人以名為治，故人材盛；今人以法為治，故人材衰。

（清）顧炎武《日知録》卷一三《除貪》 嗚呼！法不立，誅不必，而欲為吏者之毋貪，不可得也。人主既委其太阿之柄，而其所謂大臣者，皆刀筆筐篋之徒，毛舉細故，以當天下之務，吏治何由而善哉！

（清）趙翼《陔餘叢考》卷二七《未葬親不許入仕》 古時又有親未葬不得入仕之例。《晉書》載記常煒言魏晉之制，祖父未葬者，不聽服官。按鄭默、華廙二傳，其時雖不行三年喪，然未有不葬而仕者。《南史》究州刺史滕恬烏程令顧昌，皆以不葬親而入仕為清議所鄙。《唐書》顔真卿劾奏朔方令鄭延祚母死不葬三十年，有詔終身不齒。是唐時雖未有定例，而犯者必黜其官。周廣順中詔：親未葬者不許入仕。《宋史》吴充奏士大夫親歿，或藁殯數十年，宜限期使葬，著為令。又劉綜奏京朝官當任遠官者，率以父母未葬為辭，意求規免，請自今父母未葬者，許請告營辦，審官投狀，明言父母已葬，方許依例考課。違者並罷其官，從之。是周宋時嘗著為令甲，按《劉昺傳》昺與弟焕皆侍從，而親喪未葬，坐奪職。《王子韶傳》御史張商英劾子韶不葬父母，而冒轉運使判官之任，乃貶知高郵縣。又道山清話孫莘老入相，不及一年而罷，坐父死不葬故也。後莘老作《家廟記》自辨，劉器之為其集序，可見宋時此禁甚嚴。

（漢）蔡邕《蔡中郎文集》卷六《幽冀二州刺史久缺疏》 臣聞國家置官以職建名，臣愚淺小才，竊假階級，官以議爲名，職以身爲貴，智淺謀漏，無所獻替，夙夜寤嘆，憂悸怛惕。臣邕頓首死罪。伏見幽州奕騎、冀州强弩，爲天下精兵，國家瞻扙，四方有事，軍帥奮攻，未嘗不辨於二州也。頃者已來，連年饉荒，穀價一斛至六七百，故獲烏桓校尉夏育出征鮮卑，無功而還，士馬死傷者萬數，弓兵散亡幾盡。生民之本，守禦之備，無一可阻，百姓元元流離，溝壑寇賊輩起，莫能禁討。長吏寒心，朝不守夕，卒有他方之急則民之不可驅使，自爲寇虜則誅之不可禽制。豈非可憂之難？三府選幽州刺史，踰月不定，臣恠問其故，云：避三互。十一州有禁，當取二州而已，二州之中少素有威名之士，或拘限歲年示應選用狐疑遲遲淹，兩州懸空萬里蕭條，無所管繫。每冀州長史初除詔書，治嚴不過五日，今者刺史如旬示，誠非其理。愚以爲三互之禁，禁之薄者。以陛下威靈，神明禁令，對相部主，尚主畏懼不敢營辦，况乃三互，何足爲嫌？孝景時，梁人韓安國坐事備刑起徒中爲内史；武帝患東越數反惧，故待詔會稽朱買臣；宣帝時，患冀州有盜賊，故京兆尹張敞有罪逃命，上使使就家召張敞爲冀州刺史。安國徒隸，買臣郡民，皆還治其國；張敞亡命，擢授劇州，豈顧三互拘官簿？得救時之便也。卒獲其用，遺不威，此先帝不誤已然之事。三公明知二州尤宜揀選，當越禁取能，然而畏扞灾自遂之，不顧争臣七人之貴，苟避科禁，竊見日月，選既稽滯，又未必審得其人，則二部蠢蠢將爲憂念。願陛下少觸禁忌，上則三帝用三臣之法，任職相故吏在家。若諸州刺史器用可換者，無拘時月三五，以此十臣慺慺發瞽言，幹非義，惟陛下留神，再省三省。

（漢）曹操《曹操集·文集》卷二《求賢令》　自古受命及中興之君，曷嘗不得賢人君子與之共治天下者乎！及其得賢也，曾不出閭巷，豈幸相遇哉？上之人不求之耳。今天下尚未定，此特求賢之急時也。孟公綽爲趙、魏老則優，不可以爲滕、薛大夫。若必廉士而後可用，則齊桓其何以霸世！今天下得無有被褐懷玉而釣於渭濱者乎？又得無盜嫂受金而未遇無知者乎？二三子其佐我明揚仄陋，唯才是舉，吾得而用之。

（漢）曹操《曹操集·文集》卷二《敕有司取士毋廢偏短令》　夫有行之士未必能進取，進取之士未必能有行也。陳平豈篤行，蘇秦豈守信邪？而陳平定漢業，蘇秦濟弱燕。由此言之，士有偏短，庸可廢乎！有司明思此義，則士無遺滯，官無廢業矣。

（漢）曹操《曹操集·文集》卷二《舉賢勿拘品行令》　昔伊摯、傅説出於賤人，管仲，桓公賊也，皆用之以興。蕭何、曹參，縣吏也，韓信、陳平負汙辱之名，有見笑之恥，卒能成就王業，聲著千載。吴起貪將，殺妻自信，散金求官，母死不歸，然在魏，秦人不敢東向，在楚則三晉不敢南謀。今天下得無有至德之人放在民間，及果勇不顧，臨敵力戰；若文俗之吏，高才異質或堪爲將守；負汙辱之名，見笑之行，或不仁不孝而有治國用兵之術，其各舉所知，勿有所遺。

（唐）高適《高適集·文·謝上劍南節度使表》　臣適言：受脤登壇，必先禮樂，剖符攬轡，是委腹心。方將總領諸侯，整訓戎旅，分二《南》之名器，創七德之籌謀，君無虛授，臣無虛受，授受之際，任用匪輕。況全蜀奥區，非賢勿守，方面重寄，擇善而從。顧臣庸愚，豈合祇拜！遠奉恩制，不敢逡巡，即以二月二日上訖。

天威在顔，風俗思變，飲冰食蘖，策朽磨鉛。臣往在淮陽，已無展效，出臨彭蜀，又乏循良，雖聖恩不移，而微臣益懼。謹當宣揚皇化，鎮撫蕃蠻，訓率吏兵，剪除夷獠。庶冀毫髮，增益山丘。陛下慎擇任人，朝廷多士，伏願更徵英彦，俾付西南，許臣暮年，歸侍丹闕。臣子之懇，君父之慈，天高聽卑，下情上達。軍府多事，稅賦方殷，臣令逐便指撝，乘間式遏。救蒼生之疲弊，寬陛下之憂勤，乃臣丹誠慺慺於夙夜。無任悾款之至，謹遣洋州司馬攝參謀臣路球謹奉表陳謝以聞，云云。

（宋）姚鉉《唐文粹》卷二七李嶠《請每十州分置御史巡按疏》　夫禁網尚疎，法令宜簡，簡則法易行而不煩雜，疎則所羅廣而無苛碎。竊見垂拱二年，諸道巡察使所奏科目，凡有四十四件。至於別准格敕令察訪者，又有三十餘條。而巡察使率是三月已後出都，十一月終奏事，時限迫促，簿書填委，晝夜奔逐，以赴限期。而每道所察文武官，多至二千餘人，少者一千已下，皆須品量才行，褒貶得失，欲令曲盡行能，則皆不暇。此非敢墮職而慢於官也，實才有限而力不及耳。

（宋）姚鉉《唐文粹》卷三〇劉蕡《應賢良方正能直言極諫科》　臣前所謂列郡干禁，由授任非其人者。臣以為刺史之任，理亂之根本繫焉，朝廷之法制在焉。權可以抑豪猾，恩可以惠孤寡，强可以禦姦寇，政可以移風俗。其將校有曾經戰陣及功臣子弟，各請隨宜酬賞。無理人之術者，不當授此官，則絶干禁之患矣。臣前所謂百工淫巧，由制度不立者。請以官位爵禄，制其器用車服，禁人金銀珠玉，錦繡彫鏤，不蓄於私家，則無蕩心之巧矣。

（宋）歐陽修《歐陽修全集》卷七九《外制集·東頭供奉官桑逵可内殿崇班制》　敕具官桑逵：國家命官之術，必量功過之分，計歲時之勤，以為升黜。法在有司，其平不欺，其信不渝。以爾嚮因事累，格其會課。今日月及矣，考績者以時來上。還汝所當得者，示我不汝忘焉。可。

（宋）歐陽修《歐陽修全集》卷七九《外制集·江南□路提刑内殿承制柴貽慶可就轉禮賓副使制》　敕具官柴貽慶：傳曰：夫刑者，一成而不變。又曰：法者，天下之至平。庶獄之間，其可不慎？故於國制，尤重邦刑。擇彼監司，必參文武，所以藉其材敏，而佐夫不逮者也。惟爾克守其職，能濟以勤。有司質成，法應敘進。故增榮秩，無替前勞。可。

（宋）歐陽修《歐陽修全集》卷七九《外制集·國子博士陳淑祕書丞薛仲簡尹源太子中舍李隨大理評事朱壽昌磨勘改官制》　敕：國家考課之格，敘進有常，所以示為法之均平，而防有司之輕重也。及其弊也，賢愚並進，而功過不明。屬者命考舊文，稍更新制，不專累日以為限，問須善舉而後遷。夫選之艱則材者出，賞之當則能者勸焉，此予之意也。今爾等雖以滿歲增秩，而皆敏材可稱，尚有爾知，以應新法。可。

（宋）歐陽修《歐陽修全集》卷九八《奏議・諫院進劄子十首・再論王倫事宜劄子》 竊見諸處縣尉，多是新及第少年，儒生怯懦，往往不能捉賊，虚令陷罪。臣今欲乞下銓司，詳議選按察使先次舉奏替换。

臣竊見自來所差巡檢兵士，多不能捕賊，反與州縣為患。臣今欲乞自朝廷選募使臣，令使臣自選募兵卒，不拘厢禁軍，令所在州軍指名抽射，仍重立賞罰之法。

（宋）歐陽修《歐陽修全集》卷一〇四《奏議・諫院進劄狀十一首・論三司判官擇人之利劄子》 臣今欲乞詳定差省判之法，每遇闕人，或令本省使、副自舉，或朝廷先擇舉主，令舉主擇人，但重其保任同罪之法，而不必限其資序。如此，則省判得人。省判得人，則將來有好轉運使。有好轉運使，則逐路澄清，民紓用足。以此而言，擇得一省判，為數十州民之福，其利甚大。夫得人為利甚大，則失人為害亦大矣。伏望聖慈，留意裁擇。取進止。

（宋）歐陽修《歐陽修全集》卷一〇六《奏議・諫院進劄狀七首・再論按察官吏狀》 國家之法，除贓吏因民告發者乃行之。其他不材之人，大者壞州，小者壞縣，皆明知而不問。臣謂凡贓吏多是强黠之人，所取在於豪富，或不及貧弱。不材之人不能馭下，雖其一身不能乞取，而恣其羣下共行誅剥，更無貧富，皆被其殃，為害至深，縱而不問。故臣尤欲盡取老病繆懦者，與贓吏一例黜之。

《皇明經世文編》卷一三六胡世寧《胡端敏公奏疏四・疏・備邊十策疏》 一曰嚴考覈以正士風。臣惟士風之邪正，係天下之安危，故晉尚清談而禍亂立，至周興德行而治化隆長。此其驗也。【略】

勅兵部會議：凡今軍官私罪，悉依《大明律》擬斷，該降級者降級，該罷職者充軍。其降級充軍者非真有戰功，不許擢用。聖恩若念其祖功，不忍棄其子孫，亦待有罪之人身故，方許其子孫替襲。

《聖祖仁皇帝御製文集・第一集》卷四《勅諭・諭吏禮二部》 致治之道，首重人才，儲養之源，由於學校。必衡鑒得人，釐剔有法，乃能革除積弊，遴拔真材，以彰文治之盛。近聞直省學差沿襲陋規，瘝廢職業，營私作弊，考試不公，以致真才淪棄，文治不光。今應作何整飭，差遣何官？磨勘考核之法，何以盡善？務期永革弊端，著九卿科道會同詳確議奏，特諭。康熙十二年十二月十八日。

《聖祖仁皇帝御製文集・第一集》卷一〇《勅諭・諭吏部等衙門》 致治安民之道，首在懲戒貪蠹，嚴禁科派，而後積弊可清，閭閻不擾。近見街道衙門蠹役，詐索害民，又聞提督步兵衙門、五城司坊、街道巡捕營等衙門各官，不能潔己奉公，恪遵法紀，縱容衙役朘削小民，或沿習陋規，科斂行户，或借端挾詐，官役分肥，肆意横行，無辜受害，種種弊端，深可痛恨。向來雖經嚴禁，定有處分之例，但恐小民未能悉知，仍被姦徒擾害，應再加嚴飭，務令家喻户曉，以副朕安全生民至意。著各該衙門通行曉諭遵行，特諭。康熙十九年五月初二日。

《聖祖仁皇帝御製文集・第二集》卷三《勅諭・諭吏部》 國家選用臣工，必得才學通敏之人，畀以職任，斯能庶官無曠，實得用人之益。朕見漢軍官員，起家多由捐納，從事學問者少。年未成材，便涉仕版，竝無素抱，何以涖事臨民？去年特行考試，分别去留，又將交白卷人員，從寬姑免處分，令其學習，俟通曉文義，該部題明考試録用。朕因從前考較情弊多端，今特行親試，荒陋不堪者甚衆。朕不加搜察，私藏懷挾，自行發露者，已交刑部拿問。外其考列一等高璜等，及二三四等人員，現任者仍舊供職；候補者照常補用。王撫民等文理不通，及書寫履歷投交白卷者，俱著以原品，隨旗行走，其去年著令學習之人，今仍交白卷及考置五等者，顯圖僥倖，著察議具奏。王樑居官有聲，仍准候補。難蔭生馬世永、王琨、王鎬、胡枚，念伊父盡節可憫，馬世永等著令學習，俟通曉文義之日，該部題請録用。胡枚交與該管衙門另行請旨；程萬坦曾効力行間，著以旗内武職補用，爾部即遵諭行，特諭。康熙二十五年四月二十三日。

《聖祖仁皇帝御製文集・第二集》卷三八《雜著・張華以才學文識名重一時》 國家用人，當以德器為本，才藝為末。凡才長者雖能濟事，亦多敗檢，若德器醇樸，必不至蕩軼準繩之外。朕臨御日久，閱歷人情，所見甚確，如張華在晉，以才學知名，後乃蔑棄典禮，以附賊后，所學又安在耶？

《聖祖仁皇帝御製文集・第三集》卷八《勅諭・諭内閣》　開科取士，以能明經義為重，若增入詩賦，則士子攻習詞章，反於經義疎淺，甚非國家磨厲實學之意。今聞試屆期，俞化鵬妄請更張成法大不合理，該部覆議允行，亦屬不合，可下旨，通行嚴飭。康熙四十四年五月初五日。

《聖祖仁皇帝御製文集・第三集》卷九《勅諭・諭内閣》　官員薦舉卓異，關係激勸大典，所列事蹟，期有實濟於地方百姓，開載虚文無益。嗣後薦舉卓異，務期無加派，無濫刑，無盜案，無錢糧拖欠，無虧空倉庫銀米，境内民生得所，地方日有起色，方可膺卓異之選。其他所開虚文，俱不必入。可會同九卿詹事科道定議具奏。康熙四十四年五月十九日。

《皇朝經世文編》卷五七《禮政四・學校》乾隆三年禮部議復《議時文取士疏》　查兵部侍郎舒赫德奏稱科舉之制，憑文而取，按格而官，已非良法，况積弊日深，僥倖日衆。古人詢事考言，其所言者，即其居官所當為之職事也，今之時文，徒空言而不適於用，此其不足以得人者一。墨卷房行，輾轉抄襲，膚詞詭説，蔓衍支離，以為苟可以取科第而止，其不足以得人者二。士子各占一經，每經擬題多者百餘，少者不過數十，古人畢生治之而不足，今則數月為之而有餘，其不足以得人者三。表判可以預擬而得，答策隨題數衍，無所發明，其不足以得人者四。且人才之盛衰，由於心術之邪正，今之僥倖求售者，弊端百出，探本清源，應將考試條款改移而更張之。別思所以遴拔真才實學之道等語。謹按取進之法，三代以上出於學，漢以後出於都縣吏，魏晉以後出於九品中正，隋唐至今出於科舉。科舉之法，每代不同，而自明至今，則皆出於時藝。三代尚矣，漢法近古，而終不能復古。至漢以後，累代變法不一而足，其既也莫不有弊。九品中正之弊，毁譽出於一人之口，至於賢愚不辨，閥閲相高。劉毅所云：下品無高門，上品無寒士者是也。科舉之弊，詩賦則祇尚浮華，而全無實用；明經則徒事記誦，而文義不通。唐趙匡所謂習非所用，用非所習，當官少稱職吏者是也。時藝之弊，則今該侍郎所陳奏是也。聖人不能使立法之無弊，在乎因時而補救之。

犯罪原因及預防部

綜論分部

論説

《周易正義・坤》 〔《文言》〕積善之家，必有餘慶。積不善之家，必有餘殃。臣弑其君，子弑其父，非一朝一夕之故，其所由來者漸矣，由辯之不早辯也。《易》曰：履霜堅冰至，蓋言順也。疏：積善之家至蓋言順也。正義曰：此一節明初六爻辭也。積善之家，必有餘慶，積不善之家，必有餘殃者，欲明初六其惡有漸，故先明其所行善惡事，由久而積漸，故致後之吉凶。其所由來者漸矣者，言殺君殺父，非一朝一夕率然而起，其禍患所從來者積漸久遠矣。由辯之不早辯者，臣子所以久包禍心，由君父欲辯明之事，不早分辯故也。此戒君父防臣子之惡。蓋言順者，言此履霜堅冰至，蓋言順習陰惡之道，積微而不已，乃致此弑害。稱蓋者是疑之辭。凡萬事之起，皆從小至大，從微至者，故上文善惡並言，今獨言弑君弑父有漸者，以陰主柔順，積柔不已，乃終至禍亂，故特於坤之初六言之，欲戒其防柔弱之初，又陰爲弑害，故寄此以明義。

《周易正義・屯》 屯：元、亨、利、貞【略】《象》曰：雲雷屯，君子以經綸。君子經綸之時。疏：正義曰：經謂經緯，綸謂綱綸，言君子法此屯象有爲之時，以經綸天下，約束於物，故云君子以經綸也。姚信云：綸謂綱也，以織綜經緯。此君子之事，非其義也。劉表、鄭玄云以綸爲淪字，非王本意也。

（宋）李衡《周易義海撮要・蒙》 初六，發蒙，利用刑人，用説桎梏；以往吝。

不辨之於蚤而至於上九，則蒙之罪大矣！不懲之於小而至於上九，則蒙之難極矣！當蒙之初，不能正法以懲其小，而用説桎梏以縱之以往，則吝道也。

（宋）李衡《周易義海撮要・家人》 初九閑有家，悔亡。《象》曰：閑有家，志未變也。【略】

初者，家人之志未變之時，於是閑之以法度，内外各守其正，何悔之有？志動不正，流宕无別，然后閑之，則悔矣。朱。

《周易正義・困》 ䷮坎下兑上。困：亨。困必通也。處窮而不能自通者，小人也。疏：正義曰：困者，窮厄委頓之名，道窮力竭，不能自濟，故名爲困。亨者，卦德也。小人遭困，則窮斯濫矣。君子遇之，則不改其操。君子處困而不失，其自通之道，故曰困，亨也。貞，大人吉，无咎。處困而得无咎，吉乃免也。疏：正義曰：處困而能自通，必是履正體大之人，能濟於困，然後得吉而无咎，故曰貞，大人吉，无咎也。有言不信。疏：正義曰：處困求濟，在於正身脩德。若巧言能辭，人所不信，則其道彌窮，故誡之以有言不信也。

《彖》曰：困，剛揜也。剛則揜於柔也。疏：正義曰：此就二體以釋卦名，兑陰卦爲柔，坎陽卦爲剛，坎在兑下，是剛見揜於柔也。剛應升進，今被柔揜，施之於人，其猶君子爲小人所蔽以爲困窮矣。險以説，困而不失其所亨。處險而不改其説，困而不失其所亨也。疏：正義曰：此又就二體名訓以釋亨德也。坎險而兑説，所以困而能亨者，良由君子遇困，安其所遇，雖居險困之世，不失暢説之心，故曰險以説，困而不失其所亨也。其唯君子乎？貞，大人吉，以剛中也。處困而用剛，不失其中，履正而能體大者也。能正而不能大博，未能説困者也，故曰貞，大人吉也。疏：正義曰：其唯君子乎者，結歎處困能通，非小人之事，唯君子能然也。貞，大人吉，以剛中者，此就二五之爻，釋貞，大人之義。剛則正直，所以爲貞，中而不偏，所以能大。若正而不大，未能濟困，處困能濟，濟乃得吉而无咎也，故曰貞，大人吉，以剛中也。有言不信，尚口乃窮也。處困而言，不見信之時也。非行言之時，而欲用言以免，必窮者也。其吉在於貞、大人，口何爲乎？疏：正義曰：處困求通，在於修德，非用言以免困。徒尚口説，更致困窮，故曰尚口乃窮也。

《象》曰：澤无水，困。君子以致命遂志。澤无水，則水在澤下，水在澤下，困之象也。處困而屈其志者，小人也。君子固窮，道可忘乎？疏：正義曰：澤无水，困者，謂水在澤下，則澤上枯槁，萬物皆困，故曰澤无水困也。君子以致命遂志者，君子之人，守道而死，雖遭困厄之世，期於致命喪身，必當遂其高志，不屈撓而移改也，故曰致命遂志也。

《周易正義・既濟》 ䷾離下坎上。既濟：亨小，利貞，初吉終亂。疏：正義曰：既濟，亨小，利貞，初吉終亂者，濟者，濟渡之名，既者，皆盡之稱，萬事皆濟，故以既濟爲名。既萬事皆濟，若小者不通，則有所未濟，故曰既濟，亨小也。小者尚亨，何况于大？則大小剛柔，各當其位，皆得其所。當此之時，非正不利，故曰利貞也。但人皆不能居安思危，慎終如始，故戒以今日。既濟之初，雖皆獲吉，若不進德脩業至於終極，則危亂及之，故曰初吉終亂也。

《彖》曰：既濟，亨，小者亨也。既濟者，以皆濟爲義者也，小者不遺，乃爲皆濟，故舉小者，以明既濟也。疏：正義曰：此釋卦名德，既濟之亨，必小者皆亨也，但舉小者，則大者可知，所以爲既濟也。具足爲文，當更有一小字，但既疊經文，略足以見，故從省也。利貞，剛柔正而位當也。剛柔正而位當，則邪不可以行矣，故唯正乃利貞也。疏：正義曰：此就二、三、四、五並皆得正，以釋利貞也。剛柔皆正，則邪不可行，故惟正乃利貞也。初吉，柔得中也。終止則亂，其道窮也。柔得中，則小者亨也。柔不得中，則小者未亨。小者未亨，雖剛得正，則爲未既濟也。故既濟之要，在柔得中也。以既濟爲安者，道極无進，終唯有亂，故曰：初吉終亂。終亂不爲自亂，由止故亂，故曰終止則亂也。疏：正義曰：初吉，柔得中者，此就六二以柔居中，釋初吉也。以柔小尚得其中，則剛大之理，皆獲其濟。物无不濟，所以爲吉，故曰初吉也。終止則亂，其道窮者，此正釋戒。若能進脩不止，則既濟无終。既濟終亂，由止故亂。終止而亂，則既濟之道窮矣，故曰終止則亂，其道窮也。

《象》曰：水在火上，既濟。君子以思患而豫防之。存不忘亡，既濟不忘未濟也。疏：正義曰：水在火上，炊爨之象，飲食以之而成，性命以之而濟，故曰水在火上，既濟也。但既濟之道，初吉終亂，故君子思其後患，而豫防之。

（清）孫星衍《周易集解·既濟》

《象》曰：水在火上，既濟。君子以思患而豫防之。

解：荀爽曰：六爻既正，必當復亂，故君子象之。思患而預防之，治不忘亂也。

注：存不忘亡，既濟不忘未濟也。

《周易正義·繫辭下》 子曰：小人不恥不仁，不畏不義，不見利不勸，不威不懲。小懲而大誡，此小人之福也。《易》曰：屨校滅趾，无咎。此之謂也。疏：正義曰：此章第三節也。明小人之道，不能恒善，若因懲誡而得福也，此亦證前章安身之事。故引《易·噬嗑》初九以證之。以初九居无位之地，是受刑者以處卦初，其過未深，故屨校滅趾而无咎也。善不積，不足以成名；惡不積，不足以滅身。小人以小善爲无益而弗爲也，以小惡爲无傷而弗去也。故惡積而不可揜，罪大而不可解。《易》曰：何校滅耳，凶。疏：正義曰：此章第四節也。明惡人爲惡之極以致凶也。此結成前章不能安身之事，故引《噬嗑》上九之義以證之。上九處斷獄之終，是罪之深極者。故有何校滅耳之凶。案第一、第二節皆先引《易》文於上，其後乃釋之。此第三已下，皆先豫張卦義於上，然後引《易》於下以結之，體例不同者，蓋夫子隨義而言不爲例也。

子曰：危者，安其位者也。亡者，保其存者也。亂者，有其治者也。是故君子安而不忘危，存而不忘亡，治而不忘亂，是以身安而國家可保也。《易》曰：其亡其亡，繫於苞桑。疏：正義曰：此第五節。以上章有安身之事，故此節恒須謹慎，可以安身，故引《否》之九五以證之。危者，安其位者也，言所以今有傾危者，由往前安樂於其位，自以爲安，不有畏慎，故致今日危也。亡者，保其存者，所以今日滅亡者，由往前保有其存，恒以爲存，不有憂懼，故今致滅亡也。亂者，有其治者，所以今有禍亂者，由往前自恃有其治理也，謂恒以爲治，不有憂慮，故今致禍亂也。是故君子今雖復安，心恒不忘傾危之事；國之雖存，心恒不忘滅亡之事；政之雖治，心恒不忘禍亂之事。其亡其亡，繫于苞桑者，言心恒畏慎，其將滅亡！其將滅亡！乃繫于苞桑之固也。子曰：德薄而位尊，知小而謀大，力小而任重，鮮不及矣。《易》曰：鼎折足，覆公餗，其形渥，凶。言不勝其任也。疏：子曰至其任也。正義曰：此第六節。言不能安其身，知小謀大而遇禍，故引《易·鼎》卦九四以證之。鼎折足，覆公餗，其形渥，凶者，處上體之下，而又應初，既承且施，非己所堪，故有折足之凶。既覆敗其美道，災及其形，以致渥凶也。言不勝其任者。此夫子之言，引《易》後以此結之，其文少，故不云子曰也。

（明）來知德《易經集注·繫辭下》 子曰：小人不耻不仁，不畏不義，不見利不勸，不威不懲。小懲而大誡，此小人之福也。《易》曰：屨校滅趾，无咎。此之謂也。

釋《噬嗑》初九爻義。可耻者，莫如不仁，小人則甘心不仁。可畏者，莫如不義，小人則甘心不義，利以動之而後為善。曰勸者，即勸其為仁、為義也。威以制之而後去惡。曰懲者，即懲其不仁、不義也。故小有懲于前大有誡于後，此則小人之福也。不然，不仁、不義、不勸、不懲，積之既久，罪大而不可解矣，何福之有！《易》曰：屨校滅趾，无咎者，正此止惡于未形，小懲大誡為小人之福之意也。

（宋）蔡沈《書經集傳·虞書·益稷》 庶頑讒説若不在時，侯以明之，撻以記之。書用識哉，欲並生哉！工以納言，時而颺之，格則承之、庸之，否則威之。

識，音志。颺，音揚。否，俯久反。此因上文而慮庶頑讒説之不忠不直也。讒説，即舜所堲者。時，是也，在是指忠直為言。侯，射侯也。明者，欲明其果頑愚讒説與否也。蓋射所以觀德，頑愚讒説之人，其心不正則形乎四體，布乎動靜，其容體必不能比於禮，其節奏必不能比於樂，其中必不能多審。如是，則其為頑愚讒說也必矣。《周禮》王大射則供虎侯、熊侯、豹侯，諸侯供熊侯、豹侯，卿大夫供麋侯，皆設其鵠。又梓人爲侯，廣與崇方，三分其廣，而鵠居一焉。應古制亦不相遠也。撻，扑也，即扑作教刑者，蓋懲之使記而不忘也。識，誌也，録其過惡以識于册。如周制鄉黨之官，以時書民之孝悌、睦婣、有學者也。聖人不忍以頑愚讒說而遽棄之，用此三者之教，啟其憤，發其悱，使之遷善改過，欲其並生於天地之閒也。工，掌樂之官也。格，有恥且格之格，謂改過也。承，薦也。聖人於庶頑讒說之人，既有以啟發其憤悱遷善之心，而又命掌樂之官，以其所納之言，時而颺之。以觀其改過與否。如其改也，則進之，用之；如其不改，然後刑以威之。以見聖人之教，無所不極其至，必不得已焉，而後威之，其不忍輕於棄人也如此。此即龍之所典，而此命伯禹總之也。

（清）孫星衍《尚書今古文注疏・顧命》 柔遠能邇，安勸小大庶邦，思夫人自亂于威儀，爾無以釗冒，貢于非幾。

注：馬融貢作贛，曰：陷也。冒一作勖。疏：柔遠能邇，能而通。而，如也。勸者，《廣雅・釋詁》云：教也。夫者，鄭注《曲禮》云：丈夫。亂者，《釋詁》云：治也。威者，《廣雅・釋詁》云：則也。冒者，《春秋左氏》文十八年《傳》云：冒於貨賄。注：冒亦貪也。貢者，《廣雅・釋言》云：獻也。幾與機通，《淮南・主術訓》云：治亂之機。高誘注云：機，理。言當安遠如邇，安教小大衆國，思丈夫人人當自治于儀，則汝衆國無以釗為貪，而進奉以非法之財賄。《僞傳》以冒貢於非幾為冒進於非危之事。江氏、王氏俱無駁。今不從之者，《史記》云：申告以文王、武王之所以爲王業之不易，務在節儉，毋多欲，以篤信臨之。此篇惟冒貢非幾爲多欲之義。《釋文》冒一音墨，是古説，亦有以爲貪墨之義者。知史公即解此文，蓋孔安國古文説也。馬注見《釋文》。云冒、馬、鄭作勖、貢。馬注作贛，王氏鳴盛云：即借勖為冒也。贛為陷者，贛從贛省聲，贛讀若坎，坎之義為陷。凡人為惡，或進而冒觸，或退而墜陷，故兼言勖贛也。江氏聲云：《説文》陷或作𨸝，則贛、臽同聲，故云贛，陷也。

（宋）蔡沈《書經集傳・周書・畢命》 旌別淑慝，表厥宅里，彰善癉惡，樹之風聲。弗率訓典，殊厥井疆，俾克畏慕。申畫郊圻，慎固封守，以康四海。

癉，多旱反。守，舒究反。淑，善；慝，惡；癉，病也。旌善別惡，成周今日由俗革之政也。表異善人之居里，如後世旌表門閭之類。顯其為善者，而病其為不善者，以樹立為善者風聲，使顯於當時，而傳於後世。所謂旌淑也，其不率訓典者，則殊異其井里疆界，使不得與善者雜處。《禮記》曰：不變移之郊，不變移之遂，即其法也。使能畏為惡之禍，而慕為善之福，所謂別慝也。圻，與畿同。郊圻之制昔固規畫矣。曰申云者，申明之也。封域之險，昔固有守矣。曰謹云者，戒嚴之也。疆域障塞，歲久則易湮，世平則易玩，時緝而屢省之，乃所以尊嚴王畿。王畿安，則四海安矣。

（清）王夫之《尚書引義》卷六《吕刑》 先王之以刑罰懲天下也，外病其身而内病其心。病其身以刑，非但使之毒楚於一朝，毀形殘體，而終其生不能以貌與人齊。病其心以罰，非但使之困窮於期限也，訟而見曲，姦而見擿，輂致其資以輸，而顯為君子之所奪，則摧抑之辱，内以媿於妻子，外以媿於鄉鄰者，亦未可釋矣。先王極不肖之情，知其私利厚藏之心，可奪之以儆其惡，而抑長養其廉恥以使可悛，彰明其罪戾以使知懲，所以治人之道，曲盡之矣。

然且謂不足以飾吾怒，而必概施以割截。彼姦宄狂鷙之徒，凶狡動於中，則死不為戒，曾墨、劓、剕、宫之足以戢其志哉？富者不以出財為難，猶夫強者之勝痛楚，頑者之不恤殘形也。五福六極之參差不齊也，不能必善者之富以強。則王者敷極相天，而以嚮以威，亦但能使不善之民富而之貧，壽而之夭，強而之弱。其能取天之貧富強弱不齊之數，等均而極乎重，以使有罪者之必嬰其難受者乎？懲於富者之不畏罰而廢罰，則亦將懲強者頑者之不畏墨、劓、剕、宫而均之於死乎？

惟死則可以概天下而示之威，然且有一往狂夫，甘刀鋸其如飴者。故老子曰：民不畏死，奈何以死威之！死且不畏，又將何以懲之？故天不以霜雪之不能凋松柏，而亟施以拔木之風；王者不以刑罰之不能困富強，而概坐以必死之律。正仁義於己，而於物無憂也。然而有不率者，挾富以輕試於法，則抑有下刑適重上服之科，以刑故於小。蓋先王之盡人事以相天道，精義入神以利用，至纖悉也。過此以往，未之或知者也與！

知其末流而為之防，徒立多辟以淫用其威，且使鷙悍之吏，流血成渠而不恤。為君子之學者，惡惡已甚，倡慘覈之論，淫於申、韓，而不忍之心，潛鑠而不知矣。况夫刑極於上，則賄流於下。千金之子，不死於市，暮夜之金，旁委於吏室。苟官箴之未肅，吾未見富者之克即五刑與貧者均也。

無已，則疑宫剕以下之可贖，而大辟不可，千鍰之罰，其穆王之耄政乎！雖然，大辟之罰，非謂姦宄殺人之不疑於赦者也。罪之所科，固有層累而上積，以至於大辟者矣。輕者抵輕，而倍者重一等矣。倍其所倍，而差以四等；又從而倍之，則大辟之法麗焉。如枉法贓之類。如將於其積重而減與輕齊，如今律罪止杖一百之類。則輕者不服。而人之試於法者，等一刑而何弗犯其重？如將因積重之不當死，乃遞減而輕之，（乃）〔則〕輕者極於無刑，而多所漏矣。因輕者之下刑，而數倍其辜，則不極之大辟而不可。若此者，概置之於一死，而人之死者積矣。今律之有雜犯死罪是也。是豈可與白晝劫殺、加功殺人者，同其斬刈乎？

（漢）韓嬰《韓詩外傳》卷五　上不知順孝，則民不知反本。君不知敬長，則民不知貴親。禘祭不敬，山川失時，則民無畏矣。不教而誅，則民不識勸也。故君子脩身及孝，則民不倍矣。敬孝達乎下，則民知慈愛矣。好惡喻乎百姓，則下應其上如影響矣。是則兼制天下，定海內，臣萬姓之要法也，明王聖主之所不能須臾而舍也。《詩》曰：成王之孚，下土之式。永言孝思，孝思維則。

（漢）韓嬰《韓詩外傳》卷六　古者必有命民，民有能敬長憐孤，取捨好讓居事力者，命於其君，命然後得乘飾車駢馬。未得命者不得乘，乘者皆有罰。故其民雖有餘財侈物，而無禮義功德，則無所用。故其民皆興仁義而賤財利。賤財利則不争，則強不陵弱，衆不暴寡，是唐虞之所以興象刑，而民莫犯法。民莫犯法，而亂斯止矣。《詩》曰：告爾人民，謹爾侯度，用戒不虞。

《禮記正義・樂記》　夫豢豕為酒，非以為禍也，而獄訟益繁，則酒之流生禍也。以穀食犬豕曰豢。為，作也，言豢豕作酒，本以饗祀養賢，而小人飲之善酗，以致獄訟。豢音患，養也。食音嗣，酗，許具反。是故先生因為酒禮。壹獻之禮，賓主百拜，終日飲酒而不得醉焉，此先王之所以備酒禍也。壹獻，士飲酒之禮。百拜，以喻多。故酒食者，所以合歡也。樂者，所以象德也。禮者，所以綴淫也。綴，猶止也。綴，知劣反。是故先王有大事，必有禮以哀之。有大福，必有禮以樂之。哀樂之分，皆以禮終。大事，謂死喪也。樂音洛，下所樂、哀樂、康樂皆同。分，扶問反。樂也者，聖人之所樂也，而可以善民心。其感人深，其移風易俗，故先王著其教焉。著，猶立也，謂立司樂以下，使教國子。著，知慮反。疏：夫豢至教焉。正義曰：此一節明言禮樂之設不得其所則禍亂興，故先王節其禮樂以防淫亂也。夫豢豕為酒，非以為禍也者，豢，養也，言養豕作酒，本為行禮，非以為禍亂而為也。而獄訟益繁，則酒之流生禍也者，言由酒至酗，鬭爭殺傷，而刑獄增益繁多，則是酒之流害，所以生此獄訟之禍也。是故先王因為酒禮者，由其生禍，故先王因此為飲酒之禮也。壹獻之禮，賓主百拜者，謂士之饗禮，唯有壹獻，言所獻酒少也。從初至末，賓主相荅而有百拜，言拜數多也。是意在於敬，不在酒也。終日飲酒而不得醉焉者，謂饗禮也。以其恭敬，示飲而已，故不得醉也。樂者，所以象德也者，謂君作樂以訓民，使民法象其德也。禮者，所以綴淫也者，綴，止也。言人君制禮以教天下，所以綴止淫邪也。樂也者，聖人之所樂也者，言樂體者，聖人心所愛樂也。聖人貪愛此樂，以樂身化民。而可以善民心者，言用樂化民，調善民心。其感人深者，言樂本從民心而來，乃成於樂，故感動人深也。其移風易俗者，風，謂水土之風氣，謂舒疾剛柔。俗，謂君上之情欲，謂好惡趣捨。用樂化之，故使惡風移改，弊俗變易。故先王著其教焉者。著，立也。以其樂功如此，故先王立樂官，以樂教化焉。注壹獻至喻多。正義曰：凡饗禮，案《大行人》云：上公九獻，侯伯七獻，子男五獻，並依命數。其臣介則孤同子男，卿大夫畧為一節，但三獻，則天子諸侯之士同壹獻。故昭六年季孫宿如晉，晉侯享之，有加籩。武子退，使行人告曰：得貺，不過三獻，是其事也。但春秋亂世之法，或有大夫五獻者，故昭元年鄭伯享趙孟，具五獻之籩豆於幕下，是亂世之法也。或者鄭以公孤之禮享趙孟，故五獻也。言百拜喻多者，案今《鄉飲酒》之禮，是壹獻，無百拜。今云百拜，故喻多也。

又：故曰：樂者，樂也。君子樂得其道，小人樂得其欲。以道制欲，則樂而不亂，以欲忘道，則惑而不樂。道，謂仁義也。欲，謂邪淫也。

疏：故曰至不樂。正義曰：前經明正樂感人情，此經明君子小人各有所樂，故云樂者，樂也。故者，因上起下，所以言故曰，諸例皆然矣。樂者，樂也者，謂所名樂者，是人之所歡樂也。君子樂得其道，小人樂得其欲者，道，謂仁義，欲，謂邪淫。君子所歡樂，在於得仁義之道，得其道則歡樂也。小人所歡樂，在於邪淫，得邪淫則歡樂也。若君子在上，以仁義之道制邪淫之欲，則意得歡樂而不有昏亂也。若小人在上，以淫邪之欲，忘仁義之道，則志意迷惑而不得歡樂也。

又：是故君子反情以和其志，廣樂以成其教。樂行而民鄉方，可以觀德矣。方，猶道也。鄉，許亮反。德者，性之端也。樂者，德之華也。金石絲竹，樂之器也。詩，言其志也。歌，詠其聲也。舞，動其容也。三者本於心，然後樂器從之。是故情深而文明，氣盛而化神，和順積中，而英華發外，唯樂不可以為僞。三者本志也、聲也、容也。言無此本於內，則不能為樂也。詩言其志，一本無言字。咏音詠。

疏：是故至為僞。正義曰：前文明君子小人歡樂不同，此明君子敦行善樂也。反情以和其志者，反已淫欲之情，以諧和德義之志也。廣樂以成其教者，謂寬廣樂之義理，以成就其政教之事也。樂行而民鄉方者，君既如此正樂興行，方，猶道也，而民歸鄉仁義之道也。可以觀德矣者，人君既如此，是樂可以觀其德行矣。德者，性之端也者，言德行者，是性之端正也。樂者，德之華也者，德在於內，樂在於外，樂所以發揚其德，故樂為德之光華也。金石絲竹，樂之器也者，樂為德華，非器無以成樂，故金石絲竹為樂之器也。詩，言其志也者，欲見樂之為體，有此三事。詩，謂言詞也。志在內，以言詞言說其志也。歌，詠其聲也者，歌謂音曲，所以歌詠其言詞之聲也。舞，動其容也者，哀樂在內，必形見於外，故以其舞振動其容也。此云詩言其志，則《詩序》云《詩》者，志之所之也。歌，詠其聲，則《詩序》云言之不足，故嗟歎之，嗟歎之不足，故咏歌之是也。舞，動其容，則《詩序》云咏歌之不足，則不知手之舞之，足之蹈之是也。三者本於心，然後樂氣從之者，三者，謂志也、聲也、容也。容從聲生，聲從志起，志從心發，三者相因，原本從心而來，故云本於心。先心而後志，先志而後聲，先聲而後舞。聲須合於宮商，舞須應於節奏，乃成於樂，是故然後樂氣從之也。是故情深而文明者，志起於內，思慮深遠，是情深也。言之於外，情由言顯，是文明也。氣盛而化神者，志意蘊積於中，故氣盛。內志既盛，則外感動於物，故變化神通也。氣盛，謂不知手之舞之，足之蹈之是也。而化神者，謂動天地，感鬼神，經夫婦，成孝敬是也。和順積中，而英華發外者，謂思念善事日久，是和順積於心中，言詞聲音發見於外，是英華發於身外。此據正樂也，若其姦聲，則悖逆積中，淫聲發外也。唯樂不可以為偽者，偽，謂虛偽。若善事積於中，則善聲見於外。若惡事積於中，則惡聲見於外。若心惡而望聲之善，不可得也，故云唯樂不可以為偽也。

（清）孫希旦《禮記集解・樂記》　是故君子反情以和其志，比類以成其行，姦聲、亂色不留聰明，淫樂、慝禮不接心術，惰慢、邪辟之氣不設於身體，使耳、目、鼻、口、心知、百體皆由順正以行其義。《釋文》：其行，下孟反。辟，匹亦反。知音智。石經淫樂作淫聲。

情懼其流也，反之，則所發者不過其節而其志和矣。行懼其失也，比擬善惡之類，去其惡而從其善，則其行成矣。此二者，正心脩身之事也。姦聲、亂色不留聰明，防其接於外者也。淫樂、慝禮不接心術，謹其存於中者也。惰慢之氣自內出，邪辟之氣自外入，而皆不設於身體，則內外皆得其養矣。君子之反情、比類如此，故能使小大之體莫不順而不逆，正而不邪，而所行皆合於義也。此言聖人作樂之本也。

（清）孫希旦《禮記集解・緇衣》　子曰：下之事上也，不從其所令，從其所行。上好是物，下必有甚焉者矣。故上之所好惡，不可不慎也，是民之表也。

令之被民也淺，行之感民也深。故上之所好，民亦好之，非令所能禁也。上之所惡，民亦惡之，非令所能勸也。呂氏大臨曰：一國之風俗，出於上之好惡。好惡之端，其發甚微，其風之行，或至於不可止，其俗之成，或至於不可敗，此不可不慎也。

（宋）朱熹《四書章句集注・論語集注・學而》　有子曰：其為人也孝弟，而好犯上者，鮮矣；不好犯上，而好作亂者，未之有也。有子，孔子弟子，名若。善事父母為孝，善事兄長為弟。犯上，謂干犯在上之人。鮮，少也。作亂，則為悖逆爭鬬之事矣。此言人能孝弟，則其心和順，少好犯上，必不好作亂也。

（清）劉寶楠《論語正義・學而》　有子曰：注：孔子弟子，有若。其為人也孝弟，而好犯上者，鮮矣；注：鮮，少也。上謂凡在己上者。言孝弟之人必恭順，好欲犯其上者少也。不好犯上，而好作亂者，未之有也。正義曰：阮氏元《論語解》：弟子以有子之言似夫子，而欲師之，惟曾子不可彊，其餘皆服之矣。故《論語》次章，即列有子之語，在曾子之前。案：曾子不可彊，非不服有子也，特以尊異孔子，不敢以事師之禮用之他人。觀曾子但言孔子德不可尚，而於有子無微辭，則非不服有子可知。當時弟子惟有子、曾子稱子，此必孔子弟子於孔子殁後，尊事二子如師，故通稱子也。至閔子騫、冉有各一稱子，此亦二子之門人所記，而孔子弟子之於二子仍稱字。故篇中於閔、冉稱字，稱子錯出也。其為人者，《尚書大傳》注：其，發聲也。《周官・典同》注：為，作也。並常訓。《禮運》曰：人者，其天地之德，陰陽之交，鬼神之會，五行之秀氣也，又曰：人者，天地之心也，五行之端也，食味別聲被色而生者也。孝弟者，《爾雅・釋訓》：善父母為孝，善兄弟為友。此文不言友言弟者，友是兄弟相愛好，此則專指為人弟者，不兼兄言也。《賈子・道術》云：子愛利親謂之孝，反孝為孽；弟敬愛兄謂之悌，反悌為敖。悌即弟俗體。《論語》釋文云：弟本作悌。皇本、高麗本亦作悌，並從俗作也。好犯上者，皇疏云：好，謂心欲也。《爾雅・釋詁》：犯，勝也。《說文》：犯，侵也。鮮者，鄭注云：鮮，寡也。此本《爾雅・釋詁》。《說文》：尟，是少也。尟正字。鮮，魚名，出貉國。叚借字。時世教衰，民知德者鮮，故孝弟之人容有犯上，故云鮮也。作亂者，《爾雅・釋言》：作，為也。《左》宣十二年《傳》：人反物為亂。十五年《傳》：民反德為亂。作亂之人，由於好犯上，好犯上，由於不孝不弟。故古者教弟子就外舍，學小藝焉，履小節焉；束髮就大學，學大藝焉，履大節焉，皆令知有孝弟之道。而父之齒隨行，兄之齒鴈行，朋友不相踰，又令知有事長上處朋友之禮，故孝弟之人鮮有犯上。若不好犯上，而好作亂，知為必無之事，故曰未之有也。《曾子立孝》云：是故未有君而忠臣可知者，孝子之謂也；未有長而順下可知者，弟弟之謂也；未有治而能仕可知者，先脩之謂也。故曰孝子善事君，弟弟善事長。君子一孝一弟，可謂知終矣。是言孝弟之人必為忠臣順下，而不好犯上、不好作亂可無疑矣。春秋之時，學校已廢，卿大夫多世官，不復知有孝弟之道。故事君事長，鮮克由禮，而亂臣賊子，遂至接踵以起也。注：孔子弟子，有若。正義曰：皇本作孔安國注。《史記・仲尼弟子列傳》：有若，少孔子三十三歲。《論語》邢疏及《禮・檀弓》疏引作四十三歲。裴駰《史記集解》引鄭玄云魯人。此出鄭氏《孔子弟子目録》，今佚不傳。注，鮮少，至少也。正義曰：鮮少者，《説文》：少，不多也。上者，謂凡在己上者。蔡邕《獨斷》：上者，尊位所存也。亦謂位在己上。凡者，總舉之辭。恭順者，《説文》：恭，肅也。《釋名·釋言語》：順，循也。循其理也。注以犯上則非恭順，故人能孝弟，必恭順於上也。丘光庭《兼明書》以犯上為干犯君上之法令，亦此注義所括。

《論語注疏·雍也》　子曰：君子博學於文，約之以禮，亦可以弗畔矣夫！鄭曰：弗畔，不違道，疏：正義曰：畔，違也。此章言君子若博學於先王之遺文，復用禮以自檢約，則不違道也。

（清）劉寶楠《論語正義·雍也》　子曰：君子博學於文，約之以禮，亦可以弗畔矣夫！注：鄭曰：弗畔，不違道。正義曰：《釋文》云：一本無君子字，兩得。臧氏琳《經義雜記》：君子乃成德之稱，不嫌其違畔於道。《顔淵篇》此章再見，無君子字。知此亦無有者為得也。馮氏登府《異文考證》，引《後漢·范升傳》。亦無君子字。程氏瑤田《論學小記》：天下達道五，而人之行百，其切於吾身，而不可以須臾離者乎。其切於吾心，而不可以一端弗學矣乎？於何學之？曰於文。聖人賢人，先我而盡道者也，夫固我之師也。然而已往矣，其所存者文而已矣。文存則道存，道存則教存，吾學其文而有獲，不啻親炙焉，而詔我以語之，呼我以喻之也。不啻相依焉，而攜我以舉之，掖我以履之也。舜之大孝也，武王、周公之達孝也，其德同，其所德者不同也。堯之文章也，夫子之文章也，其美富同，其所美富者不同也。徵之於文，而後舜與武王、周公之所德，若或聞而知之矣。徵之於文，而後堯與夫子之所美富者，亦若見而知之矣。是故學文不可緩也。案：博文者，《詩》《書》《禮》《樂》與凡古聖所傳之遺籍是也。文所以載道，而以禮明之者也。禮即文之所箸以行之者也。博學於文，則多聞多見，可以畜德，而於行禮驗之。禮也者，履也，言人所可履行之也。禮箸於經曲之大，而慎於視、聽、言、動之際，凡人能以所行納於軌物，而無所違，是之謂約。約者，約束，非謂省約，與上博字為反對也。之者，此也，謂此身也。夫子告顔子以克己復禮。復者。反也，反之於禮，是為約矣。他日顔子言夫子善誘，博我以文，約我以禮，約禮即復禮之教也。是故博文即《大學》之致知格物，約禮即《大學》之誠意、正心、脩身。人非博學，無由約禮，故夫子言誦《詩》三百，不足以一獻。然徒事博文，而不約之以禮，則後世文人記誦之習，或有文無行，非君子所許也。《後漢·范升傳》引孔子曰：博學約之，弗叛矣夫！又曰：夫學而不約，必叛道也。明弗畔專以約禮言也。畔即叛字。《唐石經》初刻作叛，後磨改。《説文》：叛，反也。畔，田界也。義異。經典多叚畔為叛。《左》昭卄一年《經》宋華亥、向寧、華定自陳入于宋南里以叛，《公羊經》作畔。注：弗畔，不違道。正義曰：禮者，道之所以行也。入違道與否，不可得知。但已博文約禮，由其外以側其內，亦可不致違道。

《論語注疏·泰伯》　曾子有疾，召門弟子曰：啟予足！啟予手！鄭曰：啟，開也。曾子以為受身體於父母，不敢毁傷，故使弟子開衾而視之也。《詩》云：戰戰兢兢，如臨深淵，如履薄冰。孔曰：言此《詩》者喻己常戒懼，恐有所毁傷。而今而後，吾知免夫！小子！周曰：乃今日後，我自知免於患難矣！小子，弟子也，呼之者欲使聽識其言。疏：正義曰：此章言曾子之孝，不敢毁傷也。曾子有疾，召門弟子曰：啟予足，啟予手者。啟，開也。曾子以為受身體於父母，不敢毁傷，故有疾恐死，召其門弟子，使開衾而視之，以明無毁傷也。《詩》云：戰戰兢兢，如臨深淵，如履薄冰者，《小雅·小旻篇》文也。戰戰，恐懼。兢兢，戒慎。臨深，恐墜。履薄，恐陷。曾子言此詩者，喻己常戒慎，恐有所毁傷也。而今而後，吾知免夫，小子者，小子，弟子也。言乃今日後，自知免於患難矣。呼弟子者，欲使聽識其言也。

（清）劉寶楠《論語正義·泰伯》　子曰：好勇疾貧，亂也。注：包曰：好勇之人，而患疾己貧賤者，必將為亂。人而不仁，疾之已甚，亂也。注：包曰：疾惡大甚，亦使其為亂。正義曰：好勇者，逞血氣之強，又不知安於義命，則放辟邪侈，無不為己，故為亂也。不仁之人，未有勢位以懲禁之，而疾之已甚，或為所侮賊，亦致亂也。《大戴禮·曾子立事篇》：君子惡人之為不善，而弗疾也。即此意。

《論語注疏·顔淵》　子曰：博學於文，約之以禮，亦可以弗畔矣夫！注鄭曰：弗畔不違道。疏：子曰至弗畔矣夫。正義曰：此章及注與《雍也篇》同當是弟子各記所聞，故重載之，或本亦有作，君子博學於文。

又：季康子患盗，問於孔子。孔子對曰：苟子之不欲，雖賞之不竊。孔曰：欲，多情慾。言民化於上，不從其令，從其所好。疏：正義曰：此章言民從上化也。季康子患盗，問於孔子者，時魯多盗賊，康子患之，問於孔子，欲以謀去也。孔子對曰：苟子之不欲，雖賞之不竊者。孔子言，民化於上，不從其令，從其所好。苟，誠也。誠如子之不貪欲，則民亦不竊盗。非但不為，假令賞之，民亦知恥而不竊也。今多盗賊者，正由子之貪欲故耳。注：孔曰至所好。正義曰：云民化於上，不從其令，從其所好者，《大學》曰：堯、舜率天下以仁而民從之，桀、紂率天下以暴而民從之。其所令反其所好，而民不從。注云：言民化君行也。君若好貨，而禁民淫於財利，不能正也。

季康子問政於孔子曰：如殺無道，以就有道，何如？孔曰：就，成也。欲多殺以止姦。孔子對曰：子為政，焉用殺？子欲善而民善矣。君子之德，風；小人之德，草。草上之風，必偃。孔曰：亦欲令康子先自正。偃，仆也。加草以風，無不仆者，猶民之化於上。疏：季康子至必偃。正義曰：此章言為政不須刑殺，但在上自正，則民化之也。季康子問政於孔子曰：如殺無道，以就有道，何如者？就，成也。康子之意，欲多殺止姦，以成為有道也。孔子對曰：子為政，焉用殺者，言子為執政，安用刑殺也。子欲善而民善矣者，言子若為善，則民亦化之為善矣。君子之德，風，小人之德，草。草上之風，必偃者，此為康子設譬也。偃，仆也。在上君子為政之德若風，在下小人從化之德如草，加草以風，無不仆者。猶化民以正，無不從者。亦欲令康子先自正也。

又：樊遲從遊於舞雩之下，包曰：舞雩之處有壇墠樹木，故下可遊焉。曰：敢問崇德、脩慝、辨惑。孔曰：慝，惡也。脩，治也。治惡為善。子曰：善哉問，先事後得，非崇德與？孔曰：先勞於事，然後得報。攻其惡，無攻人之惡，非脩慝與？一朝之忿，忘其身，以及其親，非惑與？疏：樊遲至惑與。正義曰：此章言脩身之事也。樊遲從遊於舞雩之處，有壇墠樹木，故弟子樊遲隨從孔子遊於其下也。曰：敢問崇德、脩慝、辨惑者，脩，治也。慝，惡也。此樊遲因從行而問孔子，曰：敢問欲充盛其德，治惡為善，祛別疑惑，何為而可也？子曰：善哉問者，其問皆脩身之要，故善之。先事後得，非崇德與者，言先勞於事，然後得報，是崇德也。攻其惡，無攻人之惡，非脩慝與者。攻，治也。言治其己過，無治人之過，是治惡也。一朝之忿，忘其身，以及其親，非惑與者，言君子忿則思難。若人有犯己，一朝忿之，不思其難，則忘身也。辱其身則羞其親，故曰：以及其親也，非惑與？言是惑也。注：壇墠。正義曰：封土為壇，除地為墠。言雩壇在所除地中，故連言壇墠。

（宋）朱熹《四書章句集注·論語集注·顏淵》 季康子患盜，問於孔子。孔子對曰：苟子之不欲，雖賞之不竊。言子不貪欲，則雖賞民使之為盜，民亦知恥而不竊。胡氏曰：季氏竊柄，康子奪嫡，民之為盜，固其所也。盍亦反其本耶？孔子以不欲啟之，其旨深矣。奪嫡事見《春秋傳》。

（清）劉寶楠《論語正義·顏淵》 季康子患盜，問於孔子。孔子對曰：苟子之不欲，雖賞之不竊。注：孔曰：欲，多情慾。言民化於上，不從其令，從其所好。正義曰：《説文》云：盜，私利物也。《左》文十八年《傳》：竊賄為盜。當康子時，魯國多盜，故康子患之。雖賞之不竊者，《説文》：賞，賜有功也。盜自中出曰竊。上言盜，此言竊者，互相訓。《説苑·貴德篇》：周天子使家父毛伯求金於諸侯，《春秋》譏之。故天子好利，則諸侯貪。諸侯貪，則大夫鄙。大夫鄙，則庶人盜。上之變下，猶風之靡草也。然則民之竊盜，正由上之多欲，故夫子以不欲勗康子也。《荀子·君子篇》：聖王在上，分義行乎下，則士大夫無流淫之行，百吏庶人無怠慢之事，衆庶百姓無姦怪之俗，無盜賊之罪，莫敢犯大上之禁。天下曉然皆知夫盜竊之人不可以為富也，皆知夫賊害之人不可以為壽也，皆知夫犯上之禁不可以為安也。由其道，則人得其所好焉；不出其道，則必遇其所惡焉。是故刑罰綦省而威行如流。與此章義相發。張栻《論語解》引張橫渠曰，假設以子不欲之物，賞子使竊，子必不竊。故為政者，先乎足民，使民無所不足，則不見可欲，而盜心息矣。蓋盜生於欲之不足，使之足乎此，則不欲乎彼，此古人弭盜之原也。案：此説即孟子民有菽粟如水火，焉有不仁之意，於義亦通。

又：季康子問政於孔子曰：如殺無道，以就有道，何如？注：孔曰：就，成也。欲多殺以止姦。孔子對曰：子為政，焉用殺？子欲善而民善矣。君子之德風，小人之德草。草上之風，必偃。注：孔曰：亦欲令康子先自正。偃，仆也。加草以風，無不仆者，猶民之化於上。正義曰：《説文》：殺，戮也。《釋名·喪制》云：罪人曰殺。殺，竄也。埋竄之，使不復見也。子為政，焉用殺者，言子為政，當以德化民，不當先用殺也。《説苑·政理篇》，引此經説之云：王者尚其德而布其刑，霸者刑德並湊，彊國先刑而後德。《鹽鐵論·疾貪篇》：百姓不治，有司之罪也。《春秋》刺譏不及庶人，責其率也。又云：政教闇而不著，百姓顛蹶而不扶，猶赤子臨井焉，聽其入也。若此，則何以為民父母？故君子急於教，緩於刑。又《申韓篇》：所貴良吏者，貴其絶惡於未萌，使之不為非，非貴其拘之囹圄而刑殺之也。皆言為民上不貴用殺也。子欲善而民善者，言子苟欲善，雖無道之民，亦化而為善，復申言不必用殺之效也。賈誼《新書·大政下》云：王者有易政而無易國，有易吏而無易民。故因是國也而為安，因是民也而為治。又云：故君能為善，則吏必能為善矣。吏能為善，則民必能為善矣。是其義也。君子之德風，小人之德草者，邢疏此為康子設譬也。在上君子，為政之德若風；在下小人，從化之德如草。《韓詩外傳》傳曰：魯有父子訟者，康子欲殺之。孔子曰：未可殺也。夫民為不善，則是上失其道。上陳之教而先服之，則百姓從風矣。疑父子訟即此康子所指無道之事。然《荀子·宥坐》則在夫子為司寇時，傳聞異辭，要亦為此文合證也。皇本德風、德草下並有也字。《釋文》云：尚，本或作上。案：《孟子·滕文公篇》亦作尚。注：偃仆至於上。正義曰：趙注《孟子》云：偃，伏也。仆、伏義同。趙云：尚，加也。以風加草，莫不偃伏也。此注云：加草以風，亦訓上為加也。《説苑·君道篇》：夫上之化下，猶風靡草，東風則草靡而西，西風則草靡而東。

（清）劉寶楠《論語正義·憲問》 子曰：貧而無怨，難；富而無驕，易。正義曰：習鑿齒《漢晉春秋》：昔管仲奪伯氏駢邑三百，没齒而無怨言，聖人以為難。焦氏循《補疏》謂習氏所引，連下貧而無怨為一章。若然，則無怨、無驕謂使之無怨無驕也。孟子謂制民之產，仰足事父母，俯足畜妻子，然後驅而之善，故民之從之也輕。驅而之善，則無驕也。輕者，易也。言此者，明在位者當知小人之依，先其難者，後其易者，富之而後教之也。

（明）胡廣《論語集註大全・衛靈公》 放鄭聲，遠佞人，鄭聲淫，佞人殆。遠去聲。

放，謂禁絶之。鄭聲，鄭國之音。佞人，卑諂辨給之人。殆，危也。雲峯胡氏曰：集註前訓佞字，但謂其辨給，此則先之以卑諂，蓋辨給在口，卑諂在心，此所謂巧言令色孔壬者也。程子曰：問政多矣，惟顔淵告之以此，蓋三代之制，皆因時損益，及其久也，不能無弊。周衰，聖人不作，故孔子斟酌先王之禮，立萬世常行之道，發此以為之兆耳。由是求之，則餘皆可考也。朱子曰：發此為之兆，兆猶準則也，非謂為邦之道盡於此。四者畧説，四件作一箇準則，則餘事皆可依倣此而推行之耳。雲峯胡氏曰：須看斟酌二字，以三代正朔斟酌之，不如夏之時得其正；輅至周而過侈，斟酌之，不如從殷之為得其中；冕自黃帝已有之，至周而其制始備，斟酌之，不如從周為得其中。自堯、舜、湯、武皆有樂，斟酌之，不如韶樂之盡善盡美。夫子姑舉此四者以例，其餘皆當如此斟酌而行之也。張子曰：禮樂，治去聲，下同。之法也。放鄭聲，遠佞人，法外意也。一日不謹則法壞矣！虞夏君臣更平聲相戒飭，意蓋如此。又曰：法立而能守，則德可久，業可大。鄭聲佞人能使人喪去聲其所守，故放遠之。或問鄭衛之音皆為淫奔，夫子獨欲放鄭，何也？朱子曰：衛詩三十九，淫奔之詩纔四之一，鄭詩四十一，淫奔之詩已不啻七之五。衛猶男悦女之詞，鄭皆女惑男之語。衛猶多譏刺懲創之意，鄭幾蕩然無復羞愧悔悟之萌，鄭聲之淫甚於衛矣！夫子獨以鄭聲為戒，而不及衛，舉重而言也。張氏好古曰：小人之禍國家，柔惡尤可畏於剛惡。剛惡，桀黠强暴中才之主，猶畏而遠之，為害猶淺。惟柔佞者，諂諛側媚，使人喜愛親暱，聰明之君猶為所惑，有覆亡而終不悟者。夫子舉佞人亦以小人之尤者言也。是知有百王之大法，有萬世之大戒，四代禮樂為百王立此法也。戒以鄭聲佞人，為萬世保此法也。慶源輔氏曰：治道成於樂，鄭聲樂之淫者，能摇蕩人之性情，以壞其成，故放絶之。治道係於人才，佞人，人才之賊也。利口辨給，能變亂是非，以移奪人之心志，而喪其所守，故屏絶之。雙峯饒氏曰：法外意者，意在法之表意，所以立此法，所以用此法，亦所以守此法。先王有不忍人之心，斯有不忍人之政，有《關雎》、《麟趾》之意，然後可以行《周官》之法度，即此意也。尹氏曰：此所謂百王不易之大法，孔子之作《春秋》，蓋此意也。孔顔雖不得行之於時，然其為治之法可得而見矣！程子曰：舉前代之善者，準此以損益之，此成法也。鄭聲使人淫溺，佞人使人危殆，放遠之，然後可守成法。三王之法，各是一王之法，故三代損益文質隨時之宜。若孔子所立之法，乃通萬世不易之法，孔子於他處亦不見説，獨答顔回云：行夏之時，乘殷之輅、服周之冕，樂則韶舞。此是於四代中舉這一箇法式。其詳細雖不可見，而孔子但示其大法，使後人就上脩之。又曰：鄭聲、佞人最為治之害；放遠，亦人之所難。和齋尹氏曰：孔子告顔子，以四代禮樂而繼，以放鄭聲、遠佞人，蓋此事易惑人也。問：伊川《春秋傳》序引夫子答為邦之語，惟顔子嘗聞春秋大法，何也？朱子曰：此不是孔子將春秋大法向顔子説，蓋三代制作極備矣！孔子更不可復作，故告以四代禮樂，只是集百王不易之大法，其作《春秋》，善者則取之，惡者則誅之，要亦明聖王之大法，意亦只是如此。故伊川引之為樣耳。南軒張氏曰：聖人監四代之事而損益之，以為百王不易之典，此其大綱也。其綱見於此，而其目則著於《春秋》，以此答顔淵，惟顔子可以與於斯也。放鄭聲、遠佞人，以為邦之大法也，以其易溺而難防，故重言之。鄭聲淫，佞人殆，聖人每致戒於斯者，非聖人必待戒乎此也。於此設戒是乃聖人之道也！放鄭聲，遠佞人，而後四代之法度可以興行而無斁矣。或問：孔子言王道只言禮樂，如夏時、商輅、周冕是也。孟子言王道只言政事，如衣帛、食肉、經界、井地是也。意者，孔子言王道之本，孟子言王道之務。潛室陳氏曰：孔子為學者，言止言經世之大綱；孟子為時君，言當論濟時之急務。

（清）劉寶楠《論語正義・衛靈公》 子曰：君子固窮，小人窮斯濫矣。注：濫，溢也。君子固亦有窮時，但不如小人窮則濫溢為非。正義曰：固窮者，言窮當固守也。《尸子》曰：守道固窮，則輕王公。《荀子・宥坐》載此事，夫子告子路曰：君子之學，非為通也，為窮而不憂，困而意不衰也，知禍福終始而心不惑也。又云：故君子博學、深謀、修身、端行，以俟其時。即言困窮之義。《易・困・象》曰：困，剛揜也。險以説，困而不失其所亨，其惟君子乎！《象》曰：澤无水，困，君子以致命遂志。致命遂志，此君子所以能困窮也。《説文》：㜮，過差也。引此文作㜮，㜮、濫字異義同。鄭注云：濫，竊也。《坊記》：小人貧斯約，約斯盜。小人貧必至為盜，故此注以竊言之。《禮器注》：濫，亦竊盜也。是也。《易・繫辭傳》：困，德之辨也。鄭注：辨，別也。遭困之時，君子固窮，小人窮則濫德，於是別也。【略】《説文》云：濫，氾也。水氾濫則至潰溢，杜注《左》哀五年《傳》：濫，溢也。是也。不如，猶言不似。《孟子・梁惠王上》：孟子云：無恒產而有恒心者，惟士為能。若民，則無恒產，因無恒心。苟無恒心，放辟邪侈，無不為矣。是小人窮則濫溢為非也。

（宋）朱熹《四書章句集注・論語集注・季氏》 孔子曰：君子有三戒：少之時，血氣未定，戒之在色；及其壯也，血氣方剛，戒之在鬭；及其老也，血氣既衰，戒之在得。血氣，形之所待以生者，血陰而氣陽也。得，貪得也。隨時知戒，以理勝之，則不為血氣所使也。范氏曰：聖人同於人者血氣也，異於人者志氣也。血氣有時而衰，志氣則無時而衰也。少未定，壯而剛，老而衰者，血氣也。戒於色、戒於鬬、戒於得者，志氣也。君子養其志氣，故不為血氣所動，是以年彌高而德彌卲也。

（清）劉寶楠《論語正義・季氏》 孔子曰：君子有三戒：少之時，血氣未定，戒之在色；及其壯也，血氣方剛，戒之在鬬；及其老也，血氣既衰，戒之在得。注：孔曰：得，貪得。正義曰：【略】翟氏灝《考異》：《淮南・詮言訓》：凡人之性，少則猖狂，壯則彊暴，老則好利。本此章。張栻《論語解》：人有血氣，則役於血氣，血氣有始終盛衰之不同，則其所役亦隨而異。夫血氣未定，則動而好色，血氣方剛，則銳而好鬬；血氣既衰，則歉而志得。凡民皆然，為其所役者也。於此而知戒，則義理存；義理存，則不為其所役矣。

（宋）朱熹《四書章句集注・孟子集注・告子章句上》 孟子曰：富歲，子弟多賴，凶歲，子弟多暴，非天之降才爾殊也，其所以陷溺其心者然也。富歲，豐年也。賴，藉也。豐年衣食饒足，故有所顧藉而為善；凶年衣食不足，故有以陷溺其心而為暴。

（宋）朱熹《四書章句集注・孟子集注・盡心章句上》 聖人治天下，使有菽粟如水火。菽粟如水火，而民焉有不仁者乎？焉，於虔反。水火，民之所急，宜其愛之而反不愛者，多故也。尹氏曰：言禮義生於富足，民無常產，則無常心矣。

（清）馬驌《繹史》卷八六之一《孔子類記》 夏事司寇、司秋，以聽獄訟，治民之煩亂，執權變民中。凡民之不刑，崩本以要閒作起，不敬以欺惑憧愚。作於財賄、六畜、五穀曰盜誘。居室家有君子曰義子，女專曰媟餝，五兵及木石曰賊，以中情出小曰閒，大曰講利，辭以亂屬曰讒，以財投長曰貸。凡犯天子之禁，陳刑制辟以追國民之不率上教者。夫是故，一家三人，餘食哀樂平無獄。

《漢書》卷二四《食貨志》 今法律賤商人，商人已富貴矣；尊農夫，農夫已貧賤矣。故俗之所貴，主之所賤也；吏之所卑，法之所尊也。上下相反，好惡乖迕，而欲國富法立，不可得也。方今之務，莫若使民務農而已矣。欲民務農，在於貴粟；貴粟之道，在於使民以粟為賞罰。今募天下入粟縣官，得以拜爵，得以除罪。如此，富人有爵，農民有錢，粟有所渫。夫能入粟以受爵，皆有餘者也；取於有餘，以供上用，則貧民之賦可損。所謂損有餘補不足，令出而民利者也。順於民心，所補者三：一曰主用足，二曰民賦少，三曰勸農功。今令民有車騎馬一匹者，復卒三人。車騎者，天下武備也，故為復卒。神農之教曰：有石城十仞，湯池百步，帶甲百萬，而亡粟，弗能守也。以是觀之，粟者，王者大用，政之本務。令民入粟受爵至五大夫以上，乃復一人耳，此其與騎馬之功相去遠矣。爵者，上之所擅，出於口而亡窮；粟者，民之所種，生於地而不乏。夫得高爵與免罪，人之所甚欲也。使天下〔人〕入粟於邊，以受爵免罪，不過三歲，塞下之粟必多矣。

又： 筦子曰：倉廩實而知禮節，民不足而可治者，自古及今，未之嘗聞。古之人曰：一夫不耕，或受之飢；一女不織，或受之寒。生之有時，而用之亡度，則物力必屈。古之治天下，至孅至悉也，故其畜積足恃。今背本而趨末，食者甚眾，是天下之大殘也；淫侈之俗，日日以長，是天下之大賊也。殘賊公行，莫之或止；大命將泛，莫之振救。生之者甚少而靡之者甚多，天下財產何得不蹷！漢之為漢幾四十年矣，公私之積猶可哀痛。失時不雨，民且狼顧；歲惡不入，請賣爵、子。既聞耳矣，安有為天下阽危者若是而上不驚者！

又： 今農事棄捐而采銅者日蕃，釋其耒耨，冶鎔炊炭，姦錢日多，五穀不為多。善人怵而為姦邪，愿民陷而之刑戮，刑戮將甚不詳，奈何而忽！國知患此，吏議必曰禁之。禁之不得其術，其傷必大。令禁鑄錢，則錢必重；重則其利深，盜鑄如雲而起，棄市之罪又不足以禁矣。姦數不勝而法禁數潰，銅使之然也。故銅布於天下，其為禍博矣。

又： 賈誼諫曰：法使天下公得顧租鑄銅錫為錢，敢雜以鉛鐵為它巧者，其罪黥。然鑄錢之情，非殽雜為巧，則不可得贏，而殽之甚微，為利甚厚。夫事有召禍而法有起姦，今令細民人操造幣之勢，各隱屏而鑄作，因欲禁其厚利微姦，雖黥罪日報，其勢不止。乃者，民人抵罪，多者一縣百數，及吏之所疑，榜笞奔走者甚眾。夫縣法以誘民，使入陷阱，孰積於此！曩禁鑄錢，死罪積下；今公鑄錢，黥罪積下。為法若此，上何賴焉？

《漢書》卷六四上《吾丘壽王傳》 公孫弘奏言：民不得挾弓弩。十賊彍弩，百吏不敢前，盜賊不輒伏辜，免脱者眾，害寡而利多，此盜賊所以蕃也。禁民不得挾弓弩，則盜賊執短兵，短兵接則眾者勝。以眾吏捕寡賊，其勢必得。盜賊有害無利，則莫犯法，刑錯之道也。臣愚以為：禁民毋得挾弓弩便。上下其議。壽王對曰：臣聞古者作五兵，非以相害，以禁暴討邪也。安居則以制猛獸而備非常，有事則以設守衛而施行陣。及至周室衰微，上無明王，諸侯力政，彊侵弱，衆暴寡，海内抏敝，巧詐並生。是以智者陷愚，勇者威怯，苟以得勝為務，不顧義理。故機變械飾，所以相賊害之具不可勝數。於是秦兼天下，廢王道，立私議，滅《詩》《書》而首法令，去仁恩而任刑戮，墮名城，殺豪桀，銷甲兵，折鋒刃。其後，民以耰鉏箠梃相撻擊，犯法滋衆，盜賊不勝，至於赭衣塞路，羣盜滿山，卒以亂亡。故聖王務教化而省禁防，知其不足恃也。

《漢書》卷七八《蕭望之傳》 於是天子復下其議兩府，丞相、御史以難問張敞。敞曰：少府左馮翊所言，常人之所守耳。昔先帝征四夷，兵行三十餘年，百姓猶不加賦，而軍用給。今羌虜一隅小夷，跳梁於山谷間，漢但令辠人出財減辠以誅之，其名賢於煩擾良民横興賦斂也。又諸盜及殺人犯不道者，百姓所疾苦也，皆不得贖；首匿、見知縱、所不當得為之屬，議者或頗言其法可蠲除，今因此令贖，其便明甚，何化之所亂？《甫刑》之罰，小過赦，薄罪贖，有金選之品，所從來久矣，何賊之所生？敞備皁衣二十餘年，嘗聞罪人贖矣，未聞盜賊起也。竊憐涼州被寇，方秋饒時，民尚有飢乏，病死於道路，況至來春將大困乎！不早慮所以振救之策，而引常經以難，恐後為重責。常人可與守經，未可與權也。敞幸得備列卿，以輔兩府為職，不敢不盡愚。

《魏書》卷五四《高閭傳》 臣聞皇天無私，降鑒在下，休咎之徵，咸由人召。故帝道昌則九疇敘，君德衰而彝倫斁。休瑞並應，享以五福，則康于其邦；咎徵屢臻，罰以六極，則害于其國。斯乃《洪範》之實徵，神祇之明驗。及其厄運所纏，世鍾陽九，數乖於天理，事違於人謀，時則有之矣。故堯湯逢歷年之災，周漢遭水旱之患，然立功修行，終能弭息。今考治則有如此之風，計運未有如彼之害，而陛下殷勤引過，事邁前王。徙星澍雨之徵，指辰可必；消災滅禍之符，灼然自見。雖王畿之内，頗為少雨，關外諸方，禾稼仍茂，苟動之以禮，綏之以和，一歲不收，未為大損。但豫備不虞，古之善政，安不忘危，有國常典。竊以北鎮新徙，家業未就，思親戀本，人有愁心，一朝有事，難以禦敵。可寬其往來，頗使欣慰，開雲中馬城之食以賑恤之，足以感德，致力邊境矣。明察畿甸之民，飢甚者，出靈丘下館之粟以救其乏，可以安慰孤貧，樂業保土。使幽、定、安、并四州之租，隨運以溢其處；開關弛禁，薄賦賤糴，以消其費；清道路，恣其東西，隨豐逐食，貧富相贍。可以免度凶年，不為患苦。

又聞常士困則濫竊生，匹婦餒則慈心薄。凶儉之年，民輕違犯，可緩其使役，急其禁令。宜於未然之前，申敕外牧。又一夫幽枉，王道為虧，京師之獄，或恐未盡。可集見囚於都曹，使明折庶獄者，重加究察。輕者即可決遣，重者定狀以聞。罷非急之作，放無用之獸。此乃救凶之常法，且以見憂於百姓。《論語》曰：不患貧而患不安。苟安而樂生，雖遭凶年，何傷於民庶也。愚臣所見，如此而已。

《魏書》卷六〇《韓麒麟傳》 太和十一年，京都大饑，麒麟表陳時務曰：【略】伏惟陛下天縱欽明，道高三、五，昧旦憂勤，思恤民弊，雖帝虞一日萬幾，周文昃不暇食，蔑以為喻。上垂覆載之澤，下有凍餒之人，皆由有司不為明制，長吏不恤其本。自承平日久，豐穰積年，競相矜夸，遂成侈俗。車服第宅，奢僭無限；喪葬婚娶，為費實多，貴富之家，童妾袨服；工商之族，玉食錦衣。農夫餔糟糠，蠶婦乏短褐。故令耕者日少，田有荒蕪。穀帛罄於府庫，寶貨盈於市里；衣食匱於室，麗服溢於路。飢寒之本，實在於斯。愚謂凡珍玩之物，皆宜禁斷，吉凶之禮，備為格式，令貴賤有別，民歸朴素。制天下男女，計口受田。宰司四時巡行，臺使歲一按檢。勤相勸課，嚴加賞賜。數年之中，必有盈贍，雖遇災凶，免於流亡矣。

往年校比戶貫，租賦輕少。臣所統齊州，租粟纔可給俸，略無入倉。雖於民為利，而不可長久。脱有戎役，或遭天災，恐供給之方，無所取濟。可減絹布，增益穀租，年豐多積，歲儉出賑。所謂私民之穀，寄積於官，官有宿積，則民無荒年矣。

（唐）王方慶《魏鄭公諫録》卷三《對人身假令無病》 太宗曰：夫人之身，假令無病，不免有疥癬，及時有小惡處，用人求備，理實為難。公對曰：自古為政，但舉大體，堯、舜之時，非全無惡，但為惡者少。桀、紂之代，非全無善，但爲惡者多。譬如百尺之木，豈能無一枝節？今官人居職，豈能全不為非？但犯罪者少，即是大化。

《宋史》卷一九二《兵志六》　元豐八年，哲宗嗣位，知陳州司馬光上疏乞罷保甲，曰：

兵出民間，雖云古法，然古者八百家纔出甲士三人、步卒七十二人，閑民甚多，三時務農，一時講武，不妨稼穡。自兩司馬以上，皆選賢士大夫為之，無侵漁之患，故卒乘輯睦，動則有功。今籍鄉村之民，二丁取一以為保甲，授以弓弩，教之戰陳，是農民半為兵也。三四年來，又令河北、河東、陝西置都教場，無問四時，每五日一教。特置使者比監司，專切提舉，州縣不得關預。每一丁教閱，一丁供送，雖云五日，而保正長以泥堋除草為名，聚之教場，得賂則縱，否則留之，是三路耕耘穫稼穡之業幾盡廢也。

自唐開元以來，民兵法壞，戍守戰攻，盡募長征兵士，民間何嘗習兵？國家承平百有餘年，戴白之老不識兵革，一旦畎畝之人皆戎服執兵，奔驅滿野，耆舊歎息以為不祥。事既草創，調發無法，比戶騷擾，不遺一家。又巡檢、指使，按行鄉村，往來如織；保正、保長，依倚弄權，坐索供給，多責賂遺，小不副意，妄加鞭撻，蠶食行伍，不知紀極。中下之民，罄家所有，侵肌削骨，無以供億，愁苦困弊，靡所投訴，流移四方，襁屬盈路。又朝廷時遣使者，徧行按閱，所至犒設賞賚，糜費金帛，以巨萬計。此皆鞭撻平民銖兩丈尺而斂之，一旦用之如糞土。而鄉村之民，但苦勞役，不感恩澤。農民之勞既如彼，國家之費又如此，終何所用哉？若使之捕盜賊，衛鄉里，則何必如此之多？使之成邊境，事征伐，則彼遠方之民，以騎射為業，以攻戰為俗，自幼及長，更無他務；中國之民，大半服田力穡，雖復授以兵械，教之擊刺，在教場之中坐作進退，有似嚴整，必若使之與敵人相遇，填然鼓之，鳴鏑始交，其奔北潰敗可以前料，決無疑也，豈不誤國事乎？又悉罷三路巡檢下兵士及諸縣弓手，皆易以保甲。主簿兼縣尉，但主草市以裏；其鄉村盜賊，悉委巡檢，而巡檢兼掌巡按保甲教閱，朝夕奔走，猶恐不辦，何暇逐捕盜賊哉？又保甲中往往有自為盜者，亦有乘保馬行劫者。然則設保甲、保馬本以除盜，乃更資盜也。

自教閱保甲以來，河東、陝西、京西盜賊已多，至敢白晝公行，入縣鎮，殺官吏。官軍追討，經歷歲月，終不能制。況三路未至大饑，而盜賊猖熾已如此，萬一遇數千里之蝗旱，而失業飢寒，武藝成就之人，所在蜂起以應之，其為國家之患，可勝言哉！此非小事，不可以忽。夫奪其衣食，使無以為生，是驅民為盜也；使比屋習戰，勸以官賞，是教民為盜也；又撤去捕盜之人，是縱民為盜也。謀國如此，果為利乎，害乎？

且嚮者干進之士，說先帝以征伐開拓之策，故立保甲、戶馬、保馬等法。近者登極赦書有云：應緣邊州軍，仰逐處長吏並巡檢、使臣、鈐轄、兵士及邊上人戶不得侵擾外界，務要靜守疆埸，勿令騷擾。此蓋聖意欲惠綏殊方，休息生民，中外之人孰不歸戴，然則保甲、戶馬復何所用哉？今雖罷戶馬，寬保馬，而保甲猶存者，蓋未有以其利害之詳奏聞者也。

臣愚以為悉罷保甲使歸農，召提舉官還朝，量逐縣戶口，每五十戶置弓手一人，略依緣邊弓箭手法，許蔭本戶田二頃，悉免其稅役。除出賊地分，更不立三限科校，但令捕賊給賞。若獲賊數多及能獲強惡賊人者，各隨功大小遷補職級，或補班行，務在優假弓手，使人勸募。然後募本縣鄉村戶有勇力武藝者投充，計即今保甲中有勇力武藝者必多願應募。若一人缺額，有二人以上爭投者，即委本縣令尉選武藝高強者充。或武藝衰退者，許他人指名與之比較，若武藝勝於舊者，即令衝替，其被替者，更不得蔭田。如此，則不必教閱，武藝自然精熟。一縣之中，其壯勇者既為弓手，其羸弱者雖使為盜，亦不能為患。仍委本州及提點刑獄常按察，令佐有取舍不公者，嚴行典憲。若召募不足，且即於鄉村戶上依舊條權差，候有投名者即令充替。其餘巡檢兵士、縣尉弓手、耆老、壯丁逐捕盜賊，並乞依祖宗舊法。

（宋）李燾《續資治通鑑長編》卷四三〇《宋哲宗元祐四年》　著作佐郎兼侍講司馬康言：王者以民為天，民以食為天。自古禍亂之興，皆由饑饉，為國必有九年之蓄，乃可以備水旱。比年以來，旱暵為虐，民多艱食，若今秋不稔，則公私困竭，盜賊可虞。昔魏李悝為平糴之法，國以富彊。東漢永平初以後，水旱十年，和熹鄧太后臨朝，用征和故事，徙置饑民於豐熟諸郡，躬自減省，以救災厄，故天下復平。唐太宗貞觀初，天下連歲災害，太宗勤而撫之，民雖東西就食，未嘗嗟怨；至四年，天下大稔，流散者咸歸田里，米斗不過三四錢。自古聖賢之君，非無水旱之災，惟有以待之，則不為甚害。如漢、唐之策，已非處處皆有蓄積，故令東西就食，此策之下者也；魏文侯舉國四境悉令平糴，所以有儲，此策之中者也；三代而上，國有九年之蓄，此策之上者也。今臣願陛下先為漢、唐之下策，以濟目前之艱；徐及豐穰，乃為魏文侯之中策；積以歲月，漸及三代之上策。乘今秋熟，令州縣廣糴民食所餘，悉歸於官，今冬來春，令饑民就食，俟鄉土豐穰，乃還本土。夫國家積財，惟以安國，民安則國安。故凡為國者，一絲一毫，皆當愛惜，惟於濟民，則不當吝。陛下誠能損數十萬金帛，以為天下大本，則四海幸甚！夫實倉廪，使百姓足，非獨可以消患，太平之化，由是而興，措刑之本，無先於此矣。

（宋）李燾《續資治通鑑長編》卷四六二《宋哲宗元祐六年》　夫奏災傷分數過實，賑濟用物利廣，此乃過之小者，正當闊略不問，以救人命。若因此懲責一人，則自今官司必以為戒，將坐視百姓之死而不救矣。監司、州縣有凶年饑饉，皆不得已而上聞，亦豈肯於無災之地，賑不飢之民，耗散倉廪，坐失租税，取不辦之責哉！今唯當寬其約束，責以成效，庶幾餘民早獲安堵。唯是給散無法，枉費官廪，賑救不及貧弱，出糶反利兼并，措置乖方，所宜約束。然此乃監司使者之事，朝廷亦難遙為處畫也。若監司得人，此弊自少，誠使有之，則人言相傳，亦豈可掩？臺諫足以風聞彈奏，朝廷足以考察按劾，未為晚也。今所言，伏乞更不施行。從之。《舊録》于此書云：侍御史賈易言：浙西災荒，朝廷選差轉運副使岑象求、判官楊瑛竇賜米百萬斛、錢二十餘萬緡，俾救其患，州縣自亦依條賑濟。所乞明詔本路具災荒分數、賑貸次第以聞。而殿中侍御史楊畏亦言：兩浙水災，乞下本路鈐轄、轉運、提刑司及蘇、湖等五州，令具逐州水災所及縣村及高田無水與水退可耕之地，各約幾何，并具詣實以聞，及乞令賑濟司，凡大事并申取指揮。其急切不可待報者，即許專行訖聞奏。從之。易、畏奏已全見十四日，《舊録》於易等疏頗加刪潤，恐失事實，要以蘇軾自辨及范祖禹封還為據。《新録》與《舊録》因仍無所改，蓋考之不詳也。

（宋）李燾《續資治通鑑長編》卷四六八《宋哲宗元祐六年》　臣聞自古重法以止盜者，莫如五代之漢高祖，即位之年，患四方盜賊眾多，敕盜賊無問贓多少，皆抵死，仍分命使者逐捕。宰相蘇逢吉草詔意云：應盜賊其本家并四鄰同保，皆全族處斬。眾以為盜猶不可族，况鄰保乎？逢吉固爭不已，但省去全族二字。由是鄆州捕盜使者張令柔殺平陰縣十七村民。其法可謂重矣，然盜賊不為衰止。至周太祖時，竊盜贓滿三匹者猶棄市。太祖皇帝代虐以寬，稍輕盜法，累聖仁厚，遞加減貸，故竊盜遂無死刑。然編敕所定盜贓猶重于律三倍，豈可更增重乎？臣伏見熙寧四年中書檢正官奏請開封府東明、考城、長垣等縣，京西滑州，淮南宿州，河北澶州，京東應天府、濮齊徐濟單兗鄆沂等州，淮陽軍，別立盜賊重法；其後又有他州奏請乞比東明等處行重法者。夫溥天之下，誰非吾民，今獨視此州縣如夷貊之人。自行法以來二十餘年，不聞盜賊衰止，但聞其愈多耳。古者開衣食之源，立教化之官，先之以節儉，示之以敦朴，有邪僻之民，然後從之以刑。豈有不治其本，專禁其末？又重法之地，皆舉知縣必擇強健之吏，奉法除盜，視民如讎，一切以擊斷為稱職，此豈平世所宜為乎？臣愚欲乞悉除重法，改重法地分為舉知縣地分。夫天下縣令不可不擇，獨此諸縣已先舉吏，則不可廢。民多姦猾，尤須良吏以治之。選吏以養民，不命吏以敵民也。及今四方人情少安，改峻法為平法，庶可變惡俗為善俗，止用常典，足以禁姦。惟陛下無以教化為不急，無以峻法為足恃，則民皆可使為善矣。

（元）張養浩《三事忠告》卷一《牧民忠告・御下・勉學》　學校乃風化之本，俗吏多忽焉不以為務，是不知天秩良彝，一切治道，胥此焉出。暇則率僚寀以觀講習，或生徒有未濟，廪餼有未充，祭物有未完，教養有未至，激勸有未周，皆敦篤以成之。久則弦誦之聲作，而禮義之俗可興矣。

（元）張養浩《三事忠告》卷二《牧民忠告・慎獄・巡警》　詰盜非難，而警盜為難。警盜非難，而使民不為盜尤難。蓋天下之事，先其幾為之則有餘，後其幾為之則艱苦而無益。夫盜之發也，恒出不虞，知者防於未然。其防之之術，則在廣耳目，嚴巡邏，戒飲博，幾遊聚，或旬或月，即命尉行境以恐懼之，夫盜猶鼠也，尉猶捕鼠之狸也，勤於出，鼠必伏而不動；狸怠出，則鼠必興矣。彼為尉者，與其勞於已然，孰若警於未發之為愈？若夫使民不為盜，則又在於勸本以致富。勸斯富，富斯禮義生。禮義生，雖驅之使竊，亦必不肯為之矣。故管子謂：倉廪實而知禮節，衣食足而知榮辱。諒哉！

（元）張養浩《三事忠告》卷二《牧民忠告・事長・各守涯分》　尊卑之分定，則家無逆子，國無叛臣。夫國之所以亡，家之所以敗，皆由卑不有尊，而尊不能制卑之所致也。考諸歷代，厥監甚明。今夫上而朝廷，下而郡邑，其設官也有長焉，有貳焉，有幕屬焉，有胥吏焉，各安其分而事其事，天下安有不治者哉？惟其小智自私，乖同寅之義，無協恭之誠，衷既不和，則所見必有不同者。或長官不知待佐貳之禮也，或佐貳闇於事長官之道也，少見辭色，則彼此胥失矣。若夫事例應爾，而所見或不同，居下者當誠其意，婉其辭，卑其容體，以開其上；若由未允，則俟其退而語之家，人非木石，無不回之理。其或居下者有所不可，為長者亦當如是曉之也。稍有所挾，雖面強從，退而必有不堪者，日引月深，終於泄露。人見其乖忤也，讒譖之言乘之而入，久則訟必興而政事隳矣。為一時之忿，使同僚之心離，闔境之民不得治，則其人之褊淺可知矣。古人有言：必有忍，乃其有濟。又曰：欲成大事，必須少忍。又曰：忍為眾妙之門。旨哉！

《明英宗實録》卷二二三《景泰三年十一月》　甲申，太子太保兼工部尚書石璞疏言：邦畿千里，萬國瞻依，禮樂刑政，胥由此出。今乃盜賊竊發，披戴盔甲，懸插弓矢，明火持杖，公行劫掠。近聞所獲強盜俱言：誰不懼死，但以糧賞不得全関，妻子饑餓難忍。又聞山東、河南、南北直隸等虜，今秋被水患，小民缺食，盜賊潛起。雖已遣官禁捕，豈得人人盡獲？福建、浙江斯為可驗。若不寬貸撫綏賑濟，尤恐此患甚於邊患。又訪得，口外邊軍夜行日伏，艱若萬狀，不可勝言。今亦減去月糧，若此窘逼，實非節財足用之術，是乃啓盜誤國之端。語曰：小人窮斯濫矣！諺曰：禮義生於富足，盜賊起於貧窮。《書》曰：民惟邦本。本圖邦寧，誠不可不恤。矧今胡虜雖萊朝貢，譎詐之心，猶未可度。倘遇有警，將何措置？昔賈誼當文帝承平之世，尚有痛哭流涕之言。今外則夷狄侵横，内則盜賊生發，軍士乏糧，小民缺食，尤為可痛哭流涕者矣！於此之際，正當添糧加賞，厚為奬勸，豈可又減月糧？與其減敢死軍士之糧，莫若減臣等濫叨之俸。且臣一介庸愚，無補於世，僣厠重任濫叨厚禄，誠宜減俸以資軍食。若果不敷，乞勅吏兵二部，省冗濫之官，去蠶食之輩，則倉庫自充軍糧亦是。尤願皇上詔蠲被災州縣税徭暫停，一應軍需，仍遣一二大臣督同各該巡撫鎮守巡按並司府州縣等官，發倉賑濟，設法撫恤，務俾得所。其文武官俸糧，除六品以下俸少不減，五品以上俸禄，斟酌減支量。添軍馬糧草，培養士卒鋭氣，則兵食既足，而盜賊潛息。士馬精強，而胡虜不足慮矣。疏聞，下多官集議。少保兼太子太傅戶部尚書文淵閣大學士陳循等言：河南等虜已有太子太保、左都御史王文及大理寺右少卿張固在彼賑恤，不宜重差。軍士月糧，誠當全支，而武官俸禄尤不可減。文官自三品以上，宜量減其俸。及令各該堂上官，斟酌煩簡，量省冗員。詔曰：文武官員俸禄不必減，禄以養廉，若減其俸，何以養贍？其餘如議。

（明）孫旬《皇明疏鈔》卷三八何瑭《民財空虚疏》　臣竊聞：平天下之道，在理財，財用之盈虚，係民生之休戚。而國家之安危治亂從之。古人有言：天下之財，不在官則在民。去年陝西、四川、河南、湖廣、山東、山西等處凶荒，王府禄米，軍士月糧，多有欠缺，無從處補。軍民人等，餓死數多，無從賑濟。則是在官在民之財皆空虚不足矣。夫民財不足，則樂歲不免於凍餒，而凶年必至於死亡凍餒。死亡之憂迫於中，而剝削差科之患苦於外。勢窮理極，盜賊必起，此蓋宗社之憂，非小小利害也。臣猥以迂踈備員戶部叨有理財之責，竊計在官之財，所以空虚不足者，其獘有四：宗室日蕃，武職日濫，冗食太多，冗費太廣是也。而徵納逋欠之獘，則又在其外焉。在民之財所以空虚不足者，其獘亦有四：官吏剝削，差科繁重，風俗奢僣，生齒蕃多是也。除在官之財不足，四獘先已具題外，其在民之財不足四獘，臣謹開陳以聞：傳稱國家之敗，由官邪也，官之失德，寵賂彰也。蓋官吏貪賂必剝削小民，小民窮困不堪，小則為盜，大則作亂，而國家之治敗矣。我太祖高皇帝起自民間，深知其獘，故立國之初，痛懲貪賂官吏，甚者即行誅殺，以快小民之心。入己贓滿貫以上，俱籍没貲產，輕則為民，重則充軍，軍職犯贓，一體歸斷。所冀法令嚴明，則貪官知懼，民困可蘇，國家可保耳！當時論者皆謂臣言苛刻，難以施行。臣竊謂：責人以難能之事，則才知有限，不可勉強。若一概加罪，則誠為苛刻。至於貪與不貪，則在乎肯與不肯，非有甚高難能之事。況彼奪民財而法乃籍没其財，情法似乎相對，且未嘗傷其性命，似未為苛刻，論者之意，不過謂士君子辛苦仕途，有所取受亦是常情，罪以籍没，似可矜憫。臣竊聞：宋范文正公當道遇不才監司，一筆勾之，富鄭公曰：公但知一筆勾，不知一家哭矣？范公曰：一家哭何如一路哭耶？富公亦當時賢者，其言亦近於厚，但其所見之公私大小則不迨范公遠矣！況官吏貪賂，與其他不才悞事者不同，是安可過為姑息而不加重治哉？夫貪官之所愛者，財耳。若止去其官，不奪其財，彼猶不失其富，既不知耻，豈肯改行？若籍没之法行，則雖不問以死罪，彼慮并失其原有之財，必知警懼，則貪風庶乎可革矣！《傳》稱時使薄斂以勸百姓，為天下國家經常之道，蓋為治不能不使民，但使之以時，而不竭其力，斯可矣！不能不取民，但斂之以薄，而不匱其財，斯可矣。【略】

我太祖高皇帝開國之初，凡官民房屋、衣服、器皿之類，定有制度：上得兼下，下不得僭上，違者治罪，甚至處死、籍没，立法甚嚴。彼時，百姓初脱亂離之苦，凡百用度，取給而止，奢侈甚少。今承平既久，風俗日侈，起自貴近之臣，延及富豪之民，一切皆以奢侈相尚，上下之分，蕩然不知。風俗既成，民心迷惑，至使婚姻、喪葬、燕會、賻贈之禮竭力營辦，甚至稱貸為之。官府習於見聞，通無禁約，殊不知風俗奢侈不止耗民之財，且可亂民之志。蓋風俗既以奢侈相誇，則官吏俸禄之所入，小民農商之所獲，各亦不多，豈能足用？故官吏則務為貪饕，小民則務為欺奪，由是推之，則奢侈一事，實生衆弊，蓋耗民財之根本也。宜令禮部查照祖宗舊制，再行申明，定為制度，通行禁止。違者各治以罪，違法之物追没入官。其該管官員不管理者，即以不職罷黜。臣又聞：京師四方之極，君身萬化之源，故化行自上，法行自近，伏望皇上敦行節儉，為天下先。嚴戒内外官員，節用惜福，不許過為奢僭，以壞風俗，違者一體罰治。如此，則民財不耗，民志不惑，而國家以禮教民之治，庶可成矣！昔孔子適衛，嘗有富庶之論。蓋庶而不富，則民生不遂，治功不成。國初，離亂初定，人民鮮少，土地所生之物，供養有餘。承平既久，生齒蕃多，而土地所生之物，無所增益，則供養自然不足。今惟有盡辟地利，以資生養，法尚可行。方今地窄之處，貧民至無地可耕，而江北、山東等處，荒田彌望。近日臣下建言：欲命官勸農開墾荒地，其意亦皆在此。但召集開地之人，類多貧難不能自給，久荒之處，人稀地僻。新集之民，既無室廬可居，又無親戚可依，又無農具種子可用，故往往不能安居樂業，輒復轉徙。雖設有勸農之官，終無成效。臣愚以為：設官勸農，非假以事權則無以使之行其志，非齊以賞罰則不能使之盡其心。宜勑該部選擇通知農務之士，授以按察之官，賜以勑書，令其查撥本處丁多田少，或招集外處流徙失業，或起取狹鄉無地之人，凡室廬、農器、種子賑給，俱動支官錢處置，仍兼管詞訟。所收紙贖，聽其支用。至分行催督，許令設立老人管理，從便賞勞。三年之後，地已成熟，每畝科米五升，以補逃移逋欠糧額。官量陞轉，仍留勸農。六年之後，農功大成，超與陞授，否者量行責降，仍通行州縣官：凡有荒地，各令教民開辟。三年之間，地辟而糧完者，考以稱職，否者考以不職。如此，則官肯盡心，民肯盡力，地利盡辟，非惟生齒之蕃得有所養，而公家之用亦有所資矣。

《皇明條法事類纂》卷四三《激勸風俗以隆治化等項條例》 激勸風俗以隆治化。夫為治之道，莫切於正風俗。風俗正，則治化美。天下化之，皆歸於正矣！昔成周盛時，《南》之化行，男子以正自守，而淫亂之俗革。後世稱治化之美者，必取法於成周焉。迨東遷之後，教化陵夷，風俗頽壞，故鄭、衛之間，淫風大盛，天下卒以不振。至孔子答顔淵為邦之問，即以放鄭聲為言。鄭聲淫亂敗壞風俗，莫甚於此。孔子所以欲放之也。

《大誥續編・婚娶》 古至如今，凡人父母，未有不慈者。其慈之道，非是強為，實是自然之道。有等愚父母，止知寬愛為慈，豈知寬愛反害於子。其寬愛害於子者，為何？寬則無教，愛且姑息，致子諸事不能，止靠祖業。父母方逝，身既不能，產業日消，窘於衣食，是其不慈也，是其反害也。有等慈父母，外加嚴容，内懷寬愛，善教不墮刑憲。比子長成，諸事善為，終世不乏衣食。雖曰嚴容，其寬愛之道顯矣。朕自開國以來，凡官多用老成。既用之後，不期皆係老奸巨猾，造罪無厭。及至進用後生，皆是年壯英俊。初，父母且賢，致令習學經書，通達古今，已成士矣。其父母寬愛之道，得其宜也。至此之際，各各父母反為愚夫愚婦。子既年壯，公私作為，無有不可者。朕既授以官，且有厚禄，隻身在任，朝出暮歸，寒暑為之自調，湯藥亦為之自奉。其父母愚而不與之娶，致令孤守厚禄，淫慾之情横作。一旦苟合於無藉之婦，暮去朝來，精神為之妄喪，財物由是而空虚，天生誠實之性，因而散亂，雖古智人君子，莫復其原，豈不艱哉。今以《誥》告，凡在京有官君子之父母，即早婚娶前來，以固子天生自然之性。不然，暫染娼優，污合村婦，性一乖為，莫可得而再治。其諸父母，早為之計。

（清）宋邦德《祥刑古鑑》卷上《至誠開導令愚民悔悟・經訓》

《書・大禹謨》刑期于無刑，民協于中。《康誥》民罔迪不適。適，從也。言民無導文而不從者也。

《詩・魯訟》匪怒伊教。

（清）徐棟《保甲書》卷二王鳳生《保甲事宜》 保甲之設，昉自《周官》，即比閭族黨之遺制也。既本於古，尤宜於今，實為整頓地方提綱挈領之要務。果能實力奉行，凡左道、邪術、姦宄、逋逃、盜賊、窩黨以及娼賭、姦拐、光棍、訟師、私鑄、私煎，諸不法事，舉無所容匿。久之，默化潛移，風俗即可返漓為淳，日臻上理。然近數百年來，此舉幾視為具文矣。非惟小民難與圖始，扞格不通，即地方官因循簡陋，往往以緊要事件難於振作，轉多藉口，便民聽其頹廢，其或勉為之亦止。任地保造報戶口，錯誤相仍，城市之區，家懸一門牌以塞責，而蠹保因以按戶派錢，反為閭閻所苦求。

（清）陳弢《同治中興京外奏議約編》卷一張緒楷《長治久安疏》

竊臣恭讀同治三年七月間奉上諭：江甯省城克復，東南漸期底定。自古君臣安不忘危，治不忘亂，不得以捷書遄至，因而晏安為懷。總期上下交儆，共濟時艱，慎始圖終，無荒無怠，以鞏丕基而躋上治等因。欽此。又奉上諭：吴廷棟奏金陵告捷，尤宜益加敬慎，一摺剴切敷陳，深得杜漸防微之意。朝廷宵旰焦勞，無日不以奠民生、培國脈為念，中外臣工亦當體朝廷兢惕之心，各矢忠赤，實力籌畫，務策萬全，以期海隅乂安，閭閻樂業，有厚望焉！吴廷棟摺著交弘德殿用資省覽等因。欽此。仰見我皇上勵精圖治，有加無已之至意，故自金陵克復以來，東南之餘孽未清，捻寇之逆氛尚熾。不數年間，次第削平，近復捷音迭告，腹地肅清，是皆我皇上兢兢業業，一日萬幾。上承皇太后之懿旨，憂勤惕勵，惟日不足，所以將士用命，迅奏膚功，率土臣民，重登袵席，同深欣幸，允宜天顏有喜矣！若如吴廷棟摺内所云，從古功成志遂，喜心一生而驕心已伏，宦寺乘此喜而貢其諂媚，左右因此喜而肆其蒙蔽，容悦之臣、屏逐之奸，即由此喜而工其諛佞，巧為夤緣，戒懼之念，一喜敗之，侈肆之行，一喜開之等語。以皇上聰明，天亶嚴恭，寅畏萬無，慮是第恐一息稍寬，其端兆於無形，片念偶疏，其機復於不覺，亦惟是快愉之來，加以警省，慶幸之至，倍切提撕。又况秦隴未息烽烟，滇黔尚煩征討，邊警方殷，河患又起，所有移師轉餉，捍患救災與夫招徠撫綏一切善後各事，宜其有待於經營籌畫。上廑聖慮者，曷其有極，伏願我皇上保泰持盈，燭微鑒遠。已治而猶若未治，已安而猶若未安。憶鋒鏑之慘遭生靈荼毒則怵然；矜念瘡痍之未復，觸目顛連則惻然。憫慮府藏之空虚，練軍籌餉度支已竭，益殷然於惜物産而除浮華，思閭閻之彫敝，抽釐勸捐，取給無遺，愈憬然於節財用而崇質樸。一人篤恭於上，百爾承流於下。宰臣則益勤襄贊，不以世治而稍懈藎忱；疆臣則益矢靖共，不以功成而或矜武畧；樞臣則綜理愈勞，不敢以時已恬熙而廢弛漸起；諫臣則箴規日進，不敢以意安承順而緘默為高。並請飭下大學士倭仁等盡心啟沃，及時講學，勿泥章句，勿事呫嗶，綜其大而畧其細，遺其粗而擷其精。舉凡古帝王，親賢遠佞，去奢崇儉，載在史册，與有切於時勢而為當務之急者。日講明而切究之，庶盛衰之故，治亂之由，得失之機，瞭於指掌畢見。聖德日親，聖功日懋，以迄於億萬年有道之長也，天下幸甚，臣民幸甚！臣不揣冒昧，披瀝直陳，是否有當，伏乞皇太后皇上聖鑒。謹奏。

（清）陳弢《同治中興京外奏議約編》卷一祁寯藻　倭仁　李鴻藻《杜漸防微疏》 臣等恭閲邸抄本月十四日御史劉毓楠奏請崇尚節儉，屏絶浮華一摺。奉上諭：逆氛肆擾，兆姓流離，正君臣交儆之時，豈上下恬熙之日。我兩宫皇太后痛念山陵未安，民生未奠，孜孜求治，宵旰不遑，所有内廷供奉，業已隨時酌減。爾内外大小臣工，宜體此意，及時振作，共濟艱難，毋蹈奢靡之習，貪耳目之娱，用付朝廷崇實、黜浮，無敢戲豫之至意等因。欽此。中外臣工，祇承訓誡，自罔不力求儉約矣。而臣等猶有過慮者，皇上沖齡御極，智慧漸開，當此釋服之初，吉禮舉行。聖心之敬肆於此分，風會之轉移即於此始，則玩好之漸可慮也，遊觀之漸可慮也，興作之漸可慮也。嗜好之端開，不惟有以分誦讀之心，而海内之仰窺意旨者，且將從風而靡。安危治亂之幾，其端甚微，而所關至鉅，可無慎乎！方今軍務未平，生民塗炭，時艱蒿目，百孔千瘡。誠如聖諭，正君臣交儆之時，非上下恬熙之日也。伏願皇上恪遵慈訓，時時以憂勤惕厲為心，事事以逸樂便安為戒，屏玩好以節嗜欲，慎遊觀以定心志，省興作以惜物力。凡內廷服御，一切用項，稍涉浮靡，概從裁減。雖向例所有，亦不妨量爲撙節。如是，則外物之紛華不接於耳目，詩書之啟迪益斂夫心思，將見聖學日新，聖德日固，而去奢崇儉之風亦自不令而行矣。臣等區區愚悃，為杜漸防微起見，不揣冒昧，謹合詞恭摺具陳，伏乞皇太后皇上聖鑒。謹奏。

（清）王先謙《荀子集解·修身》 治氣養心之術：言以禮修身，是亦治氣養心之術，不必如彭祖也。先謙案：此與上言扁善之度各自為義。上言治氣養生，故以後彭祖為說，然其道不外由禮，故下文曰禮信是也。此自論治氣養心之術，與上不相蒙，楊迺云以禮修身，不必如彭祖，謬矣。血氣剛強，則柔之以調和；知慮漸深，則一之以易良；漸，進也，或曰漸，浸也，子廉反。《詩》曰：漸車帷裳。言智慮深則近險詐，故一之以易良也。郝懿行曰：漸與潛，古字通，《韓詩外傳》二作潛，是良作諒，亦古字通用。《樂記》云：易直子諒之心生，易諒即易良也。王念孫曰：漸，讀為潛。《洪範》沈潛剛克，文五年《左傳》及《史記·宋世家》潛竝作漸。《漢書·谷永傳》忘湛漸之義，《漢山陽太守祝睦後碑》漸心於道，《太尉劉寬碑》演策沈漸，竝與潛同。楊訓漸為進，又訓為浸而音子廉反，皆失之。勇膽猛戾，則輔之以道順；膽，有膽氣。戾，忿惡也。此性多不順，故以道順輔之也。郝懿行曰：膽字疑誤。《韓詩外傳》二作勇毅強果。俞樾曰：順，當讀為訓，古順訓字通用。《周語》能導訓諸侯者，《史記·魯世家》訓作順。此文道順正與彼同，道順即導訓也。楊注非。齊給便利，則節之以動止；《爾雅》云：齊，疾也。齊給便利，皆捷速也。懼其太陵遽，故節之使安徐也。先謙案：注給，各本作急，據宋台州本改正。狹隘褊小，則廓之以廣大；卑溼、重遲、貪利，則抗之以高志；卑，謂謙下。溼，亦謂自卑下如地之下溼然也。《方言》溼，憂也。自關而西，凡志而不得，欲而不獲，高而有墜，行而中止，皆謂之溼。卑溼，謂過謙恭而無禮者。重遲，寬緩也。夫過恭則無威儀，寬緩常不及機事，貪利則苟得，故皆抗之高志也。或曰：卑溼，亦謂遲緩也。言遲緩之人如有卑溼之疾，不能運動也。盧文弨曰：溼，元刻作濕，注憂也作優也。又卑溼，謂過謙恭，舊本作亦謂之過謙恭，訛，今改正。郝懿行曰：卑溼，猶卑下也。《韓詩外傳》二作卑攝貪利。王念孫曰：卑溼，謂志意卑下也。《說文》㬤，讀若蟄，下入也。《論衡·氣壽篇》曰：兒生，號啼之聲鴻朗高暢者壽，嘶喝㬤下者夭。是㬤為下也。㬤濕古字通。抗，舉也。見《小雅·賓之初筵》傳《考工記·梓人》注，《士喪禮下篇》注，《文王世子》注。志意卑下，故舉之以高志也。楊注皆失之。庸衆駑散，則刦之以師友；庸衆，已解上。駑，謂材下如駑馬者也。散，不拘檢者也。刦，奪去也。言以師友去其舊性也。怠慢僄弃，則炤之以禍災；僄，輕也，謂自輕其身也，音匹妙反。《方言》：楚謂相輕薄為僄。炤之以禍災，謂以禍災照燭之，使知懼也。炤與照同。愚款端慤，則合之以禮樂，通之以思索。款，誠款也。《說文》云：款，意有所欲也。愚款端慤，多無潤色，故合之以禮樂。此皆言修身之術在攻其所短也。俞樾曰：自血氣剛強則柔之以調和以下八句，文法皆同，此獨多通之以思索五字，與上文不一律。據《韓詩外傳》無此五字，當為衍文。楊注不及思索之說，是其所見本未衍也。凡治氣養心之術，莫徑由禮，莫要得師，莫神一好。徑，捷速也。神，神明也。一好，謂好善不怒惡也。盧文弨曰：案俗本不怒惡作不好惡，今從宋本作怒。元李治《古今黈》所引正同。王念孫曰：一好，謂所好不二也。《儒效篇》曰：並一而不二則通於神明，《成相篇》曰好而壹之神以成，皆其證，非好善不怒惡之謂。夫是之謂治氣養心之術也。

（清）王先謙《荀子集解·正論》 凡人之盜也，必以有爲，其意必有所云爲也。不以備不足，足則以重有餘也。盧文弨曰：下足字衍。而聖王之生民也，皆使當厚優猶不知足，而不得以有餘過度。當，謂得中也，丁浪反。優，猶寬泰也。不知足，不字亦衍耳。言聖王之養民，輕賦薄斂，皆使寬泰而知足也；又有禁限，不得以有餘過度也。王念孫曰：當厚二字不詞，楊說非也。當厚蓋富厚之誤。《秦策》：勢位富厚下優猶知足，正承富厚言之。故盜不竊，賊不刺，盜賊通名。分而言之，則私竊謂之盜，劫殺謂之賊。俞樾曰：楊蓋以刺爲刺殺之刺，實非然也。《漢書·郊祀志》刺《六經》中作《王制》，師古注曰：刺，采取之也。又《丙吉傳》至公車刺取，注曰：刺，謂探候之也。然則刺者，探取之義。盜不竊，賊不刺，變文以成句耳，非有異義也。狗豕吐菽粟，而農賈皆能以貨財讓，農賈庶人猶讓，則其餘無不讓也。郝懿行曰：吐者，棄也。《倉頡篇》。此蓋極言菽粟之多耳，非食而吐之也。《孟子》言狗彘食人食，揚雄《蜀都賦》云：糴米肥豬，非聖世之事也。風俗之美，男女自不取於涂而百姓羞拾遺。郝懿行曰：《大略篇》云：國法禁拾遺，蓋必申、商之法有此禁令，故荀舉以爲言。故孔子曰：天下有道，盜其先變乎！【略】夫亂今然後反是：上以無法使，下以無度行，知者不得慮，能者不得治，賢者不得使。不得在位使人。若是，則上失天性，下失地利，中失人和，故百事廢，財物詘而禍亂起。王公則病不足於上，庶人則凍餒羸瘠於下，於是焉桀、紂羣居，而盜賊擊奪以危上矣。言在上位者盡如桀、紂也。安禽獸行，虎狼貪，故脯巨人而炙嬰兒矣。

（清）王先謙《荀子集解·性惡》 夫人雖有性質美而心辯知，必將求賢師而事之，擇良友而友之。得賢師而事之，則所聞者堯、舜、禹、湯之道也；得良友而友之，則所見者忠信敬讓之行也。身日進於仁義而不自知也者，靡使然也。靡，謂相順從也。或曰：靡，磨切也。今與不善人處，則所聞者欺誣詐偽也，所見者汙漫、淫邪、貪利之行也，汙，穢行也。漫，誕漫欺誑也。《莊子》北人無擇曰舜以其辱行漫我也。身且加於刑戮而不自知者，靡使然也。傳曰：不知其子視其友，不知其君視其左右。靡而已矣，靡而已矣。

（清）王先謙《荀子集解・大略》 不富無以養民情，衣食足知榮辱。不教無以理民性。人性惡，故須教。故家五畝宅，百畝田，務其業而勿奪其時，所以富之也。宅，居處也。百畝，一夫田也。務，謂勸勉之。《孟子》曰：五畝之宅，樹之以桑，五十者可以衣帛矣。百畝之田，無失其時，八口之家可以無飢矣。立大學，設庠序，脩六禮，明十教，所以道之也。《詩》曰：飲之食之，教之誨之。王事具矣。

《子思子全書・忠恕》 曾子曰：無內人之疎，無外人之親也；無身不善而怨人，無刑已至而呼天。內人之疎而外人之親，不亦遠乎？身不善而怨人，不亦反乎？刑已至而呼天，不亦晚乎？《詩》曰：涓涓源水，不壅不塞。轂既破碎，乃大其輻。事已敗矣，乃重太息，其亡益乎？

（漢）劉向《說苑》卷三《建本》 河間獻王曰：管子稱倉廩實，知禮節；衣食足，知榮辱。夫穀者，國家所以昌熾，士女所以姣好，禮義所以行，而人心所以安也。《尚書》五福以富為始。子貢問為政，孔子曰：富之，既富乃教之也，此治國之本也。

（漢）劉向《說苑》卷二〇《反質》 魏文侯問李克曰：刑罰之原安生？李克曰：生於奸邪淫佚之行。凡奸邪之心，饑寒而起，淫佚者，久飢之詭也；彫文刻鏤，害農事者也；錦繡纂組，傷女工者也。農事害，則飢之本也；女工傷，則寒之原也。饑寒並至而能不為奸邪者，未之有也；男女飾美以相矜而能無淫佚者，未嘗有也。故上不禁技巧，則國貧民侈，國貧窮者為奸邪，而富足者為淫佚，則驅民而為邪也；民以為邪，因以法隨，誅之不赦其罪，則是為民設陷也。刑罰之起有原，人主不塞其本，而替其末，傷國之道乎！文侯曰：善。以為法服也。

（宋）真德秀《政經》 子適衛，冉有僕。子曰：庶矣哉。冉有曰：既庶矣，又何加焉？曰：富之。曰：既富矣又何加焉？曰：教之。

（明）丘濬《大學衍義補》卷一《審幾微・防姦萌之漸長》 大畜，六四，童牛之牿，元吉。童者，未角之稱。牿，施橫木於牛角，以防其觸者也。六五，豶豕之牙，吉。攻其特而去之曰豶，所以去其勢也。

程頤曰：初居最下，陽之微者，微而畜之，則易制，猶童牛而加牿，大善而吉也。蓋人之惡止於初則易，既盛而後禁，則扞格而難勝，莫若止之於初也。又曰：豕，剛躁之物，而牙為猛利。若強制其牙，則用力勞而不能止其躁猛，若豶去其勢，則牙雖存，而剛躁自止。其用如此，所以吉也。君子發豶豕之義，知天下之惡不可以力制也。則察其機，持其要，塞絕其本原，故不假刑罰嚴峻而惡自止也。

臣按：《易》之《大畜》，此二爻，誠人君制惡之要術也。人君之於小人，誠能察之於其微，知其不可用，制之於早，使其不敢肆。操之有要，使彼自戢止，則天下國家，又安得有莽懿之裯覽節之患哉？君子所以貴乎炳幾，先也。不然，則無以知其為小人，將馴致於權不可收，勢不可遏之地矣，可不戒哉！

（清）唐甄《潛書》上篇上《善施》 為政之道，必先田市，死刑次之，盜賊次之。殺人之罪，一縣之中，歲或一二人。多盜之方，一府之中，歲不數見，其為害也恒少。農不安田，賈不安市，其國必貧無殘，而民多死亡，無盜而室多空虛。農安于田，賈安于市，財用足，禮義興，不輕犯法，是去殘去盜之本也。

（清）唐甄《潛書》下篇上《明鑑》 當是之時，天下之大，萬民之眾，恒患無兵。京師之守，以一卒而當數陴。李自成雖嘗敗，散數十萬之眾，旬日立致。是故，陝民之謠有之曰：挨肩膊，等闖王，闖王來，三年不上糧。民之歸之也如是。蓋四海困窮之時，君為讎敵，賊為父母矣！四海困窮，未有不亡者。其不亡者，未及其命之定也。天留其命，未生奸雄；天薄其命，則生小雄；天絕其命，則生大雄。當四海困窮之時，無雄則饑寒積憂之氣發為災祲、為彗孛、為水旱、為山川草木、人鬼之妖。有小雄以倡之，則逋聚山澤，破城據險，旋滅旋起，以耗國家。有大雄以倡之，則長智增勇，撼山沸河，數百年厚建之社稷如椎卵矣。若是者，皆困發也，為奸雄所馮也，此明之所以亡也。若四海安樂，人保室家，誰與為亂？雖為君者，不過中材之主，即有湯武之賢，一匹夫耳。欲謀社稷，亦無如何。況羿浞之流哉！君之於民，他物不足以喻之，請以身喻民，以心喻君，身有疾則心豈得安，身無疾則心豈復不安，有戕其身而心在者乎。是故君之愛民，當如心之愛身也，非獨衣服飲食為身也。牢廄門庭，田園道路，凡有所營，皆為身也。非獨農桑、鬻貨為民也，上天下地、九彝八蠻、諸司庶事、內宫外庭，凡所有事，皆為民也。茅舍無恙，然後寶位可居；蓑笠無失，然後袞冕可服，豆藿無缺，然後天禄可享。

（清）唐甄《潛書》下篇上《富民》　虐取者，誰乎？天下之大害，莫如貪，蓋十百於重賦焉！穴牆而入者，不能發人之密藏；羣刃而進者，不能奪人之田宅；禦旅於塗者，不能破人之家室；寇至誅焚者，不能窮山谷而徧四海。彼為吏者，星列於天下，日夜獵人之財，所獲既多，則有陵己者，負篋而去。既亡於上，復取於下，轉亡轉取，如填壑谷，不可滿也。夫盜不盡人，寇不盡世，而民之毒於貪吏者，無所逃於天地之間。是以數十年以來，富室空虛，中產淪亡，窮民無所為賴。妻去其夫，子離其父，常歎其生之不犬馬若也。今之為吏者，一襲之裘值二三百金，其他錦繡視此矣；優人之飾，必數千金，其他玩物視此矣；金珴銀罌、珠玉珊瑚、奇巧之器不可勝計。若是者，謂之能吏，市人慕之，鄉黨尊之，教子弟者勸之有為吏。而廉者出無輿，食無肉，衣無裘，謂之無能，市人賤之，鄉黨笑之，教子弟者戒之。蓋貪之錮人心也甚矣！治布帛者，漂則白，緇則黑。由今之俗欲變今之貪，是求白於緇也。治貪之道，賞之不勸，殺之不畏，必漸之以風。《禮》曰：知風之自。昔者明太祖衷襦之衣，皆以梭布。夫衣可布，何必錦繡；器可瓦，何必金玉；粱肉可飽，何必熊之蹯，玉田之禾。吾聞明之興也，吳之民不食粱肉，閭閻無文采，女至笄而不飾，市不居異貨，宴賓者不兼味，室無高垣，茅舍鄰比，吳俗尚奢，何樸若是？蓋布衣之風也。人君能儉，則百官化之，庶民化之。於是官不擾民，民不傷財。人君能儉，則因生以制取，因取以制用。生十取一，取三餘一，於是民不知取，國不知用，可使菽粟如水火，金錢如土壤，而天下大治。為君之樂，孰大於是哉？

（清）唐甄《潛書》下篇上《達政》　養民之善政，十有八焉。勸農豐穀，土田不荒蕪，為上善政一。桑肥棉茂，蔴苧勃鬱，為上善政一。山林多材，池沼多魚，園多果蔬，欄多羊豕，為上善政一。廩蓄不私斂，發濟不失時，水旱蝗螽不為災，為上善政一。犯其父母，必誅；兄弟相殘，必誅，為上善政一。闡幽發潛，彰孝舉節，為上善政一。獨騎省從，時行鄉里，入其茅屋，撫其婦子，民不以為官，無隱不知，為中善政一。強不凌弱，富能周貧，為中善政一。除強暴奸偽，不為民害，為中善政一。居貨不欺，商賈如歸，為中善政一。省刑輕杖，民自畏服，為中善政一。察奸發隱，四境無盜，為中善政一。學校殿廡常新，春秋享祀必敬，為下善政一。城隍、道路、橋梁、廬舍修治，為下善政一。納賦有方，致期不煩，為下善政一。選勇力智謀，具戈甲干楯，教之騎射，以衛四境，為下善政一。天災流行，疫癘時作，使醫療治，為下善政一。蔬食布衣，燕賓必儉，為下善政一。上善政六，中善政六，下善政六，凡十八善政以課縣令，重其權，厚其禄。其牧守，但行考績，不得專制；待以賓禮，不行跪拜。凡有興革，唯其所為。三年考績，無功有過者黜；無過無功者，以其品秩致仕。三考有上善政者，受上賞；有中善政者，受中賞；有下善政者，受下賞，其升遷以是為差。十八善政皆備，九年之間，民昔貧而今富，昔好犯而今知禮，治化大行，斯為上功。唯不受國，封爲侯伯，厚其廩禄，冕服輿馬，比于古之諸侯公卿，缺則舉用之，或老而歸田，予以爵禄，終其身，録其子孫，以崇報功。如是，則有位知勸，咸自競勉，何治功之不成！

（清）唐甄《潛書》下篇上《柅政》　一官之所任，我代者前此幾何人？代我者後此幾何人？我在其間，一旅客之信宿耳。土地非我之產，府庫非我之藏，民人非我之族黨，於我何有焉？今之為官者，不必貪邪，即廉能無過者，其存心莫不如是。不忍之心，人孰無之？乃但知仕宦，不知道義，溺於父兄之為，習於流俗所尚，因仍而不知其非。由來已久，不可深責。朝廷所寄，以牧民之任者，大官、小官自內至外，皆如是之人。上以文責下，下以文蒙上，紛紛然移文積於公府，文示交於路衢。始焉羽逝，既而景滅，卒不知其紛紛者何為也。如是千萬職，外塞九州，內塞五門，君臣上下隔絶不通。雖有仁明之君，欲行堯舜之政，其何所藉以達於天下乎？政不行於天下，豈徒無益，必有大害。諺曰：官屋漏，官馬瘦。推而廣之，田園廬舍，一官屋也，父兄子弟，一官馬也，心不在民，雖田園荒蕪，廬舍傾倒，而不一顧也；雖父兄凍餓，子弟死亾，而莫之恤也。凡為官者視為故然，雖無不肖攘民之事，而視民若忘，等於草茅。夫攘民之害小，忘民之害大。攘民者不多人，忘民者徧天下，是舉天下之民委棄之也。疾不救者日深，至於四海困窮，民無以為生，有天下者其危矣哉！

《墨子・小取》〔墨子曰〕盗人，人也；多盗，非多人也；無盗，非無人也。奚以明之？惡多盗，非惡多人也；欲無盗，非欲無人也。世相與其是之。若若是，則雖盗人人也，愛盗非愛人也，不愛盗非不愛人也，殺盗人非殺人也。

《列子・天瑞》齊之國氏大富，宋之向氏大貧；自宋之齊，請其術。國氏告之曰：吾善為盗。始吾為盗也，一年而給，二年而足，三年大壤。自此以往，施及州閭。向氏大喜。喻其為盗之言，而不喻其為盗之道，遂踰垣鑿室，手目所及，亡不探也。未及時，以贓獲罪，没其先居之財。向氏以國氏之謬己也，往而怨之。國氏曰：若為盗若何？向氏言其狀。國氏曰：嘻！若失為盗之道至此乎？今將告若矣。吾聞天有時，地有利。吾盗天地之時利，云雨之滂潤，山澤之産育，以生吾禾，殖吾稼，築吾垣，建吾舍。陸盗禽獸，水盗魚鼈，亡非盗也。夫禾稼、土木、禽獸、魚鼈皆天之所生，豈吾之所有？然吾盗天而亡殃。夫金玉珍寶，穀帛財貨，人之所聚，豈天之所與？若盗之而獲罪，孰怨哉？向氏大惑，以為國氏之重罔己也，過東郭先生問焉。東郭先生曰：若一身庸非盗乎？盗陰陽之和，以成若生，載若形。况外物而非盗哉。誠然天地萬物不相離也。認而有之，皆惑也。國氏之盗，公道也，故亡殃。若之盗，私心也，故得罪。有公私者，亦盗也；亡公私者，亦盗也。公公私私，天地之德。知天地之德者，孰為盗邪？孰為不盗邪？

《列子・説符》晉國苦盗。有郄雍者，能視盗之貌，察其眉睫之間而得其情。晉侯使視盗，千百無遺一焉。晉侯大喜。告趙文子曰：吾得一人，而一國盗為盡矣，奚用多為？文子曰：吾君恃伺察而得盗，盗不盡矣，且郄雍必不得其死焉。俄而羣盗謀曰：吾所窮者，郄雍也。遂共盗而殘之。晉侯聞而大駭，立召文子而告之曰：果如子言，郄雍死矣。然取盗何方？文子曰：周諺有言，察見淵魚者不祥，智料隱匿者有殃。且君欲無盗，莫若舉賢而任之。使教明於上，化行於下，民有恥心，則何盗之為？於是用隨會知政，而羣盗奔秦焉。

《莊子・内篇・養生主》吾生也有涯，而知也无涯。以有涯隨无涯，殆已；已而為知者，殆而已矣。為善无近名，為惡无近刑。緣督以為經，可以保身，可以全生，可以養親，可以盡年。

（晉）葛洪《抱朴子》外篇卷二《疾謬》始無可法，終無可紀，豈所謂以小善為無益而不為？以小惡為無損而不止？以至惡積而不可掩，罪大而不可解者邪？夫以抄盗致財，雖巨富不足嘉。凶德脅人，雖見憚不足榮也。禁疏，則上宫有穿窬之男；網漏，則桑中有奔隨之女。何謂同其波流，長此弊俗哉？然民閒行之日久，莫覺其非，或清談所不能禁，非峻刑不能止也。

又：誠知不學之弊，碩儒之貴，所祖習之非，所輕易之謬。然終於迷而不返者，由乎放誕者，無損於進趨故也。若高人以格言彈而呵之，有不畏大人而長惡不悛者，下其名品，則宜必懼。然冰泮而革面，旋而東走之迹矣。

《太平經》卷五四《使能無争訟法》今吾願欲得天地陰陽人民跂行萬物凡事之心意，常使其喜善無已，日遊而無職無事，其身各自正，不復轉相愁苦，更相過責，豈可得聞乎哉？子今且言，何一絶快殊異；可問者，何一好善無雙也。然，若子所問，猶當順事，各得其心，而因其材能所及，無敢反強其所不能為也。如是即各得其所欲，各得其欲，則無有相愁苦者也，即各得其心意矣，可謂遊而無職事矣。天地之間，常悉使非其能，強作其所不及，而難其所不能，時覩於其不能為，不能言，不憐而教之，反就責之，使其冤結，多忿争訟，民愁苦困窮。即仰而呼皇天，誠冤誠冤，氣感動六方。故致災變紛紛，畜積非一，不可卒除，為害甚甚，是即失天下之人心意矣。終反無成功，變怪不絶，太平之氣，何從得來哉，故不能致太平也，咎正在此。雖欲名之為常平，而内亂何從而得清其治哉？子今問之，欲深知其審乎！天地之性，萬物各自有宜。當任其所長，所能為，所不能為者，而不可強也；萬物雖俱受陰陽之氣，比若魚不能無水，游於高山之上，及其有水，無有高下，皆能游往；大木不能無土，生於江海之中。是以古者聖人明王之授事也，五土各取其所宜，迺其物得好且善，而各暢茂，國家為其得富，令宗廟重味而食，天下安平，無所疾苦，惡氣休止，不行為害。如人不卜相其土地而種之，則萬物不得成竟其天年，皆懷冤結不解，因而夭終，獨上感動皇天，萬物無可收得，則國家為其貧極，食不重味，宗廟飢渴，得天下愁苦，人民更相殘賊，君臣更相欺詒，外内殊辭，咎正始起於此。是者尚但萬物不得其所，何況人哉？天下不能相治正，正由此也。此者，大害之根，而危亡之路也，可不慎哉？可不深思慮之實心乎？故古者，大聖大賢將任人，必先試其所長，何所短，而後署其職事，因而任之。其人有過，因而責之，責問其所長，不過所短。是者不感天也，反為習進此家學，因而慎之，故能得天下之心也。令後世忽事，不深思惟古聖人言，反署非其職，責所不能及，問所不能覩，盲者不覩日，瘖者不能言，反各趣得其短，以為重過，因而罪之，不為欲樂相利祐，反為巧弄上下，迭相賊害，此是天下之大敗也。自古者諸侯太平之君，無有奇神道也，皆因任心能所及，故能致其太平之氣而無冤結民也。禍亂之將起，皆坐任非其能，作非其事職而重責之，其刑罰雖坐之而死，猶不能理其職務也。災變連起，不可禁止，因以為亂敗，吉凶安危，正起於此。是以古者將為帝王選士，皆先問視，試其能，當與天地陰陽瑞應相應和不？不能相應和者，皆為僞行。其相應和奈何，大人得大應，小人得小應。風雨為其時節，萬物為其好茂，百姓為其無言，鳥獸跂行，爲其安靜，是其効也。故治樂欲安國者，審其署置。夫天生萬物，各有材能，又實各有所宜，猶龍昇於天，魚遊於淵，此之謂也。夫治者，從天地立以來，迺萬端，天變易亦其時異，要當承天地得其意，得其所欲為也。天者，以三光為書文記，則一興一衰，以風為人君。地者，以山川阡陌為文理，山者吐氣，水通經脈，衰盛動移崩合，以風異為人臣。人者，以音言語相傳，書記文相推移。萬物者，以衰盛而談語，使人想而知之。人者，在陰陽之中央，為萬物之師長，所能作最眾多。象神而有形，變化前却，主當疏記此變異，為其主言。故一言不通，則有冤結；二言不通，輒有杜塞；三言不通，轉有隔絶；四言不通，和時不應，其生物無常；五言不通，行氣道戰；六言不通，六方惡生；七言不通而破敗；八言不通而難處為數家；九言不通，更相賊傷；十言不通，更相變革。故當力通其言也。古者無文，以何通之，文迺當起，但中止；天地者幾何起，幾何止，但後世不覩之耳。中古三皇，當無文而設言。下古復有天地之氣，一絶一起，獨神人不知老所從來，經歷多故，知其分理，内當有文，後世實不覩，言其無有，何故時有文時無乎哉？天氣且弊，人且愚薄不壽，不能有可刻記。故勑之以書文，令可傳往來，以知古事無文，且相辯訟，不能相正，各自言是，故使有文書。此但時人愚，故為作書，天為出券文耳。

《太平經》卷六七《六罪十治訣》 德養萬物，樂人象之。故太古之德人忍辱，象地之養物也。人學爲之，則其心意常悦，不復好傷害也，見事而慎之，日而為者善，不復欲為惡也。以類相聚，日益高遠，為之積久，因成盛德之人，莫不嚮應，眾人歸向之。聚謹順善不止，因成大柔師，其德迺之助天養欲生之物，助地養欲長之物，又好助明王化民，使為謹，不復知其凶惡。小為德，或化千數百人，大為德，或化萬人以上。因使萬人轉成德師，所化無極。為德不止，凡人莫不悦喜。天地愛之，增其算，鬼神好之，因而共利祐之。其有功者，迺人君官仕之德，不樂傷害眾人。樂之好之，所求者得居常獨樂，無欲害之者。此本由學順善為德，迺到于斯，名聞遠方，功著天地，不負祖先，不辱後生。今人或幸有知，心知善惡，而反自輕易，不力學為善德，反隨俗愚暗之人為惡。好用氣尚武，辭語常凶，言出而逆，欲以伏人。自言便，復有便於人者；人自言勇力，復有勇力於人者。故凡天下之事，各有所伏窮，故可制也。夫大火當起之時，若將不可拘，得水便死。人為不善，當怒之時，若將不可制也，得獄便窮。用口若將不拘，得病使降。故夫天地治人，悉自有法尺寸。人乃有知，不肯好學，反自輕為非，所居為凶，無愛之者。天地憎之，百神惡之，帝王得愁苦之。此不成善人，自成盜賊，死尚成惡鬼，用力强梁，其死皆不得用。道理人莫不共知之，而自易不為善，汙先人之統，負於後生之子，遂見字為凶賊之類也。人莫肯與其交語，行人不欲與同道，此子何過，承負父母之惡，尚或見謂為盜賊之子，或遂得死亡焉。真人來，人自易，不好學於明師為德，反隨小人，過乃如此，寧當死有餘罪不乎？

《太平經》卷一〇九《四吉四凶訣》 請問何故正名為續命之符？然所以續命符者，舉士得人，乃危更安，亂更理，敗更成，凶更吉，死更生。上至於度世，中得理於平，下得竟其天年，全其身形。夫舉士不得人，上無益帝王，國家令其理亂，帝王愁苦，天地不悦，盗賊災變萬種，是一大凶也。所舉人不能理職，佞偽日欺，久久坐侯不安，不得保其天年，或天地鬼神害之，或為人所賊殺，辱及其父母，惡流及妻子後生，已下世類，遂見知過失為惡人，是二大凶也。其人惡，則其學棄，汙辱先師聖賢業，禍及其師，是三大凶也。又舉之者不信，共欺其上，貢非其人，亂天儀，汙列宿，天疾之，地怨之，國君惡之，聖賢非之，是爲世大佞妄語之子；當坐是事，不得天地鬼神誅，則人當害之，辱其先人，禍及妻子後生，是四大凶也。犯四大凶，貢非其人也，乃使帝王愁苦，治雲亂。凡害氣動起，不可禁止，前後不理，更相承負。天地大怒，羣神戰鬬，六方不喜，八遠乖錯，終古不理，天上名是為曰減年短命之符。

《太平經》卷一一三《樂怒吉凶訣》　故上士治樂，以作無為以度世；中士治樂，乃以和樂俗人以調治；下士治樂，裁以樂人以召食。此三人者各諭意，太平氣至，聽其所為，從其具樂琴瑟，慎無禁之。則樂氣不出，治難平。難平則氣鬬訟而多刑。夫樂者致樂，刑者致刑，猶影響之驗，不失銖分也。凡樂者，所以止怒也；凡怒者，所以止樂者也；此兩者相伐，是故樂則怒止，怒則樂止。是故怒者乃生刑罰，鬬之根也；喜樂者，乃道德之門也。故當從之，使生道德之根，勿止之也；止之，反且生刑禍之門也。此者，吉凶之所出，安危之所發也。故樂者，陽也；刑罰者，陰也。陰之與陽，乃更相反，陽興則陰衰，陰興則陽衰。陽者，君也；陰者，臣也。君盛則臣服，民易治；臣盛則君治侮亂。此天自然之法也。故當從其君樂也，以猒其民臣，止其數怒也。下古之人愚，不深知其意，反多斷絶之，故使陰氣盛，陽氣衰也。陰氣盛則多盗賊，罪人不絶。凡萬物不生也，多被陰害，大咎在此。樂氣興則陽氣盛，以斷此害。君氣盛則致延年益壽，則上老壽。夫緩與樂者，上屬天也；急與怒刑者下屬地。興行其上者，萬事理；興行其下者，萬事亂。真人戒之，此言可不深思乎？

《太平經》卷一一四《為父母不易訣》　惟有善行之人，自不犯天地四時五行日月星辰諸神之禁。畏其所施，恐犯之，輒有上姓名，以故自欲為善行孝順之義。天地禁書，故不欲令民犯之者，欲令民充盛，何時欲令藏乎？設施當生之物，使得食之，何時欲使相危乎？人自犯耳。故善人無惡言者，各有其文，所誡所成，分明可知。善自得生，惡自早死，與民何争。故置善人文以示生民，各知壽命吉凶所起，為道其誡，使不犯耳。行善之人，無惡文辭。天見善，使神隨之，移其命籍，著長壽之曹神，遂成其功。使後生之人，常以善日直天王相，下無忌諱。先人餘筭并之，大壽百二十。其子孫而承後得善意，無有小惡，亦復得壽，白髮相次。子子孫孫，家足人備，亦無侵者。佃作商賈，皆有利。入為吏數遷，無刑罰之意，善所叔也。人不能倣效，反倨笑之。是善人之心行自善，有益於人。見人窮厄，假貸與之，不責費息。人得其恩，必不負之。小有先償，酒肉相謝，兩相得恩。天見其行，復善之，使其出入，無干犯之者。行善之人，天自佐之，不令逢惡，是行所致。其餘為不善之人，欲望坐得壽，復有子孫，是為不分別。故天別其壽，殊能行天上之事，與天同心志合，可得仙度録，上賢聖精神增加，其壽何極？故言善不可不為，亦人所不及。故天重有善人愛之，不欲使有惡也。善惡之人，各有分部，何得二千乎？故天書辭具，自可知也。善者善之，惡者戒之，欲使不陷於危亡之失其年耳。是天報善增其命，惡者使下不成人，是亦可知也，何為有疑乎？人從生至老，自致有子孫，各令長大成就，在所喜隨使安之，無逆其意，各得其宜，乃為各從其願。為人父母，亦不容易。子亦當孝，承父母之教。乃善人骨肉肢節，各保令完全。父母所生，當令完，勿有刑傷。父母所生，非敢還言，有美輒進。家少財物，賕恭温柔而已，數問消息，知其安危，是善之善也。鄰里近親，盡愛象之，成善之行。見有凶惡之人，不敢與語言，恐相反也。相反之後，更失善人惡，天復憎之。故皆自重惜，損其子孫，慎無犯禁，使家不安。不但不安也，并及家親，内外肅動。更逢縣官，亡滅財産。故令自慎，不違書言。能親安和邕邕，無有二言。各自有業，各成其功。是大善之人行，天必令壽，神鬼祐之不敢失。四時所奉進，各有差序。市價取好，不争價直。所以然者，夫有所奉進，皆有精神，隨上下進退，小異不潔，輒有文墨，不有失。故順所賈所道，乃為恭敬，神靈必喜。上白司命，祠官各部吏安行。或自行見其潔香，乃享食，食後大曾五祖乃於處食，食必歡喜。家遂富有，子孫皆善，無有惡子。郡縣聞之，取召使為有職之吏。輒轉入府，府有署顯職。州復聞知，辟召親近，舉廉茂才，是善所致也。行自得之，其位必至。是亦相禄，稟命所得，明其為善之徵，惡不過其門。天上諸神皆言，是行尤善，但未知天意耳。故使善文善人，記其竹帛，使後生令得貪進遂善家，世世有榮，子孫不離朝堂。帝王愛之，常在善職。是功自然，皆其福所致也。故有善者，當法此書，言取信驗，不空言也。

（清）王先慎《韓非子集解·解老》 禍難生於邪心，邪心誘於可欲。可欲之類，進則教良民為姦，退則令善人有禍。王先謙曰：可欲之類，非善人不能退之，既退之後，更思闚伺中傷，故令有禍也。姦起則上侵弱君，禍至則民人多傷。先慎曰：依下文民人當作人民。然則可欲之類上侵弱君而下傷人民。夫上侵弱君而下傷人民者，大罪也。故曰：禍莫大於可欲。顧廣圻曰：禍當作罪，與上文大罪也相承，喻老不誤，傳本及今《德經》皆作罪，據《經典釋文》、王弼《老子》無此句，非是。是以聖人不引五色，不淫於聲樂；明君賤玩好而去淫麗。

（清）王先慎《韓非子集解·六反》 夫姦，必知則備，必誅則止；不知則肆，不誅則行。夫陳輕貨於幽隱，雖曾、史可疑也；懸百金於市，雖大盜不取也。不知，則曾、史可疑於幽隱；必知，則大盜不取懸金於市。故明主之治國也，衆其守而重其罪，先慎曰：張榜本而作其，誤。守者衆，以防於未發；罪者重，以杜其效尤。使民以法禁而不以廉止。母之愛子也倍父，父令之行於子者十母；【略】吏之於民無愛，令之行於民也萬父母。父母積愛而令窮，【略】吏用威嚴而民聽從，【略】嚴愛之筴亦可決矣。且父母之所以求於子也，動作則欲其安利也，行身則欲其遠罪也；君上之於民也，有難則用其死，安平則盡其力。親以厚愛關子於安利而不聽，【略】君以無愛利求民之死力而令行。明主知之，故不養恩愛之心，而增威嚴之勢。故母厚愛處，【略】子多敗，推愛也；推，行也。父薄愛教笞，【略】子多善，用嚴也。今家人之治產也，【略】相忍以飢寒，【略】相強以勞苦，雖犯軍旅之難，饑饉之患，【略】溫衣美食者必是家也。相憐以衣食，相惠以佚樂，天饑歲荒，嫁妻賣子者必是家也。故法之為道，前苦而長利；仁之為道，偷樂而後窮。聖人權其輕重，出其大利，故用法之相忍，而棄仁人之相憐也。學者之言，皆曰輕刑，此亂亡之術也。【略】凡賞罰之必者，勸禁也。先慎曰：乾道本必作心。顧廣圻云：今本心作必，誤。王先謙云：必字是，上言必於賞罰即其證。若作心，則不當有者字。改從今本。賞厚則所欲之得也疾，罰重則所惡之禁也急。【略】夫欲利者必惡害，害者利之反也。反於所欲，焉得無惡。欲治者必惡亂，亂者治之反也。是故欲治甚者其賞必厚矣，其惡亂甚者其罰必重矣。今取於輕刑者，其惡亂不甚也，其欲治又不甚也。【略】此非特無術也，又乃無行。是故決賢不肖愚知之美，【略】在賞罰之輕重。且夫重刑者，非為罪人也，明主之法揆也，治賊非治所揆也，所揆也者，是治死人也。俞樾曰：此當作明主之法也揆賊，非治所揆也，治所揆也者，是治死人也，方與下文刑盜非治所刑也，治所刑也者，是治胥靡也，文法一律。揆賊之揆誤移在上句，因移下句治字以補之，義不可通矣。道藏本、趙本但於所揆也者上加一治字，猶未盡得也。又按揆字未詳何義，據與刑盜對文，疑揆當作殺。古字或以蔡為之。《尚書·禹貢》二百里蔡，鄭注云：蔡之言殺。是蔡、殺聲近義通。《說文·米部》臣錯引《左傳》殺蔡叔，今作蔡蔡叔，亦其例也。蔡誤作葵，傳寫者又以意改爲揆耳。刑盜非治所刑也，治所刑也者，是治胥靡也。故曰：重一姦之罪而止境內之邪，此所以為治也。重罰者盜賊也，而悼懼者良民也，欲治者奚疑於重刑！【略】若夫厚賞者，非獨賞功也，又勸一國。【略】受賞者甘利，未賞者慕業，是報一人之功而勸境內之衆也，欲治者何疑於厚賞！今不知治者皆曰：重刑傷民，輕刑可以止姦，何必於重哉！此不察於治者也。夫以重止者，未必以輕止也；以輕止者，必以重止矣。是以上設重刑者而姦盡止，【略】姦盡止，則此奚傷於民也！先慎曰：能止姦，則重刑無傷。所謂重刑者，姦之所利者細，而上之所加焉者大也。民不以小利蒙大罪，【略】故姦必止者也。【略】所謂輕刑者，姦之所利者大，上之所加焉者小也。【略】民慕其利而傲其罪，先慎曰：傲其罪，謂輕易其刑。故姦不止也。故先聖有諺曰：不躓於山，而躓於垤。【略】山者大，故人順之；【略】垤微小，故人易之也。今輕刑罰，民必易之。犯而不誅，是驅國而棄之也；犯而誅之，是為民設陷也。是故輕罪者，民之垤也。是以輕罪之為民道也，先慎曰：民字不當有。此言輕罪之道非欲亂國，即為民設陷也。民字涉上下文而衍。非亂國也，則設民陷也，此則可謂傷民矣。

今學者皆道書筴之頌語，【略】不察當世之實事。曰：上不愛民，賦斂常重，則用不足而下恐上，【略】故天下大亂。此以為足其財用以加愛焉，雖輕刑罰可以治也。此言不然矣。凡人之取重賞罰，固已足之之後也。王渭曰：賞當作刑。雖財用足而厚愛之，然而輕刑猶之亂也。先慎曰：乾道本厚上有後字，據趙本刪。言上雖足民於財用而厚愛之，若不重罰，民猶趨亂。下云則雖足民何可以為治是也。夫富家之愛子，【略】財貨足用，【略】財貨足用則輕用，【略】輕用則侈泰；親愛之則不忍，不忍則驕恣。侈泰則家貧，驕恣則行暴，此雖財用足而愛厚，輕利之患也。【略】凡人之生也，財用足則隳於用力，上治懦則肆於為非。【略】財用足而力作者神農也。上治懦而行修者曾、史也。夫民之不及神農、曾、史，亦已明矣。【略】

老聃有言曰：知足不辱，知止不殆。夫以殆辱之故而不求於足之外者，老聃也。今以為足民而可以治，先慎曰：民而當作而民。是以民為皆如老聃也。故桀貴在天子而不足於尊，【略】富有四海之內而不足於賨。君人者雖足民，不能足使為天子，【略】而桀未必以天子為足也，【略】則雖足民何可以為治也！故明主之治國也，適其時事以致財物，論其税賦以均貧富，厚其爵禄以盡賢能，重其刑罰以禁姦邪；使民以力得富，以事致貴，以過受罪，以功致賞而不念慈惠之賜，此帝王文政也。【略】

人皆寐則盲者不知，皆嘿則喑者不知；【略】覺而使之視，問而使之對，則喑盲者窮矣。不聽其言也則無術者不知，不任其身也則不肖者不知；聽其言而求其當，任其身而責其功，則無術不肖者窮矣。夫欲得力士而聽其自言，雖庸人與烏獲不可別也；授之以鼎俎，則罷健效矣。【略】故官職者，能士之鼎俎也，任之以事而愚智分矣。故無術者得於不用，不肖者得於不任，言不用而自文以爲辯，身不任而自飾以爲高。【略】世主眩其辯，濫其高而尊貴之，是不須視而定明也，不待對而定辯也。喑盲者不得矣。明主聽其言必責其用，觀其行必求其功，然則虛舊之學不談，矜誣之行不飾矣。

《慎子・内篇》 民富則治易，民貧則治難。民富則重家，重家則安鄉，安鄉則敬上畏罪，敬上畏罪則易治也。貧則輕家，輕家則危鄉，危鄉則凌上犯禁，凌上犯禁則難治也。故為國之道，在富民而已矣。昔七十九代之君，法制不一，號令不同，然而俱王天下，何也？必當國富而粟多也。

賤而不可不因者，累也。剛而不可不用者，兵也。慘而不可不行者，法也。小而不可不防者，盜也。勞而不可不勸者，農也。冗而不可嗇者，財也。

《晏子春秋・内篇雜上》 晏子之魯，朝食進餽膳，有豚焉。晏子曰：去其二肩。晝者進膳，則豚肩不具。侍者曰：膳豚肩亾。晏子曰：釋之矣。侍者曰：我能得其人。晏子曰：止！吾聞之量功而不量力，則民盡；藏餘不分，則民盜。子教我所以改之，無教我求其人也。

（漢）班固《白虎通義》卷下《德論下・三教》 教者，何謂也？教者，效也。上為之，下効之，民有質樸，不教不成。故《孝經》曰：先王見教之可以化民。《論語》曰：不教民戰，是謂弃之。《尚書》曰：以教祗德。《詩》云：爾之教矣，欲民斯効。忠形於悃誠，故失野；敬形於祭祀，故失鬼；文形於飾貌，故失薄。

（宋）潘自牧《記纂淵海》卷四五《性行部・簡易》 經：夫乾，確然示人易矣。夫坤，隤然示人簡矣。易則易知，簡則易從。易知則有親，易從則有功。易簡而天下之理得矣，易簡之善配至德。《易》。大樂必易，大禮必簡。《禮記》。子：君子之道有四易，簡而易用也，要而易守也，炳而易見也，法而易言也。《揚子》。史：夫政平易近民，民必歸之。《史記・魯世家》。

（宋）潘自牧《記纂淵海》卷四六《性行部・争鬭》 經：嚚訟可乎？不和政龎。相為敵讐。《書》。受爵不讓，至於已斯亡。《詩》。子：惡聲至，必反之。《孟子》。今有鬭，何哉？我甚醜之。争飲食，無廉恥，不知是非，不避死傷，不畏眾强，恈恈惟利飲食之見，是狗彘也。《荀子》。有國於蝸之左角者，曰：觸氏。有國於蝸之右角者，曰蠻氏。時相與争地而戰，伏尸數萬，逐北，旬有五日而後反。《莊子》。史：趙奢曰：兩鼠鬭於穴中，將勇者勝。《通鑑・周紀》。君子稱其功以加小人，小人伐其技以馮君子。是以上下無禮，亂虐並生，由争善也。《左》襄十三年。晏子曰：凡有血氣，必有争心，《左》昭十年。不心競而力争。《左傳》。自含血戴角之獸，見犯則校，而況於人懷好惡喜怒之氣。《史記・律書》。

（宋）潘自牧《記纂淵海》卷五三《識見部・姑息》 夫惜草茅者，禾不穗；惠盜賊者，傷良民。今緩刑罰，行寛惠，是利姦邪而害善人也。

此非所以為善也。《韓非子》。

（宋）潘自牧《記纂淵海》卷七三《人事部・流弊》 經：夫豢豕為酒，非以為禍也。而訟獄益繁，則酒之流生禍也。《禮記》。

（宋）王應麟《玉海》卷四《通鑑答問四・遣繡衣直指使者擊東方盜賊》 或問：武帝之法嚴矣，而盜賊益繁，法不足以弭盜歟？曰：法令滋章，盜賊多有。帝也，窮兵而聚斂，聚斂而嚴刑，民蒿焉忘其樂生之心，棄其身於盜賊，非人性之惡也。孔子曰：苟子之不欲，雖賞之不竊。而帝之心蔽於多欲也。臧武仲曰：上所不為而民或為之，是以加刑罰焉，而莫敢不懲。而帝之所任者，皆民賊也。雖使者擊斷於外，斧鉞有盡而姦軌無窮，其能禁民為非乎？古之善弭盜者，上焉導以禮義之化，次焉開其衣食之原，若揚湯止沸，草薙而禽獮之，斯為下矣。夫天下有可責之吏，無可責之民。帝之用吏也，進苛酷，退柔良，先刻剝，後牧養，民窮而盜，固其所也。唐太宗與羣臣論止盜之法，或請重法禁之。太宗曰：當去奢省費，輕徭薄賦，選用廉吏，使民衣食有餘，自不為盜，安用重法？自是，路不拾遺，外戶不閉。大哉！斯言賢於繡衣直指之遣遠矣。

（明）唐順之《稗編》卷一〇三《平賦書》 孔子曰：道千乘之國，敬事而信，節用而愛人，使民以時。又曰：若欲行而法，則周公之典在。孟子曰：夏后氏五十而貢，殷人七十而助，周人百畝而徹，其實皆什一也。欲輕之於堯、舜之道，大貉小貉也。欲重之於堯、舜之道，大桀小桀也。是以什一之道，公私皆足。人既富，然後可以服教化，反淳朴。古之聖賢，未有不善於為政理人，而能光於後代者也。故善為政者，莫大於理人，理人者，莫大於既富之又教之。凡人之情，莫不欲富足而惡貧窮，終歲不製衣則寒，一日不得食則飢。四民之苦者，莫甚於農人。麥粟布帛，農人之所生也，歲大豐，農人猶不能足衣食，如有水旱之災，則農人先受其害。有若曰：百姓不足，君孰與足？夫如是，百姓之視其長上如仇讐，安既不得享其利，危又焉肯盡其力耶？自古之所以危亡，未有不由此者也。人皆知重斂之為可以得財，而不知輕斂之得財愈多也。何也？重斂則人貧，人貧則流者不歸，而天下之人不來，由是土地雖大，有荒而不耕者，雖耕之，而地力有所遺，人日益困，財日益匱。是謂弃天之時，遺地之利，竭人之財。如此者，雖欲為杜稷之臣，建不朽之功，誅暴逆而威四夷，徒有其心，豈可得耶？故輕斂則人樂其生，人樂其生，則居者不流，而流者日來。居者不流，而流者日來，則土地無荒，桑柘日繁，盡力耕之，地有餘利，人日益富，兵日益強，四鄰之人歸之如父母，雖欲驅而去之，其可得耶？是以與之安而居，則富而可教，與之危而守，則人皆自固。孟軻所謂：率其子弟攻其父母，自有生人以來未有能濟者也。嗚呼！仁義之道章章然如大道焉，人莫不知之，然皆不能行，何也？見之有所未盡，而又有嗜欲以害之，其自任太多，而任人太寡，是以有土地者有仁義，無代無之，雖莫不知之，然而未有一人能行之，而功及後代者，由此道也。秦滅古法，壞井田，而夏、殷、周之道廢，相承滋久，不可卒復。翺是以取可行於當時者，為《平賦書》而什一之法存焉。庶幾乎能有行之者云耳。

（明）唐順之《稗編》卷一〇八《重農》 桓公問管子曰：請問乘馬。管子對曰：國無儲在令。桓公曰：何謂國無儲在令？管子對曰：一農之量，壤百畝也，春事二十五日之內。桓公曰：何謂春事二十五日之內？管子對曰：日至六十日而陽凍釋，七十日而陰凍釋，陰凍釋而蓺稷，百日不蓺稷，故春事二十五日之內耳。今君立扶臺，五衢之眾皆作，若過春而不止，民失其二十五日，則五衢之內阻棄之地也。起一人之繇，萬畝不舉。起千人之繇，十萬畝不舉。春已失二十五日，而尚有起夏作，是春失其地，夏失其苗，秋起繇而無止。此之謂國地數亡，穀失其時。君之衡藉而無止，民食十五之穀，則君已藉九矣，有衡求弊焉？此盜暴之所以起，刑罰之所以眾也，隨以之暴，謂之內戰。桓公曰：善哉！筴乘馬之數求盡也。彼王者不奪民時，故五穀興豐，五穀興豐，則士輕祿，民簡賞。彼善為國者，使農夫寒耕暑耘，力歸於上，女勤於纖微，而功歸於府者，非怨民心，傷民意。高下之筴，不得不然之理也。管子曰：一農不耕，民或為之飢，一女不織，民或為之寒。故事再其本，則無賣其子者。事三其本，則衣食足。事四其本，則正藉給。事五其本，則遠近通，死得藏。今事不能再其本，而上求之焉無止，是使姦涂不可獨行，遺財不可拘止，隨之以法，則是下艾民。食三升，則鄉有正食而盜；食二升，則里有正食而盜；食一升，則家有正食而盜。今操不反之事，而食四十倍之粟，而求民之無失，不可得矣。且君朝令而求夕具，有者出其財，無有者賣其衣履，農夫糶其五穀，三分賈而去。是君朝令一怒，布帛流越而之天下。君求焉而無止，民無以待之，走亡而棲山阜。持戈之士，顧不見親，家族失而不分。民走於中，而士遁於外，此不待戰而内敗。桓公問於管子曰：衡有數乎？管子對曰：衡無數也。衡者，使物一高一下，不得常固。桓公曰：然則衡數不可調耶？管子對曰：不可調，調則澄，澄則常，常則高下不貳，高下不貳則萬物不可得而使固。桓公曰：然則何以守時？管子對曰：夫歲有四秋，而分有四時。故曰：農事且作，請以什伍農夫賦耜鐵，此之謂春之秋。大夏且至，絲纊之所作，此之謂夏之秋。而大秋成，五穀之所會，此之謂秋之秋。大冬營室中，女事紡績、緝縷之所作也，此之謂冬之秋。故歲有四秋，而分有四時。已得四者之序，發號出令，物之輕重相什而相百，故物不得有常固，故曰衡無數。

（清）董誥《全唐文》卷七六七陳黯《禦暴説》　或問為物之暴者，出於狼虎也何？暴攫搏於山藪之間爾。權倖之暴，必禍害於天下也，狼虎焉得而類諸？夫狼虎之暴，炳其形，猶可知也。權倖之暴，萌其心，不可知也。自口者不過於噬人之腥，咋人之骨血。自心者則必亡人之家，赤人之族，為害其不甚乎！然則權倖之暴不能抑，亦有國者不能設備以禦之，俾民罹其害，曰：虎狼吾知其能禦者弓矢也，權倖如之何能禦也？曰：刑法。曰：彼秦、漢其弛刑法耶，何趙高王莽之肆暴而不能禦哉？曰：彼秦之高、漢之莽得肆其暴者，皆由刑法之不明也。苟明，暴何自矣。噫！田鄙者由能執弓矢以彌其暴耳，有國者反不能施刑法而禦其暴。豈有國者重其民，不若田鄙者重其生哉！

（宋）張載《張載集・文集佚失・策問》　問：三代道失而民散，民散浸淫而盜不勝誅矣。魯之衰也，季康子患盜，孔子謂：苟子之不欲，雖賞之不竊。夫制產厚生，昭節儉，賤貨財，使人安其分，宜若可為也。今欲使舉世之民，厚賞焉不竊如夫子之言，其亦有道乎？

問：世禄之榮，王者所以録有功，尊有德，愛之厚之，示恩遇之不窮也。為人後者，所宜樂職勸功以服勤事任，長廉遠利以嗣述世風。而近世公卿子孫，方且下比布衣，工聲病，售有司，為不得已為貧之仕，誠何心哉？蓋孤秦以戰力竊攘，滅學法，壞田制，使儒者風義寖弊不傳，而士流困窮，有至糟粰不厭。自非學至於不動心之固，不惑之明，莫不降志辱身，起皇皇而為利矣。求口實而朶其頤，為身謀而屈其道，習久風變，固不知求仕非義，而反羞循理為不能，不知磨襲為榮，而反以虚名為善繼。今欲舉三王教胄之法，使英才知勸而志行修，阜四方養士之財，使寒暖有歸而衣食足，取充之計，講擢之方，近於古而適於今，必有中制。衆君子彊學待問，固將禆益盛明，助朝廷政治，著于篇，觀厥謀之得失。

（宋）文天祥《文山集》卷八《回汀州陳守》　某惟自古民流為盜，有受病淺者，有受病深者。淺者調其氣血，時其餧飼，不待針艾而病已除。昔之人有行之者，龔少卿施於漢之渤海是已。深者參苓之所不能可，湯熨之所不能瘳，則大承氣湯証矣！昔之人有行之者，子太叔用於鄭之萑苻是已。今者使部弭盜一事，龍峯先生豈弟之心，高明之識，見諸已行者，其成効固班班著矣！賞一人而勸者百，罰一人而戒者亦百，春風之和，秋霜之栗，施及鄰境，胥有嘉賴，特在更酌其受病之淺深，而斷以行之。是殆非浮想懸度者所敢與知也。

（宋）文天祥《文山集》卷一三《題家保狀序》　按《周禮・大司徒》以鄉三物教萬民，而賓興之。此鄉舉里選之風也。考諸族師，則五家、十家、五人、十人又使相保相愛，刑罰慶賞相及相共，凡保必有連坐。古以德行取人，於此猶有取爾《周官》之法度，與《關雎》、《麟趾》之意固不相悖也。進士始於隋、唐，本朝沿襲不改，日引月長，弊倖浸出。上之所以關防禁制者，務盡其術，若家保狀其一也，科目與鄉舉里選自不同，然其所以立法之意殆相似。

（清）戴名世《戴名世集》卷一四《撫盜論》　事有行之於昔為有功，而行之於今為失策，偶一行之而倖而成，而轉相效之而一敗而不可救者。惟君子為能通古今之變，審時勢之宜，而不至於拘牽往轍，以僨天下之事，此非庸夫小人之所知也。

漢宣帝時，渤海歲饑，盜賊蜂起，上以龔遂為太守。遂單車至府，赦屬縣不許逐捕，使賣劍買牛，賣刀買犢，郡中翕然，盜賊亦皆罷。而後之人主失天下往往於羣盜之手，皆臣下以此誤之也，可不為之歎息痛恨矣哉。當天下無事，天子威靈鎮撫海内，而强兵悍卒、姦猾小民懷不軌之志，乘間伺隙，因水旱流離之餘，召集奸人亡命，敢以抗天子之命吏，斬艾良民，父子兄弟駢首就戮。望屋而食，創立名字，所過千里無雞犬之聲，而有割據僭擬之心，飄忽震蕩之勢，其逆罪不容於天下。而一二腐儒懦夫，親見其禍如此其大，而以招撫為名，呴呴愉愉，奉之惟恐不滿其意，以成賊之强。刳屠郡縣，覆滅藩輔，而社稷為之丘墟。是豈獨賊之罪哉。

為此謀者曰：吾以德化感也，吾以恩信結也，古之人有行之而成者矣。嗚呼！盜非渤海之盜，而欲以渤海之治治之，即龔遂當日不死於賊，亦已轘於都市矣。蓋天下承平久，士大夫拱手低眉以取卿相，不諳戰鬬之事。一旦疆埸有警，身履戎行，恐戰不能勝，而僥倖於賊之厭兵也，欲以解散自為功，所謂外以邀雪兔之賞，而内以待陰德之報。庸人之誤國，其逆罪更不容於天下矣。當其初起也，視賊太輕，謂此出於饑寒困迫之餘，可以殺而不肯殺。及其勢已成，則又畏之太甚，即可以殺而亦不敢殺，冀以招撫羈縻旦夕。而武夫悍將，制於闒茸無能之書生，積不平，養賊以自重而内邀其君，相率以國殉之，以身殉之。吾不知其於賊何厚，於朝廷何薄；於賊何德，於吾民父子兄弟何仇。夫以百萬虎狼横行天下，而欲以德化感之，以恩信結之，何其愚若是甚也？無論其不屑受吾約束，即一一解散，而前之罪置之不問，是教天下為盜也。

吾故為之説曰：盜之有巢穴者可赦，無巢穴者不可赦。起鈎鉏者可赦，起弓馬者不可赦。其脅從者可赦，而其渠魁者不可赦。脅從之弱者可赦，而其强者亦不可赦。渠魁之偽降者不可赦。即真降者始赦之，後亦不可盡赦。僭擬之盜不可赦，而饑寒之盜亦不可輕赦。

何以明其然也？巢穴之盜，或在巖洞，或在藪澤，彼其妻子室廬積聚皆在其内，憑其險阻，以逆軍旅之顔行，勝則乘機四出劫掠，不出一百二百里之内，敗則守險以自固，勢不能棄其巢穴遠出侵暴，而有非常之望也。若夫起於通都大邑，平原曠野之間，設帳幕，夷城郭，燒村落，其妻子財物皆在營伍之中，無巢穴則處處可為巢穴也。王師來而賊去，名曰恢復，而其民已盡矣。起鈎鉏者皆農夫愚民，或信妖人之言，或以饑寒之故，或報仇忿争而相殘殺，徒步裸裎以趨敵，兵甲不具，號令不嚴，如鳥獸蟲蟻之相聚散耳。起弓馬者則飄忽去來如風雨，技藝足以致勝，賞罰足以使眾，器械足以威敵，捕不能得，追不能及，此可不為大憂乎。脅從之盜，或一時誤從而自悔，或迫於不得已而强委命焉，其弱者懼禍之及，冀得自新，而强者甘為賊用，即撫之而内自疑，其飛揚拔扈之念未嘗一日忘也。而渠魁則萬萬不可赦，彼知吾之畏戰也，輒亦往往摇尾乞憐以玩弄將帥，而陰以覘其虚實，恣其求索，安民之檄未頒，而反者又見告矣。即真降者，不可遽絶以塞其自新之路，令得效力行間以贖其罪，事既大定，而後論其功之大小以當其罪之輕重，亦不可以論其功而忘其罪也。而饑寒之盜為豪傑大盜之資，以為癬疥之憂而區處未善，則癰疽潰决之患作矣。

嗚呼！羣盜起而殲之無遺類，尚不足以伸國法而償吾民父子兄弟之仇，乃欲為之助其勢，成其强，原其罪，除其罰，而使天下盡斃於盜而後已。嗚呼！天之亡人國假手於羣盜，羣盜又假手於文武大吏以為囊槖，其禍豈偶然哉。故國家有鄰敵之變而言和，與有盜賊之變而言撫，未有不亡者也。夫古今各有其變，時勢各有其宜，不此之察，徒藉口於往古久遠徼倖偶勝之事，以至顛覆相尋而不悟，此國家之大盜也。嗚呼！後有良天子賢宰相，不幸而遇此變，則先行國家大盜之誅，而後興師討羣盜之罪，何盜之不可平，而安致有顛覆之患哉！

（清）馮桂芬《校邠廬抗議》卷上《復鄉職議》 民有争訟，副董會里中耆老，於神前環而聽其辭，副董折中公論而斷焉。理曲者責之罰之，不服則送正董，會同兩造族正公聽如前；又不服送巡檢，罪至五刑送縣。其不由董而達巡檢或縣者，皆謂之越訴，今州縣門或署越訴笞五十，蓋指越里老而訴州縣，非謂越州縣而訴府，詳見《日知録》。然則里老聽斷小事，固舊制矣。不與理。緝捕關正副董指引而不與責成，徵收由正副董勸導，而不與涉手，滿五千家地廣人稀之縣量減。設一巡檢。

（清）馮桂芬《校邠廬抗議》卷下《收貧民議》 謂乎以三代聖人之法言之，宗族有不足資之之法，州黨有相賙相捄之誼，國家有振窮恤貧之令。乞人之名，見於春秋以後，文、武、成、康之世，安所得乞人而收之？又黨、庠、術、序徧於郊鄙，野人士女咸知學問，安所得不學之人人而刑之？二國之事猶操其末，而未探其本也。然就後世而言，則可謂知本也已。今江浙等省頗有善堂、義學、義莊之設，而未徧制，亦未盡善，他省或並無之。另議推廣義莊，更宜飭郡縣普建善堂，與義莊相輔而行。官為定制，擇紳領其事，立養老室、恤嫠室、育嬰室、讀書室、嚴教室，一如義莊法，以補無力義莊之不逮。嚴教室教之耕田、治圃及凡技藝，嚴扑作教刑之法，以制其頑梗。凡民間子弟不率教，族正不能制者，賭博、鬭毆、竊賊初犯未入罪者，入罪而遇赦若期滿回籍者，皆入焉。三年改行，族正願保領者釋之。別設化良局，專收妓女，擇老婦誠樸者教之紡織，三年保釋亦如之。期於境無游民、無饑民、無妓女乃已。夫民窮為匪，亦不教不養使然耳，及陷於刑辟，治之者盡法而止，不復過問，而為匪者如故也。坐竊賊以流徙，即為遠地之竊賊，逐娼妓使出境，即為鄰縣之娼妓，何如養之教之，使不竊不妓之為盡善也！堂堂禮義文物之邦，曾夷法之不若，可慨也已！至官強民入塾，中國所難行，惟責成族正稽察族人，有十五以下不讀書、十五以上不習業者，稱其有無而罰之，仍令入善堂讀書習業，亦善法也。或曰貧民且麇至，何以給之？是不然，此舉實禁錮耳。衣食之瑟縮，使令之苛暴，所不待言。其人至瑟縮、苛暴之不畏，可憐憫孰甚，正仁人君子所不忍棄也，且吾知其為數之必不甚多矣。

（清）馮桂芬《校邠廬抗議》卷下《復陳詩議》　此今江河日下，未必不如唐、宋時，脱稍假以權，有不為唐、宋之為者幾希。今僅許其陳詩，不令呼羣引類以啟黨援，不令投匭擊鼓以近訐訟，庶幾無流弊乎。又今制：　民有冤亦許叩閽京控，顧愿民不敢為，鶩民不知為，大率奸民始為之，故虛者十之九，實者十之一。迨交原審衙門覆讞，則並其一而虛之，坐誣而已，加等而已，而沈冤遂以終古。然此特一人一家之冤也，浸假而一鄉冤，浸假而一境冤，於是乎鶩民倡，奸民從，愿民為所脅，而大亂以作，亦上下不通之弊。陳詩之法行，即有一人一家之冤，斷無一鄉一境之冤矣。事有似迂實切，似閒實要，似小實大者，此類是也，要亦行古之道也。

（清）馮桂芬《校邠廬抗議》卷下《復宗法議》　國家甚大，膺茲上賞，不為過也。竊以為今天下之大患，有可以宗法弭之者不一端：　一宗法行而盜賊可不作。人性本善，孰不知廉恥，孰不畏刑罰？盜賊之甘於扞法網者，迫於饑寒而已。宗法既行，民無饑寒，自重犯法。《大傳》云：　愛百姓故刑罰中。顧氏炎武為之説曰：　天下之宗子各治其族，罔攸兼於庶獄，而民自不犯於有司。又云：　庶民安故財用足。

又：　今山東、山西、江西、安徽、福建、廣東等省，民多聚族而居，強宗豪族，桀黠之徒，往往結黨呼羣，橫行鄉里。小則糾訟，乾隆中，江西諸大族多互訟，輒釀大獄。巡撫輔德至疏請禁止，毀祠追譜，可謂因噎廢食。大則械鬭，閩、廣最多，近來尤甚。為害甚鉅。皆其族之不肖者號召之。

（清）康有爲《春秋董氏學・春秋微言大義・教》　夫萬民之從利，如水之走下，不以教化隄防之，不能止也。是故，教化立而姦邪皆止者，其隄防完也；教化廢而姦邪并出，刑罰不能勝者，其隄防壞也。

（清）康有爲《論語注》卷八《泰伯》　子曰：　恭而無禮則勞，慎而無禮則葸，勇而無禮則亂，直而無禮則絞。葸，《説文》無之，當是今文。字或謂當作諰，《荀子・議兵篇》：　諰諰然，懼天下之一合而軋己也。《漢・刑法志》引作諰。

葸，畏懼貌。絞，急刺也。無禮則無節文，故有四者之弊。恭、慎、勇、直皆生質之美德。然德則空虛，無薄，其施于人道之宜，尚有太過不及之患，必有禮以節之，然後可行。此聖人所由制禮，而君子所貴隆禮由禮也。不然，則恭者見犬豕而拜之，慎者一事不敢為，勇者動輒稱戈作亂，直者絞刺人短，反不可行矣。

紀事

《漢書》卷一〇《成帝紀》　四年春正月，詔曰：　夫《洪範》八政，以食為首，斯誠家給刑錯之本也。先帝劭農，薄其租稅，寵其彊力，令與孝弟同科。間者，民彌惰怠，鄉本者少，趨末者衆，將何以矯之？方東作時，其令二千石勉勸農桑，出入阡陌，致勞來之。《書》不云乎？服田力嗇，乃亦有秋。其勗之哉！

《漢書》卷二四上《食貨志》　後十三歲，孝景二年，令民半出田租，三十而稅一也。其後，上郡以西旱，復修賣爵令，而裁其賈以招民；及徒復作，得輸粟於縣官以除罪。始造苑馬以廣用，宮室列館車馬益增修矣。然婁敕有司以農為務，民遂樂業。至武帝之初七十年間，國家亡事，非遇水旱，則民人給家足，都鄙廩庾盡滿，而府庫餘財。京師之錢累百鉅萬，貫朽而不可校。太倉之粟陳陳相因，充溢露積於外，腐敗不可食。衆庶街巷有馬，仟伯之間成羣，乘牸牝者擯而不得會聚。守閭閻者食粱肉；為吏者長子孫；居官者以為姓號。人人自愛而重犯法，先行誼而黜媿辱焉。於是罔疏而民富，役財驕溢，或至并兼豪黨之徒以武斷於鄉曲。宗室有土，公卿大夫以下爭於奢侈，室廬車服僭上亡限。物盛而衰，固其變也。

《晉書》卷二六《食貨志》 及晉受命，武帝欲平一江表。時穀賤而布帛貴，帝欲立平糴法，用布帛市穀，以為糧儲。議者謂軍資尚少，不宜以貴易賤。泰始二年，帝乃下詔曰：夫百姓年豐則用奢，凶荒則窮匱，是相報之理也。故古人權量國用，取贏散滯，有輕重平糴之法。理財鈞施，惠而不費，政之善者也。然此事廢久，天下希習其宜。加以官蓄未廣，言者異同，財貨未能達通其制。更令國寶散於穰歲而上不收，貧弱困於荒年而國無備。豪人富商，挾輕資，藴重積，以管其利。故農夫苦其業，而末作不可禁也。今者省傜務本，并力墾殖，欲令農功益登，耕者益勸，而猶或騰踊，至於農人並傷。今宜通糴，以充儉乏。主者平議，具為條制。然事竟未行。是時江南未平，朝廷厲精於稼穡。四年正月丁亥，帝親耕藉田。庚寅，詔曰：使四海之內，棄末反本，競農務功，能奉宣朕志，令百姓勸事樂業者，其唯郡縣長吏乎！先之勞之，在於不倦。每念其經營職事，亦為勤矣。其以中左典牧種草馬，賜縣令長相及郡國丞各一匹。是歲，乃立常平倉，豐則糴，儉則糶，以利百姓。五年正月癸巳，敕戒郡國計吏、諸郡國守相令長，務盡地利，禁游食商販。其休假者令與父兄同其勤勞，豪勢不得侵役寡弱，私相置名。十月，詔以司隸校尉石鑒所上汲郡太守王宏勤恤百姓，導化有方，督勸開荒五千餘頃，遇年普饑而郡界獨無匱乏，可謂能以勸教，時同功異者矣。其賜穀千斛，布告天下。八年，司徒石苞奏：州郡農桑未有殿最之制，宜增掾屬令史，有所循行。帝從之。事見《石苞傳》。苞既明於勸課，百姓安之。十年，光禄勳夏侯和上修新渠、富壽、遊陂三渠，凡溉田千五百頃。

《魏書》卷三《太宗紀》 三年春二月戊戌，詔曰：衣食足，知榮辱。夫人飢寒切己，唯恐朝夕不濟，所急者温飽而已，何暇及於仁義之事乎？王教之多違，蓋由於此也。非夫耕婦織，內外相成，何以家給人足矣。其簡宫人非所當御及執作伎巧，自餘悉出以配鰥民。己亥，詔北新侯安同等持節循行并、定二州及諸山居雜胡、丁零，問其疾苦，察舉守宰不法；其冤窮失職、强弱相陵、孤寒不能自存者，各以事聞。

又：二年春二月丙午，詔曰：九州之民，隔遠京邑，時有壅滯，守宰至不以聞。今東作方興，或有貧窮失農務者。其遣使者巡行天下，省諸州，觀民風俗，問民疾苦，察守宰治行。諸有不能自申，皆因以聞。

《魏書》卷四上《世祖紀》 戊寅，詔曰：朕承統之始，羣凶縱逸，四方未賓，所在逆僭。蠕蠕陸梁於漠北，鐵弗肆虐於三秦。是以旰食忘寢，抵掌扼腕，期在掃清逋殘，寧濟萬宇。故頻年屢征，有事西北，運輸之役，百姓勤勞，廢失農業，遭離水旱，致使生民貧富不均，未得家給人足，或有寒窮不能自贍者，朕甚愍焉。今四方順軌，兵革漸寧，宜寬傜賦，與民休息。其令州郡縣隱括貧富，以為三級，其富者租賦如常，中者復二年，下窮者復三年。刺史守宰當務盡平當，不得阿容以罔政治。明相宣約，咸使聞知。

《魏書》卷五《高宗紀》 癸酉，詔曰：夫為治者，因宜以設官，舉賢以任職，故上下和平，民無怨謗。若官非其人，姦邪在位，則政教陵遲，至於凋薄。思明黜陟，以隆治道。今遣尚書穆伏真等三十人，巡行州郡，觀察風俗。入其境，農不墾殖，田畝多荒，則徭役不時，廢於力也；耆老飯蔬食，少壯無衣褐，則聚斂煩數，匱於財也；閭里空虛，民多流散，則綏導無方，疏於恩也；盜賊公行，劫奪不息，則威禁不設，失於刑也；衆謗並興，大小嗟怨，善人隱伏，佞邪當途，則為法混淆，昏於政也。諸如此比，黜而戮之。善於政者，褒而賞之。其有阿枉不能自申，聽詣使告狀，使者檢治。若信清能，衆所稱美，誣告以求直，反其罪。使者受財，斷察不平，聽詣公車上訴。其不孝父母，不順尊長，為吏姦暴，各具以名上。其容隱者，以所匿之罪罪之。

又：夏五月壬戌，詔曰：朕即阼至今，屢下寬大之旨，蠲除煩苛，去諸不急，欲令物獲其所，人安其業。而牧守百里，不能宣揚恩意，求欲無厭，斷截官物以入於己，使課調懸少；而深文極墨，委罪於民。苟求免咎，曾不改懼。國家之制，賦役乃輕，比年已來，雜調減省，而所在州郡，咸有逋懸，非在職之官綏導失所，貪穢過度，誰使之致？自今常調不充，民不安業，宰民之徒，加以死罪。申告天下，稱朕意焉。

《魏書》卷八《世宗紀》　甲子，詔曰：聖人濟世，隨物汙隆，或正或權，理無恒在。先朝以雲駕甫遷，嵩基始構，河洛民庶，徙舊未安，代來新宅，尚不能就。伊闕西南，羣蠻填聚；沔陽賊城，連邑作戍；蠢爾愚巴，心未純款。故暫抑造育之仁，權緩肅姦之法。今京師天固，與昔不同。楊郢荆益，皆悉我有；保險諸蠻，罔不歸附；商洛民情，誠倍往日。唯樊襄已南，仁乖道政，被拘隔化，非民之咎。而無賴之徒，輕相劫掠，屠害良善，離人父兄。衍之為酷，實亦深矣。便可放彼掠民，示其大惠，捨此殘賊，未令之愆。并敕緣邊州鎮，自今已後，不聽境外寇盜，犯者罪同境內。若州鎮主將，知容不糾，坐之如律。

《宋史》卷一七四《食貨志上二》　五代以來，常檢視墾田以定歲租。吏緣為姦，税不均適，繇是百姓失業，田多荒蕪。太祖即位，詔許民闢土，州縣毋得檢括，止以見佃為額。選官分涖京畿倉庾，及詣諸道，受民租調，有增羨者輒得罪，多入民租者或至棄市。

舊諸州收税畢，符屬縣追吏會鈔，縣吏厚斂里胥以賂州之吏，里胥復率於民，民甚苦之。建隆四年，乃下詔禁止。令諸州受租籍不得稱分、毫、合、龠、銖、釐、絲、忽，錢必成文，絹帛成尺，粟成升，絲綿成兩，薪蒿成束，金銀成錢。紬不滿半疋，絹不滿一疋者，許計丈尺輸直，無得三戶、五戶聚合成疋，送納煩擾。民輸夏税，所在遣縣尉部弓手於要路巡護，後聞擾民，罷之，止令鄉耆、壯丁防援。

又：二十九年，上聞江西盜賊，謂輔臣曰：輕徭薄賦，所以息盜。歲之水旱，所不能免，儻不寬恤而惟務科督，豈使民不為盜之意哉？於是詔諸路州縣，紹興二十七年以前積欠官錢三百九十七萬餘緡及四等以下戶官欠，悉除之。

（宋）李燾《續資治通鑑長編》卷一四一《宋仁宗慶曆三年》　甲子，右正言余靖言：朝廷所以威制天下者，執賞罰之柄也。今天下至大而官吏弛事，細民聚而為盜賊，不能禁止者，蓋賞罰不行也。若非大設隄防以矯前弊，則臣憂國家之患不在夷狄，而起於封域之內矣。

（宋）李燾《續資治通鑑長編》卷一九一《宋仁宗嘉祐五年》　夏四月庚申，權同判尚書刑部李綖言：天下上刑部一歲之中死刑，亡慮二千五百六十。其殺父母、叔伯、兄弟之妻，殺夫、殺妻、殺妻之父母，凡百四十；故、謀、鬥殺千有三百；劫盜九百七十；姦、亡命百有一十。夫風俗之薄，無甚於骨肉相殘；衣食之窮，莫急於盜賊。今犯法者衆，豈刑罰不足以止姦，而教化未能導其為善歟？欲令刑部依刑名分門列天下所斷大辟罪，歲上朝廷，以助觀省。從之。

（宋）李燾《續資治通鑑長編》卷一九二《宋仁宗嘉祐五年》　初，趙抃為成都轉運使，嘗言：所部諸州，每年有遊惰不逞之民，以祭賽鬼神為名，斂求錢物。一坊巷至聚三二百人，作將軍、曹吏、牙直之號，執槍刀、旗旛、隊仗，及以女人為男子衣，或男子衣婦人衣，導以音樂百戲，三四夜往來不絕。雖已揭牓禁約，然遠方風俗相沿，恐難驟止，請具為條制。詔所犯首領以違制論，仍徙出川界，本路監司半歲一舉行。

（宋）李燾《續資治通鑑長編》卷二五〇《宋神宗熙寧七年》　吴充白上，乞且減省騷擾河北事。王安石曰：河北修役法，人皆免役數年，特不科配銀絹，至於其餘百色，無一毫科配，如何反有騷擾？上曰：當是向來差夫多。安石曰：差夫事，候排定保甲乃可見事實，大抵七八丁乃著一夫，有何騷擾？初，自河决遽調夫，不知河至今不塞，河北如何騷擾。調數萬夫塞卻河，致恩、冀數州皆免流亡，得良田耕墾，何名騷擾？塞滹沱河又出田幾萬頃，灌田四千餘頃，縱未經打量，不知萬頃實否，然亦須五六千頃，并淤到鹵地亦自萬頃。又開漳河，出三縣之田皆耕種，百姓至羣聚來京師，謝朝廷為之除害，如何謂之騷擾？充曰：民可與樂成，難與慮始。安石曰：民既難與慮始，此所以煩朝廷驅使，况亦不聞百姓以此為怨，但朝廷士大夫自紛紛爾。

（宋）李心傳《建炎以來繫年要録》卷九四《紹興五年乙卯十月庚子朔之己巳》　戊申，殿中侍御史王縉請嚴義倉之法。應州縣納到米數，並別廒樁管，不得擅有支動，其有支移折變及就便輸納去處，並通計一縣合收之數截留。下戶苗米於本縣送納，上戶折變數多，願就納本色者聽從便，庶幾有以備水旱之變。趙鼎進呈，因言湖南、江西歲旱，田畝災傷。今秋成之際，民閒已闕食，恐至來春大饑，欲令常平司多方廣糴，以備賑濟。上曰：朕聞江湖歲歉，夙夜為憂，常平法自漢以來行之，乃是救荒之政，祖宗專用，義倉賑濟最為良法。比年多有失陷，可降指揮申飭有司稽考之，乃以縉所奏付戶部。後不行。

《元史》卷二九《泰定帝紀》　九月戊申朔，分天下為十八道，遣使宣撫。詔曰：朕祗承洪業，夙夜惟寅，凡所以圖治者，悉遵祖宗成憲。曩屢詔中外百司，宣布德澤，蠲賦詳刑，賑恤貧民，思與黎元共享有生之樂。尚慮有司未體朕意，庶政或闕，惠澤未洽，承宣者失於撫綏，司憲者怠於糾察，俾吾民重困，朕甚憫焉。今遣奉使宣撫，分行諸道，按問官吏不法，詢民疾苦，審理冤滯，凡可以興利除害，從宜舉行。有罪者，四品以上，停職申請，五品以下，就便處決。其有政績尤異，暨晦跡丘園，才堪輔治者，具以名聞。

《明史》卷二二一《張孟男傳》　三十年春，有詔罷礦稅。已，弗果行。孟男率同列諫，不報。加太子少保。五上章乞歸，不許。時礦稅患日劇，孟男草遺疏數千言，極陳其害，言：臣備員地官，所征天下租稅，皆鬻男市女、朘骨割肉之餘也。臣以催科為職，臣得其職，而民病矣。聚財以病民，虐民以搖國，有臣如此，安所用之。臣不勝哀鳴，為陛下杞人憂耳。

（清）龍文彬《明會要》卷六四《刑一・律令》　二年八月，御史睢稼言：《周官》有懸法象魏之文，《禮經》載鄉飲讀法之説，皆導民知禮法而遠刑辟也。今新律頒布天下，鄉井細民猶有不通其説者。宜倣古人吉月讀法之典，命府州縣長吏，凡遇月朔，會鄉之老少，令儒生讀律，解析其義，使之通曉，則人知畏法而犯者寡矣。太祖曰：威人以法者，不若感人以心。敦信義而勵廉恥，此化民之本也。卿言讀律，固可禁民為非。若欲使民無犯，要當深求其本也。

《皇朝文獻通考》卷二一《職役考一》　十六年，令直省舉行鄉約之法宣講上諭。臣等謹按：先是，順治九年，頒行《六諭卧碑》。文曰：孝順父母，恭敬長上，和睦鄉里，教訓子孫，各安生理，無作非為。至是，令五城設立公所，講解開諭以廣教化。直省、府州、縣亦皆舉行鄉約。各地方官責成鄉約人等每月朔望，聚集公所宣講。至康熙九年頒上諭十六條：一，敦孝弟以重人倫。一，篤宗族以昭雍睦。一，和鄉黨以息争訟。一，重農桑以足衣食。一，尚節儉以惜財用。一，隆學校以端士習。一，黜異端以崇正學。一，講法律以儆愚頑。一，明禮讓以厚風俗。一，務本業以定民志。一，訓子弟以禁非為。一，息誣告以全善良。一，誡窩逃以免株連。一，完錢糧以省催科。一，聯保甲以弭盗賊。一，解讐忿以重身命。令府、州、縣、鄉村人等切實遵行。十八年，浙江撫臣衍輯直解奏進，名曰《鄉約全書》刊刻分發。至雍正二年，《御製聖諭廣訓萬言》頒發，直省通行講讀。於是人敦孝弟俗化敦龐蒙樂利之，澤於無疆矣。

（清）陸曾禹《康濟録》卷二《先事之政・嚴保甲以革奸頑》　神宗熙寧三年十二月，立保甲法。其法：十家為保，五十家為大保，十大保為都保。選衆所服者二人為都保正副，凡保丁聽自置弓箭，習武藝，於是諸州藉保甲聚而教之。

謹案：至難行者，保甲。蓋里閭紛紜，民居叵稱繁雜，一時清理，豈易稽查。此事総在賢能縣宰随時審勢，逐叚分清，積久認真，漸有就緒。王安石本意亦欲寓兵於農，但訓練無時，妨農騷擾，民又何堪此苦。是以行之而無成耳。欲行保甲者，當不泥乎古，而仍不背古，斯稱大經濟。

又：朱熹於建寧府崇安縣因荒請米，既建社倉，乃立保甲法。其法：以十家為甲，甲推一首，五十甲推一人通曉者為社首。逃軍無行不得入甲。凡得入者，又問其願與不願，惟願者開其大小口若干共登一簿，以便稽查。

謹案：保甲法雖不為社倉而建，但既建社倉，此法斷不可少，不然司事者無人，舉報者無人，賢否無由而別，虚實何從而知。故欲富國强兵者，在所首重，而欲敦倫善俗者，亦不可少緩也。朱子學貫天人，豈漫無所據而力行哉。

又：明張朝瑞行保甲法，或言往歲賑饑皆領於里甲。今編保甲以代之，何也？曰：國初之里甲猶今時之保甲。昔相隣相近故編為一里，今年遠人散，每見里長領賑，輙自侵隱。甲首住居窵遠，難以周知，及至知而來，來而取，取而訟，訟而追，追而得，計所得不足以償所失。故强者怒於言，懦者怒於色，只得隱忍而去，甚有鰥寡孤獨之人，里甲曰：彼保甲報之於我何與？保甲曰：彼里甲報之我何與焉？互相推委使民死於溝壑，無可控訴者，難以數計。不若立為畫一之法，俱歸保甲。蓋凡編甲之民萃聚一處，其呼喚易集，其貧富易知。昔熙寧就村賑濟，張詠照保糶米。徐寧孫逐鎮分散，朱文公分都支給皆用此法也。

謹案：除奸剔弊，莫善於保甲。故留心賑救者，首當重也。蓋保甲不行，則審戶不實，無論恩施之大小，悉為奸人冒破，侵欺鰥、寡、孤、獨，以致嗷嗷待食者仍絶粒而填於溝壑也。保甲顧不重哉！

（清）陸曾禹《康濟録》卷三上《臨事之政・命條陳以開言路》　明宣德間，山西、河南荒，上命于謙巡撫二省。公到任，即立木牌於院門，一書求通民情，一書願聞利弊。二省里老皆遠來迎公，公曰：吾欲首行平糶之法，汝眾里老可將吾言勸諭富豪之家，將所積米穀扣起本家食用之外，餘者皆要糶與饑民。若仗義者，每石肯減價二錢，減至一百石以上者，免其數年差役。一二千以上者，奏請建坊旌表，有不願減者，勿強。若有姦民擅富要利，坐視饑民，不與平糶者，里老從寔具呈，重罰不恕。凡有借欠私債，一概年豐還納。若有遺棄子女，里老可即報與州縣，著官設法收養。候歲熟，訪其父母而還之。如里內有賢良之民，能收養四五口者，官犒以羊酒，給其匾額，十口以上者，加綵緞，免其終身差役。二十口以上者，冠帶榮身。一時富民樂捐而尚義者甚眾。

謹案：公之謀猷能匡輔社稷之艱危，豈不克自出救荒之仁術？然猶以民情利弊為急，榜示於門，求通言路。蓋以撫綏之責關係匪輕，拯灾之方，便民為上。苟非虛衷下問，寔心採訪，縱有愛民之意，難施利濟之謀。是以諮詢周廣，惟恐百姓不為上告，民情不得上申，言路開而州牧縣令罔敢遏抑冤滯，由其上之明聰，已無遠不届也。蠹胥奸役莫敢擾累閭里，緣其上之察訪已無微不燭也。豪猾紳士弗敢閉糶昂價侵牟鄉邑，懼受欺受侮者之直訴劣跡，難逃國憲也。然此尚未可恃為無弊，必平心以審之，明決以行之，其庶幾有利而無害歟。

雜録

（宋）陳祥道《禮書》卷二五《鄉遂都鄙三等之地》　蓋先王之於民，養之欲其富，保之欲其庶。故家七人者，必授以九人之上地；家六人者，授以七人之中地，下地則以地稱人而已。凡欲下地之民、生齒之蕃以及中上者，而後慊此富而庶之術也。

（宋）陳祥道《禮書》卷三四《五地所宜》　先王之於民，因其地以施教，順其俗以行政。山者不使居川，澤者不使居中原。居山者不以魚鼈為禮，居澤者不以豕鹿為禮。騂剛之地糞種不以羊，赤緹之地糞種不以牛。然後五方之民各安其性，樂其業，而無偏弊之患。

《春秋左傳正義》卷三《隱公三年》　且夫賤妨貴，少陵長，遠間親，新間舊，小加大，小國而加兵於大國，如息侯伐鄭之比。妨音芳。少，詩照反。長，丁丈反。間，間廁之間，下同。比，必二反。淫破義，所謂六逆也。君義，臣行，父慈，子孝，兄愛，弟敬，所謂六順也。臣行君之義。淫義不兩立，行惡則破善，故言破也。去順效逆，所以速禍也。君人者，將禍是務去，而速之，無乃不可乎！

《春秋左傳正義》卷四《隱公六年》　君子曰：善不可失，惡不可長。其陳桓公之謂乎！長惡不悛，從自及也。悛，止也。從，隨也。悛，七全反。雖欲救之，其將能乎？《商書》曰：惡之易也，如火之燎于原，不可鄉邇，《商書・盤庚》言惡易長，如火焚原野，不可鄉近。燎，力召反，又力弔反。鄉，本又作嚮，同，許亮反。近，附近之近。其猶可撲滅？言不可撲滅。撲，普卜反。周任有言，周任，周大夫。任音壬。曰：為國家者，見惡如農夫之務去草焉，芟夷蘊崇之，絶其本根，勿使能殖，則善者信矣。芟，刈也。夷，殺也。蘊，積也。崇，聚也。去，起呂反。芟，所銜反；《說文》作癹，匹末反，云以足蹋夷草。蘊，紆紛反。信如字，一音申。

（宋）金履祥《資治通鑑前編》卷二　益曰：吁！戒哉！儆戒無虞，罔失法度。罔遊于逸，罔淫于樂。任賢勿貳，去邪勿疑。疑謀勿成，百志惟熙。罔違道以干百姓之譽，罔咈百姓以從己之欲。無怠無荒，四夷來王。無虞，無可慮之時也。無虞之時，法度易弛，逸樂易過，故戒之也。謀勿成，謂謀之未決者未可行，凡事必已審決而後行也。百志惟熙，謂心之應事皆明，而無所累也。益之言罔者五，勿者三，無者二，皆儆戒之目也。失度逸樂，戒其修諸身者也；賢邪謀疑，戒其施諸朝廷者也；違道從欲，戒其施於百姓者也。無怠無荒，四夷來王，戒其不倦以終之，雖達之夷狄可也。干百姓譽與咈百姓二句相反，須是兼看。戒其干譽，則或至咈民，戒其咈民，則或至干譽，要在道欲二字。

《漢書》卷四《文帝紀》　詔曰：道民之路，在於務本。朕親率天下農，十年于今，而野不加辟，歲一不登，民有飢色，是從事焉尚寡，而吏未加務也。吾詔書數下，歲勸民種樹，而功未興，是吏奉吾詔不勤，而勸民不明也。且吾農民甚苦，而吏莫之省，將何以勸焉？其賜農民今年租稅之半。

《魏書》卷四一《源懷傳》 懷又表曰：景明以來，北蕃連年災旱，高原陸野，不任營殖，唯有水田，少可菑畝。然主將參僚，專擅腴美，瘠土荒疇給百姓，因此困弊，日月滋甚。諸鎮水田，請依地令分給細民，先貧後富，若分付不平，令一人怨訟者，鎮將已下連署之官，各奪一時之禄，四人已上奪禄一周。北鎮邊蕃，事異諸夏，往日置官，全不差別。沃野一鎮，自將已下八百餘人，黎庶怨嗟，僉曰煩猥。邊隅事尠，實少畿服，請主帥吏佐五分減二。詔曰：省表具恤民之懷，已敕有司一依所上，下為永準。如斯之比，不便於民，損化害政者，其備列以聞。時細民為豪强陵壓，積年枉滯，一朝見申者，日有百數。所上事宜便於北邊者，凡四十餘條，皆見嘉納。

《宋史》卷一七七《食貨志上五》 然役有輕重勞佚之不齊，人有貧富彊弱之不一，承平既久，姦偽滋生。命官、形勢占田無限，皆得復役，衙前將吏得免里正、戶長；而應役之戶，困於繁數，偽為券售田於形勢之家，假佃戶之名，以避徭役。乾興初，始立限田法，形勢敢挾他戶田者聽人告，予所挾田三之一。

（宋）李燾《續資治通鑑長編》卷三一《宋太宗淳化元年》 崇儀副使郭載言：臣前任使劍南，見川、峽富人多招贅壻，與所生子齒，富人死，即分其財，故貧人多捨親而出贅，甚傷風化而益爭訟，望禁之。詔從其請。

（宋）李燾《續資治通鑑長編》卷四三《宋真宗咸平元年》 先是，朝議以淳化後盡至道末續降宣敕頗為繁密。張齊賢時為戶部尚書，詔齊賢專知刪定，監察御史王濟等同知刪定。舊條，持仗行劫，不計有贓無贓，悉抵死。齊賢議貸不得財者，濟曰：刑期于無刑，以死懼之尚不畏，可緩其死乎？因與齊賢廷諍數四。濟詞氣甚厲，手疏言齊賢腐儒，不知適時之要。齊賢復表陳濟當同議定，而復有異論。上問輔臣：孰可從者？呂端對曰：立法尚寬，忌於嚴急。《周官》刑平國，用中典，此經制也。然利不百，不變法。當改革者，宜從衆議。乃詔尚書省集百官議之，並劾濟。未幾，齊賢入相。丁酉，齊賢奏：臣今在中書，不欲與庶寮爭較曲直，願收前詔。上欣然嘉其容物，遂罷集議，濟得免劾，而刑名卒如齊賢之請。自是，犯盜者歲亦不增。先是，三班不免杖罰，齊賢請以贖論，遂為定制，論者稱其平允。

（宋）李燾《續資治通鑑長編》卷一〇四《宋真宗天聖四年》 江州言太平興國真君觀有盜神像金冠者，請下文思院更制。上曰：觀僻在山谷間，而以金為冠，是誨人為盜，使陷重辟，宜代以銅而金塗之。王曾退言：慮民抵罪而易金以銅，可謂仁矣。

（宋）李燾《續資治通鑑長編》卷一四三《宋仁宗慶曆三年》 諫官余靖言：臣不知誰為陛下畫此謀者，徒知高談而不知適時之變也。今三邊有百萬待哺之卒，計天下二稅上供之外，能足其食乎？故茶鹽酒稅、山澤雜產之利，盡歸於官，尚猶日算歲計，恐其不足。民貪其利而犯禁者，雖死不避也。今乃一為贖刑，以寬其禁，三軍之食，於何取之？臣伏見二年以來，陝西、淮南、江、浙添取鹽酒價錢而民犯愈多，今若更為輕刑，得以贖論，則民輕其犯而莫之禁矣。朝廷之尊，惟先制度，今一去令式，任其僭侈，上下無紀，莫甚於斯。伏乞追改前詔，特令寢罷。其陝西、淮南、江、浙二年以來所添鹽酒價錢並放仍舊。則冀乎民稍蘇息，不犯於禁矣。時議者亦以為若遂行此詔，則富人皆得贖罪，而貧者不能自免，非朝廷用法之意。卒不果行。

（宋）李燾《續資治通鑑長編》卷一八九《宋仁宗嘉祐四年》 集賢校理陸詵言：民間素重小銅錢而賤大鐵錢，他日以一當三猶輕之，今令與小錢均直，則大錢必廢。請以一當二，則公私所損無幾，而商賈可以通行，兼盜鑄計其物直無贏，則必自止。而陝西舊藏饒州大錢，聞緣民間久不敢用，今既無盜鑄，則亦可以兼行，四者皆便。又言既更錢法，前日民負官緡者，法應加數追納，望三分蠲其一。詔悉行之。此據《陸詵傳》。自是盜鑄乃止。然令數變，兵民耗於資用，類多咨怨，久之始定。此據本志。

（宋）李燾《續資治通鑑長編》卷三六五《宋哲宗元祐元年》 侍御史劉摯言：臣竊以天下雖有極治之政，而不能使民不為盜也，然要能禁其為盜而已。歷世以來，法嚴則盜衰，法寬則盜熾。國朝自近歲差役用募法，而官弛捕盜之禁；保甲行教法，而民滋為盜之心。

（清）徐乾學《資治通鑑後編》卷一〇《宋紀一〇》 先是，諸州罪人皆錮送闕下，道路非理，死者十常六七。十二月，張齊賢上言：罪人至京，請擇清強官慮問，若顯負沈屈，則量罰本州官吏，且令只遣正身家屬別俟朝旨。齊賢又言：刑獄繁簡，乃治道弛張之本。于公陰德子孫，則有興者。況六合之廣，能使獄無冤人，豈不福流萬世？州縣胥吏皆欲多禁繫人，或以根窮為名，恣行追擾，租稅逋欠，至少而禁繫累日，遂至破家。請自今外縣罪人，令五日一具禁放數白州。州獄別置歷長吏檢察，三五日一引問疏理，月具奏上。刑部閲視其禁人，多命朝官馳往決遣。若事涉冤誣，故為淹滯，則降黜其本州官吏。或終歲獄無冤滯，則刑部給牒得替日較其課，旌賞之。齊賢勤究民弊，務存寬大，行部遇投訴者，或召至傳舍榻前與語，多得其情偽，江南人久益思之。

（清）徐乾學《資治通鑑後編》卷八七《宋紀八七》 劉摯言保甲罷團教，臣竊有私憂過計者。夫鄉野之民，其性易於轉習。今之保甲，衣必華細，食必酒肉，固已變其向者布麻粗糲之習矣；羣聚而笑喧，奮臂而矜勇，固已移其椎魯勞苦之習矣。臣愚以為宜有法以斂制之。凡保甲之技藝強弱高下，州縣皆有等籍。今按取優等願為兵者，刺以為本州禁軍，自餘中下等，亦依近制募充弓手、手力、耆戶長之役。蘇轍言河北之民喜為剽刼，近歲創為保甲，驅之使離南畝，教之使習凶器。今雖已罷，而弓刀之手不可以復執鋤，酒肉之口不可以復茹蔬。既無所歸，勢必為盜。臣願於元豐庫或内藏庫乞錢三十萬貫，為招軍例物。選文武臣僚有才幹者，各一二人，分往河北，於保甲中招其強勇精悍者為禁軍，隨其人才以定軍分。上為先帝收恩於既往，下為社稷消患於未萌。

《元史》卷四《世祖紀一》 命宣撫司官勸農桑，抑游惰，禮高年，問民疾苦，舉文學才識可以從政及茂才異等，列名上聞，以聽擢用；其職官污濫及民不孝悌者，量輕重議罰。

《元史》卷五《世祖紀二》 詔新立條格：省併州縣，定官吏員數，分品從官職，給俸禄，頒公田，計月日以考殿最；均賦役，招流移；禁勿擅用官物，勿以官物進獻，勿借易官錢；勿擅科差役；凡軍馬不得停泊村坊，詞訟不得隔越陳訴，恤鰥寡，勸農桑，驗雨澤，平物價；具盜賊、囚徒起數，月申省部。

（清）徐乾學《資治通鑑後編》卷一五四《元紀二》 有江南人言宋宗室反者，命遣使捕至闕下。東宮宿衛士阿嚕威薩里趣入諫曰：言者必妄，使不可遣。帝曰：卿何以言之？對曰：若果反，郡縣何以不知？言者不由郡縣而言之闕庭，必其仇也。且江南初定，民疑未附，一旦以小民浮言輒捕之，恐人人自危，徒中言者之計。帝悟，立召使者還俾械繫，言者下郡治之。言者立伏，果以嘗貸錢不從，誣之。帝曰：非卿言，幾誤。但恨用卿晚耳。自是，命日侍左右。

（清）徐乾學《資治通鑑後編》卷一五六《元紀四》 朔方軍興，糧糗粗備而誅求愈急，文用謂僧格曰：民急矣！外難未解而内伐其根本，丞相宜思之。於是，遠邇盜賊蠭起，文用持外相所上盜賊之目，謂僧格曰：百姓豈不欲生養安樂哉？急法暴斂使至此耳。御史臺所以救政事之不及，丞相當助之，不當抑之也。御史臺不得行，則民無所赴愬，民無所赴愬而政日亂，將不止於臺事之不行也。

（元）張養浩《三事忠告》卷一《牧民忠告・御下・明綱常》 欲先教化，去其戮教悖化者，則善類興矣。近年子叛其父，妻離其夫，婦姑勃蹊，昆弟侮鬩，奴不受主命，冠履倒置者，比比皆然。凡若此者，不必其來告，當風鄉長恒糾，其尤甚者，諭眾而嚴決之，則自懮然改行矣。

（元）張養浩《三事忠告》卷三《風憲忠告・詢訪》 今為政者，往往以先入之言為主，非彼狃徇一偏，蓋由不通上下之情故也。故通其情莫如悉心詢訪，小而一縣一州，大而一郡一國，吏孰貪邪，官孰廉正，何事病眾，何政利民，豪横有無，風俗厚薄，既得其凡，他日詳加綜核，複驗以事，其孰得而隱哉？苟廉矣，即優之，禮貌之，薦舉之，則善者勸矣。苟貪矣，雖極品之貴，即蔑之，威拒之，糾劾之，則為惡者懲矣。推而至於待士遇吏，亦莫不然。大抵一道之任，猶一家之務焉。善為家者，其子弟族屬下逮奴隸，其情性良否，皆所當知；一或不及，則將甘為所弄而不悟，久必致是非顛倒，以佞為忠，以貪為廉，以無能為有能，政令不行，而紀綱替矣。前輩有云：為宰相不難，一心正兩眼明足矣。嗚呼！彼長風憲者，其責任之重亦豈下夫宰相哉！若之何不以前輩之言為法。

《皇明詔令》卷五《成祖文皇帝中・諭勉臣僚恤民敕永樂三年正月》

朕惟治天下以得民為本；保民，以愛恤為先。愛恤之道，不過使其衣食之有餘，無凍餒之患。則禮讓可成，鬥争不作；教化行而習俗美矣。朕皇考太祖高皇帝混一輿圖，制作禮樂，保民厚俗，身致太平。其間愛養生息之道，思之至，慮之周。故天下殷富，生齒日繁，致治成功，超軼千古。朕即位以來，仰遵成憲，化行俗厚，民康物阜，措刑罰於無用之地，納赤子於熙皥之中；故夙夜兢業，惟恐不逮。尚慮天下之廣，人心難一，不守我皇考一定之法，致使陷於刑辟，所以叮嚀告戒，使人遷善遠罪。凡我有官君子，明聽朕言：夫民者，國家之根本也，在乎撫育，不可蹶傷。勿苟貪其財，勿妄役其力，則民可以常安。民安，則天下無事矣。夫天下之大，非一人所能獨理，必資賢才以相成。爾諸群臣，宜擴其正大之心，弼予仁厚之化，敬以事上而廉以律己，戒於徇私而勉以奉公，勿為苛刻，勿肆貪殘。惟能如此，則生民老幼獲安，而朝廷刑罰可措；在爾亦可以享富貴於無窮，而流聲譽於後世矣。

（明）李東陽《明會典》卷一〇《吏部九·好閒不務生理異先賢之教者有幾》 民有常產，則有常心，士農工商，各居一業，則自不為非。

《皇明條法事類纂》卷三八《在外問刑衙門官員務要親理詞訟不許輒委里老〔人〕等保勘例》 臣聞民生有欲，不能無争，則物我相刑（而）訟興焉。聽（從）〔訟〕者因（亂）〔辭〕以（永）〔求〕其情，原情以定其〔罪〕，情罪既明，人心自服，訟斯止矣。故《易》曰辨訟，孔子曰聽訟，《書》曰兩（辭）〔造〕具備，師聽五辭。

《皇明條法事類纂》卷三四六《問刑不許拘泥成案信憑參語及將重情俱擬不應並以誣告捏作輕告》 若情犯審重無正條者，引律比附奏請，不許全依不應。稱冤者必與辨明，毋得顧忌，止拘成案。務俾前弊悉除，不致仍蹈妄為輕重。如此，庶有以（逃）〔仰〕遵〔列〕聖明（昭）〔詔〕恪守祖宗大法。輕者不得重，（垂）〔重〕者不得減輕，刑歸有罪，不蹈無辜，刑措之風抑何難致哉？

《皇明條法事類纂》附編《戶部為祛夙弊清鹽法以備國儲以足民用事》 山東清吏司案呈，奉本部送於戶科抄出巡按直隸監察御史戴金題。臣欽奉上命督理兩淮鹽法，仰惟綸守鄭重，國計攸憑，自顧疏庸，曾無尺寸之效，周咨郡議，願陳一得之愚，竊聞法有定規，事多時變。就事論法，法久誠不能無弊；以人論事，實有治人而無治法。時弊相循，大概有二：一曰更張，二曰因循。若事體本相安，而沽虛名以立異，是之謂更張。更張之弊，見之速而易知。若事體本不宜於民、不利於時，務苟且以為月日之計，是之為因循。因循之弊，發緩而難圖。二者之弊，或一有之，均為蠹政。臣備員風絶，承乏理財，顧兹重託，無因時料理之才，徒謹小廉，以為的拘繩墨之守。更張之弊，非惟不敢為，而亦無能為矣。因循之罪，實則有之。

《大誥·鄉飲酒禮》 朕本不才，不過申明古先哲王教令而已。所以鄉飲酒禮，叙長幼，論賢良，別奸頑，異罪人。其坐席間，年高有德者居於上，高年淳篤者並之，以次序齒而列。其有曾違條犯法之人，列於外坐，同類者成席，不許干於善良之席。主者若不分別，致使貴賤混淆，察知，或坐中人發覺，主者罪以違制。奸頑不由其主，紊亂正席，全家移出化外，的不虛示。嗚呼！斯禮始古先哲王之制，妥良民於宇內，亘古至今。興者，鄉里安，鄰里和，長幼序，無窮之樂，又何言哉。吾今特申明之，從者昌，否者亡。

《大誥武臣·男女混淆》 男子婦人，必要有分別。婦人家專一在裏面，不可出外來，若露頭露臉出外來呵，必然招惹淫亂的事。而今有等愚夫愚婦，好生不守道理，把風俗壞了。便如曲靖衛指揮牛麟，他在雲南討一個婦人做妾，每日與同僚官喫酒。便着這婦人出來同座喫酒，因此上被指揮柳英誘引私通，教本婦將毒藥毒死牛麟。有這等無知的，婦人家如何着他與男子漢喫酒，喫一會酒了，自家的性命也被人害了。若是有分別呵，那裏有這等事。指揮柳英與那婦人，都將殺了。今後敢再有這等的，拿住一般罪他。

《皇明成化二十三年條例·十月·禁革漢人冒作番人及習學番教》 臣等竊惟唐，虞三代之時，異端之教不入中國，皆能享年悠久，國祚靈長。下迨漢、唐，崇奉愈謹，享國愈促。我祖宗創業垂統以來，非不欲直滅其教也。然番僧許其來朝，量留一二。為法二、佛子者，無非寓羈縻之意。其僧録等司，各額設善正一等官，以主其徒者，所以存教外之法。

（清）鄂爾泰等《世宗憲皇帝硃批諭旨》卷二一九下《硃批韓良輔奏摺》 柔遠之道，安邊為要。萬萬不可貪利圖功，輕啟釁端。一有事出，則所得不償所失矣。惟宜順情度理而慎為之，其猺獞事宜。卿等共相悉心區處，毋忽。

（清）**鄂爾泰等《世宗憲皇帝硃批諭旨》卷一二六之一二《硃批田文鏡奏摺》**〔硃批〕二麥收成分數，以手加額，欣悦覽焉。中州咫尺，何待卿言。過往使臣早經奏聞矣。凡此實由穹蒼賜福於豫省，正當敬承無斁。朕深望上天眷佑生民，均如豫省之時和年豐。每訓示直省督撫，凡居心行政必求上合天心，庶蒙申錫，嘉祉如是，降諭不啻再三。其不肯欽承，莫能遵循者，皆緣朕之德薄，未足以化其私衷耳。天人交感之際，捷如影響，此理甚明，且確期共勉之。

（清）鄂爾泰等《世宗憲皇帝硃批諭旨》卷一四〇《硃批王朝恩奏摺》

另摺議奏外今議得一件，為嚴禁楚習之刁横，以肅紀綱事。條陳内開：楚中獷悍成風，惡衿土棍動即勒衆，逐官罷市。又有甫經摘印，乘機打入私衙，併有擡聖賢牌位打架，教官不加禁約，反串通漁利。上司漫不查究，以致刁横日甚。請分別嚴禁。如遇聚衆罷市等事，果係官吏貪污參摘，治罪亦當嚴首倡之罪。若止緣棍徒拂意横行者，竟將棍徒從重治罪。至已被參之員再打入私衙，肆無忌憚，同城文武立拏，為首解治。如有隱匿，嚴加處分。至擡聖賢牌位打架，教官隱諱漁利，從重治罪等語。此誠整飭紀綱，挽回風俗。向來原有例禁，應如所奏施行。抑臣更有奏者，大凡刁横惡習，半由州縣之激起，半由督撫之縱成。如去年九月内，安仁縣知縣田仁被參摘印，有百姓鬨鬧縣堂一事。臣到任後，檢閱舊案，雖田仁所稱搶毁聖訓銀櫃係屬揑飾，而於該令摘印之日，鬨聚多人，以賒欠舖戶為名，勒取署内衣物等項，抵還欠帳，情實有之。

〔硃批〕此事楊宗仁未經明白奏聞，如此據實不隱方是。

此等刁風，臣愚以為由上司不知正身率屬以安百姓之故。

亦有上司雖則廉潔或剛愎而狃於一偏，或柔懦而不知振刷之所致也。

〔硃批〕二語含諷，明有所指，朕觀之不覺發笑。

臣蒙我皇上格外弘恩，簡任楚疆，固不敢縱官虐民，致滋多事，亦不敢任豪強衿棍結黨，把持挾制官府，有傷國體。臣惟事事仰遵聖訓，潔己奉公，寬猛交濟，不使官民之勢偏重。此風或可漸息。即或一時未能頓改，遇有前項不法等事，亦必據理揆情，分別究治，務期處置得宜。

（清）鄂爾泰等《世宗憲皇帝硃批諭旨》卷一四八《硃批黄之雋奏摺》

臣下之仰承皇上如天之覆幬。皇上之知人善任，如天之照臨，無微不矚，無遠弗届。臣今歲試已周謹，將臣所已行者，據實敷陳，以仰求訓誨。臣自奉命以來，日念督學一職，首在端學術以正人心，而厚風俗；次及衡文以闡明聖賢之道。臣見閩地負山襟海，形勢壯固，士俗皆能治生，兵民皆知畏法，良由聖德所暨者遠，聖化所洽者深。是故文武協和，兵民相安，山陬僻壤素稱刁悍之俗者，亦皆率循。至通省士子雖多向善守法，而其間越禮犯科者亦所在而有。臣仰體皇上教戒至意，反覆開導，刊布禁約，累數千言，頒行府州縣學，示以義利禍福。已禁而仍犯者，即行褫革。悔過而自新者，亦量予開復。又於學官行香講書之時，和氣正色令諸生旅進環立喻。以皇上崇儒育材，廣取士之額，舉孝廉之行，嚴加等之法，有善必奬，有惡必懲，欠糧、包訟萬萬不可。又恐言語未必盡通，令教官以土音遍告之。

（清）鄂爾泰等《世宗憲皇帝硃批諭旨》卷一七四之一《硃批李衛奏摺》　雍正三年五月二十五日，雲南布政使兼管驛鹽道事臣李衛謹奏。為奏聞：邊地情形事。欽惟我皇上御極以來，培元氣而重教養，因時調劑，俯順輿情，務使政令不煩，兵民信悦。為臣子者遵循供職，則道德一而風俗同，可旋至立效者也。惟是邊省之政治，有難與内地同施者，蓋漢土雜居，接連外夷，淳梗不一。職司邊疆之臣，若以有事為榮，喜功好大，以刻責為震懾，使彼無所適從，則不但滋事啟釁，實有背於聖天子懷柔至意。

〔硃批〕前言與後意相違，不自知其矛盾。

然而任其驕悖，背負天恩，因循畏縮，槩置不問，則不惟有傷國體，且足以開外夷窺玩之端，為誤尤甚。

（清）郭嵩燾《郭侍郎奏疏》卷一《縷陳廣東大概情形疏》　臣查廣東風俗強獷，趨利背公，習為固然。又擅山海之饒，商賈巧詐居奇，動贏巨萬，無藝之民眼熱心忮，聚而為盗賊。平時已號稱難治，重以地方殷富，官吏之誅求皆足遂其所欲，相與利其頑梗，以各饜其貪婪之私。凡在官之辦事行為，無一非釀亂者。至於吏治敗壞已極，風俗益因之而波靡，自搢紳以至走卒，傲很嗜利，莫不皆然，驟難革使向善。

《皇朝通志》卷七七《刑法畧三·刑制聽斷》　乾隆元年諭：朕聞姦

宄不鋤，不可以安善良；風俗不正，不可以興教化。閭閻之大惡有四：一曰盜賊，三代聖主不待教而誅者也；二曰賭博，干犯公令貽害父兄，以視《周官》之罷民未麗于法，而繫諸嘉石收之圜土者，罪有甚矣；三曰打架，即《周官》所謂亂民，《孟子》所謂賊民也；四曰娼妓，則自周以前人類中未嘗有此。此四惡者，刼人之財，戕人之命，傷人之肢體，破人之家，敗人之德，為善良人之害者，莫大于此。是以我皇考愛民之深，憂民之切，嚴申科禁，積歲月之久，然後道路少響馬老瓜賊，而商旅已寧。賭博及造賭具者，漸次改業，而家室以安。聚黨打架者斂跡，而城市鄉鎮鮮聞鬬囂。娼妓遠藏，不敢淹留客店。此皇考十有三年，政教精神所貫注，而海内臣民顯見其功效，實享其樂利者也。

《皇朝通志》卷七九《刑法畧五·刑制欽卹》 稽古有虞之世，民不犯於有司。漢文帝、唐太宗亦幾致刑措。今犯法者衆，豈果風俗日偷，民盡愍不畏死歟？抑朝廷德教未敷，故百姓從化無路歟？或讞獄諸臣膠執爰書，輕於失入歟？又或所在有司不肯留心化導，以致扞網紛紛歟？干和召戾，皆朕之責。今後爾等問刑衙門，遵奉此諭。即將見在未結獄案，悉心清理。原情準法，務求平允。但不得故縱市恩，仍傳諭各直省督撫，申戒所屬，慎重刑獄，不得羅織刻覈。郡邑長吏亟倡明教化，使小民明於親遜之誼，各愛身家，毋輕抵罪。自然獄案漸減，囹圄可空，以仰符天心，漸至太平，未必不由於此。若奉行不力，負朕好生之意，必不輕貸。

《皇朝文獻通考》卷四《田賦考四·田賦之制》 諭曰：朕聞濱海之鄉，坍漲不常，田無定址，於是豪強得恣侵占，而爭端日興。其責在地方有司。熟悉土宜按制定法，弭釁於未然，而平其爭於初發，則可為良吏矣。夫州縣有司，非盡不知愛民者，特以田土情形未能稔悉，不得不寄耳目於吏胥，而猾吏奸胥又往往與土豪交通，變亂成法，予奪任意，弱肉強食，為厲無窮，獄訟繁興，端由於此。至若沿海所漲之沙灘，鄉邑互爭。有司又各袒所屬，益滋紛擾。此皆徇私而未識大體者。

又：人知畏法而盜賊因以寢息矣。

（清）陸曾禹《康濟録》卷一《前代救援之典》 周武王立重泉之戍令，曰：民有百鼓之粟者，不行。民舉所最粟以避重泉之戍，而國穀二十倍。最，聚也。

謹案：穀不足，不足以救饑；令不嚴，不足以懼民。嚴令、積穀，聖王權變之道也，即豫備不虞之典也。尚父不云乎：敬勝怠者，吉。怠勝敬者，凶。安不忘危，敬勝之事也。故雖禾黍油油，必令倉箱盈足。誠以豐年多蓄，則饑饉可無虞耳。

（清）陸曾禹《康濟録》卷二《先事之政·嚴保甲以革奸頑》 周孔教撫蘇時曰：弭盜安民莫良於保甲法。是法也，為弭盜而設，是以治之之道編之也。人情莫不偷安，故其成之也難。為賑濟而設，是以養之之道編之也。民情莫不好利，故其成之也易。今令各府州縣擇廉能佐貳一員專董其事，大概先將城内以治所為中央，每保統十甲，各設保正副等人。每甲統十戶，設甲長一人，分東西南北。以東一保，東二保，東三保等為號。南與西、北亦如之。其在鄉四方保正、副，又以在城保正、副，分方統之。假如在城東一保，統東鄉一保，在城東二保統東鄉二保，餘則皆以此為法。是保甲者舊法也。以城中之保而分統鄉間之保者，新設之法也。若鄉間保長抗令，即添差助城中保長，協力處分。凡公事可以立辦矣。

謹案保甲之法固不可緩。若以在城保甲統在鄉保甲，未免近於穿鑿，不若文公所行之法，簡便而穩當也。

嚴保甲總論曰：保甲之法不立，城市錯雜鄉村窵遠，在位君子烏能知其賢否，併有餘不足之家也。惟行之，有素按籍而稽奸宄，不得容留，貧富瞭然在目，冒破者無有矣，則保甲不與社倉相為表裏者歟？故不論賑濟、賑貸、賑糶，饑年皆不可少。

（清）陸曾禹《康濟録》卷四上《事後之政·敦風俗以享太平》 敦風俗總論曰：民之日流於污下而不能享太平之福者，人知之乎？皆由未知孝弟、忠信、禮義、廉恥之為重耳。如父兄能以此而教子弟，師友能以此而曉愚蒙，在位者察其言行，奬其淳良，民惟恐身之不端，而見棄於大人君子矣。風俗有不敦者哉！但異端不息則人心難正，學校不興則教化不廣，孝弟有虧則人倫未備，冤獄不申則明慎多慚，是皆有負於一人而獲罪於天下者也。嗚呼！小民之焦勞初釋衣食方充，若不身自力行，格彼非心，雖處於豐亨明盛之時，恐亦變而為頹敗委靡之俗矣。不大為可憂哉！歷稽往哲溺女巫而毀淫祠者，有人修學宮而幸辟雍者，有人教以敦倫寧如鸞鳳，力爭冤獄，甘觸龍鱗，心何仁而胆何壯也！又有格民恥訟愧盜，如刑不恃刑罰為章程者，非皆以善教得民心，力任移風易俗之仁人耶。然民亦有以三善名其堂者，益見斯民也。三代之所以直道而行者也，信乎夫子之言：君子之德風，小人之德草，草上之風必偃。厚其生，復其性，有不永享太平之福者哉？

（清）陸曾禹《康濟録》卷四下《摘要備觀·河南賑荒事實鍾化民》

飢饉之年，幸留殘喘。小民無知，猶逞其訟。有司不能勸息，反為受理。一紙之追，絶人數日之糧，一番之駁，窘証犯數家之命。一人臥痛，數口待亡。公則通行府縣，除人命大盜外，盡行停止，惟以粥廠為務。

《清代乾嘉道巴縣檔案選編》下《政治社會生活·保甲·治安·嘉慶二十四年八月二十三日巴縣諭示》 為協心示禁，以靖場市事。

案據忠里七甲客長王國鼎、彭秀美、地主彭儒魁稟稱：情民等六角場，每逢四、七、十日場期，路通雲貴兩省大道，民等屢經請示嚴禁宰牛賭博，歷年地方寧謐。不料今有等無聊痞棍，又敢在鄉私宰耕牛，負來場市躲藏私賣。又有一等鋪戶私行窩集賭博，引誘良家子弟，疊次釀貨不寧。更有一等痞棍勾引外來匪賊，每遇場期來場綹竊，甚至奪搶客貨。種種不法，實難枚舉。民等屢經協同查拿，難以捉獲。為此協懇出示嚴禁。等情。據此，處呈批示外，合行出示嚴禁。為此示諭該場鋪戶居民人等知悉。嗣後如有前項不法匪徒在彼滋擾，許爾等指名具稟本縣，以憑拘案究懲。但爾等毋得因有此示挾嫌妄稟，致干查究不貸。凜之！慎之！毋違！特示

《清代乾嘉道巴縣檔案選編》下《政治社會生活·保甲·治安·嘉慶十八年三月二十九日巴縣團首牌甲條例》 為團練牌甲嚴拿匪類，以靖地方，以安民生事。

照得本縣到川十有餘年，歷纂數任，深知川省地方五方雜處，匪徒最易溷跡。至渝成則更系水陸沖衢，商賈雲集，奸盜邪淫無所不備。若稽查稍疏，則商民受害非淺。且每多外來匪棍，或假裝生意人，來此脱騙客貨，滾敗人口；或傳習西洋邪教；或勾串本地痞棍憑空誣索，動即逞兇滋事；更或號稱大五小五帽頂，攜帶禁刀竄赴各鄉場，見有貨攤什物，即行估奪；或潛匿僻地菁林，遇有孤單行旅，即行劫搶；或沿場綹竊掉包；又有多則數十為群，少則三五為偶，攜帶撬力夾剪，專于撥門挖洞，或偷竊銀錢貨物，或搜取器俱耕牛。其餘私鑄、私宰、窩賭、窩娼，種種積弊，言之令人切齒。至於沿江一帶，更易藏匪，範尤不可不嚴，處簽差嚴查拿外，誠恐不肖差役虛應故事，不肯認真出力，自應仍借民力協向嚴拿。本縣調任茲土，整頓意堅，務期地方日臻寧謐。爰遵歷奉大憲檄飭編聯保申之法，詳立科條，開列于後。孟子云守望相助，保甲之法即孟夫子遺意。彼為此守，此為彼望，聯眾心而協于一。彼為此守，仍是家自為守；此為彼望，仍是人自為望。齊眾力而歸於專，意美法良，莫此為最。但恐奉行不力，或致難見實效，合亟出示曉諭。為此愷切曉諭城鄉各團保牌甲，及糧戶紳民鋪戶人等一體知悉。爾等務各同心協力，認真遵行，務使盜風寢息，商民安業，切勿視為具文，虛應故事，勤始怠終，致負本縣處盜安良，整飭地方之至意。凜遵！毋違！特示

《清代乾嘉道巴縣檔案選編》下《政治社會生活·保甲·治安·道光二十一年七月十三日巴縣諭示》 為嚴禁訟棍刁唆誣告，以除民害事。

照得息事甯人，為政要務。而清訟□□□除訟棍。巴邑五方雜處，良莠不齊，且有一種棍徒，專以刀筆為生，每逢民間一切戶婚、田土、口角微嫌，彼即撞入局中，議論風生。或以田界不清，捏為強占山場；或以些微細事，控為謀故殺傷。甚至把持公事，武斷鄉曲。種種弊端，殊堪痛恨。除飭差嚴密查拿外，合行出示曉諭。為此示仰合邑紳民人等知悉。爾等各有本業。當為良之泯。毋持刀□而唆眾興訟，毋昧天良而誘人犯法。須知教人典訟，律有明條，誣告良民，罪加三等。法律森嚴，豈能輕縱。爾居民亦各勉為良善，切勿聽其愚弄，自取拖累。自示之後，如敢仍蹈前轍，一經拿獲，或被告發，定行照例究辦。本縣言出法隨，決不稍為寬貸。各宜凜遵！毋違！特示

右諭通知

實貼跳石場

《四庫全書總目提要》卷八三《史部·明祖訓》 《明祖訓》一卷。浙江巡撫採進本。明洪武二年，命中書編次，其目十有三。一《祖訓首章》，一《持守》，一《嚴祭祀》，一《謹出入》，一《慎國政》，一《禮儀》，一《法律》，一《內令》，一《內官》，一《職制》，一《兵衛》，一《營繕》，一《供用》。至六年五月書成，太祖自為序，復命宋濂序之。此本佚濂序，

惟太祖之序載篇首。序稱開導後人，立為家法。大書揭於西廡，朝夕親覽，以求至當。首尾六年，凡七謄録稾，至今方定。翰林編輯成書，禮部刊印云云。然則諸詞臣僅繕録排纂而已，其文詞悉太祖御撰也。其中多言親藩體制，大抵懲前代之失，欲兼用封建郡縣以相牽制。故親王與方鎮各掌兵，王不得預民事，官吏亦不得預王府事。尤諄諄以姦臣壅蔽離閒為慮，所以防之者甚至。如云：若大臣行姦，不令王見天子，私下傳致其罪而遇不幸者，其長史司併護衛移文五軍都督府，索取姦臣，族滅其家。又云：如朝無正臣，內有姦惡，則親王訓兵待命，或領正兵討平。然則靖難之事，肇釁於此。高煦、宸濠遂接踵效尤。是亦矯枉過直，作法於涼之弊矣。皇甫録《明記略》云：《祖訓》所以教戒後世者甚備，獨無委任閹人之禁，世以為怪。或云本有此條，因版在司禮監削去耳。然《永樂大典》所載，亦與此本相同，則似非後來削去。録所云云，蓋以意揣之也。

（清）王昶《金石萃編》卷一三五《宋十三》提刑屯田員外郎李《李屯田勸農示》　每因讀刑禁旬狀，見人民多因小事爭鬬，致有殺傷，雖骨肉至親不相容忍，此深可哀憫。蓋勸農親民，官不本教化所致。今後令佐須曉諭鄉老，令勸率子弟勤於田農，孝養父母，內外和順，不相欺凌。民無交爭則無橫死，自然天道與人事相應，無水旱凶災。令佐不得輕遠方以為不可教誨，況此人民曉事，教誨必聽，切在遵凜。

（明）張四維《名公書判清明集》卷一《官吏門・申儆・咨目呈兩通判及職曹官》　《傳》曰：過而不改，是謂過矣。又曰：誰謂德難，勵其庶，而賢、不肖之分在乎勉與不勉而已。

（明）張四維《名公書判清明集》卷一〇《人倫門・兄弟・兄弟侵奪之爭教之以和睦》　所謂愛者如何？出入相友，有無相資，緩急相倚，患難相救，疾病相扶持，錐刀小利，務相推遜，唇吻細故，務為涵容，此之謂愛。儻或因一朝之忿，興鬩牆之爭，兄則欲害其弟，弟則欲害其兄，以賊害之心，內施於手足之間，其異於禽獸者幾希矣。

（明）張四維《名公書判清明集》卷一〇《人倫門・鄉里・勉寓公舉行鄉飲酒禮為鄉閭倡》　當職猥以非才，承乏守郡，每自惟念公朝推擇之意，豈徒責以簿書期會之最，刀筆廂篋之務而已，固將使之宣明教化，以厚人倫而美習俗也。故自交事以來，凡布之於榜帖，形之於書判，施之於政事，莫不拳拳然以入事其父兄，出事其長上者，為吾民訓。今既數月矣，近者見而知之，遠者聞而知之，其比閭族黨之間，自宜詳體此意，長者勉其少者，智者誨其愚者，賢者誘其不肖者，相率而為禮義之歸，而舊俗為之一變矣。然每閱訟牒，乖爭凌犯之習，曾不少衰。其間利害不能以稊米，即為欺詐以相傾，挾財力以相勝，結黨仇以相攻，不特親戚鄰里反眼若不相識，雖父子伯叔兄弟亦復相視如寇讎然。嗚呼！天惟與我民彝，豈若是哉！蓋移風易俗，使夫人回心而向道，類非俗吏之所能為爾。當職其敢不自咎，徒忿疾于頑，而弗思所以為迪吉康之道乎！竊惟三代教民之法，莫切於鄉飲酒禮，觀其致尊遜以教不爭，致潔敬以教不慢，父坐子立以教孝，老坐少立以教悌，序賓以賢以貴德，序坐以齒以貴長，序僎以爵以貴貴，飲食必祭以示不忘本，工歌必獻以示不忘功，燕及沃洗以示不忘賤，凡登降辭受獻酬之義，籩豆鼎俎之器，升降合樂之節，無非教也。當是時也，父與父言慈，子與子言孝，兄與兄言友，弟與弟言順，少而習焉，長而安焉，其父兄之教，不肅而成，其子弟之學，不勞而能。故其俗既成之後，雖衰世之公子，皆篤於信厚，而非止於麟趾之盛時也；雖江漢之匹夫，皆知無思犯禮，而非止於京邑之近也；雖抱衾之賤妾，皆知自克以義，而非止於關雎之后妃也；雖牛羊之賤吏，皆知有所不忍傷，而非獨公卿大夫之賢也。是以孔子曰：吾觀於鄉而知王道。又曰：鄉飲酒之禮廢，則長幼之序失，而爭鬬之獄繁矣。然則是禮之廢興存亡，其所繫豈不重歟！萬世之下，有志於化民成俗者，舍此而將奚先焉。唐李正一為常州刺史，大起學校，堂上畫孝友，傳示諸生，為鄉飲酒，而人人知勸。裴煥之為宣州刺史，亦舉行此，歌至白華、華黍、南陔等章，言孝子養親。及物遂性之義，聞者至於泣下。天理之在人，其不可泯滅也如此。夫當職不自揣度，輒有傚顰之心將與諸君子講明肄習而推行之，使郡之父老子弟相與周旋揖遜乎其間，日就月將，耳濡目染，遷善遠罪，而不自知，獄訟止息，刑措不用，則期民不愧於齊、魯之民，而太守亦庶幾不為龔、黃之罪人矣。獨抱此志，未知所遂，而劉司户乃先得我心之所同然，首以為鄉曲倡。亹亹一紙，藹然仁義之言，當職撫卷三歎，真不圖為樂之至于斯也。魯無君子，斯焉取斯，吾今而後，益信郡人之猶足用為善也。昔王豹處于淇，而河西善謳，緜居處于高唐，而齊右善歌，為其事而無其功者，未之有也。願司户與同志之士力行之。異時有爭訟曲直者，望王烈之廬而復還；人之欲為不善者，恐司馬公、邵先生知之而止。如州則豈惟郡人有恥且格，雖由之兼善天下不難矣，豈不盛歟！請今遇行禮時，録名見示，庶可因其從違，察其所嚮，且欲薄助錢酒，以見區區勸勉之意。併榜市曹及兩縣，如各鄉士民有能傚此者，仰各縣采實具申，當行褒賞，以為風俗之勸。

（明）張四維《名公書判清明集》卷一四《懲惡門・淫祠・不為劉舍人廟保奏加封》 竊惟世間怪誕之事，有必待察之而後知者，有不必察之而可知者。必察之而後知者，欺我以其方者也；不必察而可知者，罔我以非其道也。今觀劉舍人之救護綱一事，真所謂罔我以非其道矣。夫鬼神之事，本自難言，聖如夫子，尤所不語，愚也何足以知之。然求之深遠則難窮，求之於淺近則易見，姑請舍其遠且深者，而言其淺且近者，可乎。夫陰陽不測之謂神，聖而不可知之謂神，聰明正直而一之謂神，是神也，在天則為星辰，在地則為河嶽，而在人則為聖帝，為明王，為大賢君子，為英雄豪傑。其大者足以參天地之化，關盛衰之運，其小者亦莫不隨世以就功名，書簡册而銘彝鼎。彼其生也，既有所自來，故死也，是以有精爽至于神明。古人所謂聖人之精氣為鬼者，蓋如此也。雖下如伯有之鬼，亦必從政三世，用物也弘，取精也多，所憑者厚，然後能為厲其國。至於其他蚩蚩之民，則不過與草木俱腐而已，死縱有知，且不免於若敖氏之餒，果何自而能靈。劉舍人者，本一愚民，以操舟為業，後因衰老，遂供洒掃之職於洞庭之祠。遇有祠禱者，則假鬼神之説以熒惑之。亦既多言，豈不惑信，於是流傳遠近，咸以為神。及其死也，巫祝之徒遂以其枯朽之骨，臭穢之體，塑而祀之，又從而為之辭，謂其能興風雲，神變化，見怪物，以驚動禍福其人。其始也，不過小人崇奉之，至其久也，雖王公大人亦徼福乞靈於其前矣，又為之請封號，請廟額，鼓天下眾而從之矣。嗚呼！抑何弗思之甚耶！使其在數千年之前，非時人耳目之所接，則猶在可疑之域，今其死未及六、七十年，老商猶有能識其面者，數十年前，其顧主猶有存者，彼其生尚不能自給其口腹，而衣食於人，其頑冥不靈，亦可想見，焉有既死之後，反能為生民捍大患，禦大災者哉！蓋萬萬無是理。且吾夫子嘗有言曰：鬼神之為德，視之而弗見，聽之而弗聞。又曰：洋洋乎如在其上，如在其左右。是則所謂鬼神雖同流天地之間，無所不在，而實非如人果有形迹之可求也。今舟人所陳，乃謂禱祀之頃，目擊旗幟滿空，上有劉字。信斯言也，則夫子為欺我矣！齊東野人，何所知識，語言謬妄，豈足憑信，假令恍惚之間，果有所見，亦由所守易於內，故所觀變於前，如李廣之石如虎，樂令之弓為蛇。龍秉義之所會，雖不異於危從政之所申，然祥符天書之降，宣和天神之現，雖號為一時賢者，猶不免同聲以傅會之，而今乃取一武弁之言以為證，是誠借聽於聾，而問道於盲矣。況劉之建祠于湘，受爵于朝，迨今已數十年，商賈之貿遷，郡縣之貢輸，士夫之遊宦，凡為泛舟之役，上下於江湖間者，莫不奉牲奉醴，進禮廟下而後敢行。若其果有神靈，則皆當為之拘黿鼉，蟄蛟蜃，鞭逐鯨鯢，號令風伯，彈壓水神，使沅湘無波，江水安流，祥飈送颿，棹夫奏功，舉無驚湍怒濤之厄，然後食於其土而無愧。今問諸水濱，則葬於江魚腹中者，殆無虚日，其作神羞亦甚矣！而乃指所全三十艘以為功，是何以異於一牛之失，則隱而不言，五羊之獲，則指以為勞績乎？設或異時果能假東南之風，以助赤壁之捷，假風鶴之聲，以濟淮淝之師，則又將何以報之？論至於此，正使劉舍人聞之，亦將垂頭喪氣，伏辜謝罪之不暇，尚安敢貪天之功以為己力哉！某楚産也，楚之俗實深知之。蓋自屈原賦《離騷》，而《九歌》之作，辭旨已流於神怪，其俗信鬼而好祀，不知幾千百年。於此沉酣入骨髓而不可解者，豈獨庸人孺子哉！雖吾黨之士，求其能卓然不惑者，亦百無一二矣。絶地天通，罔有降格，正於守道君子是望，亦從而曲狥其説，則百姓愚冥，易惑難曉，女巫男覡，乘釁興妖，自此湖湘之民，益將聽於神而不聽於人矣。卜疾病者，謂實沈臺駘為祟，入山澤者，唯魑魅魍魎是逢，神降于莘，石言于晉，民神雜揉，疵厲薦臻，用人於次睢者有之，娶女為山嫗者有之，民聽一濫，何所不至。某為此懼，於是自守郡以來，首以禁絶淫祠為急，計前後所除毁者，已不啻四、五百處。儻更數月，不以罪去，必使靡有孑遺而後已。今不敢一二其德，以強奉崇臺之命，又近得名公所謂對越集者讀之，竊見其間施行，有適相類者，是則我心之所同，然明公已先得之矣，尚何言哉！謹以固陋之見，冒昧申聞，併將諭俗印牒一本繳呈，伏望明公特賜嘉納，焚之廟中，使此等淫昏之鬼有所愧懼，榜之廟前，使世間蠢愚之人有所覺悟，其於世教，實非小補。

（明）張四維《名公書判清明集》卷一四《懲惡門・淫祠・拜勅額者並仰焚毀》 夏禹為古帝王，功被萬世，微禹吾其魚乎之嘆，豈獨發於劉子而已。凡盈乎天地之間，為人為物所以得免於懷襄之禍，至今生生不窮者，孰不知其為禹之德也。載在祀典，冠于羣神，齊明盛服，以承其祭祀，臨之在上，質之在旁，誰敢侮之。狄梁公毀淫祠一千八百餘所，獨存四廟，禹其一焉，蓋以彝倫攸敘之功不可忘耳。當職豈念不到此哉？但以今世蚩蚩之氓，不知事神之禮，擅立廟宇，妄塑形像，愚夫愚婦，恣意褻瀆，女巫男覡，實祀淫昏之鬼，以惑民心，姑假正直之神，以為題號。若今所謂禹廟，其名雖是，其實則非也，豈可墮于小人之奸哉！應非勅額，並仰焚毀，不問所祀是何鬼神。仍榜地頭。

（明）張四維《名公書判清明集》卷一四《懲惡門・淫祠・先賢不當與妖神厲鬼錯雜》 孔明盛德，不敢忘之者，豈惟王通氏而已，千載之下，凡忠臣志士，孰不聞風而興起也。當職每讀其《出師》兩表，未嘗不為之掩卷流涕，九原可作，雖執鞭為御，亦所甘心，何愛一椽之屋，以奉百世之祀哉！且攷《蜀志》，昭烈收荆州，孔明以軍師中郎將駐臨，兼督零陵、桂陽、長沙三郡，是時邵陵猶隸零陵，車轍馬跡，未必不常往來于此，於焉廟食，夫豈無因。然今觀道旁所立之祠，囂塵湫隘，豈足為高卧之草廬，所塑之像，齷齪庸陋，又絶無長嘯之英氣，加以妖神厲鬼，錯雜後先，田夫野老，裸裎左右，假令牲牷肥腯，粢盛豐潔，祝史矯舉以祭，雖馬醫夏畦之鬼，亦將出而吐之矣，謂孔明享之乎？縣尉所陳，蓋知其一，未知其二也。至於援引武學配饗之例，以明其祀事不當在吴蜀之分，此説尤為未然。夫有天下者祭百神，自天地四方名山大川，凡德施於民，以死勤事，以勞定國，能禦大災，捍大患者，無不載之祀典。若諸侯則止得祭於其地者，晉祭河，魯祭太山，楚祭睢漳河漢。非其所祭而祭之，名曰淫祀，無福。今而曰天子所祭，舉天下皆可祭之，三代命祀，恐不如此。若曰公之神在天下，如水之在地中，無所往而不在，固有得於東坡之餘論矣。當時潮人作昌黎新廟於州城南，期年而後成，則上棟下宇之制，亦可想見。雖丹楹刻桷，聰明正直之所不事，然斯人也，既在天為星辰，在地為河嶽矣，下之齊明盛服，以承其祭祀，猶恐不能使神之格思，若明宫齊廬，上雨旁風，牲酒瘠酸，取具臨時，薦祼興俯，不中儀式，則昌黎嘗謂南海之神不肯歆享矣，潮人其敢以此事昌黎乎？縣尉謂孔明之神，恐亦如是，吾不知邵陽之祠視潮陽之廟何如也。孔明嘗有祠在衡陽蒸水上，乾道間，常平使者范君成象，搜訪舊跡，得廢宇于蓁莽中，乃徙于高明而一新之，南軒張先生作文以記其事，然則廟貌之設，其可苟乎？縣尉欲存此以致敬，而不知適委之蓁莽，又所不可。議案契勘近城内外，别有無武侯祠宇，如别無之，即命畫工求真像，用絹圖寫一本，仲春秋祭祀于府學先賢之祠，使朝夕與之處者，皆升堂入室之高第，而淫昏魍魎之輩，不得以亂之，春秋尸其祭者，皆冠冕佩玉之君子，而妖冶魅醉之巫，不得以瀆之，如此則庶幾不為神羞矣。所有見存敝祠，合行毀拆。仍榜地頭。

（明）張四維《名公書判清明集》卷一四《懲惡門・賭博・禁賭博有理》 四民之所不收，百害之所必至，始而賭博，終而盜賊，始而嬉戲，終而鬭毆，始而和同，終而必争，敗事喪家，皆由此始，固官司之所必禁也。然禁戢者有司之責，信必者當職之令，有敢狃於習俗，視為故常，官有明條，决脊無容恕。備榜曉諭：輸錢人自首，特原其本罪，追還其錢，却將贏錢人依條斷令。

（北齊）顔之推《顔氏家訓》卷一《後娶》 江左不諱庶孽，喪室之後，多以妾媵終家事；疥癬蚊虻，或未能免，限以大分，故稀鬭鬩之恥。河北鄙於側出，不預人流，是以必須重娶，至於三四，母年有少於子者。後母之弟，與前婦之兄，衣服飲食，爰及婚宦，至於士庶貴賤之隔，俗以為常。身没之後，辭訟盈公門，謗辱彰道路，子誣母為妾，弟黜兄為傭，播揚先人之辭迹，暴露祖考之長短，以求直己者，往往而有。悲夫！自古姦臣佞妾，以一言陷人者衆矣！况夫婦之義，曉夕移之，婢僕求容，助相説引，積年累月，安有孝子乎？此不可不畏。

（北齊）顔之推《顔氏家訓》卷五《歸心》 原夫四塵五廕，剖析形有；六舟三駕，運載羣生。萬行歸空，千門入善，辯才智惠，豈徒七經、百氏之博哉？明非堯、舜、周、孔所及也。内外兩教，本為一體，漸積為異，深淺不同。内典初門，設五種禁；外典仁義禮智信，皆與之符。仁者，不殺之禁也；義者，不盜之禁也；禮者，不邪之禁也；智者，不酒之禁也；信者，不妄之禁也。至如畋狩軍旅，燕享刑罰，因民之性，不可卒除，就為之節，使不淫濫爾。歸周、孔而背釋宗，何其迷也！

（唐）**封演**《**封氏聞見記**》**卷九**《**奇政**》　李封為延陵令，吏人有罪，不加杖罰，但令裹碧頭巾以辱之。隨所犯輕重，以日數為等級，日滿乃釋。吴人著此服出入，州鄉以為大恥，皆相勸勵，無敢僭違。賦税常先諸縣。既去官，竟不捶一人。

（明）**張怡**《**玉光劍氣集**》**卷七**《**吏治**》　唐廷直侃令永豐，邑俗尚鬼而好訟，公痛革之。植二木牌於庭，左曰從刑，右曰從化，願就理者左，願和息者右。久之，多立於右以求解。言當於理，雖賤隸必改容謝之；其非理，雖權勢不假貸。以是告訐請託之風為之一變。正德癸酉。

（清）**顧炎武**《**日知録**》**卷一三**《**奴僕**》　豪横一清，而四鄉之民得以安枕。其為士大夫者，亦不受制於人，可以勉而為善。訟簡風淳，其必自此始矣。

（唐）**白居易**《**白氏六帖事類集**》**卷二八**《**竊盗**》　法以止姦，小不忍而恐亂。晝伏夜動。始見穿窬之心。今是昨非，旋聞砥礪之節。若容已露之姦，恐誘將來之盗。作姦者如可舉，為善者無乃疑。請敦理道，無啟倖門。既捨而罪，乃升諸公。唯善所在，雖盗何傷。惟賢是求，雖盗必舉。棄瑕録用。補過責功。所宜權以救世，不可垂以訓人。若行其權，道開以倖門，則寇所由興，法不可禁。若貸前定之法，是誘後來之姦。見小善而必求，財難苟得。踰大防而不禁。敝將若何。

（唐）**白居易**《**白氏六帖事類集**》**卷二八**《**羞恥**》　包羞或承之羞。君子有恥，有其位無其言，有其言無其行，君子恥之。若撻于市，其心愧恥。不恥不仁，小人。不以人之所不能者，愧人勝而無恥。恥過作非。恭近於禮，遠恥辱也。一慙而不忍，終身慙之。知恥近乎勇。無恥惡之心，非人也。不恥惡衣惡食。衣敝緼袍與衣狐貉者，立而不恥者，其由也與。

（明）**唐順之**《**稗編**》**卷九〇**《**欒枝論封狐文豹**》　晉文公時，翟人有封狐、文豹之皮者，文公喟然歎曰：封狐文豹何罪哉？以其皮為罪也。大夫欒枝曰：地廣而不平，財聚而不散，獨非狐豹之罪乎？文公曰：善哉！説之。欒枝曰：地廣而不平，人將平之；財聚而不散，人將争之。於是列地以分民，散財以賑貧。

（唐）**慧能**《**壇經・無相懺悔**》　今既發四弘誓願，與善知識説無相懺悔，滅三世罪障。大師言：善知識！前念、後念及今念，念念不被愚迷染從前惡行，一時自性若除，即是懺悔。前念、後念及今念，念念不被愚癡染，除却從前諂誑心永斷，名為自性懺。前念、後念及今念，念念不被疽疾染，除却從前嫉妬心，自性若除即是懺。善知識！何名懺悔？懺者終身不為，悔者知於前非惡業，恒不離心。諸佛前口説無益，我此法門中，永斷不作，名為懺悔。

（唐）**慧能**《**壇經・無相滅罪頌**》　大師言：善知識！聽吾説《無相頌》，令汝迷者罪滅，亦名《滅罪頌》。頌曰：愚人修福不修道，謂言修福而是道，布施供養福無邊，心中三惡元來造。若將修福欲滅罪，後世得福罪元在，若解向中除罪緣，各自性中真懺悔。若悟大乘真懺悔，除邪行正即無罪。學道之人能自觀，即與悟人同一類。大師令傳此頓教，願學之人同一體。若欲當來覓本身，三毒惡緣心中洗。努力修道莫悠悠，忽然虚度一世休。若遇大乘頓教法，虔誠合掌至心求。

（唐）**慧能**《**壇經・自法真佛解脱頌**》　真如淨性是真佛，邪見三毒是真魔，邪見之人魔在舍，正見之人佛則過。性中邪見三毒生，即是魔王來住舍，正見忽除三毒心，魔變成佛真無假。化身、報身及法身，三身元本是一身，若向身中覓自身，即是成佛菩提因。本從化身生净性，淨性常在化身中，性使化身行正道，當來圓滿真無窮。婬姓本是清淨因，除婬即無淨性身，性中但自離五欲，見性刹那即是真。今生若悟頓教門，悟即眼前見世尊，若欲修行云覓佛，不知何處欲求真。若能心中自有真，有真即是成佛因，自不求真外覓佛，去覓總是大癡人。頓教法者是西流，救度世人須自修，今報世間學道者，不於此見大悠悠。

（唐）**柳宗元**《**柳宗元集**》**卷二三**《**序別・送薛存義之任序**》　韓曰：存義令永州之零陵，其去也，公序而送之。一本無之任二字。

河東薛存義將行，柳子載肉于俎，崇酒于觴，孫曰：《説文》：觶，實曰觴，虚曰觶，皆酒器。追而送之江之滸，韓曰：《詩》：在河之滸。滸，水涯。音虎。飲食之。張曰：《詩》：飲之食之。飲食，音蔭嗣。且告曰：凡吏于土者，若知其職乎？補注：若，汝也。其下受若，怠若，盗若，並同義。蓋民之役，非以役民而已也。凡民之食于土者，出其十一傭乎吏，使司平於我也。今受其直怠其事者，天下皆然。豈惟怠之，又從而盗之。向使傭一夫於家，受若直，怠若事，又盜若貨器，則必甚怒而黜罰之矣。以今天下多類此，而民莫敢肆其怒與黜罰何哉？勢不同也。勢不同而理同，如吾民何？有達于理者，得不恐而畏乎！

存義假令零陵二年矣。韓曰：零陵，永州縣名。蚤作而夜思，勤力而勞心，訟者平，賦者均，老弱無懷詐暴憎，其為不虛取直也的矣，其知恐而畏也審矣。

吾賤且辱，不得與考績幽明之說；童曰：《書》：三載攷績，三攷黜陟幽明。與，去聲。於其往也，故賞以酒肉而重之以辭。

（宋）歐陽修《歐陽修全集》卷七六《易童子問卷一》 其來甚微，聖人安靜以順其微，至其盛然後有所為也，不亦宜哉！是以聖人於此戒人之習惡而不自知，誘人於習善而不倦，故其《象》曰君子以常德行，習教事也。

（宋）歐陽修《歐陽修全集》卷七九《外制集·南劍州司理參軍李孝友責授吉州參軍制》 敕具官李孝友：不孝之罪，國有常刑。民愚無知，犯者猶鮮。況爾被儒服者，誦習六經，而背本忘親，悖理傷化。雖屢經赦宥，法欲貸汝；而汝之自視，夫亦何顏！宜屏遠方，絕而不齒。

（宋）歐陽修《歐陽修全集》卷八一《外制集·皇帝安靜軍節度使允迪可責授右監門衛大將軍制》 敕皇弟具官允迪：五刑之屬三千，其罪莫大於不孝。小民無知，犯者猶鮮。況爾燕恭肅王之子，而朕之諸弟也，宜率訓義，以迪四方。而乃忘苴麻哭泣之哀，為酣飲沉酗之佚，肆情鄙行，害於而家，達於朕聽，嗟惋無已。朕苟貸法，何以處王公之上而教天下哉！宜歸爵秩，下領屯衛。蓋寬於馭過，而欲循省其非，無蹈後悔也。

（宋）李覯《李覯集》卷二〇《廣潛書十五篇·九》 善賊者必搏人之親愛而質之，攻之則并殺，縱之則幸而生，孰忍以其貨故而血所愛也。

善贓者必誘時之貴仕而質之，飾情以為廉，借力以為勤，一鈞而得舉，則負其執而馳，攻之則連坐，縱之則幸而免，孰敢以其民故而病貴臣也。舉一人而刳剔億萬人，其罪在此不在彼也。

戒之！戒之！無為賊子所質。

（宋）李覯《李覯集》卷二〇《廣潛書十五篇·十》 故民刑於爭，吏禽於貪。豈曰不愛身？恥其不若人也。

（宋）文天祥《文山集》卷一四《宣州勸農文》 第一戒爾莫妄狀，須知官府難欺誑。從來反坐有專條，重者徒流輕者杖。

第二戒爾莫避役，既有田園那避得？今朝經漕明朝倉，到底費錢又何益？

第三戒爾莫拒追，擔刀使棒欲何為？有事到官猶可說，殺人償命悔時遲。

第四戒爾莫尤賴，故殺子孫罪名大。縱逃人禍有天刑，害人不得番自害。

第五戒爾莫奪路，做賊不休終敗露。斬斫徒配此中來，能得幾錢受此苦？

《皇明經世文編》卷一三三胡世寧《胡端敏公奏疏一·疏·知人官人疏》 一，各道分巡僉事。國初選定道分，九年方改。後因改道不常，凡遇地方難事，皆推避不理，以致豪強貪猾，任情作弊害民，地方受患。今皆宜如廣東等處事例，三年滿日，方許改道。仍須考其三年任內奸弊盜賊豪強貪猾之有無，以為殿最。本司若有進表等項公差，止於貼堂副使或分巡各道僉事內差遣。其分道三年之內，不許改差。

《皇朝經世文編》卷九〇《刑政一·刑論》張廷玉《請免濫禁慎引律疏》 國家之設監獄，原以收禁重罪之人。是以各省人犯罪重者收監，罪輕者或令人取保，或交人看守。

《世宗憲皇帝御製文集》卷三《勅諭·諭中外臣民》 自古帝王致治誡民，莫不以重農為先務。《書》陳《無逸》，先知稼穡之艱難。《詩》載《豳風》備敘田家之力作。《論語》云：百姓足，君孰與不足？《孟子》云：民事不可緩也。蓋國以民為本，民以食為天。農事者，所以承天養人，久安長治之本也。我國家撫綏寰宇，聖祖仁皇帝臨御六十餘年，深仁厚澤，休養生息，戶口日增，生齒益繁，而直省之內地不加廣。近年以來，各處皆有收成，其被水歉收者不過州縣數處耳，而米價遂覺漸貴。閩廣之間，頗有不敷之慮，望濟於鄰省良田地土之所產如舊，而民間之食指愈多。所入不足以供所出，是以米少而價昂，此亦理勢之必然者也。夫米穀為養命之寶，人既賴之以生，則當加意愛惜，而不可萌輕棄之心，且資之者眾，尤當隨時撙節，而不可縱口腹之欲。每人得省一勺，在我不覺其少，而積少成多便可多養數人。若人人如此，則所積豈不更多？所養豈不更眾乎？養生家以食少為要訣，固所以頤神養和，亦所以節用惜福也。況脾主於信，習慣便成自然。每見食少之人，其精神氣體未嘗不壯，此顯而可見者。至於各省地土其不可以種植五穀之處，則不妨種他物以取利。其可以種植五穀之處，則當視之如寶，勤加墾治，樹藝菽粟，安可舍本而逐末，棄膏腴之沃壤而變為果木之埸，廢饔飧之恒產以倖圖贏餘之利乎？至於煙葉一種，於生人日用毫無裨益，而種植必擇肥饒善地，尤為妨農之甚者也。小民較量錙銖，且但顧目前而不為久遠之計，故當圖利之時，若令其舍多取寡，棄重就輕，必非其情之所願，而地方官繩之以法，則勢有所難行，轉滋紛擾。惟在良有司勤勤懇懇，諄切勸諭，俾小民豁然醒悟，知稼穡為身命之所關，非此不能生活，而其他皆不足恃，則羣情踴躍，不待督課而皆盡力於南畝矣。

《皇朝經世文統編》卷二七《內政部一・治術》徐樾《省科條以培治本疏》　自考成之法嚴，而愛百姓之心自不勝其愛功名之心，而一味催比敲樸，戶無甯宇矣。自緝逃之法嚴，則凡有跡涉可疑及挾仇誣首，扳連無辜者，盡被搜究矣。自諱盜之法嚴，而被竊之家即受失主之累。自緝盜之法嚴，而捕盜之役竟成誣良之習矣。諸凡此類，皆由法令太嚴，遂不惜苛擾地方以圖免過。總之，上惟以法令繩有司，而欲有司以教化興起百姓，此必不得之數也。至於總督巡撫為朝廷封疆大臣，正己率屬，察吏安民，是其職掌，乃水旱盜賊何以消彌？士農工商何以綏輯？未見有所責成而終日搜求者，不過此文移之瑣屑，日月之遲速。如錢糧則藩司主之，督撫止能稽其侵那加派之弊。至於册籍錯誤，解色低潮，安能一一經手磨驗？而參罰併及之則何也？刑名則臬司主之，督撫止能察其徇枉賄賂之弊，至於限期違誤律例，疑似一經該部駁改，而參罰又及之則何也？在處督撫者詳於苛細而略於重大，而為督撫者則又將任重責大之精神材智盡耗竭於苛細之中，終日頭緒紛紜，料理部件之指摘而不暇給，何暇講求民間利害之源流，密察官吏才品之優劣，以仰副我皇上教化百姓之盛心也哉？臣請勅部議課有司，則以愛養百姓，使邑中無荒殘流離者為上攷。其餘科條概從輕省，俾其游刃有餘，多方以行其教化。臣未聞教化大行之邑而賦稅猶煩，追呼奸宄尚難清肅者也！察督撫，則以綏靖地方使水旱不侵、盜賊漸息、官吏澄清、兵民和樂者為稱職。其餘參罰各歸有司，俾其神閒氣定，先端教化之型，徐收教化之效。臣未聞能使屬員各奉教化，而猶有叢脞以累上司之參處者也！此即仰體我皇上以教化為先，不專務法令之意，實先試於有司督撫，於以坐致雍熙，克臻上理，所謂正百官以正萬民者，此之謂與！

（清）李鴻章《李文忠公全集・奏稿》卷四七《在理教請免查辦摺》　設或拏辦，難免懼罹法網入彼淵叢，而人數眾多，必致紛紛驚擾，轉於地方大局有礙。臣擬請免其拏辦，其在京城者，如情形相同，亦請免拏。仍由各地方官隨時留心查察。儻其中有為匪不法之人，或被訪聞或經告發，立即拏獲究懲。庶匪徒不致潛蹤，良民亦無擾累。

（清）劉坤一《劉坤一遺集・公牘》卷一《嚴拏訟師示》　為剴切曉諭事：

照得本部院訪聞江西各屬訟師最多，以致訟風日熾。自抵任後，每接輿呈，詳繹筆致大半相同，如出一手，其中鬼蜮伎倆，不可勝言，已經通飭各府州縣嚴密查拏在案。惟念該訟師等均係讀書明理之人，如能耐苦以圖上進，則掇巍科、登顯仕，固可有志竟成；否則教讀亦堪餬口，游幕尚可營生，何必學為刀筆作此喪心害理之事？變亂黑白，顛倒是非，為己錢財，妨人性命，蕩人產業，肥己身家，於理安乎！於心忍乎！無論國法難逃，亦且冥誅莫逭，縱使本人倖免，必致後嗣受殃。紀載報應極多，想亦各有所見。即如本部院原籍地方，向有某某號稱五虎，把持衙門，包攬詞訟，當其氣焰張甚，不獨地方人畏之，即地方官亦畏之；迨至惡貫滿盈，莫不身受非刑，或子孫落寞，有流為優娼盜賊者，至今皆引以為誡。即令不顧天良，不畏王法，不信果報，而以庠序之流，衣冠之族，因作訟師，逐日與皂隸為伍，父兄惡之，鄉黨賤之，同類羞之，苟有人心，獨無愧奮！且以錦心繡口，何難紆紫拖青；乃圖目前小利，致廢舉業，盡喪前程，清夜自思，殊屬不值，其可不自愛、不思返乎！至於各署書吏，正宜修行公門，切勿蹈此惡習。本部院於同治元年廣東臬司任內，見本衙門書吏蘇姓者兩子同科中式，而察其人碌碌無所短長，惟生平辦事勤慎，從未為人寫狀，妄要一錢。旋復聞其一子已捷南宮，可見天之報施，何分流品，亦視人之賢不肖何如耳。本部院痛恨訟師，而惜其出自讀書之人。除再飭各屬嚴拏外，合行剴切誡諭。為此仰爾等一體知悉，懍遵毋違！

（清）劉坤一《劉坤一遺集・公牘》卷二《飭臬司督屬清理詞訟劄》

為札飭速結詞訟以免延累事：

照得詞訟案件，例有定限，不容任意宕延；而各上司亦均有稽查考成，不能聽其擱案不結也。今查各州縣廳報上控、自理詞訟，往往有經年不審結，甚至數年尚未審結者，乃按季冊報，恬不為怪。即此一端，其平日之玩視民瘼，已可概見。其延案不結之由，或因該州縣性情懶惰，不即催傳；或因聽斷平常，任其狡賴；且有兩造已和不願終訟，而該州縣丁書、差役視案情之輕重，多方刁難，勒索規禮，小民力不能辦，即不准其息銷。多一日宕延，即多一日拖累。小民之脂膏有盡，隨處之譌耗無窮，不必問官司輸贏而身家破矣。況有錢者逍遙案外，到案者押詐不堪，瘐斃纍纍，而案懸如故。為民父母，何忍出此！如果各州縣盡心民事，所有准理案件，設立內號，每日親行稽查，某案某日掛批，某案某日出票，酌量遠近，勒限比催。被告同在一縣之中，何至經年催傳不到。倘係原告延不到案，即應依限註銷。而又遇案用心推敲，務得實在情節，到案秉公剖斷，自足折服其心。每三八告期，親自坐堂收受。凡遞和息呈詞，立即核卷批准，則丁書、差役無所施其伎倆。平日嚴防壅蔽，有犯必懲，若輩亦斷無不畏法之理。至於親收詞狀之時，見有事屬細微，或有衅關骨肉，無妨善為開導，俟其意解，退還原詞，是亦息事寧人化民成俗之一法。若係重大疑難之案，當即詳問情由，彼時未經訟師教熟口供，必可得其肯綮，將來有所依據，無難訊結。他如争奪山場、田土、水利，尤宜速為勘斷，免致糾纏不休，另生枝節。乃各州縣疲玩性成，自甘庸懦，以致詞訟延累，百弊叢生，殊堪痛恨，若僅籠統記過，不足示懲。本部院查定例，詞訟案件，遲延一年以上，即予降級處分，何難逐案揭參；第積習相沿，姑從寬貸。其應如何分别上控、自理兩項詞訟延宕一年以上之案各若干起，另行酌定章程，由兩司悉心妥議會詳。其有隱匿不報，及未結而捏報已結者，即照例詳請參革。合行札飭。為此札仰該司會同藩司立即遵照，迅速議詳，以憑察奪。並先録札通飭各屬查照本部院教戒事理，一體懍遵，毋得視為具文。

社會犯罪與預防分部

論説

（清）焦循《孟子正義・梁惠王章句上》曰：無恆產而有恆心者，惟士為能；若民，則無恆產，因無恆心。注：孟子為王陳其法也。恆，常也。產，生也。恆產，則民常可以生之業也。恆心，人所常有善心也。惟有學士之心者，雖窮不失道，不求苟得耳。凡民迫於飢寒，則不能守其常善之心。疏：注恆常至業也。正義曰：恆常，《爾雅・釋詁》文。服虔注《左傳》、韋昭注《國語》，皆以生訓產。《詩・谷風》既生既育，箋云：生謂財業也。《漢書・嚴助傳》云民生未復，注云：生謂生業。《大宗伯》天產謂六牲之畜，地產謂土地之性。《吕氏春秋・上農篇》高誘注云：地產，嘉穀也。然則恆產者，田里樹畜，民所恃以長養其生者也。苟無恆心，放辟邪侈，無不為已。及陷於罪，然後從而刑之，是罔民也。注：民誠無恆心，放溢辟邪，侈於姦利，犯罪觸刑，無所不為，乃就刑之，是由張羅罔以罔民者也。疏：注放溢至姦利。正義曰：《漢書・五行志》引京房《易傳》云君樂逸人茲謂放，《韋賢傳》集注引臣瓚云：逸，放也。《説文》兔部云：逸，失也。逸、泆、失、溢，音同義通，故趙氏以溢釋放，謂縱佚放蕩也。《淮南子・精神訓》而不僻矣，高誘注云：僻，邪也。《漢書・晁錯傳》云使主內無邪僻之行，《董仲舒傳》云邪僻之説息，《杜欽傳》云反因時信其邪僻，《谷永傳》云蕩滌邪僻之惡志，《佞・石顯傳》云知顯專權邪辟，辟即僻。《文選・登徒子好色賦》注云：邪，僻也。邪、辟二字可互注。趙以邪釋辟，即以辟釋邪，明辟、邪二字義同。《音義》云：侈，丁作移。阮氏元《校勘記》云：《考工記・梟氏》侈弇之所由興，注云：故書侈作移。又《儀禮・少牢篇》侈袂，又《禮記》衣服以移之，是移為侈之假借。按《禮記・表記》注云：移讀如水氾移之移，移猶廣大也。水氾移猶云水氾溢。《儀禮・少牢饋食》注：侈者，蓋半士妻之袂以益之。以益訓侈，益猶溢也。趙氏以溢釋放，則放義同侈，故侈不訓其義，而云侈於姦利。姦利二字，統承放辟邪侈而言。罔與網同。《説文》网部云：网，庖犧所結繩以漁。罔或從亡。网或從系。罔即罔羅之罔也。《音義》云：罔民，張如字。丁作司民，不同。阮氏元《校勘記》：丁本作司，讀為伺。司伺古通用。依趙注則是罔字。丁作司者，非趙本也。焉有仁人在位，罔民而可為也？注：安有仁人為君，罔陷其民，是政何可為也。是故明君制民之產，必使仰足以事父母，俯足以畜妻子，樂歲終身飽，凶年免於死亡，然後驅而之善，故民之從之也輕。注：言衣食足，知榮辱，故民從子，教化輕易也。疏：注言衣至榮辱。正義曰：《管子·牧民篇》云：倉廩實，知禮節；衣食足，知榮辱。《説苑·説叢》亦引此。注故民至易也。正義曰：《漢書·賈誼傳》集注引蘇林云：輕，易也。高誘注《吕氏春秋·知接篇》亦云：輕，易也。故趙氏以易釋輕。今也制民之產，仰不足以事父母，俯不足以畜妻子，樂歲終身苦，凶年不免於死亡，此惟救死而恐不贍，奚暇治禮義哉！注：言今民困窮，救死恐凍餓而不給，何暇修禮行義也。疏：今也至身苦。正義曰：趙氏佑《温故録》云：或問明君制民之產，如下五畝之宅云云是也。迨古法既壞，但有奪民之產，未有能制民之產者也。孟子何以於今無異辭？蓋凡古法變易之初，未嘗不託於權時制宜之説，是故齊作内政，晉作轅田，魯作丘甲，用田賦，鄭作丘賦，固皆以為制民之產也。李悝之盡地力，商鞅之開阡陌，莫不以為制民之產也。而適使民仰不足以事，俯不足以畜，為其本不從民起見也。夫彼即不為民，亦何樂使至此，而不知其必使至此也！為夫制之非其制也。後世井法，既萬無可復，限民名田之議，亦有不能行，民生田宅，一切皆民自營之，上之人聽其自勤自惰，自貧自富，自買自賣於其間，而惟征科之是計，安問所謂制民之產，民亦無取乎上之制，何也？立一法，反增一擾也。宋之營田制置諸使，其已事也。然則善長民者，又將以何為知本乎？注今民至義也。正義曰：仰不足事，俯不足畜，樂歲苦，凶年死亡，所謂困窮也。《漢書·食貨志》、《東方朔傳》、《趙充國傳》集注皆云：贍，給也。《説文》系部云：給，相足也。凶年死於凍餓，有衣食則不凍餓，可救其死，故救死者，恐凍餓也。恐凍餓而不足，尚不能免於凍餓也。治，猶理也。脩之行之，即是治禮義也。王欲行之，則盍反其本矣！五畝之宅，樹之以桑，五十者可以衣帛矣。雞豚狗彘之畜，無失其時，七十者可以食肉矣。百畝之田，勿奪其時，八口之家可以無飢矣。謹庠序之教，申之以孝悌之義，頒白者不負戴於道路矣。老者衣帛食肉，黎民不飢不寒，然而不王者，未之有也。注：其説與上同。八口之家，次上農夫也。孟子所以重言此者，乃王政之本，常生之道，故為齊梁之君，各具陳之。當章究義，不嫌其重也。流：注其説至重也。正義曰：此節與第三章末節同。但彼言數口，此言八口；彼言七十者，此言老者，故趙氏以次上農夫解之。雖隨意立文，然以老者與七十者互明，謂不獨七十，凡六十及八十以上例此也。以八口與數口互明，謂不獨八口，凡九人及七人以下例此也。王政即仁政，常生即恆產，上兩言反其本，至此詳言之，故云王政之本，常生之道也。《列子·天瑞篇》云：常生常化者，無時不生，無時不化。義各異而大指則同。

（清）焦循《孟子正義·告子章句上》

孟子曰：富歲子弟多賴，凶歲子弟多暴，非天之降才爾殊也，其所以陷溺其心者然也。注：富歲，豐年也。凶歲，飢饉也。子弟，凡人之子弟也。賴，善。暴，惡也。非天降下才性與之異，以飢寒之阨，陷溺其心，使為惡者也。疏：注富歲豐年也。正義曰：《論語·顔淵篇》富哉言乎，集解引孔安國云：富，盛也。《吕氏春秋·當染篇》弟子彌豐，高誘注云：豐，盛也。是富即豐也，故富歲為豐年。注賴善。正義曰：《吕氏春秋·離俗篇》苟可得已，則必不之賴，高銹注云：賴，利也。一曰善也。段氏玉裁《説文解字注》云：贏，賈有餘利也。賴，贏也。《高帝紀》始大人常以臣無賴，應劭曰：賴者，恃也。晉灼曰：許慎曰：賴，利也。無利入於家也。或曰：江淮之間謂小兒多詐狡獪為亡賴。按今人云無賴者，謂其無衣食致然耳。《方言》云：賴，讎也。南楚之外曰賴。賴，取也。王氏念孫《廣雅疏證》云：《衛策》云：為魏則善，為秦則不賴矣。《小雅·采菽篇》亦是戾矣，毛傳云：戾，至也。正義云：明王之德能如此，亦是至美矣。鄭注《桼誓》云：至，猶善也。是戾與善同義。又鄭注《大學》云：戾之言利也。利與善義亦相近，故利謂之戾，亦謂之賴。善謂之賴，亦謂之戾。戾、賴語之轉耳。阮氏元云：富歲子弟多賴，賴即嬾。按《説文》女部云：嬾，懈也。從女，賴聲。一曰餐也。具部云：賴，贏也。從貝，剌聲。《禮記·月令》云不可以贏，注云：贏，猶解也。解即懈。贏，賴、解同義。然則富歲子弟多賴，謂其粒米狼戾，民多懈怠。《月令》不可以贏，即是不可以嬾。而子弟多賴，即是子弟多懈也。賴與暴俱是陷溺其心。若謂豐年多善，凶年多惡，未聞温飽之家皆由禮者矣。阮氏説是也。注非天至惡者也。正義曰：戴氏震《孟子字義疏證》云：才者，人與百物各如其性以為形質，而知能遂區以別焉，孟子所謂天之降才是也。氣化生人生物，據其限於所分而言謂之命，據其為人物之本始而言謂之性，據其體質而言謂之才。由成性各殊，故才質亦殊。才質者，性之所呈也。舍才質安覩所謂性哉？以人物譬之器，才則其器之質也，分於陰陽五行而成性各殊，則才質因之而殊。猶金錫之在冶，冶金以為器，則其器金也；冶錫以為器，則其器錫也；品物之不同如是矣。從而察之，金錫之精良與否，其器之為質，一如乎所冶之金錫，一類之中又復不同如是矣。為金為錫，及其金錫之精良與否，性之喻也。其分於五金之中，而器之所以為器即於是乎限，命之喻也。就器而別之，孰金孰錫，孰精良與孰否，才之喻也。故才之美惡，於性無所增，亦無所損。夫金錫之為器，一成而不變者也。人又進乎是。自聖人而下，其等差凡幾？或疑人之才非盡精良矣，而不然也。猶金之五品，而黃金爲貴，雖其不美者，莫與之比貴也，況乎人皆可以為賢為聖也！後儒以不善歸氣稟，孟子所謂性，所謂才，皆言乎氣稟而已矣。

其稟受之全，則性也。其體質之全，則才也。稟受之全，無可據以為言，如桃杏之性，全於核中之白，形色臭味無一弗具，而無可見，及萌芽甲坼，根幹枝葉，桃與杏各殊，由是為華為實，形色臭味無不區以別者，雖性則然，皆據才見之耳。成是性，斯為是才。別而言之，曰命，曰性，曰才；合而言之，是謂天性。故孟子曰：形色，天性也。惟聖人然後可以踐形。人物成性不同，故形色各殊。人之形，官器利用大遠乎物，然而於人之道不能無失，是不踐此形也。猶言之而形不逮，是不踐此言也。踐形之與盡性盡其才，其義一也。趙氏以與之異釋爾殊，蓋以爾字為助詞，與之異但釋殊字也。王氏引之《經傳釋詞》云：爾，猶如此也。非天之降才爾殊也，言非天之降才如此其異也。凡後人言不爾乃爾果爾聊復爾耳者，並與此同義。

《章指》言：人稟性俱有好憎，耳目口心，所悦者同，或為君子，或為小人，猶麰麥不齊，雨露使然也。孟子言是，所以勗而進之。疏：人稟性俱有好憎。正義曰：好憎即好惡。孟子以悦心悦口言性，悦即是好。趙氏兼言好惡，好惡，情也。仍申明可為善之義也。凌氏延堪《好惡説》云：人之性受於天，目能視則為色，耳能聽則為聲，口能食則為味，而好惡實基於此。《大學》言好惡，《中庸》申之以喜怒哀樂，蓋好極則生喜，又極則為樂；惡極則生怒，又極則為哀；過則佚於情，反則失其性矣。性者，好惡二端而已。《大學》云：好人之所惡，惡人之所好，是謂拂人之性。然則人性初不外乎好惡也。受亦好也，故正心之忿懥、恐懼、好樂、憂患，齊家之親愛、賤惡、畏敬、哀矜、敖惰，皆不離乎人情也。《大學》性字，祇此一見，即好惡也。《左傳》昭公二十五年太叔對趙簡子曰：天地之經，而民實則之。則天之明，因地之性，生其六氣，用其五行。氣為五味，發為五色，章為五聲，淫則昏亂，民失其性。此言性，即食味、別聲、被色者也。又云：是故審行信令，禍福賞罰，以制死生。生，好物也。死，惡物也。好物，樂也。惡物，哀也。哀樂不失，乃能協於天地之性，是以長久。蓋喜怒哀樂，皆由好惡而生，好惡正，則協於天地之性矣。

（清）焦循《孟子正義·盡心章句上》 孟子曰：人不可以無恥，注：人不可以無所羞恥也，《論語》曰行己有恥。疏：注人不至有恥。正義曰：《國語·周語》云姦禮為羞，注云：羞，恥也。《説文》心部云：恥，辱也。《禮記·緇衣》云惟口啟羞，或承之羞，注並云：羞，猶辱也。故下注以辱釋恥，此以羞釋恥也。引《論語》在《子路篇》第十三。集解引孔氏云：有恥，有所不爲也。無恥之恥，無恥矣。注：人能恥己之無所恥，是為改行從善之人，終身無復有恥辱之累也。疏：注人能至累也。正義曰：無恥二字，承上無恥，則無恥即謂無所羞恥也。無所羞恥而之於恥，是改無恥為恥。【略】

孟子曰：恥之於人大矣！為機變之巧者，無所用耻焉。注：恥者，為不正之道，正人之所恥為也。今造機變穽陷之巧以攻戰者，非古之正道也，取為一切可勝敵也，宜無以錯於廉恥之心。疏：注恥者至之心。正義曰：《易·彖傳》每以正大連言，大之義為長，正之義亦為長。趙氏以大之義近於正，恥之於人大矣，猶云耻之於人正矣，故云正人之所耻為。《章指》云：不慕大人，何能有耻。固以正人為大人矣。正人之所耻，必是不正，故云為不正之道，正人之所耻為也。【略】此云一切可勝敵，謂權時取勝敵而已，不計正不正也。正人既以不正為恥，此非古之正道而苟且為之，是不以不正為恥，非正人矣，故云宜無錯於廉恥之心。《音義》云：錯，音措。《説文》手部云：措，置也。近時通解機變謂機械變詐。按《淮南子·原道訓》云故機械之心藏於胸中，高誘注云：機械，巧詐也。是不必指攻戰言之。不恥不若人，何若人有。注：不恥不如古之聖人，何有如賢人之名也。疏：注不恥至名也。正義曰：阮氏元《校勘記》云：注意謂取法乎上，乃得乎中也。閩、監、毛三本聖人、賢人並作聖賢。

又： 孟子曰：霸者之民，驩虞如也。王者之民，皞皞如也。殺之而不怨，利之而不庸，民日遷善而不知為之者。注：霸者行善恤民，恩澤暴見易知，故民驩虞樂之也。王者道大法天，浩浩而德難見也。殺非不教，故殺之人不怨也。庸，功也。利之使趨時而農，六畜繁息，無凍餒之老，而民不知猶是王者之功。脩其庠序之教，使日遷善，亦不能覺知誰為之者。言化大也。疏：【略】夫君子所過者化，所存者神，上下與天地同流，豈曰小補之哉！注：君子通於聖人，聖人如天，過此世能化之，存在此國，其化如神，故言與天地同流也。天地化物，歲成其功，豈曰使成人知其小補益也。疏：注君子至益也。正義曰：君子為聖賢之通稱，故云通於聖人。《法言·道術篇》云：樂道者謂之君子。《禮記·哀公問》云：君子者，人之成名也。《易·上繫傳》云是故君子所居而安者，虞翻注云：君子，謂文王是也。隱公六年《公羊傳》云首時過則書，何休注云：過，歷也。過此世，謂生於此世也。存在此國，以在釋存也。過以世，言別生死也。存以國，言判彼此也。如堯舜生唐虞，則唐虞之民皆化；孔子在魯國，則魯國三月大治。成人詳見前。閩、監、毛三本無成字。《音義》云：陸云：言君子所過人者在於政化，存其身者在於神明。此與趙氏義異。按《易·序卦傳》云：不養則不可動，故受之以大過。有其信者必行之，故受之以小過。過之義為動為行，所過者化，猶云所行者化也，所動者化也。行動著於外，存者運於中，所行動者，民即變化，由於所存者神也。民日遷善為化，不知為之者則神也。《易·下繫傳》云：黄帝氏没，堯舜氏作，通其變，使民不倦；神而化之，使民宜之。所過者化，所存者神，神而化之也。能通其變為權，霸者亦知乘時運用，以得人心，而遠乎聖人之道者，未能神而化也。大而化之之謂聖，聖而不可知之之謂神，神化者，通其變而民不知也。殺之威刑也，利之善政也，惟聖人有所裁成輔相於威刑善政之中，即有所盈虛消息於威刑善政之外，此全繫乎一心之運用。所謂脩己以敬，所謂篤恭而天下平，所謂為政以德，所謂無為而治，恭己正南面，所謂執其兩端，用其中於民，所謂惟天為大，惟堯則之，蕩蕩乎民無能名焉，皆以言乎所存者神也。威刑善政，則所行所動也。民日遷善，化也。不怨不庸，由所存者神而不知為之也。所過有定，而所存無定。夫行而無定者，水流也。故云與天地同流。天地變化，人不可知；聖人成天地之能，人亦不可知。不可知，故不可使知之；民日遷善，則可使由之也。《說文》衣部云：補，完衣也。完，全也。衣有不全，補全之則必有所增益，故補之義為益。《荀子・臣道篇》云事暴君者有補削，無撟拂，楊倞注云：補謂彌縫其闕。僖公二十六年《左傳》：展喜對齊侯曰：桓公是以糾合諸侯，而謀其不協，彌縫其闕，而匡救其災。然則小補謂霸者之民所由驩虞也。有闕則望補者切，有災則思救者殷，而彌縫之，匡救之，恩澤暴見，民所以樂也。王者裁成輔相，則不待其闕而先默運之，不使有闕；不待其災而豫防禦之，不使有災：此所以神，所以不知，且補闕者，益於此或損乎彼，支於左或詘於右，一利興而一害即由此起，故為小補。王者之治，德施於普，變化於微，天下受其福而無能名，誠如天之元氣，皞皞而無已也。《荀子・議兵篇》云：仁人之兵，所存者神，所過者化。楊倞注云：所存止之處，畏之如神；所過往之國，無不從化。此別一義，與《孟子》語同而指異。

《章指》言：王政皞皞，與天地同道；霸者德小，民人速覩：是以賢者志其大者也。

（清）焦循《孟子正義・盡心章句下》　孟子曰：吾今而後知殺人親之重也。殺人之父，人亦殺其父；殺人之兄，人亦殺其兄：然則非自殺之也，一間耳！注：父仇不同天，兄仇不同國，以惡加人，人必加之，知其重也。一間者，我往彼來，間一人耳。與自殺其親何異哉。疏：注父仇不同天兄仇不同國。正義曰：《大戴記・曾子制言》上云：父母之讎，不與同生；兄弟之讎，不與聚國。《禮記・檀弓》云：子夏問於孔子曰：居父母之仇如之何？夫子曰：寢苫枕干，不仕，弗與共天下也。遇諸市朝，不反兵而鬭。曰：請問居昆弟之仇如之何？曰：仕，弗與共國。銜君命而使，雖遇之，不鬭。阮氏元《曾子注釋》云：居仇之説，《檀弓》、《曲禮》、《周官・地官・調人》及此曾子所言，互有異同。然《周禮》、孔子、曾子之言，三者同義，惟《曲禮》錯出，不可從。《周禮・調人》云：凡過而殺傷人者，以民成之。凡和難，父之仇辟諸海外，兄弟之仇辟諸千里之外。此專言過殺，非本意殺，故調人得以使之遠避平成之。與孔、曾所言有意辱殺之讎不同。又《調人》曰凡殺人有反殺者，使邦國交讎之者，此言謀殺一人，恐此人子弟報仇，因復殺其子弟也。又《調人》曰凡殺人而義者，不同國，令勿讎，讎之則死者，此謂殺其謀殺君父之人為義，其殺人君父之人之父兄子弟不得再以此人為仇，仇之則罪當死也。故《周禮》與孔、曾合，以為不合者，誤解之耳。若《曲禮》言兄弟之讎不反兵，交遊之讎不同國，及《公羊》復百世之讎，則太過，不合聖賢之道矣。趙氏言此者，不同天、不同國，可知其必報，故云以惡加人，人必加之。其情重大，非可平成之者也。《列子・天瑞篇》釋文云間，隔也。間一人，猶云隔一人也。翟氏灝《考異》云：《墨子・兼愛篇》：我先從事乎惡人之親，人能報我以愛利吾親乎？必先從事乎愛利人之親，然後人報我以愛利吾親也。此言略與孟子言似。然孟子特戒人惡害人父兄已耳，不必定愛利之也。故儒墨之言，大要在有無差等之別。

《章指》言：恕以行仁，遠禍之端。暴以殘民，招咎之患。是以君子好生惡殺，反諸身也。

又：孟子曰：人皆有所不忍，達之於其所忍，仁也。注：人皆有所愛，不忍加惡，推之以通於所不愛，皆令被德，此仁人也。疏：人皆至仁也。正義曰：近時通解所不忍即下無害人之心。人皆有所不為，達之於其所為，義也。注：人皆有不喜為，謂貧賤也。通之於其所喜為，謂富貴也。抑情止欲，使若所不喜為，此者義人也。疏：人皆至義也。正義曰：近時通解所不為即下無穿踰之心。注此者義人也。正義曰：者字疑羨。人能充無欲害人之心，而仁不可勝用也。注：人皆有不害人之心，能充大之以為仁，仁不可勝用也。疏：注能充大之。正義曰：《呂氏春秋・必己篇》禍充天地，高誘注云：充，猶大也。人能充無穿踰之心，而義不可勝用也。注：穿牆踰屋，姦利之心也。人既無此心，能充大之以為義，義不可勝用也。疏：穿踰。正義曰：閩、監、毛三本此作穿窬，下穿踰之類作穿踰。宋本、孔本、韓本皆作踰。《說文》穴部云：窬，穿木户也。辵部云：逾，戉進也。逾即踰，窬、踰二字本異。《禮記・儒行》蓽門圭窬，注云：圭窬，門旁窬也。穿牆為之如圭矣。圭窬即《左傳》之圭竇，故徐氏音豆，即讀窬為竇也。其實竇、窬義皆為空而字不同，窬自音臾耳。趙氏云穿牆踰屋，則自為踰越之踰。《論語・陽貨篇》云其猶穿窬之盜也與，集解引孔氏云：穿，穿壁也。窬，窬牆也。《釋文》云：踰，本又作窬。然則《釋文・論語》本作穿踰，是《論語》之穿窬與《孟子》之穿踰一也。或借窬為踰，故有作穿窬者，其實皆穿踰也。人能充無受爾汝之實，無所往而不為義也。注：爾汝之實，德行可輕賤人所爾汝者也。既不見輕賤，不為人所爾汝，能充大而以自行，所至皆可以為義也。疏：注爾汝至義也。正義曰：爾汝，為尊於卑、上於下之通稱。卑下者自安而受之，所謂實也。無德行者為有德行者所輕賤，亦自安而受之，亦所謂實也。蓋假借爾汝為輕賤，受爾汝之實，即受輕賤之實，故云德行可輕賤人所爾汝者也。非謂德行可輕賤專在稱謂之爾汝也。既實有當受之實，自不能不受。經言無受者，自勉於德行，不為人所輕賤也，故云既不為輕賤，不為人所爾汝。德行已高，自不為人所輕賤；猶分位已尊，自不為人所爾汝。非謂有可受之實而強項不受之也，謂恥有此不得不受之實而勉以去之也。但德行無窮，非僅免人輕賤而已，故又須充大之，使不獨不為人輕賤，凡身所至，無非義之所至，斯為自強不息之道也，《毛詩·秦風·無衣篇》與子偕行，傳云：行，往也。《禮記·樂記》云樂至則無怨，禮至則無爭，注云：至，猶達也，行也。趙氏以自行釋往字，以所至申上達字，自行所至，皆可以為義，即是無所往而不達於義也。《荀子·解蔽篇》云：偷則自行。又云：心者，出令而無所受令，自禁也，自使也，自奪也，自取也，自行也，自止也。自行，謂任心所欲行，無有禁止。士未可以言而言，是以言餂之也。可以言而不言，是以不言餂之也。是皆穿踰之類也。注：餂，取也。人之為士者，見尊貴者未可與言而強與之言，欲以言取之也，是失言也。見可與言者而不與之言，不知賢人可與之言，而反欲以不言取之，是失人也。是皆趨利入邪無知之人，故曰穿踰之類也。【略】注：人之至類也。正義曰：失言、失人，本之論語《衛靈公篇》。但彼之咎止於不智，故云智者不失人，亦不失言。此以言餂以不言餂，是以儇巧刺取人意，心術隱伏，以竊取人情，與竊人物無異，故云是皆穿踰之類。一不智，一巧智，兩者正相反。然趨利入邪，亦終是無知而已。穿踰，人所恥而不為，以言不言餂，人所甘於為，而且自詡以為得計者，由不知此即穿踰之類，宜充而達之者也。充無穿踰之心，而不以言餂，不以不言餂，則庶幾能勉進於義，而不為人所輕賤矣。前節意已結，此又申明充無穿踰之心如是也。

《漢書》卷四八《賈誼傳》　一人耕之，十人聚而食之，欲天下亡飢不可得也。飢寒切於民之肌膚，欲其亡為姦邪，不可得也。

《宋史》卷一七六《食貨志上四》　於是黯復上奏曰：臣嘗判尚書刑部，見天下歲斷死刑多至四千餘人，其間盜賊率十六七，蓋愚民迫於饑寒，因之水旱，枉陷重辟。故臣請復民社義倉，以備凶歲。今諸路所陳，類皆妄議。若謂賦稅之外兩重供輸，則義倉之意，乃教民儲積以備水旱，官為立法，非以自利，行之既久，民必樂輸。若謂恐招盜賊，盜賊利在輕貨，不在粟麥，今鄉村富室有貯粟數萬石者，不聞有劫掠之虞。且盜賊之起，本由貧困。臣建此議，欲使民有貯積，雖遇水旱，不憂乏食，則人人自愛而重犯法，此正消除盜賊之原也。若謂有常平足以振給，則常平之設，蓋以準平穀價，使無甚貴甚賤之傷。或遇凶饑，發以振捄，既已失其本意，而費又出公帑，今國用頗乏，所蓄不厚。近歲非無常平，小有水旱，輒流離餓莩，起為盜賊，則是常平果不足仰以振給也。若謂置倉廩，斂材木，恐有煩擾，則今州縣修治郵傳驛舍，皆斂於民，豈於義倉獨畏煩擾？人情可與樂成，不可與謀始，願自朝廷斷而行之。

（宋）李燾《續資治通鑑長編》卷一四三《宋仁宗慶曆三年》　歐陽修言：臣聞兩漢之法，凡盜賊並起、人民流亡、天文災異，如此等事，皆責三公，或被誅戮，或行黜放。今幸朝廷仁聖寬慈，大臣偶免重責，而猶忘忽禍患，偷習因循，此臣所謂大臣不肯峻國法以繩官吏，蓋由陛下不以威刑責其大臣者也。今見在賊已如此，後來賊必更多，若不早圖，恐難後悔。臣計方今禦盜者不過四事：一曰州郡置兵為備；二曰選捕盜之官；三曰明賞罰之法；四曰去冗官，用良吏，以撫疲民，使不起為盜。

又：臣聞德惟善政，政在養民，此言聖人之德，惟在善政，善政之要，惟在養民，養民之政，必先務農。農政既修，則衣食足，衣食足則愛膚體，愛膚體則畏刑罰，畏刑罰則寇盜自息，禍亂不興。

（宋）李燾《續資治通鑑長編》卷一四五《宋仁宗慶曆三年》　諫官歐陽修言：臣竊見近日盜賊縱横，張海等二三百人未能敗滅，光州軍宣毅卒又二三百人作亂。臣謂朝廷致得盜賊如是者，不惟中外無備，蓋由威令不行。昨王倫賊殺主將，自置官稱，著黃衣，改年號，事狀如此，乃是反賊，使其不敗，為患如何！既敗之後，不誅家族。凡小人作事，亦須先計，成則獲大利，不成則無大禍，有利無害，誰不欲反？只如淮南一帶官吏與王倫飲宴，率民金帛獻送，開門納賊，道左參迎，苟有國法，豈敢如此？而往來取勘，已及半年，未能斷遣。古者稱罰不踰時，所以威激士衆，今遲緩如此，誰有懼心？遂致張海等，官吏依前迎奉，順陽縣令李正已延賊飲宴，宿於縣廳，恣其劫掠，鼓樂送出城外。其人敢如此者，蓋為不奉賊則死，不奉朝廷則不死，所以畏賊過如畏國法。臣恐朝廷威令，從此遂弱，盜賊凶勢，從此轉強。臣聞刑期無刑，殺以止殺，寬猛相濟，用各有時。伏望陛下勿採迂懦所説婦人女子之仁，尚行小惠，以誤大事。其宣毅兵士，必有家族，伏乞盡戮於光化市中，使遠近聞之悚畏，以止續起之賊。其正已仍聞已有臺憲上言，亦乞斬於鄧州，使京西一路官吏聞之畏恐，知國法尚存，不敢奉賊。從來只被迂懦之人，因循不斷，誤陛下事，壞得天下事。勢已如此，不可更循舊弊，武怒威斷，惟陛下力行之。

（宋）李燾《續資治通鑑長編》卷二二七《宋神宗熙寧四年》　密副使吴充言：竊見在京及諸路州軍斷配軍民，其中多為寒餒所迫，冒犯刑辟，竄伏他所，或遇冬寒上道，被創露肌膚，得活者十無一二。國家緣情立法，重輕具有常科，苟元犯止於配流，而必置之死地，殆非聖朝好生、欽寛庶獄之意。欲乞自今雜犯配軍所坐不至巨蠹者，每遇十一月後斷刺訖，且留本處工役，至二月即遞送所配州軍。其已配未發，遇恩降，鎪依元斷。如願便之配所者，亦聽。首獲逃軍，當遞還本所者，準此。從之。舊紀書詔罪人遇冬流配者，至中春乃遣。新紀因之。

（宋）李燾《續資治通鑑長編》卷四二一《宋哲宗元祐四年》 又言：復見回河之役，至今未降寢罷指揮，臣已兩具劄子，陳述利害甚明，朝廷執而未允。臣以謂縱令有可復之勢，在今日猶為未宜，況決無成功之理？常聞唐太宗欲封禪，魏徵以為不可，曰：且借喻於人，人有十年長患，病治方愈，便欲令負米一石，日行百里，必不可得。今舉大役，夫力之衆，必出於民，靈平之役，嘗起六七路民夫，況今修千里隄防，截大河使歸故處，不知幾路民夫，若干物料可以濟用。河北、京東皆殍亡之餘，京西、淮南悉窮空之後，今來方被德澤，稍有生意，一旦以無功之役，耗其財力，自古亂亡，必因盜賊，盜賊所起，必由疲敝民力，秦長城、隋伐遼是也。伏望陛下奮以獨斷，降旨寢罷，無貽後患。常作中丞在三年九月十六日，言此當是九月末，十月間。既不得其時，因罷回河乃附此，仍著先是字，更徐考之。

（宋）李心傳《建炎以來繫年要録》卷四九《紹興元年辛亥十一月甲午朔之壬戌》 言者論浙西科斂之害，以為均買度牒。勸諭告官：下戶貧民俱已困乏不支，糴錢強令輸粟，號曰均糴。又別立一名曰借糴。當此艱食，方時大旱，而官吏於常賦均糴之外，復計頃畝，以月科敷，既均度牒矣。又敷修城木，木未及輸，復敷麻皮，又敷牛皮羊皮，又敷糯米，則農末之病，殆不聊生，將鬻田而償，則孰肯受者？將棄之而遁，則質其妻孥，錮其婢僕。其他郡邑，大抵類是。上下相蒙，名曰健吏。暴虐若此，民其無所措手足矣。若此等事，雖非陛下之意，然所以科敷者，必以朝廷為名，是利歸於貪吏，而怨歸於陛下矣。若今盜賊幾半天下，豈天下之人皆跖之徒哉！實三吳失業之良民，不聊生之赤子也。陛下試遣有司執一人而問之，曰：若何為盜？其必有説也。願詔重科敷之罪，嚴貪墨之法，指天誓日，示以必行，庶幾人心未叛，天命未改。疏入，詔本路漕司究實聞奏。

（宋）徐夢莘《三朝北盟會編》卷一八二《炎興下帙》 准尚書省劄子：奉聖旨刪修什一税法。今檢點前後指揮，削去繁冗類成條式共三十件，並隨法申明二十二件。竊惟夏后氏五十而貢，殷人七十而助，周人百畝而徹，其實皆什一也。龍子謂莫善于助，莫不善于貢。貢者，校數歲之中以爲常。樂歲，粒米狼戾，多取之而不爲虐，則寡取之；凶年，糞其田而不足，則必取盈焉。以此見三代皆行什一之法，又無若助之善者。周之衰亂，已不能守。秦漢而降，隨時更變，其間雖或輕于什一，而取税更雜，貢賦之類，其目亦繁，獘亦隨生。所以仲長統極言其獘。今通肥磽之率，計稽之入斛，取一斗米為甚多，一歲之間，有數年之儲。不拘大法，覘為甚輕，及一方有警，一面被灾，坐視戰士之蔬食，彌望餓莩之滿道，如之何為君？行政惟唐租庸調法，為近古貞觀之際，行法甚備，其後稍紛更之，率變其法，總無名之賦，立為定規，名曰兩税法。陸贄嘗言兩税新制，耗竭編氓，日日滋甚。是時行之未久，而其獘亦已如此。迨宋之季世，遂為民之大蠹，權要豪右之家交通州縣，欺侮愚弱，恃其高貲，擇利兼併，售必膏腴，減前税法，至有入其田宅而不承其税者。貧民下戶急于貿易俛首聽之，間有陳詞官吏附勢不能推剖。至有田宅已盡，而税籍猶在者，監錮拘囚至於賣妻鬻子，死徙而後已。官司攤逃戶之賦，則牽連邑里，歲使代輸，無有窮已。折變之法，小折大折名曰實直，巧詐欺民，十倍掊取，舍其所有而責其所無，至于檢灾之蠲，放分數方田高下之土色不公不實，率皆大姓享其利而小民被其害。暴君污吏貪虐相資，誅求百出。朝行寛大之詔，夕下剝削之令，元元窮蹙，羣起為盜。滅亡之由可為龜鑑者。魯哀以年饑，二猶不足，問于孔子之高弟有若，有若對曰：盍徹乎？又曰：百姓足，君孰與不足。則見什一仍足，百姓之法，不可加重也。白圭欲二十而取一，孟子對：以子之道，貉道也。又曰：欲輕之于堯舜之道者，大貉小貉。則見什一，乃堯舜之道，不可以輕加也。自古在上能行治民之道者，無若堯、舜、夏、商、周，在下能知治民之道者，無若孔孟之徒。其所行所言皆如此，則後世天下國家以安生靈為意者，其可忽諸。《春秋公羊傳》曰：什一者，天下之中正。什一行而頌聲作，豈傷其法，廢而不復，故諄言之，以示後世歟。恭惟陛下受天明命，拯民于塗炭之中，慈儉勤勞，務革貪饕為良，化呻吟來謳歌。爰自節制諸路深監前弊，而欲盡革之，乃酌古先帝王聖賢所行所言。什一之稅多寡升降，官不定籍，唯據民所供歲入之實數自供，若能實，他弊無自生。無田不井與助法同賢，于夏后之貢遠矣，所以張太平之紀綱，立聖化之基址。行之數年，稍得法意者，公私兼利，獨豪右權要不逞之徒，病其不能容奸。因州縣奉行間有乖方，或煩苛，或滅裂，致百姓之疑惑厭苦者，乘之肆為浮言，力圖沮壞。按周制，田不耕，宅不毛，民無職事者，罰以里布、屋粟。夫家之征，今法請佃官田兩料之後，無許虛占不耕，妨人請佃者。今此輸稅議者，乃非之以為太刻，按律應輸課稅及入官之物，而迴避詐匿不補，計所闕准盜論。

《遼史》卷一〇三《文學傳上・蕭韓家奴》 臣又聞，自昔有國家者，不能無盜。比年以來，羣黎凋弊，利於剽竊，良民往往化為凶暴。甚者殺人無忌，至有亡命山澤，基亂首禍。所謂民以困窮，皆為盜賊者，誠如聖慮。今欲芟夷本根，願陛下輕徭省役，使民務農。衣食既足，安習教化，而重犯法，則民趨禮義，刑罰罕用矣。臣聞唐太宗問羣臣治盜之方，皆曰：嚴刑峻法。太宗笑曰，寇盜所以滋者，由賦斂無度，民不聊生。今朕內省嗜欲，外罷游幸，使海內安靜，則冠盜自止。由此觀之，寇盜多寡，皆由衣食豐儉，徭役重輕耳。

《明宣宗實録》卷三七《宣德三年二月》 〔乙亥〕上退朝，御文華殿謂侍臣曰：朕觀先王治民，有本有末。制田里以給衣食，設學校以明教化。不幸而有頑慝者，然後刑之。蓋非得已，不然則無以安善良，然觀肉刑亦過於慘。侍臣曰：古人用肉刑，故人人自愛而重犯法。至漢文帝除之，自是人輕冒法。上曰：古人教民之道周備，故犯法者少，後世教民之道不至，故犯法者多。未必係於肉刑之存否。舜法有流宥金贖，而四凶之罪止於流放竄殛。可見當時被肉刑者，必皆重罪。況漢承秦敝，挾書有律，若概用肉刑，民受傷殘者多矣。以不教之民而遽斷其支體，刻其肌膚，亦所不忍。隋唐以後，以笞、杖、徒、流、死為五刑，亦良法也。又曰：文帝除肉刑，唐太宗觀《明堂鍼灸圖》禁鞭背，皆後世仁政。文帝培植漢之國脉，太宗肇啓唐祚，享國長久有以哉。

《大誥・民不知報》 民有不知其報，而恬然享福，絶無感激之心。因不知其報，不知其感激，一日天災人禍並至，茫然無知其由，憂愁滿室，抱怨横嗟，孰不知不知其報而若是耶。且以社稷言之，古先哲王立壇以祀之，嚴恭祗奉，未敢有怠，何也？蓋社，五土之神；稷，五穀之神。五土發生五穀，為民立命，天子不能遍祭於天下，則諸有司立壇所在而祭之。又立大社、大稷於雉闕之右，與廟相對，親之也。所以春祭於社，祈嘉穀之生成，秋之祀，是報成也。凡良民造理者，居一方一隅，食土之利，不拘多少，其心日欲報之。其誠何施，以其社稷立命之恩大，比猶父母，雖報無極。良民有此念者，家道不興鮮矣。方今九州之民，有田連數萬畝者，有千畝之下至於百十畝者，甘於利其利，而不知其報者多矣。然而未嘗不為富破其家資以保其富。嗚呼！至此之際，怒貫神人，天災人禍由是。所以破家資，不過賄賂有司，君差不當，小民靠損，所以不知其報在此也。若欲展誠以報社稷，為君之民，君一有令，其趨事赴功，一應差稅，無不應當。若此之誠，食地之利，立命之恩，斯報矣。咸云：君養民，果將何以育之？君之服食，皆民所供，衣食既係民供，果何養民哉？然君之養民，五教五刑焉。去五教五刑而民生者，未之有也。所以五教育民之安，曰：父子有親，君臣有義，夫婦有別，長幼有序，朋友有信。五教既興，無有不安者也。民有不循斯教者，父子不親，君臣不義，夫婦無別，長幼不序，朋友不信，強必凌弱，衆必暴寡，鰥寡孤獨，篤廢殘疾，何有之有焉。既不能有，其有命何存焉。凡有此者，五刑以加焉。五刑既示，奸頑斂跡，鰥寡孤獨，篤廢殘疾，力弱富豪，安其安，有其有，無有敢犯者，養民之道斯矣。今之頑民，罔知立命之由，妄破家資，買囑官吏，故犯憲章，身亡家破，由人神之監見也。百祥百殃，信矣哉。

《大誥續編・刑獄》 所在官於司獄，役於獄典、獄卒者，曩古役是者，機秘而理焉。所以機之幽微，其在禁者，皆自招其禍而至刑，非善之善者也。雖罪有輕重，其獄情外不得而知之者，以其輕重同牢，若一囚事泄，闔獄之情露矣。先王之治獄也，使幽其情，令囚內外憂之。嗚呼！囚體深遠，外而父母妻子不得而易見者也，內而囚心懸望，欲眷屬之語，何由而至耶。雖隔壁不聞其音，對門無復可語。間出獄外，遙見眷屬，豈若路人。嗚呼！聖人之治良哉。云何？為先王之制，此刑此法，頓民之頑心。罪輕者，異日與決之後，囚獲生歸，眷屬以謂死者復生，妻子又諫，父母兄長誡，昔友者勸，皆訴獄之幽情，機秘之狀，由是而良心發見，因亦為是而云繫獄之不易也。所以先王舉此制，而司獄、獄典、獄卒奉行毋怠，所以囹圄長空。今之主典者不然，內外情通，教囚翻異，刑具顛倒臨人。所以顛倒臨人者，應柙而枷，應枷而鎖，應杻而脱去，應鎖而不鎖；非柙而柙，非枷而枷，非鎖而鎖，非杻而杻。為何？為欲財也。嗚呼！囚犯五刑，至獄之日，畏此刑具，方嗟前日之非，豈無自新之為，雖有此心，悔之晚矣。神魂惶惶，夢寐恍惚，終不得而免，甚矣哉懼乎。其為司獄、獄典、獄卒，不覩是囚之貌態，不度囚之憂心，又不以己推之，是致囚買生而離死。其主典者見利忘害，徑受財而趨死焉。所以趨死者，教囚翻異，接受贓私，縱囚自在，走泄獄情，縱囚在逃，令服毒藥，獄殺囚徒。所以今之獄囚，輕重顛倒，犯者相繼，囹圄不得而虚也。嗚呼！囚畏死而貪生，罄家資以賄賂，主典貪財，致身亡而覆姓。吁！是詔一出，不奉朕命仍復為之，世將焉治？

（明）王守仁《十家牌法》　陳龍正論曰：南贛盗賊多起於奸細。先生獲其大首一人，遂知要領，此牌乃窮奸細之良法也。或曰：是法也，齊之以刑乎？齊之以禮乎？曰：皆具。曰：不已繁乎？曰：後世繁文縟貌，無益民生者多矣。習而行之，不以為繁，顧于坊民，教民之道。耳目所不經見聞，則以為煩民而多事。夫所謂多事者，不過有三，勞民筋骨也，費民財力也，妨民工課也。然保甲行，而一家之勞，九家逸矣。一日之勞，九日逸矣，則不勞孰如之？平居出膏火酒食之費，臨事無破家蕩産之虞，不費孰如之？每日以其餘晷為木鐸，無終歲，男不得耕，女不得織之患，不妨工孰如之？不維其後，而顧目前，不籌其總，而為碎算，則淺見者過也。且唐虞之世有九歌，周禮有孟春遒人之狥。今人見之亦當謂繁而不知其長，保於無事，乃有大簡者存焉。能行十家牌法，真良守令矣。輔世者，能使天下真行是法，亦謂之良輔弼矣。

（明）王守仁《十家牌法·案行各分巡道督編十家牌》　看得地方盗賊充斥，因念禦外之策，必以治內為先。顧蒞事未久，尚昧土俗，撫緝之宜，未有所措。訪得所屬軍民之家，多有規圖小利，寄住來歷不明之人，同為狡偽欺竊之事；甚者私通峯賊，與之傳遞消息，窩藏奸宄，為之盤據窗緣，盗賊不靖，職此其繇。仰分巡道行令所屬府縣，在城居民，每家各置一牌，備寫門戶籍貫，及人丁多寡之數，有無寄住暫宿之人，揭於各家門首，以憑官府查考。仍編十家為一牌，開列各戶姓名，背寫本院告諭，日輪一家，沿門按牌審察動靜，但有面目生疎之人，踪跡可疑之事，即行報官究理。或有隱匿，十家連罪。如此，庶居民不敢從惡，而奸偽無所潛形。各掌印官，照依頒去牌式，沿街逐巷，挨次編排，務在一月之內了事。該道亦要嚴加督察，期於著實施行，仍令各將編置過人戶姓名，造册繳院，以憑查考，非但因事以別勤惰，且將旌罰以示勸懲。

陳龍正論曰：前牌告諭父老，安民意多。此牌專督分巡，禦盗意多。其實無二法無二意也。所與言之人異耳。

（明）王守仁《十家牌法·申行有司十家牌法》　凡立十家牌，專為止息盗賊，若使每甲自糾甲內之人，不得容留盗賊。右甲如此，左甲復如此，城郭鄉村無不如此，以至此縣如此，彼縣復如此，遠近州縣無不如此，則盗賊何自而生？夫以一甲之人，而各糾察其十家之內，為力甚易。使一甲容一賊，十甲即容十賊，百甲即容百賊，千甲即容千賊矣。聚賊至於千百，雖起一縣之兵而勦除之，為力甚難。今有司往往不嚴十家之法，及至盗賊充斥，却乃興師動衆，欲於某處屯兵，某處截捕。不治其本，而治其末，不為其易，而為其難，皆繇平日怠忽因循，未嘗思念及此也。自今務令各甲各自糾舉，甲內但有平日習為盗賊者，即行捕送官司，明正典刑。其或過惡未稔，尚可教戒者，照依牌諭，報名在官，令其改化自新。官府時加點名省諭，又逐日督令各家，輪流沿門曉諭覺察。如此，則奸偽無所容，而盗賊自可息矣。大抵法立弊生，必須人存政舉。若十家牌式，徒爾編置張掛，督勸考較之法，雖或暫行，終歸廢弛。仰各縣官，務於坊里鄉都之內，推選年高有德，衆所信服者，或三四十人，或一二十人，厚其禮貌，特示優崇，使之分投巡訪勸諭，深山窮谷必至，教其不能，督其不率，面命耳提，多方化導。或素習頑梗之區，亦可間行鄉約，進見之時，咨詢民瘼，以通下情。其於邑政，必有裨補。若巡訪勸諭，著有成效者，縣官備禮親造其廬，重加獎勵。如此，庶幾教化興行，風俗可美。守令不知教化為先，徒恃刑驅勢迫，繇其無愛民之實心。若使果然視民如子，安忍不施勸勉，而輒加鞭撻？孟子云：善政不如善教之，得民也。

況非善政乎？守令之有志於愛民者，其盍思之！

陳龍正論曰：此係平藩後兼撫江西時申飭，因十家牌法是為治第一要義。自縣令至督撫皆同，欲使觀者得一事之首尾，故總列之，後申諭二條倣此。

（明）王守仁《十家牌法・申諭十家牌法》 本院所行十家牌諭，近訪各處官吏，類多視為虛文，不肯著實奉行查考，據法即當究治，尚恐未悉本院立法之意，特述所以，再行申諭：凡置十家牌，須先將各家門面小牌挨審的實，如人丁若干，必查某丁為某官吏，或生員，或當某差役，習某技藝，作某生理，或過某房出贅，或有某殘疾，及戶籍田糧等項，俱要逐一查審的實。十家編排既定，照式造册一本留縣，以備查考；及遇勾攝及差調等項，按册處分，更無躲閃脱漏，一縣之事，如視諸掌。每十家各令挨報甲內平日習為偷竊，及喇唬教唆等項不良之人，同具不致隱漏重甘結狀，官府為立舍舊圖新簿，記其姓名，姑勿追論舊惡，令自今改行遷善，果能改化者，為除其名。境內或有盜竊，即令此輩自相挨緝；若係甲內漏報，仍并治同甲之罪。又每日各家照依牌式，輪流沿門曉諭覺察，如此，即奸偽無所容，而盜賊亦可息矣。十家之內，但有爭訟等事，同甲即時勸釋，如有不聽勸解，恃強凌弱，及誣告他人者，同甲相率稟官，官府當時量加責治省發，不必收監淹滯。凡遇問理詞狀，但涉誣告者，仍要查究同甲不行勸稟之罪。又每日各家照牌互相勸諭，務令講信脩睦，息訟罷争，日漸開導。如此，則小民益知爭鬭之非，而詞訟亦可簡矣。凡十家牌式，其法甚約，其治甚廣。有司果能著實舉行，不但盜賊可息，詞訟可簡，因是而脩之，補其偏而救其弊，則賦役可均。因是連其伍而制其什，則外侮可禦；因是警其薄而勸其厚，則風俗可淳；因是導以德而訓以學，則禮樂可興。凡有司之有高才遠識者，亦不必更立法制，其於民情土俗，或有未備；但循此而潤色脩舉之，則一邑之治真可以不勞而致。今特畧述所以立法之意，再行申告；言所不能盡者，其各為我精思熟究而力行之。

（明）王守仁《十家牌法・申諭十家牌增立保長》 先行十家牌式，各甲不立牌頭者，所以防脅制侵擾之弊；然在鄉村，遇有盜賊之警，不可以無統紀，合立保長督領，庶眾志齊一。各府州縣，於各鄉村推選才行為眾信服者一人為保長，專一防禦盜賊。平時各甲詞訟，不許保長干與，因而武斷鄉曲。但遇盜警，保長統率各甲，設謀截捕。其城郭坊巷鄉村，各於要地置鼓一面，若鄉村相去稍遠者，仍起高樓，置鼓其上，遇警即登樓擊鼓。一巷擊鼓，各巷應之，一村擊鼓，各村應之。但聞鼓聲，各甲各執器械齊出應援，俱聽保長調度，或設伏把隘，或并力夾擊。但有後期不出者，保長公同各甲告官重治。若鄉村各家皆置鼓一面，一家有警擊鼓，各家應之，尤為快便。此則各隨才力為之，不在牌例之內，各縣即行推選增置，仍告諭遠近，使各知悉。各府仍要不時稽察，務臻實效。

（清）蔣良騏《東華録》卷一八《康熙三十九年六月》 尋李光地疏言：皇上垂念大臣官員子弟，僉緣倖進，恐妨貧寒之路，特諭另編字號，均數額收，仰見天地無私，不遺側陋，詢足永遠遵守。至點名授卷後，即入號房，不許出號行走，及踰牆混亂，俱應如所議以塞弊端者也。臣又推廣三條：一、勢要勒收關節，許考官據實出首，即與優陞，則不惟無所懼，而且有所勸，可懾營競者之心。一、貢院牆垣卑矮，巡綽及瞭望守門軍役，無一非受賂傳遞之人，若漫無防檢，勢必收受之卷，半屬假偽，乞勅外簾監試，嗣後務精密嚴肅，盡絶弊竇。一、數科以來，鄉會試場中用儒士八人，以充分卷扣數填名寫榜之役，某卷入某房，既可暗行其奸，而考官聲氣不接者，亦皆此輩往來聯絡之，近經言官論春部覆未准，臣深知此輩積慣作弊，宜永行革逐，臨期行文各衙門保送繕寫書手應用。此三者科場之事，臣管見所及也。至于學校弊端，九卿議如督臣郭琇所奏嚴定處分矣，臣亦推廣四條：一、學臣職司文教，遇點差之時，宜經御試擇其議論有本者差遣。一、教官未選之前，宜令督撫會同學臣考驗，若歲貢之年老目昏及捐納人員之文理不順者，均給銜休致，年未壯者，令至三十歲以外再行考驗。其現任人員，亦按此會同澄汰。一、生員雖有切己之事，止許子弟家人代告，自賄賣者多，專以為護身之具，不讀書無行義，保官告官，抗糧包糧，興滅詞狀，武斷鄉曲，甚至窩盜藏奸，故賄賣生員之弊，不但孤寒為之不伸，而風俗因以潛壞也。今學臣納賄處分已定嚴例，而生員惡習亦宜懲禁，乞勅禮部推廣舊時卧碑，詳明剴切，作為誡條，令學校師生恪謹遵守。一、邇來學臣率多苟且從事，致士子荒經蔑古，雖四書本經不能記憶成誦，僅讀時文百十篇，勦襲雷同，僥倖終身，殊非國家作養成就之道。前歲旨下，學臣使童子入學兼用小學論一篇，其時幼穉見聞一新，就中頓明古義，此以正學誘人之明驗也。然書不熟記，終非己得，宜令學臣于考校之日，有能熟誦經。書小學講解四書者，文理粗成，便與録取，如更能成誦三經以至五經者，更與補廩，以示鼓勵，庶幾人崇經學，稍助聖世文明之化。又童生既令熟習小學，以端幼志，生員及科場論題，專出《孝經》，每重複雷同，似當兼命《性理》、《綱目》，以勵宏通之士。疏入，仍下九卿等，與張鵬翮、郭琇、彭鵬三疏參合定議，鄉試另編官字號，以民卷九官卷一為額，論題以《太極圖説》、《通書》、《西銘正蒙》，一併命題。

（清）鄂爾泰等《世宗憲皇帝硃批諭旨》卷二七上《硃批傅泰奏摺》

請定事前預首給賞之法，以靖盜源事。

〔硃批〕只此題頭一語，即可發一大笑。

竊查粵東依山瀕海，素稱多盜。臣於抵任之後，據各屬申報，竊刦之案甚多，及解到親審，其中積年慣賊為首，糾夥情罪可惡者固有之，而一時貪昧被誘入夥者亦有之。且訊其所得所分，竟有不過舊衣數件，銅錢幾百文，米穀一二斗。而明火執仗遂成刦案，照律問擬，法無可寛，計其贓數情又可憫。

〔硃批〕覽奏可謂庸愚之至，為此小利尚敢明火執仗干犯功令，若見大利，更有何忌憚？此等可謂真正頑民匪類，所當切齒者。於此忽動憐憫之念，是何肺腑？朕殊不解。

查上年七月内欽奉上諭：盜賊未經緝獲到官，其中為首造意及殺傷人命之犯，若自行陳首，朕酌其情稍可原者，量從寛減。若被人引誘、迫脇，跟隨為盜之犯自行出首，則將伊應得之罪悉行寛免。欽此。欽遵。遍行曉諭在案。是我皇上法外殊恩，矜憫無知，反復開導以自新，雖古帝王三宥之仁，無以過於此者。

〔硃批〕錯會朕意矣。然在朕則可，汝等奉命守土，憑法制禁令以綏靖地方，乃任情法外施恩，可乎？殊屬荒謬之至。況此不過欲完結前案暫行之法，因是遂謂朕矜憫刦盜，非井蛙之見而何？

臣身任封疆，敢不嚴緝姦宄，綏靖地方？但念此等匪徒無非愚民，輾轉思維，欲求一潛消默化之法，以仰副聖天子弭盜安民之至意。臣愚以為，惟有行令密首於未刦之前，與擒捉於將刦之際，則事主之財物可以無失，而此輩之罹罪尚可從輕。今擬設立預首給賞之法，或可為消黨散夥之計。蓋盜賊之心不過圖財，行兇肆惡惟欲分贓。今縣賞以待，則一經出首，既可得財，又不獲罪，雖下愚之人未有不知趨利而避害者。從來盜賊搶刦必須糾合多人，方得成事。嗣後被糾同夥之中倘有自願預首者，許其俟糾約已齊商定某日某時行刦某家，將為首及同夥各姓名開寫明白，令本人之親屬，密赴地方官衙門固封投遞。

〔硃批〕如此，示諭被糾同夥之人，既令其前來出首，又令其同往行刦，有是情理乎？視同兒戲，真可謂大笑談。

該地方官立即知會營汛，帶領兵役捕練，前往附近之地，分路埋伏，並向兵役説知出首之人姓名，本人仍令隨夥偕行，俟將上盜之時，兵役捕練四面圍截，協力擒拏。出首之人，即喊報姓名以便照應分別，免致誤有傷損。

〔硃批〕盜若將伊先行殺害，如何解救？

解送到官，該州縣即時發銀五十兩給賞出首之人，倘本人從前曾有刦過別案，亦准供明免罪。其商謀出海為盜者，出首呈内開明約於某日某時在某處地方出口，兵役即赴出口地方埋伏，擒拏到官時，一體給賞。

〔硃批〕通篇荒謬，為汝代筆之人能不哂乎？可謂無恥之極。擒獲自應給賞，倘臨期不來，無人可擒，將如何發放？

其所獲各犯訊明起意，同謀情節照已行不得財之律從寛枷責，免其羈禁，押交族鄰保領約束；再犯照律例重處，並將保人究治。

〔硃批〕再犯設被他人出首，又照何律分別處分？

如此立法，通行遍處示諭，使之家喻戶曉。不特出首得賞之人，可以藉作工本終身，無患饑寒。即當場被擒，夥黨亦得從寛發落，猶可復為良民。

〔硃批〕得五十金即能終身無患饑寒，此等人尚甘為刦盜？無是理也。化盜為良未必如此之易，何亂道至於此極？

而正在商謀約夥者，聞此首報之法，亦必彼此猜疑，兩相顧慮，因而畏懼中止，不敢輕為糾合。況必俟當場擒獲之後，始行給賞，亦不致有貪利挾嫌、妄行混首之弊。

〔硃批〕梟首示眾尚不知警，被首一次即畏懼，改作良民，洵為奇論。糾合之舉亦未有素不相知，一時入夥之理。

庶於弭盜之法或可小補，惟是給賞銀兩與擒獲夥賊從寬發落之處，未奉聖旨，不敢擅專，為此繕摺奏聞。

〔硃批〕若允行所奏，則天下人不笑汝而笑朕。必議朕為大可笑之皇帝也。似此贊襄政治幸祇一傅泰。設直省督撫諸臣，咸如汝之議見，則民盜不息，官盜之謗，遍滿宇內矣。

其給賞一項，擬於司庫公費耗銀內動支，是否可行。伏乞皇上睿鑒施行。謹奏。

〔硃批〕觀爾憫恤刦盜，其柔軟不必言矣。請廣捐欵操守不可信矣，為旗人開路，受請託狥私情之意顯然矣。似此光景，豈為有用之成材耶？

治術多端，從未聞有賄買匪類不為盜之理。似此，則未行盜刦之人，將作何獎賞耶？假若誣陷平人，如何防其姦，處分既輕，夥同騙賞如何審其詐耶？據奏將被首之犯押交族隣約束，免其重罰，則此被首者異日與出首之人，豈肯干休，不相仇訐耶？被首此一次，遂能保其改悔永不為匪耶？種種差謬不能悉諭。總之一蹈婦人之仁，存好行小惠之念，不但不能料理嚴疆大省，統率屬員，識見日漸流於卑鄙淺狹，即為旗下領催亦不能稱職矣。觀爾景況，將朕日前訓諭數月間已盡忘無遺。奈何！奈何！

（清）朱櫄《國朝奏疏》卷一七李因培《請立稽詞訟以端士口疏》

內閣學士提督江蘇學政臣李因培僅奏爲請立稽察詞訟之法，以端士品事。竊照事品莫善於不争，莫不善於健訟。訟在編氓者，尚欲靖其糾紛，訟在衣冠者，豈可听其滋蔓？江蘇人稠事劇，小民既樂興訟端，破家丕顧，而通屬生監，良楛各別，往往以雀角細故，投遞公門，候拘審於隸役之間，褋子衿於匍匐之隊，争長角勝，恬不爲耻。有司案牘既繁，不能以時聽斷，或一案未清，一案復控；或舊事翻斷，事事砌舊；或揀身代証，收入案中；或包攬作詞，指訟料理；或因查覆而事權暗操；或以情虛而避審宕案。此等生監，業荒於刀筆，品壞於訟庭，情偽千端，公牘盈几。向來各屬訟師內均有不肖生監而多事健訟者，又無處無之。臣到任以來，屢加察訪，備得各訟師主名劣跡，或飭府拏究，或告發提審，已漸知斂跡。惟詞訟事隸有司，無憑稽考，遇有上控之件，及訪聞平昔犯案者，飭提各參查檢，內有一人而歷訟數十年，一事而翻告十餘載者；有一人積至數案及數十案者；有一年數月之間，分頭控告數案及十餘案者。有司或審斷不公或息而不審；或情罪既明，姑息率結；或旁生枝節，牽連不休，致該生等毫無忌憚，視訟爲虛戲。若非弔到原卷，此等情偽，臣何由知？夫國家所以約束士子者，學臣教戢而已。今查詞訟，本地方官之事即有關行止，如姦、賭、盜、逃等案，苟非拘審發學，教官尚無從得悉。況事起戶婚田土，往年訐告，教戢既不得越俎過問，而該州縣等又不能正本清源，或反庇豪監而縱劣生，則風俗人品何所底止。臣再四籌酌，若非設立稽覈之方，則逐案辦理，易涉繁碎。竊查舊例，原有門簿一法，每歲由學臣印發州縣，凡有生監出入，填注申繳。揆其立法之始，亦爲士品起見，但出入者既不肯自登，即登註亦不知其出入何事。日久漸成具文，是扵以於酌歸簡易案內，議令刪除在案。今江蘇詞訟之多，實與他省情形迥別。臣愚請畧仿門簿之法，變而通之，改立稽訟一簿。內如蘇松常鎮揚大通等處，訟多之地，每季設立一本。江、寧、淮、徐、海等處，稍簡之區，每兩季設立一本。簿內挨順月日，著爲定式，每歲由臣衙門於封印前預將次年之簿印發各州縣，責成各承發吏存貯。凡一百日內自理詞狀，及上司批查案件，有事干生監者，無論係原被證佐，均摘出簡明事由及準駁批語，開註於前，簿尾更將何月日審結何案，亦摘簡明讞由登註。每届季終，該州縣核明並無遺漏，將簿會學鈐印，具文申繳。其有應註不註或註而不實，別經告發，核有情弊者，即提承發吏重處，州縣酌予記過。臣衙門將此簿細核，內除事本理直，情非得已例准告理外，其武斷把持、包攬作狀，事關行止，及刁告不已、老於訟事、慣作詞證等案，分別應提審者提審，應查革者查革。至州縣官或姑息養奸，或果有冤抑不爲伸理禮，亦可查參催結。如此積日累月，參互稽考，則士品之良楛了然在目。無事訪查而優劣自見，並足以驗有司之責否，清訟獄之糾紛，較衙門簿空填出入，似覺切實有用。但事關創始，相應繕摺請旨。伏祈皇上訓示施行。

《皇朝通志》卷七七《刑法畧三・刑制聽斷》 二年諭：朕覽命案奏牘，如故殺、謀殺尚少，而以鬭毆傷人者甚多。或因口角相争，或因微物起釁，揮拳操戈，一時殞命，及至抵罪，雖悔何及？此皆愚民不知法律所致，殊可憫惻。古有月吉讀法之典。聖祖仁皇帝上諭有講法律以警愚頑一條。蓋欲使民知法不可犯，律無可寬，畏懼猛省遷善而遠過也。爾部可摘取毆殺人命數條，疏解詳明，令各省地方官刊布曉諭。俾知鬬毆律尚如此，則故殺、謀殺罪更可知，互相講論，時存警惕，以化其好勇鬬狠之習。庶命案可以漸少矣。

（清）劉錦藻《皇朝續文獻通考》卷三五二《外交考十六》 二十五年諭：近來各省盜風日熾，教案迭出，言者多指為會匪，請嚴拏懲辦。惟會亦有別，彼不逞之徒，結黨聯盟，恃衆滋事，固屬法所難宥。若安分良民，或習技藝以自衛身家，或聯村衆以互保閭里，是乃守望相助之義。地方官若不加分別，誤信謠言，概目為匪，株連濫殺，以致良莠不分，民心惶惑，是真添薪止沸，為淵毆魚。非民氣之不靖，實辦理之不善也。我朝深仁厚澤，涵濡二百餘年，百姓食毛踐土，具有天良，何致甘心盜弄，自取罪戾？全在各省督撫，慎擇賢吏，整頓地方，與民休息。遇有民教詞訟，持平辦理，不稍偏重，平日足以孚民望，遇事自足以服衆心，化大為小，化有為無。固根本者在此，聯邦交者亦在此。各省督撫受恩深重，共濟時艱，必能仰體朝廷子惠元元一視同仁至意。嚴飭地方官辦理此等案件，祇問其為匪與否，肇衅與否，不論其會不會，教不教也。吾民亦當以保衛桑梓身家為務，勿事煽惑以搆禍端，勿挾權勢以欺鄉里。庶閭閻安謐藉紓，宵旰憂勤，是所至要。

（清）黃六鴻《保甲》 賞罰者，勸懲之大權，非必而且信，無以生警懼，而資鼓勵。況保甲既行，孰功孰罪，安可漫然而置之乎？故凡有職掌者，即功罪之攸係，必預懸其教令，使之有所趨避，急功而免罪焉。斯亦責成者之深所屬望也。

又： 夫有保甲而無壯丁，則詰奸禦侮未能執途人而用之也。若一旦有警，召集耕農，非老弱恇怯，則手不習兵，安能擒盜賊而資防守乎？說者謂少年強悍，嫻以武事，恐滋亂階。不知今日坐食租糧，驕兵悍卒，天下幾千萬。獨不虞其脫巾呼噪者，恃有朝廷之法，主將之恩威，有以制伏之也。今州邑所簡壯丁，祇用以自衛其家。及助防鄉里，有事則持挺而拒暴，無事則秉耒而服疇，有何蜂蠆狼毒吮血磨牙之橫乎？況下則有約束，時勤之保正。

又： 夫保甲之安擾，視乎其法；保甲之興廢，視乎其人。蓋法之不善，有擾而無安，人之不得，名存而實亡，謂保甲之無益于民也固宜。惟夫法有定而用法無定，人無難而得人為難，則保甲長之選可不慎乎！夫十家之奸宄盜逃，惟甲長是稽；百家之奸宄盜逃，惟保正是問；一鄉之奸宄盜逃，唯保長是綜。苟非其人，則十家之衆不服其稽，百家之十甲長不服其問，一鄉之保正不服其綜。則雖奸宄盜逃，日縱橫于十家、百家、一鄉之間，寧復有所忌憚耶！故欲保甲之實行有效，非保甲長等之得其人，未見其可也。

又： 總論

夫保甲之設，所以弭盜逃而嚴奸宄。法至善也，惟行之者不得其要，且視為具文，而又紛紛焉日見其奉令之擾。究無其取效之實，遂以保甲為厲民之具而弛之，其不與因噎而廢食者等乎？所謂保甲者，有古寓兵於農之意焉，有古軍旅卒伍之用焉，有古比閭師胥之制焉。古者守令，皆得主兵以率戰。今之州邑，惟快壯數人供奔走而已。若倣井田出甲卒之遺法，以遴選鄉壯而訓練之，使知義勇而樂戰，夫非寓兵於農之意乎！古者萬二千五百人為軍，將皆命卿。二千五百人為師，帥皆衆大夫。五百人為旅，帥皆下大夫。百人為卒，卒有長，皆上士。二十五人為兩，兩司馬皆中士。五人為伍，伍有長。今保甲之法，十家有長，曰甲長。百家有長，曰保正。一鄉有長，曰保長。以次相統屬，而行稽察之政焉。至于壯丁，無事則暇日以教練，有事則聞儆以救援，皆保甲長相率而趨。夫非古軍旅卒伍之用乎？然而甲保長類多報充，詎堪勝任。必親加選拔，以足馭衆而急公。視才之大小以為用。是又將用命卿，師旅用大夫，卒伍用上中士之意也。古者比閭之制，德行相規，患難相卹，死喪相賙。師胥之制，有故則設備，有盜賊則追捕，有奸宄則互相稽。務令比戶有可封之俗，室家享康阜之娛。今保甲之法，設為保長壯丁，分布城鄉，聯絡村舍，平時修防講備，臨事協力救禦。至于保里之中，有德善孝弟，則舉而旌之，有無良匪類，則舉而懲之。以及子弟訓之謙和而好禮，父老勸其推卹而好義。一里如是，各里如是；一鄉如是，四鄉如是。有不雍雍然同古政行俗美之世哉！夫所謂保甲之害者，如王荊公抽民兵以遠事征伐，妨農稼以簡閱戎伍，使百姓軍裝餱糧而自備，死亡窮困而莫哀。是其所以為害也。所謂保甲之利者，如王文成公之撫贛，命州邑設保甲以綜理一鄉，立甲長以稽查十戶。清排門使奸宄之無可藏，選壯丁使防禦之有足恃。是其所以為利也。推原其故，荊公驅民以為兵，以之遠戰於邊隅。文成簡壯以為民，以之近守其閭里。其利害之相去倍徙，不較然乎！今州邑之修舉保甲，能毋視為具文，誠得其要而行之，夫詰奸不出于其家，防護不出于其村，禦侮不出于其里。是一家一村一里之民，各自為衛也。即其近家之人而為之甲長，即其近村之人而為之保正，即其本里之人而為之保長，是甲長保正諸人，皆所熟識也。其甲保長等，又必選擇而任之，是其人必皆老成奉法者也。至于傳集徵召，不用公差，查報拘催，不煩牌票，而悉聽保甲之自為承稟。百姓獲終歲之安，官司無一文之費。若是行之者，既有其實效，奉之者，亦無其煩擾。由一邑而推之一省，由一省而推之天下，誠弭盜戢奸之善政也。又安見其為勵民而可廢之哉？

（清）徐棟《保甲書》卷二李彥章《思恩府新編保甲事宜序》 三代以下之治，惟保甲猶為近古。蓋十家牌出，與為比為聯同也。然古之時，比戶可封，民俗淳厚。《周禮》五家有比長，五比有閭胥，四閭有族師，五族有黨正，五黨有州長，五州有鄉大夫。其人本士大夫之賢能，其政自讀法禮賓，至於莅校比施勸戒，皆主於教化之事。其教則德行道藝賢能為一書，孝弟睦婣有學者為一書，敬敏任恤和親為一書，過惡為一書，有辠奇衺為一書。亦惟使民知相保相受，與慶賞相共，刑罰相及而已。後世則此法半為弭盜，其意已與古異，且法益瑣密，事益具文。又其甚者，一人欲行而眾口尼之，一利未見而百弊隨之。徒法不能以自行，又不如其已也。

（清）徐棟《保甲書》卷二張惠言《稟行保甲十家牌簡易法》 伏查保甲、團練二者，事本相因，既以聯絡鄉村，即可詰除盜賊，是實行保甲已寓團練於其中。要使民自衛，民相保相救，自合於《周禮》比閭族黨之遺意。

（清）徐棟《保甲書》卷二張惠言《論保甲事例書》 曰：昨承諭令，擬定十家牌式，務令簡而易行。不簡不易，民莫之與，此誠立政立事之大綱也。然謂無須監督冊報，但使十家保受而已。區區之心，竊未見其可。惠言聞古聖王之治，天下至纖至悉，其舉一事至周至密，故其民從之，如日用飲食之不可廢。何者？受其利而遠其害也。由此言之，其下之奉之也簡，其在上有繁焉者矣；其事之行之也易，其發慮有難焉者矣。故君子立一事、興一教，必有數十百年之計，貴其後世可守也。

（清）徐棟《保甲書》卷三陸世儀《論治邑》 治天下必自治一國始，治一國必自治一鄉始，治一鄉必自治五家為比十家為聯始。予嘗作《治鄉三約》。先按地方分邑為數鄉，然後什伍其民，條分縷析，令皆歸於鄉約長。凡訟獄、師徒、戶口、田數、徭役，一皆緣此而起，頗得治邑貫通之道。

今之為治者，動行鄉約、社倉、保甲、社學，紛紛雜出，此不知為政之要也。鄉約是綱，社倉、保甲、社學是目。鄉約者，約一鄉之人而共為社倉、保甲、社學也。社倉是足食事，保甲是足兵事，社學是民信事。許多條理曲折都在此一日講究，不然，徒羣聚一日，說幾句空言，何補益之有？

治天下，須用得幾賢督撫，督撫，古牧伯也；治一省，須用得幾賢縣令，縣令，古諸侯也；治州縣，須用得幾好鄉長，鄉長，古鄉大夫也。得其人則治，不得其人則亂。

（清）徐棟《保甲書》卷三顧炎武《里甲》 常熟陳梅曰：《周禮》五家為比，比有長；五比為閭，閭有胥；四閭為族，族有師；五族為黨，黨有正；五黨為州，州有長；五州為鄉，鄉有大夫。其間大小相維，輕重相制，綱舉目張，周詳細密，無以加矣。而要之自上而下，所治皆不過五人，蓋於詳密之中得易簡之意，此周家一代良法美意也。後世人才遠不如古，乃欲以縣令一人之身，坐理數萬戶口，賦稅色目繁猥又倍於昔時，雖欲不叢脞，其可得乎！愚故為之說曰：以縣治鄉，以鄉治保，或謂之都。以保治甲，視所謂不過五人者而加倍焉，亦自詳察，亦自易簡，此斟酌古今之一端也。

（清）徐棟《保甲書》卷三藍鼎元《棉陽學準一則》 保甲之法，周官比閭遺制也。本誠而力行之，其用大矣。若行之不誠，有名無實，或滋煩擾、加科斂，反以厲民。故為牧令者，必推心入小民之隱，而後保甲行焉。

於是明賞罰以鼓舞之，使保甲長皆公正恪勤。而其民臂指聯絡，外侮不生，旦暮知其所為，出入知其所在。善相勸，過相規，婚喪相助，患難相恤，油油乎仁讓可風，不特詰奸弭盜而已。即止於詰奸弭盜，其於治亦思過半矣。蔑誠意而視為具文，雖良法無所用也。

（清）徐棟《保甲書》卷三戈濤《獻縣志保甲序》 保甲與里甲，相似而實不同。里甲主於役，保甲主於衛。比閭、族黨、鄰里、鄰鄙之例主於教，軌里連鄉之制主於軍。故古屬司徒，而今列武備。保甲莫詳於宋熙甯初，專主盜賊煙火之事。其後諸色雜役，莫不責之，是自食其法也。今制，保正職緝保長、甲長，遞相檢與，鄉地分司，無溷意至美矣，然往往行之寡效者。上主於衛而下疑於役，故影射陰附之弊生，而賄囑科索之事起。急病，於擾緩病於弛，籍病於繁不擾，不弛不繁，則保甲之法固良法也。烏得以熙甯之害而疑之。

（清）徐棟《保甲書》卷三龔景瀚《請設立鄉官鄉鐸議》 古之大國，不過百里，鄉大夫士數百人，分而理焉，猶虞國之不治。而今之州縣，大者數百里，甚者若陝西之西鄉、四川之太平大甯周圍千餘里四五千里矣。聖門高弟，若冉求之藝，孔子但許以千室之邑可使為宰。而今之州縣，大者數萬戶且十萬餘戶矣。豈今人之材皆遠過古人耶？刑名任之，錢糧任之，驛站任之，捕逃緝盜任之，徵糧徵課，過餉過犯，私鹽、私茶、私墾，私鑄，無一不當周知也，無一不當躬親也。命案多者，相驗或歷旬月而不能返署；詞訟多者，審斷或連晝夜而不敢少休。衝途之州縣，則勞於迎送，困於供支；附郭之州縣，則疲於奔走，瘁於應酬。憂貧救過之不暇，而欲其為百姓勸農桑興教化也，難矣。督責愈亟，案牘愈煩，處分愈嚴，趨避愈巧。其有志者，瘁精殫神，欲以兼綜衆事而未必事之能精。其不肖者，遂乃一切棄置，日耽逸樂，升沉得失，聽之萬一之數。此吏治所以日下，而民事所以日荒也。且州縣之所用者，不過書辦、衙役、鄉約、保正等耳，奴隸使之，笞辱及之。衣冠之家及鄉黨稍知自愛者，皆不屑為充此役者。非窮困無聊之徒，藉此以謀口食；則狡悍無賴之輩，假此以遂陰私。此豈能分州縣之憂，代州縣之事者？舍之，則無可用之人；任之，則非可信之士。於是以一身泛泛然臨於百姓之上，其勢既渙然而不相聯，其心亦漠然而不相顧。上之情欲達於下，而一人之口不能家喻而戶說也。下之情欲達於上，而一人之身不能親至而徧歷也。故德音屢下，良法美意，歲歲及於民，而州縣率視為故事，應以具文。百姓不沾實惠者，非皆州縣不得其人其勢，實處於無如何也。夫治水者，下流通而後上源可得而濬；會計者，散數理而後總數可得而清。今天下之事，皆自州縣起，州縣壅滯叢脞，則內而六部卿侍，外而督撫司道雖竭精殫力，曷有濟乎？竊見成周盛時，比閭族黨，皆以上士、中士、下士為之，其制至纖至悉，齊之軌里連鄉，猶存此意，此保甲之所由昉也。漢有鄉三老，以掌教化，十里一亭，立之長，以司其方之事。有嗇夫以主稼穡，有游徼以主徼巡，又有求盜以主盜賊，其秩皆百石，或二百石。各任其職。朱邑為桐鄉嗇夫，其功名乃遠過大司農，時亦由得行其志也。故成康之時號稱極盛，而兩漢吏治民風猶為近古。今州縣所轄之地太廣，所理之事太繁，似宜倣照其意，設立鄉官。小州縣，四鄉設立四員足矣。大者酌為增置。所有鄉約、保正、保長及一村一鎮之長皆屬之。以保甲為先務，清查其鄉之戶口，田土各為一册，編列稽查。村鎮之長，分管其地。鄉約、保正等各司一事，或主催徵，或主農桑，或主緝捕，或主差徭，而鄉官總兵成而足，壯丁教之技藝，農隙以時較閱。一鄉之中，戶婚、田土、雀鼠、爭訟，為之剖斷曲直，以免小民公庭守候之累。有不決者，乃送於州縣，酗酒打降賭博宿娼，即令責懲以其事報州縣。每鄉又設鄉鐸一員，逢朔望，會同鄉官，傳集居民，講聖諭，雜用方言俚語，務期明白易□。俾村僻人民咸知禮教，不敢生事為非。宣講既畢，即令聽講人民公舉孝子順孫、義夫、節婦及素行為善者，書之善册；不孝不弟所為不法，婬酗狡悍者，書之惡册。善者，一年不變，申之州縣請旌。惡者，三月不改，申之州縣責懲。再不悛改，照例究發。其有邪説惑民者，隨時稟報究辦。情親地近，耳目易周，時時爬梳，而民皆興起於為善。村鎮亦各設村鐸、鎮鐸，均屬之鄉官，其所用必選派家道殷實，明白曉事，衆所信從之人，推廣其意，即進士、舉人、貢生在籍候選，為衆所服者，亦準充是選。鄉鐸、村鐸、鎮鐸，皆令教官保薦文生員之品行端方詞旨朗暢者充之。然必隆其體統，優其禮貌，待之厚則自待者不薄，而不肯自棄於不材；賞之隆則所望者甚奢，而不貪目前之小利。生長之地，情形素所熟悉，則利弊明，而不至戾俗而失宜。鄉曲之近，耳目衆所昭彰，則好惡公而不敢任情以自恣。其視一鄉之事，如一家之事。知之既周，為之必力。州縣總其大綱，上司核其得失。上下相維，臂指相使，禁無不止，令無不行。勸農則野無惰民，催科則里無逋賦，興文教則有睦婣任卹之風，飭武備則有伍兩卒旅之眾。戶口清而奸宄無所容，田疇清而爭訟無自起。興利則利無不興，革弊則弊無不革，惟上之所欲為耳。或謂本地之紳衿，恐其有所偏徇，且或把持鄉曲，則今之刁生劣監豪健武斷者，正不必為鄉官名之為官。眾目所視，眾手所指，偶有偏私，羣起而攻之矣。且州縣所司何事？今之書辦、衙役、鄉約、保正皆本地人也，不慮其為弊而獨慮此乎？所慮者國家億萬年無疆之業，生齒日蕃，奸良雜出，小有騷動在所不免。每次必以添兵為善後，經費有常，歲之所入，止有此數，其後將何以為繼？竭天下之全力以養兵，無事則坐食以虛縻國帑，及至有事，徵調半天下而兵又不敷用。乃臨時招募鄉勇以佐之，其費又倍蓰，是兩失也。今若力行保甲，宣布教化，百姓皆有尊君親上之心。習於坐作進止之法，行之數年，著有成效。在城、近城之壯丁，倣唐時更番入衛之法，輪直保護倉庫城池。則各府州縣之城守營及分汛防守之兵皆可罷也。店鋪、寺廟、關津、卡隘，稽查嚴密，巡邏勤謹，奸徒不得托足，匪類無從溷入，則各營汛坐墩守臺之兵皆可省也。即各路之協營，亦可減省，惟提督總兵於要害之地，擁眾兵數千，聚而不散，合而不分，隨時操練，隨時教訓，隱然有豹虎在山之勢。如善奕者，一著可以照料一方，正不必節節為防，處處安兵也。歲可省度支之半，取其十分之二，以為鄉官鄉鐸之禄，又取其十分之三，增州縣之公費。俾以暇時，置備軍器、軍械，並犒賞之用。府道以農隙，開往較閱，申明號令，昭示賞罰。一旦有警，率以殺賊，如子弟之衛父兄，有不踴躍爭先者哉？明臣王守仁之平甯藩平浰頭桶岡諸賊，皆保甲也。較之臨時招募鄉勇，皆亡命無賴之徒，從征則不甚得力，遣散則反勞顧慮，其相去何如。即較之臨時團練鄉勇，心志不一，技藝不精，其相去又何如？此即古者寓兵於農之制，而唐之府兵、明之衛所又不足言矣。教化行而民不為賊，保甲行而民可為兵。景瀚以為今日之急務，無有過於此者。即將來倘遇不虞，其急務亦無有過於此者。是誠久遠善後之策也。謹議。

（清）徐棟《保甲書》卷三沈彤《保甲論》　保甲之設，所以使天下之州縣復分其治也。州縣之地廣，廣則吏之耳目有不及，其民眾，眾則行之善惡有未詳。保長、甲長之所統，地近而人寡，其耳目無不照，善惡無所匿。從而聞於州縣，平其是非，則里黨得其治，而州縣亦無不得其治。今之州縣，官奉六吏之令舉行保甲，而卒無其效，非保甲之法之不善，為保長、甲長之人之未善也夫。

（清）徐棟《保甲書》卷三張望《鄉治》　天下之治始乎縣，縣之治本乎令。然而縣令成教化、一風俗，以聞於宰相、天子，非其特立而孤行也。下有丞又有尉，亦非丞與尉之輔而足也。此其故為縣令者，殆未有以明焉。朝廷垂意為縣矣，勤勤於必得其人。得人矣，又慮以一邑之大，民之眾，上與下不相屬，政令無與行，威惠無與偏。雖謹且廉，而其政不舉。於是里有長，鄉有約，族有正，擇其賢而才者授之，然後縣令之耳目、股肱備也。縣令勤於上，約與正與長奉於下，政令有與行矣，威惠有與偏矣。族之人有一善，則其正勸之一族矣；里之人有一善，則其長勸之一里矣；鄉之人有一善，則其約勸之一鄉矣。有一不善則斥之一族矣，斥之一里矣，斥之一鄉矣。既已如此，縣令於政理之暇，又時召見此三人者，面問百姓疾苦，人情嚮背，而以考吾政。優優怡怡勞來而益委重之，以樂乎其心。

（清）徐棟《保甲書》卷三李光型《保甲説》　《記》曰：觀於鄉而知王道之易易也。苟一鄉之事不治，何論一縣？保甲者，分之極其細而不紊，合之盡其大而不遺，故必知地方之險易，村居之疏密，而後聯比分甲，可行出入守望之政。知墩臺、驛遞之遠近，橋梁、舟楫之所屬，而後期會修建，可行奉公利濟之政。知水土剛柔之性，山澤原隰之宜，而後區種別材，可行因地利民之政。知人民生聚之多寡，地利物產之盈絀，而後勞民勸相，可行農末相資之政。知閭里疆域之息耗，居民世業之貧富，而後誘勸蓄積，可行斂散賙恤之政。知婣婭族姓之相聯，比閭同里之相屬，而後讀法講論，可行孝友睦婣之政。知田園家室之有賴，四民藝術之有託，而後分別勤惰，可行課督鼓舞之政。知剛柔知愚之異，質奢儉、貞淫之殊習，而後旌淑別慝，可行勸賞刑威之政。是故一行保甲，而政具舉矣。人徒見吏胥約保之奔馳，門牌册籍之更疊，出役應差之勞，什伍連坐之患，而曾不聞衛養教利之政。以此民志不安，交相逃避。吏胥約保，緣以為姦，宜共指為擾民耳。要在為州縣者，周覽封域，明辨水土，詢問風俗，體察人情，簡節而疏目得其大意之所在，以次漸興而絶無強民之迹。斯可以行之，久而相安也。

（清）徐棟《保甲書》卷三汪輝祖《能行保甲之益》　力行保甲，是注考時必須之政蹟，然已成故事矣。往余佐州縣幕二十餘年，欲贊主人行之，竟不得。歲丙午謁選至京師。會稽茹三樵先生，自述令南樂時，會歲歉以舊無門牌種種，棘手捐資，設空白簿，備筆墨。每一地保給簿一本、筆二、墨一，令將所管村莊，挨戶填註，閱三月，另給一簿，復填一次，半年後，乘便抽查，與簿記相符，乃損資填門牌，逐戶分給，頗著實效。余謹識之，不敢忘。比至甯遠，俗稱健訟，牒中隣佑率以數里、數十里外左祖之人，列名充數，縣無魚鱗册，山原相錯，各以意争，又地多外籍流民，以墾山為名，潛留作匪，皆不易為治。因如先生教行之，令地保將管内四至接壤及山多田多，有塘堰若干，橋梁若干，大路通某處，小路通某處，某上著住已，屋業何事某流，寓主何人，有無恒業，一一註入簿内。凡四換簿，始抽查，無漏，然後捐發門牌。間有漏戶，亦皆具呈補給。不半年，無業之流民，莫為之主冒充隣佑者，可以按册予儆，山原亦稍稍有界址可據，盜息訟簡，邑民稱便。去甯遠時，彙三十六里印簿，移送後任，且語之曰：四年承乏無一稱職。惟此一事，可為他年稾本，不無小補，故詳誌之，以廣先生之教云。

事不煩而民不擾。初行保甲時，此與卷二保甲事宜稿中繕造法為最上乘。

（清）徐棟《保甲書》卷三粟毓美《保甲不煩》　保甲止須將格式交地保轉交牌頭填寫，按期呈送。其為匪者，鄉民不敢指實但註無業二字。聽訟之間，或下鄉之便隨時抽查，可以不勞而理。今之保甲不行，或行之不善者，不耐煩耳。如此辦理，何煩之有？

（清）徐棟《保甲書》卷三何士祁《保甲實在可行》　保甲一事，余任川沙，先發空白册，令各圖地保按戶分填，註明人口、年歲、田賦、事業，填竣呈繳，再令本圖紳士復查。俟查齊之後，置之大堂公座。每訊一案，就册檢查，令案中人詳言之，而核其册中所開者，訛即更正。有旁觀聽審者，亦詳訊之，并訊及其隣佑親族，下鄉亦攜以自隨。如此半年，十得八九。然後捐資，刻板頒行。差禁地保需索，或謂繁劇處，不可行。殊不知繁劇特城堙、市鎮耳。至於鄉村，與簡缺何異？但須實心耐煩，則查明一鄉即一鄉受益，未可以其難而忽之。

保甲不但可弭盜也，稽田賦則錢糧不能欠，田土之案無虚假矣；稽人口則男女不能淆，婚姻之案無支飾矣。推之命案之鄰佑有確憑，不致擇肥拖累。服制之案有支派，不致平空捏造，而於辦災一事，稽查戶口，尤有把持。此余行之有實效者，奈何靳此半年之功而失無窮之利耶？惟此册，必須查實，方能有益。否則轉有關礙，亦不可不知。

（清）徐棟《保甲書》卷三黄中堅《保甲議》　保甲之法，其來舊矣。自《周禮》有比、閭、族、黨使之相保相受，而其後管子以之治齊，商君以之治秦，皆能致富強之效。沿及漢、唐，法未盡廢。及宋王安石行之，乃至亂天下，於是議者羣以為不可行。豈法之宜於古而不宜於今歟？抑其所以推行者，未得其道也。國家憲章、古制令郡縣舉行保甲，具昭弭盜安民之美意。然往往急之則擾，緩之則怠者，何也？毋亦人情風土，各有異宜，而不可不善為之調劑歟？蓋北方之俗強勁，民多聚族而居。蘇子瞻嘗言，河北之民，團結鄉兵，私立約束嚴於官府，以是而行保甲，豈不甚易？若南方則不然，試以蘇州一郡言之。吴民氣稟柔脆，温飽者少而貧窶者多。其號為士者，大抵授徒於外，室中惟細弱兩三人而已。貧民、傭工、負販，早出晏歸，為餬口計而不足，富民惟謹，啟閉不與戶外之事。市廛之民，株守本業，其畏里中惡少年如虎。如此等人而欲其約束鄉里，晝則稽查，夜則巡行，固宜其囂然不樂也。又吴中五方雜處，有強賓壓主之勢，其久居者猶或可同於齊民，其歲時假寓，倏來倏往者，莫不指託貴勢，挾其徒黨，以為横於鄉里，居人莫敢誰何？若夫游手好事之徒，而授之以柄。彼必與吏胥朋比生事害民。使之率眾巡察，且有反借以為姦為宄者矣。然則保甲之法，其將終不可行乎！曰凡立保甲，欲以弭盜賊也。土著之民欲為盜，必勾引外盜與同事，而外來之盜必有土著之姦民為之巢穴。此人情所共惡，而亦所甚易知者也。特畏之，而不敢詰耳。宜令保甲長各具册，詳書其屬之所業與其無業者，而上之有司，不以實者罪之，有死亡、移徙，則以告。如此，則民之良頑已約畧可覩矣。而其間有窩頓匪類、蹤跡詭秘者，與夫里巷小偷罪名未著者，許密以聞，而官自令人督察之。蓋今在城，每里有地方主之；在鄉，每區有巡檢司弓兵主之。是皆可使司其事者也。仍嚴為令曰：管内有如此人而不以聞者，事發覺則保甲長罪與本犯同，地方弓兵亦如之。惟此令務在必行，而其他科條則一切蠲除之。如此，則既不至於擾民，而亦足使盜賊鮮容身之地。其於弭盜安民未必非助也。

（清）徐棟《保甲書》卷三任啟運《與胡邑侯書》　蓋聞聖賢之為政也，莫大於興民之利，去民之害；視風俗之所極弊，而先救之。今宜興之風俗極弊矣。賭博之徒日夜讙呼，而破家廢業也；賊盜日見竊發，而捕役因之為科也；高臺演戲歲費以萬計，而不知節也；寺廟興作舁神出會開場聚眾，日費以千計，而不知崇也；婦女盛服入廟遊觀，而為姦盜媒也；積逋歷數十年而國課莫肯率先也；生女屢行淹溺，而父子恩絶也；縊溺強死動成命案，而告誣之風勝也；矜監與胥吏結納出入把持，而廉恥道喪也。不有大賢，何以救其弊而反之正哉？恭聞賢侯之涖茲土也，未及一月，而仁風大行，四境良民歡呼載道，有再生之望，豪強惕息，莫敢出聲。是賢侯之作，新斯民者已見於初政矣。然愚猶望賢侯以實政，而為經久之規也。所謂經久之規者，鄉約也、保甲也，二者其大端也。

（清）徐棟《保甲書》卷三嚴如熤《三省邊防備覽策畧一則》　保甲本弭盜良法，而山内州縣則只可行之，城市不能行。於村落棚民本無定居，今年在此，明歲在彼，甚至一歲之中，遷徙數處。即其已造房屋者，亦零星散處，非望衡瞻宇，比鄰而居也。保正、甲長相距恒數里、數十里，詎能朝夕稽查。而造民牌取戶，結斂錢作費，徒滋胥吏之魚肉。值上憲或委官稽查，長正領所管牌頭，於適中暘集守候，動至旬日，既已廢時失業，又復多食口岸，實為有損無益。至客店之循環簿亦只可用之城市，外省流民，入山多寄宿林巖。匪徒則山徑取捷，均不在客店安歇，所謂客店不過貿易之小販而已。各縣邊境距治恒數百里，如客店必照例造冊陳核，則僕僕道途不勝其苦矣。

（清）徐棟《保甲書》卷三晏斯盛《社倉保甲相經緯議》　《周禮·族師》：五家為比，十家為聯，使之相保相受，刑罰慶賞相及相共，以受邦職，稽其實，則井田蓋為之經，非區區比聯保受牽制而束縛之也。遂人五家為鄰，五鄰為里，匠人九夫為井，井十為通。孟子之八家同井，以井田横排之，一通之地亦無不五家相比，十家相聯者。則同井同里即相比相聯，而相保相受實相經緯於其間矣。蓋就相生相養之地，而行政教法令於其中。是以習其事而不覺，久於其道而不變也。周之衰也，管子因之作軌里連鄉，雖稍稍小治一時，而未睹大效，亦一舉輒廢，未見樂易而可久。秦漢隋唐以下，其民龐雜而無所紀。宋熙甯中有鑒於此，而編閭里之戶，以為保甲。事本近古，故行之不廢。然亦第相保相受，而未得其中相生相養之經也。竊嘗籌之天下之民必有相生相養之實，以為之經，而後可行相保相受之法，而為之緯。社倉、保甲原有相通之理，亦有兼及之勢。昔後漢劉般言：常平倉外有利民之名，内實侵刻百姓，豪右因緣為姦，小民不得其平。是在東漢之時，常平之弊，既已如此。數年以來，於穀貴時俱增價而糴穀，遂因之愈貴。穀愈貴至於無可糴，將無所恃以為糴。且常平之斂也，穀賤而糴，市人藉以增價，貧民既苦湧貴其散也；穀貴而糶，市人因而囤積，貧民又苦支持其糶也。城市而已，遠鄉之民，寡妻弱子，不能沾顆粒。即使移粟，四鄉腳費已耗，而無錢之民究無所得粟。至於義倉之設，建在當社於民甚便。然隋倉之積徵本於民，是正供之外，又復徵賦，其本已失。朱子崇安之積借本於官，因本得息，夏冬價值。相較，貧民實食其利。然其時雖下令司倉，而州縣之行之者，不過一二，後之行之者，尤以為行之甚難，且復滋弊，何也？其倉多設城郭，於社倉之義，既已大悖，而積穀之法，專主捐輸，則仍隋倉之舊，又非借本於官之遺。且任賑貸者不得其人，或更恐積之太多，艱於斂散，虛存數目，至以空文副功令。要皆未能探其本，竟其用，更推廣而通變之也。今請於十家一牌、十牌一甲、十甲一保之中建立一倉。倉積穀三千石，一家大小口相衡約爲三口，口穀一升，家計三升，一保千家之中，日食穀三十石，保倉三千石之積，足支百日，□倍積之，分別極又次貧三等，足支一年，雖遇奇荒，人不為動。其斂之法令鄉耆保甲長因勢願情，次第興舉，各保之倉輪甲遞管，共相稽查，年清年欵，視社長為尤易，而累弊亦可盡除。由此官考其成，隱然有上下相維之勢，行之既久，人有所恃，安土重遷，至於歲慶屢豐，積貯日富，以其餘息，因倉立學，膏火可資息，又有餘則保中之鰥寡孤獨昏喪無資者，皆可因而給之，豈非上治哉？

保甲行於井田之時，此探本之論，後世田不可井，乃不得不謀變通之法。

（清）徐棟《保甲書》卷四陸曾禹《嚴保甲》

《周禮》大司徒施教法於邦國都鄙，使之各以教其所治民，令五家為比，使之相保；五比為閭，使之相受；四閭為族，使之相葬；五族為黨，使之相救；五黨為州，使之相賙；五州為鄉，使之相賓。

註云：保，猶任也，居相親近則易為督察也。相受者，居同門閭則可相容納也。相賓者，賢能皆備於中，相與賓而興之也。

齊《管子·禁藏篇》云：夫善牧民者，非以城郭也。輔之以什，司之以伍。伍無非其人，人無非其里，里無非其家。故奔逃者無所匿，遷徙者無所容。不求而約，不召而來，故民無流亡之意，吏無備追之憂。故主政可往於民，民心可繫於主。

昔施伯對魯莊公言：管子，天下之才也。所在之國，則必得志於天下。今觀其所重，不外於保甲法，則保甲之不可不急於行也明矣。

秦以衛鞅為左庶長，定變法之令。鞅使民為什伍而相收司連坐，其法以五家為保，十家相連，收司相糾察也。一家有罪，九家舉發。若不糾舉，則十家連坐。司猶管也。為什伍之法，使之相兼管也。

此非衛鞅保甲之法乎？心雖殘忍，才頗雄長。欲民之守其法，遵其令，亦若舍此不能。蘇東坡云：帝秦者，商君也；危秦者，亦商君也。美哉，斯言也。使以是法而範羣黎悉歸仁厚，焉知不能以王道而化成天下，何至立法自斃而遺後世之僇哉？

宋張詠守蜀，季春糶稟米，其價比時減三分之一，以濟貧。民凡十戶為保，一家犯事，一保皆坐，不得糶，民以此少敢犯法。王文康知益州，獻議者改詠之法，窮民無所濟，復為盜。文康奏復之，其賑糶法：人日二升，團甲給票，赴場請糶，始二月一日至七月終歲，出米六萬石。蜀人大喜，為之謠曰：蜀守之良，先張後王，惠我赤子，俾無流亡，何以報之，俾壽而康。

張公以十家而共除一人之弊，此弊之所以除也，法變則盜興。王文康亟奏復之，蜀人不但為之喜而且為之謠，其法之有益於民，而不可廢也，審矣。膺牧民之任者，思欲共躋於昇平，當以張公之所行為善。

神宗熙寧三年十二月，立保甲法。其法十家為保，五十家為大保，十大保為都保。選眾所服者，二人為都保正、副。凡保丁聽自置弓箭，習武藝，於是諸州藉保甲聚民而教之。

至難行者，保甲。蓋里閭紛紜，民居繁雜，一時豈易稽查？此事總在賢能縣宰，隨時審勢，逐段分清，積久認真，漸有就緒，王安石本意亦欲寓兵於農，但訓練無時，妨農擾眾，是以行之無成。欲行保甲者，當不泥古而仍不背古，斯稱大經濟。

程伯淳令留城，度鄉村之遠近，為立保伍。使其力役相助，患難相扶。孤煢殘疾者，責之親黨，令無失所出。其途者疾病，皆有所養。擇其子弟之秀者，聚而教之。鄉民社會為立科條，旌別善惡，使之有勸有恥。在邑三載，民愛之如父母。

保伍之法，賢人君子之所必重者。蓋以舍此則無以聯絡人情，而使之交相勸勉也。故程夫子於鄉民社會之時，特立科條，使其有廉有恥，患難相扶。且拔其秀者而教之，皆由別之清，故能勵之切。使非保伍為立科條，何從下手？

范仲達為袁州萬載令，善行保伍法，自來言保伍法無及之者。雖有奸細，一無所容。每有疑似無行止之人，保伍不敢著，互相傳送至縣。縣驗其無他，方令傳送出境。訖任滿，無一寇盜。後張定叟知袁州，欲覓其法而不可得。偶有一縣吏，畧記保甲之大概：云縣郭四門外置隅官四人，此最緊要。蓋所以防衛而制變者也。一個隅官須各管得十來里方可，若諸鄉則置彈壓之類，而不復置隅官。默寓大小相維之意，其用人子弟必使竭力料理，非比泛泛，每以旌賞拔擢而激勸之。

留心濟世者，無時不以善政為念者也，若仲達行之於前，定叟訪之於後，惜乎不能盡得其妙。惟隅官之置知其所重要，知防衛而制變者，即社長之類是也。總之獎賞之事，明則彈壓之用，切匪類不容於甲矣。

朱熹於建寧府崇安縣，因荒請米，既建社倉，乃立保甲法。其法以十家為甲，甲推一首，五十甲推一人通曉者為社首。逃軍無行，不得入甲。凡得入者，又問其願與不願，惟願者開其大小口若干，共登一簿以便稽查。

（清）許乃釗《鄉守輯要合鈔》卷一《通論·堅壁清野議龔太守景瀚》

竊惟邪匪滋事以來，蔓延四省，輾轉兩年，處處有賊，處處需兵。負固則經年累月不能克，奔竄則過都歷郡不能禦。議者惟以兵少為辭，於是調鄰省、增新兵、募鄉勇，但謂以多為貴，不知其無益而反有害也。何則？國朝經制之兵，本屬有限，而腹裹尤少，其重兵所在，非番回錯雜之區，則形勢要害之地也。一調不已而至再，再調不已而至三，備禦空虛，奸民因而肆志。是無事之區，又將滋事。即如四川、湖北之兵，皆以全赴苗疆，邪教遂乘機起事，豈非明效大驗乎！此調兵之害也。倉卒募兵，但取充數，非市井無賴之人，則窮苦無聊之輩。紀律不習，技藝不精，心志不齊，膽氣不壯，遇賊惟有紛然鳥獸散耳。此增兵之害也。鄉勇守護鄉里，易得其力，若以從征，則非所願，無室家、妻子、田廬、墳墓之足繫其心也。平居未受涓滴之恩，臨難責以身命之報，於勢既有所難能。而為之長者，素昔等夷，本無上下之分，與以虛名強相鈐制，又有所不服。故加恩則玩而驕，執法則忿而散，求其約束而整齊之者難矣。其藉此為利，浮開名數，冒領銀糧者，又無論也。至於臨陣，既未習乎戰鬬，疑則易驚，又各自為步趨，紛則易亂。即或誘之以重利，鼓之以大義，而有勇無剛，能暫而不能久，鬨然而進，亦鬨然而退耳。此鄉勇之害也。且兵勇多則糧餉廣，糧餉廣則轉運難。國家帑藏充盈，殺賊安民，雖千萬在所不計。而民間之疲於輓輸，困於差徭者，不知凡幾矣。文報有站，糧運有臺。軍營之移徙，使節之往來，其夫馬不能不資於民力。近地不足，調之遠處州縣。雖官為給價值，而例案所銷，豈能敷用？每縣夫數百名，馬數十匹，道途之費，守候之費，津貼之費，司事者口食之費，皆派之里下。不肖生監，又從而乾沒其中，為日既久，民力竭矣。官吏但顧考成，一切以軍興法從事，科斂督責，民必不堪，事變滋起。或遇水旱之災，將何以處之？況乎將領不能約束兵丁，所過甚於盜賊。鄉勇從而效尤，激而生變，是所憂者不獨在邪匪也。然使有濟於事，僥倖成萬一之功，亦不必過為疑慮。而自去年以來，其情形大概可見矣。川省之山，層崖峭壁，削立如城堞者，所在多有，其上有田有水。賊若據之，非數萬之眾不能攻取。然周圍百餘里，或數十里，終未能環而圍之也。竭力仰攻，士卒損傷過半；幸而得之，賊已乘間率眾他徙矣。則又窮日夜之力以追之，而其勢常不相及，蓋賊因糧於民，無地非民，則無地非糧，官兵之糧，必須轉運。賊竄無定向，亦無定期，糧臺豈能豫設？夫馬豈能豫增？倉卒移營，糧必遲誤，此一難也。賊皆輕身，登降便捷，而我兵鳥槍、弓箭、火藥、鉛彈，身所佩帶不下二三十斤，行走不易，此二難也。賊皆本地之人，慣於山行，婦人孺子，亦趫捷若飛，而我兵如陝、甘等處，壯健有餘，輕捷不足，登山半日，汗流氣喘，未遇賊而先困矣，此三難也。賊隨時隨地可以休息，而我兵行必按隊，止必安營，挖壕樹柵，守卡站牆，日夜不得安歇，此四難也。賊常飽而我兵常饑，賊常逸而我兵常勞，勝負之勢已分矣。幸而勝之，所殺者，賊之後隊數十百人，或其老弱疾病不能行者耳，其首惡及全夥不可見也。賊之詭計，又分布數人於左右十餘里中，四面放火，使我兵疑畏，不敢遽進。及至探明，而賊蹤已遠矣，此尾追所以常不及也。於是有謂宜繞道在前，迎頭截殺者，究係空言，亦無實濟也。前後夾擊則左右分馳，東西並攻則南北各竄。山澗重疊，道路分歧，處處可通，頭頭是道，安所得十餘萬之兵，一一迎而擊之？即令兵多將廣，四面兜圍，而賊聚而衝，我散而守。十餘萬之兵，分布於周圍數百里之內，其勢既分，其力亦薄。賊以全力拚命衝突，亦未有不潰而出者。故賊之往來，可以自如；我之進退，反不能自主。賊合而我兵不得不分，賊分而我兵遂不能復合。焚掠裹脅，賊愈殺而愈多；疾病死亡，兵日添而日少。勦則無以為守，守則無以為勦。城池已在在堪虞，將領惟斤斤自保。今日之賊，無論非今日之兵所能蕆事，即或雒兵全來，新兵已練，而使之追逐千里之餘，奔馳半月之久，力疲氣阻，其勢又為今兵之續。賊勢益張，兵氣益餒，日延一日，事恐不可問矣。然則為今之計將奈何？

曰：賊未至巴州，而巴州之民先去；賊未至通江，而通江之城已空。守土之官，雖欲效死勿去，其誰與守？此無他，民心無所恃也。故殺賊以安民也，今必先安民然後能殺賊。民志固則賊勢衰，使之無所裹脅，多一民即少一賊矣；民居奠則賊食絕，使之無所擄掠，民存一日之糧，即賊少一日之食矣。為今之計，必先行堅壁清野之法。責成地方官巡行鄉邑，曉諭居民，團練壯丁，建立堡寨，使百姓自相保聚。併小村入大村，移平處就險處、深溝、高壘。積穀練兵，移百姓所有積聚實於其中，賊未至則力農、貿易各安其生；賊既至則閉柵登陴，相與為守。民有所恃而無恐，自不至於逃亡。別選精鋭之兵二三千名，以牽制賊勢，不與爭鋒，但尾其後。賊攻則救，賊退則追，使之進不得戰，退無所食。不過旬餘，非潰則死耳。不戰而屈人，策之上者也。

其要必先選擇良吏。一省之中，賢而能者，道府豈無數人？牧令豈無二十餘人？其奔走趨事，明白勤幹，佐貳豈無數人？今川省賊所往來，川東惟夔州一府，達州一州，川北惟保寧、順慶二府而已；陝西惟興安一府，商州一州；河南惟南陽一府；湖北惟荊州、宜昌、施南、襄陽、鄖陽五府而已。所屬牧令，賢者留之，不肖者易之。每處各派佐雜數人，分任其事，以一道府董局事，佐以正佐數員，講明利弊，議定章程，總其大綱。其餘道府，分路經理稽查。不過三月，可以畢事。

其次則相度形勢，天成之險。如大成寨、太平寨等處者，加卑因高，使之可守。移附近居民於其中，先藏積穀，貧者官貸其資，茅屋草棚，聽其自便，其故居仍留弗毀。賊未至時，仍可照常安業也。其村莊、市鎮人烟湊集如臨江市、普安場等處者，隨其所居，因山臨水，為築城堡，外挖深壕，務令廣高。民居零星在外者，移入之磚石木料匠役之費，皆給於官。惟丁夫取於民，有貧乏者量給口糧，以代賑恤。

其次則選擇頭人。山上之寨，平地之堡，人戶既多，一切事宜需人經理。擇其身家殷實，品行端方，明白曉事者，或紳監，或耆民，舉為寨長堡長。給以頂戴，予以鈐記，使總一寨一堡之事。其清查戶口，董視工程，經營錢糧，稽查出入，訓練丁壯，修飭守備。別擇數人為之副，各就所長，分任其事，以專責成。

其次則清查保甲。戶口繁多，奸良莫辨。外至者，疑其為間諜也，即久居者，亦慮其有匪黨也。行保甲之法，十家聯保，互出甘結，始准移居。匪類送官究治，其踪跡可疑，尚無確據者，另附册尾，聽其別居自便，毋使溷入以滋後累。其餘良民，悉使團聚。家有幾人，大小幾口，所操何業，田土若干，詳註册內，以便稽核。其次則訓練壯丁。每戶抽壯丁一人或二三人，編為部伍，鳥搶、刀、矛，各習一技。官為給價，製備器械。每一堡寨，擇營中千把或外委一員，兵三四名，使之教導，勤加訓練。有事則登陴守禦，自保鄉里，毋令出征。惟本州縣有警，或鄰堡告急，許其以半救援。其次則積貯糧穀保寨之中，建倉數間，富家囤戶，有糧難以盡移者，官給銀收買入倉；無者買於鄰近各鄉。官兵經過，即以此糧供支，賊至閉寨。壯丁守陴，按名給糧，毋令家食。其鰥寡孤獨，貧乏殘疾，及家稍充而實無糧者，准其照册分別賑借。賊平之後，即為本鄉社倉，分貯常平，一遇災歉，即可就近賑糶。

其次則籌度經費。所有築臺、挖壕、建倉、買糧、置備軍械，一切守禦器具，及搭棚蓋屋之費銀皆官給，交堡寨長司其出入。惟倉糧之數主於官，賑借供支，官為報銷。其餘銀均攤於堡寨居民所有田地，分為十年或八年，隨地丁徵還。如此者，有十利焉。川省無土著之民，五方雜處，其性輕於去就，故一聞警報，輒四散奔逃，民心疑懼，則千里無堅城矣。今堡寨林立，聲勢聯絡，民居既安，民志自定。父母妻子，團聚一家，無流離死亡之憂，不慮為賊逼脅陷於邪黨，可以保全良民，潛消賊勢，其利一也。糧皆藏於堡寨之內，所餘村落店館皆空屋耳。賊即千里焚掠，無所得食。若攻圍堡寨，則丁壯自護身家，其守必力。又有鄰保之救援官兵之策應，其力必不能攻陷。狂奔十餘日，非潰而四散，則轉輾於溝瀆之內矣。區區首惡，何難就擒？可以制奔竄之賊，其利二也。據險之賊，不能不下山掠食。今民皆團聚，糧不露處。冬夏之交，野無青草，附近已無所掠，遠出則近山之堡寨，皆得邀而擊之，其勢又不敢出。坐困月餘，積糧既竭，終亦歸于死亡、逃散而已。可以制負固之賊，其利三也。州縣之有鄉村，如樹木有枝葉，枝葉傷則根本無所庇。鄉村皆為賊所蹂躪，其城郭之不亡者，僅矣。今四面皆有保寨，障蔽擁護，賊必不敢徑犯城郭，有急則環而救之。賊將腹背受敵，況官兵又乘其後乎。可以保障州縣，其利四也。堡寨遠者，相距數十里，近者或十餘里，官兵經過，就近供支。糧臺可以不設，官無轉運之費，民無輓輸之勞，至文報往來，無須兵勇護之。即於堡寨之在大路者，安設夫馬遞送，可以省臺站之費，其利五也。每省挑選精兵三千，賊合亦合，賊分亦分，牽制其後，使之不得攻陷城堡足矣。其餘悉令歸伍，所省鹽糧猶其小者也。兵少則差徭亦省，民受無窮之利，而營伍不致空虛，亦無虞更生他變，其利六也。守陴壯丁，惟賊至時數日給以口糧耳，無按月之鹽糧，無安家之銀兩也。其費較招募鄉勇，所省何啻天淵？而愛護鄉里朝夕相見，猶有古者守望相助之意，可以情法維繫之。不若鄉勇，從征日久，習於兇暴，怯公戰而喜殺掠，釀為將來無窮之隱憂，其利七也。保伍時相糾察，而堡寨之長，又從而稽查之，則奸究無容身之地。其桀驁不馴如嘓嚕者，亦懾而不敢肆，可以漸化為良民，其利八也。邪教蔓延，為日既久，伏而未動者，正不乏人。今淑慝既分，居不相雜，冥頑者苟潛入於賊黨，可以一併殲除。其愧悔者，必安居乎故業，可以保全身命，絶後患之萌，開自新之路，其利九也。規模既定，守而勿失，遠近一體上下同心，如網之在綱，有條不紊；如身之使臂，無令不從。無事之時，按籍而稽，瞭如也；有事之時，畫地而守，井如也。一勞永逸，數世賴之，其利十也。

然而愚者可與樂成，難於圖始，因循目下，畏難苟安。此議一出，必有沮之者。一則曰，騷擾反以累民也。夫擇利莫若重，擇害莫若輕。賊匪所過，焚燒房屋，殺戮人民，擄掠婦女，其慘極矣。民雖至愚，亦必明於利害。所全者大，即小有騷擾，猶當毅然為之。況保其身家，全其積聚，順其情之所樂，何累之有？若云奉行不善，則官吏之過，當易其人，不當廢此法。如戰場失利，豈以偶無良將而遂永不用兵乎！一則曰，迂緩不切於事也。夫欲速則不達，自去歲以來，各省所行，何一不速？何一有效？事固有不急，急於目前，而收功於異日者。及今為之，未為晚也。行之一縣，可保一縣；行之一府，可保一府。同時並舉，不過三月，賊在羅網之內矣。是速莫速於此也。舍此以圖，其果有旦夕奏效，操券而得之策乎？一則慮其費大也。夫成大事者，不惜小費，苟能平賊，即多費亦所不惜。今州縣大者，不過堡寨數十處，小者十餘處。一省所辦者，不過三四十州縣耳。裒多益寡，合計每省用銀，不過一百萬而已，後此即無所費。較之養兵、養鄉勇，每月需銀百萬兩，而靡所底止者其費何如？且惟買糧為費較鉅，而糧分貯於堡寨，何異貯於州縣之倉，今各州縣豈能不採買乎？其餘借項，分年帶徵歸款。是不獨省費，且並無所費矣。一則畏其煩難也。夫天下無難成之事，患無任事之人。今自道府下至堡寨之長，總理者有人，分任者有人，勞瘁不辭，纖悉具舉，何慮其煩難？且通江、巴州、儀隴，賊所蹂躪之處，失業難民豈能不為撫恤？清查戶口，修理房屋，弔生恤死，賑乏周貧，其煩難何止十倍於此？與其補救於已然之後，何如預備於未事之先乎！是數説者，皆不足以難之。然則今日急務，莫有先於此者矣。不然，不務安民，何以禦賊？民懼賊而逃，猶可言也。兵愈增則差徭愈重，師愈久則擾累愈多。數月之後，恐民見賊至將不逃，而與之合矣。今不早為，後悔無及。謹陳一得之愚，以竢採擇焉。

案堅壁清野之議，創於海峯先生。先生通達治體，學究本原，而又從軍日久，目覩時艱，深維所以匡救之道。經畫七則，與三害、十利、四難，無一字非實事求是。後來平定教匪方略，皆由於此。中間以州縣之有鄉村，譬樹之有枝葉，尤為確當。有臨民之責者，可不思所以庇其本根歟？

（清）許乃釗《鄉守輯要合鈔》卷一《通論・禦賊議檀大令萃》　方今之患，營空倉空庫空。然轉其空而實之，蓋有道存焉。奸匪之徒，矙此三空，恣行搶劫。所過村寨，居民奔逃，無敢堵禦之者。使所過之處，即空一處。不早為之，所其空益深，事不可為。蓋三空之患，猶恃有民。固其民不至於奔逃，使之各自為守。在於檄行州縣，申明保甲，團集鄉勇。凡民之逃生，於畏賊，一人逃，羣從而逃，棄其家室老幼蓄積。賊得據之，以恣其擄掠淫殺，故賊愈張而愈多，遂至於不可制。今固結居民，民有所恃，不至於畏賊。各顧其室家老幼蓄積，齊力出而禦賊。賊聞之，必不敢來攻。蓋攻難於守，城堡之守，以高臨下；村寨之守，以逸待勞。故守者之一可以敵攻者之百。凡城池以官吏領之，以士民佐之；村寨以士民之有身家智略者領之，各率其子弟年少豪勇以佐之，賊必不敢入。故申保甲，集鄉勇，得寓兵於農，守望相助之遺意。不假力於營，不待餉於倉，不仰給於庫，各自為守，不仰於官，而賊不能擾。轉其空而實之，此不易之道也。此事之行，或疑其驚惶百姓。夫百姓驚惶，由於無所倚恃。故聞賊即驚，賊至即逃。今使四鄉之民，各恃其村堡，都會市井之民，各恃其城郭闤廟，不畏賊而怒賊，且同心共憤以攻賊，正所以安集百姓，使之有定心也。固民即能任地，任地即能生財，此相因之道。民心既固，不至奔逃。耕於野為農民，聚於堡為鄉勇，則民皆兵也。民不散而地不荒，耕種如故，而糧有自出，是倉不空也；丁地之銀，廠鹽之額，舉皆如舊，是庫不空也。去三害而獲三利。出一紙通行文書，可以收實效矣。蓋為政之道，憲府總其大，州縣任其成，故地方有事，責成於州縣。州縣雖曰親民，亦不能以一身獨為也。必分之士、民、書、役、鄉、保以共襄其成。夫獲一案有賞，失一盜有罰，處分皆歸於州縣。故州縣莫不盡力，竊強黨少則曰盜，奸匪成羣則曰賊，然總之皆盜也。責成於州縣非難辨者也。漢時渤海賊起，龔遂為守，單車到官賊即解散。牂牁叛殺太守，朝議棄之，杜欽説王鳳遣任職太守往，於是以陳立為守，即便誅平。古來如此者甚多，故功成多由于守令。凡夷民之變，宜選州縣夙有威望、為夷民所信服者鎮撫之，庶幾收龔，遂陳立之效，亦一策也。

案今之州縣，皆藉口於倉庫營三空，謂天下無一可為之事矣。默齋先生轉空為實之法，獨推本於責成州縣，固結居民。與海峯龔太守堅壁清野議所見略同。兩公皆州縣中最卓著者，而所言若此，信非書生紙上空談也。以下各條皆分輯各卷，兹特録其前議云。

（清）許乃釗《鄉守輯要合鈔》卷二《首事》 鄉守之法，保甲以清内盜，團練以禦外賊也。得其人則事舉，不得其人則奉行故事，甚且不勝其擾累矣。故司事宜慎選也。

（清）許乃釗《鄉守輯要合鈔》卷二《首事・寄甲法賀縣團練規條》

戶冊既成，兼行寄甲之法，以免混入匪徒也。賀縣主弱客強。客民寄處於此者，十居六七，而山中尤眾。其中良善客民，或貿易發跡，或耕種生理，原與土著無異。如有等不肖客人，以延接鄉親為名，凡有自廣東來者，不問來歷，不分良歹，一概容留。戶冊既無其名，保甲憑何稽查？今本縣特設寄甲之法。

（清）許乃釗《鄉守輯要合鈔》卷五《號令・勸諭明呂司寇坤》 凡我居民，聽我勸諭。目下歲飢盜起，却不商量一箇擒拏盜賊保護身家性命的方法。只要聽信小人故意搖惑喧傳的虛聲，先自家慌作一團，把婦女、衣物、糧食、頭畜亂行遷移逃避。無論貧民乘機搶奪，只説為甚麽便輕易離了鄉井！今有一法，只是四箇字，叫做大家齊心。從今大家立誓：日日整頓器械，操演弓箭、槍刀、神槍、火礮等件，才是備禦事體。小人虛張聲勢，捏造謠言，正要我們亂動，他好搶掠。略有識見的，怎肯墮他術中？若是大家齊心守護，大家齊心救援，大家齊心擒捉，看他如何搶掠？俗語云：強龍怎敵地頭蛇。我們土著居民道路熟便，他們就是強壯，道路生疎，終怕我們四面圍捉。若家家相扶持，村村相聯絡，遇一賊來便都出門，大家齊心向前，難説賊頭都是好漢。他馬是沿途搶的，人是沿路裹的，真正賊徒不多。古語道得好：射人先射馬，擒賊先擒王。只用百十箇好漢，手拏百十條棗棍，打他馬腿，馬倒了，箇箇成擒。如賊到街衢，兩旁只暗用絆馬索絆他馬，如何敢走？若搶入人家居住，如前日某村擄掠財物、污辱婦女光景，就該捨了幾間房子，一把火燒箇罄盡。若在村鎮外屯住，晚間暗堆積草，周圍放火，不怕他不勦滅。何故只聽虛聲便都逃躲、讓路、讓屋、讓酒飯與他？骨肉拆散、親戚飄零、家業被搶、妻子遭辱，就中自守的，反保全無恙，豈不是勇敢當先者可護身家性命，而慌怯逃避者反辱身喪家之一明驗哉？如今道院父母為地方費盡心力，募兵請兵，護守城池，催督我們團練鄉勇，且懸重賞。我們大家齊心奮勇，保固一方，奏聞九重，名留千古，至一切功名賞罰，公祖父母自有不測之妙用也！先以此約轉相勸告。

（清）許乃釗《鄉守輯要合鈔》卷一〇《雜述・召募二則唐韓文公》

天下之兵，乘機逐利，四出侵暴，且本軍有餽餉煩費之難，地主多姑息。形迹之患急之則怨，緩之則不用命。又與賊不相諳悉，臨敵怨駭，難以有功。若召募土人，必得豪勇，與賊相熟，知其氣力所極，無望風之驚，愛護鄉里勇於自戰，徵兵滿萬，不如召募數千，可上聞行之。《與柳中丞書》。

諸道發兵，或二三千人，勢力單弱，羈旅異鄉，道路遙遠，勞費頗多。士卒有征行之艱，閭里懷離別之思。今聞陳許安、唐汝壽等州村落百姓悉有兵器，小小俘劫，皆能自防。習於戰鬥，識賊深淺，俱是土人護惜鄉里。若令召募，即可成軍。兵數既足，加之教練三數月後，諸道客軍，一切可罷。比之徵發遠人，利害相懸。《論淮西事宜狀》。

案文公一書一狀，皆極言徵發之難，與召募士兵之效，可為千古龜鑑矣。或謂鄉兵怯於應敵，動輒驚潰，逮至遣散，又復聚而為盜。更有奸民應募，轉為賊用。遂謂鄉兵必不可募者，不知以上諸弊皆由練之不精、遺之乏術。當其召募之始，不由本地公正紳士及首事人等保送選擇，市井無賴與外來奸民，皆得乘機混入。奉行不善，百弊叢生，是豈鄉兵之過哉？余讀文公書有所感觸，因贅數語於後。

（清）許乃釗《鄉守輯要合鈔》卷一〇《雜述・土兵論明周臺公籌訓練》

土兵者召募土著之兵也，募之宜早，練之宜勤，吾民即吾兵矣。從來難馴而易潰者皆客兵耳。土著可以懾服客兵而盡為我用。此輩有籍貫、親友、父母、妻子，雖欲逃無所歸，食以厚糈，激以重賞，予以甲器，可以省轉餉之煩。較之徵調召募又何如哉？

（清）許乃釗《鄉守輯要合鈔》卷一〇《雜述・揀練民壯論明崔銑》 嘉靖癸未，山東盜王堂起，議調邊兵。崔銑著論曰：國家有漢之全盛，無其強，無宋之苟安，類其弱。蓋由士業章句，登仕太易，鮮知經世之學，官多牽制，遷代數不予專斷之權，弛而莫支莫甚於兵。舊制縣僉民壯，即古士兵。近年增減靡定，多以傭奴充之，使之擒賊，如驅羊入屠門也。宜制大縣四五百人，次三百人，又次二百人，兩戶醵出一人分為兩班，揀拔悍勁，操習武事，登其材武者為隊長。直者守城緝盜，休者力田樹桑；平居稽察逋亥，小警團練以守。夫民貧為小盜，應倡而聚，然後大。每鄉嚴則縣靖，縣靖則府靖，推之天下皆然。大司馬彭公如銑策，奏行，王堂平。

案小盜不緝，必至聚為大盜。天下之安，未有不由鄉嚴、縣靖而來者，此不易之理也。然必膺民社者，講求有素，而為之上者，又能假以事權。寬以時日，庶可從容就理。否則各縣民壯，驟添數百人，其費用一皆出之民戶，恐賊未至而閭閻已不勝其擾矣。崔君言之，而彭公竟能奏行，山東之盜卒以此平。崔論固不可及，彭亦有古大臣之風哉。

（清）許乃釗《鄉守輯要合鈔》卷一〇《雜述・鄉兵三利五擾明趙完璧》 萬歷二十五年，趙完璧奏，鄉兵之利有三，擾有五。嚴祛其五獨存其三，法斯善矣。何謂三利？民無轉輸之勞，士無征調之苦，一利也；禍起變生，枹鼓一鳴，倉猝可集，二利也；人自為兵，家自為敵，有兵之實，無兵之名，三利也。此三利，人人能言而利中之害，法中之擾，非目擊者不知。何者？兵農之分已久，一旦驅而為兵，誰應之者？勢不得不計丁報派。里胥乘奸索賄，富者以錢神而漏，貧者以閭左而役，其擾一也。派有名籍矣。器械所需，官不給予，責之自備。奸貪掾吏，又駕為查驗之説，百方刁勒，其擾二也。器械驗矣。例應造册報上，紙工之費，官不肯出而責吏，吏稟官而派兵，及其轉上府，府吏又索賄始收，其擾三也。册已申矣。定期而操，有司隨意宴早，或持兵正午而待不至，或晨夜已散而忽查點，不到有罰，不中有贖。使民賣田鬻子而償，其擾四也。操有期矣。訛言或至，不查的實，張皇四顧，輒集城守，露處宵立，曠日糜工，其擾五也。百姓囂然，不北走胡，則南走越矣。故練鄉兵，先去五擾。欲去五擾，莫若寬厚之意多，而束縛之政簡。富家大姓計口分充，單丁獨戶者可免也。應用器械，官為給予，近日募兵之例可比也。册以記名籍，紙字美惡，格式合否，不必太拘，官為之可也。定操有期，早暮勿爽，有司勿怠惰視之，餘日放之歸農，勿為牽制可也。中者有賞，不中者有罰，少示懲戒，薄其鞭朴，勿迫之贖可也。去此五擾，然後民不稱病，而鄉兵之法可行。不然有名無實，有籍無人，即有人亦賣菜傭耳，不待旍鼓相當，而已披靡矣。

（清）許乃釗《鄉守輯要合鈔》卷一〇《雜述・團練須知其害戡定教匪述編》 團練之法，一詳於南充曾公，一詳於梁山方公。後經勒制軍奏，遣官為督理，其法已盡善盡美。教匪之平，得力於此不少。即五省數十州縣之民猶有孑遺，不至相率淪胥於賊者，亦賴有此耳。然團寨往往多為賊破，團練之民亦往往多盡數死賊，又似與其聚而殲旃，轉不若疏散而居，猶易於逃匿，而或能倖免。所以然者何也？凡民不無貧富之殊，而山谷雜處之民，饔飧不給，尤十室而九，其饒有贏餘力能周急者，又二十室而一也。今聚而為團練，往來應敵，守卡坐隘，領令牌則州縣奔馳，備傳探則道路梭織，官糧之所不及，倉窖又多焚劫，萃千百餓殍於荒原，而又加以平日之嫌釁，強弱之偶凌。故團寨不必遭賊，而先已多自破。且賊之所蹂踐者，各省邊隅林谷深峻之地也。民居星散，比閭烟火，團聚無多，於是有併數團為一團者，各家姻連不能遍識，嘗有至戚先已從賊，不知者倉皇竄徙，誤往依倚，遂至殞命者比比也。故團人既多，而賊即雜其中，無從察別。迨羣黨之來，內賊倏起應之，無不立殄。况賊詭計百出，或遣其黨數人偽為難民，逃寨下，述行蹤歷歷，求暫寄，詞甚懇摯，寨人憐之，開門延入。彼則自謂曾經遇賊，鋒甚鋭且多幻術，寨民已慄慄危懼，賊至寨破矣。甚有賊妻，詐稱難婦，攜稺子齠女，狼狽而來，團寨尤無不信。他率類此詭詐極矣。故團練而不知其害，所傷實多。至團練之民敢出而與賊鬬者，亦惟恃有官軍救援，不過偶相牽制，以待官軍之至而勦之也。羣狼出游於路，數童子奔而抗之。在童子，必恃有執械持兵之衆追隨其後，乃以無恐，而狼亦不敢大逞。不然，適送其命於羣狼之口。狼無所損而又得食，反疑執械持兵者之為土木偶，狼愈飽而其氣愈驕。團練之拒賊，何以異是？雖然，團練亦何可少哉？有團練而老弱得藏身之固。其壯健者，賊退則耕，賊來則守，智勇亦於是乎出。俾賊所至，雖無官兵，而亦稍有所憚，且不得裹脅。猶得古人寓兵於農之意。是又在乎官吏於所設各條法外，善於調劑爾。

案前賢團練各書，未有言其害者，惟此獨能鑿鑿言之，非教人廢團練也，蓋必明乎此中之害，然後可以行之而無弊。述是編者，實從創鉅痛深之後，因以所親歷者備著於書，故能詳明如此。若執聚殲之説，遂謂團練不可行，此樂園方伯所誚為夢藝也，烏乎可。

（清）許乃釗《鄉守輯要合鈔》卷一〇《雜述・鄉勇五利四弊張侍御》

鄉勇之利有五，而其弊有四。鄉勇於地方路徑崎嶇皆所素稔，其行便捷，利一；鄉勇習識賊中渙散情形，其氣倍壯，利二；鄉勇於百姓中召募，親戚鄰里，同患相卹，其赴救愈堅，利三；鄉勇各有身家，其自衛急切而氣憤，利四；賊所裹脅者，皆附近州縣之民，各團練鄉勇則賊無可裹脅，而賊之黨與日減，利五。至於其弊，則上下之情未聯，地方官徒借練鄉勇之名以為開銷，且借以索民間幫補，毫無實際，一弊也；兵弁草芥視之，鄉勇離心而逃散，二弊也；鄉勇素無紀律，千百為羣，其中非盡善類，約束不嚴，轉於地方生事，三弊也；平日未得其心，儻或見其擾害地方，及臨陣逃避，責之太過，激恐生變，四弊也。欲盡得其利而全無其弊，是在簡人才以調習之。臣愚以為：於府道中，簡用樸誠而明決者數人，率同各州縣，親身與百姓開導，示以各衛身家，務必同心出力，擇有膂力者，公舉而厚撫之。至性至情，上下相通，則民恃長官如慈父母。早足以固其心，其有不安分之鄉勇，責之以法，衆亦帖然悦服。則民力可用，無不以一當十。且鄉勇統以道府，不為兵所刻迫，其力更奮。實有出力者，優加爵賞，則有膂力之人胥欲得一出身階級，其氣愈鼓。以齊心協力之鄉勇破烏合渙散之賊，所至如掃矣。或謂鄉勇未可深信，不知百姓久受厚澤深仁，斷無異志。特不收用之，而為賊裹脅。善用之則頑悍革心。是必得實心實力之道府、州縣，以統其事，而究其功，又得虚心明察之督撫以總其成而考其最。

案此文見《皇朝經世文编》，係嘉慶五年張侍御所陳練鄉勇核軍需疏也。茲僅節録練勇一則，五利四弊，實皆洞悉之言，救弊之法。先責成道府、州縣，而歸本於督撫，總之在能得人而已。

（清）許乃釗《鄉守輯要合鈔・附録守邊約言三則并引》 安居樂業，人之情也。彼回子何獨非人。前者張逆滋事，一呼而應者數萬人。或者守邊將吏，平日不能安集之耳。誰無父母妻子，誰無田產、室廬？彼棄而弗顧，甘心從逆者，固惑於逆夷之邪説。向使我輩能安集之，張逆之邪説，烏從而入哉！後來，回子受張逆之累，不能保其身家，各自悼悔。為守臣者急宜乘其悼悔，設法安集之，俾後之為張逆者無釁可乘，庶幾邊境可安，而生民不至塗炭矣。因就管見所及，臚列數條，以備大雅君子裁擇焉。道光庚子八月，秀峯齡山自序於烏什官廨。

又： 一，在宣教化。仁義禮智，人之性也。勞來匡直，上之教也。彼回子亦有人情，豈獨不可教哉？其教之之法莫如聖諭廣訓、朱子小學，簡便易明。擇通事中有才學者繙出，於漢回兩城內，各設一公所。每月朔望，該回長帶領衆回子，於公所外伺候，令通事等詳為講説。又擇衆回子中少年俊秀者，令通事教習之。俾之分行四鄉，家諭戶曉，一以傳十，十以傳百，均要使他身體力行，不可視為空言。如此數年潛移默化，日相忘於訓行之中，將人人知有禮義矣。

與友人共鈔《鄉守編》，竟復見《守邊輯要》一書，後有齡秀峯先生《守邊約言》數則，所言極得。信民之本，而宣教化一則，尤得聖人民無信不立之深意。

（清）佚名《保甲章程》 一，牌内有作奸犯科，窩留娼賭，素不安分之徒，准各戶舉明稟報，不得以牌衆不願與之同牌，漏不編入。彼反置身牌外，恃無稽查，肆無忌憚。惟該戶戶上准盖自新二字紅戳，以示區別。如能改過，安分兩年，以後不再加盖。

又： 一，禁搶孀惡習。人生不幸，作女子身，世上難言，惟孀婦事。他家多有團圓之樂，該婦已成離別之悲，踽踽涼涼，淒淒楚楚，為鄰里者自當善體其情，格外矜卹。近有地痞棍徒，三五成羣，幕夜強搶窩留，轉輾逼賣得錢，不知大干例禁，罪定斬絞。嗣後，牌中遇有此等棍徒，許該牌董甲董，赴縣密稟，以便拘拿。審問確實，即將該屋封鎖，入官照律治罪，決不寬容。倘賄縱徇庇，一經該知，併提究責。

又： 一，禁拔人勒贖。劫人之財，猶謂之盜，而況拔人。查定例，捉人勒贖，重則斬絞，輕亦流徒。凡牌甲之中遇有此等惡棍，是與殺人、傷人均屬要犯。誠恐地保等住居稍遠，不能一時擒拿，一經脱逃，該鄰佑牌甲干連非細。平素見有面生可疑之人，即應盤詰、稟報，使外匪不得匿迹；見有強横不法、好勇鬭毆，即當好言勸戒。及至釀成事端，罪有應得，大家顧不得情面，只得恊力拿住，綑縛送官，免得自家干係。如敢徇縱，一體查究。

又：一，禁賭害。本朝賭禁甚嚴，凡職官有犯賭者，必罣吏議；而民間或有賭博之事，着地方官嚴申誥誡，逮案重懲，法令可謂嚴明。無如愚民無知，執迷不悟，往往梟匪之徒成羣結黨，盖草為棚，支板為桌，而鄉愚為其所誘，或糶米以上市肆，或携錢以輸官租，一擲傾囊，空空兩手。其愚懦者，既經賭負，思無面目以見父老，因此輕生者有之。若桀黠不馴之徒，則既喪巨資，必致流為匪類，或拔人以勒贖，或敘盗以刦贓，一經拿捕，身遭五等之刑，殊可憫也。如牌甲中遇有聚賭抽頭黨羽匪徒者，即應密稟，以便拘拿重辦。倘賄縱狥隱，一律提究嚴懲。

又：一，禁煙害。鴉片之流毒甚矣哉，國朝道咸年間，大臣林文忠等，禁之綦嚴，厥後海禁大開，遍染中土。其始吸食者，以為應酬之物，積久而有癮難除。富有力者，沉迷煙窟，顛倒辰昏；貧無賴者，典賣衣衫，饑寒交迫，甚則妻子有不及顧，事業悉屬拋荒，面目黧黑，形容枯藁，或迫而為匪類，豈不大可哀乎？外洋尚有禁例，中國視若常餐，按户抽捐，官無可禁。牌甲中如有少年子弟，喜食鴉片，伏祈耆老，隨時勸導，使勿犯其荼毒，則廣積陰功，莫此為甚。

又：一，禁争訟，告狀最是廢時失業的事。小民相親相敬，當以禮讓為先。一涉争訟，匍匐公堂，破了情面，傷了和氣。而且上衙守候，耽誤工夫，化銷盤費，無論官事輸贏。即便贏了，自己有見不到的去處，臨時還受多少煩惱，損人不利己。何苦如此作為？嗣後，牌甲中凡有户婚、田土口角微嫌，可邀牌董、甲董及鄉耆鄰佑，平心理論。再設有過不去的事，實在難以理料，再入官告狀，你的理也占十分了。《朱子家訓》云：居家戒争訟，訟則終凶，不可不猛省的。至于教唆詞訟，大干法紀，如有播弄鄉愚，滋生事端，致令訛空不休者，一律訪拿究辦。

又：一，禁習邪教。設教之人，居心陰惡，始則傳徒入會，繼則誆騙錢財。爾民被其煽惑，遂至男女不分，良莠混雜，勢必日聚日多，釀成謀逆大案。首從各犯，斬決、凌遲，妻女子孫概行緣坐，地鄰牌甲一併株連。律法森嚴，何可嘗試？民之入其教者，原圖求福消灾，殊不知獲福全無，招禍立至。試看歷來邪教，無案不破。即如京師庚子之變，拳匪一案，斬殺無數。這聽邪教的榜樣，爾民務須加意防範，勿為匪徒煽惑。在牌甲中，更當不時稽察，多方開導，務使盡為良民。至外來雇工，奸良莫辨，若不查明來歷，混行留用，日後事發，即使辨明不知情由，已罹失察之咎。何若稍多工價，專用本地認識之人，可知底細而免後患。

又：一，勸全節操。婦人夫亡之後，如能青年守節，白首完貞，許牌甲中各董或親族呈明詳請旌表。設或無可依靠，不能孀守，情愿改嫁者，亦例所不禁。今則俗多惡習，非母家強行奪志，即夫家逼令擡身，或圖得聘禮，或冀分家財，甚至夫家行聘，母家控争，母家受財，夫家揭告。從中有不肖棍徒，聳動煽惑，得分肥潤。遂致所得財禮，盡歸烏有。殊不知此種銀錢，不能成家養命。為翁姑者，何忍將自己兒媳，甘為他人子婦；為父母者，何忍親生骨肉，令其改節失身。嗣後，牌保中自當力除積習，痛改頽風。如果本婦不能守節，自愿改適者，方許母家擇配，夫家受財主婚，聽其他嫁。倘本婦矢志撫孤，甘心守節，夫家、母家以及親族鄰里悉當格外照顧，時加賙恤，使其完名全節，百世流芳，鄉里亦增光耀。若竟怙惡不悛，搶孀逼嫁，不特律法難容，即天理昭彰，亦難逃誅罰，凜之戒之。

又：一，勸設蒙養學堂。國家新政，凡生員、貢生、舉人、進士，均由學堂出身，與科舉並重。京師有大學堂，省會有高等學堂，府廳有中學堂，州縣有小學堂。鄉鎮均應多設蒙學堂，三年卒業，由次遞升府縣學堂。每歲總理教習員數，並學生入學及卒業人數，於年終散學後，詳報該管省分之官，立高等學堂，轉咨京師大學堂以資考覈，蒙學堂亦如之。此雖節取歐美、日本列邦之法，實即吾中國古盛時家塾、黨庠、州序、國學之遺制。牌甲中不乏紳富之户，或十户設一學堂，或數十户設一學堂，延請品端教習，招集童蒙學生。俾孩提皆知愛敬成人？悉就範圍，凡作歹為非者，均由父兄之教不先，子弟之率不謹，所以定例。若子弟不肖，必科其罪於父兄，即此意也。若童而習之，所見所聞無非方正、儀型、聖賢、義理，潛移默化，又何有放僻邪侈之人乎？萬望保甲紳富竭力捐貲栽培後進。上則仰體夫君后，下必食報於兒孫，即如吾湖蔡氏，捐產建學，獲中狀元者三人。蔡升元，嘉興蔡以臺亦其分支，蔡啟樽。有詩云：日對彤廷策萬言，傳臚高唱帝臨軒。君恩獨被臣家渥，十二年中兩狀元。此明驗也，吾願汝民效之。

又：以上各條，本縣認真編查。係保衛閭閻起見，又附勸禁條欵，均切近緊要事勢而論，並非虛設。保中士民、耆老伏望隨時講解，俾鴞音悉格，雀角無爭，敦本保身，勉為良善，弦歌雅化，仁讓休風。復見今日本縣職司民牧，休戚相關，待爾們如家人父子，一般總要大家做個好人，免得自取悔禍。你們須當仰體本縣這番意思，切勿視為煩文，無關痛癢，勉之慎之。至委員船隻、薪水、書差、夫役工食以及門牌清册，一切紙筆刷印費用，均由本縣捐廉給發，不取民間分文，並於門牌上各蓋紅戳。倘有書役，藉端勒索，化名科斂，准爾民赴堂喊稟。本縣立予提問，决不略有拖累。爾民亦不得稍有阻撓，致負本縣綏靖地方之至意，合行出示曉諭為此，仰合邑諸色人等知悉，其各凜遵毋違，切切特示。

（清）陳秉直　魏象樞《上諭合律鄉約全書》　朝廷設下一部《大清律》，却是為何？止恐你百姓們行險作孽，為非做歹，犯出一件事來，定要問斷一個罪名。又怕問刑衙門及地方有司輕重出入，不加詳審，所以朝廷預先費幾許苦心，加許多參酌，準人情，合天理，定下這個法律。雖然律上有笞、杖、徒、流、絞、斬、凌遲許多條款，森嚴可畏，殊不知，正是朝廷立心忠厚，要你百姓們見了害怕，不敢去為歹人、興惡念，事事警醒，做個良善百姓，所以特諭講法律，以儆愚頑。

又：皇上要你們百姓去學好，又要你百姓的子弟也都學好。大凡人家子弟賢愚好歹不同，總要父兄教訓。常有人家，父兄自己雖然忠厚誠實，成家立業，生下子弟來，不去教他，多有改變，作事敗壞門風、破耗家業，直到遺累父兄，同歸於盡。這個緣故，只為不曾教訓得他。所以皇上這一條單單教你們教訓子弟。大約子弟的規矩是父兄造下來的，子弟的習氣是父兄開下來的，子弟的好尚是父兄引下來的。若父兄是個讀書明理的，把聖賢的道理、上諭的事件，平日細細講說與子弟們聽。若父兄不曾讀書的，也須延個明師，尋個長者，把本等事情逐件訓誨。不許他生歹心，行歹事，被宗族中屏棄，惹鄉黨中恥笑，犯朝廷的刑罰，遭官長的打罵。預先禁他胡行亂做，生事妄為，使他也學父兄的樣子，做個好人。你們百姓的下半世便是完全的人了。

又：你們百姓，有了田地就有錢糧，是應該遵限完納的。有司徵收這些漕白南米、軍儲秋糧、地丁正賦、鹽課屯餉，雖然名為朝廷的錢糧，究竟朝廷之上何曾用得幾多？只因設下官來，便要許多俸禄；設下兵來，便要許多兵餉。至于設官、設兵，總是為你們百姓。朝廷何曾濫用？何曾私費？不過按了條編的定額，照額徵輸，未常苛派與你們。百姓祗因賦稅俱是國計所關，未免定下有司的考成。那有司因怕考成革職，降級、罰俸、停陞，凡遇有不肯急公完納的人，也只得盡法追求了。本院在浙中四載，連見災荒，幾番與你們題蠲，幾番與你們議減，難道不曉得你們百姓的苦？只是蠲免之外俱係應完的。

又：你們百姓可曉得，地方失盜，是你們最不好的事麽？大凡盜賊竊發，雖然出自姦宄肆逞也，由地方防範疎虞。如今把失盜的利害說與你們聽：地方上一家失盜，不但刦去家中財物，還要傷人性命。盜去之後又要遍報各處衙門，各官就要差人拘問失事情形、夥盜數目，鄰佑地方俱遭拖累。即使拏住盜賊，也要質審認贓，豈不受累麽？即有司印捕防汛文武各官俱有干係，緝獲不來的時節或降或革，連累不知多少。如今皇上先教你們百姓一個弭盜之法：你們百姓，一鄉自有一鄉的地界，一村自有一村的鄰里。那十家為一甲，十甲為一保，這些舊規矩，你們難道不曉得的？只為你們百姓心意不齊，不肯恊助。這個說他家富貴，縱有盜賊與我何干。那個說，這家失盜，他自喫虧，與我何涉。同在一個保甲內，卻有幾十條心腸。遇了賊刦的時節，各人未免坐視。

又：皇上教你們百姓做好人，以身命為重大。凡喪身亡命的人，皆為讐忿二字而起。或是平日結下的冤對，或是口角的小嫌，消融不得，廝併不休。短見薄識起來，把身命拚死。尋着自盡，思量詐人，常把七尺身軀坑陷在無謂的所在那裏。有果然不共戴天、枕戈泣血、切齒腐心的讐，不過是目前釁隙些小爭鬧結下來的，都不是真正個讐。至于兩下無嫌，一時偶觸，不能含忍，發怒起來，恨不得見個你死我活。這個只叫做忿，不算是讐。就是真讐，其中也有該報的，也有不該報的。若是那忿全然不該起的了，或因酒後妄言，或因嬉笑褻狎，或因同行相妒，或是禮節微嫌，或是田房鄰近交易不成，或是墳地接連圖謀不遂，或聽別人背面挑唆，或借公事挾恨報復。你若身處其間，忍他一時，讓他一步，他雖有害你的心也就冰消瓦解了。倘若逞此血氣剛強，言語快利，別人罵我一句，我便還他十句，別人打我一拳，我要復他十拳，甚至暗裏中傷、買盜指攀，強則聚眾燒搶，弱則投河、抹頸、服毒、懸梁。拚著一命，大家貽累，以致老年父母無人倚靠，幼小妻孥流落他鄉，鄰里不得安寧，家屬俱受牽累。覆宗絶祀，蕩産傾家，豈不是結讐忿的見報麽？

（清）王夫之《噩夢》 盜賊初非敵國也，以政安之，以法治之。天子建吏，不能為民弭盜，而使民之以生死争一旦之利乎！團保之立，若不實覈之以武備，則徒為兒戲而祇以擾民。若使器械必精，期會必壹，技擊必試，立之以長而糾之，小則黠豪以牟侵貧弱，大則教之以亂，而鄧茂七之禍不旋踵而發。唯劉念臺先生尹京時所行條規，以申六條飭冠昏喪祭之禮，而譏察游惰非違者，不責之以武備，庶為可行，蓋亦王政之枝葉也。

《老子道德經》下篇《七十五章》 民之饑，以其上食税之多。是以饑，民之難治，以其上之有為，是以難治。民之輕死，以其上求生之厚，是以輕死。夫唯無以生為者，是賢於貴生。言民之所以僻治，之所以亂，皆由上，不由其下也。民從上也。

（漢）劉安《淮南子》卷一三《氾論訓》 今人所以犯囹圄之罪，而陷於刑戮之患者，由嗜慾無厭，不循度量之故也。何以知其然？天下縣官法曰：發墓者誅，竊盜者刑，此執政之所司也。夫法令者，網其姦邪，勒率隨其蹤跡。勒主問吏率大任也。無愚夫惷婦，皆知為姦之無脱也，犯禁之不得免也。然而不材子不勝其欲，蒙死亡之罪，而被刑戮之羞。蒙，冒。

（北齊）顔之推《顔氏家訓》卷一《治家》 夫風化者，自上而行於下者也，自先而施於後者也。是以父不慈則子不孝，兄不友則弟不恭，夫不義則婦不順矣。父慈而子逆，兄友而弟傲，夫義而婦陵，則天之凶民，乃刑戮之所攝，非訓導之所移也。笞怒廢於家，則豎子之過立見，刑罰不中，則民無所措手足。治家之寬猛，亦猶國焉。孔子曰：奢則不孫，儉則固，與其不孫也，寧固。又云：如有周公之才之美，使驕且吝，其餘不足觀也已。然則可儉而不可吝也，儉者省約為禮之謂也，吝者，窮急不卹之謂也。今有奢則施，儉則吝，如能施而不奢，儉而不吝可矣。

（明）王守仁《王文成公全書》卷一八《别録・征剿八寨藤峽牌》 據留撫田州、思恩等地方右布政使林富，原任副總兵都指揮同知張祐連名呈稱：田州、思恩平復，居民悉已各安生理，土夷亦皆各事農耕，地方實已萬幸；惟八寨猺賊云云。合就仰遵勑諭事理，量撥官兵，協同盧蘇、王受等士兵，分路進勦。除差官舍賚捧令旗令牌分投督押士兵，本院親至賓州，思恩等處相機調度，面授方畧外。為此牌仰右布政使林富、副總兵張祐即便督領官軍，督發土目盧蘇、王受等兵夫，從公堯、思恩取路進勦後開寨分。務要聲言各賊累年殺害良民，攻劫州縣鄉村之罪，殲厥渠魁，及其黨與罪惡顯著者，明正天討，以絶禍根。除臨陣擒斬外，其餘脇從老弱，切皆可宥免。今兹之舉，惟以定亂安民為事，不以黷武多獲為功；各官務要仰體朝廷憂憫困窮之心，俯念地方久遭盜賊屠戮之苦，督各官兵目兵人等，務殲真正惡目，一洗民冤，永除民患，以靖地方。仍禁兵馬所過鄉村，毋得侵擾民間一草一木，有犯令者，仰即遵本院欽奉勑諭事理，當即處以軍法，俱毋有違節制方畧，自取罪戾。

《聖祖仁皇帝御製文集・第一集》卷一三《勑諭・諭吏部》 圖治首在安民，勸善莫先懲惡，必咨詢廉訪，責有專官，而後民隱得以上聞，姦頑為之斂戢。近聞直省各地方，多有紳衿勢要，土棍豪強及旗下兇惡人員并莊頭等，縱暴恣行，武斷鄉曲。有司畏威而不敢問，大吏狥隱而不能糾，非特遣大臣巡察，難以袪除積弊。直隸為畿輔重地，尤當首先澄清。今應遣大臣一員前往，會同該撫巡歷，地方有勢要豪強旗人莊頭大為民害者，廉訪真實惡蹟指名題參，重加懲處，以警姦徒，用安良善，副朕移易風俗，愛養民生至意。應遣大臣，爾部即開列具奏。特諭。康熙二十一年七月初四日。

《皇朝經世文編》卷二三《吏政九・守令》凌如焕《敬陳風化之要疏》 各省命案，大率鬬毆居多，甚至挾持兇器互相殺傷者。小民愚昧無知，不忍一朝之忿，遂致懼於重辟，後雖追悔，亦已無及，深可憫惻。夫貪生惡死，人之常情，即下愚編氓，亦斷無不愛惜身命之理。總因平日不知法律，而地方有司又且不能時時化導，動其從善去惡之天良，申以觸法觝令之憲典，無怪乎編氓之日蹈法網而不能止也。嗣後，直省督撫督率有司必多方宣諭，實力勸勉，務使閭閻咸知法紀，顧惜身家以遠於罪戾，則教化行而刑罰可省矣。

《皇朝經世文編》卷六三《禮政十·表禮》徐乾學《親喪不葬》　親死不葬，此人子莫大之罪。況律有明禁，而世人往往犯之，何哉？以為無其財耶，則斂手足形，運葬無椁，固聖人之所許也。以為無其地耶，則暴棺於中野。而風水是求，又君子之所不為也。且為士大夫者，於一身之居處服食，無不窮其財力以為之，獨父母之遺骸反不獲一抔之土而掩蔽焉。即旁觀者尚且為之唏嘘太息，而彼乃安焉不顧，何人心之澌滅一至於斯也？然則欲振救此弊者，將何術而可？曰：有國典在，一舉律文以治之。彼人之不畏禮義者，獨不畏刑罰乎？其或仕宦之家，有司不敢行法，則必依周廣順之詔書：親喪未葬，已仕者，不許榮進；未仕者，不許壓舉。且必於保狀內明書依禮葬畢，方許服官赴試，而所司失於覺察者，並罪。則凡欲求利達者，無不圖速葬其親，而停柩不葬之風，庶幾可以少挽。即先儒邱文莊之議亦然。

（清）李鴻章《李文忠公全集·奏稿》卷四二《議復盜犯就地正法章程》　奏為直隸情重盜犯就地正法章程，一時礙難停止，恭摺仰祈聖鑒事。竊准刑部咨開御史胡隆洵奏請將盜案仍照舊例，分別首從辦理一摺，部議欲復情有可原舊例，莫若將就地正法章程先行停止，應由各省體察地方情形妥議具奏。等因，奉旨依議。欽此。當經督飭署臬司葉伯英體察妥議，茲據詳覆：前來臣查直隸近年拏獲盜犯，如係尋常搶劫，人數無多，並無殺人放火等項情節，悉照定例解勘，分別題咨，聽候部覆辦理。其迫於飢寒，被人誘脅，情有可原者，更量予末減，用廣皇仁而重民命。惟情重之馬賊、海盜、梟匪、遊勇，不得不嚴速懲辦，以遏亂萌。誠以此等匪徒，目無法紀，獷狎性成，習慣為盜，動輒嘯聚多人，橫行村市，倚強肆掠，或騎馬持械，中途截搶，或駕船出海，疊劫巨賊，甚至炮烙事主，強姦婦女，燒燬房屋，拒傷捕人，劫掠官衙餉鞘。凡此種種兇惡，實屬罪不容誅，若復輾轉遷延，久稽顯戮，不特解審在途，羈禁在獄，慮滋事變。而被害商民只見其犯法，不見其伏法，殊不足以平怨憤而儆效尤。且就地正法之犯，必令該地方官詳細研究，録取切供，贓證明白，再由臣飭派本管道府或□委妥員確加覆審，果係情真罪當，方始處決，絶無冤濫之虞。直隸幅幀遼闊，西北臨邊，東路濱海，時有馬賊、海盜勾結為患。塞外之張、獨、多三廳，廣袤千數百里，匪徒横行，肆無忌憚。西南路之深、□、正、趙、順、廣、大名一帶，與東豫犬牙交錯，聚為梟盜出没之區，疊經派撥練軍，分投巡緝拏辦，伏莽尚多，盜風實未靖息。夫重懲強暴，正所以保全良民，培養元氣。況畿輔重地，尤宜防患未然。原定就地正法章程，一時礙難停止，約計直屬盜案，照例題咨者居其大半，僅就情重者酌量嚴辦，本屬並行不悖，應請仍循歷年奏案，尋常搶劫盜犯照例解勘，分別題咨。其情重之馬賊、海盜、梟匪、遊勇，審明就地懲辦，以示區別而綏地方。理合恭摺，據實覆陳。伏乞皇太后、皇上聖鑒訓示。謹奏。

（清）李鴻章《李文忠公全集·奏稿》卷四三《永屬官鹽督銷摺》

同治六年，曾委運判王鍾霖試辦永屬引岸，未及一年，即以鹽禁太嚴，大拂輿情，梟盜蜂起，幾至擾亂地方，可為鑒戒。自仍歸官辦以來，擇要巡緝，就地督銷，民皆樂業，既無淡食之虞，亦無縱私及侵蝕緝費之弊。若緝費按季全發將鹽課責令州縣徵解，必更添設巡卡，假手胥吏，稍涉煩苛，即釀事端，又蹈王鍾霖覆轍。而州縣應交鹽課屆限未能完解正供，必致虛懸。是名為整頓，轉多騷擾而無實膺，不如循舊為妥。應請永遠照辦，無庸更議。至各屬欠領引目，只須責令按年請領，照額督銷，即與定章符合。其巡緝事宜，應就該處情形察酌妥辦，方無窒礙。

（清）康有爲《論語注》卷六《雍也》　子曰：君子博學於文，約之以禮，亦可以弗畔矣夫！《釋文》：一本無君子字。畔，唐石經初刻作叛，後磨改畔。然畔、叛通。《後漢書·范升傳》引此作叛。

約，要也。畔，違也。君子知欲無方，故于文物無不博，行欲有方，故其言動必範禮，此則可以不背于道矣。理極天人，而束修節行。蓋約禮而不博學，則行弗著，習弗察，無以為制作推施之本。若博學而不約禮，則放蕩縱肆，大違于時，出乎位而無所不至。惟智周乎八表之外，而躬循乎規矩之中，智欲崇而禮欲卑，斯無背道之患也。此章已見《顏淵篇》，蓋孔子所雅言，而弟子複記之也。

（清）康有爲《論語注》卷一二《顏淵》　季康子患盜，問於孔子。孔子對曰：苟子之不欲，雖賞之不竊。

盜，私利物也。盜自中出，曰竊。《説苑》：周天子使毛伯求金於諸侯，《春秋》譏之。故天子好利，則諸侯貪；諸侯貪，則大夫鄙；大夫鄙，則庶人盜。上之變下，猶風之靡草也。然則，民之竊盜，正由上之多欲。康子奪嫡竊政，故夫子以不欲警之。雖賞不竊，其言至矣。

綜述

《大誥・奸貪誹謗》 奸貪無福小人，故行誹謗，皆説朝廷官難做。且府、州、縣止以秋糧夏税言之，民人已將秋糧夏税納矣，不甚勞於有司，二税辦矣。其府、州、縣官，有就倉盜賣者，有與頑民相通，接受贓私，虛出實收者。此果民人難管，二税艱徵，陷官於罪責耶？實由貪而自取滅亡耶。府、州、縣官專一宣佈條章，辨民曲直。民有戶婚、田地、鬥毆相爭，一是一非，初招明白，不甚難於官吏。既知是非，輒起貪心，倒持仁義，接受贓私，禍善福頑，以招自身之禍，此果刑名之難歟？實奸頑之自取歟。嗚呼！絶賢輔我，所用皆非忠志之士，自作非為，強聲君過，妄彰君惡，逢親友於所在，掩非飾過，昧己謾人。天災人禍，豈有不遇者耶！

（元）蘇天爵《治世龜鑑・治體》 昔堯放四罪而天下服，今除一吏而衆皆惑。古刑人尚服，今賞人反惑。今民有七亡：水旱為災，一也；重責賦税，二也；貪吏取受，三也；豪彊蠶食，四也；苛吏繇役，五也；郡落鼓鳴，六也；盜賊劫掠，七也。七亡尚可，又有七死，酷吏毆殺，一也；治獄深刻，二也；冤陷無辜，三也；盜賊橫發，四也；怨讎相殘，五也；歲惡饑餓，六也；時氣疾疫，七也。民有七亡而無一得，欲望國安誠難。民有七死而無一生，欲望刑措誠難。

（元）蘇天爵《治世龜鑑・止盜》 《易・大畜》之六五曰：豶豕之牙吉。《程子傳》曰：物有總攝，事有機會。聖人操得其要，則視億兆之心猶一心。道之斯行，止之則戢，故不勞而治。其用若豶豕之牙也。豕，剛躁之物，若強制其牙，則用力勞而不能止。治豶去其勢，則牙雖存而剛躁自止。君子發豶豕之義，知天下之惡不可以力制也。則察其機，持其要，塞絶其本原。故不假刑法嚴峻而惡自止也。且如止盜，民有欲心，見利則動，苟不知教，而迫於饑寒，雖刑殺日施，其能勝億兆利欲之心乎？聖人則知所以止之之道，不尚威刑而脩政教，使之有農桑之業，知廉恥之道，雖賞之不竊矣。

季康子患盜，問於孔子。孔子曰：苟子之不欲，雖賞之不竊。

朱子曰：子不貪欲，則雖賞民使之爲盜，民亦知恥而不竊矣。

孟氏使陽膚為士師，問於曾子，曾子曰：上失其道，民散久矣。如得其情，則哀矜而勿喜。

謝氏曰：民之散也，以使之無道，教之無素，故其犯法也。非迫於不得已，則陷於不知也。故得其情，則哀矜而勿喜。朱子曰：民之生業不厚，教化不脩，內無尊君親上之心，外無仰事俯育之賴，是以恩踈義薄，不相維持，而日有離散之心耳。

漢宣帝地節中，渤海歲饑，盜賊並起。上選能治者，丞相御史舉龔遂拜渤海太守。召見問何以治賊盜？對曰：海瀕遐遠，不霑聖化，其民困於饑寒，而吏不恤，故使陛下赤子盜弄陛下之兵於潢池中耳。今欲使臣勝之邪，將安之也。上曰：選用賢良，固欲安之也。遂曰：臣聞治亂民猶治亂繩，不可急也；唯緩之，然後可治。臣願丞相御史且無拘臣以文法，得一切便宜從事。上許焉，加賜黃金，贈遣乘傳至渤海界。郡發兵以迎，遂皆遣還，移書敕屬縣罷逐捕吏。諸持田器者皆為良民，吏毋得問，持兵者乃為賊。遂單車至府，盜賊聞遂教令，即時解散，棄其弓弩，而持鉤鉏，於是悉平，民安土樂業。遂乃開倉廩假貸貧民，選用良吏尉安牧養焉。齊俗奢侈，好末技，不田作。遂躬率以儉約，勸民務農桑，各以口率種樹畜養。民有帶持刀劍者，使賣劍買牛，賣刀買犢，曰何為帶牛佩犢！勞來循行，郡中皆有畜積，獄訟止息，於是召為水衡都尉。

梁羅研為益州別駕，齊狗兒作亂，臨汝侯嘲羅研曰：卿蜀人樂禍貪亂一至於此。對曰：蜀人積弊，實非一朝。百家為村，不過數家有食，窮迫之人十有八九，束縛之使旬有二三，貪亂樂禍無足多怪。若令家畜五母之雞，一母之豕，床上有百錢布被，甑中有數升麥飯，雖蘇張巧説於前，韓白按劍於後，將不能使一夫為盜，況貪亂乎？

（宋）李覯《李覯集》卷二二《慶曆民言三十篇・釋禁》 與衆同利則利良民，不與衆同利則利凶人。凶人嗜利，盜之所由興也。

山海之貨，職在商賈久矣，而曰屬之吏，屬之吏則衆不得錯手足。法重矣，而利亦重。法重則良民憚，利重則凶人入。然而董之以法，是敺其為盗也。彼凶人者，豈曰死可欲而生可惡哉？過在歆諸利而謂不必死耳。不幸而幾於死，則莫若為盗，為盗又不必死也。夫能弛其禁，達其利，則凶得與良齒，胡為苟免於兵刃間哉？

（元）蘇天爵《滋溪文稿》卷二七《章疏・山東建言三事》 一、録囚。夫刑者，詰姦禁暴，所以輔治也。近年以來，郡縣或不得人，刑政因以失度，民怨傷於和氣；水旱因以為災，年穀不收，實原於此。且陰陽變理，雖根本於廟堂，而政化承宣實責任於郡縣。故東海殺一孝婦，枯旱三年，及表其墓，祭之，天立大雨。此一郡休咎之徵，豈非守令所當責乎？今山東郡縣罪囚，除憲司審理疏決外，在禁常有八九十起，枷鎖不下數十百人。罪狀昭著者不得明正典刑，事涉疑似者不敢輕易釋放，豈惟淹延囹圄，誠恐別生事端。且如去秋大盗王五十等刦畧開濮等處，脱放禁中，罪囚同力相濟，往往得其死力，是則所係蓋甚大也。宜從朝廷聞奏，選差五府通曉刑名官員前來山東，一一審録。如果無疑，比及春分，各正其罪。庶幾刑政肅清，惡黨警懼。傳曰：國家閒暇，及是時明其政刑，雖大國必畏之矣。夫以戰國之時明其政刑，大國猶知畏之，况今山東草竊，有不知畏者乎？

（元）蘇天爵《滋溪文稿》卷二八《題跋・題僉憲張侯異政記》 監察御史張侯向為山南僉憲，按行郡邑，文采肅然。或誣松滋縣小吏受賕具獄，上有虫抱筆端，而不得署。侯心疑之，卒明其誣。汴吴徵君為作《異政記》。今天下之吏俸禄甚薄，其侵漁於民者，勢使然爾。故世視吏之受賕，率以為常。而吏之被誣受杖，亦不甚自辨也。張侯於此能致察焉，其用心良厚矣。嗚呼！吏不廉平則治道衰，此漢所以益小吏俸也。在位者可不思救其弊乎？夫天地之間化育流行而無變異者，財成輔相之力也。故聖賢有作，陰陽和而風雨時，麟鳳朱草難致之物莫不畢至，氣之所感召也。東海殺一孝婦，郡中枯旱三年，玆非其明驗歟？昔我國家建臺之初，中外進用大抵皆忠厚老成之人，故紀綱肅而治化興。初非以苛刻為能，徵贓多者為功也。然則張侯明一吏之寃，其亦有關於世道矣夫。

（明）海瑞《海瑞集》上編《刑屬》 一、保甲所以弭盗安民，然戶有聯絡即古同井之制。如同保同甲之人肯着實舉行旌善糾惡，明禮興行，互相勸勉，則禮義漸興，民風日厚矣。防盗以保其家，勸善以保其身，切不可以迂事視之。保甲十家牌格式【略】

牌兩面俱粉，一面書前十戶人丁，一面書聖諭六言：孝順父母，尊敬長上，和睦鄉里，教訓子孫，各安生理，毋作非為。

（清）劉坤一《劉坤一遺集・奏疏》卷二八《整頓保甲以輔團練片》

再，准部咨：光緒二十四年六月十二月奉上諭：近因各省裁汰營勇，保衛地方，全在嚴查保甲，以輔兵力之不足。各省辦理保甲章程非不詳備，迭經諭令從嚴稽察，率皆視為具文，並未將現辦情形詳晰覆奏，殊屬因循廢弛。自此次申諭之後，各該督撫，務當嚴飭地方官，於保甲一事，實力舉行，以期民情固結，奸宄無從匿跡；仍將整頓辦法，先行切實具奏，以副朕綏靖閭閻至意。欽此。

臣維保甲意美法良，實為致治之本，平時即應講求。玆因裁汰營勇，保衛地方，則保甲應與團練並行，方可以有備無患。保甲清查戶口，以杜内奸，團練挑選壯丁，以禦外侮。以游勇之隨在逗留，乘機肆擾，若不辦團練而專辦保甲，無當也。保甲以城廂為要，市鎮次之，鄉莊又次之。鄉莊土著居多，即係客民，亦有恒產，各安生業，不敢為非；偶有來歷不明之人，則必羣相詰逐，不許久停，以免受累。惟市鎮為商賈輻輳之區，匪徒易於混跡，城廂尤甚。如沿江之九江、安慶、蕪湖、大通、金陵、鎮江、儀徵，瓜、揚一帶，五方雜處，往往藏垢納污。現在分委道府大員，嚴查保甲，並撥兵勇彈壓，以為團練先聲。其餘市鎮鄉莊，則委紳董，因地制宜，自行籌辦，即寓團練於保甲之中，以歸簡便。臣復通飭各屬，凡係街頭巷口，均須設立柵欄，派人專司啟閉，以遏奔衝而資警覺。至遊勇中每有哥老會匪，安清道友，蹤跡詭祕，支黨蔓延，其患已深，為禍尤烈，亟應飭保甲、團練查拏頭目，一面由地方官出示解散脅從，以期綏靖閭閻，仰紓塵慮。

理合附片具陳，伏乞聖鑒。謹奏。

（清）劉坤一《劉坤一遺集・公牘》卷一《嚴禁淫邪擾戲示》 為嚴禁事：

照得優戲者即古樂府之遺意，最足以感發人心。往往有愚夫愚婦，論之以條教號令而不肯信，董之以父兄師傅而不能從，每於優戲場中，見有扮演古來忠臣、孝子、義夫、節婦，盡理盡情，可歌可泣，莫不神色飛動，且有涕泗横流，甚致散後轉相告語，嘖嘖稱道不休，其有裨於風化不小。現際鄰氛已靖，境内粗安，唱戲原無不可。第有一種邪淫，如《買臙脂》、《失玉釧》等類，於男女相悦之私，苟合無恥之事，傳神盡致，惟恐不工，而且帷婦人並觀之。試問此時彼此意動神流，其情景尚堪問乎？即如《西廂記》、《紅樓夢》各則，在傳奇者原寓有美刺勸懲之意，而愚人何知，輒謂風流佳話，天假良緣，祇思效顰，罔顧驚尨感帨。前人謂《國風》不可進講，蓋以桑間、濮上，事近邪淫，所請不為無見。況以里巷穢行，極意形容，而欲庸耳俗目不為所感，其可得耶？敗壞人心風俗，莫甚於斯。又有一種背亂之事，如《瓦岡寨》、《雞爪山》以及《粉妝樓》等類，多係後人附會之説，宋江、徐勣之輩，卒皆反正，為國勛臣。而愚人不究其虚實，不維其始終，見其草竊為雄，以為羣盜無非豪傑，後世盛傳其事，勃然思效其所爲。如兩廣賊目李文茂、陳開等初皆梨園中人，因該地方最好扮演前項優戲，遂思即真，競為狂悖，此本部院所親見者。又如《專諸刺僚》等類，亦足啟人逆志，是以綱目書之為盜，其垂戒深矣。愚人不讀詩書，不識義理，血氣是用，更恐心為所搖。現在各軍撤遣歸農，正恐武勇成習，其於耳濡目染，亦不可不杜漸防微。除通飭各府州縣一體嚴禁外，合行出示。為此仰各該地方知悉：嗣後無論城鄉演戲，務擇忠孝節義，藉資表揚，俾騈肩累足者有所觀感，則與刊刷《陰騭文》、《勸世文》同功，即詼諧嬉謔，亦足解頤。惟有邪淫背亂諸劇，必須嚴行禁止。倘敢故犯，定將該戲班驅逐，不准在境，並將該處倡首唱戲者，從重責罰。各府州縣亦須仰體本部院正人心、維風俗之意，認真查禁，不得視為戲言。其各懔遵勿違！

（清）劉坤一《劉坤一遺集·公牘》卷一《嚴禁溺女示》　為嚴禁溺女事：

照得天道好生，律嚴故殺。而況陰陽相配，始有人倫，男女雖殊，無非人子，既生之而又殺之，於理何安？甫生之而即殺之，其情尤慘。祇知女之為累，不知有得女之力更勝於男者極多。祇思無女可速得男，不思有因溺女以致絶嗣者，比比皆是也。江省民俗醇樸，惟溺女之風視他省為甚。前此兵荒相繼，未始非此殺機所伏漸釀而成，是以沈前部院。嚴行示禁，並刊發《育嬰六文會簡明章程》，通飭該地方官會同各紳耆，家喻戶曉，實力奉行，使嬰女得獲生成，而戾氣藉資消釋。今本部院訪查各屬貧民、富戶尚有溺女惡習，未能一律湔除。地方兵燹十有餘年，瘡痍未復，正宜休養生聚，以資蕃衍而召天和，豈容為此戕賊慘傷之事。合亟出示嚴禁。為此示仰闔省紳耆軍民人等知悉，務當一律遵照，互助誠勉，將前通飭章程認真舉辦，廣為收養，使貧者撫育有資，富者相觀而化，不致仍蹈溺女積習，以副本部院保赤之殷懷。如再有執迷不悟，一經舉發，定將該溺女之父母照故殺子孫律嚴行懲治；有幫同下手者，即照謀殺為從定擬；其鄰右有知而不舉者，照知人謀害不首律治罪。倘刁徒挾嫌誣告，以夭殤為溺斃，亦即加等反坐。本部院言出法隨，決不稍為寬貸，毋謂言之不預也。

（清）劉坤一《劉坤一遺集·公牘》卷二《禁造淫祠及婦女入廟燒香示》　爲嚴禁修造淫祠及婦女入廟燒香，以端風俗、以遏亂萌事：

同治六年十月二十四日，准禮部咨開：議覆御史王書瑞條奏：民間迎神賽會，婦女入廟燒香，本干例禁。承平日久，俗尚慆淫，往往創建廟宇，結社燒香。此風一開，竟有不僧不道入廟説法，煽惑愚民，傳習邪教。地方保甲及衙門差役，藉此可以得受錢財，地方官任其自然而不禁。自兵燹以後，各城鄉市鎮廟宇俱遭灰燼，趁此申明例禁，除社廟春、秋報賽外，概不准別建廟宇，庶根株永絶，無從借端生事等語。查例開：順治十一年定禁止創建廟宇；其修理頹廢廟宇，不得改建廣大。又嘉慶十七年奉上諭：寺院菴觀不准婦女進内燒香，本有例禁，或日久舉行不力。著步軍統領、順天府、五城出示曉諭，如有開設會場，招搖婦女入寺者，一體查禁等因，欽此。各在案。是淫祠之禁例制綦嚴。乃愚民惑於禍福之説，罔知禁忌，動輒醵錢立廟，塑土木肖像祀之，每稱神誕，倡立會廠，燈綵演劇，晝夜喧闐，家祀戶祝，奔走若鶩。其婦女濡染陋習，祈禱紛紜，出入廟宇，恬不為怪。以致不逞之徒，乘機煽惑，或假講經説法為名，或借售藥施符為事，陰傳邪教，焚香集徒，暮聚朝散，輾轉招搖，遂成巨患。壞風俗而釀亂端，莫如淫祠為甚。方今東南肅清，力求振頓，而欲善俗必杜敝俗之萌，欲鋤奸當革藏奸之藪。應如該御史所奏，請旨飭下各省督撫，除實能捍災禦患有功德於民者仍前廟祀外，其不列祀典之祠宇，業經燒燬，不准創議修建，即社廟祈報，例所不禁，仍責成地方官加意巡查。如有借稱善會燒香聚眾等事，嚴行禁止，毋得任聽吏胥朦混漁利，庶風化正而亂萌戢矣。等因，具奏。同治六年八月十二日奉旨：依議。欽此。等因，到本部院，准此。

查江西民俗，每私建淫祠，塑土木肖像，稱為王、侯、元帥、將軍，醵錢賽會；婦女效尤，入廟燒香，奸徒從而聚賭傳教，大為人心風俗之害。即如各屬屢次破獲齋教各匪，其始莫不起於燒香祈福，迨徒黨既眾，遂造逆謀。而袁州、建昌等郡僻地面，並有匪黨私建廟宇齋堂，以為藏垢納污之所，業經該府縣查出折毀，稟報有案。是淫祠實開邪教之端，欲除邪教，誠宜首禁淫祠。准咨前因，合亟出示嚴禁。為此示仰闔省軍民人等知悉：凡從前被燬廟宇，必須列在祀典神祇實能捍災禦患有功德於民者，以及鄉閭廟社，始准修建。惟復舊觀，藉昭妥侑，不得較前廣大。所需修費，聽人樂助，不准恃強勒派。如地力瘠苦，力不能辦，姑暫從緩。並祗准春、秋祈報，不准借稱神誕善會，倡立會廠，醵錢聚眾。婦女亦不准入廟燒香。此外不經淫祠，一概毋許修復，及另行創建。自示之後，如敢復蹈前轍，責成地方官隨時巡查，立拏為首之人，從重治罪。婦女有犯，罪坐夫男、家長。該地方官若任聽書役朦混漁利，一經察出，定即官參隸究，決不寬貸。各宜懍遵！

（清）劉坤一《劉坤一遺集·公牘》卷二《禁自盡命案藉屍圖詐示》 為出示嚴禁事：

照得自盡命案，律無抵法。鄉曲愚民，每以細故輕生，親屬人等即藉屍圖詐；或聽人主唆砌詞混控，任意誅求，兼圖洩忿。曾經前爵閣部堂曾會同前蘇撫部院丁出示嚴禁，此風稍息。近聞日久懈生，各屬自盡圖詐之案復又層見疊出。大都皆由屍親罔顧父子、兄弟、夫妻名分，訟棍、書差即從中播弄，羅織多人。甚至遇有無名路斃浮屍，地方棍徒即冒認屍親，飾詞斂費，不遂所欲，即妄行控告。不肖書差，視為利藪，句結唆使，枝節叢生，富者因之破家，願者拖累斃命。此等惡習，實為人心風俗之憂。合再聲明律例，剴切示禁。為此示仰闔屬軍民婦女人等一體知悉：爾等務各愛惜身命，勿因口角細故，逞忿輕生，枉送性命。倘再有以自盡之案及無名屍身藉端圖詐、飾詞誣告、冀洩私忿者，定即照例嚴懲。茲將律例罪名開列於後，各宜懍遵！

（清）劉坤一《劉坤一遺集·公牘》卷二《嚴禁各項賭博示》 為嚴禁事：

照得粵東賭博之風，甲於他省，最為閭閻之害，疊經厲禁；並由東臬司擬將闈姓標、白鴿標、花會山標、田標、屋標、鬬鵪鶉、鬬蟋蟀及搖攤、揸攤、竹牌、紙牌等項，分別加重罪名，詳請具奏在案。

本部堂抵任以來，訪察城廂內外，各項賭博尚未斂戢。有聞知查禁森嚴，忽開忽閉者，有日久照常開設，竟未停歇者，有冒領已封賭館，從新復開者，各處街道，在在皆有，惟西關一帶為尤甚。推原其故，若非該管地方文武以及兵役人等，得受陋規，暗中包庇，各賭匪何致肆無忌憚，陽奉陰違一至於此。除札東臬司、廣州協轉飭所屬文武分別查禁拏究外，合行出示嚴禁。為此示諭闔省軍民人等知悉：爾等如有現在開賭或曾經犯賭者，務宜改圖別業，勉為良民，慎勿怙惡不悛，仍蹈故轍。為父兄者並宜禁約子弟，安分守法，切勿被人誘賭，流入匪類。倘敢故違，一經訪聞，或被告發，拏獲到案，定即從重治罪，決不寬貸。各宜懍遵！

（清）劉坤一《劉坤一遺集·公牘》卷二《嚴禁械鬬示》 為嚴禁械鬬以重民命事：

照得粵東民情強悍，每因細故微嫌，或爭山地，或爭田水，彼此負氣相持，遂致固結不解，甚或焚燒房屋，擄捉人口，報復頻仍，釀成重案。被殺者既死，非命殺人者即須抵償；即令有錢買兇，亦已敲精吸髓，一絕問官審實，仍屬不免刑誅；至其戶族之株累無窮，竟有先兇手而拖斃者，言念及此，憫惻良深。本部堂歷任廣西、江西、江南各省，每見兩姓互相仇殺，未有不家破人亡同歸於盡；所爭山水，亦皆無人管業，日久荒蕪，或仍被他人霸占；即有一二孑遺寡妻獨子，方且飲泣吞聲，無能為力，豈非所爭者小、所失者大乎？茲自下車以來，披閱案牘，除潮州一屬，經署潮州方鎮痛加懲辦，稍知斂戢外，其餘各屬據報械鬬之案，層見疊出。揆厥所由，蚩蚩愚氓，罔知利害；必有不法匪徒，幸災樂禍，從中主唆把持，並有在旁幫助，以致鄰里視同吳、越，親戚變為寇仇，敗俗傷風，莫此為甚。查例載：械鬬糾眾至一二十人以上致斃彼造四命以上者，主謀首犯擬絞立決；三十人以上，致斃彼造四命以上，不及三十人而致斃彼造十命以上，首犯擬斬立決；四十人以上致斃彼造十命以上，或不及四十人而致斃彼造二十命以上，首犯斬梟。若致斃彼造一家二三命，主謀首犯各從其重者論。隨從下手，傷重致死者，各依本律例擬抵。立法何等森嚴，豈容輕於嘗試。誠恐無知之徒，不諳法律，仍復狃於積習，身蹈刑章。亟應申明定例，剴切曉諭。為此示諭闔省軍民人等知悉：爾等務須洗心革面，痛改前非，遇有互争山地田水，以及一切事件，隨時經投公正紳耆，妥為調處，即或曲直未分，亦應控官訊斷。若使争雄角勝，必致兩敗俱傷，切勿聽人主唆，自貽伊戚。為父兄者，尤宜隨時勸誡約束子弟，勉為良善，勿令滋生事端。倘再怙惡不悛，仍前藐玩，定即執法從事，並查拏主謀唆使之人，以及幫助逞兇者，從嚴懲辦。該父兄等約束不嚴，同干未便。如謂村大人眾，地方官無如我何，本部堂即行派撥重兵前往剿捕，後悔無及，勿謂言之不預也！

（清）劉坤一《劉坤一遺集・公牘》卷二《勸誡軍民勿行搶劫示》　為嚴禁搶刦，曉諭愚民及早改惡從善以保身家事：

照得螻蟻尚且貪生，人即冥頑，亦當愛惜性命，豈容為匪作歹，以身試法。查定例：强盜行刦及糾眾持械搶奪，傷人得財，不分首從，及在外接贓，概以斬决。若行刦三次，夥眾四十人以上，及行刦而又擄人勒贖，及在洋刦掠者，從重擬以斬梟。立法何等森嚴，斷罪難以輕減。本部堂莅任以來，披閱案牘，近年各路及省城拏獲盜犯，訊明正法者共有數千名。殺戮如此之多，瘐斃在獄者亦復不少，撫躬循省，不覺為之惻然。因思嗚鏑探丸之輩，必係年富力强之人，如果務正業以謀生，未始不能自給。即使上有父母，下有妻孥，但能克儉克勤，亦足以資養贍，何樂為此害人之事，適以自害其身。大抵游蕩性成，是以甘為刦掠。當其發囊胠篋，轉以緑林自豪。抑知被獲之時，如縛鷄鶩而牽羊豕。拷訊之時，五木並施，欲求速死而不可得。監禁之時，囚米數合，度日如年；而且鞭撲頻加，無殊地獄之苦。正法之時，始而魂魄飛越，繼而腰領分離，卒至梟首陳尸，以飽鷹犬之腹。似此身罹顯戮，死被賊名，玷辱祖先，貽羞鄉黨，則何如食力作苦，自有生活之資，即托鉢吹簫，猶可以全軀度日耶！本部堂現飭各起緝捕，分定地段，以專責成，並嚴定功過章程，當不至如前玩忽。又令各屬聯防自衛，與官捕互為聲援，該盜匪等縱有飛走之能，諒亦難以漏網。第念百物惡傷其類，何况於人，何况於吾之赤子。本部堂不能化民以德，竊冀感人以言。合行出示剴切曉諭。為此示諭闔省軍民人等知悉：嗣後爾等務須安分守業，勉為善良，已犯者及早回頭，未犯者慎勿失足。如再執迷不悟，故智復萌，必至自蹈典刑，後悔無及。該戶族里鄰人等，耳目切近，定能預先覺察，亦當互相訓誡，使之革面洗心。倘若勸誡不從，儘可據實稟首；如與徇情故縱，誠恐不免株連。本部堂執法如山，雖有哀矜之心，决無寬縱之理。遇有事主指控，或由訪聞獲案，一經審實，定即盡法懲治。惟不忍不教而誅，用特諄諄誥誡，爾等各宜懔遵，勿負苦口良言，致失本部堂愛民之至意。

紀事

《梁書》卷三《武帝紀下》〔大同七年〕十二月壬寅，詔曰：古人云，一物失所，如納諸隍，未是切言也。朕寒心消志，為日久矣，每當食投箸，方眠徹枕，獨坐懷憂，憤慨申旦，非為一人，萬姓故耳。州牧多非良才，守宰虎而傅翼，楊阜是故憂憤，賈誼所以流涕。至於民間誅求萬端，或供廚帳，或供廐庫，或遣使命，或待賓客，皆無自費，取給於民。又復多遣遊軍，稱為遏防，姦盜不止，暴掠繁多，或求供設，或責脚步。又行劫縱，更相枉逼，良人命盡，富室財殫。此為怨酷，非止一事。亦頻禁斷，猶自未已。外司明加聽採，隨事舉奏。又復公私傳，屯、邸、冶，爰至僧尼，當其地界，止應依限守視；乃至廣加封固，越界分斷水陸採捕及以樵蘇，遂致細民措手無所。凡自今有越界禁斷者，禁斷之身，皆以軍法從事。若是公家創內，止不得輒自立屯，與公競作以收私利。至百姓樵採以供煙爨者，悉不得禁；及以採捕，亦勿訶問。若不遵承，皆以死罪結正。

（宋）王溥《唐會要》卷七七《諸使上・巡察按察巡撫等使》　聖曆元年十月，納言狄仁傑為河北河朔安撫使，及迴，上疏曰：臣聞朝廷識者，以契丹作梗，始明人之順逆，或有迫脅，或有顧從，或授偽官，或為招慰，或兼外賊，或是土人。跡雖不同，心實無別。誠以山東強猛，由來重氣，一顧之勢，至死不迴。近緣軍機，調發傷重，家道悉破，或至逃亡，剔屋賣田，人不為售，內顧生計，四壁皆空；重以官曲侵漁，因事而起，當州役使，十倍軍機。官私不矜，期之必取。枷杖之下，痛切肌膚。事迫情危，不修禮義，愁苦之地，不樂其生。有利則歸，且圖賒死。此乃君子之媿辱，小人之常行。今以負罪之位，必不在家，露宿草行，潛竄山澤。赦之則出，不赦則逃。山東羣盜因緣聚結，臣以近塵雖起，不足為憂。中國不安，以此為事。臣聞持大國者，不可以小道治；事廣大者，不可以苛細分。人主恢宏，不拘常法，罪之則眾情恐懼，恕之則反側自安。伏願曲赦河北諸州，一無所問，自然人神通暢，率土歡心。

（宋）王溥《唐會要》卷八五《逃戶》 景雲二年，監察御史韓琬上疏曰：往年，人樂其業，而安其土。頃年，人多失業，流離道路。若此者，臣粗言之，不可勝數。然流離之人豈愛羇旅而忘桑梓？顧不得已也。然以軍機屢興，賦斂重數，上下逼促，因為遊民。遊惰既多，窮詐乃作。既窮而詐，犯禁相仍。又以嚴法束之，法嚴而犯者愈眾。古人譬之亂繩，則已結矣，而不務解結，乃急牽引之，則結逾固矣。今刻薄之吏，是能為結者；強舉之吏，是能牽引者；解結者，未見其人。

（宋）范祖禹《唐鑑》卷一 十一月，太宗與羣臣論止盜。或請重法以禁之。帝哂之曰：民之所以為盜者，由賦繁役重，官吏貪求，饑寒切身，故不暇顧廉恥耳。朕當去奢省費，輕徭薄賦，選用廉吏，使民衣食有餘，則自不為盜。安用重法也？自是數年之後，海內升平，路不拾遺，商旅野宿焉。

《宋史》卷一八一《食貨志下三》 〔淳祐〕三年，臣僚言：今官印之數雖損，而偽造之券愈增；且以十五、十六界會子言之，其所入之數，宜減於所出之數。今收換之際，元額既溢，來者未已，若非偽造，其何能致多如是？大抵前之二界，盡用川紙，物料既精，工製不苟，民欲為偽，尚或難之。迨十七界之更印，已雜用川、杜之紙，至十八界則全用杜紙矣。紙既可以自造，價且五倍於前，故昔之為偽者難，今之為偽者易。人心循利，甚於畏法，況利可立致，而刑未即加者乎！臣愚以為抄撩之際，增添紙料，寬假工程，務極精緻，使人不能為偽者，上也；禁捕之法，厚為之勸，厲為之防，使人不敢為偽者，次也。

《宋史》卷一八二《食貨志下四》 于時御府用度日廣，課入欲豐，再申歲較季比之令，在職而暫取告，其月日皆毋得計折，害法者不以官廕並處極坐，微至於鹽袋鬻鹽，莫不有禁，州縣惟務歲增課以避罪法，上下程督加厲。七年，乃詔：昨改鹽法，立賞至重，抑配者多，計口敷及嬰孩，廣數下逮駝畜，使良民受弊，比屋愁嘆。悉從初令，以利百姓。三省其申嚴近制，改奉新鈔。然有司不能承守，故比較已罷而復用，抄劄既免而復行，鹽囊既增而得復止，一囊之價裁為十一千，既又復為十三千，民力因以擾匱，而盜賊滋焉。

靖康元年，詔未降新鈔前已給見錢公據文鈔，並給還商賈，以示大信。時鹽盡給新鈔，亦用帶賣舊鹽立限之法。言者論：王黼當國，循用蔡京弊法，改行新鈔，舊鹽貼錢對帶，方許出賣，初限兩月，再限一月。是時黼方用事，專務害民，剝下益上，改易鈔法，甚於盜賊。

然今不改覆車之轍，又促限止半月，反不及王黼之時，商賈豈得不怨？

《宋史》卷二〇〇《刑法志二》 司馬光時知諫院，言曰：臣聞赦下京東、西災傷州軍，如貧戶以饑偷盜斛斗因而盜財者，與減等斷放，臣竊以為非便。《周禮》荒政十有二，散利、薄征、緩刑、弛力、舍禁、去幾，率皆推寬大之恩以利於民，獨於盜賊，愈更嚴急。蓋以饑饉之歲，盜賊必多，殘害良民，不可不除。頃年嘗見州縣官吏，有不知治體，務為小仁。遇凶年，劫盜斛斗，輒寬縱之，則盜賊公行，更相劫奪，鄉村大擾，不免廣有收捕，重加刑辟，或死或流，然後稍定。今若朝廷明降敕文，豫言與減等斷放，是勸民為盜也。百姓乏食，當輕徭薄賦，開倉振貸以救其死，不當使之自相劫奪。今歲府界、京東、京西水災極多，嚴刑峻法以除盜賊，猶恐春冬之交，饑民嘯聚，不可禁禦，又況降敕以勸之。臣恐國家始於寬仁，而終於酷暴，意在活人而殺人更多也。

（宋）李燾《續資治通鑑長編》卷二四《宋太宗太平興國八年》 孚又言：莊宅多有爭訴，皆由衷私妄寫文契，說界至則全無丈尺，昧鄰里則不使聞知，欺罔肆行，獄訟增益。請下兩京及諸道州府商稅院，集莊宅行人眾定割移典賣文契各一本，立為榜樣，違者論如法。詔從之。

（宋）李燾《續資治通鑑長編》卷九七《宋真宗天禧五年》　戊寅，判河南府王欽若言：澠池縣民為盗，亡走。禁其妻，晝則令衆，幾三百日，迫於饑寒，臣已令本縣簋放知在。望告示諸路，有禁留令衆，一季不獲正賊者，責保知在。或朝廷憫其淹延，止責地分巡檢、縣尉，耆保依頭緝捕。從之。

（宋）李燾《續資治通鑑長編》卷一一七《宋仁宗景祐二年》　壬寅，詔：如聞河北、河東有不逞之民，陰相朋結，號為棍子社，亦曰没命社。自今捕獲者決配它州牢城，為首者奏裁，能自首者除其罪。

（宋）李燾《續資治通鑑長編》卷二二九《宋神宗熙寧五年》　丙戌，上批：樞密院言：四方賊盗，朝廷近多不知。問進奏院，乃稱中書條約須十人已上，又須強惡者，乃許申提點刑獄司録奏，故非十人及州縣奏者並退回。昨有德州通封奏狀，本院卻收接進呈。與樞密院所言不同，何故？王安石曰：舊例，賊五人以上即取旨降劄收捉。中書乞自今奏到十人以上，或雖不及十人，情理凶惡，乃降劄收捉。其餘依條合奏外，仍付提點刑獄司類聚，半年一奏，中書點檢最多路分，取旨施行。上曰：如此，則法更密於舊。進奏院如此，必作姦。馮京曰：當是誤認新條。上曰：密院又言，為行役法後，所以多盗賊，故中書不令奏，言京東多賊盗，然京東元未行役法。安石曰：適會豐年，故少賊盗。若財盗多，臣亦未敢任責。不知陛下推行得如何政事，使要百姓皆不為盗賊也！

（清）徐乾學《資治通鑑後編》卷六七《宋紀六七》　夏四月庚申，權同判尚書刑部李綖言：刑部一歲之中，天下死刑亡慮二千五百六十。其殺父母、叔伯、兄弟之妻、殺夫、殺妻、殺妻之父母，凡百四十。故謀鬭殺，千有三百；劫盗九百七十；姦亡命百有一十。夫風俗之薄，無甚於骨肉相殘，衣食之窮，莫急於盗賊。今犯法者衆，豈刑罰不足以止姦，而教化未能導其為善歟。願令刑部類天下所斷大辟罪，歲上朝廷，以助觀省。從之。

（宋）李心傳《建炎以來繫年要録》卷六九《紹興三年癸丑十月壬午朔之辛亥》　壬辰，詔自今犯私鹽，並依紹興敕斷罪。如亭戶非亭戶煎鹽與私販，及軍人聚集百姓依藉軍兵聲勢私販，本犯不至徒者，配鄰州。若罪至徒，即配千里。如係流罪，即配廣南。内私販拒捕之人，依政和指揮，不以赦降原減。其去年十二月甲午敕旨，及今年六月辛丑尚書省批狀指揮勿行。先是，殿中侍御史常同及對，論私販刑名太重。上曰：凡舉事不能有利無害，第當擇利多害少者為之。非卿言，朕不知其害。同復奏紹興敕：私有鹽一斤，徒一年，三百斤，配本城，煎煉者一兩比二兩，刑名不為不重。後來復降指揮，並不用蔭原赦。再因官司申請，雖遇特恩不原。行法之深，乃至於此，可謂盡矣。去年之冬，因大軍所駐，常有兵卒私販，百姓因之。故又有亭戶不以多寡杖脊配廣南。指揮蓋一時禁止，非通行天下永久之法也。昨因榷貨務看詳，以謂諸路亦合一體施行，遂批狀行之。提領官張純，一堂吏耳，但欲附會去相之意，朝廷不謀之近臣，不付之戶部，不稟之聖旨，遂以批狀行之。何其易哉！自此法之行，州郡斷配日有之。破家蕩産，不可勝計。主議之臣聞人一語及此，則以為沮壞鹽法，但曰刑不峻，不足以致厚利。夫嚴刑章而不恤害民，此蔡京、王黼之術也，柰何今遂用之。訪聞官司所捕獲，皆貧下之戶，不過數十斤之資。至於有力之家，則結集人衆，持兵守護，動至千萬斤。巡尉熟視，莫敢誰何。嶺外險遠，平時攘劫之風已自難制，今配私販之徒往聚於彼，豈遠方之利？自古及今，刑之所施，必稱罪之輕重，豈有罪無等降，一用重刑之理。今私鹽一斤至杖脊配廣南，則孰不相率為百千斤之多哉？祖宗仁德在人，猶人之有元氣。今天下之勢可謂病矣，柰何遂欲傷元氣乎？法令之行，繫乎國本，不使有識搢紳之士議之，而使刀筆之吏弄其文墨，非國之福也。望付三省以前後所降私販刑名，更加熟議。如有犯禁，且從紹興編敕定斷。若軍人聚集及百姓依藉軍兵聲勢私販，即依甲午指揮，所有不用蔭原赦指揮，亦乞詳酌施行。契勘榷貨務都茶場，特一場務耳，非省部寺監之比。自今應干茶鹽事，乞送戶部看當，事屬刑名者，兼送刑部擬定。其場務及提領官受客人詞狀，並申尚書省，不許徑牒諸路施行。事下戶、刑部、大理寺參詳。至是乃定，用戶部尚書黃叔敖奏也。熊克《小曆》載此事甚略，且附於六月末間。案：常同此時自柳州詔還，未至都。今年八月始除御史，九月丁丑同奏私鹽刑名太重。詔戶刑部勘當，至是進呈。克實誤也。克又併載張純下大理治罪在六月末，亦誤。純下大理在十月己亥，今別繫本月。

（宋）李心傳《建炎以來繫年要録》卷八八《紹興五年乙卯四月甲辰朔之壬申》　己未，詔鄉村五保為一大保，通選保正，於免役令中去長字。始改紹聖法也。先是，言者以為役法行之歲久，積至大弊，鄉村保正長，最為重役，不專取物力厚薄而兼用之，人丁多寡不通輪一鄉點差，而但取逐甲人戶。官吏貪濁，差募之際，富者以賄賂幸免，貧者以誅求受害，被役一次，輒至破產。愚民無知，巧為規避，遂有父亡母改嫁，兄弟析生，求免役次。非惟重困民力，以虛邦本，亦將有傷名教，以壞風俗。欲乞下有司，稍革舊法，專用物力，及通輪一鄉差募保正長。凡官吏因役事受財者，重為典刑，以示懲誡。又進士上書：竊觀方今害民之法，無如保甲之弊。願更去保甲法，復嘉祐、元祐之制，行耆戶長之法。故有是旨。仍許今後差物力高單丁，每都不得過一人。寡婦有男為僧道成丁者同。即應充而居他鄉別縣或城郭及僧道，並許募人充役，官司毋得追正身。餘如見行條法。案：此所謂進士上書，疑即王九齡也。時祠部員外郎林季仲亦奏疏，乞總一鄉物力，次等選差，其單丁許募人充役。至是頗採其説焉。季仲之奏曰：役法以十小保為一大保，而保有長；以十大保為一都保，而都有正。二者必以物力之高人丁之多者為之也。然法久而弊，人僞日滋，富而與貧為伍，預知差役之必至也，乃賂鄉佐，求與富者為伍焉。於是富與富為伍，物力雖鉅，萬而幸免。貧與貧為伍，物力雖數千而必差。蓋由猾胥造弊於排甲之初，致使下戶受弊於被差之後。征求之頻，追呼之擾。以身則鞭箠而無全膚，以家則破蕩而無餘產，思所以脱此者而不可得。時則老母在堂，抑令出嫁者，兄弟服闋，不敢同居者，指已生之子為他人之子者，寄本戶之產為他戶之產者。或盡室逃移，或全戶典賣，或強逼子弟出為僧道，或毀傷肢體規為廢疾。習俗至此，何止可為慟哭而已哉？臣復睹紹興二年閏四月十日及四年正月二十四日臣僚上言，欲不拘甲分，總以一鄉物力，次第選差。非第一等不得為都正，非第二等不得為保長。其單丁物力應充者計其募人，官司不得輒追正身。臣詳其説，實為利便，欲乞檢會參酌而行之，庶幾可以厚風俗、息爭訟、安流移、恤貧匱，不煩戒敕州縣，而弊源自塞矣。奏不得其月日，與朝旨類。故附著之。

（宋）李心傳《建炎以來繫年要録》卷一五五《紹興十六年丙寅正月戊寅朔之十二月壬戌》 戊子，言者乞禁福建民間私藏軍器。上曰，此自有法，宜令民通知。若絶其源，則盜自不作矣。

《金史》卷二《太祖紀》 康宗七年，歲不登，民多流莩，强者轉而為盜。歡都等欲重其法，為盜者皆殺之。太祖曰：以財殺人，不可。財者，人所致也。遂減盜賊徵償法為徵三倍。民間多逋負，賣妻子不能償，康宗與官屬會議，太祖在外庭以帛繫杖端，麾其衆，令曰：今貧者不能自活，賣妻子以償債。骨肉之愛，人心所同。自今三年勿徵，過三年徐圖之。衆皆聽令，聞者感泣，自是遠近歸心焉。

又：〔天輔〕三年正月甲寅，東京人為質者永吉等五人結衆叛。事覺，誅其首惡，餘皆杖百，没入在行家屬資產之半。詔知東京事斡論，繼有犯者並如之。丙辰，詔鼈古孛堇酬斡曰：胡魯古、迭八合二部來送款，若等先時不無交惡，自今毋相侵擾。

又：〔天輔六年〕十月丙戌朔，次奉聖州。詔曰：朕屢勅將臣，安輯懷附，無或侵擾。然愚民無知，尚多逃匿山林，即欲加兵，深所不忍。今其逃散人民，罪無輕重，咸與矜免。有能率衆歸附者，授之世官。或奴婢先其主降，並釋為良。其布告之，使諭朕意。

《金史》卷一〇八《把胡魯傳》 六月，召為大司農，既至汴，遂上言曰：邇來羣盜擾攘，侵及內地，陳、潁去京不及四百里，民居稀闊，農事半廢，蔡、息之間十去八九。甫經大赦，賊起益多，動計數百，驅牛焚舍，恣行剽掠，田穀雖熟莫敢穫者。所在屯兵率無騎士，比報至而賊已遁，叢薄深惡復難追襲，則徒形跡而已。今向秋成，奈何不為處置也。八月，復拜參知政事，上謂之曰：卿頃為大司農，巡行郡縣，盜賊如何可息？對曰：盜賊之多，以賦役多也。賦役省則盜賊息。上曰：朕固省之矣。胡魯曰：如行院、帥府擾之何。上曰：司農官既兼採訪，自今其令禁止之。

《元史》卷一二六《安童傳》 八年，陝西省臣也速迭兒建言，比因饑饉，盜賊滋横，若不顯戮一二，無以示懲。敕中書詳議，安童奏曰：强、竊均死，恐非所宜，罪至死者，宜仍舊待報。從之。

（清）徐乾學《資治通鑑後編》卷一七一《元紀一九》 時，燕南有妄男子上變言部使者謀不軌，按問皆虛。法司謂唐律告叛者不反坐。參議中書省事張起巖奮謂同列曰：方今嗣君未立，人情危疑，不亟誅此人以杜奸謀，慮妨大計。趣有司具獄，都人肅然。

《元典章》卷一七《戶部·戶計·承繼·禁乞養異姓子》 至元二十九年十二月，福建行省據邵武路申，承准福建廉訪分司牒，体知得南方士民為无孕嗣，多養他子以為義男，目即螟蛉，姓氏異同，昭穆當否，一切不論。人專私意，事不經久及，以致其間迷礼亂倫，失親傷化，無所不至。有養諸弟從孫為子者，有不睦宗親捨抛族人而取他姓為嗣者，有以妻之弟姪為子者，有以後妻所攜前夫之子為嗣者，有因妻外通以奸夫之子為嗣者，有由妻慕少男養以為子者，甚至有棄其親子、嫡孫順從後妻意而別立義男者，有妻因夫亡聽人鼓誘買囑以為子者，有夫妻俱亡而族人利其貲産争願為義子者。由是民間氏族失真，宗盟亂敘，争奪釁作，迭興詞訟，始謀貽患，終致破家，亦絶蒸嘗，莫保丘壠。縱有異姓之子能奉香火，然神不歆非類，寧得感通？有後名存，实為絶嗣。人情至此，孰不哀憐？切照旧例，諸人无子，聽養同宗昭穆相當者為子，如無聽養同姓，皆經本屬官司告給公據，於各戶籍内一附一除，養異姓子者有罪。古人思患，預防立法，如此存亡繼絶，可行無弊。看詳南人立嗣不經官司，致此多端，亂倫傷教。若不早圖禁止，非惟禍敗私族而已，深恐漸將官司所抄戶籍壞亂難整，又致改名過房、販賣良人者，得以藉口遂其奸計。如酌舊例更定教條，除在先已立者姑听外，此後悉令依例布告遠近，一新污俗，庶幾民習還淳，盡革前弊。為此移准揔司牒，申奉行御史臺劄付該：仰与有司從長講究，行移合屬，就申行省定奪施行。奉此今与本路總管府官一同講究，得父子嗣續，人倫大本，同宗繼紹，氣脈感通，非我族類，神不歆享。私立異姓，徒啟禍源，如前弊俗，理宜更革，兼可預防廢亂戶藉，潛息販賣人口。准上禁治為便。牒可照驗備申行省照詳施行。承此照得，本路近據録事司申解到同掘祖墳人黄雲瑞，責得元係廣西道賓州人氏，本姓陳，随姑陳氏嫁事黄千一將仕，為無嗣子，立雲瑞為嗣。於至元二十九年四月二十日，妄以祖公黄百十三知府墳墓風水不利為由，令吴百七等將墳墓掘取訖棺内銀器等物，及將尸骸燒化移於他處，卻將元葬祖公墳墓山林賣与官。將仕為主罪犯。招伏審問无異。看詳黄千一將仕无子，不能於近族擇有昭穆相當者立之，輙用其妻陳氏所攜異姓孫改名雲瑞立而為嗣。族系既殊，情態少異，其間破賣田産，毁拆室庐，俱未暇論。最是乃祖黄百十三知府歸土已三十餘年，而黄雲瑞乃敢盜發其墳、斧其棺、火其尸，盡取棺中元殯之物。至於祖宗骨肉，必不忍如此絶滅天理之事。此立異姓子者之明験也！乃至殃及九原，甚可哀也。除將黄雲瑞另行外，若不准上禁治，誠恐此風甚長，為害滋甚。乞照詳事省府，仰依上禁治施行。

《明史》卷二一三《張居正傳》 時承平久，羣盜蝟起，至入城市劫府庫。有司恒諱之，居正嚴其禁。匿弗舉者，雖循吏必黜。得盜即斬決，有司莫敢飾情。盜邊海錢米盈數，例皆斬，然往往長繫或瘐死。居正獨亟斬之，而追捕其家屬，盜賊為衰止。而奉行不便者，相率為怨言，居正不恤也。

《明神宗實録》卷三四《萬曆三年正月》 〔丙午〕巡撫順天都御史王一鶚修上弭盜六策：一，議專保甲責成。謂在京各衙門、各衛所隸籍於内廛寄於外者，往往恃客藉以抗有司，俱宜知會通議管約。一，議分邏徼亭堠。欲于涿州良鄉、固安、武清、漷縣、墩鋪分隸守備，盜賊發界中作罪。一，議重捕盜賞格。應捕人役擒斬賊首三名顆者與冠帶，再有功者加百總。用計密捕六名者，當對敵擒斬之一。居民能擒斬賊盜者二名，與冠帶，密緝者以四當擒斬之。一，把總官有膽畧過人，累立奇功者，薦邊方敘用。一，議定守備信地、漕河一帶，南起丁字沽，北至王家擺渡。崔黄口與霸州二守備，分河東西岸而守之，兩岸兩屬，彼此互接，不若盡屬之崔黄口，而霸州則專以近京要路責之。一，議增巡河哨船。宜置八槳船六隻，每船用兵十人，分布巡哨。一遇有賊，併力齊掉，與岸上巡緝互為聲援。一，議明管河職掌。謂河舊設一把總，一主簿，皆高坐河西膏地，職守湮廢。宜於夾河武清、營州二衛，選驍勇有材官一員充為總領，責以護糧。把總、主簿責令沿河修濬巡緝。如有失事，通與守備及巡簡官一體查究。疏下兵部覆核無異，詔如議行。併令撫按官申飭所屬，有隱匿盜情，規避罪責者，事發一體治罪。

（明）俞汝楫《禮部志稿》卷一七《儀制司職掌·科舉通例·凡科場禁例》 〔洪武〕十三年，奏準謄録生宜多增名數，嚴加考選。臨期責令所官用心督責，有脱誤差譌者，除查究外，仍將本卷另謄對。讀生查出者，量行給賞。至於分卷謄録之時，須將前後所收試卷匀散，以防姦弊。

（明）俞汝楫《禮部志稿》卷三四《祠祭司職掌·僧道·僧道禁例》 〔洪武〕二十七年，令榜示天下寺觀，凡歸併大寺設砧基道人一名，以主差税。每大觀道士編成班次，每班一年高者率領。餘僧道俱不許奔走於外，及交搆有司、以書册稱為題疏、强求人財。其一二人於崇山深谷修禪及學全真者，聽；三四人，不許。毋得私剏庵堂。若遊方問道，必自備路費，毋索取於民。所至僧寺，必揭周知册驗實，不同者挐送有司。僧道有妻妾者，許諸人捉逐，相容隱者罪之。願還俗者，聽。亦不許收留民間兒童為僧，違者并兒童父母皆坐以罪。年二十以下願為僧者，亦須父母具告有司，具奏方許。三年後赴京考試，通經典者始給度牒，不通者杖為民。有稱白蓮靈寶火居及僧道不務祖風，妄為議論沮令者，皆治重罪。二十八年，奏准天下僧道赴京考試，不通經典者，黜還俗，年六十以上者免試。

（清）鄂爾泰等《世宗憲皇帝硃批諭旨》卷三一下《硃批馬會伯奏摺》

為奏明事，竊照湖北一省，幅幀遼闊，水陸交衝，民情狡悍，不安本分。

〔硃批〕民情狡悍等字句，題奏疏中斷不宜入。

臣抵任以來，屢飭各州縣加謹防範，務期盜戢民安，仰副我皇上惠愛元元之至意詎意。黄州府屬之州縣，盜案頻頻。而黄岡一邑，自雍正五年二月至今，先後通報未結之案七十餘件，尚有自雍正二年五月至六年六月未經通詳積案八十餘起。其中有強有竊，皆由前任參革知縣張光裕、樊大元玩愒所致。茲據署任知縣賈多男冊報前來，臣與督臣邁柱現在嚴行按察司逐一確查其未經通詳案件，分別竊刦緝追題參，至已經通報未結強竊案件，內有查係刦案業經臣同督臣先後照案會參文武疎防，並嚴飭緝究外，理合將會飭勒緝緣由繕摺奏聞。再查黄岡一邑盜案獨多者，雖由該令之罷玩無能，亦因無大員駐劄彈壓，以致該令無所顧忌，任意懈弛隱諱。且該邑附黄州府郭，為上江豫省接壤之區，五方雜處，最易藏姦。查黄州一郡，係武昌道兼轄，而該道駐劄省城。省會既有督撫藩臬、糧鹽二道，以及武昌江夏守令同駐一城，則武昌一道似可移駐。臣與邁柱酌議請將該道駐劄黄州府城，稽察該邑並所屬各州縣盜案，如有諱盜等弊，立即揭報請參。庶稽察既嚴，州縣各官自必上緊緝捕，盜風可以漸息矣。臣愚昧之見，是否可行，伏祈皇上睿鑒批示，欽遵，謹奏。

〔硃批〕該道移駐黄州之處，與邁柱酌議，若意見相同，令邁柱具疏題請。

（清）鄂爾泰等《世宗憲皇帝硃批諭旨》卷三二《硃批張楷奏摺》

為奏聞事，竊臣欽奉諭旨，訪拏盜首羅思禮，併拏圖山鹽梟。臣即欽遵密商督臣查弼納，並密行知會將軍臣何天培，一體欽遵在案。旋經督臣差員訪拏，詎該犯潛匿湖廣幫回空糧船，聞信脱逃，隨即移咨密拏，於漢陽地方拏獲羅思禮。現在研究確實，另疏題報。再，鹽梟李明卿等俱已陸續弋獲，現在審擬，但圖山係江海要區，似應添設弁兵以資彈壓。臣經會疏題請合併奏明。臣身任封疆，似此積梟肆行，到任以來不即查拏，致厪宸衷，臣咎難辭。今幸仰藉天威，羣梟就獲，地方寧靖。臣惟有嚴飭文武官弁，加謹巡查，不致少有怠忽，以仰副皇上整飭地方保衛民生之至意。謹奏。

〔硃批〕見理未真，所以違道干譽，立法不嚴，馴至縱盜殃民。究明治病之由，方可言治效也。勉之。

（清）鄂爾泰等《世宗憲皇帝硃批諭旨》卷一一四《硃批紀成斌奏摺》

雍正五年六月二十日，據臣標中軍遊擊稟，據防守懷慶府河內縣窑兒頭地方兵丁稟稱，聞得過路人説山西澤州大箕村於十九日晚上有三百餘人持械扎傷捕役一名。臣以該村鄰近河南，隨一面添撥弁兵，凡與晉省接壤隘口及道路墩舖，加意巡防盤詰，一面差親丁赴澤州地方查探起釁情由。嗣據該丁稟稱，訪得因大箕等村有等拳徒，素日羣聚飲酒賭博，不事生業，該州牧借點保甲，扣拏二名，乃該村匪黨竟聚眾於中途刦回，更將州役搶去十三名，打傷一名，且恃眾強約鄰近村人。該州將城門衙署関閉防閑，嗣經紳衿講和，彼始將衙役放回，其附和者漸已解散。該州牧密諭各村保地舉乎匪類，隨拏獲十餘名，尚有三五十名逃匿晉浦山中等情。臣因該丁查探起事情由，不甚明確，復另差幹丁再赴澤州細加查訪。去後六月二十七日，澤州牒移懷慶府內，稱濟源縣南門外西劉村有一翟神仙會看風水行醫，是其軍師，即此處頭目。靳廣、焦養禄等俱逃赴濟源，投奔其家等情，牒府移營。臣當即選差弁兵協同府縣官役飛赴密拏，查並無靳廣等蹤跡，隨將翟神仙拏獲押解來府，旋即護解澤州訖。今據前差去兵丁回稟，細訪得此事原因，澤州民王泰來家人靳廣因伊主待伊刻薄，糾合魏姓義子併家人陳桂及拳徒焦養禄等二十餘人，在大箕村聚眾欲打劫王泰來家，復糾合泰來不知姓名家人入夥，彼即密稟伊主，首告澤州查拏。魏姓義子聞知自縊身死，匪類王君禄隨即被獲，詎靳廣同陳桂等糾合人眾於中途將王君禄刦回，拏住州役九名，俱行打傷。次日，該州牧委教官等勸諭，彼始將州役放回，匪黨亦各自逃散。嗣經州牧陸續緝獲焦明山等共三十餘人，現在審解。其黨犯前有逃匿晉浦山中，今已盡獲，其餘未獲之犯，現在嚴拏等情。臣思此類不過係遊手無賴之徒，其意在於刦掠富戶，似非謀為不軌之類，况已緝獲三十餘人，餘犯自不難於弋獲結案，但係鄰省地方有此聚衆不法之事，理合將兩次差查情由備録奏聞，伏祈皇上睿鑒施行。謹奏。

〔硃批〕出語可謂亂道之至，試思此等匪類，目無法紀，刦掠富戶之後，將作何結局？身膺封疆之責，凡百寧過於慎重，小事如大事辦理方是。似此立意，寬縱疎忽，甚負朕之任用。雖屬鄰省，皆係國家地方，遂乃膜視，於己無涉，是誠何心？所有逃匿人犯，竭力協同擒捕務獲。凡地方上遇有此等事件，外貌故作不知，自以為能將大事化小事，小事化無事。此種因循懈怠之風斷乎不可。再若如是居心行事，將來必罹重譴。慎之，戒之。切記！切記！

（清）鄂爾泰等《世宗憲皇帝硃批諭旨》卷一二五之一《硃批鄂爾泰奏摺》　雍正二年六月初八日，江南江蘇布政使臣鄂爾泰謹奏，為恭謝天恩，並繳硃批諭旨事。署理浙江藩臣佟吉圖抵蘇口宣聖諭：鄂爾泰自到江蘇，聲名甚好，毫不負朕恩，是天下第一布政。欽此。臣質本庸人，身遭殊遇。受事以來，見江蘇地方外似繁華，中實凋敝，加以風俗奢靡，人情浮薄，縱遇豐年，亦難為繼。私心竊慮，實非止於不要錢，不廢事，便足以報君恩，盡臣職也。迄今待罪將及一載，雖兇頑稍戢，淫蕩稍減，府州縣吏亦稍知自愛，然於地方本計，曾無寸補。乃蒙天語褒嘉，逾於常格。臣自分何人，膺茲異數。自今以往，惟有時凜聖訓，不瞻顧，不因循，竭力盡心佐署撫臣何天培，謀積貯，通水利，崇節儉，惜廉恥，務期荒年亦可不愁饑，窮民亦漸不為盗。臣職無虧，臣心始慰，庶仰酬高厚於萬一耳。臣謹奏。

〔硃批〕所奏甚是。向聞爾料理得法，故未諭。及今既有此奏，因將朕意諭爾：凡轉移風俗之事，須漸次化理，不可拂民之意而強以法繩之也。從前如湯斌等及幾任巡撫亦有為此舉者，皆不能挽回而中止，反致百姓之怨望，無濟於事。如蘇州等處酒船、戲子、匠工之類，亦能養贍多人。此輩有遊手好閒者，亦有無産無業，就此覓食者。倘禁之驟急，恐不能別尋生理。歸農者無地可種，且亦不能任勞。若不能養生，必反為非，不可究竟矣。惟在爾等地方大吏，正己率屬，徐徐化導，使百姓明識其非，樂從務本，知其利害，方可長久遵行，風移俗化也。萬不可嚴急，使民失業。究之蘇常等處，還是禮義柔弱之風，雖習尚奢靡，不過好為嬉戲耳。况人性多巧，頗嫻技藝，善於謀食，較之好勇鬬狠之風相去遠矣。若盡令讀書，勢必不能。若概令歸農，此輩懦怯之人何能力田服勞？將來不過棄鄉棄土，遠徃他省，仍務其舊業耳。非長策也。凡事順人情，就風俗而理之，從容布置，委曲開導，方可有成。一點迂腐淺見存不得，虚名務不得，地方上刁頑衿紳縱不得，末業小民苦不得。必須一夫不獲其所，若已推而納之溝中。如此寬仁，如此識見，方可為民父母。若不計及久長，衹顧一時高興，非惟不能風移俗美，翻成勞而無功。只可善為化導，不可使小民失其生理也。此朕密諭爾之旨，不可令一人聞之。要緊，要緊。

（清）鄂爾泰等《世宗憲皇帝硃批諭旨》卷一二六之一七《硃批田文鏡奏摺》　奏為欽奉上諭事。雍正七年七月初四日，准刑部咨，内開雍正七年六月初六日欽奉上諭：遊惰之民，自昔治天下才之所深惡。若好為賭博之人，又不止於遊惰而已，荒棄本業，蕩廢家資，品行日即於卑污，心術日趨於貪詐。父習之則無以訓其子，主習之則無以制其奴。鬬毆由此而生，争訟由此而起，盗賊由此而多，匪類由此而聚，其為人心風俗之害，誠不可以悉數也。大凡為不善之事者，雖干犯功令，猶可得微利。而獨至賭博，今日之所得，明日即未必能保。若合一年數月而計之，勝者與負者同歸於盡。此天下之人所共知者，而無如邪僻之人一入其中，即迷而不悟，且甘為下賤而不辭，亦大可悲矣。數年以來，屢次降旨嚴禁，而此風尚未止息者，則以製造賭具之尚有其人，而有司之禁約未曾盡力也。百工技藝之事，可以獲利營生者，何事不可為？而乃違條犯法，製此壞風俗人心之具，其罪尚可言乎？凡地方大吏有司，均有化民成俗之責，而乃悠悠忽忽，視為泛常，安辭溺職之咎？今特定本地官員勸懲之法，以清其源。嗣後拏獲賭博，必窮究賭具之所由來。其製造賭具之家，果審明確有證據，出於某縣，將該縣知縣照溺職例革職，知府革職留任，督撫、司道等官各降一級留任。如本地有私造賭具之家，而該縣能緝拏懲治者，知縣著加二級，知府加一級，督撫司道等官紀録二次。將此勸懲之法，永著為例，於雍正庚戌年為始。特諭。欽此欽遵。著該督撫通行曉諭，使城邑、鄉村及遐陬僻壤，咸使聞之。移咨到臣，仰見我皇上覺世牖民，端本澄源，勸懲兼施，立法盡善。臣惟當欽遵諭旨，督率司、道、府、州、縣力行察禁，使賭風頓息，賭具盡銷，以仰副聖主懲戒遊惰，洗除積習之至意。尚何芻蕘之足陳焉。但臣愚以為造賣賭具，斷不能瞞地甲牌隣之耳目，必使地甲牌隣不肯為其容隱，而又加以地方官之嚴察，則造賭具者自無矣。查雍正四年十二月定例：造賣賭具之地方保甲知情不首，杖一百等語。臣請嗣後拏獲製造賭具之人，除本犯照例分別首從問擬軍流外，其不首報之地方甲長、牌頭、隣佑於杖一百之外，再枷號兩箇月。如係受賄通同隱匿，加倍治罪。其能將製造之人報官拏獲審實，地方官捐賞銀三十兩。倘有畏其勢惡，恐被挾讎報復，不敢明首，許令據實密稟，免其給賞。如此則地甲、牌隣，既利重賞又懼法懲，即不敢通同徇隱，似於禁造賭具不無小補也。此臣管窺之見，是否可採，未敢具本。謹繕摺奏請，伏乞睿裁，為此謹奏。

〔硃批〕禁造賭具一節，嚴繩鄰保不使容隱，所見固屬有理。然朕謂有治人而無治法，果地方官盡力察禁，不稍寬縱，復申之以賞勸，自漸止息。若又倍加懲治，恐更增弊。何也？老氏有言：法令滋彰，盜賊多有。葢刑憲太峻，畏懼之情彌甚，而詭避之術更巧，或從而競相掩覆，以希幸免，則反無益矣。

（清）鄂爾泰等《世宗憲皇帝硃批諭旨》卷一二六之一《硃批田文鏡奏摺》 雍正二年七月初七日，河南布政使臣田文鏡謹奏，為封邑首犯已獲，地方寧靜，仰祈聖鑒事。雍正二年七月初六日，臣齎摺家人回豫，恭捧皇上硃批諭旨到臣。臣隨跪接，拜誦反覆，詳繹所有。封邱生童挾官罷考一事，仰見皇上至聖至明，無微不照。從此衿棍知有國法，而刁風可以永戢矣。

〔硃批〕欽差到豫，訊鞫此案，如有袒徇瞻顧，布恩邀譽情景，據實奏聞，絲毫毋為隱諱。

臣遵即傳諭撫臣石文焯，見其跪聆之下，感激聖恩，不勝踴躍歡忭。並飭開封府將已獲人犯加意看守，候旨定奪外。臣查為首之王遜、温濬、方元龍、方元璐、杜菁義、邊長虹、邊峰、范瑚、鄧九芳、徐丕泰等，據開封府詳報，已經陸續拏解到省，轉發祥符縣羈候訖，只有武生王前、姦民潘得仁尚未弋獲。現今嚴飭該府勒緝務獲，聽候審訊外，其文童於六月二十五日考試，武生武童於七月初一日考試，文生於初二日補考。自拏之後並無一人再抗，地方寧謐。至於此事光景，臣前摺之內俱係據實具奏，並無一毫增減，此外亦並無生出事端之處。

〔硃批〕知道了。

再，堤工所用人夫，從前原無變動，現今俱各竭力做工，並無異說。

〔硃批〕好。

（清）鄂爾泰等《世宗憲皇帝硃批諭旨》卷一九六《硃批阿克敦奏摺》 爲奏聞事。竊廣西梧州府蒼梧縣之芋莢山界連懷集賀二縣，並廣東肇慶府之開建、封川等處，山路險峻，出產礦砂。上年有姦民李亞展、潘十八等招集夥黨，攜帶器械占住山口，跟隨者不下千餘人，官兵屢次驅逐，而礦徒出没無常。經督臣孔毓珣將都司岳咨題參革職，並檄行兩省通緝在案。

〔硃批〕此案朕時刻繫念，昨於田畯赴廣西時又經再三嚴諭。今覽此事就緒，甚為慰悦。

臣到任後即嚴飭文武率兵搜捕，隨據肇慶協副將李斯援差委弁目，擒獲礦犯總理潘十八、大旗手譚六等十四名，暨旗鎗各械，解臣衙門。

〔硃批〕如此方是，殊為可嘉。

臣即親訊，押發廣西按察司收審。其為首之李亞展脱逃未獲，臣復懸賞購緝，密飭各該地方官訪拏。茲據高要縣知縣姜宏焯差捕，於陽江縣地方拏獲李亞展，解赴前來。臣復親訊，押發廣西按察司收審，聽撫臣具題結案。

〔硃批〕擒獲李亞展，可嘉之至。該縣及差役俱應亟加獎勵，縣令且當題請議敘，若從前有疎忽之咎，則只可將功補過耳。

外查李亞展、潘十八係偷挖芋莢山礦砂之渠魁。今兩犯先後就擒，餘黨聞風遠遁，現今芋莢山場俱已肅清。再，廣省盜賊皆由積年盜首蠱惑窮民，每至聚黨刦掠，若能獲其為首者，餘夥不難解散，加以文職力行，保甲武職勤於巡防，則盜可弭，而民可安矣。

〔硃批〕如李亞展等類有名數大盜，若皆就獲，粵省之盜風可望全息矣。

臣蒞任之初，即督率文武各員惟以弭盜安民為首務，經臣訪實之積盜十有餘人，俱已陸續就獲訊明，各歸本案。

〔硃批〕好極！朕欣悅覽焉，其極力加勉。

現在地方仰賴皇上威德，頗覺安靜。謹此奏聞。

〔硃批〕知道了。

《皇朝文獻通考》卷一九《戶口考一》 三十三年，御史張光憲奏請設立大姓族長。諭曰：民間戶族繁甚，其中不逞之徒，每因自恃人衆，滋生事端，向來聚衆械鬬各案，大半起於大姓，乃其明驗。惟在地方官實力彈壓，有犯必懲，以靖囂凌之習，政體不過如是。若於各戶專立族長名目，無論同宗桀驁子弟未必遽能受其約束。甚者所主非人，必至藉端把持，倚強鋤弱，重為鄉曲之累，正所謂杜弊轉以滋弊也。張光憲所請不可行。

《皇朝文獻通考》卷二四《職役考四》 四十一年，諭：前據阿思哈等奏，山東夏津縣地方有常州帮王益周糧船被盜之事。旋據楊景素奏，拏獲首夥盜犯段老等九名，訊出俱係沿河短縴，糾夥行劫。現今審明，按律定擬，分別斬梟矣。沿河短縴，多係無業窮民，羣聚覓食，晝則隨帮受雇，夜則乘機為匪。其中最易藏奸，而漕艘經行上下，遇有頂風、淺水，添雇帮縴人夫，亦屬必不可少。莫若令沿河州縣酌量安設縴夫，並選派夫頭照管，以供受雇。其各帮雇覓縴夫，並令押運千總督率旗丁點查稽核，按站交替。不許攜帶過站，亦不許中途私雇。庶各有責成，不致滋事。其應如何酌定章成之處，著直隸、山東、江南、江西、浙江、湖廣各督撫會同漕運總督確商妥議具奏。嗣經軍機大臣奏，據江南、山東、直隸等省各該督撫按照地方情形奏請添備短縴，分段設夫，並設立夫頭管束，均給腰牌，編列字號，以杜奸匪。亦有不設短縴，只設夫頭，臨時責成雇覓，其沿河文武員弁選派兵役稽察巡邏，則匪類自不能混跡，而漕運更得迅速。併著為令。

（清）陸曾禹《康濟録》卷一《前代救援之典》 洪武初，陝西旱飢，漢中尤甚，鄉民多聚為資，莫能禁戢。是時府倉儲糧十萬餘石，知府費震即日發倉，令民受粟。自是攘竊之盜與隣境之民來歸者，令為保伍驗丁給之，賴以全活者甚衆。至秋大熟，民悉以粟還倉。上聞而嘉之。

謹案：民之為盜，多迫於無可如何耳。有司已得其情，自宜及早招來，予以自新之路，仍為治世良民。但救之貴早，遲則積惡，多而不可屈國法以徇民。救之貴有權、有力，否則適以餌盜，而奸民易肆其詐譎。此一等處置，非精明強幹而又能保惠黎元者，皆不足以語此。

（清）陸曾禹《康濟録》卷二《先事之政・嚴保甲以革奸頑》 宋張詠守蜀。季春，糶廪米，其價比時減三分之一，以濟貧民。凡十戶為保，一家犯事，一保皆坐不得糴，民以此少敢犯法。王文康知益州，獻議者改詠之法，窮民無所濟，復為盜。文康奏復之，其賑糶法人日二升，團甲給票，赴場請糴。始二月一日至七月終，歲出米六萬石。蜀人大喜，為之謡曰：蜀守之良，先張後王，惠我赤子，俾無流亡。何以報之，俾壽而康。

謹案：張公以十家而共除一人之弊，此弊之所以除也。法變則盜興，王文康亟奏復之，蜀人不但為之喜，而且為之謡，其法之有益於民而不可廢也。審矣，膺牧民之任者，思欲共躋於昇平，當以張公之所行為善。

（清）陸曾禹《康濟録》卷三下《臨事之政・弭盜賊以息奸宄》 漢光武帝建武十六年，郡國羣盜並起，郡縣追討，到則解散，去復屯結。冬十月，遣使者下郡國，聽羣盜自相糾擿，五人共斬一人者，除其罪。於是更相追捕，賊並解散，徙其魁帥於他郡。賦田受廪，使安生業，自是牛馬放牧不收，邑門不閉。古者給人以食，取諸倉廪，故稱廪給廪食也。

謹案：以兵治盜，盜匿則不知。以盜治盜，盜散仍可捕。生五人而殺一人，為盜者人人自危，所以並相解散也。徙其魁帥不殺，可知邑門不閉，良心盡現。要非賦田受廪，使其有生業之可安者不能也。

（清）陸曾禹《康濟録》卷四上《事後之政・敦風俗以享太平》 隋辛公義為牟州刺史，下車先至獄所，決斷十餘日，囹圄一空。後有訟事應禁者，公義即外宿，人問故，曰：忍禁人在獄而我獨安寢乎？自是州人感化，以訟為恥。

謹案：無謂末俗之難移也。上果有愛民之官，下斷無不化之民，於公義見之矣。訟之為害也，結深仇，費錢帛，起奸偽，隳事功，不一而足。人情由此而惡薄，風俗何由而得新？今辛公以清獄之德，外宿之誠，感動愚頑，州人悉以訟為恥，非古之遺愛歟？

（明）王守仁《王文成公全書》卷一八《別録・綏柔流賊》　據左江道參議等官汪必東等呈稱：古陶、白竹、石馬等賊，近雖誅勦，然尚有流出府江諸處者，誠恐日後為患。乞調歸順土官岑巘兵一千名，萬承、龍英共五百名，或韋貴兵一千名，住劄平南、桂平衝要地方。及該府知府程雲鵬等亦申：量留湖兵，及調武靖州狼兵防守等因。始觀論議，似亦區畫經久之圖；徐考成功，終亦支吾目前之計。蓋用兵之法，伐謀為先；處夷之道，攻心為上。今各傜征勦之後，有司即宜誠心撫恤，以安其心。若不服其心，而徒欲久留湖兵，多調狼卒，憑籍兵力以威刼把持，謂為可久之計，則亦末矣。殊不知遠來客兵，怨憤不肯為用，一也。供饋之需，稍不滿意，求索訾詈，將無抵極，二也。就居民間，騷擾濁亂，易生讐隙，三也。困頓日久，資財耗竭，適以自斃，四也。欲借此以衛民，而反為民增一苦；欲借此防賊，而反為吾招一寇。各官之意，豈不虞各賊乘間突出。故欲振揚兵威，以苟幸目前之無事，抑亦不睹其害矣。前歲湖兵之調，既已大拂其情。乃今復欲留之，其可行乎？夫刑賞之用當，而後善有所勸，惡有所懲。勸之道明，而後政得其安。今稔惡各傜，舉兵征勦，刑既加於有罪矣。然破敗奔竄之餘，即欲招撫，彼亦未必能信。必須先從其傍良善各巢，加厚撫恤，使為善者益知所勸，而不肯與之相連相比，則黨惡自孤，而其勢自定。使良善各巢傳道引諭，使各賊咸有回心向化之機，然後吾之招撫可得而行，而凡綏懷御制之道，可以次而舉矣。

夫柔遠人而撫戎狄，謂之柔與撫者，豈專恃兵甲之盛，威力之強而已乎？古之人能以天地萬物為一體，故能通天下之志。凡舉大事，必順其情而使之，因其勢而導之，乘機而動之，及其時而興之。是以為之但見其易，而成之不見其難。此天下之民所以陰受其庇，而莫知其功之所自也。今皆反之，豈所見若是其相遠乎？亦由無忠誠惻怛之心以愛其民，不肯身任地方利害為久遠之圖。凡所施為，不本於精神心術，而惟事補輳掇拾，支吾粉飾於其外，以苟幸吾身之無事，此蓋今時之通弊也。

合就通行計處，仰抄案回道，即行知府程雲鵬公同指揮周胤宗，及各縣知縣等官，親至已破賊巢各鄰近良善村寨，以次加厚撫恤，給以告示，犒以魚鹽，待以誠信，敷以德恩。喻以朝廷所以誅勦各賊者，為其稔惡不悛。若爾等良善守分村寨，我官府何嘗輕動爾等一草一木，爾等各宜益堅向善之心，毋為彼所扇惑搖動。從而為之推選眾所信服，立為酋長，以連屬之；優其禮待，厚其犒賞，以漸綏來調習，使之日益親附。又喻以稔惡各賊，彼若不改，一征不已至於再，再征不已，至於三，至於四五，至於六七，必使滅絶而後已。此後官府若行勦除，爾等但要安心樂業，無有驚疑。若各賊果能改惡遷善，實心向化，今日來投，今日即待以良善，即開其自新之路，決不追既往之惡。爾等即可以此意傳告開喻之，我官府亦未嘗有必欲殺彼之心。若彼賊果有相引來投者，亦就實心撫安招來之，量給鹽米，為之經紀生業，亦就為之選立酋長，使有統率，毋令渙散。一面清查侵占田土，開立里甲，以息日後之争；禁約良民，毋使乘機報復，以激其變。如農夫之植嘉禾而去稂莠，深耕易耨，芸菑灌溉，專心一事，勤誠無惰，必有秋穫。夫善者益知所勸，則助惡者日衰；惡者益知所懲，則向善者益眾。此撫柔之道，而非專有恃於兵甲者也。

至於本院近行十家牌諭，誠亦弭盗安民之良法。而今之有司概以虛文抵塞，莫肯實心推求舉行。雖已造册繳報，而尚不知其間所屬何意。所處地方該道仍要用心督責整理，誠使此法一行，則不待調發，而處處皆兵；不待屯聚，而家家皆兵；不待蓄養，而人人皆兵。無餽運之勞，而糧餉足；無關隘之設，而守禦固。習之愈久，而法愈精；行之彌廣，而功彌大。其前項區處摘調之兵，有虛名而無實用，可張皇於暫時而不可施行於永久者，勞逸煩簡相去遠矣。惟有該府議欲散撤雇倩機快等項，調取武靖州土兵，使之就近防守一節，區畫頗當。然以三千之眾，而常在一處屯頓坐食，亦未得宜。必須分作六班，每五百名為一班，每兩箇月日而更一次。若有鵰勦等項，然後通行起調。然必須於城市別立營房，毋使與民雜處，然後可免於騷擾嫌隙。蓋以十家牌門之兵，而為守土安民之本；以武靖起調之兵，而備追捕勦截之用。此亦經權交濟相須之意，合就准行。仰該道仍將行糧等項，再議停當備行。該州土目人等遵照奉行。自今以後，免其秋調，各處哨守等役，專在潯州地方聽憑守備參將調用。凡遇緊急調取，即要星馳赴信地，不得遲違時刻。守巡各官仍要時加戒諭撫輯，毋令日久玩弛，又成虛應故事。

本院踈才多病，精力不足，不能躬親細務，獨其憂患地方，欲為建立久安長治一念，真切自不能已，是以不覺其言之叨叨。各官務體此意，毋厭其多言，而必務為紬繹，毋謂其迂遠，而必再與精思，務竭其忠誠，務行其切實，同心協德，共濟時艱。通行總鎮、總兵、鎮巡等衙門知會仍行。三司各道守巡守備等官，事有相類者，悉以此意推而行之。發去魚鹽，或有不足，再行計處定奪。

（明）王守仁《王文成公全書》卷三〇《文録續編・申明便宜敕諭》

節該欽奉敕：廣東清遠、從化、後山等處，與爾所轄南韶等府，壤地相接，事體互相有關。近該彼處鎮巡官奏稱，盜賊生發，師行有日，如遇彼處行文徵兵協勦，亦要隨即發兵前去防勦應援，以收全功。毋得自分彼此，致失事機。欽此。欽遵。照得南雄府界連南贛大庾、信豐、龍南等縣。而惠州、河源、興寧亦各逼近賊巢，俱係緊關奔遯潛匿之處，進攻防截之路。訪得前賊為患日久，雖奉成命徵兵協勦，誠恐賊計狡猾詐變，東追則西竄，南捕則北奔，若不早為查處，未免有悞軍機。為此仰抄案回司，會同三司掌印，及各該守巡、兵備等官，上緊調集兵糧，聽候剋期防勦，並將應勦賊巢通行查出，行拘熟知地利險易鄉導，責令畫圖貼説。要見某處賊巢，連近某處鄉落；某巢界抵某處，係是良善村寨；某處係是善惡相兼；某處平坦，可以直搗；某處險阻，可以把截；某處係賊必遁之路，可以設伏邀擊；某處賊所不備，可以間道掩撲；何處官軍可以起調；何官可以委用，可以監統；糧餉何處措辦，住劄何處聽候。各要查處停當，備由馬上差人飛報本院。以憑遵照欽奉敕諭，與各該鎮巡官計議而行。其有軍中一應進止機宜，亦要明白呈報，毋分彼此，致有疎虞。國典具存，罪難容恕。仍呈總督、鎮守、巡按衙門知會。

（明）王守仁《王文成公全書》卷三一《文録續編・行南昌府清查占奪民産》　照得寧王自正德二年以來，圖為不軌，誅求財貨，強占田土、池塘、屋基，立表所至，敢怒而不敢言。税糧在戶，而租利盡入王府；家眷在室，而房屋已屬他人。流移困苦，無所赴愬。見今天厭其虐，自速滅亡。一應侵占等項，合行改正，以甦民困。為此案仰南昌府，即便清查寧王並內官校尉倚勢強占，不問省城內外，查係黄册軍民，該載税糧明白，即與清復管業，收租住坐，不許鄰佑佃民仍前倚勢爭奪。其曾經奏請如陽春書院等處，雖有侵占，難以擅動，俟另行處治外，仍行官吏務要盡心清查，以副委用，毋得偏私執拗，致生弊端，通毋違錯。

（明）王守仁《王文成公全書》卷三一《文録續編・委按察使伍文定紀驗殘孽》　照得節該欽奉勅諭：但有生擒盜賊，鞫審明白，亦聽就行斬首示眾。賊級行令各該兵備守巡官，即時紀驗明白，備行江西按察司，造册奏繳，查照事例，陞賞激勸，欽此。欽遵。為照寧王謀反，隨本院調兵，已將寧王俘執，謀黨李士實、劉養正、王春等，並賊首凌十一、閔念四等，亦就擒獲。即今見該本院不日親自督解赴闕，式昭聖武，及紀功御史謝源、伍希儒亦各赴京復命。所有各哨官兵，尚在搜勦殘孽，惟恐解報前來，不無缺官紀録。為此仰抄案回司，即行新任按察使伍文定，如遇各哨官兵解到叛賊拜贓仗等項，務要從實審驗。應處決者，照依本院勅諭事理，就行斬首，賊級梟掛。明白紀録，備造印鈐文册，差人徑自奏繳。仍造清册一本，繳報本院查考，毋得違錯不便。

（清）劉坤一《劉坤一遺集・奏疏》卷一六《溧水攤賠虛糧懇予豁除摺》　臣等伏查溧水縣虛糧，從前民力有餘，勉令賠完，無敢異説。今者瘡痍未復，喘息方蘇，開墾荒田，本重利薄，言念民困，深用疚心。就令完固有之錢糧，尚形竭蹶，再責賠坍沈之賦課，自益難支。況同屬之上元等五縣，漕糧已蒙減免三成，高淳縣攤賠沈糧亦邀豁免，聖慈疊沛，一視同仁，難令該縣獨抱向隅之慼。國家定制，田地賦税，漲則升增，坍則豁除。當此百計招墾之時，尤以便民為急務，與其責賠虛糧，徒有加賦之虛名，何如豁除坍田，冀收墾荒之實效。合無仰懇天恩，將該縣攤入實存田地賠完虛糧七百三十一頃零，先行豁除，以溥皇仁而紓民困。下餘三百一十八頃零，仍俟荒田全墾，覈見實有虧缺若干，另行查辦。現在豁存原熟田地仍照舊時全書科則，按畝稽徵，以昭覈實。

（清）劉坤一《劉坤一遺集・公牘》卷一《嚴禁團練藉端擾害示》

為嚴禁事：

照得團練之設，即古人保甲之法，清查內匪使無所容，捍禦外侮使不能入。分為各團，實合為一團，以敦牧守望相助之義，法至善也。

玆查廣西各團漫無紀律，各練膽敢在外捉生勒贖；或因土客不和，互相仇殺。各團總不稟命於官，各練丁不聽命團總，威福擅作，生殺自由，動輒誣指為賊，動輒藉格殺勿論之言。果係慣匪，應由各團總稟明地方官，集練剿捕。或偶爾相遇緝獲，亦應鳴團送官究治，必持械拒捕，方可格殺勿論。至於脅從百姓，既經薙髮，便當予以自新，不得藉端擾害。除嚴札各團總外，合行出示嚴禁。為此仰該團練等遵照，嗣後務須守法奉公，團丁則聽團總約束，團總則聽官長約束，如身之使臂，臂之使指。至各鄰團，尤宜共敦和好，不得仍挾前嫌。如係真正匪徒拏解，自有重賞；倘敢妄拏擅殺，定行按律重懲，各團總加倍治罪。本司為振飭團練安靖地方起見，訪查最真，賞罰最當，其各懍遵毋違干究。

（清）劉坤一《劉坤一遺集·公牘》卷一《編查保甲示》 為曉諭認真編查保甲以絕奸宄事：

照得前因江省境內多有遊勇逗遛，謡詐搶刦，大為地方之害，業經通飭驅逐，出示嚴禁在案。

因思除莠安良，莫善於編查保甲，如果行之以實，則窮鄉僻壤，戶口人丁按籍可考，流寓土著莫能混淆，奸徒無自藏身，地棍亦難包庇。乃地方牧令視保甲為具文，紳董、牌頭憚編排之煩瑣，空言搪塞，玩愒苟安，以致遊勇隨處潛蹤，宵小頻聞竊發，卒至官罹參處，民苦失財。一念因循，同受切身之害，良堪歎恨。合亟出示曉諭。為此示仰各屬官吏軍民人等知悉：須知保甲得力，官民交受其益。務即按照章程，城鄉市鎮，僻壤山陬，一律遵行，僉舉牌頭甲長，逐戶編查，分給門牌冊籍，詳晰填註，按期稽察。如有遊勇羈留，勒令各回原籍；來歷不明人戶，毋許寄居。土著居民遇有外鄉親友到家，即須報明牌甲。倘敢私藏匪類，送官從重究懲。鄉保失於覺察，一體治罪。該州縣敢不實力辦理，以致藏垢納污，閭閻受害，定即撤任嚴參。本部院令出惟行，不稍寬假，各宜懍遵，毋違！

（清）劉坤一《劉坤一遺集·公牘》卷一《六文會育嬰照舊勸辦三年示》 為曉諭共襄美舉以拯嬰命事：

照得前奉上諭：御史林武恭奏，民間溺女積習未除，請嚴行禁止一摺。民間溺女，自乾隆年間部議照故殺子孫律治罪，例禁綦嚴。乃據該御史奏，近來廣東、福建、浙江、山西等省仍有溺女之風，恐他省亦所不免，實屬有傷天地之和，若不嚴行禁止，其何以挽澆風而全民命。著各直省督撫董飭所屬地方官出示嚴禁，並責令各州縣勸諭富紳廣設育嬰處所，妥為收養，俾無力貧民不至因生計艱難再蹈惡習。倘仍不知悛改，即治以應得之罪，毋稍姑貸。欽此。

查江省向有溺女陋習，省城原設有育嬰堂，自被兵之後，經費耗散，未能收養。前經沈前部院刊刻《六文會章程》，通飭舉行，並經選派紳耆在於省城設局勸辦，著有成效。本部院到任後，復經出示曉諭各在案。

茲據局紳具稟：自同治二年八月起，至五年七月底止，先後共收嬰孩一千一百五十九名，支用足錢八千三百五十四千有奇，捐足錢一萬二千三百四十餘串，銀一千四百六十七兩零，除支付外銀錢併計尚存錢六千串，僅足供兩年之用。現擬將存項置產收租，以垂久遠；仍請照舊勸辦三年，支放有餘，再行陸續添置產業，即可將每年所收租息，以為育嬰經費，毋庸再捐。請出示曉諭前來。

本部院查該紳耆等不辭勞瘁，竭力勸辦，各行店商民莫不好善樂施，數年來全活嬰孩甚眾，深堪嘉尚。除再由本部院及各官紳分別倡捐外，合行出示曉諭。為此示仰城廂內外行店商民人等知悉：爾等須知六文會集腋成裘，最為育嬰良法，務各遵照前定章程，再行捐辦三年，先在會者固宜始終其事，未入會者亦當隨力出資，共成美舉。從此休養生息，戶口日見蕃滋，感激觀摩，閭里悉知慈愛。除歷年之惡習，釀萬姓之祥和，爾等念切好生，亦必上邀天佑也。其各勉之！

雜録

《漢書》卷九九下《王莽傳下》 初，四方皆以飢寒窮愁起為盜賊，稍稍羣聚，常思歲熟得歸鄉里。眾雖萬數，亶稱巨人、從事、三老、祭酒，不敢略有城邑，轉掠求食，日闋而已。諸長吏牧守皆自亂鬬中兵而死，賊非敢欲殺之也，而莽終不諭其故。是歲，大司馬士按章豫州，為賊所獲，賊送付縣。士還，上書具言狀。莽大怒，下獄以為誣罔。因下書責七公曰：夫吏者，理也。宣德明恩，以牧養民，仁之道也。抑强督姦，捕誅盜賊，義之節也。今則不然。盜發不輒得，至成羣黨，遮略乘傳宰士。士得脱者，又妄自言我責數賊何故為是？賊曰以貧窮故耳。賊護出我。今俗人議者率多若此。惟貧困飢寒，犯法為非，大者羣盜，小者偷穴，不過二科，今乃結謀連黨以千百數，是逆亂之大者，豈飢寒之謂邪？七公其嚴敕卿大夫、卒正、連率、庶尹，謹牧養善民，急捕殄盜賊。有不同心并力，疾惡黜賊，而妄曰飢寒所為，輒捕繫，請其罪。於是羣下愈恐，莫敢言賊情者，亦不得擅發兵，賊由是遂不制。

《南史》卷二一《王弘傳》 弘博練政體，留心庶事，斟酌時宜，每存優允。與八座丞郎疏曰：同伍犯法，無人士不罪之科，然每至詰謫，輒有請訴。若常垂恩宥，則法廢不行，依事糾責，則物以為苦。恐宜更為其制。時議多不同，弘以為：

謂之人士，便無庶人之坐；署為庶人，輒受人士之罰，不其頗歟？謂人士可不受同伍之謫，取罪其奴客，庸何傷邪？無奴客，可令輸贖。有修身閭閻，與羣小實隔，又或無奴僮，為眾所明者，官長二千石便親臨列上，依事遣判。

（宋）李燾《續資治通鑑長編》卷一一八《宋仁宗景祐三年》 太常少卿、直昭文館開封扈偁言：京師，天下之本。而士民僭侈無法，室居服玩，競為華靡，珠璣金翠，熠燿路衢，一襲衣其直不翅千萬，請條約之。

（宋）李燾《續資治通鑑長編》卷三〇五《宋神宗元豐三年》 權發遣京東路轉運副使李察言：保甲之法，蓋防檢姦盜，緩急得以呼集追捕。本路排定累年，既不教習，復無點閱之法，進丁開戶，簿籍不明，寖成空文。乞每歲農隙，委提點刑獄司選官分縣就鄉村對籍閱丁數，其不同者正之。詔送司農寺。

《元史》卷二二《武宗紀一》 中書省臣言：阿失鐵木兒請遣教化的詣河西地采玉，馱攻玉沙需馬四十餘匹，采玉人千餘。臣等以為不急之務勞民，乞罷之。又言：近百姓艱食，盜賊充斥，苟不嚴治，將至滋蔓。宜遣使巡行，遇有罪囚，即行決遣，與隨處官吏共議弭盜方略，明立賞罰，或匿盜不聞，或期會不至，或踰期不獲者，官吏連坐。又言：江浙行省海賊出没，殺虜軍民。共已獲者，例合結案待報，宜從中書省、也可札魯忽赤遣官，同行省、行臺、宣慰司、廉訪司審録無冤，棄之於市。其未獲者，督責追捕，自首者原罪給粟，能禽其黨者加賞。有旨：弭盜安民，事為至重，宜即議行之。

《元史》卷二五《仁宗紀二》 御史臺臣言：比年地震水旱，民流盜起，皆風憲顧忌失於糾察，宰臣燮理有所未至。或近侍蒙蔽，賞罰失當，或獄有冤濫，賦役繁重，以致乖和。宜與老成共議所由。詔明言其事當行者以聞。

《明憲宗實録》卷五五《成化四年六月》 庚子，錦衣衛指揮朱驥同巡城御史胡靖等言禁盜安民六事。一曰：設軍馬。京城之外，東抵通州，南至張家灣，西抵良鄉，北至昌平，四路截路強賊多係騎馬，巡捕官軍因是步行，不能追捕。今欲於四路各差千百戶一員，東領馬軍三四十名，分為二班，輪流巡視。二曰：增夫役。各坊巡警鋪近奉敕旨，不分官吏軍民旗校匠役之家，俱要輪流守望。今勇士、人匠、將軍、厨役皆稱有例優免。此等人役止當優免本身，其隨住及另居人丁不得一槩隱占。三曰：責典守。近日所獲強盜，多係各營操軍。乞勑總兵管操管隊官員，務要用心鈐束所管軍士，不得縱容為非。如復有犯，即將本管官旗通參連坐。四曰：禁淫泆。京城内外軍民多有買良為娼，覓取財物。無籍之徒因而蕩費資本，轉為盜賊。今欲令錦衣衛、兵馬司緝捕治罪，枷項示眾，婦女離異歸宗。五曰：究容隱。近獲強盜，多係賭博宿娼之徒，無有家業，專在樂人之家寄贓宿歇。教坊司官因見罪不累己，法不追贓，雖知盜賊，亦聽容留。今欲一體追贓坐罪。六曰：清鋪舍。各城地方設立鋪舍，以防姦盜，已有定制。然亦有舊有總甲而與鋪舍者，有舊有鋪舍而年久倒塌者，有鋪多人少可歸併者，有人多鋪少可增置者。欲令各兵馬司查勘，設立、增併，則鋪舍修飾，地方嚴整矣。詔下該衙門議，多從其言。

（明）俞汝楫《禮部志稿》卷四五《奏疏・類奏疏・議行五事疏》 近年有俗儒假托怪異之事，飾以無根之言，如《剪燈新話》之類，不惟市井輕薄之徒爭相誦習。至於經生儒士，多舍正學不講，日夜誦憶以資談論。若不嚴禁，恐邪説異端日新月盛，惑亂人心，實非細故。乞敕禮部行文内外衙門及提調學僉事御史并按察司官，巡歷去處，凡遇此等書籍，即令焚毁，有印賣及藏習者問罪如律，庶俾人思正道，不為邪妄所惑。詔下禮部議。尚書胡濙等以其言多切理可行，但欲取太醫院藥于本監治病，原無舊例，難從。上是其議。

（明）俞汝楫《禮部志稿》卷四五《奏疏・類奏疏・覆行三事疏》

近者禁約僧尼，誠為厚俗首務，比見河南各府縣衛，所有軍、民、男、婦自稱端公師婆托神惑眾，人有病不事醫藥，惟飲符水，以故死常八九，傷人壞俗尤甚。僧尼乞嚴加禁治，再犯及邀請、容隱者，悉罪之。

（明）俞汝楫《禮部志稿》卷四五《奏疏·類奏疏·覆十四事疏》 非鬼而祭人以為諂，即當祀神祇與家廟祭獻，禮固不廢，法亦當嚴。邇來有等奸徒創立淫祠，廣設齋醮，謬為長生、禱嗣、懺罪、祈福之說，以致無知小民聽從，虛誑不憚，遠道攜挈妻孥，焚香祭拜，望空禱祝。如白蓮、無為等教者，誘惑愚頑，釀成禍亂，相應榜示驅逐，永為禁革。伏乞聖裁。

《皇明條法事類纂》附編《自京城通州直抵徐州沿路官司緝捕車戶人等通同劫掠人財例》 其當臣於奉命之治，亦以決為不可，繼而亦不敢有一毫取足之心，但奉公守法，平心經理，其秤收傾銷，俱令商人自己經守，運司官吏一毫不得干預，比其終也，積而算之，而數自倍矣。臣始知昔日之少非少也，鹽法多歧入於姦權之漏，危如王欽、工錦輩，以一人而得數十萬，可以類推矣，今日之百萬，非即此之物也。臣本疏庸，初無善策，但幸際鹽法清明之日，事權得以奉命，國（課）得以少助耳，至欲為輕人之計，立中正之法，或咸引價以恤商，處逃亡以恤竈，處鹽以平市，如臣前所議者。伏望陛下裁之，剛斷（賜）〔施〕行，則財之流源不竭，國之根本自固，良法美意斯可傳之，永遠而無弊矣。

《大誥·安保過付》 所在府、州、縣安保之家，並說事過錢人，皆以口舌利便說誘，是致君子一時被其昏愚，陷入憲章。今後敢有如此者，處以重刑，籍沒家產。

《大誥三編·進士監生不悛》 嗚呼！為人子不才，徒勞父母鞠育慈愛之心，莫甚於進士監生王本道等三百六十四名。且如父母養兒女也，初無兒女，纔覺有孕，夫妻不勝之喜。月分既足，得生男子，以為大喜，女生亦為之喜。既生，百日之間，酣睡中時或為之笑，父母視之亦為之喜。將周，或肚踼音倘，或擦行，或馬跁音扒，有時依物而立，父母尤甚歡情，然而鞠育之勞，正在此際。所以父母之勞，憂近水火，以其無知也，設若水火之近，非焚則溺。冬恐寒逼，夏恐蟲傷，四時增減衣服，調理憂勤，勞於父母，豈一言而可盡。今王本道等不能推父母之慈情，立志在於祿位，顯揚祖宗，豐奉父母，而乃姦計日生，殺身之道數履。在近者每朝面諭，姦迷其心，頑不肯遵。選行者，諭之尤甚，人各面從心異。朕言如水，人心如石，沃之既久，未見少潤；加以鐫鑿，未見成文，不能化者有如是耶！王本道等將前所說父母之勞，數十年燈窗之苦，不數月一時盡喪。嗚呼！君子觀之，豈不惜哉！志士豈不恨乎！且諸生年幼，況初入仕，凡有所犯，必免之更免，以待成人。獨王本道等兩犯不悛，至於四犯。由是雖有一犯者，不得下誥之天下。今將各生所犯，名題于首，概註于足。所在志士賢人君子，目此以推心，成人於悠久，立名於天地間，未知聽乎？

（清）蔣良騏《東華録》卷六《順治六年三月》 諭兵部：近聞民無兵器，賊反得利，朕思砲與甲冑非民宜有，仍照舊嚴禁。其三眼鎗鳥鎗弓箭鎗刀馬匹，悉聽民間存留，其先交官者給還。又諭兵部：向來申嚴隱匿逃人之法，斬。其隣右及十家長百家長不先舉首，地方官不能覺察者，俱連坐。今思前令未免過重，今後隱匿者免死流徙，其左右隣責三十板，十家長責二十板，逃人自歸，其主或隱匿者，自行送出，一概免罪。有親戚願贖回者聽。

（清）蔣良騏《東華録》卷二二《康熙五十三年三月》 左都御史揆敘疏言：近聞各省提塘及刷寫報文者，除科抄外，將大小事件採聽寫録，名曰小報，任意揑造，駭人耳目，請嚴行禁止，庶好事不端之人，有所畏懼。下部議行。

（清）蔣良騏《東華録》卷二五《雍正元年八月》 福撫黃國材疏言：章服為等威所繫，況物力艱難，尤當愛惜。臣歷任外吏，目睹地方淳樸者頗多殷實，奢靡者必至貧寒。邇年八旗風俗奢靡，衣服貴賤相同，請嚴禁僭越，杜絕奢華，白丁下賤人等，止許服黑色布疋，不得用綾羅綢緞，及各種細毛，違者重治其罪。上曰：此奏切中時病，奢僭之弊，朕亦稔知。但陋習困循，一旦遽然禁止，若非立法嚴峻，有犯無宥，不能使之永遠遵奉。揆之于理，移風易俗，宜漸不宜驟，究以從容不迫為貴。爾等姑且徐徐勸導，倘仍不改革，然後嚴為定制，以法繩之可耳。侍郎牛鈕疏禁官兵人等，服用五爪龍。下部議行。

又： 閩督滿保疏言：閩、浙兩省棚民，以種蔴、種靛、種烟、造紙、燒炭、煽鐵等項為業，奸良不一，令地鄰出結，五棚長連環互結。若有為匪不法事，蹤跡可疑而弗首報者，依律連坐，自不敢容隱。州縣官于農隙時，徧履各棚稽察，如始勤終怠，約束不嚴，即劾罷之。遇有棚民之州縣缺出，於通省揀選才守兼優之員調補，則治法與治人，咸收實效矣。下部議行。

（清）蔣良騏《東華録》卷二七《雍正四年四月》　侍郎楊汝穀疏言：直隸去年被水州縣，存倉民穀，盡數發賑畿輔積貯，宜預請運東關米十萬石至天津，截留南漕米十萬石存河間、保定適中地分貯。部議從之。閩督高其倬疏言：福、興、漳、泉、汀五府，地狹人稠，自平定台灣以來，生齒日繁，山林斤鹵之地，悉成村落，無田可耕，流為盜賊，勢所不免。臣再四思維，惟廣開其謀生之路，如開洋一途，前經嚴禁，但察富者為船主商人，貧者為頭舵水手，一船幾及百人，其本身既不食本地米糧，又得沾餘利歸養家屬。若慮盜米出洋，則外洋皆產米地；慮透消息，則今廣東船許出外國，豈福建獨虞洩漏；慮私販船料，則中國船小，不足資彼之用，似開洋于地方有益，請弛其禁。下怡親王會同大學士九卿議行。

又：廣東巡撫楊文乾疏言：廣東省城盜賊甚多，非編保甲不能清理，旗兵與民人連居，臣擬會同將軍，不論滿、漢兵民，逐一編查，省會之奸匪既清，各府州縣亦可漸次舉行，盜風庶幾少息。上諭曰：此見甚好，弭盜之法，此為探本窮源之上策也，其實力行之。

（清）鄂爾泰等《世宗憲皇帝硃批諭旨》卷一九上《硃批黃國材奏摺》

皇上天恩諭以保甲弭盜之法，且更念保甲弭盜，行於鄉村，尚未行於江湖。又頒訓旨，將南方水程之上行刦商民，不用器械，不露形跡，或用迷藥，或用悶香種種情形，指示明晰。令臣等加意防範，嚴加緝捕，併查駕船為業之人。令保甲隣佑具結給票，詳書姓名、籍貫併攬載緣由，記册存查。遇有失事，按册追緝，不難弋獲。

（清）鄂爾泰等《世宗憲皇帝硃批諭旨》卷五〇《硃批西琳奏摺》

臣查舊案，內有失物甚多者，有搶奪傷人者，有夥賊眾多者，有強竊情形迹涉疑似者，乃槩置沉擱。揆厥所由，或因竊賊照案緝拏，例無定限，所以彼此漫不經心。殊不知安民莫先於弭盜，而弭盜最切於清源，欲清其源則竊賊烏可不嚴？夫竊賊者，即大盜之漸。其掏摸剪綹鼠竊狗偷之事，州縣即行發落，必不通報督撫。若至通報，必係事不容已，勢難隱諱之案。則是竊賊一項，原有輕重大小之不同，若不另定處分，槩以竊賊定案，則盜風何能止息？以臣愚昧之見，請嗣後凡有報到盜案，查明果係是竊非強，照例免叅疎防。然竊賊亦不可不定限緝獲，未便容其遲緩，可否報部立案，初限六個月，不獲賊者，作何定議處分。二限四個月，不獲賊者，又作何定議處分。並州縣有前項竊賊不通報上司，上司不報部立案者，又如何處分。俾各官俱有警惕，知竊賊即須緝獲，案件不容沉擱。似於弭盜安民，不無裨益，是否可行？

（清）鄂爾泰等《世宗憲皇帝硃批諭旨》卷六七《硃批蔡仕舢奏摺》

同日又奏為請嚴捕役窩盜之禁，以靖盜源事。該臣看得安良莫要於弭盜，而弭盜莫先於除窩。平民為窩，尚有捕役訪緝，隣甲首報。至於捕役為窩，則根深蔕固，隣甲不敢稽察，同役復為護庇。凡地方之時有盜賊竊發，而莫能緝獲者，皆由於蠹捕之包縱。其情罪實比凡人為窩更甚。臣請嗣後如有捕役存留強盜在家，坐地分贓者，雖不同謀，不問人贓多寡，將本犯擬斬監候。若不曾留歇在家，但係知情婪收月規者，不問人贓多寡，將本犯擬絞監候。雖遇恩赦，俱不准減免。其知情存留竊賊在家分贓者，雖不同謀，一名，杖一百，流三千里；二名，充發伊蘭哈喇地方為奴；至若三名以上，及其中有得贓滿貫，與所窩之賊有應問死罪者，俱擬絞監候。其不曾留歇在家，但係知情婪得月規者，一名，杖一百，徒三年；二名，杖一百，流三千里；三名，杖一百，發邊衛充軍；四名，發極邊衛煙瘴地方充軍；五名以上，充發伊蘭哈喇地方為奴。內有得贓滿貫，及餽送之賊有至死罪者，亦擬絞監候。再惡捕有探定事主身自造謀行刦者，不分行與不行，亦照常人為首之例，擬斬立決，無庸更定。外若不曾造意，但與各賊同謀行刦，應照傷人夥賊之例，疏內聲明，即行正法，不准減等。其有造意為竊者，雖贓未滿貫，枷號兩箇月，責四十板，充發伊蘭哈喇為奴。若計贓至一百二十兩以上，及係先曾犯過坐分強竊盜賊，或婪收月規一次者，俱擬絞立決。共謀行竊者，不問得贓多寡，枷號一箇月，責四十板，發極邊衛煙瘴地方充軍。其曾先犯坐分強竊盜賊贓，或婪收月規一次者，枷號兩箇月，充發伊蘭哈喇為奴。俱於文到之日，出示曉論。至三月之外，再有干犯事發，俱照此分別治罪。庶惡捕稍知儆惕，不敢怙終，而盜賊失所憑依，自當斂避矣。

〔硃批〕論固有理，但捕役非與盜合，即與盜仇。假若盜賊懷恨，案案誣攀，則捕役不勝其荼毒矣。此處再同李衛詳加斟酌奏聞。凡事意見不可偏於一邊。

再，捕役緝拿盜賊到案，例應驗明，並無私拷傷痕，是正實盜賊尚不容其拷打。乃惡捕多豢匪黨，或為幫役，或為水手，每將良懦誣竊，私拷得財，則獻之惡捕。甚有私拷斃命者，則商令夥黨一人承罪，其正身惡捕反得脱然事外。應請嗣後如有捕役夥黨私拷，致死人命，捕役即供不知情，亦以為從論。俾其不敢濫收匪類，暗行縱使。而私拷弊端亦可以杜絶矣。為此具摺伏乞皇上睿鑒，敕部議覆施行。謹奏。

〔硃批〕向聞捕役往往私養一二積匪作眼，有以賊捕賊之説。今若照議嚴行禁治，則捕役將束手無策，未必復能獲賊，恐皆遠避畏途，頂充無人也。

（清）鄂爾泰等《世宗憲皇帝硃批諭旨》卷一五五《硃批南天祥奏摺》

雍正十一年九月初四日，江南提督臣南天祥謹奏，為陳奏事。竊照營汛之設，原以弭盜安民。江省水陸營汛會哨遊巡，在在嚴緊，而盜不斂跡，失事屢報者。良以鼓勵之道，尚有未至也。臣自抵任以來，屢行嚴飭申誡，立法勸懲。在各汛員，豈其不惜功名，甘自罹於条處。但以孤村僻壤，未免遠隔墩臺，則巡防或有不周；曲港支河，不能盡行阻截，則追捕必多遺漏。臣愚以為，欲清盜劫之案件，必設專司巡捕之官兵，而欲設專司巡捕之官兵，須定不次超擢之賞格。如臣標中左右前後五營，除移駐上海及各營派撥汛守鹽外，其餘存城官兵，儘數調遣。臣請遴選精幹千把外委數員，各挑帶強壯兵丁數名，專任捕盜之責，酌量分派於沿海各路。凡孤村僻壤、曲港支河，以及水陸要衝、墩汛隔遠處所，徧行巡緝。每報獲盜一起，弁員記功酌賞，兵丁量加賞拔。積至獲盜三起，千把即以應陞之缺，請補外委，准其實授。兵丁能節次首先獲盜者，准拔外委把總。倘有怠玩從事，無益地方，甚至誣良為盜，越分滋事等弊，即將該弁分別責革治罪，兵丁一併究處。再照將軍標緑旗官兵，以及督撫河漕鎮臣等標與協路各營存城官兵，俱敷調遣之用。竝請敕部知照，一體酌派，分頭專司巡捕。其獲盜立賞之處，亦俱畫一，以示鼓勵。則各弁兵志圖進取，當必奮勉效力，而江省盜案自可漸少矣。臣不揣愚陋，為營伍地方起見，繕摺陳奏，是否有當，伏乞皇上訓示遵行。謹奏。

〔硃批〕將軍等各標，分頭巡捕之説，聽之似屬可行，行之未必無礙。何則？恐致騷擾地方，害多利少，非有益之舉也。

（清）劉錦藻《皇朝續文獻通考》卷二五一《刑考十》 又凡苗蠻猺獞及夷猓人等，有犯流置等罪，無論常赦是否得原，俱收入本地習藝所，按照例定年限工作，限滿釋放。本罪係外遣者，工作十二年後，察看情形，如尚知改悔，從寬開釋。若仍怙惡不悛，再加工作五年，限滿釋放。

臣謹案：舊例苗蠻猺獞人等犯該軍流等罪，照例枷責，仍將家口一併遷徙。查苗蠻人等，本身犯罪固應盡法懲治，乃父母、兄弟、子姪一應家口，無論是否同謀，一併遷徙六百里以外安插，其與緣坐何異？見在遷徙之制既已廢除不用，苗蠻人等有犯流罪以上，即照民人一律改折工作。惟此等人久處荒服，言語嗜欲，素與內地不同。犯雖常赦所不原，似應仍留本地習藝，毋庸發配，以示體恤。限滿釋放，其犯至外遣者，按照民人本例不准釋回，即在本地習藝十二年，限滿查看情形，如係怙惡不悛，酌量再加工作五年，以昭平允。此定例之意也。

（清）陸曾禹《康濟録》卷四上《事後之政・敦風俗以享太平》 仇覽，一名香，為浦亭長。有陳元者，母訟其不孝。覽驚曰：守寡養姑，奈何欲致子於法？其母遂感悟而去。覽親至其家，諭以大義，卒成孝子。邑令王渙曰：不罪。陳元殊少鷹鸇之志。覽曰：鷹鸇不如鸞鳳耶。

謹案：革人之面，不若革人之心。置人之死，不若救人之生。王渙能以王法坐不孝，仇覽獨不能以嚴刑治逆母乎？覽則不然，躬行勸化，使蒙天性，慈者慈而孝者孝。不特陳元思報劬勞之德，而闔邑無不動孝養之心。有恥且格，末俗一新。是王渙欲為其易，而仇覽獨任所難。鸞鳳鷹鸇之喻，不信然乎。

（清）樊增祥《樊山政書》卷九《批富平縣劉令稟》 閲稟惻然，不圖一把麥而斷送兩命也。唐張氏與張科舉為族人，與張韓氏為遠房姑嫂，乘科舉夫婦赴地割麥，潛入其家行竊，韓氏回家瞥見，遽用鐮砍扎張氏左肋致死。該氏旋亦畏罪自刎。兩命相抵，夫復何言？惟念盜竊起於饑寒，仁義生於豐足，嚮使吾陜不遭饑饉，戶有餘糧，則婦女何至作賊？即偶然被竊，又何至痛恨若斯，立即致之死地。所以然者，民窮財盡，各有一錢如命之心，故盜財者無復廉恥之存，而被盜者亦以性命相搏。婦女且然，何論男子？近年命盜各案倍於曩昔，孰非窮之所使耶？此案已矣。吾輩涖官於陜，當時存一哀矜勿喜之心，取於民時多一番體恤，即銷一分亂萌，於治獄時多一番慎矜，即養一分元氣。該令賢明，可與言治，聊復書之，共相策勉云爾。仍候督撫憲及臬司、糧道批示。繳。

（清）徐棟《保甲書》卷二王鳳生《劄各州縣查辦保甲檄》 附明呂司寇《鄉甲勸諭》酌量今昔情形畧為更易説與爾百姓：鄉甲之行，有十利而無一害。一則些小事情本約和處，省得衙門告狀，受怕躭驚，花錢使用，喫撻問罪，坐監討保，破了家業，誤了營生。二則挨查外來生人細密嚴謹，四方盜賊無處容身，百姓們無雞犬之驚，睡好自在覺。三則使本牌人丁及住房住廠之人，都有稽查盤問，使他不得出外為非，免得他犯了重罪連累我，有窩主之憂。四則錢糧國課由本約平日互相勸説，催逼早輸，免得臨時追呼，加利借債，並可省討糧差保腳飯錢文。五則一約之內，人丁地土，貧富增消，差糧多少，人所共知。只消本約擔認公定，由約正禀官，酌定章程，編均徭役，省得書役千奸百弊，捺富升貧，瞞糧貽害。六則一約之人，朝暮相勸，彼此相規。大家曉些道理，守些法度，都成好人，説好話，幹好事。生為有德之民，死為無罪之鬼，閻王見了也是敬重。七則一約之人，既是年年相與，自然情義浹洽，有無相助，患難相救，疾病相扶持，有事相商量，嫌隙相解釋。異姓結為骨肉，仇讎化為腹心，自不致有爭鬬釀命之案。

（清）許乃釗《鄉守輯要合鈔・上諭》 嘉慶五年正月二十六日奉上諭：向來保甲一法，原係比閭族黨之遺制。稽查奸宄，肅清盜源，實為整頓地方良法。前據科道等條奏，節經降旨，飭令各督撫等實心講求，妥為辦理。但定立章程惟在簡便易遵，切而可久，方能得有成效。如繕造循環冊籍，務令地方公舉誠實甲長，俾司其事，不經吏胥之手。至於稽查之地方官，勢難周歷四境，應於因公下鄉隨時詢問。據其所言，丁口關對牌冊，或於審理詞訟時，隨意詳詰，取冊校覈，則里長等自不敢從中弊混，任意捏報。加以化導有方，戒勉有法，條析利害，申明約束。如有干犯禁例，牌甲知情不舉者，查明隨案示懲。庶幾法立而人不敢欺，小民相勸於為善矣。特此再通諭各省督撫等，務須督飭所屬，實力奉行，以期閭里無所容奸，地方漸臻淳厚。毋得視為具文，仍至有名無實也。欽此。

又： 道光三十年十二月初九日奉上諭：廣西橫州、博白兩處團練章程前已有旨，令徐廣縉分飭兩省仿照妥辦。茲據奏稱，業經通飭各州縣，因地制宜，並刊刻學政許乃釗所輯《鄉守團練之法》通行辦理。著即飭令各屬，實力奉行，毋致有名無實，是為至要。將此由四百里諭令知之。欽此。

咸豐二年十一月二十五日奉上諭：團練鄉勇，乃民間自為守禦，藉以保衛身家。或各村自為一團，或數村共為一團。其經費應由紳董自行經理，豈可官為抑勒？且以守望相助之侶，輒復紛紛調遣，必至遷地弗良，轉滋流弊。民間捐助軍餉，好義急公，朕方破格施恩。若地方官藉捐輸為名，委員四出苛派騷擾，胥吏因緣為奸，又何以安善良而昭激勸？即如會籌軍餉條款內税契一節，亦國家成例，然或辦理不善，亦足以滋擾累。朕宵旰焦勞，冀紓民困。吾民一日不安，朕心一日不釋。前此被賊滋擾省分，迭經降旨，令該撫查明奏請，分別蠲緩撫恤。茲者岳州失守，及武昌漢陽一帶，眷懷南服，憂思益深。若再令疆吏飭屬照常征納，小民其何以堪？著該督撫悉心體察被賊地方，分別蠲緩奏請恩施。其餘應行征收錢漕之處，亦著嚴查各州縣，總期照舊開征，毋得稍有浮勒。庶幾吾民于顛沛困苦之時，不至再受追呼迫切之累。該大臣督撫等，即刊刻謄黃，徧諭閭閻。其各仰體朕意，速振軍心，用殲羣醜，毋再因循玩泄致干重罪。將此通諭知之等因。欽此。

咸豐二年十二月初二日奉上諭：各省在籍紳士，值此賊匪肆擾之時，諒必志切同仇，為民捍患。著該督撫傳旨，令該紳士等各就該地方情形帮同團練，保衛鄉閭。或用堅壁清野之法，使賊不能擄掠逼脅。一切布置經費，應由公正紳士籌辦，不得官為抑勒，致滋流弊。該督撫等惟當遴派賢能之員，與各紳民同心協力，嚴緝土匪，密拏奸細，以杜勾串。其被裹脅窮民，皆吾赤子，尤當分別良莠，予以自新。有能殺賊立功，自拔來歸，或殲捦賊首者，立即奏明，優加恩賞。朕宵旰焦思，誓必殄此羣兇，綏我黎庶。封疆文武大吏，其各仰體朕心，毋負委任，將此通諭知之等因。欽此。

咸豐三年正月初八日奉上諭，本月上辛祈穀大祀，朕詣壇齋宿，虔申默禱，惟願吾民同登衽席，永戢干戈。念自逆匪滋擾以來，由廣西而湖南，由湖南而湖北，所過城池，多被蹂躪。現復圍陷武昌省城，數萬生靈，慘遭荼毒。即未被賊地方，亦復聞警遠避，備極流離顛沛之苦。總由地方官吏，平日既不先事豫防，臨時又復張惶失措，甚至望風先遁，以致居民失其所恃，不得不轉徙他方，以全性命。朕為天下生民主，不能察吏安民，致令盜賊肆行，閭閻驚擾。興言及此，寢饋難安。因思嘉慶年間，川楚教匪蔓延數載，嗣行堅壁清野之法，令民團練保衛，旋就蕩平。即今廣西湖南地方，多有團勇保衛鄉里，賊不敢逼，且有殺賊立功者。況各處鄉村良民多，而莠民少，若得公正紳耆董理其事，自不致別滋流弊。即地方間有土匪，一經約束，亦將去邪歸正，共保鄉閭。惟在良有司素得民心，必可收眾志成城之效。著各該督撫分飭所屬，各就地方情形妥籌辦理。並出示剴切曉諭，或築寨浚濠聯村為堡，或嚴守險隘，密拏奸宄。無事則各安生業，有事則互衛身家。一切經費，均歸紳耆掌管，不假吏胥之手。所有團練壯丁亦不得遠行征調。各團中如有捐資倡助，或殺賊自效者，地方官即申詳大吏，據實奏聞，朕必立加獎敘。如廣西湖南各鄉團出力者，無不渥沛恩施。凡此土著良民，各有產業，與其倉皇遷徙，拋棄田廬，轉不免土匪乘機搶掠，何如堅守鄉里，以子弟衛父兄，以家資保族黨乎？至于賊匪夥黨，亦豈盡屬兇頑，甘心從逆？多因被賊裹脅，供其役使，苟延喘息，末由自新。現在著名逆匪如蕭潮潰等，已先後殲斃，韋正亦伏冥誅，惟一二逆首尚稽顯戮。賊匪惡貫滿盈，神人共憤，光天化日之下，豈容魑魅久肆兇殘！必當立就殲除，以快人心而安疆圉。朕奉行天討，軫念羣生，不惜數千萬帑金，救民水火。現復欽派大臣調集各路精兵，合力圍勦，何難盡掃妖氛，不留餘孽！惟念此被脅之民，不從，則先死於賊；從之，又死於兵。蚩愚何知自罹陷井？古人有云：殲厥渠魁，脅從罔治。朕仰體上天好生之仁，何忍概行誅戮？如有被賊裹脅，自拔來歸者，不妨貸其一死。有能縛獻首逆，或為內應殺賊立功，或戮取長髮賊目首級來獻者，不但赦其前罪，更當加以重賞。其各深思猛省，毋貽後悔。我朝列聖相承，深仁厚澤，洽于黎庶。朕以薄德紹承大統三載以來，勤求民瘼惕厲時深。雖因各省水旱偏災，並南河決口蠲緩錢糧，截漕賑濟，粵楚被兵處所，亦已分別查辦，蠲緩加恩，而民困未能盡蘇，小惠恐難徧及。每念生民塗炭，撫育無方，即再三引咎自責，亦屬虛文，惟有恐懼修省，吁籲昊蒼，宥予之辜，拯我窮黎。中外文武大臣，及地方官吏，亦當激發天良，為民除害。各省紳民人等，自必同仇敵愾，速殄賊氛，從此永慶綏豐。仰承天佑，朕與天下臣民同深寅感。茲值大祀禮成，是用敷布朕懷，重申誥告。著該部及各直省大吏，刊刻謄黃，宣示中外，咸使聞知。欽此。

咸豐三年正月三十日奉上諭：前有旨諭令直省仿照嘉慶年間堅壁清野之法，辦理團練，以資保衛。復令武英殿刊刻明亮德楞泰《築堡禦賊疏》，龔景瀚《堅壁清野議》及示諭條款，頒發通行。誠以賊匪滋擾，奔竄靡定。與其賊至即逃，何如乘其未及，設法自固？近來被賊各郡縣，本境已受其蹂躪，毗連各隣境一聞警急，輒紛紛思避，甚至移徙一空，委城於賊，糧餉軍裝盡被擄掠。藉寇兵而齎盜糧，深堪痛恨。總由地方官素無布置，未能固結民心，遂至臨事倉皇，束手無策。因思民間守望相助，保衛鄉閭，不特被賊地方急宜籌辦，即距賊較遠處所，亦應思患豫防。惟專責守土之員，不免吏胥假手，流弊滋多。各省公正紳耆，既於地方情形熟悉，而人望所繫，呼應尤靈。前已有旨，令侍郎呂賢基馳赴皖省辦理團練，自必與在籍各紳士悉心籌畫。其江蘇一省，即著在籍之前任左都御史沈岐、閩浙總督季芝昌、吏部侍郎侯桐、左副都御史程庭桂、宗人府府丞温葆淳、江西巡撫錢寶琛、湖南藩司王藻、浙江藩司汪本銓等，會同地方官邀集眾紳士酌辦團練事宜。此外各省紳士，著在京各部院堂官，及翰詹科道各舉所知。總期通曉事體，居心公正，素繫人望者，責成倡辦，自必經理得宜，輿情允協。當此賊氛未靖，時勢孔艱，該紳士等身受厚恩，應如何自固里閭，為敵愾同仇之計。所有勸諭、捐資、浚濠、築寨各事，總宜各就地方情形妥為布置。一切經費，不得令官吏經手。如果辦有成效，即由該督撫隨時奏請獎勵，以副朕為民除害敉靖疆圉之至意。欽此。

咸豐三年八月十七日內閣奉上諭：前經降旨，令各直省督撫率同紳民等認真團練，保衛鄉閭。並刊刻嘉慶年間明亮德楞泰《築堡禦賊疏》，龔景瀚《堅壁清野議》，頒發各省，諒已實力奉行。茲據光祿寺卿宋晉呈進《鄉守輯要合鈔》一書，朕詳加披閲，於團練事宜，頗為詳備。著一併交武英殿刊刻，進呈候旨頒發。欽此。

（清）許乃釗《鄉守輯要合鈔》卷一《鄉守輯要凡例》　今上諭旨冠於卷首，為是編原起焉。

一，是書所采自唐宋以迄前明，皆於題目下注明某朝某人。至國朝人著述采輯尤多，不復標明時代。

一，《團練章程》皆係因地制宜，其有從同處，擇慮事尤密者録之，其兩説可互證，或時地不同，立法因之互異者，亦類輯之編次，皆以事之先後為敘，不拘時代。

一，是編所采皆前賢行有成效之事，無一空談浮語，故言淺義明，鄉愚皆能通曉之辭居多。惟《藩籬》《器具》兩卷，必須圖與説合，方能行之無弊。故葉數較多，然非鄉間所應有者，亦未敢泛及也。

一，前明吕司寇之《鄉兵救命書》，金文毅之《友助事宜》，近時如周敬修《制府之守望約》等篇，皆搢紳居鄉者之所為，鄉間居民不難倣行，即檀默齋明府，所謂不仰於官，而賊不能擾者是也。更得賢牧令為之主持，督撫、監司、郡守又復提倡於上。禁暴之功，不更廣歟？

一，是編所輯器械率皆田間易有之具，取其不大費錢，倉卒能辦而已。或謂制器之法，設為奸民所知，奈何？曰是説也于清端嘗言之矣。其《申明保甲論》曰：不揣事勢者，以修立垣堡，遂為聚衆，見製造器械，輒云謀叛。不知為逆之人，聚匿深山大澤，何嘗有一定之垣堡，私造利戟長矛，幾曾畏有司之禁約。惟善士良民，守分奉法，堡無完牆，家無寸鐵，倏忽之間，盜賊突至，赤手空拳，東投西竄，賊能縱恣殘民，民無所恃拒賊。妻子為擄，牛種為掠，骨肉分離，室如懸罄。歸怨於上，相率為賊，田地日荒，其何以培國脉，固根本耶？清端此論可謂洞達。當時必有持此論以惑衆聽者，故不憚反覆言之也。

（清）許乃釗《鄉守輯要合鈔》卷一《通論》　鄉守之事，大要不外保甲、團練、衛民殺賊數端。由此而通之一邑，雖郡國天下，不外是矣。

（清）許乃釗《鄉守輯要合鈔》卷一《通論·十家牌法明王文成**》**　凡置十家牌，先將各家門面小牌挨審的實。如人丁若干，必查某丁為某官吏，或生員，或當某差役，習某技藝，作某生理，或過某房出贅，或有某殘疾及戶籍田糧等項，俱要逐一查審的實。十家編排既定，照式造册一本留縣以備查考。及遇勾攝及差調等項，按册處分，更無躲閃脱漏。一縣之事，如視諸掌。每十家各令挨報甲內平日習為偷竊及嚇唬教唆等項不良之人，同具不致隱漏重甘結狀，官府為置舍舊圖新簿，記其姓名，姑勿追論舊惡，令其自今改行遷善。果能改化者為除其名。境內或有盜竊，即令此輩自相挨緝。若係甲內漏報，仍並治同甲之罪。又每日各家照依牌式，輪流沿門曉諭覺察。如此即奸偽無所容，而盜賊亦可息矣。十家之內，但有爭訟等事，同甲即時勸解和釋。如有不聽勸解，恃強陵弱，反誣告他人者，同甲相率禀官。官府當時量加責治省發，不必收監淹滯。凡遇問理詞狀，但涉誣告者，仍要查究同甲不行勸禀之罪。又每日，各家照牌互相勸諭，務令講信修睦，息訟罷争，日漸開導。如此則小民益知争鬭之非，而詞訟亦可簡矣。凡十家牌法，其法甚約，其治甚廣。有司果能著實舉行，不但盜賊可息，詞訟可簡。因是而修之，補其偏而救其弊，則賦役可均；因是而修之，警其薄而勸其厚，則風俗可醇；因是而修之，導以德而訓以學，則禮樂可興。凡有司之高才遠識者，亦不必更立法制，其於民情土俗，或有未備，但循此而潤色修舉之，則一邑之治，真可不勞而致也已。

（清）許乃釗《鄉守輯要合鈔》卷一《通論·十家牌立保長法》　編十家牌，不立牌頭者，所以防脅制侵擾之弊。然在鄉村，遇有盜賊之警，不可以無統紀，合立保長督領，庶衆志齊一。為此仰抄案回司，即行各道守巡兵備等官，備行所屬各府州縣，於各鄉村推選才行為衆信服者一人為保長，專一防禦盜賊。平時各甲詞訟，悉照牌諭，不許保長干與，因而武斷鄉曲。但遇盜警，即仰保長統率各甲，設謀截捕。其城郭坊巷、鄉村，各於要地，置鼓一面。若鄉村相去稍遠者，仍起高樓，置鼓其上，遇警即登樓擊鼓。一巷擊鼓，各巷應之；一村擊鼓，各村應之。但聞鼓聲，各甲各執器械，齊出應援，俱聽保長調度。或設伏把隘，或並力夾擊。但有後期不出者，保長公同各甲舉告官司，重加罰治。若鄉村各家皆置鼓一面，一家有警擊鼓，各家應之，尤為快便。此則各隨財力為之，不在牌例之內。俱仰督令各縣即行推選增置，仍告諭遠近，使各知悉。各府仍要不時稽察，務臻實效，毋事虚文。案：十家牌法，可以化莠民，緝小盜，息争訟，法至善也。若夫大夥劫盜，百十成羣，黨羽既多，去來無定，必須各鄉團練截捕應援，斷非保甲所能靖者。觀文成公於十家牌外，文復增設保長，則所以禦外賊者，有專屬矣。惟團練從保甲入者，先有講信修睦、息訟罷爭一段道理，浹於民心，故無流弊。若僅從事於團練，往往有習為爭鬬者。是在地方州縣與首事人等，於團練之始，即諭以忠君親上友助扶持之義。不獨可禦外來之盜賊，並可息境内之紛爭。未可因奉行者之不善，歸咎於團練，遂以防禦劫盜之事，概責諸保甲也。讀文成兩諭可以鑒矣。

（清）許乃釗《鄉守輯要合鈔》卷一《通論·立寨併邨清野設伏增兵籌餉疏明盧忠肅象昇》 臣以鉛槧之才，荷封疆之任，朝思夕惕，圖報我皇上知遇特恩，而未得一當也。乃受事八閱月以來，藉朝廷寵靈，憑督撫鎮諸臣猷略，楚、鄖一帶，迅掃流氛，方當恪遵明旨，安集遺黎，經營殘土，以無負臣撫治本職。不意漢興商雒，賊勢復爾披猖。在各省且俱餉竭兵疲，日難一日。鄖當三面之敵，無專統之權，四應何以分身？千兵何以兼顧？況乎以各省之兵，驅各省之賊，則孤鄖刻刻有為壑之虞。微臣處此，苟有濟於地方者，惟是知無不為，為無不力而已。凡可告之君父者，亦惟是知無不言，言無不盡而已。夫寇孽縱横七年，蹂躪五省，愈勦愈熾，愈撫愈横，從來宿將強兵，勞人任士，大半消沉决裂於此中。其初皆民也，夫何至此極也？微臣枕戈待旦，終夜以思。竊謂今日事勢，未易使賊即化為民，要當使民不復為賊；未易使賊盡授首於兵，要當使兵不復為賊。如果民自民，兵自兵，賊自賊，而賊可盡矣。然而兵民之不能禦賊、殺賊，其故皆繇於畏死。而兵民之相繼從賊、作賊，其故皆起於求生。夫生死之關，則居食兩字盡之。

臣姑以鄖論。萬山磽瘠，穴處巖居，平時暑雨祁寒，尚多不能存活。而今日者，山城變為瓦礫，邨落盡作邱墟，加以殘黎失業，千里不毛。惘茲孑遺，賊來而藏身無地，則從之；餬口無資，則從之。既難藏身又難餬口，而白刃在前，尤不得不從之。殺賊一，而從賊百，殺賊百，而從賊千。所殺者，皆賊也，皆民也。而賊之渠，與夫狡者，仍在也。毋論賊不可盡，縱令賊盡，民將與之俱盡矣。至於兵厚餉以哺焉，多金以犒焉，總望其殺賊爾。年來邊徼多虞，已竭中原物力，而中原且到處是賊，到處用兵，到處需餉。雖使黄金白粟，粟積如邱山，亦不勝尾閭之洩，況四盡三空乎。夫用兵久則疲，久則滑；調兵遠則費，遠則勞。兼此四者，又多債帥以朘削之，於是掉臂抗官，瞋目怒帥，兵丁殺賊無能，反多作賊，地方防賊不暇，又欲防兵。封疆之患，將安底止哉？聞近日秦中之寇，多有逃卒饑民在内。則知從前渡河諸賊，雖死於兵，死於溺，死於病疫者，盈萬盈千，終無益於治亂之數也。微臣愚昧，不知天下大計。蒙皇上以鄖疆付臣，惟與治屬之土地人民，相依為命，以國事為家事，以民事為身事，盟心自靖，夙夜以之。茲因寇患復猖於漢商，拮据戰守諸務，夫戰則需兵，守則需民，此必然之理。乃鄖鎮新舊標兵一千，石柱毛兵一千二百，又全楚筸兵五千，合之數可七千。如使當賊一面，賊雖數萬衆，我兵可以厚集，而扼其捲土重來。此時防鄖津，防房竹，防均襄荆承，東西南北，四顧止有此兵，緩急將安所恃？然他處雖無兵而尚有民也。

若鄖屬，則客兵既萬難供應，土著又十不一存，窮山僻壤，蒼赤寥寥，兵火餘生，驚魂未定，且無城郭堪依，以當強寇，有立盡耳。臣於是設為立寨之法。就千巖萬壑中，因高設險，令附近壯丁老稚婦女，聚而居焉，授以火藥礮石，統以團保練長，給以倉穀雜糧，使之有所棲，有所恃。賊去不至展轉溝渠，賊來不至身膏鋒鏑也。然此但以保山民。而平原曠野，地當賊衝者，多苦存劄不住，忍令徙死他方？臣於是設為併邨之法。凡十數里内鄉邨，擇居民衆多者，將零星邨落編入其中。無事各歸本家，遇警合力以守。更令掘深壕，築堤塹，責成團練長督率防巡。而平原曠野之民，亦少可自固矣。更思賊之伎倆，惟殺擄人民以示威，搶掠食用以度日。如立寨併邨，徒令民間自守，而任賊飽颺，即有官兵追逐，在我不反以饑疲失策乎？臣於是設為清野之法。山民凡有升斗積貯，俱令運入寨中。而平地邨落，一切糧米貲財，悉寄頓於大邨大鎮可守之處。併馬羸牛畜，亦皆授以收斂之方。賊固横且狡，若其驅民入夥不得，因食於民不得，大勢亦當漸窘爾。臣復念鄖兵單弱，餉額最微。筸旅雖有五千，動須照管全楚，非臣所得而專遣者。鄖當楚豫秦蜀四面，萬徑千蹊，賊若長驅而來，微臣即百其身，安能到處堵截？於是設為埋伏火器之法。兵家如地雷、石礮、火鼓、剛輪等類，暗布山谷，觸機而發，隨地可以殲賊。其用甚廣，其費甚多，臣力不能及。少變其制，而以竹木為之，虛虛實實，賊懼且疑，兵力雖單，庶得相機襲擊。

以上四條，可以保民禦寇。正如貧家小戶，自當逐事支持，臣力所能為者止此矣。至於各省寇情，奔騰既已無定，聚散亦復不常，多寡又難遙度，大抵無兵不能勦賊，無餉不能養兵。兵食相需，通盤打算，則增主兵之費，倍省於調客兵。而練鄉鄉兵之益，又多於設主兵。鄖屬特苦於無鄉兵可練耳。幸荊襄間向遭寇患未深，生齒尚繁，猶可鼓勵。臣已屢檄各該道府，加意圖之。乃前疏請設鄖兵三千，實為封疆民命，籌畫萬全，臣心可質天日。蒙聖恩允增五百，又毛兵六百，暨舊額兵五百，已湊成千六百人矣。此時秦寇益横，又非前比，伏乞聖慈，俯念孤鄖殘土，控扼三隅，關係重大，勅下該部酌議將鄖兵再增一千四百人，以足三千之數。其餉則均派之楚豫秦三省，眾擎易舉，措處非難。鄖鎮既有標兵三千，微臣躬親訓練用壯師千，庶地方有磐石之安，而緩急不至張空拳以應矣。

（清）許乃釗《鄉守輯要合鈔》卷一《通論·勦賊三策疏》 竊維殺賊需兵，用兵需餉，此常理也。乃今日兵少而賊多，兵饑而賊飽，兵勞而賊逸。日復一日，年復一年，愈勦愈熾，生靈塗炭已極。事勢至此，不得不用權變矣。臣有阻賊、疑賊、饑賊之法，雖創而實便，雖平而實奇。奉行全在有司，提掇仍須府道。業已一面頒行，并飛會各省直撫按。然非經皇上天語特飭，懸朝廷大賞大罰以待，則無徵不信，成效難期。臣是以不避瑣煩，列陳其概。一，立團寨，築壕塹，以阻賊。賊奔徑道頗多，每州縣境內，遠近必繇之路，亦自有數。有法焉：凡居民近山險者立寨，多邨落者聚團。寨必有泉可汲，并擇其路窄而陡峻，賊不能攻者；團必大邨鎮，人力眾多，周圍挖深壕，布密箐，築牛馬牆。其近團路徑，用荊棘、樹枝、木石壘斷，再張毒弩等項於內，使賊難近。夫是之謂阻賊。一，挑鄉勇，設遊兵，以疑賊。賊每股雖號數萬，婦女老弱半焉。精強之賊，借老弱婦女以壯聲勢，老弱婦女，恃精強之賊以拒官兵。擁眾依山，伺我遠近，悉我虛實，疲我師徒。有法焉：募各鄉居民勇敢當先者，州縣印官，時時犒賞鼓勵，使其父母妻子，安置寨團，或遠避他所，止留敢死百餘輩，多則數百輩，名曰遊兵。各持悶棍、板斧、長短槍、庫刀四様軍器，晝伏高山深林，偵賊來往。多則避之，少則狙擊。夜則銜枚匍匐，或劫其營，或竊其馬騾、衣服、器械，或伺其醉夢而殲之。使賊不知所從來。夫是之謂疑賊。一，收貲糧，斂頭畜，以餓賊。賊依山為横，因食於民。官兵進勦追逐，眾寡饑飽勞逸之數相懸，安能必勝？有法焉：各州縣印官單騎偏歷鄉村，凡近城三十里以內，士民急將糧食貲財搬移入城。三十里以外，或運至山寨，或收入大邨，聚團固守。牛羊馬騾雞畜等項，多方收斂，務使賊無所掠。士民如不遵行，敢以貲糧供賊者，依軍法重治。夫是之謂餓賊。

以上三項，小民懷土者，覺慮始為難；守令偷安者，恐力行未易。臣獨以為非此則雖用數十萬精兵，數百萬厚餉，賊平終無日也。况今三農之暇，正便舉行。頃臣自楚入豫，所歷光羅、信陽，就深山窮谷之民而指點之，無不環臣之膝，叩頭流血，踴躍願從者。繇是觀之，士民何嘗不可鼓動？皆有司不實心，不虛心，不細心爾。州縣印官，倘或呼吸不靈，虛文塞責，容臣會督撫按諸臣摘印羈候，特疏參提，重治以罪，道府竝論，庶幾其有濟也。或謂山野既無所掠，賊必併力攻城，是誠可慮。然以民飽賊，仁者不為，藉寇以糧，寇將日横。臣亦深思熟計之矣。

（清）佚名《保甲章程》 金山縣正堂蔣為出示曉諭事：照得保甲之法，昉自《周官》，乃比閭族黨之遺制，原為弭盜安良，懲奸摘匪，整頓地方第一要務。每以奉行不力，民間又視為具文，以致迄無成效。本縣來宰斯邑，首重安民，特稟請臬憲派委幹員奉行實力，逐細編查，務期甲不遺戶，戶不遺丁，方為慎重。

（北齊）顔之推《顔氏家訓》卷一《教子》 凡人不能教子女者，亦非欲陷其罪惡；但重於訶怒，傷其顔色，不忍楚撻慘其肌膚耳。當以疾病為諭，安得不用湯藥鍼艾救之哉？又宜思勤督訓者，可願苛虐於骨肉乎？誠不得已也。

又： 凡庸之性，後夫多寵前夫之孤，後妻必虐前妻之子；非唯婦人懷嫉妒之情，丈夫有沈惑之僻，亦事勢使之然也。前夫之孤，不敢與我子爭家，提攜鞠養，積習生愛，故寵之；前妻之子，每居己生之上，宦學婚嫁，莫不為防焉，故虐之。異姓寵則父母被怨，繼親虐則兄弟為讐，家有此者，皆門户之禍也。

又： 笞怒廢於家，則豎子之過立見；刑罰不中，則民無所措手足。治家之寬猛，亦猶國焉。

（北齊）顔之推《顔氏家訓》卷二《慕賢》 用其言，棄其身，古人所恥。凡有一言一行，取於人者，皆顯稱之，不可竊人之美，以為己力；雖輕雖賤者，必歸功焉。竊人之財，刑辟之所處；竊人之美，鬼神之所責。

（北齊）顔之推《顔氏家訓》卷五《止足》 天地鬼神之道，皆惡滿盈。謙虚沖損，可以免害。人生衣趣以覆寒露，食趣以塞飢乏耳。形骸之内，尚不得奢靡，己身之外，而欲窮驕泰邪？周穆王、秦始皇、漢武帝，富有四海，貴為天子，不知紀極，猶自敗累，况士庶乎？常以二十口家，奴婢盛多，不可出二十人，良田十頃，堂室纔蔽風雨，車馬僅代杖策，蓄財數萬，以擬吉凶急速，不啻此者，以義散之；不至此者，勿非道求之。

（宋）歐陽修《歐陽修全集》卷一〇三《奏議·諫院進劄狀十二首·論捕賊賞罰劄子》 臣伏見自天下有盗賊以來，議者多陳禦盗之策，皆欲使民結爲伍保，則姦惡不容。今區法於吉水縣立伍保之法，三年之内，劫賊不敢入其縣界。臣欲乞特降指揮下江南西路，體量吉水縣自區法創立伍保之法以來，如實全無劫賊，又民間以爲便利，即乞頒行伍保之法於天下。

（宋）歐陽修《歐陽修全集》卷一一五《河東奉使奏草卷上·乞罷鐵錢劄子》 若罷大錢而只用小錢，是一歲為十萬貫錢，而壞銅錢舊法，陷民刑戮者不絶。其大錢利既博至二十餘倍，議者皆謂其利厚於黄白術，雖有死刑，不能禁止。臣昨在河東，於提刑司取索得犯私錢人數已五火。自臣出界後，又續供到新捉獲二火。是小錢利薄不足鑄，大錢犯法者日漸多，皆可以罷鑄二也。今開厚利之門而致人死法，則誘愚民以趨死；若貸其死，則犯者愈多；急於捕察，則良民一例搔擾；縱而緩禁，則民不勝姦。

（明）王守仁《王文成公全書》卷一八《别録·批嶺西道撫盗賊呈》 看得各處盗賊，全在撫處得宜，綏柔有道，使之畏威懷德，歲改月化，自然不敢為惡，乃為善策。雖鵰勦之舉，亦不得已而後一行。至於待其猖獗肆惡，然後懸金以購首級之獲，掩襲以求斬捕之多，抑亦末矣。今後該道官務思撫處綏柔之長策，如駕舟之舵，御馬之轡，操持有要，而運動由已。若舍舵與轡而廣求駕御之術，雖極工巧習熟，終亦不免傾跌之虞。一應賞罰，量功大小以為多寡，軍門原有舊規；軍職累功陞級，亦有見行事例；臨陣退縮，仰遵勑諭事理，當時以軍法從事。俱仰查照施行。繳。

（明）王守仁《王文成公全書》卷三一《文録續編·禁省詞訟告諭》 近據南昌等府、州、縣人等訴告各項情詞到院，看得中間多係戶婚、田土等事，雖有一二地方重情，又多繁瑣牽摻，不干己事。在狀除情可矜疑者，亦量輕重准理，其餘不行外。為照江西地方近因寧王變亂，比來官軍見省城空虚，况聞聖駕將臨，有司官員，俱各公占委用，分理不暇；遠近居民，又有差役荅應，奔走無休。本院志在撫安地方，休息軍民，當此多事之時，豈暇受理詞訟？必待地方寧靖，兵衆既還，官府稍暇，方從容聽斷。為此合行出給告示，曉諭各府、州、縣軍民人等：暫且各回生理，保爾家室，毋輕忿爭，一應小事，各宜含忍，不得輒興詞訟。不思一朝之忿，錙銖之利，遂致喪身亡家，始謀不臧，後悔何及。中間果有贓官酷吏，豪奸巨賊，虐衆殃民，患害激切者，務要簡切直言，字多不過一二行，陳告亦須自下而上，毋致驀越。其餘一切事情，俱候地方寧謐，官軍班還之日，各赴該管官司告理。若剖斷不公，或有虧枉，方許申訴。敢有故違，仍前告擾者，定行痛責，仍照例枷號問發，决不輕貸。

（明）王守仁《王文成公全書》卷三一《文録續編·批東鄉叛民投順狀詞》 據東鄉縣民陳和等連名訴，看得朝廷添設縣治，本圖以便地方而順民情，但割小益大，安仁之民既稱偏損，亦宜為之處分。在官府自有通融裁制，各民惟宜聽順，果有未當，又可從容告理；而乃輒稱背抗，稔惡屢年，愈撫愈甚。不得已而有擒捕之舉，亦惟彰國法，禁頑梗，小懲大戒，期在安緝撫定，非必殺為快也。今各民既來投順，官府豈欲過求，但未審誠偽，恐因擒捕勢迫，暫來投順，以求延緩，亦未可知。仰按察司會同都、布二司，將各情詞備加詳審，及查立縣始末緣由，其各都啚，應否歸附某縣；各縣糧差，應否作何區處；各民違抗逆叛之罪，應否作何理斷。通行議處呈奪。

（明）海瑞《海瑞集》上編《勸農文》 竊惟農桑耕織，衣食之源。四民首務，爾所當知。丈夫當年而不耕，天下有受其飢；婦人終歲而不織，天下有受其寒。假使爾民盡耕，爾婦盡織，則爾衆之衣之食，當有取之無盡，用之不竭者矣。其為養老、慈幼、贍生、祭往之需，皆於此而取之。終歲之樂，亦又何如。倘爾耕或不勤，織或若懈，則無衣無食，未免求揭於人，苦有不勝言者。爾民其念之哉！今特設立勸農老人，為爾農人之倡。爾於春耕夏耕，務盡菑畬之力；秋斂冬藏，尤循節儉之風。相土之宜，悉植梨、棗、桑、麻之屬。俾野無曠土，街無遊民，粟多而不盡食，布多而不盡衣，則三年之間，可使足民。然後農隙之暇，立社以祭，以會父老，以樂終歲勤動之勞，入以孝其父兄，出以敬尊其長，行道讓路，耕穫讓畔，毋酗酒，毋鬭争，毋作強賊，毋毆殺人，毋從白蓮教自殞其生，子弟習學，各安其居，以成禮義之俗。豈不汐穆淳美，為可嘉尚也哉！

《皇明經世文編》卷一三四胡世寧《胡端敏公奏疏二・疏・為陳言邊務情弊疏》 一，遼東各邊夷人，止是搶盜人畜，比之西北各邊，頗為易禦。然今地震等項災異甚多，恐有他慮。微聞口西人多有在彼妖言惑眾者。先雖敗露擒獲，猶恐餘風未殄。宜勅彼處鎮巡官，密切用心，訪察禁治，務絶他患。既不可疎虞誤事，亦不可驚擾激濫及無辜。

《皇明經世文編》卷一三四胡世寧《胡端敏公奏疏二・疏・為定籍册以為均賦役疏》 臣惟撫民之道，要在均其賦役，均賦役之道，尤在覈其戶口。然使籍册之造多弊，則戶口之報不真。大戶門多而巧于欺隱，小戶丁絶而不興開除，以致田粮有宜付而不付，宜收而不收，里甲有偏大而偏小，有偏貧而偏富。以後十年，照册編差，未免偏累貧民，而逼其逃竄。弱者轉而溝壑，致傷天地之和；强者聚為盗賊，致激地方之變。富民賣閑，貪吏作弊者，亦皆因以不得安生矣。今當大造黄册之年，而臣謬膺巡撫之寄。查照節行事理，斟酌通融，約成五款，擬行各屬，使其易曉，期在必行。其間有曰清田粮、均里甲、處寄莊三事者，是皆前奏已行，臣惟因俗潤色。至于實丁口、清逃絶二事，内欲照門以報人丁，重役以懲欺隱；又欲將丁門等則，添註于今册，絶戶虚名，聞除於後造。是則前未奏行。臣愚區區，上欲推明朝廷立法之意，而順其土俗，酌其民情。行法稍為操縱，而使法立易行；革弊稍為勸懲，而使弊生易革。志在着實奉行，事須從宜增損，謹用條陳。上塵睿覽。

《聖祖仁皇帝御製文集・第一集》卷一三《勅諭・諭内閣》 拐賣人口者，從重治罪，揆理極當。但買主不治重罪，則人何由知警？拐賣之事亦何由止息？嗣後有買主審實知情者，或併妻子解京，或充發遠省。則買人者知所畏懼，必細察來歷始買。而拐賣之事，亦決少矣。可令該部定例通行。康熙四十六年十一月十九日。

《皇朝經世文統編》卷四四《内政部十八・訟獄》佚名《論盗案》 禁強必先禁竊，究盗不若究窩。涓涓不息，流為江河，小偷弗懲，其勢必為大盗。故於穿窬之獲，究之務盡其法，無論贓多證確，刺配無疑，即使偶犯贓輕，亦必痛懲幽繫，令親屬具結，保其改過，而後釋之。倘以饑寒所迫，一語横踞於中，草草發落，是種大盗之根，愛之適以害之矣。至於窩盗之罪，更浮於盗，窩縱十盗，勿漏一窩。無深山不聚豺狼，無巨窩不來賊盗。窩即盗之源也。禁宰耕牛一事，是弭盗良方。不知者，僅以為修福，是實政而虚談之矣。蓋大盗必始於穿窬，而穿窬之發軔，又必以盗牛為事。何也？民間細軟之物，盡在臥榻之旁，非久於竊盗者，鮮不為其覺。惟耕牛蓄之廊廡，且不善鳴，牽而出之甚易。盗牛入手，即售於屠宰之家，一殺之後，即無贓可認。是天下之物，最易盗者是牛；而民間被盗之物，最難獲者亦是牛。盗風之熾，未有不階於此者。彼屠牛之家，明知為盗來之物而購之，惟恐不速者，貪其賤耳。從來宰牛之場，即為盗賊化贓之地。禁此以熄盗風，實是敦本澄源之法。而重農止殺，又有資於民生不淺。為上者，亦何憚而弗力為哉？

（清）劉坤一《劉坤一遺集・公牘》卷一《飭臬司督查保甲札》 為札飭查辦事：

案查同治四年七月二十五日准戶部咨：同治四年五月二十六日内閣奉上諭：御史夏獻馨奏請飭各省整頓保甲以清治源一摺。安良弭暴之方，莫善於保甲，地方官果能恪遵成法，實力奉行，奸宄何由匿迹。若如該御史所奏，近來州縣等官，往往抵任逾年未編查鄉甲，或僅於城鄉造册虚應故事，甚至以無賴遊民充當甲長，非但不能戢暴，而且多事擾民，以致良法美意，漸成具文，殊非實事求是之道。著各直省督撫、府尹嚴飭所屬，講求舊章，認真辦理，不准吏胥等藉端需索；並於考核牧令之時，明示勸懲，隨時舉劾，倘敢陽奉陰違，仍蹈前轍，種種積弊，即著該督撫等從嚴參處。將此通諭知之。欽此。當即轉行藩司會同該司移行遵照辦理。

嗣於本年三月間，因據報不知姓名人在途被害兇逃之案，不一而足，無非土匪游勇，圖財劫殺。如果認真辦理保甲，則内匪外匪無所容留，從何託足，即有犯事亦無難立時緝獲。又經札司通飭各州縣，講求保甲，不得虛應故事各在案，該牧令自應實力奉行，以清盜源而戢奸宄。今本部院訪聞各屬查辦保甲，尚有不即奉行，亦有行而不力者，殊非戢暴安良之道。合再札飭。為此札仰該司，立即會同藩司，通飭各屬，講求成法，認真辦理，務使匪徒絶迹，良善乂安；毋得陽奉陰違，致干參處。仍飭將遵辦緣由，先行稟報。至各屬保甲冊，未據各道府彙轉到院，並即由司飭令趕緊造送，以憑查核。毋違！

（清）汪康年《汪穰卿先生遺文·書牘輯存》卷上《上政府説帖》

一，各省民益困窮，遂至逼為盜賊，而廣東、廣西、四川為尤甚。此等盜賊不足成事，而剿淨甚難，蔓延則易。且恐良民被擾，商農各業均因此阻擱，則窮民益多。窮民多，則愈易流為盜賊，且租税不給，則賠款無着，勢必別籌徵收之法，愈益逼民為盜。竊恐不數年後，所在騷然，而外人即藉口直行瓜分之事。一，近來少年，多為平權自由之説所亂，而東南諸省尤甚。實緣見國家並不籌安定政策，全國人民如坐漏舟，動即傾覆，又為東西洋之説所亂，致激成此派。此如熱極生風，風又生熱。此等談論，致亂則易，定亂則難。若使再三五年，必至人人皆操此等議論，而大亂將從此起。

（清）汪康年《汪穰卿先生遺文·書牘輯存》卷上《上某疆臣説帖》

一，應預杜亂萌，民間私會繁興，涓涓不塞，將來必成不救之症。宜隨時設法解散，不使有礙治理。

官吏犯罪與預防分部

論　説

《漢書》卷五一《路温舒傳》　臣聞秦有十失，其一尚存，治獄之吏是也。秦之時，羞文學，好武勇，賤仁義之士，貴治獄之吏，正言者謂之誹謗，遏過者謂之妖言。故盛服先生不用於世，忠良切言皆鬱於胸，譽諛之聲日滿於耳；虛美熏心，實禍蔽塞。此乃秦之所以亡天下也。方今天下賴陛下恩厚，亡金革之危，飢寒之患，父子夫妻勠力安家，然太平未洽者，獄亂之也。夫獄者，天下之大命也，死者不可復生，䋣者不可復屬。《書》曰：與其殺不辜，寧失不經。今治獄吏則不然，上下相敺，以刻爲明；深者獲公名，平者多後患。故治獄之吏皆欲人死，非憎人也，自安之道在人之死。是以死人之血流離於市，被刑之徒比肩而立，大辟之計歲以萬數，此仁聖之所以傷也。太平之未洽，凡以此也。夫人情安則樂生，痛則思死。棰楚之下，何求而不得？故囚人不勝痛，則飾辭以視之；吏治者利其然，則指道以明之；上奏畏卻，則鍛練而周內之。蓋奏當之成，雖咎繇聽之，猶以爲死有餘辜。何則？成練者衆，文致之罪明也。是以獄吏專爲深刻，殘賊而亡極，媮爲一切，不顧國患，此世之大賊也。故俗語曰：畫地爲獄，議不入；刻木爲吏，期不對。此皆疾吏之風，悲痛之辭也。故天下之患，莫深於獄；敗法亂正，離親塞道，莫甚乎治獄之吏。此所謂一尚存者也。

臣聞烏鳶之卵不毁，而後鳳凰集；誹謗之罪不誅，而後良言進。故古人有言：山藪藏疾，川澤納汙，瑾瑜匿惡，國君含詬。唯陛下除誹謗以招切言，開天下之口，廣箴諫之路，掃亡秦之失，尊文武之惪，省法制，寬刑罰，以廢治獄，則太平之風可興於世，永履和樂，與天亡極，天下幸甚。

《宋史》卷二六六《王化基傳》　其三，懲貪吏，曰：貪吏之於民，其損甚大。屈法煩刑，徇私肆虐，使民之受害甚於木之受蠹。若乃用非其人而不繩以法，雖夷、齊、顔、閔不能自見。蓋中人之性，如水之在器，方員不常，顧用之者何如爾。望令諸路轉運使副兼採訪之名，責以覺察州、府、軍、監長吏得失，俟其澄清部内，則待以不次之擢，置於侍從之間。所貴周知物理，能備顧問，且足爲外官之勸也。

（宋）李燾《續資治通鑑長編》卷三二《宋太宗淳化二年》　其三，懲貪吏，曰：夫貪吏臨民，其損甚大，或則屈法，或則濫刑，或因公以逞私，或緣事以行虐，使民受弊甚于蠹焉。蠹盛則木空，吏貪則民弊。若乃不求人聽，不以法繩，則夷、齊不能守正廉之規，顔、閔不能持德行之操。蓋中人以降，其性如水，器方則方，器圓則圓，固無定質，悉由拘制也。望令諸路轉運使副兼採訪之名，令覺察部内州、府、軍、監長吏。候澄清一部，見其實效，到闕日，待以殊常不次之命，置以殿廷侍從之名。所貴顧問知四方之事，抑亦勸外官之求治也。

（宋）李燾《續資治通鑑長編》卷五五《宋真宗咸平六年》 丙午，詔軍士因將校科責，挾恨訴訟，推勘虚妄者並禁錮奏裁。先是，上謂近臣曰：累有人言，軍士不畏將校。蓋不逞之徒，自爲過惡，及被懲𢇁，即掎摭訴訟，請行極斷，使不復然。朕熟思之，如此處分，恐亦未當。蓋近者繼有訴訟，驗問，皆將校不法。若遽加嚴刑，不復省報，它時或遂結成禍逆，因莫敢告發，則所繫非輕矣。故有是命。

（宋）李燾《續資治通鑑長編》卷一八〇《宋仁宗至和二年》 丙戌，權同判流内銓劉敞言：審官、三班院、流内銓注擬，或兄弟、伯叔、子姪自相爲代。若前人政惡，後人循之，則害政而損於義，如覆舉之，則傷恩而戾於教，二者俱不可。即令前人有吏民之怨，因以去位，後人懷親戚之恥，乘之報怨，爲害必多。請自今五服内許相容隱，皆不得相爲代，違者以私罪論。從之。

（宋）李燾《續資治通鑑長編》卷四七三《宋哲宗元祐七年》 自祖宗以來，每有赦令，必曰：凡欠官物，無侵欺盜用，及雖有侵盜而本家及伍保人無家業者，並與除放。祖宗非不知官物失陷，姦民幸免之弊，特以民既乏竭，無以爲生，雖加鞭撻，終無所得，緩之則爲姦吏之所蠶食，急之則爲盜賊之所憑藉。故舉而放之，則天下悦服，雖有水旱盜賊，民不思亂。此爲捐虚名而收實利也。

（清）徐乾學《資治通鑑後編》卷二《宋紀二》 富弼曰：祖宗朝令犯贓至死者，未嘗貸。則國有定法，而犯者絶少。近年臣寮受賕至死，率蒙寬恕，是恩無極刑，而犯者愈多，不足以禁貪墨也。

（清）徐乾學《資治通鑑後編》卷一三《宋紀一三》 富弼曰：祖宗朝深惡贓吏，不惟重罪一人，更欲戒厲來者。會赦，止令免役，不得令升朝。今贓吏復用于朝者甚多，不足戒厲天下也。

又： 呂中曰：國初贓吏有寘極刑者，今以贓敗者惟罷而已。國初贓吏有不復齒仕籍者，今則赦原之而已。民之瘡痍未瘳，而吏之罪惡已滌，吏何憚而不貪邪？

（清）徐乾學《資治通鑑後編》卷五三《宋紀五三》 甲子，右正言余靖言：今官吏弛事，細民聚而爲盜賊，不能禁止者，盖賞罰不行也。若非大設隄防以矯前獘，則臣憂國家之患，不在西北，而起於封域之内矣。南京者，天子之别都也，賊入城斬關而出。解州、池州之賊，不過十人，公然入城，虜掠人戶；鄧州之賊，不滿二十人，而數年不能獲；又清平軍賊入城變，主泣告，而軍使反閉門不肯出。又京東賊大者五七十人，小者三二十人，桂陽監賊僅二百人，建昌軍賊四百餘人，處處蜂起，而巡檢縣尉未知處以何罪。當職大臣尚規規守常，不立法禁，深可爲國家憂。且以常情言之，若與賊鬬，動有死亡之憂，避不殺賊，止於罰銅及罰俸，誰惜數斤之銅，數月之俸，以冒死傷之患哉？乞朝廷嚴捕賊賞罰，及立被賊劫質亡失器甲除名追官之法。從之。

（清）徐乾學《資治通鑑後編》卷八五《宋紀八五》 帝謂輔臣曰：昔周之盛時，猶以爲才難。唯能不拘流品，隨才任使，則取人之路自廣，苟不稱職，便當黜逐。不可謂已與之官禄，反以係吝而難於用法。至臣下有勞，朝廷見知，雖有過失，亦當寬貸，故律有議賢議勞之法，亦周八枋詔王之遺意。然有司議罪，自當守官，誅宥則繫主斷，如此則用人之道無難矣。

（宋）李心傳《建炎以來繫年要録》卷一一《建炎元年丁未十二月丙辰朔之乙酉》 右諫議大夫衛膚敏言：志道在上皇朝，用事最久，其弄權怙寵，勢可炙手，一時達官貴人，多出其門，撓法害政，以亂天下。其惡不在童貫、譚稹、梁師成之下，今縱未能竄逐，奈何用赦復之？上亟寢其命。志道寢命在是月癸酉，今併書之。

（宋）李心傳《建炎以來繫年要録》卷一〇二《紹興六年丙辰六月丁酉朔之癸亥》 上論及治體，因曰：治天下之道，在乎必賞與必罰而已。刑固不可淫以逞也，然苟有罪，豈可不以刑威？卿等於此，且更留意。鼎曰：近時贓吏，雖不能依祖宗時一切棄市，然近亦數杖脊刺配。且如殺人者死，古今常法，比來皆從貸例，而臣等亦多酌情依斷。聖人以爲罪疑惟輕，既無可疑，何爲而貸？貸一有罪，則犯者愈衆，而善人咸被其禍。七月甲戌，有旨：沿江州軍，係太平、江、池、鄂、岳州、興國軍。中興聖政史臣曰：刑期於無刑，聖人之心也。治不能無刑，聖人之不得已也。昧其不得已之意，而謂刑可輕焉。貸一贓吏，而天下之貪者無所勸，縱一姦民，而天下之暴者無所恐。犯法溢多，賊民愈甚。以是爲仁，適以害仁也。帝者之世，茲用不犯于有司者，明於五刑之功也，非去刑而能使民不犯也。王者之世，遷善遠罪而不自知者，殺之利之之功也，非去殺而能使之遷善也。然則姑息之爲治，其亦不仁之甚哉。高宗之意，蓋欲以殺止殺者歟。

（宋）司馬光《資治通鑑》卷二二《漢紀十四》　臣光曰：爲人君者，動靜舉措不可不慎。發於中必形於外，天下無不知之。當是時也，皇后、太子皆無恙，而命鉤弋之門曰堯母，非名也。是以姦臣逆探上意，知其奇愛少子，欲以爲嗣，遂有危皇后、太子之心，卒成巫蠱之禍，悲夫！

（宋）徐夢莘《三朝北盟會編》卷一八一《炎興下帙》　右從政郎楊克弼作《僞豫傳》曰：謹按《春秋》大法，聖人書于經，褒貶善惡彰著，以昭示後世臣子之觀戒。若諸侯之善，如美齊桓、晉文有翊輔周室之力，成五霸之功，則書爵以尊之。卿大夫之忠賢，如魯季子來歸，有歸國之忠，齊高子來盟，仲孫省難，存恤隣國，字而賢之。宋孔父正色于朝，司城司馬死節之義，書官以貴之，褒而美之，以代其賞樂道人之善也。楚子爵僭稱武王，其後縣大夫皆僭稱公。聖人書經，善則稱子，惡則稱人，而正凌僭也。如楚人圍宋，楚人滅庸，貶而罪之，以代其罰。衛州吁、齊無知，弑君自立，翬弑隱公，宋萬殺君捷，書名以賤之。削去官稱，除去族氏，以示誅絶，彰暴罪惡于萬世。今豫雖廢，得免萬死爲幸。然尚稱僞齊，若不誅絶，何以昭示懲戒？當削去僭號，貶其官，除其姓氏，作《僞豫傳》，以爲亂臣賊子之戒。

（清）徐乾學《資治通鑑後編》卷一六一《元紀九》　御史臺臣言：官吏犯贓及盗官錢，事覺避罪逃匿者，宜同獄成，雖經原免，亦加降黜。庶奸僞可革。從之。

（清）徐乾學《資治通鑑後編》卷一七一《元紀一九》　乙巳，以中書左丞王結參知政事。中宮命僧尼於慈福殿作佛事，已而殿災，結言僧尼褻瀆，當坐罪。左丞相薩敦疾革，家人請釋重囚禳之，結極陳其不可。先時有罪者，北人則徙廣海，南人則徙遼東，去家萬里，往往道死。結請更其法，移鄉者止千里外，改過聽還其鄉，因著爲令。職官坐罪者多從重科，結曰：古者刑不上大夫，今貪墨雖多，然士之廉恥不可以不養也。聞者謂其得體。

《明史》卷二二六《海瑞傳》　疏言衰老垂死，願比古人尸諫之義，大略謂：陛下勵精圖治，而治化不臻者，貪吏之刑輕也。諸臣莫能言其故，反借待士有禮之説，交口而文其非。夫待士有禮，而民則何辜哉？因舉太祖法剝皮囊草及洪武三十年定律枉法八十貫論絞，謂今當用此懲貪。其他規切時政，語極剴切。獨勸帝虐刑，時議以爲非。御史梅鵾祚劾之。

《明史》卷二五五《劉宗周傳》　功利之見動，而廟堂之上日見其煩苛。事事糾之不勝糾，人人摘之不勝摘。於是名實紊而法令滋。頃者，特嚴贓吏之誅，自宰執以下，坐重典者十餘人，而貪風未盡息，所以導之者未善也。賈誼曰：禮禁未然之先，法施已然之後。誠導之以禮，將人人有士君子之行，而無狗彘之心，所謂禁之於未然也。今一切詿誤及指稱賄賂者，即業經昭雪，猶從吏議，深文巧詆，絶天下遷改之途。益習爲頑鈍無恥，矯飾外貌以欺陛下。士節日隳，官邪日著，陛下亦安能一一察之。

（明）孫旬《皇明疏鈔》卷二一仲選《修省五・陳言消變疏》　其二曰：攬政權。《洪範》有曰臣無有作福作威玉食，凶于而家，害于而國。言逆尊卑之序，亂上下之統，則危敗有必至者。陛下英明夙成，釐正羣弊，威福之柄出自朝廷，凜然如大阿出匣，莫可容議。邇者或以奸黨而復其官，或以極惡而宥其罪，或奏孥官而即與孥官，或討勑命而即得勑命。人言紛紛，皆謂此曹厚賂陛下。左右往往乘其喜怒，陰援引而覆庇之，殊非陛下本意。果若人言，則政柄恐不免於下移，而無怪乎天變之屢見也。臣等伏望陛下廓離照之明，奮乾剛之斷，用人行政之間，惟以理法是準，以成憲是遵。無以一時之喜，而遽賞人宥人；無以偶然之怒，而遂黜人刑人。至公至正，使人不得以窺伺其意，則威福之柄不至不移，天下之政皆出於一，而天意可回矣。【略】其四曰：勵百官。《夏書》曰先王克謹天戒，臣人克有常憲，百官修職，厥后惟明明。説者謂其人君能謹天戒於上，而人臣者各守常憲，各修常職，以輔佐於下，則君無失德而爲明明后也。自今觀之，陛下遇災而懼憂形於言，可謂克謹天戒矣。而百官之在下者，豈皆克守常憲者哉？或覆庇匪人，或苟且公事，或私通關節，或公納賄賂。文雖麗而大節有虧，外可觀而內行不足。有一於此，是皆臣職之未勵也。其何以輔吾君以格天意耶？臣等伏乞聖諭，除天下官員見今嚴加考覈外，其兩京百司庶職，令兩京科道劾其不才、不職者，咸罷黜之，以應天變，以勵臣工。則百官各修其職，以輔陛下之明明矣。

《大誥・諭官之任》 朕命諸司官前往任所，每常數數開諭，導引爲政，勿陷身家。其諭之辭曰：汝知不才者乎？今所在有司，坐視患民，酷害無端，政由吏爲。吏變爲奸，交頭接耳，議受贓私，密謀科斂。愚奸既成，帖下鄉村，聲徵遍邑，民人嗟怨。此果交頭接耳、密謀徵斂，機軸之深乎！民人既怨，何謀之良哉！汝不見事覺之後，受刑在禁。議罪已明，身居工役之場，贓在數千里外，妻子收存者有之，眷屬無之者有之，多在異姓收藏，臨期欲以爲用，安得而至耶。是致家破身亡，贓爲他人所有，比若是而無益。守俸如井泉，井雖不滿，日汲不竭淵泉焉。賄賂之財何益之有哉！汝往任事，勿蹈前非。

《大誥・諭官生身之恩》 一犯之後，朕親審問。自知罪惡淵深，朗然自筆奸黨之情，略無阻滯。朕謂曰：汝何若是？對曰：人到神思昏處，不知何又作非爲，大抵喫不過內外人朝説暮説浸潤，一時見利忘身。朕謂曰：此時如何？曰：臣臨刑方覺，悔之不及。此于敏若是而對。朕所審况非一日，所對未嘗異詞。嗚呼！愚頑終化不省，臨刑方覺，死而後已。嗚呼！生身之恩既不能報，貞良之妻自棄不撫，古至於今，若此者鮮矣。

《大誥・京民同樂》 今者諸司犯法，贓在坊廂。其坊廂村店人等，不奉朕命，固替奸貪隱匿，直至身亡家破而後已。今後天下內外城市鄉村，凡我良民，無得交結官吏。設若家道生受，誤用官吏贓私錢物，纔聞官吏發露，即於所在官司首告，與免交結之罪。

《大誥・諭官無作非爲》 諸衙門官到任，朕常開諭：無作非爲，顯爾祖宗，榮爾妻子，貴爾本身，以德助朕，爲民造福，立名於天地間，千萬年不朽，永爲賢稱。去後，曾幾人依朕所諭。到任之際，掌錢穀者盜錢穀，掌刑名者出入刑名，使冤者不伸，枉者不理，致使銜冤無訴。縱然欲訴，下情不能上達。間有達者，朕知其然，擒奸貪，獲無道，置之極刑，或加流竄，刑以徒役，決以笞杖，是非分明。死者且已，生者以是飾非，謾朋友，誑鄉曲，皆曰本身無罪，乃云朝廷刑暴，如此謗訕者多矣。朕嘗開諭之際，甚是明白，往往不依朕言，反自取禍。且如惡人犯罪，善者過誤遭刑，二者有畏笞杖傷及肌膚者，有畏死而不得生者。二者畏罪甚矣，乃以金帛賄賂於當該。其當該者，反不以揚祖宗、榮妻子、貴身惜命爲重。前二者畏死買生，爲官者反不畏死，徑接受其贓，將自己性命，故入憲章。臨刑赴法，纔方神魂蒼惶，仰天俯地，張目四視，甚矣哉，悔之晚矣。豈止晚矣，終不獲生。如兵部侍郎王志，爲勾補逃軍等事，受贓二十二萬。朕親問之：爾貪何若是？對曰：財利迷其心，雖君親亦忘之。曰：今如何？對曰：臣臨刑方覺，悔不及矣。嗚呼！財利之迷人，非正人君子、至賢之士，不可得而免矣？嗚呼！免何難哉，其不用心爾。曩元末之時，群雄并起，孰不以子女玉帛爲先，良騎美服爲上，酣歌作樂爲奇，生離人父母妻子爲妙。朕亦擾攘中，於斯數事，爲何不能？其保身惜命而不敢。當未定之時，攻城略地，與群雄并驅十有四年餘，軍中未嘗妄將一婦人女子。惟親下武昌，怒陳友諒擅以兵入境，既破武昌，故有伊妾而歸。朕忽然自疑，於斯之爲，果色乎？豪乎？智者監之。朕爲保身惜命，去聲色貨利而不爲，蓋爲慕聲色貨利者，數數朝興暮敗。監此非爲，終不同其愚志，量豈難哉。

《大誥・吏屬同惡》 府官、州官、縣官，府吏、州吏、縣吏，一切諸司衙門吏員等人，初本一概民人，居於鄉里，能有幾人不良。及至爲官，爲吏，酷害良民，奸狡百端，雖刑不治。朕思是官、是吏，其父母妻子聞此酷害良民，如何并不推己以戒之、以諫之，致令身家禍焉？詳觀其屬，非同惡相濟，豈如是耶。

《大誥續編・再誥刑獄》 再誥刑禁。司獄、獄典、獄卒，人人必要深知禁囚之機。凡在禁之囚，司獄、獄典、獄卒，但係畏懼刑法、保身惜命之大，一切囚詞，不教他人走泄獄情，自己雖然主典，亦不肯將囚詞輕與閒人知會，何况縱人走泄事情。其囚罪輕重，雖然如律已定，主典亦不與囚易知。此所以機之幽者，爲此也。夫賢人君子之典獄也，保囚即保身也。囚無橫死，身無禍殃。設使囚亡非法，重則累及其身，非重泛濫而苦囚，愆延於後嗣。所以賢人君子之典獄也，不分囚之輕重，常以善言以妥之，苦寒則置温之，炎暑則置涼之，飲食則節之，病則醫之。所以主囚之道，古人必此而爲之理焉。所以前所詰機秘而理幽，爲若是。嗚呼！凡職於典獄者，役於監獄者，知此機秘理幽，行朕所申先王之道，未嘗不家妥而身子昌焉。朕所以重誥者，自世亂方定以來，知理者亡，無藉者進，所在刑獄，非罪而死者多矣，有罪而非法死者亦多矣。所以無罪而死者多，由苦寒而逼，炎暑而蒸，飲食不節，病無醫藥，蓋謂主典欲財而無與，或受他人之財，代其報讎，無罪而死者由是。有罪而非法死者，亦囚寒暑、飲食、醫藥并欲財而無與，不待律法定，而人已亡矣。所以非法死者，爲此也。嗚呼！朕出是《誥》，凡主典刑禁之人，父母妻子、親戚朋友當以朕言勸誡之。行朕之道，其陰騭之理。惻隱之心，以爲常道，行之於歲月日時。將後陰騭博被於獄囚，雖釋道處身於物外，儔燈侶影苦行於終身，何若此修之速疾也。嗚呼！凡人父母妻子，親戚朋友，必以朕言誡勉之。

（清）蔣良騏《東華録》卷四《順治元年六月》　順天巡按柳寅東言：近見陞除，凡前朝犯贓除名，流寇僞官一概録用，雖云（廣大無遺）〔寬大爲治〕，然非慎加選擇之道。鼎革以來，政教未敷，奸（究）〔宄〕靡所顧忌。亟宜速定律令。王報曰：經綸方始，治理需人，歸順官員，既經擢用，不必苛求。此後官吏犯贓，審實立斬，問刑准依明律。

（清）蔣良騏《東華録》卷一四《康熙二十七年二月》　本月十一日奉上諭吏部：國家建官分職，經理庶政，必須失志精白，大法小廉，各守職業，實心任事，庶無負朕拔擢簡用之意。朕親理萬機，歷有年所，于爾部院大小官員行事，無不深知。爲臣子者，既儋爵受禄，榮及父母，庇其子孫，家能自給，便當知足，無致隕越。前已屢頒諭旨，嚴行申戒，又復諄諄面諭，訓誨再三。今在廷諸臣，自大學士以下，有職掌官員以上，全不恪勤乃職，惟知早出衙署，偷安自便，三五成羣，互相交結，同年門生，相爲援引，傾陷商謀，私事狥庇同黨，圖取貨賂，作弊營私，種種情狀，確知已久。九卿詹事科道，皆朕委任之員，凡遇會議，自當各出己見，公同商酌。乃一二欲行倡率之人，持議于前，衆遂附和于後，雷同草率，一意詭隨。其又甚者，雖在會議之班，茫無知識，隨衆畫題，希圖（巳）〔完〕結，廷議如此，國事何憑？又有當集議時，緘默自容，及至僨事，巧于推卸，朕深惡此等推諉苟容之輩，亦屢加嚴飭。至于用人，關係重大，羣臣賢否，難以周知。故遇緊要員缺，特令會同推舉，原期爲國得人，實有裨益，亦欲令被舉者，警心惕慮，恐致溺職，累及舉者，因而勉自刻勵。九卿諸臣宜體朕心，從公選舉，方爲不負委任。

乃歷來所舉官員，稱職者固有，而貪黷匪類，往往敗露，此皆瞻狥情面，植黨納賄所致。凡茲情弊，朕非不知。前者班布爾（喜）〔善〕、（呵）〔阿〕思喀等身爲大臣，所行悖亂，致干憲典，遂行正法，至今猶耿耿于懷。是以邇來大小官員，背公狥私，交通貨賄，朕雖洞見而不即指發，冀其自知罪戾，痛加省改，庶可終始保全。詎意積習深錮，漫無悛悔。如審擬蔡毓榮一案，庇護挽救，瞻狥黨類，百計營求，因朕具悉其奸，私謀未遂。近差塞楞額往審張汧所參事情，朕面諭塞楞額，張汧居官貪穢，爾等嚴行審出。迨差回（特）〔時〕加詢問，塞楞額奏稱：臣于此案，盡心研鞫，若有失實，甘受誅戮。及覽其奏〔案〕，惟恐累及保舉張汧之人，竟爲庇護。朕知内閣原擬票簽，將保舉張汧官員，並未議及，業行折出。又念張汧審結定案之後，自然發露，因仍用原簽票發。又靳輔下河工程屯田之案，朕早已察其情弊，特遣佛倫等前往勘議，今所議殊屬偏私。且凡會議之時，科爾坤、佛倫等務執己見，持論好勝，苟非懷挾私情，何以力排衆議？朕亦曾面加誡諭，未見畏悔。如此積弊，愈久愈深，物議沸騰，輿情憤激，以致言官列欵參奏，本應發明其事，以肅官方，因不忍遽行加罪大臣，且用兵之時，有曾效勞績者，故免其發覺。（靳爾決）〔勒德洪〕、明珠着革去大學士，交與領侍衛内大臣酌用，李之芳着休致回籍，余國柱着革職，科爾坤着以原品解任，佛倫、熊一瀟着解任，于河工案内完結。嗣後大小臣工，各宜洗滌肺腸，痛改陋習，潔己奉公，勉盡職掌，以副朕寬大矜全，咸與維新之至意。特諭。

（清）蔣良騏《東華録》卷一八《康熙三十八年十一月》　陝西道御史李先復疏言：科場之弊，與其既萌而嚴其罰，何如未廢而絶其根。向例會試及順天鄉試内簾設滿、漢御史各一員，不預衡文之事，專察場中情弊，嗣經停止，後科場往往滋弊，應復設以杜弊端。下九卿議，從之。

（清）蔣良騏《東華録》卷二六《雍正二年十一月》　上諭大學士等曰：凡督撫大吏，任封疆之寄，其所陳奏，皆有關國計民生，故于本章之外，准用奏摺。以本章所不能盡者，則奏摺可以詳陳，而朕諭旨所不能盡者，亦可于奏摺中詳悉批示，以定行止。此皆機密緊要之事，不可輕洩。是以朕將内製皮匣發于諸臣，令其封鎖奏達，蓋取堅固慎密，他人不能私開也。去年初行時，諸臣尚皆敬慎，近聞浙閩總督滿保、山西巡撫諾岷等，皆有信託之人，在京私看奏摺，及朕所批密旨。朕待諸臣，推心置腹，事事至誠，言無不盡，諸臣正當仰體朕懷，謹慎周密，凡有奏摺，據理敷陳，候朕裁奪，何必委託其子弟親戚，探聽消息，以致洩露密旨，藉生種種情弊。此皆由諸臣不能自信，又不能信朕，臣心如此，則密摺又何益乎？嗣後停其奏摺，有事只照例具本，其餘督撫大吏奏摺，若有子弟親朋在京私開者，一經發覺，朕必將私開之人正法，督撫等照溺職例革職，決不寬貸。

（清）蔣良騏《東華録》卷二九《雍正六年十一月》　湖廣總督邁柱疏言：各州縣起解錢糧，例有兩文一批，一文投巡撫衙門掛發，一文同批，投藩司衙門兑收，並同錢糧交與解役，解役與庫書一氣，多有壓匿文批，將錢糧不歸藩庫，徑交庫書之家，拆分挪用，及放債圖利等弊。請嗣後起解錢糧，令先期三日，將現解某項某數錢糧，于某日起程緣由，具文由舖遞通報府道督撫衙門，併將某州縣離省城路程聲明，既杜侵盜之弊，亦免中途遲滯疎失之虞。下部議通行。

（清）鄂爾泰等《世宗憲皇帝硃批諭旨》卷一七《硃批黄叔琳奏摺》

崇儒重道，固爲治化之源，但不可徒務虚名，而反縱容刁頑不法紳衿。誠欲作興斯文，莫若屏黜生事之豪監、武斷之劣生，振起躬行，實踐敦讓淳樸之風，始爲真正崇儒重道。若畏鄉曲之私評勝於廟堂之清議，稍爲執法懲創一二衿監，即恐身被凌虐斯文之名。因而一味姑容，任其玩法害民，傷風敗俗，貽誤地方，莫此爲甚。讀聖賢之書，言聖賢之言，行聖賢之行者，方可謂之儒。否則，咸係名教中之蠢蠹，衣冠中之秕莠也。此輩不除，真儒不出。豈宜捨本逐末，徒於枝節上作工夫。迂濶不通猶屬小疵，此習流蕩忘返，必至斯文掃地而後已。凡事須要務實端本，將此諭亦通知何世璂，遇有玷辱士林行止不端者，爾等其秉公竭力，共相戒懲。治之愈嚴，方是真實扶持聖教處。假若沽一己之私名，壞朝廷之法度，甚至縱姦擾民，聖賢有靈斷，未有將此等居心行事而許以爲崇儒重道也。近年來，各省刁頑衿監挾制有司，欺壓小民，或將本地封疆大吏竟敢造作歌謠，任情譏誚。此等囂風甚屬可惡。爾等若不爲朕竭力挽回，則是不能助朕崇儒重道，相爲始終也。勉之！特諭。

（清）鄂爾泰等《世宗憲皇帝硃批諭旨》卷一六一《硃批李如柏奏摺》

皇上敕部行令有司，將汛弁並受賄之兵重加懲治，以儆效尤。臣更有請者，邊内如此嚴拏而射利姦民猶敢偷越邊口，營兵猶敢賄縱。總因邊外地方遼濶，巡察同知鞭長莫及，違禁貨物出在口外不能一一拏獲，故姦民敢於往外販賣。當軍興之際，火藥鉛鐵乃軍器要資，若不設法邊内邊外一同嚴拏，則弊端斷難盡絶。況古北口屬之薊協邊外，並熱河兒宜鎮所屬之獨石路邊外各處，俱有礦洞。礦賊偷熬鉛斤，不敢進口貨賣，勢必賣與遠方蒙古，其爲貽害誠非淺鮮。再邊外墾種多年，人口生聚甚繁。熱河兒、喇嘛寺、妥樂廟、歸化城，皆爲商賈雲屯之地。匪類逃盜潛藏甚多。臣既知其弊，何敢緘默。伏查我朝成例，沿邊設立衛所，原以彈壓地方，盤詰姦宄，收屯糧石，以實邊儲，教習丁壯以固疆圉。臣之愚見，請循成例，自山海關以西至於延綏邊外一帶，凡有百姓種地之處，以及買賣人稠密者，量人民之多寡，地方之寬窄，應設衛備者設立衛備，應設衛千總者設立千總。即在邊外人煙稠密之地居住，將所屬之民照内地編立保甲，以便稽查，則匪類逃盜口外無所藏匿矣。凡應收之牛犋銀兩，令其按畝起課收納本色。在邊内城堡屯積，令營官看守。邊外無庸築城蓋倉，則田地不致隱占，年復一年，而邊儲可充矣。邊外既有衛所，各處礦洞有官勤查，則礦賊偷熬鉛斤賣與蒙古之弊可絶矣。至於違禁貨物，既有汛弁嚴查於邊内，又有衛所訪拏於邊外，則夾帶違禁貨物越邊販賣之弊可杜矣。農隙之暇，衛官與汛弁同率近邊百姓以及汛兵，互相修理被水衝塌之邊口，則沿邊墻垣可保永固矣。其衛所應需之衙役、捕快，查各州縣俱有民壯，其中有不可裁者，亦有可以裁減者。請將應裁之民壯撥爲衛所之衙役，以捍邊圉，則可節省工食矣。然設衛所以益邊防，則應隸何官管轄，不可不爲籌畫。衛所既收糧石，判理民事，則屬附近文員管轄，固不待言。但修理邊墻，盤查匪類逃盜，若不令附近副条管轄，則及時修邊垣，急切拏匪類，必至呼應不靈。臣請令副条管轄，如邊内汛弁縱放匪類，並違禁貨物出口經衛所拏獲者，即將汛弁揭報該管副条詳報重處。如邊外窩藏匪類並偷賣違禁之物，衛所不爲查拏，經汛弁訪拏者，將衛所揭報該管副条詳報重處。如偷出邊汛，而本汛弁兵尾追拏獲者，均無庸議。如此，則各弁互相惕勵，邊防嚴密，而陋弊盡絶矣。微臣愚昧之見，是否可採，伏乞皇上睿鑒施行。謹奏。

《皇朝文獻通考》卷五九《選舉考十三·考課》 順治元年，順天巡按柳寅東疏言：察吏務清其源。吏部掌銓衡，統百官，吏治之源也。若監司守令各當其職，自然政治廉平，太平可致。近見陞除各官，凡故明犯贓除名、流賊、僞官一槩録用。雖云寛大爲治，然流品不清，奸欺得售，非慎加選擇之道，其爲民害不可勝言。是所當亟清其源也。攝政和碩睿親王報以經綸方始，治理需人，凡歸順官員，既經擢用，不必苛求。此後官吏犯贓，審實立行處斬。

《皇朝文獻通考》卷六二《選舉考十六·考課》 四十九年諭：據福崧条奏：石門縣知縣朱麟徵因地保張弈高承催錢糧多未完納，令役責處。張奕高推諉不服，出言唐突，該縣將張弈高重責三十板。旋因傷重斃命。請將朱麟徵革職等語。所辦未免過當，知縣身膺民社，如於所管人役，有因私挾忿責處致斃情事，自應条奏革職治罪。今朱麟徵於地保催錢糧多未交納，且又挺撞本官，責處三十板，亦係如法决責，不得謂之濫刑。若因此而褫請革職，則將來州縣所管吏役保約，皆得有所依恃挾制。本官於實力辦公之道殊多未便。嗣後如挾嫌逞兇，致斃人命者，仍照例辦理外，如事屬因公按法，責斃所屬人役，該督撫止須奏請交部議處。部議時亦不過議以降級留任，已足示儆。不得遽行革職，致啟胥役刁惡之漸。著爲令。

《欽定宗室覺羅律例》 象刑有典，肇見《虞書》，其用之之道，則曰欽、曰恤、曰明、曰允，一篇之中，三致意焉。武王誥康叔，以用其義刑義殺，而《呂刑》則曰士制百姓於刑之中，以教祇德。古先哲王所爲設法飭刑，布之象魏，懸之門閭，自朝廷達於邦國，共知遵守者。惟是適於義，協於中，弼成教化以洽其好生之德，非徒示之禁令，使知所畏懼而已。我列祖受天明命，撫綏萬邦，頒行《大清律例》，仁育義正，各得其宜。聖祖仁皇帝至仁如天，化成久道，德洋恩溥，涵浹群生。皇考世宗憲皇帝際重熙累洽之運，振起而作新之。欽定《大清律集解》，刊示中外，甄陶訓迪，刑期無刑，法外之仁，垂爲明訓，有曰寛嚴之用，必因乎其時。洋洋聖謨，洵用法之權衡，制刑之準則也。朕寅紹丕基，恭承德意，深念因時之義，期以建中於民。簡命大臣，取律文及遞年奏定成例，詳悉参定，重加編輯，揆諸天理，準諸人情，一本於至公，而歸於至當。折衷損益爲四百三十六門，千有餘條，凡四十七卷，條分縷析，倫叙秩然，頒佈宇內，用昭畫一之守。於戲，五刑五用，以彰天討而嚴天威。予一人恭天成命，監成憲以佈於下民，敢有弗欽？雖然，有定者律令，無窮者情僞也。《易》曰君子以明慎用刑而不留獄。《書》曰式敬爾由獄，以長我王國。忠信之長，慈惠之師，尚其慎厥用敬厥由，體欽恤明允之意，率乂於民棐彝，克協於中，以弼予祈天永命，允陞於大猷。從事於斯者，胥懋敬哉。

（清）黄宗羲《明夷待訪録·兵制三》 唐、宋以來，文武分爲兩途。然其職官，內而樞密，外而閫帥州軍，猶文武參用。惟有明截然不相出入，文臣之督撫，雖與軍事而專任節制，與兵士離而不屬。是故莅軍者不得計餉，計餉者不得莅軍；節制者不得操兵，操兵者不得節制。方自以大牙交制，使其勢不可爲叛。夫天下有不可叛之人，未嘗有不可叛之法。

（清）唐甄《潛書》下篇上《省官》 官多，則禄不得不薄；禄薄，則侵上而虐下，爲盜臣，爲民賊。故養民之道，必以省官爲先務焉。今夫富人之家，百羊爲羣，以一人牧之，足矣。主人慮其不周也，既立之牧，又爲之監，司芻有人，司菽有人。欲厚其廩食，而羊息不足以供之；薄其廩食，則必竊芻與菽，而羊且瘦而多耗矣。多官害民，亦猶是也。

（明）張四維《名公書判清明集》卷一《官吏門·禁戢·禁戢攤鹽監租差專人之擾》 國家所恃，惟人心耳。官吏貪繆，專爲失人心事。當職被命馳驅，慨念江東一道，首尾吴楚，撑拓江淮，尤當保障爲急。而近日乃有以府威奪貨者，上好下甚，民不聊生，正思未有以澄清之。一從入境，行至安仁，則見有數十家被攤鹽之擾，離散破蕩，如遇巨寇。行至餘干，則見有十數人被監租之苦，鎖縛拷掠，不啻重辟，側然爲之流涕。問其事，則皆係無辜平民，橫被通判專人下尉下寨，如此苦楚。且欠鹽固當理納，欠租固當監索，今乃並緣爲姦，又安可以其理納、監索出於上司，而置其並緣爲姦之罪，更不加問乎？

（清）顧炎武《日知録》卷一三《貴廉》 禹又欲令近臣自諸曹侍中以上，家亡得私販賣，與民争利，犯者輒免官削爵，不得仕宦。此議今亦可行。

（清）顧炎武《日知録》卷二八《職官受杖》 撞郎之事始於漢明，後代因之，有杖屬官之法。曹公性嚴，掾屬公事往往加杖。宋劉道錫爲廣州刺史，杖治中荀齊文垂死。魏劉仁之監作晉陽城，杖前殷州刺史裴瑗，并州刺史王綽。隋文帝詔諸司論屬官罪，有律輕情重者，聽於律外斟酌决杖。燕榮爲幽州總管，元宏嗣除長史，懼辱，固辭。上知之，勑榮曰：宏嗣杖十已上罪皆奏聞。榮忿曰：豎子何敢弄我！乃遣宏嗣監納倉粟，颺得一糠一粃皆罰之，每笞不滿十，然一日中或至三數。杜子美《送高三十五詩》：脱身簿尉中，始與棰楚辭。唐時自簿尉以上即不加捶楚，優於南北朝多矣。

《黄氏日抄》：讀韓文公《贈張功曹詩》：云判司卑官不堪説，未免捶楚塵埃間。然則唐之判司，簿尉類然與？然唐人之待卑官雖嚴，而卑官猶得以自申其法，如劉仁軌爲陳倉尉，擅殺折衝都尉魯寧是也。明初判司簿尉以待新進士，而筦庫監當不以辱之，視唐重矣。乃近日上官苦役苛責甚於奴僕，官之辱，法之屈也，此事關繫世道。

唐自兵興以後，杖決之行即不止於簿尉。張鎬杖殺豪州刺史閭邱曉，嚴武杖殺梓州刺史章彝，韓皋杖殺安吉令孫澥，柳仲郢杖殺南鄭令權弈。劉晏爲觀察，自刺史六品以上得杖而後奏，則著之於令矣。《宋史》：理宗淳祐二年三月，詔令後州縣官有罪，帥司毋輒加杖責。《晉書·王濛傳》：爲司徒左西屬，濛以此職有譴則應受杖，固辭；詔爲停罰，猶不就。則不獨外吏矣。《南齊書·陸澄傳》：郎官舊有坐杖，有名無實。澄在官，積前後罰，一日並受千杖。《南史·蕭琛傳》：齊明帝用法嚴峻，尚書郎坐杖罰者皆即科行。琛乃密啟曰：郎有杖，起自後漢，爾時郎官位卑，親主文案，與令史不異，故郎三十五人，令史二十人，士人多恥爲此職。自魏晉以來，郎官稍重，今方參用高華，吏部又近於通貴，不應官高昔品而罰遵曩科。所以從來彈舉止是空文，許以推遷，或逢赦恩，或入春令，便得息停。宋元嘉、大明中，有被罰者，別繇犯忤主心，非關常準。泰始、建元以來，並未施行。自奉敕之後，已行倉部郎江重欣，杖督五十，無不人懷慙懼。乞特賜輸贖，使與令史有異，以彰優緩之澤。帝納之。自是應受罰者依舊不行。此後來公譴擬杖之所自始。

《世説》：桓公在荆州，恥以威刑肅物。令史受杖，正從朱衣上過。桓式年少，從外來，云：向從閤下過，令史受杖，上捎雲根，下拂地足。桓公曰：我猶患其重。是令史服朱衣而受杖也。《南齊書·張融傳》：大明五年制，二品清官，行僮幹杖不得出十。《梁書·江蒨傳》：弟葺爲吏部郎，坐杖曹中幹免官。郎官之杖，虚杖也，故至於千；僮幹之杖，實杖也，不得過十。然亦失中之法。

沈統，大明中爲著作佐郎。先是，五省官所給幹僮不得襍役。太祖世，坐以免官者前後數百人。統役僮過差，有司奏免，世祖詔曰：自頃幹僮多不祇給，主可量聽行杖。得行幹杖自此始也。北朝政令比之南朝尤爲嚴切。《高允傳》言：魏初法嚴，朝士多見杖罰。《孝昭帝紀言》：尚書郎中剖斷有失，輒加捶楚。而及其末世，則有如高陽王雍之以州牧而杖殺職官，唐邕之録尚書而撾撻朝士者矣。

（唐）白居易《白居易集》卷六四《策林三·使官吏清廉在均其禄，厚其俸》 臣聞爲國者，皆患吏之貪，而不知去貪之道也；皆欲吏之清，而不知致清之由也。臣以爲去貪致清者，在乎厚其禄，均其俸而已。夫衣食闕於家，雖嚴父慈母不能制其子，况君長能撿其臣吏乎？凍餒切於身，雖巢由夷齊不能固其節，况凡人能守其清白乎？臣伏見今之官吏，所以未盡貞廉者，由禄不均而俸不足也。不均者，由所在課料重輕不齊也；不足者，由所在官長侵刻不已也。其甚者，則有官秩等而禄殊，郡縣同而俸異。或削奪以過半，或停給而彌年。至使衣食不充，凍餒並至。如此，則必冒白刃、蹈水火而求私利也。况可使撫人字物，斷獄均財者乎？夫上行而下從，身窮則心濫。今官長日侵其吏，而望吏之不日侵於人，不可得也。蓋所謂渴馬守水，餓犬護肉；則雖日用刑罰，不能懲貪而勸清必矣。陛下今欲革時之弊，去吏之貪；則莫先於均天下課料重輕，禁天下官長侵刻，使天下之吏，温飽充於内，清廉形於外。然後示之以耻，糾之以刑。如此，則縱或爲非者，百無一二也。

（清）馮桂芬《校邠廬抗議》卷上《厚養廉議》 國家迫之，使不得不貪也。而猶且設爲空虚不用之律例，凡俸禄外絲毫有取，皆不枉法贓，以綜核名實之法治之，曹局一空矣。

（清）沈家本《沈寄簃先生遺書・日南隨筆》卷七《陋規》 《隨筆》又云：裁陋規者，僞君子；賣陋規者，真小人。蓋陋規二字，其意深長，其理明白。國家設一官即有一官之廉俸。廉俸不敷辦公，則兼資乎津貼，以免誤公。今直省府州縣缺千七百有奇，未必全無陋規，未必從前創議者其智慮盡出。今之府州縣下也，但使地方官相沿不改。雖陋猶規，自廉恥喪，而後苞苴行，簠簋壞。此則失其爲規，而亦不可名之爲陋也。大抵裁陋規多在去任之際，賣陋規多係署任之員。裁者好名而取之，歷年去之，俄頃利盡，而名以成。賣者貪利而形之，案牘勒之，貞珉利得，而名亦著。賀蔗農熙齡云：在律所禁故爲陋，於禮無悖故爲規。

紀事

《宋書》卷八五《謝莊傳》 上始踐阼，欲宣弘風則，下節儉詔書，事在《孝武本紀》。莊慮此制不行，又言曰：詔云貴戚競利，興貨廛肆者，悉皆禁制。此實允愜民聽。其中若有犯違，則應依制裁糾。若廢法申恩，便爲令有所屈。此處分伏願深思，無緣明詔既下，而聲實乖爽。臣愚謂大臣在祿位者，尤不宜與民爭利，不審可得在此詔不？拔葵去織，實宜深弘。

《魏書》卷七《高祖紀》 十有二月庚戌，詔曰：《書》云：三載一考，三考黜陟幽明。頃者已來，官以勞升，未久而代，牧守無恤民之心，競爲聚斂，送故迎新，相屬於路，非所以固民志，隆治道也。自今牧守溫仁清儉，克己奉公者，可久於其任。歲積有成，遷位一級。其有貪殘非道，侵削黎庶者，雖在官甫爾，必加黜罰。著之於令，永爲彝準。

《魏書》卷一一〇《食貨志六》 高宗時，牧守之官，頗爲貨利。太安初，遣使者二十餘輩循行天下，觀風俗，視民所疾苦。詔使者察諸州郡墾殖田畝、飲食衣服、閭里虛實、盜賊劫掠、貧富強劣而罰之，自此牧守頗改前弊，民以安業。

《舊唐書》卷一六五《柳公綽傳》 三年，改尚書左丞，又拜檢校戶部尚書、襄州刺史、山南東道節度使。行部至鄧縣，縣二吏犯法，一贓賄，一舞文。縣令以公綽守法，必殺贓吏。獄具，判之曰：贓吏犯法，法在；姦吏壞法，法亡。誅舞文者。

（唐）王方慶《魏鄭公諫録》卷二《諫責顯仁宮官司》 太宗東巡，將入洛，次顯仁宮，宮苑官司，多被責罰。公進諫曰：陛下今幸洛州，爲是舊征行處，喜其安定，故欲加恩故老。城郭之人，未蒙德澤，官司苑監，多及罪辜。或以供奉之物不精，或以不爲獻食，此則不思止足，志存奢靡，既乖行幸本心，何以副百姓所望。隋主每命在下多作獻食好爲供奉，儻不好不多，則有威罰。上之所好，下必有甚，競爲無限，遂至滅亡。此非載籍所傳，陛下目所親見。爲其無道，故天命陛下代之。當須戰戰兢兢，每事儉約，參蹤盛烈，貽訓子孫。奈何令在下之人，悔不爲奢麗也。陛下若以爲足，今日不啻足矣；爲不足，萬此亦不足矣。太宗大驚曰：非公，朕安得聞此言？而今而後，庶無此事。

（宋）王溥《唐會要》卷四〇《君上慎恤》 四年四月敕：法寺用法，或持巧詐，分律兩端，遂成其罪，既奸吏得計，則黎庶何安。今後宜令每書罪定刑，但直指其事，不得舞文，妄有援引，仍須頒示天下長吏，嚴加覺察，不得輒用奸吏，如有此色，當即停解。

（宋）王溥《唐會要》卷四一《雜記》 元年建丑月二十一日，京兆尹魏少遊奏令長職在親民丞簿尉有犯無不委悉，比來各相蒙蔽悉徇人情，百姓艱辛，職由于此。今以後丞簿尉有犯贓私，連坐縣令，其罪減所犯官二等，冀遞相管轄，不得爲非。敕旨，依，天下諸州准此。

（宋）王溥《唐會要》卷六八《刺史上》 二十四年五月，夷州刺史楊濬犯贓，詔令杖六十，配流古州，左丞相裴耀卿曰，臣以爲刺史縣令，與諸吏稍別。人之父母，風化所瞻，一爲本部長官，即令終身致敬。況本州刺史，百姓所崇，一朝對其吏人，即加杖屈，恐非敬官長勸風俗之意。伏望凡刺史縣令於本部決杖，特乞停減。

《宋史》卷二〇〇《刑法志二》 當建、紹間，天下盜起，往往攻城屠邑，至興師以討之，然得貸亦衆。同知樞密院事李回嘗奏強盜之數，帝曰：皆吾赤子也，豈可一一誅之？誅其渠魁三兩人足矣。至待貪吏則極嚴：應受贓者，不許堂除及親民；犯枉法自盜者，籍其名中書，罪至徒卽不敍，至死者，籍其貲。諸文臣寄禄官並帶左、右字，贓罪人則去之。是年，申嚴真決贓吏法。令三省取具祖宗故事，有以舊法棄市事上者，帝曰：何至爾耶？但斷遣之足矣。貪吏害民，雜用刑威，有不得已，然豈忍寘縉紳於死地邪？

《宋史》卷二〇一《刑法志三》 紹聖三年，刑部侍郎邢恕等言：藝祖初定天下，主典自盗，贓滿者往往抵死。仁祖之初，尚不廢也。其後用法稍寬，官吏犯自盗，罪至極法，率多貸死。然甚者猶决刺配島，錢仙芝帶館職，李希甫歷轉運使，不免也。比朝廷用法益寬，主典人吏軍司有犯，例各貸死，略無差别。欲望講述祖宗故事，凡自盗，計贓多者，間出睿斷，以肅中外。詔：今後應枉法自盗，罪至死，贓數多者，並取旨。

（宋）李燾《續資治通鑑長編》卷七《宋太祖乾德四年》 五月乙丑朔，詔：川、峽諸州，僞蜀政令有煩苛刻削害及民者，累詔禁止蠲除之，吏或不能遵守奉行，未忍悉置於罪。自今其勿復令部曲主掌事務，及於部内貿易，與民争利，違者論如律。

（宋）李燾《續資治通鑑長編》卷三九《宋太宗至道二年》 己未，詔西京作坊使、敘州刺史、帶御器械石普下御史府案問，坐爲西川巡檢擅離本部入奏事故也。上謂宰相曰：石普恃在朕左右，不畏王法，徑赴闕廷，朕已令繫治，使知有刑獄艱苦。昔蕭何、周勃、韓安國皆將相大臣，猶不免於縲紲，况此小臣乎。既而召見，赦其罪，復遣之任。

（宋）李燾《續資治通鑑長編》卷八〇《宋真宗大中祥符六年》 權知開封府劉綜，言貴要有交結富民，爲之請求，或假託親屬，奏授爵秩，緣此謁見官司，煩紊公政，請加抑止。庚戌，下詔風厲，各令自新，繼今復然者，重寘其罪。

（宋）李燾《續資治通鑑長編》卷九〇《宋真宗天禧元年》 丙子，詔：如聞諸班直、諸軍坊監場務官健，飲博無賴，或部分稍峻，即捃摭興訟。自今後所訴事並須干己，證左明白，官司乃得受理，違者坐之。或情理臣蠹，即具案以聞。

（宋）李燾《續資治通鑑長編》卷一〇六《宋仁宗天聖六年》 詔自今南郊軍賞有闕，其三司官吏並劾罪以聞。

先是，南郊賞賜軍士，而汾州廣勇軍所得帛不逮他軍，一軍大譟，捽守佐堂下，劫之，約予善帛乃免。城中戒備，遣兵圍廣勇營，轉運使孫餤適至，命解圍弛備，置酒張樂，推首惡十六人斬之，遂定。初，守佐以亂軍所約者上聞，詔給善帛。使者至潞，餤促之還，曰：以亂而得所欲，是誘之亂也。卒留不予，既而上以軍賞事詰三司，三司言汾州舊以淮南紬絹比折給軍士，紬絹不足，又令以土絁布代之，故廣勇軍作亂。首惡既坐誅，餘悉配隸他州，而降是詔。《實録》載汾州事與孫餤傳略不同，今從餤傳。

（宋）李燾《續資治通鑑長編》卷一〇八《宋仁宗天聖七年》 詔曰：先帝患吏廩不給，而廉潔者亡以勸，故並賜之公田。歲月浸深，侵牟滋長，獄訟數起，反以害人，重失先帝之意。其罷天下職田，官收其入，以所直均給之。仍委三司别爲條約。先是，上封者言職田有無不均，吏或不良，往往多取以殘細民，請罷之。詔資政殿學士晏殊與三司、審官、三班院、吏部流内銓參議，皆以爲然，乃降是詔。

（宋）李燾《續資治通鑑長編》卷三四八《宋神宗元豐七年》 光禄卿吕嘉問言：近者，牛羊司典吏李璋犯乞取贓，已論決。竊惟朝廷捐數十萬緡，行一重法於天下，欲得吏清政平，待之固已至矣。而無忌憚之吏，已漸弛於法行之初，蓋由本法與錢之人纔減取錢之人二等。乞定河倉法，斷遣刑名，自陳告首之賞，與引領過度一切如舊外，其行用者止以不應得爲坐之。下刑部參詳：其與若許者依律得罪，或依在京請求非法公事條得在罪重；并官員在京行用非請求曲法不坐，并輪税人行用非覽納及行求枉法者不坐之類，並依本條外，乞如嘉問所定。從之。

（宋）李燾《續資治通鑑長編》卷四七五《宋哲宗元祐七年》 甲午，詔在任官員並繫公人，不得買諸軍軍馬糧草、旁歷，違者徒二年，許人告，物没官。以尚書省言：元祐敕，罪當杖太輕，致有冒犯，無以懲戒。故立是法。新無。

（清）徐乾學《資治通鑑後編》卷五三《宋紀五三》 癸丑，知諫院歐陽修言：近日四方賊盗漸多，皆由國家素無禦備，而官吏賞罰不行也。今忻州軍賊王倫所過楚秦等州，連騎揚旗如履無人之境，而巡檢縣尉反赴賊召，其衣甲器械皆束手而歸之，此可謂心腹之大憂。爲今計者，必先峻法令。法令峻則人知所畏，自趁擊賊。請自今賊所經州縣奪衣甲，官吏並追官勒停，巡檢縣尉仍除名勒從軍自効，俟破賊日則許叙之。詔送樞密院施行。

（清）徐乾學《資治通鑑後編》卷九二《宋紀九二》　己未，三省言：司馬光、吕公著倡爲奸謀，詆毁先帝，變更法度，罪惡至深。及當時兇黨同惡相濟，首尾附會之人，偶緣今已身死，不及明正典刑，而亡殁之後，尚且優以恩數，及其子孫親屬與見存者，罪罰未稱，輕重不倫。若謂其已死，一切不問，則使後世亂臣賊子何以創艾？至於告老之人，雖已謝事，亦宜少示懲沮。

（清）徐乾學《資治通鑑後編》卷一三八《宋紀一三八》　是歲言官言舉人程文雷同，或一字不差，其弊有二：一則考官受賂，或授暗記，或與全篇，一家分傳謄寫；一則老儒賣文場屋，一人傳十，十人傳百，考官不暇參稽。於是命禮部戒飭，前申號三日，監試會聚考官，將合取卷參驗，稍涉雷同者，即落，或仍前弊，考官監試一例黜退。

（宋）李心傳《建炎以來繫年要録》卷一二《建炎二年戊申正月丙戌朔之甲寅》　乙未，詔自今犯枉法自盗贜人，令中書省籍記姓名，罪至徒者，永不敍用。按察官失於舉劾者，並取旨科罪，不以去官原免。時議者以爲崇、觀以來，贜吏甚衆，其害民甚於盗賊，故條約之。

（宋）李心傳《建炎以來繫年要録》卷一三《建炎二年戊申二月乙卯朔之壬午》　詔自今犯枉法自盗贜抵死者，籍其資。時議者以爲贜吏之盛，所在填溢，願明詔有司，應緣贜得罪，及曾經案發迹狀明白，並毋得與堂除及親民。自今有犯者，仍籍其資。卽監司守倅失按郡縣，及監司失按守倅，與失於互察者，並科違制之罪，不以去官原免。或謂當今使貪使過之時，恐難以概廢。竊謂貪贜之人，惟可用於軍旅，不可用臨民。況其天資好賄者，雖死不變，借令才力可以辦事，而結怨民心，爲害甚大。上酌其言，乃詔贜情俱重者籍没，餘從之。

（宋）李心傳《建炎以來繫年要録》卷三四《建炎四年庚戌六月辛未朔之己亥》　尚書兵部侍郎兼權直學士院汪藻言，東南遭戎馬之禍，生靈塗炭，城郭邱墟。而國家迫於養兵，征斂未息，重以羣盗竊發，官軍所至焚殘，無以制之。今欲恤民，莫大於去貪殘之吏。祖宗時，吏犯贜者，無大小皆棄市，故人重犯法，官曹爲清。今縱未能舉祖宗之典，姑擇其一二大者，真決黥配，以戒其餘。仍令臺諫官以上，歲舉郡守一人，保其終身。如後姦贜，與之同罪，不得以自首原免。而郡守監司於部内有贜吏不聞朝廷，而爲他人所劾者，罪亦如之。庶幾斯民漸被實惠。疏奏。詔坐條申明行下，其後卒施行如藻請。八月丙戌指揮蓋爲此也。詔見責降人曾任宰執侍從官，令檢正都司取索條具，文臣帶職，武臣觀察使管軍已上，令刑部疾速檢舉，並限一月盡絶，毋令漏落。以言者有請也，自是宣、靖執政，及圍城明受僞命之人，悉皆收敍矣。

（宋）李心傳《建炎以來繫年要録》卷三六《建炎四年庚戌八月辛未朔之戊戌》　丙戌，寧遠軍節度使醴泉觀使孟忠厚乞蠲太母所過秋税。范宗尹曰：頃已免夏税，若復蠲放，慮州郡經費有缺，必至横斂。上愀然曰：常賦外科斂，及贜吏害民，最宜留意。祖宗雖崇好生之德，而贜吏死徒未嘗末減。自今官吏犯贜，雖未欲誅戮，若杖脊流配，不可貸也。

《中興聖政》臣留正等曰：設官吏以牧民，志不在民而貪贖，是爲民之賊也。藝祖皇帝懲五季之弊，凡贜吏一切棄市。藝祖豈好刑人者哉，誠以不如是不足以行仁政於天下者也。而況艱難以來，生民之困極矣，撫摩涵養，民猶或病。而貪贖之吏乃敢剝刻以肆其無厭之求，如之何民不窮且盗乎？故太上皇帝惻然念常賦之不可免，而欲不貸贜吏之罪，聖上斷然舉而行之，懲一而百勸。其真得藝祖太上皇之心歟。

（宋）李心傳《建炎以來繫年要録》卷五〇《紹興元年辛亥十二月癸亥朔之壬辰》　丁丑，手詔略曰：比緣國難，盗起未息者，蓋姦贜之吏，無卹民意，及煩王師，而軍需不免又取於民。因循展轉，日甚一日，欲民不盗，不可得也。可將建炎三年以前積欠，除刑勢戶及公人外，一切蠲除，如州縣不奉詔，及監司迫脅州縣巧作催科者，並除名。令御史臺糾察，多出黄榜曉諭。又詔三省備坐祖宗朝真決贜吏舊制，鏤板行下。自今有犯，依法行遣，仍籍没家財。上以軍興民困，吏緣爲姦，故盗賊蜂起，乃下此詔焉。朱勝非《秀水閒居録》云，范宗尹爲相踰年，南宋沈與求論其過惡二十事，而贜墨居其四焉。於是罷相宮祠，彈疏既傳，無不駭愕。繼有詔旨，官吏犯贜，依祖宗舊典誅戮，仍籍其家，因宗尹也。案：宗尹罷相，非因與求論列，前已辨之，此詔恐非因宗尹，特勝非惡之之辭，今不取。

又：丁亥，言者請贜吏當死者勿貸，上曰：朕本心欲專尚德化，顧贜吏害民，有不得已者，然亦豈忍遽置縉紳於死地，如前詔杖遣足矣。

（宋）李心傳《建炎以來繫年要録》卷五七《紹興二年壬子八月己丑朔之丙辰》　近歲官吏坐贜抵死之人，率皆貸配，故犯法者滋多。至是錢塘縣吏樂振受賄當死，詔論如律，其徒始駭懼。大理寺丞姚焯因請以振刑名，頒下諸州。從之。

（宋）李心傳《建炎以來繫年要録》卷六一《紹興二年壬子十二月丁亥朔之丙辰》　左朝散郎新知江陰軍趙詳之言：陛下甄别廉汚，以示天下。然州縣之吏，猶聞抵冒，以干典憲。今犯贓之人，搢紳所不齒，赦令所不宥。計贓緉絹不滿十五匹絞，其法禁非不重，告戒非不明也。然未聞立按察官之法，臣乞爲法制著於令，申諸監司按察官，計部内州縣之數，視舉官法，於部内有犯入己贓不因按發，因事罥罣，每一人降一官；或展磨勘，三人加等。至於貪贓狼籍，所犯數多，取旨竄黜。將見持節按察之官，仰承風旨，加意督責。必不容貪污之吏，叨在部屬，而廉慎之風，馴可致矣。事下刑部詳之，又奏乞令經筵官兼講諸史。上諭大臣曰：朕觀《六經》皆論王道，史書多雜霸，又載一時捭闔辯士曲説，遂不行。

（宋）李心傳《建炎以来繫年要録》卷一〇〇《紹興六年丙辰四月戊戌朔之丙寅》　庚子，殿中侍御史周祕言，國家歲以十五事考校監司，四善四最考校縣令。而五六年間，惟成都潼川路一嘗奏到，其餘諸路課績，並不申奏。法令廢弛，能否無辨。有善最者不賞，有過惡者無罰，吏治之不良，亦無足怪者。欲望責諸路監司州縣，自今各依限保明，其累年輒不申奏者，亦乞取問因依，從朝廷審度。歲取殿最各一二人，量行賞罰。庶幾監司守令，咸知自竭，以副陛下責任之意。詔吏部申嚴行下，違者令御史臺糾劾。

（宋）朱熹《資治通鑑綱目》卷三六上　三月詔：諸司論屬官罪聽律外决杖。帝以所在屬官不敬憚其上，事難克舉，故有是詔。於是上下相驅，迭行捶楚，以殘暴爲幹能，守法爲懦弱。又以盗賊繁多，命盗一錢以上皆棄市，或三人共盗一瓜，事發即死。於是行旅皆晏起早宿，天下懔懔。有數人劫執事而謂之曰：吾豈求財者邪，但爲枉人來耳。而爲我奏至尊，自古立法未有盗一錢而死也，而不以聞，吾更來，而屬無類矣。帝聞乃爲停之。又嘗乘怒，欲以六月杖殺人，大理少卿趙綽固争，曰：六月雖曰生長，此時必有雷霆，我則天而行，有何不可？遂殺之。掌固來曠告綽濫免徒囚，推驗無實，帝怒，命斬之。綽又固争，帝拂衣入閤，綽託奏他事，復入再拜曰：臣有死罪三，不能制馭掌固使觸天刑，一也；囚不合死不能死争，二也；本無他事妄言求入，三也。帝意觧，會獨孤后在坐，命賜綽酒及二金盃，曠因免死。蕭摩訶子世畧在江南作亂，摩訶當從坐。綽固諫，上命綽退，綽曰：臣奏獄未决，不敢退。帝乃釋之。刑部侍郎辛亶嘗衣緋褌，帝以爲厭蠱，斬之。綽曰：法不當死，臣不敢奉詔。帝怒甚，命引綽斬之。綽曰：寧殺臣不可殺亶。至朝堂解衣就刑，上復使人問之，對曰：執法一心，不敢惜死。帝乃釋之。帝以綽誠實，前後賞賜萬計，與大理卿薛胄俱名平恕。然胄原情而綽守法。帝晚節用法益峻。元會衣劍有不齊者，御史不劾，殺之。諫議大夫毛思祖諫，又殺之。帝既喜怒不恆，不復依準科律。信任楊素，素復任情不平，與鴻臚少卿陳延有隙，嘗經蕃客舘，庭中有馬屎，又衆僕於氈上摴蒱，以白帝，帝大怒，主客令及摴蒱者皆杖殺之，捶延幾死。帝遣親衛大都督屈突通往隴西，檢覆羣牧，得隱匿馬二萬餘疋，帝大怒，將斬太僕卿以下千五百人，通諫曰：人命至重，陛下奈何以畜産之故，殺千餘人。臣敢以死請。帝瞋目叱之，通又頓首曰：臣一身分死，就陛下勾千餘人命。帝感悟，皆減死論，擢通爲右武侯將軍。

《金史》卷七《世宗紀中》　七月丙子，上謂宰臣曰：職官始犯贓罪，容有過誤，至於再犯，是無改過之心。自今再犯不以贓數多寡，並除名。

《金史》卷一〇《章宗紀二》　五月甲戌朔，諭宰臣曰：比以軍須，隨路賦調。司縣不度緩急，促期徵斂，使民費及數倍，胥吏又乘之以侵暴。其令提刑司究察之。丙子，集官吏于尚書省，詔諭之曰：今紀綱不立，官吏弛慢，遷延苟簡，習以成弊。職官多以吉善求名，計得自安，國家何賴焉。至於徇情賣法，省部令史尤甚。尚書省其戒諭之。丁丑，北京行省參知政事裔移駐臨潢府。庚辰，升撫州爲鎮寧軍。以雨足，報祭于社稷。甲申，望祭嶽鎮海瀆于北郊。丁亥，左丞相相襄詣臨潢府。己丑，皇子生，庚寅，詔中外，降死罪，釋徒以下。

《金史》卷四五《刑志》　貞祐三年，上謂宰臣，自今監察官犯罪，其事關軍國利害者，並笞决之。貞祐四年，詔凡監察失糾劾者，從本法論。外使入國私通本國事情，宿衛、近侍官、承應人出入親王、公主、宰執家，災傷乏食有司檢覈不實致傷人命，轉連軍儲而有私載，考試舉人而防閑不嚴，其罰並决。在京犯至兩次者，臺官減監察一等治罪，論贖，餘止坐，專差任滿日議定。若任内曾以漏察被决，依格雖爲稱職，止從平常，平常者從降罰。

《元史》卷一八《成宗紀》　（乙）〔己〕卯，詔申飭中外：有儒吏兼通者，各路舉之，廉訪司每道歲貢二人，省臺委官立法考試，中程者用之，所貢不公，罪其舉者。職官坐贓論斷，再犯者加二等。倉庫官吏盗所守錢糧，一貫以下笞之，至十貫杖之，二十貫加一等，一百二十貫徒一年，每三十貫加半年，二百四十貫徒三年，滿三百貫者死。計贓以至元鈔爲則。

《元史》卷二六《仁宗紀三》　癸卯，御史臺臣言：比者官以倖求，罪以賂免。乞凡内外官非勳舊有資望者，不許驟陞。諸犯贓罪已款伏及當鞫而幸免者，悉付元問官以竟其罪。其貪污受刑，奪職不敍者，夤緣近侍，出入内庭，覬倖名爵，宜斥逐之。帝皆納其言。詔謂四宿衛嘗受刑者，勿令造禁庭。

（清）徐乾學《資治通鑑後編》卷一五四《元紀二》　初定官吏贓罪法，自五十貫以上皆决杖，除名不叙，百貫以上者死。崔彧言：今百官月俸不能副贍養之資，難責以廉勤之操，宜更議增庶官月俸，所增俸鈔惟賦之於民，官吏不貪，民必受惠，其有以貪抵罪，亦復何辭。從之。己丑，詔增内外官吏俸給。

（清）徐乾學《資治通鑑後編》卷一五九《元紀七》　甲寅，降官吏受贓條格，凡十有三等。南臺御史大夫阿喇卜丹言：立法貴輕重得宜，使民不至易犯，今所降條格，除枉法外，其不枉法者，自二十兩以下罪與受一分者同科，似輕重少偏，不聽。

（清）徐乾學《資治通鑑後編》卷一七〇《元紀一八》　十一月辛巳，御史臺臣言：陝西行省左丞克埒坐受人僮奴一人及鸚鵡，請論如律。詔曰：位至宰輔，食國厚禄，猶受人生口，理宜罪之，但鸚鵡微物，以是論贓，失於太苛，其從重者議罪。今凡饋禽獸者，勿以贓論，著爲令。

《明史》卷三〇六《李夔龍傳》　方忠賢敗時，莊烈帝納廷臣言，將定從逆案。大學士韓爌、李標、錢龍錫不欲廣搜樹怨，僅以四五十人上。帝少之，令再議，又以數十人上。帝不懌，令以贊導、擁戴、頌美、諂附爲目，且曰：内侍同惡者亦當入。爌等以不知内侍對，帝曰：豈皆不知，特畏任怨耳。閲日，召入便殿，案有布囊，盛章疏甚夥，指之曰：此皆奸黨頌疏，可案名悉入。爌等知帝意不可回，乃曰：臣等職在調旨，三尺法非所習。帝召吏部尚書王永光問之，永光以不習刑名對，乃詔刑部尚書喬允升、左都御史曹于汴同事，於是案名羅列無脱遺者。崇禎二年三月上之，帝爲詔書頒示天下。

（清）蔣良騏《東華録》卷一〇《康熙十一年七月》　副都御史李之芳疏言：部院官失察，胥役犯贓，應如州縣例革職。時吏部尚書對喀納以部院官員例不關防胥役，寢其議。上以京官雖與外官有間，不應迥異，下九卿科道會議。尋議外官改罰俸一年，京官應罰俸六個月。得旨申飭，令再議。上諭責對喀納曰：衙役作弊，小民受害無窮，所司官理應從重處分，以清積蠹。今爾等俱已富貴，不念小民困苦，惟恐重處屬員，致有干涉。初議京官不應處分，繼議外官亦從末減，明係瞻狥。朕擢爾吏部尚書，自應殫心爲國，矢公報效，乃全無主見，殊負委任之意。于是定議：外官處分仍舊，部院司官失察，書吏犯贓，不及十兩者罰俸一年，過十兩者降一級留任。

（清）蔣良騏《東華録》卷二一《康熙四十八年十一月》　諭大學〔士〕等曰：適科臣郝林條奏各省錢糧虧空，郝林但知州縣錢糧有虧空之弊，而所以虧空之根源，未之知也。凡言虧空者，或謂官吏侵蝕。或謂餽送上司，此固事所時有。然地方有清正之督撫，而所屬官員虧空更（以）〔多〕，則又何説？朕聽政日久，歷事甚多，于各州縣虧空根源，知之最悉。從前各省錢糧，除地丁正項外，雜項不解京者尚多，自三逆變亂以後，軍需浩繁，遂將一切存留欵項盡數解部，其留地方者，惟俸工等項必不可省之經費，又經節次裁減，爲數甚少。此外則一絲一粒，無不陸續解送京師，雖有尾欠，部中必令起解。州縣有司（撫）〔無〕纖毫餘剩可以動支，因而挪移正項，此乃虧空之大根源也。再如正項錢糧二（十）〔千〕兩徵收未完五百兩者，按分數議處，其例甚輕，若因公挪用五百兩，則處分甚重。今但責令賠償足額，其罪似乎可寬，不必深究。凡事不可深究者極多，即如州縣一分火耗，亦法所不應取。尋常交際一二（千）〔十〕金，亦法所不應受，若盡以此法一概繩人，則人皆獲罪，無所措手足矣。且如戸部庫中錢糧，歷年存積，數雖極清，前此庫貯一二千萬時，曾令部中逐案盤查，轉多二十餘萬。即各倉糧米，亦歷年堆積，陳陳相因，贏餘不少，不肖官役侵盗未嘗無人，若行盤查，數仍不缺。總之定例所在，有犯必懲，其中細微，不必深究，諸事大抵如此。

（清）蔣良騏《東華録》卷二七《雍正四年三月》　上以李維鈞任總督時，將議准改隸河南之濬、滑、内黄三縣糟糧，擅請仍在直隸元縣之小灘鎮受兑，挾私阻撓。又侵欠直隸庫帑數十萬未完。命浙江巡撫李衛查抄維鈞家貲，衛旋劾奏：維鈞及蔭生李蔓猗獪多端，私將家財寄頓，現查出三十餘萬，請革李蔓蔭生，研審究追。再蔓生母張氏並非維鈞聘娶繼室，乃家奴張大之婦，維鈞先佔爲妾，假稱繼妻，且曾與魏之耀認爲乾親，濫膺誥命，並請勅部追奪。上諭：李衛清查李維鈞家産，不狥情面，一一查出，甚是可嘉。但參奏李維鈞婢妾一節，未免過刻，不合大體。前蔡珽曾奏稱：于北直旅次壁間，見一對聯，乃譏訕李維鈞家奴之事。朕彼時切責，戒其勿言。朕以忠厚之道教天下，此事並不必議覆，若云請追誥命，李維鈞既已獲罪革職，自有定例，何必特行參奏？餘著該部議覆。嗣部臣以維鈞現在天津，遵旨工竣，一並議罪。

（清）鄂爾泰等《世宗憲皇帝硃批諭旨》卷一〇九《硃批蔡良奏摺》

雍正六年四月十一日，福州將军臣蔡良謹奏爲奏聞事，竊照閩省駐防習氣不好，久在聖明洞鑒之中。臣自抵任迄今，凡有關係風俗人心之事，無不時刻留心體察。期於實力挽回，悉心整頓。一載以來，畧有成效。猶恐庸愚之輩經臣嚴飭之下，貌是心違。每於衆人之前，必時時痛加切責，務使其滌慮洗心，内外如一。至於節儉之風，所以省財，亦以惜福。臣每於操演地方，必諄切曉諭，務敦節儉，禁尚紛華，近來奢靡習氣亦漸次歛息。再如賭博、酗酒之犯，尤為不法。臣先經飭令四旗該管官嚴行申飭，復令時勤查察，嚴加約束。更恐日久懈弛，又每旗派撥官一員，小撥什庫數名，各按其所管之兵壯，每日輪流挨戶稽查。又總委協領一員專司其事。臣仍不時密行訪察，如有失於稽查，或徇私容隱，經臣訪出，將本犯照例分別治罪外，官則以失察糾条容隱之小撥什庫一體連坐。至臣標兩營之弁目亦照此法行之，在奉行者既畏代他人受過，則稽查自不敢懈怠，而不肖之人亦不敢妄行生事矣。爲此繕摺具奏，伏乞皇上睿鑒，謹奏。

又：雍正六年九月十二日，廣州將軍臣蔡良謹奏爲奏聞事。竊臣蒙聖恩高厚，調補粤東，於到任之始，即向旗營各屬員諄切勸導，凡一切教管兵丁分内應辦之事務，各竭力秉公，以稱職守。臣現在將八旗四營兵丁鎗箭挨次輪看，尚未周遍，其中步伐進退間有未合之處。臣當即親加教導，將來時勤訓練，自可漸次純熟。臣查廣州駐防兵壯，向來爲習俗漸染，樂於嬉遊，往往不能安分，邇來此風稍覺歛戢。臣於較閲各旗甲兵，當官兵聚集之時，必面爲曉諭，操差務要精勤，使令必聽管約，進退合乎規矩，上下須别尊卑。俾人人知法紀當遵，惡習當改。其壯丁人等，俱飭令各官及該管之小撥什庫，不時稽查。勿令其出外閒遊，使之學習技藝。再查廣州五方聚會，且地當濱海，最易藏姦。臣所屬旗汛地方，亦有民人雜處，恐姦宄溷跡其間，勾通旗下不肖兵壯，容留窩頓，引誘爲非。先經前任將軍臣石禮哈於旗營汛地編查保甲，實爲清查弊源之要。但既有民人雜處，則其來歷根源並眷口人數悉應填註，更有如鑲黄旗之兵壯住居正黄旗汛地者，或係租賃彼旗房屋，在住址原難畫一，然稽查必須兼到。臣愚以爲凡有此等錯綜居住之兵壯，既照住址編入保甲。自應聽其查點，而夲旗該管人員亦應赴彼稽查，不得以夲旗之兵壯因住居於别旗之汛地竟置之不查不問之列。臣已飭令八旗四營各官將旗營街道所住兵壯民人旗分籍貫戶口人數備細填註，造具清册。不惟按册得以一目了然，而稽查尤易爲力矣。爲此繕摺奏聞，伏乞皇上睿鑒施行。謹奏。

（清）鄂爾泰等《世宗憲皇帝硃批諭旨》卷一二六之一二《硃批田文鏡奏摺》

今於雍正六年四月十二日，准吏部咨查得鑲白旗漢軍都統咨稱，原任安徽按察使朱作鼎虧空認還借欠原任鹽法道孔興璉銀一萬六千兩一案，未完銀七千五百一十六兩零，逾限不完，請旨將朱作鼎革職，交送刑部照例治罪。下欠銀兩著落伊子通判朱藩、守道朱藻俱各解任來京，勒限一年嚴追完結。奉旨：依議。欽此。移咨到臣，臣隨行布政司行令朱藻解任歸旗著追在案。臣查虧空官員現在出仕之子，例應解任著追，功令森嚴，臣何敢違例瀆請，但臣思河北道員缺，極其緊要，伏汛轉瞬即屆，北岸堤埽工程，關係運道民生，非可懸缺久待，一時難得諳練河務清勤公正之員，膺此重任，朱藻一解任，如失臣之左右手，實有萬不得已於臣心者。伏乞皇上天恩，俯念河工重大，地方緊要，將朱藻仍留河北道任，伊父朱作鼎虧空銀兩，准其勒限一年追完。該道自必愈深感激，竭力完解。

（清）鄂爾泰等《世宗憲皇帝硃批諭旨》卷一五三《硃批舒喜奏摺》

奏爲特条受賄濫派之員，以抒民怨，以肅吏治事。竊臣於六月十八日巡至河間府獻縣地方，見百姓百餘人遮道喊冤，口稟河衙主簿王永任受賄違例，濫派民夫，有錢者免，無錢者拏，正值農忙，籤票疊差，乞救民命等語。臣當即以好言解散，面囑知縣李思鄰細查的實情由，速即詳覆。臣於二十三日巡至寧津縣，乃獻縣詳文未到，而鄉民呂世恩等十餘人復追至二百里之外，具呈哀訴。據詞内稱獻縣有滹河、洋河二水，築堤一道，以禦水災。舊例額設淺夫挑濬，頂堤地主修堤。不煩衆力，固各司其事，各安其業者也。今河衙王主簿私受頂堤地主王進才、劉順廷制錢八千，濫派合縣百姓修築。以致小民地畝抛荒，棄家逃避等情。臣於二十九日巡至河間府，查得康熙五十三年，小民亦因派夫不公，紛紛呈告。總督批示悉照舊遵行，不得擅派。鄉民於五十五年建碑在府衙之外，乃主簿王永任不遵舊例，竟敢受贓私派。似此貪婪不肖之員，相應叅處，以肅吏治者也。再防河堤工，自應每歲興修，以堵水患。臣請皇上敕下督臣嚴飭管河官吏，遇修築之時，悉依舊例，禁止濫派。則百姓自無怨尤，後之司事者亦不敢再爲更變矣。臣謹具摺奏聞，伏乞皇上睿鑒施行。謹奏。

（清）鄂爾泰等《世宗憲皇帝硃批諭旨》卷一七四之一〇《硃批李衛奏摺》 爲遵旨議奏事。竊臣奉旨給假在籍，接准内閣來字，雍正七年八月二十二日奉上諭：科臣顧祖鎮條陳果否可行，爾等可鈔録寄與總督李衛，令其密議，具摺回奏。欽此。遵旨寄信前來，並鈔發原摺一件，准此，該臣看得科臣顧祖鎮所奏挂名書役窩盗一事，蒙皇上特諭交臣密議，或以臣於盗情案件畧曾留意，敢不悉心詳酌，據實上陳。伏查盗必有窩，而窩盗之輩實繁有徒，雖未必無掛名書役在其中，但以此輩之應充皆爲窩盗而設，臣竊以爲尚未盡然。大抵盗賊巨窩，莫如府州縣之刑書、捕役。伊等專管盗情，熟知線索，書仗捕爲爪牙，捕輩書爲墻壁。改串供詞，移换情節，買盗歸案，如作生涯，朦朧本官，高下其手。論大股以分贓，得月規而豢賊，行之既久，視爲固然。更有犯事革退之捕，既無拏盗之責，又乏養家之貲，現捕皆通聲氣，舊賊聽其指揮，彼此聯結，狼狽作姦，爲害尤甚。再如不肖武舉、武生，自知弓馬、文字之劣，上進無心。又恃有護符結交書、捕，盗賊因其稍有聲勢，投拜門下、倚爲長城。平時以贓物貢獻，有事則共爲庇匿。更有破落鄉紳子弟，無事可爲，日與下流往來，呼兄唤弟，情好益密，每每窩盗在家，分肥入己。因其世家大族、親戚故舊，體面猶存，地方官不免稍存姑息。刑書、捕役又利其所有，任聽指使。遂爾日漸鴟張，肆無忌憚。又屯衛雜於有司之間，縣因隔屬，稽查責任未免較輕。窮丁欠糧無措，常有窩頓通賊，以冀餬口者頗多。以上諸色人等，雖未必人人皆是，處處相同。然約畧而言，窩盗之人已不外乎此輩。若夫掛名書役，各衙門不乏其人，就中分别，亦有幾等。如北方身家殷實，田地頗多，惟恐受欺侮而託身在官，每季出費納班，以遮門户者，此等人不惟不敢窩盗，亦未嘗有所妄爲。若南方疲敝小邑，及冷曹閒署，吏役無人肯當，尚須著落鄉保舉報泒充，百計求退而不能者。此外下流或藉城社之名，而包攬錢糧詞訟，出入衙門，料理公事，以及把持渡口、埠頭、行市，庇賭窩娼等事，誠如科臣顧祖鎮所指。臣自外任以來，屢經飭查禁革，尤須平時留心稽考，有犯必懲。但云掛名書役悉令歸農之後，盗賊即無藏身之處，則尚未爲確論耳。再科臣奏稱，照額設之數，每名止許添一人幫辦，一正一副，可不誤公等語。臣查書役承管事務，各有繁簡不同，事少者不必添人，即一名亦可無誤其事；繁者即一房十餘人，尚爲不足。若欲盡行裁去，將徒有禁革之虚名，而無實在奉行之成效。况此輩傭書之人，非比正身經承，尚有輪班更换之期。伊等終年在署繕寫辦事，希圖工食養家而已，實亦無暇出外，窩盗不法。惟在該管官及上司嚴加稽查，不使稍有作姦犯科。則吏役自知守法，而諸弊不至叢生矣。臣淺陋之見，未必有當。謹據實具摺，密行奏覆。伏乞皇上睿鑒施行。謹奏。

〔硃批〕所議甚屬透徹，條陳係不達時務之論，洵不可行。

（清）鄂爾泰等《世宗憲皇帝硃批諭旨》卷二一〇《硃批楊馝奏摺》

雍正十二年十月十八日，署湖北巡撫臣楊馝謹奏爲敬陳現在辦理案件事。一，刑讞事關緊要，湖北府州縣向來承辦欽部案件，率多拖延不結，甚至案情游移，前後互異，疊叅遲延。臣到任後，嚴行申飭，凡一切塵案徹底查催，隨到隨即審題，竝立三催之法，通飭各屬，嗣後依限次第辦理。務除沉擱，以省拖累。

〔硃批〕實力查催，務除玩愒積習。

一，今歲秋成豐稔，臣前經恭摺奏聞。但小民收穫之後，正值錢糧輸納之時，誠恐不肖州縣，重耗累民。臣仰體皇上愛養元元至意，多方密訪，倘有貪酷劣員，並廢弛吏治實蹟者，立即糾叅。其書役需索糧户等弊，臣訪察得實，即飭司道嚴提究處，不敢寬縱長姦，致貽民害。

〔硃批〕是。

一，楚省乃水陸通衢，商客雲集之區，盗賊最宜防範。臣與督臣邁柱不時嚴飭文武各官設法捕緝，竝力行保甲，以靖盜源。其餘私鑄、私宰、賭博、掏摸，并地方惡棍、積蠹、姦捕、訟師之類均屬民害，臣無不留心訪拏究懲，以安良善。

〔硃批〕此等害苗之莠，亟宜剷鋤，固不待言。更有一種姦匪，平居不安其分，好事妄爲，而又踪跡詭秘，難可物色。尤當密訪嚴查，不可慢忽。

臣自分庸愚，惟有殫心竭力，事事加意整頓，不敢一刻懈弛。但知識淺陋，恐有不當之處，仰懇皇上天恩，時賜訓誨。俾臣得有遵循，以免貽誤。伏祈聖鑒。謹奏。

〔硃批〕勉力盡職，以副委任。

《皇朝通志》卷七五《刑法畧一·刑制肉刑附》 十八年諭：禁卒典守監獄，乃于斬絞重犯受財故縱，此非尋常因事受財者可比，自應按照本律與囚同罪。但則例又載有擬絞緩決候逃囚得獲審豁之條，未免法輕易犯。嗣後監犯脱逃，該督撫審出禁卒得賄情節，即視其囚犯之罪，全律科斷。如本犯應入秋審情實者，亦入情實；應絞決者，亦擬絞決；應斬決以上者，亦即擬以斬決，著爲例。

《皇朝通志》卷九三《食貨畧十三·市易》 康熙初，民間有指稱王貝勒輔政大臣名色據關津肆行者。上飭地方官緝拏，續定包衣下人，王貝勒貝子公大臣家人霸佔關津生理，及王大臣以下各官以銀借貸居民指名貿易，及據關口市場者罪例。時尚孔逆藩，所屬多有霸佔廣東私市者。十九年，令該管官清釐其有霸佔私税者，罪之。

《皇朝文獻通考》卷一三九《王禮考十五·大狩》 六年十月己巳，上行獵至新哈達地方。庚午，獵於費德里山。甲戌，上還瀋陽，諭諸貝勒大臣曰：凡出兵行獵時有爲盜者，論罪大小，或殺或鞭，久著爲令。乃此番行獵，仍有盜鞍轡鞊屜等物者，是法令不彰，而人不遵守也。夫蒐苗獮狩，原以講習武事，必紀律嚴明，然後人不敢犯。今行獵兵少，尚多犯法，若師行動衆，將何以約束之乎？爾諸貝勒大臣其偏行親察，嚴加懲治。於是諸貝勒大臣等嚴查緝獲。上以就彼地處分，恐衆人不知，令攜至瀋陽梟首以狥。丁亥，上率諸貝勒出地載門，往獵於葉赫地方。庚寅，上行圍諭諸貝勒曰：爾等不可以獵人所射之物，冒爲己之所射而奪取。獵人誰不懼爾諸貝勒？若爾等強爲己有而奪之，誰敢抗拒？時阿薩蘭布庫侍側，上目之曰：如彼最稱強勇，我若令之仆，彼敢不仆乎？遂以手指阿爾薩蘭令之仆，即仆，因諭曰：爾等若強奪獵人之物亦如是也。自後獵人不得以己之所射因貝勒之故而讓之。宜各就獸被傷處審驗真僞，再令隨爾等之綿甲軍各立誓，倘再有厮卒人等盜取馬絆鞊轡等物者，罪及其主，決不姑宥。至爾等之厮卒出入圍場者，俱不得攜帶弓矢，違者罪之。十二月癸酉，上率諸貝勒出獵至撫順，所有獵卒八人強取民間積薪，各鞭二十七。集八旗大臣諭之曰：自今以後不許私入莊屯，擅取堆積柴薪。行獵時山木亦不得砍伐，違者執究。庚辰，獵於厄野地方。辛巳，以從獵者亂行，復諭每旗令大臣一人專私統轄，有不隨札蘭牛录行走，逗留失次者，皆執治之。

(清)周爾吉《歷朝折獄纂要》卷四《理寃·山陽大獄摘敬慎堂别録》

國朝山左李皋言毓昌，即墨人，嘉慶戊辰進士，以知縣分發江蘇，奉委赴山陽縣查賑。至則遍歷村舍，覈實稽考，殊多浮冒，將據實通禀，已具稿。山陽令王伸漢大懼，使閽人包祥以多金啗李之僕李祥顧祥馬陞等，説其主，且許重賄。李怒叱勿從。事甚急，伸漢忽謂包祥曰：此事期必濟，聽汝輩爲之。包祥還與李祥等密商於茶内入砒，夜深進之。李忽毒發，顛仆狂吼，尚不急死，李祥等復以腰帶扣頸，懸床作自縊狀，遂絶。淮安守王轂者，本貪酷吏，有王老虎之號。先以賑事得伸漢金，竟以中惡自縊。驗報具詳，返其柩於家，人亦無復疑者。後數月王轂之家人某知其事，詐賍不遂，乃奔告於李令之家。其家人痛哭，啟棺視，七孔血痕猶在。於是李之叔士璜赴控京師，事遂上聞。仁宗震怒，將王轂王伸漢鎖拏進京，交軍機處會同刑部嚴審。伸漢堅不肯承，一日熬跪倦極，忽乞茶飲，命左右與之。伸漢執茶杯瞪目良久，若有所迫，遂盡吐其實。王轂亦欵服。獄具奏上，李祥、包祥發李毓昌墓前，凌遲處死。王伸漢、王轂均革職發往黑龍江，永遠爲奴，家産全行入官。李毓昌之子着賞給舉人，一體會試。

王伸漢身爲邑宰，遇此饑荒，不能設法賑濟，竟敢侵吞鉅欵，已屬貪殘。乃上憲查辦，復敢輾轉賄囑，毒斃委員，膽大妄爲，世所少有。幸家人因賍露泄，始得雪此覆盆，而伸漢等，隨革遣爲奴，足可爲貪賍罔法者戒。

《盛京滿文檔案中的律令・天命四年》 七月初八日，下書曰：奉天承運英明汗諭曰：皇天祐我，授以基業。爲國君者，唯恐有失天授之基業而兢兢業業固守之。汗委任之諸大臣等，自總額真以下，牛録章京以上，爾等應勤敏恪慎，殫心厥職，嚴守法度，嚴束部下人。此次出兵，皆偷乘開原之馬匹，或者騎乘於途中，或者騎乘至家。嘗見他國法律不明，致遭天責，俾國人心術大亂也！天既祐我，其負管理之責者何不稽查約束？當我之面，皆作秉公守法、智勇兼備之態，背我則以爲汗不知悉，然而居心邪慝。須知天命之汗，非虚設也！彼陰懷鬼胎者，其人亦必鬼祟也！務須秉公持正，以誠諭國人，負鍋伐木之人，多加教誨，亦可省悔也！將我所言，爾衆審度。所言爲是，如何遵循，立誓以報。將此告諭，發至總額真以下，章京以上各隊之額真等。所言非是，爾衆進諫。爾等立誓，勿求同一。若係總額真，則各抒己見，以爲誓言。固山額真，亦抒己見，立爲誓言。至於梅勒額真、五牛録額真、牛録額真、章京以及村撥什庫等，亦各書誓言一份。凡自總額真以下，村撥什庫以上各官所立誓言，均皆奏於汗，汗閲後書於檔子。日後，爾等若變心犯罪，即依誓言審斷。

（清）顧炎武《日知録》卷一三《除貪》 宋初，郡縣吏承五季之習，黷貨厲民，故尤嚴貪墨之罪。開寳三年，董元吉守英州，受贓七十餘萬。帝以嶺表初平，欲懲掊克之吏，特詔棄市。而南郊大赦，十惡故劫殺及官吏受贓者不原。史言宋法有可以得循吏者三，而不赦犯贓其一也。天聖以後，士大夫皆知飾簠簋而厲廉隅，蓋上有以勸之矣。

（明）朱元璋《明太祖文集》卷二《詔・諭福建承宣布政使司叅政魏鑑瞿莊詔》 今年仲夏，勑卿南行，又抵仲秋，而彼中政令得失杳無知者。卿郡之籍民也如民焉，殊於民者何？至於學焉，而閭里曰儒，如儒焉。已而超於儒者，云何？乃至於尚志焉。故官於朝，然不及考而遷調之。於功未見，惟志，於業未見，惟勤。即今職於炎方，其所轄者甚衆。且八閩之地，利盡南海，勢控諸番。古今居是者，君子焉，小人焉，獘瞞焉，人情焉，珠玉焉，翡翠焉，金銀焉，束帛焉，子女焉，賢人焉，非人焉，忠君焉，愛民焉，修身焉，篤孝焉，高明不朽焉，没身絶嗣焉，其言殊焉，而又同焉。卿其審擇焉，力行焉，功名遂而身家全矣。

又朕觀上古天下之治亂，在於君臣能馭不能馭耳。若君能，則馭臣下以禮法；臣能，馭吏卒以體上，故治由此矣。若君罔知所以馭臣，下臣亦無知以繩吏卒，故亂由此而始矣。或云吏卒小人，其於治亂何干？然雖小人，凡施小詐，動傷國政，所以爲亂始。若吏卒守分，民無枉擾，則民安矣。所以朕嘗下令入於條章者，正欲使上官馭吏卒動以禮，次嚴之以法。若吏卒之徒，背理而違法者，繩以死地無論。此令已入條章久矣。人皆貪官，動爲下人所持，縱有吏卒縱横，安敢誰何？所以國政無施，天下之民受枉，治愈弛而亂愈生，由此也。朕嘗切恨。若爲官布政，權無馭吏卒之威，則諸事不成。蓋吏卒能爲股肱爪牙，若馭以得法，諸事辦集，方今有職者孰能爲此忽！九年秋，丞相奏福建兩叅政致極刑於一老吏，朕聞當哉。若不如律者，數如捶死，有何他論。故往諭之。今後凡有不如律者如是，近行者尤加急治，勿令欺侮，方稱是官。

（明）朱元璋《明太祖文集》卷二《詔・諭山西布政使華克勤詔》

朕每觀前代名臣傳記，人各設施，皆以律身保命爲務，然後孝於親而忠於君者矣。吁志哉。所以名於世者爲斯。今朕起草萊，定羣雄，平禍亂，君主華夷。凡我中國之人，但知有才藝者，未嘗不使至於朝。雖曰至於朝，若欲別賢否，而授之以官，則又不然，云何？蓋謂人之才藝可知，其於賢不肖，雖在帝堯，猶且難之，所以不能盡測人心也。朕本無知，不敢的以人爲賢否定用，故特以事試之。凡受試者，當此之際，事役其形，財惑其志，欲動其心。其於孝親忠君，律身保命，雖千百人中欲求一士，如斯者鮮矣。所以昏愚之徒，難保身命；孝親，忠君者無他，但爲役形者勞其苦，不禁財盛者，富飲用而且豐，欲動其心色，窈窕而妖。故非誠志君子不能立命於天地間，所以事不能忠君，身不能孝親，往往覆命者，若是然。有等悠悠之徒，雖曰心淳，臨事而不果，倒持仁義乃有艱於斯之道。朕嘗命官往事數以是事諭之，而職事者視以常談。爲官者雖簿書之徒，皂隸之輩，亦莫敢誰何。朕嘗切齒忿恨，丈夫之爲無英決嫉惡之心，乃爲小人牽制。於戲，惜哉而不悟，何也？俄洪武十年夏五月，山西布政司奏云簿書之徒無端之狀。朕勑中書以考其人，人皆累犯不悛前過之徒，已入屯所。朕憐一才一藝，特脱彼艱難，使革心臨事，而又爲非勝常。當月特以勑往令刑之，其符到山西布政司，即如朕命而刑之。此可謂除奸去僞者歟！公私咸遂，清寧者歟！其布政司官當方面承朕命，宣教化布威德，若肯除奸去僞，豈慮孝親忠君之道不至哉？豈不如前代名世者乎？

（清）李鴻章《李文忠公全集·奏稿》卷四二《李秉衡處分請抵銷片》 伏讀嘉慶二十五年十月宣宗成皇帝諭曰：六部律令，務持大綱，外省庶務，原責成地方官，此在督撫分别賢能庸劣，舉錯公明。部中多列科條，於事何益，而公罪繁多。賢吏因之廢黜，不肖者巧於規避，部書得以舞文納賄。又諭曰：公罪從嚴，則中材以下之官益多巧避，故曰：徒法不能以自行。其公罪有至降調革職，非事關重大者，酌改從寬，各部煩苛無當處分例文，互商裁汰等因。欽此。聖諭剴切詳明，仰見保全賢能，釐正科條之至意，內外臣工永當遵守。

雜録

《魏書》卷五八《楊椿傳》 尚書邢巒，據《正始别格》奏椿罪應除名爲庶人，注籍盜門，同籍合門不仕。世宗以新律既班，不宜雜用舊制，詔依寺斷，聽以贖論，尋加撫軍將軍，入除都官尚書，監修白溝堤堰。復以本將軍除定州刺史。

《魏書》卷九三《侯剛傳》 後剛坐掠殺試射羽林，爲御史中尉元匡所彈，廷尉處剛大辟。尚書令、任城王澄爲之言於靈太后，侯剛歷仕前朝，事有可取，纖芥之疵，未宜便致於法。靈太后乃引見廷尉卿裴延儁、少卿袁翻於宣光殿，問曰：剛因公事掠人，邂逅致死，律文不坐。卿處其大辟，竟何所依？翻對曰：案律邂逅不坐者，謂情理已露，而隱避不引，必須箠撻，取其款言，謂撾撻以理之類。至於此人，問則具首，正宜依犯結案，不應横加箠朴。兼剛口唱打殺，撾築非理，本有殺心，事非邂逅。處之大辟，未乖憲典。太后曰：卿等且還，當别有判。於是令曰：廷尉執處侯剛，於法如猛。剛既意在爲公，未宜便依所執。但輕勦民命，理無全捨，可削封三百户，解嘗食典御。剛於是頗爲失意。剛自太和進食，遂爲典御，歷兩都、三帝、二太后，將三十年，至此始解。未幾，加散騎常侍。御史中尉元匡之廢也，太后訪代匡者，剛爲太傅、清河王懌所舉，遂除車騎將軍，領御史中尉，常侍、衛尉如故。

《舊唐書》卷一六五《殷侑傳》 其年，濮州録事參軍崔元武，於五縣人吏率斂及縣官料錢，以私馬擡估納官，計絹一百二十匹。大理寺斷三犯俱發，以重者論，祇以中私馬爲重，止令削三任官。而刑部覆奏，令決杖配流。獄未決，侑奏曰：法官不習法律，三犯不同，即坐其所重。元武所犯，皆枉法取受，準律，枉法十五匹已上絞。《律疏》云：即以贓致罪，頻犯者並累科。據元武所犯，令當人處絞刑。疏奏，元武依刑部奏，決六十，流賀州。乃授侑刑部尚書。

（唐）王方慶《魏鄭公諫録》卷一《諫權萬紀任心彈射》 公奏治書權萬紀、侍御史李仁發，俱以告訐爲正，凡所彈射，皆非有罪，陛下掩其所短，收其一切之用，乃騁其姦詐，附下罔上，多行無禮，以取強正之名。誣房玄齡，斥退張亮，無所肅厲，徒損聖明，道路之人，皆有謗議。臣伏度聖心，必不以謀慮深長，可委以棟梁之任，將以其無所避忌，欲以警厲羣臣。若羣臣信挾回邪，猶不可以小謀大，若羣臣素無矯僞，空使上下離心。以房玄齡、張亮之徒，猶不得申其枉正，其餘疏賤之類，孰能免其欺罔。伏願陛下留神再思。自任二人已來，有事弘益，臣即甘心斧鉞，受不忠之罪。陛下如未能舉善以崇德，豈可進姦以自損乎？太宗默然無以應，賜絹五百匹，俄而姦狀漸露，遂免仁發，而出萬紀。

（宋）李燾《續資治通鑑長編》卷三二六《宋神宗元豐五年》 給事中舒亶言：吏房前後發李規、王務民奏鈔，令臣書讀，侍郎王珪已書省審，坐違式舉行，門下省但勘罰。今緣奏鈔皆王珪書名，自合省問，豈容但稱不知，歸罪令史？自非執政大臣怙權擅事，輕蔑朝廷，即是吏史憑附大臣，沮壞法令。陛下新正官名，而上下横厲如此，不治其微，實恐陛下復古建事之意或成虚名，爲天下後世所議。詔承行吏人送門下省别加重罰。

（宋）李燾《續資治通鑑長編》卷四七八《宋哲宗元祐七年》 癸未，秦鳳路經畧司言：近年兵將官與城寨等使臣，多是違朝旨及帥臣節制，以至敗事。緣嘗立邊功，多從寬減，上下玩習，浸已成風。今西賊拒命，常在對境，若不更法，無以懲戒。請今後將官及城、寨、堡使臣，應緣戰守有違朝旨，並乞不以邊功寛減，庶幾人知畏懔，紀律稍嚴。從之。

（清）徐乾學《資治通鑑後編》卷三一《宋紀三一》　詔：自今天下羣官職田，並須遵守元制，無得侵擾客戶，遇灾沴即蠲省之。先是殿中侍御史王奇請籍納職田，以助賑貸。帝曰：朕以此田均濟官吏，本欲人各足用，責其清謹耳。奇未曉給田之理。然朕每覽法寺奏欵，在外官屬所占職田多踰往制，不能自備牛種，或水旱之際又不蠲省，致民無告。遂罷奇奏，降詔申勅焉。

（清）徐乾學《資治通鑑後編》卷一五〇《宋紀一五〇》　元以中興路行省陳祐爲南京総管兼開封府尹，吏多震慴失措。祐曰：何必若是？前爲盗跖，今爲顔子，吾以顔子待之。前爲顔子，今爲盗跖，吾以盗跖待之。由是，吏皆修飭不敢弄法。

（宋）李心傳《建炎以來繫年要録》卷八八《紹興五年乙卯四月甲辰朔之壬申》　先是右奉議郎吕應問之華亭縣，亦坐贓抵死，編管化州，未數日，引赦量移。言者以爲應問國之巨蠹，肆諸市朝，猶未足以快吴人之忿，止緣應問平時厚以所得賕賄遺權要，故案發之日，大臣及侍從中，有陰爲之主者，是以有司觀望，不敢盡法勘鞫。然所上奏牘，蔽罪至絞者，猶有二焉，是豈可以常法論哉？臣竊聞前此朝廷之議，以宣州勘黄大本，及秀州勘應問二人所犯，候其獄具，中取一人尤甚者，用祖宗舊制，真决次配，以警贓吏。今大本既以法論决，而應問贓罪貫盈，止從編置，雖道途之人，皆謂失刑。朝廷縱不追治，亦宜投畀遐荒，永不放還，少謝百姓。而自去年九月十二日，在秀州準敕編管化州，十七日，至平江府，即作在道會赦，便與量移。用刑如此，何以威貪暴而成政治哉！况應問贓罪，百倍大本，吴中士大夫至民庶，皆能言之，何應問之幸，而大本之不幸也。伏望特降指揮，不許敍赦量移，日下差人押赴化州編管，庶幾貪贓之吏，咸少懲艾。從之。

《元史》卷一二《世祖紀》　敕：官吏受賄及倉庫官侵盗，臺察官知而不糾者，驗其輕重罪之。中外官吏贓罪，輕者杖决，重者處死。言官緘默，與受贓者一體論罪。仍詔諭天下。

（清）徐乾學《資治通鑑後編》卷一六五《元紀一三》　癸卯，御史臺臣言：比者，官以倖求罪以賂免，乞凡内外官，非勳舊有資望者不許驟陞，諸犯贓罪已欵伏，及當鞫而幸免者悉付元問官以竟其罪。其貪汙受刑，奪職不叙者，夤緣近侍，出入内廷，覬幸名爵，宜斥逐之。帝皆納其言。

（清）徐乾學《資治通鑑後編》卷一八二《元紀三〇》　吴中書省掾史有以銓選受賄者，按察劾其罪，當死。吴王曰：吏受贓賣選，見利忘法，罪固當誅，但法初行，人未周知，姑减死杖之，若復犯，則不宥也。

（清）蔣良騏《東華録》卷一六《康熙三十三年閏五月》　刑部等題審擬太監錢文才毆死民人徐二一案。上諭：凡太監犯罪斷不可宥，朕觀古來太監善良者少，要在人主防微杜漸，迨其勢既張，雖欲制之亦無如何。如漢十常侍、唐北司，甚至人主皆爲所制，此非一朝一夕之故。太監原屬陰類，性情與常人不同，有年已衰老而言動尚若嬰兒，外似謹厚中實叵測，必人主英明，此輩始無由弄權。朕聞明代諸君將本章批答委之，其能免于舛謬耶！錢文才案記入秋審，勿令倖免。

（清）蔣良騏《東華録》卷二三《康熙五十九年七月》　江西巡撫白潢疏言：州縣因公挪用虧空錢糧，請照霉爛倉穀例，著不論在任解任及分賠之知府，能于限内全完，准其開復。部議如所請行。

（清）鄂爾泰等《世宗憲皇帝硃批諭旨》卷三二《硃批張楷奏摺》

臣抵滸墅關，織造胡鳳翬到臣舟次跪請聖安。臣即轉傳諭旨：江南近日織造紬緞，用五色線繡成花卉，殊屬無謂，可傳旨與胡鳳翬，令其禁止。一切織造，惟期堅緻樸實，不可作爲奇巧，致開奢靡之風。隨據胡鳳翬奏稱：奴才欽遵聖諭。蘇州機上禁止繡織，併移會江寧、杭州織造，亦行禁行等語。合行奏明。臣到江蘇任見布政使鄂爾泰，臣轉傳諭旨：鄂爾泰做官甚好，朕所以不令伊做巡撫者，因年羹堯、隆科多極力保薦，必是他附託於人爾。可下旨與伊，令其改過，實心辦事，朕自加任用。隨據鄂爾泰奏稱：臣受皇上厚恩，係皇上特用之人，與年羹堯從未識面，亦並未附託隆科多。今奉聖訓，惟有實心辦事，以圖報答，不敢依附他人。臣又密傳諭旨：聞得爾在蘇州要移風易俗，將酒船戲子盡行禁止，這原係好事，然移風易俗非數十年工夫不能，若一旦禁止，此等人無以營生，必致失所，不必禁之太甚。隨據鄂爾泰奏稱：臣初到任，見蘇州風俗奢靡，原行禁止。後訪得不便民情，隨亦不復嚴禁等語。合行奏明。以上三條，先行具摺回奏。伏乞睿鑒。謹奏。

〔硃批〕所奏俱悉。三吴風俗奢靡，宜漸爲化導，使歸於儉約。此正督撫之責，汝當深爲留意者也。

（清）鄂爾泰等《世宗憲皇帝硃批諭旨》卷三四《硃批李成龍奏摺》

雍正元年三月初九日，安徽巡撫臣李成龍謹奏，恭請皇上聖安。

〔硃批〕朕安！爾向來官聲中平，雖無貪黷穢跡，而亦無清勤美譽。朕念皇考委任封疆有年，容爾黽勉自新。此後若仍然狥情面，納賄賂，交結權要，從事鑽營，國法無私，追悔何及？特諭。

（清）鄂爾泰等《世宗憲皇帝硃批諭旨》卷九七《硃批路振揚奏摺》

奏爲敬陳愚見，仰請睿裁事。竊惟國家設禄養廉，立法懲貪，恩則至厚，法則至嚴。而貪黷之弊乃猶未能盡除。查例載：凡有以財行求及説事過錢者，審實皆計所與之贓，與受財人同科。是皆有應得之罪也。又查《名例》自首條内，凡犯罪未發而自首者，免其罪，猶徵正贓。是自首者罪雖免而贓仍追也。此固垂世之常經，然必使之敗露，得其實據，而後得以罪之也。竊思此等營私之徒，彼此容隱其事，不易敗露，即或有人告發，猶必互相掩飾。臣愚，請倣假冒軍功，並官員在京借債過二千兩之定例，開其自首之路。凡上司保題之所屬官員，并大計軍政卓異薦舉人員，若屬員以財行求，而上司受其贓私，已經染指，彼此皆應治罪。如受者於事後能據實盡首，則免追原贓，并應得之罪，止罪與者及説事過錢之人。如與者於事後能據實自首，則照原贓倍追給主，免其應得之罪，止罪受者及説事過錢之人。若説事過錢之人能據實盡首，除免贓給賞例内分别已詳外，亦免其應得之罪，止罪與受之人。如此則彼此皆存顧慮之心，恐爲所賣，未事則畏懼不敢爲，既事則争首惟恐後。是或除貪之一法也。是否有當，伏祈睿鑒。謹奏。

（清）鄂爾泰等《世宗憲皇帝硃批諭旨》卷一〇九《硃批蔡良奏摺》

敬蒙皇上硃批諭旨，臣謹遵奉勉行駐防兵壯人等亦俱凛然聽受。惟密訪向來賭風甚熾，邇來曾不少息。臣已嚴飭各旗該管官員，密加查訪，又於八旗派出小撥什庫四十名，臣標四營派出百隊二十名，俱令其值月，每月一换。責令專管查拏賭博。倘小撥什庫等徇私縱放，經臣察出，立加懲處。如該管官失於覺察，定以束兵無術廢弛溺職題參。今上下稽察嚴密，賭風亦漸覺歛息。庶兵壯獲免花銷浪費，而風俗人心亦可以漸次轉移矣。再查廣州駐防八旗報逃甚多。臣每於遞報逃牌，即將各旗呈送兵壯戶口册籍按名查對，大半皆係兵壯戶下所買之民人。殊不知此輩民人原無根底，如果善類，孰肯輕投旗下？無知兵壯只圖所費身價無幾，即可多得人用。而此輩犯逃在外，一經爲匪，則本兵即不免株連貽累。此種弊端，早蒙聖明洞鑒，特頒諭旨嚴禁，嗣後旗下不許擅買民人。欽遵在案。今臣凛遵聖諭，飭令只許八旗兑買。其從前所買民人，如果安分守法者，准其留用；倘有犯逃者，即係自回，亦必令其交還原中保領去，收回身價，仍聽其爲民。如此遵旨奉行，逃人自可逐漸稀少矣。以上二條，臣現在轉飭，實力奉行，試之漸有成效。謹將緣由具摺奏明，伏乞皇上睿鑒。謹奏。

（清）鄂爾泰等《世宗憲皇帝硃批諭旨》卷一二六之一四《硃批田文鏡奏摺》

欽奉諭旨言及此洵可爲太息流涕者矣！欽此。凡爲上司者，多由州縣做起，當具爲州縣時，未嘗不鄙上司之饕餮，亦未嘗不苦上司之誅求。及至爲上司，而即將平日所鄙所苦者，轉而施之於所屬。此皆利慾薰心，絶不知孔子忠恕之學、《大學》絜矩之道。一惟我所欲爲，而且縱其奴以肆毒，任其役以舞文。而爲其所屬之州縣者，患得患失之心勝，則畏首畏尾之勢成。以泰山壓卵，尚復能支乎？甚矣！人才之成就實難也。

〔硃批〕何異大匠程材，良工琢玉，誠費苦心也。

（清）鄂爾泰等《世宗憲皇帝硃批諭旨》卷一三二上《硃批憲德奏摺》

奏爲請嚴懲提塘指撞，以肅法紀事。竊查戶、刑二部飯食銀兩，已經奏明，由各省巡撫衙門給批解部者，正以杜此外私相與受之弊也。先於上年三月内，川省解送刑部飯銀一千兩，該提塘謝廷傑竟敢於此内扣尅二百兩。後因刑部行文催取，該提塘不能隱飾，具稟到臣，經臣移咨兵部，斥革提塘。並咨刑部嚴拏究追在案。嗣又據成都府知府王凝詳稱，佛喜指奏銷部費濫派各屬，亦經臣據詳題參，現在審擬。是以上年奏銷之期，臣僅給批解戶部飯銀一千三百兩，其餘布政使管承澤並無額外多給。至於驛站奏銷，行據按察司覆稱，訊之經管各書役人等供稱，向來並無解送飯費。今乃有該提塘謝廷傑等具稟，内云户部奏銷飯銀，除批解一千三百兩外，另有費銀一千六百兩。又稱驛站鹽茶奏銷，向有飯費銀八百兩，各處催逼甚嚴，懇賜給發等情到臣以及藩、臬兩司。臣思此事，必係在京提塘串同部吏，作姦侵蝕情弊。臣不敢隱匿，理合據實具奏。伏祈皇上敕部嚴懲，飭禁施行。謹奏。

〔硃批〕此奏甚屬可嘉，如此方是。天下督撫悉肯如是居心，何愁不奏弊絶風清之效也。已交部嚴察矣。

（清）鄂爾泰等《世宗憲皇帝硃批諭旨》卷一三八下《硃批謝旻奏摺》 江西贛橋九江等關稅務，向聞積弊相沿，甚欠妥協。近日較前稍覺整理否，據實奏覆，毋得絲毫隱飾。當嚴飭該管人員，將病商累民之處，搜剔屏除。務令弊絶風清，不得明革暗取，陽奉陰違。倘被朕別有所聞，其咎仍歸於汝也。

（清）鄂爾泰等《世宗憲皇帝硃批諭旨》卷一三九《硃批宋筠奏摺》 一，臣巡察至平陽府臨汾縣地方，聞該知縣徐三俊催科得法，居心尚慈，惟約束衙役不嚴，捕役作弊，往往養竊盜在家，爲害地方。臣將捕役重行責處，擇其尤不法者革退。并飭該知縣加意稽查防範，務令地方寧息。臣抵太原並向撫臣言之。

〔硃批〕該知縣亦係汝之屬員也，公以處之。

《大清會典則例》卷一二四《刑部·律綱》 古者刑不至大夫，蓋以維國體而勵臣節。國體不維，則無尊卑上下之辨；臣節不勵，則大臣擁高爵大官，而有徒隸無恥之心。此賈誼所以諄切辨論也。朕欲風勵天下，使人各自愛，共敦節行，尤宜自大臣始。大臣有不自愛者，朕仍設廉恥以養之，庶幾動其天良，激厲鼓舞。嗣後三品以上大員身罹罪譴，即奉旨革職拏問者，法司亦不得遽加夾訊。如有不得不用者，亦必請旨。將此永著爲例。

《皇朝通志》卷四五《禮畧·軍禮二》 諭諸貝勒大臣曰：凡出兵行獵時有爲盜者，論罪大小，或殺或鞭，久著爲令。乃此番行獵，仍有盜鞍轡鞊屜等物者，是法令不彰，而人不遵守。夫蒐苗獮狩，原以講習武事，必紀律嚴明，然後人不敢犯。今行獵兵少，尚多犯法，若師行動衆，將何以約束之乎？爾諸貝勒大臣，其偏行親察，嚴加懲治。於是諸貝勒大臣嚴查緝獲。上以就彼地處分，恐衆人不知，令携至瀋陽梟首以徇。

《皇朝通志》卷七五《刑法畧一·刑制肉刑附》 十八年，定審問官有擅用匣牀，捕獲強盜有妄用腦箍、毛竹連根大板及竹籤、烙鐵等刑，肆行酷虐，致斃人命者，從重治罪。

《皇朝通志》卷七六《刑法畧二·刑制律綱》 凡內外文武大小官有犯公私罪名，所司開具事由，實封奏請，不許擅自勾問。若許推問，依律議擬，奏聞區處，仍候覆准，方許判決。若所屬官被本管官司非理凌虐，亦聽開具實蹟，實封徑自奏陳。官犯公罪，應笞者，一十罰俸一月，二十、三十各遞加一月，四十、五十各遞加三月。應杖者，六十罰俸一年，七十降一級，八十降二級，九十降三級，皆留任。一百降四級調用。吏典犯者，笞杖決訖，仍留役官。犯私罪，應笞者，一十罰俸兩月，二十罰俸三月，三十、四十、五十各遞加三月。應杖者，六十降一級，七十降二級，八十降三級，九十降四級，皆調用。一百革職離任。吏典犯者，杖六十以上罷役。凡任滿得代，改除致仕等官，與見任同，封贈官與其子孫正官同。婦人犯夫及義絶者，得與其子之官品同。犯罪者，各依職官犯罪律擬斷。

又： 無官犯罪，有官事發，公罪笞杖以上，依律納贖。卑官犯罪，遷官事發，在任犯罪，去任事發，公罪笞以下依律降罰，杖一百以上依律科斷。本案黜革，笞杖以上折贖，皆免。若事干埋没錢糧，遺失官物，雖屬公罪，事須追究明白。但犯一應私罪，並論如律。其吏典有犯公私罪名，各依本律科斷。文武官犯私罪，罷職不叙，追奪誥敕，削去仕籍。除名者官爵皆除。僧道犯罪，曾經決罰者追收度牒，並令還俗。軍民竈戶各從本色，發還原藉當差。定加減之法，加者就本罪上加重，減者就本罪上減輕。惟二死三流，各同爲一減。加者數滿，乃坐。又加罪止於杖一百、流三千里，不得加至於死。本條加入死者，依本條。

又： 凡同僚犯公罪者，並以吏典爲首。首領官減吏典一等，佐貳官減首領官一等，長官減佐貳官一等。若同僚官一人有私自依故出入人罪論，其餘不知情者，止依失出入人罪論。若下司申上司，事有差誤，上司不覺，失錯準行者，各遞減下司官吏罪二等。若上司行下，所屬依錯施行者，各遞減上司官吏罪三等，亦各以吏典爲首。凡一人犯罪，其於律應減者，若爲從減、自首減、過失減、公罪遞減之類，並得累減。

《皇朝通志》卷七七《刑法畧三·刑制聽斷》 又定鞫獄之法。凡鞫獄須依所告本狀推問，若於本狀外別求他事，摭拾被告人罪者，以故入人罪論，同僚不署文案者不坐。又鞫獄止將狀内有名人犯審擬，如光棍案内夥黨人多，仍行嚴拏究審，無干牽連者即行釋放。凡諸衙門鞫問刑名等項，必據犯者招草以定其罪。若吏典人等爲人改寫及代寫招草，增減情節，致官司斷罪有出入者，以故出入人罪論。若犯人果不識字，許令在官不干礙人，依其親具招情代寫。各有司讞獄時令招房書吏照供録寫，當堂讀與兩造共聽，果與所供無異，方令該犯盡供，該有司親自定稿，不得假手胥吏，致滋出入情弊。獄囚徒流死罪，鞫獄官司各唤本囚及其家屬到官，具告所斷罪名，仍責取囚服辯文狀，以服其心。若不服者，聽其自行辯理，更爲詳審。違者，徒流罪笞四十，死罪杖六十。其囚家屬遠在三百里之外，不及唤告者，止取本囚服辯文狀，不在具告家屬罪名之限。如承審改造口供，故行出入者，革職。故入死罪已决者，抵以死罪。其草率定案，證據無憑，枉入人罪者，亦革職。

又： 又定審斷出入之法，以儆官邪。凡官司故出入人罪，全出全入者，以全罪論。若於罪不致全入，但增輕作重，於罪不致全出，但減重作輕，以所增減論。至死者坐以死罪。若斷罪失於入者，各減三等，失於出者，各減五等，並以吏典爲首。若囚未决放及放而還獲，若囚自死故出入，失出入，各聽減一等。凡官吏懷挾私讐，故禁平人者，杖八十；因而致死者，絞監候。提牢及司獄官典獄卒知而不舉者，與同罪，至死減一等，不知者不坐。若因該問公事干連平人在官，誤禁致死者杖八十。如所干連事方訊鞫，有文案應繫者，雖致死勿論。若官吏懷挾私讐，故勘平人，雖無傷杖八十；折傷以上依凡鬭傷論；因而致死者，斬監候。同僚官及獄卒知情共勘者與同罪，至死減一等；不知情而共勘，及雖共勘而但依法拷訊者，雖致死不坐。若因公事干連平人在官，事須鞫問，及正犯罪人贓仗證佐明白，而干連之人爲之相助匿非，不服招承，明立文案，依法拷訊邂逅致死者，勿論。

又： 朕嗣位以來，增廣赦條，惠保良民，使得從容休息。而無識諸臣誤謂朕一切寬容，不事稽察，民間訛言諸禁已開，風聞直省，四惡皆微露其端倪，是守土之官敢悖世宗憲皇帝之明旨，隳十有三年之成功，而戕賊善良，傷敗風俗也。自後州縣官有政令廢弛，使四惡復行于境内者，該督撫即行嚴參，督撫、司道、郡守有不能董率州縣，殫心捕治者，以溺職治罪，與通苞苴受賄賂者等，决不輕貸。

《皇朝通志》卷八三《食貨畧三・賦税上》 二十八年，創行三聯票法。凡徵收錢糧及豆麥等項，俱如數登填，一存州縣，一付差役應比，一給納戶執照。如官吏捐不與填，及無票付執，許民間首告，以監守自盜論。

《皇朝通志》卷八九《食貨畧九・錢幣》 十三年，定剪邊錢禁例及各官失察處分。乾隆元年，鑄乾隆通寶頒行天下。戶部尚書海望言，鼓鑄日增而錢價昂貴。建議者多籌禁銅之法，而奉行不良，易滋弊竇。夫銅器散布民間，一旦禁使勿用，其情有所不便，往往遷延而不交，交納而不盡。緩之則互相觀望，急之則百弊叢生。胥吏借此需索，刁民借此訛詐。得賄則賣官，法不得則入人罪，搜括難盡，用法不均。

《皇朝文獻通考》卷二《田賦考二・田賦之制》 十三年，禁王以下不得田獵，蹂躪人田禾。違者，官員以上交部議處，白衣人鞭責。

申明截票之法。時以江南有隱占、詭寄、包攬諸弊，吏胥豪猾積習相沿。特令通計該州縣田地總額與里甲之數，均分辦糧當差，不許多占隱匿，苦累小民。

又： 二十八年，行三聯印票法。州縣催徵錢糧，向用二聯印票，不肖有司與姦胥通同作弊，借名磨對稽察，將花戶所納之票強留不給。遂有已完作未完，多徵作少徵者。今行三聯票之法，一存州縣，一付差役應比，一付花戶執照。嗣後徵收錢糧豆米等項，均給三聯印票，照數填寫。如州縣勒令不許填寫及無票付執者，小民告發，以監守自盜論。

《皇朝文獻通考》卷二六《征榷考・征商關市》 著通行内外各省。凡市集落地税，其在府州縣城内，人烟湊集貿易衆多且官員易於稽查者，照舊征收，不許額外苛索，亦不許重複征收。若在鄉鎮村落，則全行禁革，不許貪官汙吏假借名色，巧取一文。著該督撫將如何裁革禁約之處，詳造細册，報部查核。倘奉旨之後，仍有不實心奉行，暗藏弊竇者，朕必將有司從重治罪。

又： 我皇考臨御以來，澄清吏治，凡此等官侵吏蝕之習，久已弊絶風清。今督撫諸臣如不能稽查屬員，被其朦混，則庸懦無能，有忝封疆之任。若或己身少有染指，則名節有虧。朕一經擯斥之後，斷不復加録用也。可將此旨傳諭各省督撫，令其各行稽察，深自警省，若錯會朕釐剔弊端，藏富於民之意，又欲多報贏餘，以致商民受困，識見鄙陋，其罪更不可逭矣。

《皇朝文獻通考》卷三二《征榷考六·市糴考一》　又飭各省文武官所，賞給兵丁營運生息銀兩，毋與小民争利。兵部覆准雲、貴、廣西總督鄂爾泰奏，恩賞各省兵丁生息銀兩，足資營運，必須公平辦理。如有將營運銀或占百姓行業，或重利放債，與商賈小民争利者，將出納官弁，照騷擾地方索詐部民財物例治罪，該上司照失察屬員貪劣例議處。

《皇朝文獻通考》卷三九《國用考一》　又諭曰：州縣官侵蝕倉庫，非因公那用可比。此等貪劣之員多有身故，事發以後，不過於家屬名下勒限著追。遷延一二年，率以家産全無保題豁免。且並有父没而子乘機盗帑，歸罪於父，己仍得坐擁厚貲者，故無以儆貪風。夫父子一身也，子代父罪，亦理之宜。嗣後侵貪之案，如該員身故，審明實係侵盗庫帑者，即將伊子監追。著爲例。

《皇朝文獻通考》卷五〇《選舉考四·舉士》　上年順天鄉試問黄河北行故道，今春會試問黄河下流，皆孫嘉淦、陳世倌一己私見，究亦空言無補。若以此爲去取，將啓士子窺探迎合附和之弊，其漸尤不可長。即如宋元以來辨析朱陸異同，初因講學而其後遂成門户，標榜攻擊，甚爲世道人心之害。嗣後有似此者，必治其罪。

（清）陸曾禹《康濟録》卷三上《臨事之政·先審户以防冒恩》　江東運判俞宗亨賑濟，踏殺婦人一百六十二人，乞待罪。舊評曰：是未明分場分隊用旗引之法。不知徐、寧、孫、蘇次第皆有成式，儘可通變而行。大抵百人已上，便慮冗雜。此皆平日無紀律者，况饑羸之軀易蹂踐乎。

（明）李贄《續焚書》卷三《閱古事·裴耀卿疏救楊濬坐贓免笞辱准折贖》　贓官死且不怕，况怕杖乎？清官寧可受死，肯受辱乎？然則决杖贖死，正所以優待贓官而導之贓污也。雖曰士人，實同徒隸，但論有贓否耳。徒隸之人豈無羞恥本心高出士人之上哉！

（清）顧炎武《日知録》卷一三《禁錮姦臣子孫》　饕餮之象周鼎，檮杌之名楚書，古人蓋有之矣。竊謂宜令按察司各擇其地之姦臣一二人，王法之所未加，或加而未盡者，刻其名於獄門之石，以爲世戒，而禁其後人之入仕。九刑不忘，百世難改，亦先王樹之風聲之意乎。

（宋）方勺《泊宅編》卷七　國家治贓吏，至有决杖者，或以爲太峻。予曰：今人但見唐韓、杜諸詩謂判司簿尉不離箠楚，獨不知自後漢時，郎官猶不免杖責。侯汶爲侍御史，賦貧民麋糜不實，獻帝令杖之五十。唐禮部侍郎令狐峘忤宰相楊炎，德宗欲杖而流之。然獻帝、德宗不足法也，至若贓吏貪黷，何足恤哉！

《聖祖仁皇帝御製文集·第一集》卷三《敕諭·諭兵部併督捕衙門》　直隶重地，理宜肅清。邇來盗賊繁多，大爲民害。地方官怠玩，不能力行禁戢，以致刦掠時聞。真盗捕獲者少，良民株累甚多。皆因防汛官員止於降罰，帶罪緝拏。其間有失事最多，不能盡職者，仍令留任，愈致貽悮地方。今盗賊應作何禁戢嚴拏，及以盗案降罰幾次者作何處分，尔部再行定議具奏。至京城内外盗賊棍徒肆行無忌，作何責成，官役嚴行緝拏，亦著一併議奏。特諭。康熙十年十二月初五日。

《聖祖仁皇帝御製文集·第三集》卷二《敕諭·諭户部》　朕惟帝王致治，裕民爲先，免賦蠲租，實爲要務。朕宵旰憂勤，咨求民瘼，四方利病，未嘗少釋於懷。矧江蘇等處地方，尤爲財賦重地，朕比年巡幸東南，目擊民艱，已多方軫恤，令其安乂。猶恐有司奉行不力，德澤未盡下究，民生罕遂，康阜莫登。兹將江蘇巡撫所屬州縣等處，除漕項外，康熙四十一年地丁錢糧盡行蠲免。地方有司務期實意奉行，使閭巷窮黎皆得均霑實惠。庶幾生民樂利，豐裕可期。儻不肖官吏仍陽奉陰違，私立名色，借端科派，恣行侵剋，負朕愛養生民至意。事情發覺，定行正法，决不姑貸。尔部即遵諭行。特諭。康熙四十年十月初十日。

《聖祖仁皇帝御製文集·第三集》卷七《敕諭·諭刑部》　監犯患病，應即撥醫調治。今歲在監病故者甚多，此皆因堂司各官疎忽所致。嗣後若復似此致斃多人，將所司官員定行治罪。康熙四十三年十二月二十日。

《聖祖仁皇帝御製文集·第三集》卷二八《雜著·古文評論·減刑詔》　大辟之刑至千有餘條，文法之吏得以因緣爲姦者，何可勝計！成帝念及此，亦可見其天資之善。